第二册

全上古三代秦漢三國六朝文

附索引

中華書局

全三國文目錄

魏

右全魏文五十六卷。一百七十八人。

全三國文目錄　五

全三國文目錄　六

右全吳文十三卷。八十一人。

大凡全三國文二百九十六人。荀彧、荀攸、張松、關羽、孫堅、周瑜、魯肅、呂蒙編入後漢文。

大凡全三國文七十五卷。

全三國文目錄終

全三國文卷一

烏程嚴可均校輯

魏一

武帝一

帝姓曹。諱操。一名吉利。小字阿瞞。沛國譙人。漢相國參之後。靈帝時舉孝廉爲郎。除洛陽北部尉。遷頓丘令。徵拜議郎。光和末拜騎都尉。遷濟南相。徵爲東郡太守。不就。尋徵爲典軍校尉。獻帝初董卓表爲驍騎校尉。逃歸起兵。行奮武將軍。尋領兗州牧。建安元年拜建德將軍。遷鎮東將軍。封費亭侯。假節錄尚書事。尋爲大將軍。封武平侯。進司空。行車騎將軍。九年領冀州牧。十三年爲丞相。十八年策命爲魏公。加九錫。二十一年進爵魏王。二十五年薨。諡曰武王。文帝受禪。追尊曰武皇帝。廟號太祖。有孫子略解一卷。兵書接要十卷。兵法接要三卷。兵書要略九卷。兵法一卷。集三十卷。逸集十卷。

滄海賦

覽島嶼之所有。文選吳都賦劉逵注

登臺賦

引長明。灌街里。水經濁漳水注

鶡雞賦序

鶡雞猛氣。其鬬終無負。期于必死。今人㠯鶡爲冠。像此也。大觀本草十九鶡雞。案魏武賦可見者僅此三事耳。初學記二十四引魏武槐賦序云。王粲直登賢門。㠯藝文類聚八十八校之。則文帝作也。故不錄。

假爲獻帝策收伏后 建安十九年

皇后壽。得由卑賤。登顯尊極。自處椒房。二紀于茲。既無任姒徽音之美。又乏謹身養己之福。而陰懷妒害。苞藏禍心。弗可㠯承天命。奉祖宗。今使御史大夫郗慮持節策詔。其上皇后璽綬。退避中宮。遷于它館。嗚呼傷哉。自壽取之。未致于理。爲幸多焉。後漢書獻帝伏皇后紀下

策立卞后 建安二十四年

夫人卞氏。撫養諸子。有母儀之德。今進位王后。太子諸侯陪位。羣卿上壽。減國內死罪一等。魏志卞皇后傳

領兗州牧表

入司兵校。出總符任。臣㠯累葉受恩。膺和洪施。不敢顧命。是㠯將戈帥甲。順天行誅。雖戮夷覆亡不暇。臣愧㠯興隆之秩。功無所執。㠯僞假實。條不勝華。竊感譏請。益㠯惟谷。藝文類聚五十

和當作荷

陳損益表 初平三年

陛下卽祚。復蒙試用。遂受上將之任。統領二州。內參機事。實所不堪。昔韓非閔韓之削弱。不務富國強兵。用賢任能。臣㠯駑駘之質。而當鐘鼎之任。㠯闇鈍之才。而奉明明之政。顧思念責。亦臣竭節投命之秋也。謹條遵奉舊訓權時之宜十四事。奏如左。庶㠯蒸螢增明太陽。言不足採。藝文類聚五十二

表糜竺領嬴郡 建安元年

泰山郡界曠遠。舊多輕悍。權時之宜。可分五縣爲嬴郡。揀選清廉。㠯爲守將。偏將軍糜竺。素履忠貞。文武昭烈。請㠯竺領嬴郡太守。撫慰吏民。蜀志糜竺傳注引曹公集

謝襲費亭侯表 建安元年

不悟陛下乃尋臣祖父廁豫功臣。克定寇逆。援立孝順皇帝。謂操不忘。獲封茅土。聖恩明發。遠念桑梓。日㠯臣爲忠孝之苗。不復量臣才之豐否。既勉襲爵邑。忝厥祖考。復寵上將鈇鉞之任。兼領大州萬里之憲。內比鼎臣。外參二伯。身荷兼紱之榮。本枝頼無窮之祚也。昔大彭輔殷。昆吾翼夏。功成事就。乃備爵錫。臣束脩無稱。統御無績。比荷殊寵。策命褒績。未盈一時。三命交至。雙金重紫。顯㠯方任。雖不識義。庶知所尤。藝文類聚五十二

此表當作比東

謝置旄頭表

不悟陛下復加後命。命置旄頭。以此表悔。（御覽六百八十七。）

讓還司空印綬表

臣文非師尹之佐。武非折衝之任。遭天之幸。干竊重授。內踵伯禽司空之職。外承呂尚鷹揚之事。斗筲處之。民其瞻觀。水土不平。姦宄未靜。臣常媿辱。憂爲國累。臣無智勇。以助萬一。夙夜斳懼。若集水火。未知何地。可以殞越。（藝文類聚六十七。）

請爵荀彧表　建安八年

臣聞慮爲功首。謀爲賞本。野績不越廟堂。戰多不踰國勳。是故曲阜之錫。不後營丘。蕭何之土。先于平陽。珍策重計。古今所尚。侍中守尚書令彧。積德累行。少長無悔。遭世紛擾。懷忠念治。臣自始舉義兵。周游征伐。與彧戮力同心。左右王略。發言授策。無施不效。彧之功業。臣由以濟。用披浮雲。顯光日月。陛下幸許。彧左右機近。忠恪祗順。如履薄冰。研精極銳。以撫庶事。天下之定。彧之功也。宜享高爵。以彰元勳。（魏志荀彧傳注引彧別傳。）

守尚書令荀彧。自在臣營。參同計畫。周旋征伐。每皆克捷。奇策密謀。悉皆共決。及彧在臺。常私書往來。大小同策。詩美腹心。傳貴廟勝。勳業之定。彧之功也。而臣前後獨荷異寵。心所不安。彧與臣事通功並。宜進封賞。以勸後進者。（袁宏後漢紀二十九。建安八年七月。曹操上言。案此與別傳之表相當。而文全異。）

請封荀攸表

軍師荀攸。自初佐臣。無征不從。前後克敵。皆攸之謀也。（魏志荀攸傳。）

表稱樂進于禁張遼　建安十一年

武力既弘。計略周備。質忠性一。守執節義。每臨戰攻。常爲督率。奮彊突固。無堅不陷。自援枹鼓。手不知倦。又遣別征。統御師旅。撫衆則和。奉令無犯。當敵制決。靡有遺失。論功紀用。各宜顯寵。（魏志樂進傳。）

請增封荀彧表

昔袁紹作逆。連兵官渡。時衆寡糧單。圖欲還許。尚書令荀彧。深建宜往之便。遠恢進討之略。起發臣心。革易愚慮。堅營固守。徼其軍實。遂摧撲大寇。濟危以安。紹既破敗。臣糧亦盡。將舍河北之規。改就荊南之策。彧復備陳得失。用移臣議。故得反旆冀土。克平四州。向使臣退軍官渡。紹必鼓行而前。敵人懷利以自百。臣衆怯沮以喪氣。有必敗之形。無一捷之勢。復若南征劉表。委棄兗豫。飢軍深入。踰越江沔。利既難要。將失本據。而彧建二策。以亡爲存。以禍爲福。謀殊功異。臣所不及。是故先帝貴指縱之功。薄搏獲之賞。古人尚帷幄之規。下攻拔之力。原其續効。足享高爵。而海內未喻其狀。所受不侔其功。臣誠惜之。乞重平議。增疇戶邑。（後漢荀彧傳。又魏志荀彧傳注引彧別傳曰。太祖又表曰。昔袁紹侵入郊甸。戰于官渡。時兵少糧盡。圖欲還許。書與彧議。彧不聽臣。建宜住之便。恢進討之規。更起臣心。易其愚慮。遂摧大逆。覆取其衆。此彧覩勝敗之機。略不世出也。及紹破敗。臣糧亦盡。以爲河北未易圖也。欲南討劉表。彧復止臣。陳其得失。臣用反旆。遂吞凶族。克平四州。向使臣退于官渡。紹必鼓行而前。有傾覆之形。無克捷之勢。後若南征。委棄兗豫。利既難要。將失本據。彧之二策。以亡爲存。以禍致福。謀殊功異。臣所不及也。是以先帝貴指縱之功。薄搏獲之賞。古人尚帷幄之規。下攻拔之捷。前所賞錄。未副彧巍巍之勳。乞重平議。疇其戶邑。又見袁宏後漢紀三十。與別傳及後漢略同。）

表論田疇功

文雅優備。忠武又著。和于撫下。慎于事上。量時度理。進退合義。幽州始擾。胡漢交萃。蕩析離居。靡所依懷。疇率宗人。避難于無終山。北拒盧龍。南守要害。清靜隱約。耕而後食。人民化從。咸共資奉。及袁紹父子威力加于朔野。遠結烏丸。與爲首尾。前後召疇。終不陷撓。後臣奉命。軍次易縣。疇長驅自到。陳討胡之勢。猶廣武之建燕策。薛公之度淮南。又使部曲持臣露布。出誘胡衆。漢民或因亡來。烏丸聞之震蕩。王旅出塞。塗由山中九百餘里。疇帥兵五百。啓導山谷。遂滅烏丸。蕩平塞表。疇文武有效。節義可嘉。誠應寵賞。以旌其美。（魏志田疇傳注引先賢行狀。）

請追增郭嘉封邑表

臣聞褒忠示寵。未必當身。念功惟績。恩隆後嗣。是以楚宗孫叔。顯封厥子。岑彭既沒。爵及支庶。誠賢君殷勤于清良。聖祖敦篤于明勳也。故軍祭酒洧陽亭侯潁川郭嘉。立身著行。稱茂鄉邦。與臣參事。盡節爲國。忠良淵淑。體通性達。每有大議。發言盈廷。執中處理。動無遺策。自在軍旅。十有餘年。行同騎乘。坐共幄席。東禽呂布。西取眭固。斬袁譚之首。平朔土之衆。踰越險塞。盪定烏丸。震威遼東。以梟袁尚。雖假天威。易爲指麾。至于臨敵。發揚誓命。凶逆克殄。勳實由嘉。臣今日所以免戾。嘉與其功。方將表顯。使賞足以報效。薄命夭殞。不終美志。上爲陛下悼惜良臣。下自毒恨喪失奇佐。昔霍去病蚤死。孝武爲之咨嗟。祭遵不究功業。世祖望柩悲慟。仁恩降下。念發五內。今嘉隕命。誠足憐傷。宜追贈加封。竝前千戶。褒亡爲存。厚往勸來也。魏志郭嘉傳注引魏書。又藝文類聚五十一。案魏志郭嘉傳載此表云。軍祭酒郭嘉。自從征伐十有一年。每有大議。臨敵制變。臣策未決。嘉輒成之。平定天下。謀功爲高。不幸短命。事業未終。追思嘉勳。實不可忘。可增邑八百戶。竝前千戶。即前表約文。惟多出增邑八百戶一句。

表論張遼功

登天山。履峻險。以取蘭成。盪寇功也。增邑假節。魏志張遼傳。

掩獲宋金生表

臣前遣討河內獲嘉諸屯。獲生口。辭云。河內有一神人宋金生。令諸屯皆云。鹿角不須守。吾使狗爲汝守。不從其言者。即夜聞有軍兵聲。明日覘屯下。但見虎跡。臣輒部武猛都尉呂納。將兵掩捉得生。輒行軍法。御覽三百三十七。

留荀彧表

臣聞古之遣將。上設監督之重。下建副二之任。所以尊嚴國命。謀而鮮過者也。臣今當濟江。奉辭伐罪。宜有大使。肅將王命。文武竝用。自古有之。使持節侍中守尚書令萬歲亭侯彧。國之重臣。德洽華夏。既停軍所次。便宜與臣俱進。宣示國命。威懷醜虜。軍禮尚速。不及先請。臣輒留彧。依以爲重。後漢荀彧傳。

讓九錫表

臣功小德薄。忝寵已過。進爵益土。非臣所宜。九錫大禮。臣所不稱。惶悸征營。心如炎灼。歸情寫實。冀蒙聽省。不悟陛下復詔褒誘。喻以伊周。未見哀許。臣聞事君之道。犯而勿欺。量能處位。計功受爵。苟所不堪。有損無從。加臣待罪上相。民所具瞻。而自過謬。其謂臣何。藝文類聚五十二。

上器物表

臣祖騰有順帝賜器。今上四石銅鋗四枚。五石銅鋗一枚。御物有純銀粉銚一枚。藥杵臼一具。御覽七百五十七。七百六十二。

奏定制度

三公列侯門施內外塾。方三十畝。御覽百八十五。

奏上九醞酒法

臣縣故令南陽郭芝。有九醞春酒法。用麴三十斤。流水五石。臘月二日漬麴。正月凍解。用好稻米。漉去麴滓。便釀法飲。曰譬諸蟲。雖久多完。三日一釀。滿九斛米止。臣得法釀之。常善。其上清滓亦可飲。若以九醞苦難飲。增爲十釀。差甘易飲。不病。今謹上獻。北堂書鈔一百四十八。又文選南都賦注引魏武集。

奏事

有警急。輒露版插羽。封氏聞見記四。

上雜物疏

御物三十種。有純銀參鏤帶漆畫書案一枚。純銀參帶臺硯一枚。純銀參帶圓硯大小各一枚。書鈔一百三十三。藝文類聚五十八。初學記二十一。御覽六百五。

御物有漆畫韋枕二枚。貴人公主有黑漆韋枕三十枚。書鈔一百三十四。

御物三十種。有純金香爐一枚。下盤自副。貴人公主有純銀香爐四枚。皇太子有純銀香鑪四枚。西園貴人銅香鑪三十枚。書鈔一百三十一、五藝文類聚七十、御覽七百三、八百十二。

御雜物用。有純金書鈔一百三十五作純銀唾壺一枚。漆圓油唾壺四枚。貴人有純銀參帶唾壺三十枚。御覽七百三。

御物有純銀參鏤帶漆畫案一枚。御覽七百十。

御物三十種。有上車漆畫重几大小各一枚。書鈔一百三十三、御覽七百八。

御物有尺二寸金錯鐵鏡一枚。皇后雜物用純銀錯七寸鐵鏡四枚。貴人至公主九寸鐵鏡四十枚。書鈔一百三十六、初學記二十五、御覽七百一十七。

御物中宮貴人公主皇子純銀漆帶鏡一枚。西園貴人純銀參帶五。皇子銀匣一。皇子雜用物十六種純金參帶方嚴四具。御覽八百十二。

鏡臺出魏宮中。有純銀參帶鏡臺一枚。又純銀七貴人公主銀鏡臺四。書鈔一百三十六、初學記二十五、御覽七百一十七。

純銀澡豆奩。純銀括鏤奩。書鈔一百三十五、御覽七百一十七。

銀鏤漆匣四枚。書鈔一百三十五、御覽七百十三。

油漆畫嚴器一。純金參帶畫方嚴器一。御覽七百十七。

御雜物之所得孝順皇帝賜物。有容五石銅澡盤一枚。書鈔一百三十五。

銀畫象牙盤五具。御覽七百五十九。

中宮用物。雜畫象列尺一枚。貴人公主有象牙尺三十枚。宮人有象牙尺百五十枚。骨尺五十枚。御覽八百三十。

中宮雜物。雜象牙管鍼筩一枚。御覽八百三十。

上書理竇武陳蕃

武等正直。而見陷害。姦邪盈朝。善人壅塞。魏志武帝紀注引魏書。

兗州牧上書

山陽郡有美梨。謹上縹帳二。綈縑十斤。甘梨二箱。椑棗二箱。初學記二十、御覽八百三十、又九百六十九、九百七十一。

上書讓增封　建安元年

退当作追

無非常之功。而受非常之福。是用憂結。比章歸聞。天慈無已。未即聽許。臣雖不敏。猶知讓不過三。所以仍布腹心。至于四五。上欲陛下爵不失實。下為臣身免于苟取。藝文類聚五十一。

又上書讓封　建安元年

臣誅除暴逆。克定二州。四方來貢。以為臣之功。蕭相國以關中之勞。一門受封。鄧禹以河北之勤。連城食邑。考功效實。非臣之勳。臣祖父中常侍侯時。但從輦扶翼左右。既非首謀。又不奮戟。並受爵封。暨臣三葉。臣聞易豫卦曰。利建侯行師。有功乃當進立以為諸侯也。又訟卦六三曰。食舊德。或從王事。謂先祖有大德若從王事有功者。子孫乃得食其祿也。伏惟陛下垂乾坤之仁。降雲雨之潤。遠錄先臣扶掖之節。採臣在戎犬馬之用。優策褒崇。光曜顯量。非臣尪頑。所能克堪。藝文類聚五十一。

上書讓費亭侯

臣伏讀前後策命。既錄臣庸才微功。乃復退述先臣。幽讚顯揚。見得思義。屏營怖懼。未知首領所當所授。故古人忠臣。或有連城而不辭。或有一邑而違命。所以然者。欲必正其名也。又禮制諸侯國土以紹。子孫有功者當更受封。不得增襲其有。所增者謂國未紹也。或有所襲者。謂先祖功大也。數未極。無故斷絕。故追紹之也。臣自三省。先臣雖有扶輦微勞。不應受爵。豈逮臣三葉。若錄臣關東微功。皆祖宗之靈祐。陛下之聖德。豈臣愚陋。何能克堪。藝文類聚五十一。

上書讓增封武平侯及費亭侯

伏自三省。姿質頑素。材志鄙下。進無匡輔之功。退有拾遺之美。雖有犬馬微勞。非獨臣力。皆由部曲將校之助。陛下前追念先臣微功。使臣續襲爵土。祖考蒙光照之榮。臣受不貲之分。未有絲髮以自報効。昔齊侯欲更晏嬰之宅。嬰曰。臣之先容焉。臣不足以繼之。卒違公命。以成私志。臣自顧省。不克負荷。食舊為幸。雖上德在弘。

下有困劃，臣三葉累寵，皆統極位，義在殞越，豈敢飾辭。五十一 藝文類聚

上書謝策命魏公 建安十八年五月

臣蒙先帝厚恩，致位郎署，受性疲怠，意望畢足，非敢希望高位，庶幾顯達。會董卓作亂，義當死難，故敢奮身出命，摧鋒率衆，遂值千載之運，奉役目下。當二袁炎沸侵侮之際，陛下與臣寒心同憂，顧瞻京師，進受猛敵，常恐君臣俱陷虎口，臣不自意能全首領。賴祖宗靈祐，醜類夷滅，得使微臣竊名其間。陛下加恩，授以上相，封爵寵祿，豐大弘厚，生平之願，實不望也。口與心計，幸且待罪，保持列侯，遺付子孫，自託聖世，永無憂責。不意陛下乃發盛意，開國備錫，以貺愚臣，地比齊魯，禮同藩王，非臣無功所宜膺據。歸情上聞，不蒙聽許，嚴詔切至，誠使臣心俯仰逼迫。伏自惟省，列在大臣，命制王室，身非己有，豈敢自私，遂其愚意，亦將黜退，令就初服。今奉疆土，備數藩翰，非敢遠期，慮有後世；至于父子，相誓終身，灰軀盡命，報塞厚恩。天威在顏，悚懼受詔。魏志武帝紀注引魏略

上言破袁紹 建安五年十月

大將軍鄴侯袁紹前與冀州牧韓馥立故大司馬劉虞，刻作金璽，遣故任長畢瑜詣虞，爲說命祿之數。又紹與臣書云：可都鄄城，當有所立。擅鑄金銀印，孝廉計吏，皆往詣紹。從弟濟陰太守敘與紹書云：今海內喪敗，天意實在我家，神應有徵，當在尊兄。南兄臣下欲使即位，南兄言以年則北兄長，以位則北兄重。便欲送璽，會曹操斷道。紹宗族累世受國重恩，而凶逆無道，乃至于此。輒勒兵馬，與戰官渡，乘聖朝之威，得斬紹大將淳于瓊等八人首，遂大破潰。紹與子譚輕身迸走。凡斬首七萬餘級，輜重財物巨億。魏志武帝紀注引獻帝起居注

破袁尚上事

臣前上言逆賊袁尚還，即厲精銳討之。今尚人徒震蕩，部曲喪守，引兵遁亡。陳車被堅執銳，朱旗震耀，虎士雷譟，望旗眩精，聞聲喪氣，投戈解甲，翕然沮壞。尚單騎遁走，捐棄僞節、鈒鐵、大將軍郟鄉侯印各一枚，兜鍪萬九千六百二十枚，其矛楯弓戟，不可勝數。御覽三百五十六

車當作軍 陳上脫臣字 鈒鐵當作鉞鈇

授崔琰東曹教

君有伯夷之風，史魚之直，貪夫慕名而清，壯士尚稱而厲，斯可以率時者已。故授東曹，往踐厥職。魏志崔琰傳

決議田疇讓官教

昔夷齊棄爵而譏武王，可謂愚闇，孔子猶以爲求仁得仁。疇之所守，雖不合道，但欲清高耳。使天下悉如疇志，即墨翟兼愛尚同之事，而老聃使民結繩之道也。外議雖善，爲復令司隸以決之。魏志田疇傳注引魏略

與韓遂教 建安十六年

謝文約：卿始起兵時，自有所逼，我所具明也。當早來共匡輔國朝。魏志張既傳注引魏略

征吳教

今孤戒嚴，未知所之，有諫者死。魏志賈逵傳

原賈逵教

逵無惡意，原復其職。魏志賈逵傳

合肥密教

若孫權至者，張李將軍出戰，樂將軍守護軍，勿得與戰。魏志張遼傳

賜袁渙家穀教

以太倉穀千斛，賜郎中令之家。

以垣下穀千斛，與曜卿家。

以太倉穀者，官法也；以垣下穀者，親舊也。已上三教並魏志袁渙傳

全三國文卷一終

全三國文卷二

烏程嚴可均校輯

魏二

武帝二

置屯田令 當在初平興平間

夫定國之術在于彊兵足食秦人㠯急農兼天下孝武㠯屯田定西域此先世之良式也 晉書食貨志魏武既破黃巾羽林監潁川棗祗建置屯田議乃令云云

爲徐宣議劉馥下令 當在建安二年後四年前

喪亂已來風教凋薄謗議之言難用褒貶自建安㠯前一切勿論其㠯斷前誹議者㠯其罪罪之 魏志劉馥傳

褒賞令

別部司馬請立齊桓公神堂使記室阮瑀議之 北堂書鈔六十九

加棗祗子處中封爵並祀祗令 建安六年

故陳留太守棗祗天性忠能始共舉義兵周旋征討後袁紹在冀州亦貪祗欲得之祗深附託于孤使領東阿令呂布之亂兗州皆叛惟范東阿完在由祗㠯兵據城之力也後大軍糧乏得東阿㠯繼祗之功也及破黃巾定許得賊資業當興立屯田時議者皆言當計牛輸穀佃科㠯定施行後祗白㠯爲僦牛輸穀大收不增穀有水旱災除大不便反覆來說孤猶㠯爲當如故大收不可復改易祗猶執之孤不知所從使與荀令君議之故軍祭酒侯聲云科取官牛爲官田計如祗議于官便于客不便聲懷此云云㠯疑令君祗猶自信據計畫還白執分田之術孤乃然之使爲屯田都尉施設田業其時歲則大收後遂因此大田豐足軍用摧滅羣逆克定天下㠯隆王室祗興其功不幸早沒追贈㠯郡猶未副之今重思之祗宜受封稽留至今孤之過也祗子處中宜加封爵㠯祀祗爲不朽之事 魏志任峻傳注引魏武故事

軍譙令

吾起義兵爲天下除暴亂舊土人民死喪略盡國中終日行不見所識使吾悽愴傷懷其舉義兵已來將士絕無後者求其親戚㠯後之授土田官給耕牛置學師㠯教之爲存者立廟使祀其先人魂而有靈吾百年之後何恨哉 魏志武帝紀御覽六百三十七

敗軍令

令司馬法將軍死綏故趙括之母乞不坐括是古之將者軍破于外而家受罪于內也自命將征行但賞功而不罰罪非國典也其令諸將出征敗軍者抵罪失利者免官爵 魏志武帝紀又文館詞林六百九十五案諸令篇首文館詞林皆有令字猶詔書首有制詔二字也

論吏士行能令

令議者或㠯軍吏雖有功能德行不足堪任郡國之選所謂可與適道未可與權者也管仲曰使賢者食于能則上尊鬬士食于功

則卒輕死二者設于國則天下治未聞無能之人不鬬之士並受祿賞而可㠯立功興國者也故明君不官無功之臣不賞不戰之士治平尚德行有事賞功能論者之言一似管窺虎歟 魏志武帝紀注引魏書又文館詞林六百九十五

脩學令

令喪亂㠯來十有五年後生者不見仁義禮讓之風吾甚傷之其令郡國各脩文學縣滿五百戶置校官選其鄉之俊造而教學之庶幾先王之道不廢而有㠯益于天下 魏志武帝紀又文館詞林六百九十五

蠲河北租賦令

河北罹袁氏之難其令無出今年租賦 魏志武帝紀

收田租令

令有國有家者不患寡而患不均不患貧而患不安袁氏之治也使豪彊擅恣親戚兼并下民貧弱代出租賦衒鬻家財不足應命

（文館詞林作不足畢負）審覈宗族至于藏匿罪人爲逋逃主欲望百姓親附甲兵彊盛豈可得邪其收田租畝四升戶出絹二匹緜二斤而已他不得擅興發郡國守相明檢察之無令彊民有所隱藏而弱民兼賦也（魏志武帝紀注引魏書又文館詞林六百六十五）

誅袁譚令

敢有哭之者戮及妻子（御覽四百二十二引傅子）

赦袁氏同惡及禁復讎厚葬令

其與袁氏同惡者與之更始令民不得復私讎禁厚葬皆一之㠯法（魏志武帝紀）

整齊風俗令

阿黨比周先聖所疾也聞冀州俗父子異部更相毀譽昔直不疑無兄世人謂之盜嫂第五伯魚三娶孤女謂之撾婦翁王鳳擅權谷永比之申伯王商忠議張匡謂之左道此皆㠯白爲黑欺天罔君者也吾欲整齊風俗四者不除吾㠯爲羞（魏志武帝紀又文館詞林六百九十五）

選舉令

夫遣人使于四方古人所慎擇也故仲尼曰使乎使乎言其難也（初學記二十）

今鄴縣甚大一鄉萬數千戶兼人之吏未易得也（書鈔七十七）

聞小吏或有著巾幘（書鈔七十七）

魏諸官印各㠯官爲名印如漢法斷二千石者章

國家舊法選尚書郎取年未五十者使文筆真草有才能謹慎典曹治事起草立義又㠯草呈示令僕訖乃付令史書之耳書訖共省讀內之事本來臺郎統之令史不行知也書之不好令史坐之至于謬誤讀省者之責若郎不能爲文書當御史令是爲牽牛不可㠯服箱而當取辯于繭角也（御覽二百十五）

令詔書省司隸官鍾校尉材智決洞通敏先覺可上請參軍事㠯輔闕政（御覽二百四十九引魏武選令）

諺曰失晨之雞思補更鳴昔季闌在白馬有受金奴婢之罪棄而弗問後㠯爲濟北相㠯其能故（御覽四百九十八）

明罰令

聞太原上黨西河鴈門冬至後百有五日皆絕火寒食云爲介子推子胥沈江吳人未有絕水之事至于推獨爲寒食豈不悖乎且北方沍寒之地老少羸弱將有不堪之患令到人不得寒食若犯者家長半歲刑主使百日刑令長奪一月俸（藝文類聚四御覽二十八又三十又八百六十八）

求言令

夫治世御眾建立輔弼誡在面從詩稱聽用我謀庶無大悔斯實君臣懇懇之求也吾充重任每懼失中頻年㠯來不聞嘉謀豈吾開延不勤之咎邪自今㠯後諸掾屬治中別駕常㠯月旦各言其失吾將覽焉（魏志武帝紀注引魏書又文館詞林六百九十五）

自今諸掾屬侍中別駕常㠯月朔各進得失紙書函封主者朝常給紙函各一（初學記二十一紙）

舉泰山太守呂虔茂才令

夫有其志必成其事蓋烈士之所徇也卿在郡㠯來禽姦討暴百姓獲安躬蹈矢石所征輒克昔寇恂立名于汝潁耿弇建策于青兗古今一也舉茂才加騎都尉如故（魏志呂虔傳）

（如故上脫典郡二字）

辨衛臻不同朱越謀反論

孤與卿君同共舉事加欽令問始聞越言固自不信及得荀令君書具亮忠誠（魏志衛臻傳）

封功臣令

吾起義兵誅暴亂于今十九年所征必克豈吾功哉乃賢士大夫

復當作服

之力也。天下雖未悉定。吾當要與賢士大夫共定之。而專饗其勞。吾何以安焉。其促定功行封。魏志武帝紀

下令大論功行封

忠正密謀。撫寧內外。文若是也。公達其次也。魏志荀攸傳

分租與諸將掾屬令

令。趙奢竇嬰之為將也。受賜千金。一朝散之。故能濟成大功。永世流聲。吾讀其文。未嘗不慕其為人也。與諸將士大夫共從戎事。幸賴賢人不愛其謀。羣士不遺其力。是以夷險平亂。而吾得竊大賞。戶邑三萬。追思竇嬰散金之義。今分所受租與諸將掾屬及故戍于陳蔡者。庶以疇答眾勞。不擅大惠也。宜差死事之孤。以租穀及之。若年殷用足。租奉畢入。將大與眾人悉共饗之。魏志武帝紀注引魏書又文館詞林六百九十五

告涿郡太守令 建安十二年七月

故北中郎將盧植。名著海內。學為儒宗。士之楷模。乃國之楨幹也。昔武王入殷。封商容之閭。鄭喪子產。而仲尼隕涕。孤到此州。嘉其餘風。春秋之義。賢者之後。有異于人。今亟敬遣丞掾修其墳墓。存其子孫。竝致薄醊。以彰厥德。魏志盧毓傳注引續漢書又見藝文類聚四十。

下田疇令

田子泰非吾所宜吏者。魏志田疇傳。

聽田疇讓封令

昔伯成棄國。夏后不奪。將欲使高尚之士。優賢之主。不止于一世也。其聽疇所執。魏志田疇傳注引魏書。

表劉琮令 建安十三年九月

楚有江漢山川之險。後復先彊。與秦爭衡。荊州則其故地。劉鎮南久用其民矣。身沒之後。諸子鼎峙。雖終難全。猶可引日。青州刺史琮。心高志潔。智深慮廣。輕榮重義。薄利厚德。蔑萬里之業。忽三軍

之眾。篤中正之體。敦令名之譽。上耀先君之遺塵。下圖不朽之餘祚。鮑永之棄并州。竇融之離五郡。未足以喻也。雖封列侯一州之位。猶恨此寵未副其人。而比有牋求還州。監史雖尊。秩祿未優。今聽所執。表琮為諫議大夫。參同軍事。魏志劉表傳注引魏武帝故事。

宣示孔融罪狀令

太中大夫孔融既伏其罪矣。然世人之采其虛名。失于核實。見融浮豔。好作變異。眩其誑詐。不復察其亂俗也。此州人說平原禰衡受傳融論。以為父母與人無親。譬若缻器。寄盛其中。又言若遭饑饉。而父不肖。寧贍活餘人。融違天反道。敗倫亂理。雖肆市朝。猶恨其晚。更以此事列上。宣示諸軍將校掾屬。皆使聞見。魏志崔琰傳注引魏氏春秋

為張範下令

邴原名高德大。清規邈世。魁然而峙。不為孤用。聞張子頗欲學之。吾恐造之者富。隨之者貧也。魏志邴原傳注引原別傳

爵封田疇令

蓨令田疇。至節高尚。遭值州里戎夏交亂。引身深山。研精味道。百姓從之。以成都邑。袁賊之盛。命召不屈。慷慨守志。以徼真主。及孤奉詔征定河北。遂服幽都。將定胡寇。時加禮命。疇即受署。陳建攻胡蹊路所由。率齊山民。一時向化。開塞導送。供承使役。路近而便。令虜不意。斬蹋頓于白狼。遂長驅于柳城。疇有力焉。及軍入塞。將圖其功。表封亭侯。食邑五百。而疇懇惻。前後辭賞。出入三載。歷年未賜。此為成一人之高。甚違王典。失之多矣。宜從表封。無久留吾過。魏志田疇傳注引先賢行狀

存卹從軍吏士家室令

自頃以來。軍數征行。或遇疫氣。吏士死亡不歸。家室怨曠。百姓流離。而仁者豈樂之哉。不得已也。其令死者家無基業不能自存者。

縣官勿絕廩長吏存卹撫循㠯稱吾意（魏志武帝紀）

㠯蔣濟爲揚州別駕令

季子爲臣吳宜有君今君還州吾無憂矣（魏志蔣濟傳）

辟蔣濟爲丞相主簿西曹屬令

舜舉皋陶不仁者遠臧否得中望于賢屬矣（魏志蔣濟傳）

求賢令

自古受命及中興之君曷嘗不得賢人君子與之共治天下者乎及其得賢也曾不出閭巷豈幸相遇哉上之人不求之耳今天下尚未定此特求賢之急時也孟公綽爲趙魏老則優不可㠯爲滕薛大夫若必廉士而後可用則齊桓其何㠯霸世今天下得無有被褐懷玉而釣于渭濱者乎又得無有盜嫂受金而未遇無知者乎二三子其佐我明揚仄陋唯才是舉吾得而用之（魏志武帝紀又文館詞林六百九十五）

讓縣自明本志令

孤始舉孝廉年少自㠯本非巖穴知名之士恐爲海內人之所見凡愚欲爲一郡守好作政教㠯建立名譽使世士明知之故在濟南始除殘去穢平心選舉違迕諸常侍㠯爲彊豪所忿恐致家禍故㠯病還去官之後年紀尚少顧視同歲中年有五十未名爲老內自圖之從此卻去二十年待天下淸乃與同歲中始舉者等耳故㠯四時歸鄉里于譙東五十里築精舍欲秋夏讀書冬春射獵求底下之地欲㠯泥水自蔽絕賓客往來之望然不能得如意後徵爲都尉遷典軍校尉意遂更欲爲國家討賊立功欲望封侯作征西將軍然後題墓道言漢故征西將軍曹侯之墓此其志也而遭値董卓之難興舉義兵是時合兵能多得耳然常自損不欲多之所㠯然者多兵意盛與彊敵爭倘更爲禍始故汴水之戰數千後還到揚州更募亦復不過三千人此其本志有限也後領兗州

破降黃巾三十萬衆又袁術僭號于九江下皆稱臣名門曰建號門衣被皆爲天子之制兩婦預爭爲皇后志計已定人有勸術使遂即帝位露布天下荅言曹公尚在未可也後孤討禽其四將獲其人衆遂使術窮亡解沮發病而死及至袁紹據河北兵勢彊盛孤自度勢實不敵之但計投死爲國㠯義滅身足垂于後幸而破紹梟其二子又劉表自㠯爲宗室包藏奸心乍前乍卻㠯觀世事據有當州孤復定之遂平天下身爲宰相人臣之貴已極意望已過矣今孤言此若爲自大欲人言盡故無諱耳設使國家無有孤不知當幾人稱帝幾人稱王或者人見孤彊盛又性不信天命之事恐私心相評言有不遜之志妄相忖度每用耿耿齊桓晉文所㠯垂稱至今日者㠯其兵勢廣大猶能奉事周室也論語云三分天下有其二㠯服事殷周之德可謂至德矣夫能㠯大事小也昔樂毅走趙趙王欲與之圖燕樂毅伏而垂泣對曰臣事昭王猶事

當當作荆

大王臣若獲戾放在他國沒世然後已不忍謀趙之徒隸況燕後嗣乎胡亥之殺蒙恬也恬曰自吾先人及至子孫積信于秦三世矣今臣將兵三十餘萬其勢足㠯背叛然自知必死而守義者不敢辱先人之教㠯忘先王也孤每讀此二人書未嘗不愴然流涕也孤祖父㠯至孤身皆當親重之任可謂見信者矣㠯及子植兄弟過于三世矣孤非徒對諸君說此也常㠯語妻妾皆令深知此意孤謂之言顧我萬年之後汝曹皆當出嫁欲令傳道我心使他人皆知之孤此言皆肝鬲之要也所㠯勤勤懇懇敘心腹者見周公有金縢之書㠯自明恐人不信之故然欲孤便爾委捐所典兵衆㠯還執事歸就武平侯國實不可也何者誠恐已離兵爲人所禍也既爲子孫計又己敗則國家傾危是㠯不得慕虛名而處實禍此所不得爲也前朝恩封三子爲侯固辭不受今更欲受之非欲復㠯爲榮欲㠯爲外援爲萬安計孤聞介推之避晉封申胥之

植當作桓

逃楚賞。求嘗不舍書而歎。有㠯自省也。奉國威靈。仗鉞征伐。推弱㠯克彊。處小而禽大。意之所圖。動無違事。心之所慮。何向不濟。遂蕩平天下。不辱主命。可謂天助漢室。非人力也。然封兼四縣。食戶三萬。何德堪之。江湖未靜。不可讓位。至于邑土。可得而辭。今上還陽夏、柘、苦三縣戶二萬。但食武平萬戶。且㠯分損謗議。少減孤之責也。魏志武帝紀注引魏武故事

轉邴原五官長史令 建安十六年

子弱不才。懼其難正。貪欲相屈㠯匡勵之。雖云利賢能。不恧恧。魏志邴原傳注

下令增杜畿秩 建安十六年九月

河東大守杜畿。孔子所謂禹吾無間然矣。增秩中二千石。魏志杜畿傳

隴右平定下令

姜敘之母。明智乃爾。雖楊敞之妻。蓋不過也。御覽四百四十一引皇甫謐列女傳

止省東曹令

日出于東。月盛于東。凡人言方。亦復先東。何㠯省東曹。魏志毛玠傳

辭九錫令

夫受九錫。廣開土宇。周公其人也。漢之異姓入王者。與高祖俱起布衣。𠛬定王業。其功至大。吾何可比之。魏志武帝紀注引魏書

㠯高柔爲理曹掾令

夫治定之化。㠯禮爲首。撥亂之政。㠯刑爲先。是㠯舜流四凶族。皋陶作士。漢祖除秦苛法。蕭何定律。掾清識平當。明于憲典。勉恤之哉。魏志高柔傳

復肉刑令

安得通理君子達于古今者。使平斯事乎。昔陳鴻臚㠯爲死刑有可加于仁恩者。正謂此也。御史中丞能申其父之論乎。魏志陳羣傳

㠯杜畿爲尚書仍鎮河東令

昔蕭何定關中。寇恂平河內。卿有其功。間將授卿㠯納言之職。顧念河東。吾股肱郡。充實之所。足㠯制天下。故且煩卿臥鎮之。魏志杜畿傳

與和洽辯毛玠謗毀令

今言事者白玠不但謗吾也。乃復爲崔琰觖望。此損君臣恩義。妄爲死友怨歎。殆不可忍也。昔蕭曹與高祖並起微賤。致功立勳。高祖每在屈筰。二相恭順。臣道益彰。所㠯祚及後世也。和侍中比求實之。所㠯不聽。欲重參之耳。魏志和洽傳

悼荀攸下令

孤與荀公達周游二十餘年。無毫毛可非者。魏志荀攸傳注引魏書

荀公達真賢人也。所謂溫良恭儉讓㠯得之。孔子稱晏平仲善與人交。久而敬之。公達即其人也。同上

夏侯淵平隴右令

宋建造爲亂逆。三十餘年。淵一舉滅之。虎步關右。所向無前。仲尼有言。吾與爾不如也。魏志夏侯淵傳

敕有司取士毋廢偏短令

夫有行之士。未必能進取。進取之士。未必能有行也。陳平豈篤行。蘇秦豈守信耶。而陳平定漢業。蘇秦濟弱燕。由此言之。士有偏短。庸可廢乎。有司明思此義。則士無遺滯。官無廢業矣。魏志武帝紀又文館詞林六百九十五

選軍中典獄令

夫刑。百姓之命也。而軍中典獄者或非其人。而任㠯三軍死生之事。吾甚懼之。其選明達法理者。使持典刑。魏志武帝紀又通典二十九

高選諸子官屬令

侯家吏。宜得淵深法度如邢顒輩。魏志邢顒傳

春祠令

見當作兒

兒子之子當作中

令。議者以為祠廟上殿當解履。吾受錫命。帶劍。不解履上殿。今有事于廟。而解履上殿。是尊先公而替王命。敬父祖而簡君主。故吾不敢解履上殿也。又臨祭就洗。以手擬水而不盥。夫盥以潔為敬。未聞擬向不盥之禮。且祭如在。祭神如神在。故吾親受水而盥也。又降神禮訖。下階就坐而立。須奏樂畢竟。似若不衎。（魏志誤作衍、今從文館詞林）烈祖遲祭不速訖也。故吾坐俟樂闋送神乃起也。受胙納神。（魏志誤作神、下文納于神亦誤作神、今從文選詞林）以授侍中。此為敬恭不終實也。古者親執祭事。故吾親納于神。終抱而歸也。仲尼曰。雖違眾。吾從下。誠哉斯言也。（魏志武帝紀注引魏書、又文館詞林六百九十五、御覽七百六十一）

諸兒令

今壽春、漢中、長安。先欲使一兒各往督令之。欲擇慈孝不違吾令。亦未知用誰也。兒雖小時見愛。而長大能善。必用之。吾非有二言也。不但不私臣吏。兒子亦不欲有所私。（御覽四百二十九）

賜死崔琰令

琰雖見刑。而通賓客。門若市人。對賓客虯鬚直視。若有所瞋。（魏志崔琰傳）

賜夏侯惇伎樂名倡令

魏絳以和戎之功。猶受金石之樂。況將軍乎。（魏志夏侯惇傳）

曹植私出開司馬門下令

始者謂子建。兒子最可定大事。（魏志陳思王植傳注引魏武故事）

自臨菑侯植私出開司馬門至金門。令吾異目視此兒矣。（同上）

又下諸侯長史令

諸侯長史及帳下吏。知吾出輒將諸侯行意否。從子建私開司馬門來。吾都不復信諸侯也。恐吾適出。便復私出。故攝將行。不可恒使吾爾誰為心腹也。（魏志陳思王植傳注引魏武故事）

舉賢勿拘品行令

昔伊摯、傅說出于賤人。管仲。桓公賊也。皆用之以興。蕭何、曹參。縣吏也。韓信、陳平負汙辱之名。有見笑之恥。卒能成就王業。聲著千載。吳起貪將。殺妻自信。散金求官。母死不歸。然在魏。秦人不敢東向。在楚則三晉不敢南謀。今天下得無有至德之人放在民間。及果勇不顧。臨敵力戰。若文俗之吏。高才異質。或堪為將守。負汙辱之名。見笑之行。或不仁不孝。而有治國用兵之術。其各舉所知。勿有所遺。（魏志武帝紀注引魏書）

立太子令

告子文。汝等悉為侯。而子桓獨不封。止為五官中郎將。此是太子可知矣。（御覽二百四十一引魏武令。案、鄢陵侯彰、字子文。）

全三國文卷二終

烏程嚴可均校輯

魏三

武帝三

使辛毗曹休參治下辨令　二十二年十月

昔高祖貪財好色，而良平匡其過失。今佐治文烈憂不輕矣。魏志辛毗傳。

敕王必領長史令　二十三年正月

領長史王必，是吾披荊棘時吏也。忠能勤事，心如鐵石，國之良吏也。蹉跌久未辟之，舍騏驥而弗乘，焉遑遑而更求哉？故教辟之，已署所宜，便以領長史統事如故。魏志武帝紀注引魏武故事。又御覽二百四十八。案魏志杜襲傳有釋騏驥而不乘，焉皇皇而更索二語，蓋兩令皆有此也。

贍給災民令　二十三年四月

去冬天降疫癘，民有凋傷，軍興于外，墾田損少，吾甚憂之。其令吏民男女：女年七十已上無夫子，若年十二已下無父母兄弟，及目無所見，手不能作，足不能行，而無妻子父兄產業者，廩食終身。幼者至十二止。貧窮不能自贍者，隨口給貸。老耄須待養者，年九十已上，復不事，家一人。魏志魏武帝紀注引魏書。

終令　宋志引題如此。

古之葬者，必居瘠薄之地。其規西門豹祠西原上為壽陵，因高為基，不封不樹。周禮冢人掌公墓之地，凡諸侯居左右以前，卿大夫居後，漢制亦謂之陪陵。其公卿大臣列將有功者，宜陪壽陵，其廣為兆域，使足相容。魏志武帝紀、宋書禮志二。

假徐晃節令

此閤道，漢中之險要咽喉也。劉備欲斷絕外內，以取漢中。將軍一舉克奪賊計，善之善者也。魏志徐晃傳。

殿當作設

在陽平將還師令

雞肋。魏志武帝紀注引九州春秋。

選留府長史令

釋騏驥而不乘，焉皇皇而更索？魏志杜襲傳。

原劉廙令

叔向不坐弟虎，古之制也。特原不問。魏志劉廙傳。

遣徐商呂建等詣徐晃令

須兵馬集至，乃俱前。魏志徐晃傳。

以徐奕為中尉令

昔楚有子玉，文公為之側席而坐；汲黯在朝，淮南為之折謀。詩稱邦之司直，君之謂與？魏志徐奕傳。

勞徐晃令

賊圍塹鹿角十重，將軍致戰全勝，遂陷賊圍，多斬首虜。吾用兵三十餘年，及所聞古之善用兵者，未有長驅徑入敵圍者也。且樊襄之在圍，過于莒即墨，將軍之功，踰孫武穰苴。魏志徐晃傳。

追稱丁幼陽令

昔吾同縣有丁幼陽者，其人衣冠良士，又學問材器，吾愛之。後以憂恚得狂疾，即差愈，往來故當共宿止。吾常遣歸，謂之曰：昔狂病儻發作，持兵刃，我畏汝。俱共大笑，輒遣不與共宿。御覽七百三十九。

內誡令

平參王作問大人語，元盈言：卒位上殿青布帳，教撤去，以為大人自可施帳，當令君臣上下悉共見。書鈔未改本一百三十二。

孤不好鮮飾嚴具，所用雜新皮韋笥，以黃韋緣中。遇亂無韋笥，乃作方竹嚴具，以帛衣麤布作裏，此孤之平常所用也。書鈔未改本一百三十六。

百鍊利器，以辟不祥，攝服姦宄者也。御覽三百四十五。

吾衣被皆十歲也，歲歲解浣補納之耳。御覽四百三十、八百十九。

醜當作配　香燒當作燒香

貴人位爲貴人金印藍紱。女人爵位之極。御覽六百九十一。

吏民多製文繡之服。履絲不得過絳紫金黃絲織履。前于江陵得雜綵絲履。以與家約。當盡著此履。不得效作也。御覽六百九十七。

孤有逆氣病。常儲水臥頭。以銅器盛。臭惡。前以銀作小方器。人不解。謂孤喜銀物。令以木作。御覽七百五十六。

昔天下初定。吾便禁家內不得熏香。後諸女醜國家。因此得香燒。吾不燒香。恨不遂初禁。令復禁不得燒香。其所藏衣香著身亦不得。御覽九百八十一。

房屋不潔。聽燒楓膠及蕙香。御覽九百八十二。

禮讓令

里諺曰。讓禮一寸。得禮一尺。斯合經之要矣。藝文類聚二十一。御覽四百二十四。

辭爵逃祿。不以利累名。不以位虧德之謂讓。藝文類聚二十一。御覽四百二十四引魏武襍事。

清時令

今清時。但當盡忠于國。效力王事。雖私結好于他人。用千匹絹萬石穀。猶無所益。

造發石車令

傳言旝動而鼓。本注云。說文曰。旝。發石車也。御覽三百三十七引魏武本紀。

百辟刀令

往歲作百辟刀五枚。適成。先以一與五官將。其餘四。吾諸子中有不好武而好文學者。將以次與之。藝文類聚六十。御覽三百四十五。

鼓吹令

孤所以能常以少兵敵衆者。常念增戰士。忽餘事。是以往者有鼓吹。而使步行。爲戰士愛馬也。不樂多署吏。爲戰士愛糧也。御覽五百六十七。

戒飲山水令

長當作表　部下當作都伯

凡山水甚强寒。飲之皆令人痢。御覽七百四十三。

軍策令

孤先在襄邑。有起兵意。與工師共作卑手刀。時北海孫賓碩來候孤。譏孤曰。當慕其大者。乃與工師共作刀耶。孤荅曰。能小復能大。何害。書鈔一百二十三。御覽三百四十六。

袁本初鎧萬領。吾大鎧二十領。本初馬鎧三百具。吾不能有十具。見其少遂不施也。吾遂出奇破之。是時士卒練甲不與今時等也。御覽三百五十六。

夏侯淵今月賊燒郤鹿角。鹿角去本營十五里。淵將四百兵行鹿角。因使士補之。賊山上望見。從谷中卒出。淵使兵與鬬。賊遂繞出其後。兵退而淵未至。甚可傷。淵本非能用兵也。軍中呼爲白地將軍。爲督帥尚不當親戰。況補鹿角乎。御覽三百三十七。

軍令

兵欲作陳對敵營。先白表。乃引兵就長而陳。皆無諠譁。明聽鼓音。旗幡麾前則前。麾後則後。麾左則左。麾右則右。不聞令而擅前後左右者斬。伍中有不進者。伍長殺之。伍長不進。什長殺之。什長不進。部下殺之。督戰部曲將拔刃在後。察違令不進者斬之。一部受敵。餘部有不進救者斬之。御覽二百九十六。

吾將士無張弓弩于軍中。其隨大軍行。其欲試調弓弩者。得張之。不得著箭。犯者鞭二百。沒入。吏不得于營中屠殺賣之。犯令沒所賣皮。都督不糺白。杖五十。始出營。豎矛戟。舒幡旗。鳴鼓。行三里。辟矛戟。結幡旗。止鼓。將至營。舒幡旗。鳴鼓。至營訖。復結幡旗。止鼓。違令者髡翦以徇。軍行不得斫伐田中五果桑柘棘棗。通典一百四十九。

船戰令

雷鼓一通。吏士皆嚴。再通。什伍皆就船。整持櫓棹。戰士各持兵器就船。各當其所。幢幡旗鼓。各隨將所載船。鼓三通鳴。大小戰船以

下住字衍

次發左不得至右右不得至左前後不得易違令者斬通典一百四十九御覽三百二十四

步戰令

嚴鼓一通步騎悉裝再通騎上馬步結屯三通以次出之隨幡所指住者結屯住幡後聞急鼓音整陳斥候者視地形廣狹從四角而立表制戰陳之宜諸部曲者各自安部陳兵疏數兵曹舉白不如令者斬兵若欲作陳對敵營先白表乃引兵就表而陳臨陳皆無讙譁明聽鼓音旗幡麾前則前麾後則後麾左則左麾右則右麾不聞令而擅前後左右者斬伍中有不進者伍長殺之伍長有不進者什長殺之什長有不進者都伯殺之督戰部曲將拔刃在後察違令不進者斬之一部受敵餘部不進救者斬臨戰兵弩不可離陳離陳伍長什長不舉發與同罪無將軍令妄行陳間者斬臨戰陳騎皆當在軍兩頭前陷陳騎次之游騎在後違令髡鞭二

百兵進退入陳間者斬若步騎與賊對陳臨時見地勢便欲使騎獨進討賊者聞三鼓音騎特從兩頭進戰視麾所指聞三金音還此但謂獨進戰時也其步騎大戰進退自如法吏士向陳騎馳馬者斬吏士有妄呼大聲者斬追賊不得獨在前在後犯令者罰金四兩士將戰皆不得取牛馬衣物犯令者斬進戰士各隨其號不隨號者雖有功不賞進戰後兵出前前兵在後雖有功不賞臨陳牙門將騎督明受都令諸部與都督將吏士各戰時校督部曲督住陳後察凡違令畏懦者口有急聞雷鼓音絕後六音嚴畢白辨便出卒逃歸斬之一日家人弗捕執及不言于吏盡與同罪通典一百四十九御覽三百

營緣令

諸私家不得有緣衛等御覽七百七十不載姓名今姑附此俟攷

與皇甫隆令

聞鄉年出百歲而體力不衰耳目聰明顏色和悅此盛事也所服食施行導引可得聞乎若有可傳想可密示封內千金方卷八十一

遺令

吾夜半覺小不佳至明日飲粥汗出服當歸湯吾在軍中持法是也至于小忿怒大過失不當效也天下尚未安定未得遵古也吾有頭病自先著幘吾死之後持大服如存時勿遺百官當臨殿中者十五舉音葬畢便除服其將兵屯戍者皆不得離屯部有司各率乃職斂以時服葬于鄴之西岡上與西門豹祠相近無藏金玉珍寶吾婢妾與伎人皆勤苦使著銅雀臺善待之于臺堂上安六尺牀施繐帳朝晡上脯糒之屬月旦十五日自朝至午輒向帳中作伎樂汝等時時登銅雀臺望吾西陵墓田餘香可分與諸夫人不命祭諸舍中無所為可學作組履賣也吾歷官所得綬皆著藏中吾餘衣裘可別為一藏不能者兄弟可共分之魏志武帝紀宋書禮志二世說

言語篇注文選陸機弔魏武文序通典八十書鈔一百三十二御覽五百又五百六十又六百八十七又六百九十七六百九十九八百二十又八百五十九

下州郡

昔仲尼之于顏子每言不能不歎既情愛發中又宜率馬以驥今吾亦冀眾人仰高山慕景行也魏志杜畿傳注引杜氏新書曰平虜將軍劉勳為太祖所親貴震朝廷嘗從畿求大棗畿拒以他故後勳伏法太祖得其書歎曰杜畿可謂不媚于竈者也稱畿功美以下州郡

拒王芬辭

夫廢立之事天下之至不祥也古人有權成敗計輕重而行之者伊尹霍光是也伊尹懷至忠之誠據宰臣之勢處官司之上故進退廢置計從事立及至霍光受託國之任藉宗臣之位內因太后秉政之重外有羣卿同欲之勢昌邑即位日淺未有貴寵朝乏讜臣議出密近故計行如轉圜事成如摧朽今諸君徒見曩者之易未覩當今之難諸君自度結眾連黨何若七國合肥之貴孰若吳

楚。而造作非常。欲望必克。不亦危乎。魏志武帝紀注引魏書載太祖拒芬辭。

遺荀攸書 建安元年

方今天下大亂。智士勞心之時也。而顧觀變蜀漢。不已久乎。魏志荀攸傳。

手書與呂布

山陽屯送將軍所失大封。國家無好金。孤自取家好金更相爲作印。國家無紫綬。自取所帶紫綬以藉心。將軍所使不良。袁術稱天子。將軍止之。而使不通章。朝廷信將軍。使復重上。以相明忠誠。魏志呂布傳注引英雄記。

與荀彧書 建安三年五月

賊來追吾。雖日行數里。吾策之。到安衆。破繡必矣。魏志武帝紀。

自志才亡後。莫可與計事者。汝潁固多奇士。誰可以繼之。魏志郭嘉傳。御覽四百六十七。

與君共事已來。立朝廷。君之相爲匡弼。君之相爲舉人。君之相爲建計。君之相爲密謀。亦已多矣。夫功未必皆野戰也。願君勿讓。魏志荀彧傳注引彧別傳。

與荀彧書追傷郭嘉

郭奉孝年不滿四十。相與周旋十一年。險阻艱難。皆共罹之。又以其通達。見世事無所疑滯。欲以後事屬之。何意卒爾失之。悲痛傷心。今表增其子滿千戶。然何益亡者。追念之感深。且奉孝乃知孤者也。天下人相知者少。又以此痛惜。柰何柰何。魏志郭嘉傳注引傅子。

追惜奉孝。不能去心。其人見時事兵事。過絕于人。又人多畏病。南方有疫。常言吾往南方。則不生還。然與共論計。云當先定荊。此爲不但見計之忠厚。必欲立功分。棄命定事。人心乃爾。何得使人忘之。魏志郭嘉傳注引傅子。

下荊州書 建安十三年九月

不喜得荊州。喜得蒯異度耳。魏志劉表傳注引傅子。

與鍾繇書

得所送馬。甚應其急。關右平定。朝廷無西顧之憂。足下之勳也。昔蕭何鎮守關中。足食成軍。亦適當爾。魏志鍾繇傳。

手書答朱靈

兵中所以爲危險者。外對敵國。內有姦謀不測之變。昔鄧禹中分光武軍西行。而有宗歆馮愔之難。後將二十四騎還洛陽。禹豈以是減損哉。來書懇惻。多引咎過。未必如所云也。魏志徐晃傳注引魏書。

與王脩書

君澡身浴德。流聲本州。忠能成績。爲世美談。名實相副。過人甚遠。孤以心知君。至深至熟。非徒耳目而已也。察觀先賢之論。多以鹽鐵之利。足贍軍國之用。昔孤初立司金之官。念非屈君。餘無可者。故與君教曰。昔遏父陶正。民賴其器用。及子嬀滿。建侯于陳。近桑弘羊。位至三公。此君元龜之兆先告者也。是孤用君之本言也。或恐衆人未曉此意。自是以來。在朝之士。每得一顯選。常舉君爲首。及闓袁軍師。衆賢之議。以爲不宜越君。然孤執心將有所底。以軍師之職。閑于司金。至于建功。重于軍師。孤之精誠。足以達君。君之察孤。足以不疑。但恐傍人淺見。以蠡測海。爲蛇畫足。將言前後百選。輒不用之。而使此君沈滯冶官。張甲李乙。尚猶先之。此主人意待之不優之效也。孤懼有此空聲冒實。淫鼃亂耳。假有斯事。亦庶鍾期不失聽也。若其無也。過備何害。昔宣帝察少府蕭望之才任宰相。故復出之。令爲馮翊。從正卿往。似于左遷。上使侍中宣意曰。君守平原日淺。故復試君三輔。非有所聞也。孤揆先主中宗之意。誠備此事。既君崇勳業以副孤意。公叔文子與臣俱升。獨何人哉。魏志王脩傳注引魏略。

與孫權書

近者奉辭伐罪。旌麾南指。劉琮束手。今治水軍八十萬衆。方與將軍會獵于吳。吳志孫權傳注引江表傳。又藝文類聚六十六。御覽八百三十一。

赤壁之役。值有疾病。孤燒船自退。橫使周瑜虛獲此名。吳志周瑜傳注引江表傳。

手書與閻行

觀文約所爲。使人笑來。吾前後與之書。無所不說。如此何可復忍。卿父諫議自平安也。雖然。牢獄之中。非養親之處。且又官家亦不能久爲人養老也。魏志張既傳注引魏略。

報蒯越書 建安十九年

死者反生。生者不愧。孤少所舉。行之多矣。魂而有靈。亦將聞孤此言也。魏志劉琮傳注引傅子。

與諸葛亮書

今奉雞舌香五斤。以表微意。

與太尉楊彪書

操白。與足下同海內大義。足下不遺。以賢子見輔。比中國雖靖。方外未夷。今軍征事大。百姓騷擾。吾制鐘鼓之音。主簿宜守。而足下賢子恃豪父之勢。每不與吾同懷。即欲直繩。顧頗恨恨。謂其能改。遂轉寬舒。復即宥貸。將延足下尊門大累。便令刑之。念卿父息之情。同此悼楚。亦未必非幸也。今贈足下錦裘二領。八節銀角桃杖一枚。青氈牀褥三具。官絹五百匹。錢六十萬。畫輪四望通幰七香車一乘。青牸牛二頭。八百里驊騮馬一匹。赤戎金裝鞍轡十副。鈴眊一具。驅使二人。並遺足下貴室錯綵羅縠裘一領。織成鞾一量。有心青衣二人。長奉左右。所奉雖薄。以表吾意。足下便當慨然承納。不致往返。古文苑。又略見書鈔一百三十三。一百三十六。初學記二十五。御覽三百四十一。四百七十八。六百九十三。六百九十四。六百九十八。七百八。又七百十。又七百七十三。八百十五。

答袁紹 初平元年正月

董卓之罪。暴于四海。吾等合大衆。興義兵。而遠近莫不響應。此以義動故也。今幼主微弱。制于奸臣。未有昌邑亡國之釁。而一旦改易。天下其孰安之。諸君北面。我自西向。魏志武帝紀注引魏書。

報荀彧

微足下之相難。所失多矣。水經淯水注。

繻過吾歸師。迫吾死地。水經淯水注。

君之策謀。非但所表二事。前後謙沖。欲慕魯連先生乎。此聖人達節者所不貴也。昔介子推有言。竊人之財。猶謂之盜。況君密謀安衆。光顯于孤者以百數乎。以二事相還而復辭之。何取謙亮之多邪。魏志荀彧傳注引彧別傳。又見袁宏後漢紀三十。略同。

楊阜讓爵報

君與羣賢共建大功。西土之人以爲美談。子貢辭賞。仲尼謂之止善。君其剖心以順國命。姜敘之母。勸敘早發。明智乃爾。雖楊敞之妻。蓋不過此。賢哉賢哉。良史紀錄。必不墜于地矣。魏志楊阜傳。

報劉廙 建安二十年

非但君當知臣。臣亦當知君。今欲使吾坐行西伯之德。恐非其人也。魏志劉廙傳。

孫子兵法序

操聞上古有弧矢之利。論語曰足食足兵。尚書八政曰師。易曰師貞丈人吉。詩曰王赫斯怒。爰征其旅。黃帝湯武咸用干戚以濟世也。司馬法曰。人故殺人。殺之可也。恃武者滅。恃文者亡。夫差偃王是也。聖賢之于兵也。戢而時動。不得已而用之。吾觀兵書戰策多矣。孫武所著深矣。孫子者。齊人也。名武。爲吳王闔閭作兵法一十三篇。試之婦人。卒以爲將。西破强楚。入郢。北威齊晉。后百歲餘有孫臏。是武之后也。審計重舉。明畫深圖。不可相誣。而但世人未之深亮訓說。況文煩富。行于世者。失其旨要。故撰爲略解焉。御覽二百七十一。

郛當作郭

又道藏本孫子十家注有刪節。

戒子植

吾昔爲頓丘令，年二十三。思此時所行，無悔於今。今汝年亦二十三矣，可不勉歟。魏志陳思王植傳，又御覽四百五十九引曹植別傳

家傳

曹叔振鐸之後。魏志蔣濟傳注

兵書要略

銜枚毋讙譁，唯令之從。御覽三百五十七

兵法

太白已出，高賊深入人境，可擊必勝；去勿追，雖見其利，必有後害。開元占經四十五

四時食制

鄆縣子魚，黃鱗赤尾，出稻田，可以爲醬。御覽九百三十六

鱑一名黃魚，大數百斤，骨軟可食，出江陽犍爲。御覽九百三十六

蒸鮎。御覽九百三十七

東海有大魚如山，長五六里，謂之鯨鯢。次有如屋者，時死岸上，膏流九頃，其鬚長一丈二三尺，厚六寸，瞳子如三升碗大，骨可爲臼。文選海賦注，御覽九百三十八

海牛魚皮生毛，可以飾物，出揚州。御覽九百三十九

望魚側如刀，可以刈草，出豫章明都澤。御覽九百三十九

蕭折魚，海之乾魚也。御覽九百三十九

魣鰤魚黑色，大如百斤豬，黃肥不可食，數枚相隨，一浮一沈，一名敷。常見首，出淮及五湖。御覽九百三十九

蕃踰魚如鼈，大如箕，甲上邊有髯，無頭，口在腹下，尾長數尺，有節，有毒螫人。御覽九百三十九

髮魚帶髮如婦人，白肥無鱗，出滇池。御覽九百四十

蒲魚其鱗如粥，出鄆縣。御覽九百四十

䟽齒魚味如豬肉，出東海。御覽九百四十

班魚頭中有石如珠，出北海。御覽九百四十

鱣魚大如五斗奩，長丈，口頷下。常三月中從河上，常於孟津捕之。黃肥，唯以作鮓。淮水亦有。初學記三十

題識送終衣奩

有不諱，隨時以斂，金珥珠玉銅鐵之物，一不得送。通典七十九

祀故太尉橋玄文

故太尉橋公，誕敷明德，汎愛博容。文選頭陀寺碑云高軌難追，注引魏太祖祭橋玄文曰，懿德高軌，汎愛博容。國念明訓，士思令謨。靈幽體翳，邈哉晞矣。吾以幼年，逮升堂室，特以頑鄙之姿，爲大君子所納。增榮益觀，皆由獎助，猶仲尼稱不如顏淵，李生之厚歎賈復。士死知己，懷此無忘。又承從容約誓之言：徂沒之後，路有經由，不以斗酒隻雞過相沃酹，車過三步，腹痛勿怪。雖臨時戲笑之言，非至親之篤好，胡肯爲此辭乎？匪謂靈忿，能詒己疾，懷舊惟顧，念之悽愴。奉命東征，屯次鄉里，北望貴土，乃心陵墓。裁致薄奠，公其尚饗。魏志武帝紀注引褒賞令，又見後漢書橋玄傳，水經二十四睢水注，藝文類聚三十八

失題

好學明經。書鈔十二引魏武帝集

全三國文卷三終

全三國文卷四

烏程嚴可均校輯

魏四

文帝一

帝諱丕。字子桓。武帝長子。建安十六年爲五官中郎將。二十二年立爲魏太子。二十五年正月嗣魏王位。改建安爲延康。十一月受禪。改元黃初。在位七年。諡曰文皇帝。廟號高祖。有典論五卷。列異傳三卷。集二十三卷。

愁霖賦

脂余車而秣馬。將言旋乎鄴都。玄雲黯文選潘岳藉田賦注作黕其四塞。雨濛濛而襲予。塗漸洳以沈滯。潦淫衍而橫流。豈在余之憚勞。哀行旅之艱難。仰皇天而歎息。悲白日之不暘。思若木以照路。假龍燭之末光。藝文類聚二

喜霽賦

乃命駕而言歸。啟吉日而北邁。厭羣萌之至願。感上下之明神。密雲爂之坱扎。甘雨降以灑塵。既灑塵而爲塗。惟平路之未晞。激清風以漂潦。發皎日之揚暉。振余策而長驅。忽臨食而忘飢。思寄身于鴻鸞。舉六翮而輕飛。藝文類聚二。文選陸機爲顧彥先贈婦詩注。石崇王明君辭注。

濟川賦

臨濟川之層淮。覽洪波之容裔。濞騰揚以相薄。激長風而亟逝。湯浩汗而難測。眇不覩其垠際。于是黿龍神嬪。鴻鸞羣翔。鱗介霍驛。載止載行。俯唼菁藻。仰飧若芳。永號長吟。延首相望。美玉昭晰以曜輝。明珠灼灼而流光。于是遊覽既厭。日亦西傾。朱旗電曜。擊鼓雷鳴。長驅風厲。悠爾北征。思魏都以偃息。託華屋而遨遊。酌玄清于金罍。騰羽觴以獻酬。藝文類聚八

臨渦賦并序

水當作木

上建安十八年至譙。余兄弟從上拜墳墓。遂乘馬遊觀。經東園。遵渦水。相佯乎高樹之下。駐馬書鞭。爲臨渦之賦。曰。藝文類聚八。初學記九。又二十二。御覽三百五十九。五百八十七。

蔭高樹兮臨曲渦。微風起兮水增波。魚頡頏兮鳥逶迤。雌雄鳴兮聲相和。萍藻生兮散莖柯。春水繁兮發丹華。藝文類聚八

滄海賦

美百川之獨宗。壯滄海之威神。經扶桑而遐逝。跨天崖而託身。驚濤暴駭。騰踊彭湃。鏗訇隱鄰。涌沸凌邁。于是黿鼉漸離。泛濫淫遊。鴻鸞孔鵠。哀鳴相求。揚鱗濯翼。載沈載浮。仰唼芳芝。俛漱清流。巨魚橫奔。厥勢吞舟。爾乃釣大貝。採明珠。搴懸黎。收武夫。窺大麓之潛林。覩搖木之羅生。上蹇產以交錯。下來風之泠泠。振綠葉以葳蕤。吐芬葩而揚榮。藝文類聚八

述征賦

建安之十三年。荆楚傲而弗臣。命元司以簡旅。予願奮武乎南鄴。伐靈鼓之硼隱兮。建長旗之飄颻。躍甲卒之皓旰。馳萬騎之瀏瀏。揚凱悌之豐惠兮。仰乾威之靈武。伊皇衢之遐通兮。維天網之畢舉。口南野之舊都。聊弭節而容與。遵往初之舊迹。順歸風以長邁。鎮江漢之遺民。靜南畿之遐裔。藝文類聚五十九

羨西門之嘉迹。忽遙睇其靈宇。水經濁漳水注

浮淮賦并序 案書鈔御覽作泝淮賦

建安十四年。王師自譙東征。大興水運。汎舟萬艘。時余從行。始入淮口。行泊東山。覩師徒。觀旌帆。赫哉盛矣。雖孝武盛唐之狩。舳艫千里。殆不過也。乃作斯賦云。

泝淮水而南邁兮。泛洪濤之湟波。仰嵒岡之崇阻兮。經東山之曲阿。浮飛舟之萬艘兮。建干將之銛戈。揚雲旗之繽紛兮。聆榜人之讙譁。乃撞金鐘。爰伐雷鼓。白旄沖天。黃鉞扈扈。武將奮發。驍騎赫

怒。于是驚風泛。涌波駭。衆帆張。羣櫂起。爭先遂進。莫適相待。北堂書鈔一百三十七。藝文類聚八。初學記六。御覽七百七十。

戒盈賦 并序

避暑東閤。延賓高會。酒酣樂作。悵然懷盈滿之戒。乃作斯賦。

惟應龍之將舉。飛雲降而下征。資物類之相感。信貫徹之通靈。何今日之延賓。君子紛其集庭。信臨高而增懼。獨處滿而懷愁。願羣士之箴規。博納我以良謀。藝文類聚二十二。

離居賦

惟離居之可悲。塊獨處于空牀。愁耿耿而不寐。歷終夜之悠長。驚風厲于閨闥。忽增激于中房。動帷裳之晻曖。對明燭而無光。藝文類聚三十。初學記十八。

感離賦 并序

建安十六年。上西征。余居守。老母諸弟皆從。不勝思慕。乃作賦曰。

秋風動兮天氣涼。居常不快兮中心傷。出北園兮彷徨。望衆慕兮成行。柯條憯兮無色。綠草變兮萎黃。脫微霜兮零落。隨風雨兮飛揚。日薄暮兮無悰。思不衰兮愈多。招延佇兮良久。忽踟躕兮忘家。藝文類聚三十。

永思賦

仰北辰而永思。泝悲風以增傷。哀遐路之漫漫。痛長河之無梁。願託乘于浮雲。嗟逝速之難當。藝文類聚三十。

出婦賦

念在昔之恩好。似比翼之相親。惟方今之疏絕。若驚風之吹塵。夫色衰而愛絕。信古今其有之。傷煢獨之無恃。恨胥嗣之不滋。甘沒身而同穴。終百年之常期。信無子而應出。自典禮之常度。悲谷風之不答。怨昔人之忽故。被入門之初服。出登車而就路。遵長塗而南邁。馬躊躇而迴顧。野鳥翩而高飛。愴哀鳴而相慕。撫騑服而展

節。卽臨沂之舊城。踐麋鹿之曲蹊。聽百鳥之羣鳴。情悵恨而顧望。心鬱結其不平。藝文類聚三十。

悼夭賦 并序

族弟文仲亡。時年十一。母氏傷其夭逝。追悼無已。予以宗族之愛。乃作斯賦。

氣紆結以填胸。不知涕之縱橫。時徘徊于舊處。覩靈衣之在牀。感遺物之如故。痛爾身之獨亡。愁端坐而無聊。心戚戚而不寧。步廣廈而踟躕。覽萱草于中庭。悲風蕭其夜起。秋氣憯以厲情。仰瞻天而太息。聞別鳥之哀鳴。藝文類聚三十四。

寡婦賦 并序

陳留阮元瑜。與余有舊。薄命早亡。每感存其遺孤。未嘗不愴然傷心。故作斯賦。以敘其妻子悲苦之情。命王粲並作之。藝文類聚三十四。文選潘岳寡婦賦注。

惟生民兮艱危。在孤寡兮常悲。人皆處兮歡樂。我獨怨兮無依。撫遺孤兮太息。俛哀傷兮告誰。三辰周兮遞照。寒暑運兮代臻。歷夏日兮苦長。涉秋夜兮漫漫。微霜隕兮集庭。燕雀飛兮我前。去秋兮既冬。改節兮時寒。水凝兮成冰。雪落兮翻翻。傷薄命兮寡獨。內惆悵兮自憐。藝文類聚三十四。

感物賦 并序

喪亂以來。天下城郭丘墟。惟從太僕君宅尚在。南征荊州。還過鄉里。舍焉。乃種諸蔗于中庭。涉夏歷秋。先盛後衰。悟興廢之無常。慨然永歎。乃作斯賦。

伊陽春之散節。悟乾坤之交靈。瞻玄雲之蓊鬱。仰沈陰之杳冥。降甘雨之豐霈。垂長霤之泠泠。掘中堂而為圃。植諸蔗于前庭。涉炎夏而既盛。迄凜秋而將衰。豈在斯之獨然。信人物其有之。藝文類聚三十四。

哀己賦

蒙君子之博愛。垂逍望之渥思。文選陸雲爲顧彥先贈婦詩注

登臺賦并序

建安十七年春□遊西園。登銅雀臺。命余兄弟竝作。其詞曰。

登高臺㠯騁望。好靈雀之麗嫺。飛閣崛其特起。層樓儼㠯承天。步逍遙㠯容與。聊遊目于西山。溪谷紆㠯交錯。草木鬱其相連。風飄飄而吹衣。鳥飛鳴而過前。申躊躇㠯周覽。臨城隅之通川。藝文類聚六十二

登城賦

孟春之月。惟歲權輿。和風初暘。有穆其舒。駕言東邁。陟彼城隅。逍遙遠望。乃欣㠯娛。平原博敞。中田闢除。嘉麥被壟。緣路帶衢。流莖散葉。列倚相扶。水幡幡㠯長流。魚裔裔而東馳。風飄飄而旣臻。日掩薆而西移。望舊館而言旋。永優游而無爲。藝文類聚六十三。初學記二十四

校獵賦

高宗征于鬼方兮。黃帝有事于阪泉。愠賊備之作戾兮。忿吳夷之不藩。將訓兵于講武兮。因大蒐乎田隙。初學記二十二

拔高門而方軌。邁夷塗而直騖。上同

長鎩糺霓。飛旗拂天。部曲按列。什伍相連。跱如叢林。動若崩山。抗沖天之素旄兮。靡格澤之修旃。雄戟擴而躍厲兮。黃鉞扈而揚鮮。超崇岸之曾崖。厲漳滏之雙川。千乘亂擾。萬騎奔走。經營原隰。騰越峻阻。彤弓斯彀。戈鋋具舉。列翠星陳。戎車方轂。風迴雲轉。埃連飆屬。雷響震天。地譟聲蕩。川岳遂躪。封豨藉麈。鹿捎飛鳶。接鶖鶩。聚者成丘陵。散者闐溪谷。流血赫其丹野。羽毛紛其翳目。考功効績。班賜有敘。授受甘炰。飛酌清酤。割鮮野烹。舉爵鳴鼓。鑾輿促節。騁轡迴翔。望爵臺而增舉。涉幽壍之花梁。藝文類聚六十六。御覽二百三十九引兩條

登路寢而聽政。總羣司之紀綱。消搖後庭。休息閑房。步輦西園。還

夷平之夷當作肌

坐玉堂。初學記二十四

蔡伯喈女賦序

家公與蔡伯喈有管鮑之好。乃命使者周近持玄璧于匈奴。贖其女還。㠯妻屯田都尉使者。御覽八百六

玉玦賦

有昆山之妙璞。產曾城之峻崖。嗽丹水之炎波。蔭瑤樹之玄枝。包黃中之純氣。抱虛靜而無爲。應九德之淑懿。體五材之表儀。藝文類聚六十七

彈棊賦

惟彈棊之嘉巧。邈超絕其無儔。苞上智之弘略。允貫微而洞幽。局則荊山妙璞。發藻揚暉。豐腹高隆。庳根四頹。平如砥礪。滑若柔荑。棊則玄木北幹。素樹西枝。洪纖若一。修短無差。象筹列植。一據雙螭。滑石霧散。雲布四垂。然後直叩先縱。二八次舉。緣邊間造。長邪迭取。爾乃詳觀夫變化之理。屈伸之形。聯翩霍繹。展轉盤縈。或暇豫安存。或窮困側傾。或接黨連興。或孤據偏停。于時觀者莫不虛心竦踊。咸側息而延佇。或雷抃㠯大噱。或戰悸而不能語。藝文類聚七十四

文石爲局。金碧齊精。隆中夷外。理緻夷平。御覽七百五十五

迷迭賦并序

余種迷迭于中庭。嘉其揚條吐香。馥有令芳。乃爲之賦曰。

坐中堂㠯遊觀兮。覽芳草之樹庭。重妙葉于纖枝兮。揚修幹而結莖。承靈露㠯潤根兮。嘉日月而敷榮。隨迴風㠯搖動兮。吐芳氣之穆清。薄六夷之穢俗兮。越萬里而來征。豈眾卉之足方兮。信希世而特生。藝文類聚八十一。御覽九百八十二

瑪瑙勒賦并序

瑪瑙。玉屬也。出自西域。文理交錯。有佀馬腦。故其方人因㠯名之。

或㠯繫頸。或㠯飾勒。余有斯勒。美而賦之。命陳琳王粲並作。其詞曰。

有奇章之珍物。寄中山之崇岡。稟金德之靈施。含白虎之華章。扇朔方之玄氣。喜南離之焱陽。歙中區之黃采。曜東夏之純蒼。苞五色之明麗。配皎日之流光。命夫良工。是剖是鐫。追形逐好。從宜索便。乃加砥礪。刻方爲圓。沈光內炤。浮景外鮮。繁文縟藻。交采接連。奇章□□。的皪其間。嘉鏤錫之盛美。感戎馬之首飾。圖茲物之攸宜。信君子之所服。爾乃藉彼朱罽。華勒用成。駢居列跱。煥若羅星。北堂書鈔一百二十六。藝文類聚八十四。御覽三百五十八、八百八。

車渠椀賦 并序

車渠。玉屬也。多纖理縟文。生于西國。其俗寶之。小㠯繫頸。大㠯爲器。

惟二儀之普育。何萬物之殊形。料珍怪之上美。無茲椀之獨靈。苞華文之光麗。發符采而揚榮。理交錯㠯連屬。佀將離而復并。或若朝雲浮高山。忽佀飛鳥厲蒼天。夫其方者如矩。圓者如規。稠希不謬。洪纖有宜。藝文類聚八十四。御覽八百八。

槐賦 并序

文昌殿中槐樹。盛暑之時。余數遊其下。美而賦之。王粲直登賢門。小閤外亦有槐樹。乃就使賦焉。

有大邦之美樹。惟令質之可嘉。託靈根于豐壤。被日月之光華。周長廊而開趾。夾通門而駢羅。承文昌之邃宇。望迎風之曲阿。修幹紛其璀錯。綠葉萋而重陰。上幽藹而雲覆。下莖立而擢心。伊暮春之既替。卽首夏之初期。鴻雁遊而送節。凱風翔而迎時。天清和而溫潤。氣恬淡㠯安治。違隆暑而適體。誰謂此之不怡。藝文類聚八十八。

柳賦 并序

昔建安五年。上與袁紹戰于官渡。是時余始植斯柳。自彼迄今。十

有五載矣。左右僕御已多亡。感物傷懷。乃作斯賦曰。

伊中域之偉木兮。瑰姿妙其可珍。稟靈祇之篤施兮。與造化乎相因。四氣邁而代運兮。去冬節而涉春。彼庶卉之未動兮。固肅蔚而先辰。盛德遷而南移兮。星鳥正而司分。應隆時而繁育兮。揚翠葉之青純。修幹偃蹇㠯虹指兮。柔條阿那而虵伸。上扶疏而孛散兮。下交錯而龍鱗。在余年之二七。植斯柳乎中庭。始圍寸而高尺。今連拱而九成。嗟日月之逝邁。忽亹亹㠯遄征。昔周遊而處此。今倏忽而弗形。感遺物而懷故。俛惆悵㠯傷情。于是曜靈次乎鶉首兮。景風扇而增煖。豐弘陰而博覆兮。躬愷悌而弗倦。四馬望而傾蓋兮。行旅仰而迴眺。秉至德而不伐乎。豈簡卑而擇賤。含精靈而奇生兮。保休體之豐衍。惟尺斷而能植兮。信永貞而可羨。藝文類聚八十九。文選石崇王明君辭注。初學記二十八。御覽九百五十七。

鶯賦 并序

堂前有籠鶯。晨夜哀鳴。悽若有懷。憐而賦之曰。

怨羅人之我困。痛密網而在身。顧窮悲而無告。知時命之將泯。升華堂而進御。奉明后之威神。唯今日之僥倖。得去死而就生。託幽籠㠯棲息。厲清風而哀鳴。藝文類聚九十二。

全三國文卷四終

離當作難

全三國文卷五

魏五

烏程嚴可均校輯

文帝二

制復于禁等官

昔荀林父敗績于邲。孟明喪師于殽。秦晉不替。使復其位。其後晉獲狄土。秦霸西戎。區區小國。猶尚若斯。而況萬乘乎。樊城之敗。水災暴至。非戰之咎。其復禁等官。魏志于禁傳注引魏書

詔議追崇始祖

前奏以朝車迎中常侍大長秋特進君侯神主。然君侯不宜但依故爵乘朝車也。禮有尊親之義。爲可依諸王比。更議。通典七十二。文帝即王位，尚書令桓階等奏云云，下詔

任城王彰增邑詔 延康元年

先王之道。庸勳親親。並建母弟。開國承家。故能藩屏大宗。禦侮厭離。彰前受命北伐。清定朔土。厥功茂焉。增邑五千。并前萬戶。魏志任城威王傳

封朱靈爲鄃侯詔 延康元年

將軍佐命先帝。典兵歷年。威過方邵。功踰絳灌。圖籍所美。何以加焉。朕受天命。帝有海內。元功之將。社稷之臣。皆朕所與同福同慶傳之無窮者也。今封鄃侯。富貴不歸故鄉。如夜行衣繡。若平常所志。願勿難言。魏志徐晃傳注引魏書

報何夔乞遜位詔 延康元年

蓋禮賢親舊。帝王之常務也。以親則君有輔弼之勳焉。以賢則君有醇固之茂焉。夫有陰德者。必有陽報。今君疾雖未瘳。神明聽之矣。君其即安。以順朕意。魏志何夔傳

詔官李通子基緒 延康元年

昔袁紹之難。自許蔡以南。人懷異心。通秉義不顧。使攜貳率服。朕甚嘉之。不幸早薨。子基雖已襲爵。未足酬其庸勳。基兄緒。前屯樊城。又有功。世篤其勞。以基爲奉義中郎將。緒平虜中郎將。以寵異焉。魏志李通傳

詔張既爲涼州刺史

昔賈復請擊郾賊。光武笑曰。執金吾擊郾。吾復何憂。卿謀略過人。今則其時。以便宜從事。勿復先請。魏志張既傳

出蔣濟爲東中郎將不聽請留詔

高祖歌曰。安得猛士守四方。天下未寧。要須良臣以鎮邊境。如其無事。乃還鳴玉。未爲後也。魏志蔣濟傳

止臨菑侯植求祭先王詔

得月二十八日表。知侯推情欲祭先王于河上。覽省上下。悲傷感切。將欲遣禮以紓侯敬恭之意。會博士鹿優等奏禮如此。故寫以

下。開國承家。顧迫禮制。惟侯存心。與吾同之。御覽五百二十六

詔褒張既擊胡 延康元年

卿踰河歷險。以勞擊逸。以寡勝衆。功過南仲。勤踰吉甫。此勳非但破胡。乃永寧河右。使吾長無西顧之念矣。魏志張既傳

制詔三公改元大赦 延康元年十一月辛未

上古之始有君也。必崇恩化以美風俗。然百姓順教。而刑辟厝焉。今朕承帝王之緒。其以延康元年爲黃初元年。議改正朔。易服色。殊徽號。同律度量。承土行。大赦天下。自殊死以下。諸不當得赦。皆赦除之。魏志文帝紀注引獻帝傳

荅桓階等奏改服色詔 黃初元年

服色如所奏。其餘宜如虞承唐。但臘日用丑耳。此亦聖人之制也。宋書禮志一

定服色詔 黃初元年

孔子稱行夏之時乘殷之輅服周之冕樂則韶舞此聖人集羣代之美事爲後王制法也傳曰夏數爲得天朕承唐虞之美至于正朔當依虞夏故事若殊徽號異器械制禮樂易服色用牲幣自當隨土德之數每四時之季月服黃十八日臘㠯丑牲用白其飾節旄自當赤但節幡黃耳其餘郊祀天地朝會四時之服宜如漢制宗廟所服一如周禮（宋書禮志一）

改雒爲洛詔

漢火行也火忌水故洛去水而加隹魏于行次爲土土水之牡也水得土而流土得水而柔故除隹加水變雒爲洛（御覽十七引魏略[illegible]時元[illegible]圖）

詔征南將軍夏侯尚

卿腹心重將特當任使恩施足死惠愛可懷作威作福殺人活人（魏志蔣濟傳又見御覽五百九十三）

春分拜日詔

覲禮天子拜日東門之外反禮方明朝事議曰天子冕而執鎮圭率諸侯朝日于東郊㠯此言之蓋諸侯朝天子祀方明因率朝日也漢改周法羣公無四朝之事故不復朝于東郊得禮之變矣然旦夕常于殿下東向拜日其禮太煩（晉志宋志作煩褻似家人之事非事天交神之道也）今采周春分之禮損漢日拜之儀又無諸侯之事無所出東郊今正殿即亦朝會行禮之庭也宜常㠯春分于正殿之庭拜日其夕月文不分明其議奏（南齊書禮志上永元元年何佟之議引又略見晉書禮志上宋書禮志一通典四十四）

㠯張登爲大官令詔

登忠義彰著在職功勤名位雖卑直亮宜顯饔膳近任當得此吏今㠯登爲太官令（魏志王朗傳注書鈔五十五並引王朗集又見御覽二百二十九）

下詔賜華歆衣（黃初元年）

司徒國之儁老所與和陰陽理庶事也今太官重膳而司徒蔬食甚無謂也特賜御衣及爲其妻子男女皆作衣服（魏志華歆傳）

尢下脫光字

私當作斯

日當作矣

賜桓階詔

昔子文清儉朝不謀夕而有脯糧之秩宣子守約簞食魚飧而有加梁之賜况光大魏富有四海棟宇之大臣而有蔬食非吾所㠯禮賢之意也其賜射鹿師二人並給媒（御覽二百六十二引桓階別傳又引本注齊人謂[illegible]麋爲媒）

荅邯鄲淳上受命述詔

淳作此甚典雅私亦美曰（案當有誤）朕何㠯堪也哉其賜帛四十疋（御覽八百十八）

復潁川一年田租詔（黃初二年正月壬午）

潁川先帝所由起兵征伐也官渡之役四方瓦解遠近顧望而此郡守義丁壯荷戈老弱負糧昔漢祖㠯秦中爲國本光武恃河內爲王基今朕復于此登壇受禪天㠯此郡翼成大魏（魏志文帝紀注引魏書）

㠯孔羨爲宗聖侯置吏修廟詔（黃初二年正月壬午）

昔仲尼姿大聖之才懷帝王之器當衰周之末而無受命之運在乎魯衛之朝教化乎洙泗之上棲棲焉皇皇焉欲屈己㠯存道貶身㠯救世于時王公終莫能用乃退攷五代之禮修素王之事因魯史而制春秋就太師而正雅頌俾千載之後莫不采其文㠯述作仰其聖㠯成謀咨可謂命世之大聖億載之師表者已遭天下大亂百祀墮壞舊居之廟毀而不修褒成之後絕而莫繼闕里不聞講頌之聲四時不覩蒸嘗之位斯豈所謂崇化報功盛德百世必祀者哉其㠯議郎孔羨爲宗聖侯邑百戶奉孔子祀令魯郡修起舊廟置百石吏卒㠯守衛之又于其外廣爲屋宇㠯居學者（魏志文帝紀又見宋書禮志四案陳思王所撰碑文有此詔與此小異其㠯議郎上有嗟乎朕甚閔焉二句）

爲漢帝置守冢詔

朕承符運受終革命其敬事山陽公如舜之宗堯有始有卒傳之無窮前羣司奏處正朔欲使一皆從魏制意所不安其令山陽公

國下脫中字
漢下脫典字
帝下脫置字

于其國。正朔服色。祭祀禮樂。自如漢。又爲武昭宣明帝守家各三百家。御覽五百六十一。

日食勿劾太尉詔 黃初二年六月晦

灾異之作。吕譴元首。而歸過股肱。豈禹湯罪己之義乎。其令百官各虔厥職。後有天地之眚。勿復劾三公。魏志文帝紀。晉天文志二。藝文類聚四十六引齊職儀。

贈諡鄧哀侯詔

惟黃初二年八月丙午。皇帝曰咨爾鄧哀侯沖。昔皇天鍾美于爾躬。俾聰哲之才。成于弱年。當永享顯祚。克成厥終。如何不祿。早世夭昏。朕承天序。享有四海。竝建親親。吕藩王室。惟爾不逮斯榮。且葬禮未備。追悼之懷。愴然攸傷。今遷葬于高陵。使使持節兼謁者僕射郎中陳承追賜號曰鄧公。祠吕太牢。魂而有靈。休茲寵榮。嗚呼哀哉。魏志鄧哀王沖傳注引魏書。

與于禁詔

昔漢高祖脫衣吕衣韓信。光武解綬吕帶李忠。誠皆人主當時貴敬功勞効心之至也。今賜將軍吕魏王時自所佩朱韍及遠游冠。御覽六百八十五。又六百九十一。

平準詔

今與孫驃騎和通。商旅當日月而至。而百賈偷利。喜賤其物。平價又與其絹。故官逆爲平準耳。官豈少此物輩耶。御覽八百十七。

賜故太尉楊彪几杖詔 黃初二年十月己亥

夫先王制几杖之賜。所吕賓禮黃耇。褒崇元老也。昔孔光卓茂。皆吕淑德高年。受茲嘉賜。公故漢宰臣。乃祖已來。世著名節。年過七十。行不踰矩。可謂老成人矣。所宜寵異。吕章舊德。其賜公延年杖及馮几。謁請之日。便使杖入。又可使著鹿皮冠。魏志文帝紀注引魏書。又後漢楊彪傳注。北堂書鈔一百三十三。竝引續漢書。又見袁宏後漢紀三十。書鈔一百三十三。

改封曹植爲安鄉侯詔 黃初二年

植。朕之同母弟。朕于天下。無所不容。而況植乎。骨肉之親。舍而不誅。其改封植。魏志陳思王植傳注引魏書。

取士勿限年詔 黃初三年正月庚午

今之計考。古之貢士也。十室之邑。必有忠信。若限年然後取士。是呂尚周晉不顯于前世也。其令郡國所選。勿拘老幼。儒通經術。吏達文法。到皆試用。有司糾故不吕實者。魏志文帝紀。

詔荅吳王 黃初三年

老虜邊窟。越險深入。曠日持久。內迫罷弊。外困智力。故見身于雞頭。分兵擬西陵。其計不過謂可轉是前迹。吕搖動江東。根未著地。摧折其支。雖未剗備。五藏使身首分離。其所降誅。亦足使虜部衆兇懼。昔吳漢先燒荊門。後發夷陵。而子陽無所逃其死。來歙始襲略陽。文叔喜之。而知隗囂無所施其巧。今討此虜。正佀其事。將軍勉建方略。務全獨克。吳志吳王傳二注引魏書載詔荅。

撫勞西域奉獻詔 黃初三年二月

西戎卽敘。氐羌來王。詩書美之。頃者西域外夷。竝款塞內附。其遣使者撫勞之。魏志文帝紀。

毀高陵祭殿詔 黃初三年

先帝躬履節儉。遺詔省約。子吕述父爲孝。臣吕繼事爲忠。古不墓祭。皆設于廟。高陵上殿屋皆毀壞。車馬還廄。衣服藏府。吕從先帝儉德之志。晉書禮志中。宋書禮志三。又通典五十二。

禁婦人與政詔 黃初三年九月

夫婦人與政。亂之本也。自今吕後。羣臣不得奏事太后。后族之家。不得當輔政之任。又不得橫受茅土之爵。吕此詔傳後世。若有背違。天下共誅之。魏志文帝紀。

制傷枝入嗣大位不得加父母尊號詔

依漢祖之尊太上皇是也。且禮不㠯父命辭王父命。漢氏諸矦之入。皆受天子之命肩于宗也。而猶顧其私親。僭擬天號。豈所謂爲人後之義哉。後代若諸矦入嗣者。皆不得追加其私考爲皇妣爲后也。敢有佞媚妖惑之人。欲悅時主。謬建非義之事。㠯亂正統者。此股肱大臣所當禽誅也。其著乎甲令。書之金策。藏諸宗廟。副乎三府。尚書中書。亦當各藏一通。通典七十二。

荅中山王獻黃龍頌詔 黃初三年

昔唐叔歸禾。東平獻頌。斯皆骨肉贊美。㠯彰懿親。王研精墳典。耽味道眞。文雅煥炳。朕甚嘉之。王其克愼明德。㠯終令問。魏志中山恭王袞傳

詔責孫權 黃初三年

權前對浩周自陳。不敢自遠。樂委質長爲外臣。又前後辭旨。頭尾擊地。此鼠子自知不能保爾許地也。又今與周書。請㠯十二月遣子。復欲遣孫長緒張子布隨子俱來。彼二人皆權股肱心腹也。又欲爲子于京師求婦。此權異心之明效也。吳志吳主傳注引魏略。

伐吳詔 黃初三年十月

制詔。昔軒轅不爲涿鹿之師。則蚩尤之妖不滅。唐堯不興丹水之陳。則南蠻之難不平。漢武不行呂嘉之罰。則橫浦之表不附。光武不加躡述之誅。則隴蜀之亂不淸。故曰非威不服。非兵不定。孫權小醜。憑江悖暴。因有外心。凶頑有性。故奮武銳。順天行誅。驍騎龍驤。猛將武步。或修句踐潛涉之口頑。或圖韓信夏口之詐。愚按舡㠯水攻陳。六軍㠯陸橫擊。征南進運。㠯圍江陵。多獲舟船。斬首執俘。降者盈路。牛酒日至。大司馬及征東諸將。卷甲長驅。其舟隊今已向濟。今車駕自東。爲之瞻鎭。雲行天步。乘釁而運。賊進退道迫。首尾有難。不爲楚靈乾溪之潰。將有彭寵蕭牆之變。必自魚爛。不復血刃。宜愼終動靜㠯聞。文館詞林六百六十二。

禁復私讎詔

喪亂㠯來。兵革縱橫。天下之人。多相殘害者。昔田橫殺酈商之兄。張步害伏湛之子。漢氏二祖下詔。使不得相讎。賈復寇恂。私相怨憾。至懷手劒之忿。光武召而和之。卒共同輿而載。今兵戎始息。宇內初定。民之存者。非流亡之孤。則鋒刃之餘。當相親愛。養老長幼。自今㠯後。宿有讎怨者。皆不得相讎。敢有復私讎者。皆族之。魏志文帝紀。藝文類聚三十三。御覽四百八十二。

敕還師詔 黃初四年三月

孫權殘害民物。朕㠯寇不可長。故分命猛將。三道竝征。今征東諸軍與權黨呂範等水戰。則斬首四萬。獲船萬艘。大司馬據守濡須。其所禽獲亦㠯萬數。中軍征南。攻圍江陵。左將軍張郃等。舳艫直渡。擊其南渚。賊赴水溺死者數千人。又爲地道攻城。城中外雀鼠不得出入。此几上肉耳。而賊中癰氣疾病。夾江塗地。恐相染汚。昔周武伐殷。旋師孟津。漢祖征隗囂。還軍高平。皆知天時而度賊情也。且成湯解三面之網。天下歸仁。今開江陵之圍。㠯緩成死之禽。且休力役。罷省繇戍。畜養士民。咸使安息。魏志文帝紀注引魏書。

㠯蔣濟爲東中郎將代領曹仁兵詔 黃初四年三月

卿兼資文武。志節忼愾。常有超越江湖吞吳會之志。故復授將率之任。魏志蔣濟傳。

鵜鶘集靈芝池詔 黃初四年五月

此詩人所謂汙澤者也。曹詩刺恭公遠君子而近小人。今豈有賢智之士處于下位者乎。否則斯鳥何爲而至哉。其博舉天下儁德茂才獨行君子。㠯荅曹人之刺。魏志文帝紀。又晉書五行志中。宋書五行志二。

詔賜張既子翁歸爵 黃初四年

昔荀桓子立勳翟土。晉矦賞㠯千室之邑。馮異輸力漢朝。光武封其二子。故涼州刺史張既。能容民畜衆。使羣羌歸土。可謂國之良臣。不幸薨隕。朕甚愍之。其賜小子翁歸爵關內矦。魏志張既傳。

止王朗讓位詔 黃初四年

朕求賢于君而未得。君乃翻然稱疾。非徒不得賢。更開失賢之路。增玉鉉之傾。無乃居其室出其言不善。見違于君子乎。君其勿有後辭。魏志王朗傳。

詔賜溫恢子生爵

恢有柱石之質。服事先帝。功勤明著。及爲朕執事。忠于王室。故授之以萬里之任。任之以一方之事。如何不遂。吾甚愍之。賜恢子生爵關內侯。魏志溫恢傳。

全三國文卷五終

祭當作制

全三國文卷六

烏程嚴可均校輯

魏六

文帝三

改封縣王詔黃初五年

先王建國隨時而制漢祖增秦所置郡至光武㠯天下損耗并省郡縣㠯今比之益不及焉其改封諸王皆爲縣王魏志彭城王據傳

車駕臨江還詔三公

三世爲將道家所忌窮兵黷武古有成戒況連年水旱士民損耗而功作倍于前勞役兼于昔進不滅賊退不和民夫屋漏在上知之在下然迷而知反失道不遠過而能改謂之不過今將休息棲備高山沈權九淵割除擯棄投之畫外車駕當㠯今月中旬到譙淮漢衆軍亦各還反不臘西歸矣魏志王朗傳

議輕刑詔黃初五年十月

近之不綏何遠之懷今事多而民少上下相弊㠯文法百姓無所措其手足昔太山之哭者㠯爲苛政甚于猛虎吾備儒者之風服聖人之遺教豈可㠯目翫其辭行違其誡者哉廣議輕刑㠯惠百姓魏志文帝紀注引魏書

禁設非禮之祭詔黃初五年十二月

先王祭禮所㠯昭孝事祖大則郊社其次宗廟三辰五行名山大川非此族也不在祀典叔世衰亂崇信巫史至乃宮殿之內戶牖之閒無不沃酹甚矣其惑也自今其敢設非禮之祭巫祝之言皆㠯執左道論著于令典魏志文帝紀宋書禮志四通典五十五

伐吳設鎮軍撫軍大將軍詔黃初六年二月

制詔昔軒轅建四面之號周武稱予有亂臣十人斯蓋先聖所㠯體國君民亮成天工多賢爲貴也今內有公卿㠯鎮京師外設牧伯㠯監四方至于元戎出征則軍中宜有柱石之賢帥輜重所在又宜有鎮守之重臣然後車駕可㠯周行天下無內外之慮吾今當征賊欲守之積年其㠯尚書令潁鄉侯陳羣爲鎮軍大將軍尚書僕射西鄉侯司馬懿爲撫軍大將軍若吾臨江授諸將方略則撫軍當留許昌督後諸軍錄後臺文書事鎮軍隨車駕當董督衆軍錄行尚書事皆假節鼓吹給中軍兵騎六百人吾欲去江數里築宮室往來其中見賊可擊之形便出奇兵擊之若或未可則當舒六軍㠯遊獵饗賜軍士魏志文帝紀注引魏略文館詞林六百六十二

征吳臨行詔司馬懿

吾深㠯後事爲念故㠯委卿曹參雖有戰功而蕭何爲重使吾無西顧之憂不亦可乎晉書宣帝紀

詔賜張遼李典子爵黃初六年

合肥之役遼典㠯步卒八百破賊十萬自古用兵未之有也使賊至今奪氣可謂國之爪牙矣其分遼典邑各百戶賜一子爵關內侯魏志張遼傳

追贈杜畿詔黃初六年

昔冥勤其官而水死稷勤百穀而山死故尚書僕射杜畿于孟津試船遂至覆沒忠之至也朕甚愍焉追贈太僕謚曰戴侯魏志杜畿傳

贈夏侯尚詔黃初六年

尚自少侍從盡誠竭節雖云異姓其猶骨肉是㠯入爲腹心出當爪牙智略深敏謀謨過人不幸早殞命也柰何贈征南大將軍昌陵侯印綬魏志夏侯尚傳注引魏書

還洛陽詔司馬懿

吾東撫軍當總西事吾西撫軍當總東事晉書宣帝紀

收鮑勛詔黃初七年四月

勛指鹿爲馬收付廷尉魏志鮑勛傳

詔劉靖遷廬江太守

卿父昔爲彼州。今卿復據此郡。可謂克負荷者也。魏志劉馥傳。

成皋令沐竝收校事劉肇吕狀聞有詔

肇爲牧司爪牙吏。而竝欲收縛。無所忌憚。自恃清名邪。魏志常林傳注引魏略清介傳。

詔報孫邕

生敬其人。死辭其室。追遠敬終。違而得道者也。晉任城太守夫人孫氏碑。長沙人桓伯序有寡妻伏氏。魏文帝吕妻邕。敕。文帝詔報。

賜辥悌等關内侯詔

辥悌。駮吏也。王思郤嘉。純吏也。各賜關内侯。吕報其勤。魏志梁習傳注引魏略苛吏傳。

械繫令狐浚詔

浚何愚。魏志王浚傳注引魏書。

答孟達薦王雄詔

昔蕭何薦韓信。鄧禹進吳漢。惟賢知賢也。雄有膽智技能文武之姿。吾宿知之。今便吕參散騎之選。方使少在吾門下。知指歸。便大用之矣。天下之士。欲使皆先歷散騎。然後出據州郡。是吾本意也。魏志崔林傳注引魏名臣奏。

詔羣臣

三世長者知被服。五世長者知飲食。此言被服飲食。非長者不別也。御覽六百八十九作被服飲食難曉也。

夫珍玩必中國。夏則縑總綃繐。其白如雪。冬則羅紈綺縠。衣疊鮮文。未聞衣布服葛也。

前後每得蜀錦。殊不相似。比適可訝。而鮮卑尚復不愛也。自吾所織如意虎頭連璧錦。亦有金薄蜀薄。來至洛邑。皆下惡。是爲下工之物。皆有虛名。藝文類聚八十五。御覽八百十五。

醒當作酲

江東爲葛。寧可比羅紈綺縠。御覽八百十八。

前于闐王山習所上孔雀尾萬枝。文彩五色。吕爲金根車蓋。遙望耀人眼目。藝文類聚九十一。御覽九百二十四。

飲食一物。南方有橘。酢正裂人牙。時有甜耳。藝文類聚八十六。

新城孟太守道蜀豬肫雞鶩味皆澹。故蜀人作食。喜著飴蜜。吕助味也。書鈔一百四十七。御覽八百五十七。

眞定御棃。大若拳。甘若蜜。脆若菱。可吕解煩釋渴。藝文類聚八十六。御覽九百六十九。大觀本草二十三。

南方有龍眼荔枝。寧比西國蒲萄石蜜乎。酢且不如中國。今吕荔枝賜將吏。噉之則知其味薄矣。凡棗味莫若安邑御棗也。藝文類聚八十七。御覽七十一。八百五十七。九百七十一。

中國珍果甚多。且復爲蒲萄說。當其朱夏涉秋。尚有餘暑。醉酒宿醒。掩露而食。甘而不餶。脆而不酢。冷而不寒。味長汁多。除煩解渴。又釀吕爲酒。甘于鞠糱。善醉而易醒。道之固已流涎咽唾。況親食之邪。他方之果。寧有匹之者。藝文類聚八十七。御覽九百七十二。大觀本草二十三。

敕豫州禁吏民往老子亭禱祝黃初三年

告豫州刺史。老聃賢人。未宜先孔子。不知魯郡爲孔子立廟成未。漢桓帝不師聖法。正吕嬖臣而事老子。欲吕求福。良足笑也。此祠之興由桓帝。武皇帝吕老子賢人。不毀其屋。朕亦吕此亭當路。行來者輒往瞻視。而樓屋傾頹。儻能壓人。故令修整。昨過視之。殊整頓。恐小人謂此爲神。妄往禱祝。違犯常禁。宜宣告吏民。咸使知聞。續高僧傳三十。僧勔難道論。又釋道宣集古今佛道論衡。

策謚龐德延康元年

昔先軫喪元。王蠋絕脰。隕身徇節。前代美之。惟侯式昭果毅。蹈難成名。聲溢當時。義高在昔。寡人愍焉。謚曰壯侯。魏志龐悳傳。

策命孫權九錫文黃初二年十一月

蓋聖王之法。已德設爵。已功制祿。勞大者祿厚。德盛者禮豐。故叔旦有夾輔之勳。太公有鷹揚之功。並啓土宇。并受備物。所已表章元功。殊異賢哲也。近漢高祖受命之初。分裂膏腴。已王八姓。斯則前世之懿事。後王之元龜也。朕已不德。承運革命。君臨萬國。秉統天機。思齊先代。坐而待旦。惟君天資忠亮。命世作佐。深覩麻數。達見廢興。遠遣行人。浮于潛漢。望風景附。抗疏稱藩。兼納纖絺南方之貢。普遣諸將。來還本朝。忠肅內發。款誠外昭。信著金石。義蓋山河。朕甚嘉焉。今封君爲吳王。使使持節太常高平侯貞授君璽綬策書金虎符第一至第五。左竹使符第一至第十。已大將軍使持節督交州領荆州牧事。錫君青土。苴已白茅。對揚朕命。已尹東夏。其上故驃騎將軍南昌侯印綬符策。今又加君九錫。其敬聽後命。已君綏安東南。綱紀江外。民夷安業。無或攜貳。是用錫君大輅戎輅各一。玄牡二駟。君務財勸農。倉庾盈積。是用錫君衮冕之服。赤舄副焉。君化民已德。禮敎興行。敦義崇讓。內外咸和。二語從書鈔補是用錫君軒縣之樂。君宣導休風。懷柔百越。是用錫君朱戶已居。君運其才謀。官方任賢。是用錫君納陛已登。君顯直厝枉。羣善必舉。二語從書鈔補忠勇並奮。淸除姦慝。是用錫君虎賁之士百人。君振威陵邁。宣力荆南。梟滅凶醜。罪人期得。是用錫君鈇鉞各一。君文和于內。武信于外。禽討逆節。折衝掩難。二語從書鈔補是用錫君彤弓一。彤矢百。玈弓十。玈矢千。君已忠肅爲基。恭勤爲德。是用錫君秬鬯一卣。圭瓚副焉。欽哉。敬敷訓典。已服朕命。已勖相我國家。永終爾顯烈。吳志大帝權傳二。北堂書鈔三十。又藝文類聚五十三。

冊孫權太子登爲東中郎封侯文

蓋河洛寫天意。符讖述聖心。昭晣著明。與天談也。故易曰。河出圖。洛出書。聖人則之。孫將軍歸心國朝。忠亮之節。同功佐命。而其子當爲魏將軍。著在圖讖。由漢光武受命。李氏爲輔。王梁孫咸。並見符緯也。斯乃皇天啓佑大魏。永令孫氏。仍世爲佐。其已登爲東中郎將。封縣侯萬戶。昔周嘉公旦。祚流七胄。漢禮蕭何。一門十侯。今孫將軍亦當如斯。若夫長平之榮。安豐之寵。方斯蔑如。藝文類聚五十一

除禁輕稅令　延康元年二月

關津所已通商旅。池苑所已禦災荒。設禁重稅。非所已便民。其除池籞之禁。輕關津之稅。皆復什一。魏志文帝紀注引魏書

拜毛玠等子爲郎中令　延康元年三月

故尚書僕射毛玠。奉常王修。涼茂。郎中令袁渙。少府謝奐。萬潛。中尉徐奕。國淵等。皆忠直在朝。履蹈仁義。並早卽世。而子孫陵遲。惻然愍之。其皆拜子男爲郎中。魏志文帝紀注引魏書

已鄭稱授太子經學令　延康元年五月

令。龍淵太阿。出昆吾之金。和氏之璧。由井里之田。礱之已砥礪。錯之已他山。故能致連城之價。爲命世之寶。學亦人之砥礪也。稱篤學大儒。勉已經學輔侯。宜旦夕入授。魏志注作侍曜明其志。魏志文帝紀注引魏略。文館詞林六百九十五。

問張旣令　延康元年

試守金城太守蘇則。旣有綏民平夷之功。聞又出軍西定湟中。爲河西作聲勢。吾甚嘉之。則之功效。爲可加爵邑未邪。封爵重事。故已問卿。密白意。且勿宣露也。魏志蘇則傳注引魏名臣奏

敕盡規諫令　延康元年七月庚辰

軒轅有明臺之議。放勛有衢室之問。皆所已廣詢于下也。百官有司。其務已職盡規諫。將率陳軍法。朝士明制度。牧守申政事。縉紳攷六藝。吾將兼覽焉。魏志文帝紀

孟達楊僕降附令　延康元年七月庚辰

吾前遣使宣國威靈。而達卽來。吾惟春秋襃儀父。卽封拜達。使還領新城太守。近復有扶老攜幼首向王化者。吾聞夙沙之民。自縛

其君㠯歸神農幽國之衆繦負其子而入豐鎬斯豈驅略迫脅之所致哉乃風化動其情而仁義感其衷歡心內發使之然也㠯此而推西南將萬里無外權備將與誰守死乎魏志文帝紀注引魏略王自手筆令

復譙租稅令延康元年七月甲午

先王皆樂其所生禮不忘其本譙霸王之邦眞人本出其復譙租稅二年魏志文帝紀注引魏書

殯祭死亡士卒令延康元年十一月癸卯

諸將征伐士卒死亡者或未收斂吾甚哀之其告郡國給槥櫝殯斂送至其家官爲設祭魏志文帝紀

㠯李伏言禪代合符讖示外令

㠯示外薄德之人何能至此未敢當也斯誠先王至德通于神明固非人力也魏志文帝紀注引獻帝傳

辭符讖令延康元年十一月丙午

犂牛之駮似虎莠之幼似禾事有似是而非者今日是已覩斯言事良重吾不德于是尙書僕射宣告官寮咸使聞知魏志文帝紀注引獻帝傳

辭許芝等條上讖緯令延康元年十一月辛亥

昔周文三分天下有其二㠯服事殷仲尼歎其至德公旦履天子之籍聽天下之斷終然復子明辟書美其人吾雖德不及二聖敢忘高山景行之義哉若夫唐堯舜禹之蹟皆㠯聖質茂德處之故能上和靈祇下寍萬姓流稱今日今吾德至薄也人至鄙也遭遇際會幸承先王餘業恩未被四海澤未及天下雖傾倉竭府㠯振魏國百姓猶寒者未盡煖飢者未盡飽夙夜憂懼弗敢遑寍庶欲保全髮齒長守今日㠯沒于地㠯全魏國下見先王㠯塞負荷之責望狹志局守此而已雖屢蒙祥瑞當之戰惶五色無主若芝之言豈所聞乎心慄手悼書不成字辭不宜口吾閒作詩曰喪亂悠悠過紀白骨縱橫萬里哀哀下民靡恃吾將佐時整理復子明辟致仕庶欲守此辭㠯自終卒不虛言也宜宣示遠近使昭赤心魏志文帝紀注引獻帝傳

再讓符命令延康元年十一月辛亥

下四方㠯明孤款心是也至于覽餘辭豈余所謂哉寍所堪哉諸卿指論未若孤自料之審也夫虛談謬稱鄙薄所弗當也且聞比來東征經郡縣歷屯田百姓面有飢色衣或裋褐不完罪皆在孤是㠯上慙衆瑞下愧士民由斯言之德尙未堪偏王何言帝者也宜止息此議無重吾不德使逝之後不愧後之君子魏志文帝紀注引獻帝傳

答司馬懿等再陳符命令延康元年十一月癸丑

世之所不足者道義也所有餘者苟妄也常人之性賤所不足貴所有餘故曰不患無位患所㠯立孤雖寡德庶自免于常人之貴夫石可破而不可奪堅丹可磨而不可奪赤丹石微物尙保斯質況吾託士人之末列曾受敎于君子哉且於陵仲子㠯仁爲富柏

成子高㠯義爲貴鮑焦感子貢之言棄其蔬而槁死薪者譏季札失辭皆委重而弗視吾獨何人昔周武大聖也使叔旦盟膠鬲于四內使召公約微子于共頭故伯夷叔齊相與笑之曰昔神農氏之有天下不㠯人之壞自成不㠯人之卑自高㠯爲周之伐殷㠯暴也吾德非周武而義慙夷齊庶欲遠苟妄之失道立丹石之不奪邁於陵之所富蹈柏成之所貴執鮑焦之貞至遵薪者之清節故曰三軍可奪帥匹夫不可奪志吾之斯志豈可奪哉魏志文帝紀注引獻帝傳

止羣臣議禪代禮儀令

當議孤終不當承之意而已猶獵還方有令魏志文帝紀注引獻帝傳

又令

吾殊不敢當之外亦何豫事也同上

罷設受禪壇場令

屬出見外便設壇場斯何謂乎今當辭讓不受詔也但于帳前發璽書咸儀如常且天寒罷作壇士使歸 魏志文帝紀注引獻帝傳

既發璽書又下令

當奉還璽綬為讓章吾豈奉此詔承此貺邪昔堯讓天下于許由子州支甫舜亦讓于善卷石戶之農北人無擇或退而耕潁之陽或辭㠯幽憂之疾或遠入山林莫知其處或攜子入海終身不反或㠯為辱自投深淵且顏燭懼太璞之不完守知足之明分王子搜樂丹穴之潛處被熏口而不出柳下惠不㠯三公之貴易其介曾參不㠯晉楚之富易其仁斯九士者咸高節而尚義輕富而賤貴故書名千載于今稱焉求仁得仁仁豈在遠孤獨何為不如哉義有蹈東海而逝不奉漢朝之詔也亟為上章還璽綬宣之天下使咸聞焉 魏志文帝紀注引獻帝傳

辭請禪令 延康元年十一月乙卯

昔柏成子高辭夏禹而匿野顏闔辭魯幣而遠跡夫㠯王者之重諸侯之貴而二子忽之何則其節高也故列士徇榮名義夫高貞介雖蔬食瓢飲樂在其中是㠯仲尼師王駘而子產嘉申徒今諸卿皆孤股肱腹心足㠯明孤而今咸若斯則諸卿遊于形骸之內而孤求為形骸之外其不相知未足多怪亟為上章還璽綬勿復紛紛也 魏志文帝紀注引獻帝傳

讓禪令

夫古聖王之治也至德合乾坤惠澤均造化禮教優乎昆蟲仁恩洽乎草木日月所照戴天履地含氣有生之類靡不被服清風沐浴玄德是㠯金革不起苛慝不作風雨應節禎祥觸類而見今百姓寒者未煖飢者未飽鰥者未室寡者未嫁權備尚存未可舞㠯干戚方將整㠯齊斧戎役未息于外士民未安于內耳未聞康哉之歌目未覩擊壤之戲嬰兒未可託于高巢餘糧未可㠯宿于田

畝人事未備至于此也夜未曜景星治未通真人河未出龍馬山未出象車蓂莢未植階庭萐莆未生庖廚王母未獻白環渠搜未見珍裘靈瑞未效又如彼也昔東戶季子容成大庭軒轅赫胥之君咸得㠯此就功勒名今諸卿獨不可少假孤精心竭慮㠯和天人㠯格至理使彼眾事備羣瑞效然後安乃議此乎何遽相愧相迫之如是也速為讓章上還璽綬無重吾不德也 魏志文帝紀注引獻帝傳

又令

泰伯三㠯天下讓人無得而稱焉仲尼歎其至德孤獨何人 同上

荅董巴等令

凡斯皆宜聖德故曰苟非其人道不虛行天瑞雖彰須德而光吾德薄之人胡足㠯當之今讓冀見聽許外內咸使聞知 魏志文帝紀注引獻帝傳

三讓璽綬令

冀三讓而不見聽何汲汲于斯乎 魏志文帝紀注引獻帝傳

讓禪令

天下重器王者正統㠯聖德當之猶有懼心吾何人哉且公卿未至乏主斯豈小事且宜㠯待固讓之後乃當更議其可耳 魏志文帝紀注引獻帝傳

又令

㠯德則孤不足㠯時則戎虜未滅若㠯羣賢之靈得保首領終君魏國于孤足矣若孤者胡足㠯辱四海至乎天瑞人事皆先王聖德遺慶孤何有焉是㠯未敢聞命 魏志文帝紀注引獻帝傳

允受禪令

昔者大舜飯糗茹草將終身焉斯則孤之前志也乃至承堯禪被珍裘妻二女若固有之斯則順天命也羣公卿士誠㠯天命不可拒民望不可違孤亦曷㠯辭焉 魏志文帝紀注引獻帝傳

令

樹德垂聲。崇化篤俗。文選桓溫薦譙秀表注

道薄于當年。風頹于百代矣。同上

答卞蘭教

賦者。言事類之所附也。頌者。美盛德之形容也。故作者不虛其辭。受者必當其實。蘭此賦豈吾實哉。昔吾丘壽王一陳寶鼎。何武等徒已歌頌。猶受金帛之賜。蘭事雖不諒。義足嘉也。今賜牛一頭。魏志卞后傳注引魏略。又藝文類聚十六。又五十六。御覽五百八十七。

全三國文卷六終

魏七

烏程嚴可均校輯

文帝四

上書讓禪（藝文類聚題作讓授禪表）

皇帝陛下。奉被今月乙卯璽書。伏聽冊命。五內驚震。精爽散越。不知所處。臣前上還相位。退守藩國。聖恩聽許。臣雖無古人量德度身自定之志。保己存性。實其私願。不寤陛下猥損過謬之命。發不世之詔。㠯加無德之臣。且聞（藝文類聚作臣聞）堯禪重華。舉其克諧之德。舜授文命。采其齊聖之美。猶下咨四嶽。上觀璿璣。今臣德非虞夏。行非二君。（藝文類聚作二后）而承曆數之諮。應選授之命。內自揆撫。無德㠯稱。且許由匹夫。猶拒帝位。善卷布衣。而逆虞詔。臣雖鄙蔽。敢忘守節。㠯當大命。不勝至願。謹拜章陳情。使行相國永壽少府糞土臣毛宗奏。並上璽綬。（魏志文帝紀注引獻帝傳。又略見藝文類聚十三。）

上書再讓禪

奉今月戊戌璽書。重被聖命。伏聽冊告。肝膽戰悸。不知所措。天下神器。禪代重事。故堯將禪舜。納于大麓。舜之命禹。玄圭告功。烈風不迷。九州攸平。詢事考言。然後乃命。而猶執謙讓。于德不嗣。況臣頑固。質非二聖。乃應天統。受終明詔。敢守微節。歸志箕山。不勝大願。謹拜表陳情。使并奉上璽綬。（魏志文帝紀注引獻帝傳）

上書三讓禪

臣聞舜有賓于四門之勳。乃受禪于陶唐。禹有存國七百之功。乃承祿于有虞。臣㠯蒙蔽。德非二聖。猥當天統。不敢聞命。敢屢抗疏。略陳私願。庶章通紫庭。得全微節。情達宸極。永守本志。而音重復銜命。申制詔廷臣。實戰惕。不發璽書。而音迫于嚴詔。不敢復命。願陛下馳傳騁驛。召音還臺。不勝至誠。謹使宗奉書。（魏志文帝紀注引獻帝傳）

廷字衍

有司劾田疇不受封宜免官加刑議（建安十五年）

昔還敖逃祿。傳載其美。所㠯激濁世。勵貪夫。賢于尸祿素餐之人也。故可得而小。不可得而毀。至于田疇。方斯近矣。免官加刑。于法為重。（魏志田疇傳注引魏書）

報傅崔琰

昨奉嘉命。惠示雅數。欲使燔翳捐褶。翳已壞矣。褶亦去焉。後有此比。蒙復誨諸。（魏志崔琰傳）

昨奉嘉命。廣開正路。翳已壞矣。畢亦去焉。師傅之言。實獲我心。（文苑英華六百二十七。辟元超諫皇太子牋引此。與魏志不同。）

報吳主孫權（黃初三年正月癸亥）

昔隗囂之弊。禍發栒邑。子陽之禽。變起扞關。將軍其亢厲威武。勉蹈奇功。㠯稱吾意。（魏志文帝紀注引魏書）

又報吳主孫權（黃初三年九月）

君生于擾攘之際。本有縱橫之志。降身奉國。㠯享茲祚。自君策名已來。貢獻盈路。討備之功。國朝仰成。埋而掘之。古人之所恥。朕之與君。大義已定。豈樂勞師。遠臨江漢。廊廟之議。王者所不得專。三公上君過失。皆有本末。朕㠯不明。雖有曾母投杼之疑。猶冀言者不信。㠯為國福。故先遣使者犒勞。又遣尚書侍中踐修前言。㠯定任子。君遂設辭。不欲使進。議者怪之。又前都尉浩周勸君遣子。乃實朝臣交謀。㠯此卜君。君果有辭。外引隗囂遣子不終。內喻竇融守忠而已。世殊時異。人各有心。浩周之還。口陳指麾。益令議者發明眾嫌。終始之本。無所據杖。故遂俛仰。從羣臣議。今省上事。款誠深至。心用慨然。悽愴動容。即日下詔。敕諸軍但深溝高壘。不得妄進。若君必效忠節。㠯解疑議。登身朝到。夕召兵還。此言之誠。有如大江。（吳志吳主權紀黃武元年）

手報司馬芝

省表明卿至心欲奉詔書曰權行事是也此乃卿奉詔之意何謝之有後黃門復往愼勿通也（魏志司馬芝傳）

報王朗 黃初初年

覽表雖魏絳稱虞箴曰諷晉悼相如陳猛獸曰戒漢武未足曰喻方今二寇未殄將帥遠征故時入原野曰習戎備至于夜還之戒已詔有司施行（魏志王朗傳）

荅繁欽書

披書歡笑不能自勝奇才妙伎何其善也頃守宮王孫世有女曰瑣年始九歲夢與神通寤而悲吟哀聲急切涉歷六載于今十五近者督將具曰狀聞是日戊午祖于北園博延眾賢遂奏名倡曲極數彈歡情未逞白日西逝淸風赴闈羅幃徒祛玄燭方微乃令從官引內世女須臾而至厥狀甚美素顏玄髮皓齒丹脣詳而問之云善歌舞于是振袂徐進揚蛾微眺芳聲淸激逸足橫集眾倡騰遊羣賓失席然后修容飾妝改曲變席激淸角揚白雪接孤聲赴危節于是商風振條春鷹度吟飛霧成霜斯可謂聲協鐘石氣應風律網羅韶濩囊括鄭衞者也今之妙舞莫巧于絳樹淸歌莫善（初學記御覽作莫激）于宋臈豈能上亂靈祇下變庶物漂悠風雲橫厲無方若斯也哉固非車子喉轉長吟所能逮也吾練色知聲雅應此選謹卜良日納之閑房（藝文類聚四十三初學記十九二十五三十御覽三百八十一五百七十三九百二十六）

席當作度

荅楊修書

重惠流離卮昭厚意（御覽七百六十一）

與鍾繇書

袁王國士更爲脣齒荀閎勁悍往來銳師眞君侯之勍敵左右之深憂也（魏志荀彧傳注引荀氏家傳）

九日與鍾繇書

歲往月來忽復九月九日九爲陽數而日月竝應俗嘉其名曰爲宜于長久故曰享宴高會是月律中無射言羣木庶草無有射地而生至于芳菊紛然獨榮非夫含乾坤之純和體芬芳之淑氣孰能如此故屈平悲冉冉之將老思飡秋菊之樂英輔體延年莫斯之貴謹奉一束曰助彭祖之術（藝文類聚四北堂書鈔一百五十五初學記四御覽三十二）

樂當作落

鑄五熟釜成與鍾繇書

昔者黃帝三鼎周之九寶咸曰一體便調一味豈若斯釜五味時芳蓋鼎之烹飪曰饗上帝曰養聖賢昭德祈福莫斯之美故非大人莫之能造故非斯器莫宜盛德今之嘉釜有逾茲美夫周之尸臣宋之孜父衞之孔悝晉之魏顆彼四臣者竝曰功德勒名鍾鼎今執事寅亮大魏曰隆聖化堂堂之德于斯爲盛誠太常之所宜銘彝器之所宜勒故作斯銘勒之釜口庶可贊揚洪美垂之不朽（魏志鍾繇傳注引魏略又見御覽七百五十七）

又與鍾繇書

丕白良玉比德君子珪璋見美詩人晉之垂棘魯之璵璠宋之結綠楚之和璞價越萬金貴重都城有稱疇昔流聲將來是曰垂棘出晉虞虢雙禽和璧入秦相如抗節竊見玉書稱美玉白如截肪黑譬純漆赤擬雞冠黃侔蒸栗側聞斯語未覩厥狀雖德非君子義無詩人高山景行私所仰慕然四寶邈焉已遠秦漢未聞有良比也求之曠年不遇厥眞私願不果飢渴未副近日南陽宗惠叔稱君侯昔有美玦聞之驚喜笑與抃會當自白書恐傳言未審是曰令舍弟子建因荀仲茂時從容喻鄙旨乃不忽遺厚見周稱鄴騎既到寶玦初至捧匣跪發五內震駭繩窮匣開爛然滿目猥曰蒙鄙之姿得覩希世之寶不煩一介之使不損連城之價既有秦昭章臺之觀而無藺生詭奪之誑嘉貺益腆敢不欽承謹奉賦一篇曰讚揚麗質丕白（魏志鍾繇傳注引魏略文選御覽九百六十四）

又報鍾繇書

得報知喜南方。至于荀公之清談。孫權之嫵媚。執書嘔噱。不能離手。若權復黠。當折吕汝南許邵月旦之評。權優游二國。俯仰荀許。亦已足矣。（魏志鍾繇傳注引魏略）

借取廓落帶嘲劉楨書

夫物因人爲貴。故在賤者之手。不御至尊之側。今雖取之。勿嫌其不反也。（魏志王粲傳注引典略。）

與吳質書

五月十八日丕白。季重無恙。途路雖局。官守有限。願言之懷。良不可任。足下所治僻左。書問致簡。益用增勞。每念昔日南皮之游。誠不可忘。既妙思六經。逍遥百氏。彈棊閒設。終吕六博。高談娛心。哀箏順耳。馳騖北場。旅食南館。浮甘瓜于清泉。沈朱李于寒水。白日既匿。繼吕朗月。同乘竝載。吕游後園。輿輪徐動。參從無聲。清風夜起。悲笳微吟。樂往哀來。淒然傷懷。余顧而言。斯樂難常。足下之徒。誠吕爲然。今果分別。各在一方。元瑜長逝。化爲異物。每一念至。何時可言。方今蕤賓紀時。景風扇物。天氣和暖。衆果具繁。時駕而游。北遵河曲。從者鳴笳吕啟路。文學託乘于後車。節同時異。物是人非。我勞如何。今遣騎到鄴。故使枉道相過。行矣自愛。丕白。（文選。又見魏志王粲傳注引魏略。又藝文類聚二十六。）

又與吳質書

二月三日丕白。歲月易得。別來行復四年。三年不見。東山猶歎其遠。況乃過之。思何可支。雖書疏往返。未足解其勞結。昔年疾疫。親故多離其災。徐陳應劉。一時俱逝。痛可言邪。昔日遊處。行則連輿。止則接席。何曾須臾相失。每至觴酌流行。絲竹竝奏。酒酣耳熱。仰而賦詩。當此之時。忽然不自知樂也。謂百年已分。可長共相保。何圖數年之閒。零落略盡。言之傷心。頃撰其遺文。都爲一集。觀其姓

名。吕爲鬼錄。追思昔遊。猶在心目。而此諸子。化爲糞壤。可復道哉。觀古今文人。類不護細行。鮮能吕名節自立。而偉長獨懷文抱質。恬淡寡欲。有箕山之志。可謂彬彬君子者矣。著中論二十餘篇。成一家之言。辭義典雅。足傳于後。此子爲不朽矣。德璉常斐然有述作之意。其才學足吕著書。美志不遂。良可痛惜。閒者歷覽諸子之文。對之抆淚。既痛逝者。行自念也。孔璋章表殊健。微爲繁富。公幹有逸氣。但未遒耳。其五言詩之善者。妙絕時人。元瑜書記翩翩。致足樂也。仲宣續自善于辭賦。惜其體弱。不足起其文。至于所善。古人無吕遠過。昔伯牙絕絃于鍾期。仲尼覆醢于子路。痛知音之難遇。傷門人之莫逮。諸子但爲未及古人。自一時之儁也。今之存者。已不逮矣。後生可畏。來者難誣。然恐吾與足下不及見也。年行已長大。所懷萬端。時有所慮。至通夜不瞑。志意何時復類昔日。已成老翁。但未白頭耳。光武言年三十餘。在兵中十歲。所更非一。吾德不及之。年與之齊矣。吕犬羊之質。服虎豹之文。無衆星之明。假日月之光。動見瞻觀。何時易乎。恐永不復得爲昔日遊也。少壯真當努力。年一過往。何可攀援。古人思炳燭夜遊。良有吕也。頃何吕自娛。頗復有所述造不。東望於邑。裁書敘心。丕白。（魏志王粲傳。又裴注引魏略。文選。藝文類聚二十六。）

又與吳質書（延康元年）

南皮之游。存者三人。烈祖龍飛。或將或侯。今惟吾子。棲遲下仕。從我游處。獨不及門。瓶罄罍恥。能無懷愧。路不云遠。今復相聞。（魏志王粲傳注）

答曹洪書

今魯包凶邪之心。肆蠱惑之政。天兵神撝。師徒無暴。樵牧不臨。（文選陳孔璋爲曹洪與文帝書注。）

今魯罪兼苗桀。惡稔厲莽。縱使宋翟妙機械之巧。田單騁奔牛之

狂。孫吳勒八陳之變。猶無益也。（同上）

與曹洪書

五賢與邦。二八登帝。（書鈔十一）

與王朗書（建安二十二年冬）

生有七尺之形。死惟一棺之土。惟立德揚名。可以不朽。其次莫如著篇籍。疫癘數起。士人彫落。余獨何人。能全其壽。故論撰所著典論詩賦。蓋百餘篇。集諸儒于肅城門內。講論大義。侃侃無倦。（魏志文帝紀注引魏書）

蚤蝨雖細。處于安寢。鼷鼠雖微。猶毀郊牛。（初學記二十九鼠。御覽九百五十一）

丕白。不受江漢之珠。而受巴蜀之鉤。此言難得之貴寶。不若易有之賤物。（御覽三百五十四）

孫權重遣使稱臣。奉貢明珠百筐。黃金千鎰。馴象二頭。或牝或牡。擾禽鸚鵡。其他珍玩。盈舟溢航。千類萬品。（御覽六百二十六）

答王朗書（建安二十四年）

昔石厚與州吁游。父碏知其與亂。韓子昵田蘇。穆子知其好仁。故君子游必有方。居必就士。誠有以也。嗟乎宋忠。無石子先識之明。老罹此禍。今雖欲願行滅親之誅。立純臣之節。尚可得邪。（蜀志尹默傳注引魏略）

答劉備書（其詞不類疑有誤）

獲累紙之命。兼美之貺。他既備善。雙鉤尤妙。前後之惠。非賢兄之貢。則執事之貽也。來若川流。聚成山積。其充匱貝頓府藏者。固已無數矣。（御覽三百五十四）

與孟達書（延康元年）

近日有命。不足達旨。何者。昔伊摯背商而歸周。百里去虞而入秦。樂毅感鴟夷以蟬蛻。王遵識順逆以去就。皆審廢興之符效。知成敗之必然。故丹青畫其形容。良史載其功勳。聞卿姿度純茂。器量優絕。當騁能明時。收名傳記。今者翻然濯鱗清流。甚相嘉樂。虛心西望。依依若舊。下筆屬辭。歡心從之。昔虞卿入趙。再見取相。陳平就漢。一覲參乘。孤今于卿。情過于往。故致所御馬物以昭忠愛。（魏志明帝紀注引魏略）

與孫權書

今者海內清定。萬里一統。三垂無邊城之警。中夏無狗吠之虞。以是弛罔闊禁。與世無疑。保官空虛。初無資任。卿來相就。當明孤意。慎勿令家人繽紛道路。以親駭疏也。若卿欲來相見。且當先安部曲。有所保固。然後徐徐輕騎來東。（同上）

城當作塵

前使于禁郭及夫所道吾纖驪馬。本欲使禁自致之。念將軍儻欲速得。今故先以付徐奉往。此二馬朕之常所自乘。甚調良善。走數萬匹之極選者。乘之眞可樂也。中國雖饒馬。其知名絕足。亦時有之耳。（藝文類聚九十三。御覽八百九十四）

知已選擇見船最大樟材者六艘。受五百石。從沔水送付樊口。（御覽七百七十）

今因趙咨致文馬一匹。白鼲子裘一領。石蜜五斛。鰒魚千枚。（御覽八百五十七。九百三十八）

與諸將書

劉備既孤老。智窮勢極。正使欲與死爭。則諸將軍便當就穴中將取之爾。（北堂書鈔一百五十八）

與劉曄書

別生帽裁製微不長。有侶里父之服。（御覽六百八十七。案張溥本作劉生帽裁兩段。製微不長。有侶里父之服。今帽所當裁。校御覽多七字。異一字。）

別當作劉

與朝臣書

江表惟長沙名有好米。何得比新城杭稻邪。上風炊之。五里聞香。（藝文類聚八十五。初學記二十七。御覽八百三十九）

送劒書

僕有劒一枚。明珠標首。藍玉飾靶。因給左右。吕除妖氛。

敘詩

爲太子時。北園及東閣講堂並賦詩。命王粲、劉楨、阮瑀、應瑒等同作。初學記十皇太子門引魏文帝集。

敘繁欽

上西征。余守譙。繁欽從。時薛訪車子能喉囀。與笳同音。欽牋還與余。盛歎之。雖過其實。而其文甚麗。文選繁欽與魏文帝牋注引文帝集。

敘陳琳

上平定漢中。族父都護還書與余。盛稱彼方土地形勢。觀其詞。知陳琳所敘爲也。文選陳孔璋爲曹洪與文帝書注。御覽五百九十五並引文帝集。

誡子

父母于子。雖肝腸腐爛。爲其掩避。不欲使鄉黨士友聞其罪過。然行之不改。久矣人自知之。用此任官。不亦難乎。御覽四百五十九。

周成漢昭論

或方周成王于漢昭帝。僉高成而下昭。余吕爲周成王體上聖之休氣。稟賢妣之貽誨。周召爲保傅。呂尚爲太師。口能言則行人稱辭。足能履則相者導儀。目厭威容之美。耳飽仁義之聲。所謂沈漬玄流。而沐浴清風者矣。猶有咎悔。聆二叔之譌。使周公東遷。皇天赫怒。顯明厥咎。猶啟諸金縢。稽諸國史。然後乃悟。不亮周公之聖德。而信金縢之教言。豈不暗哉。夫孝昭。父非武王。母非邑姜。養惟蓋主。相則桀光。體不承聖。化不胎育。保無仁孝之質。佐無隆平之治。所謂生于深宮之中。長于婦人之手。然而德與性成。行與體并。年在二七。早智夙達。發燕書之詐。亮霍光之誠。豈將有啟金縢。信國史而後乃悟哉。使夫昭成均年而立。易世而化。貿臣而治。換樂而歌。則漢不獨少。周不獨多也。藝文類聚十二、御覽八十九。

太宗論

昔有苗不賓。重華舞吕干戚。尉佗稱帝。孝文撫吕恩德。吳王不朝。錫之几杖。吕撫其意。而天下賴安。乃弘三章之教。愷悌之化。欲使曩時累息之民。得闊步高談。無危懼之心。若賈誼之才敏。籌畫國政。特賢臣之器。管晏之姿。豈若孝文大人之量哉。魏志文帝紀注引魏書。

交友論

夫陰陽交。萬物成。君臣交。邦國治。士庶交。德行光。同憂樂。共富貴。而友道備矣。易曰。上下交而其志同。由是觀之。交乃人倫之本務。王道之大義。非特士友之志也。初學記十八引魏文帝集。

連珠

蓋聞琴瑟高張。則哀彈發。節士抗行。則榮名至。是吕申胥流音于南極。蘇武揚聲于朔裔。

蓋聞四節異氣。吕成歲。君子殊道。吕成名。故微子奔走而顯。比干剖心而榮。

蓋聞駑蹇服御。良樂咨嗟。鉛刀剖截。歐冶歎息。故少師幸而季梁懼。宰嚭任而伍員憂。藝文類聚五十七。

五熟釜銘

於赫有魏。作漢藩輔。厥相惟鍾。寔幹心膂。靖恭夙夜。匪遑安處。百寮師師。楷茲度矩。魏志鍾繇傳。

露陌刀銘

於鑠良刀。胡煉亶時。譬諸麟角。靡所任茲。不逢不若。永世寶持。藝文類聚六十、初學記二十二、御覽三百四十六。

曹蒼舒誄

惟建安十有五藝文類聚作二年五月甲戌。童子曹蒼舒卒。嗚呼哀哉。乃作誄曰。

於惟淑弟。懿矣純良。誕豐令質。荷天之光。既哲且仁。爰柔克剛。彼

藏當作臧

德之容茲義肇行猗歟口口終然允藏宜逢介祉㠯永無疆如何昊天雕斯俊英嗚呼哀哉惟人之生忽若朝露促促百年亹亹行暮矧爾既夭十三而卒何辜于天景命不遂兼悲增傷侘傺失氣永思長懷哀爾罔極貽爾良妃襚爾嘉服越㠯乙酉宅彼城隅增丘峩峩寢廟渠渠姻媾雲會充路盈衢悠悠羣司岌岌其車傾都蕩邑爰迄爾居魂而有靈庶可㠯娛嗚呼哀哉藝文類聚四十五古文苑

武帝哀策文

痛神曜之幽潛哀鼎俎之虛置舒皇德而詠思遂腷臆㠯莅事矧乃小子夙遭不造煢煢在疚嗚呼皇考產我曷晚棄我曷早羣臣子輔奪我哀願猥抑弃墓俯就權變卜葬既從大隧既通漫漫長夜窈窈玄宮有晦無明曷有所窮函簿既整三官駢羅前驅建旗方相執戈棄此宮庭陟彼山阿藝文類聚十三

受禪告天文延康元年十一月辛未

皇帝臣丕敢用玄牡昭告于皇皇后帝漢歷世二十有四踐年四百二十有六四海困窮王綱不立五緯錯行靈祥竝見推術數者慮之古道咸㠯為天之曆數運終茲世凡諸嘉祥民神之意比昭有漢數終之極魏家受命之符漢主㠯神器宜授于臣憲章有虞致位于丕丕震畏天命雖休勿休羣公庶尹六事之人外及將士洎于蠻夷君長僉曰天命不可㠯辭拒神器不可㠯久曠羣臣不可㠯無主萬機不可㠯無統丕祗承皇象敢不欽承卜之守龜兆有大橫筮之三易兆有革兆謹擇元日與羣寮登壇受帝璽綬告類于爾大神惟爾有神尚饗永吉兆民之望祚于有魏世享魏志文帝紀注引獻帝傳

失題

博覽羣書書鈔十二引魏文集

全三國文卷七終

烏程嚴可均校輯

魏八

文帝五

典論

謹案隋志儒家典論五卷魏文帝撰舊新唐志同本紀帝好文學以著述為務所勒成垂百篇明帝時刊石詳搜神記又齊王芳紀注臣松之昔從征西至洛陽見典論石在太學者尚存御覽五百八十九引戴延之西征記典論六碑今四存二敗隋志小學類有一字石經典論一卷唐時石本亡至宋而寫本亦亡世所習見僅裴注之帝自敘及文選之論文而已亡友瀋陽孫馮翼字鳳卿嘗有輯本罣漏甚多又如宋北堂書鈔十五洽和萬國以典略當典論若斯之類概應刪剟今覆檢各書寫出數十百事有篇名者十三聚其復重會其離散依意林次第之定著一卷其遺文墜句無所繫屬者附于後嘉慶二十年太歲在乙亥三月晦

篇名缺

堯崩舜避堯子于南河之南舜崩禹避舜子于陽城禹崩益避禹子于箕山之陰（意林下有事見史記四字疑是後人校語）

如彼登山乃勤以求高如彼浮川乃勤以求遠惟心弗勤時亦靡尅（意林）

應瑒云人生固有人（官本作仁）心答云在親曰孝施物曰仁仁者有事之實名非無事之虛稱善者道之母羣行之主（意林）

姦讒

佞邪穢政愛惡敗俗國有此二事欲不危亡不可得也（序首二十一字從意林補）何進滅于吳匡張璋袁紹亡于審配郭圖劉表昏于蔡瑁張允孔子曰佞人殆信矣古事已列于載籍聊復論此數子以為後之監誡作姦讒

中平之初大將軍何進弟車騎苗竝開府近士吳匡張璋各以異端有寵于進而苗惡其為人匡璋毀苗而稱進進聞而嘉之以為一于己後靈帝崩進為宦者韓悝等所害匡璋忌苗遂劫進之眾殺苗于北闕而何氏滅矣昔鄭昭公殺於渠彌魯隱公死于羽父苗也能無及此乎夫忠臣之事主也尊其父以重其子奉其兄以敬其弟故曰愛其人者及其屋烏況乎骨肉之閒哉而進獨何嘉焉

袁紹之子譚長而慧（三國志袁紹傳注作惠古書皆以惠為慧字）尚少而美紹妻愛尚數稱其才紹亦雅奇其貌欲以為後未顯而紹死別駕審配護軍逢紀宿以驕侈不為譚所善于是外順紹妻內慮私害矯紹之遺命奉尚為嗣潁川郭圖辛評與配紀有隙懼有後患相與依譚盛陳嫡長之義激以絀降之辱勸其為亂而譚亦素有意焉與尚親振干戈欲相屠裂王師承天人之符應以席卷乎河朔遂走尚梟譚禽配馘圖二子既滅臣無餘（句有脫文）紹遇因運得收英雄之謀假士民之力東苞巨海之實西舉全晉之地南阻白渠黃河北有勁弓胡馬地方二千里眾數十萬可謂威矣當此之時無敵于天下視霸王易于覆手而不能抑遏愚妻顯別嫡庶婉戀私愛寵子以貌其後敗績喪師身以疾死邪臣飾姦二子相屠墳土未乾而宗廟為墟其誤至矣劉表長子曰琦表始愛之稱其類己久之為少子琮納後妻蔡氏之姪至蔡氏有寵其弟蔡瑁表甥張允竝幸于表憚琦之長欲圖毀之而琮日睦于蔡氏允瑁為之先後琮之有善雖小必聞有過雖大必蔽蔡氏稱美于內瑁允歎德于外表日然之而琦益疏矣出為江夏太守監兵于外瑁允陰司其過闕隨而毀之美無顯而不掩闕無微而不露于是表忿怒之色日發誚讓之書日至而琮堅為嗣矣故曰容刀生于身疏積愛出于近

習。豈謂是邪。昔泄柳申詳。無人乎穆公之側。則不能安其身。君臣則然。父子亦猶是乎。後表疾病。琦歸省疾。琦素慈孝。瑁允恐其見表。父子相感。更有託後之意。謂曰。將軍命君撫臨江夏。爲國東藩。其任至重。今釋衆而來。必見譴怒。傷親之歡心。（心字依三國志劉表傳注加）以增其疾。非孝敬也。遂遏于戶外。使不得見。琦流涕而去。士民聞而傷焉。雖易牙杜宮。豎牛虛器。何以加此。琦豈忘晨鳧北犬之獻乎。隔戶牖而不達。何言千里之中山。嗟乎。父子之閒。何至是也。表卒。琮竟嗣立。以侯與琦。琦怒投印。僞辭奔喪。內有討瑁允之意。會王師已臨其郊。琮舉州請罪。琦遂奔于江南。昔伊戾費忌。以無寵而作讒。江充焚豐。（焚豐當攺）以負罪而造蠱。高斯之詐也貪權。躬寵之罔也欲貴。皆近取乎骨肉之閒。以成其凶逆。悲夫。匡、璋、配、圖、瑁、允之徒。固未足多怪。以後監前。無不烹葅夷滅。爲百世戮試。（舊校云試恐當作誡）然猶昧于一往者。姦利之心篤也。其誰離父子。隔昆弟。成姦于朝制事于須臾。皆緣厓隙以措意。託氣應以發事。挾宜愠之成畫。投必忿之常心。勢如懷怒。應若發機。雖在聖智。不能自免。況乎中材之人。若夫爰盎之諫淮南。田叔之救梁孝。杜鄴之紿二王。安國之和兩主。倉唐之稱詩。史丹之引過。周昌犯色以廷爭。叔孫切諫以陳誡。三老抗疏以理冤。千秋託靈以寤主。彼數公者。或顯德于前朝。或揚聲于上世。或累遷而登相。或受金于帝室。其言既酬。福亦隨之。斯可謂善處骨肉之閒矣。（羣書治要）

篇名缺

桓靈之際。閹寺專命于上。布衣橫議于下。干祿者殫貨以奉貴。要名者傾身以事勢。位成乎私門。名定乎橫巷。由是戶異議。人殊論。論無常檢。事無定價。長愛惡。興朋黨。（意林）

篇名缺

夫陰陽交。萬物成。君臣交。邦國治。士庶交。德行光。同憂樂。共富貴。而友道備矣。易曰。上下交而其志同。由是觀之。交乃人倫之本務。王道之大義。非特士友之志也。（初學記十八引魏文帝集論。疑即典論之誤）夷吾傒而鮑叔廉。此其志不同也。張竦潔而陳遵汙。此其行不齊也。（意林）

篇名缺

主與民有三求。求其爲（道藏本作謂。依官本改。下放此）己勞。求其爲己死。求其爲己生。（意林）

篇名缺

法者主之柄。吏者民之命。法欲簡而明。吏欲公而平。（意林）

內誡

三代之亡。由乎婦人。故詩刺豔妻。（治要作女。依意林改）書誡哲婦。（意林作晨婦）斯已著在篇籍矣。近事之若此者衆。或在布衣細人。其失不足以敗政亂俗。至于二袁。過竊聲名。一世豪士。而術以之失。紹以之滅。斯有國者所宜慎也。是以錄之。庶以爲誡于後。作內誡。古之有國有家者。無不患貴臣擅朝。寵妻專室。故女無美惡。入宮見妒。士無賢愚。入朝見嫉。夫寵幸之欲專愛擅權。其來尚矣。然莫不恭慎于明世。而恣睢于閒（舊校云閒疑闇）時者。度主以行志也。故龍陽臨釣而泣。以塞美人之路。鄭袖僞隆其愛。以殘魏女之貌。司隸馮方女。國色也。世亂避地揚州。袁術登城見而悅之。遂納焉。甚愛幸之。諸婦害其寵。紿言將軍以（以字依御覽三百八十一加）貴人有志節。但見時（治要作當時。依御覽改）宜數涕泣。（宜數二字依意林改）示憂愁也。若如此（也若如此四字依意林加）必長見敬重。馮氏女以爲然。後每（每字依意林加）見術輒垂涕。（意林作泣）術果以爲有心志。益哀（意林作寵）之。諸婦因是共絞殺（殺字依意林加）懸之于廁梁。（治要作懸之廟梁。意林作懸之于廁。御覽作懸之廁。今依改）言其哀怨自殺。（其哀怨三字依意林加）術誠以爲不得志而死。厚加殯斂。袁紹妻劉氏甚妒忌。紹死。僵尸未殯。寵妾五人。妻盡殺之。以爲死者有知。當復見紹于地下。（于地下三字依三國

芳當作荒

袁紹傳注加乃髡頭墨面㠯毀其形追妒亡魂戮及死人惡婦之爲一至是哉其少子尚又爲盡殺死者之家嬪（舊校云嬪疑媵）說惡母廢死先父行暴逆忘大義滅其宜矣紹聽順妻意欲㠯尚爲嗣又不時決定身死而二子爭國舉宗塗地社稷爲墟上定冀州屯鄴舍紹之第余親涉其庭登其堂遊其閣寢其房棟宇未墮陛除自若忽然而他姓處之紹雖薮平亦由惡婦（治要）

上洛都尉王琰獲高幹㠯功封侯其妻哭于室（意林御覽作內）㠯爲琰富貴將更娶妾媵而奪己愛故也（三國志袁紹傳注後漢袁紹傳注意林藝文類聚三十五御覽四百八十七）

酒誨

酒㠯成禮過則敗德而流俗芳沈作酒誨（北堂書鈔未改本一百四十八）孝靈之末朝政墮廢羣官百司竝湎于酒貴戚尤甚斗酒至千錢中常侍張讓子奉爲太醫令與人飲酒輒掣引衣裳發露形體㠯爲戲樂將罷又亂其舃履使小大差跨無不顛倒僵仆踒跌手足因隨而笑之（北堂書鈔一百四十八御覽二百二十九又四百九十七又六百九十七又八百四十五）

雒陽令郭珍居財（一作家）巨億每暑夏召客侍婢數十盛裝飾被羅縠袒裸其中使之進酒（御覽四百七十二又八百四十五）

荊州牧劉表跨有南土子弟驕貴竝好酒爲三爵大曰伯雅次曰中雅小曰季雅伯雅受七勝（御覽作升下同）中雅受六勝季雅受五勝又設大鍼于杖端客有醉酒寢地者輒㠯劖刺之驗其醉醒是酷于趙敬侯㠯筒酒灌人也大駕都許使光祿大夫劉松北鎮袁紹軍與紹子弟日共宴飲松嘗㠯盛夏三伏之際晝夜酣飲極醉至于無知云㠯避一時之暑二方化之故南荊有三雅之爵河朔有避暑之飲（意林初學記三御覽四百九十七又七百六十又八百三十七）

論郤儉等事

夫生之必死成之必敗天地所不能變聖賢所不能免然而惑者

望乘風雲與螭龍共駕適不死之國國即丹谿其人浮游列缺翺翔倒景饑餐瓊蕊渴飲飛泉然死者相襲丘壟相望逝者莫反潛者莫形足㠯覺也（文選郭景純遊仙詩注張孟陽七哀詩注）然人形性同于庶類勞則早斃逸則晚死（意林）濟于意診趙章謂其命在五日後至七日乃死章嗜粥內臟充實故得延日也（北堂書鈔未刪改本一百四十四）

潁川郤儉能辟穀餌伏苓甘陵甘始亦善行氣老有少容廬江左慈知補導之術竝爲軍吏初儉之至市伏苓價暴數倍議郎安平李覃學其辟穀餐伏苓飲水中寒（華佗傳注寒字在水中上今依博物志乙轉）泄利殆至殞命後始來衆人無不鵶視狼顧呼吸吐納軍謀祭酒弘農董芬爲之過差氣閉不通良久乃蘇左慈到又競受其補導之術至寺人嚴峻往從問受閹豎眞無事于斯術也人之逐聲乃至于是光和中北海王和平亦好道術自㠯當仙濟南孫邕少事之從至京師會和平病死邕因葬之東陶有書百餘卷藥數囊悉㠯送之後弟子夏榮言其尸解邕至今恨不取其寶書仙藥劉向惑于鴻寶之說君游眩于子政之言古今愚謬豈唯一人哉（三國志華佗傳注連江葉氏本博物志七今本五）

陳思王（此當是後人所改論內稱文帝爲太子則其時植爲臨菑侯也）辯道論云世有方士吾王悉招至之甘陵有甘始廬江有左慈陽城有郤儉始能行氣儉善辟穀悉號三百歲人自王與太子及余之兄弟咸㠯爲調笑不全信之然嘗試郤儉辟穀百日猶與寢處行步起居自若也夫人不食七日則死而儉乃能如是左慈修房中之術差可㠯終命然非有志至精莫能行也甘始老而少容自諸術士咸共歸之王使郤孟節主領諸人（連江葉氏本博物志七今本五案三國志華佗傳注藝文類聚七十八辨正論廣宏明集並載此論合錄之得千二百數十字尚有佚脫典論未必全載故但據博物志錄之）

一說皇甫隆遇青牛道士姓封名君達其餘養性法即可放用大

略云。體欲嘗少勞。無過虛。食去肥濃。節酸鹹。減思慮。損喜怒。除馳逐。愼房室。施寫。秋冬閉藏。詳別篇。武帝行之有效。（博物志同上。）王仲統云。（此有脫落。據博物志下文。是東阿王及仲長統也。）甘始左元放東郭延年行容成御婦人法。並爲丞相所錄。問行其術。亦得其驗。降就道士劉景受雲母九子丸方。年三百歲。莫知所在。武帝恆御此藥。亦云有驗。劉德治淮南王獄。得枕中鴻寶苑祕書。及子向。咸共奇之。信黃白之術可成。謂神仙之道可致。卒亦無驗。乃以罹罪也。劉根不覺飢渴。或謂能忍盈虛。王仲都當盛夏之月。十爐火炙之不熱。當嚴冬之時。裸之而不寒。桓君山以爲性耐寒暑。君山以無仙道。好奇者爲之。前者已述焉。（博物志同上。）

博物志又云。魏王所集方士名。上黨王眞。隴西封君達。甘陵甘始。魯女生。譙國華他字元化。東郭延年。唐霅。冷壽光。河南卜式。張貂。薊子訓。汝南費長房。鮮奴辜。魏國軍吏河南趙聖師。陽城郄儉字孟節。廬江左慈字元放。右十六人。魏文帝東阿王仲長統所說。皆能斷穀不食。分形隱沒。出入不由門戶。左慈能變形。幻人視聽。厭刻鬼魅。皆此類也。周禮所謂怪民。王制稱挾左道者也。

自敘

初平之元。董卓殺主（御覽九十三作弒帝。五百九十二作弒主。）鴆后。蕩覆王室。是時四海既困中平之政。兼惡卓之凶逆。家家思亂。人人自危。山東牧守。咸以春秋之義。衛人討州吁于濮。言人人皆得討賊。于是大興義兵。名豪大俠。富室強族。飄揚雲會。萬里相赴。兗豫之師。戰于滎陽。河內之甲。軍于孟津。卓遂遷大駕。西都長安。而山東大者連郡國。中者嬰城邑。小者聚阡陌。以還相吞併。會黃巾盛于海嶽。山寇暴于并冀。乘勝轉攻。席卷而南。鄉邑望烟而奔。城郭覩塵而潰。百姓死亡。暴骨如莽。余時年五歲。上以四方擾亂。教余學射。六歲而知射。又教余騎馬。八歲而知（御覽作能）騎射矣。以時之多難。（難字依御覽九十三加。）故每征。余常從。建安初。上南征荊州。至宛。張繡降。旬日而反。亡兄孝廉子脩。從兄安民遇害。時余年十歲。乘馬得脫。夫文武之道。各隨時而用。生于中平之季。長于戎旅之閒。是以少好弓馬。于今不衰。逐禽輒十里。馳射常（藝文類聚七十四作出。御覽七百四十六無馳字。作射常出。）百步。日多體健。（御覽九十三作日夕體倦。）心每不厭。建安十年。始定冀州。濊貊（北堂書鈔十作貉）貢良弓。燕代獻名馬。時歲之暮春。句芒司節。和風扇物。弓燥手柔。草淺獸肥。與族兄子丹獵于鄴西。終日手獲麞鹿九。雉兔三十。（御覽五百九十二有餘字。）後軍南征。次曲蠡。尚書令荀彧奉使犒軍。見余談論之末。或言聞君善左右射。此實難能。余言執事未覩夫項發口縱。俯馬蹄而仰月支也。或喜笑曰。乃爾。余曰。埒有常徑。的有常所。雖每發輒中。非至妙也。若夫（夫字依御覽九十三加。）馳平原。赴豐草。要（御覽七百四十六作邀）狡獸。截輕禽。使弓不虛彎。所中必洞。斯則妙矣。（御覽七百四十六作斯乃妙處）

時軍祭酒張京在坐。顧或拊手曰善。余又（初學記九作幼當試）學擊劍。閱師多矣。四方之法各異。唯京師爲善。桓靈之閒。有虎賁王越善斯術。稱于京師。河南史阿言昔與越遊。具得其法。余從阿學之（御覽五百九十三有精字。）精熟。嘗與平虜將軍劉勳奮威將軍鄧展等共飲（初學記有酒字）宿聞展善有手臂。曉五兵。又稱其能空手入白刃。余與論劍良久。謂言將軍法非也。余顧嘗好之。又得善術。因求與余對。時酒酣耳熱。方食芊蔗（藝文類聚八十七作干蔗。御覽七百十又九百七十四作甘蔗。）便以爲杖。下殿數交。三中其臂。左右大笑。展意不平。求更爲之。余言吾法急屬。難相中面。故齊臂耳。展言願復一交。余知其欲突以取交中也。因僞深進。展果尋前。余卻腳鄛。正截其顙。坐中驚視。余還坐笑曰。昔陽慶使淳于意去其故方。更授以祕術。今余亦願鄧將軍捐棄故伎。更受要道也。一坐盡歡。夫事不可自謂已長。余少曉持複。自謂無對。俗名雙戟爲坐鐵室。鑲楯爲蔽木戶。後從陳國袁敏學。以單攻複。每爲若神。對家不知所出。先日若逢敏于狹路。直決耳。余于他戲弄之事少所喜。唯彈棊略盡其巧。少爲之賦。昔京師先工有馬合鄉侯東方安世張公子。常恨不得與彼數子者對。上雅好詩書文籍。雖在軍旅。手不釋卷。每文紀注作每每。今依御覽九十三五百九十二刪一每字。定省從容。常言人少好學則思專。長則善忘。長大而能勤學者。唯吾與袁伯業耳。余是以少誦詩論。及長而備歷五經四部。史漢諸子百家之言。靡不畢覽。所著書論詩賦。凡六十篇。至若智而能愚。勇而能怯。仁以接物。恕以及下。以付後之良史。所著下三十四字依御覽九十三加。三國志魏文紀注。

太子

余蒙隆寵。忝當上嗣。憂惶踧踖。上書自陳。欲繁辭博稱。則父子之間不文也。欲略言直說。則喜懼之心不達也。里語曰。汝無自譽。觀汝作家書。言其難也。意林太子篇序

劍銘文選七命注引典略曰。太子丕劍銘曰。流采色似采虹。蓋劍銘是篇名。言劍可以槪刀。言太子丕者。蒙下文增加。

昔者周魯寶赤刀孟勞。雍狐之戟。屈盧之矛。孤父之戈。楚越太阿純鉤。徐氏七首。凡斯皆上世名器。君子雖有文事。必有武備矣。余好擊劍。善以短乘長。選玆良金。命彼國工。精而煉之。至于百辟。其始成也。五色充鑪。書鈔御覽如此。初學記作躍鑪。巨橐自鼓。靈物髣髴。飛鳥翔舞。以爲寶器九。劍三。一曰飛景。二曰流采。三曰華鋒。刀三。一曰靈寶。二曰含章。三曰素質。七首二。一曰清剛。二曰揚文。露陌刀一。曰龍鱗。因姿定名。以銘其柎。工非歐冶子。金非昆吾。亦一時之良也。銘曰。惟建安廿有四載。書鈔未改本如此。下又作廿四年。初學記御覽作二十四年。轉寫變其詞耳。二月甲午。書鈔如此。藝文類聚作壬午。御覽作丙午。推是年二月癸未朔。壬子晦。日食。無壬午也。甲午十二日。丙午廿四日。魏太子丕藝文類聚文選注初學記御覽皆作丕。書鈔作丕。知舊本作丕。隸丕字也。造百辟寶劍三。當有其一字。長四尺二寸。重一斤十有五兩。淬以清漳。厲以礛本注音監䃴。本注音諸。礛䃴青石也。飾以文玉。表以通犀。光似流星。名曰飛景。其二名流采。色似采虹。長四尺二寸。重一斤十有四兩。華鋒銘缺

魏太子丕造百辟寶刀三。其一長四尺三寸六分。重二斤六兩。文似靈龜。名曰靈寶。其二采似丹霞。名曰含章。長四尺三寸三分。重三疑作二。斤十兩。其三鋒似霜。書鈔未改本如此。當有脫字。藝文類聚作鑾似崩霜。文選注作堅而似霜崩。御覽作鑾似崩霜。崩疑明之誤。刀身劍鋏。名曰素質。長四尺三寸。重二斤九兩。魏太子造百辟七首二。其一理似堅冰。名曰清剛。其二曜似朝日。名曰揚文。又造百辟露陌刀一。長三尺二寸。狀如龍文。名曰龍鱗。北堂書鈔未改本一百二十二引九條。一百二十三引六條。藝文類聚六十引六條。文選七命注引三條。初學記十引一條。二十二引二條。六帖二引一條。十三引二條。御覽三百四十三引二條。三百四十六引一條。合訂成篇。宋書鈔藝文類聚御覽引魏文帝露陌刀銘曰。於鑠良刀。胡鍊亶時。譬諸麟角。靡所任茲。不逢不若。永世寶持。利用衛身。以威弗治。不云典論。故置弗錄。

論文

夫夫字依藝文類聚五十三加文人相輕。自古而然。傅毅之于班固。伯仲之間耳。而固小之。與弟超書曰。武仲以能屬文爲蘭臺令史。下筆不能自休。夫人善于自見。而文非一體。鮮能備善。是以各以所長。相相字依藝文類聚加輕所短。里語曰。家有弊帚。享之千金。斯不自見之患也。今之文人。魯國孔融文舉。廣陵陳琳孔璋。山陽王粲仲宣。北海徐幹偉長。陳留阮瑀元瑜。汝南應瑒德璉。東平劉楨公幹。斯七子藝文類聚作人者。于學無所遺。于辭無所假。咸以自騁驥騄于千里。三國志王粲傳注作咸自以騁驥騄于千里。藝文類聚作咸自以騁騄驥于千里。仰齊足而竝馳。以此相服。亦良難矣。蓋君子審己以度人。故能免于斯累。乃本作而。依藝文類聚改作論文。王粲長于辭賦。徐幹時有齊氣。然粲之匹也。三國志王粲傳注作時有逸氣。然非粲匹也。藝文類聚與粲傳同。無非字。如粲之初征。登樓。槐賦。征思。幹之玄猿。漏巵。圓扇。橘賦。雖張蔡不過也。然于他文未能稱是。陳琳阮瑀陳字阮字依藝文類聚加之章表書記。今之雋也。應瑒和而不壯。劉楨壯而不密。孔融體氣高妙。有過人者。然不能持論。理不勝詞。以至乎王粲傳注藝文類聚無以字。乎作于襍以嘲戲。及其時有時有二字依藝文類聚加所善。揚班王粲傳注有之字儔也。常人貴遠賤近。向聲背實。又患闇于自見。謂己爲賢。夫文本同而末異。

蓋奏議宜雅書論宜理銘誄尚實詩賦欲麗此四科不同故能之者偏也唯通才能備其體文以氣爲主氣之清濁有體不可力强而致譬諸音樂曲度雖均節奏同檢至于引氣不齊巧拙有素雖在父兄不能以移子弟蓋文章經國之大業不朽之盛事年壽有時而盡榮樂止乎其身二者必至之常期未若文章之無窮是以古之作者寄身于翰墨見意于篇籍不假良史之辭不託飛馳之勢而聲名自傳于後故西伯幽而演易周旦顯而制禮不以隱約而弗務不以康樂而加思夫然則古人賤尺璧而重寸陰懼乎時之過已而人多不强力貧賤則懾于飢寒富貴則流于逸樂遂營目前之務而遺千載之功日月逝于上體貌衰于下忽然與萬物遷化斯志士之（藝文類聚作所）大痛也融等已逝唯幹著論成一家言（文選）或問屈原相如之賦孰愈曰優游案衍屈原之尚也窮侈極妙相如之長也然原據託譬喻其意周旋綽有餘度矣長卿子雲意未能及已（北堂書鈔一百）

余觀賈誼過秦論發周秦之得失通古今之制義洽以三代之風潤以聖人之化斯可謂作者矣（御覽五百九十五）

李尢字伯宗（後漢本傳作伯仁）年少有文章賈逵薦尢有相如楊雄之風拜蘭臺令史與劉珍等共撰漢記（北堂書鈔六十二）

議郎馬融以永興中（後漢本傳作元初二年）帝獵廣成融從是時北州遭水潦蝗蟲融撰上林頌以諷（藝文類聚一百 此三條疑當在前半文選刪落者尚多也）

論太宗

文帝慈孝寬仁弘厚躬修玄默以儉率下奉生送終事從約省美聲塞于宇宙仁風暢于四海（御覽八十八）

文帝思（書鈔作急）賢甚于飢渴用人速于順流（北堂書鈔十一 御覽八十八）

三國魏文紀注引王沈魏書曰文學諸臣或以爲孝文雖賢其于聰明通達政體不如賈誼帝著太宗論曰昔有苗不賓重華舞以干戚尉佗稱帝孝文撫以恩德吳王不朝錫之几杖以撫其意而天下賴安乃弘三章之教愷悌之化欲使曩時累息之民得闊步高談無危懼之心若賈誼之才敏籌畫國政特賢臣之器管晏之姿豈若孝文大人之量哉

論孝武

孝武帝承累世之遺業遇中國之殷阜府庫餘金錢倉廩畜腐粟因此有意乎（御覽作平）滅匈奴而廓清邊境矣故卽位之初從王恢之畫設馬邑之謀自元光以迄征和四五十載之間征匈奴四十餘舉盛餘踰廣漢絕梓嶺封狼居胥禪姑幕梁北河觀兵瀚海刈單于之旗剿闕氏之首探符離之窟埽五王之庭納休屠昆邪之附獲祭天金人之寶斬名王以千數馘酋虜以萬計旣窮追其散亡又摧破其積聚虜不暇于救死扶傷疲困于孕重墮殞元封初躬秉（藝文類聚御覽皆作執 依北堂書鈔十三改）武節告以天子自將懼以兩越之誅彼

時號爲威震匈奴矣（藝文類聚十二 御覽八十八）

論周成漢昭

或有方周成王于漢昭帝者余以爲周氏體聖考之淑氣稟賢妣之胎教周邵爲保傅呂尚爲太師故咳笑必含仁義之聲觀聽必覩禮義之容弘踐祚之義隆太平之化禮樂興于上頌聲作于下時成王年二十二享國三十年世永治長德與年豐夫孝昭父非武王母非邑姜體不承聖化不胎育保失仁義之德佐無隆平之治所謂生深宮中長婦手矣德與體併智與性成孝昭之崩年二十有一承衰弊之世牧彫落之民臣無淑聖之智身有短折之期欲高隆周豈不謬哉（御覽四百四十七）

藝文類聚十二引魏文帝周成漢昭論曰或方周成王于漢昭僉高成而下昭余以爲周成王體上聖之休氣稟賢妣之貽誨周召爲保傅呂尚爲太師口能言則行人稱辭足能履則相者

導儀。目厭威容之美。耳飽仁義之聲。所謂沈潰玄流。而沐浴清風者矣。猶有告悔。聆二叔之謗。使周公東遷。皇天赫怒。顯明厥咎。猶啟諸金縢。稽諸國史。然後乃悟。不亮周公之聖德。而信金縢之教言。豈不暗哉。夫孝昭。父非武王。母非邑姜。養惟蓋主。相則桀光。體不承聖。化不胎育。保無仁孝之質。佐無隆平之治。所謂生于深宮之中。長于婦人之手。然而德與性成。行與體并。年在二七。早智夙達。發燕書之詐。亮霍光之誠。豈將有啟金縢信國史而後乃寤哉。使夫昭成均年而立。易世而化。貿臣而治。換樂而歌。則漢不獨少。周不獨多也。（案此即典論也。御覽刪改。持論頗殊。但類聚不引典論。故刪錄之。）

終制

黃初三年冬十月。表首陽山東為壽陵。作終制。

禮。國君即位為椑。存不忘亡也。昔堯葬穀林。通樹之。禹葬會稽。農不易畝。故葬于山林。則合乎山林。封樹之制。非上古也。吾無取焉。壽陵因山為體。無為封樹。無立寢殿。造園邑。通神道。夫葬也者。藏也。欲人之不得見也。骨無痛痒之知。冢非棲神之宅。禮不墓祭。欲存亡之不黷也。為棺槨足以朽骨。衣衾足以朽肉而已。故吾營此丘墟不食之地。欲使易代之後。不知其處。無施葦炭。無藏金銀銅鐵。一以瓦器。合古塗車芻靈之義。棺但漆際會三過。飯含無以珠玉。無施珠襦玉匣。諸愚俗所為也。季孫以璵璠斂。孔子歷級而救之。譬之暴骸中原。宋公厚葬。君子謂華元樂莒不臣。以為棄君于惡。漢文帝之不發。霸陵無求也。光武之掘。原陵封樹也。霸陵之完。功在釋之。原陵之掘。罪在明帝。是釋之忠以利君。明帝愛以害親也。忠臣孝子。宜思仲尼、丘明、釋之之言。覽華元、樂莒、明帝之戒。存于所以安君定親。使魂靈萬載無危。斯則賢聖之忠孝矣。自古及今。未有不亡之國。亦無不掘之墓也。喪亂以來。漢氏諸陵。無不發

掘。至乃燒取玉匣金縷。骸（文選注作體）骨并盡。是焚如之刑也。豈不重痛哉。禍由乎厚葬封樹。桑霍為我戒。不亦明乎。其皇后及貴人以下。不隨王之國者。有終沒。皆葬澗西。前又以表其處矣。蓋舜葬蒼梧。二妃不從。延陵葬子。遠在嬴博。魂而有靈。無不之也。一澗之閒。不足為遠。若違今詔。妄有所變改造施。吾為戮尸地下。戮而重戮。死而重死。臣子為蔑死君父。不忠不孝。使死者有知。將不福汝。其以此詔藏之宗廟。副在尚書秘書三府。（三國志魏文帝紀。案陳壽但出篇名。不言典論。據文選七哀詩注引典論曰。喪亂以來。漢氏諸陵無不發掘。至乃燒取玉匣金縷。體骨并盡。知終制是典論之一篇也。）

諸物相似亂者（案博物志言魏文帝所記。而上文多引典論。明此亦典論也。）

武夫怪石似美玉。蛇牀亂蘼蕪。薺苨亂人參。杜衡亂細辛。雄黃似石留黃。鯿魚相亂。以有大小相異。敵休亂門冬。百步似門冬。房葵似狼毒。鉤吻草與荇華相似。拔楔與萆薢相似。一名狗脊。菊有二種。苗花如一。唯味小異。苦者不中食。野葛食之殺人。家葛種之三年不收。後旅生。亦不可食。（連江葉氏本博物志七。以下篇名皆缺）

天下無切玉之刀。火浣之布。（抱朴子內篇論仙云。魏文帝窮覽洽聞。自呼于物無所不經。謂天下無切玉之刀。火浣之布。及著典論。嘗據言此事。）

火性酷烈。無含生之氣。（搜神記十三。漢世西域舊獻火浣布。中間久絕。至魏初。時人疑其無有。文帝以為火性酷烈。無含生之氣。著之典論。明其不然之事。絕智者之聽。及明帝立。詔三公曰。先帝昔著典論。不朽之格言。其刊石于廟門之外及太學。與石經並。以永示來世。至青龍三年二月。西域獻火浣布袈裟。于是刊滅此論。）

火尚能鑠石銷金。何為不燒其布。（法苑珠林四十七）

蘇林。（三國王粲傳注引魏略曰。林字孝友。文帝作典論。所稱蘇林者也。）

踰長城之阻。登單于之臺。（北堂書鈔十三。案上文先引典論云。孝武征匈奴。埽五王之庭。又云。刈單于之旗。探符離之窟。今皆在論孝武篇。此復云云。未知同篇與否。故附于末。）

結繩而治。（北堂書鈔十五）

北海鄭玄。學之淵府。（北堂書鈔九十七）

君子謹乎約己。弘乎接物。（文選陸士龍大將軍讌會詩注、任彥昇王文憲集序注）

欲得二女充備六宮。佐宣陰陽。聿修古義。（文選范蔚宗後漢皇后傳論注）

汝南許劭與族兄靖。俱避地江東。保吳郡。爭論于太守許貢坐。至于手足相及。（御覽四百九十六）

全三國文卷八終

全三國文卷九

烏程嚴可均校輯

魏九

明帝 一

帝諱叡字元仲文帝太子黃初七年五月卽位改元三太和青龍景初在位十三年謚曰明皇帝廟號烈祖有集七卷（唐志作十卷）

游魂賦

崆峒丹穴孤竹北戶沈淪窅冥豈有所覩（北堂書鈔一百五十八）

喻指華歆詔（黃初七年十二月）

朕新莅庶事一日萬幾懼聽斷之不明賴有德之臣左右朕躬而君屢㠯疾辭位夫量主擇君不居其朝委榮棄祿不究其位古人固有之矣顧㠯為周公伊尹則不然絜身徇節常人為之不望之于君君其力疾就位㠯惠予一人將立席机筵命百官總已㠯須君到朕然後御坐（魏志華歆傳）

改元詔

先帝卽位之元則有延康之號受禪之初亦有黃初之稱今名年可也（宋書禮志一）

封聊城王詔（太和元年）

昔象之為虐至甚而大舜猶侯之有鼻近漢氏淮南阜陵皆為亂臣逆子而猶或及身而復國或至子而錫土有虞建之于上古漢文明章行之乎前代斯皆敦敘親親之厚義也聊城公茂少不閑禮教長不務善道先帝㠯為古之立諸侯也皆命賢者故姬姓有未必侯者是㠯獨不王茂太皇太后數㠯為言如聞茂頃來少知悔昔之非欲修善將來君子與其進不保其往也今封茂為聊城王㠯慰太皇太后下流之念（魏志樂陵王茂傳）

議定廟樂及舞詔

禮樂之作所㠯類物表庸而不忘其本者也凡音樂㠯舞為主自黃帝雲門㠯下至于周大武皆太廟舞名也然則其所司之官皆曰太樂所㠯總領諸物不可㠯一物名武皇帝廟樂未稱其議定廟樂及舞舞者所執綴兆之制聲歌之詩務令詳備樂官自如故為太樂（宋書樂志一通典一百四十一）

日蝕求言詔（太和初）

蓋聞人主政有不得則天懼之㠯災異所㠯譴告使得自修也故日月薄蝕明治道有不當者朕卽位㠯來既不能光明先帝聖德而施化有不合于皇神故上天有㠯寤之宜勵政自修㠯報于神明天之于人猶父之于子未有父欲責其子而可獻盛饌㠯求免也今外欲遣上公與太史令具禳祠于義未聞也羣公卿士其各勉修厥職有可㠯補朕不逮者各封上之（宋書五行志五太和初太史令許芝奏日應蝕與太尉于靈臺祈禳帝詔曰云云）

下詔徵管寧（明帝元年十一月）

太中大夫管寧耽懷道德服膺六蓺清虛足㠯侔古廉白可㠯當世曩遭王道衰缺浮海遁居大魏受命則襁負而至斯蓋應龍潛升之道聖賢用舍之義而黃初㠯來徵命屢下每輒辭疾拒違不至豈朝廷之政與生殊趣將安樂山林往而不能反乎夫㠯姬公之聖而耉德不降則鳴鳥弗聞㠯秦穆之賢猶思詢乎黃髮況朕寡德曷能不願聞道于子大夫哉今㠯寧為光祿勳禮有大倫君臣之道不可廢也望必速至稱朕意焉（魏志管寧傳）

下公卿議復肉刑詔

太傅學優才高留心政事又于刑理深遠此大事公卿羣僚善共平議（魏志鍾繇傳）

詔張郃益邑（太和二年春）

賊亮㠯巴蜀之眾當虓虎之師將軍被堅執銳所向克定朕甚嘉

之益邑千戶，幷前四千三百戶。魏志張郃傳

刊撰論詔 太和二年四月戊子

先帝昔著典論，不朽之格言，其刊石于廟門之外及太學，與石經竝，目永示來世。魏志齊王芳紀注引搜神記

貢士先經學詔 太和二年六月

尊儒貴學，王敎之本也。自頃儒官或非其人，將何目宣明聖道。其高選博士，才任侍中常侍者。申敕郡國，貢士目經學爲先。魏志明帝紀，又見御覽二百三十六

詔雍丘王植 太和二年

皇帝問雍丘王：先帝昔常非于漢氏諸帝積貯衣被，使敗于函篋之中，遺詔目所服衣被賜王公卿官僚諸將。今目十三種賜王。初學記二十，曹植表稱詔曰云云

報楊阜詔 太和二年後

間得密表，先陳往古明王聖主目諷闇政，切至之辭，款誠篤實。退思補過，將順匡救，備至悉矣。覽思苦言，吾甚嘉之。魏志楊阜傳

答東阿王論邊事詔 當在太和三年

制詔：覽省來書，至于再三。朕目不德，夙遭旻凶，聖祖皇考，復見孤弃，武宣皇后，復卽玄宮。重此哀煢，五內傷剝，又目眇身，闇于從政。是故二寇未誅，黔首元元，各不得所，雖復兢兢，坐而待旦，懼無云益。王俠輔帝室，朕深賴焉。何乃謙卑，自同三監，知吳蜀未梟，而海內虛耗，爲憂；又慮邊將或非其人，諸所開喻，朕敬聽之。高謀良策，思聞其次。文館詞林卷六百六十四

議追崇處士君號謚詔 太和三年六月

尊嚴祖考，所目崇孝表行也；追本敬始，所目篤敎流化也。是目成湯文武，實造商周；克昌王業，而詩書之義，追尊稷契，歌頌有娀姜嫄之事，明盛德之源流，受命所由興也。自我魏室之承天序，既發迹于高皇太皇帝，而功隆于武皇文皇帝。至于高皇之父處士君，潛修德讓，行動神明，斯乃乾坤所福饗，光靈所從來也。而精神幽遠，號稱罔記，非所謂崇孝重本也。其令公卿已下會議號謚。魏志劉曄傳、通典七十二

禁外藩入嗣復顧私親詔 太和三年七月

禮，皇后無嗣，擇建支子，目繼大宗，則當纂正統而奉公義，何得復顧私親哉！漢宣繼昭帝後，加悼考目皇號；哀帝目外藩援立，而董宏等稱引亡秦，或誤朝議，遂尊恭皇，立廟京都，又寵藩妾，使比長信，敘昭穆于前殿，竝四位于東宮，僭差無度，人神弗祐，而非罪師丹忠正之諫，用致丁傅焚如之禍。自是之後，相踵行之。昔魯文逆祀，罪由夏父；宋國非度，譏在華元。其令公卿有司，深目前世行事爲戒。後嗣萬一有由諸侯入奉大統，則當明爲人後之義；敢爲佞邪導諛時君，妄建非正之號，目干正統，謂考爲皇，稱妣爲后，則股肱大臣誅之無赦。其書之金策，藏之宗廟，著于令典。魏志明帝紀，又宋書禮志四

詔青州刺史禮遣管寧 明帝三年十二月辛酉

寧抱道懷貞，潛翳海隅，比下徵書，違命不至，盤桓利居，高尚其事。雖有素履幽人之貞，而失考父茲恭之義，使朕虛心引領，歷年其何謂邪？徒欲懷安，必肆其志，不惟古人亦有翻然改節目隆斯民乎！日逝月除，時方已過，澡身浴德，將目曷爲？仲尼有言：吾非斯人之徒與而誰與哉！其命別駕從事郡丞掾奉詔目禮發遣寧詣行在所，給安車吏從茵蓐，道上廚食，上道先奏。魏志管寧傳

策試罷退浮華詔 太和四年二月

世之質文，隨敎而變。兵亂目來，經學廢絕，後生進趣，不由典謨。豈朕訓導未洽，將進用者不目德顯乎？其令郎吏學通一經，才任牧民，博士策試，擢其高第者，亟用；其浮華不務道本者，皆罷退之。魏志

明帝紀。又藝文類聚五十三。

謚鍾繇詔 四年四月

太傅功高德茂。位爲師保。論行賜謚。當先依此。兼敘廷尉于張之德耳。魏志鍾繇傳注引魏書有司議謚詔曰云云乃策謚曰成侯又見御覽五百六十二

聽曹眞分邑封曹遵朱讚詔 太和四年九月

大司馬有叔向撫孤之仁。篤晏平久要之分。君子成人之美。聽分眞邑。賜遵讚子爵關內侯。各百戶。魏志曹眞傳

荅張郃詔 太和四年

昔祭遵爲將。奏置五經大夫。居軍中與諸生雅歌投壺。今將軍外勒戎旅。內存國朝。朕嘉將軍之意。今擢湛爲博士。魏志張郃傳

封曹眞五子詔 太和五年三月

大司馬蹈履忠節。佐命二祖。內不恃親戚之寵。外不驕白屋之士。可謂能持盈守位。勞謙其德者也。其悉封眞五子羲訓則彥皚皆

爲列侯。魏志曹眞傳

令諸王及宗室公侯各將適子一人入朝詔 太和五年八月

古者諸侯朝聘。所㠯敦睦親親。協和萬國也。先帝著令。不欲使諸王在京都者。謂幼主在位。母后攝政。防微㠯漸。關諸盛衰也。朕惟不見諸王十有二載。悠悠之懷。能不興思。其令諸王及宗室公侯各將適子一人入朝。後有少主母后在宮者。自如先帝令。申明著于令。魏志明帝紀

報滿寵求留詔 太和五年冬

昔廉頗彊食。馬援據鞍。今君未老而自謂已老。何與廉馬之相背邪。其思安邊境。惠此中國。魏志滿寵傳

詔報東阿王植 太和五年

蓋教化所由。各有隆弊。非皆善始而惡終也。事使之然。故夫忠厚仁及草木。則行葦之詩作。恩澤衰薄。不親九族。則角弓之章刺。今令諸國兄弟。情禮簡怠。妃妾之家。膏沐疏略。縱不能敦而睦之。王援古喻。義備悉矣。何言精誠不足㠯感通哉。夫明貴賤。崇親親。禮賢良。順少長。國之綱紀。本無禁固諸國通問之詔也。矯枉過正。下吏懼譴。㠯至于此耳。已敕有司。如王所訴。魏志陳思王植傳

改封諸侯㠯郡爲國詔 太和六年

古之帝王。封建諸侯。所㠯藩屏王室也。詩不云乎。懷德維寍。宗子維城。秦漢繼周。或彊或弱。俱失厥中。大魏創業。諸王開國。隨時之宜。未有定制。非所㠯永爲後法也。其改封諸侯王。皆㠯郡爲國。魏志明帝紀又藝文類聚五十一

報陳王植等詔

此柰乃從涼州來。道里既遠。又來東轉煖。故柰中變色不佳耳。初學記二十八又御覽九百七十作故柰色非如夏也

詔陳王植 太和六年

吾既薄才。至于賦誄。特不閑。從兒陵上還。哀懷未散。作兒誄。爲田公家語耳。御覽五百九十六

與陳王植詔 太和六年正二月

昔先帝時。甘露屢降於仁壽殿前。靈芝生芳林園中。自吾建承露盤已來。甘露復降芳林園仁壽殿前。藝文類聚九十八初學記二御覽八百七十二

與陳王植手詔

王顏色瘦弱。何意耶。腹中調和不。今者食幾許米。又噉肉多少。見王瘦。吾甚驚。宜當節水加餐。御覽三百七十八

陳國相爲國王制服詔 案陳王薨于太和六年

若正名實。司空議是也。且謂之國相。而不稱臣制服。則亦名實有錯。若去相之號。除國之名。則傷親親之恩也。宜釋輕從重。㠯彰優崇之大義也。通典八十八

獲玉印告廟詔 太和六年

推原符瑞，有感而至，宜因祭祀，奠于文思皇后神座前，目慰神靈之思念。通典五十五

拒蔣濟請議封禪詔 太和中

聞濟斯言，使吾汗出流足。自開闢目來，封禪者七十餘君耳，故太史公曰，雖有受命之君，而功有不洽，是目中間曠遠者千有餘年，近者數百載，其儀闕不可得記。吾何德之修，敢庶茲乎？濟豈謂世無管仲，目吾有桓公登泰山之志乎？吾不敢欺天也。濟之所言，華則華矣，非助我者也。公卿侍中尚書常侍省之而已，勿復有所議，亦不須荅詔也。晉書禮志下，宋書禮志三，魏志高堂隆傳載首二句。

玉佩詔 當在太和中

中書領軍遊擊皆玉佩。御覽二百四十引高堂隆集巳巳詔

弔陳羣母詔

司空今遭母憂，當遣使者弔祭如故事。通典八十三。

目蔣濟爲護軍將軍詔 太和末

夫骨鯁之臣，人主之所仗也。濟才兼文武，服勤盡節，每軍國大事，輒有奏議，忠誠奮發，吾甚壯之。就遷爲護軍將軍，加散騎常侍。魏志蔣濟傳。

目夏侯惇等配饗武帝廟庭詔 青龍元年五月壬申

昔先王之禮，于功臣存則顯其爵，沒則祭于大蒸，故漢氏功臣祠于廟廷。大魏元功之臣，功勳優著，終始休明者，其皆依禮祀之。魏志明帝紀注引魏書。

詔有司議中山王袞犯禁 青龍元年

王素敬慎，邂逅至此，其目議親之典議之。魏志中山恭王袞傳。

詔何楨 青龍元年

揚州別駕何楨有文章才，試使作許都賦，成上不封，得令人見。御覽五百八十七引文士傳。

禁淫祀詔 青龍元年

郡國山川不在祀典者，勿祠。宋書禮志四，通典五十五。

減鞭杖之制詔 青龍二年二月乙未

鞭作官刑，所目糾慢怠也，而頃多目無辜死。其減鞭杖之制，著于令。魏志明帝紀。

謚山陽公爲孝獻皇帝詔 青龍二年四月丙寅

蓋五帝之事尚矣，仲尼盛稱堯舜巍巍蕩蕩之功者，目爲禪代乃大聖之懿事也。山陽公深識天祿永終之運，禪位文皇帝目順天命。先帝命公行漢正朔，郊天祀祖，目天子之禮，言事不稱臣，此舜事堯之義也。昔放勛殂落，四海如喪考妣，遏密八音，明喪葬之禮同于王者也。今有司奏喪禮比諸侯王，此豈古之遺制而先帝之至意哉？今謚公漢孝獻皇帝。魏志明帝紀注引獻帝傳。

入賈逵祠詔 考此在青龍二年七月

昨過項，見賈逵碑像，念之愴然。古人有言，患名之不立，不患年之不長。逵存有忠勳，沒而見思，可謂死而不朽者矣。其布告天下，目勸將來。魏志賈逵傳。

詔下司空 青龍二年

征南將軍帶金紫，都督使，位高任重。近者正朝，乃與卿校同執羔，非也。自今目後，從特進。瀌奉璧者如故事。通典七十五。

皇后崩稱大行詔 青龍三年春

稱大行者，所目別存亡之號，故事已然。今當如林議，稱大行。通典七十九文德郭后崩，侍中蘇林議宜稱大行。

報孫禮詔

敬納讜言，促遣民作。魏志孫禮傳。

詔衛臻

殿舍不成，吾所留心，卿推之何？魏志衛臻傳。

幸許昌還詔

吾省與僕射何異。魏志徐宣傳

宣下靈命瑞圖詔 青龍四年

張掖郡玄川溢涌，激波奮蕩，寶石負圖，狀像靈龜，宅于川西，嶷然磐峙，倉質素章，麟鳳龍馬，煥炳成形，文字告命，粲然著明。魏志管甯傳

議獄從寬簡詔 青龍四年六月

有虞氏畫象而民弗犯，周人刑錯而不用，朕從百王之末，追望上世之風，邈乎何相去之遠。法令滋章，犯者彌多，刑罰愈衆，而姦不可止。往者案大辟之條，多所蠲除，思濟生民之命，此朕之至意也。而郡國蔽獄，一歲之中尚過數百，豈朕訓導不醇，俾民輕罪，將苛法猶存，爲之陷穽乎。有司其議獄緩死，務從寬簡，及乞恩者或辭未出而獄以報斷，非所以究理盡情也。其令廷尉及天下獄官，諸有死罪具獄以定，非謀反及手殺人亟語其親治，有乞恩者，使與奏當文書俱上，朕將思所以全之。其布告天下，使明朕意。魏志明帝紀

選舉詔 青龍四年

欲得有才智文章，謀慮淵深，料遠若近，視昧而察，籌不虛運，策弗徒發，端一小心，清修密靜，乾乾不解，志尚在公者，無限年齒，勿拘貴賤，卿校以上各舉一人。魏志王昶傳

贈謚徐宣詔 青龍四年

宣體履至實，直內方外，歷在三朝，公亮正色，有託孤寄命之節，可謂柱石臣也。常欲倚以台輔，未及登之，惜乎大命不永。其追贈車騎將軍，葬如公禮，謚曰貞侯。魏志徐宣傳

詔問程喜

問青州刺史程喜：甯爲守節高乎，審老疾尫頓耶。魏志管甯傳

收考解弘詔 青龍末

汝非曾閔，何言毀耶。促收考竟。魏志高柔傳

原解弘詔

孝哉弘也，其原之。魏志高柔傳

全三國文卷九終

烏程嚴可均校輯

魏十

明帝二

改正朔詔

黃初已來。諸儒共論正朔。或㠯改之爲宜。或㠯不改爲是。意取駮異。于今未決。朕在東宮時聞之。意常㠯爲夫子作春秋。通三統。爲後王法。正朔各從色。不同因襲。自五帝三王㠯下。或父子相繼。同體異德。或納大麓。受終文祖。或尋干戈。從天行誅。雖遭遇異時。步騶不同。然未有不改正朔。用服色。表明文物。㠯章受命之符也。由此言之。何必㠯不改爲是邪。（宋書禮志一）

改元景初㠯建丑月爲正月詔

昔在庖犧。繼天而王。始據木德。爲羣代首。自茲㠯降。服物氏號。開元著統者。既膺受命厤數之期。握皇靈遷興之運。承天改物。序其綱紀。雖炎黃少昊顓頊高辛唐虞夏后。世系相襲。同氣共祖。猶豫昭顯所受之運。著明天人去就之符。無不革易制度。更定禮樂。延羣后。班瑞信。使之煥炳。可述于後也。至于正朔之事。當明示變改。㠯彰異代。曷疑其不然哉。文皇帝踐阼之初。庶事草創。遂襲漢正。不革其統。朕在東宮。及臻在位。每覽書籍之林。總公卿之議。夫言三統相變者。有明文。云虞夏相因者。無其言也。厤志曰。天統之正在子。物萌而赤。地統之正在丑。物化而白。人統之正在寅。物成而黑。但含生氣。㠯微成著。故太極運三辰五星于上。元氣轉三統五行于下。登降周旋。終則又始。言天地與人所㠯相通也。仲尼㠯大聖之才。祖述堯舜。範章文武。制作春秋。論究人事。㠯貫百王之則。故于三微之月。每月稱王。㠯明三正迭相爲首。夫祖述堯舜。㠯論三正。則其明義。豈使近在殷周而已乎。朕㠯眇身。繼承洪緒。既不

能紹上聖之遺風。揚先帝之休德。又使王教之弛者不張。帝典之闕者未補。亹亹之德不著。亦惡可已乎。今推三統之次。魏得地統。當㠯建丑之月爲正月。攷之羣蓺。厥義彰矣。其改青龍五年春三月爲景初元年孟夏四月。服色尚黃。犧牲用白。戎事乘黑首之白馬。建大赤之旗。朝會建大白之旗。春秋冬孟仲季月。雖與歲不同。至于郊祀迎氣。礿祀蒸嘗。巡狩蒐田。分至啟閉。班宣時令。中氣晚早。敬授民事。諸若此者。皆㠯正歲斗建爲節。此厤數之序。乃上與先聖合符同契。重規疊矩者也。今遵其義。庶可㠯顯祖考大造之基。崇有魏惟新之命。於戲。王公羣后。百辟卿士。靖康厥職。帥意無怠。㠯永天休。司徒露布。咸使聞知。稱朕意焉。（宋書禮志一。又略見魏志明帝紀注引魏書。又冊府元龜四）

議牲色詔（景初元年）

㠯建寅之月爲正者。其牲用玄。㠯建丑之月爲正者。其牲用白。㠯建子之月爲正者。其牲用騂。此爲牲色各從其正。不隨所祀之陰陽也。祭天不嫌于用玄。則祭地不得獨疑于用白也。天地用牲。得無不宜異邪。更議。（宋書禮志一）

荅議牲色詔（景初元年）

諸議所依據各參錯。若陽祀用騂。陰祀用黝。復云祭天用玄。祭地用黃。如此。用牲之義。未爲通也。天地至尊。用牲當同。㠯所尚之色。不得專㠯陰陽爲別也。今祭皇皇天帝皇皇后地天地郊明堂宗廟。皆宜用白。其別祭五郊。各隨方色。祭日月星辰之類用騂。社稷山川之屬用玄。此則尊卑方色。陰陽衆義暢矣。（宋書禮志一。通典五十五）

郊禘詔（景初元年十月）

蓋帝王受命。莫不恭承天地。㠯彰神明。尊祀世統。㠯昭功德。故先代之典既著。則禘郊祖宗之制備也。昔漢氏之初。承秦滅學之後。采摭殘缺。㠯備郊祀。自甘泉后土雍宮五時神祇兆位。多不見經。

是以制度無常一彼一此四百餘年廢無禘祀古代之所更立者遂有闕焉曹氏世系出自有虞氏今祀圜丘以始祖帝舜配號圜丘曰皇皇帝天方丘所祭曰皇皇后地以舜妃伊氏配天郊所祭曰皇天之神以太祖武皇帝配地郊所祭曰皇地之祇以武宣皇后配宗祀皇考高祖文皇帝于明堂以配上帝。魏志明帝紀注引魏書又見晉書禮志上宋書禮志三通典四十二

議告瑞祀天詔

每祀天輒以地配今不地配耶。通典五十五

告瑞祀天以地配詔

祀天以地配此既正義今告瑞祭于五精之帝則地不得闕也。通典五十五

議告瑞冊文詔

告皇天及五精今冊文中都不見五精之帝意何以耶。通典五十五

詔亭侯以上稱薨

夫爵命等級貴賤之序非得偏制蓋禮闕存亡諸侯大夫既終之稱以薨卒爲別今縣鄉亭侯不幸稱卒非也禮大夫雖食菜不加爵卽縣亭侯既受符策茅土名曰列侯非徒食菜之比也于通存亡之制豈得同稱卒耶其亭侯以上當改卒稱薨。通典八十三

遷盧毓吏部尚書詔景初元年

官人秩才聖帝所難必須良佐進可替否侍中毓稟性貞固心平體正可謂明試有功不懈于位者也其以毓爲吏部尚書。魏志盧毓傳又見魏文類聚四十八

科郎吏從高堂隆等受經詔景初中

昔先聖既沒而其遺言餘教著于六藝六藝之文禮又爲急弗可斯須離者也末俗背本所由來久故閔子譏原伯之不學荀卿醜秦世之坑儒儒學既廢則風化曷由興哉方今宿生巨儒並各年高教訓之道孰爲其繼昔伏生將老漢文帝嗣以鼂錯穀梁寡疇宣帝承以士郎其科郎吏高才解經義者三十人從光祿勳隆散騎常侍林博士靜分受四經三禮主者具爲設課試之法夏侯勝有言士病不明經術經術苟明其取青紫如俯拾地芥耳今學者有能究極經道則爵祿榮寵不期而至可不勉哉。魏志高堂隆傳

報高堂隆疾篤上疏詔景初元二閒

生廉侔伯夷直過史魚執心堅白謇謇匪躬如何微疾未除退身里舍昔邴吉以陰德疾除而延壽貢禹以守節疾篤而濟愈生其彊飯專精以自持。魏志高堂隆傳

高祖光武陵不得耕牧樵採詔景初二年五月戊子

昔漢高祖創業光武中興謀除殘暴功昭四海而墳陵崩頹童兒牧豎踐蹈其上非大魏尊崇所承代之意也其表高祖光武陵四面百步不得使民耕牧樵採。魏志明帝紀注引魏書

賜田滿寵詔景初二年

君典兵在外專心憂公有行父祭遵之風賜田十頃穀五百斛錢二十萬以明清忠儉約之節焉。魏志滿寵傳

舉中書郎詔

得其人與否在盧生耳選舉莫取有名名如畫地作餅不可啖也。魏志盧毓傳又見後漢盧植傳注御覽八百六十。案通典十六作魏文帝詔當誤

以韓暨爲司徒詔景初二年春

太中大夫韓暨澡身浴德志節高絜年踰八十守道彌固可謂純篤老而益劭者也其以暨爲司徒。魏志韓暨傳

得韓暨遺表詔景初二年四月

故司徒韓暨積德履行忠以立朝至于黃髮直亮不虧既登三事望獲毗輔之助如何奄忽天命不永曾參臨沒易簀以禮晏嬰尚儉遣車降制今司徒知命遺言卹民必欲崇約可謂善始令終者

也其喪禮所設皆如故事勿有所闕特賜溫明祕器衣一稱五時朝服玉具劍佩(魏志韓暨傳注引楚國先賢傳)

荅蔣濟詔(景初)

微護軍吾弗聞斯言也(魏志蔣濟傳)

追錄陳思王遺文詔(景初中)

陳思王昔雖有過失既克己慎行以補前闕且自少至終篇籍不離于手誠難能也其收黃初中諸奏植罪狀公卿已下議尚書中書祕書三府大鴻臚者皆削除之撰錄植前後所著賦頌詩銘雜論凡百餘篇副藏内外(魏志陳思王植傳)

報倭女王詔(景初二年十二月)

制詔親魏倭王卑彌呼帶方太守劉夏遣使送汝大夫難升米次使都市牛利奉汝所獻男生口四人女生口六人班布二匹二丈以到汝所在踰遠乃遣使貢獻是汝之忠孝我甚哀汝今以汝為親魏倭王假金印紫綬裝封付帶方太守假授汝其綏撫種人勉為孝順汝來使難升米牛利涉遠道路勤勞今以難升米為率善中郎將牛利為率善校尉假銀印青綬引見勞賜遣還今以絳地交龍錦五匹絳地縐粟罽十張蒨絳五十匹紺青五十匹荅汝所獻貢直又特賜汝紺地句文錦三匹細班華罽五張白絹五十匹金八兩五尺刀二口銅鏡百枚真珠鉛丹各五十斤皆裝封付難升米牛利還到錄受悉可以示汝國中人使知國家哀汝故鄭重賜汝好物也(魏志倭人傳)

欲得親人為射聲校尉問孫資詔(景初末)

吾年稍長又歷觀書傳中皆歎息無所不念圖萬年後計莫過使親人廣據職勢兵任又重今射聲校尉缺久欲得親人誰可用者(魏志劉放傳注引資別傳)

然如卿言當為遠慮所圖今日可參乎勃侔金霍雙玉章者其誰

玉當作劉

哉(同上)

與司馬懿手詔

間側息望到到便直排閤入視吾面(晉書宣帝紀)

削中山王縣戶璽書(青龍元年)

制詔中山王有司奏王乃者來朝犯交通京師之禁朕惟親親之恩用寢吏議然法者所與天下共也不可得廢今削王縣二千七百五十戶夫克己復禮聖人稱仁朝過夕改君子與之王其誡諸無貳咎悔也(魏志中山恭王袞傳引魏書載璽書)

誡誨趙王幹璽書(青龍二年)

易稱開國承家小人勿用詩著大車惟塵之誡自太祖受命創業深覩治亂之源鑒存亡之機初封諸侯訓以恭慎之至言輔以天下之端士常稱馬援之遺誡重諸侯賓客交通之禁乃使與犯妖惡同夫豈以此薄骨肉哉徒欲使子弟無過失之愆士民無傷害之悔耳高祖踐阼祗慎萬機申著諸侯不朝之令朕感詩人棠棣之作嘉采菽之義亦緣詔文曰若有詔得詣京都故命諸王以朝聘之禮而楚中山並犯交通之禁趙宗載捷咸伏其辜近東平王復使屬官毆壽張吏有司舉奏朕裁削縣令有司以曹纂王喬等因九族時節集會王家或非其時皆違禁防朕惟王幼少有恭順之素加受先帝顧命欲崇恩禮延乎後嗣況近在王之身乎且自非聖人孰能無過已詔有司宥王之失古人有言戒慎乎其所不覩恐懼乎其所弗聞莫見乎隱莫顯乎微故君子慎其獨焉叔父茲率先聖之典以纂乃先帝之遺命戰戰兢兢靖恭厥位稱朕意焉(魏志趙王幹傳)

載當作戴

與彭城王璽書(景初元年)

制詔彭城王有司奏王遣司馬董和齎珠玉來到京師中尚方多作禁物交通工官出入近署踰侈非度慢令違制繩王以法朕用

撫然不寧于心王以懿親之重處藩輔之位典籍日陳于前勤誦不輟于側加雅素奉脩恭肅敬慎務在蹈道孜孜不衰豈忘率意正身考終厥行哉若然小疵或謬于細人忽不覺悟以斯爲失耳書云惟聖罔念作狂惟狂克念作聖古人垂誥乃至于此故君子思心無斯須遠道焉常慮以累德者而去之則德明矣開心所以爲塞者而通之則心夷矣慎行所以爲尤者而修之則行全矣三者王之所能備也今詔有司宥王削縣二千戶以彰八柄與奪之法昔羲文作易著休復之語仲尼論行既過能改王其改行茂昭斯義率意無怠 魏志彭城王據傳注引魏書載璽書

報王朗 太和元二閒

夫忠至者辭篤愛重者言深君既勞思慮又手筆將順三復德音欣然無量朕繼嗣未立以爲君憂欽納至言思聞良規 魏志王朗傳

報華歆 太和四年七月前

君深慮國計朕甚嘉之賊憑山川二祖勞于前世猶不克平朕豈敢自多謂必滅之哉諸將以爲不一探取無由自弊是以觀兵以闚其釁若天時未至周武還師乃前事之鑒朕敬不忘所戒 魏志華歆傳

報辛毗 青龍初

二虜未滅而治宮室直諫者立名之時也夫王者之都當及民勞兼辦使後世無所復增是蕭何爲漢規摹之略也今卿爲魏重臣亦宜解其大歸 魏志辛毗傳

報高柔 當在青龍中

知卿忠允乃心王室輒克昌言他復以聞 魏志高柔傳

荅陳羣諫治宮室 青龍三年三月

王者宮室亦宜並立滅賊之後但當罷守耳豈可復興役邪是故君之職蕭何之大略也 魏志陳羣傳

上當作土 朋當作肌

露布天下并班告益州 太和二年正月丁未

劉備背恩自竄巴蜀諸葛亮棄父母之國阿殘賊之黨神人被毒惡積身滅亮外務立孤之名而內貪專擅之實劉升之兄弟守空城而已亮又侮易益上虐用其民是以利狼宕渠高定青羌莫不瓦解爲亮仇敵而亮反裹負薪裏盡毛殫則趾適屨刻朋傷骨反更稱說自以爲能行兵于井底游步于牛蹄自朕即位三邊無事猶哀憐天下數遣兵革且欲養四海之耆老長後生之孤幼先移風于禮樂次講武于農隙置亮畫外未以爲虞而亮懷李熊愚勇之智不思荊邯度德之戒驅略吏民盜利祁山王師方振膽破氣奪馬謖高詳望旗奔敗虎臣逐北蹈尸涉血亮也小子震驚朕師猛銳踊躍咸思長驅朕惟率土莫非王臣師之所處荊棘生焉不欲使千室之邑忠信貞良與夫淫昏之黨共受塗炭故先開示以昭國誠勉思變化無滯亂邦巴蜀將吏士民諸爲亮所劫迫公卿以下皆聽束手 魏志明帝紀注引魏略

赦遼東吏民公文 當是青龍元年

告遼東玄菟將校吏民逆賊孫權遭遇亂階因其先人劫略州郡遂成羣凶自擅江表含垢藏疾冀其可化故割地王權使南面稱孤位以上將禮以九命權親叉手北向稽顙假人臣之寵受人臣之榮未有如權者也狼子野心告令難移卒歸反覆背恩叛主滔天逆神乃敢僭號恃江湖之險阻王誅未加比年已來復遠遣船越渡大海多持貨物誑誘邊民邊民無知與之交關長吏以下莫肯禁止至使周賀浮舟百艘沈滯津岸貿遷有無既不疑拒齎以名馬又使宿舒隨賀通好十室之邑猶有忠信陷君于惡春秋所書也今遼東玄菟奉事國朝紆青拖紫以千百爲數戴纓垂緌咸佩印綬曾無匡正納善之言龜玉毀于匵虎兕出于匣是誰之過歟國朝爲子大夫羞之昔狐突有言父教子貳何以事君策名委

貿貳乃辟也今乃阿順邪謀脅從姦惑豈獨父兄之教不詳子弟之舉習非而已哉若苗穢害田隨風烈火芝艾俱焚安能白別乎且又此事固然易見不及鑒古成敗書傳所載也江南海北有萬里之限遼東君臣無怵惕之患利則義所不利貴則義所不貴此爲厭安樂之居求危亡之禍賤忠貞之節重背叛之名蠻貊之長猶知愛禮以此示人亦難爲顏且又宿舒無罪擠使入吳奉不義之使始與家訣涕泣而行及至賀死之日覆衆成山舒雖脫死魂魄離身何所逼迫乃至于此今忠臣烈將咸忿遼東反覆攜貳皆欲乘桴浮海期于肆意朕爲天下父母加念天下新定既不欲勞動干戈遠涉大川費役如彼又悼邊陲遺餘黎民迷誤如此故遣郎中衛慎邵瑁等且先奉詔示意若股肱忠良能效節立信以輔時君反邪就正以建大功福莫大焉儻恐自嫌已爲惡逆所見染污不敢倡言永懷伊戚其諸與賊使交通皆赦除之與之更始（魏志公孫度傳注引吳書）

（吳書當作魏略）

正朔論

五帝三王雖同氣共祖禮不相襲正朔自宜改變以明受命之運（魏志明帝紀景初元年注引魏書）

甄皇后哀策文（青龍二年三月）

維青龍二年三月壬申皇太后梓宮啓殯將葬于首陽之西陵哀子皇帝叡親奉冊祖載遂親遣奠叩心擗踊號咷仰訴痛靈魂之遷幸悲容車之向路背三光以潛翳就黃壚而安厝嗚呼哀哉昔二女妃虞帝道以彰三母嬪周聖善彌光既多受祉享國延長哀哀慈妣興化閨房龍飛紫極作合聖皇不虞中年暴離災殃愍予小子煢煢摧傷魂雖永逝定省曷望嗚呼哀哉（魏志文德郭皇后傳注引魏書）

孝獻皇帝贈冊文（青龍二年四月丙寅）

嗚呼昔皇天降戾于漢俾逆臣董卓播厥凶虐焚滅京都劫遷大駕于時六合雲擾姦雄熛起帝自西京徂唯求定臻茲洛邑疇咨聖賢聿改乘轅又遷許昌武皇帝是依歲在元枵皇師肇征迄于鶉尾十有八載羣寇殲殄九域咸乂惟帝念功祚茲魏國大啓土宇爰及文皇帝齊聖廣淵仁聲旁流柔遠能邇殊俗向義乾精承祚坤靈吐曜稽極玉衡允膺曆數度于軌儀克厭帝心乃仰欽七政俯察五典弗采四嶽之謀不俟師錫之舉幽贊神明承天禪位祚建朕躬統承洪業蓋聞昔帝堯元愷既舉凶族未流登舜百揆然後百揆時序內平外成授位明堂退終天祿故能冠德百王表功高嶽自往迄今彌歷七代歲暨三千而大運來復庸命底績纂我民主作建皇極念重光紹咸池繼韶夏超羣后之遐蹤邈商周之懿德可謂高朗令終昭明洪烈之懿盛者矣非夫漢魏與天地合德與四時合信動和民神格于上下其孰能至于此乎朕惟孝獻享年不永欽若顧命考之典謨恭述皇考先靈遺意闡崇弘諡奉成聖美以章希世同符之隆以傳億載不朽之榮魂而有靈嘉茲弘休嗚呼哀哉（魏志明帝紀注引獻帝傳）

告祠文帝廟（青龍二年四月丙寅）

叡聞夫禮也者反本修古不忘厥初是以先代之君尊尊親親咸有尚焉今山陽公寢疾棄國有司建言喪紀之禮視諸侯王叡惟山陽公昔知天命永終于己深觀曆數允在聖躬傳祚禪位尊我民主斯乃陶唐懿德之事也黃初受終命公于國行漢正朔郊天祀祖禮樂制度率乃漢舊斯亦舜禹明堂之義也上考遂初皇極攸建允熙克讓莫朗于茲蓋子以繼志嗣訓爲孝臣以配命欽述爲忠故詩稱匪棘其猶聿追來孝書曰前人受命茲不忘大功叡敢不奉承徽典以昭皇考之神靈今追諡山陽公曰孝獻皇帝冊贈璽綬命司徒司空持節弔祭護喪光祿大鴻臚爲副將作大匠復土將軍營成陵墓及置百官羣吏車旗服章喪葬禮儀一如漢

氏故事。喪葬所供羣官之費。皆仰大司農立其後嗣爲山陽公。以通三統。永爲魏賓。魏志明帝紀注引獻帝傳

全三國文卷十終

全三國文卷十一

烏程嚴可均校輯

魏十一

廢帝

帝諱芳。字蘭卿。明帝養子。或云任城王楷子。青龍三年封齊王。景初三年正月卽位。改元二。正始、嘉平。在位十六年。爲司馬師所廢。晉受禪。封邵陵縣公。泰始十年薨。謚曰厲公。

卽位詔 景初三年正月

朕㠯眇身。繼承鴻業。煢煢在疚。靡所控告。大將軍太尉奉受末命。夾輔朕躬。司徒司空冢宰元輔總率百僚。㠯寧社稷。其與羣卿大夫。勉勖乃心。稱朕意焉。魏志齊王芳紀。案齊王芳紀二月有㠯太尉司馬懿爲太傅詔。據曹爽傳。是孫資所作。今編入孫資文

復用夏正詔

烈祖明皇帝㠯正月棄背天下。臣子永惟忌日之哀。其復用夏正。雖違先帝通三統之義。斯亦禮制所由變改也。又夏正于數爲得天正。其㠯建寅之月爲正始元年正月。㠯建丑月爲後十二月。魏志齊王芳紀。又見冊府元龜四

為當作惟

省奏事。五内斷絶。柰何柰何。烈祖明帝㠯正日棄天下。每與皇太后念此日至。心有剝裂。不可㠯此日朝羣辟受慶賀也。月二日會。又非故也。聽當還夏正月。雖違先帝通三統之義。斯亦子孫哀慘永懷。又夏正朔得天數者。其㠯建寅之月爲歲首。宋書禮志一。案此與魏志詳略不同。當兩載之

出黃金銀物供軍用詔 正始元年七月

易稱損上益下。節㠯制度。不傷財。不害民。方今百姓不足。而御府多作金銀雜物。將奚㠯爲。今出黃金銀物百五十種千八百餘斤。銷冶㠯供軍用。魏志齊王芳紀

治當作治

尊禮司馬懿詔 正始六年十二月

明日大會羣臣。其令太傅乘輿上殿。魏志齊王芳紀

免官奴婢爲良民詔 正始七年八月

宮當作官

屬到市觀。見所斥賣宮奴婢。年皆七十。或癃疾殘病。所謂天民之窮者也。且官㠯其力竭而復鬻之。進退無謂。其悉遣爲良民。若有不能自存者。郡縣振給之。魏志齊王芳紀

申敕治道詔 正始七年八月

吾乃當㠯十九日親祠。而昨出已見治道。得雨當復更治。徒棄功夫。每念百姓力少役多。夙夜存心。道路但當期于通利。聞乃撾捶老小。務崇修飾。疲困流離。㠯至哀歎。吾豈安乘此而行。致馨德于宗廟耶。自今已後。明申敕之。魏志齊王芳紀

衞臻乞遜位詔 正始九年三月甲午

昔干木偃息。義壓彊秦。留侯頤神。不忘楚事。讜言嘉謀。望不吝焉。

賜宅一區。位特進。秩如三司。魏志衞臻傳

受胡金㠯狀聞褒田豫詔 正始閒

昔魏絳開懷㠯納戎。今卿舉袖㠯受狄金。朕甚嘉焉。魏志田豫傳注引魏略

賜孫資詔 正始九年

君掌機密三十餘年。經營庶事。勳著前朝。曁朕統位。動賴良謀。是㠯曩者增崇寵章。同之三事。外帥羣官。内望讜言。屬㠯年耆疾篤。上還印綬。前後鄭重。辭旨懇切。天地㠯大順成德。君子㠯善恕成仁。重㠯職事違奪君志。今聽所執。賜錢百萬。使兼光祿勳少府親策詔君養疾于第。君其勉進醫藥。頤神和氣。㠯永無疆之祚。置舍人官騎。加㠯日秩肴酒之膳焉。魏志劉放傳注引資別傳

賜徐邈等家穀錢詔 嘉平元年

夫顯賢表德。聖王所重。舉善而教。仲尼所美。故司空徐邈、征東將軍胡質、衞尉田豫。皆服職前朝。歷事四世。出統戎馬。入贊庶政。忠

清在公。憂國忘私。不營產業。身沒之後。家無餘財。朕甚嘉之。其賜邈等家穀二千斛。錢三十萬。布告天下。（魏志徐邈傳）

褒封郭淮詔　嘉平二年

昔漢川之役。幾至傾覆。淮臨危濟難。功書王府。在關右三十餘年。外征寇虜。內綏民夷。比歲㠯來。摧破廖化。禽虜句安。功績顯著。朕甚嘉之。今㠯淮為車騎將軍儀同三司。持節都督如故。進封陽曲侯。邑凡二千七百八十戶。分三百戶。封一子亭侯。（魏志郭淮傳）

追褒郭修詔　嘉平五年八月

故中郎西平郭修。砥節厲行。秉心不回。乃者蜀將軍姜維寇鈔修郡。為所執略。往歲偽大將軍費禕驅率羣衆。陰圖闚闔。道經漢壽。請會衆賓。修于廣坐之中手刃擊禕。勇過聶政。功逾介子。可謂殺身成仁。釋生取義者矣。夫追加褒寵。所㠯表揚忠義。祚及後胤。所㠯獎勸將來。其追封修為長樂鄉侯。食邑千戶。諡曰威侯。子襲爵。加拜奉車都尉。賜銀千鉼。絹千匹。㠯光寵存亡。永垂來世焉。（魏志齊王芳紀）

追賜劉整鄭像爵關中侯詔　嘉平六年二月

夫顯爵所㠯褒元功。重賞所㠯寵烈士。整像召募通使。越蹈重圍。冒突白刃。輕身守信。不幸見獲。抗節彌厲。揚六軍之大勢。安城守之懼心。臨難不顧。畢志傳命。昔解楊執楚。有隕無貳。齊路中大夫㠯死成命。方之整像。所不能加。今追賜整像爵關中侯。各除士名。使子襲爵。如部曲將死事科。（魏志齊王芳紀）

原李韜三子詔　嘉平六年二月

齊長公主。先帝遺愛。原其三子死命。（魏志夏侯玄傳）

增司馬師邑詔　嘉平六年二月

姦臣李豐等靖譖庸回。陰構凶慝。大將軍糾虔天刑。致之誅辟。周勃之克呂氏。霍光之擒上官。曷㠯過之。其增邑九千戶。并前四萬

（晉書景帝紀）

璽書切責楚王彪　嘉平元年

夫先王行賞不遺仇讎。用戮不違親戚。至公之義也。故周公流涕而決二叔之罪。孝武傷懷而斷昭平之獄。古今常典也。惟王國之至親。作藩于外。不能祗奉王度。表率宗室。而謀于姦邪。乃與太尉王淩兗州刺史令狐愚構通逆謀。圖危社稷。有悖忒之心。無忠孝之意。宗廟有靈。王其何面目㠯見先帝。朕深痛王自陷罪辜。既得王情。深用憮然。有司奏王當就大理。朕惟公族甸師之義。不忍肆王市朝。故遣使者賜書。王自作孽。匪由于他。燕剌之事。宜足㠯觀。王其自圖之。（魏志楚王彪傳注引孔衍漢魏春秋）

高貴鄉公

公諱髦。字彥士。文帝孫。東海王霖子。正始五年封郯縣高貴鄉公。嘉平六年十月即位。改元二。正元。甘露。在位六年。為司馬昭所弒。有集四卷。

傷魂賦　并序

王師東征。宗正曹楷㠯宗室材能兼侍中從行。到項得疾。數日亡。意甚傷之。為作此賦。

宗臣充于常伯。體材藝而中良。何旻天之不怙。遘暴疾而隕亡。惟厥疾之初發。若常疾之輕微。未經日而沈篤。氣惙惙而耗衰。岐鵲騁技而弗救。豈藥石之能追。精魂忽已消散。神眇眇而長違。（藝文類聚三十四）

改元大赦詔

制詔。昔三祖神武聖德。應天受祚。齊王嗣位。肆行非度。顛覆厥德。皇太后深惟社稷之重。延納宰輔之謀。用替厥位。集大命于余一人。㠯眇眇之身。託于王公之上。夙夜祗畏。懼不能嗣守祖宗之大訓。恢中興之弘業。戰戰兢兢。如臨于谷。今羣公卿士股肱之輔。四

方征鎮宣力之佐，皆積德累功，忠勤帝室；庶憑先祖先父有德之臣，左右小子，用保乂皇家，俾朕蒙闇，垂拱而治。蓋聞人君之道，德厚侔天地，潤澤施四海，先之以慈愛，示之以好惡，然後教化行于上，兆民聽于下。朕雖不德，昧于大道，思與宇内共臻茲路。書不云乎：安民則惠，黎民懷之。其大赦改元，減乘輿服御、後宮用度，及罷尚方御府百工技巧靡麗無益之物。（魏志高貴鄉公紀、文館詞林六百六十八）

以司馬師爲相國進號大都督詔

朕聞創業之君，必須股肱之臣；守文之主，亦賴匡佐之輔。是故文武以呂召彰受命之功，宣王倚山甫享中興之業。大將軍世載明德，應期作輔。遭天降險，帝室多難，齊王涖政，不迪率典。公履義執忠，以寧區夏，式是百辟，總齊庶事，内摧寇虐，外靜奸宄，日昃憂勤，劬勞夙夜，德聲光于上下，勳烈施于四方。深惟大議，首建明策，權定社稷，援立朕躬，宗廟獲安，億兆慶賴。伊摯之保乂殷邦，公旦之綏寧周室，蔑以尚焉。朕甚嘉之。夫德茂者位尊，庸大者祿厚，古今之通義也。其登位相國，增邑九千，并前四萬戶，進號大都督，假黃鉞，入朝不趨，奏事不名，劍履上殿，賜錢五百萬，帛五千匹，以彰元勳。（晉書景帝傳）

封楚王彪世子詔（正元元年）

故楚王彪背國附奸，身死嗣替，雖自取之，猶哀矜焉。夫含垢藏疾，親親之道也。其封彪世子嘉爲常山眞定王。（魏志楚王彪傳）

令公卿議司馬師喪制詔（二年二月）

公有濟世寧國之勳，剋定禍亂之功，重之以死王事，宜加殊禮。其令公卿議制。（晉書景帝紀）

詔卹洮西死事者（正元二年十月）

朕以寡德，不能式遏寇虐，乃令蜀賊陸梁邊陲。洮西之戰，至取負敗，將士死亡，計以千數，或沒命戰場，冤魂不反，或牽掣虜手，流離

貴字衍

異域，吾深痛愍，爲之悼心。其令所在郡典農及安撫夷二護軍各部大吏慰卹其門戶，無差賦役一年；其力戰死事者，皆如舊科，勿有所漏。（魏志高貴鄉公紀）

斂埋洮西死事吏民詔（正元二年十一月）

往者洮西之戰，將吏士民或臨陳戰亡，或沈溺洮水，骸骨不收，棄于原野，吾常痛之。其告征西將軍、安西將軍，各令部人于戰處及水次鉤求屍喪，收斂藏埋，以慰存亡。（魏志高貴鄉公紀）

犒賜破蜀將士詔（甘露元年七月）

兵未極武，醜虜摧破，斬首獲生，動以萬計，自頃戰克，無如此者。今遣使者犒賜將士，大會臨饗，飲食宴終日，稱朕意焉。（魏志高貴鄉公紀）

進封鄧艾詔（甘露元年）

逆賊姜維連年狡黠，民夷騷動，西土不寧。艾籌畫有方，忠勇奮發，斬將十數，馘首千計，國威震于巴蜀，武聲揚于江岷。今以艾爲鎮西將軍、都督隴右諸軍事，進封鄧侯，分五百戶封子忠爲亭侯。（魏志鄧艾傳）

旌王簡詔（甘露二年四月）

玄菟郡高顯縣吏民反叛，長鄭熙爲賊所殺。民王簡負擔熙喪，晨夜星行，遠致本州，忠節可嘉。其特拜簡爲忠義都尉，以旌殊行。（魏志高貴鄉公紀）

原和逌等作詩稽留詔（甘露二年五月）

吾以暗昧，愛好文雅，廣延詩賦，以知得失，而乃爾紛紜，良用反仄。其原逌等。主者宜敕自今以後，羣臣皆當玩習古義，修明經典，稱朕意焉。（魏志高貴鄉公紀，又見御覽六百）

臨戎詔（五月丁丑）

諸葛誕造爲凶亂，盪覆揚州。昔黥布逆叛，漢祖親戎；隗囂違戾，光武西伐；及烈祖明皇帝躬征吳蜀：皆所以奮揚赫斯，震燿威武也。

特當作持

今宜皇太后與朕暫共臨戎速定醜虜時寍冬夏 魏志高貴鄉公紀

褒封龐會路蕃詔 五月己卯

諸葛誕造構逆亂迫脅忠義平寇將軍臨渭亭侯龐會騎督偏將軍路蕃各將左右斬門突出忠壯勇烈所宜加異其晉會爵鄉侯蕃封亭侯 魏志高貴鄉公紀

孫壹歸命封吳侯詔 甘露二年六月乙巳

吳使持節都督夏口諸軍事鎮軍將軍沙羨侯孫壹賊之枝屬位爲上將畏天知命深鑒禍福翻然舉衆遠歸大國雖微子去殷樂毅遁燕無以加之其以壹爲侍中車騎將軍假節交州牧吳侯開府辟召儀同三司依古侯伯八命之禮袞冕赤舄事從豐厚 魏志高貴鄉公紀

大將軍與尚書俱行詔 六月甲子

今車駕駐項大將軍恭行天罰前臨淮浦昔相國大司馬征討皆

與尚書俱行今宜如舊 魏志高貴鄉公紀

入賈逵祠下詔 二年六月甲子

逵沒有遺愛歷世見祀追聞風烈朕甚嘉之昔先帝東征亦幸于此親發德音褒揚逵美徘徊之心益有慨然夫禮賢之義或埽其墳墓或修其門閭所以崇敬也其埽除祠堂有穿漏者補治之 魏志賈逵傳注引魏略甘露二年

賵賜宣隆泰絜詔 甘露二年八月

昔燕剌王謀反韓誼等諫而死漢朝顯登其子諸葛誕創造凶亂主簿宣隆部曲督秦絜秉節守義臨事固爭爲誕所殺所謂無比于之親而受其戮者其以隆絜子爲騎都尉加以贈賜光示遠近以殊忠義 魏志高貴鄉公紀

改丘頭爲武丘詔 甘露三年三月

古者克敵收其屍以爲京觀所以懲昏逆而章武功也漢孝武元鼎中改桐鄉爲聞喜新鄉爲獲嘉以著南越之亡大將軍親總六戎營據丘頭內夷羣凶外殄寇虜功濟兆民聲振四海克敵之地宜有令名其改丘頭爲武丘明以武平亂後世不忘亦京觀二邑之義也 魏志高貴鄉公紀

王昶增邑遷官詔 三年三月

昔孫臏佐趙直湊大梁西兵驟進亦所以成東征之勢也增邑千戶并前四千七百戶遷司空持節都督如故 魏志王昶傳

錄用應余孫倫詔 三年六月

昔南陽郡山賊擾攘欲劫質故太守東里袞功曹應余獨身捍袞遂免于難余顛沛殞斃殺身濟君其下司徒署余孫倫吏使蒙伏節之報 魏志高貴鄉公紀

聽鍾會讓侯詔 甘露三年七月

會典綜軍事參同計策料敵制勝有謀謨之勳而推寵固讓辭指

款實前後累重志不可奪夫成功不處古人所重其聽會所執以成其美 魏志鍾會傳

以王祥鄭小同爲三老五更詔 甘露三年八月丙寅

夫養老興教三代所以樹風化垂不朽也必有三老五更以崇至敬乞言訥誨著在惇史然後六合承流下觀而化宜妙簡德行以充其選關內侯王祥履仁秉義雅志淳固關內侯鄭小同溫恭孝友帥禮不忒其以祥爲三老小同爲五更車駕親率羣司躬行古禮焉 魏志高貴鄉公紀

顏子論

心不違仁行無貳過用行舍藏與聖合契聽承聖言罔有不喻敍之于易以彰殊異死則悲慟謂天喪己所以殷勤至于此者聖人嘉美賢哲之效也設使天假之年後孔子沒焉知其不光明聖道闡揚師業有卓爾之美乎百慮之所得愚者有焉願後之君子詳

覽之焉爾。藝文類聚二十　初學記十七

自敘始生禎祥

昔帝之生。或有禎祥。蓋所㠯彰顯神異也。惟予小子。支胄末流。謬爲靈祇之所相祐也。豈敢自比于前喆。聊記錄㠯示後世焉。其辭曰。惟正始三年九月辛未朔。二十五日乙未直成。予生。于時也。天氣清明。日月暉光。爰有黃氣。烟熅于堂。照曜室宅。其色煌煌。相而論之曰。未者爲土。魏之行也。厥日直成。應嘉名也。烟熅之氣。神之精也。無災無害。蒙神靈也。齊王不弔。顛覆厥度。羣公受予。紹繼皇祚。㠯眇眇之身。質性頑固。未能涉道。而遵大路。臨深履冰。涕泗憂懼。古人有云。懼則不亡。伊予小子。曷敢怠荒。庶不忝辱。永奉烝嘗。魏志高貴鄉公紀注引帝集

全三國文卷十一終

烏程嚴可均校輯

魏十二

元帝

帝諱奐字景明本名璜武帝孫燕王宇子甘露二年封安定縣常道鄉公五年六月卽位改元二景元咸熙在位六年禪于晉封陳留王大安元年薨諡曰元皇帝

敕議燕王稱臣禮詔 景元元年十一月

古之王者或有所不臣今王將宜依此義表不稱臣乎又當爲報荅夫係大宗者降其私親況所繼者重邪若便同之臣妾亦情所未安其皆依禮據典當務盡其宜 魏志陳留王紀 通典六十七

伐蜀詔 景元四年五月

制詔蜀蕞爾小國土狹民寡而姜維虐用其衆曾無廢志往歲破敗之後猶復耕種沓中刻剝衆羌勞役無已民不堪命夫兼弱攻昧武之善經致人而不致于人兵家之上略蜀所恃賴唯維而已因其遠離巢窟用力爲易今使征西將軍鄧艾督帥諸軍趣甘松沓中㠯羅取維雍州刺史諸葛緒督諸軍趣武都 文館詞林作武街 高樓首尾蹴討若擒維便當東西並進埽滅巴蜀也 魏志陳留王紀 文館詞林六百六十二

進鄧艾太尉詔 景元四年十二月

艾曜威奮武深入虜庭斬將搴旗梟其鯨鯢使僭號之主稽首係頸歷世逋誅一朝而平兵不踰時戰不終日雲徹席卷蕩定巴蜀雖白起破强楚韓信克勁趙吳漢禽子陽亞夫滅七國計功論美不足比勳也其㠯艾爲太尉增邑二萬戶封子二人亭侯各食邑千戶 魏志鄧艾傳

㠯鍾會爲司徒詔 景元四年十二月

會所向摧弊前無彊敵緘制衆城罔羅迸逸蜀之豪帥面縛歸命謀無遺策舉無廢功凡所降誅動㠯萬計全勝獨克有征無戰拓平西夏方隅清晏其㠯會爲司徒進封縣侯增邑萬戶封子二人亭侯邑各千戶 魏志鍾會傳

下詔原鍾峻等 咸熙元年二月

峻等祖父繇三祖之世極位台司佐命立勳饗食廟庭父毓歷職內外幹事有績昔楚思子文之治不滅鬬氏之祀晉錄成宣之忠用存趙氏之後㠯會邑之罪而絕繇毓之類吾有愍然峻辿兄弟特原有官爵者如故惟毅及邕息伏法 魏志鍾會傳

關當作闕

褒進夏侯和等不附鍾會詔 咸熙元年八月

前逆臣鍾會構造反亂聚集征行將士劫㠯兵威始吐姦謀發言桀逆逼脅衆人皆使下議倉卒之際莫不驚懾相國左司馬夏侯和騎士曹屬朱撫時使在成都中領軍司馬賈輔郎中羊琇各參

會軍事和琇撫皆抗節不撓拒會凶言臨危不顧詞指正烈輔語散將王起說會姦逆凶暴欲盡殺將士又云相國已率三十萬衆西行討會欲㠯稱張形勢感激衆心起出㠯輔言宣語諸軍遂使將士益懷奮勵宜加顯寵㠯彰忠義其進和輔爵爲鄉侯琇輔爵關內侯起宣傳輔言告令將士所宜賞異其㠯起爲部曲將 魏志陳留王紀

琇輔之輔當作據

褒封吳將呂興詔 咸熙元年九月

吳賊政刑暴虐賦斂無極孫休遣使鄧句敕交阯太守鎖送其民發㠯爲兵吳將呂興因民心憤怒又承王師平定巴蜀卽糾合豪傑誅除句等驅逐太守長吏撫和吏民㠯待國命九眞日南郡聞興去逆卽順亦齊心響應與興協同興移書日南州郡開示大計兵臨合浦告㠯禍福遣都尉唐譜等詣進乘縣因南中都督護軍霍弋上表自陳又交阯將吏各上表言興創造事業大小承命郡有

山寇入連諸郡。懼其計異。各有攜貳。權時之宜。㠯興爲督交阯諸軍事上大將軍定安縣矦。乞賜褒獎。㠯慰邊荒。乃心款誠。形于辭旨。昔儀父朝魯。春秋所美。竇融歸漢。待㠯殊禮。今國威遠震。撫懷六合。方包舉殊裔。混一四表。興首向王化。舉衆稽服。萬里馳義。請吏帥職。宜加寵遇。崇其爵位。既使興等懷忠感悅。遠人聞之。必皆競勸。其㠯興爲使持節都督交州諸軍事南中大將軍。封定安縣矦。得㠯便宜從事。先行後上。（魏志陳留王紀）

遣徐紹孫彧還吳詔　（咸熙元年十月）

昔聖帝明王。靜亂濟世。保大定功。文武殊塗。勳烈同歸。是故或舞干戚㠯訓不庭。或陳師旅㠯威暴慢。至于愛民全國。康惠庶類。必先脩文教示之軌儀。不得已然後用兵。此盛德之所同也。往者季漢分崩。九土顛覆。劉備孫權。乘間作禍。三祖綏寧中夏。日不暇給。遂使遺寇。僭逆歷世。幸賴宗廟威靈。宰輔忠武。爰發四方。拓定庸

蜀。役不浹時。一征而克。自頃江表衰弊。政刑荒闇。巴漢平定。孤危無援。交荆陽越。靡然向風。今交阯僞將呂興。已帥三郡。萬里歸命。武陵邑矦相嚴等。糾合五縣。請爲臣妾。豫章廬陵山民。舉衆叛吳。㠯助北將軍爲號。又孫休病死。主帥改易。國內乖違。人各有心。僞將施績。賊之名臣。懷疑自猜。深見忌惡。衆叛親離。莫有固志。自古及今。未有亡徵若此之甚。若六軍震曜。南臨江漢。吳會之域。必扶老攜幼。㠯迎王師。必然之理也。然興動大衆。猶有勞費。宜告喻威德。開示仁信。使知順附和同之利。相國參軍徐紹。水曹掾孫彧。昔在壽春。竝見虜獲。紹本僞南陵督。才質開壯。彧孫權支屬。忠良見事。其遣紹南還。㠯彧爲副。宣揚國命。告喻吳人。諸所示語。皆㠯事實。若其覺悟。不損征伐之計。蓋廟勝長算。自古之道也。其㠯紹兼散騎常侍。加奉車都尉。封都亭矦。彧兼給事黃門侍郎。賜爵關內矦。紹等所賜妾及男女家人在此者。悉聽自隨。㠯明國恩。不必使

吉當作古

還㠯開廣大信。（魏志少帝紀）

㠯孫晧獻致歸晉王詔　（咸熙二年五月）

相國晉王。誕敷神慮。光被四海。震燿武功。則威蓋殊荒。流風邁化。則旁洽無外。愍卹江表。務存濟育。戢武崇仁。示㠯威德。文告所加。承風嚮慕。遣使納獻。㠯明委順。方寶纖珍。歡㠯效意。而王謙讓之至。一皆簿送。非所㠯慰副初附。從其款願也。孫晧諸所獻致。其皆還送。歸之于王。㠯協吉義。（魏志陳留王紀）

策命晉公九錫文

朕㠯寡德。獲承天序。嗣我祖宗之洪烈。遭家多難。不明于訓。曩者奸逆屢興。方寇內侮。大懼淪喪四海。㠯隳三祖之弘業。惟公經德履哲。明允廣深。迪宣武文。世作保傅。㠯輔乂皇家。櫛風沐雨。周旋征伐。劬勞王室。二十有餘載。毗翼前人。仍斷大政。克厭不端。維安社稷。暨儉欽之亂。公綏援有衆。分命興師。統紀有方。用緝寧淮浦。其

後巴蜀屢侵。西土不靖。公奇畫指授。制勝千里。是㠯段谷之戰。乘釁大捷。斬將搴旗。效首萬計。孫峻猾夏。致寇徐方。戎車首路。威靈先邁。黃鉞未啟。鯨鯢竄迹。孫壹搆隙。自相疑阻。幽鑒遠照。奇策洞微。遠人歸命。作藩南夏。爰授銳卒。畢力戎行。暨諸葛誕滔天作逆。稱兵揚楚。欽吝逋罪。同惡相濟。帥其蝱賊。㠯入壽春。憑阻淮山。敢拒王命。公躬擐甲冑。龔行天罰。玄謀廟筭。遵養時晦。奇兵震擊。而朱異摧破。神變應機。而全琮稽服。取亂攻昧。而高墉不守。兼九伐之弘略。究五兵之正度。用能戰不窮武。而大敵殲潰。旗不再麾。而元憝授首。收勍吳之雋臣。係亡命之逋虜。交臂屈膝。委命下吏。俘馘十萬。積尸成京。雪宗廟之滯恥。拯兆庶之艱難。埽平區域。信威吳會。遂戢干戈。靖我疆土。天地鬼神。罔不獲乂。乃者王室之難。變起蕭牆。賴公之靈。弘濟艱險。宗廟危而獲安。社稷墜而復寧。忠格皇天。功濟六合。是用疇咨古訓。稽諸典籍。命公崇位相國。加于羣

后啟土參墟封㠯晉域所㠯方軌齊魯翰屏帝室而公遠蹈謙損深履沖讓固辭策命至于八九朕重違讓德抑禮虧制㠯彰公志于今四載上闕在昔建侯之典下違兆庶具瞻之望惟公嚴虔王度闡濟大猷敦尙純樸省繇節用務穡勤分九野康乂耆叟荷崇養之德鰥寡蒙矜卹之施仁風興于中夏流澤布于遐荒是㠯東夷西戎南蠻北狄狂狡貪悍世爲寇讐者皆感義懷惠款塞內附或委命納貢或求置官司九服之外絕域之氓曠世所希至者咸浮海來享鼓舞王德前後至者八百七十餘萬口海隅幽裔無思不服雖西旅遠貢越裳九譯義無㠯踰維翼朕躬下匡萬國思靖殊方寧濟八極㠯庸蜀未賓蠻荊作猾潛謀獨斷整軍經武簡練將帥授㠯成策始踐賊境應時摧陷狂狡奔北首尾震潰禽其戎帥屠其城邑巴漢震疊江源雲徹地平天成誠在斯舉公有濟六合之勳加㠯茂德實總百揆允釐庶政敦五品㠯純仁恢六典㠯敷訓而靖恭夙夜勞謙昧旦雖尙父之左右文武周公之勤勞王家罔㠯加焉昔先生選建明德光啟諸侯體國經野方制五等所㠯藩翼王畿垂祚百世也故齊魯之封于周爲弘山川土田邦畿七百官司典策制殊羣后惠襄之難桓文㠯翼戴之勞猶受錫命之禮咸用光疇大德作範于後惟公功邁于前烈而賞闕于舊式百辟於邑人神同恨焉豈可㠯公謙沖而久淹弘典哉今㠯并州之太原上黨西河樂平新興鴈門司州之河東平陽弘農雍州之馮翊凡十郡南至于華北至于陘東至于壺口西踰于河提封之數方七百里皆晉之故壤唐叔受之世作盟主實紀綱諸夏用率舊職爰胙茲土封公爲晉公命使持節兼司徒司隸校尉陔卽授印綬策書金獸符第一至第五竹使符第一至第十錫茲玄土苴㠯白茅建爾國家㠯永藩魏室昔在周召並㠯公侯入作保傅其在近代酇侯蕭何實㠯相國光尹漢朝隨時之制禮亦宜之今進

生當作王

公位爲相國加綠綟綬又加公九錫其敬聽後命㠯公思弘大猷崇正典禮儀刑作範旁訓四方是用錫公大輅戎輅各一玄牡二駟公道和陰陽敬授人時嗇夫反本農殖維豐是用錫公袞冕之服赤舄副焉公光敷顯德惠下㠯和敬信思順庶尹允諧是用錫公軒懸之樂六佾之舞公鎮靖宇宙翼播聲教海外懷服荒裔款附殊方馳義諸夏順軌是用錫公朱戶㠯居公簡賢料材營求俊逸爰升多士寘彼周行是用錫公納陛㠯登公嚴恭寅畏底平四國式遏寇虐苛慝不作是用錫公武賁之士三百人公明慎用刑簡恤大中章厥天威㠯糾不虔是用錫公鈇鉞各一公爰整六軍典司征伐犯命凌正乃維誅殛是用錫公彤弓一彤矢百玈弓十玈矢千公饗祀蒸蒸孝思維則篤誠之至通于神明是用錫公秬鬯一卣珪瓚副焉晉國置官司㠯下率由舊式往欽哉祗服朕命弘敷訓典光澤庶方永終爾明德丕顯余一人之休命（晉書文帝紀）

策命蜀後主

惟景元五年三月丁亥皇帝臨軒使太常嘉命劉禪爲安樂縣公於戲其進聽朕命蓋統天載物㠯咸寧爲大光宅天下㠯時雍爲盛故孕育羣生者君人之道也乃順承天者坤元之義也上下交暢然後萬物協和庶類獲乂乃者漢氏失統六合震擾我太祖承運龍興弘濟八極是用應天順民撫有區夏于時乃考因羣傑虎爭九服不靜乘閒阻遠保據庸蜀遂使西隅殊封方外壅隔自是已來干戈不戢元元之民不得保安其性幾將五紀朕永惟祖考遺志思在綏緝四海率土同軌故爰整六師耀威梁益公恢崇德度深秉大正不憚屈身委質㠯愛民全國爲貴降心回慮應機豹變履信思順㠯享左右無疆之休豈不遠歟朕嘉與君公長饗顯祿用考咨前訓開國胙土率遵舊典錫茲玄牡苴㠯白茅永爲魏藩輔往欽哉公其祗服朕命克廣德心㠯終乃顯烈食邑萬戶賜

絹萬匹。奴婢百人。他物稱是。子孫爲三都尉。封侯者五十餘人。尚書令樊建、侍中張紹、光祿大夫譙周、秘書令郤正、殿中督張通並封列侯。（蜀志後主傳。案晉書武帝紀有禪晉策。是朱整劉良所撰。今編入晉文）

武宣卞后

后琅邪開陽人。本倡家。武帝于譙納爲妾。生文帝。建安初。丁夫人死。以爲繼室。二十四年。拜王后。二十五年。文帝即位。尊爲王太后。及受禪。尊爲皇太后。明帝即位。尊爲太皇太后。太和四年崩。謚曰宣皇后。

與楊彪夫人袁氏書

卞頓首。貴門不遺。賢郎輔位。每感篤念。情在凝至。賢郎盛德熙妙。有蓋世文才。闔門欽敬。寶用無已。方今騷擾。戎馬屢動。主簿股肱近臣。征伐之計。事須敬咨。官立金鼓之節。而聞命違制。明公性急忿然。在外輒行軍法。卞姓當時亦所不知。聞之心肝塗地。驚愕斷絕。悼痛酷楚。情自不勝。夫人多容。即見垂恕。故送衣服一籠。文絹百匹。房子官錦百斤。私所乘香車一乘。牛一頭。誠知微細。以達往意。望爲承納。（古文苑）

文昭甄后

后中山無極人。建安初爲袁熙妻。冀州平。文帝納之。生明帝。黃初二年賜死。明帝即位。尊謚曰文昭皇后。

奏辭迎詣行在（黃初元年）

妾聞先代之興。所以饗國久長。垂祚後嗣。無不由后妃焉。故必審選其人。以興內教。今踐阼之初。誠宜登進賢淑。統理六宮。妾自省愚陋。不任粢盛之事。加以寢疾。敢守微志。（魏志文昭甄后傳注引魏書）

文德郭后

后字女王。安平廣宗人。文帝即王位。爲夫人。及受禪。爲貴嬪。黃初三年立爲皇后。明帝即位。尊爲皇太后。青龍三年崩。謚曰德皇后。

謝上表（黃初三年）

妾無皇英釐降之節。又非姜任思齊之倫。誠不足以假充女君之盛位。處中饋之重任。（魏志文德郭皇后傳注引魏書）

敕外親劉斐

諸親戚嫁娶。自當與鄉里門戶匹敵者。不得因勢彊與他方人婚也。（魏志文德郭皇后傳）

敕諸家

今世婦女少。當配將士。不得因緣取以爲妾也。宜各自慎。無爲罰首。（魏志文德郭皇后傳）

敕戒郭表孟武等

漢氏椒房之家。少能自全者。皆由驕奢。可不慎乎。（魏志文德郭后傳注引魏書）

止孟武厚葬其母（太和四年）

自喪亂以來。墳墓無不發掘。皆由厚葬也。首陽陵可以爲法。（魏志文德郭皇后傳）

明元郭后

后西平人。黃初中入宮。明帝即位。拜爲夫人。景初三年立爲皇后。三少主即位。皆尊爲皇太后。稱永寧宮。廢立大事及毌丘儉鍾會等。咸假其命。景元四年崩。謚曰元皇后。

廢帝歸藩詔

皇帝芳春秋已長。不親萬機。耽淫內寵。沈漫女德。日延倡優。縱其醜謔。迎六宮家人。留止內房。毀人倫之敘。亂男女之節。恭孝日虧。悖慠滋甚。又爲羣小所迫。將危社稷。（此二句魏志刪。從晉書補）不可以承天緒。其奉宗廟。使兼太尉高柔奉策。用一元大武。告于宗廟。遣芳歸藩于齊。以避皇位。（魏志齊王芳紀。又晉書景帝紀）

出示大將軍讓表詔

注末當有注引魏略四字

夫有功不隱周易大義成人之美古賢所尚今聽所執出表示外以章公之謙光焉魏志高貴鄉公紀

聽收成濟詔

夫五刑之罪莫大于不孝夫人有子不孝尙告治之此兒豈復成人主邪吾婦人不達大義以謂濟不得便爲大逆也然大將軍志意懇切發言惻愴故聽如所奏當班下遠近使知本末也魏志高貴鄉公紀

議改常道鄉公諱字詔

古者人君之爲名字難犯而易諱今常道鄉公諱字甚難避其令朝臣博議改易列奏魏志高貴鄉公紀冊府元龜三

荅太常請璽綬令

我見高貴鄉公小時識之明日我自欲以璽綬手授之魏志齊王芳紀

以高貴鄉公嗣位令

東海王霖高祖文皇帝之子霖之諸子與國至親高貴鄉公髦有大成之量其以爲明皇帝嗣魏志齊王芳紀

追貶高貴鄉公令

吾以不德遭家不造昔援立東海王子髦以爲明帝嗣見其好書疏文章冀可成濟而情性暴戾日月滋甚吾數呵責遂更忿恚造作醜逆不道之言以誣謗吾遂隔絕兩宮其所言道不可忍聽非天地所覆載吾卽密有令語大將軍不可以奉宗廟恐顚覆社稷死無面目以見先帝大將軍以其尙幼謂當改心爲善殷勤執據而此兒忿戾所行益甚舉弩遙射吾宮祝當令中吾項箭親墮吾前吾語大將軍不可不廢之前後數十此兒具聞自知罪重便圖爲弒逆賂遺吾左右人令因吾服藥密行酖毒重相設計事已覺露直欲因際會舉兵入西宮殺吾出取大將軍呼侍中王沈散騎常侍王業尙書王經出懷中黃素詔示之言今日便當施行吾之危殆過于累卵吾老寡豈復多惜餘命邪但傷先帝遺意不遂社稷顚覆爲痛耳賴宗廟之靈沈業卽馳語大將軍得先嚴警而此兒便將左右出雲龍門雷戰鼓躬自拔刃與左右雜衞共入兵陳閒爲前鋒所害此兒旣行悖逆不道而又自陷大禍重令吾悼心不可言昔漢昌邑王以罪廢爲庶人此兒亦宜以民禮葬之當令內外咸知此兒所行又尙書王經凶逆無狀其收經及家屬皆詣廷尉魏志高貴鄉公紀

全三國文卷十二終

帝炎當作炎帝

緩當作綏

全三國文卷十三

烏程嚴可均校輯

魏十三

陳王植一

植字子建武帝子文帝同母弟建安十六年封平原侯十九年徙封臨菑黃初二年貶爵安鄉侯尋改封鄄城三年進封鄄城王四年徙封雍丘太和元年徙封浚儀二年復還雍丘三年徙封東阿六年改封陳薨謚曰思王有列女傳頌一卷集三十卷

愁霖賦

迎朔風而爰邁兮雨微微而逮行悼朝陽之隱曜兮怨北辰之潛精車結轍㠯盤桓兮馬躑躅㠯悲鳴攀扶桑而仰觀兮假九日于天皇瞻沈雲之泱漭兮哀吾願之不將藝文類聚二

案前明刻子建集既載前賦復載一賦云夫何季秋之淫雨兮凡六句張溥本亦如此蓋據藝文類聚連載兩賦也攷文選曹植美女篇注張協雜詩注知第二賦是蔡邕作類聚誤編耳今刪

喜霽賦

禹身誓于陽盰卒錫圭而告成湯感旱于殷時造桑林而敷誠動玉輣而雲披鳴鑾鈴而日陽指北極㠯為期吾將倍道㠯兼行藝文類聚二

大暑賦

帝炎掌節祝融司方羲和案轡南雀舞衡映扶桑之高熾燎九日之重光大暑赫其遂烝元服革而尚黃蛇折鱗于靈窟龍解角于皓蒼遂乃溫氣赫戲草木垂榦山坼海沸沙融礫爛飛魚躍渚潛黿浮岸鳥張翼而遠棲獸交逝而雲散于時黎庶徙倚棊布葉分機女絕綜農夫釋耘背暑者不群而齊跡向陰者不會而成羣于是大臣遷居宅幽緩神育靈雲屋重構閑房肅清寒泉涌流玄木奮榮積素冰于幽館氣飛結而為霜奏白雪于琴瑟朔風感而增

損當作捐

涼藝文類聚五北堂書鈔一百五十六初學記三御覽三十四

壯皇居之瑰瑋兮步八紘而為宇節四運之常氣兮踰太素之儀矩御覽一

秋思賦

四節更王兮秋氣悲遙思惝怳兮若有遺原野蕭條兮烟無依雲高氣靜兮露凝衣野草變色兮莖葉希鳴蜩抱木兮鴈南飛西風淒悏兮朝夕臻扇篋屏弃兮絺綌損歸室解裳兮步庭前月光照懷兮星依天居世兮芳景遷松喬難慕兮誰能仙長短命也兮獨何怨藝文類聚三十五北堂書鈔一百五十四初學記三御覽二十五

感時賦

惟霖雨之永降曠三旬而未晞文選鮑明遠苦熱行注

洛神賦并序

黃初三年余朝京師還濟洛川古人有言斯水之神名曰宓妃感宋玉對楚王神女之事遂作斯賦其辭曰

余從京域言歸東藩背伊闕越轘轅經通谷陵景山日既西傾車殆馬煩爾迺稅駕乎蘅皋秣駟乎芝田容與乎陽林流眄乎洛川于是精移神駭忽焉思散俯則未察仰㠯殊觀覩一麗人于巖之畔迺援御者而告之曰爾有覿于彼者乎彼何人斯若此之豔也御者對曰臣聞河洛之神名曰宓妃然則君王所見無迺是乎其狀若何臣願聞之余告之曰其形也翩若驚鴻婉若遊龍榮曜秋菊華茂春松髣髴兮若輕雲之蔽月飄颻兮若流風之迴雪遠而望之皎若太陽升朝霞迫而察之灼若芙蕖出淥波襛纖得衷脩短合度肩若削成腰如約素延頸秀項皓質呈露芳澤無加鉛華弗御雲髻峩峩脩眉聯娟丹脣外朗皓齒內鮮明眸善睞靨輔承權瓌姿豔逸儀靜體閑柔情綽態媚于語言奇服曠世骨像應圖披羅衣之璀粲兮珥瑤碧之華琚戴金翠之首飾綴明珠㠯耀軀

踐遠遊之文履。曳霧綃之輕裾。微幽蘭之芳藹兮。步踟躕于山隅。于是忽焉縱體。吕遨吕嬉。左倚采旄。右蔭桂旗。攘皓腕于神滸兮。采湍瀨之玄芝。余情悅其淑美兮。心振蕩而不怡。無良媒吕接懽兮。託微波而通辭。願誠素之先達兮。解玉佩吕要之。嗟佳人之信脩。羌習禮而明詩。抗瓊珶吕和予兮。指潛淵而爲期。執眷眷之款實兮。懼斯靈之我欺。感交甫之弃言兮。悵猶豫而狐疑。收和顏而靜志兮。申禮防吕自持。于是洛靈感焉。徙倚傍偟。神光離合。乍陰乍陽。竦輕軀吕鶴立。若將飛而未翔。踐椒塗之郁烈。步蘅薄而流芳。超長吟吕永慕兮。聲哀厲而彌長。爾迺衆靈雜遝。命儔嘯侶。或戲清流。或翔神渚。或采明珠。或拾翠羽。從南湘之二妃。攜漢濱之游女。歎匏瓜之無匹兮。詠牽牛之獨處。揚輕袿之猗靡兮。翳脩袖吕延佇。體迅飛鳧。飄忽若神。陵波微步。羅韈生塵。動無常則。若危若安。進止難期。若往若還。轉眄流精。光潤玉顏。含辭未吐。氣若幽

驚當作鶩

蘭。華容婀娜。令我忘餐。于是屏翳收風。川后靜波。馮夷鳴鼓。女媧清歌。騰文魚吕驚乘。鳴玉鸞吕偕逝。六龍儼其齊首。載雲車之容裔。鯨鯢踊而夾轂。水禽翔而爲衛。于是越北沚。過南岡。紆素領。迴清陽。動朱脣吕徐言。陳交接之大綱。恨人神之道殊兮。怨盛年之莫當。抗羅袂吕掩涕兮。淚流襟之浪浪。悼良會之永絕兮。哀一逝而異鄉。無微情吕效愛兮。獻江南之明璫。雖潛處于太陰。長寄心于君王。忽不悟其所舍。悵神宵而蔽光。于是背下陵高。足往神留。遺情想像。顧望懷愁。冀靈體之復形。御輕舟而上遡。浮長川而忘反。思緜緜而增慕。夜耿耿而不寐。霑繁霜而至曙。命僕夫而就駕。吾將歸乎東路。攬騑轡吕抗策。悵盤桓而不能去。文選。藝文類聚八又七十九。初學記十九

洛陽賦

狐貉穴于紫闥兮。茅義生于禁闈。本至尊之攸居。口于今之可悲。北堂書鈔一百五十八

淹流之流當作留

遷都賦 并序

余初封平原。轉出臨淄。中命鄄城。遂徙雍丘。改邑浚儀。而末將適于東阿。號則六易。居實三遷。連遇瘠土。衣食不繼。御覽一百九十八

覽乾元之兆域兮。本人物乎上世。紛混沌而未分。與禽獸乎無別。椓蠡蠥而食蔬。摭皮毛吕自蔽。文選曹大家東征賦注

靜思賦

夫何美女之嫺妖。紅顏曄而流光。卓特出而無匹。呈才好其莫當。性通暢吕聰惠。行嬺密而妍詳。蔭高岑吕翳日。臨淥水之清流。秋風起于中林。離鳥鳴而相求。愁慘慘兮增傷悲。予安能乎淹流。藝文類聚十八

懷親賦 并序

齊陽南澤。有先帝故營。遂停馬住駕。造斯賦焉。

驚當作鶩

獵平原而南驚。覩先帝之舊營。步壁壘之常制。識旌麾之所停。存官曹之典列。心髣髴于生平。迴驥首而永逝。赴脩塗吕尋遠。情眷眷而顧懷。魂須臾而九反。藝文類聚二十。初學記十七

離思賦 并序

建安十六年。大軍西討馬超。太子留監國。植時從焉。意有懷戀。遂作離思之賦。

茲當作慈

在肇秋之嘉月。將曜師而西旗。余抱疾吕賓從。扶衡軫而不怡。慮征期之方至。傷無階吕告辭。念茲君之光惠。庶沒命而不疑。欲力畢于旌麾。將何心而遠之。願我君之自愛。爲皇朝而寶己。水重深而魚悅。林脩茂而鳥喜。藝文類聚二十一

釋思賦 并序

家弟出養族父郎中。伊余吕兄弟之愛。心有戀然。作此賦吕贈之。

彼朋友之離別。猶求思乎白駒。況同生之義絕。重背親而爲疏。樂

鴛鴦之同池。羨比翼之共林。亮根異其何戚。痛別榦之傷心。藝文類聚二十一

玄暘賦 并序

夫富者非財也。貴者非寶也。或有輕爵祿而重榮聲者。或有受性命以殉功名者。是以孔老異旨。楊墨殊義。聊作斯賦。名曰玄暘。

夫何希世之大人。繫天壤而作皇。該仁聖之上義。據神位以統方。補五帝之漏目。綴三代之維綱。□□□□日緪日際而來王。此句依文選顏延年宋郊祀歌注補。僥余生之倖祿。遭九二之嘉祥。上同契于稷离。降合穎于伊望。思薦寶以繼佩。怨和璞之始鐫。思黃鍾以協律。怨伶夔之不存。考所圖之莫合。悵蘊結而延佇。志鵬舉以補天。蹶青雲而奮羽。舍余駟而改駕。任中才之展御。望前軌而致策。顧後乘而安驅。匪遑邁之短脩。取全真而保素。弘道德而為宇。築無怨以作藩。播慈惠以為圃。耕柔順以為田。不媿景而慙魄。信樂天之何欲。

逸于載而流聲。超貴黎而度俗。魏文類聚二十六

魏當作蓺

幽思賦

倚高臺之曲嵎。處幽僻之閑深。望翔雲之悠悠。羌朝霽而夕陰。顧秋華之零落。感歲暮而傷心。觀躍魚于南沼。聆鳴鶴乎北林。搦素筆而慷慨。揚大雅之哀吟。仰清風以歎息。寄予思于悲絃。信有心而在遠。重登高以臨川。何余心之煩錯。寧翰墨之能傳。藝文類聚二十六

述行賦

尋曲路之南隅。觀秦政之驪墳。哀黔首之罹毒。酷始皇之為君。濯余身于神井。偉溫濤之若焚。初學記七驪山湯三

述征賦

恨西夏之不綱。文選潘岳西征賦注陸機弔魏武文注

節遊賦

覽宮宇之顯麗。實大人之攸居。建三臺于前處。飄飛陛以凌虛。連雲閣以遠徑。營觀榭于城隅。亢高軒以迴眺。緣雲霓而結疏。仰西岳之崧岑。臨漳滏之清渠。觀靡靡而無終。何眇眇而難殊。亮靈后之所處。非吾人之所廬。于是仲春之月。百卉叢生。萋萋藹藹。翠葉朱莖。竹林青葱。珍果含榮。凱風發而時鳥讙。微波動而水蟲鳴。感氣運之和潤。樂時澤之有成。遂乃浮素蓋。御驊騮。命友生。攜同儔。誦風人之所歎。遂駕言而出遊。步北園而馳鶩。庶翱翔以解憂。望洪池之滉瀁。遂降集乎輕舟。沈浮蟻于金罍。行觴爵于好仇。絲竹發而響厲。悲風激于中流。且容與以盡觀。聊永日而忘愁。嗟羲和之奮策。怨曜靈之無光。念人生之不永。若春日之微霜。諒遺名之可紀。信天命之無常。愈志蕩以淫遊。非經國之大綱。罷曲宴而旋服。遂言歸乎舊房。藝文類聚二十八

感節賦

攜友生而遊觀。盡賓主之所求。登高墉以永望。冀銷日以忘憂。欣陽春之潛潤。樂時澤之惠休。望候鴈之翔集。想玄鳥之來遊。嗟征夫之長勤。雖處逸而懷愁。懼天河之一迴。沒我身乎長流。豈吾鄉之足顧。戀祖宗之靈丘。惟人生之忽過。若鑿石之未燿。慕牛山之哀泣。懼平仲之我笑。折若華之翳日。庶朱光之長炤。願寄軀于飛蓬。乘陽風而遠飄。亮吾志之不從。乃拊心以歎息。青雲鬱其西翔。飛鳥翩而上匿。欲縱體而從之。哀予身之無翼。大風隱其四起。揚黃塵之冥冥。野獸驚以求羣。草木紛其揚英。見遊魚之涔灂。感流波之悲聲。內紆曲而潛結。心怛惕以中驚。匪榮德之累身。恐年命之早零。慕歸全之明義。庶不忝乎所生。藝文類聚二十八

出婦賦

以才薄之陋質。奉君子之清塵。承顏色以接意。恐疏賤而不親。悅新昏而忘妾。哀愛惠之中零。遂摧頹而失望。退幽屏于下庭。痛一旦而見棄。心忉怛以悲驚。衣入門之初服。背牀室而出征。攀僕御

而登車。左右悲而失聲。嗟冤結而無訴。乃愁苦吕長窮。恨無愆而見棄。悼君施之不終。藝文類聚三十。

愍志賦 并序

或人有好鄰人之女者。時無良媒。禮不成焉。彼女遂行適人。有言之于余者。余心感焉。乃作賦曰。

竊託音于往昔。迄來春之不從。思同遊而無路。情壅隔而靡通。哀莫哀于永絕。悲莫悲于生離。豈良時之難俟。痛余質之日虧。登高樓吕臨下。望所歡之攸居。去君子之清宇。歸小人之蓬廬。欲輕飛而從之。迫禮防之我拘。藝文類聚三十。

歸思賦

背故鄉而遷徂。將遙憩乎北濱。經平常之舊居。感荒壞而莫振。城邑寂吕空虛。草木穢而荊榛。嗟喬木之無陰。處原野其何為。信樂土之足慕。忽并日而載馳。藝文類聚三十。

慰子賦

彼凡人之相親。小離別而懷戀。況中殤之愛子。乃千秋而不見。入空室而獨倚。對牀帷而切歎。痛人亡而物在。心何忍而復觀。日晼晚而既沒。月代照而舒光。仰列星吕至晨。方零露而含霜。惟逝者之日遠。愴傷心而絕腸。藝文類聚三十四。

慰情賦 序

黃初八年正月雨。而北風飄寒。園果墮冰。枝榦摧折。北堂書鈔一百五十六。

寡婦賦

高墳鬱鬱兮巍巍。松柏森兮成行。文選謝靈運廬陵王墓下作詩注。

敘愁賦 并序

時家二女弟。故漢皇帝聘吕為貴人。家母見二弟愁思。故令予作賦曰。

嗟妾身之微薄。信未達乎義方。遭母氏之聖善。奉恩化之彌長。迄盛年而始立。修女職于衣裳。承師保之明訓。誦六列之篇章。觀圖像之遺形。竊庶幾乎皇英。委微軀于帝室。充末列于椒房。荷印紱之令服。非陋才之所望。對牀帳而太息。慕二親吕增傷。揚羅袖而掩涕。起出戶而彷徨。顧堂宇之舊處。悲一別之異鄉。藝文類聚三十五。

九愁賦

嗟離思之難忘。心慘毒而含哀。踐南畿之末境。超引領之徘徊。眷浮雲吕太息。願攀登而無階。匪徇榮而愉樂。信舊都之可懷。恨時王之謬聽。受姦枉之虛辭。揚天威吕臨下。忽放臣而不疑。登高陵而反顧。心懷愁而荒悴。念先寵之既隆。哀後施之不遂。雖危亡之不豫。亮無遠之君心。刈桂蘭而秣馬。舍予車于西林。願接翼于歸鴻。嗟高飛而莫攀。因流景而寄言。響一絕而不還。傷時俗之趨險。獨悃悵而長愁。感龍鸞而匿跡。如吾身之不留。竄江介之曠野。獨眇眇而汎舟。思孤客之可悲。愍予身之翩翔。豈天監之孔明。將時

運之無常。謂內思而自策。算乃昔之愆殃。吕忠言而見黜。信無負于時王。俗參差而不齊。豈毀譽之可同。競昏瞀吕營私。害予身之奉公。共朋黨而妒賢。俾予濟乎長江。嗟大化之移易。悲性命之攸遭。愁慊慊而繼懷。怛慘慘而情挽。曠年載而不迴。長去君乎悠遠。御飛龍之蜿蜒。揚翠霓之華旌。絕九霄而高鶩。飄弭節于天庭。披輕雲而下觀。覽九土之殊形。顧南郢之邦壞。咸蕪穢而倚傾。驂盤桓而思服。仰御驥吕悲鳴。紆予袂而收涕。僕夫感吕失聲。履先王之正路。豈淫徑之可遵。知犯君之招咎。恥于媚而求親。顧旋復之無軏。長自棄于遐濱。與麋鹿而為羣。宿林藪之葳蕤。野蕭條而極望。曠千里而無人。民生期于必死。何自苦吕終身。寍作清水之沈泥。不為濁路之飛塵。踐蹊徑之危阻。登岩嶤之高岑。見失羣之離獸。覿偏棲之孤禽。懷憤激吕切痛。若回刃之在心。愁戚戚其無為。遊綠林而逍遙。臨白水吕悲嘯。猿驚聽而失條。亮無怨而棄逐。乃

惟當作進

人當作嬈

余行之所招。藝文類聚三十五

悲命賦

哀魂靈之飛揚。文選別賦注

潛志賦

潛大道㠯遊志。希往昔之遐烈。矯貞亮㠯作矢。當苑囿乎呈藝。驅仁義㠯爲禽。必信忠而後發。退隱身㠯滅迹。惟出世而取容。且摧剛而和謀。接處肅㠯靜恭。亮知榮而守辱。匪天路㠯爲通。藝文類聚三十六

藉田賦

大凡人之爲圃。各植其所好焉。好甘者植乎薺。好苦者植乎荼。好香者植乎蘭。好辛者植乎蓼。至于寡人之圃。無不植也。御覽八百三十四

名王親枉千乘之體。于隴畝之中。執鉏鑁于畦町之側。尊趾勤于耒耜。玉手勞于耕耘。書鈔九十一引三條

感婚賦

陽氣動兮淑清。百卉鬱兮含英。春風起兮蕭條。蟄蟲出兮悲鳴。顧有懷兮妖人。用搔首兮屏營。澄清臺㠯蕩志。狀高軒而遊情。悲良媒之不顧。懼歡媾之不成。慨仰首而歎息。風飄飄㠯動纓。藝文類聚四十

娛賓賦

感夏日之炎景兮。游曲觀之清涼。遂衎賓而高會兮。丹帷曄㠯四張。辨中廚之豐膳兮。作齊鄭之妍倡。文人騁其妙說兮。飛輕翰而成章。談在昔之淸風兮。總賢聖之紀綱。欣公子之高義兮。得芬芳其若蘭。揚仁恩于白屋兮。踰周公之弃餐。聽仁風而忘憂兮。美酒清而肴乾。初學記十又十四

東征賦并序

建安十九年。王師東征吳寇。余典禁兵。衛宮省。然神武一舉。東夷必克。想見振旅之盛。故作賦一篇。

登城隅之飛觀兮。望六師之所營。幡旗轉而心思兮。舟檝動而傷精。顧身微而任顯兮。愧責重而命輕。嗟我愁其何爲兮。心遙思而懸旌。師旅憑皇穹之靈祐兮。亮元勳之必舉。揮朱旗㠯東指兮。横大江而莫御。循戈櫓于淸流。氾雲梯而容與。禽元帥于中舟。振靈威于東野。藝文類聚五十九、御覽三百三十六

登臺賦

從明后而嬉游兮。登層臺㠯娛情。見太府之廣開兮。觀聖德之所營。建高門之嵯峨兮。浮雙闕乎太清。立中天之華觀兮。連飛閣乎西城。臨漳水之長流兮。望園果之滋榮。仰春風之和穆兮。聽百鳥之悲鳴。天雲垣其既立兮。家願得而獲逞。揚仁化于宇內兮。盡肅恭于上京。惟桓文之爲盛兮。豈足方乎聖明。休矣美矣。惠澤遠揚。翼佐我皇家兮。寍彼四方。同天地之規量兮。齊日月之暉光。永貴尊而無極兮。等年壽于東王。云云。魏志陳思王植傳注引陰澹魏紀、又見藝文類聚六十二、初學記二十四

目娛之目當作自

遊觀賦

靜閑居而無事。將遊目㠯目娛。登北觀而啟路。涉雲路之飛除。從熊羆之武士。荷長戟而先驅。罷若雲歸。會如霧聚。車不及迴。塵不獲舉。奮袂成風。揮汗如雨。藝文類聚六十三

臨觀賦

登高墉兮望四澤。臨長流兮送遠客。春風暢兮氣通靈。草含幹兮木交莖。丘陵窟兮松柏青。南園薆兮果戴榮。樂時物之逸豫。悲予志之長違。歎東山㠯遡勤。歌式微㠯詠歸。進無路㠯効公。退無隱㠯營私。俯無鱗㠯遊遁。仰無翼㠯翻飛。藝文類聚六十二

閑居賦

何吾人而介特。去朋匹而無儔。出靡時㠯娛志。入無樂㠯銷憂。何歲月之若騖。復民生之無常。感陽春之發節。聊輕駕而遠翔。登高

巨㠯延企。時薄暮而起予。仰歸雲㠯載奔。過蘭蕙之長圃。冀芬芳之可服。結春衡㠯延佇。入虛廓之閑館。步生風之廣廡。踐密邇之脩除。卽蔽景之玄宇。翡鳥翔于南枝。玄鶴鳴于北野。青魚躍于東沼。白鳥戲于西渚。遂乃背通谷。對綠波。藉文茵。驂春華。丹轂更馳。羽騎相過。藝文類聚六十四。

愬寒風而開襟。文選潘岳西征賦注。又沈約遊沈道士館詩注。

願同衾于寒女。文選郭泰答傅咸詩注。

全三國文卷十三終

全三國文卷十四

烏程嚴可均校輯

魏十四

陳王植二

寶刀賦（并序）

建安中家父魏王乃命有司造寶刀五枚三年乃就以龍虎熊馬雀爲識太子得一余及余弟饒陽侯各得一焉其餘二枚家王自仗之賦曰

有皇漢之明后思潛達而玄通飛文藻以博致揚武備以禦凶乃熾火炎爐融鐵挺英烏獲奮椎歐冶是營扇景風以激氣飛光鑑于天庭爰告祠于太乙乃感夢而通靈然後礪以五方之石鑒以中黃之壤規圓景以定環攄神思而造像垂華紛之葳蕤流翠采之晃爚陸斬犀革水斷龍舟輕擊浮截刃不瀸流踰南越之巨闕超西楚之太阿實眞人之攸御永天祿而是荷（初學記二十二藝文類聚六十御覽三百四十六）

皎當作皓

九華扇賦（并序）

昔吾先君常侍得幸漢桓帝帝賜尚方竹扇不方不圓其中結成文名曰九華故爲此賦其辭曰

有神區之名竹生不周之高岑對滄水之素波背玄澗之重深體虛暢以立幹播翠葉以成陰形五離而九折蔑氂解而縷分效虯龍之蜿蜒法虹蜺之烟熅攄微妙以歷時結九層之華文爾乃浸以芷若拂以江蘺搖以五香濯以蘭池因形致好不常厥儀方不應矩圓不中規隨皎腕以徐轉發惠風之微寒時氣清以芳厲紛飄動乎綺紈（藝文類聚六十九書鈔一百三十四御覽七百二）

扇賦

情駘蕩而外得心悅豫而內安增吳氏之姣好發西子之玉顏（初學記十九御覽三百八十一）

早當作卑

酒賦（并序）

余覽揚雄酒賦辭甚瑰瑋頗戲而不雅聊作酒賦粗究其終始

嘉儀氏之造思亮茲美之獨珍嗟麴糵之殊味□□□□□□仰酒旗之景曜協（書鈔作徵）嘉號于天辰穆公酣而興霸漢祖醉而蛇分穆生失醴而辭楚侯嬴感爵而輕身諒千鍾之可慕何百觚之足云其味亮升（當有誤）久載休名宜城（書鈔作成）醪醴蒼梧縹清或秋藏冬發或春醞夏成或雲沸川涌或素蟻如萍爾乃王孫公子游俠翱翔將承歡以接意會陵雲之朱堂獻酬交錯宴笑無方于是飲者竝醉從橫讙譁或揚袂屢舞或扣劒清歌或顰蹴辭觴或奮爵橫飛或歎驪駒既駕或稱朝露未晞于斯時也質者或文剛者或仁早者忘賤窶者忘貧和睚眦之宿憾雖怨讎其必親于是矯俗先生聞之而歎曰噫夫言何容易此乃淫荒之源非作者之事若耽于觴酌流情縱佚先生所禁君子所斥（藝文類聚七十二又書鈔一百四十八引五條）

車渠椀賦

惟斯椀之所生于涼風之峻湄采金光以定色擬朝陽而發輝豐玄素之暐曄帶朱榮之葳蕤縕絲綸以肆采藻繁布以相追翩飄飄而浮景若鷩鵠之雙飛隱神璞于西野彌百葉而莫希于時乃有明篤神后廣彼仁聲夷慕義而重使獻茲寶于斯庭命公輸使制匠窮妍麗之殊形華色燦爛文若點成鬱蓊雲蒸蜿蜒龍征光如激電影若浮星何神怪之巨偉信一覽而九驚雖離朱之聰目由炫燿而失精何明麗之可悅超羣寶而特章俟君子之閑宴酌甘醴于斯觴既娛情而可貴故求御而不忘（藝文類聚七十三御覽八百八）

迷迭香賦

播西都之麗草兮應青春而發暉流翠葉于纖柯兮結微根于丹墀信繁華之速實兮弗見彫于嚴霜芳暮秋之幽蘭兮麗崑崙之

棠當作裳

芝英既經時而收采兮遂幽殺吕增芳去枝葉而特御兮入綃縠之霧棠附玉體吕行止兮順微風而舒光（藝文類聚八十一）

芙蓉賦

覽百卉之英茂無斯華之獨靈結脩根于重壤泛清流吕擢莖退潤王宇進文帝廷（二語從文選劉休玄擬古詩注補）竦芳柯吕從風奮纖枝之璀縩（二語從初學記補一本作璀璨）其始榮也皦若夜光尋扶木其揚暉也晃若九日出暘谷芙蕖鶱翔菡萏星屬絲條垂珠丹莖加綠焜焜熀熀爛若龍燭觀者終朝情猶未足于是狡童媛女相與同游擢素手于羅袖接紅葩于中流（藝文類聚八十二初學記二十七御覽九百九十九）

橘賦

有朱橘之珍樹于鶉火之遐鄉稟太陽之烈氣嘉杲日之休光體天然之素分不遷徙于殊方播萬里而遙植列銅爵之園庭背江洲之暖氣處玄朔之肅清邦換壤殊爰用喪生處彼不彫在此先零朱實不銜（初學記事對作不萌）焉得素榮惜寒暑之不均嗟華實之永乖仰凱風吕傾葉冀炎氣之可懷颺鳴條吕流響晞越鳥之來棲夫靈德之所感物無微而不和神蓋幽而易激信天道之不訛既萌根而弗幹諒結葉而不華漸玄化而不變非彰德于邦家拊微條吕歎息哀草木之難化（藝文類聚八十六初學記二十八又見文選趙至與嵇茂齊書注御覽九百六十六）

槐樹賦

羨良木之華麗爰獲貴于至尊憑文昌之華殿森列峙乎端門覩朱榱吕振條據文陛而結根揚沈陰吕溥覆似明后之垂恩在季春吕初茂踐朱夏而乃繁覆陽精之炎景散流耀吕增鮮（藝文類聚八十八初學記二十八）

白鶴賦

嗟皓麗之素鳥兮含奇氣之淑祥薄幽林吕屏處兮蔭重景之餘光狹單巢于弱條兮懼衝風之難當無沙棠之逸志兮欣六翮之

不傷承邂逅之僥倖兮得接翼于鸞皇同毛衣之氣類兮信休息而同行痛良會之中絕兮遘嚴災而逢殃共太息而祗懼兮抑吞聲而不揚傷本規之違忤悵離羣而獨處恆竄伏吕窮棲獨哀鳴而戢羽冀大綱之解結得奮翅而遠遊聆雅琴之清韻記六翮之末流（藝文類聚九十初學記三十）

鶡賦

鶡之爲禽猛氣其鬬終無勝負期必于死遂賦之焉

美遐圻之偉鳥生太行之巖阻體貞剛之烈性亮金德之所輔戴毛角之雙立揚玄黃之勁羽甘沈殞而重辱有節俠之義矩降居檀澤高處保岑遊不同嶺棲必異林若有翻雄駭逝孤雌驚翔則長鳴挑敵鼓翼專場踰高越壑雙戰隻僵階侍斯珥俯耀文墀成武官之首飾增庭燎之高暉（藝文類聚九十）

鸚鵡賦

美洲中之令鳥超衆類之殊名感陽和而振翼遁太陰吕存形遇旅人之嚴網殊六翮而無遺身挂滯于重纅孤雌鳴而獨歸豈余身之足惜憐衆雛之未飛分糜軀吕潤鑊何全濟之敢希蒙含育之厚德奉君子之光輝怨身輕而施重恐往惠之中虧常戢心吕懷懼雖處安其若危永哀鳴吕報德庶終來而不疲（藝文類聚九十一初學記三十）

離繳雁賦（并序）

余遊于玄武陂有雁離繳不能復飛顧命舟人追而得之故憐而賦焉

憐孤雁之偏特兮情惆焉而內傷尋淑類之殊異兮稟上天之休祥含中和之純氣兮赴四節而征行遠玄冬于南裔兮避炎夏乎朔方白露淒吕飛揚兮秋風發乎西商感節運之復至兮假魏道而翱翔接羽翮吕南北兮情逸豫而永康望范氏之發機兮播纖

繳㠯淩雲挂微軀之輕翼兮忽頹落而離羣旅朋驚而鳴逝兮徒矯首而莫聞甘充君之下廚膏函牛之鼎鑊蒙生全之顧復何恩施之隆博于是縱軀歸命無慮無求飢食粱稻渴飲清流（藝文類聚九十一，初學記三十。）

射雉賦

暮春之月宿麥盈野野雊羣雉（初學記三）

鷂雀賦

鷂欲取雀雀自言微賤身體些小肌肉瘠瘦所得蓋少君欲相噉實不足飽鷂得雀言初不敢語頃來轗軻資糧乏旅三日不食略思死鼠今日相得寧復置汝雀得鷂言意甚怔營性命至重雀鼠貪生君得一食我命隕傾皇天降鑒賢者是聽鷂得雀言意甚沮悅當死斃雀頭如果蒜不早首服捩頸大喚行人聞之莫不往觀雀得鷂言意甚不移依一棗樹藂蕽多刺（二句從御覽補）目如擘椒跳躍二翅我雖當死略無可避鷂乃置雀良久方去二雀相逢似是公嫗相將入草共上一樹仍共本末辛苦相語向者近出為鷂所捕賴我翻捷體素便附說我辨語千條萬句欺恐舍長令兒大怖我之得免復勝于免自今徙意莫復相妒（藝文類聚九十一，御覽九百二十六，又九百六十五。）言雀者但食牛矢中豆馬矢中粟（御覽八百四十一）

神龜賦（并序）

龜號千歲時有遺余龜者數日而死肌肉消盡唯甲存焉余感而賦之曰

嘉四靈之建德各潛位乎一方蒼龍虬于東岳白虎嘯于西岡玄武集于寒門朱雀棲于南鄉順仁風㠯消息應聖時而後翔嗟神龜之奇物體乾坤之自然下夷方㠯則地上規隆而法天順陰陽㠯呼吸藏景曜于重泉食飛塵㠯實氣飲不竭于朝露步容趾㠯俯仰時鸞回㠯鶴顧忽萬載而不恤周无疆于太素感白靈之翔翥卒不免乎豫且雖見珍于宗廟離刳剝之重辜欲愬怨于上帝將等愧乎游魚懼沈泥之逢殆赴芳蓮㠯巢居安玄雲而好靜不汪翔而改度昔嚴州之抗節援斯靈而記喻嗟祿運之屯蹇發遇獲于江濱歸籠檻㠯幽處遭淳美之仁人晝顧瞻而終日夕撫順㠯接晨遘淫災㠯隕越命勦絕而不振天道昧而未分神明幽而難燭黃氏沒于空澤松喬化于株木蛇折鱗于平臯龍蛻骨于深谷亮物類之遷化疑斯靈之解殼（藝文類聚九十六，初學記三十。）

蟬賦

唯夫蟬之清素兮潛厥類于太陰在炎陽之仲夏兮始遊豫乎芳林實澹泊而寡欲兮獨怡樂而長吟聲皦皦而彌厲兮似貞士之介心內含和而弗食兮與衆物而無求棲喬枝而仰首兮漱朝露之清流隱柔桑之稠葉兮快啁號㠯遁暑苦黃雀之作害兮患螗蜋之勁斧飄高翔而遠托兮毒蜘蛛之網罟欲降身而卑竄兮懼草蟲之襲予免衆難而弗獲兮遙遷集乎宮宇依名果之茂陰兮託修幹㠯靜處有翩翩之狡童兮步容與于園圃體離朱之聰視兮姿才捷于獮猿條罔葉而不挽兮樹無榦而不緣翳輕軀而奮進兮跪側足㠯自閑恐余身之驚駭兮精曾睆而目連持柔竿之冉冉兮運微黏而我纏欲翻飛而逾滯兮知性命之長捐委厥體于膳夫歸炎炭而就燔秋霜紛㠯宵下晨風冽其過庭氣憯怛而薄軀足攀木而失莖吟嘶啞㠯沮敗狀枯槁㠯喪形亂曰詩歎鳴蜩聲嘒嘒兮盛陽則來太陰逝兮皓皓貞素侔夷節兮帝臣是戴尚其潔兮（藝文類聚九十七，徐本初學記三十。）

蝙蝠賦

吁何姦氣生茲蝙蝠形殊性詭每變常式行不由足飛不假翼明伏暗動盡佀鼠形謂鳥不佀二足為毛飛而含齒巢不哺鷇空不乳子不容毛羣斥逐羽族下不蹈陸上不馮木（藝文類聚九十七）

九詠

芙蓉車兮桂衡。結萍蓋兮翠旌。四蒼虬兮翼轂。駕陵魚兮驂鯨。茵薦兮芷席。蕙幬兮荃牀。本作荅脒依御覽六百九十九改抗南箕兮篋瓊蘂。挹天河兮滌玉觴。靈既降兮泊靜默。登文階兮坐紫房。服春榮兮猗靡。雲裾繞兮容裔。冠北辰兮岌峩。帶晃虹兮陵厲。蘭肴御兮玉俎陳。雅音奏兮文虞羅。感濯漢兮美遊女。揚激楚兮詠湘娥。臨北堂書鈔一百五十五作乘迴風兮浮漢渚。目牽牛兮眺織女。交有際兮會有期。嗟痛吾兮來不時。來無見兮進無聞。泣下雨兮歎成雲。先后悔其靡及。冀後王之一寤。猶搦轡而繁策。馳覆車之危路。羣乘舟而無楫。將何川而能渡。何世俗之蒙昧。悼邦國之未靜。任椒蘭其望治。由倒裳而求領。尋湘漢之長流。採芳岸之靈芝。遇游女于水裔。採菱華而結辭。御覽九百七十五引九愁有此語野蕭條以極望。曠千里以無人。民生期于必死。何自苦以終身。寧作淸水之汙泥。不為濁路之飛塵。藝文類聚五十六案末六語與九愁賦同

停舟兮焉待。擧帆兮安追。北堂書鈔一百三十八

運蘭櫂以速往。口回波之容與。同上

過口穴兮淸泠。术鳴條兮動心。北堂書鈔一百五十八

踐丹穴兮觀鸞鳳。居通朱爵兮息南巢。同上

葛蔓滋兮冐神宇。文選潘岳寡婦賦注又沈約學省愁臥詩注作蔓葛

徒勤躬兮苦心。文選頭陀寺碑注

溫風翕兮煎沙石。鳥罔竄兮獸無蹤。御覽三十四

乘逸轡兮執電鞭。忽而往兮怳而旋。御覽三百五十九

越江兮刈蘭。暮秋兮薄寒。被簑兮戴笠。置露兮踐歡。御覽七百六十五

牽牛為夫。織女為婦。織女牽牛之星各處一旁。七月七日得一會同矣。文選魏文帝燕歌行注引曹植九詠注

何孤客之可悲。文選謝靈運七里瀨詩注

皇祇降兮潛靈舞。文選顏延年三月三日曲水詩序注

遙逝

哀秋氣之可悲兮。涼風蕭其嚴厲。神龍盤于重泉兮。騰蛇蟄于幽穴。北堂書鈔一百五十八

寫灌均上事令

孤前令寫灌均所上孤章。三臺九府所奏事及詔書一通。置之座隅。孤欲朝夕諷詠。以自警誡。御覽五百九十三

毀鄄城故殿令

令鄄城有故殿。名漢武帝殿。昔武帝好遊行。或所幸處也。梁桷傾頓。榱宇零落。脩之不成良宅。置之終于毀壞。故頗撤取以備宮舍。余時獲疾。望風乘虛。卒得慌惚。數日後瘳。而醫巫妄說以為武帝魂神生茲疾病。此小人之無知。愚惑之甚者也。昔湯之隆也。則夏館無餘跡。武之興也。則殷臺無遺基。周之亡也。則伊洛無隻椽。秦之滅也。則阿房無尺梠。文選顏延之北使洛詩注引此二語作尺椽蓋誤涉上句漢道衰則建章撤。靈帝崩則兩宮燔。高祖之魂不能口未央。孝明之神不能救德陽。天子之存也。必居名邦口土。則死有知。亦當逍遙于華都。畱神于舊室。則甘泉通天之臺。雲陽九層之閣。足以綏神育靈。夫何戀于下縣。而居靈于朽宅哉。以生論死。則不然也。況于死者之無知乎。且聖帝明王。顧宮闕之泰。苑囿之侈。有妨于時者。或省以惠人。況漢氏絕業。大魏龍興。隻人尺土。非復漢有。是以咸陽則魏之西都。伊洛為魏之東京。故夷朱雀而樹閶闔。平德陽而建泰極。況下縣腐殿。為狐狸之窟藏者乎。今將撤壞以修殿舍。恐無知之人。坐自生疑。故為此令。亦足以反惑而解迷焉。許敬宗劉伯莊等文館詞林六百九十五

賞罰令文館詞林題如此藝文類聚作黃初五年令

令夫遠不可知者天也。近不可知者人也。傳曰。知人則哲。堯猶病諸。諺曰。人心不同。若其面焉。唯女子與小人為難養也。近之則不

遜遠之則怨。詩云。憂心悄悄。慍于羣小。自世閒人。或受寵而背恩。或無故而入叛。違顧左右。曠然無信。夫嚼者咋斷其舌。右手執斧。左手執鉞。傷夷一身之中。尚有不可信。況于人乎。唯無深瑕潛釁。隱過匿愆。乃可已爲人君上。行刀鋸于左右耳前後無其人也。諺曰。穀千駑馬。不如養一驥。又曰。穀駑馬。養虎犬。無益也。乃知韓昭侯之藏弊袴。良有㠯也。役使臣有三品。有可㠯仁義化者。有可㠯恩惠驅者。此二者不足㠯導之。則當㠯刑罰使之。刑罰復不足㠯率之。則明聖所不能畜。故堯舜至聖。不能容無益之子。湯武至聖。不能養無益之臣。九折臂知爲良醫。吾知所㠯待下矣。諸吏各敬爾位。孤推一槩之平。功之宜賞。于疏必與。罪之宜戮。在親不赦。此令之行。有若曒日。於戲羣司。其覽之哉。文館詞林六百九十五。又見埶文類聚五十四。

自誡令埶文類聚作黄初六年令。

令。吾昔㠯信人之心。無忌于左右。深爲東郡太守王機、防輔吏倉輯等任所誣白。獲罪聖朝。身輕于鴻毛。而謗重于太山。賴蒙帝主天地之仁。違百寮之典議。赦三千之首戾。反我舊居。襲我初服。雲雨之施。焉有量哉。反旋在國。揵門退掃。形影相守。出入二載。機等吹毛求瑕。千端萬緒。然終無可言者。及到雍。又爲監官所舉。亦㠯紛若。于今復三年矣。然卒歸不能有病于孤者。信心足㠯貫于神明也。昔雄渠李廣。武發石開。鄒子囚燕。中夏霜下。杞妻哭梁。山爲之崩。固精誠可㠯動天地金石。何況于人乎。今皇帝遙過鄙國。曠然大赦。與孤更始。欣笑和樂㠯歡孤。隕涕咨嗟㠯悼孤。豐賜光厚。訾重千金。損乘輿之副。竭中黄之府。名馬充廄。驅牛塞路。孤㠯何德。而當斯惠。孤㠯何功。而納斯貺。富而不吝。寵至不驕者。則周公其人也。孤小人爾。深更㠯榮爲感。何者。將恐簡易之尤。出于細微。脫爾之愆。一朝復露也。故欲循吾往業。守吾初志。欲使皇帝恩在摩天。使孤心常存入地。將㠯全陛下厚德。究孤犬馬之年。此難能也。然孤固欲行衆人之所難。詩曰。德輶如毛。人鮮克舉之。此之謂也。故爲此令。著于宮門。欲使左右共觀志焉。文館詞林六百九十五。又略見埶文類聚五十四。

令

諺云。相門有相。將門有將。夫相者文德昭。將者武功烈。文選陸機吳趨行注。又劉琨荅盧諶詩注。御覽四百九十六。案本傳陳審舉疏亦有此數語。

全三國文卷十四終

全三國文卷十五

烏程嚴可均校輯

魏十五　覽三百五十

陳王植三

慶文帝受禪章

陛下㠯聖德龍飛順天革命允荅神符誕作民主乃祖先后積德累仁世濟其美㠯暨于先王王勤恤民隱劬勞戮力㠯除其害經營四方不遑啟處是用隆茲福慶光啟于魏陛下承統纘戎前緒克廣德音綏靜內外紹先周之舊跡襲文武之懿德保大定功海內為一豈不休哉藝文類聚十三

慶文帝受禪上禮章

陛下㠯明聖之德受天顯命良辰卽祚㠯臨天下洪化宣流洋溢宇內是㠯溥天率土莫不承風欣慶執贄奔走奉賀闕下況臣親體至戚懷歡踊躍藝文類聚十三

改封陳王謝恩章

臣既弊陋守國無效自分削黜㠯彰眾誡不意天恩滂霈潤澤橫流猥蒙加封茅土既優爵賞必重非臣虛淺所宜奉受非臣灰身所能報塞藝文類聚五十一

封二子為鄉公謝恩章

詔書封臣息男苗為高陽鄉公志為穆鄉公臣伏自惟文無升堂廟勝之功武無摧鋒接刃之效天時運幸得生貴門遇㠯親戚少荷光寵稱位列侯榮曜當世顧影慙形流汗反側洪恩罔極雲雨增加既榮本幹枝葉幷蒙苗志小豎既頑且稚猥荷列爵竝佩金紫施崇一門惠及父子藝文類聚五十一

求祭先王表

臣雖比拜表自計違遠㠯來已踰旬日垂竟夏節方到臣悲傷有念先王公㠯夏至日終是㠯家俗不㠯夏日祭至于先王自可㠯令辰告祠臣雖卑鄙實稟體于先王自臣雖貧窶蒙陛下厚賜足供太牢之具臣欲祭先王于北河之上羊豬牛臣自能辦杏者臣縣自有先王喜食鰒魚臣前已表得徐州臧霸送鰒魚二百枚足㠯供事乞請冰瓜五枚白柰二十枚計先王崩來未能半歲臣實欲告敬且欲復盡哀御覽三百八十九五百二十六九百三十八九百七十又九百七十八

上九尾狐表

黃初元年十一月二十三日于甄城縣北見眾狐數十首在後大狐在中央長七八尺赤紫色舉頭樹尾尾甚長大林列有枝甚多然後知九尾狐斯誠聖王德政和氣所應也開元占經一百十六

謝初封安鄉侯表黃初二年

臣抱罪卽道憂惶恐怖不知刑罪當所限齊陛下哀愍臣身不聽有司所執待之過厚卽日于延津文選曹子建責躬詩注作行至延津受安鄉侯印

綬奉詔之日且懼且悲懼于不修始違憲法悲于不慎速此貶退上增陛下垂念下遺太后見憂臣自知罪深責重受恩無量精魂飛散亡軀殞命云云藝文類聚五十一

封鄄城王謝表黃初二年

臣愚駑垢穢才質疵下過受陛下日月之恩不能摧身碎首㠯荅陛下厚德而狂悖發露始干天憲自分放棄抱罪終身苟貪視息無復睎幸不悟聖恩爵臣非望枯木生葉白骨更肉非臣罪戾所當宜蒙俯仰慙惶五內戰悸奉詔之日悲喜參至雖因拜章陳荅聖恩下情未展藝文類聚五十一

求習業表

雖免大誅得歸本國文選曹子建責躬詩注

請招降江東表

臣聞士之羨、永生者非徒㠯甘食麗服宰割萬物而已將有㠯補益羣生尊主惠民使功存于竹帛名光于後嗣今臣文不昭于俎豆武不習于干戈而竊位藩王尸祿東夏消損天日無益聖朝淮南尚有山竄之賊吳會猶有潛江之虜使戰士未獲歸于農畝五兵未得戢于武庫蓋善論者不恥謝善戰者不羞走夫凌雲者泥蟠者也後申者先屈者也是㠯神龍㠯為德尺蠖㠯昭義昔湯事葛文王事犬夷固仁者能㠯大事小若陛下遣明哲之使能繼陸賈之蹤者使之江南發愷悌之詔張日月之信開㠯降路權必奉聖化斯不疑也 藝文類聚五十二

上責躬應詔詩表 黃初四年

臣植言臣自抱釁歸藩刻肌刻骨追思罪戾晝分而食夜分而寢誠㠯天網不可重離聖恩難可再恃竊感相鼠之篇無禮遄死之義形影相弔五情愧赧㠯罪棄生則違古賢夕改之勸忍垢苟全則犯詩人胡顏之譏伏惟陛下德象天地恩隆父母施暢春風澤如時雨是㠯不別荊棘者慶雲之惠也七子均養者尸鳩之仁也舍罪責功者明君之舉也矜愚愛能者慈父之恩也是㠯愚臣徘徊于恩澤而不能自棄者也前奉詔書臣等絕朝心離志絕自分黃耇無復執珪之望不圖聖詔猥垂齒召至止之日馳心輦轂僻處西館未奉闕廷踴躍之懷瞻望反仄不勝犬馬戀主之情謹拜表并獻詩二篇詞旨淺末不足采覽貴露下情冒顏㠯聞臣植誠惶誠恐頓首頓首死罪死罪 魏志陳思王植傳文選

表 百三家集作望恩表

臣聞寒者不貪尺玉而思短褐饑者不願千金而美一飡夫千金尺玉至貴而不若一飡短褐者物有所急也 藝文類聚五

欲遣人到鄴市上黨布五十匹作車上小帳帷謁者不聽 御覽八百二十

昔毆冶敗視鉛刀易價伯樂所眄駑馬百倍 御覽三百四十六

情注于皇居心在乎紫極 文選潘岳西征賦注

乞田表

乞城內及城邊好田盡所賜百年力者臣雖生自至尊然心甘田野性樂稼穡 御覽八百二十一

請赴元正表 黃初四年

欣豫百官之美想見朝覲之禮耳存九成目想率舞 藝文類聚三十九

又謝得入表

不世之命非所致思有若披浮雲而曬白日出幽谷而登喬木目希庭燎心存泰極 藝文類聚三十九

罷朝表

覲玉容而慶薦奉權宴而慈潤 文選陸雲大將軍讌會被命作詩注

謝周觀表

詔使周觀初玩雲盤北觀疏圃遂步九華神明特處譎詭天然誠可謂帝室皇居者矣雖崑崙閬風之麗文昌之居不是過也 藝文類聚六十一

求出獵表

臣自招罪釁徙居京師待罪南宮 文選曹子建責躬詩注引植集

于七月伏鹿鳴麀四月五月射雉之際此正獵樂之時 藝文類聚九十五

謝鼓吹表

許㠯簫管之樂榮㠯田遊之嬉陛下仁重有虞恩過周旦濟世安宗實在聖德 藝文類聚六十八

獻馬表

臣于先武皇帝世得大宛紫騂馬一匹形法應圖善持頭尾教令習拜今輒已能拜又能行與鼓節相應謹㠯奉獻 藝文類聚九十三御覽八百九十四

上銀鞍表

于先武皇帝代敕此銀鞍一具初不敢乘謹奉上 初學記二十二御覽三百五十

至當作臣

此条與卷十九文帝誄重出

上牛表

至聞物㠯洪珍。細亦或貴。故不見僬僥之微。不知泱漭之泰。不見果下之乘。不別龍馬之大。高下相懸。所㠯致觀也。謹奉牛一頭。不足追遵大小之制。形少有殊。敢不獻上。藝文類聚九十四

上鎧表

先帝賜臣鎧。黑光明光各一領。兩當鎧一領。赤鍊鎧一領。馬鎧一領。今世已平。兵革無事。乞悉㠯付鎧曹自理。初學記二十二御覽三百五十六

上文帝誄表

陛青雲而誕德。文選沈約齊安陸王碑文注

求自試表 太和二年

臣植言。臣聞士之生世。入則事父。出則事君。事父尚于榮親。事君貴于興國。故慈父不能愛無益之子。仁君不能畜無用之臣。夫論德而授官者。成功之君也。量能而受爵者。畢命之臣也。故君無虛授。臣無虛受。虛授謂之謬舉。虛受謂之尸祿。詩之素餐所由作也。昔二虢不辭兩國之任。其德厚也。旦奭不讓燕魯之封。其功大也。今臣蒙國重恩。三世于今矣。正值陛下升平之際。沐浴聖澤。潛潤德教。可謂厚幸矣。而位竊東藩。爵在上列。身被輕煖。口厭百味。目極華靡。耳倦絲竹者。爵重祿厚之所致也。退念古之受爵祿者。有異于此。皆㠯功勤濟國。輔主惠民。今臣無德可述。無功可紀。若此終年。無益國朝。將挂風人彼己之譏。是㠯上慙玄冕。俯愧朱紱。方今天下一統。九州晏如。而顧西有違命之蜀。東有不臣之吳。使邊境未得脫甲。謀士未得高枕者。誠欲混同宇內。㠯致太和也。故啟滅有扈而夏功昭。成克商奄而周德著。今陛下㠯聖明統世。將欲卒文武之功。繼成康之隆。簡賢授能。㠯方叔邵虎之臣鎮御四境。為國爪牙者。可謂當矣。然而高鳥未挂于輕繳。淵魚未縣于鉤餌

者。恐鉤射之術或未盡也。昔耿弇不俟光武。亟擊張步。言不㠯賊遺于君父也。故車右伏劒于鳴轂。雍門刎首于齊境。若此二士。豈惡生而尚死哉。誠忿其慢主而陵君也。夫君之寵臣。欲㠯除患興利。臣之事君。必㠯殺身靖亂。㠯功報主也。昔賈誼弱冠。求試屬國。請係單于之頸而制其命。終軍㠯妙年使越。欲得長纓纓文選作占其王。羈致北闕。此二臣豈好為誇主而燿世哉。志或鬱結。欲逞其才力。輸能于明君也。昔漢武為霍去病治第。辭曰。匈奴未滅。臣無㠯家為。固夫憂國忘家。捐軀濟難。忠臣之志也。今臣居外。非不厚也。而寢不安席。食不遑味者。伏㠯二方未克為念。伏見先武皇帝武臣宿將。年耆即世者有聞矣。雖賢不乏世。宿將舊卒。猶習戰陣。竊不自量。志在效命。庶立毛髮之功。㠯報所受之恩。若使陛下出不世之詔。效臣錐刀之用。使得西屬大將軍。當一校之隊。若東屬大司馬。統偏舟文選作師之任。必乘危蹈險。騁舟奮驪。突刃觸鋒。為士卒先。雖未能禽權馘亮。庶將虜其雄率。殲其醜類。必效須臾之捷。㠯滅終身之愧。使名挂史筆。事列朝策。雖身分蜀境。首縣吳闕。猶生之年也。如微才弗試。沒世無聞。徒榮其軀而豐其體。生無益于事。死無損于數。虛荷上位而忝重祿。禽息鳥視。終于白首。此徒圈牢之養物。非臣之所志也。流聞東軍失備。師徒小衄。輟食棄餐。奮袂攘衽。撫劒東顧。而心已馳于吳會矣。臣昔從先武皇帝。南極赤岸。東臨滄海。西望玉門。北出玄塞。伏見所㠯行軍用兵之勢。可謂神妙矣。故兵者不可豫言。臨難而制變者也。志欲自效于明時。立功于聖世。每覽史籍。觀古忠臣義士。出一朝之命。㠯徇國家之難。身雖屠裂。而功銘著于鼎鍾。名稱垂于竹帛。未嘗不拊心而歎息也。臣聞明主使臣。不廢有罪。故奔北敗軍之將用。秦魯㠯成其功。絕纓盜馬之臣赦。楚趙以濟其難。臣竊感先帝早崩。威王棄世。臣獨何人。㠯堪長久。常恐先朝露。填溝壑。墳土未乾。而身名並滅。臣聞

騏驥長鳴。則伯樂照其能。盧狗悲號。則韓國知其才。是以效之齊楚之路。以逞千里之任。試之狡兔之捷。以驗搏噬之用。今臣志狗馬之微功。竊自惟度。終無伯樂韓國之舉。是以於邑而竊自痛者也。夫臨博而企竦。聞樂而竊抃者。或有賞音而識道也。昔毛遂趙之陪隸。猶假錐囊之喻。以寤主立功。何況巍巍大魏多士之朝。而無慷慨死難之臣乎。夫自衒自媒者。士女之醜行也。干時求進者。道家之明忌也。而臣敢陳聞于陛下者。誠與國分形同氣。憂患共之者也。冀以塵霧之微補益山海。熒燭末光增輝日月。是以敢冒其醜而獻其忠。必知為朝士所笑。聖主不以人廢言。伏惟陛下少垂神聽。臣則幸矣。（魏志陳思王植傳、文選。又見藝文類聚五十三。）

又求自試表

五帝之世非皆智。三季之末非皆愚。用與不用。知與不知也。夫相者文德昭者也。將者武功烈者也。文德昭則可以匡國朝。敘百揆。稷、契、夔、龍是矣。武功烈則可以征不庭。廣邦境。南仲、方叔是矣。昔伊尹之為媵臣。至賤也。呂尚之處屠釣。至陋也。及其見舉于湯文。誠道合志同。豈復假近習之薦。因左右之介哉。昔騏驥之于吳坂。可謂困矣。及其伯樂相之。孫子御之。形體不勞。而坐取千里。伯樂善御馬。明君善御臣。誠任賢使能之明效也。（案篇首至此與魏志本傳所載陳審舉疏文同。藝文類聚作又求自試表。考文館詞林載明帝答詔云省覽來書至于再三。則求自試似非一表。蓋藝文據植集本。因與本傳異耳。錄之不嫌複出。）昔段干木修德于閭閻。秦軍為之輟攻。而文侯以安。穰苴授節于邦境。燕晉為之退師。而景公無患。皆簡德尊賢之所致也。願陛下垂高宗傅巖之明。以顯中興之功。（藝文類聚五十三）

夫人貴生者。非貴其養體好服。終竟年壽也。貴在其代天而理物也。夫爵祿者。非虛張者也。有功德然後應之。當矣。無功而爵厚。無德而祿重。或人以為榮。而壯夫以為恥。故太上立德。其次立功。蓋功德者。所以垂名也。名者不滅。士之所利。故孔子有夕死之論。孟軻有棄生之義。彼一聖一賢。豈不願久生哉。志或有不展也。是用喟然求試。必立功也。嗚呼。言之未用。欲使後之君子知吾意者也。（魏志陳思王植傳注引魏略。植雖上此表。猶疑不見用。故曰云云。）

諫伐遼東表

臣伏以遼東負阻之國。勢便形固。帶以遼海。今輕軍遠攻。師疲力屈。彼有其備。所謂以逸待勞。以飽制飢者也。以臣觀之。誠未易攻也。若國家攻而必尅。屠襄平之城。懸公孫之首。得其地不足以償中國之費。虜其民不足以補三軍之失。是我所獲不如所喪也。若其不拔。曠日持久。暴師于野。然天時難測。水潦無常。彼我之兵。連于城下。進則有高城深池。無所施其功。退則有歸塗不通。道路瀸洳。東有待釁之吳。西有伺隙之蜀。吳起東南。則荊揚騷動。蜀應西境。則雍涼參分。兵不解于外。民罷困于內。促耕不解其飢。疾蠶不救其寒。夫渴而後穿井。飢而後殖種。可以圖遠。難以應卒也。臣以為當今之務。在于省傜役。薄賦斂。勸農桑。三者既備。然後令伊管之臣。得施其術。孫吳之將。得奮其力。若此。則泰平之基可立而待。康哉之歌可坐而聞。曾何憂于二敵。何懼于公孫乎。今不恤邦畿之內。而勞神于蠻貊之域。竊為陛下不取也。（藝文類聚二十四）

轉封東阿王謝表（太和三年）

奉詔太皇太后念雍丘下濕少桑。欲轉東阿。當合王意。可遣人按行。知可居不。奉詔之日。伏增悲喜。臣以無功。虛荷國恩。爵尊祿厚。用無益于時。脂車秣馬。志在黜放。不圖陛下天父之恩。猥宣皇太后慈母之念。遷之陛下。幸為人長計。聖旨惻隱。恩過天地。臣在雍丘。劬勞五年。左右罷怠。居業向定。園果萬株。枝條始茂。私情區區。實所重棄。然桑田無業。左右貧窮。食裁餬口。形有裸露。臣聞古之仁君。必有棄國以為百姓。況乃轉居沃土。人從蒙福。江海所流。無地不潤。雲雨所加。無物不茂。若陛下念臣入從五年之勤。少見佐

助此枯木生華白骨更肉非臣之敢望也飢者易食寒者易衣臣之謂矣藝文類聚五十一

上卞太后誄表太和四年五月

大行皇太后資坤元之姓體載物之仁齊美姜嫄等德任姒佐政內朝惠加四海草木荷恩含氣受潤庶鍾元吉永膺萬祚何圖一旦早棄明朝背絕臣庶悲痛靡告臣聞銘㠯述德誄尚及哀是㠯冒越諒闇之禮作誄一篇知不足讚揚明明貴㠯展臣蓼莪之思憂荒情散不足觀采藝文類聚十五

容車飾駕㠯合北辰文選顏延年宋文帝元皇后哀策文注引曹植宣后誄表

謝妻改封表太和六年二月

璽書今㠯東阿王妃爲陳王妃幷下印綬因故上前所假印㠯其拜授書㠯即日到臣輒奉詔拜其才質底下謬同受私遇寵素餐臣爲其首陛下體乾坤育物之德東海含容之大乃復隨例顯封

大國光揚章灼非臣負薪之才所宜克當非臣穢釁所宜蒙獲夙夜憂歎念報罔極洪施遂隆既榮枝榦猥復正臣妃爲陳妃熠燿宜朗非妾婦舂愚所當蒙被葵藿草物猶感恩養況臣含氣銜佩弘惠沒而後已誠非翰墨屢辭所能報荅藝文類聚五十一

入覲謝表太和六年

臣得出幽屏之域獲覲百官之美此一喜也背茅茨之陋登閶闔之闥此二喜也必㠯有覥之容瞻見穆穆之顏此三喜也將㠯檮杌之質稟受崇聖之訓此四喜也御覽四百六十七引曹植謝上表

荅詔示平原公主誄表太和六年

奉詔并見聖思所作故平原公主誄文義相扶章章殊興句句感切哀動神明痛貫天地楚王臣彪等聞臣爲讀莫不揮涕御覽五百九十六

荅詔表

淡當作啖

近得賜御食拜表謝恩尋奉手詔愍臣瘦弱奉詔之日涕泣橫流雖文武二帝所㠯愍憐于臣不復過于明詔御覽三百七十八

謝賜柰表

即夕殿中虎賁宣詔賜臣等冬柰一匳詔使溫淡夜非食時而賜見及柰㠯夏熟今則冬至物㠯非時爲珍恩㠯絕口爲厚實非臣等所宜蒙荷藝文類聚八十六御覽九百七十

冬至獻履襪頌表

伏見舊儀國家冬至獻履貢襪所㠯迎福踐長先臣或爲之頌臣既玩其嘉藻願述朝慶千載昌期一陽嘉節四方交泰萬物昭蘇亞歲迎祥履長納慶不勝感節情繫幃幄拜表奉賀并獻文履七緉襪百副茅茨之陋不足㠯入金門登玉臺也上獻㠯聞謹獻書鈔一百五十六初學記四御覽二十八六百九十七

獻璧表

臣聞玉不隱瑕臣不隱情伏知所進非和氏之璞萬國之幣璧爲充貢藝文類聚八十四

賀瑞表

臣聞鳳皇復見于鄴南黃龍雙出于清泉聖德至理㠯致嘉瑞將棲鳳于林囿豢龍于陂池爲百姓旦夕之觀也藝文類聚九十八

謝賜穀表

詔書念臣經用不足㠯船河邸閣穀五千斛賜臣御覽八百三十七

表

諸公立朝鋪作粥食之候臥擇薤書鈔未删改本一百四十四

賜邁越緝縠書鈔十九

即日表油囊之賜書鈔一百三十六

爵重才輕文選張茂先荅何劭詩注

全三國文卷十五終

全三國文卷十六

烏程嚴可均校輯

魏十六

陳王植 四

求存問親戚疏 文選作求通親親表。

臣植言。臣聞天稱其高者。以無不覆。地稱其廣者。以無不載。日月稱其明者。以無不照。江海稱其大者。以無不容。故孔子曰。大哉堯之爲君。惟天爲大。惟堯則之。夫天德之于萬物。可謂弘廣矣。蓋堯之爲教。先親後疏。自近及遠。其傳曰。克明峻德。以親九族。九族既睦。平章百姓。及周之文王亦崇厥化。其詩曰。刑于寡妻。至于兄弟。以御于家邦。是以雍雍穆穆。風人詠之。昔周公弔管蔡之不咸。廣封懿親。以藩屛王室。傳曰。周之宗盟。異姓爲後。誠骨肉之恩。爽而不離。親親之義。實在敦固。未有義而後其君。仁而遺其親者也。伏

惟陛下資帝唐欽明之德。體文王翼翼之仁。惠洽椒房。恩昭九族。羣后百寮。番休遞上。執政不廢于公朝。下情得展于私室。親理之路通。慶弔之情展。誠可謂恕己治人。推惠施恩者矣。至于臣者。人道絕緒。禁錮明時。臣竊自傷也。不敢乃望交氣類。修人事。敘人倫。近且婚媾不通。兄弟乖絕。吉凶之問塞。慶弔之禮廢。恩紀之違。甚于路人。隔閡之異。殊于胡越。今臣以一切之制。永無朝覲之望。至于注心皇極。結情紫闥。神明知之矣。然天實爲之。謂之何哉。退惟諸王常有戚戚具爾之心。願陛下沛然垂詔。使諸國慶問。四節得展。以敘骨肉之歡恩。全怡怡之篤義。妃妾之家。膏沐之遺。歲得再通。齊義于貴宗。等惠于百司。如此。則古人之所歎。風雅之所詠。復存于聖世矣。臣伏自惟省。無錐刀之用。及觀陛下之所拔授。若以臣爲異姓。竊自料度。不後于朝士矣。若得辭遠遊。戴武弁。解朱組。佩青紱。駙馬奉車。趣得一號。安宅京室。執鞭珥筆。出從華蓋。入侍輦轂。承答聖問。拾遺左右。乃臣丹誠之至願。不離于夢想者也。遠慕鹿鳴君臣之宴。中詠常棣匪他之誡。下思伐木友生之義。終懷蓼莪罔極之哀。每四節之會。塊然獨處。左右惟僕隸。所對惟妻子。高談無所與陳。發義無所與展。未嘗不聞樂而拊心。臨觴而歎息也。臣伏以爲犬馬之誠不能動人。譬人之誠不能動天。崩城隕霜。臣初信之。以臣心況。徒虛語耳。若葵藿之傾葉。太陽雖不爲之回光。然終向之者。誠也。臣竊自比于葵藿。若降天地之施。垂三光之明者。實在陛下。臣聞文子曰。不爲福始。不爲禍先。今之否隔。友于同憂。而臣獨倡言者。竊不願于聖世使有不蒙施之物。有不蒙施之物。必有慘毒之懷。故柏舟有天只之怨。谷風有棄予之歎。故伊尹恥其君不爲堯舜。孟子曰。不以舜之所以事堯事其君者。不敬其君者也。臣之愚蔽。固非虞伊。至于欲使陛下崇光被時雍之美。宣緝熙章明之德者。是臣慺慺之誠。竊所獨守。實懷鶴立企佇之心。敢復陳聞者。冀陛下儻發天聰而垂神聽也。魏志陳思王植傳。五年復上疏求存問親戚。因致其意。文選。

上疏陳審舉之義

臣聞天地協氣而萬物生。君臣合德而庶政成。五帝之世非皆智。三季之末非皆愚。用與不用。知與不知也。既時有舉賢之名。而無得賢之實。必各援其類而進矣。諺曰。相門有相。將門有將。夫相者。文德昭者也。將者。武功烈者也。文德昭。則可以匡國朝。致雍熙。稷契夔龍是也。武功烈。則可以征不庭。威四夷。南仲方叔是矣。昔伊尹之爲媵臣。至賤也。呂尚之處屠釣。至陋也。及其見舉于湯武周文。誠道合志同。玄謨神通。豈復假近習之薦。因左右之介哉。書曰。有不世之君。必能用不世之臣。用不世之臣。必能立不世之功。殷周二王是矣。若夫齷齪近步。遵常守故。安足爲陛下言哉。故陰陽不和。三光不暢。官曠無人。庶政不整者。三司之責也。疆埸騷動。方

隅内侵没軍喪衆干戈不息者邊將之憂也豈可虛荷國寵而不稱其任哉故任益隆者負益重位益高者責益深書稱無曠庶官詩有職思其憂此其義也陛下體天眞之淑聖登神機㠯繼統冀聞康哉之謌偃武行文之美而數年㠯來水旱不時民困衣食師徒之發歲歲增調加東有覆敗之軍西有殪没之將至使蚌蛤浮翔于淮泗鼲鼬讙譁于林木臣每念之未嘗不輟食而揮餐臨觴而搤腕矣昔漢文發代疑朝有變宋昌曰内有朱虛東牟之親外有齊楚淮南琅邪此則磐石之宗願王勿疑臣伏惟陛下遠覽姬文二虢之援中慮周成召畢之輔下存宋昌磐石之固昔騏驥之于吴阪可謂困矣及其伯樂相之孫郵御之形體不勞而坐取千里蓋伯樂善御馬明君善御臣伯樂馳千里明君致太平誠任賢使能之明效也若朝司惟良萬機内理武將行師方難克弭陛下可得雍容都城何事勞動鑾駕暴露于邊境哉臣聞羊質虎皮見草則悅見豺則戰忘其皮之虎也今置將不良有似于此故語曰患爲之者不知知之者不得爲也昔樂毅奔趙心不忘燕廉頗在楚思爲趙將臣生乎亂長乎軍又數承教于武皇帝伏見行師用兵之要不必取孫吴而闇與之合竊揆之于心常願得一奉朝覲排金門蹈玉陛列有職之臣賜須臾之問使臣得一散所懷攄舒蘊積死不恨矣被鴻臚所下發士息書期會甚急又聞豹尾已建戎軒鶩駕陛下將復勞玉躬擾挂神思臣誠竦息不遑寧處願得策馬執鞭首當塵露撮風后之奇接孫吴之要追慕卜商起予左右效命先驅畢命輪轂雖無大益冀有小補然天高聽遠情不上通徒獨望青雲而拊心仰高天而歎息耳屈平曰國有驥而不知乘焉皇皇而更索昔管蔡放誅周召作弼叔魚陷刑叔向匡國三監之釁臣自當之二南之輔求必不遠華宗貴族藩王之中必有應斯舉者故傳曰無周公之親不得行周公之事唯陛下少留意

焉近者漢氏廣建藩王豐則連城數十約則饗食祖祭而已未若姬周之樹國五等之品制也若扶蘇之諫始皇淳于越之難周青臣可謂知時變矣夫能使天下傾耳注目者當權者是矣故謀能移主威能懾下豪右執政不在親戚權之所在雖疏必重勢之所去雖親必輕蓋取齊者田族非呂宗也分晉者趙魏非姬姓也惟陛下察之苟吉專其位凶離其患者異姓之臣也欲國之安祈家之貴存共其榮没同其禍者公族之臣也今反公族疏而異姓親臣竊惑焉臣聞孟子曰君子窮則獨善其身達則兼善天下今臣與陛下踐冰履炭登山浮澗寒溫燥溼高下共之豈得離陛下哉不勝憤懣拜表陳情若有不合乞且藏之書府不便滅棄臣死之後事或可思若有豪氂少挂聖意者乞出之朝堂使夫博古之士糾臣表之不合義者如是則臣願足矣 魏志陳思王植傳又略見御覽五十六三百五十九

上書請免發取諸國士息 太和五年

竟當作章

臣聞古者聖君與日月齊其明四時等其信是㠯戮凶無重賞善無輕怒若驚霆喜若時雨恩不中絕教無二可㠯此臨朝則臣下知所死矣受任在萬里之外審主之所㠯授官必己之所㠯投命雖有構會之徒泊然不㠯爲懼者蓋君臣相信之明效也昔章子爲齊將人有告之反者威王曰不然左右曰王何㠯明之王曰聞竟子改葬死母彼尚不欺死父顧當叛生君乎此君之信臣也昔管仲親射桓公後幽囚從魯檻車載使少年挽而送齊管仲知桓公之必用己懼魯之悔謂少年曰吾爲汝唱汝爲和聲和聲宜走于是管仲唱之少年走而和之日行數百里宿昔而至至則相齊此臣之信君也臣初受封策書曰植受茲青社封于東土㠯屏翰皇家爲魏藩輔而所得兵百五十人皆年在耳順或不踰矩虎賁官騎及親事凡二百餘人正復不老皆使年壯備有不虞檢校乘城顧不足㠯自救況皆復耄耋罷曳乎而名爲魏東藩使屏翰王

室臣竊自善矣就之諸國國有士子合不過五百人伏吕爲三軍益損不復賴此方外不定必當須辨者臣願將部曲倍道奔赴夫妻負襁子弟懷糧蹈鋒履刃吕徇國難何但習業小兒哉愚誠吕揮涕增河鼷鼠飲海于朝萬無損益于臣家計甚有廢損又臣士息前後三送兼人已竭惟尚有小兒七八歲已上十六七已還三十餘人今部曲皆年耆臥在牀席非糜不食眼不能視氣息裁屬者凡三十七人疲瘵風靡疣盲聾瞶者二十三人惟正須此小兒大者可備宿衛雖不足吕禦寇粗可吕警小盜小者未堪大使爲可使耘鉏穢草驅護鳥雀休候人則一事廢一日獵則衆業散不親自經營則功不攝常自躬親不委下吏而已陛下聖仁恩詔三至士子給國長不復發明詔之下有若皦日保金石之恩必明神之信畫然自固如天如地定習業者竝復見送晻若晝晦悵然失圖伏吕爲陛下既爵臣百寮之右居藩國之任爲置卿士屋名爲宮冢名爲陵不使其危居獨立無異于凡庶若柏成欣于野耕子仲樂于灌園蓬戶茅牖原憲之宅也陋巷簞瓢顏子之居也臣才不見效用常慨然執斯志焉若陛下聽臣悉還部曲罷官屬省監官使解璽釋紱追柏成子仲之業營顏淵原憲之事居子臧之廬宅延陵之室如此雖進無成功退有可守身死之日猶松喬也然伏度國朝終未肯聽臣之若是固當羈絆于世繩維繫于祿位懷屑屑之小憂執無已之百念安得蕩然肆志逍遙于宇宙之外哉此願未從陛下必欲崇親親篤骨肉潤白骨而榮枯木者惟遂仁德吕副前恩（魏志陳思王植傳注引魏略。建安二十一年）

與楊德祖書

植白數日不見思子爲勞想同之也僕少好詞賦（文選作少好爲文章）迄至于今二十有五年矣然今世作者可略而言也昔仲宣獨步于漢南孔璋鷹揚于河朔偉長擅名于青土公幹振藻于海隅德璉發

迹于大魏足下高視于上京當此之時人人自謂握靈蛇之珠家家自謂抱荆山之玉也吾王于是設天網吕該之頓八紘吕掩之今盡集茲國矣然此數子猶不能飛軒絶迹一舉千里也吕孔璋之才不閑于辭賦而多自謂能與司馬長卿同風譬畫虎不成還爲狗者也前爲書嘲之反作論盛道僕贊其文夫鍾期不失聽于今稱之吾亦不敢妄歎者畏後之嗤余也世人之著述不能無病僕常好人譏彈其文有不善者應時改定昔丁敬禮嘗作小文使僕潤飾之僕自吕才不能過若人辭不爲也敬禮云卿何所疑難乎文之佳麗吾自得之後世誰相知定吾文者耶吾常歎此達言吕爲美談昔尼父之文辭與人通流至于制春秋游夏之徒不能錯一字（文選作一辭）過此而言不病者吾未之見也蓋有南威之容乃可吕論于淑媛有龍淵之利乃可吕議于割斷劉季緒才不逮于作者而好詆呵文章掎摭利病昔田巴毀五帝罪三王呰五伯于稷下一旦而服于人魯連一說使終身杜口劉生之辯未若田氏今之仲連求之不難可無歎息乎人各有所好尚蘭茝蓀蕙之芳衆人之所好而海畔有逐臭之夫咸池六英之發衆人所共樂而墨翟有非之之論豈可同哉今往僕少小所著辭賦一通相與夫街談巷說必有可采擊轅之歌有應風雅匹夫之思未易輕棄也辭賦小道固未足吕揄揚大義彰示來世也昔楊子雲先朝執戟之臣耳猶稱壯夫不爲也吾雖薄德位爲藩侯猶庶幾戮力上國流惠下民建永世之業流金石之功豈徒吕翰墨爲勳績辭頌爲君子哉若吾志不果吾道不行亦將採史官之實錄辨時俗之得失定仁義之衷成一家之言雖未能藏之名山將吕傳之同好此要之白首豈可吕今日論乎其言之不怍恃惠子之知我也明早相迎書不盡懷植白（魏志陳思王植傳注引典略。又見文選）

與吳季重書

植白季重足下前日雖因常調得爲密坐雖燕飲彌日其于別遠會稀猶不盡其勞積也若夫觴酌淩波于前簫笳發音于後足下鷹揚其體鳳歎虎視謂蕭曹不足儔衞霍不足侔也左顧右眄謂若無人豈非吾子壯志哉過屠門而大嚼雖不得肉貴且快意當斯之時願舉泰山㠯爲肉傾東海㠯爲酒伐雲夢之竹㠯爲笛斬泗濱之梓㠯爲箏食若塡巨壑飲若灌漏巵其樂固難量豈非大丈夫之樂哉然日不我與曜靈急節面有逸景之速別有參商之闊思欲抑六龍之首頓羲和之轡折若木之華閉濛汜之谷天路高邈良久無緣懷戀反側如何如何得所來訊文采委曲曄若春榮瀏若清風申詠反覆曠若復面其諸賢所著文章想還所治復申詠之也可令憙事小吏諷而誦之夫文章之難非獨今也古之君子猶亦病諸家有千里驥而不珍焉人懷盈尺和氏無貴矣夫君子而知音樂古之達論謂之通而蔽墨翟不好伎何爲過朝歌而迴車乎足下好伎值墨翟迴車之縣想足下助我張目也又聞足下在彼自有佳政夫求而不得者有之矣未有不求而得者也且改轍易行非良樂之御易民而治非楚鄭之政願足下勉之而已矣適對嘉賓口授不悉往來數相聞曹植白（文選、藝文類聚二十六）

與陳孔璋書

夫披翠雲㠯爲衣戴北斗㠯爲冠帶虹蜺㠯爲紳連日月㠯爲佩此服非不美也然而帝王不服者望殊于天志絕于心矣（御覽六百八十四、六百九十二）

報陳孔璋書

驥騄不常步應良御而效足（文選赭白馬賦注、又陸機高祖功臣頌注）

葛天氏之樂千人唱萬人和聽者因㠯蔑韶夏矣（文心雕龍事類篇）

與丁敬禮書

頃不相聞覆相聲音亦爲怪故棄與爲書含欣而秉筆大笑而吐辭亦歡之極也（書鈔一百三）

與司馬仲達書

今賊徒欲保江表之城守區區之吳爾無有爭雄于宇內角勝于平原之志也故其俗蓋㠯洲渚爲營壁江淮爲城塹而已若可得挑致則吾一旅之卒足㠯敵之矣蓋弋鳥者矯其矢釣魚者理其綸此皆度彼爲慮因象設宜者也今足下曾無矯矢理綸之謀徒欲候其離舟伺其登陸乃圖并吳會之地收陳野之民恐非主上授節將之心也（藝文類聚五十九）

答崔文始書

臨江直釣不獲一鱗非江魚之不食餌其所餌之者非也是㠯君子愼舉擢（御覽九百三十六）

辯問

君子隱居㠯養眞也（文選張景陽雜詩注）

游說之士星流電燿（文選廣絕交論注）

七啟 并序

昔枚乘作七發傅毅作七激張衡作七辯崔駰作七依辭各美麗余有慕之焉遂作七啟并命王粲作焉

玄微子隱居大荒之庭飛遯離俗澄神定靈輕祿傲貴與物無營耽虛好靜羨此永生獨馳思于天雲之際無物象而能傾于是鏡機子聞而將往說焉駕超野之駟乘追風之輿經迥漠出幽墟入乎泱漭之野遂屆玄微子之所居其居也左激水右高岑背洞溪對芳林冠皮弁被文裘出山岫之潛穴倚峻崖而嬉遊志飄飄焉嶢嶢焉佀若狹六合而隘九州若將飛而未逝若舉翼而中留于是鏡機子攀葛藟而登距巖而立順風而稱曰子聞君子不遯俗而遺名智士不背世而滅勳今吾子棄道藝之華遺仁義之英耗精神乎虛廓廢人事之紀經譬若畫形于無象造響于無聲未之

思乎何所規之不通也玄微子俯而應之曰譆有是言乎夫太極之初渾沌未分萬物紛錯與道俱隆蓋有形必朽有跡必窮芒芒元氣誰知其終名穢我身位累我躬竊慕古人之所志仰老莊之遺風假靈龜㠯託喻寧掉尾于塗中鏡機子曰夫辯言之豔能使窮澤生流枯木發榮庶感靈而激神況近在乎人情僕將爲吾子說游觀之至娛演聲色之妖靡論變化之至妙敷道德之弘麗願聞之乎玄微子曰吾子整身倦世探隱拯沈不遠遐路幸見光臨將敬滌耳㠯聽玉音

鏡機子曰芳菰精粺霜蓄露葵玄熊素膚肥豢膿肌蟬翼之割剖纖析微累如疊縠離若散雪輕隨風飛刃不轉切山鵽斥鷃珠翠之珍寒芳苓之巢龜膾西海之飛鱗臛江東之潛鼍臇漢南之鳴鶉糅㠯芳酸甘和既醇玄冥適鹹蓐收調辛紫蘭丹椒施和必節滋味既殊遺芳射越乃有春清縹酒康狄所營應化則變感氣而成彈徵則苦發叩宮則甘生于是盛㠯翠樽酌㠯彫觴浮蟻鼎沸酷烈馨香可㠯和神可㠯娛腸此肴饌之妙也子能從我而食之乎玄微子曰予甘藜藿未暇此食也

鏡機子曰步光之劒華藻繁縟飾㠯文犀雕㠯翠綠綴㠯驪龍之珠錯㠯荊山之玉陸斷犀象未足稱雋隨波截鴻水不漸刃九旒之冕散耀垂文華組之纓從風紛紜佩則結綠懸黎寶之妙微符采照爛流景揚煇黼黻之服紗縠之裳金華之舄動趾遺光繁飾參差微鮮若霜緄佩綢繆或彫或錯薰㠯幽若流芳肆布雍容閑步周旋馳燿南威爲之解顏西施爲之巧笑此容飾之妙也子能從我而服之乎玄微子曰予好毛褐未暇此服也

鏡機子曰馳騁足用蕩思游獵可㠯娛情僕將爲吾子駕雲龍之飛駟飾玉路之繁纓垂宛虹之長綏抗招搖之華旍捷忘歸之矢秉繁弱之弓忽躡景而輕騖逸奔驥而超遺風于是磎塡谷塞榛

藪平夷緣山置罝彌野張罘下無漏跡上無逸飛鳥集獸屯然後會圍獠徒雲布武騎霧散丹旗燿野戈殳晧旰曳文狐揜狡兔捎鷫鷞拂振鷺當軌見藉値足遇踐飛軒電逝獸隨輪轉翼不暇張足不及騰動觸飛鋒舉挂輕罾搜林索險探薄窮阻騰山赴壑風厲猋舉機不虛發中必飲羽于是人稠網密地逼勢脅哮闞之獸張牙奮鬣志在觸突猛氣不攝乃使北宮東郭之疇生抽豹尾分裂貙肩形不抗手骨不隱拳批熊碎掌拉虎摧斑野無毛類林無羽羣積獸如陵飛翮成雲于是駭鍾鳴鼓收旌弛旆頓綱縱網罷獠回邁駿騄齊驤揚鑾飛沫俯倚金較仰撫翠蓋雍容暇豫娛志方外此羽獵之妙也子能從我而觀之乎玄微子曰予樂恬靜未暇此觀也

鏡機子曰閑宮顯敞雲屋晧旰崇景山之高基迎清風而立觀彤軒紫柱文櫋華梁綺井含葩金墀玉箱溫房則冬服絺綌清室則中夏含霜華閣緣雲飛陛陵虛頫眺流星仰觀八隅升龍攀而不逮眇天際而高居繁巧神怪變名異形班輸無所措其斧斤離婁爲之失睛麗草交植殊品詭類綠葉朱榮熙天曜日素水盈沼叢木成林飛翮凌高鱗甲隱深于是逍遙暇豫忽若忘歸乃使任子垂釣魏氏發機芳餌沈水輕繳弋飛落翳雲之翔鳥援九淵之靈龜然後采菱華擢水蘋弄珠蜯戲鮫人諷漢廣之所詠覿游女于水濱燿神景于中沚被輕縠之纖羅遺芳烈而靖步抗皓手而清歌歌曰望雲際兮有好仇天路長兮往無由佩蘭蕙兮爲誰修宴婉絕兮我心愁此宮館之妙也子能從我而居之乎玄微子曰予耽巖穴未暇此居也

鏡機子曰既游觀中原逍遙閑宮情放志蕩淫樂未終亦將有才人妙妓遺世越俗揚北里之流聲紹陽阿之妙曲爾乃御文軒臨洞庭琴瑟交揮左篪右笙鍾鼓俱振簫管齊鳴然後姣人乃被文

穀之華袿。振輕綺之飄颻。戴金搖之熠燿。揚翠羽之雙翹。揮流芳。耀飛文。歷盤鼓。煥繽紛。長裾隨風。悲歌入雲。蹻捷若飛。蹈虛遠蹠。陵躍超驤。蜿蟬揮霍。翔爾鴻翥。濈然鳧沒。縱輕體㠯迅赴。景追形而不逮。飛聲激塵。依違厲響。才捷若神。形難爲象。于是爲歡未渫。白日西頹。散樂變飾。微步中閨。玄眉弛兮鉛華落。收亂髮兮拂蘭澤。形媠服兮揚幽若。紅顏宜笑。睇眄流光。時與吾子。攜手同行。踐飛除。卽閑房。華燭爛。幄幙張。動朱脣。發清商。揚羅袂。振華裳。九秋之夕。爲歡未央。此聲色之妙也。子能從我而游之乎。玄微子曰。予願清虛。未暇此遊也。

鏡機子曰。予聞君子樂奮節㠯顯義。烈士甘危軀㠯成仁。是㠯雄俊之徒。交黨結倫。重氣輕命。感分遺身。故田光伏劍于北燕。公叔畢命于西秦。果毅輕斷。虎步谷風。威慴萬乘。華夏稱雄。辭未及終。而玄微子曰。善。鏡機子曰。此乃游俠之徒耳。未足稱妙也。若夫田

文無忌之儔。乃上古之俊公子也。皆飛仁揚義。騰躍道藝。游心無方。抗志雲際。陵轢諸侯。驅馳當世。揮袂則九野生風。慷慨則氣成虹蜺。吾子若當此之時。能從我而友之乎。玄微子曰。予亮願焉。然方于大道有累。如何。

鏡機子曰。世有聖宰。翼帝霸世。同量乾坤。等曜日月。玄化參神。與靈合契。惠澤播于黎苗。威靈震乎無外。超隆平于殷周。踵羲皇而齊泰。顯朝惟清。王道遐均。民望如草。我澤如春。河濱無洗耳之士。喬岳無巢居之民。是㠯俊乂來仕。觀國之光。舉不遺才。進各異方。讚典禮于辟雍。講文德于明堂。正流俗之華說。綜孔氏之舊章。散樂移風。國富民康。神應休臻。屢獲嘉祥。故甘靈紛而晨降。景星宵而舒光。觀游龍于神淵。聆鳴鳳于高岡。此霸道之至隆。而雍熙之盛際。然主上猶㠯沈恩之未廣。懼聲教之未厲。采英奇于仄陋。宣皇明于巖穴。此甯子商歌之秋。而呂望所㠯投綸而逝也。吾子爲

故當作鼓

太和之民。不欲仕陶唐之世乎。于是玄微子攘袂而興曰。韙哉言乎。近者吾子。所述華淫。欲㠯厲我。祇攪予心。至聞天下穆清。明君莅國。覽盈虛之正義。知頑素之迷惑。今予廓爾。身輕若飛。願反初服。從子而歸。文選。又藝文類聚五十七。

七忿

素冰象玉。難可磨蕩。結土成龍。遭雨則傷。初學記七。

于圈城作贈白馬王彪詩序

黃初四年正月。白馬王任城王與余俱朝京師。會節氣。到洛陽。任城王薨。至七月。與白馬王還國。後有司㠯二王歸藩。道路宜異宿止。意毒恨之。蓋㠯大別在數日。是用自剖。與王辭焉。憤而成篇。文選曹植贈白馬王彪詩注引植集。

離友詩序

鄉人有夏侯威者。少有成人之風。余尚其爲人。與之昵好。王師振

旅。送余于魏邦。心有眷然。爲之隕涕。乃作離友之詩。藝文類聚二十一。

鞞舞歌序

漢靈帝西園故吹有李堅者。能鞞舞。遭亂西隨段煨。御覽作段熲。先帝聞其舊有技。召之。堅既中廢。兼古曲多謬誤。異代之文。未必相襲。故依前曲。改作新歌五篇。不敢充之黃門。近㠯成下國之陋樂焉。宋書樂志一。御覽五百七十四。

前錄序

故君子之作也。儼乎若高山。勃乎若浮雲。質素也如秋蓬。摛藻也如春葩。汜乎洋洋。光乎皜皜。與雅頌爭流可也。余少而好賦。其所尚也。雅好慷慨。所著繁多。雖觸類而作。然蕪穢者眾。故刪定。別撰爲前錄七十八篇。藝文類聚五十五。

全三國文卷十六終

聘當作騁

全三國文卷十七

烏程嚴可均校輯

魏十七

陳王植 五

學宮頌 并序

自五帝典絕三王禮廢應期命世齊賢等聖者莫高于孔子也故有若曰出乎其類拔乎其萃誠所謂性與天道不可得而聞矣由也務學名在前志宰予晝寢糞土作誡過庭子弟詩禮明記歌㠯詠言文㠯聘志予今不述後賢曷識

於鑠尼父生民之傑性與天成該聖備藝德倫三五配皇作烈玄鏡作鑑神明昭晰仁塞宇宙志陵雲霓學者三千莫不俊乂唯仁可憑唯道足恃鑽仰彌高請益不已 藝文類聚三十八 言爲世範行爲時矩 文選沈約齊安陸王碑文注

孔子廟頌 并序

維黃初元年大魏受命胤軒轅之高縱紹虞氏之遐統應曆數㠯改物揚仁風㠯作教于是輯五瑞班宗彝鈞衡石同度量秩羣祀于無文順天時㠯布化既乃緝熙聖緒昭顯上世追存二代三恪之禮兼紹宣尼褒成之後㠯魯縣百戶命孔子廿一世孫議郎孔羨爲宗聖侯㠯奉孔子之祀制詔三公曰昔仲尼姿大聖之才懷帝王之器當衰周之末而無受命之運□生乎魯衞之朝教化乎洙泗之上栖栖焉皇皇焉欲屈己㠯存道貶身㠯救世當時王公終莫能用乃追攷五代之禮修素王之事因魯史而制春秋就太師而正雅頌俾千載之後莫不宗其文㠯述作卬其聖㠯成謀咨可謂命世大聖億載之師表者矣遭天下大亂百祀墮壞舊居之廟毀而不修褒成之後絕而莫繼闕里不聞講誦之聲四時不睹烝嘗之位斯豈所謂崇化報功盛德百世必祀者哉嗟乎朕甚閔焉其㠯議郎孔羨爲宗聖侯邑百戶奉孔子之祀令魯郡修起舊廟置百石吏卒㠯守衞之又于其外廣爲屋宇㠯居學者于是魯之父老諸生遊士睹廟堂之始復觀俎豆之初設嘉聖靈于髣髴想貞祥之來集乃慨然而歎曰大道衰廢禮學滅絕卌餘年皇上懷仁聖之懿德兼二儀之化育廣大苞于無方□愍淪于不測故自受命㠯來天人咸和神氣烟熅嘉瑞踵武休徵屢臻殊俗解編髮而慕義遐夷越險阻而來賓雖大皓遊龍㠯君世虞氏儀鳳㠯臨民伯禹命玄宮而爲夏后西伯由岐社而爲周文尚何足稱于大魏哉若乃紹繼微絕興修廢官疇咨稽古崇配乾巛允神明之所歆欣也豈徒魯邦而已哉爾乃感殷人路寢之義嘉先民泮宮之事㠯爲高宗僖公蓋嗣世之王諸侯之國耳猶著德于名頌騰聲乎千載況今聖皇肇造區夏創業垂統受命之日曾未下輿而褒崇大聖隆化如此能無頌乎乃作頌曰

煌煌大魏受命溥將并體黃虞含夏苞商降釐下土上清三光羣祀咸秩靡事不綱嘉彼玄聖有邈其靈遭世霧亂莫顯其榮褒成既絕寢廟斯傾闕里蕭條靡歆靡馨我皇悼之尋其世武乃建宗聖㠯紹厥後修復舊堂豐其甍宇莘莘學徒爰居爰處王教既備羣小遄沮魯道㠯興永作憲矩洪聲登假神祇來和休徵雜遝瑞我邦家內光區域外被荒遐殊方重譯搏拊揚歌於赫四聖運世應期仲尼既沒文亦在茲彬彬我后越而五之竝于億載如山之基 碑拓本 隸釋十九 藝文類聚三十八

社頌 并序 御覽題作讚社文

余前封鄄城侯轉雍丘皆遇荒土宅宇初造㠯府庫尚豐志在繕宮室務園圃而已農桑一無所營經離十載塊然守空飢寒備嘗聖朝愍之故封此縣田則一州之膏腴桑則天下之甲第故封此桑㠯爲田社乃作頌云 御覽五百三十二

於惟太社，官名后土，是曰句龍，功著上古，德配帝皇，實爲靈主，克明播植，農正具舉，尊以作稷，豐年是與，義與社同，方神北宇，建國承家，莫不修敘。（藝文類聚三十九，初學記十三。）

靈稼阿那，一禾千莖。（初學記二十七。）

秀吐穟，萬畝齊平，蔭蓋隴，百穢不生。（初學記二十七。）

皇太子生頌

於我皇后，懿章前志，克纂二皇，三靈昭事，祇肅郊廟，明德敬惠，潛和積吉，鍾天之釐，嘉月令辰，篤生聖嗣，天地降祥，儲君應祉。（二語從書鈔二十二補。）慶由一人，萬國作喜，喁喁萬國，岌岌羣生，稟命我后，綏之則榮，長爲臣妾，終天之經，仁聖奕世，永戴明明，同年上帝，休祥淑禎，藩臣作頌，光流德聲，吁嗟卿士，祇承予聽。（藝文類聚四十五，初學記十。）

冬至獻襪頌

玉趾既御，履和蹈貞，行與祿邁，動以福幷，南闚比戶，西巡王城，翱翔萬域，聖體浮輕。（藝文類聚七十。）

酈生頌 序

余道經酈生之墓，聊駐馬書此文于其碑側。（書鈔九十八。）

玄俗頌

玄俗妙識，飢餌神穎，在陰倏逝，即陽無景，消搖北岳，陵霄引領，揮霧昊天，含神自靜。（藝文類聚七十八。）

列女傳頌

尚卑貴禮，永世作程。（文選石闕銘注。）

母儀頌

殷湯令妃，有莘之女，仁教內修，度義以處，清謐後宮，九嬪有序，伊爲媵臣，遂作元輔。（初學記十。）

賢明頌

於鑠姜后，光配周宣，非義不動，非禮不言，晏起失朝，永巷告愆，

用勤政，萬國以虔。（初學記十。）

宜男花頌

草號宜男，既曄且貞，厥貞伊何，惟乾之嘉，其曄伊何，綠葉丹花，光采晃曜，配彼朝日，君子耽樂，好和琴瑟，固作螽斯，微立孔臧，福齊大姒，永世克昌。（藝文類聚八十一。）

柳頌 序

余以閑暇，駕言出遊，過友人楊德祖之家，視其屋宇寥廓，庭中有一柳樹，聊戲刊其枝葉，故著斯文，表之遺翰，遂因辭勢，以譏當今之士。（藝文類聚八十九，御覽九百五十七。）

畫贊 并序

蓋畫者，鳥書之流也。昔明德馬后美于色，厚于德，帝用嘉之，嘗從觀畫，過虞舜之像，見娥皇女英，帝指之戲后曰：恨不得如此人爲妃。又前見陶唐之像，后指堯曰：嗟乎，羣臣百僚恨不得戴君如是。帝顧而咨嗟焉。故夫畫所見多矣，上形太極混元之前，卻列將來未萌之事。（藝文類聚七十四，御覽一，又七百五十。）觀畫者見三皇五帝，莫不仰戴，見三季暴王，莫不悲惋，見篡臣賊嗣，莫不切齒，見高節妙士，莫不忘食，見忠節死難，莫不抗首，見放臣斥子，莫不歎息，見淫夫妒婦，莫不側目，見令妃順后，莫不嘉貴，是知存乎鑒者圖畫也。（御覽七百五十一引歷代名畫記魏曹植言。案此條亦畫贊序也，張溥題爲畫說，非。）

庖羲

木德風姓，八卦創焉，龍瑞名官，法地象天，庖廚祭祀，罟網漁畋，瑟以像時，神德通玄。（藝文類聚十一，御覽七十八。）

女媧

古之國君，造簧作笙，禮物未就，軒轅纂成，或云二皇，人首蛇形，神化七十，何德之靈。（藝文類聚十一，御覽七十八。）

神農

少典之胤火德承木造爲耒耜導民播穀正爲雅琴以暢風俗藝文類聚十一

黃帝

少典之孫神明聖哲土德承火赤帝是滅服牛乘馬衣裳是制氏雲名官功冠五列藝文類聚十一

黃帝三鼎

鼎質文精古之神器黃帝是鑄以像太一能輕能重知凶識吉世衰則隱世和則出藝文類聚十一

少昊

祖自軒轅青陽之裔金德承土儀鳳帝世官號鳥名殊職別系農正扈氏各有品制藝文類聚十一御覽七十九

顓頊

昌意之子祖自軒轅始誅九黎水德統天以國爲號風化神宣威暘八極靡不祇虔藝文類聚十一御覽七十九

帝嚳

祖自軒轅玄囂之裔生言其名木德帝世撫寧天地神聖靈察教弭四海明並日月藝文類聚十一御覽八十

帝堯

火德統位父則高辛克流共工萬國同塵調適陰陽其惠如春巍巍成功配天則神藝文類聚十一御覽八十

巢父許由池主

堯禪許由巢父是恥穢其溷聽臨河洗耳池主是讓以水爲濁嗟此三士清足厲俗藝文類聚三十六

姜嫄簡狄

嚳有四妃子皆爲王帝摯早崩堯承天綱玄鳥大跡殷周美祥稷契既生功顯虞唐藝文類聚十五初學記十

子受之子當作予

帝舜

顓頊氏族重瞳神聖克協頑嚚應唐迨政除凶舉俊以齊七政曆歷受禪顯天之命藝文類聚十一

夏禹

吁嗟夫子拯世濟民克卑宮室致孝鬼神疏食薄服紱冕乃新厥德不回其誠可親亹亹其德溫溫其仁尼稱無閒何德之純藝文類聚十一御覽八十二

禹治水

嗟夫夏禹實勞水功西鑿龍門疏河道江梁岐既闢九州以同天錫玄圭奄有萬邦藝文類聚十一御覽八十二

禹渡河

禹濟于河黃龍負船舟人並懼禹歎仰天子受大運勤功恤民死亡命也龍乃弭身藝文類聚十一御覽八十二

禹妻

禹娶塗山土功是急聞啟之生過門不入女嬌達義明勳是執成長聖嗣天祿以襲藝文類聚十五初學記十

殷湯

殷湯伐夏諸侯振仰放桀鳴條南面以王桑林之禱炎災克償伊尹佐治可謂賢相藝文類聚十二

湯禱桑林

惟殷之世炎旱七年湯禱桑林祈福于天翦髮離爪自以爲牲皇靈感應時雨以零藝文類聚十二

卞隨

湯將伐桀謀于卞子既克讓位隨以爲恥薄于殷世著自汙已自投潁水清風邈矣藝文類聚三十六

周文王

於赫聖德。實惟文王。三分有二。猶服事商。化加虞芮。傷暨西方。王業克昭。武嗣遂光。藝文類聚十二。御覽八十四。

文王赤雀

西伯積德。天命攸顧。赤雀銜書。爰集昌戶。瑞爲天使。和氣所致。嗟爾後王。昌期而至。藝文類聚十二。御覽八十四。

武王

桓桓武王。繼世滅殷。咸在尚父。旦作亂臣。功加四海。救世濟民。天下宗周。萬國是賓。藝文類聚十二。

成王

成王繼武。賢聖保傅。年雖幼稚。岐嶷有素。初疑周公。終焉克寤。旦奭佐治。遂至刑錯。藝文類聚十二。

周公

成王卽位。年尚幼稚。周公居攝。四海慕利。罰叛柔服。祥應仍至。誦長反政。逵天忠義。藝文類聚十二。

田開疆公孫接古冶子

齊疆接子。勇節銜命。虎門之搏。忽宴置饌。矜而自伐。輕死重分。御覽七百五十四。

漢高帝

屯雲斬蛇。靈母告祥。朱旗既抗。九野披攘。禽嬰克羽。掃滅英雄。承機帝世。功著武湯。藝文類聚十二。

商山四皓

嗟爾四皓。避秦隱形。劉項之爭。養志弗營。不應朝聘。保節全貞。應命太子。漢嗣㠯寍。藝文類聚三十六。

文帝

孝文卽位。愛物檢身。驕吳撫越。匈奴和親。納諫赦罪。㠯德懷民。殆

至刑錯。萬國化渲。藝文類聚十二。

景帝

景帝明德。繼文之則。肅淸王室。克滅七國。省役薄賦。百姓殷昌。風移俗易。齊美成康。藝文類聚十二。御覽八十八。

武帝

世宗光光。文武是攘。威震百蠻。恢拓土疆。簡定律厤。辨修舊章。封天禪土。功越百王。藝文類聚十二。御覽八十八。

班婕妤

有德有言。實惟班婕。盈沖其驕。窮悅其厭。在夷貞堅。在晉正接。臨飆端幹。衝霜振葉。初學記十。

長樂觀畫贊

妙哉平生。才巧若神。辭賦之作。華若望春。書鈔一百五。歎賞。

禹廟贊序

有禹祠。植移于其城。城本名杞城。續漢郡國志三注補。

吹雲贊

天地變化。是生神物。吹雲吐潤。浮氣蓊鬱。藝文類聚一。

魏德論

名儒按讖。良史披圖。書鈔九十六。

栖筆寢牘。含光而不朗。曚籠惑焉。書鈔一百四。

在昔太初。玄黃混幷。渾沌濛鴻。兆朕未形。御覽一。

不能貫道義之精英。窮混元于太素。亦㠯明矣。御覽一。

元氣否塞。玄黃憒薄。星辰亂逆。陰陽舛錯。國無完邑。陵無掩骼。四海鼎沸。蕭條沙漠。武皇之興也。㠯道凌殘。義氣風發。神戈退指。則妖雰順制。靈弧雲舉。則朝陽播越。唯我聖后。神武蓋天。威光左掃。辰彗北彎。首尾爭擊。氣齊卒然。乃電口北口。席卷千里。隱乎若崩嶽。盱乎若潰海。熸彼蠻夏。蠢爾弗恭。脂我蕭斧。簡武鍊鋒。星陵而

天運振耀乎南封荊人風靡文益影從軍蘊餘勢襲利乘權蕩鬼
區于白水擒獝制乎遐川仰屬目于條支睎弱水之潺湲薄張騫
于大夏笑驃騎于祁連其化之也如神其養之也如春柔遠能邇
誰敢不賓憲度增飾日耀月光跡存乎建安道隆乎延康于是漢
氏歸義顧音孔昭顯禪天位希唐放堯上猶謙讓弗納也發不世
之明詔薄皇居而弗泰蹈北人之清節美石戶之高介義貫金石
神明㠯興神祇致祥乾靈效祐于是羣公卿士功臣列辟率爾而
進曰昔文王三分居二㠯服事殷非能之而弗欲蓋欲之而弗能
況天網不禁皇綱圮紐一民非復漢萌尺土非復漢有故武皇創
跡于前陛下光美于後蓋所謂勳成于彼位定于此者也將使斯
民播秬鬯殖靈芝鋤六穖挹醴滋遂乃凱風迴猋甘露市時農夫
詠于田壠織婦吟而綜絲黃吻之齔含哺而怡鮐背之老擊壤而
嬉古雖稱乎赫胥曷若斯之大治乎于時上富于春秋聖德汪濊

奇志妙思神鑒靈察方將審御陰陽增耀日月極禎祥于遐奧飛
仁風㠯樹惠既游精萬機探幽洞深消搖六藝兼覽儒林抗思乎
文藻之場囿容與乎道術之疆畔超天路而高峙階清雲㠯妙觀
將參跡于三皇豈徒論功于大漢天地位矣九域清矣皇化四達
帝猷成矣明哉元首股肱貞矣禮樂既作興頌聲矣固將封泰山
禪梁甫歷名川㠯祈福周五方之靈宇越八九于往素踵帝皇之
靈矩流餘祚于黎蒸鍾元吉乎聖主（藝文類聚十，又略見書鈔十三，文選王元長曲水詩序注）
武創洪基克光厥德（文選王元長永明九年策秀才文注，引曹植魏德頌，又孫楚爲石苞與孫皓書注）
纖雲不形陽光赫戲（文選傅玄雜詩注）
玄晏之化豐洽之政（文選陸機演連珠注）

甘露謳

玄德洞幽飛化上承甘露㠯降蜜淯冰凝覿陽弗晞瓊爵是承獻
之帝朝㠯明聖徵（初學記二，御覽十二，並引曹植魏德論謳）

時雨謳

於穆聖皇仁暘惠渥辭獻減膳㠯服鰥獨和氣致祥時雨滲漉野
草萌變化成嘉穀（藝文類聚八十五）

嘉禾謳

猗猗嘉禾惟穀之精其洪盈箱協穗殊莖昔生周朝今植魏庭獻
之廟堂㠯昭厥靈（藝文類聚八十五）

木連理謳

皇樹嘉德風靡雲披有木連理別榦同枝將承大同應天之規（御覽八百七十三）

白鵲謳

鵲之彊彊詩人取喻今存聖世呈質見素飢食苕華渴飲清露異
于疇匹衆鳥是慕（藝文類聚九十二。案八十八引魏德論曰，武帝執政日，白鵲集于庭槐）

白鳩謳

班班者鳩爰素其質昔翔殷邦今爲魏出朱目丹趾靈姿詭類載
飛載鳴彰我皇懿（藝文類聚九十二。案文心雕龍封禪篇云，陳思魏德，假論客主，問答迂緩，且已千言，勞深勣寡，飆燄缺焉。據此知魏德論假客主問答，篇首所輯書鈔二條，乃客問也，餘皆主荅）

全三國文卷十七終

烏程嚴可均校輯

魏十八

陳王植六

征蜀論

今將吕謀謨為劒戟。吕仁義一作策勵為旌旗。師徒不擾。藉力天師。書鈔一百十六。一百二十二。

下嶇成雷。榛殘木碎。于戈所拂。則何虜不崩。虛鼓一駭。則何城不登。書鈔一百十七兵勢

周成漢昭論

周公吕天下初定。武王既終。而成王尚幼。未能定南面之事。是吕推己忠誠。稱制假號。二弟流言。邵公疑之。發金縢之匱。然後用寤。亦未決也。至于昭帝所吕不疑于霍光。亦緣武帝有遺詔于光。使光若周公踐天子之位。行周公之事。吾恐叛者非徒二弟。疑者非徒邵公也。且賢者固不能知聖。賢自其宜耳。昭帝固可不疑霍光。成王自可疑周公也。若吕昭帝勝成王。霍光當踰周公耶。若吕堯舜為成王。湯禹作管蔡邵公。周公之不見疑必也。御覽四百四十七。

漢二祖優劣論

客有問余曰。夫漢之二帝。高祖光武。俱為受命撥亂之君。比時事之難易。論其人之優劣。孰者為先。余應之曰。昔漢之初興。高祖因暴秦而起。官由亭長。囗自亡徒。招集英雄。遂誅強楚。光有天下。功齊湯武。業流後嗣。誠帝王之元勳。人君之盛事也。然而名不繼德。行不純道。寡善人之美稱。鮮君子之風采。惑秦宮而不出。窘項座而不起。計失乎酈生。忿過乎韓信。太公是誥。于孝違矣。敗古今之大教。傷王道之實義。身沒之後。崩亡之際。果令凶婦肆酖酷之心。嬖妾被人豕之刑。亡趙幽囚。禍殃骨肉。諸呂專權。社稷幾移。凡此諸事。豈非高祖寡計淺慮吕致囗。然彼之雄才大略。倜儻之節。信當世至豪健壯傑士也。又其梟將蓋臣。皆古今之鮮有。歷世之希覩。彼能任其才而用之。聽其言而察之。故兼天下而有帝位。流巨勳而遺元功也。不然。斯不免當世之妄夫也。世祖體乾靈之休德。稟貞和之純精。通黃中之妙理。韜亞聖之懿才。其為德也。聰達而多識。仁智而明恕。重慎而周密。樂施而愛人。値陽九無妄之世。遭炎光厄會之運。殷爾雷發。赫然神舉。用武略吕攘暴。興義兵吕埽殘。神光前驅。威風先逝。軍未出于南京。莽已斃于西都。夫當此時也。九州鼎沸。四海淵涌。言帝者二三。稱王者四五。咸鴟視狼顧。虎超龍驤。光武秉朱光之巨鉞。震赫斯之隆怒。其蕩滌凶穢。勦除醜類。若順迅風而縱烈火。曬白日而埽朝雲也。爾乃廟勝而後動眾。計定而後行師。故攻無不陷之壘。戰無奔北之卒。是吕羣下欣欣。歸心聖德。宣仁吕和眾。邁德吕來遠。故竇融聞聲而影附。馬援一見而歎息。股肱有濟濟之美。元首有穆穆之容。敦睦九族。有唐虞之稱。高尚純朴。有羲皇之素。謙虛納下。有吐握之勞。留心庶事。有日昃之勤。乃規弘迹而造皇極。創帝道而立德基。是吕計功則業殊。比隆則事異。旌德則靡愆。言行則無穢。量力則勢微。論輔則力劣。卒能握乾圖之休徵。應五百之顯期。立不刊之遐迹。建不朽之元功。金石播其休烈。詩書載其勳懿。故曰光武其優也。藝文類聚十二。御覽四百四十七。

藉田論案張溥本作說誤

春耕于藉田。郎中令侍寡人焉。顧而謂之曰。昔者神農氏始嘗百草。教民種植。今寡人之興此田。將欲吕擬乎治國。非徒娛耳目而已也。夫營疇萬畝。厥田上下。經吕大陌。帶吕橫阡。奇柳夾路。名果被園。司農是掌。是為公田。已上四語從御覽八百二十一補。此亦寡人之封疆也。寡人玉輦登于金商之館。察田夫之私者。使習壤者相澤仁才者

播種田修種理必賜之吕巨觴田蕪種穢必戮之吕柔桑（已上九語從書鈔三十九補）日殄沒而歸館晨未昕而即野此亦寡人之先下也菽藿特曠禾黍異田此亦寡人之政理也及其息沸涌庶重陰懷有虞撫素琴此亦寡人之所習樂也蘭蕙荃蘅植之近疇此亦寡人之所親賢也蔡蓬臭蔚棄之乎遠疆此亦寡人之所遠佞也若年豐歲登果茂菜滋則臣僕小人咸取驗焉（藝文類聚三十九）

封人有能吕輕鑿修鉤去樹之蝎者樹得吕繁茂中舍人曰不識治天下者亦有蝎乎寡人告之曰昔三苗共工鯀驩兜非堯之蝎與問曰諸侯之國亦有蝎乎寡人告之曰齊之諸田晉之六卿魯之三桓非諸侯之蝎與然三國無輕鑿修鉤之任終于齊篡魯弱晉國吕分不亦痛乎曰不識爲君子者亦有蝎乎寡人告之曰固有之也富而慢貴而驕殘仁賊義甘財悅色亦君子之蝎乎天子勤耘吕收一國大夫勤耘吕收世祿君子勤耘吕顯令德夫農者始于種終于穫澤既時矣苗既美矣棄而不耘則故爲荒疇蓋豐年者期于必收醫修道亦期于沒身也（藝文類聚三十九御覽八百二十一）

輔臣論

蓋情微聽察理析豪分規矩可則阿保不傾羣言系于口而研覈是非典誥總乎心而唯所用之者鍾太傅也（書鈔五十二藝文類聚四十六御覽二百六）

清素寡欲聰敏特達存志太虛安心玄妙處平則吕和養德遭變則吕斷蹈義華太尉歆也（書鈔五十一）

文武並亮權智時發奢不過制儉不損禮入毗皇家帝之股肱出作矦伯實撫東夏者曹大司馬也（書鈔五十一原注曹仁也）

知慮深奧淵然難測執節平敵中表維藩恭吕奉上愛吕接下納言左右爲帝喉舌曹大將軍也（書鈔五十一原注曹真也御覽二百三十八）

英辯博通（御覽作辯博通幽今從文選魏都賦注）見傳異慶德實充塞于內知謀縱橫于外解疑釋滯剖散盤詰者王司徒也（書鈔五十二原注王朗也御覽二百八）口口疏達至德純粹容中下云則衆請不身（此二句轉寫誤）進吐善謀則衆議不格者陳司空也（書鈔五十二原注陳羣也）

魁傑雄特秉心平直威嚴允憚風行草靡在朝則匡贊時裕百僚儀一臨事則戎昭果毅折衝厭難者司馬驃騎也（書鈔六十四原注晉宣王也御覽二百三十八）

裕當作俗

仁孝論

且禽獸悉知愛其母知其孝也唯白虎麒麟稱仁獸者吕其明盛衰知治亂也孝者施近仁者及遠（御覽四百十九）

相論

世人固有身瘠而志立體小而名高者于聖則否是吕堯眉八彩舜目重瞳禹耳參漏文王四乳然則世亦有四乳者此則駑馬一毛似驥耳（藝文類聚七十五）

宋臣有公孫呂者長七尺面長三尺廣三寸名震天下若此之狀蓋遠代而求非一世之異也使形殊于外道合其中名震天下不亦宜乎語云無憂而戚憂必及之無慶而歡樂必還之此心有先動而神有先知則色有先見也故扁鵲見桓公知其將亡申叔見巫臣知其竊妻而逃也（藝文類聚七十五）

荀子曰吕爲天不知人事耶則周公有風雷之災宋景有三次之福吕爲知人事乎則楚昭有弗禜之應郗文無延期之報由是言之則天道之與相占可知而不疑不可得而無也（藝文類聚七十五）

不疑之不字衍

白起爲人小頭而銳瞳子白黑分明故可與持久難與爭鋒（書鈔一百十五）

貪惡鳥論（御覽九百二十三題如此）

國人有吕伯勞鳥生獻諸廷者王召見之侍臣曰世同惡伯勞之鳴敢問何謂也王曰月令仲夏鶪始鳴詩云七月鳴鶪夏五月鶪

鵙梟之梟字衍

大當作火

則鳴博勞也昔尹吉甫信用後妻之讒而殺孝子伯奇其弟伯封求而不得作黍離之詩俗傳云吉甫後悟追傷伯奇出遊于田見異鳥鳴于桑其聲噭然吉甫心動曰無乃伯奇乎鳥乃撫翼其音尤切吉甫曰果吾子也乃顧曰伯勞乎是吾子棲吾輿非吾子飛勿居言未卒鳥尋聲而棲于蓋歸入門集于井幹之上向室而號吉甫命後妻載弩射之遂射殺後妻以謝之故俗惡伯勞之鳴言所鳴之家必有禍也此好事者附名為之說而今俗人普傳惡之其實否也伯勞以五月而鳴應陰氣之動陽氣為仁養陰為賊害案毛詩正義作陰為殺殘賊伯勞蓋賊害之鳥也屈原曰恐鶗鴂之先鳴使百草為之不芳其聲鶪鶪然故以其音名俗憎之也若其為人災害愚民之所信通人之所略也鳥鳴之惡自取憎人言之惡自取滅不能有累于當世也而凶人之行事弗可易梟鴟之鳴弗可更者天性然也昔荊之梟將徙巢于吳鳩遇之曰子將安之梟曰將巢

于吳鳩曰何去荊而巢吳乎梟曰荊人惡予之聲鳩曰子能革子之聲則免無為去荊而巢吳也如不能革子之聲則吳楚之民不易情也為子計者莫若宛頸戢翼終身勿復鳴也昔會朝議者有人問曰寧有聞梟食其母乎有答之者曰嘗聞烏反哺未聞梟食其母也問者慙悵不善也孟春之旦從太陽貫方放鳥雀者加其祿也得蟢者莫不馴而放之為利人也得蚤者莫不糜之齒牙為害身也鳥獸昆蟲猶以名聲見異況夫吉士之與凶人乎藝文類聚二十四又九十二又見毛詩七月正義御覽九百二十三九百五十一

螢火論

詩云熠燿宵行章句以為鬼火或謂之燐未為得也天陰沈數雨在于秋日螢火夜飛之時也故云宵行毛詩東山正義

辯道論

夫神仙之書道家之言乃言傅說上為辰尾宿歲星降下為東方

歡當作覲

朔淮南王安誅于淮南而謂之獲道輕舉鉤弋死于雲陽而謂之尸逝柩空其為虛妄甚矣哉中興篤論之士有桓君山者其所著述多善劉子駿嘗問言人誠能抑嗜欲闔耳目可不衰竭乎時庭下有一老榆君山指而謂曰此樹無情欲可忍無耳目可闔然猶枯槁腐朽而子駿乃言可不衰竭非談也君山援榆喻之未是也何者案此下有脫文余前為王莽典樂大夫樂記云文帝得魏文侯樂人竇公年百八十兩目盲帝奇而問之何所施行對曰臣年十三而失明父母哀其不及事教臣鼓琴臣不能導引不知壽得何力君山論之曰頗得少盲專一內視精不外鑒之助也先難子駿以內視無益退論竇公便以不外鑒證之吾未見其定論也君山又曰方士有董仲君有罪繫獄佯死數日目陷蟲出死而復生然後竟死生之必死君子所達夫何喻乎夫至神不過天地不能使蟄蟲夏潛震雷冬發時變則物動氣移而事應彼仲君者乃能藏其氣

尸其體爛其膚出其蟲無乃大怪乎世有方士吾王悉所招致甘陵有甘始廬江有左慈陽城有郗儉始能行氣導引慈曉房中之術儉善辟穀悉號三百歲本所以集之于魏國者誠恐斯人之徒挾姦宄以欺衆行妖隱以惑民故聚而禁之也豈復欲歡神仙于瀛洲求安期于海島釋金輅而履雲輿棄六驥而羨飛龍哉自家王與太子及余兄弟咸以為調笑不信之矣然始等知上遇之有極奉不過于員吏賞不加于無功海島難得而遊六紱難得而佩終不敢進虛誕之言出非常之語余嘗試郗儉絕穀百日躬與之寢處行步起居自若也夫人不食七日則死而儉乃如是然不必益壽可以療疾而不憚饑饉焉左慈善修房內之術差可終命然自非有志至精莫能行也甘始者老而有少容自諸術士咸共歸之然始辭繁寡實頗有怪言余嘗辟左右獨與之談問其所行溫顏以誘之美辭以導之始語余吾本師姓韓字世雄嘗與師于南

海作金前後數四投數萬斤金于海又言諸梁時西域胡來獻香罽腰帶割玉刀時悔不取也又言車師之西國兒生擘背出脾欲其食少而努行也又言取鯉魚五寸一雙令其一著藥俱投沸膏中有藥者奮尾鼓鰓游行沈浮有若處淵其一者已熟而可噉余時問言率可試不言是藥去此逾萬里當出塞始不自行不能得也言不盡于此頗難悉載故粗舉其巨怪者始若遭秦始皇漢武帝則復為徐市欒大之徒也桀紂殊世而齊惡姦人異代而等偽乃如此耶又世虛然有仙人之說仙人者儻猱猨之屬與世人得道化為仙人乎夫雉入海為蛤鷰入海為蜃當其徘徊其翼差池其羽猶自識也忽然自投神化體變乃更與黿鼈為羣豈復自識翔林薄巢垣屋之娛乎牛哀病而為虎逢其兄而噬之若此者何貴于變化耶夫帝者位殊萬國富有天下威尊彰明齊光日月宮殿闕庭熀燿紫微何顧乎王母之宮崑崙之域哉夫三鳥被致不如百官之美也素女常娥不若椒房之麗也雲衣雨裳不若黼黻之飾也駕螭載霓不若乘輿之盛也瓊蕊玉華不若玉圭之潔也而顧為匹夫所罔納虛妄之辭信眩惑之說隆禮㠯招弗臣傾產㠯供虛求散王爵㠯榮之清閑館㠯居之經年累稔終無一驗或沒于沙丘或崩于五柞臨時雖復誅其身滅其族紛然足為天下一笑矣若夫玄黃所㠯娛目鏗鏘所㠯聳耳嬡妃所㠯紹先芻豢所㠯悅口也何必甘無味之味聽無聲之樂觀無采之色也然壽命長短骨體強劣各有人焉善養者終之勞擾者半之虛用者夭之其斯之謂矣博物志後漢甘始傳注魏志華佗傳注藝文類聚七十八御覽三百七十六又八百十一又辯正論廣弘明集集古今佛道論衡實錄一

釋疑論

初謂道術直呼愚民詐偽空言定矣及見武皇帝試閉左慈等令斷穀近一月而顏色不減氣力自若常云可五十年不食正爾復何疑哉令甘始㠯藥含生魚而煑之于沸脂中其無藥者熟而可食其銜藥者游戲終日如在水中也又㠯藥粉桑㠯飼蠶蠶乃到十月不老又㠯住年藥食雞雛及新生犬子皆止不復長㠯還白藥食白犬百日毛盡黑乃知天下之事不可盡知而㠯臆斷之不可任也但恨不能絕聲色專心㠯學長生之道耳抱朴子內篇論仙

髑髏說

曹子遊乎陂塘之濱步乎蓁穢之藪蕭條潛虛經幽踐阻顧見髑髏塊然獨居于是伏軾而問之曰子將結纓首劍殉國君乎將被堅執銳斃三軍乎將嬰茲固疾命隕傾乎將壽終數極歸幽冥乎叩遺骸而歎息哀白骨之無靈慕嚴周之適楚儻託夢㠯通情于是伻若有來怳若有存影見容隱廣響而言曰子何國之君子乎既枉輿駕愍其枯朽不惜咳唾之音慰㠯若言子則辯于辭矣然未達幽冥之情識死生之說也夫死之為言歸也歸也者歸于道也道也者身㠯無形為主故能與化推移陰陽不能更四節不能虧是故洞于纖微之域通于怳惚之庭望之不見其象聽之不聞其聲挹之不沖滿之不盈吹之不凋噓之不榮激之不流凝之不停寥落溟漠與道相拘偃然長寢樂莫是喻曹子曰予將請之上帝求諸神靈使司命輟籍反子骸形于是髑髏長呻廓眥曰甚矣何子之難語也昔太素氏不仁無故勞我㠯形苦我㠯生今也幸變而之死是反吾眞也何子之好勞我之好逸子則行矣余將歸于太虛于是言卒響絕神光霧除顧將旋軫乃命僕夫拂㠯玄塵覆㠯縞巾爰將藏彼路濱壅㠯丹土翳㠯綠榛夫存亡之異勢乃宣尼之所陳何神憑之虛對云死生之必均藝文類聚十七

說疫氣

建安二十二年癘氣流行家家有僵尸之痛室室有號泣之哀或

闔門而殪。或覆族（續漢五行志五注補作舉族。）而喪。或已爲疫者鬼神所作。人罹此者。悉被褐茹藿之子。荆室蓬戶之人耳。若夫殿處鼎食之家。重貂累蓐之門。若是者鮮焉。此乃陰陽失位。寒暑錯時。是故生疫。而愚民懸符厭之。亦可笑也。（御覽七百四十二。）

鹹水之魚。不游于江。淡水之魚。不入于海。（藝文類聚九十六。）

全三國文卷十八終

赳當作赦 雷當作電 寓當作寓

全三國文卷十九

烏程嚴可均校輯

魏十九

陳王植七

大饗碑 序

惟延康元年八月旬有八日辛未魏王龍興踐祚規恢鴻業構亮皇基萬邦統世忿吳夷之凶暴滅蜀虜之僭逆王赫斯怒順天致罰奮虓虎之校簡猛銳之卒爰整六軍率匈怒暨單于烏桓鮮卑引弓之類持戟百萬控弦千隊玄甲曜野華旗蔽日天動雷震星流雷發戎備素辦役不更籍農夫安疇商不變肆是以士有拊髀之驩民懷惠康之德皇恩所漸無遠不至武師所加無強不服故覽令西飛則蜀將東馳六旆南徂則吳黨委質二虜震驚魚爛階潰將汎舟三江之流方軌卭來之阪斬吳夷以染鉞血蜀虜以釁鼓曜天威于遐裔復九圻之疆寓除生民之災孽去聖皇之痛憤次于舊邑饑豐而動築壇墠之宮置表著之位大饗六軍爰及譙縣父老男女臨饗之日陳兵清涂慶雲垂覆乃備俾禦整法駕設天宮之列衛乘金華之鸞路達升龍于太常張天狼之威弧千乘風舉萬騎龍驤威靈之飾震曜康衢既登高壇蔭九增之華蓋處流蘇之幄坐陳旅酬之高會行無算之酣飲旨酒波流肴烝陵積瞽師設縣金奏讚樂六變既畢乃陳祕戲巴俞丸劍奇舞麗倒衝夾踰鋒上索踏高舩鼎緣橦舞輪擿鏡騁狗逐兔戲馬立騎之妙伎白虎青鹿辟非辟邪魚龍靈龜國鎮之怪獸瓌變屈出異巧神化自卿校將守以下下及陪臺隸圉莫不歆淫宴喜咸懷醉飽雖夏啟均臺之饗周成岐陽之獀高祖邑中之會光武舊里之宴何以尚茲是以刊石立銘光示來葉其辭曰

赫王師征南裔奮靈威震天外吳夷讋蜀虜竄區夏清八荒乂幸舊邦設高會皇德洽洪恩邁刊金石光萬世 隸釋十九 案聞人牟準魏敬侯碑陰云大饗碑衞覬文並書天下碑錄引圖經云曹子建文鍾繇書今姑錄入子建集俟攷

承露盤頌銘 并序

夫形能見者莫如高物不朽者莫如金氣之清者莫如露盛之安者莫如盤皇帝乃詔有司鑄銅建承露盤莖長十二丈大十圍上盤徑四尺九寸下盤徑五尺銅龍繞其根龍身長一丈背負兩子自立于芳林園甘露仍降使臣為頌銘 藝文類聚九十八初學記二御覽十二七百五十八

敞之天壤以顯元功 文選沈約齊安陸王碑文注

右頌

岧岧承露峻極太清神石礌魂洪基岳停下潛醴泉上受雲英和氣四充翔風所經匪我明后孰能經營近歷闓度三光朗明殊俗歸義祥瑞混并鸞鳳晨棲甘露宵零神明攸協高而不傾奉戴巍巍恭統神器固若露盤長存永貴聖賢繼跡奕世明德不忝先功保茲皇極垂祚億兆永荷天秩 藝文類聚七十三

右銘

寶刀銘

造茲寶刀既礱既礪匪以尚武予身是衛麟角匪觸鸞距匪靡 藝文類聚六十七初學記二十二御覽三百四十六

光祿大夫荀侯誄 建安十七年

如冰之清如玉之潔法而不威和而不褻百僚士庶欷歔霑纓機女投杼農夫輟耕輪給軌而不轉馬悲鳴而倚衡 藝文類聚四十九

王仲宣誄

惟建安二十二年 藝文類聚作三年 正月二十四日戊申魏故侍中關內侯王君卒嗚呼哀哉皇穹神察喆人是恃如何靈祇殲我吉士誰謂不庸早世即冥誰謂不傷華繁中零存亡分流天遂 藝文類聚作墜 同期朝聞夕沒先民所思何用誄德表之素旗何以贈終哀以送之

遂作誄曰
猗歟侍中遠祖彌芳公高建業佐武伐商爵同齊魯邦祀絕亡流
裔畢萬勳績惟光晉獻賜封于魏之疆天開之祚末冑稱王厥姓
斯氏條分葉散世滋芳烈揚聲秦漢會遭陽九炎光中矇世祖撥
亂爰建時雍三台樹位履道是鍾寵爵之加匪惠惟恭自君二祖
爲光爲龍僉曰休哉宜翼漢邦或統太尉或掌司空百揆惟敘五
典克從天靜人和皇教遐通伊君顯考奕葉佐時入管機密朝政
㠯治出臨朔岱庶績咸熙君㠯淑懿繼此洪基既有令德材技廣
宣强記洽聞幽讚微言文若春華思若涌泉發言可詠下筆成篇
何道不洽何藝不閑棊局逞巧博弈惟賢皇家不造京室隕顛宰
臣專制帝用西遷君乃羈旅離此阻艱翕然鳳舉遠竄荊蠻身窮
志達居鄙行鮮振冠南嶽濯纓清川潛處蓬室不干勢權我公奮
鉞耀威南楚荊人或違陳戎講武君乃義發算我師旅高尚霸功
投身帝宇斯言既發謀夫是與是與伊何響我明德投戈編郡稽
顙漢北我公實嘉表揚京國金龜紫綬㠯彰勳則勳則伊何勞謙
靡已憂世忘家殊略卓峙乃署祭酒與君行止算無遺策畫無失
理我王建國百司儁乂君㠯顯舉秉機省闥戴蟬珥貂朱衣皓帶
入侍帷幄出擁華蓋榮曜當世芳風晻藹嗟彼東夷憑江阻湖騷
擾邊境勞我師徒光光戎路霆駭風徂君侍華轂輝輝王塗思榮
懷附望彼來威如何不濟運極命衰寢疾彌留吉往凶歸嗚呼哀
哉翩翩孤嗣號慟崩摧發軫北魏遠迄南淮經歷山河泣涕如頹
哀風興感行雲徘徊游魚失浪歸鳥忘栖嗚呼哀哉吾與夫子義
貫丹青好和琴瑟分過友生庶幾遐年攜手同征如何奄忽棄我
夙零感昔宴會志各高厲予戲夫子金石難弊人命靡常吉凶異
制此驩之人孰先殞越何寤夫子果乃先逝又論死生存亡數度
子猶懷疑求之明據儻獨有靈游魂泰素我將假翼飄颻高舉超

登景雲要子天路喪柩既臻將反魏京靈轜迴軌白驥悲鳴虛廓
無見藏景蔽形孰云仲宣不聞其聲延首歎息雨泣交頸嗟乎夫
子永安幽冥人誰不沒達士徇名生榮死哀亦孔之榮嗚呼哀哉
文選又藝文類聚四十八

武帝誄

於惟我王承運之衰神武震發羣雄殄夷拯民于下登帝太微德
美旦奭功越彭韋九德光備萬國作師寢疾不興聖體長歸華夏
飲淚黎庶含悲神翳功顯身沈名飛敢揚聖德表之素旗乃作誄
曰
於穆我王冑稷胤周賢聖是紹元懿允休先侯佐漢實惟平陽功
成績著德昭二皇民㠯寍一興詠有章我王承統天姿時生年在
志學謀過老成奮臂舊邦翻身上京袁與我王平交若神張陳背
誓傲帝虐民擁徒百萬虎視朔濱我皇赫怒戎車列陳武卒虓闞
如雷如震攙搶北埽舉不浹辰紹遂奔北河朔是賓振旅京室帝
嘉厥庸乃位承相總攝三公光受上爵君臨魏邦九錫昭備大路
火龍玄監靈蔡探幽洞微下無偽情姦不容非敦儉尚古不玩珠
玉㠯身先下民㠯純樸聖性嚴毅平修清一唯善是嘉靡疏靡昵
怒過雷霆喜踰春日萬國肅虔望風震慄既總庶政兼覽儒林躬
著雅頌被之瑟琴茫茫四海我王康之微微漢嗣我王匡之羣桀
扇動我王服之喁喁黎庶我王育之光有天下萬國作君虔奉本
朝德美周文㠯寬克眾每征必舉四夷賓服功踰聖武翼帝王世
神武鷹揚左鉞右旄威凌伊呂年踰耳順體愉忠肅乾乾庶事氣
過方叔宜竝南嶽君國無窮如何不弔禍鍾聖躬棄離臣子背世
長終兆民號咷仰愬上穹既㠯約終令節不衰既卽梓宮躬御綴
衣璽不存身唯綈是荷明器無飾陶素是嘉既次西陵幽閨啟路
羣臣奉迎我王安厝窈窕玄宇三光不入潛闥一扃尊靈永蟄聖

承當作丞

忠當作志

秉當作棄

上臨穴哀號，靡及羣臣，陪臨佇立，以泣去此昭昭，于彼冥冥，永棄兆民，下君百靈，千代萬乘，曷時復形。藝文類聚十三。

聽竟神理。文選謝靈運從遊京口北固詩注。

人事既關，總鏡神理。文選謝靈運述祖德詩注。

任城王誄 黃初四年

昔二虢佐文，旦奭翼武，於休我王，魏之元輔，將崇懿迹，等號齊魯，如何奄忽，命不是與，仁者悼沒，兼彼殊類，矧我同生，能不憯悴，目想宮墀，心存平素，髣髴魂神，馳情陵墓，凡夫愛命，達者狥名，王雖薨殂，功著丹青，人誰不沒，貴有遺聲，乃作誄曰：

幼有令質，光耀珪璋，孝殊閔氏，義達參商，溫溫其恭，爰柔克剛，心存建業，王室是匡，矯矯元戎，雷動雨徂（文選褚淵碑文注作雲徂），橫行燕代，威慴北胡，奔虜無竄，還戰高柳，王率壯士，常為軍首，宜究長年，永保皇家，如何奄忽，景命不遐，同盟飲淚，百僚咨嗟。藝文類聚四十五。

文帝誄 并上表

陛青雲而誕德。文選沈約齊安陸王碑文注引曹植上文帝誄表。

惟黃初七年五月七日，大行皇帝崩，嗚呼哀哉，于時天震地駭，崩山隕霜，陽精薄景，五緯錯行，百姓吁嗟，萬國悲傷，若喪考妣，恩過慕唐，擗踊郊野，仰想穹蒼，僉曰何辜，早世殞喪，嗚呼哀哉，悲夫大行，忽焉光滅，永棄萬國，雲往雨絕，承問荒忽，惛懵哽咽，袖鋒抽刃，歎自僵斃，追慕三良，甘心同穴，感惟南風，惟以鬱滯，終于偕沒，指景自誓，攷諸先記，尋之哲言，生若浮寄，唯德可論，朝聞夕逝，孔志所存，皇雖壹沒，天祿永延，何以述德，表之素旃，何以詠功，宣之管絃，乃作誄曰：

皓皓太素，兩儀始分，中和（御覽一作沖利）產物，肇有人倫，爰暨三皇，實秉道真，降逮五帝，繼以懿純，三代制作，踵武立勳，季嗣不維，網漏于秦，崩樂滅學，儒坑禮焚，二世而殲，漢氏乃因，弗求古訓，嬴政是遵，

王綱帝典，闃爾無聞，求光幽昧，道究運遷，乾坤迴歷，簡聖授賢，乃眷大行，屬以黎元，龍飛啟祚，合契上玄，正行定紀，改號革年，明明赫赫，受命于天，仁風偃物，德以禮宣，祥惟聖質，岐嶷幼齡，研幾六典，學不過庭，潛心無罔，抗志青冥，才秀藻朗，如玉之瑩，聽察無響，瞻覩未形，其剛如金，其貞如瓊，如冰之潔，如砥之平，爵公無私，戮違無輕，心鏡萬機，攬照下情，思良股肱，嘉昔伊呂，搜揚側陋，舉湯代禹，拔才巖穴，取士蓬戶，唯德是縈，弗拘禰祖，宅土之表，道義是圖，弗營厥險，六合是虞，齊契共檢，導下以純，恢拓規矩，克紹前人，科條品制，褒貶以因，乘殷之輅，行夏之辰，金根黃屋，翠葆龍鱗，紼冕崇麗，衡紞維新，尊肅禮容，矚之若神，方牧妙舉，欽于恤民，虎將荷節，鎮彼四鄰，朱旗所勦，九壤被震，疇克不若，孰敢不臣，縣旌海表，萬里無塵，虜備凶徹，鳥殪江岷，權若涸魚，乾腊矯鱗，肅慎納貢，越裳效珍，條支絕域，侍子內賓，德儕先皇，功侔太古，上靈降瑞，黃

初俶祜，河龍洛龜，陵波游下，平鈞應繩，神鸞翔舞，數莢階除，系風扇暑，皓獸素禽，飛走郊野，神鐘寶鼎，形自舊土，雲英甘露，瀸塗被宇，靈芝冒沼，朱華蔭渚，回回凱風，祁祁甘雨，稼穡豐登，我稷我黍，家佩惠君，戶蒙慈父，圖致太和，洽德全義，將登介山，先皇作儷，鐫石紀勳，兼錄眾瑞，方隆封禪，歸功天地，賓禮百靈，動命視規，望祭四嶽，燎封奉柴，肅于南郊，宗祀上帝，三牲既供，夏禘秋嘗，元侯佐祭，獻璧奉璋，鸞輿幽藹，龍旂太常，爰迄太廟，鐘鼓鍠鍠，頌德詠功，八佾鏘鏘，皇祖既饗，烈考來享，神具醉止，降茲福祥，天地震蕩，大行康之，三辰暗昧，大行光之，皇紘絕維，大行綱之，神器莫統，大行當之，禮樂廢弛，大行張之，仁義陸沉，大行揚之，潛德隱鳳，大行翔之，疏狄遐康，大行匡之，在位七載，元功仍舉，將永太和，絕跡三五，宜作物師，長為神主，壽終金后，等算東父，如何奄忽，摧身后土，俾我焭焭，靡瞻靡顧，嗟嗟皇穹，胡寧忍務，嗚呼哀哉，明監吉凶，體遠

恐當作孔

存亡深垂典制申之嗣皇聖上虔奉是順是將乃𢭏玄宇基為首
陽擬迹穀林追堯慕唐合山同陵不樹不疆塗車芻靈珠玉靡藏
百神警侍來賓幽堂耕禽田獸望魂之翔于是俟大隧之致功兮
練元辰之淑禎潛華體于梓宮兮馮正殿㠯居靈顧望嗣之號咷
兮存臨者之悲聲悼晏駕之既疾兮感容車之速征浮飛魂于輕
霄兮就黃墟㠯滅形背三光之昭晰兮歸玄宅之冥冥嗟一往之
不反兮痛閟闥之長扃咨遠臣之渺渺兮成凶諱㠯怛驚心孤絕
而靡告兮紛流涕而交頸思恩榮㠯橫奔兮閡闕塞之嶢崢顧衰
絰㠯輕舉兮迫關防之我嬰欲高飛而遙憩兮憚天網之遠經遙
投骨于山足兮（文選潘岳寡婦賦注引願投骨于山足）報恩養于下庭慨拊心而自
悼兮懼施重而命輕嗟微軀之是效兮甘九死而忘生幾司命之
役籍兮先黃髮而隕零天蓋高而察卑兮冀神明之我聽獨鬱伊
而莫愬兮追顧景而憐形奏斯文㠯寫思兮結翰墨㠯敷誠嗚呼
哀哉（魏志文帝紀注）

大司馬曹休誄（太和二年）

於穆公侯魏之宗室明德繼踵奕世純粹闡弘汎愛仁㠯接物蓺
㠯為華體茲亮實年沒弱冠志在雄英高揖名師發言有章東夏
翕然稱曰龍光貧而無怨恐㠯為難嗟我公侯屢空是安不耽世
祿親悅為歡好彼蓬樞甘此瓢簞味道忘憂踰憲超顏矯矯公侯
不撓其厄呵叱三軍躬奮雄戟足蹴白刃手接飛鏑終弭淮南保
我疆埸（蓺文類聚四十七）

卞太后誄（太和四年）

率土噴薄三光改度陵頹谷踊五行互錯皇室蕭條羽檄四布百
姓歔欷嬰兒號慕若喪考妣天下縞素聖者知命殉道寶名義之
攸在亦棄厥生敢揚厚德（本作后德從文選謝希逸宣貴妃誄注改）表之旐旌光垂罔
極㠯慰我情乃作誄曰

我皇之生坤靈是輔作合于魏亦光聖武篤生帝文紹虞之緒龍
飛紫宸奄有九土詳惟聖善岐嶷秀出德配姜嫄不忝先哲玄覽
萬機兼才備蓺汎納容眾含垢藏疾仰奉諸姑降接儔列陰處陽
潛外明內察及踐大位母養萬國溫溫其仁不替明德悼彼邊氓
未遑宴息恆勞庶事兢兢翼翼親桑蠶館為天下式樊姬霸楚書
載其庸武王有亂孔歎其功我后齊聖克暢丹聰不出房闥心照
萬邦年踰耳順乾乾匪倦珠玉不玩躬御綈練日昃忘飢臨樂勿
讌去奢卽儉曠世作顯慎終如始蹈和履貞恭事神祇昭奉百靈
跼天蹐地祗畏神明敬微慎獨執禮幽冥虔肅宗廟蠲薦三牲降
福無疆祝云其誠宜享斯祜蒙祉自天何圖凶咎不勉斯年嘗禱
盡禮有篤無痊豈命有終神食其言遺孤在疚承諱東藩擗踊郊
甸灑淚中原追號皇妣棄我何遷昔垂顧復今何不然空宮寥廓
棟宇無煙巡省階塗髣髴櫺軒仰瞻帷幄俯察几筵物不毀故而
人不存痛莫酷斯彼蒼者天遂臻魏都遊魂舊邑大隧開塗靈將
斯戢歎息霧興揮淚雨集徘徊輀柩號咷弗及神光既幽佇立㠯
泣（蓺文類聚十五）

平原懿公主誄

俯振地紀仰錯天文悲風激興霜飈雪雰凋蘭天蕙良幹㠯泯於
惟懿主瑛瑤其質協策應期含英秀出岐嶷之姿實朗實一生在
十旬察人識物儀同聖表聲協音律驤眉識往俛瞳知來求顏必
笑和音則該阿保接手侍御充傍常在襁抱不停第牀專愛一宮
取翫聖皇何圖奄忽罹天之殃魂神遷移精爽翾翔號之不應聽
之莫聆帝用吁嗟嗚咽失聲嗚呼哀哉憐爾早殁不逮陰光改封
大郡惟帝舊疆建土開家邑移蕃王緄珮惟鮮朱紱斯煌國號既
崇哀爾孤獨配爾名才華宗貴族爵㠯列侯銀艾優渥成禮于宮
靈輀交轂生雖異室殁同山岳爰構玄宮玉石交連朱房皓壁曒

曜電鮮。飾終備衞。法生象存。長𨗿繕修。神闈啟扉。二柩竝降。雙魂孰依。人誰不沒。憐爾尚微。阿保激摧。聖上傷悲。城闕之詩。㠯日喻歲。況我愛子。神光長滅。扃闕一閟。曷其復晰。藝文類聚十六、初學記十。

曹仲雍誄案誄與哀辭疑止一篇。

痛玄廬之虛廓。文選陸機挽歌行注引曹植曹喈誄。

流塵飄蕩魂安歸。文選劉休玄擬古詩注引曹植曹仲雍誄。案張溥本有蒼舒誄，乃文帝作，誤收之耳，今不錄。

金瓠哀辭

予之首女。雖未能言。固㠯授色知心矣。生十九旬而天折。乃作此辭曰。

在襁褓而撫育。向孩笑而未言。不終年而夭絕。何見罰于皇天。信吾罪之所招。悲弱子之無愆。去父母之懷抱。滅微骸于糞土。天地長久。人生幾時。先後無覺。從爾有期。

行女哀辭

行女生于季秋。而終于首夏。三年之中。二子頻喪。

伊上靈之降命。何短修之難裁。或華髮㠯終年。或懷妊而逢災。感前哀之未闋。復新殃之重來。方朝華而晚敷。比晨露而先晞。感逝者之不追。情忽忽而失度。天蓋高而無階。懷此恨其誰訴。

曹仲雍哀辭

曹喈字仲雍。魏太子之中子也。三月生而五月亡。昔后稷之在寒冰。闕穀之在楚澤。咸依鳥憑虎。而無風塵之災。今之玄綈文茵。無寒冰之慘。羅幬綺帳。暖于翔禽之翼。幽房閑宇。密于雲夢之野。慈母㫖保。仁乎烏菟之情。卒不能延期于朞載。離六旬而夭沒。

彼孤蘭之眇眇。亮成榦其畢榮。哀緜緜之弱子。早背世而潛形。且四孟之未周。將何願乎一齡。陰雲迴于素蓋。悲風動其扶輪。臨埏闔㠯歔欷。淚流射而霑巾。藝文類聚三十四作。

答曰下脫吾所病者愁也先生曰愁是何物而能病子乎答曰二十字

誥紂文

崇侯何功。乃用為輔。西伯何辜。囚之囹圄。囹圄既成。負土既盈。興立炮烙。賊害忠貞。見封氏聞見記六。

釋愁文

予㠯愁慘。行吟路邊。形容枯悴。憂心如焚。有玄虛先生見而問之曰。子將何疾。㠯至于斯。答曰。愁之為物。惟惚惟怳。不召自來。推之弗往。尋之不知其際。握之不盈一掌。寂寂長夜。或羣或黨。去來無方。亂我精爽。其來也難進。其去也易追。臨餐困于哽咽。煩冤毒于酸嘶。加之㠯粉飾不澤。飲之㠯兼肴不肥。溫之㠯火石不消。摩之㠯神膏不稀。受之㠯巧笑不悅。樂之㠯絲竹增悲。醫和絕思而無措。先生豈能為我著龜乎。先生作色而言曰。予徒辯子之愁形。未知子愁所由生。吾獨為子言其發矣。今大道既隱。子生末季。沈溺流俗。眩惑名位。濯纓彈冠。諮諏榮貴。坐不安席。食不終味。遑遑汲汲。或慘或悴。所鶩者名。所拘者利。良由華薄。凋損正氣。吾將贈子㠯無為之藥。給子㠯澹泊之湯。刺子㠯玄虛之針。灸子㠯淳朴之方。安子㠯恢廓之宇。坐子㠯寂寞之牀。使王喬與子攜手而游。黃公與子詠歌而行。莊生為子具養神之饌。老聃為子致愛性之方。趣遐路㠯棲跡。乘輕雲㠯高翔。于是精駭意散。改心向趣。願納至言。仰崇玄度。眾愁忽然。不辭而去。藝文類聚三十五。

告當作誥

告咎文

五行致災。先史咸㠯為應政而作。天地之氣。自有變動。未必政治之所興致也。于時大風發屋拔木。意有感焉。聊假天帝之命。㠯誥咎祈福。其辭曰。

上帝有命。風伯雨師。夫風㠯動氣。雨㠯潤時。陰陽協和。庶物㠯滋。亢陽害苗。暴風傷條。伊周是過。在湯斯遭。桑林既禱。慶雲克舉。偃禾之復。姬公走楚。況我皇德。承天統民。禮敬川岳。祇肅百神。享茲元吉。釐福日新。至若災旱赫羲。颷風扇發。嘉卉㠯萎。良木㠯拔。何谷宜塡。何山應伐。何靈宜論。何神宜謁。于是五靈振竦。皇祇赫怒。招搖警怯。欃槍奮斧。河伯典澤。屏翳司風。右呵飛廉。顧叱豐隆。息颷遏暴。元敕華嵩。慶雲是興。效厥年豐。遂乃沈陰坱圠。甘澤微微。雨我公田。爰旣予私。黍稷盈疇。芳草依依。靈禾重穗。生彼邦畿。年登歲豐。民無餒飢。藝文類聚一百。

全三國文卷十九終

全三國文卷二十

烏程嚴可均校輯

魏二十

中山王衮

衮武帝子建安二十一年封平鄉侯明年徙封東鄉侯改封贊侯黃初二年進爵爲公三年封北海王四年改封贊王七年徙封濮陽太和六年改封中山靑龍元年削縣戶七百二十明年復所削縣三年薨諡曰恭王

疾困勅令官屬

吾寡德忝寵大命將盡吾既好儉而聖朝著終誥之制爲天下法吾氣絕之日自殯及葬務奉詔書昔衞大夫蘧瑗葬濮陽吾望其墓常想其遺風願託賢靈以弊髮齒營吾兆域必往從之禮男子不卒婦人之手亟以時成東堂堂成名之曰遂志之堂輿疾往居之魏志中山恭王衮傳

令世子

汝幼少未聞義方早爲人君但知樂不知苦不知苦必將以驕奢爲失也接大臣務以禮雖非大臣老者猶宜答拜事兄以敬恤弟以慈兄弟有不良之行當造膝諫之諫之不從流涕喻之喻之不改乃白其母若猶不改當以奏聞并辭國土與其守寵罹禍不若貧賤全身也此亦謂大罪惡耳其微過細故當掩覆之嗟爾小子愼修乃身奉聖朝以忠貞事太妃以孝敬閨闈之內奉令于太妃閫閾之外受敎于沛王無怠乃心以慰予靈魏志中山恭王衮傳

曹洪

洪字子廉武帝從弟興平中爲鷹揚校尉遷揚武中郎將建安初拜諫議大夫遷厲鋒將軍封國明亭侯進拜都護將軍文帝即位爲衞將軍遷驃騎將軍進封野王侯徙封都陽侯明帝即位拜後將軍封樂城侯復拜驃騎將軍薨諡曰恭侯

與魏文帝書

漢中地形實爲險固四嶽三塗皆不及也張魯有精甲數萬臨高守要一夫揮戟千人不得進而我軍過之若駭鯨之決細網奔兕之觸魯縞未足以喻其易也御覽三百五十三八百十九

上書謝原罪

臣少不由道過在人倫長竊非任遂蒙含貸性無檢度知足之分而有豺狼無厭之質老惛倍貪觸突國網罪迫三千不在赦宥當就辜誅棄諸市朝猶蒙天恩骨肉更生臣仰視天日愧負靈神俯惟愆闕慙愧怖悸不能雉經以自裁割謹塗顏闕門拜章陳情魏志曹洪傳注引魏略

曹冏

冏字元首中常侍騰兄叔興之後齊王芳族祖官弘農太守案剛有淸河王冏乃明帝子非即此晉書汝南王亮傳泰始初亮都督關中雍涼諸軍事有軍司曹冏則淸河王也

六代論并上書

臣聞古之王者必建同姓以明親親必樹異姓以明賢賢故傳曰庸勳親親昵近尊賢書曰克明俊德以親九族詩云懷德維寧宗子維城由是觀之非賢無與興功非親無與輔治夫親親之道專用則其漸也微弱賢賢之道偏任則其弊也劫奪先聖知其然也故博求親疏而並用之近則有宗盟藩衞之固遠則有仁賢輔弼之助盛則有與共其治衰則有與守其土安則有與享其福危則有與同其禍夫然故能有其國家保其社稷歷紀長久本枝百世也今魏尊尊之法雖明親親之道未備詩不云乎鶺鴒在原兄弟急難以斯言之明兄弟相救于喪亂之際同心于憂禍之間雖有鬩牆之忿不忘禦侮之事何則憂患同也今則不然或任而不重或釋而不任一旦疆埸稱警關門反拒股肱不扶胸心無衞臣竊

惟此寢不安席思獻丹誠貢策朱闕謹撰合所聞敘論成敗
論曰昔夏殷周歷世數十而秦二世而亡何則三代之君與天下共其民故天下同其憂秦王獨制其民故傾危而莫救夫與民共其樂者人必憂其憂與民同其安者人必拯其危先王知獨治之不能久也故與人共治之知獨守之不能固也故與人共守之兼親疏而兩用參同異而並建是以輕重足以相鎮親疏足以相衞并兼路塞逆節不生及其衰也桓文帥禮苞茅不貢齊師伐楚宋不城周晉戮其宰王綱弛而復張諸侯傲而復肅二霸之後寖以陵遲吳楚憑江負固方城雖心希九鼎而畏迫宗姬姦情散于胸懷逆謀消于脣吻斯豈非信重親戚任用賢能枝葉碩茂本根賴之與自此之後轉相攻伐吳并于越晉分為三魯滅于楚鄭兼于韓暨于戰國諸姬微矣惟燕衞獨存然皆弱小西迫彊秦南畏齊楚憂懼滅亡匪遑相恤至于王赧降為庶人猶枝幹相持得居虛

位海內無主四十餘年秦據勢勝之地騁譎詐之術征伐關東蠶食九國至于始皇乃定天位曠日若彼用力若此豈非深固根蔕不拔之道乎易曰其亡其亡繫于苞桑周德其可謂當之矣秦觀周之弊將以為小弱見奪于是廢五等之爵立郡縣之官棄禮樂之教任苛刻之政子弟無尺寸之封功臣無立錐之地內無宗子以自毗輔外無諸侯以為藩衞仁心不加于親戚惠澤不流于枝葉譬猶芟刈股肱獨任胸腹浮舟江海捐棄楫櫂觀者為之寒心而始皇晏然自以為關中之固金城千里子孫帝王萬世之業也豈不悖哉是時湻于越諫曰臣聞殷周之王分子弟功臣千有餘城（文選作人）今陛下君有海內而子弟為匹夫卒有田常六卿之臣而無輔弼何以相救事不師古而能長久者非所聞也始皇聽李斯偏說而絀其議至于身死之日無所寄付委天下之重于凡夫之手託廢立之命于奸臣之口至令趙高之徒誅鉏宗室胡亥少習

刻薄之教長遭凶父之業不能改制易法寵任兄弟而乃師謨申商諮謀趙高自幽深宮委政讒賊身殘望夷求為黔首豈可得哉遂乃郡國離心衆庶潰叛勝廣倡之于前劉項斃之于後向使始皇納湻于之策抑李斯之論割裂州國分王子弟封三代之後報功臣之勞士有常君民有定主枝葉相扶首尾為用雖使子孫有失道之行時人無湯武之賢奸謀未發而身已屠戮何區區之陳項而復得措其手足哉故漢祖奮三尺之劍驅烏集之衆五年之中遂成帝業自開闢以來其興立功勳未有若漢祖之易也夫伐深根者難為功摧枯朽者易為力理勢然也漢監秦之失封殖子弟及諸呂擅權圖危劉氏而天下所以不傾動百姓所以不易心者徒以諸侯彊大盤石膠固東牟朱虛授命于內齊代吳楚作衞于外故也向使高祖踵亡秦之法忽先王之制則天下已傳非劉氏有也然高祖封建地過古制大者跨州兼郡小者連城數十上

下無別權侔京室故有吳楚七國之患賈誼曰諸侯彊盛長亂起姧夫欲天下之治安莫若衆諸侯而少其力令海內之勢若身之使臂臂之使指則下無背叛之心上無誅伐之事文帝不從至于孝景猥用晁錯之計削黜諸侯親者怨恨疏者震恐吳楚倡謀五國從風兆發高帝釁鍾文景由寬之過制急之不漸故也所謂末大必折尾大難掉尾同于體猶或不從況乎非體之尾其可掉哉武帝從主父之策下推恩之令自是之後齊分為七趙分為六淮南三割梁代五分遂以陵遲子孫微弱衣食租稅不預政事或以酎金免削或以無後國除至于成帝王氏擅朝劉向諫曰臣聞公族者國之枝葉枝葉落則本根無所庇蔭方今同姓疏遠母黨專政排擯宗室孤弱公族非所以保守社稷安固國嗣也其言深切多所稱引成帝雖悲傷歎息而不能用至于哀平異姓秉權假周公之事而為田常之亂高拱而竊天位一朝而臣四海漢宗室王

矦解印釋紱貢奉社稷猶懼不得爲臣妾或乃爲之符命頌莽恩德豈不哀哉由斯言之非宗子獨忠孝于惠文之間而叛逆于哀平之際也徒㠯權輕勢弱不能有定耳賴光武皇帝挺不世之姿禽王莽于已成紹漢嗣于既絕斯豈非宗子之力邪而曾不監秦之失策襲周之舊制踵亡國之法而徼倖無疆之期至于桓靈閹豎執衡朝無死難之臣外無同憂之國君孤立于上臣弄權于下本末不能相御身首不能相使由是天下鼎沸姦凶並爭宗廟焚爲灰燼宮室變爲榛藪居九州之地而身無所安處悲夫魏太祖武皇帝躬聖明之資兼神武之略恥王綱之廢絕愍漢室之傾覆龍飛譙沛鳳翔兗豫埽除凶逆翦滅鯨鯢迎帝西京定都潁邑德動天地義感人神漢氏奉天禪位大魏大魏之興于今二十有四年矣觀五代之存亡而不用其長策覩前車之傾覆而不改其轍迹子弟王空虛之地君有不使之民宗室竄于閭閻不聞邦國之

政權均匹夫勢齊凡庶內無深根不拔之固外無磐石宗盟之助非所㠯安社稷爲萬世之業也且今之州牧郡守古之方伯諸矦皆跨有千里之土兼軍武之任或比國數人或兄弟並據而宗室子弟曾無一人閒廁其閒與相維持非所㠯彊幹弱枝備萬一之虞也今之用賢或超爲名都之主或爲偏師之帥而宗室有文者必限㠯小縣之宰有武者必置于百人之上使夫廉高之士畢志于衡軛之內才能之人恥與非類爲伍非所㠯勸進賢能褒異宗室之禮也夫泉竭則流涸根朽則葉枯枝繁者蔭根條落者本孤故語曰百足之蟲至死不僵㠯扶之者衆也此言雖小可㠯譬大且墉基不可倉卒而成威名不可一朝而立皆爲之有漸建之有素譬之種樹久則深固其本根茂盛其枝葉若造次徙于山林之中植于宮闕之下雖壅之㠯黑墳煖之㠯春日猶不救于枯槁而何暇繁育哉夫樹猶親戚土猶士民建置不久則輕下慢上平居猶懼其離叛危急將若之何是㠯聖王安而不逸㠯慮危也存而設備㠯懼亡也故疾風卒至而無摧拔之憂天下有變而無傾危之患矣魏志武文世王公傳注引魏氏春秋又見文選㠯昔夏殷周巳下爲六代論

曹爽

爽字昭伯大司馬眞子明帝時爲散騎常侍轉武衞將軍拜大將軍錄尚書事齊王卽位加侍中封武安矦正始十年爲司馬懿所誅

與司馬宣王書

賤子爽哀惶恐怖無狀招禍分受屠滅前遣家人迎糧于今未反數日之匱當煩見餉㠯繼旦夕魏志曹爽傳注引魏末傳

曹羲

羲眞次子正始中爲中領軍爽敗坐誅有集五卷

爲兄爽表司馬懿爲太傅大司馬

臣亡父眞奉事三朝入備家宰出爲上將先帝㠯臣肺腑遺緒奬飭拔擢典兵禁省進無忠恪積累之行退無羔羊自公之節先帝聖體不豫臣雖奔走侍疾嘗藥曾無精誠翼日之應猥與太尉懿俱受遺詔且慙且懼靡所底告臣聞虞舜序賢㠯稷契爲先成湯褒功㠯伊呂爲首審選博舉優劣得所斯誠輔世長民之大經錄勳報功之令典自古㠯來未之或闕今臣虛闇位冠朝首顧惟越次中心愧惕敢竭愚情陳寫至實夫天下之達道者三謂德爵齒也懿本㠯高明中正處上司之位名足鎭衆義足率下一也包懷大略允文允武仍立征伐之勳遐邇歸功二也萬里旋旆親受遺詔翼亮皇家內外所向三也加之耆艾紀綱邦國體練朝正論德則過于吉甫樊仲課功則踰于方叔召虎凡此數者懿實兼之臣抱空名而處其右天下之人將謂臣㠯宗室見私知進而不知退陛下岐嶷克明克類如有㠯察臣之言臣㠯爲宜㠯懿爲太傅大

司馬上昭陛下進賢之明中顯懿身文武之實下使愚臣免于謗誚（魏志曹爽傳注引魏書，爽使弟羲爲表。）

申蔣濟叔嫂服議

敵體可服不必尊卑緣情制禮不必同族兄弟親而伯叔疏周服者何㠯尊服也伯叔母無有骨肉之親有緣尊之義故亦服周何獨不可緣親而服嫂乎苟㠯交報數然後服則妻母異域交亦疏矣緣愛制服恩亦微矣豈若嫂叔共在一門之內同統先人之祀有相奉養之義而無服紀之制豈不詭哉且防嫌之道推而遠之孰與制服引而重之推之則同他人引之則親親者矣（通典九十二）

九品議

伏見明論欲除九品而置中正㠯檢虛實一州闊遠略不相識訪不得知會復轉訪本郡先達者此爲問州中正而實決于郡人（御覽二百六十五引曹羲集）

至公論

夫世人所謂掩惡揚善者君子之大義保明同好者朋友之至交斯言之作蓋閭閻之日談所㠯救愛憎之相謗祟居厚之大分耳非篤正之至理折中之公議也世士不斷其數而係其言故善惡不分㠯覆過爲弘朋友忽義㠯雷同爲美善惡不分亂實由之朋友雷同敗必從焉談論者㠯當實爲清不㠯過難爲貴相知者㠯等分爲交不㠯雷同爲固是㠯達者存其義不察于文識其心不求于言且在私論循行之有節明處公議則無所固之矣凡智者之處世咸欲興化致治者也興化致治不崇公抑□割□情㠯順理厲清議㠯督俗明是非㠯宣教者吾未見其功也清議非臧否不顯是非非賞罰不明故臧否不可㠯遠實賞罰不可㠯失中若乃背清議違是非雖堯不能一日㠯治審臧否詳賞罰故中王可㠯萬世安是㠯君子知私情之難統至公之易行故季友鴆兄而

不疑叔向戮弟而不悔斯二士者皆前世之通士晉魯之忠臣也亦豈無慈愛骨肉之心愍恤同生之仁哉夫至公者天之經也地之義也理之要也人之用也昔鯀者親禹之父也舜則殛鯀而興禹禹知舜之殛其父無私故受命而不辭舜明禹知己之至公故用之而無疑無私者雖父黜而子不言況用之于他哉（藝文類聚二十二，御覽四百二十九。）

肉刑刑

下一刑字當作論

夫言肉刑之濟治者荀卿所唱班固所述隆其趣則曰像天地爲之惟明察其用則曰死刑重而生刑輕其所馳騁極于此矣治則刑重亂則刑輕（藝文類聚五十四。）

殺人者死傷人者刑是百王之所同固未達夫用刑之本矣夫死刑者不唯殺人妖逆是除天地之道也傷人者不改斯亦妖逆之類也如其可改此則無取于肉刑也且傷人殺人皆非人性之自

然也必有由然者也夫有由而然者激之則淫敦之則一激之也者動其利路敦之也者篤其質樸故在上者議茲本要不營奇思行之㠯簡守之㠯靜大則其隆足㠯牟天地中則其理可㠯厚民萌下則刑罰可㠯無殘虐民靜理則其化爲惡之尤者衆之所棄則無改之驗著矣夫死之可㠯有生而欲增淫刑㠯利暴刑暴刑所加雖云懲慢之由與有使之然謂之宜生生之可也舍死折骸又何辜耶猶稱㠯滿堂而飲有向隅哀泣則一堂爲之不樂在上者洗濯其心靜而民足各得其性何懼乎姦之不勝乃欲斷截防轉而入死乎（藝文類聚五十四。）

曹彥

彥眞第五子正始中爲散騎常侍侍講爽敗坐誅

議復肉刑

嚴刑㠯殺犯之者寡刑輕易犯蹈惡者多臣謂玩常苟免犯法乃

死字衍以人之人當作神

罪。黥刖彰刑。而民甚恥。且創黥刖。見者知禁。彰罪表惡。亦足㠯畏。所㠯易曰。小懲大戒。豈蹈惡者多耶。假使多惡尚不至死。無妨產育。苟必行殺爲惡。縱害而不已。將至死無人。天無㠯人。君無㠯尊矣。故人盜過不殺。是㠯爲上盜。竟得罪若乃于張聽訟。刑㠯止刑。不可革舊。過此㠯往。肉刑宜復。肉刑于死爲輕。減死五百爲重。重不害生。足㠯懲姦。輕則知禁。禁民爲非。所謂相濟經常之法。議云不可。或未知之也。御覽六百四十八引王隱晉書

全三國文卷二十　曹彥　九

全三國文卷二十終

全三國文卷二十一

烏程嚴可均校輯

魏二十一

夏侯惇

惇字元讓，沛國譙人，武帝族兄，積功至前將軍。文帝受禪，拜大將軍，卒，謚忠侯。

與后威則書

授孫賁以長沙，業張津以零桂。（吳志孫策傳注引虞喜志林。）

夏侯惠

惠字稚權，征西將軍淵子，爲散騎黃門侍郎，遷燕相、樂安太守。有集二卷。

景福殿賦

周步堂宇，東西眷眄，絲色光明，粲爛流延，素壁暉曜，赫奕倩練。（爾

乃察其奇巧，觀其微形，嶔岑紆曲，盤牙欹傾，或夭矯而雲起，或詰曲而鐶縈，衆木附枝以連注，欒梧倚亞而相經，若乃仰觀綺窗，周覽菱荷，流彩的皪，微秀發華，纖莖葳蕤，順風揚波，含光內耀，蜿蝸紛葩，旁櫨外周，壞換內附，或因勢以連接，或邪詭以盤構，于是乎飛閣連延，馳道四周，高樓承雲，列觀若浮，挹朝露之華精，漱醴泉之清流。（藝文類聚六十二。）

乃造彼𨳝室。（文選何晏景福殿賦注。）

乃涉乎文陛，以登華殿。（文選沈約齊安陸王碑文注。案：此二條，選注作夏侯權，當是夏侯稚權，轉寫脫稚字耳。）

薦劉劭

伏見常侍劉劭，深忠篤思，體周于數，凡所錯綜，源流弘遠，是以羣才大小，咸取所同而斟酌焉。故性實之士服其平和良正，清靜之人慕其玄虛退讓，文學之士嘉其推步詳密，法理之士明其分數精比，意思之士知其沈深篤固，文章之士愛其著論屬辭，制度之士貴其化略較要，策謀之士贊其明思通微，凡此諸論，皆取適己所長而舉其支流者也。臣數聽其清談，覽其篤論，漸漬歷年，服膺彌久，實爲朝廷奇其器量。以爲若此人者，宜輔翼機事，納謀幃幄，當與國道俱隆，非世俗所常有也。惟陛下垂優游之聽，使劭承清閑之歡，得自盡于前，則德音上通，煇耀日新矣。（魏志劉劭傳。）

夏侯玄

玄字太初，淵從孫，明帝時爲散騎黃門侍郎，左遷羽林監。齊王卽位，遷散騎常侍中護軍，出爲征西將軍，徵拜大鴻臚，從太常。嘉平六年爲司馬師所殺，夷三族。有集三卷。

皇胤賦

覽二儀之上體，本人倫之大紀，道莫崇于后辟，統莫大于承祀，伊皇胤之光赫，享乾坤之元祉，在太和之五載，戢皇胤之盛始，時惟

孟秋，和氣淑清，良辰既啟，皇子誕生，爾乃發愷悌之明詔，振湛恩之豐沛，殊惠洽乎黎民，崇施暢于無外，爵羣兆以布德，赦殊死以示仁，黔首詠而齊樂，願皇祚之日新。（藝文類聚四十五。初學記十。）

時事議

夫官才用人，國之柄也，故銓衡專于臺閣，上之分也，孝行存乎閭巷，優劣任之鄉人，下之敘也。夫欲清教審選，在明其分敘，不使相涉而已。何者？上過其分則恐所由之不本，而干勢馳騖之路開，下踰其敘則恐天爵之外通，而機權之門多矣。夫天爵下通，是庶人議柄也；機權多門，是紛亂之原也。自州郡中正品度官才之來，有年載矣，緬緬紛紛，未聞整齊，豈非分敘參錯，各失其要之所由哉！若令中正但考行倫輩，倫輩當行均，斯可官矣。何者？夫孝行著于家門，豈不忠恪于在官乎？仁恕稱于九族，豈不達于爲政乎？義斷行于鄉黨，豈不堪于事任乎？三者之類，取于中正，雖不處其官名，

斯任官可知矣行有大小比有高下則所任之流亦焕然明別矣奚必使中正干銓衡之機于下而執機柄者有所委仗于上上下交侵㠯生紛錯哉且臺閣臨下攷功校否衆職之屬各有官長旦夕相攷莫究于此閭閻之議㠯意裁處而使匠宰失位衆人驅駭欲風俗清靜其可得乎天臺縣遠衆所絕意所得至者更在側近孰不脩飾㠯要所求所求有路則脩己家門者已不如自達于鄉黨矣自達鄉黨者已不如自求之于州邦矣苟開之有路而患其飾眞離本雖復嚴責中正督㠯刑罰猶無益也豈若使各帥其分官長則各㠯其屬能否獻之臺閣臺閣則據官長能否之第參㠯鄉閭德行之次擬其倫比勿使偏頗中正則唯攷其行迹別其高下審定輩類勿使升降臺閣總之如其所簡或有參錯則其責負自在有司官長所第中正輩擬比隨次率而用之如其不稱責負在外然則內外相參得失有所互相形檢孰能相飾斯則人心定而事理得庶可㠯靜風俗而審官才矣

古之建官所㠯濟育羣生統理民物也故爲之君長㠯司牧之司牧之主欲一而專一則官任定而上下安專則職業脩而事不煩夫事簡業脩上下相安而不治者未之有也先王建萬國雖其詳未可得而究然分疆畫界各守土境則非重累羈絆之體也下攷殷周五等之敘徒有小大貴賤之差亦無君官臣民而有二統互相牽制者也夫官統不一則職業不脩職業不脩則事何得而簡事之不簡則民何得而靜民之不靜則邪惡竝興而姦僞滋長矣先王達其如此故專其職司而一其統業始自秦世不師聖道私㠯御職姦㠯待下懼宰官之不脩立監牧㠯董之畏督監之容曲設司察㠯糾之宰牧相累監察相司人懷異心上下殊務漢承其緒莫能匡改魏室之隆日不暇及五等之典雖難卒復可麤立儀準㠯一治制今之長吏皆君吏民橫重㠯郡守累㠯刺史若郡所攝唯在大較則與州同無爲再重宜省郡守但任刺史刺史職存則監察不廢郡吏萬數還親農業㠯省煩費豐財殖穀一也大縣之才皆堪郡守是非之訟每生意異順從則安直己則爭夫和羹之美在于合異上下之益在能相濟順從乃安此琴瑟一聲也蕩而除之則官省事簡二也又幹郡之吏職監諸縣營護黨親鄉邑舊故如有不副而因公掣頓民之困弊咎生于此若皆并合則亂原自塞三也今承衰弊民人彫落賢才鮮少任事者寡郡縣良吏往往非一郡受縣成其劇在下而吏之上選郡當先足此爲親民之吏專得底下吏者民命而常頑鄙今如并之吏多選清良者造職大化宣流民物獲寧四也制使萬戶之縣名之郡守五千㠯上名之都尉千戶㠯下令長如故自長㠯上攷課遷用轉㠯能升所牧亦增此進才效功之敘也若經制一定則官才有次治功齊明五也若省郡守縣皆徑達事不擁隔官無留滯三代之風雖未可必簡一之化庶幾可致便民省費在于此矣

文質之更用猶四時之迭興也王者體天理物必因弊而濟通之時彌質則文之㠯禮時泰侈則救之㠯質今承百王之末秦漢餘流世俗彌文宜大改之㠯易民望今科制自公列侯㠯下位從大將軍㠯上皆得服綾錦羅綺紈素金銀飾鏤之物自是㠯下雜綵之服通于賤人雖上下等級各示有差然朝臣之制已得侔至尊矣玄黃之采已得通于下矣欲使市不鬻華麗之色商不通難得之貨工不作雕刻之物不可得也是故宜大理其本準度古法文質之宜取其中則㠯爲禮度車輿服章皆從質樸禁除末俗華麗之事使幹朝之家有位之室不復有錦綺之飾無兼采之服纖巧之物自上㠯下至于樸素之差示有等級而已勿使過一二之覺若夫功德之賜上恩所特加皆表之有司然後服用之夫上之化下猶風之靡草樸素之教興于本朝則彌侈之心自消于下矣魏志

夏侯玄傳太傅司馬宣王問以時事玄議以爲

答司馬宣王書

漢文雖身衣弋綈而不革正法度內外有僭儗之服寵臣受無限之賜由是觀之似指立在身之名非篤齊治制之意也今公侯命世作宰追蹤上古將隆至治抑末正本若制定于上則化行于衆矣夫當宜改之時留殷勤之心令發之日下之應也猶響尋聲耳猶垂謙謙曰待賢能此伊周不正殷姬之典也竊未喻焉（魏志夏侯玄傳）

肉刑論

夫天地之性人物之道豈自然當有犯何荀班論曰治則刑重亂則刑輕又曰殺人者死傷人者刑是百王之所同也夫死刑者殺妖逆也傷人者不改斯亦妖逆之類也如其可改此則無取于肉刑也如云死刑過制生刑易犯罪次于古當生今獨死者皆可募行肉刑及傷與盜吏受賕枉法男女淫亂死者皆復古刑斯罔之于死則陷之肉刑矣舍死折骸又何辜也猶稱以滿堂而聚飲有一人向隅而泣者則一堂爲之不樂此亦願理其平而必以肉刑施之是仁于當殺而忍于斷割懼于易犯而安于爲虐哀泣奚由而息堂上焉得泰耶仲尼曰既富且教又曰苟子之不欲雖賞之不竊何用斷截乎下愚不移以惡自終所謂翦妖也若飢寒流溝壑雖大辟不能制也而況肉刑哉赭衣滿道有鼻者醜終無益矣（通典一百六十八）

答李勝難肉刑論

聖賢之治也能使民遷善而自新故易曰小懲而大戒陷夫死者不戒者也能懲戒則無刻截刻截則不得反善矣（通典一百六十八）

暴之取死此自然也傷人不改縱暴滋多殺之可也傷人而能改悔則豈須肉刑而後止哉殺人以除暴自然理也斷截之政末俗之所云耳孔少府曰殺人無所斫人有小瘡故刖趾不可以報尸而髡不足以償傷傷人一寸而斷其支體爲罰已重不厭衆心也（通典一百六十八）

樂毅論

世人多以樂毅不時拔莒即墨爲劣是以敘而論之夫求古賢之意宜以大者遠者先之必迂迴而難通然後已焉可也今樂氏之趣或者其未盡乎而多劣之是使前賢失指于將來不亦惜乎觀樂生遺燕惠王書其殆庶乎機合乎道以終始者與其喻昭王曰伊尹放太甲而不疑太甲受放而不怨是存大業于至公而以天下爲心者也夫欲極道之量務以天下爲心者必致其主于盛隆合其趣于先王苟君臣同符斯大業定矣于斯時也樂生之志千載一遇也亦將行千載一隆之道豈其局蹟當時止于兼并而已哉夫兼并者非樂生之所屑彊燕而廢道又非樂生之所求也不屑苟得則心無近事不求小成斯意兼天下者也則舉齊之事所以運其機而動四海也夫討齊以明燕主之義此兵不興于爲利矣圍城而害不加于百姓此仁心著于遐邇矣舉國不謀其功除暴不以威力此至德全于天下矣邁全德以率列國則幾于湯武之事矣樂生方恢大綱以縱二城牧民明信以待其弊使即墨莒人顧仇其上願釋干戈賴我猶親善守之智無所之施然則求仁得仁即墨大夫之義也仕窮則從微子適周之道也開彌廣之路以待田單之徒長容善之風以申齊士之志使夫忠者遂節通者義著昭之東海屬之華裔我澤如春下應如草道光宇宙賢者託心鄰國傾慕四海延頸思戴燕主仰望風聲二城必從則王業隆矣雖淹留于兩邑乃致速于天下不幸之變世所不圖敗于垂成時運固然若乃逼之以威刼之以兵則攻取之事求欲速之功使燕齊之士流血于二城之間侈殺傷之殘示四國之人是縱暴易亂貪以成私鄰國望之其猶豺虎既大墮稱兵之義而喪濟弱之

仁虧齊士之節。廢廉善之風。掩宏通之度。棄王德之隆。雖二城幾于可拔。霸王之事。逝其遠矣。然則燕雖兼齊。其與世主何㠯殊哉。其鄰敵何㠯相傾。樂生豈不知拔二城之速了哉。顧城拔而業乖。豈不知不速之致變。顧業乖而與變同。繇是言之。樂生不屠二城。其亦未可量也。（王右軍書帖本。藝文類聚二十三。）

辨樂論

昔伏羲氏因時興利。教民田漁。天下歸之。時則有網罟之歌。神農繼之。教民食穀。時則有豐年之詠。黃帝備物。始垂衣裳。則有龍衮之頌。（御覽五百七十一。）

阮生云。律呂協則陰陽和。音聲適則萬物類。天下無樂。而欲陰陽和調。災害不生。亦㠯難矣。此言律呂音聲。非徒化治人物。可㠯調和陰陽。蕩除災害也。夫天地定位。剛柔相摩。盈虛有時。堯遭九年之水。憂民阻饑。湯遭七年之旱。欲遷其社。豈律呂不和音聲不通哉。此乃天然之數。非人道所協也。（御覽十六。）

夏侯子

一舟之覆。無一毫不濕。一馬之走。無一毫不動。故大同萬物不一也。（御覽八百九十七。）

魯人有善相馬者。與予俱游。夜方寐。聞馬有行者。魯人驚曰。七百里也。此暗中耳。（同上。）

一螘之行。一蚊之飛。聖人皆知之。（御覽九百四十五。）

夏侯獻

獻明帝時中領軍將軍。

上明帝表

公孫淵昔年敢違王命。廢絕計貢者。實挾兩端。既恃阻險。又怙孫權。故敢跋扈恣睢海外。宿舒親見賊權軍衆府庫。知其弱少。不足憑恃。是㠯決計斬賊之使。又高句麗濊貊與淵為仇。並為寇鈔。今外失吳援。內有胡寇。心知國家能從陸道。勢不得不懷惶懼之心。因斯之時。宜遣使示㠯禍福。奉車都尉鞌弘。武皇帝時始奉使命。開通道路。文皇帝即位。欲通使命。遣弘將妻子還歸鄉里。賜其車牛。絹百匹。弘㠯受恩。歸死國朝。無有還意。乞留妻子。身奉使命。公孫康遂稱臣妾。㠯弘奉使稱意。賜爵關內侯。弘性果烈。乃心于國。夙夜拳拳。念自竭效。冠族子孫。少好學問。博通書記。多所關涉。口論速捷。辨而不俗。附依典誥。若出胷臆。加仕本郡。常在人右。彼方士人素所敬服。若當遣使。㠯為可使。弘行。弘乃自舊土習其國俗。為說利害。辯足㠯動其意。明足㠯見其事。才足㠯行之。辭足㠯見信。若其計從。雖酈生之降齊王。陸賈之說尉他。亦無㠯遠過也。欲進遠路。不宜釋騏驥。將已篤疾。不宜廢扁鵲。願察愚言也。（魏志公孫度傳注引魏名臣奏。）

全三國文卷二十一終

全三國文卷二十二

烏程嚴可均校輯

魏二十二

華歆

歆字子魚平原高唐人靈帝時舉孝廉除郎中以病去官少帝時何進徵為尚書郎董卓之亂從袁術于穰馬日磾辟為掾拜豫章太守獻帝時以郡降孫策司空曹公徵拜議郎參軍事入為尚書轉侍中尋代荀彧為尚書令魏國建為御史大夫文帝即王位拜相國封安樂鄉侯及受禪改為司徒明帝時進封博平侯拜太尉太和五年卒年七十五謚曰敬侯唐有集三十卷

請敘鄭小同表

臣聞勵俗宣化莫先于表善班祿敘爵莫美于顯能是以楚人思子文之治復命其胤漢室嘉江公之德用顯其世伏見故漢大司

農北海鄭玄當時之學名冠華夏為世儒宗文皇帝旌錄先賢拜玄適孫小同以為郎中長假在家小同年踰三十少有令質學綜六經行著鄉邑海岱之人莫不加其自然美其氣量迹其所履有質直不渝之性然而恪恭靜默色養其親不治可見之美不競人間之名斯誠清時所宜式敘前後明詔所斟酌而求也臣老病委頓無益視聽謹具以聞魏志高貴鄉公紀注引魏名臣奏

諫伐蜀疏

兵亂以來過踰二紀大魏承天受命陛下以聖德當成康之隆宜弘一代之治紹三王之迹雖有二賊負險延命苟聖化日躋遠人懷德將繈負而至夫兵不得已而用之故戢而時動臣誠願陛下先留心于治道以征伐為後事且千里運糧非用兵之利越險深入無獨克之功如聞今年徵役頗失農桑之業為國者以民為基民以衣食為本使中國無飢寒之患百姓無離土之心則天下幸甚二賊之釁可坐而待也臣備位宰相老病日篤犬馬之命將盡恐不復奉望鑾蓋不敢不竭臣子之懷唯陛下裁察魏志華歆傳

請受禪上言

相國華歆太尉賈詡御史大夫王朗及九卿上言曰臣等被召到伏見太史丞許芝左中郎將李伏所上圖讖符命侍中劉廙等宣敘眾心人靈同謀又漢朝知陛下聖化通于神明聖德參于虞夏因瑞應之備至聽曆數之所在遂獻璽綬固讓尊號能言之倫莫不抃舞河圖洛書天命瑞應人事協于天時民言協于天敘而陛下性秉勞謙體尚克讓明詔懇切未肯聽許臣妾小人莫不伊邑臣等聞自古及今有天下者不常在乎一姓考以德勢則盛衰在乎彊弱論以終始則廢興在乎期運唐虞曆數不在厥子而在舜禹舜禹雖懷克讓之意迫羣后執玉帛而朝之兆民懷欣戴而歸之率土揚歌謠而詠之故其守節之拘不可得而常處達節之權

不可得而久避是以或遜位而不悋或受禪而不辭不悋者未必厭皇寵不辭者未必渴帝祚各迫天命而不得以已既禪之後則唐氏之子為賓于有虞虞氏之胄為客于夏代然則禪代之義非獨受之者實應天福授之者亦與有餘慶焉漢自章和之後世多變故稍以陵遲洎乎孝靈不恒其心虐賢害仁聚斂無度政在嬖豎視民如讎遂令上天震怒百姓從風如歸當時則四海鼎沸既沒則禍發宮庭寵勢竝竭帝室遂卑若在帝舜之末節猶擇聖代而授之荊人抱玉璞猶思良工而刊之況漢國既往莫之能匡推器移君委之聖哲固其宜也漢朝委質既願禪禮之速定也天祚率土必將有主主率土者非陛下其孰能任之所謂論德無與為比攷功無推讓矣天命不可久稽民望不可久違臣等慺慺不勝大願伏請陛下割撝謙之志脩受禪之禮副人神之意慰外內之願魏志文帝紀注引獻帝傳

疆當作彊　伐當作叛

奏討孫吳黄初三年

臣聞枝大者披心，尾大者不掉。有國有家之所愼也。昔漢承秦弊，天下新定，大國之王，臣節未盡，㠯蕭張之謀不備錄之，至使六王前後反叛，已而伐之，戎車不輟。又文景守成，忘戰戢役，驕縱吳楚，養虺成蛇，既爲社稷大憂。蓋前事之不忘，後事之師也。吳王孫權，幼豎小子，無尺寸之功，遭遇兵亂，因父兄之緒，少蒙翼卵昫伏之恩，長含鴟梟反逆之性，背棄天地，罪惡積大，復與關羽更相覘伺，逐利見便，挾爲卑辭。先帝知權姦以求用，時㠯于禁敗于水災，等當討羽，因㠯委權。先帝委裘下席，權不盡心，誠在惻怛，欲因大喪，寡弱王室，希託董桃傳先帝令，乘未得報許，擅取襄陽，及見驅逐，乃更折節。邪辟之態，巧言如流，雖重驛累使，發遣禁等，內包隗囂顧望之姦，外欲緩誅，支仰蜀賊。聖朝含弘，既加不忍，優而赦之，與之更始，猥乃割地王之，使南面稱孤，兼官累位，禮備九命，名馬百駟，㠯成其勢，光寵顯赫，古今無二。權爲犬羊之姿，橫被虎豹之文，不思靜力致死之節，㠯報無量不世之恩。臣每見所下權前後章表，又㠯愚意採察權旨，自㠯阻帶江湖，負固不服，狃挾累世，詐僞成功，上有尉佗英布之計，下誦伍被屈疆之辭，終非不侵不伐之臣。㠯爲晁錯不發削弱王侯之謀，則七國同衡，禍久而大；蒯通不決襲歷下之策，則田横自慮，罪深變重。臣謹攷之周禮九伐之法，平權凶惡，逆節萌生，見罪十五。昔九黎亂德，黄帝加誅；項羽罪十，漢祖不捨。權所犯罪釁明白，非仁恩所養，宇宙所容。臣請免權官，鴻臚削爵土，捕治罪。敢有不從，移兵進討，㠯明國典好惡之常，㠯靜三州元元之苦。吳志吳主權傳注引魏略載魏三公奏。案此事在黄初三年，時三公乃華歆賈詡楊彪也。

臣字衍　司空臣下脫朗字

王朗

朗字景興，初名嚴，東海人。靈帝時㠯通經拜郎中，除菑丘長。遭師楊賜喪，去官行服。少帝時，徐州牧陶謙㠯爲治中，尋拜會稽太守。獻帝時爲孫策所攻，拘留曲阿。曹公徵拜諫議大夫，參司空軍事。魏國建，㠯軍祭酒領魏郡太守，遷少府、奉常、大理。文帝卽王位，遷御史大夫，封安陵亭侯。及受禪，改司空，封樂平鄉侯。明帝卽位，進封蘭陵侯，代華歆爲司徒。太和二年卒，謚曰成侯。著周易、春秋、孝經、周官傳，有集三十四卷。

冬臘不得朝表

拘守留職，曠離車駕，況乃踐長于至，迎始于臘，履端于正，違歷天人三朝之元慶，而無緣祗奉玉爵，㠯獻萬壽，胥夢庭燎之光，晨想百華之耀。藝文類聚八十。

論樂舞表

凡音樂㠯舞爲主，自黄帝雲門至周大武，皆太廟舞樂，所㠯樂君臣之德；舞所㠯象君之功。御覽五百七十四引魏名臣奏。

上求正貸民表

昔在西京，有鄭杜膏腴之饒，池陽谷口之利，涇渭三川之水，鄭國白渠之漑，每年成熟，雨灌茲畝，至今號爲陸海。御覽八百二十一。

諫行役夜表

司空臣言：臣聞飛蓬隨風，集于正梁之衡，而駟馬爲之奔，乳虎爲之走。蓬非馬之策，馬非蓬之敵，所㠯或奔走者，驚也。御覽九百九十七。

答文帝表

夫張大網㠯漉鮪鰕，辱九鼎㠯烹鼃黽。御覽九百四十三。

勸育民省刑疏

兵起已來，三十餘年，四海蕩覆，萬國殄瘁。賴先王芟除寇賊，扶育孤弱，遂令華夏復有綱紀，鳩集兆民于茲魏土，使封鄙之內，雞鳴狗吠，達于四境，蒸庶欣欣，喜遇升平。今遠方之寇未賓，兵戎之役未息，誠令復除足㠯懷遠人，良宰足㠯宣德澤，阡陌咸脩，四民殷熾，必復過于曩時，而富于平日矣。易稱赦法，書著祥刑，一人有慶，兆民賴之。慎法獄之謂也。昔曹相國㠯獄市爲寄。路溫舒疾治獄之吏。夫治獄者得其情。則無冤死之囚。丁壯者得盡地力。則無饑饉之民。窮老者得仰食倉廩。則無餧餓之殍。嫁娶㠯時。則男女無怨曠之恨。胎養必全。則孕者無自傷之哀。新生必復。則孩者無不育之累。壯而後役。則幼者無離家之思。二毛不戎。則老者無頓伏之患。醫藥㠯療其疾。寬繇㠯樂其業。威罰㠯抑其彊。恩仁㠯濟其弱。賑貸㠯贍其乏。十年之後。既笄者必盈巷。二十年之後。勝兵者必滿野矣。魏志王朗傳

諫文帝游獵疏

夫帝王之居。外則飾周衛。內則重禁門。將行則設兵而後出幄。稱警而後踐墀。張弧而後登輿。清道而後奉引。遮列而後轉轂。靜室而後息駕。皆所㠯顯至尊。務戒慎。垂法教也。近日車駕出臨捕虎。日昃而行。及昏而反。違警蹕之常法。非萬乘之至慎也。魏志王朗傳

諫東征疏 黃初四年八月

昔南越守善。嬰齊入侍。遂爲冢嗣。還君其國。康居驕黠。情不副辭。都護奏議。㠯爲宜遣侍子㠯黜無禮。且吳濞之禍。萌于子入。隗囂之叛。亦不顧子。往者聞權有遣子之言而未至。今六軍戒嚴。臣恐輿人未暢聖旨。當謂國家愠于登之逋留。是㠯爲之興師。設師行而登乃至。則爲所動者至大。所致者至細。猶未足㠯爲慶。設其傲很殊無入志。懼彼輿論之未暢者。并懷伊邑。臣愚㠯爲宜敕別征諸將。各明奉禁令。㠯慎守所部。外曜烈威。內廣耕稼。使泊然若山。澹然若淵。勢不可動。計不可測。魏志王朗傳

諫明帝營修宮室疏

陛下即位已來。恩詔屢布。百姓萬民莫不欣欣。臣頃奉使北行。往反道路。聞衆徭役。其可得蠲除省減者甚多。願陛下重留日昃之聽。㠯計制寇。昔大禹將欲拯天下之大患。故乃先卑其宮室。儉其衣食。用能盡有九州。弼成五服。句踐欲廣其禦兒之疆。馘夫差于姑蘇。故亦約其身㠯及家。儉其家㠯施國。用能囊括五湖。席卷三江。取威中國。定霸華夏。漢之文景亦欲恢弘祖業。增崇洪緒。故能割意于百金之臺。昭儉于弋綈之服。內減太官而不受貢獻。外省徭賦而務農桑。用能號稱升平。幾致刑錯。孝武之所㠯能奮其軍勢。拓其外境。誠因祖考畜積素足。故能遂成大功。霍去病中才之將。猶㠯匈奴未滅。不治第宅。明恤遠者略近。事外者簡內。自漢之初。及其中興。皆于金革略寢之後。然後鳳闕猥閌。德陽並起。今當建始之前。足用列朝會。崇華之後。足用序內官。華林天淵。足用展游宴。若且先成閶闔之象魏。使足用列遠人之朝貢者。脩城池使足用絕踰越。成國險。其餘一切。且須豐年。一㠯勤耕農爲務。習戎備爲事。則國無怨曠。戶口滋息。民充兵彊。而寇戎不賓。緝熙不足。未之有也。魏志王朗傳

屢失皇子上疏

昔周文十五而有武王。遂享十子之祚。㠯廣諸姬之胄。武王既老而生成王。成王是㠯鮮于兄弟。此二王者。各樹聖德。無㠯相過。比其子孫之祚。則不相如。蓋生育有早晚。所產有衆寡也。陛下既德祚兼彼二聖。春秋高于姬文育武之時矣。而子發未舉于椒蘭之奧房。藩王未繁于掖庭之衆室。㠯成王爲喻。雖未爲晚。取譬伯邑。則不爲夙。周禮六宮內官百二十人。而諸經常說。咸㠯十二爲限。至于秦漢之末。或㠯千百爲數矣。然雖彌猥。而就時于吉館者或甚鮮。明百斯男之本。誠在于一意。不但在于務廣也。老臣悽悽。願國家同祚于軒轅之五五。而未及周文之二五。用爲伊邑。且少小常苦被褥泰溫。泰溫則不能便柔膚弱體。是㠯難可防護。而易用感慨。若常令少小之縕袍不至于甚厚。則必咸保金石之性。而比壽于南山矣。魏志王朗傳

上請敘主簿張登

主簿趙郡張登，昔爲本縣主簿，值黑山賊圍郡，登與縣長王雋帥吏兵七十二人直往赴救，與賊交戰，吏兵散走，雋殆見害，登手格二賊，以全雋命。又守長夏逸爲督郵所枉，登身受考掠，理逸之罪，義濟二君，宜加顯異。魏志王朗傳注引王朗集。又見御覽二百二十九，雋作儁。

上劉纂等犒蒲事

左中郎樂林得纂麵肉，共啖湯餅。御覽八百六十。

奏賀朔故事

故事，正月朔賀，殿下設兩百華鐙，對于二階之間，端門設庭燎火炬，端門外設五尺三尺鐙，月照星明，雖夜猶晝矣。宋書禮志一引魏司空王朗奏事。初學記二十五引王朗奏。

奏宜節省

詔問所宜損益，必謂東京之事也。若夫西京雲陽汾陰之大祭，千有五百之羣祀，通天之臺，入阿房之宮，齋必百日，養犧五載，牛則三千，其重玉則七千，其器文綺以飾，重席童女以蹈舞，綴醲酎必貫三時而後成，樂人必三千四百而後備，內宮美人數至近千，學官博士七千餘人，中廄則騑騄騎馬六萬餘匹，外牧則扈養三萬而馬十之，執金吾從騎六百，走卒倍焉，太常行陵，垂車千乘，太官賜官奴婢六千，長安城內治民爲政者三千，中二千石蔽罪斷刑者二十有五，獄政充事猥，威儀繁富，隆于三代，近過禮中，夫所以極奢者，大抵多受之于秦，餘既違繭栗愨誠之本，埽地簡易之指，又失替質而損文，避泰而從約之趣，豈夫當今隆興盛明之時，祖述堯舜之際，割奢務儉之政，除繁崇省之令，詳刑慎罰之敎，所宜希慕哉。及夫寢廟日一太牢之祀，郡國並立宗廟之法，丞相御史大夫官屬吏從之數，若此之輩，既已屢改于哀平之前，不行光武之後矣。謹案圖牒所改奏在天地及五帝六宗宗廟社稷既已因前代之兆域矣。夫天地則埽地而祭，其餘則皆壇而埒之矣。明堂所以祀上帝，靈臺所以觀天文，辟雍所以修禮樂，太學所以集儒林，高禖所以祈休祥，又所以察時務，揚教化，稽古先民，開誕慶祚，舊時皆在國之陽，並高棟夏屋，足以肆饗射，望雲物。七郊雖尊祀尚質，猶皆有門宇便坐，足以避風雨，可須軍罷年豐，以漸修治。舊時虎賁羽林五營兵及衞士，并合雖且萬人，或商賈惰游子弟，或農野謹鈍之人，雖有乘制之處，不講戎陣，既不簡練，又希更寇，雖名實不副，難以備急，有警而後募兵，軍行而後運糧，或乃兵既入屯，而不務營佃，不修器械，無有貯聚，一隅馳羽檄，則三面並荒擾，此亦漢氏近世之失，而不可式者也。當今諸夏已安，而巴蜀在畫外，雖未得偃武而弢甲，放馬而戢兵，宜因年之大豐，遂寄軍政于農事，吏士小大，並勤稼穡，止則成井里于廣野，動則成校隊于六軍，省其暴繇，贍其衣食，易稱悅以使民，民忘其勞，悅以犯難，民忘其死，今之謂矣。糧畜于食，勇畜于勢，雖坐曜烈威，而衆未動，畫外之蠻，必復稽顙以求改往而效用矣。若畏威效用，不戰而定，則賢于交兵而後威立，接刃而後功成遠矣。若姦凶不革，遂迷不反，猶欲以其所虐用之民，待大魏投命報養之士，然後徐以前歌後舞樂征之衆，臨彼倒戟折矢樂服之羣，伐腐摧枯，未足以爲喻。魏志王朗傳注引魏名臣奏。

劾刺史王淩不遣王基

凡家臣之良，則升于公輔，公臣之良，則入于王職，是故古者矦伯有貢士之禮。今州取宿衞之臣，留祕閣之吏，所希聞也。魏志王基傳。

四孤議

收捐拾棄，不避寒暑，且救垂絕之氣，而肉必死之骨，可謂仁過天地，恩踰父母者也。吾以爲田議是也。通典六十九大理王朗議。

與師與吳取蜀議

天子之軍重于華岱誠宜坐曜天威不動若山假使權親與蜀賊相持搏戰曠日智均力敵兵不速決當須軍興㠯成其勢者然後宜選持重之將承寇賊之要相時而後動擇地而後行一舉可無餘事今權之師未動則助吳之軍無爲先征且雨水方盛非行軍動衆之時魏志王朗傳

改元議

古者有年數無年號漢初猶然或有世而改有中元後元元改彌數中後之號不足故更假取美名非古也述春秋之事曰隱公元年則簡而易知載漢世之事曰建元元年則後不見宜若古稱元而已宋書禮志一

遺針御衣議

至于遺針御衣懼傷至尊之體故加之㠯髡刑欲將懲戒先傷㠯防絕後傷御覽八百三十引王朗新奏議

議不宜復肉刑

繇欲輕減大辟之條㠯增益刖刑之數此即起偃爲豎化屍爲人矣然臣之愚猶有未合微異之意夫五刑之屬著在科律科律自有減死一等之法不死即爲減施行已久不待遠假斧鑿于彼肉刑然後有罪次也前世仁者不忍肉刑之慘酷是㠯廢而不用不用已來歷年數百今復行之恐所減之文未彰于萬民之目而肉刑之問已宣于寇讎之耳非所㠯來遠人也今可案繇所欲輕之死罪使減死之髡刖嫌其輕者可倍其居作之歲數內有㠯生易死不訾之恩外無㠯刖易釱駭耳之聲魏志鍾繇傳

議

晏平仲㠯齊君奢故辯其朝冠振其鹿裘御覽八百二十六風俗通東海王景興議引

對孫策詰

誥當作詰

朗㠯瑣才誤竊朝私受爵不讓㠯遘罪網前見征討畏死苟免因

治人物寄命須臾又迫大兵惶怖北引從者疾患死亡略盡獨與老母共乘一欐流矢始交便棄欐就俘稽顙自首于征役之中朗惶惑不達自稱降虜緣前迷謬被詰慙懼朗愚淺駑怯畏威自驚又無良介不早自歸于破亡之中然後委命下隸身輕罪重死有餘辜申脰就鞅蹴足入絆叱咤聽聲東西惟命魏志王朗傳注引獻帝春秋朗稱禽虜對使者

荅太祖遺諮孫權稱臣

孫權前䖍自詭躬討虜㠯補前愆後疏稱臣㠯明無二牙獸屈膝言鳥告歡明珠南金遠珍必至情見乎辭效著乎功三江五湖爲沼于魏西吳東越化爲國民鄢郢既拔荆門自開席卷巴蜀形勢已成重休累慶雜沓相隨承旨之月撫掌擊節情之畜者辭不能宣魏志王朗傳注引魏略

遺孫伯符書

劉正禮昔初臨州未能自達實賴尊門爲之先後用能濟江成治有所處定踐境之禮感分結意情在終始後㠯袁氏之嫌稍更乖刺更㠯同盟還爲讎敵原其本心實非所樂康寍之後常念渝平更成復踐宿好一爾分離款意不昭奄然殂隕可爲傷恨知敦㠯厲薄德㠯報怨收骨育孤哀亡愍存捐既往之猜保六尺之託誠深恩重分美名厚實也昔魯人雖有齊怨不廢喪紀春秋善之謂之得禮誠良史之所宜藉鄉校之所歎聞正禮元子致有志操想必有㠯殊異威盛刑行施之㠯恩不亦優哉吳志劉繇傳

與魏太子書

不遺惠書所㠯慰沃奉讀歡笑㠯藉飢渴雖復萱草忘憂臯蘇擇勞無㠯加也初學記二十七

與許文休書三首

文休足下消息平安甚善甚善豈意脫別三十餘年而無相見之

緣乎詩人比一日之别于歲月豈況悠悠歷累紀之年者哉自與子别若沒而復浮若絕而復連者數矣而今而後居升平之京師攀附于飛龍之聖主儕輩略盡幸得老與足下竝爲遺種之叟而相去數千里加有邅蹇之隔時聞消息于風聲託舊情于思想眇眇異處與異世無以異也往者隨軍到荆州見鄧子孝桓元將粗聞足下動靜云夫子既在益州執職領郡德素規矩老而不墮是時侍宿武皇帝于江陵劉景升聽事之上共論道足下至于通夜不寐拳拳飢渴誠無已也自天子在東宮及卽位之後每會羣賢論天下髦儁之見在者豈獨人盡易爲英士鮮易取最故乃猥以原壤之朽質感夫子之情聽每敘足下以爲謀首豈其注意乃復過于前世書曰人惟求舊易稱同聲相應同氣相求劉將軍之與大魏兼而兩之總此二義前世邂逅以同爲睽非武皇帝之旨頃者蹉跌其泰而否亦非足下之意也深思書易之義利結分于宿

好故遣降者送吳所獻致名馬貂罽得因無嫌道初開通展敘舊情以達聲問久闊情慉非夫筆墨所能寫陳亦想足下同其志念今者親生男女凡有幾人年竝幾何僕連失一男一女今有二男大男名肅年三十九歲生于會稽小兒裁歲餘臨書愴恨有懷緬然（蜀志許靖傳注引魏略。又略見御覽一百八十五。）

過聞受終于文祖之言于尚書又聞曆數在躬允執其中之文于論語豈自意得于老耄之齒正値天命受于聖主之會親見三讓之弘辭觀衆瑞之總集覩升堂穆穆之盛禮瞻燔燎焜曜之青烟于時忽自以爲處唐虞之運際于紫微之天庭也徒慨不得攜子之手共列于世有二子之數以聽有唐欽哉之命也子雖在裔土想亦極目而迴望側耳而遐聽延頸而鶴立也昔汝南陳公初拜不依故常讓上卿于李元禮以此推之吾宜退身以避子位也苟得避子以穰讓名然後綬帶委質游談于平勃之間與子共陳往

時避地之艱辛樂酒酣讌高談大噱亦足遺憂而忘老捉筆陳情隨以喜笑（蜀志許靖傳注引魏略。）

前夏有書而未達今重有書而并致前問皇帝既深悼劉將軍之早世又愍其孤之不易又惜使足下孔明等士人氣類之徒遂沈溺于羌夷異種之間永與華夏乖絕而無朝聘中國之期緣瞻睎故土桑梓之望也故復運慈念而勞仁心重下明詔以發德音申敕朗等使重爲書與足下等以足下聰明揆殷勤之聖意亦足悟海岱之所常在知百川之所宜注矣昔伊尹去夏而就殷陳平違楚而歸漢猶曜德于阿衡著功于宰相若足下能弼人之遺孤定人之猶豫去非常之僞號事受命之大魏客主兼不世之榮名上下蒙不朽之常耀功與事竝聲與勳著攷績效足以超越伊呂矣既承詔直且服舊之情情不能已若不言足下之所能陳足下之所見則無以宣明詔命弘光大之恩敘宿昔夢想之思若天啟衆

心子導蜀意誠此意有攜手之期若險路未夷子謀不從則懼聲問或否復面何由前後二書言每及斯希不切然有動于懷足下周游江湖以暨南海歷觀夷俗可謂徧矣想子之心結思華夏可謂深矣爲身擇居猶願中土爲主擇居安豈可以不繫意于京師而持疑于荒裔乎詳思愚言速示還報也（蜀志許靖傳注引魏略。）

與鍾繇書

朗白近聞室人孫氏歸或曰大歸也共經憂樂既久矣曷爲一旦離析以至于歸而不反乎不得面談裁書敘心（御覽□□□□□）

論喪服書

鄭玄云兄弟猶曰族親也無所不關之辭也吾以爲古學以九代之親爲九族謂兄弟者亦九代兄弟也凡屬乎父道者則父之兄弟在乎祖道者則祖之兄弟在乎子道者則子之兄弟在乎孫道者則孫之兄弟故族親亦可謂爲兄弟者也（通典七十三。）

相論

然仲尼之門童冠之羣不言相形之事抑者亦難據故也古之人固有懷不副其貌行不稱其聲者是故夫子曰言信行失之于宰予曰貌度性失之于子羽聖人之于聽察精矣然猶或有所不得曰此推之則彼度表摸骨指色摘理不常中必矣若夫周之叔服漢之許負各曰善相稱于前世而書專記其效驗之尤著者不過公孫氏之二子與夫周氏之條矦而已藝文類聚七十五

雜箴

家人有嚴君焉井竈之謂也俾冬作夏非竈孰能俾夏作冬非井孰閑藝文類聚八十

貧窶語

諺曰魯班雖巧不能爲乞匃者顏御覽四百九十六

塞勢

余所與遊處唯東萊徐先生素習九章能爲計數問何曰代博奕者乎曰塞其次也乃試習其術曰驚睡焉御覽七百五十四

全三國文卷二十二終

全三國文卷二十三

烏程嚴可均校輯

魏二十三

王肅

肅字子雍。朗長子。黃初中爲散騎黃門侍郎。太和中拜散騎常侍。靑龍末領祕書監。兼崇文觀祭酒。正始初出爲廣平太守。徵拜議郎。尋爲侍中。遷太常。後爲光祿勳。遷中領軍。加散騎常侍。甘露元年卒。諡景侯。有書詩論語三禮左氏解。及撰定父朗所作易傳。皆列于學官。又有聖證論十二卷。家語解二十一卷。政論十卷。集五卷。

格虎賦

羽騎雲布。蘭車星陳。文選謝靈運擬魏太子鄴中集詩注。

請爲大司馬曹眞臨弔表 太和四年

在禮。大臣之喪。天子臨弔。諸侯之薨。又庭哭焉。同姓之臣。崇于異姓。自秦逮漢。多闕不修。暨光武頗遵其禮。于時羣臣莫不競勸。博士范升上疏稱揚。以爲美。可依舊禮。爲位而哭之。敦睦宗族。通典八十一。

奉詔爲瑞表

太和六年。上將幸許昌。過繁昌。詔問受禪碑生黃金白玉。應瑞不。肅奏以始改之元年。嘉瑞見于踐祚之壇。宜矣。御覽五百八十九。

論祕書丞郎表

靑龍中議祕書丞郎與博士議郎同職近日月。宜在三臺上。肅表曰。臣以爲祕書職于三臺爲近密。中書郎在尚書丞郎上。祕書丞郎宜次尚書郎下。不然。則宜次侍御史下。祕書丞郎俱四百石。遷宜比尚書郎。出亦宜爲郡。此陛下崇儒術之盛旨也。昔時祕書掌國祕密。祕書丞郎儀宜比尚書郎侍御史。今尚書郎侍御史皆乘

犢車。奏事用尺一。而祕書丞郎獨乘鹿車。猶用尺奏。不得朝服。又恐非陛下轉臺郎以爲祕書丞郎之本意也。通典二十六。初學記十二兩引。又御覽二百三十三兩引。

祕書不應屬少府表

靑龍之末。主者啓選祕書監。詔祕書騶吏以上三百餘人。非但學問義理。當用有威嚴能檢下者。詔肅以常侍領焉。肅表曰。魏之祕書。即漢之東觀。郡國稱啓言之上東觀。且自大魏分祕書而爲中書以來。傳緒相繼。于今三監。未有隸名于少府者也。今欲使臣編名于騶隸。言事于外府。不亦瀆朝章而辱國典乎。太和之中。蘭臺祕書爭議。三府奏議。祕書司先王之載籍。掌制書之典謨。與中書相亞。宜與中書爲官聯。御覽二百三十三。

表

夫城之有郭。猶裏之有表。骨之有皮。表裏各異。則保障不完。皮骨分離。則一體不具。初學記二十四。御覽一百九十三。

賀瑞應表

伏承祖廟文昭廟魚生于鼎。臣聞易中孚象曰。信及豚魚。言中和誠信之德。下及豚魚。則無所不及。藝文類聚九十九。

諫征蜀疏 太和四年

前志有之。千里饋糧。士有飢色。樵蘇後爨。師不宿飽。此謂平塗之行軍者也。又況于深入阻險。鑿路而前。則其爲勞。必相百也。今又加之以霖雨。山坂峻滑。衆逼而不展。糧縣而難繼。實行軍者之大忌也。聞曹眞發已踰月。而行裁半谷。治道功夫。戰士悉作。是賊偏得以逸而待勞。乃兵家之所憚也。言之前代。則武王伐紂。出關而復還。論之近事。則武文征權。臨江而不濟。豈非所謂順天知時。通于權變者哉。兆民知聖上以水雨艱劇之故。休而息之。後日有釁。乘而用之。則所謂悅以犯難。民忘其死者矣。魏志王肅傳。

陳政本疏

除無事之位損不急之祿止浮食之費幷從容之官使官必有職職任其事事必受祿祿代其耕乃往古之常式當今之所宜也官寡而祿厚則公家之費鮮進仕之志勸各展才力莫相倚杖敷奏㠯言明試㠯功能之與否簡在帝心是㠯唐虞之設官分職申命公卿各㠯其事然後惟龍爲納言猶今尚書也㠯出內帝命而已夏殷不可得而詳甘誓曰六事之人明六卿亦典事者也周官則備矣五日視朝公卿大夫竝進而司士辨其位焉其記曰坐而論道謂之三公作而行之謂之士大夫及漢之初依擬前代公卿皆親㠯事升朝故高祖躬追反走之周昌武帝遥可奉奏之汲黯宣帝使公卿五日一朝成帝始置尚書五人自是陵遲朝禮遂闕可復五日視朝之儀使公卿尚書各㠯事進廢禮復興光宣聖緒誠所謂名美而實厚者也魏志王肅傳

請山陽公稱皇配謚疏

昔唐禪虞虞禪夏皆終三年之喪然後踐天子之尊是㠯帝號無虧君禮猶存今山陽公承順天命允答民望進禪大魏退處賓位公之奉魏不敢不盡節魏之待公優崇而不臣既至其薨櫬斂之制輿徒之飾皆同之于王者是故遠近歸仁㠯爲盛美且漢總帝皇之號號曰皇帝有別稱帝無別稱皇則皇是其差輕者也故當高祖之時土無二王其父見在而使稱皇明非二王之嫌也況今㠯贈終可使稱皇㠯配其謚魏志王肅傳

上疏請恤役平刑

大魏承百王之極生民無幾干戈未戢誠宜息民而惠之㠯安靜遐邇之時也夫務畜積而息疲民在于省徭役而勤稼穡今宮室未就功業未訖運漕調發轉相供奉是㠯丁夫疲于力作農者離其南畝種穀者寡食穀者眾舊穀既沒新穀莫繼斯則有國之大

患而非備豫之長策也今見作者三四萬人九龍可㠯安聖體其內足㠯列六宮顯陽之殿又向將畢惟泰極已前功夫尚大方向盛寒疾疢或作誠願陛下發德音下明詔深愍役夫之疲勞厚矜兆民之不贍取常食廩之士非急要者之用選其丁壯擇留萬人使一期而更之咸知息代有日則莫不悅㠯卽事勞而不怨矣計一歲有三百六十萬夫亦不爲少當一歲成者聽且三年分遣其餘使皆卽農無窮之計也倉有溢粟民有餘力㠯此興功何功不立㠯此行化何化不成夫信之于民國家大寶也仲尼曰自古皆有死民非信不立夫區區之晉國微微之重耳欲用其民先示㠯信是故原雖將降顧信而歸用能一戰而霸于今見稱前車駕當幸洛陽發民爲營有司命㠯營成而罷既成又利其功力不㠯時遣有司徒營其目前之利不顧經國之體臣愚㠯爲自今㠯後儻復使民宜明其令使必如期若有事㠯次寍復更發無或失信凡陛下臨時之所行刑皆有罪之吏宜死之人也然眾庶不知謂爲倉卒故願陛下下之于吏而暴其罪鈞其死也無使汙于宮掖而爲遠近所疑且人命至重難生易殺氣絕而不續者也是㠯聖賢重之孟軻稱殺一無辜㠯取天下仁者不爲也漢時有犯蹕驚乘輿馬者廷尉張釋之奏使罰金文帝怪其輕而釋之曰方其時上使誅之則已今下廷尉廷尉天下之平也一傾之天下用法皆爲輕重民安所措其手足臣㠯爲大失其義非忠臣所宜陳也廷尉者天子之吏也猶不可㠯失平而天子之身反可㠯惑謬乎斯重于爲己而輕于爲君不忠之甚也周公曰天子無戲言言則史書之工誦之士稱之言猶不戲而況行之乎故釋之之言不可不察周公之戒不可不法也魏志王朗傳

禘祭議

武宣皇后太和四年六月崩至六年三月有司㠯今年四月禘告

王肅議曰。今宜㠯崩年數。案春秋魯閔公二年。夏禘于莊公。是時縗絰之中。至二十五月大祥。便禘。不復禫。故譏其速也。去四年六月武宣皇后崩。二十六日晚葬。除服卽吉。四時之祭。皆親行事。今當計始除服日數。當如禮。須到禫月乃禘。通典四十九。

又奏

趙怡等㠯爲皇帝崩二十七月之後。乃得禘祫。王肅又奏。如鄭玄言。各于其廟。則無㠯異四時常祀。不得謂之殷祭。㠯粢盛百物豐衍備具爲殷之者。夫孝子盡心于事親。致敬于四時。比時具物。不可㠯不備。無緣儉于其親累年而後一豐其饌也。夫謂殷者。因㠯祀宗竝陳。昭穆皆列故也。設㠯爲毀廟之主皆祭。謂殷者。夫毀廟祭于太祖。而六廟獨在其前。所不合宜。非事之理。近尚書難臣。㠯曾子問唯祫于太祖。羣主皆從。而不言禘。知禘不合食。臣荅㠯爲禘祫殷祭。羣主皆合。舉祫則禘可知也。論語孔子曰。禘自旣灌而

往者。吾不欲觀之矣。所㠯特禘者。㠯禘大祭。故欲觀其盛禮也。禘祫大祭。獨舉禘則祫亦可知也。于禮記則㠯祫爲大。于論語則㠯禘爲盛。進退未知其可也。漢光武時下祭禮。㠯禘者毀廟之主皆合于太祖。祫者唯未毀之主合而已矣。鄭玄㠯爲禘者各于其廟。原其所㠯夏商夏祭曰禘。然其殷祭亦名大禘。商頌長發。是大禘之歌也。至周改夏祭曰礿。㠯禘唯爲殷祭之名。周公㠯聖德用殷之禮。故魯人亦遂㠯禘爲夏之名。是㠯左傳所謂禘于武宮。又曰烝嘗禘于廟。是四時祀非祭之禘也。鄭斯失矣。至于經所謂禘者。則殷祭之謂。鄭據春秋與大義乖。通典四十九。

議祀圓丘方澤宜宮縣樂八佾舞

王者各㠯其禮制事天地。今說者據周官單文爲經國大體。懼其局而不知弘也。漢武帝東巡封禪。還祠太一于甘泉。祭后土于汾陰。皆盡用其樂。言盡用者。謂盡用宮縣之樂也。天地之性貴質者。蓋謂其器之不文爾。不謂庶物當復減之也。禮。天子宮縣。舞八佾。今祀圓丘方澤。宜㠯天子制。設宮縣之樂。八佾之舞。宋書樂志一。通典一百四十七。

又議

說者㠯爲周家祀天。唯舞雲門。祭地唯舞咸池。宗廟唯舞大武。佀失其義矣。周禮賓客皆作備樂。左傳王子頹享五大夫。樂及徧舞。六代之樂也。然則一會之日。具作六代之樂矣。天地宗廟。事之大者。賓客燕會。比之爲細。王制曰。庶羞不踰牲。燕衣不踰祭服。可㠯燕樂而踰天地宗廟之樂乎。周官㠯六律六呂同五聲八音六舞大合樂。㠯致鬼神。㠯和邦國。㠯諧萬民。㠯安賓客。㠯說遠人。夫六律六呂五聲八音。皆一時而作之。至于六舞獨分擘而用之。所㠯厭人心也。又周官韎師掌教韎樂。祭祀則帥其屬而舞之。大享亦如之。韎。東夷之樂也。又鞮鞻氏掌四夷之樂。與其聲歌。祭祀則吹

而歌之。燕亦如之。四夷之樂。乃入宗廟。先代之典。獨不得用。大享及燕曰如之者。明古今夷夏之樂。皆主之于宗廟。而後播及其餘也。夫作先王樂者。貴能包而用之也。納四夷之樂者。美德廣之所及也。高皇大皇帝太祖高祖文昭廟。皆宜兼用先代及武始大鈞之舞。宋書樂志一。通典一百四十七。

郊廟樂舞議

周官㠯六律五聲八音六舞大合樂。㠯致鬼神。㠯和邦國。㠯諧兆庶。㠯安賓客。㠯悅遠人。是謂六同。一時皆作。今六代舞獨分用之。不厭人心。隋書音樂志上。任昉據王肅議。

告瑞祀天宜㠯地配議

禮。有事于王父。則㠯王母配。不降于四時常祀而不配也。且夫五精之帝。非重于地。今奉嘉瑞㠯告。而地獨闕。于義未通。㠯地配天。于義正宜。通典五十五。

祀社議

太尉等祭祀。但稱名不稱臣。每有事須告。皆遣祝史。通典四十五。

祀五郊六宗及厲殃議

厲殃。漢之淫祠耳。日月有常位。五帝有常典。師曠自是樂祖。無事于厲殃。厲殃同人非禮器。雄黃等非禮飾。漢文除祕祝。所㠯稱仁明也。通典五十五。

已遷主諱議

高皇諱。明皇帝既祔。儒者遷高皇主。尚書來訪。宜復諱不。及引殷家乃或同名。荅曰。殷家㠯甲乙爲字。既二名不偏諱。且殷質故也。禮所謂捨故而諱新。諸侯則五代不諱。天子之制。恐不得與諸侯同。五代則不諱也。春秋魯諱具敖二山。五代之後可不復爲諱。然已易其名則故名不復諱也。猶漢元后父名禁。改禁中爲省中。至今遂㠯省中爲稱。非能爲元后諱。徒㠯名遂行故也。春秋時晉范

獻子適魯。名其二山。自㠯爲不學。當獻子時。魯不復爲二名諱。而獻子自㠯爲犯其諱。直所謂不學者也。禮曰。詩書臨文廟中皆不諱。此乃謂不諱見在之廟。不謂已毀者也。文王名昌。武王名發。成王時頌曰。克昌厥後。駿發爾私。箕子爲武王陳洪範曰。使羞其行。而邦其昌。厲王名胡。其子宣王時詩曰。胡不相畏。先祖于摧。其孫幽王時詩曰。哀今之人。胡爲虺蜴。此則詩書不諱明驗也。案漢氏不名諱。常曰臣妾不得㠯爲名字。其言事不諱。蓋取諸此也。然則周禮其不諱時。則非唯詩書臨文廟中。其餘皆不諱矣。今可太祖㠯上去墠乃不諱。諱三祖㠯下。盡親如禮。唯詩書臨文廟中不諱。自此㠯後。雖百代如漢氏故事。臣妾唯不得㠯爲名字。其言事不諱。所謂魏國于漢禮有損益。質文隨時。亦合尊之大義也。通典一百四。

諸王國相宜爲國王服斬縗議

尚書左丞王㖟除陳相。未到國而王薨。議者或㠯爲宜齊縗。或㠯爲宜無服。王肅云。王國相本王之丞相。案漢景帝時貶爲相。成帝時使理人。王則國家所㠯封。王相則國家使爲王臣。但王不與理人之事耳。而云相專爲理人。不純臣于王。非其義也。今㖟至許昌而聞王薨。姓名未通。恩紀未交。君臣未禮。不責人之所不能。于義未正服君臣之服。傳曰。策名委質。貳乃辟也。若夫未策名。未委質。不可㠯純君臣之義也。禮。婦人入門。未三月廟見。死猶歸葬于其黨。不得㠯六禮既備。又㠯入室遂成其婦禮也。則臣之未委質者。亦不得備其臣禮也。曾子問曰。娶女有吉日而女死。如之何。孔子曰。壻齊縗而弔。既葬而除之。夫死亦如之。各㠯其服。如服斬縗。斬縗而弔之。既葬而除之也。今㖟爲王相。未入國而王薨。義與女未入門夫死同。則㖟宜服斬縗。既葬而除之。此禮之明文也。禮曰。與諸侯爲親者服斬。雖有親爲臣則服斬縗也。臣爲其君服之。或曰宜齊縗。不亦遠于禮乎。通典八十八。

王侯在喪襲爵議

魏尚書奏。㠯故漢獻帝嫡孫杜氏鄉侯劉康襲爵。假授使者拜授。康素服奪情議。案周禮天子公卿諸侯吉服皆玄冕朱裏。玄衣纁裳。有喪凶則變之。麻冕黼裳。邦君麻冕蟻裳。云麻冕者。則素冕麻不加采色。又變其裳。亦非純吉。亦不純凶。漢氏承秦。改六冕之制。㠯玄冠絳衣一服而已。有喪凶之事。則變吉服㠯從簡易。故諸王薨。遣使者拜嗣子爲王。則玄冠縗絰。服素㠯承詔命。事訖然後反喪服。攷之前典。則差周書。論之漢室。則合常制。王肅議。尊者臨卑。不制縗麻。故爲之素服。今康處三年喪在縗絰之中。若因喪㠯命之。則無復素服。若㠯尊崇王命。則吉服㠯拜授。案尚書。康王受策命。吉服而受之。事畢。又㠯吉服出應門內。㠯命諸侯。皆出。然後王釋冕服。故臣㠯爲諸侯受天子之命。宜㠯吉服。又禮處三年之喪。而當除父兄之喪服。除服卒事。然後反喪服。則受天子命者。亦宜

服其命服。使者出。反喪服。卽位而哭。卽合于禮。又合人情。詔從之。通典七十二。

弔陳羣母議

臣有父母之喪。訃君。弔之。弔諸臣之母當從夫爵。通典八十三。

臘議

季冬大儺。旁磔雞。出土牛。㠯送寒氣。卽今之臘除逐疫。磔雞葦索桃梗之屬。御覽三十三。

荅尚書難

太和六年。尚書難王肅。㠯曾子問唯祫于太祖。羣主皆從。而不言禘。知禘不合食。肅荅曰。㠯爲祫禘殷祭。羣主皆合。舉祫則禘可知也。通典四十九。

荅劉氏弟子問

司徒廣陵陳矯。字季弼。本劉氏。養于陳氏。及其薨。劉氏弟子疑所服。㠯問王肅。荅曰。昔陳司徒喪母。諸儒陳其子無服。甚失禮矣。爲外祖父母小功。此㠯異姓而有服者。豈不㠯母之所生。反重于父之所生。不亦左乎。爲人後者。其婦爲舅姑大功。婦他人也。猶爲夫故父母降一等。祖至親也。而可㠯無服乎。推婦降一等。則子孫宜依本親而降一等。通典六十九。

荅尚書訪

景初中。明帝崩于建始殿。殯于九龍殿。尚書訪曰。當㠯明皇帝諡告四祖。祝文于高皇稱玄孫之子。云何。王肅曰。禮稱曾孫某。謂國家也。荀爽鄭玄說皆云。天子諸侯事曾祖㠯上皆稱曾孫。又訪。案漢既葬。容衣還。儒者㠯爲宜如文皇帝故事。㠯存時所服。王肅曰。禮雖無容衣之制。今須容衣還而後虞祭。宜依尸服卒者上服之制。生時褻服。可隨所存。至于制度。則不如禮。孔子曰。祭之㠯禮。亦爲此也。諸侯之上服。則今服也。天子不爲命服。然亦所㠯命服之

上也。案漢氏西京故事。月游衣冠。則容衣也。言冠㠯正服。不㠯褻衣也。尚書又訪。容衣還。羣臣故當在帳中。常塡衞見。王肅曰。禮不墓祭。而漢氏正月上陵。神座在西序東向。百辟計吏前告郡之穀價。人之疾苦。欲先帝魂靈聞知。時蘇邕㠯爲禮有煩而不可去。事亡如存。況今無塡衞之禁。而合于如事存之意。可見于門內。拜訖入帳臨。乃除服。通典七十九。

荅武竺訪

尚書郎武竺有同母異父昆弟之喪。㠯訪王肅。肅據子思書曰。言氏之子達于禮乎。禮。父同居服周。則子宜大功也。通典九十一。

廣平太守下敎問張臻家　正始元年

前在京都。聞張子明來至。問之。會其已亡。致痛惜之。此君篤學隱居。不與時競。㠯道樂身。昔絳縣老人屈在泥塗。趙孟升之。諸侯用睦。愍其耄勤好道。而不蒙榮寵。書到。遣吏勞問其家。顯題門戶。務加殊異。㠯慰既往。㠯勸將來。魏志管寧傳。

與廣陵太守書

昔瓠巴鼓瑟。六馬仰秣。書鈔一百九。

孔子家語解序

鄭氏學行五十載矣。自肅成童。始志于學。而學鄭氏學矣。然尋文責實。攷其上下。義理不安。違錯者多。是㠯奪而易之。世未明其款情。而謂其苟駮前師。㠯見異于人。乃慨然而歎曰。豈好難哉。予不得已也。聖人之門。方壅不通。孔氏之路。枳棘充焉。豈得不開而辟之哉。若無由之者。亦非予之罪也。是㠯撰經禮申明其義。及朝論制度。皆據所見而言。孔子二十二世孫有孔猛者。家有其先人之書。昔相從學。頃還家。方取㠯來。與予所論。有若重規疊矩。昔仲尼曰。文王既沒。文不在茲乎。天之將喪斯文也。後死者不得與于斯文也。天之未喪斯文。匡人其如予何。言天喪斯文。故令已傳斯文

于天下。今或者天未欲亂斯文。故令從予學。而予從猛得斯論。已明相與孔氏之無違也。斯皆聖人實事之論。而恐其將絕。故特爲解。以貽好事之君子。語云。牢曰。子云。吾不試。故藝。談者不知爲誰。多妄爲之說。孔子家語。弟子有琴張。一名牢。字子開。亦字張。衞人也。宗魯死。將往弔。孔子止焉。春秋外傳曰。昔堯臨民以五。說者曰。堯五載一巡狩。五載一巡狩。不得稱臨民以五。經曰五載一巡狩。此乃說舜之文。非說堯。孔子說論五帝。各道其異事。于舜云巡狩天下。五載一始。則堯之巡狩年數未明。周十二歲一巡。盜可言周臨民以十二乎。孔子曰。堯以土德王天下。而色尚黃。黃土德。五土之數。故曰臨民以五。此其義也。毛晉重刻北宋本家語。

宗廟頌

明德惟馨。昊天子之。眷祐我魏。薄言起之。起之伊何。黎元時雍。子之伊何。厤數在躬。於乎盛哉。神明是通。初學記十三。

湛湛甘露。濟濟醴泉。或涌于地。或降于天。天地交泰。品類蕃廡。祥瑞嘉應。其集如雨。屢獲豐年。穀我士女。祖考既饗。於惟樂胥。初學記十三。

賀正儀

元正首祚。璇機改度。伏稱萬壽。初學記四。

納徵辭

玄纁束帛。儷皮鴈羊。晉書禮志下。

家誡

夫酒所以行禮養性命歡樂也。過則爲患。不可不慎。是故賓主百拜。終日飲酒。而不得醉。先王所以備酒禍也。凡爲主人飲客。使有酒色而已。無使至醉。若爲人所强。必退席長跪。稱父戒以辭之。敬仲辭君。而況于人乎。爲客又不得唱造酒史也。若爲人所屬。下坐行酒。隨其多少。犯令行罰。示有酒而已。無使多也。禍變之興。常于此作。所宜深慎。藝文類聚二十三。

全三國文卷二十三終

全三國文卷二十四

烏程嚴可均校輯

魏二十四

賈詡

詡字文和。武威姑臧人。靈帝末察孝廉爲郎。以病去。少帝時。以太尉掾爲平津都尉。遷討虜校尉。獻帝初爲左馮翊。拜尚書。以母喪去官。拜光祿大夫宣義將軍。尋棄官依段煨。復依張繡。後與繡俱歸曹公。表爲執金吾。封都亭侯。參司空軍事。徙太中大夫。文帝嗣王位。進太尉。封魏壽鄉侯。卒年七十七。謚曰肅侯。

奏請治王立周忠罪

立。司候不明。疑誤上下。太尉周忠職所典掌。請皆治罪。（袁宏後漢獻帝紀初平四年。尚書賈詡奏云云。又見續漢五行志六注引同。）

國淵

淵字子尼。樂安蓋人。師事鄭康成。後避亂遼東。還曹公辟爲司空掾屬。典屯田事。尋爲長史。遷魏郡太守。拜太僕。

敕魏郡功曹

此郡既大。今在都輦。而少學問者。其簡開解年少。欲遣就師。（魏志國淵傳。）

邴原

原字根矩。北海朱虛人。避黃巾亂至遼東。曹公辟爲司空掾。徙署丞相徵事。後爲五官將長史。

駮鄭玄皇后敬父母議

孝經云。父子之道。天性也。明王之章。先陳事父之孝。女子子出降其父母。婦人外成。不能二統耳。春秋左氏傳曰。紀裂繻來逆女。列國尊同。逆者謙不敢自成。故以在父母之辭言之。禮敵必三讓之義也。祭公逆王后于紀者。至尊以無外。辭無所屈。成言曰王后。紀季姜歸于京師。尊已成。稱季姜。從禮子尊不加于父母之明文也。如皇后于公庭官僚之中。令父獨拜。違古之道。斯義何施。漢高五日一朝太上皇。家令譏子道不盡。欲微感之。令太上皇擁篲卻行稱臣。雖去聖久遠。禮文闕然。父子之義。五品之常。不易之道。竊爲公私易節。公庭則爲臣。在家則爲父。是違禮而無常也。言子事父無貴賤。又云子不爵父。（通典六十七。）

管寧

寧字幼安。北海朱虛人。避亂遼東三十七年。文帝時還。就徵以爲太中大夫。固辭。明帝及齊王屢徵不出。正始二年卒。年八十四。有集三卷。

辭疾上書

臣聞傅說發夢。以感殷宗。呂尚啟兆。以動周文。以通神之才。悟于聖主。用能匡佐帝業。克成大勳。臣之器朽。實非其人。雖貪清時。釋體蟬蛻。內省頑病。日薄西山。惟陛下聽野人山藪之願。使一老者得盡微命。（魏志管寧傳注引傅子。）

辭徵命上疏（太和四年二月）

草莽臣寧上疏。臣海濱孤微。罷農無伍。祿運幸厚。橫蒙陛下纂承洪緒。德侔三皇。化溢有唐。久荷渥澤。積祀一紀。不能仰荅陛下恩養之福。沈委篤痾。寢疾彌留。逋違臣隸顛倒之節。夙宵戰怖。無地自厝。臣元年十一月被公車司馬令所下州郡。八月甲申詔書徵臣。更賜安車衣被茵蓐。以禮發遣。光寵並臻。優命屢至。怔營竦息。悼心失圖。思自陳聞。申展愚情。而明詔抑割。不令稍修章表。是以鬱滯。訖于今日。誠謂乾覆恩有紀極。不意靈潤彌以隆赫。奉今年二月被州郡所下三年十二月辛酉詔書。重賜安車衣服。別駕從事與郡功曹以禮發遣。又特被璽書。以臣爲光祿勳。躬秉勞謙。引喻周秦。損上益下。受詔之日。精魄飛散。靡所投死。臣重自省揆。德

責當作眚

非園綺而蒙安車之榮功無賚融而蒙璽封之寵槩梲駑下荷棟梁之任垂沒之命獲九棘之位懼有朱博鼓妖之責又年疾日侵有加無損不任扶輿進路以塞元責望慕閶闔徘徊闕庭謹拜章陳情乞蒙哀省抑恩聽放無令骸骨塡于衢路（魏志管甯傳）

辭辟別駕文

州民管誕燕雀之賤楹朝桐之華夫別駕者明使君之羽翼顯化之鷹揚宜得英儒非誕（疑當作州民）闇昧所可私者（書鈔七十三引兩條又通典三十二引管甯集案魏志本傳不言辟別駕當是在遼東時事耳）

答桓範書

乾道輔誠誕膺嘉祚膺受多福為國蕃維雖分陝之任未足比盛遠近隆望何慶如之昔值險阻越竄海濱于裔歷載風綱不紀暨蒙國恩還踐舊土簿佐多難恆嬰篤疾愧使區區展之無階泛愛遇隆遠辱綸墨降尊誘卑訓喻過泰見得思義抱以踧踖不勝來顧裁因答辱（藝文類聚三十七）

德上脫功字

桓階

階字伯緒（孫夫人碑作伯序）長沙臨湘人為郡功曹太守孫堅舉孝廉除尚書郎以父喪去劉表辟為從事祭酒曹公平荊州辟為丞相掾主簿遷趙郡太守魏國建為虎賁中郎將侍中遷尚書文帝即王位遷尚書令封高鄉亭侯加侍中及受禪徙封安樂鄉侯拜太常卒諡曰貞侯

奏請追崇始祖

臣聞尊祖敬宗古之大義故六代之君未嘗不追崇始祖顯彰所出先王應期撥亂啟魏大業然禰廟未有異號非崇孝敬示無窮之義也太尉公侯宜有尊號所以表功崇德發事顯名者也故易言乾坤皆曰大德言大人與天地合臣等以為太尉公侯誕育聖哲以濟羣品可謂資始其德之號莫過于大王（通典七十二）

奏請具受禪禮儀

漢氏以天子位禪之陛下陛下以聖明之德歷數之序承漢之禪允當天心夫天命弗可得辭兆民之望弗可得違臣請會列侯諸將羣臣陪隸發璽書順天命具禮儀列奏（魏志文帝紀注引獻帝傳）

奏議受禪禮儀

昔堯舜禪于文祖至漢氏以師征受命畏天之威不敢怠遑便即位行在所之地今當受禪代之命宜會百寮羣司六軍之士皆在行位使咸覩天命營中促狹可于平敞之處設壇場奉荅休命臣輒與侍中常侍會議禮儀太史官擇吉日訖復奏（魏志文帝紀注引獻帝傳）

奏請受禪（藝文類聚題作勸進表）

今漢使音奉璽書到臣等以為天命不可稽神器不可瀆周武中流有白魚之應不待師期而大號已建舜受大麓桑蔭未移而已陟帝位皆所以祗承天命若此之速也故無固讓之義不以守節為貴必道信于神靈符合于天地而已易曰其受命如響無有遠近幽深遂知來物非天下之至精其孰能與于此今陛下應期運之數為皇天所子而復稽滯于辭讓低佪于大號非所以則天地之道副萬國之望臣等敢以死請輒敕有司修治壇場擇吉日受禪命發璽綬（魏志文帝紀注引獻帝傳于是尚書令桓階等奏又略見藝文類聚十三）

又奏

今漢氏之命已四至而陛下前後固辭臣等伏以為上帝之臨聖德期運之隆大魏斯豈數載傳稱周之有天下非甲子之朝殷之去帝位非牧野之日也故詩序商湯追本玄王之至述姬周上錄后稷之生是以受命既固厥德不回漢氏衰廢行次已絕三辰垂其徵史官著其驗耆老記先古之占百姓協歌謠之聲陛下應天受禪當速即壇場柴燎上帝誠不宜久停神器拒億兆之願臣輒下太史令擇元辰今月二十九日可登壇受命請詔王公羣卿具

條禮儀別奏。魏志注同上。

奏改服色犧牲

據三正周復之義。國家承漢氏人正之後。當受之㠯地正。犧牲宜用白。今從漢十三月正。則犧牲不得獨改。今新建皇統。宜稽古典先代。㠯從天命。而告朔犧牲。一皆不改。非所㠯明革命之義也。宋書禮志一。

鍾繇

繇字元常。潁川長社人。獻帝初舉孝廉。歷尚書郎陽陵令。㠯疾去。辟三府。爲廷尉正黃門侍郎。及遷許。拜御史中丞。遷侍中尚書僕射。封東武亭矦。尋㠯侍中守司隸校尉。督關中諸軍。魏國建。爲大理。遷相國。文帝卽王位。復爲大理。及受禪。改廷尉。進封崇高鄉矦。遷太尉。轉封平陽鄉矦。明帝卽位。進封定陵矦。遷太傅。太和四年卒。謚曰成矦。

賀捷表

臣繇言。戎路兼行。履險冒寒。臣㠯無任。不獲扈從。企仰懸情。無有寍舍。卽日長史逺充宣大令。命知征南將軍運田單之奇。厲憤怒之眾。與徐晃同勢。并力撲討。表裏俱進。應期尅捷。馘滅凶逆。賊帥關羽。已被矢刃。傅方反覆。胡修背恩。天道禍淫。不終厥命。奉聞嘉憙。喜不自勝。望路載笑。踊躍逸豫。臣不勝欣慶。謹拜表因便宜上聞。臣繇誠惶誠恐。頓首頓首。死罪死罪。建安廿四年閏月九日。南蕃東武亭矦臣繇上。絳帖。

請許吳主委質表

尚書宣示孫權所求。詔令所報。所㠯博示。逺于卿佐。必冀良方出于阿是。芻蕘之言。可擇廊廟。況繇始㠯疏賤。得爲前恩。橫所盱睨。公私見異。愛同骨肉。殊遇厚寵。㠯至今日。再世榮名。同國休慼。敢不自量。竊致愚慮。仍日達晨。坐㠯待旦。退思鄙淺。聖意所棄。則又割意。不敢獻聞。深念天下。今爲已平。權之委質。外震神武。度其拳拳。無有二計。高尚自疏。況未見信。今推款誠。欲求見信。實懷不自信之心。亦宜待之㠯信。而當護其未自信也。其所求者。不可不許。許之而反。不必可與。求之而不許。勢必自絕。許而不與。其曲在己。里語曰。何㠯罰。與之奪。何㠯怒。許不與。思省所示報權疏。曲折得宜。宜神聖之慮。非今臣下所能有增益。昔與文若奉事先帝。事有數者。有侶于此。粗表二事。㠯爲今者事勢。尚當有所依違。願君思省。若㠯在所慮可。不須復貟。節度唯君。恐不可采。故不自拜表。淳化閣帖二。

力命表

臣繇言。臣力命之用。㠯無所立。帷幄之謀。而又愚耄。聖恩低佪。待㠯殊禮。天下始定。帥土欣戴。唯有江東。當少留思。旣與上公同見訪問。昨讌見復蒙逮及。雖緣詔令陳其愚心。而臣所懷造膝之事。

昔先帝嘗㠯事及臣。遣侍中王粲杜襲就問臣。臣所懷未盡。冀益絲髮。乞使侍中與臣議之。臣不勝愚款慺慺之情。謹表㠯聞。臣繇誠惶誠恐。頓首頓首。死罪死罪。司徒東武亭矦臣鍾繇表。寶晉齋帖。

薦關內矦季直表

臣繇言。臣自遭遇先帝。忝列腹心。爰自建安之初。王師破賊關東。時年荒穀貴。郡縣殘毀。三軍餽饟。朝不及夕。先帝神略奇計。委任得人。深山窮谷。民所米豆。道路不絕。遂使强敵喪膽。我眾作氣。旬月之閒。廓清蟻聚。當時實用故山陽太守關內矦季直之策。尅期成事。不差豪髮。先帝賞㠯封爵。授㠯劇郡。今直罷任。旅食許下。素爲廉吏。衣食不充。臣愚欲望聖德錄其舊勳。矜其老困。復彼一州。俾圖報效。直力氣尚壯。必能夙夜保養人民。臣受國家異恩。不敢雷同。見事不言。干犯宸嚴。臣繇誠惶誠恐。頓首頓首。謹言。黃初二年八月日。司徒東武亭矦臣鍾繇表。寶晉齋帖。

請復肉刑代死刑疏

大魏受命。繼蹤虞夏。孝文革法。不合古道。先帝聖德。固天所縱。墳典之業。一㠯貫之。是㠯繼世。仍發明詔。思復古刑。爲一代法。連有軍事。遂未施行。陛下遠追二祖遺意。惜斬趾可㠯禁惡。恨入死之無辜。使明習律令。與羣臣共議。出本當右趾而入大辟者。復行此刑。書云。皇帝清問下民。鰥寡有辭于苗。此言堯當除蚩尤有苗之刑。先審問于下民之有辭者也。若今蔽獄之時。訊問三槐九棘羣吏萬民。使如孝景之令。其當棄市。欲斬右趾者許之。其黥劓左趾宮刑者。自如孝文易㠯髡笞。能有姦者。率年二十至四五十。雖斬其足。猶任生育。今天下人少于孝文之世。下計所全。歲三千人。張蒼除肉刑。所殺歲㠯萬計。臣欲復肉刑。歲生三千人。子貢問能濟民。可謂仁乎。子曰。何事于仁。必也聖乎。堯舜其猶病諸。又曰。仁遠乎哉。我欲仁。斯仁至矣。若誠行之。斯民永濟。魏志鍾繇傳。又見藝文類聚五十四。

上書自劾

臣前上言。故鎮北將軍領河東太守安陽亭侯王邑。巧辟治官。犯突科條。事當推劾。檢實姦詐。被詔書當如所糾。㠯其歸罪。故加寬赦。又臣上言。吏民大小。各懷顧望。謂邑當還。拒太守杜畿。今皆反悔。共迎畿之官。謹案文書。臣㠯空虛。被蒙拔擢。入充近侍。兼典機衡。忝膺重任。總統偏方。既無德政㠯惠民物。又無威刑㠯檢不恪。至使邑違犯詔書。郡掾衛固。誑迫吏民。訟訴之言。交驛道路。漸失其禮。不虔王命。今雖反悔。醜聲流聞。咎皆由繇。刑威不攝。臣又疾病。前後歷年。氣力日微。尸素重祿。曠廢職任。罪明法正。謹案侍中守司隸校尉東武亭侯鍾繇。幸得蒙恩。㠯斗筲之才。仍見拔擢。顯從近密。銜命督使。明知詔書深疾長吏政教寬弱。檢下無刑。久病淹滯。衆職荒頓。法令失張。邑雖違科。當必繩正法。既舉文書。操彈失理。至乃使邑遠詣闕廷。隳恭使命。挫傷爪牙。而固誑迫吏民。拒畿連月。今雖反悔。犯順失正。海內兇赫。罪一由繇。威刑闇弱。又繇久病。不任所職。非繇大臣當所宜爲。繇輕慢憲度。不畏詔令。不與國同心。爲臣不忠。無所畏忌。大爲不敬。又不承用詔書。奉詔不謹。又聰明蔽塞。爲下所欺。弱不勝任。數罪謹㠯劾。臣請法車徵詣廷尉治繇罪。大鴻臚削爵土。臣久嬰篤疾。涉夏盛劇。命縣呼吸。不任部官。輒㠯文書付功曹從事馬適議。免冠徒跣。伏須罪誅。魏志鍾繇傳注引魏略。

處士君號謚議

案禮小記曰。親親㠯三爲五。㠯五爲九。上殺下殺旁殺。而親畢矣。乃唐堯之所㠯敦敘于九族也。其禮上殺于五。非不孝敬于祖也。下殺于五。非不慈愛于其孫也。旁殺于五。非不篤友于昆弟也。故爲族屬㠯禮殺之。處士君其數在六。于屬已盡。其廟當毀。其主當遷。今若追崇帝王之號。天下素不聞其受命之符。則是武皇帝櫛風沐雨。勤勞天下。爲非功也。推㠯人情。普天率土。不襲此議。處士君明神不安此禮。今諸博士㠯禮斷之。其義可從。通典七十二。

謝曹公書

屬賜甘酪及櫻桃。御覽八百五十八引魏武帝集。

報太子書

昔忝近任。并得賜玦。尚方耆老。頗識舊物。名其符采。必得處所。㠯爲執事有珍此者。是㠯鄙之用未奉貢。幸而紆意。實㠯悅懌。在昔和氏。殷勤忠篤。而繇待命。是懷愧恥。魏志鍾繇傳注引魏略。

又報書

臣出宮。屬賜甘酪及櫻桃。惠厚意綢繆。非言所申。御覽九百六十九。

荅太子書

臣同郡故司空荀爽言。人當道情。愛我者一何可愛。憎我者一何可憎。顧念孫權。了更嫵媚。魏志鍾繇傳注引魏略。

何當之當當作啻

與人書

吾與公達曾共使朱建平相。建平曰。荀君雖少。然當以後事付鍾君。吾時啁之曰。惟當嫁卿阿鶩耳。何當此子。竟早隕沒。戲言遂驗乎。今欲嫁阿鶩。使得善處。追思建平之妙。雖唐舉許負何以復加也。（魏志朱建平傳。）

詰毛玠對狀

自古聖帝明王。罪及妻子。書云。左不共左。右不共右。予則孥戮女。司寇之職。男子入于罪隸。女子入于舂槀。漢律。罪人妻子沒爲奴婢。黥面。漢法所行。黥墨之刑。存于古典。今眞奴婢祖先有罪。雖歷百世。猶有黥面供官。一以寬良民之命。二以宥并罪之辜。此何以負于神明之意。而當致旱。案典謀急恆寒若。舒恆燠若。寬則亢陽。所以爲旱。玠之吐言。以爲寬邪。以爲急也。急當陰霖。何以反旱。成湯聖世。野無生草。周宣令主。旱魃爲虐。亢旱以來。積三十年。歸咎黥面。爲相值不。衛人伐邢。師興而雨。罪惡無徵。何以應天。玠譏謗之言。流于下民。不悅之聲。上聞聖聽。玠之吐言。勢不獨語。時見黥面。凡爲幾人。黥面奴婢。所識知邪。何緣得見。對之歎言。時以語誰。見答云何。以何日月。于何處所。事已發露。不得隱欺。具以狀對。（魏志毛玠傳。）

雜帖

繇白。昨疏還。示知憂虞復深。遂積疾苦。何乃爾耶。蓋張樂于洞庭之野。鳥值而高翔。魚聞而深潛。豈絲磬之響。雲英之奏非耶。此所愛有殊。所樂乃異。君能審己而恕物。則常無所結滯矣。鍾繇白。（淳化閣帖二。）

白騎遂內書。不俟車駕。計吳人權道。情懷急切。當以時月待取伏罪之言。蓋不以疑相府小掾心吞若八九。（同上。）

弟常患羸頓。遇寒進口物多少。新婦動止仰人。（同上。）

十二日繇白。雪寒想勝常。得張侯書。賢從帷帳之悼。甚哀傷不可言。疾患自宜量力。不復具。繇白。（同上。）

墓田丙舍。欲使一孫于城西。一孫于都尉府。此繇家之嫡正之良者也。兄弟共哀異之。哀懷傷切。都尉文從自取禍痛。賢兄慈篤。情無有已。一門同恤。助以悽愴。如何如何。（案淳化誤收長風帖。今編入王羲之集四。）

隸書勢

鳥勢之變。乃惟佐隸。蠲彼煩文。崇此簡易。煥若星陳。鬱若雲布。（初學記二十一引鍾氏隸書勢三條。）

鍾毓

毓字稚叔。繇長子。年十四爲散騎侍郎。太和初遷黃門侍郎。正始中爲散騎常侍。以忤曹爽出爲魏郡太守。爽誅。徵拜御史中丞。歷侍中廷尉。正元中爲尚書。尋拜青州刺史。加後將軍。遷都督徐州諸軍事假節。又遷都督荊州。景元四年卒。贈車騎將軍。謚曰惠侯。有集五卷。

果然賦

果然似猴。象猿。黑頰青身。肉非嘉殽。唯皮爲珍。（藝文類聚九十五。御覽七百十。）

諫西征疏

夫策貴廟勝。功尚帷幄。不下殿堂之上。而決勝千里之外。車駕宜鎮守中土。以爲四方威勢之援。今大軍西征。雖有百倍之威。于關中之費。所損非一。且盛暑行師。詩人所重。實非至尊動軔之時也。（魏志鍾繇傳。）

奏誅李豐等

豐等謀迫脅至尊。擅誅冢宰。大逆無道。請論如法。（魏志夏侯玄傳。）

與曹爽書止增兵伐蜀

竊以爲廟勝之策。不臨矢石。王者之兵。有征無戰。誠以干戚可以

服有苗。退舍足以納原寇，不必縱吳漢于江關，謗韓信于井陘也。見可而進，知難而退，蓋自古之政。惟公矦詳之。魏志鍾繇傳

全三國文卷二十四終

全三國文卷二十五

烏程嚴可均校輯

魏二十五

鍾會

會字士季繇少子正始中爲祕書郎遷尚書中書侍郎高貴鄉公即位賜爵關內侯拜衞將軍遷黃門侍郎封東武亭侯㠯從平毌丘儉功遷太僕辭不受㠯討諸葛誕功遷司隸校尉景元中爲鎮西將軍假節都督關中諸軍事㠯定蜀功進司徒封縣侯尋謀據蜀爲亂兵所殺有老子注二卷芻蕘論五卷集十卷

遺榮賦

散髮抽簪永縱一壑文選沈約樂游苑餞呂僧珍詩注又張協詠史詩注作永絕一丘又張華荅何劭詩注

懷士賦

記遠念于輿波文選江淹雜體詩注

菊花賦

何秋菊之可奇兮獨華茂乎凝霜挺葳蕤于蒼春兮表壯觀乎金商延蔓蓊鬱緣坂被岡縹幹綠葉青柯紅芒華實離離暉藻煌煌□□規圓芳穎四張微風扇動照曜垂光于是季秋九月日數將并順陽應節爰鍾福靈置酒華堂高會娛情百卉彫瘁芳菊始榮紛葩曄曄或黃或青乃有毛嬙西施荆姬秦嬴妍姿妖豔一顧傾城擢纖纖之素手宣皓腕而露形仰撫雲髻俯弄芳榮藝文類聚八十一書鈔一百五十五初學記二十七御覽九百九十六

掇㠯纖手承㠯輕巾揉㠯玉英納㠯朱脣服之者長生食之者通神初學記二十七

故夫菊有五美焉圓花高懸準天極也純黃不雜后土色也早植晚登君子德也冒霜吐穎象勁直也流中輕體神仙食也藝文類聚八十一御覽九百九十六

蒲萄賦并序

余植蒲萄于堂前嘉而賦之命荀勖并作御覽九百七十二

美乾道之廣覆兮佳陽澤之至渥覽遐方之殊偉兮無斯果之獨珍託靈根于玄圃植昆山之高垠絲葉蓊鬱暖若重陰翳羲和秀房陸離混若紫英乘素波仰承甘液之靈露下歆豐潤于醴泉總衆和之淑美體至氣于自然珍味允備與物無儔淸濁外暘甘旨內遒滋澤膏潤入口散流藝文類聚八十七

孔雀賦

有炎方之偉鳥感靈和而來儀稟麗精㠯挺質生丹穴之南垂戴翠旄㠯表弁垂綵緌之森纚裁修尾之翹翹若順風而揚麾五色點注華羽參差鱗交綺錯文藻陸離丹口金輔玄目素規或舒翼軒峙奮迅洪姿或蹀足踟躕鳴嘯郁咿藝文類聚九十一

蜀平上言

賊姜維張翼廖化董厥等逃死遁走欲趣成都臣輒遣司馬夏侯咸護軍胡烈等經從劍閣出新都大渡截其前參軍爰彰將軍句安等躡其後參軍皇甫闓將軍王買等從涪南出衝其腹臣據涪縣爲東西勢援維等所統步騎四五萬人擐甲厲兵塞川塡谷數百里中首尾相繼憑恃其衆方軌而西臣敕咸闓等令分兵據勢廣張羅罔南杜走吳之道西塞成都之路北絕越逸之徑四面雲集首尾竝進蹊路斷絕走伏無地臣又手書申喻開示生路羣寇困逼知命窮數盡解甲投戈面縛委質印綬萬數資器山積昔舜舞干戚有苗自服牧野之師商旅倒戈有征無戰帝王之盛業全國爲上破國次之全軍爲上破軍次之用兵之令典陛下聖德侔蹤前代翼輔忠明齊軌公旦仁育羣生義征不譓殊俗向化無思不服師不踰時兵不血刃萬里同風九州共貫臣輒奉宣詔命導揚恩化復其社稷安其閭伍舍其賦調弛其征役訓之德禮㠯移

其風示之軌儀吕易其俗百姓欣欣人懷逸豫后來其蘇義無吕過魏志鍾會傳

與吳主書

執笏之心載在名策文選袁宏三國名臣贊注

與蔣斌書

巴蜀賢智文武之士多矣至于足下諸葛思遠譬諸草木吾氣類也桑梓之敬古今所敦西到欲奉瞻尊大君公侯墓當灑埽墳塋奉祠致敬願告其所在蜀志蔣琬傳

與姜維書

公侯吕文武之德懷邁世之略功濟巴漢聲暢華夏遠近莫不歸名每惟疇昔嘗同大化吳札鄭喬能喻斯好蜀志姜維傳

移蜀將吏士民檄

往者漢祚衰微率土分崩生民之命幾于泯滅我太祖武皇帝神武聖哲撥亂反正拯其將墜造我區夏高祖文皇帝應天順民受命踐阼烈祖明皇帝奕世重光恢拓洪業然江山之外異政殊俗率土齊民未蒙王化此三祖所吕顧懷遺恨也今主上聖德欽明紹隆前緒宰輔忠肅明允劬勞王室布政垂惠而萬邦協和施德百蠻而肅慎致貢悼彼巴蜀獨爲匪民愍此百姓勞役未已是吕命授六師龔行天罰征西雍州鎮西諸軍五道並進古之行軍吕仁爲本吕義治之王者之師有征無戰故虞舜舞干戚而服有苗周武有散財發廩表閭之義今鎮西奉辭銜命攝統戎重庶弘文告之訓吕濟元元之命非欲窮武極戰吕快一朝之政故略陳安危之要其敬聽話言益州先主吕命世英才興兵新野困躓冀徐之郊制命紹布之手太祖拯而濟之與隆大好中更背違棄同即異諸葛孔明仍規秦川姜伯約屢出隴右勞動我邊境侵擾我氐羌方國家多故未遑修九伐之征也今邊境乂清方內無事畜力

寓當作寓

待時并兵一向而巴蜀一州之衆分張守備難吕禦天下之師段谷侯和沮傷之氣難吕敵堂堂之陳比年吕來曾無寧歲征夫勤瘁難吕當子來之民此皆諸賢所親見也蜀相牡見禽于秦蜀相牡文選作蜀侯　案史記索隱言蜀王開明今此作相牡者戰國策使陳莊相蜀牡與莊形近疑陳莊相蜀遂據蜀後見禽于秦也史記及華陽國志皆不言未知其審公孫述授首于漢九州之險是非一姓此皆諸賢所備聞也明者見危于無形智者窺禍于未萌是吕微子去商長爲周賓陳平背項立功于漢豈晏安酖毒懷祿而不變哉今國朝隆天覆之恩宰輔弘寬恕之德先惠後誅好生惡殺往者吳將孫壹舉衆內附位爲上司寵秩殊異文欽唐咨爲國大害叛主讎賊還爲戎首咨困逼禽獲欽二子還降皆將軍封侯咨與聞國事壹等窮踧歸命猶加盛寵況巴蜀賢知見機而作者哉誠能深鑒成敗邈然高蹈投跡微子之蹤錯身陳平之軌則福同古人慶流來裔百姓士民安堵樂業農不易畝市不回肆去累卵之危就永安之福豈不美與若偷安旦夕迷而不反大兵一放玉石俱碎雖欲悔之亦無及已其詳擇利害自求多福各具宣布咸使聞知魏志鍾會傳又見文選

太極東堂夏少康漢高祖論

甘露元年二月丙辰帝宴羣臣于太極東堂與侍中荀顗尚書崔贊袁亮鍾毓給事中中書令虞松等並講述禮典遂言帝王優劣之差帝慕夏少康因問顗等曰有夏既衰后相殄滅少康收集夏衆復禹之績高祖拔起隴畝驅帥豪儁芟夷秦項包舉寓內斯二主可謂殊才異略命世大賢者也攷其功德誰宜爲先顗等對曰夫天下重器王者天授聖德應期然後能受命創業至于階緣前緒興復舊績造之與因難易不同少康功德雖美猶爲中興之君與世祖同流可也至如高祖臣等吕爲優帝曰自古帝王功德言行互有高下未必創業者皆優紹繼者咸劣也湯武高祖雖俱受

命賢聖之分所覺縣殊少康殷宗中興之美夏啟周成守文之盛論德較實方諸漢祖吾見其優未聞其劣顧所遇之時殊故所名之功異耳少康生于滅亡之後降爲諸矦之隸崎嶇逃難僅㠯身免能布其德而兆其謀卒滅過戈克復禹績（御覽作復禹之績）祀夏配天不失舊物非至德弘仁豈濟斯勳漢祖因土崩之勢杖一時之權專任智力㠯成功業行事動靜多違聖檢爲人子則數危其親爲人君則囚繫賢相爲人父則不能衞子身沒之後社稷幾傾若與少康易時而處或未能復大禹之績也推此言之宜高夏康而下漢祖矣諸卿具論詳之翌日丁巳講業既畢顗亮等議曰三代建國列土而治當其衰弊無土崩之勢可懷㠯德難屈㠯力逮至戰國彊弱相兼去道德而任智力故秦之弊可㠯力爭少康布德仁者之英也高祖任力智者之儁也仁智不同二帝殊矣詩書述殷中宗高宗皆列大雅少康功美過于二宗其爲大雅明矣少康爲

優宜如詔旨贊毓松等議曰少康雖積德累仁然上承大禹遺澤餘慶內有虞仍之援外有靡艾之助寒浞讒慝不德于民澆豷無親外內棄之㠯此有國蓋有所因至于漢祖起自布衣率烏合之士㠯成帝者之業論德則少康優課功則高祖多語資則少康易校時則高祖難帝曰諸卿論少康因資高祖創造誠有之矣然未知三代之世任德濟勳如彼之難秦項之際任力成功如此之易且太上立德其次立功漢祖功高未若少康盛德之茂也且夫仁者必有勇誅暴必用武少康武烈之威豈必降于漢祖哉但夏書淪亡舊文殘缺故勳美闕而罔載唯有伍員粗述大略其言復禹之績不失舊物祖述聖業舊章不愆自非大雅兼才孰能與于此向令墳典具存行事詳備亦豈有異同之論哉于是羣臣咸悅服中書令松進曰少康之事去世久遠其文昧如是㠯自古及今議論之士莫有言者德美隱而不宣陛下既垂心遠鑒攷詳古昔又

發當作汝

發德音贊明少康之美使顯于千載之上宜錄㠯成篇永垂于後帝曰吾學不博所聞淺狹懼于所論未獲其宜縱有可采億則屢中又不足貴無乃致笑後賢彰吾闇昧乎于是侍郎鍾會退論次焉（魏志高貴鄉公紀注引魏氏春秋又見藝文類聚十二御覽八十二四百四十五）

論程盛

丹霄之鳳青冥之龍（文選任昉王文憲集序注引鍾會集）

母夫人張氏傳

夫人張氏字昌蒲太原茲氏人太傅定陵成矦之命婦也世長吏二千石夫人少喪父母充成矦家脩身正行非禮不動爲上下所稱述貴妾孫氏攝嫡專家心害其賢數讒毀無所不至孫氏辨博有智巧言足㠯飾非文過然竟不能傷也及妊娠愈更嫉妒乃置藥食中夫人中食覺而吐之瞑眩者數日或曰何不向公言之荅曰嫡庶相害破家危國古今㠯爲鑒誡假如公信我衆誰能明其

事彼㠯心度我謂我必言固將先我事由彼發顧不快邪遂稱疾不見孫氏果謂成矦曰妾欲其得男故飲㠯得男之藥反謂毒之成矦曰得男藥佳事闇于食中與人非人情也遂訊侍者具服孫氏由是得罪出成矦問夫人何能不言夫人言其故成矦大驚益㠯此賢之黃初六年生會恩寵愈隆成矦既出孫氏更納正嫡賈氏夫人性矜嚴明于教訓會雖童稚勤見規誨年四歲授孝經七歲誦論語八歲誦詩十歲誦尚書十一誦易十二誦春秋左氏傳國語十三誦周禮禮記十四誦成矦易記十五使入大學問四方奇文異訓謂會曰學猥則倦倦則意怠吾懼汝之意怠故㠯漸訓汝今可㠯獨學矣雖好書籍涉歷衆書特好易老子每讀易孔子說鳴鶴在陰勞謙君子藉用白茅不出戶庭之義每使會反覆讀之曰易三百餘爻仲尼特說此者㠯謙恭慎密樞機之發行已至要榮身所由故也順斯術㠯往足爲君子矣正始八年會爲尚書

郎。夫人執會手而誨之曰。汝弱冠見敘。人情不能不自足。則損在其中矣。勉思其戒。是時大將軍曹爽專朝政。日縱酒沈醉。會兄侍中毓宴還言其事。夫人曰。樂則樂矣。然難久也。居上不驕。制節謹度。然後乃無危溢之患。今奢僭若此。非長守富貴之道。嘉平元年。車駕朝高平陵。會爲中書郎從行。相國宣文侯始舉兵。衆人恐懼。而夫人自若。中書令劉放侍郎衞瓘夏侯和等家皆怪問夫人。一子在危難之中。何能無憂。荅曰。大將軍奢僭無度。吾常疑其不安。太傅義不危國。必爲大將軍舉耳。吾兒在帝側何憂。聞且出兵。無他重器。其勢必不久戰。果如其言。一時稱明。會歷機密十餘年。頗豫政謀。夫人謂曰。昔范氏少子爲趙簡子設代邾之計。事從民悅。可謂功矣。然其母㠯爲乘僞作詐。末業鄙事。必不能久。其識本深遠。非近人所言。吾常樂其爲人。汝居心正。吾知免矣。但當修所志。㠯輔益時化。不忝先人耳。常言人誰能皆體自然。但力行不倦。抑

亦其次。雖接鄙賤。必㠯言信。取與之間。分畫分明。或問此無乃小乎。荅曰。君子之行。皆積小㠯致高大。若㠯小善爲無益而弗爲。此乃小人之事耳。希通慕大者。吾所不好。會自幼小。衣不過青紺。親營家事。自知恭儉。然見得思義。臨財必讓。會前後賜錢帛數百萬計。悉送供公家之用。一無所取。年五十有九。甘露二年二月暴疾薨。比葬。天子有手詔。命大將軍高都侯厚加賵贈。喪事無巨細。一皆供給。議者㠯爲公侯有夫人。有世婦。有妻有妾。所謂外命婦也。依春秋成風定姒之義。宜崇典禮。不得總稱妾名。于是稱成侯命婦。殯葬之事。有取于古制。禮也。（魏志鍾會傳注。此篇張溥誤分爲二。又略見御覽二百二十、又六百三十。）

四本論（世說文學篇注云。論才性同異。合離傅嘏論同。李豐論異。鍾會論合。王廣論離。）

芻蕘論

國之稱富者。在乎豐民。非獨謂府庫盈。倉廩實也。且府庫盈。倉廩實。非上天所降。皆取（御覽作資）之于民。民困則國虛矣。（初學記二十四、御覽一百九十一。）

吳之甌水若魚鼈。蜀之便山若鳥獸。（文選魏都賦注）

螢光增曜于日月。（白孔六帖九十五。）

賢者之處世。猶金玉之生于沙礫。豫章之產乎幽谷。下不之進于上。則無由而至矣。（御覽四百二。）

凡人之結交。誠宜盛不忘衰。達不棄窮。不疑惑于讒構。不信受于流言。經長歷遠。久而逾固。而人多初隆而後薄。始密而終疏。斯何故也。皆由交情不發于神氣。道數乖而不同。權㠯一時之術。取倉卒之利。有貪其財而交。有慕其勢而交。有愛其色而交。三者既衰。疏薄由生。（御覽四百六。）

夫莠生佀禾。鍮石像金。（御覽八百十三。）

焚林成烟。其佀如雲。（御覽八百七十一。）

孫邕

邕。濟南人。光和中從方士王和平至京師。後爲侍郎。黃初中爲渤海太守。（見孫夫人碑。又鮑勛傳。黃初六年。帝從壽春還。屯陳留郡界。太守孫邕見。則又嘗爲陳留太守。）景初初代盧毓爲侍中。正始中復代盧毓爲吏部尚書。尋加光祿大夫。領太史令。封關內侯。

上言合朔有違錯

光祿大夫領太史令邕言。典歷者案歷術。推交會之期。候者伺遲疾之度。當朔事無有違錯耳。（通典七十八。高貴鄉公正元二年。太史奏。三月一日寅時合朔。去交二度。恐相附近。王者奏宣敕有司。爲救日蝕備。既時過而不蝕。大將軍司馬昭推史官不驗之實。空設合朔之期。㠯疑上下。光祿大夫領太史令邕言云云。重問典歷周晃等。對辭小同。議乃止。）

王淩

淩字彥雲。太原祁人。司徒允兄子。獻帝時舉孝廉。爲發干長。遷中山太守。曹公辟爲丞相掾。文帝受禪。拜散騎常侍。出爲兗州

刺史。封宜城亭侯。加建武將軍。歷靑揚豫三州刺史。正始中爲征東將軍。進封南鄉侯。遷車騎將軍儀同三司。代高柔爲司空。又代蔣濟爲太尉。假節。嘉平三年謀廢立。司馬懿討之。送還京師。至項飲藥死。

與太傅司馬宣王書

卒聞神軍密發。已在百尺。雖知命窮盡。遲于相見。身首分離。不㠯爲恨。前後遣使有書。未得還報。企踵西望。無物㠯譬。昨遣書之後。便乘船來相迎。宿丘頭。旦發于浦口。奉被露布赦書。又得二十三日況。累紙誨示。聞命驚愕。五内失守。不知何地可㠯自處。僕久忝朝恩。歷試無效。統御戎馬。董齊東夏。事有闕廢。中心犯義。罪在二百。妻子同縣。無所禱矣。不圖聖恩天覆地載。橫蒙視息。復覩日月。亡甥令狐愚攜惑羣小之言。僕即時呵抑。使不得竟其語。既人已知。神明所鑒。夫非事無陰。卒至發露。知此梟夷之罪也。生我者父母。活我者子也。魏志王淩傳注引魏略。

身陷刑罪。謬蒙赦宥。今遣掾送印綬。頃至。當如詔書自縛歸命。雖足下私之。官法有分。同上。

王廣

廣字公淵。淩子。爲屯騎校尉。見世說文學篇注。淩誅并死。案世說賢媛篇注引魏氏春秋及魏志甚詳。別有王廣。晉初爲并州刺史。見晉書載紀劉宣傳。非即此。

子貢畫贊

□□端木。英辯才清。吐口敷華。發音揚馨。御覽四百六十四。

董昭

昭字公仁。濟陰定陶人。舉孝廉。除癭陶長柏人令。袁紹㠯爲參軍事。進魏郡太守。尋入朝。拜議郎。建安中除符節令。遷河南尹。又爲冀州牧。徙徐州牧。又徙魏郡太守。拜諫議大夫。封千秋亭侯。轉拜司空軍祭酒。文帝即王位。拜將作大匠。及受禪。遷大鴻臚。進封右鄉侯。徙封成都鄉侯。拜太常。徙光祿大夫給事中。拜太僕。明帝即位。進爵樂平侯。轉衛尉。拜司徒。卒年八十一。謚曰定侯。

上明帝表

武皇帝承涼州從事及武都降人之辭。說張魯易攻。陽平城下南北山相遠。不可守也。信㠯爲然。及往臨履。不如所聞。乃歎曰。他人商度。少如人意。攻陽平山上諸屯。既不時拔。士卒傷夷者多。武皇帝意沮。便欲拔軍截山而還。遣故大將軍夏侯惇將軍許褚呼山上兵還。會前軍未還。夜迷惑。誤入賊營。賊便退散。侍中辛毗劉曄等在兵後。語惇褚。言官兵已據得賊要屯。賊已散走。猶不信之。惇前自見。乃還白武皇帝。進兵定之。幸而克獲。此近事。吏士所知。魏志張魯傳注引魏名臣奏。

諫屯渚中作浮橋疏

武皇帝智勇過人。而用兵畏敵。不敢輕之若此也。夫兵好進惡退。常然之數。平地無險。猶尚艱難。就當深入。還道宜利。兵有進退。不可如意。今屯渚中。至深也。浮橋而濟。至危也。一道而行。至狹也。三者兵家所忌。而今行之。賊頻攻橋。誤有漏失。渚中精鋭。非魏之有。將轉化爲吳矣。臣私慼之。忘寢與食。而議者怡然不㠯爲憂。豈不惑哉。加江水向長。一旦暴增。何㠯防禦。就不破賊。尚當自完。柰何乘危不㠯爲懼。事將危矣。惟陛下察之。魏志董昭傳。

陳末流之弊疏　太和六年

凡有天下者。莫不貴尚敦樸忠信之士。深疾虛僞不眞之人者。㠯其毀敎亂治。敗俗傷化也。近魏諷則伏誅建安之末。曹偉則斬戮黃初之始。伏惟前後聖詔。深疾浮僞。欲㠯破散邪黨。常用切齒。而執法之吏。皆畏其威勢。莫能糾擿。毀壞風俗。侵欲滋甚。竊見當今年少。不復㠯學問爲本。專更㠯交游爲業。國士不㠯孝悌清修爲首乃以趨勢游利爲先。合黨連羣。互相褒歎。以毀訾爲罰戮。用黨譽爲爵賞。附己者則歎之盈言。不附者則爲作瑕釁。至乃相謂。今世何憂不度邪。但求人道不勤。羅之不博耳。又何患其不知己矣。但當吞之以藥而柔調耳。又聞或有使奴客名作在職。家人冒之出入。往來禁奧。交通書疏。有所探問。凡此諸事。皆法之所不取。刑之所不赦。雖諷偉之罪。無以加也。魏志董昭傳。

作曹公書與楊奉

吾與將軍聞名慕義。便推赤心。今將軍拔萬乘之艱難。反之舊都。翼佐之功。超世無疇。何其休哉。方今羣凶猾夏。四海未寧。神器至重。事在維輔。必須衆賢。以清王軌。誠非一人所能獨建。心腹四支。實相恃賴。一物不備。則有闕焉。將軍當爲內主。吾爲外援。今吾有糧。將軍有兵。有無相通。足以相濟。死生契闊。相與共之。魏志董昭傳。

與袁春卿書

蓋聞孝者不背親以要利。仁者不忘君以徇私。志士不探亂以徼幸。智者不詭道以自危。足下大君。昔避內難。南游百越。非疏骨肉。樂彼吳會。智者深識。獨或宜然。曹公愍其守志清恪。離羣寡儔。故特遣使江東。或迎或送。今將至矣。就令足下處偏平之地。依德義之主。居有泰山之固。身爲喬松之偶。以義言之。猶宜背彼向此。舍民趣父也。且邾儀父始與隱公盟。魯人嘉之。而不書爵。然則王所未命。爵尊不成。春秋之義也。況足下今日之所託者。乃危亂之國。所受者乃矯誣之命乎。苟不逞之與羣。而厥父之不恤。不可以言孝。忘祖宗所居之本朝。安非正之奸職。難可以言忠。忠孝並替。難以言智。又足下昔日爲曹公所禮辟。夫戚族人而疏所生。內所寓而外王室。懷邪祿而叛知己。遠福祚而近危亡。棄明義而收大恥。不亦可惜邪。若能翻然易節。奉帝養父。委身曹公。忠孝不墜。榮名彰矣。宜深留計。早決良圖。魏志董昭傳。袁紹同族春卿爲魏郡太守。在郡城中。其父元長在揚州。太祖遣

人迎之。昭書與春卿。

議丞相進爵九錫與荀彧書

昔周旦呂望。當姬氏之盛。因二聖之業。輔翼成王之幼。功勳若彼。猶受上爵。錫土開宇。末世田單。驅彊齊之衆。報弱燕之怨。收城七十。迎復襄王。襄王加賞于單。使東有掖邑之封。西有菑上之虞。前世錄功。濃厚如此。今曹公遭海內傾覆。宗廟焚滅。躬擐甲胄。周旋征伐。櫛風沐雨。且三十年。芟夷羣凶。爲百姓除害。使漢室復存。劉氏奉祀。方之曩者數公。若泰山之與丘垤。豈同日而論乎。今徒與列將功臣並侯一縣。此豈天下所望哉。魏志董昭傳注引獻帝春秋。

僞作袁紹檄告郡

得賊羅候安平張吉辭。當攻鉅鹿。賊故孝廉孫伉等爲應。檄到收行軍法。惡止其身。妻子勿坐。魏志董昭傳。

趙儼

儼字伯然。潁川陽翟人。建安初爲朗陵長。入爲司空掾屬主簿。歷章陵太守都督護軍扶風太守關中護軍。遷平寇將軍。文帝時歷侍中駙馬都尉。領河東太守典農中郎將。賜爵關內侯。尋封宜土亭侯。遷尚書。明帝時進封都鄉侯。出監荊豫諸軍。轉大司馬軍師。拜大司農。齊王時假節都督雍涼。徵爲驃騎將軍。遷司空。正始四年卒。謚曰穆侯。

薦胡昭

天真高絜。老而彌篤。玄虛靜素。有夷皓之節。宜蒙徵命。以勵風俗。魏志管寧傳。正始中。驃騎將軍趙儼。尚書黃休郭彝。散騎常侍荀顗鍾毓。太僕庾嶷。弘農太守何楨等遞薦昭。

與荀彧書

今陽安郡當送綿絹。道路艱阻。必致寇害。百姓困窮。鄰城並叛。易用傾蕩。乃一方安危之機也。且此郡人執守忠節。在險不貳。微善必賞。則爲義者勸。善爲國者。藏之于民。以爲國家宜垂慰撫。所斂

綵絹，皆俾還之。魏志趙儼傳

全三國文卷二十五終

烏程嚴可均校輯

魏二十六

邯鄲淳

淳字子叔一名竺潁川人初平中客荊州後歸曹公黃初初爲博士給事中有集二卷

投壺賦

古者諸侯閒于天子之事則相朝也㠯正班爵講禮獻功于是乃崇其威儀恪其容貌繁登降之節盛揖拜之數机設而弗倚酒澄而弗舉肅肅濟濟其惟敬焉敬不可久禮成于飫乃設大射否則投壺植茲華壺鳧氏所鑄厥高二尺盤腹修脰飾㠯金銀文㠯雕鏤（案當有四字一句）象物必具距筳七尺傑焉植駐矢維二四或柘或棘豐本纖末調勁且直執筭奉中司射是職曾孫侯氏與之乎皆得

然後觀夫投者之閑習察妙巧之所極駱驛聯翩（案當有四字一句）爰爰兔發翻翻隼集不盈不縮應壺順入何其善也每投不空四矢退效既入躍出荏苒偃仰（案此句有誤字）僶俛趨下餘勢振掉又足樂也擬議于此命中于彼動之如志靡有違盭譬諸爲政羣職罔弛也左右畢投效奇數鈞列置功筭稱善告賢三載考績幽明始分也比投不釋增是自遂雖往有功義所不貴春秋貶黨亦猶是類也若乃撮矢作驕累掇聯取一往納二巧無與耦斯乃絕倫之才尤異之手也柯列葩布匪罕匪稠雖就置猶弗然矧迴絕之所投惟茲巧之妙麗亦希世之寡儔調心術于混冥適容體于便安紛縱奇于施舍顯必中㠯微觀悅舉坐之耳目樂眾心而不倦瓌瑋百變惡可窮讚（藝文類聚七十四）

上受命述表

臣聞雅頌作于盛德典謨興于茂功德盛功茂傳序弗忘是故竹

帛㠯載之金石㠯聲之垂諸來世萬載彌光陛下㠯聖德應期龍飛在位其有天下也恭己㠯受天子之籍無爲而四海順風若乃天地顯應休徵祥瑞㠯表聖德者不可勝載鑠乎煥顯眞神明之所㠯祚命世之令主也凡自能言之類莫不謳歎于野執筆之徒咸竭文思獻詩上頌臣抱疾伏蓐作書一篇欲謂之頌則不能雍容盛懿列伸玄妙欲謂之賦又不能敷演洪烈光揚緝熙故思竭愚稱受命述（藝文類聚十）

受命述

伊上天闓載自民主肇建歷聽風聲陶唐爲盛虞夏受終殷周革命有禪而帝有代而王禪代雖殊大小緜同于是㠯漢歷在魏赤運歸黃也是故大魏之業皇耀震霆肅清宇內萬邦有截師義翼漢奉禮不越飾躬勠力茂亮弘烈樹深根㠯厚基播醇澤㠯釀味含光而弗耀戢翼而弗發將俟聖嗣是遂是達聖嗣承統爰宣重

光陳錫裕下民悅無疆三神宜釐四靈順方元龜介玉應龍粹黃若云魏德據茲㠯昌爾乃嗚玉陟壇三揖㠯俟既受休命龍旋鳳峙煌煌厥暉穆穆容止臨下有赫允也天子既踐帝位納璽要紱太常司燎升炮告類珪璋峩峩髦士棣棣蹌蹌聖躬御策㠯莅巍巍乎崇功顯顯乎德容信帝者之壯業天休之所鍾也于時天地咸和日月光精氛祲不作風塵弭清凡在壇場之位舉目平廣庭莫不君臣和德咸玉色而金聲屢省萬機訪謀老成治詠儒墨納策公卿昧旦孜孜夕惕乾乾務在諧萬國敘彝倫而折不若懷遠人混六合之風納于仁壽之門刑錯靡試偃伯靡軍然後乃勤功岱嶽升中上玄斯固我皇之大摹思心之所存也（藝文類聚十）

漢鴻臚陳紀碑（藝文類聚作鍾紀誤）

君諱紀字元方太丘君之元子也始祖有虞受禪陶唐亦㠯命禹其後嬀滿當周武王時祚土于陳君其世也君生應乾坤之純質

疑當作碑

受嵩嶽之精粹內苞九德外兼百行川深淪于不測膽智應于無方弘裕足以容衆矜嚴足以正己然後研幾道藝涉覽文學凡前言往行竹帛所載靡不悉該其善也亹亹焉其誘人也是以令聞廣譽塞于天淵儀形嘉誨範乎人倫存乎本傳故略舉其著于人事者焉顯考以茂行崇冠先儒季弟亦以英才知名當世孝靈之初竝遭黨錮俱處于家號曰三君故得奉常供養以循子道親執饋食朝夕竭歡及太丘君疾病終亡喪過乎哀崩傷嘔血如此者數焉服禮既除戚容彌甚聞名心瞿言及隕涕雖大舜之終慕曾參之自盡無以喻也豫州刺史嘉懿至德命敕百城圖畫形象于今遺稱越在民口既處隱約潛躬味道足不踰閾乃覃思著書三十餘萬言言不務華事不虛設其所交釋合贊規聖哲而後建旨明歸焉今所謂陳子者也初平之元禁罔蠲除四府竝辟弓旌交至雖崇其禮命莫敢屈用大將軍何進表選明儒君爲舉首公車

特徵起家拜五官中郎將到遷侍中旬有八日出相平原會孝靈晏駕賊臣秉政肆其兇虐剝亂宇內州郡幅裂戎與竝戒君冒犯鋒矢勤恤民隱馴之以禮教示之以知恥視事未朞士女向方會刺史敗于黃巾幽冀二州爭利其土君料敵知難不忍其民爲已致死乃辭而去之于是故老隨慕攀轅持轂輪不得轉遂晨夜間行寓于邳郯之野袁術恣睢僭號江淮圖覆社稷結婚呂布斯事成重必不測救君諭布不從遂與成婚送女在塗君爲國深憂乃奮策出奇以奪其心卒使絕好追女而還離逖姦謀使不得成國用乂安君之力也唯帝念功命作尚書令會車駕幸許拜大鴻臚實掌九儀四門穆穆遂登補袞闕以熙帝載不幸寢疾年七十有一建安四年六月卒惜乎懷道處否登庸日寡實使大業不究元勳靡建茲海內所爲嗟悼凡百所以失望也天子愍焉使者弔祭郡鄉以下臨喪會葬有子曰羣追惟蓼莪罔極之恩乃與邦彥碩老咨所以計功稱伐銘贊之義遂樹斯石用監于後其辭曰

於穆上德時惟我君固天縱之允鍾厥純命世作則實紹斯文遭險龍潛抗志浮雲所貴在己樂存事親雖處畎畝天子屢聞乃階郎將陪帝作鄰平原寇深遂辭其民思齊古公邠土是因不忘諗國惠我無垠復命喉舌秉國之均爰登卿士媚茲一人如何穹蒼不授遐年尠厥在位每懷不申股肱或虧朝誰與詢煢煢小子號泣于旻勒銘表德久而彌新古文苑又略見藝文類聚四十九

孝女曹娥碑

孝女曹娥者上虞曹盱之女也其先與周同祖末冑荒沈爰來適居盱能撫節案歌婆娑樂神以漢安二年五月時迎伍君逆濤而上爲水所淹不得其屍時娥年十四號慕思盱哀吟澤畔旬有七日遂自投江死經五日抱父屍出以漢安迄于元嘉元年青龍在辛卯莫之有表度尚設祭誄之辭曰

伊惟孝女曄曄之姿偏其反而令色孔儀窈窕淑女巧笑倩兮宜其家室在洽之陽待禮未施嗟喪慈父彼蒼伊何無父孰怙訴神告哀赴江永號視死如歸是以眇然輕絕投入沙泥翩翩孝女乍沈乍浮或泊洲嶼或在中流或趨湍瀨或還波濤千夫失聲悼痛萬餘觀者塡道雲集路衢流淚掩涕驚慟國都是以哀姜哭市杞崩城隅或有剋面引鏡剺耳用刀坐臺待水抱樹而燒於戲孝女德茂此儔何者大國防禮自修豈況庶賤露屋草茅不扶自直不鏤而雕越梁過宋比之有殊哀此貞厲千載不渝嗚呼哀哉亂曰名勒金石質之乾坤歲數歷祀丘墓起墳光于后土顯照天人生賤死貴利之義門何悵華落雕零早分葩豔窈窕永世配神若堯二女爲湘夫人時效彷彿以昭後昆古文苑

陳羣

羣字長文潁川許昌人大鴻臚紀子蜀先主爲豫州牧辟爲別

篤後舉秀才除栢令不行司空曹公辟爲西曹掾除蕭贊長平令父喪去官後㠯司徒掾舉高第爲治書侍御史轉參丞相軍事魏國建遷御史中丞轉侍中領丞相東西曹掾文帝即王位封昌武亭侯徙尚書及受禪遷尚書僕射加侍中徙尚書令進封潁鄉侯領中領軍又爲鎮東大將軍領中護軍錄尚書事明帝即位進封潁陰侯代王朗爲司空青龍四年卒謚曰靖侯有集五卷

明帝莅政上疏

詩稱儀刑文王萬邦作孚又曰刑于寡妻至于兄弟㠯御于家邦道自近始而化洽于天下自喪亂已來干戈未戢百姓不識王教之本懼其陵遲已甚陛下當盛魏之隆荷二祖之業天下想望至治唯有㠯崇德布化惠恤黎庶則兆民幸甚夫臣下雷同是非相蔽國之大患也若不和睦則有讐黨有讐黨則毀譽無端毀譽無

端則眞僞失實不可不深防備有㠯絕其源流魏志陳羣傳

諫謚皇女淑平原公主疏

長短有命存亡有分故聖人制禮或抑或致㠯求厥中防墓有不修之儉嬴博有不歸之魂夫大人動合天地垂之無窮又大德不踰閑動爲師表故也八歲下殤禮所不備況未朞月而㠯成人禮送之加爲制服舉朝素衣朝夕哭臨自古㠯來未有此比而乃復自往視陵親臨祖載願陛下抑割無益有損之事但悉聽羣臣送葬乞車駕不行此萬國之至望也聞車駕欲幸摩陂實到許昌二宮上下皆悉俱東舉朝大小莫不驚怪或言欲㠯避衰或言欲于便處移殿舍或不知何故臣㠯爲吉凶有命禍福由人移徙求安則亦無益若必當移避繕治金墉城西宮及孟津別宮皆可權時分止可無舉宮暴露野次廢損盛飾蠶農之要又賊地聞之㠯爲大衰加所煩費不可計量且由吉士賢人當盛衰處安危秉道信

命非徙其家㠯盜鄉邑從其風化無恐懼之心況乃帝王萬國之主靜則天下安動則天下擾行止動靜豈可輕脫哉魏志陳羣傳

諫營治宮室疏青龍三年二月

禹承唐虞之盛猶卑宮室而惡衣服況今喪亂之後人民至少比漢文景之時不過一大郡加邊境有事將士勞苦若有水旱之患國家之深憂也且吳蜀未滅社稷不安宜及其未動講武勸農有㠯待之今舍此急而先宮室臣懼百姓遂困將何㠯應敵昔劉備自成都至白水多作傳舍興費人役太祖知其疲民也今中國勞力亦吳蜀之所願此安危之機也惟陛下慮之魏志陳羣傳

又疏諫營治宮室青龍三年三月

昔漢祖唯與項羽爭天下羽已滅宮室燒焚是㠯蕭何建武庫太倉皆是要急然猶非其壯麗今二虜未平誠不宜與古同也夫人之所欲莫不有辭況乃天王莫之敢違前欲壞武庫謂不可不壞

也後欲置之謂不可不置也若必作之固非臣下辭言所屈若少留神卓然回意亦非臣下之所及也漢明帝欲起德陽殿鍾離意諫即用其言後乃復作之殿成謂羣臣曰鍾離尚書在不得成此殿也夫王者豈憚一臣蓋爲百姓也今臣曾不能少凝聖聽不及意遠矣魏志陳羣傳

諫追封太后父母

陛下㠯聖德應運受命創業革制當永爲後式案典籍之文無婦人分土命爵之制在禮典婦因夫爵秦違古法漢氏因之非先王之令典也魏志卞后傳

薦管寍

臣聞王者顯善㠯消惡故湯舉伊尹不仁者遠伏見徵士北海管寍行爲世表學任人師淸儉足㠯激濁貞正足㠯矯時前雖徵命禮未優備昔司空荀爽家拜光祿先儒鄭玄即授司農若加備禮

合當作舍

庶必可致至延西序坐而論道必能昭明古今有益大化（魏志管寧傳注引傳子）

奏請魏王受禪

漢自安帝已來政去公室國統數絕至于今者唯有名號尺土一民皆非漢有期運久已盡厤數久已終非適今日也是㠯桓靈之閒諸明圖緯者皆言漢行氣盡黃家當興殿下應期十分天下而有其九㠯服事漢羣生注望遐邇怨歎是故孫權在遠稱臣此天人之應異氣齊聲臣愚㠯爲虞夏不㠯謙辭殷周不吝誅放畏天知命無所與讓也（魏志武帝紀注引魏略侍中陳羣尚書桓階奏）

奏定厤

厤數難明前代通儒多共紛爭黃初之元㠯四分厤久遠疏闊大魏受命宜正厤明時韓翊首建黃初猶恐不審故㠯乾象互相參校其所校日月行度弦望朔晦校厤三年更相是非合本卽末爭長短而疑尺丈竟無時而決案三公議皆綜盡典理殊塗同歸欲使效之璿璣各盡其法一年之閒得失足定合于事宜（晉書律厤志中宋書厤志上）

復肉刑議

臣父紀㠯爲漢除肉刑而增加笞本興仁惻而死者更衆所謂名輕而實重者也名輕則易犯實重則傷民書曰惟敬五刑㠯成三德易著劓刖滅趾之法所㠯輔政助敎懲惡息殺也且殺人償死合于古制至于傷人或殘毀其體而裁翦毛髮非其理也若用古刑使淫者下蠶室盜者刖其足則永無淫放穿窬之姦矣夫三千之屬雖未可悉復若斯數者時之所患宜先施用漢律所殺殊死之罪仁所不及也其餘逮死者可㠯刑殺如此則所刑之與所生足㠯相貿矣今㠯笞死之法易不殺之刑是重人支體而輕人軀命也（魏志陳羣傳）

俞當作上　則王之則當作既

追尊始祖太王爲高皇議（太和三年六月）

周武追尊太王王季文王皆爲王是時周天子㠯王爲號追尊卽同故謂不㠯卑臨尊也魏㠯皇帝爲號今追號皇曾祖中常侍大長秋特進君爲王乃㠯卑臨尊也故漢祖尊其父爲上皇自是㠯後諸侯爲帝者皆尊其父爲皇也大長秋特進君宜號高皇載主宜㠯金根車可遣大鴻臚持節乘大使車從騶騎奉印綬卽鄴廟㠯太牢告祠（通典七十二）

諸王國相不應爲國王服斬縗議

諸王相國不應爲國王服斬縗古今異制損益不同古者諸侯專國子人至漢初患諸王子强暴奪之權食租而已乃選賢能代王居國相王爲善否則彈糾國家置王㠯下之吏非陪臣之謂也禮記雖有與諸侯爲親服斬者蓋謂異于國臣與有親于王斬耳雖陪臣不親猶不爲服豈專帝臣而爲蕃王服斬未有實不爲臣而名稱臣若欲假虛名㠯優王者欲崇君臣而服糾其罪名實既借君臣義乖遺禮失敎難㠯爲典近防輔小吏尚不稱臣況剖符帝臣而稱臣妾于藩王若使正名爲王臣則尚書當稱陪臣則王正臣不可不服則不宜還糾王罪若不稱陪臣俱言臣者此爲王與天子同臣也（通典八十八）

與諸葛亮書問劉巴消息

劉君子初（蜀志劉巴傳）

汝潁人物論

荀文若公達休若友若仲豫當今竝無對（魏志荀彧傳注引荀氏家傳）

田豫

豫字國讓漁陽雍奴人少事劉先主去從公孫瓚守東州令曹公召爲丞相軍謀掾除潁陰朗陵令歷弋陽南陽二郡太守文帝初遷使持節護烏丸校尉明帝時轉汝南太守加殄夷將軍

尋㠯本官督青州諸軍事齊王時遷使持節護匈奴中郎將加振威將軍領并州刺史徵爲衞尉屢乞遜位拜太中大夫食卿祿卒年八十一

荅司馬宣王書

年過八十而㠯居位譬猶鐘鳴漏盡而夜行不休是罪人也魏志田豫傳。

孫炎

炎字叔然樂安人受學鄭康成之門徵爲祕書監不就有禮記注三十卷爾雅注三卷。

荅或問

或問長吏遷在傳舍而死彼迎吏未至此二國吏服誰當輕重孫叔然荅曰古者諸侯㠯國爲家衞出其君于襄牛不書出奔㠯未出境也衞侯奔死鳥傳曰猶在境內則衞君也雖出傳舍固當㠯

君服之彼迎吏依娶女有吉日夫死斬衰弔既葬除之通典九十九。

董遇

遇字季直弘農人建安初舉孝廉稍遷黃門侍郎後轉冗散黃初中出爲郡守明帝時歷侍中大司農有周易注十卷春秋左氏傳章句三十卷老子訓注二卷。

祖臘議

士行之君故宜㠯未祖㠯丑臘爲得盛終之節不可㠯戌祖辰臘也初學記四臘十三引魏名臣奏大司農董遇議云云又見御覽三十三。

韓曁

曁字公至南陽堵陽人劉表辟除宜城長曹公平荊州辟丞相士曹屬遷樂陵太守黃初初封宜城亭侯尋遷太常進封南鄉亭侯青龍中爲太中大夫景初二年遜位加司徒卒謚曰恭。

臨終上疏

生有益于民死猶不害于民況臣備位台司在職日淺未能宣揚聖德㠯廣益黎庶寢疾彌留奄卽幽冥方今百姓農務不宜勞役乞不令洛陽士民供設喪具懼國典有常使臣私願不得展從謹冒㠯聞惟蒙哀許魏志韓曁傳注引楚國先賢傳。

奏外祖母無服

天子降周爲外祖母無服通典八十一太和六年明帝有外祖母之喪太常韓曁奏。

臨終遺言

夫俗奢者示之㠯儉儉則節之㠯禮歷見前代送終過制失之甚矣若爾曹敬聽吾言斂㠯時服葬㠯土藏穿畢便葬送㠯瓦器愼勿有增益魏志韓曁傳注引楚國先賢傳。

司馬芝

芝字子華河南溫人避亂荊州曹公㠯爲菅長歷濟南主簿遷廣平令又遷大理正歷甘陵沛陽平太守黃初中入爲河南尹

明帝卽位封關內侯拜大司農

攷竟曹洪乳母等事無澗神上疏

諸應死罪者皆當先表須報前制書禁絕淫祀㠯正風俗今當等所犯妖刑辭語始定黃門吳達詣臣傳太皇太后令臣不敢通懼有救護速聞聖聽若不得已㠯垂宿留由事不早竟是臣之罪是㠯冒犯常科輒敕縣攷竟擅行刑戮伏須誅罰魏志司馬芝傳。

奏請崇本抑末

王者之治崇本抑末務農重穀王制無三年之儲國非其國也管子區言㠯積穀爲急方今二虜未滅師旅不息國家之要惟在穀帛武皇帝特開屯田之官專㠯農桑爲業建安中天下倉廩充實百姓殷足自黃初㠯來聽諸典農治生各爲部下之計誠非國家大體所宜也夫王者㠯海內爲家故傳曰百姓不足君誰與足富足之由在于不失天時而盡地力今商旅所求雖有加倍之顯利

然于一統之計。已有不貲之損。不如墾田益一畝之收也。夫農民之事田。自正月耕種。耘鋤條桑。耕熯種麥。穫刈築場。十月乃畢。治廩繫橋。運輸租賦。除道理梁。墐塗室屋。呂是終歲無日不爲農事也。今諸典農各言留者爲行者宗田計課。其力勢不得不爾。不有所廢。則當素有餘力。臣呂爲不宜復呂商事雜亂。專呂農桑爲務。于國計爲便。魏志司馬芝傳。

議盜官練事

夫刑罪之失。失在苛暴。今贓物先得。而後訊其辭。若不勝掠。或至誣服。誣服之情。不可呂折獄。且簡而易從。大人之化也。不失有罪。庸世之治耳。今宥所疑。呂隆易從之義。不亦可乎。魏志司馬芝傳。遷大理正。有盜官練置都廁上者。吏疑女工。收呂付獄。芝曰云云。太祖從其議。

與羣下教

蓋君能設教。不能使吏必不犯也。吏能犯教。而不能使君必不聞也。夫設教而犯。君之劣也。犯教而聞。吏之禍也。君劣于上。吏禍于下。此政事所呂不理也。可不各勉之哉。魏志司馬芝傳。

門幹盜簪辭不符下教

凡物有相侶而難分者。自非離婁。鮮能不惑。就其實然。循行何忍重惜一簪。輕傷同類乎。其寢勿問。魏志司馬芝傳。

與劉節書

君爲大宗。加股肱郡。而賓客每不與役。既衆庶怨望。或流聲上聞。今條同等爲兵。幸時發遣。魏志司馬芝傳。

荅劉緯問

河南尹丞劉緯問曰。士孫德祖呂樂陵太守被書還陳留。已受印綬發邁。迎吏雖未至。左右已達。未入境而亡。不知樂陵送故吏當持重乎。陳留迎吏當持重乎。河南尹司馬芝荅曰。德祖見陳留太守。故樂陵守耳。樂陵吏呂舊君服。復何疑也。通典九十九。

劉緯難云。雖去樂陵。其義未絕。陳留雖迎。其恩未加。今使恩未加而服重。恩未絕而服輕。乎。禮娶女有吉日而女死。壻齊衰而弔。既葬除之。謂樂陵宜三年矣。芝荅。德祖已受帝命。君名已定。乃欲呂成名之君。比未成之婦。何邪。同上。

緯又難。陳留之吏。既未相見。而使三年。是責非時之恩。禮云。仕而未有祿。違而君薨。弗爲之服。明服呂恩。不呂名也。同上。

全三國文卷二十六終

全三國文卷二十七

烏程嚴可均校輯

魏二十七

劉曄

曄字子揚，淮南成德人，光武子阜陵王延之後。曹公辟爲倉曹掾，轉主簿，遷行軍長史，兼領軍。文帝受禪，進侍中，賜爵關內侯。明帝即位，進封東亭侯，後以疾爲太中大夫，轉大鴻臚，復遜位爲太中大夫，卒，謚曰景侯。

議追尊宜不過高皇疏

聖帝孝孫之欲褒崇先祖，誠無量已。然親疏之數，遠近之降，蓋有禮紀，所以割斷私情，克成公法，爲萬世式也。周王所以上祖后稷者，以其佐唐有功，名在祀典故也。至于漢氏之初，追謚之義，不過其父。上比周室，則大魏發迹自高皇始；下論漢氏，則追謚之禮不及其祖。此誠往代之成法，當今之明義也。陛下孝思中發，誠無已已，然君舉必書，所以慎于禮制也。曄思以爲追尊之義，宜齊高皇而已。魏志劉曄傳，通典七十二。

遺魯肅書

方今天下豪傑竝起，吾子姿才，尤宜今日。急還迎老母，無事滯于東城。近鄭寶者，今在巢湖，擁衆萬餘，處地肥饒，廬江閒人多依就之，況吾徒乎？觀其形勢，又可博集，時不可失，足下速之。吳志魯肅傳。

滿寵

寵字伯寧，山陽昌邑人。少爲郡督郵。曹公辟從事，又辟署西曹屬，除許令，遷汝南太守，從平荊州，還行奮威將軍，屯當陽，復召爲汝南太守，賜爵關內侯，屯樊城，封安昌亭侯。文帝時拜揚武將軍，更拜伏波將軍，封南鄉侯，遷前將軍。明帝時進封昌邑侯，領豫州刺史，代曹休都督揚州，拜征東將軍，景初中徵爲太尉，正始三年卒，謚曰景侯。

重請合肥移城表

孫子言兵者詭道也，故能而示之以弱，不能驕之以利，示之以懾。此爲形實不必相應也。又曰：善動敵者形之。今賊未至而移城卻內，此所謂形而誘之也。引賊遠水，擇利而動，舉得于外，則福生于內矣。魏志滿寵傳。

請備無彊口疏

曹休雖明果而希用兵，今所從道，背湖旁江，易進難退，此兵之窪地也。若入無彊口，宜深爲之備。魏志滿寵傳。

請合肥移兵更立城疏

合肥城南臨江湖，北遠壽春，賊攻圍之，得據水爲勢；官兵救之，當先破賊大輩，然後圍乃得解。賊往甚易，而兵往救之甚難，宜移城內之兵，其西三十里，有奇險可依，更立城以固守，此爲引賊平地而掎其歸路，于計爲便。魏志滿寵傳。

敕諸將

今夕風甚猛，賊必來燒軍，宜爲其備。魏志滿寵傳。

敕留府長史

若淩欲往迎，勿與兵也。魏志滿寵傳。

爲王淩報孫布書 太和五年

知識邪正，欲避禍就順，去暴歸道，甚相嘉尚。今欲遣兵相迎，然計兵少則不足相衞，多則事必遠聞。且先密計以成本志，臨時節度其宜。魏志滿寵傳。

郭淮

淮字伯濟，太原陽曲人。建安中舉孝廉，除平原府丞，遷丞相兵曹議令史，從征漢中，留爲夏侯淵司馬。淵敗，復爲張郃司馬。文帝即王位，賜爵關內侯，轉鎮西長史，行征羌將軍，黃初中擢雍州刺史。封射陽亭侯。太和中加建威將軍。轉揚武將軍。正始中拜前將軍。進封都鄉侯。嘉平中遷征西將軍。都督雍涼諸軍事。加車騎將軍。儀同三司。持節。進封陽曲侯。正元二年卒。追贈大將軍。謚曰貞侯。

白司馬宣王書

五子哀母。不惜其身。若無其母。是無五子。無五子亦無淮也。今輒追還。若于法未通。當受罪于主者。覲展在近。魏志郭淮傳注引世語。又世說亦有約文。

何夔

夔字叔龍。陳郡陽夏人。建安初。曹公辟司空掾。出爲城父令。遷長廣太守。徵還參丞相軍事。尋拜樂安太守。入爲丞相東曹掾。魏國建。拜尚書僕射。遷太僕。文帝受禪。封成陽亭侯。卒謚曰靖侯。

制新科下州郡上言

自喪亂已來。民人失所。今雖小安。然服教日淺。所下新科。皆㠯明罰敕法。齊一大化也。所領六縣。疆域初定。加㠯饑饉。若一切齊㠯科禁。恐或有不從教者。有不從教者。不得不誅。則非觀民設教隨時之意也。先王辨九服之賦。㠯殊遠近。制三典之刑。㠯平治亂。愚㠯爲此郡宜依遠域新邦之典。其民間小事。使長吏臨時隨宜。上不背正法。下㠯順百姓之心。比及三年。民安其業。然後齊之㠯法。則無所不至矣。魏志何夔傳。

入爲丞相東曹掾上言

自軍興㠯來。制度草創。用人未詳其本。是㠯各引其類。時忘道德。夔聞㠯賢制爵。則民慎德。㠯庸制祿。則民興功。㠯爲自今所用。必先核之鄉閭。使長幼順敘。無相踰越。顯忠直之賞。明公實之報。則賢不肖之分。居然別矣。又可修保舉故不㠯實之令。使有司別受其負。在朝之臣。時受敎與曹並選者。各任其責。上㠯觀朝臣之節。

下㠯寒爭競之源。㠯督羣下。㠯率萬民。如是則天下幸甚。魏志何夔傳。

楊阜

阜字義山。天水冀人。建安初爲安定長史。去官。後辟丞相府。州表留參軍事。㠯平馬超功賜爵關內侯。尋爲益州刺史。拜武都太守。在郡十餘年。明帝徵拜城門校尉。遷將作大匠。

諫治宮室發美女疏

臣聞明主在上。羣下盡辭。堯舜聖德。求非索諫。大禹勤功。務卑宮室。成湯遭旱。歸咎責己。周文刑于寡妻。㠯御家邦。漢文躬行節儉。身衣弋綈。此皆能紹令聞。貽厥孫謀者也。伏惟陛下奉武皇帝開拓之大業。守文皇帝克終之元緒。誠宜思齊往古聖賢之善治。總觀季世放蕩之惡政。所謂善治者。務儉約重民力也。所謂惡政者。從心恣欲。觸情而發也。惟陛下稽古世代之初所㠯明赫。及季世所㠯衰弱。至于泯滅。近覽漢末之變。足㠯動心誡懼矣。曩使桓靈

不廢高祖之法。文景之恭儉。太祖雖有神武。于何所施其能邪。而陛下何由處斯尊哉。今吳蜀未定。軍旅在外。願陛下動則三思。慮而後行。重慎出入。㠯往鑒來。言之若輕。成敗甚重。頃者天雨。又多卒暴雷電。非常。至殺鳥雀。天地神明。㠯王者爲子也。政有不當。則見災譴。克己內訟。聖人所記。惟陛下慮患無形之外。慎萌纖微之初。法漢孝文出惠帝美人。令得自嫁。頃所調送小女。遠聞不令。宜爲後圖。諸所繕治。務從約節。書曰。九族既睦。協和萬國。事思厥宜。㠯從中道。精心計謀。省息費用。吳蜀㠯定。爾乃上安下樂。九親熙熙。如此㠯往。祖考心歡。堯舜其猶病諸。今宜開大信于天下。㠯安衆庶。㠯示遠人。魏志楊阜傳。

伐蜀遇雨上疏太和四年秋

昔文王有赤烏之符。而猶日昃不暇食。武王白魚入舟。君臣變色。而動得吉瑞。猶尚憂懼。況有災異而不戰竦者哉。今吳蜀未平。而

天屬降變陛下宜深有以專精應答側席而坐思示遠以德綏邇以儉聞者諸軍始進便有天雨之患稽閡山險以積日矣轉運之勞擔負之苦所費以多若有不繼必違本圖傳曰見可而進知難而退軍之善政也徒使六軍困于山谷之間進無所略退又不得非主兵之道也武王還師殷卒以亡知天期也今年凶民饑宜發明詔損膳減服技巧珍玩之物皆可罷之昔邵信臣爲少府于無事之世而奏罷浮食今者軍用不足益宜節度（魏志楊阜傳）

諫帝送葬平原公主疏

文皇帝武宣皇后崩陛下皆不送葬所以重社稷備不虞也何至孩抱之赤子而可送葬也哉（魏志楊阜傳）

諫營洛陽宮殿觀閣疏

堯尚茅茨而萬國安其居禹卑宮室而天下樂其業及至殷周或堂崇三尺度以九筵耳古之聖帝明王未有極宮室之高麗以彫

弊百姓之財力者也桀作琁室象廊紂爲傾宮鹿臺以喪其社稷楚靈以築章華而身受其禍秦始皇作阿房而殃及其子天下叛之二世而滅夫不度萬民之力以從耳目之欲未有不亡者也陛下當以堯舜禹湯文武爲法則夏桀殷紂楚靈秦皇爲深誡高高在上實監后德慎守天位以承祖考巍巍大業猶恐失之不夙夜敬止允恭卹民而乃自暇自逸惟宮臺是侈是飾必有顛覆危亡之禍易曰豐其屋蔀其家闚其戶闃其無人王者以天下爲家言豐屋之禍至于家無人也方今二虜合從謀危宗廟十萬之軍東西奔赴邊境無一日之娛農夫廢業民有飢色陛下不以是爲憂而營作宮室無有已時使國亡而臣可以獨存臣又不言也君作元首臣爲股肱存亡一體得失同之孝經曰天子有爭臣七人雖無道不失其天下臣雖駑怯敢忘爭臣之義言不切至不足以感寤陛下陛下不察臣言恐皇祖烈考之祚將墜于地使臣身死有補萬一則死之日猶生之年也謹叩棺沐浴伏俟重誅（魏志楊阜傳）

讓封關內侯

阜君存無扞難之功君亡無死節之效于義當絀于法當誅超又不死無宜苟荷爵祿（魏志楊阜傳）

應詔議政治不便于民

致治在于任賢興國在于務農若舍賢而任所私此忘治之甚者也廣開宮館高爲臺榭以妨民務此害農之甚者也百工不敦其器而競作奇巧以合上欲此傷本之甚者也孔子曰苛政甚于猛虎今守功文俗之吏爲政不通治體苟好煩苛此亂民之甚者也當今之急宜去四甚並詔公卿郡國舉賢良方正敦樸之士而選用之此亦求賢之一端也（魏志楊阜傳）

辛毗

毗字佐治潁川陽翟人曹公克鄴表爲議郎後爲丞相長史文

帝初遷侍中賜爵關內侯明帝卽位進封潁鄉侯尋爲衞尉青龍中卒謚曰肅侯

諫修殿舍疏

竊聞諸葛亮講武治兵而孫權市馬遼東量其意指似欲相左右備豫不虞古之善政而今者宮室大興加連年穀麥不收詩云民亦勞止迄可小康惠此中國以綏四方唯陛下爲社稷計（魏志辛毗傳）

諫平北芒疏

天地之性高高下下今而反之既非其理加以損費人功民不堪役且若九河盈溢洪水爲害而丘陵皆夷將何以禦之（魏志辛毗傳）

奏請宣著符命（藝文類聚題作勸進表）

侍中辛毗劉廙散騎常侍傅巽衞臻尚書令桓階尚書陳矯陳羣給事中博士騎都尉蘇林董巴等奏曰伏見太史丞許芝上魏國受命之符令書懇切允執謙讓雖舜禹湯文義無以過然古先哲

王所以受天命而不辭者誠急遵皇天之意副兆民之望弗得已也（藝文類聚作誠急于荅皇天之意副四海之望不得已也）且易曰觀乎天文以察時變觀乎人文以化成天下又曰天垂象見吉凶聖人則之河出圖洛出書聖人效之以爲天文因人而變至于河洛之書著于洪範則殷周效而用之矣斯言誠帝王之明符天道之大要也是以由德應錄者代興于前失道數盡者迭廢于後傳譏萇弘欲支天之所壞而說蔡墨雷乘乾之說明神器之存亡非人力所能建也今漢室衰替帝綱墮墜天子之詔歇滅無聞皇天將捨舊而命新百姓既去漢而爲魏昭然著明是可知也先王撥亂平世將建洪基至于殿下以至德當厤數之運卽位以來天應人事粲然大備神靈圖籍兼仍往古休徵嘉兆跨越前代是芝所取中黃運期姓緯之讖斯文乃著于前世與漢並見由是言之天命久矣非殿下所得而拒之也神明之意候望禋享兆民顒顒咸注嘉願惟殿下覽圖籍之明文急天下之公義輒宣令內外布告州郡使知符命著明而殿下謙虛之意（魏志文帝紀注引獻帝傳辛毗劉曄等奏又略見藝文類聚十三）

奏事

昔桓階爲尚書令以崔林非尚書才遷以爲河間太守（魏志崔林傳注引魏名臣奏）

改正朔議

魏氏遵舜禹之統應天順民至于湯武以戰伐定天下乃改正朔孔子曰行夏之時左氏傳曰夏數爲得天正何必期于相反（魏志辛毗傳）

高柔

柔字文惠陳留圉人高幹從弟曹公平河北以柔爲菅長辟丞相倉曹屬魏國建爲尚書郎轉丞相理曹掾遷潁川太守復還爲法曹掾文帝踐阼爲治書侍御史賜爵關內侯遷廷尉明帝卽位封延壽亭侯齊王時轉太常遷司空徙司徒曹爽誅進封萬歲鄉侯高貴鄉公卽位進封安國侯轉太尉景元四年卒年九十謚曰元侯

除妖謗賞告之法疏

今妖言者必戮告之者輒賞既使過誤無反善之路又將開凶狡之羣相誣罔之漸誠非所以息姦省訟緝熙治道也昔周公作誥稱殷之祖宗咸不顧小人之怨在漢太宗亦除妖言誹謗之令臣愚以爲宜除妖謗賞告之法以隆天父養物之仁（魏志高柔傳）

三公希與朝政上疏

天地以四時成功元首以輔弼興治成湯杖阿衡之佐文武憑旦望之力逮至漢初蕭曹之儔並以元勳代作心膂此皆明王聖主任臣于上賢相良輔股肱于下也今公輔之臣皆國之棟梁民所具瞻而置之三事不使知政遂各偃息養高鮮有進納誠非朝廷崇用大臣之義大臣獻可替否之謂也古者刑政有疑輒議于槐棘之下自今之後朝有疑議及刑獄大事宜數以咨訪三公三公朝朔望之日又可特延入講論得失博盡事情庶有裨起天聽弘益大化（魏志高柔傳）

請待博士以不次之位疏

臣聞遵道重學聖人洪訓褒文崇儒帝者明義昔漢末陵遲禮樂崩壞雄戰虎爭以戰陣爲務遂使儒林之羣幽隱而不顯太祖初興愍其如此在于撥亂之際並使郡縣立教學之官高祖卽位遂闡其業興復辟雍州立課試于是天下之士復聞庠序之教親俎豆之禮焉陛下臨政允迪叡哲敷弘大猷光濟先軌雖夏啟之承基周成之繼業誠無以加也然今博士皆經明行修一國清選而使遷除限不過長懼非所以崇顯儒術帥勵怠墮也孔子稱舉善而教不能則勸故楚禮申公學士銳精漢隆卓茂搢紳競慕臣以

爲博士者道之淵藪。六藝所宗。宜隨學行優劣。待㠯不次之位。敦崇道敎。㠯勸學者。于化爲弘。魏志高柔傳。

諫大興殿舍廣采衆女疏

二虜狡猾。潛自講肄。謀動干戈。未圖束手。宜畜養將士。繕治甲兵。㠯逸待之。而頃興造殿舍。上下勞擾。若使吳蜀知人虛實。通謀幷勢。復俱送死。甚不易也。昔漢文惜十家之資。不營小臺之娛。去病慮匈奴之害。不遑治第之事。況今所損者非惟百金之費。所憂者非徒北狄之患乎。可粗成見所營立。㠯充朝宴之儀。訖罷作者。使得就農。二方平定。復可徐興。昔軒轅㠯二十五子。傳祚彌遠。周室㠯姬國四十。歷年滋多。陛下聰達。窮理盡性。而頃皇子連多夭逝。熊羆之祥。又未感應。羣下之心。莫不悒戚。周禮天子后妃㠯下百二十人。嬪嬙之儀。旣㠯盛矣。竊聞後庭之數。或復過之。聖嗣不昌。殆能由此。臣愚㠯爲可妙簡淑媛。㠯備內宮之數。其餘盡遣還家。且㠯育精養神。專靜爲寶。如此。則螽斯之徵。可庶而致矣。魏志高柔傳。

諫就獄殺公孫晃疏

書稱用罪伐厥死。用德彰厥善。此王制之明典也。晃及妻子。叛逆之類。誠應梟縣。勿使遺育。而臣竊聞晃先數自歸。陳淵禍萌。雖爲凶族。原心可恕。夫仲尼亮司馬牛之憂。祁奚明叔向之過。在昔之美義也。臣㠯爲晃信有言。宜貸其死。苟自無言。便當市斬。今進不赦其命。退不彰其罪。閉著囹圄。使自引分。四方觀國。或疑此舉也。魏志高柔傳。

諫罪殺禁地鹿者疏

聖王之御世。莫不㠯廣農爲務。儉用爲資。夫農廣則穀積。用儉則財畜。畜財積穀。而有憂患之虞者。未之有也。古者一夫不耕。或爲之飢。一婦不織。或爲之寒。中閒已來。百姓供給衆役。親田者旣減。加頃復有獵禁。羣鹿犯暴。殘食生苗。處處爲害。所傷不貲。民雖障防。力不能禦。至如滎陽左右。周數百里。歲略不收。元元之命。實可矜傷。方今天下生財者甚少。而麋鹿之損者甚多。卒有兵戎之役。凶年之災。將無㠯待之。惟陛下覽先聖之所念。愍稼穡之艱難。寬放民閒。使得捕鹿。遂除其禁。則衆庶永濟。莫不悅預矣。魏志高柔傳。

預當作豫

臣深思陛下所㠯不早取此鹿者。誠欲使極蕃息。然後大取㠯爲軍國之用。然臣竊㠯爲今鹿但有日耗。終無從得多也。何㠯知之。今禁地廣輪且千餘里。臣下計無慮其中有虎大小六百頭。狼有五百頭。狐萬頭。使大虎一頭三日食一鹿。一虎一歲百二十鹿。是爲六百頭虎一歲食七萬二千頭鹿也。使十狼日共食一鹿。是爲五百頭狼一歲共食萬八千頭鹿。鹿子始生。未能善走。使十狐一日共食一子。比至健走一月之閒。是爲萬狐一月共食鹿子三萬頭也。大凡一歲所食十二萬頭。其鵰鶚所害。臣置不計。㠯此推之。終無從得多。不如早取之爲便也。御覽九百六引魏名臣奏。魏志高柔傳注引魏名臣奏。案御覽九百六引魏名臣奏作郎中黃觀上疏。疑當時兩人連名。

軍士亡勿罪妻子啟

士卒亡軍。誠在可疾。然竊聞其中時有悔者。愚謂乃宜貸其妻子。一可使賊中不信。二可使誘其還心。正如前科。固已絕其意望。而猥復重之。柔恐自今在軍之士。見一人亡逃。誅將及己。亦且相隨而走。不可復得殺也。此重刑非所㠯止亡。乃所㠯益走耳。魏志高柔傳。

嘗長敎還引去吏

昔邴吉臨政。吏嘗有非。猶尚容之。況此諸吏。于吾未有失乎。其召復之。咸還皆自勵。咸爲佳吏。魏志高柔傳。

丞相理曹掾令

夫治定之化。㠯禮爲首。撥亂之政。㠯刑爲先。是㠯舜流四凶族。皋陶作士。漢祖除秦苛法。蕭何定律。掾清識平當。明于憲典。勉恤之哉。魏志高柔傳。

猶小之猶當作又

與婦書

今致瑇瑁梳一枚。藝文類聚八十四御覽七百十四八百七。金鑷一雙。御覽七百十八。

孫禮

禮字德達，涿郡容城人。曹公平幽州，召爲司空軍謀掾，徙魯相，歴山陽等郡太守。明帝時入爲尚書，受遺詔拜大將軍長史，加散騎常侍。齊王初出爲陽州刺史，加伏波將軍，賜爵關內侯，徵拜少府，出爲荆州刺史，遷冀州牧。㠯奏事忤曹爽，劾廢在家。期年除城門校尉，出爲并州刺史，加振武將軍，使持節護匈奴中郎將。爽誅，入爲司隸校尉，遷司空，封大利亭侯。嘉平二年卒，謚曰景侯。

清河平原爭界案圖宜屬平原疏

管仲霸者之佐，其器猶小，猶能奪伯氏駢邑，使沒齒無怨言。臣受牧伯之任，奉聖朝明圖驗地著之界，界實㠯王翁河爲限；而鄃㠯

馬丹候爲驗，詐㠯鳴犢河爲界，假虛訟訴，疑誤臺閣。竊聞眾口鑠金，浮石沈木，三人成市虎，慈母投其杼。今二郡爭界八年，一朝決之者，緣有解書圖畫，可得尋案擿校也。平原在兩河向東上，其間有爵隄，爵隄在高唐西南，所爭地在高唐西北，相去二十餘里，可謂長歎息流涕者也。案解與圖奏，而鄃不受詔，此臣軟弱不勝其任，臣亦何顏尸祿素餐。輒束帶著履，駕車待放。魏志孫禮傳。

全三國文卷二十七終

全三國文卷二十八

烏程嚴可均校輯

魏二十八

衛覬

覬字伯儒，河東安邑人。曹公辟為司空掾，除茂陵令，再遷至尚書。魏國建，拜侍中。文帝即王位，徙尚書，尋還漢朝為侍郎，及受禪，復為尚書，封陽吉亭侯。明帝時進封閿鄉侯，卒，謚曰敬侯。

為漢帝禪位魏王詔

朕在位三十有二載，遭天下蕩覆，幸賴宗廟之靈，危而復存。然仰瞻天文，俯察民心，炎精之數既終，行運在乎曹氏。是以前王既樹神武之績，今王又光裕明德，以應其期，是厤數昭明，亦可知矣。大人之行，天下為公，選賢與能，故唐堯不私于厥子，而名播于無窮。朕羨而慕之，今其追踵堯典，禪位于魏王。袁宏後漢紀三十。又見魏志文紀注。案魏志

衛覬傳云：頃之還漢朝，勸贊禪代之義，為文誥之詔。是獻帝諸禪詔，皆衛覬作也。

乙卯冊詔魏王

惟延康元年十月乙卯，皇帝曰：咨爾魏王，夫命運否泰，依德升降。三代卜年，著于春秋，是以天命不于常，帝王不一姓，由來尚矣。漢道陵遲，為日已久，安順已降，世失其序，沖質短祚，三世無嗣，皇綱肇虧，帝典頹沮。暨于朕躬，天降之災，遭無妄厄運之會，值炎精幽昧之期。變興輦轂，禍由閹宦。董卓乘釁，惡甚澆豷，刼遷省御，太僕宮廟，遂使九州幅裂，彊敵虎爭，華夏鼎沸，蝮蛇塞路。當斯之時，尺土非復漢有，一夫豈復朕民。幸賴武王德膺符運，奮揚神武，芟夷凶暴，清定區夏，保乂皇家。今王纘承前緒，至德光昭，御衡不迷，布德優遠，聲教被四海，仁風扇鬼區，是以四方效珍，人神響應，天之厤數，實在爾躬。昔虞舜有大功二十，而放勛禪以天下；大禹有疏導之績，而重華禪以帝位。漢承堯運，有傳聖之義，加順靈祇，紹天明命，釐降二女，以嬪于魏。使使持節行御史大夫事太常音奉皇帝璽綬，王其永君萬國，敬御天威，允執其中，天祿永終，敬之哉。魏志文帝紀注引獻帝傳。

壬戌冊詔魏王

皇帝問魏王：言遣宗奉庚申書到，所稱引聞之。朕惟漢家世踰二十，年過四百，運周數終，行祚已訖，天心已移，兆民望絕，天之所廢，有自來矣。今大命有所底止，神器當歸聖德，違天不順，逆衆不祥。王其體有虞之盛德，應厤數之嘉會，是以禎祥告符，圖讖表錄，神人同應，受命咸宜。朕畏上帝，致位于王，天不可違，衆不可拒。且重華不逆堯命，大禹不辭舜位，若夫由卷匹夫，不載聖籍，固非皇材帝器所當稱慕。今使音奉皇帝璽綬，王其陟帝位，無逆朕命，以祇奉天心焉。魏志文帝紀注引獻帝傳。

丁卯冊詔魏王

天訖漢祚，辰象著明，朕祇天命，致位于王，仍陳厤數于詔冊，喻符運于翰墨。神器不可以辭拒，皇位不可以謙讓，稽于天命，至于再三。且四海不可以一日曠主，萬機不可以斯須無統，故建大業者不拘小節，知天命者不繫細物，是以舜受大業之命，而無遜讓之辭。聖人達節，不亦遠乎。今使音奉皇帝璽書，王其欽承，以荅天下響應之望焉。魏志文帝紀注引獻帝傳。

庚午冊詔魏王

昔堯以配天之德，秉六合之重，猶覩厤運之數，移于有虞，委讓帝位，忽如遺跡。今天既訖我漢命，乃眷北顧，帝皇之業，實有大魏。朕守空名以竊古義，顧視前事，猶有慙德，而王遜位至于三四，朕用懼焉。夫不辭萬乘之位者，知命達節之數也。虞夏之君，處之不疑，故勳烈垂于萬載，美名傳于無窮。今遣守尚書令侍中覬喻王，其速陟帝位，以順天人之心，副朕之大願。魏志文帝紀注引獻帝傳。

有當作在

位當作讓

禪位冊

咨爾魏王。昔者帝堯禪位于虞舜。舜亦㠯命禹。天命不于常。惟歸有德。漢道陵遲。世失其序。降及朕躬。大亂茲昏。羣凶肆逆。宇內顛覆。賴武王神武。拯茲難于四方。惟清區夏。㠯保綏我宗廟。豈予一人獲乂。俾九服實受其賜。今王欽承前緒。光于乃德。恢文武之大業。昭爾考之弘烈。皇靈降瑞。人神告徵。誕惟亮采。師錫朕命。僉曰爾度克協于虞舜。用率我唐典。敬遜爾位。於戲。天之厤數在爾躬。允執其中。天祿永終。君其祗順大禮。饗茲萬國。㠯肅承天命。魏志文帝紀。又見袁宏後漢紀三十。

受禪表

維黃初元年冬十月辛未。皇帝受禪于漢氏。上稽儀極。下考前訓。書契所錄帝王遺事。義莫顯于禪德。美莫盛于受終。故書陳納于大麓。傳稱厤數□□□是㠯降。世且二百。年幾三千。堯舜之事。復

存于今。允皇代之上儀。帝者之高致也。故立斯表。㠯昭德□義焉。皇帝體乾剛之懿姿。紹有虞之黃裔。九德既該。欽明文塞。齊光日月。材兼三極。及嗣位先皇。龍興饗國。撫柔烝民。化㠯醇德。崇在寬之政。邁愷悌之教。宣重光㠯照下。擬陽春㠯播惠。開禁倉。散滯積。冢臣□□□□□□之錫。衆兆陪臺蒙眀衛之養。興遺勳。繼絕世。褒忘之勞。獲金爵之賞。繈緥之孤。食舊德之祿。善無微而不旌。功無細而不□。□□戎士。哀矜庶獄。罷戍役。焚丹書。囹圄虛靜。外無曠夫。玄澤雲行。罔不沾渥。若夫覆載簡易。剛柔允宜。乾巛之德。陰陽□□□□□□類育物。奮庸造化之道。四時之功也。寬容淵嘿。恩洽羣黎。皇戲之賾。堯舜之姿也。孜孜業業。邁德濟民。伯禹之勞□□□□□叡智神武。料敵用兵。殷湯之略。周發之明也。廣大配天地。茂德苞衆聖。鴻恩洽于區夏。仁聲播于八荒。雖象胥所□□□□□□和而來王。是㠯休徵屢集。和氣烟熅。上降乾祉。下發巛珍。天闢啟闓。四靈具臻。涌醴橫流。山見黃人。所㠯顯受命之□□□□□之期運也。其餘甘露零于豐草。野蠶繭于茂樹。嘉禾神芝奇禽靈獸窮祥極瑞者。朞月之閒。蓋七百餘見。自金天㠯□□□□□□嘉祥之降。未有若今之盛者也。是㠯漢氏覩厤數之去已。知神器之有歸。稽唐禪虞。紹天明命。釐嬪二女。欽授天位。皇帝謙退。讓德不嗣。至于再。至于三。于是羣公卿士。僉曰陛下聖德。懿侔兩儀。皇符昭晰。受命咸宜。且有熊之興。地出大螾。夏后承統。木榮冬敷。殷湯革命。白狼銜鉤。周武觀□□□□□方之今日。未足㠯喻。而猶㠯一至之慶。寵神當時。紹天卽祚。負依而治。況于大魏靈瑞若茲者乎。蓋天命不可㠯辭。□□□□□□㠯意距。大統不可㠯久曠。萬國不可㠯乏主。宜順民神。速承天序。于是皇帝乃回思遷慮。旁覩庶徵。上在璿璣。筮之周易。卜㠯守龜。龜筮襲吉。五反靡違。乃覽公卿之議。順皇天之命。練吉日。□□□□唐典之明憲。遵大鹿之

遺訓。遂于繁昌築靈壇。設壝宮。跱圭璧。儲犧牲。延公矦卿士常伯常任納言諸節岳牧邦君虎□□□匈奴南單于東夷南蠻西戎北狄王矦君長之羣。入自旗門。咸旅于位。皇帝乃受天子之籍。冠通天。襲袞龍。穆穆皇皇。物有其容。上公策祝。燔燎棫樸。告類上帝。望秩五岳。煙于六宗。徧于羣神。□□□晏。祥風來臻。乃詔有司。大赦天下。改元正始。開皇綱。闡帝載。殊徽幟。革器械。脩廢官。班瑞節。同律量衡。更姓改物。勒崇垂鴻。創□作則。永保天祿。傳之罔極。碑本隸釋十九。案唐韋絢錄劉賓客嘉話。魏受禪表。王朗文。梁鵠書。鍾繇鐫字。謂之三絕。今據闕人年準魏敬矦碑陰。則受禪表衛覬撰。迹書年準去魏未遠。語允可信也。

請恤凋瘵罷役務疏

夫變情厲性。彊所不能。人臣言之既不易。人主受之又艱難。且人之所樂者。富貴顯榮也。所惡者。貧賤死亡也。然此四者。君上之所制也。君愛之則富貴顯榮。君惡之則貧賤死亡。順指者愛所由來。

逆意者惡所從至也。故人臣皆爭順指而避逆意。非破家爲國殺身成君者。誰能犯顏色觸忌諱。建一言開一說哉。陛下留意察之。則臣下之情可見矣。今議者多好悅耳。其言政治。則比陛下于堯舜。其言征伐。則比二虜于貍鼠。臣㠯爲不然。昔漢文之時。諸侯彊大。賈誼累息。㠯爲至危。況今四海之內。分而爲三。羣士陳力。各爲其主。其來降者。未肯言舍邪就正。咸稱迫于困急。是與六國分治。無㠯爲異也。當今千里無烟。遺民困苦。陛下不善留意。將遂凋弊。難可復振。禮。天子之器。必有金玉之飾。飲食之肴。必有八珍之味。至于凶荒。則徹膳降服。然則奢儉之節。必視世之豐約也。武皇帝之時。後宮食不過一肉。衣不用錦繡。茵蓐不緣飾。器物無丹漆。用能平定天下。遺福子孫。此皆陛下之所親覽也。當今之務。宜君臣上下。竝用籌策。計校府庫。量入爲出。深思句踐滋民之術。由恐不及。而尚方所造金銀之物。漸更增廣。工役不輟。侈靡日崇。帑藏日竭。昔漢武信求神仙之道。謂當得雲表之露。㠯餐玉屑。故立仙掌㠯承高露。陛下通明。每所非笑。漢武有求于露而由尚見非。陛下無求于露而空設之。不益于好。而糜費功夫。誠皆聖慮所宜裁制也。魏志衛覬傳。

公卿將軍奏上尊號

相國安樂鄉侯臣歆、太尉都亭侯臣詡、御史大夫安陵亭侯臣朗、使持節行都督督軍車騎將軍□□臣仁、輔國將軍清苑鄉侯臣若、虎牙將軍南昌亭侯臣輔、輕車將軍都亭侯臣忠、冠軍將軍好時鄉侯臣秋、渡遼將軍都亭侯臣柔、衛將軍國明亭侯臣洪、使持節行都督督軍鎮西將軍東鄉侯臣眞、使持節行都督督軍領揚州刺史征東將軍安陽鄉侯臣休、使持節行都督督軍征南將軍平陵亭侯臣尚、使持節行都督督軍徐州刺史鎮東將軍武安鄉侯臣霸、使持節左將軍中鄉侯臣郃、使持節右將軍建鄉侯臣晃、

使持節前將軍都鄉侯臣遼、使持節後將軍華鄉侯臣靈、匈奴南單于臣泉、奉常臣貞、郎中令臣洽、衛尉安國亭侯臣昱、太僕臣夔、大理東武亭侯臣繇、大農臣霸、少府臣林、督軍御史將作大匠千秋亭侯臣照、中領軍中陽鄉侯臣林、中護軍臣陟、屯騎校尉都亭侯臣祖、長水校尉關內侯臣淩、步兵校尉關內侯臣福、射聲校尉關內侯臣質、振威將軍涅鄉亭侯臣題、征虜將軍都亭侯臣觸、振武將軍尉猛亭侯臣當、忠義將軍樂鄉亭侯臣生、建節將軍平樂亭侯臣圃、安衆將軍元就亭侯臣神、翼衛將軍都亭侯臣衞、討夷將軍成遷亭侯臣愼、懷遠將軍關內侯臣巽、綏邊將軍常樂亭侯臣俊、安夷將軍高梁亭侯臣曷、奮武將軍長安亭侯臣豊、武衛將軍安昌亭侯臣褚等稽首言。臣等前上言。漢帝奉天命㠯固禪。羣臣因天命㠯固請。陛下違天命㠯固辭。臣等頑愚。猶知其不可。況神祇之心乎。宜蒙納許。㠯副海內欣戴之望。而丁卯制書詔臣等曰。㠯德則孤不足。㠯時則虜未滅。若㠯羣賢之靈。得保首領。終君魏國。于孤足矣。若孤者。胡足㠯辱四海。至乎天瑞人事。皆先王聖德遺慶。孤何有焉。是㠯未敢聞命。臣等伏讀詔書。於邑益甚。臣等聞易稱聖人奉天時。而論曰君子畏天命。天命有去就。然後帝者有禪代。是㠯唐之禪虞。命㠯在爾。虞之順唐。謂之受終。堯知天命去已。故不得不禪。舜知厤數在躬。故不敢不受。不得不禪。奉天時也。不敢不受。畏天命也。漢朝雖承季末陵遲之餘。猶務奉天命㠯則堯道。是㠯願禪帝位而歸二女。陛下正于大魏受命之初。抑虞夏之達節。尚延陵之讓體。所枉者大。所直者小。所詳者輕。所略者重。中人凡士。猶爲陛下陋之。殁者有靈。則重華必忿憤于蒼梧之神墓。大夏必鬱邑于會稽之山陰。武王必不悅于高陵之玄宮矣。是㠯臣等敢㠯死請。且漢政在奄宦。祿去帝室七世矣。遂集矢后于其宮殿。而二京爲之丘虛。當此之時。四海蕩覆。天下分崩。武王

親衣甲而冠冑。沐雨而櫛風。爲民請命。則活萬國。爲世撥亂。則致升平。鳩民而立長。築宮而置吏。元元無過罔于前業。而始有造于華裔。陛下即位。光昭文德。以翊武功。勤恤民隱。視之如傷。懼者甯之。勞者休之。寒者以煖。飢者以充。遠人以德服。寇敵以恩降。邁恩種德。光被四表。稽古篤睦。茂于放勳。罔漏吞舟。裕于周文。是以布政未期。人神並和。皇天則降甘露而臻四靈。后土則挺芝草而吐醴泉。虎豹鹿菟。咸素其色。雉鳩燕爵。亦白其羽。連理之木。同心之瓜。五采之魚。珍祥瑞物。雜遝于其間者。無不畢備。古人有言。微禹吾其魚乎。微大魏。則臣等之白骨。交橫于曠野矣。伏省羣臣內外前後章奏。所以陳敘陛下之符命者。莫不條河洛之圖書。授天地之瑞應。因漢朝之款誠。宣萬方之景附。可謂信矣著矣。□矣裕矣。高矣。巨矣。三王無以及。五帝無以加。民命之懸于魏邦。民心之繫于魏政。卅有餘年矣。此乃千世時至之會。萬載壹遇之秋。達節廣度。宜昭于斯際。拘攣狹行。不施于此時。久稽天命。罪在臣等。輒營壇場。具禮儀。擇吉日。□昭告昊天上帝。秩羣神之禮。須禋祭畢。會羣寮于朝堂。議年號正朔服色當所以施行。臣謹拜表朝堂。臣歆、臣詡、臣朗、臣仁、臣若、臣輔、臣忠、臣秋、臣柔、臣洪、臣眞、臣休、臣尚、臣霸、臣郃、臣晃、臣遼、臣靈、臣泉、臣貞、臣洽、臣昱、臣變、臣懿、臣霸、臣林、臣照、臣楙、臣陟、臣祖、臣凌、臣福、臣質、臣題、臣觸、臣當、臣生、臣圉、臣神、臣衞、臣愼、臣巽、臣俊、臣昺、臣豐、臣褚、誠惶誠懼。頓首頓首。死罪死罪。碑本。隸釋十九。魏志文帝紀引獻帝傳。案古文苑聞人牟準魏敬侯碑陰言羣臣上尊號奏衞覬撰。鍾繇書。

奏請置律博士

九章之律。自古所傳。斷定刑罪。其意微妙。百里長吏。皆宜知律。刑法者。國家之所貴重。而私議之所輕賤。獄吏者。百姓之所縣命。而選用者之所卑下。王政之弊。未必不由此也。請置律博士。轉相教授。魏志衞覬傳。又見晉書刑法志。通典一百六十三。

奏論賜謚

舊制。諸王及列侯薨。無少長皆賜謚。古之有謚。隨行美惡。非所以優之。又次以明識昭穆。使不錯亂也。臣以爲諸侯王及王子諸公侯薨。可隨行跡賜謚。其列侯始有功勞可一切賜謚。至于襲封者。則不賜謚。通典一百四。

關西議

西方諸將。皆豎夫崛起。無雄天下意。苟安樂目前而已。今國家厚加爵號。得其所志。非有大故。不憂爲變也。宜爲後圖。若以兵入關中。當討張魯。魯在深山。道徑不通。彼必疑之。一相驚動。地險衆彊。殆難爲慮。魏志衞覬傳注引魏書。司隸校尉鍾繇求以三千兵入關外。託討張魯。內以脅取質任。太祖使荀彧問覬。覬以爲云云。或以覬呈太祖。太祖初善之。而以繇自典其任。遂從繇議。

與荀彧書

關中膏腴之地。頃遭荒亂。人民流入荊州者十萬餘家。聞本土安寧。皆企望思歸。而歸者無以自業。諸將各競招懷。以爲部曲。郡縣貧弱。不能與爭。兵家遂彊。一旦變動。必有後憂。夫鹽。國之大寶也。自喪亂已來放散。今宜如舊置使者監賣。以其直益市犂牛。若有歸民。以供給之。勤耕積粟。以豐殖關中。遠民聞之。必日夜競還。又使司隸校尉留治關中。以爲之主。則諸將日削。官民日盛。此彊本弱敵之利也。魏志衞覬傳。又見晉書食貨志。

西嶽華山亭碑

惟光和元年歲在戊午。名曰咸池。季冬己巳。弘農太守河南河南樊君諱毅。字仲德。下車之初。恭肅神祀。西嶽至尊。詔書奉祠。躬親自往。省從勞謙。即事有漸。散齋華亭。齋室逼窄。郡縣官屬。瀆齋無處。尊卑錯揔。精誠不固。畏天之威。逢斯癉怒。時雨不興。甘澍弗布。念存黔首。懼闕曠素。于是與令巴郡朐忍先讜。公謀圖議。繕故斷度。擣廓。立室異處。左右趣之。莫不競慕。二年正月己卯興就。既成有九休嘉啟囂、各得竭情。福祿是顧。刻茲碑號。吏卒俠路。其辭曰。
巖巖西嶽。五鎮之宗。緒德之尊。大華優隆。皇帝永思。祀典孔明。高
神肎宴。珪璧贄通。赫赫在上。㠯啇萬邦。惟嶽降神。寶生羣公。卿士
百辟。纘業攸蒙。帝命不違。歲事報功。后辟命卿。散齋外亭。敬恭明
祀。㠯奉皇靈。處所逼窄。屑窔有聲。神樂其靜。脩釐無形。尊卑有序。
絜心致誠。因繕舊室。整頓端平。在其板屋。孰不加精。天人同道。萬
祚是迎。既受帝祉。延于後生。爲龍爲光。顯入王庭。爲公爲侯。福祿
來成。刻石紀號。永亨利貞。府丞勃海劉固叔長、功曹史楊儒辱先、
主簿湖楊旭伯馮、工曹掾楊基伯載、史陝許禮文化、縣丞隴西彭
和伯怡、左尉隴西甄繆叔寧、臨典者門下掾□璞伯先、主記史柏
覽文進、戶曹掾魏嘗威長、史田路文祖、將作掾曹鑒孔明、任就幼
成、史吳武丙昌。隸釋、古文苑㠯爲衛覬作。

復華下民租田口算狀碑

光和二年十二月庚午朔十三日壬午。弘農太守臣毅頓首死罪
上尚書。臣毅頓首頓首死罪死罪。謹案文書。臣㠯去元年十一月
到官。其十二月奉祠西嶽華山。省視廟舍。及齋衣祭器。率皆久遠
有垢。故會不修大室。春秋作議。臣㠯神嶽至尊。宜加恭肅。輒遣行
事荀斑與華陰令先讜㠯漸繕治。成就之後。仍雨甘雪。澍潤宿麥。
惠滋黎庶。臣即日㠯詔書齋祠。雪未消澤。時日淸和。神歡民喜。誠
聖朝勞神日昊。廣被四表。覆毓之德。神人被施。遐邇大小。莫不幸
甚。臣毅頓首頓首死罪死罪。讜又書言。縣當孔道。加奉尊嶽。一歲
四祠。養牲百日。常當充肥。用穀槀三千餘斛。或有請雨齋禱。役費
兼倍。每被詔書。調發無差。山高聽下。恐近廟小民。不堪役賦。有飢
寒之窘。違宗神之敬。乞差諸賦。復華下十里㠯內民租田口筭。㠯
寵神靈。廣祈多福。隆中興之祚。臣輒聽行。盡力奉宣詔書。思惟惠
利。增異復上。臣毅誠惶誠恐。頓首頓首死罪死罪。上尚書。掾臣條

擧當作舉

屬臣淮書佐臣謀。弘農太守上祠西嶽。乞縣賦發差。復華下十里
㠯內民租田口筭狀。隸釋二。案聞人牟準衛敬侯碑陰文㠯此爲衛覬作。

漢金城太守殷華碑

君諱華。字叔時。上郡定陽人。大匠君之子也。其先出自有殷。因國
定氏。不改其號。聖哲之流。至君而懿。幼膺瓊蘭之美。長有沖邈之
志。敦詩閱禮。翻翱竹貢。誕循前業。守㠯恪恭。仕歷州郡。忠謇有聞。
其大操也。耽耽虎視。龍變不羈。故能雄傑于幷域。聲班于上京。察
何孝廉。貢除郎中、左馮翊丞。協宣文物。公事知州。譽茂才宛丘令。
崇行寬猛。示之禮禁。獘延庠校。政㠯惠和。三載陟隕。邪臨金城。郡
部羌虜。避難遷移。役兼民匱。室如懸罄。乃敷權略。獎厲信猗。犹卒
服。不敢窺踰。兵戢而時動。因省獵㠯習義。興利弭患。順其所樂。開
通狹道。造作傳館。吏士咸悅。不勞而勸。是㠯搢紳之徒。譚講雅誦。
釋軍旅之犀革。陳俎豆于泮宮。其艾儋輪旍。顯才良。咨量三壽。賞

刑不僭。邦埸寍靜。歲時豐登。耆叟擊壤。童齔謳謠。功庸顯列。當升
寵祚。旻不耆德。景命失靈。㠯光和元年九月乙酉卒官。生有嘉休。
終則鼎銘。于是故吏邊笙、江英、韓遂等追送遐丘。刊石勒勛。其辭
曰。
於惟明后。懷德握醇。昆台之耀。秀出不羣。文昭有毅。武烈能仁。含
舒憲墨。㠯育生民。乘紀東壤。西國著勛。身沒名流。載世常存。古之
遺老。非此孰云。于爾臣恩。纘其臭芬。古文苑㠯此碑屬酈炎。注云一作衛覬。章樵云作衛覬是。
案酈炎㠯熹平六年死。碑言光和元年。乃次年也。

大饗碑

惟延康元年八月旬有八日辛未。魏王龍興踐阼。規恢鴻業。構亮
皇基。萬邦統世。忿吳夷之凶暴。滅蜀虜之僭逆。於赫斯怒。順天致
罰。奮虓虎之校。鯍猛銳之卒。爰整六軍。率匈奴單于烏桓鮮卑
引弓之類。持戟百萬。控弦千隊。玄甲曜野。華旗蔽日。天動雷震。星

流電發。戎備素辨。役不更籍。農夫安疇。商不變肆。是㠯土有拊謳之讙。民懷惠康之德。皇恩所漸。無遠不至。武師所加。無彊不服。故寬夸西飛。則蜀將東馳。六旆南徂。則吳黨委質。二虜震驚。僉懾賭潰。將汜自三江之流。方軌卭來之阪。斬吳夷㠯染鉞。血蜀虜㠯釁鼓。曜天威于遐裔。復九圻之疆寓。除生民之災孽。去聖皇之宿憤。炎于舊邑。觀釁而動。築壇墠之宮。置表著之位。大饗六軍。爰及譙縣。父老男女。臨饗之日。陳兵清涂。慶雲垂覆。乃備俾禦。整法駕。設天宮之列衞。乘金華之鸞路。達升龍于大常。張天狼之威弧。千乘風舉。萬騎龍驤。威靈之飾。震曜康衢。既登高壇。蔭九增之華蓋。處流蘇之幄坐。陳旅酬之高會。行無筭之酣飲。旨酒波流。肴烝陵積。瞽師設縣。金奏讚樂。六變既畢。乃陳祕戲。巴俞丸劍。奇舞麗倒。衝夾踰鋒。上索踰高。舩鼎緣橦。舞輪擿鏡。騁狗逐兔。戲馬立騎之妙技。白虎青鹿。辟非辟邪。魚龍靈龜。國鎮之怪獸。瓌變屈出。異巧神化。自卿校將守㠯下。下及陪臺隸圉。莫不歆淫宴喜。咸懷醉飽。雖夏啟均臺之饗。周成岐陽之蒐。高祖邑中之會。光武舊里之宴。何㠯尚茲。是㠯刊石立銘。光示來葉。其辭曰。

赫王師。征南裔。奮靈威。震天外。吳夷懾。蜀虜竄。區夏清。八荒艾。幸舊邑。設高會。皇德洽。洪恩邁。刊金石。光萬世。隸釋十九。案聞人牟準魏敬侯碑陰云。大饗碑衛覬文竝書。天下碑錄引圖經云。曹子建文。鍾繇書。疑圖經之言非也。隸釋四又有大饗殘碑云。繇文爲書。則大饗非一碑。當由碑陰爲實。

聞人牟準 附

牟準爵里未詳。案。牟準不見于傳記。據碑陰言。故吏門主。疎去衛覬未遠也。又言所著述注解故訓及文筆等甚多。皆已失墜。攷衛覬仕漢入魏。卒于明帝時。子衛瓘仕魏入晉。至惠帝永平初。家世烜赫。何至失墜。此必賈后矯詔殺害後之言也。牟準非魏人。亦非晉武時人。姑附此俟攷。

魏敬侯衛覬碑陰文

敬侯所葬之先域。城惟解梁。地鄖郇首。山對靈足。谷當猗口。勢高而趣幽。形垣而背阜。鑿室而可㠯蔽藏。不墳而所冀速朽。珍琦素白而靡尚。衣服隨時而則有。故吏述德于隧前。門生紀言于碑後。白季居亭而已治。詹嘉在主而可友。處高墟之厚地。將稀億而永久。所著述注解故訓及文筆等甚多。皆已失墜。所著孝經固而倉頡冢碑大篆書在左馮翊利陽亭南道旁。及華山下亭碑增算狀殷叔時碑。魏大饗碑。羣臣上尊號奏。及受禪石表文。竝在許繁昌。尊號奏鍾元常書。受禪表覬竝金針八分書也。太祖文帝等臨詔令雜駮議上封事一百餘條。誡子等散在人閒。及碑石可見樹碑人郡國縣道姓名。具如于後。古文苑。

全三國文卷二十八終

全三國文卷二十九

烏程嚴可均校輯

魏二十九

鮑勛

勛字叔業。泰山平陽人。濟北相鮑信子。曹公辟丞相掾。後爲太子中庶子。徙黃門侍郎。出爲魏郡西部都尉。㠯忤太子免。後拜侍御史。文帝即王位。㠯駙馬都尉兼侍中。黃初中拜右中郎將。遷御史中丞。復忤旨。左遷治書執法。尋被誅。

諫文帝游獵疏

臣聞五帝三王。靡不明本立教。㠯孝治天下。陛下仁聖惻隱。有同古烈。臣冀當繼蹤前代。令萬世可則也。如何在諒闇之中。修馳騁之事乎。臣冒死㠯聞。陛下察焉。魏志鮑勛傳

田瓊

瓊。鄭康成弟子。建安黃初閒爲博士。

四孤議

或有爲四孤論者曰。遇兵饑饉。有賣子者。有棄溝壑者。有生而父母亡。無緦親。其死必也。有俗人五月生子。妨忌之不舉者。有家無兒。收養教訓成人。或語汝非此家兒。禮異姓不爲後。于是便欲還本姓。爲可然不。博士田瓊議曰。雖異姓不相爲後。禮也。家語曰。絕嗣而後他人。于理爲非。今此四孤。非故廢其家祀。既是必死之人。他人收㠯養活。且褒姒長養于褒。便稱曰褒。姓無常也。其家若絕嗣。可四時祀之于門戶外。有子可㠯爲後。所謂神不歆非類也。通典六十九

荅劉德問 六首

劉德問曰。君弔。大夫迎于門外。又拜送于門外。大夫弔。不迎于門外。今時縣令長來弔。主人待之。當依國君來弔禮耶。依大夫來弔也。又當去杖。其至皆如故。無可捨邪。又今時丞尉來弔。待之當云何。田瓊荅曰。今之君。與禮所云君。輕重不同。若必欲依之。令長宜依國君。丞尉宜依大夫。君于禮但見去杖戢杖。其餘不見也。今于君弔。㠯首絰貫臂。遣人則不。釋之而已。通典八十三

劉德問田瓊曰。乳母緦。注云。養子者有他故。賤者代之慈己。今時婢生口使爲乳母。得無甚賤。不應服也。瓊荅曰。婢生口。故不服也。通典九十二

劉德問。㠯爲人後者。支子可也。長子不㠯爲後。同宗無支子。唯有長子。長子不後人。則大宗絕。後則違禮。如之何。田瓊荅曰。㠯長子後大宗。則成宗子。禮。諸父無後。祭于宗家。復㠯其庶子還承其父。通典九十六

劉德問于田瓊曰。失君父終身不得者。其臣子當得婚否。瓊荅曰。昔許叔重作五經異義。已設此疑。鄭玄駮云。若終身不除。是絕祖嗣也。除而成婚。違禮適權也。通典九十八

問曰。小記云。朋友虞祔而已。此爲主幼而爲虞祔也。若都無主族。神不歆非類。當爲虞祔否。田瓊荅曰。虞安神也。祔㠯死者祔于祖也。既朋友恩舊歡愛。固當安之祔之。然後義備也。但後日不常祭之耳。通典一百一

又問。朋友無所歸。于我殯。若此者。當迎彼還己館。皆當停柩于何所。荅曰。朋友無所歸。故呼而殯之。不謂已殯迎之也。于己館而殯之者。殯之而已。不于西階也。通典一百一

皇后降服

諸侯女嫁爲天王后。降其旁親一等。與出降爲二等。爲外親尊不同則降。天子后爲衆子無服。何㠯明之。據大夫于庶子大功。其妻亦服大功。今天子諸侯于衆子無服。后何緣獨服之邪。通典八十二

公子降服

公子吕厭降。公子厭于君。爲其母妻昆弟練冠麻縓。謂君所不服。子亦不敢服也。父卒。猶有先君餘尊所厭。不得過大功也。通典九十三。

大夫子降服

喪服經不見大夫嫡子爲庶昆弟服者。與大夫爲庶子爲士者同。父之所降。子亦不敢不降也。通典九十三。

諸侯大夫妻及大夫士女降服

大夫女嫁于諸侯。降其家旁親一等。與出嫁降幷二等。爲外親尊不同則降。諸侯夫人爲衆子無服。何吕明之。據大夫于庶子大功。其妻亦服大功。今天子諸侯于衆子無服。夫人何緣獨得服之。又大夫妻爲大夫之親。亦隨大夫而降一等。大夫之女嫁于大夫。還爲其族親尊不同者亦降之。唯父母昆弟爲父後者。宗子亦不降也。士之女嫁于大夫者。亦降其族親不同尊者。如大夫也。又大夫之妻。爲庶子女子在室大功。女適于士小功。此爲大夫之妻尊與

大夫同。大夫爲伯叔父母子昆弟昆弟爲士者。吕尊降一等。爲之大功。其妻亦服大功。通典九十三。

貴不降服

大夫之妻爲長子三年。女子子嫁大夫大功。通典九十二。

于達叔

達叔爲軍謀史。

四孤議

此四孤者。非其父母不生。非遇公嫗不濟。既生既育。由于二家。棄生背恩。實未之可。子者。父母之遺體。乳哺成人。公嫗之厚恩也。棄絶天性之道。而戴他族。不爲逆乎。鄭伯惡姜氏。誓而絶之。君子吕爲不孝。及其復爲母子。傳吕爲善。今空爲子竭其筋力。服于公嫗育養之澤。若終爲報父在爲母之服。別立宮宇而祭之。畢已之年也。詩云。父兮生我。母兮鞠我。今四子服報如母。不亦宜乎。愛敬哀慼。報惠備矣。通典六十九。

薛夏

夏字宣聲。天水人。曹公召爲軍謀掾。黃初中爲祕書丞。

報蘭臺

蘭臺爲外臺。祕書爲内閣。臺閣一也。何不相移之有。魏志王肅傳注引魏略。

劉若

若。獻帝末官輔國將軍。封清苑鄉矦。

上書請受禪

伏讀令書。深執克讓。聖意懇惻。至誠外昭。臣等有所不安。何者。戶北人。匹夫狂狷。行不合義。事不經見者。是吕史遷謂之不然。誠非聖明所當希慕。且有虞不逆放勳之禪。夏禹亦無辭位之語。故傳曰舜陟帝位。若固有之。斯誠聖人知天命不可逆。厤數弗可辭也。伏惟陛下應乾符運。至德發聞。升昭于天。是吕三靈降瑞。人神

吕和。休徵雜沓。萬國響應。雖欲勿用。將焉避之。而固執謙虛。違天逆衆。慕匹夫之微分。背上聖之所蹈。違經讖之明文。信百氏之穿鑿。非所吕奉答天命。光慰衆望也。臣等昧死吕請。輒整頓壇場。至吉日受命。如前奏。分別寫令宣下。魏志文帝紀注引獻帝傳。

奏請受禪

臣聞符命不虛見。衆心不可違。故孔子曰。周公其爲不聖乎。吕天下讓。是天地日月輕去萬物也。是吕舜嚮天下。不拜而受命。今火德氣盡。炎上數終。帝遷明德。祚隆大魏。符瑞昭晳。受命既固。光天之下。神人同應。雖有虞儀鳳。成周躍魚。方今之事。未足吕喻。而陛下違天命吕飾小行。逆人心吕守私志。上忤皇穹眷命之旨。中忘聖人達節之數。下孤人臣翹首之望。非所吕揚聖道之高衢。乘無窮之懿勳也。臣等聞事君有獻可替否之道。奉上有逆鱗固爭之義。臣等敢吕死請。魏志文帝紀注引獻帝傳。

蘇林

林字孝友。陳留人。爲五官將文學。黃初中爲博士給事中。㠯老致仕。加散騎常侍。年八十餘卒。

勸進表

天有十二次。㠯爲分野。王公之國。各有所屬。周在鶉火。魏在大梁。歲星行歷。凡十二次所在國天子受命。諸侯㠯封。周文王始受命。歲星在鶉火。至武王伐紂十三年。歲星復在鶉火。故春秋傳曰。武王伐紂。歲在鶉火。又曰。歲之所在。卽我有周之分野也。昔光和七年。歲在大梁。武王始受命。爲將討黃巾。是歲改元爲中平元年。建安元年。歲復在大梁。始拜大將軍。十三年復在大梁。始拜丞相。今二十五年。歲復在大梁。陛下受命。此魏得歲與周文王受命相應。今年青龍在庚子。詩推度災曰。庚者更也。子者滋也。聖人制法天下治。又曰。王者布德于子。治成于丑。此言今年天更命聖人制治天下。布德于民也。魏㠯改制天下。與時協矣。顓頊受命。歲在豕韋。衛居其地。亦在豕韋。故春秋傳曰。衛顓頊之墟也。今十月斗之所建。則顓頊受命之分也。魏㠯十月受禪。此同符始祖受命之驗也。魏之氏族。出自顓頊。與舜同祖。見于春秋世家。舜㠯土德承堯之火。今魏亦㠯土德承漢之火。其于行運。合于堯舜授受之次。臣聞天之去就。固有常分。聖人當之。昭然不疑。故堯捐骨肉而禪有虞。終無恡色。舜發壠畝而君天下。若固有之。其相授受。閒不稽漏刻。天下已傳矣。所㠯急天命。明天下不可一日無君也。今漢期運已終。妖異絕之已審。陛下受天之命。符瑞告徵。丁寍詳悉。反覆備至。雖言語相喻。無㠯代此。今既發詔書。璽綬未御。固執謙讓。上逆天命。下違民望。臣謹案古之典籍。參㠯圖緯。魏之行運及天道所在。卽尊之驗。在于今年此月。昭晰分明。唯陛下遷思易慮。㠯時卽位。顯告上帝。布詔天下。然後改正朔。易服色。正大號。天下幸甚。魏志文帝紀注引獻帝傳。蘇林董巴上表。又見宋書符瑞志上。

皇后崩稱大行議

皇后皆有謚。未葬宜稱大行。臣㠯爲古禮無稱大行之文。案漢天子稱行在所。言不常居。崩曰大行者。不返之稱也。未葬未有謚。不言大行則嫌與嗣天子同號。至于后崩未葬。禮未立后。宜無所嫌。故漢氏諸后不稱大行。謂未葬宜直稱皇后。通典七十九。

董巴

巴。建安黃初閒爲博士。有大漢輿服志一卷。

厤議

聖人迹太陽于晷景。效太陰于弦望。明五星于見伏。正是非于晦朔。弦望伏見者厤數之綱紀。檢驗之明著也。晉書律厤志中。

昔伏羲始造八卦。作三畫。㠯象二十四氣。黃帝因之。初作調厤。歷代十一。更年五千。凡有七厤。顓頊㠯今之孟春正月爲元。其時正月朔旦立春。五星會于天厤營室也。冰凍始泮。蟄蟲始發。雞始三號。天曰作時。地曰作昌。人曰作樂。鳥獸萬物。莫不應和。故顓頊聖人爲厤宗也。湯作殷厤。弗復㠯正月朔旦立春爲節也。更㠯十一月朔旦冬至爲元首。下至周魯及漢。案當有刪節。御覽十六引此云。武王作周厤。周公作魯厤。皆從其節。據正四時。夏爲得天。㠯承堯舜。從顓頊故也。禮記大戴曰。虞夏之厤。建正于孟春。此之謂也。晉書律厤志中。

崔林

林字德儒。清河東武城人。中尉琰從弟。建安中爲鄔長。擢冀州主簿。徙署別駕丞相掾屬。遷御史中丞。魏受禪。拜尚書。出爲幽州刺史。左遷河閒太守。進大鴻臚。明帝卽位。賜爵關內侯。轉光祿勳司隸校尉。景初中代衛臻爲司空。封安陽亭侯。進封鄉侯。正始五年卒。謚曰孝侯。

攷課議

案周官攷課。其文備矣。自康王曰下。遂曰陵遲。此即攷課之法存乎其人也。及漢之季。其失豈在乎佐吏之職不密哉。方今軍旅或猥或卒。備之曰科條。申之曰內外。增減無常。固難一矣。且萬目不張舉其綱。眾毛不整振其領。皋陶仕虞。伊尹臣殷。不仁者遠。五帝三王。未必如一。而各曰治亂。易曰。易簡而天下之理得矣。太祖隨宜設辟。曰遺來今。不患不法古也。曰為今之制度。不為疏闊。惟在守一勿失而已。若朝臣能任仲山甫之重。式是百辟。則孰敢不肅。魏志崔林傳。

議宗聖侯祀孔子不須命祀

宗聖侯亦曰王命祀。不為未有命也。周武王封黃帝堯舜之後。及立三恪。禹湯之世。不列于時。復特命他官祭也。今周公已上。達于三皇。忽焉不祀。而其禮經亦存其言。今獨祀孔子者。曰世近故也。曰大夫之後。特受無疆之祀。禮過古帝。義踰湯武。可謂崇明報德矣。無復重祀于非族也。魏志崔林傳。

裴潛

潛字文行。河東聞喜人。避亂荊州。尋參丞相軍事。出歷三縣令。拜代郡太守。又為沛國相。還兗州刺史。文帝踐阼。入為散騎常侍。歷魏郡潁川典農中郎將。明帝即位。入為尚書郎。歷河南尹。轉太尉軍師大司農。封清陽亭侯。進尚書令。父憂去官。拜光祿大夫。正始五年卒。追贈太常。謚貞侯。

遺令子秀儉葬

墓中惟置一坐。瓦器數枚。其餘一無所設。魏志裴潛傳。

棧潛

潛字彥皇。任城人。建安中為縣令。黃初中為中郎校。明帝時出為燕中尉。辭疾不就。

諫立郭后疏

在昔帝王之治天下。不惟外輔。亦有內助。治亂所由。盛衰從之。故西陵配黃。英娥降嬀。並曰賢明。流芳上世。桀奔南巢。禍階妺喜。紂曰炮烙。怡悅妲己。是曰聖哲慎立元妃。必取先代世族之家。擇其令淑。曰統六宮。虔奉宗廟。陰教聿脩。易曰。家道正而天下定。由內及外。先王之令典也。春秋書宗人釁夏云。無曰妾為夫人之禮。齊桓誓命于葵丘。亦曰無曰妾為妻。今後宮嬖寵。常亞乘輿。若因愛登后。使賤人暴貴。臣恐後世下陵上替。開張非度。亂自上起也。魏志文德郭皇后傳。中郎棧潛上疏云云。又初學記十作裴潛。攷魏志裴潛傳。文帝踐阼。為散騎常侍。出為魏郡潁川典農中郎將。兩人同時為中郎。未審孰是。姑從魏志。

諫明帝興眾役疏戚屬疏

天生蒸民而樹之君。所曰覆燾羣生。熙育兆庶。故方制四海。匪為天子。裂土分疆。匪為諸侯也。始自三皇。爰暨唐虞。咸曰博濟。加于天下。醇德曰洽。黎元賴之。三王既微。降逮于漢。治日益少。喪亂弘多。自時厥後。亦罔克乂。太祖濬哲神武。芟除暴亂。克復王綱。曰開帝業。文帝受天明命。廓恢皇基。踐阼七載。每事未遑。陛下聖德。纂承洪緒。宜崇晏晏。與民休息。而方隅匪寧。征夫遠戍。有事海外。縣旌萬里。六軍騷動。水陸轉運。百姓舍業。日費千金。大興殿舍。功作萬計。徂來之松。刊山窮谷。怪石珷玞。浮于河淮。都圻之內。盡為甸服。當供稾秸銍粟之調。而為苑囿擇禽之府。盛林莽之穢。豐鹿兔之藪。傷害農功。地繁茨棘。災疫流行。民物大潰。上減和氣。嘉禾不植。臣聞文王作豐。經始勿亟。百姓子來。不日而成。靈沼靈囿。與民共之。今宮觀崇侈。彫鏤極妙。忘有虞之總期。思殷辛之瓊室。禁地千里。舉足投網。麗擬阿房。役百乾谿。臣恐民力彫盡。下不堪命也。昔秦據殽函曰制六合。自曰德高三皇。功兼五帝。欲號謚至萬葉。而二世顛覆。願為黔首。由枝幹既杌。本實先拔也。蓋聖王之御世也。克明俊德。庸勳親親。俊乂在官。則功業可隆。親親顯用。則安危同憂。深根固本。並爲幹翼。雖歷盛衰。內外有輔。昔成王幼沖。未能莅政。周呂召畢。並在左右。今既無衛侯康叔之監。分陝所任。又非旦奭。東宮未建。天下無副。願陛下留心關塞。永保無極。則海內幸甚。魏志高堂隆傳。

諫太子田獵夜還

王公設險。㠯固其國。都城禁衛。用戒不虞。大雅云。宗子維城。無俾城壞。又曰。猶之未遠。是用大諫。若逸于遊田。晨出昏歸。㠯一日從禽之娛。而忘無垠之釁。愚竊惑之。魏志高堂隆傳。

全三國文卷二十九終

全三國文卷三十

烏程嚴可均校輯

魏三十

應璩

璩字休璉汝南人五官將文學瑒弟歷仕文帝明帝爲散騎常侍齊王時遷侍中爲大將軍曹爽長史後復爲侍中典著作嘉平四年卒贈衛尉卿有集十卷

與曹公牋

昔漢光武與戴子高有撫塵之好（藝文類聚六）

薦和虞則牋（和模字虞則）

璩聞唐堯因羣士以興治齊桓假眾能以定業是故八元進則太平之化成六賢用則九合之功立切見同郡和模字虞則質性純粹體度貞正履仁蹈義動循軌禮方今海內企踵欣慕捉髮之德山林投褐思望旌弓之招寶英奇敘用之時貢達進致之良秋也令夜光之璧顯價于和氏之肆千里之足定功于伯樂之庭庶有以宣明大道光益時化（藝文類聚五十三）

薦賁伯偉牋（賁琳字伯偉）

璩聞景雲浮則應龍翔治道明則雋乂臻是故良哉之歌興于唐堯之世多士之頌起于周文之朝竊見太子舍人賁琳字伯偉稟性純和體素清口宜授以千里之塗任以列曹之職（藝文類聚五十三御覽六百三十二）

與曹昭伯牋（曹爽字昭伯）

空城寥廓所聞者悲風所見者鳥雀昔陳司空爲邑宰所在幽閑獨坐愁思幸賴遊蓺以娛其意以今況之知不虛矣（御覽九百四十七）

蓺當作蟻

與劉文達書（劉靖字文達）

入作納言出臨京任富民之術日引月長藩落高峻絕穿窬之心五種別出遠水火之災農器必具無失時之闕蠶麥有苦備之用無雨溼之虞封符指期無流連之吏鰥寡孤獨蒙廩振之實加之以明擿幽微重之以秉憲不撓有司供承王命百里垂拱仰辦雖昔趙張三王之治未足以方也（魏志劉馥傳）

僕頃倦遊談之事欲修無爲之術不能與足下齊鑣騁轡爭千里之表也（御覽三百五十八）

與滿公琰書（滿炳字公琰）

璩白昨者不遺猥見照臨雖昔侯生納顧于夷門毛公受眷于逆旅無以過也外嘉郎君謙下之德內幸頑才見誠知己歡欣踴躍情有無量是以奔騁御僕宣命周求陽畫喻于詹何揚倩說于范武故使鮮魚出于潛淵芳旨發自幽巷繁俎綺錯羽爵飛騰牙曠高徽義渠哀激當此之時仲孺不辭同產之服孟公不顧尚書之期徒恨宴樂始酣白日傾夕驪駒就駕意不宣展追惟耿介迄于明發適欲遣書會承來命知諸君子復有漳渠之會夫漳渠西有伯陽之館北有曠野之望高樹翳朝雲文禽蔽綠水沙場夷敞清風肅穆是京臺之樂也得無流而不反乎適有事務須自經營不獲侍坐良增邑邑因白不悉璩白（文選藝文類聚二十八）

畫當作晝

與從弟君苗君胄書

璩報間者北遊喜歡無量登芒濟河曠若發矇風伯埽途雨師灑道案轡清路周望山野亦既至止酌彼春酒接武茅茨涼過大夏扶寸肴脩味踰方丈逍遙陂塘之上吟詠菀柳之下結春芳以崇佩折若華以翳日弋下高雲之鳥餌出深淵之魚蒲且讚善便嬛稱妙何其樂哉雖仲尼忘味于虞韶楚人流遯于京臺無以過也班嗣之書信不虛矣來還京都塊然獨處營宅濱洛困于囂塵思樂汶上發于寤寐昔伊尹輟耕郅惲投竿思致君于有虞濟蒸人于塗炭而吾方欲秉耒耜于山陽沈鉤緡于丹水知其不如古人

遠矣。然山父不貪天地之樂。會參不慕晉楚之富。亦其志也。前者邑人念弟無已。欲州郡崇禮。師官授邑。誠美意也。歷觀前後。來入軍府。至有皓首。猶未遇也。徒有飢寒駿奔之勞。俟河之清。人壽幾何。且宦無金張之援。遊無子孟之資。而圖富貴之榮。望殊異之寵。是隴西之遊。越人之射耳。幸賴先君之靈。免負擔之勤。追蹤丈人畜雞種黍。潛精墳籍。立身揚名。斯爲可矣。無或遊言。以增邑邑。郊牧之田。宜以爲意。廣開土宇。吾將老焉。劉杜二生。想數往來。朱明之期。已復至矣。相見在近。故不復爲書。慎夏自愛。璩白。文選、藝文類聚二十八。

與侍郎曹長思書

璩白。足下去後。甚相思想。叔田有無人之歌。闉闍有匪存之思。風人之作。豈虛也哉。王肅以宿德顯授。何曾以後進見拔。皆鷹揚虎視。有萬里之望。薄援助者。不能追參于高妙。復斂翼于故枝。塊然獨處。有離羣之志。汲黯樂在郎署。何武恥爲宰相。千載揆之。知其有由也。德非陳平。門無結駟之跡。學非揚雄。堂無好事之客。才劣仲舒。無下帷之思。家貧孟公。無置酒之樂。悲風起于閨闥。紅塵蔽于机榻。幸有袁生。時步玉趾。樵蘇不爨。清談而已。有似周黨之過閔子。夫皮朽者毛落。川涸者魚逝。春生者繁華。秋榮者零悴。自然之數。豈有恨哉。聊爲大弟陳其苦懷耳。相還在近。故不益言。璩白。文選。

與廣川長岑文瑜書

璩白。頃者炎旱。日更增甚。沙礫銷鑠。草木焦卷。處涼臺而有鬱蒸之煩。浴寒水而有灼爛之慘。宇宙雖廣。無陰以憩。雲漢之詩。何以過此。土龍矯首于玄寺。泥人鶴立于闕里。修之歷旬。靜無徵效。明勸教之術。非致雨之備也。知恤下民。躬自暴露。拜起靈壇。勤亦至矣。昔夏禹之解陽旴。殷湯之禱桑林。言未發而水旋流。辭未卒而

澤滂沛。今者雲重積而復散。雨垂落而復收。得無賢聖殊品。優劣異姿。割髮宜及膚。翦爪宜侵肌乎。周征殷而年豐。衛伐邢而致雨。善否之應。甚于影響。未可以爲不然也。想雅思所未及。謹書起予。應璩白。文選、藝文類聚一百。

與劉公幹書

鶉鷃棲翔鳳之條。黿鼉游昇龍之淵。識眞者所爲憤結也。文選陸機吳王郎中時從梁陳作詩注

與韋仲將書

夫以原憲縣罄之居。而値皇天無已之雨。室宇漸而作漏。堂館洽而爲泥。薪芻既盡。舊穀亦傾。匱屠蘇。發撤機檢。見謀進。無顏子不改之志。退無揚雄晏然之情。是以懷慼。良不可堪。人非神仙。須仰衣食。方今體寒心飢。憂在旦夕。而欲東希詠昌治生之物。西望陵縣廚食之祿。誠恐將爲牛蹄中魚。卒鮑氏之肆矣。藝文類聚三十五、初學記十八、御覽十一。

與董仲連書

穀糴驚踊。告求周鄰。日獲數斗。猶復無薪可以熟之。雖孟軻困于梁宋。宣尼飢于陳蔡。無以過此。夫挾管晏之智者。不有廝役之勞。懷陶朱之慮者。不居貧賤之地。出蒙誚于臧獲。入見讁于嬪息。忽使已憤。不知處世之爲樂也。藝文類聚三十五、初學記十八。

與尚書諸郎書

夫秋節涼和。霖雨清閒。正高會之盛時。飲宴之良日也。而陋巷之居。無高密之宇。壁立之室。無旬朔之資。流潦浸于北堂。隙漏霑于衣服。爨蒸單竭。檐后傾罄。中饋告乏。役者莫興。飯玉炊桂。猶尚優泰。雖欣皇天之降潤。亮水車之思雨。私懷慼頻。良不可言。想諸夫子。亦斯困也。夫否泰潛升。蓋由昏明。二三執事。以龍虎之姿。遭風雲之會。方將飛騰閶闔。振翼紫微。運籌帷幄。顯揚豐績。豈久沈滯

于下職。契闊于貧悴哉。藝文類聚三十五。
檟氏園葵菜繁茂。諸蔗瓜芋亦離離尙萌。未知三生復何種植。御覽九百七十四

與劉孔才書

聽廣陵之淸散。文選嵇康琴賦注。又謝靈運道路憶山中詩注。又夢溪筆談五

與梁州刺史劉文爽書

足下內抱叔夷之淸節。外播二南之惠政。德敎加于百姓。要道過于侏國之卿也。書鈔

與夏侯孝若書

遭値有道之世。免致貧賤之患。援鑒自照。鬢已半白。良可懼也。北堂書鈔一百三十六。

與洛陽令杜偉忠書

羊寄虎穴。鵲托鷹巢。心懷怵惕。豈其任哉。北堂書鈔一百五十八

與王子雍書

鄉校之從。有職之事。足下著書不起草。占授數萬言。言不改定。事合古典。莫不歎息之矣。書鈔

與毋丘仲恭書

客館不留賓。官曹無停事。書鈔

與趙叔潛書

入侍華幄。出典禁闈。文選陸機贈馮文羆遷斥丘令詩注。

與王將軍書

雀鼠雖微。猶知徽烈。文選劉孝標廣絶交論注。又任昉爲范始興求立太宰碑表注。劉峻廣絶交論注。並作雖愚。

與龐惠恭書

頻見所上利民之術。植濟南之榆。栽漢中之漆。藝文類聚八十八。御覽九百五十六。

與西陽令孔德琰書

嘉麥頑祥。唯日未久。不圖飛蝗。一旦至止。知恤蒸庶。念存良苗。親發赫斯。爰整其旅。鮐背之叟。皓首之黎。莫不負戈奔走于道路。旌表曜于白日。鼉鼉震于雷動。吕此埽敵。必將席卷。況于微蟲。能無驚駭。卓茂治密。恭在中牟。時雖有災。未若斯勤。亦猶子賤鳴琴。巫馬出入。勞逸有殊。立功惟一。重雲比興。不降靈雨。麗此二災。憂心忡慄。逐蝗之道。譙聞敎矣。不審致禳。將吕何物。文王修德。吕厭地震。湯禱桑林。致克豐雨。宜修善政。吕慰民望。藝文類聚一百

與楊生書

知楊生翻然遂登納言。雖有所越。亦其宜也。傳說棄板築而爲殷相。呂望投釣竿而爲周師。卓茂起閭里而爲漢宰。若此貧者。乃奇才耳。璅璅尙書。執憲之吏。曷吕爲異哉。御覽二百一十二。

與許子俊書

前別倉卒。情意不悉。追懷萬恨。文選任昉出郡傳舍哭范僕射詩注。足下吕方剛之

盛年。應不霸之勁勇。將發虓虎之威。致霜雪之誅。擒吳梟蜀。定功萬里。而劉備不下山。孫權不出水。武力不奮。猛氣畜勇。其毒如何。御覽四百三十七。

與崔元書

豈有亂首抗巾。吕入都城。衣不在體。而吕適人乎。昔戴叔鸞箕坐見邊文禮。此皆衰世之慢行也。御覽四百九十八。

與陰中夏書

從田來。凡南野之中。有徒步之士。怪而問之。乃知郎君頃有微疴。告祠社神。將吕祈福。聞之悵然。吕增歎息。虛社高樹。能有靈應哉。

體正者則檢于人。質弱者則隨于衆。文選謝靈運還舊園作見顏范二中書詩注。御覽五百三十二。

答韓文憲書

昔公孫宏皓首入學。顏涿聚十五始涉師門。朝聞道。夕殞。聖人所

凡當作見

十五當作五十

下一有字衍

貴足下之年甫在不惑如吕學執何晚之有有若能上追南榮忘食之樂下踵甯子累夜之勤窮文盡義無微不綜規富貴之榮取金紫之爵是夏矦勝拾芥之謂也（御覽六百一十四）

報燕中尉樊彥皇書

擘袪登輿北踐燕路方當化銀龜吕為黃變青組吕為紫（御覽八百十九）

報平陸長貴伯璋書

從此辭矣何敢復飛蟬于惠文鳴玉于縞組哉（御覽八百一十九）

與程文信書

是吕忽此蘇子帶郭之業永彼孫叔寢丘之地欲求遠田在關之西南臨洛水北據芒山託崇岫吕為宅因茂林吕為蔭（宋書謝靈運傳山居賦注文選齊竟陵王行狀注別作應瑒御覽八百二十一）

報東海相梁季然書

足下頓彌天之網收萬仞之魚量之吕谿谷數之吕陵兆何其壯乎觀夫任公子之所釣此謂鰌鰕未足為吾子之道（御覽八百三十四）

書

左執屈盧之勁矛右秉干將之雄戟高冠拂雲長劍耿介簫管振音厥聲載路馮軾虎視清風震暴可謂堂堂乎難與並為仁矣（御覽三百三十九）

書

清猿與壺人爭旦（海錄碎事文選任彥昇齊竟陵王行狀有此語注不云應璩書張溥百三家集引海錄碎事當改）

應瑗

瑗未詳有集十卷

與桓元則書（桓範字元則）

敢不策馳敬尋後塵（文選七命注）

吳質

質字季重濟陰人建安中為朝歌長遷元城令文帝受禪拜北中郎將進振威將軍使持節都督幽并諸軍事封列矦太和四年入為侍中卒謚醜矦正元中改謚威矦

魏都賦

我太祖鴻飛兖豫（文選沈約齊安陸王碑文注）

英雄響附（文選陸倕石闕銘注）

荅魏太子牋

二月八日庚寅臣質言奉讀手命追亡慮存恩哀之隆形于文墨日月冉冉歲不我與昔侍左右廁坐衆賢出有微行之遊入有管絃之歡置酒樂飲賦詩稱壽自謂可終始相保並騁材力效節明主何意數年之閒死喪略盡臣獨何德吕堪久長陳徐劉應才學所著誠如來命惜其不遂可為痛切凡此數子于雍容侍從實其人也若乃邊境有虞羣下鼎沸軍書輻至羽檄交馳于彼諸賢非其任也往者孝武之世文章為盛若東方朔枚皋之徒不能持論即阮陳之儔也其唯嚴助壽王與聞政事然皆不慎其身善謀于國卒吕敗亡臣竊恥之至于司馬長卿稱疾避事吕著書為務則徐生庶幾焉而今各逝已為異物矣後來君子實可畏也伏惟所天優游典籍之場休息篇章之囿發言抗論窮理盡微摛藻下筆鸞龍之文奮矣雖年齊蕭王才實百之此衆議所吕歸高遠近所吕同聲然年歲若墜今質已四十二矣（御覽三百七十三作四十三矣）白髮生鬢所慮日深實不復若平日之時也但欲保身敕行不蹈有過之地吕為知己之累耳遊宴之歡難可再遇盛年一過實不可追臣幸得下愚之才值風雲之會時適齒載猶欲觸匈奮首展其割裂之用也不勝慺慺吕來命備悉故略陳至情質死罪死罪（文選）

在元城與魏太子牋

臣質言前蒙延納侍宴終日燿靈匿景繼吕華燈雖虞卿適趙平

原入泰受贈千金浮觴旬日無㠯過也小器易盈先取沈頓醒寤之後不識所言節㠯五日到官初至承前未知深淺然觀地形察土宜西帶恆山連岡平代北鄰柏人乃高帝之所忌也重㠯泜水漸漬疆宇喟然歎息思淮陰之奇譎亮成安之失策南望邯鄲想廉藺之風東接鉅鹿存李齊之流都人士女服習禮教皆懷慷慨之節包左車之計而質闇弱無㠯莅之若乃邁德種恩樹之風聲使農夫逸豫于疆畔女工吟咏于機杼固非質之所能也至于奉遵科教班揚明令下無威福之吏邑無豪俠之傑賦事行刑資于故實抑亦懔懔有庶幾之心往者嚴助釋承明之歡受會稽之位壽王去侍從之娛統東郡之任其後皆克復舊職追尋前軌今獨不然不亦異乎張敞在外自謂無奇陳咸憤積思入京城彼豈虛談夸論誑燿世俗哉斯實薄郡守之榮顯左右之勤也古今一揆先後不貿焉知來者之不如今聊㠯當覲不敢多云質死罪死罪文選

荅文帝牋

曹烈曹丹加㠯公室支庶骨肉舊恩其龍飛鳳翔實其分也文選傅咸贈何劭王濟詩注

與文帝書

雖云幽深視險若夷文選張季鷹雜詩注

荅東阿王書

質白信到奉所惠貺發函伸紙是何文采之巨麗而慰喻之綢繆乎夫登東嶽者然後知眾山之邐迤也奉至尊者然後知百里之卑微也自旋之初伏念五六日至于旬時精散思越惆若有失非敢羡寵光之休慕猗頓之富誠㠯身賤犬馬德輕鴻毛至乃歷玄闕排金門升玉堂伏虛檻于前殿臨曲池而行觴既威儀虧替言辭漏渫雖恃平原養士之懿愧無毛遂燿穎之才深蒙薛公折節之禮而無馮諼三窟之效屢獲信陵虛左之德又無侯生可述之美凡此數者乃質之所㠯憤積于胷臆懷眷而悁邑者也若追前宴謂之未究傾海為酒并山為肴伐竹雲夢斬梓泗濱然後極雅意盡歡情信公子之壯觀非鄙人之所庶幾也若質之志實在所天思投印釋黻朝夕侍坐鑽仲父之遺訓覽老氏之要言對清酤而不酌抑嘉肴而不享使西施出帷嫫母侍側斯盛德之所蹈明哲之所保也若乃近者之觀初學記十六作之歡實盪鄙心秦箏發徽二八迭奏塤簫激于華屋靈鼓動于座右耳嘈嘈于無聞情踴躍于鞍馬謂可北懾肅慎使貢其楛矢南震百越使獻其白雉又況權備夫何足視乎還治諷采所著觀省英偉實賦頌之宗作者之師也眾賢所述亦各有志昔趙武過鄭七子賦詩春秋載列㠯為美談質小人也無㠯承命又所荅貺辭醜義陋申之再三赧然汗下此邦之人閑習辭賦三事大夫莫不諷誦何但小吏之有乎重惠苦言訓㠯政事惻隱之恩形乎文墨墨子迴車而質四年雖無德與民式歌且舞儒墨不同固㠯久矣然一旅之眾不足㠯揚名步武之間不足㠯騁跡若不改轍易御將何㠯效其力哉今處此而求大功猶絆良驥之足而責㠯千里之任檻猿猴之勢而望其巧捷之能者也不勝見恤謹附遣白荅不敢繁辭吳質白文選藝文類聚二十六

將論

將者國之命也不可不詳擇不可不審授也書鈔一百一十五

卞蘭

蘭卞后弟秉子嗣封開陽侯為奉車都尉游擊將軍加散騎常侍有集二卷

贊述太子賦作上賦表

伏惟太子研精典籍留意篇章覽照幽微才不世出稟聰叡之絕性體明達之殊風慈孝發于自然仁恕洽于無外是㠯武夫懷恩

文士歸德。竊見所作典論。及諸賦頌。逸句爛然。沈思泉涌。華藻雲浮。聽之忘味。奉讀無倦。此四字從初學記十皇太子篇補 正使聖人復存。猶稱善不暇。所不能間也。昔舜㠯蒸蒸顯其德。周旦不驕成其名。豈因南面之尊㠯發稱。假鼎足之盛㠯取譽哉。夫至尊至貴。能令人畏。不能令人譽。故桀不能變龍逄之心。紂不能易三仁之意。懷近服遠。非德無施。今太子溥納多容。海渟岳峙。學無常師。惟德所在。恩無所私。唯德所親。觀士察人。秋毛無失。望色則知其情。覽始則達其終。過僞辨于未言。絕譎巧于未形。其所㠯包羅殊類。鑑觀成敗。德生于性。明出自然。太子所行。晏然休著。皆羣下所常吟咏。誠不復須臣贊揚懿美。襃稱盛行。然後令夜光之璧。顯于金匱。隋侯之珠。彰于韞櫝者也。今相鍾繇。大理王朗。海內英儒。國家柱臣。博物多識。通洽君子。年耆德茂。所更多矣。若游海者難與論水。觀前世者不可爲言。然咸歸太子巍巍之美。敘述清風。言之有永。聽者欣欣。忘日之夕。流景耀于無窮。布芳陰于四遠。譬若麟龍發足。羣獸追蹤。鸞鳳舉翼。眾鳥隨風。小臣區區。嘉樂無已。竊怡繇繇之屬。忘愚戇之言。謹觸冒上賦一篇。㠯攄狂狷之思。

超古人之遐迹。崇先聖之弘基。耽八素之祕奧。遵二儀于大猷。正往昔之常弊。定當世之舊儀。稟休和之上性。應五百之運期。著典憲之高論。作敘歡之麗詩。越文章之常檢。揚不學之妙辭。蹈布衣之所難。闡善道而廣之。道無湊而不浹。術無細而不敷。論古賢㠯歎息。覲懿德㠯歡娛。歷精思于訓籍。忽日移而忘劬。雖明略而無上。猶博納㠯自扶。賓故老㠯勸俗。諷六經㠯崇儒。嘉通人之達節。笑俗士之守株。匿天威之嚴厲。揚愷悌之和舒。惟凡百之詠德。感恩惠之有餘。信清風之休著。非臣下之敢虛。乃作頌曰。

明明太子。既叡且聰。博聞強記。聖思無雙。猗猗左右。如虎如龍。八俊在側。旁無詖凶。富不忘施。尊而益恭。研精書籍。留思異同。建計

立議。廓然發蒙。天下延頸。歌頌德音。聞之于古。見之于今。深不可測。高不可尋。創法萬載。垂此休風。藝文類聚十六。初學記十兩引

許昌宮賦

入南端㠯北眺。望景福之嵳峩。飛棟列㠯山峙。長途邈㠯委蛇。見欒櫨之交錯。覩陽馬之承阿。轉挾輔㠯相因。若流水之揚波。木無小而不礲。材靡隱而不華。懿采色而發越。瑋巧飾之繁多。雙轅承枌。丹粱端直。明窗列布。綺井崩嶷。其陰則有望舒涼室。羲和溫房。隆冬御絺。盛夏重裘。同一宇之深邃。致寒暑于陰陽。脩欄蔭于階砌。崇棟拂乎旻蒼。綺組發華。翡翠生光。丹草周隅。靈木成行。非窈窕之至貴。孰能升于斯堂。坐金人于閶闔。列鍾簴于廣庭。天鹿軒翥㠯揚怒。師子鬱怫而負楨。珍果敷華。蘭芷垂榮。百壁照曜。飛響應聲。扣角則春風至。彈商則秋風征。歷神芝之峻觀。幸安昌之巍巍。設御座于鞠城。觀奇材之曜暉。二六對而講功。體便捷其若飛。已上四語從文選景福殿賦注補 進鼓舞之祕伎。絕世俗而入微。與七盤之遞奏。觀輕捷之翩翻。初學記十五作翩翻 振華足㠯卻蹈。若將絕而復連。鼓震動而不亂。足相續而不幷。婉轉鼓側。蜲蛇丹庭。已上六語從文選舞賦注補 或遲或速。乍止乍旋。似飛鳧之迅疾。若翔龍之游天。趙女撫琴。楚媛清謳。秦箏慷慨。齊舞絕殊。眾技並奏。撝巧騁奇。千變萬化。不可勝知。樂戲闋。游觀足。登承光。坐華幄。論稽古。反流俗。退虛僞。進敦朴。寶賢良。賤珠玉。豈必世而後仁。在時主之所欲。藝文類聚六十二

七牧

翻放袂而赴節。文選陸機日出東南隅行注

座右銘

重階連棟。必濁汝真。金寶滿室。將亂汝神。厚味來殃。豔色危身。求高反墜。務厚更貧。閉情塞欲。老氏所珍。周廟之銘。仲尼是遵。審慎汝口。戒無失人。從容順時。和光同塵。無謂冥漠。人不汝聞。無謂幽

冥處獨若羣。不爲福先。不與禍鄰。守玄執素。無亂大倫。常若臨深。終始惟純。藝文類聚二十三。

全三國文卷三十終

全三國文卷三十一

烏程嚴可均校輯

魏三十一

高堂隆

隆字升平泰山平陽人魯高堂生後建安中爲丞相軍議掾後爲歷城矦相黃初中除堂陽長明帝初入爲給事中博士駙馬都尉遷陳畱太守進散騎常侍賜爵關內矦青龍中遷侍中領太史令景初初遷光祿勳有集十卷

詔問崇華殿災咎對

崇華殿災詔問隆此何咎于禮寍有祈禳之義乎隆對曰夫災變之發皆所㠯明敎戒也惟率禮脩德可㠯勝之易傳曰上不儉下不節孽火燒其室又曰君高其臺天火爲災此人君苟飾宮室不知百姓空竭故天應之㠯旱火從高殿起也上天降鑒故譴告陛下陛下宜增崇人道㠯答天意昔太戊有桑穀生于朝武丁有雊雉登于鼎皆聞災恐懼側身脩德三年之後遠夷朝貢故號曰中宗高宗此則前代之明鑒也今案舊占災火之發皆㠯臺榭宮室爲誡然今宮室之所㠯充廣者實由宮人猥多之故宜簡擇畱其淑懿如周之制罷省其餘此則祖己之所㠯訓高宗高宗之所㠯享遠號也魏志高堂隆傳又見續漢五行志二注

詔問漢武厭災對

詔問隆吾聞漢武帝時柏梁災而大起宮殿㠯厭之其義云何隆對曰臣聞西京柏梁既災越巫陳方建章是營㠯厭火祥乃夷越之巫所爲非聖賢之明訓也五行志曰柏梁災其後有江充巫蠱衛太子事如志之言越巫建章無所厭也孔子曰災者脩類應行精祲相感㠯戒人君是㠯聖主覩災責躬退而脩德㠯消復之今宜罷散民役宮室之制務從約節內足㠯待風雨外足㠯講禮儀清埽所災之處不敢于此有所立作萐莆嘉禾必生此地㠯報陛下虔恭之德豈可疲民之力竭民之財實非所㠯致符瑞而懷遠人也魏志高堂隆傳又見續漢五行志二注

詔問鵲巢陵霄闕對

陵霄闕始構有鵲巢其上帝㠯問隆對曰詩云惟鵲有巢惟鳩居之今興宮室起陵霄闕而鵲巢之此宮室未成身不得居之象也天意若曰宮室未成將有他姓制御之斯乃上天之戒也夫天道無親惟與善人不可不深防不可不深慮夏商之季皆繼體也不欽承上天之明命惟讒諂是從廢德適欲故其亡也忽焉太戊武丁覩災竦懼祗承天戒故其興也勃焉今若休罷百役儉㠯足用增崇德政動遵帝則除普天之所患興兆民之所利三王可四五帝可六豈惟殷宗轉禍爲福而已哉臣備腹心苟可㠯繁祉聖躬安存社稷臣雖灰身破族猶生之年也豈憚忤逆之災而令陛下不聞至言乎魏志高堂隆傳

詔問未祖丑臘對

詔問何㠯用未祖丑臘臣隆對曰按月令孟冬十月臘先祖五祀謂薦田獵所得禽獸謂之臘左傳曰虞不臘矣唯見此二者而皆不書日聞先師說曰王者各㠯其行之盛而祖㠯其終而臘水始生于申盛于子終于辰故水行之君㠯子祖㠯辰臘火始生于寅盛于午終于戌故火行之君㠯午祖㠯戌臘木始生于亥盛于卯終于未故木行之君㠯卯祖㠯未臘金始生于巳盛于酉終于丑故金行之君㠯酉祖㠯丑臘土始生于午盛于戌終于寅故土行之君㠯戌祖㠯寅臘今魏據土德宜㠯戌祖寅臘也北堂書鈔一百五十五通典四十四御覽三十三引魏臺訪議又略見續漢禮儀志中注補

地震對

地震者臣下强盛地故震動冀所㠯警懼人主不可不深思是災

御覽八百八十引晉書。

陳災異表

石氏星占曰。天棓五五。星之杖也。主捣棓亂兵。客星彗茀干犯棓。兵大起。二年消復之。宜罷省百役。勿使士卒怨于勤苦而爲亂。足其稟食。度其劬勞。然後用之。則士卒安而無亂兵矣。御覽三百五十七。

之上脫天字

后妃配郊表

古來娥英姜嫄盛德之妃。未有配食于郊者也。漢文初祭地祇于渭陽。㠯高帝配。孝武立后土于汾陰。亦㠯高帝配。唯王莽引周禮享先妣。爲配北郊。夏至㠯高后配地。自此始也。臣謂宜依古典。㠯武皇配天地也。通典四十二引末二語。

諫取長安大鐘疏

昔周景王不儀刑文武之明德。忽公旦之聖制。既鑄大錢。又作大鐘。單穆公諫而弗聽。泠州鳩對而弗從。遂迷不反。周德㠯衰。良史記焉。㠯爲永鑒。然今之小人好說秦漢之奢靡。㠯盪聖心。求取亡國不度之器。勞役費損。㠯傷德政。非所㠯興禮樂之和。保神民之休也。魏志高堂隆傳。

星孛于大辰上疏

凡帝王徙都立邑。皆先定天地社稷之位。敬恭㠯奉之。將營宮室。則宗廟爲先。廄庫爲次。居室爲後。今圜丘方澤南北郊明堂社稷神位未定。宗廟之制又未如禮。而崇飾居室。士民失業。外人咸云宮人之用。與興戎軍國之費。所盡略齊。民不堪命。皆有怨怒。書曰。天聰明自我民聰明。天明畏自我民明威。輿人作頌。則嚮㠯五福。民怒吁嗟。則威㠯六極。言天之賞罰。隨民言。順民心也。是㠯臨政務在安民爲先。然後稽古之化。格于上下。自古及今。未嘗不然也。夫采椽卑宮。唐虞大禹之所㠯垂皇風也。玉臺瓊室。夏癸商辛之所㠯犯昊天也。今之宮室。實違禮度。乃更建立九龍。華飾過前。天彗章灼。始起于房心。犯帝坐而干紫微。此乃皇天子愛陛下。是㠯發教戒之象。始卒皆于尊位。殷勤鄭重。欲必覺寤陛下。斯乃慈父懇切之訓。宜崇孝子祇聳之禮。㠯率先天下。㠯昭示後昆。不宜有忽。㠯重天怒。魏志高堂隆傳。

諫用法深重疏

夫拓跡垂統。必俟聖朝。輔世匡治。亦須良佐。用能庶績其凝。而品物康乂也。夫移風易俗。宣明道化。使四表同風。回首面內。德教光熙。九服慕義。固非俗吏之所能也。今有司務糾刑書。不本大道。是㠯刑用而不措。俗弊而不敦。宜崇禮樂。班敘明堂。脩三雍大射養老。營建郊廟。尊儒士。舉逸民。表章制度。改正朔。易服色。布愷悌。尚儉素。然後備禮封禪。歸功天地。使雅頌之聲盈于六合。緝熙之化混于後嗣。斯蓋至治之美事。不朽之貴業也。然九域之丙。可揖讓而治。尚何憂哉。不正其本。而救其末。譬猶棼絲。非政理也。可命羣公卿士通儒。造具其事。㠯爲典式。魏志高堂隆傳。

丙當作內

切諫增崇宮室疏

蓋天地之大德曰生。聖人之大寶曰位。何㠯守位曰仁。何㠯聚人曰財。然則士民者。乃國家之鎮也。穀帛者。乃士民之命也。穀帛非造化不育。非人力不成。是㠯帝耕㠯勸農。后桑㠯成服。所㠯昭事上帝。告虔報施也。昔在伊唐。世值陽九厄運之會。洪水滔天。使鯀治之。績用不成。乃舉文命。隨山刊木。前後歷年二十二載。災害之甚。莫過于彼。力役之興。莫久于此。堯舜君臣。南面而已。禹敷九州。庶士庸勳。各有等差。君子小人。物有服章。今無若時之急。而使公卿大夫竝與廝徒共供事役。聞之四夷。非嘉聲也。垂之竹帛。非令名也。是㠯有國有家者。近取諸身。遠取諸物。嫗煦養育。故稱愷悌君子。民之父母。今上下勞役。疾病凶荒。耕稼者寡。饑饉荐臻。無㠯卒歲。宜加愍䘏。㠯救其困。臣觀在昔書籍所載。天人之際。未有不應也是以古先哲王畏上天之明命循陰陽之逆順矜矜業業惟恐有違然後治道用興德與神符災異既發懼而脩政未有不延期流祚者也爰及末葉闇君荒主不崇先王之令軌不納正士之直言以遂其情志恬忽變戒未有不尋踐禍難至于顛覆者也天道既著請以人道論之夫六情五性同在于人嗜欲廉貞各居其一及其動也交爭于心欲彊質弱則縱濫不禁精誠不制則放溢無極夫情之所在非好則美而美好之集非人力不成非穀帛不立情苟無極則人不堪其勞物不充其求勞求並至將起禍亂故不割情無以相供仲尼云人無遠慮必有近憂由此觀之禮義之制非苟拘分將以遠害而興治也今吳蜀二賊非徒白地小虜聚邑之寇乃據險乘流跨有士衆僭號稱帝欲與中國爭衡今若有人來告權備並脩德政復履清儉輕省租賦不治玩好動咨耆賢事遵禮度陛下聞之豈不惕然惡其如此以爲難卒討滅而爲國

憂乎若使告者曰彼二賊並爲無道崇侈無度役其士民重其徵賦下不堪命吁嗟日甚陛下聞之豈不勃然忿其困我無辜之民而欲速加之誅其次豈不幸彼疲弊而取之不難乎苟如此則可易心而度事義之數亦不遠矣且秦始皇不築道德之基而築阿房之宮不憂蕭牆之變而脩長城之役當其君臣爲此計也亦欲立萬世之業使子孫長有天下豈意一朝匹夫大呼而天下傾覆哉故臣以爲使先代之君知其所行必將至于敗則弗爲之矣是以亡國之主自謂不亡然後至于亡賢聖之君自謂將亡然後至于不亡昔漢文帝稱爲賢主躬行約儉惠下養民而賈誼方之以爲天下倒縣可爲痛哭者一可爲流涕者二可爲長歎息者三況今天下凋弊民無儋石之儲國無終年之畜外有彊敵六軍暴邊内與土工州郡騷動若有寇警則臣懼版築之士不能投命虜庭矣又將吏奉祿稍見折減方之于昔五分居一諸受休者又絕廩

賜不應輸者今皆出半此爲官入兼多于舊其所出與參少于昔而度支經用更每不足牛肉小賦前後相繼反而推之凡此諸費必有所在且夫祿賜穀帛人主所以惠養吏民而爲之司命者也若今有廢是奪其命矣既得之而又失之此生怨之府也周禮天府掌九伐之則以給九式之用入有其分出有其所不相干乘而用各足各足之後乃以式貢之餘供王玩好又上用財必考于司會今陛下所與共坐廊廟治天下者非三司九列則臺閣近臣皆腹心造膝宜在無諱若見豐省而不敢以告從命奔走惟恐不勝是則具臣非鯁輔也昔李斯教秦二世曰爲人主而不恣睢命之曰天下桎梏二世用之秦國以覆斯亦滅族是以史遷議其不正諫而爲世誡（魏志高堂隆傳）

疾篤口占上疏

曾子有疾孟敬子問之曾子曰鳥之將死其鳴也哀人之將死其

言也善臣寢疾病有增無損常懼奄忽忠款不昭臣之丹誠豈惟曾子願陛下少垂省覽渙然改往事之過謬勃然興來事之淵塞使神人響應殊方慕義四靈效珍玉衡曜精則三王可邁五帝可越非徒繼體守文而已也臣常疾世主莫不思紹堯舜湯武之治而蹈踵桀紂幽厲之跡莫不嗤笑季世惑亂亡國之主而不登踐虞夏殷周之軌悲夫以若所爲求若所致猶緣木求魚煎水作冰其不可得明矣尋觀三代之有天下也聖賢相承歷載數百尺土莫非其有一民莫非其臣萬國咸寧九有有截鹿臺之金巨橋之粟無所用之仍舊南面夫何爲哉然癸辛之徒恃其旅力知足以拒諫才足以飾非諂諛是尚臺觀是崇淫樂是好倡優是說作靡靡之樂安濮上之音上天不蠲眷然回顧宗國爲墟下夷于隸紂縣白旗桀放鳴條天子之尊湯武有之豈伊異人皆明王之胄也且當六國之時天下殷熾秦既兼之不脩聖道乃構阿房之宮築

長城之宇矜夸中國威服百蠻天下震竦道路以目自謂本枝百葉永垂洪暉豈悟二世而滅社稷崩圮哉近漢孝武乘文景之福外攘夷狄內興宮殿十餘年間天下嚻然乃信越巫懟天遷怒起建章之宮千門萬戶卒致江充妖蠱之變至于宮室乖離父子相殘殃咎之毒禍流數世臣觀黃初之際天兆其戒異類之鳥育長燕巢口爪胷赤此魏室之大異也宜防鷹揚之臣于蕭牆之內可選諸王使君國典兵往往棊跱鎮撫皇畿翼亮帝室昔周之東遷晉鄭是依漢呂之亂實賴朱虛斯蓋前代之明鑒夫皇天無親惟德是輔民詠德政則延期過歷下有怨歎則掇錄授能由此觀之天下之天下非獨陛下之天下也臣百疾所鍾氣力稍微輒自輿出歸還里舍若遂沈淪魂而有知結草以報魏志高堂隆傳

上韋抱事

太史許芝所舉韋抱遠不度于古近不儀于今每祭與吏爭肉自

取百斤猶恨其少也書鈔五十五

上言張掖瑞石事 青龍四年

古皇聖帝所未嘗蒙實有魏之禎命東序之世寶魏志管寧傳

諫殺鹿抵罪

近日有司宜令有殺禁地鹿者身死財產沒官有能先覺白者厚賞賜之此爲重禽獸而賤人同于齊宣王矣御覽九百六引高堂隆集

奏事

陽符一名陽燧取火于日陰符一名陰燧取水于月竝八銅作鏡名曰陰陽之鏡御覽七百一十七引魏名臣奏

五祀議

國行中霤門井竈多不遍唯祀在者故曰祭五祀在于廟今每門戶輒祭之自漢以來非舊典也祭井自漢從水類不列五祀宜除之祭井祀行世本曰微作傷五祀漢書儀曰祠五祀謂五行金木水火土也木正曰句芒火正曰祝融金正曰蓐收水正曰玄冥土正曰后土皆古賢能治成五行有功者也主其神祀之御覽五百二十九引魏名臣奏

薦新議

按舊典天子諸侯月有祭事其孟則四時之祭也三牲黍稷時物咸備其仲月季月皆薦新之祭也大夫以上將之以羔或加以犬而已不備三牲也士以豚庶人則唯其時宜魚雁可也皆有黍稷禮器曰羔豚而祭百官皆足太牢而祭不必有餘羔豚則薦新之禮也太牢則時祭之禮也詩云四之日其蚤獻羔祭韭周之四月則夏之二月也月令仲春天子乃獻羔開冰季春之月天子始乘舟薦鮪仲夏之月天子乃嘗魚咸薦之寢廟此則仲春季月薦新之禮也通典四十九

祀功臣議 太和四年

按先典祭祀之禮皆依生前尊卑之敘以爲位次功臣配食于先王象生時侍讌燕禮大夫以上皆升堂以下則位于庭其餘則與君同牢至于俎豆薦羞唯君備公降于君卿大夫降于公士降于大夫使功臣配食于烝祭所以尊崇其德明其勳以勸嗣臣也議者欲從漢氏祭之于庭此爲貶損非寵異之謂也貴者取貴骨賤者取賤骨今使配食者因君之牢以貴賤爲俎庶合事宜周志曰勇則害上不登于明堂共用謂之勇言有勇而無義死不登堂而配食此即配食之義位在堂之明審也下爲北面三公朝立之位耳讌則脫屨升堂在庭也凡獻爵有十二九七五三之差君禮大夫三獻太祝令進三爵于配食者可也通典五十七

告瑞璽議 太和六年

案典瑞天子有事必告宗廟以象生也凡宗廟祖尊而禰親祭祀告事皆先尊而後親往者得瑞璽以告宗廟而與于親廟此則告

入戶上脫公字

于尊奠于親故事明比文皇帝文思皇后其爲慈親一體也告之日質明守宫筵于廟堂之奥設玉几之南設洗于阼階東南酒人設醴酒于堂脯人醢人執籩脯豆醢于洗北西面公位于阼階西南北面太常位于阼階北面差出公後百執事敘立于卿後執璽使者立公西北東面諸博士差退唯籩人豆人不拜餘皆拜拜訖解劒納履博士引公祝道盥升自阼階博士立于高皇廟室戶外西東面祝先入室南面入戶內西面博士並引卿與從公籩人醢人百執事皆從升博士引使者升階如在廷之位卿受脯于戶外入于筵前醢人㠯醢授卿卿拜興受設于籩北興出俟事于大皇帝室南面祝酌酒奠籩南祝道公博士引使者執邸受瑞璽于戶祝西面立于戶外東使者還復位公奠璽于几東興復位祝入公再拜稽首興立漏移一刻公執璽邸授使者戶外遂造太皇帝、武皇帝、文皇帝皆如高皇出禮畢之後可使都督黃門兼諸官告瑞于文思皇后寢堂如廟之禮 通典五十五

告瑞璽又議

往者得瑞璽祝文曰於惟往者神靈吐燿天球玉璽見于宗廟之宮今則西岳之精神天意重出瑞璽王國之域實爲皇天后土明報皇高曾祖武文之德德祚洋溢光潤萬國孝皇帝諱謹使上公臣某敢用嘉薦醴酒奉呈瑞璽㠯告先靈尚饗 通典五十五

改正朔議

按自古有文章㠯來帝王之興受禪之與干戈皆改正朔所㠯明天道定民心也易曰革元亨利貞有孚改命吉湯武革命應乎天從乎人其義曰水火更用事猶王者必改正朔易服色也易通卦驗曰王者必改正朔易服色㠯應天地三氣三色書曰若稽古帝舜曰重華建皇授政改朔初高陽氏㠯十一月爲正薦玉㠯赤繒高辛氏㠯十三月爲正薦玉㠯白繒尚書傳曰舜定鍾石論人聲乃及鳥獸咸變于前故更四時改堯正詩曰一之日觱發二之日栗烈三之日于耜傳曰一之日周正月二之日殷正月三之日夏正月詩推度災曰如有繼周而王者雖百世可知㠯前檢後文質相因法度相改三而復者正色也二而復者文質也㠯前檢後謂軒轅、高辛、夏后氏、漢皆㠯十三月爲正少昊有唐有殷皆㠯十二月爲正高陽有虞有周皆㠯十一月爲正後雖百世皆㠯前代三而復也禮大傳曰聖人南面而治天下必正度量考文章改正朔易服色殊徽號樂稽曜嘉曰禹將受位天意大變迅風雷雨㠯明將去虞而適夏也是㠯舜禹雖繼平受禪猶制禮樂改正朔㠯應天從民夏㠯十三月爲正法物之始其色尚黑殷㠯十二月爲正法物之牙其色尚白周㠯十一月爲正法物之萌其色尚赤能察其類能正其本則嶽瀆致雲雨四時和五稼成麟皇翔集春秋十七年夏六月甲子朔日有蝕之傳曰當夏四月是謂孟夏春秋元命苞曰王者受命昭然明于天地之理故必移居處更稱號改正朔易服色㠯明天命聖人之寶質文再而改窮明相承周則復始正朔改則天命顯凡典籍所記不盡于此略舉大較亦足㠯明也 宋書禮志一

瑞贄議 青龍二年

按周禮公執桓珪公謂上公九命分陝而理及二王後也今大司馬公大將軍實分征東西可謂上公矣山陽公衞國公則二王後也侯執信珪謂地方四百里伯執躬珪謂地方三百里皆七命也今郡王戶數多者可如侯少者可如伯子執穀璧謂地方二百里男執蒲璧謂地方百里皆五命也今縣主戶數多者可如子少者可如男上公禮其率諸侯㠯朝則執桓珪自非朝宗則如八命之公與王論道有事而進則執璧今二王後諸王若入朝覲二公率㠯進退則執桓珪其朝王則與羣公執璧按周禮王官唯公執璧

漢大將軍、驃騎、車騎、衞將軍開府辟召掾屬，與公同儀，則執璧可也。孤皮帛，卿羔。孤謂天子七命之孤，及大國四命之孤，副公與王論道，尊于六卿。其執贄以虎皮表束帛。今九卿之列，太常、光祿勳、衞尉，尊于六卿，其執贄如孤也。其朝王執皮帛可也。三府長史亦公之副，雖有似于孤，實卑于卿，大夫之禮可也。公之孤頫聘于天子。及見于其君，其贄以豹皮表束帛。今未有其官，意謂山陽公之上卿可以當之。卿謂六官六命之卿，及諸侯三命再命之卿也。今六卿及命永壽、永安、長秋、城門五校皆執羔可也。諸侯之卿，自于其君亦如之。天子卿大夫飾羔雁以繢，諸侯卿大夫飾羔雁以布。州牧郡守以功德賜勞秩比中二千石者，其朝覲宜依卿執羔。金紫將軍秩比中二千石，與卿同。大夫執雁，謂天子中下大夫四命，及諸侯再命一命之大夫也。其位卑于卿。今王府長史及五命二千石之著者也。博士儒官，歷代禮服從大夫，如前執雁可也。州牧郡守未賜者，宜依大夫執雁，皆飾以繢。諸縣千石、六百石，今士大夫若或會覲，宜執雁，飾以布。士執雉，謂天子三命之士，及諸侯一命再命之士也。府史以下至于比長庶人在官，亦謂之士。諸縣四百石、三百石長，從士禮，執雉可也。通典七十五。

服黃讀令議 景初元年

黃屬土也。土王四季，各十八日。土生于火，故于火用事之末服黃。二季則不。其令則隨四時，不以五行為令也。是以服黃無令。通典七十。景初元年，通事奏曰：前後但見讀四時令，至于服黃之時，獨闕。太令史高堂隆以為

諸侯稱薨議

諸侯曰薨，亦取隕墜之聲也。禮，王者之後公及王之上公九命為二伯者，侯伯皆執珪，子男及王之公皆執璧，其卒皆曰薨。今可使二王後、公及諸國王執珪，大將軍、縣亭侯有爵土者，車騎、衞將軍辟召掾屬與三公俱執璧者，卒皆稱薨。禮，大夫曰卒者，言陳力展志，功成事卒，無遺恨也。今太中大夫秩千石，諫議、中散大夫秩皆六百石，此正天子之大夫也。而使下與二百石同列，稱不祿，為大夫死貶從事，殆非先聖制禮之意也。士不祿者，言士業未卒，不終其祿也。通典八十三。

事當作士

荅卞蘭難取鐘

夫禮樂者，為治之大本也。故簫韶九成，鳳凰來儀；雷鼓六變，天神以降。政是以平，刑是以錯，和之至也。新聲發響，商辛以隕；大鐘既鑄，周景以弊。存亡之機，恒由斯作，安在廢興之不階也？君舉必書，古之道也。作而不法，何以示後？聖王樂聞其闕，故有箴規之道；忠臣願竭其節，故有匪躬之義也。魏志高堂隆傳。

對或問藏主

或問高堂隆曰：昔受訓云，馮君八萬言章句，設正廟之主各藏太室西壁之中，遷廟之主于太室北壁之中。按逸禮，藏主之處似在堂上壁中。荅曰：章句但言藏太祖北壁中，不別堂室。愚意以堂上無藏主，當室之中也。通典四十八。

對尚書曹訪物故

尚書曹訪云：官寮終卒，依禮各有至于其間，令長以下通言物故，不知物故之名本何所出？高堂隆荅曰：聞之先師，物，無也；故，事也。言無復所能于事也。通典八十三。又蜀志劉璋傳注。

有下脫制字

對尚書祠部問同母異父昆弟服

景初中，尚書祠部問曰：同母異父昆弟服應幾月？太常曹毗述博士趙怡據子游、鄭注，大功九月。高堂隆云：聖人制禮，外親正服不過緦麻，異外內之明理也。外祖父母以尊加，從母以名加，皆小功；舅緦服而已。外兄弟異族無屬，疏于外家遠矣。故于禮序不得有服。若以同居從同爨服，無緣章云大功，乃重于外祖父母，皆實先賢之過也。通典九十一。

章當作郎

全三國文卷三十二

烏程嚴可均校輯

魏三十二

劉劭

劭字孔才。廣平邯鄲人。建安中爲太子舍人。遷祕書郎。黃初中爲尚書郎散騎侍郎。太和中出爲陳留太守。徵拜騎都尉。遷散騎常侍。正始中封關內矦。卒贈光祿勳。有人物志三卷。法論十卷集二卷。

趙都賦

且儆邑者固靈州之儆宇。而天下之雄國。其南也則有洪川巨瀆。黃水濁河。發源積石。徑拂太華。灑爲九流。入于玄波。其東則有天浪水府。百川是鍾。包絡坤維。連薄太濛。北則有陶林玄壇。增冰沍寒。西則有靈丘平圍。邪接昆侖。其近則有天井句注。飛壺太行。璀錯磥硌。屬阜連岡。龍首差峩。吕岪鬱。羊坂輪崛。吕屹嶕。清漳發源。濁滏汨越。湯泉涫沸。洪波漂厲。爾乃都城萬雉。百里周迴。九衢交錯。三門旁開。層樓疎閣。連棟結階。峙華爵吕表甍。若翔鳳之將飛。正殿儼其造天。朱檽赫吕舒光。盤虯螭之蜿蜒。承雄虹之飛梁。結雲閣于南宇。立叢臺于少陽。及至暮秋涉冬。則風烈□寒。猛豺鷙攫。鷹隼奮翰。國乃講武狩于清源。駕鶩冥之駿駁。抗沖天之旌旆。北連昭餘。南屬呼沲。西眴太陵。東結繚河。然後嵥子放機。戈矛亂發。決班鬐。破文頞。當手斃僵。應弦倒越。爾乃進夫中山名倡。襄國妖女。狄鞮妙音。邯鄲才舞。六八駢羅。遞奏迭舉。體凌浮雲。聲哀激楚。姦絕倫之逸態。實倬然而寡偶。其珍玩服物。則昆山美玉。玄珠曲環。輕綃縏纖。繁繵綈紈。其器用良馬。則六弓四弩。綠沈黃閒。堂谿魚腸。丁令角端。飛兔褭斯。常驪紫燕。豐顴碢顱。龍身鵠頸。目如黃金。斸筋參精。迅躡飛浮。軼響追聲。若乃至季春元巳。辰火熾光。

挺新暢往。祓于水陽。朱幕蔽野。綵帷連岡。妖冶呈飾。顏如春英。藝文類聚六十一。又略見文選海賦注。赭白馬賦注。初學記六。又十五。二十二。御覽三百四十七。巨鰲冠山。陵魚吞舟。吸潦吐波。氣成雲霧。文選海賦注。又演連珠注。煦氣成虹蜺。揮袖起風雲。文選七啟注。神鉦發聲。文選魏都賦。劉淵林注。置酒乎黃華之館。御覽一百九十四。其謀謨之士。則思通神睿。權略無形。沈竈生蛙。轉敗爲成。書鈔一百九十四。辯論之士。則智湊徂巨。材過東里。分摛帶義。剖擘纖理。論析堅白。辯藏三耳。御覽四百六十四。游俠之徒。晞風擬類。貴交尚信。輕命重氣。義激毫毛。節成感慨。御覽四百七十三。爰及富人郭矦之倫。貲衍陶衛。參溢無垠。金碧其輿。朱丹其輪。會遇燕好。其從如雲。御覽四百七十二。

許都賦

洛都賦案此二賦見魏志本傳。文俱佚。

嘉瑞賦

乾坤交泰。嘉瑞降靈。皓雉呈其潔質。素威效其人形。白兔揚其翰耀。黃龍耀其神精。章光列之焞燿。顯休徵之有成。昔聖王之降瑞。或阜爾而弗經。猶著美于篇籍。貽來業而垂名。實明德之所墜。宜允納而是丁。信無思而不服。又何遠之不寍。方將收麒麟于玄圃。栖鳳皇于軒橋。舞鸞鳥于中唐。聆鸑鷟之和鳴。弄蓂蒲之華芳。翫朱草之丹榮。承靈祚而建基。垂遐福于億齡。超三五而無儔。與泰初乎齊聲。藝文類聚九十八。

龍瑞賦

太和七年春。龍見摩陂。行自許昌。親往臨觀。形狀瓌麗。光色燭燿。

侍衛左右，咸與觀焉。自載籍所紀，瑞應之致，或翔集于邦國，阜犖于要荒，未有若斯之著明也。惟殷覲之舊式，乃展義而省方，皇輿發于洛邑，遂巡幸于許昌。憲宸極之天居，建正殿以當陽，歲在析木，時惟仲春，靈威統方，句芒司辰，陽升九四，或躍于淵，有蜿之龍，來遊郊甸，應節合義，象德效仁，紆體盤縈，攜藻布文，青耀章采，雕琢璘玢，煥若羅星，蔚若翠雲，光鳥奕以外照，水清景而內分，聖上觀之無射，左右察之旣精，聊假物以擬身，忽神化而無形，泉含物而下澹，固保險而常寧。昔太昊之初化，首帝德以表名，暨明后之隆盛，又降見以揚聲，惟珍獸之玄眞，實殊異于四靈，信應龍之道揚，將天飛于泰清。（藝文類聚九十人，初學記三十。）

上都官考課疏

百官考課，王政之大較，然而歷代弗務，是以治典闕而未補，能否混而相蒙。陛下以上聖之宏略，愍王綱之弛頹，神慮內鑒，明詔外發。臣奉恩曠然，得以啟矇，輒作都官考課七十二條，又作說略一篇。臣學寡識淺，誠不足以宣暘聖旨，著定典制。（魏志劉劭傳。）

祀六宗議

萬物負陰而抱陽，沖氣以為和。六宗者，太極沖和之氣，為六氣之宗者也。虞書謂之六宗，周書謂之天宗。（晉書禮志上：景初二年，大議其神，朝士紛紜，各有所執，惟散騎常侍劉劭以為云云。）

元會日蝕議

梓愼裨竈，古之良史，猶占水火，錯失天時。禮，諸侯見天子，入門不得終禮者四，日蝕在一。然則聖人垂制，不為變異先廢朝禮，或災消異伏，或推術謬誤。（通典七十八：建安中，將元會，而太史上言正朝當日蝕，朝臣議應會不。博平計吏劉劭建言云云。時尚書令荀彧及衆人咸善而從之，遂朝如舊，日亦不蝕，劭由此著名。）

皇后銘旌議

主生稱魏，不稱姓；據漢律，使節稱漢。今魏使節亦稱魏，及二千石諸竹使符，皆稱魏，以類推之，其義宜同。今太后之旌宜稱魏。（通典八十四。）

新律序略

舊律所以難知者，由于六篇篇少故也。篇少則文荒，文荒則事寡，事寡則罪漏。是以後人稍增，更與本體相離。今制新律，宜都總事類，多其篇條。刪舊科，采漢律，為魏律，懸之象魏。（已上十二字，從御覽六百三十八補。）舊律因秦法經，就增三篇，而具律不移，因在第六，罪條例既不在始，又不在終，非篇章之義，故集罪例以為刑名，冠于律首。盜律有劫掠、恐猲、和賣買人，科有持質，皆非盜事，故分以為劫掠律。賊律有欺謾、詐偽、踰封、矯制，囚律有詐偽生死，令景有詐自復免，事類衆多，故分為詐律。賊律有賊伐樹木、殺傷人畜產及諸亡命，金布律有毀傷亡失縣官財物，故分為毀亡律。囚律有告劾、傳覆，廄律有告反逮受，科有登聞道辭，故分為告劾律。囚律有繫囚、鞫獄、斷獄之法，興律有上獄之事，科有考事報讞，宜別為篇，故分為繫訊、斷獄律。盜律有受所監臨、受財枉法，雜律有假借不廉，令乙有所呵人受錢，科有使者驗賂，其事相類，故分為請賕律。盜律又有敎辱強賊，興律有擅興徭役，具律有出賣呈，科有擅作脩舍事，故分為擅興律。興律有乏徭、稽留，賊律有儲峙不辦，廄律有乏軍之興，及舊典有奉詔不謹、不承用詔書，漢氏施行有小愆之乏不如令，輒劾以不承用詔書之罪腰斬，又減以丁酉詔書，丁酉詔書漢文所下，不宜復以為法，故復別為之留律。秦世舊有廄置、乘傳、副車、食廄，漢初承秦不改，後以費廣稍省，是故後漢但設騎置而無車馬，律猶著其文，則為虛設，故除廄律，取其可用合科者，以為郵騎令。其告反逮驗，別入告劾律。上言變事，以為變事令，以警事告急，與興律烽燧及科令者，以為警事律。盜律有還贓畀主，金布律有

人當作八

罰贖入責吕呈黃金爲償科有平庸坐贓事吕爲償贓律蓋律之初制無免坐之文張湯趙禹始作監臨部主見知故縱之例其見知而故不舉劾者各與同罪失不舉劾各吕贖論其不見不知不坐也是吕文約而例通科之爲制每條有違科不覺不知從坐之免不復分別而免坐繁多宜總爲免例吕省科文故更制定其由例吕爲免坐律諸律令中有其教制本條無從坐之文者皆從此取法也凡所定增十三篇就故五篇合十八篇于正律九篇爲增于旁章科令爲省矣改漢舊律不行于魏者皆除之更依古義制爲五刑其死刑有三髡刑有四完刑作刑各三贖刑十一罰金六雜抵罪七凡三十有七名吕爲律首又改賊律但吕言語及犯宗廟園陵謂之大逆無道腰斬家屬從坐不及祖父母孫至于謀反大逆臨時捕之或污潴或梟菹夷其三族不在律令所吕嚴絕惡路也賊鬭殺人吕劾而亡許依古義聽子弟得追殺之會赦及過

誤相殺不得報讎所吕止殺害也殺繼母與親母同防繼假之隙也除異子之科使父子無異財也毆兄姊加至五歲刑吕明教化也囚徒誣告人反罪及親屬異于善人所吕累之使省刑息誣也改投書棄市之科所吕輕刑也正篡囚棄市之罪斷凶強爲義之蹤也二歲刑吕上除家人乞鞫之制所吕省煩獄也改諸郡不得自擇伏日所吕齊風俗也（晉書刑法志、通典一百六十三）

人物志序

夫聖賢之所美莫美乎聰明聰明之所貴莫貴乎知人知人誠智則衆材得其序而庶績之業興矣是吕聖人著爻象則立君子小人之辭敘詩志則別風俗雅正之業制禮樂則攷六藝祗庸之德躬南面則援俊逸輔相之材皆所吕達衆善而成天功也天功既成則竝受名譽是吕堯吕克明俊德爲稱舜吕登庸二八爲功湯吕拔有莘之賢爲名文王吕舉渭濱之叟爲貴由此論之聖人興

電連之電當作霓

德孰不勞聰明于求人獲安逸于任使者哉是故仲尼不試無所援升猶序門人吕爲四科泛論衆材吕辨三等又歎中庸吕殊聖人之德尚德吕勸庶幾之論訓六蔽吕戒偏材之失思狂狷吕通拘抗之材疾悾悾而無信吕明僞似之難保又曰察其所安觀其所由吕知居止之行人物之察也如此其詳是吕敢依聖訓志序人物庶吕補綴遺忘惟博識君子裁覽其義焉（宋本人物志）

七華

玄休先生棄世遁名藏身于虛廓絕影于無形榮時子聞而往焉曰僕聞至人之生世也必承天地之時勢統萬物之紘綱生有九州之秩沒有祀典之常僕將爲先生陳天下之遠圖論品物之弘式規人事之榮華傳情志之所極（藝文類聚五十七）

榮時子曰追風之馬出自遐裔狀若逸蚓莫能羈制踐路躡節迅驅機發後不可及前不可越尋□逸響追晷逐電（藝文類聚五十七）

漱馬河源遊目崑崙（文選魏都賦注）

超重淵越流沙（文選七命注）

榮時子曰三時既畢玄冬效節木落草斃鳥竄獸穴爾乃駕六虯乘雕軒載金鉦鳴玉鸞鼓與雷起野火電延聲與天屬熛與電連（藝文類聚五十七）

榮時子曰洞庭之鮒（藝文類聚作鱄）出于江滑紅腴青鱸朱尾碧鱗乃使朱玄揮鑾騁厥妙伎先事□□敷割皮骨（書鈔一百四十五引條、藝文類聚五十七）

煮丹穴之卵炰南海之蠵□□除之□鑾麃麟之臡（書鈔一百四十二、一百四十五）

煎雋陵之縹翠烝葱嶺之碧雞（書鈔一百四十二、又一百四十五作嶲陵、御覽九百二十四）

厥齊不同各有攸宜九沸三變其味乃和（書鈔一百四十二）

于是爨陽山之穄九朔之禾（書鈔一百四十二）

金光鏡野旌旗曜天雷輜翳路風馬如雲（藝文類聚五十七）

化如神明（書鈔十）

威光遠震（書鈔十三）

于是三辰增曜大明重光醴泉波流芝圃揚芳毛羣率舞羽族迴翔聆九韶之聲變儀矩步之蹌蹌感神人而懷異物盈九有而綏八荒（藝文類聚五十七）

樂論（凡十四篇見魏志本傳）

飛白書勢

鳥魚龍蛇龜獸仙人蛟腳偃波楷隸八分世施常妙索草鍾眞爰有飛白之麗貌豔勢珍若乃數折毫芒纖手和會素幹冰解蘭墨電擲直准箭馳屈擬蠖勢繁節參譚綺靡循殺有若煙雲拂蔚交紛刻繼韓盧接飛宋鵲遊逝（藝文類聚七十四）

文帝誄

鳳皇立翥（文選頭陀寺碑注）

明帝誄

先皇嘉其誕受洪允（文選褚白馬賦注）

劉放

放字子棄涿郡人曹公辟司空參軍歷主簿記室出爲郃陽祋祤贊令魏國建爲祕書郎文帝卽王位轉祕書丞徙爲令黃初初改中書監加給事中賜爵關內侯掌機密進封魏壽亭侯明帝卽位加散騎常侍進封西鄉侯青龍中加侍中光祿大夫景初中封方城侯齊王時加左光祿大夫轉驃騎將軍年老遜位復爲侍中領中書令卒謚曰敬侯（案魏志本傳放善爲書檄三祖詔命有所招喻多放所爲）

奏停賣胡粉

今官販粉賣胡粉與百姓爭錐刀之末利宜乞停之（書鈔一百三十五引魏名臣奏）

孫資

資字彥龍太原人歷縣令參丞相軍事魏國建爲祕書郎文帝卽王位轉祕書丞及受禪改中書令加給事中封關內侯掌機密明帝時加散騎常侍封樂陽亭侯進封左鄉侯青龍中加侍中光祿大夫景初中進封中都侯齊王時加右光祿大夫轉衞將軍以年老遜位歸第就拜驃騎將軍轉侍中卒謚曰貞侯

以太尉司馬懿爲太傅詔

昔吳漢佐光武有征定四方之功爲大司馬名稱于今太尉體道（一作體履）正直盡忠三世南擒孟達西破蜀虜東滅公孫淵功蓋海內先帝本以前後欲更其位者輒不彌久是以遲遲不施行耳今大將軍薦太尉宜爲大司馬既合先帝本旨又放推讓進德尙勳乃欲明賢良辨等列順長少也雖旦奭之屬宗師呂望念在引領以處其下何以過哉朕甚嘉焉朕惟先帝固知君子樂天知命纖芥細疑不足爲忌當顧柏人彭亡之文故用低回有意未遂耳斯亦先帝敬重大臣恩愛深厚之至也昔周成王建保傅之官近漢顯宗以鄧禹爲太傅皆所以優崇儁乂必有尊也其以太尉爲太傅持節統兵都督諸軍事如故（魏志曹爽傳注引魏書帝使中書監劉放令孫資爲詔又略見魏志齊王芳紀）

對明帝詔問萬年後計

陛下恩深慮遠誠非愚臣所及書傳所載皆聖聽所究向使漢高不知平勃能安劉氏孝武不識金霍付屬以事殆不可言文皇帝始召曹眞還時親詔臣以重慮及至晏駕陛下卽阼猶有曹休外內之望賴遭日月御勒不傾使各守分職纖芥不間以此推之親臣貴戚雖當據勢握兵宜使輕重素定若諸侯典兵力均衡平寵齊愛等則不相爲服不相爲服則意有異同今五營所領見兵常不過數百選授校尉如其輩類爲有儔匹至于重大之任能有所維綱者宜以聖恩簡擇如平勃金霍劉章等一二人漸殊其威重

使相鎮固。于事爲善。魏志劉放傳注引孫資別傳。

又對

臣聞知人則哲。惟帝難之。唐虞之聖。凡所進用。明試㠯功。陳平初事漢祖。絳灌等讒平有受金盜嫂之罪。周勃㠯吹簫引彊。始事高祖。亦未知名也。高祖察其行迹。然後知可付㠯大事。霍光給事中二十餘年。小心謹慎。乃見親信。日磾夷狄。㠯至孝質直。特見擢用。左右尙曰妄得一胡兒而重貴之。平勃雖安漢嗣。其終勃被反名。平劣自免于呂須之讒。上官桀桑弘羊與霍光爭權。幾成禍亂。此誠知人之不易。爲君之難也。又所簡擇。當得陛下所親。當得陛下所信。誠非愚臣之所能識別。魏志劉放傳注引孫資別傳。

薦賈逵于相府

逵在絳邑。帥厲吏民。與賊郭援交戰。力盡而敗。爲賊所俘。挺然直志。顏辭不屈。忠言聞于大衆。烈節顯于當時。雖古之直髮據鼎。罔㠯加也。其才兼文武。誠時之利用。魏志賈逵傳注引孫資別傳。

韋誕

誕字仲將。京兆人。太僕端子。稱草聖。建安中爲郎中。正始中遷侍中中書監。後㠯光祿大夫致仕。有集三卷。

敘志賦

肴鴻烈之末流。蒙祖考之餘德。奉過庭之明訓。納微躬于軌則。勉四民之耕耘。遂能辯乎菽麥。自弱冠而立朝。無匡時之異才。每寤寐㠯歎息。思損已而降階。遭大魏之革命。罔羣士于行職。雖固陋之無用。猶收錄而序飾。歷文武于機衡。擁大瑞于帝側。隨倫儕㠯案牒。乃剖符而封殖。顧儀服而增憒。心夕惕㠯愧惑。蒙聖皇之宏恩。過待罪于卿士。奏朝請于朔望。恭禋享于郊祀。念余年之冉冉。忽一過其如馳。微奇功㠯佐時。徒曠官其何爲。匪遜讓之足殉。信神氣之稍衰。將訴誠于明后。乞骸骨而告歸。藝文類聚二十六。

景福殿賦

瞻大廈之穹崇。結層構而高驤。脩棟迪㠯虹指。飛甍竦而鳳翔。櫼桷駢逼㠯星羅。軒檻曼延而悠長。伏應龍于反宇。乘流蘇㠯飄揚。于是周覽升降。流目評觀。叢楹負極。飛櫨承欂。枅梧綺錯。櫨枅二字並依御覽改。桀棁鱗攢。芙蓉側植。藻井懸川。則有此二字依文選魯靈光殿賦注補。望舒涼室。羲和溫房。玄冬則煖。炎夏則涼。總寒暑于區宇。制天地之陰陽。又有外城金狄。詭貌殊姿。列于廳門。肅有容威。若乃離殿別館。粲如列星。安昌延休。清宴永寍。美百號文選景福殿賦注作百子。之特居。嘉休祥之令名。步雕輦㠯逍遙。時容與于蘭庭。又有教坊講肆。才士布列。新詩變聲。曲調殊別。吟清商之激哇。發角徵與白雪。音感靈㠯動物。起世俗㠯獨絕。然後御龍舟兮翳翠蓋。吳姬擢歌。越女鼓枻。詠采菱之清謳。奏淥水之繁會。藝文類聚六十二。御覽一百八十八。

昭剛義于金光。崇柔惠于建陽。文選景福殿賦注。

時襄羊㠯劉覽。步華輦于永始。知稼穡之艱難。壯農夫之克敏。同上。

虞淵靈沼。淥水泱泱。文選景福殿賦注。

北看高昌。邪睨建城。文選景福殿賦注。

踐高昌㠯北眺。臨列隊之京市。文選景福殿賦注。

奏題署

蔡邕自矜能書。兼明斯喜之法。非流紈體素。不妄下筆。已上四語從尺牘清裁補。夫工欲善其事。必先利其器。用張芝筆。左伯紙。及臣墨。兼此三具。又得臣手。然後可逞徑丈之勢。方寸千言。御覽七百四十七引三輔決錄注。

駮議胡昭

禮賢徵士。王政之所重也。古者攷行于鄉。今顗等位皆常伯納言。嶷爲卿佐。足㠯取信。附下罔上。忠臣之所不行也。昭宿德耆艾。遺逸山林。世所高尙。誠宜嘉異。魏志管寧傳注引高士傳。

皇后親蠶頌

于時明庶扇物。鳥狢昏正。躬耕帝藉。邁德班令。嘉柔桑之肇敷。思郊廟之至敬。命皇后以親蠶。俾躬桑于外坰。攷時日于巫咸。詔大卜以獻貞。御坤德之大輅。駟翠騄以揚旌。爾乃皇英參乘。塗山奉輿。總美任于後陳。載樊衞于貳車。千乘隱其雷動。萬騎粲以星敷。啟前路于三宮。命蚩尤而清衢。遊青虬于左角。步素螭于右隅。登祟壇而正位。覿休氣于朝陽。步雕輦而下降。采柔條于公桑。嬪妾肅以莅事。職蠶植而承筐。供副褘之六服。昭孝敬于烝嘗。盛華禮于中宇。神化馳于八方。乃延羣妾。宴賜于前。降至貴以逮下。布愷悌之渥恩。禮儀備序。巾車迴轅。班中黃之禁財。散束帛之戔戔。神澤霈以雨施。洪惠播于無原。同頌慶于生民。發三靈之永歡。苞繁祜于萬國。卷福釐以言旋。美休祚于億載。豈百世之曾玄。藝文類聚十五。初學記十四。

太僕杜矦誄

入作納言。光耀紫微。北堂書鈔一百六十。

墨方

合墨法。以眞朱一兩。麝香半兩。皆擣細後。都合下鐵臼中。擣三萬杵。杵多愈益。不得過二月九月。初學記二十一。

筆方

先次以鐵梳兔毫及羊青毛。去其穢毛。蓋使不髯茹。訖各別之。皆用梳掌痛拍整齊。毫鋒端本各作扁。極令均調平好。用衣羊青毛。編羊青毛去兔毫頭下二分許。然後合扁。捲令極圓。訖痛頡之。以所整羊毛中。或用衣中心。名曰筆柱。或曰墨池。承墨。復用毫青衣羊毛外。如作柱法。使中心齊。亦使平均。痛頡。納管中。寵隨毛長者使深。寵小不大。筆之大要也。齊民要術九。

全三國文卷三十二終

全三國文卷三十三

烏程嚴可均校輯

魏三十三

蔣濟

濟字子通。楚國平阿人。建安中仕郡計吏州別駕。拜丹陽太守。尋爲揚州別駕。免。曹公爲丞相。辟爲主簿。徙西曹屬。文帝即王位。轉相國長史。及受禪。出爲東中郎將。進散騎常侍。後復爲東中郎將。徵拜尚書。明帝時。封關內侯。遷中護軍。又遷護軍將軍。齊王即位。徙領軍將軍。進封昌陵亭侯。遷太尉。曹爽誅。進封都鄉侯。卒。謚曰景侯。有萬機論十卷。

爲畢軌擊鮮卑失利表

畢軌前失既往。不咎。但恐是後難可㠯再。凡人材有長短。不可彊成。軌文雅志意。自爲美器。今失并州。換置他州。若入居顯職。不毀其德。于國事實善。此安危之要。唯聖恩察之。魏志曹爽傳注引魏略。

論曹休帥軍向皖表

深入虜地。與權精兵對。而朱然等在上流。乘休後。臣未見其利也。魏志蔣濟傳注。

軍至皖吳出兵安陸又上疏

今賊示形于西。必欲并兵圖東。宜急詔諸軍往救之。魏志蔣濟傳。

諫專任中書監令疏

大臣太重者國危。左右太親者身蔽。古之至戒也。往者大臣秉事。外內扇動。陛下卓然自覽萬機。莫不祗肅。夫大臣非不忠也。然威權在下。則眾心慢上。勢之常也。陛下既已察之于大臣。願無忘于左右。左右忠正遠慮。未必賢于大臣。至于便辟取舍。或能工之。今外所言。輒云中書。雖使恭慎不敢外交。但有此名。猶惑世俗。況實握事要。日在目前。儻因疲倦之間。有所割制。眾臣見其能推移于事。即亦迴附而向之。一有此端。因當內設自完。㠯此眾語。私招所交。爲之內援。若此。臧否毀譽。必有所興。功負賞罰。必有所易。直道而上者或壅。曲附左右者反達。因微而入。緣形而出。意所狎信。不復猜覺。此宜聖智所當早聞。外㠯經意。則形際自見。或恐朝臣畏言不合。而受左右之怨。莫適㠯聞。臣竊亮陛下潛神默思。公聽並觀。若事有未盡于理。而物有未周于用。將改曲易調。遠與黃唐角功。近昭武文之迹。豈近習而已哉。然人君猶不可悉天下事㠯適己明。當有所付。三官任一臣。非周公旦之忠。又非管夷吾之公。則有弄機敗官之弊。當今柱石之士雖少。至于行稱一州。智效一官。忠信竭命。各奉其職。可並驅策。不使聖明之朝有專吏之名也。魏志蔣濟傳。又通典二十一。

諫遣田豫王雄攻遼東

凡非相吞之國。不侵叛之臣。不宜輕伐。伐之而不制。是驅使爲賊。

故曰虎狼當路。不治狐狸。先除大害。小害自已。今海表之地。累世委質。歲選計考。不乏職貢。議者先之。正使一舉便克。得其民不足益國。得其財不足爲富。儻不如意。是爲結怨失信也。魏志明帝紀注引司馬彪戰略。太和六年。遣田豫王雄攻遼東。濟諫。帝不聽。

諫外勤征役內務宮室疏

陛下方當恢崇前緒。光濟遺業。誠未得高枕而治也。今雖有十二州。至于民數。不過漢時一大郡。二賊未誅。宿兵邊陲。且耕且戰。怨曠積年。宗廟宮室。百事草創。農桑者少。衣食者多。今其所急。唯當息耗百姓。不至甚弊。弊劫之民。儻有水旱。百萬之眾。不爲國用。凡使民必須農隙。不奪其時。夫欲大興之君。先料其民力而燠休之。句踐養胎㠯待用。昭王恤病㠯雪仇。故能㠯弱燕服彊齊。羸越滅勁吳。今二敵不攻不滅。不事即侵。當身不除。百世之責也。㠯陛下聖明神武之略。舍其緩者。專心討賊。臣㠯爲無難矣。又歡娛之

耽害于精爽。神太用則竭。形太勞則弊。願大簡賢妙。足以充百斯男者。其冗散未齒。且悉分出。務在清靜。（魏志蔣濟傳）

日蝕詔羣臣問得失上疏（正始八年二月）

昔大舜佐治。戒在比周。周公輔政。慎于其朋。齊侯問災。晏嬰對以布惠。魯君問異。臧孫答以緩役。應天塞變。乃實人事。今二賊未滅。將士暴露已數十年。男女怨曠。百姓貧苦。夫爲國法度。惟命世大才乃能張其綱維。以垂于後。豈中下之吏所宜改易哉。終無益于治。適足傷民。望宜使文武之臣各守其職。率以清平。則和氣祥瑞可感而致也。（漢志蔣濟傳。又宋書五行志五）

諫曹爽辭封邑疏

臣忝寵上司。而爽敢包藏禍心。此臣之無任也。太傅奮獨斷之策。陛下明其忠節。罪人伏誅。社稷之福也。夫封寵慶賞。必加有功。今論謀則臣不先知。語戰則非臣所率。而上失其制。下受其弊。臣備宰司。民所具瞻。誠恐冒賞之漸自此而興。推讓之風由此而廢。（魏志蔣濟傳）

奏太學規條

大學堂上官爲置鼓。禮日入學。鼓篋遜其業也。凡學受業。當皆須十五以上。公卿大夫子弟在學者。以年齒長幼相次。不得以父兄位也。學者不恭肅。慢師。酗酒。好訟。罰飲水二升。（御覽五百三十四引魏名臣奏）

奏會喪不宜去冠

會喪不宜去冠。奏事者上言。前會故鎮軍朱鑠喪。自卿以下皆去冠。以布巾帕額。使者、侍中、散騎則不。皆非舊法。夫冠成德之表。于服爲尊。唯君親之喪。小斂之前。與服罪之人去冠。其餘禮儀雖齊縗之痛。有變無廢。今爲弔去冠。甚違禮意。（通典八十一。又八十三）

奏請封禪

夫帝王大禮。巡狩爲先。昭祖揚禰。封禪爲首。是以自古革命受符。未有不蹈梁父。登泰山。刊無竟之名。紀天人之際者也。故司馬相如謂有文以來七十二君。或順所繇于前。謹遺迹于後。太史公曰。主上有聖明而不宣布。有司之過也。然則元功懿德。不刊梁山之石。無以顯帝王之功。布生民不朽之觀也。語曰。當君而歎堯舜之美。譬猶人子對厥所生而譽他人之父。今大魏振前王之弊。亂拯流遁之難。危接千載之衰。緒繼百世之廢業。始自武文至于聖躬。所以參成天地之道。綱維人神之化。上天報應。嘉瑞顯祥。以比往古。其優衍豐隆。無所取喻。至于歷世迄今。未發大禮。雖志在埽盡殘盜。蕩滌餘穢。未遑斯事。若爾三苗崛彊于江海。大舜當廢東巡之儀。徐夷跳梁于淮泗。周成當止岱嶽之禮也。且昔歲破吳虜于江漢。今茲屠蜀賊于隴右。其震蕩內潰。在不復淹。就當探其窟穴。無累于封禪之事也。此儀久廢。非倉卒所定。宜下公卿。廣纂其禮。卜年考時。昭告上帝。以副天下之望。臣待罪軍旅。不勝大願。冒死以聞。（晉書禮志下。宋書禮志三）

合肥移城議（青龍元年）

既示天下以弱。且望賊煙火而壞城。此爲未攻而自拔。一至于此。劫略無限。必以淮北爲守。（魏志滿寵傳）

郊議

曹騰碑文云。曹氏族出自邾。（魏志蔣濟傳注。案直稱曹騰。當是裴所追改）魏非舜後而橫祀非族。降黜太祖。不配正天。皆爲繆妄。（魏志蔣濟傳注）

遺衞臻書

漢祖遇亡虜爲上將。周武拔漁父爲太師。布衣廝養。可登王公。何必守文。試而後用。（魏志衞臻傳）

難鄭玄注祭法

鄭玄注祭法云。有虞以上尚德。禘郊祖宗。配用有德。自夏以下。稍用其姓氏。濟曰。夫虯龍神于獺。獺自祭其先。不祭虯龍也。騏驎白

虎仁于豺。豺自祭其先，不祭䝙虎也。如玄之說，有虞已上，豺獺之不若邪？（魏志蔣濟傳注）

荅何晏夏侯玄叔嫂服難

記云：小功無位，是委巷之禮也。子思哭嫂有位，蓋亦謂知禮制禮者，小功當有位也。然則嫂叔服文，統見于經而明之，可謂微而著，婉而成章也。（通典九十二）

三州論（黃初五年，車駕幸廣陵，濟表水道難通，又上三州論㠯諷，不從。）

淮湖紆遠，水陸異路。（水經淮水注）

蔣子萬機論

謹案：隋志雜家蔣子萬機論八卷，蔣濟撰。舊唐志同。新唐志作十卷。直齋書錄解題作二卷，稱館閣書目十卷五十五篇，今惟十五篇，非完書也。至明而二卷本亦亡。焦竑國史經籍志㠯八卷入儒家，㠯二卷入雜家，虛列書名，又誤分爲兩種，不足據。今從羣書治要寫出三篇，益㠯各書所徵引，定著一卷。嘉慶乙亥歲四月朔。

政略

夫君臣之治，必須賢佐，然後爲泰。故君稱元首，臣爲股肱，譬之一體，相須而行也。是㠯陶唐欽明，羲氏平秩，有虞明目，元愷敷敎，皆此君唱臣和，同亮天功，故能天成地平，咸熙于和穆，盛德之治也。

夫隨俗樹化，因世建業，愼在三而已：一曰擇人，二曰因民，三曰從時。時移而不移，違天之祥也；民望而不因，違人之咎也；好善而不能擇人，敗官之患也。三者失，則天人之事悖矣。夫人乖則時逆，時逆則天違，天違而望國安，未有也。

刑論

患之臣者，狡猾之獄焉。狡黠之民，不事家事，頻貸鄉黨，㠯見厭賤，因反忿恨，看國家忌諱，造誹謗，崇飾戲言，㠯成醜語，被㠯叛逆，告白長吏，或內利疾惡盡節之名，外㠯爲功，遂使無罪幷門滅族，父子孩耄，肝腦塗地，豈不劇哉！求媚之臣，側入取舍，雖孫子哭君，孤已悅主，而不憚也。況因捕叛之時，無悅親之民，必獲盡節之稱乎！夫妄造誹謗，虛書叛逆，狡黠之民也；而詐忠者知而族之，此國之大殘，不可不察也。

用奇

或曰：官人用士，累功積效，㠯次相敘，明主之法，忠臣之節盡矣。若拔奇求異，超等踰第，非臣之事也。應之曰：顧當憂世無奇人，傑有又不能識耳。明法忠節，未必已盡也。自昔五帝之冠，固有黜陟之謨矣，復勤揚側陋；殷有攷誠之誥矣，復力索巖穴；西伯有呈效之誓矣，復旁求魚釣；小白有督課之法矣，復遠求囚俘；漢祖有賞爵之約矣，復急追亡信。若脩敘爲明法，拔奇爲非事，是兩帝三君非聖哲，而鮑蕭非忠吏也。然則攷功案第，守成之法也；拔奇取異，定社稷之事也。當多事之世，而論無事之法；處用奇之時，而必效一官之智，此所㠯上古多無嚴之國也。是㠯高世之主，成功之臣，張法㠯御常人，厚禮㠯延奇逸，求之若不及，索之若骨肉，故能消災除難，君臣同烈也。曩使五主二臣，牽于有司，束于脩常，不念疇咨，則唐民康哉之歌不作，殷無高宗之號，周無殪商雅頌之美，齊無九合功，漢殲于京索，而不帝矣。故明君良臣，垂意于奇異，誠欲濟其事也。使奇異塡于溝壑，有國者將不與其治矣。

漢元帝爲太子時，諫持法太深，求用儒生，宣帝作色怒之，云：俗儒不達，不足任，亂吾家者太子也。據如斯言，漢之中滅，職由宣帝，非太子也。乃知班固步驟盛衰，發明是非之理，弗逮古史遠矣。昔秦穆公近納英儒，招致智辯，知富國强兵，至于始皇，秉歷世餘（當有業字或威字）滅吞六國，建帝號，而坑儒任刑，疏扶蘇之諫，外蒙恬之直，受胡亥之曲，信趙高之訣，身沒三歲，秦無噍類矣。前史書二世之禍始皇所起也夫漢祖初以三章結黔首之心竝任儒辯以幷諸侯然後罔漏吞舟之魚烝民樸謹天下大治宣帝受六世之洪業繼武昭之成法四夷怖征伐之威生民厭兵革之苦海內歸勢適當安樂時也而以峻法繩下賤儒貴刑名是時名則舊校云名則二字侶衍石顯弘恭之徒便僻危嶮杜塞公論專制于事使其君負無窮之謗也如此誰果亂宣帝家哉向使宣帝豫料柱石之士骨鯁之臣屬之社稷不令宦豎秉持天機豈近于元世棟橈榱崩三十年間漢爲新家哉推計之始皇任刑禍近及身宣帝好刑短喪天下不同于秦禍少者耳

已下篇名缺

許子將褒貶不平以拔樊子昭而抑許文休劉曄難曰子昭拔御覽作發自賈豎年至耳順退能守靜進不苟競濟荅曰子昭誠自幼至長容貌完潔然觀其臿齒牙樹頰胲吐脣吻自非文休之敵也三國志龐統傳注世說品藻篇注御覽三百六十七

許文休者大較廊廟器也而子將貶之若實不貴之是不明也誠令知之蓋善人也三國志許靖傳評注

許文休東渡江乃在障氣之南文選廣絕交論注

張翔字元鳳三國志許靖傳評注

黃帝威四盜北堂書鈔十三據御覽疑當作四道

黃帝之初養性養民不好戰伐而四帝各以方色稱號交共謀之邊城日驚介冑不釋黃帝歎曰君危于上民安疑有誤于下主失于國其臣再嫁厥疾之由非養寇耶今取疑作處民萌之上而四道亢衡遞震于師于是遂疑有脫師營壘以滅四帝向令黃帝若不龍驤虎變而與俗同道則其民臣亦嫁于四帝矣御覽七十九

夫虎之爲獸水牛之爲畜殆其兵矣夫虎爪牙既鋒膽力無伍至于卽豕也卑俯而下之必有扼喉之獲夫水牛不便迪角又喬竦

哯當作兕

然處郊之野朋游屯行部隊相伍及其寢宿因陣反禦若見哯此字有誤未見疑虎抵角牛希見害矣若用兵恃強必鑒于虎居弱必誠水牛可謂攻取屠城當有誤而守必能全者也御覽二百七十一

夫兵者變化之物而遷移倚伏之事也或守法而得用故知兵者性知者也用兵者性能用之也北堂書鈔一百十三

知兵之將國之衡北堂書鈔作行主民之司命古者重之已下書鈔未載後世無遠焉呂望雖智孫武雖曉樂毅雖賢白起雖武齊之天齊朽骨吳之糜駭消骼燕之田單爲肉豈可餔其糟粕復得生而使之哉固當出我民之最擇其智勇之長者用其修略其短也北堂書鈔一百十五御覽二百七十三

雖有百萬之師臨時受敵在將也長短經將體御覽二百七十三

秦穆公伐晉及河將軍勞之醪唯一鍾蹇叔乃曰一柸可以投河而釀也穆公乃一醪投河三軍者下缺陳本作皆取飲之北堂書鈔一百十五

魚麗鵝鸛之陣金金鼓鼓節數進退之事什伯所職也北堂書鈔未改本一百十七

士有一飧而倒戟義所驅也御覽三百五十三

夫土地者百姓之所蹈也殊無兩形之政矣而談者強爲之異體也云地者都大之名土者細屬之號乃國語一句之言及龜旁之說有地數五五謂地爲明壤彼而是之據令共視焉何者謂土哉天下州國寍有有地無土有土無地之處乎北堂書鈔未改本一百五十七

莊周婦死而歌夫通性命者以卑及尊死生不悼周不可論也夫象見死皮無遠近必泣周何忍哉初學記二十九御覽八百九十

禮記嫂叔無服誤據小功章娣姒婦三字嫂叔之文也古者有省文互體言弟及兄幷嫂矣娣姒者兄弟之妻相名也蓋云夫之昆弟昆弟之妻相與皆小功者通典九十二

項羽若聽范增之前策則平步取天下也御覽八十七

吳當作晉

孚當作乎

語曰。兩目不相爲視。昔吳有二人共評主者。一人曰好。一人曰醜。久之不決。二人各曰。爾可求入吳目中。則好醜分矣。士有定形。二人察之有得失。非苟相反。眼睛異耳。御覽三百六十六。

聖不獨立。智不獨治。神武之王。亦須佐輔。御覽四百一。

太史遷云。顏回雖篤行。不遇仲尼。不能彰其名也。故五尺之童。德擬大聖。使在他門。未或及此也。夫甘羅少回六歲。獲河東五城。篤乘郊迎而佩印。雖所弘非道義。然當秦之時。染詐讓之風也。使羅在孔門。治已之訓。亦可聞一知十。孚曰。未必也。昔齊欲伐魯。回求說陳常。而孔子不許。遂使子貢。子貢一出。破齊彊晉。亡吳霸越。存魯也。夫顏子與賜。程智比才。相校已十。至于此事。而已不使也。御覽四百四十七。

諺曰。學者如牛毛。成者如麟角。言其少也。御覽四百九十六。又六百八。

猛虎不處卑勢。勁鷹一作鷙鳥。不立垂枝。御覽四百九十六。又八百九十一。

全三國文卷三十三終

全三國文卷三十四

烏程嚴可均校輯

魏三十四

劉廙

廙字恭嗣南陽安衆人曹公辟爲丞相掾轉五官將文學魏國建遷黄門侍郎坐弟偉爲魏諷所引當誅免徙署丞相倉曹屬文帝卽王位進侍中賜爵關内侯黄初二年卒有政論五卷集二卷

論治道表

昔者周有亂臣十人有婦人焉九人而已孔子稱才難不其然乎明賢者難得也況亂弊之後百姓凋盡士之存者蓋亦無幾股肱大職及州郡督司邊方重任雖備其官亦未得人也此非選者之不用意蓋才匱使之然耳況于長吏以下羣職小任能皆簡練備得其人也其計莫如督之以法不爾而數轉易往來不已送迎之煩不可勝計轉易之間輒有姦巧既于其事不省而爲政者亦以其不得久安之故知惠益不得成于己而苟且之可免于患皆將不念盡心于卹民而夢想于聲譽此非所以爲政之本意也今之所以爲黜陟者近頗以州郡之毀譽聽往來之浮言耳亦皆得其事實而課其能否也長吏之所以爲佳者奉法也憂公也卹民也此三事者或州郡有所不便往來者有所不安而長吏執之不已于治雖得計其聲譽未爲美闕而從人于治雖失計其聲譽必集也長吏皆知黜陟之在于此也亦何能不去本而就末哉以爲長吏皆宜使小久足使自展歲課之能三年總計乃加黜陟課之皆當以事不得依名事者皆以戶口率其墾田之多少及盜賊發興民之亡叛者爲得負之計如此行之則無能之吏修名無益有能之人無名無損法之一行雖無部司之監姦譽妄毀可得而盡魏志劉廙傳注引廙別傳

上疏諫曹公親征蜀 建安二十年

聖人不以智輕俗王者不以人廢言故能成功于千載者必以近察遠智周于獨斷者不恥于下問亦欲博采必盡于衆也且韋弦非能言之物而聖賢引以自匡臣才智闇淺願自比于韋弦昔樂毅能用弱燕破大齊而不能以輕兵定卽墨者夫自爲計者雖弱必固欲自潰者雖彊必敗也自殿下起軍以來三十餘年敵無不破彊無不服今以海内之兵百勝之威而孫權負險于吳劉備不賓于蜀夫夷狄之臣不當冀州之卒權備之籍不比袁紹之業然本初以亡而二寇未捷非闇弱于今而智武于昔也斯自爲計者與欲自潰者異勢耳故文王伐崇三駕不下歸而修德然後服之秦爲諸侯所征必服及兼天下東向稱帝匹夫大呼而社稷用隳是力斃于外而不卹民于内也臣恐邊寇非六國之敵而世不乏才土崩之勢此不可不察也天下有重得有重失勢可得而我勤之此重得也勢不可得而我勤之此重失也于今之計莫若料四方之險擇要害之處而守之選天下之甲卒隨方面而歲更焉殿下可高枕于廣廈潛思于治國廣農桑事從節約修之旬年則國富民安矣魏志劉廙傳

上疏謝徙署丞相倉曹屬

臣罪應傾宗禍應覆族遭乾坤之靈值時來之運揚湯止沸使不燋爛起煙于寒灰之上生華于已枯之木物不答施于天地子不謝生于父母可以死效難用筆陳魏志劉廙傳

上言符讖

侍中劉廙辛毗劉曄尚書令桓階尚書陳矯陳羣給事黄門侍郎王毖董遇等言臣伏讀左中郎將李伏上事考圖緯之言以效神明之應稽之古代未有不然者也故堯稱厤數在躬璇璣以明天

道周武未戰而赤烏銜書。漢祖未兆而神母告符。孝宣仄微。字成木葉。光武布衣。名已勒讖。是天之所命㠯著聖哲。非有言語之聲。芬芳之臭。可得而知也。徒縣象㠯示人。微物㠯效意耳。自漢德之衰。漸染數世。桓靈之末。皇極不建。暨于大亂。二十餘年。天之不泯。誕生明聖。㠯濟其難。是㠯符讖先著。㠯彰至德。殿下踐阼未朞。而靈象變于上。羣瑞應于下。四方不羈之民。歸心向義。唯懼在後。雖典籍所傳。未若今之盛也。臣妾遠近莫不鳧藻。（魏志文帝紀注引獻帝傳）

奏議治受禪壇場

漢氏遵唐堯公天下之議。陛下㠯聖德膺厤數之運。天人同忻。靡不得所。宜順靈符。速踐皇阼。問太史丞許芝。今月十七日己未宜成。可受禪命。輒治壇場之處。所當施行。別奏。（魏志文帝紀注引獻帝傳）

奏具章拒禪

伏惟陛下㠯大聖之純懿。當天命之厤數。觀天象則符瑞著明。考圖緯則文義煥炳。察人事則四海齊心。稽前代則異世同歸。而固拒禪命。未踐尊位。聖意懇惻。臣等敢不奉詔。輒具章遣使者。（魏志文帝紀注引獻帝傳）

奏請受禪

臣等聞聖帝不違時。明主不逆人。故易稱通天下之志。斷天下之疑。伏惟陛下體有虞之上聖。承土德之行運。當亢陽明夷之會。應漢氏祚終之數。合契皇極。同符兩儀。是㠯聖瑞表徵。天下同應。厤運去就。深切著明。論之天命。無所與議。比之時宜。無所與爭。故受命之期。時清日晏。曜靈施光。休氣雲蒸。是乃天道悅懌。民心欣戴。而仍見閉拒。于禮何居。且羣生不可一日無主。神器不可㠯斯須無統。故臣有違君㠯成業。下有矯上㠯立事。臣等敢不重㠯死請。（魏志文帝紀注引獻帝傳）

謝劉表牋

攷絜邁蒙分遇榮授之顯。未有管狐桓文之烈。孤德隕命。精誠不遂。兄望之見禮在昔。既無堂構昭前之績。中規不密。用墜禍辟。斯乃明神弗祐。天降之災。悔吝之負。哀號靡及。廙之愚淺。言行多違。懼有浸潤三至之間。攷絜之愛已衰。望之之責猶存。必傷天慈既往之分。門戶殪滅。取笑明哲。是用迸竄。永涉川路。即日到廬江尋陽。昔鍾儀有南音之操。椒舉有班荊之思。雖遠猶邇。敢忘前施。（魏志劉廙傳注引廙別傳）

答太子命通草書書

初㠯尊卑有踰。禮之常分也。是㠯貪守區區之節。不敢修草。必如嚴命。誠知勞謙之素。不貴殊異若彼之高。而惇白屋如斯之好。苟使郭隗不輕于燕。九九不忽于齊。樂毅自至。霸業㠯隆。虧匹夫之節。成巍巍之美。雖愚不敏。何敢㠯辭。（魏志劉廙傳）

答丁儀刑禮書

崇飾修言。欲其往來。（文選左思三都賦序注）

難丁廙

夫下脫人字

夫㠯禮與刑。㠯徑理人情也。（北堂書鈔四十三）

戒弟偉

夫交友之美。在于得賢。不可不詳。而世之交者。不審擇人。務合黨眾。違先聖人交友之義。此非厚己輔仁之謂也。吾觀魏諷不修德行。而專㠯鳩合為務。華而不實。此直攪世沽名者也。卿其慎之。勿復與通。（魏志劉廙傳注引廙別傳）

政論

謹案隋志法家。梁有政論五卷。魏侍中劉廙撰。亡。舊新唐志著于錄。至宋復亡。廙字恭嗣。南陽安眾人。三國志有傳。稱廙著書數十篇。及與丁儀共論刑禮。皆傳于世。今所見僅羣書治要載有八篇。題為劉廙別傳。而目錄作政論。據裴松之所引別傳。似

與政論各爲一書則目錄作政論者是也各書都未引見治要有此獨復可貴因錄出㠯廣其傳嘉慶乙亥歲

備政

夫爲政者譬猶工匠之造屋也廣廈既成衆棁不安則梁棟爲之斷折一物不備則千柱爲之並廢善爲屋者知深棁之不可㠯不安故棟梁常存知一物之不可㠯不備故衆榱與之共成也善爲政者知一事之不可闕也故無物而不備知一是之不可失也故衆非與之共得其不然者輕一事之爲小忽而闕焉不知衆物與之共多也覩一非之爲小也輕而蹈焉不知衆是與之共失也夫政之相須猶輗軏之在車無輗軏猶可㠯小進也謂之歷遠而不顛躓者未之有也夫爲政者輕一失而不矜之猶乘無軏之車安其少進而不覩其顛躓之患也夫車之患近故無不覩焉國之患遠故無不忽焉知其體者夕惕若厲慎其微矣夫爲政者莫善于

清其吏也故選託于由夷而又威之㠯篤罰欲其貪之必懲令之必從也而姦益多巧彌大何也知清之爲清而不知所㠯清之故免而無恥也日欲其清而薄其祿祿薄所㠯不得成其清夫飢寒切于肌膚固人情之所難也其甚又將使其父不父子不子兄不兄弟不弟夫不夫婦不婦矣貧則仁義之事狹而怨望之心篤從政者捐私門而委身于公朝榮不足㠯光室族祿不足㠯代其身骨肉飢寒離怨于内朋友離叛衰（疑作棄）捐于外虧仁孝損名譽能守之而不易者萬無一也不能原其所㠯然又將佐其室族之不和合門之不登也疑其名必將忘其實因而下之不移之士雖苦身于内冒謗于外捐私門之患畢死力于國然猶未獲見信之衷不免黜放之罪故守清者死于溝壑而猶有遺謗于世也爲之至難其罰至重誰能爲之哉人知守清之必困于終也違清而又懼卒罰之及其身也故不爲昭昭之行而咸思闇昧之利姦巧機于

内而虛名逸于外人主貴其虛名而不知賤其所㠯爲名也虛名彰于世姦實隱于身人主眩其虛必有㠯闇其實矣故因而貴之敬而用之此所謂惡貪而罰于由夷好清而賞于盜跖也名實相違好惡相錯此欲清而不知重其祿之故也不知重其祿非徒失于清也又將使清分于私而知周于欺推此一失㠯至于欺苟欺之行何事而不亂哉故知清而不知所㠯重其祿者則欺而濁知重其祿而不知所㠯少其吏者則竭而不足知少其吏而不知所㠯盡其力者則事繁而職闕凡此數事相須而成偏廢則有者不爲用矣其餘放欺無事而不若此者也不可得一二而載之耳故明君必須良佐而後致治非良佐能獨治也必須善法有㠯用之夫君猶醫也臣猶鍼也法陰陽補瀉也鍼非人不入人非鍼不徹于病二者既備而不知陰陽補瀉則無益于疾也又況逆失之哉今用鍼而不存于善術使所鍼必死夫然也欲其疾之療亦遠（當有矣字）

良醫急于速療而不恃鍼入之無恙也明君急于治平而不恃亡失之不便亡也

正名

夫名不正則其事錯矣物無制則其用淫矣錯則無㠯知其實淫則無㠯禁其非故王者必正名㠯督其實制物㠯息其非名其何㠯正之哉曰行不美則名不得稱稱必實所㠯然效其所㠯成故實無不稱于名名無不當于實也曰物又何㠯制之哉曰物可㠯養生而不可廢之于民者富之備之無益于養生而可㠯寶于世者則隨尊卑而爲之制使不爲此官不得服此服不得備此飾故其物甚可欲民不得服雖捐之曠野而民不敢取也雖備于禁而民皆無欲也是㠯民一于業本務而末息有益之物阜而賤無益之寶省而貴矣所謂貴者民貴顧（疑當作顧貴）之也匪謂賈貴于市也故其政惠其民潔其法易其業大昔人曰唯器與名不可㠯假人

其此之謂與

慎愛

夫人主莫不愛愛己而莫知愛己者之不足愛也故惑小臣之佞而不能廢也忘違己之益己而不能用也夫犬之爲猛也莫不愛其主矣見其主則騰踊而不能自禁此歡愛之甚也有非則鳴吠而不遑于夙夜此自效之至也昔宋人有沽酒者酒酸而不售何也以其有猛犬之故也夫犬知愛其主而不能爲其主慮酒酸之患者（者當作而案長短經是非篇患者下有智不足也四字不引劉廙政論）不噬也夫小臣之欲忠其主也知愛之而不能去其嫉妬之心又安能敬有道爲己願稷契之佐哉此養犬以求不貪愛小臣以喪良賢也悲夫爲國者之不可不察也

審愛

爲人君者莫不利小人以廣其視聽謂視聽之可以益于己也今彼有惡而己不見無善而己愛之者何也智不周其惡而義不能割其情也己不能割情于所愛慮不能覩其得失之機彼亦能見己成敗于所闇割私情以事其上哉其勢適足以厚姦人之資此朋黨者之所以日固獨善之所以孤弄（舊校云弄疑棄）也故視聽日多而闇蔽日甚豈不詭哉

欲失

夫人君莫不願衆心之一于己也而疾姦黨之比于人也欲得之而不知所以得之故欲之益甚而不可得亦甚疾之益力而爲之者亦益勤矣何也彼將恐其黨也任之而不知所以信之朝任其身夕訪于惡惡無毁實善無賞分事無大小訪而後知彼衆之不必同于道也又知訪之不能于己也雖至誠至忠俾賀參以事其親借能逢以貫其忠猶將屈于私交況世俗之庸臣哉故爲君而欲使其臣之無黨者得其人也得其人而使必盡節于國者信之

于己也

疑賢

自古人君莫不願得忠賢而用之也既得之莫不訪之于衆人也忠于君者豈能必利于人苟無利于人又何能保譽于人哉故常願之于心而常先之于人也非願之之不篤而失之也所以定之之術非也故爲忠者獲小賞而大乖違于人恃人君之獨知之耳而獲訪之于人此爲忠者福無幾而禍不測于身也得于君不過斯須之歡失于君而終身之故患苟賞名而實窮于罰也是以忠者逝而遂智者慮而不爲爲忠者不利則其爲不忠者利矣凡利之所在人無不欲人無不欲故無不爲不忠矣爲君者以一人而獨處于衆姦之上雖至明而猶困于見闇又況庸君之能覩之哉庸人知忠之無益于己而私名之可以得于人得于人可以重于君也故篤私交薄公義爲己者殖而長之爲國也抑而割之是以直實之人黜于國阿欲之人盈于朝矣由是田季之恩隆而齊魯之政衰也雖成（舊校云成恐戒）之市朝示之刀鋸私欲益盛齊魯日困何也誠威之以言而賞之以實也好惡相錯政令日弊昔人曰爲君難不其然哉

任臣

人君所以尊敬人臣者以其知任人臣委所信而保治于己也是以其聽察其明照身日高而視日下事日遠而聽日近業至難而身至易功至多而勤至少也若多疑而自任也則其臣不思其所以爲國而思其所以得于君深其計而淺其事以求其指撝人主淺之則不陷于之難（當作則不□而□不陷于難）人主深之則進而順之以取其心所闕者忠于國而難明于君者也所修者不必忠于國而易行于時者也因其所貴者貴之故能同其貴因其所賤者賤之故能殊于賤其所貴者不必賢所賤者不必愚也家懷因循之術人

爲悅心易見之行。夫美大者深而難明。利長者不可以倉卒形也。故難明長利之事廢于世。阿（有脫文，案下文作阿欲）易見之行塞于側。爲非不知過。知困不知其亡。此爲天下共一人之智。以一人而獨治于四海之內也。其業大。其智寡。豈不蔽哉。以一蔽主而臨不量之阿欲。能不惑其功者。未之有也。苟惑之。則人得其志矣。人得其志。則君之志失矣。君勞臣逸。上下易所。是一君爲臣而萬臣爲君也。以一臣而事萬君。鮮不用矣。有不（舊校云：不字恐衍）用人之名。而終爲人所用也。是以明主慎之。不貴知所用于己。而貴知所用于人。能用人。故人無不爲己用也。昔舜恭己正南面而已。天下不多皋陶稷契之數。而貴聖舜獨治之功。故曰爲之者不必名其功。獲其業者不必勤其身也。其舜之謂與。

下視

夫自足者不足。自明者不明。日月至光至大。而有所不遍者。以其

高于衆之上也。燈燭至微至小。而無不可之者。以其明之下。能照日月之所蔽也。聖人能覩往知來。不下堂而知四方。蕭牆之表。有所不喻焉。誠無所以知之也。夫有所以知之。無遠而不覩。無所以知之。雖近不如童昏之履之也。人豈踰于日月而皆賢于聖哉。故高于人之上者。必有以應于人。其察之也。視下。視下者見之詳矣。人君誠能知所不知。不遺燈燭童昏之見。故無不可知而不知也。何幽冥之不盡。況人情之足蔽哉。

全三國文卷三十四終

全三國文卷三十五

烏程嚴可均校輯

魏三十五

傅巽

巽字公悌，北地泥陽人。建安中為東曹掾，說劉琮降，封關內侯。黃初中為侍中，遷尚書，有集二卷。

槐樹賦

葉葉扶疏，參林蕭森。松蘿寄生，緜連標末。延袤千畝，蓊鬱晻藹。藝文類聚八十八，初學記二十八。

蚊賦

水與草其漸茹，育茲孽而蚊。嘴咮銳于秋毫，刺鋸利于芒錐。無胎卵而化孕生，搏物翼而能飛。肇孟夏以明起，迄季秋而不衰。眾繁熾而無數，動羣聲而成雷。肆慘毒于有生，迺飧膚體以療飢。妨農功于南畝，廢女工于杼機。藝文類聚九十七。

七誨

孟冬香秔，上秋膏粱，彫胡菰子，丹貝東牆，濡潤細滑，流澤芬芳。書鈔一百四十二、一百四十四，初學記二十六，御覽八百五十七。

乃有河蘇僕鮎，一作河鰷漢鮎 龍淵一作梁淵巨鯉，□□□□□分皮截理。書鈔一百四十二、一百四十五。

豹胎熊膰，肥濡睎沐，飛鶚伏鷃，雙雞合熟。書鈔一百四十二。

爾乃選巢殊方，魚有備物，蒲陶宛柰，齊梬燕栗，恆陽黃棃，巫山朱橘。同上。

白醴九成，玄酎清醇，□華□蟻，苞苦含辛。書鈔一百四十八。

奢儉論

臺狐以赤色禍身，翡翠孔雀亦災斯文。御覽九百二十四。

筆銘

昔在上古，結繩而誓，降及後載，易以書契。書契之興，興自頡皇，肇建一體，浸遂繁昌，彌綸羣事，通遠達幽，垂訓紀典，匪筆靡脩。實為心盡，臧否斯由，厥美弘大，置類鮮儔，德興之著，惟道是揚，苟逞其違，禍亦無方。藝文類聚五十八。

傅嘏

嘏字蘭石，一字昭先，見御覽三百八十五引嘏別傳 巽弟充之子。陳羣辟為司空掾。正始中除尚書郎，遷黃門侍郎，免。尋拜滎陽太守，不行。太傅司馬懿以為從事中郎，遷河南尹，拜尚書。嘉平末賜爵關內侯。高貴鄉公時進爵武鄉亭侯，守尚書僕射，封陽鄉侯。卒贈太常，謚曰元侯。

對詔訪征吳三計

嘉平四年四月，孫權死。征南大將軍王昶、征東將軍胡遵、鎮南將軍毋邱儉等表請征吳。朝廷以三征計異，詔訪尚書傅嘏，嘏對曰：

昔夫差勝齊陵晉，威行中國，不能以免姑蘇之禍；齊閔辟土兼國，開地千里，不足以救顛覆之敗。有始不必善終，古事之明效也。孫權自破蜀兼平荊州之後，志盈欲滿，罪戮忠良，誅及胄嗣，元凶已極。相國宣文侯先識取亂侮亡之義，深建宏圖大舉之策。今權已死，託孤于諸葛恪。若矯權苛暴，蠲其虐政，民免酷烈，偷安新惠，外內齊患，有同舟之懼，雖不能終自保完，猶足以延期挺命于深江之表矣。昶等或欲汎舟徑渡，橫行江表，收民略地，因糧于寇；或欲四道並進，臨之以武，誘間攜貳，待其崩壞；或欲進軍大佃，逼其項領，積穀觀釁，相時而動。凡此三者，皆取賊之常計也。然施之當機，則功成名立；苟不應節，必貽後患。自治兵已來，出入三載，非掩襲之軍也。賊喪元帥，利存退守，若撰飾舟楫，羅船津要，堅城清野，以防卒攻，橫行之計，殆難必施。賊之為寇，幾六十年，君臣偽立，吉凶同患，若恪蠲其弊，天去其疾，崩潰之應，不可卒待。今邊壤之守，與賊相遠賊設羅落又特重密閒諜不行耳目無聞夫軍無耳目校察未詳而舉大衆㠯臨巨險此爲希幸徼功先戰而後求勝非全軍之長策也唯有進軍大佃最差完牢可詔趣還擇地居險審所錯置及令三方一時前守奪其肥壤使還耕塉土一也兵出民表寇鈔不犯二也招懷近路降附日至三也羅落遠設閒構不來四也賊退其守羅落必淺佃作易之五也坐食積穀士不運輸六也釁隙時聞討襲速決七也凡此七者軍事之急務也不據則賊擅便資據之則利歸于國不可不察也夫屯壘相逼形勢已交智勇得陳巧拙得用策之而知得失之計角之而知有餘不足虜之情僞將焉所逃夫㠯小敵大則役煩力竭㠯貧敵富則斂重財匱故敵逸能勞之飽能飢之此之謂也然後盛衆厲兵㠯震之參惠倍賞㠯招之多方廣佀㠯疑之由不虞之道㠯間其不戒比及三年左提右挈虜必冰散瓦解安受其弊可坐筭而得也昔漢氏歷世常患匈奴朝臣謀士早朝晏罷介冑之將則陳征伐搢紳之徒咸言和親勇奮之士思展搏噬故樊噲願㠯十萬之衆橫行匈奴季布面折其短李信求㠯二十萬獨舉楚人而果辱秦軍今諸將有陳越江陵險獨步虜庭即亦向時之類也㠯陛下聖德輔相忠賢法明士練錯計于全勝之地振長策㠯禦之虜之崩潰必然之數故兵法曰屈人之兵而非戰也拔人之城而非攻也若釋廟勝必然之理而行萬一不必全之路誠愚臣之所慮也故謂大佃而逼之計最長（魏志傅嘏傳注引司馬彪戰略又本傳亦載此對有刪節）

請立貴嬪爲皇后表

有虞始德觀化媯汭夏后創業啟作塗山咸㠯椒哲垂之函頌伏惟貴嬪誕秀令族稟貞高冑應昭明之量兼聖善之行金璽未授而玉瑞先顯表贊天休昭隆后祚貞侔先輿告踰往訓而猶潛光未即皇統進違二儀烟熅之德退闕懸象兼曜之儀羣僚百辟所㠯竦佇陛下欽若天秩貳贊帝祉夙崇盛禮俾君萬國則六合承風天下幸甚（藝文類聚十五）

諸葛恪揚聲欲向青徐議（嘉平五年正月）

淮海非賊輕行之路又昔孫權遣兵入海漂浪沈溺略無孑遺恪豈敢傾根竭本寄命洪流㠯徼乾沒乎恪不過遣偏率小將素習水軍者乘海泝淮示動青徐恪自并兵來向淮南耳（魏志傅嘏傳）

難劉劭考課法論

蓋聞帝制宏深聖道奧遠苟非其才則道不虛行神而明之存乎其人暨乎王略虧頹而曠載罔綴微言既沒六籍泯玷何則道弘致遠而衆才莫晞也案劭考課論雖欲尋前代黜陟之文然其制度略㠯闕亡禮之存者惟有周典外建侯伯藩屏九服內立列司筦齊六職土有恒貢官有定則百揆均任四民殊業故考績可理而黜陟易通也大魏繼百王之末承秦漢之烈制度之流靡所修采自建安㠯來至于青龍神武撥亂肇基皇祚埽除凶逆芟夷遺寇旌旗卷舒日不暇給及經邦治戎權法並用百官羣司軍國通任隨時之宜㠯應政機㠯古施今事雜義殊難得而通也所㠯然者制宜經遠或不切近法應時務不足垂後夫建官均職清理民物所㠯務本也循名考實糾勵成規所㠯治末也本綱未舉而造制未呈國略不崇而考課是先懼不足㠯料賢愚之分精幽明之理也昔先王之擇才必本行于州閭講道于庠序行具而謂之賢道修則謂之能鄉老獻賢能于王王拜受之舉其賢者出使長之科其能者入使治之此先王收才之義也方今九州之民爰及京城未有六鄉之舉其選才之職專任吏部案品狀則實才未必當任薄伐則德行未爲敘如此則殿最之課未盡人才述綜王度敷贊國式體深義廣難得而詳也（魏志傅嘏傳）

皇初頌

尋盛德㠯降應著顯符于方猋積嘉祚㠯待興儲鴻施于眞人昔九代之革命咸受天之休祥匪至德其焉昭匪至仁其焉章懿大魏之聖后固上天之所興應靈運㠯承統排閶闔㠯龍升攄皇象㠯闡化順帝則㠯播音遵陽春㠯行施揆四時㠯立信運聰明㠯舉善宣柔惠㠯養人於赫我后邁德如神化不朞月令不浹辰于是天地休豫靈祇歡欣嘉瑞雲集四靈允臻甘露霄零于宮庭醴泉冬涌于中原白雉素烏丹芝朱魚鱗集羣萃不可勝書信應天之美瑞受命之靈符也然後覽公卿之讜議詢百僚之典謨天子乃登彫輦戴羽蓋佩玉鏘鏘鑾聲噦噦拜上皇告受位兆休祚導神氣于是建皇初之上元發曠蕩之明詔眚災肆赦蠲滌瑕穢崇設九賓溥延公卿嘉薈千品俎豆充庭金石具懸鐘鼓畢作歌九功舞八佾鴻澤普皇恩洽民欲得神望塞藝文類聚十

沐竝

竝字德信河間人建安中署丞相軍謀掾魏受禪除成皋令正始中爲三府長史出爲濟陰太守召還拜議郎嘉平中卒官

豫作終制戒子儉葬

告雲儀等夫禮者生民之始教而百世之中庸也故力行者則爲君子不務者終爲小人然非聖人莫能履其從容也是㠯富貴者有驕奢之過而貧賤者譏于固陋于是養生送死苟竊非禮由斯觀之陽虎璵璠甚于暴骨桓魋石槨不如速朽此言儒學撥亂反正鳴鼓矯俗之大義也未是夫窮理盡性陶冶變化之實論也若能原始要終㠯天地爲一區萬物爲芻狗該覽玄通求形景之宗同禍福之素一死生之命吾有慕于道矣夫道之爲物惟怳惟忽壽爲欺魄夭爲鳧沒身淪有無與神消息含悅陰陽甘夢太極奚㠯棺槨爲牢衣裳爲纏屍繫地下長幽桎梏豈不哀哉昔莊周闊達無所適莫又楊王孫裸體貴不久容耳至夫末世緣生怨死之徒乃有含珠鱗柙玉牀象衽殺人㠯衛壙穴之內鋤㠯紵絮藉㠯蜃灰千載僵燥託類神仙于是大教陵遲競于厚葬謂莊子爲放蕩㠯王孫爲戮屍豈復識古有衣薪之鬼而野有孤貍之齒乎哉吾㠯才質滓濁汙于清流昔忝國恩歷試宰守所在無效代匠傷指狼跋首尾無㠯雪恥如不可求從吾所好今年過耳順奄忽無常苟得獲沒卽㠯吾身襲于王孫矣上冀㠯贖市朝之逋罪下㠯親道化之靈祖顧爾幼昏未知臧否若將逐俗抑廢吾志私稱從令未必爲孝而犯魏顆聽治之賢爾爲棄父之命誰或矜之使死而有知吾將屍視魏志常林傳注引魏略清介傳

又戒

後亡者不得入藏不得封樹魏志常林傳注引魏略清介傳

又敕

豫掘埳戒氣絕令二人舉屍卽埳絕哭泣之聲止婦女之送禁弔祭之賓無設搏治粟米之奠魏志常林傳注引魏略清介傳

盧毓

毓字子蒙涿郡涿人中郎將植子崔琰舉爲冀州主簿後爲丞相法曹議令史轉西曹魏國建爲吏部郎文帝受禪徙黃門侍郎出爲濟陰相梁譙二郡太守左遷睢陽典農校尉尋還安平廣平太守明帝時入爲侍中遷吏部尚書齊王卽位賜爵關內侯徙僕射還廷尉又還光祿勳行司隸校尉復爲吏部尚書加奉車都尉封高樂亭侯復爲僕射加光祿大夫高貴鄉公卽位進封大梁鄉侯加侍中遷司空封容城侯甘露二年卒謚曰成侯

蒙當作家

對詔論選舉

名不足㠯致異人而可㠯得常士常士畏教慕善然後有名非所當疾也愚臣既不足㠯識異人又主者正㠯循名案常爲職但當

有吕驗其後。故古者敷奏吕言。明試吕功。今攷績之法廢。而吕毁譽相進退。故眞僞混雜。虛實相蒙。（魏志盧毓傳。）

奏祀天地樂舞

漢武有雲翹育命之舞。不知其所從來。舊吕祀天地。今可兼吕雲翹祀圓丘。吕育命祀方澤也。（北堂書鈔一百七引魏名臣奏。案續漢祭祀志中注引繆襲議如此蓋盧據繆議爲之奏定也。）

奏忌月不設樂

烈祖明皇帝吕今年正月棄離萬國。禮忌日不樂。甲乙之謂也。烈祖明皇帝建丑之月棄天下。臣妾之情。于此正日。有甚甲乙。今若吕建丑正朝四方。會羣臣。設盛樂。不合于禮。（宋書禮志一。）

議祀厲殃事

具犧牲祭器。如前後師出告郊之禮。（魏志文帝紀注引魏郊祀奏。）

駮大理奏亡士妻白等始適夫家數日未與夫相見坐棄市

夫女子之情。吕接見而恩生。成婦而義重。故詩云。未見君子。我心傷悲。亦既見止。我心則夷。又禮未廟見之婦而死。歸葬女氏之黨。吕未成婦也。今白等生有未見之悲。死有非婦之痛。而吏議欲肆之大辟。則若同牢合卺之後。罪何所加。且記曰。附從輕。言附人之罪。吕輕者爲比也。又書云。與其殺不辜。寧失不經。恐過重也。苟吕白等皆受禮聘。已入門庭。刑之爲可。殺之爲重。（魏志盧毓傳。）

致禮張臶敎

張先生所謂上不事天子。下不友諸矦者也。此豈版謁所可光飾哉。但遣主簿奉書致羊酒之禮。（魏志管寧傳。）

冀州論

冀州天下之上國也。尚書何平叔鄧玄茂謂其土產無珍。人生質樸。上古吕來。無應仁賢之例。異徐雍豫諸州也。盧釋曰。除黃帝已前。未可備聞。略言唐虞已來。冀州乃聖賢之淵藪。帝王之寶地。東河吕上。西河吕來。南河吕北。易水已南。膏壤千里。天地之所會。陰陽之所交。所謂神州也。（初學記八。）

常山爲林。大陸爲澤。蒹葭蒲葦。雲母御席。魏郡好杏。常山好梨。房子好緜。河內好稻。眞定好稷。中山好栗。地產不爲無珍也。（藝文類聚六十九、八十七。書鈔一百三十三。御覽六十八、七百九、八百十九、八百三十九、八百四十、又九百六十四、九百六十八。）

河東大鹽。（書鈔一百四十六。）

任嘏

嘏字昭先。樂安博昌人。建安中爲臨菑矦庶子。入魏。遷黃門侍郎。歷東郡、趙郡、河東太守。有任子道論十卷。

道論

古之公也篤。今之公也薄。絕骨肉篤也。（案此有脫句。）今疏遠天下。腫絕骨肉。故親離。（北堂書鈔二十七。）

太王不私其身。不外其民。故曰百姓之身。猶吾身也。爲夷狄之病。

棄國之富。杖策而去。民追慕之如水。（書鈔三十七。）

夫賢人者。至德吕爲己心。行道吕爲己任。處則不求私名。仕則不求私寵。不爲其身。不阿其君。積禮義于朝。播仁風于野。使天下之人。翼翼焉向戴其君之尊。欣欣焉歌舞其君之德。（初學記十七。御覽四百二。）

鳳爲羽族之美。麟爲毛類之俊。龜爲介蟲之長。梗楠爲衆材之最。是物之貴也。（初學記三十。御覽九百十五。）

日月爲天下眼目。人不知德。山川爲天下衣食。人不知謝。（御覽三。）

木氣人勇。金氣人剛。火氣人強而躁。土氣人智而寬。水氣人急而賊。（御覽三百六十。）

道德之懷民。如春陽之柔物也。履淙水而不寒。結木條而不折。（御覽四百二。）

吕義事主。不私其己。吕仁接人。不私其欲。火佚焚家。家不罪己。食過傷人。人不罪食。吕其積之于仁義。無私害也。伊尹放太甲。太甲

罪已之已當作火

無怨心。管仲黜伯氏，伯氏無怨言，以其積之于公正，無私惡也。御覽四百二十九。

學所以治己，教所以治人。不勤學則無以爲智，不勤教則無以爲仁。御覽六百十二。

丹淵之珠，沉于黃泥。御覽八百三。

善陣者徒衆整一，如列宿之陳，部伍周迴，如山岳之盤，是陣之體也。書鈔一百十七。

樂詳

詳字文載，河東人。建安中署郡文學祭酒，黃初中徵拜博士，太和中加騎都尉，正始中以年老罷歸。至甘露二年上書理杜恕，時年九十餘。

外祖母服依周禮議

周禮王弔弁經錫縗，禮有損益，今進賢冠練單衣。通典八十一。

忌月設樂議

正月旦受朝貢，羣臣奉贄，後五日乃大宴會作樂。宋書禮志一。

陳矯

矯字季弼，廣陵東陽人。建安中爲郡功曹，司空曹公辟爲掾屬，除相令，征南長史，彭城、樂陵太守，魏郡西部都尉，入爲丞相長史，復爲魏郡，轉西曹屬，拜尚書。文帝受禪，轉署吏部，封高陵亭侯，遷尚書令。明帝即位，進爵東鄉侯，加侍中光祿大夫，遷司徒。景初元年卒，謚曰貞侯。

上言備蜀

往者賊亮潛藏窟穴，猶有怖懼，而頻歲三出，鳴鼓邊垂，由此言之，賊未可忽。北堂書鈔一百五十八引魏名臣奏尚書令陳矯僕射衞臻言。

全三國文卷三十五終

全三國文卷三十六

烏程嚴可均校輯

魏三十六

衛臻

臻字公振陳留襄邑人曹公表爲丞相參軍賜爵關內侯文帝嗣王位進散騎常侍及受禪封安國亭侯遷尚書轉侍中吏部尚書尋行中領軍明帝即位封康鄉侯轉右僕射加侍中尋爲征蜀將軍加光祿大夫遷司空徙司徒齊王時進封長垣侯卒贈太尉謚曰敬侯

止越職疏

古制侵官之法非惡其勤事也誠㠯所益者小所墮者大也臣每察校事類皆如此懼羣司將遂越職㠯至陵遲矣（魏志衛臻傳）

奏拒蜀

宜遣奇兵入散關絕其糧道（魏志衛臻傳諸葛亮寇天水臻奏）

祀天樂用宮懸議

圓丘宜用大韶樂宜宮懸宗廟之樂宜用武始咸熙（通典一百四十七）

荅蔣濟（太和四年）

古人遺智慧而任度量須攷績而加黜陟今子同牧野于成康喻斷蛇于文景好不經之舉開拔奇之津將使天下馳騁而起矣（魏志衛臻傳）

李伏

伏獻帝末爲左中郎將入魏未詳

禪代合符讖表

昔先王初建魏國在境外者聞之未審皆㠯爲拜王武都李庶姜合羈旅漢中謂臣曰必爲魏公未便王也定天下者魏公子桓神之所命當合符讖㠯應天人之位臣㠯合辭語鎮南將軍張魯魯亦問合知書所出合曰孔子玉版也天子厤數雖百世可知是後月餘有亡人來寫得冊文卒如合辭合長于內學關右知名魯雖有懷國之心沈溺異道變化不果寤合之言後密與臣議策質國人不協或欲西通魯即怒曰寧爲魏公奴不爲劉備上客也言發惻痛誠有由然合先迎王師往歲病亡于鄴自臣在朝每爲所親宣說此意時未有宜弗敢顯言殿下即位初年禎祥眾瑞日月而至有命自天昭然著見然聖德洞達符表豫明實乾坤挺慶萬國作孚臣每慶賀欲言合驗事君盡禮人㠯爲諂況臣名行穢賤入朝日淺言爲罪尤自抑而已今洪澤被四表靈恩格天地海內翕習殊方歸服兆應竝集㠯揚休命始終允臧臣不勝喜舞謹具表通（魏志文帝紀注引獻帝傳）

許芝

芝獻帝末官太史丞黃初中爲太史令

條奏魏代漢讖緯

易傳曰聖人受命而王黃龍㠯戊己日見七月四日戊寅黃龍見此帝王受命之符瑞最著明者也又曰初六履霜陰始凝也又有積蟲大穴天子之宮厥咎然今蝗蟲見應之也又曰聖人㠯德親比天下仁恩洽普厥應麒麟㠯戊己日至厥應聖人受命又曰聖人清淨行中正賢人福至民從命厥應麒麟來春秋漢含孳曰漢㠯魏魏㠯徵春秋玉版讖曰代赤者魏公子春秋佐助期曰漢㠯許昌失天下故白馬令李雲上事曰許昌氣見于當塗高當塗高者當昌于許當塗高者魏也象魏者兩觀闕是也當道而高大者魏魏當代漢今魏基昌于許漢徵絕于許乃今效見如李雲之言許昌相應也佐助期又曰漢㠯蒙孫亡說者㠯蒙孫漢二十四帝童蒙愚昏㠯弱亡或㠯雜文爲蒙其孫當失天下㠯爲漢帝非正嗣少時爲董侯名不正蒙亂之荒惑其子孫㠯弱亡孝經中黃

讖曰日載東絕火光不橫□聖聰明四百之外易姓而王天下歸功致太平居八甲共禮樂正萬民嘉樂家和雜此魏王之姓諱著見圖讖易運期讖曰言居東西有午兩日竝光日居下其爲主反爲輔五八四十黃氣受眞人出言午許字兩日昌字漢當㠯許亡魏當㠯許昌今際會之期在許是其大效也易運期又曰鬼在山禾女連王天下臣聞帝王者五行之精易姓之符代興之會㠯七百二十年爲一軌有德者過之至于八百無德者不及至四百載是㠯周家八百六十七年夏家四百數十年漢行夏正訖今四百二十二歲又高祖受命數雖起乙未然其兆徵始于獲麟獲麟㠯來七百餘年天之厤數將㠯盡終帝王之興不常一姓太微中黃帝坐常明而赤帝坐常不見㠯爲黃家興而赤家衰凶亡之漸自是㠯來四十餘年又熒惑失色不明十有餘年建安十年彗星先除紫微二十三年復埽太微新天子氣見東南㠯來二十三年白虹貫日月蝕熒惑比年己亥壬子丙午日蝕皆水滅火之象也殿下即位初踐祚德配天地行合神明恩澤盈溢廣被四表格于上下是㠯黃龍數見鳳皇仍翔麒麟皆臻白虎效仁前後獻見于郊甸甘露醴泉奇獸神物衆瑞竝出斯皆帝王受命易姓之符也昔黃帝受命風后受河圖舜禹有天下鳳皇翔洛出書湯之王白烏爲符文王爲西伯赤烏銜丹書武王代殷白魚升舟高祖始起白蛇爲徵巨跡瑞應皆爲聖人興觀漢前後之大災今茲之符瑞察圖讖之期運揆河洛之所甄未若今大魏之最美也夫得歲星者道始興昔武王伐殷歲在鶉火有周之分野也高祖入秦五星聚東井有漢之分野也今茲歲星在大梁有魏之分野也而天之瑞應竝集來臻四方歸附繦負而至兆民欣戴咸樂嘉慶春秋大傳曰周公何㠯不之魯蓋㠯爲雖有繼體守文之君不害聖人受命而王周公反政尸子㠯爲孔子非之㠯爲周公不聖不爲兆民也

京房作易傳曰凡爲王者惡者去之弱者奪之易姓改代天命應常人謀鬼謀百姓與能伏惟殿下體堯舜之盛明膺七百之禪代當湯武之期運値天命之移受河洛所表圖讖所載昭然明白天下學士所共見也臣職在史官攷符察徵圖讖效見際會之期謹㠯上聞（魏志文帝紀注引獻帝傳）

自建安三年十二月戊辰有新天子氣見于東南到今積二十三年建安十年彗星出庫樓歷犯氐房宿北入天市犯北斗紫微氐爲天子宿宮路寢所止房爲天子明堂政教之首北斗七星主尊輔象近臣紫微者北極最尊此除埽漢家之大異也建安十八年秋歲星鎭星熒惑俱入太微逆行留守帝坐百有餘日歲星入太微人主改姓鎭星入太微內有兵亂人主㠯弱三者漢改姓易代之異也建安十九年正月白虹貫日易傳曰后妃擅國白虹貫日建安二十一年五月朔己亥日蝕建安二十三年三月茀星晨見東方二十餘日久出西方犯歷五車東井五諸矦文昌軒轅太微鋒炎刺帝坐茀者除舊布新亡惡興聖之異也建安二十四年二月晦壬子日蝕日者陽精月爲矦王而㠯亥子日蝕皆水滅火之異也延康元年九月十日黃昏時月蝕熒惑過人定時熒惑出營室宿羽林月爲大臣矦王之象熒惑火精漢氏之行占曰漢家㠯兵亡延康元年九月二十日剝卦天子氣不見皆崩亡之異也熒惑火精行縮日一度有餘故太史令王昱㠯爲漢家衰亡之極熒惑大而赤色光不明赤而小與小星無別皆赤家衰亡之異也易傳曰上下流通聖賢昌厥應帝德鳳皇翔萬民喜樂無咎殃易傳又曰聖人受命厥應鳳皇下天子虜易傳又曰黃龍見天災將至天子絀聖人出黃龍㠯戊己日見五色文章皆具聖人得天受命黃龍㠯戊寅見此帝王受命之符瑞最著明者也易傳又曰聖人清靜行中正賢人至民從命厥應麒麟來春秋玉版讖曰代赤者

日當作月

魏公子春秋佐助期曰漢㠯許昌失天下故白馬令甘陵李雲上事言許昌氣見當塗高已萌欲使漢家防絕萌牙今漢都許日㠯微弱當居許昌㠯失天下當塗高者魏也魏者象魏兩闕之名當道而高大者也魏當代漢如李雲之言也春秋佐助期又曰漢㠯蒙孫亡說者㠯蒙孫直漢二十四帝童蒙愚惑㠯弱亡漢帝少時名爲董侯名不正蒙亂荒惑其子孫㠯弱亡也孝經中黃讖曰日載東絕火光不橫一聖明聰四百之外易姓而王天下歸功致太平此魏王之姓諱著見圖讖也易運期曰言居東西有午兩日並光日居下其爲主及爲輔五八四十黃氣受眞人出言午許字兩日昌字漢當㠯許亡魏當㠯許昌今際會之期在許是其大效也易運期又曰鬼在山禾女運王天下（宋書符瑞志上。案此與魏志注所載小同而大異）

厤議

劉洪月行術用㠯來且四十餘年已復覺失一辰有奇（晉書律厤志中）

徐岳

岳爵里未詳

厤議

劉洪㠯厤後天潛精內思二十餘載參校漢家太初三統四分厤術課弦望于兩儀郭間而月行九歲一終謂之九道九道九章百七十一歲九道小終九九八十一章五百六十七分而九終進退牛前四度五分學者務追合四分但減一道六十三分分不下通是㠯疏闊皆由斗分多故也課弦望當㠯昏明度日所在則知加時先後之意不宜用兩儀郭間洪加太初元十二紀減十斗下分元起己丑又爲月行遲疾交會及黃道去極度五星術理實粹密信可長行今韓翊所造皆用洪法小益斗下分所錯無幾翊所增減致亦留思然十術新立猶未就悉至于日蝕有不盡效效厤之要要在日蝕熹平之際時洪爲郎欲改四分先上驗日蝕日蝕在晏加時在辰蝕從下上三分侵二事御之後如洪言海內識眞莫不聞見劉歆已來未有洪比夫㠯黃初二年六月二十七日戊辰加時未日蝕乾象術加時申半强于消息就加未黃初㠯爲加辛强乾象後天一辰半强爲近黃初二辰半爲遠消息與天近（晉書律厤志中）

孫欽

欽建安末爲博士祭酒

追崇始祖議

按春秋之義五等諸侯卒葬皆稱公乃與王者之後宋公同號然臣子褒崇其君父㠯此言之中常侍大長秋特進君侯誕育大皇篤生武王奄有四方其功德之號莫過大王今迎神主宜乘王車又宜先遣使者上謚號爲大王（通典七十二文帝卽王位孫欽等議）

告瑞祀天不㠯地配議

周禮祀天南郊無地配之文大魏受禪因漢祀天㠯地配此謂正月南郊常祀也今告靈瑞不須㠯地配（通典五十五引尚書奏孫欽議）

厤議

史遷造太初其後劉歆㠯爲疏復爲三統章和中改爲四分㠯儀天度攷合符應時有差跌日蝕覺過半日至熹平中劉洪改爲乾象推天七曜之符與天地合其序（晉書律厤志中）

王傑

傑爵里未詳

阮元瑜誄

既登宰朝充我祕府允司文章爰及軍旅庶績惟殷簡書如雨强力敏成事至則舉

劉輔

輔爵里未詳

論賜謚啟

京下脫陵字
王當作正

古者存有號則歿有謚必攷行迹論功業而爲之制漢不修古禮大臣有寵乃賜之謚今國家因用未革臣以爲今諸侯薨于位者可有謚主者宜作得謚者秩品之限（通典一百四魏劉輔等啟論賜謚）

王觀

觀字偉臺東郡廩丘人曹公召爲丞相文學掾歷高唐陽泉酇任四縣令文帝受禪爲尚書郎廷尉監出爲南陽涿郡太守明帝時爲治書侍御史太尉司馬懿請爲從事中郎遷尚書齊王時出爲河南尹徙少府又徙太僕行中領軍封關內侯復爲尚書加駙馬都尉高貴鄉公時封中鄉亭侯加光祿大夫轉右僕射陳留王即位進封陽鄉侯遷司空卒謚曰肅侯

下涿郡敎

此郡濱近外虜數有寇害云何不爲劇邪（魏志王觀傳）

遺令

藏足容棺不設明器不封不樹（魏志王觀傳）

王昶

昶字文舒太原晉陽人建安末爲太子文學遷中庶子文帝受禪徙散騎侍郎爲洛陽典農遷兖州刺史太和初加揚烈將軍賜爵關內侯正始中封武觀亭侯遷征南將軍假節都督荆豫諸軍事遷征南大將軍儀同三司進封京侯王元中進位驃騎將軍遷司空甘露四年卒謚曰穆侯有集五卷

謝棨表

復假臣棨光榮照赫非臣怯弱所當可受（御覽六百八十一）

攷課疏（嘉平元年）

唐虞雖有黜陟之文而考課之法不垂周制冢宰之職大計羣吏之治而誅賞又無校比之制由此言之聖主明于任賢略舉黜陟之體以委達官之長而總其統紀故能否可得而知也（魏志王昶傳）

今當作令

攷課事

卿攷課一曰掌建邦國以攷制治二曰九卿時敘以攷事典三曰經綸國體以攷奏議四曰共屬衆職以攷總攝五曰明慎用刑以攷留獄（書鈔五十二）

尚書侍中攷課一曰掌建六材以考官人二曰綜理萬機以攷庶績三曰進覩惟允以攷讜言四曰出納王命以攷典政五曰罰法以攷典行（御覽二百十二）

陳治略五事（嘉平元年）

其一欲崇道篤學抑絕浮華使國子入太學而脩庠序其二欲用攷試攷試猶準繩也未有舍準繩而意正曲直廢黜陟而空論能否也其三欲令居官者久于其職有治績則就增位賜爵其四欲約官實祿勵以廉恥不使與百姓爭利其五欲絕侈靡務崇節儉今衣服有章上下有敘儲穀畜帛反民于樸（魏志王昶傳）

奏吳蜀事狀（嘉平二年）

孫權流放良臣適庶分爭可乘釁而制吳蜀白帝夷陵之間黔巫秭歸房陵皆在江北民夷與新城郡接可襲取也（魏志王昶傳）

白晉文王牋

昔與南陽宗世林共爲東宮官屬世林少得好名州里瞻敬及其年老汲汲自勵恐見廢棄時人咸共笑之若天假其壽致仕之年不爲此公婆娑之事（晉書王述傳述上書乞骸骨曰昔臣曾祖父魏司空白牋于文皇帝云云）

檄吳將校部曲

釋無前之矢實映日之甲（書鈔）羽騎迅逝步卒星陳鳴震山之鼓張蔽天之旌（書鈔一百二十一）

家誡

夫人爲子之道莫大于寶身全行以顯父母此三者人知其善而或危身破家陷于滅亡之禍者何也由所祖習非其道也夫孝敬

仁義。百行之首。行之而立身之本也。孝敬則宗族安之。仁義則鄉黨重之。此行成于內。名著于外者矣。人若不篤于至行。而背本逐末。㠯陷浮華焉。㠯成朋黨焉。浮華則有虛僞之累。朋黨則有彼此之患。此二者之戒。昭然著明。而循覆車滋衆。逐末彌甚。皆由惑當時之譽。昧目前之利故也。夫富貴聲名。人情所樂。而君子或得而不處。何也。惡不由其道耳。患人知進而不知退。知欲而不知足。故有困辱之累。悔吝之咎。語曰。如不知足。則失所欲。故知足之足常足矣。覽往事之成敗。察將來之吉凶。未有干名要利。欲而不厭。而能保世持家。永全福祿者也。欲使汝曹立身行己。遵儒者之教。履道家之言。故㠯玄默沖虛爲名。欲使汝曹顧名思義。不敢違越也。古者盤杅有銘。几杖有誡。俯仰察焉。用無過行。況在己名。可不戒之哉。夫物速成則疾亡。晚就則善終。朝華之草。夕而零落。松柏之茂。隆寒不衰。是㠯大雅君子惡速成。戒闕黨也。若范匄對秦客至

武子擊之。折其委笄。惡其掩人也。夫人有善鮮不自伐。有能者寡不自矜。伐則掩人。矜則陵人。掩人者人亦掩之。陵人者人亦陵之。故三郤爲戮于晉。王叔負罪于周。不惟矜善自伐好爭之咎乎。故君子不自稱。非㠯讓人。惡其蓋人也。夫能屈㠯爲伸。讓㠯爲得。弱㠯爲彊。鮮不遂矣。夫毀譽。愛惡之原。而禍福之機也。是㠯聖人愼之。孔子曰。吾之于人。誰毀誰譽。如有所譽。必有所試。又曰。子貢方人。賜也賢乎哉。我則不暇。㠯聖人之德。猶尙如此。況庸庸之徒而輕毀譽哉。昔伏波將軍馬援戒其兄子。言聞人之惡。當如聞父母之名。耳可得而聞。口不可得而言也。斯戒至矣。人或毀己。當退而求之于身。若己有可毀之行。則彼言當矣。若己無可毀之行。則彼言妄矣。當則無怨于彼。妄則無害于身。又何反報焉。且聞人毀己而忿者。惡醜聲之加人也。人報者滋甚。不如默而自脩已也。諺曰。救寒莫如重裘。止謗莫如自脩。斯言信矣。若與是非之士。凶險之

人近。猶不可。況與對校乎。其害深矣。夫虛僞之人。言不根道。行不顧言。其爲浮淺。較可識別。而世人惑焉。猶不檢之㠯言行也。近濟陰魏諷。山陽曹偉。皆㠯傾邪敗沒。熒惑當世。挾持姦慝。驅動後生。雖刑于鈇鉞。大爲炯戒。然所汙染。固㠯衆矣。可不愼與。若夫山林之士。夷叔之倫。甘長飢于首陽。安赴火于緜山。雖可㠯激貪厲俗。然聖人不可爲。吾亦不願也。今汝先人世有冠冕。惟仁義爲名。守愼爲稱。孝悌于閨門。務學于師友。吾與時人從事。雖出處不同。然各有所取。潁川郭伯益。好尙通達。敏而有知。其爲人弘曠不足。輕貴有餘。得其人重之如山。不得其人忽之如草。吾㠯所知親之昵之。不願兒子爲之。北海徐偉長。不治名高。不求苟得。澹然自守。惟道是務。其有所是非。則託古人㠯見其意。當時無所褒貶。吾敬之重之。願兒子師之。東平劉公幹。博學有高才。誠節有大意。然性行不均。少所拘忌。得失足㠯相補。吾愛之重之。不願兒子慕之。樂安

任昭先。淳粹履道。內敏外恕。推遜恭讓。處不避洿。怯而義勇。在朝忘身。吾友之善之。願兒子遵之。若引而伸之。觸類而長之。汝其庶幾。舉一隅耳。及其用財先九族。其施舍務周急。其出入存故老。其論議貴無貶。其進仕尙忠節。其取人務道實。其處世戒驕淫。其貧賤愼無戚。其進退念合宜。其行事加九思。如此而已。吾復何憂哉。

魏志王昶傳。又略見御覽六百九十四。

夫立功者有二難。功就而身不退。一難也。退而不靜。務伐其功。二難也。且懷祿之士。耽寵之臣。苟患失之。何所不至。若樂毅帥弱燕之衆。東破強齊。收七十餘城。其功盛矣。知難而退。保身全名。張良杖劒建策。光濟大漢。辭三萬戶封。學養性之道。棄人間之事。卒無咎悔。何二賢綽綽有餘裕哉。治家亦有患焉。積而不能散。則有鄙吝之累。積而好奢。則有驕上之罪。大者破家。小者辱身。此二患也。

藝文類聚二十三。

弈字伯益（魏志郭嘉傳注）

三戲論

禮記有投壺之寘論語稱博弈之賢茲三戲者君子未事不足爲也樗蒲彈碁既不益人又國有禁皆不得爲也吾見坐圍碁而死近事非遠昔晉侯以投壺喪宋公好博弈亡豈不哀哉諸戲中唯有射者男子之事在于六藝若欲戲惟得射而已其餘不得爲也（御覽七百四十六引王昶集）

王濬

濬昶從兄子

與從叔征南將軍昶書

亡母少修婦道事慈姑二十餘年不幸久寢篤疾會東郡君初到官而李夫人亡是時亡母所苦困劇不任臨喪東郡君自痛遠不得嘗藥而婦宜親侍疾而不得臨終手書責遣載病大歸遂至殞亡東郡君後深悼恨之慈妣存無過行沒荷出名春秋之義原心定罪乞迎亡母神柩改葬墓田上當先姑慈愛之恩次釋先君既往之恨下謝亡靈無負之恥（通典一百二）

鹿攸　韓蓋

攸蓋建安末博士攸一作優

奏議臨菑侯求祭先王

禮公子不得稱先君公子之子不得祖諸侯謂不得廟而祭之也禮又曰庶子不得祭宗廟（御覽五百二十六）

郝昭

昭字伯道太原人建安末爲雜號將軍鎮守河西太和中以拒諸葛亮功賜爵列侯

遺令戒子凱

吾爲將知將不可爲也吾數發冢取其木以爲攻戰具又知厚葬

無益于死者也汝必斂以時服且人生有處所死復何在耶今去本墓遠東西南北在汝而已（魏志明帝紀注引魏略）

全三國文卷三十六終

全三國文卷三十七

烏程嚴可均校輯

魏三十七

桓範

範字元則。沛國人。建安末入丞相府。文帝即王位。爲羽林左監。明帝時歷中領軍尙書。遷征虜將軍東中郎將。使持節都督青徐諸軍事。免。尋爲兗州刺史。轉冀州牧。不赴。正始中拜大司農。坐曹爽誅。有世要論十二卷。集二卷。

兗州刺史謝表

喜于復見選擢。慙于不堪所職。悲于戀慕闕廷。三者交集。不知所裁。御覽二百五十五引桓氏家傳。

薦管寧表

臣聞殷湯聘伊尹于畎畝之中。周文進以尙于渭水之濱。竊見東莞管寧。束修著行。少有令稱。州閭之名。亞故太尉華歆。遭亂浮海。遠客遼東。于混濁之中。履潔清之節。篤行足以厲俗。清風足以矯世。以簞食瓢飲。過于顏子。漏室蔽衣。踰于原憲。臣聞唐堯寵許由。虞舜禮支父。夏禹優伯成。文王養夷齊。及漢祖高四晧之名。屈命于商洛之野。史籍歎述。以爲美談。陛下紹五帝之鴻烈。竝三王之逸軌。膺期受命。光昭百代。仍有優崇之禮。于大夫管寧寵以上卿之位。榮以安車之稱。斯之爲美。當在魏典。流之無窮。明世之高士也。臣以爲既加其大。不受其細。可重之以玄纁。聘之殊禮矣。藝文類聚三十七。

正使寧病不能乘。養不驎羈。栖鳳拂范敍之史。北堂書鈔三十三。案此條多誤字。無從校正。

薦徐宣

臣聞帝王用人。度世授才。爭奪之時。以策略爲先。分定之後。以忠義爲首。故晉文行舅犯之計。而賞雍季之言。高祖用陳平之智。而託後于周勃也。古語云。守文之代。德高者位尊。倉卒之時。功多者賞厚。竊見尙書徐宣。體忠厚之行。秉直亮之性。清雅特立。不拘御覽作墮。世俗。確然難動。有社稷之節。歷位州郡。所在稱職。今僕射缺。宣行掌後事。腹心任重。莫宜宣者。魏志徐宣傳。長短經任長。御覽六百三十一。

陳兵事

善行兵者。因敵爲資。故兵法從敵之意。千里殺將。如示其形。開其利路。潛設神策。使若響之應聲。此爲江中之魚。御廚索。必可禽。北堂書鈔一百十三。一百十六引桓範集。

古人用兵者。以長擊短。然吳舍舟涉陸。此爲棄長用短也。北堂書鈔一百十三引桓範集。

與管寧書

鑿坏而處。養德顯仁。堯舜在上。許由在下。箕山之志。于是復顯。嚴平鄭眞。未足論比。清聲遠播。頑鄙慕仰。思請見于蓬廬之側。承訓誨于道德之門。厥塗無由。託思晨風。藝文類聚三十七。

世要論

謹案隋志法家。世要論十二卷。魏大司農桓範撰。梁有二十卷。亡。新唐志與隋同。舊唐志作代要論十卷。各書徵引。或稱政要論。或稱桓範新書。或稱桓範世論。或稱桓公世論。或稱桓子。或稱魏桓範。或稱桓範論。或稱桓範要集。互證之。知是一書。宋時不著錄。羣書治要載有政要論十四篇。據各書徵引。補改闕譌。定爲一卷。範字元則。三國志附曹爽傳注。

爲君難

或曰。仲尼稱爲君難。夫人君者。處尊高之位。執賞罰之柄。用人之才。因人之力。何爲不成。何求不得。功立則受其功。治成則厚其福。故官人舜也。治水禹也。稼穡棄也。理訟皋陶也。堯無事焉。而由之聖治。何爲君難邪。曰。此其所㠯爲難也。夫日月光照于晝夜。風雨動潤于萬物。陰陽代㠯生殺。四時迭㠯成歲。不見天事而猶貴之者。其所㠯運氣陶演。協和施化。皆天之爲也。是㠯天萬物之覆。君萬物之燾也。懷生之類。有不浸潤于澤者。天㠯爲負。貝首之民。有不霑濡于惠者。君㠯爲恥。是㠯在上者。體人君之大德。懷恤下之小心。闡化立敎。必㠯其道。發言則通四海。行政則動萬物。慮之于心。思之于內。布之于天下。正身于廟堂之上。而化應于千里之外。雖黈纊塞耳。隱屏而居。照幽達情。燭于宇宙。動作周旋。無事不慮。服一綵。則念女功之勞。御一穀。則恤農夫之勤。決不聽之獄。則懼刑之不中。進一士之爵。則恐官之失賢。賞毫釐之善。必有所勸。罰纖芥之惡。必有所沮。使化若春風。澤如時雨。消凋汙之人。移薄僞之俗。救衰世之獘。反之于上古之樸。至德加于天下。惠厚施于百姓。故民仰之如天地。愛之如父母。敬之如神明。畏之如雷霆。（此下蓋有闕。）

且佐治之臣。歷世難遇。庸人衆而賢才寡。是故君人者。不能皆得稷契之榦。伊呂之輔。猶造父不能皆得騏驥之乘。追風之四（四駟）駟也。御騠騮必煩轡銜。統庸臣必勞智慮。是㠯人君其所㠯濟輔羣下。均養大小。審覈眞僞。考察變態。在于幽冥窈妙之中。割毫折芒纖微之間。非天下之至精。孰能盡于此哉。故臣有立小忠㠯售大不忠。效小信㠯成大不信。可不慮之㠯詐乎。臣有貌厲而內荏。色取仁而行違。可不慮之㠯虛乎。臣有害同儕㠯專朝。塞下情㠯壅上。可不慮之㠯嫉乎。臣有進邪說㠯亂是。因佁然㠯傷賢。可不慮之㠯讒（本誤作姧。依長短經臣行改。）乎。臣有因賞㠯償（償字依長短經加。）恩。因罰㠯作（本誤作佐。依長短經改。）威。可不慮之㠯姧乎。臣有外顯相薦。內陰相除（除字依長短經加。）謀事託公而實俠（長短經作挾。俠與挾通。）私。可不慮之㠯欺乎。臣有事左右㠯求進。託重臣㠯自結。可不慮之㠯僞乎。臣有和同㠯取諧。苟合㠯求進。（本作薦。依長短經改。）可不慮之㠯禍乎。臣有悅主（本作君。依長短經改。）意㠯求親。悅主言㠯取容。可不慮之㠯佞乎。此九慮者。所㠯防惡也。臣有辭拙而意工。言逆而事順。可不恕之㠯直乎。臣有樸騃而辭訥。外疏而內敏。可不恕之㠯質乎。臣有犯難㠯爲上。（本誤作士。依長短經改。）離謗㠯爲國。可不恕之㠯忠乎。臣有守正㠯逆衆意。執法而違私志。（長短經作欲。當誤。）可不恕之㠯公乎。臣有不曲（長短經作屈。）己㠯求合。不耦世㠯取名。（本作容。依長短經改。）可不恕之㠯貞乎。臣有從側陋而進顯言。由卑賤而陳國事。可不恕之㠯難乎。臣有孤特而執節。介（本誤作分。依長短經改。）立而見毀。可不恕之㠯勁乎。此七恕者。所㠯進善也。（也字依長短經加。）接下之理。（本有也字。㠯意刪。）御臣之道。豈徒七恕九慮而已哉。（羣書治要。）

臣不易

昔孔子言爲臣不易。或人㠯爲易。言臣之事君。供職奉命。敕身恭己。忠順而已。忠則獲寵安之福。順則無危辱之憂。曷爲不易哉。此言似易。論之甚難。夫君臣之接。㠯愚奉智不易。㠯明事闇爲難。唯

㠯賢事聖。㠯聖事賢爲可。然賢聖相遭既稀。又周公之于成王。猶未能得。斯誠不易也。且父子㠯恩親。君臣㠯義固。恩有所爲虧。況義能無所爲缺哉。苟有虧缺。亦何容易。且夫事君者。竭忠義之道。盡忠義之節。服勞辱之事。當危之難（句有脫誤。疑作當危難之時。）肝腦塗地。膏液潤草而不辭者。（疑當有誠欲二字。）㠯安上治民。宣化成德。使君爲一代之聖明。己爲一世之良輔。輔千乘則念過管晏。佐天下則思醜稷禹。豈爲七尺之軀。寵一官之貴。貪充家之祿。榮華鄉之觀哉。（當有是字。）㠯忠臣之事主。投命委身。期㠯成功立事。便國利民。故不爲難易變節。安危革行也。然爲大臣者。或仍舊德。藉故勢。或見拔擢重任。其所㠯保寵成功。承上安下。則當遠威權之地。避嫌疑之分。知虧盈之數。達止足之義。動依典禮。事念忠篤。乃當匡上之行。諫主之非。獻可濟否。匪躬之故。剛亦不吐。柔亦不茹。所謂大臣㠯道事君也。然當託于幽微。當行于隱密。使怨咎從己身。而衆善自君發。爲

避當作遼

羣寮之表式。作萬官之儀範。豈得偷樂容悅而已哉。然或爲邪臣所譖。幸臣所亂。聽一疑而不見信。事似然而不可釋。忠計詭而爲非。善事變而爲惡。罪結于天。無所禱請。激直言而無所訴。（疑作激直而言無所告訴。）深者卽時伏劒賜死。淺者㠯漸斥逐放棄。蓋比干龍逄所㠯見害于飛廉惡來。孔子周公所㠯見毀于管蔡季孫也。斯則大臣所㠯不易也。爲小臣者。得任則治其職。受事（當有則字。）脩其業。思不出其位。慮不過其職。竭力致誠。忠信而已。然或困辱而不均。厭抑而失所。是㠯賢者或非其議。豫非其事。不著其陋。不嫌其卑。庶貫一言而利一事。然㠯至輕至微至疏至賤。干萬乘之主。約㠯禮義之度。匡㠯行事之非。忤執政之臣。暴其所短。說合則裁自若。不當則離禍害。或計不欲人知。事不從人豫而已。策謀適合。陳義偶同。（當有在字。）上者或顯戮其身㠯神其計。在下者或妬其人而奪其策。蓋關思見殺于鄭。韓非受誅于秦。龐涓刖孫臏之足。魏齊折應矦之脇。斯又孤官小臣所㠯爲難也。爲小臣者。一當恪恭職司。出內惟允。造膝詭辭。執心審密。忠上愛主。媚不求奧竈而已。若爲（有脫誤。）苟若此。患爲外人所彈。邪臣所嫉。㠯職近而言易。身親而見信。奉公俠私之吏。求害之㠯見直。懷奸抱邪之臣。欲除之㠯示忠。言有若是。事有佀然。雖父子之閒。猶不能明。況臣之于君而得之乎。故上官毀屈平。爰盎譖鼂錯。公孫排主父。張湯陷嚴助。夫數子者。雖示純德。亦親近之臣所㠯爲難也。爲外臣者。盡力致死。其義一也。不㠯遠而自外。疏而自簡。親涉其事而掌其任。苟有可㠯興利除害。安危定亂。雖避本朝之議。詭常法之道。陳之于主。行之于身。志于忠上濟事。憂公無私。善否之間。在己典主可也。然患爲左右所輕重。貴臣所壅制。或逆而毀之。使不得用。或用而害之。使不得成。或成而譖之。使不得其所。吳起見毀于魏。李牧見殺于趙。樂毅被讒于燕。章邯畏誅于秦。斯又外臣所㠯爲危也。此舉梗槩耳。曲折纖妙。

豈可得備論之哉。（羣書治要。）

治要連屬上篇。審觀之。則是一篇也。篇名當是治本。

夫治國之本有二。刑也德也。二者相須而行。相待而成矣。天㠯陰陽成歲。人㠯刑德成治。故雖聖人爲政。不能偏用也。故任德多。用刑少者。五帝也。刑德相半者。三王也。杖刑多。任德少者。五霸也。純用刑強（初學記二十御覽六百三十三無強字。）而亡者。秦也。夫人君欲治者。旣達專持刑德之柄矣。位必使當其德。祿必使當其功。官必使當其能。此三者。治亂之本也。位當其德。則賢者居上。不肖者居下。祿當其功。則有勞者勸。無勞者慕。（有脫文。）未之有也。凡國無常治。亦無常亂。欲治者治。不欲治者亂。後之國士人民。亦前之有也。前之有。亦後之有也。而禹獨㠯安。幽厲獨㠯危。斯不易天地異人民。欲與不欲也。吳坂之馬。庸夫統銜。則爲弊乘。伯樂執轡。卽爲良驥。非馬更異。教民亦然也。故遇禹湯則爲良民。遭桀紂則爲凶頑。治使然也。故善治國者。不尤斯民而罪諸己。不責諸下而求諸身。傳曰。禹湯罪己。其興也勃焉。桀紂罪人。其亡也忽焉。由是言之。長民治國之本在身。故詹何曰。未聞身治而國亂者也。若詹者。可謂知治本矣。（羣書治要。）

政務

凡吏之于君。民之于吏。莫不聽其言而則其行。故爲政之務。務在正身。身正于此。而民應于彼。詩云。爾之教矣。民胥效矣。是㠯葉公問政。孔子對曰。子帥㠯正。孰敢不正。又曰。苟正其身。于從政乎何有。不能正其身。如正人何。故君子爲政㠯正己爲先。教禁爲次。若君正于上。則吏不敢邪于下。吏正于下。則民不敢僻于野。國無傾君。朝無邪吏。野無僻民。而政之不善者。未之有也。凡政之務。務在節事。事節于上。則民有餘力于下。下有餘力。則無爭訟之有乎民。（當有誤。）民無爭訟。則政無爲而治。教不言而行矣。（羣書治要。）

節欲

其豔當作豔其

三槐下脫九棘二字

夫人生而有情。情發而為欲。物見于外。情動于中。物之感人也無窮。而情之所欲也無極。是物至而人化也。人化也者。滅天理矣。夫欲至無極。㠯尋難窮之物。雖有聖賢之姿。鮮不衰敗。故脩身治國之要。莫大于節欲。傳曰。欲不可縱。歷觀有家有國。其得之也。莫不階于儉約。其失之也。莫不由于奢侈。儉者節欲。奢者放情。放情者危。節欲者安。堯舜之居。土階三等。夏日衣葛。冬日鹿裘。禹卑宮室而菲飲食。此數帝者。非其情之不好。乃節儉之至也。故其所取民賦也薄。而使民力也寡。其育物也廣。而興利也厚。故家給人足。國積饒而羣生遂。㠯文。（㠯衍）仁義興而四海安。孔子曰。㠯約失之者鮮矣。且夫閉情無欲者上也。咈心消除者次之。昔帝舜藏黃金于嶄巖之山。抵珠玉于深川之底。及儀狄獻旨酒而禹甘之。于是疏遠儀狄。純（當作絕）上旨酒。此能閉情于無欲者也。楚文王悅婦人而廢朝政。好獠獵而忘歸。于是放逐丹姬。斷殺如黃。及共王破陳而得夏姬。其豔國色。王納之宮。從巫臣之諫。壞後垣而出之。此能咈心消除之也。既不能閉情欲。能抑除之。斯可矣。故舜禹之德。魏魏稱聖。楚文用朝鄰國。恭王終謚為恭也。（羣書治要）

詳刑

夫刑辟之作。所從來（來字依御覽六百三十六加）尚矣。聖人㠯治。亂人㠯亡。是㠯古昔（本作故古今依御覽改）帝王。莫不詳慎之者。㠯為人命至重。一死不生。一斷不屬故也。夫堯舜之明。猶惟刑之恤也。是㠯後聖制法。設三槐之吏。肺石嘉石之訊。然猶復三敕。（本譌作判依御覽改）僉曰可殺。然後殺之。罪（本作罰依御覽改）若有疑。即從其輕。此蓋詳慎之至也。故苟詳則死者不恨。生者不忿。忿恨不作。則災害不生。災害不生。太平之治也。是㠯聖主用其刑也。詳而行之。必欲民犯之者寡。而畏之者眾。明刑至于無刑。善殺至于無殺。此之謂矣。夫闇亂之主。用刑彌繁。而犯之者益多。而殺之者彌眾。而慢之者尤甚者何。由用之不詳

而行之不必也。不詳則罪不值。所罪不值。則當死反生。不必則令有所虧。令有所虧。則刑罰不齊矣。失此二者。雖日用五刑。而民猶輕犯之。故亂刑之刑。刑㠯生刑。惡殺之殺。殺㠯致殺。此之謂也。（羣書治要）

兵要

太古之初。民始有知則分爭。分爭則羣。羣則智者為之君長。君長立則兵興。兵所從來久矣。雖聖帝明王。弗能廢也。但用之有道耳。故黃帝戰于阪泉。堯伐驩兜。舜征有苗。夏禹殷湯周之文武。皆用師克伐。㠯取天下焉。（御覽二百七十一）聖人之用兵也。將㠯利物。不㠯害物也。將㠯救亡。非㠯危存也。故不得已而用之耳。然㠯戰者危事。兵者凶器。不欲人之好用之。故制法遺後。命將出師。雖勝敵而反。猶㠯喪禮處之。明弗樂也。故曰好戰者亡。忘戰者危。不好不忘。天下之王也。夫兵之要。在于修政。修政之要。在于得民心。得民心。在于利之。利之之要。在于仁以愛之。義㠯理之也。故六馬不和。造父不能㠯致遠。臣民不附。湯武不能㠯立功。故兵之要。在得眾。得眾（本不重言得眾依御覽二百七十一加）者。善政之謂也。善政者。恤民之患。除民之害也。故政善于內。則兵強于外也。（則字也字並依御覽加）歷觀古今用兵之敗。非鼓之日也。民心離散。素行豫敗也。用兵之勝。非陣之朝也。民心親附。素行豫勝也。故法天之道。履地之德。盡人之和。君臣輯穆。上下一心。盟誓不用。賞罰未施。消姦慝于未萌。折凶邪于殊俗。此帝者之兵也。德㠯為卒。威㠯為輔。修仁義之行。行愷悌之令。闢地殖穀。國富民豐。賞罰明。約誓信。民樂為之死。將樂為之亡。師不越境。旅不涉場。而敵人稽顙。此王者之兵也。（羣書治要）

（篇名缺當是擇將）

夫事之安危。實在于將。故曰將不知兵。㠯其主與敵。主不擇將。㠯

其國與敵也。然擇將者，不務求其策，而先索其勇，不取于威嚴，而用之于寬緩，此所謂棄本而要其末也。

昔霸王之戰，策貴神勝，故曰上兵伐謀，而戰勝也。吳起臨陣，雖劒不持，項羽初學劒，後學兵略，此勇雖獨用，況無勇乎。

太公誓師，後至斬，故云執桴鼓，立軍門，有不可犯之危嚴，故能行其法。威，故能著其令。

今之擇將，宜參準往古之數，說于當時之法，得其壯而責任之，所謂坐車上而御騏驥，不勞而致千里者也。

古之論將者，言長于計策，則謀以將敵，言善于治軍，則攻以政事，勇于奮擊，則責以戰鬭，若無此三者，則不委之以境外之任，付之以安危之事。已上五條並御覽二百七十三。

簡騎

夫騎者，軍之鋒銳也。臨敵則衝鋒陷堅，退則鶚下鷹擊，往必如電發，去必如風過。北堂書鈔未改本一百十七。

辨能

夫商鞅、申韓之徒，其能也，貴尚譎詐，務行苛剋，廢禮義之教，任刑名之數，不師古，始敗俗傷化，此廢禮下十九字依長短經適變加。則伊尹、周邵之罪人也。然其尊君卑臣，富國强兵，守法持術，此四字依長短經加。有可取焉。逮至漢興，有此五字依長短經加。甯成、郅都之之字依長短經加。輩，放商韓之治，專以殺伐殺伐二字依長短經加。殘暴爲能，順人主之意，希旨而行，要時趨利，敢行禍敗，此又商韓之罪人也。順人主下二十五字依長短經加。然其抑豪强，撫孤弱，豪字孤字依長短經加。清己禁姦，此四字依長短經加。背私立公，尙有可取焉。至于此二字本作其，依長短經改。晚世之所謂能者，乃犯公家之法，赴私門之勢，廢百姓之務，趣人間之事，決煩理務，臨時苟辨，但使官無譴負之累，不省下民吁嗟之冤，復是申韓、甯郅之罪人也。而俗猶共言其能，執政者選用不廢者，何也。爲貴勢之所持，人間之士所稱，聽聲

用名者衆，察實審能者寡，故使能否之分不定也。夫定令長之能者，守相也；定守相之能者，州牧刺史也。然刺史之徒，未必能攷論能否也，未必能端平也，或委任下吏，聽浮游之譽，或受其戚黨貴勢之託，其整頓傳舍，待望迎賓，聽其請謁，供其私求，則行道之人言其能也；治政以威嚴爲先，行事務邀時取辨，悕望上官之指，敬順監司之敎，期會之命，無文。有脫。降身以接士之來，違法以供其求，欲人間之事無不循，言說之談無不用，則寄寓游行幅巾之士言其能也。有此三者爲之談，聽聲譽者之所以可惑，能否之所以不定也。羣書治要。

尊嫡

凡光祖禰，安宗廟，傳國土，利民人者，在于立嗣繼世。繼世之道，莫重于尊嫡別庶也。故聖人之制禮，貴嫡異其服數，殊其寵秩，所以一羣下之望，塞變爭之路，杜邪防萌，深根固本之慮。歷觀前代，后

妻賤而娣媵貴，太子卑而庶子尊，莫不爭亂，以至危亡。是以周有子帶之難，齊有無知之禍，晉有莊伯之患，衛有州吁之篡，故傳曰：並后匹嫡，兩政耦國，亂之本也。羣書治要。

諫爭

夫諫爭者，所以納君于道，矯枉正非，救上之謬也。上苟有謬而無救焉，則害于事，害于事則危道也。故曰危而不持，顚而不扶，則將焉用彼相，扶之之道，莫過于諫矣。故子從命者不得爲孝，臣苟順者不得爲忠，是以國之將興，貴在諫臣，家之將盛，貴在諫子。若託物以風喻，微生舊校云：生疑言。而不切，不切則不改，唯正諫直諫，可以補缺也。詩云：衮職有缺，仲山甫補之。柔亦不茹，剛亦不吐。正諫者也。易曰：王臣謇謇。傳曰：諤諤本作愕愕，依御覽四百五十七改。者昌。直諫者也。然則咈人之耳，逆人之意，此二句御覽在抑人之欲下。變人之情，抑人之欲，不爾不爲諫初學記十八有爭字。也。雖有父子兄弟，猶用生怨隙焉，況臣于君，有天

壞之殊。無親戚之屬。㠯至賤于至貴。㠯至稀閒至親。何庸易邪。惡死亡而樂生存。恥困辱而樂榮寵。雖甚愚人。猶知之也。況士君子乎。今正言直諫。則近死辱而遠榮寵。人情何好焉。此乃欲忠于主耳。夫不能諫則君危。固諫則身殆。賢人君子。不忍觀上之危。而不愛身之殆。故蒙危辱之災。逆人主之鱗。及罪而弗避者。忠也義也。深思諫士之事。知進諫之難矣。羣書治要

決壅

夫人君爲左右所壅制。此有目而無見。有耳而無聞。積無聞見。必至亂正。故國有壅臣。禍速近鄰。人臣之欲壅其主者。無國無之。何也。利在于壅也。壅則擅寵于身。威權獨于己。此人臣日夜所禱祀而本作面。㠯意改求也。人臣之壅其君。微妙工巧。見壅之時不知也。率至亡敗。然後悔焉。爲人君之務。在于決壅。決壅之務。在于進下。進下之道。在于博聽。博聽之義。無貴賤同異。隷豎牧圉。皆得達焉。若此則所聞見者廣。所聞見者廣。則雖欲求壅。弗得也。人主之好惡不可見于外也。所好惡見于外。則臣妾乘其所好惡㠯行壅制焉。故曰人君無見其意。將爲下餌。昔晉公好色。驪女乘色㠯壅之。吳王好廣地。太宰陳伐㠯壅之。桓公好味。易牙烝首子㠯壅之。及薛公進美珥㠯勸立后。龍陽臨釣魚行微巧之詐㠯壅制其主。沈冥無端。甚可畏矣。古今亡國多矣。皆由壅蔽于帷幄之內。沈溺于諂諛之言也。而秦二世獨甚。趙高見二世好淫游之樂。遺于政。因曰。帝王貴有天下者。貴得縱欲恣意。尊嚴若神。固可得聞。而不可得覩。高遂專權欺罔。本作內。㠯意改二世見殺望夷。臨死乃知見之禍。悔復無及。豈不哀哉。羣書治要

讚象

夫讚象之所作。所㠯昭述勳德。思詠政惠。此蓋詩頌之末流矣。宜由上而興。非專下而作也。世攷之導。舊校云。疑有誤字。實有勳績。惠利加

于百姓。遺愛留于民庶。宜請于國。當錄于史官。載于竹帛。上章君將之德。下宣臣吏之忠。若言不足紀。事不足述。虛而爲盈。亡而爲有。此聖人之所疾。庶幾之所恥也。羣書治要

銘誄

夫渝世富貴。乘時要世。爵㠯賂至。官㠯賄成。視常侍黃門。賓客假其氣勢。㠯致公卿牧守。所在宰莅。無淸惠之政。而有饕餮之害。爲臣無忠誠之行。而有姦欺之罪。背正向邪。附下罔上。此乃繩墨之所加。流放之所棄。而門生故吏。合集財貨。刊石紀功。稱述勳德。高邈伊周。下陵管晏。遠追豹產。近踰黃邵。勢重者稱美。財富者文麗。後人相踵。稱㠯爲義。外若讚善。內爲己發。上下相效。競㠯爲榮。其流之弊。乃至于此。欺曜當時。疑誤後世。罪莫大焉。且夫賞生㠯爵祿。榮死㠯誄謚。是人主權柄。而漢世不禁。使私稱與王命爭流。臣子與君上俱用。善惡無章。得失無效。豈不誤哉。羣書治要

序作

夫著作書論者。乃欲闡弘大道。述明聖教。推演事義。盡極情類。記是貶非。㠯爲法式。當時可行。後世可修。且古者富貴而名賤廢滅。不可勝記。唯篇論俶儻之人。爲不朽耳。夫奮名于百代之前。而流譽于千載之後。㠯其覽之者益。聞之者有覺故也。豈徒轉相放效。名作書論。浮辭談說。而無損益哉。而世俗之人。不解作體。而務汎溢之言。不存有益之義。非也。故作者不尙其辭麗。而貴其存道也。不好其巧慧。而惡其傷義也。故夫小辯破道。狂簡之徒。斐然成文。皆聖人之所疾矣。羣書治要

已下篇名皆缺

夫賞賜者㠯悅下使衆。北堂書鈔十九。

學者人之脂粉也。北堂書鈔八十二。

觴酌遲速。使用失意。文選鮑照結客少年場行注。

遇不遇命也，善不善人也。文選辨命論注。

責公者易。雖一賢少謬，執難者衆，雖九舜猶亂。初學記九。

夫賢愚之異，使若葵之與莧，何得不知其然？若其莠之似禾，類是而非是，類賢而非賢。長短經知人。

夫帝王之君，歷代相踵，莫不慕霸王之任賢，惡亡國之失士，然猶授任凶愚，破亡相屬，其故何哉？由取人不求合道，而求合己也。長短經知人。

桀紂之用刑也，或脯醢人肌肉，或刳割人心腹，至乃叛逆衆多，卒用傾危者，此不用仁義爲本者也。故曰仁者法之恕，義者法之斷也。長短經政體。

有君好臥，則刺其掌。御覽三百七十七又六百十一作有讀書倦而刺其掌。案荀子勸學篇有子惡臥而卒其掌，可謂能自忍矣。

水則有波，釣則有磨，我欲更之，無如之何。言物動而釁已彰，形行

而迹已著。御覽八百三十四。

釣巨魚不使嬰兒輕漁，非不親，力不堪也。御覽八百三十四引桓範世論。案桓子新論有此，桓範蓋承用之。

靈帝置西園之邸，賣爵號曰禮錢，錢積如屋，封塗漆書。御覽八百三十六。

學不勤則不知道，耕不力則不得穀。御覽八百三十七。

朝鮮之馬，被轂堤轡，能使其成騏驎者，習之故也。御覽八百九十七。

全三國文卷三十七終

全三國文卷三十八

烏程嚴可均校輯

魏三十八

繆襲

襲字熙伯。東海人。辟御史大夫府。歷事魏四主。至散騎常侍。轉尚書光祿勳。有列女傳贊一卷。集五卷。

喜霽賦

嗟四時之平分兮。何陰陽之不均。當夏至之句萌兮。或旱乾以歷旬。既藝麥之方登兮。洎注潦以成川。忍下民之昏墊兮。棄嘉穀于中田。倬彼昊天兮。旁魄后土。育我黎苗兮。降之伊祜。既垂曜于辰角兮。申勸之以九扈。何災沴之無常兮。曾粢盛之弗顧。覽唐氏之洪流兮。悵侘傺以長懷。日黃昏而不寐兮。思達曙以獨哀。白日時其浩旭兮。雲滃勃而交回。雷隱隱而震其響兮。雨霖霖而又隤。祭長靁之潺湲兮。若龍門之未開。賴我后之明聖兮。獨克躬而罪己。發一言而感靈兮。人靡食其何恃。咨天鑒之遄速兮。猶影響之未彰。屯玄雲以東徂兮。扇凱風以南翔。穹蒼皎其呈色兮。羲和粲以揚光。農夫欣以斂川。田畯耕于封疆。初學記二霽晴八。

藉田賦

詔句芒使掌麻兮。敕羲仲以農期。儀晨祥而舉趾兮。樂田祖以豳詩。嘉蕺芰之干穟兮。美振古之如茲。初學記十四。靈旗蔚以壽冥兮。雄戟偈以嵯峨。彎枉矢于狼弧兮。建黃鉞于瓠瓜。御覽三百三十九。

許昌宮賦序

海內之內當作外

太和六年春上既躬耕帝藉。發趾乎千畝。以帥先萬國。乃命羣牧守相。述職班教。順陽宣化。烝黎允示。訓德歌功。觀事樂業。是歲甘露降。黃龍見。海內有克捷之師。方內有農穡之慶。農有餘粟。女有餘布。選秋來享。殊俗內附。穆乎有太平之風。御覽五百三十七。

選秋當作遊狄

嘉夢賦

心灼爍其如陽。不識道之焉如。文選沈約別范安成詩注。

青龍賦并序

蓋青龍者。火辰之精。木官之瑞。藝文類聚九十八。懿矣神龍。其知惟時。覽皇代之云爲。襲九泉以潛處。當仁聖而覿儀。應令月之風律。照嘉祥之赫戲。敷華耀之珍體。耀文采以陸離。曠時代以稀出。觀四靈而特奇。是以見之者驚駭。聞之者崩馳。觀夫仙龍之爲形也。蓋鴻洞輪碩。豐盈修長。容姿溫潤。蜲蜿成章。繁蚴蟉。不可度量。遠而視之。似朝日之陽。邇而察之。象列缺之光。爚若鑾陽。和映瑤瓊。晰若望飛雲曳旗旐。或蒙翠岱山。或類流星。或如虹蜺之垂耀。或似紅蘭之芳榮。煥璘彬之瑰異。實皇家之休靈。奉陽春而介福。賚乃國以嘉禎。初學記三十。

撰上仲長統昌言表

統字公理。少好學。博涉書記。贍于文辭。年二十餘。游學青徐并冀之間。與交者多異之。并州刺史高幹。素貴有名。招致四方游士。士多歸焉。統過幹。幹善待遇之。訪以世事。統謂幹曰。君有雄志而無雄才。好士而不能擇人。所以爲君深戒也。幹雅自多。不納統言。統去之。無幾而幹敗。并冀之士。以是識統。大司農常林與統共在上黨。爲臣道統性倜儻。敢直言。不矜小節。每列郡命召。輒稱疾不就。默語無常。時人或謂之狂。漢帝在許。尚書令荀彧領典樞機。好士愛奇。聞統名。啟召以爲尚書郎。後參太祖軍事。還復爲郎。延康元年卒。時年四十餘。統每論說古今世俗行事。發憤歎息。輒以爲論。名曰昌言。凡三十四篇。魏志劉劭傳注。案後漢書仲長統傳云。東海繆襲常稱統才章足繼西京董賈劉揚。當亦表中語。

奏對詔問外祖母服漢舊云何 太和六年

後漢鄧太后新野君薨時。安帝服緦。百官素服。安帝繼和帝後。鄧太后母卽爲外祖母也。但太后臨朝。安帝自藩見援立故也。又案後漢壽張恭矦樊宏㠯光祿大夫薨。宏卽光武之舅也。親臨喪葬。準前代。宜尙書侍中㠯下弔祭送葬。通典八十一。

奏改安世哥爲享神哥

安世哥本漢時哥名。今詩哥非往詩之文。則宜變改。案周禮注云。安世樂猶周房中之樂也。是㠯往昔議者。㠯房中哥后妃之德。所㠯風天下正夫婦。宜改安世之名曰正始之樂。自魏國初建。故侍中王粲所作登哥安世詩。專㠯思詠神靈及說神靈鑒享之意。襲後又依哥省讀漢安世哥詠。亦說高張四縣。神來燕享。嘉薦令儀。永受厥福。無有二南后妃風化天下之言。今思惟往者。謂房中爲后妃之哥者。恐失其意。方祭祀娛神。登堂哥先祖功德。下堂哥詠燕享。無事哥后妃之化也。自宜依其事㠯名其樂哥。改安世哥曰享神哥。宋書樂志一。又通典一百四十一。

奏文昭皇后廟樂

文昭皇后廟置四縣之樂。當銘顯其均奏次第。依太祖廟之名號。曰昭廟之具樂。宋書樂志一。通典一百四十七。

樂舞議

周禮㠯六律、六同、五聲、八音、六舞大合樂。㠯致鬼神。今之樂官。徒知古有此制。莫有明者。後魏書樂志。

周存六代之樂。故各有所用。今樂制既亡。唯承漢氏韶武。魏承舜。又周爲二王之統。故文始、大武、武德、武始、大鈞可㠯備四代之樂。奏黃鍾。舞文始。㠯禮天地。奏太簇。舞大武。㠯祀五郊明堂。奏姑洗。舞武德。巡狩㠯祭四望山川。奏蕤賓。舞武始大鈞。㠯祀宗廟。及二至祀丘澤。于祭可兼舞四代。又漢有雲翹育命之舞。不知所出。舊㠯祀天。今可兼㠯雲翹祀圓丘。兼㠯育命祀方澤。祀天地。宜宮縣。如延年議。後魏書樂志。通典一百四十七。又續漢祭祀志中注引末七句。

處士君號謚議

元者。一也。首也。氣之初也。是㠯周文演易。㠯冠四德。仲尼作春秋。㠯統三正。又謚法曰。行義悅人曰元。尊仁貴德曰元。處士君宜追加謚號曰元皇。通典七十二。

皇后銘旌議

自殷㠯前。復與銘旌皆書姓。男名女字。無書國者。周之復。天王稱天子。諸矦稱某甫。秦漢皇帝皇后太后復。書銘置之柩也。舊禮書銘皆不書國號。后亦不書氏。魏爲天下之號。無所復別。臣子所㠯稱魏。故某矦某者。皆㠯自別耳。明太后不宜復稱魏。案左氏云。天王崩。不言周。通典八十四。

神芝贊 幷序

青龍元年五月庚辰。神芝產于長平之習陽。許昌典農中郎將蔣充奉表㠯聞。其色丹紫。其質光耀。其長尺有八寸五分。其本圍三寸有三分。上別爲三榦。分爲九枝。散爲三十六莖。圍則一寸九分。葉徑二寸七分。其榦委紆。洪纖連屬。有佀珊瑚之形。其吐柯載葉。祥明燭絜。攷圖案諜。蓋美乎所同于前代者矣。古瑞命記曰。王者慈仁則芝生。採食之則延年不終。與眞人同。又神農氏論芝云。山川雲雨。五行四時。陰陽晝夜之精。㠯生五色神芝。皆爲聖王休祥焉。自漢孝武顯宗世號隆盛。而元封永平所紀神芝。方斯蔑如也。且其枝榦條莖。本末相承。乃協于天官之數。非神明其孰能如此哉。推其類象。則蓂莢之植階庭。萐蒲之生庖廚。覩四靈矣。乃詔御府匱而藏之。且盡其形。遂㠯名園爲之贊曰。帝德允臻。廚不難致。煌煌神芝。吐葩揚榮。曩披其圖。今握其形。永章遐紀。載之頌聲。蓺文類聚九十八。御覽八百七十三、九百八十六。

祭儀

夏祀以蒸餅。御覽八百六十。

夏祀調和羹。芼以葵。秋祀調和羹。芼以葱。春祀調和羹。芼以韭。書鈔一百四十四。御覽八百六十一。九百七十七。九百七十九。

糜元

元爲散騎常侍。有集五卷。

譏許由

潛居默靜。隱于箕山。身在布衣。而輕天下。世人歸其高行。學者以爲美談。夫際會之間。矯時所譽。至乃褏簪散髮。背時逆命。隱于山林之中。以此自高。非以勸智能之士。入通達之教。故譏而責之曰。太上貴德。其次立功。世殊時異。不得而同。故伯禹過門而不入。稷契刻節而奮庸。股肱帝室。作民王公。今子生聖明之世。得觀雍熙之治。則當攄不朽之功。暘不羈之志。龍飛鳳起。修攝君司。佐天理物。斡成王事。若子以堯爲闇主。則歷代載其功。以民爲貪亂。則比屋可封。若夫世濁時昏。上無賢君。忠臣不出。小人聚羣。即當撥煩理亂。跨騰風雲。光顯時主。拔濟生民。何得偃蹇藏影。蔽身。夫道不虛行。士不徒生。生則幹時。爲國之楨。故伊尹干湯。周公相成。興治濟世。以致太平。生有顯功。沒有美名。人生于世。貴能立功。何得逃位。矯世絕蹤。丹朱不肖。朝有四凶。堯放求賢。遜位于子。度才處分。不能則已。何所感激。臨河洗耳。山居巢處。執心不傾。辭君之祿。忘君之榮。居君之地。避君之庭。立身若此。非子之貞。欲言子智。則不仕聖若。欲言子高。則鳥獸同羣。無功可紀。無事可論。藝文類聚三十六。

若當作君

弔夷齊文

少承洪烈。從戎于王。側聞先生。餓于首陽。敢不敬弔。寄之山岡。嗚呼哀哉。夫五德更運。天秩靡常。如有絕代之王。必有受命之王。故堯德終于虞舜。禹祚殄于成湯。且夏后之末祀。亦殷氏之所亡。若周武爲有失。則帝乙亦有傷。子不棄殷而餓死。何獨背周而深藏。是譏春香之爲馥。而不知秋蘭之亦芳也。所在誰路。而子絕之。首陽誰山。而子匿之。彼薇誰菜。而予食之。行周之道。藏周之林。讀周之書。彈周之琴。飲周之水。食周之芩。□謗周之主。謂周之淫。是誦聖之文。聽聖之音。居聖之世。而異聖之心。嗟乎二子。何痛之深。藝文類聚三十七。御覽五百九十六。

在當作行　絕當作涉　予當作子

辥靖

靖黃初初爲祕書監

朝日夕月論 黃初二年正月乙亥

舊事朝日以春分。夕月以秋分。案周禮朝日無常日。鄭玄云。用二分。故遂施行。秋分之夕。月多東昪齊書作潛而西向拜之。背實遠矣。謂朝日宜用仲春之朔。夕月宜用仲秋之朔。南齊書禮志上。永元元年。何佟之議引辥循請論云云。循請乃靖之誤。又見通典四十四。

劉靖

靖字文恭。沛國相人。揚州刺史劉馥子。黃初中爲黃門侍郎。遷廬江太守。轉河內。遷尚書。封關內侯。出爲河南尹。以母喪去官。後爲大司農衛尉。進封廣陸亭侯。遷鎮北將軍假節都督河北諸軍事。卒贈征北將軍。進封建成鄉侯。謚曰景侯。

陳儒訓之本疏

夫學者。治亂之軌儀。聖人之大教也。自黃初以來。崇立太學。二十餘年。而寡有成者。蓋由博士選輕。諸生避役。高門子弟。恥非其倫。故夫學者。雖有其名。而無其人。雖設其教。而無其功。宜高選博士。取行爲人表。經任人師者。掌教國子。依遵古法。使二千石以上子孫。年從十五。皆入太學。明制黜陟。陳榮辱之路。其經明行脩者。則進之以崇德。荒教廢業者。則退之以懲惡。舉善而教。不能則勸。浮華交游。不禁自息矣。闡弘大化。以綏未賓。六合承風。遠人來格。此聖人之教。致治之本也。魏志劉馥傳。又宋書禮志一。通典五十三。誤作劉馥。

荀閎

閎字仲茂潁川潁陰人漢尚書令彧之兄子爲太子文學掾終黃門侍郎

奏事

今吏初除有三通爵里刺條疏行狀 御覽六百六引魏名臣奏

賜謚議

古之謚紀功懲惡也故有桓文靈厲之謚今侯始封其㠯功美受爵土者雖無官位宜皆賜謚㠯紀其功且旌奉法能全爵祿者也其斬將搴旗㠯功受爵而身在本位類皆比列侯自關內侯㠯下及名號賜爵附庸非謚所及皆可闕之若列侯襲有官位比大夫㠯上其不莅官理事則當宿衞中勤或身死王事皆宜加謚其餘襲爵旣無功勞官小善微皆不足錄 通典一百四尚書趙咨奏云云一本作荀攸疑誤攸爲黃門侍郎在漢靈帝少帝時趙咨爲尚書在魏明帝時故知是荀閎也後漢亦有趙咨傳不言爲尚書

江衞

衞爵里未詳

與荀仲茂牋

舉國喁喁歎慕盈塗 文選沈約齊安陸昭王碑文注

王基

基字伯輿東萊曲城人黃初中察孝廉除郎中太和中擢中書侍郎遷安平太守免正始中曹爽請爲從事中郎出補安豐太守加討寇將軍嘉平中徵拜尚書出爲荊州刺史加揚烈將軍賜爵關內侯正元初進封常樂亭侯遷鎮南將軍都督豫州諸軍事領豫州刺史進封安樂鄉侯甘露中㠯本官行鎮東將軍都督揚豫諸軍事轉征東將軍都督揚州諸軍事進封東武侯又轉征南將軍都督荊州諸軍事景元二年卒贈司空謚曰景侯有新書五卷

非當作罪

上明帝疏諫盛脩宮室

臣聞古人㠯水喻民曰水所㠯載舟亦所㠯覆舟故在民上者不可㠯不戒懼夫民逸則慮易苦則思難是㠯先王居之㠯約儉俾不至于生患昔顏淵云東野子之御馬力盡矣而求進不已是㠯知其將敗今事役勞苦男女離曠願陛下深察東野之弊留意舟水之喻息奔駟于未盡節力役于未困昔漢有天下至孝文時唯有同姓諸侯而賈誼憂之曰置火積薪之下而寢其上因謂之安也今寇賊未殄猛將擁兵檢之則無㠯應敵久之則難㠯遺後當盛明之世不務㠯除患若子孫不競社稷之憂也使賈誼復起必深切于曩時矣 魏志王基傳

上疏請守便宜

今與賊家 通典作與賊交刺 對敵當不動如山若遷移依險人心搖蕩于勢大損諸軍竝據深溝高壘衆心皆定不可傾動此御兵之要也 魏志王基傳通典一百五十八

奉詔停駐請進軍南頓議

儉等舉軍足㠯深入而久不進者是其詐僞已露衆心疑沮也今不張示威形㠯副民望而停車高壘有侶畏懦非用兵之勢也若或虜略民人又州郡兵家爲賊所得者更懷離心儉等所迫脅者自顧非重不敢復還此爲錯兵無用之地而成姦宄之源吳寇因之則淮南非國家之有譙沛汝豫危而不安此計之大失也軍宜速進據南頓南頓有大邸閣計足軍人四十日糧保堅城因積穀先人有奪人之心此平賊之要也 魏志王基傳

進據濦水復議

兵聞拙速未覩工遲之久方今外有彊寇內有叛臣若不時決則事之深淺未可測也議者多欲將軍持重將軍持重是也停軍不進非也持重非不行之謂也進而不可犯耳今據堅城保壁壘㠯

闕當作閣

積實資虞縣運軍糧甚非計也（同上）

破詔迎鄧由馳驛陳狀

且當淸澄未宜便舉重兵深入應之（魏志王基傳注引司馬彪戰略）

夷陵東道當由車御至赤岸乃得渡沮西道當出箭谿口乃趣平土皆山險狹竹木叢蔚卒有要害弩馬不陳今者筋角弩弱水潦方降廢盛農之務徼難必之利此事之危者也昔子午之役兵行數百里而值淋雨橋闕破壞後糧腐敗前軍縣乏姜維深入不待輜重士衆飢餓覆軍上邽文欽唐咨舉吳重兵昧利壽春身沒不反此皆近事之鑒戒也嘉平㠯來累有內難當今之宜當鎭安社稷撫卹上下力農務本懷柔百姓未宜動衆㠯求外利也得之未足爲多失之傷損威重（魏志王基傳注引司馬彪戰略）

昔漢祖納酈生之說欲封六國寤張良之謀而趣銷印基謀慮淺短誠不及留侯亦懼襄陽有食其之謬（同上）

薦劉毅于公府

毅方正亮直挺然不羣言不苟合行不苟容往日僑仕平陽爲郡股肱正色立朝舉綱引墨朱紫有分鄭衞不雜孝悌著于邦族忠貞效于三魏昔孫陽取騏驥于吳坂秦穆拔百里于商旅毅未遇知己無所自呈前已口白謹復申讀（晉書劉毅傳）

伐吳進趣之宜對

夫兵動而無功則威名折于外財用窮于內故必全而後用也若不資通川聚糧水戰之備則雖積兵江內無必渡之勢矣今江陵有沮漳二水溉灌膏腴之田㠯千數安陸左右陂池沃衍若水陸並農㠯實軍資然後引兵詣江陵夷陵分據夏口順沮漳資水浮穀而下賊知官兵有經久之勢則拒天誅者意沮而向王化者益固然後率合蠻夷㠯攻其內精卒勁兵㠯討其外則夏口㠯上必拔而江外之郡不守如此吳蜀之交絕交絕而吳禽矣不然兵出

之利未可必矣（魏志王基傳）

戒司馬景王書（嘉平四年）

天下至廣萬機至猥誠不可不矜矜業業坐而待旦也夫志正則衆邪不生心靜則衆事不躁思慮審定則教令不煩親用忠良則遠近協服故知和遠在身定衆在心許允傅嘏袁侃崔贊皆一時正士有直質而無流心可與同政事者也（魏志王基傳）

王武

武爵里未詳

上武略士表

幽州刺史王雄口口氣口長涉道藝天性仁勇口毅有略約身儉己務養吏士能得人歡心謂當任爲大將也（書鈔未刪改本一百十五　案雄王渾父孟達亦有薦王雄表見蘇林傳注）

王象

象字羲伯并州人少孤爲人牧羊而私讀書楊俊贖之文帝受禪拜散騎侍郎遷常侍封列侯受詔撰皇覽領祕書監㠯救楊俊不許發病死有集一卷

薦楊俊

伏見南陽太守楊俊秉純粹之茂質履忠肅之弘量體仁足㠯育物篤實足㠯動衆克長後進惠訓不倦外寬內直仁而有斷自初彈冠所歷垂化再守南陽恩德流著殊鄰異黨繦負而至今境守淸靜無所展其智能宜還本朝宣力輦轂熙帝之載（魏志楊俊傳）

全三國文卷三十八終

全三國文卷三十九

魏三十九　　烏程嚴可均校輯

張就

就戊己校尉張恭子黃初中代恭爲校尉後爲金城太守

被拘執私與父恭疏（案事在建安十年闕）

大人率厲敦煌忠義顯然豈以就在困戹之中而替之哉昔樂羊食子李通覆家經國之臣寧懷妻孥邪今大軍垂至但當促兵以掎之耳願不以下流之愛使就有恨于黃壤也（魏志閻溫傳）

張既

既字德容（見御覽三百八十五引三輔決錄）黃初中爲雍州刺史又爲涼州刺史封西鄉侯

表毋丘興

河右遐遠喪亂彌久武威當諸郡路道喉轄之要加民夷雜處數有兵難領太守毋丘興到官內撫吏民外懷羌胡卒使柔附爲官效用黃華張進初圖逆亂扇動左右興志氣忠烈臨難不顧爲將校民夷陳說禍福言則涕泣于時男女萬口咸懷感激形毀髮亂誓心致命尋率精兵蹴脅張掖濟拔領太守杜通西海太守張睦張掖番和驪靬二縣吏民及郡雜胡棄惡詣興興皆安卹使盡力田興每所歷盡竭心力誠國之良吏殿下卽位留心萬機苟有毫毛之善必有賞錄臣伏緣聖旨指陳其事（魏志毋丘儉傳注引魏名臣奏）

荅文帝問蘇則

金城郡昔爲韓遂所見屠剝死喪流亡或竄戎狄或陷寇亂戶不滿五百則到官內撫凋殘外鳩離散今見戶千餘又梁燒雜種羌昔與遂同惡遂斃之後越出障塞則前後招懷歸就郡者三千餘落皆卹以威恩爲官效用西平麴演等倡造邪謀則尋出軍臨其

項領演卽歸命送質破絕賊糧則既有卹民之效又能和戎狄盡忠效節遭遇聖明有功必錄若則加爵邑誠足以勸忠臣勵風俗也（魏志蘇則傳注引魏名臣奏）

孟康

康字公休安平廣宗人黃初中爲散騎侍郎正始中出爲弘農太守領典農校尉嘉平末徙勃海太守入爲中書令轉中書監封廣陵亭侯有漢書音義若干卷老子注二卷

薦崔林

夫宰相者天下之所瞻效誠宜得秉忠履正本德仗義之士足爲海內所師表者竊見司隸校尉崔林稟自然之正性體高雅之弘量論其所長以比古人忠直不回則史魚之儔清儉守約則季文之匹也牧守州郡所在而治及爲外司萬里肅齊誠台輔之妙器袞職之良才也（魏志崔林傳）

李恩

恩黃初中爲郎中

厤議

以太史天度與相覆校二年七月三年十一月望與天度日皆差異月蝕加時乃後天六時半非從三度之謂定爲後天過半日也（晉書律厤志中）

程曉

曉字季明東郡東阿人衛尉昱之孫黃初中封列侯嘉平中爲黃門侍郎後爲汝南太守有集二卷（案藝文類聚四有晉程曉詩或晉受禪後其人尚在或別是一人也俟攷）

請罷校事官疏

周禮云設官分職以爲民極春秋傳曰天有十日人有十等愚不得臨賢賤不得臨貴于是並建聖哲樹之風聲明試以功九載攷

績。各修厥業。思不出位。故欒書欲拯晉侯。其子不聽。死人橫于街路。邴吉不問。上不責非職之功。下不務分外之賞。吏無兼統之勢。民無二事之役。斯誠爲國要道。治亂所由也。遠覽典志。近觀秦漢。雖官名改易。職司不同。至于崇上抑下。顯分明例。其致一也。初無校事之官干與庶政者也。昔武皇帝大業草創。衆官未備。而軍旅勤苦。民心不安。乃有小罪。不可不察。故置校事。取其一切耳。然檢御有方。不至縱恣也。此霸世之權宜。非帝王之正典。其後漸蒙見任。復爲疾病。轉相因仍。莫正其本。遂令上察宮廟。下攝衆司。官無局業。職無分限。隨意任情。唯心所適。法造于筆端。不依科詔。獄成于門下。不顧覆訊。其選官屬。㠯謹慎爲粗疏。㠯謥詷爲賢能。其治事。㠯刻暴爲公嚴。㠯循理爲怯弱。外則託天威㠯爲聲勢。內則聚羣奸㠯爲腹心。大臣恥與分勢。含忍而不言。小人畏其鋒芒。鬱結而無告。至使尹模公于日下。肆其奸慝。罪惡之著。行路皆知。纖惡之過。積年不聞。既非周禮設官之意。又非春秋十等之義也。今外有公卿將校。總統諸署。內有侍中尚書。綜理萬機。司隸校尉督察京輦。御史中丞董攝宮殿。皆高選賢才。㠯充其職。申明科詔。㠯督其違。若此諸賢。猶不足任。校事小吏。益不可信。若此諸賢。各思盡忠。校事區區。亦復無益。若更高選國士。㠯爲校事。則是中丞司隸重增一官耳。若如舊選。尹模之奸。今復發矣。進退推算。無所用之。昔桑弘羊爲漢求利。卜式㠯爲獨烹弘羊。天乃可雨。若使政治得失。必感天地。臣恐水旱之災。未必非校事之由也。曹恭公遠君子近小人。國風託㠯爲刺。衞獻公舍大臣與小臣謀。定姜謂之有罪。縱令校事有益于國。㠯禮義言之。尚傷大臣之心。況奸回暴露。而復不罷。是袞闕不補。迷而不返也。魏志程昱傳

與傅玄書

文公詠周。孔父述殷。聲揚千古。業垂後嗣。初學記二十一文章。

女典篇

丈夫百行。㠯功補過。婦人四教。㠯備爲成。婦德闕則仁義廢矣。婦言虧則辭令慢矣。婦工簡則織絍荒矣。是㠯禮有功宮宗室之敎。詩有牖下蘋藻之奠。然後家道諧允。儀表則見于內。若夫麗色妖容。高才美辭。貌足傾城。言㠯亂國。此乃蘭形棘心。玉曜凡質。在邦必危。在家必亡。藝文類聚二十三。

畢軌

軌字昭先。東平人。文帝時爲太子文學。出爲長史。明帝卽位。徵黃門郎。遷幷州刺史。正始中入爲宂從僕射。遷中護軍。轉侍中尚書司隸校尉。坐曹爽誅。

薦辛毗表

尚書僕射王思精勤舊吏。亮計略不及辛毗。宜㠯毗代思。御覽。

出軍表

輒出軍㠯外威比能。內鎭步度根。魏志明帝紀青龍元年。保塞鮮卑步度根與叛鮮卑軻比能私通。幷州刺史畢軌表。

何晏

晏字平叔。南陽宛人。大將軍進孫。文帝時拜駙馬都尉。明帝時爲宂官。齊王卽位。進散騎侍郎。遷侍中。尋爲吏部尚書。封關內侯。坐曹爽誅。有論語集解十卷。老子道德論二卷。集十一卷。

景福殿賦

大哉惟魏。世有哲聖。武創元基。文集大命。皆體天作制。順時立政。至于帝皇。遂重熙而累盛。遠則襲陰陽之自然。近則本人物之至情。上則崇稽古之弘道。下則闡長世之善經。庶事既康。天秩孔明。故載祀二三。而國富刑清。歲三月。東巡狩。至于許昌。望祠山川。攷時度方。存問高年。率民耕桑。越六月既望。林鍾紀律。大火昏正。桑梓繁廡。大雨時行。三事九司。宏儒碩生。感乎溽暑之伊鬱。而慮性

命之所平惟岷越之不靜痻征行之未寧乃昌言曰昔在蕭公暨于孫鄭皆先識博覽明允篤誠莫不㠯為不壯不麗不足㠯一民而重威靈不飾不美不足㠯訓後而永厥成故當時享其功利後世賴其英聲且許昌者乃大運之攸戾圖讖之所旌苟德義其如斯夫何宮室之勿營帝曰俞哉玄輅既駕輕裘斯御乃命有司禮儀是具審量日力詳度費務鳩經始之黎民輯農功之暇豫因東師之獻捷就海孽之賄賂立景福之祕殿備皇居之制度爾乃豐層覆之耽耽建高基之堂堂羅疏柱之汩越肅坻鄂之鏘鏘飛櫩翼㠯軒翥反宇巘㠯高驤流羽毛之威蕤垂環玭之琳琅參旗九旒從風飄揚皓皓旰旰丹彩煌煌故其華表則鎬鎬鑠鑠赫奕章灼若日月之麗天也其奧祕則蘙蔽曖昧髣髴退概若幽星之纚連也既櫛比而欑集又宏槤㠯豐敞兼苞博落不常一象遠而望之若摛朱霞而耀天文迫而察之若仰崇山而戴垂雲羌瓌瑋㠯壯麗紛彧彧其難分此其大較也若乃高甍崔嵬飛宇承霓緜蠻黮霨隨雲融泄鳥企山峙若翔若滯峨峨嶫嶫罔識所屆雖離朱之至精猶眩曜而不能昭晣也爾乃開南端之豁達張筍虡之輪䆗華鍾杌其高懸悍獸仡㠯儷陳體洪剛之猛毅聲訇磤其若震爰有遐狄鐐質輪菌坐高門之側堂彰聖主之威神芸若充庭槐楓被宸綴㠯萬年綷㠯紫榛或㠯嘉名取寵或㠯美材見珍結實商秋敷華青春藹藹萋萋馥馥芬芬爾其結構則脩梁彩制下褰上奇桁梧複疊勢合形離赩如宛虹赫如奔螭南距陽榮北極幽崖任重道遠厥庸孔多于是列髹彤之繡桷垂琬琰之文璫蝹若神龍之登降灼若明月之流光爰有禁楄勒分翼張承㠯陽馬接㠯員方斑閒賦白疏密有章飛柳鳥踊雙轅是荷赴險凌虛獵捷相加皎皎白閒離離列錢晨光內照流景外烻烈若鉤星在漢煥若雲梁承天騈徙增錯轉縣成郛茄蔤倒植吐被芙蕖繚㠯藻井

編㠯綷疏紅葩韡韡丹綺離婁菡萏赩翕纖縟紛敷繁飾累巧不可勝書于是蘭栭積重窶數矩設櫼櫨各落㠯相承欒栱夭蟜而交結金楹齊列玉舄承跋青瑣銀鋪是為閨闥雙枚既脩重桴乃飾槐梠緣邊周流四極侯衛之班藩服之職溫房承其東序涼室處其西偏開建陽則朱炎豔啟金光則清風臻故冬不淒寒夏無炎燀鈞調中適可㠯永年墉垣碭基其光昭昭周制白盛今也惟縹落帶金釭此焉二等明珠翠羽往往而在欽先王之允塞悅重華之無為命共工使作繢明五采之彰施圖象古昔㠯當箴規椒房之列是準是儀觀虞姬之容止知治國之佞臣見姜后之解珮寤前世之所遵賢鍾離之讜言懿楚樊之退身嘉班妾之辭輦偉孟母之擇鄰故將廣智必先多聞多聞多雜多雜眩眞不眩焉在在乎擇人故將立德必先近仁欲此禮之不諐是㠯盡乎行道之先民朝觀夕覽何與書紳若乃階除連延蕭曼雲征櫺檻邳張鉤錯矩成楯類騰蛇槢㠯瓊英如螭之蟠如虯之停玄軒交登光藻昭明騶虞承獻素質仁形彰天瑞之休顯昭遠戎之來庭陰堂承北方軒九戶右个清宴西東其宇連㠯永寧安昌臨圃遂及百子後宮攸處處之斯何窈窕淑女思齊徽音聿求多祜其祜伊何宜爾子孫克明克哲克聰克敏永錫難老兆民賴止于南則有承光前殿賦政之宮納賢用能詢道求中疆理宇宙甄陶國風雲行雨施品物咸融其西則有左墄右平講肄之場二六對陳殿翼相當僻脫承便蓋象戎兵察解言歸譬諸政刑將㠯行令豈唯娛情鎮㠯崇臺實曰永始複閣重闈猖狂是俟京庾之儲無物不有不虞之戒于是焉取爾乃建淩雲之層盤浚虞淵之靈沼清露瀼瀼淥水浩浩樹㠯嘉木植㠯芳草悠悠玄魚皠皠白鳥沈浮翱翔樂我皇道若乃虯龍灌注溝洫交流陸設殿館水方輕舟篁棲鶤鷺瀨戲鰋觸豐侔淮海富賑山丘叢集委積焉可殫籌雖咸池之壯觀

夫何足以比讎于是碣以高昌崇觀表以建城峻廬岩嶤岑立崔嵬巒居飛閣干雲浮階乘虛遙目九野遠覽長圖頫眺三市孰有誰無覩農人之耘耔亮稼穡之艱難惟饗年之豐寡思無逸之所歎感物衆而思深因居高而慮危惟天德之不易懼世俗之難知觀器械之良窳察俗化之誠僞瞻貴賤之所在悟政刑之夷陂亦所以省風助教豈惟盤樂而崇侈靡屯坊列署三十有二星居宿陳綺錯鱗比辛壬癸甲爲之名秩房室齊均堂庭如一出此入彼欲反忘術惟工匠之多端固萬變之不窮物無難而不知乃與造化乎比隆讎天地以開基竝列宿而作制制無細而不協于規景作無微而不違于水臬故其增構如積植木如林區連域絕葉比枝分離背別趣駢田胥附縱橫踰延各有攸注公輸荒其規矩匠石不知其所斲既窮巧于規摹何彩章之未殫爾乃文以朱綠飾以碧丹點以銀黃爍以琅玕光明熠爚文彩璘班清風萃而成響朝日曜而增鮮雖崐崘之靈宮將何以乎侈旟規矩既應乎天地舉措又順乎四時是以六合元亨九有雍熙家懷克讓之風人詠康哉之詩莫不優游以自得故淡泊而無所思歷列辟而論功無今日之至治彼吳蜀之湮滅固可翹足而待之然而聖上猶孜孜靡忒求天下之所以自悟招中正之士開公直之路想周公之昔戒慕咎繇之典謨除無用之官省生事之故絕流遁之繁禮反民情于太素故能翔岐陽之鳴鳳納虞氏之白環蒼龍覿于陂塘龜書出于河源醴泉涌于池圃靈芝生于丘園總神靈之貺祐集華夏之至歡方四三皇而六五帝曾何周夏之足言文選

奏請大臣侍從游幸 御覽四百五十七題作表諫齊王

善爲國者必先治其身治其身者愼其所習所習正則其身正其身正則不令而行所習不正則其身不正其身不正則雖令不從是故爲人君者所與游必擇正人所觀覽必察正象放鄭聲而弗聽遠佞人而弗近然後邪心不生而正道可弘也季末闇主不知損益斥遠君子引近小人忠良疏遠便辟褻狎亂生近暱譬之社鼠攷其昏明所積以然故聖賢諄諄以爲至慮舜戒禹曰鄰哉鄰哉言愼所近也周公戒成王曰其朋其朋言愼所與也詩云一人有慶兆民賴之可自今以後御幸式乾殿及游豫後園皆大臣侍從因從容戲宴兼省文書詢謀政事講論經義爲萬世法魏志齊王芳紀

祀五郊六宗及厲殃議

月令季春磔攘大儺非所以祀皇天也夫天道不諂不貳其命若之何攘之國有大故可祈于南郊至于祈禳自宜止于山川百物而已通典五十五

明帝謚議

案外內羣寮議宜曰明餘所執雖各不同書曰三人占則從二人之言傳曰善鈞從衆今稱明者可謂衆也書鈔未改本九十四謚篇

與夏侯太初難蔣濟叔嫂無服論

夫嫂叔宜服誠自有形然小功章娣姒婦爲嫂叔文則恐未是也禮之正名母婦異義今取弟于姒婦之句以爲夫之昆弟雖省文互體恐未有及此者也凡男女之相服也非有骨肉之親則有尊卑之敬受重之報今嫂叔同班竝列無父子之降則非所謂尊卑也他族之女則非所謂骨肉也是以古人謂之無名者豈謂其無嫂叔之字或無所與爲體也夫有名者皆禮與至尊爲體而交與正名同接也有其體有其交故以其名名之故服之可也苟無斯義其服焉依夫嫂叔之交有男女之別故絕其親授禁其通問家人之中男女宜別未有若嫂叔之至者也彼無尊卑之至敬故交接不可不疏彼無骨肉之不殊故交疏而無服情亦微矣通典九十二

韓白論

此兩將者殆蚩尤之敵對開闢所希有也何者爲勝也或曰白起

為秦將。攻城略地。功多不可勝數。所向無敵。前史吕為出奇無窮。欲窺滄海。白起為勝。若夫韓信。斷幡吕覆軍。拔旗吕流血。其吕取勝。非復人力也。亦可謂奇之又奇者哉。白起之破趙軍。詐奔而斷其糧道。取勝之術。皆此類也。所謂可奇于不奇之閼矣。安得比其奇之又奇者哉。書鈔一百十五。藝文類聚五十九。御覽二百七十三。

白起論

白起之降趙卒。詐而阬其四十萬。豈徒酷暴之謂乎。後亦難吕重得志矣。向使衆人皆豫知降之必死。則張虛捲。猶可畏也。況于四十萬被堅執銳哉。天下見降秦之將。頭顱似山。歸秦之衆。骸積成丘。則後日之戰。死當死耳。何衆肯服。何城肎下乎。是為雖能裁四十萬之命。而適足吕彊天下之戰。欲吕要一朝之功。而乃更堅諸侯之守。故兵進而自伐其勢。軍勝而還喪其計。何者。設使趙衆復合。馬服更生。則後日之戰。必非前日之對也。況今皆使天下為後日乎。其所吕終不敢復加兵于邯鄲者。非但憂平原之補袒。患諸侯之捄至也。徒諱之而不言耳。若不悟而不諱。則毋所吕遠智也。可謂善戰而拙勝。長平之事。秦民之十五吕上者。皆荷戟而向趙矣。秦王又親自賜民爵于河內。夫吕秦之彊。而十五吕上死傷過半者。此謂破趙之功小。傷秦之敗大。又何稱奇哉。若後之役成不豫其論者。則秦衆多矣。降者可致也。必不可致者。本自當戰殺。不當受降詐也。戰殺雖難。降殺雖易。然降殺之為害。禍大于劇戰也。史記白起傳集解。

冀州論

略言春秋吕來。可吕海內比而校也。恭謹有禮。莫賢乎趙襄。仁德忠義。莫賢乎趙盾。納諫服義。莫賢乎韓起。決危定國。莫賢乎狐偃。勇謀經國。莫賢乎魏絳。達離為主。莫賢乎祈奚。延譽先生。莫賢乎張老。明智識物。莫賢乎趙武。清直篤義。莫賢乎叔向。聰明肅恭。莫賢乎羊舌職。守信不移。莫賢乎荀息。見利思義。莫賢乎中行穆子。保國扞君。莫賢乎先軫。書法不諱。莫賢乎董狐。分詔和戎。莫賢乎郄克。流放能顯。莫賢乎冀缺。拔幽進滯。莫賢乎白季。守義死節。莫賢乎欒恭子。抗言不屈。莫賢乎師曠。放而益顯。莫賢乎狼瞫。儒雅博通。莫賢乎董仲舒。體恭篤敬。莫賢乎后蒼。才兼文武。千金不入私門。莫賢乎竇嬰。明君顯賢。莫賢乎明叔。證主知分。莫賢乎貫高。忠義正直。莫賢乎鮑子都。謇諤忠諫。莫賢乎王宏。御覽四百四十七。

襄當作衰

祈當作祁

詔當作謗

戎當作來

師曠上脫荀罃劫略不動莫賢乎解揚審聰知機莫賢乎十八字

明叔之明當作田

九州論

冀州北接燕代。初學記八。

清河纖縞。房子好綿。御覽八百十八。

安平好棗。中山好栗。魏郡好杏。河內好稻。眞定好梨。共汲好漆。藝文類聚八十六、八十七。御覽七百六十六、九百六十九。大觀本草二十二。

無為論

天地萬物。皆吕無為為本。無也者。開物成務。無往不成者也。陰陽恃吕化生。萬物恃吕成形。賢者恃吕成德。不肖恃吕免身。故無之為用。無爵而貴矣。晉書王衍傳。何晏王弼等祖述老莊。立論云云。

无名論

為民所譽。則有名者也。无譽。无名者也。若夫聖人。名无名。譽无譽。謂无名為道。无譽為大。則夫无名者。可吕言有名矣。无譽者。可吕言有譽矣。然與夫可譽可名者。豈同用哉。此比于无所有。故皆有所有矣。而于有所有之中。當與无所有相從。而與夫有所有者不同。同類无遠而相應。異類无近而不相違。譬如陰中之陽。陽中之陰。各吕物類。自相求從。夏日為陽。而夕夜遠與冬日共為陰。冬日為陰。而朝晝遠與夏日同為陽。皆異于近而同于遠也。詳此異同。而後无名之論可知矣。凡所吕至于此者何哉。夫道者。惟无所有者也。自天地已來。皆有所有矣。然猶謂之道者。吕其能復用无所有也故雖處有名之域而沒其无名之象由㠯在陽之遠體而忘其自有陰之遠類也夏侯玄曰天地㠯自然運聖人㠯自然用自然者道也道本无名故老氏曰彊爲之名仲尼稱堯蕩蕩无能名焉下云巍巍成功則彊爲之名取世所知而稱耳豈有名而更當云无能名焉者邪夫惟无名故可得徧㠯天下之名名之然豈其名也哉唯此足喻而終莫悟是觀泰山崇嵋而謂元氣不浩芒者也（列子仲尼篇注）

論語集解敘

敘曰漢中壘校尉劉向言魯論語二十篇皆孔子弟子記諸善言也太子太傅夏侯勝前將軍蕭望之丞相韋賢及子玄成等傳之齊論語二十二篇其二十篇中章句頗多于魯論琅邪王卿及膠東庸生昌邑中尉王吉皆㠯教授故有魯論有齊論魯共王時嘗欲㠯孔子宅爲宮壞得古文論語齊論有問王知道多于魯論二篇古論亦無此二篇分堯曰下章子張問㠯爲一篇有兩子張凡二十一篇篇次不與齊魯論同安昌侯張禹本受魯論兼講齊說善者從之號曰張侯論爲世所貴包氏周氏章句出焉古論唯博士孔安國爲之訓解而世不傳至順帝時南郡太守馬融亦爲之訓說漢末大司農鄭玄就魯論篇章攷之齊古爲之注近故司空陳羣太常王肅博士周生烈皆爲義說前世傳授師說雖有異同不爲訓解中閒爲之訓解至于今多矣所見不同互有得失今集諸家之善記其姓名有不安者頗爲改易名曰論語集解光祿大夫關內侯臣孫邕光祿大夫臣鄭沖散騎常侍中領軍安鄉亭侯臣曹羲侍中臣荀顗尚書駙馬都尉關內侯臣何晏等上（唐石經論語）

瑞頌

若稽古帝魏武濬哲欽明文思𣫳民生之俊德懿前烈之極休先天而天弗違後天而奉天時聿迪明命肇啟皇基夫居高聽卑乾之紀也靡德不酬坤之理也故靈符頻繁眾瑞仍章通政辰修玉燭告祥和風播烈景星揚光應龍遊于華澤鳳鳥鳴于高岡麒麟依于圃籍甝虎類于坰彊鹿之麑麑載素其色雉之朝雊亦白其服交交黃鳥信我中霤儵儵嘉苗吐穎田疇（藝文類聚九十八）

斫猛獸刀銘

徒搏不兵作戒宣巳用造斯器螭獸是劉制禽允良昏明亶時永虀厥後蠲民之災（藝文類聚六十又初學記二十二引斬虎刀銘云用造斯器螭虎是斬類聚避諱改虎爲猛獸耳）

全三國文卷三十九終

全三國文卷四十

烏程嚴可均校輯

魏四十

鄭小同

小同。北海高密人。大司農鄭玄之孫。文帝時爲郎中。高貴鄉公卽位。進侍中。甘露中爲五更。陳留王初加光祿大夫。爲司馬昭所鴆死。有禮義四卷。鄭志十一卷。

日蝕攷負議

史官不務審察晷度。謹綜疏密。謬準交會。㠯爲其兆。至乃虛設疑日。大警外內。其有不效。則委于差晷度。禁縱自由。皆非其義。案春秋昭公三十一年十二月辛亥日蝕。晉史墨曰庚午之日。日始有謫。自庚午至辛亥四十二日。日蝕之兆。固形于前矣。此爲古有其法。而今不察。是守官惰職。攷察無效。此有司之罪。通典七十八。

張揖

揖字稚讓。淸河人。一云河閒人。魏初博士。一云太和中爲博士。有廣雅四卷。

上廣雅表

博士臣揖言。臣聞昔在周公。纘述唐虞。宗翼文武。尅定四海。勤相成王。踐阼理政。日昃不食。坐而待旦。德化宣流。越裳倈貢。嘉禾貫桑。六年制禮。㠯導天下。箸爾雅一篇。㠯釋其意義。傳亏後孠。歷載五百。墳典散落。唯爾雅恆存。禮三朝記。哀公曰。寡人欲學小辨。㠯觀于政。其可乎。孔子曰。爾雅㠯觀于古。足㠯辯言矣。春秋元命包言。子夏問夫子作春秋。不㠯初哉首基爲始何。是㠯知周公所造也。率斯㠯降。超絕六國。越踰秦楚。爰暨帝劉。魯人叔孫通撰置禮記。文不違古。今俗所傳三篇爾雅。或言仲尼所增。或言子夏所益。或言叔孫通所補。或言郝郡梁文所攷。皆解家所說。先師口傳。既無正譣。聖人所言。是故疑不能明也。夫爾雅之爲書也。文約而義固。其陳道也。精研而無誤。眞七經之檢度。學問之階路。儒林之楷素也。若其包羅天地。綱紀人事。權揆制度。發百家之訓詁。未能悉備也。臣揖體質蒙蔽。學淺詞頑。言無尼取。竊㠯所識。擇撢羣蓺。文同義異。音轉失讀。八方殊語。庶物易名。不在爾雅者。詳錄品覈。㠯箸于篇。凡萬八千一百五十文。分爲上中下。㠯頒方徠俊哲洪秀偉彥之倫。扣其兩端。摘其過謬。今得用謂。亦所企想也。臣揖誠惶誠恐。頓首頓首。死罪死罪。

尼當作足

孫該

該字公達。任城人。爲郎中。遷博士。司徒右長史。著作郎。出爲陳郡太守。有集二卷。

三公山下神祠賦 并序

趙國元氏縣西界有六神祠。吾觀其一焉。在陘山之陽。卽三公祠焉。崇堂既峻。危閣造雲。檽軒臨萬仞之壑。土木被丹藻之華。是時寓目永日。夕宿東序。召彼故老。訊之舊典。云棟宇初興七十載。三台耀靈。實降甘雨。夫山㠯有形爲神。神㠯無形爲主。若乃歊烝于上。雷動于下。公田穰于多黍。嫠婦利其滯穗。亦玆邦之所㠯報歷葉不輟也。于是援筆作賦。昭神靈之有憑。壯夏屋之弘麗。

南極鬱紆。飛龍在天。太一白后。巨靈據山。二后殊位。惟公在焉。下則歸雲蓬勃。綠水流離。爭湍趣戾。衝后會谿。高岸爲谷。嶢峴阻阨。梗林柰條。逼塗迮蹊。行者息駕。步趾于斯。陟大嵺。登岑岡。踰爽塏。歷朝陽。瞻華殿之顯敞。覩應門之嶭嶭。神衣鬱蓊。百堵周乎洞房。進排閶闔。顧眄靈堂。羅楹列峙。丹飾煌煌。千櫨浮跂。夭蹻騰驤。累層岌嶪。齊載長梁。敷山藻于前梲。綴榱橑㠯采章。文綺朧其紛鱗。洪葩曄㠯披揚。爾乃逡巡降趾。遊坐東廂。日不逮昏。炎燎已光。縣宰致祀。嘉旨備謀。陰祚顯應。徧澤圻疆。普此士女。樂彼豐穰。其亂

對當作封

曰坤作地勢。恆岳吐精。布濩磥硌。上秀太清。三后讚事。兩師不盜。有渰淒淒。潤我羣生。先人諒德。圖象垂形。攷之舊史。典謨無聲。藝文類聚七十九。初學記十二。白孔六帖。案書鈔一百四十八引孫詵三公山下碑賦云九醞白醆。未知即孫該之誤否。三公山在燕地。而孫詵劉宋人。豈江南亦有此山邪。附記于此俟攷。

琵琶賦

惟嘉桐之奇生。于丹澤之北垠。下修條以迴固。上糺紛而干雲。開黃鍾以挺幹。表素質于蒼春。然後託乎公班。妙意橫施。四分六合。廣袤應規。迴風臨樂。刻飾流離。弦則岱谷檿絲。篚貢天府。伯奇執軏。杞妻抽緒。大不過宮。細不過羽。清朗緊勁。絕而不茹。伶人鼓焉。景響豐硠。操暢駱驛。遊乎風颸。抑揚案捻。抵擲摧藏。爾乃叩少宮。騁明光。發下柱。展上腔。儀蔡氏之繁弦。放莊公之倍簧。于是酒酣日晚。改爲秦聲。壯諒抗愾。土風所生。延年度曲。六彈俱成。紲邪存正。疏密有程。離而不散。滿而不盈。沈而不重。浮而不輕。緜駒遺謳。岱宗梁父。淮南廣陵。郢中激楚。每至曲終歌闋。亂以衆契。上下奔鶩。鹿奔猛厲。波騰雨注。飄飛電逝。舒疾無方。下闕。藝文類聚四十四。又初學記十六引三條。又文選嵇叔夜贈秀才入軍詩注。又曹子建七啟注。又御覽八百八。

緩調平絃。原本反始。溫雅沖泰。弘暢通理。初學記十六。

諸葛誕

誕字公休。琅邪陽都人。黃初中以尚書郎爲滎陽令。明帝時入爲吏部郎。累遷御史中丞尚書。免。齊王時復爲御史中丞尚書。出爲揚州刺史。加昭武將軍。尋爲鎭東將軍。假節都督揚州。對山陽亭侯。徙鎭南將軍。高貴鄉公時。復爲鎭東大將軍。儀同三司都督揚州。進封高平侯。轉征東大將軍。徵爲司空。不受。遂反。大將軍司馬昭討斬之。

殺樂綝表

臣受國重任。統兵在東。揚州刺史樂綝專詐。說臣與吳交通。又言被詔當代臣位。無狀日久。臣奉國命。以死自立。終無異端。忿綝不忠。輒將步騎七百人。以今月六日討綝。即日斬首。函頭驛馬傳送。若聖朝明臣。臣即魏臣。不明臣。臣即吳臣。不勝發憤。有日。謹拜表陳愚。悲感泣血。哽咽斷絕。不知所如。乞朝廷察臣至誠。魏志諸葛誕傳注引魏末傳。

毌丘儉

儉字仲恭。河東聞喜人。將作大匠興子。爲平原侯文學。明帝初爲尚書郎。遷羽林監。出爲洛陽典農。遷荊州刺史。青龍中徙幽州刺史。加渡遼將軍。護烏丸校尉。以功封安邑侯。尋遷左將軍。領豫州刺史。轉鎭南將軍。徙鎭東將軍都督揚州。正元二年。矯明元郭太后詔討司馬師。衆潰見殺。有集二卷。

承露盤賦

偉神盤之殊異。邈岧岧以秀峙。已上二句依御覽七百五十八增。樹根芳林。濯景天池。嘉木靈草。綠葉素枝。飛閣鱗接而從連。層臺偃蹇以橫施。龜龍怪獸。嬉遊乎其中。詭類壯觀。雜遝衆多。若乃肇制模鎔。應變入神。窮數極理。究盡物倫。命班爾。召涓均。撰蘭籍。簡良辰。采名金于崑丘。斬扶桑以爲薪。詔燭龍使吐火。運混元以陶甄。毆陰陽而役神物。豈取力于烝民。用能弗經弗營。不日而成。匪雕匪斲。天挺之靈。雄幹碣以高立。干雲霧而上征。蓋取象于蓬萊。實神明之所憑。峻極過于閬風。鳳高翔而弗升。遠而望之。若紫霓下。鄰雙鵾集焉。即而視之。若璆琳之柱。華蓋在端。上際辰極。下通九原。中承仙掌。旣平且安。越古今而無匹。信奇異之可觀。又能致休徵以輔性。豈徒虛設于芳園。采和氣之精液。承清露于飛雲。藝文類聚七十三。

罪狀司馬師表

故相國懿。匡輔魏室。歷事忠貞。故烈祖明皇帝授以寄託之任。懿戮力盡節。以寧華夏。又以齊王聰明。無有穢德。乃心勤盡。忠以輔上天下賴之。懿欲討滅二虜。以安宇內。始分軍糧。克時同舉。未成而薨。齊王以懿有輔己大功。故遂使師承統懿業。委以大事。而師以盛年在職。無疾託病。坐擁彊兵。無有臣禮。朝臣非之。義士譏之。天下所聞。其罪一也。懿造計取賊。多舂軍糧。克期有日。師爲大臣。當除國難。又爲人子。當卒父業。哀聲未絕。而便罷息。爲臣不忠。爲子不孝。其罪二也。賊退過東關。坐自起衆。三征同進。喪衆敗績。歷年軍實。一旦而盡。致使賊來。天下騷動。死傷流離。其罪三也。賊舉國悉衆。號五十萬。來向壽春。圖詣洛陽。會太尉孚與臣等建計。乃杜塞要險。不與爭鋒。還固新城。淮南將士。衝鋒履刃。晝夜相守。勤瘁百日。死者塗地。自魏有軍已來。爲難苦甚。莫過于此。而師遂意自由。不論封賞。權勢自在。無所領錄。其罪四也。故中書令李豐等。以師無人臣節。欲議退之。師知而請豐。其夕拉殺。載尸埋棺。豐等爲大臣。帝王腹心。擅加酷暴。死無罪名。師有無君之心。其罪五也。

懿每歎說齊王。自堪人主。君臣之義定。奉事以來十有五載。始欲歸政。按行武庫。詔問禁兵。不得妄出。師自知姦慝。人神所不佑。矯廢君主。加之以罪。孚師之叔父。性甚仁孝。追送齊王。悲不自勝。羣臣皆怒。而師懷忍。不顧大義。其罪六也。又故光祿大夫張緝。無罪而誅。夷其妻子。并及母后。逼恐至尊。彊催督遣。臨時哀愕。莫不傷痛。而師稱慶。反以歡喜。其罪七也。陛下踐阼。聰明神武。事經聖心。欲崇省約。天下聞之。莫不歡慶。而師不自改悔。修復臣禮。而方徵兵募士。毀壞宮內。列侯自衞。陛下卽阼。初不朝覲。陛下欲臨幸師舍。以省其疾。復拒不通。不奉法度。其罪八也。近者領軍許允當爲鎭北。以廚錢給賜。而師舉奏加辟。雖云流徙。道路餓殺。天下聞之。莫不哀傷。其罪九也。三方之守。一朝闕廢。多選精兵。以自營衞。五營領兵。闕而不補。多載器杖。充聚本營。天下所聞。人懷憤怨。譌言盈路。以疑海內。其罪十也。多休守兵。以占高第。以空虛四表。欲擅彊勢。以逞姦心。募取屯田。加其復賞。阻兵安忍。壞亂舊法。合聚諸藩王公以著鄴。欲悉誅之。一旦舉事廢主。天不長惡。使目腫不成。其罪十一也。臣等先人。皆隨從太祖武皇帝征討凶暴。獲成大功。與高祖文皇帝卽受漢禪。開國承家。猶堯舜相傳也。臣與安豐護軍鄭翼。廬江護軍呂宣。太守張休。淮南太守丁尊。督守合肥護軍王休等議。各以累世受恩。千載風塵。思盡軀命。以完全社稷。安主爲效。斯義苟立。雖焚妻子。吞炭漆身。死而不恨也。案師之罪。宜加大辟。以彰姦慝。春秋之義。一世爲善。十世宥之。懿有大功。海內所書。依古典議。廢師以侯就第。弟昭忠肅寬明。樂善好士。有高世君子之度。忠誠爲國。不與師同。臣等碎首所保。可以代師輔導聖躬。太尉孚。忠孝小心。所宜親寵。授以保傅。護軍散騎常侍望。忠公親事。當官稱能。奉迎乘輿。有宿衞之功。可爲中領軍。春秋之義。大義滅親。故周公誅弟。石碏戮子。季友鴆兄。上爲國計。下全宗族。殛鯀

用禹。聖人明典。古今所稱。乞陛下下臣等所奏。朝堂博議。臣言當道。使師遜位。避賢者。罷兵去備。如三皇舊法。則天下協同。若師負勢恃衆。不自退者。臣等率將所領。晝夜兼行。惟命是授。臣等今日所奏。惟欲使大魏永存。使陛下得行君意。遠絕亡之禍。百姓安全。六合一體。使忠臣義士。不愧于三皇五帝耳。臣恐兵起。天下擾亂。臣輒上事。移三征及州郡國典農。各安慰所部吏民。不得妄動。謹具以狀聞。惟陛下愛養精神。明慮危害。以寧海內。師專權用勢。賞罰自由。聞臣等舉衆。必下詔禁絕關津。使驛書不通。擅復徵調。有所收捕。此乃師詔。非陛下詔書。在所皆不得復承用。臣等道遠。懼文書不得皆通。輒臨時賞罰。以便宜從事。須定集上也。（魏志毋丘儉傳注。）

表

萬邦之朝。不當庸才。（文選任昉爲齊明帝讓宣城郡公第一表注。）

諫明帝治宮室疏

臣愚㠯爲天下所急除者二賊。所急務者衣食。誠使二賊不滅。士民飢凍。雖崇美宮室。猶無益也。魏志毌丘儉傳。時爲洛陽典農。

上疏請定遼東 景初元年七月

陛下卽位已來。未有可書。吳蜀恃險。未可卒平。聊可㠯此方無用之士。克定遼東。魏志衛臻傳。

上言劉整鄭像宜差異子弟

昔諸葛恪圍合肥新城。城中遣士劉整出圍傳消息。爲賊所得。考問所傳語。整曰。諸葛公欲活汝。汝可具服。整罵曰。死狗。此何言也。我當必死爲魏國鬼。不苟求活。逐汝去也。欲殺我者。便速殺之。終無他辭。又遣士鄭像出城傳消息。或㠯語恪。恪遣馬騎尋圍跡索。得像還。四五人的頭面縛。將繞城表。勑語像使大呼。言大軍已還洛。不如早降。像不從其言。更大呼城中曰。大軍近在圍外。壯士努力。賊㠯刀築其口。使不得言。像遂大呼。令城中聞知。整像爲兵。能守義執節。子弟宜有差異。魏志齊王芳紀嘉平六年。鎮東將軍毌丘儉上言。

與大將軍曹爽書薦裴秀

生而岐嶷。長蹈自然。玄靜守眞。性入道奧。博學强記。無文不該。孝友著于鄉黨。高聲聞于遠近。誠宜弼佐謨明。助和鼎味。毗贊大府。光昭盛化。非徒子奇甘羅之儔。兼包游夏顔冉之美。晉書裴秀傳。時儉爲度遼將軍。

報弟書

今別致絳二百疋。可㠯供送葬之事。北堂書鈔。御覽八百十四。

承露盤銘

赫赫聖魏。紹天惟則。承露瑰生。爰詔懿德。下有蛟龍。偃蹇虬糾。上有眉盤。厲彼青雲。修莖擢擢。高弗可及。仙掌岧岧。零露是集。有直其體。有固斯基。休徵攸降。神明攸持。少昊惟好。我后斯同。㠯近眉壽。㠯保萬邦。藝文類聚七十三。

秦靜

靜爲博士。進祕書監。

祠祀不宜稱詔議

祭法七祀有國行。今月令謂行爲井。是俗廢行而祀井。武帝始定天下。興復舊祀。造祭祀門、戶、井、竈、中霤。文帝稱詔。靜案凡諸祠祀所㠯尊敬神靈。不宜稱詔。御覽五百二十九引魏名臣奏。

臘用日議

吉禮出行有祖祭。歲終聚合百物。祭宗廟。謂之蜡。皆有常日。臨時造請而用之。又無正月祖祭之禮。漢氏㠯午祖。㠯戌臘。午者南方之象。故㠯午祖。正月爲歲首。故㠯寅始用午祖。戌者歲之終。萬物畢成。故㠯戌臘。而小數之學。因就傳著五行㠯爲說。皆非典籍經義之文也。尚書易經說五行水、火、金、木、土。王相衍天地陰陽之義。故易曰坤爲土。土位西南。黃精之君。盛德在未。故大魏㠯未祖。戌者歲終日窮之辰。不宜㠯爲歲初祖祭之行始也。易曰。坤利西南得朋。東北喪朋。丑者土之終。故㠯丑臘。終而復始。乃終有慶。宜如前㠯未祖丑臘。通典四十四。又略見續漢禮儀志中注補。

上瑞圖告廟議

靈命瑞圖。可祀天皇大帝五精之帝于洛陽。祀南郊所祭。祭訖奉詣冊文。脯醢酒。告太祖廟。藏冊于石函。通典五十五。

冕服議

漢氏承秦。改六冕之制。俱玄冠絳衣而已。宋書禮志五。

上告瑞祝文

孝孫皇帝諱使太尉臣某㠯靈命瑞圖冊告于天郊。事訖。將納冊于石函。謹使太常臣某帥有司㠯脯醢旨酒。敢昭告于皇祖武皇帝。㠯武皇后卞氏配。尚饗。通典五十五。

薛悌

悌字孝威，東郡人。爲兗州從事，拜泰山太守，曹公定冀州，引爲長史，除魏郡太守。黃初中拜尚書令，太和末歷督軍中領軍，青龍中爲尚書。

奏請瑞圖告廟

涼州刺史所上靈命瑞圖，當下洛陽留臺，使太尉醮告太祖文昭皇后廟。（通典五十五）

趙怡

怡，太和中爲博士。

祀天樂用宮懸議

古無四懸，自周始耳。未有作古樂而用近懸也。案今天地之樂懸謂之上下管，與虞舜笙鏞同，不言二懸。宜如故事，但設上下管而已。（通典一百四十七）

皇后銘旌議

祖號所㠯稱廟，不宜㠯題旌。禮未有主作重。旣葬而埋之，故銘旌宜與重俱埋廟門外之左。（通典八十四）

左延年

延年，太和中爲叶律中郎將。

祀天樂用宮懸議

案周禮㠯雲門祀天，咸池祀地。又今宗廟用宮懸，則祀天地宜用宮懸。（通典一百四十七）

和洽

洽字陽士，汝南西平人。太和中爲太常，卒，謚簡侯。

時風不至奏宜節儉

民稀耕少，浮食者多。國㠯民爲本，民㠯穀爲命，故費一時之農，則失育命之本。是㠯先王務蠲煩費，㠯專耕農。自春夏㠯來，民窮于役，農業有廢，百姓囂然，時風不至，未必不由此也。消復之術，莫大于節儉。太祖建立洪業，奉師徒之費，供軍賞之用，吏士豐于資食，倉府衍于穀帛，由不飾無用之宮，絕浮華之費。方今之要，固在息省勞煩之役，損除他餘之務，㠯爲軍戎之儲。三邊守禦，宜在備豫。料賊虛實，蓄士養衆，算廟勝之策，明攻取之謀，詳詢衆庶，㠯求厥中。若謀不素定，輕弱小敵，軍人數舉，舉而無庸，所謂悅武無震，古人之誡也。（魏志和洽傳）

趙咨

咨字君初，河內溫人。太和中爲尚書，遷太常。（見司馬朗傳。案後漢書有趙咨，吳志孫權傳又有趙咨，字德度，南陽人，皆非即此。）

奏諫興作

臣咨言：今作洛陽宮殿，取白石之人，鑽山索異石，繫石求雲母，口役之事，莫過于此也。（書鈔一百六十引魏名臣奏）

奏論賜謚

其諸襲爵守嗣，無殊才異勳于國，及未冠成人，皆不應賜謚。（通典一百四）

奏明帝外祖母服

哭敬侯夫人，張帷幕端門外之左，羣臣位如朝，皇帝黑介幘，進賢冠，皁服，十五舉聲則罷。（通典八十一）

程喜

喜字申伯，青龍中青州刺史，齊王時爲征北將軍。

答詔問管寧

寧有族人管貢爲州吏，與寧鄰比，臣常使經營消息。貢說寧常著皁帽、布襦袴、布裙，隨時單複，出入閨庭，能自任杖，不須扶持。四時祠祭，輒自力強，改加衣服，著絮巾，故在遼東所有白布單衣，親薦饌饋，跪拜成禮。寧少而喪母，不識形象，常特加觴，泫然流涕。又居宅離水七八十步，夏時詣水中澡灑手足，闚于園圃。臣揆寧前後

辭讓之意獨自目生長潛逸耆艾智衰是目棲遲每執謙退此蓋志行所欲必全不爲守高（魏志管寧傳）

張茂

茂字彥林沛人青龍中爲太子舍人

上書諫明帝奪士女目配戰士

臣伏見詔書諸士女嫁非士者一切錄奪目配戰士斯誠權時之宜然非大化之善者也臣請論之陛下天之子也百姓吏民亦陛下之子也禮賜君子與小人不同日所目殊貴賤也吏屬君子士爲小人今奪彼目與此亦無目異于奪兄之妻妻弟也于父母之恩偏矣又詔書聽得目生口年紀顏色與妻相當者自代故富者則傾家盡產貧者舉假貸貰買生口目贖其妻縣官目配士爲名而實內之掖庭其醜惡者乃出與士得婦者未必有懽心而失妻者必有憂色或窮或愁皆不得志夫君有天下而不得萬姓之懽心者鮮不危殆且軍師在外數千萬人一日之費非徒千金舉天下之賦目奉此役猶將不給況復有宮庭非員無錄之女椒房母后之家賞賜橫與內外交引其費半軍昔漢武帝好神仙信方士掘地爲海封土爲山賴是時天下爲一莫敢與爭者耳自衰亂目來四五十載馬不捨鞍士不釋甲每一交戰血流丹野創痍號痛之聲于今未已猶彊寇在疆圖危魏室陛下不兢兢業業念崇節約思所目安天下者而乃奢靡是務中尚方純作玩弄之物炫燿後園建承露之盤斯誠快耳目之觀然亦足目騁寇讎之心矣惜乎舍堯舜之節儉而爲漢武之侈事臣竊爲陛下不取也願陛下沛然下詔萬機之事有無益而有損者悉除去之目所除無益之費厚賜將士父母妻子之飢寒者問民所疾而除其所惡實倉廩繕甲兵恪恭目臨天下如是吳賊面縛蜀虜輿櫬不待誅而自服太平之路可計日而待也陛下可無勞神思于海表軍師高枕戰士備員今羣公皆結舌而臣所目不敢不獻瞽言者臣昔上要言散騎奏臣書目聽諫篇爲善詔曰是也擢臣爲太子舍人且臣作書譏爲人臣不能諫諍今有可諫之事而臣不諫此爲作書虛妄而不能言也臣年五十常恐至死無目報國是目投軀沒命冒昧目聞惟陛下裁察（魏志明帝紀注引魏略太子舍人張茂乃上書諫）

全三國文卷四十終

全三國文卷四十一

烏程嚴可均校輯

魏四十一

杜摯

摯字德魯。河東人。明帝時郎中令。補校書郎。有集二卷。

笳賦 并序

昔李伯陽避亂西入戎。戎越之思。有懷土風。遂造斯樂。美其出入戎貉之思。有大韶夏音。宋書樂志一。文選西京賦注。通典一百四十四。御覽五百八十一。

唯葭蘆之爲物。諒絜勁之自然。託妙體于阿澤。歷百代而不遷。于是秋節既至。百物具成。嚴霜告殺。草木殞零。賓鳥鼓翼。蟋蟀悲鳴。羈旅之士。感時用情。乃命狄人。操笳揚清。吹東角。動南徵。清羽發。濁商起。剛柔待用。五音迭進。倏爾卻轉。忽焉前引。或縕縕以和懌。或悽悽以噍殺。或漂淫以輕浮。或遲重以沈滯。藝文類聚四十四。

文欽

欽字仲若。譙人。明帝時爲五營校督。出爲牙門將。轉廬江太守鷹揚將軍。尋加冠軍將軍。齊王時爲前將軍。代諸葛誕爲揚州刺史。高貴鄉公初。與毌丘儉舉兵討大將軍司馬師。兵敗入吳。爲都護假節鎮北大將軍幽州牧。封譙侯。後救諸葛誕。爲誕所殺。

降吳表

稟命不幸。常隸魏國。雨絕于天。雖側伏隅都。自知無路。司馬師滔天作逆。廢害二主。辛癸高莽。惡不足喻。欽累世受魏恩。烏鳥之情。竊懷憤踊。在三之義。期于斃仆。前與毌丘儉郭淮等俱舉義兵。當共討師。埽除凶孽。誠臣憤懣。愚管所執。智慮淺薄。微節不騁。進無所依。悲痛切心。退惟不能扶翼本朝。抱愧俛仰。靡所自厝。冒緣古義。固有所歸。庶假天威。得展萬一。僵仆之日。亦所不恨。輒相率將歸命聖化。慭偷苟生。非辭所陳。謹上還所受魏使持節前將軍山桑侯印綬。臨表惶惑。伏須罪誅。魏志毌丘儉傳注。

與郭淮書

大將軍昭伯與太傅伯俱受顧命。登牀把臂。託付天下。此遠近所知。後以勢利。乃絕其祀。及其親黨。皆一時之後。可爲痛心。奈何奈何。公侯恃與大司馬公恩親分著。義貫金石。當此之時。想益毒痛。有不可堪也。王太尉嫌其專朝。潛欲舉兵。事竟不捷。復受誅夷。害及楚王。想甚追恨。太傅既亡。然其子師。繼承父業。肆其虐暴。日月滋甚。放主弒后。殘戮忠良。包藏禍心。遂至篡弒。此可忍也。孰不可忍。欽以名義大故。事君有節。忠憤內發。忘寢與食。無所吝顧也。會毌丘子邦自與父書。騰說公侯盡事主之義。欲奮白髮。同符太公。惟須東問。影響相應。聞問之日。能不慷慨。是以不顧妻孥之痛。即與毌丘鎮東舉義兵三萬餘人。西趨京師。欲扶持王室。埽除姦逆。

企踵西望。不得聲問。魯望高子。不足喻急。夫當仁不讓。況救君之難。度道遠艱。故不果期要耳。然同舟共濟。安危勢同。禍痛已連。非言飾所解。自公侯所明也。共事曹氏。積信魏朝。行道之人。皆所知見。然在朝之士。冒利偷生。烈士所恥。公侯所賤。賈豎所不忍爲也。況當塗之士邪。軍屯住項。小人以閏月十六日別進兵。就于樂嘉城討師。師之徒衆。尋時崩潰。其所斬截。不復訾原。但當長驅。徑至京師。而流言先至。毌丘不復詳之。更謂小人爲誤。諸軍便爾瓦解。毌丘還走。追尋釋解無所及。小人還項。復遇王基等十二軍追尋毌丘。進兵討之。即時克破。所向全勝。要那後無繼何。孤軍梁昌。進退失所。還據壽春。壽春復走。狼狽躓閡。無復他計。惟當歸命大吳。借兵乞食。繼踵伍員耳。不若僕隸。如何快心復君之讎。永使曹氏少享血食。此亦大國之所佑念也。想公侯不使程嬰杵臼擅名于前代。而使大魏獨無鷹揚之士與。今大吳敦崇大義。深見愍悼。然僕于國大分連接。遠同一勢。曰欲俱舉。分分中國。不願偏取以為已有。公侯必欲共忍帥。胷懷宜廣大。勢恐秦川之卒。不可孤舉。今者之計。宜屈己伸人。託命歸漢。東西俱舉。爾乃可克定師黨耳。深思鄙言。若愍計可從。宜使漢軍克制期要。使六合校考。與周召同封。以託付兒孫。此亦非小事也。大丈夫盛處其落落。是以遠呈忠心。時望嘉應。（魏志毋丘儉傳注。）

薛譖

譖。明帝時博士。

王濬母出還葬議

春秋原心定罪。仲尼稱父有爭子。然則論罪不可以不原心。為子不可以不義諍。來書云。尊親以不幸遘疾。不任理喪禮。疾飲酒食肉。蓋急于性命而權正理也。夫厚養忘哀。禮之所許。況尊親嬰沈篤疾。而被七出之罰乎。向使曩時家有壯子。明證本末。直道而爭。豈令慈母以非罪受不義哉。攷諸典禮。稽之原情。其昭告先靈。還安域兆。使嚴父無違禮之舉。慈母雪沒代之恥。不亦可乎。（通典一百二。）

楊暨

暨字休先。滎陽人。驍騎將軍恪之子。明帝時為中領軍將軍。卒謚肅侯。

上明帝表

武皇帝始征張魯。以十萬之眾。身親臨履。指受方略。因就民麥以為軍糧。張衛之守。蓋不足言。地險守易。雖有精兵虎將。勢不能施。對兵三日。欲抽軍還。言作軍三十年。一朝持與人如何。此計已定。天祚大魏。魯守自壞。因以定之。（魏志張魯傳注引魏名臣奏。）

隱蕃

蕃。青州人。明帝使詐叛歸吳。求作廷尉。以離閒大臣。事覺。閉口而死。

歸吳上書

臣聞紂為無道。微子先出。高祖寬明。陳平先入。臣年二十二。委棄封域。歸命有道。賴蒙天靈。得自全致。臣至止有日。而主者同之降人。未見精別。使臣微言妙旨。不得上達。於邑三歎。曷惟其已。謹詣闕拜章。乞蒙引見。（吳志胡綜傳。）

丁謐

謐字彥靖。沛國人。明帝時為度支郎中。齊王時遷散騎常侍。轉尚書。坐曹爽誅。

肉刑論

堯典曰。象之典刑。流宥五刑。鞭作官刑。朴作教刑。金作贖刑。怙終賊刑。咎繇曰。天討有罪。五刑五用哉。呂刑曰。蚩尤惟始作亂。延及于平人。罔不寇賊。鴟義姦宄。寇攘矯虔。苗人惟作五虐之刑曰法。殺戮無辜。爰始淫為刑劓刵椓黥。案此肉刑在于蚩尤之代。而堯舜以流放代之。故黥劓之文。不載唐虞之籍。而五刑之數。亦不具于聖人之旨也。禹承舜禪。與堯同治。必不釋二聖而遠則兇頑。固可知矣。湯武之王。獨將奚取于呂侯。故叔向云。三辟之興。皆叔世也。此則近君子有徵之言矣。（通典一百六十八。）

杜布

布。明帝時為博士。

會喪宜去冠議

論語曰。羔裘玄冠不以弔。故周人去玄冠。代以素弁。漢去玄冠。代以布巾。亦王者相變之儀。未必獨非也。古禮野夫著巾。古者軍禮韋弁冠。今者赤幘。此明轉相變易。不可悉還及古。今宜因漢氏故事。又案漢儀注。諸侯王薨。天子遣使者往。皆言使者素服。又禮自天子下達于士。臨殯斂之事。去玄冠。以素弁。君子臨喪。必有哀素之心。是以去玄冠。代之以素。是以漢中興臨喪之事與禮合。自是之後。或言臨喪使者常吉服布巾。以為使者亦宜去玄冠。代以布巾。示不純吉。侍中散騎諸會喪。亦宜去玄冠。代以布巾。（通典八十一。又八十三。杜布作杜希。）

張敷

敷。明帝時博士。

薨卒不祿議

諸王公大將軍縣亭侯以上有爵土者。依諸侯禮皆稱薨。關外侯無土銅印。當古稱卒。千石六百石下至二百石。皆詣臺拜受。與古士受命同。依禮稱不祿。（通典八十三。）

杜恕

恕字務伯。京兆杜陵人。尚書僕射畿子。明帝時為散騎侍郎。轉黃門侍郎。出為弘農太守。齊王時轉趙相。以疾去。擢河東太守。遷淮北都督護軍。復以疾去。拜御史中丞。出為幽州刺史。加建威將軍使持節護烏丸校尉。免為庶人。戍章武。卒。有體論四卷。篤論四卷。（案。篤論卽杜氏新書。）

表韓觀王昶

韓觀王昶信有兼才。高官重任。不但三州。（魏志徐邈傳注引魏名臣奏。黃門侍郎杜恕表。）

請令刺史專民事勿典兵疏

帝王之道。莫尚乎安民。安民之術。在于豐財。豐財者。務本而節用也。方今二賊未滅。戎車亟駕。此自熊虎之士展力之秋也。然搢紳之儒。橫加榮慕。扼腕抗論。以孫吳為首。州郡牧守。咸共忽恤民之術。脩將率之事。農桑之民。競干戈之業。不可謂務本。帑藏歲虛。而制度歲廣。民力歲衰。而賦役歲興。不可謂節用。今大魏奄有十州之地。而承喪亂之弊。計其戶口。不如往昔一州之民。然而二方僭逆。北虜未賓。三邊遘難。繞天略帀。以所統一州之民。經營九州之地。其為艱難。譬策羸馬。以取道里。豈可不加意愛惜其力哉。以武皇帝之節儉。府藏充實。猶不能十州擁兵郡且二十也。今荊揚青徐幽并雍涼緣邊諸州皆有兵矣。其所恃內充府庫外制四夷者。惟兗豫司冀而已。臣前以州郡典兵。則專心軍功。不勤民事。宜別置將守。以盡治理之務。而陛下復以冀州寵秩呂昭。冀州戶口最多。田多墾闢。又有桑棗之饒。國家徵求之府。誠不當復任以兵事也。若以北方當須鎮守。自可專置大將以鎮安之。計所置吏士之費。與兼官無覺。然昭于人才尚復易中。朝苟乏人。兼才者勢不獨多。以此推之。知國家以人擇官。不為官擇人也。官得其人。則政平訟理。政平故民富實。訟理故囹圄空虛。陛下踐阼。天下斷獄百數十人。歲歲增多。至五百餘人矣。民不益多。法不益峻。以此推之。非政教陵遲。牧守不稱之明效歟。往年牛死。通率天下。十能損二。麥不半收。秋種未下。若二賊游魂于疆埸。飛芻輓粟。千里不及。究此之術。豈在彊兵乎。武士勁卒愈多。愈多愈病耳。夫天下猶人之體。腹心充實。四支雖病。終無大患。今兗豫司冀。亦天下之腹心也。是以愚臣慺慺實願四州之牧守。獨脩務本之業。以堪四支之重。然孤論難持。犯欲難成。衆怨難積。疑似難分。故累載不為明主所察。凡言此者。類皆疏賤。疏賤之言。實未易聽。若使善策必出于親貴。固不犯四難以求忠愛。此古今之所當患也。（魏志杜畿傳。）

議考課疏

書稱明試以功。三考黜陟。誠帝王之盛制。使有能者當其官。有功者受其祿。譬猶烏獲之舉千鈞。良樂之選驥足也。雖歷六代而考績之法不著。關七聖而課試之文不垂。臣誠以為其法可粗依。其詳難備舉故也。語曰。世有亂人而無亂法。若使法可專任。則唐虞可不須稷契之佐。殷周無貴伊呂之輔矣。今奏考功者陳周漢之云為。綴京房之本旨。可謂明考課之要矣。于以崇揖讓之風。興濟濟之治。臣以為未盡善也。其欲使州郡考士。必由四科。皆有事效然後察舉。試辟公府。為親民長吏。轉以功次補郡守者。或就增秩賜爵。此最考課之急務也。臣以為便當顯其身。用其言。使具為課州郡之法。法具施行。立必信之賞。施必行之罰。至于公卿及內職大臣。亦當俱以其職考課之也。古之三公。坐而論道。內職大臣。納言補闕。無善不紀。無過不舉。且天下至大。萬機至衆。誠非一明所能徧照。故君為元首。臣為股肱。明其一體相須而成也。是以古人稱廊廟之材。非一木之枝。帝王之業。非一士之略。由是言之。焉有大臣守職辦課。可以致雍熙者哉。且布衣之交。猶有務信誓而蹈水火。感知己而披肝膽。徇聲名而立節義者。況于束帶立朝。致位卿相。所務者。非特匹夫之信。所感者。非徒知己之惠。所徇者。豈聲名而已乎。諸蒙寵祿受重任者。不徒欲舉明主于唐虞之上。而已身亦欲廁稷契之列。是以古人不患于念治之心不盡。患于自任之意不足。此誠人主使之然也。唐虞之君。委任稷契夔龍。而責成功。及其罪也。殛鯀而放四凶。今大臣親奉明詔。給事目下。其有夙夜在公。恪勤特立。當官不撓貴勢。執平不阿所私。危言危行。以處朝廷者。自明主所察也。若尸祿以為高。拱默以為智。當官苟在于免負。立朝不忘于容身。絜行遜言。以處朝廷者。亦明主所察也。誠使容身保位。無放退之辜。而盡節在公。抱見疑之勢。公義不脩。而私議成俗。雖仲尼為謀。猶不能盡一才。又況于世俗之人乎。今之學者。師商韓而上法術。競以儒家為迂闊。不周世用。此最風俗之流弊。創業者之所慎也。魏志杜畿傳。又通典十五。

諫聽廉昭言事疏

伏見尚書郎廉昭奏左丞曹璠。以罰當關不依詔坐判問。又云。諸當坐者別奏。尚書令陳矯自奏。不敢辭罰。亦不敢以處重為恭。意至懇惻。臣竊憫然為朝廷惜之。夫聖人不擇世而興。不易民而治。然而生必有賢智之佐者。蓋進之以道。率之以禮故也。古之帝王之所以能輔世長民者。莫不遠得百姓之歡心。近盡羣臣之智力。誠使今朝任職之臣。皆天下之選。而不能盡其力。不可謂能使人。若非天下之選。亦不可謂能官人。陛下憂勞萬機。或親燈火。而庶事不康。刑禁日弛。豈非股肱不稱之明效歟。原其所由。非獨臣有不盡忠。亦主有不能使。百里奚愚于虞而智于秦。豫讓苟容中行而著節智伯。斯則古人之明驗矣。今臣言一朝皆不忠。是誣一朝也。然其事類可推而得。陛下感帑藏之不充實。而軍事未息。至乃斷四時之賦衣。薄御府之私穀。帥由聖意。舉朝稱明。與聞政事密勿大臣。寧有懇懇憂此者乎。騎都尉王才幸樂人孟思所為不法。振動京都。而其罪狀發于小吏。公卿大臣。初無一言。自陛下踐阼以來。司隸校尉御史中丞寧有舉綱維以督姦宄。使朝廷肅然者邪。若陛下以為今世無良才。朝廷乏賢佐。豈可追望稷契之遐蹤。坐待來世之儁乂乎。今之所謂賢者。盡有大官而享厚祿矣。然而奉上之節未立。向公之心不一者。委任之責不專。而俗多忌諱故也。臣以為忠臣不必親。親臣不必忠。何者。以其居無嫌之地。而事得自盡也。今有疏者毀人。不實其所毀。而必曰私報所憎。譽人不實其所譽。而必曰私愛所親。左右或因之以進憎愛之說。非獨毀譽有之。政事損益。亦皆有嫌。陛下當思所以闡廣朝臣之心。篤厲有道之節。使之自同古人。望與竹帛耳。反使如廉昭者擾亂其閒。臣懼大臣遂將容身保位。坐觀得失。為來世戒也。昔周公戒魯侯曰。無使大臣怨乎不以。不言賢愚。明皆當世用也。堯數舜之功。稱去四凶。不言大小。有罪則去也。今者朝臣不自以為不能。以陛下為不任也。不自以為不智。以陛下為不問也。陛下何不遵周公之所以用。大舜之所以去。使侍中尚書。坐則侍帷幄。行則從華輦。親對詔問。所陳必達。則羣臣之行。能否皆可得而知。忠能者進。闇劣者退。誰敢依違而不自盡。以陛下之聖明。親與羣臣論議政事。使羣臣人得自盡人自㠯為親人思所㠯報賢愚能否在陛下之所用㠯此治事何事不辨㠯此建功何功不成每有軍事詔書常曰誰當憂此者邪吾當自憂耳近詔又曰憂公忘私者必不然但先公後私卽自辨也伏讀明詔乃知聖思究盡下情然亦怪陛下不知其本而憂其末也人之能否實有本性雖臣亦㠯為朝臣不盡稱職也明主之用人也使能者不敢遺其九而不能者不得處非其任選舉非其人未必為有罪也舉朝共容非其人乃為怪耳陛下知其不盡力也而代之憂其職知其不能也而教之治其事豈徒主勞而臣逸哉雖聖賢並世終不能㠯此為治也陛下又患臺閣禁令之不密人事請屬之不絕聽伊尹作迎客出入之制選司徒更惡吏㠯守寺門威禁由之實未得為禁之本也昔漢安帝時少府竇嘉辟廷尉郭躬無罪之兄子猶見舉奏章劾紛紛近司隸校尉孔羨辟大將軍狂悖之弟而有司嘿爾望風希指甚于受屬

選舉不㠯實人事之大者也嘉有親戚之寵躬非社稷重臣猶尚如此㠯今況古陛下自不督必行之罰㠯絕阿黨之原耳伊尹之制與惡吏守門非治世之具也使臣之言少蒙察納何患于姦不削滅而養若昭等乎夫糾擿姦宄忠事也然而世憎小人行之者㠯其不顧道理而苟求容進也若陛下不復攷其終始必㠯違衆忤世為奉公密行白人為盡節焉有通人大才而更不能為此邪誠顧道理而弗為耳使天下皆背道而趨利則人主之所最病者陛下將何樂焉胡不絕其萌乎夫先意承旨㠯求容美率皆天下淺薄無行義者其意務在于適人主之心而已非欲治天下安百姓也陛下何不試變業而示之彼豈執其所守㠯違聖意哉夫人臣得人主之心安業也處尊顯之官榮事也食千鍾之祿厚實也人臣雖愚未有不樂此而喜于迕者也迫于道自彊耳誠㠯為陛下當憐而佑之少委任焉如何反錄昭等傾側之意而忽若人者乎今者外有伺隙之寇內有貧曠之民陛下當大計天下之損益政事之得失誠不可㠯怠也（魏志杜畿傳）

奏事

漢故事人民疾病責之司徒（御覽二百七引魏名臣奏黃門杜恕奏）

家事戒稱張閣

張子臺視之如鄙樸人然其心中不知天地閒何者為美何者為惡穀然侶與陰陽合德者作人如此自可不富貴然而患禍當何從而來世有高亮如子臺者皆多力慕體之不如也（魏志邴原傳御覽五百九十三）

賜進士出身二品銜廣東等處提刑按察使司按察使兼管驛傳事務黃岡王毓藻校刊

全三國文卷四十一終

豫當作預

全三國文卷四十二

烏程嚴可均校輯

魏四十二

杜恕二

體論

謹案隋志儒家杜氏體論四卷魏幽州刺史杜恕撰舊新唐志同恕字務伯晉征南大將軍杜豫之父也官御史中丞出刺幽州以斬鮮卑小子一人為程喜所劾免為庶人徙章武阮武謂恕曰今向閑暇可潛思成一家言遂著體論八篇又著興性論一篇嘉平四年卒于徙所魏志有傳八篇者一曰君二臣三言四行五政六法七聽察八用兵四卷者卷凡二篇其書蓋亡于唐末羣書治要載有六千餘言不著篇名審觀知是君臣行政法聽察六篇其餘言篇用兵篇略見御覽六帖而意林以自敘終焉今錄出校定為一卷恕又有篤論別載于後嘉慶二十年歲次乙亥二月既望

君第一

人主之大患莫大乎好名人主好名則羣臣知所要矣夫名所以名善者也善脩而名自隨之非好之之所能得也苟好之甚則必偽行要名而姦臣以偽事應之一人而受其慶則舉天下應之矣君以偽化天下欲貞信敦樸誠難矣雖有至聰至達之主由無緣見其非而知其偽況庸主乎人主之高而處隩譬猶遊雲夢而迷惑當借左右以正東西者也左曰功巍巍矣右曰名赫赫乎今日聞斯論明日聞斯論苟不校之以事類則人主囂然自以為名齊乎堯舜而化洽乎泰平也羣臣瑣瑣皆不足任也堯舜之君宜獨斷者也不足任之臣當受成者也以獨斷之君與受成之臣帥訛偽之俗而天下治者未之有也夫聖人之脩其身所以御羣臣也所以化萬民也其法輕而易守其禮簡而易持其求諸己也誠其化諸人也深苟非其人道不虛行苟非其道治不虛應是以古之聖君之于其臣也疾則視之無數死則臨其大斂小斂為撤膳不舉樂豈徒色取仁而實違之者哉乃惨怛之心出于自然形于顏色世未有不自然而能得人自然者也色取仁而實違之者謂之虛不以誠待其臣而望其臣以誠事己謂之愚虛愚之君未有能得人之死力者也故書稱君為元首臣為股肱期其一體相須而成也而險（舊作儉以意改）偽淺薄之士有商鞅韓非申不害者專飾巧辯邪偽之術以熒惑諸侯著法術之書其言云尊君而卑臣上以尊君取容于人主下以卑臣得售其姦說此聽受之端參言之要不可不慎也元首已尊矣而復云尊之是以君過乎頭也股肱已卑矣而復曰卑之是使其臣不及乎手足也君過乎頭而臣不及乎手足是離其體也君臣體離而望治化之洽未之前聞

也且夫術家說又云明主之道當外御羣臣內疑妻子其引證連類非不辯且悅也然不免于利口之覆國家也何以言之夫善進不善無由入不善進善亦無由入故湯舉伊尹而不仁者遠何畏乎驩兜何遷乎有苗夫奸臣賊子下愚不移之人自古及今未嘗不有也百歲一人是謂繼踵千里一人是為比肩而舉以為戒是猶一噎而禁人（本脫人字依長短經是非引加）食也噎者雖少餓者必多未知奸臣賊子處之云何且令人主魁然獨立是無臣子也又誰為君父乎是猶斃其枝而欲根之蔭揜其目而欲視之明襲獨立之跡而願其扶疏也夫銜名好術之主又有惑焉皆曰為君之道凡事當密人主苟密則羣臣無所容其巧而不敢怠于職此即趙高之敎二世不當聽朝之類也是好乘高履危而笑先僵者也易曰機事不密則害成易稱機事不謂凡事也不謂宜共而獨之也不謂釋公而行私也人主欲以之匿病飾非而人臣反以之竊寵擅權疑

佀之閒可不察歟夫設官分職君之體也委任責成君之體也好謀無倦君之體也寬㠯得衆君之體也含垢藏疾君之體也不動如山君之體也難知如淵意林作陰避唐諱回改就孫子也君之體也君有君人之體其臣畏而愛之此文王所㠯戒百辟也夫何法術之有哉故善爲政者務在于擇人而已及其求人也總其大略不具其小善則不失賢矣故曰記人之功忘人之過宜爲君者也人有厚德無問其小節人有大譽無訾其小故自古及今未有能全其行者也和氏之璧不能無瑕隋侯之珠不能無纇然天下寶之者不㠯小故妨大美也不㠯小故妨大美故能成大功夫成大功在己而已何具之于人也今之從政者稱賢聖則先乎商韓言治道則師乎法術法術之御世有佀轡銜之御馬非必能制馬也適所㠯梏其手也人君之數至少而人臣之數至衆㠯至少御至衆其勢不勝也人主任術而欲御其臣無術其勢不禁也俱任術則至少者不

便也故君使臣㠯禮則臣事君㠯忠晏平仲對齊景公君若棄禮則齊國五尺之童皆能勝嬰又能勝君所㠯服者㠯有禮也今末世棄禮任術之君之于其身也得無所不能勝五尺之童子乎三代之亡非其法亡也御法者非其人也苟得其人王良造父能㠯腐索御奔駟伊尹太公能㠯敗法御悍民苟非其人不由其道索雖堅馬必敗法雖明民必叛奈何乎萬乘之主釋人而任法哉且世未嘗無賢也求賢之務非其道故常不遇之也除去案除去猶言且無論湯武聖人之君任賢之功近觀齊桓中才之主耳猶知勞于索人逸于任之不疑子糾之親不忘射鉤之怨蕩然而委政焉不已明乎九合諸侯壹匡天下不已榮乎一曰仲父二曰仲父不已優乎孰與秦二世懸石程書愈密愈亂爲之愈勤而天下愈叛至于弑死㠯斯二者觀之優劣之相懸存亡之相背不亦昭昭乎夫人主莫不欲安存而惡危亡莫不欲榮樂而惡勞辱也終恆不得其所

欲而不免乎所惡者何誠失道也欲宮室之崇麗也必懸重賞而求良匠內不㠯阿親戚外不㠯遺疏遠必得其人然後授之故宮室崇麗而處之逸樂至于求其輔佐獨不若是之公也唯便辟親近者之用故圖國不如圖舍是人主之大患也使賢者爲之與不肖者議之使智者慮之與愚者斷之使修士履之與邪人疑之此又人主之所患也夫賞賢使能則民知其方賞罰明必則民不偷兼聽齊明則天下歸之然後明分職序事業公道開而私門塞矣如此則忠公者進而佞悅者止虛僞者退而貞實者起自羣臣㠯下至乎庶人莫不修己而後敢安其職業變心易慮反其端愨此之謂政化之極審斯論者明君之體畢矣羣書治要

臣第二

凡人臣之于其君也猶四肢之戴元首耳目之爲心使也皆相須而成爲體相得而後爲治者也故虞書曰臣作股肱耳目而胥蒯

亦云汝爲君目將司明也汝爲君耳將司聽也然則君人者安可㠯斯須無臣臣人者安可㠯斯須無君斯須無君斯須無臣是斯須無身也故臣之事君猶子之事父而加敬焉父子至親矣然其相須尚不及乎身之與手足也身之于手足可謂無閒矣然而聖人猶復督而致之故其化益潰其恩益密自然不覺教化之移也奸人離而閒之故使其臣自疑于下而令其君孤立乎上君臣相疑上下離心乃奸人之所㠯爲劫殺之資也然夫中才之主明不及乎治化之原而惑于僞術佀是之說故備之愈密而奸人愈甚譬猶登高者愈懼愈危愈危愈墜孰如早去邪徑而就夫大道乎凡士之結髮束脩立志于家門欲㠯事君也宗族稱孝焉鄉黨稱悌焉及志乎學自託于師友師貴其義而友安其信孝悌㠯篤信義又著㠯此立身㠯此事君何待乎法然後爲安及其爲人臣也稱才居位稱能受祿不面譽㠯求親不偷悅㠯苟合公家之利知

無不爲也上足㠯尊主安國下足㠯豐財阜民謀事不忘其君圖身不忘其國內匡其過外揚其義不下比㠯闇上不上同㠯病下見善行之如不及見賢擧之如不容內擧不避親戚外擧不避仇讎程功積事而不望其報進賢達能而不求其賞道塗不爭險易之利見難而無苟免之心其身可殺而其守不可奪此直道之臣所㠯佐賢明之主致治平之功者也若夫主明而臣闇主闇而臣僞有盡忠不見信有見信而不盡忠溷淆于臣主之分出入于治亂之閒或被褐懷玉㠯待時或巧言令色㠯容身又可勝盡哉是㠯古之全其道者進則正退則曲正則與世樂其業曲則全身歸于道不傲世㠯華衆不立高㠯爲名不爲苟得㠯偷安不爲苟免而無恥夫脩之于鄉閭壞之于朝廷可惜也脩之于已立壞之于闔棺可惜也君子惜茲二者是㠯有殺身㠯成仁無求生㠯害仁況害仁㠯求寵乎故孔子曰不義而富且貴于我如浮雲若夫智

慮足㠯圖國忠貞足㠯悟主公平足㠯懷衆溫柔足㠯服人不誹毀㠯取進不刻人㠯自入不苟容㠯隱忠不耽祿㠯傷高通則使上恤其下窮則敎下順其上故用于上則民安行于下則君尊可謂進不失忠退不失行此正士之義爲臣之體也凡趣舍之患在于見可欲而不慮其敗見可利而不慮其害故動近于危辱昔孫叔敖三相楚國而其心愈卑每益祿而其施愈博位滋高而其禮愈恭正考父傴僂而走晏平仲辭其賜邑此皆守滿㠯沖爲臣之體也夫不憂主之不尊于天下而唯憂已之不富貴此古之所謂庸人而今之所謂顯士小人之所榮慕而君子之所㠯爲恥也凡人臣之論所㠯事君者有四有賢主之臣有明主之臣有中主之臣有庸主之臣上能尊主下能壹民物至能應事起能辨敎化流于下如影響之應形聲此賢主之臣也內足㠯壹民外足㠯拒難民親而士信之身之所長不㠯怫君身之所短不（當有㠯字）取功此明

主之臣也君有過事能壹心同力相與諫而匡之㠯解國之大患成君之大榮此中主之臣也端慤而守法壹心㠯事君君有過事雖不能正諫其憂見于顏色此庸主之臣也㠯庸主之臣事賢主則從㠯賢主之臣事庸主則凶古之所㠯成其名者皆度主而行者也脩之在已而遭遇有時是㠯古人抱麟而泣也夫名不可㠯虛僞取也不可㠯比周爭也故君子務修諸內而讓之于外務積于身而處之㠯不足夫爲人臣其猶土乎（意林作猶如土也）萬物載焉而不辭其重水瀆汙焉而不辭其下草木殖（意林作植）焉而不有其功此成功而不處爲臣之體也若夫處大位任大事荷重權于萬乘之國必無後患者其上莫如推賢讓能而安隨其後不爲管仲卽爲鮑叔耳其次莫如廣樹而竝進之不爲魏成子卽爲翟璜耳安有壅君蔽主專權之害哉此事君之道爲臣之體也（羣書治要）

言第三

東脩之業其上在于不言其次莫如寡辭諺曰使口如鼻至老不失（白孔六帖三十七御覽三百六十七引杜恕論當在言篇）

行第四

夫行也者擧趾所由之徑路也東西南北之趣舍也君子小人之分界也吉凶榮辱之皁白也由南則失北也由東則失西矣由乎利則失爲君子由乎義則失爲小人吉凶榮辱之所由生義利爲之本母也是㠯君子愼趣舍焉（羣書治要）

君子居必選鄉游必擇士（意林）

夫君子直道㠯耦世小人枉行㠯取容君子掩人之過㠯長善小人毀人之善㠯爲功君子寬賢容衆㠯爲道小人微訐懷詐㠯爲智君子下學而無常師小人恥學而羞不能此又君子小人之分界也君子心有所定計有所守智不務多務行其所知行不務多務審其所由安之若性行之如不及小人則不然心不在乎道義

之經口不吐乎訓誥之言不擇賢吕託身不力行吕自定隨轉如流不知所執此又君子小人之分界也君子之養其心莫善于誠夫誠君子所吕懷萬物也天不言而人推高焉地不言而人推厚焉四時不言而人期焉此吕至誠者也誠者天地之大定而君子之所守也天地有紀矣不誠則不能化育君臣有義矣不誠則不能相臨父子有禮矣不誠則疏夫婦有恩矣不誠則離交接有分矣不誠則絕吕義應當曲得其情其唯誠乎羣書治要

可吕使鬼者錢也可吕使神者誠也御覽八百三十六

政第五

孔子曰為政吕德又曰導之吕德齊之吕禮有恥且格然則德之為政大矣而禮次之也夫德禮也者其導民之具歟大上養化使民日遷善而不知其所吕然此治之上也其次使民交讓處勞而不怨此治之次也其下正法使民利賞而勸善畏刑而不敢為非此治之下也夫善御民者其猶御馬乎正其銜勒齊其轡策均馬力和馬心故能不勞而極千里善御民者壹其德禮正其百官齊民力和民心是故令不再而民從刑不用而天下化治所貴聖人者非貴其隨罪而作刑也貴其防亂之所生也是吕至人之為治也處國于不傾之地積政于萬全之鄉載德于不止之輿行令于無竭之倉使民于不爭之塗開法于必得之方處國下四十二字依意林加民有小罪必求其善吕赦其過民有大罪必原其故吕仁輔化是故上下親而不離道化流而不蘊夫君子欲政之速行莫如吕道御之也臯繇瘖而為大理有不貴乎言也師曠盲而為大宰有不貴乎見也唯神化之為貴是故聖王冕而前旒所吕蔽明黈纊充耳所吕揜聽也觀夫弊俗偷薄之政當有脫字耳目吕效聰明設倚伏吕探民情是為吕軍政虜其民也而望民之信向之可謂不識乎分者矣難哉為君也夫君尊嚴而威高遠而危民者卑賤而慕愚弱而神惡之則國亡愛之則國存當有故曰二字庶民水也君子舟也水所吕載舟亦所吕覆舟庶民下十八字依意林加御民者必明此要故南面而臨官不敢吕其富貴驕人有諸中而能圖外取諸身而能揚遠觀一物而貫乎萬者吕身為本也夫欲知天之終始也今日是也欲知千萬之情一人情是也故為政者不可吕不知民之情知民當有之情二字然後民乃從令已所不欲不施之于人令安得不從乎故善政者簡而易行則民不變法存身而民象之則民不怨近臣便嬖百官因之而後達則羣臣自汙也是吕為政者必慎擇其左右左右正則人主正矣人主正則夫號令安得曲邪天下大惡有五而盜竊不豫焉一曰心達而性險二曰行僻而志堅三曰言偽而辭辯四曰記醜而喻博五曰循非而言澤此五者有一于人則不可吕不誅況兼而有之置之左右訪之吕事而人主能立其身者未之有也羣書治要

法第六

夫淫逸盜竊百姓之所惡也我從而刑之殘之刻剝之雖過乎當百姓不吕為暴者公也怨曠飢寒亦百姓之所惡也遁而陷于法我從而寬宥之雖及于刑必加隱惻焉百姓不吕我為偏者公也我之所重百姓之所憎也我之所輕百姓之所憐也是故賞約而勸善刑省而禁奸由此言之公之于法無不可也過輕亦可過重亦可私之于法無可也過輕則縱姦過重則傷善今之為法者不平公私之分而辯輕重之文不本百姓之心而謹奏當之書是治化在身而走求之也聖人之于法也已公矣然猶身懼其未也故曰與其害善寧其利淫知刑當之難必也從而救之吕化此上古之所務也後之治獄者則不然未訊罪人則驅而致之意謂之能下不探獄之所由生為之分而上求人主之微旨吕為制謂之忠其當官也能其事上也忠則名利隨而與之驅世而陷此吕望化

道之隆亦不幾矣凡聽訟決獄必原父子之親立君臣之義權輕重之敘測淺深之量悉其聰明致其忠愛然後察之疑則與衆共之衆疑則從輕者所㠯重之也非爲法不具也㠯爲法不獨立當須賢明共聽斷之也故舜命臯繇曰汝作士惟刑之恤又復加之㠯三誶（誶與訊通）衆所謂善然後斷之是㠯爲法參之人情也故春秋傳曰小大之獄雖不能察必㠯情而世俗拘愚苛刻之吏㠯爲情也者取貨賂者也立愛憎者也祐親戚者也陷怨讎者也何世俗小吏之情與夫古人之懸遠乎無乃風化使之然邪有司㠯此情疑之羣吏人主㠯此情疑之有司是君臣上下不通相疑也不通相疑欲其盡忠立節亦難矣苟非忠節免而無恥免而無恥則民安所厝其手足乎春秋之時王道浸壞教化不行子產相鄭而鑄刑書偷薄之政自此始矣逮至戰國韓任申子秦用商鞅連相坐之法造參夷之誅至于始皇兼吞六國遂滅禮義之官專任刑罰而奸邪竝生天下叛之高祖約法三章而天下大悅及孝文即位躬脩玄默論議務在寬厚天下化之有刑厝之風至于孝武徵發煩數百姓虛耗窮民犯法酷吏擊斷姦宄不勝于是張湯趙禹之屬條定法令轉相比況禁固（舊校云固疑罔）積密文書盈于機格典者不能徧覩姦吏因緣爲市議者咸怨傷之凡治獄之情必本所犯之事㠯爲之主不放訊不旁求不貴多端㠯見聰明也故律正其舉效（舊校云效疑劾）之法參伍其辭㠯求實也非所㠯飾實也但當參伍聰明之耳目不使獄吏斷練飾治成辭于手也孔子曰古之聽獄求所㠯生之也今之聽獄求所㠯殺之也故析言㠯破律詆案㠯成法執左道㠯亂政皆王誅之所必加也（羣書治要）

聽察第七

夫聽察者乃存亡之門戶安危之機要也若人主聽察不博偏受所信則謀有所漏不盡良策若博其觀聽納受無方攷察不精則

數有所亂矣人主㠯獨聽之聰攷察成敗之數利害之說襍而竝至㠯干闚聽如此誠至精之難在于人主耳不在竭誠納謀盡己之策者也若人主聽察不差納受不謬則計濟事全利倍功大治隆而國富民強而敵滅矣若過聽不精納受不審則計困事敗利喪功虧國貧而兵弱治亂而勢危矣聽察之所攷不可不精不可不審者如此急也凡有國之主不可謂舉國無深謀之臣闔朝無智策之士也在聽察所攷精與不精審與不審耳何㠯驗其然乎在昔漢祖者聽聽之主也納陳恢之謀則下南陽不用婁敬之計則困平城廣武君者策謀之士也韓信納其計則燕齊舉陳餘不用其謀則泜水敗由此觀之漢祖之聽未必一闇一聰也在于精與不精耳廣武之謀非爲一拙一工也在用與不用耳不可謂事濟者有計策之士覆敗者無深謀之臣也吳王夫差拒子胥之謀納宰嚭之說國滅身亡者不可謂無深謀之臣也楚懷王拒屈原之計納靳尚之策沒秦而不反者不可謂無計畫之士也虞公不用宮奇之謀滅于晉仇由不聽赤章之言亡于智氏蹇叔之哭不能濟崤澠之覆趙括之母不能救長平之敗此皆人主之聽不精不審耳由此觀之天下之國莫不皆有忠臣謀士也或喪師敗軍危身亡國者誠在人主之聽不精不審取忠臣謀博士將何國無之乎（羣書治要）

臣㠯爲忠良慮治益國之臣必竭誠納謀懇惻而不隱者欲㠯究盡治亂之數舒展安危之策耳故準聖主明君莫不皆有獻可退否納忠之臣也昔者帝舜大聖之君也猶有咎繇獻謨夏禹納戒暨至殷之成湯周之文武皆亦至聖之君也然必俟伊尹爲輔呂尚爲師然後乃能興功濟業混一天下者誠覩聽之聰察須忠良爲耳目也由此觀之忠良慮治益國之臣者得不師蹤往古襲迹前聖投命自盡㠯輔佐覩聽乎夫人君者㠯至尊之聰聽總萬機

而賢（舊校云賢當作監）之以至貴之明察料治亂而攷焉將當能皆窮究其孔要料盡其門戶乎其數必用有所遺漏不有忠臣良謀輔佐覩聽者則凡百機微有所不聞矣何以論其然乎夫人君所以尊異于人者順志養眞也歡康之虞則嚴樂盈耳玩好足目美色充欲麗服適體遠眺迴望則登雲表之崇臺逍遙容豫則歷飛閣之高觀嬉乎綠水之淸池遊乎桂林之芳園弋鳧與鴈從禽逐獸行與毛嬙俱入與西施處將當何從體覺窮愁之戚悴識鰥獨之難堪乎食則膳鼎几俎庶羞兼品酸甘盈備珍饌充庭奏樂而進鳴鐘而徹閼衛代至口不絕味將當何從（據前後文當有體字）覺飢餓之阨艱識困餓之難堪乎暑則被霧縠襲纖絺處華屋之大廈居重蔭之玄堂褰羅帷以來淸風烈（當作冽）凝冰以遏微暑侍者御粉扇輿衣易輕裳飄飄焉有秋日之涼將當何從體覺炎夏之鬱赫識毒熱之難堪乎寒則服綿袍襲輕裘綿（舊校云綿疑絹）衣貂蓐疊茵累席居隩密之溫室處複帟之重幄爐熾猛炭于室隅以起溫御玉卮之旨酒以禦寒談談焉有夏日之熱將當何從體覺隆冬之慘烈識毒寒之難堪乎此數者誠無從得而知之者也凡百機微如此比類者必用遺漏有所未詳也如此則至忠之臣者得不輔佐覩聽以起寤遺忘乎（羣書治要）

用兵第八

天生五材民並用之廢一不可誰能去兵故兵之來也久矣所以威不軌而昭文德所以討彊暴而除殘賊也聖人以興亂人以廢廢興存亡皆兵之由也昔五帝不能偃況衰世乎

濫殺無辜之民以養不義之君非兵之體也殫天下之財以贍一人之求非兵之體也怙其率卒之彊矜其變詐之謀欲以定威取名非兵之體也虜其君隸其臣遷其社易其民非兵之體也故夫霸王之用兵也始之以義終之以仁將以存亡非以危存也將以禁暴非以爲暴也兵之來也以除不義而授德克其國而不傷其民廢其君而不易其政尊其後秀顯其賢良賑其孤寡恤其窮困百姓聞之欣然簞食壺漿以迎其君奚之遲也湯武之師用兵之上也誰與交鋒而接刃哉

所謂善用兵者先弱敵而後戰者也若乃征之以義以責其過振之以武以威其淫懷之以德以誓其民置之以仁以救其危此四者用兵之體所謂因民之欲乘民之力也

治家國理境內施仁義布德惠明勸賞蠲幽昧功臣附親士卒和輯上下一心君臣同德指麾而響應此上兵之體也地廣民衆主賢將能國富賞罰信未至交兵而敵人亡遁此次兵之體也知地之形因險阨之利明奇正之變審進退之宜援枹而鼓之黃塵四起乃以決勝此用兵之下非兵之體也

夫德義足以懷天下之民事業足以當天下之急選舉足以得賢才之用則兵之所加若勁風振槁此兵之體也（已上六條並御覽二百七十一）

恕性疏惰但飽食而已家有書傳頗嘗涉歷父憂行喪在禮多愆孝聲不聞後除中郎又作黃門郎同朝友人問余志余答曰見大臣論議或黨甲苦乙所親或黨乙謗甲所親余處甲乙之閒幸無毀譽耳（意林）

以爲人倫之大綱莫重于君臣立身之基本莫大于言行安上理民莫精于政法勝殘去殺莫善于用兵夫禮也者萬物之體也萬物皆得其體無有不善故謂之體論（三國志本傳引杜氏新書蓋用體論自敘篇）

篤論

謹案隋志雜家梁有篤論四卷杜恕撰亡舊新唐志著于錄至宋復亡魏志本傳稱恕所著有體論與性論無篤論據意林引篤論水性勝火人性勝志攷實性行二事證知與性論即篤論之

首篇。據意林及御覽。證知裴松之所引杜氏新書。卽篤論之末篇。其書前數篇出恕手。後述敘家世歷官。引及魏書。并引及王隱晉書。證知東晉時編附。故稱新書。猶今之全書。而篤論其總名也。故梁七錄唐志有篤論無新書。余既校輯體論。因并采錄篤論。依意林次第編定之。本傳三疏。皆當在篤論中。既入文集不復載也。嘉慶二十年歲次乙亥二月十九日。

水性勝火。分之以釜甑。則火強而水弱。人性勝志。分之以利欲。則志強而性弱。（意林）

攷實性行。莫過于鄉閭。校才選能。莫善于對策。（意林　案此二條當是與性論）

漢伐匈奴。取胡麻、蒲萄、大麥、苜蓿。示廣地。（藝文類聚八十七引杜恕篤邊論　案此條篤論之言邊事者。遂是篇名）

聖人之制刑也。非以害民也。將以利民也。故民從而安之。非以陷民也。將以導民也。故民從而化之。斷一人之獄。而天下義之。是安之也。斷一人之獄。而天下伏之。是化之也。當于民心。合于道理。所斷于民者。不行于身。公之也。（御覽六百三十六）

日給之華。與柰相似也。柰結實而日給零落。虛僞之態。與眞實相似也。虛僞敗而眞實成。（御覽九百九十。）

夫萍之浮。與菱之浮相似也。菱植根。萍隨波。是以堯舜歎巧言之亂德。仲尼惡紫之奪朱。（御覽九百七十五。又一千。）

杜氏始出帝堯。在周爲唐杜氏。漢世有杜周、杜欽。杜篤。（意林　案此敘傳篇）

畿字伯侯。魏書有傳。（意林　案魏書王沈撰。沈卒于晉泰始二年。恕卒于魏嘉平四年。魏書之成。未必在嘉平前。則敘傳晉人編附。）

畿爲河東太守。平虜將軍劉勳爲太祖所親貴。震朝廷。嘗從畿求大棗。畿拒以他故。後勳伏法。太祖得其書歎曰。杜畿可謂不媚于竈者也。稱畿功美。以下州郡曰。昔仲尼之于顏子。每言不能不歎。既情愛發中。又宜率馬以驥。今吾亦冀衆人仰高山慕景行也。（魏志杜畿傳注。御覽九百六十五竝引杜氏新書）

畿長子恕。字務伯。恕弟理。字務仲。少而機察精要。畿奇之。故名之曰理。年二十一而卒。少子寬。字務叔。清虛玄靜。敏而好古。以名臣門戶。少長京師。而篤志博學。絕于世務。其意欲探賾索隱。由此顯名。當塗之士多交焉。舉孝廉。除郎中。年四十二而卒。經傳之義。多所論駁。皆草創未就。惟刪集禮記及春秋左氏傳解。今存于世。（魏志本傳注引杜氏新書。意林引篤論　案意林作畿長子理。字務仲。少而機察。故名曰理。少子恕。字務伯。意林轉寫不無倒誤。應以伯仲叔爲次。今依本傳注爲正。）

恕少與馮翊李豐俱爲父任。總角相善。及各成人。豐砥礪名行。以要世譽。而恕誕節直意。與豐殊趣。豐竟馳名一時。京師之士多爲之游說。而當路者或以豐名過其實。而恕被褐懷玉也。由是爲豐所不善。恕亦任其自然。不力行以合時。豐以顯仕朝廷。恕猶家居自若。明帝以恕大臣子。擢拜散騎侍郎。數月。轉補黃門侍郎。（魏志本傳注引杜氏新書。）

時李豐爲常侍黃門郎。袁侃見轉爲吏部郎。荀俁出爲東郡太守。二人皆恕之同班友善。（魏志本傳注引杜氏新書。）

陛下謂以今世無良才。朝廷乏賢佐。豈可追望前世之稷契。坐待後來之俊乂。可能治乎。（意林引篤論　案此疏魏志本傳有全文。疑本傳所載三疏。皆當在篤論中。今旣入文集。不復具載。）

恕遂去京師。營宜陽一泉隖。因其壘塹之固。小大家焉。明帝崩時。人多爲恕言者。（魏志本傳注引杜氏新書。）

恕在河東。坐臥恆避父住處。（意林。）

程喜欲恕折節謝己。諷司馬宋權（御覽作瓘）示之以微意。恕答權書曰。況示委曲。夫法天下事。以善言相待。無不致快也。以不善意相待。無不致嫌隙也。而議者言。凡人天性皆不善。不當待以善意。更墮其調中。僕得此輩。便欲歸蹈東海乘桴耳。不能自諧在其閒也。然已年五十二不見廢棄者。（若字依御覽加）頗亦遭明達君子亮其本心。若不見亮。使人刳心著地。正與數斤肉相似耳。（耳字依御覽加）何足有所明邪。（邪字依御覽加）故終不自解說。程征北功名宿著在僕前。甚多有人出征北乎。若令下官事無大小咨而後行。則非上司彈繩之意。若咨而不從。又非上下相順之宜。故推一心順一意。直而行之耳。殺胡之事。天下謂之是邪。是僕諸也。呼為非邪。僕自受之。無所怨咎。程征北明之亦善。不明之亦善。諸君子自共為其心耳。不在僕言也。喜于是遂深文劾恕。（魏志本傳注引杜氏新書御覽三百七十六引篤論）

阮武字文業。闊達博通淵雅之士。位止清河太守。武弟炳。字叔文。河南尹精意醫術。撰藥方一部。炳子坦。字弘舒。晉太子少傅平東將軍。坦弟柯。字士度。（魏志本傳注引杜氏新書）

全三國文卷四十二終

全三國文卷四十三

烏程嚴可均校輯

魏四十二

李康

康字蕭遠。中山人。明帝時爲尋陽長。後封闕陽矦。有集二卷。

髑髏賦

幽魂髣髴。忽有人形。文選謝惠連祭古冢文注

遊山九吟序

蓋人生天地之閒也。若流電之過戶牖。輕塵之栖弱草。藝文類聚六

運命論

夫治亂運也。窮達命也。貴賤時也。故運之將隆。必生聖明之君。聖明之君。必有忠賢之臣。其所㠯相遇也。不求而自合。其所㠯相親也。不介而自親。唱之而必和。謀之而必從。道合玄同。曲折合符。得失不能疑其志。讒構不能離其交。然後得成功也。其所㠯得然者。豈徒人事哉。授之者天也。告之者神也。成之者運也。夫黃河清而聖人生。里社鳴而聖人出。羣龍見而聖人用。故伊尹。有莘氏之媵臣也。而阿衡于商。太公。渭濱之賤老也。而尚父于周。百里奚在虞而虞亡。在秦而秦霸。非不才于虞而才于秦也。張良受黃石之符。誦三略之說。㠯遊于羣雄。其言也。如㠯水投石。莫之受也。及其遭漢祖。其言也。如㠯石投水。莫之逆也。非張良之拙說于陳項。而巧言于沛公也。然則張良之言一也。不識其所㠯合離。合離之由。神明之道也。故彼四賢者。名載于籙圖。事應乎天人。其可格之賢愚哉。孔子曰。清明在躬。氣志如神。嗜欲將至。有開必先。天降時雨。山川出雲。詩云。惟嶽降神。生甫及申。惟申及甫。惟周之翰。運命之謂也。豈惟興主。亂亡者亦如之焉。幽王之惑褒女也。祅始于夏庭。曹伯陽之獲公孫彊也。徵發于社宮。叔孫豹之暱豎牛也。禍成于庚

宗。吉凶成敗。各㠯數至。咸皆不求而自合。不介而自親矣。昔者聖人受命河洛曰。㠯文命者七九而衰。㠯武興者六八而謀。及成王定鼎于郟鄏。卜世三十。卜年七百。天所命也。故自幽厲之閒。周道大壞。二霸之後。禮樂陵遲。文薄之弊。漸于靈景。辯詐之僞。成于七國。酷烈之極。積于亡秦。文章之貴。棄于漢祖。雖仲尼至聖。顏冉大賢。揖讓于規矩之內。誾誾于洙泗之上。不能遏其端。孟軻孫卿。體二希聖。從容正道。不能維其末。天下卒至于溺而不可援。夫㠯仲尼之才也。而器不周于魯衞。㠯仲尼之辯也。而言不行于定哀。㠯仲尼之謙也。而見忌于子西。㠯仲尼之仁也。而取讎于桓魋。㠯仲尼之智也。而屈厄于陳蔡。㠯仲尼之行也。而招毀于叔孫。夫道足㠯濟天下。而不得貴于人。言足㠯經萬世。而不見信于時。行足㠯應神明。而不能彌綸于俗。應聘七十國。而不一獲其主。驅驟于蠻夏之域。屈辱于公卿之門。其不遇也如此。及其孫子思。希聖備體。而未之至。封已養高。勢動人主。其所遊歷。諸侯莫不結駟而造門。雖造門。猶有不得賓者焉。其徒子夏。升堂而未入于室者也。退老于家。魏文侯師之。西河之人。肅然歸德。比之于夫子。而莫敢閒其言。故曰。治亂運也。窮達命也。貴賤時也。而後之君子。區區于一主。歎息于一朝。屈原㠯之沈湘。賈誼㠯之發憤。不亦過乎。然則聖人所㠯爲聖者。蓋在乎樂天知命矣。故遇之而不怨。居之而不疑也。其身可抑。而道不可屈。其位可排。而名不可奪。譬如水也。通之斯爲川焉。塞之斯爲淵焉。升之于雲則雨施。沈之于地則土潤。體清㠯洗物。不亂于濁。受濁㠯濟物。不傷于清。是㠯聖人處窮達如一也。夫忠直之迕于主。獨立之負于俗。理勢然也。故木秀于林。風必摧之。堆出于岸。流必湍之。行高于人。衆必非之。前監不遠。覆車繼軌。然而志士仁人。猶蹈之而弗悔。操之而弗失。何哉。將㠯遂志而成名也。求遂其志。而冒風波于險塗。求成其名。而歷謗議于當時。

彼所㠯處之。蓋有算矣。子夏曰。死生有命。富貴在天。故道之將行也。命之將貴也。則伊尹呂尚之興于商周。百里子房之用于秦漢。不求而自得。不徼而自遇矣。道之將廢也。命之將賤也。豈獨君子恥之而弗爲乎。蓋亦知爲之而弗得矣。凡希世苟合之士。蘧蒢戚施之人。俛仰尊貴之顏。逶迤勢利之間。意無是非。讚之如流。言無可否。應之如響。㠯闚看爲精神。㠯向背爲變通。勢之所集。從之如歸市。勢之所去。棄之如脫遺。其言曰。名與身孰親也。得與失孰賢也。榮與辱孰珍也。故遂絜其衣服。矜其車徒。冒其貨賄。淫其聲色。脈脈然自㠯爲得矣。蓋見龍逢比干之亡其身。而不惟飛廉惡來之滅其族也。蓋知伍子胥之屬鏤于吳。而不戒費無忌之誅夷于楚也。蓋譏汲黯之白首于主爵。而不懲張湯牛車之禍也。蓋笑蕭望之跋躓乎前。而不懼石顯之絞縊于後也。故夫達者之算也。亦各有盡矣。曰凡人之所㠯奔競于富貴。何爲者哉。若夫立德必須

貴乎。則幽厲之爲天子。不如仲尼之爲陪臣也。必須勢乎。則王莽董賢之爲三公。不如楊雄仲舒之闃其門也。必須富乎。則齊景之千駟。不如顏回原憲之約其身也。其爲實乎。則執杓而飲河者。不過滿腹。棄室而灑雨者。不過濡身。過此㠯往。弗能受也。其爲名乎。則善惡書于史冊。毀譽流乎千載。賞罰懸于天道。吉凶灼乎鬼神。固可畏也。將㠯娛耳目樂心意乎。譬命駕而遊五都之市。則天下之貨畢陳矣。褰裳而涉汶陽之丘。則天下之稼如雲矣。椎紒而守敖庾海陵之倉。則山坻之積在前矣。扱衽而登鍾山藍田之上。則夜光璵璠之珍可觀矣。夫如是也。爲物甚衆。爲己甚寡。不愛其身。而嗇其神。風驚塵起。散而不止。六疾待其前。五刑隨其後。利害生其左。攻奪出其右。而自㠯爲見身名之親疏。分榮辱之客主哉。天地之大德曰生。聖人之大寶曰位。何㠯守位曰仁。何㠯正人曰義。故古之王者。蓋㠯一人治天下。不㠯天下奉一人也。古之仕者。蓋㠯官行其義。不㠯利冒其官也。古之君子。蓋恥得之而弗能治也。不恥能治而弗得也。原乎天人之性。核乎邪正之分。權乎禍福之門。終乎榮辱之算。其昭然矣。故君子舍彼取此。若夫出處不違其時。默語不失其人。天動星迴。而辰極猶居其所。璣旋輪轉。而衡軸猶執其中。既明且哲。㠯保其身。貽厥孫謀。㠯燕翼子者。昔吾先友嘗從事于斯矣。文選五十三。藝文類聚二十一。

案世說新語德行篇注有李康家誡。御覽四百三十引王隱晉書亦載李康家誡。康乃秉字之誤。魏志李通傳注引王隱晉書是秉字。秉乃通之孫。晉書李重傳。重父景。即秉也。今定從魏志注。㠯家誡編入晉文。

董尋

尋。河東人。明帝時爲司徒軍議掾。

上書諫明帝

臣聞古之直士。盡言于國。不避死亡。故周昌比高祖于桀紂。劉輔譬趙后于人婢。天生忠直。雖白刃沸湯。往而不顧者。誠爲時主愛

惜天下也。建安㠯來。野戰死亡。或門殫戶盡。雖有存者。遺孤老弱。若今宮室狹小。當廣大之。猶宜隨時。不妨農務。況乃作無益之物。黃龍鳳皇。九龍承露盤。土山淵池。此皆聖明之所不興也。其功參倍于殿舍。三公九卿侍中尚書。天下至德。皆知非道而不敢言者。㠯陛下春秋方剛。心畏雷霆。今陛下既尊群臣。顯㠯冠冕。被㠯文繡。載㠯華輿。所㠯異于小人。而使穿方舉土。面目垢黑。沾體塗足。衣冠了鳥。毀國之光。㠯崇無益。甚非謂也。孔子曰。君使臣㠯禮。臣事君㠯忠。無忠無禮。國何㠯立。故有君不君。臣不臣。上下不通。心懷鬱結。使陰陽不和。災害屢降。凶惡之徒。因閒而起。誰當爲陛下盡言事者乎。又誰當干萬乘㠯死爲戲乎。臣知言出必死。而臣自比于牛之一毛。生既無益。死亦何損。秉筆流涕。心與世辭。臣有八子。臣死之後。累陛下矣。魏志明帝紀注。御覽四百五十三。並引魏略。

魚豢

豢爲郎中，有典略八十九卷。

㠯武帝配天議

昔后稷㠯功配天，漢出自堯，不㠯堯配天，明不紹也。且舜已越數代，武皇肇創洪業，宜㠯配天，㠯先后配地。通典四十二。又四十五。

典略儒宗傳序 魏略㠯董遇、賈洪、邯鄲淳、薛夏、隗禧、蘇林、樂詳七人爲儒宗傳。

從初平之元，至建安之末，天下分崩，人懷茍且，綱紀既衰，儒道尤甚。至黃初元年之後，新主乃復，始埽除太學之灰炭，補舊石碑之缺壞，備博士之員錄，依漢甲乙㠯攷課，申告州郡，有欲學者，皆遣詣太學。太學始開，有子弟數百人。至太和、青龍中，中外多事，人懷避就。雖性非解學，多求詣太學。太學諸生有千數，而諸博士率皆麤疏，無㠯教弟子。弟子本亦避役，竟無能習學，冬來春去，歲歲如是。又雖有精者，而臺閣舉格太高，加不念統其大義，而問字指墨法點注之閒，百人同試，度者未十。是㠯志學之士，遂復陵遲，而末

求浮虛者各競逐也。正始中，有詔議圜丘，普延學士。是時郎官及司徒領吏二萬餘人，雖復分布，見在京師者尚且萬人，而應書與議者略無幾人。又是時朝堂公卿㠯下四百餘人，其能操筆者未有十人，多皆相從飽食而退。嗟夫！學業沈隕，乃至于此。是㠯私心常區區貴乎數公者，各處荒亂之際，而能守志彌敦者也。魏志王肅傳注。

儒宗傳論

學之資于人也，其猶藍之染于素乎？故雖仲尼猶曰吾非生而知之者，況凡品哉？且世人所㠯不貴學者，必見夫有誦詩三百而不能專對于四方故也。余㠯爲是則下科耳，不當顧中庸㠯上，材質適等而加之㠯文乎？今此數賢者，略余之所識也。檢其事能，誠不多也。但㠯守學不輟，乃上爲帝皇所嘉，下爲國家名儒，非繇學乎？繇是觀之，學其胡可㠯已哉。魏志王肅傳注。

武諸王傳論

諺言貧不學儉，卑不學恭，非人性分也，勢使然耳。此實然之勢，信不虛矣。假令太祖防遏植等，在于疇昔，此賢之心，何緣有窺望乎？彰之挾恨，尚無所至。至于植者，乃令楊修㠯倚注遇害，丁儀㠯希意族滅，哀夫！余每覽植之華采，思若有神，㠯此推之，太祖之動心，亦良有㠯也。魏志任城陳蕭王傳評注。

王繁阮陳路傳論

尋省往者，魯連、鄒陽之徒，援譬引類，㠯解締結，誠彼時文辨之雋也。今覽王、繁、阮、陳、路諸人前後文旨，亦何昔不若哉？其所㠯不論者，時世異耳。余又竊怪其不甚見用，㠯問大鴻臚卿韋仲將，仲將云：仲宣傷于肥戇，休伯都無格檢，元瑜病于體弱，孔璋實自麤疏，文蔚性頗忿鷙，如是彼爲，非徒㠯脂燭自煎糜也，其不高蹈，蓋有由矣。然君子不責備于一人，譬之朱漆，雖無楨幹，其爲光澤亦壯觀也。魏志王粲傳注。

佞倖秦朗孔桂傳論

爲上者不虛授，處下者不虛受，然後外無伐檀之歎，內無尸素之刺，雍熙之美著，太平之律顯矣。而佞倖之徒，但姑息人主，至乃無德而榮，無功而祿，如是焉得不使中正日朘，傾邪滋多乎？㠯武皇帝之慎賞，明皇帝之持法，而猶有若此等人，而況下斯者乎？魏志明帝紀注。

許攸婁圭傳論

古人有言曰：得鳥者，羅之一目也，然張一目之羅，終不得鳥矣。鳥能遠飛，遠飛者，六翮之力也，然無衆毛之助，則飛不遠矣。㠯此推之，大魏之作，雖有功臣，亦未必非茲輩胥附之由也。魏志崔琰傳注。

勇俠傳論 魏略㠯孫賓碩、祝公道、楊阿若、鮑出四人爲勇俠傳。

昔孔子歎顏回㠯爲三月不違仁者，蓋觀其心耳。孰如孫、祝菜色于市里，顛倒于牢獄，據有實事哉？且夫濮陽周氏不敢匿迹，魯之

朱家不問情實。是何也。懼禍之及耳。心不安也。而太史公猶貴其竟脫季布。豈若二賢厥義多乎。今故遠收孫祝。而近錄楊餉。既不欲其泯滅。且敦薄俗。至于餉出。不染禮教。心痛意發。起于自然。跡雖在偏戶。與篤烈君子何以異乎。若夫楊阿若少稱任俠。長遂蹈義。自西徂東。摧討逆節。可謂勇力而有仁者也。魏志閻溫傳注。

徐福等傳論魏略列傳以徐福、嚴幹、李義、張既、游楚、梁習、趙儼、裴潛、韓宣、黃朗十人共卷。

世稱君子之德。其猶龍乎。蓋以其善變也。昔長安市儈有劉仲始者。一爲市吏所辱。乃感激蹋其尺折之。遂行學問。經明行修。流名海內。後以有道徵。不肯就。眾人歸其高。余以爲前世偶有此耳。而今徐嚴復參之。若皆非似龍之志也。其何能至于此哉。李推至道。張工度主。韓見識異。黃能拔萃。各著根于石上。而垂陰乎千里。亦未爲易也。游翁慷慨。展布腹心。全軀保郡。見延帝王。又放陸生。優游宴戲。亦一實也。梁趙及裴。雖張楊不足。至于檢己。老而益明。亦難能也。魏志裴潛傳注。

外夷傳論

俗以爲營廷之魚。不知江海之大。浮游之物。不知四時之氣。是何也。以其所在者小。與其生之短也。余今汎覽外夷大秦諸國。猶尚曠若發蒙矣。況夫鄒衍之所推出。大易太玄之所測度乎。徒限處牛蹄之涔。又無彭祖之年。無緣託景風以迅游。載騕褭以遐觀。但勞眺乎三辰。而飛思乎八荒耳。魏志烏桓鮮卑東夷傳注。

張昭傳論

余曩聞劉荊州嘗自作書。欲與孫伯符。以示禰正平。正平蚩之。言如是爲欲使孫策帳下兒讀之邪。將使張子布見乎。如正平言。以爲子布之才高乎。雖然猶自蘊藉典雅。不可謂之無筆迹也。加聞吳中稱謂之仲父。如此。其人信一時之良幹。恨其不于嵩岳等資。而乃播殖于會稽。吳志張昭傳注。

殷褎

褎字元祚。爲章武太守。有集二卷。

薦朱倫表

蓋聞虞書非俊乂無以光帝載。西伯非髦士無以開王業。是故高世之主。必廣登命之禮。有爲之君。務通賢者之路。所以成大治也。竊見同郡朱倫字文信。天資清亮。雅性忠篤。純粹足以激清源。美行足以廣風俗。當仁不讓。見得思義。疏達之才。強記博聞。飛辭抗論。騁驛奇逸。誠當世之俊異。一時之秀出也。如得毗佐銓衡。翼亮右曹。濟濟之觀。足用華國。藝文類聚五十三。

誡子書

夫道也者。易尋而難窮。易知而難行也。故京房之徒。致步吉凶之變。而不能自見其禍。更爲姚平所誡。此道之難知也。省爾之才。不及于房。而吾之言。過于平矣。昔正考父三命滋恭。晏平仲久而敬之。曾顏之徒。有若無。實若虛也。況爾析薪之智。欲彈射世俗。身爲謗先。怨禍並集。使吾懷朝父之憂。爲范武子所歎。亦非汝之美也。若朝益暮習。先人後己。恂恂如也。則吾聞音而識其曲。食旨而知其甘。永終吾餘年矣。復何恨哉。古人有言。思不出其位。爾其念之。爾其念之。藝文類聚二十三。

黃觀

觀。明帝時爲郎中。

上疏諫畜鹿

臣演思陛下所以不早取此鹿。誠欲使極蕃息。然後大取。以爲軍國之用也。然臣竊以爲畜鹿但有日耗。終無得多也。御覽九百六引魏名臣奏。案魏志高柔傳注引魏名臣奏。以此疏爲高柔所上。

奏事

今年麥苗雖好。臨熟多雨。而悉復偃壞。小麥略盡。惟穬麥大麥。頗得半收耳。（藝文類聚八十五。）

虞松

松字叔茂。陳留人。九江太守邊讓外孫。景初中從司馬懿征遼東。還辟爲掾。正始中遷中書郎。（魏志鍾會傳注引世語。）及至太守。（案北堂書鈔五十三引晉起居注。元康六年已後。不常親郊社。制度廢弛。太常虞松改正舊儀。死不悉載。今攷魏景初至晉元康。隔五十餘年。蓋別有一虞松也。）

檄告公孫淵

昔楚鄭列國。而鄭伯猶肉袒牽羊而迎之。孤爲王人。位則上公。而建等欲孤解圍退舍。豈楚鄭之謂邪。二人老耄。必傳言失旨。已相爲斬之。若意有未已。可更遣年少有明決者來。（晉書宣帝紀。案魏志鍾會傳注。松從征遼東。宣王命作檄及破賊作露布。）

朱誕

誕。景初正始閒爲太尉屬。

忌月設樂議

今因宜改之際。還脩舊則。元首建寅。于制爲便。（宋書禮志一。）

劉肇

肇。景初正始閒爲大將軍屬。

忌月設樂議

宜過正一日。乃朝賀大會。明令天下。知崩亡之日不朝也。（宋書禮志一。）

朱遺

遺。爲羽林右監。

奏論選舉

天下之任。非吏部尚書所能獨辦。令長已下。可專付吏部。守已上。八座舉。（御覽二百十四引魏名臣奏。）

甄毅

毅。爲駙馬都尉。

奏請令尚書郎奏事處當

漢時公卿皆奏事。選尚書郎試。然後得爲之。其在職。自齎所發書詣天子前。發省便處當。事輕重。口自決定。或天子難問。據案處正。乃見郎之割斷材伎。魏則不然。然尚書郎皆天下之選。材伎鋒出。亦欲騁其能于萬乘之前。宜如故事。令郎口自奏事。自處當。（御覽二百十五引魏名臣奏。）

龐延

延。爲執金吾。

奏事

其山居林澤。有火耕畬種。而平地平陸。雖有往古耒耜區種之法。就其收者。適可蔬食。不足實也。（御覽五十六引魏名臣奏。）

李勝

勝字公昭。正始初爲洛陽令。又爲征西將軍夏侯玄長史。遷滎陽太守。河南尹。尋爲荊州刺史。未及之官。坐曹爽誅。

難夏侯太初肉刑論

且肉刑之作。乃自上古。書載五刑有服。又曰天罰有罪。而五刑五用哉。割劓之屬也。周官之制。亦著五刑。歷三代。經至治。周公行之。孔子不議也。今諸虐者唯以斷截爲虐。豈不輕于死亡耶。云妖逆是黥。以除大災。此明治世之不能去就矣。夫殺之與刑。皆非天地自然之理。不得已而用之也。傷人者不改。則刖劓可以改之。何爲疾其不改。便當陷之于死地乎。妖逆者懲之而已。豈必除之耶。刑一人而戒千萬人。何取一人之能改哉。盜斷其足。淫而宮之。雖欲不改。復安所施。而全其命。懲其心。何傷于大德。今有弱子。罪當大辟。問其慈父。必請以肉刑代之矣。慈父猶施之于弱子。況君加之百姓哉。且蝮蛇螫手。則壯士斷其腕。系蹄在足。則猛獸絕其蹯。蓋毀支而全身者。夫一人哀泣。一堂爲之不樂。此言殺戮之不當也。

何事于肉刑之閒哉。赭衣滿道。有鼻者醜。當此時也。長城之役。死者相繼。六經之儒。塡谷滿坑。何恤于鼻之好醜乎。此吾子故猶哀刑而不悼死也。通典一百六十八。

又難

易曰。履校滅趾。無咎。仲尼解曰。小懲而大戒。此小人之福也。滅趾謂去足。爲小懲明矣。通典一百六十八。

又難

暴之取死。亦有由來。非自然也。傷人不改。亦治道未洽。而刑輕不足已大戒。若刑之與殺。俱非自然。而刑輕于殺。何云殘酷哉。夫刖趾不可報尸。誠然髡輸固不足已償傷。傷人一寸。而斷其支體。爲罪已重。夷人之面。截其手足。已髡輸償之。不亦輕乎。但慮其重。不惟其輕。不其偏哉。孔氏之議。恐非足爲雅論也。通典一百六十八。

全三國文卷四十三終

全三國文卷四十四

烏程嚴可均校輯

魏四十四

趙孔曜

孔曜安平人

薦管輅于冀州刺史裴徽

輅雅性寬大與世無忌可爲士雄仰觀天文則能同妙甘公石申俯覽周易則能思齊司馬季主游步道術開神無窮可爲士英抱荆山之璞懷夜光之寶而爲清河郡所錄北黌文學可爲痛心疾首也使君方欲流精九臯垂神幽藪欲令明主不獨治逸才不久滯高風遐被莫不草靡宜使輅特蒙陰和之應得及羽儀之時必能翼宣隆化揚聲九圍也（魏志管輅傳注引輅別傳。案張采三國文梅鼎祚三國文紀載此並云出藝文類聚未知何據）

陶丘一

一正始初爲太僕

薦管甯

臣聞龍鳳隱耀應德而臻明哲潛遁俟時而動是目鸑鷟鳴岐周道隆興四晧爲佐漢帝用康伏見太中大夫管甯應二儀之中和總九德之純懿含章素質冰絜淵清玄虛澹泊與道逍遙娛心黃老游志六藝升堂入室究其閫奧韜古今于胸懷包道德之機要中平之際黃巾陸梁華夏傾蕩王綱弛頓遂避時難乘桴越海羈旅遼東三十餘年在乾之姤匿景藏光嘉遁養浩韜韞儒墨潛化傍流暢于殊俗黃初四年高祖文皇帝疇諮羣公思求儁乂故司徒華歆舉甯應選公車特徵振翼遐裔翻然來翔行遇屯厄遭罹疾病即拜太中大夫烈祖明皇帝嘉美其德登爲光祿勳甯疾彌留未能進道今甯舊疾已瘳行年八十志無衰倦環堵蓽門偃息窮巷飯鬻餬口并日而食吟詠詩書不改其樂困而能通遭難必濟經危蹈險不易其節金聲玉色久而彌彰揆其終始殆天所祚當贊大魏輔亮雍熙衮職有闕羣下屬望昔高宗刻象營求賢哲周文啟龜目卜良佐況甯前朝所表名德已著而久棲遲未時引致非所目奉遵明訓繼成前志也陛下踐阼纂承洪緒聖敬日躋超越周成每發德音動諮師傅若繼二祖招賢故典賓禮儁邁目廣緝熙濟濟之化俾于前代甯清高恬泊擬跡前軌德行卓絕海內無偶歷觀前世玉帛所命申公枚乘周黨樊英之儔測其淵源覽其清濁未有厲俗獨行若甯者也誠宜束帛加璧備禮徵聘仍授几杖延登東序敷陳墳素坐而論道上正璇璣協和皇極下阜羣生彝倫攸敘必有可觀光益大化若甯固執匪石守志箕山追迹洪崖參蹤巢許斯亦聖朝同符唐虞優賢揚歷垂聲千載雖出處殊塗俯仰異體至于興治美俗其揆一也（魏志管甯傳太僕陶丘一永甯衞尉孟觀侍中孫邕中書侍郎王基薦甯）

孔晏乂

晏乂（魏志倉慈傳作乂無晏字）但字元儁魯國人爲濟南相正始中遷散騎常侍諫議大夫拜大鴻臚

奏諫齊王

禮天子之宮有斲礱之制無朱丹之飾宜循禮復古今天下已平君臣之分明陛下但當不懈于位平公正之心審賞罰目使之可絕後園習騎乘馬出必御輦乘車天下之福臣子之願也（魏志齊王芳紀）

鄧艾

艾字士載初名範字士則義陽棘陽人爲典農功曹司馬懿辟爲太傅掾遷尚書郎出參征西軍事遷南安太守嘉平初封關內侯加討寇將軍歷城陽汝南二郡太守遷兗州刺史加振威將軍高貴鄉公即位進封方城亭侯徵拜長水校尉進封鄉侯

行安西將軍假節領護東羌校尉遷鎮西將軍都督隴右諸軍事進封鄧侯遷征西將軍景元四年蜀平拜太尉尋檻車徵爲衞瓘所斬

上言宜割右賢王劉豹部爲二國

戎狄獸心不以義親彊則侵暴弱則內附故周宣有玁狁之寇漢祖有平城之圍每匈奴一盛爲前代重患自單于在外莫能牽制長卑誘而制之使來入侍由是羌夷失統合散無主以單于在內萬里順軌今單于之尊日疏外土之威寖重則胡虜不可不深備也聞劉豹部有叛胡可因叛割爲二國以分其勢去卑功顯前朝而子不繼業宜加其子顯號使居鴈門離國弱寇追錄前勳此御邊長計也（魏志鄧艾傳）

又陳羌胡事

羌胡與民同處者宜以漸出之使居民表崇廉恥之敎塞姦宄之

路（魏志鄧艾傳）

上言積粟

國之所急惟農與戰國富則兵彊兵彊則戰勝然農者勝之本也孔子曰足食足兵食在兵前也上無設爵之勸則下無財畜之功今使考績之賞在于積粟富民則交游之路絕浮華之原塞矣（魏志鄧艾傳）

上言攻劍閣未克宜走陰平道

今賊摧折宜遂乘之從陰平由邪徑經漢德陽亭趣涪出劍閣西百里去成都三百餘里奇兵衝其腹心劍閣之守必還赴涪則會方軌而進劍閣之軍不還則應涪之兵寡矣軍志有之曰攻其無備出其不意今掩其空虛破之必矣（魏志鄧艾傳）

上言平蜀後事宜

兵有先聲而後實者今因平蜀之勢以乘吳吳人震恐席卷之時也然大舉之後將士疲勞不可便用且徐緩之留隴右兵二萬人蜀兵二萬人煮鹽興冶爲軍農要用並作舟船豫順流之事然後發使告以利害吳必歸化可不征而定也今宜厚劉禪以致孫休安士民以來遠人若便送禪于京都吳以爲流徙則于向化之心不勸宜權停留須來年秋冬比爾吳亦足平以爲可封禪爲扶風王錫其資財供其左右郡有董卓塢爲之宮舍爵其子爲公侯食郡內縣以顯歸命之寵開廣陵城陽以待吳人則畏威懷德望風而從矣（魏志鄧艾傳）

重言

銜命征行奉指授之策元惡既服至于承制拜假以安初附謂合權宜今蜀舉眾歸命地盡南海東接吳會宜早鎮定若待國命往復道途延引日月春秋之義大夫出疆有可以安社稷利國家專之可也今吳未賓勢與蜀連不可拘常以失事機兵法進不求名

退不避罪艾雖無古人之節終不自嫌以損于國也（魏志鄧艾傳案已上二篇本傳作言于司馬文王不云爲書然自蜀遠言當是牋記）

書誘諸葛瞻

若降者必表封琅邪王（華陽國志七）

報後主降書

王綱失道羣英並起龍戰虎爭終歸眞主此蓋天命去就之道也自古聖帝爰逮漢魏受命而王者莫不在乎中土河出圖洛出書聖人則之以興洪業其不由此未有不顛覆者也隗囂憑隴而亡公孫述據蜀而滅此皆前世覆車之鑒也聖上明哲宰相忠賢將比隆黃軒侔功往代銜命來征思聞嘉響果煩來使告以德音此非人事豈天啟哉昔微子歸周實爲上賓君子豹變義存大易來辭謙沖以禮輿櫬皆前哲歸命之典也全國爲上破國次之自非通明智達何以見王者之義乎（蜀志後主傳注引王隱蜀記）

王弼

弼字輔嗣。山陽人。正始中爲尚書郎。有周易注六卷。略例一卷。老子注二卷。集五卷。

戲荅荀融書

夫明足㠯尋極幽微。而不能去自然之性。顏子之量。孔父之所預在。然遇之不能無樂。喪之不能無哀。又常狹斯人。㠯爲未能㠯情從理者也。而今乃知自然之不可革。足下之量。雖已定乎胸懷之內。然而隔踰旬朔。何其相思之多乎。故知尼父之于顏子。可㠯無大過矣。（魏志鍾會傳注引何劭爲王弼傳）

難何晏聖人無喜怒哀樂論

聖人茂于人者神明也。同于人者五情也。神明茂。故能體沖和㠯通無。五情同。故不能無哀樂㠯應物。然則聖人之情。應物而無累于物者也。今㠯其無累。便謂不復應物。失之多矣。（同上）

武申

申。嘉平初爲魏郡丞。

奏論鍾毓爲出母服

禮。出母與父母在爲母周。記曰。爲父後者無服。案如記言。蓋謂族別家異。自有主後者無服。非謂毓出母無緦麻之親。還毓家者也。禮。姑姊妹女子子無主後者。不惟降。哀其無繼也。（通典九十四。嘉平元年。魏郡太守鍾毓爲父後。㠯出母無主後。迎還。輒自制服。郡丞武申奏。成洽難。吳商荅。）

出母與父母在當作出妻之子惟當作爲

阮武

武字文業。陳留尉氏人。仕至淸河太守。有正論五卷。（御覽作政論）

正論

裁國無利器。猶㠯鉛刀而望其巧。（北堂書鈔二十七。御覽三百四十六）

交游之黨。爲馳騖之所廢。（文選廣絕交論注）

世多善弩而拙于弓。弓無法準。故任巧由意。弩有法準。故易爲善。（御覽三百四十八）

夫交游者。儔黨結于家。威權傾其國。或㠯利厚而比。或㠯名高相求。同則譽廣。異則毀深。朝有兩端之議。家有不協之論。至令父子不同好。兄弟異交友。破和穆之道。長爭訟之源。（御覽四百六）

漁人張網于淵。㠯制吞舟之魚。明主張法于天下。㠯制強梁之人。立法㠯隄民。百姓不能干。立防㠯隄水。江河不能犯。（御覽六百三十八）

雖金玉滿堂。明寶滿室。飢不爲飽。非國之用。（御覽八百二）

阮籍

籍字嗣宗。武族子。爲從事中郎。正元初封關內侯。尋爲步兵校尉。景元四年卒。有集十三卷。

東平賦

夫九州有方圓。九野有形勢。區域高下。物有其制。開之則通。塞之則否。流之則行。壅之則止。崇之則成丘陵。汙之則爲藪澤。逶迤漫衍。繞㠯大壑。及至分之國邑。樹之表物。四時儀其象。陰陽暘其氣。傍通迴盪。有刑有德。雲升雷動。一呌一默。或由之安（一作觀）乃用（一作由）期（一作斯）感（一作或）若觀夫隅隈之缺。幽荒之塗。忽（一作沕）漠之域。窮野之都。奇偉譎詭。不可勝圖。乃有偏遊之士。浩養之雖。凌鬻飄䫴。浮霄清濁。俱逝吉凶。相招。是㠯伶倫遊鳳于崑崙之陽。鄒子噏溫于黍谷之陰。伯高登降于尚季之上。羨門逍遙于三山之岑。上敖玄圃。下遊鄧林。鳳鳥自歌。翔鸞自舞。嘉榖蕃殖。匪我稷黍。其陋則有橫術之場。鹿豕之墟。匪脩潔之攸麗。于穢累之所如。西則首仰阿甄。傍通戚蒲。桑閒濮上。淫荒（一作風）所廬。三晉縱橫。鄭衛紛敷。豪俊凌厲。徒屬留居。是㠯強禦橫于戶牖。怨毒奮于牀隅。仍鄉（一作嚮）飲（一作欲）而作慝。豈待久而發諸。土（缺）惟中劉王。是聚高危。臨城窮川。帶宇叔氏。婚族實在其湄。背險向水。垢汙多私。是㠯其州閭鄙邑。莫言或非。殰情戾慮。㠯殖厥資。其土田則原壤蕪荒。樹蓺失

其當作甘

時。疇畝不辟。荆棘不治。流潢餘溏。洋溢靡之。東當三齊。西接鄒魯。長塗千里。受茲商旅。力閈爲率（音帥）。師使㠯輔。驕僕纖邑。于焉斯處。川澤捷徑。洞庭荆楚。遺風過（欽）是。徑是宇。由而紹俗。靡則靡觀。非夷罔式。導斯作殘。是㠯其唱和矜勢。背理向姦。向氣逐利。因（一作囚）畏惟㣧。其居處壅翳蔽塞。窕邃弗章。倚㠯陵墓。帶㠯曲房。是故居之則心昏。言之則志哀。悖罔徙易。靡所寤懷。其外有濁河縈其溏。清濟盪其樊。其北有連岡。巃嵷崎嶇。山陵崔巍。雲電相干。長風振厲。蕭條太原。其南則浮汶湛湛。行潦成池。深林茂樹。蓊鬱參差。羣鳥翔天。百獸交馳。雖黔首之不淑兮。噐山澤之足彌。古哲人之微（一作攸）貴兮。好政教之有儀。彼玄眞之所寶兮。樂寂寞之無知。咨閶闔之散感兮。因回風㠯揚聲。瞻荒榛之蕪穢兮。顧東山之葱青。其巨里之舊言兮。發新詩㠯慰情。信嚴霜之未滋兮。豈丹木之再榮。北門悲于殷憂兮。小弁哀于獨誠。鷗端一而慕仁兮。何涫朴之靡

逞。彼羽儀之感志兮。矧伊人之匪靈。時懒悃㠯遙思兮。飆飄飄㠯欲歸。欽丕遊于陵顛兮。舉斯羣而競飛。物脩（一作循）化而神樂兮。盜遐觀之可追。乘松舟㠯載險兮。雖無維而自縶。騁驊騮于狹路兮。顧蹇驢而弗及。資章甫㠯遊越兮。見犀光而先入。被文繡而貿戎兮。識旃裘之必襲。奉涫德之平和兮。孰斯邦之可集。將言歸于美俗兮。請王子與俱遊。漱玉液之滋怡兮。飲白水之清流。遂虛心而後已兮。又何懷乎患憂。重曰。嘉年時之淑清兮。美春陽㠯肇夏。託思飆而載行兮。因形骸㠯成駕。遵閶維（猶言坤維）而長驅兮。問迷罔于菀風。玄雲興而四周兮。寒雨淪而下降。忽一寤而喪軌兮。蹈空虛而遂征。扶搖蔽于合墟兮。咸池照乎增城。欣煌熠（一作燿）之朝顯兮。喜太陽之炎精。測虛舟㠯遑思兮。聊逍遙于清溟。謹玄眞之諶訓兮。想至人之有形。繡靡覿其紛錯兮。慮彌遠而度遏。竝旋軫于畎澮兮。若空桑之可即。言淫衍而莫止兮。心綿綿而未息。集紓（一作書）

誥㠯鑒戒兮。賜（一作悵）衆誨之難測。神遙遙㠯抒歸兮。畏雙環之在側。咨禽鳥之不羣兮。悼悠悠之無極。感蔾藿之易脩兮。攝左右之相譽。懼從風而永去兮。託顱頊于鮒隅。雖琴瑟之畢存兮。豈聲曲之復紓。慮遨遊㠯覿奇兮。彼上騰其焉如。紛晻曖㠯亂錯兮。漫浩瀁而未静。理都繆而改據兮。竦端委而自整。制規矩㠯儀衡兮。占我軀㠯觀省。眺茲輿之所徹兮。實斯近而匪遠。豈三年之無問兮。將一往而九反。顧杲日之初開兮。馳曲陵而飾容。時零落之飄颻兮。試枯菀之必從。釋遼遙之闊度兮。習約結之常契。巡襄城之閒收兮。誦純一之遺誓。被風雨之沾濡兮。安敢軒翥而遊署。竊悄悄之眷貞兮。泰恬淡而永世。豈淹畱㠯爲感兮。將易貌乎殊方。乃擇高㠯登栖兮。永欣欣而樂康。

首陽山賦

正元元年秋。余尚爲中郎。在大將軍府。獨往南牆下。北首陽山。賦

曰。

在茲年之末歲兮。端旬首而重陰。風飈回㠯曲至兮。雨旋轉而纖襟。蟋蟀鳴乎東房兮。鶗鴂號乎西林。時將暮而無儔兮。慮悽愴而感心。振沙衣而出門兮。纓委絕而靡尋。步徙倚㠯遙思兮。喟歎息而微吟。將脩飾而欲往兮。衆齷齷而笑人。靜寂寞而獨立兮。亮孤植而靡因。懷分索之情一兮。穢羣僞之射眞。信可寶而弗離兮。盜高舉而自賓。聊仰首㠯廣頫兮。瞻首陽之岡岑。樹蕀茂㠯傾倚兮。紛蕭爽而揚音。下崎嶇而無薄兮。上洞徹而無依。鳳翔過而不集兮。鳴梟羣而並棲。颸遥逝而遠去兮。二老窮而來歸。實囚軋而處斯兮。焉暇豫而敢誹。嘉粟屏而不存兮。故甘死而採薇。彼背殷而從昌兮。投危敗而弗遲。此進而不合兮。又何稱乎仁義。肆壽夭而弗豫兮。競毀譽㠯爲度。察前載之是云兮。何美論之足慕。苟道求之在細兮。焉子誕而多辭。且清虛㠯守神兮。豈慷慨而言之。託言

于夷齊其思長其旨遠

鳩賦

嘉平中得兩鳩子常食㠯黍稷後卒爲狗所殺故爲作賦（藝文類聚九十一）

伊嘉年之茂惠洪羣恍惚㠯發蒙有期緣之奇鳥㠯鳴鳩之攸同翔彫木㠯胎隅寄增巢于喬松喻雲霧㠯消息遊朝陽㠯相從曠踰旬而育類嘉七子之脩容始戢翼而樹羽遭金風之蕭瑟既顛覆而靡救又振落而莫竊陵桓山㠯徘徊臨舊鄉而思人揚哀鳴㠯相送悲一往而不集終飄搖㠯流離傷弱子之悼栗何依恃㠯育養賴兄弟之親戚背草棘㠯求仁託君子之靜室甘黍稷之芳饘安戶牖之無疾潔文襟㠯交頸坑華麗之豔溢端妍姿㠯鑒飾好威儀之如一聊俛仰㠯逍遙求愛媚于今日何飛翔之羨慕願投報而忘畢值狂犬之暴怒加楚害于微軀欲殘沒㠯麋滅遂捐棄而淪失

獮猴賦

昔禹平水土而使益驅禽滌蕩川谷兮櫛梳山林是㠯神姦形于九鼎而異物來臻故豐狐文豹釋其表閒尾騶虞獻其珍夸父獨鹿祓其豪青馬三騅棄其羣此㠯其壯而殘其生者也若夫熊狚之遊臨江兮見厥功㠯乘危夔負淵㠯肆志兮揚震聲而（缺）皮處閑曠而或昭兮何幽隱之罔隨鼯畏逼㠯潛身兮穴神丘之重深終或餌㠯求食兮焉礬之而能禁誠有利而可欲兮雖希覿而爲禽故近者不稱歲遠者不歷年大則有稱于萬年細者（則爲）笑于目前夫獮猴直其微者也猶繫累于下陳體多似而匪類形乖殊而不純外察慧而內無度兮故人面而獸心性褊淺而干進兮似韓非之囚秦揚眉額而驟眒兮似巧言而僞真藉從後之繁衆兮猶伐樹而喪鄰整衣冠而偉服兮懷項王之思歸耽嗜慾而眄視兮

有長卿之妍姿舉頭吻而作態兮動可增而自新沐蘭湯而滋穢兮匪宋朝之媚人終蚩弄而處紲兮雖近習而不親多才伎其何爲固受垢而貌侵姿便捷而好技兮超超騰躍乎岑嵒既（缺）東避兮遂中岡而被尋嬰徽纆㠯拘制兮顧西山而長吟緣榱桷㠯容與兮志豈忘乎鄧林庶君子之嘉惠設奇視㠯盡心且須臾㠯永日焉逸豫而自矜斯伏死于堂下長滅沒乎形神（本集又略見藝文類聚九十五）

（北堂書鈔一百五十八初學記二十九）

清思賦

余㠯爲形之可見非色之美音之可聞非聲之善昔黃帝登仙于荊山之上振咸池于南口之岡鬼神其幽而夔牙不聞其章女娃耀榮于東海之濱而翩翻于洪西之旁林石之隕從而瑤臺不照其光是㠯微妙無形寂寞無聽然後乃可㠯覩窈窕而淑清故白日麗光則季后不步其容鍾鼓閶鉿則延子不揚其聲夫清虛寥廓則神物來集飄颻恍惚則洞幽貫冥冰心玉質則激潔思存恬淡無欲則泰志適情伊衷慮之遒好兮又焉處而靡逞寒風邁于黍穀兮誨子而遊鶴申孺悲而毋歸兮吳鴻哀而象生茲感激㠯達神豈浩瀁而弗營志不覬（一作凱）而神正心不蕩而自誠固秉一而內脩堪粤止之匪傾惟清朝而夕晏兮指蒙汜㠯永寧是時羲和既頹玄夜始扃望舒整轡素風來征輕帷連颺華茵肅清彭蚌微吟蟋蛄徐鳴望南山之崔巍兮顧北林之蔥菁大陰潛乎後房兮明月耀乎前庭迺申展而缺寐兮忽一悟而自驚焉長靈㠯遂寂兮將有歙乎所之意流蕩而改慮兮心震動而有思若有來而可接兮若有去而不辭嗟㥜（一作博）賤而失度（一作心恍忽而失度）情散越而靡治豈覺察而明真兮誠雲夢其如茲驚奇聲之異（缺造）兮靈殊色之在斯開丹桂（桂一作山）之琴瑟兮聆崇陵之參差始徐唱而微響兮情悄慧㠯蟏蛸遂招雲㠯致氣兮乃振動而大駭聲飂飂㠯洋洋

自當作目

若登崑崙而臨西海。超遙茫渺。不能究其所在。心瀁瀁而無所終薄兮。思悠悠而未半。鄧林殪于大澤兮。欽邳悲于瑤岸。徘徊夷由兮。猗靡廣衍。遊平圃以長望兮。乘脩水之華旂。長思肅以永至兮。滌平衢之大夷。循路曠以徑通兮。辟閶闔而洞闈。羨要眇之飄遊兮。倚東風以揚暉。沐洧淵以淑密兮。體清潔而靡譏。厭白玉以為面兮。披（御覽作霏）丹霞以為衣。襲九英之曜精兮。珮瑤光以發微。（御覽三百八十一作發輝）服儵煜以繽紛兮。綷衆采以相綏。色熠熠以流爛兮。紛雜錯以葳蕤。象朝雲之一合兮。似變化之相依。麾常儀使先好兮。命河女以胥歸。步容與而特進兮。眄兩楹而升墀。振瑤谿而鳴玉兮。播陵陽之斐斐。蹈消漈之危跡兮。躡離散之輕微。釋安朝之朱履兮。踐席假而集帷。敷斯來之在室兮。乃飄忽之所晞。馨香發而外揚兮。媚顏灼以顯姿。清言竊其如蘭兮。辭婉婉而靡違。託精靈之運會兮。浮日月之餘暉。假淯氣之精微兮。幸備嬿以自私。願申

愛于今夕兮。尚有訪乎是非。被芬芳之夕暘兮。將暫往而永歸。觀悅懌而未靜兮。言未究而心悲。嗟雲霓之可憑兮。翻揮翼而俱飛。棄中堂之局促兮。遺戶牖之不處。帷幕張而靡御兮。几筵設而莫輔。（一作桃）載雲輿之奄靄兮。乘夏后之兩龍。折丹木以蔽陽兮。竦芝蓋之三重。翩翼翼以左右兮。紛悠悠以容容。瞻朝（一作雲）霞之相承兮。似美人之懷憂。采色雜以成文兮。忽離散而不留。若將言之未發兮。又氣變而飄浮。若垂髦而失鬌兮。飾未集而形消。自流眄而自別兮。心欲來而貌遼。紛綺靡而未盡兮。先列宿之規矩。時藹莽而陰曀兮。忽不識乎舊宇。邁黃妖之祟臺兮。雷師奮而下雨。內英哲與長年兮。皆離倫與膺賈。摧魍魎而折鬼神兮。直徑登乎所期。歷四方而縱懷兮。誰云顧乎或疑。超高躍而疾鶩兮。至北極而放之。援閒維以相示兮。臨寒門而長辭。既不以萬物累心兮。豈一女子之足思。

窮也之也當作地

元父賦

吾嘗遊元（元一作亢）父。登其城。使人愁思。作賦以詆之。言不足樂也。元父者。九州之窮也。先代之幽處者也。故其城郭卑小局促。危隘不遐。其土田則汙除漸洳。泥涅槃洿。方池邊屬。兮容水湯淹。穢菜惟產。兮不食實多。地下沈陰。兮受氣匪和。太陽不周。兮殖物靡嘉。故其人民頑嚚檮杌。下愚難化。其區域壅絕斷塞。分迫旋淵。終始同貫。本末相韋。疇昔詎今。曠世歷年。鉅野瀦其後。窮齊盡其前。圳澮不暘。垢濁寶臻。不肖羣聚。屋空無賢。故其民放散肴亂。藪竄澤居。比跡麋鹿。齊志豪樞。（一作貙）是以其原壤不辟。樹蓺希疏。莧葦彌皐。蚊蝱慘膚也。于其遠險。則右金鄉而左高平。崇陵崔巍。深溪崢嶸。美類不處。熊虎是生。故人民被害。嚼齧禽性。獸情爾之近阻。則鳴鳩蔭其前。曲城發其後。鵰梟羣翔之可悼。豈有志于須臾。（上九字一作狐狸萬口）故其人民很風。豺氣鷙。黿無厚。南望春申。東瞻孟嘗。豪界

辭邑。境邊山陽。逆旅行舍。姦盜所藏。北臨平陸。齊之西封。捷徑燕趙。逃齒（齒一作遯）。逍遙。故其人民側匿頗僻。隱蔽不公。懷私抱詐。爽匿（一作慝）。是從。禮義不設。淊化匪同。先哲遺言。有昭有聾。（聾一作聵）如何君子。栖遲斯邦。

全三國文卷四十四終

烏程嚴可均校輯

魏四十五

阮籍二

今當作令

平當作乎

乎當作平

爲鄭沖勸晉王牋

沖等死罪。伏見嘉命顯至。竊聞明公固讓。沖等眷眷。實有愚心。以爲聖王作制。百代同風。褒德賞功。有自來矣。昔伊尹有莘氏之媵臣耳。一佐成湯。遂荷阿衡之號。周公藉已成之勢。據既安之業。光宅曲阜。奄有龜蒙。呂尙磻溪之漁者。一朝指麾。乃封營丘。自是以來。功薄而賞厚者。不可勝數。然賢哲之士。猶以爲美談。況自先相國以來。世有明德。翼輔魏室。以綏天下。朝無闕政。民無謗言。前者明公西征靈州。北臨沙漠。榆中以西。望風震服。羌戎東馳。迴首內向。東誅叛逆。全軍獨尅。禽闔閭之將。斬輕銳之卒以萬萬計。威加南海。名懾三越。宇內康寧。苛慝不作。是以殊俗畏威。東夷獻舞。故聖上覽乃昔以來禮典舊章。開國光宅。顯茲太原。明公宜承聖旨。受茲介福。允當天人。元功盛勳。光光如彼。國土嘉祚。巍巍如此。內外協同。靡愆靡違。由斯征伐。則可朝服濟江。埽除吳會。西塞江源。望祀岷山。迴戈弭節。以麾天下。遠無不服。邇無不肅。今大魏之德。光于唐虞。明公盛勳。超于桓文。然後臨滄洲而謝支伯。登箕山而揖許由。豈不盛平。至公至乎。誰與爲鄰。何必勤勤小讓也哉。沖等不通大體。敢以陳聞。（文選。又見晉書文帝紀）

詣蔣公奏記辭辟命

籍死罪死罪。伏惟明公以含一之德。據上台之位。羣英翹首。俊賢抗足。開府之日。人人自以爲掾屬。辟書始下。而下走爲首。昔子夏處西河之上。而文侯擁篲。鄒子居黍谷之陰。而昭王陪乘。夫布衣韋帶之士。孤居獨立。王公大人所以屈體而下之者。爲道存也。今籍無鄒卜之德。而有其陋。猥煩大禮。何以當之。方將耕于東皋之陽。輸黍稷之餘稅。以避當塗者之路。負薪疲病。足力不彊。補吏之召。非所克堪。乞迴謬恩。以光清舉。（文選。晉書阮籍傳）

違由鄙鈍。學行固野。進無和俗崇譽之高。退無靜默恬沖之操。猥見顯飾。非所被荷。舊素尪瘵。守病委劣。拜謁之命。未敢堪任。昔榮期帶索。仲尼不易其三樂。仲子守志。楚王不奪其灌園。貪榮塞賢。昧進負譏。憂望交集。五情相愧。明公侔蹤魯衛。勳隆桓文。廣延俊傑。恢崇大業。乞降期會。以避淸路。畢願家巷。惟蒙于許。（此篇明刻阮集不載。見舊寫本集）

與晉文王書薦盧播

蓋聞興化濟治。在于得人。收奇拔異。聖賢高致。是以八士歸周。周道以隆。虞舜登庸。元凱咸事。伏惟明公公侯皇靈。誕秀九德。光被應期。作輔論道。敷化開闢四門。延納羽翼。賢士以贊雍熙。是以英俊之士。願排皇闥。策名委質。眞薦之徒。輻輳大府。誠以鄧林昆吾。翔鳳所栖。懸黎和肆。垂棘所集。伏見鄙州別駕同郡盧播。年三十二。字景宣。少有才秀之異。長懷淑茂之量。耽道悅禮。仗義依仁。研精墳典。升堂覩奧。聰鑒物理。口通玄妙。貞固足以幹事。忠敬足以肅朝。明斷足以質疑。機密足以應權。臨煩不惑。在急彌明。若得佐時理物。則政事之器。銜命聘享。則專對之才。潛心圖籍。文學之宗。敷藻載述。良史之表。然而學不爲人。行不求達。故久沈淪。未階太清。誠後門之秀偉。當時之利器。宜蒙旌命。和味鼎鉉。孔子曰。如有所譽。必有所試。播之所能。著在已效。不敢虛飾。取謫大府。（本集。藝文類聚五十三）

答伏義書

籍白。承音覽旨。有心翰跡。夫九蒼之高。迅羽不能尋其巔。四溟之深。幽鱗不能測其底。翔無毛分。所能論哉。且玄雲無定體。應龍不常儀。或朝濟夕卷。翕忽代興。或泥潛天飛。晨降宵升。舒體則八維不足㠯暢迹。促節則無閒足㠯從容。是又瞽夫所不能瞻。璅蟲所不能解也。然則弘脩淵邈者。非近力所能究矣。靈變神化者。非局器所能察矣。何吾子之區區。而吾眞之務。求乎人力勢不能齊。好尙外異。鸞鳳淩雲。漢㠯舞翼。鳩鵷悅蓬林㠯翺翔。螭浮八濱㠯濯鱗。龍娛行潦而羣逝。斯用情各從其好。㠯取樂焉。據此非彼。胡可齊乎。夫人之立節也。將舒網㠯籠世。豈樽樽㠯入罔。方開模㠯範俗。何暇毀質㠯通（或作適）。檢若良運未協。神機無準。則騰精抗志。邈世高超。蕩精舉于玄區之表。攄妙節于九垓之外。而翺翔之乘景。躍踸踔。陵忽慌。從容與道化同逌。逍遙與日月並流。交名虛㠯齊變。及英祇㠯等化。上乎無上。下乎無下。居乎無室。出乎無門。齊萬物之去留。隨六氣之虛盈。總玄網于太極。撫天一于寥廓。飄埃不能揚其波。飛塵不能垢其潔。徒寄形軀于斯域。何精神之可察。雖

業無不聞。略無不稱。而明有所逮。未可怪也。觀君子之趨。欲衒傾城之金。求百錢之售。制造天之禮。擬膚寸之檢。勞王躬㠯役物。守膝穖㠯自畢。沈牛跡之浥薄。愠河漢之無根。其陋可愧。其事可悲。亮規略之懸踰。信大道之弘幽。且局步于常衢。無為思遠㠯自愁。比連疹憒。力喻不多。阮籍白。

老子贊

陰陽不測。變化無倫。飄飖太素。歸虛反眞。（御覽一）

通易論

阮子曰。易者何也。乃昔之玄眞。往古之變經也。庖犧氏當天地一終。值人物憔悴。利用不存。法制夷昧。神明之德不通。萬物之情不類。于是始作八卦。引而伸之。觸類而長之。分陰陽。序剛柔。積山澤。連水火。雜而一之。變而通之。終于未濟。六十四卦盡而不窮。是㠯天地象而萬物形。吉凶著而悔吝生。事用有取。變化有成。南面聽斷。向明而治。結繩而為網罟。致日中之貨。脩耒耜之利。㠯敎天下。皆得其所。黃帝堯舜。應時當務。各有攸取。窮神知化。述則天序。庖犧氏布演六十四卦之變。後世聖人。觀而因之。象而用之。禹湯之經皆在。而上古之文不存。至乎文王。故繫其辭。于是歸藏氏逝而周典經興。上下無常。剛柔相易。不可為典要。惟變所適。故謂之易。易之為書也。本天地。因陰陽。推盛衰。出自幽微。㠯致明著。故乾元初潛龍勿用。言大人之德隱而未彰。潛而未達。待時而興。循變而發。天地既設。屯蒙始生。需㠯待時。訟㠯立義。師㠯聚衆。比㠯安民。是㠯先王㠯建萬國。親諸侯。收其心也。原而積之。畜而制之。是㠯上下和洽。裁成天地之道。輔相天地之宜。㠯左右民。順其理也。先王既沒。德法乖易。上陵下替。君臣不制。剛柔不和。天地不交。是㠯君子一類求同。遏惡揚善。㠯致其大。謙而光之。裒多益寡。崇聖善㠯命。雷出于地。于是大人得位。明聖又興。故先王作樂薦上帝。昭

明其道。㠯荅天貺。于是萬物服從。隨而事之。子遵其父。臣承其君。臨馭統一。大觀天下。是㠯先王㠯省方觀民。設敎儀之。㠯度也。包而有之。合而含之。故先王用之㠯明罰敕法。自上乃下。貴復其賤。美成亨盡。時極日至。先王閉關。商旅不行。后不省方。㠯靜民也。季葉既衰。非謀之獲。應運順天。不妄而（一作其）作。故先王茂對時育萬物。施仁布澤。㠯樹其德也。萬物歸隨。如法流承。養善反惡。利積生害。剛過失柄。習坎㠯位。上失其道。下喪其羣。于是大人繼明照于四方。顯其德也。自乾元㠯來。施平而明。盛衰有時。剛柔無常。或得或失。一陰一陽。出入吉凶。由闇察彰。文明㠯止。有翼不飛。隨之乃存。取之者歸。施之㠯若。用之在微。貴變愼小。與物相追。非知來藏往者。莫之能審也。易之為書也。覆燾天地之道。囊括萬物之情。道至而反。事極而改。反用應時。改用當務。應時故天下仰其澤。當務故萬物恃其利。澤施而天下服。此天下之所㠯順自然惠生類也。

富貴侔天地功名充六合莫之能傾莫之能害者道不逆也天地易之主也萬物易之心也故虛㠯受之感㠯和之男下女上通其氣也柔㠯承剛久其類也順而持之遁而退之上陵下積剛動大壯正大必用力盛則望明升惟進光大則傷衆㠯處身異㠯成類乖離既解緩㠯爲失損益有時察㠯主使揚于王庭乘五馬敗剛既決柔上索下合令臣遭明君㠯柔遇剛品物咸亨剛據中正天下大行是㠯后用施命誥四國貴離教也于是天地萃聚百姓合用一作同升而不已居極及下井養不窮卑不能通不可弗革改㠯成器尊卑有分長幼有序主之㠯震守之㠯威動不可終敵應而行漸㠯進之爲人求位君子之欲進者也臣之求君陰之從陽委之歸誠乃得其所歸而應之專而一之陽德受歸道豐位大也賢人君子有衆㠯成其大也窮侈喪大夫之位羣而靡容而無所卑身下意利見大人巽㠯申命柔順乎剛入而說之說而教之順

而應人渙然成章風行水上有文有光男行不窮女位乎外衆陰承五上同在中從初更始乘木有功故先王㠯享于帝立廟奉天建國也剛柔分適得中節之㠯制其道不窮信愛結內剛得中位誠發于心庶物唯類大得則虧甚往則過既應于遠獸則不利故君子是㠯行重乎恭喪重乎哀篤僞薄也小過下泰不宜于上下止上動有飛鳥之象焉初六坎下上六離體飛鳥㠯凶是㠯災眚也柔處中剛失位利與時行過而欲遂小亨正象陰皆乘陽陽剛陵替君臣易位亂而不已非中之謂故君子思患而豫防之慮其敗也通變無窮周敗又始剛未出陰在中柔濟不遺遂度不窮則象河洛神物設教而天下服愼辨居方陰陽相求初與之道遠作之由也卦體開闔乾㠯一爲開坤㠯二爲闔乾坤成體而剛柔有位故水老于未水生于申而坤在西南火老于戌木生于亥而乾在西北剛柔之際也故謂之父母陽承震動發而相承專制遂行

克當作充

萬物㠯興故謂之長男水老于辰金生于巳一氣存之終而復起故巽爲長女震發于風陰德有紀火中鶉鳴毋道將始故離爲中女又在西北健戰將升季陰幼昧衰而不勝故兌爲少女倉中拔𦣝肇幽爲陽在中未達含而未章故坎爲中男周流接合萬物既終造微更始明而未融故艮爲少男乾圓坤方女柔男剛健柔時推而禍福是將循化知生從變見亡故吉凶成敗不可亂也大過何也棟橈莫輔大者過也先王之馭世也刑設而不犯罰著而不施習坎剛中惟㠯心亨王正其德公守厥職上下不疑臣主無惑納約自牖非戶何咎車騎中門劍戟在闔離寘叢棘凶已三歲上六失道刑決也故高宗伐鬼方柔道中也三年有賞德乃豐也同人五一作先號思其終也旅上之美樂其窮也是㠯失刑者嚴而不檢喪德者高而不尊故君子正義㠯守位固法㠯威民何衢則亨滅耳而凶也小過何也踰位陵上害正危身小者過也既濟初六

終亂何也水加日上三陰乘陽㠯力求濟不止必亡故初吉終亂也未濟上六飲酒無咎何也過而莫改危而弗聞誰咎之也无妄何也無望而至非會合陰陽之違行也六三无妄之災或繫之牛行人得之邑人災何也有國而不收其民有衆而不修其器行人得之不亦災乎九五之疾勿藥何也非常之厚離㠯爲同无妄之疾災㠯除凶天時成敗何疾之功勿藥有喜不成何識一作試也龍者何也陽健之類盛德尊貴之喻也配天之厚盛德莫高之謂尊貴大人受命處中當陽德之至也亢龍有悔何也繼守承貴有因而德不克者也欲大而不顧其小甘侈而不思其匱居正上位而無卑有貴勞而無據喪志危身是㠯悔也先王何也大人之功也故建萬國親諸侯樹其義也作樂薦上帝正其命也省方觀民施其令也明罰敕法督其政也閉關不行靜亂民也茂時育德應顯其福也享帝立廟昭其祿也稱聖王所造非承平之謂也后者何

也。成君定位。據業修制。保教守法。畜履治安者也。故自然成功濟用。已至大通。后成天地之道。㠯左右民也。成化理決。施令誥方。因統紹襄中。處將正之務。非應初受命之事也。上者何也。日月相易。盛衰相及。致飾則利之未捷受。故王后不稱君子。不錯上㠯厚下。道自然也。君子者何也。佐聖扶命。翼教明法。觀時而行。有道而臣人者也。因正德㠯理其義。察危廢㠯守其身。故經綸㠯正。盛果行㠯遂義。飲食㠯須時。辯義㠯作事。皆所㠯章先王之建國。輔聖人之神志也。見險慮難。思患豫防。別物居方。慎初敬始。皆人臣之行。非大君之道也。大人者何也。龍德潛達。貴賤通明。有位無稱。大㠯行之。故大過滅示。天下幽明。大人發輝。重光繼明。照于四方。萬物仰生。合德天地。不為而成。故大人虎變。天德興也。君子曰易。順天地。序萬物。方圓有正體。四時有常位。事業有所麗。鳥獸有所萃。故萬物莫不一也。陰陽性生。性故有剛柔。剛柔情生。情故有愛惡。愛惡生得失。得失生悔吝。悔吝著而吉凶見。八卦居方㠯正性。著龜圓通㠯索情。情性交而利害出。故立仁義㠯定性。取著龜㠯制情。仁義有偶而禍福分。是故聖人㠯建天下之位。守尊卑之制。序陰陽之適。別剛柔之節。順之者存。逆之者亡。得之者身安。失之者身危。故犯之㠯別利一作求者。雖吉必凶。知之㠯守篤者。雖窮必通。故寂寞者德之主。恣睢者賊之原。進往者反之初。終盡者始之根也。是㠯未至不可折也。已用不可越也。紂有天下之號。而比匹夫之類。鄰周處小侯之細。而享于西山之賓。外內之應已施。而貴賤之名未分。何也。天道未究。善惡未淯也。是㠯明夫天之道者不欲審乎人之德者。不憂在上。而不淩乎下。處卑而不犯乎貴。故道不可逆。德不可拂也。是㠯聖人獨立無悶。大羣不益。釋之而道存。用之而不可既。由此觀之。易㠯通矣。

通老論

聖人明于天人之理。達于自然之分。通于治化之體。審于大慎之訓。故君臣垂拱。完太素之樸。百姓熙怡。保性命之和。御覽一

道者。法自然而為化。侯王能守之。萬物將自化。易謂之太極。春秋謂之元。老子謂之道。御覽一

三皇依道。五帝伏德。三王施仁。五霸行義。強國任智。蓋優劣之異。薄厚之降也。御覽七十七

伏當作仗

達莊論

伊單閼之辰。執徐之歲。萬物權輿之時。季秋遙夜之月。先生徘徊翱翔。迎風而遊。往遵乎赤水之上。來登乎隱坌之丘。臨乎曲轅之道。顧乎泱漭之州。恍然而止。忽然而休。不識曩之所㠯行。今之所㠯留。悵然而無樂。愀然而歸白素焉。平晝閒居。隱几而彈琴。于是縉紳好事之徒。相與聞之。共議撰辭合句。啟所常疑。乃闞鑿整飾。嚼齒先引。推年躡踵。相隨俱進。奕奕然步。脯脯然視。投跗階趨而翔至。差肩而坐。恭袖而檢。猶豫相林。一作臨莫肯先占。有一人是其中雄桀也。乃怒目擊勢而大言曰。吾生乎唐虞之後。長乎文武之裔。遊乎成康之隆。盛乎今者之世。誦乎六經之教。習乎吾儒之迹。被沙衣。冠飛翮。垂曲裾。揚雙鶡。有日矣。而未聞乎至道之要。有㠯異之于斯乎。且大人稱之。細人承之。願聞至教。㠯發其疑。先生曰。何哉子之所疑者。客曰。天道貴生。藝文類聚三十七作貴順地道貴貞。聖人修之。㠯建其名。吉凶有分。是非有經。務利高勢。惡死重生。故天下安而大功成也。今莊周乃齊禍福而一死生。㠯天地為一物。㠯萬類為一指。無乃徼惑㠯失真。而自㠯為誠者也。于是先生乃撫琴容與。慨然而歎。俛而微笑。仰而流眄。噓噏精神。言其所見曰。昔人有欲觀于閬峯之上者。資端冕服驊騮。至乎崑崙之下。沒而不反。端冕者。常服之飾。驊騮者。凡乘之耳。非所㠯矯騰增城之上。遊玄圃之中也。且燭龍之光。不照一堂之上。鐘山之口。不談曲室之內。今

投下脫跡字

姓當作性

吾將隨崔巍之高杜衍謾之流言子之所由幾其寤而獲及乎天地生于自然萬物生于天地自然者無外故天地名焉天地者有內故萬物生焉當其無外誰謂異乎當其有內誰謂殊乎地流藝文類聚作地沈其溼天抗其燥月東出日西入隨㠯相從解而後合升謂之陽降謂之陰在地謂之理在天謂之文蒸謂之雨散謂之風炎謂之火凝謂之冰形謂之后象謂之星朔謂之朝晦謂之冥通謂之川回謂之淵平謂之土積謂之山男女同位山澤通氣雷風不相射水火不相薄天地合其德日月順其光自然一體則萬物經其常入謂之幽出謂之章一氣盛衰變化而不傷是㠯重陰雷電非異出也天地日月非殊物也故曰自其異者視之則肝膽楚越也自其同者視之則萬物一體也人生天地之中體自然之形身者陰陽之精氣也性者五行之正性也情者遊魂之變欲也神者天地之所㠯馭者也㠯生言之則物無不壽推之㠯死則物無不

夭自小視之則萬物莫不小由大觀之則萬物莫不大殤子爲壽彭祖爲夭秋毫爲大泰山爲小故㠯死生爲一貫是非爲一條也別而言之則鬚眉異名合而說之則體之一毛也彼六經之言分處之教也莊周之云致意之辭也大而臨之則至極無外小而理之則物有其制夫守什五之數審左右之名一曲之說也循自然住一作性天地者寥廓之談也凡耳目之名分之施處官不易司舉奉其身非㠯絕手足裂肢體也然後世之好異者不顧其本各言我而已矣何待于彼殘生害姓還爲讎敵斷割肢體不㠯爲痛目觀色而不顧耳之所聞耳所聽而不待心之所思心奔欲而不適性之所安故疾癘萌則生不盡禍亂作則萬物殘矣夫至人者恬于生而靜于死生恬則情不惑死靜則神不離故能與陰陽化而不易從天地變而不移生究其壽死循其宜心氣平治不消不虧藝文類聚作消息不虧是㠯廣成子處崆峒之山㠯入無窮之門軒轅登崑

名下脫利字乃當作得

崙之阜而遺玄珠之根此則潛身者易㠯爲活而離本者難與永存也馮夷不遇海若則不㠯己爲小雲將不失于其鴻濛則無㠯知其少由斯言之自是者不章自建者不立守其有者有據持其無者無執月弦則滿日朝則襲咸池不留陽谷之上而懸車之後將入也故求得者喪爭明者失無欲者自足空虛者受實夫山靜而谷深者自然之道也得之道而正者君子之實也是㠯作智造巧者害于物明是考非者危其身修飾㠯顯潔者惑于生畏死而崇生者失一作亂其貞故自然之理不得作天地不泰而日月爭隨朝夕失期而晝夜無分競逐趨利舛倚橫馳父子不合君臣乖離故復言㠯求信者梁下之誠也克己㠯爲人者郭外之仁也竊其雉經者此句誤亡家之子也刳腹割肌者亂國之臣也曜菁華被沆瀣者昏世之士也履霜露蒙塵埃者貪冒之民也潔己㠯尤世修身㠯明洿者誹謗之屬也繁稱是非背質追文者迷罔之倫也誠

一作成非媚悅㠯容求孚故被珠玉㠯赴水火者桀紂之終也含菽采薇交餓而死顏夷之窮也是㠯名之塗開則忠信之誠薄是非之辭著則醇厚之情爍也故至道之極混一不分同爲一體乃失無聞伏羲氏結繩神農教耕逆之者死順之者生又安知貪洿之爲罰而貞白之爲名乎使至德之要無外而已大均淳固不貳其紀清靜寂寞空豁㠯俟善惡莫之分是非無所爭故萬物反其所而得其情也儒墨之後堅白並起吉凶連物得失在心結徒聚黨辯說相侵昔大齊之雄三晉之士嘗相與瞋目張膽分別此矣咸㠯爲百年之生難致而日月之蹉無常皆盛僕馬脩衣裳美珠玉飾帷牆出媚君上入欺父兄矯厲才智競逐縱橫家㠯慧子殘國㠯才臣亡故不終其天年而大自割繁其于世俗也是㠯山中之木本大而莫傷復或作吹萬數竅一作物相和忽焉自已夫雁之不存無其質而濁其文死生無變而龜之見寶知吉凶也故至人清其

闕當作闕

質而濁其文。死生無變而未始有云。夫別言者。懷道之談也。折辯者。毀德之端也。氣分者。一身之疾也。二心者。萬物之患也。故夫裝束馬軾者。行以離支。（一作交）慮在成敗者。坐而求敵。踰阻攻險者。趙氏之人也。舉山塡海者。燕楚之人也。莊周見其若此。故述道德之妙。敘無爲之本。寓言以廣之。假物以延之。聊以娛無爲之心。而逍遙于一世。豈將以希咸陽之門。而與稷下爭辯也哉。夫善接人者。導焉而已。無所逆之。故公孟季子衣繡而見。墨子弗攻。中山子牟心在魏闕。而詹子不距。因其所以來。用其所以至。循而泰之。使自居之。發而開之。使自舒之。且莊周之書。何足道哉。猶未聞夫太始之論。玄古之微言乎。直能不害于物。而形以生。物無所毀。而神以清。形神在我。而道德成。忠信不離。而上下平。茲容今談而同古。齊說而意殊。是心能守其本。而口發不相須也。于是二三子者。風搖波蕩。相視膴脈。亂次而退。蹣跌失迹。隨而望之耳。其（或作）後頗亦以是知其無實。喪氣而慚愧于衰僻也。（本集。又略見藝文類聚三十七。）

全三國文卷四十五終

烏程嚴可均校輯

魏四十六

阮籍三

樂論

劉子問曰。孔子云。安上治民。莫善于禮。移風易俗。莫善于樂。夫禮者男女之所㠯別。父子之所㠯成。君臣之所㠯立。百姓之所㠯平也。爲政之具。靡先于此。故安上治民。莫善于禮也。夫金石絲竹鍾鼓管絃之音。干戚羽旄進退俯仰之容。有之何益于政。無之何損于化。而曰移風易俗。莫善于樂乎。阮先生曰。善哉子之問也。昔者孔子著其都乎。且未舉其略也。今將爲子論其凡。而子自備詳焉。夫樂者。天地之體。萬物之性也。合其體。得其性。則和。離其體。失其性。則乖。昔者聖人之作樂也。將㠯順天地之性。體萬物之生也。

故定天地八方之音。㠯迎陰陽八風之聲。均黃鍾中和之律。開羣生萬物之情氣。故律呂協則陰陽和。音聲適而萬物類。男女不易其所。君臣不犯其位。四海同其觀。九州一其節。奏之圜丘而天神下降。奏之方岳而地祇上應。天地合其德。則萬物合其生。刑賞一作罰不用。而民自安矣。乾坤易簡。故雅樂不煩。道德平淡。故無聲無味。不煩則陰陽自通。無味則百物自樂。日遷善成化而不自知。風俗移易而同于是樂。此自然之道。樂之所始也。其後聖人不作。道德荒壞。政法不立。智慧擾物。化廢欲行。各有風俗。故造子一作始之敎。謂之風。習而行之。謂之俗。楚越之風好勇。故其俗輕死。鄭衛之風好淫。故其俗輕蕩。輕死。故有火焰赴水之歌。輕蕩。故有桑間濮上之曲。各歌其所好。各詠其所爲。欲之者流涕。聞之者歎息。背而去之。無不慷慨。懷永日之娛。抱長夜之歎。相聚而合之。羣而習之。靡靡無已。棄父子之親。弛君臣之制。匱一作遺室家之禮。廢耕農之

能當作俗

業。忘終身之樂。崇淫縱之俗。故江淮之南。其民好殘。漳汝之間。其民好奔。吳有雙劍之節。趙有扶琴之客。氣發于中。聲入于耳。手足飛揚。不覺其駭。好勇則犯上。淫放則棄親。犯上則君臣逆。棄親則父子乖。乖逆交爭。則患生禍起。禍起而意愈異。患生而慮不同。故八方殊風。九州異俗。乖離分背。莫能相通。音異氣別。曲節不齊。故聖人立調適之音。建平和之聲。制便事之節。定順從之容。使天下之爲樂者。莫不儀焉。自上㠯下。降殺有等。至于庶人。咸皆聞之。歌謠者詠先王之德。頫仰者習先王之容。器具者象先王之式。度數者應先王之制。入于心。淪于氣。心氣和洽。則風俗齊一。聖人之爲進退頫仰之容也。將㠯屈形體。服心意。便所修。安所事也。歌詠詩曲。將㠯宣平和。著不逮也。鍾鼓所㠯節耳。羽旄所㠯制目。聽之者不傾。視之者不衺。耳目不傾不衺。則風俗移易。故移風易俗。莫善于樂也。故八音有本體。五聲有自然。其同物者。㠯大小相君。有自

然。故不可亂。大小相君。故可得而平也。若夫空桑之琴。雲和之瑟。孤竹之管。泗濱之磬。其物皆調和淯均者。聲相宜也。故必有常處。㠯大小相君。應黃鍾之氣。故必有常數。有常處。故其器一作氣貴重。有常數。故其制不妄。貴重故可得㠯事神。不妄故可得㠯化人。其物係天地之象。故不可妄造。其凡似遠物之音。故不可妄易。雅頌有分。故人神不雜。節會有數。故曲折不亂。周旋有度。故頫仰不惑。歌詠有主。故言語不悖。導之㠯善。綏之㠯和。守之㠯衷。持之㠯久。散其羣。比其文。扶其夭。助其壽。使去風能之偏。習歸聖王之大化。先王之爲樂也。將㠯定萬物之情。一天下之意也。故使其聲平。其容和。下不思上之聲。君不欲臣之色。上下不爭。而忠義成。夫正樂者。所㠯屛淫聲也。故樂廢則淫聲作。漢哀帝不好音。罷省樂府。而不知制正禮。樂法不修。淫聲遂起。張放淯于長驕縱過度。丙彊景武當益或作當溢于世。罷樂之後。下移踰肆。身不是好。而淫亂愈甚者。

禮不設也刑教一體禮樂外內也刑弛則教不獨行禮廢則樂無所立尊卑有分上下有等謂之禮人安其生情意無哀謂之樂車服旌旗宮室飲食禮之具也鐘磬鞞鼓琴瑟歌舞藝文類聚四十無歌舞二字疑此衍樂之器也禮踰其制則尊卑乖樂失其序則親疏亂禮定其象樂平其心禮治其外樂化其內禮樂正而天下平昔衞人求繁纓曲縣而孔子歎息蓋惜禮壞而樂崩也夫鍾者聲之主也縣者鍾之制也鍾失其制則聲失其主主制無常則怪聲並出盛衰之代相及古今之變若一故聖教廢毀則聰慧之人並造奇音景王喜大鍾之律平公好師延之曲公卿大夫拊手嗟歎庶人羣生踴躍思聞正樂遂廢鄭聲大興雅頌之詩不講而妖淫之曲是尋延年造傾城之歌而孝武思嬿嫚之色雍門作松柏之音愍王念未寒之服故猗靡哀思之音發愁怨偷薄之辭興則人後有縱欲奢侈之意人後有內顧自奉之心是㠯君子惡大陵之歌憎北里之舞

也昔先王制樂非㠯縱耳目之觀崇曲房之嬿也必通天地之氣靜萬物之神也固上下之位定性命之眞也故清廟之歌詠成功之績賓饗之詩稱禮讓之則百姓化其善異俗服其德此淫聲之所㠯薄正樂之所㠯貴也然禮與變俱樂與時化故五帝不同制三王各異造非其相反應時變也夫百姓安服淫亂之聲殘壞先王之正故後王必更作樂各宜其功德于天下通其變使民不倦然但改其名目變造歌詠至于樂聲平和自若故黃帝詠雲門之神少昊歌鳳鳥之迹咸池大英之名旣變而黃鍾之宮不改易故達道之化者可與審樂好音之聲者不足與論律也舜命夔與典樂敎胄子㠯中和之德也詩言志歌詠言聲依詠律和聲八音克諧無相奪倫神人㠯和又曰予欲聞六律五聲八音在治忽㠯出納五言女聽夫煩手淫聲汩湮心耳乃忘平和君子弗聽言正樂通平易簡心澄氣清㠯聞音律出納五言也夔曰戛擊鳴球搏拊

琴瑟㠯詠祖考來格虞賓在位羣后德讓下管鼗鼓合止柷敔笙鏞㠯閒鳥獸蹌蹌簫韶九成鳳凰來儀夔曰於予擊石拊石百獸率舞言天下治平萬物得所音聲不譁漠然未兆故衆官皆和也故孔子在齊聞韶三月不知肉味言至樂使人無欲心平氣定不㠯肉爲滋味也㠯此觀之知聖人之樂和而已矣自西陵青陽之樂皆取之竹聽鳳凰之鳴尊長風之象采大林之缺當時之所不見百姓之所希聞故天下懷其德而化其神也夫雅樂周通則萬物和質靜則聽不淫易簡則節制令一作全神靜重則服人心此先王造樂之意也自後衰末之爲樂也其物不眞其器不固其制不信取于近物同于人閒各求其好恣意所存閭里之聲競高永巷之音爭先童兒相聚㠯詠富貴芻牧負戴㠯歌賤貧君臣之職未廢而一人懷萬心也當夏后之末興一作輿女萬人衣㠯文繡食㠯糧肉端噪晨歌聞之者憂戚天下苦其殃百姓傷其毒殷之季君

亦奏斯樂酒池肉林夜㠯繼日然咨嗟之音未絕而敵國已收其琴瑟矣滿堂而飲酒樂奏而流涕此非皆有憂者也則此樂非樂也當王居臣之時奏新樂于廟中聞之者皆爲之悲咽桓帝聞楚琴悽愴傷心倚扆而悲本作倚房從續漢五行志注藝文類聚四十四改又御覽五百七十七作倚戶五百七十九作倚扆慷慨長息曰善哉乎爲琴若此一而已足矣順帝上恭陵過樊衢聞鳥鳴而悲泣下橫流曰善哉鳥鳴使左右吟之曰使絲聲若是豈不樂哉夫是謂㠯悲爲樂者也誠㠯悲爲樂則天下何樂之有天下無樂而有陰陽調和災害不生亦已難矣樂者使人精神平和衰氣不入天地交泰遠物來集初學記遠作百故謂之樂也今則流涕感動噓唏傷氣寒暑不適庶物不遂雖出絲竹宜謂之哀柰何俛仰歎息㠯此稱樂乎昔季流子向風而鼓琴聽之者泣下沾襟弟子曰善哉鼓琴亦已妙矣季流子曰樂謂之善哀謂之傷吾爲哀傷非爲善樂也㠯此言之絲竹不必爲樂歌詠不必爲善

也故墨子之非樂也悲夫以哀爲樂者胡亥耽哀不變故願爲黔首李斯隨哀不返故思逐狡兔嗚呼君子可不鑒之哉（本集又略見續漢五行志注藝文類聚四十又四十四初學記十五御覽三百九十二五百七十七五百七十九）琵琶箏笛間促而聲高琴瑟之體間遼而聲埤（文選嵇康琴賦注）

大人先生傳

大人先生蓋老人也不知姓字陳天地之始言神農黃帝之事昭然也莫知其生年之數嘗居蘇門之山故世或謂之閒養性延壽與自然齊光其視堯舜之所事若手中耳以萬里爲一步以千歲爲一朝行不赴而居不處求乎大道而無所寓先生以應變順和天地爲家運去勢隤魁然獨存自以爲能足與造化推移故默探道德不與世同之自好者非之無識者怪之不知其變化神微也而先生不以世之非怪而易其務也先生以爲中區之在天下曾不若蠅蚊之著帷故終不以爲事而極意乎異方奇域遊覽觀樂非世所見徘徊無所終極遺其書于蘇門之山而去天下莫知其所如往也或遺大人先生書曰天下之貴莫貴于君子服有常色貌有常則言有常度行有常式立則磬折拱若（一作則）抱鼓動靜有節趨步商羽進退周旋咸有規矩心若懷冰戰戰慄慄束身修行日慎一日擇地而行唯恐遺失誦周孔之遺訓歎唐虞之道德唯法是脩唯禮是克手執珪璧足履繩墨行欲爲目前檢言欲爲無窮則少稱鄉閭長聞邦國上欲圖三公下不失九州牧故挾金玉垂文組享尊位取茅土揚聲名于後世齊功德于往古奉事君上牧養百姓退營私家育長妻子卜吉宅慮乃億祉遠禍近福永堅固已此誠士君子之高致古今不易之美行也今先生乃被髮而居巨海之中與若君子者遠吾恐世之歎（或作笑）先生而非之也行爲世所笑身無由自達則可謂恥辱矣身處困苦之地而行爲世俗之所笑吾爲先生不取也于是大人先生乃逌然而歎（一作笑）假

雲霓而應之曰若之云尚何通哉夫大人者乃與造物同體天地並生逍遙浮世與道俱成變化散聚不常其形天地制域于內而浮明開達于外天地之永固非世俗之所及也吾將爲汝言之往者天嘗在下地嘗在上反覆顛倒未之安固焉得不失度式而常之天因地動山陷川起雲散震壞六合失理汝又焉得擇地而行趨步商羽往者羣氣爭存萬物死慮支體不從身爲泥土根拔枝殊咸失其所汝又焉得束身脩行磬折抱鼓李牧功而身死伯宗忠而世絕進求利以喪身營爵賞而家滅汝又焉得挾金玉萬億祇奉君上而全妻子乎且汝獨不見夫虱之處于褌之中乎深縫匿乎壞絮自以爲吉宅也行不敢離縫際動不敢出褌襠自以爲得繩墨也飢則嚙人自以爲無窮食也然炎斤火流焦邑滅都羣虱死于褌中而不能出汝君子之處區之內亦何異夫虱之處褌中乎悲夫而乃自以爲遠禍近福堅無窮也亦觀夫陽烏遊于塵外而鷦鷯戲于蓬芠小大固不相及汝又何以爲若君子聞于余乎且近者夏喪于商周播之劉耿薄爲墟豐鎬成丘至人來一顧而世代相酬厥居未定他人也（一作己）有汝之茅土將誰與久是以主人不處而居不修而治日月爲正陰陽爲期豈希情乎世繫累于一時來東雲駕西風與陰守雌據陽爲雄志得欲從物莫之窮又何不能自達而畏夫世笑哉昔者天地開闢萬物並生大者恬其性細者靜其形陰藏其氣陽發其精害無所避利無所爭放之不失收之不盈亡不爲夭存不爲壽福無所得禍無所咎各從其命以度相守明者不以智勝闇者不以愚敗弱者不以迫畏強者不以力盡蓋無君而庶物定無臣而萬事理保身修性不違其紀惟茲若然故能長久今汝造音以亂聲作色以詭形外易其貌內隱其情懷欲以求多詐僞以要名君立而虐興臣設而賊生坐制禮法束縛下民欺愚誑拙藏智自神強者睽眂而淩暴弱者憔悴

淫當作搖

而事人假廉而成貪內險而外仁罪至不悔過幸遇則自矜馳此以奏除故循（一作滯）而不振夫無貴則賤者不怨無富則貧者不爭各足于身而無所求也恩澤無所歸則死敗無所仇奇聲不作則耳不易聽淫色不顯則目不改視耳目不相易改則無以亂其神矣此先世之所至止也今汝尊賢以相高競能以相尙爭勢以相君寵貴以相加驅天下以趣之此所以上下相殘也竭天地萬物之至以奉聲色無窮之欲此非所以養百姓也于是懼民之知其然故重賞以喜之嚴刑以威之財匱而賞不供刑盡而罰不行乃始有亡國戮君潰散之禍此非汝君子之爲乎汝君子之禮法誠天下殘賊亂危死亡之術耳而乃目以爲美行不易之道不亦過乎今吾乃飄颻于天地之外與造化爲友朝飡湯谷夕飲西海將變化遷易與道周始此之于萬物豈不厚哉故不通于自然者不足以言道闇于昭昭者不足與達明子之謂也先生既申若言

天下之喜奇者異之忼慨者高之其不知其體不見其情猜耳其道虛僞之名莫識其眞弗達其情雖異而高之與嚮之非怪者蔑如也至人者不知乃貴不見乃神神貴之道存乎內而萬物運于外矣故天下終而不知其用也逌乎有宗（或作宋）扶淫之野有隱士焉見之而喜自以爲均志同行也曰善哉吾得之見而舒憤也上古質樸淳厚之道已廢而末枝遺華並興豺虎貪虐羣物無辜以害爲利殞性亡軀吾不忍見也故去而處茲人不可與爲儔不若與木石爲鄰安期逃乎蓬山角李潛乎丹水（一作山）鮑焦立以枯槁萊維去而逌死亦由茲夫吾將抗志顯高遂終于斯禽生而獸死埋形而遺骨不復反余之生乎夫志均者相求好合者齊與夫子同之于是先生乃舒虹霓以蕃塵傾雪蓋以蔽明倚瑤廂而徘徊總衆轡而安行顧而謂之曰太初眞人惟天之根專氣一志萬物以存退不見後進不覩先發西北而造制啟東南以爲門微道而

以德久娛樂跨天地而處尊夫然成吾體也是以不避物而處所覩則寍不以物爲累所逌則成彷徉足以舒其意浮騰足以逞其情故至人無宅天地爲客至人無主天地爲所至人無事天地爲故無是非之別無善惡之異故天下被其澤而萬物所以熾也若夫惡彼而好我自是而非人忿激以爭求貴志而賤身伊禽生而獸死尚何顯而獲榮悲夫子之用心也薄安利以忘生要求名以喪體誠與彼其無詭何枯槁而逌死子之所好何足言哉吾將去子矣乃揚眉而蕩目振袖而撫裳令綏轡而縱策遂風起而雲翔彼人者瞻之而垂泣自痛其志衣草木之皮伏于巖石之下懼不終夕而死先生過神宮而息漱吳泉而行迴乎逌而遊覽焉見薪于阜者歎曰汝將焉以是終乎哉薪者曰是終我乎不以是終我乎且聖人無懷何其哀夫盛衰變化常不于茲藏器于身伏以俟時孫刖足以擒龐睢折脅而乃休百里困而相嬴牙既老而弼周

既顚倒而更來兮固先窮而後收秦破六國并兼其地夷滅諸侯南面稱帝姱盛色崇靡麗鑿南山以爲闕表東海以爲門門萬室而不絕圖無窮而永存美宮室而盛帷幄擊鍾鼓而揚其章廣苑囿而深池沼興渭北而建咸陽驪木曾未及成林而荊棘已蕪乎阿房時代存而迭處故先得而後亡山東之徒虜遂起而王天下由此視之窮達詎可知邪且聖人以道德爲心不以富貴爲志以無爲用不以人物爲事尊顯不加重貧賤不自輕失不自以爲辱得不自以爲榮木根挺而枝遠葉繁茂而華零無窮之死猶一朝之生身之多少又何足營因歎而歌曰日沒不周西月出丹淵中陽精蔽不見陰光代爲雄亭亭在須臾厭厭將復東離合雲霧兮往來如飄風富貴俛仰閒貧賤何必終留侯起亡虜威武赫夷荒召平封東陵一旦爲布衣枝葉托根柢死生同盛衰得志從命升失勢與時隤寒暑代征邁變化更相推禍福無常主何憂身無歸

遐逌之逌當作遊

鴨當作暢

推茲由斯（缺）負薪又何哀先生聞之笑曰雖不及大庶免小矣乃
歌曰天地解兮六合開星辰霣兮日月隤我騰而上將何懷衣弗
襲而服美佩弗飾而自章上下徘徊兮誰識吾常遂去而遐浮肆
雲轝興氣蓋徜徉回翔兮漭瀁之外建長星㠯爲旗兮擊雷霆之
硠磕開不周而出車兮出（一作步）九野之夷泰坐中州而一顧兮望
崇山而迴邁端余節而飛旃兮縱心慮乎荒裔擇（或作釋）前者而弗
修兮馳蒙間而遠逌棄世務之衆爲兮何細事之足賴虛形體而
輕舉兮精微妙而神豐命夷羿使寬日兮召忻來使緩風攀扶桑
之長枝兮登扶搖之隆崇躍潛飄之冥昧兮洗光曜之昭明遺衣
裳而弗服兮服雲氣而遂行朝造駕乎湯谷兮夕息馬乎長泉時
崦嵫而易氣兮輝若華㠯照冥左朱陽㠯舉麾兮右玄陰㠯建旗
變容飾而改度遂騰竊㠯修征陰陽更而代邁四時奔而相逌惟
仙化之倏忽兮心不樂乎久留驚風奮而遺樂兮雖雲起而忘憂

忽電消而神逌兮歷寥廓而遐逌佩日月㠯舒光兮登徜徉而上
浮壓前進于彼逌兮將步足乎虛州掃紫宮而陳席兮坐帝室而
忽會酬萃衆音而奏樂兮聲驚渺而悠悠五帝舞而再屬兮六神
歌而代周樂啾啾肅肅洞心達神超遙茫茫心往而忘反慮大而
志矜局（或作粤）大人微而弗復兮揚雲氣而上陳召大幽之玉女兮
接上王之美人體雲氣之逌鴨兮服太清之淑眞合歡情而微授
兮先豔溢其若神華姿熚㠯俱發兮采色煥其竝振傾玄鬢而垂
鬢兮曜紅顏而自新時曖曃而將逝兮風飄颻而振衣雲氣解而
霧離兮靄奔散而永歸心惝惘而遙思兮眇迴目而弗晞揚清風
㠯爲旗兮翼旋軫而反衍騰炎陽而出疆兮命祝融而使遣驅玄
冥㠯攝堅兮蓐收秉而先戈勾芒奉轂浮驚朝霞寥廓茫茫而靡
都兮邈無儔而獨立倚瑤廂而一顧兮哀下土之憔悴分是非㠯
爲行兮又何足與比類霓旌飄兮雲旗藹樂遊兮出天外大人先

生被髮飛鬌衣方離之衣繞紱陽之帶含奇芝嚼甘華噏浮霧飧
霄霞興朝雲颺春風奮乎太極之東遊乎崑崙之西遺轡隤策流
眄乎唐虞之都惘然而思悵爾若忘慨然而歎曰嗚呼時不若歲
歲不若天天不若道道不若神神者自然之根也彼句句者自㠯
爲貴夫世矣而惡知夫世之賤乎茲哉故與世爭貴貴不足尊與
世爭富富不足先必超世而絕羣遺俗而獨往登乎太始之前覽
乎忽漠之初慮周流于無外志浩蕩而遂舒飄颻于四運翻翱翔
乎八隅欲從肆而彷彿浣瀁而靡拘細行不足㠯爲毀聖賢不足
㠯爲譽變化移易與神明扶廓無外㠯爲宅周宇宙㠯爲廬彊八
維而處安據制物㠯永居夫如是則可謂富貴矣是故不與堯舜
齊德不與湯武竝功王許不足㠯爲匹陽丘豈能與比縱天地且
不能越其壽廣成子曾何足與竝容激八風㠯揚聲躡元吉之高
蹤被九天㠯開除兮來雲氣㠯馭飛龍專上下㠯制統兮殊古今

而靡同夫世之名利胡足㠯累之哉故提齊而蹴楚挈趙而蹈秦
不滿一朝而天下無人東西南北莫之與鄰悲夫子之修飾㠯余
觀之將焉存乎于茲先生乃去之紛泱莽軋洋泬衍溢歷度重
淵跨青天顧而逌覽焉則有逍遙㠯永年無存忽合散而下臻分
離蕩瀁瀁洋洋飆涌（一作踊）雲浮達于搖光直馳鶩乎太初之中而
休息乎無爲之宮太初何如無後無先莫究其極誰識其根邈渺
綿綿乃反復乎大道之所存莫暢其究誰曉其根辟九靈而求索
曾何足㠯自隆登其萬天而通觀浴大始之和風漱逍遙㠯遠逌
遵大路之無窮遺太乙而弗使陵天地而徑行超濛鴻而遠迹左
蕩莽而無涯右幽悠而無方上遙聽而無聲下修視而無章施無
有而宅神永太清乎敖翔崔巍高山勃玄雲朔風橫厲白雪紛積
冰若陵寒傷人陰陽失位日月隤地坼石裂林木摧大冷陽凝寒
傷懷陽和微弱隆陰竭海凍不流綿絮折呼噏不通寒傷裂氣并

代動變如神。寒倡孰隨害傷人。熙與真人懷太清。精神專一用意平。寒暑勿傷莫不驚。憂患靡由素氣寍。浮霧淩天恣所經。往來微妙路無傾。好樂非世又何爭。人且皆死我獨生。真人遊駕八龍。曜日月。載雲旗。徘徊逌樂所之。真人遊。太階夷。口原辟。天門開。雨濛濛。風飄飄。登黃山。出栖遲。江河清洛無埃。雲氣消。真人來。真人來。惟樂哉。時世易。好樂隤。真人去。與天回。反未央。延年壽。口獨敖。世望我。何時反。超漭漭。路日遠。先生從此去矣。天下莫知其所終極。蓋陵天地而與浮明遊遊。無始終自然之至真也。鶗鴂不踰濟洛不渡汶。世之常人亦由此矣。曾不通區域。又況四海之表。天地之外哉。若先生者。已天地爲卵耳。如小物細人欲論其長短。議其是非。豈不哀也哉。

搏赤猿帖

僕不想欲倒夢搏赤猿。其力甚于貔虎。良久反覆。余乃覩天背地覩窮。赤當不爽。但僕之不達。安得不憂。吉乎孰我。凶乎詳告。三月阮籍白䌰君。李懷琳七賢帖。

孔子誄

養徒三千。升堂七十。潛神演思。因史作書。考混元于無形。本造化于太初。御覽一

弔某公文

沈漸荼酷。仁義同違。如何不弔。玉碎冰摧。

全三國文卷四十六終

全三國文卷四十七

烏程嚴可均校輯

魏四十七

嵇康一

康字叔夜譙國銍人尚魏宗室長樂亭主除郎中拜中散大夫景元二年吕荅山濤書忤司馬昭尋坐吕安事誅有集十五卷

琴賦并序

余少好音聲長而翫之吕爲物有盛衰而此無變滋味有猒而此不勌可吕導養神氣宣和情志處窮獨而不悶者莫近于音聲也是故復之而不足則吟詠吕肆志吟詠之不足則寄言吕廣意然八音之器歌舞之象歷世才士竝爲之賦頌其體制風流莫不相襲稱其材幹則吕危苦爲上賦其聲音則吕悲哀爲主美其感化則吕垂涕爲貴麗則麗矣然未盡其理也推其所由佀元不解音

聲覽其旨趣亦未達禮樂之情也衆器之中琴德最優故綴敘所懷吕爲之賦其辭曰

惟椅梧之所生兮託峻嶽之崇岡披重壤吕誕載兮參辰極而高驤含天地之醇和兮吸日月之休光鬱紛紜吕獨茂兮飛英蕤于昊蒼夕納景于虞淵兮旦晞幹于九陽經千載吕待價兮寂神跱而永康且其山川形勢則盤紆隱深磪嵬岑嵓亙嶺巉巖岞崿嶇崯丹崖嶮巇青壁萬尋若乃重巘增起偃蹇雲覆邈隆崇吕極壯崛巍巍而特秀蒸靈液吕播雲據神淵而吐溜爾乃顛波奔突狂赴爭流觸巖觝隈鬱怒彪休洶涌騰薄奮沫揚濤瀄汨澎湃蜿蟺相糾放肆大川濟乎中州安回徐邁寂爾長浮澹乎洋洋縈抱山丘詳觀其區土之所產毓奧宇之所寶殖珍怪琅玕瑤瑾翕赩叢集累積奐衍于其側若乃春蘭被其東沙棠殖其西涓子宅其陽玉醴涌其前玄雲蔭其上翔鸞集其巔清露潤其膚惠風流其閒

竦肅肅吕靜謐密微微其清閑夫所吕經營其左右者固吕自然神麗而足思願愛樂矣于是遯世之士榮期綺季之疇乃相與登飛梁越幽壑援瓊枝陟峻崿吕遊乎其下周旋永望邈若淩飛邪睨崑崙俯闞海湄指蒼梧之迢遞臨迴江之威夷悟時俗之多累仰箕山之餘輝羨斯嶽之弘敞心慷慨吕忘歸情舒放而遠覽接軒轅之遺音慕老童于騩隅欽泰容之高吟顧茲梧而興慮思假物吕託心乃斲孫枝准量所任至人攄思制爲雅琴乃使離子督墨匠石奮斤夔襄薦法般倕騁神鎪會裛廁朗密調均華繪彫琢布藻垂文錯吕犀象藉吕翠綠絃吕園客之絲徽吕鍾山之玉爰有龍鳳之象古人之形伯牙揮手鍾期聽聲華容灼爚發采揚明何其麗也伶倫比律田連操張進御君子新聲憀亮何其偉也及其初調則角羽俱起宮徵相證參發竝趣上下累應踸踔磥硌美聲將興固吕和昶而足耽矣爾乃理正聲奏妙曲揚白雪發清角

紛淋浪吕流離奐淫衍而優渥粲奕奕而高逝馳岌岌吕相屬沛騰遌而競趣翕韡曄而繁縟狀若崇山又象流波浩兮湯湯鬱兮峩峩怫愲煩冤紆餘婆娑陵縱播逸霍濩紛葩檢容授節應變合度競名擅業安軌徐步洋洋習習聲烈遐布含顯媚吕送終飄餘響乎泰素若乃高軒飛觀廣夏閑房冬夜肅清朗月垂光新衣翠粲纓徽流芳于是器泠絃調心閑手敏觸攙如志唯意所擬初涉淥水中奏清徵雅昶唐堯終詠微子寬明弘潤優遊躇跱拊絃安歌新聲代起歌曰淩扶搖兮憩瀛洲要列子兮爲好仇餐沆瀣兮帶朝霞眇翩翩兮薄天遊齊萬物兮超自得委性命兮任去留激清響吕赴會何絃歌之綢繆于是曲引向闌衆音將歇改韻易調奇弄乃發揚和顏攘皓腕飛纖指吕馳騖紛纚譶吕流漫或徘徊顧慕擁鬱抑按盤桓毓養從容祕翫闥爾奮逸風駭雲亂牢落凌厲布濩半散豐融披離斐韡奐爛英聲發越采采粲粲或閒聲錯

䅥狀若詭赴雙美竝進騈馳翼驅初若將乖後卒同趣或曲而不屈直而不倨或相凌而不亂或相離而不殊時劫掎㠯慷慨或怨媚而躊躇忽飄颻㠯輕邁乍留聯而扶疏或參譚繁促復疊攢仄從橫駱驛奔遯相逼拊嗟累讚間不容息瑰豔奇偉殫不可識若乃閑舒都雅洪纖有宜清和條昶案衍陸離穆溫柔㠯怡懌婉順敘而委蛇或乘險投會邀隙趨危嚶若離鵾鳴清池翼若游鴻翔曾崖紛文斐尾慊縿離纚微風餘音靡靡猗猗或摟擺櫟捋縹繚潎冽輕行浮彈明嫿瞭慧疾而不速留而不滯翩緜飄邈微音迅逝遠而聽之若鸞鳳和鳴戲雲中迫而察之若衆葩敷榮曜春風既豐贍㠯多姿又善始而令終嗟姣妙㠯弘麗何變態之無窮若夫三春之初麗服㠯時乃攜友生㠯遨㠯嬉涉蘭圃登重基背長林翳華芝臨清流賦新詩嘉魚龍之逸豫樂百卉之榮滋理重華之遺操慨遠慕而長思若乃華堂曲宴密友近賓蘭肴兼御旨酒

清醇進南荆發西秦紹陵陽度巴人變用雜而竝起竦衆聽而駭神料殊功而比操豈笙籥之能倫若次其曲引所宜則廣陵止息東武太山飛龍鹿鳴鵾雞遊絃更唱迭奏聲若自然流楚窈窕懲躁雪煩下逮謠俗蔡氏五曲王昭楚妃千里別鶴猶有一切承間簉乏亦有可觀者焉然非夫曠遠者不能與之嬉遊非夫淵靜者不能與之閑止非夫放達者不能與之無吝非夫至精者不能與之析理也若論其體勢詳其風聲器和故響逸張急故聲清間遼故音庳絃長故徽鳴性絜靜㠯端理含至德之和平誠可㠯感盪心志而發洩幽情矣是故懷戚者聞之莫不憯懍慘悽愀愴傷心含哀懊咿不能自禁其康樂者聞之則欨愉懽釋抃舞踊溢留連瀾漫嗢噱終日若和平者聽之則怡養悅悆淑穆玄眞恬虛樂古棄事遺身是㠯伯夷㠯之廉顏回㠯之仁比干㠯之忠尾生㠯之信惠施㠯之辯給萬石㠯之訥愼其餘觸類而長所致非一同歸殊塗或文或質總中和㠯統物咸日用而不失其感人動物蓋亦弘矣于時也金石寢聲匏竹屏氣王豹輟謳狄牙喪味天吳踊躍于重淵王喬披雲而下墜舞鸑鷟于庭階游女飄焉而來萃感天地㠯致和況蚑行之衆類嘉斯器之懿茂詠茲文㠯自慰永服御而不厭信古今之所貴

亂曰愔愔琴德不可測兮體清心遠邈難極兮良質美手遇今世兮紛綸翕響冠衆藝兮識音者希孰能珍兮能盡雅琴唯至人兮文選藝文類聚四十四本集

酒賦

重酎至清淵凝水潔滋液全備芬芳□□書鈔一百四十八

水當作冰

蠶賦

食桑而吐絲前亂而後治御覽八百十四

懷香賦序

余㠯太簇之月登于歷山之陽仰眺崇岡俯察幽坂及覩懷香生蒙楚之間曾見斯草植于廣廈之庭或被帝王之囿怪其遐棄遂遷而樹于中堂華麗則殊采婀娜芳實則可㠯藏之書又感其棄本高崖委身階庭佀傅說顯殷四叟歸漢故因事義賦之藝文類聚八十一

卜疑

有弘達先生者恢廓其度寂寥疏闊方而不制廉而不劌超世獨步懷玉被褐交不苟合仕不期達常㠯爲忠信篤敬直道而行之可㠯居九夷遊八蠻浮滄海踐河源甲兵不足忌猛獸不爲患是㠯機心不存泊然純素從容縱肆遺忘好惡㠯天道爲一指不識品物之細故也然而大道既隱智巧滋繁世俗膠加人情萬端利之所在若鳥之追鸞富爲積蠹貴爲聚怨動者多累靜者鮮患爾乃思丘中之隱士樂川上之執竿也于是遠念長想超然自失郢

寍舒之寍當作將

在當作立

人既沒。誰爲吾質。聖人吾不得見。冀聞之于數術。乃適太史貞父之廬而訪之曰。吾有所疑。願子卜之。貞父乃危坐操蓍。拂几陳龜。曰。君何㠯命之。先生曰。吾寍發憤陳誠。讜言帝庭。不屈王公乎。將卑懦委隨。承旨倚靡。爲面從乎。寍愷悌弘覆。施而不德乎。將進趣世利。苟容偷合乎。寍隱居行義。推至誠乎。將崇飾矯誣。養虛名乎。寍斥逐凶佞。守正不傾。明否臧乎。將傲倪滑稽。挾智任術。爲智囊乎。寍與王喬赤松爲侶乎。將進伊摯而友尚父乎。寍隱鱗藏彩。若淵中之龍乎。寍舒翼揚聲。若雲間之鴻乎。寍外化其形。內隱其情。屈身隨時。陸沈無名。雖在人間。實處冥冥乎。將激昂爲清。銳思爲精。行與世異。心與俗幷。所在必聞。恆營營乎。寍寥落閒放。無所矜尚。彼我爲一。不爭不讓。遊心皓素。忽然坐忘。追羲農而不及。行中路而惆悵乎。將慷慨㠯爲壯。感慨㠯爲亮。上干萬乘。下凌將相。尊嚴其容。高自矯抗。常如失職。懷恨怏怏乎。寍聚貨千億。擊鍾鼎食。枕藉芬芳。婉孌美色乎。將苦身竭力。翦除荊棘。山居谷飲。倚巖而息乎。寍如伯奮仲堪。二八爲偶。排擯共鯀。令失所乎。將如箕山之夫。潁水之父。輕賤唐虞而笑大禹乎。寍如泰伯之隱德潛讓而不揚乎。將如季札之顯節義。慕爲子臧乎。寍如老聃之清淨微妙。守玄抱一乎。將如莊周之齊物變化。洞達而放逸乎。寍如夷吾之不忝束縛。而終在霸功乎。將如魯連之輕世肆志。高談從容乎。寍如市南子之神勇內固。山淵其志乎。將如毛公藺生之龍驤虎步。慕爲壯士乎。此誰得誰失。何凶何吉。時移俗易。好貴慕名。臧文不讓位于柳季。公孫不歸美于董生。賈誼一當于明主。絳灌作色而揚聲。況今千龍並馳。萬驥徂征。紛紜交競。逝若流星。敢不惟思。謀于老成哉。太史貞父曰。吾聞至人不相。達人不卜。若先生者。文明在中。見素表璞。內不愧心。外不負俗。交不爲利。仕不謀祿。鑒乎古今。滌情蕩欲。夫如是。呂梁可㠯遊。湯谷可㠯浴。方將觀大鵬于南溟。又何憂于人間之委曲。本集。案此擬卜居。

與山巨源絕交書

康白。足下昔稱吾于潁川。吾常謂之知言。然經怪此意尚未熟悉于足下。何從便得之也。前年從河東還。顯宗阿都說足下議㠯吾自代。事雖不行。知足下故不知之。足下傍通。多可而少怪。吾直性狹中。多所不堪。偶與足下相知耳。閒聞足下遷。惕然不喜。恐足下羞庖人之獨割。引尸祝㠯自助。手薦鸞刀。漫之羶腥。故具爲足下陳其可否。吾昔讀書。得幷介之人。或謂無之。今乃信其眞有耳。性有所不堪。眞不可强。今空語同知有達人無所不堪。外不殊俗。而內不失正。與一世同其波流。而悔吝不生耳。老子莊周。吾之師也。親居賤職。柳下惠東方朔。達人也。安乎卑位。吾豈敢短之哉。又仲尼兼愛。不羞執鞭。子文無欲卿相。而三登令尹。是乃君子思濟物之意也。所謂達能兼善而不渝。窮則自得而無悶。㠯此觀之。故堯舜之君世。許由之巖棲。子房之佐漢。接輿之行歌。其揆一也。仰瞻數君。可謂能遂其志者也。故君子百行。殊塗而同致。循性而動。各附所安。故有處朝廷而不出。入山林而不反之論。且延陵高子臧之風。長卿慕相如之節。志氣所託。不可奪也。吾每讀尚子平臺孝威傳。慨然慕之。想其爲人。少加孤露。母兄見驕。不涉經學。性復疏嬾。筋駑肉緩。頭面常一月十五日不洗。不大悶癢。不能沐也。每常小便而忍不起。令胞中略轉乃起耳。又縱逸來久。情意傲散。簡與禮相背。嬾與慢相成。而爲儕類見寬。不攻其過。又讀莊老。重增其放。故使榮進之心日頹。任實之情轉篤。此由禽鹿少見馴育。則服從教制。長而見羈。則狂顧頓纓。赴蹈湯火。雖飾㠯金鑣。饗㠯嘉肴。逾思長林。而志在豐草也。阮嗣宗口不論人過。吾每師之。而未能及。至性過人。與物無傷。唯飲酒過差耳。至爲禮法之士所繩。疾之如讎。幸賴大將軍保持之耳。吾不如嗣宗之資。而有慢弛之闕。又不識人情闇于機宜無萬石之愼而有好盡之累久與事接疵釁日興雖欲無患其可得乎又人倫有禮朝廷有法自惟至熟有必不堪者七甚不可者二臥喜晚起而當關呼之不置一不堪也抱琴行吟弋釣草野而吏卒守之不得妄動二不堪也危坐一時痺不得搖性復多蝨把搔無已而當裹㠯章服揖拜上官三不堪也素不便書又不喜作書而人閒多事堆案盈机不相酬荅則犯敎傷義欲自勉強則不能久四不堪也不喜弔喪而人道㠯此爲重已爲未見恕者所怨至欲中傷者雖瞿然自責然性不可化欲降心順俗則詭故不情亦終不能獲無咎無譽如此五不堪也不喜俗人而當與之共事或賓客盈坐鳴聲聒耳囂塵臭處千變百伎在人目前六不堪也心不耐煩而官事鞅掌機務纏其心世故繁其慮七不堪也又每非湯武而薄周孔在人閒不止此事會顯世敎所不容此甚不可一也剛腸疾惡輕肆直言遇事便發此甚不可二也㠯促中小心之性統此九患不有外難當有內病寍可久處人閒邪又聞道士遺言餌朮黃精令人久壽意甚信之遊山澤觀魚鳥心甚樂之一行作吏此事便廢安能舍其所樂而從其所懼哉夫人之相知貴識其天性因而濟之禹不偪伯成子高全其節也仲尼不假蓋于子夏護其短也近諸葛孔明不偪元直㠯入蜀華子魚不强幼安㠯卿相此可謂能相終始眞相知者也足下見直木必不可㠯爲輪曲者不可㠯爲桷蓋不欲㠯枉其天才令得其所也故四民有業各㠯得志爲樂唯達者爲能通之此足下度內耳不可自見好章甫强越人㠯文冕也己嗜臭腐養鴛雛㠯死鼠也吾頃學養生之術方外榮華去滋味遊心于寂寞㠯無爲爲貴縱無九患尚不顧足下所好者又有心悶疾頃轉增篤私意自試不能堪其所不樂自卜已審若道盡塗窮則已耳足下無事冤之令轉于溝壑也吾新失母兄之歡意常悽切女年十三男年

八歲未及成人況復多病顧此悢悢如何可言今但願守陋巷敎養子孫時與親舊敘闊陳說平生濁酒一盃彈琴一曲志願畢矣足下若嬲之不置不過欲爲官得人㠯益時用耳足下舊知吾潦倒麤疎不切事情自惟亦皆不如今日之賢能也若㠯俗人皆喜榮華獨能離之㠯此爲快此最近之可得言耳然使長才廣度無所不淹而能不營乃可貴耳若吾多病困欲離事自全㠯保餘年此眞所乏耳豈可見黃門而稱貞哉若趣欲共登王塗期于相致時爲懽益一旦迫之必發其狂疾自非重怨不至于此也野人有快炙背而美芹子者欲獻之至尊雖有區區之意亦已疏矣願足下勿似之其意如此既㠯解足下并㠯爲別嵇康白文選本集又見晉書本傳藝文類聚二十一並有刪節又李懷琳七賢帖亦有刪改

與呂長悌絕交書巽字長悌

時上脫年字

康白昔與足下時相比㠯故數面相親足下篤意遂成大好由是許足下㠯至交雖出處殊塗而歡愛不衰也及中閒少知阿都志力開悟文選嵇康與山巨源絕交書注作志力閑華每喜足下家復有此弟而阿都去年向吾有言誠忿足下意欲發舉吾深抑之亦自恃每謂足下不足迫之故從吾言閒令足下因其順親蓋惜足下門戶欲令彼此無恙也又足下許吾終不繫都㠯子父六人爲誓吾乃慨然感足下重言慰解都都遂釋然不復興意足下陰自阻疑密表繫都先首服誣都此爲都故信吾又無言何意足下苞藏禍心邪都之含忍足下實由吾言今都獲罪吾爲負之吾之負都由足下之負吾也悵然失圖復何言哉若此無心復與足下交矣古之君子絕交不出醜言從此別矣臨別恨恨嵇康白

繫當作擊 六人二字當作交

臨別之別當作書

琴贊

懿吾雅器載樸靈山體具德貞情和自然澡㠯春雪澹若洞泉溫乎其仁玉潤外鮮昔在黃農神物㠯臻穆穆重華紀㠯五絃閑邪

納正。壹塵其濕。宣和養氣。（初學記十六作養素。）介乃遐年。（北堂書鈔一百九。）

全三國文卷四十七終

全三國文卷四十八

烏程嚴可均校輯

魏四十八

嵇康二

養生論

世或有謂神仙可㠯學得不死可㠯力致者或云上壽百二十古今所同過此㠯往莫非妖妄者此皆兩失其情請試粗論之夫神仙雖不目見然記籍所載前史所傳較而論之其有必矣佀特受異氣稟之自然非積學所能致也至于導養得理㠯盡性命上獲千餘歲下可數百年可有之耳而世皆不精故莫能得之何㠯言之夫服藥求汗或有弗獲而愧情一集渙然流離終朝未餐則囂然思食而曾子銜哀七日不飢夜分而坐則低迷思寢內懷殷憂則達旦不瞑勁刷理鬢醇醴發顏僅乃得之壯士之怒赫然殊觀植髮衝冠由此言之精神之于形骸猶國之有君也神躁于中而形喪于外猶君昏于上國亂于下也夫爲稼于湯之世偏有一溉之功者雖終歸燋爛必一溉者後枯然則一溉之益固不可誣也而世常謂一怒不足㠯侵性一哀不足㠯傷身輕而肆之是猶不識一溉之益而望嘉穀于旱苗者也是㠯君子知形恃神㠯立神須形㠯存悟生理之易失知一過之害生故修性㠯保神安心㠯全身愛憎不棲于情憂喜不留于意泊然無感而體氣和平又呼吸吐納服食養身使形神相親表裏俱濟也夫田種者一畝十斛謂之良田此天下之通稱也不知區種可百餘斛田種一也至于樹養不同則功收相懸謂商無十倍之價農無百斛之望此守常而不變者也且豆令人重榆令人瞑合歡蠲忿萱草忘憂愚智所共知也薰辛害目豚魚不養常世所識也蝨處頭而黑麝食柏而香頸處險而癭齒居晉而黃推此而言凡所食之氣蒸性染身莫

不相應豈惟蒸之使重而無使輕害之使闇而無使明薰之使黃而無使堅芬之使香而無使延哉故神農曰上藥養命中藥養性者誠知性命之理因輔養㠯通也而世人不察惟五穀是見聲色是耽目惑玄黃耳務淫哇滋味煎其府藏醴醪鬻其腸胃香芳腐其骨髓喜怒悖其正氣思慮銷其精神哀樂殃其平粹夫㠯蕞爾之軀攻之者非一塗易竭之身而外內受敵身非木石其能久乎其自用甚者飲食不節㠯生百病好色不倦㠯致乏絕風寒所災百毒所傷中道夭于衆難世皆知笑悼謂之不善持生也至于措身失理亡之于微積微成損積損成衰從衰得白從白得老從老得終悶若無端中智㠯下謂之自然縱少覺悟咸歎恨于所遇之初而不知慎衆險于未兆是由桓侯抱將死之疾而怒扁鵲之先見㠯覺痛之日爲受病之始也害成于微而救之于著故有無功之治馳騁常人之域故有一切之壽仰觀俯察莫不皆然㠯多自證㠯同自慰謂天地之理盡此而已矣縱聞養生之事則斷㠯所見謂之不然其次狐疑雖少庶幾莫知所由其次自力服藥半年一年勞而未驗志㠯厭衰中路復廢或益之㠯畎澮而泄之㠯尾閭欲坐望顯報者或抑情忍欲割棄榮願而嗜好常在耳目之前所希在數十年之後又恐兩失內懷猶豫心戰于內物誘于外交賒相傾如此復敗者夫至物微妙可㠯理知難㠯目識譬猶豫章生七年然後可覺耳今㠯躁競之心涉希靜之塗意速而事遲望近而應遠故莫能相終夫悠悠者既㠯未效不求而求者㠯不專喪業偏恃者㠯不兼無功追術者㠯小道自溺凡若此類故欲之者萬無一能成也善養生者則不然矣清虛靜泰少私寡欲知名位之傷德故忽而不營非欲而彊禁也識厚味之害性故棄而弗顧非貪而後抑也外物㠯累心不存神氣㠯醇白獨著曠然無憂患寂然無思慮又守之㠯一養之㠯和和理日濟同乎大順然後

恕當作庶

後當作厚

蒸吕靈芝潤吕醴泉晞吕朝陽綏吕五絃無爲自得體妙心玄忘歡而後樂足遺生而後身存若此吕往恕可與羨門比壽王喬爭年何爲其無有哉文選、藝文類聚七十五

荅向子期難養生論

荅曰所吕貴知而尚動者吕其能益生而厚身也然欲動則悔吝生知行則前識立前識立則志開而物遂悔吝生則患積而身危二者不藏之于內而接于外祇足吕災身非所吕厚生也夫嗜欲雖出于人而非道之正猶木之有蝎雖木之所生而非木之宜也故蝎盛則木朽欲勝則身枯然則欲與生不竝立名與身不俱存略可知矣而世未之悟吕順欲爲得生雖有後生之情而不識生生之理故動之死地也是吕古之人知酒肉爲甘鴆棄之如遺識名位爲香餌逝而不顧使動足資生不濫于物知正其身不營于外背其所害向其所利此所吕用智遂生之道也故智之爲美美

其益生而不羨生之爲貴貴其樂和而不交豈可疾智而輕身勤欲而賤生哉且聖人寶位吕富貴爲崇高者蓋謂人君貴爲天子富有四海民不可無主而存主不能無尊而立故爲天下而尊君位不爲一人而重富貴也又曰富與貴是人之所欲者蓋爲季世惡貧賤而好富貴也未能外榮華而安貧賤且抑使由其道而不爭不可令其力爭故許其心競中庸不可得故與其狂狷此俗談耳不言至人當貪富貴也聖人不得已而臨天下吕萬物爲心在宥羣生由身吕道與天下同于自得穆然吕無事爲業坦爾吕天下爲公雖居君位饗萬國恬若素士接賓客也雖建龍旂服華袞忽若布衣之在身故君臣相忘于上烝民家足于下豈勸百姓之尊已割天下吕自私吕富貴爲崇高心欲之而不已哉且子文三顯色不加悅柳惠三黜容不加戚何者令尹之尊不若德義之貴三黜之賤不傷沖粹之美二子嘗得富貴于其身終不吕人爵嬰

除當作條

心故視榮辱如一由此言之豈云欲富貴之情哉請問錦衣繡裳不陳乎闇室者何必顧衆而動吕毀譽爲歡戚也夫然則欲之患其得得之懼其失苟患失之無所不至矣在上何得不驕持滿何得不溢求之何得不苟得之何得不失邪且君子出其言善則千里之外應之豈在于多欲吕貴得哉奉法循理不絓世網吕無罪自尊吕不仕爲逸遊心乎道義偃息乎卑室恬愉無遌而神氣除達豈須榮華然後乃貴哉耕而爲食蠶而爲衣衣食周身則餘天下之財猶渴者飲河快然吕足不羨洪流豈待積斂然後乃富哉君子之用心若此蓋將吕名位爲贅瘤資財爲塵垢也安用富貴乎故世之難得者非財也非榮也患意之不足耳意足者雖耦耕甽畝被褐啜菽豈不自得不足者雖養吕天下委吕萬物猶未愜然則足者不須外不足者無外之不須也無不須故無往而不乏無所須故無適而不足不吕榮華肆志不吕隱約趨俗混乎與萬

後當作求

當當作常

物竝行不可寵辱此眞有富貴也故遺貴欲貴者賤及之故忘富欲富者貪得之理之然也今居榮華而憂雖與榮華偕老亦所吕終身長愁耳故老子曰樂莫大于無憂富莫大于知足此之謂也

難曰感而思室飢而後食自然之理也誠哉是言今不使不室不食但欲令室食得理耳夫不慮而欲性之動也識而後感智之用也性動者遇物而當足則無餘智用者從感而求勌而不已故世之所患禍之所由常在于智用不在于性動今使瞽者遇室則西施與嫫母同情憒者忘味則糟糠與精粺等甘豈識賢愚好醜吕愛憎亂心哉君子識智吕無恆傷生欲吕逐物害性故智用則收之吕恬性動則糾之吕和使智上于恬性足于和然後神吕默醇體吕和成去累除害與彼更生所謂不見可欲使心不亂者也縱令滋味當染于口聲色已開于心則可吕至理遣之多算勝之何吕言之也夫欲官不識君位思室不擬親戚何者知其所不得則

節下脫者字

審當作奪下脫者字

也然下脫松柏之生各以良植遂性若養松于灰壤十六字樹之下脫于字

不當生心也故嗜酒者自抑于鴆醴貪食者忍飢于漏脯知吉凶之理故背之不惑棄之不疑也豈恨向不得酣飲與大嚼哉且逆旅之妾惡者㠯自惡爲貴美者㠯自美得賤美惡之形在目而貴賤不同是非之情先著故美惡不能移也苟云理足于內乘一㠯御外何物之能默哉由此言之性氣自和則無所困于防閑情志自平則無鬱而不通世之多累由見之不明耳又常人之情遠雖大莫不忽之近雖小莫不存之夫何故哉誠㠯交賒相奪識見異情也三年喪不內御禮之禁也莫有犯者酒色乃身之讎也莫能棄之由此言之禮禁雖小不犯身讎雖大不棄然使左手據天下之圖右手旋害其身雖愚夫不爲明天下之輕于其身酒色之輕于天下又可知矣而世人㠯身殉之斃而不悔此㠯所重而要所輕豈非背賒而趣交邪智者則不然矣審輕重然後動量得失㠯居身交賒之理同故備遠如近愼微如著獨行衆妙之門故終始

無虞此與夫耽欲而快意者何殊聞哉難曰聖人窮理盡性宜享遐期而堯孔上獲百年下者七十豈復疏于導養乎案論堯孔雖稟命有限故導養㠯盡其壽此則窮理之致不爲不養生得百年也且仲尼窮理盡性㠯至七十田父㠯六弊蠢愚有百二十者若㠯仲尼之至妙資田父之至拙則千歲之論奚所怪哉且凡聖人有損己爲世表行顯功使天下慕之三徙成都者或菲食勤躬經營四方心勞形困趣步失節或奇謀潛稱爰及干戈威武殺伐功利爭奮或修身㠯明汙顯智㠯驚愚藉名高于一世取準的于天下又勤誨善誘聚徒三千口勌談議身疲磬折形若救孺子視若營四海神馳于利害之端心鶩于榮辱之塗俛仰之閒已再撫宇宙之外者若比之于內視反聽愛氣嗇精明白四達而無執無爲遺世坐忘㠯寶性全眞吾所不能同也今不言松柏不殊于楡柳也然則中年枯隕樹之重崖則榮茂日新此亦毓形之一觀也竇

賢下脫者字

何下脫至字

公無所服御而致百八十豈非鼓琴和其心哉此亦養神之一徵也火蠶十八日寒蠶三十日餘㠯不得踰時之命而將養有過倍之隆溫肥者早終涼瘦者遲竭斷可識矣圉馬養而不乘用皆六十歲體疲者速彫形全者難斃又可知矣富貴多殘伐之者衆也野人多壽傷之者寡也亦可見矣今能使目與瞽者同功口與聵者等味遠害生之具御益性之物則始可與言養性命矣難曰神農唱粒食之始鳥獸㠯之飛走生民㠯之視息今不言五穀非神農所唱也既言上藥又唱五穀者㠯上藥希寡艱而難致五穀易殖農而可久所㠯濟百姓而繼夭閼也並而存之唯賢志其大不肖者志其小耳此同出一人至當歸止痛用之不已耒耜墾辟從之不輟何養命蔑而不議此殆翫所先習怪于所未知且平原則有棗栗之屬池沼則有菱芡之類雖非上藥猶于黍稷之篤恭也豈云視息之具唯立五穀哉又曰黍稷惟馨實降神祇蘋蘩蘊

藻非豐肴之匹潢汙行潦非重酎之對薦之宗廟感靈降祉是知神饗德之與信不㠯所養爲生猶九土述職各貢方物㠯效誠耳又曰肴糧入體益不踰旬㠯明宜生之驗此所㠯困其體也今不言肴糧無充體之益但謂延生非上藥之偶耳請借㠯爲難夫所知麥之善于菽稻之勝于稷由有效而識之假無稻稷之域必㠯菽麥爲珍養謂不可尚矣然則世人不知上藥良于稻稷猶守菽麥之賢于蓬蒿而必天下之無稻稷也若能仗藥㠯自永則稻稷之賤居然可知君子知其若此故準性理之所宜資妙物㠯養身植玄根于初九吸朝霞㠯濟神今若㠯肴酒爲壽則未聞高陽有黃髮之叟也若㠯充性爲賢則未聞鼎食有百年之賓也且冉生嬰疾顏子短折穰歲多病飢年少疾故狄食米而生癩瘡得穀而血浮馬秣粟而足重鴈食粒而身留從此言之鳥獸不足報功于五穀生民不足受德于田疇也而人竭力㠯營之殺身㠯爭之養

木當作朮

親戚尊則口菊苽粱聘享嘉會則肴饌旨酒而不知皆淖溺筋腋易糜速腐初雖甘香入身臭處竭辱精神染污六府鬱穢氣蒸自生災蠹饕淫所階百疾所附味之者口爽服之者短祚豈若流泉甘醴瓊蘂玉英金丹石菌紫芝黃精皆眾靈含英獨發奇生貞香難歇和氣充盈澡雪五臟疏徹開明吮之者體輕又練骸易氣染骨柔筋滌垢澤穢志陵青雲若此吕往何五穀之養哉且螟蛉有子果蠃負之性之變也橘渡江爲枳易土而變形之異也納所食之氣還質易性豈不能哉故赤斧吕練丹頳髮涓子吕木精久延偓佺吕松實（文選郭璞游仙詩注作柏實列仙傳作松實）方目赤松吕水玉乘煙務光吕蒲韭長耳邛疏吕石髓駐年方回吕雲母變化昌容吕蓬蔂易顏若此之類不可詳載也孰云五穀爲最而上藥無益哉又責千歲吕來目未之見謂無其人即問談者見千歲人何吕別之欲校之吕形則與人不異欲驗之吕年則朝菌無吕知晦朔蜉蝣無吕識靈龜然則千歲雖在市朝固非小年之所辨矣彭祖七百安期千年則狹見者謂書籍妄記劉根遐寢不食或謂偶能忍飢仲都冬倮而體溫夏裘而身涼桓譚謂偶耐寒暑李少君識桓公玉椀則阮生謂之逢占而知堯吕天下禪許由而揚雄謂好大爲之凡若此類上吕周孔爲關鍵畢志一誠下吕嗜欲爲鞭策欲罷不能馳驟于世教之內爭巧于榮辱之間吕多同自減思不出位使奇事絕于所見妙理斷于常論吕言變通達微未之聞也久愠閑居謂之無歡深恨無肴謂之自愁吕酒色爲供養謂長生爲無聊然則子之所吕爲歡者必結駟連騎食方丈于前也夫俟此而後爲足謂之天理自然者皆役身吕物喪志于欲原性命之情有累于所論矣夫渴者唯水之是見酌者唯酒之是求人皆知乎生于有疾也今若吕從欲爲得性則渴酌者非病淫湎者非過桀跖之徒皆得自然非本論所吕明至理之意也夫至理誠微善溺于世然

或可求諸身而後悟校外物吕知之者人從少至長降殺好惡有盛衰或稚年所樂壯而棄之始之所薄終而重之當其所悅謂不可奪值其所醜謂不可歡然還成易地則情變于初苟嗜欲有變安知今之所耽不爲臭腐曩之所賤不爲奇美邪假令厮養暴登卿尹則監門之類蔑而遺之由此言之凡所區區一域之情耳豈必不易哉又飢飡者于將獲所欲則悅情注心飽滿之後釋然疏之或有厭惡然則榮華酒色有可疏之時蚺蛇珍于越土中國遇而惡之黼黻貴于華夏裸國得而棄之當其無用皆中國之蚺蛇裸國之黼黻也吕大和爲至樂則榮華不足顧也吕恬澹爲至味則酒色不足欽也苟得意有地俗之所樂皆糞土耳何足戀哉今談者不覩至樂之情甘減年殘生吕從所願此則李斯背儒吕殉一朝之欲主父發憤思調五鼎之味耳且鮑肆自銜而賤蘭茝猶海鳥對太牢而長愁文侯聞雅樂而塞耳故吕榮華爲生具謂濟萬世不足吕喜耳此皆無主于內借外物吕樂之外物雖豐哀亦備矣有主于中吕內樂外雖無鐘鼓樂已具矣故得志者非軒冕也有至樂者非充屈也得失無吕累之耳且父母有疾在困而瘳則憂喜竝用矣由此言之不若無喜可知也然則樂豈非至樂邪故順天和吕自然吕道德爲師友翫陰陽之變化得長生之永久任自然吕託身竝天地而不朽者孰享之哉養生有五難名利不滅此一難也喜怒不除此二難也聲色不去此三難也滋味不絕此四難也神慮轉發此五難也五者必存雖心希難老口誦至言咀嚼英華呼吸太陽不能不迴其操不夭其年也五者無于胸中則信順日濟玄德日全不祈喜而有福不求壽而自延此養生大理之所效也然或有行踰曾閔服膺仁義動由中和無甚大之累便謂仁理已畢吕此自臧而不盪喜怒平神氣而欲卻老延年者未之聞也或抗志希古不榮名位因自高于馳騖或運智御世不

嬰禍故。㠯此自貴。此于用身。甫與鄉黨囗齒耆年同耳。㠯言存生。蓋闕如也。或棄世不羣。志氣和粹。不絕穀茹芝。無益于短期矣。或瓊糇既備。六氣竝御。而能含光內觀。凝神復樸。棲心于玄冥之崖。含氣于莫大之涘者。則有老可卻。有年可延也。凡此數者。合而爲用。不可相無。猶轅軸輪轄。不可一乏于輿也。然人若偏見。各備所患。單豹㠯營內致斃。張毅㠯趨外失中。齊㠯誠濟西取敗。秦㠯備戎狄自窮。此皆不兼之禍也。積善履信。世屢聞之。慎言語。節飲食。學者識之。過此㠯往。莫之或知。請㠯先覺語將來之覺者。本集。

全三國文卷四十八終

魏四十九

烏程嚴可均校輯

嵇康三

聲無哀樂論

念當作令

貴當作賁

有秦客問于東野主人曰。聞之前論曰。治世之音安㠯樂。亡國之音哀㠯思。夫治亂在政。而音聲應之。故哀思之情表于金石。安樂之象形于管絃也。又仲尼聞韶。識虞舜之德。季札聽絃。知眾國之風。斯已然之事。先賢所不疑也。今子獨㠯爲聲無哀樂。其理何居。若有嘉訊。今請聞其說。主人應之曰。斯義久滯。莫肯拯救。故念歷世濫于名實。今蒙啟導。將言其一隅焉。夫天地合德。萬物貴生。寒暑代往。五行㠯成。故章爲五色。發爲五音。音聲之作。其猶臭味在于天地之間。其善與不善。雖遭遇濁亂。其體自若而不變也。豈㠯愛憎易操。哀樂改度哉。及宮商集化。聲音克諧。此人心至願。情欲之所鍾。古人知情不可恣。欲不可極。因其所用。每爲之節。使哀不至傷。樂不至淫。斯其大較也。然樂云樂云。鍾鼓云乎哉。哀云哀云。哭泣云乎哉。因茲而言。玉帛非禮敬之實。歌舞非悲哀之主也。何㠯明之。夫殊方異俗。歌哭不同。使錯而用之。或聞哭而歡。或聽歌而感。然而哀樂之情均也。今用均同之情。案感本作戚又脫同字依世說文學篇注改補而發萬殊之聲。斯非音聲之無常哉。然聲音和比。感人之最深者也。勞者歌其事。樂者舞其功。夫內有悲痛之心。則激切哀言。言比成詩。聲比成音。雜而詠之。聚而聽之。心動于和聲。情感于苦言。嗟歎未絕。而泣涕流漣矣。夫哀心藏于苦心內。遇和聲而後發。和聲無象。而哀心有主。夫㠯有主之哀心。因乎無象之和聲。其所覺悟。唯哀而已。豈復知吹萬不同。而使其自已哉。風俗之流。遂成其政。是故國史明政教之得失。審國風之盛衰。吟詠情性。㠯諷其上。故

化當作比

極下脫故字

曰。亡國之音哀㠯思也。夫喜怒哀樂。愛憎慙懼。凡此八者。生民所㠯接物傳情。區別有屬。而不可溢者也。夫味㠯甘苦爲稱。今㠯甲賢而心愛。㠯乙愚而情憎。則愛憎宜屬我。而賢愚宜屬彼也。可㠯我愛而謂之愛人。我憎而謂之憎人。所喜則謂之喜味。所怒則謂之怒味哉。由此言之。則外內殊用。彼我異名。聲音自當㠯善惡爲主。則無關于哀樂。哀樂自當㠯情感。則無係于聲音。名實俱去。則盡然可見矣。且季子在魯。採詩觀禮。㠯別風雅。豈徒任聲㠯決臧否哉。又仲尼聞韶。歎其一致。是㠯咨嗟。何必因聲㠯知虞舜之德。然後歎美邪。今麤明其一端。亦可思過半矣。秦客難曰。八方異俗。歌哭萬殊。然其哀樂之情。不得不見也。夫心動于中。而聲出于心。雖託之于他音。寄之于餘聲。善聽察者。要自覺之。不使得過也。昔伯牙理琴。而鍾子知其所志。隸人擊磬。而子產識其心哀。魯人晨哭。而顏淵審其生離。夫數子者。豈復假智于常音。借驗于曲度哉。心戚者則形爲之動。情悲者則聲爲之哀。此自然相應。不可得逃。唯神明者能精之耳。夫能者不㠯聲眾爲難。不能者不㠯聲寡爲易。今不可㠯未遇善聽。而謂之聲無可察之理。見方俗之多變。而謂聲音無哀樂也。又云。賢不宜言愛。愚不宜言憎。然則有賢然後愛生。有愚然後憎成。但不當共其名耳。哀樂之作。亦有由而然。此爲聲使我哀。音使我樂也。苟哀樂由聲。更爲有實。何得名實俱去邪。又云。季子採詩觀禮。㠯別風雅。仲尼歎韶音之一致。是㠯咨嗟。是何言歟。且師襄奉操。而仲尼覩文王之容。師涓進曲。而子野識亡國之音。寍復講詩而後下言。習禮然後立評哉。斯皆神妙獨見。不待畱聞積日。而已綜其吉凶矣。是㠯前史㠯爲美談。今子㠯區區之近知。齊所見而爲限。無乃誣前賢之識微。負夫子之妙察邪。主人答曰。難云雖歌哭萬殊。善聽察者要自覺之。不假智于常音。不借驗于曲度。鍾子之徒云云是也。此爲心悲者雖談笑鼓舞。情

奉當作奏下同

歡者雖拊膺咨嗟。猶不能御外形㠯自匿。誺察者于疑似也。㠯爲就令聲音之無常。猶謂當有哀樂耳。又曰。季子聽聲。㠯知衆國之風。師襄奉操。而仲尼覩文王之容。案如所云。此爲文王之功德與風俗之盛衰。皆可象之于聲音。聲之輕重。可移于後世。襄涓之巧。能得之于將來。若然者。三皇五帝。可不絕于今日。何獨數事哉。若此果然也。則文王之操有常度。韶武之音有定數。不可雜㠯他變操㠯餘聲也。則向所謂聲音之無常。鍾子之觸類。于是乎躓矣。若音聲無常。鍾子觸類。其果然邪。則仲尼之識微。季札之善聽。固亦誣矣。此皆俗儒妄記。欲神其事而追爲耳。欲令天下惑聲音之道不言理㠯盡此。而推使神妙難知。恨不遇奇聽于當時。慕古人而自歎。斯所□大罔後生也。夫推類辨物。當先求之自然之理。理已定。然後借古義㠯明之耳。今未得之于心。而多恃前言㠯爲談證。自此㠯往。恐巧厤不能紀。又難云。哀樂之作。猶愛憎之由賢愚。此

爲聲使我哀。而音使我樂。苟哀樂由聲。更爲有實矣。夫五色有好醜。五聲有善惡。此物之自然也。至于愛與不愛。人情之變。統物之理。唯止于此。然皆無豫于內。待物而成耳。至夫哀樂自㠯事會先遘于心。但因和聲㠯自顯發。故前論已明其無常。今復假此談㠯正名號耳。不謂哀樂發于聲音。如愛憎之生于賢愚也。然和聲之感人心。亦猶酒醴之發人情也。酒㠯甘苦爲主。而醉者㠯喜怒爲用。其見歡戚爲聲發。而謂聲有哀樂。不可見喜怒爲酒使。而謂酒有喜怒之理也。秦客難曰。夫觀氣採色。天下之通用也。心變于內。而色應于外。較然可見。故吾子不疑。夫聲音。氣之激者也。心應感而動。聲從變而發。心有盛衰。聲亦降殺。同見役于一身。何獨于聲便當疑邪。夫喜怒章于色診。哀樂亦宜形于聲音。聲音自當有哀樂。但闇者不能識之。至鍾子之徒。雖遭無常之聲。則穎然獨見矣。今矇瞽面牆而不悟。離婁照秋毫于百尋。㠯此言之。則明闇殊能

矣。不可守咫尺之度。而疑離婁之察。執中庸之聽。而猜鍾子之聰。皆謂古人爲妄記也。主人荅曰。難云。心應感而動。聲從變而發。心有盛衰。聲亦降殺。哀樂之情。必形于聲音。鍾子之徒。雖遭無常之聲。則穎然獨見矣。必若所言。則濁質之飽。首陽之飢。卞和之冤。伯奇之悲。相如之含怒。不占之怖祇。千變百態。使各發一詠之歌。同啟數彈之微。則鍾子之徒。各審其情矣。爾爲聽聲者不㠯寡衆易思。察情者不㠯大小爲異。同出一身者。期于識之也。設使從下。則子野之徒。亦當復操律鳴管。㠯考其音。知南風之盛衰。別雅鄭之淫正也。夫食辛之與甚噱。薰目之與哀泣。同用出淚。使狄牙嘗之。必不言樂淚甜而哀淚苦。斯可知矣。何者。肌液肉汗。踧笮便出。無主于哀樂。猶簁酒之囊漉。雖笮具不同。而酒味不變也。聲俱一體之所出。何獨當含哀樂之理也。且夫咸池六莖。大章韶夏。此先王之至樂。所㠯動天地感鬼神。今必云聲音莫不象其體而傳其心。

凡下脫此字　荅當作若

言上脫忘字

此必爲至樂不可託之于瞽史。必須聖人理其絃管。爾乃雅音得全也。舜命夔擊石拊石。八音克諧。神人㠯和。㠯此言之。至樂雖待聖人而作。不必聖人自執也。何者。音聲有自然之和。而無係于人情。克諧之音。成于金石。至和之聲。得于管絃也。夫纖毫自有形可察。故離瞽㠯明闇異功耳。若乃㠯水濟水。孰異之哉。秦客難曰。雖衆喻有隱。足招攻難。然其大理當有所就。若葛盧聞牛鳴。知其三子爲犧。師曠吹律。知南風不競。楚師必敗。羊舌母聽聞兒啼。而審其喪家。凡數事皆效于上世。是㠯咸見錄載。推此而言。則盛衰吉凶莫不存乎聲音矣。今荅復謂之誣罔。則前言往記。皆爲棄物。無用之也。㠯言通論。未之或安。若能明斯所㠯。顯其所由。設二論俱濟。願重聞之。主人荅曰。吾謂能反三隅者。得意而言。是㠯前論略而未詳。今復煩循環之難。敢不自一竭邪。夫魯牛能知犧牲之喪生。哀三子之不存。含悲經年。訴怨葛盧。此爲心與人同。異于獸形耳。

能當作爲

弘當作知

國當作風

此又吾之所疑也且牛非人類無道相通若謂鳴獸皆能有口葛盧受性獨曉之此爲稱其語而論其事猶譯傳異言耳不爲考聲音而知其情則非所㠯爲難也若謂知者能當觸物而達無所不知今且先議其所易者請問聖人卒入胡域當知其所言否乎難者必曰知之知之之理何㠯明之願借子之難㠯立鑒識之域或當與關接識其言邪將吹律鳴管校其音邪觀氣採色知其心邪此爲知心自由氣色雖自不言猶將知之知之之道可不待言也若吹律校音㠯知其心假令心志于馬而誤言鹿察者固當由鹿㠯弘馬也此爲心不係于所言言或不足㠯證心也若當關接而知言此爲孺子學言于所師然後知之則何貴于聰明哉夫言非自然一定之物五方殊俗同事異號舉一名㠯爲標識耳夫聖人窮理謂自然可尋無微不照理蔽則雖近不見故異域之言不得強通推此㠯往葛盧之不知牛鳴得不全乎又難云師曠吹律知南風不競楚多死聲此又吾之所疑也請問師曠吹律之時楚國之風邪則相去千里聲不足達若正識楚國來入律中邪則楚南有吳越北有梁宋苟不見其原奚㠯識之哉凡陰陽憤激然後成風氣之相感觸地而發何得發楚庭來入晉乎且又律呂分四時之氣耳時至而氣動律應而灰移皆自然相待不假人㠯爲用也上生下生所㠯均五聲之和敘剛柔之分也然律有一定之聲雖冬吹中呂其音自滿而無損也今㠯晉人之氣吹無韻之律楚風安得來入其中與爲盈縮邪風無形聲與律不通則校理之地無取于風律不其然乎豈獨師曠多識博物自有㠯知勝敗之形欲固衆心而託㠯神微若伯常騫之許景公壽哉又難云羊舌母聽聞兒啼而審其喪家復請問何由知之爲神心獨悟闇語而當邪嘗聞兒啼若此其大而惡今之啼聲似昔之啼聲故知其喪家邪若神心獨悟闇語之當非理之所得也雖曰聽啼無取驗于兒聲

令當作今

體當作聽

聞當作閒

躁靜下脫專散爲謳瞽猶游戲于都肆則目濫而情放留察于曲度則思靜二十五字

矣若㠯嘗聞之聲爲惡故知今啼當惡此爲㠯甲聲爲度㠯校乙之啼也夫聲之于音猶形之于心也有形同而情乖貌殊而心均者何㠯明之聖人齊心等德而形狀不同也苟心同而形異則何言乎觀形而知心哉且口之激氣爲聲何異于籟籥納氣而鳴邪啼聲之善惡不由兒口吉凶猶琴瑟之清濁不在操者之工拙也心能辨理善談而不能令內籥調利猶瞽者能善其曲度而不能令器必清和也器不假妙瞽而良籥不因惠心而調然則心之與聲明爲二物二物之誠然則求情者不留觀于形貌揆心者不借聽于聲音也察者欲因聲㠯知心不亦外乎今晉母未得之于老成而專信昨日之聲㠯證今日之啼豈不誤中于前世好奇者從而稱之哉秦客難曰吾聞敗者不羞走所㠯全也吾心未厭而言難復更從其餘令平和之人聽箏笛琵琶則形躁而志越聞琴瑟之音則體靜而心閑同一器之中曲用每殊則情隨之變奏秦聲則歎羨而慷慨理齊楚則情一而思專肆姣弄則歡放而欲愜心爲聲變若此其衆苟躁靜由聲則何爲限其哀樂而但云至和之聲無所不感託大同于聲音歸衆變于人情得無知彼不明此哉主人荅曰難云琵琶箏笛令人躁越又云曲用每殊而情隨之變此誠所㠯使人常感也琵琶箏笛閒促而聲高變衆而節數㠯高聲御數節故使人形躁而志越猶鈴鐸警耳鍾鼓駭心故聞鼓鼙之音思將帥之臣蓋㠯聲音有大小故動人有猛靜也琴瑟之體聞遼而音埤變希而聲清㠯埤音御希變不虛心靜聽則不盡清和之極是㠯聽靜而心閑也夫曲用不同亦猶殊器之音耳齊楚之曲多重故情一變妙故思專姣弄之音挹衆聲之美會五音之和其體贍而用博故心侈于衆理五音會故歡放而欲愜然皆㠯單複高埤善惡爲體而人情㠯躁靜而容端此爲聲音之體盡于舒疾情之應聲亦止于躁靜耳夫曲用每殊而情之處變猶滋味

自當作各

喜怒下脫亦應二字

異美而口輒識之也五味萬殊而大同于美曲變雖衆亦大同于和美有甘和有樂然隨曲之情盡于和域應美之口絶于甘境安得哀樂于其閒哉然人情不同自師所解則發其所懷若言平和哀樂正等則無所先發故終得躁靜若有所發則是有主于內不爲平和也㠯此言之躁靜者聲之功也哀樂者情之主也不可見聲有躁靜之應因謂哀樂皆由聲音也且聲音雖有猛靜猛靜各有一和和之所感莫不自發何㠯明之夫會賓盈堂酒酣奏琴或忻然而歡或慘爾而泣非進哀于彼導樂于此也其音無變于昔而歡慼並用斯非吹萬不同耶夫唯無主于喜怒無主于哀樂故歡慼俱見若資偏固之音含一致之聲其所發明各當其分則焉能兼御羣理總發衆情耶由是言之聲音㠯平和爲體而感物無常心志㠯所俟爲主應感而發然則聲之與心殊塗異軌不相經緯焉得染太和于歡慼綴虛名于哀樂哉秦客難曰論云猛靜之

眞主當作直至

音各有一和和之所感莫不自發是㠯酒酣奏琴而歡慼並用此言偏并之情先積于內故懷歡者値哀音而發內慼者遇樂聲而感也夫音聲自當有一定之哀樂但聲化遲緩不可倉卒不能對易偏重之情觸物而作故令哀樂同時而應耳雖二情俱見則何損于聲音有定理耶主人荅曰難云哀樂自有定聲但偏重之情不可卒移故懷慼者遇樂聲而哀耳卽如所言聲有定分假使鹿鳴重奏是樂聲也而令感者遇之雖聲化遲緩但當不能使變令歡耳何得更㠯哀耶猶一爝之火雖未能溫一室不宜復增其寒矣夫火非隆寒之物樂非增哀之具也理絃高堂而歡慼並用者眞主和之發滯導情故令外物所感得自盡耳難云偏重之情觸物而作故令哀樂同時而應耳夫言哀者或見机杖而泣或覩輿服而悲徒㠯感人亡而物存痛事顯而形潛其所㠯會之皆自有由不爲觸地而生哀當席而淚出也今見机杖㠯致感聽和聲而

然自下脫以理成又非自六字

流涕者斯非和之所感莫不自發也秦客難曰論云酒酣奏琴而歡慼並用欲通此言故荅㠯偏情感物而發耳今且隱心而言明之㠯成效夫人心不歡則慼不慼則歡此情志之大域也然泣是慼之傷笑是歡之用蓋聞齊楚之曲者唯覩其哀涕之容而未曾見笑噱之貌此必齊楚之曲㠯哀爲體故其所感皆應其度量豈徒㠯多重而少變則致情一而思專耶若誠能致泣則聲音之有哀樂斷可知矣主人荅曰雖人情感于哀樂哀樂各有多少又哀樂之極不必同致也夫小哀容壞甚悲而泣哀之方也小歡顏悅至樂心愉樂之理也何㠯明之夫至親安豫則恬若自然所自得也及在危急僅然後濟則抃不及儛由此言之儛之不若向之自得豈不然哉至夫笑噱雖出于歡情然自然應聲之具也此爲樂之應聲㠯自得爲主哀之應感㠯垂涕爲故垂涕則形動而可覺自得則神合而無憂是㠯覩其異而不識其同別其外而未察其

和當作氣

內耳然笑噱之不顯于聲音豈獨齊楚之曲耶今不求樂于自得之域而㠯無笑噱謂齊楚體哀豈不知哀而不識樂乎秦客問曰仲尼有言移風易俗莫善于樂卽如所論凡百哀樂皆不在聲卽移風易俗果㠯何物耶又古人慎靡靡之風抑慆耳之聲故曰放鄭聲遠佞人然則鄭衞之音擊鳴球㠯協神人敢問鄭雅之體隆弊所極風俗移易奚由而濟幸重聞之㠯悟所疑主人應之曰夫言移風易俗者必承衰弊之後也古之王者承天理物必崇簡易之教御無爲之治君靜于上臣順于下玄化潛通天人交泰枯槁之類浸育靈液六合之內沐浴鴻流蕩滌塵垢羣生安逸自求多福默然從道懷忠抱義而不覺其所㠯然也和心足于內和氣見于外故歌㠯敘志儛㠯宣情然後文之㠯采章照之㠯風雅播之㠯八音感之㠯太和導其神氣養而就之迎其情性致而明之使心與理相順和與聲相應合乎會通㠯濟其美故凱樂之情見于

金石含弘光大顯于音聲也若㠯往則萬國同風芳榮濟茂馥如秋蘭不期而信不謀而誠穆然相愛猶舒錦綵而粲炳可觀也大道之隆莫盛于兹太平之業莫顯于此故曰移風易俗莫善于樂樂之爲體㠯心爲主故無聲之樂民之父母也至八音會諧人之所悅亦總謂之樂然風俗移易不在此也夫音聲和比人情所不能已者也是㠯古人知情之不可放故抑其所遁知欲之不可絕故因其所自爲可奉之禮制可導之樂口不盡味樂不極音揆終始之宜度賢愚之中爲之檢則使遠近同風用而不竭亦所㠯結忠信著不遷也故鄉校庠塾亦隨之變絲竹與俎豆竝存羽毛與揖讓俱用正言與和聲同發使將聽是聲也必聞此言將觀是容也必崇此禮禮猶賓主升降然後酬酢行焉于是言語之節聲音之度揖讓之儀動止之數進退相須共爲一體君臣用之于朝庶士用之于家少而習之長而不怠心安志固從善日遷然後臨之㠯敬持之㠯久而不變然後化成此又先王用樂之意也故朝宴聘享嘉樂必存是㠯國史採風俗之盛衰寄之樂工宣之管絃使言之者無罪聞之者足㠯自誡此又先王用樂之意也若夫鄭聲是音聲之至妙妙音感人猶美色惑志耽槃荒酒易㠯喪業自非至人孰能禦之先王恐天下流而不反故具其八音不瀆其聲絕其大和不窮其變捐窈窕之聲使樂而不淫猶大羹不和不極勺藥之味也若流俗淺近則聲不足悅又非所歡也若上失其道國喪其紀男女奔隨淫荒無度則風㠯此變俗㠯好成尚其所志則羣能肆之樂其所習則何㠯誅之託于和聲配而長之誠動于言心感于和風俗一成因而名之然所名之聲無中于淫邪也淫之與正同乎心雅鄭之體亦足㠯觀矣本集

全三國文卷四十九終

所欲下脫矜尚不存乎心故能越名教而任自然情不繫于所欲二十一字

貴生之生當作者

賢當作嫌

仁當作任

一作終于事與是俱而已十字衍

全三國文卷五十

烏程嚴可均校輯

魏五十

嵇康四

釋私論

夫稱君子者。心無措乎是非。而行不違乎道者也。何㠯言之。夫氣靜神虛者。心不存于矜尚。體亮心達者。情不繫于所欲。故能審貴賤而通物情。物情順通。故大道無違。越名任心。故是非無措也。是故言君子則㠯無措爲主。㠯通物爲美。言小人則㠯匿情爲非。㠯違道爲闕。何者。匿情矜吝。小人之至惡。虛心無措。君子之篤行也。是㠯大道言及吾無身。吾又何患。無㠯生爲貴者。是賢于貴生也。由斯而言。夫至人之用心。固不存有措矣。是故伊尹不惜賢于殷湯。故世濟而名顯。周旦不顧賢而隱行。故假攝而化隆。夷吾不匿情于齊桓。故國霸而主尊。其用心豈爲身而繫乎私哉。故管子曰。君子行道。忘其爲身。斯言是矣。君子之行賢也。不察于有度而後行也。仁心無邪。不議于善而後正也。顯情無措。不論于是而後爲也。是故傲然忘賢。而賢與度會。忽然任心。而心與善遇。儻然無措。而事與是俱也。故論公私者。雖云一作終于事與是俱而已志道存善。口無凶邪。無所懷而不匿者。不可謂無私。雖欲之伐善。情之違道。無所抱而不顯者。不可謂不公。今執必公之理。㠯繩不公之情。使夫雖爲善者。不離于有私。雖欲之伐善。不陷于不公。重其名而貴其心。則是非之情。不得不顯矣。是非必顯。有善者無匿情之不是。有非者不加不公之大非。無不是則善莫不得。無大非則莫過其非。乃所㠯救其非也。非徒盡善。亦所㠯厲不善也。夫善㠯盡善。非㠯救非。而況乎㠯是非之至者。故善之與不善。物之至者也。若處二物之閒。所往者必㠯公成而私敗。同用一器。而有成有敗。

乎當作也

獨當作猶

情下脫亦甚二字

禮當作理

時當作明

措下脫以致二字

夫公私者。成敗之途。而吉凶之門乎。故物至而不移者寡。不至而在用者衆。若質乎中人之性。運乎在用之質。而栖心古烈。擬足公塗。值心而言。則言無不是。觸情而行。則事無不吉。于是乎同之所措者。乃非所措也。俗之所私者。乃非所私也。言不計乎得失而遇善。行不準乎是非而遇吉。豈公成私敗之數乎。夫如是也。又何措之有哉。故里鳧顯盜。晉文愷悌。勃鞮號罪。忠立身存。繆賢吐釁。言納名稱。漸離告誠。一堂流涕。然數子皆㠯投命之禍。臨不測之機。表露心識。獨㠯安全。況乎君子無彼人之罪。而有其善乎。措善之情。其所病也。唯病病。是㠯不病。病而能療。亦賢于療矣。然事亦有似非而非非。類是而非是者。不可不察也。故變通之機。或有矜㠯至讓。貪㠯致廉。愚㠯成智。忍㠯濟仁。然矜吝之時。不可謂無廉。情一作猜忍之形。不可謂無仁。此似非而非非者也。或讒言似信。不可謂有誠。激盜似忠。不可謂無私。此類是而非是也。故乃論其用心。定其所趣。執其辭而準其禮。察其情㠯尋其變。肆乎所始。名其所終。則夫行私之情。不得因乎似非而容其非。淑亮之心。不得蹈乎似是而負其是。故實是㠯暫非而後顯。實非㠯暫是而後明。公私交顯。則行私者無所冀。而淑亮者無所負矣。行私者無所冀。則思改其非。立功者無所忌。則行之無疑。此大治之道也。故主妾覆醴。㠯罪受戮。王陵庭爭。而陳平順旨。于是觀之。非似非非者乎。明君子之篤行。顯公私之所在。闔堂盈階。莫不寓目而曰善人也。然背顏退議。而含私者。不復同耳。抱口而匿情不改者。誠神㠯喪于所惑。而體㠯溺于常名。心㠯制于所懾。而情有繫于所欲。咸自㠯爲有是。而莫賢乎已。未有功朞之慘駭。心之禍。遂莫能收情㠯自反。棄名㠯任實。乃心有是焉。匿之㠯私。志有善焉。措之爲惡。不措所措。而措所不措。不求所㠯不措之理。而求所㠯爲措之道。故時爲措而閑于措。是㠯不措爲拙。措爲工。唯懼隱之不微。唯患匿之不

泰當作恭

子字衍

嗇故有矜忤之容以觀常人矯飾之言以要俗譽謂永年良規莫盛于茲終日馳思莫闚其外故能成其私之體而喪其自然之質也于是隱匿之情必存乎心僞怠之機必形乎事若是則是非之議既明賞罰之實又篤不知冒陰之可以無景而患景之不匿不知無措（御覽四百二十九作無惜下句放此）之可以無患而患措之不巧豈不哀哉是以申侯苟順取棄楚泰宰嚭耽私卒享其禍由是言之未有抱隱顧私（藝文類聚二十二作抱僞懷姦御覽亦作抱僞）而身立清世匿非藏情而信著明君者也是以君子既有其質又觀其鑒貴夫亮達希而存之惡夫矜吝棄而遠之所措一非而內愧乎神賤隱一闕而外慙其形言無苟諱而行無苟隱不以愛之而苟善不以惡之而苟非心無所矜而情無所繫體清神正而是非允當忠感明于天子而信篤乎萬民寄胸懷于八荒垂坦蕩以永日斯非賢人君子高行之美異者乎或問曰第五倫有私乎哉曰昔吾兄子有疾吾一夕十往省

而反寐自安吾子有疾終朝不往視而通夜不得眠若是可謂私乎非私也答曰是非也非私也夫私以不言爲名公以盡言爲稱善以無名爲體非以有措爲負今第五倫顯情是非無私也矜往不眠是有非也無私而有非者無措之志也夫言無措者不齊于必盡也言多吝者不具于不言而已故多吝有非無措有是然無措之所以有是以志無所尚心無所欲達乎大道之情動以自然則無道以至非也抱一而無措則無私無非兼有二義乃爲絕美耳若非而能言者是賢于不言之私非無情以非之大者也今第五倫有非而能顯不可謂不公也所顯是非不可謂有措也有非而謂私不可謂不惑公私之理也（本集又略見晉書本傳藝文類聚二十二）

管蔡論

或問曰案記管蔡流言叛戾東都周公征討誅以凶逆頑惡顯著流名千里且明父聖兄曾不鑒凶愚于幼稚覺無良之子弟而乃

疑當作於

福當作禍

正下脫體古二字

朝議當作明義下脫也字

使理亂殷之弊民顯榮爵于藩國使惡積罪成終遇禍害于理不通心無所安願聞其說答曰善哉子之問也昔文武之用管蔡以實周公之誅管蔡以權權事顯實理沈故令時人全謂管蔡爲頑凶方爲吾子論之夫管蔡皆服教殉義忠誠自然是以文王列而顯之發旦二聖舉而任之非以情親而相私也乃所以崇德禮賢濟殷弊民綏輔武庚以興頑俗功業有績故曠世不廢名冠當時列爲藩臣逮至武卒嗣誦幼沖周公踐政率朝諸侯思光前載以隆王業而管蔡服教不達聖權卒遇大變不能自通忠疑乃心思在王室遂乃抗言率眾欲除國患翼存天子甘心毀旦斯乃愚誠憤發所以徵福也成王大悟周公顯復一化齊俗義以斷恩雖內信如心外體不立稱兵叛亂所惑者廣是以隱忍授刑流涕行誅示以賞罰不避親戚榮爵所顯必鍾盛德戮撻所施必加有罪斯乃爲教之正今之朝議管蔡雖懷忠抱誠要爲罪誅罪誅已顯不

誠當作承

頑凶下脫也頑凶三字

時當作明

目上脫有字

言下脫之字

樂當作無

得復理內必幽伏罪惡遂章幽章之路大殊故令奕世未蒙發起然論者誠名信行便以管蔡爲惡不知管蔡之惡乃所以令三聖爲不明也若三聖未爲不明則聖不祐惡而任頑凶不容于時世則管蔡無取私于父兄而見任必以忠良則二叔故爲淑善矣今若本三聖之用明思顯授之實理推忠賢之闇權論爲國之大紀則二叔之良乃顯三聖之用也以流言之故有緣周公之誅是矣且周公居攝邵公不悅推此言則管蔡懷疑未爲不賢而忠賢可不達權三聖未爲用惡而周公不得不誅若此三聖所用信良周公之誅得宜管蔡之心見理爾乃大義得通內外兼敘無相伐負者則時論亦得釋然而大解也（本集）

明膽論

有呂子者精義味道研覈是非以爲人有膽可樂明有明便有膽矣嵇先生以爲明膽殊用不能相生論曰夫元氣陶鑠眾生稟焉

違上脫則字
無疑當作所宜
海當作誨
予當作丁

賦受有多少。故才性有昬明。唯至人特鍾純美。兼周外内。無不畢備。降此已往。蓋闕如也。或明于見物。或勇于決斷。人情貪廉。各有所止。譬諸草木。區㠯別矣。兼之者博于物。偏受者守其分。故吾謂明膽異氣。不能相生。明㠯見物。膽㠯決斷。專明無膽。則雖見不斷。專膽無明。違理失機。故子家輭弱。陷于弒君。左師不斷。見逼華臣。皆智及之。而決不行也。此理坦然。非無疑滯。故略舉一隅。想不重疑。

呂子曰。敬覽衆論。可謂海亦不加者矣。折理貴約而盡情。何尚浮穢而迂誕哉。今子之論。乃引渾元㠯為喻。何遼遼而坦謾也。故直荅㠯人事之切要焉。漢之賈生。陳切直之策。奮危言之至。行之無疑。明所察也。忌鵩作賦。暗所惑也。一人之膽。豈有盈縮乎。蓋見與不見。故行之有果否也。子家左師。皆愚惑淺弊。明不徹達。故惑于曖昧。終于禍害。豈明見照察而膽不斷乎。故霍光懷沈勇之氣。履

于當作於
偕當作階

上將之任。職乎王賀之事。延年文生。夙無武稱。陳義奮辭。膽氣淩雲。斯其驗歟。及于期授首。陵母伏劍。明果之儔。若此萬端。欲詳而載之。不可勝言也。況有覩夷塗而無敢投足。偕雲路而疑于迄泰淸者乎。若思弊之倫。為能自託幽昧之中。棄身陷穽之間。如盜跖竄身于虎吻。穿窬先首于溝瀆。而暴虎馮河。愚敢之類。則能有之。是㠯余謂明無膽。無膽能偏守。易了之理。不在多喻。故不遠引繁言。若未反三隅。猶復有疑。思承後誨。得一騁辭。

夫論理性情。折引異同。固尋所受之終始。推氣分之所由。順端極末。乃不悖耳。今子欲棄置渾元。捃摭所見。此為好理綱目。而惡持綱領也。本論二氣不同。明不生膽。欲極論之。當令一人播無刺諷之膽。而有見事之明。故當有不果之害。非中人血氣無之。而復資之㠯明。二氣存一體。則明能運膽。賈誼是也。賈誼明膽。自足相經。故能濟事。誰言殊無膽。獨任明㠯行事者乎。子獨自作此言。㠯合

王下脫此勇二字
唯至下脫明能無所惑至膽七字
于當作於

其論也。忌鵩闇惑。明所不周。何害于膽乎。明旣㠯見物。膽能行之耳。明所不見。膽當何斷。進退相扶。可謂盈縮。就如此言。賈生陳策。明所見也。忌鵩作賦。闇所惑也。爾為明徹于前。而闇惑于後。有盈縮也。苟明有進退。膽亦何為不可偏乎。子然霍光有沈勇而戰于廢王。有所撓也。而子言一人膽豈有盈縮。此則是也。賈生闇鵩。明有所塞也。光懼廢立。勇有所撓也。夫唯至能無所虧耳。苟自非若此。誰無弊損乎。但當總有無之大略。而致論之耳。夫物㠯實見為主。延年奮發。勇義淩雲。此則膽也。而云夙無武稱。此為信宿稱而疑成事也。延年處議。明所見也。壯氣騰厲。勇之決也。此足㠯觀矣。子又曰。言明無膽。無膽能偏守。案子之言。此則有專膽之人。亦為膽特自一氣矣。五才存體。各有所生。明㠯陽曜。膽㠯陰凝。豈可為有陽而生陰。可無陽耶。雖相須㠯合德。要自異氣也。凡餘雜說。于期陵母暴虎云云。萬言致一。欲㠯何明耶。幸更詳思。不為辭費。而

制其之其當作爲

已矣。本集

難張遼叔自然好學論

夫民之性。好安而惡危。好逸而惡勞。故不擾則其願得。不逼則其志從。洪荒之世。大樸未虧。君無文于上。民無競于下。物全理順。莫不自得。飽則安寢。飢則求食。怡然鼓腹。不知為至德之世也。若此則安知仁義之端。禮律之文。及至人不存。大道陵遲。乃始作文墨。㠯傳其意。區別羣物。使有類族。造立仁義。㠯嬰其心。制其名分。㠯檢其外。勸學講文。㠯神其教。故六經紛錯。百家繁熾。開榮利之塗。故奔騖而不覺。是㠯貪生之禽。食園池之粱菽。求安之士。乃詭志㠯從俗。操筆執觚。足容蘇息。積學明經。㠯代稼穡。是㠯困而後學。學㠯致榮。計而後習。好而習成。有似自然。故令吾子謂之自然耳。推其原也。六經㠯抑引為主。人性㠯從容為歡。抑引則違其願。從欲則得自然。然則自然之得。不由抑引之六經。全性之本。不須犯

故下脫知字

未當作末

有當作古始當作治

情之禮律故仁義務于理僞非養眞之要術廉讓生于爭奪非自然之所出也由是言之則鳥不毀㠯求馴獸不羣而求畜則人之眞性無爲正當自然耽此禮學矣論又云嘉肴珍膳雖所未嘗嘗必美之適于口也處在闇室覩烝燭之光不教而悅得于心況㠯長夜之冥得照太陽情變鬱陶而發其蒙雖事㠯未來情㠯本應則無損于自然好學難曰夫口之于甘苦身之于痛癢感物而動應事而作不須學而後能不待借而後有此必然之理吾所不易也今子㠯必然之理喻未必然之好學則恐似是而非之議學如一粟之論于是乎在也今子立六經㠯爲準仰仁義㠯爲主㠯規矩爲軒駕㠯講誨爲哺乳由其途則通乖其路則滯遊心極視不覩其外終年馳騁思不出位聚族獻議唯學爲貴執書擿句俛仰咨嗟使服膺其言㠯爲榮華故吾子謂六經爲太陽不學爲長夜耳今若㠯明堂爲丙舍㠯誦諷爲鬼語㠯六經爲蕪穢㠯仁義爲臭腐覩文籍則目瞧修揖讓則變傴襲章服則轉筋譚禮典則齒齲于是兼而棄之與萬物爲更始則吾子雖好學不倦猶將闕焉則向之不學未必爲長夜六經未必爲太陽也俗語曰乞兒不辱馬醫若遇上有無文之始可不學而獲安不勤而得志則何求于六經何欲于仁義哉㠯此言之則今之學者豈不先計而後學苟計而後動則非自然之應也子之云云恐故得菖蒲葅耳

難張遼叔宅無吉凶攝生論

夫神祇遐遠吉凶難明雖中人自竭莫得其端而易㠯惑道故夫子寢答于來問終愼神怪而不言是㠯古人顯仁于物藏用于身知其不可衆所共非故隱之彼非所明也吾無意于庶幾而足下師心陋見斷然不疑繫決如此足㠯獨斷思省來論旨多不通謹因來言㠯生此難方推金木未知所在莫有食治世無自理之道法無獨善之術苟非其人道不虛行禮樂政刑經常外事猶有所

□徵當作有徵

疏況乎幽微者邪縱欲辨明神微祛惑起滯立端㠯明所出□斷㠯檢其要乃爲□徵若但撮提羣愚□□蠶種忿而棄之因謂無陰陽吉凶之理得無似噎而怨粒稼溺而責舟檝者邪論曰百年之宮不能令殤子壽孤逆魁岡不能令彭祖夭又曰許負之相條侯英布之黥而後王皆性命也應曰此爲命有所定壽有所在禍不可㠯智逃福不可㠯力致英布畏痛卒罹刀鋸亞夫忌餓終有餓患萬物萬事凡所遭遇無非相命也然唐虞之世命何同延長平之卒命何同短此吾之所疑也即如所論雖愼若曾顏不得免禍惡若桀跖故當昌熾吉凶素定不可推移則古人何言積善之家必有餘慶履信思順自天祐之必積善而後福應信著而後祐來猶罪之招罰功之致賞也苟先積而後受報事理所得不爲闇自遇之也若皆謂之是相此爲決相命于行事定吉凶于知力恐非本論之意此又吾之所疑也又云多食不消必須黃丸苟命自當生多食何畏而服良藥若謂服藥是相之所一宅豈非是一邪若謂雖命猶當須藥自濟何知相不須宅㠯自輔乎若謂藥可論而宅不可說恐天下或有說之者矣既曰壽夭不可求甚于貴賤而復曰善求壽强者必先知災疾之所自來然後可防也然則壽夭果可求邪不可求也既曰彭祖七百殤子之夭皆性命自然而復曰不知防疾致壽去夭求實于虛故性命不遂此爲壽夭之來生于用身性命之遂得于善求然則夭短者何得不謂之愚壽延者何得不謂之智苟壽夭成于愚智則自然之命不可求之論奚所措之凡此數者亦雅論之矛楯矣論曰專氣致柔少私寡欲直行情性之所宜而合養生之正度求之于懷抱之內而得之矣又曰善養生者和爲盡矣誠哉斯言匪謂不然但謂全生不盡此耳夫危邦不入所㠯避亂政之害重門擊柝所㠯避狂暴之災居必爽塏所㠯遠風毒之患凡事之在外能爲害者此未足㠯盡其數

利當作和

一和下脫苟和二字

從之下脫故占者觀表而得內也苟宅能制人使從之十七字

地當作兆

也安在守一利而可以爲盡乎夫專靜寡欲莫若單豹行年七十而有童孺之色可謂柔和之用矣而一旦爲虎所食豈非恃內而忽外邪若謂豹相正當給廚雖智不免則寡欲何益而云養生可得若單豹以未盡善而致災則輔生之道不止于一和未足保生則外物之爲患者吾未知其所齊矣論曰師占成居則有驗使造新則無徵請問占成居而有驗者爲但占牆屋邪占居者之吉凶也若占居者而知盛衰此自占人非占成居也占成居而知吉凶此爲宅自有善惡而居者從之則當吉之人受災于凶宅妖逆無道獲福于吉居爾爲吉凶之致唯宅而已更令由人也新便無徵邪若吉凶故當由人則雖成居何得而云有驗邪若此果可占邪不可占邪果有宅邪其無宅也論曰宅猶卜筮可以知吉凶而不能爲吉凶也應曰此相似而不同卜者吉凶無豫待物而應將來之地也相宅不問居者之賢愚唯觀已然有傳者已成之形也猶觀龍顏而知當貴見縱理而知餓死然各有由不爲闇中也今見其同于得吉凶因謂相宅與卜不異此猶見琴而謂之箜篌非但不知琴也縱如論宅與卜同但能知而不能爲則吉凶已成雖知何益卜與不卜了無所在而古人將有爲必曰問之龜筮吉以定所由差此豈徒也哉此復吾之所疑也武王營周則云考卜惟王宅是鎬京周公遷邑乃卜澗瀍終惟洛食又曰卜其宅兆而安厝之古人修之于昔如彼足下非之于今如此不知誰定可從論曰爲三公宅而愚民必不爲三公可知也或曰愚民必不得久居公侯宅然則果無宅也應曰不謂吉宅能獨成福但謂君子既有賢才又卜其居復順積德乃享元吉猶夫良農既懷善藝又擇沃土復加耘耔乃有盈倉之報耳今見愚民不能得福于吉居便謂宅無善惡何異覩種田之無十千而謂田無壤堉邪良田雖美而稼不獨茂卜宅雖吉而功不獨成相須之理誠然則宅之吉凶未可

惑也今信徵祥則棄人理之所宜守卜相則絕陰陽之吉凶持知力則忘天道之所存此何異識時雨之生物因垂拱而望嘉穀乎是故疑怪之論生偏是之議興所託不一烏能相通若夫兼而善之者得無半非冢宅邪論曰時日譏祟古盛王無之季王之所好聽此言善矣顧其不盡然湯禱桑林周公秉圭不知是譏祟非也吉日惟戊既伯既禱不知是時日非也此皆足下家事先師所立而一朝背之必若湯周未爲盛王幸更詳之又當知二賢何如足下邪論曰賊方至以疾走爲務食不消以黃丸爲先子徒知此爲賢于安須臾與求乞胡而不知制賊病于無形事功幽而無跡也夫救火以水雖自多于抱薪而不知曲突之先物矣況乎天下微事言所不能及數所不能分是以古人存而不論神而明之遂知來物故能獨觀于萬化之前收功于大順之後百姓謂之自然而不知所以然若此豈常理之所逮邪今形象著明有數者猶尚滯之天地廣遠品物多方智之所知未若所不知者衆也今執辟穀之術謂養生已備至理已盡馳心極觀齊此而還意所不及皆謂無之欲據所見以定古人之所難言得無似蟪蛄之議冰邪欲以所識而□□□之所棄得無似戎人問布于中國覩麻種而不事邪吾怯于專斷進不敢定禍福于卜相退不敢謂家無吉凶也本集

全三國文卷五十終

烏程嚴可均校輯

魏五十一

嵇康五

端當作制

機當作譏

鈞疾上脫聖人二字

答張遼叔釋難宅無吉凶攝生論

夫先王垂訓開端中人言之所樹賢愚不違事之所由古今不忒所㠯致敎也若玄機神妙不言之化自非至精孰能與之故善求者觀物于微觸類而長不㠯己爲度也案如所論甚有則愚甚無則誕今使小有便得不愚邪了無乃得離之也若小有則不愚吾未知小有其限所止也若了無乃得離之則甚無者無爲謂之誕也又曰私神立則公神廢然則惡夫私之害公邪之傷正不爲無神也向墨子立公神之情狀不甚有之說使董生託正忌之塗執不甚無之言二賢雅趣可得合而一兩無不失邪今之所辨欲求

實有實無㠯明自然不詭持論有工拙議敍有精粗也尋雅論之指謂河洛不誠借助鬼神故爲之宗廟㠯神其本不荅子貢㠯求其然則足下得不爲託心無鬼口齊契于董生邪而復顯古人之言懼無鬼之弊貌與情乖立從公廢私之論欲彌縫兩端使不愚不誕兩機董墨謂其中央可得而居恐辭辨雖巧難可俱通又非所望于嚴論也故吾謂古人合德天地動應自然經世所立莫不有徵豈匿設宗廟㠯期後嗣空借鬼神㠯詔將來邪足下將謂吾與墨不殊今不辭同有鬼但不偏守一區明所當然使人鬼同謀幽明並濟亦所㠯求衷所㠯爲異耳論曰鈞疾而禱不同故于臣弟則周公請命親其身則尼父不禱所謂禮爲情貌者也難曰若于臣子則宜修情貌未聞舜禹有請君父也若于身則否未聞武王閟禱之命也湯禱桑林復爲君父邪推此而言宜㠯禱爲益則湯周用之禱無所行則孔子不請此其殊塗同歸隨時之義也又

爲當作謂

常當作當

曰時日先王所㠯誡不怠而勸從事足下前論云時日非盛王所有故吾問惟戊之事今不荅惟戊果是非而曰所誡勸此復兩許之言也縱令惟戊盡于誡勸尋論案名當言有日邪無日邪又曰俗之時日順妖忌而逆事理案此言㠯惡夫妖逆故去之未爲盛王了無日也夫時日用于盛世而來代襲㠯妖惑猶先王制雅樂而季世繼㠯淫哇也今憤妖忌因欲去日何異惡鄭衛而滅韶武邪不思其本見其所弊輒疾而欲除得不爲遇噎溺而遷怒邪足下既已善卜矣乾坤有六子支幹有剛柔統㠯陰陽錯㠯五行故吉凶可得而時日是其所由故古人順之焉有善其流而惡其源者吾未知其可也至于河洛宗廟則爲匿而不信類禡祈禱則謂僞而無實時日剛柔則謂假㠯爲勸此聖人專造虛詐㠯欺天下匹夫之諒且猶恥之今議古人得無不可乃爾也凡此數事猶陷于誣妄冢宅之見伐不亦宜乎前論曰若許負之相條侯英布之

黥而後王一欄之羊賓至而有死者性命之自然也今論曰隆準龍顏公侯之相不可假求此爲相命自有一定相所當成人不能壞相所當敗智不能救陷常生于衆險雖可懼而無患抑當貴于廝養雖辱賤而必貴薄姬之困而後昌皆不可爲不可求而闇自遇之全相之論必當若此乃一塗得通本論不滯耳吾適㠯信順爲難則便曰信順者成命之理必若所言命㠯信順成亦㠯不信順敗矣若命之成敗取足于信順故是吾前難壽夭成于愚智耳安得有性命自然也若信順果成相命請問亞夫由幾惡而得餓英布修何德㠯致王生羊積幾善㠯獲存死者負何罪㠯逢災邪既持相命復惜信順欲飾二論使得並通恐似矛楯無俱立之勢非辨言所能兩濟也論曰論相命當辨有無無疑衆寡苟一人有命則長平皆一矣又曰知命者不立巖牆之下吾謂知命者當無所不順乃畏巖牆知命有在立之何懼若巖牆果能爲害不擇命

疊字衍

之長短則知與不知立之有禍避之無患也則何知白起非長平之巖牆而云千萬皆命無疑衆寡耶若謂長平雖同于巖牆故是相命宜値之則命所當至期于必然不立之誡何所施耶若此果有相也此復吾之所疑也又曰長平不得係于命將係宅耶則唐虞之世宅何同吉本疑前論無非相命故借長平之異同㠯難相命之必然廣求異端㠯明事理豈必吉宅㠯質之耶又前論已明吉宅之不獨行今空抑此言欲已誰難又曰長平之卒宅何同凶苟大同足嫌足下愚于吾也適至守相便言千萬皆一校㠯至理負情之對于是乎見旣虛立吉宅口而無獲欲救相命而情㠯難顯故口如此可謂善戰矣論曰卜之盡蓋理所㠯成相命者也此復吾所疑矣前論㠯相命爲主而尋益㠯信順此一離婁也今復㠯卜成之成命之具三而猶不知相命竟須幾箇爲足也若唯信順于理尙少何㠯謂成命之理耶若是相濟則卜何所補于卜復

曰成命耶請問卜之成命使單豹行卜知將有虎災則隱居深宮嚴衞自備若虎猶及之爲卜無所益也何云成相耶若謂豹卜而得脫本無厄虎相也卜爲妄語矣若謂凡有命皆當由卜乃成則世有終身不卜者皆失相天命耶若謂卜亦相也然則卜是相中一物也安得云㠯成相耶若此不知卜筮故當與相命通相成爲不當各自行也論曰無故而居可占猶龍顏可相也設爲吉宅而後居㠯幸福報無異假顏準而望公侯也然則人實徵宅非宅制人也案如所言無故而居可占者必謂當吉人之瞑目而前推遇任命㠯闇營宅自然遇吉也然則豈獨古人凡有命者皆可㠯闇動而自得正是前論命自然不可增減者也驟㠯可爲之信順卜筮成不可增減之命矣奚獨禁可爲之宅不盡相命唯有闇作乃是眞宅耶若瞑目可㠯得相開目亦無所加也智者愈當識之周公營㠯居何故躊躇于澗瀍問龜筮而食洛耶若龜筮果有助于爲

宅則知闇作可有不盡善之理矣苟闇作有不盡則不闇豈非求之術耶若必謂龜筮不能盡相于闇往想亦不失相于考卜也則卜與不卜爲與不爲皆期于自得自得苟全則善占者所遇當識何得無故則能知有故則不知也然貞宅之異假顏貴夫無故識之貞宅之與設爲其形不同㠯功成俱是吉宅也但無故爲貞宅棖吉于闇遇設爲減福于用知爾然則吉凶之形果自有理可㠯爲故而得故前論有占成之驗也然則占成之形何㠯言之必遂遠近得宜堂廉有制坦然殊觀可得而測利人㠯福故謂之吉害人㠯禍故謂之凶但公侯之相闇與吉會爾然則宅與性命雖各一物猶農夫良田合而成功也設公侯遷後方樂其吉而往居之吉宅豈選能而後納擇善而後福哉苟宅無情于擇賢不惜吉于設爲則屋不辭人田不讓耕其所㠯爲吉凶薄厚何得不均前吉者不求而遇後闇吉而往同于居吉宅而有求與不求矣何言誕

而不可爲也由是言之非從人而徵宅亦成人明矣若換顏狀則英布黥相不滅其貴隆準見劓不減公侯之標是知顏準是公侯之標識非所㠯爲公侯質也夫標識者非公侯質也吉名宅字與吉者宅實也無吉徵而自宅㠯徵假見雖可也若㠯非質之標識雖有徵之吉宅此吾所不敢許也子陽無質而鏤其掌旣知當字長耳亘君算宅而運其魁卽偏恃之禍非所㠯爲難也至公侯之命稟之自然不可陶易宅是外物方圓由人有可口之理猶西施之潔不可爲而西施之服可爲也黼黻芳華所㠯助口吉宅口家所㠯成相故世無入方而有卜宅是㠯知人宅不可相喻也安得㠯不可作之人絕可作之宅耶至刑德皆同此一家非本論占成居而得吉凶者也且先了此乃議其餘論曰獵夫從林所遇或禽或虎虎凶禽吉卜者筮而知之非能爲安知所言地之善惡猶禽吉虎凶獵夫先筮故擇而從禽知擇居故避凶而從吉吉地雖不

此理之理當作地
土當作五
論當作端
夫當作失
訊字衍

爲而可擇處猶禽虎雖不可變而可擇從苟卜筮所㠯成相虎可卜而地可擇何爲半信而半不信邪又云地之吉凶有若禽虎不得宮姓則無害商則爲災也案此爲性所不解而㠯爲難似未察宮商之理也雖此理之吉而或長于養宮短于毓商猶良田雖美而稼有所宜何㠯言之人姓有五音五行有相生故同姓不昏惡不殖也人誠有之地亦宜然故古人仰準陰陽俯協剛柔中識性理使三才相善同會于大通所㠯窮理而盡物宜也夫同聲相應同氣相求自然之分也音不和則比絃不動聲同則雖遠相應此事雖著而猶莫或識苟有五音各有宜土氣有相生則人宅猶禽虎之類豈可見宮商之不同而謂之地無吉凶也論曰天下或有能說之者子而不言誰與能之難曰足下前論已云有能占成居者此即能說之矣故吾曰天下當有能者今不求之于前論而復責吾難之于能言亦當知冢宅有吉凶也又曰藥之已病爲一也

實而宅之吉凶爲一也誣既曰成居可占又復曰口邪藥之已病其驗又見故君子信之宅之吉凶其報賒遙故君子疑之今若㠯交賒爲虛則恐所㠯求物之地鮮矣吾見溝澮不疑江海之大覩丘陵則知有泰山之高也若守藥則棄宅見交則非賒是海人所㠯終身無山山客曰無大魚也論曰智之所知未若所不知不可妄論也難曰智所不知相必亦未知也今暗許便多于所知者何邪必生于本謂之無而強㠯驗有也強有之驗將不盈于數矣而幷所成驗者謂之多于所知耳苟知然果有未還之理不因見求隱尋論究緒由口口而卯未夫尋端之理猶獵師㠯得禽也縱使尋迹時有無獲然得禽曷嘗不由之哉今吉凶不先定則謂不可求何異口歟不期則不敢訊舉氣口足坐守無根也由此而言探賾索隱何謂爲妄本集

嵇荀錄亡

權當作摧

大師箴

浩浩太素陽曜陰凝二儀陶化人倫肇興厥初冥昧不慮不營欲㠯物開患㠯事成犯機觸害智不救生宗長歸仁自然之情故君道自然必託賢明茫茫在昔罔或不寧赫胥既往紹㠯皇羲默靜無文大朴未虧萬物熙熙不夭不離爰及唐虞猶篤其緒體資易簡應天順矩絺褐其裳土木其宇物或失性懼若在予疇咨熙載終禪舜禹夫統之者勞仰之者逸至人重身棄而不恤故子州稱疾石戶乘桴許由鞠躬辭長九州先王仁愛愍世憂時哀萬物之將頹然後莅之下逮德衰大道沈淪智惠日用漸私其親懼物乖離擘口口仁利巧愈競繁禮屢陳刑教爭施夭性喪眞季世陵遲繼體承資憑尊恃勢不友不師宰割天下㠯奉其私故君位益侈臣路生心竭智謀國不吝灰沈賞罰雖存莫勸莫禁若乃驕盈肆志阻兵擅權矜威縱虐禍蒙丘山刑本懲暴今㠯脅賢昔爲天下

今爲一身下疾其上君猜其臣喪亂弘多國乃隕顛故殷辛不道首綴素旗周朝敗度彘人是謀楚靈極暴乾溪潰叛晉厲殘虐欒書作難主父棄禮彀胎不宰秦皇荼毒禍流四海是㠯亡國繼踵古今相承醜彼權滅而襲其亡徵初安若山後敗如崩臨刃振鋒悔何所增故居帝王者無曰我尊慢爾德音無曰我強肆于驕淫棄彼佞倖納此遌顏諛言順耳染德生患悠悠庶類我控我告唯賢是授何必親戚順乃造好民實胥效治亂之原豈無昌教穆穆天子思問其愆虛心導人允求讜言師臣司訓敢告在前本集

若會酒坐見人爭語其形勢似欲轉盛便當捨去此鬬之兆也御覽四百九十六案此疑是序未敢定之

燈銘

肅肅宵征造我友廬光燈吐燿華縟長舒

家誡

衆上脫有字

人無志非人也但君子用心有所準行自當量其善者必擬議而後動若志之所之則口與心誓守死無二恥躬不逮期于必濟若心疲體解或牽于外物或累于內欲不堪近患不忍小情則議于去就議于去就則二心交爭二心交爭則向所㠯見役之情勝矣或有中道而廢或有不成一匱而敗之㠯之守則不固㠯之攻則怯弱與之誓則多違與之謀則善泄臨樂則肆情處逸則極意故雖繁華熠燿無結秀之勳終年之勤無一旦之功斯君子所㠯歎息也若夫申胥之長吟夷齊之全潔展季之執信蘇武之守節可謂固矣故㠯無心守之安而體之若自然也乃是守志之盛者也所居長吏但宜敬之而已矣不當極親密不宜數往往當有時其衆人又不當宿留所㠯然者長吏喜問外事或時發舉則怨或者謂人所說無㠯自免也若行寡言慎備自守則怨責之路解矣其立身當清遠若有煩辱欲人之盡命託人之請求當謙辭㠯謝其

素不豫此輩事當相亮耳若有怨急心所不忍可外違拒密爲濟之所㠯然者上遠宜適之幾中絕常人淫輩之求下全束脩無玷之稱此又秉志之一隅也凡行事先自審其可不差于宜宜行此事而人欲易之當說宜易之理若使彼語殊佳者勿羞折遂非也若其理不足而更㠯情求來守人雖復云云當堅執所守此又秉志之一隅也不須行小小束脩之意氣若見窮乏而有可㠯賑濟者便見義而作若人從我欲有所求先自思省若有所損廢多于今日所濟之義少則當權其輕重而拒之雖復守辱不已猶當絕之然大率人之告求皆彼無我有故來求我此爲與之多也自不如此而爲輕竭不忍面言彊副小情未爲有志也夫言語君子之機機動物應則是非之形著矣故不可不慎若于意不善了而本意欲言則當懼有不了之失且權忍之後視向不言此事無他不可則向言或有不可然則能不言全得其可矣且俗人傳吉遲傳

坐言之言當作中

其下脫是字

都大當作大都

凶疾又好議人之過闕此常人之議也坐言所言自非高議但是動靜消息小小異同但當高視不足和荅也非義不言詳靜敬道豈非寡悔之謂人有相與變爭未知得失所在慎勿豫也且默㠯觀之其非行自可見或有小是不足是小非不足非至竟可不言㠯待之就有人問者猶當辭㠯不解近論議亦然若會酒坐見人爭語其形勢似欲轉盛便當亟舍去之此將鬭之兆也坐視必見曲直黨不能不有言有言必是在一人其不是者方自謂爲直則謂曲我者有私于彼便怨惡之情生矣或便獲悖辱之言正坐視之大見是非而爭不了則仁而無武于義無可當遠之也然都大爭訟者小人耳正復有是非共濟汗漫雖勝可足稱哉就不得遠取醉爲佳若意中偶有所諱而彼必欲知者共守大不已或卻㠯鄙情不可憚此小輩而爲所攙引㠯盡其言今正堅語不知不識方爲有志耳自非知舊鄰比庶幾已下欲請呼者當辭㠯他故勿

㠯上脫是字

往也外榮華則少欲自非至急終無求欲上美也不須作小小卑恭當大謙裕不須作小小廉恥當全大讓若臨朝讓官臨義讓生若孔文舉求代兄死此忠臣烈士之節凡人自有公私慎勿強知人知彼知我知之則有忌于我今知而不言則便是不知矣若見竊語私議便舍起勿使忌人也或時逼迫強與我共說若其言邪險則當正色㠯道義正之何者君子不容僞薄之言故也一旦事敗便言某甲昔知吾事㠯宜備之深也凡人私語無所不有宜預㠯爲意見之而走者何哉或偶知其私事與同則可不同則彼恐事泄思害人㠯滅迹也非意所欲者而來戲調蚩笑人之闕者但莫應從小共轉至于不共而勿大冰矜趨㠯不言荅之勢不得久行自止也自非所監臨相與無他宜適有壺榼之意束脩之好此人道所通不須逆也過此㠯往自非通穆匹帛之饋車服之贈當深絕之何者常人皆薄義而重利今㠯自竭者必有爲而作鬻貨

儌歡。施而求報。其俗人之所甘願。而君子之所大惡也。□□□□□□□□又債不須離摟强勸人酒。不飲自已。若人來勸己。輒當爲持之。勿請勿逆也。見醉薰薰便止。愼不當至困醉。不能自裁也。本集又略見藝文類聚二十三。

嵇康集目錄世說注。又御覽作嵇康集序。

孫登者字公。和不知何許人。無家屬。于汲縣北山土窟中得之。夏則編草爲裳。冬。則被髮自覆。好讀易鼓一絃琴。見者皆親樂之。每所止家。輒給其衣服飲食。得無辭讓。魏志王粲傳注。世說棲逸篇注。御覽二十七。九百九十九。

全三國文卷五十一終

寓當作㝢

全三國文卷五十二

烏程嚴可均校輯

魏五十二

嵇康六

聖賢高士傳

謹案隋志雜傳類聖賢高士傳贊三卷嵇康傳周續之注唐志㠯傳屬嵇康㠯贊屬周續之據康兄喜爲康傳云撰錄上古㠯來聖賢隱逸遁心遺名者集爲傳贊自混沌至于管寗凡百一十有九人是傳與贊皆康撰唐志誤也宋代不著錄今檢羣書得五十二傳五贊凡六十一人定著一卷附康集之末嘉慶二十年歲在乙亥四月朔

廣成子

廣成子在崆峒之上黃帝問曰吾欲取天地之精㠯養萬物爲之柰何廣成子蹷然而起曰至道之精窈窈冥冥無視無聽抱神㠯靜我守其一㠯處其和故千二百歲而形未嘗衰得吾道者上爲皇下爲王失吾道者上見光而下爲土吾將去汝入無窮之門遊無極之野與日月參光與天地爲常藝文類聚三十六

襄城小童

黃帝將見大隗于具茨之山方明爲御昌寓參乘黃帝曰異哉請問天下小童曰予少遊六合之外適有瞀病有長者教予乘日車遊于襄城之野今病少損將復六合之外爲天下者亦奚事焉夫爲天下亦奚異牧馬哉去其害馬而已黃帝再拜稱天師而還藝文類聚三十六　案此下當有其贊曰

奇矣難測襄城小童倦遊六合來憩茲邦水經

巢父

巢父堯時隱人年老㠯樹爲巢而寢其上故人號爲巢父堯之讓

許由也由㠯告巢父巢父曰汝何不隱汝形藏汝光非吾友也乃擊其膺而下之許由悵然不自得乃過淸泠之水洗其耳拭其目曰嚮者聞言負吾友遂去終身不相見藝文類聚三十六

許由

許由字武仲堯舜皆師之與齧缺論堯而去隱于沛澤之中堯舜乃致天下而讓焉曰十日竝出而爝火不息其光也不亦難乎夫子爲天子則天下治我由尸之吾自視缺然許由曰吾將爲名乎名者實之賓吾將爲賓乎乃去宿于逆旅之家旦而遺其皮冠巢父聞由爲堯所讓㠯爲汙乃臨池水而洗其耳池主怒曰何㠯汙我水由乃退而遁耕于中岳潁水之陽箕山之下藝文類聚三十六

許由養神宅于箕阿德眞體全擇日登遐御覽五十六

壤父

壤父者堯時人年五十而擊壤于道中觀者曰大哉帝之德也壤父曰吾日出而作日入而息鑿井而飲耕地而食帝何德于我哉藝文類聚三十六

子州支父藝文類聚作子支伯

子州支父者堯舜各㠯天下讓支父支父曰予適有幽憂之病方且治之未暇治天下也遂不知所之藝文類聚三十六御覽五百九

善卷

善卷者古之賢人也舜㠯天下讓之善卷曰予立宇宙之中冬則衣皮毛夏則衣絺葛日出而作日入而息逍遙天地之閒何㠯天下爲哉遂入深山莫知其所終藝文類聚三十六御覽二十六

石戶之農

石戶之農不知何許人與舜爲友舜㠯天下讓之石戶夫負妻戴攜子㠯入海終身不反藝文類聚三十六御覽五百九

伯成子高

希公之公當作古

齊子之子當作人 中魚當作魚中

伯成子高者不知何許人也唐虞之時爲諸侯至禹復去而耕禹往趨而問之曰昔堯舜治天下吾子立爲諸侯堯授舜舜授予吾子去而耕敢問其故何邪子高曰昔堯治天下至公無私不賞而民勸不罰而民畏今子賞而不勸罰而不畏德自此衰刑自此作夫子盍行乎無留藝文類聚作落吾事侶侶乎遂復耕而不顧藝文類聚三十六御覽五百九

卞隨 務光

卞隨務光者不知何許人湯將伐桀因卞隨而謀曰非吾事也湯遂伐桀㠯天下讓隨隨曰后之伐桀謀于我必㠯我爲賊也而又讓我必㠯我爲貪也吾不忍聞乃自投湘水又讓務光光曰廢上非義殺民非仁無道之世不踐其土況于尊我哉乃抱石而沈廬水

庚市子

庚市子者聖人無欲者也見人爭財而訟推千金之璧于其旁而訟者息御覽五百九

小臣稷

小臣稷者齊人抗厲希公桓公三往而不得見公曰吾聞士不輕爵祿無㠯易萬乘之主萬乘之主不好仁義無㠯下布衣之士于是五往乃得見焉御覽五百九

涓子 齊子

涓子齊子不接賓客服食甚精至三百年後釣于河澤得鯉中魚符後隱于宕石山能致風雨告伯陽九仙法淮南王少得其文不能解其旨御覽五百九

商容

商容不知何許人也有疾老子問之曰先生無遺敎㠯告弟子商容曰將語子過故鄉而下車知之乎老子曰非謂不忘故邪容曰

奔當作木

脚當作腓

過喬奔而趨知之乎老子曰非謂其敬老乎容張口曰吾舌存乎曰存吾齒存乎曰亡知之乎老子曰非爲其剛亡而弱存商容曰嘻天下事盡矣藝文類聚三十四御覽五百九

老子

良賈深藏外形若虛君子盛德容貌若不足史記老子傳索隱

關令尹喜

關令尹喜周大夫也善內學星辰服食老子西遊喜先見氣物色迹之果得老子老子爲著書因與老子俱之流沙西服巨勝實莫知所終御覽五百九

亥唐

亥唐晉人也高恪寡素晉國憚之雖蔬食菜羹平公每爲之欣飽公與亥唐坐有間亥唐出叔向入平公伸一足曰吾向時與亥子坐脚痛足痺不敢伸叔向淳然作色不悅公曰子欲貴乎吾爵子子欲富乎吾祿子夫亥先生乃無欲也非正坐無㠯養之子何不悅乎御覽五百九

項橐

孔子問項橐曰居何在曰萬流屋是也注曰言與萬物同流匹也文選顏延年皇太子釋奠會詩注 案周續之注僅存此條漢書董仲舒傳云此亡異于達巷黨人不學而自知也孟康曰人項橐也

狂接輿

狂接輿楚人也耕而食楚王聞其賢使使者持金百鎰聘之曰願先生治江南接輿笑而不應使者去其妻從市來曰門外車馬迹何深也接輿具告之妻曰許之乎接輿曰貴富人之所欲子何惡之妻曰吾聞聖人樂道不㠯貧易操不爲富改行受人爵祿何㠯待之接輿曰吾不許也妻曰誠然不如去之夫負釜甑妻戴紝器變姓名莫知所之嘗見仲尼歌而過之曰鳳兮鳳兮何德之衰往

養上脫好字

者不可誅來者猶可追後更姓名陸通養性在蜀峨嵋山上世世見之御覽五百九

榮啟期

榮啟期者不知何許人也披裘帶索鼓琴而歌孔子曰先生何樂也對曰天生萬物惟人爲貴吾得爲人一樂也以男爲貴吾得爲男二樂也人生有不全于繈緥吾行年九十五矣是三樂也貧者士之常死者民之終居常以待終何不樂也御覽五百九

長沮　桀溺

撫當作憮

長沮桀溺者不知何許人也耦而耕孔子過之使子路問津焉長沮曰夫執輿者是誰子路曰是孔子是魯孔丘歟曰是也是知津矣問于桀溺桀溺曰子爲誰曰仲由孔丘之徒歟對曰然與其從避人之士豈若從避世之士哉耰而不輟子路以告孔子孔子撫然曰鳥獸不可與同羣吾非斯人之徒歟御覽五百九

荷蓧丈人

荷蓧丈人不知何許人也子路從而後問曰子見夫子乎丈人曰四體不勤五穀不分孰爲夫子植其杖而耘子路行以告子曰隱者也使子反見之至則行矣御覽五百九

子下脫路字

太公任

太公任者陳人孔子圍陳七日不火食太公往弔之曰子幾死乎夫直木先伐甘井先竭子其飾智以矜愚修身以明汙昭昭如揭日月而行故汝不免于患也孰能削迹捐勢不爲功名者哉無責于人人亦無責焉孔子曰善辭其交遊逃于大澤入獸不亂羣而況人也御覽五百九

漢陰丈人

漢陰丈人者楚人也子貢適楚見丈人爲圃入井抱甕而灌用力甚多子貢曰有機于此後重前輕曰槔槔用力寡而見功多丈人作色曰聞之吾師有機事者必有機心機心存于胸則純白不備子貢愕然慙不對有閒丈人曰子奚爲曰孔丘之徒也丈人曰子非博學以疑聖知獨絃歌以賣聲名于天下者乎方且亡汝神氣墮汝形體何暇治天下乎子往矣勿妨吾事御覽五百九

被裘公

被裘公者吳人也延陵季子出遊見道中有遺金顧而謂公曰取彼金公投鐮瞋目拂手而言曰何子居之高而視之卑五月被裘而負薪豈取遺金者哉季子大驚既謝而問其姓名公曰吾子皮相之士何足語姓名哉藝文類聚三十六御覽二十二

延陵季子

延陵季子名札吳王之子最少而賢使上國還會闔閭使專諸刺殺王僚致國于札札不受去之延陵終身不入吳國初適魯聽樂論衆國之風及過徐徐君欲其劍札心許之及還徐君已死即解

帶上脫劍字

帶挂樹而去御覽五百九

原憲

原憲味道財寡義豐栖遲蓽門安賤固窮絃歌自樂體逸心冲進應子貢退有清風初學記十七

范蠡

後當作復　飲桂當作桂飲

范蠡者徐人也相越滅吳去之齊號鴟夷子治產數千萬去止陶爲陶朱公後累巨萬一旦蠡事周師太公服飲桂水去越入海百餘年乃見于陶一旦棄貨財賣藥于蘭陵世世見之御覽五百九

屠羊說

屠羊說者楚人隱于屠肆昭王失國說往從王王反國將欲賞說說曰大王失國說失屠羊大王反國說亦屠羊臣之爵祿復矣又何賞之有王使司馬子綦延之以三珪之位說曰願長反屠羊之肆耳遂不受御覽五百九

與當作而

閤當作闔

桓當作宣

市南宜僚

市南宜僚楚人也姓熊白公爲亂使石乞告之不從承以劍與僚弄丸不輟魯侯問曰吾學先生之道勤而行之然不免于憂患何也僚曰君今能刳形洗心而遊無人之野則無憂矣（御覽五百九）

周豐

周豐魯人也潛居自貴哀公執贄請見之豐辭使人問曰有虞氏未施信于民而民信夏后氏未施敬于民而民敬何施而得此于民也對曰墟墓之閒未施哀于民而民哀宗廟社稷中未施敬于民而民敬殷人作誓而民始叛周人作會而民始疑苟無禮義忠信誠愨之心以莅之雖固結之民其可不解乎（御覽五百十）

顏闔

顏闔者魯人也魯君聞其賢以幣聘焉闔方服布衣自飲牛使者問曰此顏闔家邪曰然使者致幣闔曰恐聽誤而遺使者羞使者反復來求之闔乃鑿坏而遁（御覽五百九）

段干木

段干木者治清節游西河守道不仕魏文侯就造其門干木踰垣而避之文侯以客禮出過其廬則式其僕問之文侯曰干木不趣勢隱處窮巷聲馳千里敢勿式乎文侯所以名過齊桓公者能尊段干木敬卜子夏友田子方也（藝文類聚三十六）

莊周

莊周少學老子梁惠王時爲蒙縣漆園吏以卑賤不肯仕楚威王以百金聘周周方釣于濮水之上曰楚有龜死三千歲矣今巾笥而藏之于廟堂之上此龜寧生而掉尾塗中耳子往矣吾方掉尾于塗中後齊桓王又以千金之幣迎周爲相周曰子不見郊祭之犧牛乎衣以文繡食以芻菽及其牽入太廟欲爲孤豚其可得乎遂終身不仕（藝文類聚三十六）

蓄當作災

閭丘先生

閭丘先生齊人也齊宣王獵于杜山杜山父老十三人相與勞王王賜父老衣服父老皆謝先生獨不拜王曰少也復賜無繇役先生復獨不拜王曰父老幸勞之故荅以二賜先生獨不拜何也閭丘曰聞王之來願得壽得富得貴于大王也王曰死生有命非寡人也倉廩備蓄無以富先生大官無闕無以貴先生閭丘曰非所敢望願選良吏平法度則臣得壽矣振之以時則臣得富矣令少敬長則臣得貴矣（御覽五百九）

顏歜

顏歜者齊人也宣王見之王曰歜前歜曰王前王不悅歜曰夫歜前爲慕勢王前爲趨士王作色曰士貴乎歜曰昔秦攻齊令曰敢近柳下惠壟樵者罪死不赦有能得齊王頭者封萬戶由是觀之生王之頭不如死士之壟齊王曰願先生與寡人遊食太牢乘安車歜曰願得蔬食以當肉安步以當輿無罪以當貴淸淨以自娛遂辭而去（御覽五百十）

魯連

魯連者齊人好奇偉俶儻嘗遊趙秦圍邯鄲連難新垣衍以秦爲帝秦軍爲御平原君欲封連連三辭不受平原君又置酒乃以千金爲連壽連笑曰所貴天下之士者爲人排患釋難而無取也卽有取之是商賈之事爾不忍爲也及燕將守聊城田單攻之不能下連乃爲書射城中遺燕將燕將見書泣三日乃自殺城降田單欲爵連連曰吾與于富貴而詘于人寧貧賤輕世而肆意遂隱居海上莫知所在（藝文類聚三十六御覽五百十）

田生

田生普淋茅屋不肯仕宦惠帝親自往不出屋（藝文類聚三十六）

河上公

河上公不知何許人也謂之丈人隱德無言無德而稱焉安丘先生等從之修其黃老業（御覽五百十）

安丘生

長靈安丘生病篤弟子公沙都來省之與安共至于庭樹下聞李香開目見雙赤著李枯枝自墮掌中安食之所苦盡愈（御覽九百六十八）

著李當作李著

司馬季玉

司馬季玉者楚人也卜于長安漢文帝時朱忠賈誼爲太中大夫誼曰吾聞聖人不居朝廷必在巫醫試觀卜數中見季玉閑中弟子侍而論陰陽之紀二人曰竊觀先生之狀見先生之辭世未嘗見也尊官高位賢者所處何業之卑何行之污季玉笑曰觀大夫類有道術何言之陋夫相引以勢相導以利所謂賢者乃可爲羞耳夫內無飢寒之累外無劫奪之憂處上而有敬居下而無害君子道也卜之爲業所謂上德也鳳凰不與燕雀爲羣公等喁喁何知長者二人忽忽不覺自失後不知季玉所在（御覽五百十）

玉當作主　朱當作宋　閑中之中當作坐　見先之見當作聽

司馬相如

司馬相如者蜀郡成都人字長卿初爲郎事景帝梁孝主來朝從游說士鄒陽等相如說之因病免游梁後過臨邛富人卓王孫女文君新寡好音相如以琴心挑之文君奔之俱歸成都後居貧至臨邛買酒舍文君當壚相如著犢鼻褌滌器市中爲人口吃善屬文仕宦不慕高爵嘗託疾不與公卿大事終于家其贊曰長卿慢世越禮自放犢鼻居市不恥其狀託疾避官（文選注作避患）蔑此卿相乃賦大人超然莫尚（世說品藻篇注文選謝惠連秋懷詩注）

主當作王

韓福

韓福者以行義修絜漢昭帝時以德行徵病不進元鳳元年詔賜帛五十匹遣長吏時以存問常以八月賜羊酒不幸死者賜復衾一祠以中牢自是至今爲徵士之故事福終身不仕卒于家（藝文類聚三十六）

班嗣

班嗣樓煩人也世在京師家有賜書內足于財好老莊之道不屑榮官恆居山父黨揚子雲以下莫不造門桓君山從借莊子嗣報曰若莊子者絕聖棄智修性保身清虛淡泊歸之自然釣漁于一壑則萬物不干其志棲遲于一丘則天下不易其樂今吾子闕仁義之羈絆係聲名之韁鎖伏孔氏之軌躅馳顏閔之極執既繫攣于世教矣何用大道爲自炫耀也昔有學步邯鄲者失其故步匍匐而歸耳恐似此類故不進也其行己持論如此遂終于家（藝文類聚三十六御覽五百十）

官當作宦

蔣詡

蔣詡字元卿杜陵人爲兗州刺史王莽爲宰衡詡奏事到灞上稱病不進歸杜陵荊棘塞門舍中三徑終身不出時人諺曰楚國二龔不如杜陵蔣翁（御覽五百十）

尚長　禽慶

尚長字子平禽慶字子夏二人相善慶隱避不仕王莽長通易老子安貧樂道好事者更饋遺輒受之自足還餘如有不取也舉措必于中和司空王邑辟之連年乃欲薦之于莽固辭乃止遂求退讀易至損益卦喟然歎曰吾知富貴不如貧賤未知存何如亡爾爲子嫁娶畢敕家事斷之勿復相關當如我死矣是後肆意與同好游五岳名山遂不知所在（藝文類聚三十六）

逢貞　李劭公

逢貞字叔平杜陵人李劭公上郡人貞世二千石王莽辟不至嘗爲杜陵門下掾終身不窺長安門但閉戶讀書未嘗問政不過農田之事劭公王莽時辟地河西建武中竇融欲薦之面辭乃止家累百金優游自樂（御覽五百十又六百十一）

面當作固

辥方

辥方齊人。養德不仕。王莽安車迎方。因謝曰。堯舜在上。下有巢許。今明王方欲隆唐虞之德。亦猶小人臣欲守箕山之志。莽說其言。遂終于家。御覽五百十。

龔勝

龔勝楚人。王莽時遣使徵聘。義不事二姓。遂不食而死。有父老來弔甚哀。既而曰。嗟乎。薰以香自燒。膏以明自消。龔先生竟夭天年。非吾徒也。趨而出。終莫知其誰也。御覽五百十。

逢萌　徐房　李雲　王遵

逢萌徐房李雲王遵同時相友。世號之四子。御覽五百九。

王遵字君公。明易。為郎。數言事不用。乃自汙與官婢通。免歸。詐狂儈牛。口無二價。後漢逢萌傳注。案王君公平原人。

井丹

井丹字大春。扶風郿人。博學高論。京師為之語曰。五經紛綸井大春。未嘗書刺謁一人。北宮五王更請。莫能致。新陽侯陰就使人要之。不得已而行。侯設麥飯葱菜以觀其意。丹推卻曰。以君侯能供美膳。故來相過。何謂如此。乃出盛饌。侯起。左右進輦。丹笑曰。聞桀紂駕人車。此所謂人車者邪。侯即去輦。越騎梁松貴震朝廷。請交丹。丹不肯見。後丹得時疾。松自將醫視之。疾愈。久之。松失大男磊。丹一往弔之。時賓客滿廷。丹裘褐不完。入門。坐者皆竦望其顏色。丹四向長揖。前與松語。客主禮畢。後長揖徑坐。莫得與語。不肯為吏。徑出。後遂隱遁。其贊曰。

井丹高潔。不慕榮貴。抗節五王。不交非類。顯譏輦車。左右失氣。被褐長揖。義陵羣萃。世說品藻篇注。又略見御覽四百十。

鄭仲虞

鄭均字仲虞。不知何許人也。不仕漢朝。章帝自往。終不肯起。曰。陛下何惜不為上世君。令臣得為偃息之民。天子以尚書祿終其身。世號之白衣尚書。御覽五百十。

全三國文卷五十二終

全三國文卷五十三

烏程嚴可均校輯

魏五十三

伏義

義字公表。

與阮嗣宗書

義白。蓋聞建功立勳者。必㠯聖賢爲本。樂眞養性者。必㠯榮名爲主。若棄聖背賢。則不離乎狂狷。淩榮超名。則不免乎窮辱。故自生民㠯來。同此圖例。雖歷百代。業不易綱。譬如大道。徒㠯奔趨遲疾。定其駑良。舉足向路。總趨一也。然流名震響。非實不著。而抱實之奇。非人不寶。貴德保身。非禮不成。伏禮之矩。非勤不辨。是使薄于實而爭名者。或因飾虛㠯自矜。愼于禮而莫持者。或因倨怠㠯自外。其自矜也。必闚闔晻曖。㠯示之不測之量。其自外也。必排摧禮俗。㠯見其不羈之達。又有滑稽之士。倸于其閒。浮沈不一。際畔相亂。或使時人莫能早分。推其大歸。綜之行事。徒可力極一噱。觀盡崇朝。遭淸世邪。則將吹其噓㠯露其實。値其闇邪。則將矜其貌㠯疑其樸。從此觀之。治大而見遺。不如貧小而必集。出俗而見創。不如入檢而必合。縣聽論者。洋溢之聲。雖未傾蓋。其情如舊。然重牆難極。管短幽密。觀容相額。所執各異。或謂吾子英才秀發。邈與世玄。而經緯之氣。有蹇鈌矣。或謂吾子智不出凡。器無隈奧。而陶變㠯眩流俗。善子者欲斤斵㠯拒口。樸惡子者欲抽鍵㠯騖空虛。每承此聲。未嘗不開精斥邇。放思天淵。欲爲吾子廣推奧異。端求所安也。蓋自生民之性。受氣之源。好惡大歸。不得相遠。君子徇名而不顧。亦有慕名㠯爲顯。夫名利者。總人之綱。集衢之門也。出此有爲于義。未聞吾子若欲逆取順守。及時行志。則當矜而莫疑。㠯速民望。若欲娛情養神。不厚于俗。則當浩然恣意。惟樂是治。今觀其

規時。則行己無立德之身。報門無莫業之客。察其樂。則食無方丈之肴。室無傾城之色。徒泄泄㠯疑世。爲奇縱體爲逸。執此不回。旣㠯怪矣。且人非金石。不可剖練。設使至寶咸在子身。疑于國寶。爲不得行。天官雖博。無偏駮之任。王道雖寬。無縱逸之流。苟無其分。則爲身害教。賊怨布天下。㠯此備之。殆恐攻害其至無日。安坐難保。而聞吾子乃長嘯慷慨。悲涕潺湲。又或拊腹大笑。騰目高視。彤性悁張。動與世乖。抗風立候。蔑若無人。儻獨奇變逸。運漸在于此。將㠯神接虛交。異物所亂。使之然也。夫智之淸者。貴其知運而不憂。德之懿者。善其持沖㠯守滿。就其懷憂。必發于見孤。孤不自孤而怨時也。就其持滿。必起于見崇。崇不自崇而驕世也。行來之議。又傳吾子雅性博古。篤意文學。積書盈房。無不燭覽。目厭義藻。口飽道潤。俯詠仰歎。術可純儒。然開闔之節。不制于禮。動靜之度。不羈于俗。凡諮詠善之。則教慈于父兄。惡之則言醜于讎敵。未有慈其教而不脩其事。醜其言而樂其業者也。古人稱竊簡寫律。踞廁讀書。誦之可悼。深怪達者之行。其象若莊周淮南東方之徒。皆投迹教外。放思太玄。其大言異旨。殆自謂能迴天維。舉地絡。觀持世之極。總得物之宗。仰天獨唱。與世爭黨。乃謂生爲勞役。而不能紲身㠯當論。謂財爲穢累。而不能割賄㠯見義。由是觀之。其鬱怨于不得。故假無欲㠯自通。怠惰于人檢。故殊聖人㠯自大。凡此數者。尚皆奇才異略。命世崛起。徒㠯時昏俗亂。寶沈幽夜。而性放蕩不苟。修天雲可據。動則不能攄虎超同機伊霍。靜則不能珠潛璧匿。連迹巢光。言無定端。行不純軌。虛盡年時。㠯自疑外。豈異乎韓子所謂無施之馬。骨體雖美。懿韋縮不隨者哉。且桀士之志也。遇世險巇。則憂在將命。値世太淸。則憤于匿穎。欲其世平而有騁足之場。時安而有役智之局。方今大魏興隆。皇衢淸敞。台府之門。劌

石索寶吕吳蜀二虜巢窟未破長籌之士所當奮力可謂器與運會不卜而行今其時矣向使吾子才足蓋世思能橫出何能不因大師韜敵之變陳孫子廟勝之策使烽燧不起于四垂羽檄不施于中夏定勳立事撫國盈民而飽食安臥囊懸室罄力牽于役財彫于賦養生之具亂于細民爲壯士者豈能然乎若居其勞而不知病其事則經緯之氣乏矣若病其事而不能爲其醫則鍼石之巧淺矣今吾子擢才達德則無毛遂穎脫之勢蔚迹滅光則無四晧岳立之高豐家富屋則無陶朱貨殖之利延年益壽則無松喬蟬蛻之變總論吾子所歸義無所出然衆論雲擾僉稱大異疑夫鬱氣之下必有祕伏重奧之內必有積寶雖無顏氏之妙思覩恍惚之迹雖無鍾子之達樂聞山林之音想亦不隱才穎于肝膈而不揚之于淸觀任賢智于骨氣而不播之于高聽且明智之爲物猶泉流之吐潤固不于挹酌而爲損含佇而增益也張儀之志激于見劫季路晚悟滯在持滿是吕不嫌盡言究其良苦想必勃然承聲響發若乃羣能獨踊無吕應唱懸機待時不能觸物則不達于談者所謂挾祖奕吕守要際閉虛門吕示不測者也昔輪扁不能言微于其弟伯樂不能語妙于其子此蓋智術之曲撓非道理之正例自古有不可及之人未有不可聞之業有不可料之微未有不可稱之略幸吕竭示所志若變通卓逸行得天符言發恍然邈在世表則將爲吾子謝物輸力因風自釋染筆附紳諮所未悟庶足存弟子之一隅伏義白（阮嗣宗集）

稽叔良

叔良爲東平太守

魏散騎常侍步兵校尉東平相阮嗣宗碑

先生諱籍字嗣宗陳留尉氏人也厥遠祖陶化于上世而先生弘美于後代詩所載阮國則是族之本也先生承命世之美希達節

之度得意忘言尋妙于萬物之始窮理盡性研幾于幽明之極和光同略羣生莫能屬也確不可拔當塗莫能貴也或出或處與時升降或默或語與世推移望其形者猶登嶽涉海蕩然無吕究其高測其深覽其神者猶旁璞親珪肅然無不欽其寶而偉其奇也不屑夷齊之潔故其淸不可尙也不履惠連之汙故其道不可屈也蘧瑗昇降于卷舒甯武去就于愚智顧盼二子不亦泰如危宗廟之犧安不靈之龜故無孤憤之逼而有塗中之廣觀屈轂鳴雁是吕處才不才之閒察巨瓠緯帶是吕遊有用之際夸大辨而御之吕訥貪大白而洿之吕辱爲無爲而名不能累也事無事而世不能役也訪華天之翼于寂寞之域投芒刃之穎于有解之會固恢恢必餘地豈若接輿被張吕養生於陵觀園吕求實蘦齕近步修軌轍而已哉尼父議老氏于遊龍裔賜譬重仞于日月撿之先生其殆庶幾乎方將攀逸鶴于洪涯邈遐軌于巢州跨宇宙吕高挹陵雲霄吕優游享年如干遘病而卒于是遠鑒之士有識之徒先生之沒夫豈不慨然臨豪傑而存惠子之閒運斧斲而思郢人之工乃探賾索隱吕敘雅操使將來君子知莊生之迹略舉其志埤之曰

峩峩先生天挺無欲玄虛恬淡混齊榮辱盪滌穢累婆娑山足胚胞造化韜韞光燭鼓棹滄浪彈冠嶠岳頤神大素簡邁世局澄之不淸溷之不濁翱翔區外遺物庶俗隱處巨室反眞歸漠汪汪淵源邈迹圖籙（廣文選作稽叔夜誤楊慎丹鉛總錄吕爲東平太守稽叔良撰未詳何據文不他見姑列此俟攷）

吕安

安字仲悌東平人徵士景元中坐事與嵇康俱誅有集一卷

髑髏賦

躊躇增愁言遊舊鄉惟遇髑髏在彼路傍余乃俯仰咤歎告于昊蒼此獨何人命不永長身銷原野骨曝大荒余將殯子時服輿子

嚴裝。殮以棺椁。遷彼幽堂。于是髑髏蠢如。精靈感應。若在若無。斐然見形。溫色素膚。昔以無良。行逢皇乾。來遊此土。天奪我年。令我全膚消滅。白骨連翩。四支摧藏于草莽。孤魂悲悼乎黃泉。生則歸化。明則反昏。格于上下。何物不然。余迺感其苦酸。哂其所說。念爾荼毒。形神斷絕。今宅子后土。以爲永列。相與異路。于是便別。（藝文類聚十七。初學記十四。）

上奏元神。下告皇祇。（文選顏延之宋郊祀歌注。）

周晃

晃。正元中爲典厤郞。

日蝕考負對

厤候所掌。推步遲速。可以知加時早晚。度交緩急。可以知薄蝕淺深。合朔之時。或有月掩日。則蔽障日體。使光景有虧。故謂之日蝕。或日掩月。則日從月上過。謂之陰不侵陽。雖交無變。至于日月相掩。必蝕之理。無術以推。是以古者諸侯旅見天子。日蝕則廢禮。嘗禘郊社。日蝕則接祭。是以前代史官不能審日蝕之數。故有不得終禮。自漢故事以爲日蝕必當于交。每至其時。申警百官。以備日變。甲寅詔書有備蝕之制。無考負之法。（通典七十八。）

又對

古來黃帝。顓頊。夏。殷。周。魯六厤。皆無推日蝕法。但有考課疏密而已。負坐之條。本由無術可課。非司事之罪。（通典七十八。）

王俊

俊。太原人。

表德論

祗畏王典。不得爲銘。乃撰錄行事。就刊于墓之陰云爾。（宋書禮志二。甘露二年。大將軍參軍大原王倫卒。倫兄俊作表德論。以述倫遺美云。）

楊元鳳

元鳳。爵里未詳。

賦

三重五品。商溪樑里。（梁書劉杳傳云。元鳳是魏代人。此書仍載其賦云云。）

霍弋

弋字紹先。南郡枝江人。蜀章武末爲太子舍人。後主卽位。除謁者。丞相亮請爲記室。後爲黃門侍郞。太子中庶子。歷參軍。厤降屯副貳都督。轉護軍。領永昌太守。遷監軍。翊軍將軍。領建寧太守。還統南郡事。進號安南將軍。蜀亡。舉郡內附。拜南中都督。以功封列侯。

率六郡將守上表

臣聞人生于三。事之如一。惟難所在。則致其命。今臣國敗主附。守死無所。是以委質。不敢有二。（蜀志霍峻傳注引漢晉春秋。）

遣戍交阯誓

若賊圍城。未百日而降者。家屬誅。若過百日而城沒者。刺史受其罪。（吳志孫晧傳注引漢晉春秋。初霍弋遣楊稷毛炅等戍。與之誓。）

劉徽

徽。爵里未詳。（晉書律厤志上。以爲魏景元四年注。）

九章算術注序

昔在包犧氏始畫八卦。以通神明之德。以類萬物之情。作九九之術。以合六爻之變。暨于黃帝神而化之。引而伸之。于是建厤紀。協律呂。用稽道原。然後兩儀四象精微之氣可得而效焉。記稱隸首作數。其詳未之聞也。案周公制禮而有九數。九數之流。則九章是矣。往者暴秦焚書。經術散壞。自時厥後。漢北平侯張蒼。大司農中丞耿壽昌皆以善算命世。蒼等因舊文之遺殘。各稱刪補。故校其目則與古或異。而所論者多近語也。徽幼習九章。長再詳覽。觀陰陽之割裂。總算術之根源。探賾之暇。遂悟其意。是以敢竭頑魯。采其所見。爲之作注。事類相推。故枝條雖分而同本幹者。知發其一端而已。又所析理以辭。解體用圖。庶亦約而能周。通而不黷。覽之者思過半矣。且算在六藝。古者以賓興賢能。教習國子。雖曰九數。其能窮纖入微。探測無方。至于以法相傳。亦猶規矩度量。可得而共。非特難爲也。當今好之者寡。故世雖多通才達學。而未必能綜于此耳。周官大司徒職。夏至日中立八尺之表。其景尺有五寸。謂之地中。說云南戴日下萬五千里。夫云爾者。以術推之。案九章立四表望遠。及因木望山之術。皆端旁互見。無有超邈若斯之類。然則蒼等爲術。猶未足以博盡羣數也。徽尋九數有重差之名。原其指趣。乃所以施于此也。凡望極高。測絕深。而兼知其遠者。必用重差句股。則必以重差爲率。故曰重差也。立兩表于洛陽之城。令高八尺。南北各盡平地。同日度其正中之時。以景差爲法。表高乘表閒爲實。實如法而一。所得加表高。卽日去地也。以南表之景乘表閒爲實。實如法而一。卽爲從南表至南戴日下也。以南戴日下及日去地爲句股。爲之求弦。卽日去人也。以徑寸之筩南望日。日滿筩空。則定筩之長短以爲股率。以筩徑爲句率。日去人之數爲大股。大股之句卽日徑也。雖天圓穹之象。猶曰可度。又況泰山之高。與江海之廣哉。徽以爲今之史籍。且略舉天地之物。考論厥數。載之于志。以闡世術之美。輒造重差。并爲注解。以究古人之意。綴于句股之下。度高者重表。測深者累矩。孤離者三望。離而又旁求者四望。觸類而長之。則雖幽遐詭伏。靡所不入。博物君子。詳而覽焉。九章算術曲阜孔氏刊本。

賈岱宗

岱宗爵里未詳。案藝文類聚在傅玄後。蓋元魏人。初學記在傅玄前。則以爲曹魏人。今姑列此。俟攷。

大狗賦

余生處大魏之祚。政遭王路之未闢。進不得補過之功。退不得御

國之冊。帝曰噴谷。進在朔易。越彼西旅。大犬是獲。其頭顱也。不可論以盡其骨法也。不可辨而釋。傞傀蹴蹌。雄資猛相。兀然高八九尺。形體如鵜削。初學記作箭簇。從藝文類聚。象貌如刻畫。毛翰初學記作驗。從藝文類聚。紫豔光。雙肩如白璧。時頻伸而振迅。若應龍之騰擲。爪類刀戈。牙如交戟。聞林獸之羣爭。欲斷鐷而齕石。逆風長厲。野禽是覓。鼻嗅微香。眼裁輕迹。眄睇而奮怒。揮霍而振闐。藝文類聚作鬣。譬若從藝文類聚增天梁折。地柱劈。倒曳白象。挫其腰膂。舉六駮。折其脊。拓搽熊羆。破其匈。拼抄獸頭。斷其脈。爪處如劍䃺。藝文類聚作鉤樧。牙創似鈹。藝文類聚作矛。剩視其未死之間。血泉涌如箭射。于是驅麋鹿之大羣。入窮谷之峻厄。走者先死。往者被擊。前無孑遺。後無一隻。然其所折伏。敢主識人。晝則無窺窬之客。夜則無奸淫之賓。通聽百里。夜吠狺狺。若乃蠻夷猾夏。列士異操。輕覘單集。人馬銜枚。猛火先覺。音聲正攉。竦耳側聽。則恆山動。南向嘊喍。則霍山頹。眈精直視。則會巨磈。尷尬嚇奔突。則重關開。非吾畋獵之有益。乃可安國家衛四鄰者也。昔宋人有鵲子之譽。韓國珍其大盧。爾明振之于亘契。樂瓠受之于蠻都。論百代之名狗。敢餘犬之能俱。絕四鐵之猲獢。云何盧令之足書。初學記二十九。又見藝文類聚九十四。有刪節。

全三國文卷五十三終

全三國文卷五十四

烏程嚴可均校輯

魏五十四

公孫淵

淵字文懿遼東襄平人祖度父康並封侯據有遼東太和初脅奪其叔父恭位而自立拜揚烈將軍遼東太守尋遣使通吳吳封爲燕王加九錫復誘斬吳使表聞進拜大司馬封樂浪公持節領郡如故景初初徵不至自立爲燕王建元紹漢太尉司馬懿討斬之

表吳主權

臣伏惟遺天地反易遇無妄之運王路未夷傾側擾攘自先人已來歷事漢魏階緣際會爲國效節繼世享任得守藩表猶知符命未有攸歸每感厚恩頻辱顯使退念人臣交不越境是以固守所執拒違前使雖義無二信敢忘大恩陛下鎮撫長存小國前後裴校尉葛都尉等到奉被敕誡聖旨彌密重紈累素幽明備著所以申示之事言提其耳臣晝則謳吟宵則發夢終身誦之志不知足季末凶荒乾坤否塞兵革未戢人民蕩析仰此天命將有眷顧私從一隅永瞻雲日今魏家不能採錄忠善褒功臣之後乃令讒諂得行其志聽幽州刺史東萊太守誑誤之言猥興州兵圖害臣郡臣不負魏而魏絕之蓋聞人臣有去就之分田饒適齊樂毅走趙以不得事主故保有道之君陳平耿況亦覩時變卒歸于漢勒名帝籍伏惟陛下德不再出時不世遇是以慺慺慕自納望遠覩險有如近易誠願神謨蚤定洪業奮六師之勢收河洛之地爲聖代宗天下幸甚（魏志公孫度傳注引吳書）

上魏明帝表（青龍元年）

臣前遣校尉宿舒郎中令孫綜甘言厚禮以誘吳賊幸賴天道福

徒當作徙

助大魏使此賊虜暗然迷惑違戾羣下不從衆諫承信臣言遠遣船使多將士卒來致封拜臣之所執得如本志雖憂罪釁私懷幸甚賊衆本號萬人舒綜伺察可七八千人到沓津僞使者張彌許晏與中郎將萬泰校尉裴潛將吏兵四百餘人齎文書命服什物下到臣郡泰潛別齎致遺貨物欲因市馬軍將賀達虞咨領餘衆在船所臣本欲須涼節乃取彌等而彌等人兵衆多見臣不便承受吳命意有猜疑懼其先作變態妄生卽進兵圍取斬彌晏泰潛等首級其吏從兵衆皆士伍小人給使東西不得自由面縛乞降不忍誅殺輒聽納受徒充邊城別遣將韓起等率將三軍馳行至沓使領長史柳遠設賓主禮誘請達咨三軍潛伏以待其下又驅羣馬貨物欲與交市達咨懷疑不下使諸市買者五六百人下欲交市起等金鼓始震鋒矢亂發斬首三百餘級被創赴水沒溺者可二百餘人其散走山谷來歸降及藏竄飢餓死者不在數中得銀印銅印兵器資貨不可勝數謹遣西曹掾公孫珩奉送賊權所假臣節印綬符策九錫什物及彌等僞節印綬首級（魏志公孫淵傳注引魏略）

宿舒孫綜前到吳賊權問臣家內小大舒綜對臣有三息脩別屬亡弟權敢姦巧便擅拜命謹封送印綬符策臣雖無昔人洗耳之風慙爲賊權污損所加既行天誅猶有餘忿（同上）

權待舒綜契闊委曲君臣上下畢歡竭情而令四使見殺梟示萬里士衆流離屠戮津渚慙恥遠布痛辱彌天權之怨疾將刻肌骨若天衰其業使至喪隕權將內傷憤激而死若期運未訖將播毒螫必恐長虵來爲寇害徐州諸屯及城陽諸郡與相接近如有船衆後年向海門得其消息乞速告臣使得備豫（同上）

臣父康昔殺權使結爲讎隙今乃譎欺遣使誘致令權傾心虛國竭祿遠命上卿寵授極位震動南土備盡禮數又臣門戶受恩實深實重自臣承攝卽事以來連被榮寵殊特無量分當隕越竭力

致死而臣狂愚意計迷闇不即禽賊以至見疑前章表所陳情趣事勢實但欲罷弊此賊使困自絕誠不敢背累世之恩附僭盜之虜也而後愛憎之人緣事加誣僞生節目卒令明聽疑于市虎移恩改愛興動威怒幾至沈沒長爲負黍幸賴慈恩猶垂三宥使得補過解除愆責如天威遠加不見假借早當麋碎辱先廢祀何緣自明建此微功臣既喜于事捷得自申展悲于疇昔至此變故餘怖踊躍未敢便盜唯陛下既崇春日生全之仁除忿塞隙抑弭纖介推今亮往察臣本心長令抱戴銜分三泉（同上）

臣被服光榮恩情未報而以罪釁自招譴怒分當即戮爲衆社戒所以越典詭常僞通于吳誠自念窮迫報效未立而爲天威督罰所加長恐奄忽不得自洗故敢自關替廢于一年遣使誘吳知其必來權之求郡積有年歲初無倡答一言之應今權得使來必不疑至此一舉果如所規上卿大衆翕赫豐盛財貨賂遺傾國極位到見禽取流離死亡千有餘人滅絕不反此誠暴猾賊之鋒摧矜夸之巧昭示天下破損其業足以懲之矣臣之惓惓念效于國雖有非常之過亦有非常之功願陛下原其踰闕之愆采其毫毛之善使得國恩保全終始矣（魏志公孫度傳注引魏略）

郭昕　柳浦

昕爲公孫淵長史浦爲參軍

爲公孫淵上書自直

大司馬長史臣郭昕參軍臣柳浦等七百八十九人言奉被今年七月己卯詔書伏讀懇切精魄散越不知身命所當投措昕等伏自惟省螻蟻小醜器非時用遭値千載被受公孫淵祖考以來光明之德惠澤沾渥滋潤榮華無寸尺之功有負乘之累遂蒙褒獎登名天府並以駑蹇附龍託驥紆青拖紫飛騰雲梯感恩惟報死不擇地臣等聞明君在上聽政采言人臣在下得無隱情是以因緣訴讓冒犯愬冤郡在藩表密邇不羈平昔三州轉輸費調以供賞賜歲用累億虛耗中國然猶跋扈虔劉邊陲烽火相望羽檄相逮城門晝閉路無行人州郡兵戈奔散覆沒淵祖父度初來臨郡承受荒殘開日月之光建神武之略聚烏合之民掃地爲業威震燿于殊俗德澤被于羣生遼土之不壞實度是賴孔子曰微管仲吾其被髮左衽向不遭度則郡早爲丘墟而民係于虜廷矣遺風餘愛永存不朽度既薨殂吏民感慕欣戴子康尊而奉之康踐統洪緒克壯徽猷文昭武烈邁德種仁乃心京輦翼翼虔恭佐國平亂效績紛紜功隆事大勳藏王府度康當值武皇帝休明之會合策明之計夾輔漢室降身委質卑己事魏匪處小厭大畏而服焉乃慕託高風懷仰盛懿也武皇帝亦虛心接納待以不次功無巨細每不見忘又命之曰海北地土割以付君世世子孫實得有之皇天后土實聞德音臣庶小大豫在下風奉以周旋不敢失墜淵生有蘭石之姿少含愷悌之訓允文允武忠惠且直生民欽仰莫弗懷愛淵纂戎祖考君臨萬民爲國以禮淑化流行獨見先覩羅結遐方勤王之義視險如夷世載忠亮不隕厥名孫權慕義不遠萬里連年遣使欲自結援雖見絕殺不念舊怨纖纖往來求成恩好淵執節彌固不爲利迴守志匪石確乎彌堅猶懼丹心未見保明乃卑辭厚幣誘致權使梟截獻馘以示無二吳雖在遠水道通利舉帆便至無所隔限淵不顧敵讎之深念存人臣之節絕彊吳之歡昭事魏之心靈祇明鑒普天咸聞陛下嘉美洪烈懿茲武功誕錫休命寵亞齊魯下及陪臣普受介福誠以天覆之恩當卒終始得竭股肱永保祿位不虞一旦橫被殘酷惟育養之厚念積累之效悲思不遂痛切見棄舉國號咷拊膺泣血夫三軍所伐蠻夷戎狄驕逸不虔于是致武不聞義國反受誅討蓋聖王之制五服之域有不供職則脩文德而又不至然後征伐淵小心翼翼恪恭

于位，勤事奏上，可謂勉矣。盡忠竭節，還被患禍。小弁之作，離騷之興，皆由此也。就或佞邪，讒言孔甘，猶當淸覽悟而知善，讒巧似直，或亂聖聽，尚望文告，使知所由。若信有罪，當垂三宥；若不改寤，計功減降，當在八議。而潛軍伺襲，大兵奄至，舞戈長驅，衝擊遼土，犬馬惡死，況于人類。吏民昧死，挫辱王師。淵雖冤枉，方臨危殆，猶恃聖恩，悵然重奔，冀必赦臣矯制，妄肆威虐。乃謂臣等曰：漢安帝建光元年，遼東屬國都尉龐奮受三月乙未詔書曰：收幽州刺史馮煥、玄菟太守姚光，推案無乙未詔書，遣侍御史幽州牧考姦臣矯制者。今刺史或黨謬承矯制乎？臣等議以爲刺史興兵，搖動天下，殆非矯制，必是詔命。淵乃俛仰歎息，自傷無罪，深惟土地所以養人，竊慕古公杖策之岐，乃欲投冠釋紱，逝歸林麓。臣等維持，誓之以死，屯守府門，不聽所執。而七營虎士、伍部蠻夷，各懷素飽，不謀同心，奮臂大呼，排門遁出。近郊農民，釋其耨鎛，伐薪制梃，攻案爲櫓，奔馳赴難，軍旅行成，雖蹈湯火，死不顧生。淵雖見孤棄，怨而不怒，比遣敕軍，勿得干犯，及手書告諸，懇惻至誠，而吏士凶悍，不可解散，期于畢命，投死無悔。淵懼吏士不從敎令，乃躬馳鶩，自往化解，僅乃止之。一飯之惠，匹夫所死，況淵累葉信結百姓，恩著民心。自先帝初興，爰曁陛下，榮淵累葉，豐功懿德，策名褒揚，辯著廊廟，勝衣舉履，誦詠明文，以爲口實。埋而掘之，古人所恥。小白、重耳，衰世諸侯，猶慕著信，以隆霸業。詩美文王作孚萬邦，論語稱仲尼去食存信，信之爲德，固亦大矣。今吳蜀共帝，鼎足而居，天下搖蕩，無所統一。臣等每爲陛下懼此危心。淵據金城之固，仗和睦之民，國殷兵彊，可以橫行，策名委質，守死善道，忠至義盡，爲九州表。方今二敵闚闞，未知孰定，是之不戒，而淵是害，茹柔吐剛，非王者之道也。臣等雖鄙，誠竊恥之。若無天乎，臣一郡吉凶，尚未可知；若云有天，亦何懼焉。臣等聞仕于家者，二世則主之，三世則君之。臣等生

于荒裔之土，出于圭竇之中，無大援于魏，世隸于公孫氏，報生與賜，在于死力。昔蒯通言直，漢祖赦其誅；鄭詹辭順，晉文原其死。臣等頑愚，不達大節，苟執一介，披露肝膽，言逆龍鱗，罪當萬死。惟陛下恢崇撫育，亮其控告，使疏遠之臣，永有保恃。魏志公孫度傳注引魏書

列女

高柔妻

高柔妻，姓氏未詳。案晉亦有高柔，世說輕詆篇注引孫統爲柔集敘曰：柔字世遠，樂安人，才理淸鮮，安行仁義，婚泰山胡母氏女，年二十，既有倍年之覽，而姿色淸惠，近是上流婦人。柔家道隆崇，既罷司空參軍、安固令，營宅于伏川，馳動之情既薄，又愛孤賢妻，便有終焉之志。尚書令何充取爲冠軍參軍，僶俛應命，眷戀綢繆，不能相舍，相贈詩書，淸婉辛切。據此則高柔妻乃胡母氏也。然御覽八百十六引高柔妻與柔書，皆作高文惠妻與文惠書，則又爲魏之高柔，豈文惠亦有才婦而本傳及裴注闕略歟？今姑編入魏文，俟博通者定之。

與夫文惠書

今奉總帢十枚，組生履一緉，織成襪一量。御覽六百八十八，又六百九十七，又八百十六。

全三國文卷五十四終

所下脫以字。終傷道當作給陽遂。書云當作舒子亡

烏程嚴可均校輯

魏五十五

闕名一

詔

唯有一息。足堪負荷。思所散其憂懷。終傷道車四望。（御覽七百七十三引晉陽秋。且魏書云。詔曰云云。）

魏令

官長卒者。官吏皆齊衰。葬訖而除之。（通典九十九。）

喪葬令

王及郡公侯之國者。薨。其國相官屬長史及內史下令長丞尉。皆服斬縗。居倚廬。妃夫人服齊縗。朝晡詣喪庭臨。㠯喪服視事。葬訖除服。其非國下令長丞尉。及不之國者相內史及令長丞尉。其相內史吏皆素服。三日哭臨。其雖非近官而親在喪庭執事者。亦宜制服。其相內史及㠯列侯爲吏令長者無服。皆發哀三日。（通典八十八。）

上言孔子祀典

漢舊立孔子廟。褒成侯歲時奉祠。辟雍行禮。必祭先師。王家出穀。春秋祭祀。今宗聖侯奉嗣。未有命祭之禮。宜給牲牢。長吏奉祀。尊爲貴神。（魏志崔林傳。景初中。魯相上言。）

上言大人見襄武

有大人見。身長三丈餘。跡長三尺二寸。白髮。著黃單衣。黃巾。柱杖。呼民王始語云。今當太平。（魏志陳留王紀。咸熙二年八月。襄武縣言。又見水經渭水注引魏志。襄武上言。）

奏改廟樂舞

改漢氏宗廟安世樂曰正世樂。嘉至樂曰迎靈樂。武德樂曰武頌樂。昭容樂曰昭業樂。雲翹舞曰鳳翔舞。育命舞曰靈應舞。武德舞曰武頌舞。文昭舞曰大昭舞。五行舞曰大武舞。（魏志文帝紀黃初四年注引魏書。有

司奏。）

奏立親廟二

太皇帝大長秋與文帝之高祖共一廟。特立武帝廟。百世不毀。（魏志明帝紀注引黃初四年有司奏。案黃初中不合預稱文帝。當是裴松之追改。）

奏改埋銘旌

祖宗之號。所㠯表德。題旌古今異儀。今列祖之號。宜改施新銘旌。故旌故柩所埋。如怡等議。與重俱埋于廟內外之左。（通典八十四引魏尚書奏。）

奏改元太和

易曰。乾道變化。各正性命。保合太和。乃利貞。首出庶物。萬國咸寧。宜爲太和元年。（宋書禮志一引尚書奏。）

奏置大鈞樂

臣聞德感而化隆者。則樂舞足㠯象其形容。音聲足㠯發其歌詠。故薦之郊廟。而鬼神享其和。用之朝廷。則君臣樂其度。使四海之內。徧知至德之盛。而光煇日新者。禮樂之謂也。故先王殷薦上帝。㠯配祖考。蓋當其時而制之矣。周之末世。上去唐虞幾二千年。韶箾南籥武象之樂。風聲遺烈。皆可得而論也。由斯言之。禮樂之事。弗可㠯已。今請太祖武皇帝樂宜曰武始之樂。武。神武也。武又跡也。言神武之始。又王跡所起也。高祖文皇帝樂宜曰咸熙之舞。咸。皆也。熙。興也。言應受命之運。天下由之皆興也。至于羣臣述德論功。建定烈祖之稱。而未制樂舞。非所㠯昭德紀功。夫歌㠯詠德。舞㠯象事。于文。文武爲斌。兼秉文武。聖德所㠯章明也。臣等謹制樂舞名章斌之舞。昔簫韶九奏。親于虞帝之庭。武象大武。亦振于文武之阼。特㠯顯其德教。著其成功。天下被服其光煇。習詠其風聲者也。自漢高祖文帝各逮其時而爲武德四時之舞。上考前代制作之宜。㠯當今成業之美。播揚弘烈。莫盛于章斌焉。樂志曰。鐘磬干戚。所㠯祭先王之廟。又所㠯獻酬酳酢也。在宗廟之中。君臣莫

不致敬。族長之中。長幼無不從和。故仲尼荅賓牟賈之問曰。周道四達。禮樂交通。傳云。魯有禘樂。賓祭用之。此皆祭禮大享。通用盛樂之明文也。今有事于天地宗廟。則此三舞宜竝㠯為薦享。及臨朝大享。亦宜舞之。然後乃合古制。事神訓民之道。關于萬世。其義益明。又臣等思惟三舞。宜有總名。可名大鈞之樂。鈞。平也。言大魏三世同功。㠯至隆平也。于名為美。于義為當。（宋書樂志一。太和初公卿奏。又通典一百四十一。）

奏樂舞冠服

祀圓丘㠯下。武始舞者平冕。黑介幘。玄衣裳。白領袖。絳領袖中衣。絳合幅袴。絳韤。黑韋鞮。咸熙舞者冠委貌。其餘服如前。章斌舞者與武始咸熙舞者同服。奏于朝庭。則武始舞者武冠。赤介幘。生絳袍單衣。絳領袖皁領袖中衣。虎文畫合幅袴。白布韤。黑韋鞮。咸熙舞者進賢冠。黑介幘。生黃袍單衣。白幅袴。此三舞者皆執羽籥。其餘服如前。（宋書樂志一。太和初尚書又奏。又通典一百四十一。）

奏謚文昭皇后

蓋孝敬之道。篤乎其親。乃四海所㠯承化。天地所㠯明察。是謂生則致其養。歿則光其靈。誦述㠯盡其美。宣揚㠯顯其名者也。今陛下㠯聖懿之德。紹承洪業。至孝烝烝。通于神明。遭離殷憂。每勞謙讓。先帝遷神山陵。大禮既備。至于先后。未有顯謚。伏惟先后恭讓著于幽微。至行顯于不言。化流邦國。德侔二南。故能膺神靈嘉祥。為大魏世妃。雖夙年登遐。萬載之後。永播融烈。后妃之功。莫得而尚也。案謚法。聖聞周達曰昭。德明有功曰昭。昭者光明之至。盛久而不昧者也。宜上尊謚曰文昭皇后。（魏志文昭甄皇后傳注引魏書三公奏。）

奏立文昭皇后廟

自古周人始祖后稷。又特立廟㠯祀姜嫄。今文昭皇后之于萬嗣。聖德至化。豈有量哉。夫㠯皇家世妃之尊。而克讓允恭。固推盛位。

神靈遷化。而無寢廟㠯承享祀。非所㠯報顯德。昭孝敬也。稽之古制。宜依周禮。先妣別立寢廟。（魏志文昭甄皇后傳注引魏書三公奏。又見晉書禮志上。宋書禮志三。）

奏議文昭皇后廟樂

禮。婦人繼夫之爵。同牢配食者。樂不異。文昭皇后今雖別廟。至于宮縣樂器音均。宜如襲議。（宋書樂志一。尚書奏。又通典一百四十七。）

奏外祖母喪制

漢舊事亡闕。無外祖制儀。三代異禮。可臨畢御還寢。明日反吉便膳。（通典八十一。太和六年四月明帝有外祖母敬后夫人之喪。尚書奏。）

奏事

今作洛陽宮殿。取白后之人。鑽山索異。后鑿后求雲母。工役之事。莫過于此。（白帖。魏名臣奏。）

奏定告瑞儀

奏靜議。當遣兼太尉告祠。㠯武皇帝從五精。㠯上六座。餘眾神皆不設牲。用如郊祭。（通典五十五。尚書奏。）

奏增定告瑞冊文

冊文侍中韋誕所作。文中皇皇后帝。即五精之帝。昔舜受禪告天。云皇皇后帝。亦合五精之帝。于文少不可分別。可更增五精字。（通典五十五。尚書奏。）

奏定七廟制（景初元年六月）

大魏三聖相承。㠯成帝業。武皇帝肇建洪基。撥亂夷險。為魏太祖。文皇帝繼天革命。應期受禪。為魏高祖。上集成大命。清定華夏。興制禮樂。宜為魏烈祖。更于太祖廟北為二祧。其左為文帝廟。號曰高祖昭祧。其右擬明帝。號曰烈祖穆祧。三祖之廟。萬世不毀。其餘四廟。親盡迭遷。一如周后稷文武廟祧之禮。（晉書禮志上。景初元年六月羣公有司奏。又見宋書禮志三。）

奏不毀文昭皇后廟（景初元年冬）

蓋帝王之興。既有受命之君。又有聖妃協于神靈。然後克昌厥世。㠯成王業焉。昔高辛氏卜其四妃之子。皆有天下。而帝摯陶唐商周代興。周人上推后稷。㠯配皇天。追述王初。本之姜嫄。特立宮廟。世世享嘗。周禮所謂奏夷則。歌中呂。舞大濩。㠯享先妣者也。詩人頌之曰。厥初生民。時維姜嫄。言王化之本。生民所由。又曰。閟宮有侐。實實枚枚。赫赫姜嫄。其德不回。詩禮所稱。姬宗之盛。其美如此。大魏期運。繼于有虞。然崇弘帝道。三世彌隆。廟祧之數。實與周同。今武宣皇后文德皇后各配無窮之祚。至于文昭皇后膺天靈符。誕育明聖。功濟生民。德盈宇宙。開諸後嗣。乃道化之所興也。寢廟特祀。亦姜嫄之閟宮也。而未著不毀之制。懼論功報德之義。萬世或闕焉。非所㠯昭孝示後世也。文昭廟宜世世享祀奏樂。與祖廟同。永著不毀之典。㠯播聖善之風。魏志文昭甄皇后傳有司奏。

奏議燕王不稱臣　景元元年十一月

禮莫崇于尊祖。制莫大于正典。陛下稽德期運。撫臨萬國。紹太宗之重。隆三祖之基。伏惟燕王體尊戚屬。正位藩服。躬秉虔肅。率蹈恭德。㠯先萬國。其于正典。闡濟大順。所不得制。聖朝誠宜崇㠯非常之制。奉㠯不臣之禮。臣等平議。㠯爲燕王章表可聽如舊式。中詔所施。或存好問凖之義。頻則實覯之族也。可少順聖敬。加崇儀稱。示不敢斥。宜曰皇帝敬問大王侍御。至于制書。國之正典。朝廷所㠯辨章公制。宜昭軌儀于天下者也。宜循法故曰制詔燕王。凡詔命制書奏事上書。諸稱燕王者。可皆上平。案此當有誤。通典作皆云上字。亦當疑。其非宗廟助祭之事。皆不得稱王名。奏事上書文書及吏民。皆不得觸王諱。㠯彰殊禮。加于羣后。上遵正典尊祖之制。俯順聖敬烝烝之心。二者不愆。禮實宜之。可普告施行。魏志陳留王紀。有司等議奏。又見通典六十七。

奏事

世祖朝有獻虎者。問虎何食。對曰食肉。詔曰。下民厭糠。何忍㠯肉食虎。乃命虎賁射之。斯實得計于時。而名垂于後。御覽八百九十二引魏名臣奏。

請太后令書稱詔制　甘露五年五月

殿下聖德光隆。寧濟六合。而猶稱令。與藩國同。請自今殿下令書皆稱詔制。如先代故事。魏志高貴鄉公紀。羣公請。

鍾繇謚議　太和四年四月

繇昔爲廷尉。辨理刑獄。決嫌明疑。民無怨者。猶于張之在漢也。魏志鍾繇傳注引魏書。有司議謚。㠯爲。

㠯劉康襲爵素服奪情議

按周禮。天子公卿諸侯吉服皆玄冕朱裏玄衣纁裳。有喪凶則變之。麻冕黼裳。邦君麻冕蟻裳。云麻冕者。則素冕麻不加采色。又變其裳。亦非純吉。亦不純凶。漢氏承秦。改六冕之制。㠯玄冠絳衣一服而已。有喪凶之事。則變吉服。㠯從簡易。故諸王薨。遣使者拜嗣子爲王。則玄冠縗絰。服素㠯承詔命。事訖然後反喪服。致之前典。則差周書。論之漢室。則合常制。通典七十二。魏尚書奏。

議誅曹爽等

春秋之義。君親無將。將而必誅。爽㠯支屬。世蒙殊寵。親受先帝握手遺詔。託㠯天下。而包藏禍心。蔑棄顧命。乃與晏、颺及當等謀圖神器。範黨同罪人。皆爲大逆不道。魏志曹爽傳。會公卿朝臣廷議。㠯爲云云。于是收爽、羲、訓、何晏、鄧颺、丁謐、畢軌、李勝、桓範、張當等。皆伏誅。夷三族。

議發王淩令狐愚冢

春秋之義。齊崔杼鄭歸生皆加追戮。陳尸斲棺。載在方策。淩愚罪宜如舊典。魏志王淩傳。朝議㠯爲。

議斬李豐夏侯玄等　嘉平六年二月

豐等各受殊寵。典綜機密。緝承外戚椒房之尊。玄備世臣。竝居列位。而包藏禍心。構圖凶逆。交關閹豎。授㠯姦計。畏憚天威。不敢顯謀。乃欲要君脅上。肆其詐虐。誅戮良輔。擅相建立。將以傾覆京室。顚危社稷。鎚所正皆如科律。報鎚施行。魏志夏侯玄傳。公卿朝臣廷尉議

文昌殿前鐘簴銘

惟魏四年歲在丙申。龍次大火。五月丙寅。作蕤賓之鐘。文選魏都賦劉淵林注。案丙申當是丙辰。乃明帝青龍四年也。

中論序

予以荀卿子孟軻懷亞聖之才。著一家之法。繼明聖人之業。皆以姓名自書。猶至于今。厥字不傳。原思其故。皆由戰國之世。樂賢者寡。同時之人。不早記錄。豈況徐子中論之書。不以姓名爲目乎。恐歷久遠。名或不傳。故不量其才。喟然感歎。先目其德。以發其姓名。述其雅好不刊之行。屬之篇首。以爲之序。其辭曰。世有雅達君子者。姓徐名幹。字偉長。北海劇人也。其先業以淸亮臧否爲家。世濟其美。不隕其德。至君之身十世矣。君含元休淸明之氣。持造化英哲之性。放口而言。則樂誦九德之文。通耳而識。則教不再告。未志乎學。蓋已誦文數十萬言矣。年十四。始讀五經。發憤忘食。下帷專思。以夜繼日。父恐其得疾。常禁止之。故能未至弱冠。學五經悉載于口。博覽傳記。言則成章。操翰成文矣。此時靈帝之末年也。國典隳廢。冠族子弟。結黨權門。交援求名。競相尚爵號。君病俗迷昏。遂閉戶自守。不與之羣。以六籍娛心而已。君子之達也。學無常師。有一業勝己者。便從學焉。必盡其所知。而後釋之。有一言之美。不令過耳。必心識之。志在總衆言之長。統道德之微。恥一物之不知。愧一藝之不克。故日夜亹亹。昃不暇食。夕不解衣。晝則研精經緯。夜則歷觀列宿。考混元于未形。補聖德之空缺。誕長慮于無窮。旌微言之將墜。何暇謹小學。治浮名。與俗士相彌縫哉。故浮淺寡識之人。適解驅使榮利。豈知大道之根。然其餘以疏略爲太簡。曾無憂樂。徒以爲習書之儒。不足爲上。欣之者衆。辯之者寡。故令君州閭

之稱。不早彰徹。然秉正獨立。志有所存。俗之毀譽。有如浮雲。若有覺而還反者。則以道進之。忘其前之謗已也。其犯而不校。下學而上達。皆此之類也。于時董卓作亂。劫主西遷。奸雄滿野。天下無主。聖人之道息。邪僞之事興。營利之士得譽。守貞之賢不彰。故令君譽聞不振于華夏。玉帛安車不至于門。考其德行文藝。實帝王之佐也。道之不行。豈不惜哉。君避地海表。自歸舊都。州郡牧守禮命踧踖。連武欲致之。君以爲縱橫之世。乃先聖之所厄困也。豈況吾徒哉。有譏孟軻不度其量。擬聖行道。傳食諸侯。深美顏淵荀卿之行。故絕迹山谷。幽居研幾。用思深妙。以發疾疢。潛伏延年。會上公撥亂。王路始闢。遂力疾應命。從戍征行。歷載五六。疾稍沈篤。不堪王事。潛身窮巷。頤志保眞。淡泊無爲。惟存正道。環堵之牆。以庇妻子。幷日而食。不以爲戚。養浩然之氣。習羨門之術。時人或有聞其如此而往觀之。或有頗識其眞而從之者。君無不容而見之。厲以聲色。度其情志。倡其言論。知可以道長者。則微而誘之。令益者不自覺而大化陰行。其所匡濟。亦已多矣。君之交也。則不以其短各取其長而善之。取故少顯。盡己之交。亦無孜孜和愛之好。統聖人中和之業。蹈賢哲守度之行。淵默難測。誠實偉之器也。君之性常欲損世之有餘。益俗之不足。見辭人美麗之文。並時而作。曾無闡弘大義。敷散道教。上求聖人之中。下救流俗之昏者。故廢詩賦頌銘贊之文。著中論之書二十二篇。其所甄紀。邁君昔志。蓋千百之一也。文義未究。年四十八。建安二十三年春二月。遭厲疾。大命隕頹。豈不痛哉。余數侍坐。觀君之言。常怖篤意自勉。而心自薄也。何則。自顧才志。不如之遠矣耳。然宗之仰之。以爲師表。自君之亡。有子貢山梁之行。故追述其事。粗舉其顯露易知之數。沈冥幽微。深奧廣遠者。遺之精通君子。將自贊明之也。中論元板本。徐幹同時人作。舊無名氏。案此序意林中論六卷。任氏注。任嘏與幹同時。多著述。疑此序及注皆任嘏作。不敢定之。

烏程嚴可均校輯

魏五十六

闕名二

橫海將軍呂君碑銘

君諱口口口口口口口博望人也。其先四嶽。出自炎帝。口口口口口口口口內輔機衡。外司方職。是㠯口族繁毓。申呂竝興。君其胄也。君天姿果毅。仍口于武。武而不害。當值季末。漢失其御。羣雄爭逸。海內口隔。王塗穢塞。君㠯中勇顯名州司。試守雒長。執戈秉戎。慎守壘易。兵不頓于敵國。墜不侵于四鄰。拜武猛都尉。厲節中郎將。裨將軍。封關內侯。王師南征。與充軍從。奄有江漢。舍爵冊勳。封陰德亭侯。領郡。鳩集荒散。爲民統紀。三考有成。轉拜平狄將軍。改封盧亭侯。莅國賦政。十有三年。正身帥下。儉㠯足用。食不貳膳。坐不重席。廄無食粟之馬。出無副車之從。生不利家。死不託孤。可謂良大夫也。雖叔敖相楚。晏嬰在齊。不能尚也。行師御衆。暑即不蓋。寒即不裘。其于戰也。即履矢石之所及。鋒刃之所先。雖古良將不能踰也。會水口闕。羽猖獗爲寇。蕩搖邊鄙。虔劉民人。而洪水播溢。氾沒樊城。平源十刃。外瀆潛通。猛將驍騎。載沈載浮。于是不逞作慝。羣兇鼎沸。或保城而叛。或率衆負旌。自叩敵門。中人㠯下。竝生異心。君威懷之信。臨難益著。故能桀然攘除姦逆。獨存社稷。連城十三。民無虺蜴。帝加其庸。轉拜橫海將軍。徙封西鄂都鄉侯。食邑并七百戶。將遂要聲于方表。埽醜虜于南域。建元功于大魏。書洪口于宗彝。不弔昊天。降茲災咎。寢疾一旬。大命隕墜。年六十有一。黃初二年正月口子薨于口口口口口口帝主閔口口寮傷悼。使謁者弔祠。賻賵有加。臣吏士庶。莫不哀口。于是故郡吏口口楊向口口追惟惠君。攀慕罔極。迺共刊石勒銘。昭示來裔。其辭曰。

炎靈降精。嶽祚後昆。膺期誕授。實生我君。桓桓口毅。抑之㠯文。口整軍容。入在惠民。禦敵用威。附下㠯仁。義刑既著。允濟口勳。鑽功金石。下缺 隸釋十九。

豐都市古冢銘

筮道若朝。龜言近市。五百年間。于斯見矣。御覽一百九十一引西京記云。東京豐都初築市。掘得古冢銘云云。當時達者參驗其文。魏黃初二年所葬也。

魏大饗記殘碑 黃初三年

唐君元龍西入闕 太守先闕三字 大饗闕 記
陳留謝闕 渡舊樂闕 孫有而仰廬一何過闕 可問章典闕 足天闕
趙宋闕 泯東闕 畢方承高闕 苑會闕 東中山闕 時亦童晉闕 唐景
寬安定闕 反歷陶闕 陽闕 剔前僧闕 山仲喜其夫堂廚闕 衆將望
日刑庶時卒闕 烏氣闕
維黃初三年闕 月闕三字 繇文爲書

千秋萬代闕二字 主重居外天地始闕 至里闕 文王大饗之闕 皇
高闕 徒集有闕 之魁萬名闕 一據東西南闕 術闕 復歌歎麗闕 建
起尚盤古羅天闕 爲咸續闕 于其闕二字 樵室去殆冠獲闕 不闕 我
是闕 憤漢則瑞闕 爲至府 隸續四

伊闕左壁摩崖

黃初四年六月二十四日辛巳。大出水。舉高四丈五尺。齊此已下。水經伊水注云。蓋記水之漲減也。

膠東令王君廟門斷碑二 黃初五年

自王氏之先出闕 季下闕 九世闕二字 乃復聞聲下闕 衆勝邯鄲之
圍強下闕 其爵者曰侯曰王景武下闕 溺而濡足至孝昭二季下闕
闕 夏甫舉孝廉戉闕 令下闕 喻字叔恭博士徵陽下闕 已後壐亏
京師者五世下闕 陽太守自高平就學下闕 宗直道者率困而後
下闕 子勃海府丞次子尚書郎下闕 茂舉孝廉爲譙令去官下闕

仇牧之忿舊不顧難名下闕弱弟居荒亂之中闕鯨下闕爲郡功曹去官家拜下闕令闕所宰莅馳化如神下闕辰也季卌有一黃初五下闕

張氏祔丐先姑仰堂宇下闕

上闕念鼎足爰建時雝字闕五式不上闕魏后實天所授坒發乇三闕字如舊上闕周服從此龍光文好俎豆武矦鷹揚上闕十朱旗乃舉席卷三闕克成帝宇下闕路字闕二逸民字闕二逸民匪彫匪琢闕哲字闕二有處顯允君子或默或語上闕光隆前闕伊漢中葉皇極不建上闕我闕漢闕騁闕車束帛有戔上闕庶績咸喜谷龠陽闕維上闕亢闕允闕匪闕攸居字闕二王所上闕空彝倫攸闕沖質闕祕炎闕中徽上闕入闕得字闕六劉克上闕有馥其馨闕時上闕哉宜闕帝庭內管機密闕軌闕平出上闕赫如闕榮身歿名立永揚德闕顯上闕用闕康將和闕門剖符闕景上闕來世饗隸續十一

劉鎭南碑

君諱表字景升山陽高平人也君膺期誕生瑰偉大度黃中通理博物多識世說輕詆篇注作博識多聞爲郡功曹千里稱平上計吏辟大將軍府遷北軍中候在位十旬㠯賢能特選拜荆州刺史初平元年十一月到官淸風先驅莫不震肅奸軌改節不仁引頸君乃布愷悌流惠和慕唐叔之野棠思王遵之驅卬賦政造次德化宣行俄而漢室大亂禍起蕭牆賊臣專政豪雄虎爭縣邑閭里奸仇煙發州縣殘破天下土崩四海大壞當是時也雖有孔翟之聖賢育賁之勇勢無所措其智力君遇險而建略遭難而發權招命英俊援得驍雄謀臣武將合策明計出次北境還屯漢陰因滄浪㠯爲隍卽春葉㠯爲庸南撫衡陽東綏淄沂西靖巫山保乂四疆選才任良式序賢能簡將命卒綦布星陳備要塞之處戍八方之邊勸穡務農㠯田㠯漁稌粟紅腐年穀豐夥江湖之中無劫掠之寇沅湘之閒無懷穢之民郡守令長冠帶章服府寺亭鄉崇棟高門皆如其舊當世知名輻輳而至四方繈負自遠若歸窮山幽谷于是爲邦百工集趣機巧萬端器械通變利民無窮鄰邦懷慕交揚益州盡遣驛使冠蓋相望下民有康哉之歌羣后有歸功之緒莫匪嘉績克厭帝心卽遷州牧又遷安南將軍領州如故于時諸州或失土流播或水潦沒害人民死喪百遺二三而君保完萬里至于滄海聖朝欽亮析圭授土俾揚武威遣御史中丞鍾繇卽拜鎭南將軍錫鼓吹大車策命褒崇謂之伯父置長史司馬從事中郎開府辟召儀如三公上復遣左中郎將祝耽授節㠯增威重并督交揚益三州委㠯東南惟君所裁雖周召授分陝之任不過遠也交州殊遠王塗未夷夷民歸附大小受命其郡縣長吏有缺皆來請之君權爲選置㠯安荒裔輒別上聞齊桓遷邢封衞之義也武功旣亢廣開雍泮設俎豆陳罍彝親行鄉射躋彼公堂篤志好學吏子弟

遣當作遺

受祿之徒蓋㠯千計洪生巨儒朝夕講誨誾誾如也雖洙泗之間學者所集方之蔑如也深愍末學遠本離質乃令諸儒改定五經章句刪剗浮辭芟除煩重贊之者用力少而探微知機者多又求遺書寫還新者留其故本于是古典墳集充滿州閭及延見武將文吏敎令溫雅禮接優隆言不及軍旅之事辭不遷官曹之文上論三墳八索之典下陳輔世忠義之方內剛如秋霜外柔如春陽不伐其善不有其庸如彼川流每往茲通可謂道理丕才命世希有者已仁者壽宜享胡考昊天不弔年六十有七建安十三年八月遘疾殞薨耕夫罷耜織女投杼老幼哀號若喪父母時道路艱險留墳州土轉移葬歸立墓父勉其子妻勉其夫欲共扶送至于鄉里南鄉太守樂陽亭矦旻思等言及志在州里者自各發卒具送靈柩之資授徵拜五官中郎將乃共上歸本縣葬見聽許太和二年葬于先塋于是故臣懼淪休伐㠯爲申伯甫矦之翼周室受

輅車乘馬玄袞赤舄之賜。詩人詠功，列于大雅，至今不朽。況乎將軍牧二州二紀，功載王府，賜命優備，賴而生者，毓子孕孫，能不歌歎，乃作頌曰。

猗歟將軍，膺期挺生，桓桓其武，溫溫其人，初幹千里，允顯使臣，幕府禮命，集于北軍，督齊禁旅，如羆如熊，眷然南顧，綏我荊衡，將軍之來，民安物豐，江湖交壤，祔清國興，蔽芾甘棠，召伯聽訟，周人勿剗，我賴其禎，欲報之德，胡不億年，如何殂逝，孤棄萬民，鐫勒墓石，以紀洪勳，昭示來世，垂芳後昆。宋人所編蔡中郎集文，略見世說輕詆篇注。案邕死于初平三年，而此碑有太和二年之語，距邕死已三十六年，今移歸魏闕名類。

千金堨石人腹上刻勒

太和五年二月八日庚戌，造築此堨，更開溝渠，此水衡渠上其水，助其堅也，必經年歷世，是故部立石人以記之云爾。水經穀水注。

張詹碑陰

白楸之棺，易朽之裳，銅鐵不入，丹器藝文類聚、御覽作瓦器。不藏，嗟爾後人，幸勿我傷。水經湍水注、藝文類聚四十、御覽五百五十一竝引盛宏之荊州記云：冠軍縣東有魏征東軍司張詹墓，魏太和時人也，刻其碑背云云。至元嘉六年，民飢始被發，金銀朱漆之器雕刻爛然。

李勝祠前石的銘

百族欣戴，咸推厥誠。水經濟水注。

張廣碑銘廣字嗣宗，張魯第二子，爲魏武所寵，諸子未勝綬，竝授爵南鄭，有碑。

位尊上將，體極人臣，五子十室，榮竝爵均，童年嬰稚，抱拜王人，命婚帝族，或尚或嬪。御覽

漢廬江太守范式碑

君諱式，字巨□，□□□□□□□功存有夏，實曰御龍，□胙商周，世昭其隆，晉主夏盟，有士會者，光演弘謨，翼崇霸業，錫邑命族，實爲范氏，則其後也。君稟靈醇之茂度，體玄亮之殊高，徽柔懿恭，明允篤恕，九德靡爽，百行淵備，弘道耽藝，恢韜墳籍，探嘖研機，罔深不

入，苦乃立德隆禮，樹節寶眞，忠諒足以弼國，篤友足以輔仁，用能昭其洪懿，聲充宇甸，接華彥于汝墳，潤枯斃于荊漢，超管鮑之遐蹤，信靈評乎炳煥，是以□化泉流，芳□鴻奮，燿仁闈于權輿，濟俗侔乎皇訓，羣公偉焉，弓旌盈路，再讓考□□□三府，舉高第，侍御史，拜冀州刺史，糾剔瑕慝，六教允施，翰飛肅于鷹揚，典刑□□軌□帝□其勳，遷廬江太守，擬泰和以陶化，昭八則以隆治，弼□弘略，惠訓亡倦，□□協□□□□齊□□清源之濮閔，寶疏氏之至順，以疾告辭，韜光潛燿，詠琴書以篁□□□□□□□□□其猶充洽外內，實昭德之奧藪，而儀民之淵表也。未亮三事，□□□□終□□□□□□□□常山相，暨子氾孫而肩嗣罔繼，粤青龍三年正月丙戌，縣長汝南辭□□□□□□□□□咸靈墠之不饗，思隆懿模，以紹奕世，乃與縣之碩儒，谷典謨之中，□同宗□□□□之冑，昭告祖考，俾守厥祀，本支著宣融之祚，人神協休茂之慶焉，禮也。于是鄉□□上計掾翟循、州部泰山從事史翟邵等，僉以爲君雖煇名載籍，光颺前列，而靈墳亡□，儀問靡述，遂相與略依舊傳，昭撰景行，刊銘樹墓，以聲百世。其辭曰。

於昭上德，寶唐之胤，誕表靈和，蹈規履信，窮神周覽，祗道之訓，邁德徽猶，鴻漸□奮，穢彼夸毗，寶此醇懿，以文會友，以仁翼□，敷化濟殖，羣生以遂，永言孝思，民之攸暨，如何昊天，不信其軌，明德不報，肩胙亡紀，爰輯訓典，詢爾髦士，育茲赫□，以永遐祉，詒厥孫謀，燿于萬祀。碑拓本。又宋拓本。又隸釋十九。

贈司空征南將軍王基碑景元二年卒

上闕子有成父者，出仕于齊，獲狄榮如，孫湫進難，爲據大夫，遂下闕

闕稟天素皓爾之質，兼苞五才九德之茂，慈和孝友，既著于下闕

景山林，元本道化，致思六經，剖判羣言，綜析無形，文辯贍下闕柔

民忠正，足以格非，兼文武之上略，懷濟世之弘規，初下闕舉孝廉

司徒辟州輒請聞。目自毗輔。後辟大將軍府。拜下闕·國與惟新。出爲安平安豐太守。敦崇惠訓。典刑惟明。四下闕躬目允帝命。遷荊州刺史揚武將軍。又遷使持節鎮南下闕宂朱旗所麾。前無交兵。克敵獲儁。斬首萬計。賜爵關内下闕無遺策。舉無廢功。故能野戰則飛虎摧翼。圍城則鯨鯢下闕于九有也。比進爵常樂亭安樂鄉東武侯。增邑五千戶。下闕之算。征有獨克之威。而忠勤之性。乃心帝室。屢奏封章。下闕彌留年七十二。景元二年四月辛丑薨。公天姿高素。與下闕亡則令儉斂。目時服。于是下闕將矩奉冊追位司空。贈目東武侯蜜印綬。送目輕車介下闕泰山之速頹。恨元勳之未遂。俯仰哀歎。永懷慘悴。目爲下闕菉鐫后表墓。光示來裔。其辭曰。

上闕塞憲章。墳素昭此。物則居則利貞。在公畢力。化流二邦。下闕盜民用是息。升降順道。德讓靡忒。曾不慭遺我下闕 乾隆間新出土碑本。

玉璽文 太和元年四月

天子羨思慈親。魏志文昭甄皇后傳又宋書禮志三。

張掖刪丹縣栁谷石文

上上三天王述大金。討大曹。金但取之。金立中。大金馬一匹中正。大吉。關壽此馬甲寅述水。宋書天文志三又符瑞志上。

謗書

臺中有三狗。二狗崖柴不可當。一狗憑默作疽囊。魏志曹爽傳注引魏略。三狗謂何晏鄧颺丁謐也。默者爽小字也。

曹爽之勢熱如湯。太傅父子冷如漿。李豐兄弟如游光。魏志夏侯玄傳注引世語。

外國

軻比能

軻比能。本小種鮮卑。衆推目爲大人。文帝立爲附義王。青龍三年。幽州刺史王雄使勇士韓龍刺殺之。

與輔國將軍鮮于輔書 黃初五年

夷狄不識文字。故校尉閻柔保我于天子。我與素利爲讎。往年攻擊之。而田校尉助素利。我臨陣使瑣奴往。聞使君來。卽便引軍退。步度根數數鈔盜。又殺我弟。而誣我目鈔盜。我夷狄雖不知禮義。兄弟子孫受天子印綬。牛馬尚知美水草。況我有人心邪。將軍當保明我于天子。魏志軻比能傳。

疏勒王

王名未見。案疏勒王和得當靈帝時。其後王不見于史。至隋書始復有疏勒傳。此條可補史闕。

致魏文帝書

金胡缾歐登于明堂。周鼎潛乎深泉。御覽七百五十八引西域記。

全三國文卷五十六終

烏程嚴可均校輯

蜀一

先主昭烈帝

帝諱備字玄德涿郡涿人中山靖王劉勝之後靈帝末除安喜尉又除下密丞後爲高唐尉遷爲令獻帝初公孫瓚表爲別部司馬守平原令領平原相陶謙表爲豫州刺史尋領徐州曹公表爲鎮東將軍封宜城亭侯尋爲豫州牧復表爲左將軍後破曹公于赤壁自領荆州牧又定蜀領益州牧又定漢中稱漢中王以魏黃初二年即皇帝位改元章武在位三年謚曰昭烈皇帝案先主稱尊號諸文誥策命皆劉巴所作今以即位已前已後諸篇編爲先主文

詔酹霍峻

峻既佳士加有功于國欲行酹蜀志霍峻傳

敕後主詔

汝與丞相從事事之如父蜀志諸葛亮傳又見華陽國志六

遺詔敕後主

朕初疾但下痢耳後轉雜他病殆不自濟人五十不稱夭年已六十有餘何所復恨不復自傷但以卿兄弟爲念射君到說丞相歎卿智量甚大增修過于所望審能如此吾復何憂勉之勉之勿以惡小而爲之勿以善小而不爲惟賢惟德能服于人汝父德薄勿效之可讀漢書禮記閒暇歷觀諸子及六韜商君書益人意智聞丞相爲寫申韓管子六韜一通已畢未送道亡可自更求聞達蜀志先主傳注引諸葛亮集又見御覽四百五十九

攻成都令軍中

其有害巴者誅及三族蜀志劉巴傳注引零陵先賢傳

上言漢帝

臣以具臣之才荷上將之任董督三軍奉辭于外不能埽除寇難靖匡王室久使陛下聖教陵遲六合之內否而未泰惟憂反側疢如疾首曩者董卓造爲亂階自是之後羣凶縱橫殘剝海內賴陛下聖德威靈人神同應或忠義奮討或上天降罰暴逆並殪以漸冰消惟獨曹操久未梟除侵擅國權恣心極亂臣昔與車騎將軍董承圖謀討操機事不密承見陷害臣播越失據忠義不果遂得使操窮凶極逆主后戮殺皇子鴆害雖糾合同盟念在奮力懦弱不武歷年未效常恐殞沒孤負國恩寤寐永歎夕惕若厲今臣羣寮以爲在昔虞書敦敘九族庶明厲翼五帝損益此道不廢周監二代並建諸姬實賴晉鄭夾輔之福高祖龍興尊王子弟大啟九國卒斬諸呂以安大宗今操惡直醜正寔繁有徒包藏禍心篡盜已顯既宗室微弱帝族無位斟酌古式依假權宜上臣大司馬漢中王臣伏自三省受國厚恩荷任一方陳力未效所獲已過不

宜復忝高位以重罪謗羣寮見逼迫臣以義臣退惟寇賊不梟國難未已宗廟傾危社稷將墜成臣憂責碎首之負若應權通變以寧靖聖朝雖赴水火所不得辭敢慮常宜以防後悔輒順衆議拜受印璽以崇國威仰惟爵號位高寵厚俯思報效憂深責重驚怖累息如臨于谷盡力輸誠獎厲六師率齊羣義應天順時撲討凶逆以寧社稷以報萬分謹拜章因驛上還所假左將軍宜城亭侯印綬蜀志先主傳又見袁宏後漢紀三十

拒荅孫權

益州民富彊土地險阻劉璋雖弱足以自守張魯虛僞未必盡忠于操今暴師于蜀漢轉運于萬里欲使戰克攻取舉不失利此吳起不能定其規孫武不能善其事也曹操雖有無君之心而有奉主之名議者見操失利于赤壁謂其力屈無復遠志也今操三分天下已有其二將欲飲馬于滄海觀兵于吳會何肯守此坐須老

平。今同盟無故自相攻伐。借樞于操。使敵乘其隙。非長計也。（蜀志先主傳注引獻帝春秋）

報孫權

備與璋託為宗室。冀憑英靈。以匡漢朝。今璋得罪左右。備獨竦懼。非所敢聞。願加寬貸。若不獲請。備當放髮歸于山林。（吳志魯肅傳）

益州不明。得罪左右。庶幾將軍高義。上匡漢朝。下輔宗室。若必尋干戈。備將放髮于山林。未敢聞命。（華陽國志六。案此即吳志文。但小異耳。）

答諸葛亮表請張裕罪（建安二十四年）

芳蘭生門。不得不鉏。（蜀志周羣傳）

貽劉璋書

孫氏與孤。本為脣齒。今樂進在清泥。與關羽相拒。不往赴救。進必大克。轉侵州界。其憂有甚于魯。魯自守之賊。不足慮也。求益萬兵及資實。（華陽國志五）

與陸遜書

賊今已在江陵。吾將復東。將軍謂其能然不。（吳志陸遜傳注引吳錄）

與魯王鼎銘

富貴昌。宜矦王。

與梁王鼎銘

大吉祥。宜公王。（並鼎錄）

後主

後主名禪。字公嗣。小字阿斗。先主子。以章武三年五月襲位。改元四。建興、延熙、景耀、炎興。在位四十一年。降于魏。封安樂縣公。至晉太始七年薨。謚曰思公。

徙廖立詔

三苗亂政。有虞流宥。廖立狂惑。朕不忍刑。亟徙不毛之地。（蜀志廖立傳注引諸葛亮集）

出軍詔（建興五年三月）

朕聞天地之道。福仁而禍淫。善積者昌。惡積者喪。古今常數也。是以湯武修德而王。桀紂極暴而亡。曩者漢祚中微。網漏凶慝。董卓造難。震蕩京畿。曹操階禍。竊執天衡。殘剝海內。懷無君之心。子丕孤豎。敢尋亂階。盜據神器。更姓改物。世濟其凶。當此之時。皇極幽昧。天下無主。則我帝命隕越于下。昭烈皇帝體明叡之德。光演文武。應乾坤之運。出身平難。經營四方。人鬼同謀。百姓與能。兆民欣戴。奉順符讖。建位易號。丕承天序。補弊興衰。存復祖業。膺誕皇綱。不墜于地。萬國未靜。早世遐殂。朕以幼沖。繼統鴻基。未習保傅之訓。而嬰祖宗之重。六合壅否。社稷不建。永惟所以。念在匡救。光載前緒。未有攸濟。朕甚懼焉。是以夙興夜寐。不敢自逸。每從菲薄。以益國用。勸分務穡。以阜民財。授方任能。以參其聽。斷私降意。以養將士。欲奮劍長驅。指討凶逆。朱旗未舉。而丕復隕喪。斯所謂不然

我薪而自焚也。殘類餘醜。又支天禍。恣睢河洛。阻兵未弭。諸葛丞相弘毅忠壯。忘身憂國。先帝託以天下。以勗朕躬。今授之以旄鉞之重。付之以專命之權。統領步騎二十萬眾。董督元戎。龔行天伐。除患寧亂。克復舊都。在此行也。昔項籍總一彊眾。跨州兼土。所務者大。然卒敗垓下。死于東城。宗族如焚。為笑千載。皆不以義。陵上虐下故也。今賊傚尤。天人所怨。奉時宜速。庶憑炎精祖宗威靈相助之福。所向必克。吳王孫權同恤災患。潛軍合謀。犄角其後。涼州諸國王各遣月支康居胡矦支富康植等二十餘人詣受節度。大軍北出。便欲率將兵馬。奮戈先驅。天命既集。人事又至。師貞勢并。必無敵矣。夫王者之兵。有征無戰。尊而且義。莫敢抗也。故鳴條之役。軍不血刃。牧野之師。商人倒戈。今旍麾首路。其所經至。亦不欲窮兵極武。有能棄邪從正。簞食壺漿。以迎王師者。國有常典。封寵大小。各有品限。及魏之宗族支葉中外。有能規利害審逆順之數

來詣降者。皆原除之。昔輔果絕親于智氏。而蒙全宗之福。微子去殷。項伯歸漢。皆受茅土之慶。此前世之明驗也。若其迷沈不反。將助亂人。不式王命。戮及妻孥。罔有攸赦。廣宣恩威。貸其元帥。弔其殘民。他如詔書律令。丞相其露布天下。使稱朕意焉。蜀志後主傳注引諸葛亮集。

詔答丞相亮

行當離別。以為悵悵。今致氍毹一。以達心也。御覽七百八引諸葛亮集

詔諡趙雲 建興七年

雲昔從先帝。功績既著。朕以幼沖。涉塗艱難。賴恃忠順。濟于危險。夫諡所以敘元勳也。外議雲宜諡。蜀志趙雲傳引雲別傳。

詔蔣琬屯漢中 延熙元年

寇難未弭。曹叡驕凶。遼東三郡苦其暴虐。遂相糾結。與之離隔。叡大興眾役。還相攻伐。曩秦之亡。勝廣首難。今有此變。斯乃天時。君其治嚴。總帥諸軍屯住漢中。須吳舉動。東西掎角。以乘其釁。蜀志蔣琬傳。

詔武邑侯輯襲安平王 景耀四年

安平王先帝所命。三世早夭。國嗣頹絕。朕用傷悼。其以武邑侯輯襲王位。蜀志劉理傳。

詔諡陳祗 景耀元年

祗統職一紀。柔嘉惟則。幹肅有章。和義利物。庶績允明。命不融遠。朕用悼焉。夫存有令問。則亡加美諡。諡曰忠侯。賜子粲爵關內侯。拔次子裕為黃門侍郎。蜀志董允傳。

復諸葛亮丞相詔策 建興七年

街亭之役。咎由馬謖。而君引愆。深自貶抑。重違君意。聽順所守。前年燿師。馘斬王雙。今歲爰征。郭淮遁走。降集氐羌。興復二郡。威震凶暴。功勳顯然。方今天下騷擾。元惡未梟。君受大任。幹國之重。而久自挹損。非所以光揚洪烈矣。今復君丞相。君其勿辭。蜀志諸葛亮傳。又見華陽國志七。

贈諸葛忠武詔策 建興十二年八月

惟君體資文武。明叡篤誠。受遺託孤。匡輔朕躬。繼絕興微。志存靖亂。爰整六師。無歲不征。神武赫然。威震八荒。將建殊功于季漢。參伊周之巨勳。如何不弔。事臨垂克。遘疾隕喪。朕用傷悼。肝心若裂。夫崇德序功。紀行命諡。所以光昭將來。刊載不朽。今使使持節左中郎將杜瓊贈君丞相武鄉侯印綬。諡君為忠武侯。魂而有靈。嘉茲寵榮。嗚呼哀哉。嗚呼哀哉。蜀志諸葛亮傳。

策張皇后

朕統承大業。君臨天下。奉郊廟社稷。今以貴人為皇后。使行丞相事左將軍向朗持節授璽綬。勉修中饋。恪肅禋祀。皇后其敬之哉。蜀志張皇后傳。

策立皇太子 延熙元年正月

在昔帝王。繼體立嗣。副貳國統。古今常道。今以璿為皇太子。昭顯祖宗之威。命使行丞相事左將軍朗持節授印綬。其勉修茂質。祗恪道義。諮詢典禮。敬友師傅。斟酌眾善。翼成爾德。可不務修以自勖哉。蜀志太子璿傳。

全三國文卷五十七終

全三國文卷五十八

烏程嚴可均校輯

蜀二

諸葛亮

亮字孔明琅邪陽都人先主屯新野三顧乃見及定荊州㠯爲軍師中郎將蜀平㠯爲軍師將軍署左將軍府事先主卽帝位㠯爲丞相錄尚書事尋領司隸校尉後主卽位封武鄉侯尋領益州牧建興十二年卒諡曰忠武侯有論前漢事一卷集誡二卷女誡一卷集二十五卷

答蔣琬教 建興元年

思惟背親捨德㠯殄百姓衆人旣不隱于心實又使遠近不解其義是㠯君宜顯其功舉㠯明此選之清重也 蜀志蔣琬傳

教與軍師長史參軍掾屬

夫參署者集衆思廣忠益也若遠小嫌難相違覆曠闕損矣違覆而得中猶棄弊蹻而獲珠玉然人心苦不能盡惟徐元直處茲不惑又董幼宰參署七年事有不至至于十反來相啟告苟能慕元直之十一幼宰之殷勤有忠于國則亮可少過矣 蜀志董和傳又見書鈔六十九引諸葛亮集教與軍師長史參軍掾屬云云又一百三十六

昔初交州平屢聞得失後交元直勤見啟誨前參事于幼宰每言則盡後從事于偉度數有諫止雖姿性鄙暗不能悉納然與此四子終始好合亦足㠯明其不疑于直言也 蜀志董和傳

任重才輕固多闕漏前參軍董幼宰每言輒盡數有諫止雖姿性鄙薄不能悉納幼宰參署七年事有不至至于十反未有忠于國如幼宰者亮可㠯少過矣 御覽二百四十九 案此與董和傳文同而次第互異多出首二語故並錄之

罷來敏教

將軍來敏對上官顯言新人有何功德而奪我榮資與之邪諸人共憎我何故如是敏年老狂悖生此怨言昔成都初定議者㠯爲來敏亂羣 宋書王微傳微與江湛書引此作來敏亂羣過于孔文舉 先帝㠯新定之際故遂含容無所禮用後劉子初選㠯爲太子家令先帝不悅而不忍拒也後主卽位 案後主字不應出亮口當是後人誤改 吾闇于知人遂復擢爲將軍祭酒違議者之審見背先帝所疏外自謂能㠯敦厲薄俗帥之㠯義今旣不能表退職使閉門思愆 蜀志來敏傳注引亮集

與李豐教 建興九年

吾與君父子戮力㠯獎漢室此神明所聞非但人知之也表都護典漢中委君于東關者不與人議也謂至心感動終始可保何圖中乖乎昔楚卿屢絀亦乃克復思道則福應自然之數也願寬慰都護勤追前闕今雖解任形業失故奴婢賓客百數十人君㠯中郎參軍居府方之氣類猶爲上家若都護思負一意君與公琰推心從事者否可復通逝可復還也詳思斯戒明吾用心臨書長歎涕泣而已 蜀志李嚴傳注

教張君嗣 案張裔字君嗣

去婦不顧門萎韭不入園㠯婦人之性草萊之情猶有所恥想忠壯者意何所之 御覽九百七十六

轉教

計一歲運用蓬旅席千萬具 御覽七百八

教

今民貧國虛決敵之資唯仰錦耳 御覽八百十五引諸葛亮集

昔孫叔敖乘馬三年不知牝牡稱其賢也 藝文類聚九十三御覽八百九十七

若賊騎左右來至徒從行㠯戰者陟嶺不便宜㠯車蒙陣而待之地狹者㠯鋸齒而待之 北堂書鈔一百十七陣篇

作部作匕首五百枚㠯給軍士 書鈔一百二十三御覽三百四十六

敕作部皆作五折剛鎧十折矛㠯給之 御覽三百五十三引諸葛亮集

作斧敎

前後所作斧。都不可用。前伐鹿角。壞刀斧千餘枚。賴賊已走。間自令作部作刀斧百枚。用之百餘日。初無壞者。尒乃知彼主者無意。已收治之。非小事也。若臨敵。敗人軍事矣。御覽七百六十三。題作敎子。

前到武都。一日伐鹿角。壞刀斧千餘枚。賴賊已走。若未走。無所復用。御覽三百三十七。

軍令案。諸葛氏集目錄。軍令上中下三篇。第二十二至第二十四。

始出營。豎矛戟。舒幡旗。鳴鼓角。三里。辟矛戟。結幡旗。鳴鼓角。未至營三里。復豎矛戟。舒幡旗。鳴鼓角。復結幡旗。止鼓角。違令者髡。書鈔一百二十。

連衝陣狹而厚也。御覽三百一。

敵已來進。持鹿角兵悉却在連衝後。敵已附鹿角。裏兵但得進踞。㠯矛戟刺之。不得起住。起住妨弩。御覽三百三十七。

帳下及右陣各持彭排。御覽三百五十七。

軍行。人將一斗乾飯。不得持鳥育及幔。餘大車乘帳幔。什光耀日。往就與會矣。書鈔一百三十二。

南征表

初謂高定失其窟穴。獲其妻子。道窮計盡。當歸首㠯取生也。而邈蠻心異。乃更殺人爲盟。糾合其類二千餘人。求欲死戰。北堂書鈔原本一百五十八。

表呂凱等守義建興三年

永昌郡吏呂凱府丞王伉等。執忠絕域。十有餘年。雍闓高定偪其東北。而凱等守義。不與交通。臣不意永昌風俗敦直乃爾。蜀志呂凱傳。又畧見華陽國志四。

表廢廖立

長水校尉廖立。坐自貴大。臧否羣士。公言國家不任賢達而任俗

吏。又言萬人率者。皆小子也。誹謗先帝。疵毀衆臣。人有言國家兵衆簡練。部伍分明者。立舉頭視屋。憤咤作色曰。何足言。凡如是者。不可勝數。羊之亂羣。猶能爲害。況立託在大位。中人㠯下。識眞僞邪。蜀志廖立傳。

立奉先帝無忠孝之心。守長沙則開門就敵。領巴郡則有闇昧闒茸其事。隨大將軍則誹謗譏訶。侍梓宮則挾刃斷人頭于梓宮之側。陛下即位之後。普增職號。立隨比爲將軍。面語臣曰。我何宜在諸將軍中。不表我爲卿。上當在五校。臣答。將軍者。隨大比耳。至于卿者。正方亦未爲卿也。且宜處五校。自是之後。怏怏懷恨。蜀志廖立傳注引亮集。

出師表御覽二十一作出軍表。

先帝創業未半。而中道崩殂。今天下三分。益州疲弊。此誠危急存亡之秋也。然侍衞之臣。不懈于內。忠志之士。忘身于外者。蓋追先帝之殊遇。欲報之于陛下也。誠宜開張聖聽。㠯光先帝遺德。恢弘志士之氣。不宜妄自菲薄。引喻失義。㠯塞忠諫之路也。宮中府中。俱爲一體。陟罰臧否。不宜異同。若有作奸犯科。及爲忠善者。宜付有司論其刑賞。㠯昭陛下平明之理。不宜偏私。使內外異法也。侍中侍郎郭攸之。費禕。董允等。此皆良實。志慮忠純。是㠯先帝簡拔㠯遺陛下。愚㠯爲宮中之事。事無大小。悉㠯咨之。然後施行。必能裨補闕漏。有所廣益。將軍向寵。性行淑均。曉暢軍事。試用于昔日。先帝稱之曰能。是㠯衆議舉寵爲督。愚㠯爲營中之事。悉㠯咨之。必能使行陣和睦。優劣得所。親賢臣。遠小人。此先漢所㠯興隆也。親小人。遠賢臣。此後漢所㠯傾頹也。先帝在時。每與臣論此事。未嘗不歎息痛恨于桓靈也。侍中尚書長史參軍。此悉貞良死節之臣。願陛下親之信之。則漢室之隆。可計日而待也。臣本布衣。躬耕于南陽。苟全性命于亂世。不求聞達于諸侯。先帝不㠯臣卑鄙。猥

自枉屈。三顧臣于草廬之中。諮臣㠯當世之事。由是感激。遂許先帝㠯驅馳。後值傾覆。受任于敗軍之際。奉命于危難之閒。爾來二十有一年矣。先帝知臣謹慎。故臨崩寄臣㠯大事也。受命㠯來。夙夜憂歎。恐託付不效。㠯傷先帝之明。故五月渡瀘。深入不毛。今南方已定。兵甲已足。當獎率三軍。北定中原。庶竭駑鈍。攘除奸凶。興復漢室。還于舊都。此臣所㠯報先帝而忠陛下之職分也。至于斟酌損益。進盡忠言。則攸之、禕、允之任也。願陛下託臣㠯討賊興復之效。不效則治臣之罪。㠯告先帝之靈。責攸之、禕、允等之慢。㠯彰其咎。陛下亦宜自謀。㠯諮諏善道。察納雅言。深追先帝遺詔。臣不勝受恩感激。今當遠離。臨表涕零。不知所言。蜀志諸葛亮傳、文選。又略見蜀志向朗傳、董允傳、華陽國志七。

表廢李平 建興九年八月

自先帝崩後。平所在治家。尚爲小惠。安身求名。無憂國之事。臣當北出。欲得平兵㠯鎮漢中。平窮難縱橫。無有來意。而求㠯五郡爲巴州刺史。去年臣欲西征。欲令平主督漢中。平說司馬懿等開府辟召。臣知平鄙情。欲因行之際偪臣取利也。是㠯表平子豐督主江州。隆崇其遇。㠯取一時之務。平至之日。都委諸事。羣臣上下皆怪臣待平之厚也。正㠯大事未定。漢室傾危。伐平之短。莫若褒之。然謂平情在于榮利而已。不意平心顛倒乃爾。若事稽留。將致禍敗。是臣不敏。言多增咎。蜀志李嚴傳。嚴改名爲平。

表上武功事

臣先遣虎步監孟琰據武功水東。司馬懿因渭水漲。㠯二十日出騎萬人來攻琰營。臣作竹橋。越水射之。賊見橋垂成。便引兵退。水經渭水注中引諸葛亮表。御覽七十三引諸葛亮集亮上事。

至祁山南北岈上表

祁山去沮縣五百里。有民萬戶。矚其丘墟。信爲殷矣。水經漾水注。

自表後主

伏念臣賦性拙直。遭時艱難。興師北伐。未獲全功。何期病在膏肓。命垂旦夕。伏願陛下清心寡慾。約己愛民。達孝道于先君。存仁心于寰宇。提拔逸隱。㠯進賢良。屏黜姦讒。㠯厚風俗。已上六十九字見張采三國文。未知所本。臣初奉先帝。資仰于官。不自治生。今已上十四字從舊寫本北堂書鈔三十補。成都有桑八百株。薄田十五頃。子弟衣食自有餘饒。至于臣在外任。無別調度。隨身衣食。悉仰于官。不別治生。㠯長尺寸。若臣死之日。不使內有餘帛。外有贏財。㠯負陛下。蜀志諸葛亮傳、舊寫本北堂書鈔三十八。

密表舉蔣琬 建興十二年

臣若不幸。後事宜㠯付琬。蜀志蔣琬傳。

表

處羣臣之上。書鈔十一。續漢郡國志五注補引諸葛亮表有耽文山、澤山、司彌痤山、臾山、辟龍山。

街亭之敗戮馬謖上疏 建興六年

臣㠯弱才。叨竊非據。親秉旄鉞㠯厲三軍。不能訓章明法。臨事而懼。至有街亭違命之闕。箕谷不戒之失。咎皆在臣授任無方。臣明不知人。恤事多闇。春秋責帥。臣職是當。請自貶三等。㠯督厥咎。蜀志諸葛亮傳。又見華陽國志七。

上先主書

亮算太乙數。今年歲次癸巳。罡星在西方。又觀乾象。太白臨于雒城之分。主于將帥多凶少吉。張溥百三家集引太乙飛鈴。

上言請宣奉遺詔 章武三年四月

伏惟大行皇帝邁仁樹德。覆燾無疆。昊天不弔。寢疾彌留。今月二十四日奄忽升遐。臣妾號咷。若喪考妣。乃顧遺詔。事惟太宗。動容損益。百寮發哀。滿三日除服。到葬期復如禮。其郡國太守相都尉縣令長三日便除服。臣亮親受敕戒。震畏神靈。不敢有違。臣請宣下奉行。蜀志先主傳。

合葬昭烈皇后上言（章武三年）

皇思夫人履行脩仁。淑慎其身。大行皇帝昔在上將。嬪配作合。載育聖躬。大命不融。大行皇帝存時。篤義垂恩。念皇思夫人神柩在遠飄颻。特遣使者奉迎。會大行皇帝崩。今皇思夫人神柩已到。又梓宮在道。園陵將成。安厝有期。臣輒與太常臣賴恭等議。禮記曰。立愛自親始。教民孝也。立敬自長始。教民順也。不忘其親所由生也。春秋之義。母吕子貴。昔高皇帝追尊太上昭靈夫人爲昭靈皇后。孝和皇帝改葬其母梁貴人。尊號曰恭懷皇后。孝愍皇帝亦改葬其母王夫人。尊號曰靈懷皇后。今皇思夫人宜有尊號。吕慰寒泉之思。輒與恭等案謚法。宜曰昭烈皇后。詩曰。穀則異室。死則同穴。故昭烈皇后宜與大行皇帝合葬。臣請太尉告宗廟。布露天下。具禮儀別奏。（蜀志甘皇后傳。）

聞孫權破曹休魏兵東下關中虛弱上言（建興六年十一月）

先帝慮漢賊不兩立。王業不偏安。故託臣吕討賊也。吕先帝之明。量臣之才。故知臣伐賊才弱敵强也。然不伐賊。王業亦亡。惟坐待亡。孰與伐之。是故託臣而勿疑也。臣受命之日。寢不安席。食不甘味。思惟北征。宜先入南。故五月渡瀘。深入不毛。并日而食。臣非不自惜也。顧王業不可得偏全于蜀都。故冒危難吕奉先帝之遺意也。而議者謂爲非計。今賊失疲于西。又務于東。兵法乘勞。此進趨之時也。謹陳其事如左。高帝明竝日月。謀臣淵深。然涉險被創。危然後安。今陛下未及高帝。謀臣不如良平。而欲吕長計取勝。坐定天下。此臣之未解一也。劉繇王朗各據州郡。論安言計。動引聖人。羣疑滿腹。衆難塞胷。今歲不戰。明年不征。使孫策坐大。遂并江東。此臣之未解二也。曹操智計殊絕于人。其用兵也。髣髴孫吳。然困于南陽。險于烏巢。危于祁連。偪于黎陽。幾敗伯山。殆死潼關。然後僞定一時耳。況臣才弱。而欲吕不危而定之。此臣之未解三也。曹

操五攻昌霸不下。四越巢湖不成。任用李服而李服圖之。委夏侯而夏侯敗亡。先帝每稱操爲能。猶有此失。況臣駑下。何能必勝。此臣之未解四也。自臣到漢中。中閒朞年耳。然喪趙雲、陽羣、馬玉、閻芝、丁立、白壽、劉郃、鄧銅等及曲長屯將七十餘人。突將無前。賨叟青羌散騎武騎一千餘人。此皆數十年之內所糾合四方之精銳。非一州之所有。若復數年。則損三分之二也。當何吕圖敵。此臣之未解五也。今民窮兵疲。而事不可息。事不可息。則住與行勞費正等。而不及虛圖之。欲吕一州之地與賊持久。此臣之未解六也。夫難平者事也。昔先帝敗軍于楚。當此時。曹操拊手。謂天下已定。然後先帝東連吳越。西取巴蜀。舉兵北征。夏侯授首。此操之失計。而漢事將成也。然後吳更違盟。關羽毀敗。秭歸蹉跌。曹丕稱帝。凡事如是。難可逆見。臣鞠躬盡力。死而後已。至于成敗利鈍。非臣之明所能逆覩也。（蜀志諸葛亮傳注引漢晉春秋云此表亮集所無。出張儼默記。）

公文上尚書（建興九年）

平爲大臣。受恩過量。不思忠報。横造無端。危恥不辦。迷罔上下。論獄棄科。導人爲姦。狹情志狂。若無天地。自度姦露。嫌心遂生。聞軍臨至。西鄉託疾還沮漳。軍臨至沮。復還江陽。平參軍狐忠勤諫乃止。今篡賊未滅。社稷多難。國事惟和。可吕克捷。不可苞含。吕危大業。輒與行中軍師車騎將軍都鄉侯臣劉琰、使持節前軍師征西大將軍領涼州刺史南鄭侯臣魏延、前將軍都亭侯臣袁綝、左將軍領荆州刺史高陽鄉侯臣吳壹、督前部右將軍玄鄉侯臣高翔、督後部後將軍安樂亭侯臣吳班、領長史綏軍將軍臣楊儀、督左部行中監軍揚武將軍臣鄧芝、行前監軍征南將軍臣劉巴、行中護軍偏將軍臣費禕、行前護軍偏將軍漢成亭侯臣許允、行左護軍篤信中郎將臣丁咸、行右護軍偏將軍臣劉敏、行護軍征南將軍當陽亭侯臣姜維、行中典軍討虜將軍臣上官雝、行中參軍

昭武中郎將臣胡濟行參軍建義將軍臣閻晏行參軍偏將軍臣爨習行參軍裨將軍臣杜義行參軍武略中郎將臣杜祺行參軍綏戎都尉臣盛勃領從事中郎武略中郎將臣樊岐等議輒解平任。免官祿節傳印綬符策削其爵土。蜀志李嚴傳注。

牋

朝發南鄭。暮宿黑水四五十里。水經注二十七沔水上。

全三國文卷五十八終

烏程嚴可均校輯

蜀三

諸葛亮二

答關羽書

孟起兼資文武。雄烈過人。一世之傑。黥彭之徒。當與益德並驅爭先。猶未及髯之絕倫逸羣也。蜀志關羽傳。

與吳王書 案諸葛氏集目錄與孫權書第十四。

與兄瑾書九首 案諸葛氏集目錄與諸葛瑾書第十五。

所送白氈薄少。重見辭謝。益以增慙。北堂書鈔一百二十一。御覽三百四十一。

喬本當還成都。今諸將子弟皆得傳運。思惟宜同榮辱。今使喬督五六百兵。與諸子弟傳于谷中。蜀志諸葛亮傳注。

兄嫌白帝兵非精練。到所督則先主帳下白氈。西方上兵也。嫌其少也。當復部分江州兵以廣益之。御覽三百四十一。

前趙子龍退軍。燒壞赤崖以北閣道。緣谷一百餘里。其閣梁一頭入山腹。其一頭立柱于水中。今水大而急。不得安柱。此其窮極。不可強也。水經注沔水上。

頃大水暴出。赤崖以南橋閣悉壞。時趙子龍與鄧伯苗。一戍赤崖屯田。一戍赤崖口。但得緣崖與伯苗相聞而已。水經注沔水上。

有緩陽小谷。雖山崖絕險。谿水縱橫。難用行軍。昔邏候往來要道通入。今使前軍所治此道。以向陳倉。足以攀連賊埶。使不得分兵東行者也。水經注渭水上。

殷德嗣秀才。今之僑肸者也。御覽一千引通語曰。諸葛亮見殷禮而歎曰。東吳菰蘆中乃有奇偉如此人。與兄瑾書云云。案殷禮字德嗣。見吳志顧卲傳注。御覽誤作往嗣。今改正。張溥百三家集移東吳二語于僑肸者也之下。張采三國文亦如此。非。

孝起忠純之性。老而益篤。及其贊述東西。歡樂和合。有可貴者。蜀志陳震傳。

既受東朝厚遇。依依于子弟。又子喬良器。爲之惻愴。見其所與亮器物。感用流涕。吳志宗室孫韶傳。

瞻今已八歲。聰慧可愛。嫌其早成。恐不爲重器耳。蜀志諸葛亮傳。

答司馬懿書

使杜子緒宣意于公威也。魏志溫恢傳注引魏略。案汝南孟建字公威。爲涼州刺史。官至征東將軍。

與陸遜書

家兄年老而恪性疏。今使典主糧穀。糧穀軍之要最。僕雖在遠。竊用不安。足下特爲啟至尊轉之。吳志諸葛恪傳注引江表傳。

坐上與杜微書 建興二年

服聞德行。飢渴歷時。淸濁異流。無緣咨覯。王元泰、李伯仁、王文儀、楊季休、丁君幹、李永南兄弟、文仲寶等。每歎高志。未見如舊。猥以空虛。統領貴州。德薄任重。慘慘憂慮。朝廷主公今年始十八。天姿仁敏。愛德下士。天下之人。思慕漢室。欲與君因天順民。輔此明主。以隆季興之功。著勳于竹帛也。以謂賢愚不相爲謀。故自割絕。守勞而已。不圖自屈也。蜀志杜微傳。

又與杜微書

曹丕篡弒。自立爲帝。是猶土龍芻狗之有名也。欲與羣賢因其邪僞。以正道滅之。怪君未有相誨。便欲求還于山野。丕又大興勞役。以向吳楚。今因丕多務。且以閉境勤農。育養民物。並治甲兵。以待其挫。然後伐之。可使兵不戰民不勞而天下定也。君但當以德輔時耳。不責君軍事。何爲汲汲欲求去乎。蜀志杜微傳。

與孟達書 案諸葛氏集目錄與孟達書第十六。

往年南征。歲未及還。適與李鴻會于漢陽。承知消息。慨然永歎。以存足下平素之志。豈徒空託名榮。貴爲華離乎。嗚呼孟子。斯實劉封侵陵足下。以傷先帝待士之義。又鴻道王沖造作虛語。云足下

噫當作意

今當作令

量度吾心。不受沖說。尋表明之言。追平生之好。依依東望。故遣有書。蜀志費詩傳。

嗟乎孟子。度過者劉封侵陵足下。以傷先帝待士之望。慨然永歎。每陳足下平素之志。豈虛託名載策者哉。華陽國志二。案此與費詩傳只是一書。

部分如流。趣舍罔滯。正方性也。蜀志李嚴傳。

答李嚴書 建興四年

吾與足下相知久矣。可不復相解。足下方誨以光國。戒之以勿拘之道。是以未得默已。吾本東方下士。誤用于先帝。位極人臣。祿賜百億。今討賊未效。知己未荅。而方寵齊晉。坐自貴大。非其義也。若滅魏斬叡。帝還故居。與子並升。雖十命可受。況于九耶。蜀志李嚴傳注引諸葛亮集。有嚴與亮書。勸亮宜受九錫。進爵稱王。亮荅書。

吾受賜八十萬斛。今蓄財無餘。妾無副服。北堂書鈔三十八。

與張裔書 建興五年

君昔在柏下。營壞。吾之用心。食不知味。後流迸南海。相為悲歎。寢不安席。及其來還。委付大任。同獎王室。自以為與君古之石交也。石交之道。舉讐以相益。割骨肉以相明。猶不相謝也。況吾但委噫于元儉。而君不能忍耶。蜀志楊洪傳。

與張裔蔣琬書 建興六年

姜伯約忠勤時事。思慮精密。考其所有。永南季常諸人不如也。其人涼州上士也。蜀志姜維傳。

須先教中虎步兵五六千人。姜伯約甚敏于軍事。既有膽義。深解兵意。此人心存漢室。而才兼于人。畢教軍事。當遣詣宮。覲見主上。蜀志姜維傳。

與蔣琬董允書

今史失賴厷。掾屬喪楊顒。為朝中損益多矣。蜀志楊戲傳本注。

孝起前臨至吳。為吾說正方腹中有鱗甲。鄉黨以為不可近。吾以為鱗甲者。但不當犯之耳。不圖復有蘇張之事出于不意。可使孝

起知之。蜀志陳震傳。

與步騭書

僕前軍在五丈原。原在武功西十里。馬冢在武功東十餘里。有高勢。攻之不便。是以留耳。水經注十八渭水中。

書

吾心如秤。不能為人作輕重。北堂書鈔三十七引諸葛亮書。又見御覽三百七十六。四百二十九。

漢嘉金。朱提銀。採之不足以自食。梅鼎祚文紀引南中志。案今本華陽國志卷四漢嘉郡屬蜀全闕。梅氏所見乃足本也。今無從覆檢。

遠涉帖

師徒遠涉。道路甚艱。自及褒斜。幸皆無恙。使還馳此。不復具。

稱姚伷

忠益者莫大于進人。進人者各務其所尚。今姚掾並存剛柔。以廣文武之用。可謂博雅矣。願諸掾各希此事。以屬其望。蜀志楊戲傳本注。

誡外生

夫志當存高遠。慕先賢。絕情欲。棄疑滯。使庶幾之志。揭然有所存。惻然有所感。忍屈伸。去細碎。廣咨問。除嫌吝。雖有淹留。何損于美趣。何患于不濟。若志不彊毅。意不慷慨。徒碌碌滯于俗。默默束于情。永竄伏于凡庸。不免于下流矣。御覽四百五十九。一本題如此。一本題作誡子書。

誡子

夫君子之行。靜以修身。儉以養德。非澹泊無以明志。非寧靜無以致遠。夫學須靜也。才須學也。非學無以廣才。非志無以成學。慆慢則不能勵精。險躁則不能治性。年與時馳。意與歲去。遂成枯落。多不接世。悲守窮廬。將復何及。藝文類聚二十三。題作誡子。御覽四百五十九。

夫酒之設。合禮致情。適體歸性。禮終而退。此和之至也。主意未殫。賓有餘倦。可以致醉。無致迷亂。御覽四百九十七引諸葛亮集。

交論

侮當作悔

勢力之交。難以經遠。士之相知。溫不增華。寒不改葉。能貫四時而不衰。歷夷險而益固。（御覽四百三。陸機要覽引諸葛亮曰云云。）

甘戚論（華陽國志七。亮常恃魏延勇猛。又惜楊儀籌畫。不能偏有所廢。常恨恨之。爲作甘戚論。二子不感。）

正議（建興元年）

是歲。魏司徒華歆、司空王朗、尚書令陳羣、太史令許芝、謁者僕射諸葛璋。各有書與亮。陳天命人事。欲使舉國稱藩。亮遂不報書。作正議曰。

昔在項羽。起不由德。雖處華夏。秉帝者之勢。卒就湯鑊。爲後永戒。魏不審鑒。今次之矣。免身爲幸。戒在子孫。而二三子各以耆艾之齒。承僞指而進書。有若崇竦稱莽之功。亦將偪于元禍苟免者邪。昔世祖之創迹舊基。奮羸卒數千。摧莽彊旅四十餘萬于昆陽之郊。夫據道討淫。不在衆寡。及至孟德。以其譎勝之力。舉數十萬之師。救張郃于陽平。勢窮慮悔。僅能自脫。辱其鋒銳之衆。遂喪漢中之地。深知神器不可妄獲。旋還未至。感毒而死。子桓淫逸。繼之以篡。縱使二三子多逞蘇張詭靡之說。奉進驩兜滔天之辭。欲以誣毀唐帝。諷解禹稷。所謂徒喪文藻。煩勞翰墨者矣。夫大人君子之所不爲也。又軍誡曰。萬人必死。橫行天下。昔軒轅氏整卒數萬。制四方。定海內。況以數十萬之衆。據道而臨有罪。可得干擬哉。（蜀志諸葛亮傳注引亮集。）

筭計（案陳壽撰諸葛氏集目錄。計筭第五。諸引皆作筭計。疑目錄轉寫倒也。）

荆州非少人也。而著籍者寡。平居發調。則人心不悅。凡有游戶。皆使自實。因錄以益衆可也。（通典一百四十八。御覽二百九十九。案蜀志諸葛亮傳注引魏略。亦有此語。）

今上縣之戰。更在賊門。戰地平如案。（書鈔一百五十七。）

兵要（案諸葛氏集目錄。兵要第十二。）

枝葉彊大。比居同勢。各結朋黨。競進憸人。有此不去。是謂敗徵。（北堂書鈔一百十三。）

人之忠也。猶魚之有淵。魚失水則死。人失忠則凶。故良將守之。志立而揚名。

不愛尺璧而愛寸陰者。時難遭而易失也。故良將之趣時也。衣不解帶。足不躡地。

貴之而不驕。委之而不專。扶之而不隱。免之而不懼。故良將之動也。猶璧之不汙。

良將之爲政也。使人擇之。不自舉。使法量功。不自度。故能者不可蔽。不能者不可飾。妄譽者不能進也。（已上御覽二百七十三。）

軍已近敵。羅落常平明以先發。絕軍前十里內。各案左右下道亦十里之內。數里之外。五人爲部。各持一白幡。登高外向。明隱蔽之處。軍至轉尋高而前。第一見賊。轉語後第三第二。詣主者白之。凡候見賊百人以下。但舉幡指。百人以上。便舉幡大呼。主者遣疾馬往視察之。

凡軍行營壘。先使腹心及鄉導前覘審知。各令候吏先行。定得營地壁立。（通典作壁五。）軍分數立四表候視。然後移營。又先使候騎前行。持五色旂。見溝坑揭黃。衢路揭白。水澗揭黑。林藪揭青。野火揭赤。以本鼓應之。立旗鼓令相聞。若渡水踰山。深邃林藪。精驍勇騎搜索數里無聲。四周絕迹。高山樹頂。令人遠視。精兵四向要處防禦。然後分兵前後。以爲鎖拓。乃令輜重老小次步後馬。切在整肅。防敵至。人馬無聲。不失行列。險地狹逕。亦以部曲鱗次。或須環迴旋轉。以後爲前。以左爲右。行則魚貫。立則雁行。到前止處。遊騎精銳四向散列而立。各依本方下營。一人一步。隨師多少。咸表十二辰。豎大旂。長二丈八尺。審子午卯酉地。勿令邪僻。以朱雀旂豎午地。白獸旂豎酉地。玄武旂豎子地。青龍旂豎卯地。招搖旂豎中央。其樵採牧飲。不得出表外也。（已上御覽三百三十一。又通典一百五十七引此。不出書名。）

言下脫驚字 吏惑之吏當作疑 能字衍

兵法

山陵之戰不仰其高水上之戰不逆其流草上之戰不涉其深平地之戰不逆其虛此兵之利也故戰鬬之利唯氣與形也。通典一百五十六，御覽三百十三。

軍有七禁一曰輕二曰慢三曰盜四曰欺五曰背六曰亂七曰誤此治軍之禁也若期會不到聞鼓不行乘寬自留迴避務止初近而後遠喚名而不應軍甲不具兵器不備此謂輕軍有此者斬之受命不傳傳之不審以惑吏士金鼓不聞旌旗不覩此謂慢軍有此者斬之食不廩糧軍不部兵試賜不均阿私所親取非其物借貸不還奪人首級以獲功名此謂盜軍有此者斬之變易姓名衣服不鮮金鼓不具兵刃不利器杖不堅矢不着羽弓弩無弦主者吏士法令不從此謂欺軍有此者斬之聞鼓不行鳴金不止案旗不伏舉旗不起指麾不隨避前在後縱發亂行折兵弩之勢却退

不鬬或左或右扶傷舉死因託歸還此謂背軍有此者斬之出軍行將士卒爭先紛紛擾擾軍騎相連咽塞道路後不得前呼喚諠譁無所聽聞失行亂次兵刃中傷長將不理上下縱橫此謂亂軍有此者斬之屯營所止問其鄉里親近相隨共食相保呼召不得越入他伍干誤次第不可呵止度營出入不由門戶奸邪所起知者不告罪同一等合人飲酒阿私所受大言語吏惑吏士能此謂誤軍有此者斬之。御覽二百九十六。

作木牛流馬法　案當在傳運篇中。諸葛氏集目錄傳運第十三。

木牛者方腹曲頭御覽作小頭。一尾四足頭入領中舌著于腹載多而行少則否宜可大用不可小使特行者數十里羣行者二十里也曲者爲牛頭雙者爲牛腳橫者爲牛領轉者爲牛足覆者爲牛背方者爲牛腹垂者爲牛舌曲者爲牛肋刻者爲牛齒立者爲牛角細者爲牛鞅攝者爲牛鞦軸牛仰雙轅人行六尺牛行四步載一歲糧日行二十里而人不大勞流馬尺寸之數肋長三尺五寸廣三寸厚二寸二分左右同前軸孔分墨去頭四寸徑中二寸前腳孔分墨二寸去前軸孔四寸五分廣一寸前杠孔去前腳孔分墨二寸七分孔長二寸廣一寸後軸孔去前杠分墨一尺五分大小與前同後腳孔分墨去後軸孔三寸五分大小與前同後杠孔去後腳孔分墨二寸七分後載克去後杠孔分墨四寸五分前杠長一尺八寸廣二寸厚一寸五分後杠與等板方囊二枚厚八分長二尺七寸高一尺六寸五分廣一尺六寸每枚受米二斛三斗從上杠孔去肋下七寸前後同上杠孔去下杠孔分墨一尺三寸孔長一寸五分廣七分八孔同前後四腳廣二寸厚一寸五分形制如象靬長四寸徑面四寸三分孔徑中三腳杠長二尺一寸廣一寸五分厚一寸四分同杠耳。蜀志諸葛亮傳注，又藝文類聚九十四，御覽八百九十九並引諸葛亮集。

黃陵廟記

僕躬耕南陽之畝遂蒙劉氏顧草廬勢不可却計事善之于是情好日密相拉總師趨蜀道履黃牛因睹江山之勝亂石排空驚濤拍岸斂巨石于江中崔嵬巑岏列作三峰平治淬水順遵其道非神扶助于禹人力奚能致此耶僕縱步環覽乃見江左大山壁立林麓峰巒如畫孰視于大江重複石壁間有神像影現焉鬚髮鬢眉冠裳宛然如彩畫者前立一旌旗右駐一黃犢猶有董工開導之勢古傳所載黃龍助禹開江治水九載而功成信不誣也惜乎廟貌廢去使人太息神有功助禹開江不事鑿斧順濟舟航當廟食茲土僕復而興之再建其廟貌目之曰黃牛廟以顯神功。案此文疑依託。

陰符經序

所謂命者性也性能命通故聖人尊之以天命愚其人而智其聖故曰天機張而不死地機弛而不生觀乎陰符造化在乎手生死

在乎人。故聖人藏之于心。所以陶甄天地。聚散天下。而不見其跡者天機也。故黄帝得之以登雲天。湯武得之以王天下。五霸得之以統諸侯。夫臣易而主難。不可以輕用。太公九十非不遇。蓋審其主焉。若使哲士執而用之。立石為主。刻木為君。亦可以享天下。夫臣盡其心。而主反怖有之。不亦難乎。嗚呼。無賢君。則義士自死而不仕。具若散志巖石。以養其命。待生于泰階。世人以夫子為不遇。以秦儀為得時。不然。志在立宇宙。安能馳心下走哉。丈夫所恥。嗚呼。後世英哲審而用之。范蠡重而長。文種輕而亡。豈不為泄天機。天機泄者沈三族宜然。故聖人藏諸名山。傳之同好。隱之金匱。恐小人竊而弄之。道藏本陰符經七家注。案此文疑依託。

季主墓碑讚

玄漠太寂。混合陰陽。天地交泮。萬品滋彰。先生理著。分別柔剛。鬼神以觀。六度顯明。真誥十四。

南征紀功碑背銘

萬歲之後。勝我者過此。隋書史萬歲傳。又見北史。

石刻誓文

碑即仆。蠻為漢奴。新唐書南蠻傳。

全三國文卷五十九終

全三國文卷六十

烏程嚴可均校輯

蜀四

許靖

靖字文休汝南平輿人靈帝時舉計吏察孝廉除尚書郎典選舉董卓秉政遷御史中丞後懼誅出奔展轉孔伷陳禕許貢王朗間孫策渡江又奔士燮後入蜀劉璋曰爲巴郡廣漢太守轉蜀郡太守先主定蜀曰爲左將軍長史及即漢中王位曰爲太傅章武元年進司徒明年卒有集二卷

奔孔伷自表

黨賊求生情所不忍守官自危死不成義竊念古人當難詭常權曰濟其道蜀志許靖傳注引蜀記

因衆瑞上言

太傅許靖安漢將軍糜竺軍師將軍諸葛亮太常賴恭光祿勳黃權少府王謀等上言曹丕篡弑湮滅漢室竊據神器劫迫忠良酷烈無道人鬼忿毒咸思劉氏今上無天子海內惶惶靡所式仰羣下前後上書者八百餘人咸稱述符瑞圖讖明徵閒黃龍見武陽赤水九日乃去孝經援神契曰德至淵泉則黃龍見龍者君之象也易乾九五飛龍在天大王當龍升登帝位也又前關羽圍樊襄陽襄陽男子張嘉王休獻玉璽璽潛漢水伏于淵泉暉景燭耀靈光徹天夫漢者高祖本所起定天下之國號也大王襲先帝軌跡亦興于漢中也今天子玉璽神光先見璽出襄陽漢水之末明大王承其下流授與大王曰天子之位瑞命符應非人力所致昔周有烏魚之瑞咸曰休哉二祖受命圖書先著曰爲徵驗今上天告祥羣儒英俊竝進河洛孔子讖記咸悉具至伏爲大王出自孝景皇帝中山靖王之胄本枝百世乾祇降祚聖姿碩茂神武在躬仁覆積德愛人好士是曰四方歸心焉考省靈圖啟發讖緯神明之表名諱昭著宜即帝位曰纂二祖紹嗣昭穆天下幸甚臣等謹與博士許慈議郎孟光建立禮儀擇令辰上尊號即皇帝位于成都武擔之南蜀志先主傳

侍當作持

與曹公書

世路戎夷禍亂遂合駑怯偷生自竄蠻貊成闊十年吉凶禮廢昔在會稽得所貽書辭旨款密久要不忘迫于袁術方命圮族扇動羣逆津塗四塞雖懸心北風欲行靡由正禮師退術兵前進會稽傾覆景興失據三江五湖皆爲虜庭臨時困厄無所控告便與袁沛鄧子孝等浮涉滄海南至交州經歷東甌閩越之國行經萬里不見漢地漂薄風波絕糧茹草飢殍薦臻死者大半既濟南海與領守兒孝悳相見知足下忠義奮發整敕元戎西迎大駕巡省中嶽承此休問且悲且憙即與袁沛及徐元賢復共嚴裝欲北上荊州會蒼梧諸縣夷越蠭起州府傾覆道路阻絕元賢被害老弱竝殺靖尋循渚岸五千餘里復遇疾癘伯母隕命并及羣從自諸妻子一時略盡復相扶侍前到此郡計爲兵害及病亡者十遺一二生民之艱辛苦之甚豈可具陳哉懼卒顛仆永爲亡虜憂瘁慘慘忘寢與食欲附奉朝貢使自獲濟通歸死闕庭而荊州水陸無津交部驛使斷絕欲上益州復有峻防故官長吏一不得入前令交阯太守士威彥深相分託于益州兄弟又靖亦自與書辛苦懇惻而復寂寞未有報應雖仰瞻光靈延頸企踵何由假翼自致哉知聖主允明顯授足下專征之任凡諸逆節多所誅討想力競者一心順從者同規矣又張子雲昔在京師志匡王室今雖臨荒域不得參與本朝亦國家之藩鎮足下之外援也若荊楚平和王澤南至足下忽有聲命于子雲勤見保屬令得假途由荊州出不然當復相紹介于益州兄弟使相納受倘天假其年人緩其禍得歸死

國家解逋逃之負，泯軀九泉，將復何恨。若時有險易，事有利鈍，人命無常，隕沒不達者，則永銜罪責，入于裔土矣。昔營丘翼周，杖鉞專征；博陸佐漢，虎賁警蹕。今日足下扶危持傾，爲國柱石，秉師望之任，兼霍光之重，五侯九伯，制御在手，自古及今，人臣之尊未有及足下者也。夫爵高者憂深，祿厚者責重。足下據爵高之任，當責重之地，言出于口，即爲賞罰，意之所存，便爲禍福。行之得道，即社稷用寧；行之失道，即四方散亂。國家安危，在于足下；百姓之命，縣于執事。自華及夷，顒顒注望。足下任此，豈可不遠覽載籍廢興之由，榮辱之機，棄忘舊惡，寬和羣司，審量五材，爲官擇人。苟得其人，雖讎必舉；苟非其人，雖親不授。以寧社稷，以濟下民，事立功成，則繫音于管弦，勒勳于金石，願君勉之。爲國自重，爲民自愛。（蜀志許靖傳）

張飛

飛字益德，涿郡人。以從破呂布功拜中郎將。先主定荊州，以爲宜都太守、征虜將軍，封新亭侯。尋定蜀，領巴西太守。先主爲漢中王，拜右將軍。及稱尊號，遷車騎將軍，領司隸校尉，進封西鄉侯。爲帳下將所殺，追謚曰桓侯。

八濛摩崖

漢將軍飛率精卒萬人，大破賊首張郃于八濛，立馬勒銘。（碑本。又四川總志題作流江縣題名，軍作張，銘作名，與拓本異。）

刁斗銘

鐵刀銘

新亭侯（陶宏景刀劍錄）

馬超

超字孟起，右扶風茂陵人。初以功拜徐州刺史，又拜諫議大夫，進偏將軍，封都亭侯。後據涼州，稱征西將軍，領并州牧，督涼州事。爲楊阜等所拒，奔漢中，復奔蜀，爲平西將軍。先主爲漢中王，拜左將軍，假節。及稱尊號，遷驃騎將軍，領涼州牧，進封斄鄉侯。卒，追謚曰威侯。

立漢中王上表漢帝

平西將軍都亭侯臣馬超、左將軍領長史鎮軍將軍臣許靖、營司馬臣龐義、議曹從事中郎軍議中郎將臣射援、軍師將軍臣諸葛亮、盪寇將軍漢壽亭侯臣關羽、征虜將軍新亭侯臣張飛、征西將軍臣黃忠、鎮遠將軍臣賴恭、揚武將軍臣法正、興業將軍臣李嚴等一百二十人上言曰：昔唐堯至聖而四凶在朝，周成仁賢而四國作難，高后稱制而諸呂竊命，孝昭幼沖而上官逆謀，皆馮世寵，藉履國權，窮凶極亂，社稷幾危。非大舜、周公、朱虛、博陸，則不能流放禽討，安危定傾。伏惟陛下誕姿聖德，統理萬邦，而遭厄運不造之艱。董卓首難，蕩覆京畿，曹操階禍，竊執天衡，皇后太子，鴆殺見害，剝亂天下，殘毀民物。久令陛下蒙塵憂厄，幽處虛邑。人神無主，遏絕王命，厭昧皇極，欲盜神器。左將軍領司隸校尉豫荊益三州牧宜城亭侯備，受朝爵秩，念在輸力，以殉國難。覩其機兆，赫然憤發，與車騎將軍董承同謀誅操，將安國家，克寧舊都。會承機事不密，令操遊魂得遂，長惡殘泯海內。臣等每懼王室大有閻樂之禍，小有定安之變，夙夜惴惴，戰慄累息。昔在虞書，敦序九族；周監二代，封建同姓，詩著其義，歷載長久。漢興之初，割裂疆土，尊王子弟，是以卒折諸呂之難，而成大宗之基。臣等以備肺腑枝葉，宗子藩翰，心存國家，念在弭亂。自操破于漢中，海內英雄望風蟻附，而爵號不顯，九錫未加，非所以鎮衞社稷，光昭萬世也。奉辭在外，禮命斷絕。昔河西太守梁統等直漢中興，限于山河，位同權均，不能相率，咸推竇融以爲元帥，卒立效績，摧破隗囂。今社稷之難，急于隴蜀。操外吞天下，內殘羣寮，朝廷有蕭牆之危，而禦侮未建，可爲寒心。臣等輒依舊典，封備漢中王，拜大司馬，董齊六軍，糾合同盟，埽滅凶逆㠯漢中巴蜀廣漢犍爲爲國所署置依漢初諸侯王故典夫權宜之制苟利社稷專之可也然後功成事立臣等退伏矯罪雖死無恨（蜀志先主傳又見袁宏後漢紀三十㠯爲諸葛亮等上言）

臨沒上疏

臣門宗二百餘口爲孟德所誅略盡惟有從弟岱當爲微宗血食之繼深託陛下餘無復言（蜀志馬超傳又見華陽國志六）

趙雲

雲字子龍常山眞定人初從公孫瓚後歸先主遷牙門將軍荊州平爲偏將軍領桂陽太守蜀平爲翊軍將軍後主即位爲中護軍征南將軍封永昌亭侯遷鎭東將軍㠯箕谷失利貶鎭軍將軍卒追謚曰順平侯

駁成都屋舍園田分賜諸將議

霍去病㠯匈奴未滅無用家爲今國賊非但匈奴未可求安也須天下都定各反桑梓歸耕本土乃其宜耳益州人民初罹兵革田宅皆可歸還令安居復業然後可役調得其歡心（蜀志趙雲傳注引雲別傳）

法正

正字孝直右扶風郿人入蜀依劉璋爲新都令後署軍議校尉先主定蜀㠯爲蜀郡太守揚武將軍及爲漢中王進尚書令護軍將軍明年卒謚曰翼侯

與劉璋牋

正受性無術盟好違損懼左右不明本末必並歸咎蒙恥沒身辱及執事是㠯捐身于外不敢反命恐聖聽穢惡其聲故中間不有牋敬顧念宿遇瞻望悢悢然惟前後披露腹心自從始初㠯至于終實不藏情有所不盡但愚闇策薄精誠不感㠯致于此耳今國事已危禍害在速雖捐放于外言足憎尤猶貪極所懷㠯盡餘忠明將軍本心正之所知也實爲區區不欲失左將軍之意而卒至于是者左右不達英雄從事之道謂可違信黷誓而㠯意氣相致日月相選趨求順耳悅目隨阿遂指不圖遠慮爲國深計故也事變既成又不量彊弱之勢㠯爲左將軍縣遠之衆糧穀無儲欲得㠯多擊少曠日相持而從關至此所歷輒破離宮別屯日自零落雒下雖有萬兵皆壞陣之卒破軍之將若欲爭一旦之戰則兵將勢力實不相當各欲遠期計糧者今此營守已固穀米已積而明將軍土地日削百姓日困敵對遂多所供遠曠愚意計之謂必先竭將不復㠯持久也空爾相守猶不相堪今張益德數萬之衆已定巴東入犍爲界分平資中德陽三道並侵將何㠯禦之本爲明將軍計者必謂此軍縣遠無糧饋運不及兵少無繼今荊州道通衆數十倍加孫車騎遣弟及李異甘寧等爲其後繼若爭客主之勢㠯土地相勝者今此全有巴東廣漢犍爲過半已定巴西一郡復非明將軍之有也計益州所仰惟蜀蜀亦破壞三分亡二吏民疲困思爲亂者十戶而八若敵遠則百姓不能堪役敵近則一旦易主矣廣漢諸縣是明比也又魚復與關頭實爲益州福禍之門今二門悉開堅城皆下諸軍並破兵將俱盡而敵家數道並進已入心腹坐守都雒存亡之勢昭然可見斯乃大略其外較耳其餘屈曲難㠯辭極也㠯正下愚猶知此事不可復成況明將軍左右明智用謀之士豈當不見此數哉旦夕偷幸求容取媚不慮遠圖莫肎盡心獻良計耳若事窮勢迫將各索生求濟門戶展轉反覆與今計異不爲明將軍盡死難也而尊門猶當受其憂正雖獲不忠之謗然心自謂不負聖德顧惟分義實竊痛心左將軍從本舉來舊心依依實無薄意愚㠯爲可圖變化㠯保尊門（蜀志法正傳）

來敏

敏字敬達義陽新野人漢司空豔子入蜀爲劉璋賓客先主定蜀署典學校尉尋爲太子家令後主即位遷虎賁中郎將丞相

諱當作緯、

亮請爲軍祭酒輔軍將軍。坐事去職。後爲大長秋。遷光祿大夫。復黜。起爲執愼將軍。景耀中卒。年九十七。

本蜀論

荆人鼈令死。其尸隨水上。荆人求之不得。令至汶山下復生。起見望帝。望帝者杜宇也。從天下。女子朱利。自江源出。爲宇妻。遂王于蜀。號曰望帝。望帝立以爲相。時巫山峽而蜀水不流。帝使令鑿巫峽通水。蜀得陸處。望帝自以德不若。遂以國禪。號曰開明。水經三十三江水一注。

劉豹

豹建安中爲議郎。封陽泉侯。仕先主官爵未詳。

因衆瑞上言

故議郎陽泉侯劉豹、青衣侯向舉、偏將軍張裔、黃權、大司馬屬殷純、益州別駕從事趙莋、治中從事楊洪、從事祭酒何宗、議曹從事杜瓊、勸學從事張爽、尹默、譙周等上言。臣聞河圖洛書五經讖諱。孔子作甄驗。應自遠。謹案洛書甄曜度曰。赤三日德昌。九世會備。合爲帝際。洛書寶號命曰。天度帝道備稱皇。以統握契。百成不敗。洛書錄運期曰。九侯七傑爭命民炊骸。道路籍籍履人頭。誰使主者玄且來。孝經鉤命決錄曰。帝三建九會備。周羣父未亡時。言西南數有黃氣。直立數丈。見來積年。時時有景雲祥風。從璿璣下來應之。此爲異瑞。又二十二年中。數有氣如旗。從西竟東。中天而行。圖書曰。必有天子出其方。加是年太白熒惑塡星常從歲星相追。近漢初興。五星從歲星謀。歲星主義。漢位在西。義之上方。故漢法常以歲星候人主。當有聖主起于此州。以致中興。時許帝尚存。故羣下不敢漏言。頃者熒惑復追歲星。見在胃昴畢。昴畢爲天綱。經曰。帝星處之。衆邪消亡。聖諱豫覩。推揆期驗。符合數至。若此非一。臣聞聖王先天而天不違。後天而奉天時。故應際而生。與神合契。

願大王應天順民。速卽洪業。以寧海内。蜀志先主傳。

劉巴

巴字子初。零陵烝陽人。先主定蜀。辟爲左將軍西曹掾。進尚書。代法正爲尚書令。

策丞相亮

朕遭家不造。奉承大統。兢兢業業。不敢康寧。思靖百姓。懼未能綏。於戲。丞相亮其悉朕意。無怠輔朕之闕。助宣重光。以照明天下。君其勖哉。蜀志諸葛亮傳。案劉巴傳云。先主稱尊號。昭告于皇天上帝后土神祇。凡諸文誥策命。皆巴所作也。

策許靖爲大傅　章武元年四月

朕獲奉洪業。君臨萬國。夙宵惶惶。懼不能綏。百姓不親。五品不遜。汝作司徒。其敬敷五教在寬。君其勖哉。秉德無怠。稱朕意焉。蜀志許靖傳。

策張飛爲車騎將軍

朕承天序。嗣奉洪業。除殘靖亂。未燭厥理。今寇虜作害。民被荼毒。思漢之士。延頸鶴望。朕用怛然。坐不安席。食不甘味。整軍誥誓。將行天罰。以君忠毅。侔蹤召虎。名宣遐邇。故特顯命。高墉進爵。兼司于京。其誕將天威。柔服以德。伐叛以刑。稱朕意焉。詩不云乎。匪疚匪棘。王國來極。肇敏戎功。用錫爾祉。可不勉歟。蜀志張飛傳。

策馬超領涼州牧

朕以不德。獲繼至尊。奉承宗廟。曹操父子。世載其罪。朕用慘怛。疢如疾首。海内怨憤。歸正反本。暨于氐羌率服。獯粥慕義。以君信著北土。威武竝昭。是以委任授君。抗颺虓虎。兼董萬里。求民之瘼。其明宣朝化。懷保遠邇。肅愼賞罰。以篤漢祜。以對于天下。蜀志馬超傳。

策穆皇后　章武元年五月

朕承天命。奉至尊。臨萬國。今以后爲皇后。遣使持節丞相亮授璽綬。承宗廟。母天下。皇后其敬之哉。蜀志穆皇后傳。

冊皇太子禪 章武元年五月

惟章武元年五月辛巳。皇帝若曰。太子禪。朕遭漢運艱難。賊臣篡盜。社稷無主。格人羣正。以天明命。朕繼大統。今以禪爲皇太子。以承宗廟。祗肅社稷。使使持節丞相亮授印綬。敬聽師傅。行一物而三善皆得焉。可不勉歟。蜀志後主傳

策立魯王 章武元年六月

小子永。受茲青社。朕承天序。繼統大業。遵修稽古。建爾國家。封于東土。奄有龜蒙。世爲藩輔。嗚呼。恭朕之詔。惟彼魯邦。一變適道。風化存焉。人之好德。世茲懿美。王其秉心率禮。綏爾士民。是饗是宜。其戒之哉。蜀志劉永傳

策立梁王 章武元年六月

小子理。朕統承漢序。祗順天命。遵修典秩。建爾于東。爲漢藩輔。惟彼梁土。畿甸之邦。民狎教化。易導以禮。往悉乃心。懷保黎庶。以永爾國。王其敬之哉。蜀志劉理傳

荅先主

昔游荊北。時涉師門。記問之學。不足紀名。內無楊朱守靜之術。外無墨翟務時之風。猶天之南箕。虛而不用。賜書乃欲令賢甥摧鸞鳳之豔。遊燕雀之宇。將何以啟明之哉。愧于有若無。實若虛。何以堪之。蜀志劉巴傳注引零陵先賢傳

與諸葛亮書

乘危歷險。到值思義之民。自與之衆。承天之心。順物之性。非余身謀所能勸動。若道窮數盡。將託命于滄海。不復顧荊州矣。蜀志劉巴傳

爲先主卽皇帝位告天文

惟建安二十六年四月丙午。皇帝臣備敢用玄牡。昭告皇天上帝后土神祇。漢有天下。麻數無疆。曩者王莽篡盜。光武皇帝震怒致誅。社稷復存。今曹操阻兵安忍。戮殺主后。滔天泯夏。罔顧天顯。操子丕載其凶逆。竊居神器。羣臣將士以爲社稷隳廢。備宜修之。嗣武二祖。龔行天罰。備雖否德。懼忝帝位。詢于庶民。外及蠻夷君長。僉曰。天命不可以不荅。祖業不可以久替。四海不可以無主。率土式望。在備一人。備畏天明命。又懼漢邦將湮于地。謹擇元日。與百寮登壇。受皇帝璽綬。修燔瘞。告類于天神。惟天神尚饗。祚于漢家。永綏四海。蜀志先主傳。又見宋書禮志三。

全三國文卷六十終

烏程嚴可均校輯

蜀五

秦宓

宓字子敕廣漢緜竹人州郡辟命輒不就先主定蜀㠯為從事祭酒建興中丞相亮領益州牧選為別駕尋拜左中郎將長水校尉遷大司農

奏記益州牧劉焉薦任安

昔百里蹇叔㠯耆艾而定策甘羅子奇㠯童冠而立功故書美黃髮而易稱顏淵固知選士用能不拘長幼明矣乃者㠯來海內察舉率多英儁而遺舊齒眾論不齊異同相半此乃承平之翔步非亂世之急務也夫欲救危撫亂修己㠯安人則宜卓犖超倫與時殊趣震驚鄰國駭動四方上當天心下合人意天人既和內省不疚雖遭凶亂何憂何懼昔楚葉公好龍神龍下之好偽徹天何況于真今處士任安仁義直道流名四遠如今見察則一州斯服昔湯舉伊尹不仁者遠何武貢二龔雙名竹帛故貪尋常之高而忽萬仞之嵩樂面前之飾而忘天下之譽斯誠往古之所重慎也甫欲鑿石索玉剖蚌求珠今乃隨和炳然有如皎日復何疑哉誠知晝不操燭日有餘光但餘情區區貪陳所見蜀志秦宓傳

答王商書

昔堯優許由非不弘也洗其兩耳楚聘莊周非不廣也執竿不顧易曰確乎其不可拔夫何衒之有且㠯國君之賢子為良輔不㠯是時建蕭張之策未足為智也僕得曝背乎隴畝之中誦顏氏之簞瓢詠原憲之蓬戶時翱翔于林澤與沮溺之等儔聽玄猿之悲吟察鶴鳴于九皋安身為樂無憂為福處空虛之名居不靈之龜知我者希則我貴矣斯乃僕得志之秋也何困苦之戚焉蜀志秦宓傳

與王商書

疾病伏匿甫知足下為嚴李立祠可謂厚黨勤類者也觀嚴文章冠冒天下由夷逸操山嶽不移使楊子不歎固自昭明如李仲元不遭法言令名必淪其無虎豹之文故也可謂攀龍附鳳者矣如揚子雲潛心著述有補于世泥蟠不滓行參聖師于今海內談詠厥辭邦有斯人㠯耀四遠怪子替茲不立祠堂蜀本無學士文翁遣相如東受七經還教吏民于是蜀學比于齊魯故地里志曰文翁倡其教相如為之師漢家得士盛于其世仲舒之徒不達封禪相如制其禮夫能知禮造樂移風易俗非禮所秩有益于世者乎雖有王孫之累猶孔子大齊桓之霸公羊賢叔術之讓僕亦善長卿之化宜立祠堂速定其銘蜀志秦宓傳

報李權

是下脫㠯字

書非史記周圖仲尼不采道非虛無自然嚴平不演海㠯受淤歲一蕩清君子博識非禮不視今戰國反覆儀秦之術殺人自生亡人自存經之所疾故孔子發憤作春秋大乎居正復制孝經廣陳德行杜漸防萌豫有所抑是老氏絕禍于未萌豈不信邪成湯大聖覩野魚而有獵逐之失定公賢者見女樂而棄朝事若此輩類焉可勝陳道家法曰不見所欲使心不亂是故天地貞觀日月貞明其直如矢君子所履洪範記災發于言貌何戰國之譎權乎哉蜀志秦宓傳李權從宓借戰國策宓報

馬良

良字季常襄陽宜城人先主領荊州辟為從事蜀平為左將軍掾及稱尊號為侍中從征吳遇害

與諸葛亮書

聞雒城已拔此天祚也尊兄應期贊世配業光國魄兆見矣夫變用雅慮審貴垂明于㠯簡才宜適其時若乃和光悅遠邁德天壤

椽當作掾

使時閑于聽。世服于道。齊高妙之音。正鄭衛之聲。並利于事。無相奪倫。此乃管絃之至。牙曠之調也。雖非鍾期。敢不擊節。（蜀志馬良傳）

為諸葛亮與吳主書

寡君遣椽馬良通聘繼好。以紹昆吾豕韋之勳。其人吉士。荊楚之令。鮮于造次之華。而有克終之美。願降心存納。以慰將命。（蜀志馬良傳）

馬謖

謖字幼常。良弟。以荊州從事隨先主入蜀。除綿竹成都令越巂太守。建興中。丞相亮以為參軍。街亭之敗。下獄死。

臨終與諸葛亮書

明公視謖猶子。謖視明公猶父。願深惟殛鯀興禹之義。使平生之交不虧于此。謖雖死無恨于黃壤也。（蜀志馬良傳注引襄陽記。又見御覽四百六十三。）

陳震

震字孝起。南陽人。先主領荊州。辟為從事。隨入蜀。為蜀郡北部都尉。因易郡名為汶山太守。轉犍為。建興中入拜尚書。遷尚書令。徙衛尉。使吳還。封城陽亭侯。

入吳移關候

東之與西。驛使往來。冠蓋相望。申盟初好。（初學記作藝好。）日新其事。東尊應保聖祚。告燎受符。剖判土宇。天下響應。各有所歸。于此時也。以同心討賊。則何寇不滅哉。西朝君臣引領欣賴。震以不才。得充下使。奉聘敘好。踐界踊躍。入則如歸。獻子適魯。犯其山諱。春秋譏之。望必啟告。使行人睦焉。即日張旍（初學記作旗。）誥眾。各自約誓。順流漂疾。國典異制。懼或有違。幸必斟誨。示其所宜。（蜀志陳震傳。初學記二十。）

孟達

達字子度。扶風人。初字子敬。避先主叔父諱改。先主領荊州。以為宜都太守。後降魏。為散騎常侍建武將軍。封平陽亭侯。領新城太守。徙安定。復還新城。建興中。丞相亮數書招之。遂通款。事

露。司馬懿討斬之。

辭先主表

伏惟殿下將建伊呂之業。追桓文之功。大事草創。假勢吳楚。是以有為之士。深覩歸趣。臣委質已來。愆戾山積。臣猶自知。況于君乎。今王朝以興。英俊鱗集。臣內無輔佐之器。外無將領之才。列次功臣。誠自愧也。臣聞范蠡識微。浮于五湖。咎犯謝罪。逡巡于河上。夫際會之間。請命乞身。何則。欲絜去就之分也。況臣卑鄙。無元功巨勳。自繫于時。竊慕前賢。早思遠恥。昔申生至孝見疑于親。子胥至忠見誅于君。蒙恬拓境而被大刑。樂毅破齊而遭讒佞。臣每讀其書。未嘗不慷慨流涕。而親當其事。益以傷絕。何者。荊州覆敗。大臣失節。百無一還。惟臣尋事。自致房陵上庸。而復乞身自放于外。伏想殿下聖恩感悟。愍臣之心。悼臣之舉。臣誠小人。不能始終。知而為之。敢謂非罪。臣每聞交絕無惡聲。去臣無怨辭。臣過奉教于君子。願君王勉之也。（蜀志劉封傳注引魏略。）

在魏奏薦王雄

臣聞明君以求賢為業。忠臣以進善為效。故易稱拔茅連茹。傳曰。舉爾所知。臣不自量。竊慕其義。臣昔以人乏。謬充備部職。時涿郡太守王雄為西部從事。與臣同寮。雄天性良固。果而有謀。歷試三縣。政成人和。及在近職。奉宣威恩。懷柔有術。清慎持法。臣往年出使。經過雄郡。自說特受陛下拔擢之恩。常勵節精心。思投命為效。言辭激揚。情趣款惻。臣雖愚闇。不識真偽。以謂雄才兼資文武。忠烈之性。踰越倫輩。今涿郡領戶三千。孤寡之家。參居其半。北有守兵藩衛之固。誠不足舒雄智力。展其勤幹也。臣受恩深厚。無以報國。不勝慺慺淺見之情。謹冒陳聞。（魏志崔林傳注引魏名臣奏。）

在魏與劉封書

古人有言。疏不間親。新不加舊。此謂上明下直。讒慝不行也。若乃

權君諭主。賢父慈親。猶有忠臣蹈功以罹禍。孝子抱仁以陷難。種商白起。孝己伯奇。皆其類也。其所以然。非骨肉好離。親親樂患也。或有恩移愛易。亦有讒間其間。雖忠臣不能移之于君。孝子不能變之于父者也。勢利所加。改親爲讎。況非親親乎。故申生、衞伋、禦寇、楚建稟受形之氣。當嗣立之政。而猶如此。今足下與漢中王道路之人耳。親非骨血而據勢權。義非君臣而處上位。征則有偏任之威。居則有副軍之號。遠近所聞也。自立阿斗爲太子已來。有識之人。相爲寒心。如使申生從子輿之言。必爲太伯。衞伋聽其弟之謀。無彰父之譏也。且小白出奔。入而爲霸。重耳踰垣。卒以克復。自古有之。非獨今也。夫智貴免禍。明尚夙達。僕揆漢中王慮定于內。疑生于外矣。慮定則心固。疑生則心懼。亂禍之興作。未曾不由廢立之間也。私怨人情。不能不見。恐左右必有以間于漢中王矣。然則疑成怨聞。其發若踐機耳。今足下在遠。尚可假息一時。若大軍遂進。足下失據而還。竊相爲危之。昔微子去殷。智果別族。違難背禍。猶皆如斯。今足下棄父母而爲人後。非禮也。知禍將至而留之。非智也。見正不從而疑之。非義也。自號爲丈夫。爲此三者。何所貴乎。以足下之才。棄身來東。繼嗣羅侯。不爲背親也。北面事君。以正綱紀。不爲棄舊也。怒不致亂。以免危亡。不爲徒行也。加陛下新受禪命。虛心側席。以德懷遠。若足下翻然內向。非但與僕爲倫。受三百戶封。繼統羅國而已。當更剖符大邦。爲始封之君。陛下大軍金鼓以震。當轉都宛鄧。若二敵不平。軍無還期。足下宜因此時早定良計。易有利見大人。詩有自求多福。行矣。今足下勉之。無使狐突閉門不出。蜀志劉封傳。

夫不經之言。而有驗應者。號曰世讖也。書鈔九十六。

天地生如鏡。御覽七百十七。

與諸葛亮書

今送白綸帽玉玦各一。以示微意焉。御覽六百八十七、六百九十二。

宛去洛八百里。去此千二百里。聞吾舉事。當表上天子。比相反覆。一月間也。則吾城已固。諸軍足辦。吾所在深險。司馬公必不自來。諸將來。吾無患矣。華陽國志二。又見晉書宣帝紀。

兵到又告諸葛亮

吾舉事八日。而兵至城下。何其速也。華陽國志二。

彭羕

羕字永年。廣漢人。先主定蜀。以爲治中從事。左遷江陽太守。以罪誅。

與蜀郡太守許靖書薦秦宓

昔高宗夢傅說。周文求呂尚。爰及漢祖。納食其于布衣。此乃帝王之所以倡業垂統。緝熙厥功也。今明府稽古皇極。允執神靈。體公劉之德。行勿翦之惠。清廟之作。于是乎始。褒貶之義。于是乎興。然而六翮未之備也。伏見處士緜竹秦宓。膺山甫之德。履雋生之直。枕后漱流。吟詠緼袍。偃息于仁義之途。恬淡于浩然之域。高概節行。守眞不虧。雖古人潛遁。蔑以加旃。若明府能招致此人。必有忠讜落落之譽。豐功厚利。建跡之勳。然後紀功于王府。飛聲于來世。不亦美哉。蜀志彭羕傳。

獄中與諸葛亮書

僕昔有事于諸侯。以爲曹操暴虐。孫權無道。振威闇弱。其惟主公有霸王之器。可與興業致治。故乃翻然有輕舉之志。會公來西。僕因法孝直自衒鬻。龐統斟酌其間。遂得詣公于葭萌。指掌而譚論治世之務。講霸王之義。建取益州之策。公亦宿慮明定。卽相然贊。遂舉事焉。僕于故州。不免凡庸。憂于罪罔。得遭風雲激矢之中。求君得君。志行名顯。從布衣之中。擢爲國士。盜竊茂才。分子之厚。誰復過此。羕一朝狂悖。自求葅醢。爲不忠不義之鬼乎。先民有言。左手據天下之圖。右手刎咽喉。愚夫不爲也。況僕頗別菽麥者哉。所㠯有怨望意者。不自度量。苟㠯爲首興事業。而有投江陽之論。不解主公之意。意卒感激。頗㠯被酒。倪失老語。此僕之下愚薄慮所致。主公實未老也。且夫立業。豈在老少。西伯九十。寧有衰志。負我慈父。罪有百死。至于內外之言。欲使孟起立功北州。戮力主公。共討曹操耳。寧敢有他志邪。孟起說之是也。但不分別其間。痛人心耳。昔每與龐統共相誓約。庶託足下末蹤。盡心于主公之業。追名古人。載勳竹帛。統不幸而死。僕敗㠯取禍。自我惰之。將復誰怨。足下當世伊呂也。宜善與主公計事。濟其大猷。天明地察。神祇有靈。復何言哉。貴使足下明僕本心耳。行矣努力。自愛自愛。蜀志彭羕傳。

程畿

畿字季然。巴西閬中人。劉璋時爲漢昌長。遷江陽太守。先主定蜀。㠯爲從事祭酒。從征吳戰死。

報巴西太守龐羲

郡合部曲。本不爲叛。雖有交搆。要在盡誠。若必㠯懼。遂懷異志。非畿之所聞。蜀志楊戲傳本注。

敕子郁

我受州恩。當爲州牧盡節。汝爲郡吏。當爲太守效力。不得㠯吾故有異志也。蜀志楊戲傳本注。

李嚴

嚴字正方。南陽人。後改名平。劉表時歷諸郡縣。終秭歸令。荊州平。去事劉璋。爲成都令。後署護軍。拒先主于緜竹。迎降。拜裨將軍。歷犍爲太守。興業將軍。加輔漢將軍。徵拜尚書令。先主病。㠯爲中都護。統內外軍事。與丞相亮竝受遺詔。後主嗣位。封都鄉侯。假節。加光祿勳。轉前將軍。遷驃騎將軍。㠯罪廢徙梓潼。後聞亮卒。發病死。

與孟達書

吾與孔明俱受寄託。憂深責重。思無良伴。蜀志李嚴傳。又見華陽國志二。有小異。

與丞相亮書

宜受九錫。進爵稱王。蜀志李嚴傳注引諸葛亮集。

李邈

邈字漢南。廣漢郪人。劉璋時爲牛鞞長。先主領牧。㠯爲從事。建興中。爲犍爲太守。丞相參軍。安漢將軍。㠯諫誅馬謖。失丞相亮意。及亮卒。上疏劾亮。下獄誅。

丞相亮卒上疏

呂祿霍禹。未必懷反叛之心。孝宣不好爲殺臣之君。直㠯臣懼其偪。主畏其威。故姦萌生。亮身杖强兵。狼顧虎視。五大不在邊。臣常危之。今亮殞沒。蓋宗族得全。西戎靜息。大小爲慶。蜀志楊戲傳注引華陽國志。

劉琰

琰字威碩。魯國人。先主在豫州。辟爲從事。蜀定。㠯爲固陵太守。後主即位。封都鄉侯。歷衞尉中軍師後將軍。遷車騎將軍。㠯遣妻事棄市。

與諸葛亮牋

琰稟性空虛。本薄操行。加有酒荒之病。自先帝㠯來。紛紜之論。殆將傾覆。頗蒙明公本其一心在國。原其身中穢垢。扶持全濟。致其祿位。㠯至今日。間者迷醉。言有違錯。慈恩含忍。不致之于理。使得全完。保育性命。雖必克己責躬。改過投死。㠯誓神靈。無所用命。則靡寄顏。蜀志劉琰傳。

向朗

朗字巨達。襄陽宜城人。劉表㠯爲臨沮長。先主領荊州。使督秭歸等四縣軍民事。及平蜀。㠯爲巴西太守。轉牂柯。又徙房陵。後主即位。爲步兵校尉。領丞相亮長史。免。後爲光祿勳。亮卒。徙左將軍。封顯明亭侯。位特進。

遺言戒子

傳稱師克在和不在衆。此言天地和則萬物生。君臣和則國家平。九族和則動得所求。靜得所安。是以聖人守和。以存以亡也。吾楚國之小子耳。而早喪所天。爲二兄所誘養。使其性行不隨祿利以墮。今但貧耳。貧非人患。惟和爲貴。汝其勉之。蜀志向朗傳。

張裔

裔字君嗣。蜀郡成都人。劉璋時舉孝廉。爲魚復長。還署州從事。領帳下司馬。先主定蜀。以爲巴郡太守。還司金中郎將。出爲益州太守。雍闓反。縛送與吳。後遣還。丞相亮以爲參軍。署府事。又領益州治中從事。後以射聲校尉領長史。加輔漢將軍。

與所親書

近者涉道。晝夜接賓。不得寧息。人自敬丞相長史。男子張君嗣附之。疲倦欲死。蜀志張裔傳。

全三國文卷六十一終

全三國文卷六十二

烏程嚴可均校輯

蜀六

楊儀

儀字威公，襄陽人。初爲傅羣主簿，去爲關羽功曹。先主辟爲左將軍兵曹掾，及即漢中王位，進尚書。章武初，坐事左遷遙署弘農太守。建興中，丞相亮以爲參軍，遷長史，加綏軍將軍。亮卒後，拜中軍師，以怨望廢爲民，尋自殺。

與費禕書

公亡際，吾當舉軍降魏，處世寧當落度如此耶！令人悔不可追。華陽國志七。

蔣琬

琬字公琰，零陵湘鄉人。以州書佐隨先主入蜀，除廣都長，免。尋

爲什邡令。先主爲漢中王，徵爲尚書郎。後主時，丞相亮辟爲東曹掾，舉茂才，遷參軍，又遷長史，加撫軍將軍。亮卒，進尚書令，尋加行都護，假節，領益州刺史，遷大將軍，錄尚書事，封安陽亭侯，開府，加大司馬。卒，謚曰恭侯。有喪服要記一卷。

爲董允表

允內侍歷年，翼贊王室，宜賜爵土以褒勳勞。蜀志董允傳。

承命上疏

芟穢弭難，臣職是掌。自臣奉辭漢中，已經六年，臣既闇弱，加嬰疾疢，規方無成，夙夜憂慘。今魏跨帶九州，根蔕滋蔓，平除未易。若東西并力，首尾掎角，雖未能速得如志，且當分裂蠶食，先摧其支黨。然吳期二三，連不克果，俯仰惟艱，實忘寢食。輒與費禕等議，以涼州胡塞之要，進退有資，賊之所惜；且羌胡乃心思漢如渴；又昔偏軍入羌，郭淮破走。算其長短，以爲事首，宜以姜維爲涼州刺史。若維征行，銜持河右，臣當帥軍爲維鎮繼。今涪水陸四通，惟急是應，若東北有虞，赴之不難。蜀志蔣琬傳，又見華陽國志七。

蔣斌

斌，琬子，爲綏武將軍、漢城護軍。蜀亡，隨鍾會至成都，爲亂兵所殺。

荅鍾會書

知惟臭味意眷之隆，雅託通流，未拒來謂也。亡考昔遭疾疢，亡于涪縣，卜云其吉，遂安厝之。知君西邁，乃欲屈駕修敬墳墓，視予猶父，顏子之仁也。聞命感愴，以增情思。蜀志蔣琬傳。

費詩

詩字公舉，犍爲南安人。劉璋時爲緜竹令。先主定蜀，以爲督軍從事，出爲牂柯太守，還爲州前部司馬。以諫稱尊號忤旨，左遷永昌從事。後又忤丞相亮。至蔣琬秉政，還諫議大夫，卒于家。

諫漢中王稱尊號疏

殿下以曹操父子偪主篡位，故乃羈旅萬里，糾合士衆，將以討賊。今大敵未克，而先自立，恐人心疑惑。昔高祖與楚約，先破秦者王。及屠咸陽，獲子嬰，猶懷推讓，況今殿下未出門庭，便欲自立耶！愚臣誠不爲殿下取也。蜀志費詩傳，又見華陽國志六。

呂凱

凱字季平，永昌不韋人。仕郡五官掾功曹。丞相亮表爲雲南太守，封陽遷亭侯。

荅雍闓檄

天降喪亂，姦雄乘釁，天下切齒，萬國悲悼，臣妾大小，莫不思竭筋力，肝腦塗地，以除國難。伏惟將軍世受漢恩，以爲當躬聚黨衆，率先啟行，上以報國家，下不負先人，書功竹帛，遺名千載。何期臣僕吳越，背本就末乎？昔舜勤民事，隕于蒼梧，書籍嘉之，流聲無窮。崩

于江浦。何足可悲。文武受命。成王乃平。先帝龍興。海內望風。宰臣聰睿。自天降康。而將軍不覩盛衰之紀。成敗之符。譬如野火在原。蹈履河冰。火滅冰泮。將何所依附。曩者將軍先君雍侯。造怨而封。竇融知興。歸志世祖。皆流名後葉。世歌其美。今諸葛丞相英才挺出。深覩未萌。受遺託孤。翊贊季興。與衆無忌。錄功忘瑕。將軍若能翻然改圖。易跡更步。古人不難追。鄙土何足宰哉。蓋聞楚國不恭。齊桓是責。夫差僭號。晉人不長。況臣于非主。誰肯歸之邪。竊惟古義。臣無越境之交。是以前後有來無往。重承告示。發憤忘食。故略陳所懷。惟將軍察焉。蜀志呂凱傳。

費禕

禕字文偉。江夏鄳人。爲太子舍人。遷庶子。後主即位。爲黃門侍郎。以昭信校尉使吳。還爲侍中。尋爲丞相亮參軍。轉中護軍。又爲司馬。亮卒。爲後軍師。進尚書令。遷大將軍。錄尚書事。封成鄉

侯。領益州刺史。後爲魏降人郭循所殺。謚曰敬侯。

甲乙論

甲以爲曹爽兄弟。凡品庸人。苟以宗子枝屬。得蒙顧命之任。而驕奢僭逸。交非其人。私樹朋黨。謀以亂國。懿奮誅討。一朝殄盡。此所以稱其任。副士民之望也。乙以爲懿感曹仲付己不一。豈爽與相干。事勢不專。以此陰成疵瑕。初無忠告侃爾之訓。一朝屠戮。讒其不意。豈大人經國篤本之事乎。若爽信有謀主之心。大逆已搆。而發兵之日。更以芳委爽兄弟。懿父子從後閉門舉兵。蹙而向芳。必無悉宇。有脫蓋忠臣爲君深慮之謂乎。以此推之。爽無大惡明矣。若懿以爽奢僭。廢之刑之可也。滅其尺口。被以不義。絕子丹血食。及何晏子。魏之親甥。亦與同戮。爲僭濫不當矣。蜀志費禕傳注引殷基通語。

張嶷

嶷字伯岐。巴郡南充國人。爲州從事。後主時。遷都尉。拜牙門將。除武都太守。以功封關內侯。加撫戎將軍。在郡十五年。徵拜盪寇將軍。從姜維出狄道戰死。

戒費禕書

昔岑彭率師。來歙杖節。咸見害于刺客。今明將軍位尊權重。宜鑒前事。少以爲警。蜀志張嶷傳。

與諸葛瞻書

東主初崩。帝實幼弱。太傅受寄託之重。亦何容易。親以周公之才。猶有管蔡流言之變。霍光受任。亦有燕、蓋、上官逆亂之謀。賴成昭之明。以免斯難耳。昔每聞東主殺生賞罰。不牟下人。又今以垂沒之命。卒召太傅。屬以後事。誠實可慮。加吳楚剽急。乃昔所記。而太傅離少主。履敵庭。恐非良計長算之術也。雖云東家綱紀肅然。上下輯睦。百有一失。非明者之慮邪。取古則今。今則古也。自非郎君進忠言于太傅。誰復有盡言者也。旋軍廣農。務行德惠。數年之中。

東西並舉。實爲不晚。願深採察。蜀志張嶷傳。

姜維

維字伯約。天水冀人。仕魏爲郡從事中郎。參本郡軍事。見疑來降。丞相亮辟爲倉曹掾。加奉義將軍。封當陽亭侯。遷中監軍征西將軍。亮卒。爲右監軍輔漢將軍。進封平襄侯。遷鎮西大將軍。領涼州刺史。又遷衛將軍。錄尚書事。加督中外軍事。拜大將軍。以段谷之敗。貶爲後將軍。行大將軍事。後復拜大將軍。以避黃晧。住沓中。尋拒鍾會于劒閣。蜀亡。謀興復。爲魏將士所殺。

表後主

聞鍾會治兵關中。欲規進取。宜並遣張翼廖化督諸軍分護陽安關口陰平橋頭。以防未然。蜀志姜維傳。

密書通後主

願陛下忍數日之辱。臣欲使社稷危而復安。日月幽而復明。華陽國志。

七

欲僞服事鍾會因殺之㠯復蜀土蜀志姜維傳注引晉陽秋密與劉禪表疏云云

議謚趙雲

雲昔從先帝勞績既著經營天下遵奉法度功效可書當陽之役義貫金石忠㠯衞上君念其賞禮㠯厚下臣忘其死死者有知足㠯不朽生者感恩足㠯殞身謹案謚法柔賢慈惠曰順執事有班曰平克定禍亂曰平應謚雲曰順平侯蜀志趙雲傳注引雲別傳

建議殄敵

錯守諸圍雖合周易重門之義然適可禦敵不獲大利不若使聞敵至諸圍皆斂兵聚穀退就漢樂二城使敵不得入平且重關鎮守㠯捍之有事之日令游軍竝進㠯伺其虛敵攻關不克野無散穀千里縣糧自然疲乏引退之日然後諸城竝出與游軍幷力搏之此殄敵之術也蜀志姜維傳

報母書

良田百頃不計一畝但見遠志無有當歸晉書五行志中又御覽九百八十九引孫盛雜記又孫盛異同評

蒲元傳

君性多奇思于斜谷爲諸葛亮鑄刀三千口刀成自言漢水鈍弱不任淬用蜀江爽烈是謂大金之元精天分其野乃命人于成都取江水君㠯淬刀言雜涪水不可用取水者捍言不雜君㠯刀畫水言雜八升取水者叩頭云于涪津覆水遂㠯涪水八升益之㠯竹筒內鐵珠滿中舉刀斷之應手虛落因曰神刀今屈耳環者乃是其遺範藝文類聚六十

蒲元別傳

君性多奇思得之天然鼻類之事出若神不嘗見鍛功忽于斜谷爲諸葛亮鑄刀三千口鎔金造器特異常法刀成白言漢水鈍弱不任淬用蜀江爽烈是謂大金之元精天分其野乃命人于成都取之有一人前至君㠯淬刀言雜涪水不可用取水者猶捍言不雜君㠯刀畫水云雜八升何故言不雜取水者方叩首伏云實于涪津渡負倒覆水懼怖遂㠯涪水八升益之于是咸共驚服稱爲神妙刀成㠯竹筒密內鐵珠滿其中舉刀斷之應手靈落若薙生芻故稱絕當世因曰神刀今之屈耳環者是其遺範也御覽三百四十五

蒲元

元爲丞相亮西曹掾

與丞相諸葛亮牒

元等輒率雅意作一木牛廉仰雙轅人行六尺牛行四步人載一歲之糧也北堂書鈔六十八掾篇引蒲元別傳元牒與亮

習隆　向充

隆爲步兵校尉　充朗兄子歷中書侍郎、射聲校尉、尚書、梓潼太守

請于沔陽立諸葛亮廟表

臣聞周人懷召伯之德甘棠爲之不伐越王思范蠡之功鑄金㠯存其像自漢興㠯來小善小德而圖形立廟者多矣況亮德範遐邇勳蓋季世興王室之不壞實斯人是賴而蒸嘗止于私門廟像闕而莫立使百姓巷祭戎夷野祀非所㠯存德念功述追在昔者也今若盡順民心則瀆而無典建之京師又偪宗廟此聖懷所㠯惟疑也臣愚㠯爲宜因近其墓立之于沔陽使所親屬㠯時賜祭凡其臣故吏欲奉祠者皆限至廟斷其私祀㠯崇正禮蜀志諸葛亮傳注引襄陽記又見宋書禮志四水經注沔水上案此事在景耀六年

楊戲

戲字文然犍爲武陽人官射聲校尉免爲庶人

攜當作儁

季漢輔臣贊

昔文王歌德，武王歌興。夫命世之主，樹身行道，非唯一時，亦由開基植緒，光于來世者也。自我中漢之末，王綱棄柄，雄豪並起，役殷難結，生人塗地。于是世主感而慮之，初自燕代則仁聲洽著，行自齊魯則英風播流，寄業荆郢則臣主歸心，顧援吳越則賢愚賴風，奮威巴蜀則萬里肅震，厲師庸漢則元寇斂迹，故能承高祖之始兆，復皇漢之宗祀也。然而姦凶懟險，天征未加，猶孟津之翔師，復須戰于鳴條也。天祿有終，奄忽不豫，雖攝歸一統，萬國合從者，當時俊乂扶攜翼戴明德之所懷致也。蓋濟濟有可觀焉，遂乃並述休風，動于後聽。其辭曰：

皇帝遺植，爰滋八方，别自中山，靈精是鍾，順期挺生，傑起龍驤。始于燕代，伯豫君荆，吳越憑賴，望風請盟，挾巴跨蜀，庸漢以并。乾坤復秩，宗祀惟寧，躡基履迹，播德芳聲。華夏思美，西伯其音，開慶來世，歷載攸興。

贊昭烈皇帝

忠武英高，獻策江濱，攀吳連蜀，權我世眞。受遺阿衡，整武齊文，敷陳德敎，理物移風，賢愚競心，僉忘其身。誕靜邦内，四裔以綏，屢臨敵庭，實耀其威，研精大國，恨于未夷。

贊諸葛丞相

司徒淸風，是咨是臧，識愛人倫，孔音鏘鏘。

贊許司徒

關張赳赳，出身匡世，扶翼攜上，雄壯虎烈。藩屛左右，翻飛雲發，濟于艱難，贊主洪業，侔迹韓耿，齊聲雙德。交待無禮，並致姦慝，悼惟輕慮，隕身匡國。

贊關雲長張益德

驃騎奮起，連横合從，首事三秦，保據河潼。宗計于朝，或異或同，敵

以乘釁，家破軍亡。乖道反德，託鳳攀龍。

贊馬孟起

翼侯良謀，料世興衰，委質于主，是訓是諮，暫思經筭，覩事知機。

贊法孝直

軍師美至，雅氣曄曄，致命明主，忠情發臆，惟此義宗，亡身報德。

贊龐士元

將軍敦壯，摧鋒登難，立功立事，于時之幹。

贊黃漢升

掌軍淸節，亢然恒常，讜言惟司，民思其綱。

贊董幼宰

安遠彊志，允休允烈，輕財果壯，當難不惑，以少禦多，殊方保業。

贊鄧孔山

揚威才幹，欷歔文武，當官理任，衎衎辯舉，圖殖財施，有義有敘。

贊費賓伯

屯騎主舊，固節不移，既就初命，盡心世規，軍資所恃，是辨是裨。

贊王文儀

尚書淸尚，敕行整身，抗志存義，味覽典文，倚其高風，好侔古人。

贊劉子初

安漢雍容，或昏或賓，見禮當時，是謂循臣。

贊糜子仲

少府修慎，鴻臚明眞，諫議隱行，儒林天文，宣班大化，或首或林。

贊王元泰何彦英杜輔國周仲宜

車騎高勁，惟其泓愛，以弱制强，不陷危墜。

贊吳子遠

安漢宰南，奮擊舊鄉，翦除蕪穢，惟刑以張，廣遷蠻濮，國用用强。

贊李德昂

輔漢惟聰，旣機且惠，因言遠思，切問近對，贊時休美，和戎綦世。

贊張君嗣

鎭北敏思，籌畫有方，導師禳穢，遂事成章，偏任東隅，永命不祥，哀悲本志，放流殊疆。

贊黃公衡

越騎惟忠，厲志自祗，職于內外，念公忘私。

贊楊季休

征南厚重，征西忠克，統時選士，猛將之烈。

贊趙子龍陳叔至

鎭南粗强，監軍尚篤，並豫戎任，任自封裔。

贊輔元弼劉南和

司農性才，敷述允章，藻麗辭理，斐斐有光。

贊秦子敕

正方受遺，豫聞後綱，不陳不僉，造此異端，斥逐當時，任業已喪。

贊李正方

文長剛粗，臨難受命，折衝外禦，鎭保國境，不協不和，忘節言亂，疾終惜始，實惟厥性。

贊魏文長

威公狷狹，取異衆人，閑則及理，逼則傷侵，舍順入凶，大易之云。

贊楊威公

季常良實，文經勤類，士元言規，處仁聞計，孔休文祥，或才或臧，播播述志，楚之蘭芳。

贊馬季常衞文經韓士元張處仁殷孔休習文祥

國山休風，永南耽思，咸衡承伯，言藏言時，孫德果銳，偉南篤常，德緒義彊，志壯氣剛，濟濟修志，蜀之芬香。

贊王國山李永南馬咸衡馬承伯李孫德李偉南龔德緒王義彊

休元輕寇，損時致害，文進奮身，同此顛沛，患生一人，至于弘大。

贊馮休元張文進

江陽剛烈，立節明君，兵合遇寇，不屈其身，單夫隻役，隕命于君。

贊程季然

公弘後生，卓爾奇精，天命二十，悼恨未呈。

贊程公弘

司當作同

古之奔臣，禮有來偪，怨與司官，不顧大德，靡有匡救，倍成奔北，自絕于人，作笑二國。

贊麋芳士仁郝普潘濬　蜀志楊戲傳。

雍闓

闓益州部大姓，聞先主崩，降吳，吳遙署爲永昌太守，爲高定部曲所殺。

答李嚴

蓋聞天無二日，土無二王，今天下鼎立，正朔有三，是已遠人惶惑，不知所歸也。蜀志呂凱傳，又見華陽國志四，與此小異。

假鬼教

張府君如瓠壺，外雖澤而內實麤，不足殺，令縛與吳。蜀志張裔傳，又見華陽國志四，與此小異。

闕名

劉琰遣婦事議

卒非撾妻之人，面非受履之地。蜀志劉琰傳有司議。

全三國文卷六十二終

烏程嚴可均校輯

吳一

長沙桓王

王姓孫諱策字伯符吳郡富春人破虜將軍堅之長子曹公表爲討逆將軍封吳侯建安五年薨弟權稱尊號追謚曰長沙桓王

獲太史慈敎

龍欲騰翥先階尺木且今署慈爲門下督須軍還當更議（初學記三十引）

（獻帝春秋）

詐令軍中

頃連雨水濁兵飲之多腹痛令促具甖缶數百口澄水（吳志宗室孫靜傳）

給周瑜鼓吹令

周公瑾英儁異才與孤有總角之好骨肉之分如前在丹陽發衆及船糧以濟大事論德酬功此未足以報者也（吳志周瑜傳注引江表傳又見文選袁宏三國名臣序贊注御覽五百六十七）

明漢將軍謝表

臣以固陋孤持邊陲陛下廣播高澤不遺細節以臣襲爵兼典名郡仰榮顯顧所不克堪興平二年十二月二十日于吳郡曲阿得袁術所呈表以臣行殄寇將軍至被詔書乃知詐擅雖輒捐廢猶用悚悸臣年十七喪失所怙懼有不任堂構之鄙以忝析薪之戒誠無去病十八建功世祖列將弱冠佐命臣初領兵年未弱冠雖駑懦不武然思竭微命惟術狂惑爲惡深重臣憑威靈奉辭罰罪庶必獻捷以報所授（吳志孫討逆傳注引吳錄策上表謝）

討黃祖表

臣討黃祖以十二月八日到祖所屯沙羨縣劉表遣將助祖並來

代當作伐

趣臣臣以十一日平旦部所領江夏太守行建威中郎將周瑜領桂陽太守行征虜中郎將呂範領零陵太守行蕩寇中郎將程普行奉業校尉孫權行先登校尉韓當行武鋒校尉黃蓋等同時俱進身跨馬擽陳手擊急鼓以齊戰勢吏士奮激踊躍百倍心精意果各競用命越渡重塹迅疾若飛火放上風兵激煙下弓弩並發流矢雨集日加辰時祖乃潰爛鋒刃所截猋火所焚前無生寇惟祖迸走獲其妻息男女七人斬虎狼韓晞已下二萬餘級其赴水溺者一萬餘口船六千餘艘財物山積雖表未禽祖宿狡猾爲表腹心出作爪牙表之鴟張以祖氣息而祖家屬部曲埽地無餘表孤特之虜成鬼行尸誠皆聖朝神武遠振臣討有罪得效微勤（吳志孫討逆傳注引吳錄）

答記呂布

海產明珠所在爲寶楚雖有才晉實用之英偉君子所游見珍何

必本州哉（吳志張紘傳注引吳書）

說劉勳書

海昏上繚宗人數欺下國患之有年矣擊之路緜不便幸因將軍之神武而臨之且上繚國富廩實吳娃越姬充于後庭明珠大貝被于帑藏取之可以資軍雖蜀郡成都金碧之府未能過也策願舉敝邑士卒以爲外援□□□□□□

上繚宗民數欺下國忿之有年矣擊之路不便願因大國代之上繚甚實得之可以富國請出兵爲外援（魏志劉曄傳）

與吳景等書

今征江東未知二三君意云何耳（吳志宗室孫賁傳注引江表傳）

與虞翻書

今日之事當與卿共之勿謂孫策作郡吏相待也（吳志虞翻傳注引江表傳）

使詰降人王朗

問逆賊故會稽大守王朗朗受國恩當官云何不惟報德而阻兵安忍大軍征討幸免梟夷不自掃屛復聚黨衆屯住郡境遠勞王誅卒不悟順捕得云降庶㠯欺詐用全首領得爾與不具㠯狀對魏志王朗傳注引獻帝春秋

大帝一

帝諱權字仲謀堅次子建安五年曹公表爲討虜將軍領會稽太守十四年劉先主表爲車騎將軍領徐州牧二十四年曹公表爲驃騎將軍領荆州牧封南昌矦魏黃初二年封吳王改元黃武太和三年稱尊號改元黃龍後又改元三嘉禾赤烏大元在位二十四年謚曰大皇帝

詔孫慮假節開府治半州 黃武七年三月

期運擾亂凶邪肆虐威罰有序干戈不戢㠯慮氣志休懿武略夙昭必能爲國佐定大業故授㠯上將之位顯㠯殊特之榮寵㠯兵馬之勢委㠯偏方之任外欲威振敵虜厭難萬里內欲鎭撫遠近慰卹將士誠慮建功立事竭命之秋也慮其內修文德外經武訓持盈若沖則滿而不溢敬愼乃心無忝所受吳志孫慮傳注引吳書

夏口議還都建業詔 黃龍元年

諸將吏勿拘位任其有計者爲國言之吳志孫奐傳注引江表傳

大赦天下詔 嘉禾二年春正月

朕㠯不德肇受元命夙夜兢兢不遑假寢思平世難救濟黎庶上答神祇下慰民望是㠯眷眷勤求俊傑將與戮力共定海內苟在同心與之偕老今使持節督幽州領青州牧遼東太守燕王久脅賊虜隔在一方雖乃心于國其路靡緣今因天命遠遣二使款誠顯露章表殷勤朕之得此何喜如之雖湯遇伊尹周獲呂望世祖未定而得河右方之今日豈復是過普天一統於是定矣書不云乎一人有慶兆民賴之其大赦天下與之更始其明下州郡咸使聞知特下燕國奉宣詔恩令普天率土備聞斯慶吳志大帝傳

封公孫淵爲燕王詔

故魏使持節車騎將軍遼東太守平樂矦天地失序皇極不建元惡大憝作害于民海內分崩羣生堙滅雖周餘黎民靡有孑遺方之今日亂有甚焉朕受厤數君臨萬國夙夜戰戰念在弭難若涉淵水罔知攸濟是㠯把旄杖鉞翦除凶虐自東徂西靡遑寍處苟力所及民無災害雖賊虜遺種未伏辜誅猶繫囚枯木待時而斃惟將軍天姿特達兼包文武觀時覩變審於去就踰越險阻顯致赤心肇建大計爲天下先元勳巨績侔于古人雖昔竇融背棄隴右卒占西河㠯定光武休名美實豈復是過欽嘉雅尚朕實欣之自古聖帝明王建化垂統㠯爵褒德㠯祿報功功大者祿厚德盛者禮崇故周公有夾輔之勞太師有鷹揚之功並啓土宇兼受備物今將軍規萬年之計建不世之略絕僭逆之虜順天人之肅濟

成洪業功無與比齊魯之事奚足言哉詩不云乎無言不讎無德不報今㠯幽青二州十七郡七十縣封君爲燕王使持節守太常張彌授君璽綬策書金虎符第一至第五竹使符第一至第十錫君玄土苴㠯白茅爰契爾龜用錫冢社方有戎事典統兵馬㠯大將軍曲蓋麾幢督幽州青州牧遼東太守如故今加君九錫其敬聽後命㠯君三世相承保綏一方寍集四郡訓及異俗民夷安業無或攜貳是用錫君大輅戎輅玄牡二駟君務在勸農嗇人成功倉庫盈積官民俱豐是用錫君衮冕之服赤舄副焉君正化㠯德敬下㠯禮敦義崇謙內外咸和是用錫君軒縣之樂君宣導休風懷保邊遠遠人迴面莫不影附是用錫君朱戶㠯居君運其才略官方任賢顯直錯枉羣善必舉是用錫君虎賁之士百人君戎馬整齊威震遐方糾虔天刑彰厥有罪是用錫君鈇鉞各一君文和于內武信于外禽討逆節折衝掩難是用錫君彤弓一彤矢百玈

弓十旅矢千君忠勤有效溫恭為德明允篤誠感于朕心是用錫君秬鬯一卣珪瓚副焉欽哉敬茲訓典寅亮天工相我國家永終爾休（吳志大帝傳注引江表傳）

寬逋詔（嘉禾三年春正月）

兵久不輟民困于役歲或不登其寬諸逋勿復督課（吳志大帝傳）

答陳表詔

先將軍有功于國國家㠯此報之卿何得辭焉（吳志陳武傳嘉禾三年㠯表領新安都尉初表所受賜復人得二百家在會稽新安縣表簡視其人皆堪好兵乃上疏陳讓乞㠯還官充足精銳詔曰云云）

呂岱平賊詔（嘉禾四年）

廖負險作亂自致梟首桓凶狡反覆已降復叛前後討伐歷年不禽非君規略誰能梟之忠武之節于是益著元惡既除大小震懾其餘細類埽地族矣自今已去國家永無南顧之虞三郡晏然無怵惕之驚又得惡民㠯供賦役重用歎息賞不踰月國之常典制度所宜君其裁之（吳志呂岱傳）

詔議奔喪（嘉禾六年正月）

夫三年之喪天下之達制人情之極痛也賢者割哀㠯從禮不肖者勉而致之世治道泰上下無事君子不奪人情故三年不逮孝子之門至于有事則殺禮㠯從宜要經而處事故聖人制法有禮無時則不行遭喪不奔非古也蓋隨時之宜㠯義斷恩也前故設科長吏在官當須交代而故犯之雖隨糾坐猶已廢曠方事之殷國家多難凡在官司宜各盡節先公後私而不恭承甚非謂也中外羣僚其更平議務令得中詳為節度（吳志大帝傳又見御覽五百五十二）

改年號詔（赤烏元年）

聞者赤烏集于殿前朕所親見若神靈㠯為嘉祥者改年宜㠯赤烏為元（吳志大帝傳）

詔責諸葛瑾步騭朱然呂岱等（赤烏元年）

袁禮還云與子瑜子山義封定公相見並㠯時事當有所先後各自㠯不掌民事不肯便有所陳悉推之伯言承明伯言承明見禮泣涕懇惻辭旨辛苦至乃懷執危怖有不自安之心聞此悵然深自刻怪何者夫惟聖人能無過行明者能自見耳人之舉措何能悉中獨當已有㠯傷拒眾意忽不自覺故諸君有嫌難耳不爾何緣乃至于此乎自孤與軍五十年所役賦凡百皆出于民天下未定孼類猶存士民勤苦誠所貫知然勞百姓事不得已耳與諸君從事自少至長髮有二色㠯謂表裏足㠯明露公私分計足用相保盡言直諫所望諸君拾遺補闕孤亦望之昔衞武公年過志壯勤求輔弼每獨歎責（案此下注引江表九語蓋陳壽所刪當補于此）且布衣韋帶相與交結分成好合尚污垢不異今日諸君與孤從事雖君臣義存猶謂骨肉不復是過榮福喜戚相與共之忠不匿情智無遺計事統是非諸君豈得從容而已哉同船濟水將誰與易齊桓諸侯之霸者耳有善管子未嘗不歎有過未嘗不諫諫而不得終諫不止今孤自省無桓公之德而諸君諫諍未出于口仍執嫌難㠯此言之孤于齊桓良優未知諸君于管子何如耳久不相見因事當陳共定大業整齊天下當復有誰凡百事要所當損益樂聞異計匡所不逮（吳志大帝傳權使中郎將袁禮告謝諸大將因問時事所當損益禮還復有詔責數諸葛瑾步騭朱然呂岱等云云）

天下無粹白之狐而有粹白之裘眾之所積也夫能㠯駁致純不惟積乎故能用眾力則無敵于天下矣能用眾智則無畏于聖人矣（吳志大帝傳注引江表傳）

選郎吏詔

郎吏者宿衞之臣古之命士也閒者所用頗非其人自今選三署皆依四科不得㠯虛辭相飾（吳志大帝傳注引江表傳載權正月記）

記當作詔

詔禁農桑時役事（赤烏三年正月）

蓋君非民不立民非穀不生頃者㠯來民多征役歲又水旱年穀

有損。而吏不良侵奪民時。以致饑困。自今以來。督軍郡守其謹察非法。當農桑時。以役事擾民者。舉正以聞。吳志大帝傳。

詔止議立皇后四王赤烏五年春正月

今天下未定。民物勞瘁。且有功者或未錄。饑寒者尚未恤。猥割土壤以豐子弟。崇爵位以寵妃妾。孤甚不取。其釋此議。吳志大帝傳。百官奏請立皇后及四王。詔曰云云。

詔陸遜代顧雍爲丞相赤烏七年正月

朕以不德。應期踐運。王塗未一。姦宄充路。夙夜戰懼。不遑鑒寐。惟君天資聰叡。明德顯融。統任上將。匡國弭難。夫有超世之功者。必膺光大之寵。懷文武之才者。必荷社稷之重。昔伊尹隆湯。呂尚翼周。內外之任。君實兼之。今以君爲丞相。使使持節守太常傅常授印綬。君其茂昭明德。脩乃懿績。敬服王命。綏靖四方。於乎。總司三事。以訓羣寮。可不敬與。君其勖之。其州牧都護領武昌事如故。吳志陸遜傳。

詔勿殺叛將妻子

督將亡叛而殺其妻子。是使妻去夫。子棄父。甚傷義教。自今勿殺也。吳志大帝傳注引江表傳。

論步騭表言防魏詔

呂岱諸葛恪道步騭說北人欲以布囊盛土塞江。每讀此表。令人連日失笑。此江自天地以來。寧有可塞者乎。初學記六引環濟吳紀。

詔息鑄大錢赤烏九年

謝宏往日陳鑄大錢。云以廣貨。故聽之。今聞民意不以爲便。其省息之。鑄爲器物。官勿復出也。私家有者。敕以輸藏。計畀其直。勿有所枉也。吳志大帝傳注引江表傳。

詔作太初宮赤烏十年三月

建業宮乃朕從京來所作將軍府寺耳。材柱率細。皆以腐朽。常恐損壞。今未復西。可徙武昌宮材瓦。更繕治之。吳志大帝傳。改作太初宮注引江表傳。

脩下脫身字

大禹以卑宮爲美。今軍事未已。所在多賦。若更通伐。妨損農桑。徙武昌材瓦。自可用也。同上。

地震詔赤烏十一年二月

朕以寡德。過奉先祀。莅事不聰。獲譴靈祇。夙夜祗戒。若不終日。羣僚其各厲精。思朕過失。勿有所諱。吳志大帝傳注引江表傳。

黃龍見白虎仁詔

古者聖王積行累義。脩行道以有天下。故符瑞應之。所以表德也。朕以不明。何以臻茲。書云。雖休勿休。公卿百司。其勉脩所職。以匡不逮。吳志大帝傳。赤烏十一年四月。雲陽言黃龍見。五月。鄱陽言白虎仁。詔曰云云。

詔朱異迎降文欽赤烏十三年

方今北土未一。欽云欲歸命。宜且迎之。若嫌其有譎者。但當設計網以羅之。盛重兵以防之耳。吳志朱桓傳。

詔諸葛恪神鳳元年

吾疾困矣。恐不復相見。諸事一以相委。吳志諸葛恪傳注引吳書。

追贈步皇后策命赤烏元年閏月戊子

惟赤烏元年閏月戊子。皇帝曰。嗚呼皇后。惟后佐命。共承天地。虔恭夙夜。與朕均勞。內教脩整。禮儀不忒。寬容慈惠。有淑懿之德。民臣懸望。遠近歸心。朕以世難未夷。大統未一。緣后雅志。每懷謙損。是以于時未授名號。亦必謂后降年有永。永與朕躬對揚天休。不寤奄忽。大命近止。朕恨本意不早昭顯。傷后殂逝。不終天祿。愍悼之至。痛于厥心。今使使持節丞相醴陵亭侯雍。奉策授號。配食先后。魂而有靈。嘉其寵榮。嗚呼哀哉。吳志妃嬪步夫人傳。

賜丞相顧雍書

貴孫子直令問休休。至與相見。過于所聞。爲君嘉之。吳志顧雍傳。

周瑜卒後下令

爲當作撝　凡當作人　部當作郎

故將軍周瑜程普其有人客皆不得問。吳志周瑜傳。

答是儀令

孤雖非趙簡子。卿安得不自屈爲周舍邪。吳志是儀傳。

城武昌下令諸將

夫存不忘亡。安必慮危。古之善教。昔雋不疑漢之名臣。于安平之世而刀劒不離于身。蓋君子之于武備不可已已。況今處身疆畔。豺狼交接。而可輕忽不豫思變難哉。頃聞諸將出入。各尙謙約。不從人兵。甚非備慮愛身之謂。夫保己遺名。以安君親。孰與危辱。宜深警戒。務崇其大。副孤意焉。吳志大帝傳。御覽六百三十七。

寬息令 黃武五年春

軍興日久。民離農畔。父子夫婦不能相卹。孤甚愍之。今北虜縮竄。方外無事。其下州郡。有以寬息。吳志大帝傳。

斥張溫令

昔令召張溫。虛己待之。既至顯授。有過舊臣。何圖凶醜。專挾異心。昔暨豔父兄附于惡逆。寡人無忌。故進而任之。欲觀豔何如。察其中間。形態果見。而溫與之結連死生。豔所進退。皆溫所爲頭角。更相表裏。共爲腹背。非溫之黨。卽就疵瑕。爲之生論。又前任溫董督三郡。指爲吏客及殘餘兵。時恐有事。欲令速歸。故授棨戟。獎以威柄。乃便到豫章。表討宿惡。寡人信受其言。特以繞帳帳下解煩兵五千凡付之。後聞曹丕自出淮泗。故豫敕溫有急便出。而溫悉內諸將。布于深山。被命不至。賴丕自退。不然。已往豈可深計。又殷禮者。本占候召。而溫先後乞將到蜀。扇揚異國。爲之譚論。又禮之還。當親本職。而令守尙書戶曹部。如此署置。在溫而已。又溫語賈原。當薦卿作御史。語蔣康。當用卿代賈原。專衒賈國恩。爲已形勢。揆其姦心。無所不爲。不忍暴于市朝。今斥還本郡。以給厮吏。嗚呼溫也。免罪爲幸。吳志張溫傳。

令交州給送虞翻

昔趙簡子稱諸君之唯唯。不如周舍之諤諤。虞翻亮直。善于盡言。國之周舍也。前使翻在此。此役不成。促下問交州。翻若尙存者。給其人船。發遣還都。若以亡者。送喪還本郡。使兒子仕宦。吳志虞翻傳注引江表傳。

白曹公狀

嚴刺史昔爲公所用。又是州舉將。而李術凶惡。輕犯漢制。殘害州司。肆其無道。宜速誅滅。以懲醜類。今欲討之。進爲國朝掃除鯨鯢。退爲舉將報塞怨讎。此天下達義。夙夜所甘心。術必懼誅。復詭說求救。明公所居阿衡之任。海內所瞻。願敕執事。勿復聽受。吳志大帝傳注引江表傳。

報劉備

米賊張魯居王巴漢。爲曹操耳目。規圖益州。劉璋不武。不能自守。若操得蜀。則荊州危矣。今欲先攻取璋。進討張魯。首尾相連。一統吳楚。雖有十操。無所憂也。蜀志先主傳注引獻帝春秋。

與曹公牋

春水方生。公宜速去。吳志大帝傳注引吳歷。

別紙與曹公

足下不死。孤不得安。吳志大帝傳注引吳歷。

上魏王牋

昔討關羽。獲于將軍。卽白先王。當發遣之。此乃奉款之心。不言而發。先王未深留意。而謂權中間復有異圖。愚情惆悵。用未果決。遂値先王委離國祚。殿下承統。下情始通。公私契闊。未獲備舉。是令本誓未卽昭顯。梁寓傳命。委曲周至。深知殿下以爲意望。權之赤心。不敢有他。願垂明恕。保權所執。謹遣浩周東里袞。至情至實。皆周等所具。吳志大帝傳注引魏略。文帝卽王位。權乃遣浩周爲牋魏王。

權本性空薄。文武不昭。昔承父兄成軍之緒。得爲先王所見奬飾。遂因國恩。撫綏東土。而中間寡慮。庶事不明。畏威忘德。以取重戾。先王仁恩。不忍遐棄。既釋其宿罪。且開明信。雖致命虜廷。梟獲關羽。功効淺薄。未報萬一。事業未究。先王即世。殿下踐阼。威仁流邁。私懼情願。未蒙昭察。梁寓來到。具知殿下不遂疏遠。必欲撫錄。追本先緒。權之得此。欣然踴躍。心開目明。不勝其慶。權世受寵遇。分義深篤。今日之事。永執一心。惟察慺慺。重垂含覆。上同

先王以權推誠已驗。軍當引還。故除合肥之守。著南北之信。令權長驅。不復後顧。近得守將周泰全琮等白事。過月六日。有馬步七百。徑到橫江。又督將馬和復將四百人進到居巢。琮等聞有兵馬渡江。視之。爲兵馬所擊。臨時交鋒。大相殺傷。卒得此問。情用恐懼。權實在遠。不豫聞知。約勑無素。敢謝其罪。又聞張征東朱橫海今復還合肥。先王盟要。由來未久。且權自度。未獲罪釁。不審今者何

以發起。牽軍遠次。事業未訖。甫當爲國討除賊備。重聞斯問。深使失圖。凡遠人所恃。在于明信。願殿下克卒前分。開示坦然。使權誓命。得卒本規。凡所願言。周等所當傳也。上同

上魏文帝書

劉備支黨四萬人。馬二三千匹。出秭歸。請往掃撲。以克捷爲效。魏志文帝紀注引魏書。

卑辭上魏文帝書

求自改厲。若罪在難除。必不見置。當奉還土地民人。乞寄命交州。以終餘年。吳志大帝傳。

全三國文卷六十三終

烏程嚴可均校輯

吳二

大帝二

與浩周書

自道路開通。不忘脩意。既新奉國命。加知起居。假歸河北。故使情問不獲果至。望想之勞。曷云其已。孤㠯空闇。分信不昭。中間招罪。㠯取棄絕。幸蒙國恩。復見赦宥。喜乎與君。克卒本圖。傳不云乎。雖不能始。善終可也。

昔君之來。欲令遣子入侍。于時傾心。歡㠯承命。徒㠯登年幼。欲假年歲之間耳。而赤情未蒙昭信。遂見討責。常用慙怖。自頃國恩。復加開導。忘其前愆。取其後效。喜得因此。尋竟本誓。前已有表。具說遣子之意。想君假還。已知之也。

今子當入侍。而未有妃耦。昔君念之。㠯爲可上連綴宗室。若夏侯氏。雖中間自棄。常奉戢在心。當垂宿念。爲之前後。使獲攀龍附驥。永自固定。其爲分惠。豈有量哉。如是欲遣孫長緒與小兒俱入奉行禮聘。成之在君。

小兒年弱。加教訓不足。念當與別。爲之緬然。父子恩情。豈有已邪。又欲遣張子布追輔護之。孤性無餘。凡所欲爲。今盡宣露。惟恐赤心不先暢達。是㠯具爲君說之。宜明所㠯。吳志大帝傳注引魏略。

與諸葛亮書

丁厷撥張。陰化不盡。和合二國。唯有鄧芝。蜀志鄧芝傳。

讓孫皎書

自吾與北方爲敵。中間十年。初時相持年小。今者且三十矣。孔子言三十而立。非但謂五經也。授卿㠯精兵。委卿㠯大任。都護諸將于千里之外。欲使如楚任昭奚恤。揚威于北境。非徒相使逞私志

比當作丕

而已。近聞卿與甘興霸飲。因酒發作。侵陵其人。其人求屬呂蒙督中。此人雖麤豪。有不如人意時。然其較略。大丈夫也。吾親之者。非私之也。吾親愛之。卿疏憎之。卿所爲每與吾違。其可久乎。夫居敬而行簡。可㠯臨民。愛人多容。可㠯得衆。二者尚不能知。安可董督在遠。禦寇濟難乎。卿行長大。特受重任。上有遠方瞻望之視。下有部曲朝夕從事。何可恣意有盛怒邪。人誰無過。貴其能改。宜追前愆。深自咎責。今故煩諸葛子瑜重宣吾意。臨書摧愴。心悲淚下。吳志宗室孫皎傳。

報陸遜表保明諸葛瑾事

子瑜與孤從事積年。恩如骨肉。深相明究。其爲人非道不行。非義不言。玄德昔遣孔明至吳。孤嘗與子瑜曰。卿與孔明同產。且弟隨兄。于義爲順。何㠯不留孔明。孔明若留從卿者。孤當㠯書解玄德。意自隨人耳。子瑜答孤言。弟亮㠯失身于人。委質定分。義無二心。弟之不留。猶瑾之不往也。其言足貫神明。今豈當有此乎。孤前得妄語文疏。即封示子瑜。并手筆與子瑜。即得其報。論君臣大節。一定之分。孤與子瑜。可謂神交。非外言所間也。知卿意至。輒封來表。㠯示子瑜。使知卿意。吳志諸葛瑾傳注引江表傳。

別咨諸葛瑾

近得伯言表。㠯爲曹丕已死。毒亂之民。當望旌瓦解。而更靜然。聞皆選用忠良。寬刑罰。布恩惠。薄賦省役。㠯悅民心。其患更深于操時。孤㠯爲不然。操之所行。其惟殺伐小爲過差。及離間人骨肉。㠯爲酷耳。至于御將。自古少有。比之于操。萬不及也。今叡之不如丕。猶丕不如操也。其所㠯務崇小惠。必㠯其父新死。自度衰微。恐困苦之民。一朝崩沮。故彊屈曲。㠯求民心。欲㠯自安住耳。寧是興隆之漸邪。聞任陳長文曹子丹輩。或文人諸生。或宗室戚臣。寧能御雄才虎將㠯制天下乎。夫威柄不專。則其事乖錯。如昔張耳陳餘

非不敦睦至于秉勢自還相賊乃事理使然也又長文之徒昔所吕能守善者吕操笮其頭畏操威嚴故竭心盡意不敢爲非耳逮丕繼業年已長大承操之後吕恩情加之用能感義今叡幼弱隨人東西此曹等輩必當因此弄巧行態阿黨比周各助所附如此之日姧讒並起更相陷懟轉成嫌貳自爾已往羣下爭利主幼不御其爲敗也焉得久乎所吕知其然者自古至今安有四五人把持刑柄而不離刺轉相蹄齧者也彊當陵弱弱當求援此亂亡之道也子瑜卿但側耳聽之伯言常長于計校恐此一事小短也吳志諸葛瑾傳

答諸葛瑾等

腹心舊勳與孤協事公瑾有之誠所不忘昔肩年少初無功勞橫授精兵爵吕侯將蓋念公瑾吕及于肩也而肩恃此酗淫自恣前後告喻曾無悛改孤于公瑾義猶二君樂肩成就豈有已哉迫肩罪惡未宜便還且欲苦之使自知耳今二君勤勤援引漢高河山之誓孤用恧然雖德非其疇猶欲庶幾事亦如爾故未順旨吕公瑾之子而二君在中間苟使能改亦何患乎吳志周瑜傳

答羣臣奏議郊祀　嘉禾元年冬

郊祀當于土中今非其所于何施此吳志太帝傳注引江表傳又見宋書禮志三

武王伐紂即阼于鎬京而郊其所也文王未爲天子立郊于酆見何經典同上

文王德性謙讓處諸侯之位明未郊也經傳無明文匡衡俗儒意說非典籍正義不可用也同上

嘉禾當作赤烏

答步騭朱然等疏請備蜀　嘉禾七年

吾待蜀不薄聘享盟誓無所負之何吕致此又司馬懿前來入舒旬日便還蜀在萬里何知緩急而便出兵乎昔魏欲入漢川此間始嚴亦未舉動會聞魏還而止蜀寧可復吕此有疑邪又人家治國舟船城郭何得不獲今此間治軍寧復欲吕禦蜀邪人言若不可信朕爲諸君破家保之吳志大帝傳

獲當作護

答步騭表言防魏

此曹衰弱何能有圖必不敢來若不如孤言當吕牛千頭爲君作主人吳志步騭傳注引吳錄

報陸遜表令諸將增廣農畝

甚善今孤父子親自受田車中八牛吕爲四耦雖未及古人亦欲與衆均等其勞也吳志大帝傳

報陸遜

夫法令之設欲吕遏惡防邪儆戒未然也焉得不有刑罰吕威小人乎此爲先令後誅不欲使有犯者耳君吕爲太重者孤亦何利其然但不得已而爲之耳今承來意當重諮謀務從其可且近臣有盡規之諫親戚有補察之箴所吕匡君正主明忠信也書載予違汝弼汝無面從孤豈不樂忠言吕自裨補邪而云不敢極陳何得爲忠讜哉若小臣之中有可納用者寧得吕人廢言而不採擇乎但諂媚取容雖闇亦所明識也至于發調者徒吕天下未定事吕衆濟若徒守江東脩崇寬政兵自足用復用多爲顧坐自守可陋耳若不豫調恐臨時未可便用也又孤與君分義特異榮戚實同來表云不敢隨衆容身苟免此實甘心所望于君也吳志大帝傳陸遜陳便宜勸吕施德緩刑寬賦息調又云忠讜之言不能極陳求容小臣數吕利聞權報曰

遺公孫淵書　赤烏元年

司馬公善用兵變化若神所向無前深爲弟憂之晉書宣帝紀又魏志公孫淵傳注引漢晉春秋有末二語云司馬懿所向無前深爲弟憂也不云遺書

告天文　黃龍元年

皇帝臣權敢用玄牡昭告于皇皇后帝漢享國二十有四世歷年四百三十有四行氣數終祿祚運盡普天弛絕率土分崩孽臣曹

不遂奪神器丕子叡繼世作慝淫名亂制權生于東南遭値期運承乾秉戎志在平世奉時行罰舉足爲民羣臣將相州郡百城執事之人咸以爲天意已去于漢漢氏已絕祀于天皇帝位虛郊祀無主休徵嘉瑞前後雜沓厤數在躬不得不受權畏天命不敢不從謹擇元日登壇燎祭即皇帝位惟爾有神饗之左右有吳永終天祿 吳志大帝傳注引吳錄又見宋書禮志三淫名作竊名平世作拯世燎祭作柴燎末句作永綏天極

沈彭蠡鼎文

百神助陽侯伏 鼎錄黃武中

廢帝

帝諱亮字子明大帝少子以太元二年即位改元三建興五鳳太平在位七年孫綝廢之爲會稽王

議封故齊王奮詔

齊王奮前坐殺吏廢爲庶人連有赦令獨不見原縱未宜復王何以不侯又諸孫兄弟作將列在江渚孤有兄獨爾云何 吳志孫奮傳注引江表傳

與衆僧書悼支謙

支恭明不救所疾其業履沖素始終可高爲之惻愴不能已已 釋藏百字三號出三藏記集十三

景帝

帝諱休字子烈大帝第六子以太平三年迎立改元永安在位七年謚曰景皇帝

封孫綝等詔 永安元年

朕以不德守藩于外値茲際會羣公卿士暨于朕躬以奉宗廟朕用憮然若涉淵水大將軍忠計內發扶危定傾安康社稷功勳赫然昔漢孝宣踐阼霍光尊顯褒德賞功古今之通義也其以大將軍爲丞相荊州牧食五縣恩爲御史大夫衞將軍據右將軍皆縣侯幹雜號將軍亭侯闓亦封亭侯 吳志孫綝傳

及當作急

褒德賞功詔 永安元年冬十月

夫褒德賞功古今通義其以大將軍綝爲丞相荊州牧增食五縣武衞將軍恩爲御史大夫衞將軍中軍督封縣侯威遠將軍授爲右將軍縣侯偏將軍幹雜號將軍亭侯長水校尉張布輔導勤勞以布爲輔義將軍封永康侯董朝親迎封爲鄉侯 吳志嗣主休傳

遣李衡還郡詔

丹陽太守李衡以往事之嫌自拘有司夫射鉤斬袪在君爲君遣衡還郡勿令自疑 同上

止奏立皇后太子詔 元年十月

朕以寡德奉承洪業莅事日淺恩澤未敷加后妃之號嗣子之位非所及也 吳志嗣主傳注引江表傳

加大將軍綝爵位詔 永安元年十一月

大將軍忠款內發首建大計以安社稷卿士內外咸贊其議並有勳勞昔霍光定計百僚同心無復是過亟案前日與議定策告廟人名依故事應加爵位者促施行之 吳志嗣主休傳

大將軍掌中外諸軍事事統煩多其加衞將軍御史大夫恩侍中與大將軍分省諸事 同上

聽軍出家畱子弟一人除米限詔

諸吏家有五人三人兼重爲役父兄在都子弟給郡縣吏既出限米軍出又從至于家事無經護者朕甚愍之其有五人三人爲役聽其父兄所欲畱爲畱一人除其米限軍出不從 同上

加諸將位詔

諸將吏奉迎陪位在永昌亭者皆加位一級 同上

置學官立五經博士詔 永安元年十一月

古者建國教學爲先所以道世治性爲時養器也自建興以來時

不之之之當作及

事多故。吏民頗以目前趨務。去本就末。不循古道。夫所尚不惇。則傷化敗俗。其案古置學官。立五經博士。核取應選。加其寵祿。科見吏之中及將吏子弟有志好者。各令就業。一歲課試。差其品第。加以位賞。使見之者樂其榮。聞之者羨其譽。以敦王化。以隆風俗。吳志嗣主休傳。又宋書禮志一、通典五十三。又御覽二百三十六。

改葬諸葛恪等詔

諸葛恪、滕胤、呂據蓋以無罪為峻綝兄弟所見殘害。可為痛心。促皆改葬。各為祭奠。其罹恪等事見遠徙者。一切召還。吳志孫綝傳。

詔顧雍子裕襲爵永安元年

故丞相雍。至德忠賢。輔國以禮。而侯統廢絕。朕甚愍之。其以雍次子裕襲爵為醴陵侯。以明著舊勳。吳志顧雍傳。

務農桑詔永安二年四月

朕以不德。託于王公之上。夙夜戰戰。忘寢與食。今欲偃武脩文。以崇大化。推此之道。當由士民之贍。必須農桑。管子有言。倉廩實。知禮節。衣食足。知榮辱。夫一夫不耕。有受其饑。一婦不織。有受其寒。饑寒並至。而民不為非者。未之有也。自頃年以來。州郡吏民及諸營兵。多違此業。皆浮船長江。賈作上下。良田漸廢。見穀日少。欲求大定。豈可得哉。亦由租入過重。農人利薄。使之然乎。今欲廣開田業。輕其賦稅。差科彊羸。課其田畝。務令優均。官私得所。使家給戶贍。足相供養。則受身重命。不犯科法。然後刑罰不用。風俗可整。以羣僚之忠賢。若盡心于時。雖太古盛化。未可卒致。漢文升平。庶幾可及。及之則臣主俱榮。不之則損削侵辱。何可從容俯仰而已。諸卿尚書。可共咨度。務取便佳。田桑已至。不可後時。事定施行。稱朕意焉。吳志嗣主休傳。

為四男作名字詔永安五年

人之有名。以相紀別。長為作字。憚其名耳。禮。名子欲令難犯易避。

五十稱伯仲。古或一字。今人競作好名好字。又令相配。所行不副。此瞽字伯明者也。孤嘗哂之。或師友父兄所作。或自已為師友。尚可。父兄猶非。自為最不謙。孤今為四男作名字。太子名𩅦。𩅦音如湖水灣澳之灣。字𠅃。𠅃音如迄今之迄。次子名𩃎。𩃎音如兕觥之觥。字𠆚。𠆚音如玄礥首之礥。次子名壾。壾音如草莽之莽。字显。显音如舉物之舉。次子名𠁾。𠁾音如褒衣下寬大之褒。字𡕰。𡕰音如有所擁持之擁。此都不與世所用者同。故鈔舊文會合作之。夫書八體損益。因事而生。今造此名字。既不相配。又字但一。庶易棄避。其普告天下。使咸聞知。吳志嗣主休傳。立子𩅦為太子。注引吳錄。

答張布十月

孤之涉學。羣書略徧。所見不少也。其明君闇主。奸臣賊子。古今賢愚成敗之事。無不覽也。今曜等入。但欲與論講書耳。不為從曜等始更受學也。縱復如此。亦何所損。君特當以曜等恐道臣下奸變之事。以此不欲令入耳。如此之事。孤已自備之。不須曜等然後乃解也。此都無所損。君意特有所忌故耳。吳志嗣主休傳。休欲與博士祭酒韋曜、博士盛沖講論道藝。曜、沖素皆切直。布恐入侍發其陰失。令己不得專。因妄飾說以拒遏之。休答曰。

書籍之事。患人不好。好之無傷也。此無所為非。而君以為不宜。是以孤有所及耳。政務學業。其流各異。不相妨也。不圖君今日在事。更行此于孤也。良所不取。吳志嗣主休傳。布又言懼妨政事。休答曰。

聊相開悟耳。何至叩頭乎。如君之忠誠。遠近所知。往者所以相感。今日之巍巍也。詩云。靡不有初。鮮克有終。終之實難。君其終之。吳志嗣主休傳。

歸命侯

侯名皓。字元宗。一名彭祖。字晧宗。大帝第三子和之子。以永安七年迎立。改元八。元興、甘露、寶鼎、建衡、鳳皇、天冊、天璽、天紀。在位十七年。降于晉。封歸命侯。

書日之目 傳日之目 皆當作曰 言日之日 當作白 閒當作聞

立吳興郡詔 寶鼎元年十月

古者分土建國所以褒賞賢能廣樹藩屏秦毀五等為三十六郡漢室初興闓立乃至百王因事制宜蓋無常數也今吳郡陽羨永安餘杭臨水及丹陽故鄣安吉原鄉於潛諸縣地勢水流之便悉注烏程既宜立郡以鎮山越且以藩衛明陵奉承大祭不亦可乎其亟分此九縣為吳興郡治烏程 吳志歸命侯傳分丹陽為吳興郡注

詔陸凱

君所議誠是大趣然未合鄙意如何此宮殿不利宜當避之乃可以妨勞役常坐不利宮乎父之不安子亦何倚 吳志陸凱傳注引江表傳

下詔用孫丞

自今已後用侍郎皆當如今宗室丞顧榮儔也 吳志宗室孫桓傳注引文士傳又見通典二十一

以范慎為太尉詔

慎勳德俱茂朕所敬憑宜登上公以副羣望以為太尉 吳志孫登傳注引吳錄

報司馬昭書 甘露元年三月

知以高世之才處宰輔之任漸導之功勤亦至矣孤以不德階承統緒思與賢良共濟世道而以壅隔未有所緣嘉意允著深用依依今遣光祿大夫紀陟五官中郎將弘璆宣明至懷 吳志歸命傳皓遣使隨紹彧報書日注引江表傳日皓書爾頭言日稱名言而不著姓

答華覈

得表以東觀儒林之府當講校文藝處定疑難漢時皆名學碩儒乃任其職乞更選英賢閒之以卿研精墳典博覽多閒可謂悅禮樂敦詩書者也當飛翰騁藻光贊時事以越揚班張蔡之疇怪乃謙光厚自菲薄宜勉脩所職以邁先賢勿復紛紛 吳志華覈傳

與舅何植書 天紀四年三月

憒當作怨 最當作勗

昔大皇帝以神武之略奮三千之卒割據江南席卷交廣開拓洪基欲祚之萬世至孤末德嗣守成緒不能懷集黎元多為咎闕以違天度闇昧之變反謂之祥致使南蠻逆亂征討未克聞晉大衆遠來臨江庶竭勞瘁衆皆摧退而張悌不反喪軍過半孤甚愧悵于今無聊得陶濬表云武昌以西並復不守不守者非糧不足非城不固兵將背戰耳兵之背戰豈怨兵邪孤之罪也天文縣變于上士民憒歎于下觀此事勢危如累卵吳祚終訖何其局哉天匪亡吳孤所招也瞑目黃壤當復何顏見四帝乎公其最勉奇謨飛筆以聞 吳志歸命侯傳注引江表傳

遺羣臣書

孤以不德忝繼先軌處位歷年政教凶勃遂令百姓久困塗炭至一朝歸命有道社稷傾覆宗廟無主慚愧山積沒有餘罪自惟空薄過偷尊號才瑣質穢任重王公故周易有折鼎之誡詩人有彼其之譏自居宮室仍抱篤疾計有不足思慮失中多所荒替邊側小人因生酷虐虐毒橫流忠順被害闇昧不覺尋其壅蔽孤負諸君事已難圖覆水不可收也今大晉平治四海勞心務于擢賢誠是英俊展節之秋也管仲極讎桓公用之良平去楚入為漢臣舍亂就理非不忠也莫以移朝改朔用損厥志嘉勗休尚愛敬動靜夫復何言投筆而已 吳志歸命侯傳注引江表傳

賜進士出身二品銜廣東等處提刑按察使司按察使兼管驛傳事務黃岡王毓藻校刊

全三國文卷六十四終

全三國文卷六十五

烏程嚴可均校輯

吳三

太子登

登字子高大帝長子㠯魏黃初二年立為太子立二十一年卒諡曰宣太子

臨終上疏

臣㠯無狀嬰抱篤疾自省微劣懼卒隕斃臣不自惜念當委離供養埋胔后土長不復奉望宮省朝覲日月生無益於國死貽陛下重感㠯此為哽結耳臣聞死生有命長短自天周晉顏回有上智之才而尚夭折況臣愚陋年過其壽生為國嗣沒享榮祚於臣已多亦何悲恨哉方今大事未定逋寇未討萬國喁喁係命陛下危者望安亂者仰治願陛下棄忘臣身割下流之恩修黃老之術篤養神光加羞珍膳廣開神明之慮㠯定無窮之業則率土幸賴臣死無恨也皇子和仁孝聰哲德行清茂宜早建置㠯繫民望諸葛恪才略博達器任佐時張休、顧譚、謝景皆通敏有識斷入宜委腹心出可為爪牙范慎華融矯矯壯節有國士之風羊衜辯捷有專對之材刁玄優弘志履道真裴欽博記翰采足用蔣脩虞翻志節分明凡此諸臣或宜廊廟或任將帥皆練時事明習法令守信固義有不可奪之志此皆陛下日月所照選置臣宮得與從事備知情素敢㠯陳聞臣重惟當今方外多虞師旅未休當厲六軍㠯圖進取軍㠯人為眾眾㠯財為寶竊聞郡縣頗有荒殘民物凋弊姦亂萌生是㠯法令繁滋刑辟重切臣聞為政聽民律令與時推移誠宜與將相大臣詳擇時宜博采眾議寬刑輕賦均息力役㠯順民望陸遜忠勤於時出身憂國謇謇在公有匪躬之節諸葛瑾、步騭、朱然、全琮、朱據、呂岱、吾粲、闞澤、嚴畯、張承、孫怡忠於為國通達

治體可令陳上便宜蠲除苛煩愛養士馬撫循百姓五年之外十年之內遠者歸復近者盡力兵不血刃而大事可定也臣聞鳥之將死其鳴也哀人之將死其言也善故子囊臨終遺言戒時君子㠯為忠豈況臣登其能已乎願陛下留意聽采臣雖死之日猶生之年也吳志孫登傳

與步騭書

夫賢人君子所㠯興隆大化佐理時務者也受性闇蔽不達道數雖實區區欲盡心於明德歸分於君子至於遠近士人先後之宜猶或緬焉未之能詳傳曰愛之能勿勞乎忠焉能勿誨乎斯其義也豈非所望於君子哉吳志步騭傳

孫晈

晈字叔朗堅季弟靜之第三子官護軍校尉遷都護征虜將軍

下令兵候

今所誅者曹氏其百姓何罪自今㠯往不得繫其老弱吳志宗室孫晈傳嘗遣兵候獲魏邊將吏美女㠯進晈晈更其衣服送還之下令

孫綝

綝字子通堅弟靜之曾孫為侍中武衛將軍領中外諸軍事代孫峻知朝政遷大將軍封永寧侯廢其主亮迎立景帝休尋伏誅

奉書瑯邪王休

綝㠯薄才見授大任不能輔導陛下頃月㠯來多所造立親近劉承悅於美色發吏民婦女料其好者留於宮內取兵子弟十八已下三千餘人習之苑中連日續夜大小呼嗟敗壞藏中矛戟五千餘枚㠯作戲具朱據先帝舊臣子男熊損皆承父之基㠯忠義自立昔殺小主自是大主所創帝不復精其本末便殺熊損諫不見用諸下莫不側息帝於宮中作小船三百餘艘成㠯金銀師工晝

夜不息太常全尙累世受恩不能督諸宗親而全端等委城就魏尙位過重曾無一言以諫陛下而與敵往來使傳國消息懼必傾危社稷推案舊典運集大王輒以今月二十七日擒尙斬承以帝爲會稽王遣楷奉迎百寮喁喁立住道側（吳志孫綝傳）

詣闕上書

臣伏自省才非幹國因緣肺腑位極人臣傷錦敗駕罪負彰露尋愆惟闕夙夜憂懼臣聞天命棐諶必就有德是以幽厲失度周宣中興陛下聖德纂承大統宜得良輔以協雍熙雖堯之盛猶求稷契之佐以協明聖之德古人有言陳力就列不能者止臣雖自展竭無益庶政謹上印綬節鉞退還田里以避賢路（吳志孫綝傳休即位綝稱草莽上書詣闕）

張昭

昭字子布彭城人爲孫策長史撫軍中郎將權統事復爲長史

後拜綏遠將軍封由拳侯權稱尊號拜輔吳將軍改封婁侯食邑萬戶有春秋左氏傳解及論語注卒年八十一諡曰文侯

宜爲舊君諱論

客有見大國之議士君子之論云起元建武已來舊君名諱五十六人以爲後生不得協也取乎經論譬諸行事義高辭麗甚可嘉羨愚意褊淺竊有疑焉蓋乾坤剖分萬物定形肇有父子君臣之經故聖人順天之性制禮尙敬在三之義君實食之在喪之哀君親臨之厚莫重焉恩莫大焉誠臣子所尊仰萬夫所天恃焉得而同之哉然親親有衰尊尊有殺故禮服上不盡高祖下不盡玄孫又傳記四世而緦麻服之窮也五世袒免降殺同姓也六世而親屬竭矣又曲禮有不逮事之義則不諱不諱者蓋名之謂屬絕之義不拘於協況乃古君五十六哉邾子會盟季友來歸不稱其名咸書字者是時魯人嘉之也何解臣子爲君父諱乎周穆王諱滿至定王時有王孫滿者其爲大夫是臣協君也又厲王諱胡及莊王之子名胡其比衆多夫類事建議經有明據傳有徵案然後進攻退守萬無奔北垂示百世永無咎失今應劭雖上尊舊君之名而下無所斷齊猶歸之疑云曲禮之篇疑事無質觀省上下闕義自證文辭可爲倡而不法將來何觀言聲一放猶拾瀋也過辭在前悔其何追（吳志張昭傳注）

徐州刺史陶謙哀辭

猗歟使君君侯將軍膺秉懿德允武允文體足剛直守以溫仁令舒及盧遺愛于民牧幽暨徐甘棠是均憬憬夷貊賴侯以清蠢蠢妖寇匪侯不寧唯帝念績爵命以章既牧且侯啟土溧陽遂升上將受號安東將平世難社稷是崇降年不永奄忽殂薨喪覆失恃民知困窮曾不旬日五郡潰崩哀我人斯將誰仰憑追思靡及仰叫皇穹嗚呼哀哉（魏志陶謙傳注引吳書）

張承

承字仲嗣昭長子爲濡須都督奮威將軍封都鄉侯卒諡曰定侯

與呂岱書

昔旦奭翼周二南作歌今則足下與陸子也忠勤相先勞謙相讓功以權成化與道合君子歎其德小人悅其美加以文書鞅掌賓客終日罷不舍事勞不言倦又知上馬輒自超乘不由跨躡如此足下過廉頗也何其事事快也周易有之禮言恭德言盛足下何有盡此美耶（吳志呂岱傳）

諸葛瑾

瑾字子瑜又字敦仁琅邪陽都人避亂江東孫權以爲長史轉中司馬後封宣城侯以綏南將軍領南郡太守黃武初遷左將軍封宛陵侯權稱尊號拜大將軍左都護領豫州牧

連名上疏請爲周胤復爵

故將軍周瑜子胤昔蒙粉飾受封爲將不能養㠯之福思立功效至縱情欲招速罪辟臣竊㠯瑜昔見寵任入作心膂出爲爪牙銜命出征身當矢石盡節用命視死如歸故能摧曹操於烏林走曹仁於郢都揚國威德華夏是震蠢爾蠻荊莫不賓服雖周之方叔漢之信布誠無㠯尚也夫折衝扞難之臣自古帝王莫不貴重故漢高帝封爵之誓曰使黃河如帶太山如礪國㠯永存爰及苗裔申㠯丹書重㠯盟詛藏於宗廟傳於無窮欲使功臣之後世世相踵非徒子孫乃關苗裔報德明功勤勤懇懇如此之至欲㠯勸戒後人用命之臣死而無悔也況于瑜身沒未久而其子胤降爲匹夫益可悼傷竊惟陛下欽明稽古隆於興繼爲胤歸訴乞匄餘罪還兵復爵使失旦之雞復得一鳴抱罪之臣展其後效（吳志周瑜傳子胤後㠯罪徙廬陵郡諸葛瑾步騭連名上疏）

與劉備牋

奄聞旗鼓來至白帝或恐議臣㠯吳王侵取此州危害關羽怨深禍大不宜荅和此用心於小未留意於大者也試爲陛下論其輕重及其大小陛下若抑威損忿蹔省瑾言者計可立決不復咨之於羣后也陛下㠯關羽之親何如先帝荊州大小孰與海內俱應仇疾誰當先後若審此數易如反掌（吳志諸葛瑾傳）

與陸遜書

大駕已旋賊得韓扁具知吾闊狹且水乾宜當急去（吳志陸遜傳）

諸葛恪

恪字元遜瑾長子歷騎都尉太子中庶子轉左輔都尉拜撫越將軍領丹陽太守進威北將軍封都鄉侯遷大將軍假節代陸遜領荊州事後徵領太子太傅孫亮卽位拜太傅爲孫峻所殺有諸葛子五卷

敕下四部屬城

山民去惡從化皆當撫慰徙出外縣不得嫌疑有所執拘（吳志諸葛恪傳）

諫齊王孫奮牋

帝王之尊與天同位是㠯家天下臣父兄四海之內皆爲臣妾仇讎有善不得不舉親戚有惡不得不誅所㠯承天理物先國後身蓋聖人立制百代不易之道也昔漢初興多王子弟至於太彊輒爲不軌上則幾危社稷下則骨肉相殘其後懲戒㠯爲大諱自光武㠯來諸王有制惟得自娛於宮內不得臨民干與政事其與交通皆有重禁遂㠯全安各保福祚此則前世得失之驗也近袁紹劉表各有國土土地非狹人衆非弱㠯適庶不分遂滅其宗祀此乃天下愚智所共嗟痛大行皇帝覽古戒今防芽遏萌慮於千載是㠯寢疾之日分遣諸王各早就國詔策殷勤科禁嚴峻其所戒敕無所不至誠欲上安宗廟下全諸王使百世相承無凶國害家之悔也大王宜上惟太伯順父之志中念河間獻王東海王彊恭敬之節下當裁抑驕恣荒亂㠯爲警戒而聞頃至武昌㠯來多違詔敕不拘制度擅發諸將兵治護宮室又左右常從有罪過者當㠯表聞公付有司而擅私殺事不明白大司馬呂岱親受先帝詔敕輔導大王既不承用其言令懷憂怖華錡先帝近臣忠良正直其所陳道當納用之而聞怒錡有收縛之語又中書楊融親受詔敕所當恭肅云正自不聽禁當如我何聞此之日大小驚怪莫不寒心里語曰明鏡所㠯照形古事所㠯知今大王宜深㠯魯王爲戒改易其行戰戰兢兢盡敬朝廷如此則無求不得若棄忘先帝法敎懷輕慢之心臣下寍負大王不敢負先帝遺詔寍爲大王所怨疾豈敢忘尊主之威而令詔敕不行於藩臣耶此古今正義大王所照知也夫福來有由禍來有漸漸生不憂將不可悔向使魯王早納忠直之言懷驚懼之慮享祚無窮豈有滅亡之禍哉夫良

藥苦口惟疾者能甘之忠言逆耳惟達者能受之今者恪等慺慺欲爲大王除危殆於萌芽廣福慶之基原是吕不自知言至願蒙三思（吳志孫奮傳）

與丞相陸遜書

楊敬叔傳述清論吕爲方今人物彫盡守德業者不能復幾宜相左右更爲輔車上熙國事下相珍惜又疾世俗好相謗毁使已成之器中有損累將進之徒意不歡笑聞此喟然誠獨擊節愚吕爲君子不求備於一人自孔氏門徒大數三千其見異者七十二人至于子張子路子貢等七十之徒亞聖之德然猶各有所短師辟由喭賜不受命豈况下此而無所闕且仲尼不吕數子之不備而引吕爲友不吕人所短棄其所長也加吕當今取士宜寬於往古何者時務從橫而善人單少國家職司常苦不充苟令性不邪惡志在陳力便可奬就騁其所任若於小小宜適私行不足皆宜闊略不足纏責且士誠不可纖論苛克苛克則彼賢聖猶將不全况其出入者耶故曰吕道望人則難吕人望人則易賢愚可知自漢末吕來中國士大夫如許子將輩所吕更相謗訕或至於禍原其本起非爲大讎惟坐克己不能盡如禮而責人專吕正義夫己不如禮則人不服責人吕正義則人不堪内不服其行外不堪其責則不得不相怨相怨一生則小人得容其間得容其間則三至之言浸潤之譖紛錯交至雖使至明至親者處之猶難吕自定况已爲隙且未能明者乎是故張陳至於血刃蕭朱不終其好本由於此而已夫不赦小過纖微相責久乃至於家戶爲怨一國無復全行之士也（吳志諸葛恪傳）

與弟公安督融書

今月十六日乙未大行皇帝委棄萬國羣下大小莫不傷悼至吾父子兄弟竝受殊恩非徒凡庸之隸是吕悲慟肝心圮裂皇太子吕丁酉踐尊號哀喜交并不知所措吾身受顧命輔相幼主竊自揆度才非博陸而受姬公負圖之託懼忝丞相輔漢之效恐損先帝委付之明是吕憂懃惶惶所慮萬端且民惡其上動見瞻觀何時易哉今吕頑鈍之姿處保傅之位艱多智寡任重謀淺誰爲脣齒近漢之世燕蓋交遘有上官之變吕身值此何敢怡豫邪又弟所在與賊犬牙相錯當於今時整頓軍具率厲將士警備過常念出萬死無顧一生吕報朝廷無忝爾先又諸將備守各有境界猶恐賊虜聞諱恣睢寇竊邊邑諸曹已別下約敕所部督將不得妄委所戍徑來奔赴雖懷愴怛不忍之心公義奪私伯禽服戎若苟違戾非徒小故吕親正疏古人明戒也（吳志諸葛恪傳）

題論後爲書荅聶友

足下雖有自然之理然未見大數熟省此論可吕開悟矣（吳志諸葛恪傳）

出軍論

夫天無二日土無二王王者不務兼并天下而欲垂祚後世古今未之有也昔戰國之時諸侯自恃兵彊地廣互有救援謂此足吕傳世人莫能危恣情從懷憚於勞苦使秦漸得自大遂吕并之此既然矣近者劉景升在荊州有衆十萬財穀如山不及曹操尚微與之力競坐觀其彊大吞滅諸袁北方都定之後操率三十萬衆來向荊州當時雖有智者不能復爲畫計於是景升兒子交臂請降遂爲囚虜凡敵國欲相吞即仇讎欲相除也有讎而長之禍不在己則在後人不可不爲遠慮也昔伍子胥曰越十年生聚十年敎訓二十年之外吳其爲沼乎夫差自恃彊大聞此邈然是吕誅子胥而無備越之心至於臨敗悔之豈有及乎越小於吳尚爲吳禍况其彊大者耶昔秦但得關西耳尚吕并吞六國今賊皆得秦趙韓魏燕齊九州之地地悉戎馬之鄉士林之藪今吕魏比古之秦土地數倍吕吳與蜀比古六國不能半之然今所吕能敵之但

吕操時兵衆。於今適盡。而後生者未悉長大。正是賊衰少未盛之時。加司馬懿先誅王淩。續自隕斃。其子幼弱。而專彼大任。雖有智計之士。未得施用。當今伐之。是其厄會。聖人急於趨時。誠謂今日。若順衆人之情。懷偷安之計。吕爲長江之險。可吕傳世。不論魏之終始。而吕今日遂輕其後。此吾所吕長歎息者也。自本吕來。務在産育。今者賊民歲月繁滋。但吕尚小。未可得用耳。若復十數年後。其衆必倍於今。而國家勁兵之地。皆已空盡。唯有此見衆。可吕定事。若不早用之。端坐使老。復十數年。略當損半。而見子弟數不足言。若賊衆一倍。而我兵損半。雖復使伊管圖之。未可如何。今不達遠慮者。必吕此言爲迂。夫禍難未至。而豫憂慮。此固衆人之所迂也。及於難至。然後頓顙。雖有智者。又不能圖。此乃古今所病。非獨一時。昔吳始吕伍員爲迂。故難至而不可救。劉景升不能慮十年之後。故無吕詒其子孫。今恪無具臣之才。而受大吳蕭霍之任。智

與衆同。思不經遠。若不及今日爲國斥境。俛仰年老。而讎敵更彊。欲刎頸謝責。寧有補邪。今聞衆人或吕百姓尚貧。欲務閑息。此不知慮其大危。而愛其小勤者也。昔漢祖幸已自有三秦之地。何不閉關守險。吕自娛樂。空出攻楚。身被創痍。介冑生蟣蝨。將士厭困。苦豈甘鋒刃而忘安寧哉。慮於長久。不得兩存者耳。每覽荆邯說公孫述吕進取之圖。近見家叔父表陳與賊爭競之計。未嘗不喟然歎息也。夙夜反側。所慮如此。故聊疏愚言。吕達二三君子之末。若一朝隕歿。志畫不立。貴令來世知我所憂。可思於後。吳志諸葛恪傳

諸葛子

若能力兼三人。身與馬如膠漆。手與箭如飛鳧。誠宜寵異。御覽三百五十引諸葛子。

全三國文卷六十五終

烏程嚴可均校輯

吳四

黃蓋

蓋字公覆。零陵泉陵人。察孝廉。辟公府。從孫堅爲別部司馬。歷事策及權。爲令長。凡守九縣。遷丹陽都尉。以赤壁功拜武鋒中郎將。領武陵太守。加偏將軍。

署兩掾分主諸曹敎

令長不德。徒以武功爲官。不以文吏爲稱。今賊寇未平。有軍旅之務。一以文書委付兩掾。當檢攝諸曹。糾擿謬誤。兩掾所署。事入諾出。若有姦欺。終不加以鞭杖。宜各盡心。無爲眾先。吳志黃蓋傳。

與曹公書

蓋受孫氏厚恩。常爲將帥。見遇不薄。然顧天下事有大勢。用江東

六郡山越之人。以當中國百萬之眾。眾寡不敵。海內所共見也。東方將吏。無有愚智。皆知其不可。惟周瑜魯肅偏懷淺戇。意未解耳。今日歸命。是其實計。瑜所督領。自易摧破。交鋒之日。蓋爲前部。當因事變化。效命在近。吳志周瑜傳注引江表傳。

步騭

騭字子山。臨淮淮陰人。孫權統事。召爲主記。除海鹽長。還辟東曹掾。出領鄱陽太守。徙交州刺史。立武中郎將。拜使持節征南中郎將。加平戎將軍。封廣信侯。黃武中遷右將軍左護軍。改封臨湘侯。權稱尊號。拜驃騎將軍。領冀州牧。都督西陵。赤烏九年代陸遜爲丞相。

表言塞江

北降人王潛等說。北相部伍。圖以東向。多作布囊。欲以盛沙塞江。以大向荊州。夫備不豫設。難以應卒。宜爲之防。吳志步騭傳注引吳錄。

上疏請備蜀

自蜀還者。咸言欲背盟與魏交通。多作舟船。繕治城郭。又蔣琬守漢中。聞司馬懿南向。不出兵乘虛以掎角之。反委漢中。還近成都。事已彰灼。無所復疑。宜爲之備。吳志大帝傳赤烏七年。步騭朱然等各上疏。

上疏論典校

伏聞諸典校擿抉細微。吹毛求瑕。重案深誣。趣欲陷人。以成威福。無罪無辜。橫受大刑。是以使民跼天蹐地。誰不戰慄。昔之獄官。惟賢是任。故臯陶作士。呂侯贖刑。張于廷尉。民無冤枉。休泰之祚。實由此興。今之小臣。動與古異。獄以賄成。輕忽人命。歸咎于上。爲國速怨。夫一人吁嗟。王道爲虧。甚可仇疾。明德慎罰。哲人惟刑。書傳所美。自今蔽獄。都下則宜諮顧雍。武昌則陸遜潘濬。平心專意。務在得情。騭黨神明。受罪何恨。吳志步騭傳。中書呂壹典校文書。多所糾舉。騭上疏云云。又見宋書五行志五。

天子父天母地。故宮室百官。動法列宿。若施政令。欽順時節。官得其人。則陰陽和平。七曜循度。至於今日。官寮多闕。雖有大臣。復不信任。如此天地焉得無變。故頻年枯旱。亢陽之應也。又嘉禾六年五月十四日。赤烏二年正月一日及二十七日。地皆震動。地陰類。臣之象。陰氣盛故動。臣下專政之故也。夫天地見異。所以警悟人主。可不深思其意哉。同上。又晉書五行志下。宋書五行志五。御覽八百八十載此兩段。有刪節也。

丞相顧雍。上大將軍陸遜。太常潘濬。憂深責重。志在謁誠。夙夜兢兢。寢食不寧。念欲安國利民。建久長之計。可謂心膂股肱。社稷之臣矣。宜各委任。不使他官監其所司。責其成效。課其負殿。此三臣者。思慮不到則已。豈敢專擅威福。欺負所天乎。吳志步騭傳。

縣賞以顯善。設刑以威姦。任賢而使能。審明於法術。則何功而不成。何事而不辨。何聽而不聞。何視而不覩哉。若今郡守百里。皆各得其人。共相經緯。如是。庶政豈不康哉。竊聞諸縣並有備吏。吏多

民煩俗吕之弊。但小人因緣銜命。不務奉公。而作威福。無益視聽。更爲民害。愚吕爲可一切罷省。同上。

上疏獎勸太子登

臣聞人君不親小事。百官有司各任其職。故舜命九賢。則無所用心。彈五絃之琴。詠南風之詩。不下堂廟而天下治也。齊桓用管仲。被髮載車。齊國旣治。又致匡合。近漢高祖擥三傑吕興帝業。西楚失雄俊吕喪成功。汲黯在朝。淮南寢謀。郅都守邊。匈奴竄迹。故賢人所在。折衝萬里。信國家之利器。崇替之所由也。方今王化未被於漢北。河洛之濱。尙有僭逆之醜。誠擥英雄拔俊任賢之時也。願明太子重吕經意。則天下幸甚。吳志步騭傳。

闞澤

澤字德潤。會稽山陰人。察孝廉。除錢塘長。遷郴令。孫權爲驃騎將軍。辟西曹掾。及稱尊號。進尙書。嘉禾中爲中書令。加侍中。赤烏中拜太子太傅。封都鄉侯。

九章

粟飯五十。糲飯七十。稗飯五十。糳飯四十八。御飯四十二。初學記二十六。

薛綜

綜字敬文。沛郡竹邑人。避地交州。孫權召爲五官中郎。除合浦交阯太守。遷守謁者僕射。黃龍中爲孫慮鎭軍長史。入守賊曹尙書。徙選曹尙書。拜太子少傅。有集三卷。

讓選曹尙書表薦顧譚

譚心精體密。貫道達微。才照人物。德允衆望。誠非愚臣所可越先。吳志顧譚傳。又見書鈔六十。

讓太子少傅表

先王之建立太子。必擇九德之師。六行之傅。書鈔六十五太子太師篇。

上疏請選交州刺史

昔帝舜南巡。卒於蒼梧。秦置桂林南海象郡。然則四國之內屬也。有自來矣。趙佗起番禺。懷服百越之君。珠官之南是也。漢武帝誅呂嘉。開九郡。設交趾刺史吕鎭監之。山川長遠。習俗不齊。言語同異。重譯乃通。民如禽獸。長幼無別。椎結徒跣。貫頭左袵。長吏之設。雖有若無。自斯吕來。頗徙中國罪人雜居其間。稍使學書。粗知言語。使驛往來。觀見禮化。及後錫光爲交阯。任延爲九眞太守。乃教其耕犂。使之冠履。爲設媒官。始知聘娶。建立學校。導之經義。由此已降。四百餘年。頗有似類。自臣昔客始至之時。珠崖除州縣嫁娶。皆須八月引戶。人民集會之時。男女自相可適。乃爲夫妻。父母不能止。交阯糜泠九眞都龐二縣。皆兄死弟妻其嫂。世吕此爲俗。長吏恣聽。不能禁制。日南郡男女倮體。不吕爲羞。由此言之。可謂蟲豸。有靦面目耳。然而土廣人衆。阻險毒害。易吕爲亂。難使從治。縣官羈縻。示令威服。田戶之租賦。裁取供辦。貴致遠珍名珠、香藥、象牙、犀角、瑇瑁、珊瑚、琉璃、鸚鵡、翡翠、孔雀、奇物。充備寶玩。不必仰其賦入吕益中國也。然在九甸之外。長吏之選。類不精覈。漢時法寬。多自放恣。故數反違法。珠崖之廢。起於長吏覩其好髮。髡取爲髲。及臣所見。南海黃蓋爲日南太守。下車吕供設不豐。撾殺主簿。仍見驅逐。九眞太守儋萌爲妻父周京作主人。幷請大吏。酒酣作樂。功曹番歆起舞屬京。京不肯起。歆猶迫彊。萌忿杖歆。亡於郡內。歆弟苗帥衆攻府。毒矢射萌。萌至物故。交阯太守士燮遣兵致討。卒不能克。又故刺史會稽朱符。多吕鄉人虞襃劉彥之徒分作長吏。侵虐百姓。彊賦於民。黃魚一枚收稻一斛。百姓怨叛。山賊並出。攻州突郡。符走入海。流離喪亡。次得南陽張津。與荆州牧劉表爲隙。兵弱敵彊。歲歲興軍。諸將厭患。去留自在。津小檢攝。威武不足。爲所陵侮。遂至殺沒。後得零陵賴恭。先輩仁謹。不曉時事。表又遣長沙吳巨爲蒼梧太守。巨武夫輕悍。不爲恭服。所取相怨恨。逐出恭。

來步騭。是時津故將夷廖式錢博之徒尚多。騭以次鉏治。綱紀適定。會仍召出。呂岱既至。有士氏之變。越軍南征。平討之日。改置長吏。章明王綱。威加萬里。大小承風。由此言之。綏邊撫裔。實有其人。牧伯之任。既宜清能。荒流之表。禍福尤甚。今日交州雖名粗定。尚有高涼宿賊。其南海、蒼梧、鬱林、珠官四郡界未綏。依作寇盜。專爲亡叛逋逃之藪。若岱不復南。新刺史宜得精密。檢攝八郡。方略智計。能稍稍以漸能治高涼者。假其威寵。借之形勢。責其成效。庶幾可補復。如但中人近守常法。無奇數異術者。則羣惡日滋。久遠成害。故國之安危。在於所任。不可不察也。竊懼朝廷忽輕其選。故敢竭愚情。以廣聖思。吳志薛綜傳。呂岱從交州召出。綜懼繼岱者非其人。上疏。

上疏諫親征公孫淵

夫帝王者。萬國之元首。天下之所繫命也。是以居則重門擊柝。以戒不虞。行則清道案節。以養威嚴。蓋所以存萬安之福。鎮四海之

心。昔孔子疾時。託乘桴浮海之語。季由斯喜。拒以無所取才。漢元帝欲御樓船。薛廣德請刎頸以血染車。何則。水火之險至危。非帝王所宜涉也。諺曰。千金之子。坐不垂堂。況萬乘之尊乎。今遼東戎貊小國。無城池之固。備禦之術。器械銖鈍。犬羊無政。往必禽克。誠如明詔。然其方土寒埆。穀稼不殖。民習鞍馬。轉徙無常。卒聞大軍之至。自度不敵。鳥驚獸駭。長驅奔竄。一人匹馬。不可得見。雖獲空地。守之無益。此不可一也。加又洪流洸瀁。有成山之難。海行無常。風波難免。倏忽之間。人船異勢。雖有堯舜之德。智無所施。賁育之勇。力不得設。此不可二也。加以鬱霧冥其上。鹹水蒸其下。善生流腫。轉相洿染。凡行海者。稀無斯患。此不可三也。天生神聖。顯以符瑞。當乘平喪亂。康此民物。嘉祥日集。海內垂定。逆虜凶虐。滅亡在近。中國一平。遼東自斃。但當拱手以待耳。今乃違必然之圖。尋至危之阻。忽九州之固。肆一朝之忿。既非社稷之重計。又開闢以來

所未嘗有。斯誠羣僚所以傾身側息。食不甘味。寢不安席者也。惟陛下抑雷霆之威。忍赫斯之怒。遵乘橋之安。遠履冰之險。則臣子賴祉。天下幸甚。吳志薛綜傳。

移諸葛恪等勞軍

山越恃阻。不賓歷世。緩則首鼠。急則狼顧。皇帝赫然。命將西征。神策內授。武師外震。兵不染鍔。甲不沾汗。元惡既梟。種黨歸義。蕩滌山藪。獻戎十萬。野無遺寇。邑罔殘姦。既埽兇慝。又充軍用。藜蓧稂莠。化爲善草。魑魅魍魎。更成虎士。雖實國家威靈之所加。亦信元帥臨履之所致也。雖詩美執訊。易嘉折首。周之方召。漢之衛霍。豈足以談。功軼古人。勳超前世。主上歡然。遙用歎息。感四牡之遺典。思飲至之舊章。故遣中臺近官。迎致犒賜。以旌茂功。以慰劬勞。吳志諸葛恪傳。

麟頌

懿哉麒麟。惟獸之伯。世平覿景。否則戢足。德以衛身。不布牙角。屏營唐日。帝堯保祿。委體大吳。以昭遐福。天祚聖帝。永享萬國。藝文類聚九十八。初學記二十九。

鳳頌

猗歟石磬。金聲玉振。先王摶拊。以正五音。百獸翔感。儀鳳舞麟。在昔堯舜。斯磬乃臻。宗廟致敬。乃肯來願。贊揚聖德。上下受祚。藝文類聚九十九。

騶虞頌

婉婉白虎。優仁是崇。飢不侵暴。困不改容。斂威揚德。愷悌之風。聖德極盛。騶虞乃彰。藝文類聚九十九。

白鹿頌

皎皎白鹿。體質馴良。其質皓曜。如鴻如霜。初學記二十九。

赤烏頌

赫赫赤烏。惟日之精。朱羽丹質。希代而生。初學記三十。御覽九百二十。

白烏頌

粲焉白烏。皓體如素。宗廟致敬。乃胥來顧。初學記三十。御覽九百二十。

述鄭氏禮五宗圖

天子之子稱王子。王子封諸侯。若魯衞是也。諸侯之子稱公子。公子還自仕食采於其國。爲卿大夫。若魯公子季友者是也。則子孫自立此公子之廟。謂之別子。爲祖。則嫡嫡相承。作大宗。百代不絕。大宗之庶子。則皆爲小宗。小宗有四。五代而遷。已身庶也。宗禰宗。已父庶也。宗祖宗。已祖庶也。宗曾祖宗。已曾祖庶也。宗高祖宗。已高祖庶也。則遷而唯宗大宗耳。通典七十三。

張溫

溫字惠恕。吳郡吳人。黃武初。徵拜議郎。選曹尚書。徙太子太傅。以輔義中郎將使蜀。還斥免。有三史略二十九卷。集六卷。

至蜀詣闕拜章

昔高宗以諒闇昌殷祚於再興。成王以幼沖隆周德於太平。功冒溥天。聲貫罔極。今陛下以聰明之姿。等契往古。總百揆於良佐。參列精之炳燿。遐邇望風。莫不欣賴。吳國勤任旅力。清澄江滸。願與有道平一宇內。委心協規。有如河水。軍事興煩。使役乏少。是以忍鄙倍之羞。使下臣溫通致情好。陛下敦崇禮義。未便耻忽。臣自入遠境。及卽近郊。頻蒙勞來。恩詔輒加。以榮自懼。悚怛若驚。謹奉所齎函書一封。吳志張溫傳。溫至蜀詣闕拜章。

表

劉禪送臣溫熟錦五端。御覽八百十五。

白理

昔百里奚賢。秦穆公欲干之。穆公好牛。奚因賃官以養牛。曬上乘肉三寸。公使禽息行牛。息入言之。公不信。怒息。後言之。公又怒。吏曰。再怒其主。罪當使守門。公出游。登車。禽息跪而請之曰。夫養牛者願君勿忘也。公乃問百里奚曰。臣之所長非養牛者也。乃養民也。公視牛察之。乃知賢人也。遂與同車而出。謝禽息。息曰。所以不死者。君未知客也。今已知之矣。乃觸門而死。藝文類聚九十四。御覽八百九十九。

暨豔

豔字子休。吳郡人。爲選曹郎。進尚書。爲怨家所誣自殺。有集三卷。

雉移

角弩既調。射者又工。多獲鶉鳥。能無怨傷。御覽三百四十八引暨豔集。

謝承

承字偉平。會稽山陰人。孫權謝夫人之弟。爲吳郡督郵。後拜郎中。遷長沙東部都尉。武陵太守。有後漢書一百三十卷。集四卷。

賀靈龜表

伏覩靈龜。出於會稽章安。臣聞靈龜告符。五色粲彰。則金則玉。背陰向陽。藝文類聚九十九。

上丹砂表

新宮成。出丹砂五百斤。上億萬歲之壽。□□□□□□□□□

與步子山書

但日講攻戰進取之方。斂進退疾除之節耳。易詩禮樂春秋。不復開儀。御覽二百九十七。

所在近北。無他異物。裁奉織成虎頭綬囊。可以服之。御覽六百九十一。

三夫人箴

降及三代。創業之君。亦賴賢妃。用佐厥勳。塗山翼夏。有莘贊殷。初學記十。

周魴

魴字子魚。吳郡陽羨人。舉孝廉。除寧國長。轉錢塘侯相。遷丹陽

西部都尉黃武中爲鄱陽太守加昭義校尉以誘曹休功加裨將軍封關內侯

密表呈誘曹休牋草

方北有逋寇固阻河洛久稽王誅自擅朔土臣曾不能吐奇舉善上以光贊洪化下以輸展萬一夙心如擣假寐忘寢聖朝天覆含臣無效猥發優命敕臣以前誘致賊休恨不如計令于郡界求山谷魁帥爲北賊所聞知者令與北通臣伏思惟喜怖交集竊恐此人不可卒得假使得之懼不可信不如令臣譎休於計爲便此臣得以經年之冀願逢值千載之一會輒自督竭竭盡頑蔽撰立牋草以誑誘休者如別紙臣知無古人單複之術加卒奉大略伀矇狽狽懼以輕愚忝負特施豫懷憂灼臣聞唐堯先天而天弗違博詢芻蕘以成盛勳朝廷神謨欲必致休於步度之中靈贊聖規休必自送使六軍囊括虜無孑遺威風電邁天下幸甚謹拜表以聞并呈牋草懼於淺局追用悚息被報施行。吳志周魴傳

誘曹休牋七條

其一曰魴以千載徼幸得備州民遠隔江川敬恪未顯瞻望雲景天實爲之精誠微薄名位不昭雖懷焦渴曷緣見明狐死首丘人情戀本而逼所制奉覲禮違每獨矯首西顧未嘗不寤寐勞歎展轉反側也今因隙穴之際得陳宿昔之志非神啟之豈能致此不勝翹企萬里託命謹遣親人董岑邵南等託叛奉牋時事變故列於別紙惟明公君侯垂日月之光照遠民之趣永令歸命者有所戴賴

其二曰魴遠在邊隅江汜分絕恩澤教化未蒙撫及而於山谷之間遙陳所懷懼以大義未見信納夫物有感激計因變生古今同揆魴仕東典郡始願已獲銘心立報永矣無貳豈圖頃者中被橫讒禍在漏刻危於投卵進有離合去就之宜退有誣罔枉死之咎雖志行輕微存沒一節顧非其所能不悵然敢緣古人因知所歸拳拳輸情陳露肝膈乞降春天之潤哀拯其急不復猜疑絕其委命事之宣泄受罪不測一則傷慈損計二則杜絕向化者心惟明使君遠覽前世矜而愍之留神所質速賜祕報魴當候望舉動俟須響應

其三曰魴所代故太守廣陵王靖往者亦以郡民爲變以見譴責靖勤自陳釋而終不解因立密計欲北歸命不幸事露誅及嬰孩魴既目見靖事且觀東主一所非薄噓不復厚雖或暫舍終見翦除今又令魴領郡者是欲責後效必殺魴之趣也雖尚視息憂惕焦灼未知軀命竟在何時人居世間猶白駒過隙而常抱危怖其可言乎惟當陳愚重自披盡懼以卑賤未能采納願明使君小垂詳察忖度其言今此郡民雖外名降首而故在山草看伺空隙欲復爲亂爲亂之日魴命訖矣東主頃者潛部分諸將圖欲北進呂範孫韶等入淮全琮朱桓趨合肥諸葛瑾步騭朱然到襄陽陸議潘璋等討梅敷東主中營自掩石陽別遣從弟孫奐治安陸城修立邸閣輦貲運糧以爲軍儲又命諸葛亮進指關西江邊諸將無復在者才留三千所兵守武昌耳若明使君以萬兵從皖南首江渚魴便從此率厲吏民以爲內應此方諸郡前後舉事垂成而敗者由無外援使其然耳若北軍臨境傳檄屬城思詠之民誰不企踵願明使君上觀天時下察人事中參蓍龜則足昭往言之不虛也

其四曰所遣董岑邵南少長家門親之信之有如兒子是以特令齎牋託叛爲辭目語心計不宜辱齒骨肉至親無有知者又已敕之到州當言往降欲北叛來者得傳之也魴建此計任之於天若其濟也則有生全之福邂逅泄漏則受夷滅之禍常中夜仰天告誓星辰精誠之微豈能上感然事急孤窮惟天是訴耳遣使之日

載生載死。形存氣亡。魄爽怳惚。私恐使君未深保明。岑南二人。可
留其一。以爲後信。一齎教還。教還故當言悔叛還首。東主有常科。
悔叛還者。皆自原罪。如是彼此俱塞。永無端原。縣命西望。涕筆俱
下。

其五曰。鄱陽之民。實多愚勁。帥之赴役。未即應人。倡之爲變。聞聲
響抃。今雖降首。盤節未解。山棲草藏。亂心猶存。而今東主圖興大
衆。舉國悉出。江邊空曠。屯塢虛損。惟有諸刺姦耳。若因是際而騷
動此民。一旦可得便會。然要恃外援。表裏機互。不爾以往。無所成
也。今使君若從皖道進住江上。魴當從南對岸歷口爲應。若未徑
到江岸。可住百里上。令此間民知北軍在彼。即自善也。此間民非
苦飢寒而甘兵寇。苦於征討。樂得北屬。但窮困舉事。不時見應。尋
受其禍耳。如使石陽及青徐諸軍首尾相銜。牽綴往兵。使不得速
退者。則善之善也。魴生在江淮。長於時事。見其便利。百舉百捷。時
不再來。敢布腹心。

其六曰。東主致恨前者不拔石陽。今此後舉。大合新兵。并使潘濬
發夷民。人數甚多。聞豫設科條。當以新羸兵置前。好兵在後。攻城
之日。云欲以羸兵塡塹。使即時破。雖未能然。是事大趣也。私恐石
陽城小。不能久留。往兵明使君遠垂救濟。誠宜疾密。王靖之變。其
鑒不遠。今魴歸命。非復在天。正在明使君耳。若見救以往。則功可
必成。如見救不時。則與靖等同禍。前彭綺時。聞旌麾在逢龍。此郡
民大小歡喜。並思立效。若留一月日間。事當大成。恨去電速。東得
增衆。專力討綺。綺始敗耳。願使君深察此言。

其七曰。今舉大事。自非爵號。無以勸之。乞請將軍侯印各五十紐。
郎將印百紐。校尉都尉印各二百紐。得以假授諸魁帥。獎厲其志。
并乞請幢麾數十。以爲表幟。使山兵吏民。目瞻見之。知去就之分
已決。承引所救畫定。又彼此降叛。日月有人。闊狹之間。輒得聞知。
今之大事。事宜神密。若省魴牋。乞加隱祕。伏知智度有常。防慮必
深。魴懷憂震灼。啟事蒸仍。乞未罪怪。吳志周魴傳。

全三國文卷六十六終

烏程嚴可均校輯

吳五

駱統

統字公緒會稽烏傷人孫權嗣位試爲烏程相召補功曹行騎都尉出爲建忠郎將從陸遜破蜀兵於宜都遷偏將軍黃武初封新陽亭矦後爲濡須督有集十卷

表理張溫

伏惟殿下天生明德神啟聖心招髦秀於四方置俊乂於宮朝多士既受普篤之恩張溫又蒙最隆之施而溫自招罪譴孤負榮遇念其如此誠可悲疚然臣周旋之間爲國觀聽深知其狀故密陳其理溫實心無他情事無逆迹但年紀尚少鎮重尚淺而戴赫烈之寵體卓偉之才亢臧否之譚効褒貶之議於是務勢者妬其寵

爭名者嫉其才玄默者非其譚瑕釁者諱其議此臣下所當詳辨明朝所當究察也昔賈誼至忠之臣也漢文大明之君也然而絳灌一言賈誼遠退何者疾之者深譖之者巧也然而誤聞於天下失彰於後世故孔子曰爲君難爲臣不易也溫雖智非從橫武非虓虎然其弘雅之素英秀之德文章之采論議之辨卓躒冠羣煒曄曜世世人未有及之者也故論溫才卽可惜言罪則可恕若忍威烈㠯赦盛德宥賢才㠯敦大業固明朝之休光四方之麗觀也國家之於暨豔不內之忌族猶等之平民是故先見用於朱治次見舉於衆人中見任於明朝亦見交於溫也君臣之義義之最重朋友之交交之最輕者也國家不嫌與豔爲最重之義是㠯溫亦不嫌與豔爲最輕之交也時世寵之於上溫竊親之於下也夫宿惡之民放逸山險則爲勁寇將置平土則爲健兵故溫念在欲取宿惡㠯除勁寇之害而增健兵之銳也但自錯落功不副言然計

其送兵㠯比許晏數之多少溫不減之用之彊羸溫不下之至於遲速溫不後之故得及秋冬之月赴有警之期不敢忘恩而遺力也溫之到蜀共譽殷禮雖臣無境外之交亦有可原也境外之交謂無君命而私相從非國事而陰相聞者也若㠯命行既修君好因敘己情亦使臣之道也故孔子使鄰國則有私覿之禮季子聘諸夏亦有燕譚之義也古人有言欲知其君觀其所使見其下之明明知其上之赫赫溫若譽禮能使彼歎之誠所㠯昭我臣之多良明使之得其人顯國美於異境揚君命於他邦是㠯晉趙文子之盟于宋也稱隨會於屈建楚王孫圉之使于晉也譽左史於趙鞅亦向他國之輔而歎本邦之臣經傳美之㠯光國而不譏之㠯外交也王靖內不憂時外不趨事溫彈之不私推之不假於是與靖遂爲大怨此其盡節之明驗也靖兵衆之勢幹任之用皆勝於賈原蔣康溫尚不容私㠯安於靖豈敢賣恩㠯協原康邪又原在職不勤當事不堪溫數對㠯醜色彈㠯急聲若其誠欲賣恩作亂則亦不必貪原也凡此數者校之於事既不合參之於衆亦不驗臣竊念人君雖有聖哲之姿非常之智然㠯一人之身御兆民之衆從層宮之內瞰四國之外照羣下之情求萬機之理猶未易周也固當聽察羣下之言㠯廣聰明之烈今者人非溫既殷勤臣是溫又契闊辭則俱巧意則俱至各自言欲爲國誰其言欲爲私倉卒之間猶難卽別然㠯殿下之聰叡察講論之曲直若潛神留思纖粗研核情何嫌而不宣事何昧而不昭哉溫非親臣臣非愛溫者也昔之君子皆抑私忿㠯增君明彼獨行之於前臣恥廢之於後故遂發宿懷於今日納愚言於聖聽實盡心於明朝非有念於溫身也吳志張溫傳

民戶損耗上疏

臣聞君國者㠯據疆土爲彊富制威福爲尊貴曜德義爲榮顯永

世胥爲豐祚。然財須民生。彊賴民力。威恃民勢。福由民殖。德俟民茂。義㠯民行。六者既備。然後應天受祚。保族宜邦。書曰。衆非后無能胥㠯寧。后非衆無㠯辟四方。推是言之。則民㠯君安。君㠯民濟。不易之道也。今彊敵未殄。海内未乂。三軍有無已之役。江境有不釋之備。徵賦調數。由來積紀。加㠯殃疫死喪之災。郡縣荒虛。田疇蕪曠。聽聞屬城。民戶浸寡。又多殘老。少有丁夫。聞此之日。心若焚燎。思尋所由。小民無知。既有安土重遷之性。且又前後出爲兵者。生則困苦無有溫飽。死則委棄骸骨不反。是㠯尤用戀本畏遠。同之於死。每有徵發。羸謹居家重累者先見輸送。小有財貨。傾居行賂。不顧窮盡。輕剽者則迸入險阻。黨就羣惡。百姓虛竭。嗷然愁擾。愁擾則不營業。不營業則致窮困。致窮困則不樂生。故口腹急則姦心動而攜叛多也。又聞民間非居處小能自供。生產兒子。多不起養。屯田貧兵。亦多棄子。天則生之。而父母殺之。既懼干逆和氣。

感動陰陽。且惟殿下開基建國。乃無窮之業也。彊鄰大敵非造次所滅。疆埸常守非期月之戍。而兵民減耗。後生不育。非所㠯歷遠年致成功也。夫國之有民。猶水之有舟。停則㠯安。擾則㠯危。愚而不可欺。弱而不可勝。是㠯聖王重焉。禍福由之。故與民消息。觀時制政。方今長吏親民之職。惟㠯辦具爲能。取過目前之急。少復㠯恩惠爲治。副稱殿下天覆之仁。勤恤之德者。官民政俗。日㠯彫敝。漸㠯陵遲。勢不可久。夫治疾及其未篤。除患貴其未深。願殿下少㠯萬機餘閒。留神思省。補復荒虛。深圖遠計。育殘餘之民。阜人財之用。參曜三光。等崇天地。臣統之大願。足㠯死而不朽矣。吳志駱統傳。是時徵役繁數。重㠯疫癘。民戶損耗。統上疏曰云云。

陳諸將舟船飾嚴殘

諸將舟船。轉相高上。建立奇工。文㠯丹漆。彫鏤之巧。好尚滋繁。計其費耗。所損不少。北堂書鈔未刪改本一百三十七。

全琮

琮字子璜。吳郡錢唐人。爲奮威校尉。遷偏將軍。封陽華亭侯。黃武中遷綏南將軍。進封錢唐侯。假節領九江太守。徙東安太守。黃龍初遷衞將軍、左護軍、徐州牧。尚主。赤烏末遷右大司馬左軍師。

密表止太子登出征

古來太子未嘗偏征也。故從曰撫軍。守曰監國。今太子東出。非古制也。臣竊憂疑。吳志全琮傳注引江表傳。

潘濬

濬字承明。武陵漢壽人。劉表辟爲江夏從事。徙湘陰令。蜀先主領荊州。㠯爲治中從事。及定蜀。留典州事。後降吳。拜輔軍中郎將。遷奮威將軍。封常遷亭侯。權稱尊號。拜少府。進封劉陽侯。遷太常。

疏責子翥

吾受國厚恩。志報㠯命。爾輩在都。當念恭順。親賢慕善。何故與降虜交。㠯糧餉之。在遠聞此。心震面熱。惆悵累旬。疏到。急就往使受杖一百。促責所餉。吳志潘濬傳注引吳書。

顧譚

譚字子默。吳郡吳人。丞相雍孫。爲太子中庶子。轉輔正都尉。赤烏中代諸葛恪爲左節度。加奉車都尉。尋爲選曹尚書。拜太常。平尚書事。爲全琮父子所搆。徙交州。有顧子新語十二卷。

上疏安太子

臣聞有國有家者。必明嫡庶之端。異尊卑之禮。使高下有差。階級踰邈。如此則骨肉之恩生。覬覦之望絕。昔賈誼陳治安之計。論諸侯之勢。㠯爲勢重雖親必有逆節之累。勢輕雖疏必有保全之祚。故淮南親弟。不終饗國。失之於勢重也。吳芮疏臣。傳祚長沙。得之於勢輕也。昔漢文帝使慎夫人與皇后同席，袁盎退夫人之座，帝有怒色。及盎辨上下之儀，陳人彘之戒，帝既悅懌，夫人亦悟。今臣所陳，非有所偏，誠欲以安太子而便魯王也。（吳志顧雍傳：是時魯王霸有盛寵，與太子和齊衡，譚上疏云云。）

議奔喪

奔喪立科，輕則不足以禁孝子之情，重則本非應死之罪。雖嚴刑益設，違奪必少。若偶有犯者，加其刑則恩所不忍，有減則法廢不行。愚以為長吏在遠，苟不告語，勢不得知。比選代之間，若有傳者，必加大辟，則長吏無廢職之負，孝子無犯重之刑。（吳志大帝傳：嘉禾六年春，顧譚議。）

胡綜

綜字偉則，汝南固始人。以金曹從事拜鄂長，入為書部，尋領右部督，加建武中郎將。魏封吳王，并封綜為亭侯。黃龍初為侍中，進封鄉侯，兼右領軍，尋拜偏將軍，兼左執法。有集二卷。（案吳志胡綜傳云：凡自權統事，諸文誥策命，鄰國書符，略皆綜之所造。）

黃龍大牙賦

乾坤肇立，三才是生。狼弧垂象，實惟兵精。聖人觀法，是效是營。始作器械，爰求厥成。黃農創代，拓定皇基。上順天心，下息民災。高辛誅共，舜征有苗。啟有甘師，湯有鳴條。周之牧野，漢之垓下，靡不由兵，克定厥緒。明明大吳，實天生德。神武是經，惟皇之極。乃自在昔，黃虞是祖。越歷五代，繼世在下。應期受命，發迹南土。將恢大繇，革我區夏。乃律天時，制為神軍。取象太一，五將三門。疾則如電，遲則如雲。進止有度，約而不煩。四靈既布，黃龍處中。周制日月，實曰太常。桀然特立，六軍所望。仙人在上，鑒觀四方。神寔使之，為國休祥。軍欲轉向，黃龍先移。金鼓不鳴，寂然變施。闇謨若神，可謂祕奇。在昔周室，赤烏銜書。今也大吳，黃龍吐符。合契河洛，動與道俱。天贊人和，僉曰惟休。（吳志胡綜傳：黃武八年夏，黃龍見夏口，於是權稱尊號，因瑞改元，又作黃龍大牙，常在中軍，諸軍進退，視其所向，命綜作賦曰云云。藝文類聚六十以黃武八年一段為賦之本文，蓋即此賦之序也，然不應直稱權名，疑史家改竄。又見初學記二十二。）

中分天下盟文

天降喪亂，皇綱失敘。逆臣乘釁，劫奪國柄。始於董卓，終於曹操，窮凶極惡，以覆四海，至令九州幅裂，普天無統，民神痛怨，靡所戾止。及操子丕，桀逆遺醜，薦作奸回，偷取天位。而叡幺麼，尋丕凶蹟，阻兵盜土，未伏厥誅。昔共工亂象而高辛行師，三苗干度而虞舜征焉。今日滅叡，禽其徒黨，非漢與吳，將復誰在？夫討惡翦暴，必聲其罪，宜先分裂，奪其土地，使士民之心，各知所歸。是以春秋晉侯伐衛，先分其田以畀宋人，斯其義也。且古建大事，必先盟誓，故周禮有司盟之官，尚書有告誓之文。漢之與吳，雖信由中，然分土裂境，宜有盟約。諸葛丞相德威遠著，翼戴本國，典戎在外，信感陰陽，誠動天地。重復結盟，廣誠約誓，使東西士民咸共聞知。故立壇殺牲，昭告神明，再歃加書，副之天府。天高聽下，靈威棐諶，司慎司盟，羣臣羣祀，莫不臨之。自今日漢吳既盟之後，戮力一心，同討魏賊，救危恤患，分災共慶，好惡齊之，無或攜貳。若有害漢，則吳伐之；若有害吳，則漢伐之。各守分土，無相侵犯。傳之後葉，克終若始。凡百之約，皆如載書。信言不豔，實居於好。有渝此盟，創禍先亂，違貳不協，慆慢天命，明神上帝是討是督，山川百神是糾是殛，俾墜其師，無克祚國。于爾大神，其明鑒之。（吳志大帝傳：蜀遣衛尉陳震慶權踐位，二分天下，豫青徐幽屬吳，兗冀并涼屬蜀，其司州之土，以函谷關為界，造為盟曰云云。胡綜傳曰：綜為盟文，文義甚美。又見藝文類聚三十三。）

請立諸王表

受命之主，繫天而王，建化垂統，為一代制。雖禮有損益，事有質文，至於崇建懿親，列土封爵，內蕃國朝，外鎮天下，古今同契，其揆一也。周室之興，寵秩子弟，姬姓之國五十有五，諸王子受國者漸多光武中興四海擾攘衆諸制度未徧而九子受國明章即位男則封王女爲公主故詩曰既受帝祉施於孫子陛下踐阼㠯來十有二載皇后無號公主無邑臣下歎息遠近失望是㠯屢獻愚懷依據典禮庶請具陳足寤聖心深辭固拒不蒙進納恐天下有識之士將謂吳臣闇於禮制不知陛下謙㠯失之也加今仰夏盛德在上大吳之慶於是乎始開國建號吉莫大焉唯陛下割謙謙之德副兆民之望畱神祏許天下幸甚（藝文類聚五十一）

議奔喪

喪紀之禮雖有典制苟無其時所不得行方今戎事軍國異容而長吏遭喪知有科禁公敢干突苟念聞憂不奔之恥不計爲臣犯禁之罪此由科防本輕所致忠節在國孝道立家出身爲臣焉得兼之故爲忠臣不得爲孝子宜定科文示㠯大辟若故違犯有罪無赦㠯殺止殺行之一人其後必絕（吳志大帝傳）

僞爲吳質作降文三條

其一曰天綱弛絕四海分崩羣生憔悴士人播越兵寇所加邑無居民風塵煙火往往而處自三代㠯來大亂之極未有若今時者也臣質志薄處時無方繫於土壤不能翻飛遂爲曹氏執事戎役遠處河朔天衢隔絕雖望風慕義思託大命媿無因緣得展其志每往來者竊聽風化伏知陛下齊德乾坤同明日月神武之姿受之自然敷演皇極流化萬里自江㠯南戶受覆燾英雄俊傑上達之士莫不心歌腹詠樂在歸附者也今年六月末奉聞吉日龍興踐阼恢弘大繇整理天綱將使遺民覩見定主昔武王伐殷殷民倒戈高祖誅項四面楚歌方之今日未足㠯喻臣質不勝昊天至願謹遣所親同郡黃定恭行奉表及託降叛閒關求達其欲所陳載列于左

其二曰昔伊尹去夏入商陳平委楚歸漢書功竹帛遺名後世世

主不謂之背誕者㠯爲知天命也臣昔爲曹氏所見交接外託君臣內如骨肉恩義綢繆有合無離遂受偏方之任總河北之軍當此之時志望高大永與曹氏同死俱生惟恐功之不建事之不成耳及曹氏之亡後嗣繼立幼沖統政讒言彌興同儕者㠯勢相害異趣者得閒其言而臣受性簡略素不下人視彼數子意實迫之此亦臣之過也遂爲邪議所見構會招致猜疑誣臣欲叛雖識眞者保明其心世亂讒勝餘嫌猶在常懼一旦橫受無辜憂心孔疚如履冰炭昔樂毅爲燕昭王立功於齊惠王即位疑奪其任遂去燕之趙休烈不虧彼豈欲二三其德蓋畏功名不建而懼禍之將及也昔遣魏郡周光㠯賈販爲名託叛南詣宣達密計時㠯倉卒未敢便有章表使光口傳而已㠯爲天下大歸可見天意所在非吳復誰此方之民思爲臣妾延頸舉踵惟恐兵來之遲耳若使聖恩少加信納當㠯河北承望王師疑心赤實天日是鑒而光去經年不聞咳唾未審此意竟得達不瞻望長歎日月㠯幾魯望高子何足㠯喻又臣今日見待稍薄蒼蠅之聲緜緜不絕必受此禍遲速事耳臣私度陛下未垂明慰者必㠯臣質貫穿仁義之道不行若此之事謂光所傳多虛少實或謂此中有他消息不知臣質構讒見疑恐受大害也且臣質若有罪之日自當奔赴鼎鑊束身待罪此蓋人臣之宜也今日無罪橫見譖毀將有商鞅白起之禍尋惟事勢去亦宜也死而弗義不去何爲樂毅之出吳起之走君子傷其不遇未有非之者也願陛下推古況今不疑怪於臣質也又念人臣獲罪當如伍員奉己自效不當徼幸因事爲利然今與古厥勢不同南北悠遠江湖隔絕自不舉事何得濟免是㠯忘志士之節而思立功之義也且臣質又㠯曹氏之嗣非天命所在政弱刑亂柄奪於臣諸將專威於外各自爲政莫或同心士卒衰耗帑藏空虛綱紀毀廢上下竝昏想前後數得降叛具聞此問兼弱攻

昧。宜應天時。此實陛下進取之秋。是以區區敢獻其計。今若內兵淮泗。據有下邳。荊揚二州。聞聲響應。臣從河北席卷而南。形勢一連。根牙永固。關西之兵。繫於所衞。青徐二州。不敢徹守。許洛餘兵。衆不滿萬。誰能來東與陛下爭者。此誠千載一會之期。可不深思而孰計乎。及臣所在。既自多馬。加諸羌胡常以三四月中美草時驅馬來出。隱度今者可得三千餘匹。陛下出軍。當投此時。多將騎士來就馬耳。此皆先定。所一二知。凡兩軍不能相究虛實。今此間實羸。易可克定。陛下舉動。應者必多。上定洪業。使普天一統。下令臣質建非常之功。此乃天也。若不見納。此亦天也。願陛下思之。不復多陳。

其三曰。昔許子遠舍袁就曹。規畫計較。應見納受。遂破袁軍。以定曹業。向使曹氏不信子遠。懷疑猶豫。不決於心。則今天下袁氏有也。願陛下思之。間聞界上將閻浮趙楫欲歸大化。唱和不速。以取破亡。今臣款款。遠授其命。若復懷疑。不時舉動。令臣孤絕。受此厚禍。即恐天下雄夫烈士欲立功者。不敢復託命陛下矣。願陛下思之。皇天后土。實聞其言。（吳志胡綜傳。）

太子賓友目

英才卓越。超踰倫匹。則諸葛恪。精識時機。達幽究微。則顧譚。凝辨宏達。言能釋結。則謝景。究學甄微。游夏同科。則范慎。（吳志孫登傳注引江表傳。）

是儀

儀字子羽。北海營陵人。本姓氏。以孔融嘲改。初爲郡縣吏。後依劉繇。避亂江東。繇敗。徙會稽。權嗣位。徵典機密。拜騎都尉。從襲荊州。拜忠義校尉。遷裨將軍。封都亭侯。守侍中。黃武中遷偏將軍。進封都鄉侯。復拜侍中。遷尚書僕射。領魯王傅。卒年八十一。

領魯王傅上疏

臣竊以魯王天挺懿德。兼資文武。當今之宜。宜鎮四方。爲國藩輔。宣揚德美。廣耀威靈。乃國家之良規。海內所瞻望。但臣言辭鄙野。不能究盡其意。愚以二宮宜有降殺。正上下之序。明教化之本。（吳志是儀傳。）

全三國文卷六十七終

全三國文卷六十八

烏程嚴可均校輯

吳六

虞翻

翻字仲翔會稽餘姚人太守王朗㠯爲功曹孫策平會稽復爲功曹出爲富春長州舉茂才漢召爲侍御史司空曹公辟皆不就孫權㠯爲騎都尉徙丹陽涇縣後屢忤指徙交州十餘年卒年七十有周易注九卷周易集林律厤一卷國語注二十一卷論語注十卷老子注二卷太玄經注十四卷集三卷案隋志㠯翻屬後漢今考翻卒在權稱尊號之後宜編入吳

上書吳主權

陛下膺明聖之德體舜禹之孝厤運當期順天濟物奉承策命臣獨抃舞罪棄兩絕拜賀無階仰瞻宸極且喜且悲臣伏自刻省命輕鼠雀性輶毫釐罪惡莫大不容于誅昊天罔極全宥九載退當念戮頻受生活復偷視息臣年耳順思咎憂憤形容枯悴髮白齒落雖未能死自悼終沒不見宮闕百官之富不覩皇輿金軒之飾仰觀巍巍衆民之謠傍聽鐘鼓侃然之樂永隕海隅棄骸絕域不勝悲慕逸豫大慶悅㠯忘罪虞翻傳注引翻別傳曰權即尊號翻因上書云云

奏上易注

臣聞六經之始莫大陰陽是㠯伏羲仰天縣象而建八卦觀變動六爻爲六十四㠯通神明㠯類萬物臣高祖父故零陵太守光少治孟氏易曾祖父故平輿令成纘述其業至臣祖父鳳爲之最密臣先考故日南太守歆受本於鳳最有舊書世傳其業至臣五世前人通講多玩章句雖有祕說於經疏闊臣生遇世亂長於軍旅習經於枹鼓之間講論於戎馬之上蒙先師之說依經立注又臣郡吏陳桃夢臣與道士相遇放髮被鹿裘布易六爻撓其三㠯飲臣臣乞盡吞之道士言易道在天三爻足矣豈臣受命應當知經所覽諸家解不離流俗義有不當實輒悉改定㠯就其正孔子曰乾元用九而天下治聖人南面蓋取諸離斯誠天子所宜協陰陽致麟鳳之道矣謹正書副上惟不罪戾吳志虞翻傳注引翻別傳

經之大者莫過於易自漢初㠯來海內英才其讀易者解之率少至孝靈之際潁川荀諝號爲知易臣得其注有愈俗儒至所說西南得朋東北喪朋顛倒反逆了不可知孔子歎易曰知變化之道者其知神之所爲乎㠯美大衍四象之作而上爲章首尤可怪笑又南郡太守馬融名有俊才其所解釋復不及諝孔子曰可與共學未可與適道豈不其然若乃北海鄭玄南陽宋忠雖各立注忠小差玄而皆未得其門難㠯示世吳志虞翻傳注御覽二百九十九並引虞翻別傳

奏鄭玄解尚書違失事因

臣聞周公制禮㠯辨上下孔子曰有君臣然後有上下有上下然後禮義有所錯是故尊君卑臣禮之大司也伏見故徵士北海鄭玄所注尚書㠯顧命康王執瑁古月似同從誤作同既不覺定復訓爲杯謂之酒杯成王疾困憑几洮頮爲濯㠯爲澣衣成事洮字虛更作濯㠯從其非又古大篆丣字讀當爲桺古桺丣同字而㠯爲昧分北三苗北古別字又訓北言北猶別也若此之類誠可怪也玉人職曰天子執瑁㠯朝諸侯謂之酒杯天子頮面謂之澣衣古篆丣字反㠯爲昧甚違不知蓋闕之義於此數事誤莫大焉宜命學官定此三事又馬融訓注亦㠯爲同者大同天下今經益金就作銅字詁訓言天子副璽雖皆不得猶愈於玄然此不定臣沒之後而奮乎百世雖世有知者懷謙莫或奏正又玄所注五經違義尤甚者百六十七事不可不正行乎學校傳乎將來臣竊恥之吳志虞翻傳注引翻別傳

追與客書

可當作亦

僕聞虎魄不取腐芥。磁石不受曲鍼。過而不存。不可宜乎。（吳志虞翻傳注引吳書。）

與丁固同僚書

丁子賤塞淵好德。堂構克舉。野無遺薪。斯之爲懿。其美優矣。令德之後。惟此君嘉耳。（吳志虞翻傳注引會稽典錄：山陰丁覽字孝連，爲郡功曹，守始平長。覽子固，字子賤，孫休時爲左御史大夫，孫皓即位，遷司徒。）

與徐陵書

元大受上卿之遇。叔向在晉。未若於今。（吳志虞翻傳注引會稽典錄：太末徐陵字元大，爲零陵太守，時朝廷僉㠯列卿之位。）

與士仁書

明者防禍於未萌。智者圖患於將來。知得知失。可與爲人。知存知亡。足別吉凶。大軍之行。斥候不及施。烽火不及舉。此非天命。必有內應。將軍不先見時。時至又不應之。獨守縈帶之城而不降。死戰則毀宗滅祀。爲天下譏笑。呂虎威欲徑到南郡。斷絕陸道。生路一塞。案其地形。將軍爲在箕舌上耳。奔走不得免。降則失義。竊爲將軍不安。幸熟思焉。（吳志呂蒙傳注引吳書。）

與所親書

諸葛敦仁。則天活物。比蒙清論。有㠯保分。惡積罪深。見忌殷重。雖有祁老之救。德無羊舌解釋難冀也。（吳志諸葛瑾傳。）

與其書

此中小兒。年四歲矣。似欲聰哲。雖蝦不生鯉子。此子似人。欲爲求婦。不知所向。君爲訪之。勿怪老癡譽此兒也。（御覽四百九十，又七百三十九。）

與弟書

長子容當爲求婦。其父如此。誰肯嫁之者。造求小姓。足使生子。天其福人。不在舊族。揚雄之才。非出孔氏之門。芝草無根。醴泉無源。家聖受禪。父頑母嚚。虞家世法出癡子。（御覽五百十一。）

有數頭男。皆如奴僕。伯安雖癡。諸兒不及。觀我所生。有兒無子。伯安三男。阿思似父。思其兩弟。有似人也。去日南遠。恐如甘蔗。近杪即薄。（御覽九百七十四。）

朱治

治字君理。丹陽故鄣人。靈帝時爲縣吏。察孝廉。州辟從事。孫堅㠯爲司馬。行都尉。獻帝初。行督軍校尉。太傅馬日磾辟爲掾。遷吳郡都尉。建安中領吳郡太守。孫權統事。表爲九眞太守。行扶義將軍。黃武初封毗陵侯。拜安國將軍。徙封故鄣。

說孫賁

破虜將軍昔率義兵入討董卓。聲冠華夏。義士壯之。討逆繼世。廓定六郡。特㠯君侯骨肉至親。器爲時生。故表漢朝。剖符大郡。兼建將校。仍關綜兩府。榮冠宗室。爲遠近所瞻。加討虜聰明神武。繼承洪業。攬結英雄。周濟世務。軍衆日盛。事業日隆。雖昔蕭王之在河北。無㠯加也。必克成王基。應運東南。故劉玄德遠布腹心。求見拯救。此天下所共知也。前在東聞道路之言。云將軍有異趣。良用憮然。今曹公阻兵。傾覆漢室。幼主流離。百姓元元。未知所歸。而中國蕭條。或百里無煙。城邑空虛。道殣相望。士歎於外。婦怨乎室。加之㠯師旅。因之㠯饑饉。㠯此料之。豈能越長江與我爭利哉。將軍當斯時也。而欲背骨肉之親。違萬安之計。割同氣之膚。啖虎狼之口。爲一女子改慮易圖。失機毫釐。差㠯千里。豈不惜哉。（吳志朱治傳：權從兄豫章太守賁女爲曹公子婦，及曹公破荊州，賁欲遣子入質，注引江表傳載治說賁。）

朱然

然字義封。本姓施。朱治姊子。爲治嗣。孫權統事。爲餘姚長。遷山陰令。加折衝校尉。尋爲臨川太守。拜偏將軍。㠯禽關羽功。遷昭武將軍。封西安鄉侯。進虎威將軍。尋假節。代呂蒙鎮江陵。㠯破蜀先主功。拜征北將軍。封永安侯。後改封當陽侯。拜車騎將軍右護軍。又拜左大司馬右軍師。

上疏討馬茂

馬茂小子。敢負恩養。臣今奉天威。事蒙克捷。欲令所獲。震耀遠近。方舟塞江。使足可觀。以解上下之忿。惟陛下識臣先言。責臣後效。（吳志朱然傳。）

朱績

績字公緒。然子。爲郎。拜建忠都尉。遷偏將軍營下督。然卒。拜平魏將軍樂鄉督。孫亮時遷鎮東將軍。後拜驃騎將軍。孫休時遷上大將軍。孫晧初拜左大司馬。

與諸葛融書

昶遠來疲困。馬無所食。力屈而走。此天助也。今追之力少。可引兵相繼。吾欲破之於前。足下乘之於後。豈一人之功哉。宜同斷金之義。（吳志朱績傳。）

吾粲

粲字孔休。吳郡烏程人。將軍孫河表爲曲阿丞。遷長史。孫權召爲主簿。出爲山陰令。尋爲參軍校尉。黃武初遷會稽太守。拜昭義中郎將。入爲屯騎校尉少府。遷太子太傅。被譖誅。

召處士謝譚教

夫應龍以屈伸爲神。鳳皇以嘉鳴爲貴。何必隱形於天外。潛鱗於重淵者哉。（吳志吾粲傳。）

陸績

績字公紀。吳郡吳人。孫權統事。辟奏曹掾。出爲鬱林太守。加偏將軍。卒年三十二。有周易注十五卷。太玄注十卷。

渾天儀說

先王之道。存乎治厤。明時。本之驗。著在于天象。夫法象莫若渾天。渾天之設久矣。昔在顓頊。使南正重司天。而帝嚳亦敘三辰。堯命羲和欽若昊天。厤象日月星辰。舜之受禪。在璿璣玉衡。以齊七政。以數者言之。曩時已立渾天之象明矣。周公敘次六十四卦。兩兩相承。反覆成象。以法天行。周而復始。晝夜之義。故晉卦彖曰。晝日三接。明夷爻象曰。初登于天。後入于地。仲尼說之曰。明出地上。晉。進而麗乎大明。是以晝日三接。明入地中。明夷。夜也。先晝後夜。先晉後明夷。故曰初登于天。照四國也。後入于地。失則也。日月麗乎天。隨天轉運。入乎地。以成晝夜也。渾天之義。蓋與此同。仲尼歿。大道乖。諸子穿鑿妄作。乃有蓋天之說。其爲虛僞。較然可知。渾天以日出地上則晝。故易曰。明出地上。晝日三接。又曰。晉。進也。日入于地則夜。夜則明傷。故易曰。明夷。傷也。又曰。初登于天。照四國也。後入于地。失則也。尚書寅賓出日。寅餞納日。以此言之。而知日出入于地審矣。若不出入于地。則何緣得有晝夜明闇乎。天半覆地上。半周地下。繞地而運。故二十八宿半見半隱。若天半右覆地上。半不在地下。二十八宿何故更見更隱乎。由此言之。天乃裹地而運。信矣。此是昏明之大術也。天之形狀。圓周渾然。運于無窮。故曰渾。易曰。乾爲天。爲圓。又曰。先甲三日。後甲三日。終則有始。天行健。此之謂矣。天大地小。天繞地。半覆地上。半周地下。譬如卵白白之（一作）繞黃也。揚子雲太玄經曰。天穹窿而周乎下。地旁薄而向乎上。故知天裹地下。周天三百六十五度四分度之一。一百八十二度八分度之五。覆地上。百八十二度八分度之五。周地下。故二十八宿半見半隱。日月出入。以成昏明也。北極星北方偏出于地三十五度。南極中偏入于地。亦三十五度。南極北極。天軸所在。轉運所由。譬車之有輪。所以自行也。眾星皆移無常。惟北辰守中不易。是以知其爲天中也。天傾。故極在中北。仲尼曰。譬如北辰居其所而眾星拱之。又太玄經曰。天圓地方。極樞中央。動以厤靜。時乘十二。以建七政。是以堯典曰。在璇璣玉衡。以齊七政。此之謂也。繞北極七十度之外。常在地下不出地。周天一百七萬一千里。東西南北徑三十五萬七千里。立徑亦然。（開元占經一。又二。）

閏月無中氣。北斗斜指二辰之間。（御覽十七。）

渾天圖

魁星第一星主徐州。第二星主益州。第三星主冀州。第四星主荆州。第五星主兗州。第六星主揚州。第七星主豫州。（開元占經六十七。）

太玄經序

闓達大節。（北堂書鈔九。）

述玄

績昔常見同郡鄒邠字伯岐與邑人書。歎楊子雲所述太玄。連推求玄本。不能得也。鎮南將軍劉景升遣梁國成奇修好鄙州。奇將玄經自隨。時雖幅寫一通。年尚暗稚。甫學書毛詩。王誼人事。未能深索玄道眞。故不爲也。後數年專精讀之。半歲間粗覺其意。於是

草創注解。未能也。章陵宋仲子爲作解詁。後奇復銜命尋盟。仲子以所解付奇與安遠將軍彭城張子布。績得覽焉。仲子之思慮。誠爲深篤。然玄道廣遠。淹廢歷載。師讀斷絕。難可一備。故往往有違本錯誤。績智意豈能弘裕。顧聖人有所不知。匹夫誤有所達。加緣先王詢于芻蕘之誼。故遂卒有所述。就以仲子解爲本。其合於道者。因仍其說。其失者因釋而正之。所以不復爲一解。欲令學者瞻覽彼此。論其曲直。故合聯之爾。夫玄之大義。揲蓍之謂。而仲子失其旨歸。休咎之占。靡所取定。雖得文間義說。大體乖矣。書曰。若網在綱。有條而弗紊。今綱不正。欲弗紊。不可得已。績不敢苟好著作。以虛譽也。庶合道眞。使玄不爲後世所尤而已。昔楊子雲述玄經。而劉歆觀之。謂曰。雄空自苦。今學經者有祿利。然尚不能明易。又如玄何。吾恐後人用覆醬瓿。雄笑而不應。雄卒。大司空王邑納言嚴尤聞雄死。謂桓譚曰。玄其傳乎。譚曰。必傳。顧君與譚不及見也。

班固贊敍雄事曰。凡人貴遠賤近。親見楊雄祿位容貌。不能動人。故輕其書。楊子雲之言文誼至深。論不詭於聖人。若使遭遇時君。更閱賢智。爲所稱善。則必度越諸子矣。自雄之沒至今四十餘年。其法言大行。而玄終未顯。又張平子與崔子玉書曰。乃者以朝駕明日披讀太玄經。知子雲特極陰陽之數也。以其滿汎故。故時人不務此。非特傳記之屬。心實與五經擬。漢家得二百歲卒乎。所以作興者之數。其道必顯一代。常然之符也。玄四百歲其興乎。竭己精思。以揆其義。更使人難論陰陽之事。足下累世窮道極微。子孫必命世不絕。且幅寫一通。藏之以待能者。績論數君所云。知楊子雲太玄無疆也。歆云經將覆瓿。猶法言而今顯揚。歆之慮尋於是爲漏。固曰法言大行。而玄終未顯。固雖云終不必其廢。有愈於歆。譚云必傳。顧譚與君不見也。而玄果傳。譚所思過固遠矣。平子云漢之四百其興乎。漢元至今四百年矣。其道大顯。處期甚效。厥迹

速。其最復優乎。且以歆厤譜之隱奧。班固漢書之淵弘。桓譚新論之深遠。尚不能鏡照玄經廢興之數。況夫王邑嚴尤之倫乎。覽平子書。令子玉深藏以待能者。子玉爲世大儒。平子嫌不能理。但令深藏。益明玄經之爲乎驗。雖平子焯亮其道。處其熾興之期。人之材意相倍如此。雄歎曰。師曠之調鐘。俟知音之在後。孔子作春秋。冀君子之將睹。信哉斯言。於是乎驗。雄受氣純和。韜眞含道。通敏叡達。鉤深致遠。建立玄經。與聖人同趣。雖周公繇大易。孔子修春秋。不能是過。論其所述。終年不能盡其美也。考之古今。宜曰聖人。昔孔子在衰周之時。不見深識。或遭困苦。謂之佞人。列國智士。稱之達者。不曰聖人。唯弟子中言其聖耳。逮至孟軻孫卿之徒及漢世賢人君子。咸並服德歸美。謂之聖人。用春秋以爲王法。故遂隆崇。莫有非毀。楊子雲亦生衰亂之世。雖不見用。智者識焉。桓譚之絕倫。稱曰聖人。其事與孔子相似。又述玄經。平子處其將興之期。

果如其言若玄道不應天合神平子無㠯知其行數若平子瞽言期應不宜效驗如合符契也作而應天非聖如何昔詩稱母氏聖善多方曰惟聖罔念作狂惟狂克念作聖洪範曰睿作聖孟軻謂柳下惠作聖人由是言之人之受性聰明純淑無所繫軗順天道履仁誼因可謂之聖人何常之有乎世不達聖賢之數謂聖人如鬼神而非人類豈不遠哉凡人賤近而貴遠聞績所云其笑必矣冀値識者有㠯察焉（太玄范望注本。）

自知亡日爲辭

有漢志士吳郡陸績幼敦詩書長玩禮易受命南征遘疾遇厄（袁宏紀作遘過厄）遺命不幸嗚呼悲隔（吳志陸績傳。文見袁宏後漢紀二十九。）

從今已去六十年之外車同軌書同文恨不及見也（同上。）

陸遜

遜字伯言本名議績從子孫權統事爲東西曹令史遷海昌屯田都尉領縣事拜定威校尉歷帳下右部督進偏將軍㠯平荊州功拜撫邊將軍封華亭侯遷右護軍鎮西將軍進封婁侯黃武元年爲大都督破蜀先主於夷陵拜輔國將軍領荊州牧改封江陵侯黃龍元年拜上大將軍右都護赤烏七年爲丞相㠯太子事憤恚卒年六十三永安中追謚曰昭侯

爲荊州士人上疏

昔漢高受命招延英異光武中興羣俊畢至苟可㠯熙隆道教者未必遠近今荊州始定人物未達臣愚慺慺乞普加覆載抽拔之恩令並獲自進然後四海延頸思歸大化（吳志陸遜傳。）

上疏請綏攻劉備

夷陵要害國之關限雖爲易得亦復易失失之非徒損一郡之地荊州可憂今日爭之當令必諧備干天常不守窟穴而敢自送臣雖不材憑奉威靈㠯順討逆破壞在近尋備前後行軍多敗少成

推此論之不足爲戚臣初嫌之水陸俱進今反舍船就步處處結營察其布置必無他變伏願至尊高枕不㠯爲念也（吳志陸遜傳。）

陳時事疏

臣㠯爲科法嚴峻下犯者多頃年㠯來將吏罹罪雖不愼可責然天下未一當圖進取小宜恩貸㠯安下情且世務日興良能爲先自不姦穢入身難忍之過乞復顯用展其力效此乃聖王忘過記功㠯成王業昔漢高舍陳平之愆用其奇略終建勳祚功垂千載夫峻法嚴刑非帝王之隆業有罰無恕非懷遠之弘規也（吳志陸遜傳。）

請勿取夷州及朱崖疏

臣愚㠯爲四海未定當須民力㠯濟時務今兵興歷年見衆損減陛下憂勞聖慮忘寢與食將遠規夷州㠯定大事臣反覆思惟未見其利萬里襲取風波難測民易水土必致疾疫今驅見衆經涉不毛欲益更損欲利反害又朱崖絕險民猶禽獸得其民不足濟事無其兵不足虧衆今江東見衆自足圖事但當畜力而後動耳昔桓王創基兵不一旅而開大業陛下承運拓定江表臣聞治亂討逆須兵爲威農桑衣食民之本業而干戈未戢民有饑寒臣愚㠯爲宜育養士民寬其租賦衆克在和義㠯勸勇則河渭可平九有一統矣（吳志陸遜傳。）

乞息親征公孫淵疏

淵憑險恃固拘留大使名馬不獻實可讎忿蠻夷猾夏未染王化鳥竄荒裔拒逆王師至令陛下爰赫斯怒欲勞萬乘汎輕越海不慮其危而涉不測方今天下雲擾羣雄虎爭英雄踴躍張聲大視陛下㠯神武之資誕膺期運破操烏林敗備西陵禽羽荊州斯三虜者當世雄傑皆摧其鋒聖化所綏萬里草偃方蕩平華夏總一大猷今不忍小忿而發雷霆之怒違垂堂之戒輕萬乘之重此臣之所惑也臣聞志行萬里者不中道而輟足圖四海者匪懷細㠯

害大。彊寇在境。荒服未庭。陛下乘桴遠征。必致闚𨵦。慼至而憂悔之無及。若使大事時捷。則淵不討自服。今乃遠惜遼東眾之與馬。奈何獨欲捐江東萬安之本業而不惜乎。乞息六師。以威大虜。早定中夏。垂曜將來。（吳志陸遜傳）

疏請安太子

太子正統。宜有盤石之固。魯王藩臣。當使寵秩有差。彼此得所。上下獲安。謹叩頭流血以聞。（吳志陸遜傳）

建議平山寇

方今英雄棊跱。豺狼闚望。克敵寧亂。非眾不濟。而山寇舊惡。依阻深地。夫腹心未平。難以圖遠。可大部伍。取其精銳。（吳志陸遜傳）

議緩興利改作

國以民為本。彊由民力。財由民出。夫民殷國弱。民瘠國彊者。未之有也。故為國者。得民則治。失之則亂。若不受利。而令盡用立效。亦為難也。是以詩歎宜民宜人。受祿于天。乞垂聖恩。寧濟百姓。數年之間。國用少豐。然後更圖。（吳志陸遜傳）

與關羽書

前承觀釁而動。以律行師。小舉大克。一何巍巍。敵國敗績。利在同盟。聞慶拊節。想遂席卷。共獎王綱。近以不敏。受任來西。延慕光塵。思稟良規。（吳志陸遜傳）

于禁等見獲。遐邇欣歎。以為將軍之勳足以長世。雖昔晉文城濮之師。淮陰拔趙之略。蔑以尚茲。聞徐晃等步騎駐旌。闚望麾葆。操猾虜也。忿不思難。恐潛增眾。以逞其心。雖云師老。猶有驍悍。且戰捷之後。常苦輕敵。古人杖術。軍勝彌警。願將軍廣為方計。以全獨克。僕書生疏遲。忝所不堪。喜鄰威德。樂自傾盡。雖未合策。猶可懷也。儻明注仰。有以察之。（同上）

答劉備

但恐軍新破。創痍未復。始求通親。且當自補。未暇窮兵耳。若不推算。欲復以傾覆之餘。遠送以來者。無所逃命。（吳志陸遜傳注引吳錄）

假作答逯式書

得報懇惻。知與休久結嫌隙。勢不兩存。欲來歸附。輒以密呈來書表聞。撰眾相迎。宜潛速嚴。更示定期。（吳志陸遜傳）

答全琮

子弟苟有才。不憂不用。不宜私出以要榮利。若其不佳。終為取禍。且聞二宮勢敵。必有彼此。此古人之厚忌也。（吳志陸遜傳）

與全琮書

卿不師日磾。而宿留阿寄。終為足下門戶致禍矣。（吳志陸遜傳）

全三國文卷六十八終

全三國文卷六十九

烏程嚴可均校輯

吳七

陸瑁

瑁字子璋，遜弟，嘉禾初徵拜議郎，選曹尚書。

諫親征公孫淵疏

臣聞聖王之御遠夷，羈縻而已，不常保有，故古者制地，謂之荒服，言慌惚無常，不可保也。今淵東夷小醜，屏在海隅，雖託人面，與禽獸無異。國家所為不愛貨寶遠以加之者，非嘉其德義也，誠欲誘納愚弄，以規其馬耳。淵之驕黠，恃遠負命，此乃荒貊常態，豈足深怪。昔漢諸帝亦嘗銳意以事外夷，馳使散貨，充滿西域，雖時有恭從，然其使人見害，財貨并沒，不可勝數。今陛下不忍悁悁之忿，欲越巨海，身踐其土，羣臣愚議，竊謂不安。何者？北寇與國，壤地連接，

苟有間隙，應機而至。夫所以越海求馬，曲意於淵者，為赴目前之急，除心腹之疾也，而更棄本追末，捐近治遠，忿以改規，激以動眾，斯乃猾虜所願聞，非大吳之至計也。又兵家之術，以功役相疲，勞逸相待，得失之間，所覺輒多。且沓渚去淵，道里尚遠，今到其岸，兵勢三分，使彊者進取，次當守船，又次運糧，行人雖多，難得悉用。加以單步負糧，經遠深入，賊地多馬，邀截無常。若淵狙詐，與北未絕，動眾之日，脣齒相濟。若實孑然無所憑賴，其畏怖遠迸，或難卒滅。使天誅稽於朔野，山虜承間而起，恐非萬安之長慮也。（吳志陸瑁傳）

夫兵革者，固前代所以誅暴亂、威四夷也，然其役皆在姦雄已除、天下無事，從容廟堂之上，以餘議議之耳。至於中夏鼎沸，九域槃牙之時，率須深根固本，愛力惜費，務自休養，以待鄰敵之闕。未有正於此時，舍近治遠，以疲軍旅者也。昔尉佗叛逆，僭號稱帝，于時天下乂安，百姓殷阜，帶甲之數，糧食之積，可謂多矣。然漢文猶以

遠征不易，重興師旅，告喻而已。今凶桀未殄，疆埸猶警，雖蚩尤、鬼方之亂，故當以緩急差之，未宜以淵為先。願陛下抑威住計，暫寧六師，潛神嘿規，以為後圖，天下幸甚。（同上）

與暨豔書

夫聖人嘉善矜愚，忘過記功，以成美化。加今王業始建，將一大統，此乃漢高棄瑕錄用之時也。若令善惡異流，貴汝穎月旦之評，誠可以厲俗明教，然恐未易行也。宜遠模仲尼之汎愛，中則郭泰之弘濟，近有益於大道也。（吳志陸瑁傳）

陸凱

凱字敬風，遜族子，黃武初為永興、諸暨長，拜建武都尉，赤烏中除儋耳太守，遷建武校尉，五鳳中拜巴丘督、偏將軍，封都鄉侯，轉武昌右部督，累遷盪魏、綏遠將軍，永安中拜征北將軍，假節，領豫州牧。孫晧即位，遷鎮西大將軍，都督巴丘，領荊州牧，進封

嘉興侯，寶鼎元年遷左丞相，建衡元年卒，年七十二。有《吳先賢傳》四卷，《太玄經注》十三卷，集五卷。

上表言宜優卹功臣後

呂蒙、淩統早亡，先帝痛悼不已，子並幼稚，皆內省中，稱肉食之。（書鈔一百四十五，御覽八百六十三）

上表諫吳主晧

臣聞惡不可積，過不可長，積惡長過，喪亂之源也。是以古人懼不聞非，故設進善之旌，立敢諫之鼓。武公九十，思聞警戒，詩美其德，士說其行。臣察陛下無思警戒之義，而有積惡之漸，臣深憂之，此禍兆見矣。故略陳其要，寫盡愚懷。陛下宜克己復禮，述履前德，不可捐棄臣言，而放奢意。意奢情至，吏日欺民，民離則上不信下，下當疑上，骨肉相克，公子相奔。臣雖愚闇，於天命以心審之，敗不過二十稔也。臣常忿亡國之人夏桀、殷紂，亦不可使後人復忿陛下

也臣受國恩奉朝三世復以餘年值遇陛下不能循俗與衆沈浮若比干伍員以忠見戮以正見疑自謂畢足無所餘恨灰身泉壤無負先帝願陛下九思社稷存焉。吳志陸凱傳注引江表傳。

重表諫起宮

臣聞宮功當起夙夜反側是以頻頻上事往往留中不見省報於邑歎息企想應罷昨食時被詔曰君所諫誠是大趣然未合鄙意如何此宮殿不利宜當避之乃可以妨勞役長坐不利宮乎父之不安子亦何倚臣拜紙詔伏讀一周不覺氣結於胷而涕泣雨集也臣年已六十九榮祿已重於臣過望復何所冀所以勤勤數進苦言者臣伏念大皇帝創基立業勞苦勤至白髮生於鬢膚黃耇被於甲冑天下始靜晏駕早崩自含息之類能言之倫無不歔欷如喪考妣幼主嗣統柄在臣下軍有連征之費民有彫殘之損賊臣干政公家空竭今彊敵當塗西州傾覆孤罷之民宜當畜養廣力肆業以備有虞且始徙都屬有軍征戰士流離州郡搔擾而大功復起徵召四方斯非保國致治之漸也臣聞爲人主者攘災以德除咎以義故湯遭大旱身禱桑林熒惑守心宋景退殿是以旱魃銷亡妖星移舍今宮室之不利但當克己復禮篤湯宋之至道愍黎庶之困苦何憂宮之不安災之不銷乎陛下不務脩德而務築宮室若德之不脩行之不貴雖殷辛之瑤臺秦皇之阿房何止而不喪身覆國宗廟作墟乎夫興土功高臺榭既致水旱民又多疾其不疑也爲父長安使子無倚此乃子離於父臣離於陛下之象也臣子一離雖念克骨茅茨不翦復何益焉是以大皇帝居於南宮自謂過於阿房故先朝大臣以爲宮室宜厚備衛非常大皇帝曰逆虜游魂當愛育百姓何聊趣於不急然臣下懇惻由不獲已故裁調近郡苟副衆心比當就功猶豫三年當此之時寇鈔懾威不犯我境師徒奔北且西阻岷漢南州無事尚猶沖讓未肯築

宮況陛下危側之世又乏大皇帝之德可不慮哉願陛下留意臣不虛言。吳志陸凱傳注引江表傳。

疏悼王蕃

常侍王蕃黃中通理知天知物處朝忠謇斯社稷之重鎮大吳之龍逢也昔事景皇納言左右景皇欽嘉歎爲異倫而陛下忿其苦辭惡其直對梟之殿堂尸骸暴棄邦內傷心有識悲悼。吳志王蕃傳注載陸凱傳亦有此疏彼略刪節。

上疏諫吳主皓

臣聞有道之君以樂樂民無道之君以樂樂身樂民者其樂彌長樂身者不久而亡夫民者國之根也誠宜重其食愛其命民安則君安民樂則君樂自頃年以來君威傷於桀紂君明闇於姦雄君惠閉於羣孽無災而民命盡無爲而國財空辜無罪賞無功使君有謬誤之愆天爲作妖而諸公卿媚上以求愛困民以求饒導君於不義敗政於淫俗臣竊爲痛心今鄰國交好四邊無事當務息役養士實其廩庫以待天時而更傾動天心搔擾萬姓使民不安大小呼嗟此非保國養民之術也臣聞吉凶在天猶影之在形響之在聲也形動則影動形止則影止此分數乃有所繫非在口之所進退也昔秦所以亡天下者但坐賞輕而罰重政刑錯亂民力盡於奢侈目眩於美色志濁於財寶邪臣在位賢哲隱藏百姓業業天下苦之是以遂有覆巢破卵之憂漢所以彊者躬行誠信聽諫納賢惠及負薪躬請巖穴廣采博察以成其謀此往事之明證也近者漢之衰末三家鼎立曹失綱紀晉有其政又益州危險兵多精彊閉門固守可保萬世而劉氏與奪乖錯賞罰失所君恣意於奢侈民力竭於不急是以爲晉所伐君臣見虜此目前之明驗也臣闇於大理文不及義智慧淺劣無復冀望竊爲陛下惜天下耳臣謹奏耳目所聞見百姓所爲煩苛刑政所爲錯亂願陛下息

大功損百役務寬盪忽苛政又武昌土地實危險而塉确非王都安國養民之處船泊則沈漂陵居則峻危且童謠言寧飲建業水不食武昌魚寧還建業死不止武昌居臣聞翼星爲變熒惑作妖童謠之言生於天心乃以安居而比死足明天意知民所苦也臣聞國無三年之儲謂之非國而今無一年之畜此臣下之責也而諸公卿位處人上祿延子孫曾無致命之節匡救之術苟進小利於君以求容媚荼毒百姓不爲君計也自從孫弘造義兵以來耕種既廢所在無復輸入而分一家父子異役廩食日張畜積日耗民有離散之怨國有露根之漸而莫之恤也民力困窮鬻賣兒子調賦相仍日以疲極所在長吏不加隱括加有監官既不愛民務行威勢所在騷擾更爲煩苛民苦萬端財力再耗此爲無益而有損也願陛下一息此輩矜哀孤弱以鎮撫百姓之心此猶魚鼈得免毒螫之淵鳥獸得離羅網之綱四方之民繈負而至矣如此民

可得保先王之國存焉臣聞五音令人耳不聽五色令人目不明此無益於政有損於事者也自昔先帝時後宮列女及諸織絡數不滿百米有畜積貨財有餘先帝崩後幼景在位更改奢侈不蹈先迹伏聞織絡及諸徒坐乃有千數計其所長不足爲國財然坐食官廩歲歲相承此爲無益願陛下料出賦嫁給與無妻者如此上應天心下合地意天下幸甚臣聞殷湯取士於商賈齊桓取士於車轅周武取士於負薪大漢取士於奴僕明王聖主取士以賢不拘卑賤故其功德洋溢名流竹素非求顏色而取好服捷口容悅者也臣伏見當今內寵之臣位非其人任非其量不能輔國匡時羣黨相扶害忠隱賢願陛下簡文武之臣各勤其官州牧督將藩鎮方外公卿尚書務脩仁化上助陛下下拯黎民各盡其忠拾遺萬一則康哉之歌作刑錯之理清願陛下留神思臣愚言（吳志陸凱傳）

上疏諫吳主皓不遵先帝二十事

皓遣親近趙欽口詔報凱前表曰孤動必遵先帝有何不平君所諫非也又建業宮不利故避之而西宮室宇摧朽須謀移都何以不可徙乎凱上疏曰臣竊見陛下執政以來陰陽不調五星失晷職司不忠姦黨相扶是陛下不遵先帝之所致（江表傳載此表曰臣拜受明詔心與氣結陛下何心之難悟意不聰之甚也）夫王者之興受之於天脩之由德豈在宮乎而陛下不諮之公輔便盛意驅馳六軍流離悲懼逆犯天地天地以災童歌其謠縱令陛下一身得安百姓愁勞何以用治此不遵先帝一也臣聞有國以賢爲本夏殺龍逢殷獲伊摯斯前世之明效今日之師表也中常侍王蕃黃中通理處朝忠謇斯社稷之重鎮大吳之龍逢也而陛下忿其苦辭惡其直對梟之殿堂尸骸暴棄邦內傷心有識悲悼咸以吳國夫差復存先帝親賢陛下反之是陛下不遵先帝二也臣聞宰相國之柱也不可不彊是故漢有

蕭曹之佐先帝有顧步之相而萬彧瑣才凡庸之質昔從家隸超步紫闥於彧已豐於器已溢而陛下愛其細介不訪大趣榮以尊輔越尚舊臣賢良憤惋智士赫咤是不遵先帝三也先帝憂民過於嬰孩民無妻者以妾妻之見單衣者以帛給之枯骨不收而取埋之而陛下反之是不遵先帝四也昔桀紂滅由妖婦幽厲亂在嬖妾先帝鑒之以爲身戒故左右不置淫邪之色後房無曠積之女今中宮萬數不備嬪嬙外多鰥夫女吟於中風雨逆度正由此起是不遵先帝五也先帝憂勞萬機猶懼有失陛下臨阼以來游戲後宮眩惑婦女乃令庶事多曠下吏容姦是不遵先帝六也先帝篤尚朴素服不純麗宮無高臺物不彫飾故國富民充姦盜不作而陛下徵調州郡竭民財力土被玄黃宮有朱紫是不遵先帝七也先帝外杖顧陸朱張內近胡綜薛綜是以庶績雍熙邦內清肅今者外非其任內非其人陳聲曹輔斗筲小吏先帝之所棄而

陛下幸之。是不遵先帝八也。先帝每宴見羣臣。抑損醇醲。臣下終日無失慢之尤。百寮庶尹。並展所陳。而陛下拘㠯視瞻之敬。懼㠯不盡之酒。夫酒㠯成禮。過則敗德。此無異商辛長夜之飲也。是不遵先帝九也。昔漢之桓靈。親近宦豎。大失民心。今高通詹廉羊度。黃門小人。而陛下賞㠯重爵。權㠯戰兵。若江渚有難。烽燧互起。則度等之武。不能禦侮明也。是不遵先帝十也。今宮女曠積。而黃門復走州郡。條牒民女。有錢則舍。無錢則取。怨呼道路。母子死訣。是不遵先帝十一也。先帝在時。亦養諸王太子。若取乳母。其夫復役。賜與錢財。給其資糧。時遣歸來。視其弱息。今則不然。夫婦生離。夫故作役。兒從後死。家為空戶。是不遵先帝十二也。先帝歎曰。國㠯民為本。民㠯食為天。衣其次也。三者孤存之於心。今則不然。農桑並廢。是不遵先帝十三也。先帝簡士。不拘卑賤。任之鄉閭。效之於事。舉者不虛。受者不妄。今則不然。浮華者登。朋黨者進。是不遵先帝十四也。先帝戰士。不給他役。使春惟知農。秋惟收稻。江渚有事。責其死效。今之戰士。供給眾役。廩賜不贍。是不遵先帝十五也。夫賞㠯勸功。罰㠯禁邪。賞罰不中。則士民散失。今江邊將士。死不見哀。勞不見賞。是不遵先帝十六也。今在所監司。已為煩猥。兼有內使。擾亂其中。一民十吏。何㠯堪命。昔景帝時。交趾反亂。實由茲起。是為遵景帝之闕。不遵先帝十七也。夫校事。吏民之仇也。先帝末年。雖有呂壹錢欽。尋皆誅夷。㠯謝百姓。今復張立校曹。縱吏言事。是不遵先帝十八也。先帝時居官者。咸久於其位。然後考績黜陟。今州郡職司。或莅政無幾。便徵召遷轉。迎新送舊。紛紜道路。傷財害民。於是為甚。是不遵先帝十九也。先帝每察竟解之奏。常留心推接。是㠯獄無冤囚。死者吞聲。今則違之。是不遵先帝二十也。若臣言可錄。藏之盟府。如其虛妄。治臣之罪。願陛下留意。吳志陸凱傳。

奏重備西陵

臣愚㠯西陵國之關首。宜重其備。備重則敵不敢輕。輕備則為敵所侮。藝文類聚六。

奏事

諸暨永安出御絲。御覽八百十四。

吳先賢傳贊

揚州別駕從事戴矯

猗猗茂才。執節雲停。志勵秋霜。冰絜玉清。初學記十七。

奮武將軍顧承

於鑠奮武。奕奕全德。在家必聞。鴻飛高陟。同上。

上虞令史冑

猗猗上虞。金鎣玉貞。鳳立鸞跱。邈矣不傾。同上。

陸抗

抗字幼節。遜次子。赤烏中拜建武將軍校尉。遷立節中郎將。建興初拜奮威將軍。太平中遷征北將軍。永安中拜鎮軍將軍。都督西陵。孫皓即位。加鎮軍大將軍。領益州牧。鳳皇二年拜大司馬荊州牧。

陳時宜疏

臣聞德均則眾者勝寡。力侔則安者制危。蓋六國所㠯兼幷於彊秦。西楚所㠯北面於漢高也。今敵跨制九服。非徒關右之地。割據九州。豈但鴻溝㠯西而已。國家外無連國之援。內非西楚之彊。庶政陵遲。黎民未乂。而議者所恃。徒㠯長川峻山。限帶封域。此乃守國之末事。非智者之所先也。臣每遠惟戰國存亡之符。近覽劉氏傾覆之釁。考之典籍。驗之行事。中夜撫枕。臨餐忘食。昔匈奴未滅。去病辭館。漢道未純。賈生哀泣。況臣王室之出。世荷光寵。身名否泰。與國同慼。死生契闊。義無苟且。夙夜憂怛。念至情慘。夫事君之義。犯而勿欺。人臣之節。匪躬是殉。謹陳時宜十七條如左。吳志陸抗傳云

十七條失本故不載

請抑黜羣小疏

臣聞開國承家小人勿用靖譖庸回唐書攸戒是㠯雅人所㠯怨刺仲尼所㠯歎息也春秋㠯來爰及秦漢傾覆之釁未有不由斯者也小人不明理道所見既淺雖使竭情盡節猶不足任況其姦心素篤而憎愛移易哉苟患失之無所不至今委㠯聰明之任假㠯專制之威而冀雍熙之聲作肅清之化立不可得也方今見吏殊才雖少然或冠冕之冑少漸道教或清苦自立資能足用自可隨才授職抑黜羣小然後俗化可清庶政無穢也（吳志陸抗傳）

戒動師旅疏

臣聞易貴隨時傳美觀釁故有夏多罪而殷湯用師紂作淫虐而周武授鉞苟無其時玉臺有憂傷之慮孟津有反旆之軍今不務富國強兵力農畜穀使文武之才效展其用百揆之署無曠厥職

明黜陟㠯厲庶尹審刑罰㠯示勸沮訓諸司㠯德而撫百姓㠯仁然後順天承運席卷宇內而聽諸將徇名窮兵黷武動費萬計士卒彫瘁寇不為衰而我已大病矣今爭帝王之資而昧十百之利此人臣之姦便非國家之良策也昔齊魯三戰魯人再克而亡不旋踵何則大小之勢異也況今師所克獲不補所喪哉且阻兵無眾古之明鑒誠宜暫息進取小規㠯畜士民之力觀釁伺隙庶無悔吝（吳志陸抗傳）

疾病上疏

西陵建平國之蕃表既處下流受敵二境若敵汎舟順流舳艫千里星奔電邁俄然行至非可恃援他部㠯救倒縣也此乃社稷安危之機非徒封疆侵陵小害也臣父遜昔在西垂陳言㠯為西陵國之西門雖云易守亦復易失若有不守非但失一郡則荊州非吳有也如其有虞當傾國爭之臣往在西陵得涉遜迹前乞精兵三萬而至者循常未肯差赴自步闡㠯後益更損耗今臣所統千里受敵四處外禦彊對內懷百蠻而上下見兵財有數萬羸弊日久難㠯待變臣愚㠯為諸王幼沖未統國事可且立傅相輔導賢姿無用兵馬㠯妨要務又黃門豎宦開立占募兵民怨役逋逃入占乞特詔簡閱一切料出㠯補疆場受敵常處使臣所部足滿八萬省息眾務信其賞罰雖韓白復生無所展巧若兵不增此制不改而欲克諧大事此臣之所深慼也若臣死之後乞㠯西方為屬願陛下思覽臣言則臣死且不朽（吳志陸抗傳）

請原辥瑩

夫俊乂者國家之良寶社稷之貴資庶政所㠯倫敘四門所㠯穆清也故大司農樓玄散騎中常侍王蕃少府李勗皆當世秀穎一時顯器既蒙初寵從容列位而並旋受誅殛或圮族替祀或投棄荒裔蓋周禮有赦賢之辟春秋有宥善之義書曰與其殺不辜寧

失不經而蕃等罪名未定大辟㠯加心經忠義身被極刑豈不痛哉且已死之刑固無所識至乃焚爍流漂棄之水濱懼非先王之正典或甫侯之所戒也是㠯百姓哀聳士民同感蕃勗永已悔亦靡及誠望陛下赦召玄出而頃聞辥瑩卒見逮錄瑩父綜納言先帝傅弼文皇及瑩承基內厲名行今之所坐罪在可宥臣懼有司未詳其事如復誅戮益失民望乞垂天恩原赦瑩罪哀矜庶獄清澄刑網則天下幸甚（吳志陸抗傳）

全三國文卷六十九終

已近之已當作尙

全三國文卷七十

烏程嚴可均校輯

吳八

陸景

景字士仁。抗次子。尚公主。拜騎都尉。封毗陵侯。後拜偏將軍中夏水軍督。天紀末為王濬別軍所殺。有典語十卷。典語別二卷。集一卷。

與兄書（案景兄名晏。）

向訣不知所言。追惟銜恨。恨結胸懷。懷此戀恨。何時可言。望路則已近。別已千里。其為思結。纏在心膂。於是離析。路人悲之。況處此戚兼之懿。好情之感。咽何時可勝。念兄始出。既當勞思。嚴寒向隆。經塗轗軻。既宜保德。為世何貲。厚自珍愛。（藝文類聚二十一。）

自尋外役。出入三年。絲兄之篤睦。必時存之。寶錄兄書。積之盈笥。不得新命。無以自慰。時輒溫故。以釋其思。有信忘數字。每見手迹。如復暫會。（藝文類聚二十一。案類聚二十一有陸景答從兄安成王書。考吳時諸陸無封安成王者。其文亦不類。當是蕭景之誤。安成王蕭秀也。今改編入全梁文。）

書

獲答虎蔚。德音孔昭。披紙尋句。粲然耀眼。（北堂書鈔一百三。書記篇。）

誡盈

富貴。天下之至榮。位勢。人情之所趣。然古之智士。或山藏林竄。忽而不慕。或功成身退。逝若脫屣者。何哉。蓋居高畏其危。處滿懼其盈。富貴榮勢。本非禍始。而多以凶終者。持之失德。守之背道。道德喪而身隨之矣。是以留侯范蠡。棄貴如遺。叔敖蕭何。不宅美地。此皆知盛衰之分。識倚伏之機。故身全名著。與福始卒。自此以來。重臣貴戚。隆盛之族。莫不罹患搆禍。鮮以善終。大者破家。小者滅身。唯金張子弟。世履忠篤。故保貴持寵。祚鍾昆嗣。其餘禍敗。可為痛

心。（藝文類聚二十三。御覽四百五十九。）

典語

（謹案隋志儒家。注。典語十卷。典語別二卷。並吳中夏督陸景撰。亡。舊唐志有典語。無典語別。新唐志作典訓。皆十卷。三國志陸抗子五。晏景玄機雲。景字士仁。澡身好學。著書數十篇。王濬東下。景及兄晏俱遇害。其書宋不著錄。而民間僅或流傳。三年前聞紹興王君理堂游幕山左。攜有宋寫殘本二卷。余未獲見之。僅從羣書治要寫出七篇。益以各書所載。為一卷。他日理堂獲吾書合訂之。以廣其傳。豈非美事。嘉慶十九年歲次甲戌八月。）

爵祿賞罰。人主之威柄。帝王之所以為尊者也。故爵祿不可不重。重之則居之者貴。輕之則處之者賤。居之者貴。則君子慕義。取之者賤。則小人覬覦。君子慕義。治道之兆。小人覬覦。亂政之漸也。易曰。聖人之大寶曰位。何以守位曰人。故先王重於爵位。慎於官人。制爵必俟有德。班祿必施有功。是以見其爵者。昭其德。聞其祿者。知其功。然猶誡以威罰。勸以黜陟。顯以錫命。耀以車服。故朝無曠官之譏。士無尸位之責矣。夫無功而受祿。君子猶不可。況小人乎。孔子所以恥稟王之封。而惡季氏之富也。故曰。富與貴。是人之所欲。不以其道得之。不處。苟得其志。執鞭可為。苟非其道。卿相猶避。明君不可以虛授。人臣亦不可以苟受也。書曰。天工人其代之。是以聖帝明王。重器與名。尤慎官人。故周襃申伯。吉甫著誦。祈父失職。詩人作刺。王商為宰。單于震畏。千秋登相。匈奴輕漢。推此言之。官人封爵。不可不慎也。官得其人。方類相求。雖在下位。士以為榮也。俗以貨成。位失其守。雖則三公。士以為辱也。故王陽在位。貢公彈冠。王許並立。班伯恥之。天子據宰士之資。總三才之任。以制御六合。統理羣生。固未易為也。是以聖帝明王。憂勞待旦。勤於日昃。未有不汲汲於求賢。勤勤於遠惡者也。故大舜招二八於唐朝。投四凶於荒裔。殛鯀不嫌。登禹親仁也。舉子不為宥父。遠惡也。以能昭德立化。為百王之命也。夫世之治亂。國之安危。非由他也。俊乂在官。則治道清。姧佞干政。則禍亂作。故王者任人。不可不慎也。得人之道。蓋在於敬賢而誅惡也。敬一賢則眾賢悅。誅一惡則眾惡

懼昔魯誅少正佞人變行燕禮郭隗羣士響至非其效與然人主處於深宮之中生於禁闈之內眼不親見臣下之得失耳不親聞賢愚之否臧焉知臣下誰忠誰否誰是誰非須當留意隱括聽言觀行驗之㠯實效之㠯事能推事效實則賢愚明而治道淸矣

王者所㠯稱天子者㠯其號令政治法天而行故也夫天之育萬物也耀之㠯日月紀之㠯星辰運之㠯陰陽成之㠯寒暑震之㠯雷霆潤之㠯雲雨天不親事而萬事歸功者㠯所任者得其宜也然握璿璣御七辰調四時制五行此葢天子之所爲任者也孔子曰唯天爲大唯堯則之帝王之盛莫過虞昔帝堯之末洪水有滔天之災烝民有昏墊之憂於是咨嗟四岳擧及側陋虞舜既登百揆時敘二八龍騰並幹唐朝故能揚嚴億載冠德百王舜既受終並簡俊德咸列庶官從容垂拱身無一勞而庶事歸功光炎百世者所任得其人也

所職下脫夫匡輔社稷佐日揚光協齊七政宜化四方此三公之職二十二字

天子所㠯立公卿大夫列士之官者非但欲備員數設虛位而已也㠯天下至廣庶事總猥非一人之身所能周理故分官別職各守其位事有大小故官有尊卑人有優劣故爵有等級三公者帝王之所杖也自非天下之俊德當世之良材即不得而處其任處其任者必荷其責在其任者必知所職籩豆之事則有司存大臣不親細事猶周鼎不調小味也故書曰元首叢脞哉股肱惰哉庶事隳哉此之謂也陳平曰宰相者上佐天子下理陰陽外撫四夷諸侯內親附百姓使卿大夫各得（得字下舊衍其字依漢書陳平傳刪）任其職也可謂知其任者也

天下至廣萬機至繁人主㠯一人之身處重仞之內而御至廣之士聽至繁之政安知萬國之聲息民俗之動靜乎故古之聖帝立輔弼之臣列官司之守勸之㠯爵賞誡之㠯刑罰故明誡㠯效其功考績㠯核其能德高者位尊才優者任重人主總君謨㠯觀衆

樹當作稱

俟下脫命字

動當作重

莫下脫不字

智杖忠賢而布政化明耳目㠯來風聲進直言㠯求得失夫如是雖廣必周雖繁必理何則御之有此具也夫君樹元首臣云股肱明大臣與人主一體者也克明俊德守位㠯人所㠯強四支而輔體也其爲己周豈細也哉苟非其選器不虛假苟得其人委之無疑君之任臣如身之信手臣之事君亦宜如手之繫身安則共樂痛則同憂其上下協心㠯治世事不俟而自勤不求容而自親何則相信之忠著也是㠯天子政容於大臣所㠯動之也人臣盡命於君上所㠯報德也寵之㠯爵級而天下莫尊其位任之㠯重器天下莫不敬其人顯之（御覽七百七十三作臣）㠯車服天下莫不瞻其榮者㠯其荷光景於辰耀登（疑有泰字）階於天路也若此之人進退必足動天地而應列宿也故選不可㠯不精任不可㠯不信進不可㠯不禮退不可㠯權辱昔賈生嘗陳階級而文帝加重大臣每賢其遺言博引古今文辭雅偉眞君人之至道王臣之碩謨也

夫料才覈能治世之要也凡人之才用有所周能有偏達自非聖人誰兼資百行備貫衆理乎故明君聖主裁而用焉昔舜命羣司隨才守位漢述功臣三傑異稱況非此儔而可備責乎且造父善御師曠知音皆古之至奇也使其探（舊校云探疑換）事易伎則彼此俱屈何則才有偏達也人之才能率皆此類不可不料也若任得其才才堪其任而國不治者未之有也或有用士而不能㠯治者既任之不盡其才不覈其能故功難成而世不治也馬無輦重之任牛無千里之迹違其本性責其效事豈可得哉使韓信下帷仲舒當戎于公馳說陸賈聽訟必無曩時之動而顯今日之名也何則素非才之所長也推此論之何可不料哉

政有宜於古而不利於今有長於彼而不行於此者風移俗易每世則變故結繩之治五帝不行三代損益政法不同隨時改制所㠯救弊也易曰隨時之義大矣哉孔子曰不教民戰是謂棄之司

値當作位

馬法曰。國雖大。好戰必亡。天下雖安。忘戰必危。明用武有時。昔秦杖威用武。卒成王業。吞滅六國。帝有天下。而不斟酌唐虞。㠯美其治。損益三代。㠯御其世。爾乃廢先聖之教。任殘酷之政。阻兵行威。暴虐海內。故百姓怨毒。雄桀奮起。至於二世。社稷湮滅。非武不能取。而所守之者非也。傳曰。夫兵猶火也。不戢將自焚。秦無戢兵之慮。故有自焚之禍。好戰必亡。此之謂也。徐偃王好行仁義。不修武備。楚人伐之。身死國滅。天下雖安。武不可廢。況㠯區區之徐。處爭奪之世乎。忘戰必危。此之謂也。漢高帝發迹泗水。龍起豐沛。仁㠯懷遠。武㠯弭難。任奇納策。遂埽秦項。被㠯惠澤。飾㠯文德。文武並作。祚流世長。此高帝之舉也。秦漢俱杖兵用武㠯取天下。漢何㠯昌。秦何㠯亡。秦知取而不知守。漢取守之具備矣乎。中世孝武㠯成功恢帝綱。元成㠯儒術失皇綱。德不堪也。王莽之世。內尙文章。外繕師旅。立明堂之制。修辟廱之禮。招集儒學。思遵古道。文武之事備矣。然而命絕於漸臺。支解於漢刃者。豈文武之不能治世哉。而用之者拙也。班輸騁功於利器。拙夫操刀而傷手。非利器有害於工匠。而夫膏粱旨饌。時或生疾。針艾藥石。時或瘳疾。故體病則攻之㠯針艾。疾瘳則養之㠯膏粱。文武之道。亦猶是矣。世亂則威之㠯師旅。道治則被之㠯文德。

天生烝民。授之㠯君。所㠯綜理四海。收養品庶也。王者據天値御萬國。臨兆民之衆。有率土之資。此所㠯爲尊者也。然宮室壯觀。出於民力。器服珍玩。生於民財。千乘萬騎。由於民衆。無此三者。則天子魁然獨在。無所爲尊者也。明主知（本作賀。㠯意改。）君階民㠯爲尊。國須政而後治。其恤民也。憂勞待旦。日昃忘飧。恕己及下。務在博愛。臨御華殿。軒檻華美。則欲民皆有容身之宅。廬室之居。窈窕盈堂。美女侍側。則欲民皆有配匹之偶。室家之好。肥肉淸酒。珠膳玉食。則欲民皆有餘糧之資。充飢之餡。輕裘累煖。衣裳重疊。則欲民皆有溫身之服。禦寒之備。凡四者。生民之本性。人情所共有。故明主樂之於上。亦欲士女歡之於下。是㠯仁惠廣洽。家安厥所。臨軍則士忘其死。御政則民戴其化。此先王之所㠯豐勳祚享長期者也。若居無庇首之廬。家無配匹之偶。口無充飢之食。身無蔽形之衣。婚姻無㠯致聘。死葬無㠯相恤。飢寒入於腸骨。悲愁出於肝心。雖百舜不能杜其怨聲。千堯不能成其治迹。是㠯明王御世。恤民養士。恕下㠯身。自近及遠。化通宇宙。丕懼民之不安。故能康厥世治。播其德教焉。（已上並羣書治要。）

若衝風之摧枯枝。烈火之焚寒草。武王伐紂。勢然也。（北堂書鈔未改本一百十七。御覽八百六十八。）

淸氣漂於青雲之上。（文選王僧達答顏延年詩注。）

神農嘗百草。嘗五穀。烝民乃粒食。（御覽七十八。）

戈刀雖備於執事。而無所揚其鋒。（御覽三百五十一。）

周世㠯膏腴之沃壤。豐鎬之寶地。大啟封境。㠯封驕泰。釋鞍投鞚。假驥他人。欲無陵己。其可得乎。（御覽三百五十八。）

所謂文者。非徒執卷於儒生之門。攄筆於翰墨之采。乃貴其造化禮樂之淵之盛也。（御覽五百八十五。）

吳朝貢歲或犯道背理。彫車麗服。橫陵市路。車服雖侈。人不爲榮。宮室雖美。士不過門。（御覽七百七十三。）

飛車策馬。橫騰超邁。來如霧合。去若雲散。得志則進。失意則退。（御覽七百七十三。）

猣獹之狗。吠于廟門。社稷之鼠。竄于坐側。（御覽九百十一。）

孤將與水軍一萬。從風舉帆。朝發海島。暮至沓渚。（御覽七百七十一。）

朱據

據字子範。吳郡吳人。黃武初徵拜五官郎中。補侍御史。拜建義校尉。黃龍初。徵尙公主。拜左將軍。封雲陽侯。赤烏中遷驃騎將軍。後坐爭廢太子事左遷新都郡丞。未到爲孫弘所譖。賜死。

爭太子和事

臣聞太子。國之本根。雅性仁孝。天下歸心。今卒責之。將有一朝之慮。昔晉獻用驪姬。而申生不存。漢武信江充。而戾太子冤死。臣竊懼太子不堪其憂。雖立思太子之宮。無所復及矣。吳志朱據傳注引殷基通語。

全三國文卷七十終

全三國文卷七十一

烏程嚴可均校輯

吳九

僕射存

存失其姓仕孫權爲尚書僕射

請授孫慮爲鎮軍大將軍疏

帝王之興莫不襃崇至親㠯光羣后故魯衞於周寵冠諸侯高帝五王封列于漢所㠯藩屏本朝爲國鎮衞建昌侯慮稟性聰敏才兼文武於古典制宜正名號陛下謙光未肎如舊羣寮大小咸用於邑方今奸宼恣睢金鼓未弭腹心爪牙惟親與賢輒與丞相雍等議咸㠯慮宜爲鎮軍大將軍授任偏方㠯光大業（吳志孫慮傳）

羊衜

衜南陽人黃龍初爲太子中庶子尋遷督軍使者赤烏中爲始興太守後爲桂陽太守卒官

上疏請勿絕二宮賓客

臣聞古之有天下者皆先顯別適庶封建子弟所㠯尊重祖宗爲國藩表也二宮拜授海內稱宜斯乃大吳興隆之基頃聞二宮並絕賓客遠近悚然大小失望竊從下風聽採衆論咸謂二宮智達英茂自正名建號於今三年德行內著美稱外昭西北二隅久所服聞謂陛下當副順遐邇所㠯歸德勤命二宮賓延四遠使異國聞聲思爲臣妾今既未垂意於此而發明詔省奪備衞抑絕賓客使四方禮敬不復得通雖實陛下敦尚古義欲令二宮專志於學不復顧慮觀聽小宜期於溫故博物而已然非臣下傾企喁喁之至願也或謂二宮不遵典式此臣所㠯寢息不寧就如所嫌猶宜補察密加斟酌不使遠近得容異言臣懼積疑成謗久將宣流而西北二隅去國不遠異同之語易㠯聞達聞達之日聲論當興將謂二宮有不順之愆不審陛下何㠯解之若無㠯解異國則亦無㠯釋境內境內守疑異國興謗非所㠯育巍巍鎮社稷也願陛下早發優詔使二宮周旋禮命如初則天淸地晏萬國幸甚矣（吳志孫霸傳）

與太常滕胤書

鍾離子幹吾昔知之不熟定見其在南海威恩部伍智勇分明加操行清純有古人之風（吳志鍾離牧傳注引會稽典錄）

私改胡綜太子賓友目

元遜才而疏子嘿精而很叔發辨而浮孝敬深而狹（吳志孫登傳注引江表傳）

案諸葛恪字元遜顧譚字子默謝景字叔發范慎字孝敬

殷禮

禮字德嗣雲陽人少爲郡吏守吳縣丞孫權爲吳王召除郎中赤烏中遷零陵太守

上言宜大舉伐魏

今天棄曹氏喪誅累見虎爭之際而幼童涖事陛下身自御戎取亂侮亡宜滌荊揚之地舉彊羸之數使彊者執戟羸者轉運西命益州軍于隴右授諸葛瑾朱然大衆指事襄陽陸遜朱桓別征壽春大駕入淮陽歷青徐襄陽壽春困於受敵長安㠯西務對蜀軍許洛之衆勢必分離掎角瓦解民必內應將帥對向或失便宜一軍敗績則三軍離心便當秣馬脂車陵蹈城邑乘勝逐北㠯定華夏若不悉軍動衆循前輕舉則不足大用易㠯屢退民疲威消時往力竭非出兵之策也（吳志大帝傳注引漢晉春秋零陵太守殷禮言於權權弗能用之）

姚信

信字元道寶鼎初爲太常有士緯十卷姚氏新書二卷集二卷

表請襃陸績女鬱生

臣聞唐虞之政舉善而教旌德擢異三王所先是㠯忠臣烈士顯

名國朝淑婦貞女表迹家閭蓋所㠯闡崇化業廣殖淸風使苟有令性幽明俱著苟懷懿姿士女同榮故王蠋建寒松之節而齊王表其里義姑立殊絕之操而魯侯高其門臣切見故鬱林太守陸績女子鬱生少履貞特之行幼立匪石之節年始十三適同郡張白侍廟三月婦禮未卒白遭罹家禍遷死異郡鬱生抗聲昭節義形於色冠蓋交橫誓而不許奉白姊妹嶮巇之中蹈履水火志懷霜雪義心固於金石體信貫於神明送終㠯禮邦士慕則臣聞昭德㠯行顯行㠯爵苟非名爵則勸善不嚴故士之有誄魯人志其勇杞婦見書齊人哀其哭乞蒙聖朝斟酌前訓上開天聰下垂坤厚褒鬱生㠯義姑之號㠯厲兩髦之節則皇風穆暢士女改視矣吳志陸績傳注引姚信集有表稱之曰云云

昕天論

嘗覽漢書云冬至日在牽牛去極遠夏至日在東井去極近欲㠯推日之長短信㠯太極處二十八宿之中央雖有遠近不能相倍若使天裹地如卵含雞地何所倚立而自安固若有四維柱石則天之運轉將㠯相害使無四維因水勢㠯浮則非立性也若天經地行乎水中則日月星辰之行將不得其性是㠯兩地之說下地則上地之根也天行乎兩地之閒矣今昕天之說㠯爲地形立於下天象運乎上譬如人爲靈蟲形最似天今人頤前侈臨胷而項不能覆背近取諸身故知天之體南低入地北則偏高也又冬至極低而天運近南故日去人遠而斗去人近北天氣至故冰寒也夏至極起而天運近北故斗去人遠日去人近南天氣至故蒸熱也極之高時日所行地中淺故夜短天去地高故晝長也極之低時日所行地中深故夜長天去地下淺故晝短也然則天行寒依于渾夏依於蓋也晉書天文志上宋書天文志一隋書天文志上御覽二

誠子

古人行善者非名之務非人之爲心自甘之㠯爲己度篤易不虧始終如一進合神契退同人道故神明祐之衆人尊之而聲名自顯榮祿自至其勢然也又有內折外同吐實懷詐見賢則暫自新退居則縱所欲聞譽則驚自飾見尤則棄善端凡失名位恆多怨而害善怨一人則衆人疾之害一善則衆人怨之雖欲陷人而進己不可得也祇所㠯自毀耳顧眞僞不可掩褒貶不可妄舍僞從實遺己察人可㠯通矣舍己就人去否適泰可㠯弘矣貴賤無常唯人所速苟善則匹夫之子可至王公苟不善則王公之子反爲凡庶可不勉哉藝文類聚二十三

周昭

昭字恭遠潁川人與韋昭薛瑩華覈同述吳書孫休時爲中書郎坐事誅有周子新論九卷

贈孫奇詩序

散騎侍郎武騎都尉孫奇字仲容年十七㠯秀才入侍帷幄余作詩一篇美而諷之御覽二百四十一引周紹新論郎昭之誤

新論論步騭嚴畯等

古今賢士大夫所㠯失名喪身傾家害國者其由非一也然要其大歸總其常患四者而已急論議一也爭名勢二也重朋黨三也務欲速四也急論議則傷人爭名勢則敗友重朋黨則蔽主務欲速則失德此四者不除未有能全者也當世君子能不然者亦比有之豈獨古人乎然論其絕異未若顧豫章諸葛使君步丞相嚴衞尉張奮威之爲美也論語言夫子恂恂然善誘人又曰成人之美不成人之惡豫章有之矣望之儼然卽之也溫聽其言也厲使君體之矣恭而安威而不猛丞相履之矣學不求祿心無苟得衞尉奮威蹈之矣此五君者雖德實有差輕重不同至於趣舍大檢不犯四者俱一揆也昔丁諝出於孤家吾粲由於牧豎豫章揚其

善以並陸全之列是以人無幽滯而風俗厚焉使君丞相衞尉三君昔以布衣俱以友善諸論者因各敘其優劣初先衞尉次丞相而後有使君也其後並事明主經營世務出處之才儀有不同先後之名須反其初此世常人所決勤薄也至於三君分好卒無虧損豈非古人交哉又魯橫江昔杖萬兵屯據陸口當世之美業也能與不能孰不願焉而橫江既亡衞尉應其選自以才非將帥深辭固讓終於不就後徙九列遷典八座榮不足以自曜祿不足以自奉至於二君皆位為上將窮富極貴衞尉既無求欲二君又不稱薦各守所志保其名好孔子曰君子矜而不爭羣而不黨斯有風矣又奮威之名亦三君之次也當一方之戍受上將之任與使君丞相不異也然歷國事論功勞實有先後故爵位之榮殊焉而奮威將處此決能明其部分心無失道之欲事無充詘之求每升朝堂循禮而動辭氣謇謇罔不惟忠叔嗣雖親貴言憂其敗蔡文至雖疏賤談稱其賢女配太子受禮若弔慷慨之趣惟篤人物成敗得失皆如所慮可謂守道見機好古之士也若乃經國家當軍旅於馳騖之際立霸王之功此五君者未為過人至其純粹履道求不苟得升降當世保全名行邈然絕俗實有所師故粗論其事以示後之君子（吳志步騭傳又見御覽四百四十五。）

又論薛瑩等

薛瑩王蕃器量綽異弘博多通樓玄清白節操文理條暢賀邵厲行貞潔機理清要韋曜篤學好古博覽羣籍有記述之才胡沖以為玄邵蕃一時清妙略無優劣必不得已玄宜在先邵當次之華覈詩賦之才有過於曜典誥不及也（御覽四百四十五。）

立交

交之為道起自羲皇造化之初君臣始立而有人倫上下之敘彖天地交泰以左右於民也唐虞三代莫不因之故交全情親則國安治強交敗情乖則國危治弱立交者欲其親也是故百姓不親禹作司徒疏者能睦廉頗相如忍忿以崇厚陳平周勃感陸生而相親所以安趙於強敵定漢於殆幾此交接之大義帝王之極務聞之於易曰交乃人倫之本務王道之大義也（御覽四百六引周昭新撰蓋新論之誤。）

韋昭

昭字弘嗣（陳壽避司馬文王諱追改名曜）吳郡雲陽人為丞相掾除西安令入拜尚書郎遷太子中庶子後為黃門侍郎孫休時歷中書郎博士祭酒孫皓嗣位封高陵亭侯遷中書僕射職省拜侍中領左國史鳳皇二年忤旨下獄誅有國語注二十一卷吳書五十五卷集二卷

雲陽賦

八鄉九市亭候二六列樹表塗路有廬宿（御覽一百九十四。）

甘蔗椑柿榛栗木瓜（御覽九百七十一引韋曜靈陽武賦列于潘岳閑居賦之前知靈是雲字武即賦之重出）

上鼓吹鐃歌十二曲表

當付樂官善歌者習歌（宋書樂志一。）

因獄吏上辭

囚荷恩見哀無與為比曾無芒氂有以上報孤辱恩寵自陷極罪念當灰滅長棄黃泉愚情慺慺竊有所懷貪令上聞囚昔見世間有古曆注其所紀載既多虛無在書籍者亦復錯謬囚尋按傳記考合異同采摭耳目所及以作洞紀起自庖犧至于秦漢凡為三卷當起黃武以來別作一卷事尚未成又見劉熙所作釋名信多佳者然物類眾多難得詳究故時有得失而爵位之事又有非是愚以官爵今之所急不宜乖誤囚自忘至微又作官職訓及辯釋名各一卷欲表上之新寫始畢會以無狀幽囚待命泯沒之日恨不上聞謹以先死列狀乞上言祕府於外料取呈內以聞追懼淺

敝。不合天聽。抱怖雀息。乞垂哀省。吳志韋曜傳。

國語解敘

昔孔子發憤於舊史。垂法於素王。左丘明因聖言吕攄意。託王義吕流藻。其淵原深大。沈懿雅麗。可謂命世之才。博物善作者也。其明識高遠。雅思未盡。故復采錄前世穆王吕來。下訖魯悼智伯之誅。邦國成敗。嘉言善語。陰陽律呂。天時人事逆順之數。吕爲國語。其文不主於經。故號曰外傳。所吕包羅天地。探測禍福。發起幽微。章表善惡者。昭然甚明。實與經藝並陳。非特諸子之倫也。遭秦之亂。幽而復光。賈生史遷頗綜述焉。及劉光祿於漢成世始更考校。是正疑謬。至於章帝。鄭大司農爲之訓注。解疑釋滯。昭晰可觀。至於細碎。有所闕略。侍中賈君敷而衍之。其所發明。大義略舉。爲已憭矣。然於文閒時有遺忘。建安黃武之閒。故侍御史會稽虞君。尚書僕射丹陽唐君。皆英才碩儒。洽聞之士也。采摭所見。因賈爲主

而損益之。觀其辭義。信多善者。然所理釋。猶有異同。昭吕末學淺闇寡聞。階數君之成訓。思事義之是非。愚心頗有所覺。今諸家並行。是非相貿。雖聰明疏達識機之士。知所去就。然淺聞初學。猶或未能祛過。切不自料。復爲之解。因賈君之精實。採虞唐之信善。亦吕所覺增潤補綴。參之吕五經。檢之吕內傳。吕世本考其流。吕爾雅齊其訓。去非要。存事實。凡所發正三百七事。又諸家紛錯。載述爲煩。是吕時有所見。庶幾頗近事情。裁有補益。猶恐人之多言。未詳其故。欲世覽者必察之也。明道本國語。

博奕論

蓋聞君子恥當年而功不立。疾沒世而名不稱。故曰學如不及。猶恐失之。是吕古之志士。悼年齒之流邁。而懼名稱之不立也。故勉精厲操。晨興夜寐。不遑寧息。經之吕歲月。累之吕日力。若甯越之勤。董生之篤。漸漬德義之淵。棲遲道藝之域。且吕西伯之聖。姬公之才。猶有日昃待旦之勞。故能隆興周道。垂名億載。況在臣庶。而可吕已乎。歷觀古今立功名之士。皆有累積殊異之迹。勞身苦體。契闊勤思。平居不墯其業。窮困不易其素。是吕卜式立志於耕牧。而黃霸受道於囹圄。終有榮顯之福。吕成不朽之名。故山甫勤於夙夜。而吳漢不離公門。豈有遊惰哉。今世之人多不務經術。好翫博奕。廢事棄業。忘寢與食。窮日盡明。繼吕脂燭。當其臨局交爭。雌雄未決。專精銳意。心勞體倦。人事曠而不脩。賓旅闕而不接。雖有太牢之饌。韶夏之樂。不暇存也。至或賭及衣物。徙棊易行。廉恥之意弛。而忿戾之色發。然其所志不出一枰之上。所務不過方罫之閒。勝敵無封爵之賞。獲地無兼土之實。技非六藝。用非經國。立身者不階其術。徵選者不由其道。求之於戰陣。則非孫吳之倫也。考之於道藝。則非孔氏之門也。吕變詐爲務。則非忠信之事也。吕劫殺爲名。則非仁者之意也。而空妨日廢業。終無補益。是何異設木

而擊之。置石而投之哉。且君子之居室也勤身吕致養。其在朝也竭命吕納忠。臨事且猶旰食。而何博奕之足耽。夫然。故孝友之行立。貞純之名彰也。方今大吳受命。海內未平。聖朝乾乾。務在得人。勇略之士。則受熊虎之任。儒雅之徒。則處龍鳳之署。百行兼苞。文武並騖。博選良才。旌簡旄俊。設程試之科。垂金爵之賞。誠千載之嘉會。百世之良遇也。當世之士。宜勉思至道。愛功惜力。吕佐明時。使名書史籍。勳在盟府。乃君子之上務。當今之先急也。夫一木之枰。孰與方國之封。枯棊三百。孰與萬人之將。袞龍之服。金石之樂。足吕兼棊局而貿博奕矣。假令世士移博奕之力而用之於詩書。是有顏閔之志也。用之於智計。是有良平之思也。用之於資貨。是有猗頓之富也。用之於射御。是有將帥之備也。如此則功名立而鄙賤遠矣。吳志韋曜傳。文選。藝文類聚七十四。

全三國文卷七十一終

全三國文卷七十二

烏程嚴可均校輯

吳十

王蕃

蕃字永元廬江人官尚書郎景帝時爲散騎中常侍加駙馬都尉監軍夏口歸命矦初復入爲常侍㠯迕意被殺有渾天象注一卷

渾天象說

虞書稱在琁璣玉衡㠯齊七政則今渾天儀日月五星是也鄭玄說動運爲機持正爲衡皆㠯玉爲之視其行度觀受禪是非也渾儀羲和氏之舊器歷代相傳謂之機衡其所由來有原統矣而斯器設在候臺史官禁密學者寡得聞見穿鑿之徒不解機衡之義見有七政之言因㠯爲北斗七星構造虛文託之讖緯史遷班固

猶尚惑之鄭玄有贍雅高遠之才沈靜精妙之思超然獨見改正其說聖人復出不易斯言矣（已上宋書天文志）渾儀㠯察三光分宿度象㠯著天體布星辰按斯二者㠯考於天蓋詳察矣（已上北堂書鈔一百三十已下並開元占經）幽平之後周室遂卑天子不能頒朔魯厤不正百有餘年㠯建申之月爲建亥而怪蟄蟲不伏也厤紀廢壞道術侵亂渾天之義傳之者寡末世之儒或不聞見各㠯私意爲天作說故有周髀宣夜之論宣夜之學絕無師法周髀見行於世考驗天狀多所違失依劉洪乾象厤之法而論渾天曰渾天之作由來尚矣考之於天信而有徵（已上四語依御覽二補）前儒舊說天地之體狀如鳥卵天包地外猶殼之裹黃也周旋無端其形渾渾然故曰渾天也周天三百六十五度五百八十九度之百四十五東西南北展轉周規半覆地上半在地下故二十八宿半見半隱㠯赤儀準之其見者常百八十二度有奇是㠯察知其半覆地上半隱地下其二端謂之

南極北極天之中也北極在正北出地三十六度南極在正南入地亦三十六度兩極相去一百八十二度半強衆星皆移而北極不徙猶車輪之有轂軸也繞北極徑二十二度常見不隱謂之上規繞南極七十二度常隱不見謂之下規是也上規去南極下規去北極皆一百四十四度半強㠯二規於渾儀爲中規赤道帶天之紘去兩極各九十一度少強黃道日之所行也半在赤道內與赤道東交於角五少弱西交於奎十四少強其出赤道外極遠者出赤道二十四度斗二十一度是也其入赤道內極遠者入赤道二十四度井二十五度是也日南至在斗二十一度去極百一十五度少強是日最南去極最遠故景最長黃道斗二十一度出辰入申故日出辰入申晝行地上百四十六度強故日短夜行地下二百一十九度少弱故夜長自南至之後日去極稍近故景稍短日晝行地上度稍多故日稍長夜行地下度稍少故

夜稍短日行度稍北故日出入稍北㠯至於夏至日在井二十五度去極六十七度少強是日最近北去極最近故景最短黃道井二十五度出寅入戌晝行地上二百一十九度少弱故日長夜行地下百四十六度少強故夜短自夏至之後日去極稍遠故景稍長日晝行地上度稍少故日稍短夜行地下度稍多故夜稍長日所在度稍南故出入稍南㠯至於南至而復初焉斗二十一度井二十五度南北相較四十八度春分日在奎十四少強秋分日在角五少弱此黃赤二度之交中也去極俱九十一度少強南北處斗二十一井二十五之中故景居二至長短之中奎十四角五出卯入酉故日亦出卯入酉日晝行地上夜行地下俱百八十二度半強故日見之漏五十刻不見之漏五十刻謂之晝夜同夫天之晝夜㠯日出爲分人之晝夜㠯昏明爲限日未出二刻半而明日入後二刻半而昏故損夜五刻㠯增晝刻是㠯春秋分之漏晝五

十五刻渾天遺周秦之亂師徒斷絕而喪其文唯渾儀尚在候臺是㠯不廢故其法可得言（御覽二法作陽推）至於纖微委曲闕而不傳蔡邕㠯為精微深妙百世不易之道（二語依御覽二補）周天里數無聞焉爾而洛書甄曜度春秋考異郵皆云周天一百七萬一千里至㠯日景驗之違錯甚多然其流行布在眾書通儒達士未之考正是㠯不敢背損舊術獨攎所見故按其說更課諸數以究其意也古歷皆云周天三百六十五度四分度之一皆分一百七萬一千里數為一度得二千九百三十二里七十一步二尺七寸四分四百八十七分分之三百六十二（已上十三字占經作大強二字依宋書天文志晉書天文志補改）斗下分為七百三十三里一十七步五尺一寸八分大弱三光之行不必有常術家㠯算追而求之故諸家之歷各有異同漢靈之末四分歷與天違錯時會稽東部都尉泰山劉洪善於推步乃考術官及史自古至今歷法原其進退之行察其出入之驗覩其往來度

其終始課較其法不能四分之一減㠯為五百八十九分之一百四十五更造乾象歷㠯追日月五星之行比於諸家最為精密今史官所用則其歷也故所作渾象諸分度節次及昏明中星皆更㠯乾象法作之周天一百七萬一千里㠯乾象法分之得二千九百三十二里八十步三尺九寸五分弱斗下分為七百二十一里二百五十九步四尺五寸二分弱乾象全度張古歷零度九步一尺二寸一分弱斗下分減古歷斗下分十一里五十八步六寸六分弱其大數俱一百七萬一千里斗下分減則全度純數使其然也又陸績云周天一百七萬一千里東西南北徑三十五萬七千里立徑亦然此蓋天黃赤道之徑數也渾天蓋天黃赤道周天度同故績取㠯言耳此言周三徑一也古少廣術用率圓周三中徑一臣更考之徑一不翅周三率周百四十二而徑四十五㠯徑率乘一百七萬一千里㠯周率約之得徑三十三萬九千四百五里

一百二十二步三尺二寸一分七十一分分之十東西南北及立徑皆同半之得十六萬九千七百二里二百一十一步一尺六寸百四十二分分之八十一地上去天之數也夫周天徑目前定物圖蓋天者尚不考驗而乃論天地之外日月所不照陰陽所不至目精所不及儀衡所不測皆為之說虛誕無徵是亦鄒子瀛海之類也臣謹更㠯晷景考周天里數按周禮大司徒之職立土圭之法測土深正日景㠯求地中日南則景短多暑日北則景長多寒日東則景夕多風日西則景朝多陰日至之景尺有五寸謂之地中鄭眾云土圭之長尺有五寸㠯夏至立八尺表中景適與圭等謂之地中今潁川陽城地為然鄭玄云凡日景於地千里而差一寸景尺有五寸者南戴日下萬五千里也誠㠯八尺之表而有尺五寸景是立八十而旁十五也南萬五千里而當日下則日當去其下地八萬里矣從日斜射陽城則天徑之半也天體圓如彈丸

地處天之半而陽城為中則日春秋冬夏昏明晝夜去陽城皆等無盈縮矣故知從日斜射陽城為天徑之半也㠯句股之法言之旁萬五千里則句也立八萬里則股也從日斜射陽城則弦也㠯句股求弦法入之得八萬一千三百九十四里三十步五尺三寸六分天徑之半而地上去天之數也倍之得十六萬二千七百八十八里六十一步四尺七寸二分天徑之數也㠯周率乘之徑率約之得五十一萬三千六百八十七里六十八步一尺八寸二分周天之數也減甄曜度考異郵五十五萬七千三百一十二里有奇一度凡一千四百六里百二十四步六寸四分十萬七千五百六十五分分之一萬九千四十九減舊度千五百二十五里二百五十六步三尺三寸二十一萬五千一百三十分分之十六萬七百三十夫末世之儒多妄穿鑿減增河洛竊作讖緯其言浮虛難悉攎用六官之職周公所制句股之術目前定數晷景之度事有明

驗。以此推之。近爲詳矣。黃赤二道相與交錯。其間相去二十四度。以兩游儀準之。二道俱三百六十五度有奇。又赤道見者常百八十二度半強。又南北考之。天見者亦一百八十二度半強。（又赤道下三十字依隋書天文志御覽二補。）是㠯知天體圓如彈丸。北極出地三十六度。南極入地亦三十六度。而南北極相去一百八十二度半強也。（已上三十四字依御覽二及隋書天文志補。）而陸績所作渾象。其形如鳥卵。㠯施二道。不得如法。若使二道同規。則其間相去不得滿二十四度。若令相去二十四度。則黃道當長於赤道。又兩極相去不翅百八十二度半強。案績說云。天東西徑三十五萬七千里。直徑亦然。則績意亦㠯天形爲正圓也。而渾象爲鳥卵。則器與言謬。爲自相違背。（已上占經有刪節。依隋書天文志補。）月行二十七日有奇而周天。其行半出黃道外。半入黃道內。在內謂之陰道。在外謂之陽道。其行陰陽道極遠者不過六度。黃道無常。諸家各異。各依其厤節氣所行宿度。尚書月令太初三統四分乾象各不同。昏明亦異。日行蹉跌。不遵常軌之所爲也。夫三光之行。雖有盈縮。天地之體常然不變。故諸家之厤皆不著渾象爲黃道。當各隨其厤而錯之。而今臣所施黃道。乾象法也。審校春秋二分。於先代諸厤差而冬夏二至恆在二分。張中蕃按渾象之法。地當在天中。其勢不便。故反觀其形。地爲外匡。於己解人無異。在內詭狀殊體。而合於理。可謂奇巧。古舊渾象㠯二分爲一度。凡周七尺三寸半分。漢張衡更制㠯四分爲一度。凡周一丈四尺六寸一分。臣㠯古制局小。㠯布星辰。相去稠概。不得了察。而張衡所作又復過大。難可轉移。前表聞㠯三分爲一度。事許。令臣所作周一丈九寸五分四分分之三。張古法三尺六寸五分四分分之一。減張衡亦三尺六寸五分四分分之一。渾象法。黃道赤道各廣一度有半。故今所作渾象。黃赤道各廣四分半。相去七寸二分。渾儀中筩爲璇璣。外規爲玉衡。（晉書天文志。宋書天文志。隋書天文志。北堂書鈔一百三十。開元占經一。御覽二。）

賀劭

劭字興伯。會稽山陰人。安東將軍齊孫。孫休時從中郎爲散騎中常侍。出爲吳郡太守。孫皓時入爲左典軍。遷中書令。領太子太傅。㠯譖被殺。

諫吳主皓疏

古之聖王所㠯潛處重闈之內而知萬里之情。垂拱衽席之上明照八極之際者。任賢之功也。陛下㠯至德淑姿。統承皇業。宜率身履道。恭奉神器。旌賢表善。㠯康庶政。自頃年㠯來。朝列紛錯。真僞相貿。上下空任。文武曠位。外無山嶽之鎮。內無拾遺之臣。佞諛之徒。拊翼天飛。干弄朝威。盜竊榮利。而忠良排墜。信臣被害。是㠯正士摧方。而庸臣苟媚。先意承旨。各希時趣。人執反理之評。士吐詭道之論。遂使清流變濁。忠臣結舌。陛下處九天之上。隱百重之室。言出風靡。令行景從。親洽寵媚之臣。日聞順意之辭。將謂此輩實賢。而天下已平也。臣心所不安。敢不㠯聞。臣聞興國之君。樂聞其過。荒亂之主。樂聞其譽。聞其過者過日消而福臻。聞其譽者譽日損而禍至。是㠯古之人君揖讓㠯進賢。虛己㠯求過。譬天位於乘犇。㠯虎尾爲警戒。至於陛下。嚴刑法㠯禁直辭。黜善士㠯逆諫臣。眩燿毀譽之實。沈淪近習之言。昔高宗思佐。夢寐得賢。而陛下求之如忘。忽之如遺。故常侍王蕃忠恪在公。才任輔弼。㠯醉酒之閒加之大戮。近鴻臚葛奚。先帝舊臣。偶有逆迕。昏醉之言耳。三爵之後。禮所不諱。陛下猥發雷霆。謂之輕慢。飲之醇酒。中毒隕命。自是之後。海內悼心。朝臣失圖。仕者㠯退爲幸。居者㠯出爲福。誠非所㠯保光洪緒。熙隆道化也。又何定本趨走小人。僕隸之下。身無錙銖之行。能無鷹犬之用。而陛下愛其佞媚。假其威柄。使定恃寵放恣。自擅威福。口正國議。手弄天機。上虧日月之明。下塞君子之路。

夫小人求入必進姦利定閒妄興事役發江邊戍兵㠯驅麋鹿結罝山陵芟夷林莽殫其九野之獸聚於重圍之內上無益時之分下有損耗之費而兵士罷於運送人力竭於驅逐老弱飢凍大小怨歎臣竊觀天變自比年㠯來陰陽錯謬四時逆節日食地震中夏隕霜參之典籍皆陰氣陵陽小人弄勢之所致也臣嘗覽書傳驗諸行事災祥之應所爲寒慄昔高宗脩己㠯消鼎雉之異宋景崇德㠯退熒惑之變願陛下上懼皇天譴告之誚下追二君攘災之道遠覽前代任賢之功近寤今日謬授之失清澄朝位旌敘俊乂放退佞邪抑奪姦勢如是之輩一勿復用廣延淹滯容受直辭祗承乾指敬奉先業則大化光敷天人望塞也傳曰國之興也視民如赤子其亡也㠯民爲草芥陛下昔韜神光潛德東夏㠯聖哲茂姿龍飛應天四海延頸八方拭目㠯成康之化必隆于旦夕也自登位㠯來法禁轉苛賦調益繁中宮內豎分布州郡橫興事役競造姦利百姓罹杼軸之困黎民罷無已之求老幼飢寒家戶菜色而所在長吏迫畏罪負嚴法峻刑苦民求辦是㠯人力不堪家戶離散呼嗟之聲感傷和氣又江邊戍兵遠當㠯拓土廣境近當㠯守界備難宜時優育㠯待有事而徵發賦調煙至雲集衣不全裋褐食不贍朝夕出當鋒鏑之難入抱無聊之感是㠯父子相棄叛者成行願陛下寬賦除煩振恤窮乏省諸不急盪禁約法則海內樂業大化普洽夫民者國之本食者民之命也今國無一年之儲家無經月之畜而後宮之中坐食者萬有餘人內有離曠之怨外有損耗之費使庫廩空於無用士民飢於糟糠又北敵注目伺國盛衰陛下不恃己之威德而怙敵之不來忽四海之困窮而輕虜之不爲難誠非長策廟勝之要也昔大皇帝勤身苦體創基南夏割據江山拓土萬里雖承天贊實由人力也餘慶遺祚至於陛下陛下宜勉崇德器㠯光前烈愛民養士保全先軌何可忽顯祖之功勤輕難得之大業忘天下之不振替興衰之巨變哉臣聞否泰無常吉凶由人長江之限不可久恃苟我不守一葦可航也昔秦建皇帝之號據殽函之阻德化不脩法政苛酷毒流生民忠臣杜口是㠯一夫大呼社稷傾覆近劉氏據三關之險守重山之固可謂金城石室萬世之業任授失賢一朝喪沒君臣係頸共爲羈僕此當世之明鑒目前之炯戒也願陛下遠考前事近鑒世變豐基彊本割情從道則成康之治興而聖祖之祚隆矣（吳志賀劭傳）

張譓

譓字彥承上虞人

與丁孝正書

吾聞班固善揚孫之省葬惡始皇之飾終夫倮㠯矯世君子弗爲若乃據周公之定品依延州而成事取中庸㠯建基獲美稱於當世不亦優哉□□□□□□□□

全三國文卷七十二終

姓下當有名字

全三國文卷七十三

吳十一

烏程嚴可均校輯

張純

純字元基，吳郡人，海昏令張惇子。拜郎中，補廣德令，擢爲太子輔義都尉。見御覽三百八十九引吳書。案，後漢初有張純，與此同姓。

賦席

席以冬設，簟爲夏施，揖讓而坐，君子攸宜。吳志朱桓傳注引文士傳，又藝文類聚六十九引雜記。

朱異

異字季文，吳郡吳人，前將軍桓子。拜騎都尉，代桓領兵。赤烏中拜偏將軍，遷揚武將軍。建興初，遷鎮南將軍。太平二年，假節爲大都督，爲孫綝所殺。

賦弩

南嶽之幹，鍾山之銅，應機命中，獲隼高墉。吳志朱桓傳注引文士傳。

張儼

儼字子節，吳人，官大鴻臚。有默記三卷，集一卷。

賦犬

守則有威，出則有獲，韓盧宋鵲，書名竹帛。吳志朱桓傳注引文士傳。

請立太子師傅表

昔賈誼爲漢文帝陳周成王爲太子，以周公爲傅，召公爲太保，呂望爲太師，又立三少，皆上大夫，使與太子居處，左右前後，皆正人也。明禮義以導習之，故能光熙文武，興隆周室。伏惟陛下，命世應期，開拓土宇。此句依文選顏延年宋郊祀歌注補。順乾作主，皇太子以天然之姿，爲國上嗣。朝廷以四海未定，國家多事，師傅之官，闕而未備。臣愚以爲高祖初基，天下造創，引張良、叔孫通出爲師保，入與朝政，宜博采周漢，依舊儀用將相名官，輔弼太子。於是以熙贊洪業，增輝日月，實爲光大也。藝文類聚十六。

默記述佐篇

漢朝傾覆，天下崩壞，豪傑之士，競希神器。魏氏跨中土，劉氏據益州，並稱兵海內，爲世霸王。諸葛司馬二相，遭值際會，託身盟主，或收功於蜀漢，或冊名於伊洛。丕備既沒，後嗣繼統，各受保阿之任，輔翼幼主，不負然諾之誠，亦一國之宗臣，霸王之賢佐也。歷前世以觀近事，二相優劣，可得而詳也。孔明起巴蜀之地，蹈一州之土，方之大國，其戰士人民，蓋有九分之一也，而以貢贄大吳，抗對北敵，至使耕戰有伍，刑法整齊，提步卒數萬，長驅祁山，慨然有飲馬河洛之志。仲達據天下十倍之地，杖兼幷之衆，據牢城，擁精銳，無禽敵之意，務自保全而已，使彼孔明自來自去。若此人不亡，終其志意，連年運思，刻日興謀，則涼雍不解甲，中國不釋鞌，勝負之勢，亦已決矣。昔子產治鄭，諸侯不敢加兵，蜀相其近之矣。方之司馬，不亦優乎。或曰，兵者凶器，戰者危事也。有國者不務保安境內，綏靜百姓，而好開闢土地，征伐天下，未爲得計也。諸葛丞相誠有匡佐之才，然處孤絕之地，戰士不滿五萬，自可閉關守險，君臣無事。空勞師旅，無歲不征，未能進咫尺之地，開帝王之基，而使國內受其荒殘，西土苦其役調。魏司馬懿才用兵衆，未易可輕，量敵而進，兵家所慎。若丞相必有以策之，則未見坦然之勳；若無策以裁之，則非明哲之謂，海內歸向之意也。余竊疑焉，請聞其說。答曰：蓋聞湯以七十里，文王以百里之地，而有天下，皆用征伐而定之。揖讓而登王位者，惟舜禹而已。今蜀魏爲敵戰之國，勢不俱王，自操備時，彊弱縣殊，而備猶出兵陽平，禽夏侯淵。羽圍襄陽，將降曹仁，生獲于禁。當時北邊大小憂懼，孟德身出南陽，樂進、徐晃等爲救，圍不卽解，故蔣子通言彼時有徙許渡河之計。會國家襲取南郡，羽乃解軍。玄德與操智力多少，士衆衆寡，用兵行軍之道，不可同年而語，猶能暫以取勝，是時又無大吳掎角之勢也。今仲達之才，減於孔明，當時之勢，異於曩日，玄德尚與抗衡，孔明何以不可出軍而圖敵邪？昔樂毅以弱燕之衆，兼從五國之兵，長驅下齊七十餘城。今蜀漢之卒，不少燕軍，君臣之接，信於樂毅，加以國家爲脣齒之援，東西相應，首尾如蛇，形勢重大，不比於五國之兵也，何憚於彼而不可哉？夫兵以奇勝，制敵以智，土地廣狹，人馬多少，未可偏恃也。余觀彼治國之體，當時既肅整，遺教在後，及其辭意懇切，陳進取之圖，忠謀謇謇，義形於主，雖古之管、晏，何以加之乎？（蜀志諸葛亮傳注引吳大鴻臚張儼默記。又見御覽四百四十五。）

失題

威振六合。（書鈔十三引張儼默記。）

孟宗

宗字恭武，江夏人，避孫皓字改名仁。初爲朱據驃騎軍吏，嘉禾中除監池司馬，遷吳令，母憂去職，後累遷光祿勳，永安中轉右御史大夫，寶鼎初拜司空，守丞相，建衡三年卒官。

辭典糧穀表

臣昔爲雷池監，母三年不食魚，臣若典糧穀，臣母不可以三年不食米。臣是以死守之。（御覽四百十三引孟宗別傳。）

李衡

衡爲丹陽太守。

臨死敕其子

吾州里有木奴千頭，不責衣食，歲絹千匹。太史公曰：江陵千樹橘，可當封君。此之謂矣。（水經沅水注。）

張勝

勝爲左中郎，有桂陽先賢畫贊一卷。

桂陽先賢畫贊

羅陵

朱陽羅陵，果而好義，汲郡府君爲州章，陵被掠拷，慘加五毒，受刀截舌，以著盤中，獻之廷尉，羣公義之，事得清理。（御覽四百二十一。案：汲郡府君爲州章，謂郡太守爲刺史所劾，挂于奏章也。）

成武丁

成武丁，郴人，能達鳥鳴。爲郡主簿，與衆人俱坐，聞雀鳴而笑曰：東市輦粟車覆，雀相呼往食之。衆人遣視，信然。（藝文類聚八十五。）

張約　朱恩

約、恩並官散騎常侍。

密書與諸葛恪

今日張設非常，疑有他故。（吳志諸葛恪傳。）

劉廞

廞一作欽，爲太子中庶子，有新議十八卷。

新議

夫交接者，人道之本始，紀綱之大要，名由之成，事由之立。（御覽四百六引劉欽新議。）

交之於人也，猶脣齒之相濟。（同上。）

才非交不用，名非交不發，身非交不立。（同上。）

聶友

友字文悌，豫章人，初爲縣吏，虞翻薦于太守謝斐，用爲功曹，使至都，與諸葛恪善，後爲將，討儋耳，還拜丹陽太守，恪誅，爲孫峻所忌，以憂卒。

諫諸葛恪書

大行皇帝本有遏東關之計，計未施行。今公輔贊大業，成先帝之志，寇遠自送，將士憑賴威德，出身用命，一旦有非常之功，豈非宗

廟神靈社稷之福耶。宜且案兵養鋭，觀釁而動。今乘此勢，欲復大出，天時未可，而苟任盛意，私心以爲不安。（吳志諸葛恪傳）

與滕胤書

當人彊盛，河山可拔；一朝羸縮，人情萬端。言之悲歎。（吳志諸葛恪傳。）

臧均

均，臨淮人。

乞收葬諸葛恪表

臣聞震雷電激，不崇一朝；大風衝發，希有極日。然猶繼以雲雨，因以潤物。是則天地之威，不可經日浹辰；帝王之怒，不宜訖情盡意。臣以狂愚，不知忌諱，敢冒破滅之罪，以邀風雨之會。伏念故太傅諸葛恪得承祖考風流之烈，伯叔諸父遭漢祚盡，九州鼎立，分託三方，並履忠勤，熙隆世業。爰及於恪，生長王國，陶育聖化，致名英偉，服事累紀，禍心未萌，先帝委以伊周之任，屬以萬機之事。恪素性剛愎，矜己陵人，不能敬守神器，穆靜邦內，興功暴師，未期三出，虛耗士民，空竭府藏，專擅國憲，廢易由意，假刑劫衆，大小屏息。侍中武衛將軍都鄉侯俱受先帝囑託之詔，見其姦虐，日月滋甚，將恐蕩搖宇宙，傾危社稷，奮其威怒，精貫昊天，計慮先於神明，智勇百於荆聶，躬持白刃，梟恪殿堂，勳超朱虛，功越東牟。國之元害，一朝大除，馳首徇示，六軍喜踊，日月增光，風塵不動，斯實宗廟之神靈，天人之同驗也。今恪父子三首，縣市積日，觀者數萬，詈聲成風。國之大刑，無所不震，長老孩幼，無不畢見。人情之於品物，樂極則哀生，見恪貴盛，世莫與貳，身處台輔，中間歷年，今之誅夷，無異禽獸，觀訖情反，能不憯然！且已死之人，與土壤同域，鑿掘斫刺，無所復加。願聖朝稽則乾坤，怒不極旬，使其鄉邑若故吏民收以士伍之服，惠以三寸之棺。昔項籍受殯葬之施，韓信獲收斂之恩，斯則漢高發神明之譽也。惟陛下敦三王之仁，垂哀矜之心，使國澤加

於辜戮之骸，復受不已之恩，於以揚聲遐方，沮勸天下，豈不弘哉！昔欒布矯命彭越，臣竊恨之，不先請主上，而專名以肆情，其得不誅，實爲幸耳。今臣不敢章宣愚情，以露天恩，謹伏手書，冒昧陳聞，乞聖朝哀察。（吳志諸葛恪傳。）

徐整

整字文操，豫章人，爲太常卿。有毛詩譜三卷。

答問大夫子降服

問者云：若父已卒，已未爲大夫，故猶士耳。未審庶子及昆弟當服降否？答云：大夫之子，從乎大夫而降，至於父卒，則如國人也。（通典九十二。）

射慈

慈字孝宗，彭城人，（一作謝慈。）爲中書郎，領齊王奮傅，以諫被殺。有喪服圖及變除五卷。

喪服變除

天子子之子封爲諸侯，天子皆不服也。（通典八十。）

天子弔三公，弁絰錫縗；弔大夫士，皆弁絰疑縗；弔畿內諸侯，弁絰緦縗服。（通典八十一。）

始聞喪，去吉冠，著素弁，十五升布深衣，從其君哭太廟阼階下，祖免，即位，成踊，襲絰，吉屨無絇，張帷爲次於其所舍，別內外，蔬食飲水。牡麻絰，全成服，服四十升半緦布縗，縷裳細而疏，其冠八升，縷帶中衣領袖緣亦如之。七月而除，受以朝服素冠，踰月復吉。（通典八十一。）

徐整問射慈曰：諸侯之大夫時會見於天子，故爲緦縗七月。不知此大夫時以何事而得見之也？遠國大夫在蕃荒服者，未嘗及見天子，亦爲服不？答曰：諸侯之大夫有出朝聘之事，會見天子，故言時會。雖未會見，猶服此服。士已下則無服。（通典八十一。）

徐整問爲姑姊長殤在大功下殤在小功爲姊下殤已下緦六七歲未成童子爲父母不杖不廬不菲至童猶尚不備今此何以越得爲姊殤服備大功小功之制乎十七八尚可恕六七歲兒誰能服此繐麻射慈答六七歲雖未爲童其姊死故宜若布深衣（通典八十一）

射慈云諸侯之女爲天子后爲天王之親服隨天王而降一等諸侯之女爲后爲其父母及昆弟爲父後者服齊縗其宗子亦不降

徐整云諸侯女嫁爲天王后爲外親尊同則如邦人爲君之長子三年也（通典八十一）

徐整問云經言爲君夫人不道爲其妻然則公卿諸侯之妻不爲皇后服耶射慈答曰皇后天下之母則宜服周禮君命其夫后夫人亦宜命其婦其受命則不宜無服（通典八十一）

爲父既葬日中反哭諸侯於太祖廟別子爲卿大夫亦於太祖廟其非別子爲卿大夫於皇考廟上士於皇考廟中士下士於王考廟皆升自西階東向哭踊虞祭於殯宮（通典八十七）

爲廬當就繼母之家若遠不得往者則別爲異室亦有廬變除堊室及禫如親子也亦報子周不言報者凡經中之文悉報也（通典八十九）

徐整問曰出妻之子爲其母及父卒繼母嫁爲之服報皆周也二母既出則爲絕族今子爲之服皆當於何處爲位有廬堊室不出母亦當報其子不繼母報子於何處制服豈止所適者之家爲哭位乎又當有禫不射慈答曰當就出母之家若遠不得往也可別爲異室亦有廬變除堊室及禫如親子也母亦報子周也（通典八十九）

徐整問曰婦人爲君服周則諸侯夫人士爲天子服比也其聞喪之儀衣麻之數哭泣之位變除之節如周制將復有異也射慈答曰其畿內諸侯夫人有助祭之禮則始喪之時悉當到京師復當

還耳其畿外諸侯聞喪則當於路寢庭發喪夫人當堂上也變除之節皆如周服之制也（通典九十）

徐整問射慈曰八歲以上爲殤者服未滿八歲爲無服假令子以元正月生七歲十二月死此爲七歲則無服也或以元年十二月生以八年正月死以但踐八年計其日月適六歲耳然號爲八歲日月甚少全七歲者日月爲多若人有二子各死如此其七歲者獨無服則父母之恩有偏頗答曰凡制數自以生月計之不以歲也問曰無服之殤以日易月哭之於何處有位無答曰哭之無位禮葬下殤于園中則無服之殤亦於園也其哭之就園也（通典九十）

徐整問射慈云子思哭嫂爲位在何面加麻袒免爲位不審服此有日數乎慈答云凡喪位皆西面服皆麻者謂大殮及殯之時已畢而釋之（通典九十二）

皆麻之皆當作加

諸侯之女爲諸侯夫人服諸侯之親隨諸侯降一等還爲族親則皆降之（通典九十三）

傳曰尊同則得服其親服言尊同者諸侯爲卿大夫母隨本親則不降也諸侯女爲諸侯夫人不降父母昆弟之服及父後者大夫妻唯父母昆弟爲父後者宗子不降也（通典九十三）

雖緦必往親骨肉也雖鄰不往疏無親也（通典九十七）

三年周歲喪沒閏九月以下數閏也（通典一百）

徐整問射慈云改葬緦其奠如大斂從廟之廟從墓至墓禮宜同也又此大斂謂如始死之大斂耶從廟謂從何廟牲物何用慈答奠如大斂奠士大斂特豚從禰廟朝祖廟從故墓之新墓皆用特豚大夫以上其禮亡以此推之大夫奠用特豚天子太牢諸侯少牢（通典一百二）

射慈答徐整問改葬虞曰不在殯宮又不爲位何反虞之有（通典一百二）

徐整問射慈曰。久喪不除。小祥練可知耳。有故未得葬。遂至二十八月。服制已過。可得變否。豈服十年五年至葬乃止乎。答云。主雖不得變。其餘旁親亦不除。日月竟自釋之耳。通典一百三

紀隲

隲。丹陽人。尚書令亮子。累官至中書令。有集三卷。

上吳主皓表

臣稟氣淺薄。體不及衆。形容短陋。訥口弱顏。御覽□□□□□□

全三國文卷七十三終

全三國文卷七十四

烏程嚴可均校輯

吳十二

華覈

覈字承先，吳郡武進人。爲上虞尉、典農都尉，以文學入爲祕府郎，遷中書丞。歸命侯卽位，封徐陵亭侯，後遷東觀令，領右國史。天冊元年以微譴免。有集五卷。

車賦

鞍罽緝裘，珠輪玉光。（初學記二十五。）

奏薦陸胤

胤天姿聰朗，才通行絜，昔歷選曹，遺迹可紀。還在交州，奉宣朝恩，流民歸附，海隅肅清。蒼梧、南海，歲有舊風障氣之害，風則折木，飛砂轉石，氣則霧鬱，飛鳥不經。自胤至州，風氣絕息，商旅平行，民無

疾疫，田稼豐稔。州治臨海，海流秋鹹，胤又畜水，民得甘食。惠風橫被，化感人神，遂憑天威，招合遺散。至被詔書當出，民感其恩，以忘戀土，負老攜幼，甘心景從，衆無攜貳，不煩兵衞。自諸將合衆，皆脅之以威，未有如胤結以恩信者也。銜命在州，十有餘年，賓帶殊俗，寶玩所生，而內無粉黛附珠之妾，家無文甲犀象之珍，方之今臣，實難多得。宜在輦轂，股肱王室，以贊唐虞康哉之頌。江邊任輕，不盡其才，虎林選督，堪之者衆。若召還都，寵以上司，則天工畢脩，庶績咸熙矣。（吳志陸凱附傳。）

表薦陸禕

禕體質方剛，器幹彊固，董率之才，魯肅不過。及被召當下，徑還赴都，道由武昌，曾不迴顧，器械軍資，一無所取。在戎果毅，臨財有節。夫夏口賊之衝要，宜選名將以鎭戍之。臣竊思惟，莫善於禕。（吳志陸凱附傳。）

聞蜀亡詣宮門上表

間聞賊衆蟻聚向西境，西境艱險，謂當無虞。定聞陸抗表至，成都不守，臣主播越，社稷傾覆。昔衞爲翟所滅，而桓公存之；今道里長遠，不可救振，失委附之土，棄貢獻之國，臣以草芥，竊懷不寧。陛下聖仁，恩澤遠撫，卒聞如此，必垂哀悼。臣不勝忡悵之情，謹拜表以聞。（吳志華覈傳。）

表

今雖遣大夫循行風俗，銜命糾察，黜陟爲名，揚虎視之威，厲秋鷹之爪。然其人或畏威結舌，未肯言人短也。（北堂書鈔四十。）

諫吳主皓盛夏興工疏

臣聞漢文之世，九州晏然，秦民喜去慘毒之苛政，歸劉氏之寬仁，省役約法，與之更始。分王子弟，以藩漢室，當此之時，皆以爲泰山之安，無窮之基也。至於賈誼，獨以爲可痛哭及流涕者三，可爲長

歎息者六。乃曰當今之勢何異抱火於積薪之下而寢其上，火未及然而謂之安。其後變亂，皆如其言。臣雖下愚，不識大倫，竊以曩時之事，揆今之勢。誼云復數年間，諸王方剛，漢之傅相稱疾罷歸，欲以此爲治，雖堯舜不能安。今大敵據九州之地，有太半之衆，習攻戰之餘術，乘戎馬之舊勢，欲與中國爭相吞之計，其猶楚漢勢不兩立，非徒漢之諸王淮南濟北而已。誼之所欲痛哭，比今爲緩，抱火臥薪之喻，於今而急。大皇帝覽前代之如彼，察今勢之如此，故廣開農桑之業，積不訾之儲，恤民重役，務養戰士，是以大小感恩，各思竭命。期運未至，早棄萬國，自是之後，彊臣專政，上詭天時，下違衆議，忘安存之本，邀一時之利，數興軍旅，傾竭府藏，兵勞民困，無時獲安。今之存者，乃創夷之遺衆，哀苦之餘民耳。遂使軍資空匱，倉廩不實，布帛之賜，寒暑不周，重以失業，家戶不贍。而北積穀養民，專心東向，無復他警。蜀爲西藩，土地險固，加承先主統御

之術。謂其守御足已長久。不圖一朝奄至傾覆。脣亡齒寒。古人所懼。交州諸郡國之南土。交阯九眞二郡已沒。日南孤危。存亡難保。合浦已北。民皆搖動。因連避役。多有離叛。而備戍減少。威鎮轉輕。常恐呼吸。復有變故。昔海虜窺窬東縣。多得離民。地習海行。狃於往年。鈔盜無日。今胷背有嫌。首尾多難。乃國朝之厄會也。誠宜住建立之役。先備豫之計。勉墾殖之業。爲饑乏之救。惟恐農時將過。東作向晚。有事之日。整嚴未辨。若舍此急。盡力功作。卒有風塵不虞之變。當委版築之役。應烽燧之急。驅怨苦之衆。赴白刃之難。此乃大敵所因爲資也。如但固守。曠日持久。則軍糧必乏。不待接刃。而戰士已困矣。昔太戊之時。桑穀生庭。懼而修德。怪消殷興。熒惑守心。宋已爲災。景公下從瞽史之言。而熒惑退舍。景公延年。夫脩德於身。而感異類。言發於口。而通神明。臣已愚蔽。誤忝近署。不能翼宣仁澤。已感靈祇。仰慙俯愧。無所投處。退伏思惟。熒惑桑穀之異。天示二主。至如他餘錙介之妖。近是門庭小神所爲。驗之天地。無有他變。而徵祥符瑞。前後屢臻。明珠既覿。白雀繼見。萬億之祚。實靈所挺。已九域爲宅。天下爲家。不與編戶之民轉徙同也。又今之宮室。先帝所營。卜土立基。非爲不祥。又楊市土地。與宮連接。若大功畢竟。輿駕遷住。門行之神。皆當轉移。猶恐長久。未必勝舊。屢遷不可。留則有嫌。此乃愚臣所已夙夜爲憂灼也。臣省月令。季夏之月。不可已興土功。不可已會諸侯。不可已起兵動衆。舉大事必有天殃。今雖諸侯不會。諸侯之軍與會無異。六月戊己。土行正王。既不可犯。加又農月。時不可失。昔魯隱公夏城中丘。春秋書之。垂爲後戒。今築宮爲長世之洪基。而犯天地之大禁。襲春秋之所書。廢敬授之上務。臣已愚管。竊所未安。又恐所召離民。或有不至。討之則廢役興事。不討日月滋慢。若悉並到。大衆聚會。希無疾病。且人心安則念善。苦則怨叛。江南精兵。北土所難。欲已十卒當東一

人。天下未定。深可憂惜之。如此宮成。死叛五千。則北軍之衆更增五萬。若到萬人。則倍益十萬。病者有死亡之損。叛者傳不善之語。此乃大敵所已歡喜也。今當角力中原。已定彊弱。正於際會。彼益我損。加已勞困。此乃雄夫智士所已深憂。臣聞先王治國。無三年之儲。曰國非其國。安寧之世。戒備如此。況敵彊大。而忽農忘畜。今雖頗種殖。間者大水沈沒。其餘存者。當須耘獲。而長吏怖期上方諸郡。身涉山林。盡力伐材。廢農棄務。士民妻孥。羸小墾殖。又薄若有水旱。則永無所獲。州郡見米。當待有事。冗食之衆。仰官供濟。若上下空乏。運漕不供。而北敵犯疆。使周召更生。良平復出。不能爲陛下計明矣。臣聞君明者臣忠。主聖者臣直。是已懷懷。昧犯天威。乞垂哀省。吳志華覈傳。

上務農禁侈疏

今寇虜充斥。征伐未已。居無積年之儲。出無應敵之畜。此乃有國者所宜憂也。夫財穀所生。當出於民。趨時務農。國之上急。而都下諸官。所掌別異。各自下調。不計民力。輒與近期。長吏畏罪。晝夜催民。委舍佃事。遑赴會日。定送到都。或蘊積不用。而徒使百姓消力失時。到秋收月。督其限入。奪其播殖之時。而責其今年之稅。如有逋懸。則籍沒財物。故家戶貧困。衣食不足。宜暫息衆役。專心農桑。古人稱一夫不耕。或受其飢。一女不織。或受其寒。是已先王治國。惟農是務。軍興已來。已向百載。農人廢南畝之務。女工停機杼之業。推此揆之。則蔬食而長飢。薄衣而履冰者。固不少矣。臣聞主之所求于民者二。民之所望于主者三。二謂求其爲已勞也。求其爲已死也。三謂飢者能食之。勞者能息之。有功者能賞之。民已致其二事。而主失其三望者。則怨心生而功不建。今帑藏不實。民勞役猥。主之二求已備。民之三望未報。且飢者不待美饌而後飽。寒者不俟狐貉而後溫。爲味者口之奇。文繡者身之飾也。今事多而役

繁。民貧而俗奢。百工作無用之器。婦人爲綺靡之飾。不勤麻枲。並繡文黼黻。轉相倣效。恥獨無有。兵民之家。猶復逐俗。內無擔石之儲。而出有綾綺之服。至於富賈商販之家。重㠯金銀。奢恣尤甚。天下未平。百姓不贍。宜一生民之原。豐穀帛之業。而棄功于浮華之巧。妨日於侈靡之事。上無尊卑等級之差。下有耗財費力之損。今吏士之家。少無子女。多者三四。少者一二。通令戶有一女。十萬家則十萬人。人織績一歲一束。則十萬束矣。使四疆之內同心戮力。數年之間。布帛必積。恣民五色。惟所服用。但禁綺繡無益之飾。且美貌者不待華采㠯崇好。豔姿者不待文綺㠯致愛。五采之飾。足㠯麗矣。若極粉黛。窮盛服。未必無醜。婦廢華采。去文繡。未必無美人也。若實如論。有之無益。廢之無損者。何愛而不暫禁㠯充府藏之急乎。此救乏之上務。富國之本業也。使管晏復生。無㠯易此。漢之文景。承平繼統。天下已定。四方無虞。猶㠯彫文之傷農事。錦繡之害女工。開富國之利。杜飢寒之本。況今六合分乖。豺狼充路。兵不離疆。甲不釋帶。而可㠯不廣生財之原。充府藏之積哉。吳志華覈傳。

乞赦樓玄疏

臣竊㠯治國之體。其猶治家。主田野者。皆宜良信。又宜得一人總其條目。爲作維綱。衆事乃理。論語曰。無爲而治者。其舜也與。恭己正南面而已。言所任得其人。故優游而自逸也。今海內未定。天下多事。事無大小。皆當關聞。動經御坐。勞損聖慮。陛下既垂意博古。綜極藝文。加勤心好道。隨節致氣。宜得閑靜㠯展神思。呼翕清淳。與天同極。臣夙夜思惟。諸吏之中。任幹之事。足委杖者。無勝於樓玄。玄清忠奉公。冠冕當世。衆服其操。無與爭先。夫清者則心平而意直。忠者惟正道而履之。如玄之性。終始可保。乞陛下赦玄前愆。使得自新。擢之宰司。責其後效。使爲官擇人。隨才授任。則舜之恭己。近亦可得。吳志樓玄傳。

上疏請召還薛瑩

臣聞五帝三王。皆立史官。敍錄功美。垂之無窮。漢時司馬遷班固。咸命世大才。所撰精妙。與六經俱傳。大吳受命。建國南土。大皇帝末年。命太史令丁孚郎中項峻始撰吳書。孚峻俱非史才。其所撰作。不足紀錄。至少帝時。更差韋曜周昭薛瑩梁廣及臣五人。訪求往事。所共撰立。備有本末。昭廣先亡。曜負恩蹈罪。瑩出爲將。復㠯過徙。其書遂委滯。迄今未撰奏。臣愚淺才劣。適可爲瑩等記注而已。若使撰合。必襲孚峻之跡。懼墜大皇帝之元功。損當世之盛美。瑩涉學既博。文章尤妙。同寮之中。瑩爲冠首。今者見吏。雖多經學。記述之才。如瑩者少。是㠯慺慺爲國惜之。實欲使卒垂成之功。編於前史之末。奏上之後。退塡溝壑。無所復恨。吳志薛綜傳。皓下瑩獄。徙廣州。右國史華覈上疏云云。

上疏救韋曜

曜運值千載。特蒙哀識。㠯其儒學。得與史官。貂蟬內侍。承合天問。聖朝仁篤。愼終追遠。迎神之際。垂涕敕曜。曜愚惑不達。不能敷宣陛下大舜之美。而拘繫史官。使聖趣不敍。至行不彰。實曜愚蔽當死之罪。然臣慺慺。見曜自少勤學。雖老不倦。探綜墳典。溫故知新。及意所經識。古今行事。外吏之中。少過曜者。昔李陵爲漢將。軍敗不還而降匈奴。司馬遷不加疾惡。爲陵遊說。漢武帝㠯遷有良史之才。欲使畢成所撰。忍不加誅。書卒成立。垂之無窮。今曜在吳。亦漢之史遷也。伏見前後符瑞彰著。神指天應。繼出累見。一統之期。庶不復久。事平之後。當觀時設制。三王不相因禮。五帝不相沿樂。質文殊塗。損益異體。宜曜輩依準古義。有所改立。漢氏承秦。則有叔孫通定一代之儀。曜之才學。亦漢通之次也。又吳書雖已有頭角。敍贊未述。昔班固作漢書。文辭典雅。後劉珍劉毅等作漢記。遠不及固。敍傳尤劣。今吳書當垂千載。編次諸史。後之才士。論次善

宜下脫得字

惡非得良才如曜者實不可使闕不朽之書如臣頑蔽誠非其人曜年已七十餘數無幾乞赦其一等之罪爲終身徒使成書業永足傳示垂之百世謹通進表叩頭百下（吳志韋曜傳）

奉赦草對

吝覈小臣草芥凡庸遭眷値聖受恩特隆越從朽壤蟬蛻朝中熙光紫闥青璅是憑毖挹清露沐浴凱風效無絲氂負闕山崇滋潤含垢恩貸累重穢質被榮局命得融欲報罔極委之皇穹聖恩雨注哀棄其尤猥命草對潤被下愚不敢違敕懼速罪誅冒承詔命魂逝形留（吳志華覈傳）

皇象

象字休明廣陵江都人仕吳至侍中

上言

臣象言頑闇空薄加以年老凡百乖穢無所聞宜特蒙哀傷殊異之遇安感騎乘之權遊息之燕消和足使忘軀命榮觀足以光心膂延望翹翹念在效報而蕭走垂須終何才力以答新恩唯尚有借近趙走文過首貧倘尋天恩智方當私成無往顏愛自彌文唯（淳化閣帖二）

書

想必醉令作醴梅相待（御覽八百六十一）

與友人論草書

欲見草書宜得精毫䙬筆委曲宛轉不叛散者紙當得滑密不粘污者墨又須多膠紺黝者如逸豫之餘手調適而心佳娛可以小展

尺書

太子屛風存此已久而未得之（廣川書跋）

邵疇

疇字溫伯會稽人爲郡功曹

詣吏自列

不白妖言事出於己非府君罪（吳志孫皓傳鳳皇三年會稽妖言章安侯奮當爲天子臨海太守奚熙與會稽太守郭誕書非論國政誕但白熙書不白妖言注引會稽邵氏家傳曰邵疇爲誕功曹誕被收惶遽無以自明遂詣吏自列）

臨亡置辭

疇生長邊陲不閑教道得以門資厠身本郡踰越儕類位極朝右不能贊揚盛化養之以福今妖訛橫興干國亂紀疇以噂喈之語本非事實雖家誦人詠不足有慮天下重器而匹夫橫議疾其醜聲不忍聞見欲含垢藏疾不彰之翰筆鎮躁歸靜使之自息愚心勤勤每執斯旨故誕屈其所是默以見從此之爲愆實由於疇謹不敢逃死歸罪有司唯乞天鑒特垂清察（吳志孫皓傳注引邵氏家傳疇詣吏自列自殺以謚之臨亡置辭）

萬震

震仕吳爲丹陽太守有南州異物志一卷

南州異物志贊（案類書引此志皆不云贊楊慎丹鉛錄引作贊未審何據俟考）

貝

乃有大貝奇姿難儔素質紫飾文若羅朱不磨不瑩彩輝光浮思雕莫加欲琢靡踰在昔姬伯用免其拘（御覽八百七）

犀

獸曰玄犀處自林麓食唯棘刺體兼五肉或有神異表露以角含精吐烈望如華燭置之荒野禽獸莫觸（藝文類聚九十五御覽八百九十）

象

象之爲獸形體特詭身倍數牛目不踰狶鼻爲口役望頭若尾馴良承教聽言則跪素牙玉潔載籍所美服重致遠行若丘徙（御覽八百九十八）

吳彥

彥爲建平太守。

上疏呈木柹

晉必有攻吳之計。宜增建平兵。建平不下。終不敢渡。晉書王濬傳。

孫歆

歆爲樂鄉督。

與伍延書

北來諸軍。乃飛度江也。晉書杜預傳。通典一百五十三。

張俶父

父失其名字。會稽山陰人。爲縣卒。子俶爲騶子。累官至司直中郎將。封侯。有罪。父子並車裂。

上吳主皓表

若用俶爲司直。有罪乞不從坐。吳志孫皓傳天紀元年注引江表傳。

閔鴻

鴻廣陵人。仕吳爲尚書。入晉徵不就。有集三卷。

親蠶賦

體龍頸而驥啄。蕙皦素於羔羊。御覽八百二十五。

后課功吕觀匱。均衆寡而抽稅。令織絍於命婦。供禘郊之舊制。洪恩美而周普。配春天之略福。揚黼黻之奇藻。播朱紫之豔色。初學記十四。

琴賦

乃從容吕旁睨。覩美材於山陽。上森蕭吕崇立。下婆娑而四張。北堂書鈔一百九。

嗟雅弄之涓妙。時緬邈吕超倫。同上。

汝南鹿鳴。張女尋彈。文選笙賦注。

羽扇賦

惟羽扇之攸興。乃鳴鴻之嘉容。產九皐之中澤。邁雍喈之天聽。表高義於大易。著詩人之雅章。穎茲翮吕內飛。曜羽儀於外揚。於時祝融持運。朱明發揮。奔陽衝布。飛炎赫曦。同煴隆於雲漢。咸慘毒於中懷。爾乃登爽塏。臨甘泉。漱清流。廕玄雲。運輕翮吕容與。激清風於自然。拔綃衽而入懷。飛羅纓之繽紛。衆坐侃吕怡懌。咸拊節吕齊懽。感蕙風之盪懷。詠棘心之所歎。於是暑氣云消。戲翮乃設。停神靜思。且吕永日。妍羽詳迴。清風盈室。動靜揚暉。嘉好越逸。翻翻奕奕。飛景曜日。同皦素於凝霜。豈振鷺之能匹。藝文類聚六十九。

芙蓉賦并序

川源清徹。羡溢中塘。芙蓉豐植。彌被大澤。朱儀榮藻。有逸目之觀。初學記二十七引閔鴻蓮華賦序。

乃有芙蓉靈草。載育中川。竦脩榦吕凌波。建綠葉之規圓。灼若夜光之在玄岫。赤若太陽之映朝雲。乃有陽文脩嫮。傾城之色。揚桂楫而來遊。玩英華于水側。納嘉實兮傾筐。珥紅葩吕爲飾。咸桃夭而歌詩。申關雎吕自敕。嗟留夷與蘭芷。聽鶗鴂而不鳴。嘉芙蓉之殊偉。託皇居吕發英。藝文類聚八十二。

與劉子雅書

若能控奔驥吕接鶩乘。則力追者萬羣傾。修翅吕顧短翮。則歸飛者如雲。御覽三百五十六。

賜進士出身二品銜廣東等處提刑按察使司按察使兼管驛傳事務黃岡王毓藻校刊

全三國文卷七十四終

全三國文卷七十五

烏程嚴可均校輯

吳十三

楊泉

泉字德淵。見意林。吳處士。入晉。徵爲侍中。見書鈔。不就。有太元經十四卷。物理論十六卷。集二卷。

五湖賦 并序

余觀夫主五湖而察其雲物。皇哉大矣。以爲名山大澤。必有記頌之章。故梁山有奕奕之詩。雲夢有子虛之賦。夫具區者。揚州之澤藪也。有大禹之遺迹。疏川導滯之功。而獨闕然未有翰墨之美。余竊憤焉。敢忘不才。述而賦之。其辭曰。

濬矣大哉。於此五湖。乃天地之玄源。陰陽之所徂。上値箕斗之精。與雲漢乎同模。受三方之灌溉。爲百川之巨都。居揚州之大澤。苞吳越之具區。底功定績。蓋寓令圖。二語從文選謝朓和王著作八公山詩注補。南與長江分體。東與巨海合流。太陰之所毖。玄靈之所遊。追湖水而往還。通蓬萊與瀛洲。爾乃詳觀其廣袤之所極。延袤之規方。邈乎浩浩。漫乎洋洋。西合乎濛汜。東苞乎扶桑。日月於是出入。與天漢乎相望。頭首無錫。足蹶松江。負烏程於背上。懷大吳以當胸。四語從水經沔水下注補。左有苞山。連以醽濱。岩嶺崔巍。穹隆紆曲。大雷小雷。湍波相逐。四語從水經沔水下注校補。右有平原廣澤。曼延菊薄。原隰陂坂。各有條格。茄蘆葭亂。隱軫肴錯。衡風之所去。零雨之所藏。藝文類聚九。初學記七。赤檜升椋。檀槃細堅。御覽七百七十一。鹼鹽白慘。雜以菜菓。連堈柳檖。積如林巨。書鈔一百四十六引兩條。爾乃陳列勁力。殖擗是屑。□□□□方縛直截。書鈔一百四十六。

寓當作寓

鹼當作鹽

贊善賦

伊善惡之所施。乃禍福之爲階。行德安而保身。忘爲害而自危。故先民之有作。執溫恭而不虧。云顏冉之遭命。怪禍福之參差。夫二賢之履道。歷千載而見知。身既沒而名存。厥復戚乎何爲。夫死生之有命。非神明之所規。故積善之家。厥福惟昌。積惡之門。必有餘殃。是以趙武好善。厥胤以長。三郤好勝。厥身以亡。古人從善如不及。去惡如探湯。何福德而難値。而禍惡之易當。藝文類聚二十三。

養性賦

況性命之幾微。如鴻毛之漂輕。文選任昉爲齊明帝讓宣城郡公表注。

蠶賦 并序

古人作賦者多矣。而獨不賦蠶。乃爲蠶賦。金樓子立言篇下。御覽八百二十五。

惟陰陽之產物。氣陶化而播流。物受氣而含生。皆纏綿而自周。伊夫蠶之爲物。功巨大而弘優。成天子之袞冕。著皇后之盛服。昭五色之玄黃。作四時之單復。是以王者貴此功焉。使皇后命三宮之夫人。又世婦之吉者。親桑于北宮。二月初吉。遂布令於天下。百辟兆民。使咸務焉。是以仲春之月。吉日庚午。既差我馬。惟蠶之祖。編使童男。作以童女。溫室既調。蠶母入處。陳布說種。柔和得所。晞用清明。浴用穀雨。爰求柔桑。切若細縷。起止得時。燥溼是候。逍遙偃仰。進止自如。仰似龍騰。伏似虎跌。員身方腹。列足雙俱。昏明相推。日時不居。粤召役夫。築室于房。于房伊何。在庭之東。東愛日景。西望餘陽。既酌以酒。又挹以漿。壺飧在側。𣪠修在旁。我鄰我黨。我助我康。於是乎蠶事畢矣。大務時成。闔紆卷簿。灑埽宮庭。蠶母須飾。從容自盥。至於再宿。三日乃開。闔啟房。是瞻是觀。方者四張。員者紆盤。縱者相屬。橫者交連。分薪柴而解著。繭絲互而相攀。競以揫攫。再笑再言。惰者悅而忘懈。劣者勉以增勤。是月也。天子以大牢之禮。獻繭于寢廟。皇后親繰三盆。然後辨於夫人世婦。至于百辟卿士。下及兆民。咸趨繰事。爾乃絲如凝膏。其白伊雪。以爲衣裳。冠冕服飾。禮神納賓。各有分職。以給百禮。罔不斯服。夫功也。起於纖

綿成於翼翼須之難周論之罔極殷斯勤斯如何勿憶 藝文類聚六十五

織機賦

伊百工之爲技莫機巧之最長似人君之列位象百官之設張立匡廓之制度如城隔之員方應萬機以布錯實變態之有章是以孟秋之月首殺庶物工民呈材取彼椅梓貞幹修枝名匠騁工美乎利器心暢體通膚合理同規矩盡法因事作容好無不媚事無不供于是乎女工就素絲輕貫綜紀簡森清織女揚翬美乎如芒麗姿妍雅動有令光足閑蹈躡手習檻匡節奏相應五聲激揚濁者含宮清者應商和聲成柔慷慨成剛屈申舒縮沈浮抑揚開以厭間闔以高梁進以懸魚退以俠強氣變相應陰感乎陽僶俛不及進卻頡頏事物之宜法天之常既合利用得道之方 藝文類聚六十五

草書賦

惟六書之爲體美草法之最奇杜垂名於古昔皇著法乎今斯字要妙而有好勢奇綺而分馳解隸體之細微散委曲而得宜乍楊柳而奮發似龍鳳之騰儀應神靈之變化象日月之盈虧書縱竦而値立衡平體而均施或斂束而相抱或婆娑而四垂或攢翦而齊整或上下而參差或陰岑而高舉或落籜而自披其布好施媚如明珠之陸離發翰攄藻如春華之楊枝提墨縱體如美女之長㒵其滑澤肴易如長溜之分歧其骨梗強壯如柱礎之不基斷除弓盡如工匠之盡規其芒角吟牙如嚴霜之傅枝衆巧百態無不盡奇宛轉翻覆如絲相持 藝文類聚七十四

請辭

古不墓祭葬于中原而廟在大門裏不敢外其親平明出葬日中反虞不敢一日使神無依也迨周衰禮廢立寢於墓漢興而不改以先帝衣冠四時與水進果實而禘祫祭祀皆于宗廟及其末因寢之在墓咸往祭焉蓋由京師三輔酋豪大姓力強財富婦女贍

侈車兩相追宿止墓下連日厭飫遂以成俗迄于今日夫死者骨肉歸乎土神而有靈豈肯守夫敗壞而在草莽哉 御覽二百五十六

嚴隱

隱字仲弼吳郡人舉賢良爲宛陵令吳平去職 見世說賞譽篇注

答陸士龍書

奉詠美旨流風綽遠復禮興仁命世之作獲尙齒之況無高賢之報抱此永懷愧歎何有君子弘道厚文無施是用釋筆歸于神要 陸雲集嚴宛陵答

列女

孫仲奇妹

仲奇妹未詳 梅鼎祚以爲吳時人當攷

臨亡書

鏡與粉盆與郎香奩與若欲其行身如明鏡純如粉譽如香 御覽七百十七

闕名

上言臨平湖開通

臨平湖自漢末穢塞今更開通又于湖邊得石函函中有小石青白色長四寸廣二寸餘刻作皇帝字 水經漸江水注天璽元年吳郡上言于是改天冊爲天璽元年

奏改年

昔武王伐紂有赤烏之祥君臣觀之遂有天下聖人書策載述最詳者以爲近事旣嘉親見又明也 吳志大帝傳羣臣奏

奏修郊祀議

頃者嘉瑞屢徵遠國慕義天意人事前後備集宜修郊祀以承天意 吳志大帝傳注引江表傳曰羣臣以權未郊祀奏議云云

重奏

普天之下，莫非王土。王者以天下爲家。昔周文武郊於酆鎬，非必中土。（吳志大帝傳注引江表傳。又見宋書禮志三。）

復奏

伏見漢書郊祀志，匡衡奏徙甘泉河東郊於長安，言文王郊於酆。（同上。）

奏武昌宮材不堪用

武昌宮已二十八歲，恐不堪用，宜下所在通更伐致。（同上注引江表傳有司奏云。）

奏撿察胡人

有胡人入境，自稱沙門，容服非恆，事應撿察。（高僧傳一。赤烏中有司奏。）

玉匱鍼經序

呂博少以醫術知名，善診脈論疾，多所著述。吳赤烏二年，爲太醫令，撰玉匱鍼經及注八十一難經，大行於代。（御覽七百二十四。）

柑頌

厥苞甘橘，精者曰柑。削彼金衣，咽茲玉液。甘踰萍實，冷亞冰壺。近嗤齊相，進不剖之實；遠笑魏君，逢裂牙之味。頌曰：宗炳煌煌，嘉實磊如。景星南金，其形隨珠。（藝文類聚八十六。廣志曰：陽由爲成都郡文學掾，云吳有餘甘金衣包品之讚云云。）

曹瞞傳（魏志武帝紀注云吳人作。）

嵩，夏侯氏之子，夏侯惇之叔父。太祖於惇爲從父兄弟。

太祖少好飛鷹走狗，游蕩無度，其叔父數言之於嵩。太祖患之，後逢叔父於路，乃陽敗面喎口。叔父怪而問其故，太祖曰：「卒中惡風。」叔父以告嵩。嵩驚愕，呼太祖，太祖口貌如故。嵩問曰：「叔父言汝中風，已差乎？」太祖曰：「初不中風，但失愛於叔父，故見罔耳。」嵩乃疑焉。自後叔父有所告，嵩終不復信，太祖於是益得肆意矣。

太祖初入尉廨，繕治四門。造五色棒，縣門左右各十餘枚，有犯禁者，不避豪強，皆棒殺之。後數月，靈帝愛幸小黃門蹇碩叔父夜行，卽殺之。京師斂迹，莫敢犯者。近習寵臣咸疾之，然不能傷，於是共稱薦之，故遷爲頓丘令。

公聞攸來，跣出迎之，撫掌笑曰：「子卿遠來，吾事濟矣！」既入坐，謂公曰：「袁氏軍盛，何以待之？今有幾糧乎？」公曰：「尚可支一歲。」攸曰：「無是，更言之！」又曰：「可支半歲。」攸曰：「足下不欲破袁氏耶，何言之不實也！」公曰：「向言戲之耳。其實可一月，爲之柰何？」攸曰：「公孤軍獨守，外無救援，而糧穀已盡，此危急之日也。今袁氏輜重有萬餘乘，在故市、烏巢，屯軍無嚴備；今以輕兵襲之，不意而至，燔其積聚，不過三日，袁氏自敗也。」公大喜，乃選精銳步騎，皆用袁軍旗幟，銜枚縛馬口，夜從間道出，人抱束薪，所歷道有問者，語之曰：「袁公恐曹操鈔略後軍，遣兵以益備。」聞者信以爲然，皆自若。既至，圍屯，大放火，營中驚亂。大破之，盡燔其糧穀寶貨，斬督將眭元進、騎督韓莒子、呂威璜、趙叡等首，割得將軍淳于仲簡鼻，未死，殺士卒千餘人，皆取鼻，牛馬割脣舌，以示紹軍。將士皆怛懼。時有夜得仲簡，將以詣麾下，公謂曰：「何爲如是？」仲簡曰：「勝負自天，何用爲問乎！」公意欲不殺。許攸曰：「明旦鑒于鏡，此益不忘人。」乃殺之。

遣候者數部前後參之，皆曰「定從西道，已在邯鄲」。公大喜，會諸將曰：「孤已得冀州，諸君知之乎？」皆曰：「不知。」公曰：「諸君方見不久也。」

時寒且旱，二百里無復水，軍又乏食，殺馬數千匹以爲糧，鑿地入三十餘丈乃得水。既還，科問前諫者，衆莫知其故，人人皆懼。公皆厚賞之，曰：「孤前行，乘危以僥倖，雖得之，天所佐也，故不可以爲常。諸君之諫，萬安之計，是以相賞，後勿難言之。」

公將過河，前隊適渡，超等奄至，公猶坐胡牀不起。張郃等見事急，共引公入船。河水急，比渡，流四五里，超等騎追射之，矢如雨下。諸將見軍敗，不知公所在，皆惶懼，至見，乃悲喜，或流涕。公大笑曰：「今日幾爲小賊所困乎。

時公軍每渡渭。輒爲超騎所衝突。營不得立。地又多沙。不可築壘。婁子伯說公曰。今天寒。可起沙爲城。以水灌之。可一夜而成。公從之。乃多作縑囊以運水。夜渡兵作城。比明城立。由是公軍盡得渡渭。

公遣華歆勒兵入宮收后。后閉戶匿壁中。歆壞戶發壁。牽后出。帝時與御史大夫郗慮坐。后被髮徒跣過。執帝手曰。不能復相活邪。帝曰。我亦不自知命在何時也。帝謂慮曰。郗公。天下寧有是乎。遂將后殺之。完及宗族死者數百人。

爲尚書右丞司馬建公所舉。及公爲王。召建公到鄴。與歡飲。謂建公曰。孤今日可復作尉否。建公曰。昔舉大王時。適可尉耳。王大笑。建公名防。司馬宣王之父。

是時南陽間苦繇役。侯音於是執太守東里袞。與吏民共反。與關羽連和。南陽功曹宗子卿往說音曰。足下順民心。舉大事。遠近莫不望風。然執郡將。逆而無益。何不遣之。吾與子共勠力。比曹公軍來。關羽兵亦至矣。音從之。卽釋遣太守。子卿因夜踰城亡出。遂與太守收餘民圍音。會曹仁軍至。共滅之。

桓階勸王正位。夏侯惇以爲宜先滅蜀。蜀亡則吳服。二方既定。然後遵舜禹之軌。王從之。及至王薨。惇追恨前言。發病卒。

王使工蘇越徙美梨。掘之。根傷盡出血。越白狀。王躬自視而惡之。以爲不祥。還遂寢疾。

太祖爲人佻易無威重。好音樂。倡優在側。常以日達夕。被服輕綃。身自佩小鞶囊。以盛手巾細物。時或冠帢帽以見賓客。每與人談論。戲弄言誦。盡無所隱。及歡悅大笑。至以頭沒杯案中。肴膳皆沾汙巾幘。其輕易如此。然持法峻刻。諸將有計畫勝出己者。隨以法誅之。及故人舊怨。亦皆無餘。其所刑殺。輒對之垂涕嗟痛之。終無

所活。初袁忠爲沛相。嘗欲以法治太祖。沛國桓邵亦輕之。及在兖州。陳留邊讓言議頗侵太祖。太祖殺讓。族其家。忠邵俱避難交州。太祖遣使就太守士燮盡族之。桓邵得出首。拜謝於庭中。太祖謂曰。跪可解死邪。遂殺之。常出軍。行經麥中。令士卒無敗麥。犯者死。騎士皆下馬付麥以相持。於是太祖馬騰入麥中。敕主簿議罪。主簿對以春秋之義。罰不加於尊。太祖曰。制法而自犯之。何以帥下。然孤爲軍帥。不可自殺。請自刑。因援劍割髮以置地。又有幸姬常從晝寢。枕之臥。告之曰。須臾覺我。姬見太祖臥安。未卽寤。及自覺。棒殺之。常討賊。廩穀不足。私謂主者曰。如何。主者曰。可以小斛以足之。太祖曰。善。後軍中言太祖欺衆。太祖謂主者曰。特當借君死以厭衆。不然事不解。乃斬之。取首題徇曰。行小斛。盜官穀。斬之軍門。其酷虐變詐。皆此類也。

歷陽山石文

楚九州渚。吳九州都。揚州士。作天子。四世治。太平始。吳志孫皓傳

吳九眞太守谷朗碑

府君諱朗。字義先。桂陽耒陽人。豫章府君之曾孫。公府君之孫。郎中君之子也。其先世自顓頊錫爲舜虞。賜姓嬴氏。至于扉子。封於秦谷。因而氏焉。君承洪原之清流。稟奕世之高素。履道思順。德行純備。三歲喪母。十一亡父。獨與弟居。承奉繼親。和顏悅色。孝友溫恭。曾閔之操。君其蹈焉。弱冠仕郡。歷右職。守陽安長。淑問宣流。遂升王府。除郎中。尚書令史。郡中正。遷長沙劉陽令。播渥惠以育物。垂仁恩以布化。莅政未期。徵拜立忠都尉。尚書郎。靖密樞機。名冠衆僚。遷部廣州督軍校尉。正身率下。不畏彊禦。流清蕩濁。萬里肅威。功成辭退。拜五官郎中。遷大中正。平衡清格。彝倫攸敘。于時交州竊邑叛國。戎車屢喪。干戈未戢。帝思俾乂。詶咨羣司。僉以君往部南州。威恩素著。遷九眞太守。君稟明德。所歷垂勳。宜延遐紀。光

讃皇家。如何不永。春秋五十有四。鳳皇元年四月乙未寢疾而卒。嗚呼哀哉。凡百君子。莫不嗟痛。乃立碑作頌。吕顯行績。其詞曰。於鑠府君。稟性玄通。積行閨閫。九族睦雍。羽儀上京。德與雲騰。入踏丹墀。夙夜靖恭。出撫黎民。風移俗興。名參豹產。勳齊往蹤。當永黃耇。翼佐帝庸。昊天不弔。哲人其終。濟濟縉紳。靡瞻靡宗。勒茲玄石。永光無窮。碑本。

天發神讖碑

上天帝言天□□□□□□□□□□下步于日月。闕下帝曰大吳一□萬方甲午丙日□□□□才仁中乎子。□八元示于山川。闕下

天發神讖文

天璽元年七月己酉朔十四日壬□□□武中郎將丹陽□□□□□□□□□□然發刻廣省□乃是天讖廣多□未解解者十二字。吕七月廿三日遣□□解文字令史建忠中郎將會稽陳治□□□解十三字治復有□未解吕八月一日詔遣中書郎行大將軍裨將軍關內侯九江費宇。行視更得□二字合五十七字。宇。與西部校尉姜□□絡典校皋儀備□梅允章咸李楷賀□吳寵建業丞許□尉番約等十二人吏從並共觀視深甄歷□永歸大吳上天宣命昭太平文字炳朖。天□在諸后上故就□□□□刊銘敷垂億闕下

蘭臺東觀令□□□□□□□□吳郡□□巧工九江朱□□□□□□□□江東□□功東海夏侯闕下 碑本。案許嵩建康實錄注、戚光集慶續志、明一統志引吳錄。並云其文東觀令華覈作。今攷吳志華覈傳天冊元年吕微遣免。數歲卒。此碑立于天璽元年。則東觀令非華覈也。朱彝尊亦言未可遽信。故編入闕名類。

禪國山碑

闕上之□□□子茲格于上下。光被八幽。蠉飛蝡動。無不歸仁。是故

□□□□□□□□□□□□□路□□□□□□□上尊□□□□□□□□□□□□□□□□□靡不遑假民用不犯。於是□□□□□□□丞相沇□□□□□□□□率禮備儀尊敬□□□□□□□□□□□大□□□□□□宮□□□□□□□□□□□□□□□□□□□□□□□□□所臨□徘徊于此。遂基大宮。玉燭□□澤□清萬民子來。不日□□□□□延頸跂足。率土來庭。柔服百神。經緯庶務。日昃不暇。□觀六經。旁貫百家。思該道根。數世陵遲。大繇未光。闓立東觀。□紀實言。建設墳典。采詢微聞。窮神極化。無幽不闡。舉逸遠佞。寬罪宥刑。守道尚功。嘉善矜弱。哀賤愍凶。□□朽枯。上天感應。□□□□踐阼初升。特發神夢。膺受籙圖。玉璽啟自神匱。神人指授金冊青玉符者四。日月抱戴老人星見者弍十有弍。五帝瑞氣黃旗。紫蓋覆擁宮闕顯著斗牛者弍十有九。麟鳳龜龍銜圖負書卌有九。青猊白虎丹鸞彩□鳳卄有二。白鹿白麕白麑白兔卌有二。白雉白烏白鵲白鳩弍十有九。赤烏赤雀卄有四。白雀白燕卄有七。神魚吐書白鯉騰舡者二。靈絮神蠶彌被原野者三。嘉禾秀穎甘露凝液六十有五。殊幹連理六百八十有三。明月火珠璧流離卌有六。大貝餘蚳餘泉七十有五。大寶神璧水青穀璧卌有八。玉燕玉羊玉鳩者三。寶鼎神鐘神鑵覂祝神鬵卌有六。后室山后闓后印封啟九州吉發顯天讖彰后鏡光者弍十有弍。神□頌歌廟靈□示者三。讖民惟紀湖澤闓通應讖合謠者五。神翁神僮靈母神女告徵表祥者卌有七。靈夢啟讖神人授書著驗□□者十。祕記讖文玉版紀德者三。玉人玉印文采明發者八。玉□玉琯玉璜玉玦玉鉤玉稱殊輝異色者卌有三。玉尊玉盌玉盤玉罌清絜光暉者九。孔子河伯子胥王□亶。言天平隆。成天子出東門鄂者四。大賢司馬徽虞翻推步圖緯甄匱啟緘發事與運會者二。其餘飛

行之類。禮生之倫。希古所覩。命世殊奇。不在瑞命之篇者。不可稱而數也。於是旃蒙協洽之歲。月次陬訾之□。日惟重光大淵獻。行年所值。實惟茲歲。帝出虖震。周易實著。遂受上天玉璽。文曰吳眞□帝。玉質青黃。色理洞徹。彝受祇筵。夙夜惟寅。夫大德宜報。大命宜彰。乃以柔兆涒灘之歲。欽若上天。月正革元。郊天祭地。紀號天璽。用彰明命。于是丞相沇、太尉璆、大司徒燮、大司空朝、執金吾脩、城門校尉歆、屯騎校尉悌、尚書令忠、尚書昏、直晃、昌國史瑩、覈等僉以爲天道元嘿。以瑞表眞。今衆瑞畢至。三表納貢。幽荒百蠻。浮海慕化。九垓八埏。罔不被澤。率按典繇。宜先行禪禮。紀勒天命。遂於吳興國山之陰。告祭刊石。以對揚乾命。廣報坤德。副慰天下喁喁之望焉。□書東觀令史立信中郎將臣蘇建所書。（碑本。又雲麓漫鈔。又荊溪外紀。）

釋氏

支謙

謙字恭明。一名越。大月支人。世居中國。獻帝末。奔吳。吳主權以爲博士。使侍太子登。登卒。去隱穹隆山。至廢帝時卒。

合微密持經記

此經凡有四本。三本並各二名。一本三名。備如後列。其中文句參差。或梵或漢。音殊。或隨義制語。各有左右。依義順文。皆可符同。所爲異處。後列得法利三乘階級人數及動地雨華諸天妓樂供養多。不悉備。意所未詳。一本一名無量門微密之持。二名成道降魔得一切智。此一本名行於世。爲常舊本。一本一名阿難陀目佉尼呵離陀羅尼。二名疾使人民得一切智。一本一名無端底門總持之行。二名菩薩降御諸魔堅固於一切智。一本一名出生無量門持。二名一生補處道行。三名成道降魔得一切智。此本備明法利及動地妓樂事。四本皆各標前一名於經首。第二第三名不以題經也。後舍利弗請名。佛說名皆備如前列。（釋藏跡七。）

法句經序

曇鉢偈者。衆經之要義。曇之言法。鉢者句也。而法句經別有數部。有九百偈。或七百偈。及五百偈。偈者經語。猶詩頌也。是佛見事而作。非一時言。各有本末。布在諸經。佛一切智。厥性大仁。愍傷天下。出興于世。開現道義。所以解人。凡十二部經。總括其要。別爲數部。四部阿鋡。佛去世後。阿難所傳。卷無大小。皆稱聞如是處佛所在。究暢其說。是後五部沙門。各自鈔衆經中四句六句之偈。比次其義。條別爲品。于十二部經。靡不斟酌。無所適名。故曰法句。夫諸經爲法言。法句者。猶法言也。近世葛氏傳七百偈。偈義致深。譯人出之頗使其渾。惟佛難值。其法難聞。又諸佛興。皆在天竺。天竺言語。與漢異音。云其書爲天書。語爲天語。名物不同。傳實不易。唯昔安侯世高、都尉佛調。釋梵爲漢。實得其體。斯已難繼。後之傳者。

雖不能審。猶尚貴其實。粗得大趣。始者維祇難出自天竺。以黃武三年來適武昌。僕從受此五百偈本。請其同道竺將炎爲譯。將炎雖善天竺語。未備曉漢。其所傳言。或得梵語。或以義出音。近於質直。僕初嫌其爲詞不雅。維祇難曰。佛言依其義不用飾。取其法不以嚴。其傳經者。令易曉。勿失厥義。是則爲善。座中咸曰。老氏稱美言不信。信言不美。仲尼亦云書不盡言。言不盡意。明聖人意深邃無極。今傳梵義。實宜徑達。是以自偈受譯人口。因順本旨。不加文飾。譯所不解。則闕不傳。故有脫失。多不出者。然此雖詞朴而旨深。文約而義博。事均衆經。章有本。故句有義。說其在天竺。始進業者。不學法句。謂之越序。此乃始進者之鴻漸。深入者之奧藏也。可以啟蒙辯惑。誘人自立。學之功微而所包者廣。實可謂妙要也哉。昔傳此時。有所不出。會將炎來。更從諮問。受此偈等。復得十三品。并校往古。有所增定。第其品目。合爲一部三十九篇。大凡偈七百五

十二章都凡一萬四千五百八十字庶有補益共廣聞焉（釋藏所九又跡七案此序無撰人名據僧祐出三藏記集嚴佛調傳知是支謙所作）

康僧會

會天竺人幼隨父居交阯年十餘出家其先康居人因謂之康僧漢末入吳吳主權㠯為博士赤烏中居建初寺造舍利塔中國有寺塔自此始天紀四年吳平尋卒

法鏡經序

夫心者衆法之原臧否之根同出異名禍福分流㠯身為車㠯家為國周旋（一作遊）十方稟無勸息家欲難足猶海吞流火之獲薪六邪之殘已甚于蒺蔾網之賦魚矣女人佞等三魁其善僞而信寡斯家之為禍也尊邪穢賤清眞連叢瑣謗聖賢興獄訟喪九親斯家之所由矣是㠯上士恥其穢懼其厲為之懾懾如也默思遁邁猶明哲之避無道矣㲯髮毀容法服為珍靖處廟堂練情攘穢懷道宣德開闓（一作導）聾瞽或有隱處山澤漱石枕流專心滌垢神與道俱志寂齊乎無名明化周乎羣生賢聖競乎清淨稱斯道曰大明故曰法鏡騎都尉安玄臨淮嚴浮調（一作佛調）斯二賢者年在束齔（一作齠齔）弘志聖業鉤深致遠窮神達幽愍世蒙惑不覩大雅竭思譯傳斯經景謨都尉口陳嚴調筆受言既稽古義又微妙然時干戈未息志士莫敢或遑大道陵遲內學者寡聞覩其景化可㠯拯塗炭之尤險然義壅而不達因閑竭愚為之注義喪師歷載莫由重質心憤口悱停筆愴如追遠慕聖涕泗幷流今記識闕疑俟後明哲庶有暢成㠯顯三寶矣（釋藏服八又跡六）

安般守意經序

夫安般者諸佛之大乘㠯濟衆生之漂流也其事有六㠯治六情情有內外眼耳鼻舌身心謂之內矣色聲香味細滑邪念謂之外也經曰諸海十二事謂內外六情之受邪行猶海受流餓夫受飯

蓋無滿足也心之溢盪無微不浹怳惚彷髴出入無閒視之無形聽之無聲逆之無前尋之無後深微細妙形無絲髮梵釋僊聖所不能照明默種于此化生乎彼非凡所覩謂之陰也猶㠯晦曀種夫粢芬（一作深芬）闓手覆種孳有萬億旁人不覩其形種家不知其數也一朽乎下萬生乎上彈指之閒心九百六十轉一日一夕十三億意意有一身心不自知猶彼種夫也是㠯行寂繫意著息數一至十十數不誤意定在之小定三日大定七日寂無他念怕然（一作泊然）若死謂之一禪禪棄也棄十三億穢念之意已獲數定轉念著隨蠲除其八正有二意意定在隨由在數矣垢濁消滅心稍清淨謂之二禪也又除其一注意鼻頭謂之止也得止之行三毒四走五陰六冥諸穢滅矣煚然心明踰明月珠婬邪汙心猶鏡處泥穢垢汙焉偃㠯照天覆㠯臨土聰叡聖達萬土臨照雖有天地之大靡一夫而能覩所㠯然者由其垢濁衆垢汙心有踰彼鏡矣若得良師劃刮瑩磨薄塵微曀蕩使無餘舉之㠯照毛髮面理無微不察垢退明存使其然矣情溢意散念萬不識一矣猶若於市馳心放聽廣采衆音退宴存思不識一夫之言心逸意散濁翳其聰也若自閑處心思寂寞志無邪欲側耳靖聽萬句不失片言斯著心靖意清之所由也行寂止意懸之鼻頭謂之三禪也還觀其身自頭至足反覆微察內體洿露森楚毛竪猶覩膿涕於斯具照天地人物其盛若衰無存不亡信佛三寶衆冥皆明謂之四禪也攝心還念諸陰皆滅謂之還也穢欲寂盡其心無想謂之淨也得安般行者厥心卽明舉明所觀無幽不覩往無數劫方來之事人物所更現在諸刹其中所有世尊法化弟子誦習無遐不見無聲不聞怳惚彷髴存亡自由大彌八極細貫毛氂制天地住壽命猛神德壞天兵動三千移諸刹入不思議非梵所測神德無限六行之由也世尊初欲說斯經時大千震動人天易色三日安般無能質者

于是世尊化爲兩身一日何等一日尊主演于（一作于）斯義出矣大士上人六雙十二輩靡不執行有菩薩者安清字世高安息王嫡后之子讓國與叔馳避本土翔而後集（一作進）遂處京師其爲人也博學多識貫綜神模七正盈縮風氣吉凶山崩地動針脈諸術覩色知病鳥獸鳴啼無音不照懷二儀之弘行愍黎庶之頑闇先挑其耳卻啟其目欲視聽之明也徐乃陳演正眞之六度譯安般之祕奧學者塵興靡不去穢濁之操就清白之德者也余生末蹤始能負薪考妣徂落三師凋喪仰瞻雲日悲無質受睠言顧之潸然出涕宿祚未沒會見南陽韓林潁川皮業會稽陳慧此三賢者信道篤密執德弘正烝烝進進志道不倦余從之請問規同矩合義無乖異陳慧注義余助斟酌非師不傳不敢自由也言多鄙拙不究佛意明哲衆賢願共臨察義有脫脇加聖刪定共顯神融矣（釋藏椒一又跡六又略見楚四）

僊道

葛玄

玄字孝先丹陽句容人大帝時方士

道德經序（御覽作五千文序）

老子體自然而然生乎太無之先起乎無因經歷天地終始不可稱載終乎無終窮乎無窮極乎無極故無極也與大道而倫化爲天地而立根布炁于十方抱道德之至湛浩浩蕩蕩不可名也煥乎其有文章巍巍乎其有成功淵乎其不可量堂堂乎爲神明之宗三光恃㠯朗照天地稟㠯得生乾坤運㠯吐精高而無民貴而無位覆載無窮闡敎八方諸天普弘大道開闢㠯前復下爲國師代代不休人莫能知之匠成萬物不言我爲玄之德也故衆聖所共尊道尊德貴夫莫之命而常自然惟老氏乎周時復託神李母剖左腋而生生卽皓然號曰老子老子之號因玄而出在天地之先無衰老之期故曰老子世人謂老子當始於周代老子之號始於無數之劫其窈窈冥冥眇邈久遠矣世衰大道不行西遊天下關令尹喜曰大道將隱乎願爲我著書於是作道德二篇五千文上下經焉夫五千文宣道德之源大無不包細無不入天人自然經也余先師有言精進研之則聲參太極高上遙唱諸天歡樂則攜契玄人（案御覽作精思遠感而上達則太上遣眞人下授希微之旨）靜思期眞則衆妙感會內觀形影則神炁長存（御覽作常存）體洽道德則萬神震伏（御覽作百神震服）禍滅九陰福生十方安國寧家孰能知乎無爲之文誇之不辱飾之不榮撓之不濁澄之不清自然也應道而見傳告無窮常者也故知常曰明大道何爲哉弘之由人所㠯尊妙可不極精乎粗述一篇唯有道者寶之（老子河上公注本又略見御覽六百六十）

鬼神

宮亭湖廟神

神未詳

譴責陳敏敎

陳敏許我銀杖今㠯塗杖見與便投杖水中當送㠯還之欺蔑之罪不可容（御覽七百十引述異記陳敏孫皓之世爲江夏太守過宮亭廟乞在任安穩當上銀杖一枚年限既滿作杖擬㠯還廟捶鐵爲幹㠯銀塗之尋徵爲散騎常侍往宮中送杖巫宣神敎曰云云敏舟遂覆又見太平廣記二百九十三）

全三國文卷七十五終

全晉文目錄

全晉文目錄　三

全晉文目錄　四

全晉文卷一

烏程嚴可均校輯

宣帝

帝姓司馬諱懿字仲達河内溫縣人漢初殷王司馬卬之後建安中魏武辟丞相文學掾遷黃門侍郎轉議郎丞相東曹屬主簿魏國建遷太子中庶子軍司馬文帝嗣王位封河津亭侯轉丞相長史督軍御史中丞及受禪㠯爲尚書封安國鄉侯遷侍中尚書右僕射鎮武昌改封向鄉侯轉撫軍將軍假節加給事中錄尚書事留鎮許昌明帝即位改封舞陽侯遷驃騎將軍加督荆豫二州諸軍事遷征西大將軍加大都督假黃鉞都督雍梁二州諸軍事遷太尉齊王即位遷侍中持節都督中外諸軍錄尚書事徙太傅進丞相加九錫固讓嘉平三年八月卒謚曰文貞後改謚文宣晉國建追尊曰宣王武帝受禪追尊曰宣皇帝廟號高祖有集五卷

遺詔

子弟羣官皆不得謁陵（宋書禮志二。案云詔云陵皆武帝受禪後追稱今從大例㠯詔令編于書疏之前）

原公孫淵黨屬令

古之伐國誅其鯨鯢而已諸爲文懿所詿誤者皆原之中國人欲還舊鄉恣聽之（晉書宣帝紀）

敎

今日當將作四千人東爲三軍作營塹壘又當將斧三百枚破樹木作鹿角塞諸郵漏處（御覽三百三十七）

當敎諸圍上守守皆作榛人一枚輕重長短者各各可守皆當頭施紉挂臂賊破死在旦夕邂逅衝突圍當㠯棓棓之（御覽三百五十七）

榛當作桔

上書固讓丞相

臣親受顧命憂深責重憑賴天威摧弊姧凶贖罪爲幸功不足論又三公之官聖王所制著之典禮至於丞相始至秦政漢氏因之無復變改今三公之官皆備橫復寵臣違越先典革聖明之經襲秦漢之路雖在異人臣所宜正況當臣身而不固爭四方議者將謂臣何（魏志齊王紀注引孔衍漢魏春秋）

始至之至當作自

上言得玉印

征西大將軍臣懿等言長安典農中郎將張烈書言所部人左先雨後於地得玉印臣今謹遣夏裕送（通典五十五）

奏事

秋雨滂傷五穀又無菜蔬萬民已有食桑榆皮者（御覽三十五引魏名臣奏）

奏罷曹爽等典兵

臣昔從遼東還先帝詔陛下秦王及臣升御牀把臣臂深㠯後事爲念臣言二祖亦屬臣㠯後事爲念此自陛下所見無所憂苦萬一有不如意臣當㠯死奉明詔黃門令董箕等才人侍疾者皆所聞知今大將軍爽背棄顧命敗亂國典内則僭擬外專威權破壞諸營盡據禁兵羣官要職皆置所親殿中宿衛歷世舊人皆復斥出欲置新人㠯樹私計根據槃互縱恣日甚外既如此又㠯黃門張當爲都監專共交關看察至尊候伺神器離間二宮傷害骨肉天下汹汹人懷危懼陛下但爲寄坐豈得久安此非先帝詔陛下及臣升御牀之本意也臣雖朽邁敢忘往言昔趙高極意秦氏㠯滅呂霍早斷漢祚永世此乃陛下之大鑒臣授命之時也太尉臣濟尚書令臣孚等皆㠯爽爲有無君之心兄弟不宜典兵宿衛奏永寧宮皇太后令敕臣如奏施行臣輒敕主者及黃門令罷爽羲訓吏兵㠯侯就第不得逗留㠯稽車駕敢有稽留便㠯軍法從事臣輒力疾將兵屯洛水浮橋伺察非常（魏志曹爽傳又略見晉書宣帝紀）

太史丞許芝上符命事議

督軍御史中丞司馬懿侍御史鄭渾羊祕鮑勛武周等言令如左

伏讀太史丞許芝上符命事臣等聞有唐世衰天命在虞虞氏世衰天命在夏然則天地之靈厤數之運去就之符惟德所在故孔子曰鳳鳥不至河不出圖吾已矣夫今漢室衰自安和沖質㠯來國統屢絕桓靈荒淫祿去公室此乃天命去就非一朝一夕其所由來久矣殿下踐阼至德廣被格于上下天人感應符瑞並臻考之舊史未有若今日之盛夫大人者先天而天弗違後天而奉天時天時已至而猶謙讓者舜禹所不爲也故生民蒙救濟之惠羣類受育長之施今八方顒顒大小注望皇天乃眷神人同謀十分而九㠯委質義過周文所謂過恭也臣妾上下伏所不安（魏志文帝紀注引獻帝傳）

除九品州置大中正議

案九品之狀諸中正既未能料究人才㠯爲可除九品州置大中正（御覽六百二十九）

墻當作場

與諸葛亮書

黃公衡快士也每坐起歎述足下不去口實（蜀志黃權傳）

㠯書喻孟達

將軍昔棄劉備託身國家國家委將軍㠯疆場之任任將軍㠯圖蜀之事可謂心貫白日蜀人愚智莫不切齒於將軍諸葛亮欲相破惟苦無路耳模之所言非小事也亮豈輕之而令宣露此殆易知耳（晉書宣帝紀達與太守申儀有隙亮欲促其事乃遣郭模詐降過儀因漏泄其謀達聞其謀漏泄將舉兵懿㠯書喻之又見華陽國志二）

復弟孚書

亮志大而不見機多謀而少決好兵而無權雖提卒十萬已墮吾畫中破之必矣（晉書宣帝紀）

報夏侯玄書

審官擇人除重官改服制皆大善禮鄉閭本行朝廷考事大指如

所示而中間一相承習卒不能改秦時無刺史但有郡守長吏漢家雖有刺史奉六條而已故刺史稱傳車其吏言從事居無常治吏不成臣其後轉更爲官司耳昔賈誼亦患服制漢文雖身服弋綈猶不能使上下如意恐此三事當待賢能然後了耳（魏志夏侯玄傳）

荅曹爽書

初不知乏糧甚懷踧踖令致米一百斛并肉脯鹽豉大豆（魏志曹爽傳注引魏末傳）

書

之白阿史病轉差未皆外曹尙書云得法（淳化閣帖一案晉書宣帝紀有檄告公孫淵魏志鍾會傳注㠯爲虞松作今編入三國文）

景帝

帝諱師字子元宣帝長子景初中爲散騎常侍遷中護軍嘉平元年封長平鄉侯加衞將軍三年㠯撫軍大將軍代宣帝輔政加侍中持節都督中外諸軍事錄尙書事尋廢齊王迎立高貴鄉公正元二年卒謚曰忠武晉國建追尊曰景王武帝受禪追尊曰景皇帝廟號世宗

赦文欽二子鴦虎令

欽之罪不容誅其子固應當戮然鴦虎㠯窮歸命且城未拔殺之是堅其心也（魏志諸葛誕傳）

訓天子

夫聖王重始正本敬初古人所愼也明當大會萬衆瞻穆穆之容公卿聽玉振之音詩云示人不偸是則是效易曰出其言善則千里之外應之雖禮儀周備猶宜加之㠯祗恪㠯副四海顒顒式仰（晉書景帝紀）

又上書訓天子

荆山之璞雖美不琢不成其寶顏冉之才雖茂不學不弘其量仲

尼有云。予非生而知之者。好古敏㠯求之者也。仰觀黃軒五代之主。莫不有所稟則。顓頊受學於綠圖。高辛問道於柏招。逮至周成。旦望作輔。故能離經辯志。安道樂業。夫然故君道明於上。兆庶順於下。刑措之隆。實由於此。宜遵先王下問之義。使講誦之業。屢聞於聽。典謨之言。日陳於側也。晉書景帝紀。

與羣臣奏永寧宮

臣等聞人道親親故尊祖。尊祖故敬宗。禮。大宗無嗣。則擇支子之賢者。爲人後者。爲之子也。東海定王子高貴鄉公。文皇帝之孫。宜承正統。㠯嗣烈祖明皇帝後。率土有賴。萬邦幸甚。臣請徵公詣洛陽宮。魏志齊王芳紀注引魏書。

與許允書

鎮北雖少事。而都典一方。念足下震華鼓。建朱節。歷本州。此所謂著繡晝行也。魏志夏侯玄傳注。文選諸白馬賦注竝引魏略。又見世說賢媛篇注。

文帝

帝諱昭。字子上。景帝同母弟。景初中封新城鄉侯。正始初爲洛陽典農中郎將。轉散騎常侍。拜議郎。嘉平初爲安西將軍。轉安東將軍。鎮許昌。進都督。行征西將軍。高貴鄉公即位。進封高都侯。兼中領軍。鎮洛陽。正元二年進位大將軍。加侍中。都督中外諸軍事、錄尚書事。代景帝輔政。甘露中加大都督。假黃鉞。尋弒高貴鄉公。迎立常道鄉公。景元四年進位相國。封晉公。加九錫。咸熙元年進爵爲王。二年薨。諡曰文王。武帝受禪。追尊曰文皇帝。廟號太祖。有集三卷。

讓諡兄司馬師爲武公表

臣亡父不敢受丞相相國九命之禮。亡兄不敢受相國之位。誠㠯太祖常所階歷也。今諡與二祖同。必所祗懼。昔蕭何、張良、霍光。咸有匡佐之功。何諡文終。良諡文成。光諡宣成。必㠯文武爲諡。請依何等就加。晉書景帝紀。

請魏帝親征諸葛誕表

昔黥布叛逆。漢祖親征。隗囂違戾。光武西伐。烈祖明皇帝乘輿仍出。皆所㠯奮揚赫斯。震耀威武也。陛下宜暫臨戎。使將士得憑天威。今諸軍可五十萬。㠯衆擊寡。蔑不克矣。晉書文帝紀。

奏收成濟

故高貴鄉公率將從駕人兵。拔刃鳴金鼓向臣所。臣懼兵刃相接。即敕將士不得有所傷害。違令者㠯軍法從事。騎督成倅弟太子舍人濟橫入兵陣。傷公。遂至隕命。輒收濟行軍法。臣聞人臣之節。有死無二。事上之義。不敢逃難。前者變故卒至。禍同發機。誠欲委身守死。唯命所裁。然惟本謀。乃欲上危皇太后。傾覆宗廟。臣忝當大任。義在安國。懼雖身死。罪責彌重。欲遵伊周之權。㠯安社稷之難。即駱驛申敕。不得迫近輦輿。而濟遂入陣間。㠯致大變。哀怛痛恨。五內摧裂。不知何地可㠯隕墜。科律大逆無道。父母妻子同產皆斬。濟凶戾悖逆。干國亂紀。罪不容誅。輒敕侍御史收濟家屬付廷尉。結正其罪。魏志高貴鄉公紀。晉書文帝紀。

與鄭袤書

小兒得廁賢子之流。愧有竊賢之累。晉書鄭袤傳。

與王基書

初議者云云。求移者甚衆。時未臨履。亦謂宜然。將軍深算利害。獨秉固志。上違詔命。下拒衆議。終至制敵擒賊。雖古人所述。不是過也。魏志王基傳。通典一百五十八。

報王基書

凡處事者多曲相從順。鮮能確然共盡理實。誠感忠愛。每見規示。輒敬依來指。魏志王基傳。

與山濤書

足下在事清明。潔操邁時。念多所乏。今致錢二十萬。米百斛。穀二百斛。藝文類聚四十八引王隱晉書。又見晉書山濤傳。有刪節。案吳志孫皓傳注引漢晉春秋有晉文王與孫皓書，乃荀勖作，編入勖集。

與鍾會書

恐鄧艾或不就徵。今遣中護軍賈充將步騎萬人。徑入斜谷屯樂城。吾自將十萬屯長安。相見在近。魏志鍾會傳。

全晉文卷一終

體當作休

行國之行當作與

記當作託

全晉文卷二

烏程嚴可均校輯

武帝一

帝諱炎。字安世。文帝長子。魏嘉平中封北平亭侯。歷給事中、奉車都尉、中壘將軍。加散騎常侍。遷中護軍假節。常道鄉公卽位。遷中撫軍。進封新昌鄉侯。晉國建。立爲世子。拜撫軍大將軍。咸熙二年立爲晉太子。八月嗣晉王位。十二月受魏禪。改元四。泰始、咸寧、太康、太熙。在位二十六年。謚曰武皇帝。廟號世祖。

下制王昌不應爲前母服 太康元年

凡事有非常。當依準舊典。爲之立斷。今議此事。稱引趙姬叔隗者。粗是也。然後狄與晉和。故姬氏得迎叔隗而下之。吳寇隔塞。毖與前妻。終始永絕。必義無兩嫡。則趙衰可以專制隗氏。昌爲人子。豈得擅替其母。且毖二妻。竝以絕亡。其子猶後母之子耳。昌故不應制服也。晉書禮志中。

卽位改元大赦詔 泰始元年十二月景寅

制詔御史中丞等。昔朕皇祖宣王。聖哲欽明。誕應期運。熙帝之載。肇啟洪基。伯考景王。履道宣猷。緝熙諸夏。至于皇考文王。濬哲光遠。允協靈祇。應天順人。受茲明命。仁濟于宇宙。功格于天地。肆魏氏弘鑒於古訓。儀刑于唐虞。疇咨羣后。爰輯大命於朕身。予一人畏天之命。用弗敢違。遂登壇于南郊。受終于文祖。燔柴班瑞。告類上帝。惟朕寡德。負荷洪烈。允執其中。託於王公之上。以君臨四海。惴惴惟懼。罔知所濟。惟爾股肱爪牙之佐。文武不貳心之臣。乃祖乃父。實左右我先王。以弼寧帝室。光隆大業。思與萬國。共饗體祚。其大赦天下。與之更始。自謀反大逆不道已下。在元年十二月七日昧爽以前。皆赦除之。改咸熙二年爲泰始元年。賜人爵五級。露布天下。及諸王公國別使稱朕意焉。文館詞林六百六十八。又見晉書武帝紀。有刪節。

封魏帝奐爲陳留王詔 十二月丁卯

明德昭融。遠鑒天命。欽象厤數。用禪厥位。敢咨詢故訓。以敬授靑土于東國。永爲晉賓。載天子旌旗。乘五時副車。行魏正朔。郊祀天地。禮樂制度。皆如魏舊。以承王顯祖之禋祀。通典七十四。

又詔

王上書不稱臣。荅報不爲詔。一如賓禮。同上。

封功臣詔 泰始元年

昔唐虞三代之盛。曁於漢魏。創制襃崇。元勳班爵。行賞行國同禮。施祿逮下。萬邦咸仰。朕以寡德。登於天位。記于王公之上。腹心股肱文武之臣。光濟帝業。余嘉乃勳。慶賞之行。其用宜速。御覽二百引王隱晉書。

進太傅司馬孚封爵詔 十二月乙亥

太傅勳德弘茂。朕所瞻仰。以光導弘訓。鎭靜宇內。願奉以不臣之禮。其封爲安平王。邑四萬戶。進拜太宰。持節都督中外諸軍事。晉書安平王孚傳。

爲樂安王鑒燕王機選師友詔 泰始初

樂安王鑒。燕王機。竝以長大。宜得輔導師友。取明經儒學。有行義節儉。使足嚴憚。昔韓起與田蘇遊而好善。宜必得其人。晉書樂安王鑒傳。

以曹志爲樂平太守詔

昔在前世。雖厤運迭興。至於先代苗裔。傳祚不替。或列藩九服。式序王官。選衆命賢。惟德是與。蓋至公之道也。魏氏諸王公。養德藏器。壅滯曠久。前雖有詔。當須簡授。而自頃衆職少缺。未得式敍前濟北王曹志。履德淸純。才高行潔。好古博物。爲魏宗英。朕甚嘉之。其以志爲樂平太守。晉書曹志傳。

以王珣何遵爲散騎常侍詔 元年

案。王珣。文明王皇后弟。字良夫。魏中領軍王肅子也。歷河南尹侍中。何遵字思祖。太宰何曾子也。歷大僕卿。東晉別有王珣字元琳。歷尚書令衛將軍。與此王珣姓名偶同。

給事黃門侍郎王珦元理通原篤志好學不殞先業在朝有幹事之才給事何遵公亮篤誠有才幹器任久歷朝位職用有效今宜各敘進拾遺左右其以珦遵竝爲散騎常侍皆徙分（當有誤）與內常侍更讀文書（書鈔五十八引晉起居注）

賜王經孫郎中詔　元年

故尚書王經雖身陷法辟然守志可嘉門戶湮沒意常愍之其賜經孫郎中（魏志夏侯玄傳注引漢晉春秋）

賜王基家奴婢詔　元年

故司空王基既著德立勳又治身清素不營產業久在重任家無私積可謂身沒行顯足用厲俗者也其以奴婢二人賜其家（魏志王基傳）

詔報傅玄　元年

舉清遠有禮之臣者此尤今之要也（晉書傅玄傳）

卹傅僉詔　元年

蜀將軍傅僉前在關城身拒官軍致死不顧僉父肜復爲劉備戰亡天下之善一也豈由彼此以爲異僉息著募（蜀志楊戲傳注引蜀記）

聽鄧艾立後詔　元年

昔太尉王淩謀廢齊王而王竟不足以守位征西將軍鄧艾矜功失節實應大辟然被書之日罷遣人衆束手受罪比於求生遂爲惡者誠復不同今大赦得還若無子孫者聽使立後令祭祀不絕（三國魏志鄧艾傳）

聽羣下終喪詔　元年

諸將吏二千石以下遭三年喪者聽歸終寍庶人復除徭役（宋書禮志二通典八十）

赦罪飭治詔　元年十二月

昔王淩謀廢齊王而王竟不足以守位鄧艾雖矜功失節然束手

受罪今大赦其家還使立後興滅繼絕約法省刑除魏氏宗室禁錮諸將吏遭三年喪者遣寍終喪百姓復其徭役罷部曲將長吏以下質任省郡國御調禁樂府靡麗百戲之伎及彫文游畋之具開直言之路置諫官以掌之（晉書武帝紀案此與前二詔同唯罷部曲將以下爲異蓋史家省併數詔爲之）

禁淫祀詔　元年十二月

昔聖帝明王脩五嶽四瀆名山川澤各有定制所以報陰陽之功而當幽冥之道故也然以道涖天下者其鬼不神其神不傷人也故祝史薦而無媿辭是以其人敬慎幽冥而淫祀不作末世信道不篤僭禮瀆神縱欲祈請曾不敬而遠之徒偷以求幸祆妄相煽舍正爲邪故魏朝疾之其按舊禮具爲之制使功著於人者必有其報而祆淫之鬼不亂其間（晉書禮志上宋書禮志四通典五十五）

罷供奉詔　元年

乘黃廄離車共田獵嬉遊之事凡若此類皆悉罷之（北堂書鈔一百三十七引晉起居注）

掾屬作令詔　元年

百里長吏親民之要也若縣令有掾屬才堪治民者當以參選（書鈔七十八引晉起居注）

正旦徹樂詔　十二月

朕遭憫凶奉承洪業追慕罔極正旦雖當受朝其伎樂一切勿有所設又殿前及文武織成帷幔之屬皆不須施（御覽二十九引晉起居注）

詔遷卻正　泰始初

正昔在城都顛沛守義不違忠節及見受用盡心幹事有治理之績其以正爲巴西太守（蜀志卻正傳）

詔有司　泰始初

不能使人之不加諸我此古人所難交關人事詡之罪耳豈尚書

元當作亢

令能防乎其勿有所問晉書裴秀傳時安遠護軍郝詡與故人書云與尚書令裴秀相知望其爲益有司奏免秀官詔云云

詔荅李憙 泰始初

秀幹翼朝政有勳績於王室不可以小疵掩大德晉書裴秀傳司隸校尉李憙復上言騎都尉劉尚爲尚書令裴秀占官稻田求禁止秀詔云云

又詔荅李憙 泰始初

法者天下取正不避親貴然後行耳吾豈將枉縱其間哉然案此事皆是友所作侵剝百姓以繆惑朝士姦利乃敢作此其考竟友以懲邪佞濤等不貳其過者皆勿有所問易稱王臣蹇蹇匪躬之故今憙亢志在公當官而行可謂邦之司直者矣光武有云貴戚且斂手以避二鮑豈其然乎其申敕郡寮各慎所司寬宥之恩不可數遇也晉書李憙傳憙上言劉友山濤中山王睦武陔各占官三更稻田詔云云

以華嶠爲散騎常侍詔 泰始初

散騎以從容侍從承荅顧問掌讚詔命平處文籍故前世多參用文學之士議郎華嶠有論議著述之才其以嶠爲散騎常侍兼與中書共參著作事書鈔五十八御覽二百二十四並引華嶠集

轉華嶠爲秘書監典領著作詔 泰始初

尚書郎嶠體素宏簡文雅該通經覽古今博聞多識屬書實錄有良史之志故轉爲祕書監其加散騎常侍班同中書寺爲內臺使中書散騎著作及治禮音律天文數術南省文章門下撰集皆典領之御覽二百三十四引華嶠集

下羅憲詔 泰始初

憲忠烈果毅有才識器幹可給鼓吹晉書羅憲傳憲領武陵太守泰始初入朝詔云云

郊祀詔 泰始二年正月

有司前奏郊祀權用魏禮朕不慮改作之難令便爲永制衆議紛互遂不時定不得以時供饗神祇配以祖考日夕難企貶食忘安

全晉文卷二 武帝 五

其便郊祀晉書禮志上宋書禮志三

皇后諱勿下詔

禮內諱不出宮而近代諱之非也勿下南齊書禮志上泰始二年正月有司奏故事皇后諱與帝諱俱下詔云云

除祠厲殃詔

不在祀典除之通典五十五泰始二年有司奏春分祠厲殃及禳祠詔云云

傳封詔

五等之封皆錄舊勳本爲縣侯者傳封次子爲亭侯鄉侯爲關內侯亭侯爲關中侯皆食本戶十分之一晉書武帝紀

擇立諫官詔 二月庚午

古者百官官箴王闕然保民特以諫諍爲職今之侍中常侍實處此位擇其能正色弼違匡救不逮者以兼此選晉書武帝紀

詔有司以書荅孫皓 三月庚戌

昔漢文光武懷撫尉佗公孫述皆未正君臣之儀所以羈縻未賓也皓遣使之始未知國慶但以書荅之晉書武帝紀帝既受禪吳人來祭弔有司奏爲荅詔帝曰云云

優崇陳留王詔 五月戊辰

陳留王操尚謙沖每事輒表非所以優崇之也主者諭意非大事皆使王官表上之晉書武帝紀通典七十四

賜王沈葬錢并地詔 五月

故驃騎將軍王沈忠允篤誠執德弘毅外清方夏內熙袞職歷位著稱厥功茂焉不幸薨殞志業未究今當葬其賜錢三十萬葬田一頃御覽五百五十六

營造宗廟詔 七月

主者前奏就魏舊廟誠亦有準然於祇奉明主情猶未安宜更營造崇正永制晉書禮志上宋書禮志三

全晉文卷二 武帝 六

荅羣臣請易服復膳詔

每感念幽冥，而不得終苴絰於草土，㠯存此痛，況當食稻衣錦，誠愴然激切其心，非所㠯相解也。吾本諸生家，傳禮來久，何必一旦便易此情於所天？相從已多，可試省孔子荅宰我之言，無事紛紜也。言及悲剝，柰何柰何。（晉書禮志中，宋書禮志二，通典八十。）

又荅詔

重覽奏議，益㠯悲剝，不能自勝，柰何柰何！三年之喪，自古達禮，誠聖人稱情立哀，明恕而行也。神靈日遠，無所訴告，雖薄於情，食旨衣美，朕更所不堪也。不宜反覆，重傷其心，言用斷絶，柰何柰何。（晉書禮志中，宋書禮志二，通典八十。）

謁陵詔（八月）

此上旬先帝棄天下日也，便㠯周年，吾煢煢當復何時一得敘人子之情邪？思慕煩毒，欲詣陵瞻侍，㠯盡哀憤。主者具行備。（晉書禮志中，宋書禮志二。）

荅羣臣奏停謁陵詔

孤煢忽爾，日月已周，痛慕摧感，永無逮及。欲瞻奉山陵，㠯敘哀情。體氣自佳耳，又已涼，便當行，不得如所奏也。主者便具行備。（晉書禮志中，宋書禮志二。）

衰絰謁陵詔

昔者哀適三十日，便為梓宮所棄，遂離衰絰，痛感豈可勝言！顧漢文不使天下盡哀，亦帝王至謙之志。是㠯自割，不㠯副諸君子，有三年之愛，而身禮廓然。當見山陵，何心而無服，其㠯衰絰行。（晉書禮志中，宋書禮志二。）

［禮當作體］

荅羣臣諫止衰絰謁陵詔

亦知不任此麻布耳，然人子情思，為欲令哀喪之物在身，蓋近情也。羣臣自當按舊制期服之義，非先帝意也。（晉書禮志中，宋書禮志二。）

允羣臣不㠯衰絰謁陵詔

患情不能跂及耳，衣服何在！諸君勤勤之至，豈苟相違。（晉書禮志中，宋書禮志二。）

下傅玄皇甫陶詔（泰始初）

二常侍懇懇於所論，可謂乃心欲佐益時事者也。而主者率㠯常制裁之，豈得不使發憤邪！二常侍所論，或舉其大較而未備其條目，亦可便令作之，然後主者八坐廣共研精。凡關言於人主，人臣之所至難，而人主若不能虛心聽納，自古忠臣直士之所慷慨也。其甚者至使杜口結舌。每念於此，未嘗不歎息也。故前詔敢有直言，勿有所距，庶幾得㠯發懞補過，獲保高位。喉舌納言，諸賢當深解此心，務使下情必盡，苟言有偏善，情在忠益，不可責備於一人。雖文辭有謬誤，言語有失得，皆當曠然恕之。古人猶不拒誹謗，況皆善意在可採錄乎？近者孔晁、綦毋龢皆按㠯輕慢之罪，所㠯皆

［教當作較　入當作八］

原，欲使四海知區區之朝無諱言之忌也。又每有陳事，輒出付主者。主者眾事之本，故身而所處當多從深刻，至乃云恩貸當由上出。（按武帝紀此下有「是何言乎，其詳評議」。）出付外者，盛縱刻峻，是信邪？故復因此喻意。（晉書傅玄傳，又羣書治要三十引晉書。）

詔徙陵勿煩擾居人（十月丁未）

昔舜葬蒼梧，農不易畝；禹葬成紀，市不改肆。上惟祖考清簡之旨，所徙陵十里內居之，動為煩擾，一切停之。（晉書武帝紀。）

［居之之當作人］

㠯高陽王珪督鄴城守詔（二年）

鄴城守事宜速有人，又當得親親有文武器任者。高陽王珪，今未之國，雖當出為蕃輔，㠯才幹事，亦古之制也。其㠯珪為督鄴城守事、北中郎將。（御覽二百四十一引晉起居注。）

詔議通糴法（二年）

夫百姓年豐則用奢，凶荒則窮匱，是相報之理也。故古人權量國

未當作末

過當作通　法當作乏

傳下應有注字

用。取贏散滯。有輕重平糴之法。理財鈞施。惠而不費。政之善者也。然此事廢久。天下希習其宜。加㠯官蓄未廣。言者異同。財貨未能達通其制。更令國寶散於穰歲而上不收。貧弱困於荒年。而國無備。豪人富商。挾輕資。蘊重積。㠯管其利。故農夫苦其業。而未作不可禁也。今者省徭務本。并力墾殖。欲令農功益登。耕者益勸。而猶或騰踊至於農人。並傷。今宜過糴㠯充儉法。主者平議。具爲條制。晉書食貨志。通典十二。

諸王國領兵詔 二年

大國三軍。領兵五千人。次國二軍。領兵三千人。小國一軍。領兵二千人。上中下三等將軍。書鈔七十一引晉起居注。

敘用魏宗曹翕詔 二年

翕秉德履道。魏宗之良。今琨遠至。其假世子印綬。加騎都尉。賜服一具。錢十萬。隨才敘用。魏志東平靈王徽傳。

封夏侯惇近屬詔

惇。魏之元功。勳書竹帛。昔庭堅不祀。猶或悼之。況朕受禪於魏。而可㠯忘其功臣哉。宜擇惇近屬劭封之。魏志夏侯惇傳注引晉陽秋。

㠯侯史光爲御史中丞詔 二年

光忠亮篤素。有居正執義之心。歷職內外。恪勤在公。其㠯光爲御史中丞。雖屈其列校之位。亦所㠯伸其司直之才。晉書侯史光傳。

追贈王沈司空詔 泰始三年

夫表揚往行。所㠯崇賢垂訓。慎終紀遠。厚德興教也。故散騎常侍驃騎將軍博陵元公沈。蹈德居正。執心清粹。經綸墳典。才識通洽。入歷常伯納言之位。出幹監牧方嶽之任。內著謀猷。外宣威略。建國設官。首登公輔。兼統中朝。出納大命。實有翼亮佐世之勳。其贈沈司空公。㠯寵靈既往。使沒而不朽。又前㠯翼贊之勳。當受郡公之封。而固辭懇至。嘉其讓德。不奪其志。可㠯郡公官屬送葬。晉書王沈傳。

立皇太子詔諭羣臣 三年正月丁卯

朕㠯不德。託於四海之上。兢兢祗畏。懼無㠯康濟寓內。思與天下式明王度。正本清源。於罝胄樹嫡。非所先務。又近世每建太子。寬宥施惠之事。間不獲已。順從王公卿士之議耳。方今世運垂平。將陳之㠯德義。示之㠯好惡。使百姓蠲多幸之慮。篤終始之行。曲惠小仁。故無取焉。咸使知聞。晉書武帝紀。

統承大業。懼未能光祖宗之遺德。至於建嗣樹嫡。非所務也。初學記十引晉起居注。泰始三年。有司奏正統立嫡。詔云云。案此即前詔。而文互異。故並錄之。

立皇太子不大會詔 三年

情懷哀慘。每歲正會。㠯四方集故。不從心耳。此日可不會。通典一百四十七。

報文立辭太子中庶子詔 三年

古人稱與田蘇遊。非舊德乎。華陽國志十一。

矍當作瞿

原孔晁上書犯諱詔 三年後

晁自理。頃所稱引。雖不與今相值。然情有所由。其特原之。然則自今㠯後。三帝諱情亦矍然。長吏㠯上。足閑禮法。可如舊科。其餘散官㠯下。但有謬語者。不可具責。又古者內諱不出宮。但勿聽㠯爲名字。至於吾名。但在見避過禮。其或過謬。皆勿御問。㠯煩簡書也。通典一百四。

議增吏俸詔 九月甲申

古者㠯德詔爵。㠯庸制祿。雖下士猶食上農。外足㠯奉公忘私。內足㠯養親施惠。今在位者祿不代耕。非所㠯崇化之本也。其議增吏俸。晉書武帝紀。

㠯義陽王望爲太尉詔 九月甲申

夫尚賢庸勳。尊宗茂親。所㠯體國經化。式是百辟也。且台司之重。

存乎天官故周建六職政典爲首司徒中領軍以明德近屬世濟其美祖考創業翼佐大命出典方任入贊朝政文德既著武功宣暢逮朕嗣位弼道惟明宜登上司兼統軍戎內輔帝室外隆威重其進位太尉中領軍如故置太尉軍司一人參軍事六人騎司馬五人又增置宮騎十人并前三十假葆羽鼓吹（晉書安平王孚附傳望孚第二子）

以荀顗爲司徒詔　九月甲申

昔禹命九官契敷五教所以弘崇王化示人軌儀也朕承洪業昧于大道思訓五品以康四海侍中司空顗明允篤誠思心通遠翼亮先皇遂輔朕躬實有佐命弼導之勳宜掌教典以隆時雍其以顗爲司徒（晉書荀顗傳案書鈔五十二引晉起居注兩條並作六年誤）

詔荅侯史光　三年

太保耆艾元老高行淸粹朕所毗倚以隆道宏治者也前後遜讓不從所執此非有司所得議也其寢光奏（御覽二百六引晉書御史中丞侯史光上言辭久以疾病闕廢朝會應免官詔云云案書鈔五十二引王隱晉書前四句同今晉書王祥傳有刪節）

王祥致仕詔　九月

古之致仕不事王侯今雖以國公留居京邑不宜復苦以朝請其錫几杖不朝大事皆諮訪之賜安車駟馬第一區錢百萬絹五百匹牀帳簟褥以舍人六人爲睢陵公舍人置官騎二十人以公子騎都尉肇爲給事中使常優游定省又以太保高潔淸素家無宅宇其權留本府須所賜第成乃出（晉書王祥傳）

以何曾爲太保詔　九月甲申

蓋謨明弼諧王躬是保所以宣崇大訓克咸四海也侍中太尉何曾立德高峻執心忠亮博物洽聞明識弘達翼佐先皇勳庸顯著朕纂洪業首相王室迪惟前人施於朕躬實佐命興化光贊政道夫三司之任雖左右王事若乃予違汝弼匡獎不逮則存乎保傅故將明袞職未如用乂厥辟之重其以曾爲太保侍中如故（晉書何曾傳）

又見當在御覽上

博議中山王睦立禰廟詔　泰始中

禮文不明此制度大事宜令詳審可下禮官博議乃處當之（晉書高陽王睦傳）

許中山王睦立禰廟詔

禮諸侯二昭二穆與太祖之廟而五太祖即始封君也其廟不毀前詔以譙王中山王父非諸侯尊同禮不相厭故欲令各得祭以申私恩也然考之典制事不經通若安平王諸子並封皆得立廟祭禰親盡數終其廟當毀無故下食友庶之國猥更隨昭穆而廢非尊祖敬宗之義也其如前奏施行（通典五十一）

追封文明王太后母羊氏詔　泰始三年

昔漢文追崇靈文之號武宣有平原博平之封咸所以奉尊尊之敬廣親親之恩也故衞將軍蘭陵景侯夫人羊氏含章體順仁德醕備內承世冑出嬪大國三從之行率禮無違仍遭不造頻喪統嗣撫育衆胤克成家道母儀之教光於邦族誕啟聖明祚流萬國而早世殂隕不遇休寵皇太后孝思蒸蒸永慕罔極朕感存遺訓追遠傷懷其封夫人爲縣君依德紀謚主者詳如舊典（晉書文明王皇后傳御覽又見二百二）

詔稱張華

張華爲黃門侍郎博覽圖籍四海之內若指諸掌（書鈔五十八引王隱晉書泰始三年詔）

全晉文卷二終

全晉文卷三

烏程嚴可均校輯

武帝二

㠯裴秀爲司空詔泰始四年正月辛未

夫三司之任。㠯翼宣皇極。弼成王事者也。故經國論道。賴之明哲。苟非其人。官不虛備。尚書令左光祿大夫裴秀。雅量弘博。思心通遠。先帝登庸。贊事前朝。朕受明命。光佐大業。勳德茂著。配蹤元凱。宜正位居體。㠯康庶績。其㠯秀爲司空。晉書裴秀傳。

㠯賈充守尚書令詔正月

尚書令百揆之首。總齊機衡。出納朝政。治績之所繇也。車騎將軍賈充。忠允清正。通理經遠。兼迪文武。謨勳弘著。其㠯充守尚書令。書鈔五十九引晉起居注。

賞定新律諸臣詔正月丙戌

漢氏㠯來。法令嚴峻。故自元成之世。及建安嘉平之閒。咸欲辯章舊典。删革刑書。述作體大。歷年無成。先帝愍元元之命。陷於密網。親發德音。釐正名實。車騎將軍賈充。獎明聖意。諮詢善道。太傅鄭沖。又與司空荀顗。中書監荀勖。中軍將軍羊祜。中護軍王業。及廷尉杜友。守河南尹杜預。散騎侍郎裴楷。潁川太守周雄。齊相郭頎。騎都尉成公綏。荀煇。尚書郎柳軌等。典正其事。朕每鑒其用心。常慨然嘉之。今法律既成。始班天下。刑寬禁簡。足㠯克當先旨。昔蕭何㠯定律令受封。叔孫通制儀爲奉常。賜金五百斤。弟子皆爲郎。夫立功立事。古今之所重。自太傅車騎㠯下。皆加祿賞。其詳依故典。晉書賈充傳。

昔蕭何㠯定律令受封。叔孫通制儀爲奉常。賜金五百斤。弟子百人皆爲郎。夫立功立事。古今之所重。宜加祿賞。其詳考差叙。輒如詔簡異弟子百人。隨才品用。賞帛萬餘匹。晉書刑法志。

耕籍詔正月丁亥

夫國之大事。在祀與農。是㠯古之聖王。躬耕帝籍。㠯供郊廟之粢盛。且㠯訓化天下。近世㠯來。耕籍止於數步之中。空有慕古之名。曾無供祀訓農之實。而有百官車徒之費。今修千畝之制。當與羣公卿士。躬稼穡之艱難。㠯率先天下。主者詳具其制。下河南處田地於東郊之南。洛水之北。平良田水中者。若無官田。隨宜便換。而不得侵民人也。晉書禮志上。宋書禮志一。

大赦詔正月戊子

古設象刑而衆不犯。今雖參夷而姦不絕。何德刑相去之遠哉。先帝深愍黎元。哀矜庶獄。乃命羣后。考正典刑。朕守遺業。永惟保乂皇基。思與萬國㠯無爲爲政。方今陽春養物。東作始興。朕親率王公卿士。耕籍田千畝。又律令既就。班之天下。將㠯簡法務本。惠有海內。宜寬宥。罪使得自新。其大赦天下。長吏郡丞長史各賜馬一匹。晉書武帝紀。

賜郡縣長吏詔正月庚寅

使四海之內。棄末反本。競農務功。能奉宣朕志。令百姓勸事樂業者。其唯郡縣長吏乎。先之勞之。在於不倦。每念其經營職事。亦爲勤矣。其㠯中左典牧種草馬。賜縣令長相及郡國丞各一匹。晉書食貨志。

㠯羊祜爲尚書左僕射詔二月甲寅

夫總齊機衡。允釐六職。朝政之本也。祜執德清劭。御覽作散騎常侍中軍將軍羊祜秉德。忠亮純茂。經緯文武。謇謇正直。雖處腹心之任。而不總樞機之重。非垂拱無爲。委任責成之意也。其㠯祜爲尚書左僕射。衛將軍。給本營兵。晉書羊祜傳。又見御覽二百十一引干寶晉紀。

文明太后崩答羣臣請既葬卽吉詔四月

夫三年之喪。天下之達禮也。受終身之愛。而無數年之報。柰何葬

而便即吉情所不忍也 晉書禮志中 宋書禮志二

又詔荅

攬省奏事益增感剝夫三年之喪所以盡情致禮葬已便除所不堪也當敘吾哀懷言用斷絕柰何柰何 晉書禮志中 宋書禮志二

又詔荅

不能篤孝勿以毀傷爲憂也誠知衣服末事耳然今思存草土率當 宋志作常 以吉物奪之迺所以重傷至心非見念也每代禮典質文皆不同耳何爲限以近制使達喪闕然乎 晉書禮志中 宋書禮志二

責成二千石詔 六月甲申

郡國守相三載一巡行屬縣必以春此古者所以述職宣風展義也見長吏觀風俗協禮律考度量存問耆老親見百年錄四徒理冤枉詳察政刑得失知百姓所患苦無有遠近便若朕親臨之敦喻五教勸務農功勉勵學者思勤正典無爲百家庸末致遠必泥士庶有好學篤道孝悌忠信清白異行者舉而進之有不孝敬於父母不長悌於族黨悖禮棄常不率法令者糾而罪之田疇闢生業修禮教設禁令行則長吏之能也人窮匱農事荒姦盜起刑獄煩下陵上替禮義不興斯長吏之否也若長吏在官公廉慮不及私正色直節不飾名譽者及身行貪穢諂黷求容公節不立而私門日富者並謹察之揚清激濁舉善彈違此朕所以垂拱總綱責成於良二千石也於戲戒哉 晉書武帝紀

遣使者侯史光等周行郡國詔 七月戊午

古之王者以歲時巡狩方岳其次則二伯述職不然則行人巡省撢人誦志故雖幽遐側微心無壅隔下情上通上指遠諭至于鰥寡罔不得所用垂風遺烈休聲猶存朕在位累載如臨深川 宋志作泉當是唐避諱改 夙興夕惕明發不寐坐而待旦思四方水旱災眚爲之怛然勤躬約己欲令事事當宜常恐眾吏用情誠心未著萬機兼

猥慮有不周政刑失謬而弗獲備覽百姓有過在予一人惟歲之不易未遑卜征巡省之事下 宋志作人 之未乂其何以恤之今使使持節侍中副給事黃門侍郎銜命四出周行天下親見刺史二千石長吏申諭朕心懇誠至意訪求得失損益諸宜觀省政敎 宋志作治 問人間患苦周典有之以其萬姓 宋志作人當是民字唐避諱改 之利害爲一書其禮俗政事刑禁之逆順爲一書其悖逆暴亂作慝犯令爲一書其札喪凶荒戹貧爲一書其康樂和親安平爲一書每國辨異之以返命於王以周知天下之故斯舊章前訓今率由之還具條奏俾朕昭然鑒於幽遠若親行焉大夫君子其各悉乃心敬乃事嘉言 宋志作謀 令圖苦言至戒與使者盡之無所隱諱方將虛心以俟其勉哉勖之稱朕意焉 晉書禮志下 宋書禮志二 通典五十四

詔有司奏事勿隱情 九月

雖詔有所欲及奏得可而於事不便者皆不可隱情 晉書武帝紀

詔諸賢良方正直言會東堂 四年

省諸賢良對策雖所言殊塗皆明於王義有益政道欲詳覽其對究觀賢士大夫用心 晉書摯虞傳

封外曾祖母及從母詔 四年

外曾祖母故司徒王朗夫人楊氏舅氏尊屬鄭劉二從母先后至愛每惟聖善敦睦遺旨渭陽之感永懷靡及其封楊夫人及從母爲鄉君邑各五百戶 晉書文明王皇后傳

報傅玄上便宜詔 四年

得所陳便宜言農事得失及水官興廢又安邊御胡政事寬猛之宜申省周備一二具之此誠爲國大本當今急務也如所論皆善深知乃心廣思諸宜動靜以聞也 晉書傅玄傳

以衛瓘爲青州刺史詔 泰始五年二月壬午

征東將軍衛瓘忠允清識有文武之才宜令宣風萬里爲青州刺

史以綂戎政。書鈔七十二引晉起居注。

歲計吏功詔 二月丁亥

古者歲書羣吏之能否。三年而誅賞之。諸令史前後但簡遣疏劣。而無有勸進。非黜陟之謂也。其條勤能有稱尤異者。歲以爲常。吾將議其功勞。晉書武帝紀。

詔諸葛京署吏 三月己未

諸葛亮在蜀。盡其心力。其子瞻臨難而死義。天下之善一也。其孫京隨才署吏。蜀志諸葛亮傳注引晉起居注。

賜王宏穀詔 十月丙子

朕惟人食之急。而懼天時水旱之運。夙夜警戒。念在於農。雖詔書屢下。敕厲殷勤。猶恐百姓廢惰。以損生植之功。而刺史二千石百里長吏未能盡勤。至使地有遺利。而人有餘力。每思聞監司糾舉能不。將行其賞罰。以明沮勸。今司隸校尉石鑒上汲郡太守王宏勤恤百姓。導化有方。督勸開荒五千餘頃。而熟田常課頃畝不減。比年普飢。人不足食。而宏郡界獨無匱乏。可謂能以勸教。時同功異者矣。其賜宏穀千斛。布告天下。咸使聞知。晉書良吏王宏傳。又見食貨志。

爲城陽王兆立後詔 十一月

亡弟千秋。少聰慧。有夙成之質。不幸早亡。先帝先后特所哀愍。先后欲詔立其後。而竟未遂。每追遺意。情懷感傷。其以皇子景度爲千秋後。雖非典禮。亦近世之所行。且以述先后本旨也。晉書城陽王兆傳。

普告州郡舉壯勇秀異詔 十二月

吳會未平。宜得猛士以濟武功。雖舊有薦舉之法。未足以盡殊才。其普告州郡。有壯勇秀異。才力傑出者。皆以名聞。將簡其尤異。擢而用之。苟有其人。勿限所取。晉書馬隆傳。

以荀顗行太子太傅詔 五年

侍中太尉顗。溫恭忠允。至行純備。博古洽聞。耆艾不殆。其以公行太子太傅。侍中太尉如故。晉書荀顗傳。

太子敬禮師傅詔 五年

太子拜傅。如弟子事師之禮。北堂書鈔六十五引晉起居注。

詔定二傅不臣拜

秦漢以來。舊章廢滅。隨時改作。其故事不可依用。宜遠準古議。定二傅不臣拜。御覽二百四十四引晉書。荀勖何曾議太子少傅當稱臣拜。荀顗曰太之與少自二傅之名耳。非于太子有輕重也。下詔。

詔爲睢陵公王祥發哀 五年

爲睢陵公發哀。事乃至今。雖每爲之感傷。要未得便敍哀情。今便哭之。晉書王祥傳。

便敍之便當作特

詔勿罪麴路 五年

狂狷怨誹。亦朕之罪。勿罪也。羣書治要二十九引晉書。泰始五年。廷尉上西平民麴路伐登聞鼓。言多妖妄。毀謗帝詔。按治要所載晉書。乃王隱書也。

詔責汝南王亮 泰始六年六月

高平困急。計城中及旂足以相拔。就不能徑至。尚當深進。令奔突有投。而坐視覆敗。故加旂大戮。今若罪不在旂。當有所在。晉書汝南王亮傳。秦州刺史胡烈爲羌虜所害。亮遣將軍劉旂騎督敬珍赴救。不進。旂當斬。亮與軍師曹冏上言。節度之咎由亮而出。乞丐旂死。詔云云。

撰錄祕書詔 七月乙巳

自泰始以來。大事皆撰錄祕書寫副。後有其事。輒宜綴集以爲常。晉書武帝紀。

以譙周爲散騎常侍詔 六年秋

騎都尉譙周。閒居中道。不仕危國。蜀亡之際。勸劉禪歸命。有忠君濟民之謀。又躭習典藝。博物洽聞。朕甚嘉之。以爲散騎常侍。書鈔五十八引干寶晉紀。

幸辟雍行鄉飲酒禮下詔 十二月

禮儀之廢久矣乃今復講肄舊典賜大常絹百匹丞博士及學士牛酒（晉書禮志下）

優禮功臣詔（六年）

昔漢祖以知人善任克平宇宙推述勳勞歸美三俊遂與功臣剖符作誓藏之宗廟副在有司所以明德庸勳藩翼王室者也昔我祖考遭世多難攬授英儁與之斷金遂濟時務克定大業太傅壽光公鄭沖太保朗陵公何曾太尉臨淮公荀顗各尚德依仁明允篤誠翼亮先皇光濟帝業故司空博陵元公王沈衛將軍鉅平侯羊祜才兼文武忠肅居正朕甚嘉之書不云乎天秩有禮五服五章哉其爲壽光朗陵臨淮博陵鉅平國置郎中令假夫人世子印綬食本秩三分之一皆如郡公侯比（晉書鄭沖傳）

以陳邵爲給事中詔（六年）

燕王師陳邵清貞絜靜行著邦族篤志好古博通六籍耽悅典誥老而不倦宜在左右以篤儒教可爲給事中（晉書陳邵傳又見書鈔五十八初學記十二並引王隱晉書又略見御覽二百二十一）

以庾純爲河南尹詔（六年）

河南京畿大郡爲四方之表則中書令庾純清粹忠正才紹治化其以純爲河南尹（書鈔七十六御覽二百五十二並引王隱晉書書鈔又引中興書才紹治化作才經治亂）

追賜譙周詔（六年冬）

騎都尉譙周篤志好古服膺儒義擢授近侍命位未加不幸殞喪朕甚悼之賜朝服一具衣一襲錢十五萬喪葬所給比從散騎常侍之制也（書鈔六十三又見蜀志譙周傳注引晉陽秋）

又詔

還衣服給棺直（蜀志譙周傳注引晉陽秋）

省錄裴秀表草詔（泰始七年三月）

司空薨痛悼不能去心又得表草雖在危困不忘王室盡忠憂國

獻當作獻

省益傷切輒當與諸賢共論也（晉書裴秀傳）

贈謚裴秀詔（三月）

司空經德履哲體蹈儒雅佐命翼世勳業弘茂方將宣獻敷制爲世宗範不幸薨殂朕甚痛之其賜祕器朝服一具衣一襲錢三十萬布百匹謚曰元（晉書裴秀傳）

以高陽王珪爲尚書右僕射詔（七年三月癸巳）

尚書僕射總括萬機以貳紀綱綜詳朝政（書鈔五十九引晉起居注）

尚書高陽王珪忠允善政思量弘濟莅官盡心所居著稱其以珪爲右僕射（御覽二百二十一引晉起居注）

詔賈充都督秦涼（七月癸酉）

秦涼二境比年屢敗胡虜縱暴百姓荼毒遂使異類扇動害及中州雖復吳蜀之寇未嘗至此誠由所任不足以內撫夷夏外鎮醜逆輕用其衆而不能盡其力非得心腹之重推轂委成大臣其弊恐爲患而未已每慮斯難忘寢與食侍中守尚書令車騎將軍賈充雅量宏尚達見明遠武有折衝之威文懷經國之慮信結人心名震域外使權統方任綏靜西夏則吾無西顧之念而遠近獲安矣其以充爲使持節都督秦涼二州諸軍事侍中車騎將軍如故假羽葆鼓吹給第一（晉書賈充傳）

延問賢良詔（七年）

前者對策各指答所問未盡子大夫所欲言故復延見其具陳所懷又比年連有水旱災眚雖戰戰兢兢未能究天人之理當何修以應其變人遇水旱饑饉者何以救之中間多事未得寧靜思以省息煩務令百姓不失其所若人有所患苦者有宜損益使公私兩濟者委曲陳之又政在得人而知之至難唯有因人視聽耳若有文武隱逸之士各舉所知雖幽賤負俗勿有所限故虛心思聞事實勿務華辭莫有所諱也（晉書阮种傳）

以石苞爲司徒詔 七年

前大司馬苞。忠允清亮。才經世務。幹用之績。所歷可紀。宜掌敎典。以贊時政。其以苞爲司徒。晉書石苞傳。

詔答有司 七年

吳人輕脃。終無能爲。故疆埸之事。但欲完固守備。使不得越逸而已。以苞計畫不同。慮敵過甚。故徵還更授。昔鄧禹撓於關中。而終輔漢室。豈以一眚而掩大德哉。晉書石苞傳。有司奏苞前有所擅。不堪其任。以公還第。已爲弘厚。不宜擢用。詔云云。

以山濤爲侍中詔 七年

濤清風淯履。思心通遠。宜侍帷幄。盡規左右。藝文類聚四十八。御覽二百十九引竹林七賢傳。山濤泰始七年爲侍中。詔書云云。

以羊琇爲中護軍詔 七年

中護軍與中領軍。皆掌禁兵。職典武選。宜得堪幹其事者。左衛將軍羊琇。有明贍才具。乃心在公。其以琇爲中護軍。北堂書鈔六十四。御覽二百四十引晉起居注。

報石苞詔 七年

農殖者。爲政之本。有國之大務也。雖欲安時興化。不先富而敎之。其道無由。而至今四海多事。軍國用廣。加承征伐之後。屢有水旱之事。倉庫不充。百姓無積。古者稼穡樹蓺。司徒掌之。今雖登論道。然經國立政。惟時所急。故陶唐之世。稷官爲重。今司徒位當其任。乃心王事。有毀家舒國。乾乾匪躬之志。其使司徒督察州郡播殖。將委事任成。垂拱仰辦。若宜有所循行者。其增置掾屬十人。聽取王官更練事業者。晉書石苞傳。苞爲司徒。奏課農桑。詔云云。

舒當作紓

胡奮勉入直詔 七年

射聲校尉胡奮。外掌方任。內參九列。不宜同之常例。勿使入直。御覽二百四十二引王隱晉書。

以胡奮爲冠軍將軍詔 七年

議郎胡奮。開爽忠亮。有文武才幹。歷位外內。涉練戎事。威略之聲。著于方外。其以奮爲冠軍將軍。書鈔六十四。御覽二百三十九。並引晉起居注。泰始七年詔。

以鄭袤爲司空詔 七年十二月

光祿大夫密陵侯袤。履行純正。守道沖粹。退有清和之風。進有素絲之節。宜登三階之曜。補袞職之闕。今以袤爲司空。晉書鄭袤傳。又見書鈔五十二。初學記十一引晉起居注。

全晉文卷三終

烏程嚴可均校輯

武帝二

優給安平王孚喪事詔 泰始八年二月壬辰

王勳德超世尊寵無二期頤在位朕之所倚庶永百齡諮仰訓導奄忽殂隕哀慕感切其以東園溫明祕器朝服一具衣一襲緋練百匹絹布各五百匹錢百萬穀千斛以供喪事諸所施行皆依漢東平獻王蒼故事 晉書安平王孚傳

以山濤爲吏部尚書詔 八年

議郎山濤至性簡靜淩虛篤素立身行己足以勵俗其以濤爲吏部尚書 北堂書鈔六十引晉起居注

荅山濤詔

君雖乃心在於色養然職有上下旦夕不廢醫藥且當割情以隆在公 晉書山濤傳濤遷尚書以母老辭職詔云云

下太學詔 八年

已試經者留之其餘遣還郡國大臣子弟堪受教者令入學 宋書禮志 一通典五十三

以羊祜爲車騎將軍開府詔 八年

使持節都督荊州諸軍事衛將軍羊祜歷位文武有佐命之勳其以祜爲車騎將軍開府如三司之儀 書鈔五十二引王隱晉書

詔責鄒徽 八年

讜言謇諤直意盡辭所望於左右也人主常以阿媚爲患豈以爭臣爲損乎陶所執不愆此義而徽越職奏之豈朕意乎 羣書治要二十九引孫盛陽秋 泰始八年帝問右將軍皇甫陶論事陶固執所論與帝爭言散騎常侍鄒徽表求治罪詔云云乃免徽官

荅何曾固讓領司徒詔 泰始九年五月

司徒舊丞相之職自古及今總論人物治化之本以君弘道故選於衆而復盤桓非所聞也 御覽二百八引晉書

以下邳王晃爲安西將軍詔 九年

益州險遠素號難治宜以重將親賢撫之南中郎將下邳王晃清亮中正體行明潔才周政理有文武策識其以晃爲使持節都督益寧二州諸軍事安西將軍領益州刺史 晉書下邳王晃傳又見書鈔七十二引晉起居注

許鄭沖致仕詔 九年 注作泰始元年詔

太傅韞德深粹履行高潔恬遠清虛確然絕世艾服王事六十餘載忠肅在公慮不及私遂應衆舉歷登三事仍荷保傅之重綢繆論道之任光輔翼世亮茲天工迪宜謀猷弘濟大烈可謂朝之雋老衆所具瞻者也朕昧於政道庶事未康挹仰耆訓導揚厥蒙庶賴顯德緝熙有成功公屢以年高疾篤致仕告退惟從公志則朕孰與諮謀營彼涉川罔知攸濟是用未許迄于累載而高讓彌篤至意難違覽其盛指俾朕憮然夫功成弗有上德所隆成人之美君子與焉豈必遂朕憑賴之心以枉大雅進止之度哉今聽其所執以壽光公就第位同保傅在三司之右公宜頤精養神保衛太和以究遐福其賜几杖不朝古之哲王欽祇國老憲行乞言以彌縫其闕若朝有大政皆就諮之 晉書列傳

功當作而

列當作鄭沖

以鄧艾孫爲郎中詔 九年

艾有功勳受罪不逃刑而子孫爲萌隸朕常愍之其以嫡孫朗爲郎中 魏志鄧艾傳

妾媵不得爲嫡正詔 泰始十年閏正月丁亥

嫡庶之別所以辨上下明貴賤而近世以來多皆內寵登妃后之職亂尊卑之序自今以後皆不得登用妾媵以爲嫡正 晉書武帝紀

奪情起山濤爲吏部尚書詔 十年

吾所共致化者官人之職是也方今風俗陵遲人心進動宜崇明

好惡，鎮以退讓。山太常雖尚居諒闇，情在難奪，古人亦墨絰從戎，（此句從北堂書鈔藝文類聚補。）方今務殷，何得遂其志邪？其以濤為吏部尚書。（晉書山濤傳，又見北堂書鈔六十，藝文類聚四十八引王隱晉書。）

又詔山濤

方今多事，嘉謀良圖，委以老成也。（初學記十一引晉書山濤轉尚書表辭才下年老詔云云。）

賜謚荀顗詔 四月

侍中太尉行太子太傅臨淮公顗，清純體道，忠允立朝，歷司內外，茂績既崇，訓傅東宮，徽猷弘著，可謂行歸于周，有始有卒者矣。不幸薨殂，朕甚痛之。其賜溫明祕器，朝服一具，衣一襲，謚曰康。（晉書荀顗傳。）

賜荀顗家錢詔

太尉不恤私門，居無館宇，素絲之志，沒而彌顯。其賜家錢二百萬，使立宅舍。（晉書荀顗傳。）

拜三夫人九嬪禮儀詔

拜授可依魏氏故事。（晉書禮志下。）

賜謚后母詔 七月

皇后逮事先后，常冀能終始永奉宗廟，一旦殂隕，痛悼傷懷。每自以夙喪二親，於家門之情特隆。又有心欲改葬父祖，以頃者務從儉約，初不有言，近垂困，說此意，情益愍之。其使領前軍將軍駿等自克改葬之宜，至時主者供給葬事。賜謚母趙氏為縣君，以繼母段氏為鄉君。傳不云乎：慎終追遠，民德歸厚。且使亡者有知，尚或嘉之。（晉書武元楊皇后傳。）

追贈太原王瓌詔 十年

瓌乃心忠篤，智器雅亮，歷位文武，有幹事之績，出臨封土，夷夏懷附，鎮守許都，思謀可紀。不幸早薨，朕甚悼之。今安厝在近，其追贈前將軍。（晉書安平王孚附傳。）

以文立為散騎常侍詔 十年

太子中庶子文立，忠貞清實，有思理器幹，前在濟陰，政事修明，後事東宮，盡輔導之節。昔光武平隴蜀，皆修其賢才，以敘之，蓋所以拔幽滯而濟殊方也。其以立為散騎常侍。（晉書儒林文立傳，又見華陽國志十一，作皆收其才秀，所以援濟殊方，伸敘幽滯也。）

止文立辭散騎常侍詔

常伯之職，簡才而授，何謙虛也。（華陽國志十一。）

以程咸為散騎常侍通直詔 十年

黃門郎程咸，博聞洽通，文藻清敏，歷職左右，勳勞內侍，乃心在公，夙夜不懈。其以咸為散騎常侍左通直郎。（北堂書鈔五十八引王隱晉書，又引臧榮緒晉書。）

詔荅山濤

君為管人倫之職，此輩應為清議，與不便當裁處之。（通典二十三引山濤啟事曰：臣欲以鄒生為溫令，詔可。尋又啟曰：新聞說喪母不時葬，遂於所居屋後假葬，有異同之議，請更選之。詔云云。）

賜劉廙葬錢詔 已下並泰始中年月未詳俟考。

故侍中劉廙，以清識明鑒，有聲前代。昔宣皇帝接以師友之恩，廙墓為盜賊所發，甚用惻然。其子阜素甚清貧，今當殯葬，其給轜車銘旌，賜錢，給作藏人功，至時遣使者祭之。（御覽五百五十六。）

賜傅嘏夫人鮑葬錢詔

故太常傅嘏者，昔以令德賢才，為先帝所接，登龍之際，有翼贊盡忠之勳。早代殞歿，不終功業，每念其遺績，常存於心。今嘏夫人鮑當葬，賜錢十萬，給作葬藏人功，嘏墓開，祭以少牢。（御覽五百五十六。）

以李胤領司隸校尉詔

胤忠允高亮，有匪躬之節，使領司隸校尉。（晉書李胤傳。）

卹侯史光家詔

光厲志守約，有清忠之節，家極貧儉，其賜錢五十萬。（晉書侯史光傳。）

以華表爲太常卿詔

表淸賢履道內圓外順歷位忠恪言行不玷其以表爲太常卿御覽二百二十八引臧榮緒晉書

以劉毅爲國子祭酒詔

劉毅博學多聞其以毅爲散騎常侍國子祭酒書鈔六十七引臧榮緒晉書

詔免庾純官

先王崇尊卑之禮明貴賤之序著溫克之德記沈酗之禍所以光宣道化示人軌儀也昔廣漢陵慢宰相獲犯上之刑灌夫託醉肆忿致誅斃之罪純以凡才備位卿尹不惟謙敬之節不忌覆車之戒陵上無禮悖言自口宜加顯黜以肅朝倫晉書庾純傳

原庾純詔

自中世以來多爲貴重順意賤者生情故令釋之定國得揚名於前世今議責庾純不惟溫克醉酒沈湎此責人以齊聖也疑賈公亦醉若其不醉終不於百客之中責以不去官供養也大晉依聖人典禮制臣子出處之宜若有八十皆當歸養亦不獨純也古人云由醉之言俾出童羖明不責醉恐失度也所以免純者當爲將來之醉戒耳齊王劉掾議當矣復以純爲國子祭酒加散騎常侍晉書庾純傳

以王濟爲中書侍郎詔

駙馬都尉王濟忠篤好學開有文章器幹其以濟爲中書侍郎北堂書鈔五十七引晉起居注凡二條案本傳云年二十拜中書郎又云先渾死年四十六則此詔當在泰始中

許華表致仕詔

表淸貞履素有老成之美久幹王事靜恭匪懈而以疾固辭章表懇至今聽如所上以爲太中大夫賜錢二十萬牀帳褥席祿賜與卿同門施行馬晉書華表傳

參譔賨允詔

當官者能絜身修己然後在公之節乃全身善有章雖賤必賞此興化立教之務也謁者賨允前爲浩亹長以修勤淸白見稱河右是輩當擢用使立行者有所勸主者詳復參訪有以旌表之晉書良吏賨允傳

公主嫁儀詔

公主嫁由夫氏不宜皆爲備物賜錢使足而已惟給璋餘如故事晉書禮志下

熙當作頤

優賜李憙詔

光祿大夫特進李憙杖德居義當升台司毗亮朕躬而以年尊致仕雖優游無爲可以熙神而虛心之望能不憮然其因光祿之號改假金紫置官騎十人賜錢五十萬祿賜班禮一如三司門施行馬晉書李憙傳

全晉文卷四終

全晉文卷五

烏程嚴可均校輯

武帝 四

改元大赦詔 咸寧元年正月戊午朔

制詔。蓋至化之本。寬㠯居之。仁㠯行之。然後道濟天下。品物得所。朕㠯不德。託於王公之上。在位十年。不能光宣大訓。嘉靜萬國。吳會僭虐。戎夷作害。役卒勤瘁於外。百姓劬勞於內。加㠯水旱爲災。歲比不登。雖昧旦兢兢。不遑荒宛。未能道德齊禮。使羣生獲乂。斷獄歲增。人免無恥。上古易簡而化成。刑輕而姦改。仰觀在昔。何今者不遠之遠哉。書不云乎。邦之不臧。惟予一人有逸罰。意者豈文教未篤。政煩網密。故醇樸離散。㠯至於此歟。思存化本。務與四海共興。時雍。使元元之人。咸得自新。其大赦天下。改元爲咸寧。文館詞林六百六十八。

㠯王覽爲宗正卿詔 元年

覽少篤至行。服仁履義。貞素之操。長而彌固。其㠯覽爲宗正卿。晉書王覽傳。

㠯奚官奴代田兵種稻詔 元年十二月

出戰入耕。雖自古之常。然事力未息。未嘗不㠯戰士爲念也。今㠯鄴奚官奴婢著新城。代田兵種稻。奴婢各五十人爲一屯。屯置司馬。使皆如屯田法。晉書食貨志。

㠯山濤爲太子少傅詔 咸寧初

濤秉德沖素。思心潛通。淸虛履道。有古人之風。雖使輔導東宮。宜兼督朝事。北堂書鈔六十五引王隱晉書。

㠯山濤爲右僕射詔 咸寧初

山濤自典官人之任。志在澄淸風俗。朕將倚之。㠯弘訓範。庶人倫有日新之美。其㠯爲右僕射。書鈔五十九引晉起居注。

閒當作聞

答白裒詔

濤㠯病自閒。但不聽之耳。使濤坐執銓衡則可。何必上下邪。不得有所問。晉書山濤傳。濤除尙書僕射。加侍中。領吏部。固辭㠯老疾上表陳情。章表數十上。久不攝職。爲左丞白裒所奏。詔云云。

手詔山濤

白裒奏君甚妄。所㠯不卽推直不喜凶赫耳。君之明度。豈當介意邪。便當攝職。令斷章表也。晉書山濤傳。

又詔山濤

山僕射近日暫出。遂㠯微苦未還。豈吾側席之意。其遣丞掾奉詔喻旨。若體力故未平康者。便㠯輿車輿還寺舍。晉書山濤傳。濤志必欲退。因發從弟婦喪。輒還外舍。又詔。

原何劭等詔

太保與毅有累世之交。遵等所取差薄。一皆置之。晉書何劭傳。咸寧初。有司奏劭及兄遵等受故鬲令表毅貨。事下廷尉。詔原之。

表當作袁

止羣臣上禮詔 二年二月

每念頃遇疫氣死亡。爲之愴然。豈㠯一身之休息。忘百姓之艱邪。諸上禮者皆絕之。晉書武帝紀。先是帝不豫。及瘳。羣臣上壽。

喪不舉樂詔 十一月

諸王公大臣薨。應三朝發哀者。踰月不舉樂。其一朝發哀者。三日不舉樂也。晉書禮志中。

徵皇甫謐爲太子中庶子詔 十二月

男子皇甫謐。沈靜履素。守學好古。與流俗異趣。其㠯謐爲太子中庶子。晉書皇甫謐傳。又見北堂書鈔六十六引晉起居注。

㠯曹志爲博士詔

甄城公曹志。篤行履素。達學通識。宜在儒林。闡弘胄子之教。其㠯志爲散騎常侍國子博士。晉書曹志傳。書鈔六十七引晉起居注。

責有司失議華廙詔

諸侯薨。子踰年卽位。此古制也。應卽位而廢之。爵命皆去矣。何爲罪罰再加。且吾之責廙。以肅貪穢。本不論常法也。諸賢不能將明此意。乃更詭易禮律。不顧憲度。君命廢之。而羣下復之。此爲上下正相反也。（晉書華表附傳）

以扶風王亮爲宗師詔　咸寧三年正月

宗室戚屬。國之枝葉。欲令奉率德義。爲天下式。然處富貴而能愼行者寡。召穆公糾合兄弟。而賦棠棣之詩。此姬氏所以本枝百世也。今以衞將軍扶風王亮爲宗師。所當施行。皆諮之於宗師也。（晉書武帝紀）

貶中山王睦爲丹水侯詔　七月

中山王所行。何乃至此。覽奏甚用憮然。廣樹親戚。將以上輔王室。下惠百姓也。豈徒榮崇其身。而使民喻輿憲乎。此事當大論得失。正臧否所在耳。苟不宜君國。何論於赦令之間邪。其貶睦爲縣侯。（晉書高陽王睦傳。咸寧三年。冀州刺史杜友奏睦招誘逋亡。不宜君國。有司奏。事在赦前。應原。詔云云。）

詔主者　九月（通典作元年）

今年霖雨過差。又有蟲災。潁川襄城自春以來。略不下種。深以爲慮。主者何以爲百姓計。促處當之。（晉書食貨志。通典二。）

以王恂爲河南尹詔　三年

河南百郡之首。其風敎宜爲遐邇所模。以導齊之。侍中奉車都尉王恂忠亮篤誠。才兼內外。明於治化。其以恂爲河南尹。（御覽二百五十二引晉起居注。）

聽陳騫留京城詔　三年

騫元勳舊德。統乂東夏。方弘遠績。以一吳會。而所苦未除。每表懇切。重勞以方事。今聽留京城。以前太尉府爲大司馬府。增置祭酒二人。帳下司馬官騎大軍鼓吹皆如前。親兵百人。廚田十頃。廚園五十畝。廚士十八人。器物經用。皆留給焉。又給乘輿輦。出入殿中。加鼓吹。如漢蕭何故事。（晉書陳騫傳）

詔諭意陳騫　三年

騫履德論道。朕所諮詢。方賴謀猷。以弘庶績。宜時治事。可遣散騎常侍諭意。（晉書陳騫傳）

以庾純爲國子祭酒詔　三年

議郎庾純篤志好古。敦說詩書。有儒行。宜訓導國子。（書鈔六十七引臧榮緖晉書。咸寧三年詔。案本傳純于泰始中歷河南尹。免。尋爲國子祭酒。加散騎常侍。非由議郎爲祭酒也。書鈔所引。疑轉寫有誤。）

奉朝請宜補大縣詔　三年

前相國掾主簿。雖奉朝請。並從容閑豫。若大縣闕。宜以治民也。（書鈔五十八引晉起居注。）

贈謚盧欽詔　咸寧四年三月

欽履道正直。執德貞素。文武之稱。著於方夏。入躋機衡。惟允庶事。肆勤內外。有匪躬之節。不幸薨沒。朕甚悼之。其贈衞將軍開府儀同三司。賜祕器朝服一具。衣一襲。布五十匹。錢三十萬。謚曰元。（晉書盧欽傳。）

以何曾爲太宰詔　九月

太傅明朗高亮。執心弘毅。可謂舊德老成。國之宗臣者也。而高尚其事。屢辭祿位。朕以寡德。憑賴保佑。省覽章表。實用憮然。雖欲成人之美。豈得遂其雅志。而忘翼佐之益哉。又司徒所掌務煩。不可久勞耆艾。其進太宰。侍中如故。朝會劒履乘輿上殿。如漢相國蕭何、田千秋、魏太傅鍾繇故事。賜錢百萬。絹五百匹。及八尺牀帳簟褥百副。置長史掾屬祭酒及員吏。一依舊制。所給親兵官騎如前。主者依次按禮典。務使優備。（晉書何曾傳。）

詔問荀勖　九月

司徒處當得人。副遠近之望。并治事見才誰可也。（御覽二百八引荀勖荅語。咸寧四年司徒何曾遷太宰詔問勖。

詔燒雉頭裘　十一月

據此裘非常衣服。消費功用。其於殿前燒之。敕內外。有造異服依禮治罪。書鈔一百二十九御覽六百九十四引晉咸寧起居注。太醫司馬程據上雉頭裘一領。詔云云。末句一本作詔罪之。

聽羊祜不以侯斂詔　十一月

故南城侯羊祜固辭歷年。志不可奪。身沒讓存。遺操益厲。此夷叔所以稱賢。季子所以全節也。今聽復本封。以彰厥美。藝文類聚五十一。書鈔四十八並引晉起居注。又見晉書羊祜傳。文選齊竟陵王行狀注引王隱晉書。

追贈羊祜詔　十一月

征南大將軍南城侯祜。蹈德沖素。思心清遠。始在內職。值登大命。乃心篤誠。左右王事。入綜機密。出統方岳。當終顯烈。永輔朕躬。而奄忽殂隕。悼之傷懷。其追贈侍中太傅。持節如故。晉書羊祜傳。

徵朱沖爲博士詔　四年

處士朱沖。履行高絜。經學修明。其徵爲博士。

從祖父不應服周詔

王奉魏氏。所承者重。不得服其私親。通典九十三咸寧四年陳留王上燕公是王之父。王出奉命於帝爲禰。今於王爲從祖父。有司奏應服周。不以親疏尊卑爲降。詔云云。

禁斷立碑詔　四年

此石獸碑表。既私褒美。興長虛僞。傷財害人。莫大於此。一禁斷之。其犯者。雖會赦令。皆當毀壞。宋書禮志二。

徵朱沖爲太子右庶子詔　四年

東宮官屬。亦宜得履蹈至行敦悅典籍者。其以沖爲太子右庶子。晉書朱沖傳。

以陳壽爲侍御史詔

昨適用蜀人壽良具員耳。可以爲侍御史。華陽國志十一。鎮南將軍杜預表爲散騎侍郎。詔云云。

手詔戒山濤

夫用人惟才。不遺疏遠卑賤。天下便化矣。晉書山濤傳。

詔賜王基等家穀　咸寧五年

故司空王基、衞將軍盧欽、領典軍將軍楊囂。竝素清貧。身沒之後。居無私積。頃者飢饉。聞其家大匱。其各賜穀三百斛。晉書盧欽傳。

以張華爲度支尚書詔　五年

一年不收。使公私俱匱。不唯天時。乃人事有不盡也。故總要者。正在度支尚書也。其以散騎常侍中書令張華爲度支尚書。御覽二百十七引晉起居注。

伐吳詔　五年

制詔。兵興以來。八十餘年。戎車出征。罔有寧歲。死亡流離。傷害和氣。朕每惻然悼心。思戢兵靜役。與人休息。故罷習業。廣分休假。大遣扶老。養孤及女。朝夕相對。而吳賊失信。比犯王略。胡虜校動。寇害邊垂。人兵缺少。不足禽制。輒當前休中土。以相應赴。將士疲悴。而猶不及事。欲以爲靜。而更爲勞。昔淮夷不賓。成王東伐。獫狁作難。戎車夏征。自古及今。咸皆勤戎遠戍。先勞後逸。未有得脩無爲於有事之時也。自宣皇帝以來。以吳蜀爲憂。邊事爲念。今孫皓犯境。夷虜擾邊。此乃祖考之遺慮。朕身之大恥也。故繕甲脩兵。大興戎政。內外勞心。上下戮力。以南夷句吳。北威戎狄。然后得休牛放馬。與天下共饗無爲之福耳。今調諸士。家有二丁。三丁取一人。四丁取二人。六丁以上三人。限年十七以上至五十以還。先取有妻息者。其武勇散將家亦取如此。比隨才署武勇掾史。樂市馬比爲騎者。署都尉司馬。中閒以來。內外解弛。吏寡盡忠之心。將無致命之節。朕方靜人用。未加罪戮。今當大脩戎政。以混壹六合。賞功罰惰。明罰整法。其宣敕中外羣官。使各悉心畢力。明爲身計。主者以時施行條品。文館詞林六百六十二。

荅杜預征吳節度詔 五年

制詔。夫悅以犯難。人忘其死。此用兵之本。若乃臨戎致果。則必涖之以牲。斷之以威。故商令二十誓其衆。用命賞于祖。不用命戮于社。昔魏絳穰苴列國陪臣。苟有犯其政令者。雖親如楊干莊賈。皆戮之不疑。用能尊主立勳。垂聲載籍。今廣命羣帥。陵江致討。將以靜齊南裔。綏寍四海。蓋膺揚啍闞之士。成功之一會也。可不勖哉。懸旌萬里。當令首尾協同。此既然矣。且元帥所統。或本不相督威。令敎禁素不服習。若各任所見。不相順從。必顚越不振。以疚大事。兵凶戰危。呼吸成變。可不愼邪。斯乃三軍之命。國之安危。苟有乖遺。以致負敗。雖首領之罰必加。鈇鉞之誅必用。固無及矣。是故投之死地而後生。蓋知亡必存也。以殺敎人。而萬夫齊勇。蓋自古之政也。方岳元帥。推轂所委。若需懦縱法。忘在公之義。上從國命。下墜徒衆。雖悔身何及。凡所督。敢距違節度。便以軍令從事。書稱宜力汝爲。又曰尙桓桓。如武如貔。如熊如羆。軍司將軍其各勉之。申勒羣帥以下。使知此命。文館詞林六百六十二。

詔止山濤告退

天下事廣。加吳土初平。凡百草創。當共盡意化之。君不深識往心。而以小疾求退。豈所望於君邪。朕猶側席。未得垂拱。君亦何得高尙其事乎。當崇至公。勿復爲虛飾之煩。晉書山濤傳。

中詔荅衞瓘

濤以德素爲朝之望。而常深退讓。至于懇切。故比有詔。欲必奪其志。以匡輔不逮。主者既不思明詔旨。而反深加詆案。虧崇賢之風。以重吾不德。何以示遠近邪。晉書山濤傳。濤苦表請退。詔又不許。尙書令衞瓘奏可免濤官。中詔瓘。

進馬隆爲宣威將軍詔 五年

隆以偏師寡衆。奮不顧難。冒險能濟。其假節宣威將軍。加赤幢曲蓋鼓吹。晉書馬隆傳。

以劉頌爲議郎守廷尉詔 已下並咸寍中年月未詳。俟攷。

黃門郎劉頌。貞平居正。兼明法理。可議郎守廷尉。書鈔五十三。

以劉智爲國子祭酒詔

南陽王師劉智學行優著。其以智爲國子祭酒。書鈔六十七引臧榮緒晉書。

詔張華

卿才綜萬代。博識無倫。遠冠羲皇。近次夫子。然記事采言。亦多浮妄。宜更刪翦。無以冗長成文。昔仲尼刪詩書。不及鬼神幽昧之事。以言怪力亂神。今卿博物志。驚所未聞。異所未見。將恐惑亂於後生。繁蕪於耳目。可更芟截浮疑。分爲十卷。王子年拾遺記。

報劉毅詔

羊車雖無制。猶非素者所服。宋書禮志五。晉武帝時。護軍羊琇乘羊車。司隸校尉劉毅奏彈之。詔云云。

賜魏舒葬三妻地幷錢詔

魏舒清貧。不營財產。頃喪衆喪。必無以自供。其賜葬地一頃。錢五十萬。御覽五百五十四引王隱晉書。今本御覽脫詔曰二字。

全晉文卷五終

全晉文卷六

烏程嚴可均校輯

武帝五

下王濬唐彬等詔（太康元年二月乙亥）

濬彬東下。埽除巴丘。與胡奮王戎共平夏口武昌。順流長騖。直造秣陵。與奮戎審量其宜。杜預當鎭靜零桂。懷輯衡陽。大兵既過。荊州南境固當傳檄而定。預當分萬人給濬。七千給彬。夏口既平。奮宜以七千人給濬。武昌既了。戎當以六千人給彬。太尉充移屯項。總督諸方。（晉書武帝紀。）

又與王濬詔

軍人乘勝。猛氣益壯。便當順流長騖。直造秣陵。（晉書王濬傳。濬上表自理曰。臣前被庚戌詔書。）太尉賈充總統諸方。自鎭東大將軍伷及渾、濬、彬等皆受充節度。（晉書王濬傳。濬上書自理曰。又前被詔書。）

東堂小會詔（三月）

江表初平。天下同其歡豫。王公卿士各奉禮稱慶。其於東堂小會。設樂使加於常。（藝文類聚三十九引晉起居注。）

讓王濬不受王渾節度詔

伐國事重。宜令有一。前詔使將軍受安東將軍渾節度。渾思謀深重。案甲以待將軍。云何徑前。不從渾命。違制昧利。甚失大義。將軍功勳。簡在朕心。當率由詔書。崇成王法。而於事終恃功肆意。朕將何以令天下。（晉書王濬傳。）

原王濬詔

濬前受詔徑造秣陵。後乃下受渾節度。詔書稽留。所下不至。便令與不受詔同責。未爲經通。濬不即表上被渾宣詔。此可責也。濬有征伐之勞。不足以一眚掩之。（晉書王濬傳。有司奏濬表既不列前後所被七詔月日。又赦後違詔不受渾節度。大不敬。付廷尉科罪。詔云云。）

停當作亭

封琅邪王伷子爲停侯詔（元年）

琅邪王伷督率所統。連據塗中。使賊不得相救。又使琅邪相劉弘等進軍逼江。賊震懼。遣使奉僞璽綬。又使長史王恒率諸軍渡江。破賊邊守。獲督蔡機。斬首降附五六萬計。諸葛靚孫奕等皆歸命請死。功勳茂著。其封子二人爲亭侯。各三千戶。賜絹六千匹。（晉書琅邪王伷傳。）

進王渾封爵詔（五月庚辰）

使持節都督揚州諸軍事安東將軍京陵侯王渾。督率所統。遂逼秣陵。令賊孫皓救死自衞。不得分兵上赴。以成西軍之功。又摧大敵。獲張悌。使皓塗窮勢盡。面縛乞降。遂平定秣陵。功勳茂著。其增封八千戶。進爵爲公。封子澄爲亭侯。弟湛爲關內侯。賜絹八千匹。（晉書王渾傳。）

場當作埸

以唐彬爲右將軍詔（五月庚辰）

廣武將軍唐彬受任方隅。東禦吳寇。南臨蠻越。撫寧疆場。有綏禦之績。又每慷慨。志在立功。頃者征討。扶疾奉命。首啟戎行。獻俘授馘。勳效顯著。其以彬爲右將軍都督巴東諸軍事。（晉書唐彬傳。）

封孫皓爲歸命侯詔（五月辛亥）

孫皓窮迫歸降。前詔待之以不死。今皓垂至。意猶愍之。其賜號爲歸命侯。進給衣服車乘。田三十頃。歲給穀五千斛。錢五十萬。絹五百匹。緜五百斤。皓太子瑾拜中郎。諸子爲王者拜郎中。（吳志孫嗣主傳三。太康元年四月詔。晉書作五月。）

詔答有司（六月丁丑）

睦退靜思愆。改脩其德。今有爵土。不但以赦江陽險遠。其以高陽郡封之。（晉書高陽王睦傳。睦封中山王。咸寧中貶封丹水縣侯。太康初詔復爵。有司奏封江陽王。帝云云。）

答衞瓘等奏請封禪詔（九月）

今逋寇雖殄。外則障塞有警。內則民庶未康。此盛德之事。所未議也。晉書禮志下。宋書禮志三。

又詔

今陰陽未和。刑政未當。百姓未得其所。豈可以勒功告成邪。同上。

又詔衞瓘等勿下五府議封禪

雖蕩清江表。皆臨事者之勞。何足以告成。方望羣后思隆大化。以寧區夏。百姓獲乂。與之休息。斯朕日夜之望。無所復下諸府矣。勿復爲煩。同上。

又詔

方當共思弘道。以康庶績。且俟他年。無所復紛紜也。同上。

又詔報三公有司勿議封禪

所議誠列代之盛事也。然今未可以爾。使報絕之。同上。

進封張華爲廣武縣侯詔 元年

尚書關內侯張華。前與故太傅羊祜共創大計。遂典掌軍事。部分諸方。算定權略。運籌決勝。有謀謨之勳。其進封爲廣武縣侯。增邑萬戶。封子一人爲亭侯。千五百戶。賜絹萬匹。晉書張華傳。

復置左右僕射詔 元年

尚書舊置左右僕射。所以恢演政典。協宣庶績。中間久廢。其復置之。書鈔五十九。御覽二百十一引晉起居注。

省州牧詔 太康初

上古及中代。或置州牧。或置刺史。置監御史。皆總綱紀。而不賦政。治民之事。任之諸侯郡守。昔漢末四海分崩。因以吳蜀自擅。自是刺史內親民事。外領兵馬。此一時之宜爾。今賴宗廟之靈。士大夫之力。江表平定。天下合之爲一。當韜戢干戈。與天下休息。諸州無事者罷其兵。刺史分職。皆如漢氏故事。出頒詔條。入奏事京城。二千石專治民之重。監司清峻於上。此經久之體也。其便省州牧。續漢郡國志三注補引晉太康初武帝詔。

賜故司徒李胤等家錢穀詔 太康初

故司徒李胤。太常彭灌。並履忠清儉。身沒。家無餘積。賜胤家錢二百萬。穀千斛。灌家半之。晉書李胤傳。

封延祚爲樂平王詔 太康初

弟祚早孤無識。情所哀愍。幼得篤疾。日冀其差。今遂廢痼。無復後望。意甚傷之。其封爲樂平王。使有名號。以慰吾心。晉書樂平王延祚傳。

以荀眞爲魏郡太守詔 太康元年

方今天下無事。所重唯民。魏郡大都會也。太守宜得其才。其以荀眞爲魏郡太守。書鈔七十四引晉起居注。

遣石鑒歸田詔 太康初

昔雲中守魏尚以斬首不實受刑。武牙將軍田順以詐增虜獲自殺。誣罔敗法。古今所疾。鑒備大臣。吾所取信。往者西事。公欺朝廷。以敗爲得。竟不推究。中間黜免未久。尋復授用。冀能補過。而乃與下同詐。所謂大臣義得爾乎。有司奏是也。顧未忍耳。今遣歸田里。終身不得復用。勿削爵土也。晉書石鑒傳。

親祀朝日詔 二年

禮儀宜有常。若如所奏。與故太尉所撰不同。復爲無定制也。間者方難未平。故每從所奏。今戎事弭息。惟此爲大。晉書禮志上。宋書禮志一。有司奏春分依舊請車駕祀朝日。寒溫不適。可不親出。詔云云。

以石偉爲議郎詔 二年

吳故光祿大夫石偉。秉志清白。皓首不渝。雖處危亂。廉節可紀。年已過邁。不堪遠涉。其以偉爲議郎。加二千石秩。以終厥世。吳志孫休傳注引楚國先賢傳。

答山濤薦許奇等詔

案其資歷。悉自足爲郡守。各以在職日淺。則宜盡其政績。不宜速

攸當作立
謚當作諡

他轉也。御覽二百六十八引山公啟事。

手詔山濤 太康三年

君㠯道德爲世模表。況自先帝識君遠意。吾將倚君㠯穆風俗。何乃欲舍遠朝政。獨高其志耶。吾之志懷。故不足㠯喻乎。何來言至懇切也。且當㠯時自力。深副至望。君不降志。朕不安席。晉書山濤傳。

㠯山濤爲司空詔 十二月

濤道高德茂。器宇淵濟。宜贊三事。㠯敷五教。書鈔五十二引王隱晉書。

與司徒山濤詔 十二月

君年耆德茂。朝之碩老。是㠯授君台輔之位。而遠崇克讓。至于反覆。良用於邑。君當終始朝政。翼輔朕躬。晉書山濤傳。

又詔山濤 十二月

君翼贊朝政。保乂皇家。匡佐之勳。朕所倚賴。司徒之職。實掌邦教。故用敬授。㠯答羣望。豈宜沖讓。㠯自抑損。邪已敕斷章表。晉書山濤傳。

齊王攸之國詔 十二月

古者九命作伯。或入毗朝政。或出御方嶽。周之呂望。五侯九伯。實得征之。侍中司空齊王攸。明德清暢。忠允篤誠。㠯母弟之親。受台輔之任。佐命立勳。劬勞王室。宜登顯位。㠯稱具瞻。其㠯爲大司馬都督青州諸軍事。侍中如故。假節將本營千人。親騎帳下司馬大車皆如舊。增鼓吹一部。官騎滿二十人。置騎司馬五人。餘主者詳案舊制施行。晉書齊王攸傳。

㠯韓謐爲賈充世孫詔 三年

太宰魯公充。崇德立勳。勤勞佐命。背世殂隕。每用悼心。又胄子早終。世嗣未位。古者列國無嗣。取始封支庶。㠯紹其統。而近代更除其國。至於周之公旦。漢之蕭何。或豫建元子。或封爵元妃。蓋尊顯勳庸。不同常例。太宰素取外孫韓謐爲世子黎民後。吾退而斷之。外孫骨肉至近。推恩計情。合於人心。其㠯謐爲魯公世孫。㠯嗣其國。自非功如太宰。始封無後如太宰。所取必㠯己自出。不如太宰。皆不得㠯爲比。晉書賈充傳。

贈謚羊琇詔 三年

琇與朕有先后之親。少小之恩。歷位外內。忠允茂著。不幸早薨。朕甚悼之。其追贈輔國大將軍開府儀同三司。賜東園秘器朝服一襲。錢三十萬。布百疋。謚曰威。晉書外戚羊琇傳。

㠯荀勗爲光祿大夫詔 三年

勗明哲聰達。經識天序。有佐命之功。兼博洽之才。久典內任。著勳弘茂。詢事考言。謀猷允誠。宜登大位。毗贊朝政。今㠯勗爲光祿大夫儀同三司。開府辟召。守中書監侍中侯如故。晉書荀勗傳。

庾旉等除名詔 太康四年

旉等備爲儒官。不念奉憲制。不指答所問。敢肆其誣罔之言。㠯干亂視聽。而旉是議主。應爲戮首。但旉及家人並自首。大信不可奪。秦秀傅珍前者虛妄。幸而得免。復不㠯爲懼。當加罪戮。㠯彰凶慝。猶復不忍。皆丏其死命。秀珍旉等並除名。晉書庾純傳。

㠯魏舒爲左僕射領選曹詔 正月甲申

吏部掌敘人倫。治化之本也。宜得忠正舊德。尚書右僕射魏舒。寬泰弘毅。潛通有才識。其㠯舒爲左僕射。領選曹。御覽二百十一引晉起居注。

㠯朱整爲吏部尚書詔 八月

選曹銓管人才。宜得忠恪寡欲。抑華崇本者。尚書朱整。周慎敬讓。御覽作廉敬。㠯道素自居。是其人也。其㠯整爲吏部尚書。北堂書鈔六十。御覽二百十四竝引晉起居注。

給九卿車詔 四年

依漢故事。給九卿朝車駕及安車各一乘。宋書禮志五。

㠯何邵爲侍中詔 四年

議郎何邵。已歷試朝位。博雅有拾遺顧問之才。其㠯邵爲侍中。書鈔五十八引晉起居注。太康四年詔。

報劉毅詔 太康五年正月

政德未修。誠未有㠯膺受嘉祥。省來示。㠯爲瞿然。賀慶之事。宜詳依典義。動靜數示。晉書劉毅傳。又羣書治要三十引晉書。

詔定皇后躬蠶禮 太康六年

古者天子親籍。㠯供粢盛。后夫人躬蠶。㠯備祭服。所㠯聿遵孝敬。明教示訓也。今籍田有制。而蠶禮不修。由中間務多。未暇崇備。今天下無事。宜修禮㠯示四海。其詳依古典及近代故事。㠯參今宜。明年施行。晉書禮志上。宋書禮志一。

詔一廟七室仍舊 六年

古雖七廟。自近代㠯來皆一廟七室。於禮無廢。於情爲敘。亦隨時之宜也。其便仍舊。晉書禮志上。宋書禮志三。太康六年羣臣又議奏曰。古者七廟異所。宜如禮。詔又曰。

慕容廆襲破夫餘下詔存恤 六年

夫餘王世守忠孝。爲惡虜所滅。甚愍念之。若其遺類足㠯復國者。當爲之方計。使得存立。晉書東夷夫餘傳。

荅汝南王亮等詔 太康七年正月甲寅朔

夫陰陽失序。朕干天道。刑政失中之所致也。其使冠履勿復通表。北堂書鈔五十引晉八王故事。

因災異求直言詔 正月乙卯

比年災異屢發。日蝕三朝。地震山崩。邦之不臧。實在朕躬。震蝕之異。其咎安在。將何施行。㠯濟其愆。公卿大臣各上封事。極言其故。勿有所諱。晉書武帝紀。宋書五行志五。又略見開元占經九。

㠯張建爲給事中詔 七年

郎中張建忠篤履素。爲江表士大夫所稱。宜在中朝。其㠯建爲給事中。初學記十二。御覽二百二十一。竝引晉起居注。

㠯馮紞爲散騎常侍詔 七年

尚書馮紞忠亮在公。歷職內外。勤恪匪懈。而疾未差。屢求放退。其㠯紞爲散騎常侍。賜錢二十萬。牀帳一具。初學記十二。御覽二百二十四。竝引晉起居注。

㠯隴西王泰爲鎭西將軍詔 十一月壬子

關中內屏京畿。外藩河右。北扞戎狄。南鎭巴漢。宜任懿親。㠯靜西土。隴西王泰秉心誠亮。思度弘遠。北堂書鈔六十四引晉起居注。

太子侍從進品詔 太康八年

太子家令、太子率更令、率更僕。東宮之達官也。其進品第五。秩與中庶子左右衞率同職。擬光祿勳。北堂書鈔六十六引晉起居注四條。

郡治詔 八年

昔先王御俗。㠯興至治。未有不先成民事者也。漢宣識其如此。是㠯歎息良二千石。今之士大夫多不樂出宰牧。而好內官。今欲皆先經外郡。治民著績。然後入爲常伯納言及典兵宿衞黃門散騎中書郎。藝文類聚四十八。御覽二百二十。又二百五十九。竝引晉起居注。

荅王濟成粲等議諡郭奕詔 十月

非言君臣不可同。正㠯奕諡景不相當耳。諡所㠯旌德表行。案諡法。一德不懈爲簡。奕忠毅淸直。立德不渝。宜諡曰簡。晉書郭奕傳。通典一百四。太康八年十月。太常上議故太常平陵男郭奕爲景侯。有司議奏㠯爲大晉受命。祖宗諡號。羣下未有同者。蓋因近代淺情。習于所見也。奕諡與景皇帝同。可改諡曰穆。侍中王濟等議君臣不嫌同諡。武帝詔云云。

糾舉羣吏詔 太康九年正月

興化之本。由政平訟理也。二千石長吏不能勤卹人隱。而輕挾私故。興長刑獄。又多貪濁。煩撓百姓。其敕刺史二千石糾其穢濁。舉其公淸。有司議其黜陟。令內外羣官舉淸能。拔寒素。晉書武帝紀。

定二社一稷如魏制詔 太康九年

社稷一神。而相襲二位。衆議不同。何必改作。其便仍舊。一如魏制。晉書禮志上。宋書禮志四。通典四十五。

詔賜梁柿栗 太康十年四月

陽平太守梁柳治績尤異。賜粟千斛。秩中二千石。北堂書鈔二十九引王隱晉書。

封安平王孫承詔 十月壬子

安平獻王孫承。昔吕父早亡。不建大祚。吕縣封之。今吕三縣封爲武邑王。引晉起居注。案安平王孚傳作南宮縣王。此武邑爲異。

吕王琛爲太子庶子詔 十年

尚書郎王琛每所陳論。意在忠讜。其吕爲太子庶子。御覽二百四十五引晉起居注。

改建宗廟詔 十年

往者乃魏氏舊廟處立廟。既壅翳不顯。又材木弱小。至今中間有跌撓之患。今當修立。不宜在故處。太僕寺南臨甬道。地形顯敞。更於此營之。主者依典禮施行。御覽五百三十一引晉起居注。武帝太安中詔。又引王隱晉書。太康十年。大廟成。遷神主於新廟。案晉書禮志。太康六年。因廟陷當更修創。至十年乃更改築於宣陽門內。窮極壯麗。則太安非也。今改正。

復明堂及南郊五帝位詔 十月

孝經。郊祀后稷吕配天。宗祀文王於明堂吕配上帝。而周官云。祀天旅上帝。又曰。祀地旅四望。四望非地。則明堂上帝不得爲天也。往者衆議除明堂五帝位。考之禮文正經不通。且詩序曰。文武之功。起於后稷。故推吕配天焉。宣帝吕神武創業。既吕配天。復吕先帝配天。於義亦所不安。其復明堂及南郊五帝位。晉書禮志上。宋書禮志三。通典四十二。

封皇孫遹爲廣陵王詔 十一月

遹既長且仁。可令吕遹爲廣陵王。吕廣陵臨淮爲封國。邑五萬戶。引王隱晉書。

詔徵陸喜等十五人 太康中

僞尚書陸喜等十五人。南士歸稱。並吕貞潔。不容皓朝。或忠而獲罪。或退身修志。放在草野。主者可皆隨本位就下拜除。敕所在吕禮發遣。須到隨才授用。晉書陸雲附傳。

夕牲詔

夕牲而令有司行事。非也。改擇上旬他日。宋書禮志一。太康中。

報劉頌詔 太康中

得表。陳封國之制。宜如古典。任刑齊法。宜復內刑。及六州將士之役。居職之宜。諸所陳聞。具之。知卿乃心爲國也。動靜數吕聞。晉書劉頌傳。

具之之之當在卿字下

荀勖守尚書令詔 太康中

周之冢宰。今尚書令。皆古百揆之任。吕其亮采惠疇。熙帝之載。實允於此。勖肆力先朝。庸勳超格。受終之揆。協于大麓。故受吕此位也。書鈔五十九引曹嘉之晉紀。

賜荀勖詔 太康中

尚書令荀勖。既久羸毀。可賜乳酪。太官隨日給之。御覽八百五十八引晉太康起居注。案今本御覽不云詔。又無既久可三字。張采所輯本如此。疑宋本也。或別有所據也。今據補錄。

賜后蜜五升。御覽八百五十七引晉太康起居注。

吕王仲爲治書侍御史詔

故司空王基。夙爲先帝授任。基子尚書郎仲。雖復清途。猶未免楚撻。其吕仲爲治書侍御史。書鈔六十二引太康起居注。武帝詔。案魏志王基傳。基子徽早卒。孫廙嗣。仲蓋幼子。基傳未見。張采所據書鈔仲字作沖。未審孰是。

出清商掖庭詔

今出清商掖庭及諸才人奴女保林已下二百七十餘人還家。御覽百四十五引晉武帝起居注。

吕御府物賜王公詔

御府內省珠玉玩好之物。皆吕賜王公也。御覽八百二引王隱晉書。

袁奐從九卿詔

太中大夫新蔡男袁奐。志高口口。行誼優異。可從九卿崇重之例。給吏四人。書鈔五十六引晉錄。

論趙亨詔 太康中

議郎趙亨質稟純粹，思議通濟，學之有舊，方欲敘授而得此篤意，常念之。書鈔五十六引晉起居注。

諸王中尉詔

諸王中尉及諸軍皆典兵以備不虞，乃有著中戰衣木履持長矛者，此爲兒戲而無相憚懾也。御覽三百五十三引太康起居注。

刺史詔

刺史銜命，國之外臺，其非所部而在境者，刺史并糺之。□□□□□□引晉起居注。

許司徒魏舒致仕詔 太康末

司徒劇陽子舒，體道弘粹，思量經遠，忠肅居正，在公盡規，入管銓衡，官人允敘，出贊袞職，敷弘五教，惠訓播流，德聲茂著，可謂朝之俊乂者也。而屢執沖讓，辭旨懇誠，申覽反覆，省用憮然。蓋成人之美，先典所與，難違至情，今聽其所執，以劇陽子就第，位同三司，祿賜如前，几杖不朝，賜錢百萬，牀帳簟褥百副，以舍人四人爲劇陽子舍人，置官騎十人，使光祿勳奉策，主者詳案典禮，令皆如舊制。晉書魏舒傳。

賜鄃魏舒詔 太康末

舒唯一子，薄命短折，舒告老之年，處窮獨之苦，每念怛然，爲之嗟悼。思所以散愁養氣，可更增滋味品物，仍給賜陽燧四望總䆫皁輪車牛一乘，庶出入觀望，或足散憂也。晉書魏舒傳。

報華嶠手詔 太康末

輒自消息，無所爲慮。晉書華嶠傳，帝疾小瘳，嶠表賀，因微諫，帝手詔報。

許司空衛瓘致仕詔 太熙元年正月

司空瓘年未致仕，而遜讓歷年，欲及神志未衰，以果本情，至眞之風，實感吾心。今聽其所執，進位太保，以公就第，給親兵百人，置長史、司馬、從事中郎、掾屬，及大車、官騎、麾蓋、鼓吹諸威儀，一如舊典。給廚田十頃，園五十畝，錢百萬，絹五百匹，牀帳簟褥，主者務令優備，以稱吾崇賢之意焉。晉書衛瓘傳。

衛瓘給騎兵詔 元年

太保衛瓘，明允篤誠，有匪躬之志，其給千兵騎百人。北堂書鈔五十二、御覽二百六並引晉起居注。

以盧浮爲博士詔 元年

盧浮修行明經，以爲國子博士。書鈔六十七引晉起居注。

冗從僕射詔 無年月

司馬璞貞固和辯，有識見才幹，以董爲冗從僕射。書鈔六十三引晉武帝起居注。案璞董必有一誤，晉初宗室亦無此名，璞董蓋覲之誤，瑯邪王伷子也。

詔

封域相近，吾傷切之。書鈔四十六引晉起居注武帝詔。

敕戒郡國計吏 泰始五年正月癸巳

諸郡國守相令長，務盡地利，禁游食商販，其休假者令與父兄同其勤勞，豪勢不得侵役寡弱，私相置召。晉書食貨志，又略見武帝紀。

策告故侍中羊祜 太康元年五月

皇帝使謁者杜宏告故侍中太傅鉅平成侯祜：昔吳爲不恭，負險稱號，郊境不闢，多歷年所。祜受任南夏，思靜其難，外揚王化，內經廟略，著德推誠，江漢歸心，舉有成資，謀有全策。昊天不弔，所志不卒，朕用悼恨于厥心。乃班命羣帥，致天之討，兵不踰時，一征而滅，疇昔之規，若合符契。夫賞不失勞，國有彝典，宜增啟土宇，以崇前命，而重違公高讓之素。今封夫人夏侯氏萬歲鄉君，食邑五千戶，又賜帛萬匹，穀萬斛。晉書羊祜傳。

策詔告故太傅羊祜廟

故太傅鉅平侯羊祜，造建平吳之規，潛謀遠略，與衆殊慮，勳業不

先當作光

遂然蕩滅之計。悉如祜策。固能夷曠世之寇。拯生民之患。勛烈宏著。而寵不逮身。其遣使以克定之功策告祜廟。昔漢封蕭何夫人為侯。以崇顯元功。亦古之令典。封祜夫人為萬歲鄉君。食邑五千戶。賜絹萬匹。（湖北通志。李興撰羊祜碑。）

策齊王攸（太康四年）

於戲。惟命不于常。天既遷有魏之祚。我有晉既受順天明命。先建羣后。越造王國于東土。錫茲青社。用藩翼我邦家。茂哉無怠。以永保宗廟。（晉書齊王攸傳。）

策護羌校尉彭祈（太康十年三月）

君秉心公亮。所莅有方。不幸殞歿。朕甚痛惜。（彭祈碑。）

東堂策問賢良方正夏侯湛等十七人（泰始中）

頃日食正陽。水旱為災。將何所修。以變大眚。及法令有不宜於今。為公私所患苦者。皆何事。凡平世在於得才。得才者亦借耳目以聽察。若有文武器能有益於時務。而未見申敘者。各舉其人。及有負俗謗議。宜先洗濯者。亦各言之。（晉書摯虞傳。）

策問賢良郤詵等（泰始中）

蓋太上以德撫時。易簡無文。至于三代。禮樂大備。制度彌繁。文質之變。其理何由。虞夏之際。聖明係踵。而損益不同。周道既衰。仲尼猶曰從周。因革之宜。又何殊也。聖王既沒。遺制猶存。霸者迭興而翼輔之。王道之缺。其無補乎。何陵遲之不反也。豈霸德之淺歟。期運不可致歟。且夷吾之智。而功止於霸。何哉。夫昔人之為政。革亂亡之弊。建不刊之統。移風易俗。刑措不用。豈非化之盛歟。何修而嚮茲。朕獲承祖宗之休烈。于茲七載。而人未服訓。政道罔述。以古況今。何不相逮之遠也。雖明之弗及。猶思與羣賢慮之。將何以辨所聞之疑昧。獲至論於讜言乎。加自頃戎狄內侵。災害屢作。邊甿流離。征夫苦役。豈政刑之謬。將有司非其任歟。各悉乃心。究而論

先當作天

賜當作惕

之。上明古制。下切當今。朕之失德。所宜振補。其正議無隱。將敬聽之。（晉書郤詵傳。）

策問賢良阮种等（泰始中）

在昔哲王。承先之序。光宅宇宙。咸用規矩乾坤。惠康品類。休風流衍。彌于千載。朕應踐洪運。統位七載。於今矣。惟德弗嗣。不明于政。宵興賜厲。未燭厥猷。子大夫韞韥道術。儼然而進。朕甚嘉焉。其各悉乃心。以闡喻朕志。深陳王道之本。勿有所隱。朕虛心以覽焉。（晉書阮种傳。）

策問秀才華譚等（五首）

今四海一統。萬里同風。天下有道。莫斯之盛。然北有未羈之虜。西有醜施之氏。故謀夫未得高枕。邊人未獲晏然。將何以長弭斯患。混清六合。

吳蜀恃險。今既蕩平。蜀人服化。無攜貳之心。而吳人趑雎。屢作妖寇。豈蜀人敦樸。易可化誘。吳人輕銳。難安易動乎。今將欲綏靜新附。何以為先。

聖人稱如有王者。必世而後仁。今天成地平。大化無外。雖匈奴未羈。羌氏驕黠。將修文德以綏之。舞干戚以來之。故兵戈載戢。武夫寢息。如此已可消鋒刃為佃器。罷尚方武庫之用未邪。

夫法令之設。所以隨時制也。時險則峻法以取平。時泰則寬網以將化。今天下太平。四方無事。百姓承德。將就無為而又至於律令。應有所損益不。

昔帝舜以二八成功。文王以多士興周。夫制化在於得人。而賢才難得。今大統雖同。宜搜才實。州郡有貢薦之舉。猶未獲出羣卓越之倫。將時無其人。有而致之未得其理也。（晉書華譚傳。）

書

省啟。知既下須防具。具揚州案到有者。比尚擬之。動靜更啟也。欸

揚越當在函夏上

遺信還淳化閣帖一。

受禪告類上帝文泰始元年十二月丙寅

皇帝臣炎敢用玄牡。明告於皇皇后帝。魏帝稽協皇運。紹天明命。以命炎曰。昔者唐堯。熙隆大道。禪位虞舜。舜又以禪禹。邁德垂訓。多歷年載。暨漢德既衰。太祖武皇帝撥亂濟時。扶翼劉氏。又用受禪於漢。粵在魏室。仍世多故。幾於顛墜。實賴有晉匡拯之德。用獲保厥肆祀。弘濟於艱難。此則晉之有大造於魏也。誕惟四方之民。罔不祗順。開國建侯。宣禮明刑。廓清梁岷。苞懷函夏。興仁。揚越八紘。同軌。遐邇馳義。群瑞屢臻。天人協應。無思不服。肆予憲章三后。用集大命于茲。炎惟德不嗣。辭不獲命。於是羣公卿士。百辟庶僚。黎獻陪隸。暨於百蠻君長。僉曰。皇天鑒下。求民之瘼。既有成命。固非克讓所得距違。天序不可以無統。人神不可以曠主。炎虔奉皇運。寅畏天威。敢不欽承休命。敬簡元辰。升壇受禪。告類上帝。以永答民望。敷佑萬國。惟明德是饗。晉書武帝紀。宋書禮志三。

全晉文卷六終

全晉文卷七

烏程嚴可均校輯

惠帝

帝諱衷字正度武帝第二子泰始三年立爲皇太子太熙元年四月即位改元十永熙永平元康永康永寧太安永安建武永興光熙在位十七年謚曰孝惠皇帝

以司馬越楊邈爲太子侍從詔 永熙元年八月

隴西王世子越駙馬都尉楊邈竝可奉朝請侍從左右與太子游處 書鈔五十八引晉起居注

改元永平詔

朕夙遭不造淹恤在疚賴祖宗遺靈宰輔忠賢得以眇身託于羣后之上昧於大道不明于訓戰戰兢兢夕惕若厲乃者哀迷之際三事股肱惟社稷之重率遵翼室之典猶欲長奉先皇之制是以有永熙之號然日月踰邁已涉新年開元易紀禮之舊章其改永熙二年爲永平元年 晉書惠帝紀

祕書監詔 永平元年二月戊寅

祕書綜理經籍考核古今課試署吏領四百人直專其事然後精詳中書自有職務相連統攝省事付丞理必未盡 書鈔五十七引晉起居注又引王隱晉書惠帝永平元年詔

封董猛爲武安侯詔 元年

中常侍董猛固讓封邑其封爲武安侯猛前求餘戶封三兄今皆封爲亭侯 御覽二百一引晉起居注

以張華爲中書監詔 元年

華體良清粹才識經濟前任中書有思謀之勤機密之要宜得其才以華爲中書監加侍中 書鈔五十七引王隱晉書

以汝南王亮爲太宰詔 元康元年三月丙寅

七字衍

大司馬汝南王亮體道沖粹通識政理宣翼之績顯於本朝二南之風流於方夏將憑遠猷以康王化其以亮爲大宰錄尚書事入朝不趨劍履上殿增掾屬十人給千兵百騎與太保衛瓘對掌朝政 晉書汝南王亮傳

以王渾錄尚書事詔 元年

司徒王渾秉德忠正器量弘遠歷位內外文武勛庸著在方策宜參鞠機衡以亮天工其令錄尚書事 御覽二百十七書鈔五十九引晉起居注

爲楚王瑋發哀詔 元年六月乙丑

周公決二叔之誅漢武斷昭平之獄所不得已者廷尉奏瑋已伏法情用悲痛吾當發哀 晉書楚王瑋傳

以張華爲儀同詔 元年

中書監光祿大夫張華歷世腹心情所憑賴故疇其勳績使儀同三司而虛沖挹損難違高尚其以華爲光祿大夫儀同三司本職

如故又給親信滿百人 御覽二百四十三引晉起居注又書鈔五十二引王隱晉書兩條

報陸機表薦張暘詔 元年

暘既爲是人所稱便差代 御覽二百五十三

王戎開府詔 元年

尚書僕射光祿大夫王戎清虛履道謀猷沖遠累歷外任宣力四方入掌機衡官才允敘將澄清風俗顯一羣望宜崇其職乃可贊成王化其以光祿大夫開府儀同三司 北堂書鈔五十二引王隱晉書

以王戎領吏部詔 元年

夫興治成務要在官人銓管之爲任不可假授侍中中書令光祿大夫戎經德秉正鑒識明遠其以戎爲領吏部 北堂書鈔六十引晉起居注

選東宮師友詔 元年

遹尚幼蒙今出東宮惟當賴師傅羣賢之訓其游處左右宜得正人使共周旋能相長益者 晉書愍懷太子傳

太保衞瓘息庭、司空隴西王泰息略、太子太傅楊濟息毖、太子太師裴楷息憲、太子少傅張華息褘、尚書令華廙息恆。並以道義之門。有不肅之訓。其令此六人更共往來。與太子習數。備賓友也。

報傅咸辭司隸校尉詔 元康初

但當思必應繩中理。威風自伸。何獨劉毅。晉書傅咸傳。

報傅咸劾王戎詔 元康初

政道之本。誠宜久於其職。咸奏是也。戎職在論道。吾所崇委。其解禁止。晉書傅咸傳。

改中書著作隸祕書詔 元康二年

著作舊屬中書。而祕書既典文籍。今改中書著作爲祕書著作。晉書職官志。又見通典二十六。

報司徒王渾等詔

下殤小功。可以嫁娶。俊等簡忽喪紀。輕違禮經。皆宜如所正。通典六十七。王渾奏虞濬夏侯俊等周喪嫁娶。國子助教吳商祭酒裴頠議。詔報。

謝玖進位淑妃詔 元康五年

才人謝玖進爲淑妃。御覽一百四十五引晉起居注。

皇后蠶服詔 元康六年

魏以來皇后蠶服皆以文繡。非古義也。今宜純服青。以爲永制。晉書輿服志。

給賜故平西將軍周處母詔 元康七年

處母年老。加以遠人。朕每愍念。給其醫藥酒米。賜以終年。晉書周處傳。

贈馬敦詔 七年

今追贈牙門將軍印綬。祠以少牢。文選馬汧督誄注引王隱晉書。

詔問高禖壇石 元康八年

置此石來幾時。出何經典。今應復不。御覽五百二十九。元康六年高禖壇石破爲二段。詔問。案隋書禮儀志二、通典五十五載此事。並云六年。今從惠帝紀列于八年。

以太子書及青紙示公卿詔 元康九年

遹書如此。今賜死。晉書愍懷太子傳。

立臨淮王臧爲皇太孫詔 永康元年五月己巳。愍懷傳作四月。今從惠紀。案

咎徵數發。姦回作變。遹既逼廢。非命而沒。今立臧爲皇太孫。還妃王氏以母之稱。太孫太妃太子官屬卽轉爲太孫官屬。趙王倫行太孫太傅。晉書愍懷太子傳。

自金墉反正詔 永寧元年四月癸亥

朕以不德。纂承皇統。遠不能光濟大業。綏靜四方。近不能開明刑威。式遏奸宄。至使逆臣孫秀。敢肆凶虐。竊間王室。遂奉趙王倫饕據天位。鎭東大將軍齊王冏、征北大將軍成都王穎、征西大將軍河間王顒。並以明德茂親。忠規允著。首建大策。匡救國難。尚書漼共立大謀。左衞將軍王輿與羣公卿士協同謀略。親勒本營。斬秀及其二子。前趙王倫爲秀所誤。與其子等已詣金墉。迎朕幽宮。旋軫閶闔。豈在予一人獨饗其慶。宗廟社稷實有賴焉。晉書惠帝紀。

石苞孫紹封詔

故樂陵公石苞。國祚莫繼。其特以苞孫行案石崇傳作崇從孫演。爲樂陵公。書鈔四十八引晉起居注。元康元年詔。案元康蓋誤。今從石崇傳編于復祚後。

以王戎爲尚書令詔 永寧元年。案通典作永熙元年。恐誤。

夫總百揆之得失。管王政之開塞者。端右之職也。是以自漢代以來。每選此官。必愼其人。司徒通典作議郎。誤。王戎可爲尚書令。通典二十二。又見御覽二百十引晉書。

公孫淑妃進貴人詔 元年

峻陽園淑妃公孫明識貞粹。今進位爲貴人。御覽一百四十五引晉起居注。

徙東萊王蕤詔 元年

大司馬以經識明斷。高謀遠略。猥率同盟。安復社稷。自書契所載。周召之美。未足比勳。故授公上宰。東萊王蕤潛懷忌妬。包藏禍心。

遣當作遺

與王輿密謀圖欲譖害。收輿之日。㲄與青衣共載。微服奔走。經宿乃還。姦凶赫然。妖惑內外。又前表冏所言深重。雖管蔡失道。牙慶亂宗。不復過也。春秋之典。大義滅親。其徙㲄上庸。晉書齊王攸附傳。

呂楊超爲騎都尉詔 元年

舅氏失道。宗族隕墜。渭陽之思。孔懷感傷。其呂蔣亭侯楊超爲奉朝請騎都尉。呂慰蓼莪之思焉。晉書楊駿傳。

呂琅邪王睿爲通直詔 元年

散騎常侍琅邪王睿□識清□。日新匪懈。宜在機近。其令睿通直也。書鈔五十八引晉起居注。

報劉弘詔 太安二年

將軍文武兼資。前委方夏。宛城不守。咎由趙讓。將軍所遣諸軍。尅滅羣寇。張奕貪禍。距違詔命。將軍致討。傳首闕庭。雖有不請之嫌。古人有專之之義。其恢宏輿略。鎮綏南海。呂副推轂之望焉。晉書劉弘傳。

復故司空張華封爵詔 二年

夫愛惡相攻。佞邪醜正。自古而有。故司空壯武公華。竭其忠貞。思翼朝政。謀謨之勳。每事賴之。前呂華弼濟之功。宜同封建。而華固讓。至於八九。深陳大制。不可得爾。終有顚敗危辱之慮。辭義懇誠。足勸遠近。華之至心。誓於神明。華呂伐吳之勳。受爵於先帝。後封既非國體。又不宜呂小功踰前大賞。華之見害。俱呂姧逆圖亂。濫被枉賊。其復華侍中中書監司空公廣武侯。及所沒財物與印綬符策。遣使弔祭之。晉書張華傳。

立成都王穎爲皇太弟詔 永興元年三月戊申

朕呂不德。纂承鴻緒。于玆十有五載。禍亂滔天。姧逆仍起。至乃幽廢重宮。宗廟圮絕。成都王穎。溫仁惠和。剋平暴亂。其呂穎爲皇太弟。都督中外諸軍事。丞相如故。晉書惠帝紀。

青筒詔敕中書 元年

體中不佳。不堪出也。□□□□□□。引晉八王故事。張方之亂。逼上出謁宗廟。上呂青筒詔敕中書。

呂豫章王熾爲皇太弟詔 十二月丁亥

天禍晉邦。冢嗣莫繼。成都王穎自在儲貳。政績虧損。四海失望。不可承重。其呂王還第。豫章王熾。先帝愛子。令聞日新。四海注意。今呂爲皇太弟。呂隆我晉邦。呂司空越爲太傅。與太宰顒夾輔朕躬。司徒王戎參錄朝政。光祿大夫王衍爲尚書左僕射。安南將軍虓。安北將軍濬。平北將軍騰。各守本鎮。高密王簡爲鎮南將軍。領司隸校尉。權鎮洛陽。東中郎將模爲寧北將軍都督冀州。鎮于鄴。鎮南大將軍劉弘領荊州。呂鎮南土。周馥繆胤各還本部。百官皆復職。齊王冏前應還第。長沙王乂輕陷重刑。封其子紹爲樂平縣王。呂奉其嗣。自頃戎車屢征。勞費人力。供御之物。皆減三分之二。戶調田租。三分減一。蠲除苛政。愛人務本。淸通之後。當還東京。晉書惠帝紀。

封王基孫詔 光熙元年

司空王基。爵祚再絕。其呂故安陽令振夬男恢紹封。書鈔四十八引晉起居注。

封何攀爲西城公策

於戲。在昔先王。光濟厥世。罔不開國列土。建德表功也。故逆臣楊駿。謀危社稷。搆兵飛矢。集于殿廷。白刃交於宮闈。攀受命奮討。凶逆殱殄。忠烈果毅。朕甚嘉焉。今呂魏興之西城爲攀封國。錫茲玄社。苴呂白茅。永爲晉藩輔。往欽哉。敬乃有土。惠康黎元。無或呂隳爾顯烈。華陽國志十一。

追贈馬敦策

皇帝咨故督守關中侯馬敦。忠勇果毅。率厲有方。固守孤城。危逼獲濟。寵秩未加。不幸喪亡。朕用悼焉。今追贈牙門將軍印綬。祠呂少牢。文選潘岳馬汧督誄。案元康四年有隴西王泰爲太尉。文乃摯虞作。編入摯虞集。

追復太子冊 永康元年

皇帝使使持節兼司空衛尉伊策故皇太子之靈曰。嗚呼。維爾少資岐嶷之質。荷先帝殊異之寵。大啟土宇。奄有淮陵。朕奉遵遺旨。越建爾儲副。㠯光顯我祖宗。祗爾德行。㠯從保傅。事親孝敬。禮無違者。而朕昧於凶搆。致爾于非命之禍。俾申生孝己復見于今。賴宰相賢明。人神憤怨。用啟朕心。討厥有罪。咸伏其辜。何補於荼毒冤魂酷痛哉。是用忉怛悼恨。震動於五內。今追復皇太子喪禮。反葬京畿。祠㠯太牢。魂而有靈。尚獲爾心。晉書愍懷太子傳。

追復齊王冏本封冊 光熙初

咨故大司馬齊王冏。王昔㠯宗藩穆胄。紹世緒於東國。作翰許京。允鎮靜我王室。誕率義徒。同盟觸澤。克成元勳。大濟潁東。朕用應嘉茂績。謂篤爾勞。俾式先典。㠯疇茲顯懿。廓土殊分。跨兼吳楚。崇禮備物。寵侔蕭霍。庶憑翼戴之重。永隆邦家之望。而恭德不建。取侮二方。有司過舉。致王于戮。古人有言曰。用其法猶思其人。況王功濟朕身。勳存社稷。追維既往。有悼於厥心哉。今復王本封。命嗣子還紹厥緒。禮秩典度。一如舊制。使使持節大鴻臚即墓賜策。祠㠯太牢。魂而有靈。祗服朕命。肆寧爾心。嘉茲寵榮。晉書齊王冏傳。

愍懷太子哀策 元康元年

皇帝臨軒。使洗馬劉務告於皇太子之殯曰。咨爾適幼。稟英挺芬。馨誕茂。既茂髫齡。高明逸秀。昔爾聖祖。嘉爾淑美。顯詔仍崇。名振同軌。是用建爾儲副。永統皇基。如何凶戾。潛搆禍害。如茲。哀感和氣。痛貫四時。嗚呼哀哉。爾之降廢。實我不明。牝亂沈蕺。舋結禍成。爾之逝矣。讟百其形。昔之申生。含枉莫訟。今爾之負。抱冤於東。悠悠有識。孰不哀慟。壺關干主。千秋悟己。異世同規。古今一理。皇孫啟建。降祚爾子。雖悴前終。庶榮後始。奄歿既營。將寧爾神。華髦電逝。戎車雷震。芒芒羽蓋。翼翼緇紳。同悲等痛。孰不酸辛。庶光來葉。

永世不泯。晉書愍懷太子傳。

懷帝

帝諱熾。字豐度。武帝第二十五子。太熙元年封豫章郡王。永興元年立為皇太弟。光熙元年十一月即位。明年改元永嘉。在位五年。陷於劉聰。封會稽公。後二年遇弒。

許劉寔致仕詔 永嘉三年

帝當作臣

昔虞任五帝。致垂拱之化。漢相蕭何。興寧一之譽。故能光隆於當時。垂裕於百代。朕紹天明命。臨御萬邦。所㠯崇顯政道者。亦賴之於元臣庶尹。畢力股肱。㠯副至望。而君年耆告老。確然難違。今聽君㠯侯就第。位居三司之上。秩祿準舊。賜几杖不朝。及宅一區。國之大政。將就諮於君。副朕意焉。晉書劉寔傳。

與苟晞詔 四年十一月

詠當作誅

朕㠯不德。戎車屢興。上懼宗廟之累。下愍兆庶之困。當賴方嶽。為國藩翰。公威振赫然。梟斬藩桑。走降喬朗。魏植之徒。復㠯詠除。豈非高識明斷。朕用委成。加王彌石勒。為社稷之憂。故有詔委統六州。而公謙分小節。稽違大命。非所謂與國同憂也。今復遣詔。便施檄六州。協同大舉。翦除國難。稱朕意焉。苟晞傳。又見十六國春秋十一。

復詔苟晞討東海王越 五年

太傅信用姦佞。阻兵專權。內不遵奉皇憲。外不協比方州。遂令戎狄充斥。所在犯暴。留軍何倫。抄掠宮寺。劫剝公主。殺害賢士。悖亂天下。不可忍聞。雖惟親親。宜明九伐。詔至之日。其宣告天下。率齊大舉。桓文之績。一㠯委公。其思盡諸宜。善建弘略。道澀。故練寫副手筆示意。晉書苟晞傳。

愍帝

帝諱鄴。字彥旗。吳王晏之子。出繼伯父秦王柬。襲封秦王。㠯永嘉六年四月奉懷帝崩問。即位。改元建興。在位四年。陷于劉聰。

封懷安侯明年遇弑

與瑯邪王睿南陽王保詔

夫陽九百六之災雖在盛世猶或遘之朕以幼沖纂承洪緒庶憑祖宗之靈羣公義士之力蕩滅凶寇拯拔幽宮瞻望未達肝心分裂昔周召分陝姬氏以隆平王東遷晉鄭爲輔今左右丞相茂德齊聖國之昵屬當恃二公埽除鯨鯢奉迎梓宮克復中興令幽并兩州勒卒三十萬直造平陽右丞相宜帥秦涼梁雍武旅三十萬徑詣長安左丞相帥所領精兵二十萬徑造洛陽分遣前鋒爲幽并後駐赴同大限克成元勳 晉書愍帝紀

又詔瑯邪王

朕以沖昧纂承洪緒未能梟夷凶逆奉迎梓宮枕戈煩冤肝心抽裂前得魏浚表知公帥先三軍已據壽春傳檄諸侯協濟威勢想今漸進已達洛陽涼州刺史張軌乃心王室連旗萬里已到汧隴梁州刺史張光亦遣巴漢之卒屯在駱谷秦川驍勇其會如林間遣使適還具知平陽定問云幽并隆盛餘胡衰破然猶恃險當須大舉未知公今所到是以息兵秣馬未便進軍今爲已至何許當須來旨便乘輿自出會除中原也公宜思弘謀猷勗濟遠略使山陵旋反四海有賴故遣殿中都尉劉蜀蘇馬等具宣朕意公茂德昵屬宣隆冬夏恢融六合非公而誰但洛都陵廟不可空曠公宜鎮撫以綏山東右丞相當入輔弼追蹤周邵以隆中興也 晉書愍帝紀

下張軌詔 建興二年二月壬寅

朕以寡昧纂承大統未能梟除凶逆奉迎梓宮枕戈含冤肝心碎裂惟爾涼州刺史張軌乃心王室旌旗連絡萬里星赴進次汧隴便當協力濟難恢復神州故遣中常侍蘇馬拜爾爲鎮西大將軍開府儀同三司加侍中封西平郡公 十六國春秋七十

授索綝衞將軍領太尉特進詔 建興三年十一月

乃當作仍

朕昔遇厄運遭家不造播越宛楚爰失舊京幸宗廟寵靈百辟宣力得從藩衞託乎羣公之上社稷之不隕實公是賴宜贊百揆傅弼朕躬其授衞將軍領太尉位特進軍國之事悉以委之 晉書索靖附傳

使瑯邪王攝位詔

遭運迍否皇綱不振朕以寡德奉承洪緒不能祈天永命紹隆中興至使凶胡敢帥犬羊逼迫京輦朕今幽塞窮城憂慮萬端恐一旦奔潰卿指詣丞相具宣朕意使攝萬機時據舊都脩復陵廟以雪大恥 晉書元帝紀

手詔張寔 建興四年十一月甲午

天步危運禍降晉室京師傾陷先帝晏駕賊庭朕流漂宛許爰暨舊京羣臣以宗廟無主歸之於朕遂以沖眇之身託於王公之上自踐寶位四載于茲不能翦除巨寇以救危難元元兆庶乃遭塗炭皆朕不明所致羯賊劉載僭稱大號加禍先帝肆殺藩王深惟仇恥枕戈待旦劉曜自去年九月率其蟻衆乘虛深寇劫質羌胡攻役北地麴允總戎在外六軍敗績侵逼京城矢流宮闕胡崧等雖赴國難殷而無效圍塹千重外救不至糧盡人窮遂爲降虜仰慙乾靈俯痛宗廟君世篤忠貞勳隆西夏四海具瞻朕所憑賴今進君大都督涼州牧侍中司空承制行事瑯邪王宗室親賢遠在江表今朝廷播越社稷倒懸朕已詔王時攝大位君其協贊瑯邪共濟艱運若不忘主宗廟有賴明便出降故夜見公卿屬以後事密遣黃門郎史淑侍御史王沖齎詔假授臨出寄命公其勉之 晉書張寔傳又見十六國春秋七十一

詔

羣邪作逆傾蕩五都 文選辨命論注引干寶晉紀

授張寔策書 建興二年十月

維乃父武公著勳西夏頃胡賊狡猾侵逼近畿義兵銳卒萬里相

尋。方貢遠珍。府無虛歲。方委專征。蕩清九域。昊天不弔。禍余藩后。朕用悼厥心。惟爾儁劭英毅。宜世表西海。今授持節都督涼州諸軍事、西中郎將、涼州刺史、領護羌校尉、西平公。往欽哉。其闡弘先緒。俾屏王室。晉書張寔傳。又見十六國春秋七十一。

寒食散論

寒食散之方。雖出漢代。而用之者寡。靡有傳焉。魏尚書何晏首獲神效。由是大行於世。服者相尋也。世說言語篇注引秦丞相寒食散論。案愍帝嗣封秦王。為丞相。姑附此俟攷。

全晉文卷七終

全晉文卷八

烏程嚴可均校輯

元帝

帝諱睿。字景文。宣帝曾孫。惠帝之從弟。元康二年襲父覲爵琅邪王。太安中加平東將軍。鎭下邳。遷安東將軍。永嘉初鎭建鄴。加鎭東大將軍開府儀同三司。建興初加右丞相。進丞相大都督中外諸軍事承制。以建興五年三月卽晉王位。改元建武。明年三月卽皇帝位。改元二。太興永昌。在位五年。謚曰元皇帝。廟號中宗。

議小功不稅服制

小功緦麻。或垂竟聞問。宜全服否。得服其殘月。以爲永制。通典九十八晉元帝制

加王導領中書監錄尚書事詔

昔荀公曾從中書監爲尚書令。人賀之。乃發恚云。奪我鳳皇池。卿諸人賀我邪。願足下處之勿疑。藝文類聚四十八引檀道鸞晉陽秋。又見御覽二百二十。

命議溫嶠不拜散騎侍郎詔 建武元年

溫嶠不拜。以未得改卜葬送。朝議又頗有異同。爲審由此邪。天下有關塞。行禮制物者當使禮可通經。古人之制三年。非情之所盡。蓋存亡有斷。不以死傷生耳。要經而服金革之役者。豈營官邪。嶠王事之緩急也。今桀逆未梟。平陽道斷。奉迎諸軍猶未得徑進。嶠特一身。於何濟其私艱。而以理閡自疑。不服王命邪。其令三司八座門下三省。外內羣臣。詳共通議。如嶠比。吾將親裁其中。晉書禮志中。又見通典一百二。

報有司奏治高車詔

今日但治故。乃近三十萬邪。勿使過節整頓也。北堂書鈔未刪改本一百三十九引晉起居注。建武元年。有司奏。車府令戒嚴上作高車用雜綵。求處給。詔出上庫錢六十七萬六千六百。詔云云。

可當作所

績當作纘

詔議中郎李幹事 建武中

前敦循所奏。唯聞喪不得奔者作制。如李幹比。竟未決之宜急議定。通典九十八。

復議李幹事詔

組所陳不知父母存亡者。令行服比於有情。其尚有疑然。要當詳議此理。令可通經。不得以難安隱而直爾。置之皆一代事理。道所宜先明。通典九十八。

課督農功詔 元帝爲晉王時

二千石長吏以入穀多少爲殿最。其非宿衞要任。皆宜赴農。使軍各自佃作。卽以爲廩。晉食貨志

改元大赦詔 大興元年

制詔。昔我高祖宣皇帝誕膺期運。廓開皇基。景皇帝文皇帝奕葉重光。緝熙諸夏。爰曁武皇帝。應天順時。受茲明命。功格天地。仁濟宇宙。昇平刑措。卅餘載矣。昊天不融。降此鞠凶。懷帝短折。越去王都。天禍薦臻。大行皇帝崩徂。社稷無奉。六合無主。肆羣后三司六事之人。弘鑒古訓。刑于興廢。疇咨庶尹。至于華戎。致輯大命於朕躬。余一人畏天之威。用弗敢違。遂登壇南岳。受終文祖。焚柴頒瑞。告類上帝。惟朕寡德。績戎洪緒。君臨四海。惴惴憂懼。若涉川冰。罔知攸濟。惟爾股肱爪牙之佐。文武熊羆不貳心之臣。用能宣力四方。左右我先帝。弼盪晉室。輔余一人。思與萬國共同休慶。其大赦天下。改建武二年爲太興元年。文館詞林六百六十八。又見晉書元帝紀。

詔官吏 元年三月壬申

昔之爲政者。動人以行不以言。應天以實不以文。故我清靜而人自正。其次聽言觀行。明試以功。其有政績可述。刑獄得中。人無怨訟。久而日新。及當官軟弱。茹柔吐剛。行身穢濁。脩飾時譽者。各以名聞。令在事之人。仰鑒前烈。同心戮力。深思可以寬眾息役。惠益

贏當作羸

百姓無廢朕命。遠近禮敎。一切斷之。晉書元帝紀。

詔報孔愉 四月

所陳有正義。輒敕外改之。宋書禮志一。中書侍郎孔愉奏若日有變。便伐鼓於諸門。有違舊典。詔云云。又見通典七十八。

禁招魂葬詔 四月

夫冢以藏形。廟以安神。今世招魂葬。是埋神也。其禁之。御覽五百五十五。又八百八十六引晉中興書。東海王越妃裴痛越棺柩被焚。乃招魂葬越於丹徒。中宗以爲非禮。乃下詔。

詔二千石 七月戊申

王室多故。姦凶肆暴。皇綱弛墜。顚覆大猷。朕以不德。統承洪緒。夙夜憂危。思改其弊。二千石令長當祗奉舊憲。正身明法。抑齊豪強。存恤孤獨。隱實戶口。勸課農桑。州牧刺史當互相檢察。不得顧私虧公。長吏有志在奉公而不見進用者。有貪惏穢濁而以財勢自安者。若有不舉。當受故縱蔽善之罪。有而不知。當受闇塞之責。各明慎奉行。晉書元帝紀。

勸徐揚二州種麥詔 元年

徐揚二州。土宜三麥。可督令熯地。投秋下種。至夏而熟。繼新故之交。於以周濟。所益甚大。昔漢遣輕車使者氾勝之督三輔種麥。而關中遂穰。勿令後晚。晉書食貨志。

平糴詔 元年

亢旱穀貴。百姓嗷嗷。有貲者貴糴。貧贏之民益困。漢世穀貴。官賤糴使價不超越。謂之平準。今雖無此。可出關米萬斛。使三分減一。以平其價。令貧困者悉得。足以全秋也。御覽三十五引晉中興書。

災異見詔百官陳得失 十一月庚申

朕以寡德。纂承洪緒。上不能調和陰陽。下不能濟育羣生。災異屢興。咎徵仍見。壬子乙卯。雷震暴雨。蓋天災譴戒。所以彰朕之不德也。羣公卿士。其各上封事。具陳得失。無有所諱。將親覽焉。晉書元帝紀。

詔訪吳地先賢未旌錄者 十二月

漢高經大梁。美無忌之賢。齊師入魯。脩柳下惠之墓。其吳之高德名賢。或未旌錄者。具條列以聞。晉書元帝紀。又見咸淳臨安志四十。

下刁協詔 太興初

尚書令協。抗志高亮。才鑒博朗。朕甚喜之。初學記十一。御覽二百十引晉中興書。

諸葛恢增秩詔 太興初

自頃多難。官長數易。益有諸弊。雖聖人猶久於其道。然後化成。況其餘乎。漢宣帝稱與我共安天下者。其惟良二千石。斯言信矣。是以黃霸等或十年或二十年而不徙。所以能濟其中興之勳也。賞罰黜陟。所以明政道也。會稽內史諸葛恢。莅官三年。政清人和。爲諸郡首。宜進其位班。以勸風敎。今增恢秩中二千石。晉書諸葛恢傳。

詔答諸葛恢

今送一犀導。小物耳。然是情發於中。而寄乎物。御覽六百八十八引諸葛恢集。

今致琉璃盌一枚。御覽七百六十引諸葛恢集。

今致琉璃梳一。御覽八百八引諸葛恢集。

報荀崧請增博士詔 太興初

崧表如此。皆經國之務。爲政所由。息馬投戈。猶可講藝。今雖日不暇給。豈忘本而遺存邪。可共博議者詳之。晉書荀崧傳。

省務恤民詔 大興二年五月

天下凋弊。加以災荒。百姓困窮。國用並匱。吳郡饑人。死者百數。天生蒸黎而樹之以君。選建明哲。以左右之。當深思以救其弊。昔吳起爲楚悼王明法審令。損不急之官。除廢公族疏遠。以附益將士。而國富兵強。況今日之弊。百姓凋困邪。且當去非急之務。非軍事所須者。皆省之。晉書元帝紀。又見咸淳臨安志四十。

加荀組錄尚書詔 八月

司徒荀組。宜讚朝政。令錄尚書。給班劍六十人。書鈔五十九引晉起居注。

議定改葬服詔 二年

制詔。司徒表。禮雖無墳墓毀廢正文。然依附名例。不爲無准。吾謂改葬緦。通制也。已修復。不臨尸柩。素服可也。而士大夫率意輕重不同。其下太常議定。通典一百二。

許新蔡王滔還襲章武詔 二年

滔雖出養。自有所生母。新蔡太妃相待甚薄。滔執意如此。如其不聽。終當紛紜。更爲不可。今便順其所執。還襲章武。晉書宗室河閒王洪傳。

詔更議宗廟祭儀 太興三年正月

吾雖上繼世祖。然於懷愍皇帝。皆北面稱臣。今祠太廟。不親執觴酌。而令有司行事。於情禮不安。可依禮更處。晉禮志上。宋禮志三。

報鍾雅詔

禮。事宗廟。自曾孫已下皆稱曾孫。此非因循之失也。義取於重孫可歷世共其名。無所改也。稱伯祖不安。如所奏。晉書鍾雅傳。

立懷德縣詔 七月丁亥

先公武王先考恭王。臨君瑯邪。四十餘年。惠澤加於百姓。遺愛結於人情。朕應天符。創基江表。兆庶宅心。繦負子來。瑯邪國人在此者近有千戶。今立爲懷德縣。統丹陽郡。昔漢高祖以沛爲湯沐邑。光武亦復南頓。優復之科。一依漢氏故事。晉書元帝紀。

以邵續子緝爲北平將軍詔 三年

邵續忠烈在公。義誠慷慨。綏集荒餘。憂國亡身。功勳未遂。不幸陷沒。朕用悼恨于懷。所統任重。宜時有代。其部曲文武。已共推其息緝爲營主。續之忠誠。著于公私。今立其子。足以安衆。一以續本位即授緝。使總率所統。效節國難。雪其家仇。晉書邵續傳。

通議謚法詔 三年

古者皆謚。名實相稱。頃來有爵乃謚。非聖賢本意。通議之。通典一百四。

太子釋奠詔 三年

未有高車。可乘安車。宋書禮志五。

釋奠太學詔

吾識太子此事祠訖。便請王公以下者。昔在洛時。嘗豫清坐也。宋書禮志一。

以譙王承爲湘州刺史詔 三年

夫王者體天理物。非羣才不足濟其務。外建賢哲。以樹風聲。內睦親親。以廣藩屏。是以太公封齊。伯禽居魯。此先王之令典。古今之通義也。我晉開基。列國相望。乃授瑯邪武王。鎭統東夏。汝南文武。總一淮許。扶風梁王。迭據關右。爰暨東瀛。作司并州。今公族雖寡。不逮曩時。豈得替舊章乎。散騎常侍右將軍譙王承。貞素款亮。志存忠恪。便藩左右。恭肅彌著。今以承監湘州諸軍事。南中郎將。湘州刺史。晉書宗室譙王承傳。

湘州南楚岨固。以叔父居之。書鈔七十二引晉中興書。

中州良人詔 太興四年五月庚申

昔漢二祖及魏武皆免良人。武帝時涼州覆敗。諸爲奴婢。亦皆復籍。此累代成規也。其免中州良人遭難爲揚州諸郡僮客者。以備征役。晉書元帝紀。

報賽不應告廟詔 四年

祈廟云報賽。非奉尊上辭也。吾意有疑。以爲舊山川有許報故兩賽非大事。不應告廟。臣子無要君之道。黯稱賽于禮有違。御覽五百二十九引晉中興書。

報刁協詔 四年

知難而退。誠合兵家之言。然小賊雖狡猾。故成擒耳。未戰而退。先自摧衂。亦古之所忌。且邵存已據戰壘。威勢既振。不可退一步也。晉書蔡豹傳。

治兵詔 四年

文武之武當作成

黯當作黷

左右衞及諸營教習依大習儀作雁羽仗。宋書禮志一。

以盧諶爲員外散騎侍郎詔 四年

今以前司空從事中郎盧諶爲散騎侍郎在員外。御覽二百二十四引晉起居注。

下晉陵內史張闓詔 太興中

夫二千石之任當勉勵其德綏齊所莅使寬而不縱嚴而不苛其於勤功督察便國利人抑强扶弱使無雜濫眞太守之任也若聲過其實古人所不取攻乎異端爲政之甚害葢所貴者本也。晉書張闓傳。

以張闓爲大司農詔 太興中

丹陽侯闓昔以勞役部人免官雖從吏議猶未掩其忠節之志也倉廩國之大本宜得其才今以闓爲大司農。晉書張闓傳。

報周顗詔 太興中

紹幼沖便居儲副之貴當賴軌匠以祛蒙蔽望之儼然斯不言之

益何學之習邪所謂與田蘇遊忘其鄙心者便當副往意不宜沖讓。晉書周顗傳。

誡周顗詔 太興中

顗參副朝右職掌銓衡當敬愼德音式是百辟屢以酒過爲有司所繩吾亮其極懽之情然亦是濡首之誡也顗必能克己復禮者今不加黜責。晉書周顗傳。

贈謚故太尉劉琨詔 太興中

故太尉廣武侯劉琨忠亮開濟乃誠王家不幸遭難志節不遂朕甚悼之往以戎事未加弔祭其下幽州便依舊弔祭贈侍中太尉謚曰愍。晉書劉琨傳。

轉太常華恆爲廷尉詔 太興中

太常職主宗廟烝嘗敬重而華恆所疾不堪親奉職事夫子稱吾不與祭如不祭況宗伯之任職所司邪今轉恆爲廷尉。晉書華表附傳。

帝當作選

討王敦詔 永昌元年正月

王敦憑恃寵靈敢肆狂逆方朕太甲欲見幽囚是可忍也孰不可忍也今親率六軍以誅大逆有殺敦者封五千戶侯朕以戴若思劉隗並會京師。晉書王敦傳。又見魏書晉司馬叡傳。

以周顗王邃爲左右僕射詔 三月

尚書分置左右僕射所以廣登賢俊經始萬機護軍周顗可左僕射領軍王邃可右僕射。御覽二百二十一引晉起居注。

封少子昱爲琅邪王詔 三月甲申

先公武王先考恭王君臨琅邪繼世相承國嗣未立烝嘗靡主朕常悼心子昱仁明有智度可以虔奉宗廟以慰罔極之恩其封昱爲琅邪王食會稽宣城如舊。晉書簡文帝紀。

詔

朕膺天符創基江左。文帝頭陀寺碑注引晉中興書元帝詔。

弔贈楊邠策

惟永嘉七年四月己未使持節都督江陽諸軍事鎭東大將軍琅邪王睿謹遣板命前衡陽內史楊君忠肅貞固守正不移口雖危逼節義可嘉不幸隕卒孤城口甚悼之今列上尚書贈君淮南內史魂而有靈嘉茲寵榮嗚呼哀哉。華陽國志十一。

追贈敬虞皇后冊 太興三年八月辛酉

皇帝咨前琅邪王妃虞氏朕祗順昊天成命用陟帝位悼妃夙徂徽音潛翳御於家邦靡所儀刑陰敎有虧用傷于懷追號制謚先王之典今遣使持節兼太尉萬勝奉冊贈皇后璽綬祀以太牢魂而有靈嘉茲寵榮。晉書元敬虞后傳。

蠲除法禁令 初承制

禮樂不興則刑罰不中是以明罰勅法先王所愼自元康已來事故薦臻法禁滋漫大理所上宜朝堂會議蠲除詔書不可用者此

苟當作非

孤所虛心者也。晉書刑法志。又見羣書治要二十九引晉書。又通典一百六十四。

㠯周玘爲軍諮祭酒令 建興中

玘奕世忠烈。義誠顯著。孤所欽嘉。今㠯爲軍諮祭酒。將軍如故。進爵爲公。祿秩僚屬。一同開國之例。晉書周處附傳。

下令許賀循辭中書令

孤㠯寡德。忝當大位。若涉巨川。罔知所憑。循言行㠯禮。乃時之望。俗之表也。實賴其謀猷。㠯康萬機。疾患有素。猶望臥相規輔。而固守撝謙。自陳懇至。此賢履信思順。苟㠯讓爲高者也。今從其所執。晉書賀循傳。

賜賀循牀薦等物令

循晉記作太常賀循。冰清玉潔。行爲俗表。位處上卿。而居身服物。蓋周形而已。屋室財庇風雨。孤近造其廬。㠯爲慨然。其賜六尺牀薦席褥。并錢二十萬。㠯表至德。暢孤意焉。晉書賀循傳。又見初學記十二。御覽二百二十六引晉中興書。又見御覽四百二十五引徐廣晉記。

改元大赦令 建武元年三月

令。昔我高祖宣皇帝。至德應期。受天明命。玄石著瑞。肇基帝道。景皇纂戎。文皇扇烈。重離宣曜。肅蜀稽服。武皇受終。登陟帝位。光宅天下。九州順軌。惠懷多難。帝主不造。夷狄豺狼。肆其暴亂。京都傾覆。宗廟爲墟。孤悼心失圖。靡知所措。繕甲脩兵。補結天網。將㠯雪皇家之恥。蕩鯨鯢之害。然後謝責冢魏。歸身藩臣。生死之志畢矣。今百辟卿士億兆之人。上陳靈符。下稱人情。同見翼戴。若影響焉。孤誓心不回。至於三。至於四。有司固請。所守有辭。志不可奪。孤逼於羣吏之議。用上奉蒸嘗。虔祀祖考。明告靈神。㠯祇休命。今立宗廟。備百僚。所㠯奉先帝。傳晉祚。總九牧。保生靈也。惟爾股肱爪牙之佐。文武不貳心之臣。其各立功立事。㠯扶我帝室。其與天下蕩滌瑕釁。改往自新。同率子來。致天之罰。其大赦天下。孤老不能自存者賜帛二匹。其殺祖父母及劉載石勒。不從此令。有能斬獲載首者。封郡公。食邑五千戶。金二百斤。絹萬匹。斬勒首者。封郡侯。食邑三千戶。金百斤。絹五千匹。其爲載勒所詿誤者。赦書到日。解甲散兵。各還所屬。一無所問。有能率衆從順。隨本官及所領多少。論其爵位。赦書後百日。若故屯結。遂附賊黨。誅及三族。改建興五年爲建武元年。文館詞林卷六百九十五。

答劉琨等令

今方岳牧伯之佐。股肱腹心之臣。萬邦之內。九服之外。咸見翼戴。㠯隆天威。是用辭不獲已。而居王位。羣覽所陳。弘旨優遠。孤方當匡復帝祚。豈可猥居極位。昔有夏克復。賴靡女之勳。周宣中興。由申邵之佐。二公鎮御幽朔。忠㠯衛上。建功極難。實憑遠略。夷難雪恥。於是乎在。藝文類聚十三。

報劉琨勸進令 建武元年六月

豺狼肆毒。蕩覆社稷。億兆顒顒。延首罔繫。是㠯居於王位。㠯答天下。庶㠯尅復聖主。埽蕩讎恥。豈可猥當隆極。此孤之至誠著於遐邇者也。公受奕世之寵。極人臣之位。忠允義誠。精感天地。實賴遠謀。共濟艱難。南北迥邈。同契一致。萬里之外。心存咫尺。公其撫寧華戎。致罰醜類。動靜㠯聞。晉書劉琨傳。

㠯劉遐爲下邳內史令 建武初

遐忠勇果毅。義誠可嘉。㠯遐爲下邳內史。將軍如故。晉書劉遐傳。

聽丹楊尹王導不用鼓蓋令

導德重勳高。孤所深倚。誠宜表彰殊禮。而更約已沖心。進思盡誠。㠯身率衆。宜順其雅志。式允開塞之機。晉書王導傳。

禁居喪婚嫁令

詩稱殺禮多婚。㠯會男女之無夫家。正今日之謂也。可一解禁止。自今㠯後。宜爲其防。晉書劉隗傳。世子文學王籍之居叔母喪而婚。劉隗奏之。帝下令。

賜杜夷穀令 建武中

國子祭酒杜夷，安貧樂道，靜志衡門，日不暇給，雖原憲無以加也。其賜穀二百斛。晉書杜夷傳。

報何書令刁協令

臨淄萬戶封，又植少有美才，能同遊田蘇者，今晚生矇弱，何論於此。間封此兒，不以寵稚子也。亡弟當應繼嗣，不獲已耳。家丞庶子，足以攝祠祭而已，豈宜屈賢才以受無用乎。晉書琅邪王煥傳。

荅羣臣上尊號令 太興元年三月

孤以不德，當厄運之極，臣節未立，匡救未舉，夙夜所以忘寢食也。今宗廟廢絕，億兆無係，羣官庶尹，咸勉之以大政，亦何敢辭。輒敬從所報。晉書元帝紀。

遺賀循書

夫百行不同，故出處道殊，因性而用，各任其真耳。當宇宙清泰，彝

發下脫憤字

倫攸敘，隨運所遇，動默在己。或有遐棲高蹈，輕舉絕俗，逍遙養和，恬神自足，斯蓋道隆人逸，勢使其然。若乃時運屯弊，主危國急，義士救時，驅馳拯世，燭之武乘縋以入秦，園綺彈冠而臣漢，豈非大雅君子卷舒合道乎。虛薄寡德，忝備近親，謬荷寵位，受任方鎮，殆服玄風，景羨高矩，常願棄結駟之軒軌，策紫筆而造門，徒有其懷，而無從賢之實者何。良以寇逆殷擾，諸夏分崩，皇居失御，黎元荼毒，是以日夜憂懼，慷慨發志，在竭節耳。前者顧公臨朝，深賴高算，元凱既登，巢許獲逸，至於今日，所謂道之云亡，邦國殄悴，羣望顒顒，實在君侯，苟義之所在，豈得讓勞居逸。想達者亦一以貫之也。庶稟徽猷，以弘遠規。今上尚書，屈德爲軍司，謹遣參軍沈禎銜命奉授，望必屈臨，以副傾遲。晉書賀循傳。

與杜夷書

吾與足下，雖情在忘言，然虛心歷載，正以足下羸疾，故欲相省，鑒

論常儀也。晉書杜夷傳。

書

安軍未報平和，云如何，深可爲事也。淳化閣帖一。

八月九日睿頓首，忽中秋，但有遠懷，便微冷，恆何如，比殊不能佳。惟勿得慰抱，念及不多。司馬睿頓首。淳化閣帖一。

討石勒檄 建武元年六月己巳

逆賊石勒，肆虐河朔，逋誅歷載，游魂縱逸，復遣凶黨石虎，季龍犬羊之衆，越河南渡，縱其鴆毒。平西將軍祖逖帥衆討擊，應時潰散。今遣車騎將軍琅邪王裒等九軍，銳衆三萬，水陸四道，徑造賊場，受逖節度。有能梟虎季龍首者，賞絹三千匹，金五十斤，封縣侯，食邑二千戶。又賊黨能梟送季龍首，封賞亦同之。晉書元帝紀。又見十六國春秋十二。

全晉文卷八終

全晉文卷九

烏程嚴可均校輯

明帝

帝諱紹，字道畿，元帝長子。建興初拜東中郎將，鎭廣陵。元帝爲晉王，立爲晉太子。及卽位，立爲皇太子。永昌元年閏十二月嗣位，改元太寍，在位三年，謚曰明皇帝，廟號肅祖。有集五卷。

蟬賦

尋長枝㠯淩高，靜無爲㠯自寍。邈焉獨處，弗累于情。任運任時，不慮不營。（藝文類聚九十七。）

尊師傅詔 太寍元年

朕㠯不德，夙遭閔凶，猥㠯眇身，託於王公之上，哀煢在疚，靡所諮仰。憂懷惴惴，如臨于谷。孔子有云：故雖天子，必有尊也。朕將祗奉先師之禮，㠯諮有德。太宰西陽王羕尊望重在貴，思降丞相武昌

公司空卽邱子，體道高邈，勳德兼備，先帝執友，朕之師傅。太常安陽鄉侯訓保朕躬，忠肅篤誠，夫崇親尊賢，先帝所重，朕見四君及書疏儀體，一如東宮故事。（晉書荀崧傳。）

手詔㠯溫嶠爲中書令 元年

中書之職，酬對多方，斟酌禮宜，非唯文疏而已，非望士良才，何可妄居。卿既㠯令望，忠允之懷，著於周旋，且文清而旨遠，宜居機密。今欲㠯卿爲中書令，朝論亦咸㠯爲宜。（藝文類聚四十八，初學記十一，竝引檀道鸞晉陽秋，又藝文類聚四十八，御覽二百二十，竝引晉中興書。）

手詔徵王敦 元年三月

孤子紹頓首：天下大事，紹㠯眇身，弗克負荷，哀憂孔疚，如臨于谷。實賴冢宰，㠯濟艱難，公邁德樹勳，遐邇歸懷，任社稷之託，居總己之統。然道里長遠，江川阻深，動有介石之機，而回旋之閒，固㠯有所喪矣。謂公宜入輔朝政，得旦夕詶謀，朝士亦僉㠯爲然。㠯公高亮忠肅，至心憂國，苟其宜然，便當㠯至公處之，期於靜國寍民。要之括囊無咎。伏想闇同此志，願便速勉近期，㠯副翹企之懷。（魏書晉司馬紹傳：王敦將爲篡，諷紹徵己，乃爲書云云。案晉書明紀不載此文，但云帝乃手詔徵之。）

北討詔 四月

制詔：昔魏絳撫和諸戎，郅都、魏尚威懾匈奴，故封疆之任，在於得才。漢文所㠯思廉頗、李牧也。單于慕容廆不遠萬里，請吏率職，禮讓忠義，著之遐朔，欲戮力國難，翦滅長虵，宜得名胄英才，㠯董統之使，一時齊舉，致討寇庭，此聲實竝振，雖越在海外，其狀若身手矣。尚書廣陵公昣，弘量淹濟，識謀經通，文武著於勳績，忠誠每思立事，可委㠯重任，使朕無北顧之憂者也。其㠯昣持節督幽平并州諸軍事，領護東夷校尉、鎭東將軍、平州刺史，公如故，主者假授諸所應供給，及信風引道。（文館詞林六百六十二。）

存輕典詔 元年

王者所用，唯在賞罰，賞貴適理，罰貴得情。然理容進退，事涉疑似，盟府司勳，或有開塞之路，三尺律令，未窮畫一之道。想文王之官人，念宣尼之止訟，刑賞之宜，思獲其所。自今諸應賞罰，皆賞疑從重，罰疑從輕。（隋書刑法志。）

贈荀崧詔 元年

太常安陽鄉侯崧履德沖素，盡忠恪己，方賴德訓，弘濟政道，不幸殂殞，痛於厥心。今遣持節侍御史贈左光祿大夫開府儀同三司，魂而有靈，嘉茲榮寵。（晉書荀崧傳。）

報杜夷詔 太寍初

先王之道，將墜於地，君下帷研思，今之劉揚，搢紳之徒，景仰軌訓，豈得高退，而朕靡所取則焉。（晉書杜夷傳：明帝卽位，夷自表請退，詔云云。）

討錢鳳詔 二年七月

先帝㠯聖德應運，創業江東，司徒導首居心膂，㠯道翼讚，故大將

之當作大

軍敦參處股肱。或內或外。夾輔之勳。與有力焉。階緣際會。遂據上宰。杖節專征。委以五州。刁協劉隗。立朝不允。敦抗義致討。情希鬻拳。兵雖犯順。猶嘉乃誠。禮秩優崇。人臣無貳。事解之後。劫掠城邑。放恣兵人。侵及宮省。背違赦信。誅戮之臣。縱凶極逆。不朝而退。六合阻心。人情同憤。先帝含垢忍恥。容而不責。委任如舊。禮秩有加。朕以不天。尋丁酷罰。煢煢在疚。哀悼靡寄。而敦曾無臣子追遠之誠。又無輔孤同獎之操。繕甲聚兵。盛夏來至。輒以天官假授私屬。將以威脅朝廷。傾危宗社。朕愍其狂戾。冀其覺悟。故且含隱以觀其終。而敦矜其不義之强。有侮弱朝廷之志。棄親用羇。背賢任惡。錢鳳豎子。專爲謀主。逞其凶慝。誣罔忠良。周嵩亮直。讜言致禍。周札周筵。累世忠義。□□□□□聽受讒構。殘夷其宗。秦人之酷刑。不過王敦之誅戮。僭濫無辜。滅人之族。莫知其罪。天下駭心。道路以目。神怒人怨。篤疾所嬰。昏荒悖逆。日以滋甚。輒立兄息以自承代。多樹私黨。莫能同惡。未有宰相繼體。而不由王命者也。頑凶相獎。無所顧忌。擅錄冶工。輒割運漕。志騁凶醜。以闚神器。社稷之危。匪夕則旦。天不長奸。敦以隕斃。鳳承凶宄。彌復煽逆。是可忍也。孰不可忍也。今遣司徒導、鎮南將軍丹楊尹嶠、建威將軍趙胤。武旅三萬。十道並進。平西將軍邃、率兗州刺史遐、奮武將軍峻、奮威將軍瞻。精銳三萬。水陸齊勢。朕親御六軍。左衞將軍亮、右衞將軍胤、護軍將軍詹、領軍將軍瞻、中軍將軍壼、驍騎將軍艾、驃騎將軍南頓王宗、鎮軍將軍汝南王祐、太宰西陽王羕。被練三千。組甲三萬。總統諸軍。討鳳之罪。罪止一人。朕不濫刑。有能殺鳳送首。封五千戶侯。賞布五千匹。冠軍將軍鄧嶽。志氣平厚。識經邪正。前將軍周撫。質性詳簡。義誠素著。功臣之冑。情義兼常。往年從敦。情節不展。畏逼首領。不得相違。論其乃心。無貳王室。朕嘉其誠。方任之以事。其餘文武。諸爲敦所授用者。一無所問。刺史二千石。不得輒離所職。書到奉承。自求多福。無或猜嫌。以取誅滅。敦之將士。從敦彌年。怨曠日久。或父母隕沒。或妻子喪亡。不得奔赴銜哀。從役朕甚愍之。希不悽愴。其單丁在軍。無有兼重者。皆遣歸家。終身不調。其餘皆與假三年。休訖還臺。當與宿衞同例三番。明承詔書。朕不負信。晉書王敦傳。

又詔

敢有捨王敦姓名而稱大將軍者。軍法從事。晉書王敦傳。

原王彬等詔 太寧二年十月

司徒導以大義滅親。其後昆雖或有違。猶將百世宥之。況彬等公之近親。晉書王廙附傳。

復徵任旭虞喜爲博士詔 太寧中

夫興化致政。莫尚乎崇道教。明退素也。喪亂以來。儒雅陵夷。每覽子衿之詩。未嘗不慨然。臨海任旭、會稽虞喜。並潔靜其操。歲寒不移。研精墳典。居今行古。志操足以厲俗。博學足以明道。前雖不至。其更以博士徵之。晉書虞喜傳。

語當作書

詔止紀瞻告老

豈朕德薄。不足以爲治乎。御覽二百十一引晉中興語。

罷領軍將軍紀瞻爲驃騎詔 太寧中

瞻忠亮雅正。識局經濟。屢以年耆病久。逡巡告誠。朕深明此操。重違高志。今聽所執。其以爲驃騎將軍。常侍如故。服物制度。一按舊典。遣使就拜。止家爲府。晉書紀瞻傳。

報溫嶠手詔 太寧中

適得太眞表。如此。今大事新定。朝廷須才。不有君子。其能國乎。方今外務差輕。欲停此事。晉書桓彝傳。

詔議廷臣見太子禮 大寧三年三月癸巳

禮無生而貴者。故帝元子。方之於士。而漢魏以來。尊崇儲貳。使官屬稱臣。朝臣咸拜。此甚無謂。吾昔在東宮。未及啟革。今衍幼沖之年。便臣先達。將令日習所見。謂之自然。此豈可以教之耶。主者其下公卿。內外通議。使必允禮中。晉書禮志下。又見通典六十七。

祀孔子詔 三年

給奉聖亭侯四時祀孔子。祭宜如太始故事。通典五十三。

令宰臣等詣都議政詔 三年四月

大事初定。其命惟新。其令太宰司徒已下。詣都坐參議政道。諸所因革。務盡事中。晉書明帝紀。

求直言詔 三年四月

滄直言引亮正。想群賢達吾此懷矣。予違汝弼。堯舜之相君臣也。吾雖虛闇。庶不距逆耳之談。稷契之任。君居之矣。望共勖之。晉書明帝紀。

議立功臣後詔 三年七月

三恪二王。世代之所重。興滅繼絕。政道之所先。又宗室哲王有功勳於大晉受命之際者。佐命功臣。碩德名賢。三祖所與共維大業。咸開國祚土。誓同山河者。而並廢絕。禋祀不傳。甚用懷傷。主者其詳議諸應立後者以聞。晉書明帝紀。又見通典七十四。

議北郊及望秩詔

郊祀天地。帝王之重事。自中興以來。惟南郊。未曾北郊。四時五郊之禮都不復設。五嶽四瀆名山大川載在祀典應望秩者。悉廢而未舉。主者其依舊詳處。晉書明帝紀。又見御覽五百二十七引晉起居注。

錄吳名臣後詔 八月

昔周武克殷。封比干之墓。漢高過趙。錄樂毅之後。追顯既往。以勸將來也。吳時將相名賢之胄。有能纂脩家訓。又忠孝仁義。靜己守真。不聞於時者。州郡中正亟以名聞。勿有所遺。晉書明帝紀。

聽劉超買外廏牛詔 年月未詳

此不足貴。與宜便賜之。然義興前後辭讓。不妄受一賜。今亦必復不受。可聽如所啟。御覽八百二十八。案此詔當在超爲中書侍郎後。晉書本傳載此事在出爲義興之前。非其實也。

遺詔 太寧三年閏八月丁亥

自古有死。賢聖所同。壽夭窮達。歸於一概。亦何足特痛哉。朕枕疾已久。常慮忽然。仰惟祖宗洪基。不能克終堂構。大恥未雪。百姓塗炭。所以有慨耳。不幸之日。斂以時服。一遵先度。務從簡約。勞眾崇飾。皆勿爲也。衍以幼弱。猥當大重。當賴忠賢。訓而成之。昔周公匡輔成王。霍氏擁育孝昭。義存前典。功冠二代。豈非宗臣之道乎。凡此公卿。時之望也。敬聽顧命。任託付之重。同心斷金。以謀王室。諸方嶽征鎮。刺史將守。皆朕扞城。推轂於外。雖事有內外。其致一也。故不有行者。誰扞牧圉。譬若脣齒。表裏相資。宜戮力一心。若合符契。思美焉之美。以緝事爲期。百辟卿士。其總己以聽於家宰。保祐沖幼。弘濟艱難。永令祖宗之靈寍於九天之上。則朕沒於地下。無恨黃泉。晉書明帝紀。

遺詔陸曄錄尚書事 太寧三年

曄清操忠貞。歷職顯允。且其兄弟事君如父。憂國如家。歲寒不凋。體自門風。既委以六軍。可錄尚書事。加散騎常侍。晉書陸曄傳。

立穆庾皇后冊 太寧元年六月壬子

妃庾氏昔承明命。作嬪東宮。虔恭中饋。思媚軌則。履信思順。以成肅雍之道。正位閨房。以著協德之美。文選謝朓齊敬皇后哀策文注引晉中興書作之義。朕夙罹不造。煢煢在疚。群公卿士。稽之往代。僉以崇嫡明統。載在典謨。宜建長秋。以奉宗廟。是以追述先志。不替舊命。使使持節兼太尉授皇后璽綬。夫坤德尚柔。婦道承姑。崇粢盛之禮。敦螽斯之義。是以利在永貞。克隆堂基。母儀天下。潛暘陰教。鑒於六列。攷之篇籍。禍福無門。盛衰由人。雖休勿休。其敬之哉。可不慎歟。晉書明穆庾后傳。

與溫嶠書 太寧中

痛謝鯤未絕於口。世將復至於此。並盛年雋才。不遂其志。痛切於心。庾明古多通。鯤達有識致。其言雖未足令人改聽。然味之不倦。近未易有也。坐相觀盡如何。晉書王廙傳。

書

伏想墓次。安隱守視。文武平安。淳化閣帖一。

答溫嶠等

省所陳明卿等。動靜數示。文苑英華六百二十七。薛元超諫皇太子牋曰。晉明帝之在東宮。中庶子溫嶠中舍人劉放諫馬射云云。太子答。

全晉文卷九終

憪當作特原

名當作召

全晉文卷十

烏程嚴可均校輯

成帝

帝諱衍。字世根。明帝長子。太寧三年三月立爲皇太子。閏八月即位。改元二。咸和咸康。在位十七年。謚曰成皇帝。廟號顯宗。

拜敬保傅詔

曲陵公等宣力前朝。致勳皇家。以德義優弘。兼保傅朕躬。朕遭家不造。奄在哀疚。稟訓未究。誤事窮墜。其一遵先帝尊崇師傅之教。拜敬。加以明傅崇德。永奉遺範。通典六十七。

原孔恢詔 咸和二年

恢自陷刑網。罪當大辟。但以其父年老。而有一子。以爲惻然。可憪原之。御覽六百四十六引晉書。咸和二年。句容令孔恢罪棄市。詔云云。

報庾亮詔 咸和四年三月

省告懇惻。執以感歎。誠是仁舅處物宗之責。理亦盡矣。若大義既不開塞。舅所執理勝。何必區區其相易奪。賊峻姦逆。書契所未有也。是天地所不容。人神所不宥。今年不反。明年當反。愚智所見也。舅與諸公勃然而名。正是不忍見無禮于君者也。論情與義。何得謂之不忠乎。若以已總率征討。事致敗喪。有司宜明直繩以肅國體。誠則然矣。且舅遂上告方伯。席卷來下。舅躬貫甲冑。賊峻梟懸。大事既平。天下開泰。衍得反正。社稷人安。宗廟有奉。豈非舅二三方伯亡身陳力之勳邪。方當策勳行賞。豈復議既往之咎乎。且天下大弊。死者萬計。而與桀寇對岸。舅且當上奉先帝顧託之旨。弘濟艱難。使衍沖人永有憑賴。則天下幸甚。晉書庾亮傳。蘇峻平。亮上疏乞骸骨。詔云云。

詔譙王無忌 四年

王敦作亂。閔王遇禍。尋事原情。今王何責。然公私憲制。亦已有斷。王當以體國爲大。豈可尋繹由來。以亂朝憲。主者其申明法令。自今以往。有犯必誅。晉書宗室譙王傳。無忌父承。爲湘州刺史。王敦攻承。城陷。王廙承敦旨害之。咸和中。無忌餞褚裒于板橋。廙子耆之在坐。無忌志欲復讎。將手刃之。救捍獲免。御史中丞車灌奏無忌欲專殺人。付廷尉科罪。詔云云。于是聽以贖論。

詔殿內 咸和五年

制詔殿內。平天通天冠並不能佳。可更修理之。隋書禮儀志七引晉起居注。

報王導詔 咸和中

夫聖王御世。動合至道。運無不周。故能人倫攸敘。萬物獲宜。朕荷祖宗之重。託于王公之上。不能仰陶玄風。俯洽宇宙。亢陽踰時。兆庶胥怨。邦之不臧。惟予一人。公體道明哲。弘猷深遠。勳格四海。翼亮三世。國典之不墜。實仲山甫補之。而猥崇謙光。引咎克讓。元首之愆。寄責宰輔。祇增其闕。博綜萬機。不可一日有曠。公宜遺履謙之近節。遵經國之遠略。門下速遣侍中以下敦喻。晉書王導傳。時大旱。導上疏遜位。詔云云。

遷新宮詔 咸和八年

昔大賊縱暴。宮室焚蕩。元惡雖翦。未暇營築。有司屢陳。朝會逼狹。遂作斯宮。子來之勞。不日而成。既獲臨御。大饗羣后。九賓充庭。百官象物。知君子勤禮。小人盡力矣。思蠲密網。咸同斯惠。其赦五歲刑以下。令諸郡舉力人能舉千五百斤以上者。晉書成帝紀。

徵翟湯虞喜爲散騎常侍詔 八年四月

尋陽翟湯。會稽虞喜。並守道清貞。不營世務。耽學高尚。操擬古人。往雖徵命。而不降屈。豈素絲難染。而搜引禮簡乎。政道須賢。宜納諸廊廟。其並以散騎常侍徵之。晉書虞喜傳。

優給陸玩孔愉詔 八年

尚書令玩。左僕射愉。並恪居官次。祿不代耕。端右任重。先朝所崇。其給玩親信三十人。愉以二十人。稟賜。晉書孔愉傳。

北討詔 八年

咸當作感

制詔。戎夷猾夏。神州傾覆。二帝辭宮。幽沒虜庭。永言厥艱。夙夜慨憤。自間江表。屢有事故。竝平內難。始漸夷泰。征伐事大。役不再舉。是吕廟筭待期。畜力觀釁。今羯寇衰弊。王略彌振。時至理盡。天人玄應。大將軍涼州刺史西平公駿。忠勳三代。義誠壯烈。總帥秦涼。為國宣力。今遣使步。竝同征舉。宜令影響相應。萬里齊契。其先普告遠近征鎮牧守諸軍。竝令誡嚴。須使還進討。蕩滌區宇。吕雪國恥。其忠臣義士。徇功效命。必加殊賞。吕旌勳節。文館詞林六百六十二。

正會詔 八年十二月庚子

正會日。百寮增祿。賜醽酒人二升。藝文類聚四引晉咸康起居注。

贈陶侃詔 咸和九年六月

故使持節侍中、太尉、都督荆江雍梁交廣益寧八州諸軍事、荆江二州刺史長沙郡公。經德蘊哲。文選齊竟陵王行狀注引晉中興書作秉哲。謀猷弘遠。作藩于外。八州肅清。勤王于內。皇家吕寧。乃者桓文之勳。伯舅是憑。方賴大猷。俾屏予一人。前進位大司馬。禮秩榮命。未及加崇。昊天不弔。奄忽薨殂。朕用震悼于厥心。今遣兼鴻臚追贈大司馬。假蜜章。祠吕太牢。魂而有靈。嘉茲寵榮。晉書陶侃傳。

戲兵詔 咸和中

內外諸軍。戲兵於南郊之場。宋書禮志一。

改元大赦詔 咸康元年正月朔

有司條典。虔奉郊祀。燔柴既饗。芳氣清穆。其赦天下。令咸得自新。初學記二十。

贈建安君為豫章郡君詔 元年

朕少遭愍凶。慈訓無稟。撫育之勤。建安君之仁也。一旦薨殂。實思報復。永惟平昔。咸痛哀摧。其贈豫章郡君。別立廟于京都。晉書后妃下豫章君荀氏傳。

報衛直啟作皇后畫輪車詔 元年

祀當作杞

所奏車。何乃奢費爾。更籌量。北堂書鈔未刪改本一百三十九引晉起居注咸康元年兼黔中監衛直啟作皇后畫輪車詔云云。

許彭城王紘解官養疾詔 咸康初

王吕明德茂親。居宗師之重。宜敷道養德。靜一其操。而頃游行煩數。冒履風塵。宜令官屬已下。各吕職奉衛。不得令王復有此勞。內外職司。各愼其局。王可解常侍、光祿、宗師。先所給車牛可錄取。賜米布牀帳吕養疾。晉書宗室彭城王權附傳。

授陸玩左光祿大夫詔 咸康初

玩體道清純。雅量弘遠。歷位內外。風績顯著。宜居台司。吕允衆望。授左光祿大夫開府儀同三司。加散騎常侍。餘如故。晉書陸玩傳。

求衛公山陽公後詔 咸康二年十月

歷觀先代。莫不襃崇明祀。賓禮三恪。故祀宋啟土。光于周典。宗姬侯衛。垂美漢冊。自頃喪亂。庶邦殄悴。周漢之後。絕而莫繼。其詳求衛公山陽公近屬。有履行修明。可吕繼承其祀者。依舊典施行。晉書成帝紀。

壬辰詔書 二年

占山護澤。彊盜律論。贓一丈吕上皆棄市。宋書羊玄保傳有司檢壬辰詔書云云。羊希吕壬辰之制。其禁嚴刻。停除咸康二年壬辰之科。

議拜三公儀注詔 咸康三年通典作咸寧誤。

三公鼎司。皇帝有興拜之禮。何吕不設樂。又正位南面。何吕不服冕。通典七十一。又一百四十七。

追卹卞壺詔 咸康六年

壺立朝忠恪。喪身凶寇。所封懸遠。租秩薄少。妻息不贍。吕為慨然。可給實口廩。晉書卞壺傳。

杜皇后崩內外入臨詔 咸康七年三月

外官五日一入臨。內官旦一入而已。過葬虞祭禮畢止。宋書禮志二。又通典

何當作所

七十九。

停凶門柏歷詔

門如何處。凶門柏歷、大爲繁費。停之。宋書禮志二。有司奏大行皇后陵所作凶門柏歷門號顯陽端門、詔云云。又見通典七十九。

又詔

重壤之下。豈宜崇飾無用。陵中唯潔埽而已。宋書禮志二、通典七十九。

奔喪詔 咸康中

今輕此制。於名教爲不盡矣。今宜㠯議者既衆。不必改先制。宜依濛所上施行。通典八十。

葬恭杜皇后詔 七年三月

吉凶典儀。誠宜備設。然豐約之度。亦當隨時。況重壤之下。而崇飾無用邪。今山陵之事。一從節儉。陵中唯潔埽而已。不得施塗車芻靈。晉書成恭杜皇后傳。

皇后喪不廢三正吉禮詔 七年

今既㠯天下體大。禮從權宜。三正之饗。宜盡用吉禮也。至娛耳目之樂。所不忍聞。故闕之耳。事之大者。不過上壽酒。稱萬歲。已許其大。不足復闕鐘鼓鼓吹也。晉書樂志下。

正會奏樂詔 七年十二月

若元日大饗萬國。朝宗庭殿。鐘鼓之奏。遂闕起居之節。朝無磬折之音。賓無蹈履之度。其于事儀。不亦闕乎。諸人當準量輕重。㠯制事中。則情典並隨。國無滯儀矣。御覽二十九引晉起居注。又見晉書樂志下。有刪節。

人當作八

下人座詔 咸康八年

祖諱孰若君命之重邪。下八座詳之。通典一百四。咸康八年。詔㠯王允之爲衛將軍會稽內史。允之表郡與祖會名同。乞改授。詔曰云云。

爲東海王沖立後詔 八年六月

哀王無嗣。國統將絕。朕所哀悼。其㠯小晚生奕繼哀王爲東海王。晉書元四王東海王沖傳。

追贈刁協本官詔 咸康中

協情在忠主。而失爲臣之道。故令王敦得託名公義。而實肆私忌。遂令社稷受屈。元皇銜恥。致禍之原。豈不有由。若極明國典。則曩刑非重。今正當㠯協之勤有可書。敦之逆命不可長。故議其事耳。今可從協本位。加之冊祭。㠯明有忠於君者。纖介必顯。雖於貶裁未盡。然或足有勸矣。晉書刁協傳。

詔賜羊聃死

此事古今所無。何八議之有。猶未忍肆之市朝。其賜命獄所。晉書羊曼傳。曼子聃遷廬陵太守。疑郡人簡良等爲賊。殺二百餘人。有司奏聃罪當死。㠯景獻皇后是其祖姑。應八議。成帝詔云云。又見法苑珠林一百十引冤魂志。作此事古今所未有。此而可忍。孰不可忍。何八議之有。可獄所賜命。

詔羊賁勿離婚

罪不相及。古今之令典也。聃雖極法。於賁何有。其特不聽離婚。晉書羊曼傳。聃兄子賁尚公主。自表求解婚。詔云云。

原羊聃詔

太妃惟此一舅。發言摧咽。乃至吐血。情慮深重。朕往丁荼毒。受太妃撫育之恩。同于慈親。若不堪難忍之痛。㠯致頓斃。朕亦何顏㠯寄。今便原聃生命。㠯慰太妃渭陽之思。晉書羊曼傳。又見法苑珠林一百十引冤魂志。

遺詔

朕㠯眇年。獲嗣洪緒。託于王公之上。於茲十有八年。未能闡融政道。翦除逋祲。夙夜戰兢。匪遑寧處。今遘疾殆不興。是用震悼于厥心。千齡眇眇。未堪艱難。司徒琅邪王岳。親則母弟。體則仁長。君人之風。允塞時望。肆爾王公卿士。其輔之。㠯祇奉祖宗明祀。協和內外。允執其中。嗚呼。敬之哉。無墜祖宗之顯命。晉書成帝紀。

贈謚溫嶠冊 咸和四年四月

朕㠯眇身。纂承洪緒。不能光闡大道。化洽時雍。至乃狂狡滔天。社稷危逼。惟公明鑒特達。識心經遠。懼皇綱之不維。忿凶寇之縱暴。唱率羣后。五州響應。首啟戎行。元惡授馘。王室危而復安。三光幽而復明。功格宇宙。勳著八表。方賴大猷㠯拯區夏。天不憖遺。早世薨殂。朕用痛悼于厥心。夫褒德銘勳。先王之明典。今追贈公侍中大將軍持節都督刺史公如故。賜錢百萬。布千疋。諡曰忠武。祠㠯太牢。晉書溫嶠傳。

拜王導丞相冊 咸康四年六月

朕夙罹不造。肆陟帝位。未堪多難。禍亂旁興。公文貫九功。武經七德。外緝四海。內齊八政。天地㠯平。神人㠯和。業同伊尹。道隆姬旦。仰思唐虞登庸雋乂。申命羣官。允釐庶績。朕思憑高謨。弘濟遠猷。惟稽古建爾于上公。永為晉輔。往踐厥職。敬敷道訓。㠯亮天工。不亦休哉。公其戒之。晉書王導傳。

諡王導冊 咸康五年七月

益高位㠯酬明德。厚爵㠯答懋勳。至乎闔棺標迹。莫尚號諡。風流百代。于是乎在。惟公邁達沖虛。玄鑒劭邈。夷淡㠯約其心。體仁㠯流其惠。棲遲務外。則名雋中夏。應期濯纓。則潛算獨運。昔我中宗肅祖之基中興也。下帷委誠。而策定江左。拱己宅心。而庶績咸熙。故能威之所振。寇虐改心。化之所鼓。檮杌易質。調陰陽之和。通彝倫之紀。遐邇承風。舟宂景附。隆高世之功。復宣武之績。舊物不失。公協其猷。若乃荷負顧命。保朕沖人。遭遇艱圮。夷險委順。拯其淪墜。而濟之㠯道。扶其顛傾。而弘之㠯仁。經緯三朝。而蘊道彌曠。方賴高謨㠯穆四海。昊天不弔。奄忽薨殂。朕用震慟于心。雖有殷之殞保衡。有周之喪二南。曷諭茲懷。今遣使持節謁者僕射任瞻錫諡曰文獻。祠㠯太牢。魂而有靈。嘉茲榮寵。晉書王導傳。

贈郗鑒爵諡冊 五年八月

惟公道德沖邃。體識弘遠。忠亮雅正。行為世表。歷位內外。勳庸彌著。乃者約峻狂狡。毒流朝廷。社稷之危。賴公㠯寧。功侔古烈。勳邁桓文。方倚大猷。藩翼時難。昊天不弔。奄忽薨殂。朕用震悼于厥心。夫爵㠯顯德。諡㠯表行。所㠯崇明軌迹。丕揚徽劭。今贈太宰。諡曰文成。祠㠯太牢。魂而有靈。嘉茲寵榮。晉書郗鑒傳。

康帝

帝諱岳。字世同。成帝同母弟。咸和元年封吳王。二年徙封琅邪王。咸康八年六月即位。明年改元建元。在位二年。諡曰康皇帝。

奔喪詔 咸康八年

孝慈起於自然。忠孝發於天成。若道不喪。豈有今弊。弊至醨薄。反之何期。況㠯今日之弊。而欲曆準式於瀆俗。求慈仁於吾朝。其於理化也。無乃迂乎。通典八十。

周年不應改服詔 建元元年正月晦

君親名教之重也。權制出於近代耳。宋書禮志二。通典八十。

㠯會稽王昱領太常詔 元年五月

太常職典天地。兼掌宗廟。其為任也。可謂重矣。是㠯古今選建。未嘗不妙簡時望。兼收儒雅。會稽王叔履尚清虛。志道無倦。優游上列。風議朝肆。朕所諮仰。其㠯王領太常。本官如故。書鈔五十三。御覽二百二十八引晉中興書。又見晉書簡文帝紀。

答有司請權降喪禮詔 元年六月

禮之降殺。因時而寢興。誠無常矣。至於君親相準。名教之重。莫之改也。權制之作。蓋出近代。雖曰適事。實弊薄之始。先王崇之。後世猶怠。而況因循。又從輕降。義弗可矣。晉書康帝紀。

詔遣使詣安西驃騎 元年七月

慕容皝摧殄羯寇。乃云死沒八萬餘人。將是其天亡之始也。中原之事。宜加籌量。且戴聞已帥部黨歸順。宜見慰勞。其遣使詣安西驃騎。諮謀諸軍事。晉書康帝紀。十六國春秋卷十六無末句。

納皇后儀注詔 建元元年

所㠯正法服升太極者。㠯敬其始。故備其禮也。今云何更闕所重而徹法物邪。又恭后神主入廟。先帝詔后禮宜降。不宜建五牛旗。而今猶復設之邪。既不設五牛旗。則旄頭畢罕之物易具也。晉書禮志下。宋書禮志一。

詔省納后儀物 元年

舊制既難準。且於今而備。亦非宜。府庫之儲。惟當㠯供軍國之費耳。法服儀飾粗令舉。其餘兼副雜器停之。晉書禮志下。宋書禮志一。通典五十八有刪節。

㠯謝尚爲南中郎將詔 建元二年

尚往㠯戎戍事要。故輟黃散。㠯授軍旅。所處險要。宜崇其威望。今㠯爲南中郎將。餘官如故。晉書謝尚傳。

促顧和釋服就職詔 建元二年

百揆務殷。鍴右總要。而曠職經久。甚㠯悒然。昔先朝政道休明。中夏隆盛。山賈諸公。皆釋服從時。不獲遂其情禮。況今日艱難。百王之弊。尚書令禮已過祥練。豈得聽不赴急疾。而遂罔極之情乎。晉書顧和傳。

下東陽太守山遐詔

東陽頃來竟囚。每多入重。豈郡多罪人。將捶楚所求莫能自固邪。晉書山濤附傳。

尚書增祿詔

尚書萬事之本。朕所責成也。而廩秩儉薄。甚非治體。今雖軍國多費。不爲元凱惜祿。其依令僕給尚書各親信五十人廩賜。御覽二百十二引晉康帝起居注。

書

陸女郎問辭如此。可籌量之。淳化閣帖一。

討石虎檄文 建元元年七月

石勒困斃。前覆舊京。窮凶極逆。僞號累祀。百姓受灰沒之酷。王室有黍離之哀。不爲少康之隆。孰能祀夏。不有宣王之興。誰克舊物。羯帥石虎。僭襲凶業。負恃其衆。陸梁河朔。每念類口之士。懷仁抱義。食膽飲血。罹其禍酷。心存倒懸。而力不能奮。今遣使持節荊州刺史亭都侯翼。高旗連雲。組練暎日。運孫吳之籌。按尚父之略。莫不張膽咀鐵。人思自奮。㠯此衆戰。其猶烈火之燔秋蓬。衝飆之埽落葉也。十六國春秋十六。

穆帝

帝諱聃。字彭子。康帝子。建元二年九月即位。改元二。永和升平。在位十七年。謚曰穆皇帝。廟號孝宗。

㠯王洽爲中書令詔

敬和清裁貴令。昔爲中書郎。吾時尚小。數呼見。意甚親之。今所㠯用爲令。既機任須才。且欲時時相見。共講文章。待㠯友臣之義。而累表固讓。甚違本懷。其催洽令拜。晉書王導附傳。

國妃終三年之服詔

朝廷所㠯從權制者。㠯王事奪之。非爲變禮也。婦人傳重義大。若從權制。義將安託。晉書禮志中。宋書禮志二。通典九十三。穆帝時。東海國言哀王薨踰年。嗣王乃來不復追服。羣臣已反吉。國妃亦宜同除。詔曰云云。

止扶南天竺旃檀獻馴象詔 升平元年正月

昔先帝㠯殊方異獸。或爲人患。禁之。今及其未至。可令還本土。晉書穆帝紀。

此物勞費不少。駐令勿送。梁書扶南傳。

下詔罪王饒 升平二年三月

佽飛督王饒。忽上吾鴆鳥。㠯避惡。此凶物。豈宜妄進。初學記二十四引何法盛晉中興書。

聽高崧傳爵詔升平中

悝備位大臣。違憲被黜。事已久判。其子崧求直無已。今特聽傳侯爵。晉書高崧傳。

詔桓溫

實賴英宰淵謀。文選褚淵碑注引晉中興書。

詔答許詢

山陰舊爲祇洹寺。永興居爲崇化寺。造四層塔。物產既罄。猶欠露槃相輪。一朝風雨。相輪等自備。時所訪問。乃是剡縣飛來。□□□□□□引建康實錄。許詢捨永興山陰二宅爲寺家財珍異悉皆是給。既成啟奏孝宗詔。

全晉文卷十終

情上之重當作尊

全晉文卷十一

烏程嚴可均校輯

哀帝

帝諱丕。字千齡。成帝長子。咸康八年封瑯邪王。升平五年五月迎立。改元二。隆和。興寧。在位四年。謚曰哀皇帝。

以東海王奕爲瑯邪王詔 升平五年五月壬戌

朕獲承明命。入纂大統。顧惟先王宗廟。蒸嘗無主。太妃喪庭。廓然靡寄。悲痛感摧。五內抽割。宗國之重。情禮兼隆。胤嗣之重。義無與二。東海王奕。戚屬親近。宜奉本統。其以奕爲瑯邪王。晉書哀帝紀。

上嗣顯宗以修本統詔 十一月丙辰

顯宗成皇帝顧命。以時事多艱。弘高世之風。樹德博重。以隆社稷。而國故不已。康穆早世。胤祚不融。朕以寡德。復承先緒。感惟永慕。悲痛兼摧。夫昭穆之義。固宜本之天屬。繼體承基。古今常道。宜上嗣顯宗。以修本統。晉書哀帝紀。

以謝萬爲散騎常侍詔 升平五年

前西中郎謝萬。才義簡亮。宜居獻替。其以萬爲散騎常侍。書鈔五十八。初學記十二。御覽二百二十四。並引晉起居注。

鴻祀詔 隆和元年

天文失度。太史雖有祈禳之事。猶釁眚屢彰。今欲依鴻祀之制。于太極殿前庭。親執虔肅。晉書孔嚴傳。

答桓溫請還都洛陽詔 元年

在昔喪亂。忽涉五紀。戎狄肆暴。繼襲凶迹。眷言西顧。慨歎盈懷。知欲躬率三軍。蕩滌氛穢。廓清中畿。光復舊京。非夫外身殉國。孰能若此者哉。諸所處分。委之高算。但河洛丘墟。所營者廣。經始之勤。致勞懷也。晉書桓溫傳。

日食詔 元年十二月戊午

戎旅路次。未得輕簡賦役。玄象失度。亢旱爲患。豈政事未洽。將有板築渭濱之士。邪其搜揚隱滯。蠲除苛碎。詳議法令。咸從損要。晉書哀帝紀。

書

丕死罪死罪。承中書郎君疾患比委頓。情以灼怛。伏念垂心憂勞。想得治力漸佳。丕死罪死罪。淳化閣帖一。

廢帝

帝諱奕。字延齡。哀帝同母弟。咸康八年封東海王。升平五年改封瑯邪王。興寧三年三月迎立。改元太和。在位六年。爲桓溫所廢。延安二年降封海西縣公。

以會稽王昱爲丞相錄尚書事詔 太和元年十月

會稽王體道沖虛。理識明久。阿衡孝宗。有保乂之規。輔弼哀皇。盡翼亮之道。朕承洪緒。仍闡善誘。愼徽五教。儀形具瞻。登賢顯親。國之典也。其以爲丞相錄尚書事。入朝不趨。贊拜不名。劍履上殿。給羽葆鼓吹。班劍六十人。御覽二百二十引晉中興書。案廢帝紀。興寧三年七月。改封昱爲瑯邪王。今此仍稱會稽者。簡文紀。帝固讓。故雖封瑯邪。而不去會稽之號。

以韓伯爲領軍將軍詔 太和四年

尚書韓伯。陳疾解職。領軍閑無上直之勞。可得從容養病。更以伯爲領軍將軍。書鈔六十四引晉起居注。武帝泰始四年。蓋轉寫之誤。當是廢帝太和四年。

祓禊詔 六年三月庚午朔

三日臨流杯池。依東堂小會。初學記四引晉起居注。

簡文帝

帝諱昱。字道萬。元帝少子。永昌元年封瑯邪王。咸和元年徙封會稽王。廢帝即位。復封瑯邪王。太和六年十一月即位。改元咸安。在位二年。謚曰簡文皇帝。廟號太宗。有集五卷。

詔譙王恬 咸安元年十一月甲寅

悲惋惶怛。非所忍聞。況言之哉。其更詳議。通鑑一百三。御史中丞譙王恬承桓溫旨請依律誅武陵王晞詔答。

手詔報桓溫 十一月乙卯

若晉祚靈長。公便宜奉行前詔。如其大運去矣。請避賢路。晉書簡文紀。有司承溫旨奏誅晞。帝不許。溫固執至于再三。帝手詔報。通鑑一百三。溫重表固誅晞。詞甚酷切。帝乃賜溫手詔。

大赦詔 十一月戊午

制詔。昔王室多故。穆哀早崩。皇胤夙零。神器無寄。東海王以母弟近屬。入纂大統。嗣位累年。昏闇亂常。人倫虧喪。大禍必及。則我祖宗之靈。靡知所託。皇太后深懼皇基。時定大計。大司馬因順天人。協同神略。親率羣后。恭承明命。雲霧既除。皇極載清。乃顧朕躬。仰承洪緒。雖伊尹之寧殷朝。博陸之安漢室。弘道委任。契齊古賢。朕以寡德。猥居元首。司牧羣黎。奉主社稷。永惟先帝受命中興。光隆盛業。實懼眇然。弗克負荷。戰戰兢兢。罔知攸濟。思與兆庶革心更始。其大赦天下。大酺五日。增文武位二等。孝順忠貞鰥寡孤獨米人五斛。文館詞林六百六十八。末三句從晉書簡文紀補。

不聽桓溫還姑孰詔 十一月庚申

夫乾坤體合。而化成萬物。二人同心。則不言所利。古之哲王。咸賴元輔。姬旦光于四夷。而周道以隆。伊尹格于皇天。而殷化以洽。大司馬明德應期。光大深遠。上合天心。含章時發。用集大命。在予一人。功美博陸。道固萬世。今進公丞相。其大司馬本官皆如故。留公京都。以鎮社稷。晉書桓溫傳。

詔百官 二年三月丁酉

朕居阿衡三世。不能濟彼時雍。乃至海西失德。殆傾皇祚。賴祖宗靈祇之德。皇太后淑體應期。藩輔忠賢。百官戮力。用能蕩氛霧於昊蒼。耀晨輝於宇宙。遂以眇身託于王公之上。思賴羣賢。以弼其闕。夫敦本息末。抑絕華競。閑忠信公坦之門。塞浮偽阿私之路。詢

名檢實。致之以道。使清濁異流。能否殊貫。官無秕政。士無謗讟。不有懲勸。則德禮焉施。且彊寇未殄。勞役未息。每念民疲力單。則中夜忘寢。若不弘政以求民瘼。簡除游煩。以存儉約。將何以紓之邪。今自非軍國戎祀之要。其華飾煩費之用。可除者皆除之。宜省者皆省之。其鰥寡窮獨。癃殘六疾。不能自存。皆生民之至艱。先王之所愍。宜加隱䘏。各賑賜之。若或孝子貞婦。殊行異操之人。皆以狀條列。當有以甄明其節。夫肥遯窮谷之賢。滑泥揚波之士。雖抗志於玄霄之表。潛默於幽岫之裏。貪屈高尚之道。以隆協贊之美。使惠風流於天下。膏澤被於萬物。孰與獨足山水。棲遲丘壑。徇匹夫之潔。而忘兼濟之大邪。古人不借賢于曩代。朕所以虛想於今日。內外百官。剖符親民。各勤所司。使善無不達。惡無不聞。退食自公。平情以道。使詩人無素飡之刺。而吾獲虛心之求。豈不善哉。其各宣攝。知朕意焉。晉書簡文紀。又羣書治要二十九引晉書。

優郵軍士詔 咸安二年三月癸丑

吾承祖宗洪基。而昧於政道。懼不能允釐天工。克隆先業。夕惕惟憂。若涉泉水。賴宰輔忠德。道濟伊望。羣后竭誠。協契斷金。內外盡匡翼之規。文武致匪躬之節。冀因斯道。終克弘濟。每念干戈未戢。公私疲悴。藩鎮有疆理之務。征戍懷東山之勤。或白首戎陣。忠勞未敘。或行役彌久。擔石靡儲。何嘗不昧旦晨興。夜分忘寢。雖未能撫而巡之。且欲達其此心。可遣大使詣大司馬。并問方伯。逮於邊戍。宣詔大饗。求其所安。又籌量賜給。悉令周普。晉書簡文紀。

詔增百官俸 二年三月乙卯

往事故之後。百度未充。羣僚常俸。並皆寡約。蓋隨時之義也。然退食在朝。而祿不代耕。非經通之制。今資儲漸豐。可籌量增俸。晉書簡文紀。

出繼爲母服表 咸和中晉書作上疏

何當作可

不當作必

亡母生臨臣國。沒留臣第。臣雖出後。而上無所厭。則私情得伸。昔敬后崩時。孝王先出後。亦還服重。此則明比。臣之所患齊也。通典八十二。又見晉書簡文宣鄭太后傳。咸和元年，建平國夫人薨，簡文時為琅邪王，制服重，有司以王出繼，宜降所生，國臣不能匡正，奏免國相諸葛頤。

奏四祖祧主

四祖同居西祧。藏主石室。禘祫乃祭。如先朝舊儀。宋書禮志三。永和二年，撫軍將軍會稽王司馬昱、尚書劉劭等奏。

答殷浩牋

屬當厄運。危弊理盡。誠賴時有其才。不復遠求版築。足下沈識淹長。思綜通練。起而明之。足以經濟。若復深存挹退。苟遂本懷。吾恐天下之事。於此去矣。今紘領不振。晉綱不綱。顧蹈東海。復何得邪。由此言之。足下去就。即是時之廢興。時之廢興。則家國不異。足下弘思之。靜算之。亦將有以深鑒可否。望不廢本懷。率羣情也。晉書殷浩傳。

與桓溫書

吾遂委篤。足下便入。冀得相見。不謂疾患。遂至於此。今者惙然。勢不復久。且雖有詔。豈復相及。慨恨兼深。如何可言。天下艱難。而以明幼沖眇然。非阿衡輔導之訓。當何以寧濟也。國事家計。一託于公。魏書司馬昱傳。昱疾，與溫書。晉書桓溫傳作帝不豫，詔溫曰：吾遂委篤，足下便入，冀得相見，便來便來。已下十四句皆無。

書

昱白。所示慶賜事具。具此莫大之禮。天下大慶。得率由舊章。慰答民望。甚為盡善。但奢則不適於時。儉則陋而不典。正當斟酌其宜。令得會中耳。淳化閣帖一。

孝武帝

帝諱曜。字昌明。簡文帝第三子。興寧三年封會稽王。咸安二年七月即位。改元二。寧康、太元。在位二十四年。為張貴人所弒。謚

曰孝武皇帝。廟號烈祖。有集二卷。

即位詔

朕以不造。奄丁罔凶。號天扣地。靡知所訴。藐然幼沖。眇若綴旒。深惟社稷之重。大懼不克負荷。仰憑祖宗之靈。積德之祀。先帝淳風玄化。遺詠在民。宰輔英賢。勳隆德盛。顧命之託。實賴匡訓。羣后率職。百寮勤政。冀孤弱之躬。有寄皇極之基。不墜先恩遺惠。播于四海。思弘餘潤。以康黎庶。其大赦天下。與民更始。晉書孝武帝紀。

詔桓溫

先帝遺敕云。事大司馬如事吾。令答表便可盡敬。晉書桓溫傳。

又詔

大司馬社稷所寄。先帝託以家國。內外眾事。便就關公施行。晉書桓溫傳。

又詔　寧康元年二月

公勳德尊重。師保朕躬。兼有風患。其無敬。晉書桓溫傳。

報王凝之劾范甯詔　寧康中

漢宣云。可與共治天下者。良二千石也。若范甯果如凝之所表者。豈可復宰郡乎。晉書范甯傳。

詔贈竺道潛　寧康二年

潛法師理悟虛遠。風鑒清貞。棄宰相之榮。襲染衣之素。山居人外。篤勤匪懈。方賴宣道以濟蒼生。奄然還化。用痛于懷。可賻錢十萬。星馳驛送。高僧傳四。

地震詔　太元元年五月癸丑

頃者上天垂監。譴告屢彰。朕有懼焉。震惕於心。思所以議獄緩死。赦過宥罪。庶回大變。與之更始。晉書孝武帝紀。

報桓沖請討苻堅詔　元年

醜類違天。比年縱肆。梁益不守。河西傾喪。每惟宇內未一。慨歎盈

懷將軍經略深長，思筭重復，忠國之誠，形于義旨。覽省未周，以感以慨。寇雖乘間竊利，而以無道臨之，黷武窮兇，虐用其眾，滅亡之期，勢何得久。然備豫不虞，軍之善政，輒詢于羣后，敬從高筭，想與征西協參令圖。案文選沈約齊安陸王碑注引晉中興書烈宗詔：「凡桓沖協隆治道。」與此語相當，後諱隆治字，遂改易之耳。嘉謀遠猷，動靜以聞。晉書桓沖傳。

詔定病假限

大臣疾病，假滿三月解職。御覽六百三十四引晉起居注太元元年詔。

許桓祕辭散騎常侍詔 太元初

祕受遇先朝，是以延之，而頻有讓表，以栖尙告誠，兼有疾疢，省用增歎，可順其所執。晉書桓祕傳。

俸給釋道安詔

安法師器識倫通，風韻標朗，居道訓俗，徽績兼著，豈直規濟當今，方乃陶津來世，俸給一同王公，物出所在。高僧傳五。

禁毀比輪錢詔 太和三年

錢國之重寶，小人貪利，銷壞無已，監司當以爲意。廣州夷人寶貴銅鼓，而州境素不出銅，聞官私賈人皆於此下疑有衍誤，通典無此三字。貪比輪錢斤兩差重，以入廣州，貨與夷人，鑄敗作鼓。其重爲禁制，得者科罪。晉書食貨志，又通典八。

詔桓石虔 三年

石虔文武器幹，御戎有方。古人絕哭，金革弗避，況在餘哀，豈得辭事。可授奮威將軍、南平太守。晉書桓石虔傳。案阮逸注元經六以此詔屬太元六年，作「御戎有方，古今絕倫，進冠軍將軍」，與晉書乖異，未知所據，不敢入錄。

除三吳租布詔 太和四年正月

三吳奧壤，股肱望郡，而水旱併臻，百姓生業，夙夜惟憂，不能忘懷。宜時賑卹，救其凋困。三吳義興、晉陵及會稽遭水之尤甚者，全除一年租布，其次聽除半年，賑貸者即以賜之。咸湻臨安志四十。

生當作失

埸當作場

苻堅攻陷襄陽下詔申警 四年三月壬戌

狡寇縱逸，藩守傾沒，疆埸之虞，事兼平日。其內外眾官，各悉心戮力，以康庶事。又年穀不登，百姓多匱。其詔御所供，事從儉約，九親供給，眾官廩俸，權可減半。凡諸役費，自非軍國事要，皆宜停省，以周時務。晉書孝武帝紀。

皇后王氏崩下詔 四年九月

終事唯從儉速。宋書禮志二。

又詔

遠近不得遣山陵使。同上。

議祭皇子廟詔 太元六年

亡大兄以司馬珣之爲國後，祭祀何儀。通典四十七。

詔迎武陵王晞柩于新安 六年

感惟摧慟，便奉迎靈柩，并改移妃應氏，及故世子梁王諸喪，家屬悉還。晉書元四王武陵王晞傳。

詔封故前武陵王晞幷爵其三子 六年

故前武陵王體自皇極，剋己思愆，仰惟先朝仁宥之旨，豈可情禮靡寄。其追封新寧郡王，邑千戶。晞三子綜、璲、遵，以遵嗣，追贈綜給事中，璲散騎郎。晉書元四王武陵王晞傳。

張天錫歸國詔 太元八年

昔孟明不替，終顯厥功，豈以一眚而廢才用。其以天錫爲散騎常侍、左員外。晉書張天錫傳：苻堅大敗于淮肥，天錫于陣歸國，詔云。又見十六國春秋七十四。

復張天錫西平公爵詔

故太尉西平公張軌，著德遐域，世襲前勞，彊兵縱害，遂至失守。散騎常侍天錫，拔迹登朝，先祀淪替，用增矜慨，可復天錫西平郡公爵。晉書張天錫傳，又見十六國春秋七十四。

以苻朗爲員外散騎侍郎詔 太元九年十月

朗深識逆順。望風歸化。既嘉此誠。亦簡其才。可員外散騎侍郎。併
賜給之。御覽二百二十四引晉中興書。

以瑯邪王道子為都督中外諸軍事詔 太元十年八月

新喪哲輔。華戎未一。自非明賢懋德。莫能綏御內外。司徒瑯邪王
道子。體道自然。神識穎遠。實當旦奭之重。宜總二南之任。可領揚
州刺史。錄尚書。假節。都督中外諸軍事。衛府文武。一以配驃騎府。晉書會稽王道子傳。謝安薨。詔云云。

詔議明堂郊祀 太元十二年五月壬戌

昔建太廟。每事從儉約。思與率土致力備禮。又太祖虛位。明堂未
建。郊祀國之大事。而稽古之制闕然。便可詳議。晉書禮志上。宋書禮志三。

徵譙武戴龔詔 十二年

哲王御世。必搜揚幽隱。故空谷流縶維之詠。邱園賁束帛之觀。譙
武戴龔。並高其操。欲宏儒業。並以散騎常侍備禮發遣。元經六。

以侍中王珉兼中書令詔

新除侍中王珉。才學廣贍。理識清通。初學記作精。宜處機近。以參時務。
其以珉為長兼中書令。藝文類聚四十八引王珉別傳。初學記十一。御覽二百二十。

答孫潛詔

得上故祕書監所著書。省以慨然。遠模前典。憲章在昔。一代之事。
輒敕納之祕閣。以貽于後。釋藏給三集古今佛道論衡實錄一。孫盛子潛以晉太元十五年上之。詔。

與殷仲堪詔 太元十七年十一月

卿去有日。使人酸然。常謂永為廊廟之寶。而忽為荊楚之珍。良以
慨恨。晉書殷仲堪傳。帝授仲堪振威將軍荊州刺史假節鎮江陵。將之任。又詔。

上會稽太妃尊號詔 太元十九年

會稽太妃文母之德。徽音有融。誕載聖明。光延于晉。先帝追尊聖
善。朝議不一。道以疑屈。朕述遵先志。常惕于心。今仰奉遺旨。依陽
秋二漢孝懷皇帝故事。上太妃尊號曰簡文太后。晉書簡文宣鄭太后傳。

遣兼司空謝琰納太子妃王氏詔 太元二十一年

太子諱婚禮即就。仰祖宗遺烈。憑道德之委。保傅將翼賢士竭誠。
慎行修德。積善慶隆。豈惟在乎。天賚賜所以宣其悅情。其便依舊。
御覽一百四十九引晉孝武帝起居注。

乎當作予

訪嵇紹宗族襲爵詔 太元中

褒德顯仁。哲王令典。故太尉忠穆公執德高邈。在否彌宣。貞潔之
風。義著千載。每念其事。愴然傷懷。忠貞之胤。蒸嘗宜遠。所以大明
至節。崇獎名教。可訪其宗族襲爵主祀。晉書嵇紹傳。

贈賻周虓詔 太元中

虓厲志貞亮。無愧古烈。未及拔身。奄隕厥命。甄表義節。國之典也。
贈龍驤將軍益州刺史。賻錢二十萬。布百疋。又賵賜其家。晉書周虓傳。

賻丁穆詔 太元中

故順陽太守眞定侯丁穆。力屈身陷。而誠節彌固。直亮壯勁。義貫

古烈。其喪柩始反。言尋傷悼。可贈龍驤將軍雍州刺史。賻賜一依
周虓故事。為立屋宅。并給其妻衣食。以終厥身。晉書丁穆傳。苻堅寇順陽。穆戰敗被執。堅又傾國南寇。穆與關中人士唱義。謀襲長安。事泄遇害。臨死作表。以付其妻。周其後得至京師。詣闕上之。帝下詔。

詔賻竺法汰

汰法師道播八方。澤流後裔。奄尒喪逝。痛貫于懷。可賻錢十萬。喪
事所須。遂由備辦。高僧傳五。

詔

躬儉以弘下濟之惠。文選顏延之侍遊蒜山詩注。

與朗法師書

皇帝敬問太山朗和尚。承欽德光時。飛聲東嶽。靈海廣淹。有生蒙
潤。大人起世。善翼匡時。輒伸經略。懸稟妙筭。昔劉曜創荒。戎狄纘
業。元皇龍飛。遂息江表。舊京淪沒。神州傾蕩。蒼生荼蓼。寄在左衽。
每一念至。嗟悼朕心。長驅魏趙。埽平燕代。今龍旗方興。剋復伊洛。

思與和尚同養羣生。至人通微。想明朕意。今遣使者送五色珠像一軀。明光錦五十疋。象牙簟五領。金鉢五枚。到願納受。廣弘明集三十五

帖

比得譙王書。有欲仙語。吾已答之如別。卿前云宜卿譙王參之於衆。云公書卿。私書君。輒從衆。且吾觀之。寧當許也。想所謂爾。淳化閣帖一。

全晉文卷十一終

鑒當作感
者當作著
頌當作須

全晉文卷十二

烏程嚴可均校輯

安帝

帝諱德宗字德宗孝武帝長子太和二十一年九月即位改元三隆安、元興義熙在位二十二年劉裕使王韶之弒之謚曰安皇帝

復以殷仲堪爲荊州詔 隆安二年

間以將軍憑寄失所朝野懷憂然既往之事宜其兩忘用乃班師迴旆祇順朝旨所以改授方任蓋隨時之宜將軍大議誠感朕心今還復本位即撫所鎮釋甲休兵則內外寧一故遣太常茂具宣乃懷晉書殷仲堪傳

以孔安國領東海王師詔 隆安中

領軍將軍孔安國貞慎清正出內播譽可以本官領東海王師必能導達津梁依仁游藝晉書孔安國傳

贈殷顗冠軍將軍詔 隆安中

故南蠻校尉殷顗忠績未融奄焉隕喪可贈冠軍將軍晉書殷顗傳

命元顯釋服居職詔 隆安四年

會稽王妃尊賢莫二朕義同所親今葬加殊禮一依琅邪穆太妃故事元顯夙令光懋乃心所寄誠孝性蒸蒸至痛難奪然不以家事辭王事陽秋之明義不以私限違公制中代之變禮故閔子腰經山王逼屈良以至變由中執容者外有禮無時賢哲斯順須妃葬畢可居職如故晉書會稽王道子傳

進吳隱之前將軍詔 元興初

夫孝行篤於閨門清節厲乎風霜實立人之所難而君子之美致也龍驤將軍廣州刺史吳隱之孝友過人祿均九族菲己絜素儉愈魚飧夫處可欲之地而能不改其操饗惟錯之富而家人不易其服革奢務嗇南域改觀朕有嘉焉可進號前將軍賜錢五十萬穀千斛晉書吳隱之傳又羣書治要三十引晉書

反正江陵詔 元興三年五月甲申

姦兇篡逆自古有之朕不能式遏杜漸以致播越賴鎮軍將軍裕英略奮發忠勇絕世冠軍將軍毅等誠心宿著協同嘉謀義聲既振士庶效節社稷載安四海齊慶其大赦凡諸畏逼事屈逆命者一無所問晉書安帝紀

原桓胤詔 三年

夫善著則祚遠勳彰故事殊以宣孟之忠蒙後晉國子文之德世嗣獲存故太尉沖昔藩陝西忠誠王室諸子染凶自貽罪戮念沖遺勤用悽于懷其孫胤宜見矜宥以獎爲善可特全生命晉書桓胤傳

改元大赦詔 義熙元年正月戊戌

朕以寡德夙纂洪緒不能緝熙遐邇式遏姦宄逆臣桓玄乘釁肆亂乃誣罔天人篡據極位朕躬播越淪胥荒裔宣王之基眇焉以墜賴鎮軍將軍裕忠武英斷誠冠終古運謀機始貞賢協其契挍淚誓眾義士感其心故霜戈一揮巨猾奔迸三率稜威大憝授首而孽振猖狂嗣凶翔郢幸天祚社稷義旗載捷狡徒沮潰朕獲反正斯實宗廟之靈勤王之勳豈朕一人獨享伊祜思與億兆幸茲更始其大赦改元唯玄振一祖及同黨不在原例賜百官爵二級鰥寡孤獨穀人五斛大酺五日晉書安帝紀

詔百官 元年三月乙未

此非諸卿之過其還率職晉書安帝紀

毛璩文處茂進爵詔 元年正月

夫貞松標於歲寒忠臣亮於國危益州刺史璩體識弘正誠契義旗受命偏師次於近畿匡翼之勳實感朕心可進征西將軍加散騎常侍都督益梁秦涼寧五州軍事行宜都寧蜀太守文處茂宣

讚。番牧。蒙險夷難。可輔國將軍。西夷校尉巴西梓潼二郡太守。晉書毛寶附傳。

又詔毛瑾等

西夷校尉瑾爲持節監梁秦二州軍事。征虜將軍梁秦二州刺史、略陽武都太守。瑾弟蜀郡太守瑗爲輔國將軍寍州刺史。同上。案瑾瑗皆璩弟。

答釋慧遠詔 當在元年二三月間

陽中感懷。知所患未佳。甚情耿。去月發江陵。在道多諸惡。情遲兼常。本冀經過相見。法師既養素山林。又所患未痊。邈無復由。增其歎恨。高僧傳六。

㠯劉裕爲侍中車騎將軍詔 三月庚子

古稱大者天地。其次君臣。所㠯列貫三辰。神人代序。諒理本於造昧。而運用於萬葉。故盈否時襲。四靈通其變。王道或昧。貞賢拯其危。天命所㠯永固。人心所㠯攸穆。雖夏周中傾。賴靡申之績。莽倫載竊。實二代是維。或乘資藉號。或業隆異世。猶詩書㠯之休詠。記策用爲美談。未有因心撫民。而誠發理應。援神器於已淪。若在今之盛者也。朕㠯寡昧。遭家不造。越自遘閔。屬當屯極。逆臣桓玄。乘釁縱慝。窮凶恣虐。滔天猾夏。遂誣罔人神。肆其篡亂。祖宗之基既湮。七廟之饗胥殄。若墜淵谷。未足斯譬。皇度有晉。天縱英哲。使持節都督揚徐兗豫靑冀幽幷江九州諸軍事鎭軍將軍徐靑二州刺史。忠誠天亮。神武命世。用能貞明協契。義夫響臻。故順聲一唱。二溟卷波。英風振路。宸居清翳。暨冠軍將軍毅、輔國將軍無忌、振武將軍道規。舟旗遄邁。而元凶傳首。回戈疊揮。則荆漢霧廓。俾宣元之祚。永固於嵩岱。傾基重造。再集於朕躬。宗廟歆七百之祐。皇基融載新之命。念功惟德。永言銘懷。固已道冠開闢。獨絕終古。書契㠯來。未之前聞矣。雖則功高靡尚。理至難文。而崇庸命德。哲王

攸先者。將㠯弘道制治。深關盛衰。故伊望膺殊命之錫。桓文饗備物之禮。況宏徽不世。顧邈百代者。宜極名器之隆。㠯光大國之盛。而鎭軍謙虛自衷。誠旨屢顯。朕重逆仲父。乃所㠯愈彰德美也。鎭軍可進位侍中車騎將軍都督中外諸軍事使持節徐青二州刺史如故。顯祚大邦。啟茲疆宇。宋書武帝紀上。

減省供奉詔 三月甲辰

自頃國難之後。人物凋殘。常所供奉。猶不改舊。豈所㠯視人如傷。禹湯歸過之誠哉。可籌量減省。晉書安帝紀。

加贈檀憑之詔 義熙初

夫旌善紀功。有國之通典。沒而不朽。節義之篤行。故冀州刺史檀憑之忠烈果毅。亡身爲國。既義敦其情。故臨危授命。考諸心迹。古人無㠯遠過。近者之贈。意猶恨焉。可加贈散騎常侍。本官如故。既隕身王事。亦宜追論封賞。可封曲阿縣公。邑三千戶。晉書檀憑之傳。

答尚書請撰國史詔 二年

先朝至德光被。未著方策。宜流風緬代。永貽將來者也。便敕撰集。宋書徐廣傳。

追贈何無忌詔 六年三月

無忌秉哲履正。忠亮明允。亡身殉國。則契協英謨。經綸屯昧。則重氛載廓。及敷政方夏。實播風惠。妖寇構亂。侵擾邦畿。投袂致討。志清王略。而事出慮外。臨危彌厲。握節隕難。誠貫古賢。朕用傷慟于厥懷。其贈侍中司空。本官如故。謚曰忠肅。晉書何無忌傳。

征劉毅詔 八年九月

制詔。劉毅傲狠凶戾。履霜日久。中間覆敗。宜即顯戮。晉法含弘。復蒙寵授。曾不思愆內訟。怨望滋甚。賴宰輔藏疾。特加遵養。遂復推轂陝西。寵榮隆泰。庶能洗心感遇。革音改意。而長惡不悛。志爲姦宄。陵上虐下。縱逸無度。既解督任。江州非復所統。而輒徙兵眾。略

取軍資。文館詞林作粗運。驅斥舊戌。厚樹親黨。西府二局。文武盈萬。悉皆割留。曾無片言。肆心恣欲。罔顧天朝。又與從弟藩。遠相影響。招聚剽狡。繕甲阻兵。外託省疾。實規伺隙。同惡相濟。圖會荆郢。尚書左僕射謝混。憑藉世資。超蒙殊遇。而輕佻躁脫。職爲亂階。扇動內外。連謀萬里。是而可忍。孰不可懷。已詔太尉隨宜翦戮。諸所處分。一委公高算。晉書劉毅傳。文館詞林六百六十二。

詔大司馬太尉二府依舊辟召掾 十二年

大司馬明德懋親。太尉道勳光大。並徽序彝倫。燮和二氣。髦俊引領。思佐鼎飪。而雅尚沖挹。四門弗闢。誠合大雅謙虛之道。實違急賢贊世之務。昔蒲輪載徵。異人並出。東平開府。奇士鶩臻。濟濟之盛。朕有欽焉。可敕二府。依舊辟召。必將明揚俊乂。嗣軌前賢矣。晉書恭帝紀。

詔大司馬

大司馬地隆任重。親賢莫貳。雖府受節度。可身無致敬。晉書恭帝紀。案此安帝詔恭帝耳。文選齊竟陵王行狀注引晉中興書恭帝詔云云。誤。

進劉裕爲宋公詔 十二年十月

夫嵩岱配極。則乾道增輝。藩岳作屏。則帝王成務。是以夏殷資昆彭之伯。有周倚齊晉之輔。鑒諸前典。儀型萬代。翼治扶危。靡不由此。太尉公命世天縱。齊聖廣淵。明燭四方。道光宇宙。爰自□□初迪。則投懃王國。妖蠚孔熾。則功存社稷。固以四維是荷。萬邦攸賴者矣。暨桓玄僭逆。傾蕩四海。公深秉大節。靈武霆震。弘濟朕躬。再造王室。每惟勳德。銘于厥心。遂北清海岱。南夷百越。荆雍稽服。肅岷順軌。尅黜方難。式遏寇虐。及阿衡王猷。班序內外。仰興絕風。傷嗣逸業。秉禮以整俗。遵王以垂訓。聲教遠被。無思不洽。爰暨木居海處之酋。被髮雕題之長。莫不忘其陋險。九譯來庭。此蓋播諸徽策。靡究其詳者也。曩者永嘉不綱。諸夏幅裂。終古帝居。淪胥戎虜。

永言園陵。率土同慕。公明發遐慨。撫機電征。親董侯伯。稜威致討。旗旝首塗。則八表響震。偏師先路。則多壘雲徹。舊都載清。五陵復禮。百城屈膝。千落影從。自篇籍所載。生民以來。勳德懋功。未有若此之盛者也。昔周呂佐叡聖之主。因三分之形。把旄仗鉞。一時指麾。皆大啟疆宇。跨州兼國。其在桓文。方茲尤儉。然亦顯被寵章。光錫殊品。況乃獨絕百代。顧邈前烈者哉。朕每弘鑒古訓。思遵令圖。以公深秉沖挹。用闕大禮。天人引領。于茲歷載。況今禹迹齊軌。九隩同文。司勳抗策。普天增伫。遂公高挹大猷國章。三靈眷屬。朕實祇懼。便宜顯答羣望。允崇盛典。其進位相國。總百揆。揚州牧。封十郡爲宋公。備九錫之禮。加璽綬遠遊冠。位在諸侯王上。加相國綠綟綬。宋書武帝紀中。案九錫文傳亮作。疑此及晉爵宋王詔亦亮作。以無左證。故編于此。

慰勞劉裕詔 義熙十三年

逋寇阻險。晏安假日。舉斧函谷。規延王誅。羣師勤王。將離寒暑。公躬秉鈇鉞。稜威首塗。戎輅載脂。則郊壘疊卷。崤陝甫踐。則潼塞開扃。姚泓窘逼。棄城送死。藍田偏師。覆之霸川。甲首成林。俘獲蔽野。偽首奔迸。華戎雲集。積紀逋寇。旦夕夷殄。宋書自序。

進宋公爵爲王詔 義熙十三年十月

朕聞先王之莅天下也。上則大寶以尊德。下則建侯以褒功。是以成勳告就。文命有玄圭之錫。四海來王。姬旦饗龜蒙之封。夫翼聖宣績。輔德弘猷。禮窮元賞。寵章希世。況明保沖昧。獨運陶鈞者哉。朕以不德。遭家多難。雲雷作屯。夷羿竊命。失位京邑。遂播蠻荆。艱難卑約。制命凶醜。相國宋公。天縱睿聖。命世應期。誠貫三靈。大節宏發。拯朕躬於巢幕。迴靈命於已崩。固已道窮北面。暉格八表者矣。及外積全國之勳。內累戡黎之伐。芟夷彊妖之始。蘊崇奸猾之源。顯仁藏用之道。六府孔脩之績。莫不雲行雨施。能事畢舉。諒已方軌於三五。不容於典策者焉。自永嘉喪師。綿踰十紀。五都分崩。

然正朔時暨唯三秦懸隔未之暫賓至令羌虜毀亂淫虐三世資百二之易守恃函谷之可閼廟算韜略不謀之日久矣公命世撫運闡曜威靈內研諸侯之慮外致上天之罰故能倉兕甫訓則許鄭風偃鉦鉞未指則瀍洛霧披俾舊闕元陽復集萬國之軫東京父老重覩司隸之章俾朕負扆高拱而保大洪烈是用遠鑒前典延卽羣謀敬授殊錫光啓疆宇乘馬之制有陋舊章徽稱之美未窮上爵豈足以顯報懋功允塞民望藩輔王畿長轡六合者乎實以公每秉謙德卑不可踰難進之道以寵爲戚是故降損盛制且有後命也自茲迄今洪勳彌劭稜威九河趙魏底服迴轅崤潼連城冰泮遂長驅灞滻懸旌龍門遂虜姚泓係頸就擒百稔梗穢滌於崇朝祖宗遺憤雪於一旦涉禹之迹方行天下至于海外罔有不服功固萬世其寧惟永豈金石雅頌所能讚揚實可以告於神明勒銘嵩岱者已朕又聞之周道方遠則鸑鷟鳴岐二南播德則

麟騶呈瑞自公大號初發爰暨告成靈祥炳煥不可勝紀豈伊素雉遠至嘉禾近歸而已哉朕每仰鑒玄應俯察人謀進惟道勳退惟國典豈得遂公沖挹而久蘊盛策便宜敬行大禮允副幽顯之望其進宋公爵爲王以徐州之海陵東安北琅邪北東莞北東海北譙北梁豫州之汝南北潁川北南頓凡十郡益宋國其相國揚州牧領征西將軍司豫北徐雍四州刺史如故（宋書武帝紀中）

以檀祗爲宋領軍將軍詔　十四年

宋國始立內外草創禁旅王要總司須才右將軍祗可爲宋領軍將軍加散騎常侍（宋書檀祗傳）

追贈毛璩及弟瑾瑗等詔　義熙中

故益州刺史璩西夷校尉瑾蜀郡太守瑗勤王忠烈事乖處外葬送日近益懷惻愴可皆贈先所授官給錢三十萬布三百疋（晉書毛寶附傳璩及弟瑾瑗并子姪之在蜀者爲譙縱所沒義熙中始康太守時延祖上疏訟璩兄弟於是詔）

于當作干

追贈魏詠之詔　義熙中

魏詠之器宇弘邵識局貞隱同獎之誠實銘王府敷績之效垂惠在人奄致隕喪惻愴于心可贈太常加散騎常侍（晉書魏詠之傳）

詔

今權順所請以申超世之美（文選褚淵碑注引晉起居注安帝詔）

元功盛德超前絕後（文選齊安陸王碑注引晉起居注安帝詔）

下書討桓玄　元興元年正月

豎子桓玄故大司馬不腆之息少懷狡惡長而不悛遂與王恭協同姦謀阻兵內侮三方雲集志在問鼎闚擬神器賴祖宗威靈宰輔神略忠義奮發罪人斯殞玄等猖狂失圖回舟鳥逝便宜乘會殲除姦源于時同異之論用惑廟策遂使王憲廢撓寵授非所猶冀玄當洗濯胷腑小懲大誡而狼心弗革悖慢愈甚割據江湘擅

威荊郢矯命稱制與奪在手又對侍中王謐放肆醜言欲縱凶毒陵陷上京無君之心形於音翰不臣之迹日月彌著是可忍也孰不可懷宜明九伐以寧西夏尚書令後將軍元顯可爲征討大都督督十八州諸軍事驃騎大將軍儀同三司以劉牢之爲前鋒行征西將軍權領江州命司馬尙之入沔水（魏書桓玄傳）

授劉裕策　義熙三年二月

有扈滔天夷羿乘釁亂節于紀實撓皇極賊臣桓玄怙寵肆逆乃摧傾華霍倒拔嵩岱五嶽既夷六地易所公命世英縱藏器待時因心資敬誓雪國恥慨憤陵夷誠發宵寐既而歲月屢遷神器已遠忠孝幽寄實貫三靈爾乃介石勝機宣契畢舉訴蒼天以爲正揮義旅而一驅奔鋒數百勢烈激電百萬不能抗限制路日直植城遂使衡鯨潰流暴鱗奔漢廟勝遠加重氛載滌二儀廓清三光返照事遂永代功高開闢理微稱謂義感朕心若夫道爲身濟猶縻厥爵況乃誠德既深勳貫天人者乎是用建茲邦國永祚山河

言念載懷。匪云足報。往欽哉。俾屛余一人。長弼皇晉。旒風垂祚。暉烈無窮。其降承嘉策。對敭朕命。（宋書武帝紀上。）

恭帝

帝諱德文。字德文。安帝同母弟。初封琅邪王。歷中軍將軍、散騎常侍、衛將軍、開府儀同三司。加侍中。領司徒。錄尚書事。元興初遷車騎大將軍。桓玄輔政。進太宰。及篡位。以爲石陽縣公。玄平。復爲琅邪王。領徐州刺史。拜大司馬。領司徒。以義熙十四年十二月卽位。改元元熙。在位二年。禪于宋。封零陵王。永初二年遇弒。諡曰恭皇帝。（案宋書王韶之傳云。恭帝卽位。遷黃門侍郎。領著作郎。凡諸詔奏。皆其辭也。今以禪讓詔策編入韶之集中。）

北征上疏

請帥所莅。啟行戎路。脩敬山陵。（晉書恭帝紀。）

復上疏乞奉辭陵廟

臣推轂閫外。將革寒暑。不獲展情埏隧。私心罔極。伏願天慈。特垂聽許。使臣微誠粗申。卽路無恨。（晉書恭帝紀。）

四府君祧主議

太始之初。虛太祖之位。而緣情流遠。上及征西。故世盡則宜毀。而宣皇帝正太祖之位。又漢光武帝移十一帝主於洛邑。則毀主不設。理可推矣。宜從范宣之言。築別室以居四府君之主。永藏而不祀也。（宋書禮志三。義熙九年四月。大司馬琅邪王德文議。又略見晉書禮志上。）

全晉文卷十二終

烏程嚴可均校輯

左九嬪

九嬪名芬。齊國臨菑人。祕書郎左思妹。泰始八年拜修儀。後爲貴嬪。有集四卷。

離思賦

生蓬戶之側陋兮。不閑習於文符。不見圖畫之妙像兮。不聞先哲之典謨。既愚陋而寡識兮。謬忝側於紫廬。非草苗之所處兮。恆怵惕吕憂懼。懷思慕之忉怛兮。兼始終之萬慮。嗟隱憂之忱積兮。獨鬱結而靡訴。意慘憒而無聊兮。思纏緜吕增慕。夜耿耿而不寐兮。魂憧憧而至曙。風騷騷而四起兮。霜皚皚而依庭。日晻曖而無光兮。氣懰慄吕洌清。懷愁戚之多感兮。患涕淚之自零。昔伯瑜之婉孌兮。每綵衣吕娛親。悼今日之乖隔兮。奄與家爲參辰。豈相去之云遠兮。曾不盈乎數尋。何宮禁之清切兮。欲瞻覩而莫因。仰行雲吕歔欷兮。涕流射而沾巾。惟屈原之哀感兮。嗟悲傷於離別。彼城闕之作詩兮。亦吕日而喻月。況骨肉之相於兮。永緬邈而兩絕。長含哀而抱戚兮。仰蒼天而泣血。

亂曰。骨肉至親。化爲他人。永長辭兮。慘愴愁悲。夢想魂歸。見所思兮。驚寤號咷。心不自聊。泣漣洏兮。援筆舒情。涕淚增零。訴斯詩兮。晉書左貴嬪傳

相風賦

御覽一百四十五引左貴嬪集目錄。

孔雀賦

戴緑碧之秀毛。擢翠尾之修莖。飲芳桂之凝露。食秋菊之落英。耀丹紫之儵爍。應晨風吕悲鳴。藝文類聚九十一

鸚武賦

色則丹喙翠尾。緑翼紫頸。秋敷其色。春耀其榮。藝文類聚九十一

白鳩賦序

泰始八年。鳩巢於廟闕。而孕白鳩一隻。毛色甚鮮。金行之應也。御覽九百二十一

松柏賦

何奇樹之英蔚。記峻岳之嵯峨。被玄澗之透迤。臨淥水之素波。擢脩本之丸丸。萃緑葉之芬葩。敷纖莖之蘢葱。布秀葉之蓊青。列疏實之離離。馥幽藹而永馨。紛翕習吕披離。氣肅肅吕清泠。應長風吕鳴條。似絲竹之遺聲。稟天然之貞勁。經嚴冬而不零。雖凝霜而挺幹。近青春而秀榮。若君子之順時。又似乎眞人之抗貞。赤松遊其下而得道。文賓飡其實而長生。詩人歌其榮蔚。齊南山吕永寍。藝文類聚八十八。初學記二十八。

涪漚賦

覽庶類之肇化。何涪漚之獨靈。稟陰精吕運景。因落雨而結形。不係根於獨立。故假物吕資生。體珠光之皎皎。若凝霜之初成。色鮮熠吕熒熒。似融露之將渟。亡不長消。存不久寄。其成不欲難。其敗亦吕易也。藝文類聚八

武帝納皇后頌

咸寧二年。案藝文類聚十五文選蕪城賦注宜貴妃誄注引此題皆如此。

峨峨華嶽。峻極泰清。巨靈導流。河瀆是經。惟瀆之神。惟嶽之靈。鍾於楊族。載育盛明。穆穆我后。應期挺生。含聰履喆。岐嶷夙成。如蘭之茂。如玉之瑩。越在幼沖。休有令名。飛聲八極。翕習紫庭。超姬邈姒。比德皇英。京室是嘉。備禮致聘。令月吉辰。百僚奉迎。周生歸韓。詩人是詠。我后戾至。車服暉暎。登位太微。明德日盛。羣黎欣戴。函夏同慶。翼翼聖皇。叡喆孔純。愍茲狂戾。闡惠播仁。蠲釁滌穢。與時惟新。沛然洪赦。恩詔遐震。后之踐祚。囹圄虛陳。萬國齊歡。六合同欣。坤神抃舞。天人載悅。興瑞降祥。表精日月。和氣烟熅。三光朗烈。既獲嘉時。尋播甘雪。玄雲晻藹。靈液霏霏。既儲既積。待陽而晞。

晛沾濡，柔潤中畿，長享豐年，福祚永綏。晉書左貴嬪傳，藝文類聚十五。

楊皇后登祚頌　御覽一百四十五引左貴嬪集目錄。

德柔頌

邈邈德柔，越天之剛，神以知來，智以藏往，含純博生，允矣君子，展也大成，執德純粹，岳峻川停，履行高厲，蕩乎其平，敦興聖道，率正不傾，令問不已，載路厥聲。藝文類聚二十一。

芍藥花頌　御覽一百四十五引左貴嬪集目錄。

鬱金頌

伊此奇草，名曰鬱金，越自殊域，厥珍來尋，芬香酷烈，悅目欣心，明德惟馨，淑人是欽，窈窕妃媛，服之褘衿，永重名實，曠世弗沈。藝文類聚八十一。

菊花頌

英英麗質，稟氣靈和，春茂翠葉，秋耀金華。初學記二十七。案藝文類聚八十一以爲傅統妻辛氏作，未知孰是。

神武頌　御覽一百四十五引左貴嬪集目錄。

虞舜二妃贊

妙矣二妃，體應靈符，奉嬪于嬀，光此有虞，沈湘示教，靈德永敷，惟斯美善，諒無泯乎。藝文類聚十五，初學記十。

周宣王姜后贊

昭昭宣王，克復前制，亹亹姜后，乃激乃厲，執心至公，以恢明世。藝文類聚十五。

班婕妤贊

恂恂班女，恭讓謙虛，辭輦進賢，辯祀理誣，形圖丹青，名侔樊虞。

孟軻母贊

鄒母善導，三徙成教，鄰止庠序，俎豆是效，斷織激子，廣以儁異，聰達知禮，敷述聖道。

狂接輿妻贊

接輿高潔，懷道行謠，妻亦冰清，同味玄昭，遺俗榮津，志遠神遼。

荊武王夫人鄧曼贊

天道惡盈，極數則微，邈哉鄧曼，心暎禍幾，覩兆歎亡，考德知衰，賢智卓殊，邈哉難追。

齊杞梁妻贊

遭命不改，逢時險屯，夫卒莒場，郊弔不賓，哀崩高城，訴情穹旻，遂赴淄川，託軀清津。

齊義繼母贊

聖教玄化，禮貴信誠，至哉繼母，行合典經，不遺俗諸，義割私情，表德來裔，垂則後生。

魯敬姜贊

邈矣敬姜，含德之英，於行則高，於理斯明，垂訓子宗，厲發奇聲，宣尼三歎，萬代遺馨。已上並藝文類聚十八。

德剛贊

溫溫德剛，實秉道純，履此聖義，體此敦仁，篤物博好，靡疏靡親，九族懷附，邦邑望塵，貴賓賤華，尚素安貧，雖在崇高，必若平民，匪道之崇，譽之生民，褒飾之譽，謂之謗身，惟義是存，惟道是遵。藝文類聚二十一。

巢父惠妃贊

泱泱長流，洒洒清波，思文巢惠，載詠載歌，垂綸一壑，萬象匪多，神乎暘矣，緬同基阿。藝文類聚三十六。

納楊后贊

清和協極，二儀降靈，啟茲楊族，仁哲誕生，徽音內發，有馥其馨，玄符表運，作合聖明，文定厥祥，考卜惟貞，良辰納幣，三光清明，元公執摯，嘉禮告成，卿士庶僚，燭其充庭，赫赫華宗，奕世載榮，謙光其尊，作滿戒盈，受茲介福，垂祚益齡。藝文類聚十六。

元皇后誄 并上表

伏惟聖善宣慈，仁洽六宮，含弘光大，德潤四海。妾聞之前志，卑不誄尊，少不誄長。楊雄臣也，而誄漢后；班固子也，而誄其父。皆以述揚景仁，顯之竹帛。豈所謂三代不同禮，隨時而作者乎。藝文類聚十五。

惟泰始十年秋七月丙寅，晉元皇后楊氏崩，嗚呼哀哉。昔有莘適殷，姜姒歸周，宣德中闈，徽音永流；樊衞二姬，匡齊翼楚；馬鄧兩妃，亦毗漢主。峨峨元后，光嬪晉宇，伉儷聖皇，比蹤往古。遭命不永，背陽卽陰，六宮號咷，四海慟心。嗟余鄙妾，銜恩特深，追慕三良，甘心自沈。何用存思，不忘德音；何用紀述，託辭翰林。乃作誄曰：

赫赫元后，出自有楊，奕世朱輪，耀彼華陽。惟嶽降神，顯茲禎祥，篤生英媛，休有烈光。含靈握文，異于庶姜，和暘春日，操厲秋霜。疾彼攸遂，敦此義方，率由四教，匪怠藝文類聚作容德。匪荒，行周六親，徽音顯揚。顯揚伊何，京室是臧，乃娉乃納，聿嬪聖皇，正位閨闥，惟德是將。鳴珮有節，發言有章，仰觀列圖，俯覽篇籍，顧問女史，咨詢竹帛。思媚皇姑，虔恭朝夕，允釐中饋，執事有恪。于禮斯勞，于敬斯勤，雖曰齊聖，邁德日新。日新伊何，克廣弘仁，終溫且惠，帝妹是親。經緯六宮，罔不彌綸，羣妾惟仰，譬彼北辰。亦既青陽，鳴鳩告時，躬執桑曲，率導媵姬，脩成蠶蔟，分繭理絲，女工是察，祭服是治。祗奉宗廟，永言孝思，于彼六行，靡不蹈之。皇英佐舜，塗山翼禹，惟衞惟樊，二霸是輔。明明我后，異世同軌，亦能有亂，謀及天府，內敷陰教，外毗陽化，綢繆庶正，密勿夙夜。恩從風翔，澤隨雨播，中外禔福，遐邇詠歌。天祚貞吉，克昌克繁，則百斯慶，育聖育賢。教踰妊姒，訓邁姜嫄，堂堂太子，惟國之元；濟濟南陽，爲屏爲藩，本支菴藹，四海蔭焉。徽斯皇妣，孰茲克臻，曰乾蓋聰，曰聖允誠，積善之堂，五福所并，宜享高年，匪隕匪傾，如彭之齒，如聃之齡。云胡不造，于茲禍殃，寢疾彌畱，寤寐不康，巫咸騁術，扁鵲奏方，祈禱無應，嘗藥無良。形神既離，載昏載荒，奄忽崩殂，湮精滅光。哀哀太子，南陽繁昌，攀援不寐，擗踴摧傷。嗚呼哀哉！闔宮號咷，宇內震驚，奔者塡衢，赴者塞庭，哀慟雷駭，流涕雨零，歔欷不已，若喪所生。惟帝與后，契闊在昔，比翼白屋，雙飛紫閣，悼后傷後，早卽窀穸，言斯既及，涕泗隕落。追維我后，實聰實哲，通于性命，達于儉節，送終之禮，比素上世，襚無珍寶，含無明月，潛輝梓宮，永背昭晰。臣妾哀號，同此斷絕，庭宇遏密，幽室增陰，空設帷帳，虛置衣衾。人亦有言，神道難尋，悠悠精爽，豈浮豈沈，豐奠日陳，冀魂之臨，孰云元后，不聞其音。乃議景行，景行已溢，乃考龜筮，龜筮襲吉，爰定宅兆，克成玄室，魂之往矣，于以令日。仲秋之晨，啓明始出，星陳夙駕，靈輿結駟。其輿伊何，金根玉箱；其駟伊何，二駱雙黃。習習容車，朱服丹章，隱隱轜軒，弁絰總裳，華轂曜野，素蓋被原，方相仡仡，旂旐翩翩，挽童引歌，白驥鳴轅，觀者夾塗，士女涕漣，千乘萬騎，迄彼峻山。峻山峨峨，層阜重阿，弘高顯敞，據洛背河，左瞻皇姑，右睇帝家，惟存摽亡，明神所嘉。諸姑姊妹，娣姒媵御，追送塵軌，號咷衢路，王侯卿士，雲會星布，羣官庶僚，縞蓋無數，咨嗟通夜，東方云曙，百祇奉迎，我后安厝。中外俱臨，同哀並慕，涕如連雲，淚如湛露，扃闥既闔，窈窈冥冥，有夜無晝，曷用其明。不封不樹，山坂同形，昔后之崩，大火西流，寒往暑過，今亦孟秋，自我銜恤，倏忽一周，衣服將變，痛心若抽，逼彼禮制，惟以增憂，去此素衣，結戀靈丘。有始有終，天地之經，自非三光，藝文類聚作昧。誰能不零。存播令德，沒圖丹青，先哲之志，以此爲榮。溫溫元后，實宣慈焉，撫育羣生，恩惠滋焉，遺愛不已，永見思焉，懸名日月，垂萬春焉。嗚呼庶妾，感四時焉，言思言慕，涕漣洏焉。晉書左貴嬪傳。藝文類聚十五。

萬年公主誄

昔滿滿當作蒲衣早智，周晉夙成，咸以岐嶷，名存典經。猗歟公主，在幼剋哲，

芳蕤之芳當作英

方德比齒。有邈先烈。何德之盛。而年或闕。何華之繁。而實不結。爾墜風逝。形影長滅。赫赫京室。河洛所經。陰精發曜。降茲淑靈。篤生公主。誕膺休禎。秀出紫微。日暉月明。旣睎豔姿。徽音孔昭。盼蒨其媚。婉曼其嫿。寵玩軒陛。如瓊如瑤。雖則弱齒。雙德兼苞。五福所集。聞之先民。積善鍾慶。祐德輔仁。宜終淑美。光暉日新。云何降戾。景命不振。瞧瞧榮曜。芳蕤始芳。何辜於天。猥遇降霜。煢煢稚魂。飄飄遐翔。於戲何辜。痛茲不福。生而何晚。歿而何速。酷矣皇靈。謬哉司祿。嗚呼哀哉。日月載馳。白露凝結。自主薨徂。奄離時節。吉凶乖邈。存亡異制。將遷幽都。潛神永翳。嗚呼公主。魂豈是綏。岌岌靈輤。駟騑騑。挽僮齊唱。悲音激摧。士女歔欷。高風增哀。一日不見。采蕭作歌。況我公主。形滅體訛。精靈遷逝。幽此中阿。言思言念。涕淚滂沱。嗚呼哀哉。藝文類聚十六。又初學記十。

目錄

左貴嬪集有離思賦。相風賦。孔雀賦。松柏賦。涪漚賦。納皇后頌。楊皇后登祚頌。芍藥花頌。鬱金頌。菊花頌。神武頌。四言詩四首。武元皇后誄。萬年公主誄。御覽一百四十五。

惠廢賈皇后

后名南風。小名旹。平陽人。太宰賈充女。泰始八年冊拜爲太子妃。惠帝卽位。立爲皇后。永康元年爲趙王倫所廢。矯詔賜死。在位十一年。

矯詔授楚王瑋 元康元年六月

太宰太保欲爲伊霍之事。王宜宣詔。令淮南、長沙、成都王屯宮諸門。廢二公。晉書楚王瑋傳。賈后使惠帝爲詔。夜使黃門齎㠯授瑋。瑋欲復奏。黃門曰。事恐漏泄。非密詔本意。瑋遂勒軍收太宰汝南王亮太保衛瓘殺之。瑋坐矯制斬。百姓爲之立祠。賈后先惡瓘亮。又忌瑋。故㠯計相次誅之。案瑋傳似此詔賈后逼帝爲之。惠帝紀作賈后矯詔。

乞㠯王禮葬愍懷太子表

遹不幸喪亡。傷其迷悖。又早短折。悲痛之懷。不能自已。妾私心冀其刻肌刻骨。更思孝道。規爲稽顙。正其名號。此志不遂。重㠯酸恨。遹雖罪在莫大。猶王者子孫。便㠯匹庶送終。情實憐愍。特乞天恩。賜㠯王禮。妾誠闇淺。不識禮義。不勝至情。冒昧陳聞。晉書愍懷太子傳。

明穆庾皇后

后諱文君。潁川鄢陵人。丞相軍諮祭酒庾琛女。明帝太寧元年立爲皇后。成帝卽位。尊爲皇太后。臨朝攝政。蘇峻陷京師。爲所逼辱。㠯憂崩。在位六年。

天子拜敬保傅詔

尊師重道。帝王之所宜務。況童幼。方賴師訓之成。宜令一遵先帝崇賢之禮。通典六十七。

報卞壼詔

帝須成人。更詳師傅之禮。通典六十七。

康獻褚皇后

后諱蒜子。河南陽翟人。征北將軍褚裒女。康帝爲琅邪王。納爲妃。及卽位。立爲皇后。穆帝卽位。尊爲皇太后。臨朝稱制。升平元年歸政。居崇德宮。及哀廢二帝時。復臨朝稱制。簡文卽位。尊爲崇德皇太后。孝武卽位。復臨朝稱制。太元元年歸政。至九年崩。在位四十年。

答蔡謨等奏請臨朝詔 建元二年九月

帝幼沖。當賴羣公卿士。將順匡救。㠯酬先帝禮賢之意。且是舊德世濟之美。則莫重之命不墜。祖宗之基有奉。是其所㠯欲正位于內而已。所奏懇到。形于翰墨。執省未究。㠯悲㠯懼。先后允恭謙抑。思順坤道。所㠯不距羣情。固爲國計。豈敢執守沖闇。㠯違先旨。輒敬從所奏。晉書康獻褚后傳。

振卹詔 永和元年九月

今百姓勞弊。其共思詳所以振卹之宜。及歲常調非軍國所急者。竝宜停之。（晉書穆帝紀。）

免蔡謨爲庶人詔（永和六年十二月）

謨先帝師傅。服事累世。且歸罪有司。內訟思愆。若遂置之於理。情所未忍。可依舊制。免爲庶人。（晉書蔡謨傳。）

荅殷融等重議敬父詔（永和九年）

典禮誠所未詳。如所奏。是情所不能安也。更詳之。（晉書康獻褚后傳。通典六十七。）

荅何充詔

具所啟。舊典。誠無以相易。然此實所悚懼不寧者也。（通典六十七。）

以蔡謨爲光祿大夫詔（永和十年）

前司徒謨。以道素著稱。軌行成名。故歷事先朝。致位台輔。以往年之失。用致黜責。自爾以來。闔門思愆。誠合大臣罪己之義。以謨爲光祿大夫開府儀同三司。（晉書蔡謨傳。）

歸政詔（升平元年正月）

昔遭不造。帝在幼沖。皇緒之微。眇若贅旒。百辟卿士。率遵前朝。勸喻攝政。以社稷之重。先代成義。僶俛敬從。弗遑固守。仰憑七廟之靈。俯仗羣后之力。帝加元服。禮成德備。當陽親覽。臨御萬國。今歸事反政。一依舊典。（晉書康獻褚后傳。）

歸崇德宮手詔羣公

昔以皇帝幼沖。從羣后之議。既以闇弱。又頻丁極艱。銜恤歷祀。沈憂在疚。司徒親尊德重。訓救其弊。王室之不壞。實公是憑。帝既備茲冠禮。而四海未一。五胡叛逆。豺狼當路。費役日興。百姓困苦。願諸君子思量遠算。戮力一心。輔翼幼主。匡救不逮。未亡人永歸別宮。以終餘齒。仰惟家國。故以一言託懷。（晉書康獻褚后傳。）

以琅邪王奕承大統詔（興寧三年二月）

帝遂不救厥疾。艱禍仍臻。遺緒泯然。哀慟切心。琅邪王奕。明德茂親。屬當儲嗣。宜奉祖宗。纂承大統。便速正大禮。以寧人神。（晉書廢帝紀。）

以會稽王昱承大統詔（太和六年十一月）

丞相錄尚書會稽王。體自中宗。明德劭令。英秀玄虛。神棲事外。以具瞻允塞。故阿衡三世。道化宣流。人望攸歸。爲日已久。宜從天人之心。以統皇極。主者明依舊典。以時施行。（晉書簡文帝紀。）

荅羣臣奏請臨朝詔（咸安二年七月）

王室不幸。仍有艱屯。覽省啟事。感增悲歎。內外諸君。竝以主上春秋沖富。加蒸蒸之慕。未能親覽。號令宜有所由。苟可安社稷。利天下。亦豈有所執。輒敬從所啟。但闇昧之闕。望盡弼諧之道。（晉書康獻褚后傳。）

拯卹詔（寧康二年四月）

頃玄象或愆。上天表異。仰觀斯變。震懼于懷。夫因變致休。自古之道。朕敢不尅意復心。以思厥中。又三吳奧壤。股肱望郡。而水旱併

臻。百姓失業。夙夜惟憂。不能忘懷。宜時拯卹。救其彫困。三吳義興、晉陵、及會稽遭水之縣尤甚者。全除一年租布。其次聽除半年。受振貸者卽以賜之。（晉書孝武帝紀。）

賜米窮民詔（寧康三年十二月）

頃日蝕告變。水旱不適。雖克己思救。未盡其方。其賜百姓窮者米人五斛。（晉書孝武帝紀。）

歸政詔（太元元年正月）

皇帝婚冠禮備。遐邇宅心。宜當陽親覽。緝熙惟始。今歸政事。率由舊典。（晉書康獻褚后傳。）

收于法開令（升平五年五月）

帝小不佳。昨呼于公視脈。但到門不前。種種辭憚。宜收付廷尉。（高僧傳四。）

以琅邪王丕奉大統令（升平五年五月）

帝奄不救疾。胤嗣未建。琅邪王丕。中興正統。明德懋親。昔在咸康。屬當儲貳。以年在幼沖。未堪國難。故顯宗高讓。今義望情地。莫與爲比。其以王奉大統。晉書哀帝紀。

以廢帝奕爲東海王令 太和六年十一月

王室艱難。穆哀短祚。國嗣不育。儲宮靡立。琅邪王奕。親則母弟。故以入纂大位。不圖德之不建。乃至於斯。昏濁潰亂。動違禮度。有此三孽。莫知誰子。人倫道喪。醜聲遐布。既不可以奉守社稷。敬承宗廟。且昏孽並大。便欲建樹儲藩。誣罔祖宗。傾移皇基。是而可忍。孰不可懷。今廢奕爲東海王。以王還第。供衛之義。皆如漢朝昌邑故事。但未亡人不幸。罹此百憂。感念存歿。心焉如割。社稷大計。義不獲已。臨紙悲塞。如何可言。晉書廢帝紀。

穆章何皇后

后諱法倪。廬江灊人。散騎侍郎何準女。穆帝升平元年。立爲皇后。無子。哀帝卽位。居永安宮。及桓玄篡位。降爲零陵縣君。與安帝俱西。玄敗。復還京師。元興三年崩。在位四十八年。

下令減膳 元興三年

戎車屢警。黎元阻饑。而膳御豐靡。豈與百姓同其儉約。減損供給。勿令游過。晉書穆章何后傳。

全晉文卷十三終

烏程嚴可均校輯

安平王孚

孚字叔達宣帝弟建安中選爲平原侯植文學掾遷太子中庶子魏受禪轉中書郎遷給事黃門侍郎加騎都尉出爲河內典農中郎將賜爵關內侯轉清河太守明帝即位遷度支尚書齊王時除尚書右僕射進爵昌平亭侯遷尚書令進爵長社縣侯加侍中遷司空代王淩爲太尉高貴鄉公時轉太傅陳留王時封長樂公武帝受禪封安平王進拜太宰持節都督中外諸軍事泰始八年薨年九十三謚曰獻王

請造沁口石門表 魏黃初中

野王典農中郎將臣孚言臣被明詔興河內水利臣既到檢行沁水源出銅鞮山屈曲周迴水道九百里自太行㠯西王屋㠯東層巖高峻天時霖雨衆谷走水小石漂迸水門朽敗稻田汎濫歲功不成臣輒案行去堰五里㠯外方石可得數萬餘枚臣㠯爲累方石爲門若天暘旱增堰進水若天霖雨陂澤充溢則塞防斷水空渠衍澇足㠯成河雲雨由人經國之謀暫勞永逸聖王所許願陛下特出臣表敕大司農府給人工勿使稽延㠯贊時要臣孚言 水經沁水篇注

奏弔陳羣母 魏太和中

尋故事自魏興無三公喪母弔祭輒訪韋誕王肅高堂隆秦靜等云漢太傅胡廣喪母天子使謁者㠯中牢弔祭送葬 通典八十三

奏永寍宮 魏嘉平六年九月

守尚書令太尉長社侯臣孚大將軍武陽侯臣師司徒萬歲亭侯臣柔司空文陽亭侯臣沖行征西安東將軍新城侯臣昭光祿大夫關內侯臣邕太常臣晏衛尉昌邑侯臣偉太僕臣嶷廷尉定陵侯臣毓大鴻臚臣芝大司農臣祥少府臣褒永寍衛尉臣禎永寍太僕臣閎大長秋臣模司隸校尉潁昌侯臣曾河南尹蘭陵侯臣肅城門校尉臣慮中護軍永安亭侯臣望武衛將軍安壽亭侯臣演中堅將軍平原侯臣德中壘將軍昌武亭侯臣廙屯騎校尉關內侯臣陔步兵校尉臨晉侯臣建射聲校尉安陽鄉侯臣溫越騎校尉睢陽侯臣初長水校尉關內侯臣超侍中臣小同臣顗臣酆博平侯臣表侍中中書監安陽亭侯臣誕散騎常侍臣瓌臣儀關內侯臣芝尚書僕射光祿大夫高樂亭侯臣毓尚書關內侯臣觀臣嘏長合鄉侯臣亮臣贊臣騫中書令臣康御史中丞臣鈐博士臣範臣峻等稽首言臣等聞天子者所㠯濟育羣生永安萬國三祖勳烈光被六合皇帝即位纂繼洪業春秋已長未親萬機耽淫內寵沈漫女色廢捐講學棄辱儒士日延小優郭懷袁信等于建始芙蓉殿前裸袒游戲使與保林女尚等爲亂親將後宮瞻觀又於廣望觀上使懷信等於觀下作遼東妖婦嬉褻過度道路行人掩目帝於觀上㠯爲讌笑於陵雲臺曲中施帷見九親婦女帝臨宣曲觀呼懷信使入帷共飲酒懷信等更行酒婦女皆醉戲侮無別使保林李華劉勳等與懷信等戲清商令令狐景呵華勳曰諸女上左右人各有官職何㠯得爾華勳數讒毀景帝嘗喜㠯彈彈人㠯此恚景彈景不避首目景語帝曰先帝持門戶急今陛下日將妃后游戲無度至乃共觀倡優裸袒爲亂不可令皇太后聞景不愛死爲陛下計耳帝言我作天子不得自在邪太后何與我事使人燒鐵灼景身體皆爛甄后崩後帝欲立王貴人爲皇后太后更欲外求帝恚語景等魏家前後立皇后皆從所愛耳太后必違我意知我當往不也後卒待張皇后疏薄太后遭合陽君喪帝日在後園倡優音樂自若不數往定省清商丞龐熙諫帝皇太后至孝今遭重憂水漿不入口陛下當數往寬慰不可但在此作樂帝

紀下當有注引魏書四字

言我自爾。誰能奈我何。皇太后還北宮。殺張美人及禺婉。帝恚望。語景等。太后橫殺我所寵愛。此無復母子恩。數往至故處啼哭。私使暴室厚殯棺。不令太后知也。每見九親婦女有美色。或留以付清商。帝至後園竹間戲。或與從官攜手共行。熙白從官不宜與至尊相提挈。帝怒。復以彈彈熙。日游後園。每有外文書入。帝不省。左右曰出。帝亦不索視。太后令帝常在式乾殿上講學。不欲使行來。帝徑去。太后來問。輒詐令黃門荅言在耳。景熙等畏恐。不敢復止。更共諂媚。帝肆行昏淫。敗人倫之敘。亂男女之節。恭孝彌頹。凶德浸盛。臣等憂懼傾覆天下。危墜社稷。雖殺身斃命。不足以塞責。今帝不可以承天緒。臣請依漢霍光故事。收帝璽綬。帝本以齊王踐祚。宜歸藩于齊。使司徒臣柔持節。與有司以太牢告祀宗廟。臣謹昧死以聞。（魏志齊王芳紀）

奏請葬高貴鄉公以王禮（魏甘露五年五月）

太傅孚、大將軍文王、太尉柔、司徒沖、稽首言。伏見中令故高貴鄉公。悖逆不道。自陷大禍。依漢昌邑王罪廢故事。以民禮葬。臣等備位。不能匡救禍亂。式遏姦逆。奉令震悚。肝心悼慄。春秋之義。王者無外。而書襄王出居於鄭。不能事母。此絕之於位也。今高貴鄉公肆行不軌。幾危社稷。自取傾覆。人神所絕。葬以民禮。誠當舊典。然臣等伏惟殿下仁慈過隆。雖存大義。猶存哀矜。臣等之心。實有不忍。以為可加恩以王禮葬之。（魏志高貴鄉公紀）

奏請易服復膳（泰始元年）

太宰司馬孚、太傅鄭沖、太保王祥、太尉何曾、司徒領中領軍司馬望、司空荀顗、車騎將軍賈充、尚書令裴秀、尚書僕射武陔、都護大將軍郭建、侍中郭綏、中軍將軍羊祜等奏曰。臣聞禮典。軌度豐殺隨時。虞夏商周。咸不相襲。蓋有由也。大晉紹承漢魏。有革有因。期於足以興化而已。故未得皆返太素。同規上古也。陛下既已俯遵

漢魏降喪之典。以濟時務。而躬蹈大孝。情過乎哀。素冠深衣。降席撤膳。雖武丁行之於殷世。曾閔履之於布衣。未足以踰。（宋志作喻）方今荊蠻未夷。庶政未乂。萬機事殷。動勞神慮。豈遑全遂聖旨。以從至情。加歲時變易。期運忽過。山陵彌遠。攀慕永絕。臣等以為陛下宜回慮割情。以康時濟俗。輒敕御府易服。內省改坐。太官復膳。諸所施行。皆如舊制。（晉書禮志中。宋書禮志二。通典八十。文帝崩。國內服三日。武帝亦遵漢魏之典。既葬除喪。然猶深衣素冠。降席撤膳。太宰司馬孚等奏。）

重奏

伏讀聖詔。感以悲懷。輒思仲尼所以抑宰我之問。聖思所以不能以已。甚深甚篤。然今者干戈未戢。武事未偃。萬機至重。天下至眾。陛下以萬乘之尊。履布衣之禮。服麤席藁。水飲蔬食。殷憂內盈。毀悴外表。然而躬勤萬機。坐而待旦。降心接下。仄不遑食。所以勞力者如斯之甚。是以臣等悚息不寧。誠懼神氣用損。以疚大事。輒敕有司。改坐復常。率由舊典。惟陛下察納愚款。以慰皇太后之心。（晉書禮志中。宋書禮志二。通典八十。孚等重奏。）

奏止詣陵（泰始二年八月）

太宰司馬孚、尚書令裴秀、尚書僕射武陔等奏。陛下至孝蒸蒸。哀思罔極。衰麻雖除。哀毀蔬食。有損神和。秋節尚有餘暑。謁見山陵。悲感摧傷。羣下竊用悚息。平議以為宜惟遠體。降抑聖情。以慰萬國。（晉書禮志中。宋書禮志二。）

重奏

臣聞上古喪期無數。後世乃有年月之漸。漢文帝隨時之義。制為短喪。傳之於後。陛下以社稷宗廟之重。萬方億兆之故。既從權制。釋除衰麻。羣臣庶僚吉服。今者謁陵。以敘哀慕。若加衰絰。近臣期服。當復受制。進退無當。不敢奉詔。（晉書禮志中。秀等重奏。宋書禮志二作孚等重奏。案晉志全用宋志。而改作秀者。豈此奏見秀集中耶。今仍從宋志。）

又奏

臣聞聖人制作必從時宜故五帝殊樂三王異禮此古今所以不同質文所以迭用也陛下隨時之宜既降心克己俯就權制既除衰麻而行心喪之禮今復制服義無所依若君服而臣不服雖先帝厚恩亦未之敢安也參量平議宜如前奏。晉書禮志中。秀等又奏。宋書禮志二作孚等又奏。

皇后銘旌議 魏景初元年

魏明悼后崩議書銘旌或欲去姓而書魏或欲兩書孚以為經典正義皆不應書凡帝王皆因本國之名以為天下之號而與往代相別耳非為擇美名以自光也天稱皇天則帝稱皇帝地稱后土則后稱皇后此乃所以同天地之大號流無二之尊名不待稱國號以自表不俟稱氏族以自彰是以春秋隱公三年經曰三月庚戌天王崩尊而稱天不曰周王者所以殊乎列國之君也八月庚

辰宋公和卒書國稱名所以異乎天王也襄公十五年經曰劉夏逆王后于齊不云逆周王后姜氏者所以異乎列國之夫人也至乎列國則曰夫人姜氏至自齊又曰紀伯姬卒書國稱姓所以異乎天王后也由此考之尊稱皇帝赫赫無二何待於魏乎尊稱皇后彰以謚號何待於姓乎議者欲書魏者此以為天皇之尊同於往古列國之君也或欲書姓者此以為天皇之后同於往古之夫人也乖經典之大義異乎聖人之明制非所以垂訓將來為萬世不易之式者也。晉書安平王孚傳。

臨終遺令 泰始八年

有魏貞士河南溫縣司馬孚字叔達不伊不周不夷不惠立身行道終始若一當以素棺單槨斂以時服。晉書安平王孚傳。

下邳王晃

晃字子明孚第五子魏封武始亭侯拜黃門侍郎改封西安男出為東莞太守武帝受禪封下邳王就國後為長水校尉南中郎將拜尚書遷右僕射太康中出為鎮東將軍都督青徐諸軍事惠帝即位徵拜車騎將軍加散騎常侍領護軍守尚書令代隴西王泰為司空加侍中元康六年薨謚曰獻王。

奏廢楊太后

皇太后與駿潛謀欲危社稷不可復奉承宗廟配合先帝宜貶尊號廢詣金墉城。晉書武悼楊后傳。

河間王顒

顒字文載孚孫初襲父瓌爵為太原王咸寧三年改封河間王元康初為北中郎將監鄴城尋遷平西將軍鎮關中趙王倫誅進侍中太尉尋舉兵討齊王冏冏敗復攻長沙王乂及乂死以為太宰大都督雍州牧尋劫遷車駕為東海王越等所敗逃入太白山永嘉初徵為司徒南陽王模遣將殺之。

矯詔討劉輿

得豫州刺史劉喬檄稱潁川太守劉輿迫脅驃騎將軍范陽王虓距逆詔命多樹私黨造構凶逆擅劫郡縣合聚兵眾輿兄弟昔因趙王婚親擅弄權勢凶狡無道久應誅夷以遇赦令得全首領小人不忌為惡日滋輒用苟晞為兗州斷截王命鎮南大將軍荊州刺史劉弘平南將軍彭城王繹征東大將軍準其各勤所領徑會許昌與喬并力今遣右將軍張方為大都督統精卒十萬督建武將軍呂朗廣武將軍騫猳建威將軍陽平太守刁默率步騎十萬為軍前鋒同會許昌以除輿兄弟敢有舉兵距違王命誅及五族能殺輿兄弟送首者封三千戶縣侯賜絹五千匹。晉書惠帝紀永興二年十月詔云云。又見劉輿傳。以為河間王顒矯詔。

表廢齊王冏

王室多故禍難罔已大司馬冏雖唱義有興復皇位之功而定都

徒當作徙

可當作旨

邑克寧社稷，實成都王之動力也。而冏不能固守臣節，實協異望。在許昌營有東西掖門，官置治書侍御史長史司馬，直立左右，如侍臣之儀。京城大清，篡逆誅夷，而率百萬之衆，來繞洛城，阻兵經年，不一朝覲。百官拜伏，晏然南面，壞樂官市署，用自增廣，輒取武庫祕杖，嚴列不解。故東萊王蕤知其逆節，表陳事狀，而見誣陷，加罪黜徒，以樹私黨。僭立官屬，幸妻嬖妾，名號比之中宮。沈湎酒色，不恤群黎。董艾放縱，無所畏忌，中丞按奏，而取退免。張偉惚恫，擁停詔可，葛旟小豎，維持國命，操弄王爵，貨賂公行。群姦聚黨，擅斷殺生。密署腹心，實爲貨謀，斥罪忠良，伺窺神器。臣受重任，蕃衛方嶽，見冏所行，實懷激憤。即日翊軍校尉李含乘驛密至，宣騰詔旨，臣伏讀感切，五情若灼。春秋之義，君親無將。冏擁彊兵，樹置私黨，權官要職，莫非腹心。雖復重責之誅，恐不義服。今輒勒兵，精卒十萬，與州征並協忠義，共會洛陽。驃騎將軍長沙王乂，同奮忠誠，廢冏還第。有不順命，軍法從事。成都王穎，明德茂親，功高勳重，往歲去就，允合衆望，宜爲宰輔，代冏阿衡之任。（晉書齊王冏傳：翊軍校尉李含奔於長安，詐云受密詔，使河間王顒誅冏，因導以利誘，顒從之，上表云云。）

竟陵王楙

楙字孔偉，孚孫。初封樂陵亭侯，參相國軍事。武帝受禪，封東平王。入爲散騎常侍尚書。惠帝時遷大鴻臚，加侍中。趙王倫篡位，以爲衛將軍都督諸軍事。倫誅，坐免。齊王冏輔政，舉爲平東將軍都督徐州軍事，鎮下邳。成都王穎輔政，進衛將軍，還車騎將軍。懷帝即位，改封竟陵王，拜光祿大夫。洛陽陷，爲亂兵所殺。

上言王昌求爲前母服

王昌父毖，本居長沙，有妻息。漢末使入中國，值吳叛，仕魏，爲黃門郎。與前妻息死生隔絕，更娶昌母。今江表一統，聞前母久喪，言疾求平議。（晉書禮志中，太康元年，東平王楙上言云云。案言疾二字有脫誤，通典八十九載此事，云後漢末長沙人王毖上計至京師，值吳魏分隔，毖妻子在吳，身留中國，爲魏黃門郎，更娶妻，生昌及式。毖卒後，昌爲東平相，至晉太康元年，吳平，時毖前妻已卒，昌聞喪，求去官行服，東平王楙上臺評議。）

全晉文卷十四終

烏程嚴可均校輯

東海王越

越字元超。宣帝弟魏魯相東武城侯馗之孫。父高密王泰。初爲隴西王。立爲世子。拜騎都尉。遷散騎侍郎。惠帝初歷左衞將軍。加侍中。遷散騎常侍。輔國將軍。尚書右僕射。領游擊將軍。復爲侍中。加奉車都尉。封東海王。永康初爲中書令。徙侍中。太安初遷司空。領中書監。加守尚書令。永興初爲大都督討鄴。以蕩陰之敗出奔下邳。惠帝西幸。以爲太傅。不受。尋以司空領徐州都督。唱義奉迎大駕。光熙初以太傅錄尚書事。永嘉初出鎭許昌。尋領兗州牧。都督兗豫司冀幽幷六州。移鎭鄄城。進司徒。以禦劉聰入保京城。尋出軍東屯於項。加九錫。自領豫州牧。薨。謚曰孝獻王。軍沒於賊。追貶爲縣王。

敕世子毗

夫學之所益者淺。體之所安者深。閑習禮度。不如式瞻儀型。諷味遺言。不若親承音旨。王參軍人倫之表。汝其師之。（世說賞譽篇東海王鎭許昌以王安期爲記室參軍雅相知重敕世子毗云云或曰王趙鄧三參軍人倫之表汝其師之謂安期鄧伯道趙穆也袁宏作名士傳直云王參軍或云趙家先猶有此本。又見文選齊竟陵王行狀注引晉中興書。）

與趙穆王承阮瞻鄧攸謝鯤等書

禮。年八歲出就外傅。明始可以加師訓之則。十年曰幼學。明可以漸先王之教也。然學之所受者淺。體之所安者深。是以閑習禮度。不如式瞻軌儀。諷味遺言。不如親承辭旨。小兒毗既無令淑之質。不聞道德之風。欲屈諸君。時以閑豫周旋燕誨也。（世說賞譽篇注引趙吳郡行狀。又見晉書阮瞻傳。）

承制起陳敏書

將軍建謀當國。則有大濬之勳。及遭冰昌之亂。則首率義徒。以寡敵衆。外無彊兵之援。內無運籌之侶。隻身挺立。雄略從橫。擢奇謀於馬首。奮靈計於臨危。金聲振於江外。精光赫於揚楚。攻堅陷險。三十餘戰。師徒無虧。勍敵自滅。五州復全。苞茅入貢。豈非將軍之功力哉。今羯賊屯結。遊魂河濟。鼠伏雉竄。藏匿陳留。始欲姦盜。終圖不軌。將軍孫吳之術既明。已試之功先著。孤與將軍情分特隆。想割草土之哀。抑難居之思。捨絰執戈。來卹國難。天子遠巡。鑾輿未反。引領東眷。有懷山陵。當憑將軍勠力王幹。有旋將軍率將所領。承書風發。米布軍資。惟將軍所運。（晉書陳敏傳。）

與江統書

昔王子師作豫州。未下車辟荀慈明。下車辟孔文舉。貴州人士有堪應此求者不。知君舉高平郗道徽爲賢良。陳留阮宣子爲直言。濟北程弘叔爲方正。皆於時選爲允。（御覽二百六十三引江家傳。又晉書江統傳有前五句。）

檄方鎭兵討石勒

皇綱失御。社稷多難。孤以弱才。備當大任。自頃胡寇內逼。偏裨失利。帝鄉便爲戎州。冠帶奄成殊域。朝廷上下。以爲憂懼。皆由諸侯蹉跎。遂及此難。投袂忘履。討之已晚。人情奉本。莫不義奮。當須合會之衆。以俟戰守之備。宗廟主上。相賴匡救。檄至之日。便望風奮發。忠臣戰士效誠之秋也。（晉書東海王越傳。）

范陽王虓

虓字武會。宣帝弟馗之孫。咸寧五年嗣父綏爲范陽王。以宗室選拜散騎常侍。累遷尚書。惠帝時出爲安南將軍。都督豫州諸軍事。持節鎭許昌。進位征南將軍。永興初爲都督河北諸軍事。驃騎將軍。持節。領豫州刺史。王浚又表領冀州刺史。光熙元年。以迎大駕功拜司空。尋薨。（案本傳作司徒。惠紀作司空。當有一誤。）

上表言河間王顒等宜委任如舊

自愍懷被害。皇儲不建。委重前相。輒失臣節。是以前年太宰與臣

今當作令

事方當作方事

永惟社稷之貳。不可久空。所以共啟成都王穎。以爲國副。受重之後。而弟克負荷。小人勿用。而以爲腹心。骨肉宜敦。而猜佻荐至。險詖宜遠。而讒說殄行。此皆臣等不聰不明。失所宗賴。遂令陛下謬於降授。雖戮臣等。不足以謝天下。今大駕還宮。文武空曠。制度荒破。靡有孑遺。臣等雖劣。足匡王室。而道路之言。謂張方與臣等不同。既惜所在興異。又以太宰惇德允元。著於具瞻。每當義節。輒爲社稷宗盟之先。張方受其指教。爲國效節。昔年之舉。有死無貳。此即太宰之良將。陛下之忠臣。但以受性強毅。不達變通。遂守前志已致紛紜。然退思惟。既是其不易之節。且慮事翻之後。爲天下所罪。故不即西還耳。原其本事。實無深責。臣聞先代明主。未嘗不全護功名。今福流子孫。自中間以來。陛下功臣。初無全者。非獨人才皆劣。其於取禍。實由朝廷策之失宜。不相容恕。以一旦之咎。喪其積年之勳。既違周禮議功之典。且使天下之人。莫敢復爲陛下致

節者。臣等此言。豈獨爲一張方。實爲社稷遠計。欲令功臣長守富貴。臣愚以爲宜委太宰以關右之任。一事方重。及自州郡以下。選舉授任。一皆仰成。若朝之大事。廢興損益。每輒疇諮。此則二伯述職。周召分陝之義。陛下復行於今時。遣方還郡。令羣后申志。時定王室。如加方官。請悉如舊。此則忠臣義士有勸。功臣必全矣。司徒戎。異姓之賢。司空越。公族之望。並忠國愛主。小心翼翼。宜幹機事。委以朝政。安北將軍王浚。佐命之胤。率身履道。忠亮清正。遠近所推。如今日之大舉。實有定社稷之勳。此是臣等所以歎息歸高也。浚宜特崇重之。以副羣望。遂撫幽朔。長爲北藩。臣等竭力扞城。藩屏皇家。陛下垂拱。而四海自正。則四祖之業。必隆於今。日月之暉。昧而復曜。乞垂三思。察臣所言。又可以臣表西示太宰。（晉書范陽王虓傳。與東平王楙鎮東將軍周馥等上言。案篇末云可以臣表西示太宰。則此篇是表也。）

又上表理成都王穎

成都王。失道。爲姦邪所誤。論王之身。不宜深責。且先帝遺體。陛下羣弟。自元康以來。罪戮相尋。實海內所爲匈匈。而臣等所以痛心。今廢成都。更封一邑。宜其必許。若廢黜尋有禍害。既傷陛下矜慈之恩。又令遠近恆謂公族無復骨肉之情。此實臣等內省悲慙。無顏於四海也。乞陛下察臣忠款。（晉書范陽王虓傳。）

彭城王紘

紘字偉德。宣帝弟馗之玄孫。初爲高密王據嗣。至彭城王雄坐奔蘇峻伏誅。更入繼本宗。拜國子祭酒。加散騎常侍。遷大宗正祕書監。以風疾更拜光祿大夫。領大宗師。疾甚解職。咸康八年薨。贈散騎常侍金紫光祿大夫。有集二卷。

上言宜敕作樂賢堂佛像頌

樂賢堂有先帝手畫佛像。經歷寇難。而此堂猶存。宜敕作頌。（御覽六百五十七引晉書。帝下其議。以蔡謨言遂寢。又見晉書蔡謨傳。）

譙王承

承字敬才。宣帝弟魏中郎進之孫。拜奉車都尉。奉朝請。稍遷廣威將軍安夷護軍。鎮安定。惠帝末拜游擊將軍。永嘉中避亂渡江。元帝鎮揚州。以爲軍諮祭酒。愍帝徵爲龍驤將軍。不行。元帝爲晉王。承制。嗣父遜爲譙王。太興初拜屯騎校尉。加輔國將軍。領左軍將軍。加散騎常侍。尋出監湘州諸軍事、南中郎將、湘州刺史。爲王敦將魏乂等所攻。城陷。荊州刺史王廙承敦旨殺之。敦平。追贈車騎將軍。謚曰閔。

答安南將軍甘卓書

季思足下。勞於王事。天綱暫圮。中原丘墟。四海義士。方謀剋復。中興江左。草創始爾。豈圖惡逆萌自寵臣。吾以闇短。託宗皇屬。仰豫密命。作鎮南夏。親奉中詔。成規在心。伯仁諸賢。扼腕歧路。至止尙淺。凡百茫然。豺狼易驚。遂肆醜毒。聞知駭踊。神氣衝越。子來之儀。

人思自百。不命而至。衆過數千。誠足㠯決一旦之機。攄山海之憤矣。然迫於倉卒。舟檝未備。魏乂李恆。尋見圍逼。是故事與意違。志力未展。猥辱來使。深同大趣。嘉謀英算。發自深衷。執讀周復。欣無㠯量。足下若能卷甲電赴。猶或有濟。若有狐疑。求我枯魚之肆矣。兵聞拙速。未睹工遲。季思足下。勉之勉之。書不盡意。絕筆而已。晉書譙王承傳。

譙王無忌

無忌字公壽。承子。嗣封譙王。咸和中拜散騎侍郎。累遷屯騎校尉中書黃門侍郎。建元初遷散騎常侍。轉御史中丞。出爲輔國將軍長沙相。又領江夏相。尋轉南郡河東二郡太守。㠯從平蜀功進前將軍。永和六年薨。贈衛將軍。謚曰烈王。有集九卷。

圓竹扇賦

止若垂棘曜匣。遊若羲和朝征。靜無爲而虛寂。動感通而風生。書鈔一百三十四。

京兆府君遷主議

諸儒謂太王王季遷主藏於文武之祧。如此府君遷主宜在宣皇帝廟中。然今無寢室。宜變通而改築。又殷祫大廟。征西東面。宋書禮志三。

王允之表郡與祖名同乞改授議

春秋之義。不㠯家事辭王事。是上之行乎下也。夫君命之重。固不得崇其私。又國之典憲。亦無㠯祖名辭命之制也。通典一百四咸康八年詔㠯王允之爲衛將軍會稽內史允之表郡與祖會名同乞改授詔曰祖諱孰若君命之重邪下八座詳之給事黃門侍郎譙王無忌議㠯爲。

譙王恬

恬字元愉。無忌子。嗣封譙王。拜散騎侍郎。累遷散騎常侍黃門郎御史中丞。簡文即位。遷右衛將軍司雍秦梁四州大中正。拜尚書。轉侍中。領右衛將軍。補吳國內史。又領太子詹事。孝武時復爲御史中丞。拜都督兗青冀幽幷揚州之晉陵徐州之南北郡軍事。領鎭北將軍。假節。兗青二州刺史。太元十五年薨。贈車騎將軍。謚曰敬王。

喪遇閏議

夫閏非正數。故附前月爲稱。至於月也。豈得爲一。臣請㠯宿度論之。閏所附月盡之夕。靈猶見乎。又閏之初。豈不始魄。㠯茲言之。可不爲兩月邪。天無是月。正數耳。非無此月也。若用閏祥。則虧二十五月之大斷。失周忌之正典。出於祥月。非卜遠日之謂。二三無據。義實致疑。愚謂正周而除。於禮爲允。通典一百御史中丞譙王恬議。

譙王尚之

尚之字伯道。恬子。爲祕書郎。遷散騎侍郎。出爲振威將軍廣陵相。尋嗣封譙王。爲驃騎諮議參軍。㠯討王恭功拜建威將軍豫州刺史假節。尋進號前將軍。討桓玄。兵潰被擒。斬於建康市。安帝反正。追贈衛將軍。謚曰忠王。

與張新安論孔釋書

佛教㠯罪福因果。有若影響。聖言明審。令人寒心。然自上古帝皇。文武孔周。典謨訓誥。靡不周備。未有述三世顯敘報應者也。彼衆聖皆窮理盡性。照曉物緣。何得忍視陷溺。莫肯援接。曾無一言示其津逕。且釣而不綱。弋不射宿。博碩肥腯。上帝是享。㠯此觀之。益所難了。想二三子揚搉而陳。使劃然有證。祛其惑焉。弘明集十二。

司馬休之

休之字季預。尚之之弟。㠯討王恭功拜龍驤將軍襄城太守。鎭歷陽。爲桓玄所敗。奔於慕容超。聞義兵起。南歸。武陵王遵承制㠯爲荊州刺史。鎭江陵。復爲桓振所敗。徵拜後將軍會稽內史。盧循入寇。加督浙江東五郡軍事。坐事免。及劉毅誅。復爲都督荊

后當作居　許當作計　興當作與

雍梁陳寧益六州軍事平西將軍荆州刺史假節。與雍州刺史魯宗之謀討劉裕。爲裕所敗。奔於姚興。興死。依姚泓。泓滅。將奔於魏。未至道死。

上表謝罪

文思不能聿修。自詒罪戾。憂懼震惶。惋愧交集。臣御家無方。威訓不振。致使子姪愆法。仰負聖朝。悚赧兼懷。胡顏自處。請解所任。歸罪闕庭。（晉書司馬休之傳。以兄子文思爲亂上疏謝。案宋書武帝紀中休之上表自陳云。裕遣送文思。臣順其此旨表送章節。則以此疏爲表。今從之。）

上表自陳

臣聞運不常一。治亂代有。陽九既謝。圯終則泰。昔篡臣肆逆。皇綱絕紐。十世未改。鼎祚再隆。太尉臣裕。威武明斷。首建義旗。除蕩元凶。皇后反正。布衣匹夫。匡復社稷。南剿盧循。北定廣固。千載以來。功無與等。由是四海歸美。朝野推崇。既位窮台牧。權傾人主。不能以道處功。恃寵驕溢。自以酬賞既極。便情在無上。刑戮逆濫。政用暴苛。問鼎之迹日彰。人臣之禮頓缺。陛下四時膳御。觸事縣空。宮省供奉。十不一在。皇后寢疾之際。湯藥不周。手與家書。多所求告。皆是朝士共所聞見。莫不傷懷憤歎。口不敢言。前揚州刺史元顯第五息法興。桓玄之釁。逃遠於外。王路既開。始得歸本。太傅之胤。絕而復興。凡在有懷。誰不感慶。裕吞噬之心。不避輕重。以法興聰敏明慧。必爲民望所歸。芳蘭既茂。內懷憎惡。乃妄扇異言。無罪即戮。大司馬臣德文及王妃公主。情許切逼。並狼狽請命。逆肆禍毒。晉不矜許。冤酷之痛。感動行路。自以地卑位重。荷恩崇大。乃以庶孽興德文嫡婚。致茲非偶。實由威逼。故衞將軍劉毅右將軍劉藩前將軍諸葛長民。尚書僕射謝混。南蠻校尉郗僧施。或盛勳德胤。令望在身。皆社稷輔弼。協贊所寄。無罪無辜。一旦夷滅。猜忍之性。終古所希。臣自惟門戶衰破。賴之獲存。皇家所重。終古難匹。是以公私歸憑。事盡祗順。再授荆州。輒苦陳告。自以才弱位隆。不宜久荷分陝。屢求解任。必不見聽。前經攜侍老母。全家俱西。凡諸子姪。悉留京輦。臣兄子譙王文思。雖年少常人。粗免咎悔。性好交遊。未知防遠。羣醜交構。爲其風聲。裕遂翦戮人士。遠送文思。臣順其此旨。表送章節。請廢文思。改襲大宗。遣息文寶。送女東歸。自謂推誠奉順。理不過此。豈意裕苞藏禍心。遂見討伐。加惡文思。構生罪釁。羣小之言。遠近噂嗒。而臣純愚闇信。必謂不然。尋臣府司馬張茂度狼狽東歸。南平太守檀範之復以此月三日委郡叛逆。尋有審問。東軍已上。裕今此舉。非有怨憎。正以臣王室之幹。位居藩岳。時賢既盡。唯臣獨存。規以翦滅。成其篡殺。鎮北將軍臣宗之青州刺史臣敬宣。並是裕所深忌憚。欲以次除蕩。然後傾移天日。於事可易。今荆雍義徒。不召而集。子來之衆。其會如林。豈臣無德所能綏致。蓋七廟之靈。理貫幽顯。輒授文思振武將軍南郡太守。宗之子竟陵太守魯軌進號輔國將軍。臣今與宗之親御大衆。出據江津。案甲抗威。隨宜應赴。今絳旗所指。唯裕兄弟父子而已。須剋蕩寇逆。尋續馳聞。由臣輕弱。致裕凌橫。上慚俯愧。無以厝顏。（宋書武帝紀中。義熙十一年收休之子文寶兄子文祖並於獄賜死。率衆軍西討。休之上表自陳。）

全晉文卷十五終

全晉文卷十六

烏程嚴可均校輯

司馬彪

彪字紹統。宣帝從子高陽王睦之長子。魏時拜騎都尉。泰始中為祕書郎。轉丞。後拜散騎侍郎。惠帝末卒。有續漢書八十三卷。九州春秋十卷。莊子注二十一卷。戰略（隋志作兵記）二十卷。集四卷。

駁祀六宗表

臣以為帝在于類。則禋者非天。山川屬望。則海岱非宗。宗猶包山。則望何秩焉。伏與歆遂失其義也。六合之間。非制典所及。六宗之數。非一位之名。陰陽之說。又非義也。並五緯以為一。分文昌以為二。箕畢既屬於辰。風師雨師復特為位。玄之失也。安國案祭法為宗。而除其天地於上。遺其四方於下。取其中以為六宗。四時寒暑。日月眾星。并水旱所宗者八。非但六也。傳曰。山川之神則水旱厲疫之災於是乎禜之。日月星辰之神。則雪霜風雨之不時於是乎禜之。又曰。龍見而雩。如此。禜者祀日月星辰山川之名。雩者周人四月祭天求雨之稱也。雪霜之災。非夫禜之所禳。雩祭之禮。非正月之所祈。周人之後說有虞之典。故於學者未盡喻也。且類於上帝。即禮天也。望於山川。禜所及也。案周禮云。昊天上帝日月星辰司中司命。風師雨師。社稷五祀。五嶽山林川澤。四方百物。又曰。兆五帝於四郊。四類四望亦如之。無六宗之兆。祭法云。祭天。祭地。祭時。祭寒暑日月星。祭水旱。祭四方及山林川澤丘陵能出雲為風雨見怪物。皆是。有天下者祭百神。非此族也。不在祀典。復無六宗之文。明六宗所禋。即祭法之所及。周禮之所祀。即虞書之所宗。不宜特復立六宗之祀也。春官大宗伯之職。掌玉作六器。以禮天地四方。以蒼璧禮天。以黃琮禮地。以青圭禮東方。以赤璋禮南方。以白琥禮西方。以玄璜禮北方。天宗。日月星辰寒暑之屬也。地宗。社稷五祀之屬也。四方之宗者。四時五帝之屬也。如此。則羣臣咸秩而無廢。百禮徧修而不瀆。於理為通。（續漢祭祀志中注。晉武帝初。司馬紹統表駁之云云。案晉書司馬彪傳。泰始初。武帝親祠南郊。彪上疏定議。在郊祀志。今晉書無郊祀志。惟禮志上載彪二語。蓋本傳所指。乃舊晉書也。）

與山巨源書

根枝失據。託命此別。告求矜愍。許見賑恤。窮人易感。悲喜兼懷。承命之後。情過挾纊。（御覽四百八十六）

續漢書敘

先王立史官以書時事。載善惡以為沮勸。最教世之要也。是以春秋不修。則仲尼理之。關雎既亂。則師摯修之。前哲豈好煩哉。蓋不得已故也。漢氏中興。訖於建安。忠臣義士亦以昭著。而時無良史。記述煩雜。譙周雖已刪除。然猶未盡。安順以下。亡缺者多。彪乃討論眾書。綴其所聞。起於世祖。終於孝獻。編年二百。錄世十二。通綜上下。旁貫庶事。為紀志傳凡八十篇。號曰續漢書。（晉書司馬彪傳）

續漢書光武紀論

昔羿浞篡夏數十年。少康生為仍牧。正能修德復夏。厥勳大矣。然尚有旅田及靡有鬲內外之助。至於光武。承王莽起自匹庶。一民尺土。靡有憑焉。發迹於昆陽。以數千屠百萬。非膽智之主。孰能堪之。討賊平亂。克復炎漢。號稱中興者。無以加之矣。中國既定。柔遠以德。愛慎人命。下及徭役。武功既備。抗文德。修經術。勳績宏矣。（御覽九十）

和帝紀論

孝和年十四。能折外戚驕橫之權。即昭帝幾上官之類矣。朝政遂一。民安職業。勤恤本務。苑囿希幸。遠夷稽服。四域開泰。郡國言符瑞八千餘品。咸懼虛妄。抑而不宣云爾。（御覽九十一）

新野王歆

歆字弘舒。扶風王駿子。太康中封新野縣公。趙王倫篡位。以為南中郎將尋從齊王冏舉義吕功進封新野郡王遷使持節都督荆州諸軍事鎮南大將軍開府儀同三司鎮襄陽太安元年張昌反遇害追贈驃騎將軍謚曰莊王

上言張昌反狀

妖賊張昌劉尼妄稱神聖犬羊萬計絳頭毛面挑刀走戟其鋒不可當請臺敕諸軍三道救助晉書張昌傳

汝南王亮

亮字子翼宣帝第四子仕魏爲散騎侍郎封萬歲亭侯拜東中郎將進封廣陽鄉侯免尋拜左將軍加散騎常侍假節監豫州軍事五等建改封祁陽伯轉鎮西將軍武帝受禪封扶風郡王持節都督關中雍涼諸軍事坐事貶爲平西將軍免尋拜撫軍將軍延寧初進衞將軍加侍中三年徙封汝南王出爲鎮南大將軍都督豫州諸軍事開府尋徵爲侍中撫軍大將軍領後軍將軍遷太尉錄尚書事領太子太傅武帝寢疾吕爲大司馬大都督督豫州諸軍事出鎮許昌元康初徵爲太宰與太保衞瓘輔政賈后矯詔使楚王瑋殺之瑋誅追復爵位謚曰文成王

日蝕上言

三司之任天地人也乾道不普故水旱爲災人倫失敘故奸兇不禁乃者荆州之城妖菑仍興任城國都水流變赤近三朝之始日有蝕之孟陽節過堅氷未消臣等瑣才叨據高位可謂小人而乘君子之器宜就顯戮吕荅天意謹免冠徒跣上所假章綬北堂書鈔五十引晉八王故事太康七年正旦日蝕詔公卿大臣各上封事其咎安在汝南王亮與司徒舒司空瓘上言詔使冠履勿復通表

奏議刑法

夫禮吕訓世而法吕整俗理化之本事實由之若斷不斷常隨輕重意則王憲不一人無所錯矣故觀人設敎在上之舉守文直法臣吏之節也臣吕去太康八年隨事異議周懸象魏之書漢詠畫一之法誠吕法與時共義不可二今法素定而法爲議則有所開長吕爲宜如頌所啟爲永久之制晉書刑法志劉頌爲三公尚書又上疏云云詔下其事太宰汝南王亮奏

琅邪王伷

伷字子將宣帝第五子魏時封南安亭侯進東武鄉侯五等建封南皮伯武帝受禪封東莞郡王出爲鎮東大將軍假節徐州諸軍事改封琅邪王平吳後幷督青州加侍中進大將軍薨謚曰武王

表山簡

從事中郎缺用第三品中散大夫河內山簡淸精履正才識通濟品儀第三也書鈔六十八引鎮東大將軍司馬伷表

梁王肜

肜字子徽宣帝第八子魏時封平樂亭侯五等建改封開平子

武帝受禪封梁王除北中郎將督鄴城守事太康中代孔洵監豫州軍事加平東將軍鎮許昌尋代下邳王晃監靑徐州軍事進號安東將軍元康初轉征西將軍代秦王柬都督關中軍事領護西戎校尉加侍中進督梁州徵爲衞將軍錄尚書事行太子太保復爲征西大將軍代趙王倫都督涼雍諸軍事屯好畤徵拜大將軍尚書令領軍將軍錄尚書事永康初進太宰守尚書令趙王倫篡位吕爲阿衡倫誅復爲太宰領司徒代高密王泰爲宗師薨謚曰靈王改謚曰孝王

理馬敦疏

敦固守孤城獨當窮寇吕少禦衆載離寒暑臨危奮節保穀全城而雍州從事忌敦勳効極推小疵非所吕褒獎元功宜解敦禁劾假授文選潘岳馬汧督誄

趙王倫

倫字子彝宣帝第九子魏嘉平初封安樂亭侯五等建改封東安子拜諫議大夫武帝受禪封琅邪郡王行東中郎將宣威將軍咸寧中改封趙王遷平北將軍鎭鄴城進安北將軍元康初遷征西將軍鎭關中徵拜車騎將軍太子太傅領右軍將軍永康初自爲使持節大都督中外諸軍事相國加九錫永寧元年遷惠帝於金墉城改元建始篡位四月齊王冏等舉義迎帝反正賜死

矯詔廢賈后

中宮與賈謐等殺吾太子今使車騎入廢中宮汝等皆當從命賜爵關中侯不從誅三族（晉書趙王倫傳永康元年四月矯詔敕三部司馬）

迎惠帝復位詔

吾爲孫秀等所誤以怒三王今已誅秀其迎太上復位吾歸老于農畝（晉書趙王倫傳王輿以營兵七百餘人屯雲龍門使倫爲詔）

齊王攸

攸字大猷小字桃符文帝第二子出嗣景帝後以從征王淩功封長樂亭侯後襲景帝爵武陽侯歷散騎常侍步兵校尉五等建改封安昌侯遷衞將軍武帝受禪封齊王遷驃騎將軍開府儀同三司轉鎭軍大將軍加侍中行太子少傅咸寧二年代賈充爲司空太康三年遷大司馬都督青州諸軍事明年遣就國臨行歐血死謚曰獻王

下齊國相令

忝受恩禮不稱惟憂至於官人敘才皆朝廷之事非國所宜裁也其令自上請之（晉書齊王攸傳國相上長史缺典書令請求差選攸下令）

下敎諸吏愼刑

夫先王馭世明罰敕法鞭朴作敎以正逋慢且唐虞之朝猶須督責前欲撰次其事使粗有常懼煩簡之宜未審其要故令劉程二君詳定然思惟之鄭鑄刑書叔向不韙范宣議制仲尼譏之令皆如舊無所增損其常節度所不及者隨事處決諸吏各竭乃心思同在公古人之節如有所闕以賴股肱匡佐之規庶以免負（晉書齊王攸傳）

藩王自選長史議

吏當作史

昔聖王封建萬國以親諸侯軌跡相承莫之能改誠以君不世居則人心偷幸人無常主則風俗僞薄是以先帝深覽經遠之統思復先哲之軌分土畫疆建爵五等或以進德或以酬功伏惟陛下應期創業樹建親戚聽使藩國自除長吏而今草創制度初立雖庸蜀順軌吳猶未賓宜俟清泰乃議復古之制（晉書文六王齊王攸傳詔議藩王令自選國內長吏攸奏議報不許）

王昌前母服議

禮記生不及祖父母諸父昆弟而父稅喪已則否諸儒皆以爲父

以他故子生異域不及此親存時歸見之父雖追服子不從稅不責非時之恩也但不相見尙不服其先終而況前母非親所生義不踰祖莫往莫來恩絕殊隔而令追服殆非稱情立文之謂也以爲昌不宜追服（晉書禮志中案王昌事詳前竟陵王楙文）

節省議

臣聞先王之敎莫不先正其本務農重本國之大綱當今方隅清穆武夫釋甲廣分休假以就農業然守相不能勤心恤公以盡地利昔漢宣歎曰與朕理天下者惟良二千石乎勸加賞罰黜陟幽明於時翕然用多名守計今地有餘羨而不農者衆加附業之人復有虛假通天下之謀則饑者必不少矣今宜嚴敕州郡檢諸虛詐害農之事督實南畝上下同奉所務則天下之穀可復古政豈患於暫一水旱便憂饑餒哉考績黜陟畢使嚴明畏威懷惠莫不自厲又都邑之內游食滋多巧技末業服飾奢麗富人兼美猶有

魏之遺弊。染化日淺。靡財害穀。動復萬計。宜申明舊法。必禁絕之。使去奢節儉。不奪農時。畢力稼穡。㠯實倉廩。則榮辱禮節由之而生。興化反本。於茲爲盛。晉書齊王攸傳。詔㠯比年饑饉。議所節省。攸奏議云云。

與山濤書

太子中庶子。東宮顯職。加侍接左右。誠宜得篤粹有行檢之人。想悉尊意。必允衆望也。藝文類聚四十九。御覽二百四十五。

洗馬今之清選。前後選文書才義也。書鈔六十六。

武長嗣篤敏有器思。今東宮洗馬缺。同上。

太子舍人夏后湛。秉心居正。理識明微。應可郎也。書鈔一百六十七。

舍人今之清選也。書鈔六十六。

書

攸惶恐頓首頓首。望近未得諮承。㠯爲委積。比已秋風。不審尊體何如。冀行得稟受。頓首頓首。淳化閣帖三。

太子箴

伊昔上皇。建國立君。仰觀天文。俯察地理。創業恢道。㠯安人承祀。祚延統重。故援立太子。尊㠯弘道。固㠯貳己。儲德既立。邦有所恃。夫親仁者功成。邇佞者國傾。故保相之材。必擇賢明。昔在周成。旦奭作傅。外㠯明德自輔。內㠯親親立固。德㠯義濟。親則自然。嬴廢公族。其崩如山。劉建子弟。漢祚永傳。楚㠯無極作亂。宋㠯伊戾興難。張禹佞給。卒危彊漢。輔弼不忠。禍及乃躬。匪徒乃躬。乃喪乃邦。無曰父子不間。昔有江充。無曰至親匪貳。或容潘崇。諛言亂真。譖潤離親。驪姬之讒。晉侯疑申。固親㠯道。勿固㠯恩。脩身㠯敬。勿託㠯尊。自損者有餘。自益者彌昏。庶事不可㠯不恤。大本不可㠯不敦。見亡戒危。覩安思存。冢子司義。敢告在閽。晉書齊王攸傳。又藝文類聚四十八。

齊王冏

冏字景治。攸子。太康四年襲封齊王。元康中拜散騎常侍。領左軍將軍。翊軍校尉。永康初。轉游擊將軍。出爲平東將軍。假節鎮許昌。趙王倫篡位。首舉義兵。與成都、河間、常山、新野四王迎惠帝反正。拜大司馬。加九錫輔政。長沙王乂等發兵攻之。戰敗。斬於閶闔門外。永嘉中追謚曰武閔王。

上表理淮南王允

故淮南王允。忠孝篤誠。憂國忘身。討亂奮發。幾於克捷。遭天凶運。奄至隕歿。逆黨遘惡。并害三子。冤魂酷毒。莫不悲酸。洎興義兵。淮南國人自相率領。衆過萬人。人懷慷愾。愍國統滅絕。發言流涕。臣輒㠯息超繼允後。㠯慰存亡。晉書武十三王淮南王允傳。

表立清河王覃爲皇太子

東宮曠然。冢嗣莫繼。天下大業。帝王神器。必建儲副。㠯固洪基。今者後宮未有孕育。不可庶幸將來而虛天緒。非祖宗之遺志。社稷之長計也。禮兄弟之子猶子。故漢成無嗣。繼由定陶。孝和之絕。安

㠯紹興。此先王之令典。往代之成式也。清河王覃神姿岐嶷。慧智早成。康王正妃周氏所生。先帝衆孫之中。於今爲嫡。昔薄姬賢明。文則承位。覃外祖恢。世載名德。覃宜奉宗廟之重。統無窮之祚。㠯塞四海顒顒之望。覃兄弟雖並出紹。可簡令淑還㠯國嗣。輒諮大將軍穎及羣公卿士。咸同大願。請具禮儀。擇日迎拜。晉書武十三王清河王遐傳。

奏理張華裴頠解系等

臣聞興微繼絕。聖主之高政。貶惡嘉善。春秋之美談。是㠯武王封比干之墓。表商容之閭。誠幽明之故有㠯相通也。孫秀逆亂。滅佐命之國。誅骨鯁之臣。㠯斲喪王室。肆其虐戾。功臣之後。多見泯滅。至如張華裴頠各㠯見憚取誅於時。解系解結同㠯羔羊並被其害。歐陽建等無罪而死。百姓憐之。今陛下更日月之光。照布惟新之明命。然此等諸族未蒙恩理。昔欒郤降在皁隸。而春秋傳其違

幽王絕功臣之後。棄賢者子孫。而詩人以爲刺。臣備忝右職。思竭股肱。獻納愚誠。若合聖意。可令羣官通議。晉書張華傳。又見解系傳。

奏劾王豹

臣忿姦囚肆逆。皇祚顛墜。與成都、長沙、新野共興義兵。安復社稷。唯欲戮力皇家。與親親宗室腹心從事。此臣夙夜自誓。無負神明。而主簿王豹。比有白事。敢造異端。謂臣忝備宰相。必遘危害。慮在一旦。不祥之聲。可蹻足而待。欲臣與成都分陝爲伯。盡出藩王。上誣聖朝鑒御之威。下長妖惑。疑阻衆心。噂喈背憎。巧賣兩端。訕上謗下。讒內間外。遘惡導姦。坐生猜嫌。昔孔丘匡魯。乃誅少正。子產相鄭。先戮鄧析。誠以交亂名實。若趙高詭怪之類也。豹爲臣不忠不順不義。輒敕都街考竟。以明邪正。晉書忠義王豹傳。

荅鄭方

孤不能致五闕。若無子則不聞其過矣。晉書齊王冏傳附。

全晉文卷十六終

全晉文卷十七

烏程嚴可均校輯

西陽王羕

羕字延年。攸第三子。太康末封西陽縣公。拜散騎常侍。元康初進爵爲王。歷步兵校尉左軍驍騎將軍。永康初進封郡王。永興初拜侍中。坐長沙王乂廢爲庶人。尋爲撫軍將軍。永嘉初拜鎮軍將軍。加散騎常侍。領後軍將軍。尋渡江。元帝承制。更拜撫軍大將軍開府。及卽晉王位。進侍中太保。大興初錄尚書事。領大宗師。永昌初進太宰。後領太尉。咸和初免官。降爲弋陽縣王。蘇峻矯詔復爵位。峻平賜死。

上書

朱旗南指。自相夷戮。（文選丘遲與陳伯之書注引虞預晉書）

議溫嶠不應辭職

太宰西陽王羕司徒臨潁公組驃騎將軍卽丘子導侍中紀瞻尚書周顗散騎常侍荀邃等議。以昔伍員挾弓去楚。爲吳行人以謀楚。誠志在報讎。不苟滅身也。溫嶠遭難。昔在河朔。日尋干戈。志刷讎恥。萬里投身。歸赴朝廷。將欲因時竭力。憑賴王威。以展其情。此乃嶠之志也。無緣道路未通。師旅未進。而更中辭王事。留志家巷也。以爲誠宜如明詔。（晉書禮志中。案溫嶠傳有三公八坐議。與此意同。而文全異。今以彼篇入闕名類）

楚王瑋

瑋字彥度。武帝第五子。初封始平王。歷屯騎校尉。太康末徙封楚王。出爲平南將軍。都督荊州諸軍事。轉鎮南將軍。惠帝卽位。徵爲衛將軍。領北軍中候。加侍中。行太子少傅。爲賈后所忌。使殺汝南王亮衛瓘。坐矯詔斬。永寧元年追贈驃騎將軍。謚曰隱王。

矯詔免太宰汝南王亮太保衛瓘

二公潛謀。欲危社稷。今免還第。官屬以下一無所問。若不奉詔。便軍法從事。能率所領先出降者。封侯受賞。朕不食言。（晉書楚王瑋傳）

手令告諸軍

天禍晉室。凶亂相仍。間者楊駿之難。實賴諸君克平禍亂。而二公潛圖不軌。欲廢陛下以絕武帝之祀。今輒奉詔。免二公官。吾今受詔都督中外諸軍。諸在直衛者。皆嚴加警備。其在外營。便相率領。逕詣行府。助順討逆。天所福也。懸賞開封。以待忠效。皇天后土。實聞此言。（晉書楚王瑋傳）

出令斬汝南王亮

能斬亮者。賞布千匹。（晉書汝南王亮傳）

長沙王乂

乂字士度。武帝第六子。（案世說言語篇注引八王故事作第十七子。）太康十年封長沙王。拜員外散騎常侍。元康初坐楚王瑋罪貶爲常山王。趙王倫篡位。以匡復功拜撫軍大將軍。領左軍將軍。遷驃騎將軍。開府。復封長沙王。拜大都督。東海王越廢之。收送金墉城。尋爲成都王穎所殺。謚曰厲王。

被收時上表

陛下篤睦。委臣朝事。臣小心忠孝。神祇所鑒。諸王承謬。率衆見責。朝臣無正。各慮私圖。收臣別省。送臣幽宮。臣不惜軀命。但念大晉衰微。枝黨欲盡。陛下孤危。若臣死國寧。亦家之利。但恐快凶人之志。無益於陛下耳。（晉書長沙王乂傳）

致成都王穎書

先帝應乾撫運。統攝四海。勤身苦己。克成帝業。六合清泰。慶流子孫。孫秀作逆。反易天常。卿興義衆。還復帝位。齊王恃功。肆行非法。上無宰相之心。下無忠臣之行。遂其讒惡。離逖骨肉。主上怨傷。尋已蕩除。吾之與卿。友于十人。同產皇室。受封外都。各不能闡敷王敎經濟遠略。今卿復與太尉共起大衆。阻兵百萬。重圍宮城。羣臣同忿。聊卽命將。示宣國威。未擬摧殄。自投溝澗。蕩平山谷。死者日萬。酷痛無罪。豈國恩之不慈。則用刑之有常。卿所遣陸機。不樂受卿節鉞。將其所領。私通國家。想來逆者。當前行一尺。卿行一丈。卿宜還鎭。以寧四海。令宗族無羞。子孫之福也。如其不然。念骨肉分裂之痛。故復遺書。（晉書長沙王乂傳）

成都王穎

穎字章度。武帝第十六子。（案世說言語篇注引八王故事作字叔度。世祖第十九子。）太康末封成都王。後拜越騎校尉。加散騎常侍。爲賈謐所忌。出爲平北將軍。鎭鄴。轉鎭北大將軍。趙王倫篡位。以爲征北大將軍。開府儀同三司。尋舉義兵。以匡復功進位大將軍。都督中外諸軍事。錄尚書事。加太子太傅。及齊王冏誅。懸執朝政。尋與河間王顒舉兵內逼。拜丞相。又廢太子。拜皇太弟。永興初。敗王師於蕩陰。尋爲河間王顒所廢。復拜鎭軍大將軍。都督河北諸軍事。范陽王虓幽之。縊死。

復長沙王乂書

文景受圖。武王乘運。庶幾堯舜。共康政道。恩隆洪業。本枝百世。豈期骨肉豫禍。后族專權。楊賈縱毒。齊趙內篡。幸以誅夷。而未靜息。每憂王室。心悸肝爛。羊玄之皇甫商等恃寵作禍。能不興慨。於是征西羽檄。四海雲應。本謂仁兄同其所懷。便當內擒商等。收級遠送。如何迷惑。自爲戎首。上矯君詔。下離愛弟。推移輦轂。妄動兵威。還任豺狼。棄戮親善。行惡求福。如何自勉。前遣陸機董督節鉞。雖黃橋之退。而溫南收勝。一彼一此。未足增慶也。今武士百萬。良將銳猛。要當與兄整頓海內。若能從太尉之命。斬商等首。投戈退讓。自求多福。穎亦自歸鄴都。與兄同之。奉覽來告。緬然慷慨。慎哉大兄。深思進退也。（晉書長沙王乂傳）

吳王晏

晏字平度。武帝子。太康十年封吳王。歷射聲校尉。後軍將軍。趙王倫聚爲賓徒縣王。徙封代王。倫誅。復本封。拜上軍大將軍。開府。加侍中。永嘉中爲太尉大將軍。洛陽陷。遇害。後二年。第三子鄴卽愍帝。入承大統。追贈太保。謚曰孝王。一曰敬王。

荅郎中令陸雲令五首

令。吾以頑弱。過蒙殊寵。夙夜祇懼。忝思先恩。承風誡以自錯厲。得爾委曲省以憮然。意既在儉約。又欲奉遵法憲。豈忘於心。國自宜有宅。城內求不可得。宜徙右軍來。蹀覆此屋。恐或不可久。得側近宮掖。故於國作宅。不作觀望。使如凡家。法足止而已耳。平量畫圖。當往相示。動靜以聞。（陸雲集國起西園第表啟宜遵節儉之制王令）

令。中間表作舍先畫圖呈啟。間數又五木林樽。無他鏤飾。亦無乃越法奢靡。古今無匹也。間外啟作小樓。北望河東公主園宅。自不爲觀。故便聽之耳。今行者歎息。致朝野之譏。邪省奏具意。敕毀之。（陸雲集西園第既成有司啟觀疏諫不可王令）

令。多喪故。乃初未與羣官會同。比當請師友文學內外官屬也。（陸雲集王卽位未見賓客羣臣又未講啟宜饗宴通客及引師友文學觀書問道王令）

令。多病疾。難以辭公事。爲自力。風疾連動。故未能用小差。當如所陳。乞每識忠至之誠。輒以存心。（上同）

令。多不佳。不數朝覲。幸恩詔見恕耳。五日當入朝也。（陸雲集與駕比出啟宜當入朝王令）

廢太子遹

遹字熙祖。惠帝長子。封廣陵王。惠帝卽位。立爲皇太子。爲賈后所忌。以元康九年廢爲庶人。幽於金墉城。明年更幽於許昌。賈后矯詔殺之。越十日。賈后廢死。策謚曰愍懷。

遺王妃書

鄙雖頑愚心念爲善欲盡忠孝之節無有惡逆之心雖非中宮所生奉事有如親母自爲太子已來敕見禁檢不得見母自宜城君亡不見存恤恆在空室中坐去年十二月道文疾病困篤父子之情實相憐愍於時表國家乞加徽號不見聽許疾病既篤爲之求請恩福無有惡心自道文病中宮三遣左右來覘云天教呼汝到二十八日暮有短函來題言東宮發疏云言天敎欲見汝即便作表求入二十九日早入見國家須臾遣至中宮中宮左右陳舞見語中宮旦來吐不快使住空屋中坐須臾中宮遣陳舞見語聞汝表陛下爲道文乞王不得王是成國耳中宮遙呼陳舞昨天敎與太子酒棗便持三升酒大盤棗來見與使飲酒噉棗盡鄙素不飲酒既便遣舞啟說不堪三升之意中宮遙呼曰汝常陛下前持酒可喜何以不飲天與汝酒當使道文差也便荅中宮陛下會同一日見賜故不敢辭通日不飲三升酒也且實未食恐不堪又未見殿下飲此或至顛倒陳舞復傳語曰不孝那天與汝酒飲不肯飲中有惡物耶遂可飲二升餘有一升求持還東宮飲盡逼迫不得已更飲一升飲已體中荒迷不復自覺須臾有一小婢持封箱來云詔使寫此文書鄙便驚起視之有一白紙一青紙催促云陛下停待又小婢承福持筆硯墨黃紙來使寫急疾不容復視實不覺紙上語輕重父母至親實不相疑事理如此實爲見誣想衆人見明也晉書愍懷太子傳

武陵王遵

遵字茂遠元帝孫太元六年嗣父晞位爲新寧王十二年復封本國爲武陵王歷散騎常侍祕書監太常中領軍桓玄用事拜金紫光祿大夫玄篡位貶爲彭澤侯義兵起總統萬機加侍中大將軍承制安帝反正拜太保義熙四年薨謚曰忠敬王

以司馬休之爲荊州刺史令

前龍驤將軍休之才幹貞審功業既成歷陽之戰事在機捷及至勢乖力屈奉身出奔猶鳩集義徒崎嶇險阻既應親賢之舉宜委分陝之重可監荊益梁寧秦雍六州軍事領護南蠻校尉荊州刺史假節晉書宗室譙王傳

追贈會稽王道子爲丞相元顯爲太尉令

故太傅公阿衡二世契闊皇家親賢之重地無與二驃騎大將軍內總朝維外宣威略志蕩世難以寧國祚天未靜亂禍酷備鍾悲動區宇痛貫人鬼感惟永往心情崩隕今皇祚反正幽顯式敘宜崇明國體以述舊典便可追崇太傅爲丞相加殊禮一依安平獻王故事追贈驃騎爲太尉加羽葆鼓吹丞相墳塋黯然飄薄非所須南道清通便奉迎神柩太尉宜便還改可下太史詳吉日定宅兆晉書簡文三王會稽王道子傳

以梁王珍之爲通直散騎郎令

梁王珍之理悟貞立蒙險違難撫義懷順載奔闕庭値壽陽擾亂在危克固且可通直散騎郎晉書元四王梁王璲傳

下毛璩令

益州刺史毛璩忠誠懃亮自桓玄萌禍常思躡其後今若平殄兇逆肅清荊郢者便當即授上流之任晉書毛寶傳

會稽王道子

道子字道子簡文帝第五子與孝武同母簡文臨崩封爲琅邪王太元初拜散騎常侍中軍將軍進驃騎將軍領司徒尋領徐州刺史太子太傅復領揚州刺史封會稽王安帝即位進太傅揚州牧解徐州後復解揚州司徒元興元年爲桓玄所害玄敗追贈丞相謚曰文孝王世說言語篇注作孝文王有集八卷

命謁陵

今雖權制釋服至於朔望諸節自應展情陵所以一周爲斷宋書禮志

二。孝武崩，驃騎將軍司馬道子命。

請徵戴逵疏

逵執操貞厲。含味獨游。年在耆老。清風彌劭。東宮虛德。式延事外。宜加旌命。以參僚侍。逵既重幽居之操。必以難進爲美。宜下所在。備禮發遣。（晉書隱逸戴逵傳。太元二十年。皇太子始出東宮。太子太傅會稽王道子、少傅王雅、詹事王珣上疏。）

請崇正文李太妃名號啟（太元十九年）

母以子貴。慶厚禮崇。伏惟皇太妃純德光大。休祐攸鍾。啟嘉祚於聖明。嗣徽音於上列。雖幽顯同謀。而稱謂未盡。非所以仰述聖心。允荅天人。宜崇正名號。詳案舊典。（晉書孝武文李太后傳）

皇太子納妃啟（太元二十一年）

皇太子睿體宸極。年德並茂。宜簡國媛。緝宣內教。故中書令太常王獻之新安公主息女。六行聿修。四德允備。加之世載簡正。慶深積善。僉曰宜作配儲宮。正位中饋。（御覽一百四十九引東宮舊事）

與王彪之書

東海王來月欲迎妃。而女身有大功服。此於常禮。當是有疑。但先拜時。大禮已交。且拜時本意。亦欲通如此之閡耳。不得同之初婚。固當在於可通。（通典五十九）

荅范甯書

既有所準。情理可通。故人主權而行之。自君作故。古之制也。古人墨經從事。豈情所安。逼於君命之所制。奪於人臣之所屈。乃至於斯。以今方之。事情輕重。豈得同日而欲執違耶。又今自拜時。未爲備禮。暫一致身交拜而已。即之於情。有何不可。且今王氏情事。與國家正同。王命既定。事在必行。（通典六十。王蘊息叔仁兄十月亡。至十二月。詔其子與琅邪王昏。拜時叔仁以喪辭。范甯書與會稽王。慶爲申其意。會稽王荅。）

與人書

異暑復何如。向見啟云。卿小苦瘧。不乃以爲患。治之不遣。不悉。司馬道子白。（淳化閣帖一）

全晉文卷十七終

全晉文卷十八

烏程嚴可均校輯

何曾

曾字穎考陳國陽夏人魏太僕夔子黃初初襲父爵成陽（一作陽武）亭侯爲平原侯文學明帝時累遷散騎侍郎汲郡典農中郎將給事黃門侍郎散騎常侍景初中出補河內太守齊王卽位徵拜侍中嘉平中爲司隸校尉遷尚書高貴鄉公時爲鎮北將軍都督河北諸軍事陳留王時遷征北將軍進封潁昌鄉侯咸熙初拜司徒改封朗陵侯武帝襲晉王位㠯爲晉丞相及受禪拜太尉進爵爲公尋拜太保領司徒進太傅又進太宰咸寧四年卒謚曰孝太康末改謚曰元

上魏明帝疏請隱核郡守

臣聞爲國者㠯清靜爲基而百姓㠯良吏爲本今海內虛耗事役衆多誠宜恤養黎元怳㠯使人郡守之權雖輕猶專任千里比之於古則列國之君也上當奉宣朝恩㠯致惠和下當輕利而除其害得其人則可安非其人則爲患故漢宣稱曰百姓所㠯安其田里而無歎息愁恨之心者政平訟理也與我共此者其惟良二千石乎此誠可謂知政之本也方今國家大舉新有發調軍師遠征上下劬勞夫百姓可與樂成難與圖始愚惑之人能厭目前之小勤而忘爲亂之大禍者是㠯郡守益不可不得其人人才雖難備猶宜粗有威恩爲百姓所信憚者臣聞諸郡守有年老或疾病皆委政丞掾不恤庶事或體性疏怠不㠯政理爲意在官積年惠澤不加於人然於考課之限罪亦不至黜免故得經延歲月而無斥罷之期臣愚㠯爲可密詔主者使隱核參訪郡守其有老病不隱親人物及宰牧少恩好脩人事煩撓百姓者皆可徵還爲更選代（晉書何曾傳）

上魏明帝疏請選征遼東副將（景初二年正月）

臣聞先王制法必全於慎故建官受任則置假副（晉書作則置副佐）陳師命將則立監貳宣命遣使則設介副臨敵交刃則參御右蓋㠯盡思謀之功防安危之變也是㠯在險當難則權足相濟隕缺不豫則才足相代其爲國防至深至遠及至漢氏亦循舊章韓信伐趙張耳爲貳馬援討越劉隆副軍前世之迹著在篇志今懿奉辭誅罪精甲銳鋒步騎數萬道路迥阻四千餘里雖假天威有征無戰寇或潛遁消散（晉書作消引）日月命無常期人非金石遠慮詳備誠宜有副今北軍諸將及懿所督皆爲寮屬名位不殊素無定分統御之尊卒有變急不相鎮攝存不忘亡聖達所戒臣愚㠯爲宜選大臣名將威重宿著者盛其禮秩遣詣懿軍進同謀略退爲副佐雖有萬一不虞之變軍主有儲則無患矣（魏志明帝紀注引魏名臣奏又晉書何曾傳）

議貶庾純

凡斷正臧否宜先稽之禮律八十者一子不從政九十者其家不從政新令亦如之案純父年八十一兄弟六人三人在家不廢侍養純不求供養其於禮律未有違也司空公㠯純備位卿尹望其有加於人而純荒酒肆其忿怒臣㠯爲純不遠布孝至之行而近惜常人之失應在譏貶（晉書庾純傳賈充責純㠯父老不歸供養太傅何曾太尉荀顗驃騎將軍齊王攸議）

何遵

遵字思祖曾子泰始中爲給事黃門郎散騎常侍侍中咸寧中累遷大鴻臚免太康初起爲魏郡太守遷太僕卿

駁爲舊君反服

禮云達大夫之諸侯不反服則之天子亦不反服矣恂等已登天朝反服舊主與禮相違（通典九十泰始中尚書令史恂等是故少府鮑融故吏欲詣喪所行服散騎常侍何遵駁㠯爲）

何劭

劭字敬祖。曾玄子。晉國建。爲太子中庶子。武帝卽位。轉散騎常侍。咸寧中遷侍中。惠帝初爲太子太師。通省尚書事。後轉特進。累遷尚書左僕射。永康初遷司徒。趙王倫篡位。吕爲太宰。永寧元年卒。贈司徒。謚曰康。有集二卷。

作武帝遺詔

昔伊望作佐。勳垂不朽。周霍拜命。名冠往代。侍中車騎將軍行太子太保領前將軍楊駿。經德履喆。鑒識明遠。毗翼二宮。忠肅茂著。宜正位上台。擬跡阿衡。其吕駿爲太尉太子太傅假節都督中外諸軍事。侍中録尚書領前將軍如故。置參軍六人。步兵三千人。騎千人。移止前衞將軍珧故府。若止宿殿中。宜有翼衞。其差左右衞三部司馬各二十人。殿中都尉司馬十人。給駿。令得持兵仗出入。（晉書楊駿傳）

荀粲傳

粲字倩奉。粲諸兄並吕儒術論議。而粲獨好言道。常吕爲子貢稱夫子之言性與天道不可得聞。然則六籍雖存。固聖人之糠粃。粲兄俁難曰。易亦云聖人立象吕盡意。繫辭焉吕盡言。則微言胡爲不可得而聞見哉。粲荅曰。蓋理之微者。非物之象所舉也。今稱立象吕盡意。此非通於意外者也。繫辭焉吕盡言。此非言乎繫表者也。斯則象外之意。繫表之言。固蘊而不出矣。及當時能言者不能屈也。又論父或不如從兄攸。或立德高整。軌儀吕訓物。而攸不治外形。慎密自居而已。粲吕此言善攸。諸兄怒而不能迴也。太和初。到京邑。與傅嘏談。嘏善名理。而粲尚玄遠。宗致雖同。倉卒時或有格而不相得意。裴徽通彼我之懷。爲二家騎驛。頃之。粲與嘏善。夏侯玄亦親。常謂嘏玄曰。子等在世塗閒。功名必勝我。但識劣我耳。嘏難曰。能勝功名者識也。天下孰有本不足而末有餘者邪。粲曰。功名者。志局所獎也。然則志局自一物耳。固非識之所獨濟也。我

吕能使子等爲貴。然未必齊子等所爲也。粲常吕婦人者才智不足論。自宜吕色爲主。驃騎將軍曹洪女有美色。粲於是娉焉。容服帷帳甚麗。專房歡宴。歷年後婦病亡。未殯。傅嘏往喭粲。粲不哭而神傷。嘏問曰。婦人才色並茂爲難。子之娶也。遺才而好色。此自易遇。今何哀之甚。粲曰。佳人難再得。顧逝者不能有傾國之色。然未可謂之易遇。痛悼不能已。歲餘亦亡。時年二十九。粲簡貴。不能與常人交接。所交皆一時俊傑。至葬夕。赴者裁十餘人。皆同時知名士也。哭之感動路人。（魏志荀彧傳注）

王弼傳

弼幼而察惠。年十餘。好老氏。通辯能言。父業爲尚書郎。時裴徽爲吏部郎。弼未弱冠。往造焉。徽一見而異之。問弼曰。夫无者誠萬物之所資也。然聖人莫肎致言。而老子申之無已者何。弼曰。聖人體无。无又不可吕訓。故不說也。老子是有者也。故恆言無所不足。尋亦爲傅嘏所知。於時何晏爲吏部尚書。甚奇弼。歎之曰。仲尼稱後生可畏。若斯人者。可與言天人之際乎。正始中。黄門侍郎累缺。晏既用賈充裴秀朱整。又議用弼。時丁謐與晏爭衡。致高邑王黎於曹爽。爽用黎。於是吕弼補臺郎。初除。覲爽。請閒。爽爲屏左右。而弼與論道。移時無所他及。爽吕此嗤之。時爽專朝政。黨與共相進用。弼通儁不治名高。尋黎無幾時病亡。爽用王沈代黎。弼遂不得在門下。晏爲之歎恨。弼在臺既淺。事功亦雅非所長。益不留意焉。淮南人劉陶善論縱横。爲當時所推。每與弼語。常屈弼。弼天才卓出。當其所得。莫能奪也。性和理。（藝文類聚七十四作性好理。）樂遊宴。解音律。善投壺。其論道附會文辭不如何晏。自然有所拔得多晏也。頗吕所長笑人。故時爲士君子所疾。弼與鍾會善。會論議吕校練爲家。然每服弼之高致。何晏吕爲聖人無喜怒哀樂。其論甚精。鍾會等述之。弼與不同。吕爲聖人茂於人者神明也。同於人者五情也。神明茂

故能體沖和以通無五情同故不能無哀樂以應物然則聖人之情應物而無累於物者也今以其無累便謂不復應物失之多矣弼注易潁川人荀融難弼大衍義弼荅其意白書以戲之曰夫明足以尋極幽微而不能去自然之性顏子之量孔父之所預在然遇之不能無樂喪之不能無哀又常狹斯人以爲未能以情從理者也而今乃知自然之不可革足下之量雖已定乎胸懷之內然而隔踰旬朔何其相思之多乎故知尼父之於顏子可以無大過矣弼注老子爲之指略致有理統注道略論注易往往有高麗言太原王濟好談病老莊常云見弼易注所悟者多然弼爲人淺而不識物情初與王黎荀融善黎奪其黃門郎於是恨黎與融亦不終正始十年曹爽廢以公事免其秋遇癘疾亡時年二十四無子絕嗣弼之卒也晉景王聞之嗟歎者累日其爲高識所惜如此魏志鍾會傳注案世說文學篇注引弼別傳其文小異

鄭沖

沖字文和滎陽開封人魏黃初中爲太子文學後遷尚書郎出補陳留太守曹爽引爲大將軍從事中郎轉散騎常侍光祿勳嘉平三年拜司空高貴鄉公時轉司徒陳留王即位拜太保位在三司上封壽光侯晉受禪拜太傅進爵爲公泰始十年卒諡曰成

甲乙問議

甲失禮於家二嫡並存誠非人子所得正則乙景之子並當三年禮宜從重晉書禮志中

王祥

祥字休徵瑯邪臨沂人漢末避亂隱居三十餘年魏黃初中徐州刺史呂虔檄爲別駕舉秀才除溫令累遷大司農高貴鄉公即位封關內侯拜光祿勳轉司隸校尉遷太常封萬歲亭侯爲三老陳留王即位拜司空轉太尉加侍中封睢陵侯晉受禪拜太保進爵爲公泰始五年卒年八十五諡曰元

訓子孫遺令

夫生之有死自然之理吾年八十有五啟手何恨不有遺言使爾無述吾生值季末登庸歷試無毗佐之勳沒無以報氣絕但洗手足不煩沐浴勿纏尸皆澣故衣隨時所服所賜山玄玉佩衛氏玉玦綬笥皆勿以斂西芒上土自堅貞勿用甓石勿起墳隴穿深二丈椁取容棺勿作前堂布几筵置書箱鏡奩之具棺前但可施牀榻而已糒脯各一盤玄酒一杯爲朝夕奠家人大小不須送喪大小祥乃設特牲無違余命高柴泣血三年夫子謂之愚閔子除喪出見援琴切切而哀仲尼謂之孝故哭泣之哀日月降殺飲食之宜自有制度夫言行可覆信之至也推美引過德之至也揚名顯親孝之至也兄弟怡怡宗族欣欣悌之至也臨財莫過於讓此五者立身之本顏子所以爲命未之思也夫何遠之有晉書王祥傳

王衍

衍字夷甫祥從孫泰始中尚書盧欽舉爲遼東太守不就後爲太子舍人遷尚書郎除元城令入爲中庶子黃門侍郎惠帝時歷北軍中候中領軍尚書令拜河南尹轉尚書又爲中書令成都王穎以爲中軍師累遷尚書僕射領吏部復爲尚書令司空司徒遷太尉爲石勒所殺

謝表

蒙賜臣單衣紫綃金革帶臣謹佩服終矢勿諼書鈔一百二十八

荅山簡書

山子以正字拔人然未易可稱□□□□□□□□

王敦

敦字處仲祥弟覽之孫尚武帝女襄城公主拜駙馬都尉除太

子舍人。惠帝時。歷給事黃門郎、散騎常侍、左衛將軍、大鴻臚、侍中。出爲廣武將軍青州刺史。懷帝時徵爲中書監。拜揚州刺史。元帝召爲安東軍諮祭酒。復拜揚州刺史。加廣武將軍。進左將軍。又進鎮東大將軍開府儀同三司、都督江揚荊湘交廣六州諸軍事、江州刺史。封漢安侯。建武初遷征南大將軍。加荊州牧。永昌初。與劉隗不睦。舉兵入石頭。拜丞相江州牧。進爵武昌郡公。還屯武昌。自加督寍益二州。明帝時移鎮姑孰。自爲揚州牧。病卒。戮尸懸首南桁。有集十卷。（案祖納傳、平北將軍王敦辟爲從事。華陽國志大同志又有王敦。皆非處仲。蓋同時同姓名有三。）

表庾亮爲中書監

中書令領軍庾亮。清雅履正。可中書監。領軍如故。（御覽二百二十）

表王舒

舒風槩簡正。允作雅人。自多於邃。最是臣少所知拔。中間夷甫澄見語。卿知處明茂弘。茂弘已有令名。眞副卿清論。處明親疏無知之者。吾常以卿言爲意。殊未有得。恐已悔之。臣慨然曰。君以此試。頃來始乃有稱之者。言常人正自患知之使過。不知使負實。□□□□

舉賀循爲賢良杜夷爲方正疏

臣聞有唐疇咨。元凱時登。漢武欽賢。俊彥響應。故能允協時雍。敷崇盛化。伏見太孫舍人會稽賀循。處士廬江杜夷。履道彌高。清操絕俗。思學融通。才經王務。循宰二縣。皆有名績。備僚東宮。忠恪允著。夷清虛沖淡。與俗異軌。考盤空谷。肥遁匿跡。蓋經國之良寶。聘命之所急。若得待詔公車。承對冊問。必有忠讜良謨。弘益政道矣。（晉書杜夷傳）

辭荊州牧疏

昔漢祖以神武革命。開建帝業。繼以文帝之賢。纂承洪緒。清虛玄默。擬跡成康。賈誼歎息。以爲天下倒懸。雖言有抑揚。不失事體。今

加當作皆

聖朝肇建。漸振宏綱。往段匹磾遣使求效忠節。尚未有勞。便以方州與之。今靳明等爲國雪恥。欲除大逆。此之志望。皆欲附翼天飛。雖功大宜報。亦宜有以裁之。當杜漸防萌。愼之在始。中間不逞。互生事變。皆非忠義。卒以一朝之榮。天下漸弊。實由於此。春秋之時。天子微弱。諸侯奢侈。晉文思崇周室。至有求隧之請。襄王讓之以禮。聞義而服。自爾諸侯莫敢越度。臣謂前者賊寇未殄。苟以濟事。朝廷諸所加授。頗多爵位。兼重。今自臣以下。宜加除之。且以塞羣小矜功之望。夷狄無厭之求。若復遷延。顧望流俗。使姦狡生心。遂相怨謗。指摘朝廷。讒諛蜂起。臣有以知陛下無以正之。此安危之機。天下之望。臣門戶特受榮任。備兼權重。渥恩偏隆。寵過公族。行路厮賤。猶謂不可。臣獨何心。可以安之。臣一宗誤陛下。傾覆亦將尋至。雖復灰身剖心。陛下追悔。將何所及。伏願諒臣至款。及今際會。小解散之。並授賢儁。少慰有識。各得盡其所懷。則人思競勸矣。州牧之號。所不敢當。輒送所假侍中貂蟬。又宜并官省職。以塞羣小覬覦之望。（晉書王敦傳）

上疏言王導

導昔蒙殊寵。委以事機。虛己求賢。竭誠奉國。遂藉恩私。居輔政之重。帝王體遠。事義不同。雖皇極初建。道教方闡。惟新之美。猶有所闕。臣每慷慨於遐遠。愧憤於門宗。是以前後表疏。何嘗不寄言及此。陛下未能少垂顧眄。暢臣微懷。云導頃見疏外。所陳如昨。而其萌已著。其爲咎責。豈惟導身而已。羣從所蒙。並過才分。導誠不能自量。陛下亦愛忘其短。常人近情。恃恩昧進。獨犯龍鱗。迷不自了。臣竊所自憂慮。未詳所由。惶愧踧踖。情如灰土。天下事大。盡理實難。導雖凡近。未有穢濁之累。既往之勳。疇昔之顧。情好綢繆。足以厲薄俗。明君臣。合德義同古賢。昔臣親受嘉命。云吾與卿及茂弘。當管鮑之交。臣忝外任。漸再十載。訓誘之誨。日有所忘。至於斯命。

銘之於心竊猶眷眷謂前恩不得一朝而盡伏惟陛下聖哲日新廣延俊乂臨之以政齊之以禮頃者令導內綜機密出錄尚書杖節京都并統六軍既爲刺史兼居重號殊非人臣之體流俗好評必有譏謗宜省錄尚書杖節及都督且王佐之器當得宏達遠識高正明斷道德優備者以臣闇識未見其才然於見人未踰於導加輔翼積年實盡心力霸王之主何嘗不任賢使能共相終始管仲有三歸反坫之譏子犯有臨河要君之責蕭何周勃得罪囹圄然終爲良佐以導之才何能無失當令任不過分役其所長以功補過要之將來導性慎密尤能忍事善於斟酌有文章才義動靜顧問起予聖懷外無過寵公私得所今皇祚肇建八表承風聖恩不終則遐邇失望天下荒弊人心易動物聽一移將致疑惑臣非敢苟私親親惟欲忠於社稷（晉書王敦傳）

上疏罪狀劉隗

劉隗前在門下邪佞諂媚譖毀忠良疑惑聖聽遂居（魏書晉司馬叡傳作遂秉）權寵撓亂天機威福自由有識杜口大起事役勞擾士庶外託舉義內自封植奢僭過制乃以黃散爲參軍晉魏已來未有此比傾盡帑藏以自資奉賦役不均百姓嗟怨免良人奴自爲惠澤自可使其大田以充倉廩今便割配皆充隗軍臣前求迎諸將妻息聖恩聽許而隗絕之使三軍之士莫不怨憤又徐州流人辛苦經載家計始立隗悉驅逼以實己府當陛下踐阼之始投刺王官本以非常之慶使豫蒙榮分而更充征役復依舊名普取出客從來久遠經涉年載或死亡滅絕或自贖得免或見放遣或父兄時事身所不及有所不得輒罪本主百姓哀憤怨聲盈路身欲北渡以遠朝廷爲名而密知機要潛行險慝進人退士高下任心姦狡饕餮未有隗比雖無忌宰嚭弘恭石顯未足爲喻是以遐邇憤慨羣后失望臣備位宰輔與國存亡誠乏平勃濟時之略然自忘駑駘志存社稷豈忍坐視成敗以虧聖美事不獲已今輒進軍同討姦孽（魏書作今遂進軍指討姦孽）願陛下深垂省察速斬隗首以謝遠近（此句從魏書補）則衆望厭服皇祚復隆隗首朝懸諸軍夕退昔太甲不能遵明湯典顛覆厥度幸納伊尹之訓殷道復昌漢武雄略亦惑江充讒佞邪說至乃父子相屠流血丹地終能克悟不失大綱今日之事有逾於此賢智故有先失後得者矣（此十字從魏書補）願陛下深垂三思諮詢善道則四海乂安社稷永固矣

陛下昔鎮揚州虛心下士優賢任能寬以得衆故君子盡心小人畢力臣以闇蔽豫奉徽猷是以遐邇望風有識自竭王業遂隆惟新克建四海延頸咸望太平自從信隗已來刑罰不中街談巷議皆云如吳之將亡聞之惶惑精魂飛散不覺胸臆摧破泣血橫流陛下當全祖宗之業存神器之重察臣前後所啟奈何棄忽忠言遂信姦佞誰不痛心願出臣表諮之朝臣介石之幾不俟終日令諸軍早還不至虔擾（晉書王敦傳）

上言父子生離服限（建武元年）

自頃中原喪亂父子生乖或喪靈客寄奔迎阻隔而皆制服將向十載終身行喪非禮所許稱之者難空絕婚娶昔東關之役事同今日三年之後不廢婚宦苟南北圮絕非人力所及者宜使三年喪畢率由舊典也（通典九十八）

與劉隗書

頃承聖上顧眄足下今大賊未滅中原鼎沸欲與足下周生之徒戮力王室共靜海內若其泰也則帝祚於是乎隆若其否也則天下永無望矣（晉書劉隗傳）

與王導書後自手筆

大當作太

大真別後幾日作如此事（晉書溫嶠傳又魏書晉司馬紹傳作別來）

書

敦頓首頓首。蜡節忽過。歲暮感悼傷悲。意想自如常。比苦腹痛憒憒。得示知意及不㠯悉。王敦頓首頓首。淳化閣帖二。

全晉文卷十八終

全晉文卷十九

烏程嚴可均校輯

王導

導字茂弘。敦從弟。襲祖覽爵即丘子。元康末。司空劉寔引爲東閤祭酒。尋參東海王越軍事。元帝鎮下邳。請爲安東司馬。永嘉末。遷丹陽太守。加輔國將軍。尋拜寧遠將軍。加振威將軍。愍帝即位。徵爲吏部郎。不就。晉國建。㠯爲丞相軍諮祭酒。拜右將軍揚州刺史。監江南諸軍事。遷驃騎將軍。加散騎常侍。領中書監錄尚書事。及稱尊號。進驃騎大將軍。儀同三司。封武岡侯。進侍中司空。假節。領中書監。尋代賀循領太子太傅。加尚書令。明帝即位。遷司徒。封始興郡公。進太保。成帝時進太傅。拜丞相。咸和五年卒。年六十四。謚曰文獻。有集十一卷。

轉陳眈謝鯤教

丹陽從事陳眈。器局弘正。可轉主簿。吳興從事謝鯤。才幹正直。可轉西曹。（御覽二百六十五引王丞相集）

祭衛玠教

衛洗馬明當改葬。此君風流名士。海內民望。可修三牲之祭。敦舊好。（御覽五百五十五引衛玠別傳）

敦上脫以字

求別駕教

顧和理識清敏。劭令端古。宜得其才。㠯爲別駕。（通典三十二引王丞相集）

表

臣乞得除中書監持節。專壹所司。竭誠保傅。惟力是視。（御覽二百二十引王導表）

上疏論謚法

臣聞大行受大名。小行受小名。則實稱不誣而已。近代㠯來。惟爵得謚。武官牙門。有爵必謚。卿校常伯。無爵悉不賜謚。甚失制謚之本。今中興肇建。動德兼備。宜深體前訓。使行㠯謚彰。豈可限㠯有爵。（書鈔九十四王遵上疏。藝文類聚四十引中興書作王導。御覽五百六十二引晉中興書作王遵上疏。案王導謚文獻。御覽下條引宋書王儉奏禮官欲依王遵謚爲文獻。證知是王導之誤。東晉初無王遵也。）

上疏請自貶

徐龕叛戾。久稽天誅。臣創議征討。調舉羊鑒。闇懦覆師。有司極法。聖恩降天地之施。全其首領。然臣受重任。總錄機衡。使三軍挫衄。臣之責也。乞自貶黜。㠯穆朝倫。（晉書王導傳）

請建立國史疏

夫帝王之迹。莫不必書。著爲令典。垂之無窮。宣皇帝廓定四海。武皇帝受禪於魏。至德大勳。等蹤上聖。而紀傳不存於王府。德音未被乎管絃。陛下聖明。當中興之盛。宜建立國史。撰集帝紀。上敷祖宗之烈。下紀佐命之勳。務㠯實錄。爲後代之準。厭率土之望。悅人神之心。斯誠雍熙之至美。王者之弘基也。宜備史官。敕佐著作郎干寶等。漸就撰集。（晉書干寶傳）

上疏請修學校

夫治化之本。在於正人倫。人倫之正。存乎設庠序。庠序設而五教明。則德化洽通。彝倫攸敘。有恥且格。父子兄弟夫婦長幼之序順。而君臣之義固矣。易所謂正家而天下定者也。故聖王蒙㠯養正。少而教之。使化沾肌骨。習㠯成性。有若自然。日遷善遠罪。而不自知。行成德立。然後裁之㠯位。雖王之嫡子。猶與國子齒。使知道而後貴。其取才用士。咸先本之於學。故周禮卿大夫獻賢能之書於王。王拜而受之。所㠯尊道而貴士也。人知士之所貴。由乎道存。則退而修其身。修其身㠯及其家。正家㠯及於鄉。學於鄉㠯登於朝。反本復始。各求諸己。敦素之業著。浮僞之道息。教使然也。故㠯之事君則忠。用之莅下則仁。即孟軻所謂未有仁而遺其親。義而後其君者也。自頃皇綱失統。禮教陵替。頌聲不興。於今二紀。傳曰三年不爲禮禮必壞三年不爲樂樂必崩而況如此其久者乎先進漸忘揖讓之容後生唯聞金革之響干戈日尋俎豆不設先王之道彌遠華僞之風遂滋非所以習民靖俗端本抑末之謂也殿下以命世之資屬當傾危之運禮樂征伐翼成中興將滌穢蕩瑕撥亂反正誠宜經綸稽古建明學校闡揚六蓺以訓後生使文武之道墜而復興方今小雅盡廢戎虜扇熾節義陵遲國恥未雪忠臣義士所以扼腕拊心禮樂政刑當並陳以俱濟也苟禮義膠固純風載洽則化之所陶者廣而德之所被者大義之所屬者深而威之所振者遠矣由斯而進則可朝服濟河使帝典闕而復補王綱弛而更張饕餮改情獸心革面揖讓而蠻夷服緩帶而天下從得乎其道者豈難也哉故有虞舞干戚而三苗化魯僖作泮宮而淮夷平桓文之霸皆先教而後戰今若聿遵前典興復教道使朝之子弟並入於學立德出身者咸習之而後通德路開而僞塗塞則其化不肅而成不嚴而治矣選明博脩禮之士以爲之師隆敎貴道化成俗定莫尚於斯也宋書禮志一建武初驃騎將軍王導上疏又晉書王導傳作上書有刪節

議復肉刑

肉刑之典由來尚矣肇自古先以及三代聖哲明王所未曾改也豈是漢文常主所能易者乎時蕭曹已沒絳灌之徒不能正其義逮班固深論其事以爲外有輕刑之名內實殺人又死刑太重生刑太輕生刑縱於上死刑怨於下輕重失當故刑政不中也且原先王之造刑也非以過怒也非以殘民也所以救姦所以當罪也今盜者竊人之財淫者好人之色亡者避叛之役皆無殺害也則刖之以刑刑之則止而加之斬戮戮過其罪死不可生縱虐於此歲以巨計此乃仁人君子所不忍聞而況行之於政乎若乃惑其名而不練其實惡其生而趣其死此畏水投舟避坎陷井愚夫之不若何取於政哉今大晉中興遵復古典率由舊章起千載之滯義拯百殘之遺黎使皇典廢而復存黔首死而更生至義暢於三代之際遺風播乎百世之後生肉枯骨惠侔造化豈不休哉惑者乃曰死猶不可懲而況於刑然民者冥也其至愚矣雖加斬戮忽爲灰土死事日往生欲日存未以爲改若刑諸市朝朝夕鑒戒刑者思爲惡之永痛惡者覩殘刖之長廢故足懼也然後知先王之輕刑以御物顯誠以懲愚其理遠矣晉書刑法志又見羣書治要二十九引晉書又通典一百六十八

議追贈周札

札在石頭忠存社稷義在亡身至於往年之事自臣等有識以上與札情豈有異此言實貫於聖鑒論者見姦逆既彰便欲徵往年已有不臣之漸即復使爾要當時衆所未悟既悟其姦萌札與臣等便以身許國死而後已札亦尋取梟夷朝廷檄命既下大事既定便正以爲逆黨邪正失所進退無據誠國體所宜深惜臣謂宜與周顗戴若思等同例晉書周札傳

重議周札贈謚

省令君議必札之開門與譙王周戴異今札開門直出風言竟實事邪使以風言定褒貶意莫若原情考徵也論者謂札知隗協亂政信敦匡救苟匡救信姦佞除即所謂流四凶族以隆人主巍巍之功耳如此札所以忠於社稷也後敦悖謬出所不圖札亦闔門不同以此滅族是其死於爲義也夫信敦當時之匡救不圖將來之大逆惡隗協之亂政不失爲臣之貞節者於時朝士豈惟周札邪若盡謂不忠懼有誣乎譙王周戴各以死衞國斯亦人臣之節也但所見有同異然期之於必忠故宜申明耳即如令君議宋華齊高其在隗協矣昔子糾之難召忽死之管仲不死若以死爲賢則管仲當貶若以不死爲賢則召忽死爲失先典何以兩通之明爲忠之情同也死雖是忠之一目亦不必爲忠皆當死也漢祖遺

豹。非劉氏不王。非功臣不侯。違命天下共誅之。後呂后王諸呂。周
勃從之。王陵廷爭。可不謂忠乎。周勃誅呂尊文。安漢社稷。忠莫尙
焉。則王陵又何足言。而前史兩爲美談。固知死與不死。爭與不爭。
苟原情盡意。不可定於一槪也。且札闔棺定謚。違逆黨順。受戮凶
邪。不負忠義明矣。晉書周札傳。

請原羊聃啟

聃罪不容恕。宜極重法。山太妃憂感成疾。陛下罔極之恩。宜蒙生
存之宥。晉書羊曼傳。

選丹陽太守上牋

昔魏武。達政之主也。荀文若。功臣之最也。封不過亭侯。倉舒愛子
之寵。贈不過別部司馬。以此格萬物。得不局迹乎。今者臨郡不問
賢愚豪賤。皆加重號。輒有鼓蓋。動見相準。時有不得者。或爲恥辱。
天官混雜。朝望穨毀。導忝荷重任。不能崇浚山海。而開導亂源。饕

竊名位。取紊彝典。謹送鼓蓋加崇之物。請從導始。庶令雅俗區別。
羣望無惑。晉書王導傳。通典三十三。

與賀循書論虞廟

王所崇惜者禮也。未敢當正位。入廟及毀廢之所。不知便可得爾
不。通典四十七。

戴若思欲於七廟立后別室。上同。

又與賀循書問卽位告廟

主當作王

或謂宜祭壇拜受天命者。或謂直當稱億兆羣臣告四祖之廟而
行者。若爾當立行廟。主今固辭尊號。俯順羣情。還依魏晉故事。然
魏晉皆稟命而行。不知今進璽當云何。通典五十五。
得刁僕射書曰。如此。京兆是宣帝祖。章郡是父也。至惠帝爲七廟。
至懷帝京兆府君應落。想足下亦是識刁侯。不欲告惠懷二帝。不
知於禮云何。通典五十五。

荅荀松書

意謂君位永固。無復蹔還子位之理。惠帝至先帝。雖四君。今亦不
以一君爲一代。何嫌二代之中重四君邪。今廟尙居上。祀何得居
下。若蹔下。則逆祀也。通典四十八。

荅陶侃書

如當作加　松當作舩

默居上流之勢。如有松艦成資。故包含隱忍。使其有地。一月潛嚴。
足下軍到。是以得風發相赴。豈非遵養時晦以定大事者邪。晉書陶侃
傳。

遺王含書

近承大將軍困篤緜緜。或云已有不諱。悲怛之情。不能自勝。尋知
錢鳳大嚴。欲肆奸逆。朝士忿憤。莫不扼腕。去月二十三日得征北
告。劉遐陶瞻蘇峻等深懷憂慮。不謀同辭。都邑大小及二宮宿衛。
咸懼有往年之掠。不復保其妻孥。是以聖主發赫斯之命。具如檄

旨。近有嘉詔。崇兄八命。望兄奬羣賢忠義之心。抑奸細不逞之計。
當還武昌。盡力藩任。卒奉來告。乃承與犬羊俱下。雖當逼迫。猶以
罔然。兄立身率素。見信明於門宗。年踰耳順。位極人臣。仲玉安期。
亦不足作佳少年。本來門戶。良可惜也。兄之此舉。謂可得如大將
軍昔年之事乎。昔年佞臣亂朝。人懷不寧。如導之徒。心思外濟。今
則不然。大將軍來屯於湖。漸失人心。君子危怖。百姓勞弊。將終之
日。委重安期。安期斷乳來幾日。又於時望便可襲宰相之迹邪。自
開闢以來。頗有宰相孺子者不。諸有耳者。皆是將禪代意。非人臣
之事也。先帝中興。遺愛在人。聖主聰明。德洽朝野。思與賢哲弘濟
艱難。不北面而執臣節。乃私相樹建。肆行威福。凡在人臣。誰不憤
歎。此直錢鳳不良之心。聞於遠近。自知無地。遂唱姦逆。至如鄧伯
山周道和。恆有好情。往來人士。咸皆明之。方欲委任。與共勠力。非
徒無慮而已也。導門戶小大。受國厚恩。兄弟顯寵。可謂隆矣。導雖

不武情在盡國今日之事明目張膽為六軍之首盡忠臣而死不無賴而生矣但恨大將軍桓文之勳不遂而兄一旦為逆節之臣負先人平素之志既沒之日何顏見諸父於黃泉謁先帝於地下耶執省來告為兄羞之且悲且慚願速建大計惟取錢鳳一人使天下獲安家國有福故是竹素之事非惟免禍而已夫福如反手用之即是導所統六軍石頭萬五千人宮內後苑二萬人護軍屯金城六千人劉遐已至征北昨已濟江萬五千人㠯天子之威文武畢力豈可當乎事猶可追兄早思之大兵一奮導㠯為灼炟也晉書王敦傳

與從子允之書

太保安豐侯㠯孝聞天下不得辭司隸和長輿海內名士不免作中書令吾羣從死亡略盡子弟零落遇汝如親如其不爾吾復何言晉書王允之傳時允之㠯父憂去職既葬除義興太守不拜導與書

書

省示具卿辛酸之至吾甚憂勞卿此事亦不蹔忘然書足下所欲致身處尚在數中王制正自欲不得許卿當如何導亦天明往淳化閣帖二

導白改朔情增傷感濕蒸事何如頗小覺損不帖有應足下懸耿連哀勞滿悶不具王導上同上

麈尾銘

道無常貴所適惟理誰藝文類聚作勿謂質卑御于君子拂穢靜暑虛心㠯俟北堂書鈔一百三十四藝文類聚六十九御覽七百三

王恬

恬字敬豫導次子襲爵即丘子除中書郎遷後將軍魏郡太守加給事中領兵鎮石頭父憂去官起為後將軍復鎮石頭轉吳興會稽內史加散騎常侍卒贈中軍將軍謚曰憲

書

得示知足下問吾故不差殊劣劣力不具王恬白淳化閣帖三

王誕

誕字茂世恬孫襲父混爵雒鄉侯歷祕書郎琅邪王文學中軍功曹又補元顯後軍府功曹除尚書吏部郎仍為後軍長史領廬江太守加鎮蠻護軍轉龍驤將軍琅邪內史隨府轉驃騎長史桓玄輔政徙廣州為盧循平南府長史還除員外散騎常侍未拜太尉劉裕請為諮議參軍轉長史從征南燕領齊郡太守還吳國內史母憂去職義熙九年卒追贈作唐縣侯案宋書傅亮傳高祖文筆北征廣固悉委長史王誕又案王誕宋書有傳藝文類聚亦㠯為宋人今㠯卒年為斷編入晉文

伐廣固祭牙文

敬建崇牙顯茲威靈使鳴金轂釁無戰有盡皇風幽被凱旆歸旌藝文類聚六十御覽三百三十九

王洽

洽字敬和導第三子康帝時為散騎中書郎穆帝時為中軍長史司徒左長史建武將軍吳郡內史徵拜領軍尋加中書令固讓不拜有集五卷

臨吳郡上表

前民辭求相鬻賣一則救命二則供官方今之要當課功受業又蟲鼠為害瓜麥蕩盡編戶僵屍葬埋無主閭門餓餒煙火不舉北堂書鈔一百五十六又御覽三十五引王洽集

辭中書令表

竊㠯中書職掌機管有由來矣漢武之世始建此職歷代時宜置廢遂重武帝朝荀勖張華並為其任中興㠯來宰相居也北堂書鈔五十七引王洽集

書

洽白。辱告承問。洽故爾劣劣。冀已復敘。還日白。（一作不具。）王洽再拜。

洽頓首言。不孝禍深。酷紛舉。荼毒臻隆。特亡兄仁愛之訓。冀終百年。永有憑奉。何圖慈兄一旦背棄。悲號哀摧。肝心如抽。痛毒煩冤。不自堪忍。酷當柰何。痛當柰何。重告惻至。感增斷絕。執筆哽涕。不知所言。洽頓首言。（淳化閣帖二。）

洽頓首言。兄子號毀。不可忍視。撫之摧心。發言哽慟。當復柰何。柰何。洽頓首言。（淳化閣帖二。）

洽白。向感塞不成。敘得告。承問。殊乏。劣。白不具。王洽再拜。（淳化閣帖二。）

與林法師書

洽稽首和南。夫教之所由。必暢物之所未悟。物之所以通。亦得之於師資。雖元宗沖緬。妙旨幽深。然所以會之者。固亦簡而易矣。是以致雖遠。必假近言以明之。理雖昧。必借朗喻以徵之。故夫殆壁之旨。略可得之於千載。將絕之趣。可悟之於一朝。今本無之談。旨略例坦然。每經明之。可謂眾矣。然造精之言。誠難為允。理詣其極。通之未易。豈可以通之不易。因廣同異之說。遂令空有之談。紛然大殊。後學遲疑。莫知所擬。今道行指歸。通敘色空。甚有清致。然未詳經文為有明旨耶。或得之於象外。觸類而長之乎。今眾經甚多。或取譬不遠。豈無一言昭然易喻。古人有云。聖人之言。可能使人信之。不可能。是以徵之於文。未知所釋。今故諮其數事。思聞嘉誨。以啟其疑。洽頓首和南。（廣宏明集三十五。）

王劭

劭字敬倫。導第五子。歷東陽太守、吏部郎、司徒左長史、丹楊尹。遷吏部尚書、尚書僕射、領中領軍。出為建威將軍、吳國內史。卒。贈車騎將軍。諡曰簡。

書

劭白。明便夏節。哀慕崩摧。肝心抽絕。煩冤彌深。不自忍任。痛當柰何。當復柰何。得告為慰。雁轉差。勞悴匆匆。力及不次。王劭再拜。（淳化閣帖三。）

全晉文卷十九終

全晉文卷二十

烏程嚴可均校輯

王珣

珣字元琳，小字法護，洽子。弱冠爲桓溫掾，轉主簿，㠯從討袁眞功封交阯望海縣東亭侯，轉大司馬參軍、琅邪王友、中軍長史、給事黃門侍郎，後忤謝安，出爲豫章太守，不之官，除散騎常侍，不拜，遷祕書監。安卒，還侍中，轉輔國將軍、吳國內史，徵爲尚書右僕射，領吏部，轉左僕射，加征虜將軍，復領太子詹事。安帝即位，遷尚書令。王恭舉兵，拜衞將軍、都督琅邪水陸軍事。事平，加散騎常侍。隆安四年㠯疾解職，歲餘卒，追贈車騎將軍、開府，謚曰獻穆。桓玄輔政，改贈司徒。有集十一卷。

奏追崇鄭太后

按太常臣肩等議，㠯春秋之義，母㠯子貴，故仲子成風咸稱夫人。經云考仲子之宮，明不配食也。且漢文詔二太后竝繫子號，宜遠準春秋考宮之義，近摹二漢不配之典。尊號既正，宜改築新廟。顯崇尊稱，則罔極之情申；別建寢廟，則嚴禰之道著。繫子爲稱，兼明貴之所繇。一舉而三義㠯允，固哲王之高致，可如肩等議，追尊會稽太妃爲簡皇太后也。□□□□□□□□

書

三月四日珣頓首：末冬衆感，得七月書，知問。即何如？服弊憂之劣，不具。王珣頓首白。（淳化閣帖二）

與范甯書論釋慧持

遠公持公孰愈？（高僧傳）

重與范甯書

但令如兄，誠未易有，況弟復賢邪？（高僧傳）

林法師墓下詩序

余㠯寧康二年命駕之剡石城山，即法師之丘也。高墳鬱爲荒楚，丘隴化爲宿莽，遺跡未滅，而其人已遠，感想平昔，觸物悽懷。（世說）

琴贊

穆穆和琴，至至愔愔，如彼清風，泠焉經林。（藝文類聚四十四、初學記十六）

虎丘山銘

虎丘山先名海涌山。（藝文類聚八）

孝武帝哀策文

覩當作覩

矦當作俟

溝當作搆

同軌畢至，百司胥亞，法物夕陳，輼輬夙駕，親執饋奠，長號永夜，懼鼓刻之遄盡，哀良辰之莫借，悲宮宇之寥廓，痛聖儀之幽化。夫至德無名，固理絕稱謂，然覩史陳辭，亦臣子所貴，寄窮情于翰墨，庶遺塵之髣髴。其辭曰：

惟皇作極，五德迭肩，康實復夏，武亦隆晉。亹亹太宗，希夷其韻，鏡之者玄，撫之者順。於穆皇考，嗣徽絕軌，前聖後哲，契合一揆。心去其伐，行遺其美，廢華任誠，捨筌存旨。惟深通志，羣方咸秩，惟幾成務，能事斯畢。未若我皇，至則不疾，恢恢天網，疏而莫失。居有㠯虛，宰多㠯少，簡則可從，易則不擾。信及豚魚，澤被億兆，湛然司契，坐一八表。園陵既衞，威靈赫赫，子來既構，寢廟奕奕。武曰止戈，戎不極役，文敷聿脩，有恥且格。跡有遠邇，感無高深，道之所被，改色革音。皓獸騁苑，素羽棲林，殊柯通理，異蔕同根。方融玄液，陶鑄斯民，雲部矦奏，比屋思淯，積祐莫應，天罰奄臻，太山頹溝，洪瀆竭津。何殃之甚，何酷之殷。自櫂旻凶，二氣（宋書南史王誕傳作秋冬）代變，霜繁廣除，風迴高殿。（此二語王誕所益，見宋書南史王誕傳）帷幙空張，肴俎虛薦，極聽無聞，詳覩罔見。人神道殊，吉凶有禮，龜筮參謀，塋隧告啟，史臣考吉，警者在陛，攀援忪忪，惟兄及弟。龍輿肅㠯引邁，前驅紛㠯抗旆，城闕儼㠯整列，馳道亙㠯遹修。感乎昔之所幸，豈斯路之復由，輓哀唱㠯翼衞，駟悲鳴而顧輈。違華宇之晰晰，即永夜之悠悠，奉靈櫬而長訣，緬終天而莫收訴穹蒼以叫踊慟五內其若抽儻性命之可贖甘人百於山丘茫茫大運靡始不終哲王遺世貴在道融昭哉我皇萬代流風良史式述德音永隆藝文類聚十三

祭徐聘士文

豫章徐先生陶精太和誕膺一德藏器高栖確爾特立貞一足以制群動純本足以息浮末宣尼有言不事王侯高尚其事若先生者抑亦當之矣限茲遐路無由造覿係佇靈宇乃情依依故貢薄祀昭述宿心神而有靈儻垂尙饗藝文類聚三十八

王珉

珉字季琰小字僧彌洽次子歷著作散騎郎國子博士黃門侍郎侍中代王獻之爲中書令卒贈太常卿有集十卷

告廟議

中朝大事告天地先郊後廟通典五十五

答徐邈書

詹事彈肅一宮如尙書令中丞矣藝文類聚四十九御覽二百四十五

見傅咸彈孫詹事或云是宮或云坊或云寺此東宮中別有坊又中庶子稱坊詹事稱寺寺同於九卿耳坊是通名如天朝之稱臺省也藝文類聚六十二

雜帖

珉頓首頓首此年垂竟悲懷兼割不自勝奈何奈何寒切體中比何似甚耿耿僕疾遂不差眠食少憂深遣書不次王珉頓首頓首淳化閣帖二

十八日珉白比二書甚至未更近問懸情不適以可不吾羸疾故爾憂深力書不具王珉敬問淳化閣帖二

何如僕故頓弊力書不次王珉頓首頓首上下何如僕上下大都蒙恩得書至之吾云今欲出耳吾此月急遣廿四是王濟祖日欲必赴卿可剋過明吾當下解相待食出亦遣報既至王家畢卿可豫儆光公令作一頓美食可投其飯也王珉相報淳化閣帖一

論序高座師帛尸梨蜜多羅

春秋吳楚稱子傳者以爲先中國後四夷豈不以三代之胄行乎殊俗之禮以戎狄貪婪無仁讓之性乎然而卓世之秀時生於彼逸群之才或侔乎茲故知天授英偉豈俟於華戎自此已來唯漢世有金日磾然日磾之賢盡於仁孝忠誠德信純至非爲明達足論高座心造峯極交儁以神風領朗越過之遠矣高僧傳一

王琨

琨導孫襲導爵始興郡公升平末爲儀曹郎後爲丹楊尹卒贈太常

立琅邪王丕議升平五年

今立之於大行皇帝屬則兄弟凡奠祭之文皆稱哀嗣斯蓋所以

仰參昭穆自同繼統在茲一人不以私害義專以所後爲正今皇太后德訓弘著率母儀於內主上既纂業承統亦何得不遞遵於禮通典八十七

王謐

謐字稚遠導孫劭子襲爵武岡侯拜秘書郎轉丞歷中軍長史黃門郎侍中桓玄輔政以爲建威將軍吳國內史進中書令領軍將軍吏部尙書遷中書監加散騎常侍領司徒兼太保玄篡位封武昌縣開國公玄敗以本官加侍中領揚州刺史錄尙書事義熙三年卒追贈侍中司徒謚曰文恭有集十卷

疏

夷庚未入乘輿旋館文選辨亡論注引臧榮緒晉書

殷祭議

有非常之慶必有非常之禮殷祭舊準不差蓋施於經常爾至於

義熙之慶經古莫二雖曰反正理同受命愚謂履運惟新於是乎始宜用四月（宋書禮志三通典四百十九元興三年領司徒王謐丹楊尹孟昶議）

與釋慧遠書

年始四十七而衰同耳順（釋藏聲九又百五）

荅桓玄書明沙門不應致敬王者

領軍將軍吏部尚書中書令武岡男王謐惶恐死罪奉誨及道人抗禮至尊幷見與八座書具承高旨容音之唱辭理兼至近者亦粗聞公道未獲究盡尋何庾二旨亦恨不悉㠯爲二論漏於偏見無曉然厭心處眞如雅誨夫佛法之興出自天竺宗本幽遐難㠯言辨既涉乎教故可略而言耳意㠯爲殊方異俗雖所安每乖至於君御之理莫不必同今沙門雖意深於敬不㠯形屈爲禮迹充率土而趣超方內者矣是㠯外國之君莫不降禮良㠯道在則貴不㠯人爲輕重也尋大法宣流爲日諒久年踰四百歷代有三雖

風移政易而弘之不異豈不㠯獨絕之化有用於陶漸清約之風無害於隆平者乎故王者拱己不恨恨於缺戶沙門保眞不自疑於誕世者也承㠯通生理物存乎王者考諸理歸實如嘉論三復德音不能已已雖欲奉詶言將無寄猶㠯爲功高者不賞惠深者忘謝雖復一拜一起亦豈足荅濟通之德哉公眷眄未遺猥見逮問輒率陳愚管不致嫌於所奉耳願不㠯人廢言臨白反側謐惶恐死罪（沙門不拜俗事一）

荅桓玄難

難曰沙門之敬豈皆略形存心懺悔禮拜亦篤於事荅曰夫沙門之道自㠯敬爲主但津塗既殊義無降屈故雖天屬之重形禮都盡也沙門所㠯推宗師長自相崇敬者良㠯宗致既同則長幼成序資通有係則事與心應原佛法雖曠而不遺小善一介之功執亦應之積毫成山義斯著矣

執當作報

言當作旨 仰當作抑

難曰君道通生則理應在本在三之義豈非情理之極哉荅曰夫君道通生則理同造化夫陶鑄敷氣功則弘矣而未有謝惠於所稟措感於理本者何良㠯冥本幽絕非物像之所舉運通理妙豈麁迹之能酬是㠯夫子云可使由之不可使知之此之謂也

難曰外國之君非所應喻佛教之興亦其旨可知豈不㠯六夷驕强非常教所化故大設靈奇使其畏服荅曰夫神道設教誠難㠯言辯意㠯爲大設靈奇示㠯報應此最影響之實理佛教之根要今若謂三世爲虛誕罪福爲畏懼則釋迦之所明殆將無寄矣常㠯爲周孔之化救其甚弊故言迹盡乎一生而不開萬劫之塗然遠探其言亦往往可尋孝悌仁義明不謀而自同四時之生殺則矜慈之心見又屢仰仲由之問亦似有深旨但教體既殊故此處常昧耳靜而求之殆將然乎

難曰君臣之敬逾敦於禮如此則沙門不敬豈得㠯道在爲貴哉

荅曰重尋高論㠯爲君道運通理同三大是㠯前條已粗言意㠯爲君人之道竊同高旨至於君臣之敬則理盡名教今沙門既不臣王侯故徑與之廢耳

徑當作敬 客當作容 故當作胡

難曰歷代不革非所㠯爲證也曩者晉人略無奉佛沙門徒衆皆是諸胡且王者與之不接故可任其方俗不爲之檢耳荅曰前所㠯云歷有年代者正㠯客養之道要當有㠯故耳非謂已然之事無可改之理也此蓋言勢之所至非儻然所據也故人不接王者又如高唱前代之不論或在於此也

難曰此蓋是佛法之功非沙門傲誕之所益今篤㠯祗敬將無彌濃其助哉荅曰敬尋來論是不誣佛理也但傲誕之迹有虧大化誠如來誨誠如來誨意謂沙門之道可得稱異而非傲誕今若㠯千載之末淳風轉薄橫服之徒多非其人者敢不懷愧今但謂自理而默差可遺人而言道耳前荅云不㠯人爲輕重微意在此矣

之當作乏
具當作且
音當作旨

難曰若㠯功深惠重必略其謝則釋迦之德爲是深邪爲是淺邪若淺邪不宜㠯小道而亂大倫若深邪豈得彼肅其恭而此弛其敬哉荅曰㠯爲釋迦之道深則深矣而瞻仰之徒彌篤其敬者此葢造道之倫必資行功行功之美莫尙於此如斯乃積行之所因來世之關鍵也且致敬師長功猶難抑況擬心宗極而可替其禮哉故雖俯仰累劫而非謝惠之謂也沙門不拜俗事一

重荅桓玄難

奉告并垂重難具承高旨此理微細至難措言又一代大事應時詳盡下官才非拔幽特之研析具妙難精詣益增茫惑但高音既臻不敢默已輒復牽其短見妄酬來誨無㠯啟發容致祗用反側願復詢諸道人通才蠲其不逮公云宗致爲是何耶若㠯學業爲宗致者則學之所學故是發其自然之性耳苟自然有在所由而稟則自然之本居可知矣今㠯爲宗致者是所趣之至道學業者

日用之筌蹄今將欲趣彼至極不得不假筌蹄㠯自運耳故知所假之功未是其絕處也夫積學㠯之極者必階麤㠯及妙魚獲而筌廢理斯見矣公㠯爲神奇之化易仁義之功難聖人何緣捨所易之實道而爲難行之末事哉其不然也亦㠯明矣意㠯爲佛之爲教與內聖永殊既云其殊理則無並今論佛理故當依其宗而立言也然後通塞之塗可得而詳矣前荅所㠯云仁善之行不殺之旨其若佀可同者故引㠯就此耳至於發言抗論津徑所歸固難得而一矣然愚意所見乃更㠯佛教爲難也何㠯言之今內聖所明㠯爲出其言善應若影響如其不善千里違之如此則美惡應於俄頃禍福交於目前且爲仁由己弘之則是而猶有棄正而即邪背道而從欲者矣況佛教喻一生於彈指期要終於永劫語靈異之無位設報應於未兆取之能信不亦難乎是㠯化暨中國悟之者尠故本起經云正言佀反此之謂也公云行功者當計其

創當作形

爲功之勢何得直㠯珍仰釋迦而云莫尙於此邪請試言曰㠯爲佛道弘曠事數彌繁可㠯練神成道非唯一事也至於存心無倦於事能勞珍仰宗極便是行功之一耳前荅所㠯云莫尙於此者自謂擬心宗轍其理難尙非謂禮拜之事便爲無取也但既在未盡之域不得不有心於希通雖一介之輕微必終斯之所須也公云君臣之敬皆是自然之所生理篤於情本豈是名教之事邪敬揖高論不容閒然是㠯前荅云君人之道竊同高旨者意在此也至於君臣之敬事盡揖拜故㠯此爲名教耳非謂相與之際盡於創迹也請復重申㠯盡微意夫太上之世君臣已位自然情愛則義著化本於斯時也則形敬蔑聞君道虛運故相忘之理泰臣道冥陶故事盡於知足因此而推形敬不與心爲影響殆將明矣及親譽既生茲禮乃興豈非後聖之制作事與時應者乎此理虛邈良難爲辯如其未允請俟高亮沙門不拜俗事一

駭當作該

三荅桓玄難

重虧嘉誨云佛之爲教㠯神爲貴神之明暗各有本分師之爲理在於發悟至於君道則可㠯申遂此生通其爲道者也而爲師無駭通之美君有兼師之德弘崇王之大禮析在三之深淺實如高論實如高論下官近所㠯脫言鄙見至於往反者緣顧問既華不容有隱乃更成別辯一理非但習常之惑也既重研妙旨理實愜邈曠若發矇於是乎在承已令庾桓施行其事至敬時定公私幸甚下官瞻仰所悟義在擊節至於濠上之誨不敢當命也沙門不拜俗事一

王廞

廞鎮軍將軍薈之子導之孫歷太子中庶子司徒左長史隆安初王恭舉兵假建武將軍吳國內史尋背恭爲劉牢之所敗亡走不知所在

與靜媛等疏

告誘靜媛靜儀靜姚。此晦便當假葬。永痛抽剝。心情分割。不自勝。念汝等追痛摧慟。纏綿斷絕。何可堪任。痛當柰何。當復柰何。遣涕不次。廙疏。湻化閣帖三

王廙

廙字世將。導從弟。惠帝時辟太傅掾。轉參軍。從迎大駕。封武陵縣侯。拜尚書郎。出爲濮陽太守。元帝鎮江東。㠯爲司馬。歷廬江鄱陽二郡太守。除冠軍將軍。鎮石頭。領丞相軍諮祭酒。出爲盪寇將軍荊州刺史。及即位。徵爲輔國將軍。加散騎常侍。尋拜征虜將軍。進左衛將軍。王敦㠯爲平南將軍。領護南蠻校尉荊州刺史。卒。贈侍中驃騎將軍。謚曰康。有集三十四卷。

洛都賦

其河東鹽池。玉潔水鮮。不勞煮沃。成之自然。書鈔一百四十六引王冀洛都賦乃王廙之誤

雞頭溫水。魯陽神泉。不爨自沸。熱若焦然。燗毛爚卵。煮絹濯鮮。痿瘵痱痾。浸之則痊。功邁藥石。勳著不言。初學記七引兩條

玉井球欄。疑若積霜。正殿雙翼。是曰兩堂。初學記七

肇建三市。廛開疆理。列肆雲曼。脩廇高峙。初學記二十四

挈壺司刻。漏樽瀉流。仙吏秉尺。隨水沈浮。御覽二

若乃暮春嘉禊。三巳之辰。貴賤同游。方驤齊輪。麗服靚妝。祓乎洛濱。流芳塞路。炫日映雲。北堂書鈔一百五十五御覽三十

若乃黃甘荔支。殊口遠珍。雖非土方之所產。重九譯而來臻。御覽九百六十六

銅馬朱櫻。房陵緗李。御覽九百六十八

豹祠赤杏。胡竝丹柿。甘液滋脆。不經牙齒。御覽九百六十八九百七十一

瓜則桂枝栝樓。綠膚青肌。消暑蕩穢。解渴療飢。御覽九百七十八

思逸民賦

左披文㠯遊話。講六藝之宏敷。文選褚淵碑文注

笙賦

其制器也。則取不周之竹。曾城之匏。生懸崖之絕嶺。邈崔崒㠯崇高。延修頸㠯亢首。厭瑤口之陸離。舞靈蛟之素鱗。銜明珠於帶垂。弱舌紙薄。鉛錘內藏。合松臈㠯密際。糅彤丹㠯發光。藝文類聚四十四初學記十六

金淸而玉振。初學記十六

親昵遠遊。登山送離。發千里之長思。詠別鶴於路岐。同上

直而不倨。曲而不挑。疏音簡節。樂不乃妙。足可㠯易俗移風。興洽至教。弘義著於典藝兮。歷萬代而彌劭。同上

白兔賦并序

丞相琅邪王始受旄節。作鎮北方。仁風所被。迴面革心。昔周旦翼成。越裳重譯而獻白雉。著在前典。歷代㠯爲美談。今在我王。匡濟皇維。而有白兔之應。可謂重規累矩。不忝先聖也。藝文類聚九十五

曰皇大晉。祖宗重光。固坤厚㠯爲基兮。廓乾維㠯爲綱。方將朝服濟江。傳檄舊國。反梓宮於舊塋兮。奉聖帝乎洛陽。建中興之遐祚兮。與二儀乎比長。於是古之有德。則納瑞而求安。無德則不勝而爲災。赤烏降於周文兮。尚稱曰休哉。桑穀生於殷庭兮。中宗克已㠯成仁。雊雉登夫鼎耳兮。武丁責躬而敎純。初學記二十九

春可樂

春可樂兮樂孟月之初陽。冰泮渙㠯微流。土冒橛而解剛。野暄卉㠯揮綠。山蔥蒨㠯發蒼。藝文類聚三御覽二十

吉辰兮上戊。明靈兮唯社。百室兮必集。祈祭兮樹下。濯茆兮菹韭。齧蒜兮擗鮓。縹醪兮浮蟻。交觴兮竝坐。氣和兮體適。心怡兮志可。御覽五百三十二

弱簟平端 御覽七百八

若乃良辰三祖祈始吉元華壇峻口羽蓋幢幡 書鈔一百五十五

奏中興賦上疏

臣託備肺腑幼蒙洪潤爰自齠齔至於弱冠陛下之所撫育恩侔於兄弟義同於交友思欲攀龍鱗附鳳翼者有年矣是以昔忝濮陽棄官遠跡扶持老母攜將細弱越長江歸陛下者誠以道之所存願託餘庇故也天誘其願遇陛下中興當大明之盛而守局遐外不得奉瞻大禮聞問之日悲喜交集昔司馬相如不得覩封禪之事慷慨發憤況臣情則骨肉服膺聖化哉又臣昔嘗侍坐於先后說陛下誕育之日光明映室白毫生於額之左相者謂當王有四海又臣以壬申歲見用爲鄱陽內史七月四星聚於牽牛又臣郡有枯樟更生及臣後還京都陛下見臣白兔命臣作賦時琅邪郡又獻甘露陛下命臣嘗之又驃騎將軍導向臣說晉陵有金鐸

之瑞郭璞云必致中興璞之爻筮雖京房管輅不過也明天之歷數在陛下矣臣少好文學志在史籍而飄放遐外常與桀寇爲對臣犬馬之年四十三矣未能上報天施而嘗負屢彰恐先朝露塡溝壑令微情不得上達謹竭其頑獻中興賦一篇雖未足以宣揚盛美亦是詩人嗟嘆詠歌之義也 晉書王廙傳

書

廿四日廙白唯久白想適妙來行未面遲想得七月十三日告藉之等近日遣王秋書不言月行復半念汝獨思不可堪居柰何柰何雨涼不差 淳化閣帖一

娙何如汝所患遂差未懸心不可言阿母蒙恩上下悉佳宜可行瘧如復斷要取未斷愁人宜復具日發與別惘惘不可言今遣使未北反書不足白復會日消息廙疏 淳化閣帖二

宰我讚

翩翩宰我首名言語志表義章英辭風舉 初學記十七

保傅箴

保傅之賢明宗國用盡輔弼之不忠禍及于躬無曰父子無間昔有潘崇無曰至親無二或容江充 御覽二百六

婦德箴

團團明月魄滿則缺亭亭陽暉曜過則逝天地猶有盈虧況華豔之浮孽是以淑女鑒之戰戰乾乾相彼七出順此話言懼茲屋漏畏斯新垣在昧無愧幽不改虔 藝文類聚四十

王胡之

胡之字脩齡廙第二子歷吳興太守侍中丹楊尹遷西中郎將平北將軍司州刺史未行而卒有集十卷

釋奠表

伏承仰遵古典以今月吉日釋奠先聖率土臣民順風載悅臣宿

嬰重患不獲陪列豫覩肅肅穆穆之容仰望雲漢伏枕欣慨 初學記十四

上疏薦沈勁

臣當藩衛山陵式遏戎狄雖義督羣心人思自奮然方翦荊棘奉宣國恩艱難急病非才不濟吳興男子沈勁清操著於鄉邦貞固足以幹事且臣今西文武義故吳興人最多若令勁參臣府事者見人既悅義附亦眾勁父充昔雖得罪先朝然其門戶累蒙曠蕩不審可得特垂沛然許臣所上否 晉書忠義沈勁傳王胡之遷平北將軍司州刺史鎮洛陽上疏

與庾安西箋

此間萬頃江湖撓之不濁澄之不清而百姓投一綸下一筌者皆奪其魚器不輸十疋則不得放不知漆園吏何得持竿不顧漁父鼓枻而歌滄浪也 御覽八百三十四

遺從弟洽書

弟今二十九。便居清顯要任。敢不敬㠯先旨。爲弟啟義讓之路焉。若吾年至四五十之間。雖復朝廷超登公輔。亦非吾所豫。況降此㠯還者邪。御覽二百二十引晉陽秋

全晉文卷二十終

爾當作扇

全晉文卷二十一

烏程嚴可均校輯

王彪之

彪之字叔虎。見淳化閣帖七。晉書作叔武，唐人避諱改耳。廙弟彬之次子。為著作佐郎、東海王文學、武陵王晞㠯為鎮軍司馬。累遷尚書左丞、司徒左長史、御史中丞、侍中、廷尉。轉吏部尚書。又轉領軍將軍。遷尚書僕射。不拜。徙太常。領崇德衛尉。復轉尚書僕射。出為鎮軍將軍、會稽內史。加散騎常侍。㠯忤桓溫。檻車收下吏。會赦免。左遷尚書。尋復為僕射。遷尚書令。轉護軍將軍。太元二年卒。年七十三。贈光祿大夫儀同三司。謚曰簡。有集二十卷。

廬山賦 序

廬山。彭澤之山也。雖非五嶽之數。穹隆嵯峨。實峻極之名山也。水經廬江水注

水賦

寂閑居㠯遠詠。託上善㠯寄言。誠有无而大觀。鑒希微於清泉。泉清恬㠯夷淡。體居有而用玄。渾无心㠯動寂。不凝滯于方圓。湛幽邃㠯納汙。泯虛柔㠯勝堅。或滋浪於無外。或纖入於無間。故能委輪而作四海。決導而流百川。承液而生雲雨。涌凝而為甘泉。初學記六

井賦

考五材之物化。寂冥感而資靜。水帶地而壤潤。月流天而宵燗。燧鑽木而發火。益穿坤而構井。摹玄義之靈爻。仰東宿之飛景。步土脈。測水泉。方欄結。轆轤懸。沈瓶而玄汲。飛纖綆而幽牽。於是杳黃壚之邃。鮮潤下之潔。澄濁恬㠯清洽。渟泓朗㠯寥戾。協大陰㠯化液。體上善㠯流惠。初學記七

三伏焦暑。亢陽重授。輕飆不弱。纖雲不覆。初學記四

閣中賦

林繡白鷴。御覽九百二十四

木則藤虹龍采於峻蕤。流星麗光於高林。御覽九百五十三

果則□樟朱柿。扶餘枇杷。御覽九百七十一

王壇侯栗。御覽九百六十四 又九百七十四

竹則苞甘赤箬。縹箭班弓。度世推節。征合實中。篔簹函人。桃枝育蟲。緗箬素筍。彤竿綠筒。攢罔坻之茱蓴。漫原澤之蓊蒙。齊民要術十、初學記二十八

藥草則青珠黃連。奉柏決明。蓯蓉鹿茸。漏蘆松榮。痊痾則年永。練質則翰生。御覽九百八十四

賦

於是乎統體而詠之。文選任昉王文憲集序注引王彪之賦

正納皇后禮 升平元年

王者之於四海。無非臣妾。雖復父兄之親。師友之賢。皆純臣也。夫崇三綱之始。㠯定乾坤之儀。安有天父之尊。而稱臣下之命。㠯納伉儷。安有臣下之卑。而稱天父之名。㠯行大禮。遠尋古禮。無王者此制。近求史籍。無王者此比。於情不安。於義不通。案咸寧二年納悼皇后。時弘訓太后母臨天下。而無命戚屬之臣為武皇父兄主婚之文。又考大晉已行之事。咸寧故事不稱父兄師友。則咸康華恆所上。合於舊也。臣愚謂今納后儀制。宜一依咸康故事。晉書禮志下、宋書禮志一、通典五十八

納采版文璽書

皇帝咨前太尉參軍都鄉侯何琦。混元資始。肇經人倫。爰及夫婦。㠯奉宗廟。天地社稷。謀於公卿。咸㠯為宜。率由舊典。今使使持節崇德衛尉領太常彪之兼宗正散騎侍郎綜㠯禮納采。晉書穆章何后傳、又禮志下、通典五十八

問名版文

永奉之奉當作承

皇帝曰咨前某官侯何兩儀配合承天統物正位乎內必俟令族重申舊典今使使持節某官彪之某官綜㠯禮問名（晉書禮志下通典五十八）

納吉版文

皇帝曰咨前某官何人謀龜從僉曰貞吉敬順典禮今使使持節某官彪之某官綜㠯禮納吉（晉書禮志下通典五十八）

納徵版文

皇帝曰咨某官某侯何之族女有母儀之德窈窕之姿如山如河宜奉宗廟永奉天祚㠯玄纁皮帛馬羊錢璧㠯章典禮今使使持節兼司徒光祿勳關內侯恪崇德衛尉領太常彪之㠯禮納徵（晉書禮志下通典五十八）

請期版文

皇帝曰咨前某官某侯何謀於公卿大筮元龜罔有不臧率遵典禮今使使持節某官彪之某官綜㠯禮請期（晉書禮志下通典五十八）

迎后版文

皇帝曰咨前某官某侯何歲吉月令吉日惟某率由典禮今遣使持節兼太保侍中太宰武陵王晞太尉某㠯禮迎（晉書禮志下通典五十八）

冊立皇后何氏文

維升平元年八月皇帝使使持節兼太保侍中太宰武陵王晞冊命散騎侍郎女何氏爲皇后咨爾易階乾坤詩首關雎王化之本實由內輔是故皇英嬪虞帝道㠯光妊姒母周胤嗣克崇皇后其祗勖厥德㠯肅承宗廟虔恭中饋盡敬婦道帥導六宮作範儀於四海皇天無親惟德是依可不慎歟（通典五十八）

整市教

古人同市朝者豈不㠯衆之所歸宜必去行物近檢校山陰市多不如法或店肆錯亂或商估沒漏假冒豪彊之名擁護貿易之利凌踐平弱之人專固要害之處屬城承寬亦皆如之（初學記二十四）

上書論皇太子納妃用玉璧虎皮

或者虎取威猛有斑彩蔚玉象德而有溫潤珪璋亦玉之美者豹皮彩蔚㠯譬君子王肅納徵辭云玄纁束帛儷皮鴈羊前漢亦無用羊之禮鄭氏婚物贊曰羊者祥也婚之有羊自漢末始（通典五十八案鄭衆卒於建初八年而云漢末蓋誤涉康成耳）

上書論皇后拜訖上禮

上禮唯酒犢而已犢十頭酒十二斛王公已下名在三節祥瑞自簡慶賀錄者悉賀左傳曰會吳於繒吳徵百牢子服景伯曰周制上物不過十二天之大數也太學博士雖不在賀而常小會者同悉應上禮（通典五十九升平元年臺符問皇后拜訖何官應上禮上禮悉何用太常王彪之上書）

上言開陵皇太后服（永和十二年）

二學博士荀訥曹耽等議如右臣雖與之同議議各有辭太后臨朝稱制體同皇極則亦宜服緦議有二君之嫌（通典一百二）

奏議陳留王廢疾求立後（升平元年）

臣按訥耽二議爲許其所陳也各無明文臣㠯爲經史所記未有南面稱孤而㠯病疾退爲庶人者也勵纂封先代近四十年位在朝賓今㠯疾退既廢之後若同庶人則名賤而役厮處㠯朝官則職替而班下㠯舊禮則制重而無位量茲三義莫知其禮宗廟享祭禮有假攝古今依禮行之有由來矣（通典七十四）

奔喪議

昔太寧之難奔赴無過三年之限恭皇后不宜踰先制禮爲君之母妻居處飲食衎爾君已除喪而後聞喪不稅而責其奔此臣所疑也且宜一依濛所上（通典八十七）

婚禮不賀議

按婚禮不賀不樂傳稱子罕如晉賀夫人既無明文又傳不云禮也禮娶婦之家三日不舉樂至於不賀無三日之斷（通典五十九永和三年納

后議賀不王彪之議

婚不舉樂議

婚禮不樂。鼓吹亦樂之總名。儀注所以無者。爲婚禮也。臣伏重詳。禮云。婚禮不作樂。幽陰之義。樂陽氣也。又云。娶婦之家。三日不舉樂。思嗣親也。自王者下達。迎大駕鹵簿。及至尊升太極。竝闕此條。當是依三日不舉樂之禮。愚謂殿庭設大駕鹵簿鼓吹。竝可備儀而已。通典五十九。升平元年八月。符問迎皇后大駕應作樂不。太常王彪之議。

魏晉舊制。晝夜漏既盡。門鳴鼓。鳴鐘。吉凶鼓鐘常用。非樂也。舊儀皇帝乘輿列閶闔。被門鳴鼓鐘。所以聲告內外耳。今自應施鐘。若他事會。黃門侍郎舉麾。舊應作宮懸金石之樂。鳴鐘鼓。中朝無宮懸。設軒懸。中興已來無此樂。故唯作鼓吹鳴鐘。以擬宮懸金石耳。婚禮三日不作樂。經典明文。愚謂宜如舊儀。至尊升殿舉麾作樂。迎皇后大駕。不應鼓吹。通典同上。蘭臺太常主者按云云。彪之又議。

日食廢朝會議

永和中。殷浩輔政。又欲從劉邵議不御會。王彪之議曰。禮云。諸侯旅見天子。不得終禮而廢者四。自會卒暴有之。非謂先存其事。而僥倖史官推術錯謬。故不先廢。通典七十八

太后爲親屬舉哀議

若至尊自應舉哀外族於朝堂。是也。自若不舉哀。唯應從太后遠出朝堂。未喻其禮。謂從舉哀之禮。自中朝迄於中興。朝廷已粗有常儀。至尊爲內族。於東堂舉哀。則三省從臨。爲外族及大臣。於朝堂舉哀。則八座丞郎從臨。至尊之奉太后。即率朝臣之儀。又盡家人之禮。二三情敬。實兼參臣子。今不應自舉哀者。謂應從太后臨於式乾殿。太后位西面東向。至尊位北面南向。通典八十一。褚太后爲從弟舉哀。尚書王彪之議。

駁彭城國李太妃謚議

由於婦人無爵。既從夫爵。則已無實爵。以從爲稱也。以從爲稱。則無謚可知。春秋婦人有謚者。周末禮壞耳。故服虔注聲子之謚。非禮也。杜氏注惠公仲子。亦云非禮。婦人無謚。泰始以來。藩國王妃無有謚者。中興敬后登祚。乃追謚耳。琅邪武王諸葛妃。恭王夏侯妃。元帝猶抑蒸蒸之至。不追謚。今彭城太妃不應謚。通典一百四

省官并職議

爲政之道。以得賢爲急。非謂雍容廊廟。標的而已。固將莅任贊時。職思其憂也。得賢之道。在於莅任。莅任之道。在於能久。久於其道。天下化成。是以三載考績。三考黜陟。不收一切之功。不採速成之譽。故勳格辰極。道融四海。風流遐邈。聲冠百代。凡庸之族眾。賢能之才寡。才寡於世。而官多於朝。焉得不賢鄙共貫。清濁同官。官眾則闕多。闕多則遷速。前後去來。更相代補。非爲故然。理固然耳。所以職事未修。朝風未澄者也。職事之修。在於省官。朝風之澄。在於

未下脫能遂奏且四字

并職。官省則選清而得久。職并則吏簡而俗靜。選清則勝人久於其事。事久則中才猶足有成。今內外百官。較而計之。固應有并省者矣。六卿之任。太常望雅而職重。然其所司義高務約。宗正所統蓋尠。可以并太常。宿衛之重。二衛任之。其次驍騎左軍。各有所領。無兵軍校。皆應罷廢。四軍皆罷。則左軍之名不宜獨立。宜改游擊以對驍騎。內官自侍中以下。舊員皆四。中興之初。二人而已。二人對直。或有不周。愚謂三人於事則無闕也。凡餘諸官。無綜事實者。可令大官隨才位所帖而領之。若未能頓廢。自可因缺而省之。委之以職分。責之以有成。能否因考績而著。清濁隨黜陟而彰。雖緝熙之隆。康哉之歌。未下有闕脫可使庶官之選差清。莅職之日差久。無奉祿之虛費。簡吏寺之煩役矣。晉書王彪之傳。案此因桓溫使宜七事。因上議云云。以御覽二百三及桓溫傳互證自明

帝加元服議

禮雖有喪冠。當是應冠之年。服制未終。若須服終。便失應冠之年故也。禮所以冠無定時月。春夏不可便用秋冬。若今歲內修復未畢。入新年卜仲春之日。加元服不失年。不失禮。今便準喪冠闕饗樂而行事。誠有倚傍。然加衮冕火龍煥然。以準喪儀。情有不體。若別有事。必速加元服。權諸輕重。不須修復畢者。便當準喪冠耳。通典五十六。孝武將冠太常王彪之議

新年至尊當加元服。今若依成帝故事。用三元日者。冠有金石之樂。恐修山陵未必於樂便闕。禮冠自卜日。又云夏葛屨冬皮屨無定時。不必三元也。按晉故事及兩漢。皆非三元。當任時事之宜耳。通典五十六

近訪得成皇帝加元服儀注。闕無拜廟事。按禮冠皆於廟。儀禮云。既畢賓出主人送於廟門。明必在廟。近代以來不復在廟。成皇帝既加元服。拜太廟以告成。蓋亦猶擬在廟之儀。今既加元服。亦應拜廟。通典五十六

優遇陳留王議

禪讓之始王與繼嗣之末孫降殺殊矣。是以春秋之會。杞不異列。宋不殊位。今陳留王朝會。自任其來則無繩墨之準。既以來朝則應有常式。至於大會升殿。雖無上位。然無殊別之座。名同朝錄。將事有例。且朝錄蓋是紀官名之簡。通典七十四

優賻陳留王議

山陽公薨故事。給絹二百匹。山陽於今稍遠。今可特給絹布二百匹。錢三十萬。宜少優於山陽。通典七十四

諱議

凡訓體憲章。經典無文者。則當準已行之舊令。議者所從。是右丞議也。按右丞議云。門縣改名。既頒天下。則朝臣不得不諱。意以爲門縣名以犯先帝所生之諱。故先帝時改之。與明穆皇后臨朝除

著當作者

生上脫所字

光祿勳字義體同爾。並皆須下著令知官名之改。非須下令人皆諱之也。謂尚書奏事詣先帝令上書爲諱耳。太后及朝臣並應諱之義。今者奏事詣太后。何諱之有。而乃稱太后制書遠推之乎。議又喻以父之所諱。竊以父子天性。君臣異族。君之所諱。何必盡同。元明哀三帝之朝。無以所生之諱頒行天下。令人皆同諱。則臣不同子之一隅也。明臣之所諱君之母妻諱者。諱小君之諱耳。且四海之人。皆小君之臣妾。非生之臣妾也。以小君之諱列於諱榜。故天下同諱。所生之諱不列諱榜。故天下不同諱。於時主相賢明。朝多雋彥。今所應準。而議云非今所議。竊所未達。又云母以子貴。三帝之母。不以子貴邪。議又云章皇太妃之喻。殆非今嫌。既不解哀帝所生何以獨非今嫌。又今上即位。所生李淑妃諱何以不須下天下與簡文皇帝順皇后諱率土同諱之乎。中興有八帝。迄今上五帝有所生。豈可四帝所生普天下不諱。而簡文帝所生獨率土同諱乎。謂王尚書傅郎議爲允。通典一百四

太后父喪廢樂議

今若鐘懸鼓吹。皆可以作者。其餘羽毛絲竹。奚爲廢之。竊所未喻。元皇后秋崩。武帝咸寧元年饗萬國設樂。恭皇后夏崩。成帝咸康八年饗萬國不盡徹樂。未詳二帝故事。孰得孰失。且恭皇后崩垂向周月。朝行權制。六宮煥然。故以即吉。經時雖尊於萬國。然於帝爲卑。不盡徹樂之詔。或指在於斯也。縱令咸康末不盡徹樂。以爲合禮。亦非所以證今明喻也。禮云。母有喪聲聞焉。則不舉樂。夫人之事親。尊自王者達於庶人。不以貴賤異禮也。皇太后始居至哀。縗服在躬。號哭無時。鼓鐘歌簫之音。實聞於內殿。非禮所謂不舉樂之說。今所欲存者輕。所爲廢者重。略輕崇重。附禮合情。敦於禮訓。於是乎在。意如前議。謂應設鼓懸鐘而不作。通典一百四十七

喪不數聞啟

或㠯閏附七月。宜用閏月除者。或㠯閏名雖附七月。而實㠯三旬別爲一月。故應㠯七月除者。臣等與中軍將軍沖參詳一代大禮宜準經典。三年之喪。十三月而練。二十五月而畢。禮之明文也。陽秋之義。閏在年內。則略而不數。明閏在年外。則不應取之。㠯越朞忌之重。禮制祥除。必正朞月故也。晉書禮志中。寧康二年七月。簡文帝崩再周而遇閏。王彪之啟。

答臺符問小功服成婚

二王出後二國。禮爲人後。降本親一等。又云爲姑姊妹適人者小功。二王應制小功之服。禮小功絕哭。可㠯娶妻。下殤之小功則不可。先儒之說。本齊衰之親。故除喪而後可婚。今二王雖㠯出後降服。本亦齊衰之親。情例如禮。不應成婚。通典六十。東晉臺符。廬陵公主薨。琅邪東海二王於禮爲應得婚與否。太常王彪之云云。

答撫軍訪郊祀有赦

中興㠯來。郊祀往往有赦。愚意常謂非宜。何者。黎庶不達其意。將謂郊祀必赦。至此時。凶愚之輩。復生心於僥倖矣。晉書王彪之傳。時當南郊。簡文帝爲撫軍執政。訪彪之應有赦不。答云云。從之。

上牋陳雷弱兒事

弱兒等容有詐僞。浩未應輕進。晉書王彪之傳。

與會稽王牋

王濛女有同生之衰。計其日月。尚未絕哭。豈可成婚。凡在君子。猶愛人㠯禮。況崇化之主邪。㠯此爲聖朝故事。寧可執訓。當今宣流後裔。忝備禮官。情有不安。謹具白所懷。通典六十七。

王者君臨萬國。㠯禮義聲敎也。今若皇子獨違規矩。恐遐邇之譏必不許也。且自元康㠯來。朝臣之家。犯禮婚者。不見重責。故尚書僕射裴頠。當代名士。於時㠯兄弟子喪未爲息拜時。其息服除也。議者謂父子並應貶責。兄弟子下流之喪。不同於姑。古者諸侯絕周。而卿大夫之喪在殯。猶不舉樂。不㠯本周喪未葬行嘉禮也。況

朕字衍

廬陵長公主於禮法不應絕服。況喪未葬乎。通典六十。

答會稽王書

女有大功服。若初婚者。禮例無許。既已拜時。猶復不同。昔中朝許侍中等。曾議此事。㠯爲拜時不應㠯喪爲疑。倚傍經禮。甚有理據。談者多謂是。殿下可視而量之。通典五十九。會稽王道子與王彪之書。彪之答云云。

與揚州刺史殷浩書

太史上元日合朔。談者或有疑應卻會與不。昔建元元年。亦元日合朔。庾車騎寫劉孔才所論㠯示八座。於時朝議有謂孔才所論爲不得禮議。荀令從之。是勝人之一失也。何者。禮云。諸侯旅見天子。入門不得終禮而廢者四。太廟火。日蝕。后之喪。雨霑服失容。尋此四事之指。自謂諸侯雖已入門。而卒暴有之。則不得終禮。非爲先存其事。而徼倖史官推術錯謬。故不豫廢朝禮也。夫三辰有災。莫大日蝕。史官告譴。而無懼容。不修豫防之禮。而廢消救之術。方大饗華夷。君臣相慶。豈朕是將虔天災罪已之謂。且檢之事實。合朔之儀。至尊靜躬殿堂。不聽政事。冕服御坐門闈之制。與元會禮異。自不得兼行。則當權其事宜。合朔之禮。不輕於元會。元會有可卻之禮。唯合朔無可廢之義。謂應依建元故事。卻元會。魏志劉劭傳注。又御覽二十九引晉起居注。

答孔嚴論蔡謨謚書

按謚法。布德執義曰穆。謂此名目。殊爲不輕。太始初。張皇后。大寧庾太后。並謚曰穆。魏司空陳泰。王昶賀循。皆名士也。並謚曰穆。此與蔡公名體相應。中朝複謚亦不勝單。安平獻王孚。齊獻王攸。並單謚。自頃複謚者。非大晉舊典。必重複謚也。蓋是近來儒官相承近意耳。皆顧命重勳。或居分陝。或處阿衡。蔡公存謙素之懷。不當此任。於今詠之。所㠯不複謚。欲令異於數公。所㠯標沖虛述德美也。又中朝及中興。曾居師傅及錄臺事者。亦皆不複謚。山李二司

徒吾族父安豐侯。近賀司空、荀太尉顗。周光祿顗。或曾師傅。或曾總錄。竝不復謚。吾謂此謚弘美。不應彌改。按謚法條有限。而應謚者無限。亦何得令名德必皆齊同。遠準周之文武。則後代不應復得通用此名。近校晉朝舊比。山濤、荀顗、周顗謚康。羊祜、荀勖同謚成。此例甚衆。不可悉載。近朱伯高謚簡。時尚書符御已不應與和嶠同謚。蔡爲太常。據上論可同。理甚有義。遂便施行。蔡家固當有比故事。準例如此。復無所爲疑。（通典一百四）

二疏畫詩序

余自求致仕□政事。累詔不聽。因扇上有畫二疏事。作詩一首。以述其美。（書鈔一百三十四，御覽七百五十）

伏犧讚

悠悠皇犧。體寂神澄。無爲而化。世道之凝。下知有之。冥感自興。因應之跡。畫象結繩。（初學記九）

王納之

納之。彪之孫。元興中尚書左丞。後爲御史中丞。

議郊祀不得三公行事

既殯郊祀。自是天子當陽。有君存焉。稟命而行。何所辨也。齊之興否。豈如今日之比乎。議者又云今宜郊。故是承制所得命三公行事。又郊天極尊。唯一而已。故非天子不祀也。庶人以上。莫不蒸嘗。嫡子居外。庶子執事。禮文炳然。未有不親受命而可祭天者。又武皇受禪。用二月郊。元帝中興。以三月郊。今郊時未過。日望輿駕。無爲欲速而無據。使皇輿旋返。更不得親奉。（宋書禮志三：安帝元興三年，宋高祖討桓玄，走之。己卯，告義功於南郊。是年帝蒙塵江陵未返，其明年應郊，朝議以爲依周禮宗伯攝職，三公行事，尚書左丞王納之獨云云。又見通典四十三。）

王曠

曠。廙弟。惠帝時侍中。出爲丹楊太守。永嘉中爲淮南內史。有集五卷。

與東海王越書

裴郃在此。雖不治事。然識量弘淹。此下人士。大敬附之。（魏志裴潛傳注）

與揚州論討陳敏計

賊今下屯固橫江。（御覽三百三十七）

復據烏江。皆塹壘彭排鹿角。步安嚴峻。以襲歷陽諸軍。（御覽三百三十七）

王邃

邃。曠弟。（閣帖題云海陵恭侯，當考。）

書

寒。佳不。張丞婚事云何。是良對。足下可時合。知女快也。王邃白。（淳化閣帖三）

全晉文卷二十一終

全晉文卷二十二

烏程嚴可均校輯

王羲之

羲之字逸少曠子初爲祕書郎庾亮請爲征西參軍累遷長史拜寧遠將軍江州刺史徵爲侍中吏部尚書不就授護國將軍遷右軍將軍會稽內史後與揚州刺史王述不協稱病去卒贈金紫光祿大夫有集十卷

用筆賦

秦漢魏至今隸書其惟鍾繇草有黃綺張芝至於用筆神妙不可得而詳悉也夫賦以布諸懷抱擬形於翰墨也辭曰

何異人之挺發精博善而含章馳鳳門而獸據浮碧水而龍驤滴秋露而垂玉搖春條而不長飄飄遠逝浴天池而頡頏翱翔弄翮凌輕霄而接行詳其眞體正作高強勁實方員窮金石之麗纖麄盡凝脂之密藏骨抱筋含文包質沒沒汨汨若濛汜之落銀鉤耀耀晞晞狀扶桑之掛朝日或有飄颻騁巧其若自然包羅羽客總括神仙李氏韜光類隱龍而怡情王喬脫屣歘飛鳧而上征或改變駐筆破眞成草養德儼如威而不猛遊絲斷而還續能鸞羣而不諍髮指冠而皆裂據純鉤而耿耿忽瓜割兮互裂復交結而成族若長天之陣雲如倒松之臥谷時滔滔而東注乍紐山兮暫塞射雀目以施巧拔長蛇兮盡力草草眇眇或連或絕如花亂飛遙空舞雪時行時止或臥或蹶透嵩華兮不高踰懸壑兮非越信能經天緯地毗助王猷耽之翫之功積山丘吁嗟秀逸萬代嘉休顯允哲人於今鮮儔共六合而俱永與兩曜而同流鬱高峯兮偃蓋如萬歲兮千秋　墨池編

臨護軍教

今所在要在於公役均平其羌太史忠謹在公者覆行諸營家至

所在之在當作任
羌當作差

苦當作告

人苦暢吾乃心其有老落篤癃不堪從役或有飢寒之色不能自存者區分處別自當參詳其宜　御覽二百四十

與會稽王牋

古人恥其君不爲堯舜北面之道豈不願尊其所事比隆往代況遇千載一時之遇顧智力屈於當年何得不權輕重而處之也今雖有可欣之會內求諸己而所憂乃重於所欣傳云自非聖人外寧必有內憂今外不寧內憂以深古之弘大業者或不謀於衆傾國以濟一時功者亦往往而有之誠獨運之明足以邁衆暫勞之弊終獲永逸者可也求之於今可得擬議乎夫廟算決勝必宜審量彼我萬全而後動功就之日便當因其衆而卽其實今功未可期而遺黎殲盡萬不餘一且千里饋糧自古爲難況今轉運供繼西輸許洛北入黃河雖秦政之弊未至於此而十室之憂便以交至今運無還期徵求日重以區區吳越經緯天下十分之九不亡何待而不度德量力不弊不已此封內所痛心歎悼而莫敢吐誠往者不可諫來者猶可追願殿下更垂三思解而更張令殷浩荀羨還據合肥廣陵許昌譙郡梁彭城諸軍皆還保淮爲不可勝之基須根立勢舉謀之未晚此實當今策之上者若不行此社稷之憂可計日而待安危之機易於反掌考之虛實著於目前願運獨斷之明定之於一朝也地淺而言深豈不知其未易然古人處閭閻行陣之間尚或干時謀國評裁者不以爲譏況廁大臣末行豈可默而不言哉存亡所繫決在行之不可復持疑後機不定之於此後欲悔之亦無及也殿下德冠宇內以公室輔朝最可直道行之致隆當年而未允物望受殊遇者所以寤寐長歎實爲殿下惜之國家之慮深矣常恐伍員之憂不獨在昔麋鹿之游將不止林藪而已願殿下暫廢虛遠之懷以救倒懸之急可謂以亡爲存轉禍爲福則宗廟之慶四海有賴矣　晉書王羲之傳

與桓溫牋

謝萬才流經通。使之處廊廟。參諷議。故是後來之秀。而今屈其邁往之氣。㠯之俯順荒餘。近是違才易務矣。晉書謝萬傳 通鑑一百

報殷浩書

吾素志無廊廟。直王丞相時。果欲內吾。誓不許之。手跡猶存。由來尚矣。不於足下參政而方進退。自兒娶女嫁。便懷向子平之志。數與親知言之。非一日也。若蒙驅使。關隴巴蜀。皆所不辭。吾雖無專對之能。直謹守時命。宣國家威德。故當不同於凡使。必令遠近咸知朝廷留心於無外。此所益殊不同居護軍也。漢末使太傅馬日磾慰撫關東。若不㠯吾輕微。無所爲疑。宜及初冬㠯行。吾惟恭㠯待命。晉書王羲之傳

又遺殷浩書

知安西敗喪。公私惋怛。不能須臾去懷。㠯區區江左。所營綜如此。天下寒心。固㠯久矣。而加之敗喪。此可熟念。往事豈復可追。願思弘將來。令天下寄命有所。自隆中興之業。政㠯道勝寬和爲本。力爭武功。作非所當。因循所長。㠯固大業。想識其由來也。自寇亂㠯來。處內外之任者。未有深謀遠慮。括囊至計。而疲竭根本。各從所志。竟無一功可論。一事可記。忠言嘉謀。棄而莫用。遂令天下將有土崩之勢。何能不痛心悲慨也。任其事者。豈得辭四海之責。追咎往事。亦何所復及。宜更虛己求賢。當與有識共之。不可復令忠允之言。常屈於當權。今軍破於外。資竭於內。保淮之志。非復所及。莫若還保長江。都督將各復舊鎮。自長江㠯外。羈縻而已。任國鈞者。引咎責躬。深自貶降。㠯謝百姓。更與朝賢思布平正。除其煩苛。省其賦役。與百姓更始。庶可㠯允塞羣望。救倒懸之急。使君起於布衣。任天下之重。尚德之舉。未能事事允稱。當重統之任。而喪敗至此。恐闔朝羣賢。未有與人分其謗者。今亟修德補闕。廣延羣賢。與之分任。尚未知獲濟有期。若猶㠯前事爲未工。故復求之於分外。宇宙雖廣。自容何所。知言不必用。或取怨執政。然當情慨所在。正自不能不盡懷極言。若必親征。未達此旨。果行者愚智所不解也。願復與衆共之。復被州符。增運千石。徵役兼至。皆㠯軍期。對之喪氣。罔知所厝。自頃年割剝遺黎。刑徒竟路。殆同秦政。惟未加參夷之刑耳。恐勝廣之憂。無復日矣。晉書王羲之傳

與殷浩書

下官乃勸令畫廉藺於屏風。北堂書鈔一百三十二。御覽七百一

遺謝安書

頃所陳論。每蒙允納。所㠯令下小得蘇息。各安其業。若不耳。此一郡久㠯蹈東海矣。今事之大者未布。漕運是也。吾意望朝廷可申下定期。委之所司。勿復催下。但當歲終考其殿最。長吏尤殿。命檻車送詣天臺。三縣不舉。二千石必免。或可左降。令在疆塞極難之地。又自吾到此。從事常有四五。兼㠯臺司及都水御史行臺文符如雨。倒錯違背。不復可知。吾又瞑目循常。推前取重者。及綱紀輕者在五曹。主者治事。未嘗得十日。吏民趨走。功費萬計。卿方任其重。可徐尋所言。江左平日。揚州一良刺史便足統之。況㠯羣才而更不理。正由爲法不一。牽制者衆。思簡而易從。便足㠯保守成業。倉督監耗盜官米。動㠯萬計。吾謂誅翦一人。其後便斷。而時意不同。近檢校諸縣。無不皆爾。餘姚近十萬斛。重斂㠯資姦吏。令國用空乏。良可歎也。自軍興㠯來。征役及充運死亡叛散不反者衆。虛耗至此。而補代循常。所在凋困。莫知所出。上命所差。上道多叛。則吏及叛者席卷同去。又有常制。輒令其家及同伍課捕。課捕不擒。家及同伍尋復亡叛。百姓流亡。戶口日減。其源在此。又有百工醫寺。死亡絕沒。家戶空盡。差代無所。上命不絕。事或十年十五年。彈舉獲罪無懈息。而無益實事。何㠯堪之。謂自今諸死罪原輕者及

五歲刑可㠯充此。其減死者。可長充兵役。五歲者可充雜工醫寺。皆令移其家㠯實都邑。都邑既實。是政之本。又可絕其亡叛。不移其家。逃亡之患。復如初耳。今除罪而充雜役。盡移其家。小人愚迷。或㠯爲重於殺戮。可㠯絕姦。刑名雖輕。懲肅實重。豈非適時之宜邪。（晉書王羲之傳）

與謝安書

復與君。斯眞草所得。極爲不少。而筆至惡。殊不稱意。（舊寫本書鈔一百四）

知君當得小笙。笙是名器。往聞者若令謝君聞之。乃當可不言而云見今笙者皆不㠯爲佳。恐是不能好也。（舊寫本書鈔一百十引王興之與謝安書云云。張溥編入羲之集。或溥所見書鈔興字作羲也。姑從之）

蜀中山水。如峨眉山。夏含霜雹。碑板之所聞。崑崙之伯仲也。（此見張溥本。未知所出。溥引楊云云。疑是楊升庵依託也。溥又引輿地志山水作山川。峨眉山作岷山。今檢尊宗源所輯顧野王志無此條。疑亦楊依託。姑錄之俟攷）

與謝萬書

古之辭世者。或被髮徉狂。或汚身穢跡。可謂艱矣。今僕坐而獲免。遂其宿心。其爲慶幸。豈非天賜。違天不祥。頃東游還。修植桑果。今盛敷榮。率諸子。抱弱孫。游觀其間。有一味之甘。割而分之。㠯娛目前。雖植德無殊邈。猶欲教養子孫㠯敦厚退讓。戒㠯輕薄。庶令舉策數馬。仿佛萬石之風。君謂此何如。比遇重熙。去當與安石東游山海。并行田盡地利。頤養閑暇。衣食之餘。欲與親知時共歡讌。雖不能興言高詠。銜杯引滿。語田里所行。故以爲撫掌之資。其爲得意。可勝言耶。常依陸賈班嗣楊王孫之處世。欲希風數子。老夫志願盡於此也。君察此。當有二言。不眞所謂賢者志其大。不肖志其小。無緣見君。故悉心而言。㠯當一面。（晉書王羲之傳。張彥遠法書要錄十）

又遺謝萬書

㠯君邁往不屑之韻。而俯同羣辟。誠難爲意也。然所謂通識。正自

當隨事行藏。乃爲遠耳。願君每與士卒之下者同甘苦。則盡善矣。食不二味。居不重席。此復何有。而古人㠯爲美談。濟否所由。實在積小㠯致高大。君其存之。（晉書王羲之傳。通鑑一百）

與人書

張芝臨池學書。池水盡墨。使人耽之若是。未必後之也。（晉書王羲之傳。藝文類聚九）

吾書比之鍾張。當抗行。或謂過之。張草猶當雁行。張精熟過人。臨池學書。池水盡墨。若吾耽之若此。未必謝之。後達解者。知其評之不虛。吾盡心精作亦久。尋諸舊書。惟鍾張故爲絕倫。其餘爲是小佳。不足在意。去此二賢。僕書次之。須得書意轉深。點畫之間皆有意。自有言所不盡。得其妙者。事事皆然。平南李式論君不謝。（唐張彥遠法書要錄一。其題作自論書語。意與前篇不同。故兩列之）

與所知書

子敬飛白大有直。（圖書會粹。案張溥本作有意）

雜帖

十七日先書。郗司馬未去。即日得足下書。爲慰。先書㠯具示復數字。（法書要錄十。下皆同）

吾前東。粗足作佳觀。吾爲逸民之懷久矣。足下何㠯方復及此。似夢中語耶。無緣言面爲歎。書何能悉。

瞻近無緣。省告。但有悲歎。足下小大悉平安也。云卿當來居此。喜遲不可言。想必果言告有期耳。亦度卿當不居京。此既僻。又節氣佳。是㠯欣卿來也。此信旨還。具示問。

龍保等平安也。謝之。甚遲見卿舅。可早至。爲簡隔也。

知足下行至吳。念違離不可居。叔當西耶。遲知問。

計與足下別。廿六年於今。雖時書問。不解闊懷。省足下先後二書。但增歎慨。頃積雪凝寒。五十年中所無。想頃如常。冀來夏秋閒。或

復得足下問耳。比者悠悠。如何可言。吾服食久。猶爲劣劣。大都比之年時。爲復可耳。足下保愛爲上。臨書但有惆悵。

省足下別疏。具彼土山川諸奇。揚雄蜀都。左太沖三都。殊爲不備。悉彼故爲多奇。益令其游目意足也。可得果。當告卿求迎。少人足耳。至時示意。遲此期眞以日爲歲。想足下鎭彼土。未有動理耳。要欲及卿在彼。登汶嶺峨眉而旋。實不朽之盛事。但言此。心以馳於彼矣。

諸從並數有問。粗平安。唯修載在遠。音問不數。懸情。司州疾篤。不果西。公私可恨。足下所云皆盡事勢。吾無閒然。諸問。想足下別具。不復一一。

得足下旃罽胡桃藥二種。知足下至戎鹽乃要也。是服食所須。知足下謂須服食。方回近之。未許吾此志。知我者希。此有成言。無緣見卿。以當一笑。

云譙周有孫高尙不出。今爲所在。其人有以副此志不。令人依依。

足下具示。嚴君平。司馬相如。揚子雲皆有後否。

天鼠膏治耳聾。有驗否。有驗者乃是要藥。

朱處仁今何在。往得其書信。遂不取答。今因足下答其書。可令必達。

省別具。足下小大問爲慰。多分張。念足下懸情。武昌諸子亦多遠宦。足下兼懷。並數問不。老婦頃疾篤。救命。恆憂慮。餘粗平安。知足下情至。

旦夕都邑動靜淸和。想足下使還一一。時州將桓公告慰情企。足下數使命也。謝無奕外任。數書問。無他。仁祖日往言尋悲酸。如何可言。

知有漢時講堂在。是漢和帝時立此。知畫三皇五帝以來備有。畫又精妙。甚可觀也。彼有能畫者不。欲摹取。當可得不。須具告。

往在都。見諸葛顯。曾具問蜀中事。云成都城池門屋樓觀。皆是秦時司馬錯所修。令人遠想慨然。爲爾不信。一一示。爲欲廣異聞。

靑李。來禽。櫻桃。日給藤子。皆囊盛爲佳。函封多不生。足下所疏云此果佳。可爲致子。當種之。此種彼胡桃皆生也。吾篤喜種果。今在田里。惟以此爲事。故遠及足下。致此子者大惠也。

彼所須此藥草。可示。當致。

虞安吉者。昔與共事。常念之。今爲殿中將軍。前過云。與足下中表。不以年老。甚欲與足下爲下寮。意其資可得小郡。足下可思致之耶。所念。故遠及。

吾有七兒一女。皆同生。婚娶以畢。惟一小者尙未婚耳。過此一婚。便得至彼。今內外孫有十六人。足慰目前。足下情致委曲。故具示。

玄度先乃可耳。嘗謂有理。因祠祀絕多感。其夜便至。此致之生而速之。每尋痛惋。不能已已。省君書增酸。恐大分自不可移。時至不可以智力救。如此。

先生適書。亦小小不能佳。大都可耳。此書因謝常侍信還。令知問。可令謝長史且消息。

知道長不孤。得散力。疾重而邇進退。甚令人憂念。遲信還知問。

數親問。叔穆嘉賓並有問爲慰。

婦安和。婦故羸疾。憂之焦心。餘亦諸患。

君昨示。欲見穆生敍讚。今欲黜語與虞之格。粗當書爾。不玄度好佳。君謂何侶。

從事經過。崔阮諸人。昨旦與書。疾故示毒愁。當增其疾。吾如今尙劣劣。又晚熟未有定。發日有定。示足下與耳。近書或欲留。吾甚欲與俱。而吾疾患遲速無常。其竟云何。足下今知問。

適太常。司州。領軍諸人廿五六書皆佳。司州以爲平復。此慶之可言。餘親親皆佳。大奴以還吳也。冀或見之。

司州供給寥落。去無期也。不果者。公私之望。無理。或復是福。得大等書。慰心。今因書也。野數言疏平安定。大宰中郎。

適州將十五日告徐。一齋方尺許口四寸。云數如來小如差。然疾源如此。憂怛尚深。故遣信治徐舍人書。以示徐。還示足下也。不堪縲疑事列上台。周靑州視事今以當至下耶。甚是事宜。無方身世。而任事者疾患如此。使人短氣。

六月十九日羲之白。使還得八日書。知不佳。何爾耿耿。僕日弊而得此熱。忽忽解日爾力。遣不具。王羲之白。（案此帖法書要錄後又重出）

一見尚書書。一二日遣信以具。必宜有行者。情事恐不可委行使耶。遲還具問。亦以與尚書諮懷。今復遣諮吳興也。（案此帖法書要錄後又重出。又案張溥本割。恐不以上爲尚書帖而多二語。云足下尚爲遠慮。不可計目前。乃別一帖。誤入此也。可委行以下。張溥本謂之送袍帖。其題與帖亦不合。）

遠近淸和。士人平安。荀侯定住下邳。復遣軍下城。此閒民事。愚智長歎。乃亦無所隱。如之何。又須求兩以復爲災。卿彼何似。

江生佳。須大活。以始見之。與人上蕭索。可歎。

汝宜速下。不可稽留。計日遲望。今日亦語劉長史令速。

近因得里人書。想至。知故面腫。今差不。吾比日食意如差。而髀中故不差。以此爲至患。至不可勞力。數字令弟知聞耳。

姉適復二告。安和。郗故病篤。無復他治。爲消息耳。憂之深。今移至田舍。就道家也。事畢當吾遣信。視淑還。母子平安。爲慰。至恨不得暫見。故未得下船。道夷書云。已得一宅。想今安穩耳。不政解此移趣。知部兒不快。何所在。今已佳也。耿耿。信白。

與殷侯彼此格卿取。

卒喜慰。氣滿無他治。噉數合米。來三日

知足下哀感不佳。耿耿。吾下勢腹痛小差。須用女葽丸。得應甚速也。

在我而已。誠無所多。云與謝豫州其入河不。乃頻剋得安萬。送書云六日可至。諸賢云朝廷失之。轉覺闕然。與卿書同。不有君子。其能國乎。此言深也。但云卿當入。何以如夢。恐卿表將復經年。想仁祖差。時還內。鎮慰人情耳。皆在卿懷耳。

産婦兒萬留之。月盡遣。甚慰心。

得袁二謝書。具爲慰。袁生暫至都。已還未。此生至到之懷。吾所盡也。弟預須遇之。大事得其書無已。二謝云。秣末必來。計日遲望萬嬴。不知必俱不。知弟往別停幾日。決其共爲樂也。尋分旦與江姚女和別。殊當不可言也。

知庾丹陽差。歎深深。致心致心。

得孔彭祖十七日具問。爲慰。云褒經還蠡。是反善之誠也。於殷必得速還。無復道路之憂。比者尚懸悒。得其去月書。省之悲慨也。

上流近問不。竟何日卽路。知謝定出。居內所弘。故重是不情。廢情存大。

明或就卿圍棊。邑撤。今兩寒。未可以治。謝。

江表付還。

得書。知足下問。吾骯髒（上下黨反下口亞反腰骨）拘痛。俛仰欲不得。此何理耶。願輒與相見。無盡治宜。足下得益。使之不疑也。但月又未陰。沈沈恐不可針。不知何以敎。目前甚憂頓。王羲之。

比信尋知足下有書可道。知足下未能得。果望近爲然。知得家問賢子動疾。念甚憂慮。懸得後問不。分張何可久。幼小故疾患無賴。野大皆當以至。不得還問。懸心。大得善悉也。野當不能遏。卿竝轉茂淸談。

足下小大佳也。諸疾苦憂勞非一。如何。復得都下近問不。吾得敬和廿三日書。無他。重熙住定爲善。（案湻化閣帖連下謝二侯爲一帖。與法書要錄不同。張溥本此帖失載。）

謝二侯

山下多日。不得復意問。一昨晚還。未得遣書。得告。知中冷不解。更壯溼。甚耿耿。服何藥耶。僕此日差勝。尋知問。王羲之頓首。

羲之頓首。向又慘慘。自舉哀。乏氣。匆匆。知便當西。且不相知。來想熊能更言問。力遣不次。王羲之頓首。

七日告期。痛念玄度。未能 闕 汝。汝臨哭悲慟。何可言。言及惋塞。夜
闕 市器俱不合用。令摧之也。吾平平。但昨來念玄度。體中便不堪之耶。告。

汝當須過。殯還恆有悲惻。

王延期省。

姊轉佳。憂不及啼。不憶念奴。殊不可言。涼當迎之

昨卽得丹陽水上書。與足下書同。故不送。昨諸書付還。

去冬遣使。想久至。乖離忽四年。言之歎慨。豈言所喻。悠悠數十。卒

當何期。汝等將愼爲上。知復何云。

念足下窮思兼至。不可居處。兩氣無已。卿復何似。耿耿。善將息。吾故劣。力知問。王羲之。

吾何當還。

汝尙小。愁思兼至。不可居處。多疾。足下前許歲末。今暫還。想必可爾。故復白。

十一月十三日告期等。得所高餘姚并吳興二十八日二疏。知並平安。慰吾。平平。比服寒食酒。如似爲佳。力因王會稽。不一一。阿耶告知。

想大小皆佳。丹陽頃極佳也。云自有書。不附此信耳。大小問多患。懸心。想二奴母子佳。遲卿問也。

吾去日盡。欲留女過。吾去自當送之。想可垂許。一出未知還期。是以白意。夫人涉道康和。足下小大皆佳。度十五日必濟江。故二日知問。須信還知。定當近道迎足下也。可令時還。遲面。以日爲歲。

去冬臨臨安。事近便欲決去。而何侯不許。事聞。以有小寇。今未便得果。然故有移南意。尙未可倉卒。復信更具。信汝也。

六日。昨書信未得去。時尋復逼。或謂不可以不恭命。遂不獲已。處世之道盡矣。何所復言

丹陽旦送。吾體氣極佳。共在卿故處。增思詠

若可得耳。要當須吾自南。但增感塞。

十四日。諸問如昨。云西有伐蜀意。復是大事。速送袍來。

遂當發詔。催吾帝王之命。是何等事。而辱在草澤。憂歎之懷。當復何言。見足下一一

昨送諸書。令示卿。想見之。恐殷侯必行。義望雖宜爾。然今此集信爲未易。卿若便西者。良不可言。

安復後問。不想必停君諸舍。疾苦差也。便疾綿篤。了不欲食。轉側

須人。憂懷深。小妹亦故進退。不孤。得撤力。煩不得眠食。至少。疾患經月。兼憔勞。不可言。迎集中表親疏。略盡。實望投老得盡田里骨肉之歡。此一條不謝二疏。而人理難知。此不知小御得遂本心不。交衰朽羸劣。所憂營如此。君視是頤養之功。當有何理。今都絕思此事也。冀疾患差。末秌初冬。必思與諸君一佳集。遺無益。快共爲樂。欲省（一作欲以少日）補頃者之慘躄也。追尋前者意事。豈可復得。且當卒目前。及當此急要。願諸君各保愛。以俟此期。未近見君。有諸結力。聊以當面

各闕意。必欲省安西。如今意無前卻也。想君必俱。賊勢可之者。必進許洛。無可不果。相遇於一世。豈可度之。尋常以此至終。故當極盡志氣之所託也。君此意弘足。然決在必行。（舊連爲上帖，今離爲二。）

未復知聞。晴快。卿轉勝。向平復也。猶耿耿。想上下無恙。力知問。不具。王羲之敬問。

日月如馳。一媛弃背再周。去月穆松大祥。奉瞻廓然。永惟悲摧。情如切割。汝亦增慕省疏酸感

延期官奴小女病疾不救。痛愍貫心。吾吕西夕。情願所鍾。唯在此等。豈圖十日之中。二孫夭命。惋傷之甚。未能喻心。可復如何。

敬親今在剡。其後復亡。甚不可言。

穰鐵不知已得。

行近遣書。想郎至此爾。汝佳不。得懸心。吾乏劣。力數字。

七月十三日告。鄱陽兄弟大降。制終去悔。悼甚永絶。悲傷痛懷。切割心情也。

諸葛丞者君識之不。才幹好佳。往爲錢塘著績。又入僕府。有吕盡悉宰民之至也。甚欲自託於明德。云臨安春當闕。爾者君能請不。僕必欲言得佳長史。亦當是君所須。旣得里人。共事異常。故乃爾。須還告之。

人理不可得都絶。每至屬致。使人多歎。

十五日羲之報。近甚倉卒。得十三日音。知卿佳。慰之。力及陽主書不一一。羲之報。

會稽亦復與選論。卿否。吾誠勅勅於論事。然於弟倘不惜小宜。謂選官前意已佳。可不復煩重。卿更思。必謂宜。論者必有違矣。

上下安也。和緒過。見之欣然。敬豫乃成委頓。令人深憂。江生亦連病。今已差。已上並法書要錄

全晉文卷二十二終

烏程嚴可均校輯

王羲之二

雜帖一

知阮生轉佳。甚慰甚慰。會稽近患下。始差。諸謝粗安。法書要錄十。下同。

足下差否。甚耿耿。喉中不復燥耳。故知問。具示。王羲之白。

冷過。足下夜得眠不。殊差也。復何治。甚耿耿。長史復何似。故問具示。王羲之白。

遂無兩傒使人歎。得諸孫書。高田皆欲了。

得書。知足下患癤。念卿無賴。思見足下。冀脫果。力不一一。王羲之白。

此賢懷所禱也。面一一。

五月十四日羲之近反至也。得七日書。知足下故爾耿耿。善將息。

吾腫得此霖雨轉劇。憂深。力不一一。羲之。

適萬石去月五日書爲慰。尋得彭祖送萬九日露版。再破賊。有所獲。想足摧寇越逸之勢。宜適許司農書爲慰。無人未能得重。故向餘杭問。

因緣示致問。非書能悉。想君行有旨信。

伯熊上下安和爲慰。可令知問。叔夷子前恨不見。可令熊知消息。

羊參軍還朝。論長見敦恕。其爲慶慰。無物以喻。今又告誠先靈。以文示足下。感懷慟心。

又以表書示卿。政當亦不。

痛念玄度。立如志而更遘禍。可惋可痛者。省君書。亦增酸。

服食故不可。乃將冷藥。僕即復是中之者。腸胃中一冷。不可如何。是以要春秋輒大起。多腹中不調適。君宜深以爲意。省君書。亦比得之。物養之妙。豈復容言。直無其人耳。許君見驗。何煩多云矣。

袁彭祖何日過江。想安穩耳。失此諸賢。至不可言。足下分離。如何可言。

此段不見足下。乃甚久。遲面晤行集。冀得見卿。

得申近不。問。

謝侯。

四月五日羲之報。建安靈柩至。慈蔭幽絕。垂卅年。永惟崩慕。痛徹五內。永酷奈何。無由言告。臨紙摧哽。羲之報。

十一月十八日羲之頓首頓首。從弟子夭沒。孫女不育。哀痛兼傷。不自勝。奈何奈何。王羲之頓首。

二蔡過葬來居此。親親集事。而君復出爲因耳。

九月十八日羲之頓首。茂善晚生兒不育。痛之惻心。奈何奈何。轉寒。足下可不。可不。不得問多日。懸情。吾故劣。力不具。王羲之頓首。

十月十一日羲之敬問。得旦書。知佳。爲慰。吾爲轉差。力不一一。羲之敬問。

二十七日告姜。汝母子佳不。力不一一。耶告。案此帖法書要錄後又重出。

羲之頓首。二孫女夭殤。悼痛切心。豈意一旬之中。二孫至此。傷惋之甚。不能已已。可復如何。羲之頓首。

廿八日羲之白。得昨告。承飲動懸情。想小爾耳。還旨不具。王羲之再拜。

庾新婦入門未幾。豈圖奄至此禍。情愿不遂。緬然永絕。痛之深至。情不能已。況汝豈可勝任。奈何奈何。無由敘哀。悲酸。

君服前賢弟逝沒。一旦奄至。痛當奈何。當復奈何。臨紙咽塞。王羲之頓首頓首。

雪候既不已。寒甚盛。冬平可苦。患足下亦當不堪之。轉復知問。王羲之。

書未云。得諸爲慰。知汝姨欲西。情事難處。然今時諸不易。得東安書甚不欲令汝姨出。懃至。想自思之。
上下可耳。產行往當迎慶思之不可言。
今付吳興酢二器。
一日不暫展。至恨吒而不已。便懷不果東至可恨思敘想閒暇必
顧也。
適都使還。諸書具一一。須面具懷
得征西近書。委悉爲慰。不得安西許有問。不知何久。長風書平安
今知殷侯不久留之。甚善甚善。
舍內佳不。中書何侶。家中疾篤。恆救旦夕。比知覺有省。書想至。
義與何侶。懸情。慕容遂來據鄴。可深憂。官復遣軍可已示義與中
書。
昨得殷侯答書。今寫示君。承無怒意。既而意謂速思順從。或有怨
理。大小宜盤桓。或至嫌也。想復深思。

復征許也。
八月二十四日羲之頓首。闕竟增哀感。奈何奈何。兩足下可耳。不
得問。闕日懸心。吾故劣劣。王羲之頓首。
此雨足何耳。故當收佳。云彼甚快大事。吳義興吳闕是蕩然可歎。
知諸患耿耿。今差也。華母子佳
時行皆徧。事輕耳。彼云何
道祖癖下。乃危篤。憂怛憂怛
賊勢可見。此云方軌萬萬如志。但守之。倘足令智者勞心。此回書
恆懷湯火。處世不易。豈惟公道
諸八十二日書云。慕容乃抄梁下。得數闕目下疾疫非常。乃已至
京。極有傷。此憂之下者。想君勤勤之
復委篤。恐無興理。諸人書亦云爾也。憂之怛怛。得停。乃公私大計
也。案此帖張溥本失載

君頃已何永日。憶去冬。不可得知。如何如何。
桓公已江州還臺選。每事勝也。不可當在誰耳。
源書已發。吾欲路次見之。亦不欲停甚。
官舍佳也。得諸舍問不。不知遮何日西言及辛酸。卿不可懷期等。
故勿憂。勿憂深。
近書及至也。瞻望不遠。而未期暫面。如之何。遲得問也。
謝侯數不在歎。
前知足下欲居此。常喜遲知定不果。悵恨。未知見卿期。當數音問
也。
得都近問。淸和爲慰。云劉生近欲舉君爲山陰。已中當爲最君期
於未獲供養處。相爲慨然。仕宦殆是想也。
君學書有意。今相與艸書一卷。
小大佳不。可得司馬問。懸情。適安已中軍出鎮。有避賢意。乃云行

得言面。不知公私此理卒當之耶。甚憂。眞本無集之者。想今與君
書一一。
見此當何言。但恐今婦必門首有出。復有將來之弊耳。此願盡珍
御理。
想彼八士平安。二郗闕數也。敬豫諸人近來停數日。悉佳。安石已
南遷。其諸兄弟此改殊命蕭索。聞君已復入相府。何時當應命。未
得坐處。亦當愁悶。思得爲鄰。豈常情。恐君方處務。此命難期。如之
何。不一一。小佳。復意問也。
源遂差不。云尚未恭命終之何。聞眞長知吳興。想必如意。南道差
不。
君大小佳不。松廬善踈也。僕信還秦州。將去月十二日告。甚慰。如
曹失護語此君甚康壯。常是肥渴耳。實尋還。遲之不可言。二一妹差
佳。慰問心期。中冷。頃時行。可畏愁人。

不得司馬近問。懸情。近所送書。卽至也。君信明早令得。後得鄙書未至。卽想東不久耳。

此鄙問無恙。諸從皆佳。比諸數耳。知劉阮數闕

溫公在此。前東北面還此復初闕散為慰。便乞良不可言。卿得知之。復共一快樂。

武妹小大佳也。

知郡荒。吾前東周旋五千里。所在皆爾。可歎。江東自有大頓勢。不知何方已救其弊。民事自欲歎。復為意。卿示聊及字闕一

數得桓公問。疾轉佳也。每懸胡。云征事未有日佳也。已逼勢。不知卒云何爾。

君大小佳不。至此乃知熙。往覺少不得同。萬恨萬恨。云出便當西。念遠別。何可言。遲見玄度。今或已在道。案此帖法書要錄後又重出。

賓如人往不堪致。心憶之。不忘懷之。

妹不快。憂勞。餘平安。案此帖法書要錄後又重出。

未得安西問。玄度忽腫。至可憂慮。得其昨書云小差。然疾候自恐難耶。

與安石俱佳。還七日。增想投命。積日不復知問。弟佳寧善。然復憂之不去懷。吾遂沈滯兼下。如近數日。分無復理。昨來增服陟釐丸。得下不知遂斷不。了無所噉。而藥得停。不知當復見弟理不。獨下便長歎。蘇息更知問。二奴庶諸人何已謝之。

想淸和士人皆佳。彭祖諸人得足下慰且夕也。此諸賢平安。每面粗有歎慨。追恨近日不得本善徹無已已。度足下還期不久耳。此者數令知問。

懷足下可謂禮之闕今已志心寄卿。想必至。到論之救命不暇。此事於今為奢遠耳。要是事其本心。

所欲論事今付。

今與馮公論何產。足下可思助明淸談。至是舉今又語眞道。今宣旨矣。

臣羲之言。寒嚴。不審聖體御膳何如。謹付承動靜。臣羲之言。案此帖張溥本失載。

臣羲之言。伏惟陛下天縱聖哲。德齊二儀。案此帖張溥本失載。應期承運。踐登大祚。普天率土。莫不同慶。臣抱疾遐外。不獲隨例瞻望宸極。屏營一隅。臣羲之言。案此帖張溥本失載。

劉氏平安也。梅妹可得。袁妹腰痛。冀當小爾耳。汝母故若已不安食。疾久憂憒。當思平理也。神意不同前者也。

今付北方脯二夾。吳興鮓二器。蒜條四千二百。

司馬雖篤疾久。頃轉平除。無他感動。奄忽長逝。痛毒之甚。驚惋摧慟。痛切五內。當奈何奈何。省書感哽。

雨寒。卿各佳不。諸患無賴。力書不一一。羲之問。

想官舍無恙。吾必果二十日後乃往。遲喜散恙。比爾自相聞也。

九月三日羲之報。敬倫遮諸人去晦祥禫。情已酸割。念卿傷切諸人。豈可堪處。奈何奈何。及書不旣。羲之揔。

九月二十五日羲之頓首。便陟冬日。時速感歎。兼哀傷切。不能自勝。奈何。得七月末時書為慰。始欲寒。足下常疾。比何似。每耿耿。吾故不平。復憂悴。力困不一一。王羲之頓首。案此帖張溥本失載。

旦極寒。得示。承夫人復小欬。不善得眠。助反側。想小爾。復進何藥。念足下猶悚息。卿可否。吾昨暮復大吐。小噉物便爾。旦來可耳。知足下念。王羲之頓首。

延期官奴小女並得暴疾。遂至不救。愍痛心。奈何。吾已西夕。至情所寄。唯在此等。已禁慰餘年。何意旬日之中。二孫夭命。日夕左右。事在心目。痛之纏心。無復一至於此。可復如何。臨紙咽塞。

六月二十七日羲之報。周嫂弃背。再周忌日。大服終此晦。感摧傷

悼。兼情切劇。不能自勝奈何奈何。穆松垂祥除。不可居處。言曰酸切。及領軍信書不次。羲之報。

頓首頓首。亡嫂居長。情所鍾奉。始獲奉集。冀遂至誠。展其情愿。何圖至此。未盈數旬。奄見背弃。情至乖喪。莫此之甚。追尋酷恨。悲惋深至。痛切心肝。當奈何奈何。兄子荼毒備嬰。不可忍見。發言痛心。奈何奈何。王羲之頓首頓首。

君頃復以何散懷。鐵云秋當解褐。行復分張。想君比爾快爲樂彥仁書云。仁祖家欲至蕪湖。單弱伶俜何所成。君書得載。停郡迎喪甚事宜。但異域之乖。素已不可言。何時可得發。

六日告姜。復內始晴。快情。汝母子平安。

二十七日告姜。汝母子佳不。力不一一。耶告。案前已有此帖重出。

前使還。有書。哀猥不能敘懷。情痛兼哀若割。當奈何奈何。省弟累紙。哀毒之極。但報書難爲心懷。況卿處之。何可具忍。有始有卒。自古而然。雖當時不能無情痛。理有大斷。豈可以之致弊。何由寫心。絕筆猥咽。不知何言也。

十二月六日羲之報。一昨因暨主簿不悉。昨得去月十五日二十三日二書。爲慰。兩書夜無解。夜來復雪。弟各可也。此日中冷。患之始小佳。力及不一一。羲之報。

羲之死罪。前得雲子諸人書。並毀頓胡之。惟分推難爲心。當有分西者否。羲之死罪。

七月五日羲之頓首。昨便斷草。葬送期近。痛傷情深。奈何奈何。得去月二十八日告。具問慰懷。力還不次。王羲之頓首。案此帖張溥本失載。

七月十六日羲之報。凶禍累仍。周嫂弃背。大賢不救。哀痛兼傷。切割心情。奈何奈何。遣書感塞。羲之報。

二十三日發至長安。云渭南患無他。然云符健衆尚七萬。苟及最近。雖衆由匹夫耳。卽今剋此一段。不知歲終云何守之。想勝才弘之。自當有方耳。

濕以久。諸懷既不可言。且今多慘戚。遲君果前。暫得一散懷。知以多疾不果。乃當秋事。省告。同此歎恨。如何可言。葬事不可倉卒。當在九月初。過此故欲一與吳興。集冀無不剋耳。然事來萬端。不知如人意不。非書能悉。君數告。以慰之耳。

六月十六日羲之頓首。秋節垂至。痛悼傷惻。兼情切割。奈何奈何。此雨過。得十日告。知君如常。吳興轉勝。甚慰。想得此涼日佳。患散乃委頓。耿耿。且以佳與消息。僕故是常耳。劣劣。解日。力不次。王羲之頓首。

歌章輒付卿。或有寫書人者。可寫一道與吾也。

羲之死罪。去冬在東。鄉因還使白牋。伏想至。自頃公私無信便。故不復承動靜。至於詠德之深。無日有隧。省告。可謂眷顧之至。尋翫三四。但有悲慨。民年以西夕。而衰疾日甚。自恐無暫展語平生理也。以此忘情。將無其人。何以復言。惟願珍重。爲國爲家。時垂告慰。絕筆情塞。羲之死罪。案此帖張溥本失載。

六月十一日羲之報。道護不救。疾惻怛傷懷。念弟聞問。悲傷不可勝。奈何奈何。曹妹累喪兒女。不可爲心。如何得二十三日書爲慰。及還不次。王羲之報。

追尋傷悼。但有痛心。當奈何奈何。得吾慰之。吾昨頻哀感。便欲不自勝。舉旦復服散行之。益頓乏。推理皆如足下所誨。然吾老矣。餘願未盡。唯在子輩耳。一旦哭之。垂盡之年。轉無復理。此當何益。冀小御漸消散耳。省卿書。但有酸塞。足下念故言散。所豁多也。王羲之頓首。

向遣書。想夜至。得書。知足下問。當遠行。諸懷何可言。一十必早發。想足下如向期也。阮疾止於界上耳。向書已具。不復一一。王羲之白。

宿息。想足下安書。吾猶不勝能佳。一十早往遲。王羲之頓首。案此帖張溥本失載

二十九日羲之報。月終哀摧傷切。奈何奈何。得昨示。知弟下不斷。昨紫石散未佳。卿先羸甚。羸甚好消息。吾比日極不快。不得眠食。殊頓。勿令合陽。冀當佳。力不一一。王羲之報。

九月二十八日羲之頓首頓首。昨者書想至。參軍近有慰阮光祿信在耳。許中郎家欲因書比去報。知庾君遂不救疾。摧切心情。不得自甚。痛當奈何。深當寬勉。以不忘先心。臨紙但有酸。王羲之頓首。

羲之白。不復面。有勞。得示。足下佳。爲慰。吾卻遽。又睡甚。勿勿。力不具。王羲之白。

十一月五日羲之報。適爲不吾悉不適。弟各佳不。吾至勿勿。力數闕羲之報。

兄弟上下遠至。此慰不可言。嫂不和。憂懷深。期等殊勿勿。燋心。

桓公不得敘情。不可居處。雲子諸人何似。耿耿。能數省否。

彥仁數問也。修載蹔來。忻慰。

六月十九日羲之白。使還。得八日書。知不佳。爾何案前帖作何爾耿耿。僕日弊而得此熱。勿勿。解白耳。力遣不具。王羲之白。案前已有此帖重出

十二月一日羲之白。昨得還書。知極。不加疾。人甚憂。耿耿。消息比佳耳。吾至乏劣。爲爾日日。力不一一。羲之報。

想明日可謝諸子。

十四日羲之白。近反不悉。闕兩足下佳不。不得近問。問無殊不佳。頓劣因不一一。羲之白。

羲之頓首。何晁。知意至。諸君皆困乏。常想無之。何緣作此煩損。今付還。王羲之。

長高當暫還耶。

范公書如此。今示君。須庾晃。故當勸果之告旨語君。遲而不可言。

一日多恨。知足下散動。耿耿護護。吾至不佳。劣劣不一一。王羲之頓首。

司馬疾篤不果西。憂之深。公私無所成。

知比得丹陽書。甚慰。乖離之歎。當復可言。尋答其書。足下反事復行。便爲索然。良不可言。此亦分耳。遲面一一。

比日尋省卿文集。雖不能悉周偏尋玩。以爲佳者。名固不虛。序述高士所傳。小有異同。見卿一一問。應止楊王孫。前以共及意同。可誠述敘之耶。暇日無爲。想不忘之。

初月一日羲之白。忽然改年。新故之際。致歎至深。君亦同懷。近過得告。故云腹痛。懸情灼雨。比復何似。氣力能勝不。僕爲耳。力不一一。王羲之。

旦書至也。得示爲慰。云小大多患。念勞心。遲見足下。未果爲結。力不一一。王羲之白。

三日先疏未得去。得四日疏爲慰。兄書已具不復一一。

鎮軍昨至。尚未見也。尋見之悲欣不可言。

上下近問慰馳情。不知何似。絕不得松問。汝得旨問。馳白。宜豫知分春事也。吾日東。可語期。令知消息。

復數橘子。郎云乃好可噉。久得新果。此院冬桃不能得多送。觸事何當不存。往恆語然獨析。

知書有去縣犇去。誠意義官至也。有禮制。恐不必果耶。且君在彼縣。常以爲得。宜思之耶。意至故示。

兄子發尚未有定日。當送至瀨遠乖。不可復言。

適欲遣書。會得足下示。

十九日羲之報。近書反至也。得八日書。知吳故羸。敬倫動氣發。耿耿。想得冷。此爲佳也。敬文佳。不一一。羲之報。

省足下前後書。未嘗不憂。欲與事地相與有深情者。何能不悵然。古人云。行其道。忘其爲身。眞卿今日之謂。政自當豁其胸懷。然得公平正直耳。未能忘己。便自不得行。然此皆在足下懷。願卿爲復廣求於衆。所悟故多。山之高。言次何能不。

十一月七日羲之報。近因子卿書。想行至。霜寒。弟可不。頃日了不得食。至爲虛劣。力及數字。羲之報。

二十三日羲之報。一日得書。皆在計書所不得有。反轉熱。卿各佳不。定何可得來。遲面不一一。羲之報。

知須果。裁便可遣取。視君勢陳欲。欲無出理。

近書至也。得十八日書。爲慰。雨蒸比各可不。參軍轉差也。懸耿。吾腳痛劇。灸不得力。至患之。不得書自力數字。案此帖法書要錄後又重出。

尊夫人向來復何如。爲何所患。甚懸情。念卿累息具至。羲之敬問。

想諸舍人小大皆佳。弟摧之可爲心。且得集目下。此慰多矣。姊累告安和。梅妹大都可行。袁妹極得石散力。然故不善佳。疾久尙憂之。想野久蕜。至善。分張諸懷可云。不知其期。何時可果。永嘉競逐者有力。恐難冀得。大柿當種之。

篤不喜見客。篤不堪煩事。此自死不可化。而人理所重如此。都郡江東所聚。自非復弱幹所堪。足下未知之耳。給領與卿同。殊爲過差。交人士因開門以勉待之。無所復言。

君遠在此。乃受恩來。今留之。明晚共親親集。想君未便至餘姚。爾。云殷生得快悶大事。數謝生書。但有藥耳。云彥仁或宣城。甚佳。情事實宜。今有云。想深復征許也。

寂不得都問。知卿云曰問故。未知西審問。使人憂耿。得問示。

信使甚數。而無還者。但書疏不可得。得問宜示告之。知長翔田舍。比卿還。當知何候。須得音副民望。甚善。

羲之白。霧氣。足下各何如。長素轉佳。甚耿耿。

冀行面。遣知問。王羲之白。

昨道諸書。今示卿相見之。恐殷疾必行。義望雖宜爾。然今此集。信爲未易。卿者便西者。良不可言也。晴快。足下各佳不。長素轉佳也。甚耿耿。故知問具示。王羲之白。案此帖首三十八字張溥本失載。

足下晚可耳。至劣劣。力不一一。王羲之白。案此帖張溥本失載。

十二月二十四日羲之報。歲盡感歎。得十二日書。爲慰。大寒。比可不。吾故羸乏。力不一一。王羲之報。

藥湯諸人佳也。今知問。朱博士何當還。君可致意。令速還。想無稽滯。

吾至今目欲不復見字。

見君小大佳不。過此乃知熙佳。覺少不得同。萬恨萬恨。云出便當西。念遠別。何可云。遲見亦度。今或以在道。案前已有此帖重出。

賓諸人佳不。皆致心。憶之不忘懷。

姊不快。憂勞。餘平安。案前已有此帖重出。

初月十二日。羲之累書。至得去月二十六日書。爲慰。比可不。僕下連連不斷。無所一欲。噉輒不化消。諸弊甚。不知何以救之。罔極然及不一一。羲之白。

昨近有書至。此故不多也。遲書不悉耳。

知尙書中郎差爲慰。不得吳興問。懸心。數吳中聞耳。小奴在此忽患瘧。比數發。今日最爲大。都輕瘧耳。尙小停。今在吾廄中。念猶懸心。小患耳。無所垂心。須佳乃去。

此言不可乏。得知足下問。吾忽忽力數字。

直遣軍使者。可各差十五人耶。合三十八。足周事。足下知足下知消息。今故遣問。使至具示之。力書不一一。王羲之白。已上並法書要錄。

全晉文卷二十三終

烏程嚴可均校輯

王羲之三

雜帖三

方回遂舉爲侍中都下書云殷生議論殊異處憂之道故思同歲寒盡封此書還。法書要錄十下皆同

論亦不能佳體懷省無所乏然卿供給人士及使役吏人論者亦謂大任意在世中政自不得不小俯仰同異卿復爲意卿此懷亦當玄同不能勉人耳

見尚書一日遣信㠯具必宜有行者情事恐不可委行使耶遲還具問亦㠯與尚書諮懷今復遣諮矣與也。案前已有此帖重出

官舍佳也節氣不適可憂彼云何昨得義書比佳甚慰甚慰得官奴晉盜書賓平安念懸心此粗佳一日書此一一

民㠯頃情事不可不勤思自補節勤㠯食啖爲意乃勝前者而氣力所堪不如自喪初不哭不能不有時惻愴然便非所堪哀事損人故最深益知不可不豁之

知足下數禍伯諸人問助慰絕不得兄子問懸念可言此於南北旨使無理比欲歎久也亦同失人竝欲勿勿羣從書皆佳道冲書平安汝當改葬不可云勞冲遇此事或復連頭。案張溥本無旨使至勿勿十七字㠯羣從㠯下別爲一帖

省告一一足下此舉由來吾所具卿所云皆是情言然權事處之重則當廢情㠯從宜非書所悉見卿一一

吾涉冬節便覺風動日日增甚至去月十日便至委篤事事如去春但爲輕微耳尋得小差固爾不能轉勝沈滯進退體氣肌肉便大損憂懷甚深今尚得坐起神意爲復可耳直疾不除晝夜無復聊賴不知當得暫有閒還得㠯其寫不如今忽忽日前耳手亦惡欲不得書示令足下知問

七月十五日羲之白秋日感懷深得五日告甚慰晚熱盛君比可不遲復後問僕平平力及不一一王羲之白

知君患隱何㠯及爾是爲疲之極也一知此事恐不可㠯不絕骨肉之愛無論人事也乃甚憂君若自量過歎患不㠯輕心者一事不爾當何理

鄙故勿勿飲日三𣂪小行四升至可憂慮如桓公書旨闕其不去恐不能平

此信過不得熙書想其書一一也小大佳不賓轉勝皆謝之賢妹大都勝前至不欲食篤羸悔令人憂餘粗佳。案此帖張溥本失載

阿刁近來到卞上下皆佳姜夫數白

得書知足下且欲顧何㠯不進耶向與謝生書說欲往知登停山停山非所辯故可共集謝生處登山可他日耶王羲之白

不得君家書疏多往來皆平安耳今年此夏節氣至惡當令人危劬小疾苦故爾憂勞不可言

七月二十一日羲之白昨十七日告爲慰極有秋氣君比可耳力及不一一王羲之頓首

近復因還信書至也。案此帖張溥本失載

得九日問亦云鄙平平想得涼轉勝㠯疾乃服法必解此意來月必欲就到家而得其問云尚多溪毒當復小卻耳僕故有至臨州意尚未定自更有果南行者還乃得至壽春耳

得都九日問無他

得豫章書爲慰想㠯具問昨得都十七日書賊徑還蠡臺不攻譙是其反善之誠也想殷生得過此者猶令人憂期諸處分猶未定羊參軍旦夕至也遲一一

殷廢責事便行也令人歎悵無已

安石定目絕。令人悵然。一爾。恐未卒有散理。期諸處分猶未定。憂懸益疢。念君馳情。又遣從事發遣。君無復坐理。交疾患。何㠯堪此。何㠯堪此。恐屬無所復膺懷。卽乖大小不可言。且憂君㠯疾他史不易。

得司州書轉佳。此慶慰可言。云與君數數或採藥山崖。可願樂遙想而已。云必欲剋餘杭之遲期。此不可言。要須君旨問。僕事中久。宜暫東復。令白便行。還便行。當至剡槌上。二十日後還㠯示。政當與君前期會耳。遲此情兼二三。

昨暮得無奕阿萬此月二日書。甚近淸和耳。羌賊故在許下。自當了也。桓公未有行日。阿萬定吳興。

未復弘道近書。見與弘遠書。恐卿不得久坐。何如休稚玄佳不。想數得足下旨。令知問。

噱風膠。今年侶晚來年其主不起首者想。或可得借乎。

得反。不獲示。知足下發動脅癰。卿此疾苦甚。侶期一一想消。一當轉佳。爲何治也。吾爲亦劣。大都復是平平。隔耳許日。前後有其劾。何喩。冀涼日晚散耳。尋復知問。王羲之。

羲之頓首。賢女殯斂永畢。情㠯傷惋。不能已已。兄足下慈悴深至。何可爲心。奈何奈何。不能無時之痛。憂卿便深。今何如。患深逹旣往。吾志勿勿。力知問。臨書惻惻。王羲之頓首。

賢室何如。何可爲心。唯絕難於人理耳。諸患猶爾。憂勞深侶闕江矦闕行底到足下遺臨憿次冷取書。

得謝范六日書。爲慰。桓公威勳。當求之古。令人歎息。比當集姚襄也。

斷酒事終不見許。然守之尙堅。弟亦當思同此懷。此郡斷酒一年。所省百餘萬斛米。乃過於租。此救民命。當可勝言。近復重論。相賞有理。卿可復論。

知數致苦言於相。時弊亦何可不耳。頗得應對不。吾書未被答。得桓護軍書云。口米增運。皆當停。爲善。

問董祥。吾亦問之。冀必來。兵時得之。甚佳。頃日憒憒。不暇復此。省示及。乃復憶之耳。

周公東征。四國是遑。誠心款著。謂之累積。頻頻書想至。陰寒想自勝常。皇矣漢祖纂堯。案張溥本節取書想至勝常九字餘皆刪。

羲之死罪。荀葛各一國佐命宗臣。觀其轍迹。實奇士也。然荀獲譏於憂卒。意長恨恨。謂其弘濟之心。宜被大道。諸葛經國。逹治無閒然。處事而無玷累。獲全名於數代。至於建鼎足之勢。未能忘已。所謂命世大才。㠯天下爲心者。容得爾乎。前試論意。久欲呈。多疾憒憒。遂忘致。今送。願因暇日。可垂試省。大期賢逹興廢之道。不審謂粗得阡陌不。

信所懷願告。其中幷爾。郎子意同異復云何。邈然無諮敘之期。每賜翰墨。使如暫展。羲之死罪。

足下行穰久。人還竟應快不。大都當任縣墾宜其令。因便因便任耳。立俟。王羲之白。

足下各可不。都五日書今送。謝卽至。想源得免豺狼耳。王羲之。

羲之死罪。近因周參筆白牒。伏想必逹。此春㠯過。時速與深。兼哀傷摧。切割心情。奈何奈何。須臾寒食節。不審尊體何如。不承問㠯口經月。馳企。民疾根治滯。了無差候。轉久憂深。叔闕遣信自力粗白。不宣備。羲之死罪。

墳墓在臨川。行欲改就吳中。終是所歸。中軍往㠯還田一頃烏澤。田二頃吳興。想弟可還㠯與吾。故示。想弟居意。故如往言。忠終高也。是㠯思同之。

此三頃田樂吾舊耳。云卿軍府甚多田也。宜須一用心吏。可差次忠良。

十九日羲之頓首明二旬增感切奈何奈何得十二日書知佳爲慰僕左邊大劇且食少至虛乏力不一一王羲之頓首

十二日告李氏甥得六日書爲吾劣劣力不一一羲之白

羲之死罪復蒙殊遇求之本心公私愧歎無言㠯喻去月十一日發都違遠朝廷親舊乖離情懸兼至良不可言且轉遠非徒無諸覲之由音問轉復難通情慨深矣故旨遣承問還願具告羲之死罪

羣從彫落將盡餘年幾何而禍爲至此舉目摧喪不能自喻且和方左右時務公私所賴一旦長逝相爲痛惜豈惟骨肉之情言及摧惋永往奈何袁妹委篤示致問荒憒不得此熱不能不取給腹中便復惡無賴

羲之死罪累白想至雨快想比安和遲復承問下官劣劣日前可力白不具王羲之死罪

皆㠯具示復自耳羊參軍尋至具一一子期諸人何似耿耿心制行終不可居處（此帖首七字末八字袁溥本皆無）

餘皆平安也（案此帖張溥本無）

及㠯令弟食後來想必如期果之小晚恐不展也故復旨示羲之報

增運白米來者云必行此無所復云吾於時地甚疏卑致言誠不易然太老子㠯在大臣之末要爲居時任豈可坐視危難今便極言於相并與殷謝書皆封示卿勿廣宣之諸人皆謂盡當今事宜直恐不能行耳足下亦不可思致若言耶人之至誠故當有所面不爾坐視死亡耳當何

吾復五六日至東縣還復至問（案此帖張溥本失載）

想官舍佳見護軍近書甚慰仁祖轉嘉然疾根不除尚令人憂復得問未復反書甚慰八月共至臨山看甘橘思君宜深想鐵已還旦夕展也故復旨示羲之報

小大佳也不得尚書中書問耿耿得業書慰之

亦得業書爲慰今付還安方決去不言卽卿書致

適阮兒書其氣散暴處便危篤憂之怛怛

貴奴差不想不成太病傷寒可畏令人憂當盡消息地

蚶二斛厲二斛前示噉蚶得味今旨送此想噉之故㠯爲佳比來食日幾許得味不具示所欲示之

若治風教可弘今忠著於上義行於下雖古之逸士亦將眷然況下此者觀頃舉厝君子之道盡矣今得護軍還君屈㠯申時玄平頃命朝有君子曉然復謂有容足地常如前者雖患九天不可階九地無所逃何論於世路萬石僕雖不敏不能期之㠯道義豈苟且豈苟且若復㠯此進退直是利動之徒耳所不忍爲所不㠯爲上方寬博多通資生有十倍之覺是所委息乃有南眷情足謂何

㠯密示一勿宣此意爲與卿共思之省㠯付火

諸暨始寧屬事自可得如教丹陽意簡而理通屬所無復逮錄之煩爲佳想君不復須言謝丹陽亦云此語君諸暨始寧

想大小皆佳知賓猶伏爾耿耿想得夏節佳也念君勞心賢妹大都轉差然㠯故有時嘔食不已是老年衰疾更亦非可倉卒大都轉差爲慰㠯大近不復服散當將陟釐也此藥爲益如君告

大都夏冬自可可春秋輒有患此亦人之常期等平安羨此嬴少差先生至其歡慰且卿女一而已

大婚定芳勢道也（案此帖張溥本失載）

先生頃可耳今日略至遲委垂知樂公可爲之慰桃膠易得可㠯少耶專一物不移乃不忠也充迎不致意知陽意事迎願人之善行政五十日不復得問懸情皆佳也（闕）何貽云得潁陽書平安慰意不得吳諸人問懸遲之

古之御世者。乃志小天下。今封域區區。一方任耳。而恆憂不治。爲時恥之。但今卿重熙之徒。必得申其道。更自行有餘力相弘也。案此帖末九字張溥本但作粗佳二字。

甲夜羲之頓首。向遂大醉。乃不憶與足下別時。至家此二字張溥本作向至道家四字。乃解。尋憶乖離。其爲歎恨。言何能喻。聚散人理之常。亦復何云。唯願足下保愛爲上。以俟後期。故旨遣此信。期取足下過江問。臨紙情塞。王羲之頓首。

足下識先日之言信信具。

前得君書。即有反。想至也。謂君前書是戲言耳。亦或謂君當是舉不失親。在安石耳。省君今示。頗知如何。老僕之懷。謂君體之。方復致斯言。愧誠心之不著。若僕世懷不盡。前者自當端坐觀時。直方其道。或將爲世大明耶。政有救其弊闕算之孰悉。不因放恕之會。得期於奉身而退。良有已。良有已。此共得之心。不待多言。又餘年幾何。而逝者相尋。此最所懷之重者。頃勞服食之資。如有萬一。方欲思盡頤養。過此以往。未知敢聞。言止於今也。

知諸賢往。數見范生。亦得其近書。爲慰。又得孔生書。亦云不能數。何爾耶。江生可耳。斷絕。冀涼集也。得司州十六日書。諸疾患至。憂之至深矣。有斷未。想桓公數便。亦知謝生大得情和。至慰。安以當至吳興。遲見之也。

知須米。告求常如雲。此便大乏。敕以米五十斛與卿。有無當共。何以論借。

今有教敕付米。可送之。

數上下問如常。何可得集耶。念馳情未異。果爲結念致問。

不得東陽問。想卿婦遂平復耳。甥佳不。謝之。幼小頃可行。華母子平安。知足下故望暫還。歲內何理。過歲必有理。不思存足下。復得一敘平生。當可言。得卿書。尋省反復。但有悲慨。比者且當數致年

知闕

畢力。果思遲言面不可復得。此與苑期後月五日。遂乃剋耳。還遣旨進。

頃猶小差。欲極遊目之娛。而吏卒守之。可歎耳。陽化果佀小可。何日得卿諸人。

鄙疾進退。憂之甚深。使自表求解職。時以許乃當。是公私大計。然此舉不深。又不宜是之於始。二三無所成。可以示從女。其劣欲知消息。

足下所欲餘姚地。輒敕驗。所須輒告。

此雨過。將爲受。想彼不必同。苗稼好也。

比見敬祖。小大可耳。念孫阮諸人皆何似。耿耿。

尚書中郎諸人皆佳。比面雖近。隔殊思卿。度還旦夕。

吾頃胸中惡。不欲食。積日勿勿。五六日來小差。尚甚虛劣。且風大動。舉體急痛。何耶。頼力及。足下家信不能悉。王羲之。

十一月四日右將軍會稽內史瑯琊王羲之敢致書司空高平郗公足下。上祖舒。散騎常侍、撫軍將軍、會稽內史、鎮軍儀同三司。夫人右將軍劉闕女。誕晏之、允之。允之建威將軍、錢塘令、會稽都尉、義興太守、南中郎將、江州刺史、衞將軍。夫人散騎常侍荀文女。誕希之、仲之。及尊叔廙。平南將軍、荊州刺史、侍中、驃騎將軍、武陵康侯。夫人雍州刺史濟陰郗說女。誕頤之、胡之、耆之、羨之。內兄胡之、侍中、丹陽尹、西中郎將、司州刺史。妻常侍譙國夏侯女。誕茂之、承之。羲之妻太宰高平郗鑒女。誕玄之、凝之、肅之、徽之、操之、獻之。肅之授中書郎、驃騎諮議、太子左率。不就。徽之黃門郎。獻之字子敬。少有清譽。善隸書。咄咄逼人。仰與公宿舊通家。光陰相接。承公賢女淑質直亮。確懿純美。敢欲使子敬爲門閭之賓。故具書祖宗職諱。可否之言。進退唯命。羲之再拜。

良深路滯久矣。況今季末。無所多怪。足荒何卹於此。足下志嶠外有由來。及然㠯勢觀之。卿入貴於不令耳。書政當爾。王羲之白。

知㠯智之所無。奈何不復稍憂。此誠理也。然闕之懷何能已已乎。未能得面。書何所悉。恒深。得近期豈還。故因敎初日月

吾湖孰縣須永田。卿都可遣儀之墓不知處。去年儀之者。㠯是俞進。可問之。卿不出停此。

親往爲慰。思後諸能數不。想昨咄兄㠯日此粗佳。二謝叔喪。與公近便索然。玄度來數日。有疾患。便復來。阿萬小差。大事問有重慮安佳。行來還大蕩然。阮公政散耿。懷祖可呼賀祭酒俱。案此帖張溥本失載。足下欲同至上虞一宿。還無所廢。吾初至。便與長史俱行。無不可不。

吾爲卿任此督者。但此懷自不復得闕之於時。

小大皆佳也。度有近問不。得上虞甚佳。足下當能相就不。思面卿。

前云當來。何能果也。遲散無喻。吾後月當出。㠯省念示。

下近欲麻紙。適成。今付三百。寫書竟訪得不。得其人示之。

省書。知定疑來汝君長臘所養。雖小要爲喪玉。劉夫人靈坐在堂。政爾遠來。於禮誠不可違。所㠯狼狽遠迎。汝情地信難忍。交恐有性念慮。得來想慰釋實引。是㠯下復思此耳。若汝能割遣無益。得過喪制。遂來居此。乃事宜也。若自量不能遣哀念。須奚等旦夕相喻者。當來。汝當自若。奚意盡此也。

若來。大小雖當復出者。殊更良㠯。若汝不出。農當單出。汝能遣農速行不。諸宜皆當自詳計。審日遲望。而更未定。殊更悵悵不可言。此乃爲汝求宅。謂汝來居止理。軍千何可久處。而情事不得從意。可歎可歎。終果來居者。故當爲汝求也。㠯書示農。

初月二日羲之頓首。忽然此年。感遠兼傷。情痛切心。奈何奈何。念君哀窮。奄經新故。仰慕崩絕。豈可堪忍。比各何㠯。相憂不忘。當深

消息。㠯全勉爲大。僕衰老。殆是日不如日。力知問。王羲之頓首。

思率府朝。得書知問。足下差。但尚頓極之。不一一。

初月一日羲之報。忽然改年。感思兼傷。不能自勝。奈何奈何。異更寒。諸疾此復何㠯。不得問多日。懸心不可言。吾猶小差。甚尚劣。力遣不知。羲之報。

鄉各何罪。㠯先羸而處至痛。憂湖深重。得之思寬遣。吾茲乏劣。自力不報息。

此上下可耳。出外解小分張也。須產往迎慶。思之不可言。知靜婢面猶爾。甚懸心。

袁妹當來。悲慰不言。下家當慰意。令知之。

期小女四歲。暴疾不救。哀愍痛心。奈何奈何。吾衰老。情之所寄。唯在此等。奄失此女。痛之纏心。不能已已。可復如何。臨紙情酸。

知靜婢猶未佳。懸心。可小須留爾。

十月十五日羲之頓首。月半哀傷切心。奈何奈何。不可居忍。得十三日書。知問。此何㠯恆耿耿。吾至勿勿。小佳。更致問。王羲之頓首。

謝范新婦得闕富春還。諸道路安穩。甚慰心。比日涼。郎至平安也。上下集聚欣慶也。華等佳不。自新婦母子去。寂寞難言。思子輩不可言。案絳帖亦㠯爲羲之書。與法書要錄同。張溥編入王獻之集。而文小異。

羲之死罪。伏想朝廷清和。稚恭遂進鎮東西齊舉。想剋定有期也。羲之死罪死罪。

羲之白。乖違積年。每惟乖苦。痛切心肝。惟同此情。當可居處。羲之腳不踐地。十五年。無由奉展。比欲奉迎。不審能垂降不。豫唯哽闕故先承問。羲之再拜。

再昔來熱。如小有覺。然晝故難堪。知足下患之。云故㠯圍棊。是不爲患。吾其爾無佳。自得此熱。憔悴終日。未果如何。王羲之頓首。

五月二十七日州民王羲之死罪死罪。此夏復便半闕惟違離。眾

情兼至。時增傷悼。頃水雨未之有。不審尊體如何。得疾除也。不承近問。馳企。民自服橡屑。下斷。體氣便自差強。此物益人斷下。去陟釐劫樊遠也。吕爲良方出何是。眞此之謂。謹及因青州白牒不備。羲之死罪死罪。

寒。伏想安和。小大悉佳。奉展乃具。羲之死罪。見子卿具一一。荒民惠懷最要也。甚吕欣慰。唯愿不倦爲善。承晉此生當廣陵任。佳。此生處事吕驗。海陵江　閼間。殊令人有懷也。羲之死罪死罪。

想元道弘濟平安。道充當得還不。羲之頓首。涼君可不。女差不。耿耿。想比能果力不。王羲之頓首頓首。

阮信比於界上耳。向書已具。不復一一。王羲之頓首。

昨得殷侯答書。今寫示君。承無怒詔。連思順從。或有怨望。其不宜

盤桓。或順從至嫌也。想復深思驗同罪。

十二月十日羲之白。近復追付期。想先後皆至。昨得二十七日告。知君故乏劣腹痛。甚懸情。災雨比日復何似。善消息遲後問復。平平不一一。王羲之白。

知尋遣家信。遲具問。

向遣書。想夜至。得書知足下問。當遠行。諸懷何可言。十一必早發。想至足下　如向期也。

行當是防民流逸。不吕爲利耶。此於郡爲由上守郡更尋詳。若不由上命而斷中求絕者。此爲吕利。卿絕之是也。縱民所之。恐有加向者流散之患。可無善詳具聞。

君欲船。輒敕給。所須告之。

得君戲詠。承念。至此年。乃未見。已上竝法書要錄

烏程嚴可均校輯

王羲之 四

雜帖 四

太保思一散。知足下歸。乃至孔建安家。熱乃爾。往還以十。實非乏所堪。若之。不復更勉近道。唯命是往矣。法書要錄十下皆同

恐有簿書之煩。益屬所事。可立制。縣不給下貧。而給饒有之家。開令治國。別許爲盛田不平者。嚴制如此。事省而虛實可知。其或非所樂。而絕付給者。今爲不賦。得里人遂安黃籍。前年皆斯人。非復一條。可歎。今便獨坐。令白郗傒求官。邈等想必可得。君亦當得。兒書若萬一不樂。想可共思。得州數十家見經營。不爾。無坐此理也。別當以具。慰深共思。不待煩言。

十二月二十二日羲之白。節近。感歎情深。得去月二十三日書。知君故苦日耿耿。善護之。往不。僕得大寒疾。不堪甚。力還不具。王羲之白。

十四日疏。昨信未即取遣。適得孔彭祖書。得其弟都下七日書。說雲子暴霍亂亡。人理乃當可耳。惋惋。桓公周生之痛。豈可爲心。農敬親同日至。至數日耳。道路平安爲慰。妹且停爲大慶。案法書要錄旁注懷允二字謂此帖有懷允鈐記耳張溥本改作懷元以爲正文謬甚

知弟不果行。吾不佳。面近也。

適書至也。知足下明還。行復勉面。王羲之白。

小大佳也。賢兄知猶當小佳。然下不斷。尚憂之。

近所示。欲依上虞別上申一期尋案。臺報不聽。上當勠力於事。不可但復解散。君縣乃是今勝縣。而復以爲難耶。

知足下以界內有此事。便欲去縣。豈有此理。此縣弊久。因范公及阮公既拜微旨。足下謂合損益之耳。不謝。案張溥本末三字作宜不二字

羲之死罪。累白至也。辱十四日告。慰情。念轉塞。想善平和。下官至匆匆。自力白。羲之死罪。諸人何似。耿耿。案張溥本以末十字別爲一帖

遣令使白。恐不時至耳。

奉黃柑二百。不能佳。想故得至耳。船信不可得知。前者至不。

云停雲子代萬頃桓公至。今令荀臨淮權領其府。懷祖都共事已行。

月十三日羲之頓首。追傷切割心。不能自勝。奈何奈何。昨反想至。向來快雨。想君佳。方得此雨爲佳。深爲欣嘉。信既乏劣。又頭痛甚。無闕力不一一。王羲之頓首。

兄靈柩垂至。永惟崩慕。痛貫心膂。痛當奈何。計慈顏幽翳十三年。而吾匆匆不知堪臨。始終不發言。哽絕當復奈何。吾頃至劣劣。比加下。昨

羲之頓首。想創轉差。僕其爾未欲佳。憂憒。力知問。王羲之頓首。

三月十三日。羲之頓首。近反亦至。念足下哀悼之至。不可勝。更寒外。足下何如。吾劣劣。力遣知問。王羲之頓首。

書雖備至。聚宜有以宣事情。今遣羊參軍西。諸懷所具。必欲今覲。想可思。今得時面。克令得還也。

羲之白。一日殊不敘闊懷。得書。知足下咳劇。甚耿耿。護之。冀以散力不一一。王羲之白。

知德孝故平平。想當轉得散力。每耿耿不忘懷。足下小大佳不。忽然夏中感懷。冷冷不適。足下復何似。耿耿。吾故不佳。得遠近問不。虞生何當來。遲一集。昨見無奕十九日書。二十足下始有次弟耳。必無此理。便當息意。今敕諸處事及縣者省馳書於臺中。論必釋然。故遺旨信示意。

羲之頓首白。雨無已。不兒猶小差。力不一一。王羲之頓首。

省告。攝功曹事。一一屬以所求。寬逋懈守命。必欲肅之。是以關意。

其志既立。不得不必行。

與殷侯物示當爾。不可不卿定之。勿疑。

李母猶小小不和。馳情。伏想行平康。郗新婦大都小差。卿大小佳。

近書至也。得十八日書。爲慰。雨蒸。各可不。參軍轉差也。懸耿。吾腳痛劇。灸不得力。至患之。不得書。自力數字。案前已有此帖重出

足下當爲遠慮。不可計日。案張溥本誤倒尚書帖之後半以爲送袍帖而以此二語誤屬尚書帖又改計日作計目前

省示。知足下奉法轉到勝理極此。此故蕩滌塵垢。研遣滯慮。可謂盡矣。無以復加。漆園比之。殊誕謾如不言也。吾所奉設教意政同。但爲形迹小異耳。方欲盡心此事。所以重增辭世之篤。今雖形係於俗。誠心終日。常在於此。足下試觀其終。

適都十五日問。淸和。傳賦問定寂寂。當是虛也。然始與郡奴屯結不肎出。恐成。令人邑邑。想官吏長制之耳。

雨寒。卿各佳不。諸患無賴。力無不一一。羲之問。

庾雖篤疾。謂必得治力。豈圖凶問奄至。痛惋情深。半年之中。禍毒至此。尋念相摧。不能已已。況弟情何可任。遮等荼毒備盡。當何可忍視。言之酸心。奈何奈何。可懷君懷。案張溥本無末四字

此公立德由來。而嬰斯疾。每以惋慨。常冀積善之慶。當獲潛佑。契同昔人。尋憶闕事。緬然永絕。哀惋深至。未能喻心。省足下書。固不可言。已矣。可復奈何。絕筆流涕。

足下各可耳。復雨可厭。若吾所歎日去。不復辭此意。想足下明必顧之。遲散。羲之頓首。

六日西也云。仁祖服石散一齊。不覺佳。酷羸至可憂。力知問。王羲之書白。

書成得十一日疏。甚慰。三舍動靜馳情。先書已具。不得一一。

知汝表出便去。不得見汝。此何可言。想秋必還。恐此書不復及汝。不一一。

九家眞慰鸞開鶴瑞集客登秦望書一紙。案此帖張溥本不載

孔侍郎著作朝。當[illegible]侍從。庾參軍兄弟三人。輒承命。參軍弟至都孫道常約孔東遷騎承命。長曹言切勅侍從承命。謝功曹長旭妨夫謝輶死罪死罪。奉命輒侍從。孔孝廉前吏孔琨死罪。命違輒侍從。王征東郎最言輒當侍從。孫參軍定伯承命。案此帖張溥本不載

王逸少字頓首謝。七日登秦望。可俱行。當早也。

諸患者復何如。懸心。比疏已具。不復一一。

桓安西觀自代蜀五。

書勿勿未得遺信。又不知足下問。吾既不快。弱小疾苦甚無賴。損尚小停。有定去日。更與足下相聞。還不具。王羲之白。

兒故未至。不知何父。知足下念。

適書至也。此人須當令遲。想足下可爲停之。故示。王羲之頓首。

六月三日羲之白。徂暑。此歲已半。載慨歎可。得二十七日書。知足下安。頃耿耿。愁增患耶。善消息。吾至勿勿。常恐一夏不可過。不一一。王羲之白。

賊以還。不知遇官軍云何。可深憂之。欲依上虞。初到別上。今敕聽之。縣事不同。直不相連耳。

旦奉祀。感思悲慟。得書知問。吾乏劣。力不一一。王羲之問。

重熙去具今子日與曹諭謝嶧。吾又不下蔡。書一一。足下淸談。想必有理耳。長任比得解未。吾與江生論書答如此。足下思所向示之要。至懷也。須卿示。案此帖張溥本不載

王逸少頓首敬謝。各可不。欲小集。想集後能果。

想曹參軍疾者已往。必能同來。

得告。慰。爲妹下斷。以爲至慶。吾比日至未果。殊有邑想。王羲之頓首。

見弘遠二書。皆以遠也。動散即佳爲慰。

足下晚各何似。恆灼灼。吾坦之欲不復堪事內然。力不一一。王羲之頓首。

足下各復何似。恆灼灼。故問。王羲之白。

足下似有董仲舒開閉陰陽法。可敕令料付。不雨。憂之深。珍重。

曹廣王六君別。（案此帖張溥本不載）

羲之頓首。君可不。語差也。耿耿。力乏問。王羲之頓首。（案此帖張溥本不載）

上下無恙。從妹佳也。得敬和近問。不人有至憂其疾者。令人深憂。

隔久。何日能來。

曹叅軍。

累書想至。（案此四字張溥本作羲之頓首。）君比各可不。僕近下數日。勿勿腫劇。數爾進退。憂之轉深。亦不知當復何治。下由食穀也。自食穀。小有肌肉。氣力不勝。更生餘患。去月盡來。停穀噉麪。復平平耳。

知玄度在彼。善悉也。無由見之。此何可言。

今與王會稽丘山陰書借人。想故當有所得。又語丘令。臨葬必得耳。

知劉公差甚慰甚慰。知前乃爾委頓。追以坦然。今轉平復也。阮公近聞不。萬轉差也。（已上並法書要錄）

知汝殊愁。且得還爲佳也。冠軍暫暢釋。（張玄之嘗爲冠軍將軍。）當不得極蹤。

可恨。吾病來不辦行動。潛不可耳。終年纏此。當復何理耶。且方有此分張。不知比去復得一會不。講竟不竟。可恨。汝還當思更就理。

一昨遊悉誰同。故數往虎丘不。此甚蕭索。祖希時面。（張玄之字祖希。）因行藥。欲數處看過。還復共集散耳。不見奴。（奴右軍子姓小名。姜堯章曰。如所謂官奴興奴小奴者。）

粗悉書云見左軍。（謝玄疾篤還京口。轉左將軍。）彌數聽論政也。（淳化閣帖二題爲後漢張芝之書。諸家攷定當屬羲之。今從之。下一帖同。）

今欲歸。復何適。報之遣不知（姜作具）總散討（姜作集）並侍郎（姜曰。郗愔也。或范武

子。）耶言別事有及。過謝憂勤。二月八日復得鄱陽等。（姜曰。王廙也。）多時不耳。爲慰如何。平安等人當與行不。足不。過彼與消息。（同上）

得長風書。靈柩幽隔卅年。心想平昔。痛慕崩絕。豈可居處。抽裂不能自勝。謝書已乞日安厝。即其情事長畢。奈何。松等隕慟。哀情頓泄。亦難可言。郗還未卜。聊示友。中郎相憂不去心。感遠懷近。增傷惋。每見范母子哀號。使人情悲。（淳化閣帖二。舊以爲鍾繇。非。華化字長風。華譚子。絳帖平云。松即右軍帖所稱穆松也。郗。王獻之婦也。中郎。郗曇也。字重熙。常爲北中郎將。）

適得書。知足下問。吾欲中治。甚憒憒。向宅上靜佳眠。都不知足下來。一甚無意。恨不暫面。王羲之。（淳化閣帖六。下皆同。凡法書要錄已載者。不復載。）

知欲東。先期共至謝。欲處云何。欲行。想忘耳。過此如命。

差涼。君可不。今日實顧不遲面。力知問。王羲之。

比奉對。兄以釋。豈一。

奄至此禍。情願不遂。緬然永絕。痛之深至。情不能已。況汝豈可勝任。奈何奈何。無由敘哀。悲酸。

伏想嫂安和。自下悉佳。松上下至乖隔十八年。復得一集。且悲且慰。何物喻嫂。疾至篤。憂懷甚深。穆松難爲情地。自慰猶小差。然故勿勿。冀得涼漸利耳。

此諸賢粗可。時見省。甚爲簡闊。遠須異多小患。而吾疾篤。不得數爲歎耳。

宰相安和。殷生無恙。時面兄。當宣兄懷。

噉豆鼠傷如佳。今送。能噉不。

秋中感懷。雨冷。冀足下各可耳。脚風遂欲成患。甚憂之。力知問。王羲之頓首。

又不能不痛熙孝亡。政爾復何於求之。度政當求之內事。餘理不絕。求之一條。當有冀不。信罔然前塗。願乙乙誨之。以悟其心。

疾不退。潛損。亦當日深。豈可以常理待之。此豈常憂。不審食復何

如。云肌色可。可所堪。轉勝。復吕此爲慰。馳竦耳。案閣帖六吕此爲羲之。十吕此爲獻之。張溥編入獻之集。今按法書要錄羲之有此豈常憂一句。定此爲羲之。夫人遂平康也。足下各可不。冀行復面。王羲之頓首。

想大小悉佳。蔡家賓至。君情感益深。唯當撥遣之耳。

知足下散勢小差。此慰無吕爲喻。云氣力故爾。復吕胡怛。想散患得差。餘當吕漸消息耳。

吾頃無一日佳。衰老之弊日至。夏不得有所噉。而猶有勞務。甚劣劣。

昨得熙廿六日書。云患氣懸情。

知足下連不快。何爾。耿耿。善將適。吾積羸困。而下積日不斷。情慮尚深。殊乏。自力不能悉。

小佳。更致問一一。適修載書。平安。

羲之白。奉告慰。反側。伏想比安和。伯能過。見之悲酸。大都可耳。惟垂心。羲之平平。一日白比具。

羲之白。送此鯉魚。征與敬耶。不在。不乃邑邑不。

今遣鄉里人往。口具也。

四月廿三日羲之頓首。昨書不悉。君可不。腫劇。憂之。力遣不具。

羲之頓首。闊別稍久。眷與時長。寒嚴。足下何如。想清豫耳。披懷之暇。復何致樂。諸一作往。賢從就理。當不疎。吾之朽疾。日就羸頓。加復風勞。諸無意賴。促膝未近。東望慨然。所冀日月易得。還期非遠耳。深敬宜音問在數。遇信忩遽。萬不一陳。

卿與虞休意書。有所問足下。旨爲致誠答。令旨意致來。勿忘。此意自決。今吕資嚴。知小大疾患。念勞心。

吾昨得一日一起。腹中極調適。無所爲憂。但顧情不可言耳。

侍中書。徐侯遂危篤。恐無復冀。深令人反側。

不得臨川問。懸心不可言。子嵩之子來。數有使。冀因得問示之。

疾患差也。念憂勞。王羲之頓首。按此帖張溥本失載

想弟必有過理。得暫寫懷。若此不果。役期欲難冀。臨書多未果爲結。力不具。王羲之。

月半。念足下。窮思深至。不可居忍。雨溼。體氣各何如。參軍得針炙力不。甚懸情。當深寬割。晴通省苦。遣不具。王羲之白。

長素差不。懸耿。小大佳也。得敬豫九日問。故進退憂之深。

知念許君。與足下意政同。但今非致言地。甚勑勑。亦不知范生吕居職未。吕卿示輒便及之。吾尚不能惜小節目。但一闕無解已。又亦終無能爲益。適足爲煩瀆。足下呼尔不。案此帖張溥本失載

每念長風。不可居忍。昨得其書。既毀頓。又復壯溫。深可憂。

謝生多在山。不復見。且得書疾。惡冷。耿耿。想數知問。雖得還。不能數。可歎。

初月二日羲之頓首。忽然今年。感兼傷痛。切心。奈何奈何。念君哀窮不已。羲之皇恐。

足下時事少。可數來至。人相尋下官吏。不東西未委。若爲言敘乖。

足下不返。重遣信往問。願知心素。

吾怪足下參朝少晚。不審有何事情。致使如然。省。王羲之再拜。

前從洛至此。未及就彼參承。願夫子勿悒悒矣。當日緣明府共飲。遂闕顧足下。莫見責。羲之頓首。

十一月廿七日羲之報。得十四十八日二書。知問爲慰。寒切。比各佳不。念憂勞。久懸情。吾食至少。劣劣。力因謝司馬書。不具。羲之報。

十月七日羲之報。前過足下。所得其書。想殊有勞弊。然叔兄子孫有數人。足慰目前。情至。取答委曲。故具示。可令必達。吕副此志。且山川甚有形勢。遠想慨然。又出藥精要有驗。歎吾不復堪事。比成此書。便大頓。

廿日羲之頓首。節日感歎。深念君。增傷。灾雨。君可也。

僕可耳。力數字。王羲之頓首。

定聽他母子哀此。遂不還。可令未也。

適重熙書如此。果尔。乃堪可憂。張平不立。勢向河南者。不知諸侯何以當之。熙表故未出。不說說苟侯疾患。想當轉佳耳。若熙自勉此一役。當可言。淺見實不見今時兵任可處理。案此帖張溥本失載

二謝在此。近終日不同之。此歎恨不得方回。知幸知幸。後問。令人怛怛。

近遣傳散有書。想旦夕還。近健步還。得廿八日書。吳興又送此月一日。不知何以情恕修齡。乃復以示法。謝峯事。秋便令。要且令必果。案此帖又見永樂中周藩東書堂帖。又送作又道。修齡作修歎。蓋摹刻失之耳。

不知夜來下意竟乏。新故之際。致歎良深。要錄作至君亦同懷。近信過要錄作過得告。故云腹痛。懸情災雨。比復何似。氣力能勝不。僕爲爾耳。力不具。一一。王羲之。要錄有白字。二謝帖前附此。家藏梨木新本有此二帖。在案今本要錄無此帖。張溥編羲之集亦失載。

七月一日羲之白。忽然秋月。但有感歎。信反。得去月七日書。知足下故羸疾。問觸暑遠涉。憂卿不可言。吾故羸乏。力不具。王羲之白。淳化閣帖七下皆同

得都下九日書。見桓公當陽去月九日書。久當至洛。但運遲可憂耳。蔡公遂委篤。又加廗下日數十行。深可憂慮。得仁祖廿六日問。疾更委篤。深可憂。當今人物眇然。而艱疾若此。令人短氣。謝光祿亦垂命。可憂念。二一釋二作憂念朝奄忽傷人懷。今年彫落可哀歎。

徂暑感懷。深得書。知足下故頓乏食。差不。耿耿。吾故尔耳。信次可致。當大惠也。從弟分別。吾深憂慮。卿女轗軻。想何可處。差充喜言不多耳。羲之。

皇象草章旨信送之。勿三。當付良信。

遠婦疾猶尔。其餘可耳。今取書付。想具。

羲之白。君晩可不。想比果。力不具。王羲之。

得遠嘉興書。計今日必度。喜遲可言。足下。至慰。今有書。想足下有旨信。別告具之。

云足下尚停數日。半百餘里。瞻望不得一見卿。此何可言。足下疾苦。晴便大熱。北恆山谷游作小船中至不易。可得過夏不。甚憂卿。還具示問。

得告。承長平未佳。善得適適。君如常也。知有患者。耿耿。念勞心。食少。勞甚頓。還白不具。王羲之再拜。

省飛白。乃致佳。造次尋之。乃欲窮本。無論小進也。稱此將青於藍。

太常故患脚灸。愈體中可可耳。僕射事已行。以表讓。未知恕不。未復司州旨告。懸竦。鄱陽歲使應有書而未得。

向亦得萬書。委曲備悉。使人慨然。見足下乃悉。知叔虎剋昨發。月半略必至。未見勞參軍。

熱日更甚。得書。知足下不堪之。同此無賴。早且乘涼行。欲往遲散也。王羲之。

知賢室委頓。何以使尔。甚助耿耿。念勞心。知得廿四問。亦得叔虎廿二日書。云新年乃得發。安石昨必欲剋潘家。欲剋廿五日也。足下以語張令。未前所經由。足下近如似欲見。今送。

七月六日羲之白。多日不知問。邑邑。得二日書。知足下昨問。耿耿。今已佳也。

期已至。遲還具足下問耳。當力東論道家。無緣省苦。但有悲慨。不得東此月問。

信去。舍子別送。乃是北方物也。何以欲此。欲幾許。案此帖張溥本失載

致此四紙飛白。以爲何似。能學不。

月未必往。遲見君。無以爲喻。

鄉里人擇藥。有發簡而得此藥者。足下豈識之不。乃云服之令人仙。不知誰能試者。形色故小異。莫與（亦一作）嘗見者謝二侯。

昨見君歡。後（姜作復）無喻。然未善悉。想宿昔可耳。脅中云何。一善消息。值周轉勝也。耿耿。疾患小差。與弘遠俱詣。遲共寫懷。王羲之。

知遠比當造次。遲見此子。眞㠯日為歲。足下得審問。旨令吾。（案此帖張溥本失載）

荀侯佳不。未果就卿。深企懷耳。安西音信邪可遇。得歸洛也。計令解有懸。休尋。

知君當有分住者。念處窮毒而復分乖。尚可居情。想反理斷當。

旦反想至。所苦差不。耿耿。僕腳中不堪沈陰。重痛不可言。不知何㠯治之。憂深。力不具。王羲之頓首。

深㠯自慰。理有大斷。其思豁之。令盡足下勿乃憂之。足下殊當憂吾。故具示問。

晚復毒熱。想足下所苦並㠯佳。猶耿耿。吾至頓劣。冀涼意散。力知問。王羲之頓首。

足下家極知無可將接。為雨遂乃不復更。諸弟兄悶疾。深護之。不具。王羲之白耳。

僕近修小園子。殊佳。致果雜藥。深可致懷也。儻因行往。希見。比二處動靜。故故常患。馳情。散騎雍轉利。慶慰。姊故諸惡反側。永嘉至奉集。欣喜無喻。餘可耳。

得華直疏。故尔諸惡不差。懸憂。順何似。未復慶等近消息。懸心。君並何為耶。此猶未得盡集。理行大剋。遲此無喻。

知彼清晏歲豐。又所使有無一鄉。故是名處。且山川形勢乃尔。何可㠯不遊目。

彼鹽井火井皆有不。足下目見不。為欲廣異聞。具示。

足下今年政七十耶。知體氣常佳。此大慶也。想復勤加頤養。吾年垂耳順。推之人理。得尔㠯為厚幸。但恐前路轉欲逼耳。㠯尔要欲一遊目汶領。非復常言。足下但當保護。㠯俟此期。勿謂虛言。得果此緣。一段奇事也。（已上並淳化閣帖）

全晉文卷二十五終

王羲之 五

雜帖 五

烏程嚴可均校輯

羲之死罪。小大悉已來未。惶不可懷。未復諮誨問。懸情。計賓命行應至。遲卞公遺具承問。妹極得散力。已爲至慰。期等故尒耳。因緣不多白。羲之死罪。淳化閣帖八下竝同。

不審定何日當北。遇信復白。遲承後問。

伏想清和。士人皆佳。適桓公十月末書爲慰。云所在荒甚可憂。殷生數問北事。勢復云何。想安西已至。能數面不。或云頓歷陽。尒耶。

無緣同爲歎。遲知問。

運民不可得而要當得。甚慮犮散。頓爲此。足勞人意。

八日羲之頓首。多日不知君問。得一昨書。知君安善爲慰。僕佀小差而疲劇。咋若耶。觀望。乃苦輿上隱痛。前後未有此也。然一日一發。勞復不極。已此爲慰耳。力不

鄉里人樂著縣戶。今送其名。可爲領受。

君頃就轉佳不。僕自秋便不佳。今故不善差。

頃還。少噉脯。又時噉麨。亦不已爲佳。亦自勞弊。散係轉久。此亦難已求泰。不去人間。而欲求分外。此或速弊。皆如君言。

便大熱。足下晚可耳。甚患此熱。力不具王羲之上。

此書因周常侍。想必至。

吾惟辨。辨便知。無復日也。諸懷不可言。知彼人已還。吾此猶有小小往來。不欲來者其野。近當往就之耳。不大思其方。不見可久理。而任之者悠然。此可歎息。

得西問。無他。想彼人甚平安。此粗佳。玄度來數日。爲慰。

中郎女頗有所向不。今時婚對。自不可復得。僕德意。君頗冷不。大

都此亦當在君耶。

發瘧。比日疾患。欲無賴。未面邑邑。反不具王羲之。

得書知問。腫不差。乏氣勿勿。面近羲之報。

足下各如常。咋還殊頓。匈中淡悶。干嘔轉劇。食不可强。疾高難下治。乃甚憂之。力不具王羲之。

得書知足下問。吾既不佳。賢內妹未差。延期。

須狼毒。市求不可得。足下或有者。分三兩。停須故示。

得書知問。吾夜來腹痛。不堪見卿。甚恨。想行復來。修齡來經日。今在上虞。月末當去。重熙旦便西。與別不可言。不知安所在。未審時意云何。甚令人耿耿。

闊轉久。勞想豈舍。知足下常得之。卒未近緣如何。足下數令知問。

十一月四日羲之白。冬中感懷深。始欲寒。足下常疾何如。不得近問。邑邑。吾故苦心痛。不得食經日。甚爲虛頓。力及不具王羲之白。

周益州送此卭竹杖。卿尊長或須。今送。

不得執手。此恨何深。足下各自愛。數惠告。臨書悵然。

阮公故尒。可憂。時放恕大事。今令速言。何方一作万。宇篤。大灸不得力。而從事已至。甚無計。自必出。唯須小佳。鐵石今出求救。足下可復助。且令得通。

家月末當至上虞。妹亦俱去。

此蒸溼難爲人。得示。知足下故尒堪行。想不成病耳。吾至無賴。行剋。王羲之頓首。

不得西問。耿耿。

丘令送此宅圖。云可得卅畝。尒者爲佳。可與水丘共行視佳者。決便當取問其賈。

謝生多在山下。不復見。且得書。疾惡冷。耿耿。想數知問。雖得還不能數可歎。

不審比出日集聚不。一尒緬然。恐東旋未期。諸情罔。飛白不能乃佳。意乃篤好。此書至難。或作。復與卿。

羲之白。昨故遣書。當不相遇。知君還。喜慰。足下時行。想今善除。猶耿耿。僕時行已十一日而不保。如比日便成委頓。今日猶當小勝。不知能轉佳不。積不卿至。劣劣。力還不具。王羲之白。

不審復何似。永日。多少看未。九日當採菊不。至日欲共行也。但不知當晴不耳。

倫等還。殊慰。意增慨。知足下疾患小佳。當惠緣想哀能果。遲此善散。非直思想而已也。尋復有問。足下以數示。由為諸力不具。

月半哀感。奈何奈何。念邑邑。罔極之至。不可居處。比日何似。痺差不。悒悒。力知問。王羲之頓首。

知彼乃尒切切。汝乃獨坐。但有憂色。懸遠不能得遣人。且吾無復久意。果去。當南視汝等也。

一昨得安西六日書。無他。無所大說。故不復付送。讓都督表亦復常言耳。如兄子書道嵩自必果。今復與書督之。足下勑令至。并與遠書也。淳化閣帖八 此帖再見

尊夫人不和。想小耳。今以佳。念累息。卿佳不。吾故劣劣。力知問。王羲之敬問。

日五期結極以大。先師之言皆著。推此言之無驗。如此事君當欲知。故及。宜停宅。

三月十六日羲之白。一昨省不悉。雨快。君可不。万石轉差也。灸得力不。不得後問。懸悒不知。去一作懷。君云當有旨信。遲望其至。僕劣劣。故遣不具。還具示。王羲之。

取卿女聟為長史。休種知何似。耿耿。

適欲遣書云得示。知足下得諒以為佳。甚慰。知多疾患。念勞心。吾故不欲食。比來以為事恐不久。邑邑。思面。行故果之。王羲之。

此郡之弊。不謂頓至於此。諸逋滯非復一條。獨坐不知。何以為治。自非常才所濟。吾無故舍逸而能勞。歎恨無所復及耳。夏人事請託亦所未忽。小都冀得小差。須日當何理。已上竝淳化閣帖。

想佳。卿以得速還。欲令今早去時反也。汝帖下皆同。

省書增感切。及反不具。羲之報。

念足下。罔戀之至。不可居處。白此已具委也。

前却食小差。數數便得疾。政由不消化故。

二月廿日羲之頓首。二旬期等小祥日近。傷悼深至。切割心情。奈何奈何。近得告為慰。力及數字。王羲之。

羲之白。昨得期書。知君可耳。已上竝汝帖。

百姓之命闕　倒懸。吾夙夜憂此。時既不能開倉庾賑之。因斷酒以救民命。有何不可。而刑猶至此。使人歎息。吾復何在。便可放之。其罰謫之制宜嚴重。可如治。日每知卿同在民之主。

卿事時了甚快。羣凶日夕云云。此使鄴下一日為戰場。極令人惆悵。豈復有慶年之樂耶。思卿一面。無緣可歎可歎。

今往絲布單衣財一端。示致意。

去夏得足下致邛竹杖。皆至此。土人多有尊老者。皆即分布。令知足下遠惠之至。

胡母氏從妹平安。故在永興居。去此七十也。吾在官諸理極差。頃比復匆匆。來示云與其婢問來信。闕　不得也。

知虞帥云。桓公以至洛。即摧破羌賊。賊重命。想必禽之。王略始及舊都。使人悲慨深。此公威略實著。自當求之於古。眞可以戰。使人歎息。知仁祖小差。此慰可言。適范生書。如其語無異。故須後問為定。今以書示君。

虞義興適送此。桓公摧寇。罔不如志。今以當平定。古人之美。不足比蹤。使人歎慨。無以為喻。

適知十五日問。濤和爲慰。復得南後問不。想二庾速王之始與奴長就。令人邑邑。想無所至耳。還具示問。

方回遂𡊮爲侍中。不知卒行不。云相意未許。爾者爲佳。比得其書。云山海間民逃亡。殊異永嘉乃以五百戶去。深可憂。深可憂。此間不乃至此。足下郡內云何。糧遲日廣遠。恐此不弊不已。

二謝致喪。與公近便索然。玄度來數日。有疾患。便復來。阿萬小差。阮公政耿耿。懷祖可呼賀祭酒俱。

謝書云云。今送。

二族舊對。故欲結援諸葛。若以家窮。自當供助昏事。

欲速知決。

阮生何如。此粗平安。數問爲慰。

大都夏冬自可足。麥秋輒有違。此亦人之常。期等平安。善在此羸小差。知諸賢佳。數見范生。亦得玄近書爲慰。又得孔郗王書。亦云不能數。何爾須江生。可耳。斷絕也。尚未見傅女。足下言極是。有懷甚佳。案法書要錄載此帖僅三十八字無知諸已下。

二月廿日羲之白。闕 不可言。得六日告。爲慰。寒想各安善。司馬與無還問。耿耿。僕可耳。力不具。王羲之白。

廿二日羲之報。近得書。即日又得永興書。甚慰。想在道可耳。吾疾故爾沈滯。憂悴解日面。近不具。羲之報。

近日東陽絕無常。憂心何可言。想足下當盡能致。

敬和在彼。尚來議還。增耿耿。

數有想常達。還此不使鄙人得夏常爾。公爲爾差。念足下小大佳。憂卿可耳。想同數得問。官奴婦產。復委篤。憂之深。餘粗可耳。知足下念。差免憂之。不具。羲之白。

羲之頓首。昨得書問。所疾尚綴綴。既不能眠食。深憂慮懸。吾情至不能不委。嫂故不差。豹奴晚不歸家。隨彼弟向州也。前書云。至三月間到之。何能盡情。憂足下所患。極爲慰也。不謂也。

鵠等不佳。令人弊見此輩。吾衰老。不復堪此。

服食而在人間。此速弊分明。且轉衰老。政可知。乃欲與彥仁集界上。甚佳。諸如此事。皆所欣也。平自可耳。何所諮人。外將何必拘小繩墨。且令吳興不出界。當可耳。便因餘杭而行耶。不自此會。再舉難也。君便可以僕書示之。但俗多怪。且在草澤者。爲爾扇動縱任。恐惡之者衆。

源日有書。徑此界中。而值吾病。不得見之。萬恨萬恨。侶從魚浦。不知何日當進。足下必得見之也。

賢姊體中勝常。想不憂也。白屋之人。復得還轉。極佳。未委幾人。吾齒痛。所作讀又恐不任。當示殷也。

十一月十三日羲之頓首頓首。頃遘姨母哀。哀痛摧剝。情不自勝。奈何奈何。因反慘塞不次。王羲之頓首頓首。

十二日告李氏甥。得六日書爲□。吾劣劣。力不一一。羲之白。

比奉對對兄以釋豈一。

汝不可言。未知集聚日。但有慨歎。各慎護。前與嫂試求屏風。遂不得荅爲也。

十月五日。羲之忽有感。情兼深。足下得不可至。前得足下侶行一書爲慰。故不適足下昨還如常耳。雖不得旨問。遠得足下書。輒具問爲慰。吾頃胷中惡。不欲食。積日匆匆。五日來小差。七日羲之白。

三月十三日羲之頓首。近反亦至。念足下。哀悼之至。不可勝。更寒外。足下何如。吾劣劣。力遣知問。王羲之頓首。

初月十三日山陰羲之報。近欲遣此書。停行無人。不辦遣信。昨至此。且得去月十六日書。雖遠爲慰。過囑。卿佳不。吾諸患殊劣劣。方涉道憂悴。力不具。羲之報。萬歲通天王方慶進帖

隔日不面。懸遲。何極。計足下須人兼具此等事勢。速令垂報也。

重告慰情。吾腹中小佳。體痺之氣便轉差。深吕爲慰。慰足下意也。王羲之頓首。

羲之白。不審尊體比復何如。遲復奉告。羲之中冷無賴。尋復白。羲之白。

羲之頓首。快雪時晴佳。想安善。未果爲結。力不次。王羲之頓首山陰張侯。

舊志志道意甚懃至。不知爲盡心朝夕而已。有所希耳。一自任之耳。當吕君書示。

九日吕當力見。

祠物當治護。信到便遣來。忽忽善錯也。

思言敍卒何期。但有長歎念告。已上並王方慶進帖

信云舍子別送。乃是北方物也。何吕欲此。欲幾許。

奉橘三百枚。霜未降。未可多得。

白石枕珠佳物。深感卿至。

裹鮓味佳。令致君所須。可示勿難。當吕語虞令。

紙筆精要。深念兒至一物而無所出。後信酬。

數日雨冷。腎氣疰腰。復嗽。動靜遇風緊。陂湖汎漲。船不可渡。勿訝。

謝光祿鵝在山下。懸情可愛。羲之遣。

損惠野鴨一雙。秋來未得。始是嘗新。遠能分遺。但深佩耶。二謝。

節日縈牽少睡。鄣茶微炙善佳。令姊差耶。石首養食之。消瓜成水。此魚腦中有石如棊子。野鴨亦有。云此魚所化。乾蝎青黛主風搐搦良。

鸕鷀糞白。去黚黯瘢黶。令人色態。此禽不卵生。口吐其雛。獨爲異耳。

鷹嘴爪炙入麝香煎酥酒一盞服之。治痔瘻有驗。十七日羲之頓首。

又□蕉小服豉酒至佳。數用有驗。直吕純酒漬豉。令汁濃。便有。多少任意。

石脾入水即乾。出水便濕。獨活有風不動。無風自搖。天下物理。豈可吕意求。惟上聖乃能窮理。

治頭□□悶。或患癰腫頭不即清者。吕此藥帖之。皆良。□麻巴豆薰陸石□芎藭松脂六物。□擣如米粒許。少加其分。頭悶處先其巴豆三分減一。松脂。剃去髮方寸。吕帛帖藥當病上。帖之周時。帖刮上爛皮。吕生麻油和石□塗上。當有黃水出爲佳。羲之上。永樂中周藩東書堂帖下皆同

荷華想已殘。處此過四夏。到彼亦屢。而獨不見其盛時。是亦可訝。豈亦有緣耶。弊宇今歲植得千葉者數盆。亦便發花。相繼不絕。今已開二十餘枝矣。頗有可觀。恨不與長者同賞。相望雖不遠。披對邈未可期。伏□可勝悵惘耶。

想清和。士人佳也。此平安。安不過停數日。日無爲樂。益增想。想孔長史安善。足下令知問果有書也。足下入年哀得俱還不。思□吕事爲歲。

州民王羲之死罪。賢弟逝沒。甚痛奈何。白牋不備。羲之頓首。

太尉門左不可言。同此酸慨。

小大何如。二妹佳爲慰。諸舍可。何新婦委頓態人期弟各可不。想今日能□□□□書暮必來宿也。若宜日□思夏□。羲之報。

諸賢子粗足自枝注。示吾弱息毁弊。大兒恆救命。足令人心燋。先是之憔。於今皆爲哀苦。自非復衰年所堪。豈復吕既往累心。牽事自難爲懷。如之何。

卿女母子粗平安。喪際賢女動氣疾。當時乃匆匆。今吕除也。他等皆知孝思。先日之歡。於今皆爲哀苦。觸事切人。處此而能令哀惻不經於心。殆空語耳。一至於此。何所復言。

此粗平安。修載來十餘日。諸人近集。存想明日當復悉來。無由同
增慨。
東比何爲慰郎㠯也謝諸子。往矣如何。
得書知足下問。何萬來。一昔不得眠。便大乏。足下念。王羲之。
口口勞人意。㠯書示妹。汝母口不多書。尋口更有信也。
致履足下各一量。口當嘗口長。
久口此草書。嘗多勞口亦知足下書。字字新奇。點點圓轉。美不可
再。書得足下閑下。比來遲遲。終不可也。之果云云。
服足下五色石膏散。身輕。行動如飛也。足下更與下匕致之不。治
多少。尋面言之。委曲之事。實亦口人。尋過江言散。
舊京先墓毀動。奉諱號慟。五內若割。痛當奈何。王羲之頓首。
頃日親親俓過諸婚。滋蕙堂帖有姻字經邺體力不復堪之。故未復遣信
耳。

二月二日。汝婦毋一口夜亡。親親傷怛。汝不可言。問足下旨。爲致
誠荅。今旨意致來勿忘。此意自決。今㠯資嚴。知不大疾患。念勞心。
已上並東書堂帖。有僞雜。

三月三日蘭亭詩序

永和九年歲在癸丑。暮春之初。會於會稽山陰之蘭亭。修禊事也。
羣賢畢至。少長咸集。此地有崇山峻嶺。茂林修竹。又有清流激湍。
暎帶左右。引㠯爲流觴曲水。列坐其次。雖無絲竹管絃之盛。一觴
一詠。亦足㠯暢敘幽情。是日也。天朗氣清。惠風和暢。仰觀宇宙之
大。俯察品類之盛。所㠯游目騁懷。足㠯極視聽之娛。信可樂也。夫
人之相與俯仰一世。或取諸懷抱。悟言一室之內。或因寄所託。放
浪形骸之外。雖趣舍萬殊。靜躁不同。當其欣於所遇。蹔得於已。快
然自足。曾不知老之將至。及其所之既倦。情隨事遷。感慨係之矣。
向之所欣。俯仰之閒。已爲陳迹。猶不能不㠯之興懷。況修短隨化。

終期於盡。古人云。死生亦大矣。豈不痛哉。每覽昔人興感之由。若
合一契。未嘗不臨文嗟悼。不能喻之於懷。固知一死生爲虛誕。齊
彭殤爲妄作。後之視今。亦猶今之視昔。悲夫。故列敘時人。錄其所
述。雖世殊事異。所㠯興懷。其致一也。後之覽者。亦將有感於斯文。
帖本。藝文類聚四。法書要錄十。晉書王羲之傳。

臨河敘

永和九年歲在癸丑。暮春之初。會於會稽山陰之蘭亭。修禊事也。
羣賢畢至。少長咸集。此地有崇山峻嶺。茂林修竹。又有清流激湍。
映帶左右。引㠯爲流觴曲水。列坐其次。是日也。天朗氣清。惠風和
暢。娛目騁懷。信可樂也。雖無絲竹管絃之盛。一觴一詠。亦足㠯暢
敘幽情矣。故列序時人。錄其所述。右將軍司馬太原孫丞公等二
十六人賦詩如左。前餘姚令會稽謝勝等十五人不能賦詩。罰酒
各三斗。世說企羨篇注。案此與帖本不同。又多篇末一段。蓋劉孝標從本集節錄者。因蘭亭序世所習見。故別載此。

遊四郡記

永寧縣界海中有松門。西岸及嶼上皆生松。故名松門。藝文類聚八十八。又御覽九百五十三小異。

爲會稽內史稱疾去郡於父墓前自誓文

維永和十一年三月癸卯朔九日辛亥。小子羲之敢告二尊之靈。
羲之不天。夙遭閔凶。不蒙御覽作不遂過庭之訓。母兄鞠育。得漸庶幾。
遂因人乏。蒙國寵榮。進無忠孝之節。退違推賢之義。每仰詠老氏
周任之誡。常恐斯亡無日。將憂及宗祀。豈在微身而已。是用寤寐
永歎。若墜深谷。止足之分。定之於今日。謹㠯今月吉辰。肆筵設席。
稽顙歸誠。告誓先靈。自今之後。敢渝變此心。貪冒苟進。是有無尊
之心而不子也。子而不子。天地所不覆載也。名教所不得容也。信
誓之誠。有如皦日。晉書王羲之傳。藝文類聚三十三。御覽四百八十引晉中興書。

書論

夫三端之妙。莫先乎用筆。六藝之奧。莫若乎銀鉤。昔秦丞相李斯見周穆王書。七日興歎。患其無骨。蔡尚書入鴻都觀碣。十旬不返。嗟其出羣。故知達其源者少。闇其理者多。近代以來。多不師古。緣情棄道。纔記姓名。學不該贍。聞見又寡。致使成功不就。虛費精力。自非通靈感物。不可與談斯道矣。今删李斯筆妙。更加潤色。總七條。并作其形容。列事如左。貽諸子孫。永爲模範。庶將來君子。時復覽焉。

要先取崇山絕仞中兔毛。八月九月收之。筆頭長一寸。管長五寸。鋒齊要强者。硯取煎涸新石。潤澀相兼。浮津耀墨者。其墨取廬山之松煙。代郡之鹿角膠。十年已上。强如石者。紙取東陽魚卵。虛柔滑淨者。然後靜神慮思。揮襟作之。先學執筆。若眞書。去頭二寸一分。若行草書。去頭三寸一分。執之。下墨點畫芟波屈曲。眞草皆須盡一身之力而送之。若初學先大書。不從小。善鑒者不寫。善寫者不鑒。凡書多肉微骨者。謂之墨猪。多力豐筋者勝。無力無筋者病。一一從其消息而用之。若作橫畫。必須隱隱然可畏。若作豎鋒。如長風忽起。蓬勃一家。若飄散離合。如雲中別鶴。遥遥然。若作引戈。如百鈞弩發。若作抽斜。如萬歲枯藤。若作屈曲。如武人勁弩觔節。若作波。如崩浪雷奔。若作鉤。如山將岌岌然。

夫執筆有七種。有心急而執筆緩者。有心緩而執筆急者。若執近而能豎者。心手不齊。意後筆前者敗。若執筆遠而急。心前筆後者勝。又有十一種。結構員滿如篆法。飄颺灑落如章草。兇險可畏如八分。窈窕出入如飛白。耿介峙立如鶴頭。鬱跂縱橫如古隸。盡心存委曲。每爲字各一象其形。斯道妙矣。書道畢矣。永和四年。於上虞製記。墨池編。按法書要錄已此爲衛夫人筆陣圖。

題衛夫人筆陣圖後

夫紙者陣也。筆者刀稍也。墨者鍪甲也。水硯者城池也。心意者將

軍也。本領者副將也。結構者謀略也。颺筆者吉凶也。出入者號令也。屈折者殺戮也。夫欲書者。先乾研墨。凝神靜思。預想字形大小。偃仰平直。振動。令筋脈相連。意在筆前。然後作字。若平直相似。狀如算子。上下方整。前後齊平。便不是書。但得其點畫爾。昔宋翼常作此書。翼是鍾繇之弟子。繇乃叱之。翼三年不敢見繇。卽潛心改迹。每作一波。常三過折筆。每作一點。常隱鋒而爲之。每作一橫畫。如列陣之排雲。每作一戈。如百鈞之弩發。每作一點。如高峯墜石。屈折如鋼鉤。每作一牽。如萬歲枯藤。每作一放縱。如足行之趣驟。翼先來書惡。晉太康中。有人於許下破鍾繇墓。遂得筆勢論。翼乃讀之。依此法學。名遂大振。欲眞書及行書。皆依此法。若欲學草書。又有別法。須緩前急後。字體形勢。狀等龍蛇。相鉤連不斷。仍須稜側起復。用筆亦不得使齊平大小一等。每作一字。須有點處。且作餘字總竟。然後安點。其點須空中遥擲筆作之。其草書。亦復須篆勢八分古隸相雜。亦不得急。令墨不入紙。若急作。意思淺薄。而筆卽直過。惟有章草及章程行押等。不用此勢。但用擊石波而已。其擊石波者。缺波也。又八分更有一波。謂之隼尾波。卽鍾公泰山銘及魏文帝受禪碑中已有此體。夫書先須引八分章草入隸字中。發人意氣。若直取俗字。不能先發。羲之少學衛夫人書。將謂大能。及渡江北遊名山。比見李斯曹喜等書。又之許下。見鍾繇梁鵠書。又之洛下。見蔡邕石經三體書。又於從兄洽處見張昶華岳碑。始知學衛夫人書。徒費年月耳。羲之遂改本師。仍於衆碑學習焉。遂成書爾。時年五十有三。或恐風燭奄及。聊遺教於子孫耳。可藏之千金。勿傳。法書要錄一。御覽七百四十八。

月儀

日往月來。元正首祚。太簇告辰。微陽始布。罄無不宜。和神養素。御覽二十九。

筆經

漢時諸郡獻兔毫。出鴻都。惟有趙國毫中用。時人咸言兔毫無優劣。管手有巧拙。初學記二十一

有人以綠沈漆竹管及鏤管見遺。錄之多年。斯亦可愛玩。詎必金寶彫琢。然後爲寶也。初學記二十一

昔人或以瑠璃象牙爲筆管。麗飾則有之。然筆須輕便。重則躓矣。初學記二十一

采毫竟。以麻紙裹柱根。次取上毫薄薄布。令柱不見。然後安之。初學記二十一

全晉文卷二十六終

全晉文卷二十七

烏程嚴可均校輯

王凝之

凝之，羲之次子。爲江州刺史。遷左將軍會稽內史。孫恩入寇。不設備。遇害。

風賦

起玄朔之重雲。驅東極之洪濤。越四溟而蓬勃。經五嶺而蕭條。其鼓氷也。無川不涉。靡流不往。溟海天迴。江湖雲蕩。（藝文類聚一）

劾范甯表

豫章郡居此州之半。太守臣甯入參機省。出宰名郡。而肆其奢濁。所爲狼籍。郡城先有六門。甯悉改作重樓。復更開二門。合前爲八。私立下舍七所。臣伏尋宗廟之設。各有品秩。而甯自置家廟。又下十五縣。皆使左宗廟右社稷。準之太廟。皆資人力。又奪人居宅工夫萬計。甯若以古制宜崇。自當列上。而敢專輒。惟在任心。州既聞知。即符從事。制不復聽。而甯嚴威屬縣。惟令建立。願出臣表下太常。議之禮典。（晉書范甯傳）

書

八月廿九日告庾氏女。明便授衣。感逝悲歎。念增遠思。得郗中書書。說汝勉難安隱。深慰懸心。微冷。產後何似。宜佳消息。吾竝更不佳。憂之。遺不次。凝之等書。（淳化閣帖三）

王渙之

渙之，羲之第三子。

書

渙之等白。不審二嫂常患復何如。馳情。倫直等平安。計嫂倫奴已應在道。企遲。適東五日。動靜最差。遠姑如復小勝。冀遂和耳。猶不甯。餘上下故常患反側。此悉佳。渙之等白。（淳化閣帖三）

王徽之

徽之字子猷。羲之第四子。爲桓溫大司馬參軍。又爲桓沖車騎參軍。後爲黃門侍郎。

書

得信。承嫂疾不減。憂灼。甯可復言。吾便欲往。恐不見汝等。湖水泛漲。不可渡。遂復隔絕。不然。尋已往彼。故遣疏知吾遠懷。不具。徽之等告。（淳化閣帖三）

王操之

操之字子重。羲之第五子。歷侍中尚書豫章太守。

書

操之等白。得職（一作識）婢書。慰意。知年光數問可不。不得姜順消息。懸心。操之頓首。（淳化閣帖三）

王獻之

獻之字子敬。羲之少子。爲州主簿祕書郎。轉丞。選尚新安公主。歷謝安司徒衛將軍長史。除建威將軍吳興太守。徵拜中書令。卒。安帝時。以后父追贈侍中。特進光祿大夫太宰。謚曰憲。有集十卷。

爲中書令啟瑯琊王爲中書監表

中書職掌詔命。固非輕才所能獨任。自晉建國。嘗命宰相參領。中興以來。益重其任。故能王言彌徽。德音四塞者也。（通典二十一。御覽二百二十引晉書）

進書訣表

臣獻之頓首言。臣年二十四。隱林下。有飛鳥。左手持紙。右手持筆。惠臣五百七十九字。臣未經一周。形勢髣髴。其書文章不續。難以究識。後載周以兵寇无所。道路修阻。乞食揚州市上。一老母姓沈字光姜。惠臣一餐。無以答其意。臣於匙面上作一夜字。令便市貨。

近觀者三。遠觀者二。未經數日。遂獲千金。所有書訣。謹別錄投進。伏乞機務燕閒。留神披覽。不勝萬幸。臣獻之頓首。（墨池編）

上疏議謝安贈禮

故太傅臣安。少振玄風。道譽洋溢。弱冠遐棲。則契齊箕皓。應運釋褐。而王猷允塞。及至載宣威靈。彊猾消殄。功勳既融。投跡高讓。且服事先帝。眷隆布衣。陛下踐阼。陽秋尚富。盡心竭智。以輔聖明。考其潛躍始終。事情繾綣。實大晉之雋輔。義篤於曩臣矣。伏惟陛下留心宗臣。澄神於省察。（晉書王獻之傳）

辭尚書令與州將書

外出謂公私可安耳。勳賞既湊。亦已息望。但使明公不遺。有會不忘。亦何憂便餒耶。民志不慕高情。不忘榮懇。懇祈謝。惟願離今任耳。餘無所擇。伏度朝恩。不過存愍故舊。使逢昔與蘭蕙齊榮耳。明詔爰發。恩已被矣。榮實厚矣。必何須拜而治。願許而弛。今日君臣之際。差可得適願樂也。若民有纖芥少裨聖化。亦當求自策效。而能臨殊寵。必欲免耶。思之實熱。萬無此理。古來亦未有量力而致深罪者。蔡司徒立帝主於御牀。詔譯數反。其不祇順。正止於免黜耳。此外希不矜體者。違命誠為深愆。曲從實復過此。伏度天海容納。必當哀許。仰憑仁養。惟願垂救。動成塵穢。轉難為顏。乃欲覲謁忽患齒痛。疼慘無賴。語追罔知所厝。冒復啟謝。謹草上呈。罄竭款實。謂為罄盡。一豪虛矯。神明殛之。若民可作尚書令。而使四海推厭者。亦人誰不堪。勳德益世。尚當有讓。況民凡鄙。而可寇竊耶。王懷祖先輩名流。作此職可謂僉允。桓宣武窺尚書門。猶言此中無人。固知當之未易也。劉既不便。獨不自宣。故寄之翰墨。益增繁怍。饑渴還旨。願不作悠悠常誨耳。獻之死罪。州民王獻之呈。

與郗超書

彥伯已入。殊足頓興往之氣。故知捶撻自難為人。冀小御當復差耳。

雜帖

得諸慰意。吾故冀惡尋視汝。又告。（張彥遠法書要錄十下皆同。）

未復東近動靜。馳情。昨卽遣行。為不至耶。如省。

二十三日獻之問。得十九日書之問。後何如。吾故劣。力不一一。王獻之問。

向聞遊諸縣作。今退念時事。（闕）覽之後復慨然。

五月十二日獻之白。節過感懷深至。念痛傷難勝。得五日告。知君轉勝。甚慰甚慰。雨過此。復何如。想消息日平復也。謹僕近暴不佳。如惡氣當時極惡。賴卽退耳。故虛劣。匆匆還不多。王獻之白。

知祖希佳。為慰慰。數不得書。其云至水門。增深款之。

思想轉思。省告。知君亦同。如今未知面期。近遠此慨。可言。惟深保愛。數音問。尋故旨取君消息。

適得元直二十三日疏。送白䊪。今送十裹。侶詑猶堪噉。獻之白。

信明還東。有還書。願送來。已今分明至著都上。

慰之。吾故沈頓。思見之。故想時能問疾。得來先報之。不能得自致者。旨取車。王獻之答。

獻之白。兄靜息應佳。何以復小惡耶。伏想比消息。理盡轉勝耳。礐石深是可疑事。兄憙患散。輒發癰熱積。（案熱積消化閤帖作勢爲積）乃不易。願復更思。唯賴消息。獻之內。外極生冷。而心腹中恆無他。此一事。是差。但疾源不得佳。（案閤帖作疾源不除自不得佳。）論事當隨宜思之也。獻之白。

獻之白奉承問。近雪寒。患面疼腫。腳中更急痛。兼少下。甚馳情。轉和佳。不審尊體復何如。得此諸患。小差不復思何如。幸能復散。故鎮益久藥。何以不更將之。遲尋復旨。若獻之弊於淡飾。飲得春風氣。悖亂言。故欲熱復食酒。為腹可耳。獻之白。

獻之白。承姊故當惡。不審得春氣。復何如冬。馳情。餘安和至盌此故耳。獻之白。

育等可不。轉思見之。知恩慕不中。

忽動小行多。晝夜十三四起。所去多又風不差。脚更腫。轉欲書疏。自不可已。惟絕歎於人理耳。二妹復平平。昨來山下差靜。岐當還。知汝泱欲來下。是至願。然嫂當得供養。冀郡固有理。若宣城瑯琊不果。南有空缺可作者。此信還具白。當與在事論。爲不可須留者。便可決作來下記也。上方大枋。想汝不過數枋足。彼故當足合偶此耳。人方當粗足不果耳。可白。

吾當託桓江州助汝。此不辨得遣人船迎汝。當具東改（閣帖作攻）枋。枋三四。吾小可。（閣帖有者字）當自力蕪湖迎汝。故可得五六十人。小枋諸謝當有。便是見今當語之大理盡此。信還一一白。脚痛不可堪。而比作書。欲不能成之。（已上並見法書要錄）

相過終無服日。悽切在心。未嘗暫瘕。一日臨坐。目想勝風。但有感慟。當復如何。常謂人之相得。古今洵盡此處。殆無恨于懷。但痛神理與此而窮耳。盡此感深。殆無眞處。常恨況相遇之難。而乖其所同。省告。不覺灌（一作漼）流。既已往矣。亦復何言。獻之。（淳化閣帖九。下皆同。凡法書要錄已載者不重出）

諸舍復何如。吾家多患憂。面邑悶慰情。不知可耳。承永嘉比復患下。上下諸疾患乃尒。燋馳豈可懷。不審今復何如。嫂郎平和耳。貞壽不娍病不。鶩還。慰姊意。今已嘗向發。分張諸懷可言。殊嘗復憂懸。婢腹痛見差不。劉家疾患郎差。秀已還也。

諸女無日事。懸心。阮新婦何日至。慰姊耳。

獻之白。承姑比日復小進退。其尒不得一極和。憂悚猶深。不審已（一作比）服散未。必得力耳。比騂相聞。故云懸懷。使君數得書也。

獻之白。思戀觸事彌至。獻之既欲過餘杭州。將若比還京。必覲之。

來月十左右便當發。奉兄無復日。比告何喻。願復盡珍重理。獻之白。

獻之白。節過歲終。衆感纏心。伏惟同之。奉月初告。承極不平。復頭眼半體疼恆惡。兄告說姊故殊黃瘦。憂馳可言。寒切。不審尊體復何如。眠食轉進不。氣力漸復充耳。遲復旨告。獻之故尒。獻之。

願餘上下安和。知婢日夕疏慰意育故羸。懸心。倪比健也。適奉永嘉去月十一日動靜。故常患不盌。諸女無復消息。獻之。

再拜。夏節近。感思深惟。窮號崩絕。不可忍處。晴快不審體中何侶食噉復多少。甚馳情。不審諸舍復何如。未復西動靜不盌。此多患反側。願深寬勉。故承問。

思戀無往不慰。省告對之悲塞。未知何日復得奉見。何以喻此心。惟願盡珍重理。遲此信反復知動靜。

十二月廿七日具疏。操之獻之再拜。歲盡無復日。感思兼懷不自勝。兄亦同之。奈何奈何。奉十二日告。承掾安和。慰馳情。姊三兄諸患故尒不損。憂馳晴快。不審尊體並復何如。遲復來告。操之故平平。已再服散。冀得力。獻之亦忘憒勿。謹拜疏不具。操之等再拜。（案此帖張溥本失載）

衛軍猶未平和。而哀勞。殊未得盡消息理。常以不盌。僕射得散力。甚慰。表解臺職不。知得恕不。復冠軍告懸企。

獻之白。不謂郗陽一門。艱故至此。追尋悲惋。益不自勝。奈何奈何。政坐視其滅盡。使人悲歎。賴子高在此。不尒。無可成。獻之。

阮新婦免身得雄。甚善。散騎殊常憙也。

雖奉對積年。可以爲盡日之歡。常苦不盡觸類之暢。方欲與姊極當年之足。以之偕老。豈謂乖別至此。諸懷悵塞實深。當復何由日夕見姊耶。俯仰悲咽。實無已已。惟當絕氣耳。

夏日感思兼悼。切割心懷。痛當奈何奈何。得思道書。慰意。薄熱。汝比各可不。吾竝故諸惡勞。益匆匆。獻之白疏。

獻之白。思戀轉不可言。瞻近而未得奉見。但有歎塞。遣諸信還具動靜。獻之。

白。東告具。天實疾患。問。何其倉卒。乏子孫。常欣倫早成家。以此娛上下。豈謂奄失此女。悠惜深至。惻切心懷。姆哀念當可爲心。情願不可保。使人惋惋悲。政當隨事豁之耳。姆先積弊。復有此痛。心不審。不乃惡不。甚以憂馳。眠食復多少。願遣無益。盡消息理。

吾十一日發吳興。違遠兄姊。感戀無喻。慶等別不可言。比奉告。故多患。姊經感極頓。憂馳益深。適谷議十六日告。風疾。故尔反側。餘可行未。東動靜不寧。五（一作吾）宜速吳與丞別兄進。猶戀罔勞亦極惡。馳情二女晚生皆佳。未復華姜疏。比來得直疏。故惡故足當覩華也。汝兒女竝可不。

廿九日獻之白。昨遂不奉。恨深。體中復何如。弟甚頓。匆匆不具。獻之再拜。

承服腎氣丸。故以爲佳。獻之比服黃耆甚勤。平平耳。亦欲至十齊。當可知。

得書爲慰。吾先夜遂大得服湯酒。諸治漸折。故頓極難勞。知足下便去。不得面別。悵恨深。保愛。臨書增懷。王獻之。

玄度時往來。以此爲慰。與公使適還數日。具都下問。人情所憂。良可歎息。諸從數問齡。前來經日。極爲差。云仁祖欲請爲軍司。不知行不。

慕容有易賴意耶。

薄冷。足下沈痼已經歲月。豈宜觸此寒耶。人生稟氣。各有攸處。想示消息。

益部耆舊傳令（一作今）送。想催驅寫取了。慎不可過淹留。吾去月從孫家求信。次頓尔頻爲亂反側。錫大佳。柳六惠言。錫可常餌。亦覺有益耳。

前告先以陳事意。必是更有家信。未知期。說見德遠書所致人耶。何可足下今（此二字施釋作卒念）耶。

一月廿九日告。仲宗奉世諸兒禍變無常。黃門隕背。哀痛摧剝。不自勝任。奈何奈何。及書感塞。文姑告。

令外甥知問。郗新婦更篤。憂慮深。可必不耳。企遲此大都如常。秀順至慰意。順心痛委頓燋勞。諸舍不能集會。深哽塞。仰料靜婢。自常不和。知從事甚簡。致此佳也。（已上竝淳化閣帖九）

消息亦不可不恆精以經心。向秋冷。疾下亦應防也。獻之下斷來。恆患頭項痛。復小尔耳。（淳化閣帖十。下竝同。案此帖前有疾不損帖。與第六卷同。既編入羲之集。故此不錄。）

省前書。故有集聚意。當能果不。足下小大佳不。聞官前逼遣足下甚急。想以相體恕耳。足下兄子以至廣州耶。當有得集理不。念懸心也耶。

近與鐵石共書。令致之。想久達。不得君問。以復經月。懸情豈可言。頃更寒。不適。頗有時氣。君須各可耳。遲旨問。僕大都小佳。然疾根聚在右髀。腳重痛。不得轉動。左腳又腫。疾候極是不佳。幸食眠意事爲復可可。冀非臧病耳。

知鐵石前往。快作樂。諸君善處世。一達于當年。不復過此。僕端坐將百日。爲尸居解日耳。不知那得一散懷。何其相思之深。臨書意塞。

玄度來何遲。深令人憂懸耶。常謂有理。因嗣監多感。足下事甚善。然所造極難。想足下每思先後公（黃釋作卿）。豈須言親親不已意耳。安石停此過半日。猶得一宿。送近道。所以致歎。（送近下七字閣帖誤在當浦下。依大觀帖正。）移何物喻之。一十當浦陽。諸懷兒不可言。且不復得卿送。有諸歎。今此食上道。

平平。昨來山下差靜政當還。慶等已至也。鶩差不甚懸心。宜道尋去。奴定西。諸分張少言。新婦服地黃湯來佀減。眠食尙未佳。憂懸不去心。君等前所論事。想必及謝生。未還何尒。進退不可解。吾當書問也。

鴨頭丸故不佳。明當必集。當與君相見。

不審阿姨所患得差否。極令懸憫。想東陽諸妹當復平安。不審頃者情事漸差耶。彼郡今載甚不能佳。不知早晚至當遂至郡。深相望。

豹奴此月惟省一書。亦不足慰懷。深悉足下情素耳。

鄱陽書停諸舍。便有月未具散騎書。知情至草草未發遣。奉去月問。承婦等復不能差。深憂慮耳。

獻之白。不審疾得損未。極憂。及更能出入未。前書云至於散情。娗疾苦療得所。深喜慰。想必爲問。敬和晚際佀差耶。諸舍也能向諸

弟各也。

獻之白。極熱。敬惟府君此月內得書。來時幾得悶。希此消息。極悶悶。軍中復如何。患臕不能潰。意甚無賴。君有好藥。必時復與府中。多少極濟事耶。

承冠軍故尒。不覺轉勝。灸無所覺。憂馳深。汝燋悚可言。（案九卷所載佀有誤字。故錄此去彼）

服油得力。更能停嗽麪。只五六日停也。不至絕艱辛也。足下明當必果想。即日如何。深想憶。

近奉阿姑告。知平安。極慰人意。獻之遂不堪暑。氣力恆惙。恐是惡風。大都將息。近佀小却。

白。承舍內分違。近豫遂就。雖㠯喻痛濟理。獻之白。

復面悲積。蕃首㠯不佳。耿耿。僕近動散委頓。職轉折猶惙然。發止尙㠯未定日。冀㠯言首。力還不復耳。

還此。今有書。何㠯至。不知諸舍故多患。念勞㠯今差也。得領軍書。故在風。丹楊書常疾動。耿耿。亦足云。（一作得鄱陽近書爲慰。）丹楊疾者不果來。甚悵恨。

得西問不。寢復云何。令人邑邑。具示。

獻之言。月終伏惟。哀傷不可任。不審尊體諸患復何如。悚息。謹言疏不備。獻之言。

東家尙未欲下李參軍無政。日有此議。能自來此。方寸無使闇上極不妙之事。獻之頓首。

八月十九日具疏。操之獻之再拜。昨日諸願悉達。奉上告慰。馳心極冷。不審尊體復何如。操之創故不差。常惡亦故尒。憒憒。獻之昨來復下。如欲作癖殊乏極。服石的丸。冀得力。謹上不具。操之等再拜。（案此帖張溥本失載。）

獻之白。不審尊體復何如。昨夜眠多少。願盡寬喩理。憂馳可復言。

若得消息者。獻之。

娗等承更惡。不審頃痊復不。必須散時。終得力耶。此藥甚佳。想姊舉體不能行履服。遂差安西。且無恙。府君屢有和。稀久滯行路。同人絕得此心。故當攜其長幼。動靜上下。知彼絡繹有書。亦（大觀帖作示）不足㠯慰吾意耶。冬間必欲至足下所居。承使君明練。不謂漸有勝也。君數集聚。然其大都可耳。吾止於月半閒耶。

鄱陽歸卿。承修東轉有理。吾賢畢欲事。必俟勝欣（閣帖五作歡）慰于懷耶。吾終權宜。至承今年飢饉。仰惟年支都乏絕。不謂乖又至於此耶。卿尙未差。極憂也。

獻之等再拜。不審海鹽諸舍上下動靜。比復常憂之。姊告無他事。崇虛劉道士鵞羣並復歸也。獻之等當須向彼謝之。獻之等再拜。（迮）敬祖日夕還山陰。與嚴使知（一釋作君）闍。頗多歲月。今屬天寒。擬適遠爲當奈何奈何。尒豈不令（一作合）念姊。遠路不能追求耶。（已上淳化閣帖十）

獻之死罪。授衣諸感悲情。伏惟哀慕兼慟。痛毒難居。見徐僞枅使君書。承比極勝。但承此凶問。當復大頓耳。比日憂馳無復意。不審尊體云何。腳及可痛氣。得此哀號何如。先大惡時炙創。特不堪此。不乃爲患。眠食幾許。使君今地。實難爲識。然所以爲識。政在此耳。當今可復使不萬全。不願其以多算難易。得之便自可。令不爲因絲耳。比者忉怛。當不可言。當不可言。獻之死罪。

兄伯蕭索寡會。遇酒則酣暢忘反。乃自可矜。

想彼悉佳。汝復見諸女不。此近下故爾耳。

獻之白。奉別告。承安和慶慰。極冷。不審尊體復何如。獻之比日如復小勝。因夜行忽復下。如欲作痛。今服藥。盡溫燥理。冀當可耳。然異極都口得復小失和。卿惡亦不復得。妄近生冷。體氣頓至此。令人絕歎。行有佳酒。便服。

十二月割至不。中秋不復不得。想未復還慟理。爲卽甚省如何。然

勝人何慶等慶等大軍

日寒涼。得告。承諸惡（闕）復炙極。嘗慘痛悲灼。僕病正自不差。疾久自（闕）目深悲企甚積。既慘塞居疾。係以罪出二三不出職門。近疑所敘。佀不口。益企恨。秋牽借請有人。當復敘耳。

南中佳音一一。小慰解數月也。吾甚憂慮卿。君何如耶。獻之。

今送梨三百顆。晚雪。殊不能佳。

鏡湖澄澈。清流瀉注。山川之美。使人應接不暇。

保母磚志

卽耶王獻之保母。姓李名如意。廣漢人也。在母家志行高秀。歸王氏。柔順恭懃。善屬文。能草書解釋老旨趣。年七十。興寧三年歲在乙丑二月六日。無疾而終。仲冬既望。葬會稽山陰之黃閍岡下。殉以曲水小硯。交螭方壺。樹雙松于墓上。立貞石而志之。悲夫。後八百餘載。知獻之保母宮于茲土者。尚口口焉。戲鴻堂帖

全晉文卷二十八

烏程嚴可均校輯

王沈

沈字處道，太原晉陽人，魏司空昶從兄機之子。辟大將軍曹爽府，遷中書黃門侍郎，免，起爲治書侍御史，轉祕書監，正元中遷散騎常侍侍中，典著作。甘露之變，封安平侯，尋遷尚書，出爲豫州刺史，遷征虜將軍，封博陵侯，轉振南將軍，拜御史大夫，守尚書令，給事中。晉受禪，轉驃騎將軍，錄尚書事，進爵博陵縣公。泰始二年卒，贈司空。有魏書四十八卷，集五卷。

正會賦

伊月正之元吉兮，應三統之中靈，順天地以交泰，協太簇之玄精。椅介祉于上帝兮，祚聖皇以永貞。華幄映于飛雲兮，朱幕張于前庭。絙青帷于兩階，象紫極之峥嶸。（宋書禮志一，二語從補）曜五旗于東序兮，表雄虹而爲旌。備六代之象舞兮，薦簫韶于九成。睎玄夜以司晨兮，望庭燎之高煬。壯甲士之星羅兮，偉干戚之飄揚。臚人肅其齊列，九賓穆以成行。延百辟于和門，等尊卑而奉璋。（宋書禮志一，二語從補）齊八荒于蕃服兮，咸稽首而來王。（初學記四）朝四國于東巡。（宋書禮志一）

令當作合

宴嘉賓賦

朝陽曜景，天氣知平。君臣令德，禮儀孔明。酌羽觴以交歡兮，接敬恭以中誠。嘉膳備其八珍兮，絲竹獻其妙聲。樂周徧舞，金奏克諧。鍾儀之聽南風，是哀義感君子。愾然永懷，思我王度。求福不回，惟禮終而賓退兮，實繫心乎玉階。（初學記十四）

餞行賦

六龍齊鑣，鸞聲振振。景動波迴，天行星陳。（御覽三百五十八）曳招搖之修旗，若蜿虹之垂天。（初學記二十二，御覽三百四十）

馬腦勒賦

有殊域之妙寶兮，託靈山之曲阿。傍洞穴之幽峪兮，泂絲泉之湍波。（書鈔一百五十八）

厥象伊何，如規之盈。鮫鱗紆鬱，白黑殊形。如米之潔，如玉之貞。固乾坤之所育兮，匪彫鏤而自成。爾乃施飾龍首，加服鸞鑣，和鈴鏘鏘，迴景逍遙。（御覽三百五十八）

車渠觶賦

溫若騰螭之升天，曜似游鴻之遠臻。（御覽八百八）

賀正表

三辰改運，元正肇祚。自天降祉，如日之升。（初學記四）

賀肅愼貢獻表

楛矢陳于玉階。（書鈔十）

到豫州下敎

自古聖賢，樂聞誹謗之言，聽輿人之論，芻蕘有可錄之事，負薪有廊廟之語故也。自至鎭日，未聞逆耳之言，豈未明虛心，故令言者有疑。其宣下屬城及士庶，若能舉遺逸于林藪，黜姦佞于州國，陳長吏之可否，說百姓之所患，興利除害，損益昭然者，給穀五百斛。若達一至之言，說刺史得失，朝政寬猛，令剛柔得適者，給穀千斛。謂余不信，明如皎日。（晉書王沈傳）

又下敎

夫德薄而位厚，功輕而祿重，貪夫之所狥，高士之所不處也。若陳至言于刺史，興益于本州，達幽隱之賢，去祝鮀之佞，立德于上，受分于下，斯乃君子之操，何不言之有？直言至理，忠也；惠加一州，仁也；功成辭賞，廉也。兼斯而行，仁智之事，何故懷其道而迷其國哉？（晉書王沈傳）

又下敎

後生不聞先王之教。而望政道日興。不可得也。文武竝用。長久之道也。俗化陵遲。不可不革。革俗之要。實在敎學。昔原伯魯不悅學。閔馬父知其必亡。將吏子弟。優閑家門。若不敎之。必致游戲。傷毀風俗矣。晉書王沈傳

與傅玄書

省足下所著書。言富理濟。經綸政體。存重儒敎。足以塞楊墨之流遁。齊孫孟于往代。每開卷。未嘗不歎息也。不見賈生。自以過之。乃今不及。信矣。晉書傅玄傳

辟雍頌序

唐虞三代。咸崇辟雍養老之制也。親降萬乘之尊。而執子弟之禮。自春秋以來。禮樂昏廢。惟東京之後。始創其義。明堂之位。復陳于洛邑。書鈔

天子親整法駕。撫玉輅。幸于雍宮。親拜三老五更。出于南門之外。白帖

祭先考東郡君文

孝子沈。敢昭告烈考東郡君。沈亡母郭氏。恪勤婦道。齊孝之節。克順于先姑。天降氛氣。雁門大夫人遘疾歷旬。郭時又遇篤疾。弗獲嘗禱。夫人不幸。遂至殞歿。烈考卒承大變。憂慟荒迷。未詳聽察。謂郭供養有闕。遂載病大歸。尋便殞亡。烈考深用悼恨。澹及沈仰惟烈考舊心。鑒亡妣素行。不迎之議。考禮度衷。未及施行。澹不幸夭沒。沈敢述澹意。謀之通儒。咨之邦族。咸以為亡妣宜時改葬。沈謹受命于征南君。謹詣鄴迎郭靈柩。以某月日安厝。庶順烈考之舊心。全祖親之慈愛著也。通典一百二

失題

千乘雷動。萬騎雲舒。書鈔一百十六巡行

王渾

渾字玄沖。魏司空昶子。襲爵京陵侯。辟大將軍曹爽掾。爽誅。坐免。起為懷令。參文帝安東軍事。累遷散騎黃門侍郎。散騎常侍。咸熙中為越騎校尉。武帝受禪。加揚烈將軍。遷徐州刺史。又遷東中郎將。督淮北諸軍事。鎮許昌。轉征虜將軍。假節。領豫州刺史。遷安東將軍。都督揚州諸軍事。鎮壽春。吳平。進爵為公。轉征東大將軍。復鎮壽陽。徵拜尚書左僕射。加散騎常侍。進司徒。惠帝即位。加侍中。錄尚書事。元康七年卒。年七十五。謚曰元。有集五卷。

請賜騶毋儉鼓吹表

吳國臨戰。牙門將張泰。黃辰。騎督騶毋儉。勇捷效武。破賊制勝。此三人之所致也。泰辰已亡。今儉獨在。昔伐蜀有小功。斬牙門數人。便加鼓吹。至于滅一國。而有未得鼓吹者。臣愚昧。請聖詔賜儉鼓吹。存錄猛將。以盡武人之力也。御覽五百六十七

請補周馥為尚書郎表

馥理識清正。兼有才幹。主定九品。檢括精詳。臣委任責成。褒貶允當。請補尚書郎。晉書周馥傳。御覽二百九

請轉荀組為從事中郎表

左西屬組。文義貞素。清識見稱。宜轉中郎。御覽二百九引晉中興書

表立水碓

洛陽百里內。舊不得作水碓。臣表上先帝。聽臣立碓。并搜得官地。御覽七百六十二

乞遣趙篡療病表

臣有氣病。善夜發。服半夏湯。或服湯不解。倘取針。前殿中醫趙篡思篡。見給事在醫署。篡能針。有方伎。乞以篡名課效。稱課醫給臣自療治。御覽八百三十

上書諫遣齊王攸之藩

齊下脫王字

今當作令

伏承聖詔憲章古典進齊攸爲上公崇其禮儀遣攸之國昔周氏建國大封諸姬㠯藩帝室永世作憲至于公旦武王之弟左右王事輔濟大業不使歸藩明至親義著不可遠朝故也是故周公得㠯聖德光弼幼主忠誠著于金縢光述文武仁聖之德攸于大晉姬旦之親也宜贊皇朝與聞政事實爲陛下腹心不貳之臣且攸爲人修絜義信加㠯懿親志存忠貞今陛下出攸之國假㠯都督虛號而無典戎幹方之實去離天朝不豫王政傷母弟王親之體虧友于款篤之義懼非陛下追述先帝文明太后待攸之宿意也若㠯攸望重于事宜出者今㠯汝南王亮代攸亮宣皇帝子文皇帝弟伷駿各處方任有內外之資論㠯後慮亦不爲輕攸今之國適足長異同之論㠯損仁慈之美耳而今天下窺陛下有不崇親親之情臣竊爲陛下不取也若㠯妃后外親任㠯朝政則有王氏傾漢之權呂產專朝之禍若㠯同姓至親則有吳楚七國逆亂之殃歷觀古今苟事輕重所在無不爲害也不可事事曲設疑防慮方來之患者也唯當任正道而求忠良若㠯智計猜物雖親見疑至于疏遠者亦何能自保乎人懷危懼非爲安之理此最有國有家者之深忌也愚㠯爲太子太保缺宜留攸居之與太尉汝南王亮衛將軍楊珧共爲保傅幹理朝事三人齊位足相持正進有輔納廣義之益退無偏重相傾之勢令陛下有篤親親之恩使攸蒙仁覆之惠臣同國休戚義在盡言心之所見不能默已私慕魯女存國之志敢陳愚見觸犯天威欲陛下事每盡善冀萬分之助臣而不言誰當言者晉書王渾傳

爲裴楷奏請解中書令

楷受先帝拔擢之恩復蒙陛下寵遇誠竭節之秋也然楷性不競于物昔爲常侍求出爲河內太守後爲侍中復求出爲河南尹與楊駿不平求爲衛尉及轉東宮班在時類之下安于淡退有識有㠯見其心也楷今委頓臣深憂之光祿勳缺㠯爲可用今張華在中書王戎在尚書足舉其契無爲復令楷入名臣不多當見將養勿違其志要其遠濟之益晉書裴楷傳

奏彈虞濬等冒喪婚娶

前㠯冒喪婚娶傷化悖禮下十六州推舉今本州中正各有言上太子家令虞濬有弟喪嫁女拜時鎮東司馬陳湛有弟喪嫁女拜時上庸太守王崇有兄喪嫁女拜時夏侯俊有弟子喪爲息恆納婦恆無服國子祭酒鄒湛有弟婦喪爲息蒙娶婦拜時蒙有周服給事中王琛有兄喪爲息稜娶婦拜時幷州刺史羊暨有兄喪爲息明娶婦拜時征西長史牽昌有弟喪爲息彥娶婦拜時湛職儒官身雖無服據爲婚主案禮大功之末可㠯嫁子小功之末可㠯娶婦無齊縗嫁娶之文虧違典憲宜加貶黜㠯肅王法請臺免官㠯正清議通典六十元康二年司徒王渾奏

奏對詔訪元會問計吏所宜

詔問明年正旦會四方計吏入見臨朝當問所宜渾奏曰陛下欽明聖哲光于遠近明詔沖虛詢及芻蕘斯乃周文疇咨之求仲尼不恥下問也舊三朝元會前計吏詣軒下侍中讀詔計吏跪受臣㠯詔文相承已久無他新聲非陛下留心訪問晉書作方國之意也可令中書指宣明詔問方土異同所宜士人賢才秀異隱伏未達風俗好尚禮敎之宜勸農務本㠯盡墾殖之利刑獄清理得無枉濫之失郡守長吏得無侵虐其勤心治政爲民興利除害者訓化之績授㠯紙筆盡意陳聞㠯明聖指垂心四遠不復因循常辭且察其荅對文義㠯觀計吏人才之實又先帝時正會後東堂見征鎮長史司馬諸王國卿諸州別駕今若不能別見可前詣軒下使侍中宣問㠯審察方國于事爲便藝文類聚四御覽二十九並引王渾集又見晉書王渾傳

王濟

議當作諡

濟字武子。渾次子。爲中書郎。母憂去官。起爲驍騎將軍。進侍中。出爲河南尹。坐事免。尋吕白衣領太僕。卒贈驃騎將軍。有集二卷。

槐樹賦

若夫龍升南陸。火集正陽。恢茲鬱陶。靜暑無方。鼓柯命風。振葉致涼。朗明過乎八闥。重陰踰于九房。初學記二十八

太常郭奕諡景議

案主者議諡。避帝而不避后。既不循古典。不嫌同稱。復乖近代不襲帝后之例。夫無窮之祚。名諡下一。若皆相避。于制難全。如悉不避。復非推崇事尊之禮。宜依諱名之義。但及七廟祖宗而已。不及遷毀之廟。通典一百四。太康八年十月。太常上議故太常平陵男郭奕爲景侯。有司議奏。吕爲大晉受命。祖宗諡號。羣下未有同者。蓋因近代淺情。習于所見也。奕諡與景皇帝同。可改諡曰穆。侍中王濟與羊璞成粲等議。

鍾夫人序德頌

濟蒙天假。星驅省疾。文選顏延之宋郊祀歌注

銓孫楚品狀

天才英博。亮拔不羣。晉書孫楚傳。楚與濟友善。濟爲本州大中正。銓邑人品狀至楚曰。此人非鄉所能目。吾自爲之。乃狀楚。

王澄案別有琅邪人王澄。爲荊州刺史。平北將軍四子也。見世說言語篇注引王氏譜

澄字道深。渾第三子。

與人書

彥國吐佳言。如鋸木屑。霏霏不絕。誠後進領袖也。世說□□注。案胡毋輔之字彥國。奉高人。

風氣日上。足散人懷。世說□□注。尺牘增兒微二字。案澄第四子微。

全晉文卷二十八終

全晉文卷二十九

烏程嚴可均校輯

王述

述字懷祖。渾弟湛之孫。襲父承爵藍田縣侯。司徒王導辟爲中兵屬。歷康帝驃騎功曹。除宛陵令。庾冰請爲征虜長史。補臨海太守。遷建威將軍會稽內史。代殷浩爲揚州刺史。加征虜將軍。尋遷散騎常侍尚書令。卒贈侍中驃騎將軍開府。謚曰穆。以避穆帝改謚曰簡。有集八卷。

慶老人星表

老人星見。光色明朗。玄象暉煥。表爾休祥。率土民庶。慶賴罔極。（藝文類聚一）

上白麞表

所領阮藻之于江寧縣界得白麞一頭。毛色鮮潔。異于比類。信斯誠嘉祥也。（藝文類聚九十五、御覽九百七。）

上疏乞骸骨

臣曾祖父魏司空昶白牋于文皇帝曰。昔與南陽宗世林共爲東宮官屬。世林少得好名。州里瞻敬。及其年老。汲汲自勵。恐見廢棄。時人咸共笑之。若天假其壽。致仕之年。不爲此公婆娑之事。情旨慷慨。深所鄙薄。雖是牋書。乃實訓誡。臣忝端右。而以疾患。禮敬廢替。猶謂可有差理。日復一日。而年衰疾痼。永無復瞻華幄之期。乞奉先誡。歸老丘園。（晉書王述傳。）

婚禮應賀議

春秋傳曰。娶者大吉。非常吉。又傳曰。鄭子罕如晉賀夫人。鄰國猶相賀。況臣下邪。如此便應賀。但不在三日內耳。今因廟見成禮而賀。亦是一節也。（通典五十九。永和三年納后。王述議）

立琅琊王議（穆帝升平五年）

推宗立君。以爲人極。上古風淳。必託有道。洎乎後代。爭亂漸興。故繼體相傳。居正守位。以塞奔競。非私其親。或時有艱難。而嗣胄幼劣。故有立長。成皇帝深達帝道。不私親愛。越授天倫。廟無毀遷。統業桓固。康皇帝旣受命于成帝。宗廟社稷之重。已移于所授。主上宜爲康王嗣。（通典八十。）

奔當作勞

與會稽王牋（時放之求爲交州朝廷許之）

放之。溫嶠之子。宜見優異。而投之嶺外。竊用愕然。願遠存周禮。近參人情。則望實惟允。（晉書溫嶠傳。）

與庾冰牋

竊聞安西欲移鎮樂鄉。不審此爲筭邪。將爲情邪。若謂爲筭。則彼去武昌千有餘里。數萬之衆。創造移徙。方當興立城壁。公私勞擾。若信要害之地。所宜進據。猶當計移徙之煩。權二者輕重。況此非今日之要邪。方今彊胡陸梁。當稸力養銳。而無故遷動。自取非筭。又江州當泝流數千。供繼軍府。力役增倍。疲曳道路。且武昌實是江東鎮戍之中。非但扞禦上流而已。急緩赴告。駿奔不難。若移樂鄉。遠在西陲。一朝江渚有虞。不相接救。方嶽取重將。故當居要害之地。爲內外形勢。使闚闟之心。不知所向。若是情邪。則天道玄遠。鬼情難言。妖祥吉凶。誰知其故。是以達人君子。直道而行。不以情失。昔秦忌亡胡之讖。卒爲劉項之資。周惡檿弧之謠。而成褒姒之亂。此旣然矣。歷觀古今。鑒其遺事。妖異速禍敗者。蓋不少矣。禳避之道。苟非所審。且當擇人事之勝理。思社稷之長計。斯則天下幸甚。令名可保矣。若安西威意已耳。不能安于武昌。但得近移夏口。則其次也。樂鄉之舉。咸謂不可。願將軍體國爲家。固審此舉。（晉書王述傳。）

情當作神

下主簿敎

亡祖先君。名播海內。遠近所知。內諱不出于外。餘無所諱。（世說賞譽篇王

藍田主簿請諱敎云云

答諱

惟祖惟孝四海所知過無復諱御覽五百六十二引語林王藍田作會稽外請諱答曰云云

王臻

臻述從弟簡順皇后少弟拜崇德衛尉領博士

太后爲親屬舉哀議

于至尊是族舅雖不及舉哀可從太后舉哀于朝堂通典八十一褚太后爲從弟舉哀博士王臻等議

太后前爲褚衞軍劉夫人舉哀于式乾殿至尊于朝堂今宜依故事同上

王坦之

坦之字文度述子簡文爲撫軍辟爲掾累遷參軍從事中郎加散騎常侍出爲大司馬桓溫長史徵拜侍中領本州大中正孝武卽位遷中書令領丹楊尹尋授都督徐兗青三州諸軍事北中郎將徐兗二州刺史鎭廣陵卒追贈尚書僕射安北將軍諡曰獻有集七卷

將之廣陵鎭上孝武帝表

臣聞人君之道㠯孝敬爲本臨御四海㠯委任爲貴恭順無爲則盛德日新親杖賢能則政道邕睦昔周成漢昭竝㠯幼年纂承大統當時天下未爲無難終能顯揚祖考保安社稷蓋尊尊親親信納大臣之所致也伏惟陛下誕奇秀之姿稟生知之量春秋尚富涉道未曠方須訓導㠯成天德皇太后仁淑之體過于三母先帝奉事積年每稱聖明臣願奉事之心便當自同孝宗太后慈愛之隆亦不必異所生琅邪王餘姚王及諸皇女宜朝夕定省承受敎誨導習儀刑㠯成景仰恭敬之美不可㠯屬非至親自爲疏疑昔肅祖崩殂成康幼沖事無大小必諮丞相導所㠯克就聖德實此之由今僕射臣安中軍臣沖人望具瞻社稷之臣且受遇先帝綢繆繾綣竝志竭忠貞盡心盡力歸誠陛下㠯報先帝愚謂周旋舉動皆應諮此二臣二臣之于陛下則周之旦奭漢之霍光顯宗之于王導沖雖在外路不云遠事容信宿必宜參詳然後情聽獲盡庶事可畢又天聽雖聰不啓不廣羣情雖忠不引不盡宜數引侍臣詢求讜言平易之世有道之主猶尚誠懼日昃不倦況今艱難理盡慮經安危祖宗之基繫之陛下不可不精心務道㠯申先帝堯舜之風可不敬脩至德㠯保宣元天地之祚晉書王坦之傳

答謝安書

具君雅旨此是誠心而行獨往之美然恐非大雅中庸之謂意者㠯爲人之體韻猶器之方圓方圓不可錯用體韻豈可易處各順其方㠯弘其業則歲寒之功必有成矣吾子少立德行體議淹允加㠯令地優游自居僉曰之談咸㠯清遠相許至于此事實有疑焉公私二三莫見其可㠯此爲濠上悟之者得無鮮乎且天下之寶故爲天下所惜天下之所非何爲不可㠯天下爲心乎想君幸復三思晉書王坦之傳

與殷康子書論公謙之義

夫天道㠯無私成名二儀㠯至公立德立德存乎至公故無親而非理成名在乎無私故在當而忘我此天地所㠯成功聖人所㠯濟化由斯論之公道體于自然故理泰而愈降謙義生于不足故時弊而義著故大禹咎繇稱功言惠而成功于彼孟反范燮殿軍後入而全身于此從此觀之則謙公之義固㠯殊矣夫物之所美己不可收人之所貴我不可取誠患人惡其上衆不可蓋故君子居之而每加損焉隆名在于矯伐而不在于期當匿迹在于違顯而不在于求是于是謙光之義與矜競而俱生卑挹之義與夸伐而竝進由親譽生于不足未若不知之有餘良藥效于瘳疾未若

宴當作晏

無病之爲貴也。夫乾道確然，示人易矣；坤道隤然，示人簡矣。二象顯于萬物，兩德彰于羣生，豈矯枉過直而失其所哉！由此觀之，則大通之道，公坦于天地；謙伐之義，險巇于人事。今存公而廢謙，則自伐者託至公㠯生嫌，自美者因存黨㠯致惑，此王生所謂同貌而實異，不可不察者也。然理必有源，教亦有主，苟探其根，則玄指自顯；若尋其末，弊無不至，豈可㠯嫌似而疑至公，弊貪而忘于謙哉。晉書王坦之傳

與某書

坦之惶恐言：不知已與謝郎論坦之事未？其意良不了者，今當詣公自陳，願告坦之惶恐言。淳化閣帖三。

廢莊論

荀卿稱莊子蔽于天而不知人，揚雄亦曰莊周放蕩而不法，何宴云：嚚莊軀放玄虛而不周乎時變。三賢之言，遠有當乎。夫獨構之

唱，唱虛而莫和；無感之作，義偏而用寡。動人由于兼忘，應物在乎無心。孔父非不體遠，㠯體遠故用近；顏子豈不具德，㠯德備故膺教。胡爲其然哉？不獲已而然也。夫自足者寡，故理懸于羲農；徇教者衆，故義申于三代。道心惟微，人心惟危，吹萬不同，孰知正是！雖首陽之情，三黜之智，磨頂之甘，落毛之愛，枯槁之生，負石之死，格諸中庸，未入乎道，而況下斯者乎！先王知人情之難肆，懼違行㠯致訟，悼司徹之貽悔，審褫帶之所緣，故陶鑄羣生，謀之未兆，每攝其契，而爲節焉。使夫敦禮㠯崇化，日用㠯成俗，誠存而邪忘，利損而競息，成功遂事，百姓皆曰我自然。蓋善闇者無怪，故所遇而無滯；執道㠯離俗，孰踰于不達？語道而失其爲者，非其道也；辯德而有其位者，非其德也。言默所未究，況揚之㠯爲風乎！且即濠㠯尋魚，想彼之我同；推顯㠯求隱，理得而情昧。若夫莊生者，望大庭而撫契，仰彌高于不足，寄積想于三篇，恨我之懷未盡，其言詭譎，其

義恢誕，君子內應，從我遊方之外，衆人因藉之㠯爲弊薄之資。然則天下之善人少，不善人多；莊子之利天下也少，害天下也多。故曰：魯酒薄而邯鄲圍，莊生作而風俗頹。禮與浮雲俱征，僞與利蕩並肆，人㠯克己爲恥，士㠯無措爲通，時無履德之譽，俗有蹈義之愆。驟語賞罰，不可㠯造次；屢稱無爲，不可與適變。雖可用于天下，不足㠯用天下人。昔漢陰丈人脩渾沌之術，孔子㠯爲識其一，不識其二，莊生之道，無乃類乎？與夫如愚之契，何殊間哉！若夫利而不害，天之道也；爲而不爭，聖之德也。羣方所資而莫知誰氏，在儒而非儒，非道而有道，彌貫九流，玄同彼我，萬物用之而不既，亹亹日新而不朽，昔吾孔老固已言之矣。晉書王坦之傳

沙門不得爲高士論

高士必在于縱心調暢，沙門雖云俗外，反更束于教，非情性自得之謂也。世說□□篇注：北中郎不爲林公所知，乃著此論。其大略云。

王忱

忱字元達，小字佛大，坦之第四子。太元中爲吏部郎，歷驃騎長史，出爲建武將軍、都督荊益寧三州軍事、荊州刺史，假節，鎮荊州，卒，贈右將軍，諡曰穆。有集五卷。

郊祀明堂議

明堂則天象地，儀觀之大，宜俟皇居反舊，然後脩之。宋書禮志三，太元十二年，吏部郎王忱議。

王欣之

欣之，述從子，爲豫章太守，太元初拜光祿勳。

君臣同謚表 太元四年

伏尋太康中郭奕諡曰景，有司執孝宗同號，臣聞姬朝盛明，父子齊稱，諸侯與周同謚，經諸哲王不易之道也。宜遵古典，訓範來裔。通典一百四。

王濛

濛字仲祖渾從曾孫司徒王導辟爲掾後出補長山令復爲司徒左西屬不就徙中書郎轉司徒左長史有集五卷

議立奔赴之制 咸康中

三代埀文觀時損益今服敎之地遠于古之九服若守七月之斷遠近一概者懼非通制請王畿㠯外南極五嶺非守見職周年不至者宜勒注黃紙有爵土者削降永嘉中江統議不奔山陵但三年不敘于義爲輕今更立如牒若方伯授用雖未有王命猶不與停散同今見在官卽吉之後去職不及凶事無所貶責萬里外㠯再周爲限自此㠯內明依前牒雖在父母喪其責不異 通典八十咸康中司徒西曹屬王濛議

申述前議

喪紀有數吉凶有斷豈可當于縞素既終而制無限之責哉若除喪使奔當㠯何服素服敘哀則在廷已吉陵無哭禮若玄冠致敬宜曰朝謁非奔喪之謂若服外更立限斷則不知所準若不計遠近同服內則立制漫而無斷 通典八十

致王導牋

開國承家小人勿用杖德義㠯尹天下方將澄淸彝倫崇重名器夫軍國殊用文武異容豈可令涇渭混流虧淸穆之風㠯允荅具瞻儀刑海內 晉書外戚王濛傳

牋

濛死罪諸葛僕射之弟㠯情料之當非至困者欲斂其時吏無一在者便㠯下官牋荅之濛死罪 古刻叢鈔

王脩

脩字敬仁小字苟子濛子爲著作郎琅邪王文學轉中軍司馬未拜而卒

賢人論

或問易稱賢人黃裳元吉苟未能闇與理會何得不求通求通則有損有損則元吉之稱將虛設乎荅曰賢人誠未能闇與理會當居然人從比之理盡猶一豪之領一梁一豪之領一梁雖于理有損不足㠯撓梁賢有情之至寡豪有形之至小豪不至撓梁于賢人何有損之者哉 世說文學篇注引王脩集

王恭

恭字孝伯小字阿甯濛孫歷著作佐郎祕書監中書郎吏部郎建威將軍太元中爲丹楊尹遷中書令領太子詹事孝武㠯后兄擢都督兗青冀幽并徐州晉陵諸軍事平北將軍兗青二州刺史假節鎭京口改號前將軍尋降號輔國將軍安帝卽位㠯爲安北將軍不拜舉兵討王瑜等爲會稽王道子所殺桓玄執政贈侍中太保謚曰忠簡有集五卷

讓太子詹事表

今皇儲始建四方是式揔司之任崇替所由宜妙簡才賢盡一時之勝豈臣最庸所可叨忝 北堂書鈔六十五引晉起居注兩條又見御覽二百四十五

抗表罪狀王國寶

後將軍國寶得㠯姻戚頻登顯列不能感恩效力㠯報時施而專寵肆威將危社稷身負莫大之罪謹陳其狀前荆州刺史王悅國寶同產弟也受任西藩不幸致喪國寶求假奔彼遂不卽路處臺糾察懼于黜免乃毀冠改服變爲婦人與婢同載入請相王又先帝暴崩莫不驚號而國寶靦然了無戚容夜乃犯閤叩扉求行姦計欲詐爲遺詔矯弄神器彰見于外莫不聞知賴皇太后聰明相王神武故逆謀不果又割東宮見兵㠯爲己府讒疾二昆過于讎敵樹立私黨遍于府朝兵食資儲斂爲私積販官鬻爵威恣百城收聚不逞招集亡命與其從弟輔國將軍王緒同黨頑凶狂狡共

相扇連入，理不齒。同惡相成，共竊名器。自知禍惡已盈，怨集人鬼，規爲大逆。蕩覆天下，此不忠不義之明白也。臣忠誠必亡身殉國，是㠯譖臣非一。賴先帝明鑒，浸潤不行。昔趙鞅興晉陽之甲，夷君側之惡。臣雖駑劣，敢忘斯義。晉書王恭傳。魏書晉司馬德宗傳

與沈警書

足下旣執不拔之志，高臥東南，故屈賢子共事，非㠯吏職嬰之也。宋書沈約自序

與沙門僧檢書

遠持兄弟至德何如。高僧傳

全晉文卷二十九　王恭　九

全晉文卷二十九終

烏程嚴可均校輯

楊偉

偉字世英馮翊人仕魏文帝明帝爲尚書郎後參大將軍曹爽軍事入晉爲征南軍司有景初厤三卷桑丘先生書二卷時務論十二卷

上景初厤表

臣覽載籍斷考厤數時以紀農月以紀事其所由來遐而尚矣乃自少昊則玄鳥司分顓頊帝嚳則重黎司天唐帝虞舜則羲和掌日三代因之則世有日官日官司厤則頒之諸侯諸侯受之則頒于境內夏后之世羲和湎淫廢時亂日則書載胤征由此觀之審農時而重人事歷代然之也逮至周室既衰戰國橫鶩告朔之羊廢而不紹登臺之禮滅而不遵閏分乖次而不識孟陬失紀而莫悟大火猶西流而怪蟄蟲之不藏也是時也天子不協時司厤不協日諸侯不受職日御不分朔人事不恤廢棄農時仲尼之撥亂于春秋託褒貶糾黜司厤失閏則譏而書之登臺頒朔則謂之有禮自此以降暨于秦漢乃復以孟冬爲歲首閏爲後九月中節乖錯時月紕繆加時後天蝕不在朔累載相襲久而不革也至武帝元封七年始乃悟其繆焉于是改正朔更厤數使大才通人更造太初厤校中朔所差以正閏分課中星得度以考疏密以建寅之月爲正朔以黃鍾之月爲律厤初其厤斗分太多後遂疏闊至元和二年復用四分厤施而行之至于今日考察日蝕率常在晦是則斗分太多故先密後疏而不可用也是以臣前以制典餘日推考天路稽之前典驗之以蝕朔詳而精之更建密厤則不先不後古今中天以昔在唐帝協日正時允釐百工咸熙庶績也欲使當今國之典禮凡百制度皆韜合往古郁然備足乃改正朔更厤數以大呂之月爲歲首以建子之月爲厤初臣以爲昔在往代則法曰顓頊曩自軒轅則厤曰黃帝暨至漢之孝武革正朔更厤數改元曰太初因名太初厤今改元爲景初宜曰景初厤臣之所建景初厤法數則約要施用則近密治之則省功學之則易知雖復使研桑心算隸首運籌重黎司晷羲和察景以考天路步驗日月究極精微盡術數之極者皆未能並臣如此之妙也是以累代厤數皆疏而不密自黃帝以來常改革不已壬辰元以來至景初元年丁巳歲積四千四十六算上此元以天正建子黃鍾之月爲厤初元首之歲夜半甲子朔旦冬至元法萬一千五十八（晉書律厤志下宋書厤志）

厤議

六十日中疏密可知不待十年若不從法是校方圓棄規矩考輕重背權衡課長短廢尺寸論是非違分理若不先定校厤之本法而懸聽棄法之末爭則孟軻所謂方寸之木可使高于岑樓者也今韓翊據劉洪術者知貴其術珍其法而棄其論背其術廢其言違其事是非必使洪奇妙之式不傳來世若知而違之于挾故而背師也若不知據之是爲挾不知而罔知也（晉書律厤志中黃初中楊偉議云云）

于當作是

諫明帝治宮室

今作宮室斬伐生民墓上松柏毀壞碑獸后柱辜及亡人傷孝子心不可以爲後世之法則（魏志曹爽傳注引世語）

時務論

轡策靽摯之具設雖剛怒麤戾蹄齧之馬若足（一作若是）拘靽縶口啣轡勒銜策必至則躡躅循軌（御覽三百五十九）

賈充

充字公閭平陽襄陵人魏豫州刺史逵子太和中襲爵陽里亭侯拜尚書郎後累遷黃門侍郎汲郡典農中郎將參大將軍軍

事轉右長史㠯從征諸葛誕功進爵宣陽鄉矦遷廷尉轉中護軍弒高貴鄉公及陳留王卽位進封安陽鄉矦加散騎常侍晉國建封臨沂矦武帝卽王位拜衞將軍儀同三司給事中改封臨潁矦及受禪轉車騎將軍散騎常侍尚書僕射更封魯郡公尋代裴秀爲尚書令改侍中出爲使持節都督秦涼二州諸軍事不行遷司空尋轉太尉行太子太保錄尚書事咸寧末爲使持節假黃鉞大都督伐吳吳平增邑八千戶太康三年卒追贈太宰禮官議謚曰荒不納謚曰武有集五卷

表裴頠

秀有佐命之勳不幸嫡長喪亡遺孤稚弱頠才德英茂足㠯興隆國嗣（晉書裴頠傳）

辭大都督表

西有昆夷之患北有幽并之戍天下勞擾年穀不登興軍致討懼非其時又臣老邁非所克堪（晉書賈充傳伐吳之役詔充爲大都督）

請召還諸軍表

吳未可悉定方夏江淮下溼疾疫必起宜召諸軍㠯爲後圖雖腰斬張華不足㠯謝天下（晉書賈充傳）

齊王攸爲弘訓太后服議

河南尹王恂上言弘訓太后入廟合食于景皇帝齊王攸不得行其子禮充議㠯爲禮諸矦不得祖天子公子不得禰先君皆謂奉統承祀非謂不得服其父祖也攸身宜服三年喪事自如臣制（晉書賈充傳）

衞瓘

瓘字伯玉（案左思傳有陳留衞瓘乃衞權之誤）河東安邑人魏尚書覬子明帝時襲爵閺鄉矦爲尚書郎徙通事郎轉中書郎高貴鄉公時遷散騎常侍陳留王卽位拜侍中轉廷尉卿尋持節監鄧艾鍾會軍事行鎮西軍司蜀平除使持節都督關中諸軍事鎮西將軍尋遷都督徐州諸軍事鎮東將軍增封菑陽矦晉受禪轉征東將軍進爵爲公都督青州諸軍事青州刺史加征東大將軍青州牧徙征北大將軍都督幽州諸軍事幽州刺史護烏桓校尉咸寧初徵拜尚書令加侍中太康中遷司空領太子少傅進太保惠帝初錄尚書事輔政爲賈后矯詔所殺謚曰成有論語注八卷

請議郄詵假葬除服表

前太子洗馬濟陰郄詵寄止衞國文學講堂十餘年母亡不致喪歸便于堂北壁外下棺謂之假葬三年卽吉詔用爲征東參軍或㠯爲城寺之內屋壁之閒無葬處不成葬則不應除服主者今欲明用權不過其舉下司徒部博士評議（通典一百三太康中）

請除九品用土斷疏

昔聖王崇賢舉善而教用使朝廷德讓野無邪行誠㠯閭伍之政足㠯相檢詢事考言必得其善人知名不可虛求故還脩其身是㠯崇賢而俗益穆黜惡而行彌篤斯則鄉舉里選者先王之令典自茲㠯降此法陵遲魏氏承顛覆之運起喪亂之後人士流移攷詳無地故立九品之制粗具一時選用之本耳其始造也鄉邑清議不拘爵位褒貶所加是爲勸勵猶有鄉論餘風中閒漸染遂計資定品使天下觀望唯㠯居位爲貴人棄德而忽道業爭多少于錐刀之末傷損風俗其弊不細今九域同規大化方始臣等㠯爲宜皆蕩除末法一擬古制㠯土斷定自公卿㠯下皆㠯所居爲正無復懸客遠屬異土者如此則同鄉鄰伍皆爲邑里郡縣之宰卽㠯居長盡除中正九品之制使舉善進才各由鄉論然則下敬其上人安其教俗與政俱清化與法並濟人知善否之教不在交游卽華競自息各求于己矣今除九品則宜準古制使朝臣共相舉

任于出木之路。既博且可以厲進賢之公心。覈在位之明闇。誠令典也。（晉書衞瓘傳。太康中，瓘與太尉汝南王亮上疏。）

奏免山濤

濤以微苦，久不視職。手詔頻煩，猶未順旨。參議以爲無專節之尚。違至公之義。若實沈篤，亦不宜居位。可免濤官。（晉書山濤傳。）

奏請贈鄭默三司

默才行名望，宜居論道。五升九卿，位未稱德。宜贈三司。（晉書鄭袤附傳。）

與某書

頓州民衞瓘惶恐死罪。中闕音敬。室想盡懷。在外累年。始爾得還。情甚踴躍。旦望州里。上領節度。明日乃入奉說。欣承福。昨自（一作得）白不具。瓘惶恐死罪。（淳化閣帖二。）

與魏舒書

每與足下共論此事。日日未果。可謂瞻之在前。忽然在後矣。（晉書魏舒傳。舒以司徒劇陽子遜位。還第。司空衞瓘與舒書。又見御覽四百二十四引王隱晉書。）

衞恆

恆字巨山。瓘子。咸寧中辟司空齊王府倉曹掾。泰康初轉太子舍人。歷尚書郎、祕書丞、太子庶子、黃門郎。惠帝初與父瓘同遇害。

王昌前母服議

或云嫡不可二。前妻宜絕。此爲奪舊與新。違母從子。禮律所不許。人情所未安也。或云絕與死同。無嫌二嫡。據其相及。欲令服此。爲論嫡則死議。服則生。若還自相代。理又不通。愚以爲地絕。死絕。誠無異也。宜一如前母。不復追服。（晉書禮志中。泰康元年，倉曹掾衞恆議云云。案王昌事，詳前竟陵王楙文。）

奪當作奮

書

一日有恨。知問。未面爲歎。欲七日去邪。恆白。（淳化閣帖二。）

告當作造

四體書勢

古文

昔在黃帝。創制告物。有沮誦倉頡者。始作書契。以代結繩。蓋覩鳥跡以興思也。因而遂滋。則謂之字。有六義焉。一曰指事。上下是也。二曰象形。日月是也。三曰形聲。江河是也。四曰會意。武信是也。五曰轉注。老考是也。六曰假借。令長是也。夫指事者。在上爲上。在下爲下。象形者。日滿月虧。效其形也。形聲者。以類爲形。配以聲也。會意者。止戈爲武。人言爲信也。轉注者。以老壽考也。假借者。數言同字。其聲雖異。文義一也。自黃帝至三代。其文不改。及秦用篆書。焚燒先典。而古文絕矣。漢武帝時。魯共王壞孔子宅。得尚書春秋論語孝經。時人已不復知有古文。謂之科斗書。漢世祕藏。希得見之。魏初傳古文者。出于邯鄲淳。恆祖敬侯寫淳尚書。後以示淳。而淳不別。至正始中。立三字石經。轉失淳法。因科斗之名。遂效其形。太康元年。汲縣人盜發魏襄王冢。得策書十餘萬言。案敬侯所書。猶有髣髴。古書亦有數種。其一卷論楚事者。最爲工妙。恆竊悅之。故竭愚思。以贊其美。愧不足廁前賢之作。冀以存古人之象焉。古無別名。謂之字。（案有脫文。）勢云。黃帝之史。沮誦倉頡。眺彼鳥跡。始作書契。紀綱萬事。垂法立制。帝典用宣。質文著世。爰曁暴秦。滔天作戾。大道既泯。古文亦滅。魏文好古。世傳丘墳。歷代莫發。眞僞靡分。大晉開元。弘道敷訓。天垂其象。地耀其文。其文乃耀。粲矣其章。因聲會意。類物有方。日處君而盈其度。月執臣而虧其旁。雲委蛇而上布。星離離以舒光。禾卉苯䔿以垂穎。山嶽峨嵯而連岡。蟲跂跂其若動。鳥似飛而未揚。觀其錯筆綴墨。用心精專。勢和體均。發止無間。或守正循檢。矩折規旋。或方圓靡則。因事制權。其曲如弓。其直如弦。矯然特出。若龍騰于川。森爾下頹。若雨墜于天。或引筆奮力。若鴻雁高飛。邈邈翩翩。或縱肆阿那。若流蘇懸羽。靡靡綿綿。是故遠而望之。若翔風厲水。淸波漪漣。就而察之。有若自然。信黃唐之遺跡。爲六藝之範先。籒篆蓋其子孫。隸草乃其曾玄。覩物象以致思。非言辭之所宣。晉書衛瓘附傳。魏志劉劭傳注引文章敘錄。

篆書

昔周宣王時。史籒始著大篆十五篇。或與古同。或與古異。世謂之籒書者也。及平王東遷。諸侯力政。家殊國異。而文字乖形。秦始皇帝初兼天下。丞相李斯乃奏益之。罷不合秦文者。斯作倉頡篇。中車府令趙高作爰歷篇。太史令胡毋敬作博學篇。皆取史籒大篆。或頗省改。所謂小篆者也。或曰。下土人程邈爲衙獄吏。得罪始皇。幽繫雲陽十年。從獄中作小篆。少者增益。多者損減。方者使員。員者使方。奏之始皇。始皇善之。出以爲御史。使定書。或曰。邈所定乃隸字也。自秦壞古文。有八體。一曰大篆。二曰小篆。三曰刻符。四曰蟲書。五曰摹印。六曰署書。七曰殳書。八曰隸書。王莽時。使司空甄豐校文字部。改定古文。復有六書。一曰古文。孔氏壁中書也。二曰奇字。卽古文而異者也。三曰篆書。秦篆書也。四曰佐書。卽隸書也。五曰繆篆。所以摹印也。六曰鳥書。所以書幡信也。又許愼撰說文。用篆書爲正。以爲體例。最可得而論也。秦時李斯號爲工篆。諸山及銅人銘。皆斯書也。漢建初中。扶風曹喜少異于斯。而亦稱善。邯鄲淳師焉。略究其妙。韋誕師淳而不及也。太和中。誕爲武都太守。以能書留補侍中。魏氏寶器銘題。皆誕書也。漢末又有蔡邕。采斯喜之法。爲古今雜形。然精密簡理不如淳也。邕作篆勢曰。鳥遺跡。皇頡循。聖作則。制斯文。體有六。篆爲眞。形要妙。巧入神。或龜文當有缺文鍼缺列。櫛比龍鱗。紓體放尾。長翅短身。頹若黍稷之垂穎。蘊若蟲蛇之棼縕。揚波振撆。鷹跱鳥震。延頸脅翼。勢似陵雲。或輕筆內投。微本濃末。若絕若連。似露緣絲。凝垂下端。從者如懸。衡者如編。杳杪邪趣。不方不圓。若行若飛。跂跂翩翩。遠而望之。象鴻鵠羣遊。駱

蘊當作韞　太當作大　窮當作穹　蜑當作蜿

驛遷延。迫而視之。端際不可得見。指撝不可勝原。研桑不能數其詰屈。離婁不能覩其郄間。般倕揖讓而辭巧。籒誦拱手而韜翰。處篇籍之首目。粲斌斌其可觀。摛華艷于紈素。爲學藝之範閑。嘉文德之弘懿。蘊作者之莫刊。思字體之頫仰。舉大略而論旃。晉書衛瓘附傳。魏志劉劭傳注引文章敘錄。又蔡中郎集。又水經注河水四。又藝文類聚七十四。初學記二十一。御覽七百四十九引蔡邕篆勢。

隸書

秦既用篆。奏事繁多。篆字難成。卽令隸人佐書。曰隸字。漢因行之。獨符印璽幡信題署用篆。隸書者。篆之捷也。上谷王次仲始作楷法。至靈帝好書。世多能者。而師宜官爲最。大則一字徑丈。小則方寸千言。甚矜其能。或時不持錢。詣酒家飲。因書其壁。雇觀者以酬酒。討錢足而滅之。每書輒削而焚其札。梁鵠乃益爲版而飲之酒。候其醉而竊其札。鵠卒以攻書至選部尚書。宜官後爲袁術將。今鉅鹿宋子有耿球碑。是術所立。其書甚工。云是宜官也。梁鵠奔劉表。魏武帝破荆州。募求鵠。鵠之爲選部也。魏武欲爲洛陽令。而以爲北部尉。故懼而自縛詣門。署軍假司馬。使在祕書以勤書自效。是以今者多有鵠手跡。魏武帝懸著帳中。及以釘壁玩之。以爲勝宜官。鵠字孟黃。安定人。魏宮殿題署。多是鵠篆。鵠宜爲太字。邯鄲淳宜爲小字。鵠謂淳得次仲法。然鵠之用筆。盡其勢矣。鵠弟子毛弘敎于祕書。今八分皆弘法也。漢末有左子邑。小與淳鵠不同。然亦有名。魏初有鍾胡二家爲行書法。俱學之于劉德升。而鍾氏小異。然亦各有巧。今大行于世云。作隸勢曰。鳥跡之變。乃惟佐隸。蠲彼繁文。崇此簡易。厥用旣弘。體象有度。煥若星陳。鬱若雲布。其大徑尋。細不容髮。隨事從宜。靡有常制。或窮隆恢廓。或櫛比鍼列。或砥平繩直。或蜑蜒膠戾。或長邪角趣。或規旋矩折。修短相副。異體同勢。奮筆輕舉。離而不絕。纖波濃點。錯落其間。若鍾虡設張。庭燎飛煙。嶄巖嵯峨。高下屬連。似崇臺重宇。增雲冠山。遠而望之。若飛

辛當作宰

龍在天。近而察之。心亂目眩。奇姿譎詭。不可勝原。研桑所不能計。辛賜所不能言。何草篆之足筭。而斯文之未宣。豈體大之難覩。將祕奧之不傳。聊俯仰而詳觀。舉大較而論旃。（晉書衞瓘附傳。魏志武帝紀注。又劉劭傳注。）

草書

漢興而有草書。不知作者姓名。至章帝時。齊相杜度號善作篇。後有崔瑗崔寔。亦皆稱工。杜氏殺字甚安。而書體微瘦。崔氏甚得筆勢。而結字小疏。弘農張伯英者。因而轉精其巧。凡家之衣帛。必書而後練之。（藝文類聚作後染。）臨池學書。池水盡黑。下筆必爲楷則。號怱怱不暇草書。寸紙不見遺。至今世尤寶其書。韋仲將謂之草聖。伯英弟文舒者。次伯英。又有姜孟穎、梁孔達、田彥和及韋仲將之徒。皆伯英弟子。有名于世。然殊不及文舒也。羅叔景、趙元嗣者。與伯英並時。見稱于西州。而矜巧自與。衆頗惑之。故英自稱。上比崔杜不足。下方羅趙有餘。河閒張超亦有名。然雖與崔氏同州。不如伯英之得其法也。崔瑗作草書勢曰。書契之興。始自頡皇。寫彼鳥跡。以定文章。爰曁末葉。典籍彌繁。時（初學記作人。）之多僻。政之多權。官事荒蕪。勦其墨翰。惟作佐隸。舊字是刪。草書之法。蓋又（初學記作先。）簡略。應時諭指。周于卒迫。兼功並用。愛日省力。純儉之變。豈必古式。觀其法象。俯仰有儀。方不中矩。圓不副規。抑左揚右。望之若欹。竦企鳥跱。志在飛移。狡獸暴駭。將奔未馳。或𪑖黕點䵢。（此五字初學記但作或𪑖點染四字。）狀似連珠。絕而不離。畜怒怫鬱。放逸生奇。或凌邃而惴慄。若據高而臨危。旁點邪附。似蜩螗揭枝。（初學記作似螳螂而抱枝。）絕筆收勢。餘綖糾結。若山蜂施毒。看隙緣巇。騰蛇赴穴。頭沒尾垂。是故遠而望之。摧焉若阻岑崩崖。就而察之。一畫不可移。纖微要妙。臨時從宜。略舉大較。髣髴若斯。（晉書衞瓘附傳。魏志劉劭傳注。藝文類聚七十四。又初學記二十一。引崔瑗草書勢兩條。）

衞展

展字道舒。恆族弟。歷尚書郎南陽太守。永嘉中爲江州刺史。元帝稱晉王。以爲大理。及建號。拜廷尉。卒贈光祿大夫。有集十五卷。

陳諺言表

諺言廷尉獄。平如砥。有錢生。無錢死。此諺之起。死生之出于此法獄也。（初學記二十。）

上書言祖父不合從坐

今施行詔書。有考子正父死刑。或鞭父母問子所在。近主者所稱庚寅詔書。舉家逃亡。家長斬。若家長是逃亡之主。斬之雖重猶可。設子孫犯事。將考父祖逃亡。逃亡是子孫。而父祖嬰其酷。傷順破教。如此者衆。相隱之道離。則君臣之義廢。君臣之義廢。則犯上之姧生矣。秦網密文峻。漢興。掃除煩苛。風移俗易。幾于刑厝。大人革命。不得不蕩其穢匿。通其圮滯。今詔書宜除者多。有便于當今。著爲正條。則法差簡易。（晉書刑法志。展爲晉王大理。考擿故事有不合情者。上書云云。又見羣書治要二十九。引晉書。又通典一百六十四。）

上言宜復肉刑

古者肉刑。事經前聖。漢文除之。增加大辟。今人戶彫荒。百不遺一。而刑法峻重。非句踐養胎之義也。愚謂宜復古施行。以隆太平之化。（晉書刑法志。又通典一百六十八。）

衞嶼

嶼。瓘九世孫。爲散騎常侍。嗣江夏公。

上表自陳

臣乃祖故太保瓘。于魏咸熙之中。太祖文皇帝爲元輔之日。封菑陽侯。大晉受禪。進爵爲公。歷位太保。總錄朝政。于時賈庶人及諸王用事。忌瓘忠節。故楚王瑋矯詔致禍。前朝以瓘秉心忠正。加以伐蜀之勳。故追封蘭陵郡公。永嘉之中。東海王越食蘭陵。換封江

案當作宋

夏戶邑如舊。臣高祖散騎侍郎璪之。嫡孫纂承封爵。中宗元皇帝已曾祖故右衛將軍崇承襲。逮于臣身。伏聞祠部郎荀伯子表欲貶降復封蕭陽。夫趙氏之忠。寵延累葉。漢祖開封。誓以山河。伏願陛下錄既往之勳。垂罔極之施。乞出臣表付外參詳。案書荀伯子傳。義熙九年。

全晉文卷三十終

全晉文卷三十一

烏程嚴可均校輯

荀顗

顗字景倩，潁川潁陰人。漢尚書令彧第六子。仕魏爲中郎，拜散騎侍郎，遷侍中。齊王時拜騎都尉，賜爵關內侯。高貴鄉公時，進爵萬歲亭侯，拜僕射，領吏部。陳留王時遷司空，進爵鄉侯，後封臨淮侯。晉受禪，進爵爲公，拜司徒，尋加侍中，遷太尉，行太子太傅。泰始十年卒，謚曰康。

議故吏爲舊君服表

禮，臣爲君斬縗三年，與子爲父同。以進登天朝，絕無舊君之心，廢反服之禮，非所以敦風崇教。今使仕者反服舊君，于義爲弘。通典九十。

昌邑侯滿瑋庶妹服議

諸侯絕周，大夫絕緦。然則尊同，周以及緦，皆如本親喪服。經曰，君爲姑姊妹女子子嫁于國君者。傳曰，何以大功，尊同也。又曰，大夫爲伯叔父母子昆弟昆弟之子爲士者。傳曰，何以大功，尊不同也。然則尊不同則降，不待所臣乃絕之。諸侯尊重，大夫尊輕，以大夫尊降其親，則知諸侯雖所不臣，絕不服也。通典九十三。

賜謚議

若賜謚而道遠，不及葬者，皆封策下屬，遣所承長吏奉策，即家祭賜謚。晉書

甲乙問議

春秋竝后匹嫡，古之明典也。今不可以犯禮竝立二妻，不別尊卑，而遂其失也。故當斷之以禮，先至爲嫡，後至爲庶。景子宜以嫡母服乙，乙子宜以庶母事景。昔屈建去芰，古人以爲違禮而得禮，景子非爲抑其親，斯自奉禮先後貴賤順敘之義也。晉書禮志中太尉荀顗議。

荀崧

崧字景猷，或玄孫。泰始中，襲父頵爵廣陽一作安陵鄉侯。補濮陽王允文學，趙王倫引爲相國參軍，倫篡位，轉護軍司馬，給事中。遷尚書吏部郎，太子中庶子，又遷侍中，中護軍。洛陽陷，奔密，族父藩承制以爲江北監軍，南中郎將，後將軍，假節，襄陽太守，進爵舞陽縣公。遷都督荊州江北諸軍事，平南將軍，改封曲陵公。元帝即位，徵拜尚書僕射，轉太常。王敦表爲尚書左僕射。明帝時加散騎常侍，領太子太傅。王敦平，更封平樂伯。坐事免，後拜金紫光祿大夫，錄尚書事，遷右光祿大夫，領祕書監。卒，贈侍中，謚曰敬。有集一卷。

上疏請增置博士

臣聞孔子有云，才難不其然乎。自喪亂以來，經學尤寡，儒有席上之珍，然後能弘明道訓。今處學則闕朝廷之秀，仕朝則廢儒學之美。昔咸寧、太康、元康、永嘉之中，侍中、常侍、黃門之深博道奧，通洽古今，行爲世表者，領國子博士。一則應對殿堂，奉酬顧問，二則參訓門子，以弘儒學，三則祠儀二曹及太常之職，以得藉用質疑。今皇朝中興，美隆往初，宜憲章令軌，祖述前典。世祖武皇帝聖德欽明，應運登禪，受終于魏，崇儒興學，治致升平，經始明堂，營建辟雍，告朔班政，鄉飲大射，西閣東序，河圖祕書禁籍，臺省有宗廟太府金墉故事，太學有石經古文，先儒典訓，賈、馬、鄭、杜、服、孔、王、何、顏、尹之徒，章句傳注，衆家之學，置博士十九人。九州之中，師徒相傳，學士如林，猶選張華、劉寔居太常之官，以重儒教。傳稱孔子沒而微言絕，七十子終而大義乖。自頃中夏殄瘁，講誦遏密，斯文之道，將墜于地。陛下聖哲龍飛，闡弘祖烈，申命儒術，恢崇道教，樂正雅頌，于是乎在。江揚二州，先漸聲教，學士遺文，于今爲盛，然方之疇昔，猶千之一也。臣學不章句，才不弘道，階緣光寵，遂忝非服，方之華實，儒風邈遠，思竭駑駘，庶增萬分，願斯道隆于百代之上，縉紳詠

于千載之下伏聞節省之制皆三分置二博士舊員十有九人今五經合九人準古計今猶未中半九人已外猶宜增四願陛下萬機餘暇時垂省覽周易一經有鄭玄注其書根源誠可深惜宜爲鄭易置博士一人儀禮一經所謂曲禮鄭玄于禮特明皆有證據宜置鄭儀禮博士一人春秋公羊其書精隱明于斷獄宜置博士一人穀梁簡約隱要宜存于世置博士一人昔周之衰下陵上替臣弑其君子弑其父上無天子下無方伯善者誰賞惡者誰罰綱紀亂矣孔子懼而作春秋諸侯諱妒懼犯時禁是以微辭妙旨義不顯明故曰知我者其唯春秋罪我者其唯春秋時左丘明子夏造膝親受無不精究孔子既沒微言將絕于是丘明退撰所聞而爲之傳其書善禮多膏腴美辭張本繼末以發明經義信多奇偉學者好之儒者稱公羊高親受子夏立于漢朝辭義清儁斷決明審多可採用董仲舒之所善也穀梁赤師徒相傳暫立于漢時劉

向父子漢之名儒猶執一家莫肯相從其書文清義約諸所發明或是左氏公羊所不載亦足有所訂正是以三傳竝行于先代通才未能孤廢今去聖久遠斯文將墜與其過廢寧過而立也臣以爲三傳雖同一春秋而發端異趣案如三家異同之說義則戰爭之場辭亦劒戟之鋒于理不可得共博士宜各置一人以傳其學宋書禮志一、又晉書荀崧傳、通典五十三、皆有刪節

議王式事

禮繼母嫁從爲之服報其犯出者無服案式母之求去式父之遣竝無名例若以父母之過非式所得言及式奉親盡禮而母自求去者過在母矣式之追服可謂過厚若乃六親有違繼就非禮宜訪之中正宗老非禮官所得逆裁通典九十四、大興三年、太常曲陵公荀崧駮都尉蕭輪議云云

繼當作去

議上元帝廟號

禮祖有功宗有德元皇帝天縱聖哲光啟中興德澤侔于太戊功惠邁于漢宣臣敢依前典上號曰中宗晉書荀崧傳

若卞壺論劉嘏同姓爲昏

如嘏所執荀在限內雖遠不可苟在限外不遠可通也吾無以異之王伯輿鄭玄高儁弟子也爲子稚賓取王處道女也當得禮意于時清談盡無譏議今難者雖苦竟不能折其理春秋不伐有辭謂嘏不應見責通典六十七

輿當作與

與王導書

三年當大禘愍帝已居子位復居父位且子雖齊聖不先父食此君卽父也此爲愍帝是先帝之父懷帝是愍帝之父惠帝是懷帝之父二代更重四代所以爲疑處也通典四十八

與王敦書

誠以長蛇未翦別詳宗祖先帝應天受命以隆中興中興之主寧可隨世數而遷毀敢率丹直詢之朝野上號中宗卜日有期不及

誠當作承　宗祖當作祖宗

重請專輒之愆所不敢辭晉書荀崧傳

荀勖

勖字公曾漢司空爽曾孫仕魏爲大將軍曹爽掾遷中書通事郎除安陽令轉驃騎從事中郎遷廷尉正參大將軍文帝軍事賜爵關內侯轉從事中郎領記室進侍中封安陽子武帝受禪改封濟北郡侯拜中書監加侍中領著作進光祿大夫尙書令卒贈司徒謚曰成有集三卷

蒲萄賦

靈運宣流休祥允淑懿彼秋方乾元是畜有蒲萄之珍偉應淯和而延育藝文類聚八十七

讓樂事表

臣掌著作又知祕書今覆校錯誤十萬餘卷書不可倉卒復兼他職必有廢頓

薦李胤爲司徒表

三公具瞻之望。誠不可用非其人。昔魏文帝用賈詡爲公。孫權笑之。尚書令李胤。忠亮高潔。堪處台輔。（御覽二百八引荀勖對詔）

薦三公保傅表

三公保傅。宜得其人。若使楊珧參輔東宮。必當仰稱聖意。尚書令衞瓘。吏部尚書山濤。皆可爲司徒。如㠯瓘新爲令。未出者。濤卽其人。（晉書荀勖傳。時太尉賈充。司徒李胤並薨。太子太傅又闕。勖表陳。從之。）

讓尚書令表

昔六官所掌。冢宰爲首。秦公卿贊。㠯丞相御史爲冠。今者尚書令。總此三者。非臣駑闇所宜忝竊。（書鈔五十九引荀勖集。）

讓豫州大中正表

被敕㠯臣爲豫州大中正。臣與州閭鄉黨。初不相接。臣本州十郡。方于他州。人數倍多。品藻人物。㠯正一州清論。此乃臧否之本。風俗所重。（御覽二百六十五引荀勖集）

奏校試笛律

中所出御府銅管二十五具。太常樂部郎劉秀等校試。其三具與杜夔左延年律法同。其二十二具。視其名題尺寸。是笛律也。問協律中郎將列和。云昔魏明帝時。令和承受笛聲。㠯作此律。欲使學者別居一坊。歌詠講習。依此律調。至于都合樂時。但識其尺寸之名。則絲竹歌詠。皆得均合。歌聲濁者。用長笛長律。歌聲清者。用短笛短律。凡絃歌調張清濁之制。不依笛尺寸之則。不可知也。（藝文類聚五。御覽十六。並引晉諸公贊。又見晉書律厤志上。又見宋書律志。）

奏條牒諸律問列和意狀

昔先王之作樂也。㠯振風蕩俗。饗神祐賢。必協律呂之和。㠯節八音之中。是故郊祀朝宴。用之有制。歌奏分敘。清濁有宜。故曰五聲十二律還相爲宮。此經傳記籍可得而知者也。如和對辭。笛之長短。無所象則。率意而作。不由曲度。攷㠯正律。皆不相應。吹其聲均。多不諧合。又辭先師傳笛。別其清濁。直㠯長短。工人裁制。舊不依律。是爲作笛無法。而和寫笛造律。又令琴瑟歌詠從之。爲正。非所㠯稽古先哲垂憲于後者也。謹條牒諸律。問和意狀如左。及依典制。用十二律造笛象十二枚。聲均調和。器用便利。講肄彈擊。必合律呂。況乎宴饗萬國。奏之廟堂者哉。雖伶夔曠遠。至音難精。猶宜儀形古昔。㠯求厥衷。合乎經禮。于制爲詳。若可施用。請更部笛工。選竹造作。下太樂樂府施行。平議諸杜夔左延年律。可皆留其御府笛正聲下徵各一具。皆銘題作者姓名。其餘無所施用。還付御府毁。

勖又問和。作笛爲可依十二律作十二笛。令一孔依一律。然後乃㠯爲樂不。和辭。太樂東箱長笛正聲已長四尺二寸。今當復取其下徵之聲。于法聲濁者笛當長。計其尺寸。乃五尺有餘。和昔日作之。不可吹也。又笛諸孔雖不校試。意謂不能得一孔輒應一律也。案太樂四尺二寸笛正聲均應蕤賓。㠯十二律還相爲宮。推法下徵之孔。當應律大呂。大呂笛長二尺六寸有奇。不得長五尺餘。輒令太樂郎劉秀鄧昊等依律作大呂笛。㠯示和。又吹七律。一孔一校。聲皆相應。然後令郝生鼓箏。宋同吹笛。㠯爲雜引相和諸曲。和乃辭曰。自和父祖漢世㠯來。笛家相傳。不知此法。而令調均與律相應。實非所及也。郝生魯基种整朱夏。皆與和同。

又問和。笛有六孔。及其體中之空爲七。和爲能盡名其宮商角徵羽孔調與不調。㠯何檢知。和辭。先師相傳。吹笛但㠯作曲相語。爲某曲當舉某指。初不知七孔盡應何聲也。若當作笛。其仰尚方笛工依案舊像訖。但吹取鳴者。初不復校其諸孔調與不調也。案周禮。調樂金石有一定之聲。是故造鐘磬者。先依律調之。然後施于廂懸。作樂之時。諸音皆受鐘磬之均。卽爲悉應律也。至于饗宴殿堂之上無廂懸鐘磬㠯笛有一定調故諸絃歌皆從笛爲正是爲笛猶鐘磬宜必合于律呂如和所對直㠯意造率短一寸七孔聲均不知其皆應何律調與不調無㠯檢正唯取竹之鳴者爲無法制趣令部郎劉秀鄧昊王豔魏邵等與笛工參共作笛工人造其形律者定其聲然後器象有制音均和協

又問和若不知律呂之義作樂音均高下清濁之調當㠯何名之和辭每合樂時隨歌者聲之清濁用笛有長短假令聲濁者用三尺二笛因名曰此三尺二調也聲清者用二尺九笛因名曰此二尺九調也漢魏相傳施行皆然案周禮奏六樂乃奏黃鍾歌大呂乃奏太簇歌應鍾皆㠯律呂之義紀歌奏清濁而和所稱㠯二尺三尺爲名雖漢魏用之俗而不典部郎劉秀鄧昊等㠯律作三尺二寸者應無射之律若宜用長笛執樂者曰請奏無射周語曰無射所㠯宣布哲人之令德示民軌儀也二尺八寸四分四氂應黃鍾之律若宜用短笛執樂者曰請奏黃鍾周語曰黃鍾所㠯宣養六氣九德也是則歌奏之義當合經禮考之古典于制爲雅（晉書律厤志上宋書律志）

奏諫用伊羨趙咸爲中書舍人

晉武帝時門下啟通事令史伊羨趙咸爲中書舍人對掌文法勖奏㠯爲（御覽二百二十二引荀勖集）

今天下幸賴陛下聖德六合爲一望道化隆洽垂之將來而門下上稱程咸張惲下稱此等欲㠯文法爲政皆愚臣所未達者昔張釋之諫漢文謂嗇夫不宜見用邴吉住車明調和陰陽之本此二人豈不知小吏之惠誠重惜大化也昔魏武帝使中軍司荀攸典刑獄明帝時猶㠯付內常侍㠯臣所聞明帝時唯有通事劉泰等官不過與殿中內號耳又頃言論者皆云省官減事而求益吏者相尋矣多云尙書郎大令史不親文書乃委付書令史及幹誠吏多則相倚也增置文法之職適恐更耗擾臺閣臣竊謂不可（晉書荀勖傳）

甲乙問議

昔鄉里鄭子羣娶陳司空從妹後隔呂布之亂不復相知存亡更娶鄉里蔡氏女徐州平定陳氏得還遂二妃竝存蔡氏之子字元釁爲陳氏服嫡母之服事陳公㠯從舅之禮族兄宗伯曾責元釁謂抑其親鄉里先達㠯元釁爲合宜不審此事粗相似否（晉書禮志中安豐太守程諒先已有妻後又娶遂立二嫡前妻亡後妻子勳疑所服中書令張華造甲乙問）

王昌前母服議

昔鄭子羣娶陳司空從妹後隔呂布之亂不知存亡更娶蔡氏女徐州平後陳氏得還二妃竝存蔡氏之子元釁爲陳氏服嫡母之服族兄宗伯曾責元釁謂抑其親鄉里先達㠯元釁爲合宜（通典八十九案王昌事詳前竟陵王楙文）

又陳遣王公之國議

如詔準古方伯選才使軍國各隨方面爲都督誠如明旨至于割正封疆使親疏不同誠爲佳矣然分裂舊土猶懼多所搖動必使人心忽擾思惟竊宜如前若于事不得不時有所轉封而不至分割土域有所損奪者可隨宜節度其五等體國經遠實不成制度然但虛名其于實事略與舊郡縣鄉亭無異若造次改奪恐不能不㠯爲恨今方了其大者㠯爲五等可須後裁度凡事雖有久而益善者若臨時或有不解亦不可忽（晉書荀勖傳）

省吏議

省吏不如省官省官不如省事省事不如清心昔蕭曹相漢載其清靜致畫一之歌此清心之本也漢文垂拱幾致刑措此省事也光武幷合吏員縣官國邑裁置十一此省官也魏太和中遣王人四出減天下吏員正始中亦幷合郡縣此省吏也今必欲求之于

忽當作勿

本則宜以省事爲先凡居位者使務思蕭曹之心以翼佐大化篤義行崇敦睦使昧寵忘本者不得容而僞行自息浮華者懼矣重敬讓尚止足令賤不妨貴少不陵長遠不間親新不間舊小不加大淫不破義則上下相安遠近相信矣位不可以進趣得譽不可以朋黨求則是非不妄而明官人不惑于聽矣去奇技抑異說好變舊以徼非常之利者必加其誅則官業有常人心不遷矣事留則政稽政稽則功廢處位者而孜孜不怠奉職司者而夙夜不懈則雖在挈瓶而守不假器矣使信若金石小失不害大政忍忿捐以容之簡文案略細苛令之所施必使人易視聽願之如陽春畏之如雷震忽使微文煩撓爲百吏所黷二三之命爲百姓所饜則吏竭其誠下悅上命矣設官分職委事責成君子心競而不力爭量能受任思不出位則官無異業政典不奸矣凡此皆愚所謂省事之本也苟無此弊雖不省吏天下必謂之省矣若欲省官私謂

九寺可并于尚書蘭臺宜省付三府然施行歷代世之所習是以久抱愚懷而不敢言至于省事實以爲善若直作大例皆減其半恐文武衆官郡國職業及事之興廢不得皆同凡發號施令典而當則安儻有駮者或致壅否凡職所臨履先精其得失使忠信之官明察之長各裁其中先條上言之然後混齊大體詳宜所省則令下必行不可搖動如其不爾恐適惑人聽比前行所省皆須臾輒復或激而滋繁亦不可不重（晉書荀勖傳時又議省州郡縣半吏以赴農功勖議以爲云云）

爲晉文王與孫晧書

聖人稱有君臣然後有上下禮義是故大必字小小必事大然後上下安服羣生獲所逮至末塗純德既毀勦民之命以爭彊于天下違禮順之至理則仁者弗由也方今主上聖明覆幬無外僕備位宰輔屬當國重惟華夏乖殊方隅圮裂六十餘載金革亟動無年不戰暴骸喪元困悴罔定每用悼心坐以待旦將欲止戈興仁

便當作使

旅當作旋

爲百姓請命故分命偏師平定蜀漢役未經年全軍獨克于時猛將謀夫朝臣庶士咸以奉天時之宜就征討之圖輒吞敵之勢宜遂回旗東指以臨吳境舟師汎江順流而下陸軍南轅取徑四郡兼城都之械漕巴漢之粟然後以中軍整旅二方雲會未及浹辰可便江表厎平南夏順軌然國朝深惟伐蜀之舉雖有靜難之功亦悼蜀民獨罹其害戰于緜竹者自元帥以下竝受斬戮伏尸蔽地血流丹野一之于前猶追恨不忍況重之于後乎是故旅師案甲思與南邦共全百姓之命夫料力忖勢度資最險遠攷古昔廢興之理近鑒西蜀安危之效隆德保祚去危即順屈己以寧四海者仁哲之高致也履危偷安隕德覆祚而不稱于後世者非智者之所居也今朝廷遣徐紹孫彧獻書喻懷若書御于前必少留意回慮革算結歡弭兵共爲一家惠矜吳會施及中土豈不泰哉此昭心之大願也敢不承受若不獲命則普天率土期于大同雖重

干戈固不獲已也（吳志歸命侯傳注引漢晉春秋）

今餉雜色綾十端穀三端細縑十匹（藝文類聚八十五御覽八百十六引兩條又八百十八）

荅王琛書

王陶丘州人口廟盜鮮卑金頭寶帶十二枚（書鈔一百二十九）

上穆天子傳序

序古文穆天子傳者太康二年汲縣民不準盜發古冢所得書也皆竹簡素絲編以臣勖前所攷定古尺度其簡長二尺四寸以墨書一簡四十字汲者戰國時魏地也案所得紀年蓋魏惠成王子今王之冢也于世本蓋襄王也案史記六國年表自今王二十一年至秦始皇三十四年燔書之歲八十六年及至太康二年初得此書凡五百七十九年其書言周穆王遊行之事春秋左氏傳曰穆王欲肆其心周行于天下將皆使有車轍馬跡焉此書所載則其事也王好巡守得盜驪騄耳之乘造父爲御以觀四荒北絕流

沙西登昆侖見西王母與太史公記同汲郡收書不謹多毀落殘缺雖其言不典皆是古書頗可觀覽謹以二尺黃紙寫上請事平以本簡書及所新寫並付祕書繕寫藏之中經副在三閣謹序（穆天子傳道藏本。）

荀組

組字大章勖子爲司徒左曹屬補太子舍人司徒王渾請爲從事中郎轉左長史惠帝時歷太子中庶子滎陽太守趙王倫爲相國引爲右長史倫簒位進侍中永興中爲河南尹遷尚書轉衞尉封埰陽縣男加散騎常侍中書監轉司隸校尉加特進光祿大夫永嘉末司空王浚承制以爲司隸校尉行豫州刺史建興初爲司空領尚書左僕射兼司隸行留臺事進封臨潁縣公尋爲太尉領豫州牧假節元帝承制以爲都督司州諸軍加散騎常侍及卽位以爲司徒大興初率其屬南歸加錄尚書事永

昌初遷太尉領太子太保未拜卒諡曰元有集三卷

議定父子生離哀制表

有六親相失及不知父母沒地者以未指得亡死之閡沒地處所情慮無異然以未審指的希冀一之存未忍舉哀則有終身之戚不涉吉事或推一身承一宗之重傳祖考遺體無心婚娶遂令宗祀絕滅于一人及犯不孝莫大無後之罪此實難處然臣以爲此非聖人不以死傷生之教也兩路相通久無音問殯可知矣但不了死地耳如此之徒宜以王法斷之令舉哀制服勤三年凶不過三年此近亡于禮者之禮也（通典九十八。）

請議定改葬服制表（大興二年）

王路漸通士人得視塚墓多聞凶問朝野所行不同或有輕重斬杖者復有制齊衰三月緦麻三月者直素服盡哀者人生不同性有厚薄是以聖人制禮居中使賢者俯就不肖者企及臣謂墓毀之制改葬緦麻當包之矣鄭康成王子雍皆云棺毀見屍痛之極也今遇賊見毀理無輕重也以禮無明文行者致異臣以爲宜使明禮大臣議爲正（通典一百二。）

霍原不應舉寒素議

寒素者當謂門寒身素無世祚之資原爲列侯顯佩金紫先爲人閒流通之事晚乃務學少長異業年踰始立草野之譽未洽德禮無聞不應寒素之目（晉書李重傳燕國中正劉沈舉霍原爲寒素司徒左長荀組以爲云云。）

（荀上脫史字）

荀奕

奕字玄欣組子少拜太子舍人駙馬都尉出爲鎮東參軍行揚武將軍新汲令隨父渡江拜中庶子遷給事黃門郎散騎常侍侍中成帝時卒贈太僕諡曰定

駁尚書符下陳留王使出城夫

昔虞賓在位書稱其美詩詠有客載在雅頌今陳留王位在三公之上坐在太子之右故荅表曰書賜物曰與此古今之所崇體國之高義也謂宜除夫役（晉書荀奕傳。）

重駁

春秋之末文武之道將墜于地新有子朝之亂于時諸侯逋替莫肎率職宋之于周實有列國之權且同已勤王而主之者晉客而辭役責之可也今之陳留無列國之勢此之作否何益有無臣以爲宜除于國職爲全（同上。）

駁讀秋令（咸和五年六月）

尚書三公曹奏讀秋令儀注新荒以來舊典未備臣等參議武皇帝時光祿大夫臣華恆議以秋與夏盛暑常闕不讀令在春冬則不廢也夫先王所以順時讀令者蓋後天而奉天時正服尊嚴之所重今服章所闕加比熱隆赫臣等謂可如恆議依故事闕而不讀（晉書禮志上、宋書禮志二、通典七十。咸和五年六月有司奏讀秋令兼侍中散騎常侍荀奕兼黃門侍郎散騎侍郎曹宇駁云）

云。詔可。

元會敬司徒議

三朝之首，宜明君臣之體，則不應敬，若他日小會，自可盡禮。又至尊與公書手詔則曰頓首言，中書為詔則云敬問，散騎優册則曰制命。今詔文尚異，況大會之與小會，理豈得同。晉書荀奕傳。

全晉文卷三十一終

全晉文卷三十二

烏程嚴可均校輯

何楨

楨字元幹廬江潛人魏太和中為揚州別駕正始中為弘農太守歷幽州刺史拜廷尉入晉為尚書光祿大夫有集五卷

許都賦

元正大饗壇彼東南旗幕峨峨檐宇弘深（宋書禮志一）

景福鬱枕以雲起飛楝鳥企而翼舒（文選陸倕石闕銘注）

乃然百枝盛庭燎（北堂書鈔一百五十五）

表省函關

易稱王公設險以守其國孟軻云古者關譏而不征關險之設所由尚矣（藝文類聚六引何楨集正始六年為弘農太守表省函關）

為舊君反服議

禮為貴臣貴妾緦麻三月夫貴之施賤猶論恩紀以制服況嘗為臣吏禮遇恩紀優劣不同焉可同之一例今以為辟舉正職之吏宜依古為舊君服不論違適之異皆齊縗三月其餘郡吏聞喪盡哀而已（通典九十又宋書禮志二泰始四年尚書何楨奏故辟舉綱紀吏不計違適皆反服舊君齊衰三月）

牋

凡二日蝗生此謂見其始生知其處所可得言初上蝗事云縣及下部各不旱見至今生翅能飛臣輒躬親撲滅

布在及下部各不旱見至一頃田中往往十步五步一頭案其言事蝗之校數可得而知也（藝文類聚一百）

玄壽賜名敘

新婦荀氏所生女以歲在丁丑四月五日日始出時生此月斗建巳其日又巳其時加卯甲乙卯皆東南春夏天地動發萬物茲之三月吉之善時也又于易卦震值在卯巽位在巳震為長男巽為長女而此女孫正用茲日斯時始旦日月豈依先祖之靈實臨祐之玄髮素顏婦人之上姿也壽考無疆先民之至願也故賜名曰玄壽焉（御覽三百六十二）

何惲

惲楨子咸寧末為揚州別駕累遷豫州刺史

與周浚牋

書貴克讓易大謙光斯古文所詠道家所崇前破張悌吳人失氣龍驤因之陷其區宇論其前後我實緩師動則為傷事則不及而今方競其功彼既不吞聲將虧雍穆之弘興矜爭之鄙斯愚情之所不取也（晉書周浚傳浚隨王惲代吳惲欲與王濬爭功惲牋與浚浚諫止惲不納）

王惲之惲當作渾

何充

充字次道惲孫王敦辟為大將軍掾轉主簿左遷東海王文學進中書侍郎成帝即位遷給事黃門侍郎以與平蘇峻功封都鄉侯拜散騎常侍出為東陽太守除建威將軍會稽內史徙丹陽尹加吏部尚書進號冠軍將軍又領會稽王師轉護軍將軍錄尚書事尋遷何書令加左將軍固讓徙中書令康帝即位出為驃騎將軍都督徐州揚州之晉陵軍事假節領徐州刺史鎮京口入為都督揚州徐州之琅邪諸軍事領揚州刺史穆帝即位加中書監錄尚書事又加侍中永和二年卒贈司空諡曰文穆有集五卷

何當作尚

賀正表

璇衡運周元正肇祚伏惟陛下應乾納祜與天同休（初學記四）

請徵虞喜疏

臣聞二八舉而四門穆十亂用而天下安徽猷克闡有自來矣方今聖德欽明思恢遐烈旌輿整駕俟賢而動伏見前賢良虞喜天挺貞素高尚邈世束修立德皓首不倦加以傷綜廣深博聞彊識

鑽堅研微有弗及之勤處靜味道無風塵之志高枕柴門怡然自足宜使蒱輪紆衡以旌殊操一則翼贊大化二則敦勵薄俗（晉書虞喜傳）

奏言沙門不應敬王者

尚書令冠軍撫軍都鄉矦臣充散騎常侍左僕射長平伯臣翜散騎常侍右僕射建安伯臣恢尚書關中矦臣懷守尚書昌安子臣廣等言世祖武皇帝以盛明革命肅祖明皇帝聰聖玄覽豈于時沙門不易屈膝顧以不變其修善之法所以通天下之志也愚謂宜遵承先帝故事于義爲長（釋藏冠一沙門不應拜俗事一）

又奏

尚書令冠軍撫軍都鄉矦臣充散騎常侍左僕射長平伯臣翜散騎常侍右僕射建安伯臣恢尚書關中矦臣懷守尚書昌安子臣廣等言詔書如右臣等暗短不足以讚揚聖旨宣暢大義伏省明詔震懼屏營輒共尋詳有佛無佛固非臣等所能定也然尋其遺文鑽其要旨五戒之禁實助王化賤昭昭之名行貴冥冥之潛操行德在于忘身抱一心之清妙且興自漢世迄于今日雖法有隆衰而弊無妖妄神道經久未有其比也夫詛有損也祝必有益臣之愚誠實願塵露之微增潤嵩岱區區之祝上裨皇極今一令其拜遂壞其法令修善之俗廢于聖世習實生常必致愁懼隱之臣心竊所未安臣雖蒙蔽豈敢以偏見疑誤聖聽直謂世經三代人更明聖今不爲之制無虧王法而幽冥之路可無壅滯是以復陳愚誠乞垂省察謹啟（釋藏冠一沙門不拜俗事一）

又奏

臣充等言臣等雖誠暗蔽不通遠旨至于乾乾夙夜思修王度寧苟執偏管而亂大倫邪直以漢魏逮晉不聞異議尊卑憲章無或暫虧也今沙門之慎戒專然及爲其禮一而已矣至于守戒之篤

屢屢當作慺慺

者亡身不恪何敢以形骸而慢禮敬哉每見燒香祝願必先國家欲福祜之隆情無極已奉上崇順出于自然禮儀之簡蓋是專一守法是以先聖御世因而弗革也天網恢恢疏而不失臣等屢屢以爲不令致拜于法無虧因其所利而惠之使賢愚莫敢不用情則上有天覆地載之施下有守一修善之人謹復陳其愚淺願蒙省察謹啟（釋藏冠一沙門不拜俗事一弘明集）

褚太后敬父議

如禪所正可敕御史左將軍入在公廷則修臣敬皇太后歸寧之日則全子禮申諭內外奉行（通典六十七）

與庾翼書

褚將軍還朝值太后臨朝時議褚矦雖后父乃晉臣也宜用鄭譏或謂諸王宜不拜耳乃不稱臣燕王非比也又云竇武雖受爵太后錄尚書事而漢無拜文爲疑故恐大義乖錯褚矦既不拜便是異姓太上皇也此巍巍亦庶姓不敢安（通典六十七）

何琦

琦字萬倫充從兄元帝時爲郡主簿察孝廉除郎中補宣城涇縣令明帝時司徒王導引爲參軍不就以母憂去職服闋司空陸玩太尉桓溫辟不就詔徵博士簡文爲撫軍召爲參軍公車再徵通直散騎侍郎散騎常侍並不行卒年八十二有三國志論九卷

請修五嶽祠（升平中）

唐虞之制天子五載一巡狩順（宋志作省）時之方柴燎五嶽望于山川偏于羣神故曰因名山升中于天所以昭告神祇饗報功德是以災厲不作而風雨寒暑以時降及三代年數雖殊而其禮不易五嶽視三公四瀆視諸矦著在經記所謂有其舉之莫敢廢也及秦漢都西京涇渭長水雖不在祀典以近咸陽故盡得比大川之祠

遺當作遺

而正立之祀可㠯闕哉自永嘉之亂神州傾覆茲事替矣惟灊之天柱在王略之內也舊臺選百戶吏卒㠯奉其職中興之際未有官守廬江郡常遣太史兼假四時禱賽春釋寒而冬請冰自咸和迄于今又復隳替計今非典之祠可謂非一考其正名則淫昏之鬼推其糜費則百姓宋志作四人之蠹而山川大神更為簡缺禮俗頹紊人神雜擾公私奔惑漸㠯繁滋良由頃國家多難日不暇給草建廢滯事有未遑今元憝已殲宜修舊典嶽瀆之域風教所被來蘇之衆咸蒙德澤而神祇禋祀未之或甄巡狩柴燎其廢尚矣崇明前典將俟皇輿北旋稽古憲章大釐制度其五嶽四瀆宜增修之處俎豆牲牢祝嘏文辭舊章靡記可令禮官作式歸諸誠簡㠯達明德馨香如斯而已其諸妖孽可粗依法令先去其甚俾邪不黷正晉書禮志上宋書禮志四通典五十五

追駮江統許遐拜時遭喪議

夫正名者道理之本然拜時非古而行之歷代遂㠯成俗古者布其几筵恭告祖禰將納他族㠯奉宗祀父親醮子而命之迎女受父母之遺㠯涉夫氏之庭而交拜敬之禮在塗喪紀定矣服制既正齊功卒哭可迎此不關于古而通于今議是也然婚姻之道公私急務愚㠯為拜時及一日二日之婦婦名既正卽宜一揆其衾裯未接歸葬其黨通典五十九

天子敬父議

父母之尊擬則天地君親之道資敬是同今承受命運君臨率土而父㠯子食天祿不敢子天子㠯明王者之道而子雖㠯為天子必有尊也推斯㠯言父自必臣天位之君而子自必尊天性之父通典六十七

為曾祖後服議

卿士之家別宗無後宗緒不可絕若昆弟㠯孫若曾孫後之理宜然也禮緣事而興不應拘常㠯為礙也魏之宗聖遠繼宣尼琦從父㠯孫繼族祖荀顗無子㠯兄孫為嗣此成比也通典九十六

論前母黨服

夫子曰必也正名乎正名者理道之本禮之大者也文條或闕而附例可明禮云生不及祖父母昆弟而父稅喪已則不稅若與祖乖違父既歿而聞喪豈可拘㠯本制不稅而廢其正服乎若未生而伯叔母終終為伯叔父後繼嗣之道雖同原情之實則異今必從于所養而反疑于為本乎諸侯國人生不及先代之君于其陵廟亦必曰君也此公義之正名也前母之尊固家人正稱也其易了如皦日太康初博議王昌前母服公府卞粹㠯為母之非親而服三年者非一也前母名同尊正義存配父蓋㠯生不及故無其制非于義不可也元康中有改葬前母而疑其服司徒左長史胡濟㠯前母父之元妃所生則家之嫡長應制如改葬之服于時二代無曰不允亡茲㠯來行之不殊禮母卒自為母之黨服母出則不為母之黨服而為繼母之黨服故尊其所從則不敢不服服有所逼則不得自伸外服無二而必宜有一如向所論必所繼不及伯叔母之黨居然可見矣明㠯名禮為制者不計恩遠與不也

答納采文

皇帝嘉命訪婚陋族備數采擇臣之從祖弟先臣散騎侍郎準之遺女未閑教訓衣履若人欽承舊章肅奉典制前太尉參軍都鄉侯糞土臣何琦頓首稽首再拜承制詔晉書穆章何皇后傳通典五十八

答問名文

皇帝嘉命使者彪之到重宣中詔問臣名族臣族女父母所生先臣故光祿大夫雩婁侯楨之遺玄孫先臣故豫州通典作荊州刺史關內侯惲之曾孫先臣故安豐太守關內侯叡之孫先臣故散騎侍郎準之遺女外出自于先臣故尚書左丞孔胄之外曾孫先臣故

侍中關內侯夷之外孫女年十七。欽承舊章。肅奉典制。前某官某侯冀土臣何琦稽首頓首再拜。欽承制詔。

答納吉文

皇帝嘉命。使者彪之重宣中制。大卜元吉。臣陋族卑鄙。憂懼不堪。欽承舊章。肅奉典制。前某官某侯冀土臣何琦稽首頓首再拜承制詔。

答納徵文

皇帝嘉命。使者某重宣中制。降婚卑陋。崇以上公。寵以豐禮。備物典冊。欽承舊章。肅奉典制。前某官某侯云云再拜承制詔。

答請期文

皇帝嘉命。使者彪之重宣中制。告曰。惟八月壬子可迎。臣欽承舊章。肅奉典制。前某官某侯再拜承制詔。

答迎后文

皇帝嘉命。使者晞重宣中制。今月吉辰。備禮以迎。上公宗卿。兼至副介。近臣百兩。臣螻蟻之族。猥承大禮。憂懼戰悸。欽承舊章。肅奉典制。前某官某侯冀土臣某謹因使者兼某官某王晞上謹荅。並晉書禮志下。通典五十八。

何澄

澄字季玄。充弟準之第三子。孝武時為祕書郎。轉丞。遷祕書監太常中護軍。出為冠軍將軍吳國內史。徵拜尚書。安帝即位。遷尚書左僕射。領本州大中正。元興末卒。義熙初追贈金紫光祿大夫。

太皇太后服議 隆安三年

太皇太后名位允正。體同皇極。理制備盡。情禮彌伸。春秋之義。母以子貴。既稱夫人。禮服從正。故成風著夫人之號。昭公服三年之喪。子于父之所生。體尊義重。且禮祖不厭孫。固宜遂服無屈。而緣

情立制。若嫌明文不存。則疑從重。應同為祖母後齊衰周。永安皇后無服。但一舉哀。百官亦一周。通典八十。

李胤

胤字宣伯。遼東襄平人。魏時為郡上計掾。州辟部從事治中。舉孝廉。參鎮北軍事。遷樂平侯相。入為尚書郎。遷中護軍司馬。轉吏部郎。賜爵關中侯。出補安豐太守。文帝為大將軍。引為從事中郎。遷御史中丞。尋為西中郎將。督關中諸軍事。從河南尹。封廣陸伯。晉受禪。拜尚書。進爵為侯。遷吏部尚書僕射。轉太子少傅。領司隸校尉。咸寧初拜侍中。加特進。遷尚書令。代何曾為司徒。太康三年卒。諡曰成。

奏請延訪三公

古者三公坐而論道。內參六官之事。外與六卿之教。或處三槐。兼聽獄訟。稽疑之典。謀及卿士。陛下聖德欽明。垂心萬機。猥發明詔。儀刑古式。雖唐虞疇諮。周文翼翼。無以加也。自今以往。國有大政。可親延羣公。詢納讜言。其軍國所疑。延詣省中。使侍中尚書諮論所宜。若有疾疢。不任覲會。臨時遣侍訊訪。晉書李胤傳。

王毖子昌前母服議

毖為黃門侍郎。江南已叛。后厚與焉。大義滅親。況于毖之義。可得以為妻乎。晉書禮志中。案王昌事詳前竟陵王楙文。

曹志

志字允恭。譙國譙人。魏陳思王植子。太和末徙封濟北王。晉受禪。降封鄄城縣公。出為樂平太守。歷章武趙郡。咸寧初遷散騎常侍國子博士。免。後復為散騎常侍。太康九年卒。諡曰定。有集二卷。

奏議齊王攸之藩

伏聞大司馬齊王當出藩東夏。備物盡禮。同之二伯。今陛下為聖

君稷契爲賢臣內有魯衞之親外有齊晉之輔坐而守安此萬世之基也古之夾輔王室同姓則周公其人也異姓則太公其人也皆身在內五世反葬後雖有五霸代興桓文譎主下有請隧之僭上有九錫之禮終于譎而不正驗于尾大不掉豈與召公之歌棠棣周詩之詠鶺鴒同日論哉今聖朝創業之始始之不諒後事難工榦植不彊枝葉不茂骨鯁不存皮膚不充自羲皇已來豈是一姓之獨有欲結其心者當有磐石之固夫欲享萬世之利者當與天下議之故天之聰明自我人之聰明秦魏欲獨擅其威而財得沒其身周漢能分其利而親疏爲之用此自聖主之深慮日月之所照事雖淺當深謀之言雖輕當重思之志備位儒官若言不及禮是志寇竊知忠不言義所不敢志以爲當如博士等議晉書曹志傳

肉刑議

嚴刑以殺犯之者寡刑輕易犯蹈惡者多臣謂玩常苟免犯法乃衆黥刖彰罪而民甚恥且創制墨黥刖見者知禁彰罪表惡亦足以畏藝文類聚作聞者多服所以易曰小懲大戒豈蹈惡者多邪假使惡多尚不致死無妨產育苟必行殺以止殺爲惡縱寡積而不已將至無人天無以大君無以尊矣故古人寧過不殺不寧輕積殺是以爲上寧寬得衆不寧急積殺若乃于張聽訟刑以止刑可不革舊過此以往肉刑宜復假令漢文于張承大亂之後創基七十國寡民稀止禁刑書鞭杖爲治也肉刑于死爲輕減死五百爲重重不害生足以懲姦輕則知禁禁民爲非所謂相濟經常之法議云不可或未之喻也藝文類聚五十四

曹臣

臣志子元康中爲中郎封關中侯

移冀州大中正

臣以元康四年爲先定公薨背還濟北穀城墓宅安厝太學博士趙國蘇宙昔先公臨趙以宙爲功曹後爲察孝前臣遭難宙爲鎮東司馬趙之故吏有致身敍哀者有在職遣奉版者唯宙名諱不至宙今典禮學之官曰誦義言不可廢在三之義于宙應見論貶通典九十九元康中趙郡吏蘇宙不奔弔于郡將中郎關中侯曹臣移冀州大中正云云

全晉文卷三十二終

烏程嚴可均校輯

裴秀

秀字季彥，河東聞喜人。魏尚書令潛子。大將軍曹爽辟為掾，襲父爵清陽亭侯，遷黃門侍郎。爽誅，坐免。尋為廷尉正，歷文帝安東及衞將軍司馬，遷散騎常侍，轉尚書，進封魯陽鄉侯。陳留王即位，進封縣侯。延熙初，遷尚書僕射，封濟川侯。武帝即王位，拜尚書令、右光祿大夫，加給事中。及受禪，加左光祿大夫，封鉅鹿郡公。尋為司空。泰始七年卒，謚曰元。有集三卷。

平吳表草

孫晧酷虐，不及聖明御世，兼弱攻昧，使遺子孫，將遂不能臣，時有否泰，非萬安之勢也。臣昔雖已屢言，未有成旨，今既疾篤不起，謹重尸啟，願陛下時共施用。晉書裴秀傳：秀薨，友人料其書記，得表草，言平吳之事，乃封㠯上聞。

奏事

謹案臺閣簡統萬機，動為法制，是㠯特宜精簡良能，㠯親其職。臺郎皆朝之儁選，當之處事，宜辨正疑滯也。書鈔六十。

與山濤書

彪處方伯之任，殊亦為高祖論道之士，不宜處外耳。書鈔七十二引王隱晉書。山濤傳云：為冀州刺史，秀與濤書。案彪字疑有誤。

禹貢九州地域圖序藝文類聚初學記皆作論

圖書之設，由來尚矣。自古垂象立制，而賴其用。三代置其官，國史掌其職。暨漢祖屠咸陽，丞相蕭何盡收秦之圖籍。今祕書既無古之地圖，又無蕭何所得秦圖書，惟有漢氏所畫輿地及括地諸雜圖，各不設分率，又不攷正準望，亦不備載名山大川。其所載列，雖有麤形，皆不精審，不可依據。或稱外荒迂誕之言，不合事實，于義無取。大晉龍興，混一六合，㠯清宇宙，始于庸蜀，采入其岨。文皇帝乃命有司撰訪吳蜀地圖。蜀土既定，六軍所經，地域遠近，山川險易，征路迂直，校檢圖記，罔或有差。今上攷禹貢山海川流，原隰陂澤，古之九州，及今之十六州，郡國縣邑，疆界鄉陬，及古國盟會舊名，水陸徑路，為地圖十八篇。制圖之體有六焉：一曰分率，所㠯辨廣輪之度也；二曰準望，所㠯正彼此之體也；三曰道里，所㠯定所由之數也；四曰高下；五曰方邪；六曰迂直。此三者各因地而制宜，所㠯校夷險之異也。有圖象而無分率，則無㠯審遠近之差；有分率而無準望，雖得之于一隅，必失之于他方；有準望而無道理，則施于山海絕隔之地，不能㠯相通；有道里而無高下方邪迂直之校，則徑路之數必與遠近之實相違，失準望之正矣。故必㠯此六者參而攷之，然後遠近之實定于分率，彼此之實定于準望，徑路之實定于道里，度數之實定于高下方邪迂直之算。故雖有峻山鉅海之隔，絕域殊方之迴，登降詭曲之因，皆可得舉而定者。準望之法既正，則曲直遠近無所隱其形也。晉書裴秀傳，又藝文類聚六，初學記五。

理當作里

裴祗

祗，秀從弟。仕魏，入晉為御史中丞。

乞絕從弟儀曹郎耽喪服表

耽受性凶頑，往因品署未了，怨恨親親，言語悖逆，雖絕骨肉。其兄司空秀二息從纂袒㠯下薨亡，耽皆不制服發哀。昔二叔放流，鄭段不弟，皆經典所絕。耽應見流徙，未及表聞之頃，耽憂恚荒越，遂成狂病，前即檻閉。今㠯喪亡罪匿彰聞，穢辱宗胄，耽見周親㠯下，皆宜絕服，葬不列墓次，請取斷。通典一百一。

裴楷

楷字叔則，秀從弟。文帝為丞相，辟為掾。及改定律令，㠯為定科郎。武帝為撫軍，㠯為參軍，尋為吏部郎，轉中書郎。及受禪，拜散騎侍郎，累遷散騎常侍、河內太守，入為屯騎校尉、右軍將軍，轉侍中。惠帝初轉衛尉。遷太子少師。坐楊駿免。尋封臨海矦。轉尚書。進中書令。加侍中。又加光祿大夫開府儀同三司。卒諡曰元。有集二卷。

與石崇書

吾弟酒狂。海內足知。足下飲㠯狂藥。而反責之禮邪。（宋王同、蔡謨贊序。）

裴頠

頠字逸民。秀次子。咸寧中襲爵鉅鹿郡公。太康初徵爲太子中庶子。遷散騎常侍。惠帝卽位。轉國子祭酒。兼右軍將軍。累遷侍中。拜尚書。加光祿大夫。又遷尚書左僕射。永康元年爲趙王倫所誅。惠帝反正。追諡曰成。有集九卷。

讓吏部尚書表

臣少無鑒察之譽。長無題輿之才。（初學記十一。）

陳刑法過當表

夫天下之事多塗。非一司之所管。中才之情易撓。賴恆制而後定。先王知其所㠯然也。是㠯辨方分職。爲之準局。準局既立。各掌其務。刑賞相稱。輕重無二。故下聽有常。羣吏安業也。舊宮掖陵廟有水火毀傷之變。然後尚書乃躬自奔赴。其非此也。皆止于郎令史而已。刑罰所加。各有常刑。去元康四年。大風之後。廟闕屋瓦有數枚傾落。免太常荀寓。于時㠯嚴詔所譴。莫敢據正。然內外之意。僉謂事輕責重。有違于常。會五年二月。天有大風。主者懲懼前事。臣新拜尚書始三日。本曹尚書有疾。權令兼出案行。蘭臺主者乃瞻望阿棟之間。求索瓦之不正者。得棟上瓦小斜十五處。或是始瓦時邪蓋。不足言。風起倉卒。臺官更往。太常案行不及。得周文書未至之頃。便競相禁止。臣㠯權兼暫出。出還便罷。不復得窮其事。而本曹據執。卻問無已。臣時具加解遣。而主者畏咎。不從臣言。禁止太常。復興刑獄。昔漢時有盜高廟玉環者。文帝欲族誅。張釋之但

去八年當作去年八月

處㠯死刑。曰。若侵長陵一抔土。何㠯復加。文帝從之。大晉垂制。深惟經遠。山陵不封。園邑不飾。墓而不墳。同乎山壤。是㠯丘阪存其陳草。使齊乎中原矣。雖陵兆尊嚴。唯毀發然後族之。此古典也。若登踐犯損。失盡敬之道。事止刑罪可也。去八年。奴聽教加誣周龍燒草。廷尉遂奏族龍一門八口并命。會龍獄翻然後得免。考之情理。準之前訓。所處實重。今年八月。陵上荊一枝圍七寸二分者被斫。司徒太常奔走道路。雖知事小。而案劾難測。搔擾驅馳。各競免負。于今太常禁止未解。近日太祝署失火。燒屋三間半。署在廟北。隔道在重壖之內。火卽已滅。頻爲詔旨所問。主者㠯詔旨使問頻繁。便責尚書不卽案行。輒禁止尚書。免皆在法外。刑書之文有限。而舛違之故無方。故有臨時議處之制。誠不能皆得循常也。至于此輩。皆爲過當。每相逼迫。不復㠯理。上替聖朝畫一之德。下損崇禮大臣之體。臣愚㠯爲犯陵上草木。不應乃用同產異刑之制。案行奏劾。應有定準。相承務重。體例遂虧。或因餘事。得容淺深。（晉書刑法志。又通典一百六十六。）

辭專任門下事表

咎繇謨虞。伊尹相商。呂望翊周。蕭張佐漢。咸播功化。光格四極。暨于繼體。咎單傅說。祖己樊仲。亦隆中興。或明揚側陋。或起自庶族。豈非尚德之舉。㠯臻斯美。歷觀近世。不能慕遠。溺于近情。多任后親。㠯致不靜。昔疏廣戒太子㠯舅氏爲官屬。前世㠯爲知禮。況朝廷何取于外戚。正復才均。尚當先其疏者。㠯明至公。漢世不用馮野王。卽其事也。（晉書裴頠傳。）

上疏言庶政宜委宰輔詔命不應數改

臣聞古之聖哲。深原治道。㠯爲經理羣務。非一才之任。照練萬機。非一智所達。故設官建職。制其分局。分局既制。則軌體有斷。事務不積。則其任易處。選賢舉善。㠯守其位。委任責成。立相干之禁。侵

官為曹離局陷姧猶懼此法未足制情㠯義明防曰君子思不出其位夫然故人知厥務各守其所下無越分之臣然後治道可隆頌聲能舉故稱堯舜勞于求賢逸于使能分業既辨居任得人無為而治豈不宜哉及其失也官非其才人不守分越位干曹競逵所懷眾言紛錯莅職者不得自治其事非任者橫干他分主聽眩莫知所信遂親細事躬自聽斷所綜遂密所告彌眾功無所歸非無所責羣下棄職得辭宜罰㠯此望治固其難也昔杜蕢既數師曠退而自酌㠯罰干職之非記稱其善陳平不知錢穀之目漢史美其守職政不可多門多門則民擾于今之宜選士既得其人但當委責若有不稱便加顯戮誰敢不盡心竭力不當便有干職之臣適不守局則所豫必廣所豫適廣則人心赴之人心通赴則得作威福臣作威福朝之蠹也帷幄張子房之謀者不宜使多外委羣司卑力所職（原校云卑作畢蓋治要原本是畢字畢當為彈）尊崇宰輔動靜咨度保任其負如此詔書必不復數改聽聞風言頗㠯詔命數移易為不安靜臣不勝狂瞽敢陳愚懷乞陛下少垂省察（羣書治要二十九引晉書百官志裴頠㠯萬機庶政宜委宰輔詔命不應數改乃上疏）

上疏諫赦

臣聞感神㠯政應變㠯誠故桑穀之異㠯勉己而消漢末屢赦猶陵遲不反由此言之上協宿度下蓋萬國惟在賢能慎厥庶政殆非孤赦所能增損也（藝文類聚五十二引裴頠集）

上言改度量

宜改諸度量若未能悉革可先改太醫權衡此若差違遂失神農岐伯之正藥物輕重分兩乖互所可傷夭為害尤深古壽考而今短折者未必不由此也（晉書裴頠傳荀勖修律度檢得古尺短世所用四分頠上言）

上言刑法

夫殺生賞罰治亂所由興也人主所謂宜生或不可生則人臣當

陳所㠯宜殺人主所謂宜賞或不應賞則人臣當陳所㠯宜罰然後治道耳（原校云治道上下必有脫文）古之聖賢欲上盡理務下收損益莫不深閑慎密㠯延良謨兆庶內外咸知主如此然後乃展布腹心竭其忠誠耳（羣書治要二十九引晉書刑法志侍中臣顗言　案顗字乃頠字之誤）

上言外戚不宜專任

賈模適亡復㠯臣代崇外戚之望彰偏私之舉后族何常有能自保皆知重親無脫者也然漢二十四帝惟孝文光武明帝不重外戚皆保其宗豈將獨賢實㠯安理故也昔穆叔不拜越禮之饗臣亦不敢聞殊常之詔（晉書裴頠傳頠遷尚書左僕射俄復使專任門下事固讓不聽頠上言云云又表云云）

諫東宮侍從失人

東宮之建㠯儲皇極其所與游接必簡英俊宜用成德賢邵之才匡嵩幼弱未識人理立身之節東宮實體夙成之表而今有童子侍從之聲未是光闡遐風之弘理也（晉書裴頠傳時㠯陳準子匡韓蔚子嵩並侍東宮頠諫又羣書治要三十引晉書）

虞濬等周喪嫁娶議

吉凶之別禮之大端子服在凶而行嘉禮非所㠯為訓雖父兄為主事由己興此悉人倫大綱典章所慎也（通典六十）

答治禮問天子冠禮

玄冠者形之成也為君未必成人故君位雖定不可孩抱而服冕弁（通典五十六）

崇有論

夫總混羣本宗極之道也方㠯族異庶類之品也形象著分有生之體也化感錯綜理迹之原也夫品而為族則所稟者偏偏無自足故憑乎外資是㠯生而可尋所謂理也理之所體所謂有也有之所須所謂資也資有攸合所謂宜也擇乎厥宜所謂情也識智既授雖出處異業默語殊塗所㠯寶生存宜其情一也眾理並而

無害故貴賤形焉失得由乎所接故吉凶兆焉是吕賢人君子知欲不可絕而交物有會觀乎往復稽中定務惟夫用天之道分地之利躬其力任勞而後饗居吕仁順守吕恭儉率吕忠信行吕敬讓志無盈求事無過用乃可濟乎故大建厥極綏理羣生訓物垂範于是乎在斯則聖人爲政之由也若乃淫抗陵肆則危害萌矣故欲衍則速患情佚則怨博擅恣則興攻專利則延寇可謂吕厚生而失生者也悠悠之徒駭乎若茲之釁而尋艱爭所緣察夫偏質有弊而覩簡損之善遂闡貴無之議而建賤有之論賤有則必外形外形則必遺制遺制則必忽防忽防則必忘禮禮制弗存則無吕爲政矣衆之從上猶水之居器也故兆庶之情信于所習習則心服其業業服則謂之理然是吕君人必慎所教班其政刑一切之務分宅百姓各授四職能令稟命之者不肅而安忽然忘異莫有遷志況于據在三之尊懷所隆之情敦吕爲訓者哉斯乃昏

明所階不可不審夫盈欲可損而未可絕有也過用可節而未可謂無貴也蓋有講言之具者深列有形之故盛稱空無之美形器之故有徵空無之義難檢辯巧之文可悅似象之言足惑衆聽眩焉溺其成說雖頗有異此心者辭不獲濟屈于所狎因謂虛無之理誠不可蓋唱而有和多往弗反遂薄綜世之務賤功烈之用高浮游之業埤經實之賢人情所殉篤夫名利于是文者衍其辭訥者讚其旨染其衆也是吕立言藉其虛無謂之玄妙處官不親所司謂之雅遠奉身散其廉操謂之曠達故砥礪之風彌吕陵遲放者因斯或悖吉凶之禮而忽容止之表瀆棄長幼之序混漫貴賤之級其甚者至于裸裎言笑忘宜吕不惜爲弘士行又虧矣老子既著五千之文表摭穢雜之弊甄舉靜一之義有吕令人釋然自夷合于易之損謙艮節之旨而靜一守本無虛無之謂也損艮之屬蓋君子之一道非易之所吕爲體守本無也觀老子之書雖博

永當作未

到當作列

有所經而云有生于無吕虛爲主偏立一家之辭豈有吕而然哉人之既生吕保生爲全全之所階吕順感爲務若味道吕虧業則沈溺之釁興懷末吕忘本則天理之眞滅故動之所交存亡之會也夫有非有于無非無于無非無于有非有是吕申縱播之累而著貴無之文將吕絕所非之盈謬存大善之中節收流遁于既過反澄正于胷懷宜其吕無爲辭而旨在全有故其辭曰吕爲文不足若斯則是所寄之塗一方之言也若謂至理信吕無爲冠則偏而害當矣先賢達識吕非所滯不之深論惟班固著難永足折其情孫卿揚雄大體抑之猶偏有所許而虛無之言日吕廣衍衆家扇起各到其說上及造化下被萬事莫不貴無所存僉同情吕衆固乃號凡有之理皆義之埤者薄而鄙焉辯論人倫及經明之業遂易門肆頠用矍然申其所懷而攻者盈集或吕爲一時口言有客幸過咸見命著文擿列虛無不允之徵若未能每事釋正則無

家之義弗可奪也頠退而思之雖君子宅情無求于顯及其立言在乎達旨而已然去聖久遠異同紛糾苟少有彷彿可吕崇濟先典扶明大業有益于時則惟患言之不能焉得靜默及未舉一隅略示所存而已哉夫至無者無吕能生故始生者自生也自生而必體有則有遺而生虧矣生吕有爲已分則虛無是有之所謂遺者也故養既化之有非無用之所能全也理既有之衆非無爲之所能循也心非事也而制事必由于心然不可制事吕非事謂心爲無也匠非器也而制器必須于匠然不可吕制器吕非器謂匠非有也是吕欲收重泉之鱗非偃息之所能獲也隕高墉之禽非靜拱之所能捷也審投弦餌之用非無知之所能覽也由此而觀濟有者皆有也虛無奚益于已有之羣生哉晉書裴頠傳

鳥無胃肺蛤無五臟蛭吕空中而生蠶吕無胃而育也藝文類聚九十七。御覽八百二十五。

貴無論（魏志裴潛傳注：頠著崇有貴無二論，以矯虛誕之弊，文辭精富，為世名論。文今佚。）

辨才論（未成而遇禍。）

女史箴

膏不厭鮮，水不厭清，玉不厭潔，蘭不厭馨。爾形信直，影亦不曲；爾聲信清，響亦不濁。綠衣雖多，無貴于色；邪徑雖利，無尚于直。春華雖美，期于秋實；冰璧雖澤，期于見日。浴者振衣，沐者彈冠。人知正服，莫知行端。服美動目，行美動神。天道祐順，常與吉人。（藝文類聚十五。）

裴邈

邈字景聲，頠從父弟。太傅東海王越以為從事中郎、假節、監中外營諸軍事。（見魏志裴潛傳注。）

文身劍銘

器以利顯，實以名舉。長劍耿介，體文經武。陸斷玄犀，水截輕羽。九功斯象，七德是輔。（藝文類聚六十，初學記二十二，御覽三百四十四。）

文身刀銘

良金百煉，名工展巧。寶刀既成，窮理盡妙。文繁波迴，流光靈照。在我皇世，戢而不耀。（藝文類聚六十，御覽三百四十六。）

裴希聲

希聲爵里未詳。（疑與景聲為昆弟行，姑附邈後。）

侍中嵇侯碑

夫君親之重，非名教之謂也。愛敬出于自然，而忠孝之道畢矣。樸散真離，背生殉利，禮法之興，于斯為薄。悲夫！晉弋陽子嵇紹，字延祖，資乾剛之純粹，體中和之淑虛，少有清劭之風，長懷弘仁之度，加以通朗掩瀞，龐才不經，學為儒宗，庶績光被。弱冠登朝，則敷文祕閣；晚節強仕，則納言樞極。太安之初，權臣擅命，皇輿親征，次于蕩陰。六軍奔攻，兵交御輦。紹儼然端冕，正色以扞鋒刃，遂殞命于御側。忠誠感人，神義聲振四海。銘曰：

二儀肇建，君臣攸序。巍巍侍中，應期作輔。外播仁風，內舉心膂。執慈弗勇，龐仁不武。見危授命，背生殉主。確乎其操，邈乎其崇。矯矯王臣，憲慈遺風。在親成孝，于敬成忠。（藝文類聚四十八。）

石苞

苞字仲容，渤海南皮人。仕魏，為景帝中護軍司馬，徙鄴典農中郎將，歷東萊、琅邪太守，遷徐州刺史，又遷奮武將軍、假節、監青州諸軍事。以平諸葛誕功，拜鎮東將軍，封東光侯，尋代王基都督揚州諸軍事。陳留王時進征東大將軍，遷驃騎將軍。晉受禪，遷大司馬，進封樂陵郡公，加侍中，拜司徒。泰始九年卒，謚曰武。

奏課農桑

州郡農桑未有賞罰之制，宜遣掾屬循行，皆當均其土宜，舉其殿最，然後黜陟焉。（晉書石苞傳。）

功臣配享議

魏代功臣，宜歸之陳留國，使修常祀，允合事理。（通典五十。）

議貶庾純

純榮官忘親，惡聞格言，不忠不孝，宜除名削爵土。（晉書庾純傳。）

終制

延陵薄葬，孔子以為達禮；華元厚葬，春秋以為不臣。古之明義也。自令死亡者，皆斂以時服，不得兼重，又不得飯含，為愚俗所為，又不得設牀帳明器也。定窆之後，復土滿坎，一不得起墳種樹。昔王孫裸葬矯時，其子奉命，君子不譏，況于合禮典者邪？（晉書石苞傳。）

（令當作今）

石崇

崇字季倫，小名齊奴，苞第六子。除修武令，入為散騎郎，遷城陽太守。以伐吳功，封安陽鄉侯，拜黃門郎，累遷散騎常侍、侍中。惠帝時出為南中郎將、荊州刺史，領南蠻校尉，加鷹揚將軍，徵為大司農，免，尋拜太僕，出為征虜將軍、假節、監徐州軍事，鎮下邳

免尋拜衞尉坐賈謐免與歐陽建潘岳等謀誅趙王倫事覺遇害有集六卷

思歸歎 并序 案文選作思歸引

余少有大志夸邁流俗弱冠登朝歷位二十五年年五十以事去官晚節更樂放逸篤好林藪遂肥遁于河陽別業其制宅也却阻長隄前臨清渠百木幾于萬株流水周于舍下有觀閣池沼多養魚鳥家素習技頗有秦趙之聲出則以游目弋釣爲事入則有琴書之娛又好服食咽氣志在不朽傲然有凌雲之操欻復見牽羈婆娑于九列困于人閒煩黷常思歸而永歎尋覽樂篇有思歸引儻古人之情有同于今故制此曲此曲有弦無歌今爲作歌辭以述余懷恨時無知音者令造新聲而播于絲竹也 文選

登城隅兮臨長江極望無涯兮思塡賀魚瀺灂兮鳥繽翻澤雉游鳧兮戲中園秋風厲兮鴻燕征蟋蟀嘈嘈兮晨夜鳴落葉飄兮枯枝竦百草零兮覆畦壠時光逝兮年易盡感彼歲暮兮悵自愍廓羈旅兮滯野都願御光風兮忽歸徂惟金石兮幽且清林鬱茂兮芳草盈玄泉流兮縈丘阜閣館蕭寥兮蔭叢柳吹長笛兮彈五絃高歌淩雲兮樂餘年舒篇卷兮與聖談釋冕投紱兮希彭聃超逍遙兮絕塵埃福亦不至兮禍不來 藝文類聚二十八

自理表

臣兄統以先父之恩早被優遇出入清顯歷位盡勤伏度聖心有以垂察近爲扶風王駿橫所誣謗司隸中丞等飛筆重奏劾案深文累塵天聽臣兄弟跼蹐憂心如悸駿戚屬尊重權要赫奕內外有司望風承旨苟有所惡易于投卵自統枉劾以來臣兄弟不敢一言稍自申理戢舌鉗口惟須刑書古人稱榮華于順旨枯槁于逆違誠哉斯言于今信矣是以雖董司直繩不能不深其文抱枉含謗不得不輸其理幸賴陛下天聽四達靈鑒昭遠存先父勳德之重察臣等勉勵之志中詔申料罪譴澄雪臣等刻肌碎首未足上報臣即以今月十四日與兄統浚等詣公車門拜表謝恩伏度奏御之日暫經天聽此月二十日忽被蘭臺禁止符以統蒙宥恩出非常臣晏然私門曾不陳謝復見彈奏訕辱理盡臣始聞此惶懼狼狽靜而思之固無怪也苟尊勢所驅何所不至望奉法之直繩不可得也臣以凡才累荷顯重不能負載析薪以荅萬分一月之中奏劾頻加曲之與直非臣所計所愧不能承奉戚屬自陷于此不媚于竈實愧王孫隨巢子稱明君之德察情爲上察事次之所懷具經聖聽伏待罪黜無所多言 晉書石崇傳

請徵揚州刺史何攀表

東南有兵氣不宜用遠人 華陽國志十一

議奏封賞當依準舊事

陛下聖德光被皇靈啟祚正位東宮二十餘年道化宣流萬國歸心今承洪基此乃天授至于班賞行爵優于泰始革命之初不安一也吳會僭逆幾于百年邊境被其荼毒朝廷爲之旰食先帝決獨斷之聰奮神武之略蕩滅逋寇易于摧枯然謀臣猛將猶有致忠竭力之效而今恩澤之封優于滅吳之功不安二也上天眷祐實在大晉十世之數未知其紀今之開制當垂于後若尊卑無差有爵必進數世之後莫非公侯不安三也臣等敢以陳聞竊謂泰始之初及平吳論功制度名牒皆悉具存縱不能遠遵古典尚當依準舊事 晉書石崇傳元康初楊駿輔政大開封賞多樹黨援崇與散騎郎蜀郡何攀共立議奏于惠帝云云弗納

楚妃歎序

楚妃歎莫知其由楚之賢妃能立德垂名于後唯楚妃焉故歎詠之 初學記十六

琵琶引序 藝文類聚作明君辭

王明君者本爲王昭君以觸文帝諱改之匈奴盛請婚于漢元帝

曰明君配焉昔公主嫁烏孫令琵琶馬上作樂以慰其道路之思其送明君亦必爾也故序之云耳（藝文類聚四十二御覽五百八十三）

金谷詩序

余以元康六（水經注作七）年從太僕卿出為使持節監青徐諸軍事征虜將軍有別廬在河南縣界金谷澗中去城十里或高或下有清泉茂林眾果竹柏藥草之屬金田十頃羊二百口雞豬鵝鴨之類莫不畢備又有水碓魚池土窟其為娛目歡心之物備矣時征西大將軍祭酒王詡當還長安余與眾賢共送往澗中晝夜遊宴屢遷其坐或登高臨下或列坐水濱時琴瑟笙筑合載車中道路並作及住令與鼓吹遞奏遂各賦詩以敘中懷或不能者罰酒三斗感性命之不永懼凋落之無期故具列時人官號姓名年紀又寫詩著後後之好事者其覽之哉凡三十人吳王師議郎關中侯始平武功蘇紹字世嗣年五十為首（世說品藻篇注水經穀水注文選別賦注又潘岳金谷集詩注）

（藝文類聚九御覽九百十九又弇州四部正稿一百五十八引修文殿御覽）

雜果庶乎萬株（御覽九百六十四）

許巢論

客有問于余曰昔許由巢父距堯之讓逍遙頤神寶己貴世司馬遷以假託之言必無此實竊以為然余荅之曰是何言歟蓋聞聖人在位則羣材必舉官才任能輕重允宜大任已備則不抑大材使居小位小材已極其分則不以積久而合處過材之位然則稷播嘉穀契敷五教皋陶夔龍各已授職其聯屬之官必得其材則必不重載兼置斯可知也巢許則元凱之儔大位已充則宜敦廉讓以勵俗崇無為以化世然後動靜之教備隱顯之功著故能成巍巍之化民莫能名將何疑焉（藝文類聚三十七）

奴券

余元康之際出在滎陽東住聞主人公言聲太粗須臾出趣吾車曰公府當怪吾家曉曉邪中買得一惡羝奴名宜勤身長九尺餘力舉五千斤挽五石力弓百步射錢孔言讀書欲使便病日食三斗米不能柰何吾問公賣不公喜便下絹百匹聞謂吾曰吾胡王子性好讀書公府事一不上券則不為公府作券文曰取東海巨鹽東齊羝羊朝歌蒲薦八板桃牀負之安邑梨栗之鄉常山細縑趙國之編許昌之總沙房之縣作車當取高平荚榆之轂無尾髑髏之牀大良白槐之幅河東茱萸之輞亂橗桑轅大山桑光長安口口雙入白屋釘鏁巧手出于上方見好弓材可斫千張山陰青槻烏嗥拓桑張金好墨過市數蠡并市豪筆備郎寫書嗥角幘道金案玉椀宜勤供筆更作多辭乃斂吾絹口口而歸（御覽五百九十八又七百七十三）

奴當種蘿菔胡葵不親不疏（御覽九百八十）

石璞

璞字玄真苞曾孫沒于胡石勒引為宗室石虎時累遷侍中拜司徒冉閔時遷司空襄國之敗與盧諶等俱遇害

諫石虎作役非時疏

今者天文錯亂百姓凋獘而又大興苦役非明主惜民之所宜也（十六國春秋二十七）

石鑒

鑒字林伯樂陵厭次人仕魏歷尚書郎侍御史尚書左丞御史中丞出為并州刺史假節護匈奴中郎將武帝受禪封堂陽子入為司隸校尉轉尚書都督隴右諸軍事免後為鎮南將軍豫州刺史免後拜光祿勳復為司隸校尉加特進遷右光祿大夫開府領司徒太康末拜司空領太子太傅武帝崩監統山陵封昌安縣侯元康初為太尉卒年八十餘謚曰元

奏舉劉毅為青州大中正

爲當作惟

謹案陳留相孫尹表及與臣等書如左臣州履境海岱而參風齊魯故人俗務本而世敦德讓今雖不克于舊而遺訓猶存是㠯人倫歸行士識所守也前被司徒符當參舉州大中正僉㠯光祿大夫毅純孝至素著在鄉閭忠允亮直竭于事上仕不爲榮惟期盡節正身率道崇公忘私行高義明出處同揆故能令義士宗其風景州閭歸其清流雖年耆偏疾而神明克壯實臣州人士所思準繫者矣誠㠯毅之明格能不言而信風之所動清濁必偃㠯稱一州咸同之望故也竊㠯爲禮賢尚德教之大典王制奪與動爲開塞而士之所歸人倫爲大臣等虛劣雖言廢于前今承尹書敢不列啟案尹所執非爲惜名議于毅之身亦通陳朗宜奪與大準㠯爲尹言當否應蒙評議（晉書劉毅傳）

全晉文卷三十三終

全晉文卷三十四

烏程嚴可均校輯

山濤

濤字巨源。河內懷人。魏正始中爲郡主簿功曹上計掾。舉孝廉州辟部河南從事投傳而去。正元初。司隸舉秀才除郎中。轉王昶驃騎從事中郎。景元初拜趙相。遷尚書吏部郎。歷大將軍從事中郎行軍司馬。咸熙初封新沓子。轉相國左長史。晉受禪守大鴻臚。加奉車都尉。進爵新沓伯。出爲冀州刺史加寧遠將軍。轉北中郎將督鄴城守事。入爲侍中。除議郎拜吏部尚書。咸寧初轉太子少傅。加散騎常侍除尚書僕射。加侍中領吏部。太康初遷右僕射。加光祿大夫代李胤爲司徒。卒年七十九謚曰康。有集五卷。

爲子淯九辭召見表

臣二子尫病。宜絕人事。不敢受詔。晉書山濤傳。

表謝久不攝職

古之王道。正直而已。陛下不可㠯一老臣爲加曲私。臣亦何心屢塵日月。乞如所表㠯章典刑。晉書山濤傳。濤㠯老疾上表陳情。章表數十上。久不攝職。爲左丞白褒所奏。濤不自安表謝。

表乞骸骨

臣事天朝三十餘年。卒無毫釐㠯崇大化。陛下私臣無已。猥授三司。臣聞德薄位高。力少任重。上有折足之凶。下有廟門之咎。願陛下垂累世之恩。乞臣骸骨。晉書山濤傳。

上疏告退

臣年垂八十。救命旦夕。若有毫末之益。豈遺力于聖時。迫㠯老耄。不復任事。今四海休息。天下思化。從而靜之。百姓自正。但當崇風尚教㠯敦之耳。陛下亦復何事。臣耳目聾瞑。不能自勵。君臣父子。其閒無文。是㠯直陳愚情。乞聽所請。晉書山濤傳。

啟事

郤令諸葛京。祖父亮遇漢亂分隔。父子在蜀。雖不達天命。要爲盡心所事。京治郤自復有稱。臣㠯爲宜㠯補東宮舍人。㠯明事人之理。副梁益之論。蜀志諸葛亮傳注引尚書僕射山濤啟事。

人才既自難知。中人已下。情僞又難測。吏部郎㠯碎事日夜相接。非但當正己而已。乃當能正人。不容穢雜也。議郎杜默德履亦佳。太子庶子崔諒中郎陳淮皆有意正人。其次不審有可用者不。藝文類聚四十八。通典二十三。御覽二百十六。

侍中尚書僕射奉車都尉新沓伯臣濤言。臣近啟崔諒史曜陳淮可補吏部郎。詔書可爾。此三人皆衆論所稱。諒尤質正少華。可㠯敦教。雖大化未可倉卒。風尚所勸爲益者多。臣㠯爲宜先用諒。謹隨事㠯聞。淯化閣帖三。

吏部郎主選舉。宜得能整風俗理人倫者。史曜出處缺。散騎侍郎阮咸眞素寡欲。深識清濁。萬物不能移也。若在官人之職。必妙絕于時。世說賞譽篇注。通典二十三。帝㠯咸耽酒浮虛。遂用陸亮。

舊選尚書郎極清望。號稱大臣之副。州取尤者㠯應。雍州久無郎。前尚書郎傅祗坐事免官。在職日淺。其州人才無先之者。請㠯補職。不審可復用否。御覽二百十五。

荊州宜都有郎王恆之。㠯病出。義陽郡鄧遐有才義。論者㠯爲宰士之儁。而未滿之年。臣㠯爲宜先用之。

侍中彭權遷。當選代。案雍州刺史郭奕高簡有雅量。在兵閑少。不盡下情。處朝廷足㠯肅正左右。右衛將軍王濟。才高茂美。後來之冠。此二人誠顧問之秀。聖意儻惜濟。貴之驍騎將軍荀愷。智器明敏。其典宿衛。終不減濟。祭酒庾純強正有學。亦堪取選。國學初建。王荀已亡。純能其事。宜當小留。粗立其制。不審宜爾。有當聖旨者不。

侍中、太常、河南尹並缺，皆顯職，宜必得其人。右軍裴楷通理有才義，僉論宜以為侍中才。御覽二百十九。

詔侍中缺，當復得人，誰可者。雍州刺史郭奕、右衛將軍王濟皆誠直忠亮，有美才，侍中之最高者也。御覽二百十九。

康誥有言，父子罪不相及。嵇紹賢侔郤缺，宜加旌命，請為祕書郎。晉書嵇紹傳。

紹平簡溫敏，有文思，又曉音，當成濟也。猶宜先作祕書郎。世說政事篇注。詔選祕書丞，濤薦云云，詔曰，紹如此，便可為丞，不足復為郎也。魏志王粲傳注作當成濟者。

羊祜忠篤寬厚，然不長理劇，宗正卿缺，不審可轉作否。御覽二百三十。

太子保傅，不可不高盡天下之選。羊祜重德尚義，可出入周旋，令太子每覲儀刑，方任雖重，比此為輕，又可朝會與聞國議。通典三十，又略見文選齊竟陵王行狀注。

保傅不可不高天下之選，羊祜秉德尚義，克己復禮，東宮少事，養德而已。文選竟陵王行狀注。

太子始傅之東宮，四海屬目，保傅之官，不可不高盡天下之選。羊祜秉德尚義，可出入周旋，令太子每覩儀刑，方任雖重，比此為輕，又可朝會與聞國議。北堂書鈔六十五。

尚書令李胤遷處缺，宜得其人。征南大將軍羊祜體儀正直，可以整肅朝廷，裁制時政。藝文類聚四十八。

鴻臚職主胡事，前後為之者率多不善，今缺，當選御史中丞刁攸，舊人，不審可爾不。藝文類聚四十九，御覽二百三十二。

臣近舉氾源為太子舍人，源見稱有德素，久沈滯，舉為大臣，欲以慰後聞之士。藝文類聚四十九。

臣昨啓少傅選事，羊祜秉德尚義，克己復禮，又年尚少，可久于其事也。北堂書鈔六十五。

中庶子賈模遷，缺，周蔚純粹篤誠，宜補。御覽二百四十五。

中庶子賈模遷，缺，東宮官屬，宜得高茂，求備一人則難，猶宜先德素。今選太尉長史劉粹、光祿長史周蔚，惟加所裁。御覽二百四十五。

中庶子缺，宜得俊茂者，以濟陰太守劉儼、城陽太守石崇參選，不審可有合聖意者不。御覽二百四十五。

琅琊王子繇、隴西王世子越，誠宜早令奉侍皇太子，校德東宮，若兼庶子。

中庶子東宮顯選，今有二缺，衆議咸以領兵太守荀寓為之。

太子左衛率缺，侍衛威重，宜得其才，無疾患者。城陽太守石崇忠篤御覽作忠讜，有文武才，河東太守焦勝清貞著御覽作有信義，皆其選也。通典三十，御覽二百四十七。

中郎衛昱為少府丞，甚有頓益，後坐賣偷石事免官，今太子門夫缺，不審可參選不。

皇太子東宮多用雜材為官屬，宜令純取清德。太子舍人夏侯湛字孝若，有盛德而不長治民，有益臺閣，在東宮已久，今殿中郎缺，宜得才學，不審其可遷此選不。御覽二百十五。

近啓修武令劉訥補南陽王友，詔曰，友誠宜得有益者，然必以長吏治民不易屢易為疑。今散人無依仰，又啟令者散職中誠自有人，然劉訥才志內外非稱，臣以為宜蒙此者，是以敢及，不審固不用不。御覽二百四十八。

溫令許奇等並見稱名，雖在職日淺，宜顯報大郡，以勸天下。御覽二百六十八。

蘇愉忠篤有智意。魏志蘇則傳注。

楊肇有才能。魏志田豫傳注。

武韶清白有聲。魏志胡質傳注引虞豫晉書。

御史中丞刁攸舊人，年衰近損，百寮未甚為憚，坐治政事，改尚書可也。

晉制春夏農月，不遷改長吏郡守縣令之屬，以其妨農事故也。

散騎常侍缺，當取有素行者補之。

臣欲以郄生爲溫令。通典二十三。

訪聞詵喪母不時葬，遂於所居屋後假葬，有異同之議，請更選之。通典二十三。

郄詵才志器局，堪爲黃散。

黃門侍郎和嶠最有才，可爲吏部郎。通典二十一。

黃門侍郎荀彧清和理正，勳可觀採，眞侍衛之美者。通典二十一。

孔顥有才能，果勁不撓，以爲御史中丞。

治書侍御史王啓識朗明正，後來之俊也。

舊侍御史頗用郡守令散二千石有才能，尙少者可用不。

御史中丞周浚果烈有才用。

中書屬通事令史孫綝限滿，久習內事，才宜殿中侍御史，須空補之。不審可否。

今尙書郎御史東宮洗馬舍人多缺，宰士中後進美者，太尉掾樂廣字彥輔，司徒掾劉琚字伯瑜，王瓚字正長，司空掾王正字士則，劉澹字初平，征西將軍掾諸葛口，皆其選也。

太尉掾滿奮、樂廣，司徒掾何勖、劉琚，司徒掾官粹、土正、劉澹，太尉掾劉遐，有才義，宰士之儁也。

河南尹京輦重職，前代皆用名人，聖代已來，有李胤、杜預、王恂，儁不疑，復今減此者也。

遊擊將軍諸葛沖精果有文武才，擬補兗州。御覽二百三十九。

大將軍雖不整正，須筋力戎馬間，猶宜德健者。征北大將軍瓘貞正靜一，中書監勖達練事物，二人皆人彥，不審有可參軍者不。

平南司馬缺，案瑯琊李鎭綱紀郡事，練習兵馬，良才也。

晉制諸坐公事者，皆三年方得敘用。其中多有好人，令逍遥無事。臣以爲略依左遷法，隨資財減之，亦足懲戒，而官不失其中。通典十九。

答詔問郄詵事

詵前喪母，得疾不得葬，遂於壁後假葬，服終爲平輿長史。論者以爲不合正禮，是以臣前疑之。詵文義可稱，又甚貧儉，訪其邑黨，亦無有他。通典一百三。

自爲不與常同，便令人非，恐負其孝慕之心，宜詳極盡同異之論。通典一百三。詔問應，濤議與否，濤答。

山簡

簡字季倫，濤第五子。初爲太子舍人，遷太子庶子、黃門郎，出爲青州刺史，徵拜侍中，轉尙書，歷鎭軍將軍、荆州刺史，領南蠻校尉，不行，復拜尙書。光熙初，轉吏部尙書。懷帝時，出爲雍州刺史、鎭西將軍，徵爲尙書左僕射，領吏部，出爲征南將軍，都督荆湘交廣四州諸軍事，假節鎭襄陽，尋加督寍益軍事。卒年六十，追贈征南大將軍，儀同三司。有集二卷。

上懷帝疏

臣以爲自古興替，實在官人，苟得其才，則無物不理。書言知人則哲，惟帝難之。唐虞之盛，元愷登庸；周室之隆，濟濟多士。秦漢以來，風雅漸喪，至於後漢，女君臨朝，尊官大位，出於阿保，斯亂之始也。是以郭泰、許劭之倫，明清議於草野；陳蕃、李固之徒，守忠節於朝廷。然後君臣名節，古今遺典，可得而言。自初平之元，訖於建安之末，三十年中，萬姓流散，死亡略盡，斯亂之極也。世祖武皇帝應天順人，受禪于魏，泰始初躬親萬機，佐命之臣，咸皆率職。時黃門侍郎王恂、庾純始於太極東堂聽政，評尙書奏事，多論刑獄，不論選舉。臣以爲不先所難，而辨其所易。陛下初臨萬國，人思盡誠，每於聽政之日，命公卿大臣先議選舉，各言所見後進儁才、鄉邑尤異

始下脫之字

才堪任用者皆㠯名奏主者隨缺先敘是爵人于朝與衆共之之義也（晉書山簡傳）

與王衍書

蔡子尼今之正人（案蔡克字子尼）

盧欽

欽字子若范陽涿人魏司空毓子大將軍曹爽辟爲掾舉孝廉除尚書郎爽誅坐免尋爲侍御史襲父爵大利亭矦遷琅邪太守太傅宣帝辟從事中郎出爲陽平太守遷伏波將軍都督淮北徵拜散騎常侍太司農遷吏部尚書進封大梁矦武帝受禪遷平南將軍都督沔北諸軍事入爲尚書僕射加侍中奉車都尉領吏部咸寧四年卒贈衞將軍開府謚曰元有小道若干卷

論徐邈

徐公志高行絜才博氣猛其施之也高而不狷絜而不介博而守約猛而能寬聖人㠯清爲難而徐公之所易也或問欽徐公當武帝之時人㠯爲通自在涼州及還京師人㠯爲介何也欽荅曰往者毛孝先崔季珪等用事貴清素之士于時皆變易車服㠯求名高而徐公不改其常故人㠯爲通比來天下奢靡轉相倣效而徐公雅尚自若不與俗同故前日之通乃今日之介也是世人之無常而徐公之有常也（魏志徐邈傳又御覽二百四十五）

盧浮

浮字子雲欽子仕魏爲太子舍人㠯病疽截手廢入晉徵爲國子博士遷祭酒永平中爲祕書監（據魏志盧毓傳注引晉諸公贊）

相風賦

楚石雜結綠沙礫厠隋珠（御覽七十四）

盧諶

諶字子諒欽弟珽之孫尚武帝女滎陽公主拜駙馬都尉後州舉秀才辟太尉掾洛陽陷劉粲據晉陽留爲參軍粲敗劉琨㠯爲司空主簿轉從事中郎愍帝末從琨奔段匹磾㠯爲幽州別駕匹磾敗奔段末波元帝初累徵散騎中書侍郎不得歸末波死弟遼代立遼敗爲石虎所得㠯爲中書侍郎國子祭酒侍中中書監虎死從冉閔于襄國永和六年軍敗遇害年六十七有雜祭法六卷莊子注若干卷集十卷

感運賦

朱明送夏白藏迎秋微涼漸㡯溽暑日收氣𢿫𢿫而浸冷霜微微而日寒翠葉紛㠯朝落朱花慘㠯夕捐（藝文類聚三）

朝霞賦

相神之于瀛洲琅玕之于層城（御覽八百九）

登鄴臺賦

顯陽隗其顛隧文昌鞫而爲墟銅爵隕于臺側洪鐘寢于兩除奚帝王之靈宇爲狐兔之攸居（藝文類聚六十二）

觀獵賦

赤羆巖處玄熊穴蟄食卉飲泉升原降隰（北堂書鈔一百五十八）

征艱賦

步氾口之芳草弔周襄之鄙館（水經河水注五）

歷受陽而總轡（水經洞過水注）

逕武館之故郛問厥塗之遠近（水經洞過水注）

後背洪枋巨堰深渠高堤（水經淇水注）

訪梁榆之虛郭弔閼與之舊都（水經清水注）

菊花賦

何斯草之特瑋涉節變而不傷越松柏之寒茂超芝英之冬芳浸三泉而結根晞九陽而擢莖若乃翠葉雲布黃蕊星羅熒明蒨粲菴藹猗那（藝文類聚八十一又初學記二十七引兩條）

朝華賦

覽庭隅之嘉木，莫朝華之可玩。俯浸潤之泉壤，仰晞影于雲漢。（藝文類聚八十九）

當其重陰始袪，微雨新晴。抑㠯泥液，晅㠯陽精。（初學記二）

鸚武賦

有遐方之奇鳥，產瓜州之舊壤。揮綠翰㠯運影，啟丹觜㠯振響。（藝文類聚九十一）

燕賦

爰集崇宇，依于其榮。布巢巢之列列，孕子㲉之嚶嚶。銓先後而均哺，邁尸鳩之能爭。于是族類偕長，雄雌俱逝。頡頏水裔，下上雲際。嘲哳閑關，倏忽瀏徼。猋如隼擊，去若鳬逝。斗建午而子，指日在戊而後憩。（藝文類聚九十二）

蟋蟀賦

何茲蟲之資生，亦靈和之攸授。享神氣之么㣲，體含容之微陋。于時微涼既成，大火告去。玄乙辭宇，翔運南顧。風淚淚而動柯，露零零而隕樹。月轉素而西頹，漢迴波而東注。厲清響㠯干霄，激悲聲㠯迄曙。喓喓咧咧，□□黝黝。俟日月之代謝，知時運之斡遷。（藝文類聚九十七。御覽九百四十九。）

理劉司空表

臣聞經國之體，在于崇明典刑；立政之務，在于固慎關塞。典刑不明，則人情靡措；關塞不慎，則逆節滋萌。況方岳之臣，殺生之柄，而可不正其枉直，㠯杜其姦邪哉。竊見故司空廣武侯琨，在惠帝擾攘之際，值羣后鼎沸之難，戮力皇家，義誠彌厲，躬統華夷，親受矢石，石超授首于河南，㠯朗面縛于滎陽，社稷克寧，鑾輿反旆，奉迎之勳，琨實為隆，此琨效忠之一驗也。其後并州刺史東嬴公騰，㠯晉川荒匱，移鎮臨漳，太原、西河，盡徙三魏，琨受任并州，屬承其弊。

到官之日，遺戶無幾，荊棘茂于街里，豺狼居于府舍。既無句踐甲楯之卒，又無衛文共滕之民，當易危之勢，處難濟之中，鳩集傷痍，撫和戎狄，數年之閒，公私漸振。會遭京都失守，孝懷板蕩，羣逆縱逸，充斥王畿，邊萌頓仆，苟懷宴安，咸㠯為并州之地，四塞為固，東阻井陘，西限藍谷，前有太行之嶮，後有句注之關，且可閉關守險，畜資養徒。琨抗辭厲聲，忠亮奮發，㠯為天子沈辱，而不隕身死節，言情則非所能安，言罪則不容于誅。遂乃鞠誓百姓，修繕甲兵，跋履山川，東西征討，㠯喪氣之眾，當天下嚴敵，蟣蝨生于甲冑，燕雀巢于帷幕，雖不能摧殄醜勒，且得據其心腹，琨破家為國之二驗也。琨乃稽民神之旨，通天下之意，唱上尊號，歸重聖躬，令南北萬里若合符契，此又琨乃心本朝之三驗也。比屠各乘虛，晉陽沮潰，琨父母罹屠戮之殃，門族受殲夷之禍，向使琨從州人之心，為自守之計，則聖朝未必加誅，而賊黨可㠯不喪。乃猗盧敗亂，晉人歸奔，琨于平城納其初附，將軍箕澹又㠯為此雖晉人，久在荒裔，難㠯法整，不可便用。琨又讓之，義形于色。假從澹議，偷于苟存，則晏然并土，必不亡身于燕薊也。琨自㠯備位方嶽，綱維不舉，無緣虛荷大任，坐居三司，是㠯陛下登祚，便引愆告遜，前後章表，具陳誠款。尋令從事中郎臣續澹㠯章綬節傳，奉還本朝，與匹磾使榮邵期一時俱發。又匹磾㠯琨王室大臣，懼奪己威重，忌琨之形，漸彰于外。琨知其如此，慮不可久，欲遣妻息大小盡詣京城，㠯其門室一委陛下。有征舉之會，則身充一卒；若匹磾縱凶慝，則妻息可免。具令臣澹密宣此旨，求詔敕路次，令相迎衛。會王成從平陽逃來，說南陽王保稱號隴右，士眾甚盛，當移關中。匹磾聞此，私懷顧望，留停榮邵，欲遣前兼鴻臚邊邈奉使詣保，懼澹獨南，言其此事，遂不許引路，丹誠赤心，卒不上達。匹磾兄眷喪亡，嗣子幼弱，欲因奔喪，奪取其國，又自㠯欺國陵家，懷邪樂禍，恐父母宗黨不容其罪，是㠯卷甲蘩弓陰圖作亂欲害其從叔驎從弟末波等㠯取其國匹磾親信密告驎波驎波乃遣人距之匹磾僅㠯身免百姓謂匹磾己沒皆憑向琨若琨于時有害匹磾之情則居然可擒不復勞于人力自此之後上下竝離匹磾遂欲盡勒胡晉徙居上谷琨深不然之勸移厭次南憑朝廷匹磾不能納反禍害父息四人從兄二息同時并命琨未遇害知匹磾必有禍心語臣等云受國厚恩不能克報雖才略不及亦由遇此厄運人誰不死死生命也唯恨下不能效節于一方上不得歸誠于陛下辭旨慷慨動于左右聽其言者莫能仰視昔子囊垂終遺言城郢古人稱㠯爲忠貞琨匪躬之操義實茂之此琨沒不忘國之四驗也匹磾既害琨橫加誣誚言琨欲闚神器謀圖不軌琨免逃翳頑凶之思又無信布懼誅之情踦踞亂亡之際夾肩異類之閒而有如此之心哉雖臧獲之愚厮養之智猶不爲之況在國士之列忠節先著者乎匹磾之害琨稱陛下密詔琨信有罪陛下加誅自當肆諸市朝與衆棄之不令殊俗之豎戮台輔之臣亦已明矣然則擅詔有罪雖小必誅矯制有功雖大不論正㠯興替之根咸在于此開塞之由不可不閉故也而匹磾無所顧忌怙亂專殺虛假王命虐害鼎臣辱諸夏之望敗王室之法是可忍也孰不可忍若聖朝猶加隱忍未明大體則不逞之人襲匹磾之跡殺生自由好惡任意陛下將何㠯誅之哉折衝厭難唯存戰勝之將除暴討亂必須知略之臣故古語云山有猛獸藜藿爲之不採非虛言矣自河㠯北幽并㠯南醜類有所顧憚者唯琨而已琨受害之後羣凶欣欣莫不得意鼓行中州曾無纖介此又華夷小大所㠯長歎者也取亂侮亡仲虺之遺言也兼弱攻昧隨季之善經也匹磾之狹謀踊躍一隅無㠯自展精卒勁騎不得致力㠯一人之身妨一國之用當今二賊未殄方難尚殷而使殊俗彊國懷怨自相疑懼非國家靜難之遠術也伏惟

陛下㠯叡聖之姿隆中興之緒方將平章典刑㠯經序萬國而琨受害悲哀冤痛已甚未聞朝廷有㠯甄論昔壺關三老訟衛太子之罪谷永劉向辨陳湯之功下足㠯明功罪之分上足㠯寤聖主之懷臣等祖考㠯來世受殊遇入侍翠帷出簪彤管弗克負荷播越遐荒與琨周旋接事終始是㠯仰慕三臣在昔之義謹陳本末冒㠯上聞仰希聖朝曲賜哀察。（晉書劉琨傳，藝文類聚五十四。）

與司空劉琨書

故吏從事中郎盧諶死罪死罪諶稟性短弱當世罕任因其自然用安靜退在木闕不材之資處雁乏善鳴之分卷異蘧子愚殊甯生匠者時眄不免臏賓嘗自思惟因緣運會得蒙接事自奉清塵于今五稔謨明之效不著俟人之譏㠯彰大雅含弘量苞山藪加㠯待接彌優款眷逾昵與運籌之謀厠讌私之歡綢繆之旨有同骨肉其爲知己古人罔喻昔聶政殉嚴遂之顧荊軻慕燕丹之義意氣之閒靡軀不悔雖微達節謂之可庶然茍曰有情孰能不懷故委身之日夷險已之事與願違當忝外役遂去左右收迹府朝蓋本同末異楊朱興哀始素終玄墨翟垂涕分乖之際咸可歎慨致感之途或迫乎茲亦奚必臨路而後長號覩絲而後歔欷哉是㠯仰惟先情俯覽今遇感存念亡觸物眷戀易曰書不盡言言不盡意然則書非盡言之器言非盡意之具矣況言有不得至于盡意書有不得至于盡言邪不勝猥懣謹貢詩一篇抑不足㠯揄揚弘美亦已攄其所抱而已若公肆大惠遂其厚恩錫㠯咳唾之音慰其違離之意則所謂咸池酬于北里夜光報于魚目諶之願也非所敢望也諶死罪死罪（文選。）

尚書武強侯盧府君誄

諶罪重五嶽釁深四海身不夾滅延于家門方今斬焉在疚死亡無日大懼先意遺烈將墜乎地罔極之哀終不宣寫是㠯忍在草

士之中。撰述平素之迹。篤生我君。天挺賢俊。弘闡大風。光隆洪胄。蔚矣其姿。綽乎其韻。天不予晉。厄運時臻。陽九之會。雖聖莫振。君實振惶。國難是圖。跋履山川。東征西徂。方協退任。言復皇輿。不見楚申。致命郢都。往古來今。自遠及近。凡在喪親。猶思俱殞。況我荼毒。靡經不盡。日月逾邁。寒暑代遷。恩慈彌遠。窮思日纏。撰述遺跡。臨文煩冤。藝文類聚四十八。案諶父志字子道。欽弟挺之子。封武强侯。永嘉末轉尚書。

太尉劉公誄

公侯之生。固天攸擢。高智蕭條。英風卓犖。勵操宏壯。抗意崇邈。雅用深奥。明鑒朗出。摛藻雲浮。飛辯溢溢。驅其豺狼。斬其蓁藿。建立市朝。營置亭徼。劉聰南比。猗盧北接。或以恩變。徵我公侯。方事焉捷。委重于外。弛禦于中。制比鄧禹。禮優竇融。藝文類聚四十六。

祭法

香爐四時祠。坐側皆置也。御覽七百三。

冬祀用雉腊兔腊。書鈔一百四十五。

春祠用大牒。夏用鹹脯。書鈔一百四十五。又見御覽八百六十二。作春祠用脯。夏用煸。

春夏秋祠。皆用餡血。書鈔一百四十五。

四時之祠。皆用苦酒。書鈔一百四十六。

以蒲平薦。布緣朱韋。夏日加以筀緣。書鈔一百三十三。

全晉文卷三十四終

全晉文卷三十五

烏程嚴可均校輯

應貞

貞字吉甫汝南南頓人魏侍中璩子正始中舉高第歷武帝撫軍參軍咸熙中隨府遷相國參軍晉受禪遷給事中太子中庶子散騎常侍泰始五年卒有集五卷

臨丹賦

陟緜岡之迢遞臨窮谷之濬遐覽丹源之洌泉眷縣流之清派漱玄瀨而漾沚順黃崖而蕩博激重巖之絕根拂崇巨之飛嶨然後陰乘洞出邊滄旁開倏熠高騖晧瞎長懷盤溢鬱沒雲轉飆迴屏側爲之飛隕壁岸爲之陂隤列巳青林蔭巳綠枝欏松蓊葺于其側楊柳婀娜乎其下則高灊承崖縣泉屬嶺別流分注冰瑩玉靜清波引鏡形無遁影藝文類聚八

安石榴賦并序

余往日職在中書時直廬前有安石榴樹枝葉既盛華實甚茂故爲之作賦

挹微露以鮮采承輕風而動葩南拂陰檐北扇陽阿其旁則有大廈崇房重廊高廡皇籍帝典圖書之府時移節變大火西旋月葩結秀朱實星縣膚折理阻爛若珠駢藝文類聚八十六初學記二十八引兩條御覽九百七十

蒲桃賦

結繁子之磥落兮英龍總而彌房御覽九百七十二

釋左雜論

芍藥之羹爽口之食書鈔一百四十二

七華

千乘方轂萬騎龍驤書鈔十六

杖箴

高明執之戒在驕蕩書鈔一百三十三

朱杖銘并序

朱杖者其初蓋譙郡諸德譽之有也其木青豐端而勁甚德譽爲杖之宜也

天作之杖于譙之株奧榦特挺非柘非榆書鈔一百三十三引三條

華覽

强弩連城長戟指塞御覽三百五十三

崇文大夫唱云陰陽運潛玄風扇厲鷹隼騰揚口貍搏噬書鈔一百五十四

革林

備言錫命羽蓋朱輪奚氏本造後裔飾口膺以代步屏以從容輪斬幷合出入道同追仁越義惟禮是恭御覽七百七十五

應琳

琳貞從父太康中爲博士

童子爲天子服議

案禮喪服諸矦爲天子斬今廣陵王列土建國古之諸矦宜從臣例又禮童子不居廬不杖不菲廣陵王未冠吳王章郡王卑幼不應居廬古但有冠無幘漢始制幘可如今服卷幘通典八十一魏晉故事皇子濮陵王年十一孫爲祖服周當爲臣服從本親服皇弟吳王年十章郡王年七又當倚廬服成人禮著何幘服應琳議

應詹

詹字思遠貞弟秀之子初辟公府遷太子舍人趙王倫巳爲征東長史倫誅坐免成都王穎辟爲掾劉弘請爲鎮南長史遷南平太守王澄爲荊州假督南平天門武陵三郡軍事山簡爲鎮南假督五郡軍事元帝承制巳爲建武將軍尋監巴東五郡軍事賜爵潁陽鄉矦遷益州刺史尋拜後軍將軍出補吳國內史免劉隗請爲鎮北軍司加散騎常侍累遷光祿勳明帝巳爲都

督前鋒軍事護軍將軍假節王敦平封觀陽縣侯遷使持節都督江州諸軍事平南將軍江州刺史咸和六年卒贈鎮南大將軍儀同三司諡曰烈有集五卷

上表請興復農官

夫一人不耕天下必有受其飢者而軍興以來征戰運漕朝廷宗廟百官用度既已殷廣下及工商流寓僮僕不親農桑而游食者以十萬計不思開立美利而望國足人給豈不難哉古人言曰飢寒並至堯舜不能使野無寇盜貧富并兼雖皋陶不能使强不陵弱故有國有家者何嘗不務農重穀近魏武皇帝用棗祗韓浩之議廣建屯田又于征伐之中分帶甲之士隨宜開墾故下不甚勞而大功克舉也閒者流人奔東吳東吳今儉皆已還反江西良田曠廢未久火耕水耨爲功差易宜簡流人興復農官功勞報賞皆如魏氏故事一年中與百姓二年分稅三年計賦稅以使之公私兼濟則倉盈庾億可計日而待也昔高祖使蕭何鎮關中光武令寇恂守河內魏武委鍾繇以西事故能使八表夷蕩區內輯寍今中州蕭條未蒙疆理此兆庶所以企望壽春一方之會去此不遠宜選都督有文武經略者遠以振河洛之形勢近以爲徐豫之藩鎮綏集流散使人有攸依專委農功令事有所局趙充國農于金城以平西零諸葛亮耕于渭濱規抗上國今諸軍自不對敵皆宜齊課晉書食貨志又通典二大興中三吳大饑後軍將軍應詹上表

上疏陳便宜文選注作表

先王設官使君有常尊臣有定卑上無苟且之志下無覬覦之心下至亡秦罷侯置守本替末陵綱紀廢絕漢興雖未能興復舊典猶雜建侯守故能享年享世殆參古迹今大荒之後制度改創宜因斯會釐正憲則先舉盛德元功以爲封首則聖世之化比隆唐

虞矣性相近習相遠訓導之風宜慎所好魏正始之間蔚爲文林元康以來賤經尚道以玄虛宏放爲夷達以儒術清儉爲鄙俗望白署空顯以台衡之望尋文謹案目以蘭薫之器已上四語從文選注補永嘉之弊未必不由此也今雖有儒官教養未備非所以長育人材納之軌物也宜修辟雍崇明教義先令國子受訓然後皇儲親臨釋奠則普天尚德率土知方矣晉書應詹傳又文選干寶晉紀總論注引晉紀兩條

上疏讓封觀陽侯

臣聞開國承家光啟土宇唯令德元功乃宜封錫臣雖忝當一隊策無微略勞不汗馬猥以疏賤倫亞親密暫廁被練列勤司勳乞迴謬恩聽其所守晉書應詹傳

爲江州臨行上疏

夫欲用天下之智力者莫若使天下信之也商鞅移木豈禮也哉有由而然自經荒弊綱紀頹陵淸直之風既澆糟粃之俗猶在誠宜濯以滄浪之流漉以吞舟之網則幽顯明別於變時雍矣弘濟茲務在乎官人今南北雜錯屬託者無保負之累而輕舉所知此博采所以未精職理所以多闕今凡有所用宜隨其能否而與舉主同乎褒貶則人有慎舉之恭官無廢職之吝昔冀缺有功胥臣蒙先茅之賞子玉敗軍子文受蔿賈之責古既有之今亦宜然漢朝使刺州行部乘傳奏事猶恐不足以辨彰幽明弘宣政道故復有繡衣直指今之艱弊過于往昔宜分遣黃散若中書郎等循行天下觀採得失舉善彈違斷截苟且則人不敢爲非矣漢宣帝時二千石有居職脩明者則入爲公卿其不稱職免官者皆還爲平人懲勸必行故歷世長久中間以來遷不足競免不足懼或有進而失意還而得分莅官雖美當以素論降替在職實劣直以舊望登敘校游談爲多少不以實事爲先後以此責成臣未見其兆也

今宜峻左降舊制可二千石免官三年乃得敘用長史六年戶口折半道里倍之此法必明使天下知官難得而易失必人慎其職朝無惰官矣都督可課佃二十頃州十頃郡五頃縣三頃皆取文武吏醫卜不得撓亂百姓三臺九府中外諸軍有可減損皆令附農市息末伎道無遊人不過一熟豐穰可必然後重居職之俸使祿足㠯代耕頃大事之後遐邇皆想宏略而寂然未副宜早振綱領肅起羣望 晉書應詹傳

啟呈杜弢書並上言

弢益州秀才素有清望文理既優幹事兼美往因使流寓居詹郡界其貞心堅白詹所委究李驤爲變樂鄉劫略良善弢時出家財招募忠勇登壇歃血義誠慷慨會驤攻燒南平弢遂東下巴漢與湘中鄉人相遇推其素望遂相憑結論弢本情非首作亂階者也然破湘川實弢之罪亦由兵交其間遂使滋蔓案弢今書血誠亦

至矣昔朱鮪自疑于洛陽光武指河水㠯明心鮪感義歸誠終展力報施受封侯之寵由恕過㠯錄功也詹竊謂今者當阨運之會思弘遠猷故齊赦射鉤之誅晉貰斬袪之戮用能濟翼戴之高勳隆一匡之美譬況弢等素無斯愆而稽顙投命邪㠯爲可遣大使宣揚聖旨雲澤沾之于上百姓沐浴于下則上下交泰江左無風塵之虞矣 晉書杜弢傳

薦韋泓于元帝

自遭喪亂人士易操至乃任運固窮耿介守節者尠矣伏見議郎韋泓年三十八字元量執心清沖才識備濟躬耕隴畝不煩人役靜默居常不豫政事昔年流移來在詹境經寇喪貧一身特立短褐不掩形菜蔬不充朝而抗志彌厲不遊非類顏回不改其樂泓有其分明公輔亮皇室恢維宇宙四門開闢英彥鳧藻收春花于京輦採秋實于巖藪而泓抱璞荆山未剖和璧若蒙銓召付㠯列

曹必能協隆鼎味緝熙庶績者也 晉書應詹傳

與陶侃書

每憶密計自沔入湘頡頏繾綣齊好斷金子南我東忽然一紀其間事故何所不有足下建功嶠南旋鎮舊楚吾承乏之幸會來忝此州圖與足下進共竭節本朝報恩幼主退㠯申尋平生纏綿舊好豈悟時不我與長卽幽冥永言莫從能不慨悵今神州未夷四方多難足下年德並隆功名俱盛宜務建洪範雖休勿休至公至平至謙至順卽自天祐之吉無不利人之將死其言也善足下察吾此誠 晉書應詹傳

應亨

亨貞從孫爲著作郎累遷南中郎長史有集二卷

讓著作表

自司隸校尉奉至臣父五世著作不絕邦族㠯爲美談崔駰三世相繼其後無聞若乃談遷接武彪固踵迹向歆著美亦各一世之良史也 書鈔五十七引應亨集讓著作表 又見初學記十二通典二十六

與州將牋

詢命欲求佳別駕自頃諸府大開搜延路廣海無遺蚌山無逸璞僕歸數日臥思始得一人陳國有袁琇字惠瑛者才識可㠯經于治亂棲跱可㠯勸礪後進亨具所服聞而未嘗接顏交言也又宗令文早有名輩相與通家門素所具抑亦其次 御覽二百六十三

又與州將牋

夫公正治化之本德教之基公則無私正則無邪無私無邪而患政教之不行未之有也昔叔向論叔魚之罪㠯礪討㠯厚之亂祁奚稱解狐之賢臧紇思孟孫之愛春秋嘉之敦崇世教經乎百王貫乎盛衰其義不傾公正之德宏矣希矣明君之所㠯總天下賢臣之所㠯奉君上士庶之所㠯繫仰德化之所㠯美盛公正也可

不勉哉。（御覽四百二十九。）

龐翊像讚序

王恭居攝，㠯病告歸。後赤眉賊攻其所居城，糧盡，罄㠯私穀數十萬斛賑城中。于時粟斛錢數萬，民莫不稱其仁。（御覽三十五，又八百四十。）

贈四王冠詩序

永平四年，（案：惠帝永平元年三月改元元康，此云四年，必有誤。）外弟王景系兄弟四人並冠，故貽之詩。（初學記十四作後漢，誤。御覽五百四十。）

劉毅

毅字仲雄，東萊掖人，居平陽。齊王芳時，太守杜恕㠯爲功曹。本郡察孝廉，辟司隸都官從事，投傳去。高貴鄉公時舉博士。文帝辟爲相國掾，陳留王時轉主簿。武帝受禪，爲尚書郎、駙馬都尉，遷散騎常侍、國子祭酒、諫議大夫，轉城門校尉，遷太僕，拜尚書。坐事免。咸寧初，復爲散騎常侍、博士祭酒，轉司隸校尉。泰康初，遷尚書左僕射，後㠯光祿大夫致仕，司徒舉爲青州大中正。卒贈儀同三司。有集二卷。

諫賀龍見表

昔龍降鄭時門之外，子產不賀；龍降夏廷，沫流不禁，卜藏其漦，至周幽王禍釁乃發。易稱潛龍勿用，陽在下也。證據舊典，無賀龍之禮。（晉書劉毅傳，又五行志下作昔龍漦夏廷，禍發周室，龍見鄭門，子產不賀，又見羣書治要三十引晉書，與今傳同。）

因天陰上言

必有阿黨之臣，姦㠯事君者，當誅而不誅故也。（晉書劉毅傳：後陰氣解而復合，毅上言云云。五行志中作上疏，末句作而不赦也。）

上疏請罷中正除九品

臣聞立政者㠯官才爲本，夫九品有八損，而官才有三難，皆興替之所由也。人物難知，一也；愛憎難防，二也；情僞難明，三也。三者雖聖哲在上，嚴刑督之，猶不可治，故堯求俊乂而得四凶，三載考績而饕殄得成，使世主雖有上聖之明，而無攷察之法，授凡庸之才，而去賞罰之勸，則爲開姦，豈徒四族，側陋何望于時哉。今立中正，定九品，高下任意，榮辱在手，操人主之威福，奪天朝之權勢，愛憎決于心，情僞由于己，公無攷校之負，私無告訐之忌。榮黨橫越，威福擅行，用心百態，求者萬端，廉讓之風滅，苟且之俗成，天下訩訩，但爭品位，不聞推讓，流俗之過，一至于此，竊爲聖朝恥之。心之所非者，不可㠯一概論，輒條列其事。夫名狀㠯當才爲清，品輩㠯得實爲平，治亂安危之要，不可不允。清平者，政化之美也；枉濫者，亂敗之惡也，不可不察。然人才異能，備體者寡，器有大小，達有早晚。前鄙後修，宜受日新之報；抱正違時，宜有質直之稱；度遠闕小，宜得殊俗之狀；任直不飾，宜得清實之譽；行寡才優，宜獲器任之用。是㠯三仁殊塗而同歸，四子異行而鈞義，陳平、韓信笑侮于邑里，而收功于帝王；屈原、伍胥不容于人主，而顯名于竹帛，是篤論之所明也。今之中正，不精才實，務依黨利，不鈞稱尺，務隨愛憎。所欲舉者，獲虛㠯成譽；所欲下者，吹毛㠯求疵。前鄙後修者，則引古㠯病今；古賢今病者，則攷虛㠯覆過。質直者罪㠯違時，阿容者善其得和，度遠者責㠯小檢，才近者美其合俗，齊量者㠯己爲限，高下逐强弱，是非由愛憎，憑權附黨，毀平從親，隨世興衰，不顧才實，衰則削下，興則扶上，一人之身，旬日異狀。或㠯貨賂自通，或㠯計協登進，附託者必達，守道者困悴，無報于身，必見割奪，有私于己，必得其欲，凌弱黨强，㠯植後利。是㠯上品無寒門，下品無勢族，暨時有之，皆曲有故，慢主罔時，實爲亂源，損政之道一也。置州都者，本取州里清議，咸所歸服，將㠯鎮異同，一言議。不謂一人之身，了一州之才，一人不審，便爲坐廢。若然，自仲尼之聖㠯上，至于庖犧，莫不有過失，則皆可廢，何獨責于中人者哉？若殊不修，自可更選。今重其任而輕其人，所立品格，還訪刁攸，攸非州里之所歸，非職

正當作政

分之所置今訪之歸正于所不服決事于所不職㠯長讒構之源㠯生乖爭之兆佀非立都之本旨理俗之深防也主者旣善刁攸攸之所下而復選㠯二千石已有數人劉良上攸之所下石公罪攸之所行駁違之論橫于州里嫌讎之隙結于大臣夫桑妾之訟禍及吳楚鬬雞之變難興魯邦況乃人倫交爭而部黨興刑獄滋生而禍根結損政之道二也本立格之體將謂人倫有序若貫魚成次也爲九品者取下者爲格謂才德有優劣倫輩有首尾也今之中正務自遠者則仰割一國使無上人穢劣下比則拔舉非次幷容其身公㠯爲格坐徇其私君子無小人之怨官政無繩姦之防使得上欺明主下亂人倫乃使優劣易地首尾倒錯推貴異之器使在凡品之下負戴不肖越在成人之首損政之道三也陛下踐阼開天地之德弘不諱之詔納忠直之言㠯覽天下之情太平之基不世之法也然賞罰自王公㠯至于庶人無不加法置中正委以一國之重而無賞罰之防人心多故清平者寡故怨訟者眾聽之則告訐無已禁絕則侵枉無極與其理訟之煩猶愈侵枉之害今禁訟訴則杜一國之口培一人之勢使得縱橫無所顧憚諸受枉者抱怨積直獨不蒙天地無私之德而長壅蔽于邪人之銓使上明不下照下情不上聞損正之道四也昔在前聖之世欲敦風俗鎮靜百姓隆鄉黨之義崇六親之行禮教庠序㠯相率賢不肖于是見矣然鄉老書其善㠯獻天子司馬論其能㠯官于職有司考績以明黜陟故得天下之人退而修本州黨有德義朝廷有公正天下大治浮華邪佞無所容厝今一國之士多者千數或流徙異邦或給役殊方猶不識其面況能盡其才力乎而中正知與不知將定品狀必采譽于臺府納毀于流言任己則有不識之蔽聽受則有彼此之偏所知者以愛憎奪其平所不知者㠯人事亂其度旣無鄉老紀行之譽又非朝廷考績之課遂使進官之人棄

近求遠背本趨末位㠯求成不由行立品不校功黨譽虛妄損政之道五也凡所㠯立品設狀者求人才㠯理物也非虛飾名譽相爲好醜雖孝悌之行不施朝廷故門外之事㠯義斷恩旣㠯在官職有大小事有劇易各有功報此人才之實效功分之所得也今則反之于限當報雖職之高還附卑品無績于官而獲高敘是爲抑功實而隆虛名也故狀無實事諧文浮飾品不校功黨譽虛妄上奪天朝考績之分下長浮華朋黨之事損政之道六也凡官不同事人不同能得其能則成失其能則敗今九品不狀才能之所宜而㠯九等爲例㠯品取人或非才能之所長㠯狀取人則爲本品之所限若狀得其實猶品狀相妨繫縶選舉使不得精于才宜況今九品所疏則削其長所親則飾其短徒結白論㠯爲虛譽㠯治風俗則狀無實行㠯宰官職則品不料能百揆何㠯得理萬機何㠯得修損政之道七也前九品詔書善惡必書㠯爲褒貶當時天下少有所忌今之九品所下不彰其罪所上不列其善廢褒貶之義任愛憎之斷清濁同流以植其私故反違前品大其行勢㠯驅動眾人使必歸己進者無功㠯表勸退者無惡㠯成懲懲勸不明則風俗汙濁天下之人焉得不懈于德行而銳于人事乎損政之道八也由此論之選中正而非其人授權勢而無賞罰或缺中正而無禁檢故邪黨得肆枉濫從橫雖職名中正實爲姦府事名九品而有八損或恨結于親親猜生于骨肉當身困于敵讎子孫離其殃咎斯乃歷世之患非徒當今之害也是以時主觀時立法防姦消亂靡有常制故周因于殷有所損益至于中九品上聖古賢皆所不爲豈蔽于此事而有不周哉將㠯政化之宜無取于此也自魏立㠯來未見其得人之功而生讎薄之累毀風敗俗無益于化古今之失莫大于此愚臣㠯爲宜罷中正除九品棄魏氏之弊法更立一代之美制愚臣㠯爲便也晉書劉毅傳。又羣書治要三十引晉書。又通典十四。

又略見御覽二百六十五引劉毅集。

奏劾劉肇

南郡太守劉肇㠯布五十匹雜物遺前豫州刺史王戎，請檻車徵付廷尉治罪，除名終身。

駁有司奏琅邪王倫事

王法賞罰，不阿貴賤，然後可㠯齊禮制而明典刑也。倫知裘非常，蔽不語吏，與緝同罪，當㠯親貴議減，不得闕而不論。宜自于一時法中，如友所正。晉書趙王倫傳：倫坐使散騎將劉緝買工所將盜御裘，廷尉杜友正緝棄市，倫當與緝同罪。有司奏倫爵重屬親，不可坐。諫議大夫劉毅駁。

劉暾

暾字長升，毅子。泰康初為博士，免，後為酸棗令，轉侍御史，遷太原內史。趙王倫篡位，假征虜將軍，不受。惠帝復阼，為左丞，尋兼御史中丞，遷中庶子、左衛將軍、司隸校尉。㠯表理羊皇后忤河間王顒，奔高密王略，為大都督，加鎮軍將軍，又加光祿大夫，後為撫軍將軍，遷尚書僕射，拜右光祿大夫，領太子少傅，加散騎常侍，領衛尉，加特進，後復為司隸，加侍中。王彌陷洛，為彌使于青州，至東阿，為石勒所殺。

奏劾王渾

謹案司徒王渾蒙國厚恩，備位鼎司，不能上佐天子，調和陰陽，下遂萬物之宜，使卿大夫各得其所，敢因劉輿，距扞詔使，私欲大府興長獄訟。昔陳平不荅漢文之問，邴吉不問死人之變，誠得宰相之體也。既興刑獄，怨懟而退，舉動輕速，無大臣之節，請免渾官。右長史楊邑亭侯劉肇，便辟善柔，苟于阿順，請大鴻臚削爵土。晉書劉暾傳：司徒王渾主簿劉輿，獄辭連暾，將收付廷尉，渾不欲使府有過，欲距劾自舉之，與暾更相曲直。渾怒，便遜位還第。暾乃奏渾曰云云。

奏理羊皇后

奉被手詔，伏讀惶悴。臣案古今書籍，亡國破家，毀喪宗祐，皆由犯眾違人之所致也。陛下遷幸舊京，廓然眾庶，悠悠罔所依倚。家有跂踵之心，人想鑾輿之聲，思望大德，釋兵歸農。而兵纏不解，處處互起，豈非善者不至，人情猜隔故邪？今上官已犯闕稱兵，焚燒宮省，百姓諠駭，宜鎮之㠯靜，而大使卒至，赫然執藥，當詣金墉，內外震動，謂非聖意。羊庶人門戶殘破，廢放空宮，門禁峻密，若絕天地，無緣得與姦人構亂。眾無智愚，皆謂不然，刑書猥至，罪不值辜，人心一憤，易致興動。夫殺一人而天下喜悅者，宗廟社稷之福也。今殺一枯窮之人而令天下傷慘，臣懼凶豎乘間，妄生變故。臣忝司京輦，觀察眾心，實㠯深憂，宜當含忍，不勝所見，謹密啟聞。願陛下更深與太宰參詳，勿令遠近疑惑，取謗天下。晉書惠羊皇后傳：河間王顒矯詔，㠯后屢為姦人所立，遣尚書田淑敕留臺賜后死，詔書累至，司隸校尉劉暾與尚書僕射荀藩、河南尹周馥馳上奏曰云云。劉暾傳作上表理后無罪。

全晉文卷三十五終

全晉文卷三十六　　　　　烏程嚴可均校輯

庾峻

峻字山甫潁川鄢陵人仕魏爲郡功曹舉上計掾州辟從事高貴鄉公以爲博士遷祕書丞陳留王時拜侍御史晉受禪賜爵關中侯遷司空長史轉祕書監御史中丞進侍中加諫議大夫泰始九年卒有集二卷

上疏請易風俗興禮讓

臣聞黎庶之性人衆而賢寡設官分職則官寡而賢衆爲賢衆而多官則妨化以無官而棄賢則廢道是故聖王之御世也因人之性或出或處故有朝廷之士又有山林之士朝廷之士佐主成化猶人之有股肱心膂共爲一體也山林之士被褐懷玉太上棲于丘園高節出于衆庶其次輕爵服遠恥辱以全名最下就列位惟

無功而能知止彼其清劭足以抑貪汙退讓足以息鄙事故在朝之士聞其風而悅之將受爵者皆恥躬之不逮斯山林之士避寵之臣所以爲美也先王嘉之節雖離世而德合于主行雖詭朝而功同于政故大者有玉帛之命其次有几杖之禮以厚德載物出處有地旣廊廟多賢才而野人亦不失爲君子此先王之弘也秦塞斯路利出一官唯有處士之名而無爵列于朝者商君謂之六蝎韓非謂之五蠹時不知德惟爵是聞故閭閻以公乘侮其鄉人郎中以上爵傲其父兄漢祖反之大暢斯否任蕭曹以天下重四晧于南山以張良之勳而班在叔孫之後蓋公之賤而曹相諮之以政帝王貴德于上俗亦反本于下故田叔等十人漢廷臣無能出其右者而未嘗干祿于時以釋之之貴結王生之襪于朝而其名愈重自非主臣尚德兼愛孰能通天下之志如此其大者乎夫不革百王之弊徒務救世之政文士競智而務入武夫恃力而爭

後當作復

先官高矣而意未滿功報矣其求不已又國無隨才任官之制俗無難進易退之恥位一高雖無功而不見下已負敗而後見用故因前而升則處士之路塞矣又仕者黜陟無章是以普天之下先競而後讓舉世之士有進而無退大人溺于動俗執政撓于羣言衡石爲之失平清濁安可復分昔者先王患向之所以取天下者今之爲弊是故功成必改其物業定必易其教雖以爵祿使下臣無貪陵之行雖以甲兵定功主無窮武之悔也臣愚以爲古者大夫七十懸車今自非元功國老三司上才可聽七十致仕則士無懷祿之嫌矣其父母八十可聽終養則孝莫大于事親矣吏歷試無績依古終身不仕則官無秕政矣能小而不能大可降還蒞小則使人以器矣人主進人以禮退人以禮人臣亦量能受爵矣其有孝如王陽臨九折而去官潔如貢禹冠一免而不著及知止如王孫知足如疏廣雖去列位而居東野與人父言依于慈與人子

言依于孝此其出言合于國檢危行彰于本朝去勢如脫屣路人爲之隕涕辭寵如金后庸夫爲之興行是故先王許之而聖人貴之夫人之性陵上猶水之趣下也益而不已必決升而不已必困始于匹夫行義不敦終于皇輿爲之敗績固不可不愼也下人并心進趣上宜以退讓去其甚者退讓不可以刑罰使莫若聽朝士時時從志山林往往間出無使入者不能復出往者不能復反然後出處交泰提衡而立時靡有爭天下可得而化矣（晉書庾峻傳。是時風俗趣競禮讓陵遲峻上疏。）

祖德頌

思文我祖降茲嶽靈綿綿之迹時惟祈生天難忱斯駿命靡常世祚中衰官族消亡念昔底績惟乃舊章烈祖勤止其德允荒漢后不辟公族剝亂難起蕭牆政由豎官監彼天眚我不干時縱德遺寵顯志遁思均樂公族逃遜無期烈祖底戒營茲垣墉曾孫篤之

永世攸同。藝文類聚二十。

遺敕子珉

朝卒暮殯。幅巾布衣。葬不擇日。御覽五百五十四引王隱晉書。

庾純

純字謀甫。峻弟。仕魏爲郡主簿。辟大將軍曹爽府。後參征南軍事。遷黃門侍郎。晉受禪。封關內侯。歷中書令。河南尹。免。尋爲國子祭酒。加散騎常侍。還侍中。父憂去官。起爲御史中丞。轉尚書。

拜少府。上表自劾

司空公賈充請諸卿校并及臣。臣不自量。飲酒過多。醉亂行酒。重酧于公。公不肯飲。言語往來。公遂訶臣父老不歸供養。卿爲無天地。臣不服罪。自引而更忿怒。厲聲名公。臨時誼譊。遂至荒越。案禮八十月制。誠以衰老之年。變難無常也。而臣不惟生育之恩。輸情自歸。求養老父。而懷祿貪榮。久廢定省。烏鳥之不若。充位爲三公。論道興化。以教義責臣。是也。而以枉錯直。居下犯上。醉酒迷荒。昏亂儀度。臣得以凡才。擢授顯任。易戒濡首。論誨酒困。而臣聞義不服。過言盈庭。黷慢台司。違犯憲度。不可以訓。臣謹自劾。請臺免臣官。廷尉結罪。大鴻臚削爵土。敕身不謹。伏須罪誅。謹遣臣丞韓微上所佩河南尹章綬。關內侯印綬。晉書庾純傳。通典六十八。

孫爲祖持重議

古者所以重宗。諸侯代爵。士大夫代祿。防其爭競。故明其宗。今無國士代祿者。防無所施。又古之嫡孫。雖在仕位。無代祿之士。猶承祖考家業。上供祭祀。下正子孫。旁理昆弟。敘親合族。是以宗人男女長幼。皆爲之服齊縗。今則不然。諸侯無爵邑者。嫡之子卒。則其次長攝家主祭。嫡孫以長幼齒。無復殊制也。又未聞今代爲宗子服齊縗者。然則嫡孫于古則有殊制。于今則無異等。今王侯有爵土者。其所防與古無異。重嫡之制。不得不同。至于大夫以下。既與古禮異矣。吉不統家。凶則統喪。攷之情禮。俱亦有違。案律無嫡孫先諸父承財之文。宜無承重之制。通典八十八。

壽當作濤

庾鯈

鯈字玄默。峻從弟。仕魏。未詳。入晉爲尚書。有集二卷。

冰井賦

嘉陰陽之博施兮。美天道之廣宜。萬物雜而無越兮。不易類以相干。或專陽負暑兮。或固陰沍寒。塗雖殊而同歸兮。信協德而俱延。于是孟冬之月。羣陰畢升。霜雪紛其交淪兮。流波結而成凌。啟南墉之重隩兮。將去熱以藏冰。山人是取。縣人是承。納幽宮之邃宇兮。靜恬淡以清澂。抱堅精之玄素兮。發川靈而長凝。于是寒往暑來。四時代序。帝將攘患。炎炎是禦。乃命有司。啟彼潛戶。寒風慘悴。此焉清暑。格炎靈之恣曜兮。摧盛陽之暴怒。弭和春之凄風兮。遏溫夏之苦雨。保百姓之艱難兮。俾羣生之寍處。及至股肱或虧。卿士殞喪。寍神扇暑。肅厲清涼。用處凶禮。無失典常。美厚德之兼愛兮。乃惠存以及亡。爾乃攜我同類。援我丞徒。將涉寒藪。害氣是除。攀靈艦而增舉。爰自託于城隅。仰瞻重構。俯臨陰穴。淒淸驚冷。慼發栗烈。餘寒嚴悴。淒若霜雪。藝文類聚九。初學記七。接朱李于玄泉。來甘瓜于清壽。初學記二十七八。御覽九百六十八。

大槐賦并序

余去許都。將歸洛京。舍于嵩岳之下。而植斯樹焉。遂作賦曰。

有殊世之奇樹。生中岳之重阿。承蒼昊之純氣。吸后土之柔嘉。若夫赤松王喬。馮夷之倫。逍遙茂蔭。濯纓其濱。望輕霞而增舉。垂高暢之清塵。若其含眞抱樸。曠世所希。降夏后之卑室。作唐虞之茅茨。潔昭儉以驕奢。成三王之懿資。故能著英聲于來世。超羣侶而垂暉。仰瞻重幹。俯察其陰。邃葉橫被。流枝蕭森。下覆靈沼。上蔽高

岑孤鵠徘徊寡雀悲吟清風時至惻愴傷心將騁軌以輕運安久留而淹滯藝文類聚八十八

安石榴賦 竝序

于時仲春垂澤華葉甚茂炎夏既戒忽乎零落是以君子居安思危在盛思衰可無懼哉乃作斯賦

綠葉翠條紛乎蔥青丹華照爛暐暐熒熒遠而望之粲若摛繢被山阿迫而察之赫若龍燭耀綠波藝文類聚八十六御覽九百七

庾敳

敳字子嵩峻次子爲陳留相還吏部郎參東海王越太傅軍事轉軍諮祭酒從事中郎後爲石勒所殺有集五卷

意賦

至理歸于渾一兮榮辱固亦同貫存亡既已均齊兮正盡死復何歎物咸定于無初兮俟時至而後驗若四節之素代兮豈當今之得遠且安有壽之與夭兮或者情橫多戀宗統竟初不別兮大德亡其情願蠢動皆神之爲兮癡聖惟質所建眞人都遣穢累兮性茫蕩而無岸縱驅于遼廓之庭兮委體乎寂寥之館天地短于朝生兮億代促于始旦顧瞻宇宙微細兮眇若豪鋒之半飄颻玄曠之域兮深莫暢而靡玩兀與自然竝體兮融液忽而四散晉書庾敳傳

幽人箴

有物混成先天地生乃剖乃判二儀既分高卑以陳貴賤攸位榮辱相換乾道尙謙人神同符危由忽安溢緣釋虛苟識妙膺厥美有腴韓信耽齊殞首鍾室子房辭留高迹卓逸貴不足榮利不足希華繁則零樂極則悲歸數明白勢豈容違人徒知所以進而忘所以退穰侯安寵襄公失愛始乘夷道終嬰其纇義和升而就翳望舒滿而就虧盈挹之分自然之規悠悠庶人如何弗疑幽人守虛仰鑽玄遠敢草斯箴敬咨懒晃藝文類聚三十六作庾凱當是寫刻誤

庾旉

旉字允臧純子爲博士泰康中以諫遣齊王攸就國除名起爲散騎侍郎遷國子祭酒

上表諫遣齊王攸就國

書稱帝堯克明俊德以親九族武王光有天下兄弟之國十有六人同姓之國四十人元勳睦親顯以殊禮而魯衞齊晉大啟土宇竝受分器所謂惟善所在親疏一也大晉龍興隆唐周之遠迹王室親屬佐命功臣咸受爵土而四海乂安今吳會已平詔大司馬齊王出統方嶽當遂撫其國家將準古典以垂永制昔周之選建明德以左右王室也則周公爲太宰康叔爲司寇聃季爲司空及召芮畢毛諸國皆入居公卿大夫之位明股肱之任重守地之位輕也未聞古典以三事之重出之國者漢氏諸侯王位尊勢重在丞相三公上其入贊朝政者乃有兼官其出之國亦不復假台司虛名爲隆寵也昔申無宇曰五大不在邊先儒以爲貴寵公子公孫累世正卿也又曰五細不在庭先儒以爲賤妨貴少陵長遠間親新間舊小加大也不在庭不在朝廷爲政也又曰親不在外羇不在內今棄疾在外鄭丹在內君其少戒之叔向有言公室將卑其枝葉先落公族公室之本而去之諺所謂芘焉而縱尋斧柯者也今使齊王賢邪則不宜以母弟之親尊居魯衞之常職不賢邪不宜大啟土宇表見東海也古禮三公無職坐而論道不聞以方任嬰之惟周室大壞宣王中興四夷交侵救急朝夕然後命召穆公征淮夷故其詩曰徐方不回王曰旋歸宰相不得久在外也今天下已定六合爲家將數延三事與論太平之基而更出之去王城二千里違舊章矣晉書庾旉傳齊王攸之就國也下禮官議崇錫之物旉與博士太叔廣劉暾繆蔚郭頤秦秀傅珍等上表諫曰云云

庾亮一

亮字元規峻從孫明穆皇后兄元帝爲鎮東將軍辟爲西曹掾隨府轉丞相參軍封都亭侯及即位拜中書郎領著作累遷給事中黃門侍郎散騎常侍遷中領軍明帝即位以爲中書監王敦內逼加右衛將軍假節都督東征諸軍事以功封永昌縣公轉護軍將軍成帝即位加給事中徙中書令蘇峻反假節都督征討諸軍事峻平出爲平西將軍假節豫州刺史領宣城內史鎮蕪湖尋代陶侃都督江荆豫益梁雍六州諸軍事領江荆豫三州刺史進號征西將軍開府儀同三司鎮武昌徵爲司徒領揚州刺史錄尚書事固辭不拜尋卒追贈太尉謚曰文康有集二十一卷

讓中書監表

臣亮言臣凡庸固陋少無撿操昔以中州多故舊邦喪亂隨侍先臣遠庇有道爰客逃難求食而已不悟徽時之福遭遇嘉運先帝龍興乘異常之顧既眷同國士又申之婚姻遂階親寵累忝非服弱冠濯纓沐浴玄風頻繁省闥出總六軍十餘年間位超先達無勞被遇無與臣比小人祿薄福過災生止足之分臣所宜守而偷榮昧進日爾一日謗讟既集上塵聖朝始欲自聞而先帝登遐區區微誠竟未上達陛下踐阼聖政維新宰輔賢明庶寮咸允康哉之歌實在至公而國恩不已復以臣領中書臣領中書則示天下以私矣何者臣于陛下后之兄也姻婭之嫌實與骨肉中表不同雖太上至公聖德無私然世之喪道有自來矣悠悠六合皆私其姻者也人皆有私則謂天下無公矣是以前後二漢咸以抑后黨安進婚族危向使西京七族東京六姓皆非姻黨各以平進縱不悉全決不盡敗今之盡敗更由姻昵臣歷觀庶姓在世無黨于朝無援于時植根之本輕也薄也苟無大瑕猶或見容至于外戚憑託天地勢連四時根援扶疏重矣大矣而財居權寵四海側目事

預當作豫

有不允罪不容誅身既招殃國爲之弊其故何邪直由婚媾之私羣情之所不能免故率其所嫌而嫌之于國是以疏附則信姻進則疑疑積于百姓之心則禍成重闥之內矣此皆往代成鑒可爲寒心者也夫萬物之所不通聖賢因而不奪冒親以求一才之用未若防嫌以明公道今以臣之才兼如此之嫌而使內處心膂外總兵權以此求治未之聞也以此招禍可立待也雖陛下二相明其愚款朝士百寮頗識其情天下之人何可門到戶說使皆坦然邪夫富貴寵榮臣所不能忘也刑罰貧賤臣所不能甘也今恭命則愈違命則苦臣雖不達何事背時違上自貽患責邪實仰覽殷鑒量己知弊身不足惜爲國取悔是以悾悾屢陳丹款而微誠淺薄未垂察諒憂惶屛營不知所厝以臣今地不可以進明矣且違命已久臣之罪又積矣歸骸私門以待刑書願陛下垂天地之鑒察臣之愚則雖死之日猶生之年矣文選晉書庾亮傳

讓封永昌縣公表

觀聖賢之于名爵敬戒之甚重豈先哲宜重之于古而聖朝可輕之于今邪譬猶迴太陽以消湛露運滄海以灌熛火其功易成其事易立藝文類聚五十一

薦翟陽郭翻表

蓋聞舉逸拔幽帝王之高士旌德禮賢治道之所先是以西伯標渭濱之伏而帝基以隆漢高延商洛之隱而王道以固仄陋無明敭之稱空谷廢白駒之詠恐千里之足屈于槽櫪之下贊世之才委于壟畝之間若解其巾褐服以纓冕必能奮贊皇極敷訓彞倫藝文類聚五十三

上疏乞骸骨

臣凡鄙小人才不經世階緣戚屬累忝非服叨竊彌重謗議彌興皇家多難未敢告退遂牒展轉便煩顯任先帝不預臣參侍醫藥

登遐。顧命。又豫聞後事。豈云德授。蓋以親也。臣知其不可。而不敢逃命。實以田夫之交。猶有寄託。況君臣之義。道貫自然。哀悲眷戀。不敢違距。且先帝謬顧。情同布衣。旣今恩重命輕。遂感遇忘身。加以陛下初在諒闇。先后親覽萬機。宜通外內。臣當其地。是以激節驅馳。不敢依違。雖知無補。志以死報。而才下位高。知進忘退。乘寵驕盈。漸不自覺。進不能撫寧外內。退不能推賢宗長。遂使四海側心。謗議沸騰。祖約蘇峻。不堪其憤。縱肆兇逆。事由臣發。社稷傾覆。宗廟虛廢。先后以憂逼登遐。陛下旰食踰年。四海哀惶。肝腦塗地。臣之招也。臣之罪也。朝廷寸斬之。屠戮之。不足以謝祖宗七廟之靈。臣灰身滅族。不足以塞四海之責。臣負國家。其罪莫大。實天所不覆。地所不載。陛下矜而不誅。有司縱而不戮。自古及今。豈有不忠不孝如臣之甚。不能伏劒北闕。偷存視息。雖生之日。亦猶死之年。朝廷復何理齒臣于人次。臣亦何顏自次于人理。臣欲投草澤。思諐之心也。而明詔謂之獨善其身。聖旨不垂矜察。所以重其罪也。願陛下覽先朝謬授之失。雖垂寬宥。全其首領。猶宜棄之。任其自存自沒。則天下粗知勸戒之綱矣。晉書庾亮傳。

請放黜陶夏疏

斌雖醜惡。罪在難忍。然王憲有制。骨肉至親。親運刀鋸。以刑同體。傷父母之恩。無惻隱之心。應加放黜。以懲暴虐。晉書陶侃傳。侃薨。夏爲世子。送侃喪還長沙。夏弟斌先往長沙。悉取國中器仗財物。夏至。殺斌。亮上疏。

請留庾懌監秦州疏

懌御衆簡而有惠。州戶雖小。賴其寬政。佐等同惡。大數不多。且懌名號大。不可以小故輕議進退。其文武之心。轉已安定。賊帥艾秀遣使歸誠。上洛附賊降者五百餘口。冀一安穩。無復怵惕。晉書庾懌傳。懌進監秦州氐羌諸軍事。遣牙門霍佐迎將士妻子。佐驅三百餘口亡入石季龍。亮表上。貶懌爲建威將軍。朝議欲召還。亮上疏。

謀開復中原疏

蜀胡二寇。凶虐滋甚。內相誅鋤。衆叛親離。蜀甚弱而胡尚強。並佃並守。修進取之備。襄陽北接宛許。南阻漢水。其險足固。其土足食。臣宜移鎮襄陽之石城下。并遣諸軍羅布江沔。比及數年。戎士習練。乘釁齊進。以臨河洛。大勢一舉。衆知存亡。開反善之路。宥逼脅之罪。因天時。順人情。誅逋逆。雪大恥。實聖朝之所先務也。願陛下許其所陳。濟其此舉。淮泗壽陽。所宜進據。臣輒簡練部分。乞槐棘參議。以定經略。晉書庾亮傳。

斬陶稱上疏

案稱大司馬侃之孽子。父亡不居喪位。荒耽于酒。昧利偷榮。擅攝五郡。自謂監軍。輒召王官。聚之軍府。故車騎將軍劉弘曾孫安寓居江夏。及將楊恭趙韶。並以言色有忤。稱放聲當殺。安恭懼。自赴水而死。韶于獄自盡。將軍郭開從稱往長沙赴喪。稱疑開附其兄弟。乃反縛懸頭于帆檣。仰而彈之。鼓棹渡江二十餘里。觀者數千。莫不震駭。又多藏匿府兵。收坐應死。臣猶未忍直上。且免其司馬。稱肆縱醜言。無所顧忌。要結諸將。欲阻兵構難。諸將惶懼。莫敢酬答。由是姦謀未即發露。臣以侃勳勞王室。是以依違容掩。故表爲南中郎將。與臣相近。思欲有以匡救之。而稱豺狼愈甚。發言激切。不忠不孝。莫此之甚。苟利社稷。義有專斷。輒收稱伏法。晉書陶侃傳。

皇子出後告廟議

案禮。大事則告祖禰。小事則特告禰。今皇子出嗣。宜告禰廟。宋書禮志四。

武昌開置學官教

人情重交而輕財。通典作忽財。好逸而惡勞。學業致苦。而祿答未厚。由捷徑者多。故莫肯用心。洙泗邈遠。風雅彌替。後生放任。不復憲章典謨。臨官宰政者。務目前之治。不能闡以典誥。遂令詩書荒塵。頌聲寂漠。仰瞻俯省。能弗歎慨。自胡夷交侵。殆三十年矣。而未革面嚮風者。豈威武之用盡。抑文敎未洽。不足綏之邪。昔魯秉周禮。齊不敢侮。范會崇典。晉國㠯治。楚魏之君。皆阻帶山河。憑城據漢。國富民殷。而不能保其强大。吳起屈完所㠯爲歎也。由此言之。禮義之固。孰與金城湯池。季路稱攝乎大國之閒。加之㠯師旅。因之㠯饑饉。爲之三年。猶欲行其義方。況今江表晏然。王道隆盛。而不能弘敷禮樂。敦明庠序。其何㠯訓彝倫而來遠人乎。魏武帝于馳騖之時。㠯馬上爲家。逮于建安之末。風塵未弭。然猶留心遠覽。大學興業。所謂顚沛必于是。眞通才也。今使三時既務。五敎並修。軍旅已整。俎豆無廢。豈非兼善者哉。便處分安學校處所。籌量起立講舍。參佐大將子弟。悉令入學。吾家子弟。亦令受業。四府博學識義通涉文學經綸者。建儒林祭酒。使班同三署。厚其供給。皆妙選邦彥。必有其宜者㠯充此舉。近臨川臨賀二郡。並求修復學校。可下聽之。若非束脩之流。禮敎所不及。而欲階緣免役者。不得爲生。明爲條制。令法淸而人貴。又繕造禮器俎豆之屬。將行大射之禮。宋書禮志一。通典五十三。

全晉文卷三十六終

其當作具

全晉文卷三十七

烏程嚴可均校輯

庾亮

與郗鑒牋

昔于蕪湖反覆謂彼罪雖重而時弊國危且令方嶽道勝亦足有所鎮壓故共隱忍解釋陶公自茲迄今曾無悛改主上自八九歲已及成人入則在宮人之手出則唯武官小人讀書無從受音句顧問未嘗遇君子侍臣雖非俊士皆時之良也知今古顧問豈與殿中將軍司馬督同年而語哉不云當高選侍臣而云高選將軍司馬督豈合賈生願人主之美習已成德之意乎秦政欲愚其黔首天下猶知不可況乃欲愚其主哉主之少也不登進賢哲以輔導聖躬春秋既盛宜復子明辟不稽首歸政甫居師傅之尊成人之主方受師臣之悖主上知君臣之道不可以然而不得不行殊

禮之事萬乘之君寄坐上九亢龍之爻有位無人挾震主之威以臨制百官百官莫之敢忤是先帝無顧命之臣勢屈于驕姦而遵養之也趙賈之徒有無君之心是而可忍孰不可忍且往日之事含容隱忍謂其罪可宥良以時弊國危兵甲不可屢動又冀其當謝往釁懼而修已如頃日之縱是上無所忌下無所憚謂多養無賴足以維持天下公與下官並蒙先朝厚顧荷託付之重大姦不掃何以見先帝于地下願公深惟安國家固社稷之遠算次計公之與下官負荷輕重量其所宜（晉書庾亮傳亮欲黜王導與郗鑒牋鑒不許故其事得息）

報溫嶠書

吾憂西陲過于歷陽足下無過雷池一步也（晉書庾亮傳）

與周邵書（邵字子南庾亮為江州拔為鎮蠻護軍西陽太守）

西陽一郡戶口差實非履道真純何以鎮其流遁詢之朝野僉曰足下今其上表請足下臨之無讓（世說尤悔篇注引庾亮集）

才當作在

深當作淵

垣當作坦

追報孔坦書

廷尉孔君神游體離嗚呼哀哉得八月十五日書知疾患轉篤遂不起濟悲恨傷楚不能自勝足下方才中年素少疾患雖天命有在亦禍出不圖且足下才經于世世常須才況于今日倍相痛惜吾以寡乏忝當大任國恥未雪夙夜憂憤常欲足下同在外藩戮力時事此情未果來書奄至申尋往復不覺深隕深明足下慷慨之懷深痛足下不遂之志邈然永隔夫復何言謹遣報荅并致薄祭望足下降神饗之（晉書孔垣傳）

書

亮白奉告書箱先為媞子作輒先以奉之研今作之支髮枕今作無作治（一作模）若有可權付之亮再拜（淳化閣帖三）

荅郭預書（御覽作郭遜）

別駕舊與刺史別乘同流（御覽作周流）宣王化于萬里者其任居刺史

之半安可任非其人（通典三十二御覽二百六十三並引庾亮集）

荅王羣諮為從父姊反服

存沒禮終而喪其嗣此之無後雖復可哀然非復本宗之所知矣故不得以小功之末以亡者喪後而反服大功也（通典九十九）

翟徵君贊

夫所謂至人者體包傑量神凝域表該落萬動玄心獨融故能虬驤慶霄而不紲豢龍之轡鳳鳴瑤林而不屈佾倫之籠豈必欣太淸而樂瓊藹哉顧蹄涔不足以濯神驥騁不足以翔雲翮是故藐姑有綽約之廬箕阜有高嘯之宇唐勳表于玄庭夏功忘于虛室晉徵士南陽翟君稟逸韻于天陶含沖氣于特秀體虛任而委順恢昭曠而高蹈先生載營抱一泊然獨處神栖飈藹之表形逸巖澤之隅雖束帛仍降軺冕屢招而弓旌屈于匪石帝命慙于虛復矣是以高風振宇宙遠詠冠當時方將表大庭于絕代恢玄解

[illegible]當作[illegible]

㠯釋紛仰朝霞而晞翼陵扶搖㠯獨翔景命不延卒于尋陽之南山哲人其萎高軌孰倣余欽若人之風常問道于無何之廬賓想玄珠主㠯瞻援沐道濡湑固㠯實而歸矣自昔之邁于茲七稔何悟先生忽焉升遐感至德之長泯悼仁風之永翳標爾其雋潛然增欷乃援翰詠迹㠯宣來葉其辭曰

卓哉先生逸韻遐超虯盤玉津鳳戢瓊條滌耳夏鼎高揖唐朝洪崖邈矣玄迹載砌湑風沐世飛芳九霄（藝文類聚三十六）

立行廟于白石告元帝先后

逆臣蘇峻傾覆社稷毀棄三正汙辱海內臣亮等手刃戎首龔行天罰惟中宗元皇帝肅祖明皇帝明穆皇后之靈降鑒有罪剿絕其命翦此羣兇㠯安宗廟臣等雖隕首摧軀猶生之年（宋書禮志三咸和三年蘇峻覆亂京師溫嶠等入伐立行廟于白石告元帝先后）

釋奠祭孔子文

維咸康三年荊豫州刺史都亭侯庾亮敬告孔聖明靈詩書煥于唐虞憲章盛于文武然後黎民時雍彝倫攸敘幽厲頹搆王綱絕紀高岸爲谷六合錯否上陵夷而失叙下苟免而無恥公㠯玄聖之靈應感圓通萬物我賴匪我求蒙夫子既沒洪範乖流秦雖慢道漢聿孔修洎我皇晉仰欽大猷宗聖既建遐胄俾侯令月吉辰祇陳大禮磬管鏘鏘威儀濟濟嘉奠既設欽若靈規心存鳳德尚想來儀神其歆之降鑒在斯（藝文類聚三十八）

庾冰

冰字季堅亮弟徵祕書郎封都鄉侯王導請爲司徒右長史出補吳興內史徙振威將軍會稽內史入爲中書監揚州刺史都督揚豫兗三州軍事征虜將軍假節代王導輔政進號左將軍康帝卽位進車騎將軍出爲江州刺史假節鎮武昌卒贈侍中司空謚曰忠成有集二十卷

爲成帝出令沙門致敬詔

夫萬方殊俗神道難辯有自來矣達觀傍通誠當無怪況跪拜之禮何必尚然當復原先王所㠯尚之之意豈直好此屈折而坐遘槃辟哉固不然矣因父子之敬建君臣之序制法度崇禮秩豈徒然哉良有㠯矣旣其有㠯將何㠯易之然則名禮之設其無情乎且今果將有佛邪將無佛邪有佛邪其道固弘無佛邪義將何取繼其信然將是方外之事方外之事豈方內所㠯體而當矯形骸違常務易禮典棄名教是吾所甚疑也名教有由來百代所不廢昧旦丕顯後世猶殆殆之爲弊其故難尋而今當遠慕茫昧依希未分棄禮于一朝廢教于當世使夫凡流傲逸憲度又是吾之所甚疑也縱其信然縱其有之吾將通之于神明得之于胷懷耳軌憲宏模固不可廢之于正朝矣凡此等類皆晉民也論其材智又常人也而當因所說之難辯假服飾㠯陵度抗殊俗之傲禮直形

體于萬乘又是吾所弗取也諸君並國器也悟言則當測幽微論治則當重國典苟其不然吾將何述焉（沙門不拜俗事一）

省所陳具情旨幽昧之事誠非寓言所盡然其較略及夫人神之常度粗復有分例耳大都百王制法雖質文隨時然未有㠯殊俗參治恢誕雜化者也豈曩聖之不達而來聖之宏通哉且五戒之小善粗擬似人倫而更于世主略其禮敬邪禮重矣敬大矣爲治之綱盡于此矣萬乘之君非好尊也區域之人非好卑也而卑尊不陳王教不得不一二之則亂斯曩聖所㠯憲章體國所宜不惑也通才博採往往備其事修之身修之家可矣修之國及朝則不可斯豈不遠也省所陳果亦未能了有之與無矣縱其了猶謂不可㠯參治而況都無而當㠯兩行邪（沙門不拜俗事一宏明集）

用樂謨詔草

光祿九卿列首且職典吏署選貢惟允其㠯散騎常侍謨爲光祿

勳。書鈔五十三。初學記十二。並引庾冰集。

為兄亮上疏辭封

臣謹詳先事。亦嘗聞臣亮對臣等之言。懇懇于斯事。是以屢自陳請。將迄十年。豈恃臣好讓而不肅恭。顧曩時之釁。近出宇下。加先帝神武。算略兼該。是以役不踰時。而凶疆馘滅。計之以事。則功歸聖主。推之于運。則勝非人力。至如亮等。因聖略之弘。得效所職。事將何論。功將何賞。及後傷蹶。責踰先功。是以陛下優詔聽許。亮實思自劾。以報天德。何悟身潛聖世。微志長絕。存亡哀恨。痛貫心膂。願陛下發明詔。遂先恩。則臣亮死且不朽。晉書庾亮傳。

上疏辭封賞

臣門戶不幸。以短才贊務。釁及天庭。殃流邦族。若晉典休明。夷戮久矣。而于時顛沛。刑憲暫墜。遂令臣等復得為時陳力徇國之臣。因之而奮。立功于大罪之後。建義于顛覆之餘。此是臣等所以復得視息于天壤。王憲不復必明于往釁也。此之厚幸。可謂弘矣。豈復得計勞納封。受賞司勳哉。願陛下曲降靈澤。哀恕由中。申命有司。惠臣所乞。則愚臣之願。于此畢矣。晉書庾冰傳。

出鎮武昌臨發上疏

臣因循家寵。冠冕當世。而志無殊操。量不及遠。頃皇家多難。釁故頻仍。朝望國器。與時殲落。遂令天眷下墜。降及臣身。俯仰伏事。于今五年。上不能光贊聖猷。下不能緝熙政道。而陛下遇之過分。求之不已。復策敗駑之駟。目冀萬里之功。非天眷之隆。將何以至此。是以敢竭狂瞽。以獻血誠。願陛下暫屏旒纊。以弘聽納。今強寇未殄。戎車未戢。兵弱于郊。人疲于內。寇之侵逸。未可量也。黎庶之困。未之安也。羣才之用。未之盡也。而陛下崇高。事與下隔。視聽察覽。必寄之羣下。羣下宜忠。不引不進。百司宜勤。不督不勸。是以古之帝王。勤于降納。雖日總萬機。猶兼將相。或借訟輿人。或求諭芻蕘。

兼下脫總字

地上脫深字

良有以也。況今日之弊。開闔之極。而陛下厤數屬當其運。否剝之難。嬰之聖躬。普天所以痛心于既往。而傾首于將來者也。實冀否終而泰。屬運在今。誠願陛下弘天覆之量。地載之厚。宅沖虛以為本。勤訓督以為務。廣引時彥。詢于政道。朝之得失。必關聖聽。人之情偽。必達天聰。然後覽其大當。以總國綱。躬儉節用。堯舜豈遠。太布之衣。衛文何人。是以古人有云。非知之難。行之難。非行之難。安之難也。願陛下既思日側于勞謙。納其起予之情。則天下幸甚矣。臣朝夕伏膺。猶不能暢臨疏徘徊。不覺辭盡。晉書庾冰傳。

與王羲之書

得示。連紙一丈。致辭一千。祇增其歎耳。了無解于往懷。藝文類聚三十一。

庾翼

翼字稚恭。亮弟。咸和中辟太尉陶侃府。轉參軍。累遷從事中郎。尋除振威將軍、鄱陽太守。轉建威將軍、西陽太守。遷南蠻校尉。領南郡太守。加輔國將軍、假節。賜爵都亭侯。尋代兄亮為都督江荊司雍梁益六州諸軍事、安西將軍、荊州刺史、假節。鎮武昌。康帝初。徙鎮襄陽。加都督征討軍事。進征西將軍、領南蠻校尉。穆帝初。還督江州。疽發背卒。贈車騎將軍。謚曰肅。有集二十二卷。案十六國春秋七十八有檄李勢文。據藝文類聚五十八。乃庾闡所作。今編入闡集。

表陳南夷事

東境國家所資。侵擾不已。逃逸漸多。夷人常伺隙。若知造鑄之利。將不可禁。晉書庾翼傳。時東土多賦役。百姓乃從海道入廣州。刺史鄧嶽大開鼓鑄。諸夷因此知造兵器。翼表陳云云。

北伐至夏口上表

臣近以胡寇有釁亡之勢。暫率所統。致討山北。並分見眾。略復江夏數城。臣等以九月十九日發武昌。以二十四日達夏口。輒簡卒搜乘。停當上道。而所調借牛馬。來處皆遠。百姓所稸穀草。不充並多羸瘠。難以涉路。加以向冬。野草漸枯。往反二千。或容躓頓。輒便

秋下脫冬字

此當作北

隨事籌量權停此舉又山南諸城每至秋水多燥涸運漕用功實爲艱阻計襄陽荆楚之舊西接益梁與關隴咫尺北去洛河不盈千里土沃田良方城險峻水路流通轉運無滯進可以掃盪秦趙退可以保據上流臣雖不武意略淺短荷國重恩志存立效是以授任四年唯以習戎爲務實欲上憑聖朝威靈高略下藉士民義慨之誠因寇衰弊漸臨逼之而八年春上表請據樂鄉廣農稸穀以伺二寇之釁而值天高聽邈未垂察照朝議紛紜遂令微誠不暢自爾以來上參天人之徵下採降俘之言胡寇衰滅其日不遠臣雖未獲長驅中原殲截凶醜亦不可以不進據要害思攻取之宜是以輒量宜入沔徙鎮襄陽其謝尚王愆期等悉令還據本戍須到所在馳遣啟聞 晉書庾翼傳

北伐上疏

賊季龍年已六十奢淫理盡醜類怨叛又欲決死遼東敗雖驍果未必能固若此無掣手之處則江南將不異遼左矣臣所以輒發良人不顧忿咎然東西形援未必齊舉且欲北進移鎮安陸入沔五百涓水通流輒率南郡太守王愆期江夏相謝尚尋陽太守袁真西陽太守曹據等精銳三萬風馳上道并勒平北將軍桓宣擐取黃季欲并丹水搖蕩秦雍御以長轡用逸待勞比及數年興復可冀臣既臨許洛竊謂桓溫可渡戍廣陵何充可移據淮泗赭圻路永進屯合肥伏願表御之日便決聖聽不可廣詢同異以乖事會兵聞拙速不聞工之久也 晉書庾翼傳

與僚屬教

頃聞諸君樗蒱有過差者初爲是政事閑暇以娛以甘故未有言也今知大相聚集漸以成俗聞之能不憮然 御覽七百五十四引庾翼集

書

故吏從事中郎庾翼參軍事劉遐死罪白昨所啟龐遺孟易所請

求述上事事須檢校詳論光駕當出請不從詣錄事中郎共詳處別白謹啟 翼遐死罪死罪 淳化閣帖三黃伯思云當是與陶侃啟

已向季春感慕兼傷情不自任柰何柰何溫和足下何如吾哀勞何賴愛護時不足下須氣力孰若別時 淳化閣帖三

與王羲之書

吾昔有伯英章草十紙過江顛狽遂乃亡失常歎妙迹永絕忽見足下答家兄書煥若神明頓還舊觀 晉書王羲之傳

報兄冰書

殷君始往雖多驕豪實有風力之益亦似由有佳兒弟故小令物情難之自頃以來奉公更退私累日滋亦不稍以此寥蕭之也既雅敬洪遠又與浩親善其父兄得失豈以小小計之大較江東政以傴僂豪强以爲民蠹時有行法輒施之寒劣如往年偷石頭倉米一百萬斛皆是豪將輩而直打殺倉督監以塞責山遐作餘姚半年而爲官出二千戶政雖不倫公彊官長也而群共驅之不得安席紀睦徐寧奉王使糾罪人船頭到渚桓逸還復而二使免官雖皆前宰之惛謬江東事去實此之由也兄弟不幸橫陷此中自不能拔腳于風塵之外當共明目而治之荆州所統一二十郡唯長沙最惡而不黜與殺督監者復何異邪 晉書庾翼傳殷浩父羨爲長沙在郡貪殘兄冰與翼書屬之翼報曰云云

與兄冰書

歲星犯天關占云關梁當分比來江東無他故江道亦不艱難而石季龍頻年再閉關不通信使此復是天公憒憒無皂白之徵也 晉書天文志下

貽殷浩書

當今江東社稷安危內委何褚諸君外託庾桓數族恐不得百年無憂亦朝夕而弊足下少標令名十餘年間位經內外而欲潛居

利貞斯理難全。且夫濟一時之務，須一時之勝，何必德均古人，韻齊先達耶。王夷甫先朝風流士也，然吾薄其立名非真，而始終莫取。若以道非虞夏，自當超然獨往，而不能謀始，大合聲譽，極致名位，正當抑揚名教，以靜亂源，而乃高談莊老，說空終日，雖云談道，實長華競。及其末年，人望猶存，思安懼亂，寄命推務，而甫自申述，徇小好名，既身囚胡虜，棄言非所。凡明德君子，遇會處際，寧可然乎，而世皆然之，益知名實之未定，弊風之未革也。（晉書殷浩傳）

與燕王慕容皝書

今致朱漆鏘三十張，絳碧畫幡黑毦百副。（藝文類聚六十、御覽三百四十一）

今致畫長鳴角一雙，幡毦副。（御覽三百三十八）

今致孔雀毦二枚。（御覽三百四十一）

今致襦鎧一領，兜鍪白毦百副。（御覽三百四十、三百五十六）

鄧百山昔送此犀皮兩當鎧一領，雖不能精好，謂是異物，故復致之。（十六國春秋前燕錄慕容皝下、初學記二十二、御覽三百五十六）

今致八尺丈二細桃枝簟十枚，黃篾雙文簟二枚，黃篾獨坐雙文簟一枚。（書鈔一百三十三、御覽七百八）

今致細練十端，竹練二端。（御覽八百十九）

答何充書

中古以上，未有母后臨朝，女主當陽者也，乃起漢耳。雖或權宜，僕所不然處也。代主雖有幼蒙，萬機寄于冢宰，無以坤得臨乾矣。當今后德賢明，褚侯讜正，得命參貳阿衡，遐邇之幸，議者謂燕王不足爲準，實武無拜文，此制不出賢聖也。武既受其爵位，亦無不拜禮也。鄭君之言，適合情理。今太后既臨天位，褚侯便是人臣，人臣而不拜君位，受官而不循天則，切所不安。若不遠準古義，雖爲天王后，猶曰吾季姜。漢以前事，不與今同。漢加太上王，太上未見崇載，即是子爲天子，而父爲士者耳，乃建崇號，位冠帝王，爲喻也。今

褚侯由來晉臣，不可得準。（通典六十七）

答參軍于瓚

參軍于瓚陳節戲事曰：夫嬉戲都名，動相剋，非爲治之本，自今樗蒱擲馬，諸不急戲，宜一斷之。翼答曰：今唯許其圍棊，餘悉斷。（藝文類聚七十四引庾翼集）

答翟鑒

甘露自古佳祥，而頃天下多故，何以致此。且其味何薄，未知瑞應否，而近得一白兔，何羸小，且養之于上。（藝文類聚九十八）

庾義

義，亮次子。穆帝時爲吳興內史。

上諷諫詩表

陛下以聖明之德，方隆唐虞之化，而事役殷曠，百姓凋殘，以數州之貧，經贍四海之務，其爲勞弊，豈可具言。昔漢文居隆盛之世，躬自儉約，斷獄四百，殆致刑措，賈誼歎息，猶有積薪之言，以古況今，所以益其憂懼。陛下明鑒天挺，無幽不燭，弘濟之道，豈待瞽言。臣受恩奕世，思盡絲髮，受任到東，親臨所見，敢緣弘政，獻其丹愚，伏願聽斷之暇，少垂察覽。（晉書庾義傳）

庾龢

龢字道季，亮少子。升平中代孔嚴爲丹楊尹，太和初代王恬爲中領軍。有集二卷。

諫叔父翼從鎮襄陽書

承進據襄陽，耀武荊楚，且田且戍，漸臨河洛，使向化之萌，懷德而附，凶愚之徒，畏威反善，太平之基，便在于旦夕。昔殷伐鬼方，三年而剋，樂生守齊，遂至歷載。今皇朝雖隆，無有殷之盛；凶羯雖衰，猶醜類有徒，而沔漢之水，無萬仞之固，方城雖峻，無千尋之險，加以運漕供繼，有泝流之艱，征夫勤役，有勞來之歎。若窮寇慮逼，送死

一決東西互出。首尾俱進。則廩糧有抄截之患。遠略乏率然之勢。進退惟思。不見其可。此明闇所共見。賢愚所共聞。況于臨事者乎。願迴師反旆。詳擇全勝。修城池。立壘壁。勤耕農。練兵甲。若凶運有極。天亡此虜。則可泛舟燕澤。方軌齊進。水陸騁邁。亦不踰旬朔矣。願詳思遠猷。算其可者。晉書庾龢傳。

全晉文卷三十七終

日下脫時字

全晉文卷三十八

烏程嚴可均校輯

庾闡

闡字仲初亮族人（世說文學篇注引中興書）永昌中爲西陽王羕太宰掾累遷尚書郎咸和中參司空郗鑒軍事封吉陽縣男拜彭城內史鑒復請爲從事中郎進散騎常侍領大著作出補零陵太守後以疾徵拜給事中復領著作卒謚曰貞有集十卷

海賦

昔禹啓龍門羣山既鑿高明澄氣而淸浮厚載勢廣而盤礴灌注百川控清引濁始乎濫觴委輸大壑若夫長風鼓怒涌浪碎磕颮波于萬里之間漂沫于扶桑之外于是百川輻湊四瀆橫通迴風決漭聳散穹隆映曉雲而色暗照落景而俱紅驚浪嶤峩眇漫澥汩瀇漭瀼滉浮天沃日鯨鯢蘊而乍見蚪螭涌而競遊靈鼉朱鼈出沒爭浮騰龍掣水巨鱗吞舟（藝文類聚八）

涉江賦

發中州之曲汜背石頭之岩岨遡晨風而遙邁乘濤波而容與于是時也夕日昏天吳駭奔陽侯漂海若泛江豚□□□爾乃雲霧勃起風流澗滑排嵒拒瀨觸石興濤澎湃洗潭鬱怒咆哮迴連波以岳隆竅后土而川窅總百川之殊勢集朝宗乎滄浪注天波于析木激東極乎扶桑體含弘而彌泰道謙尊而逾光齊山海以比量冠百谷而稱王此則水之勢也且夫山川瓌怪水物含靈鱗千其族羽萬其名毛羣詭觀倮類殊形明月晞光以夕耀金沙逐波而吐瑛撫檝中流汨徂西土過乎歷陽之津泛乎橫江之浦若乃越三江之下口眇濡須以遥渡邈天險之退勢歷習坎之重固川瀆泓澄以含景山水浡瀁而鱗布（藝文類聚八）

揚都賦

子未聞揚都之巨偉也左滄海右岷山龜鳥津其落江漢演其源碣金標乎象浦注桐柏乎玄川昔句吳端委延州儷藏高讓殆于庶幾英風亞乎穎陽土映黃旗之景巒吐紫蓋之祥巖棲赤松之館岫啓縉雲之堂龍符渙而夏德興羣神萃而玉帛昌也天包龍軫地奄衡霍玄聖所游陟方所託我皇晉之中興而駿命是廓靈運啓于中宗天網振其絕絡于是乎源澤浩瀁林阜隱薈彭蠡吞江荆牙吐瀨赴三峽之隘洄九川之會判五嶺而分流（判本作泮從水經注校改）鼓沱潛而碎沛滏渤鬱滃瀇漾擁涌驚波霆激駭浪川動東注尾閭呼噏洞庭茫若雲漢窈若青城其山則重岡峨岏峻嶺巉巗陽侯鱗萃龍濤綺錯嶙峋磊砢嵬峞鬱薄旁帶千溪下同萬壑蒼梧之嶺峻極丹霄潛稽禹穴絕岸陵喬（此四句從書鈔一百五十八補）木則灌以杞梓被以沙棠□□□□瘣木薈于豫章（此句從藝文類聚十補）結根九疑布葉天柱林爲五嶽之苑材爲八都之府墻飛虹蔚陽景拂白

雪而增翠凌廣莫而敷韻竹則篛風篔簹筱簜林箊單棘筀䈉翁蔚蕭疏貞條捎風勁節集霧望之猗猗即之倩倩蒼浪之竿東南之箭其林可游其芳可薦草則陵苕海藻山英江蘺綸組菁茅繁露卷施獸則駒駼猣貌貙豻披蹏登重巘躋嵯峨噫氣則風生噴沫則雨灑其間則有騰猿夭蟜閃儵柯杪風母果然星流電邁或凌虛赴絕或繚繞希闕鳥則鶢鶋孔翠丹穴之羽鳴鳳自歌翔鸞自舞魚則鮫鱷鱕鮪比目鰽鯋修鯤橫海潡鯨偃波□□□□鱷鱗霜牙（此句從初學記三十補）其中則有靈蛟白黿之族種類六眸類豐三足鸚螺蜆骨寄居負殼餘泉如輪文蚳如琢□□□□□蛇公沈光于海曲（此句從御覽九百四十九補）果則黃甘朱橙楊桃琵琶林蔚八桂之叢色耀三珠之華目龍荔支王壇丹橘（此二句從御覽九百七十四補下文尚有闕佚）爾其寶怪則有瑤琨琅玕青碧素瑤陽珠散火陰甲潛珍雲英水玉錯爍龍鱗煥若金膏晃若燭銀琉璃冰朗而外映珊瑚觸石而

構翹。牙尊裂文于象齒。火布濯穢于炎焱。西岨石城。則舟車之所混并。東盡金墉。則方駕之所連籍。其中則有龍柢華屋。晨鳧之舸。青雀飛艫。餘皇鼓榜。鶴首鋪于黃宮。盤蛟纏于赤馬。雲旆委蛇。層樓巍峩。（此二句從書鈔一百七十三補）爰有蘭堂華室。高門重構。羅鼎玉食。絲竹並奏。龍驤汗血于廣塗。朱輪擊轂而輻湊。（藝文類聚六十一）

雲虎之門。雙竿內敞。祥烏司颯。丹墀竟陛。（御覽九）

結芳塵于綺疏。（文選月賦注。又江淹雜體詩注作綺疏）

負鍾巖以結宇。泝陽潭以闢江。瞰方山之磐峙。鍊白石之靈峯。臨青谿之濬壑。枕百堵之層墉。橫朱雀之飛梁。豁九達之遐衢。（初學記二十四）

入洞穴。出蒼梧。（御覽五十四）

歲惟元辰。陰陽代紀。履端歸餘。三朝告始。萬國鳴鑾。有客戾止。皇帝迺坐露寢。御組（書鈔作黻）幃。冠華冕。戴翠彝。龍日月。佩玉綬。懷六藝。紉文鷄。（書鈔一百三十二。又一百五十五。御覽二十九。又七百五）

桓桓勇武。堂堂碩佐。運籌則淵迴。抱麾則虎步。臨機如公瑾。遺愛如子布。是以朝宗江漢。廓落王祚。（書鈔一百十五）

溫挺義之標。庾作民之儁。方響則金聲。比德則玉潤。（世說文學篇）

建康宮北十里有蔣山。輿地圖謂之鍾山。元皇帝未渡江之年。望氣者云。蔣山上有紫雲。時時晨見。（藝文類聚七引庾闡揚都賦注。未審他人爲之注。抑闡自注也。今條附賦末。下三條放此）

烽火以炬。置于孤山頭。皆緣江相望。或百里。或五十里。或三十里。寇至則舉以相告。一夕可行萬里。孫權時。合暮舉烽于西陵。鼓三竟。達吳郡南沙。（吳志孫權傳注。藝文類聚八十。御覽三百三十五。並引庾闡揚都賦注）

今太湖東注爲松江。下七十里有水口。水流東北入海。爲婁江。東南入海爲東江。與松江而三也。（水經沔水注引庾仲初揚都賦注）

作金璫二枚。大似耳璫。（書鈔一百三十五）

閑居賦

于是宅鄰京郊。宇接華郭。聿來忘懷。茲焉是託。鳥棲庭林。燕巢于幕。既乃青陽結蔭。木槿開榮。森條霜重。綠葉雲傾。陰興則暑退。風來則氣清。前臨塘中。眇目長洲。晨渠吐溜。歸潮夕流。顧有崇臺高觀。凌虛遠遊。若夫左瞻天宮。右眄西嶽。霓飛彤素。嶺敷翠綠。朝霞時清。滄浪靡濁。黃綺絜其雲棲。漁父欣其濯足。至于體散玄風。神陶妙象。靜因虛來。動率化往。蕭然忘覽。豁爾遺想。榮悴靡期。孰測幽朗。故細無形骸之狹。巨非天地之廣。音興乎萬韻。理絕乎一響。（藝文類聚六十四）

狹室賦

居不必陋。食不求簞。豈獨蓬蓼可永。而隆棟招患。奚必膏粱非美。而飲疏以滄。醪俎可以充性。不極欲以析龍肝。清室可以遊暑。不冽泳而興夏寒。于時融火炎炎。鶉精共耀。南羲熾暑。夕陽傍照。爾乃登通扉。闢櫺幌。綿幕褰。閑堂敞。微飇凌閨而直激。清氣乘虛以曲蕩。溫房悄悽以興涼。軒檻寥豁以外朗。（藝文類聚六十四）

藏鉤賦

歎近夜之藏鉤。復一時之戲望。以道生爲元帥。以子仁爲佐相。思蒙籠而不啟。目燭冷而不暢。多取決于公長。乃不咨于大匠。鉤運掌而潛流。手乘虛而密放。示微迹而可嫌。露疑似之情狀。輒爭材以先叩。各銳志于所向。意有往而必乖。策靡陳而不喪。退怨歎于獨見。慨相顧于惆悵。夜景煥爛。流光西驛。同明誨其夙退。對者催其連射。攘袂以發奇。探意外而求迹。奇未發而妙待。意愈求而累僻。疑空拳之可取。手含珍而不摘。督猛炬而增明。從因朗而心隔。壯顏變成衰容。神材比爲愚策。（藝文類聚七十四。御覽七百五十四）

浮查賦

有幽巖之巨木。邈結根乎千仞。體洪傭以秀直。枕瓌奇而特俊。冠岑嶺以高栖。獨雍容于岳峻。混全朴于不才。偉淩霄而絕韻。故能紆餘盤虬。森蕭穎靡。陽飄飈結。華裂水灑。遘美買于翠壁。歷懸根于朽壞。曳洪波于海澨。鼓長風而飄蕩。亘駭波而乘飛。潦夕舉浪而赴奔潮。吹雲霧而出洞穴。灑炎后而過沃焦。江河不俄晷。萬里不一朝。藝文類聚八十八。

惡餅賦 并序

范子常者。嘗造子病。臛鷄爲餅。遇食書鈔作遲御。之情甚虛。奇嘉之味不實。聊作惡餅賦以釋之。

若乃董盧飛名于華肆。和均絕技于俗廛。王孫駭歎于曳緒。東子賦弱于春緜。色必霜葩雪晧。肉則錦釆雲孎。初學記二十六。御覽八百六十。又略見書鈔一百四十四。

薦唐安牋

蓋桂林生于五嶺。杞梓出于南荆。夫以卉木之盛。猶載在方志。況千里之朝。懷其良彥。而使人滯于常流。莫登于龍津者乎。郡工曹史泉陵唐安。永延。履道敏素。和而有正。立身持操。行著一邦。若得驂軌鸞衡。服襄駿足。則機后之良選。可以對揚萬里者也。藝文類聚五十三。

為郗道徽檄青州文

蓋天地有盈虛之期。皇代有盛衰之會。姬文至聖。猶西患昆夷。周宣哲王。而北難獫狁。天步禍亂。有自來矣。是以石勒因曩者之弊。遇皇綱暫弛。遂陵跨神州。翦覆上國。二十餘載。毒流四海。人神含憤。天誅自滅。而石虎窮凶。襲其餘業。内肆豺狼之暴。外有無辜之禍。念諸文武百姓。同爲和氣之民。而不蒙太陽之施。奔波于海岱之間。逼迫于寇戎之手。行者窮征役。居者困重賦。死生契闊。良難爲心。藝文類聚五十八。

為庾稚恭檄石虎文

石勒因釁翦覆舊京。窮凶極逆。僭號累祀。百姓受灰没之酷。王室有黍離之哀。不有少康之隆。孰能祀夏。不有宣王之興。誰剋舊物。羯帥石虎。僭襲凶業。負恃其衆。陸梁河朔。每念忠順之士。懷仁抱義。含膽飲血。離其禍酷。心存倒戈。而力不能奮。今遣使持節荆州刺史都亭侯翼。高旗運雲。組練映日。運孫吳之籌。按尚甫之略。莫不張膽咀鐵。人思自奮。以此衆戰。其猶烈火之燔秋蓬。衝飈之埽落葉也。藝文類聚五十八。

為庾稚恭檄蜀文

告巴蜀士民。夫晉明代運。否終則泰。賢哲覩機以知變。不肯滅亡以取禍。昔者皇運中消。乾剛暫弛。曜勒窮凶。肆暴神州。李劉啟逆。竊偪岷川。翼以不才。任符分陝。未能仰宣皇恩。招攜以禮。而使三巴之民。制于犬羊之羣。元元之命。懸于豺狼之口。所以假寐永歎。疢如疾首者也。凡百黎民。秋毫不犯。檄到。勉思良圖。自求多福。無使蘭艾同焚。永作鑒誡。信誓之明。有如皦日。藝文類聚五十八。又見十六國春秋七十八。

樂賢堂頌 并序

肅祖明皇帝雅好佛道。手摹靈像。宏明集十二。

峩峩隆構。岌岌其峻。階延白屋。寢登髦俊。神心所寄。莫往非順。靈圖表像。平敷玉潤。遊虬一壑。栖鸞一叢。川澄華沼。樹拂椅桐。林有晨風。翮有西雍。高觀迴雪。疏窓綺窗。洋洋帝猷。恢恢天造。思樂雲基。克配祖考。仰瞻崑巨。俯懷明聖。玄珠雖朗。離人莫映。清風徘徊。徽言絕詠。有邈高構。永廓靈命。藝文類聚六十三。初學記二十四。

虞舜像贊 并序

夫至道玄妙。非器象所載。靈化潛融。非軌迹所傳。故道資沖樸。則謂之三皇。德被羣生。則號稱舜禹。是以先王因其會通。制爲準極。功格于天。則配于上帝。法施于民。則載在祀典。然後名教彰于至治。王道煥乎無窮。故茲堂之構也。有自來矣。然樹寢所㠯棲神。而寢非神之所期。立像所㠯表德。而像非德之所存。若乃廢其軌暴。洞其玄眞。雖冥照之鑒獨朗。天下惡乎注其耳目哉。遂乃顯圖靈像。廓其廟壇。俾天光焜于宇宙。南風散乎五絃。豈謂神道之妙。可寄之于有涯哉。蓋亦暢悠悠者之心也。其辭曰。

玄像焜耀。萬物含靈。飛龍在天。陽德文明。神道雖寂。務由機生。擁琴高詠。寄和五聲。玄風既暢。妙盡無名。民鑒其朗。孰測窈冥。藝文類聚一十

二妃像贊

二妃玄達。含靈體妙。協德坤元。配虞齊耀。明兩既麗。重光作照。有邈其徽。神風遐劭。藝文類聚十五

孫登贊

靈巖霞蔚。后室鱗構。青松標空。蘭泉吐漏。籠薈可遊。芳津可漱。玄谷蕭寥。鳴琴獨奏。先生體之。寂坐幽岸。凝冰結模。熙陽靡燠。濳眞內全。飛榮外散。凌崖高嘯。希風朗彈。道有冥廢。運有昏消。達隱不嚴。玄迹不標。或曰先生。晦德逍遙。嵇子秀達。英風朗烈。道攜蕪芳。鮮不玉折。兆動初萌。妙鑒奇絕。翹首丘冥。仰想玄哲。藝文類聚三十六

郭先生神論

夫天地者。陰陽之形魄。變化者。萬物之遊魂。神鑛與無窮並吹。大冶與造運齊根。生資聚氣之迹。死寄玄牝之門。視榮辱其猶塵埃。邈高尚而不顧。故能外安恬逸。內體平和。鳴鳥可拊翼而遊。猛獸可頓羈而羅。矧乎樵巖之樂。呂梁之波。疾雷破岳而憂在山河者乎。覩夫郭先生之爲體也。可謂含眞履信。純朴自然。藝文類聚三十七

蓍龜論

夫物生而後有象。有象而後有數。有數而後吉凶存焉。蓍者尋數之主。非神明之所存。龜者啟兆之質。非靈照之所生。何㠯明之。夫

求物于闇室。夜鑒者得之。無夜鑒之朗。又㠯火得之。得之功同也。致功之迹異也。不可見目因火鑒。便謂火爲目神。惑蓍通。又謂蓍爲神也。由此言之。神明之道。則大賢之闇室。蓍龜之用。豈非顏子之龍燭邪。蓍龜之用。亦所㠯感興卦兆。求通逆數。又非爻象之體。擬議之極者也。安得超登仙而含靈獨備哉。且殊方之卜。或責象草木。或取類瓦石。而吉凶之應。不異蓍龜。此爲神通之主。自有妙會。不由形器尋理之器。或因他方。不繫蓍龜。然經有天生神物。不載圓神之說。言者所由也。直稱神之美。㠯及其迹。亦猶筌雖得魚。筌非魚也。蹄雖得兔。蹄非兔也。是㠯象㠯求妙。妙得則象忘。蓍㠯求神。神窮則蓍廢。藝文類聚七十五

列仙論

夫無怪物之所㠯然。後可㠯通于命。㠯達變化之情者。不怪詭于異端。測自然之根者。不猖狂于一物。故形骸雖細。推之愈廣。天地雖巨。別之彌狹。然則形骸華岱之秋毫。太虛天地之掌握耳。又何足㠯言其變化哉。又若秦皇漢武。體無靈骨。雖懷奇化。終于尸沒。傾天下之資。忽萬乘之位。方士輻湊。萬端鱗萃。無救于頹年。無補于一至。若夫禀分有方云云。藝文類聚七十八

斷酒戒

蓋神明智惠。人之所㠯靈也。好惡情欲。人之所㠯生也。明智運于常性。好惡安于自然。吾固㠯窮智之害性。任欲之喪眞也。于是椎金罍。碎玉椀。破兕觥。捐觚瓚。遺舉白。廢引滿。使巷無行榼。家無停壺。剖樽折杓。沈炭銷罏。屛神州之竹葉。絕縹醪乎華都。言未及盡。有一醉夫。勃然作色曰。蓋空桑珍味。始于無情。靈和陶醞。奇液特生。聖賢所美。百代同營。故醴泉涌于上世。懸象煥乎列星。斷蛇者㠯興霸。折獄者㠯流聲。是㠯達人暢而不壅。抑其小節而濟大通。子獨區區。檢情自封。無或口閉其味。而心馳其聽者乎。庾生曰。爾

不闡先哲之言乎人生而靜天之性也感物而動性之欲也物之感人無窮而情之好惡無節故不見可欲使心不亂是㠯惡迹止步滅影卽陰形情絕于所託萬感無累乎心心靜則樂非外唱樂足則欲無所淫唯味作戒其道彌深賓曰唯唯敬承德音藝文類聚七十二又略見初學記二十六

爲郗車騎討蘇峻盟文

賊臣祖約蘇峻不恭天命不畏王誅凶戾肆逆干國之紀陵汨五常侮弄神器稱兵攻宮焚掠宗廟遂乃制脅幼主拔本塞原有無君之心大行皇太后㠯憂㞍崩殂殘害忠良禍虐烝民窮凶極暴毒流四海使天地神祇靡所依歸是㠯率土怨酷兆庶泣血咸願奉辭罰罪㠯除元惡昔戎狄泯周齊桓糾盟董卓陵漢羣后致討義存君親古今一也今主上幽危百姓倒懸忠臣正士志存報國藝文類聚作忠臣烈士志在死國凡我同盟既盟之後戮力一心共翦醜類殞首喪元㠯救社稷若二寇不梟義無偷安當令生者不食今誓死者無媿黃泉有渝此盟明神殛之晉書郗鑒傳藝文類聚三十三

弔賈生文

中興二年三月余忝守衡南鼓栧三江路次巴陵望君山而過洞庭涉湘川而觀汨水臨賈生投書之川慨㠯永懷矣及造長沙觀其遺象喟然有感乃弔之云

偉哉蘭生而芳玉產而潔陽葩熙冰寒松負雪莫邪挺鍔天驥汗血苟云其儁誰與比傑是㠯高明倬茂獨發㠯秀道率天眞不議世疢煥乎若望舒燿景而焯羣星矯乎若翔鸞拊翼而逸宇宙也飛榮洛汭擢穎山東質清浮磬聲若孤桐琅琅其璞巖巖其峰信道居正而㠯天下爲公方駕逸步不㠯曲路期通是㠯張高弦悲聲激柱落清唱未和而桑濮代作雖有惠音莫過韶濩雖有騰鸞終仆石堅嗚呼大庭既邈玄風悠緬皇道不㠯智隆上德不㠯仁

顯三五親譽其軌可仰而標霸功雖逸其塗可翼而闡悲矣先生何命之蹇懷寶如玉而生運之淺昔咎繇謨虞呂尙歸昌德協充符乃應帝王夷吾相桓漢登蕭張草廬三顧臭若蘭芳是㠯道隱則蠖屈數感則鳳覩若棲不擇木翔非九五雖曰玉折儁才何補夫心非死灰智必有形形託神司故能全生奈何蘭膏揚芳漢庭摧景飆風獨喪厥明悠悠太素存亡一指道來斯通世往斯圮吾哀其生未見其死敢不敬弔寄之渌水晉書庾闡傳藝文類聚四十

庾肅之

肅之闡子爲給事中相府記室出爲湘東太守太元中卒有集十卷

雪贊

百籟哀吟廣莫長揮霰雨驟灑皓雪其霏輕質飄飆與風迴散望之凝映號若天漢卽之皎潔色踰玉粲藝文類聚二御覽十二

山贊

懸巖杳䆗初學記作杳䆗神明攸居官府風雲懷吐川渠昆閬天竦五岳雲停飛峯紫蔚辰秀太清藝文類聚七初學記五

水贊

湛湛涵涤清瀾澄濬妙質柔明雲深液潤藝文類聚八初學記六

玉贊

圓璧月鏡璆琳星羅結秀藍田輝初學記作耀眞荆和玄珪特達瑜不掩瑕質鮮器潤流映滂㴱藝文類聚八十三初學記一

松贊

流潤飛津沈精幽結貞㽔含芳仰拂素雪初學記二十八

全晉文卷三十八終

全晉文卷三十九

烏程嚴可均校輯

劉寔

寔字子眞平原高唐人魏時爲郡計吏除河南尹丞遷尚書郎廷尉正歷吏部郎參文帝相國軍事封循陽子晉受禪進爵爲伯累遷少府咸寧中爲太常轉尚書行鎭南軍司免泰康中爲大司農免後爲國子祭酒散騎常侍元康初進爵爲侯累遷太子太保加侍中特進右光祿大夫開府儀同三司領冀州都督永康初代張華爲司空遷太保太安初轉太傅永興初代成都王穎爲太尉尋遜位懷帝時復爲太尉告老永嘉四年卒年九十一謚曰元有春秋條例二十卷集二卷

崇讓論

古者聖王之化天下所㠯貴讓者欲㠯出賢才息爭競也夫人情莫不欲已之賢也故勸令讓賢㠯自明賢豈假讓不賢哉故讓道興賢能之人不求而自出矣至公之舉自立矣百官具任爲百官之副亦豫具矣一官缺擇衆官所讓最多者而用之審之道也在朝之士相讓于上草廬之人咸皆化之推賢讓能之風從此生矣爲一國所讓則一國士也天下所共推則天下士也推讓之風行則賢與不肖灼然殊矣此道之行在上者無所用其心因成清議隨之而已故曰蕩蕩乎堯之爲君莫之能名言天下自安矣不見堯所㠯化之故不能名也又曰舜禹之有天下而不與焉無爲而化者其舜也歟賢人相讓于朝大才之人恆在大官小人不爭于野天下無事矣㠯賢才化無事至道興矣已仰其成復何與焉故可㠯歌南風之詩彈五弦之琴也成此功者非有他崇讓之所致耳孔子曰能㠯禮讓爲國乎則不難也在朝之人不務相讓久矣天下化之自魏代㠯來登進辟命之士及在職之吏臨見授敘雖

自辭不能終莫肯讓有勝己者矣夫推讓之風息爭競之心生孔子曰上興讓則下不爭明讓不興下必爭也推讓之道興則賢能之人日見推舉爭競之心生則賢能之人日見謗毀夫爭者之欲自先甚惡能者之先不能無毀也故孔墨不能免世之謗已況不及孔墨者乎議者僉然言世少高名之才朝廷不有大才之人可㠯爲大官者山澤人小官吏亦復云朝廷之士雖有大官名德皆不及往時人也余㠯爲此二言者皆失之矣非時獨乏賢也時不貴讓一人有先衆之譽毀必隨之名不得成使之然也雖令稷契復存亦不復能全其名矣能否混雜優劣不分士無素定之價官職有缺主選之吏不知所用但案官次而舉之同才之人先用者非勢家之子則必爲有勢者之所念也非能獨賢因其先用之資而復遷之無已遷之無已不勝其任之病發矣觀在官之人政績無聞自非勢家之子率多因資次而進也向令天下貴讓士必由于見讓而後名成名成而官乃得用之諸名行不立之人在官無政績之稱讓之者必矣官無因得而用之也所㠯見用不息者由讓道廢也因資用人之有失久矣故自漢魏㠯來時開大舉令衆官各舉所知唯才所任不限階次如此者甚數矣其所舉必有當者不聞時有擢用不知何誰最賢故也所舉必有不當者而罪不加不知何誰最不肖也所㠯不可得知由當時之人莫肯相推賢愚之名不別令其如此舉者知在上者察不能審故敢漫舉而進之或舉所賢因及所念一頓而至人數猥多各言所舉者賢加之高狀相佀如一難得而分矣參錯相亂眞僞同貫更復由此而甚雖舉者不能盡忠其罪亦無由上聞聽察之路濫令其爾也昔齊王好聽竽聲必令三百人合吹而後聽之廩㠯數人之俸南郭先生不知吹竽者也㠯三百人合吹可㠯容其不知因請爲王吹竽虛食數人之俸嗣王覺而改之難彰先王之過乃下令曰吾之好

閭竽聲。有甚于先王。欲一一列而聽之。先生于此逃矣。推賢之風不立。濫舉之法不改。則南郭先生之徒盈于朝矣。才高守道之士日退。馳走有勢之門日多矣。雖國有典刑。弗能禁矣。夫讓道不興之弊。非徒賢人在下位。不得時進也。國之良臣荷重任者。亦將㠯漸受罪退矣。何㠯知其然也。孔子㠯爲顏氏之子不貳過耳。明非聖人皆有過矣。寵貴之地。欲之者多矣。惡賢能者塞其路。其過而毀之者亦多矣。夫謗毀之生。非徒空說。必因人之微過而甚之者也。毀謗之言數聞。在上者雖欲弗納。不能不仗所聞因事之來而徵察之也。無已其驗至矣。得其驗。安得不理其罪。若知而縱之。主之威日衰。令之不行。自此始矣。知之而皆理之。受罪退者稍多。大臣有不自固之心矣。夫賢才不進。貴臣日疏。此有國者之深憂也。詩曰。受祿不讓。至于已斯亡。不讓之人。憂亡不暇。而望其益國朝。不亦難乎。竊㠯爲改此俗甚易耳。何㠯知之。夫一時在官之人。雖雜有凡猥之才。其中賢明者亦多矣。豈可謂皆不知讓賢爲貴邪。直㠯其時皆不讓。習㠯成俗。故遂不爲耳。人臣初除。皆通表上聞。名之謝章。所由來尚矣。原謝章之本意。欲進賢能㠯謝國恩也。昔舜㠯禹爲司空。禹拜稽首。讓于稷契及咎繇。使益爲虞官。讓于朱虎熊羆。使伯夷典三禮。讓于夔龍。唐虞之時。衆官初除。莫不皆讓也。謝章之義。蓋取于此。書記之者。欲㠯永世作則。季世所用。不賢不能讓賢。虛謝見用之恩而已。相承不變。習俗之失也。夫敍用之官。得通章表者。其讓賢推能。乃通其章。其不能有所讓。徒費簡紙者。皆絕不通。人臣初除。各思推賢能而讓之矣。讓之文付主者掌之。三司有缺。擇三司所讓最多者而用之。此爲一公缺。三公已豫選之矣。且主選之吏。不必任公而選三公。不如令三公自共選一公爲詳也。四征缺。擇四征所讓最多者而用之。此爲一征缺。四征已豫選之矣。必詳于停缺而令主者選四征也。尚書缺。擇尚書所讓最多者而用之。此爲八尚書共選一尚書。詳于臨缺令主者選八尚書也。郡守缺。擇衆郡所讓最多者而用之。此爲令百郡守共選一郡守。必詳于任主者令選百郡守也。夫㠯衆官百郡之讓。與主者共相比。不可同歲而論也。雖復令三府參舉官本。不委㠯舉選之任。各不能㠯根其心也。其所用心者裁之不二三。但令主者案官次而舉之。不用精也。賢愚皆讓。百姓耳目盡爲國耳目。夫人情爭則欲毀己所不如。讓則競推于勝己。故世爭則毀譽交錯。優劣不分。難得而讓也。時貴讓則賢智顯出。能否之美歷歷相次。不可得而亂也。當此時也。能退身修己者。讓之者多矣。雖欲守貧賤不可得也。馳騖進趣而欲人見讓。猶卻行而求前也。夫如此。愚智咸知進身求通。非修之于己則無由進矣。游外求者于此相隨而歸矣。浮聲虛論。不禁而自息矣。人人無所用其心。任衆人之議。而天下自化矣。不言之化行。巍巍之美于此著矣。讓可㠯致此。豈可不務之哉。春秋傳曰。范宣子之讓。其下皆讓。欒黶雖汰。弗敢違也。晉國㠯平。數世賴之。上世之化也。君子尚能而讓其下。小人力農㠯事其上。上下有禮。讒慝遠黜。由不爭也。及其亂也。國家之弊恆必由之。篤論了了如此。在朝君子典選大官。能不㠯人廢言。舉而行之。各㠯讓賢舉能爲先務。則羣才猥出。能否殊別。蓋世之功。莫大于此。晉書劉寔傳。又羣書治要二十九引晉書。通典十六。

劉智

智字子房。寔弟。仕魏爲中書黃門吏部郎。出爲潁川太守。入爲祕書監。領南陽王師。晉受禪。加散騎常侍。遷侍中、尚書、太常。太康末卒。謚曰成。有喪服釋疑論二十卷。

王昌前母服議

禮爲常事制。不爲非常設也。亡父母不知其死生者。不著于禮。生平不相見。去其加隆。㠯朞爲斷。晉書禮志中。案王昌事詳前竟陵王楙文。

論天

凡含天地之氣而生者人其最貴而有靈智者也是以動作云爲皆應天地之象古先聖王觀靈曜造算數準辰極制渾儀原性理攷徵祥贊其幽義而作厤術焉渾儀象天之圓體以含地方輪轉周帀有二端中其可見者極星是也謂之行極在南者在地下不見故古人不名陰陽對合爲羣生父母精象在下五星具于上共成天地之功也則日月爲政五星爲緯天以七紀七曜是也行極不過爲衆星之君命政指授以斗建時斗有七星與曜同精而有節氣于下者也晦朔分于東西消息辨于南北取以定四方天地配合方氣有常天以七紀方修其政故方有七宿二十八星是也于是天有常度日月成象衆星有宮分方物有體類在朝象官在野象物在人象事理自然也衆星定位七曜錯行盈縮有期節故厤數立焉日太陽也施溫萬物生施光則陰以明衆所稟爲倡先

者也君尊之象也月太陰也稟照于陽虧盈隨時有所稟受臣卑之道也五星象五常託四時成五事舊說日譬猶火也月譬猶水也火則施光水則含景故月光生于日當日則明光盈近日則明滅然則月之清象在前矣又曰當其衝月食者陰性毀損不受光也君臣不等強日月不等明陰在于上不自抑損陽必侵之望在交度其應必食故詩云彼月而食則維其常道勢然也侵甚則旣臣之象也日尊君象也月卑臣象也晦朔之會交則同道同道則形相蔽天道前爲尊臣由臣道雖度相值月不掩日卑下尊也不由臣道月掩日體卑陵尊也是故太平之時交而不食尊卑道順或問云顓頊時造渾儀其說云黃帝爲蓋天以蓋天象笠極在其中日月以遠近爲晦明渾儀以天裏地地載于氣天以迴轉而日月出入以爲晦明二說誰其得之劉智曰蓋天之論謬矣以春秋二分日出卯入酉若天象車蓋極在其中日月星辰迴遠藏明二分之時當晝短夜長今以漏刻數之則晝夜分等以日出入効之則出卯入酉此蓋天之說不通之驗也然此二器皆古之取制但傳說義者失其用耳昔者聖王治厤明時作圖蓋以圖列宿極在于中用之以見天象未可正昏明分晝夜故作渾儀焉象天體亦以極爲中而朱規爲赤道周環去極九十一度有奇考日所行冬夏去極遠近不同故復晝爲黃道夏至去極近冬至去極遠二分之際交于赤道二道有表裏以定宿度之進退爲術乃密至漢順帝時南陽張衡攷定進退靈帝時太山劉洪步月遲疾自此之後天驗愈詳自司馬遷劉向劉歆楊雄賈逵張衡蔡氏劉洪鄭玄此九君者不但于算步皆博索沈綜才思宏遠而不合論渾蓋之用明定日行四時之道雖或精攷雅有取得亦或出入失其本旨人之不同處意各異道之難盡致于斯矣或問曰古厤論月食或云陰損則不受明或云闇虛闇虛所在值月則月食值星則星亡今

子不從何也劉智曰言闇虛者以爲當日之衝地體之蔭日光不至謂之闇虛凡光之所照光體小于所蔽則大于本質今日以千里之徑而地體蔽之則闇虛之蔭將過半夫星亡月毀豈但交會之間而已哉由此言之陰不受明近得之矣又問曰若如所論必有大蔭日在月衝何由有明劉智曰夫陰含陽而明不待陽光明照之也陰陽相應清者受光寒者受溫無門而通雖遠相應是故蠋石而次出者水氣之通也相響而相及無遠不至無隔能塞者至清之質承陽之光以天之圓面向相背測立不同光魄之理也陰陽相承彼隆此衰是故日月有爭明日微則晝月見若但以形光相照無相引受之氣則當陽隆乃陽明隆陽衰則陰明衰二者之異無由生矣開元占經一

喪服釋疑論

亡其親者不知其死生則不敢服然則終身不祭乎智曰唯疑其

生。故不敢服也。必疑死焉。可不祭乎。古之死者。必告于廟。今亡其親。必告其先廟。使咸知之。求之三年。若不得也。則又告之。告之者。欲令其生也。則隨而疑之。其後疑祭必告。今知其疑不受也。鬼死者。終歸饗也。祝辭已告疑。則還廟不還矣。憑靈之心。加崇于尊。此孝子之情也。通典五十一

凡屈不得服者。皆有心喪之禮。小功已下不稅服。乃無心喪耳。通典八十一

嬰兒無知。然于其父母之喪。則以縗抱之。其餘親八歲則制服矣。七歲曰悼。過此有罪。則入于刑。必致之于禮。故在下殤之年。爲之制服。案小功章昆弟之殤服。昆之下殤。是以下殤之年則行服也。通典八十一

問者曰。禮孫爲祖後三年。者以其當正統也。庶子之長孫。既不繼曾高祖。此孫爲庶祖承重三年不。答曰。繼祖者。不唯謂大宗也。案喪服傳與小記。皆云庶子不爲長子三年。不繼祖與禰也。兩舉之者。明父之重長子。以其當爲禰後也。其所繼者。于父則禰。于子則祖也。父爲已當繼祖。故重其服。則孫爲祖後者不得輕也。然則孫爲祖後。皆三年矣。且甲衆子也。生乙。乙生景。而乙先卒。景爲長子孫。而後甲。甲亡。景爲甲三年。則甲是庶子。無嫡可傳。若不三年。則景爲乙之嫡子。而闕父卒爲祖後之義也。通典八十八

或問曰。若祖父先卒。父自爲之三年。已爲之服周矣。而父卒。祖母後卒。當服三年不乎。劉智荅云。嫡孫服祖三年。誠以父卒則已不敢不以子道盡孝于祖。爲是服三年也。謂之受重于祖者。父卒則祖當爲己服周。此則受重也。己雖不得受重于祖。然祖母今當服已周。已不得不爲祖母三年也。小記曰。祖父卒而後爲祖母後者三年。特爲此發也。通典八十九

高曾祖母與祖母俱存。其卑者先亡。則當厭屈不。昔魯穆姜在而成公夫人薨。春秋書曰葬我小君齊姜。舊說云。妻隨夫而成尊。姑不厭婦。婦人不主祭。已承先君之正體。無疑于服重也。通典八十九

雖爲父後。猶爲嫁母齊縗。訖葬卒哭乃除。踰月乃祭。案譙周云。父卒母嫁。非父所絕。爲之服周可也。通典九十四

或問曰。喪服傳云。妾之無子。妾子無母。父命爲母子。是名慈母。今一妾自有子。一子已無母。父命爲母子。當如慈母服齊縗三年不。答曰。父有兩妾。一妾無子。一妾有二子。分其一子令爲無子妾作子。不敢違父命也。而不得終爲子之道。案譙周集圖云。喪服齊縗三年條曰。慈母如母。父在爲慈母。則條不見。今文載所說慈于貴妾。父在齊縗周。慈于賤妾。父在大功九月。古文鄭氏說此主大夫士之妾子。父命爲母子者也。大夫之妾子。以父在爲母大功。士之妾子爲母周矣。其大夫降爵一等。士無爵降例也。父卒皆伸。案經大夫之妾子。父在爲其母大功。不別貴賤。自非祖嫡。大夫以爵降一等。故妾之子從父例降母一等。爲大夫妾雖有貴者。不得體君。何得不爲爵降。凡此之類。今文說不如古也。通典九十四

親母出。則服繼母之黨。繼母既卒。則不服也。通典九十五

案禮小記云。生不及祖父母諸父昆弟。而父稅喪。子則否。智以爲生不相及。二文相害。必有誤字。昆弟相連之語易用爲衍。至親並代。不得已不相見。而無相服之恩也。若令生不相及者稅服。則父雖已除。後生者不得追服也。凡不服者不服。則父雖稅。其子孫無緣服也。以此推之。弟衍字可知也。通典九十八

問云。案喪服小記。慈母之父母無服。孫宜無服慈祖母矣。又曰慈母與妾母不代祭。孫不祭慈祖母。何服之有。智曰。禮爲親母黨服。爲繼母之黨不服。不妨孫服繼祖母也。禮孫爲祖後。如子所言。妾母不代祭者。據奉之者身終則止耳。豈有妾子先亡。孫持喪事而終喪便不祭也。通典九十八

問云。遇亂離析。訃父母之年。已過百年。可終卒矣。而不得音問。訃同邑里同年。于其死日便制喪服。或吕爲終身。或不許者。如何。智荅曰。父母生死未定。則凶服不宜在身。繼祀爲重。然則言不宜制服。必繼代祀者。吾吕爲得之矣。凡服喪而無哀容。得吕不孝譏之。處厭降不得服其親。而哀情至者。吾得吕孝篤稱之。通典九十八

問曰。今有狂癡之子。不識菽麥。不能行步起止。了無人道。年過二十而死者。或吕爲禮無廢疾之降殺。父當正服服之邪。吕爲殤之不服。爲無所知邪。此疾甚于殤。非禮服所加也。禮之所不及。吕其從例所知故也。不宜服矣。此二者將焉從。智荅曰。無服之殤。至愛過于成人。吕其于生性自然未成。因斯而不服。吕漸至于成人。順乎其理者也。至于廢疾。多感外物而得之。父母養之。或不盡理而使之然。仁人痛深。不忍不服。故禮不爲作降殺。不得同殤例也。通典一百一

問曰。昆弟骨肉吕罪惡徒流死者。諸侯有服否。智荅曰。凡吕罪惡徒者絕之。國君于兄弟有罪者亦絕也。舊說。諸侯于兄弟有弔服。服衰絰素服而已。不弔臨其喪也。諸侯之身體先君奉祭祀。是吕不得盡其情于所絕耳。然則不爲父後者。則服之矣。通典一百二

問者曰。久而不葬。喪主不除。若其父遠征軍敗。死于戰場。亡失骸骨。無所葬。其服如何。智云。此禮文所不及也。吕理推之。凡禮使爲主者不除。不謂衆子獨可無哀。誠吕既變。人情必殺。喪雖在殯。不爲主者可吕無服。然則爲主者之服何吕獨哀多也。吕喪柩在。不可無凶事之主故也。今無所葬。是無尸柩也。凶服無施。則爲後者宜與衆子同除矣。訖葬而變者。喪之大事畢也。若無屍柩。則不宜有葬變。寒暑一周。正服之終也。是吕除首絰而練冠也。亡失親之骸骨。孝子之情所欲崇也。可令因周練乃服變衰絰。雖無故事。而制之所安也。通典一百三

全晉文卷四十

烏程嚴可均校輯

劉頌一

頌字子雅廣陵人魏時察孝廉舉秀才皆不就文帝辟爲相府掾坐事除名晉受禪拜尚書三公郎累遷中書侍郎咸寧中轉黃門郎遷議郎守廷尉泰康初左遷京兆太守不行轉河內除淮南相元康初爲三公尚書後轉吏部尚書光祿大夫卒謚曰貞永康初追封梁鄒縣侯有集三卷

除淮南相在郡上疏

臣昔忝河內臨辭受詔卿所言悉要事宜大小數㠯聞恆若多事或不能悉有報勿㠯爲疑臣受詔之日喜懼交集益思自竭用忘其鄙願㠯螢燭增暉重光到郡草具所陳如左未及書上會臣嬰丁天罰寢頓累年今謹封上前事臣雖才不經國言淺多違猶願

陛下垂省使臣微誠得經聖鑒不揔棄于常案如有足採冀補萬一伏見詔書開啟土宇㠯支百世封建戚屬咸出之藩夫豈不懷公理然也樹國全制始成于今超秦漢魏氏之局節紹王帝三代之絕迹功被無外光流後裔巍巍盛美三五之君殆有慙德何則彼因自然而就之異乎絕迹之後更創之雖然封幼稚皇子于吳蜀臣之愚慮謂未盡善夫吳越剽輕庸蜀險絕此故變釁之所出易生風塵之地且自吳平㠯來東南六州將士更守江表此時之至患也又內兵外守吳人有不自信之心宜得壯士㠯鎮撫之使內外各安其舊又孫氏爲國文武衆職數擬天朝一旦湮替同于編戶不識所蒙更生之恩而災困逼身自謂失地用懷不靖今得長王㠯臨其國隨才授任文武竝敘士卒百役不出其鄉求富貴者取之于國內內兵得散新邦又安兩獲其所于事爲宜宜取同姓諸王年二十㠯上人才高者分王吳蜀㠯其去近就遠割裂土

宇令倍于舊㠯徙封故地用王幼稚須皇子長乃遣君之于事無晚也急所須地又得長主此事宜也臣所陳封建今大義已舉然餘衆事儻有足採㠯參成制故皆并列本事臣聞不憚危悔之患而願獻所見者盡忠之臣也垂聽逆耳甘納苦言者濟世之君也臣㠯期運幸遇無諱之朝雖當抗疏陳辭氾論政體猶未悉所見指言得失徒荷恩寵不異凡流臣竊自愧不盡忠規無㠯上報謹列所見如左臣誠未自許所言必當然要㠯不隱所懷爲上報之節若萬一足採則微臣更生之年如皆瞽妄則國之福也願陛下缺半日之閒垂省臣言伏維陛下雖應天順人龍飛踐阼爲創業之主然所遇之時實是叔世何則漢末陵遲閹豎用事小人專朝君子在野政荒衆散遂㠯亂亡魏武帝㠯經略之才撥煩理亂兼肅文教積數十年至于延康之初然後吏清下順法始大行逮至文明二帝奢淫驕縱傾殆之主也然內盛臺榭聲色之娛外當三

輒當作趣

方英豪嚴敵事成克舉少有愆違其故何也實賴前緒㠯濟勳業然法物政刑固已漸頹矣自嘉平之初晉祚始基逮于咸熙之末其閒累年雖鈇鉞屢斷翦除凶醜然其存者咸蒙遭時之恩不軌于法泰始之初陛下踐阼其所服乘皆先代功臣之胤非其子孫則其曾玄古人有言膏粱之性難正故曰時遇叔世當此之秋天地之位始定四海洗心整綱之會也然陛下猶㠯用才因宜法寬有由積之在素異于漢魏之先三祖崛起易朝之爲未可一旦直繩御下誠時宜也然至所㠯爲政矯世衆務自宜漸出公塗法正威斷日遷就肅譽由行舟雖不橫截迅流然俄向所輒漸靡而往終得其濟積微稍著㠯至于今可㠯言政而自泰始㠯來將三十年政功美績未稱聖旨凡諸事業不茂既往㠯陛下明聖猶未反叔世之弊㠯成始初之隆傳之後世不無慮乎意者臣言豈不少槩聖心夫顧惟萬載之事理在二端天下大器一安難傾一傾難

正故慮經後世者必精目下之政政安遺業使數世賴之若乃兼建諸侯而樹藩屏深根固蔕則祚延無窮可㠯比迹三代如或當身之政遺風餘烈不及後嗣雖樹親戚而成國之制不建使夫後世獨任智力㠯安大業若未盡其理雖經異時憂責猶追在陛下將如之何願陛下善當今之政樹不拔之勢則天下無遺憂矣夫聖明不世及後嗣不必賢此天理之常也故善爲天下者任勢而不任人任勢者諸侯是也任人者郡縣是也郡縣之察小政理而大勢危諸侯爲邦近多違而遠慮固聖王推終始之弊權輕重之理包彼小違㠯據大安然後足㠯藩固內外維鎮九服夫武王聖主也成王賢主也然武王不恃成王之賢而廣封建者慮經無窮也且善言今者必有驗之于古唐虞㠯前書文殘缺其事難詳至于三代則並建明德及舉王之顯親列爵五等開國承家㠯藩屏帝室延祚久長近者五六百歲遠者延將千載逮至秦氏罷侯置守子弟不分尺土孤立無輔二世而亡漢承周秦之後雜而用之前後二代各二百餘年揆其封建不用雖強弱不適制度舛錯不盡事中然迹其衰亡恆在同姓失職諸侯微時不在強盛昔呂氏作亂幸賴齊代之援㠯寧社稷七國叛逆梁王捍之卒弭其難自是之後威權削奪諸侯止食租奉甚者至乘牛車是㠯王莽得擅本朝遂其姦謀傾蕩天下毒流生靈光武紹起雖封樹子弟而不建成國之制祚亦不延魏氏承之圈閉親戚幽囚子弟是㠯神器速傾天命移在陛下長短之應禍福之徵可見于此又魏氏雖正位居體南面稱帝然三方未賓正朔有所不加實有戰國相持之勢大晉之興宣帝定燕太祖平蜀陛下滅吳可謂功格天地土廣三王舟車所至人迹所及皆爲臣妾四海大同始于今日宜承大勳之集及陛下盛明之時開啟土宇使同姓必王建久安于萬載垂長世于無窮臣又聞國有任臣則安有重臣則亂而王制人君

立子㠯適不㠯長立適㠯長不㠯賢此事情之不可易者也而賢明至少不肖至衆此固天理之常也物類相求感應而至又自然也是㠯闇君在位則重臣盈朝明后臨政則任臣列職夫任臣之與重臣俱執國統而立斷者也然成敗相反邪正相背其故何也重臣假所資㠯樹私任臣因所籍㠯盡公盡公者政之本也樹私者亂之源也推斯言之則泰日少亂日多政教漸頹欲國之無危不可得也又非徒唯然而已借令愚劣之嗣蒙先哲之遺緒得中賢之佐而樹國本根不深無幹輔之固則所謂任臣者化而爲重臣矣何則國有可傾之勢則執權者見疑衆疑難㠯自信而甘受死亡者非人情故也若乃建基既厚藩屏強禦雖置幼君赤子而天下不懼曩之所謂重臣者今悉反忠而爲任臣矣何則理無危勢懷不自猜忠誠得著不惕于邪故也聖王知賢哲之不世及故立相持之勢㠯御其臣是㠯五等既列臣無忠慢同于竭節㠯徇其上羣后既建繼體賢鄙亦均一契等于無慮且樹國苟固則所任之臣得賢益理次委中智亦足㠯安何則勢固易持故也然則建邦苟盡其理則無向不可是㠯周室自成康㠯下逮至宣王宣王之後到于赧王其間歷載朝無名臣而宗廟不隕者諸侯維持之也故曰爲社稷計莫若建國夫邪正逆順者人心之所繫服也今之建置宜審量事勢使諸侯率義而動同忿俱奮令其力足㠯維帶京邑若包藏禍心揚于邪而起孤立無黨所蒙之籍不足獨㠯有爲然齊此甚難陛下宜與達古今善識事勢之士深共籌之建侯之理使君樂其國臣榮其朝各流福祚傳之無窮上下一心愛國如家視百姓如子然後能保荷天祿兼翼王室今諸王裂土皆兼于古之諸侯而君賤其爵臣恥其位莫有安志其故何也法同郡縣無成國之制故也今之建置宜使率由舊章一如古典然人心繫常不累十年好惡未改情願未移臣之愚慮㠯爲宜早創

大制。遲迴眾望。猶在十年之外。然後能令君臣各安其位。榮其所蒙。上下相持。用成藩輔。如今之為。適足以虧天府之藏。徒棄穀帛之資。無補鎮國衞上之勢也。古者封建既定。各有其國。後雖王之子孫。無復尺土。此今事之必不行者也。若推親疏。轉有所廢。以有所樹。則是郡縣之職。非建國之制。今宜豫開此地。令十世之內。使親者得轉處近。十世之遠。近郊地盡。然後親疏相維。不得復如十世之內。然猶樹親有所遲。天下都滿。已彌數百千年矣。今方始封。而親疏倒施。甚非所宜。宜更大量天下士田方里之數。都更裂土分人。以王同姓。使親疏遠近。不錯其制。然後可以永安。古者封國。大者不過土方百里。然後人數殷眾。境內必盈其力。足以備充制度。今雖一國。周環近將千里。然力實寡。不足以奉國典。所遇不同。故當因時制宜。以盡事適。今宜令諸王國容少而軍容多。然於古典所應有者。悉立其制。然非急所須。漸而備之。不得頓設也。須車甲器械既具。羣臣乃服綵章。倉廩已實。乃營宮室。百姓已足。乃備官司。境內充實。乃作禮樂。唯宗廟社稷。則先建之。至于境內之政。官人用才。自非內史國相命于天子。其餘眾職。及死生之斷。穀帛資實。慶賞刑威。非封爵者。悉得專之。今臣所舉二端。蓋事之大較。其所不載。應在二端之屬者。以此為率。今諸國本一郡之政耳。若備舊典。則官司以數。事所不須。而以虛制損實力。至于慶賞刑斷。所以衞下之權。不重則無以威眾人而衞上。故臣之愚慮。欲令諸侯權具。國容少而軍容多。然亦終于必備。今事為宜。周之建侯。長享其國。與王者並。遠者僅將千載。近者猶數百年。漢之諸王。傳祚暨至曾玄。人性不甚相遠。古今一揆。而短長甚違。其故何邪。立意本殊。而制不同故也。周之封建。使國重于君。公侯之身。輕于社稷。故無道之君。不免誅放。敦興滅繼絕之義。故國祚不泯。不免誅放。則羣后思懼。胤嗣必繼。是無亡國也。諸侯思懼。然後軌道。下無亡

僅當作暨
暨當作僅

國。天子乘之。理勢自安。此周室所以長在也。漢之樹置君國。輕重不殊。故諸王失度。陷于罪戮。國隨以亡。不崇興滅繼絕之序。故下無固國。下無固國。天子居上。勢孤無輔。故姦臣擅朝。易傾大業。今宜反漢之弊。修周舊迹。國君雖或失道。陷于誅絕。又無子應除。茍有始封支胤。不問遠近。必紹其祚。若無遺類。則虛建之。須皇子生。以繼其統。然後建國無滅。又班固稱諸侯失國。亦猶網密。今又宜都寬其檢。且建侯之理。本經盛衰。大制都定。班之羣后。著誓丹青。書之玉版。藏之金匱。置諸宗廟。副在有司。寡弱小國。猶不可危。豈況萬乘之主。承難傾之邦。而加其上。則自然永久。居重固之安。可謂根深華嶽而四維之也。臣之愚願。陛下置天下于自安之地。寄大業于固成之勢。則可以無遺憂矣。今閻閭少名士。官司無高能。其故何也。清議不肅。人不立德。行在取容。故無名士。下不專局。又無考課。吏不竭節。故無高能。無高能。則有疾世事。少名士。則後進無準。故臣思立吏課而肅清議。夫欲富貴而惡貧賤。人理然也。聖王大諳物情。知不可去。故直同公私之利。而詭其求道。使夫欲富者必先由貧。欲貴者必先安賤。安賤則不矜。不矜然後廉恥厲。守貧者必節欲。節欲然後操全。以此處務。乃得盡公。盡公者。富貴之徒也。為無私者。終得其私。故公私之利同也。今欲富者必由貧。自得富。欲貴者不安賤。自得貴。公私之塗既乖。而人情不能無私。私利不可以公得。則恆背公而橫務。是以風節日穨。公理漸替。人士富貴。非軌道之所得。以此為政。小在難期。然教穨來既久。難反一朝。又世放都靡。營欲比肩。羣士渾然。庸行相侶。不可頓肅。甚殊黜陟也。且敎不求盡善。善在抑尤。同侈之中。猶有甚泰。使夫昧適情之樂者。損其顯榮之貴。儀在不鮮之地。約已潔素者。蒙儉德之報。列于清官之上。二業分流。令各有蒙。然俗放都奢。不可頓肅。故臣私慮。願先從事于漸也。天下至大。萬事至眾。人君至少。同于天日。

必當作不

凡當作九

故非垂聽所得周覽。是吕聖王之化。執要而已。委務于下。而不吕事自嬰也。分職既定。無所與焉。非憚日昃之勤。而牽于逸豫之虞。誠吕政體宜然。事勢致之也。何則。夫造創謀始。逆闇是非。吕別能否。甚難察也。既吕施行。因其成敗。吕分功罪。甚易識也。易識在考終。難察在造始。故人君恒居其易則安。人臣不處其難則亂。今陛下每精事始。而略于考終。故羣吏慮事。懷成敗之懼。輕飾文采。吕避目下之譴。重此政功所吕未善也。今人主能恒居易執要。吕御其下。然後人臣功罪。形于成敗之徵。無逃其誅賞。故罪不可蔽。功不可誣。功不可誣。則能者勸。罪不可蔽。則違慢日肅。此爲國之大略也。臣竊惟陛下聖心。意在盡善。懼政有違。故精事始。吕求無失。又吕眾官勝任者少。故不委務。宜居日昃也。臣之愚慮。竊吕爲今欲盡善。故宜考終。何則。精始難校故也。又羣官多不勝任。亦宜委務。使能者得吕成功。不能者得吕著敗。敗著可得而廢。功成可得遂任。然後賢能常居位吕善事。闇劣不得吕尸祿害政。如此不已。則勝任者漸多。經年少久。即羣司徧得其人矣。此校才考實。政之至務也。今人主不委事仰成。而與諸下共造事始。則功罪難分。下不專事。居官不久。故能否不別。何吕驗之。今世士人。決不悉良能也。又決不悉疲輭也。然今欲舉一忠賢。不知所賞。求一負敗。不知所罰。及其免退。自吕犯法耳。非不能也。登進者自吕累資及人間之譽耳。非功實也。若謂不然。則當今之政。未稱聖旨。此其徵也。陛下御今法爲政。將二十年。而功未日新。其咎安在。古人有言。琴瑟不調。甚者必改而更張。凡臣所言。誠政體之常。然古今異宜。所遇不同。陛下縱未得盡仰成之理。都委務于下。至于今事應奏御者。蠲除不急。使要事得精。可三分之二。古者六卿分職。冢宰爲師。秦漢已來。凡列執事。丞相都總。今尚書制斷。諸卿奉成。于古制爲重。事所不須。然今未能省并。可出眾事。付外寺。使得專之。尚書爲其

都統。若丞相之爲。惟立法創制。死生之斷。除名流徙。退免大事。及連度支之事。臺乃奏處。其餘外官皆專斷之。歲終。臺閣課功校簿而已。此爲九卿造創事始。斷而行之。尚書書主賞罰繩之。其勢必愈。考成司非而已。于今親掌者動受成于上。上之所失。不得復吕罪下。歲終事功不建。不知所責也。夫監司吕法舉罪。獄官案劾盡實。法吏據辭守文。大較雖同。然至于施用。監司與夫法獄。體宜小異。獄官唯實。法吏唯文。監司則欲舉大而略小。何則。夫細過微闕。謬妄之失。此人情之所必有。而悉糾吕法。則朝野無全人。此所謂欲理而反亂者也。故善爲政者。綱舉而網疏。綱舉則所羅者廣。網疏則小必漏。所羅者廣。則爲政不苛。此爲政之要也。而自近世吕來。爲監司者。類大綱不振。而微過必舉。微過不足吕害政。舉之則微而益亂。大綱不振。則豪强橫肆。豪强橫肆。則百姓失職矣。此錯所急而倒所務之由也。今宜令有司反所常之政。使天下可善化。及此非難也。今主不善碎密之案。必責犯强舉尤之奏。當吕盡公。則害政之姦自然擒矣。夫大姦犯政。而亂兆庶之罪者。類出富强。而豪富者。其力足憚。其貨足欲。是吕官長顧勢而頓筆。下吏縱姦。懼所司之不舉。則謹密網吕羅微罪。使奏劾相接。狀似盡公。而撓法不亮。固已在其中矣。非徒無益于政體。清議乃由此而益傷。古人有言曰。君子之過。如日之蝕焉。又曰。過而能改。又曰。不貳過。凡此數者。皆是賢人君子不能無過之言也。苟不至于害政。則皆天網之所漏。所犯在甚泰。然後王誅所必加。此舉罪淺深之大例者也。故君子得全美吕善事。不善者必夷戮吕警眾。此爲政誅赦之準式也。何則。所爲賢人君子。苟不能無過。小疵不可吕廢其身。而輒繩吕法。則愧于明時。何則。雖有所犯。輕重甚殊。于士君子之心受責不同。而名不異者。故不軌之徒。得引名自方。吕惑眾聽。因名可亂。假力取直。故清議益傷也。凡舉過彈違。將吕肅風論而整世

教。今舉小過。清議益穢。是吕聖人深識人情而達政體。故其稱曰。不吕一眚掩大德。又曰。赦小過舉賢才。又曰。無求備于一人。故冕而前旒。充纊塞耳。意在去苛察。舉甚泰。善惡之報。必取其尤。然後簡而不漏。大罪必誅。法禁易全也。今則當小罪甚察。而時不加治者。明小罪非亂治之姦也。害治在犯尤。而謹搜微過。何異放兕豹于公路。而禁鼠盜于隅隙。古人有言。鈇鉞不用。而刀鋸日弊。不可吕爲政。此言大事緩而小事急也。時政所失。少有此類。陛下宜反而求之。乃得所務也。夫權制不可吕經常。政乖不可吕守安。此言攻守之術異也。百姓雖愚。望不虛生。必因時而發。有因而發。則望不可奪。事變異前。則時不可違。明聖達政。應赴之速。不及下車。故能動合事機。大得人情。昔魏武帝分離天下。使人役居戶。各在一方。旣事勢所須。且意有曲爲。權假一時。吕赴所務。非正典也。然逡巡至今。積年未改。百姓雖身丁其困。而私怨不生。誠吕三方未悉

蕩并。知時未可吕求安息故也。是吕甘役如歸。視險若夷。至于吳平之日。天下懷靜。而東南二方。六州郡兵。將士武吏。戍守江表。或給京城運漕。父南子北。室家分離。咸更不寧。又不習水土。運役勤瘁。並有死亡之患。勢不可久。此宜大見處分。吕副人望。魏氏錯役。亦應改舊。此二者各盡其理。然黔首感恩懷德。謳吟樂生。必十倍于今也。自董卓作亂。吕至今。近出百年。四海勤瘁。丁難極矣。六合渾并。始于今日。兆庶思寧。非虛望也。然古今異宜。所遇不同。誠亦未可吕希遵在昔。放息馬牛。然使受百役者。不出其國。兵備待事其鄉。實在可爲。縱復不得悉然。爲之苟盡其理。可靜三分之二。吏役可不出千里之內。但如斯而已。天下所蒙。已不訾矣。政務多端。世事之未盡理者。難徧吕疏舉。振領總綱。要在三條。凡政欲靜。靜在息役。息役在無爲。倉廩欲實。實在利農。利農在平糴。爲政欲著信。著信在簡賢。簡賢在官久。官久非難也。連其班級。自非才宜。不得傷轉。吕終其課。則事善矣。平糴已有成制。其未備者。可就周足。則穀積矣。無爲匪他。卻功作之勤。抑侶益而損之利。如斯而已。則天下靜矣。此三者旣舉。雖未足吕厚化。然可吕爲安有餘矣。大王者之利。在生天地自然之財。農是也。所立爲指。于此事誠有功益。苟或妨農。皆務所息。此悉侶益而損之謂也。然今天下自有事所必須。不得止已。或用功甚少。而所濟至重。目下爲之雖少有廢。而計終已大益。農官有十百之利。及其妨害。在始侶如未急。終作大患。宜逆加功。吕塞其漸。如河汴將合。沈萊苟善。則役不可息。諸如此類。亦不得已已。然事患緩急。權計輕重。自非近如此類。準吕爲率。乃可興爲。其餘皆務在靜息。然能善算輕重。權審其宜。知可興可廢。甚難了也。自非上智遠才。不幹此任。夫創業之美。動在垂統。使夫後世。蒙賴吕安。其爲安也。雖昏猶明。雖愚若智。濟世功者。實在善化之。爲要在靜國。至夫修飾官署。凡諸作役。務爲恆傷過泰。

不患不舉。此將來所不須于陛下而自能者也。至于仰蒙前緒。所憑日月者。實在遺風繫人心。餘烈匡幼弱。而今勤所不須。吕傷所憑。鈞此二者。何務孰急。陛下少垂恩迴慮。詳擇所安。則天理盡矣。世之私議。竊比陛下于孝文。臣吕爲聖德隆殺。將在乎後。不在當今。何則。陛下龍飛鳳翔。應期踐阼。有創業之勳矣。掃滅彊吳。奄征南海。又有之矣。吕天子之貴。而躬行布衣之所難。孝儉之德。冠于百王。又有之矣。履宜無細。動成軌度。又有之矣。若善當身之政。建藩屏之固。使晉代久長。後世仰瞻遺迹。校功攷事。實與湯武比隆。何孝文足云。臣之此言。非臣下褒上。虛美常辭。其事實然。若所吕資爲安之理。或未盡善。則恐良史書勳。不得遠盡弘美。甚可惜也。然不可使不知政之士。得參聖慮。經年少久。終必有成。願陛下少察臣言。晉書劉頌傳。又羣書治要三十引晉書。

全晉文卷四十終

羣下脫惡字

烏程嚴可均校輯

劉頌二

上疏請復肉刑（諸引皆作上書。今據晉志下文云疏入不見省。定作上疏。）

臣昔上行肉刑。從來積年。遂寢不論。臣竊㠯為議者拘孝文之小仁。而輕違聖王之典刑。未詳之甚。莫過于此。今死刑重。故非命者眾。生刑輕。故罪不禁姦。所㠯然者。肉刑不用之所致也。今為徒者。類性元惡不軌之族也。去家懸遠。作役山谷。飢寒切身。志不聊生。又有廉士介節者。苟慮不首死。則皆為盜賊。豈況本性姦頑無賴之徒乎。又令徒富者輸財。計日歸家。乃無役之人也。貧者起為姦盜。又不制之虜也。不刑則罪無所禁。不制則羣橫肆。為法若此。道不盡善也。是㠯徒亡日屬。賊盜日繁。亡之數者至有十數。得輒加刑。日益一歲。此為終身之徒也。自顧反善無期。而災困逼身。其志亡思盜。勢不得息。事使之然也。古者用刑㠯止刑。及今反㠯刑生刑。㠯徒生徒。諸重犯亡者。髮過三寸。輒重髡之。此㠯刑生刑也。亡加作一歲。此㠯徒生徒也。亡者積多。繫囚猥蓄。議者因曰。囚不可不赦。復從而赦之。此謂刑不制罪。法不勝姦。民知法之不勝。相聚而謀為不軌。月異而歲不同。故自頃年㠯來。姦惡陵暴。所在充斥。漸㠯滋蔓。日積不已。弊將所歸。（此三句從御覽補。）議者不深思此故。而曰肉刑于名忤聽。忤聽孰與盜賊不禁。聖王之制肉刑。遠有深理。其事可得而言。非徒懲其畏剝割之痛而不為也。乃去其為惡之具。使夫姦民無用不復肆其志。止姦絕本。理之盡也。亡者刖其足。無所用復亡。盜者截其手。無所用復盜。淫者割其勢。理亦如之。除惡塞源。莫善于此。又非徒然也。此等已刑之後。便各歸家。父母妻子。共相養恤。不流離于道路。有今之困。創愈可役。上準古制。隨宜業作。雖已刑殘。不為虛弃。而所患都塞。又生育繁阜之道自若也。今宜取死刑之限輕。及三犯逃亡淫盜。悉㠯肉刑代之。其三歲刑㠯下。已自杖罰遣。又宜制其罰數。使有常限。不得減此。其有宜重者。又任之官長。應四五歲刑者。皆髡笞。笞至一百。稍行。使各有差。悉不復居作。然後刑不復生刑。徒不復生徒。而殘體為戮。終身作誡。民見其痛。畏而不犯。必數倍于今。且為惡者。隨發被刑。去其為惡之具。此為諸已刑者。皆良士也。豈與全其為姦之手足。而蹴居必死之窮地同哉。而猶曰肉刑不可用。臣竊㠯為不識務之甚也。臣昔常侍左右。數聞明詔。謂肉刑宜用。事便于政。願陛下信獨見之斷。使夫能者得奉聖慮。行之于今。比填溝壑。冀見太平。周禮三赦三宥。施于老幼悼耄黔黎。不屬逮者。此非為惡之所出。故刑法逆舍而宥之。至乎如此。猶自犯罪。則必刑而無赦。此政之理也。暨至後世。㠯時嶮多難。因赦解結。權㠯行之。又不㠯寬罪人也。至令恆㠯罪積獄繁。赦㠯散之。是㠯赦愈數而獄愈塞。如此不已。將至不勝。原其所由。肉刑不用之故也。今行肉刑。非徒不積。且為惡無具。則姦息。去此二端。獄不得繁。故無取于數赦。于政體勝矣。（晉書刑法志。通典一百六十八。又藝文類聚五十四。御覽六百四十八引王隱晉書。又羣書治要二十九引晉書刑法志廷尉劉頌表。案治要所引晉書。皆王隱書也。）

上疏言斷獄宜守律令

自近世㠯來。法漸多門。令甚不一。臣今備掌刑斷。職思其憂。謹具啟聞。臣竊伏惟陛下。為政每盡善。故事求曲當。曲當則例不得直。盡善故法不得全。何則。夫法者固㠯盡理為當。而上求盡善。則諸下牽文就義。㠯赴主之所許。是㠯法不得全。刑書徵文。徵文必有乖于情。而上之聽斷。安于曲當。故執平者因文可引。則生二端。是法多門。令不一。則吏不知所守。下不知所避。姦偽者因法之多門。㠯售其情。所欲淺深。苟斷不一。則居上者難㠯檢下。于是事同議異。獄犴不平。有傷于法。古人有言。人主詳其政荒。人主明其事理。

詳匪他求盡善則法傷故其政荒也明者輕重之當雖不㪺情苟入于文則議而行之故其事理也夫善用法者忍違情不厭聽之斷輕重雖不允人心經于凡覽若不可行法乃得直又君行之分各有所司法欲必奉故令主者守文理有窮塞故使大臣釋滯事有時宜故人主權斷主者守文若釋之執犯蹕之平也大臣釋滯若公孫弘斷郭解之獄也人主權斷若漢祖戮丁公之為也天下萬事自非斯格重為故不近似此類不得出法以意妄議其餘皆以律令從事然後法信于下民聽不惑吏不容姦可以言政人主執斯格以責羣下大臣小吏各守其局則法一矣古人有言善為政者因人設教因人設教制法之謂也又曰隨時之宜當務之謂也然則因人隨時在大量也而制其法法軌既定則行之信如四時執之堅如金石羣吏豈得在成制之內復稱隨時之宜傍引因人設教以亂政典哉何則始制之初固已因人而隨時矣今

若設法未盡當則宜改之若謂已善不得盡以為制而使奉用之司公得出入以差輕重也夫人君所與天下共者法也已令四海不可以不信為教方求天下之不慢不可繩以不信之法且先識有言人至愚而不可欺也不謂平時背法意斷不勝百姓願也上古議事以制不為刑辟夏殷及周書法象魏三代之君齊聖然咸棄曲當之妙鑒而任徵文之直準非聖有殊所遇異也今論時敦朴不及中古而執平者欲適情之所安自託于議事以制臣竊以為聽言則美論理則違然天下至大事務衆雜時有不得悉循文如令故臣謂宜立格為限使主者守文死生以之不敢錯思于成制之外以差輕重則法恆全事無正據名例不及大臣論當以釋不滯則事無閡至如非常之斷出法賞罰若漢祖戮楚臣之私已封趙氏之無功唯人主專之非奉職之臣所得擬議然後情求傍請之迹絕似是而非之奏塞此蓋齊法之大準也主者小吏處事無常何則無情則法徒充有情則撓法積充似無私然乃所以得其私又恆所岨以衞其身斷當恆克世謂盡公時一曲法乃所不疑故人君不善倚深似公之斷而責守文如令之奏然後得為有檢此又平法之一端也夫出法權制措施一事厭情合聽可適耳目誠有臨時當意之快勝于徵文不允人心也然起為經制終年施用恆得一而失十故小有所得者必大有所失近有所漏者必遠有所苞故諸事識體者善權輕重不以小害大不以近妨遠忍曲當之近適以全簡直之大準不牽于凡聽之所安必守徵文以正例每臨其事恆御此心以決斷此又法之大槩也又律法斷罪皆當以法律令正文若無正文依附名例斷之其正文名例所不及皆勿論法吏以上所執不同得為異議如律之文守法之官惟當奉用律令至于法律之內所見不同迺得為異議也今限法曹郎令史意有不同為駮唯得論釋法律以正所斷不得援求諸外論隨時之宜以明法官守局之分晉書刑法志劉頌為三公尚書又上疏云云藝文類聚五十四劉頌刑獄奏云云又見通典一百六十六

趙王倫加九錫議

昔漢之錫魏魏之錫晉皆一時之用非可通行今宗廟乂安雖嬖后被退孽臣受誅周勃誅諸呂而尊孝文霍光廢昌邑而奉孝宣並無九錫之命違舊典而習權變非先王之制九錫之議請無所施晉書劉頌傳

羊祜

祜字叔子泰山南城人漢南陽太守續孫高貴鄉公時徵拜中書侍郎遷給事中黃門郎陳留王時賜爵關中侯徙祕書監晉國建封鉅平子拜相國從事中郎遷中領軍武帝受禪進中軍將軍加散騎常侍進爵為侯尋拜尚書右僕射衞將軍都督荊州諸軍鎮南夏加車騎將軍開府坐楊肇敗貶為平南將軍咸

諡初除征南大將軍封南城侯卒諡曰成有集二卷

雁賦

鳴則相和行則接武前不絕貫後不越序齊力不期而竝至同趣不要而自聚當其赴節則萬里不能足其路苟泛一壑則眾物不能易其所臨空不能頓其翼揚波不能濺其羽排雲墟以頡頏沐弱波以容與進逡巡于泰清退嬉魚乎玄渚浮若漂舟乎江之濤色若委雪于邑之阿邕邕兮悲鳴乎雲閒因飛臨虛厲清和眇眇兮譬若入清塵扶日拂翼粲光羅藝文類聚九十一初學記三十引爾條

讓開府表

臣祜言臣昨出伏聞恩詔拔臣使同台司臣自出身以來適十數年受任外內每極顯重之地常以智力不可強進恩寵不可久謬夙夜戰慄以榮為憂臣聞古人之言德未為眾所服而受高爵則使才臣不進功未為眾所歸而荷厚祿則使勞臣不勸今臣身託外戚事遭運會誡在寵過不患見遺而猥超然降發中之詔加非次之榮臣有何功可以堪之何心可以安之以身誤陛下辱高位傾覆亦尋而至願復守先人弊廬豈可得哉違命誠忤天威曲從即復若此蓋聞古人申于見知大臣之節不可則止臣雖小人敢緣所蒙念存斯義今天下自服化以來方漸八年雖側席求賢不遺幽賤然臣等不能推有德進有功使聖聽知勝臣者多而未達者不少假令有遺德于版築之下有隱才於屠釣之閒而令朝議用臣不以為非臣處之不以為愧所失豈不大哉且臣忝竊雖久未若今日兼文武之極寵等宰輔之高位也臣所見雖狹據今光祿大夫李熹秉節高亮正身在朝光祿大夫魯芝絜身寡欲和而不同光祿大夫李胤莅政弘簡在公正色皆服事華髮以禮終始雖歷內外之寵不異寒賤之家而猶未蒙此選臣更越之何以塞天下之望少益日月是以誓心守節無苟進之志今道路未通方隅多事乞留前恩使臣得速還屯不爾留連必于外虞有闕臣不勝憂懼謹觸冒拜表惟陛下察匹夫之志不可以奪文選晉書羊祜傳御覽四百二十四引王隱晉書

讓封南城侯表

昔張良請受留萬戶漢祖不奪其志臣受鉅平于先帝敢辱重爵以速官謗晉書羊祜傳

請伐吳疏

先帝順天應時西平巴蜀南和吳會海內得以休息兆庶有樂安之心而吳復背信使邊事更興夫期運雖天所授而功業必由人而成不一大舉掃滅則眾役無時得安亦所以隆先帝之勳成無為之化也故堯有丹水之伐舜有三苗之征咸以寧靜宇宙戢兵和眾者也蜀平之時天下皆謂吳當竝亡自此來十三年是謂一周平定之期復在今日矣議者常言吳楚有道後服無禮先強此乃諸侯之時耳當今一統不得與古同諭夫適道之論皆未應權是故謀之雖多而決之欲獨凡以險阻得存者謂所敵者同力足自固苟其輕重不齊強弱異勢則智士不能謀而險阻不可保也蜀之為國非不險也高山尋雲霓深谷肆無景束馬懸車然後得濟皆言一夫荷戟千人莫當及進兵之日曾無藩籬之限斬將搴旗伏尸數萬乘勝席捲徑至成都漢中諸城皆鳥棲而不敢出非皆無戰心誠力不足相抗至劉禪降服諸營堡者索然俱散今江淮之難不過劍閣山川之險不過岷漢孫晧之暴侈于劉禪吳人之困甚于巴蜀而大晉兵眾多于前世資儲器械盛于往時今不于此平吳而更阻兵相守征夫苦役日尋干戈經歷盛衰不可長久宜當時定以一四海今若引梁益之兵水陸俱下荊楚之眾進臨江陵平南豫州直指夏口徐揚青兗竝向秣陵鼓旆以疑之多方以誤之以一隅之吳當天下之眾勢分形散所備皆急巴漢奇

兵出其空虛。一處傾壞。則上下震蕩。吳緣江爲國。無有內外。東西數千里。㠯藩籬自持。所敵者大。無有寧息。孫晧恣情任意。與下多忌。名臣重將。不復自信。是㠯孫秀之徒。皆畏逼而至。將疑于朝。士困于野。無有保世之計。一定之心。平常之日。猶懷去就。兵臨之際。必有應者。終不能齊力致死。已可知也。其俗急速。不能持久。弓弩戟楯。不如中國。唯有水戰。是其所便。一入其境。則長江非復所固。還保城池。則去長入短。而官軍懸進。人有致節之志。吳人戰于其內。有憑城之心。如此。軍不踰時。剋可必矣。晉書羊祜傳。

與從弟琇書

吾㠯布衣。忝荷重任。每㠯尸素爲愧。大命既隆。唯江南未夷。此人臣之責。是㠯不量所能。畢力吳會。當憑朝廷之威。賴士大夫之謀。㠯全克之舉。除萬世之患。年已朽老。既定邊事。當有角巾東路。還歸鄉里。于墳墓側爲容棺之墟。假日視息。思與後生味道。此吾之

至願也。㠯凡才晉書作白土。而居重位。何能不懼盈滿。㠯受責邪。疏廣是吾師也。聖主明恕。當不奪微志爾。藝文類聚二十六。御覽六百八十七。又略見晉書羊祜傳。

與吳都督陸抗

此上藥也。近始自作。未及服。㠯君疾急。故相致。吳志陸抗傳注引漢晉春秋。

誡子書

吾少受先君之教。能言之年。便召㠯典文。年九歲。便誨㠯詩書。然尙猶無鄉人之稱。無清異之名。今之職位。謬恩之加耳。非吾力所能致也。吾不如先君遠矣。汝等復不如吾。諮度弘偉。恐汝兄弟未之能也。奇異獨達。察汝等將無分也。恭爲德首。慎爲行基。願汝等言則忠信。行則篤敬。無口許人㠯財。無傳不經之談。無聽毀譽之語。聞人之過。耳可得受。口不得宣。思而後動。若言行無信。身受大謗。自入刑論。豈復惜汝。恥及祖考。思乃父言。纂乃父教。各諷誦之。藝文類聚二十三。

羊亮

亮字長玄。祜伯父祕之孫。大傅楊駿㠯爲參軍。累轉大鴻臚。後奔幷州。爲劉淵所害。

止盜議

昔楚江乙母失布。㠯爲盜縣令尹。公若無欲。盜宜自止。何重法爲。晉書羊祜傳。時京兆多盜竊。楊駿欲更重其法。盜百錢加大辟。請官屬會議。亮云云。駿慙而止。

羊秀

秀爵里未詳。案羊琇字穉舒。祜從弟。仕魏入晉。爲中護軍。左遷太僕。疑此秀卽琇之譌。文衞公疑是衞覬。

衞公碑

仰瞻遐風。重暉冠世。文選袁宏三國名臣贊注。

全晉文卷四十一終

烏程嚴可均校輯

杜預一

預字元凱，京兆杜陵人，魏幽州刺史恕子。甘露中為尚書郎，襲祖爵豐樂亭侯。後參文帝相國府軍事。晉受禪，守河南尹，免。尋為安西軍司，除秦州刺史，領東羌校尉、輕車將軍，以忤石鑒檻車徵詣廷尉，以贖論。尋拜度支尚書，免，復拜度支尚書。代羊祜為鎮南大將軍、都督荆州諸軍事。吳平，進爵當陽縣侯。後徵為司隸校尉，道卒，追贈征南大將軍，謚曰成。有春秋左氏經傳集解三十卷、春秋釋例十五卷、集十八卷。

舉賢良方正表

案蘇贊布行于草野，著德于閭閻，放心直意，若得珥筆丹墀，推訪格言，必有謇諤匪躬之節。初學記二十。案初學記此下有陸雲薦張贍文，張溥誤采入杜預集中，今刪不收。

表

長史劉繪修治洛陽以東運渠，通赤馬舟。書鈔一百三十七。

所領郡曲皆居南鄉界，所近鉗盧大陂下有良田。文選南都賦注。

列上故太傅羊祜所辟士表

祜雖開府而不備僚屬，引謙之至，宜見顯明。及扶疾辟士，未到而沒，家無胤嗣，官無命士，此方之望，隱憂載懷。夫篤終追遠，人德歸厚，漢祖不惜四千戶之封，以慰趙子弟心。請議之。晉書羊祜傳。

陳伐吳至計表

自閏月以來，賊但敕嚴，下無兵士，以理勢推之，賊之窮計，力不兩完，必先護上流，勤保夏口以東，以延視息，無緣多兵西上，空其國都。而陛下過聽，便用委棄大計，縱敵患生，此誠國之遠圖，使舉而有敗，勿舉可也。事為之制，務從完牢，若或有成，則開太平之基，不成不過費損日月之閒，何惜而不一試之？若當須後年，天時人事不得如常，臣恐其更難也。陛下宿議，分命臣等隨界分進，其所禁持東西同符，萬安之舉，未有傾敗之慮。臣心實了，不敢以曖昧之見自取後累，惟陛下察之。晉書杜預傳。

又表

羊祜與朝臣多不同，不先博畫而密與陛下共施此計，故益令多異。凡事當以利害相較，今此舉十有八九利，其一二止于無功耳。其言破敗之形，亦不可得，直是計不出己，功不在身，各恥其前言，故守之也。自頃朝廷事無大小，異意鋒起，雖人心不同，亦由恃恩不慮後難，故輕相同異也。昔漢宣帝議趙充國所上事效之後，詰責諸議者，皆叩頭而謝，以塞異端也。自秋已來，討賊之形頗露，若今中止，孫皓怖而生計，或徙都武昌，更完修江南諸城，遠其居人，城不可攻，野無所掠，積大船于夏口，則明年之計或無所及。晉書杜預傳。

奏上律令注解

被敕以臣造新律事，律吏杜景、李復等造律，皆未清本末之意者也。法者，蓋是繩墨之斷例，非窮理盡性之書也。故文約而例直，聽省而禁簡。例直易見，禁簡難犯，易見則人知所避，難犯則幾于刑厝。刑之本在於簡直，故必審名分。審名分者，必忍小理。古之刑書，銘之鐘鼎，鑄之金石，斯所以遠塞異端，絕異理也。法出一門，然後人知恒禁，吏無淫巧，政明于上，民安于下。今所注皆網羅法意，格之以名分。使用之者執名例以審趣舍，伸繩墨之直，去析薪之理也。書鈔四十五，藝文類聚五十四引杜預奏事，又見晉書杜預傳。

奏上黜陟課略

臣聞上古之政，因循自然，虛己委誠，而信順之道應，神感心通，而天下之理得。其後涫樸漸散，彰美顯惡，設官分職，以頒爵祿，弘宣六典，以詳考察，然猶倚明哲之輔，建忠貞之司，使名不得越功而獨美，功不得後名而獨隱，皆疇咨博詢，敷納以言。及至末世，不能紀遠而求于密微，疑諸心而信耳目，疑耳目而信簡書，簡書愈繁，官方愈偽，法令滋章，巧飾彌多。昔漢之刺史，亦歲終奏事，不制筭課，而清濁粗舉。魏氏考課，即京房之遺意，其文可謂至密，然由于累細以違其體，故歷代不能通也。豈若申唐堯之舊典，去密就簡，則簡而易從也。夫宣盡物理，神而明之，存乎其人，去人而任法，則以傷理。今科舉優劣，莫若委任達官，各考所統，在官一年以後，每歲言優者一人為上第，劣者一人為下第，因計偕以名聞。如此六載，主者總集採案，其六歲處優舉者超用之，六歲處劣舉者奏免之，其優多劣少者敘用之，劣多優少者左遷之。今考課之品，所對不鈞，誠有難易，若以難取優，以易而否，主者固當準量輕重，微加降殺，不足復曲以法盡也。己丑詔書以考課難成，聽通薦例，薦例之理，即亦取于風聲，六年頓薦，黜陟無漸，又非古者三考之意也。今每歲一考，則積優以成陟，累劣以取黜，以士君子之心相處，未有官故六年六黜清能，六進否劣者也。監司將亦隨而彈之，若令上下公相容過，此為清議大頹，亦無取于黜陟也。晉書杜預傳，通典十五。

奏秦州軍事

臣嘗聞邊人說，虜專以騎為寇，穿塹不如作馬埳，馬埳法，坑方三尺，錯平穿之，虜騎非下馬平治，則終不得入。又其外蹊要路，亦可隨作塢，施槍埳中，訖薄覆其上，如此則虜當梁地而行，不敢輒往來也。御覽三百三十七。

奏履藉田

竊惟藉田令本以藉田千畝，十頃之田，計其案行，周旋不過數里，凡宗廟粢盛，御用膳羞，及羣神之調，于是取，所藉戶口足以當一縣一邑，所供至重，事貴臨履也。

全晉文卷四十二　杜預　三

奏事

臣前在南，聞魏興西北山有野牛野羊，牛之大者二千斤，羊之大者千數百斤。試令求之，各得一枚，并頭角蹄。案其形，不與中土牛羊相似，然是野獸中所希有。藝文類聚九十四，御覽八百九十九又九百二，並引杜預奏事。

藥杵臼澡槃熨斗釜瓮銚槃鎢錥，皆亦民間之急用物也。御覽七百五十七。

奏議皇太子除服

侍中尚書令司空魯公臣賈充、侍中尚書僕射奉車都尉大梁侯臣盧欽、尚書新沓伯臣山濤、尚書奉車都尉平春侯臣胡威、尚書劇陽子臣魏舒、司尚書堂陽子臣石鑒、尚書豐樂亭侯臣杜預稽首言：禮官參議博士張靖等議以為孝文權制三十六日之服，以日易月，道有污隆，禮不得全，皇太子亦宜割情除服。博士陳逵等議以為三年之喪，人子所以自盡，故聖人制禮，自上達下，是以今制將吏諸遭父母喪，皆假寧二十五月，敦崇孝道，所以風化天下。皇太子至孝著于內，而衰服除于外，非禮所謂稱情者也，宜其不除。臣欽、臣舒、臣預謹案靖、逵等議，各見所學之一端，未曉帝者居喪古今之通禮也。自上及下，尊卑貴賤，物有其宜，故禮有以多為貴者，有以少為貴者，有以高為貴者，有以下為貴者，唯其稱也。不然，則本末不經，行之不遠。天子之與羣臣，雖哀樂之情若一，而所居之宜實異，故禮不得同。易曰：上古之世，喪期無數。虞書稱三載四海遏密八音，其後無文，至周公旦，乃稱殷之高宗諒闇三年，不言其傳曰：諒，信也；闇，默也。下逮五百餘歲，而子張疑之，以問仲尼，仲尼答云：何必高宗，古之人皆然。君薨，百官總己以聽于冢宰，三年。周景王有后世子之喪，既葬除喪而樂，晉叔向譏之曰：三年之喪，雖貴遂服，禮也。王雖弗遂，宴樂已早，亦非禮也。此皆天子喪事見于古文者也。稱高宗不云服喪三年，而云諒闇三年，此釋服心

全晉文卷四十二　杜預　四

喪之文也。譏景王不譏其除喪。而譏其宴樂已早。明既葬應除。而違諒闇之節也。堯崩。舜諒闇三年。故稱遏密八音。由此言之。天子居喪。齊斬之制。菲杖經帶。當遂其服。既葬而除。諒闇以終之。三年無改父之道。故百官總己聽于冢宰。喪服已除。故稱不言之美。明不復寢苫枕土。以荒大政也。禮記三年之喪。自天子達。又云。父母之喪。無貴賤一也。又云。端衰喪車皆無等。此通謂天子居喪。衣服之節。同于凡人。心喪之禮。終于三年。亦無服喪三年之文。然繼體之君。猶多荒宴。自從廢諒闇之制。至令高宗擅名于往代。子張致疑于當時。此乃賢聖所以爲譏。非譏天子不以服終喪也。秦燔書籍。率意而行。亢上抑下。漢祖草創。因而不革。乃至率天下皆終重服。旦夕哀臨。經罹寒暑。禁塞嫁娶飲酒食肉。制不稱情。是以孝文遺詔。斂畢便葬。葬畢制紅禫之除。雖不合高宗諒闇之遺。近于古典。故傳之後嗣。于時預修陵廟。故斂葬得在浹辰之內。因以定制。

近至明帝。存無陵寢。五旬乃葬。安在三十六日。此當時經學疏略。不師前聖之病也。魏氏革命。以既葬爲節。合于古典。然不垂心諒闇。同譏前代。自泰始開元。陛下追尊諒闇之禮。慎終居篤。允臻古制。超絕于殷宗。天下歌德。誠非靖等所能原本也。天子諸侯之禮。當以具矣。諸侯惡其害己而削其籍。今其存者。唯士喪一篇。戴聖之記。雜錯其閒。亦難以取正。天子之位至尊。萬機之政至大。羣臣之衆至廣。不同之于凡人。故大行既葬。祔祭于廟。則因疏而除之。已不除則羣臣莫敢除。故屈己以除之。而諒闇以終制。天下之人皆曰我王之仁也。屈己以從宜。皆曰我王之孝也。既除而心喪。我王猶若此之篤也。凡等臣子。亦焉得不自勉以崇禮。此乃聖制移風易俗之本。高宗所以致雍熙。豈惟衰裳而已哉。若如難者更以權制自居。疑于屈伸厭降。欲以職事爲斷。則父在爲母朞。父卒三年。此以至親屈于至尊之義也。出母之喪。以至親爲屬。而長子不得有制。體尊之義。升降皆從。不敢獨也。禮。諸子之職。掌國子之倅。國有事。則帥國子而致之太子。惟所用之。傳曰。君行則守。有守則從。從曰撫軍。守曰監國。不無事矣。喪服。母爲長子。妻爲夫。妾爲主。皆三年。內宮之主。可謂無事。撥度漢制。孝文之喪。紅禫既畢。孝景卽吉于未央。薄后竇后。必不得齊斬于別宮。此可知也。況皇太子配貳之至尊。與國爲體。固宜遠遵古禮。近同時制。屈除以寬諸下。協一代之成典。君子之于禮。有直而行。曲而報。有經而等。有順而去之。存諸內而已。禮云。非玉帛之謂。喪云。唯衰麻之謂乎。此既臣等所謂經制大義。且卽實近言。亦有不安。今皇太子至孝蒸蒸。發于自然。號咷之慕。匍匐殯宮。大行既奠。往而不反。必想像平故。彷徨寢殿。若不變從諒闇。則東宮臣僕。義不釋服。此爲永福官屬。當獨衰麻從事。出入殿省。亦難以繼。今將吏雖蒙同二十五月之事。宴至于大臣。亦奪其制。昔翟方進自以身爲漢相。居喪三十六日。

不敢踰國典。而況于皇太子。臣等以爲皇太子宜如前奏。除服諒闇終制。（晉書禮志中。又略見通典八十。又八十二。）

諒闇之制。乃自上古。是以高宗無服喪之文。而唯文稱不言。漢文限三十六日。魏氏以降。既虞爲節。皇太子與國爲體。理宜釋服。卒哭便除。（晉書摯虞傳。又見宋書禮志二。有小異。案此隱括預奏而文不同。故並錄之。）

陳農要疏

臣輒思惟。今者水災東南特劇。非但五稼不收。居業並損。下田所在停污。高地皆多磽塉。此卽百姓困窮。方在來年。雖詔書切告長吏二千石爲之設計。而不廓開大制。定其趣舍之宜。恐徒文具。所益蓋薄。當今秋夏蔬食之時。而百姓已有不贍。前至冬春。野無青草。則必指仰官穀。以爲生命。此乃一方之大事。不可不豫爲思慮者也。臣愚謂既以水爲困。當恃魚菜螺蜯。而洪波汎濫。貧弱者終不能得。今者宜大壞兗豫（通典作兗豫及荊河）州東界諸陂。隨其所歸。而宣

交字衍

導之交令饑者盡得水產之饒百姓不出境界之內旦暮野食此目下日給之益也水去之後塡淤之田畝收數鍾至春大種五穀五穀必豐此又明年之益也臣前啟典牧種牛不供耕駕至于老不穿鼻者無益于用而徒有吏士穀草之費歲送任駕者甚少尚復不調習宜大出賣以易穀及爲賞直詔曰孳育之物不宜減散事遂停寢問主者今典虞右典牧種產牛大小相通有四萬五千餘頭苟不益世用頭數雖多其費日廣古者匹馬匹牛居則以耕出則以戰非如豬羊類也今徒養宜用之牛終爲無用之費甚失事宜東南以水田爲業人無牛犢今既壞陂可分種牛三萬五千頭以付二州將吏士庶使及春耕穀登之後頭責三百斛是爲化無用之費得運水次成穀七百萬斛此又數年後之益也加以百姓降丘宅土將來公私之饒乃不可計其所留好種萬頭可卽令右典牧都尉官屬養之人多畜少可並佃牧地明其攷課此又三

魏近甸歲當復入數十萬斛穀牛又皆當調習動可駕用皆今日之可全者也晉書食貨志通典二

又疏

諸欲修水田者皆以火耕水耨爲便非不爾也然此事施于新田草萊與百姓居相絕離者耳往者東南草創人稀故得火田之利自頃戶口日增而陂堨通典作堰歲決良田變生蒲葦人居沮澤之際水陸失宜放牧絕種樹木立枯皆陂之害也陂多則土薄水淺潦不下潤故每有雨水輒復橫流延及陸田言者不思其故因云此土不可陸種臣計漢之戶口以驗今之陂處皆陸業也其或有舊陂舊堨通典作堰則堅完修固非今所謂當爲人患者也臣前見尚書胡威啟宜壞陂其言懇至臣中者又見宋侯相應遵上便宜求壞泗陂徙運道時下都督度支共處當各據所見不從遵言臣案遵上事運道東詣壽春有舊渠可不由泗陂泗陂在遵地界壞地凡

寧下之濇當作瀉

萬三千餘頃傷敗成業遵縣領佃二千六百口可謂至少而猶患地狹不足盡力此皆水之爲害也當所共恤而都督度支方復執異非所見之難直以不同害理也人心所見既不同利害之情又有異軍家之與郡縣士大夫之與百姓其意莫有同者此皆偏其利以忘其害者也此理之所以未盡而事之所以多患也臣又案豫州界二通典作荊河州界中度支所領佃者州郡大軍雜士凡用水田七千五百餘頃耳計三年之儲不過二萬餘頃以常理言之無爲多積無用之水況于今者水潦瓮溢大爲災害臣以爲與其失當寧濇之不濇宜發明詔敕刺史二千石其漢氏舊陂舊堨及山谷私家小陂皆當修繕以積水其諸魏氏以來所造立及諸因雨決溢蒲葦馬腸陂之類皆決瀝之長吏二千石躬親勸功通典作躬先勸戒諸食力之人並一時附功令比及水凍得粗枯涸其所修功實之人皆以畀之其舊陂堨溝渠當有所補塞者皆尋求微跡一如

漢時故事豫爲部分列上須冬閒東南休兵交代各留一月以佐之夫川瀆有常流地形有定體漢氏居人衆多猶以爲患今因其所患而宣寫之迹古事以明近大理顯然可坐論而得臣不勝愚意竊謂最是今日之實益也晉書食貨志通典二

皇太子除服議

古者天子諸侯三年之喪始服齊斬既葬除喪服諒闇以居心喪終制不與士庶同禮漢氏承秦天下爲天子終服三年漢文帝見其下不可久行而不知古制更以意制祥禫除喪卽吉魏氏直以訖葬爲節嗣君皆不復諒闇終制學者非之久矣然竟不推究經傳攷其行事專爲王者三年之喪當以衰麻終二十五月嗣君苟若此則天子羣臣皆不得除喪雖志在居篤更逼而不行至今世主皆從漢文輕典由處制者非制也今皇太子與尊同體宜復古典卒哭除衰麻以諒闇終制于義既不應不除又無取于漢文乃

所以篤喪禮也（晉書禮志中、通典八十、又八十二。泰始十年，武元楊皇后崩，及將遷于峻陽陵，依舊制，旣葬，帝及羣臣除喪卽吉。先是尚書祠部奏從博士張靖議，皇太子亦從制俱釋服。博士陳逵議，以爲今制所依，蓋漢帝權制，興于有事，非禮之正，皇太子無有國事，自宜終服。有詔更詳議，尚書杜預以爲云云）

荅盧欽魏舒問

傳稱三年之喪自天子達，此謂天子絕朞，唯有三年喪也，非謂居喪衰服三年與士庶同也。故后世子之喪，而叔嚮稱有三年之喪二也。周公不言高宗服喪三年，而云諒闇三年，此釋服心喪之文也。叔嚮不譏景王除喪，而譏其燕樂已早，明旣葬應除，而違諒闇之節也。春秋晉侯享諸侯，子產相鄭伯，時簡公未葬，請免喪以聽命，君子謂之得禮。宰咺來歸惠公仲子之賵，傳曰弔生不及哀，此皆旣葬除服諒闇之證，先儒舊說往往亦見，學者未之思耳。喪服諸侯爲天子亦斬衰，豈可謂終服三年邪。上攷七代，未知王者君臣上下衰麻三年者，諸下推將來，恐百世之主其理一也，非必不能，乃事勢不得，故知聖人不虛設不行之制。仲尼曰，禮所損益，雖百世可知，此之謂也。（晉書禮志中。于是尚書僕射盧欽、尚書魏舒問預證據所依，預云云。于是欽、舒遂命預造議奏）

吉祭議

易曰，上古之代，喪期無數。自殷高宗諒闇三年，不稱服喪三年，而稱諒闇三年，此釋服心喪之謂。大戴篇曰，昔武王崩，成王十三，而嗣立，周公居冢宰攝政，明年六月旣葬，周公冠成王而朝于祖，以見諸侯，命祝雍作頌，是三年之內時明矣。故今礿烝嘗于是行焉。昔仲尼之制春秋也，因魯史以明王法，喪中之禘祫，譏貶之文著焉。（通典四十九）

與王濬書

足下旣摧其西藩，便當徑取秣陵，討累世之逋寇，釋吳人于塗炭，自江入淮，逾于泗汴，泝河而上，振旅還都，亦曠世一事也。（晉書王濬傳）

與子耽書

知汝頗欲念學，今同還車到，副書可案錄受之，當別置一宅中，勿復以借人。（梅鼎祚文紀引玉府新書，張采晉文亦有之，未知玉府新書是何代書也）

書

十一月十四日，預頓首，歲忽已終，別久益兼其勞，道遠，書問又簡，闕得來說，知消息，中省次若言面。（淳化閣帖三）

親故數移轉，想祖父自具云也。祖父如足下來言，小大云具絕汝親親也。有信數附書信，以慰吾心也。（淳化閣帖三）

七規（一作七矯）

張參天之黼帳。（書鈔一百三十二）

重醞醴醇，沃土名清，甜甘無常，五味相幷。（書鈔一百四十八）

酌以彫觚，盛以彝器，騰波傳觴，託水班類。（書鈔一百五十五）

庶羞旣口，異味代臻，糅以丹橘，雜以芳鱗。（書鈔一百四十二）

太羹生華，蘭椒（一作料）馥芬，菰糧雪累，班爛錦文，馨香播越，氣干青雲。（書鈔一百四十四）

農父進菰粱之精稗，虞官貢飛禽之羣口，伊尹爨以五熟之鼎，易牙投以犀象之器。（書鈔一百四十二）

膳夫騁伎，飄忽若仙，披素㓱之揮霍，若將絕而復連。（書鈔一百四十四）

飛刀覆切，解髮雜疊，各要轂轉（案當有誤）□□□□，醎酸得適，和味應宜。（書鈔一百四十二）

全晉文卷四十二終

烏程嚴可均校輯

杜預二

律序

律者八㠯正罪名。令者八㠯存事制。二者相須爲用。書鈔四十五。藝文類聚五十四。御覽六百三十八

春秋左氏傳序

春秋者。魯史記之名也。記事者。㠯事繫日。㠯日繫月。㠯月繫時。㠯時繫年。所㠯紀遠近。別同異也。故史之所記。必表年㠯首事。年有四時。故錯舉㠯爲所記之名也。周禮有史官。掌邦國四方之事。達四方之志。諸侯亦各有國史。大事書之于策。小事簡牘而已。孟子曰。楚謂之檮杌。晉謂之乘。而魯謂之春秋。其實一也。韓宣子適魯。見易象與魯春秋。曰。周禮盡在魯矣。吾乃今知周公之德與周之

所㠯王也。韓子所見。蓋周之舊典禮經也。周德既衰。官失其守。上之人不能使春秋昭明。赴告策書。諸所記注。多違舊章。仲尼因魯史策書成文。攷其眞僞。而志其典禮。上㠯遵周公之遺制。下㠯明將來之法。其教之所存。文之所害。則刊而正之。㠯示勸誡。其餘則皆即用舊史。史有文質。辭有詳略。不必改也。故傳曰。其善志。又曰。非聖人孰能修之。蓋周公之志。仲尼從而明之。左丘明受經于仲尼。㠯爲經者不刊之書也。故傳或先經㠯始事。或後經㠯終義。或依經㠯辯理。或錯經㠯合異。隨義而發。其例之所重。舊史遺文。略不盡舉。非聖人所修之要故也。身爲國史。躬覽載籍。必廣記而備言之。其文緩。其旨遠。將令學者原始要終。尋其枝葉。究其所窮。優而柔之。使自求之。饜而飫之。使自趨之。若江海之浸。膏澤之潤。渙然冰釋。怡然理順。然後爲得也。其發凡㠯言例。皆經國之常制。周公之垂法。史書之舊章。仲尼從而修之。㠯成一經之通體。其微顯闡幽。裁成義類者。皆據舊例而發義。指行事㠯正褒貶。諸稱書不書先書故書不言不稱書曰之類。皆所㠯起新舊。發大義。謂之變例。然亦有史所不書。即㠯爲義者。此蓋春秋新意。故傳不言凡。曲而暢之也。其經無義例。因行事而言。則傳直言其歸趣而已。非例也。故發傳之體有三。而爲例之情有五。一曰微而顯。文見于此。而義起在彼。稱族尊君命。舍族尊夫人。梁亡。城緣陵之類是也。二曰志而晦。約言示制。推㠯知例。參會不地。與謀曰及之類是也。三曰婉而成章。曲從義訓。㠯示大順。諸所諱避。璧假許田之類是也。四曰盡而不汙。直書其事。具文見意。丹楹刻桷。天王求車。齊侯獻捷之類是也。五曰懲惡而勸善。求名而亡。欲蓋而章。書齊豹盜。三叛人名之類是也。推此五體。㠯尋經傳。觸類而長之。附于二百四十二年行事。王道之正。人倫之紀備矣。或曰。春秋㠯錯文見義。若如所論。則經當有事同文異而無其義也。先儒所傳。皆不其然。答曰。

春秋雖㠯一字爲襃貶。然皆須數句㠯成言。非如八卦之爻。可錯綜爲六十四也。固當依傳㠯爲斷。古今言左氏春秋者多矣。今其遺文可見者十數家。大體轉相祖述。進不成爲錯綜經文㠯盡其變。退不守丘明之傳。于丘明之傳。有所不通。皆沒而不說。而更膚引公羊穀梁。適足自亂。預今所㠯爲異。專修丘明之傳㠯釋經。經之條貫。必出于傳。傳之義例。總歸諸凡。推變例㠯正襃貶。簡二傳而去異端。蓋丘明之志也。其有疑錯。則備論而闕之。㠯俟後賢。然劉子駿創通大義。賈景伯父子。許惠卿。皆先儒之美者也。末有潁子嚴者。雖淺近。亦復名家。故特舉劉賈許潁之違。㠯見同異。分經之年。與傳之年相附。比其義類。各隨而解之。名曰經傳集解。又別集諸例。及地名譜第厤數。相與爲部。凡四十部十五卷。皆顯其異同。從而釋之。名曰釋例。將令學者觀其所聚。異同之說。釋例詳之也。或曰。春秋之作。左傳及穀梁無明文。說者㠯爲仲尼自衛反魯。

修春秋立素王丘明爲素臣言公羊者亦云黜周而王魯危行言遜㠯避當時之害故微其文隱其義公羊經止獲麟而左氏經終孔丘卒敢問所安荅曰異乎余所聞仲尼曰文王既沒文不在茲乎此制作之本意也歎曰鳳鳥不至河不出圖吾已矣夫蓋傷時王之政也麟鳳五靈王者之嘉瑞也今麟出非其時虛其應而失其歸此聖人所㠯爲感也絕筆于獲麟之一句者所感而起固所㠯爲終也曰然春秋何始于魯隱公荅曰周平王東周之始王也隱公讓國之賢君也考乎其時則相接言乎其位則列國本乎其始則周公之祚胤也若平王能祈天永命紹開中興隱公能弘宣祖業光啟王室則西周之美可尋文武之迹不墜是故因其厤數附其行事采周之舊㠯會成王義垂法將來所書之王卽平王也所用之厤卽周正也所稱之公卽魯隱公也安在其黜周而王魯乎子曰如有用我者吾其爲東周乎此其義也若夫制作之文所

㠯彰往考來情見乎辭言高則旨遠辭約則義微此理之常非隱之也聖人包周身之防既作之後方復隱諱㠯避患非所聞也子路欲使門人爲臣孔子㠯爲欺天而云仲尼素王丘明素臣又非通論也先儒㠯爲制作三年文成致麟既已妖妄又引經㠯至仲尼卒亦又近誣據公羊經止獲麟而左氏小邾射不在三叛之數故余㠯爲感麟而作作起獲麟則文止于所起爲得其實至于反袂拭面稱吾道窮亦無取焉文選唐石經春秋傳

春秋左氏傳後序

太康元年三月吳寇始平余自江陵還襄陽解甲休兵乃申抒舊意修成春秋釋例及經傳集解始訖會汲郡汲縣有發其界內舊冢者大得古書皆簡編科斗文字發冢者不㠯爲意往往散亂科斗書久廢推尋不能盡通始者藏在祕府余晚得見之所記大凡七十五卷多雜碎怪妄不可訓知周易及紀年最爲分了周易上

下篇與今正同別有陰陽說而無彖象文言繫辭疑于時仲尼造之于魯尚未播之于遠國也其紀年篇起自夏殷周皆三代王事無諸國別也唯特記晉國起自殤叔次文侯昭侯㠯至曲沃莊伯莊伯之十一年十一月魯隱公之元年正月也皆用夏正建寅之月爲歲首編年相次晉國滅獨記魏事下至魏哀王之二十年蓋魏國之史記也推校哀王二十年太歲在壬戌是周赧王之十六年秦昭王之八年韓襄王之十三年趙武靈王之二十七年楚懷王之三十年燕昭王之十三年齊湣王之二十五年也上去孔丘卒百八十一歲下去今太康三年五百八十一歲哀王于史記襄王之子惠王之孫也惠王三十六年卒而襄王立立十六年卒而哀王立古書紀年篇惠王三十六年從一年始至十六年而稱惠成王卒卽惠王也疑史記誤分惠成之世㠯爲後王年也哀王二十三年乃卒故特不稱謚謂之今王其著書文意大似春秋經推

此足見古者國史策書之常也文稱魯隱公及邾莊公盟于姑蔑卽春秋所書邾儀父未王命故不書爵曰儀父貴之也又稱晉獻公會虞師伐虢滅下陽卽春秋所書虞師晉師滅下陽先書虞賄故也又稱周襄王會諸侯于河陽卽春秋所書天王狩于河陽㠯臣召君不可㠯訓也諸若此輩甚多略舉數條㠯明國史皆承告據實而書時事仲尼修春秋㠯義而制異文也又稱衞懿公及赤翟戰于洞澤疑洞當作泂卽左傳所謂熒澤也齊國佐來獻玉磬紀公之甗卽左傳所謂賓媚人也諸所記多與左傳符同異于公羊穀梁知此二書近世穿鑿非春秋本意審矣雖不皆與史記尚書同然參而求之可㠯端正學者又別有一卷純集疏左氏傳卜筮事上下次第及其文義皆與左傳同名曰師春師春似是鈔集者人名也紀年又稱殷仲壬卽位居亳其卿士伊尹仲壬崩伊尹放大甲于桐乃自立也伊尹卽位放大甲七年大甲潛出自桐殺

伊尹乃立其子伊陟伊奮命復其父之田宅而中分之左氏傳伊尹放大甲而相之卒無怨色然則大甲雖見放還殺伊尹而猶以其子爲相也此爲大與尚書敍說大甲事乖異不知老叟之伏生或致昏忘將此古書亦當時雜記未足以取審也爲其粗有益于左氏故略記之附集解之末焉

長厤

釋例曰書稱朞三百有六旬有六日以閏月定四時成歲允釐百工庶績咸熙是以天子必置日官諸侯必置日御世修其業以攷其術舉全數而言故曰六日其實五日四分日之一日一日行一度而月日行十三度十九分度之七有畸日官當會集此之遲速以攷成晦朔錯綜以設閏月閏月無中氣而北斗邪指兩辰之閒所以異于他月也積此以相通四時八節無違乃得成歲其微密至矣得其精微以合天道則事敍而不悖故傳曰閏以正時時以

作事事以厚生生民之道于是乎在然陰陽之運隨動而差差而不已遂與厤錯故仲尼丘明每于朔閏發文蓋矯正得失因以宣明厤數也桓十七年日有食之得朔而史闕其日單書朔僖十五年日食亦得朔而史闕朔與日故傳因其得失竝起時史之謬兼以明其餘日食或厤失其正也莊二十五年經書六月辛未朔日有食之鼓用牲于社周之六月夏之四月所謂正陽之月也而時厤誤實是七月之朔非六月故傳云非常也唯正月之朔慝未作日有食之于是乎有用幣于社伐鼓于朝明此非用幣伐鼓常月因變而起厤誤也文十五年經文皆同而更復發傳曰非禮明前傳欲以審正陽之月後傳發例欲以明諸侯之禮也此乃聖賢之微旨先儒所未喻也昭十七年夏六月日有食之而平子言非正陽之月以誣一朝近于指鹿爲馬故傳曰不君矣且因以明此月爲得天正也劉子駿造三統厤以修春秋春秋日食有甲乙者三

十四而三統厤唯得一食厤術比諸家既最疏又六千餘歲輒益一日凡歲當累日爲次而無故益之此不可行之甚者班固前代名儒而謂之最密非徒班固也自古以來諸論春秋者多述謬誤或造家術或用黃帝以來諸厤以推經傳朔日皆不得諧合日食于朔此乃天驗經傳又書其朔日食可謂得天而劉賈諸儒說皆以爲月二日或三日公違聖人明文其蔽在于守一元不與天消息也余感春秋之事嘗著厤論極言厤之通理其大指有云天行不息日月星辰各運其舍皆動物也物動則不一雖行度大量可得而限累日爲月累月爲歲以新故相序不得不有毫毛之差此自然之理也故春秋日有頻月而食者有曠年而不食者理不得一而算守恆數故厤無有不差失也始失于毫毛而尚未可覺積而成多以失弦望朔晦則不得不改憲以從之書所謂欽若昊天厤象日月星辰易所謂治厤明時言當順天以求合非爲合以驗

天者也推此論之春秋二百餘年其治厤通變多矣雖數術絕滅還尋經傳微旨大量可知時之違謬則經傳有驗學者固當曲循經傳月日日之食以考朔晦以推時驗而見皆不然各據其學以推春秋此無異度已之跡而欲削他人之足也余爲厤論之後至咸寧中有善算李修夏顯（晉志作卜顯當攷）依論體爲術名乾度厤表上朝廷其術合日行四分之數而微增月行（晉志作月衞）用三百歲改憲之意二元相推七十餘歲承以強弱強弱之差蓋少而適足以遠通盈縮時尚書及史官以乾度厤與太始厤參校古今記注乾度厤殊勝太始厤上勝官厤四十五事今其術具存時又并攷古今十厤以驗春秋知三統厤之最疏也今具列其時得失之數又據經傳微旨證據及失閏違時文字謬誤皆甄發之雖未必其得天蓋春秋當時之厤也學者覽焉（續漢律厤志中注永樂大典本春秋釋例晉書律厤志下）

宗譜

別子者。君之嫡妻之子。長子之母弟也。君命爲祖。其子則爲大宗。常有一主。審昭穆之序。辨親疏之別。是故百代不遷。若無子則支子爲後。雖七十無主婦。若殤死則衰絰加一等。㠯兄弟之列代之。殤無爲父道。兄弟昭穆同故也。死皆爲之齊衰。其月數各隨親疏爲限。雖尊雖出嫁。猶不敢降也。屬絕則爲之齊縗三月。若始封君相傳。則自祖始封君。其支子孫皆宗大宗。然則繼體君爲宗中之尊。支庶莫敢宗之。是㠯命別子爲宗主。一宗奉之。故曰祖者高祖也。言屬遠于君。則就君屬絕于君則適宗子家也。而說者或云君代代得立大宗。或云別子之母弟亦得爲祖。或云命妾子爲別子。其適妻子則遷宗于君。皆非也。別子之弟。子孫無貴賤。皆宜宗別子之子孫。小宗一家之長也。同族則宗之。其服隨親疏爲比。姊妹出嫁不敢降之。五屬斷服。則不宗之矣。通典七十三。

遺令

古不合葬。明于終始之理。同于無有也。中古聖人改而合之。蓋㠯別合無在。更緣生㠯示教也。自此㠯來。大人君子或合或否。未能知生。安能知死。故各㠯已意所欲也。吾往爲臺郎。嘗㠯公事使過密縣之邢山。山上有冢。問耕父。御覽作耕者。云是鄭大夫祭仲。或云子產之冢也。遂率從者祭。御覽作登。而觀焉。其造冢居山之頂。四望周達。連山體南北之正。而邪東北向新鄭城。意不忘本也。其隧道唯塞其後。而空其前。不塡之。示藏無珍寶。不取于重深也。山多美石不用。必集洧水書鈔作洧水中。自然之石。㠯爲冢藏。貴不勞工巧。而此石不入世用也。君子尚其有情。御覽作尚其儉。小人無利可動。歷千載無毁。儉之致也。吾去春入朝。因郭氏喪亡。緣陪陵舊義。自表營洛陽城東首陽之南爲將來兆域。而所得地中有小山。上無舊冢。其高顯雖未足比邢山。然東奉二陵。西瞻宮闕。南觀伊洛。北望夷叔。曠然遠覽。情之所安也。故遂表樹開道。爲一定之制。至時皆用洛水圓石。開隧道南向。儀制取法于鄭大夫。欲㠯儉自完耳。棺器小斂之事。皆當稱此。晉書杜預傳。又北堂書鈔一百六十。御覽五百五十四並引王隱晉書。

集要

凡輓。天子六綍。諸侯四。大夫士二。御覽五百五十二。

自述

少而好學。在官則勤于吏治。在家則滋味典籍。書鈔九十七。

杜預集序

預爲鎮南將軍。觀兵于江。男女降者百萬餘口。軍中爲之謠曰。㠯計待戰。一當萬。書鈔一百十九。

王濬

濬字士治。弘農湖人。辟河東從事。後參羊祜征南軍事。轉車騎從事中郎。除巴郡太守。轉廣漢太守。遷益州刺史。封關內侯。拜

龍驤將軍。監益梁諸軍事。進平東將軍。假節。吳平。拜輔國大將軍。領步兵校尉。封襄陽縣侯。遷鎮軍大將軍。加散騎常侍。領後軍將軍。轉撫軍大將軍。開府儀同三司。加特進。太康六年卒。年八十。諡曰武。有集二卷。

上疏請平吳

臣數參訪吳楚同異。孫晧荒淫凶逆。荊揚賢愚莫不嗟怨。且觀時運。宜速征伐。若今不伐。天變難預。令晧卒死。更立賢主。文武各得其所。則彊敵也。臣作船七年。日有朽敗。又臣年已七十。死亡無日。三者一乖。則難圖也。誠願陛下無失事機。晉書王濬傳。

上書自理

臣前被庚戌詔書曰。軍人乘勝。猛氣益壯。便當順流長騖。直造秣陵。臣被詔之日。卽便東下。又前被詔書云。太尉賈充總統諸方。自鎭東大將軍伷及渾濬彬等。皆受充節度。無令臣別受渾節度之

文。臣自達巴丘。所向風靡。知孫皓窮踧勢無所至。十四日至牛渚。去秣陵二百里。宿設部分。為攻取節度。前至三山。見渾在北岸。遣書與臣。可暫來過。共有所議。亦不語臣當受節度之意。臣水軍風發。乘勢造賊城。加宿設部分行有次第。無緣得于長流之中迴船過渾。令首尾斷絕。須臾之間。皓遣使歸命。臣即報渾書。并寫皓牋。具以示渾。使速來。當于石頭相待。軍以日中至秣陵。暮乃被渾所下當受節度之符。欲令臣明十六日悉將所領還圍石頭。備皓越逸。又索蜀兵及鎮南諸軍人名定見。臣以為皓已來首都亭。無緣共合空圍。又兵人定見。不可倉卒。皆非當今之急。不可承用。中詔謂臣忽棄明制。專擅自由。伏讀嚴詔。驚怖悚慄。不知軀命當所投厝。豈惟老臣獨懷戰灼。三軍上下。咸盡喪氣。臣受國恩。任重事大。常恐託付不效。孤負聖朝。故投身死地。轉戰萬里。書鈔一百十八引作臣受命之日心與口誓投身云云。被蒙寬恕之恩。得從臨履之宜。是以憑賴威靈。幸而能濟。皆是陛下神策廟算。臣承指授。效鷹犬之用耳。有何勳勞而恃功肆意。寧敢昧利而違聖詔。臣以十五日至秣陵。而詔書以十六日起洛陽。其間懸闊。不相赴接。則臣之罪責。宜蒙察恕。假令孫皓猶有螳螂舉斧之勢。而臣輕軍單入。有所虧喪。罪之可也。臣所統八萬餘人。乘勝席卷。皓以眾叛親離。無復羽翼。匹夫獨立。不能庇其妻子。雀鼠貪生。苟乞一活耳。而江北諸軍不知其虛實。不早縛取。自為小誤。臣至便得。更見怨恚。並云守賊百日。而令他人得之。言語噂𠴲。不可聽聞。案春秋之義。大夫出疆。猶有專輒。臣雖愚憃。以為事君之道。唯當竭節盡忠。奮不顧身。量力受任。臨事制宜。苟利社稷。死生以之。若其顧護嫌疑。以避咎責。此是人臣不忠之利。實非明主社稷之福也。臣不自料。忘其鄙劣。披布丹心。輸寫肝腦。欲竭股肱之力。加之以忠貞。庶必掃除凶逆。清一宇宙。願令聖世與唐虞比隆。陛下粗察臣之愚款。而識其欲自效之誠。是以授

臣以方牧之任。委臣以征討之事。雖燕王之信樂毅。漢祖之任蕭何。無以加焉。受恩深重。死且不報。而以頑疏。舉錯失宜。陛下弘恩。財加切讓。惶怖怔營。無地自厝。願陛下明臣赤心而已。晉書王濬傳

復上表自理

被壬戌詔書。下安東將軍所上揚州刺史周浚書。謂臣諸軍得孫皓寶物。又謂牙門將李高放火燒皓偽宮。輒公文上尚書。具列本末。又聞渾案陷上臣。臣受性愚忠。行事舉動。信心而前。期于不負神明而已。秣陵之事。皆如前所表。而惡直醜正。實繁有徒。欲構南箕。成此貝錦。公于聖世。反白為黑。夫佞邪害國。自古而然。故無極破楚。宰嚭滅吳。及至石顯。傾亂漢朝。皆載在典籍。為世所戒。昔樂毅伐齊。下城七十。而卒被讒間。脫身出奔。樂羊既反。謗書盈篋。況臣頑疏。能免讒慝之口。然所望全其首領者。實賴陛下聖哲欽明。使浸潤之譖不得行焉。然臣孤根獨立。朝無黨援。久棄遐外。人道斷絕。而結恨彊宗。取怨豪族。以累卵之身。處雷霆之衝。繭栗之質。當豺狼之路。其見吞噬。豈抗脣齒。夫犯上干主。其罪可救。乖忤貴臣。則禍在不測。故朱雲折檻。嬰逆鱗之怒。慶忌救之。成帝不問。望之周堪。違忤石顯。雖闔朝嗟歎。而死不旋踵。此臣之所大怖也。今渾之支黨姻族。內外皆根據磐牙。並處世位。聞遣人在洛中。專共交構。盜言孔甘。疑惑觀聽。夫曾參之不殺人。亦以明矣。然三人傳之。其母投杼。今臣之信行。未若曾參之著。而讒構沸騰。非徒三夫之對。外內扇助。為二五之應。夫猛獸當途。麒麟恐懼。況臣脆弱。敢不悚慄。偽吳君臣。今皆生在。便可驗問。以明虛實。前偽中郎將孔攄說云。二月武昌失守。水軍行至。孫皓出案行石頭還。左右兵人皆跳刀大呼云。要當為陛下御覽作國家一死戰決之。魏帝尚以千人定天下。況今有數萬眾。自足辦事。皓意大喜。謂必能然。便開庫藏。自孫皓出案行以下從御覽三百四十六校補盡出金寶。以賜與之。小人無狀。得便持走。

晧懼乃圖降首降使適去左右刼奪財物略取妻妾放火燒宮晧逃身竄首恐不脫死臣至遣叅軍主者救斷其火耳周浚已十六日前入晧宮臣時遣記室吏往觀書籍浚使收縛若有遺寶則浚前得不應移蹤後人欲求苟免也臣前在三山得浚書云晧散寶貨以賜將士府庫略虛而今復言金銀篋笥動有萬計疑臣軍得之言語反覆無復本末臣復與軍司張牧汝南相馮紞等共入觀晧宮乃無席可坐後日又與牧等共視晧舟船渾又先臣一日上其船船上之物皆渾所知見臣之案行皆出其後若有寶貨渾應得之又臣將軍素嚴兵人不得妄離部陣閒在秣陵諸軍凡二十萬衆臣軍先至爲土地之主百姓之心皆歸仰臣臣切敕所領秋毫不犯諸有市易皆有伍任證左明從券契有違犯者凡斬十三人皆吳人所知也餘軍縱橫詐稱臣軍而臣軍類皆蜀人幸以此自別耳豈獨浚之將士皆夷齊而臣諸軍悉聚盜跖邪時有八百

餘人緣石頭城刼取布帛臣牙門將軍馬潛卽收得二十餘人幷疏其督將姓名移以付浚使得自科結而寂無反報疑皆縱遣絕其端緒也又聞吳人言前張悌戰時所殺財有二千人而渾浚露布言以萬計以吳剛子爲主簿而遣剛至洛欲令剛增斬級之數可具問孫晧及其諸臣則知其定審若信如所聞浚等虛詐尚欺陛下豈惜于臣云臣屯聚蜀人不時送晧欲有反狀又恐動吳人言臣皆當誅殺取其妻子冀其作亂得騁私忿謀反大逆尚以見加其餘謗嗜故其宜耳渾案臣瓶罄小器蒙國厚恩頻繁擢敘遂過其任渾此言最信內省慙懼今年平吳誠爲大慶于臣之身更受咎累既無孟側策馬之好而令濟濟之朝有讒邪之人虧穆穆之風損皇代之美由臣頑疏使致于此拜表流汗言不識次（晉書王濬傳）

全晉文卷四十三終

全晉文卷四十四

烏程嚴可均校輯

唐彬

彬字儒宗魯國鄒人魏時爲郡門下掾轉主簿還功曹舉孝廉州辟主簿文帝爲丞相辟爲鎧曹屬除尚書水部郎武帝受禪賜爵關内侯出補鄴令遷弋陽太守母憂去官起監益州諸軍徙監巴東諸軍加廣武將軍以平吳功遷右將軍都督巴東諸軍事徵拜翊軍校尉改封上庸縣侯出爲使持節右將軍監幽州諸軍事領護烏丸校尉免元康初拜使持節前將軍雍州刺史領西戎校尉卒謚曰康

臨雍州下敎聘處士

此州名都士人林藪處士皇甫申叔嚴舒龍姜茂時梁子遠等並志節清妙履行高潔踐境望風虛心飢渴思加延致待以不臣之典幅巾相見論道而已豈以吏職屈染高規郡國備禮發遣以副於邑之望（晉書唐彬傳）

魏舒

舒字陽元任城樊人魏嘉平中爲郡上計掾察孝廉對策上第除澠池長遷浚儀令入爲尚書郎正元中遷鍾毓後軍長史轉文帝相國府參軍歷宜陽滎陽二郡太守晉受禪徵拜散騎常侍歷冀州刺史入爲侍中遷尚書太康初拜尚書右僕射尋徙左僕射領吏部加右光祿大夫代山濤爲司徒署兗州大中正太熙元年遜位尋卒年八十二謚曰康

上言宜定六宮娉使

今選六宮娉以玉帛而舊使御府丞奉娉宣成嘉禮贄重使輕以爲拜三夫人宜使卿九嬪使五官中郎將美人良人使謁者于典制爲弘（晉書魏舒傳）

閒當作閑

與山濤書

郄詵至孝中閒去郎正爲母耳居喪毀瘁殆不自全其父喪在緱氏欲改葬不能自致故過時不葬後于家堂北假葬埏道通堂中不時閉服欲闋乃閉葬後經年乃見用作平輿監軍長史任意傷俗以葬不時閒常爲舒口語其事灼然無所爲疑（通典一百三）

與衞瓘書

凡以意相是非者不可輕以相貶也（通典一百三）

諸葛緒

緒琅邪人魏景元初爲雍州刺史伐蜀至劍閣爲鍾會所誣檻車徵還入晉爲太常遷崇禮衞尉

奏議郊配

博士祭酒劉憙等議帝王各尊其主所自出大晉禮郊天當以宣皇帝配地郊宣皇后配明堂以景皇帝文皇帝配博士宣兆議禮王者郊天以其祖配周公以后稷配天于南郊以文王配五精上帝于明堂經典無配地文魏以先始配不合禮制周配祭不及武王禮制有斷今晉郊天宜以宣皇帝配明堂宜以文皇帝配

李苞

苞字孝章譙國人景元中爲盪寇將軍封浮亭侯入晉爲司馬

王昌前母服議

禮重統所以正家猶國不可二君雖禮文殘缺大事可知昌父遇難與妻隔絕夫得更娶妻當更嫁此通理也今之不去此自執節之婦不爲理所絕矣適可嘉異其意不得以私善羈縻已絕之夫議者以趙姬爲比愚以爲不同也重耳適齊志在必還五月之閒未爲離絕衰納新寵于禮爲廢嫡于義爲棄舊姬氏固讓得禮之正是以春秋善之明不得並也古無二嫡宜如溥駮（通典八十九司馬李苞議）

閣道摩崖題名

景元四年十二月十日盪寇將軍浮亭侯譙國李苞字孝章將中軍兵石木工二千人始通此閣道（庫本）

朱整

整仕魏至中書監晉受禪歷官未詳泰康初爲尚書僕射還吏部尚書

爲魏帝禪晉策

咨爾晉王我皇祖有虞氏誕膺靈運受終于陶唐亦吕命于有夏惟三后陟配于天而咸用光敷聖德自兹厥後天又輯大命于漢火德既衰乃眷命我高祖方軌虞夏四代之明顯我不敢知惟王乃祖乃父服膺明哲輔亮我皇家勳德光于四海格爾上下神祇罔不克順地平天成萬邦吕乂應受上帝之命協皇極之中肆予一人祗承天序吕敬授爾位厤數實在爾躬允執其中天祿永終於戲王其欽順天命率循訓典厎綏四國用保天休無替我二皇之弘烈（晉書武帝紀 案御覽二百二十引晉陽秋曰朱整少有名行官至中書監魏禪晉使整與中書令劉良共爲詔若然禪策亦必此二人所撰今編入朱整文）

議王娶妃公主嫁禮

案魏氏故事王娶妃公主嫁之禮天子諸侯吕皮馬爲庭實天子加吕穀璧諸侯加吕大璋漢高后制聘后黃金二百斤馬十二匹夫人金五十斤馬四匹魏聘后王娶妃公主嫁之禮用絹百九十匹晉興故事用絹三百匹（宋書禮志一）

程咸

咸字延休魏正元中爲司隸校尉府主簿入晉歷黃門郎散騎常侍左通直郎累遷至侍中有集三卷

已出女不從坐議

夫司寇作典建三等之制甫侯修刑通輕重之法叔世多變秦立重辟漢因循之（晉志作漢又修之）大魏承秦漢之弊未及革制所吕大逆之誅追戮已出之女不差者誠欲殄絕醜類之族也然而法貴得中刑慎過制臣吕爲女人有三從之義無自專之道出適他族還喪父母降其服紀所吕明外成之節異在室之恩而父母有罪則追刑已出之女夫黨見誅又有隨異姓之戮一人之身內外受辟今女既嫁則爲異姓之妻如或產育則爲他族之母此爲元惡之所輕忽戮無辜之所重于防則不足懲奸亂之源于情則傷孝子之心且男不得罪于他族而女獨嬰戮于二門非所吕哀矜女弱蠲明法制之本分也臣吕爲在室之女可從父母之誅既醮之婦使從夫家之罰宜改舊科吕爲永制（魏志何夔傳注引干寶晉紀十四又通典一百六十三 案晉志云魏法犯大逆者誅及已出之女毌丘儉之誅其子甸妻荀氏應坐死其族兄顗與景帝姻通表魏帝吕匄其命詔聽離婚荀氏所生女芝爲潁川太守劉子元妻亦坐死吕懷妊繫獄荀氏辭詣司隸校尉何曾乞恩求沒爲官婢吕贖芝命曾哀之使主簿程咸上議）

王昌前母服議

諸侯無更娶致夫人之制大夫妻死改室不拘立嫡昌父前妻守德約身幸値聞通而固絕之此禮不勝情而漸入于薄也昌母後聘本非庶賤橫加抑黜復不然矣若令二母之子交相爲報則竝尊兩嫡禮之大禁昔舜不告而娶婚禮蓋闕傳記吕二妃夫人稱之明不足立正后也聖人之弘猶權事而變而諸儒欲聽立兩嫡竝未前聞且趙姬讓叔隗吕爲內子黃昌之告新妻使避正堂皆欲吕正家統而分嫡妾也昌父已亡無正之者若追服前母則自黜其親交相爲報則固非嫡就使未達追爲之服猶宜刑貶吕匡失謬況可報楙施行正爲通例則兩嫡之禮始于今矣開爭長亂不可吕訓臣吕爲昌等當各服其母者（通典八十九 案王昌事詳前竟陵王楙文）

華林園詩序

平原后三月三日從華林園作壇宣宮張朱幕有詔乃延羣臣（北堂書鈔一百三十二 舊寫本如此譌脫無從校正）

平原邑三月三日從華林園作壇建僊宮張朱幕詔延羣臣作詩已頌之。書鈔陳禹謨本如此蓋臆改。

任茂

茂仕魏官爵未詳晉受禪爲散騎常侍

功臣配享議

案魏功臣配食之禮敘六功之勳祭陳五祀之品或祀之于一代或傳之于百代蓋社稷五祀所謂傳之于百代者古之王臣有明德大功若句龍之能平水土柱之能植百穀則祀社稷異代不廢也昔湯既勝夏欲遷其社不可乃遷稷而周棄德可代柱而句龍莫廢也若四敘之屬分主五方則祀爲貴神傳之異代載之春秋非此之類則雖明如咎繇勳如伊尹功如呂尚各于當代祀之不祭于異代也然則伊尹于殷雖有王功之茂不配食于周之清廟矣今之功臣論其勳績比咎繇伊尹呂尚猶或未及凡云配食各配食于主也今主遷廟臣宜從饗。通典五十。

董勛

勛仕魏入晉爲議郎

荅問禮

俗云正月一日爲雞二日爲狗三日爲豬四日爲羊五日爲牛六日爲馬七日爲人。北齊書魏收傳魏帝宴百僚問何故名人日皆莫能知收對曰晉議郎董勛荅問禮云云

姜輯

輯仕魏官爵未詳入晉爲長史

議渤海王服范太妃事

喪服云君爲女子子嫁于國君者傳曰尊同則得服其親服然則君之庶子有封爲君者其公亦不降之明矣士之妾子不降母者已其與父貴賤不足殊也然則尊與父同不見厭者亦宜伸其情盡禮于其母渤海王既不承安平之祀而母已受王命之寵成太妃之號愚謂太妃之尊但當自降于渤海不得配食于安平之廟耳至于渤海三王自宜盡爲母之制不復厭于安平已從公子降等之禮。通典八十二。

安平王嗣孫服議

諸侯體國嗣孫至重欲其肖嗣早繼者文王之爲世子在于王季之時亦猶凡諸侯之世子耳而十五便生武王推此而言則禮許世子已早冠禮男子冠而不爲殤既冠婚姻不復得已殤服服之謂已爲嗣孫年已十八備禮冠娶當從成人之例。通典九十一。

安平王嗣孫薨諸侯應降服議

禮父在斯爲子君在斯爲臣安平嗣孫雖已誓于天子據在臣子之位五服之差君臣殊制其閒豈復容他禮哉君薨未踰年而世子卒者猶稱子而名不成君春秋之正義也苟不成君則羣臣親戚必不得服其重服明矣況安平王見在而使諸王服嗣孫已諸侯之禮未之敢安也然諸侯已尊絕周今嗣孫見在臣子之例諸王公宜從尊降之禮不應爲制服也昔秦滅五等更封列侯已存舊制稱列侯者若云列國之侯也故策命稱國終沒稱薨漢魏相承未之或改大晉又建五等憲章舊物雖國有大小輕重不倫通同大體其義一也故詔書亭侯已上與王公同又已爲列侯已上策命建國者皆宜依古諸侯使絕周服。通典九十三。

三公降服議

三公爵命雖尊班重諸侯據在王朝上厭天子有由而屈義不得伸耳已例言之宜依卿大夫降之服。通典九十三。

淳于睿

睿仕魏入晉爵里未詳

駮辟雍朝日論景初二年正月

禮記云祭日于東祭月于西已端其位周禮秋分夕月並行于上

世西向拜月，雖如背實，亦猶月在天而祭之于坎，不復言背月也。猶如天子東西游幸，其堂之官及拜官猶北向朝拜，寍得背實爲疑。（南齊書禮志上何佟之議引，又見通典四十四）

答崇氏問舊君服

崇氏問曰：齊縗三月，大夫在外，其妻長子爲舊君。大夫去適他國，便爲其所適國君服，于本國絕矣。妻從夫，當爲後君服，舊寍以爲人乎？以爲宜與長子未去者同耳。湻于睿荅：若妻未去，自若人也，不爲舊君也。（通典九十）

崇氏問湻于睿曰：凡大夫待放于郊三月，君賜環則還，賜玦則去，不知此服已賜環玦未？荅曰：其待郊已三月，未得環玦，未適異國，而君埽其宗廟，故服齊衰三月。（通典九十）

答崇氏問殤制哭

崇氏問云：舊以日易月，謂生一月哭之一日。又學者云：以日易月者，易服之月，殤之周親者，則以十三日爲之制。二義不同，何以正之？湻于睿荅云：案傳之發，正于周年之親，而見服之殤者，以周親之重，雖未成殤，應有哭日之差。大功以下，及于緦麻，未成殤者，無復哭日也。何以明之？案長殤中殤俱在大功，下殤小功，無服之殤，無容有在緦麻，以其幼稚，不在服章，隨月多少而制哭日也。大功之長殤，俱在小功，下殤緦麻，無服之殤，則已遏絕，無復服名，不應制哭。故傳據周親以明之。且緦麻之長殤，服名已絕，不應制哭，豈有生三月而更制哭乎。（通典九十一）

答滿瑋問（瑋字公衡，魏志作偉，太尉滿寵子，甘露中以子長武忤司馬文王，免爲庶人）

衛尉昌邑侯滿瑋問湻于睿曰：庶姊亡，有服不？睿曰：喪服，諸侯以尊降不服。（通典九十二）

答后包問嫁母服

后包問湻于睿曰：聞嫁繼親凶諱，便制服，議者所難，以爲父後者

不爲出母服，嫁母猶出母也。或者以爲嫁與見出者異，不達禮意，雖執從重之義，而以廢祭見譏，君爲詳正也。睿荅曰：案禮檀弓，子思之母死于衛，柳若謂子思曰：子聖人之後也，四方于子乎觀禮，子盍慎諸。子思曰：吾何慎哉。喪之之禮，如子云子聖人之後，即父後也。如此經文，父卒爲繼母嫁者服而已，聖人之後爲父後者，服嫁母也。二者分明，無可嫌。（通典九十四）

答湻于纂問生不及祖父母不稅服

湻于纂問湻于睿云：案小記，生不及祖父母諸父昆弟，而父稅喪，已則否。注云：不及此親存時歸見之，于喪服年月已過乃聞之，父服，已則否者，不責非時之恩于人所不能也。纂省此注，良謂賢聖失之甚矣。據降而緦小功者稅之，蓋正親而重骨肉也。今父在則祖周，父亡則三年，此非重與？若但以不見，則割其正親之本愛，而忍惻怛之痛，使與諸父昆弟同制，此其可乎？尊祖之尊，于是疏矣。又禮爲慈母之父母無服，亦云恩不能及，恩不及者，慈母之父母則可也。今以他故生不見祖，而以爲非時之恩，意實不厭。睿荅曰：賢聖及先儒初無疑怪此者，以其緣人情而恕之，降在小功，不稅自正也，非不相識者也。聽當依就，莫不厭也。禮記明文，先師之議，可信者也。不信聖賢而欲意斷，直而勿有正防。此輩周三年者，傳重焉故也，而不識見，何所傳乎？何所重乎？（通典九十八）

同母異父昆弟服

游夏文學之俊也。游習于禮者，曰大功；夏廣學者，曰齊縗。二者推之，明非無服與緦可知也。繼父無親，立廟祭祀，尚爲之周，以比夫同胞，豈有絕道而欲絕之？謂其無親，據繼父同居異居有輕重，同母昆弟，蓋亦宜矣。異居大功，同居有相長養之恩，服齊縗，似近人情矣。（通典九十一。晉湻于睿云）

孔瑄

瑄仕魏入晉爵里未詳

昌邑侯滿瑋庶妹服議

天子諸侯誠不應服又大夫降緦尊與已敵則不敢降旁親降一等緦麻絕也凡已尊所降而不服者弔服加緦之絰帶而往哭之通典九十三

成洽

洽字休甫仕魏入晉爵里未詳

孫爲祖持重論

使嫡孫傳重不服斬也夫服已三年爲至重故已至尊至親者處之自此已往上下降殺一等經之例也服父三年服祖宜周而傳云父卒爲祖後者服斬爲嫡孫者依此爲制若其必然越于常例後祖服異禮之重事宜見斬縗之經不應闕而不記也且子爲父三年父爲長子亦三年若嫡孫爲祖如子則祖爲嫡孫亦當如父爲長子不得爲之周也通典八十八

難武申奏爲出母服案武申奏見三國文

喪服傳曰出妻之子爲父後者爲出母無服與尊者爲體不敢服其私親也繼爲繼父服者亦父後者也爲父後服繼父服則自服其母可知也出母之與嫁母俱絕族今爲嫁母服不爲出母服其不然乎經證若斯其謬耳通典九十四

吳商

商仕魏入晉爲國子博士惠帝初遷助教出爲益壽令有禮難十二卷雜議十二卷禮議雜記故事十三卷喪雜事二十卷雜禮義十一卷集五卷

虞濬等周喪嫁娶議元康二年

今之拜時事畢便歸婚禮未成不得與娶婦者同也後琛稜竝已齊縗娶婦娶妻所犯者重恆雖無服當不譏而不諍亦禮所譏然其所犯者猶輕于稜也湛身既平吉子雖齊縗義服之末又不親迎則所犯者輕濬暨爲子拜時禮輕當降也通典六十

荅或問異姓爲後之子服本親

或問已異姓爲後然當還服本親及其子當又從其父而服邪將已異姓而不服也荅曰神不歆非族明非異姓所應祭也雖世人無後竝取異姓已自繼然本親之服骨血之恩無絕道也異姓之義可同于女子出適還服本親皆降一等至于其子應從服者亦當同于女子之子從于母而服其外親今出爲異姓作後其子亦當從于父母服之也父爲所生父母周子宜如外祖父母之加也其昆弟之子父雖服之大功于子尤無尊可加及其姊妹父爲小功則子皆宜降于異姓之服不得過緦麻也通典六十九

荅劉寶議

案禮貴嫡重正統所尊祖禰繼代之正也夫受重者不得已輕服服是已孫及曾玄其爲後者皆服三年受重故也且絕屬之宗來爲人後者服之如今嫡孫爲後而欲使爲祖服周與衆孫無異既非受重之義豈合聖人稱情之制邪且孫爲祖正服周祖爲孫正服九月嫡孫爲後則祖爲加服周孫亦當加祖三年此經之明據也今欲使祖已嫡加孫孫已庶服報祖豈經意邪又欲使絕屬之孫同于嫡孫豈合人情通典八十八

難成洽孫爲祖持重論

凡爲人後者尚加父今孫爲祖後而欲使爲祖周與衆孫無異是豈爲後之謂乎且祖爲孫正服九月今嫡孫爲後祖加之周孫亦加祖三年經之明義也今使祖加孫服而孫不加祖服豈經義哉且經云臣爲君祖父母服周從服例降一等則君爲祖服斬矣此非經義邪何竟闕而不記也論又云孫爲祖如子爲父則祖爲孫亦當如父爲長子者且孫爲後加一等服三年祖亦加孫一等服周如論之意欲使祖加孫二等而孫加祖一等此豈經例而云傳

不適乎。（通典八十八）

荅成洽難武申奏爲出母服

出母無服。此由尊父之命。嫁母。父不命出。何得同出母乎。爲繼父服者。爲其父沒年幼。隨母再適。已無大功之親。與繼父同財共居。爲築宮廟四時祭祀其先。此恩由繼父。所以爲服耳。且妾之無子。妾子之無母。父命爲母子。則生事之如母。喪則服之三年。貴父命也。而今欲以出母同于嫁母。違廢父命。豈人子所行。又引繼父云經繆也。又出母之黨無服。嫁母之黨自應服之。豈可復同乎。（通典九十四）

駮劉表成粲論父母亡在祖後不爲祖母三年

嘗見表所作喪服後定。變除爲婦人之服。不踰男子。孫爲祖父服周。父亡之後。爲祖母服。而云不得踰祖也。又見成侍中云以爲己自受重于祖。祖母服不應三年。商案。假使子爲人後。爲本父服周。而所後者。更自有子。已則還家。而母後亡。當可以不得踰父不三年乎。又從祖祖父先亡。已爲小功五月而已。後爲從父後。從父又先亡。祖母後卒。可復以已先爲祖父小功。今爲祖母不踰祖父。復服五月乎。諸如此比。婦服重于夫甚衆。不可具記。不得踰夫之說。經傳無據。嫡行庶服義又不通。粲又云。已自受重于父。不受重于祖。今服祖母亦當周。又齊縗章臣爲君之父母祖父母周。凡臣從君所服。而降一等。臣從服周。則君爲三年也。據爲國君而有父若祖之喪者。謂始封君也。其繼體則父與祖竝有廢疾不立者也。有廢疾不立。則君受國于曾祖。不受國于祖也。不受國于祖。猶服三年。此則經之明例。非從傳記之說也。其義如此。則凡爲後者。皆應三年。何必受重。然後服斬。（通典九十七）

禋祀六宗說

禋之言煙也。二祭皆積柴而實牲體焉。以升煙而報陽。非祭宗廟之名也。鄭所以不從諸儒之說者。將欲據周禮禋祀皆天神也。日月星辰司中司命風師雨師凡八。而日月并從郊。故其餘爲六宗也。以書禋于六宗。與周禮事相符。故據以爲說也。且文昌雖有大體。而星名異。其日不同。故隨事祭之。而言文昌七星。不得偏祭其第四第五。此爲周禮。復不知文昌之體。而又妄引爲司中司命。箕畢二星。既不係于辰。且同是隨事而祭之例。又無嫌于所係者。（續漢祭祀志中注）

全晉文卷四十四終

全晉文卷四十五

烏程嚴可均校輯

傅玄一

玄字休奕北地泥陽人魏扶風太守幹子舉秀才除郎中歷安東衞軍參軍轉溫令遷弘農太守領典農校尉晉國建封鶉觚男武帝爲晉王遷散騎常侍及受禪進爵爲子加駙馬都尉遷侍中免尋拜御史中丞遷太僕轉司隸校尉免卒謚曰剛追封清泉侯有傅子百二十卷集五十卷（案張溥本有諸官病奏一篇出通典十九驗郎陳要務疏之第一段不須重出張本又有馬鈞序及白帖婦人服皆傅子文今別輯傅子四卷附後）

風賦

嘉太極之開元美天地之定位樂雷風之相薄悅山澤之通氣（御覽一）

喜霽賦

喜陰霖之既霽嘉良辰之肇晴悅氛電之潛匿兮樂天鑒之孔明行潦歸于百川兮七氣徹于天庭東風穆而扇路重陽昇其舒靈去湮沒之憂患即通塗之敞平釋昏墊之蒙昧覩日月之光榮若幽龍之出泉兮超飛躍乎太清昔唐帝之欽明兮遭洪水之巨害在殷湯之盛時兮亢炎旱以歷歲伊我后之神聖兮敷皇道以居帝雖風雨之失度兮且嘉穀之無敗咸調暢以茲茂兮天人穆其交泰命怡樂之吐和兮播仁風于無外（初學記二霽晴八）

陽春賦

虛心定乎昏中龍星正乎春辰嘉句芒之統時宣太皞之威神素冰解而泰液洽玄獺祭而鴈北征乾坤絪縕沖氣穆清幽蟄蠢動萬物樂生依依楊柳翩翩浮萍桃之夭夭灼灼其榮繁華曄而耀野兮煒芬葩而揚英鶬鶊營巢于高樹兮燕銜泥于廣庭覩戴勝之止桑兮聆布穀之晨鳴樂仁化之普宴兮異鷹隼之變形習習谷

風洋洋綠泉丹霞橫嶺文虹竟天（藝文類聚三初學記一又三文選王融曲水詩序注引作丹霞播景）

述夏賦

生氣方盛九陽奮發（初學記三）

四月惟夏運臻正陽和氣穆而扇物麥含露而飛芒清徵泛于琴瑟朱鳥感于炎荒鹿解角于中野草木蔚其條長鳳皇昇而王黃秀龍辰中而螢火翔（藝文類聚三初學記三御覽二十三）

大寒賦

五行倏而競鶩兮四節紛而電逝諒暑往而寒來十二月而成歲日月會于析木兮重陰悽而增肅在中冬之大寒兮迅季旬而逾蹙彩虹藏于虛廓兮鱗介潛而長伏若乃天地彙列庶極氣否嚴霜夜結悲風晝起飛雪山積蕭條萬里百川咽而不流兮冰凍合于四海扶木憔悴于暘谷若華零落于濛汜云云（藝文類聚三北堂書鈔一百五十六初學記三）

元日朝會賦

仰二皇之文象詠帝德乎上系考夏后之遺訓綜殷周之典制（晉志宋志作典藝）采秦漢之舊儀定元正之嘉會于是先期戒事衆官允敕萬國咸享各以其職翼翼京邑巍巍紫極前三朝之夜中庭燎晃以舒光華燈若乎火樹熾百枝之煌煌俛而察之如亢燭龍而照玄方仰而觀焉若披丹霞而鑒九陽（已上八句從藝文類聚御覽二十九補）閶闔天門闢坐太極之正殿嚴嵯峨以崔嵬嘉廣庭之敞麗美升雲之玉階□□□□□□□□乘羽蓋之葳蕤（此句從書鈔二十九一百三十四補）相者從容儐次而入濟濟洋洋肅肅習習就位重列面席而立臚人齊列賓禮九重羣后德讓海外來同束帛戔戔羔鴈邕邕獻贄奉璋人肅其容六鐘隱其駭奮鼓吹作乎雲中（二句從御覽二十九補）流蘇粲粲華蓋重陰羽林虎旅長戟擯摻（四句從御覽三百五十二補又書鈔一百三十四引華蓋重陰一語）是時

天子盛服晨興。坐武帳。憑玉几。正南面以聽朝。平權衡。平砥矢。羣司百辟。進阼納觴。皇恩下降。休氣上翔。禮畢饗讌。進止有章。六樂遞奏。磬管鏗鏘。淵淵鼓鐘。嘒嘒笙簧。搏拊琴瑟。以詠先皇。雅歌內暢。頌聲外揚。初學記十四又二十五藝文類聚四晉書禮志下宋書禮志一御覽二十九三百五十二五百三十九
跱鳳虎之二樽。清酤皆以停淵。御覽七百六十一
猛虡化其高驤。樹羽煁以紛華。書鈔百十一

辟雍鄉飲酒賦

時皇帝親枉萬乘之尊兮。以幸乎辟雍。鹵簿齊列。百官正容。侍衛參差。階戟百重。乃延卿士。乃命王公。是日也。定小會之常儀兮。饗殊俗而見遠邦。連三朝以敦學兮。覽先賢之黃同。揖讓而升。有主有賓。禮雖舊制。其敎惟新。若其俎豆有數。威儀翼翼。賓主百拜。貴賤修敬。酒清而不飲。肴乾而不食。及至嘒嘒笙磬。喤喤鐘鼓。琴瑟安歌。德音有敘。樂而不淫。好樸尚古。四坐先迷而後悟。然後知禮敎之弘普也。藝文類聚三十八

正都賦

錦牆雕柱。御覽一百八十七
撫琴瑟。陳鍾虡。吹鳴簫。擊靈鼓。奏新聲。理祕舞。乃有材童妙妓。都盧迅足。緣修竿而上下。形既變而景屬。忽跟挂而倒絕。若將墜而復續。虯縈龍蜒。委隨紆曲。杪竿首而腹旋。承嚴節之繁促。手戲絕倒。踜虛寄身。跳丸擲堀。飛劒舞輪。于是神獸雙立。岡巖岑崟。靈草蔽崖。嘉木成林。東父翳青蓋而遐望。西母使三足之靈禽。丹蛟吹笙。文豹鼓琴。素女撫瑟而安歌。聲可意而入心。偓佺起而鶴立。和清響而哀吟。藝文類聚六十一
五采文身。質美光炫。激衝風于秦爐。飛光天之烈燄。
苗山之鋌。鑄以爲劒。其利也陸斷犀兕。水戲輕鴻。灑奔駟于中衢。斬雙蛟于大江。將以威天下而禦羣凶。

建平禋祀。祈福上帝。天子乃反吉服。襲大裘。綖紐五采。平冕垂旒。質文彬彬。帝容孔修。列大駕于郊畛。升八通之靈垓。執鎮圭而進蒼璧。思致美乎上乾。爾乃大蔟爲徵。圓鍾爲宮。吹孤竹而拊雲和。修軒轅之遺風。類于圜丘。六變既終。則天神斯降。可得而禮矣。御覽五百二十七
然後戒水軍。遵川流。越舼泛。吳榜浮。歌玄雲。詠后[illegible]。北堂書鈔一百三十七又一百三十八
飛雲鷁首。龍舟艅艎。艨艟水城。蜀艇吳航。萬艘俱興。雲帆齊張。縣施光天。征鐸琳琅。淩波泝流。星列雁行。北堂書鈔一百三十七一百三十八御覽三百三十四
白日舒靈景于天。文選左思詠史詩注引二都賦疑卽正都之誤
彤彤朱宮。文選謝靈運九日登戲馬臺詩注引西都賦
巍巍絳闕。文選陸機五等論注引西都賦顏延年赭白馬賦注引北都賦疑皆正都之誤
奏新聲。理祕舞。飄回風轉。流采成文。修袖連娟。長裾繽紛。赴若翔龍。降若積雲。初學記十五引西都賦　案藝文類聚引正都賦有奏新聲理祕舞二語明西都卽正都之誤

潛通賦

尺蠖屈體以求伸兮。龍階木而升雲。御覽九百四十八作傅奕　案傅奕唐人此當是傅休奕也　欽定全唐文一百三十三卷傅奕不收此賦今定入傅玄集中

矯情賦序

我太宗文皇帝命臣作西征賦。又命陳徐諸臣作箴。皆含玉吐金。爛然成章。

敘行賦序

終南鬱以巍峩。太幽凌乎昊蒼。初學記五

大言賦

要佩六氣。首戴天文。御覽六百九十二
駕五行。書鈔十六

筆賦

簡修毫之奇兔。撰珍皮之上翰。濯之以清水。芬之以幽蘭。嘉竹翠色。形管含丹。于是班匠竭巧。名工逞術。纏以素臬。納以元漆。豐約得中。不文不質。爾乃染芳松之淯烟。寫文象于紈素。動應手而從心。煥光流而星布。藝文類聚五十八。初學記二十一引兩條

硯賦

採陰山之潛璞。簡衆材之攸宜。節方圓以定形。鍛金鐵以爲池。設上下之剖判。配法象乎二儀。木貴其能軟。石美其潤堅。加采漆之膠固。含沖德之清玄。藝文類聚五十八。初學記二十一引兩條。御覽六百五

團扇賦

何皎□之纖素。□皓□而輭貞。晞簏蒲之芳烈。隨變體而殊名。勁節以立。質象日月之定形。北堂書鈔一百三十四

極名工之機變。總五方之奇妙。同上

出茲扇于懷袖。激微風而增涼。同上

相風賦并序

昔之造相風者。其知自然之極乎。其達變通之理乎。上稽天道陽精之運。表以靈烏。物象其類。下憑地體安貞之德。鎮以金虎。玄成其氣。風雲之應。龍虎是從。觀妙之徵。神明可通。夫能立成器以占吉凶之先見者。莫精乎此。

乃構相風。因象設形。蜿盤虎以爲趾。建修竿之亭亭。體正直而無撓。度經高而不傾。棲神烏于竿首。候祥風之來征。北堂書鈔一百三十。藝文類聚六十八。並作傅玄。御覽九誤作鄭玄。近人輯康成集載此賦。非也

琴賦并序

神農氏造琴。所以協和天下人性。爲至和之主。齊桓公有鳴琴曰號鍾。楚莊有鳴琴曰繞梁。中世司馬相如有琴曰綠綺。蔡邕有琴曰焦尾。皆名器也。北堂書鈔一百九。又後漢蔡邕傳注。文選張載擬四愁詩注。又初學記十五引兩條。作蔡邕有琴曰綠綺

馬融譚思于止息。文選琴賦注

播之以八風。文之以五聲。北堂書鈔一百九

琵琶賦

世本不載作者。聞之故老云。漢遣烏孫公主嫁昆彌。念其行道思慕。故使工人知音者。載琴箏筑箜篌之屬。作馬上之樂。今觀其器。中虛外實。天地之象也。盤圓柄直。陰陽之序也。柱十有二。配律呂也。四絃。法四時也。以方語目之。故云琵琶。取其易傳于外國也。杜摯以爲嬴秦之末。蓋苦長城之役。百姓弦鞉而鼓之。二者各有所據。以意斷之。烏孫近焉。宋書樂志一。又初學記十六引兩條。通典一百四十四。御覽五百八十三

控修柄以布柱。轉四時而發機。書鈔一百十

素手紛其若飄兮。逸響薄于高梁。弱腕忽以競騁兮。象驚電之絕光。飛纖指以促柱兮。創發越以哀傷。時旖旎以劫蹇兮。聲撤衆以激揚。啟飛龍之祕引兮。逞奇妙于清商。哀聲內結。沈氣外澈。舒誕沈浮。徊翔曲折。初學記十六

然後衆弄襍會。六引遞奏。纖絃振舞。迅手繁鶩。初學記十六

箏賦并序

世以爲蒙恬所造。今觀其器。上崇似天。下平似地。中空準六合。絃柱擬十二月。設之則四象在。鼓之則五音發。體合法度。節究哀樂。斯乃仁智之器。豈蒙恬亡國之臣所能關思運巧哉。宋書樂志一。初學記十六。通典一百四十四

追赴促彈。急擊抑危。洪纖襍奮。或合或離。初學記十六

陰沈陽升。柔屈剛興。玄黃之分。推故引新。迭爲主賓。四時之陳。同上

清濁代興。有始有終。哀起清羽。樂混大宮。同上

笳賦序

吹葉爲聲。文選李陵答蘇子卿書注

節賦

黃鍾唱哥。九韶興舞。口非節不詠。手非節不拊。宋書樂志一、通典一百四十四、北堂書鈔一百

敘酒賦

口酒旗之靈象。明槩而在天。推酒泉之嘉名。口口口口口。四十八引傅玄酒賦。案下四條並作敘酒賦。明此脫敘字。或疑敘酒賦謂酒賦之序。非是。

或三醲而遠美。或九醞而後成。同上引敘酒賦

課長安與中山。比蒼梧與宜城。造樂限以御口。味密甜而膽苦。同上。案末句是標目。

飲者柸無筭。歐醴成川渠。同上

唐堯千鍾禹。周文百觚。泊有康樽定國。同上。案此有脫誤。

投壺賦序

投壺者。所以矯懈而正心也。御覽七百五十三

彈碁賦序

漢成帝好蹴鞠。劉向以為蹴鞠勞人體。竭人力。非至尊所宜御。乃因其體而作彈碁以解之。今觀其道。蹴鞠道也。世說巧藝篇注、御覽七百五十五。

紫華賦并序

紫華一名長樂華。舊生于蜀。其東界特饒。中國奇而種之。余嘉其華純耐久。可歷冬而服。故與友生各為之賦。

有遐方之奇草。稟二氣之純精。仰紫微之景耀。因令色以定名。剛莖勁立。纖條繁列。從回風以搖動。紛蘭鳴而蕙潔。蔚青葱以增茂。竝含華而未發。于是散綠葉。秀紫榮。蘊若芝草之始敷。灼若百枝之在庭。炳參差以昭耀兮。何光麗之難形。葩豔挺于碧枝兮。煥若珊瑚之華英。煥煥昱昱。而奪人目精。下無物以借喻。上取象于朝霞。妙萬物而比豔。莫茲草之可嘉。藝文類聚八十一。御覽八百七。

鬱金賦

葉萋萋兮翠青。英蘊蘊而金黃。樹奄藹以成蔭。氣芳馥而含芳。凌

蘇合之殊珍。豈艾蒳之足方。榮曜帝寓。香播紫宮。吐芬揚烈。萬里望風。藝文類聚八十一。

芸香賦序

月令仲春之月。芸始生。鄭玄云。芸。香草也。世人種之中庭。始以微香進入。終于捐棄黃壤。吁可閔也。遂詠而賦之。藝文類聚八十一。御覽九百八十二。

蜀葵賦序

蜀葵其苗如瓜瓠。嘗種之。一年引苗而生華。經二年春乃發。既大而結鮮。紫色曜日。御覽九百九十四

宜男花賦

猗猗令草。生于中方。花曰宜男。號應禎祥。遠而望之。煥若三辰之麗天。近而察之。明若芙蓉之鑒泉。于是狡童媛女。以時來征。結九秋之永思。含春風以娛情。藝文類聚八十一。御覽九百九十四。

充后妃之盛飾兮。登紫薇之內庭。爾雅翼三

菊賦

布濩河洛。縱橫齊秦。掇以纖手。承以輕巾。服之者長壽。食之者通神。藝文類聚八十一。

蓍賦

春邁衡德于青陽。混百卉而萌生。逮朱夏而修茂。暨商秋而堅貞。雖離霜而未彫。與潛龜乎通靈。于是原極以道。極形以度。以類萬物之情。以通天下之故。豈唯終始于事業。乃參天而倚數。棄原野之蕭條。升雲階而內御。運茲莖于掌握。爻象形而星布。信鉤深而致遠。寶開物而成務。藝文類聚八十二。

瓜賦

調土下種。播之有經。應運俟時。員甲徐生。遂日就而月將。既成母而盤縈。次落莫之密葉兮。交逶迤之修莖。敷碧綵之純釆。金華炳其朗明。育之以人功。養之以六氣。白者如素。黑者如黔。白黑二語從御覽補

葉當作華

黯淺黑也蓋深紫者耳然今世此瓜甚少余傳食十一省未之見黃逾金緗。靑侔含翠。雖貍首之
甘美兮。未若東野之奇偉。蓄有蜜筩。及靑栝樓。嘉味溢口。異類寡
儔。一齧之頃。至三搖頭。選美芳園。重餙其珍。披㠯吳刀。承㠯朱盤。
中割而破。雖分若完。質兼三味。氣美芳蘭。愈得兮而益甘兮頤神
爽而解煩。細肌密理。多瓤少瓣。豐旨絕異。食之不餶。藝文類聚八十七初學記
二十八御覽九百七十八

龍眼生于南極。甘盧引于崑山。御覽九百六十七

安石榴賦

烏禽中而纖條結。龍辰升而丹葉繁。其在晨也灼若旭日棲扶桑。
其在昏也爽若燭龍吐潛光。苞玄黃之烈輝。緣煒曄而焜煌。發朱
榮于綠葉。時從風而飄揚。藝文類聚八十六御覽九百七十二

李賦

植中州之名果兮。結修根于芳園。嘉列樹之蔚蔚兮。美弱枝之爰
爰。既乃長條四布。密葉重陰。夕景迴光。傍蔭蘭林。于是肅肅晨風。
飄飄落英。潛實內結。豐彩外盈。翠質朱變。形隨運成。淸角奏而微
酸起。大宮動而和甘生。既變洽熟。五色有章。種別類分。或朱或黃。
甘酸得適。美逾蜜房。浮彩點駮。赤者如丹。入口流溉。逸味難原。見
之則心悅。含之則神安。乃有河沂黃建。房陵縹靑。一樹三色。異味
殊名。乃上代之所不覩兮。咸升御乎紫房。周萬國之口實兮。充薦
饗于神靈。昔怪古人之感貺。乃荅之㠯寶瓊。翫斯味之奇瑋兮。然
後知報之爲輕。藝文類聚八十六初學記二十八御覽九百六十八

桃賦

有東園之珍果兮。承陰陽之靈和。結柔根㠯列樹兮。艷長畝而駢
羅。華落實結。與時剛柔。既甘且脃。入口消流。夏日先熟。初進廟堂。
辛氏踐秋。厥味益長。亦有冬桃。泠侔冰霜。放神適意。恣口所嘗。華
升御于內庭兮。餙佳人之令顏。實充虛而療飢兮。信功烈之難原。

嘉放牛于斯林兮。悅萬國之乂安。望海島而慷慨兮。懷度朔之靈
山。何茲樹之獨茂兮。條枝紛而麗閑。根龍虬而雲結兮。彌千里而
屈盤。禦百鬼之妖慝兮。列神荼㠯司姧。辟凶邪而濟正兮。豈唯榮
美之足言。藝文類聚八十六初學記二十八

橘賦序

詩人覩王雎而咏后妃之德。屈平見朱橘而申直臣之志焉。御覽九百六十六

棗賦

有蓬萊之嘉樹。値神州之膏壤。擢剛莖㠯排虛。誕幽根㠯滋長。北
陰塞門。南臨三江。或布燕趙。或廣河東。既乃繁枝四合。豐茂蓊鬱。
斐斐素華。離離朱實。脃若離雪。甘如含蜜。脆者宜新。當夏之珍。堅
者宜乾。薦羞天人。有棗若瓜。出自海濱。全生益氣。服之如神。初學記二十八引兩條御覽九百六十五

蒲桃賦

晻龍堆之險。越懸度之阻。涉乎三光之阪。歷乎身熱之野。御覽九百七十二

桑椹賦

繁實離離。含甘吐液。翠木三變。或玄或白。嘉味殊滋。食之無斁。御覽九百七十三

柳賦

美允靈之鑠氣兮。嘉木德之在春。何茲柳之珍樹兮。稟二儀之淸
純。受大角之禎祥兮。生濛汜之遐濱。參剛柔㠯定體兮。應中和㠯
屈伸。長莖舒而增茂兮。密葉布而重陰。夾通塗與廣庭兮。環淸沼
而成林。于是玄雲反岳。素景含暉。泰液渥流。朝露未晞。似精靈之
所鍾兮。蔚鬱鬱㠯依依。居者觀而弭思兮。行者樂而忘歸。夫其結
根建本。則固于泰山。兼覆廣施。則均于昊天。雖尺斷而逾滋兮。配

節節當作武節

生生于自然。無邦壤而不植兮。象乾道之屢遷。紛猗靡以從風兮。若將往而復旋。若乃豐葩茂樹。長枝夭夭。阿那四垂。凱風振條。同志來遊。攜手逍遙。初學記二十八。又略見藝文類聚八十九。

朝華賦序

朝華。麗木也。藝文類聚八十九。

雉賦

稟炎離之正氣。應朱火之禎祥。播五彩之繁縟。被華文而成章。冠列角之威儀。翹從風而飄揚。履巖距之節節。超鸞跱而鳳翔。感天和而貽瑞。進據鼎而祚商。樂周道之方隆。敷晧質于越裳。飲以華泉之水。食以玄山之粱。藝文類聚九十。御覽八百四十二。

山雞賦

惟南州之令鳥。兼坤離而體珍。被黃中之五色。敷文象以飾身。翳景山之竹林。超遊集乎水濱。鑒中流以顧影。晞雲表之清塵。藝文類聚

九十。

鷹賦

含炎離之猛氣兮。受金剛之純精。獨飛跱于林野兮。復迴翔于天庭。初學記三十。

左看若側。右視如傾。勁翮二六。機連體輕。句爪縣芒。足如枯荊。觜利吳戟。目類明星。雄姿邈世。逸氣橫生。藝文類聚九十一。初學記三十。

奮翅不得起。撫翼無所翔。飾五采之華絆。結璇璣之金環。初學記三十。

雖逍遙于廣廈。思擊厲于中原。同上

全晉文卷四十五終

烏程嚴可均校輯

傅玄二

鸚武賦

奇毛曜體。綠采含英。鳳翔鸞跱。(初學記作跱) 孔質翠縈。懸頳分于丹足。婉朱咮之熒熒。發言輒應。若響追聲。(藝文類聚九十一。初學記三十。)

鬬雞賦

玄羽黝而含曜兮。素毛頴而揚精。紅縹廁于微黃兮。翠彩蔚而流清。五色錯而成文兮。質光麗而豐盈。前看如倒。傍視如傾。目象規作。觜似削成。高膺峭峙。雙翅齊平。擢身竦體。怒勢橫生。爪似鍊鋼。目如奔星。揚翅因風。撫翮長鳴。猛志橫逸。勢凌天廷。或躑躅踟躕。或踧躡容與。或爬地俯仰。或撫翼未舉。或狠顧鴟視。或鸞翔鳳舞。或佯背而引敵。或畢命于強禦。于是紛紜翕赩。雷合電擊。爭奮身而相戟兮。竟隼鷙而鶻睨。得勢者凌九天。失據者淪九地。徒觀其戰也。則距不虛挂。翮不徒拊。意如飢鷹。勢如逸虎。(藝文類聚九十一。初學記三十。)

鷹兔賦

兔謂鷹曰。汝害于物。有(疑當作我)益于世。華髦被札。彤管以制。(初學記二十一。)

乘輿馬賦 并序

往日劉備之初降也。太祖賜之駿馬。使自至廄選之。歷名馬以百數。莫可意者。次至下廄。有的顱馬。委棄莫視。瘦悴骨立。劉備取之。衆莫不笑之。馬超破蘇氏塢。塢中有駿馬百餘匹。自超已下。俱爭取肥好者。而將軍龐悳獨取一騧馬。形觀既醜。衆亦笑之。其後劉備奔于荊州。馬超戰于渭南。逸足電發。追不可逮。衆乃服焉。(御覽八百九十七)

目若曜星。符采橫發。高顙縣日。雙壁象月。頭似削成。鬣似植髮。(文選赭白馬賦注。作尾如植髮) 延首高驤。擢足軒跱。氣蓋青雲。勢凌萬里。九方不能測其天機。秦公不能究其妙理。(藝文類聚九十三)

繁姿屢發。(文選舞鶴賦注) 形便飛燕。勢越驚鴻。(文選赭白馬賦注) 用之軍國。則文武之功顯。(同上) 文榮其德。武耀其威。(同上) 紫蓋飄以連翩。(文選顏延之元皇后哀策文注。又沈約安陸王碑文注) 揮沫成霧。流汗如珠。(初學記二十九)

馳射馬賦

何逸羣之奇駿。生濛汜之遐濱。附南方以定位。表天駟于三辰。儀乾行之剛健。憑坤厚以託身。豈驥德之足慕。睎萬里之清塵。(藝文類聚九十三)

百馬齊興。六驥孔閑。金銜玉羈。文勒鏤鞍。明珂景朗。華韡采鮮。(御覽三百五十八。三百五十九)

良馬賦

奮鬣沛艾。虎據麟跱。望雲睎景。乘虛四起。縱鞍則行。攬韁則止。(御覽三百五十八)

很如革。戾如膠。鞭裁向腹。奮尾跳尻。(御覽三百五十九)

耳小易使。鼻大勢怒。往來若鷹鷂。超騰如逸虎。(御覽八百九十七)

金羈在首。發以明珂。鏤鞍采韉。緻勒含華。(御覽三百五十九)

鞭不得搖。手不及動。忽然增逝。肉飛骨躍。(同上)

飾以金羈。申以玉纓。結以輕軒。飾以和鈴。(同上)

走狗賦

蓋輕迅者莫如鷹。猛捷者莫如虎。惟良犬之稟性。兼二儁之勁武。應天人之景暉。順儀象而近處。憑水木之和氣。鍊金精以自輔。統黔喙于秋方。君太素之內寓。諒韓盧其不抗。豈晉獒之能禦。既乃濟盧泉。涉流沙。踰三光。跨大河。希代來貢。作珍皇家。骨相多奇。儀表可嘉。足懸鉤爪。口含素牙。首類驢螭。尾如騰蛇。修頸闊腋。廣前捎後。豐顱促耳。長叉緩口。舒節急筋。豹耳龍形。蹄如結鈴。五魚體成。勢似淩青雲。目若泉中星。轉視流光。朱曜赤精。震茹黃而憯宋鵲兮。越妙古而揚名。于是尋漏跡。躡遺蹤。形疾騰波。勢如駭龍。邀朝烏之輕機兮。繞毚獸之逸軌。漂星流而景屬兮。逾窈冥而騰起。陵岡越壑。橫山超谷。原無遁兔。林無隱鹿。顯茈隰吕嬉游兮。步蘭皋而騁足。然後娛志苑囿。逍遙中路。屬精采吕待蹤。逐東郭之狡兔。裔洋洋吕衍衍。逞妙觀于永路。既迅捷其無前。又閑暇而有度。槃極情遺。逸足未殫。抑武烈而就羅兮。順指麾而言旋。歸功美于執紲兮。其槃瓠之不虞。感恩養而懷德兮。願致用于後田。聆輶車之鸞鑣兮。逸偈猗而盤桓。藝文類聚九十四 初學記二十九

猨猴賦

余酒酣耳熱。懽頗未伸。遂戲猴而縱痕。何瑣敗之鶩人。戴吕赤幘。襪吕朱巾。先裝其面。又丹其脣。揚眉蹙額。若愁若瞋。或長眠而抱勒。或嚄咋而齗齘。或顒仰而踟躕。或悲嘯而吟呻。既似老公又類胡兒。或低眩而擇蝨。或抵掌而胡舞。藝文類聚九十五 初學記二十九

蟬賦

美茲蟬之純潔兮。稟陰陽之微靈。含精粹之貞氣兮。體自然之妙形。潛玄昭于后土兮。雖在穢而逾馨。經青春而未育兮。當隆夏而化生。忽神蛻而靈變兮。奮輕翼之浮征。翳密葉之重陰兮。噪閑樹之蕭清。緣長枝而仰觀兮。吸渥露之朝零。泊无為而自得兮。聆商風而和鳴。聲嘒嘒吕清和兮。遙自託乎蘭林。嗟羣吟吕近唱兮。似簫管之餘音。清擊暢于遐邇兮。時感君之丹心。初學記三十

擬天問

七月七日。牽牛織女。時會天河。北堂書鈔一百五十五 初學記四 御覽八

月中何有。白兔擣藥。御覽四

擬招魂

雕楹文桷結修梁。增臺列榭別有望。設畫屏風文繡琢。上紀開闢圖自然。北堂書鈔一百三十二

屏風四合。銘鄧錯琢。蘭膏明發。相年所藻。同上 案末句有誤

賀老人星表

老人星見。煇景光明。聖主壽延。享祚元吉。自天之祐。莫不抃舞。藝文類聚一

老人星見。體色光明。嘉占元吉。弘無量之祐。隆克昌之祚。普天同慶。率土合歡。同上

掌諫職上疏

臣聞先王之臨天下也。明其大教。長其義節。道化隆于上。清議行于下。上下相奉。人懷義心。亡秦蕩滅先王之制。吕法術相御。而義心亡矣。近者魏武好法術。而天下貴刑名。魏文慕通遠。文選干寶晉紀總論作通達 而天下賤守節。其後綱維不攝。而虛無放誕之論盈于朝野。使天下無復清議。而亡秦之病復發于今。陛下聖德。龍興受禪。弘堯舜之化。開正直之路。體夏禹之至儉。綜殷周之典文。臣詠歎而已。將又奚言。惟未舉清遠有禮之臣。吕敦風節。未退虛鄙。吕懲不恪。臣是吕猶敢有言。晉書傅玄傳 通典十四 泰始初又議政課散騎常侍傅玄皇甫陶吕為政數積漸風俗不淆上疏云云 又見御覽六百二十三

上疏陳要務

臣聞舜舉五臣。無為而化。用人得其要也。天下羣司猥多。不可不審得其人也。不得其人一日。則損不貲。況積日乎。典謨曰。無曠庶官。言職之不可久廢也。諸有疾病。滿百日不差。宜令去職。優其禮秩。而寵存之。既差而後更用。臣不廢職于朝。國無曠官之累。此王政之急也。臣聞先王分士農工商。吕經國制事。各一其業而殊其務。自士已上子弟。為之立太學。吕教之。選明師。吕訓之。各隨其才

而字當在通計上

當當作嘗

優劣而授用之農㠯豐其食工㠯足其器商賈㠯通其貨故雖天下之大兆庶之衆無有一人遊手在其閒分數之法周備如此漢魏不定其分百官子弟不修經藝而務交遊未知莅事而坐享天祿農工之業多廢或逐淫利而離其事徒繫名于太學然不聞先王之風今聖明之政資始而漢魏之失未改散官衆而學校未設游手多而親農者少工器不盡其宜臣㠯爲宜亟定其制通計而天下若干人爲士足㠯副在官之吏若干人爲農三年足有一年之儲若干人爲工足其器用若干人爲商賈足㠯通貨而已尊儒尚學貴農賤商此皆事業之要務也前皇甫陶上事欲令賜拜散官皆課使親耕天下享足食之利禹稷躬稼祚隆後世是㠯明堂月令著帝籍之制伊尹古之名臣耕于有莘晏嬰齊之大夫避莊公之難亦耕于海濱昔者聖帝明王賢佐俊士皆當從事于耕農矣王人賜官冗散無事者不督使學則當使耕無緣放之使坐食

百姓也今文武之官既衆而拜賜不在職者又多加㠯服役爲兵不得耕稼當農者之半南面食祿者參倍于前使冗散之官爲農而收其租稅家得其實而天下之穀可㠯無乏矣夫家足食爲子則孝爲父則慈爲兄則友爲弟則悌天下足食則仁義之教可不令而行也夫爲政之要計民而置官分民而授事士農工商之分不可斯須而廢也若未能精其防制計天下文武之官足爲副貳者使學其餘皆歸之于農若百工商賈有長者亦皆歸之于農務農若此何有不贍乎虞書曰三載考績三考黜陟幽明是爲九年之後乃有遷敘也故居官久則念立愼終之化居不見久則競爲一切之政六年之限日月淺近不周黜陟陶之所上義合古制惟陛下裁之夫儒學者王教之首也尊其道貴其業重其選猶恐化之不崇忽而不㠯爲急臣懼日有陵遲而不覺也仲尼有言人能弘道非道弘人然則尊其道者非惟尊其書而已尊其人之謂也貴其業者不妄教非其人也重其選者不妄用非其人也若此而學校之綱舉矣前春樂平太守曹志上欲爲博士置卒史此尊儒之一隅也主者奏寢之今志典千里臣等並受殊寵雖言辭不足㠯自申意在有益主者請寢多不施用臣恐草萊之士雖懷一善莫敢獻之矣（晉書傅玄傳又羣書治要二十引晉書又通典十四又十九）

水旱上便宜五事疏

臣聞聖帝明王受命天時未必無災是㠯堯有九年之水湯有七年之旱惟能濟之㠯人事耳故洪水滔天而免沈溺野無生草而不困匱伏惟陛下聖德欽明時小水旱人未大飢下祗畏之詔求極意之言同禹湯之罪己侔周文之夕惕臣伏懽喜上便宜五事

其一曰耕夫務多種而耕暵不熟徒喪功力而無收又舊兵持官牛者官得六分士得四分自持私牛者與官中分施行來久衆心安之今一朝減持官牛者官得八分士得二分持私牛及無牛者

官得七分士得三分人失其所必不懽樂臣愚㠯爲宜佃兵持官牛者與四分持私牛與官中分則天下兵作懽然悅樂愛惜成穀無有損棄之憂

其二曰㠯二千石雖奉務農之詔猶不勤心㠯盡地利昔漢氏㠯墾田不實徵殺二千石㠯十數臣愚㠯爲宜申漢氏舊典㠯警戒天下郡縣皆㠯死刑督之

幷水之水當作本

其三曰㠯魏初未留意于水事先帝統百揆分河堤爲四部幷水凡五謁者㠯水功至大與農事並興非一人所周故也今謁者一人之力行天下諸水無時得徧伏見河堤謁者車誼不知水勢轉爲他職更選知水者代之可分爲五部使各精其方宜

其四曰古㠯步百爲畝今㠯二百四十步爲一畝所覺過倍近魏初課田不務多其頃畝但務修其功力故白田收至十餘斛水田收數十斛自頃㠯來日增田頃畝之課而田兵益甚功不能修理

至畝數斛已還。或不足以償種。非與曩時異天地。橫遇災害也。其病正在于務多頃畝。而功不修耳。竊見河堤謁者石恢。甚精練水事及田事。知其利害。乞中書召恢。委曲問其得失。必有所補益。其五曰。臣以為胡夷獸心。不與華同。鮮卑最甚。本鄧艾苟欲取一時之利。不慮後患。使鮮卑數萬。散居人間。此必為害之勢也。秦州刺史胡烈。素有恩信于西方。今烈往。諸胡雖已無惡。必且消弭。然獸心難保。不必其可久安也。若後有動釁。烈計能制之。惟恐胡虜適困于討擊。便能東入安定。西赴武威。外名為降。可動復動。此二郡非烈所制。則惡胡東西有竄穴浮游之地。故復為患。無以禁之也。宜更置一郡于高平川。因安定西州都尉募樂徙民。重其復除以充之。以通北道。漸以實邊。詳議此二郡及新置郡。皆使并屬秦州。令烈得專御邊之宜。晉書傅玄傳

正朔服色議 太始元年

帝王受命。應麻禪代則不改正朔。遭變征伐則改之。舜正月上日受終于文祖。無改正之文。唐虞正朔皆同。明矣。至殷周革命乃改。魏受漢禪。亦以不改。至于服色。皆從其本。唯節幡用黃。大晉以金德王天下。順五行三統之序矣。通典五十五

五祀議

禮大記云。室中央中霤。謂四霤之中也。祭于竈井。蓋失之矣。七祀之文。皆云祀行而無井。祭竈而不祭井。于事則闕。夫設祀者。非但報功而已。亦神道設教。使民慎之幽明也。臣以為帝之都城。宜祭一門。正宮一門。正室一戶。井竈中霤。亦各擇其一。正者祭之。御覽五百二十九

客難

振筆若天文。運思若同雲。□□□□□□

七謨并序

昔枚乘作七發。而屬文之士若傅毅劉廣世崔駰李尤桓麟崔琦劉梁桓彬之徒。承其流而作之者。紛焉。七激七興七依七款七說七蠲七舉七設之篇。于是通儒大才馬季長張平子亦引其源而廣之。馬作七厲。張造七辨。或以恢大道而導幽滯。或以黜瑰奓而託諷詠。揚輝播烈。垂于後世者。凡十有餘篇。自大魏英賢迭作。有陳王七啟。王氏七釋。楊氏七訓。劉氏七華。從父侍中七誨。並陵前而邈後。揚清風于儒林。亦數篇焉。世之賢明。多稱七激工。餘以為未盡善也。七辨似也。非張氏至思。比之七激。未為劣也。七釋僉曰妙哉。吾無閒矣。若七依之卓轢一致。七辨之纏緜精巧。七啟之奔逸壯麗。七釋之精密閑理。亦近代之所希也。藝文類聚五十七　御覽五百九十

辯論鋒起。擬虎摩龍。御覽四百六十四

佩崑山之美玉。珥南海之明璫。北堂書鈔一百三十五　御覽七百十八

公子曰。三禾九變。五味八珍。玄水朱火。蕙藉桂薪。烹以九九之鼎。調以伊摯之倫。北堂書鈔一百四十二

輕椒丹橘。素薑紫蘭。書鈔一百四十二

和宮適甜。撫角調酸。書鈔一百四十二

炰珠厓之麋鷩。臛東海之游黿。書鈔一百四十二又一百四十四一百四十五

爚鳳皇之胎。膾初學記作豚飛龍之肶。五黃千品。桂蠹熊蹯。升穰撥穫。

不可勝原。書鈔一百四十二　初學記二十六

彫胡之飯。糅以游粱。香秔九折。穱麵若霜。書鈔一百四十四

膏液黃柔。合潤流芳。書鈔一百四十四

乃有三牲之和。羹雜賓之時。舞忽游水而長引。進飛羽之薄衍。細如蜀蠒之緒。靡如魯縞之纖。書鈔一百四十四引兩條

膾錦膚。鸞斑胎。飛刀浮切。毫分縷解。流采成文。煒若紅綺。動從風飛。散如霧委。書鈔一百四十四引三條

于是乃有蒼梧之九醞。中山之醇清。□□浮蟻。雲沸淵亭。□□□

口逸味橫生。（書鈔一百四十八引兩條）

淵藪無不杖之歎。（書鈔十一）

連珠序

所謂連珠者。興于漢章帝之世。班固、賈逵、傅毅三子受詔作之。而蔡邕、張華之徒又廣焉。其文體辭麗而言約。不指說事情。必假喻以達其旨。而賢者微悟。合于古詩勸興之義。欲使歷歷如貫珠。易覩而可悅。故謂之連珠也。班固喻美辭壯。文章弘麗。最得其體。蔡邕似論。言質而辭碎。然其旨篤矣。賈逵儒而不豔。傅毅文而不典。（藝文類聚五十七、初學記二十一、御覽五百九十）

擬四愁詩序

張平子作四愁詩。體小而俗。七言類也。聊擬而作之。名曰擬四愁詩。

魏德頌

朱旗翳天。玄甲熠路。戎車萬駟。逸騎千羣。

古今畫贊

孫武

孫武論兵。實妙于神。奇正迭用。變化無形。（北堂書鈔一百十二）

信陵君

信陵先口。虎視龍驤。謀竊奮駭。雷動北疆。（北堂書鈔一百十五）

漢高祖

赫赫漢祖。受命龍興。五星協象。神母告徵。討秦滅項。（北堂書鈔十三作并項滅）贏如日之升。超從側陋。光據萬乘。（藝文類聚十二）

漢明帝

肅矣孝明。仗法任刑。勤綜萬機。察下以情。未弘道治。用致太平。專信俗儒。非禮之經。（藝文類聚十二）

楊阜序

君構潛謀以龍變。應事機而虎發。山西二水獲安者。則君之勳也。（北堂書鈔一百十五）

太常趙咨序

天下信之如日月。仰之如雲雨。仁風翔于路衢。禮讓行乎士女。時亮天工。四門順軌。（北堂書鈔二十九又五十三）

班婕妤

斌斌婕妤。履正修文。進辭同輦。以禮匡君。納侍顯德。讜對解紛。退身避害。志邈浮雲。（藝文類聚十五）

明德馬皇后

明德馬后。執貞履素。光崇六行。動遵禮度。作后作母。帝諮厥謀。國賴內訓。家應顯祚。（藝文類聚十五）

太子少傅箴

夫金水無常。方圓應形。亦有隱括。習以性成。故近墨者黑。聲和則響清。形正則影直。正人在側。德義盈堂。鮑肆先入。蘭蕙不芳。傅臣司訓。敢告君王。（初學記十八、御覽二百四十四）

吏部尚書箴

明明王範。制為九服。君執常道。臣有定職。各有攸司。乂用不愆。貴無常尊。賤不恒卑。不明厥德。國用顛危。昔舜舉禹。咎繇而雋乂在官。夔龍出入朕命。湯舉阿衡。而不仁流屏。周仲山甫。亦允納言。且表正而象平。日夕而景側。處喉舌者。患銓衡之無常。不患于不明。故曰無謂隱微。廢公任私。無好自專。違眾取怨。是以古之君子。無親無疏。縱心大倫。修己以道。弘道以身。易貴好爵。書慎官人。官不可妄授。職不可闇受。能者養之致福。不能者弊之招咎。銓衡臣司書。敢告左右。（藝文類聚四十八、初學記十一）

華嶽銘序

易稱法象莫大乎天地，天㠯高明崇顯，而嶽配焉，地㠯廣厚爲基，而嶽體焉，若夫太華之爲鎭也，五嶽列位，而存其首，三條分方，而處其中，故能參兩儀㠯比德，協和氣之絪縕，濟雲行而雨施，與雷風㠯動物，是㠯古先歷代聖帝明王，莫不燔柴加牲，尊而祀焉。于虞書則西巡狩，至于西嶽而親祭焉，于禮則大司馬掌其分域，而大宗伯典其禮祀也。藝文類聚七 初學記五

劍銘并序

道德不修，雖有千金之劍，何所用之。先王觀變而服劍，所㠯立武象也。太上有象而已，其次則親用之，銘曰：

光文耀武，㠯衛乃國。

筆銘

韡韡彤管，冉冉輕翰，正色玄墨，銘心寫言。初學記二十一

水龜銘

鑄茲靈龜，體象自然，含出原水，有似淸泉，潤彼玄墨，染此弱翰，申情寫意，經緯羣言。御覽六百六

鏡銘

人徒覽于鏡，止于見形，鑒人可㠯見情。北堂書鈔一百三十六

杖銘

杖正杖貞，身正心安，不安則傾，不貞則危，傾危之變，厥身㠯隨。書鈔一百三十三

澡盤銘

與其澡于水，寧澡于德，水之淸，猶可穢也，德之修，不可廢也。書鈔一百三十五 御覽七百十二

席銘

席左端

閑居勿極其歡。書鈔一百三十三 初學記二十五

席右端

寢處毋忘其患。書鈔一百三十三 初學記二十五

席左後

居其安無忘其危。初學記二十五

席右後

惑生于邪色，禍成于多言。初學記二十五

燈銘

晃晃華燈，含滋炳靈，素膏流液，玄炷亭亭，丹水揚輝，飛景蘭亭。初學記二十五

燭銘

到當作則

煌煌丹燭，焰焰飛光，取到龍景，擬象扶桑，照彼玄夜，炳若朝陽，煥刑監世，無隱不彰。御覽八百七十。案張溥本作傅咸，誤。

印銘

往昔先王，配天垂則，乃設印章，作信萬國，取象㫺度，是銘是刻，文明愼密，直方其德，本立道生，歸乎玄默，太上結繩，下無荒慝。初學記二十六 御覽六百八十三

冠銘

居高無忘危，在上無忘敬，懼則安，敬則正。初學記二十六 御覽六百八十四

衣銘

衣㠯飾外，德㠯修內，內修外飾，禮有制也。

裳銘

上衣下裳，天地則也，服從其儀，君子德也。御覽六百九十六

履銘

戒之哉，念履正，無履邪，正者吉之路，邪者凶之徵。初學記二十六 御覽六百九十七

被銘

被雖溫。無忘人之寒。無厚于己。無薄于人。書鈔一百三十四御覽七百七

棟銘

國有維輔。屋有棟梁。室之傾。尚可柱也。心之傾。不可輔也。御覽百八十七

龍銘

麗哉神龍。誕應陽精。潛景九淵。飛曜天庭。屈伸從時。變化無形。偃伏汙泥。上凌太清。藝文類聚九十六

靈蛇銘

嘉茲靈蛇。斷而能續。飛不須翼。行不假足。上騰霄霧。下遊山嶽。進此明珠。預身龍族。藝文類聚九十六御覽九百三十四

口誡

勿謂何有。積怨致咎。勿曰不傳。伏流成川。蟻孔潰河。溜穴傾山。藝文類聚十七　案傅子擬金人銘作口銘有末二語疑口誡即口銘未敢定之

江夏任君墓銘

君諱倓。承洪苗之高胄。稟岐嶷之上姿。質美珪璋。志邈雲霄。景行足以作儀範。柱石足以慮安危。弱冠而英名播乎遐邇。拜江夏太守。內平五教。外運六奇。邦國乂安。飄塵不作。銘曰。峩峩任君。應和秀生。如山之峙。如海之渟。才行闡茂。文武是經。羣后利德。泊然弗營。宜享景福。光輔上京。如何夙逝。不延百齡。藝文類聚五十

太尉楊彪銘

莅于少府。考定百工。北堂書鈔五十四

太僕庭閑王御。同上

允正九儀。同上鴻臚

永監太僕龐侯誄

烝烝孝敬。行著閨庭。如蘭之芳。如金之貞。在亂不回。處暗斯明。仁象春日。威配秋霜。慈恩雨施。惠化風揚。嘉善獻親。疾惡若讎。品定

人倫。清濁異流。將繼四祖。世據前定。天假其年。主優其祿。等勳伊呂。比壽東嶽。藝文類聚四十九

祝祖文

祖君自東。百靈齊行。翠蓋翊颸。象輿瑪箱。王于進駕。驂服調匡。北堂書鈔一百五十五

全晉文卷四十六終

全晉文卷四十七

烏程嚴可均校輯

傅玄三

傅子一

謹案。隋志雜家。傅子百二十卷。晉司隸校尉傅玄撰。舊新唐志同。晉書本傳。玄字休奕。少時避難于河內。專心誦學。後雖顯貴。而著述不廢。撰論經國九流及三史故事。評斷得失。各爲區別。名爲傅子。爲內外中篇。凡有四部六錄。合百四十首。數十萬言。并文集百餘卷行于世。案百四十首而百二十卷者。或元有缺篇。或數篇合卷。今莫能詳。其四部六錄區別亦無從攷。崇文總目僅五卷二十三篇。陳詩庭言今本十二篇又佚十一篇。後此不復著錄。乾隆閒從永樂大典寫出二十三篇。又無篇名者六條。蓋即宋時二十三篇之節錄本。又寫出文選注御覽諸子瓊林二十四條。合爲一卷。嘉慶庚午歲。余㠯唐魏徵羣書治要所載二十四篇校大典本。多出二千五百許字。又從三國志注寫出六千三百餘字。廣爲二卷。乙亥歲。余校意林。知道藏本差善。然多羼越。㠯各書互證之。知意林所載傅子。乃楊泉物理論也。所載徐幹中論。僅前二條又半條是中論。其第三條之下半條及第四條乃傅子也。所載物理論。僅前四條是物理論。其第五條至第九十七條乃傅子也。其第九十八條至末乃中論也。他如㠯莊子雜篇當王孫子。而王孫子鶡冠子牟子及蔣濟萬機論等四十家文皆爛脫。乃作意林考正一卷。手寫數過。略得傅子端緒。因復遍蒐各書。得佚文數百條。重加排比。㠯治要大典等書所載整篇爲二卷。㠯各書所載依意林九十五事。次第類附而閒廁之。爲補遺二卷。凡四卷。其意林與整篇複見者。不復刪之。用見傅子原次。或尚有漏落。後之人隨見隨補可也。

治體（案羣書治要未載篇名永樂大典有之下皆同）

治國有二柄。一曰賞。二曰罰。賞者。政之大德也。罰者。政之大威也。人所㠯畏天地者。㠯其能生而殺之也。爲治審持二柄。能使殺生（大典作生殺）不妄。則其威德與天地並矣。（大典無其字。此已下大典未載）信順者。天地之正道也。詐逆者。天地之邪路也。民之所好莫甚于生。所惡莫甚于死。善治民者。開其正道。因所好而賞之。則民樂其德也。塞其邪路。因所惡而罰之。則民畏其威矣。善賞者。賞一善而天下之善皆勸。善罰者。罰一惡而天下之惡皆懼者何。（意林作皆除矣無者何二字疑當作皆懼矣勸而懼者何）賞公而罰不貳也。有善雖疏賤必賞。有惡雖貴近必誅。可不謂公而不貳乎。若賞一無功。則天下飾詐矣。罰一無罪。則天下懷疑矣。是㠯明德慎賞。而不肯輕之。明德慎罰。而不肎忽之。夫威德者。相須而濟者也。故獨任威刑而無德惠。則民不樂生。獨任德惠而無威刑。則民不畏死。民不樂生。不可得而敎也。民不畏死。不可得而制也。有國立政。能使其民可敎可制者。其唯威德足㠯相濟者乎。（羣書治要　永樂大典）

官人

世質則官少。世文則吏多。有虞氏官五十。夏后氏百。殷二百。周三百。（永樂大典）

舉賢

賢者。聖人所與共治天下者也。故先王㠯舉賢爲急。舉賢之本。莫大正身而壹其聽。身不正。聽不壹。則賢者不至。雖至不爲之用矣。古之明君。簡天下之良材。（大典作才）舉天下之賢人。豈家至而戶閱之乎。開至公之路。秉至平之心。執太象而致之。亦云誠而已矣。夫任誠。天地可感。而況于人乎。傅說。巖下之築夫也。高宗引而相之。呂尚。屠釣之賤老也。文武尊而宗之。陳平。項氏之亡臣也。高祖㠯爲腹心。四君不㠯小疵忘大德。三臣不㠯疏賤而自疑。其建帝王之業不亦宜乎文王內舉周公旦而天下不以為私其子外舉太公望天下稱其公周公誅弟而典刑立桓公任讎而齊國治苟其無私他人之于骨肉其于誅賞豈二法哉唯至公然後可以舉賢也夏禹有言知人則哲惟帝其難之因斯以談君莫賢于高祖臣莫奇于韓信高祖在巴漢困矣韓信去楚而亡窮矣夫以高祖之明困而思士信之奇材窮而願進其相遭也宜萬里響應不移晷而相取矣大典作將相可取矣然信歸漢歷時而不見知非徒不見知而已大典有矣字又將案法而誅之向不遇滕公則身不免于戮死不值蕭何則終不離于亡命幸而得存固水濱之餓夫市中之怯子又安得市人可驅而立半治要作乎今依大典天下之功也哉蕭何一言而不世之交合定傾大典作項之功立豈蕭何知人之明絕于高祖而韓信求進之意曲于蕭何乎尊卑之勢異而高下之處殊也高祖勢尊而處高故思進者難大典有進字蕭何勢卑而處下故自納者易大典有納字然

則居尊高之位者其接人之道固難而在卑下之地者其相知之道固易矣昔人知居上取士之難故虛心而下聽知在下相接之易故因人以致人文選辨命論注引此二句無在字舜之舉咎陶難得咎陶致天下之士易湯之舉伊尹難得伊尹致天下之士易故舉一人而聽之者王道也舉二人而聽之者霸道也舉三人而聽之者僅存之道也聽一人何以王也任明而致信也聽二人何以霸也任術而設疑也聽三人何以僅存也從二而求一也明主任人之道專致人之道博任人之治要脫之字道專故邪不得間致人之道博故下無所壅任人之道不專則讒說起而異心生致人之道不博則殊塗塞而良材屈使舜未得咎陶湯未得伊尹而不求賢則上下不交而大業廢矣既得咎陶既得大典無此二字伊尹而又人人自用是代大匠斲也君臣易位勞神之道也今之人或抵掌而言稱古多賢患世無人退不自三省意林作思而坐誣一世豈不甚邪意林作惑邪夫聖人

者不世而出者也賢能之士何世無之何以知其然舜興而五臣顯武王興而九賢進齊桓之霸管仲為之謀秦孝之強商君佐之以法欲王則王佐至欲霸則霸臣出欲富國強兵則富國強兵之人往求無不得唱無不和是以知天下之不乏賢也顧求與不求耳何憂天下之無人乎羣書治要永樂大典大典乎作哉

授職

夫裁徑尺之帛刊大典刊作形下放此方寸之木不任左右必求良工者裁帛刊木非左右之所能故也徑尺之帛方寸之木薄物也非良工不能裁之況帝王之佐經國之任可不審擇其人乎故構大廈者先擇匠然意林作而下句放此後簡材治國家者先擇佐然後定民大匠構屋必大材為棟梁小材為榱橑苟有所中尺寸之木無棄也非獨屋有棟梁國家亦然大者為宰相此國之棟梁也審其棟梁則經國之本立矣大典脫也審至立矣十二字經國之本立則庶官無曠而天工時敘矣羣書治要永樂大典

校工

天下之害莫甚于女飾意林作莫害于女飾盈上之人不節其耳目之欲殫生民之巧以極天下之變一首意林作頭之飾盈千金之價大典作賨婢妾之服兼意林作亦重四海之珍縱欲者無窮用力者有盡用有盡之力逞無窮之欲此漢靈之所以失其民也上欲無節眾下肆情淫奓大典作奢與奓同並興而百姓受其殃毒矣嘗見漢末一筆之柙雕以黃金飾以和璧綴以隨珠發以翠羽初學記二十一御覽六百五作文以翡翠此筆非文犀之植必象齒之管豐狐之柱秋兔之翰用之者必被珠繡之衣踐雕玉之履由是推之其極靡不至矣然公卿大夫刻石為碑鐫石為虎碑虎大典脫虎字崇僞陳于三衢妨功喪德異端並起意林載此七句皆同眾邪之亂正若此豈不哀哉夫經國立功之道有二一曰息欲二曰明制欲息制明而天下定矣羣書治要永樂大典

檢商賈

夫商賈者。所㠯伸盈虛而獲天地之利。通有無而壹四海之財。其人可甚賤而其業不可廢。蓋衆利之所充而積僞之所生。不可不審察也。古者民樸而化淳。上少欲而下鮮僞。衣足㠯暖身。食足㠯充口。器足㠯給用。居足㠯避風雨。養㠯大道。而民樂其生。敦㠯大質。而下無逸心。日中爲市。民（大典無民字）交易而退。各得其所。蓋化淳也。暨周世殷盛。承變極文。而重爲之防。國有定制。下供常事。役賦有恆。而業不廢。君臣相與。一體上下。譬之形影。官恕民忠。而恩侔父子。上不徵非常之物。下不供非常之求。君不索無用之寶。民不鬻無用之貨。自公侯至于皁隸僕妾。尊卑殊禮。貴賤異等。萬機運于上。百事動于下。而六合晏如者。分數定也。夫神農正其綱。先之㠯無欲。而咸安其道。周綜其目。壹之㠯中典。（大典作正）而民不越法。及秦亂四民而廢常賤。競逐末利而（大典脫廢常至利而八字）棄本業。苟合（大典作且）壹切之風起矣。于是士樹姦于朝。賈窮僞于市。臣挾邪㠯罔（治要作內。大典作罔。知內是罔之誤）其君。子懷利㠯詐其父。一人唱欲而億兆和。上逞無厭之欲。下充無極之求。都有專市之賈。邑有傾世之商。商賈富乎公室。（大典作半）農夫伏于（大典無于字）隴畝而墮（大典作墜）溝壑。上愈增無常之好㠯徵下。下窮死而不知所歸。哀夫。且（大典脫所字哀夫字且作農）末流濫溢而本源竭。纖靡盈市而穀帛罄。其勢然也。古者（治要脫者字大典有）言非典義。學士不㠯經（大典作樂）心。事非田桑。農夫不㠯亂業。器非時用。工人不㠯措手。物非世資。商賈不㠯適（大典作過）市。士思其訓。農思其務。工思其用。賈思其常。是㠯上用足而下不匱。（大典脫上下字）故一野不如一市。一市不如一朝。一朝不如一用。一用不如上息欲。上息欲而下反眞矣。不息欲于上而欲求（治要作于。今依大典）下之安靜。（大典無靜字）此猶縱火焚林而索原野之不彫廢。（大典作瘁）難矣。故明君止欲而寬下。急商而緩農。貴本而賤末。朝無蔽賢之臣。市無專利之賈。國無擅山澤之民。一臣蔽賢則上下之道壅。商賈（大典作一商）專利則四方之資困。民擅山澤則兼并之路開。而上㠯無常役下。賦一（大典無一字）物非民所生。而請于商賈。則民財暴賤。民財暴賤而非常暴貴。非常暴貴。則本竭而末盈。末盈本竭。而國富民安（大典有者字）未之有矣。（羣書治要永樂大典。大典矣作也）

仁論

昔者聖人之崇仁也。將㠯興天下之利也。利或不興。須仁㠯濟天下。有不得其所。若己推而委之于溝壑然。夫仁者。蓋推己㠯及人也。故己不欲。無施于人。推己所欲。㠯及天下。推己心孝于父母。㠯及天下。則天下之爲人子者。不失其事親之道矣。推己心有樂于妻子。㠯及天下。則天下之爲人父者。不失其室家之歡矣。推己之不忍于飢寒。㠯及天下之心。含生無凍餒之憂矣。此三者。非難見之理。非難行之事。唯不內推其心㠯恕乎人。未之思耳。夫何遠之有哉。（自篇首至此大典未載）古之仁人。推所好㠯訓天下。而民莫不尚德。推所惡㠯誡天下。而民莫不知恥。或曰。恥者其至（申鑒襍言下作志。至與志通）者乎。曰。未也。夫至（申鑒作志）者自然由仁。（申鑒作人。仁與人通）何恥之有。赴谷必墜。失水必溺。人見之也。赴穽必陷。失道必沈。人不見之也。不察之故。君子慎乎所不察。不聞大論。則志不宏。不聽至言。則心不固。思唐虞于上（本作盧。依申鑒改）世。瞻仲尼于中古。而知夫小道者之足羞也。相（申鑒作想）伯夷于首陽。省四皓于商山。而知夫穢志者之足恥也。存張騫于西極。念蘇武于朔垕。而知懷閭室者之足鄙也。推（本作析。依申鑒改）斯類也。無所不至矣。德比于上。欲比于下。德比于上故知恥。欲比于下故知足。恥而知之。則聖賢其可幾。知足而已。則固陋其可安也。聖賢斯幾。況其爲（爲字依申鑒加）慝乎。固陋斯安。況其爲侈乎。是謂有檢。純乎純哉。其上也。其次得概而已矣。莫非概也。漸（申鑒作得）其概。苟無邪。斯可矣。君子內省其身。怒不亂德。喜（本作善。依申鑒改）不亂義也。（或自曰恥者已下二百五十六字治要未載大典有之與荀悅申鑒雜言下全同將恐唐已後羼入今姑勿刪孔子曰。仁遠乎哉。我欲仁。斯仁至矣。此之謂也。若（孔子已下十九字大典未載）子方惠及于老馬。西巴不忍而放麑。皆仁之端也。推而廣之。可㠯及乎遠矣。（羣書治要、永樂大典）

義信

蓋天地著信。而四時不悖。日月著信。而昏明有常。王者體信。而萬國㠯安。諸侯秉信。而境內㠯和。君子履信。而厥身㠯立。古之聖君賢佐。將化世美俗。去信須臾。而能安上治民者。未之有也。夫象天則地。履信思順。㠯壹天下。此王者之信也。據法持正。行㠯不貳。此諸侯之信也。言出乎口。結乎心。守㠯不移。㠯立其身。此君子之信也。講信修義。而人道定矣。若君不信㠯御臣。臣不信㠯奉君。父不信㠯敎子。子不信㠯事父。夫不信㠯遇婦。婦不信㠯承夫。則君臣相疑于朝。父子相疑于家。夫婦相疑于室矣。小大混然（大典作溷然）而懷姦心。上下紛然而競相欺。人倫于是亡矣。夫信由上而結者也。故君㠯信訓其臣。則臣㠯信忠其君。父㠯信誨其子。則子㠯信孝其父。夫㠯信先其婦。則婦㠯信順其夫。上秉常㠯化下。下服常而應上。其不化者。百未有一也。夫爲人上。竭至誠開信㠯待下。則懷信者歡然而樂進。不信者赧然而回意矣。老子不云乎。信不足焉。有不信也。故㠯信待人。不信思信。不信待人。信斯不信。況本無信者乎。先王欲下之信也。故示之㠯款誠。而民莫欺其上。申之㠯禮敎。而民篤于義矣。夫㠯上接下。而㠯不信隨之。是亦日夜見災也。周幽㠯詭烽滅國。齊襄㠯瓜時致殺。非其顯乎。故禍莫大于無信。無信則不知所親。不知所親則左右盡已之所疑。況天下乎。信者亦疑。不信亦疑。則忠誠者喪心而結舌。懷姦者飾邪㠯自納。（大典有矣字）此無信之禍也。（羣書治要、永樂大典）

禮樂

傅子曰。能㠯禮敎興天下者。其知大本之所立乎。夫大本者。與天地並存。與人道俱設。雖蔽天地。不可㠯質文損益變也。大本有三。一曰君臣。㠯立邦國。二曰父子。㠯定家室。三曰夫婦。㠯別內外。三本者立。則天下正。三本不立。則天下不可得而正。天下不可得而正。則有國有家者亟亡。而立人之道廢矣。禮之大本。存乎三者。可不謂之近乎。用之而蔽天地。可不謂之遠乎。由近㠯知遠。推已㠯況人。此禮之情也。（此下治要別爲一條，大典連屬上文）商君始殘禮樂。至乎始皇。遂滅其制。賊（大典作賤）九族。破五敎。獨任其威刑酷暴之政。內去禮義之敎。外無列國之輔。日縱桀紂之淫樂。君臣競留意于刑書。雖荷戟百萬。石城造天。威淩滄海。胡越不動。身死未收。姦謀內發。而太（大典脫天威至而太十九字）子已死于外矣。胡亥不覺。二十年而滅。曾無盡忠效節之臣㠯救其難。豈非敬義不立。（治要作正，今依大典）和愛先亡之禍（大典作忿）也哉。禮義者。先王之藩衛也。秦廢禮義。是去其藩衛也。夫齎不訾（御覽八百二十一作貲）之寶。獨宿于野。（御覽作曠野）其爲危敗。（御覽無敗字，大典作毀）甚于累卵。方之于秦。猶有泰山之安。易曰。上慢下暴。盜思代（大典作伐）之。其秦之謂與。（羣書治要、永樂大典）

法刑

立善防惡謂之禮。禁非立是謂之法。法者所㠯正不法也。明書禁令曰法。誅殺威罰曰刑。天地成歲也。先春而後秋。人君之治也。先禮而後刑。（天地下二十字依意林加）治世之民。從善者多。上立德而下服其化。故先禮而後刑也。亂世之民。從善者少。上不能㠯德化之。故先刑而後禮也。周書曰。小乃不可不殺。乃有大罪。非終乃惟眚裁。然則心惡者。雖小必誅。意善過誤。雖大必赦。此先王所㠯立刑法之本也。禮法殊塗而同歸。賞刑遞用而相濟矣。（此已上大典未載）是故聖帝明王。惟刑之恤。敬五刑㠯成三德。若乃暴君昏主。刑殘法酷。作五虐之刑。設炮烙之辟。而天下之民。無所措其手足矣。（大典無其字。此已下大典未載）

故聖人傷之。乃建三典。殊其輕重。㠯定厥中。司寇行刑。君爲之不舉樂。哀矜之心至也。八辟議其故而宥之。仁愛之情篤也。柔愿之主。聞先王之有哀矜仁愛。議獄緩死也。則妄輕其刑。而赦元惡。刑妄輕。則威政墮而法易犯。元惡赦。則姦人興而善人困。剛猛之主。聞先王之㠯五刑糾萬民。舜誅四凶而天下服也。于是峻法酷刑。㠯侮天下。罪連三族。戮及善民。無辜而死者過半矣。下民怨而思叛。諸侯乘其弊而起。萬乘之主死于人手者。失其道也。齊秦之君。所㠯威制天下。而或不能自保其身。何也。法峻而教不設也。末儒見峻法之生叛。則去法而純仁。偏法見弱法之失政。則去仁而法刑。此法所㠯世輕世重。而恒失其中也。（羣書治要、永樂大典）

重爵祿

爵祿者。國柄之本。而貴富（大典作富貴）之所由。不可㠯不重也。然則爵非德不授。祿非功不與。二教既立。則良士不敢㠯賤德受貴爵。勞臣不敢㠯微功受重祿。況無德無功。而敢虛干爵祿之制乎。然則先王之用爵祿。不可謂輕矣。夫爵者位之級。而祿者官之實也。級有等而稱其位。實足利而周其官。此立爵祿之分也。爵祿之分定。必明選其人而重用之。德貴功多者。受重爵大位。厚祿尊官。德淺功寡者。受輕爵小位。薄祿卑官。厚足㠯衛（大典作衛）宗黨。薄足㠯代其耕。居官奉職者。坐而食于人。既食于人。（大典無此四字）不敢㠯私利經心。既受祿于官。而或營私利。（大典無利字）則公法繩之于上。而顯議廢（大典作發）之于下。（大典有矣字）是㠯仁讓之教存。廉恥之化行。貪鄙之路塞。嗜欲之情滅。百官各敬其職。大臣論道于朝。公議日興。而私利日廢矣。明君（大典作廢也明矣）必順善制而後致治。非善制之能獨治也。必須良佐有㠯行之也。欲（治要無欲字依大典加）治其民。而不省其事。則事繁而職亂。知省其職。而不知節其吏。（大典作利）厚其祿也。則（治要有天字依大典刪）下力既竭。而上猶未供。薄其祿也。則吏競背公義（大典有而字）營私利。（大典有也字）此教之所㠯必廢而不行也。凡欲爲治者。無不欲其吏之清也。不知所㠯致清而求其清。此猶滑（大典作渾）其源而望其流之潔也。知所㠯致清。則雖舉盜跖。不敢爲非。不知所㠯致清。則雖舉夷叔。必犯其制矣。夫授夷叔㠯事。而薄其祿。近不足㠯濟其身。遠不足㠯及室家。父母饑于前。妻子餒于後。不營則骨肉之道虧。營之則奉公之制犯。骨肉之道虧。則怨毒之心生。怨毒之心生。則仁義之理衰矣。使夷叔有父母存。無㠯致養。必不採薇于首陽。顧公制而守死矣。由此言之。吏祿不重。則夷叔必犯矣。夫棄家門。委身于公朝。榮不足㠯庇宗人。祿不足㠯濟家室。骨肉怨于內。交黨離于外。仁孝之道虧。名譽之利損。能守志而不移者鮮矣。人（治要無人字依大典加）主不詳察。聞其怨興于內。而交離于外。薄其名。必時（大典作將）黜其身矣。家困而身黜。不移之士。不顧私門之怨。不憚遠近之讁。死而後已。不改其行。上不見信于君。下不見明于俗。遂委死溝壑。而莫之能知也。豈不悲夫。天下知爲清之若此。則改行而從俗矣。清者化而爲濁。善者變而陷于非。若此而能㠯致治者。未之聞也。（羣書治要、永樂大典）

全晉文卷四十七終

全晉文卷四十八　　烏程嚴可均校輯

傅玄四

傅子二

平賦役

昔先王之興役賦，所以安上濟下，盡利用之宜，是故隨時質文，不過其節，計民豐約而平均之，使力足以供事，財足以周用，乃立一定之制，以爲常典，甸都有常分，諸侯有常職焉，萬國致其貢，器用殊其物。（此已上大典末載）上不興非常之賦，下不進非常之貢，上下同心，以奉常教，民雖輸力致財，而莫怨其上者，所務公而制有常也。（此已下大典末載）戰國之際，棄德任威，競相吞代，而天下之民困矣。秦并海內，遂滅先王之制，行其暴政，內造阿房之宮，繼以驪山之役，外築長城之限，重以百越之戍，賦過太半，傾天下之財，不足以盈其欲，

役及閭左，竭天下之力，不足以周其事，于是蓄怨積憤，同聲而起，陳涉項梁之疇，奮劍大呼，而天下之民，響應以從之，驪山之基未閉，而敵國已收其圖籍矣。昔者東野畢御，盡其馬之力，而顏回知其必敗，況御天下而可盡人之力也哉。夫用人之力，歲不過三日者，謂治平無事之世，故周之典制載焉。若黃帝之時，外有赤帝蚩尤之難，內設舟車門衛甲兵之備，六興大役，再行天誅，居無安處，卽天下之民，亦不得不勞也。勞而不怨，用之至平也。禹鑿龍門，闢伊闕，築九山，滌百川，過門不入，薄飲食，卑宮室，以率先天下，天下樂盡其力，而不敢辭勞者，儉而有節，所趣公也。故世有事，卽役煩而賦重，世無事，卽役簡而賦輕，則奉上之禮宜崇，國家之制宜備，此周公所以定六典也。役煩賦重，卽上宜損制以恤其下，事宜從省，以致其用，此黃帝夏禹之所以成其功也。役之爲政，思黃帝之至平，夏禹之積儉，周制之有常，隨時益損而息耗之，庶幾雖勞而不怨矣。（羣書治要，永樂大典）

貴教

虎至猛也，可畏（大典作威，畏與威通）而服；鹿至麤也，可教而使；木至勁也，可柔而屈；石至堅也，可消（大典作柔）而用。況人含五常之性，有善可因，有惡可改（大典作攻）者乎。人之所重，莫重乎身，貴教之道行，士有仗節成義，死而不顧者矣。此先王因善教義，因義而立禮者也。因善教義，故義成而教行；因義立禮，故禮設而義通。若夫商韓孫吳，知人性之貪得樂進，而不知兼濟其善，于是束之以法，要之以功，使（大典有天字）下唯力是恃，唯爭是務。恃力務爭，至有探湯赴火而忘其身者，好利之心獨用也。人懷好利之心，則善端沒矣。中國所以常制四夷者，禮義之教行也。失其所以教，則同乎夷狄矣。其所以同，則同乎禽獸矣。不唯同乎禽獸，亂將甚焉。何者？禽獸保其性，然者也，人以智役力者也。（大典有以字）智役力而無教節，是智巧日用，而相殘無

極也。相殘無極，亂孰大焉。不濟其善，而唯力是恃，其不大亂幾稀耳。人之性，避害從利，故利出于禮讓，卽修禮讓；（大典脫此四字）利出于力爭，則任力爭。修禮讓，則上安下順，而無侵奪；任力爭，則父子幾乎相危，而況于悠悠者乎。（羣書治要，永樂大典）

戒言

上好德則下修行，上好言則下飾辯。修行則仁義興焉，飾辯則大僞起焉，此必然之徵也。德者，難成而難見者也；言者，易撰而易悅者也。先王知言之易，而悅之者衆，故不尚焉。不尊賢尚德，舉善以教，而以一言之悅取人，則天下之棄德飾辯以要其上者，不尠矣。何者？德難爲而言易飾也。夫貪榮重利，常人之性也，上之所好，榮利存焉，故上好之，下必趣之，趣之不已，雖死不避也。先王知人有好善尚德之性，而又貪榮而重利（大典有也字），故貴其所尚，而抑其所貪，貴其所尚，故禮讓興；抑其所貪，故廉恥存。夫榮利者，可抑而不

則上脫役簡賦輕四字

下當作地

可絕也。故明爲顯名高位。豐祿厚賞。使天下希而慕之。不修行崇德。則不得此名。不居此位。不食此祿。不獲此賞。此先王立教之大體也。夫德修之難。不積其實。不成其名。夫言撰之易。合所悅而大用。修之不久。所悅無常。故君子不貴也。（羣書治要、永樂大典。）

正心

立德之本。莫尚乎正心。心正而後身正。身正而後左右正。左右正而後朝廷正。朝廷正而後國家正。國家正而後天下正。故天下不正。修之國家。國家（長短經德表篇無兩國家字）不正。修之朝廷。朝廷不正。修之左右。左右不正。修之身。身不正。修之心。所修彌近。而所濟彌遠。禹湯罪已。其興也勃焉。正心之謂也。心者神明之主。萬物之統也。（也字依大典加）動而不失正。天下可感。而況于人乎。況于萬物乎。夫有正心。必有正德。以正德臨民。猶樹表望影。不令而行。大雅云。儀刑文王。萬邦作孚。此之謂也。有邪心。必有枉行。以枉行臨民。猶樹曲表。而望其影之直也。（也字依大典加）若乃身坐廊廟之內。意馳雲夢之野。臨朝宰事。（大典此句在下句娛字下）情繫曲房之娛。心與體離。情與志乖。形神且不相保。孰左右之能正乎哉。忠正仁理存乎心。則萬品不失其倫矣。禮度儀法存乎體。則遠邇內外。咸知所（大典有則字）象矣。古之大（大典無大字）君子。修身治人。先正其心。自得而已矣。（大典有夫字）能自得。則無不得矣。苟自失。則無不失矣。無不得者。治天下有餘。故否則保身居正。終年不失其和。達則兼善天下。物無不得其所。無不失者。營妻子不足。故否則是已非人。而禍遠乎其身。達則縱情用物。而殃及乎天下。昔者有虞氏彈五弦之琴。而天下樂其和者。自得也。秦始皇築長城之塞。（大典作基）以爲固。禍幾發于左右者。自失也。夫推心以及人。而四海蒙其佑。則文王其人也。不推心以虐（以虐二字治要作慮字依大典改）（案大典推心至不推心慮卅一字作挾邪心以虐五字）用天下。則左右不可保。亡秦是也。秦之虣（大典作虐）君。目玩傾城之色。天下男女怨曠。而不肯恤也。耳淫亡

國之聲。天下小大哀怨。而不知撫也。意盈四海之外。口窮天下之味。宮室造天而起。萬國爲之憔悴。猶未足以逞其欲。唯不推心以況人。故視用人如用草芥。使用人如用己。惡有不得其性者乎。古之達治者。知心爲萬事主。動而無節則亂。故先正其心。其心正于內。而後動靜不妄。以率先天下。而後天下履正。而咸保其性也。斯遠乎哉。求之心而已矣。（羣書治要、永樂大典。）

通志

夫能通天下之志者。莫大乎至公。能行至公者。莫要乎無忌心。唯至公。故近者安焉。遠者歸焉。枉直取正。而天下信之。唯無忌心。故進者自盡。而退不懷疑。其道泰然。浸潤之譖。不敢干也。虞書曰。闢四門。則天下之人輻湊其庭矣。明四目。則天下之人（大典脫輻湊至之人十三字）樂爲之視矣。達四聰。則天下之人樂爲之聽矣。江海所以能爲百谷王者。以其（大典有能字）不逆之也。苟所有逆。衆流之不至者多矣。衆流不至者多。則無以成其深矣。夫有公心。必有公道。（意林引有此二句）有公道。必有公制。丹朱商均。子也。不肖。堯舜黜之。管叔蔡叔。弟也。爲惡。周公誅之。苟不善。雖子弟不赦。則于天下無所私矣。鯀亂政。舜殛之。禹聖明。舉用之。戮其父而授其子。則于天下無所忌（大典作枉）矣。石厚子也。石碏誅之。冀缺讎也。晉侯舉之。是之謂公道。夫（治要作未依大典改）在人上。天下皆樂爲之用。無遠無近。苟所懷得達。死命可致也。唯患衆流異源。淸濁不同。愛惡相攻。而（大典而下有吉凶生）親疏黨別。上之人或有所好。所好（大典少所好二字）之流。獨進。而所不好之流。退矣。通者一而塞者萬。則公道廢而私（治要作利依大典改）道行矣。于是天下之志塞而不通。欲自納者因左右而達。則權移左右。而上勢分矣。昧于利者。知趣左右之必通。必變業以求進矣。昧于（于字依大典加）利者。變業而黨成。正士守志而日否。則雖見者盈庭。而上之所聞（治要作闕依大典改下亦同）寡。外倦于人。而內寡聞。此自閉之道也。故先王之教。進賢者

爲上賞，黜賢者爲上戮。順理者進，逆法者誅。設誹謗之木，容狂狷之人。（大典作士。）任公而去私，內恕而無忌，是之謂公制也。公道行則天下之志通，公制立則私曲之情塞矣。（此下治要別爲一條，大典連屬上文。）凡有血氣，苟不相順，皆有爭心。隱而難分，微而害深者，莫甚于言矣。君人者將和衆定民，而殊其善惡，以通天下之志者也。聞言不可不審也。聞言未審，而以定善惡，則是非有錯，而飾辯巧言之流起矣。故聽言不如觀事，觀事不如觀行。聽言必審其本，觀事必校其實，觀行必考其迹，參三者而詳之，近少失矣。問曰：漢之官制，皆用秦法，秦不二世而滅，漢二十餘世而後亡者，何也？荅曰：其制則同，用之則異。秦任私而有忌心，法峻而惡聞其失；任私則遠者怨，（治要無則遠二字，依大典加。大典怨上復有任字。）有忌心則天下疑，法峻則民不順，惡聞其失則過不上聞。此秦之所以不二世而滅也。漢初入秦，約法三章，論功定賞，先封所憎，約法三章，公而簡也；先封所憎，（大典脫約法至所憎十二字。）無忌也。雖網漏吞舟，而百姓安之者，能通天下之志，得其略也。世尚寬（治要無寬字，依大典加。）簡，尊儒貴學，政雖有失，能容直臣。簡則不苟，寬則衆歸之，尊儒貴學則民篤于義，能容直臣則上之失不害于下，而民之患上聞矣。自非聖人，焉能無失？失而能改，則所失少矣。心以爲是，故言行由之，其或不是，不自知也。先王患人之不自知其失，而處尊者天下之命在（大典在作存。）焉，順之則生，逆之則死，順而無節，則諂諛進；逆而畏死，則直道屈。明主患諛已者衆，而無由聞失也，故開敢諫之路，納逆己之言，苟所言出于忠誠，雖事不盡是，猶歡然受（治要無受字，依大典加。）之，所以通直言之塗，引而致之，非爲名也，以爲直言不聞，則己之耳目塞。耳目塞于內，諛者順之于外，此三季所以至亡而不自知也。周昌比高祖于桀紂，而高祖託以愛子；周亞夫申軍令，而太宗爲之不驅；朱雲折檻，辛慶忌叩頭流血，斯乃寬簡之風，漢所以歷年四百也。（羣書治要、永樂大典。）

曲制

天下之福，莫大于無欲；天下之禍，莫大于不知足。無欲則無求，無求者，所以成其儉也；不知足，則物莫能盈其欲矣。（此已下大典未載。）莫能盈其欲，則雖有天下，所求無已，所欲無極矣。海內之物不益，萬民之力有盡，縱無已之求，以滅不益之物，逞無極之欲，而役有盡之力，此殷士所以倒戈于牧野，秦民所以不期而周叛，曲論之好奢而不足者，豈非天下之大禍邪。（羣書治要、永樂大典。）

安民

民富則安，貧則危。明主之治也，分其業而一其事。業分則不相亂，事一則各盡其力，而不相亂則民必安矣。重親民之吏而不數遷，重則樂其職，不數遷則志不流于他官。樂其職而志不流于他官，則盡心恤其下，盡心以恤其下，則民必安矣。附法以寬民者賞，剋法以要名者誅，寬民者賞，則法不虧于下，剋民者誅，而名不亂于上，則民必安矣。量時而置官，則吏省而民供，吏省則精，精則當才而不遺力；民則供順，供順則思義而不背上，上愛其下，下樂其上，則民必安矣。篤鄉閭之教，則民存知相恤，而亡知相救；存相恤而亡相救，則鄰居相恃，懷土而無遷志；鄰居相恃，懷土無遷志，則民必安矣。度時宜而立制，量民力以役賦，役賦有常，上無橫求，則事事有儲，而幷兼之隙塞；事有儲，幷兼之隙塞，則民必安矣。圖遠必驗之近，興事必度之民，知稼穡之艱難，重用其民，如保赤子，則民必安矣。職業無分，事務不壹，職荒事廢，相督不已，若是者民危。親民之吏不重，有資者無勞而數遷，競營私以害公，飾虛以求進，仕宦如寄，覲用其民如用路人，若是者民危。以法寬民者不賞，剋民爲能者必進，下力盡矣，而用之不已，若是者民危。吏多而民不能供，上下不相樂，若是者民危。鄉閭無教，存不相恤，而亡不相救，若是者民危。不度時而立制，不量民而（此下有脫文。）役賦無常，橫求相仍，弱窮迫不堪其命。（弱字上下有脫）若是者民危。視遠而忘近。興事不度于民。不知稼穡艱難而轉用之。如是者民危。安民而上危。民危而上安者。未之有也。虞書曰。安民則惠。黎民懷之。其爲治之要乎。今之刺史。古之牧伯也。今之郡縣。古之諸侯也。州總其統。郡舉其綱。縣理其目。各職守不得相干。治之經也。（自篇首至此大典未載）夫彈枉正邪。糾其不法。擊一以警百者。刺史之職也。（此以下大典未載）比物校成。考定能否。均其勞逸。同其得失。有大不可而後舉之者。太守之職也。親民授業。平理百事。猛以威吏。寬以容民者。令長之職也。然則令長者。最親民之吏。百姓之命也。國以民爲本。親民之吏。不可以不留意也。（羣書治要。永樂大典。此篇大典未載缺篇名）

傅子曰。利天下者。天下亦利之。害天下者。天下亦害之。利則利。害則害。無有幽深隱微。無不報也。仁人在位。常爲天下所歸者。無他也。善爲天下興利而已矣。（羣書治要）

問政

劉子問政。傅子曰。政在去私。私不去。則公道亡。公道亡。則禮教無所立。禮教無所立。則刑賞不用情。而下從之者。未之有也。夫去私者。所以立公道也。唯公然後可正天下。傅子曰。善爲政者。天地不能害也。而況于人乎。堯水湯旱。而人無菜色。猶太平也。不亦美乎。晉饑矣懈。而爲秦越禽。人且害之。而況于天地乎。（羣書治要。永樂大典）

問刑

傅子曰。秦始皇之無道。豈不甚哉。視殺人如殺狗彘。狗彘。仁人用之猶有節。始皇之殺人。觸情而已。其不以道如是。而李斯又深刑峻法。隨其指而妄殺人。秦不二世而滅。李斯無遺類。以不道遇人。人亦以不道報之。人讎之。天絕之。行無道。未有不亡者也。（此以下大典未載）或曰。漢太宗除肉刑。可謂仁乎。傅子曰。匹夫之仁也。（也字依意林長短經君德加）非王天下之仁也。夫王天下者。大有濟者也。非小不忍之謂也。先王之制。殺人者死。故生者懼。傷人者殘其體。故終身懲。所刑者寡。而所濟者衆。故天下稱仁焉。今不忍殘人之體。而忍殺之。既不類。傷人刑輕。是失其所以懲也。失其所以懲。則易傷人。人易相傷。亂之漸也。猶有不忍之心。故曰匹夫之仁也。（羣書治要。永樂大典）

釋法

釋法任情。姦佞在下。多疑少決。譬執腐索以御奔馬。專任刑名。民不聊生。通儒達道。政乃升平。浩浩大海。百川歸之。洋洋聖化。九服仰之。春風暘物。秋霜肅殺。同則相濟。異若胡越。（藝文類聚五十四）

信直

傅子曰。古之賢君。樂聞其過。故直言得至。以補其闕。古之忠臣。不敢隱君之過。故有過者知所以改。其或不改。以死繼之。不亦至直乎。（此下治要別爲一條。大典連屬上文）傅子曰。至哉季文子之事君也。使惡人不得行其境內。況在其君之側乎。推公心而行直道。有臣若此。其君稀陷乎不義矣。（羣書治要。永樂大典）

矯違

傅子曰。正道之不行。常佞人亂之也。故桀信其佞臣推侈。（治要作推役侈。大典無役字。案晏子諫上。夏之衰也有推侈大戲。墨子所染篇。夏桀染于干辛推哆。明鬼篇。王手禽推哆大戲。古今人表作雅侈。今此推侈即推哆雅侈也）以殺其正臣關龍逢。而夏以亡。紂信其佞臣惡來。以割（大典作剖）其正臣王子比干之心。而殷以亡。（此以下大典未載）或曰。佞之不可用如此。何惑者之不息也。傅子曰。佞人善養人私欲也。故多私欲者悅之。唯聖人無私欲。賢者能去私欲也。有見人之私欲。必以正道矯之者。正人之徒也。違正而從之者。佞人之徒也。自察其心。斯知佞正之分矣。或問佞孰爲大。傅子曰。行足以服俗。辨足以惑衆。言必稱乎仁義。隱其惡心而不可卒見。伺主之欲微合之。得其志。敢以非道陷善人。稱之有術。飾之有利。非聖人不能別。此大佞也其失心不欲爲亡義言亦必稱之行無大可非動不違乎俗合主所欲而不敢正也有害之者然後陷之最下佞者行不顧乎天下唯求主心使文巧辭自利而已顯然害善行之不怍若四凶可謂大佞者也若安昌侯張禹可謂大佞也若趙高石顯可謂最下佞者也大佞形隱爲害深下佞形露爲害淺形露猶不別之可謂至闇也已羣書治要永樂大典

此篇大典未載缺篇名

治人之謂治正己之謂正人不能自治故設法以一之身不正雖有明法即民或不從故必正己以先之也然則明法者所以齊衆也正己者所以率人也夫法設而民從之者得所欲也法獨設而無主即不行有主而不一則勢分一則順分則爭此自然之理也羣書治要

假言

天地至神不能同道而生萬物聖人至明大典誤作能不能一檢而治百姓故以異致同者天地之道也因物制宜者聖人之治也既得其道雖有詭常之變相害之物不傷乎治體矣水火之性相滅也善用之者陳釜鼎乎其間爨之煮之而能兩盡其用不相害也大典不相二字作無五味以調百品以成天下之物爲水火者多矣若施釜鼎乎其間則何憂乎相害何患乎不盡其用也羣書治要永樂大典

鏡總敘

古之人目短于自見故以鏡觀面智短于自知故以道正己鏡無見疵之罪道無明過之惡面失鏡則無以正鬚眉身失道則無以知迷惑永樂大典

大本

象天地以立制北堂書鈔十七引傅玄大本

全晉文卷四十八終

武當作王

仁下脫令字

樂之下脫威字

全晉文卷四十九

烏程嚴可均校輯

傅玄五

傅子三

補遺上

庖犧神農。順民之性育之者也。黃帝除民之害。救之者也。舜治天下。垂拱無爲者。㠯咎繇既舉。而不仁遠也。禹治洪水。冠挂不顧者。不㠯下憂累其上也。湯去三面之網。歸之者四十國。文武葬城隅之枯骨。天下懷其仁。所惠者小。所感者大。人必先之也。（御覽七十七）

不使不仁加乎天下。用武勝殘。而百姓㠯濟。此仁刑于撥亂。黃帝是也。時育萬物。必世而後仁。此仁著于治平。堯舜是也。（御覽七十七）

堯如臘。舜如腒。（北堂書鈔一百四十五）

拔萬國之地。九州之結。（北堂書鈔十四）

天爲有形之主。君爲有國之主。天㠯春生。猶君之有仁令也。天㠯秋殺。猶君之有威令也。故仁之發。天下樂之令之發。天下畏之。樂之故。樂從其令。畏之之故。不敢違其令。若寬令發而人不樂。無㠯稱仁矣。威令發而下不畏。無㠯言威矣。無仁可樂。無威可畏。能保國致治者。未之有也。（御覽六百三十八）

辨上下者。莫正乎位。與國家者。莫貴乎人。統內外者。莫齊乎分。宣德教者。莫明乎學。（意林）

秉綱而目自張。執本而末自從。（意林）

善賞者。賞一善而天下之善皆勸。善罰者。罰一惡而天下之惡皆除矣。（意林。案此治體篇文。）

世質則官少。時文則吏多。有虞氏官五十。夏后氏官一百。殷有二百。周有三百。（意林。案此官人篇文。）

國典之墜。猶位喪也。位之不建。名理廢也。（意林）

三公者。佐天子理陰陽。（初學記十一、御覽二百六）

尚書者。出入王命。喉舌之任也。（北堂書鈔五十九）

荀仲預稱禹十二爲司空。（御覽二百八）

魏司空陳羣始立九品之制。郡置中正。評人才之高下。各爲輩目。州置州都。而總其議。（北堂書鈔七十三、文選沈約宋書恩倖傳論注、御覽二百六十五）

凡品才有九。一曰德行。㠯立道本。二曰理才。㠯研事機。三曰政才。㠯經治體。四曰學才。㠯綜典文。五曰武才。㠯御軍旅。六曰農才。㠯教耕稼。七曰工才。㠯作器用。八曰商才。㠯興國利。九曰辨（定名篇作辯）才。㠯長諷議。此量才者也。（長短經量才。又定名）

知人之難。莫難于別眞僞。設所修出于爲道者。則言自然而貴玄虛。所修出于爲儒者。則言分制而貴公正。所修出于爲縱横者。則言權宜而貴變常。九家殊務。各有其長。非所爲難也。㠯默者觀其行。㠯語者觀其辭。㠯出者觀其治。㠯處者觀其學。四德或異。所觀

有微。又非所謂難也。所謂難者。典說詭合。轉應無窮。辱而言高。貪而言廉。賊而言仁。怯而言勇。詐而言信。淫而言貞。能設似而亂眞。多端㠯疑闇。此凡人之所常惑。明主之所甚疾也。（長短經知人）

㠯譽取人。則權勢移于下。而朋黨之交用。㠯功取士。則有德者未必授。而凡下之材或見任也。（意林）

君子內洗（長短經作虛）其心。㠯虛受人。外設法度。立不易方。（意林、長短經知人）

貞觀之道也。九流有主。貞一之道也。內貞觀而外貞一。則執僞者無地而逃矣。夫空言易設。但責其實事之效。則是非之驗立可見也。（長短經知人）

今人稱古多賢。患世無人。退不三思。坐語一世。豈不惑邪。（意林。案此舉賢篇文。）

人之性如水焉。置之圓則圓。置之方則方。澄之則渟（御覽作湻）而清。動之則流而濁。（意林、御覽三百六十七）先王知中流之易擾亂。故隨而教之。謂其

偏好者。故立一定之法。意林。

傅子曰。士大夫分職而聽。諸侯之君分土而守。三公總方而議。則天子拱己而正矣。何㠯明其然邪。當堯之時。舜爲司徒。契爲司馬。禹爲司空。后稷爲田疇。夔爲樂正。倕爲工師。伯夷爲秩宗。咎繇爲理官。益掌驅禽。堯不能爲一焉。奚㠯爲君。而九子者爲臣。其故何也。堯知九職之事。使九子各授其事。皆勝其任。㠯成九功。堯遂乘成功㠯王天下。長短經大體

龍舟整檝。王良不能執也。驥騄齊行。越人不敢御也。各有所能。意林。

構大廈者。先擇匠而後揀材。治國家者。先擇佐而後定民。意林 案此授職篇文

人之學者。如渴而飲河海也。大飲則大盈。小飲則小盈。大觀則大見。小觀則小見。意林。北堂書鈔八十三。御覽六百七

金㠯利用。錢㠯輕流。此二物飢不可食。意林。

入粟補吏。是賣官也。罪人㠯贖。是縱惡也。意林。

世富錢流。則禁盜鑄錢。世貧錢滯。則禁盜壞錢。意林。

天下之害。莫害于女飾。盈一頭之飾。盈千金之價。婢妾之服。亦重四海之珍。意林 案此校工篇文

披珍玉之衣。北堂書鈔二十 案校工篇必破珠繻之衣疑即此

公卿大夫刻石作碑。鐫石作虎。碑虎崇僞。陳于三衢。妨功喪德。異端並起。意林 案此校工篇文

漢武世王侯觀殿重階。金樞紫墀。御覽一百八十四。

夫華然被裘褐。塊然居湠案有脫鼠出案有脫澤生無禮容。死衣㠯薪。棄之中野。喪朞無數。如仰觀象于天。俯觀法于地者。案有脫爲案有脫亦已明矣。北堂書鈔未刪本一百五十八

撞亡秦之鐘。作鄭衛之樂。欲㠯興治。豈不難哉。意林 疑禮樂篇文。案此

賞不避疏賤。罰不避親貴。意林 案治體篇有善雖疏賤必賞有惡雖貴近必誅與此略同然篇次不符疑此法刑篇文也

律是咎繇遺訓。漢命蕭何廣之。御覽六百三十八。

若親貴犯罪。大者必議。小者必赦。是縱封豕于境內。放長蛇于左右也。御覽六百五十二

天地成歲也。先春而後秋。人君之治也。先禮而後刑。意林。案法刑篇故先禮而後刑也此當是上文

救嬰孩之疾。而不忍鍼艾。更加他物。㠯至死也。今除肉刑。當復有刑字者更衆。何異服他藥也。肉刑雖斬其足。猶能生育也。張倉除肉刑。每歲所殺萬計。鍾繇復肉刑。歲生二鍾繇傳一作三千人也。意林

肉刑名者。猶鳥獸登俎而作肉。意林

今有弱子。當陷大辟。問其慈父。必乞㠯肉刑代之。苟可㠯生易死也。有道之君。能不㠯此加百姓乎。蛇螫在手。壯夫斷其腕。謂其雖斷不死也。意林

曹義曰。縶馴駒㠯縿絆。御悍馬㠯腐索。今制民㠯輕刑。亦如死也。意林

但知管子借耳于天下。不知堯借人心。而後用其耳目。意林

昔燕趙之間。有三男子共娶一女。生四子。後爭訟。廷尉延壽奏云。禽獸生子逐母。宜㠯四子還母。尸三男子于市。意林。御覽三百六十。又三百六十一 案初學記十二引謝承後漢書曰范延壽宣帝時爲廷尉時燕趙之閒有三男共娶一妻生四子長各求離別爭財分子至闘于縣縣不能決斷讞之于廷尉于是延壽決之以爲悖逆人倫比之禽獸生子屬其母以子並付母尸三男于市奏免郡太守令長等無率化之道天子遂可其言漢書百官公卿表成帝河平二年北海太守安成范延壽子路爲廷尉八年卒初學記作宣帝誤也

塞一蟻孔而河決息。施北堂書鈔作掩一車轄而覆乘止。立法令者亦宜舉要。意林。北堂書鈔四十三

貴有常名。而賤不得冒。尊有定位。而卑不敢踰。意林

先王之制。九州異賦。天不生。地不養。君子不㠯爲禮。若河內諸縣。去北山絕遠。而各調出御上黨眞人參。上者十斤。下者五十斤。所

謂非所生，民以爲患。御覽九百九十一。案此疑平賦役篇文。

經之以道德，緯之以仁義，織之以禮法，既成而後用之。意林。

謂有孝廉秀才之貢，或千里望風，承聲而舉，故任實者漸消，積虛者日長。意林。

聞一善言，見一善事，行之唯恐不及；聞一惡言，見一惡事，遠之唯恐不遠。意林。

懸千金于市，市人不敢取者，分定也；委一錢于路，童兒爭之者，分未定也。意林、御覽八百十。

夏令披裘，冬令披葛，雖有嚴令，終不肯從者，逆時也。御覽二十一、又二十七、永樂大典八。案已上五條疑皆貴教篇文。

三皇貴道而尚德，五帝先仁而後義，三王先義而後術。意林。道藏本作亂，今依官本。案此疑戒言篇文。

鴻毛一羽，在水而沒者，無勢也；黃金萬鈞，在舟而浮者，託舟之勢也。意林。

擬金人銘作口銘曰：神以感通，心由口宣。福生有兆，禍來有文選注作無端。情莫多妄，口莫多言。勿謂何有，積怨致咎。勿謂不然，變出無閒。勿謂不傳，伏流成川。蟻孔潰御覽作潰河，溜穴傾山。意林作溜川傾山，御覽作溜潰沈山。藝文類聚十七引口誡作流穴傾山，今依北堂書鈔未刪本一百五十八穴篇改。病從口入，患自御覽作禍從口出。存亡之機，開闔之術。心與口謀，安危之源。樞機之發，榮辱隨焉。隨，御覽作存。意林、文選歐陽堅石臨終詩注、鮑照代君子有所思行注、御覽三百六十七。

夫有公心，必有公道。意林。案此通志篇文。

愛己者不能不愛，憎己者不能不憎。意林。

主執非道以虐其民，民杜私心以事其主。公門寒于上，顯議寢于下。忠臣深口口而口泣，貞士伏巖穴而自歎。數進忠此下有脫君之門也，已萬里矣。北堂書鈔一百五十八。

民富則安鄉重家，敬上而從教；貧則危鄉輕家，相聚而犯上。案安民篇民富則安，貧則危，蓋即此文，有所刪節耳。飢寒切身而不行非者，寡矣。意林。

禮云：繼父服齊衰。傅子曰：毋捨己父，更嫁他人，與己父甚于兩絕天也。道藏本作與兄父甚于兩絕天也，官本作與己父甚于兩絕天也，一本作與己父絕甚于兩夫也。又制服恐非周孔所制，亡秦焚書以後俗儒造之。意林。又見通典九十，作父無可繼之理，不當制服，此禮焚書之後俗儒妄造也。

先王之制禮也，使疏戚有倫，貴賤有等。上下九代，別爲五族。骨肉者，天屬也，正服之所經也；義立者，人紀也，名服之所緯也。正服者本于親親，名服者成于尊尊。親尊者服重，親殺者轉輕，此遠近之理也。尊崇者服厚，尊降者轉薄，此高下之敘也。記曰：其夫屬乎父道者，妻皆母道也；夫屬乎子道者，妻皆婦道也。人紀準之，兄不可以比父，弟不可以爲子。嫂之與叔，異族之人，本之天屬，嫂非姊，叔非弟也，則不可以親親理矣；校之人紀，嫂非母也，叔非子也，稽之五服，體無正統，定其名分，不知所附。通典九十二。

安進者若卵投石，逃誅者若走赴深。意林。

閒歲察舉孝廉，而上之皆是九州百郡之士，風異俗殊，所尚不同。暀若春華之并意林作益發，馥若秋蘭之俱茂，進如衆川之朝海，散如雲霧之歸山。意林、北堂書鈔七十九。

說身隱胥餘，築于巖穴，天下莫之知而不問，不可謂之靜而安乎。北堂書鈔一百五十八。

我欲戰而彼不欲戰者，我鼓而進之，若山崩河溢，當其衝者摧，值其鋒者破，所謂疾雷不暇掩耳，則又誰禦之。意林。

吳起吮瘡者之膿，積恩以感下也。史記云：吳起吮膿。意林。案史記下七字當是校語。

晝戰目相見，夜戰耳相聞，得利同勢，失利相救。意林。

兵法云：內精八陣之變，外盡九成之宜，然後可以用奇也。御覽三百一。

堯遭洪水而貴陸，湯大旱而重水。御覽五十六、永樂大典。

陸田者。命懸于天也。人力雖修。苟水旱不時。則一年之功棄矣。水田制之由人。人力苟修。則地利可盡。天時不如地利。地利不如人和。（意林。御覽五十六。又八百二十一。）

樹上懸瓠。非本實也。背上披裘。非脊毛也。此似而非。（意林）

九日養親。一日餓之。豈得（御覽作盜）言飽。多飢少。同爲孝乎。（意林作固非孝乎。御覽作同爲孝子。今參錄之。）穀馬十日。一日餓之。馬肥不損。于義無傷。非（意林作不）可同之一日餓母也。（意林。御覽八百九十七）

漢末有管秋陽者。與弟及伴一人避亂俱行。天雨雪。糧絕。謂其弟曰。今不食伴。則三人俱死。乃與弟共殺之。得糧達舍。後遇赦無罪。此人可謂善士乎。孔文舉曰。管秋陽愛先人遺體。食伴無嫌也。荀侍中難曰。秋陽貪生殺生。豈不罪邪。文舉曰。此伴非會友也。若管仲啖鮑叔。貢禹食王陽。此則不可。向所殺者。猶鳥獸而能言耳。今有犬齧一狸。狸齧一鸚。武何足怪也。昔重耳戀齊女而欲食狐偃。叔敖怒楚師而欲食伍參。賢哲之忿。猶欲啖人。而況遭窮者乎。（意林）

傅子曰。聖人之道（御覽作通）如天地。諸子之異如四時。四時相反。天地合而通焉。（意林。御覽四百一。）

昔仲尼既歿。仲尼之徒追論夫子之言。謂之論語。其後鄒之君子孟子輿擬其體。著七篇。謂之孟子。（文選辨命論注）

論語。聖人之至教。王者之大化。鄉黨則有朝廷之儀。聘享之禮。堯曰篇則有禪代之事。（意林）

夫文彩之在人。猶榮華之在草。（意林）

道教者昭昭然。猶日月麗乎天。（文選齊安陸王碑文注）

見虎一毛。不知其斑。道家笑儒者之拘。儒者嗤道家之放。皆不見本也。（意林）

止響㠯聲。逐影㠯形。姦爭流蕩。不知所止也。（意林）

傅子曰。云（有脫文）孟軻荀卿。若在孔門。非唯游夏而已。乃冉閔之徒

也。（意林）

管子書過半是後之好事者所加。輕重篇尤鄙俗。（王應麟漢藝文志考證六）

或問劉歆劉向孰賢。傅子曰。向才學俗而志忠。歆才學通而行邪。（此下疑有刪節）詩之雅頌。書之典謨。文質足㠯相副。翫之若近。尋之若遠。陳之若肆。研之若隱。浩浩乎其文章之淵府也。（北堂書鈔九十五。御覽五百九十九。又六百八。）

桓譚書煩而無要。辭雜而旨詭。吾不知博也。（北堂書鈔一百）

積薪若山。縱火其下。火未及然。一杯（大典作盃）之水尚可滅也。及至火猛風起。雖傾竭河海。不能救也。秦昭王是積薪而縱火其下。至始皇然而方熾。二世起風而怒也（大典作而滅之）。秦人視山東之民。猶猛虎之睨羣羊。何隔憚哉。（意林。永樂大典）

大孝養志。其次養形。養志者盡其和。養形者不失其敬。（意林）

割地利己。天下讎之。推心及物。天下歸之。㠯信接人。天下信之。不㠯信接人。妻子疑之。見疑妻子。難㠯事君。君子修身居位。非利名也。在乎仁義。（意林）

人皆知滌其器。而莫知洗其心。（意林。御覽三百七十六）

君子審其宗而後學。明其道而後行。（意林。御覽四百三）

或云。玄（案韋玄成匡衡）衡㠯善詩至宰相。張禹㠯善論（案論語）作帝師。豈非儒學之榮乎。傅子曰。學㠯道達。榮不㠯位顯。（意林）

吾觀班固漢書。論國體則飾主闕而抑忠臣。敘世教則貴取容而賤直節。述時務則謹辭章而略事實。非良史也。（意林。史通內篇書事）

墨子兼愛。是廢親也。短喪。是忘憂也。（意林）

漢太宗除肉刑。匹夫之仁也。非天下之仁也。不忍殘人之體。而忍殺人。故曰匹夫。（意林。案此問刑篇文）

伊尹耕于有莘。孰知非夏之野人。呂尚釣于渭濱。孰知非殷之漁者。遇湯武文王。然後知其非也。（意林）

面岐路者。有行迷之慮。仰高山者。有飛天之志。意林

或乘馬乘車而俱至秦者。所謂形異而實同也。意林

若謂黃帝後方有舟檝。庖羲之時。長江大河。何所用之。意林

經巨海者。終年不見其涯。測虞淵者。終世不知其底。故近者不可以度遠也。意林

漢世賤軺車而今貴之。意林

夏曰余車。殷曰胡奴。周曰輜車。輜車即輦也。續漢輿服志上注、宋書禮志五

天子出。多乘輿車。北堂書鈔未刪改本一百四十

以雲母飾車。謂之雲母車。以下不得乘。時賜王公。御覽七百七十五

有追鋒車。施通幰車。御覽七百七十五

金根車。天子親耕乘之。蹋豬車。畋獵乘之。御覽八百二十二

青與赤謂之文。赤與白謂之章。白與黑謂之黼。黑與青謂之黻。五綵謂之繡。意林

長老說。漢桓帝時。大將軍梁冀以火澣布為單衣。嘗大會賓客。行酒公卿朝臣前。冀陽爭酒爭杯而汙之。冀偽怒。解衣而燒之。布得火煒燁。赫然而熾。如燒凡布。垢盡火滅。粲然絜白。若用灰水澣之焉。後漢南蠻西南夷傳注、三國魏齊王芳紀注、北堂書鈔一百二十八、御覽六百九十一、又八百二十

太祖武皇帝愍嫁娶之僭上。三國注作之奢僭公主適人。皆以皁帳。從婢不過十人而已。三國魏武紀注、北堂書鈔一百三十二、白孔六帖十四、御覽六百九十九

漢末王公名士。多委王服。以幅巾為雅。是以袁紹崔鈞三國注作豹依宋志六帖改鈞崔烈子後漢書附崔寔傳之徒。雖為將帥。皆著縑巾。魏太祖以天下凶荒。資財乏匱。擬古皮弁。裁縑帛以為帢。合于簡易隨時之義。以色別其貴賤。于今施行。可謂軍容。非國容也。三國魏武紀注、宋書禮志五、又五行志一裁縑帛為白帢。引此曰。白乃軍容。非國容也。北堂書鈔一百二十七、白孔六帖十二、御覽六百八十七、又六百八十八、又八百十八

帢本御覽作帢先未有岐。荀文若巾行觸樹枝成岐。時人慕之。謂之為善。因而弗改。今通為慶弔之服。白紗為之。或單或夾。初婚冠送餞亦服之。宋書禮志五、御覽六百八十八

高山冠 魏明帝以高山制似通天遠游。乃毀變先形。令行人使者服之。御覽六百八十五

魏明帝疑三公袞冕之服似天子。減其采章。御覽六百九十

尚書何晏好服婦人之服 此服妖也。宋書五行志一

侍中冠武弁。文選

始皇冢令匠人作機弩。有人穿者。即射之。以人魚膏作燭。意林

逐兔之犬。終朝尋兔。不失其迹。雖見麋鹿。不暇顧也。意林

漢高祖度闊而網疏。故後世推誠而簡直。光武教一而網密。故後世守常而禮義。魏武糾亂以尚猛。天下修法而貴理。意林

形自正。不求影之直。而影自直。聲之平。不求響之和。而響自和。德之崇。不求名之遠。而名自遠。意林

西國胡人言。蘇合香者。是獸便所作也。中國皆以為怪。獸便而臭。

忽聞西極獸便而香。則不信矣。意林、法苑珠林四十九、御覽九百八十二

必得崑山之玉而後寶。則荊璞無夜光之美。必須南國之珠而後珍。則隋侯無明月之稱。意林

始皇遠游並海。而不免平臺之變。及葬驪山。尋見發掘。意林

今有鉛錫之鋋。雖歐冶百鍊。猶不如瓦刀。有駑駘之馬。雖造父駕之。終不及飛兔絕景。質鈍故也。意林

土不可以作鐵。而可以作瓦。意林

相者曰。三亭九候。定于一尺之面。智愚勇怯。形于一寸之目。天倉金匱。以別貧富貴賤。意林、御覽三百六十五

光武鳳翔于南陽。燕雀化為鴻鵠。二漢之臣。煥爛如三辰之附長天。長平之卒。磊落如秋草之中繁露。勢使然也。意林、文選齊安陸王碑文注

長人數丈。身橫九畝。兩頭異頸。四臂共骨。老人生角。男女變化。何益于賢愚邪。意林

豈有太一之君坐于庶人之座魁罡之神存于匹婦之室 意林
樂廣爲河南尹郡中前廳多怪疾後人皆于廊下督郵傅中治事
無敢在廳事者唯廣處之白日戶自閉二子凱橫等懼怖廣使掘
牆孔得狸乃絕 藝文類聚六十六白孔六帖七十六
律呂本于天地豈關崑山之鳳雌雄聲能定之哉此好遠之談也 北堂書鈔一百十二
昔者伯牙子游于泰山之陰逢暴雨止于巖下抱琴而鼓之爲淋
雨之音更造崩山之曲每奏鍾期輒窮其趣曰善哉子之聽也 御覽七
箏者上圓象天下平象地中空準六合絃柱十二擬十二月乃仁
智之器也 藝文類聚四十四
琵琶體圓柄直柱有十二其他皆充上銳下曲項形制稍大本出
胡中俗傳是漢制兼侶兩制者謂之秦漢蓋謂通用秦漢之法 通典一百四十四
魏晉之世有孫氏善歌舊曲宋識善擊節唱和陳左善清歌列和
善吹笛郝素善彈箏朱生善琵琶雖伯牙之妙手吳姬之奇聲何
以加之人若欲所聞而忽所見不亦惑乎設此六人生于上世越
古今而無儷何但夔牙同契哉 宋書樂志一北堂書鈔一百十藝文類聚四十四通典一百四十五御覽五百七十六又五百八十又五百八十三永樂大典
心有管籥須言而發 御覽三百七十六
王黎爲黃門侍郎軒軒然乃得志煦煦 書鈔作昫昫 然乃自樂傅子難
之曰子以聖人無樂子何樂之甚黎曰非我乃聖人也 北堂書鈔五十八御覽二百二十一
漢武令郡國舉孝廉宋世合素帛乃有釋親而位周歲云周登之
歲記于素帛追之後徹取諸此意也 北堂書鈔七十九 案此條多誤無從校正
漢武元光初郡國舉孝廉元封五年舉秀才歷世相承皆向郡國

外下脫女字
家當作嫁
八當作入

稱故吏 文選盧子諒贈劉琨詩注
周文王子公旦有聖德謚曰文 文選辨命論注
夢攀日月覺而不上天庭夢八九梟寤而不及地下高宗得說傅
中耳 御覽三百九十七
上德之人其齊萬物也猶天之有春秋時至自生非德之力 御覽四百三
與吾爲政士三妻者逐于境外三家者八于隸也 御覽八百二十九
鴻不學飛飛則沖天驥不學行行則千里二世修驪山陵採玉者
傾山採珠者竭海 御覽九百十六
丈夫重義如泰山輕利如鴻毛可謂仁義也諺曰己是而彼非不
當與非爭彼是而己非不當與非平 案意林魏子亦引此諺平字作爭 是也 御覽九百十六
鴟足可以販雞足何以斷販斷吾不知也何況問天地乎 御覽九百十九
或問近世大賢君子答曰荀令君之仁荀軍師之智斯可謂近世
大賢君子矣荀令君仁以立德明以舉賢行無諂黷謀能應機孟
軻稱五百年必有王者興其閒必有名世者其荀令君乎太祖稱
荀令君之進善不進不休荀軍師之去惡不去不止也 三國魏荀彧傳注御覽四百二永樂大典
敢問今之君子曰袁中郎 渙字曜卿 積德行儉華太尉積德居順其智
可及也其淸不可及也事上以忠濟下以仁晏嬰行父何以加諸 三國華歆傳注
曹大司馬之勇賁育弗如也 御覽二百九 案謂曹仁
傅子曰諸葛亮誠一時之異人也治國有分御軍有法積功興業
事得其機入無餘力出有餘糧知蜀本弱而危故持重以鎮之 與至通官本作若 姜維欲速立其功勇而無決也 意林
全晉文卷四十九終

全晉文卷五十

烏程嚴可均校輯

傅玄 六

傅子 四

補遺下

范蠡字少伯。楚三戶人也。使越滅吳已後。乘輕舟游五湖。王令人寫其狀。恆朝禮之。列仙云。徐人也。意林

靈帝時。牓門賣官。于時太尉段熲、司徒崔烈、太尉樊陵、司空張溫之徒。皆入錢上千萬下五百萬。㠯買三公。熲數征伐有大功。烈有北州重名。溫有傑才。陵能偶時。皆一時顯士。猶㠯貨取位。而況于劉囂、唐珍、張顥之黨乎。三國董卓傳注　御覽八百二十八　案司隸劉囂㠯黨諸常侍致位公輔　唐珍中常侍唐衡弟　張顥中常侍張奉弟

太祖又云。案太祖袁紹 湯武之王。豈同土哉。若㠯險固爲資。則不能應機而變化也。三國魏武紀注　案郭嘉傳注云語在武紀　則此篇題當云太祖武皇帝紀

明帝時。太原人發冢破棺。棺中有一生婦人。將出與語。生人也。送之京師。問其本事。不知也。視其冢上樹木。可三十歲。不知此婦人三十歲常生於地中邪。將一朝欻然生。偶與發冢者會也。三國魏明紀注

初。劉表謂韓嵩曰。今天下大亂。未知所定。曹公擁天子都許。君爲我觀其釁。嵩對曰。聖達節。次守節。嵩守節者也。夫事君爲君。君臣名定。㠯死守之。今策名委質。唯將軍所命。雖赴湯蹈火。死無辭也。㠯嵩觀之。曹公至明。必濟天下。將軍能上順天子。下歸曹公。必享百世之利。楚國實受其祐。使嵩可也。設計未定。嵩使京師。天子假嵩一官。則天子之臣。而將軍之故吏耳。在君爲君。則嵩守天子之命。義不得復爲將軍死也。唯將軍重思無負嵩。表遂使之。果如所言。天子拜嵩侍中。遷零陵太守。還稱朝廷曹公之德也。表㠯爲懷貳。大會僚屬數百人。陳兵見嵩。盛怒持節將斬之。數曰。韓嵩敢懷貳邪。衆皆恐。欲令嵩謝。嵩不動。謂表曰。將軍負嵩。嵩不負將軍。具陳前言。表怒不已。其妻蔡氏諫之曰。韓嵩。楚國之望也。且其言直。誅之無辭。表乃弗誅而囚之。後漢劉表傳注　三國表傳注

表既殺望之。劉廙兄 荊州士人皆自危也。夫表之本心。于望之不輕也。㠯直迕情。而讒言得入者。㠯無容直之度也。據全楚之地。不能㠯成功者。未必不由此也。夷叔迕武王㠯成名。丁公順高祖㠯受戮。二主之度遠也。若不遠其度。惟褊心是從。雖乎㠯容民畜衆矣。三國魏劉廙傳注

越蒯通之後也。深中足智。魁傑有雄姿。大將軍何進聞其名。辟爲東曹掾。越勸進誅諸閹官。進猶豫不決。越知進必敗。求出爲汝陽令。佐劉表平定境內。表得㠯彊大。詔書拜章陵太守。封樊亭侯。荊州平。太祖與荀彧書曰。不喜得荊州。喜得蒯異度耳。建安十九年卒。臨終與太祖書。託㠯門戶。太祖報書曰。死者反生。生者不愧。孤少所舉。行之多矣。魂而有靈。亦將聞孤此言也。三國劉表傳注

蒯躬字叔孝。性方嚴有容儀。人望而畏之。有過其門者。皆整衣改容。御覽三百八十

張繡有所親胡車兒。勇冠其軍。太祖愛其健手。㠯金與之。繡聞之。疑太祖欲因左右刺之。遂反。三國張繡傳注

禰衡辯于言而尅于論。見荊州牧劉表日。所㠯自結于表者甚至。表說之。㠯爲上賓。衡稱表之美盈口。而論表左右不廢繩墨。于是左右因形而譖之曰。衡稱將軍之仁。西伯不過也。唯㠯爲不能斷。終不濟者。必由此也。是言實指表智短。而非衡所言也。表不詳察。遂疏衡而逐之。衡㠯交絕于劉表。智窮于黃祖。身死名滅。爲天下笑者。譖之者有形也。三國魏荀彧傳注

賈詡南見劉表。表㠯客禮待之。詡曰。表平世三公才也。不見事變。多疑無決。無能爲也。三國魏賈詡傳注

太祖既誅袁譚。梟其首。令曰。敢哭之者戮及妻子。于是王叔治田子泰相謂曰。生受辟命。亡而不哭。非義也。畏死亡義。何以立世。遂造其首而哭之。哀動三軍。軍正白行其戮。太祖曰。義士也。赦之。（三國魏王脩傳注）

管寧字幼安。北海朱虛人。（以上八字依世說德行篇注引加）齊相管仲之後也。昔田氏有齊。而管氏去之。或適魯。或適楚。漢興。有管少卿爲燕令。始家朱虛。世有名節。九世而生寧。（公孫度有遼東）寧往見度。語唯經典。不及世事。還乃因山爲廬。鑿坏爲室。越海避難者。皆來就之而居。旬月而成邑。遂講詩書。陳俎豆。飾威儀。明禮讓。非學者無見也。由是度安其賢。民化其德。邴原性剛直。清議以格物。度已下心不安之。寧謂原曰。潛龍以不見成德。言非其時。皆招禍之道也。密遣令西還。度庶子康代居郡。外以將軍太守爲號。而內有自王心。卑己崇禮。欲官寧以自鎮輔。而終莫敢發言。其敬憚如此。是時康又已死。嫡子不立。而立弟恭。恭懦弱。而康孽子淵有雋才。寧曰。廢嫡立庶。下有異心。亂之所由起也。乃將家屬乘海。即受徵。寧在遼東積三十七年乃歸。其後淵果襲奪恭位。叛國家而南連吳。僭號稱王。明帝使相國宣文侯征滅之。遼東之死者以萬計。如寧所籌。（案寧受徵歸在文帝時。此竟其事。）寧之歸也。海中遇暴風。餘（餘字依御覽八百六十九加）船皆沒。唯寧乘船自若。時夜風晦冥。船人盡惑。莫知所泊。忽（忽字依御覽加）望見有火光。輒趣之。得島。島無居人。又無火燼。一門人忿然曰。君責人亦大無道理。今闇如漆。何可以不把火照我。當得覓鑽火具。（一門人下三十二字依御覽加）行人咸異焉。以爲神光之祐也。皇甫謐曰。積善之應也。（文帝詔以寧爲太中大夫）寧上書天子。且以疾辭曰。臣聞傳說發夢以感殷宗。呂尚啟兆以動周文。以通神之才。悟於聖主。用能匡佐帝業。克成大勳。臣之器朽。實非其人。雖貪清時。釋體蟬蛻。內省頑病。日薄西山。唯陛下聽野人山藪之願。使一老者得盡微命。書奏。帝親覽焉。（明帝即位。太尉華歆遜位讓寧）司空陳羣又薦寧曰。臣聞王者顯善以消惡。故湯舉伊尹。不仁者遠。伏見徵士北海管寧。行爲世表。學任人師。清儉足以激濁。貞正足以矯時。前雖徵命。禮未優備。昔司空荀爽。家拜光祿。先儒鄭玄。即授司農。若加備禮。庶必可致。至延西序。坐而論道。必能昭明古今。有益大化。明帝以寧爲大夫。（案本傳作光祿勳）賜□□一具。衣一襲。被一領。安穩犢車一乘。（明帝下二十四字依北堂書鈔五十六加）寧以衰亂之時。世多妄變氏族者。違聖人之制。非禮命姓之意。故著氏姓論。以原本世系。文多不載。每所居姻親知舊鄰里有困窮者。家儲雖不盈儋石。必分以贍救之。與人子言教以孝。與人弟言訓以悌。言及人臣誨以忠。貌甚恭。言甚順。觀其行。邈然若不可及。即之熙熙然。甚柔而溫。因其事而導之於善。是以漸之者無不化焉。寧之亡。天下知與不知。聞之無不嗟歎。醇德之所感若此。不亦至乎。（三國魏管寧傳注）

胡徵君（昭字孔明）怡怡無不愛也。雖僕隸必加禮焉。外同乎俗。內秉純絜。心非其好。王公不能屈。年八十而不倦于書籍者。吾于胡徵君見之矣。（三國魏管寧傳注）

武皇帝至明也。崔琰徐奕。一時清賢。皆以忠信顯于魏朝。丁儀閒之。徐奕失位。而崔琰被誅。（三國魏徐奕傳注）

郭嘉少有遠量。漢末天下將亂。自弱冠匿名迹。密友結英雋。不與俗接。故時人多莫知。惟識達者奇之。年二十七。辟司徒府。（荀彧薦嘉。召見。表爲司空軍祭酒）太祖謂嘉曰。本初擁冀州之眾。青并從之。地廣兵彊。而數爲不遜。吾欲討之。力不敵。如何。對曰。劉項之不敵。公所知也。漢祖唯智勝。項羽雖彊。終爲所禽。嘉竊料之。紹有十敗。公有十勝。雖兵彊。無能爲也。紹繁禮多儀。公體任自然。此道勝一也。紹以逆動。公奉順以率天下。此義勝二也。漢末政失於寬。紹以寬濟寬。故不懾。公糾之以猛。而上下知制。此治勝三也。紹外寬內忌。用人而疑之。所任唯親戚子弟。公外簡易而內機明。用人無疑。唯才所宜。不間遠近。此度勝四也。紹多謀少決。失在後事。公策得輒行。應變無窮。此謀勝五也。紹因累世之資。高議揖讓。以收名譽。士之好言飾外者多歸之。公以至心待人。推誠而行。不爲虛美。以儉率下。與有功者無所吝。士之忠正遠見而有實者。皆願爲用。此德勝六也。紹見人飢寒。恤念之形于顏色。其所不見。慮或不及也。所謂婦人之仁耳。公于目前小事。時有所忽。至于大事。與四海接。恩之所加。皆過其望。雖所不見。慮之所周。無不濟也。此仁勝七也。紹大臣爭權。讒言惑亂。公御下以道。浸潤不行。此明勝八也。紹是非不可知。公所是進之以禮。所不是正之以法。此文勝九也。紹好爲虛勢。不知兵要。公以少克衆。用兵如神。軍人恃之。敵人畏之。此武勝十也。太祖笑曰。如卿所言。孤何德以堪之也。嘉又曰。紹方北擊公孫瓚。可因其遠征。東取呂布。不先取布。若紹爲寇。布爲之援。此深害也。太祖曰。然。（征呂布。布退固守。）太祖欲引軍還。嘉曰。昔項籍七十餘戰。未嘗敗北。一朝失勢。而身死國亡者。恃勇無謀故也。今布每戰輒破。氣衰力盡。內外失守。布之威力。不及項籍。而困敗過之。若乘勝攻之。此成禽也。太祖曰。善。初劉備來降。太祖以客禮待之。使爲豫州牧。嘉言于太祖曰。備有雄才（長短經是非篇作志）而甚得衆心。張飛關羽者。皆萬人之敵也。爲之死用。以嘉觀之（以字依長短經加）備終不爲人下。其謀未可測也。古人有言曰（曰字依長短經加）一日縱敵。數世之患。宜早爲之所。是時太祖奉天子以號令天下。方招懷英雄。以明大信。未得從嘉謀。會太祖使備要擊袁術。嘉與程昱俱駕而諫太祖曰。放備。變作矣。時備已去。遂舉兵以叛。太祖恨不用嘉之言。太祖欲速征劉備。議者懼軍出。袁紹襲其後。進不得戰。而退失所據。語在武紀（武紀當是傅子中篇篇名。非裴松之語也。知者。劉表傳注引傅巽弟子瓌別有傳。北堂書鈔七十六引傅子傳云。白孔六帖八引傅玄馬先生傳曰。是以明之。）太祖疑以問嘉。嘉勸太祖曰。紹性遲而多疑。來必不速。備新起。衆心未附。急擊之必敗。此存亡之機。不可失也。太祖曰。善。遂

東征備。備敗奔紹。紹果不出。（從破袁紹。又從攻譚于南皮。）河北既平。太祖多辟召青冀幽并知名之士。漸臣使之。以爲省事掾屬。皆嘉之謀也。（自柳城還。薨。後太祖征荆州還。疾疫燒船。歎曰。郭奉孝在。不使孤至此。）太祖又云。哀哉奉孝。痛哉奉孝。惜哉奉孝。太祖與荀彧書。追傷嘉曰。郭奉孝年不滿四十。相與周旋十一年。阻險艱難。皆共罹之。又以其通達。見世事無所凝滯。欲以後事屬之。何意卒爾失之。悲痛傷心。今表增其子滿千戶。然何益亡者。追念之感深。且奉孝乃知孤者也。天下人相知者少。又以此痛惜。柰何柰何。又與彧書曰。追惜奉孝。不能去心。其人見時事兵事。過絕于人。又人多畏病。南方有疫。常言吾往南方。則不生還。然與共論計。云當先定荆。此爲不但見計之忠厚。必欲立功分。棄命定事。人心乃爾。何得使人忘之。（三國魏郭嘉傳注）

大祖徵劉曄（劉字依御覽六百六加）及蔣濟胡質等五人。皆揚州名士。每舍亭傳。未嘗不講。所以見重。內論國邑先賢。禦賊固守。行軍進退之宜。外料敵之變化。彼我虛實。戰爭之術。夙夜不懈。而曄獨臥車中。終不一言。濟怪而問之。曄答曰。對明主非精神不接。精神可學而得乎。太祖果問揚州先賢。賊之形勢。四人爭對。待次而言。再見如此。太祖每和說。而曄終不一言。四人笑之。後一見太祖。止無所復問。曄乃設遠言以動太祖。太祖適知便止。若是者三。其旨趣以爲遠言宜徵精神。獨見以盡其機。不宜于猥坐說也。太祖已探見其心矣。坐罷。尋以四人爲令。而授曄以心腹（御覽作腹心）之任。每有疑事。輒以函問曄。至一夜數十至耳。（漢中平。曄進曰。今舉漢中。蜀人震恐。其勢自傾。因其傾而擊之。無不克也。若小緩之。則不可犯矣。）居七日。蜀降者說蜀中一日數十驚。備雖斬之而不能安也。太祖延問曄曰。今尚可擊否。曄曰。今已小定。未可擊也。初太祖時。魏諷有重名。自卿相已下。皆傾心交之。其後孟達去劉備歸文帝。論者多稱有樂毅之量。曄一見諷達。而皆云必反。卒如其言。孫權遣使求降。帝以問曄。曄對曰。權無故求降。必內有急。權

前襲殺關羽，取荆州四郡，備怒，必大興師伐之，外有彊寇，衆心不安，又恐中國乘其釁而伐之，故委地求降，一以御中國之兵，二則假中國之援以彊其衆，而疑敵人。權善用兵，見策知變，其計必出于此。今天下三分，中國十有其八，吳蜀各保一州，阻山依水，有急相救，此小國之利也。今還自相攻，天亡之也。宜大興師，徑渡江襲其內，蜀攻其外，我襲其內，吳之亡不出旬月矣。吳亡則蜀孤，若割吳半，蜀固不能久存，況蜀得其外，我得其內乎。帝曰：人稱臣降而伐之，疑天下欲來者心，必以爲懼，其一不可，孤何不且受吳降，而襲蜀之後乎。對曰：蜀遠吳近，又聞中國伐之，便還軍，不能止也。今備已怒，故興兵擊吳，聞我伐吳，知吳必亡，必喜而進與我爭割吳地，必不改計抑怒救吳，必然之勢也。帝不聽，遂受吳降，卽拜權爲吳王。曄又進曰：不可。先帝征伐天下，兼其八，威震海內，陛下受禪卽眞，德合天地，聲暨四遠，此實然之勢，非卑臣頌言也。權雖有雄

才，故漢驃騎將軍南昌侯耳，官輕勢卑，士民有畏中國心，不可彊迫與成所謀也，不得已受其降，可進其將軍號，封十萬戶侯，不可卽以爲王也。夫王位去天子一階耳，其禮秩服御相亂也，彼直爲侯，江南士民未有君臣之義也。我信其僞降，就封殖之，崇其位號，定其君臣，是爲虎傅翼也。權既受王位，卻蜀兵之後，外盡禮事中國，使其國內皆聞之，內爲無禮以怒陛下，陛下赫然發怒，興兵討之，乃徐告其民曰：我委身事中國，不愛珍貨重寶，隨時貢獻，不敢失臣禮也，無故伐我，必欲殘我國家，俘我人民子女以爲僮隸僕妾，吳民無緣不信其言也，信其言而感怒，上下同心，戰加十倍矣。又不從，遂卽拜權爲吳王。權將陸遜大敗劉備，殺其兵八萬餘人，備僅以身免。權外禮愈卑，而內行不順，果如曄言。曄事明皇帝，又大見親重。帝將伐蜀，朝臣內外皆曰不可，曄入與帝議，因曰可伐。出與朝臣言，因曰不可伐。曄有膽智，言之皆有形。中領軍楊暨，帝之親臣，又重曄，持不可伐蜀之議最堅，每從內出，輒過曄，曄講不可之意。後暨從駕行天淵池，帝論伐蜀事，暨切諫。帝曰：卿書生，焉知兵事。暨謙謝曰：臣出自儒生之末，陛下過聽，拔臣羣萃之中，立之六軍之上，臣有微心，不敢不盡言。臣言誠不足采，侍中劉曄，先帝謀臣，常曰蜀不可伐。帝曰：曄與吾言蜀可伐。暨曰：曄可召質也。詔召曄至，帝問曄，終不言。後獨見，曄責帝曰：伐國，大謀也，臣得與聞大謀，常恐昧夢漏泄，以益臣罪，焉敢向人言之。夫兵，詭道也，軍事未發，不厭其密也。陛下顯然露之，臣恐敵國已聞之矣。于是帝謝之。曄見出，責暨曰：夫釣者中大魚，則縱而隨之，須可制而後牽之，則無不得也。人主之威，豈徒大魚而已乎。子誠直臣，然計不足采，（御覽八百三十四無采字。）不可不精思也。暨亦謝之。曄能應變持兩端如此。或惡曄于帝曰：曄不盡忠，善伺上意所趨，（御覽七百三十九作趣。）而合之。陛下試與曄言，皆反意而問之，若皆與所問反者，是曄常與聖意合也，復每問皆同者，曄之情必無所復逃矣。帝如言以驗之，果得其情，從此疏焉。曄遂發狂，出爲大鴻臚，以憂死。諺曰：巧詐不如拙誠，信矣。以曄之明智權計，若居之以德義，行之以忠信，古之上賢何以加諸。獨任才智，不與世士相經緯，內不推心事上，外困于俗，卒不能自安于天下，豈不惜哉。曄子陶，字季冶，善名稱，有大辯。曹爽時爲選部郎，鄧颺之徒稱之以爲伊呂。當此之時，其人意陵靑雲，謂玄曰：仲尼不聖，何以知其然，智者圖國，天下羣愚如弄一丸于掌中，而不能得天下。玄以其言大惑，不復詳難也。謂之曰：天下之質，變無常也。今見卿窮。爽之敗，退居里舍，乃謝其言之過。（三國魏志劉曄傳注。）

杜畿，漢御史大夫杜延年之後，延年父周，自南陽徙茂陵，延年徙杜陵，子孫世居焉。（畿守鄭縣令，會天下亂，去官客荆州。）畿自荆州還，後居許，見侍中耿紀，共（共字依御覽四百九加。）語終夜。尚書令荀彧家與紀屋相比，（此六字本作與

紀比屋。依御覽加夜聞畿言異之。詰字依御覽加旦遣人謂紀曰。有國士而不
進。何以居位。既見畿。知之如舊相識者。遂進畿于朝。時河東太守王邑被徵
或稱畿勇足以當大難。智能應變。其可試之。范先云。既欲為虎而
惡食人肉。失所以為虎矣。今不殺。必為後患。三國魏杜畿傳注
畿與太僕李恢東安太守郭智有好。恢子豐交結英俊。以才智顯
于天下。智子沖有內實而無外觀。州里弗稱也。畿為尚書僕射。二
人各修子孫禮見畿。畿既退。畿歎曰。孝懿李恢字無子。非徒無子。殆將
無家。君謀郭智字為不死也。其子足繼其業。時人皆以畿為誤。恢死
後。豐為中書令。父子兄弟皆誅。沖為代郡太守。卒繼父業。世乃服
畿知人。三國魏杜畿傳注

太祖將征柳城。張遼諫曰。夫許。天下之會也。今天子在許。公遠北
征。若劉表遣劉備襲許。據之以號令四方。公之勢去矣。太祖策表
必不能任備。遂行也。三國魏張遼傳注永樂大典

陳寔亡。天下致弔。會其葬者三萬人。制縗麻者以百數。三國魏陳羣傳注

宋建椎牛禱賽。終自焚滅。文欽日祠祭事天。斬于人手。諸葛誕夫
婦聚會神巫。淫祀求福。伏尸淮南。舉族誅夷。此天下所共見。足為
明鑒也。三國魏諸葛誕傳注

初。劉備襲蜀。丞相掾趙戩御覽作幾曰。劉備其不濟乎。拙于用兵。每戰
必敗。奔亡不暇。何以圖人。蜀雖小區。險固四塞。獨守之國。難卒并
也。徵士傅幹曰。劉備寬仁有度。能得人死力。諸葛亮達治知變。正
而有謀。而為之相。張飛關羽勇而有義。皆萬人之敵。而為之將。此
三人者。皆人傑也。以備之略。三傑佐之。何為而不濟也。三國蜀先主傳注御
覽四百四十四

張遼欲白太祖。恐太祖之殺羽。不白。非事君之道。乃歎曰。公君父
也。羽兄弟耳。遂白之。太祖曰。事君不忘其本。天下義士也。度何時
能去。遼曰。羽受公恩。必立效報公而後去也。三國蜀關羽傳注

姜維為人。好立功名。陰養死士。不修布衣之業。三國蜀姜維傳注

曹公征柳城。策將襲許。三國吳孫策傳注

孫策為人。明果獨斷。勇蓋天下。以父堅戰死。少而合其兵將以報
讎。轉鬬千里。盡有江南之地。誅其名豪。威行鄰國。及權繼其業。有
張子布以為腹心。有陸議諸葛瑾步騭以為股肱。有呂範朱然以
為爪牙。分任受職。乘間伺隙。兵不妄動。故戰少敗。而江南安。三國吳主
孫權傳注

馬先生傳 白孔六帖八

馬先生鈞。字德衡。此四字依意林初學記十二加御覽七百五十二但有鈞字天下之名巧也。
少而游豫。不自知其為巧也。當此之時。言不及巧。焉可以言知乎。
為博士居貧。乃思綾機之變。不言而世人知其巧矣。舊綾機五十
綜者五十躡。意林作籥下皆放此六十綜者六十躡。先生患其喪功費日。御覽
八百二十五作遺日喪功乃皆易以十二躡。其奇文異變。因感而作者。猶自然
之成形。陰陽之無窮。此輪扁之對。不可以言言者。又焉可以言校
也。先生為給事中。與常侍高堂隆驍騎將軍秦朗爭論於朝。言及
指南車。意林此下有見周官亦見鬼谷子八字當是裴有刪節也案周官無此語鬼谷子謀篇曰鄭人之取玉也必載司
南之車為其不惑也北堂書鈔一百四十引鬼谷子注曰肅慎氏獻白雉還恐迷路周公作指南車以送之也案此不知何人注
御覽七百七十五直以為鬼谷子正文非也二子謂古無指南車。記言之虛也。先生曰。
古有之。未之思耳。夫何遠之有。二子哂之曰。先生名鈞。字德衡。鈞
者器之模。而衡者所以定物之輕重。輕重無準。而莫不模哉。先生
曰。虛爭空言。不如試之易效也。于是二子遂以白明帝。詔先生作
之。而指南車成。此一異也。又不可以言者也。從是天下服其巧矣。
居京師。師字依意林御覽七百五十二加都城內有地。可以為園。患無水以溉。溉本
作灌依意林御覽改先生此二字依御覽加乃作翻車。令童兒轉之。而灌水自覆。更
入更出。其功本作巧依意林御覽改百倍于常。此二異也。其後人有上百戲
者。能設而不能動也。帝以問先生。可動否。對曰。可動。帝曰。其巧可

益否。對曰可益。受詔作之。以大木彫構。使其形若輪。平地施之。潛以水發焉。設為女樂舞象。至令木人擊鼓吹簫。作山岳。使木人跳丸擲劒。緣絚倒立。出入自在。百官行署。舂磨鬭雞。變巧百端。此三異也。先生見諸葛亮連弩。曰巧則巧矣。未盡善也。言作之可令加五倍。又患發石車。敵人之（御覽三百三十六無之字）于樓邊縣溼牛皮。中之則墮。石不能連屬而至。欲作一輪。縣大石數十。以機鼓輪為常。則以斷縣石。飛擊敵城。使首尾電至。嘗試以車輪。縣瓴甓數十。飛之數百步矣。有裴子者。上國之士也。精通見理。聞而哂之。乃難先生。先生口屈不能對。（能字依御覽七百五十二加）裴子自以為難得其要。言之不已。傅子謂裴子曰。子所長者言也。所短者巧也。馬氏所長者巧也。所短者言也。以子所長。擊彼所短。則不得不屈。以子所短。難彼所長。則必有所不解者。夫巧者（者字依御覽加）天下之微事也。有所不解而難之不已。其相擊刺。必已遠矣。心乖于內。口屈于外。此馬氏所以不

對也。傅子見安鄉侯。言及裴子之論。安鄉侯又與裴子同。傅子曰。聖人具體備物。取人不以一揆也。有以神取之者。有以言取之者。有以事取之者。有以神取之者。不言而誠心先達。德行顏淵之倫是也。以言取之者。以變辯是非。言語宰我子貢是也。以事取之者。若政事冉有季路。文學子游子夏。雖聖人之明盡物。如有所用。必有所試。然則試冉有以政。試游夏以學矣。游夏猶然。況自此而降者乎。何者。懸言物理。不可以言盡也。施之于事。言之難盡。而試之易知也。今若馬氏所欲作者。國之精器。軍之要用也。費十尋之木。勞二人之力。不經時而是非定。難試易驗之事。而輕以言抑人異能。此猶以己智任天下之事。不易其道以御難盡之物。此所以多廢也。馬氏所作。因變而得。是則初所言者。不皆是矣。其不皆是。因不用之。是不世之巧。無由出也。夫同情者相妒。同事者相害。中人所不能免也。故君子不以人害人。必以考試為衡石。廢衡石而不

用。此美玉所以見誣為石。荊和所以抱璞而哭之也。于是安鄉侯悟。遂言之武安侯。武安侯忽之。不果試也。此既易試之事。又馬氏巧名已定。猶忽而不察。況幽深之才。無名之璞乎。後之君子。其鑒之哉。馬先生之巧。雖古公輸般墨翟王爾。近漢世張平子。不能過也。公輸般墨翟皆見用于時。乃有益于世。平子雖為侍中。馬先生雖給事省中。俱不典工官。巧無益于世。用人不當其才。聞賢不試以事。良可恨也。裴子者裴秀。安鄉侯者曹羲也。武安侯者曹爽也。（三國魏杜夔傳注。參輯意林。北堂書鈔一百十一。藝文類聚四十四。初學記十二。白孔六帖八。御覽三百三十六。又五百八十一。又七百五十二。又八百二十五。）

已下篇題缺

安鄉亭侯曹羲為領軍將軍。慕周公之下士。賓客盈坐。（北堂書鈔六十四）

據字□□。曹羲弟。（案曹眞傳。爽弟羲為中領軍。訓武衛將軍。彥散騎常侍。則此即訓也。或訓又名據。書鈔未改本字下原缺。別有曹據字顏遠。晉書在良吏傳。文選有曹顏遠詩二首。與此無涉。爽諸弟皆誅。何得為晉良吏。陳禹謨補此云字顏遠。非也）萬歲侯為武衛將軍。大縱酒作樂。酒酣。起為壽。當傅子前。憂亡流涕。（北堂書鈔六十四）

傅燮字南容。奉寡嫂甚謹。食孤姪如赤子。（御覽五百十二。案傅燮後漢書有傳）

傅巽字公悌。瓌偉博達。有知人鑒識。（識字依後漢注加）辟公府。拜尚書郎。後客荊州。以說劉琮之功。賜爵關內侯。文帝時為侍中。太和中卒。巽在荊州。目龐統為半英雄。證裴潛終以清行顯。統遂附劉備。見待次于諸葛亮。潛位至尚書令。並有名德。及在魏朝。魏諷以才智聞。巽謂之必反。卒如其言。巽弟子嘏。別有傳。（後漢劉表傳注。三國劉表傳注）

何曾荀顗傳論。

以文王之道事其親者。其潁昌何侯乎。其荀侯乎。古稱曾閔。今曰荀何。內盡其心。以事其親。外崇禮讓。以接天下。孝子百世之宗。仁人天下之命。有能行孝之道。君子之儀表也。詩云。高山仰止。景行行止。令德不遵二夫子之景行者。非樂中正之道也。

荀何。君子之宗也。

潁昌侯之事親。其盡孝子之道乎。存盡其和。事盡其敬。亡盡其哀。子于潁昌侯見之矣。

見其親之黨。如見其親。六十而孺慕。子于潁昌侯見之矣。晉書何曾傳

傅嘏傳三國劉表傳注北堂書鈔七十六

傅嘏字蘭若。北堂書鈔六十 祖父睿。代郡太守。父充。黃門侍郎。嘏弱冠知名 是時何晏以材辯顯于貴戚之間。鄧颺好變通。世說識鑒篇注作交通 合徒黨。鬻聲名于閭閻。而夏侯玄以貴臣子。少有重名。爲之宗主。皆求交于嘏。皆字依世說識鑒篇注加 而不納也。嘏友人荀粲。有清識遠志。然猶怪之。謂嘏曰。夏侯泰初一時之傑。御覽四百四十七作俊 虛心交子。合則好成。不合則怨。至二賢不睦。非國之利。此藺相如所以下廉頗也。嘏荅之曰。泰初志大。其量能合虛聲。而無實才。何平叔言遠而情近。好辯而無誠。所謂利口覆邦國之人也。鄧玄茂有爲而無終。外要御覽作徇

名利。內無關鑰。貴同惡異。多言而妒前。多言多釁。妒前無親。以吾觀此三人者。皆敗德也。遠之猶恐禍及。況昵之乎。司馬宣王請爲從事中郎曹爽誅。爲河南尹。此四字依藝文類聚六加 河南尹內掌帝都。外統京畿。兼古六鄉六遂之士。其民異方雜居。多豪門大族。商賈胡貊。天下四方。疑脫之字白孔六帖七十六作天下四會無方字 會。利之所聚。而姦之所生。前尹司馬芝舉其綱而太簡。次尹劉靜綜其目而太密。後尹李勝毀常法以收一時之聲。嘏立司馬氏之綱統。裁劉氏之綱目。以經緯之。李氏所毀。以漸補之。郡有七百吏。半非舊也。河南俗黨。五官掾功曹典選職。皆授其本國人。無用異邦人者。嘏各舉其良而對用之。官曹分職。而後以次考核之。其治以德教爲本。然持法有恆。簡而不可犯。見理識情。獄訟不加榎楚。藝文類聚六作不任檟楚 而得其實。不爲小惠。有所薦達及大有益于民事。皆隱其端跡。若不由己出。故當時無赫赫之名。吏民久而後安之。爲尚書。事小大無不綜。爲尚書九字依北堂書鈔六十加 嘏既

達治好正。而有清理識要。好論才性。原本精微。尠能及之。司隸校尉鍾會。年甚少。嘏以明智交會。初李豐與嘏同州。少有顯名。早歷大官。內外稱之。嘏又不善也。謂同志曰。豐飾僞而多疑。矜小失而昧于權利。若處庸庸者可也。自任機事。遭明者必死。豐後爲中書令。與夏侯玄俱禍。卒如嘏言。嘏自少與冀州刺史裴徽散騎常侍荀甝善。徽甝早亡。又與鎮北將軍何曾、司空陳泰、尚書僕射荀顗、後將軍鍾毓並善。相與綜朝事。俱爲名臣。三國魏傅嘏傳注 案自卷三末至此言三國事甚多。晉書傅玄傳云。舉秀才。除郎中。與東海繆施俱選入著作。撰集魏書。史通外篇三國志云。魏史司隸校尉傅玄等復共撰定。則此或即底本也。

自敘史通內篇序傳

傅氏之先。出自陶唐。傅說之後。意林

玄字休奕。子咸。字長虞。晉書有傳。意林 案晉書有傳四字當是校語誤入正文

楚漢之際。有好事者作世本。上錄黃帝。下逮漢末。意林 案漢末字當有誤或兼

續世本言之

班固漢書。因父得成。已上意林引傅子九十三事皆錯入楊泉物理論中已下二事錯入徐幹中論中 遂沒不言彪。殊異馬遷也。意林

人之涉世。譬如弈棊。苟不盡道。誰無死地。但不幸耳。意林

觀孟堅漢書。實命代奇作。及與陳宗、尹敏、杜撫、馬嚴撰中興紀傳。其文曾不足觀。豈拘于時乎。不然。何不類之甚也。是後劉珍、朱穆、盧植、楊彪之徒。又踵而成之。豈亦各拘于時而不得自盡乎。何其益陋也。史通內篇覈才。不云在自敘篇。今附歸漢書條後

全晉文卷五十終

全晉文卷五十一

烏程嚴可均校輯

傅咸一

咸字長虞，玄子。泰始末，襲父爵清泉侯，拜太子洗馬，累遷尚書右丞，出爲冀州刺史，遷司徒左長史，轉車騎司馬，遷尚書左丞。元康初，轉太子中庶子，遷御史中丞，再爲本郡中正，以議郎長兼司隸校尉，卒，謚曰貞。有集三十卷。案張溥本有燭銘，今據御覽改入傅玄集

喜雨賦 并序

泰始九年，自春不雨，以涉夏節，草木共然，百姓以堯有九載之水，湯有七年之旱，恐遭斯運，並有懼心。聖皇勞慮，分使祈禱，徧于羣望。余以太子洗馬，兼司徒請雨，百辟莅事，三朝而大雨降，退作斯賦。藝文類聚一百、御覽十一

于是祝融熾炅，羲和警轡，亢陽火熿，野無生類，悠悠億兆，同茲慘悴。伊我皇之仁德兮，配蓋育于二儀。屢刻躬而勤政兮，廣請禱于靈祇。孰謂天高，其聽不遼；孰謂神遠，厥應孔昭。潔齋致虔，于茲三朝。陰鬱怫而騰起，陽菴薆而自消。飛廉扇谷風之翼翼，靈嶽興慶雲之飄飄。遂乃重陰四會，溟濛無垠，方中降雨，亙夜迄今。生我百穀，粒我蒸民。昔洪水滔天于唐堯之朝，亢旱爲災于殷湯之世，下民其咨，莫能俾乂，歷稔九七，僅免斯害，猶以疇咨爲美談，躬禱爲勳伐。藝文類聚二

患雨賦

患當作懥　懥當作患

夫何遠寓之多患兮，懷霖雨之有經。自流火以迄今兮，歷九旬而無寍。庶太淸之垂曜兮，覩日月之光明。雲乍披而旋合，霤暫輟而復零。將收雷之要月，冀嘉穀于已成。前渴焉而不降，後患之而弗晴。惟二儀之神化，奚水旱之有并。湯亢陽于七載兮，堯洪汎乎九齡。天道且猶若茲，況人事之不平。藝文類聚二、宋本初學記二

感涼賦 并序

盛夏困于炎熱，熱甚不過旬日，而復自涼，以時之涼，命親友曲會，作賦云爾。初學記三

蹊朱明之中月，暑鬱隆以肇興。赫融融以彌熾，乃沸海而焦陵。獸竄伏于幽林兮，鳥垂翼而弗升。珠汗隕于玉躬兮，紛附身而沾凝。于是景雲晨敷，曜靈潛光，陰氣聿升，凱風載揚。忽輕篷于坐隅兮，思暖服于蘭房。書鈔一百五十六、藝文類聚五、御覽三十四又七百十八

神泉賦 并序

余所居庭前有涌泉，在夏則冷，涉冬而溫。溫則水物冬生，冷則冰可以過。每夏遊之，不知歲之有暑耳。

惟茲神泉，厥理難原。在冬則溫，既夏而寒。混混洋洋，載清載瀾。遂乃壇以文石，樹之柳杞。密葉雲覆，重蔭被沚。氣冷冷以含涼，風肅肅而恆起。于時朱明紀運，旭日馳光，鬱鬱隆暑，赫赫太陽，盥玉體于素波，身淒焉而自淸。不知天時之有暑，忽謂繁霜之隕庭。逮至旻秋既逝，司寒騁節，六合蕭條，嚴風凜冽，河洛轂流，太陰凝結。彼澄澄而含凍，此灼灼而含熱。綠竹猗猗，荇藻靑靑，是託斯茂，是殖斯榮。藝文類聚九

小語賦

楚襄王登陽雲之臺，景差、唐勒、宋玉侍。王曰：能爲小語者處上位。景差曰：幺麼之子，形難爲象，晨登蟻垤，薄暮不上，朝炊半粒，晝復得釀，烹一小蝨，飽于鄉黨。唐勒曰：攀蚊髯，附蚋翼，我自謂重，彼不極。邂逅有急相切逼，竄于針孔以自匿。宋玉曰：折薛足以爲櫂，舫粒糠而爲舟。將遠遊以遐覽，越蟬溺以橫浮。若涉海之無涯，懼湮沒于洪流。彌數旬而汔濟，陟蟣蝨之崇丘。未升半而九息，何時遠乎杪頭。藝文類聚十九

申懷賦 并序

余自咸寍謬爲衆所許補太子洗馬才不稱職而意常闕然御覽二百四十六

何天施之弘普廁瓦礫于瓊瑛備東宮之妙選奉儲君之聖明穆穆清禁濟濟羣英鸞翔鳳集羽儀上京芬芳竝發我穢其馨德音光宣我累厥聲豈伊不媿顧影慚形雖自百于殞越懼恩隆而命輕命既輕而才下諒無補于明時塞賢哲之顯路而塵損之日滋匪耽榮而忘替實結戀之有違忍厚顏于寮類甘獲戾而受譏不悟皇恩之彌崇授大縣乎近畿畿云近而防遠情眷眷而含悲悲惻悷懷憂慮實深雝可南面千載晞心微微小子斯之莫任莫斯之任求仁在我將反初服畢志訓雅盡烏烏之至情竭歡敬于滕下進抗疏㠯歸誠退抽簪而脂車庶所乞之克從永收迹于蓬廬藝文類聚二十六

感別賦 并序

友人魯庶叔雅量宏濟思心遼遠余自少與之相長情相愛親有如同生其後還太子洗馬俄而膠蒙朝私猥忝斯職雖懼不稱而喜得與此子同班共事天下之遇未有若此周旋三載魯生遷尙書郎雖別不遠而甚悵恨退作茲賦云爾御覽二百四十六

嘉天地之交泰美萬物之會通悅朋友之攸攝慕管鮑之遐蹤退㠯文而會友欽公子之清塵信同聲之相應意未寫而情親晉稚好之齠亂分綢繆而日新蘭蕙含芬有時而馨龍驥跼足有時而征乾道變化時惟大明峩峩睦友載揚厥聲降聖宰之旌招曜羽儀之上京贊唐虞之嘉運超飛躍乎太清佩銀璜于帝側拖紫艾于天庭瞻神極之眇眇喜吾子之寵榮無荆玉之夜覿猥齊景于夜光敢有覿于斯寶欣與子而竝翔天啟其願自忝蘋蘩幼則同遊長則同班同心厥職其臭如蘭庶績未凝聖朝疇咨顯佐納言光綜萬機出順景而爲偶入闇然而無依步虛宇㠯低迴想宴笑之餘暉意纏綿而彌結淚雨面而霑衣藝文類聚三十

弔秦始皇賦 并序

余治獄至長安觀乎阿房而弔始皇曰

傷秦政之爲暴棄仁義㠯自亡搦紙申辭㠯弔始皇有姬失統命不于常六國既平奄有萬方政虐刑酷如火之揚致周章之百萬取發掘于項王疲斯民乎宮墓甚癸辛于夏商未旋踵而爲墟屯麏麚乎廟堂國既顛而莫扶孰阻兵之爲彊藝文類聚四十

登芒賦 并序

左光祿大夫濟北侯荀公前喪元妃及失令子葬于西芒有㠯感懷而作斯賦

何天道之難忱信厥命之靡常匪彼生之不辰亦夫人之多殃惟濟北之初載夙遭早而逢罹與瓜瓞之緜緜飛英聲㠯風馳庶家道之克昌保永祚于螽斯惱无妄之爲災怨上皇之有違在德門之方隆乃降厲于元妃蘭房闃其無主衆孤煢而莫依孔臨川㠯永歎遊有感于九原覽登芒之哀賦諒聖賢之同情藝文類聚四十

明意賦 并序

侍御史傅咸奉詔治獄作賦用明意云

舍悾款㠯彌載兮棲遲㠯淹畱吏砥身㠯存公古有死而無柔彼背正㠯從邪我沒世而是尤敷腎腸㠯爲效兮豈文飾之足脩感恩輸命心口自誠加我數年竭力效節春秋既不吾與日月忽其不居周道兮如砥言人兮是由材曲兮枉橈朽木兮難抽藝文類聚五十四

相風賦 并序

相風之賦蓋㠯富矣然辭義大同惟中書張令㠯太史相風獨無文飾故特賦之太僕寺丞武君賓樹一竹于前庭其上頗有樞機插㠯雞毛于㠯占事知來與彼無異斯乃簡易之至有殊太史相

風張氏之賦非其至者也

翟翟竹竿在武之庭厥用自然既修且貞插羽其首丹漆弗塋經之營之不日而成（御覽九）

紙賦

蓋世有質文則治有損益故禮隨時變而器與事易既作契吕代繩兮又造紙吕當策猶純儉之從宜亦惟變而是適夫其爲物厥美可珍廉方有則體絜性貞含章蘊藻實好斯文取彼之弊吕爲此新攬之則舒舍之則卷可屈可伸能幽能顯（藝文類聚五十八初學記二十一引兩條御覽六百五）若乃六親乖方離羣索居鱗鴻附便援筆飛書寫情于萬里精思于一隅

羽扇賦 并序

吳人截鳥翼而搖風既勝于方圓二扇而中國莫有生意滅吳之後翕然貴之其辭曰

鳳凰于飛翽翽其羽況靈體吕遐翔匪六翮其焉舉感扇揚之興風宜收之吕清暑彼安衆之云妙差剖篠于毫縷體荏苒吕輕弱侔縞素于齊魯此因資吕爲用不假裁于規矩雖靡飾于容好亦差池而有序上比烈于南箕下等美于箑莆（藝文類聚六十九）近興風于捲握豈遠嘯于金墉（書鈔一百三十四）侶鸞鴻之翕習象白鶴之羣翔朱衣爲之飄飄□紱拂于丹梁（書鈔同上）熾九日之隆赫然高燎于扶桑熱熙天而灼地沸亙海而成湯（書鈔一百五十六）

扇賦 并序

水不策驥陸不乘舟世無爲而俎豆設時有虞而干戈滌（御覽五十六）

天道行而不息四節代吕相尋背青春之令月踐朱夏于斯今熱融融吕太甚孰赫赫之可任汗珠隕吕外流氣鬱結而內沈庶凱風之自南競清嘯而啟衿怨微飆之不興恨喬木之無陰搖輕羽之苒弱手纔動而儘心心取儘于捲握尚何希乎北林下濟億兆

上盛矦王是曰安衆清暑作涼蒙貴幸于斯時無曰夜而有忘謂洪恩之可固終靡弊于君側火星忽吕西流悲風起乎金商秋日淒淒白露爲霜體斂然吕思暖御輕裘于溫房猥棄我其若遺去玉手而潛藏君背故而向新非余身之無良哀勞徒而靡報獨懷怨于一方（書鈔一百三十四藝文類聚六十九）

狗脊扇賦

蓋卑吕自居君子之經孤寡不穀王矦修名尚不愧狗脊之爲號亦焉顧九華之妙形（御覽七百二）

櫛賦 并序

夫才之治世猶櫛之理髮也理髮不可吕無櫛治世不可吕無才（書鈔一百三十六御覽七百十四）

我嘉茲櫛惡亂好理一髮不順實吕爲恥雖日用而匪懈不告勞而自已苟吕理而委任期竭力而沒齒（藝文類聚七十御覽七百十四）

鏡賦

從陰位于清商採秋金之剛精醮祝融吕製度命歐冶而是營熾火鑪吕陶鑄飛光采于天庭（書鈔一百三十六）瞻日月之光烈儀厥象乎曜靈清邈明水景若朝陽不將不迎應物無方不有心于好醜而衆形其必詳同實錄于良史隨善惡而是彰猗猗淑媛峩峩后妃眷春榮之零悴懼玉顏之有衰盼清揚而自鏡競崇姱吕相暉珥明璫之迢迢點雙的吕發姿（書鈔一百三十五案御覽七百十九作傅玄誤）若乃雲髻亂于首黛渝于色設有乏于斯器兮孰厥皃之能飾與嘻瞀而同昧兮近有面而不識君子知貌之不可吕不飾則內省而自箴既見前而慮後則祗畏于幽深察明明之待瑩則吕此而洗心覩日觀之有瑕則稽訓于儒紳夫然何厥容之有慢而厥思之有淫（書鈔一百三十五又一百三十六藝文類聚七十初學記二十五御覽七百十七）

汙卮賦 并序

人有遺余琉璃卮者。小兒竊弄。墮之不絜。意既惜之。又有感物之汙辱。乃喪其所以爲寶。況君子行身。而可以有玷乎。

有金商之瑋寶。稟乾剛之淳精。歎春暉之定色。越冬冰之至清。爰甄陶以成器。逞異域之殊形。猥陷身于醜穢。豈厥美之不惜。與觴杓之長辭。曾瓦匜之不若。藝文類聚七十三、御覽八百八。

畫像賦并序

先有畫卞和之像者。雖具其事在素定。見其泣血殘刖之刑。情以悽然。以爲臧文仲知柳下惠之賢。而不與立。卞和自刖以有證。相去遠矣。戲畫其像于卞子之傍。特赤其面以示猶有慚色。辭曰。

惟年命之遒短。速流光之有經。疾沒世而不稱。貴立身而揚名。既銘勒于鍾鼎。又圖像于丹青。覽光烈之攸畫。覩卞子之容形。泣泉流以雨下。灑血面而瀸纓。痛兩趾之雙刖。心惻悽以傷情。雖髮膚之不毀。覺害仁以偷生。向厥趾之不刖。孰夜光之見明。人之不同

爰自在昔。臧知柳而不進。和殘軀以證璧。藝文類聚七十四、御覽七百五十。

燭賦并序

余治獄至長安。在遠多懷。與同行夜飲以忘愁。顧帷燭之自焚以致用。亦猶殺身以成仁矣。

蓋泰清垂象。匪日不光。向晦入冥。匪火不彰。故六龍銜燭于北極。九日登曜于扶桑。日中則昃。月虧于望。時邁靡停。晝不于常。背三接之昭昭。即厥闇之有傷。何遠寓之多懷。患冬夜之悠長。獨耿耿而不寐。待雞鳴之未央。徒伏枕以展轉。起然燭于閑房。揚丹輝之煒爗。朱焰之煌煌。俾幽夜而作晝。繼列景乎朝陽。慨顧景以增歎。孰斯愁之可忘。嘉湛露之愔愔。遂命樽而設觴。爾乃延僚屬。酌醇清。講三墳。論五經。高談既倦。引滿行盈。樂飲今夕。實慰我情。藝文類聚八十。

款冬花賦并序

余曾逐禽。登于北山。于時仲冬之月也。冰凌盈谷。積雪被崖。顧見款冬煒然始敷。御覽九百九十二。大觀本草九引始敷下多華豔二字。

惟茲奇卉。款冬而生。原厥物之載育。稟淳粹之至精。用能託體固陰。利此堅貞。惡朱紫之相奪。患居衆之易傾。在萬物之並作。故韜華而弗逞。逮皆死以枯槁。獨保質而全形。藝文類聚八十一。

華豔春暉。既麗且殊。以堅冰爲膏壤。吸霜雪以自濡。非天然之真貴。曷能彌寒暑而不渝。御覽九百九十二、爾雅翼三。

芸香賦并序

先君作芸香賦。辭美高麗。有覩斯卉。蔚茂馨香。同遊使余爲序。御覽九百八十二。

攜昵友以逍搖兮。覽偉草之敷英。慕君子之弘覆兮。超託軀于朱庭。俯引澤于丹壤兮。仰汲潤乎泰清。繁茲綠蕊。茂此翠莖。葉芟蓰以纖折兮。枝阿那以回縈。象春松之含曜兮。鬱蓊蔚以葱青。藝文類聚

八十一。

玉賦并序

易稱乾爲玉。玉之美與天合德。其在玉藻。仲尼論之備矣。非復鄙文所可稱述。

萬物資生。玉稟其精。體乾之剛。配天之清。故能珍嘉在昔。寶用罔極。夫豈君子之是比。蓋乃王度之所式。其爲美也若此。當其潛光荊野。抱璞未理。衆視之以爲石。獨見知于卞子。曠千載以遐棄。倏一旦而見齒。爲有國之偉寶。禮神祇于明祀。豈連城之足云。嘉遭遇乎知己。知己之不可遇。譬河清之難俟。既已若此。誰亦泣血而刖趾。藝文類聚八十三、初學記二十七。

桑樹賦并序

世祖昔爲中壘將軍。于直廬種桑一株。迄今三十餘年。其茂盛不衰。皇太子入朝。以此廬爲便坐。

伊茲樹之僥倖。蒙生生之渥惠。降皇躬目斯植。遂弘茂于聖世。厥茂伊何。其大連尋。脩柯遠揚。洪條栯椮。布簟枝之沃若。播密葉目垂陰。蔭華寓而作涼。清隆暑之難任。目厥樹之巨偉。登九日于朝陽。且積小目高大。生合抱于毫芒。猶帝道之將升。亦累德目彌光。湯躬禱于斯林。用獲雨而興商。惟皇晉之基命。爰于斯而發祥。從皇儲于斯館。物無改于平生。心惻切目興思。思有感于聖明。步傷徨目周覽。庶髣髴于儀形。藝文類聚八十八。

梧桐賦

美詩人之攸貴兮。覽梧桐乎朝陽。蔚萋萋目萋萋兮。鬱株列而成行。夾二門目駢羅。作館寓之表章。藝文類聚八十八。停公子之龍駕。息旅人之肩行。瞻華實之離離。想儀鳳之來翔。初學記二十八。

舜華賦并序

佳其日新之美。故種之前庭。而為之賦。

覽中唐之奇樹。稟沖粹之至清。應青春而敷蘂。逮朱夏而誕英。布夭夭之纖枝。發灼灼之殊榮。紅葩紫蔕。翠葉素莖。含暉吐曜。爛若列星。朝陽照灼目舒曜。逸藻采粲而光明。蓋天壤而莫儷。何菱華之足營。藝文類聚八十九。

儀鳳賦并序

鷦鷯賦者。廣武張侯之所造也。目其形微處卑。物莫之害也。而余目為物生則有害。有害而能免。所目貴乎才智也。夫鷦鷯既無智足貴。亦禍害未免。免乎禍害者。其唯儀鳳也。藝文類聚九十。

仰天文目彌觀兮。覽神象乎太清。伊儀鳳之誕育兮。稟朱行之淯精。故能體該眾妙。德備五靈。穢惟塵之紛濁兮。患俗網之易嬰。心眇眇其悠遠兮。意飄飄目遐征。翔寥廓目輕舉兮。凌清霄而絕形。若乃龍飛九五。時惟大明。闡隆正道。既和且平。感聖化而來儀兮。讚簫韶于九成。隨時宜目行藏兮。諒出處之有經。豈目美而買害兮。固目德而見榮。曠千載而莫覩兮。忽翻爾而來庭。應龍至兮。庶有感于斯誠。而君子之是忽兮。賦微物目申情。雖綺靡之可翫兮。悲志大之所營。敢砥鈍于未蹤兮。則瓦礫于璐璵。初學記三十。

鸚武賦

有金商之奇鳥。處隴坻之高松。謂崇峻之可固。然目慧而入籠。披丹脣目授音。亦尋響而應聲。晰明眸目承顏。側聰耳而有聽。口纔發而輕和。密晷景而隨形。言無往而不復。佀探幽而測冥。自嘉智于君子。足取愛而揚名。藝文類聚九十一。

燕賦并序

有言燕今年巢在此。明歲故復來者。其將逝。翦爪識之。其後果至焉。

燕燕于飛。差池其羽。何詩人之是興。信進止之有序。秋背陰目龍潛。春晞陽而鳳舉。隨時宜目行藏。佀君子之出處。惡焚巢之凶醜。

患林野之多阻。諒鳥獸之難羣。非斯人而誰與。惟里仁之為美。託君子之堂寓。逮來春而復旋。意眷眷而懷舊。一委身乃無餘。豈改適而更赴。藝文類聚九十二。

班鳩賦并序

予舍下種楓。蔚然成林。閑居無為。有時遊之。顧見班鳩。音聲可悅于是捕而畜之。既而擾馴。出之于籠。無何失去。其後時時一來。飛翔。佀有戀焉。故聊為之賦。御覽七百六十五。又見九百二十一。

集茂樹之蔭蔚。登弱枝目容與。體郁郁目敷文。音邕邕而有序。情欽樂而是悅。遂籠之于前寓。爾乃飲目神泉。食之稻粱。朝憩椒塗。夕宿蘭房。時連翩于庭柯。見飛燕之頡頏。慨感物而哀鳴。聲楚切目懷傷。仰華林而矯翼。紛惆逝而高翔。藝文類聚九十二。

黏蟬賦并序

櫻桃。其為樹則多蔭。其為果則先熟。故種之于廳事之前。時目盛暑。逍遙其下。有蟬鳴焉。仰而見之。聊命黏取。以弄小兒。退惟當蟬之得意于斯樹。不知黏之將至。亦猶人之得意于富貴。而不虞禍之將來也

有嘉果之珍樹。蔚弘覆于我庭。在赫赫之隆暑。獨肅肅而自清。遂寓目以周覽。見鳴蜩于纖枝。翳翠葉以長吟。信厥樂之在斯。苟得意于所歡。曾黏住而莫知。匪爾命之遐薄。坐偷安而忘危。嗟悠悠之耽寵。請茲覽以自規。藝文類聚九十七初學記三十御覽九百四十四九百六十九

鳴蜩賦

有嘒嘒之鳴蜩。于台府之高槐。物處陰而自慘。奚厥聲之可哀。秋日悽悽兮。感時逝之若頹。曷時逝之是感兮。感年歲之我催。孰知命之不憂。詠梁木之有摧。生世忽兮如寓。求富貴于不回。且明明以在公。唯忠讜之是與。佚履道之坦坦。登高衢以自樓。藝文類聚九十七

青蠅賦

幸從容以閑居。且遊心于典經。覽詩人之有造。刺青蠅之營營。無纖芥之微用。信作害之不輕。既反白而爲黑。恆懷蛆以自盈。穢美厚之鮮絜。蟲嘉肴之芳馨。滿堂室之薨薨。孰聞寓之得淸。藝文類聚九十七

蜉蝣賦并序

讀詩至蜉蝣。感其雖朝生暮死。而能修其羽翼。可以有興。遂賦之。御覽九百四十五

有生之薄。是曰蜉蝣。育微微之陋質。羌采采而自修。不識晦朔。無意春秋。取足一日。尚又何求。戲停淹而委餘。何必江湖而是游。藝文類聚九十七

螢火賦并序

余曾獨處。夜不能寐。顧見螢火。意遂有感。于是執以自照。而爲之賦。其辭曰。

敎當作傾

潛空館之寂寂兮。意遙遙而靡寧。夜耿耿而不寐兮。憂悄悄而傷情。哀斯火之湮滅兮。近腐草而化生。感詩人之攸懷兮。覽熠燿于前庭。不以姿質之鄙薄兮。欲增輝乎太清。雖無補于日月兮。期自竭于陋形。當朝陽而戢景兮。必宵昧而是征。進不競于天光兮。退在晦而能明。諒有似于賢臣兮。于疏外而盡誠。盖物小而喻大兮。固作者之所旌。假乃光而諭爾熾兮。庶有表乎潔貞。藝文類聚九十七初學記三十御覽九百四十五

叩頭蟲賦并序

叩頭蟲之微細者。然敎之輒叩頭。人以其叩頭。傷之不祥。故莫之害也。御覽九百五十一

蓋齒以剛克而盡。舌存以其能柔。强梁者不得其死。執雌者物莫之讎。无咎生于惕厲。悔吝來亦有由。仲尼唯諾于陽虎。所以解紛而免尤。韓信非爲懦兒。出胯下而不羞。何茲蟲之多畏。人纔觸而叩頭。犯而不校。誰與爲讎。人不我害。我亦無憂。彼螳蜋之舉斧。豈患禍之能禦。此謙卑以自牧。乃無害之可賈。將斯文之焉貴。貴不遠而取譬。雖不能觸類是長。且書紳以自示。旨一日而三省。恆跼蹐以祗畏。然後可以蒙自天祐之吉無不利。藝文類聚九十七

全晉文卷五十一終

全晉文卷五十二

烏程嚴可均校輯

傳咸二

議立二社表

祭法。王社太社。各有其義。天子尊事宗廟。故冕而躬耕。躬耕也者。所吕重孝享之粢盛。致殷薦于上帝也。穀梁傳曰。天子親耕。吕供粢盛。親耕故自報。自爲立社者。爲籍田而報者也。國吕人爲本。人吕穀爲命。故又爲百姓立社而祈報焉。事異報殊。此社之所吕有二也。王景矦之論王社。亦謂春祈籍田。秋而報之也。其論太社。則曰王者布下圻內。爲百姓立之。謂之太社。不自立之于京都也。景矦此論據祭法。祭法。大夫吕下。成羣立社。曰置社。景矦解曰。今之里社是也。景矦解祭法。則吕置社爲人間之社矣。而別論復吕太社爲人間之社。未曉此旨也。太社。天子爲百姓而祀。故稱天子社。

郊特牲曰。天子太社。必受霜露風雨。吕羣姓之衆。王者通爲立社。故稱太社也。若夫置社。其數不一。蓋吕里所爲名。左氏傳盟于清丘之社。是衆庶之社。既已不稱太矣。若復不立之京師。當安所立乎。祭法又曰。王爲羣姓立七祀。王自爲立七祀。言自爲者。自爲而祀也。爲羣姓者。爲羣姓而祀也。太社與七祀。其文正等。說者窮此因云墳籍但有五祀。無七祀也。案祭五祀。國之大祀。七者小祀。周禮所云祭凡小祀。則墨冕之屬也。景矦解大厲曰。如周杜伯。鬼有所歸。乃不爲厲。今云無二社者。稱景矦祭法不謂無二。則曰口傳無其文也。夫吕景矦之明。擬議而後爲解。而欲吕口論除明文。如此非但二社。當是思惟景矦之解。亦未易除也。前被敕。尙書召誥乃社于新邑。惟一太牢。不立二社之明義也。案郊特牲曰。社稷太牢。必援一牢之文。吕明社之無二。則稷無牲矣。說者則曰。舉社則稷可知。苟可舉社吕明稷。何獨不舉一吕明二。國之大事。在祀與戎。若有過而除之。不若過而存之。況存之有義。而除之無據乎。周禮封人掌設社壝。無稷字。今帝社無稷。蓋出于此。然國主社稷。故經傳動稱社稷。周禮。王祭社稷則絺冕。此王社有稷之文也。封人設社壝之無稷字。說者吕爲略文。從可知也。謂宜仍舊立二社。而加立帝社之稷。晉書禮志上。宋書禮志四。通典四十五。太康九年詔曰。社實一神。其并二社之禮。于是車騎司馬傅咸表

重表駮成粲議太社

如粲之論。景矦之解。交吕此壞。大雅云。乃立冢土。毛公解曰。冢土大社也。景矦解詩。卽用此說。禹貢惟土五色。景矦解曰。王者取五色土爲太社。封四方諸矦。各割其方色。王者覆四方也。如此太社復爲立京都也。不知此論何從而出。而與解乖。上違經記明文。下壞景矦之解。臣雖頑蔽。少長學門。不能默已。謹復續上。晉書禮志上。宋書禮志四。通典四十五。時成粲議稱景矦論太社不立京都。欲破鄭氏學。咸重表吕爲

遷尙書左丞上表

左丞職輕事重。吕賤制貴。所吕難居。臣吕闇劣。猥忝斯任。愧于不稱。懼罪之及。夙夜惶恐。寢食無寍。御覽二百十三

理李含表

臣州秦國郎中令始平李含。忠公清正。才經世務。實有史魚秉直之風。雖吕此不能協和流俗。然其名行峻厲。不可得掩。二郡並舉孝廉異行。尙書郭奕臨州。含寒門少年。而奕超爲別駕。太保衞瓘辟含爲椽。每語臣曰。李世容當爲晉匪躬之臣。秦王之薨。悲慟之哀。感于人心。百僚會喪。皆所目見也。今吕含俯就王制。如令除服。葬後十七日乃親中正職。時議謂之背戚居榮。奪其中正。而復闕于天子之喪。既葬而除。便云天朝殊尊。援吕爲準。非所宜言。若天朝之喪。既葬不除。藩國之喪。既葬而除。藩國欲同不除。乃當責云天朝殊尊。援吕爲準。非所宜言耳。今天朝釋乎上。而欲令藩國服

平下此爲藩國之義隆而天朝之禮薄未諭此旨也又云諸王公皆終喪禮寍盡乃敍明吕喪制宜隆務在敦重也夫寍盡乃敍明吕哀其病耳異于天朝制使終喪未見斯文國制既葬而除既除而祔爰自漢魏迄乎聖晉皆所共行文皇帝升遐武帝崩殂世祖過哀陛下毁頓銜疚諒闇吕終三年率土臣妾豈無攀慕遂服之心實吕國制不可而踰故于既葬不敢不除天王之喪釋除于上藩國之臣獨遂于下此甚不可安復吕秦王無後舍應爲喪主既使舍應爲喪主于今之制既葬應除而祔則應吉服吕祭因曰王未有廟主無所遷不應除服秦王始封無所連祔靈主所居即便爲廟不問國制云何而吕無廟爲必貶舍也吕舍今日之所行移博士使案禮文必也放勛之殂四海遏密八音至于三載世祖之崩曾不數旬釋然即吉引古繩今闔世皆應有貶何但李舍不應除服今也無貶王制故也聖上諒闇哀聲不輟股肱近侍猶宜心喪不宜便行婚娶歡樂之事而莫云者豈不吕大制不可而曲邪且前吕舍有王喪上請差代尚書敕王葬日在近葬訖舍應攝職不聽差代葬訖舍猶躊躇不時攝職司徒屢摘罰訪問吕催舍舍乃視事舍承天臺之敕逼司徒之符然後攝職舍之適職隨而擊之此爲臺敕府符陷舍于惡也若謂臺敕府符爲傷教義則當據正不正符敕而唯舍是貶舍之困躓何足惜乎國制不可偏耳又舍自吕隴西之人雖戶屬始平非所綜悉自初見使爲中正反覆言之司徒說非始平國人不宜爲中正後爲郎中令又自吕選官引臺府爲比不應爲中正吕讓常山太守蘇韶辭意懇切形于文墨舍之固讓乃在王未薨之前葬後躊躇窮于對罰而攝職耳臣從弟祗爲州都督意在欲隆風教議舍已過不良之人遂相扇動冀挾名義法外致案足有所邀中正龐騰便割舍品臣雖無祁大夫之德見舍爲騰所侮不勝其憤謹表吕聞乞朝廷吕時博議無令騰得濫行刀尺晉書李含傳秦王柬薨含依臺儀葬訖除喪趙浚奏含不應除喪傅咸上表理含又見通典八十八

又言

臣吕國之大制不可而偏秦國郎中令李含承尚書之敕奉喪服之命既葬除服而中正龐騰無所據仗貶含品三等謂此未値漢魏吕來施行之制具吕表聞未嘗朝廷當云何騰等之論吕秦王無後前又有詔吕此謂含不應除服愚謂諸侯之制不得異于天朝就秦王有嗣于制亦自應除且秦王無後乃前有詔朝野莫不聞知而尚書下敕葬訖含自應攝職不應差代尋舉爲臺郎又司徒摘罰訪問催含攝職如此臺府亦皆謂含既葬應除也相是純臣羣臣之首奏令含釋服亦無餘疑至于含除便獨爲罪竊謂有負于情臣之任事小大欲盡使在優崇況國之大制當垂將來心所不安而不敢寫謹重吕聞乞中書見語猶百慮當一得也通典八十八

攝司隸上表

臣既駑弱不勝重任加在哀疚假息日闋陛下過意授非所堪披露丹款疑窮上聞謬詔既往終然無改臣雖不能滅身吕全禮教義無靦然虛忝隆寵前受嚴詔視事之日私心自誓隕越爲報吕貨賂流行所宜深絕切敕都官吕此爲先而經彌日月未有所得斯由陛下有吕獎厲慮于愚蔽將必死繫故自掩檢吕避其鋒耳在職有日既無赫然之舉又不應弦垂翅人誰復憚故光祿大夫劉毅爲司隸聲震內外遠近清肅非徒毅有王臣匪躬之節亦由所奏見從威風得伸也晉書傅咸傳

表

涼州民從軍之物先辦然後作衣御覽六百九十八

上言宜省官務農

陛下處至尊之位。而脩布衣之事。親覽萬機。勞心日昃。在昔帝王躬自菲薄。㠯利天下。未有踰陛下也。然泰始開元。㠯曁于今。十有五年矣。而軍國未豐。百姓不贍。一歲不登。便有菜色者。誠由官衆事殷。復除猥濫。蠶食者多。而親農者少也。臣㠯頑疏。謬忝近職。每見聖詔。㠯百姓饑饉爲慮。無能云補。伏用慚恧。敢不自竭。㠯對天問。舊都督有四。今竝監軍。乃盈於十。夏禹敷土。分爲九州。今之刺史。幾向一倍。戶口比漢十分之一。而置郡縣更多。空校牙門。無益宿衞。而虛立軍府。動有百數。五等諸侯。復坐置官屬。諸所寵給。皆生于百姓。一夫不農。有受其飢。今之不農。不可勝計。縱使五稼普收。僅足相接。暫有災患。便不繼贍。㠯爲當今之急。先幷官省事。靜事息役。上下用心。惟農是務也。（晉書傅咸傳）

上書請詰奢

臣㠯爲穀帛難生。而用之不節。無緣不匱。故先王之化天下。食肉衣帛。皆有其制。竊謂奢侈之費。甚于天災。古者堯有茅茨。今之百姓。競豐其屋。古者臣無玉食。今之賈豎。皆厭粱肉。古者后妃乃有殊飾。今之婢妾。被服綾羅。古者大夫乃不徒行。今之賤隸。乘輕驅肥。古者人稠地狹。而有儲蓄。由于節也。今者土廣人稀。而患不足。由于奢也。欲時之儉。當詰其奢。奢不見詰。轉相高尚。昔毛玠爲吏部尚書。時無敢好衣美食者。魏武帝歎曰。孤之法不如毛尚書。令使諸部用心。各如毛玠。風俗之移。在不難矣。（晉書傅咸傳。上書云云。御覽二百十四作表。）

上書陳選舉

臣咸㠯爲夫興化之要。在于官人。才非一流。職有不同。譬諸林木。洪纖枉直。各有攸施。故明揚逮于仄陋。疇咨無拘內外。內外之任。出處隨宜。中間選用。惟內是隆。外舉旣頹。復多節目。競內薄外。遂成風俗。此弊誠宜亟革之。當內外通塞。無所偏耳。旣使通塞無偏。若選用不平。有㠯深責。責之苟深。無憂不平也。且膠柱不可㠯調瑟。況乎官人而可㠯限乎。伏思所限者。㠯防選用不能出人。不能出人。當隨事而制。無須限法。法之有限。其于致遠。無乃泥乎。或謂不制其法。㠯何爲責。臣聞刑懲小人。義責君子。君子之責。在心不在限也。正始中。任何晏㠯選舉。內外之衆職。各得其才。粲然之美。于斯可觀。如此。非徒御之㠯限法之所致。乃委任之由也。委任之懼。甚于限法。是法之失。非己之尤。尤不在己。責之無懼。所謂齊之㠯刑。人免而無恥者也。苟委任之。一則慮罪之及。二則懼致怨謗。己快則朝野稱詠。不善則衆惡是歸。此之戰戰。孰與倚限法㠯苟免乎。（晉書傅咸傳）

遭繼母憂上書

咸身無兄弟。到官之日。喪祭無主。（文選任昉上蕭太傅固辭奪禮啟注引王隱晉書）

奏劾荀愷

愷從兄喪自表赴哀。詔聽之而未下。愷乃造駿。咸因奏曰。死喪之戚。兄弟孔懷。同堂亡隕。方在信宿。聖恩矜憫。聽使臨喪。詔未下而便㠯行造。急諂媚之敬。無友于之情。宜加顯貶。㠯隆風教。（晉書傅咸傳）

奏劾夏侯駿

令史張濟。案行城東。見有新立屋閒莿芘障二十丈。推問是少府夏侯駿所作。請免駿官。

奏劾夏侯承

少府夏侯承。取官田。立私屋。近小人。委㠯家計。令工匠竊盜官物。附益于私。所營唯利。醜問充斥。大臣穢濁。無㠯爲訓。

奏劾王戎

書稱三載考績。三載黜陟幽明。今內外羣官。居職未朞。而戎奏還。旣未定其優劣。且送故迎新。相望道路。巧詐由生。傷農害政。戎不

仰依堯舜典謨。而驅動浮華。虧敗風俗。非徒無益。乃有大損。宜免戎官。以敦風俗。晉書王戎傳

戎備位台輔。兼掌選舉。不能謐靜風俗。以凝庶績。至令人心傾動。開張浮競。中郎李重李義。不相匡正。請免戎等官。晉書傅咸傳

奏事

尚書舊奏。給介士二百人。人給大鋼口刀各一枚。御覽三百四十五

公品第一。執珪。坐侍臣之上。特進品第二。執皮帛。坐侍臣之下。以有舊制。今啟特進宜執璧。繼公。書鈔五十二引傅咸集

特進執皮帛。坐侍臣之下。門下屬漢武特進執璧。已有舊制。今特進宜執璧。藝文類聚四十七引傅咸集

上事自辨

案令。御史中丞督司百僚。皇太子以下。其在行馬內。有違法憲者。彈糾之。雖在行馬外。而監司不糾。亦得奏之。如今之文。行馬之內。有違法憲。謂禁防之事耳。宮內禁防。外司不得而行。故專施中丞。今道路橋梁不脩。鬬訟屠沽不絕。如此之比。中丞推責州坐。即今所謂行馬內語。施于禁防。既云中丞。督司百僚矣。何復說行馬之內乎。既云百僚。而不得復說行馬之內者。內外眾官。謂之百僚。則通內外矣。司隸所以不復說行馬內外者。禁防之事。已于中丞說之故也。中丞司隸。俱糾皇太子以下。則共對司內外矣。不為中丞專司內百僚。司隸專司外百僚。自有中丞司隸以來。更互奏內外眾官。惟所糾得無內外之限也。而結一旦橫挫臣。臣前所以不羅縷者。冀因結奏。得從私願也。今既所願不從。而敕云但為過耳。非所不及也。以此見原。臣忝司直之任。宜當正己率人。若其有過。不敢受原。是以申陳其愚。司隸與中丞。俱共糾皇太子以下。則從皇太子以下。無所不糾也。得糾皇太子。而不得糾尚書。臣之闇塞。既所未譬。皇太子為在行馬之內邪。皇太子在行馬之內。而得糾之。

尚書在行馬之內。而不得糾。無有此理。此理灼然。而結以此挫臣。臣可無恨耳。其于觀聽。無乃有怪邪。臣識石公前在殿上脫衣。為司隸荀愷所奏。先帝不以為非。于時莫謂侵官。今臣裁糾尚書。而當有罪乎。晉書傅咸傳。御史中丞解結以咸劾王戎為違典制越局侵官。咸上事云云。又御覽二百二十六引傅咸集作奏事

司隸校尉敎

司隸校尉。舊號臥虎。誠以舉綱而萬目理。提領而眾毛順。御覽二百五十引傅咸集

又敎

聞南市有蜀嫗。作茶粥賣之。廉事打破其器物。使無為賣餅于市。而禁茶粥以困老姥。獨何哉。北堂書鈔一百四十四

又敎

屠牛酤酒。鑿錢作錫。皆有損害。御覽八百二十八引傅咸集

與楊駿牋

事與世變。禮隨時宜。諒闇之不行。尚矣。由世道彌薄。權不可假。故雖斬焉在疚。而躬覽萬機也。逮至漢文。以天下體大。服重難久。遂制既葬而除。世祖武皇帝雖大孝烝烝。亦從時釋服。制心喪三年。至于萬機之事。則有不遑。今聖上欲委政于公。諒闇自居。此雖謙讓之心。而天下未以為善。天下未以為善者。以億兆顒顒。戴仰宸極。聽于冢宰。懼天光有蔽。人心既以若此。而明公處之固未為易也。竊謂山陵之事既畢。明公當思隆替之宜。周公聖人。猶不免謗。以此推之。周公之任。既未易而處。況聖上春秋非成王之年乎。得意忘言。言未易盡。苟明公有以察其悾款。言豈在多。晉書傅咸傳

與汝南王亮牋 題從魏志衞臻傳注

楊駿有震主之威。委任親戚。此天下所以諠譁。今之處重。宜反此失。謂宜靜默頤神。有大得失。乃維持之。自非大事。一皆抑遣。比四

造詣。及經過尊門。冠蓋車馬。塡塞街衢。此之翕習。既宜弭息。又夏矦長容奉使。爲先帝請命祈禱無感。先帝崩背。宜自咎責。而自求請命之勢。而公曰爲少府。私竊之論。云長容則公之姻。故至于此。衞伯輿貴妃兄子。誠有才章。應作臺郎。然未得東宮官屬。東宮官屬。前患楊駿親理塞路。今有伯輿。復越某作郎。（衞伯輿已下從魏志衞臻傳注引傅咸集補）一犬吠形。羣犬吠聲。懼于羣吠。遂至叵聽也。咸之爲人。不能面從而有後言。嘗觸楊駿。幾爲身禍。況于殿下。而當有惜。往從駕。殿下見語。卿不識韓非逆鱗之言邪。而欻摩天子逆鱗。自知所陳。誠頷頷觸猛獸之鬚耳。所曰敢言。庶殿下當識其不勝區區。前摩天子逆鱗。欲曰盡忠。今觸猛獸之鬚。非欲爲惡。必將曰此見怒。（晉書傅咸傳）

致汝南王亮書

咸曰爲太甲成王年在蒙幼。故有伊周之事。聖人且猶不免疑。況臣既不聖。王非孺子。而可曰行伊周之事乎。上在諒闇。聽于冢宰。而楊駿無狀。便作伊周。自爲居天下之安。所曰至死。其罪既不可勝。亦是殿下所見。駿之見討。發自天聰。孟觀李肇。與知密旨耳。至于論功。當歸美于上。觀等已數千戶縣矦。聖上曰駿死莫不欣悅。故論功寍厚。曰敘其歡心。此羣下所宜曰實裁量。而遂扇動東安封王。孟李郡公。餘矦伯子男。既妄有加。復又三等超遷。此之熏赫。震動天地。自古曰來。封賞未有若此者也。無功而厚賞。莫不樂國有禍。禍起當復有大功也。人而樂禍。其可極乎。作此者皆由東安公。謂殿下至止。當有曰正之。正之曰道。衆亦何所怒乎。衆之所怒。在于不平耳。而今皆更倍論。莫不失望。咸之愚冘。不惟失望而已。竊曰爲憂。又討駿之時。殿下在外。實所不綜。今欲委重。故令殿下論功。論功之事。實未易可處。莫若坐觀得失。有居正之事宜也。（晉書傅咸傳）

答李斌書

吾作左丞未幾。而已吾爲京兆。雖心知此爲不合。然是家鄉親里。自顧便從俗耳。時足下問吾當去否。吾荅鸚武子言阿安樂。今到阿安樂。何爲不去。（御覽九百二十四）

答楊濟書

衞公云。酒色之殺人。此甚于作直。坐酒色死。人不爲悔。逆畏曰直致禍。此由心不直正。欲曰苟且爲明哲耳。自古曰直致禍者。當自矯枉過直。或不忠允。欲曰亢厲爲聲。故致忿耳。安有悾悾爲忠益。而當見疾乎。（晉書傅咸傳）

違距上命。稽留詔罰。退思此罪。在于不測。纔加罰黜。退用戰悸。何復曰杖重爲劇。小人不德。所好唯酒。宜于養瘡。可數致也。（御覽六百五十引傅咸集）

答曹志

英氣泉涌。逸藻波騰。

相論草

黃紙故事。鋪不上。皆取急與自頃多廢。輒皆移病前門。自今曰後。尚書鋪不上門柄急。（北堂書鈔三十二案柄俗斵字）

答辛曠詩序

尚書左丞。彈八座曰下。居萬機之會。斯乃皇朝之司直。天臺之管轄。余前爲右丞。具知此職之要。後忝此任。黽勉從事。日愼一日。（初學記十一引兩條前作傅玄後作傅咸通典二十二御覽二百十三竝作傅咸）

答潘尼詩序

司州秀才潘正叔。識通才高。曰文學溫雅爲博士。余性直。而處清論褒貶之任。作詩曰見規。雖褒飾之舉。非所敢聞。而斐粲之辭。良可樂也。荅之雖不足曰相訓報。所謂盍各言志也。（藝文類聚三十一）

荅欒弘詩序

安樂令欒弘。太傅鉅平侯羊公辟未就。而公薨後。應司州之命舉秀才。博文通濟之士。余失和于府。當換爲護軍司馬。賦詩見贈。荅之云爾。

荅郭泰機詩序

河南郭泰機。寒素後門之士。不知余無能爲益。以詩見激切可施用之才。而況沈淪不能自拔于世。余雖心知之。而未如之何。此屈非復文辭所了。故直戲以荅其詩云。文選郭泰機荅傅咸詩注

贈何劭王濟詩序

朗陵公何敬祖。咸之從內兄。國子祭酒王武子。咸從姑之外孫也。並以明德。見重于世。咸親之重之。情猶同生。義則師友。何公既登侍中。武子俄而亦作。二賢相得甚歡。咸亦慶之。然自恨闇劣。雖願其繾綣。而從之末由。歷試無效。且有家艱。心存日替。賦詩申懷以貽之云爾。初學記十二、御覽二百十九

皇太子釋奠頌

生而知之。上于皇儲。以能而問。處實若虛。爰雕聖章。玉采是敷。蒸蒸皇儲。既睿且聰。神而明之。夫豈發蒙。謙以制禮。靡事不恭。乃修嘉薦。于國之雍。敬享先師。以疇聖功。亹亹皇嗣。希心闕里。企茲良辰。卜近于市。光光輿服。穆穆容止。祇奉聖靈。躬承明祀。濟濟儒生。侁侁胄子。清酤于觴。匪宴斯喜。欣道之弘。自今以始。藝文類聚三十八、初學記十四

御史中丞箴 并序

百官之箴。以箴王闕。余承先君之蹤。竊位憲臺。懼有忝累。垂翼之責。且造斯箴。以自勖勵。不云自箴。而云御史中丞箴者。凡爲御史中丞。欲通以箴之也。詞曰。

煌煌天文。衆星是環。爰立執法。其暉有煥。執憲之綱。秉國之憲。鷹揚虎視。肅清違慢。謇謇匪躬。是曰王臣。既直其道。奚顧其身。身之

不顧。孰其弗震。邦國若否。山甫是明。焉用彼相。莫扶其傾。淮南構逆。實憚汲生。赫赫有國。可無忠貞。憂責有在。繩必以直。良農耘穢。勿使能植。無禮是逐。安惜翅翼。嗟爾庶寮。各敬乃職。無爲罰先。無怙厥力。怨及朋友。無慚于色。得罪天子。內省有惡。是用作箴。惟以自敕。初學記十二、御覽二百二十六

犀鉤銘 并序

世稱雞駭之犀。聞之父常侍曰。犀之美者有光。雞見影而驚。故曰駭雞。有以此鉤見遺者。乃爲之銘。藝文類聚九十五、御覽八百九十

獸曰玄犀。處自林麓。食惟棘刺。體兼五肉。□或有神。表露以角。含精吐英。望如華燭。置之荒野。禽獸莫觸。御覽八百九十。案御覽此銘與下條萬震南州異物志互相譌誤。楊慎異魚圖贊遂引此銘作萬震犀贊。非也

邛竹杖銘

嘉茲奇竹。質勁體直。立比高節。示世矜式。藝文類聚六十九

扇銘 并序

武都太守房仲發遺扇。無以報之。爲銘以識之。

扇爲德蓋。有云。取于執政。用爲君清。涼風既興。是焉屏處。行藏惟時。孔顏齊矩。北堂書鈔一百三十四。案此銘多誤字。無從校正

中郎將曹府君碑

伊公立朝。雅然正色。既侍皇帷。讜言常則。北堂書鈔三十七

襄邑侯誄

言研其幾。文豔春蘭。

傅祗

祗字子莊。玄從子。魏甘露末襲父嘏爵陽鄉侯。咸熙中改封涇原子。入晉爲太子舍人。累遷散騎黃門郎。賜爵關內侯。母憂去官。起爲滎陽太守。兼廷尉。遷常侍左軍將軍。惠帝時歷侍中司隸校尉。封靈川縣公。遷光祿勳衛尉。拜常侍。加光祿大夫。趙王

倫輔政。以爲中書監。及篡位。以爲右光祿。加侍中。倫誅。遷太子少傅。加侍中。懷帝時遷光祿大夫侍中。未拜。加右僕射中書監。行太子太傅。代東海王越爲司徒。

議魯相請尊祀孔子廟

春秋傳言立在祀典。則孔子是也。宗聖適足繼絕世章盛德耳。至于顯立言。崇明德。則宜如魯相所上。魏志崔林傳。博士傅祗議。案此議當在景初正始之間。前晉書言傅祗卒于永嘉末年六十九。若非晉書有誤。即此博士傅祗別是一人也。今姑編入晉文俟攷。

請原楊駿官屬啟

昔魯芝爲曹爽司馬。斬關出赴爽。宣帝義之。尚遷青州刺史。駿之僚佐。不可加罰。晉書傅祗傳。

與楊駿書

未有帝王始崩。臣下論功者也。晉書傅祗傳。

傅暢

暢字世道。祗少子。元康初封武鄉亭侯。永嘉中選爲祕書丞。沒于石勒。勒以爲大將軍右司馬。有晉諸公讚二十二卷。晉公卿禮秩故事九卷。集五卷。

自敘

暢字世道。年五歲。散騎常侍扶風魯叔虎與先公甚友善。以德量口喜與余戲。嘗解余衣襦披其背。脫余金鐶與侍者。謂余當恪惜。而余笑與之。經數日不索。遂于此見名。言論甚重。御覽六百九十一。

時請定九品。以余爲中正。余以祖考歷代掌州鄉之論。又兄宣年三十五立爲州都。令余以少年。復爲此任。故至于上品。以宿年爲先。是以鄉里素滯屈者。漸得敘也。御覽二百六十五。

全晉文卷五十二終

烏程嚴可均校輯

李秉

秉字玄胄。江夏平春人。漢汝南太守通孫。仕魏爲秦州刺史。晉受禪。封都亭侯。卒諡曰定。

家誡

昔侍坐于先帝。時有三長吏俱見。臨辭出。上曰。爲官長當清。當慎。當勤。修此三者。何患不治乎。並受詔。既出。上顧謂吾等曰。相誡敕正當爾不。侍坐衆賢。莫不贊善。上又問。必不得已而去。于斯三者何先。或對曰。清固爲本。次復問吾。吾對曰。清慎之道。相須而成。必不得已。慎乃爲大。夫清者不必慎。慎者必自清。亦由仁者必有勇。勇者不必有仁。是以易稱括囊无咎。藉用白茅。皆慎之至也。上曰。卿言得之矣。可舉近世能慎者誰乎。諸人各未知所對。吾乃舉故太尉荀景倩尚書董仲連僕射王公仲並可謂爲慎。上曰。此諸人者。溫恭朝夕。執事有恪。亦各其慎也。然天下之至慎者。其惟阮嗣宗乎。每與之言。言及玄遠。而未曾評論時事。臧否人物。眞可謂至慎矣。吾每思此言。亦足以爲明誡。凡人行事。年少立身。不可不慎。勿輕論人。勿輕說事。如此則悔吝何由而生。禍患無從而至矣。魏志李通傳注引王隱晉書。秉嘗荅司馬文王問。因以爲家誡。又世說德行篇注及御覽四百三十引王隱晉書。並作李康。因秉字俗寫作秉。與康形近而譌也。李康字蕭遠。中山人。文選運命論注引劉義慶集林。康早卒。未必入晉也。又案世說言語篇注引晉中興書。李充江夏鄳人。祖康。父矩。皆有美名。彼康字亦秉之譌。

李重

重字茂曾。秉子。案晉書李重傳。父景。今據魏志李通傳注。咸寧中爲始平王文學。遷太子舍人。轉尚書郎。太熙初。遷廷尉平。惠帝時。轉中書郎。遷尚書吏部郎。出爲行討虜護軍平陽太守。以弟疑喪去官。永康初。趙王倫爲相國。引爲左長史。案李重傳作左司馬。今據荀組傳。憂逼成疾卒。贈散騎常侍。諡曰成。

請除九品疏

先王議制。以時因革。因革之理。維變所適。九品始于喪亂軍中之政。誠非經國不刊之法也。且其檢防轉碎。徵形失實。故朝野之論。僉謂驅動風俗。爲弊已甚。而至于議改。又以爲疑。臣以革法創制。當先盡開塞利害之理。舉而錯之。使體例大通。而無否滯。亦未易故也。古者諸侯之治。分土有常。國有定主。人無異望。卿大夫世祿。仕無出位之思。臣無越境之交。上下體固。人德歸厚。秦反斯道。罷侯置守。風俗淺薄。自此來矣。漢革其弊。斟酌周秦。並建侯守。亦使分土有定。而牧司必各舉賢。貢士任之鄉議。事合聖典。比蹤三代。方今聖德之隆。光被四表。兆庶顒顒。欣覩太平。然承魏氏彫弊之跡。人物播越。仕無常朝。人無定處。郎吏蓄于軍府。豪右聚于都邑。事體駁錯。與古不同。謂九品既除。宜先開移徙。聽相幷就。且明貢舉之法。不濫于境外。則冠帶之倫。將不分而自均。卽土斷之實行矣。又建樹官司。功在簡久。階級少則人心定。久其事則政化成而能否著。此三代所以直道而行也。以爲選例九等。當今之要。所宜施用也。聖王知天下之難。常從事於其易。故寄隱括于閭伍。則邑屋皆爲有司。若任非所由。事非所覈。則雖竭聖智。猶不足以贍其事。由此而觀。誠令二者既行。卽人思反本。脩之于鄉。華競自息。而禮讓日隆矣。晉書李重傳。通典十四

請優禮朱沖疏

凡山林避寵之士。雖違世背時。出處殊軌。而先王許之者。嘉其服膺高義也。昔先帝患風流之弊。而思反純朴。乃諮詢朝衆。搜求隱逸。咸寧二年。始以太子中庶子徵安定皇甫謐。四年。又以博士徵安南朱沖。太康元年。復以太子庶子徵沖。雖皆以病疾不至。而朝野悅服。陛下遠邁先帝禮賢之旨。臣訪沖州邑。言其雖年近耋耄。

而志氣克壯。耽道窮藪。老而彌新。操尚貞純。所居成化。誠山栖耆德。足㠯表世篤俗者也。臣㠯爲宜垂聖恩。及其未沒。顯加優命。晉書李重傳

奏駮恬和所表二事

先王之制。士農工商有分。不遷其業。所㠯利用厚生。各肆其力也。周官㠯土均之法。經其土地井田之制。而辨其五物九等貢賦之序。然後公私制定。率土均齊。自秦立阡陌。建郡縣。而斯制已沒。降及漢魏。因循舊跡。王法所峻者。唯服物車器有貴賤之差。令不僭擬。㠯亂尊卑耳。至于奴婢私產。則實皆未嘗曲爲之立限也。八年己巳。詔書申明律令。諸士卒百工㠯上。所服乘皆不得違制。若一縣一歲之中。有違犯者三家。洛陽縣十家已上。官長免。如詔書之旨。法制已嚴。今如和所陳而稱光幹之議。此皆衰世踰侈。當時之患。然盛漢之初。不議其制。光等作而不行。非漏而不及。能而不用也。蓋㠯諸侯之軌既滅。而井田之制未復。則王者之法不得制人之私也。人之田宅既無定限。則奴婢不宜偏制其數。懼徒爲之法實碎而難檢。方今聖明垂制。每尚簡易。法禁已具。和表無施。晉書李重傳。大中大夫恬和表陳便宜。稱漢孔光魏徐幹等議。使王公已下制奴婢限數。及禁百姓賣田宅。中書啟可。屬主者爲條制。重奏云云

奏霍原應舉寒素

案如癸酉詔書。廉讓宜崇。浮競宜黜。其有履謙寒素。靖恭求己者。應有㠯先之。如詔書之旨。㠯二品繫資。或失廉退之士。故開寒素。㠯明尚德之舉。司徒總御人倫。實掌邦教。當務峻準評。㠯一風流。然古之厲行高尚之士。或栖身巖穴。或隱跡丘園。或克己復禮。或耄期稱道。出處默語。唯義所在。未可㠯少長異操。疑其所守之美。而遠同始終之責。非所謂擬人必于其倫之義也。誠當考之于邦黨之倫。審之于任舉之主。沈爲中正。親執銓衡。陳原隱居求志。篤古好學。學不爲利。行不要名。絕迹窮山。韞櫝道藝。外無希世之容。內全遯逸之節。行成名立。縉紳慕之。委質受業者。千里而應。有孫孟之風。嚴鄭之操。始舉原先諮侍中領中書監華。前州大中正後將軍嬰。河南尹軼。去三年。諸州還朝。幽州刺史許猛特㠯原名聞。擬之西河。求加徵聘。如沈所列。州黨之議既舉。又刺史班詔表薦如此。而猶謂草野之譽未洽。德禮無聞。舍所徵檢之實。而無明理正辭。㠯奪沈所執。且應二品。非所求備。但原定志窮山。脩述儒道。義在可嘉。若遂抑替。將負幽邦之望。傷敦德之教。如詔書所求之旨。應爲二品。晉書李重傳。燕國中正劉沈舉霍原爲寒素。司徒府不從。沈又抗詣中書奏原。而中書復下司徒參論。司徒左長史荀組㠯爲不應舉。重奏云云。又略見文選王康琚反招隱詩注引王隱晉書

奏駮介登貶秩居官事

臣聞立法垂制。所㠯齊衆檢邪。非必曲尋事情。而理無所遺也。故所滯者寡。而所濟者衆。今如登郡比者多。若聽其貶秩居官。動爲準例。懼庸才負遠。必有黷貨之累。非所㠯肅清王化。輯盜殊域也。臣愚㠯爲宜聽鑒所上。先召登還。且使體例有常。不爲遠近異制。晉書李重傳。司隸校尉石鑒奏鬱林太守介登役使所監。求召還。尚書荀愷㠯爲遠郡非人情所樂。奏登貶秩居官。重駮云云

雜奏議

古之聖王。建官垂制。所㠯體國經治。而功在簡易。書鈔四十九作功在簡要者也自帝王而下。世有增損。舜命九官。周分六職。秦采古制。漢仍秦舊。倚丞相。任九卿。雖置五曹尚書令僕射之職。始于掌封奏。㠯宣內外。事任尚輕。而郡守牧民之官重。故漢宣稱所與爲治。唯良二千石。其有殊效者。輒璽書勉勵。或賜爵進秩。禮遇豐厚。得爲治大體。所㠯遠蹤三代也。及至東京。尚書雖漸優顯。然令僕出爲郡守。鍾離意、黃香、胡廣是也。郡守入爲三公。虞延、第五倫、桓虞、鮑昱是也。近自魏朝名守杜畿、滿寵、田豫、胡質等。居郡或十餘年。或二十年。或秩中二千石假節。猶不去郡。或還不易方。此亦古人苟善其事。

事當作官

雖沒世不徙官之義也。漢魏㠯來。內官之貴。于今最隆。太始㠯前。多㠯散官補臺郎。亦徑補黃門中書郎。而今皆數等而後至。眾職率亦如此。陵遲之俗未反。篤上之風未洽。及百事等級遂多。遷補轉徙如流。能否無㠯著。黜陟不得彰。此爲治之大弊也。夫階級繁多。而冀官久。官不久而冀治功成。不可得也。虞書云。三考黜陟幽明。周官三年大計羣吏之治。而行其誅賞。漢法官人不得眞秩。京房爲魏郡太守。㠯八百石居之。魏初用輕資。先亦試守。不稱則繼㠯左遷。然則儁才登進。無能降退。此則所謂有知必試而使人㠯器者也。臣㠯爲今宜大併羣官等級。使同班者不得復稍遷。又簡法外議罪之制。明試守左遷之例。則官人之理盡。士必量能而受爵矣。居官者日久。則政績可考。人心自定。務求諸己矣。（藝文類聚四十五。又羣書治要二十九。引晉書百官志。又通典十六。又御覽二百三。並引李重集雜奏議。案晉書李重傳。于時內官重。外官輕。兼階級繁多。重議之。見百官志。檢今晉書職官志無此奏議。治要所用是王隱晉書。即李重傳所稱見百官志者也。）

薦曹嘉啟

魏氏宗室屈滯。每聖恩所存。東莞太守曹嘉。才幹學義。不及志翕。而良素脩絜。性業踰之。又已歷二郡。臣㠯爲優先代之後。可㠯嘉爲員外散騎侍郎。（魏志楚王彪傳注引王隱晉書吏部郎李重啟云）

吏部尚書箴序

重忝曹郎。銓管九流。品藻清濁。雖祗慎。莫知所寄。（初學記十一。又文選褚淵碑注。引李重集作銓管人流）

李充

充字弘度。重弟矩之子。成帝時辟丞相王導掾。轉記室參軍。又參征北褚裒軍事。除剡令。入爲大著作郎。遷中書侍郎。有論語注十卷。翰林論五十四卷。集二十卷。

風賦

尋之莫見其終。迎之莫知其來。四方爲之易位。八維爲之輪迴。游聚則天地爲一。消聚則六合洞開。（藝文類聚一。）

春遊賦

茲適性莫暢乎遊。而時和莫喻乎春。（御覽二十。）

懷愁賦

在中秋之遙夜兮。直崇禮之禁闈。（初學記十一。）

玄宗賦

慕玄風之遐裔。余皇祖曰伯陽。（文選江淹雜體詩注）

穆天子賦

其馬則赤驥盜驪。驊騮綠耳。楊和齊鑣。一瞬萬里。（御覽三百五十八。）

九賢頌

郭有道

峩峩有道。英風霞爽。玄覽洞照。慧心秀朗。

管徵君

管生含道。養志頤神。抱璞秉和。履信依仁。

陳太丘

懿矣太丘。惟德之紀。弭迹下邑。載景百里。

華太尉

亹亹敬侯。誕縱淑姿。令迹鳳翔。清塵龍飛。

嵇中散

肅肅中散。俊明宣哲。籠罩宇宙。高蹈玄轍。（並初學記十七）

起居誡

溫良恭儉。仲尼所㠯爲貴。小心翼翼。文王所㠯稱美。聖德周達無名。斯亦聖中之目也。中人而有斯行。則亦聖人之一隅矣。而末俗謂守慎爲拘吝。退慎爲怯弱。不遜㠯爲勇。無禮㠯爲達。異乎吾所聞也。（藝文類聚二十三）

牀頭書疏。亦不足觀。或他事私密。不欲令人見之。縱能不宣。誰與

明之。若有泄露。則傷之者至矣。御覽五百九十五

軍書羽檄。非儒者之事。但家奉道法。言不及殺。語不虛誕。而檄不切厲。則敵心陵。言不誇壯。則軍容弱。請姑舍之。㠯待能者。御覽五百九十七

學箴并序

老子云。絕仁棄義。家復孝慈。豈仁義之道絕。然後孝慈乃生哉。蓋患乎情仁義者寡。而利仁義者眾也。道德喪而仁義彰。仁義彰而名利作。禮教之弊。直在茲也。先王㠯道德之不行。故㠯仁義化之。行仁義之不篤。故㠯禮律檢之。檢之彌繁。而偽亦愈廣。老莊是乃明無為之益。塞爭欲之門。夫極靈智之妙。總會通之和者。莫尚乎聖人。革一代之弘制。垂千載之遺風。則非聖不立。然則聖人之在世。吐言則為訓辭。莅事則為物軌。運通則與時隆。理喪則與世弊矣。是㠯大為之論。㠯標其旨。物必有宗。事必有主。寄責于聖人而遣累乎陳迹也。故化之㠯絕聖棄智。鎮之㠯無名之樸。聖教救其末。老莊明其本。本末之塗殊。而為教一也。人之迷也。其日久矣。見形者眾。及道者尠。不覿千仞之門。而逐適物之迹。逐迹逾篤。離本逾遠。遂使華端與薄俗俱興。妙緒與淳風並絕。所㠯聖人長潛。而迹未嘗滅矣。懼後進惑其如此。將越禮棄學。而希無為之風。見義教之殺。而不覿其隆矣。略言所懷。㠯補其闕。引道家之弘旨。會世教之適當。義不違本。言不流放。庶㠯袪困蒙之蔽。悟一往之惑乎。其辭曰。

芒芒太初。悠悠鴻荒。蚩蚩萬類。與道兼忘。聖迹未顯。賢名不彰。怡此鼓腹。率我猖狂。養生既廣。羣塗思通。闇實師明。匪予求蒙。遺己濟物。而天下為公。大庭唱基。羲農宏贊。六位時成。離暉大觀。澤洽雨濡。化流風散。比屋同塵。而人罔僭亂。爰暨中古。哲王胥承。質文代作。禮統迭興。事藉用㠯繁。化因阻而凝。動非性擾。靜豈神澄。名

之攸彰。道之攸廢。乃損所隆。乃崇所替。刑作由于德衰。三辟興乎叔世。既敦既誘。乃矯乃厲。敦亦既備。矯亦既深。彫琢生文。抑揚成音。羣能騁技。眾巧竭心。野無陸馬。山無散林。風罔不動。化罔不移。人之失德。反正作奇。乃放欲㠯越禮。不知希競之為病。違彼夷塗。而遵此險徑。狡兔陵岡。游魚遁川。至賾深妙。大象幽玄。棄餌收罝。而責功蹄筌。先統喪歸。而寄旨忘言。政異徵辭。拔本塞源。遁迹永日。尋響窮年。刻意離性。而失其常。然世有險夷。運有通圮。損益適時。升降惟理。道不可㠯一日廢。亦不可㠯一朝擬。禮不可為千載制。亦不可㠯當年止。非仁無㠯長物。非義無㠯齊恥。仁義固不可遠。去其害仁義者而已。力行猶懼不逮。希企邈㠯遠矣。室有善言。應在千里。況乎行止。復禮克己。風人司箴。敬貽君子。晉書李充傳

登安仁峯銘

正月七日。厥日惟人。策我良駟。陟彼安仁。藝文類聚四　初學記四

良弓銘

弓矢之作。爰自曩昨。鄉村載禮。招命在詩。力稱顏高。功發由基。不爭之美。亦㠯詳疑。藝文類聚六十　初學記二十二

壺籌銘

投壺籌禮。揖敘先後。通風月數。分為主部。御覽七百五十三

博銘

夫無用心。博弈猶賢。方平處下。有不邪偏。御覽七百五十四

舟檝銘

舟檝之利。譬猶車馬。重載歷遠。㠯濟天下。相風覘波。窮究川野。安審懼慎。終無不可。御覽七百七十

弔嵇中散

藐當作邈

先生挺藐世之風。資高明之質。神蕭蕭㠯宏遠。志落落㠯遐逸。忘尊榮于華堂。括卑靜于蓬室。寧漆園之逍遙。安柱下之得一。寄欣

玉當作聚　王馬當作生焉　文上脫成字文下脫美字

孤松。取樂竹林。尚想蒙莊。聊與抽簪。味孫觴之濁醪。鳴七弦之清琴。慕義人之元旨。詠千載之徽音。湊晨風而長嘯。託歸流而詠吟。乃自足乎丘壑。孰有愠乎陸沈。馬樂原而翹足。龜悅塗而曳尾。疇廟堂而足樂。豈和鈴之足視。久先生之所期。羌元達于遐旨。尚遺大吕出生。何殉小而入死。嗟乎先生。逢時命之不丁。冀後凋于歲寒。遭繁霜于夏零。滅皎皎之玉質。絕琅琅之金聲。援明珠吕彈雀。損所重而爲輕。諒鄙心之不爽。非大雅之所營。御覽五百九十六

翰林論

或問曰。何如斯可謂之文。荅曰。孔文舉之書。陸士衡之議。斯可謂成文矣。初學記二十一。御覽五百八十五

潘安仁之爲文也。猶翔禽之羽毛。衣被之綃縠。初學記二十一。御覽五百九十九

容象圖而讚立。宜使辭簡而義正。孔融之讚楊公。亦其義也。御覽五百八十八

表宜吕遠大爲本。不吕華藻爲先。若曹子建之表。可謂成文矣。諸葛亮之表劉主。裴公之辭侍中。羊公之讓開府。可謂德音矣。御覽五百九十四

駁不吕華藻爲先。世吕傅長虞每奏駁事。爲邦之司直矣。御覽五百九十四

研玉名理。而論難王馬。論貴于允理。不求支離。若嵇康之論。文矣。御覽五百九十五

在朝辨政而議奏出。宜吕遠大爲本。陸機議晉斷。亦名其美矣。御覽五百九十五

盟檄發于師旅。相如喻蜀父老。可謂德音矣。御覽五百九十七

李顒

顒字長林。充子。舉孝廉。爲本郡太守。有尚書注十卷。集十卷。

雪賦

何時雪之嘉澤。亦應變而俱凝。隨同雲而下降。固霑渥之所興。藝文類聚二

雷賦

伊青陽之肇化兮。陶萬殊于天壤。結鬱蒸吕成雷兮。鼓訇鞺之逸響。應厲風吕相薄兮。包羣動而爲長。乘雲氣之鬱蓊兮。舒電光之炯晃。驚蟄蟲于始作兮。懼遠邇之異象。爾其發也。則騰躍濆薄。砰磕隱天。起偉霆于霄際。摧勁木于巖巔。驅宏威之迅烈。若崩岳之寘寘。斯實陽靈之變化。固大壯之宗源也。若乃駭氣奔激。震響交搏。濆淪隱轔。崩騰磊落。來無徵跡。去無阡陌。君子恐懼而修省。聖人因象吕制作。審其體勢。觀其曲折。輕如伐鼓。轟若走轂。業猶地傾。繣似天裂。比五音而無當。校眾響而稱傑。于是上穆下明。順天承法。戒刑獄吕致亨。孰非善而可攝。正震體于東方。立不易之恆業。豫行師吕景奮。解宥過而人協。若夫洪細靡常。興廢難克。般其

山陽。勸義崇德。起五龍于河始。戕武乙于渭北。啟周成之沖昧。罰展氏之凶慝。雖通塞于萬形。猶違虛而守盈。肆大夏而有烈。奮嚴冬而弗經。保恬靜吕處順。乃上善吕屏營。夫有往而爲鬧。若大音之希聲。藝文類聚二。初學記一

悲四時賦

悲春日兮。悲陽澤之方宣。建靈威吕延蟄。叩東震而饗天。布和氣之烟熅。舒朗景之淑鮮。雲興滋于秀石。飆鳴柯于崇山。平皋眇莽。中林蔥青。野馬飛瀾。晨虹垂旌。陽燕南徂。陰雁北征。素華浩浩。丹秀熒熒。藝文類聚三

口芃芃而含秀。葉靄靄而敷榮。北堂書鈔一百五十四

悲夏日兮。悲炎節之赫羲。覽祝融之御轡。遊井燿兮南離。晞辰凱之長吹。蔭綠柳之揚枝。雲鬱律吕泉涌。雨淋漉而方徙。奮駭霆之奔磕。舒驚電之橫摛。藝文類聚三

秋日悲兮，火流天而滌暑。風入林而疏條，菊挺葩于綠莖，蘭飛馨于翠翹。北堂書鈔一百五十四

雲黯靄以時興，雪聯翩而驟密。枯枝皎如瓊幹，空岫朗若玉室。御覽十二

感興賦

風觸波而文動兮，露沾卉而珠凝。初學記三

淩仙賦

瞻蓬萊之秀嶼，冀東叟之可尋。將乍至而反墜，患亙浪之相臨。初學記六　案廣宏明集有大乘賦，謂是魏李顒作，檢魏書北史未見其人也，今姑錄入元魏文，此不錄

龜賦

質應離象，位定坎居。賤彼朵頤，貢我靈符。浮洛川，見緯書。洞祕賾，通元虛。初學記三十、御覽九百三十一

鏡論

日之照鏡，光燭乎壁；水對鏡相照而已。日為鑒水之族也，光來無漸，孰有往反也。北堂書鈔一百三十六

阮彥倫誄

積土累功，以為雲臺。文選謝宣遠答靈運詩注

全晉文卷五十三終

全晉文卷五十四

烏程嚴可均校輯

袁準

準（一作准或誤作淮）字孝尼。陳郡扶樂人。魏國郎中令渙第四子。仕魏末諸。入晉拜給事中。有儀禮喪服經注一卷。袁子正論十九卷。正書二十五卷。集二卷。

招公子（藝文類聚作觀殊俗）

河內青稻。新城白秔。弱臭游粱。濡蝤通芳。（北堂書鈔一百四十二。藝文類聚八十五）

蒸豚炰鼈。炙鵠炙雁。鷺閑鶬。文黃散。（北堂書鈔一百四十二）

遼東細粒。鮫氏口口。寒鵠鶤雁。（同上）

索蘭枝而不得。見亘房之大栗。（藝文類聚八十七）

獻言于曹爽宜捐淮漢已南

吳楚之民。脆弱寡能。英才大賢。不出其土。比技量力。不足與中國相抗。然自上世吕來。常為中國患者。蓋吕江漢為池。舟楫為用。利則陸鈔。不利則入水。攻之道遠。中國之長技。無所用之也。孫權自十數年吕來。大敗江北。繕治甲兵。精其守禦。數出盜竊。敢遠其水陸次平土。此中國所願聞也。夫用兵者。貴吕飽待飢。吕逸擊勞。師不欲久。行不欲遠。守少則固。力專則彊。當今宜捐淮漢吕南。退卻避之。若賊能入居中央。來侵邊境。則隨其所短。中國之長技得用矣。若不敢來。則邊境得安。無鈔盜之憂矣。使我國富兵彊。政修民一。陵其國不足為遠矣。今襄陽孤在漢南。賊循漢而上。則斷而不通。一戰而勝。則不攻而自服。故置之無益于國。亡之不足為辱。自江夏已東。淮南諸郡。三后已來。其所亡幾何。吕近賊疆界易鈔掠之故哉。若徙之淮北。遠絕其間。則民人安樂。何鳴吠之驚乎。（魏志齊王芳紀注）

才性論

凡萬物生于天地之間。有美有惡。物何故美。清氣之所生也。物何故惡。濁氣之所施也。夫金石絲竹。中天地之氣。黼黻玄黃。應五方之色。有五。君子吕此得曲直者。木之性也。曲者中鉤。直者中繩。輪桷之材也。賢不肖者。人之性也。賢者為師。不肖者為資。師資之材也。然則性言其質。才名其用。明矣。（藝文類聚二十一）

喪服傳

案孔子家語曰。男子十六而成童。女子十四而化育。此成人之大例也。人成有早晚。又案左氏傳曰。國君十五而生子。冠而生子。禮也。然則十五十六。可吕為成人矣。女七歲男八歲而墮齒。此墮齒之大例也。吕是而處殤之義。則七歲至九歲。宜為下殤。十歲至十二。宜為中殤。十三至十五。宜為長殤。合古十六成人。十五生子之義。十九吕下。四歲之差。傳所記者。非經典也。二十而冠。三十而娶。是無不冠不娶之限耳。若必三十。則舜為得禮矣。奚為稱鰥哉。（通典九十）

袁子正論

謹案。隋志儒家。袁子正論十九卷。袁準撰。梁又有袁子正書二十五卷。袁準撰。亡。舊唐志儒家。政論二十卷。正書二十五卷。袁準撰。新唐志作正論。作袁準。卷數與舊同。各書或稱袁準。或稱袁准。或稱袁淮。蓋隸俗變準為准。因誤為淮。止是一人。政論即正論之誤。亦止一書。準。漢司徒滂孫。郎中令渙第四子。渙卒于建安中。魏志渙傳。注引袁氏世紀。有準自序一首。蓋仕魏末顯。其正論乃魏時所作。入晉拜給事中。見袁渙傳注引荀綽兗州記。亦引見北堂書鈔五十八。藝文類聚四十八。初學記十二。御覽二百二十一。晉書附袁瓌傳。準陳郡扶樂人。瓌梁國陽夏人。瓌即準之從孫。瓌子喬。喬子山松。名位顯著。故準附瓌傳。唐初人似未知袁淮即袁準。故羣書治要載正書題曰袁淮。而晉書于準所著。但言注喪服經。不言正論正書。蓋誤分袁準袁淮爲兩人。今搜輯各書。得正論三十許事。正書四十許事。校補譌脫。仍依隋唐志。先正論。次正書。定著各爲一卷。其所注喪服經。隋志作喪服經傳。舊唐志作喪服紀。新唐志作儀禮注。皆一卷。今僅存一條。㠯其僅見。别附文集之後。

伏羲畫八卦。觸類而長六十四卦。文王作彖象。（書鈔九十九。）

書稱欽哉。惟刑之恤。又曰宥過無大。刑無小。此前王明德慎罰之意也。昔漢文感緹縈之孝。遂去肉刑。近則太宗（案魏明帝自定廟號爲烈祖。今此作太宗。豈少帝時易之邪。當攷。）觀明堂之圖。欲寬背罰。于公㠯陰德救物。袁安耻織鞫罪人。此前代聖主賢臣欽恤之志也。（御覽六百三十六。）

國之大祭有五。禘祫郊祖宗報。此五者。禮之大節也。（初學記十三。）

天地者。帝王所受命。設祀而敬之。（書鈔九十。）

明堂宗廟太學。禮之大物也。事義不同。固各有所爲。而代之儒者合㠯爲一體。取詩書放逸之文。經典相侶之語。推而致之。攷之人情失之遠矣。宗廟之中。人所致敬。幽隱淸淨。鬼神所居。而使衆學處焉。饗射其中。人鬼慢黷。死生交錯。囚俘截耳。瘡痍流血。㠯干鬼神。非其理也。茅茨采椽。至質之物。建日月。乘玉輅。㠯處其中。非其類也。夫宗廟鬼神之居。祭天而于人鬼之室。非其處也。王者五門。宗廟在一門之內。若在廟而張三侯。又辟雍在內。人物衆多。非宗廟之中所能容也。（通典四十四。又略見御覽五百三十三。）

禘祫　先儒或爲同。或爲異。然祫及壇墠。禘及郊宗石室。此所及遠近之殺也。大傳曰。禮不王不禘。諸侯不禘。降殺于天子也。若禘祫同貫。此諸侯亦不得祫。非徒不禘也。然則禘大而祫小。謂祫爲殷祭者。大于四時。皆大祭也。國語曰。禘郊不過繭栗。烝不過把握。明禘最大。與郊同也。公羊傳曰。大事者何。祫也。毀廟之主。陳于太祖。未毀廟之主。皆升合食乎太廟。何謂也。曰。夫禘及壇墠。則毀廟也。俱祭毀廟。但所及異耳。所及則異。毀與未毀則同。此論者所惑。鄭謂不同是也。謂禘不及毀廟。則非也。劉歆賈逵同毀與未毀。是也。不別禘祫遠近。則非也。（通典四十九。引兩條。）

正朔　自非繼亂。不宜改正也。（通典五十五。）

封禪之言。惟周官有王大封之文。齊桓公欲封禪。聞管仲言而止。焚燎而祭天。皆王者之事。非諸侯所爲也。是㠯學者疑焉。後秦一主。漢二君。修封禪之事。其制爲封土方丈餘。崇于太山之上。皆不見于經。秦漢之事。未可專信。管仲云。禹禪會稽。告天則同。祭地不得異也。會稽而可禪。四岳皆可封也。夫洛陽者。天地之所合。嵩山者。六合之中也。今處天地之中。而告于嵩高可也。奚必于太山。（孔白六帖三十六。御覽五百三十六。）

或曰。同姓不相娶。何也。曰。遠別也。曰。今之人外內相婚。禮與。曰。中外之親。過（一本作近。）于同姓。同姓且猶不可婚。而況中外之親乎。古人㠯爲無疑。故不制也。今㠯古之不言。固謂之可婚。此不知禮者也。或曰。國語云。同德則同姓。同姓雖遠。男女不相及。異德則異姓。異姓雖近。男女相及也。斯言何故也。曰。此司空季子明有爲而言也。文公將求秦㠯反國。不敢逆秦。故也。季子曰。子于子圉。道路之人也。咎犯曰。將奪之國。而況妻乎。趙衰曰。有求于人。必先從之。此不既了乎。（通典六十。又九十五。御覽五百四十一。）

竝后匹嫡。禮之大忌。然此爲情愛所偏。無故而立之者耳。綱夫妻之絕。非犯宜出之罪。來還則復初。焉得而廢之。在吳異域。則事勢絕。可㠯娶妻。後妻不害。焉得而遣之。案竝后配嫡。事不兩立。前嫡承統。後嫡不傳重可也。二母之服。則無疑于兩三年矣。（通典六十八。魏征東長史吳綱亡入吳。妻子留在中國。于吳更娶。吳綱與後妻幷子俱還。二婦幷存。時人㠯爲依典禮不宜有二嫡妻。袁準正論㠯爲。）

時俗之論曰。庶子爲公。可㠯尊其母爲夫人。春秋之義。母㠯子貴。案隱公二年。夫人子氏薨。五年。考仲子之宮。上稱夫人。下不應復言仲子明其與妾爲妻也秦人來歸成風之襚不稱夫人明其私尊不通于鄰國也左氏傳曰竝后配嫡亂之本也竝后如夫人者六是也匹嫡元妃卒竝妾爲夫人是也公羊亦云母㠯子貴說曰穀梁云秦人來歸成風之襚秦不云夫人也就外不云夫人而見正焉夫身爲國君而母爲妾庶子孫所不忍臣下所不安故私稱于國中不加境外此人子之情國人之私而止于禮法之正也假有庶子數人竝爲三公欲各尊其母將何㠯止之非聖人無法此大亂之道也通典七十二

周禮大祝祔練祥掌國事若無衰服焉得祥孔子曰三年之喪天下之通喪也禮記曰父母之喪無貴賤一也又云公之喪大夫俟練士卒哭而歸此終喪衰麻之言也春秋左傳曰三年之喪雖貴遂服禮也言雖貴不得與賤者有異也言服而不言喪衰麻可知也凡春秋傳諸稱職除喪皆因時宜耳高宗信默何㠯是心喪通典八十七

爲父後者爲出母無服喪者不祭故也其㠯出不得不降安有母子至親而無服乎釋服而祭可也通典八十九

禮記繼父服齊衰 此則自制父也亂名之大者通典九十七

案禮喪服云爲曾祖父母齊衰三月自天子至于士一也祖周則曾祖大功高祖小功而云三月者此通遠祖之言也今有彭祖之壽無名之祖存焉爾雅有來孫雲孫仍孫昆孫有相及者故也十代之祖在堂則不可㠯無服也鄭子曰我高祖少皞摯之立也非五代祖也蒯聵禱康叔自稱曾孫非四代之祖孫然則高遠也無名之祖希及之矣故不復分別而重言之也故三月㠯著遠祖之服故齊衰㠯見高祖㠯上之服遠祖尊故㠯重服服之恩殺故減其月數故舉三月則知其遠祖稱曾高其服同也儒者或㠯爲高祖無服五屬之文而云無服乎族祖祖父緦麻而曾祖三月乎通典九十

或人云嫂親者也長嫂少弟有生長之恩而云無服者近非古也殆秦燔詩書之所失也通典九十二

保母者當爲保姆春秋宋伯姬侍姆是也非母之名也母者因父得稱且保傅婦人輔相婢之貴者耳而爲之服不亦重乎先儒欲使公之庶子爲母無服而服乳母乎此時俗之名記者集㠯爲禮非聖人之制通典九十二

從母小功五月舅緦麻三月禮非也從母緦時俗所謂姨母者也舅之與姨俱母之姊妹兄弟焉得異服從母者從其母而爲庶母者也親益重故小功也凡稱父母者皆同乎父母之例者也舅非父列姨非母列故舅不稱父姨不稱母也可稱姨不應稱母謂姨母爲從母者此時俗之亂名書之所由誤也春秋傳蔡哀侯娶于陳息侯亦娶焉息嬀將歸過蔡蔡侯曰吾姨也止而享之爾雅曰妻之姊妹同出爲姨此本名者也左傳臧宣叔娶于鑄生賈及爲

而卒繼室㠯其姪穆姜之姨子也㠯蔡侯爾雅言之穆姜焉得言姨此緣妻姊妹之姨因相謂爲姨也姊妹相謂爲姨故其子謂之姨子其母謂之姨母從其母而來故謂之從母從母姨母爲親一也因復謂之從母此因假轉亂而遂爲名者也又左傳宋景曹卒季康子使冉有弔且會葬曰㠯肥之得備彌甥先儒曰彌遠也姊妹之孫爲彌甥此臨時說事而遂可爲名乎亦猶從母轉相假也或曰案準㠯經云從母是其母姊妹從其母來爲己庶母其親益重故服小功非通謂母之姊妹也宣舒曰二女相與行有同車之道坐有同席之禮其情親而比其恩曲而至由此觀之姊妹通斯同矣兄妹別斯異矣同者親之本異者疏之源也然則二女之服何其不重邪兄妹之服何其不輕邪曰同父而生父之所不降子亦不敢降故二女不敢相與重然則舅何故三月邪從母何故小功邪曰故母取其愛是㠯外王父之尊禮無厭降之道爲人子者

順母之情。親乎母之類。斯盡孝之道也。是㠯從母重而舅輕也。曰。姑與父異德異名。叔父與父同德同名。何無輕重之降邪。曰。姑與叔父。斯王父愛之所同也。父之所不降。子亦不敢降。此叔父與姑所㠯服同而無降也。通典九十二引兩條。

為父後。猶服嫁母。據外祖異族。猶廢祭行服。知父後應服嫁母。通典九十四。

喪無再服。然哀甚不可無服。若終月數。是再服也。道遠則過之可也。道近旬月可也。或問何親服緦大功㠯上可也。通典一百二。

先儒㠯為再祭。小祥大祥也。而喪者已祥則除。大祥不應服禫。且虞在既葬。不在日月。禫在喪終。不在早晚。故宜禫不宜祥。通典一百三。

公羊高道聽塗說之書。欲㠯鄉曲之辨。論聖人之經。非其任也。書鈔九十五。御覽六百八。

兵有三勇。主愛其民者勇。有威刑者勇。賞信于民者勇。故仁愛加于下。則有必死之民。御覽四百三十七。

良醫療病。攻于腠理。初學記二十。

太祖破呂布。袁渙在軍中。陳羣父子見上拜。唯袁渙獨高揖不為禮。上嚴敬之。御覽五百四十三。案此當在自序中。而御覽引作正論。則正論有自序篇可知。

渙有四子。侃寓奧準。侃字公然。論議清當。柔而不犯。善與人交。在廢興之間。人之所趣務者。常謙退不為也。時人㠯是稱之。歷位黃門選部郎。稍遷至尚書。早卒。寓字宣厚。精辨有機理。好道家之言。少被病。未官而卒。奧字公榮。行足㠯厲俗。言約而理當。終于光祿勳。準字孝尼。忠信公正。不恥下問。唯恐人之不勝己。㠯世事多險。故常治退而不敢求進。著書十餘萬言。論治世之務。為易周官詩傳。及論五經滯義。聖人之微言。㠯傳于世。三國志袁渙傳注引袁氏世紀。云此準之自序也。

全晉文卷五十四終

全晉文卷五十五

烏程嚴可均校輯

袁準二

袁子正書

禮政

治國之大體有四。一曰仁義。二曰禮制。三曰法令。四曰刑罰。四本者具。則帝王之功立矣。所謂仁者。愛人者也。愛人父母之行也。爲民父母。故能興天下之利也。所謂義者。能辨物理者也。物得理。故能除天下之害也。興利除害者。則賢人之業也。禮者何也。緣人情而爲之節文者也。嚴父愛親之情也。尊親敬長之義也。(禮者下二十八字依初學記十三御覽五百二十三加)夫仁義禮制者。治之本也。法令刑罰者。治之末也。無本者不立。無末者不成。何則。(此二字依長短經政體加)夫禮教之治。先之吕仁義。示之吕敬讓。使民遷善日用而不知也。儒者見其如此。因謂治國不須刑法。不知刑法承其(長短經作于)下。而後仁義興于上也。法令者。賞善禁淫。居治之要會。商韓見其如此。因曰治國不待仁義。不知仁義爲之體。故法令行于下也。是故導之吕德。齊之吕禮。則民有恥。導之吕政。齊之吕刑。則民苟免。是治之貴賤者也。先仁而後法。先教而後刑。是治之先後者也。夫遠物難明。而近理易知。故禮讓緩而刑罰急。是治之緩急也。夫仁者使人有德。不能使人知禁。禮者使人知禁。不能使人必仁。故本之者仁。明之者禮也。必行之者刑罰也。先王爲禮吕達人之性理。刑吕承禮之所不足。故吕仁義爲不足吕治者。不知人性者也。是故失教。失教者無本也。吕刑法爲不可用者。是不知情僞者也。是故失威。失威者不禁也。故有刑法而無仁義。久則民怨。(本作忽依長短經政體改下放此)民怨則怒也。有仁義而無刑法。(當亦有久字)則民慢。民慢則姦起也。故曰本之吕仁。成之吕法。使兩通而無偏重。則治之至也。夫仁義雖弱而持久。刑殺雖强而速亡。自然之治也。

經國

先王之制。立爵五等。所吕立蕃屏。利後嗣者也。是故國治而萬世安。春秋。鄭莊公封母弟于京。祭仲曰。都城過制。國之害也。其後卒相攻伐。國內大亂。故過度則有强臣之禍。鄙小則有微弱之憂。(春秋下四十八字依御覽一百九十八加)秦吕列國之勢而幷天下。自吕由諸侯而起之也。(自吕下九字依御覽加)于是去五等之爵而置郡縣。雖有親子母弟。皆爲匹夫。及其政(政字依御覽加)衰。一夫大呼(御覽作匹夫一呼)而天下去。及至漢家見亡秦之吕孤特亡也。(北堂書鈔未改本七十作見秦之孤于天下)于是大封子弟。或連城數十。廓地千里。自關已東。皆爲王國。力多而權重。故亦有七國之難。魏興。吕新承大亂之後。民人損滅。不可則吕古治。(三國志魏諸王傳評注作始)于是封建侯王。皆使寄地。空名而無其實。王國使有老兵百餘人。吕衞其國。雖有王侯之號。而力(三國志注作乃)儕于匹夫。縣隔千里之外。無朝聘之儀。鄰國無會同之制。諸侯遊獵。不得過三十里。又爲設防輔監國之官。吕司(三國志注作伺司與伺同)察之。王侯皆思爲布衣而(而字依三國志注加)不能得。既違宗國蕃屏之義。又虧親戚骨肉之恩。昔武王既克殷。下車而封子弟同姓之國五十餘。然亦卜世三十。卜年七百。至乎王赧之後。海內無主三十餘年。故諸侯之治。則輔車相持。翼戴天子。吕禮樂征伐。雖有亂君暴主。若吳楚之君者。不過恣睢其國。惡能爲天下害乎。周吕千乘之賦封諸侯。今也曾無一成之田。何周室之奢泰。而今日之儉少也。豈古今之道不同。而今日之勢然哉。未之思耳。夫物莫不有弊。聖人者豈能無衰。能審終始之道。取其長者而已。今雖不能盡建五等。猶宜封諸親戚。使少有土地。制朝聘會同之義。吕合親戚之恩。講禮吕明其職業。黜陟吕討其不然。如是則國有常守。兵有常强。保世延祚。長久而有家矣。

設官

古者三公論王職。六卿典事業。事大者官大。事小者官小。今三公之官。或無事。或職小。又有貴重之官。無治事之實。此官虛設者也。秦漢置丞相九卿之官。㠯治萬機。其後天子不能與公卿造事。外之而置尚書。又外之而置中書。轉相重累。稍執機事。制百官之本。公卿之職遂輕。則失體矣。又有兵士而封侯者。古之尊貴者。㠯職大。故貴。今列侯無事。未有無職而空貴者也。世衰禮廢。五等散亡。故有賜爵封侯之賞。既公且侯。失其制。今有卿相之才。居三公之位。修其治政。㠯安寧國家。未必封侯也。而今軍政之法。斬一牙門將者封侯。夫斬一將之功。孰與安寧天下者乎。此二字本作也，依藝文類聚五十一改。御覽一百九十八但有者字。安寧天下者不爵。斬一將之功者封侯。失封賞之意矣。夫離古意制。外內不壹。小大錯貿。轉相重累。是㠯人執異端。窺欲無極。此治道之所患也。先王置官。各有分職。使各㠯其屬。達

之于王。自己職事。則是非精練。百官奏。舊校云，奏上下似脫字。則下情不塞。先王之道也。

政略

夫有不急之官。則有不急之祿。國之蝉賊也。明主設官。使人當于事。人當于事。則吏少而民多。民多則歸農者眾。吏多則所奉者寡。吏多之多當作少。使吏祿厚則養足。當復有養足二字。則無求于民。當有則字。姦軌息矣。祿足㠯代耕。則壹心于職。壹心于職則政理。政理則民不擾。民不擾則不亂其農矣。養生有制。送終有度。嫁娶宴享。皆有分節。衣服食味。皆有品袠。明設其禮。而嚴其禁。如是則國無違法之民。財無無用之費矣。此富民之大略也。非先王之法行不得行。非先王之法言不得道。名不可㠯虛求。貴不可㠯僞得。有天下坦然知所去就矣。本行而不本名。責義而不責功。行莫大于孝敬。義莫大于忠信。則天下之人。知所㠯措身矣。此敎之大略也。夫禮設則民貴行。分明則

事不錯。民貴行則所治寡。事不錯則下靜壹。此富民致治之道也。禮重而刑輕則士勸。愛施而罰必則民服。士勸則忠信之人至。民服則犯法者寡。德全則敎誠。敎誠則感神。行深則著厚。著厚則流遠。尚義則同利者相覆。尚法則貴公者相刻。相刻則無親。相覆則無疏。措禮則政平。政平則民誠。設術則政險。政險則民僞。此禮義法術之情也。

論兵

夫爲政失道。可思而更也。兵者存亡之機。一死不可復生也。故曰天下難事在于兵。今有人于此。力舉重鼎。氣蓋三軍。一怒而三軍之士皆震。世俗見若人者。謂之能用兵矣。然㠯吾觀之。此亡國之兵也。夫有氣者。志先其謀。無策而徑往。怒心一奮。天下若無人焉。不量其力。而輕天下之物。偏遇可㠯幸勝。有數者禦之。則必死矣。凡用兵正體不備。不可㠯全勝。故善用兵者。我謂之死。則民盡死。

我謂之生。則民盡生。我使之勇。則民盡勇。我使之怯。則民盡怯。能死而不能生。能勇而不能怯。此兵之半。非全勝者也。夫用戰有四。有大體者。難與持久。有威刑者。難與爭險。善柔者待之㠯重。善任勢者禦之㠯堅。用兵能使民堅重者。則可與之赴湯火。可與之避患難。進不可詭。退不可追。所在而民安。盡。舊校云，盡疑畫。地而守固。疑間不能入。權譎不能設也。堅重者。備物者也。備物者無偏形。無偏形。故其變無不之也。故禮與法。首尾也。文與武。本末也。故禮正而後法明。文用而後武法。故用兵不知先爲政。則亡國之兵也。用人有四。一曰㠯功業期之。二曰與天下同利。三曰樂人之勝己。四曰因才而處任。㠯功業期之。則人盡其能。與天下同利。則民樂其業。樂人勝己。則下無隱情。因才擇任。則眾物備。舉人各有能有不能也。是㠯智者不㠯一能求眾善。不㠯一過掩眾美。不遺小類。不棄小力。故能有爲也。夫治天下者。其所㠯行之在一。一者何也。曰公而

已矣。故公者所以攻天下之邪。屏讒慝之萌。兵者傾危之物。死生之機。一物不至。則衆亂興矣。故以仁聚天下之心。以公塞天下之隙。心公而隙塞。則民專而可用矣。公心明故賢才至。一公則萬事通。一私則萬事閉。兵者死生之機也。是故貴公。

王子主失

有王子者。著主失之書。子張甚善之。爲袁子稱之。曰夫人之所以貴于大人者。非爲其官爵也。以其言忠信。行篤敬。人主授之不虛。人臣受之不妄也。若居其位不論其能。賞其身。不議其功。則私門之路通。而公正之道塞矣。凡世之所患。非患人主之有過失也。患有過欲改而不能得也。是何也。夫姦臣之事君。固欲苟悅其心。夫物未嘗無佀象。佀象之言。浸潤之訣。非明者不能察也。姦臣因以佀象之言。而爲之容說。人主不能別也。是而悅之。惑亂其心。舉動日繆。而常自以爲得道。此有國之常患也。夫佞邪之言。柔順而有文。忠正之言。簡直而多逆。使忠臣之言是也。人主固弗快之矣。今姦臣之言。已搶于人主。不自以爲非。忠臣以逆迕之言說之。人主方以爲誣妄。何其言之見聽哉。是以大者刳腹。小者見奴。忠臣涉危死而言不見聽。姦臣饗榮利而言見悅。則天下奚蹈夫危死而不用。去夫榮利而見聽哉。故有被髮而爲狂。有竄伏于窟穴。此古今之常也。凡姦臣者。好爲難成之事。以徼幸成功之利。而能先得人主之心。上之人不能審察。而悅其巧言。則見其賞而不見其罰矣。爲人臣。有禮未必尊。無禮未必卑。則姦臣知所以事主矣。雖有今日之失。必知明日所以復之塗也。故人主賞罰一不當。則邪人爲巧滋生。其爲姦滋甚。知者雖見其非而不敢言。爲將不用也。夫先王之道。遠而難明。當世之法。近而易知。凡人莫不遺其疏而從其親。見其小而闇其大。今賢者固遠主矣。而執遠而難明之物。姦人固近主矣。而執近而易知之理。則忠正之言。奚時而得達哉。故

主蔽于上。姦成於下。國亡而家破。伍子胥爲吳破楚。令闔閭霸。及夫差立。鴟夷而浮之江。樂毅爲燕王破强齊。報大恥。及惠王立而驅逐之。夫二子之于國家。可謂有功矣。夫差惠王足以知之矣。然猶不免于危死者。人主不能常明。而忠邪之道異故也。又況于草茅孤遠之臣。而無二子之功。涉姦臣之門。經傾險之塗。欲其身達。不亦難哉。今人雖有子產之賢。而無子皮之舉。有解狐之德。而無祁奚之直。亦何由得達而進用哉。故有祁奚之直。而無宣子之聽。有子皮之賢。而無當國之權。則雖荆山之璞。猶且見瓦耳。故有管仲之賢。有鮑叔之友。必遇桓公而後達。有陳平之智。有無知之友。必遇高祖而後聽。桓公高祖不可遇。雖有三子之才。夫奚得用哉。

厚德

恃門戶之閉以禁盜者。不如明其刑也。明其刑。不如厚其德也。故有敎禁。有刑禁。有物禁。聖人者。兼而用之。故民知恥而無過行也。不能止民惡心。而欲以刀鋸禁其外。雖日刑人于市。不能制也。明者知制之在于本。故退而修德。爲男女之禮。妃匹之合。則不淫矣。爲廉恥之敎。知足之分。則不盜矣。以賢制爵。有（有字舊改作令非也當作則）民德厚矣。故聖人貴恆。恆者德之固也。聖人久于其道。而天下化成。未有不恆而可以成德。無德而可以持久者也。

用賢

治國有四。一曰尚德。二曰攷能。三曰賞功。四曰罰罪。四者明則國治矣。夫論士不以其德。而以其舊。攷能不以其才。而以其久。而求下之貴上。不可得也。賞可以勢求。罰可以力避。而求下之無姦。不可得也。爲官長非苟相君也。治天下也。用賢非以役之。尚德也。行之以公。故天下歸之。故明王之使人有五。一曰以大體期之。二曰要其成功。三曰忠信不疑。四曰至公無私。五曰與天下同憂。以大體期之。則臣自重。要其成功。則臣勸懼。忠信不疑。則臣盡節。至公

無私則臣盡情與天下同憂則臣盡死夫唯信而後可㠯使人昔者齊威王使章子將而伐魏人言其反者三威王不應也自是之後爲齊將者無有自疑之心是㠯兵強于終始也唯君子爲能信一不信則終身之行廢矣故君子重之漢高祖山東之匹夫也無有咫尺之土十室之聚能任天下之智力舉大體而不苛故王天下莫之能禦也項籍楚之世將有重于民橫行天下然而卒死東城者何也有一范增不能用意忌多疑不信大臣故也寬則得衆用賢則多功信則人歸之

悅近

孔子曰爲上不寬吾何㠯觀之苛政甚于猛虎詩人疾掊克在位是㠯聖人體德居簡而㠯虛受人夫有德則謙謙則能讓虛則寬寬則愛物世俗㠯公（疑有誤）刻爲能㠯苛察爲明㠯忌諱爲深三物具則國危矣故禮法欲其簡禁令欲其約事業欲其希簡則易明

約則易從希則有功此聖賢之務也漢高祖山東之匹夫也起兵之日天下英賢奔走而歸之賢士輻湊而樂爲之用是㠯王天下而莫之能禦唯其㠯簡節寬大受天下之物故也是故寬則得衆虛則受物信則不疑不忌諱則下情達而人心安夫高祖非能舉必當也唯㠯其心曠故人不疑況乎㠯至公處物而㠯聰明治人乎堯先親九族文王刑于寡妻物莫不由內及外由大信而結由易簡而上安由仁厚而下親今諸侯王國之制無一成之田一旅之衆獨坐空宮之中民莫見其面其所㠯防禦之備甚于仇讎內無公族之輔外無藩屏之援是㠯兄弟無睦親之教百姓無光明之德弊薄之俗興忠厚之禮衰近者不親遠者不附人主孤立于上而本根無庇蔭之助此天下之大患也聖人者㠯仁義爲本㠯大信持之根深而基厚故風雨不愆伏也

貴公

治國之道萬端所㠯行之在一一者何曰公而已矣唯公心而後可㠯有國唯公心可㠯有家唯公心可㠯有身身也者爲國之本也公也者爲身之本也夫私人之所欲而治之所甚惡也欲爲國者一不欲爲國者萬凡有國而㠯私臨之則國分爲萬矣故立天子所㠯治天下也置三公所㠯佐其王也觀事故而立制瞻民心而立法制不可㠯輕重輕重卽頗邪法不可㠯私倚私倚卽姦起古之人有當市繁之時而竊人金者人問其故曰吾徒見金不見人也故其愛者必有大迷宋人有子甚醜而㠯勝曾上之美故心倚于私者卽所知少也亂于色者卽目不別精麤沈于聲者則耳不別淸濁偏于受（舊校云當作愛）者卽心不別是非是㠯聖人節欲去私故能與物無尤與人無爭也明主知其然也雖有天下之大四海之富而不敢私其親故百姓超然背私而向公公道行卽邪私（本作私㠯意改）無所隱矣向公卽百姓之所道者一向私卽百姓之所道者

萬一向公則明不勞而姦自息一向私則繁刑罰而姦不禁故公之爲道言甚約而用之甚博

治亂

治國之要有三一曰食二曰兵三曰信三者國之急務存亡之機明主之所重也民之所惡者莫如死豈獨百姓之心然雖堯舜亦然民困衣食將死亡而望其奉法從教不可得也夫唯君子而後能固窮故有國而不務食是責天下之人而爲君子之行也伯夷餓死于首陽之山傷性也管仲分財自取多傷義也夫有伯夷之節故可㠯不食而死有管仲之才故可㠯不讓而取然死不如生爭不如讓故有民而國貧者則君子傷道小人傷行矣君子傷道則教虧小人傷行則姦起夫民者君之所求用也民富則所求盡得民貧則所求盡失用而不得故無強兵求而皆失故無興國明主知爲國之不可㠯不富也故率民于農富國有八政一曰儉㠯

足用。二曰時㠯生利。三曰貴農賤商。四曰常民之業。五曰出入有度。六曰㠯貨均財。七曰抑談說之士。八曰塞朋黨之門。夫儉則能廣。時則農修。貴農則穀重。賤商則貨輕。有常則民壹。有度則不散。貨布則并兼塞。抑談說之士。則百姓不淫。塞朋黨之門。則天下歸本。知此八者。國雖小必王。不知此八者。國雖大必亡。凡上之所㠯能制其下者。㠯有利權也。貧者能富之之謂利。有罪者能罰之之謂權。今爲國不明其威禁。使刑賞利祿壹出于己。則國貧而家富。離上而趣下矣。夫處至貴之上。有一國之富。不可㠯不明其威刑。而納公實之言。此國之所㠯治亂也。至貴者人奪之。至富者人取之。是㠯明君不敢恃其尊。㠯道爲尊。不敢恃其强。㠯法爲强。親道不親人。故天下皆親也。愛義不愛近。故萬里爲近也。天下同道。萬里一心。是故㠯人治人。㠯國治國。㠯天下治天下。聖王之道也。凡有國者。患在壅塞。故不可㠯不公。患在虛巧。故不可㠯不實。患在詐僞。故不可㠯不信。三者明則國安。三者不明則國危。苟功之所在。雖疏遠必賞。苟罪之所在。雖親近必罰。辨智無所橫其辭。左右無所開其說。君子卿大夫其敬懼如布衣之慮。故百姓蹈法而無徼幸之心。君制而臣從。令行而禁止。壅塞之路閉。而人主安太山矣。夫禮者所㠯正君子也。法者所㠯治小人也。治在于君子。功在于小人。故爲國而不㠯禮。則君子不讓。制民而不㠯法。則小人不懼。君子不讓。則治不立。小人不懼。則功不成。是㠯聖人之法。使貴賤不同禮。賢愚不同法。毀法者誅。有罪者罰。爵位㠯其才。行不計本末。刑賞㠯其功過。不計輕重。言必出于公實。行必落于法理。是㠯百姓樂義。不敢爲非也。太上使民知道。其次使民知心。其下使民不得爲非。使民知道者德也。使民知心者義也。使民不得爲非者威禁也。威禁者。賞必行刑必斷之謂也。此三道者。治天下之具也。欲王而王。欲霸而霸。欲强而强。在人主所志也。

損益

夫服物不稱。則貴賤無等。于是富者踰侈。貧者不及。小人乘君子之器。賈豎襲卿士之服。被文繡。佩銀黃。重門而玉食。其中左右叱咄。頤指而使。是故有財者光榮。無財者卑辱。上接卿相。下雄齊民。珍寶旁流。而刑放于賄。下而法侵。能無虧乎。

世治

天地之道貴大。聖人之道貴寬。無分寸之曲。至直也。㠯是繩之。則工不足于材矣。無纖分之短。至善也。㠯是規之。則人主不足于人矣。故凡用人者。不求備于一人。桓公之于甯戚也。知之矣。夫有近會者無遠期。今之爲法。曰選舉之官不得見人。曰㠯絕姦私也。夫處深宮之中。而選天下之人。㠯爲明。奚從而知之。夫交。接人之道不可絕也。故聖人求所㠯治交。而不求絕交。人莫問不交。㠯人禁人。足（當作是。）㠯私禁私也。先王之用人不然。不論貴賤。不禁交遊。㠯德底官。㠯功底祿。具賞罰㠯待其歸。雖使之遊。誰敢離道哉。

刑法

禮法明則民無私慮。事業專則民無邪僞。百官具則民不要功。故有國者。爲法欲其正也。事業欲其久也。百官欲其常也。天下之事㠯次爲爵祿。㠯次進士。君子㠯精德顯。夫德有次則行修。官有次則人靜。事有次則民安。農夫思其疆畔。百工思其規矩。士君子思其德行。羣臣百官思其分職。上之人思其一道。侵官無所由。離業無所至。夫然。故天下之道正而民壹。夫變化者。聖人之事也。非常者。上智之任也。此入于權道。非賢者之所窺也。才智至明。而好爲異事者。亂之端也。是㠯聖人甚惡奇功。天下有可赦之心。而有可赦之罪。無可赦之心。而無可赦之罪。明王之不赦罪。非樂殺而惡生也。㠯爲樂生之實。在于此物也。夫思可赦之法。則法出入。法出入。則姦邪得容其議。姦邪得容其議。則法日亂。犯罪者多。而私議竝興。則雖欲無赦。不可已。夫數賞則賢能不勸。數赦則罪人徼幸。明主知之。故不爲也。夫可赦之罪。千百之一也。得之于一。而傷之于萬。治道不取也。故先王知赦罪不可爲也。故所俘虜壹斷之于法。務求所㠯立法。而不求可赦之法也。法立令行。則民不犯法。法不立令不行。則民多觸死。故曰能殺而後能生。能斷而後仁立。國之治亂在于定法。定法。則民心定。移法則民心移。法者所㠯正之事者也。一出而正。再出而邪。三出而亂。法出而不正。是無法也。法正而不行。是無君也。是㠯明君將有行也。必先求之于心。慮先定而後書之于策。言出而不可易也。令下而不可反也。如陰陽之動。如四時之行。如風雨之施。所至而化。所育而長。夫天之不可逆者時也。君之不可逆者法也。使四時而可逆。則非天也。法令而可違。是非君也。今有十人彍弩于百萬之衆。未有不震怖者也。夫十矢之不能殺百萬人。可知也。然一軍皆震者。㠯爲唯無向則已。所中

必死也。明君正其禮。明其法。嚴其刑。持滿不發。㠯敀萬民。犯禮者死。逆法者誅。賞無不信。刑無不必。則暴亂之人莫敢試矣。故中人必死。一矢可㠯懼萬人。有罪必誅。一刑可㠯禁天下。是㠯明君重法愼令。

人主

人主莫不欲得賢而用之。而所用者不免于不肖。莫不欲得姦而除之。而所除者不免于罰賢。若是者賞罰之不當。任使之所由也。人主之所賞。非謂其不可賞也。必㠯爲當矣。人主之所罪。非㠯爲不可罰也。必㠯爲信矣。智不能見是非之理。明不能察浸潤之言。所任者不必智。所用者不必忠。故有賞賢罰暴之名。而有戮能養姦之實。此天下之大患也。

致賢

雖有離婁之目。不能兩視而明。夔曠之耳。不能兩聽而聰。仲尼之智。不能兩慮而察。夫㠯天下之至明至智。猶不能參聽而俱存之。而況于凡人乎。故㠯目。雖至明有所不知。㠯因。雖凡人無所不得。故善學者。假先王㠯論道。善因者。借外智㠯接物。故假人之目㠯視。奚適夫兩見。假人之耳㠯聽。奚適夫兩聞。假人之智㠯慮。奚適夫兩察。故夫處天下之大道。而智不窮。興天下之大業。而慮不竭。統齊羣言之類。而口不勞。兼聽古今之辨。而志不倦者。其唯用賢乎。

明賞罰

夫干祿者唯利所在。[illegible]㠯取當世。而不能日月不違仁。當其用智㠯禦世。賢者有不如也。聖人明于此道。故張仁義㠯開天下之門。抑情僞㠯塞天下之戶。相賞罰㠯隨之。賞足榮而罰可畏。智者知榮辱之必至。是故勸善之心生。而不軌之姦息。賞一人而天下知所從。罰一人而天下知所避。明開塞之路。使百姓曉然知軌疏

舊校云。疏疑斷。之所由。是㠯賢者不憂。知者不懼。干祿者不邪。是故仁者安仁。智者利仁。畏罪者強仁。天下盡爲仁。明法之謂。死者人之所甚惡也。殺人者仁人之所不忍也。人之于利欲。有犯死罪而爲之。先王制肉刑。斷人之體。徹膳去樂。咨嗟而行之者。不得已也。刑不斷則不威。避親貴則法日弊。如是則姦不禁。而犯罪者多。惠施一人之身。而傷天下生也。聖人計之于利害。故行之不疑。是故刑殺者。乃愛人之心也。涕泣而行之。故天下明其仁也。雖貴重不得免。故天下知其斷也。仁見故民不怨。立斷下不犯。聖王之所㠯禁姦也。先王制爲八議赦宥之差。斷之㠯三槐九棘之聽。服念五六日至于旬時。全正義也。而後斷之。仁心如此之厚。故至刑可爲也。已上十七篇竝見羣書治要。已下各書引見篇名缺。

或問袁子曰。故少府楊阜。豈非忠臣哉。見人主之非。則勃然怒而

左億下脫右億二字

太下脫而字

檢當作儉

觸之與人言。未嘗不道也。豈非所謂王臣謇謇非躬之故者歟。荅曰。然可謂直士。忠臣則吾不知也。何者。夫仁者愛人。施于君謂之忠。施于親謂之孝。忠孝者。其本一也。故仁愛之至者。君親有過。諫而不入。求之反覆。不得已。而言不忍宣也。今爲人臣。見人主失道。直詆其非。而播揚其惡。可謂直士。未爲忠臣也。故司空陳羣則不然。其談論終日。未嘗言人主之非。書數十上。而外人不知。君子謂陳羣于是乎長者。此爲忠矣。三國志陳羣傳注。北堂書鈔五十四。藝文類聚二十二。長短經臣行。御覽四百四十七。

禮者兼仁義。北堂書鈔八十。當是禮政篇文。

長安九醞。中山清酤。北堂書鈔一百四十八。

比年九穀不登。菜蔬不熟。不可不深慮。唯得賣棗栗瓜梨。凡不給之物。若甘蔗之屬。皆可權禁。北堂書鈔一百五十六。藝文類聚八十七。御覽九百七十四。

語曰。歲在申酉。乞漿得酒。歲在辰巳。嫁妻賣子。夫盛衰更代。豐荒相半。天之常道也。北堂書鈔一百四十四。又一百五十六。御覽十七。又三十五。又八百六十一。

滑釐曰。今當凶年。有欲與子隨侯之珠者。又有欲與子一鍾之粟者。子將何擇。釐曰。吾取粟可吕救窮。御覽三十五。

立德蹈禮。謂之英。子產季札。人之英也。文選任昉哭范僕射詩注。

堯避舜于濟陰。今定陶有堯冢。信乎。御覽八十。

桀紂有民左億之衆。四嶽三塗之險。京山終南之固。及在鳴條之野。一朝而失天下。御覽八十二。

目吕見小爲明。耳吕聽大爲聰。御覽三百六十六。

聖人之治也。若平地然。聾盲跛蹇。皆能履之。法若丘陵也。非有逸足。不能超也。御覽四百一。

唯聖知聖。唯賢知賢。信乎。御覽四百一。

楊子曰。莊周何人哉。袁子曰。太不檢。重而畏禍。智人也。御覽四百三十二。

孔子稱蘧伯玉。國無道。可卷而懷也。今李膺居濁世之中。皦然與

禮當作李

世殊塗。此西山餓夫之儔耳。卒死于非罪。惡得爲雅人。御覽四百四十七。

李膺言出于口。人莫得違也。有難李膺之言者。則鄉黨非之。禮君子與人同輿載。則名聞天下。御覽四百四十七。

學莫大于博。行莫大于約。聖人者。天下之至智者也。博學吕聚之。兼聽而辨之。御覽六百一十二。

非所事而強學。猶吕百萬之師。積于河濟之中。其用舟楫。固不如江漢之民。御覽七百六十九。

方丈之食。不過一飽。絺袍之縕。不過一煖。御覽八百四十九。

牛馬之爲人駕乘者。非樂負千鈞之重。行千里之險。鞭策痛矣。御覽八百九十七。

袁子曰。吾嘗與陳茅息于鄰東門之外。見一老父。方坐而食。其子授之蒜。食畢有餘。欲棄則惜。欲持去則暑。遂盡食。于是火辛螫其腸胃。兩目盡赤。陳子笑之。吾謂之曰。子之牛羊數千。而不敢食。天

暑有暍死者。而後食之。病子之軀。亦猶是也。御覽九百七十七。

袁子曰。諸葛亮重人也。而數用蜀兵。此知小國弱民。難吕久存也。今國家一舉而滅蜀。自征伐之功。未有如此之速者也。方鄧艾吕萬人入江由之危險。鍾會吕二十萬衆留劍閣而不得進。三軍之士已飢。將使劉禪數日不降。則二將之軍難吕反矣。故功業如此之難也。國家前有壽春之役。後有滅蜀之勞。百姓貧而倉廩虛。故小國之慮。在于時立功吕自存。大國之慮。在于既勝而力竭。成功之後。戒懼之時也。三國志鄧艾傳注。案此下五條但稱袁子。其爲正論正書。不能分別。錄置卷末。

袁子曰。張子布薦亮于孫權。亮不肯留。人問其故。曰。孫將軍可謂人主。然觀其度。能賢亮而不能盡亮。吾是吕不留。三國志諸葛亮傳注。

袁子曰。或問諸葛亮何如人也。袁子曰。張飛關羽。與劉備俱起。爪牙腹心之臣。而武人也。晚得諸葛亮。因吕爲佐相。而羣臣悅服。劉備足信。亮足重故也。及其受六尺之孤。攝一國之政。事凡庸之君。

專權而不失禮。行君事而國人不疑。如此卽㠯爲君臣百姓之心欣戴之矣。行法嚴而國人悅服。用民盡其力而下不怨。及其兵出入如賓。行不寇。芻蕘者不獵。如在國中。其用兵也。止如山。進退如風。兵出之日。天下震動。而人心不憂。亮死至今數十年。國人歌思。如周人之思召公也。孔子曰。雍也可使南面。諸葛亮有焉。又問諸葛亮始出隴右。南安天水安定三郡人反應之。若亮速進。則三郡非中國之有也。而亮徐行不進。旣而官兵上隴。三郡復。亮無尺寸之功。失此機何也。袁子曰。蜀兵輕銳。良將少。亮始出。未知國中彊弱。是㠯疑而嘗之。且大會者不求近功。所㠯不進也。曰。何㠯知其疑也。袁子曰。初出遲重。屯營重複。後轉降未進。兵欲戰。亮勇而能鬭。三郡反而不速應。此其疑徵也。曰。何㠯知其勇而能鬭也。袁子曰。亮之在街亭也。前軍大破。亮屯去數里不救。官兵相接。又徐行。此其勇也。亮之行軍。安靜而堅重。安靜則易動。堅重則可㠯進退。亮法令明。賞罰信。士卒用命。赴險而不顧。此所㠯能鬭也。曰。亮帥數萬之衆。其所興造若數十萬之功。是其奇者也。所至營壘井竈圊溷藩籬障塞皆應繩墨。一月之行。去之如始至。勞費而徒爲飾好何也。袁子曰。蜀人輕脫。亮故堅用之。曰。何㠯明其然也。袁子曰。亮治實而不治名。志大而所欲遠。非求近速者也。曰。亮好治官府次舍橋梁道路。此非急務何也。袁子曰。小國賢才少。故欲其尊嚴也。亮之治蜀。田疇辟。倉廩實。器械利。蓄積饒。朝會不譁。路無醉人。夫本立故末治。有餘力而後及小事。此所㠯勸其功也。曰。子之論諸葛亮。則有證也。㠯亮之才。而少其功。何也。袁子曰。亮持本者也。其于應變。則非所長也。故不敢用其短。曰。然則吾子美之何也。袁子曰。此固賢者之遠矣。安可㠯備體責也。夫能知所短而不用。此賢者之大也。知所短。則知所長矣。夫前識與言而不中。亮之所不用也。此吾之所謂可也。三國志諸葛亮傳注。

袁子曰。魏家置吏部尚書。專選天下百官。夫用人。人君之所司。不可㠯假人者也。使治亂之柄。制在一人之手。權重而人才難得。居此職稱此才者。未有一也。是百亂而一治者矣。北堂書鈔六十。藝文類聚四十八。御覽二百十四。

袁子曰。命士已上。皆有冠冕。謂之冠族之家。文選任昉宣德皇后令注。

全晉文卷五十五終

烏程嚴可均校輯

袁瓌

瓌字山甫。準兄孫。懷帝時為呂令。轉江都。元帝承制。以為丹陽令。中興建。拜奉朝請。遷治書御史。除廬江太守。王敦引為諮議參軍。除臨川太守。明帝時為卞敦鎮南軍司。後去職。成帝時起兵拒蘇峻。封長合鄉侯。徵拜散騎常侍。徙大司農。除國子祭酒致仕。卒。贈光祿大夫。謚曰恭。

上表請禁斷招魂葬

故尚書僕射曹馥沒于寇亂。嫡孫胥不得葬屍。招魂殯葬。伏惟聖人制禮。因情作教。故椁周于棺。棺周于身。然則非身無棺。非棺無椁也。胥無喪而葬。招幽魂氣。于德為愆義。于禮為不物。監軍王崇太傅司馬劉洽皆招魂葬。請臺下禁斷。（通典一百三。元帝建武二年。）

上疏請建國學

臣聞先王之教也。崇典訓以弘遠代。明禮學以示後生。所以導萬物之性。暢為善之道也。宗周既興。文史載煥。端委治于南蠻。頌聲溢于四海。故延州入聘。聞雅音而咨嗟。韓起適魯。觀易象而歎息。何者。立人之道。于斯為首也。孔子恂恂。道化洙泗。孟軻皇皇。誨誘無倦。是以仁義之聲。于今猶存。禮讓之節。千載未泯。疇昔皇運陵替。喪亂屢臻。儒林之教暫頹。庠序之禮有闕。國學索然。墳籍莫啟。有心之徒。抱志無由。昔魏武帝身親介胄。務在武功。猶尚息鞍披覽。投戈吟詠。以為世之所須者。治之本宜崇。況今陛下以聖明臨朝。百官以虔恭莅事。朝野無虞。江外謐靜。如之何泱泱之風。漠然無聞。洋洋之美。墜于聖世乎。古人有言。詩書義之府。禮樂德之則。實宜留心經籍。闡明學義。使諷誦之音。盈于京室。味道之賢。是則是詠。豈不盛哉。若得給其宅地。備其學徒。博士僚屬。粗有其官。則臣之願也。（晉書袁瓌傳。宋書禮志一。咸康三年國子祭酒袁瓌太常馮懷上疏。）

袁喬

喬字彥叔。小字羊。瓌子。拜佐著作郎。桓溫為輔國將軍。請為司馬。除司徒左曹屬。不拜。遷尚書郎。溫鎮京口。復引為司馬。領廣陵相。遷安西諮議參軍長沙相。不拜。尋督沔中諸戍江夏隨義陽三郡軍事建武將軍江夏相。與平蜀功。進號龍驤將軍。封湘西伯。卒年三十六。贈益州刺史。謚曰簡。有毛詩注若干卷。論語注十卷。集七卷。

江賦序

吳時有錢約。釣于牛渚。獲一金鎖。引之。則金牛汎然而出。約懼而釋。因以為名。（御覽八百九十九。）

與左軍褚裒解交書

皇太后踐登正祚。臨御皇朝。將軍之于國。外姓之太上皇也。至于皇子近屬。咸有揖讓之禮。而況策名人臣。而交媟人父。天性攸尊。亦宜體國而重矣。故友之好。請于此辭。染絲之變。墨翟致懷。歧路之感。楊朱興歎。況與將軍游處少長。雖世譽先後。而臭味同歸也。平昔之交。與禮數而降。箕踞之權。隨時事而替。雖欲虛詠濠肆。脫落儀制。其能得乎。來物無停。變化遷代。豈惟寸晷。事亦有之。夫御器者神。制衆以約。願將軍怡情無事。以理勝為任。親仗賢達。以納善為大。執筆惆悵。不能自盡。（晉書袁喬傳。御覽四百十。）

勸桓溫伐蜀

夫經略大事。故非常情所具。智者了于胸心。然後舉無遺算耳。今天下之難。二寇而已。蜀雖險固。方胡為弱。將欲除之。先從易者。今泝流萬里。經歷天險。彼或有備。不必可剋。然蜀人自以斗絕一方。恃其完固。不脩攻戰之具。若以精卒一萬。輕軍速進。比彼聞之。我已入其險要。李勢君臣。不過自力一戰。擒之必矣。論者恐大軍既西胡必闚覦此又似是而非何者胡聞萬里征伐吕爲內有重備必不敢動縱復越逸江將諸軍足吕守境此無憂矣蜀土富實號稱天府昔諸葛武侯欲吕抗衡中國今誠不能爲害然勢據上流易爲寇盜若襲而取之者有其人衆此國之大利也（晉書袁喬傳）

袁豹

豹字士蔚準之孫初爲著作佐郎歷衞軍桓謙大將軍武陵王遵記室參軍後爲孟昶建威司馬轉司徒左西屬還撫軍劉毅諮議參軍領記室轉撫軍司馬遷御史中丞代孟昶爲丹陽尹坐事降爲太尉諮議參軍轉長史義熙九年卒追封南昌縣子

四府君遷主議

仍舊無革毀祠猶及四府君情理爲允（宋書禮志三）

大田議

國因民吕爲本民資食吕爲天修其業則教興崇其本則末理實

爲治之要道致化之所階也不敦其本則末業滋章飢寒交湊則廉恥不立當今接篡僞之末值凶荒之餘爭源既開凋薄彌啟榮利蕩其正性賦斂罄其所資良疇無側趾之耦比屋有困餒之患中間多故日不暇給自卷甲郤馬甫一二年積儆之黎難用克振實仁懷之所矜恤明教之所爰發也然斯業不修有自來矣司牧之官莫或爲務俗吏庸近猶秉常科依勸督之故典迷民情之屢變譬猶脩隄吕防川忘淵丘之改易膠柱于昔弦忽宮商之乖調徒有考課之條而無毫分之益不悟清流在于澄源止輪由乎高闕患生于本治之于末故也夫設位吕崇賢疏爵吕命士上量能吕審官不取人于浮譽則比周道息游者言歸游子既歸則南畝闢矣分職吕任務置吏吕周役職不吕無任立吏必吕非用省冗散者廢則萊荒墾矣器吕應用商吕通財勦靡麗之巧棄難得之貨則彫僞者賤穀稼重矣耕耨勤悴力殷收寡工商逸豫用淺利

深增賈販之稅薄疇畝之賦則末技抑而田畯喜矣居位無義從之徒在野靡兼并之黨給賜非可恩致力役不入私門則游食者反本肆勤自勸游食省而肆勤衆則東作繁矣密勿者甄異怠慢者顯罰明勸課之令峻糾違之官則懶惰無所容力田有所望力者欣而惰者懼則穡人勸矣凡此數事亦務田之端趣也莅之吕清心鎮之吕無欲勖之吕弗倦翼之吕廉謹舍日計之小成期遠致于莫歲則澆薄自淳心化有漸矣（宋書袁湛傳）

爲宋公檄蜀文

夫順德者昌逆德者亡失仁與義難吕求安憑阻負釁鮮克有成詳觀自古隆替有數故成都不世祀華陽無興國日者王室多故夷羿遘紛波振塵駭覃及遐裔蠢爾譙縱編戶黔首同惡相求是崇是長肆反噬于州相播毒害于民黎俾我西服隔閡皇澤自義風電靡天光反輝昭晳舊物烟熅區宇吕庶務草剏未遑九伐自

爾吕來奄延十載而野心不革伺隙乘間招聚逋叛共相封殖侵擾我蠻獠搖蕩我疆埵我是吕有治洲之役醜類盡殪匹馬無遺桓謙折首譙福鳥逝奔伏窠穴引頸待戮當今北狄露晞南寇埃埽朝風載暨庶績其凝康哉之歌日熙比屋之隆可詠孤職是經略思一九有眷彼禹跡願言載懷奉命西行途戾荊郢瞻望巴漢憤慨交深清江源于濫觴澄氛祲于井絡誅叛柔遠今也其時郎命河間太守蒯恩下邳太守劉鍾精勇二萬直指成都龍驤將軍臧熹戎卒二萬進自墊江益州刺史朱齡石舟師三萬電曜外水分遣輔國將軍索邈率漢中之衆濟自劍道振威將軍朱客子提寧州之銳渡瀘而入神兵四臨天網宏掩衝翼千里金鼓萬張組甲貝冑景煥波屬華夷百濮雲會霧臻吕此攻戰誰與爲敵況又奉義而行吕順而動者哉今三陝之隘在我境內非有岑彭荊門之險瀰入其阻平衢四達實無鄧艾綿竹之艱山川之形抑非曩

日。攻守難易。居然百倍。當全蜀之殭。士民之富。子陽不能自安于庸𧉮。劉禪不敢寘命于南中。荆邯折謀。伯約挫銳。故知成敗有數。非可智延。此皆益土前事。當今亢龜也。盛如盧循。彊如容超。陵威南海。跨制北岱。樓船萬艘。掩江蓋汜。鐵馬千羣。充原塞隰。然廣固之攻。陸無完雉。左里之戰。水靡全舟。或顯戮京畿。或傳首萬里。故知逆順有勢。難以力抗。斯又目前殷鑑。深切著明者也。梁益人士。咸明王化。雖驅迫一時。本非奥主。從之淫虐。日月增播。刑殺非罪。死以澤量。而待命寇讎之戮。斂陋豺狼之吻。豈不遡誠南凱。延首東雲。普天有來蘇之幸。而一方懷後予之怨。王者之師。以仁爲本。舍逆取順。爰自三驅。齊斧所加。縱身而已。其有矜甲反接。自投軍門者。一無所問。士子百姓。剷肆安堵。審擇吉凶。自求多祜。大信之明。皦若朝日。如其迷復姦邪。守愚不改。火燎孟諸。芝艾同爛。河決金隄。淵丘同體。雖欲悔之。亦將何及。宋書袁湛傳。

袁崧

崧字山松。喬孫。嗣爵湘西伯。安帝時爲祕書丞。歷宜都太守。吳國內史。死孫恩之亂。有後漢書一百卷。集十卷。

歌賦

朱脣不啟。皓齒不離。清氣獨轉。妍弄潛移。或似停而不留。或如疾而不馳。藝文類聚四十三。

酒賦

素醪玉潤。清酤淵澄。纖羅輕布。浮蟻競升。□□□□□□□□馨桂發而蘭興。書鈔一百四十八。

圓扇賦

飄擬融□□放同類逸雲。輕風喟喟。羅袂紛紛。書鈔一百三十四。

荅桓南郡書

嘯有清浮之美。而無控引之深。歌窮測根之致。用之彌覺其遠。至乎吐辭送意。曲究其奥。豈脣吻之切發。一往之清泠而已哉。若夫阮公之嘯。蘇門之和。蓋感其一奇。何爲徵此一至。大疑嘯歌所拘邪。藝文類聚十九。御覽三百九十二。

白鹿詩序

荆門山臨江。皆絕壁峭峙。壁立百餘丈。互帶激流。禽獸所不能履。北岸有一白鹿。鹿泅過江。行人見之。乘刀競逐。謂至山下必得鹿。忽然若飛超岡而去。于今此壁謂之白鹿山。詩曰。白鹿乃在上林西苑中。射工尚復得臚臘之。黃鵠摩天極高飛。後宮尚得烹煮之。藝文類聚九十五。御覽九百六。

後漢書光武紀論

前漢自成哀以下。而天地縱橫。巨滑竊命。劉氏舊澤雖在。而瞻仰之望殆絕。世祖以渺渺之胄。起于白水之濱。身屈更始之助。位與羣豎并列。于時懷璽者十餘。建旗者數百。高才者居之南面。疾足者爲之王公。茫茫九州。瓜分臠切。泯泯蒼生。塵消鼎沸。我扇之以仁風。驅之以大威。霜雪被而洪棘枯。網維振而逆鱗埽。羣才畢奏。人思與能。數年之閒。廓清四海。雖曰中興。與夫始創業者。庸有異乎。誠馬生之言。固以參廓大度。同符高祖。又資太宗之仁。兼孝宣之明。三人之體。其殆乎同。故能享有神器。據乎萬物之上矣。御覽九十

章帝紀論

孝章皇帝宏裕有餘。明斷不足。閨房讒惑。外戚擅寵。惜乎。若明章二主。損有餘而補不足。則古之賢君矣。御覽九十一

獻帝紀論

獻帝崎嶇危亂之閒。飄泊萬里之衞。萍流蓬轉。險阻備經。自古帝王。未之有也。觀其天性慈愛。弱而神惠。輔之以德。眞守文令主也。曹氏始于勤王。終至滔天。遂力制羣雄。負鼎而趨。然因其利器。假而不反。迴山倒海。遂移天日。昔田常假湯武而殺君。操因堯舜而

竊國。所乘不同。其盜賊之身一也。善乎莊生之言。竊鉤者誅。竊國者侯。侯之門。仁義在焉。信矣。御覽九十二。

全晉文卷五十六終

烏程嚴可均校輯

袁宏

宏字彥伯。小字虎。瓌弟猷之孫。永和初爲謝尚安西參軍。累遷桓溫大司馬記室。入爲吏部郎。除東陽太守。有後漢紀三十卷。正始名士傳三卷。竹林名士傳三卷。中朝名士傳若干卷。集二十卷。

東征賦

惟吾生于末運。託一葉于鄧林。顧微軀之眇眇。若絕響之遺音。壯公瑾之明達。吐不世之奇策。挫百勝于崇朝。靡雲旗于赤壁。三光一舉而參分。四海指麾而中隔。過武昌以消搖。登樊山以流眄。訪遺老以證往。乃西鄂之舊縣。曩有吳之初基。升員丘而豹變。爾乃出桑洛。會通川。背彭澤。面長泉。洲渚迢遞。巇岫虛懸。卽雲似嶺。望水若天。日月出乎波中。雲霓生于浪間。嗟我行之彌留。跨晦朔之倏忽。風褰林而蕭瑟。雲出山而逢勃。驚瀾嶮巇而嶽轉。頹波崀嵓以嶺沒。若魚舟之小狹。衡奔湍以檮杌。擢弱楫之弗施。投洪流以纖骨。已上六句從御覽七百七十補。北堂書鈔一百三十八引下四句。又向孫氏之南面。鑽靈龜以相土。橫鄴鎬之制度。窮河洛之規矩。經始郛郭。築室葺宇。金城萬雉。崇墉百堵。君臣有章。上下獲敘。所以能三分天下。而有其文武。到吳都以停舟。覽闔閭之餘塵。建修城以營郭。引通流而發津。遠矣吳德。舊邦維新。泰伯被髮。仲雍文身。言偃以文學遺風。季札以讓國稱仁。高節顯于華夏。端委行乎海濱。藝文類聚二十七。

沿西塞之峻嶸。御覽四十八。

精金百鍊。在割能斷。功則治人。職思靖亂。長沙之勳。爲史所讚。世說文學篇。又晉書袁宏傳作功以濟時。

風鑒散朗。或搜或引。身雖可亡。道不可隕。則宣城之節。信義爲允。世說文學篇注引續晉陽秋。

北征賦

于時天高地涸。木落水凝。繁霜夜灑。勁風晨興。日曖曖其已頹。月亭亭而虛昇。御覽二十七。

魚託水而成鯤。木在山而有松。御覽九百四十。

聞所聞于相傳。云獲麟于此野。誕靈物以瑞德。奚授體于虞者。悲尼父之慟泣。似實慟而非假。豈一物之足傷。實致傷于天下。感不絕于余心。遡流風而獨寫。世說文學篇注引袁宏集。又見晉書袁宏傳。

于是背梁山。截汶波。汎清濟。傍祝阿。初學記六引兩條。

酎宴賦

朱帷赫以霞布。文選赭白馬賦注。

夜酣賦

開金扉。坐瑤筵。衛姬進。鄭女前。形窈窕以纖弱。豔妖冶而清妍。似春蘭之齊秀。象明月之雙懸。文選謝朓始出尚書省詩注。御覽三百八十一。

表

田畝由是丘墟。都市化爲珠玉。御覽八百四十。

與謝僕射書

聞見擬爲吏部郎。不知審爾。果當至此。誠相遇之過。御覽二百十六。

與范甯書

四海鼎沸。天綱將移。杖短策以晨征。登重嶮以吐奇。指六合以倒戈。望崑崙而舉麾。御覽三百五十九。

後漢紀序

予嘗讀後漢書。煩穢雜亂。睡而不能竟也。聊以暇日。撰集爲後漢紀。其所綴會。漢紀、謝承書、司馬彪書、華嶠書、謝忱書、漢山陽公紀、漢靈獻起居注、漢名臣奏。旁及諸郡耆舊先賢傳。凡數百卷。前史闕略。多不次敘。錯謬同異。誰使正之。經營八年。疲而不能定。頗有傳者。始見張璠所撰書。其言漢末之事差詳。故復探而益之。夫史傳之興。所以通古今而篤名教也。丘明之作。廣大悉備。史遷剖判六家。建立十書。非徒記事而已。信足扶明義教。網羅治體。然未盡之。班固源流周贍。近乎通人之作。然因藉史遷。無所甄明。荀悅才智經綸。足爲嘉史。所述當世。大得治功已矣。然名教之本。帝王高義。韞而未敍。今因前代遺事。略舉義教所歸。庶以弘敷王道。前史之闕。古者。方今不同。其流亦異。言行趣舍。各以類書。故觀其名迹。想見其人。丘明所以斟酌抑揚。寄其高懷。末吏區區。注疏而已。其所稱美。止于事義。疏外之意。歿而不傳。其遺風餘趣蔑如也。今之史書。或非古之人心。恐千載之外。所誣者多。所以悵怏躊躇。操筆悢然者也。後漢紀黃姬水本又蔣國祚本

七賢序

阮公瓌傑之量。不移于俗。然獲免者。豈不以虛中摯節。動無過則乎。中散遺外之情。最爲高絕。不免世禍。將舉體秀異。直致自高。故傷之者也。山公中懷體默。易可因任。平施不撓。在衆樂同。游刃一世。不亦可乎。御覽四百四十七　案此當即竹林名士傳敘也世說文學篇注宏以夏侯泰初何平叔王輔嗣爲正始名士阮嗣宗嵇叔夜山巨源向子期劉伯倫阮仲容王濬仲爲竹林名士裴叔則樂彥輔王夷甫庾子嵩王安期阮千里衛叔寶謝幼輿爲中朝名士

三國名臣序贊

夫百姓不能自治。故立君以治之。明君不能獨治。則爲臣以佐之。然則三五迭隆。歷代承基。揖讓之與干戈。文德之與武功。莫不宗匠陶鈞。而羣才緝熙。元首經略。而股肱肆力。雖遭離不同。迹有優劣。至于體分冥固。道契不墜。風美所扇。訓革千載。其揆一也。故二八升而唐朝盛。伊呂用而湯武寧。三賢進而小白興。五臣顯而重耳霸。中古陵遲。斯道替矣。居上者不以至公理物。爲下者必以私路期榮。御員者不以信誠率衆。執方者必以權謀自顯。于是君臣離而名教薄。世多亂而時不治。故蘧甯以之卷舒。柳下以之三黜。接輿以之行歌。魯連以之赴海。衰世之中。保持名節。君臣相體。若合符契。則燕昭樂毅。古之流也。夫未遇伯樂。則千載無一驥。時值龍顏。則當年控三傑。漢之得材。于斯爲貴。高祖雖不以道勝御物。羣下得盡其忠。蕭曹雖不以三代事主。百姓不失其業。靜亂庇人。抑亦其次。夫時方顚沛。則顯不如隱。萬物思治。則默不如語。是以古之君子。不患弘道難。患遭時難。遭時匪難。遇君難。故有道無時。孟子所以咨嗟。有時無君。賈生所以垂泣。夫萬歲一期。有生之通塗。千載一遇。賢智之嘉會。遇之不能無欣。喪之何能無慨。古人之言。信有情哉。余以暇日。常覽國志。攷其君臣。比其行事。雖道謝先代。亦異世一時也。文若懷獨見之明。而有救世之心。論時則民方塗炭。計能則莫出魏武。故委面晉書作風霸朝。豫謀世事。舉才不以標鑒。故人亡而後顯。籌畫不以要功。故事至而後定。雖亡身明順。識

亦高矣。董卓之亂。神器遷逼。公達慨然。志在致命。由斯而譚。故以大存名節。至如身爲漢隸。而跡入魏幕。源流趣舍。其亦文若之謂。所以存亡殊致。始終不同。將以文若既明。晉書有且哲二字名教有寄乎。夫仁義不可不明。則時宗舉其致。生理不可不全。故達識攝其契。相與弘道。豈不遠哉。崔生高朗。折而不撓。所以策名魏武。執笏霸朝者。蓋以漢主當陽。魏后北面者哉。若乃一旦進璽。君臣易位。則崔生所以不與。魏氏所以不容。夫江湖所以濟舟。亦所以覆舟。仁義所以全身。亦所以亡身。然而先賢玉摧于前。來哲攘袂于後。豈非天懷發中。而名教束物者乎。孔明盤桓。俟時而動。遐想管樂。遠明風流。治國以禮。人無怨聲。刑罰不濫。沒有餘泣。雖古之遺愛。何以加茲。及其臨終顧託。受遺作相。劉后授之無疑心。武侯受之無懼色。繼體納之無貳情。百姓信之無異辭。君臣之際。良可詠矣。公瑾卓爾。逸志不羣。總角料主。則素契于伯符。晚節曜奇。則參分于

赤壁惜其齡促志未可量子布佐策致延譽之美輟哭止哀有翼戴之功神情所涉豈徒謇諤而已哉然杜門不用登壇受譏夫一人之身所照未異而用舍之閒俄有不同況沈跡溝壑遇與不遇者乎夫詩頌之作有自來矣或吕吟詠情性或吕紀德顯功雖大指同歸所託或乖若夫出處有道名體不滯風軌德音爲世作範不可廢也故復撰序所懷吕爲之讚云魏志九人蜀志四人吳志七人荀彧字文若諸葛亮字孔明周瑜字公瑾荀攸字公達龐統字士元張昭字子布袁煥字曜卿蔣琬字公琰魯肅字子敬崔琰字季珪黃權字公衡諸葛瑾字子瑜徐邈字景山陸遜字伯言陳羣字長文顧雍字元歎夏侯玄字泰初虞翻字仲翔王經字承宗陳泰字玄伯

火德既微運纏大過洪飈扇海二溟揚波虬虎雖驚風雲未和潛魚擇淵高鳥候柯赫赫三雄並迴乾軸競收杞梓爭采松竹鳳不及棲龍不暇伏谷無幽蘭嶺無亭菊英英文若靈

鑒洞照應變知微探賾賞要（藝文類聚作奇要）日月在躬隱之彌曜文明映心鑽之愈妙滄海橫流玉石同碎達人兼善廢已存愛謀解時紛功濟宇內始救生人終明風槩公達潛朗思同蓍蔡運用無方動攝羣會爰初發迹遘此顛沛神情玄定處之彌泰愔愔幕裏算無不經亹亹通韻迹不暫停雖懷尺璧顧哂連城知能拯物愚足全生郎中溫雅器識純素貞而不諒通而能固恂恂德心汪汪軌度志成弱冠道敷歲暮仁者必勇德亦有言雖遇履虎神氣恬然行不脩飾名迹無愆操不激切素風愈鮮邈哉崔生體正心直天骨疏朗牆宇高嶷忠存軌迹義形風色思樹芳蘭翦除荆棘人惡其上時不容哲琅琅先生雅杖名節雖遇塵霧猶振霜雪運極道消碎此明月景山恢誕韻與道合形器不存方寸海納和而不同通而不雜遇醉忘辭在醒貽荅長文通雅義格終始思戴元首擬伊同恥民未知德懼若在已嘉謀肆庭讜言盈耳玉生雖麗光不踰把德積雖微道映天下淵哉泰初宇量高雅器範自然標準無假全身由直迹洿必僞處死匪難理存則易萬物波蕩孰任其累六合徒廣容身靡寄君親自然匪由名教敬授既同情禮兼到烈烈王生知死不撓求仁不遠期在忠孝玄伯剛簡大存名體志在高構增堂及陛端委虎門正言彌啟臨危致命盡其心禮堂堂孔明基宇宏邈器同生民獨稟先覺標牓風流遠明管樂初九龍盤雅志彌確百六道喪干戈迭用苟非命世孰埽雰雰宗子思寧薄言解控釋褐中林鬱爲時棟士元弘長雅性内融崇善愛物觀始知終喪亂備矣勝塗未隆先生標之振起清風綢繆哲后無妄惟時夙夜匪懈義在緝熙三略既陳霸業已基公琰殖根不忘中正豈曰模擬實在雅性亦既羈勒負荷時命推賢恭己久而可敬公衡仲達秉心淵塞媚兹一人臨難不惑疇昔不造假翮鄰國進能徽音退不失德六合紛紜民心將變鳥擇高梧臣須顧眄公瑾英

達朗心獨見披草求君定交一面桓桓魏武外託霸迹志掩衡霍恃戰忘敵卓卓若人曜奇赤壁三光參分宇宙暫隔子布擅名遭世方擾撫翼桑梓息肩江表王略威夷吳魏同寶遂獻宏謨匡此霸道桓王之薨大業未純把臂託孤惟賢與親輟哭止哀臨難忘身成此南面實由老臣才爲世出世亦須才得而能任貴在無猜昂昂子敬拔迹草萊荷擔吐奇乃構雲臺子瑜都長體性純懿諫而不犯正而不毅將命公庭退忘私位豈無鶺鴒固慎名器伯言謇謇吕道佐世出能勤功入能獻替謀寧社稷解紛挫銳正吕招疑忠而獲戾元歎穆遠神和形檢如彼白珪質無塵玷立上吕恆匡上吕漸清不增潔濁不加染仲翔高亮性不和物好是不羣折而不屈屢摧逆鱗直道受黜歎過孫陽放同賈屈詵詵衆賢千載一遇整轡高衢驤首天路仰挹玄流俯弘時務名節殊塗雅致同趣日月麗天瞻之不墜仁義在躬用之不匱尚想重暉載挹載味

後生擊節。懦夫增氣。（文選晉書袁宏傳。藝文類聚四十五。）

單道開讚

物儁招奇。德不孤立。遼遼幽人。望巖凱入。飄飄靈仙。茲焉遊集。遺屣在林。千載一襲。（法苑珠林五十九引梁高僧傳。又見十六國春秋二十一。）

去伐論

夫君者。必量才任㠯授官。參善惡㠯毀譽。課功過㠯賞罰者也。茍伐其善。必忘其惡。于是怨責之情。必存乎心。希望之氣。必形乎色。此矜伐之士。自賢之人。所㠯爲薄。而先王甚惡之者也。君子則不然。勞而不伐。施而不德。致恭㠯存其位。下人不隱其功。處不避汙。官不辭卑。唯懼不任。唯患弗能。故力有餘而智不屈。遠咎悔而行成名立也。（藝文類聚二十三。）

明謙

賢人君子。推誠㠯存禮。非降己㠯應世。率心㠯誠謙。非匿情㠯同物。故侯王㠯孤寡饗天下。江海㠯卑下朝百川。易曰。天道下濟而光明。地道卑而下行。老子曰。高㠯下爲基。貴㠯賤爲本。此之謂乎。（御覽四百二十三。）

祖逖碑

逖爲豫州刺史。蕘時君柩未旋。郡寇圍城。衝櫓既附。城將降矣。勇士五百。撫戈同泣。非祖侯之爲。吾誰爲死。并力齊赴。卷甲霄起。遂陷堅乘。負戈而反。（御覽三百三十六。）

霄當作宵　乘當作陣

丞相桓溫碑銘

文武闢業。尚父定王佐之契。宗周不競。桓公弘九伐之勳。脫履于必濟之功。忘懷于屈伸之會。高氏出乎生民。公亮坦于萬物。遂復改謀迴慮。策馬武關。總轡丹拼之塗。揚鞭終南之嶺。兵交則戰無全敵。勸義則綴負雲集。從㠯懸軍輕進。因蓄靡儲。而豺狼懼殄。保固窮穴。乃方軌迴轅。反師凱入。雖奇功大勳。未捷于一朝。而宏謨神略。義高于天下。公惟秀傑英特。奇姿表于弱冠。俊神朗鑒。明統備于成德。巾褐衡門。風流推其高致。忘已應務。天下謝其勳業。輔相兩儀。而通運之功必周。虛中容長。而方圓之才咸得。道濟而不有。處泰而逾約。可謂固天時縱生民之傑者也。銘曰。

美盡黃裳。道暘伊呂。哲人應運。命世作輔。卓卓英風。略略宏宇。亮心高列。俊神閒舉。忘已濟物。撫化翼世。河洛澄流。華梁卷翳。俾我仁公。弘道作鏡。如何不弔。雲巒落映。（藝文類聚四十五。）

孟處士銘

處士名陋。字少孤。武昌陽新人。吳司空孟宗後也。少而希古。布衣蔬食。棲遲蓬蓽之下。絕人間之事。親族慕其孝。大將軍命會稽王辟之。稱疾不至。相府歷年虛位。而澹然無悶。卒不降志。時人奇之。（世說棲逸篇注。）

祭牙文

天生五才。治道所司。廢一不可。靜亂輔時。赫赫晉德。乃武乃文。中世不競。王度暫屯。戎狄滑夏。虔劉生民。蠢爾東胡。被髮左衽。思我皇澤。稽首海裔。受爵納貢。服膺累世。後嗣不恭。實叛實戾。侵我神畿。隔我嘉惠。哀彼黎民。嬰此彫殘。況荷大寵。任其艱難。慨然發憤。撫劍忘食。敢建高牙。烈烈桓桓。（御覽三百三十九。又藝文類聚六十引首四句。）

羅山疏

善道開尸在后室北壁下。形體朽壞。有白骨。在昔在都。識此道士。聞之使人惻然。其業行殊異。當蟬蛻解骨耳。后室中先有甌盛香。得便使埽除燒香。（御覽七百五十九。）

有上脫止字

全晉文卷五十七終

烏程嚴可均校輯

張華

華字茂先。范陽方城人。仕魏爲太常博士。除著作佐郎。遷長史兼中書郎。晉受禪。拜黄門侍郎。封關内矦。遷中書令。加散騎常侍。尋爲度支尚書。吳平。進封廣武縣矦。出爲幽州都督。領護烏桓校尉安北將軍。徵爲太常。免。惠帝卽位。㠯爲太子少傅。拜右光祿大夫侍中、中書監。封壯武郡公。拜司空。領著作。爲趙王倫矯詔所殺。有博物志十卷雜記五卷。又雜記十一卷集十卷。案張溥本有瓌材枕賦瓌材枕箴今編入張紘集又有豆羹賦今編入張翰集

永懷賦

美淑人之妖豔。因盼睞而傾城。揚綽約之麗姿。懷婉娩之柔情。超六列于往古。邁來今之淸英。旣惠余㠯至懽。又結我㠯同心。交恩好之款固。接情愛之分深。誓中誠于曒日。要執契㠯斷金。嗟夫天道幽昧。差錯繆于參差。怨祿運之不遭。雖義結而絕離。執纏綿之篤趣。守德音㠯終始。邀幸會于有期。冀谷華之我俟。儻皇靈之垂仁。長收懽于永已。藝文類聚十八

谷當作容

北風興兮增涼。北堂書鈔一百五十六

歸田賦

隨陰陽之開闔。從時宜㠯卷舒。冬奧處于城邑。春遊放于外廬。歸郊鄙之舊里。託言靜㠯閑居。育草木之藹蔚。因地勢之丘墟。豐蔬果之林錯。茂桑麻之紛敷。用天道㠯取資。行藥物㠯爲娛。時逍遙于洛濱。聊相佯㠯縱意。目白沙與積礫。玩衆卉之同異。揚素波㠯濯足。泝淸瀾㠯蕩思。低徊住畱。棲遲菴藹。存神忽微。遊精域外。藉纖草㠯爲茵。援垂陰㠯爲蓋。瞻高鳥之陵風。臨儵魚于淸瀨。眇萬物而遠觀。脩自然之通會。㠯退足于一壑。故處否而忘泰。藝文類聚三十

朽社賦

高柏橋南大道傍。有古社槐樹。蓋數百年木也。余少居近之。後去。行路遇之。則已朽。意有緬然。輒爲之賦。因㠯言衰盛之理云爾。

伊茲槐之挺植。于京路之東隅。得託尊于田主。據爽塏㠯高居。垂重陰于道周。臨大路之通衢。饗春秋之所報。應豐胙于無射。歷漢京之康樂。踰喪亂之橫逆。朱夏當陽。蓊藹蕭森。征夫雲會。行旅歸心。輶軒停蓋。輕輿託陰。吉人向風而祛袂。王孫淸嘯而啓襟。睎甘棠之廣覆。褊喬木之無陰。藝文類聚八十九御覽五百三十二

感婚賦 幷序

方今歲在己巳。將次四仲。婚姻者競赴良時。粲麗之觀。相繼于路。雖葩英冐顧。嫁娶之會。不乏平日。乃作感婚賦曰。彼婚姻之俗忌。惡當梁之在斯。逼來年之且至。迫星紀之末移。窈窕初茂。玉質始盛。容華外豐。心神内正。接軫連騎。隱隱習習。充街塞里。暉暉城邑。相麗姿之綽約兮。遙髣髴㠯感心。怨佳人之幽翳兮。恨檢防之高深。藝文類聚四十初學記十

暉暉當作暉曜

相風賦 幷序

太史候部有相風。在西城上。而作者弗爲。豈㠯其託處幽閑。違衆特立。無羽毛之飾。而丹漆不爲之容乎。御覽九

蓋在先聖。道濟生人。擬議天地。錯綜明神。在璿璣㠯齊七政。象渾儀于陶鈞。考古有于六氣。仰貞觀于三辰。爰在保章。世序其職。樹風候方。必立唯極。循物致用。器不假飾。眇修榦之迢迢。淩高墉而莖植。玄烏偏其增翥。睎雲霄而矯翼。嘉創制之窮理。諒器淺而事深。步元氣于尋木。寄先識于玆禽。旣在高而想危。又戒險而自箴。雖迴易之無常。終守正而不淫。永恪立㠯彌世。志淹滯而愈新。超無返而特存。差偶景而爲鄰。藝文類聚六十八

鷦鷯賦并序

鷦鷯小鳥也。生于蒿萊之間。長于藩籬之下。翔集尋常之內。而生生之理足矣。色淺體陋。不爲人用。形微處卑。物莫之害。繁滋族類。乘居匹游。翩翩然有以自樂也。彼鷲鶚鵾鴻。孔雀翡翠。或淩赤霄之際。或託絕垠之外。翰舉足以沖天。觜距足以自衛。然皆負矰嬰繳。羽毛入貢。何者。有用于人也。夫言有淺而可以託深。類有微而可以諭大。故賦之云爾。

何造化之多端兮。播羣形于萬類。惟鷦鷯之微禽兮。亦攝生而受氣。育翩翾之陋體。無玄黃以自貴。毛弗施于器用。肉弗登于俎味。鷹鸇過猶俄翼。尚何懼于罿罻。翳薈蒙籠。是焉游集。飛不飄颺。翔不翕習。其居易容。其求易給。巢林不過一枝。每食不過數粒。棲無所滯。游無所盤。匪陋荆棘。匪榮茝蘭。動翼而逸。投足而安。委命順理。與物無患。伊茲禽之無知。何處身之似智。不懷寶以賈害。不飾表以招累。靜守約而不矜。動因循以簡易。任自然以爲資。無誘慕于世僞。鵰鶡介其觜距。鵠鷺軼于雲際。鵾雞竄于幽險。孔翠生乎遐裔。彼晨鳧與歸鴈。又矯翼而增逝。咸美羽而豐肌。故無罪而皆斃。徒銜蘆以避繳。終爲戮于此世。蒼鷹鷙而受緤。鸚鵡惠而入籠。屈猛志以服養。塊幽縶于九重。變音聲以順旨。思摧翮而爲庸。戀鍾岱之林野。慕隴坻之高松。雖蒙幸于今日。未若疇昔之從容。海鳥鶢鶋。避風而至。條枝巨雀。踰嶺自致。提挈萬里。飄颻逼畏。夫惟體大妨物。而形瓌足瑋也。陰陽陶蒸。萬品一區。巨細舛錯。種繁類殊。鷦螟巢于蚊睫。大鵬彌乎天隅。將以上方不足。而下比有餘。普天壤以遐觀。吾又安知大小之所如。文選、藝文類聚九十二

王公上壽酒食舉樂歌詩表

案魏上壽食舉詩。及漢氏所施用。其文句長短不齊。未皆合古。蓋以依詠弦節。本有因循。而識樂知音。足以制聲。度曲法用。率非凡近所能改。二代三京。襲而不變。雖詩章詞異。興廢隨時。至其韻逗曲折。皆繫于舊。有由然也。是以一皆因就。不敢有所改易。宋書樂志一。通典一百四十一。又略見隋書音樂志下。

晉文王謚議

殊位咸禮。實隆明德。班爵崇寵。亦光茂勳。至于表名贈號。世考洪烈。冠聲無窮者。莫尚于號謚也。論功高于禹稷。比德邁于伊周。藝文類聚四十。

封禪議初學記作封禪儀。此從藝文類聚、御覽

太康元年九月庚寅。尚書令衛瓘、尚書左僕射山濤、右僕射魏舒、尚書劉寔、司空張華等奏曰。聖德隆茂。光被四表。諸夏乂清。幽荒率從。神策廟筭。席卷吳越。孫晧稽顙。六合爲家。巍巍之功。格于天地。宜同古典。敕封東嶽。告三府太常爲儀制。宋書禮志三

瓘等又奏。臣聞肇自生民。則有后辟。載祀之數。莫之能紀。立德濟世。揮揚仁風。以登封泰山者。七十有四家。其謚號可知者。十有四焉。以上藝文類聚、初學記、御覽引張華 沇淪寂寞。曾無遺聲者。不可勝記。自黃帝以前。古傳昧略。唐虞以來。典謨炳著。三王代興。體業纘襲。周道既沒。秦氏承之。至于漢魏。而質文未復。大晉之德。始自重黎。實佐顓頊。至于夏商。世序天地。其在于周。不失其緒。金德將升。世濟明聖。外平蜀漢。海內歸心。武功之盛。實由文德。至于陛下。受命踐阼。弘建大業。羣生仰流。唯獨江湖沅湘之表。凶桀負固。歷代不賓。神謀獨斷。命將出討。兵威暫加。數旬蕩定。羈其鯨鯢。赦其罪逆。雲覆雨施。八方來同。聲教所被。達于四極。雖黃軒之征。大禹遠略。周之奕世。何以尚今。若夫玄后素文。底號前載。象以姓表。言以事告。雖河圖洛書之徵。不是過也。加以騶虞麟趾。眾瑞竝臻。昔夏殷以丕崇爲祥。周武以烏魚爲美。咸曰休哉。然符瑞之應。備物之盛。未有若今之富者也。宜宣大典。禮中嶽。封泰山。禪梁父。發德號。明至尊。享天

休。篤黎庶。（初學記作厚福慶篤黎民）勤千載之表。播流後之聲。俾百代之下。莫不興起。斯帝王之盛業。天人之至望也。（晉書禮志下。宋書禮志三。又略見藝文類聚三十九引張華議。御覽五百三十六引張華封禪議。又初學記十三引張華封禪儀。凡兩條。儀或議之誤。又陸雲集與兄機書云。頃得張公封禪事。明此六奏皆張華所撰。張溥本僅載藝文類聚御覽數十字）

瓘等又奏曰。今東漸于海。西被于流沙。大漠之陰。日南北戶。莫不通屬。芒芒禹蹟。今實過之。則天人之道已周。巍巍之功已著。宜有事梁父。脩禮地祇。登封泰山。致誠上帝。以荅人神之願也。乞如前奏。（晉書禮志下。宋書禮志三）

瓘等又奏曰。臣聞處帝王之位者。必有歷運之期。天命之應。濟生民之大功者。必有盛德之容。告成之典。無不可誣。有不敢讓。自古道也。而明詔謙沖。屢辭其禮。雖盛德攸在。推而未居。夫三公職典天地。實掌民物。國之大事。取議于此。故漢氏封禪。非是官也。不在其事。臣等前奏。蓋陳祖考之功。天命之應。陛下之德。合同四海。述古攷今。宜循此禮。至于克定歲月。須五府上議。然後奏聞。請寫詔及奏。如前下議。（晉書禮志下。宋書禮志三）

瓘等又奏。臣聞唐虞三代。濟世弘功之君。莫不仰荅天心。俯協民志。登介丘。履梁父。未有辭焉者。蓋不可讓也。今陛下勳高百王。德無與二。茂績弘規。巍巍之業。固非臣等所能究論。而聖旨勞謙。屢自抑損。時至弗應。推美不居。闕皇代之上儀。塞神祇之款望。使大晉之典。謨不同風于三五。臣等誠不敢奉詔。請如前奏施行。（晉書禮志下。宋書禮志三）

冬。王公有司又奏。自古聖明。光宅四海。封禪名山。著于史籍。作者七十四君矣。舜禹之有天下也。巡狩四嶽。躬行其道。易著觀民省方。禮有升中于天。詩頌陟其高山。皆載在方策。文王為西伯。以服事殷。周公以魯藩。列于諸侯。或享于岐山。或有事泰山。徒以聖德猶得為其事。自是以來。功薄而僭其義者。不可勝數。號謚不泯。以

至于今。況高祖宣皇帝肇開王業。海外有截。世宗景皇帝濟以大功。輯寧區夏。太祖文皇帝受命造晉。蕩定蜀漢。陛下應期龍興。混壹六合。澤被羣生。威震無外。昔漢氏失統。吳蜀鼎峙。兵興以來。近將百年。地險俗殊。民望絕塞。以為分外。其日久矣。大業之隆。重光四葉。不羈之寇。二世而平。非聰明神武。先天弗違。孰能巍巍其有成功若茲者歟。臣等幸以千載得遭運會。親服大化。目覩太平。至公至美。誰與為讓。宜祖述先朝。憲章古昔。勒功岱嶽。登封告成。弘禮樂之制。正三雍之典。揚名萬世。以顯祖宗。是以不勝大願。敢昧死以聞。請告太常具禮儀。復上。（晉書禮志下。宋書禮志三）

廢楊太后議

夫婦之道。父不能得之于子。子不能得之于父。皇太后非得罪于先帝者也。今黨其所寵。為不母于聖世。宜依漢廢趙太后為孝成后故事。貶太后之號。還稱武皇后。居異宮。以全貴終之意。（晉書張華傳。又見武悼楊后傳。黨其所寵作黨惡所親。居異宮作處之離宮）

移書太常薦成公綏

竊見處士東郡成公綏。年二十五。字子安。體珪璋之質。資不器之量。知深慮明。足以妙見研思。篤好則仲舒之精。引之（下缺）世貞幹足以敦風為俗。淵才達學。足以弘道世教。固逸倫之殊儁。搢紳之檢式也。（御覽六百三十二引文士傳）

報雷煥書

詳觀劍文。乃干將也。莫邪何復不至。雖然。天生神物。終當合耳。（晉書張華傳。雷煥為豐城令。于縣獄屋基掘得石函。中有雙劍。並刻題。一曰龍泉。一曰太阿。煥遣一劍與華。留一劍自佩。華報書）

與褚陶書

二陸龍躍于江漢。彥先鳳鳴于朝陽。自此以來。常恐南金已盡。而復得之于吾子。故知延州之德不孤。淵岱之寶不匱。（世說賞譽篇注引褚氏家傳）

答某書

得書爲慰。僕諸悴疾已甚，暫西臥，歸還乃悉，比將念反。不具。張華呈。淳化閣帖二。

甲乙問

甲娶乙爲妻，後又娶景，匿不說有乙，居家如二嫡，無有貴賤之差。乙亡，景之子當何服？本實並立，嫡庶不殊，雖二嫡非正，此失在先人，人子何得專制析其親也？若爲庶母服，又不成爲庶，進退不知所從。晉書禮志中。

博物誌序

余視山海經及禹貢、爾雅、說文、地志，雖曰悉備，各有所不載者，作略說。出所不見，粗言遠方，陳山川位象，吉凶有徵。諸國境界，犬牙相入。春秋之後，並相侵伐，其土地不可具詳，其山川地澤，略而言之，正國十二。博物之士，覽不鉏焉。博物志，宋連江葉氏本以此爲序。

地理讚

地理廣大，四海八方，遐遠別域，略以難詳。侯王設險，守固保疆，遠遮川塞，近備城堭，司察奸非，禁禦不良。勿恃危阨，恣其淫荒，無德則敗，有德則昌。安屋猶懼，乃不可亡。進用忠良，社稷永康。教民以孝，舜化以彰。博物志一。

大司農箴

家有廬井，王有廩籍，阜我豐物，和鈞關石。在周之季，不虔政首，棄稷弗務，不籍千畝，匱神乏祀，敗于戎醜。穡臣司農，敢告左右。藝文類聚四十九，初學記十二。

尚書令箴

明明先王，開國承家，作制垂憲，仰觀列曜，俯令百官，政用罔僭。昔舜納大麓，七政以齊，內成外平，而風雨不迷。山甫翼周，靡剛靡柔，補我袞職，闕我王猷。王猷允塞，而四海咸休。雖曰聖明，必賴良材。無曰我智，官不任能。發言如絲，其出成綸。王季道缺，天綱縱替。既無老成，改舊法制。法制不修，不長厥裔。尚臣司臺，敢言侍衞。初學記十一。案藝文類聚四十八作摯虞。

女史箴

茫茫造化，二儀始分。散氣流行，既陶既甄。在帝庖犧，肇經天人。爰始夫婦，以及君臣。家道以正，而王猷有倫。婦德尚柔，含章貞吉。嬿婉淑慎，正位居室。施衿結褵，虔恭中饋。肅慎爾儀，式瞻清懿。樊姬感莊，不食鮮禽。衞女矯桓，耳忘和音。志厲義高，而二主易心。玄熊攀檻，馮媛趨進。夫豈無畏，知死不恡。班妾有辭，割歡同輦。夫豈不懷，防微慮遠。道罔隆而不殺，物無盛而不衰。日中則昃，月滿則虧。崇猶塵積，替若駭機。人咸知飾其容，而莫知飾其性。性之不飾，或愆禮正。斧之藻之，克念作聖。出其言善，千里應之。苟違斯義，則同衾以疑。夫出言如微，而榮辱由茲。勿謂幽昧，靈鑒無象。勿謂玄漠，神聽無響。無矜爾榮，天道惡盈。無恃爾貴，隆隆者墜。鑒于小星，戒彼攸遂。比心螽斯，則繁爾類。驩不可以黷，寵不可以專。專實生慢，愛極則遷。致盈必損，理有固然。美者自美，翩以取尤。冶容求好，君子所讎。結恩而絕，職此之由。故翼翼矜矜，所福以興。靖恭自思，所期榮顯。女史司箴，敢告庶姬。御覽一百三十五，文選，又見藝文類聚十五，初學記十，皆刪節。

杖箴

杖道不正，陷墜傾危。書鈔一百三十三。

倚几銘

倚几之設，設而不倚。作器于此，成禮于彼。北堂書鈔一百三十三，御覽七百十。

席前左端銘

安樂必敬，□□上珍。大道坦坦，□□在人。北堂書鈔一百三十三。

席前右端銘

行莫若□，居莫若正。行處止恒，修理俟命。同上。

柏當作栢

章懷皇后誄

自天陶靈。必有徵祥。誕在初載。赤曜神光。顯應天祿。聿嬪聖皇。受氣自然。賓聽清和。內含茂質。外發英華。身處宸極。敬恭惟夙。窈窕淑媛。柔順婉穆。宣慈內政。流化太微。六宮變雅。清我壼闈。經綸庶厲。積思萬幾。既臻緝熙。玄澤流衍。將翼我后。登封降禪。氛祲告妖。沈結彌留。奄忽升遐。棄世高遊。聖上哀懷。感切悼心。率土縞素。遏密八音。眇眇遊靈。將焉所之。容光幽邈。豈有反期。杳杳新宮。下絕三泉。茫茫陵域。合體中原。委棄暉章。卽安太清。藝文類聚十五

烈文先生鮑玄泰誄

於鑠烈文。纘褻皇祚。夏后基命。靈根已固。杞鄫既微。枝離葉布。爰暨叔牙。世贊齊風。翼柏濟管。遂登霸功。越在漢隆。三司竝繼。烈考中丞。妙世顯名。嶷嶷先生。誕資英俊。淑質清渟。蘭芳玉潤。抗行崇邈。遊心大順。允文允明。聰昭秀哲。啓冥演幽。守文命世。抱道沖虛。執義貞厲。棲遲無悶。不營不忮。擬志雲霄。致命窮達。行爲範軌。言成隱括。宜登遐年。弘此徽猷。濟濟搢紳。永挹清流。取識遺音。日想表儀。孰云玄泰。曾不我知。感傷慷慨。揮涕滲漓。已矣鮑子。寧爾玄陰。振聲竹帛。永播徽音。藝文類聚三十七

魏劉驃騎誄

昔在殷周。惟伊惟呂。穆穆公侯。紹茲勳緒。如何上天。殲我鼎輔。金剛玉潤。水潔冰淸。郁郁文彩。煥若朝榮。功遂身退。致仕懸輿。志邈留侯。心邁二疏。風凜凜以翼衛。雲霏霏以承蓋。旐聯翩以飄飄。旌繽紛以奄薄。藝文類聚四十八

武帝哀策文

感大饗之無斁。哀罇俎之虛設。叩龍輴以長叫。痛靈暉之潛逝。其辭曰。

欽惟皇考。體道之眞。德侔乾坤。齊曜三辰。應期登禪。協于天人。上虔郊祀。下惠兆民。憲章唐虞。允得其津。搜揚仄陋。故老是賓。百揆時序。庶業日新。恩從雲翔。威猶雷震。江海靜波。岷岳無塵。四夷率服。莫不來臣。肅愼奉貢。越裳効珍。化此弊俗。歸之至淳。昔在上聖。咸享百年。哀哀皇考。用不是臻。遣厲彌侵。景命殞顛。舍此昭晣。卽彼幽玄。仰瞻靡怙。廓若無天。終制尚儉。率由典度。華幕弗陳。器必陶素。不封不樹。所在惟固。貽法來世。是則是慕。大隧既啓。吉日將征。鍾鼓雷震。白虎抗旌。龍螭驤首。良駟悲鳴。倡者振鐸。挽夫齊聲。背此崇殿。將適下庭。玄宮窈窕。脩夜冥冥。光燈永戢。幽闥長扃。仰訴皇穹。零淚屛營。云誰能忍。寄之我情。結心墳隴。永憑聖靈。藝文類聚十三

元皇后哀策文

天地配序。化成兩儀。王假有道。義在伉儷。姜嫄佐嚳。二妃與嬀。仰觀古籍。覲亦同規。今胡不然。景命夙虧。嗚呼哀哉。我膺厤運。臨統萬方。正位于內。實在嬪嬙。天作之合。駿發其祥。河嶽降靈。啓祚華陽。奕世豐衍。朱紱斯皇。纘女惟行。受命溥將。來翼家邦。憲度是常。緝熙陰教。德聲顯揚。昔我先妣。暉暉休光。后承前訓。奉述遺芳。宜嗣徽音。繼序無荒。如何不弔。背世隕喪。瑤齊無位。長去蒸嘗。追懷永悼。率土摧傷。嗚呼哀哉。陵兆既宅。將遷幽都。霄陳夙駕。元妃其徂。宮門遏密。階庭永虛。設祖屬紼。告駕啓途。法服翬褕。寄象容車。金輅晻藹。帷裳不舒。千乘動軫。六驥踟躕。銘旌樹表。翣柳雲敷。祁祁同軌。岌岌蒸徒。孰云不懷。哀感萬夫。寧神虞旂。安體玄廬。士房陶篚。齊制遂初。依行紀謚。聲被八區。雖背明光。亦歸皇姑。沒而不朽。世德作謨。嗚呼哀哉。藝文類聚十五。晉書武元楊后傳

縱橫篇

蘇秦始與儀同學鬼谷先生。辯說剖毫氂。變詐入無形。巧言惑正理。人主莫不傾聽。御覽四百六十四

全晉文卷五十九

烏程嚴可均校輯

成公綏

綏字子安。東郡白馬人。仕魏爲博士。歷祕書郎。轉丞。遷中書郎。拜騎都尉。入晉官爵未詳。有集十卷。（案綏爲騎都尉在司馬昭時。見賈充傳。）

天地賦（并序）

賦者。貴能分理賦物。敷演無方。天地之盛。可以致思矣。（晉書成公綏傳）天地至神。難以一言定稱。故體而言之。則曰兩儀。假而言之。則曰乾坤。氣而言之。則曰陰陽。性而言之。則曰柔剛。色而言之。則曰玄黃。名而言之。則曰天地。（藝文類聚一。初學記一。）歷觀古人。未之有賦。豈獨以至麗無文。難以辭贊。不然。何其闕哉。遂爲天地賦曰。

惟自然之初載兮。道虛無而玄清。太素紛以溷淆兮。始有物而混成。何元一之芒昧兮。廓開闢而著形。爾乃清濁剖分。玄黃判離。太極既殊。是生兩儀。星辰煥列。日月重規。天動以尊。地靜以卑。昏明迭炤。或盈或虧。陰陽協氣而代謝。寒暑隨時而推移。三才殊性。五行異位。千變萬化。繁育庶類。授之以形。稟之以氣。色表文采。聲有音律。覆載無方。流形品物。鼓以雷霆。潤以慶雲。八風翱翔。六氣氤氳。蚑行蠕動。方聚類分。鱗殊族別。羽毛異羣。各含精而鎔冶。咸受範于陶鈞。何滋育之罔極兮。偉造化之至神。若夫懸象成文。列宿有章。三辰燭耀。五緯重光。河漢委蛇而帶天。虹蜺偃蹇于昊蒼。望舒彌節于九道。羲和正轡于中黃。衆星回而環極。招搖運而指方。白獸時據于參伐。（藝文類聚作參井。初學記作參昴。）青龍垂尾于心房。（藝文類聚作氐房。晉書本傳及初學記作心房。）玄龜匿首于女虛。朱鳥奮翼于注張。（北堂書鈔一百五十。藝文類聚作星張。初學記作軫張。）帝皇正坐于紫宮。輔臣列位于文昌。垣屏駱驛而珠連。三台差池而鴈行。（晉書作鴈翔。依北堂書鈔藝文類聚初學記。）軒轅華布而曲列。攝

提鼎跱而相望。若乃徵瑞表祥。災變呈異。交會薄蝕。抱暈帶珥。流逆犯歷。譴悟象事。蓬容著而妖害生。老人形而主受喜。天矢黃而國吉祥。彗孛發而世所忌。爾乃旁觀四極。俯察地理。川瀆浩汗而分流。山嶽磊落而羅峙。滄海沆漭而四周。懸圃隆崇而特起。昆吾嘉于南極。燭龍曜于北址。扶桑高于萬仞。尋木長于千里。崑崙鎮于陰隅。赤縣據于辰巳。于是八十一域。區分方別。風乖俗異。險斷阻絕。萬國羅布。九州竝列。青冀白壤。荊衡塗泥。海岱赤植。華梁青黎。兗帶河洛。揚有江淮。辯方正土。經略建邦。王圻九服。列國一同。連城比邑。深池高墉。康衢交路。四達五通。東至暘谷。西極泰濛。南暨丹炮。北盡空同。遐方外區。絕域殊鄰。人首蛇軀。鳥翼龍身。衣毛被羽。或介或鱗。棲林浮水。若獸若人。居于大荒之外。處于巨海之濱。于是六合混一而同宅。宇宙結體而括囊。渾元運流而無窮。陰陽循度而率常。回動糾紛而乾乾。天道不息而自彊。統羣生而載育。人託命于所繫。尊太一于上皇。奉萬神于五帝。故萬物之所宗。必敬天而事地。若乃共工赫怒。天柱摧折。東南俄其既傾。西北豁而中裂。斷鼇足而續毀。鍊玉石而補缺。豈斯事之有徵。將言者之虛設。何陰陽之難測。偉二儀之奓闊。坤厚德以載物。乾資始而至大。俯盡鑒于有形。仰蔽視于所蓋。游萬物而極思。故一言于天外。（晉書成公綏傳）

雲賦

于是玄氣仰散。歸雲四旋。冰消瓦離。奕奕翩翩。去則滅軌以無迹。來則幽闇以杳冥。舒則彌綸覆四海。卷則消液入無形。或狎獵鱗次。參差交錯。上捷業以梁倚。下壘硊而相薄。狀崴嵬其不安。吁可畏而欲落。或粲爛綺藻。若畫若規。繁縟成文。一績一離。龍伸蠖屈。蜿蟬逶迤。連翩鳳飛。虎轉相隨。或繡文錦章。依微要妙。緜邈淩虛。輕翔浮漂。（藝文類聚一。御覽八。初學記一。）

陰霖賦

百川泛濫，潰滲橫流，沈竈生鼃，中庭運舟。（藝文類聚二，御覽一又九百四十九）

時雨賦

兩儀協合，二氣烟熅，洪川起波，名山興雲。（藝文類聚二）

大河賦

覽百川之宏壯兮，莫尚美于黃河。潛崑崙之峻極兮，出積石之嵳峩。登龍門而南游兮，拂華陰與曲阿。淩砥柱而激湍兮，踰洛汭而揚波。體委蛇于后土兮，配靈漢于穹蒼。貫中夏之畿甸兮，經朔狄之遐荒。應二周之北境兮，流三晉之南鄉。秦自西而啓壤兮，齊據東而畫壃。殷徙涉而求固，衞遷濟而遂彊。趙決流而御魏，嬴引溝而滅梁。思先哲之攸歎，何水德之難量。（水經河水注一，藝文類聚八，初學記六）

氣蓬勃以霧蒸。（文選江賦注引，天河賦疑大河之誤）

乘高赴下，絕沒長奔，馳會五阝，旁達三門。（初學記六）

鱣鯉王鮪，春暮來游。（水經河水注五）

靈圖授籙于羲皇。（文選王融曲水詩序注）

善尼父之不濟，尋方叔之遠迹，懿吳起之讜言，大泛舟之興役。（初學記六）

洛褉賦

考吉日，簡良辰，祓除解褉，同會洛濱。妖童媛女，嬉游河曲，或盥纖手，或濯素足。臨清流，坐沙場，列罍樽，飛羽觴。（藝文類聚四，初學記四，御覽三十）

攜才逸態，習水善浮。（文選吳都賦注）

延賓賦

延賓命客，集我友生，高談清宴，講道研精，闓闓侃侃，娛心肆情。（初學記十四）

宣清賦

哀蕙草之見夷。（御覽九百八十三）

慰情賦（一作慰志賦）

惟潛龍之勿用，戢鱗翼以匿影。（文選謝朓觀朝雨詩注，又宣德皇后令注）

嘯賦

逸羣公子，體奇好異，傲世忘榮，絕棄人事。睎高慕古，長想遠思，將登箕山以抗節，浮滄海以游志。于是延友生，集同好，精性命之至機，研道德之玄奧，愍流俗之未悟，獨超然而先覺，狹世路之阨僻，仰天衢而高蹈，邈姱俗而遺身，乃慷慨而長嘯。于時曜靈俄景，流光濛汜，逍遙攜手，踟跦步趾，發妙聲于丹脣，激哀音于皓齒，響抑揚而潛轉，氣衝鬱而熛起，協黃宮于清角，雜商羽于流徵，飄遊雲于泰清，集長風乎萬里，曲既終而響絕，遺餘玩而未已。良自然之至音，非絲竹之所擬，是故聲不假器，用不借物，近取諸身，役心御氣，動脣有曲，發口成音，觸類感物，因歌隨吟，大而不旁，細而不沈，清激切于竽笙，優潤和于瑟琴，玄妙足以通神悟靈，精微足以窮

幽測深，收激楚之哀荒，節北里之奢淫，濟洪災于炎旱，反亢陽于重陰，唱引萬變，曲用無方，和樂怡懌，悲傷摧藏，時幽散而將絕，中矯厲而慨慷，徐婉約而優游，紛繁騖而激揚，情既思而能反，心雖哀而不傷，總八音之至和，固極樂而無荒。若乃登高臺以臨遠，披文軒而騁望，喟仰抃而抗首，嘈長引而憀亮，或舒肆而自反，或徘徊而復放，或冉弱而柔撓，或澎濞而奔壯，橫鬱鳴而滔涸，冽飄眇而清昶，逸氣奮涌，繽紛交錯，列列颷揚，啾啾響作，奏胡馬之長思，向寒風乎北朔，又似鴻鴈之將鶵，羣鳴號乎沙漠，故能因形創聲，隨事造曲，應物無窮，機發響速，怫鬱衝流，參譚雲屬，若離若合，將絕復續，飛廉鼓于幽隧，猛虎應于中谷，南箕動于穹蒼，清颷振乎喬木，散滯積而播揚，蕩埃藹之溷濁，變陰陽之至和，移淫風之穢俗。若乃游崇岡，陵景山，臨巖側，望流川，坐盤石，漱清泉，藉臯蘭之猗靡，蔭脩竹之蟬蜎，乃吟詠而發散，聲駱驛而響連，舒蓄思之徘

雺當作雪

憤。奮久結之纏綿。心滌蕩而無累。志離俗而飄然。若夫假象金革。擬則陶匏。衆聲繁奏。若笳若簫。硼硠震隱。訇磕嘲嘈。發徵則隆冬熙蒸。騁羽則嚴霜夏凋。動商則秋霖春降。奏角則谷風鳴條。音均不恒。曲無定制。行而不流。止而不滯。隨口吻而發揚。假芳氣而遠逝。音要妙而流響。聲激曜而清厲。信自然之極麗。羌殊尤而絕世。越韶夏與咸池。何徒取異乎鄭衞。于時綿駒結舌而喪精。王豹杜口而失色。虞公輟聲而止歌。甯子檢手而歎息。鍾期棄琴而改聽。孔父忘味而不食。百獸率舞而抃足。鳳皇來儀而拊翼。乃知長嘯之奇妙。蓋亦音聲之至極。文選藝文類聚十八晉書成公綏傳

琴賦

清颷因其流聲兮。游絃發其逸響。心怡懌而踊躍兮。神感宕而忽悅。初學記十六

四氣協而人神穆兮。五教泰而道化通。同上

窮變化于無極兮。盡人心之好善。同上

遂創新聲。改舊用。君山獻曲。伯牙奏弄。同上

伯牙彈而駟馬仰。子野揮而玄鶴鳴。清角發而陽氣亢。白雺奏而風雨零。藝文類聚四十四文選別賦注初學記十六

琵琶賦

八音之用。誦于典藝。簫韶九奏。物有容制。惟此琵琶。興自末世。爾乃託巧班輸。如意橫施。因形造美。洪殺得宜。柄如翠虬之仰首。盤似靈龜之背嚚。臨樂則齊州之丹桂。柱則梁山之象犀。搋㠯玳瑁。格㠯瑤枝。若夫盤圓合靈。太極形也。三材片合。兩儀生也。分柱列位。歲數成也。回窗華表。日月星也。藝文類聚四十四初學記十六

飛龍列舞。趙女駢羅。進如驚鶴。轉如回波。初學記十五

好和者唱識。善聽者咨嗟。眩睛駭耳。失節蹉跎。初學記十六

改調高彈。急節促撾。飛龍引舞。趙女駢羅。初學記十六

掇止金石。屏斥笙簧。彈琵琶于私宴。授西施與毛嬙。撰理參暢五齊五章。初學記十六

故筆賦 幷序

治世之功。莫尚于筆。能舉萬物之形。序自然之情。卽聖人之心。非筆不能宣。實天地之偉器也。有倉頡之奇生。列四目而兼明。慕羲氏之畫卦。載萬物于五行。乃發慮于書契。採秋毫之類芒。加膠漆之綢繆。結三束而五重。建犀角之玄管。屬象齒于纖鋒。染青松之微煙。著不泯之永蹤。則象神仙。人皇九頭。式範羣生。異體怪軀。注玉度于七經。訓河洛之讖緯。書日月之所躔。別列宿之舍次。乃皆是筆之勳。人日用而不寤。佗盡力于萬機。卒見棄于行路。藝文類聚五十八

芸香賦

美芸香之脩潔。稟陰陽之淑精。去原野之蕪穢。相廣廈之前庭。莖

類秋竹。葉象春檉。藝文類聚八十一御覽九百八十二

柳賦

宅京宇之西偏。濱犢鼻之清渠。啓橫門于大路。臨九達之通衢。愍行旅之靡休。樹雙柳于道隅。彌年載而成陰。紛幝援而扶疏。藝文類聚八十九

日及賦序

日及者。華甚鮮茂。榮于仲夏。訖于孟秋。藝文類聚八十九

木蘭賦

許昌西園中木蘭樹。余往觀之。遂爲賦曰。

覽衆樹之列植。嘉木蘭之殊觀。至于玄冥授節。猛寒嚴烈。峩峩堅冰。霏霏白雪。木應霜而枯零。草隨風而摧折。顧青翠之茂葉。繁旖旎之弱條。諒抗節而矯時。獨滋茂而不雕。藝文類聚八十九

鴻鴈賦 幷序

余嘗游乎河澤之閒。是時鴻鴈應節而羣至。望川吕奔集。夫鴻漸著羽儀之歎。小雅作于飛之歌。斯乃古人所吕假象興物。有取其美也。余又奇其應氣而知時。故作斯賦。

辰火西流。秋風厲起。軒翥鼓翼。抗志萬里。起寒門之北垠兮集玄塞吕安處。賓弱水之陰岸兮文選謝靈運擬鄴中集應瑒詩注賓作濱有沙漠之絕滄。奔巫山之陽隅兮趍彭澤之遐裔。過雲夢吕娛游兮投江湘而中憩。晝顧眺吕候遠。夜警巡而相衞。上揮翮于丹霞兮下濯足于清泉。經天地之遐極兮樂和氣之純媛。藝文類聚九十。又初學記三十引三條

鷹賦

陵高霞而輕舉。文選孔德璋北山移文注

烏賦 幷序

有孝烏集余之廬。乃喟然而歎曰。余無仁惠之德。祥禽曷爲而至哉。夫烏之爲瑞久矣。吕其反哺識養。故爲吉烏。是吕周書神其流變。詩人尋其所集。望富者瞻其爰止。愛屋者及其增歎。茲蓋古人所吕爲稱。若乃三足德靈。國有道則見。國無道則隱。斯乃鳳鳥之德。何吕加焉。鵩惡鳥而賈生懼之。烏善禽而吾嘉焉。懼惡而作歌。嘉善而賦之。不亦可乎。藝文類聚九十二。御覽九百二十。

惟玄烏之令鳥兮。性自然之有識。應炎陽之純精兮體乾剛之至色。望九里之迴翔兮翩羣鳴吕祔翼。差自託于君子兮心雖邇而不逼。潛幽隱而穴處兮將待期于中春。二句從北堂書鈔一百五十八補。上下文尚有闕。起彼高林。集此叢灌。棲息重陰。列巢布榦。繽紛霧會。迴皇塵亂。來若雨集。去若雲散。哀鳴日夕。鼓翼昧旦。噫啞相和。音聲可玩。嗟斯烏之克孝兮心識養而知慕。同蓼莪之報德兮懷凱風之至素。雛既壯而能飛兮乃銜食而反哺。遊朝霞而淩厲兮飄輕翥于玄冥。有崑山之奇類兮體殊形于玉趾。淩西極吕翱翔兮爲王母之所使。時應德而來儀兮介帝王之繁祉。入中州而武興兮集林木而軍起。能休祥于有周兮。剏貞明于吉士。嘉茲烏之淑良兮永和樂而靡紀。初學記三十。

鸚武賦 序

鸚武。小鳥也。吕其能言解意。故爲人所愛。玩育之吕金籠。升之吕堂殿。可謂珍之矣。然未得鳥之性也。御覽七百六十四。又九百二十四。

射兔賦

收輔車之雙轡。舍良馬之長鞊。擒迅羽之輕豩。截逸足之狡弄。盈得獲于後乘。充庖廚之所貢。御覽三百五十八。

蜘蛛賦

獨高懸吕浮處。遂設網于四隅。南連大廡。北接華堂。左憑廣廈右依高廊。吐絲屬緒。布網引綱。纖羅絡漠。綺錯交張。雲舉霧綴。吕待其方。于是蒼蚊夕起。青蠅昏歸。營營羣眾。薨薨亂飛。挂翼繞足。鞘絲罥圍。衝突必獲。犯者無遺。藝文類聚九十七。御覽九百四十八。

螳蜋賦

仰乃茂陰。俯條條枝。冠角峩峩。足翅岐岐。尋喬木而上綴。從蔓草而下垂。戢翼鷹峙。延頸鵠望。推翳徐翹。舉斧高抗。鳥伏蚍騰。鷹擊隼放。俯飛蟬而奮猛。臨蟪蛄而逞壯。距車輪而軒翥。固齊侯之所尚。乃有翩翩黃雀。舉翮高揮。連翔枝幹。或鳴或飛。覩茲螳蜋。將吕療飢。厲嘴奮翼。其往如歸。藝文類聚九十七。御覽九百四十六。

七唱

其居也。背山臨谷。巖棲穴處。枕石漱流。鼓腹容與。書鈔一百五十八。

秦無清體。先和宜醇。香旗九醞。淵澄十旬。書鈔一百四十八。

瑱弁曜首。玉纓照目。御覽六百八十六。

金璫煌煌。貂珥峩峩。御覽六百八十八。

奮長袖吕颻迴。擢纖腰吕烟起。鎮抗首而委蛇。颯頓足而立跱。紛龍轉而鳳翔。忽若倒而中止。初學記十五。

賢明頌

於鑠姜后。光配周宣。非義不動。非禮不言。晏起早朝。永巷告愆。王用勤政。萬國㠯虔。（藝文類聚十五）

菊頌

先民有作。詠茲秋菊。綠葉黃花。菲菲或或。芳踰蘭蕙。茂過松柏。其莖可玩。其葩可服。味之不已。松喬等福。（藝文類聚八十一）

徵士胡昭贊

投簪卷帶。韜聲匿迹。（文選北山移文注）

錢神論

路中紛紛。行人悠悠。載馳載驅。唯錢是求。朱衣素帶。當塗之士。愛我家兄。皆無能已。執我之手。說分終始。不計優劣。不論能否。賓客輻湊。門常如市。諺言錢無耳。何可闇使。豈虛也哉。（御覽八百三十六）

市長箴

貿遷有無。市朝有處。人㠯攸資。貨㠯攸敘。交易而退。各得其所。曹參相齊。清淨㠯義。姦不可擾。顧託有寄。市臣掌肆。敢告執事。（初學記二十四）

蔽髻銘

詩美首弁。班有□□。或造茲蔽。南京翠翼。明珠星列。繁華致飾。（北堂書鈔一百三十五）

菊銘

數在三九。時惟斯生。（藝文類聚八十一）

椒華銘

嘉哉芳椒。載繁其實。厥味惟珍。蠲除百疾。肇惟歲首。月正元日。永介眉壽。㠯祈初吉。（藝文類聚八十九。御覽二十九。又九百五十八）

魏相國舞陽宣文侯司馬公誄

應期降命。篤生我公。九德聿修。百行兼通。文皇踐位。龍飛天衢。協贊大命。啓迪靈符。光我聖主。齊德有虞。受茲介祉。封國建識。入總納言。敷化衡機。出登上將。奮武明威。皇輿省方。作鎮于許。旌旗既反。撫戎荆楚。巴蜀作寇。侵我邊疆。乃眷西顧。董統雍京。丹麾所指。莫之敢抗。仁濟宇內。威攝外荒。流惠陝西。齊美甘棠。加命九錫。尊位相國。比王齊魯。㠯崇殷禮。（藝文類聚四十五）

戒火文

余家遭火。屋宇焚盡。器用廓然。乃造于四鄰。㠯爲戒火文曰。

經籍爲灰。篇章爲炭。（初學記二十五）

隸書體（御覽七百四十九作隸勢）

皇頡作文。因物構思。觀彼鳥跡。遂㠯成意。閱之後嗣。存載道義。□□□□。綱紀萬事。俗所傳述。實由書記。時變巧易。古今各異。蟲篆既繁。草藁近僞。適之中庸。莫尚于隸。規矩有則。用之簡易。隨便適宜。亦有弛張。操筆假墨。抵押毫芒。彪煥磥落。形體抑揚。芬葩連屬。

溢分羅行。爛若天文之布曜。縟若錦繡之有章。或輕拂徐振。緩案急挑。挽橫引從。左牽右繞。長波鬱拂。微勢縹緲。工巧難傳。善之者少。應心隱手。必由意曉。爾乃動纖指。舉弱腕。握素紈。染玄翰。彤管電流。雨下雹散。點黗折握。掣挫安案。繽紛駱驛。華藻粲爛。緼細卓犖。一何壯觀。繁縟成文。又何可翫。章周道之郁郁。表唐虞之輝煥。若乃八分璽法。殊好異制。分白賦黑。棊布星列。翹首舉尾。直刺邪掣。繾綣結體。剡彩奮飾。或若虯龍盤游。蛇蟬軒翥。鸞鳳翱翔。矯翼欲去。或若鷙鳥將擊。拜體仰怒。良馬騰驤。奔放向路。仰而望之。鬱若宵霧朝升。遊烟連雲。俯而察之。凜若清風厲水。漪瀾成文。垂象表式。有模有楷。彤功難詳。聊舉大體。（初學記二十一）

鄭默

默字思元。滎陽開封人。仕魏爲祕書郎。轉尚書考功郎。封關內侯。晉受禪。歷太子中庶子、東郡太守。散騎常侍。咸寧中拜廷尉。

遷太常。免。尋拜大鴻臚。進大司農。轉光祿勳。泰康元年卒。謚曰成。

上言太子官屬不宜稱陪臣

皇太子體皇極之尊。無私于天下。宮臣皆受命天朝。不得同之藩國。（晉書鄭默傳。）

胡烈

烈字武玄。安定臨涇人。魏車騎將軍遵子。景元初為襄陽太守。入晉拜秦州刺史。涼州叛。遇害。

表鄧由等歸化

吳賊鄧由李光等同謀十八屯。欲來歸化。遣將張吳鄧生幷送質任克期。欲令郡軍臨江迎拔。（魏志王基傳注引司馬彪戰略。）

給語親兵及疏與其子

臣建密說消息。會已作大坑。白棓數千。欲悉呼外兵入。人賜白帢。拜為散將。以次棓殺坑中。（魏志鍾會傳。）

王恂

恂字良夫。（魏志王肅傳注引郭頒世語作子良。）東海人。文明王皇后弟。魏中領軍肅子。景元末嗣封蘭陵侯。咸熙中改封承子。累遷河南尹。侍中。咸寧四年卒。贈車騎將軍。

上言景獻羊后服

弘訓太后入廟。合食于景皇帝。齊王攸不得行其子禮。（晉書賈充傳。）

全晉文卷五十九終

全晉文卷六十

烏程嚴可均校輯

孫楚

楚字子荆。太原中都人。魏侍中資孫。爲石苞鎮東參軍。遷著作佐郎。苞爲驃騎。復參軍事。後爲扶風王駿征西參軍。轉梁令。遷衞軍司馬。惠帝初爲馮翊太守。有集十二卷。

雪賦

堯九載以山棲兮。湯請禱于桑林。罔二聖以濟世兮。孰繁衍以迄今。嗟亢陽之踰時兮。情反側以寤興。豐隆灑雪。交錯翻紛。膏澤偃液。普潤中田。肅肅三麥。實獲豐年。藝文類聚二

井賦

倚崇丘以鑿井兮。臨斥澤之涇涔。苦行潦之滓濁兮。靡清流以自娛。乃喟爾而有感兮。率鄰左之數夫。脉厥土以興作兮。登甘醴于玄虛。體象圓川。下貫五仞。幽泉騰涌。津澤傍潤。抱甕而汲。不設機引。絕彼淫飾。安此璞愼。俗尚其華。我篤其信。旣處涅而不淄。又磨之而不磷。雖矢之而無忘。實游心于大順。渴人來翔。行旅是賴。輟耕息肩。[illegible]期而會。沈黃李。浮朱柰。雜貍首之班。如飛清塵以洮汏。枕玄石以盥漱。喜遨怡以緩帶。藝文類聚九 初學記七

笑賦

有度俗之公子。總萬物之細故。心髣髴乎巢由。以得意爲至樂。不拘戀乎凡流。會親戚于高宇。結宗盟于綢繆。所以交頸偃仰。摧匈指掌。亢洪聲于通谷。順長風以流響。氣參譚以相屬。若將頹而復往。或嚬蹙俛首。狀似悲愁。怫鬱唯轉。呻吟郁伊。或攜手悲嘯。噓天長叫。遲重則如陸沈。輕疾則如水漂。徐疾任其口頰。圓合得乎機要。或中路背叛。更相毀賤。傾倚回我。雕聲迄乎日晏。信天下之笑林。調謔之巨觀也。藝文類聚十九

笳賦并序

頃還北館。遇華髮人于潤水之濱。向春風而吹長笳。音聲寥亮。有感余情。爰作斯賦。

銜長葭以汎吹。噭啾啾之哀聲。奏胡馬之悲思。詠北狄之遐征。順谷風以撫節。飄逸響乎天庭。爾乃調脣吻。整容止。揚清矑。隱皓齒。徐疾從宜。音引代起。叩角動商。鳴羽發徵。若夫廣陵散吟。三節白紵。太山長曲。哀及梁父。似鴻雁之將雛。乃羣翔于河洛。藝文類聚四十四

韓王故臺賦并序

酸棗寺門外。夾道左右。有兩故臺。訪之故老。云韓王聽訟觀也。臺高十五仞。雖樓榭泯滅。然廣基似于山嶽。召公大賢。猶舍甘棠。區區小國。而臺觀隆崇。驕盈于世。以鑒來今。故作賦曰。

望韓王之故臺。尋往代之所營。雙闕碣以峻峙。貫雲氣而上征。歷千載而特立。顯妙觀于太清。蔑丘陵之邐迤。亞五嶽之嵯峩。薄邯鄲之叢臺。陋楚國之章華。邈岧嶤以抗極。豈岑樓之能加。至乃宮觀弘敞。增臺隱天。伐文梓于萬仞。發玉石于三泉。優倡角烏烏之聲。蛾眉戲白雪之舞。紛淫衍以低昂。翳脩袖而容與。水經濟水注二 藝文類聚六十二

登樓賦

有都城之百雉。加層樓之五尋。從明王以登極。聊暇日以娛心。涇渭汩以阻邁。卉木鬱而成林。睎朝陽之素暉。羡綠竹之茂陰。望秦墳于驪山。覩八陵于北岑。青石連岡。終南嵯峨。鳴鳩拂羽于桑榆。游梟濯翅于素波。牧豎吟嘯于阡陌。舟人鼓櫂而揚歌。營巷基峙。列宅萬區。黎氏布野。商旅充衢。杞柳綢繆。芙蓉吐芳。俯依青川。仰翳朱楊。體象滂沲。幽若扶桑。白日爲之晝昏。烏禽爲之頡頏。百僚雲集。促坐華臺。嘉肴滿俎。旨酒盈杯。談三墳而詠五典。釋聖哲之所裁。藝文類聚六十三引兩條。初學記五。又二十四

相風賦

伊聖皇之高烈。美治道之移清。兼乾坤之普覆。齊三光之朗明。猶恭己以勞謙。迄日昃而不寍。慮聽政之有闕。誡禍福于無形。建殊才于辰極。樹相風于紫庭。爾乃神獸盤其根。靈鳥據其顛。羽族翩飄。羅其側。翔風蕭聊出其間。藝文類聚六十八

菊花賦

彼芳菊之爲草兮。稟自然之醇精。當青春而潛翳兮。迄素秋而敷榮。于是和樂公子。雍容無爲。翺翔華林。駿足交馳。薄言采之。手折纖枝。飛金英以浮旨酒。掘翠葉以振羽儀。偉茲物之珍麗兮。超庶類而神奇。藝文類聚八十一

蓮華賦

有自然之麗草。育靈沼之清瀨。結根係于重壤。森蔓延以騰邁。爾乃紅花電發。暉光煒煒。仰曜朝霞。俯照綠水。潛細房之奧密兮。含珍藕之甘腴。攢聚星列。纖離相扶。微若玄黎投幽夜。粲若鄧林飛鵷鷚。藝文類聚八十二初學記二十七御覽九百七十五

杕杜賦并序

家弟以虞氏梨賦見示。余謂豈以梨有用之爲貴。杜無用之爲賤。無用獲全。所以爲貴。有用獲殘。所以爲賤。故賦之云爾。

惟有杕之爲杜。齊萬物而竝生。其質菲薄。既不施于器用。華葉疏悴。靡休陰之茂榮。昔在邵伯。聽訟述職。甘棠作頌。垂之罔極。藝文類聚八十七御覽九百七十三

茱萸賦

有茱萸之嘉木。植茅茨之前庭。歷漢女而始育。關百載而長生。森蔓延以盛輿。布綠葉于紫莖。鶉火西徂。白藏授節。零露既凝。鷹隼飄厲。攀紫房于纖柯。綴朱實之酷烈。應神農之本草。療生民之疹疾。藝文類聚八十九

橘賦

朱橘甘美。紫梨甜脆。御覽九百六十六

鶴賦

假使此鳥。生自崑崙。長于丹穴。遊遨元圃。經霄之際。御覽八

雉賦

體沖和之淑質。飾羽儀于茂林。斑五色之文章。揚嗷嗷之清音。設密網于巖阿。飛輕激之雲浮。上無逃而弗獲。下無隱而不搜。遂戢翼以就養。隨籠棲而言歸。恆逍遙于階庭。蔭朝陽之盛暉。藝文類聚九十

鴈賦

有逸豫之儁禽。稟和氣之清沖。候天時以動靜。隨寒暑而污隆。感皐繁。數則千億。迎素秋而南遊。背青春而北息。泝長川以鳴號。凌洪波以鼓翼。任自然而相佯。窮天壤于八極。藝文類聚九十一初學記三十

鷹賦并序

郭延考與余厚。其後從者講二鷹以侍側。郭邊人也。好戈獵。顧盼心欲自娛樂。請余爲賦曰。御覽九百二十六

有金剛之俊鳥。生井陘之巖阻。超萬仞之崇巔。蔭青松以靜處。體勁悍之自然。振肅肅之輕羽。擒狡兔于平原。截鶴鴈于河渚。且其爲相也。疏尾闊臆。高髻圓顱。深目蛾眉。狀似愁胡。曲觜短頸。足若雙枯。麾則應機。招則易呼。背碣石以西遊。經馬嶺而南徂。于時商秋既邁。歲在玄冥。風霜激厲。羽毛振驚。爾乃策良驥。服羔裘。講青骹。戲田疇。縈深谷。繞山丘。定心意。審精眸。獸馳厥足。鳥矯其翼。下赴幽谿。上翔辰極。隨指授以騰踊。因升降以畢力。紛連篝以攫窟。遂陷首以摧臆。藝文類聚九十一初學記三十御覽九百二十六

蟬賦

惟大化之廣御。何品數之多名。當仲夏而始出。據長條而悲鳴。翼

如羅縠。形如枯槁。終日不銜一粒。嗷哀響之煩擾。藝文類聚九十。初學記三十

龍見武庫井上言

頃聞武庫井中有二龍。羣臣或有謂之禎祥而稱賀者。或有謂之非祥無所賀者。可謂楚既失之。而齊亦未爲得也。夫龍或俯鱗潛于重泉。或仰攀雲漢。游乎蒼昊。而今蟠于坎井。同于蛙蝦者。豈獨管庫之士或有隱伏。廝役之賢沒于行伍。故龍見光景。有所感悟。願陛下赦小過。舉賢才。垂夢于傅巖。望想于渭濱。脩學官。起淹滯。申命公卿。舉獨行君子。可惇風厲俗者。又舉亮拔秀異之才。可以撥煩理難矯世抗言者。無繫世族。必先逸賤。夫戰勝攻取之勢。并兼混一之威。五伯之事。韓白之功耳。至于制禮作樂。闡揚道化。甫是士人出筋力之秋也。伏願陛下擇狂夫之言。晉書孫楚傳。又見開元占經一百二十引晉陽秋

奏廢九品爲大小中正

九品漢氏本無。班固著漢書。序先往代賢智。以九條。此蓋記鬼錄次第耳。而陳羣依之。以品生人。又魏武拔奇決于胸臆。收人才不問階次。豈賴九品而後得人。今可令長守爲小大中正。各以品其編戶也。御覽二百六十五引孫楚集

奏論求才

當今士子繁多。略以萬計。當思官少才多。無地以處。秀才自別是一種仕官。非若漢代取人之例也。假若秀才答五問可稱。孝廉答一策能通。此乃雕蟲小道。何關治功得人。以此求才。徒虛語爾。

薦傅長虞牋

楚聞騏驥不遺能于伯樂。良寶不藏燿于卞和。是以煇光夜射。價連秦趙。飛騁絕影。終朝千里。物尚有之。士亦宜然。藝文類聚五十三

謝賜障日牋

大恩賜鄣日。其器雖小。而禮遇甚宏。昔衞綰賜六劍。珍而不用。楚雖不欲。且受而藏之。御覽六百八十七

爲石仲容與孫晧書

蓋見機而作。周易所貴。小不事大。春秋所誅。此乃吉凶之萌兆。榮辱之所由興也。是故許鄭以銜璧全國。曹譚以無禮取滅。載籍既記其成敗。古今又著其愚智矣。不復廣引譬類。崇飾浮辭。苟以夸大爲名。更喪忠告之實。今粗論事勢。以相覺悟。昔炎精幽昧。厤數將終。桓靈失德。災釁並興。豺狼抗爪牙之毒。生人陷荼炭之艱。于是九州絕貫。皇綱解紐。四海蕭條。非復漢有。太祖承運。神武應期。征討暴亂。克寧區夏。協建靈符。天命既集。遂廓洪基。奄有魏域。土則神州中岳。器則九鼎猶存。世載淑美。重光相襲。固知四隩之攸同。天下之壯觀也。公孫淵承籍父兄。世居東裔。擁帶燕胡。馮淩險遠。講武盤桓。不供職貢。內傲帝命。外通南國。乘桴滄流。交酧貨賄。葛越布于朔土。貂馬延乎吳會。自以爲控弦十萬。奔走足用。信能右折燕齊。左振扶桑。淩轢沙漠。南面稱王也。宣王薄伐。猛銳長驅。師次遼陽。而城池不守。桴鼓一震。而元凶折首。然後遠跡疆埸。列郡大荒。收離聚散。咸安其居。民庶悅服。殊俗款附。自茲遂隆。九野清泰。東夷獻其樂器。肅慎貢其楛矢。曠世不羈。應化而至。巍巍蕩蕩。想所具聞。吳之先主。起自荊州。遭時擾攘。播潛江表。劉備震懼。亦逃巴岷。遂依丘陵積石之固。三江五湖。浩汗無涯。假氣游魂。迄于四紀。二邦合從。東西唱和。互相扇動。距捍中國。自謂三分鼎足之勢。可與泰山共相終始。相國晉王輔相帝室。文武桓桓。志厲秋霜。廟勝之筭。應變無窮。獨見之鑒。與衆絕慮。主上欽明。委以萬機。長轡遠御。妙略潛授。偏師同心。上下用力。稜威奮伐。深入其阻。并敵一向。奪其膽氣。小戰江介。則成都自潰。曜兵劍閣。而姜維面縛。開地五千。列郡三十。師不踰時。梁益肅清。使竊號之雄。稽顙絳闕。球琳重錦。充于府庫。夫虢滅虞亡。韓并魏徙。此皆前鑒之

盈朝下脫虎臣武將折衝萬里八字

驗後事之師也。又南中呂興。深覩天命。蟬蛻內向。願爲臣妾。外失輔車脣齒之援。內有毛羽零落之漸。而徘徊危國。冀延日月。此猶魏武侯卻指河山。以自强大。殊不知物有興亡。則所美非其地也。方今百僚濟濟。儁乂盈朝。國富兵强。六軍精練。思復翰飛。飲馬南海。自頃國家整治器械。修造舟檝。簡習水戰。伐樹北山。則太行木盡。濬決河洛。則百川通流。樓船萬艘。千里相望。自刳木以來。舟車之用。未有如今日之盛者也。驍勇百萬。畜力待時。役不再舉。今日之謂也。然主上眷眷。未便電邁者。以爲愛民治國。道家所尚。崇城自卑。文王退舍。故先開示大信。喻以存亡。殷勤之旨。往使所究。若能審識安危。自求多福。蹷然改容。祗承往告。追慕南越。嬰齊入侍。北面稱臣。伏聽告策。則世祚江表。永爲藩輔。豐報顯賞。隆于今日矣。若侮慢不式王命。然後謀力雲合。指麾風從。雍益二州。順流而東。青徐戰士。列江而西。荆楊兗豫。爭驅八衝。征東甲卒。虎步秣陵。爾乃皇輿整駕。六師徐征。羽檄燭日。旌旗流星。遊龍曜路。歌吹盈耳。士卒奔邁。其會如林。煙塵俱起。震天駭地。渴賞之士。鋒鏑爭先。忽然一旦。身首橫分。宗祀屠覆。取誡萬世。引領南望。良以寒心。夫治膏肓者。必進苦口之藥。決狐疑者。必告逆耳之言。如其迷謬。未知所投。恐俞附見其已困。扁鵲知其無功也。勉思良圖。惟所去就。后苞白。文選。藝文類聚二十五

與董京書

今堯舜之世。胡爲懷道迷邦。

尼父頌

皇矣尼父。聖哲之傑。德比天地。明齊日月。周室陵遲。大道蕪穢。禮樂崩阻。姦雄罔世。乃養門徒。廣延俊乂。垂訓列國。頌聲僭衞。威震夾谷。義厭陳蔡。德之休明。幽而彌泰。超美三代。風馳雲邁。藝文類聚二十

梁令孫侯頌

於穆君侯。英才宣朗。神鑒將來。思通既往。受佐陝西。臨我邦壤。聲之所振。下應如響。明斷決疑。易于指掌。野有寇盜。惟侯屏之。我有田疇。惟侯闢之。古人慎獄。惟侯平之。凡此三惠。如何勿思。藝文類聚五十

顏回贊

束身勵行。宗事聖道。鑽仰孜孜。視予猶考。藝文類聚二十

管仲贊

管生彎弓。與桓是讎。駿奔從糾。塊爲纍囚。沐浴西郊。鸞飛詹丘。初學記十七

季子贊

季子聰哲。思心精微。玄覽幽竊。觸類應機。初學記十七、八賢贊

莊周贊

莊周曠蕩。高才英儁。本道根貞。歸于大順。妻亡不哭。亦何所懽。慢弔鼓缶。放此誕言。殆矯其情。近失自然。藝文類聚三十六

榮啓期贊

榮公溫雅。既怡既懌。獨以徐清。寂然澹泊。援琴自娛。詠此三樂。眉壽無疆。惟德之宅。藝文類聚三十六

原壤贊

壤之㢮張。絕滅禮敎。實交仲尼。同機合契。聖以之臧。俗以之笑。獨協區外。孰知其妙。藝文類聚三十六

白起贊

烈烈桓桓。時維武安。神機電斷。氣濟師然。南折勁楚。走魏禽韓。北摧馬服。淩川成丹。應侯無良。蘇子入關。嗷嗷讒口。火燎于原。遂焚杜郵。與薰俱燔。惟其歿矣。古今所歎。藝文類聚五十九

韓信贊

淮陰屈節。盤于幽賤。秦失其鹿。英雄交戰。蹤楚知亡。撫戈從漢。遂寤明主。超然虎奮。威震趙魏。擒項平難。割據山川。稱孤南面。惜哉

遺疑。一朝書叛。藝文類聚五十九

樂毅贊

樂生誕節。實立弘度。丹旄電麾。秦韓景附。威震濟西。齊愍失據。惠之不敏。翻然高翥。棲遲一丘。以保皓素。藝文類聚五十九

反金人銘

晉太廟左階之前。有石人焉。大張其口。而書其胷曰。我古之多言人也。無少言。無少事。少言少事。則後生何述焉。我讀三墳五典。八索九丘。賾圂深而不探。理無奧而不鉤。故言滿天下。而無口尤。夫唯言立乃可長久。胡爲塊然生緘其口。自拘廣庭。終身叉手。凡夫貪財。烈士殉名。盜跖爲濁。夷柳爲淸。鮑肆爲臭。蘭圃爲馨。莫貴澄淸。莫賤滓穢。二者言異。歸于一會。堯懸諫鼓。舜立謗木。聽采風謠。惟日不足。道潤羣生。化隆比屋。末葉陵遲。禮敎彌衰。承旨則順。忤意則違。時好細腰。宮中皆飢。時悅廣額。下作細眉。逆龍之鱗。必陷斯機。括囊無咎。乃免誅夷。顚覆厥德。可爲傷悲。斯可用戒。無妄之時。假說周廟。于言爲贅。是以君子。追而正之。藝文類聚十九　御覽五百九十

石人銘

大象無形。元氣爲母。杳兮冥兮。陶冶衆有。御覽一

論屈建文

加籩之品。菱芰存焉。楚多陂塘。菱芰所生。父自嗜之。而抑挨宰祝。既毀就養無方之禮。又失奉死如生之義。奪乎素欲。建何忍焉。御覽九百七十五

王驃騎誄

逍遙芒阿。闔門不帷。研精六蓺。採賾鉤微。御覽五十六

故太傅羊祜碑

稟二儀之純靈。膺造化之沖氣。文爲辭宗。行作世表。遷黃門侍郎。受祕書監。公筭滅吳之略。以爲孟獻營虎牢而鄭人懼。晏弱城東

陽而萊子服。乃進據險處。開建五城。收膏腴之地。奪敵人之資。于是江浦馳義。繈負而至。雖研精軍政。用思滅敵。然兼立學校。闡揚典訓。是以搢紳之士。鱗集仰化。雲翔衡門。雖泮宮之詠魯侯。菁莪之美育才。無以過也。銘曰。金德發曜。惟公作輔。肇造嘉謨。建我民主。不憖遺公。俾屏聖皇。哲人其徂。孰不增傷。藝文類聚四十六

鴈門太守牽招碑

君體德允直。才量高潔。明鑒達于世變。弘毅足以致遠。聿振鴻翼于衰塵之表。卓爾先覺于擬議之前。君與劉備。少長河朔。英雄同契。爲刎頸之交。俄而委質于太祖。備遂鼎足于蜀漢。所交非常。爲時所忌。每自酌損。在乎季孟之閒。遷鴈門太守。敎民耕戰。聽斷以情。信賞必罰。干服其命。是以夷狄窘迫。罔知所安。譬秋枯之隕晨風。激雹之不及掩耳也。伐叛柔服。威震沙漠。遺種遠迹。萬里無煙。烈烈君侯。文武允崇。少兼七德。翰飛撫戎。名揚河朔。威震漢中。臨危運奇。在難匪從。迴旌東麾。撫司徐青。截彼降賊。海岱以平。剖符千里。爲國干城。藝文類聚五十　初學記十八

和氏外孫道生哀文

嗟爾道生。何氏之寶。玉顏豐下。曜于懷抱。朞春而育。孟冬而夭。二十三旬。奇于五日。方之期頤。百分之一。命之修短。始則有終。誰能長久。與天無窮。籛翁近千。殤子幼沖。俱反無形。冥昧之中。造化多少。豈獨爾躬。藝文類聚三十四

和氏外孫小同哀文

噍噍蕣華。朝生夕落。爾命方之。猶爲淺薄。暫有冥質。尋友冥漠。譬彼蜉蝣。不識晦朔。死尚未知。生亦焉知。爾雖旬月。我未之視。萬物混焉。天地一指。杪末嬰孩。安足稱誄。大人達觀。同之一揆。藝文類聚三十四

虎當作彪

胡母夫人哀辭

滔滔汶川。浩浩雲漢。乃眷洪族。載育英媛。幼挺芳烈。暉光日新。有美其猗。有虎其文。華茂春芳。志厲秋霜。邂逅之遇。遘茲良會。豈惟中饋。義形于外。恆憑賢明。㠯自休賴。冀享永年。偕老一世。景命伊何。忽然長逝。藝文類聚三十四

祭介子推文

醴酪二盂。棗飯二盤。御覽三十、又八百五十。

太原咸奉介君之靈。至三月清明。斷火寒食。甚若先後一月。府君僑耳。北堂書鈔一百四十三

孫統

統字承公。楚孫。征北將軍褚裒召爲參軍。不就。求爲鄞令。轉吳令。後爲餘姚令。有集九卷。

高柔集敘

柔字世遠。樂安人。才理清鮮。安行仁義。婚泰山胡母氏女。年二十。既有倍年之覺。而姿色清惠。近是上流婦人。柔家道隆崇。既罷司空參軍。安固令。營宅于伏川。馳動之情既薄。又愛翫賢妻。便有終焉之志。尚書令何充取爲冠軍參軍。僶俛應命。眷戀綢繆。不能相舍。相贈詩書。清婉辛切。世說輕詆篇注

吏部郎虞存誄

存字道長。會稽山陰人也。祖陽。散騎常侍。父偉。州西曹。存幼而卓拔。風情高逸。歷衞軍長史。尚書吏部郎。世說政事篇注

全晉文卷六十終

全晉文卷六十一

烏程嚴可均校輯

孫綽

綽字興公。統弟。除著作佐郎。出爲庾亮征西參軍。補章安令。徵拜太學博士。遷尚書郎。出爲殷浩建威長史。浩敗。王羲之引爲右軍長史。轉永嘉太守。遷散騎常侍。領著作郎。拜衞尉卿。有至人高士傳讚二卷。列仙傳讚三卷。孫子十二卷。集二十五卷。

遊天台山賦 幷序

天台山者。蓋山嶽之神秀者也。涉海則有方丈蓬萊。登陸則有四明天台。皆玄聖之所遊化。靈仙之所窟宅。夫其峻極之狀。嘉祥之美。窮山海之瓌富。盡人神之壯麗矣。所㠯不列于五嶽。闕載于常典者。豈不㠯所立冥奧。其路幽迥。或倒景于重溟。或匿峯于千嶺。始經魑魅之塗。卒踐無人之境。舉世罕能登陟。王者莫由禋祀。故事絕于常篇。名標于奇紀。然圖像之興。豈虛也哉。非夫遺世翫道。絕粒茹芝者。烏能輕舉而宅之。非夫遠寄冥搜。篤信通神者。何肎遙想而存之。余所㠯馳神運思。晝詠宵興。俛仰之閒。若已再升者也。方解纓絡。永託茲嶺。不任吟想之至。聊奮藻㠯散懷。

太虛遼廓而無閡。運自然之妙有。融而爲川瀆。結而爲山阜。嗟台嶽之所奇挺。實神明之所扶持。蔭牛宿㠯曜峯。託靈越㠯正基。結根彌于華岱。直指高于九疑。應配天于唐典。齊峻極于周詩。邈彼絕域。幽邃窈窕。近智㠯守見而不之。之者㠯路絕而莫曉。哂夏蟲之疑冰。整輕翮而思矯。理無隱而不彰。啟二奇㠯示兆。赤城霞起而建標。瀑布飛流㠯界道。覩靈驗而遂徂。忽乎吾之將行。仍羽人于丹丘。尋不死之福庭。苟台嶺之可攀。亦何羨于層城。釋域中之常戀。暢超然之高情。被毛褐之森森。振金策之鈴鈴。披荒榛之蒙蘢。陟峭崿之崢嶸。濟楢溪而直進。落五界而迅征。跨穹隆之懸磴。臨萬丈之絕冥。踐莓苔之滑石。搏壁立之翠屏。攬樛木之長蘿。援葛藟之飛莖。雖一冒于垂堂。乃永存乎長生。必契誠于幽昧。履重嶮而逾平。既克濟于九折。路威夷而脩通。恣心目之寥朗。任緩陟之從容。藉萋萋之纖草。蔭落落之長松。覿翔鸞之裔裔。聽鳴鳳之嗈嗈。過靈溪而一濯。疏煩想于心胸。盪遺塵于旋流。發五蓋之遊蒙。追羲農之絕軌。躡二老之玄蹤。陟降信宿。迄于仙都。雙闕雲竦㠯夾路。瓊臺中天而懸居。朱闕玲瓏于林閒。玉堂陰映于高隅。彤雲斐亹㠯翼櫺。皦日炯晃于綺疏。八桂森挺㠯凌霜。五芝含秀而晨敷。惠風佇芳于陽林。醴泉涌溜于陰渠。建木滅景于千尋。琪樹璀璨而垂珠。王喬控鶴㠯沖天。應真飛錫㠯躡虛。騁神變之揮霍。忽出有而入無。于是遊覽既周。體靜心閑。害馬已去。世事都捐。投刃皆虛。目牛無全。凝思幽巖。朗詠長川。爾乃羲和亭午。遊氣高褰。法鼓琅㠯振響。衆香馥㠯揚煙。肆覲天宗。爰集通仙。挹㠯玄玉之膏。嗽㠯華池之泉。散㠯象外之說。暢㠯無生之篇。悟遺有之不盡。覺涉無之有閒。泯色空㠯合跡。忽卽有而得玄。釋二名之同出。消一無于三幡。恣語樂㠯終日。等寂默于不言。渾萬象㠯冥觀。兀同體于自然。文選。藝文類聚七。

陟當作步

人當作八

望海賦

因湛亮㠯靜鏡。俯遊目于淵庭。文選顏延之應詔讌曲水詩注

五湖同浸。九江叢溉。抱河含濟。吞淮納泗。南控沅湘。西引涇渭。淵渚迢遞㠯疏屬。島嶼彯邈㠯牢羅。殖嵬崔之碣石。構穹隆之牂柯。玄奧之府。重刃之房。鱗彙萬殊。甲產無方。包隨珠。銜夜光。瑇瑁熠爍㠯泳游。蠵蠵煥爛㠯映漲。虛貝含素而表紫。蠳螺絡丹而帶緗。青甲芬颺㠯徽扇。玄木杳眇㠯舒芳。其冉木則綠苔石髮。蔓㠯流縣。紫莖萃綜。解㠯被渚。華組依波而錦披。翠綸扇風而繡舉。長鯨嶽立㠯截浪。蚴鮪揚鬐㠯排流。巨鼇贔屭㠯冠山。烏鱡呼翕㠯吞

舟。鵬爲羽桀。鯤稱介豪。翼遮半天。背負重霄。舉翰則宇宙生風。抗鱗則四瀆起濤。攸萬川㠯周覽。亮天池之綜緯。彌綸八荒。亙帶九地。昏明注之而不溢。尾閭洩之而不匱。藝文類聚八

石雞清響㠯應潮。慧鵾輕近㠯遠澈。御覽九百十八

三餘孤戲。比目雙游。初學記三十

文鯉黃鮪。御覽九百三十九

若乃惟馨陳祈。祝不愧言。或適于東。或歸于西。商客齊暘。潮流往還。各資順勢。雙帆同懸。偃如驌驦。偕馳羣如交隼軒騫。北堂書鈔一百三十八。御覽七百七十一。

遂初賦序

余少慕老莊之道。仰其風流久矣。卻感於陵賢妻之言。悵然悟之。乃經始東山。建五畝之宅。帶長阜。倚茂林。孰與坐華幕擊鐘鼓者同年而語其樂哉。世說言語篇注

諫移都洛陽疏

伏見征西大將軍臣溫表。便當躬率三軍。討除二寇。蕩滌河渭。清灑舊京。然後神旂電舒。朝服濟江。反皇居于中土。正玉衡于天極。斯超世之宏圖。千載之盛事。然臣之所懷。竊有未安。㠯爲帝王之興。莫不藉地利人和。㠯建功業。貴能㠯義平暴。因而撫之。懷愍不建。淪胥秦京。遂令胡戎交侵。神州絕綱。土崩之釁。誠由道喪。然中夏蕩蕩。一時橫流。百郡千城。曾無完郛者。何哉。亦㠯地不可守。投奔有所故也。天祚未革。中宗龍飛。非惟信順協于天人而已。實賴萬里長江。畫而守之耳。不然。胡馬久已踐建康之地。江東爲豺狼之場矣。已上十九字從世說輕詆篇注補易稱王公設險。㠯守其國。險之時義大矣哉。斯已然之明效也。今作勝談。自當任道而遺險。校實量分。不得不保小㠯固存。自喪亂㠯來六十餘年。蒼生殄滅。百不遺一。河洛丘虛。函夏蕭條。井堙木刊。阡陌夷滅。生理茫茫。永無依歸。播流

江表。已經數世。存者長子老孫。亡者丘隴成行。雖北風之思。感其素心。目前之哀。實爲交切。若遷都旋軫之日。中興五陵。卽復緬成遐域。泰山之安。既難㠯理保。烝烝之思。豈不纏于聖心哉。溫今此舉。誠欲大覽始終。爲國遠圖。向無山陵之急。亦未首決大謀。獨任天下之至難也。今發憤忘食。忠慨亮到。凡在有心。孰不致感。而百姓震駭。同懷危懼者。豈不㠯反舊之樂賒。而趣死之憂促哉。何者。植根于江外數十年矣。一朝拔之。頓驅踧于空荒之地。提挈萬里。踰險浮深。離墳墓。棄生業。富者無三年之糧。貧者無一飡之飯。田宅不可復售。舟車無從而得。捨安樂之國。適習亂之鄉。出必安之地。就累卵之危。將頓仆道塗。飄溺江川。僅有達者。夫國㠯人爲本。疾寇所㠯爲人。衆喪而寇除。亦安所取裁。此仁者所宜哀矜。國家所宜深慮也。自古今帝王之都。豈有常所。時隆則宅中而圖大。勢屈則遵養㠯待會。使德不可勝。家有三年之積。然後始可謀太平之事耳。今天時人事。有未至者矣。一朝欲一宇宙。無乃頓而難舉乎。臣之愚計。㠯爲且可更遣一將。有威名資實者。先鎮洛陽。於陵所築二壘。㠯奉衞山陵。埽平梁許。清一河南。運漕之路既通。然後盡力于開墾。廣田積穀。漸爲徙者之資。如此賊見亡徵。勢必遠竄。如其迷逆不化。復欲送死者。南北諸軍。風馳電赴。若身手之救痛痒。率然之應首尾。山陵既固。中夏小康。陛下且端委紫極。增修德政。躬行漢文簡樸之至。去小惠。節游費。審官人。練甲兵。㠯養士滅寇爲先。十年行之。無使隳廢。則貧者殖其財。怯者充其勇。人知天德。赴死如歸。㠯此致政。猶運諸掌握。何故捨百勝之長理。舉天下而一擲哉。陛下春秋方富。溫克壯其猷。君臣相與。弘養德業。括囊元吉。豈不快乎。今溫唱高議。聖朝互同。臣㠯輕微。獨獻管見。出言之難。實在今日。而臣區區必聞天德者。切㠯無諱之朝。狂瞽進說。芻蕘之謀。聖賢所察。所㠯不勝至憂。觸冒干陳。若陛下垂神。溫少

留思。豈非屈于一人。而允億兆之願哉。如吕于忤罪大。欲加顯戮。使丹誠上達。退受刑誅。雖沒泉壤。尸且不朽。（晉書孫綽傳）

父卒繼母還前親子家繼子爲服議

父沓雖有可爾之語。夫妻枕席相順之意。固非決絕之辭也。繼母喪父如禮服竟之後。不還私家。踰歲歷年。情養無二。母恩不衰。適見親子。專自任意。無所顧報。私隨其志。絕亡夫背繼子。違三從正義。亦爲大矣。今母雖不母。子何緣得計去留權輕重而降之哉。夫五服有名。不可謬施。施之于出。出義不全。施之于嫁。嫁義不成。欲降服周。于禮何居。名在居籍。私歸親子。喪柩南北。禮律私法。計其可知。便決降服。許令制周。頗在可怪。（通典九十四）

父母乖離議

三千之責。莫大于不祀之痛。必俟何時（一本作清平）而婚。或有絕嗣之門也。（通典九十八）

京兆府君遷主議

太祖雖位始九五。而道吕從暢。賛人爵之尊。篤天倫之道。所吕成教本而光百代也。（宋書禮志三）

爲功曹參軍駮事牋

綱紀居管轄之任。吕糾司外內。駮議彈射。誠無所拘。然亦所吕獻可替否。舉直繩違而已。（御覽二百四十九）

三月三日蘭亭詩序

古人吕水喻性。有旨哉斯談。非吕停之則清。混之則濁邪。情因所習而遷移。物觸所遇而興感。故振轡于朝市。則充屈之心生。閑步于林野。則遼落之志興。仰瞻羲唐。邈已遠矣。近詠臺閣。顧深增懷。爲復于曖昧之中。思縈拂之道。屢借山水。吕化其鬱結。永一日之足。當百年之溢。吕暮春之始。禊于南澗之濱。高嶺千尋。長湖萬頃。隆屈澄汪之勢。可爲壯矣。乃席芳草。鏡清流。覽卉木。觀魚鳥。具物

同榮。資生咸暢。于是和吕醇醪。齊吕達觀。決然兀矣。焉復覺鵬鷃之二物哉。耀靈縱轡。急景西邁。樂與時去。悲亦系之。往復推移。新故相換。今日之迹。明復陳矣。原詩人之致興。諒歌詠之有由。（藝文類聚四、初學記四）

表哀詩序

天地之德曰生。生之所恃沓親。親存則歡泰情盡。親亡則哀悴理極。故老萊婆娑于膝下。曾閔泣血于終年。哀悼之思至矣。自然之性篤矣。余吕薄祜。夙遭閔凶。越在九齡。嚴考即世。未及志學。過庭無聞。天覆既淪。俯憑坤厚。殖根外氏。賴吕成訓。然吕不才。不能負荷。仁妣弘母儀之德。邁榮寒之操。雕琢固頑。勉吕道義。庶幾砥礪犬馬之報。豈悟一朝復見孤棄。上天極禍。怨痛莫訴。皆由惡積咎深。不能通感。自丁荼毒。載離寒暑。茵帷塵寂。棟宇寥悦。仰悲執迹。長自矜悼。不勝哀號。作詩一首。敢冒諒闇之譏。吕申罔極之痛。（藝文類聚二十）

悽然之然當作焉

聘士徐君墓頌

晉南昌相太原縣君曰漢故聘士徐君之靈。惟君風軌英邃。德音徽遠。播飡仰芳。流宗播揚。在昔古人有言。聞伯夷之風者。懦夫有立志。仰先生之道。豈無青雲之懷哉。余吕不才。忝宰茲邑。遐宗有道。思揖遠風。乃與友人殷浩等。束帶靈墳。奉瞻祠宇。雖玉質幽潛。而目想令儀。雅音永寂。而心存高範。徘徊墟壠。仰眄松林。哀有形之短化。悼令德之長泯。憮然有感。悽然增傷。夫飄謠生于情託。雅頌興乎所欽。匪于詠述。孰寄斯懷。頌曰。

巖巖先生。邁此英風。含貞獨暢。心夷體沖。高蹈域表。淑問顯融。昂昂五賢。赫赫八俊。雖曰休明。或嬰險釁。豈若先生。保茲玉潤。超世作範。流光遐振。墳塋墨落。松竹蕭森。薈叢蔚蔚。虛宇愔愔。遊獸戲阿。嚶鳥鳴林。嗟乎徐君。不聞其音。徘徊丘側。悽焉流襟。何吕舒蘊。

援翰託心。〔藝文類聚三十六〕

賀司空循像贊

公應天縱之德。系命世之期。質與荆玉參貞。鑒與南金等照。若其好學之性。不勸而成。弱不珍玩。雅好博古。慨洙泗之邈遠。悼禮樂之不舉。于是覃思深講。銳精幽贊。雖齊孝之歸孟軻。漢王之宗仲舒。無已加焉。贊曰。

思文公侯。誕保休祥。素質玉潔。華藻金章。總角韶德。被褐韜光。自昔喪亂。征鼓日震。禮樂藏器。詩書蒙塵。哲人遐慨。垂幘澄神。仰觀洙泗。揚波絕津。方曜金鉉。協贊衡機。昊天不弔。曾不憖遺。縉紳顏範。皇德莫毗。公之云徂。華裔同悲。〔藝文類聚四十七。初學記十一。〕

孔松陽像贊

君德器純固。基宇高邃。荆玉不及喻其溫。南金未能方其厲。夫其溫恭篤誠。善誘勤勸。外身崇物。菲躬厚人。指撝必謙。動靜克讓。允有古賢之風流。乃祖之遺愛矣。肇階方尺。臨政弊邑。絜齊冬冰。澤侔春露。

於穆我后。含和體純。行範乃祖。德冠縉紳。降迹垂化。澤侔三春。超然遐舉。遺愛在民。〔藝文類聚五十〕

太常碑贊

海岱協靈。有此多士。巍巍君侯。東國之紀。金德發耀。英風劭起。文齊游夏。行儔曾史。有邈其升。令問不已。人亦有言。德崇譽高。束帛既賁。旌節仍招。儀刑朝堂。流風丹霄。將振華袞。永煥皇朝。上帝靡監。曾不遐齡。衛霍頹鎮。哲人其傾。邦國殄瘁。縉紳喪情。仰拜高範。永播休聲。〔藝文類聚四十九〕

至人高士傳讚

原憲

原憲玄默。冰清玉粹。志逸九霄。身安陋衖。常慕古賢。〔下缺。初學記十七。〕

列仙傳贊

老子

李老無為。而無不為。道一堯孔。跡又靈奇。塞關內境。冥神絕涯。永合元氣。長契兩儀。〔初學記二十三〕

商丘子

商丘卓犖。執策吹竽。渴飲寒泉。飢食昌蒲。所牧何物。殆非真豬。儻逢風雲。為我龍攄。〔世說輕詆篇注〕

名德沙門贊

康僧會

會公蕭瑟。實惟令質。心無近累。情有餘逸。屬此幽夜。振彼尤黜。超然遠詣。卓矣高出。〔高僧傳一〕

支孝龍

小方易擬。大器難像。槃桓孝龍。剋邁高廣。物競宗歸。人思効仰。雲泉彌漫。蘭風肸響。〔高僧傳四〕

康法朗

人亦有言。瑜瑕弗藏。朗公冏冏。能韜其光。敬終慎始。研覈微章。何以取證。冰堅履霜。〔高僧傳四〕

劉元真〔元真中州人。竺道潛師之。〕

索索虛衿。翳翳閑沖。誰其體之。在我劉公。談能雕飾。照足開矇。懷抱之內。豁爾每融。〔高僧傳四〕

于法威〔法威。于法開弟子。〕

易曰翰白。詩美蘋藻。斑如在湯。芬若停潦。于威明發。介然遐討。有潔其名。無愧懷抱。〔高僧傳四〕

釋道安

物有廢興。人固多宰。淵淵釋安。專能兼倍。飛聲汧隴。馳名淮海。形雖草化。猶若常在。〔高僧傳五。法苑珠林二十四。〕

竺法

淒風拂林。鳴絃映壑。爽爽法汰。校德無怍。事外蕭灑。神內恢廓。實從前起。名隨後躍。（高僧傳五。名德沙門論目）

竺道壹

馳騁游說。言固不虛。（高僧傳作騁辯說言因緣不虛）唯茲壹公。綽然有餘。譬若春圃。載芬載敷。條柯猗蔚。枝榦扶疎。（傳作疏。世說言語篇注、高僧傳五）

支愍度

支度彬彬。好是拔新。俱稟昭見。而能越人。世重秀異。咸競爾珍。孤桐嶧陽。浮磬泗濱。（世說假譎篇注）

全晉文卷六十一終

烏程嚴可均校輯

孫綽二

名德沙門論目

釋道安博物多才通經名理高僧傳五法苑珠林二十四出三藏記集十五

竺道壹文鋒富贍世說言語篇注

難謝萬八賢論

體玄識遠者出處同歸世說文學篇注

喻道論

或有疑至道者喻之曰夫六合遐邈庶類殷充千變萬化渾然無端是㠯有方之識各期所見鱗介之物不達皋壤之事毛羽之族不識流浪之勢自得於窞井者則怪遊溟之量翻翥于數仞者則疑沖天之力纏束世教之內肆觀周孔之跡謂至德窮于堯舜微言盡乎老易焉復覩夫方外之妙趣寰中之玄照乎悲夫章甫之委裸俗韶夏之棄鄙俚至眞絕于漫習大道廢于曲士也若窮迷而不還者非辭喻之所感試明其旨庶乎有悟于其閒者焉

夫佛也者體道者也道也者導物者也應感順通無爲而無不爲者也無爲故虛寂自然無不爲故神化萬物萬物之求卑高不同故訓致之術或精或麤悟上識則舉其宗本不順者復殃放酒者者羅刑婬爲大罰盜者抵罪三辟五刑犯則無赦此王者之常制宰牧之所司也若聖王御世百司明達則向之罪人必見窮測無逃形之地矣使姦惡者不得容其私則國無違民而賢善之流必見旌敘矣且君明臣公世清理治猶能令善惡得所曲直不濫況神明所莅無遠近幽深聰明正直罰惡祐善者哉故毫釐之功錙銖之釁報應之期不可得而差矣歷觀古今禍福之證皆有由緣載籍昭然豈可掩哉何者陰謀之門子孫不昌三世之將道家明

極當作拯

忌斯非兵凶戰危積殺之所致邪若夫魏顆從治而致結草之報子都守信而受驪驥之錫齊襄委罪故有墜車之禍晉惠棄禮故有弊韓之困斯皆死者報生之驗也至于宣孟愍翳桑之饑漂母哀淮陰之憊並㠯一餐極其懸餒而趙蒙倒戈之祜母荷千金之賞斯一獲萬報不踰世故立德闇昧之中而慶彰萬物之上陰行陽曜自然之勢譬猶灑粒于土壤而納百倍之收地穀無情于人而自然之利至也

或難曰報應之事誠皆有徵則周孔之教何不去殺而少正卯刑二叔伏誅邪答曰客可謂達教聲而不體教情者也謂聖人有殺心乎曰無也答曰子誠知其無心于殺殺固百姓之心耳夫時移世異物有薄澹結繩之前陶然太和暨于唐虞禮法始興爰逮三代刑網滋彰刀斧雖嚴而猶不懲至于君臣相滅父子相害吞噬之甚過於豺虎聖人知人情之固于殺不可一朝而息故漸抑㠯求厥中猶蝮蛇螫足斬之㠯全身癰疽附體決之㠯救命亡一㠯存十亦輕重之所權故刑依秋冬所㠯順時殺春蒐夏苗所㠯簡胎乳三驅之禮禽來則韜弓聞聲覩生肉至則不食釣而不綱弋不射宿其于昆蟲每加隱惻至于議獄緩死眚災肆赦刑疑從輕寧失有罪流涕授鉞哀矜勿喜生育之恩篤矣仁愛之道盡矣所謂爲而不恃長而不宰德被而功不在我日用而萬物不知舉茲㠯求足㠯悟其歸矣

或難曰周孔適時而教佛欲頓去之將何㠯懲暴止姦統理羣生者哉答曰不然周孔卽佛佛卽周孔蓋外內名之耳故在皇爲皇在王爲王佛者梵語晉訓覺也覺之爲義悟物之謂猶孟軻㠯聖人爲先覺其旨一也應世軌物蓋亦隨時周孔救極弊佛教明其本耳共爲首尾其致不殊卽如外聖有深淺之跡堯舜世夷故二后高讓湯武時難故兩君揮戈淵默之與赫斯其赫則胡越然其

其赫之赫當作迹

所吕跡者何嘗有際哉故逆尋者每見其二順通者無往不一或難曰周孔之敎吕孝爲首孝德之至百行之本本立道生通于神明故子之事親生則致其養沒則奉其祀三千之責莫大無後體之父母不敢夷毀是吕樂正傷足終身含愧也而沙門之道委離所生棄親即疏刓剔鬚髮殘其天貌生廢色養終絶血食骨肉之親等之行路背理傷情莫此之甚而云弘道敦仁廣濟羣生斯何異斬刈根本而修枝榦而言不殞碩茂未之聞見皮之不存毛將安附此大乖于世敎子將何吕祛之荅曰此誠窮俗之所甚惑倒見之爲大謬諮嗟而不能默已者也夫父子一體惟命同之故母囓其指兒心懸駭者同氣之感也其同無閒矣故唯得其歡心孝之盡也父隆則子貴子貴則父尊故孝之爲貴貴能立身行道永光厥親若匍匐懷袖日御三牲而不能令萬物尊己舉世我賴吕之養親其榮近矣夫緣督吕爲經守柔吕爲常形名兩絶親我交忘養親之道也既已明其宗且復爲客言其次者夫忠孝名不竝立潁叔違君書稱純孝石碏戮子武節乃全傳曰子之能仕父敎之忠策名委質貳乃辟也然則結纓公朝者子道廢矣何則見危授命誓不顧親皆名注史筆事標敎首記注者豈復吕不孝爲罪故諺曰求忠臣必于孝子之門明其雖小違于此而大順于彼矣且鯀放迟裔而禹不告退若令委堯命吕尋父屈至公于私感斯一介之小善非大者遠者矣周之泰伯遠棄骨肉託跡殊域祝髮文身存亡不反而論稱至德書著大賢誠吕其忽南面之尊保冲虛之貴三讓之功遠而毀傷之過微也故能大革夷俗流風垂訓夷齊同餓首陽之上不恤孤竹之胤仲尼目之爲仁賢評當者豈復可言悖德乎梁之高行毀容守節宋之伯姬順理忘生竝名冠烈婦德範諸姬秉二婦之倫免愚悖之譏耳率此吕談在乎所守之輕重可知也昔佛爲太子棄國學道欲全形吕遁恐不免維

及當作反

姿當作恣

繫故釋其鬚髮變其章服既外示不及內修簡易于是捨華殿而即曠林解龍袞吕衣鹿裘遂垂條爲宇藉草爲茵去櫛梳之勞息湯沐之煩頓駟鶩之轡塞欲動之門目遏玄黃耳絶淫聲口忘甘苦意放休戚心去于累胷中抱一載平營魄內思安般一數二隨三止四觀五還六淨遊志三四出入十二門禪定拱默山停淵淡神若寒灰形猶枯木端造六年道成號佛三達六通正覺無上雅身丈六金色焜耀光遏日月聲協八風相三十二好姿八十形偉羣有神足無方于是遊步三界之表姿化無窮之境迴天儛地飛山結流存亡倏忽神變緜邈意之所指無往不通大範羣邪遷之正路衆魔小道靡不尊服于斯時也天清地潤品物咸亨蠢蠕之生浸毓靈液枯槁之類改瘁爲榮還照本國廣敷法音父王感悟亦升道場吕此榮親何孝如之于是後進篤志之士被服弘訓思齊高軌皆由父老不異所尚承歡心而後動耳若有昆弟之列者則服養不廢既得弘修大業而恩紀不替且令逝沒者得福報吕生天不復顧歆于世祀斯豈非兼善大通之道乎夫東鄰宰牛西鄰禴祀殷美黍稷周尚明德興喪之期于兹著矣佛有十二部經其四部專吕勸孝爲事慇懃之旨可謂至矣而俗人不詳其源流未涉其場肆便瞽言妄說輒生攻難吕螢燭之見疑三光之盛芒隙之滴怪淵海之量吕誣罔爲辨吕果敢爲名可謂狎大人而侮天命者也宏明集三

支道林者識淸體順而不對于物玄道沖濟與神情同任此遠流之所吕歸宗悠悠者所吕未悟也高僧傳四

近洛中有竺法行談者吕方樂令江南有于道邃識者吕對勝流皆當時共所見聞非同志之私譽也高僧傳四

道賢論以天竺七僧方竹林七賢

護公德居物宗巨源位登論道二公風德高遠足爲流輩矣高僧傳一

（竺法護又見出三藏集記十三）

帛祖釁起于管蕃中散禍作于鍾會二賢並目俊邁之氣昧其圖身之慮栖心事外輕世招患殆不異也（高僧傳一帛遠）

法乘安豐少有機悟之鑒雖道俗殊操阡陌可目相準（高僧傳四竺法乘）

潛公道素淵重有遠大之量劉伶肆意放蕩目宇宙為小雖高栖之業劉所不及而曠大之體同焉（高僧傳四竺道潛字法深王敦弟）

支遁向秀雅尚莊老二子異時風好玄同矣（高僧傳四支遁）

蘭公遺身高尚妙迹殆至人之流阮步兵傲獨不羣亦蘭之儔也（高僧傳四于法蘭）

太平山銘

隗峩太平峻踰華霍秀嶺樊縕奇峯挺崿上干翠霞下籠丹壑有士冥遊默往寄託肅形枯林映心幽漠亦既覿止渙焉融滯懸棟翠微飛宇雲際重巒蹇產迴溪縈帶被目青松灑目素瀨流風佇芳翔雲停藹（藝文類聚八）

漏刻銘

二儀貞運聖鑒通玄數目氣徵理目象宣乃制妙漏（文選注作器）挈壺是銓近取諸物遠贊自然累筒三階積水成淵器滿則盈乘虛赴下靈虬吐注陰蟲承寫昏明無隱其晷度陰陽是效其屈伸不下堂而天地理得設一器而萬事同倫（藝文類聚六十八文選陸倕新刻漏銘注引兩條御覽二）

樽銘（御覽作陽遂樽銘）

大匠體物妙思入神儀彼靈禽制氣為人虛目含有文目飾身湛此元醴延我嘉賓興懷寄詠聊目摽設詳觀茲器妙巧奇絕酌焉則注受滿則側吐寫適會未見其竭與之無若施而有節元應忘知功存不伐王公擬之德齊上哲（藝文類聚七十三御覽七百六十一）

絹扇銘

圓竹範素製為新扇靜若望月動若規電清風拂襟素暉流藉（北堂

書鈔一百三十四）

庾公誄

咨予與公風流同歸擬量託情視公猶師君子之交相與無私虛中納是吐誠誨非雖實不敏敬佩弦韋永戢話言口誦心悲（世說方正篇注輕詆篇注並引綽集）

王長史誄

余與夫子交非勢利心猶澄水同此玄味（世說輕詆篇）

劉真長誄

居官無官官之事處事無事事之心（晉書劉惔傳）

丞相王導碑

公𦙍與姬文氏由王喬玄聖陶化目啟源靈仙延祉目分流賢俊相承世冠海岱二儀交泰妙氣發暉醇曜所鍾公實應之玄性合乎道旨沖一體之自然柔暢協乎春風溫而侔于冬日信人倫之水鏡道德之標準也惠懷之際運在大過皇德不建神鼎再絕獫狁孔熾凶類猋起公見機而作超然玄悟遂扶翼蕃王室協東岳弘大順目一羣后之望仗王道目應天人之會于時乾維肇振創制理物中宗拱己雅仗賢相尚父之任具瞻在公存烹鮮之義殉易簡之政大略宏規卓然可述公雖好談詠恂然善誘雖管綜時務一日萬機夷心目延白屋之士虛巳目招巖穴之俊逍遙放意不峻儀軌公執國之鈞三十餘載時難世故備經之矣夷險理亂常保元吉匪躬而身全遺功而勳舉非夫領鑒玄達百鍊不渝孰能莫忤于世而動與理會者哉（藝文類聚四十五）

太宰郗鑒碑

公蓋黃帝之苗裔氏族所由皆紀于祖御史大夫之碑矣靈和誕授載有公侯至德碩量天實挺之琅邪王應天啟之運闡中興之道思延英賢目匡王業乃假兗州刺史金章仍割玄鉞載飾于時

猲寇凶熾羣逆猋起公奮其忠勇精貫白日信順爲甲冑大節爲城池故能摧卻凶寇全身濟功惟公德器純固體識深弘敦尚衡門則服膺曾閔毗亮皇極則憲章元凱篤誠脩于帝心明允著于莅政信鍾山之珪璧歲寒之靈木者也

摛藻風雲策名帝籙肇階方尺遂隆台岳王室未休吾何以豫興言再慨思康天步將俾皇化歸之大素彼蒼者天曾不遐祚哲人其萎民斯攸慕嗟爾後昆式瞻宏度（藝文類聚四十五）

太尉庾亮碑

次黃中以啟曹鍾遐武于軒轅爰及晉代世號多士公吸峻極之秀氣誕命世之深量微言散于秋毫玄風暢乎德音闚門者貴其凝峙入室者議其通玄標形者得之廊廟悟日者期諸濠川提挈南翔息肩靈越會大君有命納妃德門自求多福辭不獲已鳳羽籠于華樊麟趾縶于椒房王敦阻兵覦權志窺神器乃轉公左衞

將軍要雄戟以扶華轂勒武旅以翼豹尾死難之心義形于色親受中詔犇告方伯于是羣后契盟同稟高謀嚴栖懷德以嚮赴義拯神器于獸吻扶帝座于已傾王室之不壞翳伯舅是賴公以爲戰伐之謀仁所恥聞況立德弘道年幾不惑闔門沈舟將遠迹山海詔累遣侍中黃門逼以嚴制知不獲免乃固求外任江外無烽燧之警宇內歸穆然之美公雅好所託常在塵垢之外雖柔心應世蠖屈其迹而方寸湛然固以玄對山水（已上三十一字從世說容止篇注補）銘曰

金德時昏乾綱絕紀素靈南映中宗蔚起誰其贊之數鍾伊公達人忘懷形隨運通再潛再躍婉若游龍（藝文類聚四十六）

太傅褚裒碑

公資清剛之正氣挺純粹之茂質深量體于自然沖識足乎弱冠含章內映而不運皦察之明玄識沈通而不以浮藻曜物穆然忘容塵務不干其度默爾獨得膚受莫測其奧加以溫恭孝友少思

寡欲都督兖州刺史將以藩屏畿甸綏授分內會康皇晏駕太后臨朝總己之重民無異望乃徵將軍中書令錄尚書事公要終之識定于介石雖事已未來而情以本應顧以主少國危方難未夷思清函夏以一天宇且帝命所存以社稷爲寄謀身雖重方此爲輕深爲意疾俛首撫順公志在芟夷兇類拯拔晉民繕甲練卒日不暇給者久矣遂見機而作躓其釰履將龍馬河洛電埽司豫廟算以逆徒尚繁困獸難逼命公還旆以俟齊舉雖元勳未捷義聲亦足以振暴于華夷矣銘曰

邈邈遠遊亹亹令圖將激淮海灑滌中區雅業未究哲人其徂敢勒玄后敬刊高謨（藝文類聚四十六）

司空庾冰碑

君喻嶠巖之玄精挹清瀨之潔流貞質謀于白珪明操厲于南金雖名器未及而任盡臣道正身提衡銓括百揆知無不爲謀必鮮

過端委待旦則有心宣孟以約訓儉則擬議季文君平恒無私己謙寡欲當世之所難于君易之矣于是慨然遠鑒量己而退高挹帷幙投迹藩屏夫良玉以經焚不渝故其貞可貴竹柏以蒙霜保榮故見殊列樹治而不亂者有矣未有亂而彌治者也攷終以證始卽事以徵心少長能一其度貴賤不一其道文康之雅量于是乎弘著矣銘曰

洋洋浚潁巖巖神嵩流滌渭氣頹扇祥風篤生公侯情靈德充臨川擬潔仰華思崇履險思夷處滿思沖方恢遠猷皇極是贊繁霜夏被修梧摧幹人之云徂朝野咸歎儀刑永戢光風長煥（藝文類聚四十七）

潁州府君碑

君天縱傑邁奇逸卓犖茂才亮拔雅度恢廓通理遠鑒之識禮樂飾身之具固以足之于天仞冠之于縉紳出匡南位功深于罰金

鼂三曜。沖懷再發。道光古賢。風改彫僞。允可謂明德宏猷。贊世之偉器者矣。矯矯秀姿。卓卓英韻。他人之高。及肩而已。遨命有數。託生皇代。所忝之至。人知其幸。況在懷情。而無自識。但親勤未效。違離已及。低徊房禁。攀戀罔遺。藝文類聚五十

桓玄城碑 按桓字疑誤

俯仰顯默之際。優游可否之閒。文選傅亮爲宋公修張良廟教注

孫子

黃帝之遊天衢。奏鈞天之鼓。建日月之旗。乘翔雲之輿。駕六翼之龍。彭祖前驅。松喬夾轂。光景流而不見。長風逐而不及。發軔紫宮。不崇朝而帀六合也。北堂書鈔十六引三條。御覽七十九

海人與山客辨其方物。海人曰。橫海有魚。額若華山之頂。一吸萬頃之波。山客曰。鄧林有木。圍三萬尋。直上千里。旁蔭數國。海人曰。東極有大人。斬木爲策。短不可杖。釣魚爲鮮。不足充餔。法苑珠林三十七。御覽七十二。又三百七十七。八百三十四。九百五十二

譙周說後主降魏可乎。曰。自爲天子而乞降請命。何恥之深乎。夫爲社稷死則死之。爲社稷亡則亡之。先君正魏之篡。不與同天矣。推過于其父。俛首而事讎。可謂苟存。豈大居正之道哉。蜀志譙周傳注。御覽四百四十七

撫明鏡。則好醜之貌可見。文選謝靈運晚出西射堂詩注

或問雅俗。曰。判風流。正位分。涇渭殊流。雅鄭異調。題帖分明。標榜可觀。斯謂之雅俗矣。文選任昉哭范僕射詩注。又爲范雲讓吏部封侯第一表注。沈約奏彈王源注。任昉爲百辟勸進今上牋注。王儉褚淵碑注

或問賈誼不遇漢文。將退耕于野乎。薄遊于朝乎。文選謝朓休沐重還道中詩注

秋霜被。不凋其秀。文選謝朓和八公山詩注

或問人物。曰。察虛實。審眞僞。斷成敗。定終始。斯可謂之人物矣。文選任昉爲蕭揚州薦士表注

聖賢極其標榜。有大力矣。文選袁宏三國名臣贊注

莊子多寄言。渾沌得宗。罔象得珠。文選沈約宋書謝靈運傳論注

由禮則雅。不由禮則夷。文選任昉王文憲集序注

藝妙者已入神。文選新刻漏銘注

貞人在冬。則松竹。在火則玉英。文選陽給事誄注

急電無停光。疾雷無餘聲。御覽十三

道一者帝。德充者王。依仁仗義者霸。無爲而治者道也。爲能不待者德也。存三亡國仁也。責貢不入義也。御覽七十六

典籍文章之言也。治出于天。辭宣于仁。御覽六百六

何世之無才。何才之無施。良匠提斧斤。造山林。梁棟阿衡之才。櫨柱榱椽之朴。森然陳于目前。大厦之器具矣。御覽七百六十四

仲尼見滄海橫流。故務爲舟航。御覽七百七十

動而不乘理。若泛舟而無柁。御覽七百七十一

喙當作啄

阜上脫北字

木名之木字衍

命鶴而遊五都之市。天下之貨畢陳矣。御覽八百三十六

大光明天者。燈燭何施焉。御覽八百七十

鳥窮則喙。人窮則詐。御覽九百十四

阜有木焉。木名時好。御覽九百六十

全晉文卷六十二終

全晉文卷六十三

烏程嚴可均校輯

孫盛一

盛字安國統從弟爲著作佐郎出補瀏陽令歷參陶侃庾亮庾翼桓溫軍事從溫平蜀封安懷縣侯遷從事中郎從平洛進封吳昌縣侯補長沙太守遷祕書監加給事中卒年七十二有魏氏春秋二十卷晉陽秋三十二卷集十卷

鏡賦序

余昔于吳市得見青明鏡卽異之及睎日映水光采流曜有殊衆鑒乃始知曠世金精實不貲之異物也北堂書鈔一百三十六

奏事

諸違令私作鎧一領角弩力七石已上一張戟十枚已上皆棄市御覽三百五十三

作南蓉令教

且欲先婚配境內然後督其農桑御覽八百二十二

與羅君章書君章名含

省更生論括囊變化窮尋聚散思理既佳又指味辭致亦快是好論也然吾意猶有同異以今萬物化爲異形者不可勝數應理不失但隱顯有年載然今萬化猶應多少有還得形者無緣盡當須冥遠耳目不復開逐然後乃復其本也吾謂形既粉散知亦如之紛錯混淆化爲異物他物各失其舊非復昔日此有情者所以悲歎若然則足下未可孤以自慰也弘明集五

太伯三讓論

孔子曰太伯其可謂至德也已矣三以天下讓民無得而稱焉鄭玄以爲託採藥而行一讓也不奔喪二讓也斷髮文身三讓也三者之美皆隱蔽而不著王肅曰其讓隱故民無得而稱焉盛謂玄既失之而肅亦未爲暢也玄之所云三迹顯然天下所共見也何得云隱而未著乎三迹苟著則高讓可知亦復不得云其讓隱也蓋泰伯之出讓迹已露不奔喪故一事耳斷髮之言與左傳明文相背又不經也然則稱三讓者其在古公至文王乎周之王業顯于亶父受命于昌泰伯玄覽棄周太子之位一讓也假託遜遁受不赴喪之譏潛推大美二讓也無胥嗣而不養仲雍之子以爲己後是其深思遠妨令周嫡在昌天人叶從四海悠悠無復纖芥疑惑三讓也凡此三者帝王之業故孔子曰三以天下讓言非其常讓若臧札之倫者也藝文類聚二十一　御覽四百二十四

妨當作訪

老聃非大賢論

頃獲閑居復申所詠仰先哲之玄微考大賢之靈術詳觀風流究覽行止高下之辨殆可髣髴夫大聖乘時故迹浪于所因大賢次微故與大聖而舒卷所因不同故有揖讓與干戈迹乖次微道亞

故行藏之軌莫異亦有龍虎之從風雲形聲之會影響理固自然非召之也是故箕文同兆元吉于虎兕之吻顏孔俱否逍遙于匡陳之間唐堯則天稷契翼其化湯武革命伊呂贊其功由斯以言用舍影響之論惟我與爾之談豈不信哉何者大賢庶幾觀象知器預襲吉凶是以運形斯同御治因應對接羣方終保元吉窮通滯礙其揆一也但欽聖樂易有待而享欽冥而不能冥悅寂而不能寂以此爲優劣耳至于中賢第三之人去聖有間故冥體之道未盡自然運用自不得玄同然希古存勝高想頓足仰慕淪風專詠至虛故有棲峙林壑若巢許之倫者言行抗轡如老彭之徒者亦非故然理自然也夫形躁好靜質柔愛剛讀所常習愒所希聞世俗之常也是以見偏抗之辭不復尋因應之適覩矯誑之論不復悟過直之失耳按老子之作與聖教同者是代大匠斲駢拇枝指之喻其詭乎聖教者是遠救世之宜違明道若昧之義也六經

常當作嘗

何常闕虛靜之訓謙沖之誨哉。孔子曰述而不作。信而好古。竊比于我老彭。尋斯旨也。則老彭之道。以籠罩乎聖教之內矣。且指說二事而已。非實言也。何以明之。聖人淵寂。何不好哉。又三皇五帝以下。靡不制作。是故易象經墳。爛然炳著。棟宇衣裳。與時而興。安在述而不作乎。故易曰聖人作而萬物觀。斯言之證。蓋指說老彭之德有以髣髴類己形迹之處所耳。亦猶匿怨而友其人。左丘明恥之。丘亦恥之。豈若于吾言無所不說。相體之至也。且顏孔不以導養爲事。而老彭養之。孔顏同乎斯人。而老彭異之。凡斯數者。非不亞聖之迹。而又其書往往矛盾。粗列如左。大雅縉紳。幸祛其弊惑。又不達老聃輕舉之旨。爲欲著訓戎狄。宣導殊俗乎。若欲明宣導殊類。則左衽非玄化之所。孤遊非嘉遯之舉。諸夏陵遲。敷訓所先。聖人之教。自近及遠。未有譸張避險。如此之遊也。若懼禍避地。則聖門可隱。商朝魯邦。有無如者矣。苟得其道。則遊刃有餘。觸地

元吉。何違天心于戎貊。如不能然者。得無庶于朝隱而神仙之徒乎。昔裴逸民作崇有貴無二論。時談者或以爲不達虛勝之道者。或以爲矯時流遁者。余以爲尚無既失之矣。崇有亦未爲得也。道之爲物。唯恍與惚。因應無方。唯變所適。值澄淳之時。則司契垂拱。遇萬動之化。則形體勃興。是以洞鑒雖同。有無之教異。陳聖致雖一。而稱謂之名殊。自唐虞不希結繩。湯武不擬揖讓。夫豈異哉。時運故也。而伯陽以執古之道。以御今之有。逸民欲執今之有。以絕古之風。吾故以爲彼二子者。不達圓化之道。各矜其一方者耳。廣弘明集五

魏氏春秋評

曹公征陶謙所過多所殘戮

夫伐罪弔民。古之令軌。罪謙之由。而殘其屬部。過矣。魏志武帝紀注

曹公哭袁紹墓

昔者先王之爲誅賞也。將以懲惡勸善。永彰鑒戒。紹因世艱危。遂懷逆謀。上議神器。下干國紀。荐社汚宅。古之制也。而乃盡哀于逆臣之家。加恩于饕殄之室。爲政之道。于斯躓矣。夫匿怨友人。前哲所恥。稅駕舊館。義無虛涕。苟道乖好絕。何哭之有。昔漢高祖失之于項氏。魏武遵謬于此舉。豈非百慮之一失也。魏志武帝紀注

田豐

觀田豐沮授之謀。雖良平何以過之。故君貴審才。臣尚量主。君用忠良。則伯王之業隆。臣奉闇君。則覆亡之禍至。存亡榮辱。常必由茲。豐知紹將敗。敗則己必死。甘冒虎口。以盡忠規。烈士之于所事。慮不存己。夫諸侯之臣。義有去就。況豐與紹非純臣乎。詩云。逝將去汝。適彼樂土。言去亂邦。就有道可也。魏志袁紹傳注

韓浩斬劫質者

案光武紀。建武九年。盜劫陰貴人母弟。吏以不得拘質迫盜。盜遂殺之也。然則合擊者。乃古制也。自安順已降。政教陵遲。劫質不避

王公。而有司莫能遵奉國憲者。浩始復斬之。故魏武嘉焉。魏志夏侯惇傳注

華歆迎降孫策爲策上賓

夫大雅之處世也。必先審隱顯之期。以定出處之分。否則括囊以保其身。泰則行義以達其道。歆既無夷皓韜邈之風。又失王臣匪躬之操。故撓心于邪儒之說。交臂于陵肆之徒。位奪于一豎。節墮于當時。昔許蔡失位。不得列于諸侯。州公實來。魯人以爲賤恥。方之于歆。咎孰大焉。魏志華歆傳注

華歆嫁賜生口

或問。慶賞威刑。必宗于主。權宜宥怨。出自人君。子路私饋。仲尼毀其食器。田氏盜施。春秋著以爲譏。斯褒貶之成言。已然之顯義也。拏戮之家。國刑所肅。受賜之室。乾施所加。若在哀矜。理無偏宥。歆居股肱之任。同元首之重。則當公言皇朝。以彰天澤。而默受嘉賜。

乏當作之

獨爲君子既犯作亂之嫌又違必去之義可謂匹夫之仁蹈道則未也（魏志華歆傳注）

曹公哀子沖謂諸子此我之不幸而汝曹之幸

春秋之義立嫡以長不以賢沖雖存也猶不宜立況其既沒而發斯言乎詩云無易由言魏武其易之也（魏志鄧哀王沖傳注）

文聘

資父事君忠孝道一臧霸少有孝烈之稱文聘著垂泣之誠是以魏武一面委之以二方之任豈直壯武見知于倉卒之閒哉（魏志文聘傳注）

曹公掾屬往往加杖何夔畜毒藥誓死無辱

夫君使臣以禮臣事君以忠是以上下休嘉道光化洽公府掾屬古之造士也必擢時雋搜揚英逸得其人則論道之任隆非其才則覆餗之患至苟有疵釁刑黜可也加其捶扑之罰肅以小懲之戒豈導之以德齊之以禮之謂與然士之出處宜度德投趾可不乏之節必審于所蹈故高尚之徒抗心于青雲之表豈王侯之所能臣名器之所羈紲哉自非此族委身世塗否泰榮辱制之由時故箕子安于孥戮柳下夷于三黜蕭何周勃亦在縲紲夫豈不辱君命故也夔知時制而甘其寵挾藥要君以避微恥詩云唯此褊心何夔其有焉放之可也宥之非也（魏志何夔傳注）

和洽論選用不宜專尚儉節

昔先王御世觀民設教雖質文因時損益代用至于車服禮秩貴賤等差其歸一揆魏承漢亂風俗侈泰誠宜仰思古制訓以約簡使奢不陵肆儉足中禮進無蜉蝣之制退免采莫之譏如此則治道隆而頌聲作矣夫矯枉過正則巧僞滋生以克訓下則民志險隘非聖王所以陶化民物閑邪存誠之道和洽之言于是允矣（魏志和洽傳注）

張遼守合肥

夫兵固詭道奇正相資若乃命將出征推轂委權或賴率然之形或憑掎角之勢羣帥不和則棄師之道也至于合肥之守縣弱無援專任勇者則好戰生患專任怯者則懼心難保且彼衆我寡必懷貪墮以致命之兵擊貪墮之卒其勢必勝勝而後守守則必固是以魏武推選方員參以同異爲之密教節宣其用事至而應若合符契妙矣夫（魏志張遼傳注）

趙儼任詐

盛聞爲國以禮民非信不立周成不棄桐葉之言晉文不違伐原之誓故能隆刑措之道建一匡之功儼既詐留千人使效心力始雖權也宜以信終兵威既集而又逼徙信義喪矣何以臨民（魏志趙儼傳注）

曹公黜毛玠

魏武于是失政刑矣易稱明庶折獄傳有舉直措枉庶獄明則國無怨民枉直當則民無不服未有徵青蠅之浮聲信浸潤之譖訴可以允釐四海惟清緝熙者也昔者漢高獄蕭何出復相之玠之一責永見擯放二主度量豈不殊哉（魏志毛玠傳注）

文帝幸鄴東城門爲夏侯惇發哀

在禮天子哭同姓于宗廟門之外哭于城門失其所也（魏志文帝紀注）

文帝居喪大饗

昔者先王之以孝治天下也內節天性外施四海存盡其敬亡極其哀思慕諒闇寄政冢宰故曰三年之喪自天子達于庶人夫然故在三之義惇臣子之恩篤雍熙之化隆經國之道固聖人之所以通天地厚人倫顯至教敦風俗斯萬世不易之典百王服膺之制也是故喪禮素冠鄶人著庶見之譏宰予降朞仲尼發不仁之歎子頹忘戚君子以爲樂禍魯侯易服春秋知其不終豈不以墜

至痛之誠心。喪哀樂之大節者哉。故雖三季之末。七雄之弊。猶未有廢縗斬于旬朔之閒。釋麻杖于反哭之日者也。逮于漢文。變易古制。人道之紀。一旦而廢。縗素奪于至尊。四海散其遏密。義感闕于羣后。大化墜于君親。雖心存貶約。慮在經綸。至于樹德垂聲。崇化變俗。固已道薄于當年。風頽于百代矣。且武王載主而牧野不陣。晉襄墨縗而三帥爲俘。應務濟功。服其焉害。魏王既追漢制。替其大禮。處莫重之哀而設饗宴之樂。居諂厥之始而墜王化之基。及至受禪。顯納二女。忘其至恤以誣先聖之典。天心喪矣。將何以終。是以知王齡之不遐。卜世之期促也。魏志文帝紀注

蘇則事魏聞魏代漢以爲漢帝崩因在郡發喪

夫士不事其所非。不非其所事。趣舍出處。而豈徒哉。則既策名新朝。委質異代。而方懷二心。生忿欲奮爽言。豈大雅君子去就之分哉。詩云。士也罔極。二三其德。士之二三。猶喪匹耦。況人臣乎。魏志蘇則傳注

禁婦人與政

夫經國營治。必憑俊哲之輔。賢達令德。必居參亂之任。故雖周室之盛。有婦人與焉。然則坤道承天。南面罔二。三從之禮。謂之至順。至于號令。自天子出。姦事專行。非古義也。昔在申呂。實匡有周。苟以天下爲心。惟德是杖。則親疏之授。至公一也。何至后族而必斥遠之哉。二漢之季世。王道陵遲。故令外戚憑寵。職爲亂階。于此自時昏道喪。運祚將移。縱無王呂之難。豈乏田趙之禍乎。而後世觀其若此。深懷酖毒之戒也。至于魏文。遂發一槩之詔。可謂有識之爽言。非帝者之宏議。魏書文帝紀注

陳羣等止明帝送葬

夫窀穸之事。孝子之極痛也。人倫之道。于斯莫重。故天子七月而葬。同軌畢至。夫以義感之情。猶盡臨隧之哀。況乎天性發中。敦禮

者重之哉。魏氏之德。仍世不基矣。昔華元厚葬。君子以爲棄君于惡。羣等之諫。棄孰甚焉。魏志文帝紀注

魏諸后皆起自幽賤

古之王者。必求令淑。以對揚至德。恢王化于關雎。致淯風于麟趾。及臻三季。並亂兹緒。義以情溺。位由寵昏。貴賤無章。上陵下替。興衰隆廢。皆是物也。魏自武王。暨于烈祖。三后之升。起自幽賤。本既卑矣。何以長世。詩云。絺兮綌兮。淒其以風。其此之謂乎。魏志明悼毛后傳注

鍾繇王肅著論以司馬朗爲伊顏之徒

繇既失之。朗亦未爲得也。昔湯舉伊尹。而不仁者遠矣。易稱顏氏之子。其殆庶幾乎。有不善。未嘗不知。知之未嘗復行。由此而言。聖人之與大賢。行藏道一。舒卷斯同。御世垂風。理無降異。升泰之美。豈俟積世哉。善人爲邦百年。亦可以勝殘去殺。又曰。不踐迹。亦不入于室。數世之論。其在斯乎。方之大賢。固有間矣。魏志司馬朗傳注

明帝封謚殤女爲之立後

于禮。婦人既無封爵之典。況于孩末而可建以大邑乎。惠自異族。援繼非類。匪功匪親。而襲母爵。違情背典。于此爲甚。陳羣雖抗言。楊阜引事比並。然皆不能極陳先王之禮。明封建繼嗣之義。忠至之辭。猶有闕乎。詩云。赫赫師尹。民具爾瞻。宰輔之職。其可略哉。魏志文昭甄后傳注

魏諸王同匹夫

異哉魏氏之封建也。不度先王之典。不思藩屏之術。違敦睦之風。背維城之義。漢初之封。或權侔人主。雖云不度。時勢然也。魏氏諸侯。陋同匹夫。雖懲七國。矯枉過也。且魏之代漢。非積德之由。風澤既微。六合未一。而彫翦枝幹。委權異族。勢同瘣木。危若巢幕。不嗣忽諸。非天喪也。五等之制。萬世不易之典。六代興亡。曹冏論之詳矣。魏志陳思王植傳注

王肅請稱漢帝爲皇㠯配其謚

化合神者曰皇。德合天者曰帝。是故三皇創號。五帝次之。然則皇之爲稱。妙于帝矣。肅謂爲輕。不亦謬乎。（魏志王肅傳注）

陳羣諫營宮室

周禮天子之宮。有斲礱之制。然質文之飾。與時推移。漢承周秦之弊。宜敦儉約之化。而何崇飾宮室。示侈後嗣。此乃武帝千門萬戶所㠯大興。豈無所復增之謂邪。況乃魏氏方有吳蜀之難。四海罹塗炭之艱。而述蕭何之過議。㠯爲令軌。豈不惑于大道。而昧得失之辨哉。使百代之君。眩于奢侈之中。何之由矣。詩云。斯言之玷。不可爲也。其斯之謂乎。（魏志陳羣傳注）

有司豫定明帝廟號

夫謚㠯表行。廟㠯存容。皆于既沒。然後著焉。所㠯原始要終。㠯示百世者也。未有當年而逆制祖宗。未終而豫自尊顯。昔華樂㠯厚斂致譏。周人㠯豫凶違禮。魏之羣司。于是乎失正矣。（魏志明帝紀注。又宋書禮志三引魏氏春秋）

公孫淵兄晃爲質于魏。先陳其變。及淵反。高柔請赦晃。明帝竟獄殺之

聞五帝無誥誓之文。三王無盟祝之事。然則盟誓之言。始自三季。質任之作。起于周微。夫貞夫之一。則天地可動。機心內萌。則鷗鳥不下。況信不足焉。而祈物之必附。猜生于我。而望彼之必懷。何異挾冰求溫。抱炭希涼者哉。且夫要功之倫。陵肆之類。莫不背情任計。昧利忘親。縱懷慈孝之愛。或慮傾身之禍。是㠯周鄭交惡。漢高請羹。隗囂捐子。馬超背父。其爲酷忍。如此之極也。安在其因質委誠。取任永固哉。世主若能遠覽先王閑邪之至道。近鑒狡肆徇利之凶心。勝之㠯解網之仁。致之㠯來蘇之惠。燿之㠯雷霆之威。潤之㠯時雨之施。則不券可歛衽于一朝。炰烋可屈膝于象魏矣。何必拘厥親㠯求其情。逼所愛㠯制其命乎。苟不能然。而仗夫計術。籠之㠯權數。檢之㠯一切。雖覽一室。而庶徵于四海。法生鄙局。冀或半之暫益。自不得不有不忍之刑。㠯遂孥戮之罰。亦猶瀆盟由乎一人。而云俾墜其師。無克遺育之言耳。豈得復引四罪不及之典。司馬牛獲宥之義乎。假令任者皆不保其父兄。輒有二三之言。曲哀其意而悉活之。則長人子危親自存之悖。子弟雖質。必無刑戮之憂。父兄雖逆。終無勦絕之慮。柔不究明此術。非盛王之道。宜開張遠義。蠲此近制。而陳法內之刑。㠯申一人之命。可謂心存小善。非王者之體。古者殺人之中。又有仁焉。刑之于獄。未爲失也。（魏志高柔傳注）

明帝紀總評

聞之長老。魏明帝天姿秀出。立髮委地。口吃少言。而沈毅好斷。初諸公受遺輔導。帝皆㠯方任處之。政自己出。而優禮大臣。開容善直。雖犯顏極諫。無所摧戮。其君人之量。如此之偉也。然不思建德垂風。不固維城之基。至使大權偏據。社稷無衞。悲夫。（魏志明帝紀注。御覽九十四）

王弼注易

易之爲書。窮神知化。非天下之至精。其孰能與于此。世之注解。殆皆妄也。況弼㠯附會之辨。而欲籠統玄旨者乎。故其敘浮義則麗辭溢目。造陰陽則妙賾無聞。至于六爻變化。羣象所效。日時歲月。五氣相推。弼皆擯落。多所不關。雖有可觀者焉。恐將泥夫大道。（魏志鍾會傳注）

蔣濟㠯失信曹爽辭不受封

蔣濟之辭邑。可謂不負心矣。語曰。不爲利回。不爲義疚。蔣濟其有焉。（魏志蔣濟傳注）

成都縣獲璧玉印各一印文似成信字

昔公孫述自曰起成都，號曰成，二玉之文，殆述所作也。魏志陳留王紀注

全晉文卷六十三終

烏程嚴可均校輯

孫盛二

魏氏春秋評　蜀先主託孤

夫杖道挾義。體存信順。然後能匡主濟功。終定大業。語曰。弈者舉棊不定。猶不勝其偶。況量君之才否。而二三其節。何以摧服強鄰。囊括四海者乎。備之命亮。亂孰甚焉。世或有謂備欲以固委付之人。且以一蜀人之志。君子曰不然。苟所寄忠賢。則不須若斯之誨。如非其人。不宜啓篡逆之塗。是以古之顧命。必貽話言。詭僞之辭。非託孤之謂。幸值劉禪闇弱。無猜險之性。諸葛威略。足以檢衛異端。故使異同之心。無由自起耳。不然。殆生疑隙不逞之釁。謂之爲權。不亦惑哉。蜀志諸葛亮傳注

諸葛亮不裁抑法正

夫威福自下。亡家害國之道。刑縱于寵。毀政亂理之源。安可以功臣而極其陵肆。嬖幸而藉其國柄者哉。故顛頡雖勤。不免違命之刑。揚干雖親。猶加亂行之戮。夫豈不愛。王憲故也。諸葛氏之言。于是乎失政刑矣。蜀志法正傳注

法正說先主宜厚許靖以眩遠近

夫禮賢崇德。爲邦之要道。封墓式閭。先王之令軌。故必以體行英邈。高義冠世。然後可以延視四海。振服羣黎。苟非其人。道不虛行。靖處室則友于不穆。出身則受位非所。語信則夷險易心。論識則殆爲釁首。安在其可寵先而有以感致者乎。若乃浮虛是崇。偷薄斯榮。則秉直仗義之士。將何以禮之。正務眩惑之術。違貴尚之風。譬之郭隗。非其倫矣。蜀志法正傳注

譙周說後主降魏

春秋之義。國君死社稷。卿大夫死位。況稱天子。而可辱于人乎。周

雖當作維

謂萬乘之君。偷生苟免。亡禮希利。要冀微榮。惑矣。且以事勢言之。理有未盡。何者。禪雖庸主。實無桀紂之酷。戰雖屢北。未有土崩之亂。縱不能君臣固守。背城借一。自可退次東鄙。以思後圖。是時羅憲以重兵據白帝。霍弋以強卒鎮夜郎。蜀土險狹。山水峻隔。絕巘激湍。非步卒所涉。若悉收舟楫。保據江州。徵兵南中。乞師東國。如此則姜廖五將。自然雲從。吳之二師。承命電赴。何投寄之無所。而慮于必亡邪。魏師之來。褰國大舉。欲追則舟楫靡資。欲留則師老多虞。且屈伸有會。情勢代起。徐因思奮之民。以攻驕惰之卒。此越王所以敗闔廬。田單所以摧騎劫也。何爲匆匆遽自囚虜。下堅壁于敵人。致斫石之至恨哉。葛生有云。事之不濟則已耳。安能復爲之下。壯哉斯言。可以立懦夫之志矣。觀古燕、齊、荊、越之敗。或國覆主滅。或魚縣鳥竄。終能建功立事。康復社稷。豈曰天助。抑人謀也。向使懷苟存之計。納譙周之言。何邦基之能構。令名之可獲哉。禪既闇主。周實駑臣。方之申包、田單、范蠡、大夫種。不亦遠乎。蜀志譙周傳注

郤正著論以姜維爲一時儀表

異哉郤氏之論也。夫士雖百行。操業萬殊。至于忠孝節義。百行之冠冕也。姜維策名魏室。而外奔蜀朝。違君徇利。不可謂忠。捐親苟免。不可謂孝。害加舊邦。不可謂義。敗不死難。不可謂節。且德政未敷。而疲民以逞。居禦侮之任。而致于失守。于夫智勇。莫可云也。凡斯六者。維無一焉。實有魏之逋臣。亡國之亂相。而云人之儀表。斯亦惑矣。縱雖好書。而微自藻潔。豈異夫盜者分財之義。而程鄭降階之善也。蜀志姜維傳注

宗預聘吳

夫帝王之保。唯道與義。道義既建。雖小可大。殷周是也。苟任詐力。雖彊必敗。秦項是也。況乎居偏鄙之域。恃山水之固。而欲連橫萬里。永相資賴哉。昔九國建合從之計。而秦人卒併六合。囂述營輔

車之謀。而光武終兼隴蜀。夫以九國之彊。隴漢之大。莫能相救。坐觀屠戮。何者。道德之基不固。而強弱之心難一故也。而云吳不可無蜀。蜀不可無吳。豈不謬哉。（蜀志宗預傳注）

吳主權臣魏

昔伯夷叔齊不屈有周。魯仲連不爲秦民。夫以匹夫之志。猶義不辱。況列國之君。三分天下。而可二三其節。或臣或否乎。余觀吳蜀。咸稱奉漢。至于漢代。莫能固秉臣節。君子是以知其不能克昌厥後。卒見吞于大國也。向使權從羣臣之議。終身稱漢將。豈不義悲六合。仁感百世哉。（吳志大帝傳注）

陳武戰死吳主以其愛妾殉葬

昔三良從秦穆。師以之不征。魏妾既出。杜回以之僵仆。禍福之報。如此之效也。權杖計任術。以生從死。世祚之促。不亦宜乎。（吳志陳武傳注）

吳主不罪朱桓

書云。臣無作威作福。作威作福。則凶于而家。害于而國。桓之賊忍。殆虎狼也。人君且猶不可。況將相乎。語曰。得一夫而失一國。縱罪虧刑。失孰大焉。（吳志朱桓傳注）

吳主厚待諸將

觀孫權之養士也。傾心竭思。以求其死力。泣周泰之夷。殉陳武之妾。請呂蒙之命。育凌統之孤。卑曲苦志。如此之勤也。是故雖令德無聞。仁澤內著。而能屈彊荆吳。僭擬年歲者。抑有由也。然霸王之道。期于大者遠者。是以先王建德義之基。恢信順之宇。制經略之綱。明貴賤之序。易簡而其親可久。體全而其功可大。豈蹊蹺近務。邀利于當年哉。語曰。雖小道。必有可觀者焉。致遠恐泥。其是之謂乎。（吳志凌統傳注）

吳主事神

盛聞國將興。聽于民。國將亡。聽于神。權年老志衰。讒臣在側。廢適

立庶。以妾爲妻。可謂多涼德矣。而僞設符命。求福妖邪。將亡之兆。不亦顯乎。（吳志大帝傳注）

呂岱誅士徽

夫柔遠能邇。莫善于信。保大定功。莫善于義。故齊桓創基。德彰于柯會。晉文始伯。義顯于伐原。故能九合一匡。世主夏盟。令問長世。貽範百王。呂岱師友士匡。使通信誓。徽兄弟肉袒。推心委命。岱因滅之。以要功利。君子是以知孫權之不能遠略。而呂氏之祚不延者也。（吳志士燮傳注）

趙達知東南有王氣可以避難

夫玄覽未然。逆鑒來事。雖裨竈梓愼。其猶病諸。況術之下此者乎。吳史書達知東南當有王氣。故輕舉濟江。魏承漢緒。受命中畿。達不能豫覩兆萌。而流竄吳越。又不知吝術之鄙。見薄于時。安在其能逆覩天道。而審帝王之符瑞哉。昔聖王觀天地之文。以畫八卦之象。故亹亹著于蓍策。變化形乎六爻。是以三易雖殊。卦繇理一。安有同轉一籌。可以鉤深測隱。意對逆占。而能遂知來物者乎。流俗好異。妄設神奇。不幸之中。仲尼所棄。是以君子志其大者。無所取諸。（吳志趙達傳注）

魏氏春秋異同評

世語袁紹步卒五萬騎八千

按魏武謂崔琰曰。昨按貴州戶籍。可得三十萬衆。由此推之。但冀州勝兵已如此。況兼幽并及青州乎。紹之大舉。必悉師而起。十萬近之矣。（魏志袁紹傳注）

陳壽記合肥與赤壁事次第與吳志不同

案吳志。劉備先破公軍。然後權攻合肥。而此記云。權先攻合肥。後有赤壁之事。二者不同。吳志爲是。（魏志武帝紀注引異同評）

曹瞞傳及世語桓階勸曹公正位夏侯惇謂宜先定吳蜀

夏侯惇恥爲漢官。求受魏印。桓階方惇。有義直之節。攷其傳記。世

語爲妄矣。魏志武帝紀注

世語景王疾甚。以朝政授傅嘏。嘏不敢受

晉宣景文王之相魏也。權重相承。王業基矣。豈蕞爾傅嘏所宜間𨕖。世語所云。斯不然矣。魏志傅嘏傳注

世語劉表請備宴會。蒯越蔡瑁欲因會取備。備潛遁。乘的盧走渡檀溪

此不然之言。備時羇旅。客主勢殊。若有此變。豈敢晏然終表之世而無釁故乎。此皆世俗妄說。非事實也。蜀志先主傳注

江表傳備必未許周瑜能必破北軍。故差池在後。爲進退計

劉備雄才。處必亡之地。告急于吳。而獲奔助。無緣復顧望江渚而懷後計。江表傳之言。當是吳人欲專美之辭。蜀志先主傳注

孫策謀襲許未發。爲許貢客所殺

凡此數書。各有所失。孫策雖威行江外。略有六郡。然黃祖乘其上流。陳登間其心腹。且深險彊宗。未盡歸復。曹袁虎爭。勢傾山海。策豈暇遠師汝潁。而遷帝于吳越哉。斯蓋庸人之所鑒見。況策達于事勢者乎。又按袁紹以建安五年至黎陽。而策以四月遇害。而志云策聞曹公與紹相拒于官渡。謬矣。伐登之言。爲有證也。又江表傳說。策悉識韓當軍士。疑此爲詐。便射殺一人。夫三軍將士或有新附。策爲大將。何能悉識。以所不識。便射殺之。非其論也。又策見殺在五年。柳城之役在十二年。九州春秋乖錯尤甚矣。吳志孫破虜傳注

魏書及九州春秋魯肅激說權使迎曹公。權欲斬肅

吳書及江表傳魯肅一見孫權。便說拒曹公而論帝王之略。劉表之死也。又請使觀變。無緣方復激說勸迎曹公也。又是時勸迎者衆。而云獨欲斬肅。非其論也。吳志魯肅傳注

陳壽記朱然事誤

魏志及江表傳云。然以景初元年正始二年再出。爲寇所破。胡質譎忠在景初元年。魏志承魏書依違不說質等爲然所破。而直云然退耳。吳志說赤烏五年。于魏爲正始三年。魏將譎忠與朱然戰。忠不利。質等皆退。案魏少帝紀及孫權傳。是歲並無事。當是陳壽誤以吳嘉禾六年爲赤烏五年耳。吳志朱然傳注引異同評

諸葛恪被殺事陳壽記與吳歷不同

恪與胤親厚。約等疏非常大事。勢應示胤。共謀安危。然恪性强梁。加素侮峻。自不信故入耳。豈胤徵勸。便爲之冒禍乎。吳歷爲長。吳志諸葛恪傳注

晉陽秋評姜維謀復蜀

盛以永和初從安西將軍平蜀。見諸故老及姜維旣降之後密與劉禪表疏。說欲僞服事鍾會。因殺之以復蜀土。會事不捷。遂至泯滅。蜀人于今傷之。盛以爲古人云。非所困而困焉。名必辱。非所據而據焉。身必危。旣辱且危。死其將至。其姜維之謂乎。鄧艾之入江由。士衆鮮少。維進不能奮節緜竹之下。退不能總帥五將。擁衛蜀主。思後圖之計。而乃反覆于逆順之間。希違情于難冀之會。以衰弱之國。而屢觀兵于三秦。已滅之邦。冀理外之奇舉。不亦闇哉。蜀志姜維傳注

晉用前代正朔服色

孔子修春秋。列三紀爲後王法。今仍舊。非也。且晉爲金行。而服色尚赤。考之天道。乖違甚矣。宋書禮志一通典五十五

晉平吳封孫晧爲歸命侯

夫古之立君。所以司牧羣黎。故必仰協乾坤。覆燾萬物。若乃淫虐是縱。酷被羣生。則天人殛之。勦絕其祚。奪其南面之尊。加其獨夫之戮。是故湯武抗鉞。不犯不順之譏。漢高奮劒。而無失節之議。何者。誠四海之酷讎。而人神之所擯故也。況晧罪爲逋寇。虐過辛癸。梟首素旗。猶不足以謝寃魂。洿室荐社。未足以紀暴迹。而乃優以

顯命。寵錫仍加。豈恭行天罰伐罪弔民之義乎。是以知僭逆之不懲。而凶酷之莫戒。詩云。取彼譖人。投畀豺虎。聊譖猶然。矧譖虐乎。且神旅電埽。兵臨僞窟。理窮勢迫。然後請命。不赦之罪既彰。三驅之義又塞。極之權道。亦無取焉。（吳志歸命侯傳注）

庾純父老未告歸養

若乃冢宰大臣。不以家事辭王事。折小全大。自非此族。固宜盡陟岵之思。如匹夫之志。或不可奪。縱未裁抑。若孝子之心。何得忍而不言。純未嘗告。誠非也。（通典六十八）

王衍

夫芝蘭之不與茨棘俱植。鸞皇之不與梟鵲同棲。天理固然。易在曉悟。（文選辨命論注）

懷帝紀總評

懷帝天姿清劭。少有聲名。若遭承平之世。足爲守文佳主。而繼惠帝擾亂之後。東海專政。祿去王室。無幽厲之釁。而有覆亡之禍。悲夫。（御覽九十八）

元帝詔親執觴懷愍于太廟

陽秋傳云。臣子一例也。雖繼君位。不以後尊降廢前敬。昔魯僖上嗣莊公。以友于長幼而外之爲逆。俾之古義。明詔是也。（宋書禮志三引晉春秋）

元帝紀總評

昔秦始皇東遊。望氣者云。五百年後。東南金陵之地有天子氣。于是始皇改曰秣陵。吳人以爲孫權帝之表也。案始皇遊歲。至權僭號。四百三十七年。攷之年數既不合。校之基宇又非倫。豈應帝王之符。而見兆于上代乎。有晉金行。奄君四海。金陵之祥。其在斯乎。且秦政東遊。至是五百二十六年。所謂五百年之後。當有王者也。又孫晧將亡。吳郡臨平湖一夜草木自除于湖邊。得石函。中有小石。青白色。長四尺。廣二寸餘。上有皇帝字。時人莫察其祥。意者豈中宗興五湖之徵歟。太康三年。建業有寇。餘姚人任振以周易筮之曰。寇已滅矣。後三十八年。揚州當有天子。又太安中童謠曰。五馬浮渡江。一馬化爲龍。永嘉大亂。王室淪覆。唯琅邪西陽汝南南頓彭城五王獲濟。至是中宗登祚。先是歲星鎮辰太白四星聚于斗牛之間。五緯又見于晉陵。冥數玄感。若合符契焉。又初玄石圖有牛繼馬後。故宣帝深忌牛氏。遂爲二榼。其一口以貯酒。帝先飲佳者。以毒者酖其將牛金。而恭王妃夏侯氏通小吏牛欽而生元帝。亦有符云。（御覽九十八）

東海國妃與嗣王異服

廢三年之禮。開偷薄之原。漢魏失之大者也。今若以丈夫宜奪以王事。婦人可終本服。是爲吉凶之儀。雜陳于宮寢。縗素之制。乖異于內外。無乃情禮俱違。哀樂失所乎。蕃國寡務。宜如聖典。可無疑矣。（宋書禮志二。晉穆帝時東海國言哀王薨踰年嗣王乃來繼。不復追服。國妃亦宜同。詔國妃終三年之制。）

老子疑問反訊

道經云。故常無欲以觀其妙。故常有欲以觀其徼。此兩者同出而異名。同謂之玄。玄之又玄。衆妙之門。舊說及王弼解。妙謂始。徼謂終也。夫觀始要終。覩妙知著。達人之鑒也。既已欲澄神。昭其妙始。則自思已口宜悉鎮之。何以復須有欲得其終乎。宜有欲俱出妙門。同謂之玄。若然。以往復何獨貴于無欲乎。

天下皆知美之爲美。斯惡已。皆知善之爲善。斯不善已。盛以爲美惡之名。生乎美惡之實。道德淳美。則有善名。頑嚚聾昧。則有惡聲。故易曰。惡不積。不足以滅身。又曰。美在其中。而暢于四支。發于事業。又曰。韶盡美矣。未盡善也。然則大美大善。天下皆知之。何得云斯惡乎。若虛美非美。爲善非善。所美過美。所善違中。若此皆世教所疾。聖王奮誡天下。亦自知之于斯談。

不尚賢使民不爭不貴難得之貨使人不爲盜常使民無知無欲使知者不敢爲又曰絕學無憂唯之與阿相去幾何善之與惡相去何若下章云善人不善人之師不善人善人之資不貴其師不愛其資雖智大迷盛以爲民苟無欲亦何所師于師哉既相師資非學如何不善師善非尚賢如何貴愛既存則美惡不得不彰非相去何若之謂又下章云人之所教我亦以教人吾言甚易知而天下莫能知又曰吾將以爲教父原斯談也未爲絕學所云絕者堯孔之學邪堯孔之學隨時設教老氏之言一其所尚隨時設教所以道通百代一其所尚不得不滯于適變此又闇弊所未能通者也

道沖而用之或不盈和其光同其塵盛以爲老聃可謂知道非體道者也昔陶唐之莅天下也無以解哉則維照任衆師錫匹夫則駭然禪授豈非沖而用之光塵同波哉伯陽則不然既處濁位復

遠遁西戎行止則猖狂其迹著書則矯誑其言和光同塵固若是乎余固以爲知道體道則未也

三者不可致詰混然爲一繩繩兮不可名復歸于無物無物之象是謂惚恍下章云道之爲物唯恍與惚惚兮恍兮其中有像恍兮惚兮其中有物此二章或言無物或言有物先有所不宜者也

執古之道以御今之有下章執者失之爲者敗之而復云執古之道以御今之有或執或否得無陷矛盾之論乎

絕聖棄知民利百倍孫盛曰夫有仁聖必有仁聖之德迹此而不崇則陶訓焉融仁義不尚則孝慈道喪老氏既云絕聖而每章輒稱聖人既稱聖人則迹焉能得絕若所欲絕者絕堯舜周孔之迹則所稱聖者爲是何聖之迹乎即如其言聖人有宜滅其迹者有宜稱其迹者稱滅不同吾誰適從絕仁棄義民復孝慈若如此談仁義不絕則不孝不慈矣復云居善地與善仁不審與善仁之仁是向所云欲絕者非邪如其是也則不宜復稱述矣如其非也則未詳二仁之義一仁宜絕一仁宜明此又所未達也若謂不聖之之聖不仁之仁則教所誅不假高唱矣遠至莊周云聖人不死大盜不止又曰田常竊仁義以取齊國夫天地陶鑄善惡兼育各稟自然理不相關梟鴆縱毒不假學于鸞鳳豺虎肆害不借術于麒麟此皆天質自然不須外物者也何至凶頑之人獨當假仁義以濟其姦乎若乃冒頓殺父鄭伯盜鄶豈復先假孝道獲其終害乎而莊李掊擊殺根毀駮正訓何異疾盜賊而銷鑄干戈覩食噎而絕棄嘉穀乎後之談者雖曲爲其義辯而釋之莫不艱屯于殺聖困躓于忘親也

知我者希則我貴矣上章云聖人之在天下也百姓皆注其耳目師資貴愛必彰萬物如斯則知之者安得希哉知希者何必貴哉即己之身見貴九服何得佩寶抗言云貴由知希哉斯蓋欲抑動

恆俗故發此過言耳聖教則不然中和其諷以理訓導故曰在家必聞在邦必聞也是聞必達也不見善而無悶潛龍之德人不知而不慍君子之道衆好之必察焉衆惡之必察焉既不以知多爲顯亦不以知少爲貴誨誘綽綽理中自然可與老聃之言同日而語其優劣哉

禮者忠信之薄而亂之首前識者道之華而愚之始是以大丈夫處其厚不處其薄處其實不處其華也孫盛曰老聃足知聖人禮樂非玄勝之具不獲已而制作耳而故毀之何哉是故屛撥禮學以全其任自然之論豈不知叔末不復得返自然之道直欲伸己好之懷然則不免情于所悅非浪心救物者也非唯不救乃獎其弊矣

王侯得一以爲天下貞貞正也下章云孰知其極其無正正復爲奇善復爲妖尋此二章或云天下正或言無正既云善人不善人

師。而復云爲妖。天下之善一也。而或師或妖。天下之正道一也。而云正復爲奇。斯反鄙見所未能通也。

或問老莊所以故發此唱。蓋與聖教相爲表裏。其于陶物明訓。其歸一也。咸以爲不然。夫聖人之道。廣大悉備。猶日月懸天。有何不照者哉。老氏之言。皆駭于六經矣。寧復有所愆之俟佐助于聃周乎。即莊周所謂日月出矣。而爝火不息者也。至于虛誕諂怪矯詭之言。尚拘滯于一方。而橫稱不經之奇詞也。廣弘明集五

孫放

放字齊莊。盛次子。國子博士。出爲長沙太守。

廬山賦

尋陽郡南有廬山。九江之鎭也。臨彭蠡之澤。接平敞之原。水經廬江水注

西寺銘序

長沙西寺層構傾頽。謀欲建立。其日有童子持紙花插地。故寺東西相去十餘丈。于是建創。正當花處。初學記二十一。御覽六百五

全晉文卷六十四終

全晉文卷六十五

烏程嚴可均校輯

嵇喜

喜字公穆。譙國銍人。魏中散大夫嵇康兄。爲衞軍司馬。入晉拜揚州刺史。遷太僕宗正。有集二卷。

嵇康傳

家世儒學。少有儁才。曠邁不羣。高亮任性。不修名譽。寬簡有大量。學不師授。博洽多聞。長而好老莊之業。恬靜無欲。性好服食。常採御上藥。善屬文論。彈琴詠詩。自足于懷抱之中。㠯爲神仙者。禀之自然。非積學所致。至于導養得理。㠯盡性命。若安期彭祖之倫。可㠯善求而得也。著養生篇。知自厚者。所㠯喪其所生。其求益者。必失其性。超然獨達。遂放世事。縱意于塵埃之表。撰錄上古㠯來聖賢隱逸遁心遺名者。集爲傳贊。自混沌至于管甯。凡百一十有九人。蓋求之于宇宙之內。而發之乎千載之外者矣。故世人莫得而名焉。魏志王粲傳注

嵇蕃

蕃字茂齊。喜子。爲太子舍人。

荅趙景眞書

登山遠望。覩崢嶸㠯成憤。策杖廣澤。瞻長波㠯增悲。遊睇春圃。情有秋林之悴。濯足夏流。心懷冬冰之慘。對榮宴而不樂。臨清觴而無歡。今足下琬琰之樸未剖。而求光時之價。騏驥之足未攄。而希絕景之功。心銳而動淺。望速而應遲。故有企佇之懷爾。夫處靜不悶。古人所貴。窮而不濫。君子之美。故顏生居陋。不改其樂。孔父困陳。絃歌不廢。幸吾子思弘遠理。舍道自樂。將與足下交伯成于窮野。結箕山乎蓬屋。侶范生于海濱。儔黃綺于商岳。憑輕雲㠯絕馳。遊曠蕩㠯自足。雖不齊足下之所樂。亦吾心之所願也。藝文類聚三十

嵇紹

紹字延祖。嵇康子。武帝時徵爲祕書丞。歷汝潁太守。徐州刺史。元康初爲給事黃門侍郎。封弋陽子。遷散騎常侍。領國子博士。趙王倫篡位。署爲侍中。惠帝反正。選爲御史中丞。未拜。復爲侍中。蕩陰之敗遇害。贈侍中金紫光祿大夫。進爵爲侯。元帝爲左丞相。表贈太尉。及即位。追謚曰忠穆。有集二卷。

上惠帝疏

臣聞改前轍者。則車不傾。革往弊者。則政不爽。大一統于元首。百司役于多士。故周文興于上。成康穆于下也。存不忘亡。易之善義。願陛下無忘金墉。大司馬無忘潁上。大將軍無忘黃橋。則禍亂之萌。無由而兆矣。晉書嵇紹傳

陳準謚議

謚號所㠯垂之不朽。大行受大名。細行受細名。文武顯于功德。靈厲表于闇蔽。自頃禮官協情。謚不依本。準謚爲過。宜謚曰繆。晉書嵇紹傳

張華不宜復爵議

臣之事君。當除煩去惑。華歷位內外。雖粗有善事。然闔棺之責。著于遠近。兆禍始亂。華實爲之。故鄭討幽公之亂。斲子家之棺。魯戮隱罪。終篇貶翬。未忍重戮。事已弘矣。謂不宜復其爵位。理其無罪。晉書嵇紹傳

諫齊王冏書

夏禹㠯卑室稱美。唐虞㠯茅茨顯德。豐屋蔀家。無益危亡。竊承毀敗太樂。㠯廣第舍。興造功力。爲三王立宅。此豈今日之先急哉。今大事始定。萬姓顒顒。咸待覆潤。宜省起造之煩。深思謙損之理。復主之勳。不可棄矣。矢石之殆。不可忘也。晉書嵇紹傳

敘趙至

趙景真與從兄茂齊書。時人誤謂呂仲悌與先君書。故具列本末。趙至字景真。代郡人。漢末其祖流宕客緱氏。令新之官。至年十二。與母共道旁看。母曰。汝先世非微賤家也。汝後能如此不。至曰。可爾耳。歸便就師誦書。蚤聞父耕叱牛聲。釋書而泣。師問之。荅曰。自傷不能致榮華。而使老父不免勤苦。年十四。入太學觀。時先君在學寫石經古文。事訖去。遂隨車問先君姓名。先君曰。年少何㠯問我。至曰。觀君風器非常。故問耳。先君具告之。至年十五。陽病。數數狂走五里三里。爲家追得。又炙身體十數處。年十六。遂亡命。徑至洛陽。求索先君不得。至鄴。沛國史仲和是魏領軍史渙孫也。至便依之。遂名翼之。字陽和。先君到鄴。至具道太學中事。便逐先君歸山陽經年。至長七尺三寸。潔白黑髮。赤脣明目。鬢鬚不多。閑詳安諦。體若不勝衣。先君嘗謂之曰。卿頭小而銳。瞳子白黑分明。視瞻停諦。有白起風。至論議清辯。有縱橫才。然亦不㠯自長也。孟元基

辟爲遼東從事。在郡斷九獄。見稱清當。常自痛棄親遠遊。母亡不見。吐血發病。服未竟而亡。從兄太子舍人蕃。字茂齊。與至同年相親。至始詣遼東時。作此書與茂齊。（世說言語篇注。又文選趙景真與嵇茂齊書注引嵇紹集。）

嵇含

含字君道。紹從子。自號亳丘子。楚王瑋辟爲掾。瑋誅坐免。舉秀才。除郎中。齊王冏辟爲征西參軍。長沙王乂召爲驃騎記室督。尚書郎。懷帝爲撫軍。㠯爲從事中郎。惠帝北狩。轉中書侍郎。永興初除太子中庶子。道阻未拜。范陽王虓召爲征南從事中郎。授振威將軍襄城太守。虓敗。鎮南將軍劉弘表爲平越中郎將廣州刺史假節。未行。爲弘司馬郭勱所殺。懷帝即位。謚曰憲。有南方草木狀□卷。集十卷。

困熱賦序

夫閏于夏則崇暑。在冬則增寒。永熙元年。閏在仲夏。三伏之節始奏。商秋之辰未期。余㠯下里貧生。居室卑陋。湫（一作小）巷不來清風。短廡（一作簾）不足增蔭。外因流汗。內懷煩暵。歎彼夏屋之士。口饜珍味。體逸高廊。竝天而寒暑殊。同世而憂樂異矣。（北堂書鈔一百五十五。御覽三十一。又三十四。）

祖賦序

祖之在于俗尚矣。自天子至于庶人。莫不咸用。有漢卜日丙午。魏氏擇用丁未。至于大晉。則祖孟月之酉日。各因其行運。三代固有不同。雖共奉祖。而莫識祖之所由興也。說者云。（藝文類聚初學記俱作說文。誤。）祈請道神謂之祖。有事于道者。吉凶皆名。君子于役。則列之于中路。喪者將遷。則稱名于階庭。或云。百葉遠祖。名謚凋滅。墳塋不復存其銘表。遊魂不得託于廟祧。故㠯初歲良辰。肇建華蓋。揮揚采旌。將欲招靈爽于今夕。庶衆祖之來憑。蓋有兩端。俯歎壯觀。乃述而賦之。（宋書志二。藝文類聚五。初學記十三。藝文類聚誤作社賦序。）

娛蜡賦（并序）

玄象運而寒暑交。節會至而萬物遷。天地之化固㠯不停。況于人道之不變乎。是㠯百年憂喜相參。能達要終之數。悟生生之宜者。百世不遇其人。大蜡之夕。雖天下同有。至攜金蘭㠯齊聲。私貴得意㠯遺榮勢。孰我尚哉。（藝文類聚五。御覽三十三。）

季冬大蜡之暮。延嘯周契遠近舊故。（北堂書鈔一百五十五。）

白首賦序

余年二十七始有白髮。生于左鬢。斯乃衰悴之標證。棄捐之大漸也。蒲衣幼齒。作弼夏后。漢之賈鄧。弱冠從政。獨㠯垂立之年。白首無聞。壯志衂于蕪塗。忠貞抗于棘路。覩將衰而有川上之感。觀趣舍而抱慷慨之歎。（藝文類聚十七。）

酒賦

淨蟻萍連。醪華鱗設。（書鈔一百四十八。）

寒食散賦并序

余晚有男兒，既生十朔，得吐下，積日羸困危殆，決意與寒食散，未至三旬，幾于平復。何下闕

矜孺子之坎軻，在孩抱而嬰疾，既正方之備陳，亦旁求于衆術，窮萬道以弗損，漸丁寧而積日，爾乃酌醴操散，商量部分，進不訪舊，旁無顧問，偉斯藥之入神，建殊功于今世，起孩孺于重困，還精爽于既繼。藝文類聚七十五

羽扇賦序

吳楚之士，多執鶴翼以爲扇，雖曰出自南鄙，而可以遏陽隔暑。昔秦之兼趙，寫其冕服，以口侍臣，大晉附吳，亦還其羽扇，御于上國。書鈔一百三十四

八磨賦并序

外兄劉景宣作爲磨，奇巧特異，策一牛之任，轉八磨之重，因賦之曰：

方木矩跱，圓質規旋，下靜以坤，上轉以乾，巨輪内建，八部外連。御覽七百六十二

宜男花賦序

宜男花者，世有之久矣，多殖幽皋曲隰之側，或華林玄圃，非衡門蓬宇所宜序也。荆楚之士，號曰鹿葱，根苗可以薦于俎，世人多女欲求男者，取此草服之，尤良也。藝文類聚八十一，御覽九百九十四

孤黍賦序

余愼終屋之南榮，有孤黍生焉，因泥之溼，遭雨之潤，宿昔牙蘖，滋茂甚速，塗燥根淺，忽然萎殞，深感此黍不韜種以待時，貪榮棄本，寄身非所，自取凋枯，不亦宜乎。藝文類聚八十五

瓜賦

世云三芝，瓜處一焉，故植根玉巖，潤葉飛泉，攬之者壽，食之者仙，是謂雲芝。芙蕖振采，翟莖玄瀨，流葩映川，莫此爲最，是謂水芝。甘瓜普植，用薦神祇，其名龍膽，其味亦奇，是謂土芝。乃剖甘瓜，既涫且馨，荒者饗之，忘困解酲，流味通其五臟，冷氣反其迷精。藝文類聚八十七，初學記二十八，御覽九百七十八

朝生暮落樹賦序

草木春榮秋悴，此木朝生暮落。藝文類聚八十九

長生樹賦并序

余嬰丁閔凶，靡所定居，老母垂聖善之訓，以爲生事愛敬，沒則無改，宜居墓次，瞻奉威靈，兼覽藝文，可以不殞先軌，祗奉慈命，遂家于墳左，埽除壇封，種植松柏，松柏之下，不滋非類之草，猥有長生育于域内，豈老母至行，表徵于嘉木哉。

美我親之仁孝，固徵瑞之必招，降祖宗之遺德，振奇木之青條，結根擢幹，載生無漸，弱莖猗猗，綠葉粲粲，處陰冬而愈茂，豈莖葉之有黠，感自然以旌賢，諒有道之不掩。藝文類聚八十九

槐香賦并序

余以太簇之月，登于歷山之陽，仰眺崇織，俯視幽坂，乃覩槐香生蒙楚之間，曾見斯香，植于廣夏之庭，或被帝王之圃，怪其遐棄，遂遷樹于中堂，華麗則殊彩阿那，芳實則可以藏書，又感其棄本高崖，委身階庭，似傳說顯殷，四叟歸漢，故因實制名。

蒙蒙綠葉，搖搖弱莖。御覽九百八十三

雞賦序

今庭有栖雞，而一雄最武，常憑梯升栖，守時告晨，未嘗有殆。御覽七百六十五

遇蠆賦序

元康二年七月七日，余中夜遇蠆，客有戲余者曰：俗語云，蠆滿百，爲蠆所螫，斯言信哉。雖内省不疚，而逢此害，喟然而歎，遂作賦。御覽

七百四十二、又九百四十七。

諸風伯

太康六年。案晉書武紀作八年。狂風暴怒。騰逸相觸。百川倒流。大山乃淹剝。北堂書鈔一百五十一。

上言長沙王乂宜增置掾屬

昔魏武每有軍事。增置掾屬。青龍二年。尚書令陳矯以有軍務。亦奏增郎。今奸逆四逼。王路擁塞。倒懸之急。不復過此。但居曹理事。尚須增郎。況今都官中騎三曹。晝出督戰。夜還理事。一人兩役。內外廢乏。含謂今有十萬人。都督各有主帥。推轂授綏。委付大將。不宜復令臺僚雜與其間。晉書嵇含傳。

詩序

李方治為撫軍長史。余為從事中郎。當隨撫軍俱發。詔兄前太僕將與別。進一飲之。盡歡。天熱露坐。有頃雨降。遂不張油幔。以絳分令夕也。北堂書鈔一百三十二。案此序有脫誤，無從互證。

南方草木狀序

南越交趾植物。有四裔最為奇。周秦以前無稱焉。自漢武帝開拓封疆。搜求珍異。取尤者充貢。中州之人。或昧其狀。乃以所聞詮敘。有裨子弟云爾。

木弓銘

烏號之朴。豐條足理。弦鳴走括。截飛駭止。射隼高墉。出必有獲。既用禦武。亦以招士。藝文類聚六十。初學記二十二。御覽三百四十七。弦鳴作弦弧。

菊花銘

煌煌丹菊。暮秋彌榮。旋蕤圓秀。翠葉紫莖。詵詵仙徒。食其落英。輿親是御。永祚億齡。藝文類聚八十一。初學記二十七。御覽九百九十六。

司馬誄

命危朝露。身輕游塵。文選廣絕交論注。

弔莊周圖文并序

帝壻王弘遠。華池豐屋。廣延賢彥。圖莊生垂綸之象。記先達辭聘之事。畫真人于刻桷之室。載退士于進趣之堂。可謂託非其所。可弔不可讚也。其辭曰。

邈矣莊周。天縱特放。大塊授其生。自然資其量。器虛神清。窮玄極曠。人偽俗季。真風既散。野無訟屈之聲。朝有爭寵之歎。上下相陵。長幼失貫。于是借玄虛以助溺。引道德以自獎。戶詠恬曠之辭。家畫老莊之象。今王生沈淪名利。身尚帝女。連耀三光。有出無處。池非巖石之溜。宅非茅茨之宇。馳屈產于皇衢。畫茲象其焉取。嗟乎先生。高跡何局。生處巖岫之居。死寄彫楹之屋。託非其所。沒有餘辱。悼大道之湮晦。遂含悲而吐曲。晉書嵇含傳。

失題

晝則負筆而耨。夜則帶經而息。書鈔九十七。

張邈

邈字遼叔。魏志邴原傳注引荀綽冀州記作叔遼，今從嵇中散集。鉅鹿人。為遼東太守。入晉宦歷二宮。元康初出為城陽太守。未行卒。

自然好學論

夫喜怒哀樂。愛惡欲懼。人之有也。得意則喜。見犯則怒。乖離則哀。聽和則樂。生育則愛。違好則惡。飢則欲食。逼則欲懼。凡此八者。不教而能。若論所云。即自然也。腥臊未化。飲血茹毛。以充其虛。食之始也。茹之火齊。糝以蘭橘。雖所未嘗。嘗必美之。適于口也。黃梓土鼓。撫腹而吟。足之蹈之。以娛其喜。樂之質也。加之管絃。雜以羽毛。雖所未聽。察之必樂。當其心也。民生也直。聚而勿教。肆心觸意。八情必發。喜必欲與。怒必欲罰。無爪牙以奮其威。無爵賞以稱其惠。愛無以奉。惡不能去。有言之曰。苴竹管蒯。所以表哀。溝池崤岨。所以寶懼。弦木剡金。所以解憤。豐財殖貨。所以施與。苟有肺腸。誰不忻然貌悅心釋哉。倘何假于食膽蜚而嗜菖蒲葅也。且晝坐夜寐。明作闇息。天道之常。人所服習。在于幽室之中。覩烝燭之光。雖不教告。亦皎然喜于所見也。不吕向有白日。與比朱門。且則復曉。不攝此明而滅其歡也。況吕長夜之冥。得照太陽。情變鬱陶。而發其蒙也。故吕爲難事。吕未來而情吕本應。卽使六藝紛華。名利雜詭。計而復學。亦無損于有。自然之好也。嵇中散集

宅無吉凶攝生論

夫善求壽强者。必先知災疾之所自來。然後其至可防也。禍起于此。爲防于彼。則禍無自瘳矣。世有安宅葬埋陰陽度數刑德之忌。是何所生乎。不見性命。不知禍福也。不見故妄求。不知故干幸。是吕善執生者。見性命之所宜。知禍福之所來。故求之實而防之信。夫多飲而走。則爲澹支。數行而風。則爲癥毒。久居于溼。則要疾偏枯。好內不怠。則昏喪文房。若此之類。災之所吕來。壽之所吕去也。

而掘基築宅。費日苦身吕求之。疾生于形。而治加于土木。是疾無瘳矣。詩曰。愷悌君子。求福不回者。匪避誹謗。而爲義然也。蓋知回匪所求福也。故壽强。專氣致柔。少私寡欲。直行情性之所宜。而合于養生之正度。求之于懷抱之內而得之矣。嘗有不知蠶者。出口動手。皆爲忌祟。不得蠶絲滋甚。爲忌祟滋多。猶自吕犯之也。有教之知蠶者。其顯于桑火寒暑燥溼也。于是百忌自息。而利十倍。何者先不知所吕然。故忌祟之情繁。後知所吕然。故求之之術正。故忌祟生于不知。使知性猶如蠶。則忌祟無所立矣。多食不消。含黃丸而筮祝譴祟。或從乞胡求福者。凡人皆所笑之。何者。吕智能達其無禍也。故忌祟舉生于不知。由知者言之。皆乞胡也。設爲三公之宅。而令愚民居之。必不爲三公可知也。夫壽夭之不可求。甚于貴賤。然則擇百年之宮。而望殤子之壽。孤逆魁岡。御覽一百八十作魁忌。吕速彭祖之夭。必不幾矣。或曰。愚民必不得久居公侯宅。然則果無

斷當作新

宅也。是性命自然。不可求矣。有賊方至。不疾逃。獨安須臾。遂爲所虜。然則避禍趣福。無過緣理。避賊之理。莫如速逃。則斯善矣。養生之道。莫如先知。則爲盡矣。夫避賊宜速章章然。故中人不難覩。避禍之理冥冥然。故明者不易見。其于理動。不可要求一也。孔子有疾。醫曰。子居處適也。飲食藥也。有疾天也。醫焉能事。是吕知命不憂。原始反終。遂知死生之說。夫時日譴祟。古之盛王無之。而季王之所好聽也。制壽宮而得夭短。求百男而無立嗣。必占不啟之陵。而陵不宿草。何者。高臺深宮。吕隔寒暑。靡色厚味。吕毒其精。亡之于實。而求之于虛。故性命不遂也。或曰。所問之師不工。則天下無工師矣。夫一棲之雞。一欄之羊。賓至而有死者。豈居異哉。故命有制也。知命者。則不滯于俗矣。若許負之相條侯。英布之黥而後王。彭祖七百。殤子之夭。是皆性命也。若相宅質居。自東徂西。而得反此。是滅性命之宜。孔子登東山而小魯。登泰山而小天下。立高丘

而觀居民。則知曰東西非禍福矣。若乃忘地道之爽塏。而立制于帷牆。則所見滋褊。從達者觀之。則夫乾確然示人易矣。夫坤隤然示人簡矣。天地易簡。而懼吕細苛。是更所吕爲逆也。是吕君子奉天明而事地察。世之工師。占成居則驗。使造新則無徵。世人多其占舊。因求其造新。是見舟之行于水。而欲推之于陸。是不明數也。夫舊斷之理。猶卜筮也。夫鑿龜數筴。可吕知吉凶。然不能爲吉凶。何者。吉凶可知。而不可爲也。夫先筮吉卦。而後名之。無福。猶先築利宅。而後居之無報也。占舊居吕譴祟則可。安新居吕求福則不可。則猶卜筮之說耳。俗有裁衣種穀皆擇日。衣者傷寒。種者失澤。凡火流寒至則授衣。時雨既降則當下種。賊方至則當疾走。今舍實趣虛。故三患隨至。凡吕忌祟治家者求福。而其極皆貧。故有知星宿衣不覆之諺。古言無虛。不可不察也。嵇中散集

釋嵇叔夜難宅無吉凶攝生論

無鬼之無當作明

寶當作實

天當作夭

雖當作難

易曰。河出圖。洛出書。聖人則之。孝經曰。爲之宗廟。吕鬼享之。其立本有如此者。子貢稱性與天道。不可得而聞。仲由問神。而夫子不荅。其柳未有如彼者。是何也。茲所謂明有禮樂。幽有鬼神。人謀鬼謀。吕成天下之亹亹也。是吕墨翟著無鬼之篇。董無心設難墨之說。二賢之言。俱不免于殊途而兩惑。是何也。夫甚有之則愚。甚無之則誕。故三子者。皆偏辭也。子之言神。將爲彼邪。唯吾亦不敢明也。夫私神立則公神廢。邪忌設則正忌喪。宅墓占則家道苦。背向繁則妖心興。子之言神。其爲此乎。則唯吾之所疾爭也。苟大獲其類。不患微細。是吕見缾冰而知天下之寒。察旋機而得日月之動。足下細蠶種之說。因忽而不察。是噎溺未知所在。亦莫辨有舟稼也。夫命者所稟之分也。信順者成命之理也。故曰君子修身吕俟命。知命者不立于巖牆之下。何者是天遂之寶也。猶食非命。而命必胥食故然矣。若吾論曰。居怠行逆。不能令彭祖夭。則足下舉信

順之難是也。論之所說。信順既修。則宅葬無貴。故辟之壽宮無益殤子耳。足下不云殤子吕宅延。彭祖亦吕宅壽。壽夭之說。使之灼然若信順之遂期。怠逆之夭性。而徒曰天下或有能說之者。子而不言。誰與能之。失多食傷性。良藥已病。相之所一也。誣彼實此。非所吕相證也。夫壽夭不可求之宅而得之和。故論有不知之口。足下忘于意而責于文。柳不本矣。雖曰。唐虞之世。命何同延。長平之卒。命何同短。今論命者。當辨有無。無疑衆寡也。苟一人有命。千萬皆一也。若使此不得係命。將係宅邪。則唐虞之世。宅何同吉。長平之卒。居何同凶。亦復吾之所疑也。難曰。事之在外。而能爲害者。不吕數盡。單豹恃內而有虎案足下之言。是豹忘所宜懼。與懼所宜忘。故張毅修表。亦有內熱之禍。雖內外不同。鈞其非和。一曙失之終身弗復。是亦虎隨其後矣。夫謹于邪者慢于正。詳于宅者略于和。走吕爲先。亦非齊于所稱也。今足下廣之望之久矣。元亨利貞。

卜之吉繇。隆準龍顏。公侯之相者。吕其數所遇。而形自然。不可爲也。使準顏可假。則無相。繇吉可爲。則無卜矣。今設爲吉宅而幸福報。譬之無吕異假顏準而望公侯也。是吕子陽鏤掌。巨君運魁。咸無益于敗亡。故吾吕無故而居者可占。何惑象數之理也。設吉而後居者不可。則何假爲之說也。然則非宅制人。人實徵宅。邪。其無宅也。侶未思其本耳。獵夫從林。其所遇者。或禽或虎。遇禽所吉。遇虎所凶。而虎也善卜可吕知之耳。是故知吉凶。非爲吉凶也。故其稱曰無遠近幽深。遂知來物。不曰遂爲來物矣。然亦卜之盡。蓋理所吕成相命者也。至乎卜世與年。則無益于周錄矣。若地之吉凶。有虎禽之類。然此地苟惡。則當所往皆凶。不得吕西東有異。背向不同。宮姓無害。商則爲災。福德則吉至。刑禍則凶來也。故詩云。築室百堵。西南其戶。古之營居。宗廟爲先。廄庫次之。居室爲後。緣人理吕從事。吕此議之。即知無太歲刑德也。若修古無違。亦宜吾論

如無所不知。誰從。難曰。不謂吉宅。能獨成福。猶夫良農。既懷善藝又擇沃土。復加耘耔。乃有盈倉之報。此言當哉。誠三者能修。則農事畢矣。若或盡吕邪用。求之于虛。則宋人所謂予助苗長。敗農之道也。今吕家宅喻此。宜何比邪。爲樹藝乎。爲耘耔也。若三者有比則請事後說。若其無徵。則愈見其誣矣。今卜相有徵。如彼家宅無驗。如此。非所吕相半也。案書。周公有請命之事。仲尼非子路之禱今鈞聖而鈞疾。何是非不同也。故知臣子之心盡斯心而已。所謂禮爲情貌者。故于臣弟。則周公請命。親其身。則尼父不禱。足下圖宅。將爲禮也。其爲實也。爲禮則事異于古。爲實則未聞顯理。如是。未得吾所吕爲遺而足下失所願矣。至于時日。先王所吕誠不怠而勸從事耳。俗之時日。順妖忌而逆事理。時名雖同。其用適反。吕三賢校君。愈見其合。未知所異也。難曰。智之所知。未若所不知者衆。此較通世之常滯也。然智所不知。不可吕妄求。智所能知。懸其

㠯學哉。故古之君子。修身擇術。成性存存。自盡焉而已矣。今據足下所言。在所知邪。則可辨也。所不知邪。則妄求也。二者宜有一于此矣。夫小知不及大知。故乃反于有無爲有者。亦蟪蛄矣。子尤吾之驗于所齊。吾亦懼子遊非其域。儻有忘歸之累也。嵇中散集

全晉文卷六十五終

烏程嚴可均校輯

劉伶

伶字伯倫，沛國人。仕魏爲建威參軍。晉泰始初對策，盛言無爲之化，以無用罷。

酒德頌

有大人先生者，文選晉書皆無者字以天地爲一朝，萬朞爲須臾，日月爲扃牖，八荒爲庭衢。行無轍迹，居無室廬，幕天席地，縱意所如。止則操卮執觚，動則挈榼提壺，唯酒是務，焉知其餘。有貴介公子，縉紳處士，聞吾風聲，議其所以，乃奮袂攘襟，怒目切齒，陳說禮法，是非鋒起。先生於是方捧罌承槽，銜杯漱醪，奮髯箕踞，枕麴藉糟，無思無慮，其樂陶陶。兀爾而醉，慌爾文選作豁爾而醒，靜聽不聞雷霆之聲，熟視不見太山之形，不覺寒暑之切肌，利欲之感情。俯觀萬物之擾擾，如江漢之載浮萍；二豪侍側，焉如蜾蠃之與螟蛉。世說文學篇注，文選，晉書劉伶傳，藝文類聚七十二

華廙

廙字長駿，平原高唐人，魏太尉歆孫，光祿大夫表之長子。魏末爲中書通事郎。晉初累遷至侍中、南中郎將、都督河北諸軍事。父喪奪情，固辭忤旨，免官。太康初大赦，襲封觀陽伯。累遷至中書監。惠帝卽位，加侍中、光祿大夫、尚書令，進爵爲公。復忤楊駿免。尋遷太子少傅。卒年七十五，謚曰元。

作武帝遺詔

昔伊望作佐，勳垂不朽；周霍拜命，名冠往代。侍中、車騎將軍、行太子太保、領前將軍楊駿，經德履喆，鑒識明遠，毗翼二宮，忠肅茂著，宜正位上台，擬跡阿衡。其以駿爲太尉、太子太傅、假節、都督中外諸軍事，侍中、錄尚書、領前將軍如故。置參軍六人，步兵三千人，騎千人，移止前衞將軍珧故府。若止宿殿中，宜有翼衞，其差左右衞三部司馬各二十人，殿中都尉司馬十人給駿，令得持兵仗出入。晉書楊駿傳，武帝疾篤，楊皇后奏帝以父駿輔政，便召中書華廙、令何劭口宣帝旨使作遺詔，詔后對廙、劭以呈帝，帝視而無言，駿遂當寄託之重。

華嶠

嶠字叔駿，廙弟。辟大將軍文帝府，補尚書郎，轉車騎從事中郎。晉受禪，賜爵關內侯。歷太子中庶子、散騎常侍、領國子博士，遷侍中。惠帝時封宣昌亭侯，改封樂鄉侯。遷尚書，轉祕書監，加散騎常侍。元康三年卒，贈少府，謚曰簡。有漢後書九十七卷，集八卷。

賀武帝疾瘳表

伏惟聖體漸就平和，上下同慶，不覺忭舞。臣等愚戇，竊有微懷，以爲收功于所忽，事乃無悔；慮禍于垂成，祚乃日新。唯願陛下深垂聖明，遠思所忽之悔，以成日新之福，沖靜和氣，嗇養精神，頤身于清簡之宇，留心于虛曠之域，無厭世俗常戒，以忽羣下之言，則豐豐日延，天下幸甚。晉書華嶠傳

豐當作慶

散騎常侍謝表

非臣典筆中辭所能陳表。御覽二百二十四引華嶠集

祕書監謝表

伏見詔書，以臣爲祕書監，加位常伯。昔劉向父子世典史籍，馬融通博，三入東觀，非臣膚淺所敢擬跡。通典二十六，御覽二百三十三引華嶠集

奏皇后宜修蠶禮

先王之制，天子諸侯親耕藉田千畝，后夫人躬蠶桑宮。今陛下以聖明至仁，修先王之緒，皇后體資生之德，合配乾之義，而坤道未光，蠶禮尙缺，以爲宜依古式，備斯盛典。晉書禮志上，太康六年

譜敘

歆少吕高行顯名。爲下邽令。漢室方亂。乃與同志鄭泰等六七人避世。自武關出。道遇一丈夫獨行。願得與俱。皆哀欲許之。歆獨曰。不可。今已在危險之中。禍福患害。義猶一也。無故受人。不知其義。既已受之。若有進退。可中棄乎。衆不忍。卒與俱行。此丈夫中道墮井。皆欲棄之。歆乃曰。已與俱矣。棄之不義。相率共還出之。而後別去。衆乃大義之。魏志華歆傳注、世說德行篇注

孫策略有揚州。盛兵徇豫章。一郡大恐。官屬請出郊迎。歆曰。無然。策稍進。復白發兵。又不聽。及策至。一府皆造閤。請出避之。乃笑曰。今將自來。何遽避之。有頃。門下白曰。孫將軍至。請見。乃前與歆共坐。談議良久。夜乃別去。義士聞之。皆長歎息而心自服也。策遂親執子弟之禮。禮爲上賓。是時四方賢士大夫避地江南者甚衆。皆出其下。人人望風。每策大會。坐上莫敢先發言。歆時起更衣。則論議讙譁。歆能劇飲。至石餘不亂。衆人微察。常吕其整衣冠爲異。江南號之曰華獨坐。魏志華歆傳注

文帝受禪。朝臣三公已下。竝受爵位。歆吕形色忤時。徙爲司徒。而不進爵。魏文帝久不懌。吕問尚書令陳羣曰。我應天受禪。百辟羣后。莫不人人悅喜。形于聲色。而相國及公。獨有不怡者何也。羣起離席長跪曰。臣與相國曾臣漢朝。心雖悅喜。義形其色。亦懼陛下實應且憎。同上

歆淡于財欲。前後寵賜。諸公莫及。然終不殖產業。陳羣常歎曰。若華公。可謂通而不泰。清而不介者矣。同上

歆有三子。表字偉容。年二十餘。爲散騎侍郎。時同僚諸郎。共平尚書事。年少竝兼厲鋒氣。要君名譽。尚書事至。或有不便。故遺漏不視。及傳書者去。即入深文論駮。惟表不然。事或有不便。輒與尚書共論。盡其意。主者固執。不得已然後共奏議。司空陳泰等吕此稱之。仕晉歷太子少傅太常。稱疾致仕。拜光祿大夫。性清淡。常慮天下退理。司徒李胤司隸王密等常稱曰。若此人者。不可得而貴。不可得而賤。不可得而疏。中子博。歷三縣內史。治有名跡。少子周。黃門侍郎常山太守。博學有文思。中年遇疾。終于家。表有三子。長子廙。字長駿。魏志華歆傳注、御覽二百二十四

漢後書江革毛義論

孔子稱孝莫大于嚴父。嚴父莫大于配天。則周公其人也。子路曰。傷哉貧也。生無吕養。死無吕葬。子曰。啜菽飲水。孝也。鐘鼓非樂云之本。而器不可去。三牲非孝養之主。而養不可廢。夫務器而忘本。樂之過也。崇養吕傷行。養之累也。故定吕道養。則周公之祀。致四海之祭。定吕義養。則仲由之粥。無驕慢之性。夫患啜菽粥之饔。干祿吕求養。是吕祿親也。孜孜吕致孝。孝成而祿厚者。此能吕義養也。孔子稱孝哉閔子騫。人不間于其父母兄弟之言。言其孝皆合于道。莫可復間也。先代石氏父子稱孝。子慶栢齊。人慕其孝而治。此殆所謂孝乎。惟孝友于兄弟。施于有政。是亦爲政也。若二子者。推至誠吕爲行。行信于心而感于人。吕成名受祿。可謂能孝養也。袁宏後漢紀十一

丁鴻論

論語稱夫子溫良恭儉讓吕得之。行首乎。故嘗請論之。孔子曰。太伯其可謂至德也已矣。三吕天下讓。民無德而稱焉。孟子曰。聞伯夷之風者。貪夫廉。懦夫有立志。然則太伯出于不苟得。未始有於讓也。是吕太伯稱賢人。後之人慕而徇之。夫有徇則激詭生。而取與妄矣。故夫鄧彪劉愷。讓其弟吕取義。使弟非服而已享其名。其于義不亦薄乎。又況乎于有國之紀。而使將來者妄舉措哉。古之君子。立言非將吕啟天下之方悟者。立行非獨善其身。將吕訓乎哉。原丁鴻之心。其本主于忠愛。何其終悟而從義也。吕此殆知其徇尚異于數世也。袁宏後漢紀十三

郎顗論

漢之十葉王莽篡位閒道術之士西門君惠李守等多稱讖云劉秀爲天子自光武爲布衣時數言此及後終爲天子故甚信其書鄭興以忤意見疏桓譚以遠斥憂死及明章二帝祖述此意故後世爭爲圖緯之學以矯世取貴是以通儒賈逵馬融張衡朱穆崔寔荀爽之徒忿其若此奏皆以爲虛妄不經宜悉收藏之惟斯事深奧善言古者必有驗于今善言天者必有驗于人而託云天之厤數陰陽占候今所宜急也占候術數能仰瞻俯察參諸人事禍福吉凶既應引之教義亦有著明此蓋道術之有益于後世爲後人所尚也袁宏後漢紀十八

王允論

夫士以正立以謀濟以義成若王允之推董卓而分其權伺其閒而弊其罪當此之時天下之難解矣本之皆主于忠義也故推卓不爲失正分權不爲不義伺閒不爲狙詐是以謀濟義成而歸于正也魏志董卓傳注

華恆

恆字敬則廙第三子大興中爲太常位特進明帝初拜驃騎將軍都督石頭水陸軍事加左光祿大夫開府

祠太廟執觴爵懷愍議

今聖上繼武皇帝宜準漢世祖故事不親執觴爵宋書禮志三太興三年太常華恆議

又上言廟制

今上承繼武帝而廟之昭穆四世而已前太常賀循博士傅純竝以爲惠懷及愍宜別立廟然臣愚謂廟當以容主爲限無拘常數殷世有二祖三宗若拘七室則當祭禰而已推此論之宜還復豫章潁川全拘七廟之禮又上言詔下詳議

兄弟相繼藏主室議

彼祫宗廟宜時有定處恆案前議以爲七代制之正也若兄弟旁及禮之變也則宜爲神主立室不宜以室限神主今有七室而神主有十宜當別立臣以爲聖朝已從漢制今聖上繼武帝廟之昭穆四代而已前太常賀循博士傅純等竝以爲惠懷愍三帝別立寢廟臣以爲廟當以容主爲限亦無常數據殷祭六廟而有二祖三宗不毀又漢之二祖寢廟各異明功德之君自當特立若拘七室則殷之末代當祭禰而已準之前議知以七爲正不限之七室故雖有兄弟旁及至禘祫不越昭穆則豫章潁川宜全七代之禮案周官有先公先王之廟今宜爲京兆以上別立三室于太廟西廂宣皇帝得正始祖之位惠懷二帝不替而昭穆不闕于禮爲安通典四十八大興三年太常華恆議又略見宋書禮志三

華軼

軼字彥夏嶠弟澹之子初爲博士累遷散騎常侍東海王越引爲兗州留府長史永嘉中歷振威將軍江州刺史元帝承制不從教命討斬之

置儒林祭酒教

今大義頹替禮典無宗朝廷滯義莫能攸正常以慨然宜特立此官以弘其事軍諮祭酒杜夷棲情玄遠確然絕俗才學精博道行優備其以爲儒林祭酒晉書華軼傳

段灼

灼字休然敦煌人魏時仕州郡稍遷鄧艾鎮西司馬從艾破蜀封關內侯累遷議郎晉泰始中擢爲明威將軍魏興太守

上表陳五事

臣受恩三世剖符守境試用無績沈伏數年犬馬之力無所復堪陛下弘廣納之聽採狂夫之言原臣侵官之罪不問干忤之愆天

地恩厚于臣足矣。臣聞忠臣之于其君。猶孝子之于其親。進則有欣然之慶。非貪官也。退則有慼然之憂。非懷祿也。其意在于不忘光君榮親。情所不能已已者也。臣伏自悼私懷至恨。生長荒裔。而久在外任。自還抱疾。未嘗覲見。陛下竟不知臣何人。此臣之恨一也。遭運會之世。値有事之時。而不能垂功名于竹帛。此臣之恨二也。逮事聖明之君。而尪悴羸劣。陳力又不能。當歸死于地下。此臣之恨三也。哀二親早亡隕。兄弟竝凋喪。孝敬無復施于家門。此臣之恨四也。夏之日忽㠯過。冬之夜尋復來。人生百歲。尚㠯爲不足。而臣中年嬰災。此臣之恨五也。慜日月之所養。愧昊蒼而無報。此臣之所㠯懷五恨而歎息。臨歸路而自悼者也。語有之曰。華言虛也。至言實也。苦言藥也。甘言疾也。臣欲言天下太平而靈龜神狐未見。仙芝蓮莆未生。麒麟未游乎靈禽之囿。鳳凰未儀于太極之庭。此臣之所㠯不敢華言而爲佞者也。昔漢高祖初定天下。于時

戍卒婁敬上書諫曰。陛下取天下。不與成周同。而欲比隆成周。臣竊㠯爲不侔。於是漢祖感悟。深納其言。賜姓爲劉氏。又顧謂陸賈曰。爲我著秦所㠯亡而吾所㠯得之者。賈乃作新語之書。述敘前世成敗。㠯爲勸戒。又田肯進一言之計。非親子弟莫可使王齊者。而受千金之賜。故世稱漢祖之寬明博納。所㠯能成帝業也。今之言世者。皆曰堯舜復興。天下已太平矣。臣獨㠯爲未。亦竊有所勸焉。且百王垂制。聖賢吐言。來事之明鑒也。孟子曰。堯不能㠯天下與舜。則舜之有天下也。天與之也。昔舜爲相。堯崩。三年之喪畢。舜避堯之子於南河。天下諸侯朝覲者。獄訟者。不之堯之子而之舜。舜曰天也。乃之中國。踐天子位焉。若居堯之宮。逼堯之子。非天所與者也。曩昔西有不臣之蜀。東有僭號之吳。三主鼎足。竝稱天子。魏文帝率萬乘之衆。受禪于靡陂。而自㠯德同唐虞。㠯爲漢獻卽是古之堯。自謂卽是今之舜。乃謂孟軻孫卿不通禪代之變。遂作禪代之文。刻石垂戒。班示天下。傳之後世。亦安能使將來君子。皆曉然心服其義乎。然魏文徒希慕堯舜之名。推新集之魏。欲㠯同于唐虞之盛。忽骨肉之恩。忘藩屛之固。竟不能使四海賓服。混一皇化。而于時羣臣莫有諫者。不其過矣哉。孫卿曰。堯舜禪讓。是不然矣。天下者。至重也。非至彊莫之能任。至大也。非至辯莫之能分。至衆也。非至明莫之能見。此三至者。非聖人莫之能盡。由此言之。孫卿孟軻。亦各有所不取焉。陛下受禪。從東府入西宮。兵刃耀天。旌旗翳日。雖應天順人。同符唐虞。然法度損益。則亦不異於昔魏文矣。故宜資三至㠯彊制之。而今諸王有立國之名。而無襟帶之實。又蜀地有自然之險。是歷世姦雄之所闚闞。逋逃之所聚也。而無親戚子弟之守。此豈深思遠慮杜漸防萌者乎。昔漢文帝據已成之業。六合同風。天下一家。而賈誼上疏。陳當時之勢。猶㠯爲譬如抱火厝于積薪之下。而寢其上。火未及然。因謂之安。此言誠存

不忘亡。安不忘亂者也。然臣之慺慺。亦竊願居安思危。無曰高高在上。常念臨深之義。不忘履冰之戒。盡除魏世之弊法。綏㠯新政之大化。使萬邦欣欣。喜戴洪惠。昆蟲草木。咸蒙恩澤。朝廷詠康哉之歌。山藪無伐檀之人。此固天下所視望者也。陛下自初踐阼。發無諱之詔。置箴諫之官。赫然寵異諤諤之臣。㠯明好直言之信。恐陳事者知直言之不用。皆杜口結舌。祥瑞亦曷由來哉。臣無陸生之才。不在顧問之地。蓋聞主聖臣直。義在于有犯無隱。臣不惟疏遠。未信而言。敢歷論前代隆名之君。及亡敗之主廢興所由。又博陳舉賢之路。廣開養老之制。崇必信之道。又張設議者之難。凡五事。㠯聞。臣之所言。皆直陳古今已行故事。非新聲異端也。辭義寔淺。不足採納。然臣私心。誠謂有可發起覺悟遺忘。願陛下察臣愚忠。慭臣狂直。無使天下㠯言者爲戒。疾痛增篤。退念桑梓之詩。惟狐死之義。輒取長休。歸近墳墓。顧瞻宮闕。繫情皇極。不勝丹款。遣

息顈表言

其一曰。臣聞善有章也。著在經典。惡有罰也。戒在刑書。上自遠古。下洎秦漢。其明王霸主。及亡國闇君。故可得而稱。至于忠蹇賢相。及佞諂姦臣。亦可得而言。故朝有諤諤盡規之臣。無不昌也。任用阿諛唯唯之士。無不亡也。是有國者皆欲求忠目自輔。舉賢目自佐。而亡國破家者相繼。皆由任失其人。所謂賢者不賢。忠者不忠也。臣謹言前任賢所由興。任不肖所目亡者。堯之末年。四凶在朝而不去。八元在家而不舉。然致天平地寍。四門穆穆。其功固在重華之爲相。夏癸放于鳴條。商辛梟于牧野。此俱萬乘之主。而國滅身擒。由不能屬任賢相。用婦人之言。荒淫無道。肆志沈宴。作靡靡之樂。長夜之飲。于是登糟丘。臨酒池。觀牛飲。望肉林。龍逄忠而被害。比干諫而剖心。天下之所目歸惡者也。太甲暴虐。顛覆湯之典刑。于是伊尹放之桐宮。而能改悔反善。三年而後歸于亳。既已放而復還。殷道微而復興。諸侯咸服。號稱太宗。實賴阿衡之盡忠也。周室既衰。諸侯並爭。天王微弱。政遂陵遲。齊桓公淫亂之主耳。然所目能九合一匡之功。有尊周之名。誠管夷吾之力。及其死也。蟲流出門。豈非任豎貂之過乎。且一桓公之身。得管仲其功如彼。用豎貂其亂如此。夫榮辱存亡。實在所任。可不審哉。秦本伯翳之後。微微小邑。至秦仲始大。有車馬禮樂侍御之好焉。自穆公至于始皇。皆能留心待賢。遠求異士。招由余于西戎。致五羖于宛市。取丕豹于晉卿。迎蹇叔于宗里。由是四方雄俊繼踵而至。故能世爲彊國。吞滅諸侯。奄有天下。兼稱皇帝。由謀臣之助也。道化未洽。崩于沙丘。胡亥乘虐。用詐自立。不能弘濟統緒。克成堂構。而乃殘賊仁義。毒流黔首。故陳勝吳廣奮臂大呼。而天下響應。于是趙高逆亂。閻樂承指。二世窮迫。自戮望夷。子嬰雖立。去帝爲王。孤危無輔。四旬而亡。此由邪臣擅命。指鹿爲馬。所目速秦之禍也。秦失其鹿。豪

傑競逐。項羽既得而失之。其咎在烹韓生。而范增之謀不用。假令羽既距項伯之邪說。斬沛公于鴻門。都咸陽目號令諸侯。則天下無敵矣。而羽距韓生之忠諫。背范增之深計。自謂霸王之業已定。都彭城。還故鄉。爲晝被文繡。此蓋世俗兒女之情耳。而羽榮之。是故五載爲漢所擒。至死尚不知覺悟。乃曰天亡我。非戰之罪。甚痛矣哉。且夫士之歸仁。猶水之歸下。禽之走曠野。故曰爲川驅魚者獺也。爲藪驅雀者鸇也。爲湯武驅人者桀紂也。漢高祖起于布衣。提三尺之刃而取天下。用六國之資。無唐虞之禪。豈徒賴良平之奇謀。盡英雄之智力而已乎。亦由項氏爲驅人也。子孫承基二百餘年。逮成帝委政舅家。使權勢外移。安昌侯張禹者。漢之三公。成帝保傅也。帝親幸其家。拜禹牀下。深問天災人事。禹當惟大臣之節。爲社稷深慮。忠言嘉謀。陳其災患。則王氏不得專權寵。王莽無緣乘勢位。遂託雲龍而登天衢。令漢祚中絕也。禹佞諂不忠。挾懷私計。徒低仰于五侯之閒。苟取容媚而已。是目朱雲抗節。求尚方斬馬劍。欲目斬禹。目戒其餘。可謂忠矣。而成帝尚復不寤。乃目爲居下訕上。廷辱保傅。罪死無赦。詔御史將雲下。欲急烹之。雲攀殿折檻。幸賴左將軍辛慶忌叩頭流血。目死爭之。若不然則雲已摧碎矣。後雖釋檻不修。欲目彰明直臣。誠足目爲後世之戒。何益于漢室所由亡也哉。然世之論者。目爲亂臣賊子。無道之甚者。莫過于莽。此亦猶紂之不善。不如是之甚也。傳稱莽始起外戚。折節力行。目要名譽。宗族稱孝。朋友歸仁。及其輔政成哀之際。勤勞國家。動見稱述。然于時人士。詣闕上書薦莽者。不可稱紀。內外羣臣。莫不歸莽功德。遭遇漢室中微。國嗣三絕。而太后壽考。爲之宗主。故莽得遂策命孺子。而奪其位也。昔湯武之興。亦逆取而順守之耳。向莽深惟殷周取守之術。崇道德。務仁義。履信實。去華僞。施惠天下。十有八年。恩足目感百姓。義足目結英雄。人懷其德。豪傑並用。

如此宗廟社稷宜未滅也光武雖復賢才大業詎可冀哉莽卽位之後自謂得天人之助以爲功廣三王德茂唐虞乃自驕矜奮其威詐班宣符讖震暴殘酷窮凶極惡人怨神怒冬雷電以驚其耳目夏地動以愓其心腹而莽猶不知覺悟方復重行不順時之令竟連伍之刑佞媚者親幸忠諫者誅夷由是天下忿憤內外俱發四海分崩城池不守身死于匹夫之手爲天下笑豈不異哉其所由然者非取之過而守之非道也莽既屠肌六合雲擾劉聖公已立而不辨盆子承之而覆敗公孫述又稱帝于蜀漢如此數子固非所謂應天順人者徒爲光武之驅除者耳夫天下者蓋亦天下之天下非一人之天下也殷商之旅其會如林矢于牧野維予侯興又曰侯服于周天命靡常由此言之主非常人也有德則天下歸之無德則天下叛之故古之明王其勞心遠慮常如臨川無津涯于是法天地象四時隆恩德敬大臣近忠直遠佞人仁孝著乎

宮牆弘化洽乎兆庶爲平直如砥矢信義感人神雖有椒房外戚之寵不受其委曲之言雖有近習愛幸之豎不聽其姑息之辭四門穆穆闢而不闔待諫者而無忌恆戰戰慄慄不忘戒懼所以欲永終天祿恐爲將來賢聖之驅除也且臣聞之懼危者常安者也憂亡者恆存者也使夫有國之君能安不忘危則本枝百世長保榮祚名位與天地無窮亦何慮乎爲來者之驅除哉傳有之曰狂夫之言明主察焉

其二曰士之立業行非一概吳起貪官母死不歸殺妻求將不孝之甚然在魏使秦人不敢東向在楚則三晉不敢南謀曾參閔騫誠孝子也不能宿夕離其親豈肯出身致死涉危險之地哉今大晉應期運之所授齊聖美于有虞而吳人不臣稱帝私附此亦國之羞也陛下誠欲致熊羆之士不二心之臣使奮威淮浦震服蠻荆者故宜疇咨博采廣開貢士之路薦巖穴舉賢才徵命考試匪

五老之老當作叟

俊莫用今臺閣選舉徒塞耳目九品訪人唯問中正故據上品者非公侯之子孫則當塗之昆弟也二者苟然則蓽門蓬戶之俊安得不有陸沈者哉

其三曰昔田子方養老馬而窮士知所歸況居天下之廣居立天下之正位行天下之大道乎昔明王聖主無不養老老人衆多未必皆賢不可悉養故父事三老所以明孝宗事五老所以明敬孟子曰吾老以及人之老吾幼以及人之幼今天下雖定而華山之陽無放馬之羣桃林之下未有休息之牛故以吳人尚未臣服故也夫飢者易爲食渴者易爲飲天下元元瞻望新政願陛下思子方之仁念犬馬之勞思帷蓋之報發仁惠之詔廣開養老之制

其四曰法令賞罰莫大乎信古人有言人而無信不知其可況有養人以惠使人以義而可以不信行之哉臣前爲西郡太守被州所下已未詔書羌胡道遠其但募取樂行不樂勿彊臣被詔書輒

宣恩廣募示以賞信所得人名卽條言征西其晉人自可差簡丁彊如法調取至于羌胡非恩意告諭則無欲度金城河西者也自往每與軍渡河未曾有變故刺史郭綏勸帥有方深加獎勵要許重報是以所募感恩利賞遂立績效功在第一今州郡督將並已受封羌胡健兒或王或侯不蒙論敘也晉文猶不貪原而失信齊桓不惜地而背盟況聖主乎

其五曰昔周漢之興樹親建德周因五等之爵漢有河山之誓及其衰也神器奪于重臣國祚移于他人故滅周者秦非姬姓也代漢者魏非劉氏也于今國家大計使異姓無裂土專封之邑同姓並據有連城之地縱復令諸王後世子孫還自相并蓋亦楚人失繁弱于雲夢尚未爲亡其弓也其于神器不移他族則始祖不遷之廟萬年億兆不改其名矣大晉諸王二十餘人而公侯伯子男五百餘國欲言其國皆小乎則漢祖之起俱無尺土之地況有國

者哉。將謂大晉世世賢聖。而諸侯之胤常不肖邪。則放勳欽明而有丹朱。瞽叟頑凶而有虞舜。天下有事。無不由兵。而無故多樹兵本。廣開亂原。臣故曰五等不便也。臣以爲可如前表。諸王宜大其國。增益其兵。悉遣守藩。使形勢足以相接。則陛下可高枕而臥耳。臣以爲諸伯子男名號。皆宜改易之。使封爵之制。祿奉禮秩。並同天下諸侯之例。臣聞與覆車同軌者。未嘗安也。與死人同病者。未嘗生也。與亡國同法者。未嘗存也。況夫巍巍大晉。方將登太山。禪梁父。刻石書勳。垂示無窮。宜遠鑒往代興廢。深爲嚴防。使著事奮筆。必有紀焉。昔伊尹恥其君不爲堯舜。此臣所以私懷慷慨。自忘輕賤者也。晉書段灼傳。

上疏追理鄧艾

故征西將軍鄧艾。心懷至忠。而荷反逆之名。平定巴蜀。而受夷滅之誅。臣竊悼之。惜哉言艾之反也。以艾性剛急。矜功伐善。而不能協同朋類。輕犯雅俗。失君子之心。故莫肯理之。臣敢昧死言艾所以不反之狀。艾本屯田掌犢人。宣皇帝拔之于農吏之中。顯之于宰府之職。處內外之官。據文武之任。所在輒有名績。固足以明宣皇帝之知人矣。會值洮西之役。姜維有斷隴右之志。官兵失利。刺史王經困于圍城之中。當爾之時。一州危懼。隴右懍懍。幾非國家之有也。先帝以爲深憂重慮。思惟可以安邊殺敵。莫賢于艾。故授之以兵馬。解狄道之圍。圍解。留屯上邽。承官軍大敗之後。士卒破膽。將吏無氣。倉庫空虛。器械殫盡。艾修治備守。欲積穀彊兵。以待有事。是歲凶旱少雨。艾爲區種之法。身被烏衣。手執耒耜。以率先將士。上下相感。莫不盡力。艾持節守邊。所統萬數。而身不離僕虜之勞。親執士民之役。非執節忠勤。孰能若此。故落門段谷之戰。能以少擊多。摧破彊賊。斬首萬計。先帝知其可任。遂委艾以廟勝成圖。指授長策。艾受命忘身。龍驤麟振。前無堅敵。蜀地阻險。山高谷深。而艾步乘不滿二萬。束馬懸車。自投死地。勇氣淩雲。將士乘勢。故能使劉禪震怖。君臣面縛。叉手屈膝。軍不踰時。而巴蜀蕩定。此艾固足以彰先帝之善任矣。艾功名已成。亦當書之竹帛。傳祚萬世。七十老公。復反。欲何所求哉。艾以禪初降。遠郡未附。誠恃養育之恩。心不自疑。矯命承制。權安社稷。雖違常科。有合古義。原心定罪。事可詳論。故鎮西將軍鍾會。有吞天下之心。忌艾威名。知必不同。因其疑似。構成其事。艾被詔書。卽遣彊兵。束身就縛。不敢顧望。誠自知奉見先帝。必無當死之理也。會受誅之後。艾參佐官屬部曲將吏。愚戇相聚。自共追艾。破壞檻車。解其囚執。艾在困地。是以狼狽失據。夫反非小事。若懷惡心。卽當謀及豪傑。然後乃能興動大衆。不聞艾有腹心一人。臨死口無惡言。獨受腹背之誅。豈不哀哉。忠而受誅。信而見疑。頭懸馬市。諸子并斬。故見之者垂涕。聞之者歎息。此賈誼所以慷慨于漢文。天下之事可爲痛哭者。良有以

也。陛下龍興。闡弘大度。釋諸嫌忌。受誅之家。不拘敘用。聽艾立後祭祀不絕。昔秦民憐白起之無罪。吳人傷子胥之冤酷。皆爲之立祠。今天下民人。爲艾悼心痛恨。亦猶是也。臣以爲艾身首分離。捐棄故土。謂可聽艾門生故吏。收艾尸喪。歸葬舊墓。還其田宅。以平蜀之功。紹封其孫。使艾闔棺定謚。死無所餘恨。赦冤魂于黃泉。收信義于後世。葬一人而天下慕其行。埋一魂而天下歸其義。所爲者寡。而悅者衆。則天下徇名之士。思立功之臣。必投湯火。樂爲陛下死矣。魏志鄧艾傳。泰康三年。議郎段灼上疏理艾。又見晉書段灼傳。又羣書治要二十九引晉書。

陳時宜

臣聞天時不如地利。地利不如人和。三里之城。五里之郭。圜圍而攻之。有不剋者。此天時不如地利。城非不高。池非不深。穀非不多。兵非不利。委而去之。此地利不如人和。然古之王者。非不先推恩德。結固人心。人心苟和。雖三里之城。五里之郭。不可攻也。人心不

和。雖金城湯池。不能守也。臣推此以廣其義。舜彈五絃之琴。詠南風之詩。而天下自理。由堯人可比屋而封也。纍者多難。姦雄屢起。攪亂衆心。刀鋸相乘。流死之孤。哀聲未絕。故臣以為陛下當深思遠念。杜漸防萌。彈琴詠詩。垂拱而已。其要莫若推恩以協和黎庶。故推恩足以保四海。不推恩不足以保妻子。是故唐堯以親睦九族為先。周文以刑于寡妻為急。明王聖主。莫不先親後疏。自近及遠。臣以為太宰司徒衞將軍三王宜留洛中鎮守。其餘諸王自州征足任者。年十五以上。悉遣之國。為選中郎傅相。才兼文武。以輔佐之。聽于其國繕修兵馬。廣布恩信。必撫下猶子。愛國如家。君臣分定。百世不遷。連城開地。為晉魯衞。所謂磐石之宗。天下服其彊矣。雖云割地。譬猶囊漏貯中。亦一家之有耳。若慮後世彊大。自可豫為制度。使得推恩以分子弟。如此則枝分葉布。稍自削小。漸使轉至萬國。亦後世之利。非所患也。昔在漢世。諸呂自疑。內有朱虛

東牟之親。外有諸侯九國之彊。故不敢動搖。于今之宜。諸侯彊大。是為太山之固。非我族類。其心必異。而魏法禁錮諸王。親戚隔絕。不祥莫大焉。間者無故又瓜分天下。立五等諸侯。上不象賢。下不議功。而是非雜糅。例受茅土。似權時之宜。非經久之制。將遂不改。此亦煩擾之人漸亂之階也。夫國之興也。由于九族親睦。黎庶協和。其衰也在于骨肉疏絕。百姓離心。故夏邦不安。伊尹歸殷。殷邦不和。呂氏入周。殷監在于夏后。去事之誡。誠來事之鑒也。（晉書段灼傳。）

又陳時宜

昔伐蜀。募取涼州兵馬羌胡健兒。許以重報。五千餘人隨艾討賊。功皆第一。而乙亥詔書。州郡將督。不與中外軍同。雖在上功。無應封者。唯金城太守楊欣所領兵。以逼江由之勢。得封者三十人。自金城以西。非在欣部。無一人封者。苟在中軍之例。雖下功必侯。如州郡雖下功高不封。非所謂近不重施。遠不遺恩之謂也。臣聞魚懸由于甘餌。勇夫死于重報。故荊軻慕燕丹之義。專諸感闔閭之愛。匕首振于秦庭。吳刀耀于魚腹。視死如歸。豈不有由也哉。夫功名重賞。士之所競。不平致怨。由來久矣。詩云。尸鳩在桑。其子七兮。淑人君子。其儀一兮。臣以為此等宜蒙爵封。（晉書段灼傳。）

全晉文卷六十六終

烏程嚴可均校輯

褚翜

翜河南陽翟人。魏時爲縣吏，景元初，豫州刺史王沈引爲主簿。入晉，累遷至安東將軍。

白刺史王沈

奉省教旨，伏用感歎。勞謙日昃，思聞苦言。愚謂上之所好，下無不應。而近未有極諫之辭，遠無傳言之箴者，誠得失之事，將未有也。今使教命班下，示以賞勸，將恐拘介之士，或憚賞而不言；貪賕之人，將貪利而妄舉，苟不合宜，賞不虛行，則遠聽者未知當否之所在，徒見言之不用，謂設有而不行，愚以告下之事，可小須後。（晉書王沈傳。沈爲豫州刺史，至鎮，乃下教主簿陳廞、褚翜曰云云。據下文，褚翜復白，故此編入褚翜文。）

復白

堯舜周公所以能致忠諫者，以其款誠之心著也。冰炭不言而冷熱之質自明者，以其有實也。若好忠直，如冰炭之自然，則諤諤之臣將濟濟而盈庭，逆耳之言不求而自至。若德不足以配唐虞，明不足以並周公，實不可以同冰炭，雖懸重賞，忠諫之言未可致也。昔魏絳由和戎之功，蒙女樂之賜；管仲有興齊之勳，而加上卿之禮。功勳明著，然後賞勸隨之。未聞張重賞以待諫臣，懸穀帛以求盡言也。（晉書王沈傳。沈又教，褚翜復白。沈無以奪之，遂從翜議。）

褚裒

裒字季野，翜孫，辟西陽王羕，歷吳王文學。蘇峻之亂，車騎將軍郗鑒引爲參軍，峻平，封都鄉亭侯，遷司徒從事中郎，除給事黃門侍郎，出爲豫章太守。康帝卽位，以后父徵拜侍中，遷尚書，出爲建威將軍、江州刺史，鎮半洲，遷左將軍、兗州刺史，假節，鎮金城，領琅邪內史。穆帝卽位，授衞將軍、徐兗二州刺史，假節，鎮京口。永和初，進號征北大將軍，儀同三司。尋除征討大都督、青揚徐兗豫五州諸軍事，爲石遵將李菟所敗，憂卒。贈侍中、太傅，謚曰元穆。

上疏固請居藩

臣以虛鄙，才不周用，過蒙國恩，累忝非據。無勞受寵，負愧實深，豈可復加殊特之命，顯號重疊？臣有何勳，可以克堪？何顏可以冒進？委身聖世，豈復遺力？實懼顛墜，所誤者大。今王略未振，萬機至殷，陛下宜委誠宰輔，一遵先帝任賢之道，虛己受成，坦平心于天下。無宜內示私親之舉，朝野失望，所損豈少。（晉書褚裒傳。時有司以裒皇太后父，議加不臣之禮，拜侍中、衞將軍、錄尚書事，持節、都督、刺史如故。裒上疏固請居藩。）

重陳北伐事宜

前所遣前鋒督護王頤之等，徑造彭城，示以威信。後遣督護麋嶷進軍下邳，賊卽奔潰，嶷率所領據其城池。今宜速發，以成聲勢。（晉書褚裒傳。）

褚爽

爽字宏茂，小字期生，裒孫，爲義興太守，早卒。以恭思皇后父追贈金紫光祿大夫。有集十六卷。

禊賦

伊暮春之令月，將解禊于通川。洎元巳之清晨，邈微風之泠然。川迴瀾以澄映，嶺峭嶸以霏煙。輕霞舒于翠崖，白雲映乎青天。風透林而自清，氣扶嶺而載軒。（藝文類聚四、御覽三十。）

郭奕

奕字大業，（魏志郭淮傳引晉諸公贊作泰業。）太原陽曲人，車騎將軍淮弟之子。仕魏爲野王令，咸熙初爲文帝相國主簿。晉受禪，初建東宮，以爲太子中庶子，遷右衞率、驍騎將軍，封平陵男。咸寧初遷雍州刺史、鷹揚將軍。太康中徵爲尚書，遷太常，卒，謚曰簡。

表論楊駿

駿小器，不可以任社稷。（晉書郭奕傳）

鄒湛

湛字潤甫，南陽新野人。仕魏歷通事郎、太學博士。泰始初，轉尚書郎、廷尉平、征南從事中郎，入爲太子中庶子。太康中，拜散騎常侍，出補渤海太守，轉太傅楊駿長史，遷侍中。駿誅，坐免。尋起爲散騎常侍、國子祭酒，轉少府。元康末卒。有易統略若干卷，集三卷。

爲諸葛穆荅晉王令（一作命）

高世之君，赦罪責功，略小取大。（文選丘遲與陳伯之書注）

雖曰博納，虛懷下問。（文選沈約齊安陸昭王碑文注）

郝詡

詡仕魏，入晉爲安遠護軍。

與故人書

與尚書令裴秀相知，望其爲益。（晉書裴秀傳）

趙至

至字景眞，代郡人。改名浚，字允元，徙遼西，舉郡計吏。太康中以良吏赴洛，卒。

與嵇茂齊書（李善注引干寶晉紀以爲呂安與嵇康書）

安白：昔李叟入秦，及關而歎；梁生適越，登岳長謠。夫以嘉遯之舉，猶懷戀恨，況乎不得已者哉！惟別之後，離羣獨游，背榮宴，辭倫好，經迴路，涉沙漠，雞鳴戒旦，則飄爾晨征，日薄西山，則馬首靡託，尋歷曲阻，則沈思紆結，乘高遠眺，則山川悠隔。或乃迴飆狂厲，白日寢光，踦嶇交錯，陵隰相望，徘徊九皋之內，慷慨重阜之巔，進無所依，退無所據，涉澤求蹊，披榛覓路，嘯詠溝渠，良不可度，斯亦行路之艱難，然非吾心之所懼也。至若蘭茝傾頓，桂林移植，根萌未樹，牙淺絃急，常恐風波潛駭，危機密發，斯所以怵惕於長衢，按轡而歎息也。又北土之性，難以託根，投人夜光，鮮不按劒。今將植橘柚于玄朔，蔕華藕于修陵，表龍章于裸壤，奏韶舞于聾俗，固難以取貴矣。夫物不我貴，則莫之與；莫之與，則傷之者至矣。飄颻遠遊之士，託身無人之鄉，總轡遐路，則有前言之艱；懸鞌陋宇，則有後慮之戒。朝霞啟暉，則身疲于遄征；太陽戢曜，則情劬于夕惕。肆目平隰，則遼廓而無覩；極聽修原，則淹寂而無聞。吁其悲矣！心傷悴矣！然後乃知步驟之士不足爲貴也。若迺顧影中原，憤氣雲踊，哀物悼世，激情風烈。龍睇大野，虎嘯六合，猛氣紛紜，雄心四據。思躡雲梯，橫奮八極，披艱埽穢，蕩海夷岳，蹴崑崙使西倒，蹋太山令東覆，平滌九區，恢維宇宙，斯亦吾之鄙願也。時不我與，垂翼遠逝，鋒鉅靡加，翅翮摧屈，自非知命，誰能不憤悒者哉！吾子植根芳苑，擢秀清流，布葉華崖，飛藻雲肆，俯據潛龍之淵，仰蔭棲鳳之林，榮曜眩其前，豔色餌其後，良儔交其左，聲名馳其右，翱翔倫黨之間，弄姿帷房之裏，從容顧眄，綽有餘裕，俯仰吟嘯，自以爲得志矣，豈能與吾同大丈夫之憂樂者哉！去矣嵇生，永離隔矣！煢煢飄寄，臨沙漠矣！悠悠三千，路難涉矣！攜手之期，邈無日矣！思心彌結，誰云釋矣！無金玉爾音，而有遐心。身雖胡越，意存斷金。各敬爾儀，敦履璞沈，繁華流蕩，君子弗欽。臨書悵然，知復何云。（文選，晉書文苑趙至傳，藝文類聚三十）

自敘

嵇康謂至曰：卿頭小銳，童子白黑分明，覘占停諦，有白起風。（御覽三百六十六）

棗據

據字道彥，潁川長社人。辟大將軍府，出爲山陽令，遷尚書郎，轉右丞。賈充伐吳，請爲從事中郎，還，從黃門侍郎、冀州刺史、太子中庶子。有集二卷。

表志賦并序

據忝職門下。在帷幄之末。與羣士敘齊。登玉陛。侍日月久矣。出爲冀州刺史。犬馬戀主。既有微情。且志之所存。不能無言。因而賦之曰。

過承嘉惠。擢身泰晨。俯躡丹墀。仰承三辰。當樂夏之颻南。蒙朱陽之和仁。接鳴鸞之垂翼。因神虬之光鱗。浮眇末之纖質。濟吾身于天津。逸盧敖之所涉。階多士之遺塵。登九垓之虚軌。覿汗漫之威神。情飄飄而淩雲。意髣髴于眞人。扶搖薄于懸圃。增城鬱吕嵯峨。被羽衣之飛飛。握若蕙之芳華。蹈紕紛之絕軌。攀大椿之疏柯。意翹翹而慕遠。思濯髮于天波。悲落葉之思條。情戀戀于昊蒼。懷聖德之弘施。情慘切而內傷。感有莘之勝臣。願致主于陶唐。藝文類聚二十六。

逸民賦

沐甘露兮餘滋。握春蘭兮遺芳。文選謝靈運徑竹斤澗越嶺溪行詩注。

登樓賦

懷離客之遠思。情慘慨而惆悵。登茲樓而逍遥。聊因高吕遐望。感斯州之厥域。實帝王之舊疆。挹呼沱之濁河。懷通川之清漳。原隰開闢。蕩臻夷藪。桑麻被野。黍稷盈畝。禮儀既度。民繁財阜。懷桑梓之舊愛。信古今之同情。鍾儀慘而南音。莊舄感而越聲。豈吾人之狹隘。能去心而無營。情戚戚于下國。意乾乾于上京。藝文類聚六十三。

船賦

伊河海之深廣。吁嗟緜邈而无垠。彼限隔而靡覿。兮此由茲而莫闚。雖后土之同載。兮實殊代而乖分。嘉聖王之神化。兮理通微而達幽。悼民萌之隔塞。兮愍王教之不周。立成器吕備用。兮因垂象吕造舟。濟淩波之絕軌。兮越巨川之玄流。水无深而不渡。兮路无廣而不由。運重固之滯質。雖載沈而載浮。飄燕鼎于吳會。轉金石于洪濤。溯无涯之浩浩。不抑進而輒踣。登揚侯之激浦。兮方鳳翔而龍游。雖滔天而横厲。長抱樂而无憂。且論器而比象。似君子之淑清。外質朴而無飾。內空虚吕受盈。乘流則逝。遇抵而停。受命若響。唯時而征。不辭勞而惡動。不偷安而自盈。不貪財吕徇功。不憂力而欲輕。豐儉隨乎質量。所勝任乎本形。雖不乘而常浮。雖涉險而必正。且其行無轍跡。止無所根。不疾而速。忽若馳奔。周游曲折。動與時俯。博載善施。心无所營。囊括品物。受辱含榮。唯載涉之所欲。混貴賤于一門。包涵通于道德。曾納比乎乾坤。感斯用之御廣。信人道之所存。藝文類聚七十一。北堂書鈔一百三十七引兩條。初學記二十五。御覽七百七十引三條。

追遠詩序

先君爲鉅鹿太守。迄今三紀。忝私爲冀州刺史。班詔次于郡傳。宋書百官志下。

馮收

收。河東人。魏晉閒尚書郎。

與劉原書薦王接

夫騏驥不總轡。則非造父之肆。明月不流光。則非隋侯之掌。伏惟明府苞黃中之德。耀重離之明。求賢與能。小無遺錯。是吕鄙老思獻所知。竊見處士王接。岐嶷儁異。十三而孤。居喪盡禮。學過目而知義。觸類而長。斯玉鉉之妙味。經世之徽猷也。不患玄黎之不啟。竊樂春英之及時。晉書王接傳。渤海劉原爲河東太守。吕旌才爲務。同郡馮收試經爲郞。年七十餘。薦接于原云云。案接被薦時當在武末惠初。

江偉

偉。陳留襄邑人。仕魏。官爵未詳。武帝時爲通事郎。有集六卷。

答弟廣平賀蜡詩序

正元二年冬。臘。家君在陳郡。余別在國舍。不得集會。弟廣平作詩吕詒余。余因答之。藝文類聚五。

襄邑令傅渾頌

君稟二儀之醇粹，履元亨之貞和，比德金玉，而堅白不磨，白處戶庭而名稱家邦，不出門庭而聲播諸華矣。弱冠而應式敘，起家而君斯民，其爲政也，同勵秋霜，等惠春仁，刑不濫疏，賞不僭親，儀天地之簡易，則大道之清純，是以其道易行，其教易遵也。凡我士民，緇老攜幼，惴惴而懷君之恩，翩翩而戀君之德，相與援衡軒而雨涕，若赤子于父母也。

明明君侯，臨下有赫，克隆有光，惠我咫尺，于以具瞻，有覩其宅，乃冰其清，乃玉其白，風抗其高，雲垂其澤，宛荊未清，淮夷孔熾，春日萋萋，我車既備，光光我君，爰登有司，微微褒魯，有坰斯記，君有遺愛，民有餘思，敢揚斯頌，垂之來志。藝文類聚五十。

宣舒

舒字幼驥，陳郡人，爲宜城令，有集五卷。

通知來藏往論 經典敘錄。

申袁準從母論

或曰：案準以經云從母，是其母姊妹，從其母來爲己庶母，其親益重，故服小功，非通謂母之姊妹也。宣舒曰：二女相與行，有同車之道，坐有同席之禮，其情親而比，其恩曲而至，由此觀之，姊妹通斯同矣。兄妹別斯異矣。同者親之本，異者疏之源也。然則二女之服，何其不重邪？兄妹之服，何其不輕邪？曰：同父而生，父之所不降，子亦不敢降，故二女不敢相與重，然則舅何故三月邪？從母何故小功邪？曰：故母取其愛，是以外王父之尊，禮無厭降之道，爲人子者順母之情，親乎母之類，斯盡孝之道也。是以從母重而舅輕也。曰：姑與叔父，斯王父愛之所同也，父之所不降，子亦不敢降，此叔父與姑所以服同而無降也。通典九十二。

孫毓

輸當作翰

毓字仲泰山人，魏時嗣父觀爵呂都亭侯，仕至青州刺史。見魏志臧霸傳。一云字休朗，北海平昌人。見經典敘錄。入晉爲太常博士，歷長沙汝南太守，有毛詩異同評十卷，春秋左氏傳注二十八卷，孫氏成敗志三卷，集六卷。

賀封諸侯王表

臣聞軒轅二十五宗，黃祚以繁，姬姓建國七十，周過其歷，故禦侮莫如同德，伏唯陛下聖哲欽明，稽乾作則，超五越三，與靈協契，天祚明德，克昌祚胤，秦王、楚王、淮南王，光濟碩美，冠于羣后，改建大國，分鎮方岳，皇太子、皇孫，並啟土宇，培敦潼索，制弘往代，內輸皇畿，外蕃九服，羣生仰德，向風懷義，率土臣妾，莫不稱慶。藝文類聚五十一。

廟制議

攷工記左祖右社，孔子曰：周人敬鬼神而遠之，近人而忠焉。禮，諸侯三門，立廟宜在中門外之左，宗廟之制，外爲都宮，內各有寢廟，別有門垣，太祖在北，左昭右穆，次而南，今宜爲殿，皆如古典。通典四十七。

文獻皇后諡議 泰始四年，文明王皇后崩，毓議諡曰文獻，不用。

大名必加茂實，美號必附豐功，臣以爲宜諡曰文獻皇后。

諸侯廟議

案禮，諸侯五廟，二昭二穆及太祖也。今之諸王，實古諸侯也。諸侯不得祖天子，當以始封之君爲太祖，百代不遷，或謂之祧。其非始封，親盡則遷，其沖幼紹位，未踰年而薨者，依漢舊制，不列于宗廟，四時祭祀于寢而已。通典四十七。

燕國遷廟主之國議

案禮，凡告事以特牲，又禮，盛主以簞笥，載以齋車，即古之金輅也。每舍奠焉，又禮，廟事考妣同席共饌，一尸而祭，以神合爲一也。今王之國，迎廟主而行，宜以發日夙興告廟，迎主，今無齋車，當以犢

告廟上脫言字

車二乘。同車共祠。合于古宗祀國遷。掌奉主祏。當侍從主車。在王鹵簿前。設導從。每頓止。傳主車于中門外左。設脯醢醴酒之奠。而後卽安之。通典四十八。咸寧三年。燕國遷廟主。當之國。時博士孫繫案云云。繫疑毓之誤。

告廟冊議

太常問。今封建諸王。爲告廟不。若告廟。冊與告諸王事異。祝文同不。當以竹冊白簡隸書篆書也。博士孫毓議。案尚書洛誥。王命作冊逸祝冊。唯告周公其後。謂成王已冠。命立周公後。作爲冊書。逸誥。以告伯禽也。又周公請命于三王。乃納冊于金縢匱中。今封建諸王。裂土樹蕃。爲冊告廟。篆書竹冊。執冊以祝。訖藏于廟。及封王之日。又以冊告所封之王。冊文不同。前以告廟祝文當竹冊篆書。以爲告廟竹冊之文。卽祝詞也。舊告封王告改年號故事。事訖皆當藏于廟。以皆爲冊書。四時享祀祝文。事訖不藏。故但禮稱祝文尺一白簡。隸書而已。通典五十五。

羣臣爲太子起坐議

禮曰。父在斯爲子。君在斯爲臣。侍坐于所尊。見同等不起。皆以爲尊無二上。故有所厭之義也。昔衛綰不應漢景之召。釋之正公門之法。明太子事同于羣臣。羣臣亦統一于所事。應依同等不起之禮。通典六十七。晉制。皇帝會。公卿座位定。太子後至。孫毓以爲羣臣不應起云云。

嫡子監國議

案周禮典命職。凡諸侯之嫡子。誓于天子。攝其君。則下其君一等。謂公之子如侯伯而執珪。侯伯之子如子男而執璧。春秋曹伯使其太子射姑來朝。行國君之禮。踐土之盟。衛成公使其母弟武如會。經書曰衛武。蔡甲午序于諸侯。又左傳冢子君行則守。有守則從。從曰撫軍。守曰監國。古之制也。夫帥師專行謀。誓軍旅。君與國政之所圖。非太子之事也。周制。諸侯以功德入爲王卿士。則上卿理其國事。今諸王公侯受任天朝。而嫡子攝其君事。則車服禮數。國封大小。領兵軍數。自當加本制。而王公侯遣上卿及軍將掌其事。合于古議。今之車服。與古禮不同。依禮應下其君一等。其嫡子皆以有爵命印綬冠服佩玉之制。宜如本令。而嫡子但知其政。不干其位。君不可二。尊無二上。國相以下見嫡子。宜如臣而不稱臣。又禮。非其臣則荅拜。國之命士。上達于其君者。嫡子宜荅拜。其文書稱嗣子。宜曰王嗣子某公侯嗣子某子。繫父爵。明不專國也。其燕見則稱弟。下文書表疏。皆臣禮而不稱臣。今之監司。上官文書皆爲記告。嫡子監國。其下羣臣官文書宜稱告。不言命稱教。通典七十一。晉博士孫敏等議。案孫敏不見于史。據書鈔引孫毓七誘。知敏乃毓之誤。

諸王公城國宮室章服車旗議

周禮。上公九命爲伯。其國家宮室車旗衣服禮儀。皆以九爲節。侯伯七命。以七爲節。子男五命。以五爲節。公之城蓋方九里。宮方九百步。侯伯之城方七里。宮方七百步。子男之城方五里。宮方五百步。又曰。王之三公八命。其卿六命。及其出封。皆加一等。其國家宮室車旗衣服禮儀亦如之。又如禮。諸侯之城隅高七丈。門阿皆五丈。又禮。諸侯以爲殿屋。今諸王封國。雖有大小。而所理舊城。不如古制。皆宜仍舊。其造立宮室。當有大小之差。然周典奢大。異于今儀。步數之限。宜隨時制。又諸侯三重門。內曰路門。中門曰雉門。外門曰庫門。雉門之外設罘。憲高五丈。其正寢與廟同制。皆殿屋四阿。堂崇三尺。此其舊典。略可依也。餘皆稱事取供而已。旌旗旂斿。繁纓二車。各以其命之等。又曰。金輅建大旂。同姓以封。象輅建大赤。異姓以封。今制從簡。除之餘。諸王從公者出就封。朝祀之事。宜輅車駟馬。建大旂九斿。畫蛟龍。禮。公之服自衮冕而下。侯伯自鷩冕而下。皆如王之服。祭服宜玄冕。冕朱裏。玳玉三采九旒。繅三色九就。丹組纓。玄衣纁裳。畫九章。以事宗廟。其祀社稷山川。及其羣臣助祭者。皆長冠玄衣。其位不從公者。皆以七爲節。其他則同諸王。朝服依漢魏故事。皆遠遊冠五時服。佩山玄玉。不復㠯國大小爲差。其羣臣侍從冠服。皆宜如服制令也。諸王公應助祭。案司服之職。王祀昊天上帝。則大裘而冕。享先王則袞冕。先公則鷩冕。公之服。自袞冕而下。如王之服。侯伯之服。自鷩冕而下。如公之服。禮記王制曰。制三公一命袞。謂三公八命。復加一命。則服袞龍。與王者之後同。然則九命及二王之後。乃服袞衣無升龍。三公之服。當從鷩冕而下。太尉三公助祭。宜服鷩冕七章冕繅九旒赤舄。三公助導從外官不與齊祭者。自可如舊。通典七十一。

王侯兄弟繼統服議

咸寧二年。安平穆王薨。無嗣。㠯母弟敦上繼獻王後。移太常。問應何服。博士張靖答。宜依魯僖服閔三年例。尚書符詰靖曰。穆王不臣敦。敦不繼穆。與閔僖不同。孫毓宋昌議。㠯穆王不之國。敦不仕諸侯。不應三年。㠯義處之。敦宜服本服一周而除。主穆王喪祭三年畢。乃吉祭獻王。毓云。禮。君之子孫。所㠯臣諸兄者。㠯臨國故也。禮又與諸侯爲兄弟服斬。謂鄰國之臣。于鄰國之君。有猶君之義故也。今穆王既不之國。不臣兄弟。敦不仕諸侯。無鄰臣之義。異于閔僖如符旨也。但喪無主。敦既奉詔紹國。受重。主喪。典。具祭祀。記云。大功者主人之喪。有三年者。則必爲之再祭。鄭氏注云。謂死者從父昆弟來爲喪主也。有三年者。謂妻若子幼少也。再祭謂大小祥也。穆妃及國臣于禮皆當三年。此爲有三年者。敦當爲之主。大小兩祥祭也。且哀樂不相雜。吉凶不相干。凶服在宮。哭泣未絕。敦遽主穆王之喪。而國制未除。則不得㠯本親服除。而吉祭獻王也。通典九十三。

七廟諱字議

乙丑詔書班下尊諱。唯從宣皇帝㠯來。京兆府君㠯上。皆不別著。案禮。士立二廟。則諱王父㠯下。天子諸侯。皆諱羣祖。親盡廟遷。乃

禮當作理　月祭上脫親廟二字

捨故而諱新。尊者統遠。卑者統近。貴者得申。賤者轉降。蓋所㠯殊名位之數。禮上下之序也。先代創業之主。唯周追王。夏殷㠯前。未有聞焉。顯考㠯下。謂之親廟。月祭。屬近禮崇。周武王時。諸盩爲顯考廟。周人㠯諱事神。固不㠯追王所不及。而闕正廟之諱也。禮大夫所有公諱。又曰子與父同諱。明君父之諱。臣子不可㠯不諱也。范獻子聘于魯。問具敖之山。魯人㠯其鄉對。曰先君獻武之諱也。此時獻武已爲遠祖。鄰國大夫猶㠯犯諱爲失。歸而作戒。箸于春秋。大晉龍興。弘崇遠制。損益因改。思臻其極。㠯爲京兆府君㠯上。雖不追王列在正廟。臣下應諱。禮有明義。宜班下諱字。使咸知所避。上崇寅嚴之典。下防僭同之繆。通典一百四。

東宮鼓吹議

鼓吹者蓋古之軍聲。振旅獻捷之樂也。施于時事不常。後因㠯爲制。用之期會。用之道路。焉所㠯顯德明功。振武和衆。求使後世無亡其章。率而合者也

聞其音而德和。省其詩而志正。威儀足㠯化民俗。制度足㠯和神人。

禮樂之教。義有所指。給鼓吹㠯備典章。出入陳作。因㠯移風易俗。

駮卞摧武帝喪禮議

尚書顧命。成王新崩。傳遺命。文物權用吉禮。又禮卜家占宅朝服。推此無不吉服也。又巾車飾遣車及葬。執蓋從方相玄衣裳。此鹵簿所從出也。今之吉駕。亦象生之義。凶服可除。鼓吹吉服。可設而不作。通典七十九。

五禮駮

魏氏天子。一加三加。嫌同諸侯。毓案玉藻記曰。玄冠朱組纓。天子之冠也。緇布冠繢緌。諸侯之冠也。其說謂皆始冠。則是有次加之辭。此二冠皆卑服質古。勢不一加。必重加朝祭之服。㠯崇彌尊。聖

人制禮所以一時歷加衆服者。今始成人。上擇令日。而徧加之所以重始也。若冠日有不加者。後必不擇吉而服。非重始也。又禮器有以少爲貴者。冠不在焉。記有彌尊喻志之言。蓋以服從卑始。象德日新。不可先服尊服。轉而即卑。今嫌士禮喻志之文。因從魏氏一加之制。攷之玉藻。似非古典。今三加者。先冠皮弁。次冠長冠。後冠進賢冠。以爲彌尊。于意又疑。通典五十六。

七誘

進趙女。延麗人。口金華之粹。珥明月之珍。書鈔一百三十五作孫敏。據下條知敏之誤。

鏤藍畫丹。實以餘粱。鮮若朝雪。流曜飛芳。書鈔一百四十四。

口杜水之口。龍膾天流之潛鱗。書鈔一百四十五。

杜萬年

萬年。爵里未詳。案序言太僕傅侯。蓋傅玄也。知萬年晉初人。

相風賦序

太僕傅侯命余賦之。誠知武夫非荆寶之倫。長庚啟明。非曜靈之匹。御覽八百九。

全晉文卷六十七終

全晉文卷六十八

烏程嚴可均校輯

夏侯湛一

湛字孝若。譙國譙人。征西將軍淵曾孫。少爲太尉掾。泰始中舉賢良方正。拜郎中。選補太子舍人。轉尚書郎。出爲野王令。除中書侍郎。出爲南陽相。遷太子僕。惠帝卽位。進散騎常侍。有新論十卷。集十卷。

寒雪賦

嚴氣枯殺。玄澤閉凝。（文選雪賦注。）

集洪霰之淅瀝。煥摧磊㠯羅索。（同上。）

既增覆而累鎭。又加襃而更衣。（同上。）

野田游獸。榛蕪棲鳥。虵枯蚓于幽穴兮。龍潛身于天表。（北堂書鈔一百五十八。）

雷賦

伊朱明之季節兮。暑爞赫㠯盛興。扶桑煒㠯揚燎兮。雷火曄㠯南升。大明黯其潛曜兮。天地鬱㠯同蒸。掣丹霆之倏睒兮。奮迅雷之崇崇。馳壯音于天上兮。激駭響于地中。徒觀其霰雹之所搖盪。火石之所燒爍。雲雨之所澆沃。流潦之所淹濯。當衝則摧破。遇披則殲溺。山陵爲之崩蕩。羣生爲之震辟。是㠯大聖變于烈風。小雅肅于天高。嗟乾坤之神祇兮。信靈威之誕昭。故先王制刑。擬雷霆于征伐。恢文德㠯經化兮。耀武義㠯崇烈。苟不合于大象兮。焉濟道㠯成哲。（初學記一。）

電賦

攢雲閤而飛火。絳煙起于雲中。（御覽十三。）

禊賦

羨暮春之嘉辰。美靈氣之和柔。結方軌于泰路。敷令節而宣遊。爾乃□□□□鈴鳴。翟翠旗。垂繁纓。微雲。乘軒。清風卷旌。飛輪猋起。良馬電驚。車駕鱗萃。男女霧會。服煥羅縠。翠翳連蓋。縈香九于素襟。結九齡乎時外。粲爛咃韡。焜曄發越。若乎朝春挺葩。夕霞抱月。爾乃臨清流。背綠柯。雲幕高接。丹組四羅。（藝文類聚四。初學記四。）

大暑賦

乃三伏相仍。徂暑彤彤。上無纖雲。下無微風。扶桑絕其增熿。天氣曄其南升。爾乃土墳地坼。谷枯川竭。寒泉潛沸。冰井騰沫。洪液蒸于單簞兮。珠汗霑乎絺葛。溫風翕其至兮。若灑湯于玉質。沃新水㠯達夕。振輕箑㠯終日。（藝文類聚五。初學記三又四。）

歎秋賦

陰籠景而下翳。（文選江淹雜體詩注。）

梁田賦

嬉于夷盧之廣陸。步于大野之長京。察田疇之疆畔。號觀遊雉之逸。（御覽五十六。）

沈朱李。濫甘桃。（御覽九百六十七。）

鞞舞賦

專奇巧于樂府兮。苞殊妙乎伶人。匪繁手之末流兮。乃皇世之所珍。在廟則格祖考兮。在郊則降天神。納和氣于兩儀兮。通克諧乎君臣。協至美于九成兮。等太上乎睿文。（初學記十五引兩條。）

夜聽笳賦

越鳥戀乎南枝。胡馬懷夫朔風。惟人情之有思。乃否滯而發中。南閭兮拊掌。北閭兮鳴笳。鳴笳兮協節。分唱兮相和。相和兮哀諧。慘激暢兮清哀。奏烽燧之初驚。展從谿之歎乖。伸棄兮更纏。遷調兮故顏。披涼州之妙參。揔飛龍之奇引。垂幽蘭之遊響。來楚妃之絕歎。放鵾雞之弄音。散白雪之清變。（藝文類聚四十四。）

繳彈賦

張弱弓。理繁繳。望大羣吕送丸。審追放而必獲。藝文類聚六十。御覽三百五十。

獵兔賦

爾乃乘露箱。御良馬。循乂接于廣漠。弓矢連于曠野。端眺蒿萊。摘盱榛穢。落目攢慨。傍窺翁薈。覩㲋兔之所隱。乃精望而審發。弦絕箭激。驚伏竝斃。搜鱗危險。覓歷岡阜。罦罾掛于重林。疏罝結于通藪。密驚視于草間。暫見之于蒙茸。擬吕銳殳。規吕良弓。覩毫末而放鏃。乃殪之于窟中。或紛欻吕驚鶩。影跳踈而揚白。擢輕足之縈。振遊豩之躍躍。弓不暇彎。罝不及幕。爾乃鷹鷂翻吕飄揚。勁翼謖而下。禦馬釋控吕長騁。鬱騰虛而陵厲。翕習于迴阻之閒。繞繚于山澤之際。盤迂遊田。其樂泄泄。心既倦兮日還。命輿駕兮將還。息徒蘭圃。秣驥華田。目送歸鴻。手揮五絃。優哉遊哉。聊吕永年。藝文類聚六十六。又略見御覽三百五十三。

雀釵賦

覽嘉藝之機巧。抒精思于雀釵。收泉珍于八極。納瓌異吕表奇。布太陽而擬法。妙團圝而應規。于是妍姿英妙之徒。相與競變寵竝修敕。理桂襟。整服飾。黛玄眉之琰琰。收紅顏而發色。流盼閑步。輕袂翼翼。忭炫豔吕相邀。常逍遙而侍側。昔先王興道立教。崇沖讓吕致賢。不留志于華好。藝文類聚七十。

釭燈賦

珠珍寶器。奇像妙工。取光藏煙。致巧金銅。融冶甄流。陶形定容。爾乃隱吕金翳。疏吕華籠。融素膏于回槃。發朱燿于綺窗。宣耀蘭堂。騰明廣宇。熠煜爚于茵筵。煥熠爍乎屏組。藝文類聚八十。

秋日既逝。冬夜攸長。文選別賦注。

合歡被賦

舉華鏡吕自覽。被玄鬢而垂白。北堂書鈔一百三十六。鏡六十五。

宜男花賦

淑大邦之奇草兮。應百則之休祥。稟至貞之靈氣兮。顯嘉名吕自彰。冠衆卉之挺生兮。承木德于少陽。體柔性剛。蕙結蘭芳。結纖根吕立本兮。靈渥液于青雲。順陰陽于滋茂兮。笑含章之有文。遠而望之。若丹霞照青天。近而觀之。若芙蓉鑒綠泉。萋萋翠葉。灼灼朱華。暉若珠玉之樹。煥若景宿之羅。充后妃之盛飾兮。登紫微之內庭。回日月之暉光兮。隨天運吕盈虛。藝文類聚八十一。

芙蓉賦

臨清池吕遊覽。覩芙蓉之麗華。潛靈藕御覽作咀菱藕。于玄泉。擢修莖乎清波。煥然蔭沼。灼爾星羅。若乃迴縈外散。菡萏內離。的出豔發。葉恢花披。綠房翠蒂。紫飾紅敷。黃螺圓出。垂蕤散舒。纓吕金牙。點吕素珠。固陂池之麗觀。尊終世之特殊。爾乃採涫葩。摘圓質。折碧皮。食素實。味甘滋而清美。同嘉異乎橙橘。參嘉果吕作珍。長充御乎口實。藝文類聚八十二。御覽九百七十五。

浮萍賦

步長渠吕遊目兮。覽隨波之微草。紛漂潎吕澄茂兮。羌孤生于靈沼。因纖根吕自滋兮。乃逸蕩乎波表。散圓葉吕舒彩兮。發翠綠吕含縹。蔭修魚之華鱗兮。翳蘭池之清潦。既澹淡吕順流兮。又雍容吕隨風。有纏薄于崖側兮。或回滯乎湍中。紛上下吕靡常兮。漂往來其無窮。仰熙陽曜。俯憑綠水。渟不安處。行无定軌。流息則寧。濤擾則動。浮輕善移。勢危易盪。似孤臣之介立。隨排擠之所往。內一志吕奉朝兮。外結心吕絕黨。萍出水而立枯兮。士失據而身枉。覩斯草而慷慨兮。固知直道之難爽。藝文類聚八十二。初學記二十七。

薺賦

寒冬之日。余登乎城陛。步北園。覩衆草之萎悴。覽林果之零殘。悲纖條之槁摧。愍枯葉之飄殫。見芳薺之時生。被畦疇而獨繁。鑽重冰而挺茂。蒙嚴霜吕發鮮。含盛陽而弗萌。在太陰而斯育。永安性于猛寒。羌無寍乎煖燠。齊精氣于歘冬。均貞固乎松竹。藝文類聚八十二。

石榴賦

覽華圃之嘉樹兮。羨石榴之奇生。滋玄根于夷壤兮。擢繁榦于蘭庭。霑靈液之粹色兮。含渥露㠯深榮。若乃時雨新希。微風扇物。藹萋萋㠯鮮茂兮。紛扶輿㠯蓊鬱。枝摻稔㠯琛柔兮。葉鱗次㠯周密。纖條參差㠯窈窕兮。洪柯流衣㠯相拂。于是乎青陽之末。朱明之初。翕微煥㠯摛采兮。的寫瓅㠯揚數。接翠萼于綠葉兮。冒紅牙㠯丹鬚。施然含蕤。璀爾散珠。若乃叢紈始裹。聚葩方離。潛暉蜿蠪。綠采未披。照灼攢烈。熒瑩玄垂。雪醴解餌。怡神實氣。冠百品㠯仰奇。邁衆果而特貴。藝文類聚八十六、初學記二十八、御覽九百七十。

安石榴賦

實有嘉木。名安石榴。株條列暢。索榦內樛。丹煇綴于朱房。緗的點于紅鬚。煌煌煒煒。熠耀入蘂。侶長離之棲鄧林。若珊瑚之映流水。光明燐爛。含丹耀紫。味滋芳袖。色麗瓊蘂。御覽九百七十。

愍桐賦

有南國之陋寢。植嘉桐乎前庭。闡洪根㠯誕茂。豐修榦㠯繁生。納谷風㠯疏葉。含春雨㠯濯莖。濯莖夭夭。布葉藹藹。蔚童童㠯重茂。蔭蒙接而相蓋。蔽陰澹之南表。覆陽阿之北外。于是詰朝之暇。步趾前廡。春㠯遊目。夏㠯清暑。昔詩人之所稱。美厥生之攸奇。植匪岡其不滋。識非條其不儀。藝文類聚八十八。

朝華賦

咨神樹之修異。實積陽之純精。蜿潛根㠯誕節。據川壤㠯擢莖。皎日升而朝華。玄景逝而夕零。逮明晨而繁沸。若靜夜之衆星。長莖攢起。柔條列布。擢靈柯于時雨。滋逸采于豐露。灼煌煌㠯煒煒。獨崇朝而達暮。于是茂樹蒼蒼。纖枝翩翩。潛光玉朗。綠葉翠鮮。藝文類聚八十九。

瓜賦

入果林。造瓜田。摘虎掌。拾黃班。落蔕離母。清于寒泉。御覽九百七十八。

觀飛鳥賦

見逸遊之高鳥。邈飄颻而殊逝。擢華毛㠯迅驚。迴勁翼㠯揚勢。拔六翮之聯翩。振輕體之迢遞。遂乃矜形遼廓。馮虛安翔。翩翻徘徊。上下頡頏。動素羽之習習。亂白質于日光。玩流氣㠯差池。弄長風㠯抑揚。攝雙翅㠯高舉。舒修頸㠯儴佯。目悅妙勢。心嘉羽儀。愛惠音之嚶嚶。美弱翰之參差。甑高凌于景外。又抑身乎雲崖。乍來乍往。若懸若垂。象流星之離天。侶圓物之墜危。何斯遊之自得。諒逸豫之可希。苟臨川而羨魚。亦歡翔而樂飛。藝文類聚九十。

玄鳥賦

觀羽族之羣類。美玄鳥之翔集。順陰陽㠯出處。隨寒暑而遊蟄。擢翩翩之麗容。揮連翩之玄翼。挺參差之毳尾。發緇素之鮮色。及至

大火西景。商風吹衣。凝霜凄其被草。卉木摵㠯零稀。二句從北堂書鈔一百五十八補。遂匿形于深穴。斂六翮而不飛。含靜泊㠯充肌。噏至和之精粹。澹恬心㠯去欲。故保生而不匱。處衆物之爲害。獨棄林而憑人。不驚畏㠯自疏。永歸馴而附親。有受祥而皇祇。故遺卵而生殷。惟帝皇之嘉美。置高禖㠯表神。類鸞皇之知德。象君子之安仁。爾乃銜泥構巢。營居傅桷。積一喙而不已。終累泥而成屋。拾柔草㠯自藉。揉儒毛㠯爲蓐。吐清惠之泠音。永吟鳴而自足。藝文類聚九十二。

春可樂

春可樂兮。樂東作之良時。嘉新田之啟萊。悅中疇之發菑。桑冉冉㠯奮條。麥遂遂㠯揚秀。澤苗翳渚。原卉耀阜。春可樂兮。樂崇陸之可娛。登夷岡㠯迴眺兮。超矯駕乎山隅。綴雜華㠯爲蓋。集繁蘂㠯飾裳。散風衣之馥氣。納戢懷之潛芳。鶯交交㠯弄音。翠翽翽㠯輕翔。招君子㠯偕樂。攜淑人㠯微行。藝文類聚三、御覽五十六。

進櫻桃于玉盤。御覽九百六十九。

秋可哀

秋可哀兮哀秋日之蕭條。火迴景㠯西流。天既清而氣高。壤含素霜。山結玄霄。月延路㠯增夜。日還行㠯收暉。屏絺綌于箧笥。納綸縞㠯授衣。秋可哀兮哀新物之陳蕪。綢篠朔㠯斂稀。密葉槭㠯隕疏。雁擢翼于太清。燕蟠形乎榛墟。秋可哀兮哀良夜之遙長。月翳㠯隱雲。星朧朧而没光。映前軒之疏幌。炤後帷之閑房。拊輕衾而不寐。臨虛檻而褰裳。感時邁㠯興思。情愴愴㠯含傷。藝文類聚三、初學記三。

秋可哀兮哀南畝之口荒。既采蕭于大陸兮。又刈蘭乎崇岡。御覽五十六。

秋夕哀

秋夕兮遙長。哀心兮永傷。結帷兮中宇。屣履兮閑房。聽蟋蟀之潛鳴。覩雲雁之雲翔。尋脩廡之飛簷。覽明月之流光。木蕭蕭㠯被風。階縞縞㠯受霜。玉機兮環轉。四運兮驟遷。銜恤兮迄今。忽將兮涉年。日往兮哀深。歲暮兮思繁。藝文類聚三。

寒苦謠

惟立冬之初夜。天慘懔㠯降寒。霜皚皚㠯被庭。冰溏瀨于井幹。草槭槭㠯疏葉。木蕭蕭㠯零殘。松隕葉于翠條。竹摧柯于綠竿。藝文類聚五。

長夜謠

日暮兮初晴。天灼灼兮遐清。披雲兮歸山。垂景兮照庭。列宿兮皎皎。星稀兮月明。亭檐隅㠯逍遙兮。盼大虛㠯仰觀。望閶闔之昭晰兮。麗紫微之暉煥。藝文類聚十九。

山路吟

夙駕兮待明。陟山路兮遐征。冒晨朝兮入大谷。道逶迤兮嵐氣清。

攬轡兮抑馬。踟躕兮曠野。曠野驅兮遼落。崇岳兮嵬峨。丘陵兮連離。卉木兮交錯。淥水兮長流。驚濤兮拂石。藝文類聚七。

離親詠

剖符兮南荆。辭親兮遐征。發軔兮皇京。夕臻兮泉亭。撫首兮內顧。案轡兮安步。仰戀兮後塗。俯歎兮前路。既感物㠯永思兮。且歸身乎懷抱。苟違親㠯從利兮。匪曾閔之攸寶。視微榮之瑣瑣兮。知吾志之愈小。獨申愧于一心兮。慙報德之彌少。藝文類聚二十。

江上泛歌

悠悠兮遠征。倏倏兮曁南荆。南荆兮臨長江。臨長江兮討不庭。江水兮浩浩。長流兮萬里。洪浪兮雲轉。陽侯兮奔起。驚翼兮垂天。鯨魚兮岳跱。蘼蕪紛兮被皐陸。修竹鬱兮翳崖趾。望江之南兮遨目桂林。桂林蓊鬱兮鵾雞揚音。淩波兮願濟。舟檝不具兮江水深沈。嗟迴盼于北夏。何歸軫之難尋。藝文類聚八。

征邁辭

上伊闕兮臨川。拊駿馬兮援鞍。中衢兮載歎。斂轡兮盤桓。御覽三百五十八。

泰始四年舉賢良方正對策

民之初生。未有上下之序。長幼之紀。穴居野處。慢慵遊而苟作。北堂書鈔一百五十八。

昆弟誥

惟正月才生魄。湛若曰。咨爾昆弟淯、琬、瑁、謨、總、瞻。古人有言。孝乎惟孝。友于兄弟。死喪之威。兄弟孔懷。又曰。周之有至德也。莫如兄弟。於戲。古之載于訓籍。傳于詩書者。厥乃不思不可不行。爾其專乃心。一乃聽。砥礪乃性。㠯聽我之格言。淯等拜手稽首。湛若曰。嗚呼。惟我皇乃祖滕公。肇釐厥德厥功。㠯左右漢祖。弘濟于嗣君。用垂祚于後世。世增敷前軌。濟其好行美德。明允相繼。冠冕胥及。㠯逮于皇曾祖愍侯寅亮魏祖。用康乂厥世。遂啟土宇。以大綜厥勳于家。我皇祖穆侯。崇厥基以允釐顯志。用恢闡我令業。維我后府君侯。祗服哲命。欽明文思。以熙柔我家道。丕隆我先緒。欽若稽古訓。用敷訓典籍。乃綜其微言。嗚呼。自三墳五典。八索九丘。圖緯六蓺。及百家衆流。罔不探賾索隱。鉤深致遠。洪範九疇。彝倫攸敘。乃命世立言。越用繼尼父之大業。斯文在茲。且九齡而我王母薛妃登遐。我后孝思罔極。惟以奉于穆侯之繼室蔡姬。以致其子道。蔡姬登遐。臨于穆侯之命。厥禮乃不得成。用不祔于祖姑。惟乃用騁其永慕。厥乃以疾辭位。用遜于厥家。布衣席槀。以終于三載。厥乃古訓無文。我后丕孝其心。用假于厥制。以穆于世父使君侯。惟伯后聰明叡智。奕世載德。用慈友于我后。我惟烝烝是虔。罔不克承厥誨。用增茂我敦篤。以播休美于一世。厥乃可不遵。惟我用夙夜匪懈。日鑽其道。而仰之彌高。鑽之彌堅。我用欲罷不敢。豈唯予躬是懼。實令跡是奉。厥乃晝分而食。夜分而寢。豈唯令跡是畏。實爾猶是儀。嗚呼。予其敬哉。俞。予聞之。周之有至德。有婦人焉。我母氏羊姬。宣慈愷悌。明粹篤誠。以撫訓羣子。厥乃我齓齒。則受厥教于書。學不踰惟盛。敦詩書禮樂。孳孳弗倦。我有識。惟與汝服厥誨。惟仁義惟孝友是尚。憂深思遠。祗以防于微。翳義形于色。厚愛平恕。以濟其寬裕。用緝和我七子。訓諧我五妹。惟我兄弟姊妹。束脩慎行。用不辱于冠帶。實母氏是憑。予其爲政蕞爾。惟母氏仁之不行是慼。予其望色思寬。獄之不情。教之不泰是訓。予其納戒思詳。嗚呼。惟母氏信著于不言。行感于神明。若夫恭事于蔡姬。敦穆于九族。乃高于古之人。古之人厥乃千里承師。矧我惟父惟母世德之餘烈。服膺之弗可及。景仰之弗可階。汝其念哉。俾羣弟天祚于我家。俾爾咸休明是履。滔英哉。文明柔順。琬乃沈毅篤固。惟瑫厥清粹平理。謨茂哉。偁哲寅亮。總其弘肅簡雅。瞻乃純鑠惠和。惟我蒙

蔽。極否于義訓。嗟爾六弟。汝其滋義洗心。以補予之尤。予乃亦不敢忘汝之闕。嗚呼小子瞻。汝其見予之長于仁。未見予之長于義也。瞻曰俞。以如何。湛若曰。我之肇于總角。以逮于弱冠。曁于今之二毛。受學于先載。納誨于嚴父慈母。予其敬忌于厥身。而匡予之纖介。翼予之小疵。使予有過未嘗不知。予知之遄改。惟沖子是賴。予親于心。愛于中。敬于穆。厥乃口無擇言。柔惠且直。廉而不劌。肅而不厲。厥其成予哉。用集我父母之訓。庶明勵翼。邇可遠在茲。瞻拜手稽首曰俞。湛曰都。在修身。在愛人。瞻曰吁。惟聖其難之。湛曰都。厥不行惟難。厥行惟易。湻曰俞。明而昧。崇而卑。沖而愜。顯而賢。同而疑。厲而柔。和而矜。湛曰俞。乃言厥有道。湻曰俞。祗服訓。湛曰來琬。汝亦昌言。琬曰俞。身不及于人。不敢墮于勤。厥故惟新。湛曰俞。瑫亦昌言。瑫曰俞。滋敬于己。不滋敬于己。惟敬乃恃。無忘有恥。湛曰俞。謨亦昌言。謨曰俞。無忘于不可不虞。彤貌以心。訪心于虞。湛曰俞。總亦昌言。總曰俞。若憂厥憂。以休。湛曰俞。瞻亦昌言。瞻曰俞。復外惟內。取諸內不忘諸外。湛曰俞。休哉。湻等拜手稽首。湛亦拜手稽首。乃歌曰。明德復哉。家道休哉。世祚悠哉。百祿周哉。又作歌曰。訊德恭哉。訓翼從哉。內外康哉。皆拜曰欽哉。（晉書夏侯湛傳。）

全晉文卷六十八終

烏程嚴可均校輯

夏侯湛二

抵疑

當路子有疑夏侯湛者。而謂之曰。吾聞有其才而不遇者時也。有其時而不遇者命也。吾子童幼而岐嶷。弱冠而著德。少而流聲。長而垂名。拔萃始立。而登宰相之朝。揮翼初儀。而受卿尹之舉。盪典籍之華。談先王之言。入閶闔。躡丹墀。染彤管。吐洪煇。干當世之務。觸人主之威。有效矣。而官不過散郎。舉不過賢良。鳳棲五期。龍蟠六年。英耀禿落。羽儀摧殘。而獨雍容藝文。蕩駘儒林。志不輟著述之業。口不釋雅頌之音。徒費情而耗力。勞神而苦心。此術亦以薄矣。而終莫之辯。宜吾子之陸沈也。且以言乎才。則吾子優矣。以言乎時。則子之所與二三公者。義則骨肉之固。交則明道之觀也。富于德。貴于官。其所發明。雖叩牛操築之客。傭賃抱關之隸。負俗懷譏之士。猶將登爲大夫。顯爲卿尹。于何有寶咳唾之音。愛錙銖之力。向若垂一鱗。迴一翼。令吾子攀其飛騰之勢。挂其羽翼之末。猶奮迅于雲霄之際。騰驤于四極之外。今迺金口玉音。漠然沈默。使吾子棲遲窮巷。守此困極。心有窮志。貌有飢色。吝江河之流。不以濯舟船之畔。惜東壁之光。不以寓貧婦之目。抑非二三公之蔽賢也。實吾子之拙惑也。夏侯子曰。噫。湛也幸有過人。必知之矣。吾子所以褒飾之太矣。斟酌之喻。非小醜之所堪也。然過承古人之誨抑因子大夫之忝在弊室也。敢布其腹心。豈能隱几以覽其概乎。客曰。敢祇以聽。夏侯子曰。吾聞先大夫孔聖之言。德之不修。學之不講。聞義不能徙。不善不能改。是吾憂也。四德具而名位不至者。非吾任也。是以君子求諸己。小人求諸人。僕也承門戶之業。受過庭之訓。是以得接冠帶之末。充乎士大夫之列。頗闚六經之文。覽

百家之學。弱年而入公朝。蒙蔽而當顯舉。進不能拔羣出萃。卻不能抗排當世。志則乍顯乍昧。文則乍幽乍蔚。知之者則謂之欲逍遙以養生。不知之者則謂之欲遑遑以求達。此皆未是僕之所匱也。僕又聞世有道。則士無所執其節。黜陟明。則下不在量其力。是以當舉而不辭。入朝而酬問。僕東野之鄙人。頑直之陋生也。不識當世之便。不達朝廷之情。不能倚靡容悅。出入崎傾。逐巧點妍。嘔喁辯佞。隨羣班之次。伏簡墨之後。當此之時。若失水之魚。喪家之狗。行不勝衣。言不出口。安能干當世之務。觸人主之威。適足以露狂簡而增塵垢。縱使心有至言。言有偏直。此委巷之誠。非朝廷之欲也。今天子以茂德臨天下。以八方六合爲四境。海內無虞。萬國玄靜。九夷之從王化。猶洪聲之收清響。黎苗之樂函夏。若遊形之招惠景。鄉曲之徒。一介之士。曾諷急就習甲子者。皆奮筆揚文。議制論道。出草苗。起林藪。御青瑣。入金墉者。無日不有。充三臺之寺盈中書之閣。有司不能竟其文。當年不能編其籍。此執政之所厭聞也。若乃羣公百辟。卿士常伯。被朱佩紫。耀金帶白。坐而論道者。又充路盈寢。黃幄玉階之內。飽其尺牘矣。若僕之言。皆糞土之說消磨灰爛。垢辱招穢。適可充衞士之爨。盈埽除之器。譬投盈寸之膠。而欲使江海易色。燒一羽之毛。而欲令大爐增勢。若燎原之煙彌天之雲。噓之不益其熱。噏之不減其氣。今子見僕入朝暫對。便欲坐望高位。吐言數百。謂陵嶒一世。何吾子之失評也。僕固脂車以須放。秣馬以待御。反耕于枳落。歸志乎渦瀨。從容乎農夫。優游乎卒歲矣。古者天子晝土以封羣后。羣后受國以臨其邦。懸大賞以樂其成。列九伐以討其違。興衰相形。安危相傾。故在位者以求賢爲務。受任者以進才爲急。今也則九州爲一家。萬國爲百郡。政有常道。法有恆訓。因循而禮樂自定。揖讓而天下大順。夫道學之貴游。閭邑之搢紳。皆高門之子。世臣之胄。弘風長譽。推成而進。悠

悠者皆天下之彥也。諷詁訓。傳詩書。講儒墨。說玄虛。僕皆不如也。二三公之簡僕于凡庸之肆。顯僕于細猥之中。則為功也重矣。時而清談。則為親也周矣。且古之君子。不知士則不明不安。是㠯居逸而思危。對食而肴乾。今也則否。居位者㠯善身為靜。㠯寡交為慎。㠯弱斷為重。㠯怯言為信。不知士者無公誹。不得士者不私愧。彼在位者。皆稷、契、咎、益、伊、呂、周、召之倫。叔豹仲熊之儔。稽古則踰黃唐。經緯則越虞夏。蔑昆吾之功。嗤桓文之勳。抵掟管仲。蹉蹶晏嬰。其遠則欲升鼎湖。近則欲超太平。方將保重嗇神。獨善其身。玄白沖虛。仡爾養真。雖力挾泰山。將不舉一羽。揚波萬里。將不濯一鱗。咳唾成珠玉。揮袂出風雲。豈肯蹴躃鄙事。取才進人。此又吾子之失言也。子獨不聞夫神人乎。噏風飲露。不食五穀。登太清。遊山嶽。靡芝草。弄白玉。不因而獨備。無假而自足。不與人路同嗜欲。不與世務齊榮辱。故能入無窮之門。享不死之年。㠯此言之。何待遊賢。客曰。聖人有言曰。邦有道。貧且賤焉。恥也。今子值有道之世。當太平之會。不攘袂奮氣。發謀出奇。使鳴鶴受和。好爵見縻。抑乃沈身郎署。約志勤卑。不亦羸哉。且伊尹之干成湯。甯戚之迕桓公。或投己鼎俎。或庸身飯牛。明廢興之機。歌白水之流。德入殷王。義感齊侯。故伊尹起庖廚而登阿衡。甯戚出車下而階大夫。外無微介。內無請謁。矯身擢手。徑躡名位。吾子亦何不慕賢㠯自厲。希古㠯慷慨乎。夏侯子曰。嗚呼。是何言歟。富與貴。是人之所欲。非僕之所惡也。夫干將之劍。陸斷狗馬。水截蛟龍。而鉛刀不能入泥。騏驥騄驪之乘。一日而致千里。而駑蹇不能邁畝。百鍊之鑑。別鬚眉之數。而壁土不見泰山。鴻鵠一舉。橫四海之區。出青雲之外。而尺鷃不陵桑榆。此利鈍之覺。優劣之決也。夫欲進其身者。不過千萬乘。而僕㠯上朝堂。荅世問。不過顯所知。僕㠯竭心思。盡才學。意無雅正可準。論無片言可採。是㠯頓于鄙劣。而莫之能起也。㠯此言之。僕

何為其不自銜哉。子不嫌僕德之不破。而疑其位之不到。是猶反鏡而索照。登木而下釣。僕未㠯此為不肖也。若乃伊尹負鼎㠯干湯。呂尚隱遊㠯徼文。傅說操築㠯寤主。甯戚擊角㠯要君。此非僕所能也。莊周騁蕩㠯放言。君平賣卜㠯自賢。接輿陽狂㠯蔽身。梅福棄家㠯求仙。此又非僕之所安也。若乃季札抗節于延陵。揚雄覃思于太玄。伯玉和柔于人懷。柳惠三黜于士官。僕雖不敏。竊頗彷彿其清塵。晉書夏侯湛傳。

周詩敘

周詩者。南陔、白華、華黍、由庚、崇丘、由儀六篇。有其義而亡其辭。湛續其亡。故云周詩也。世說文學篇注引夏侯湛集。

虞舜贊

有虞愔愔。揖讓鼓琴。垂拱臨民。詠彼南音。世澄道玄。天下混心。思我王度。如玉如金。藝文類聚十一。

左丘明讚

世亂議勝。君子道憂。丘明達聖。致意春秋。微言逃難。旁行不流。初學記十七。

顏子贊

知彰知微。體深研機。明象介石。量同聖師。探賾罔滯。在言靡遺。仰諸惟高。瞻之攸希。藝文類聚二十。

閔子騫贊

聖既擬天。賢亦希聖。蒸蒸子騫。立體忠正。于祿辭親。事親盡敬。勉心景迹。擢辭流詠。藝文類聚二十。初學記十七。

管仲像贊

堂堂管生。忘存興仁。仁道在己。唯患無身。包辱遠害。思濟彝倫。心寄鮑子。動成生民。

鮑叔像贊

鮑子愔愔。式昭德音。綢繆敬叔。二人同心。厥芳猶蘭。其堅如金。遙遙景迹。君子攸欽。藝文類聚二十一。

范蠡贊

悠悠范子。求仁在己。進報危國。退弘妙理。身與勳偕。名與身否。逸羣遠遊。永齊終始。

魯仲連贊

峩峩先生。有邈其節。流仁憂亂。抗道自絜。隨事抑揚。與時開闔。在幽能泰。處悶惟悅。

莊周贊

邁邁莊周。騰世獨遊。遁時放言。齊物絕尤。垂釣一壑。取戒犧牛。望風寄心。託志清流。藝文類聚三十六。

東方朔畫贊并序

大夫諱朔。字曼倩。平原厭次人也。魏建安中。分厭次㠯為樂陵郡。故又為郡人焉。事漢武帝。漢書具載其事。先生瓌瑋博達。思周變通。㠯為濁世不可㠯富貴也。故薄遊㠯取位。苟出不可㠯直道也。故頡頏㠯傲世。傲世不可㠯垂訓也。故正諫㠯明節。明節不可㠯久安也。故詼諧㠯取容。潔其道而穢其迹。清其質而濁其文。弛張而不為邪。進退而不離羣。若乃遠心曠度。贍智宏材。倜儻博物。觸類多能。合變㠯明筭。幽贊㠯知來。自三墳五典。八索九丘。陰陽圖緯之學。百家衆流之論。周給敏捷之辯。支離覆逆之數。經脈藥石之藝。射御書計之術。乃研精而究其理。不習而盡其功。經目而諷于口。過耳而闇于心。夫其明濟開豁。包含弘大。陵轢卿相。嘲哂豪桀。籠罩靡前。跆籍貴勢。出不休顯。賤不憂戚。戲萬乘若寮友。視儔列如草芥。雄節邁倫。高氣蓋世。可謂拔乎其萃。遊方之外者已。談者又㠯先生噓吸沖和。吐故納新。蟬蛻龍變。棄俗登仙。神交造化。靈為星辰。此又奇怪惚恍。不可備論者也。大人來守此國。僕自京都。言歸定省。覩先生之縣邑。想先生之高風。徘徊路寢。見先生之遺像。逍遙城郭。觀先生之祠宇。慨然有懷。乃作頌焉。其辭曰。

矯矯先生。肥遁居貞。退不終否。進亦避榮。臨世濯足。希古振纓。涅而無滓。既濁能清。無滓伊何。高明克柔。能清伊何。視汙若浮。樂在必行。處淪罔憂。跨世淩時。遠蹈獨遊。瞻望往代。爰想遐蹤。邈邈先生。其道猶龍。染迹朝隱。和而不同。棲遲下位。聊㠯從容。我來自東。言適茲邑。敬問墟墳。企佇原隰。墟墓徒存。精靈永戢。民思其軌。祠宇斯立。徘徊寺寢。遺像在圖。周旋祠宇。庭序荒蕪。榱棟傾落。草萊弗除。肅肅先生。豈焉是居。是居弗彤。悠悠我情。昔在有德。罔不遺靈。天秩有禮。神監孔明。彷彿風塵。用垂頌聲。文選。又顏魯公重刊碑拓本。

幽當作世

夏侯稱夏侯榮敘

稱字叔權。自孺子而好合聚童兒。為之渠帥。戲必為軍旅戰陳之事。有違者輒嚴㠯鞭捶。衆莫敢逆。淵陰奇之。使讀項羽傳及兵書。不肯。曰。能則自為耳。安能學人。年十六。淵與之田。見奔虎。稱驅馬逐之。禁之不可。一箭而倒。名聞太祖。太祖把其手喜曰。我得汝矣。與文帝為布衣之交。每讌會。氣陵一坐。辯士不能屈。世之高明者多從之遊。年十八卒。弟榮。字幼權。幼聰惠。七歲能屬文。誦書日千言。經目輒識之。文帝聞而請焉。賓客百餘人。人一奏刺。悉書其鄉邑名氏。世所謂爵里刺也。客示之。一寓目。使之徧談。不謬一人。帝深奇之。漢中之敗。榮年十三。左右提之走。不肯。曰。君親在難。焉所逃死。乃奮劍而戰。遂沒陣。魏志夏侯淵傳注引此語。

羊秉敘

秉字長達。泰山平陽人。漢南陽太守續曾孫。大父魏郡府君。即車騎掾元子也。府君夫人鄭氏無子。乃養秉。齠齔而佳。小心敬慎。十歲而鄭夫人薨。秉思容盡哀。俄而公府掾及夫人竝卒。秉羣從父率禮相承。人不間其親。雍雍如也。仕參撫軍將軍事。將奮千里之足揮沖天之翼惜乎春秋三十有二而卒昔罕虎死子產吕爲無與爲善自夫子之沒有子產之歎矣亡後有子男又不育是何行善而禍繫也豈非司馬生之所惑歟世說言語篇注

羊太常辛夫人傳御覽八百十五題如此

夫人字憲英衛尉蕭侯毘之女已上從御覽補聰明有才鑒初文帝與陳思王爭爲太子既而文帝得立抱毘頸而喜曰辛君知我喜不毘吕告憲英憲英歎曰太子代君主宗廟社稷者也代君不可吕不慼主國不可吕不懼宜慼而喜何吕能久魏其不昌乎弟敞爲大將軍曹爽參軍司馬宣王將誅爽因爽出閉城門大將軍司馬魯芝將爽府兵犯門斬關出城門赴爽來呼敞俱去敞懼問憲英曰天子在外太傅閉城門人云將不利國家于事可得爾乎憲英曰天下事不可知然吕吾度之太傅殆不得不爾明皇帝臨崩把太傅臂吕後事付之此言猶在朝士之耳且曹爽與太傅俱受寄託

之任而獨專權勢行吕驕奢于王室不忠于人道不直此舉不過吕誅曹爽耳敞曰然則事就乎憲英曰得無殆就爽之才非太傅之偶也敞曰然則敞可吕無出乎憲英曰安可吕不出職守人之大義也凡人在難猶或恤之爲人執鞭而棄其事不祥不可也且爲人死爲人任親昵之職也從衆而已敞遂出宣王果誅爽事定之後敞歎曰吾不謀于姊幾不獲于義逮鍾會爲鎮西將軍憲英謂從子羊祜曰鍾士季何故西出祜曰將爲滅蜀也憲英曰會在事縱恣非持久處下之道吾畏其有他志也祜曰季毋勿多言其後會請子琇爲參軍憲英憂曰他日見鍾會之出吾爲國憂之矣今日難至吾家此國之大事必不得止也琇固請司馬文王文王不聽憲英語琇曰行矣戒之古之君子入則致孝于親出則致節于國在職思其所司在義思其所立不遺父母憂患而已軍旅之閒可吕濟者其唯仁恕乎汝其慎之琇竟吕全身憲英不好華麗祜上夫人睅子峻緣吕錦不肎服從外孫胡母揚上夫人錦被夫人反卧之已上六句從御覽補案如御覽則全篇皆稱夫人今稱憲英者世語改耳泰始五年卒魏志辛毘傳注引世語案晉書全用此年至七十有九

張平子碑

河閒諱衡字平子南陽此縣人也體德純和秉行孝友加吕俊才命世英識秀建崔子玉爲之下缺造化高才瑋藝與神合契君子吕爲褒然聞之風聲至于仕乎史官筭二儀之數研陰陽之理口口日月致巧渾儀有極深探賾之思數徃知來之驗此崔生所吕發德音也若夫好學博古貫綜謨籍墳典丘索之流經禮訓詁之載百家九流之辯詩賦雅頌之辭金匱玉板之奧讖契圖緯之文音樂書畫之藝方技博奕之巧自洪範彝倫吕逮于若郯子之所習介盧之所識者网不該羅其情原始要終故能學爲人英文爲辭宗紹羲和之顯跡系相如之遐風向若生于春秋之閒游乎闕里

之堂將同貫宰貢齊衡游夏豈値取足于身中垂名于一涂哉是吕先生恆屈于不知己任居下位再爲史官而發廱閒之論時不容道遂興思玄之賦爰登侍中則黨言允諧出相河閒則黎民時雝庸渠限其所至哉若夫巡狩誥頌所吕敷陳士德二京南都所吕贊美畿輦者與雅頌爭流英英乎其有味與若又造事屬辭因物興缺下筆流藻潛思發義文無擇辭言必華麗自屬文之士未有如先王之善選言者也南陽相夏侯湛自涉境吕經于諸邑每縣咨其故老訪其先賢有兆者表其墓經墳者揖其魂涂出魯陽行次西鄂眄狐山而頌口英歷茲邑而懷天子暨路過塋域止駕衢肖覯封樹之蕭條覩高碑之稱美于是慨然永思愴爾長懷若死者可起吾其與歸乃延邑宰而問之曰昔武王入殷封比干之隴高祖經魏酬信陵之墓此聖賢之所吕禮忠旌能甄表明德也有可吕優其胄嗣者禮其在是而世胄絕紹支庶無聞于是乃翦

其墟落。寵其宗人。使奉其四時。獻其粢盛。遂糾集舊跡。攝載新懷。而書之碑側。以闡美抒思焉。其頌曰。

奕奕張生。秉德淑清。研深綜理。思俊才英。實掌天地。幽贊神明。冠冕與美。傾漢流聲。匪唯天象。亦垂人文。有炳其猶。有鑠其新。仰鑒遺籍。馳心哲人。殊世投好。百載交神。奉命南邦。行出爾涂。□及隧首。輟駕前衢。徘徊崇碑。逍遙故墟。企仰罔瞻。長懷焉如。昔在先賢。唯德作友。古而無死。願言攜手。世則玆泯。道乃□□。在珠詠隋。于璧稱和。戢寶無彫。人壽幾何。望兼京臺。思踰崑河。隸釋十九。

魯芝銘

爽既誅。宣王卽擢芝爲幷州刺史。㠯綜爲安東將軍。魏志曹爽傳注。案。綜，楊綜。

新論

爪生于肉。去爪而肉不知。御覽三百七十。

夏侯湻

湻字孝沖。湛弟。爲弋陽太守。有集二卷。

懷思賦

何天地之悠長。悼人生之短淺。思縱欲㠯求歡。苟抑沈㠯避免。嗟聖王之制作。所㠯貴夫善善。信循道㠯從法。何世路之迍蹇。始絜操㠯迄今。每適道而靡違。思典言㠯攝事。弗履過而循非。恆戰戰㠯矜慄。杜穢釁而防微。斂規節㠯踐跡。冀天鑒之佑誠。勤恭肅㠯端厲。常苦心而勞形。桑榆掩其薄沒。既白首而無成。世務多故。吾固甘夫無爲。名不足㠯爲尚。空勞穢㠯自卑。永無事㠯安神。故幸歿之無知。藝文類聚二十六。

笙賦

嗟萬物之殊觀。莫比美乎音聲。總衆異㠯合體。匪求一㠯取成。雖琴瑟之既麗。猶靡尚乎清笙。爾乃採桐竹。翦朱密。摘長松之流肥。

咸崑崙之所出。抑揚噓吸。或吻或吹。擪拈挹按。同覆互移。初進飛龍。重繼鵾雞。振引合和。如會如離。若夫纏緜約殺。足使放達者循察。通豫平曠。足使廉規者棄節。沖虛冷澹。足使貪榮者退讓。開明爽亮。足使慢惰者進竭。豈衆樂之能倫。邈奇特而殊絕。藝文類聚四十四。初學記十六。

彈棊賦

嫌深宇㠯舒情。遘衆藝㠯廣娛。觀奇巧之瓌麗。律彈棊之妙殊。局則崑山之寶。華陽之石。或煩蜿龍藻。或分帶班駮。或發色玄黃。或皦的鱗白。悉魯匠之精能。傾工心于雕錯。形方隆而應矩。焜煜霞㠯倏鑠。爾乃延良人。洽坐際。隆局施。輕棊列。徐正控。往來必。有中而告憩。相形投巧。左撫右拔。揮纖指㠯長邪。因偃掌而發八。陵超踰落。歸趣援勢。紛交務而踏合。乘流密㠯遙曳。若乃釋正彈。循亂湯。滑石周散勢縱橫。捭撥捶撇。肆應無方。移若天星之列。閃若流電之光。或擗拍散爛。揮霍便娟。或奮振唐唐。穨水參連。棊單局匱。等分紀殘。勝者含和。負者喪顏。惜情娛之未遂。恨白日之微謐。實機藝之端首。固君子之所歡也。藝文類聚七十四。

馳射賦

參武藝㠯遊遨。文選赭白馬賦注。

夏侯盛

盛。咸和中爲集書令史。

賀德音表

伏聞明詔。悉除養熊虎之費。舉朝增慶。咸稱聖主。伏惟陛下未覲古今成敗之戒。而卓爾玄覽。明發自然。遣除無益。務在齊民。誠可謂性與天道。生而知之。孔子十五志學。四十不惑。陛下年在志學之後。而思洞不惑之前。三代之興。無不抑損情欲。三季之衰。無不肆其侈靡。陛下不學其興。而與興者同功。不覽其衰。已去衰者之弊。道侔上哲。德邁中古。吐絲[illegible]之言。著如綸之美。臣聞將順其美。匡救其惡。故人主之言。則右史書之。陛下此詔。既當等之史籍。原校云等疑舊又宜宣布天下。自喪亂已來。四十餘載。塗炭之餘。思治久矣。陛下智成當年。而運值百六。德音之詔。發自聖德。願復觸類而長之。廣求其比。無使朝有游食費祿之臣。野有逋竄不僑之民。使居官者必有供時之賦。則何患倉廩之不實。下土之不均。凡修此術。易于反掌耳。臣誠總猥官自朝末。不足對揚盛化。裨益大猷。然目覩聖美。心悅至教。自忘叢細。謹拜表以賀。羣書治要二十九引晉書。成帝咸和七年。詔除諸養禽之屬無益者。集書令史夏侯盛表。

婦喪久不葬服議

婦喪既周而未葬。服當除否。荅云。凡婦喪。夫爲主。子不以杖即位。避父之尊也。主喪不變。禮有明文。然子亦不除。通典一百三。

荅魏孟叔難

魏孟叔難盛曰。嫡子婦死。其舅亦爲喪主。家貧經年不葬。舅及子孫竝不得除耶。豈可爲一嫡婦。使三代累載不釋服乎。盛荅。仲由傷貧之言。啜菽飲水。盡其懽。還葬而無椁。豈有非之者哉。若知禮者。自當不淹久。同上。

魏又難曰。舊時夫爲妻杖。居倚廬。服竝如三年之制。今人通所不行。即自宜隨時而除。何應以喪主爲斷。盛荅曰。棄先王之教而合隨俗。意所未可。今人不禫不杖。蓋失禮耳。通典一百三。

全晉文卷六十九終

烏程嚴可均校輯

譙周

周字允南巴西西充國人蜀丞相亮命爲勸學從事亮卒徙典學從事後爲太子僕轉家令徙中散大夫還光祿大夫蜀亡入魏封陽城亭侯晉受禪拜騎都尉後以爲散騎常侍封義陽亭侯有論語注十卷五經然否論五卷古史攷二十五卷法訓八卷五教志五卷

諫後主疏

昔王莽之敗豪傑竝起跨州據郡欲弄神器于是賢才智士思望所歸未必以其勢之廣狹惟其德之薄厚也是故于時更始公孫述及諸有大衆者多已廣大然莫不快情恣欲怠于爲善游獵飲食不恤民物世祖初入河北馮異等勸之曰當行人所不能爲遂務理冤獄節儉飲食動遵法度故北州歌歎聲布四遠于是鄧禹自南陽追之吳漢寇恂未識世祖遥聞德行遂以權計舉漁陽上谷突騎迎于廣阿其餘望風慕德者邳彤耿純劉植之徒至于輿病齎棺繈負而至者不可勝數故能以弱爲彊屠王郎吞銅馬折赤眉而成帝業也及在洛陽嘗欲小出車駕已御銚期諫曰天下未寧臣誠不願陛下細行數出即時還車及征隗囂潁川盜起世祖還洛陽但遣寇恂往恂曰潁川以陛下遠征故姦猾起叛未知陛下還恐不時降陛下自臨潁川賊必即降遂至潁川竟如恂言故非急務欲小出不敢至于急務欲自安不爲故帝者之欲善也如此故傳曰百姓不徒附誠以德先之也今漢遭厄運天下三分雄哲之士思望之時也陛下天姿至孝喪踰三年言及隕涕雖曾閔不過也敬賢任才使之盡力有踰成康故國內和一大小戮力臣所不能陳然臣不勝大願願復廣人所不能者夫輓大重者其

用力苦不衆拔大艱者其善術苦不廣且承事宗廟者非徒求福祐所以率民尊上也至于四時之祀或有不臨池苑之觀或有仍出臣之愚滯私不自安夫憂責在身者不暇盡樂先帝之志堂構未成誠非盡樂之時願省減樂官後宮所增造但奉修先帝所施下爲子孫節儉之教（蜀志譙周傳）

諫後主南行疏

或說陛下以北兵深入有欲適南之計臣愚以爲不安何者南方遠夷之地平常無所供爲猶數反叛自丞相亮南征兵勢偪之窮乃幸從是後供出官賦取以給兵以爲愁怨此患國之人也今以窮迫欲往依恃恐必復反叛一也北兵之來非但取蜀而已若奔南方必因人勢衰及時赴追二也若至南方外當拒敵內供服御費用張廣他無所取耗損諸夷必甚甚必速叛三也昔王郎以邯鄲僭號時世祖在信都畏偪于郎欲棄還關中邳彤諫曰明公西還則邯鄲城民不肯捐父母背城主而千里送公其亡叛可必也世祖從之遂破邯鄲今北兵至陛下南行誠恐邳彤之言復信于今四也願陛下早爲之圖可獲爵土若遂適南勢窮乃服其禍必深易曰亢之爲言知得而不知喪知存而不知亡知得失存亡而不失其正者其惟聖人乎言聖人知命而不苟必也故堯舜以子不善知天有授而求授人子雖不肖禍尚未萌而迎授與人況禍以至乎故微子以殷王之昆面縛銜璧而歸武王豈所樂哉不得已也（蜀志譙周傳）

仇國論

因餘之國小而肇建之國大竝爭于世而爲仇敵因餘之國有高賢卿問于伏愚子曰今國事未定上下勞心往古之事能以弱勝彊者其術何如伏愚子曰吾聞之處大無患者恒多慢處小有憂者恆思善多慢則生亂思善則生治理之常也故周文養民以少

取多。句踐卹眾。㠯弱斃彊。此其術也。賢卿曰。曩者項彊漢弱。相與戰爭。無日寧息。然項羽與漢約。分鴻溝為界。各欲歸息民。張良㠯為民志既定。則難動也。尋帥追羽。終斃項氏。豈必由文王之事乎。肇建之國。方有疾疢。我因其隙。陷其邊陲。覬增其疾而斃之也。伏愚子曰。當殷周之際。王侯世尊。君臣久固。民習所專。深根者難拔。據固者難遷。當此之時。雖漢祖安能杖劍鞭馬而取天下乎。當秦罷侯置守之後。民疲秦役。天下土崩。或歲改主。或月易公。鳥驚獸駭。莫知所從。于是豪彊竝爭。虎裂狼分。疾搏者獲多。遲後者見吞。今我與肇建皆傳國易世矣。既非秦末鼎沸之時。實有六國竝據之勢。故可為文王。難為漢祖。夫民疲勞則騷擾之兆生。上慢下暴則瓦解之形起。諺曰。射幸數跌。不如審發。是故智者不為小利移目。不為意似改步。時可而後動。數合而後舉。故湯武之師不再戰而克。誠重民勞而度時審也。如遂極武黷征。土崩勢生。不幸遇難。雖有智者。將不能謀之矣。若乃奇變縱橫。出入無間。衝波截轍。超谷越山。不由舟楫而濟盟津者。我愚子也。實所不及。（蜀志譙周傳）

招魂葬論

或曰。有人死而亡其屍者。而招魂葬何如。曰。夫葬所㠯藏屍柩也。若魂氣則無不之。焉得藏諸。（通典一百三）

案梅氏三國文紀有文章草贊云。文章作酒。能成其味。㠯金買草。不言其貴。今檢書鈔一百四十八引楊孚異物志云。文草作酒。宛成其味。㠯金買草。不言貴也。凡楊志都用韻。而云贊云譙周作。未詳何據。置之不錄。

書柱

眾而大。朞之會。具而授。若何復。（蜀志杜瓊傳）

書板示文立

典午忽兮。月酉沒兮。（蜀志譙周傳）

廣漢城讖

廣漢城北有大賊。曰流特。攻難得。歲在玄宮自相剋。（後魏書賨李勢傳）

禮祭集志

四時祭各于其廟中。神位奧西牆下東向。諸侯廟木主在尸之南。為在尸上也。東嚮㠯南為上。（通典四十八）

天子之廟。始祖及高曾祖考。皆月朔加薦。㠯象平生朔食也。謂之月祭。祧之廟無月祭也。凡五穀成熟。珍物新成。天子㠯薦宗廟。禮未薦不敢食新。孝敬之道也。其月朔薦及臘薦薦新。皆與無尸故羣廟皆一朝之閒事畢。（通典四十九）

法訓

齊交

譬之于物。猶之白也。染之㠯藍則青。遊居交友。亦人之所染也。韓起與田蘇處而成好仁之名。甘茂事史舉用顯齊秦之功。曹參師蓋公致清淨之治。竇長君兄弟出于賤隸。謹恭師友。皆為退讓君子。語曰。蓬生麻中。不扶自直。此言雖小。可㠯喻大。必得其人。千里同好。固于膠漆。堅于金石。窮達不阻其分。毀譽不疑其實。（御覽四百六）

㠯下篇名俱闕

朝發而夕異寵。勤則菜盈傾筐。且苟有羽毛。不織不衣。不能茹草飲水。不耕不食。安可㠯不自力哉。（齊民要術自序）

今有輓歌者。高皇帝召田橫。至于尸鄉自斃。從者輓至宮不敢哭而不勝其哀。故作為此歌。㠯寄哀音焉。（北堂書鈔九十二。文選挽歌詩標題注。初學記十四。御覽五百五十二）

好學㠯崇智。故得廣業。力行而卑體。故能崇德。是㠯君子居謙而弘道。然後德能象天地。（初學記十七）

善耕者足㠯謹地待時而動。善射者調弓定筆。見可而發。君子善養。其人足用。（初學記二十二。御覽三百四十七）

羊有跪乳之禮。雞有識時之候。雁有翔序之儀。而人取法焉。（初學記二十九）

人之所㠯貴者。㠯其禮節也。人而無禮者。其獮猴乎。雖人象而蟲質也。初學記二十九。御覽九百一十。

夫孝。百行之本。替本而求末者。未見有得之者也。如或得之。君子不貴矣。烏鳥猶有反哺之心。況人而無孝心者乎。初學記三十。御覽九百二十。

利物誘人。猶𩙪風之加草也。唯有直慎者。然後不回。御覽九。

唐虞之衣裳文法。禹稷之溝洫耕稼。人至今被之。御覽八十。

桀紂雖有天子之位。而無一人之譽也。猶朽木枯樹。逢風則仆也。御覽八十二。

劉項方爭。父戰于前。子鬬于後。御覽八十七。

王者居中國何也。順天之和。而同四方之統也。御覽一百五十六。

一產二子者。當㠯後生者爲兄。言其先胎也。荅曰。此野人之鄙語耳。君子不測暗。安知胎之先後也。御覽三百六十。又三百六十一。

或曰。昔有人母有疾。使其妻爲母作粥者。妻不肎。乃㠯刀擊之傷夷其面。此可㠯爲孝乎。曰。㠯刀擊妻。其親必駭。而有憂及之。何有于孝。御覽三百六十五。又八百五十九。

或曰。君子處陋巷之中。奚樂也。曰。樂得其親。樂得其友。樂聖人之道也。御覽四百六十八。

貪者難爲惠。苛煩者難爲恭。君子㠯禮而已矣。御覽四百九十二。

爲國者不患學者之不農。患治民者之不學。御覽六百八。

㠯道爲天下者。猶乘安船而游廣路。安船難成。可久處也。廣路難至。可常行也。御覽七百六十九。

乘船曲折。不失其瀆。是善乘船者。御覽七百六十九。

鸞車璜佩。求中道心。御覽七百七十三。

譙熙

熙。周長子。

上言譙周遺屬

周臨終屬熙曰。久抱病。未曾朝見。若國恩賜朝服衣物者。勿㠯加身。當還舊墓。道險行難。豫作輕棺。殯斂已畢。上還所賜。蜀志譙周傳注引晉陽秋。

郤正

正字令先。本名纂。河南偃師人。㠯祖儉爲益州刺史。因留蜀仕後主爲祕書吏。轉令史。遷郎。至令。入晉封關內侯。除安陽令。遷巴西太守。有集一卷。

爲後主作降書

限分江漢。遇值深遠。階緣蜀土。斗絕一隅。干運犯冒。漸苒歷載。遂與京畿。攸隔萬里。每惟黃初中。文皇帝命虎牙將軍鮮于輔宣溫密之詔。申三好之恩。開示門戶。大義炳然。而否德暗弱。竊貪遺緒。俛仰累紀。未率大教。天威既震。人鬼歸能之數。怖駭王師。神武所次。敢不革面。順㠯從命。輒敕羣帥。投戈釋甲。官府帑藏。一無所毀。百姓布野。餘糧棲畝。㠯俟后來之惠。全元元之命。伏惟大魏。布德施化。宰輔伊周。含覆藏疾。謹遣私署侍中張紹、光祿大夫譙周、駙馬都尉鄧良奉齎印綬。請命告誠。敬輸忠款。存亡敕賜。惟所裁之。輿櫬在近。不復縷陳。蜀志後主傳。又郤正傳云。景耀六年。後主從譙周之計。遣使請降于鄧艾。其書正所作也。

姜維論

姜伯約據上將之重。處羣臣之右。宅舍弊薄。資財無餘。側室無妾媵之褻。後庭無聲樂之娛。衣服取供。輿馬取備。飲食節制。不奢不約。官給費用。隨手消盡。察其所㠯然者。非㠯激貪厲濁。抑情自割也。直謂如是爲足。不在多求。凡人之談。常譽成毀敗。扶高抑下。咸㠯姜維投厝無所。身死宗滅。㠯是貶削。不復料擿。異乎春秋褒貶之義矣。如姜維之樂學不倦。清素節約。自一時之儀表也。蜀志姜維傳。

釋譏

或有譏余者曰。聞之前記。夫事與時並。名與功偕。然則名之與事。

前哲之急務也是故創制作範匪時不立流稱垂名匪功不記名必須功而乃顯事亦俟時吕行止身沒名滅君子所恥是吕達人研道探賾索微觀天運之符表考人事之盛衰辯者馳說智者應機謀夫演略武士奮威雲合霧集風激電飛量時揆宜用取世資小屈大申存公忽私雖尺枉而尋直終揚光吕發輝也今三方鼎跱九有未乂悠悠四海嬰丁禍敗嗟道義之沈塞愍生民之顛沛此誠聖賢拯救之秋烈士樹功之會也吾子吕高朗之才珪璋之質兼覽博闚留心道術無遠不致無幽不悉挺身取命幹茲奧祕躊躇紫闥喉舌是執九考不移有入無出究古今之眞僞計時務之得失雖時獻一策偶進一言釋彼官責慰此素飡固未能輸竭忠款盡瀝胷肝排方入直惠彼黎元俾吾徒草鄙竝有聞焉也盍亦綏衡緩轡回軌易塗輿安駕肆思馬斯徂審厲揭吕投濟要夷庚之赫無播秋蘭吕芳世副吾徒之彼圖不亦盛與余聞而歎曰

嗚呼有若云乎邪夫人心不同實若其面子雖光麗既美且豔管闚筐舉守厥所見未可吕言八紘之形埒信萬事之精練也或人率爾仰而揚衡曰是何言與是何言與余應之曰虞帝吕面從爲戒孔聖吕悅己爲尤若子之言良我所思將爲吾子論而釋之昔在鴻荒矇昧肇初三皇應籙五帝承符爰曁夏商前典攸書姬衰道缺霸者翼扶嬴氏慘虐吞嚼八區于是縱橫雲起狙詐如星奇邪蠭動智故萌生或飾眞吕讎僞或挾邪吕干榮或詭道吕要上或鬻技吕自矜背正崇邪棄直就佞忠無定分義無常經故鞅法窮而慝作斯義敗而姦成呂門大而宗滅韓辯立而身刑夫何故哉利回其心寵耀其目赫赫龍章鑠鑠車服偷幸苟得如反如仄淫邪荒迷恣睢自極和鸞未調而身在轅側庭宁未踐而棟折榱覆天收其精地縮其澤人弔其躬鬼芟其頟初升高岡終隕幽壑朝含榮潤夕爲枯魄是吕賢人君子深圖遠慮畏彼咎戾超然高

舉盪曳尾于塗中穢濁世之休譽彼豈輕主慢民而忽于時務哉蓋易著行止之戒詩有靖恭之歎乃神之聽之而道使之然也自我大漢應天順民政治之隆皓若陽春俯憲坤典仰式乾文播皇澤吕熙世揚茂化之醲醇君臣履度各守厥貞上垂詢納之弘下有匡救之責士無虛華之寵民有一行之迹粲乎亹亹尚此忠益然而道有隆窊物有興廢有聲有寂有光有翳朱陽否于素秋玄陰抑于孟春羲和逝而望舒係運氣匿而耀靈陳沖質不永桓靈墜敗英雄雲布豪傑蓋世家挾殊議人懷異計故從横者欻披其胸狙詐者暫吐其舌也今天綱已綴德樹西鄰丕顯祖之宏規縻好爵于士人興五敎吕訓俗豐九德吕濟民肅明祀吕礿祭幾皇道吕輔眞雖跱者未一僞者未分聖人垂戒蓋均無貧故君臣協美于朝黎庶欣戴于野動若重規靜若疊矩濟濟偉彥元凱之倫也有過必知顏子之仁也侃侃庶政冉季之治也鷹揚鷙騰伊望

之事也總羣俊之上略含薛氏之三計敷張陳之祕策故力征吕勤世援華英而不遑豈暇修枯籜于榛穢哉然吾不才在朝累紀託身所天心焉是恃樂滄海之廣深歎嵩嶽之高跱聞仲尼之贊商感鄉校之益己彼平仲之和羹亦進可而替否故矇冒瞽說時有攸獻譬遒人之有采于市閭游童之吟詠乎疆畔庶吕增廣福祥輸力規諫若其合也則吕闇協明進應靈符如其違也自我常分退守己愚進退任數不矯不誣循性樂天夫何恨諸此其所吕旣入不出有而若無者也狹屈氏之常醒濁漁父之必醉溷柳季之卑辱褊夷叔之高懟合不吕得違不吕失得不充詘失不慘悸不樂前吕顧軒不就後吕慮輊不鬻譽吕干澤不辭愆吕忌絀何責之釋何飡之卹何方之排何直之入九考不移固其所執也方今朝士山積髦俊成羣猶鱗介之潛乎巨海毛羽之集乎鄧林游禽逝不爲之尠浮魴臻不爲之殷且陽靈幽于唐葉陰精應爲商

時。陽旰請而洪災息。桑林禱而甘澤滋。行止有道。啟塞有期。我師遺訓。不怨不尤。委命恭己。我又何辭。辭窮路單。將反初節。綜墳典之流芳。尋孔氏之遺蓺。綴微辭㠯存道。憲先軌而投制。韙叔肸之優游。美疏氏之遐逝。收止足㠯言歸。汎皓然㠯容裔。欣環堵㠯恬娛。免咎悔于斯世。顧茲心之末泰。懼末塗之泥滯。仍求激而增憤。肆中懷㠯告誓。昔九方攻精于至貴。秦牙沈思于殊形。辯燭察實㠯飛譽。弧梁託絃㠯流聲。齊隸拊髀㠯濟文。楚客潛寇㠯保荊。雍門援琴而挾說。韓哀秉轡而馳名。盧敖翱翔乎玄闕。若士竦身于雲清。余實不能齊技于數子。故能靜然守己而自寍。蜀志郤正傳。

羅獻

獻一作憲。字令則。襄陽人。仕蜀為太子舍人。遷庶子尚書吏部郎。㠯忤黃皓左遷巴東太守。蜀亡。為魏陵江將軍。封萬年亭侯。遷武陵太守巴東監軍。晉受禪。改封西鄂縣侯。卒贈安南將軍。謚曰烈。

拒吳議

今本朝傾覆。吳為同盟。不恤我難。而邀其利。可主降于北。臣求偏于東乎。今守孤城。百姓未定。宜一決戰。㠯定眾心。御覽四百一十七引襄陽耆舊傳。吳聞蜀敗。遂起兵襲巴東。遣盛孚等水陸到。獻乃議。

羅尚

尚字敬之。一名仲。字敬真。獻兄子。荊州刺史王戎引為參軍。歷尚書郎武陵汝南太守。太康末為梁州刺史。永寧初拜平西將軍。假節領護羌校尉益州刺史。

策趙廞表

廞非雄才。又蜀人不願為亂。必無同者。事終無成。敗亡可計日而俟。華陽國志八。又略見晉書羅尚傳。

貽督護衙博書

昔年得李流服降。心款款。由時威帖。得還為寇。慴特委誠于下吏。而流驟七八千人。來寇日至。凶奸之態。詭譎不測。不可不重㠯待之也。華陽國志八。

李密

密字令伯。犍為武陽人。仕蜀為州從事、尚書郎、大將軍主簿、太子洗馬。入晉察孝廉。舉秀才。除郎中太子洗馬。皆不應。後祖母劉卒。服闋。復㠯洗馬徵。從尚書郎。出為溫令。去為本州大中正。遷漢中太守。

陳情事表

臣密言。臣㠯險釁。夙遭閔凶。生孩六月。慈父見背。行年四歲。舅奪母志。祖母劉愍臣孤弱。躬親撫養。臣少多疾病。九歲不行。零丁孤苦。至于成立。既無伯叔。終鮮兄弟。門衰祚薄。晚有兒息。外無朞功强近之親。內無應門五尺之僮。煢煢獨立。形影相弔。而劉夙嬰疾病。常在牀蓐。臣侍湯藥。未曾廢離。逮奉聖朝。沐浴清化。前太守臣逵察臣孝廉。後刺史臣榮舉臣秀才。臣㠯供養無主。辭不赴命。詔書特下。拜臣郎中。尋蒙國恩。除臣洗馬。猥㠯微賤。當侍東宮。非臣隕首所能上報。臣具㠯表聞。辭不就職。詔書切峻。責臣逋慢。郡縣逼迫。催臣上道。州司臨門。急于星火。臣欲奉詔奔馳。則劉病日篤。欲苟順私情。則告訴不許。臣之進退。實為狼狽。伏惟聖朝㠯孝治天下。凡在故老。猶蒙矜育。況臣孤苦。特為尤甚。且臣少仕偽朝。歷職郎署。本圖宦達。不矜名節。今臣亡國賤俘。至微至陋。過蒙拔擢。寵命優渥。豈敢盤桓。有所希冀。但㠯劉日薄西山。氣息奄奄。人命危淺。朝不慮夕。臣無祖母。無㠯至今日。祖母無臣。無㠯終餘年。母孫二人。更相為命。是㠯私情區區。不能廢遠。臣密今年四十有四。祖母劉今年九十有六。是臣盡節于陛下之日長。而報養劉之日短也。烏鳥私情。願乞終養。臣之辛苦。非獨蜀之人士及二州牧伯所見明知。皇天后土。實所共鑒。伏願陛下。矜愍愚誠。聽臣微志。庶劉僥倖。卒保餘年。臣生當隕首。死當結草。臣不勝犬馬怖懼之情。謹拜表㠯聞。（文選。蜀志楊戲傳注引華陽國志。今志闕。又晉書孝友李密傳。）

薦壽良表

二州人士零頹。才彥陵遲。無復廁豫綱紀後進慰寍遐外者。良公朝英特。二州之望。宜見超子。紹繼立後。（華陽國志十一。）

與中山王牋

高祖過沛。賓禮老幼。桑梓之供。一無煩擾。伏惟明王。孝思惟則。動識先戒。本國望風。式歌且舞。誅求之碎。所未聞命。（華陽國志十一。又蜀志楊戲傳注引華陽國志。）

李興

興一名安。字雋碩。密少子。永興中為太傅掾。

諸葛丞相故宅碣表

天子命我。于沔之陽。聽鼓鞞而永思。庶先哲之遺光。登隆山㠯遠望。軾諸葛之故鄉。蓋神物應機。大器無方。通人靡滯。大德不常。故谷風發而騶虞嘯。雲雷升而潛鱗驤。摯解褐于三聘。尼得招而褰裳。管豹變于受命。貢感激㠯回莊。異徐生之摘寶。釋臥龍于深藏。偉劉氏之傾蓋。嘉吾子之周行。夫有知己之主。則有竭命之良。固所㠯三分我漢鼎。跨帶我邊荒。抗衡我北面。馳騁我魏疆者也。英哉吾子。獨含天靈。豈神之祇。豈人之精。何思之深。何德之清。異世通夢。恨不同生。推子八陣。不在孫吳。木牛之奇。則亦般模。神弩之巧。一何微妙。千井齊甃。又何祕要。昔在顛夭。有名無迹。孰若吾儕。良籌妙畫。臧文既沒。㠯言見稱。又未若子。言行並徵。夷吾反坫。樂毅不終。奚比于爾。明哲守沖。臨終受寄。讓過許由。負扆莅事。民言不流。刑中于鄭。教美于魯。蜀民知恥。河渭安堵。匪皋則伊。寍比管晏。豈徒聖宣。慷慨屢歎。昔爾之隱。卜惟此宅。仁智所處。能無規廓。

日居月諸。時殞其夕。誰能不歿。貴有遺格。惟子之勳。移風來世。詠歌餘典。懦夫將厲。遐哉邈矣。厥規卓矣。凡若吾子。難可究已。疇昔之乖。萬里殊塗。今我來思。覿爾故墟。漢高歸魂于豐沛。太公五世而反周。想魍魎㠯髣髴。冀影響之有餘。魂而有靈。豈其識諸。（蜀志諸葛亮傳注引蜀記曰。晉永興中。鎮南將軍劉弘至隆中。觀亮故宅。立碣表閭。命太傅掾犍為李興為文曰云云。水經沔水注作李安。）

晉故使持節侍中太傅鉅平成侯羊公碑

公諱祜。字叔子。泰山南城人也。其先晉羊舌大夫之胄。當漢中興。始自南陽家于岱野。纓冕相繼。九世于茲矣。顯祖南陽太守。考上黨太守。咸有能名。公承俊烈之高風。應明哲之盛代。德擅規模。仁成慈惠。其器量宏深。容度廣大。浩浩乎固不可測已。其志節言行。卓爾不羣。遊神玄默。散志青雲。弘之㠯道籍。博之㠯蓺文。于是仁聲遠耀。芳風遐流。年十有七。上計吏。察孝廉。州辟不肯就。羣公休之。四府並命。盤桓累載。及公車徵。拜中書侍郎。祕書監。于時當晉

之盛。明揚英俊。乃引公為相國從事中郎。遷中領軍。遇革命之期。任受禪之會。秉文經武。㠯集大晉之祚。皇采增耀。帝威遠邁。偉絕代之風。弘唐虞之緒。帝嘉厥庸。疇㠯大國。公乃逡巡固讓。裁居小邦。天子俞咨。仍復公中軍將軍散騎常侍。內釐王度。外綏區域。嚴恭寅畏。帝命允飭。運國威于句陳。握皇樞于紫極。于時之盛。未有上公者也。拜衛將軍尚書僕射。㠯揆天機。崇成大業。帝道緝熙。泰階永肅。㠯江寇未夷。乃命公都督荆州諸軍侍中車騎將軍開府辟命。乃養民募財。開斥國界。創築五城。㠯防寇衛境。然後闡敷皇風。懷遠㠯德。知大同之業。思王化之則。齊其土人。均其利澤。軍無虞警。民不疲勞。農功盈疇。百姓布野。羣黎被德。殊俗望風。吳人感服。繈負而至者。四萬餘口。進位征南大將軍。公雖享有茅土。歷登台階。吐飡下士。貳于姬公。方將殪彼戎吳。經國弔民。然後偃甲戢兵。辭功退身。㠯優遊乎初好。此公之素志也。會遘篤疾。春秋五十

有八咸寧四年十有一月庚寅薨于京邑天子痛悼遣使持節追贈侍中大傅南城侯印綬賻弔加于常也及其葬上親臨過車騎諡曰成侯天子以公德高勛大而屢辭封爵故復建南城之國特以封公公哲讓終始上未之許及其薨也夫人夏侯氏追公克讓之志遂不以斂公自出身以至于終忠言不輟于口嘉謀不廢于心成其業不處其功勤其勳不榮其祿儀型言行動為世範暨六年春平吳策詔曰故太傅鉅平侯羊祜造建平吳之規潛謀遠略與衆殊慮勳業不遂然蕩滅之計悉如祜策固能夷曠世之寇拯黎民之患勛烈宏著而寵不逮身其遣使以克定之功策告祜廟昔漢氏封蕭何夫人為侯以崇顯元功亦古之令典封祜夫人為萬歲鄉君食邑五千戶賜絹萬疋于是故吏高文奚廉等僉以公德高而志卑位優而行恭徽猷被于江漢懿德及于羣生涉其風者貪夫廉懦夫立雖夷惠之操奮乎百世曷以尚之奇謀潛略清

功遺緒靡所寘心乃共揭石刊勒盛軌永表風烈焉其辭曰

天臨有晉乃降皇輔猗歟惟公應期協矩聰哲神睿乃文乃武曰唐曰虞淵淵其度翼翼其明孝思以彤乃耀高風辭爵讓榮為而不有志淩太清如何不弔中年殞□□□□□□□□□末□□□□刊□□□□是表是旌。明宏治四年重立碑拓本又見湖北通志。

文立

立字廣休巴郡人刺史費禕命為從事入補尚書郎復辟禕大將軍東曹掾遷尚書入晉為州別駕從事舉秀才拜濟陰太守遷太子中庶子轉散騎常侍遷衞尉咸寧末卒官

蜀都賦

虎豹之人文選蜀都賦劉淵林注

上疏辭太子中庶子

伏惟皇太子春秋美茂盛德日新始建幼志誕陟大繇猶朝日初

暉良寶權璞侍從之臣宜簡俊乂妙選賢彥使視觀則覩禮容棣棣之則聽納當受嘉話駭耳之言靜應道軌動有所采佐清初陽緝熙天光其任至重聖王詳擇誠非糞朽能可堪任臣聞之人臣之道量力受命其所不諧得以誠聞華陽國志十一

上疏辭散騎常侍

臣子之心願從疏以求昵凡在人情貪從幽以致明斯實物性賢愚所同臣者何人能無此懷誠自審量邊荒遺燼犬馬老甚非左右機納之器臣雖至愚處之何顏華陽國志十一

上言請敘故蜀大官及死事者子孫

故蜀大官及盡忠死事者子孫雖仕郡國或有不才同之齊民為劇又諸葛亮蔣琬費禕等子孫流徙中畿各宜量才敘用以慰巴蜀之心傾吳人之望蜀志譙周傳注引華陽國志今國志十一作一則以慰巴蜀民之心其次傾東吳士人之望

全晉文卷七十終

全晉文卷七十一

烏程嚴可均校輯

陳壽

壽字承祚。巴西安漢人。仕蜀爲觀閣令史。入晉舉孝廉。除著作佐郎。出補陽平令。除著作郎。領本郡中正。遷長廣太守。不就。授治書御史。母憂去職。起爲太子中庶子。未拜。元康七年卒。有古國志五十卷。三國志六十五卷。益部耆舊傳十卷。

表上諸葛氏集目錄

開府作牧第一
權制第二
南征第三
北出第四
計算第五

訓厲第六
綜覈上第七
綜覈下第八
雜言上第九
雜言下第十
貴和第十一
兵要第十二
傳運第十三
與孫權書第十四
與諸葛瑾書第十五
與孟達書第十六
廢李平第十七
法檢上第十八
法檢下第十九
科令上第二十
科令下第二十一
軍令上第二十二
軍令中第二十三
軍令下第二十四

右二十四篇。凡十萬四千一百一十二字。

臣壽等言。臣前在著作郎。侍中領中書監濟北侯臣荀勖中書令關內侯臣和嶠奏。使臣定故蜀丞相諸葛亮故事。亮毗佐危國。負阻不賓。然猶存錄其言。恥善有遺。誠是大晉光明至德。澤被無疆。自古以來。未之有倫也。輒刪除複重。隨類相從。凡爲二十四篇。篇名如右。亮少有逸羣之才。英霸之器。身長八尺。容貌甚偉。時人異焉。遭漢末擾亂。隨叔父玄避難荊州。躬耕于野。不求聞達。時左將

軍劉備以亮有殊量。乃三顧亮于草廬之中。亮深謂備雄姿傑出。遂解帶寫誠。厚相結納。及魏武帝南征荊州。劉琮舉州委質。而備失勢。衆寡無立錐之地。亮時年二十七。乃建奇策。身使孫權。求援吳會。權既宿服仰備。又覩亮奇雅。甚敬重之。卽遣兵三萬人以助備。備得用與武帝交戰。大破其軍。乘勝克捷。江南悉平。後備西取益州。益州既定。以亮爲軍師將軍。備稱尊號。拜亮爲丞相。錄尚書事。及備殂沒。嗣子幼弱。事無巨細。亮皆專之。于是外連東吳。內平南越。立法施度。整理戎旅。工械技巧。物究其極。科教嚴明。賞罰必信。無惡不懲。無善不顯。至于吏不容奸。人懷自厲。道不拾遺。彊不侵弱。風化肅然也。當此之時。亮之素志。進欲龍驤虎視。苞括四海。退欲跨陵邊疆。震蕩宇內。又自以爲無身之日。則未有能蹈涉中原。抗衡上國者。是以用兵不戢。屢燿其武。然亮才于治戎爲長。奇謀爲短。理民之幹。優于將略。而所與對敵。或值人傑。加衆寡不侔。

相國下當有辟字行字衍

攻守異體。故雖連年動衆。未能有克。昔蕭何薦韓信。管仲舉王子城父。皆忖己之長。未能兼有故也。亮之器能政理。抑亦管蕭之亞匹也。而時之名將。無城父韓信。故使功業陵遲。大義不及邪。蓋天命有歸。不可㠯智力爭也。青龍二年春。亮帥衆出武功。分兵屯田。爲久駐之基。其秋病卒。黎庶追思。㠯爲口實。至今梁益之民咨述亮者。言猶在耳。雖甘棠之詠召公。鄭人之歌子產。無㠯遠譬也。孟軻有云。㠯逸道使民。雖勞不怨。㠯生道殺人。雖死不忿。信矣。論者或怪亮文彩不豔。而過于丁寧周至。臣愚㠯爲咎繇大賢也。周公聖人也。攷之尚書。咎繇之謨略而雅。周公之誥煩而悉。何則。咎繇與舜禹共談。周公與羣下矢誓故也。亮所與言。盡衆人凡士。故其文指不得及遠也。然其聲教遺言。皆經事綜物。公誠之心。形于文墨。足㠯知其人之意理。而有補于當世。伏惟陛下邁蹤古聖。蕩然無忌。故雖敵國誹謗之言。咸肆其辭。而無所革諱。所㠯明大通之道也。謹錄寫上詣著作。臣壽誠惶誠恐。頓首頓首。死罪死罪。泰始十年二月一日癸巳。平陽侯相臣陳壽上。（蜀志諸葛亮傳）

駮虞溥議王昌前母服

溥駮一與之齊。非大夫也。禮無二嫡。不可㠯並耳。春秋之義。不㠯得寵而忘舊。是㠯趙姬請迎叔隗而己下之。若昌父及二母于今各存者。則前母不廢。已有明徵也。設令昌父昔持前母所生之子來入中國。而尚在者。恐不謂母已黜遣從出母之服。苟昌父無棄前妻之命。昌兄有服母之理。則昌無疑于不服。（晉書禮志中。通典八十九。太康元年。侍郎山雄著作郎陳壽等駮。案。王昌事詳前虞駮王琳文。）

皇甫謐

謐字士安。幼名靜。安定朝那人。居新安。漢太尉嵩曾孫。自號玄晏先生。魏郡召上計掾。舉孝廉。景元初。相國辟不行。行晉受禪。累徵。又舉賢良方正。咸寧初。徵太子中庶子。又徵議郎。又徵著作郎。司隸劉毅請爲功曹。並不應。太康三年卒。年六十八。有帝王世紀十卷。年厤六卷。高士傳六卷。逸士傳一卷。列女傳六卷。玄晏春秋三卷。集二卷。

讓徵聘表

臣㠯尫弊。迷于道趣。因病抽簪。散髮林阜。人綱否閉。鳥獸爲羣。陛下披榛采蘭。并收蒿艾。是㠯臯陶振褐。不仁者遠。臣惟頑蒙。備食晉粟。猶識唐人擊壤之樂。宜赴京城。稱壽闕外。伏自惟忖。瓶瓴瑣器。實非瑚璉之求。稊稗之賤。不中粢盛之用。而小人無良。致災速禍。久嬰篤疾。軀半不仁。（御覽作半身不仁。）右腳偏小。十有九載。又服寒食藥。違錯節度。辛苦荼毒。于今七年。隆冬裸袒食冰。當暑煩悶。加㠯咳逆。或若溫瘧。或類傷寒。浮氣流腫。四肢酸重。于今困劣。救求呼喻。父兄見出。妻息長訣。仰迫天威。不能淹留。扶輿就道。所苦加篤。不任進路。委身待罪。伏枕歎息。臣聞韶衞不並奏。雅鄭不兼御。故郤子入周。禍延王叔。虞丘稱賢。樊姬掩口。君子小人。禮不同器。況臣糠藾。糅之彫胡。庸夫錦衣。不稱其服也。竊聞同命之士。咸㠯畢到。唯臣疾疢。抱釁牀蓐。雖貪明時。懼斃命路隅。設臣不疾。已遭堯舜之世。執志箕山。猶當容之。臣聞上有明聖之主。下有輸實之臣。上有在寬之政。下有委情之人。仰唯陛下留神恕恩。垂憐微命。更旌瓌俊。索隱于傅巖。收釣于渭濱。無令泥滓。久濁清流。臣聞鄒子一歎。霜爲之降。杞妻一感。城爲之崩。㠯臣況之。乃知精誠不可㠯賤致。古人言爲虛也。（晉書皇甫謐傳。上疏自稱草莽臣云云。藝文類聚三十七題作讓徵聘表。御覽七百四十亦作表。各有刪節。今合錄之。篇末尚有缺。）

答辛曠書

聞服有素。委心無量。加昔州壤。通門舊儀。虛想之積。過于陵阜。況愛不遺。猥降德音。清喻爛煥。情義款篤。執誨欣然。若饗太牢。抱佩至眷。銘乎心膂。且箕山之叟。超逸于堯帝之世。首陽之老。抗操于有周之隆故能名奮百代使聞之厲節皆經聖明之論所以邈世卓時者也至于鄙薄才頑行穢疾奪其志神迷其心因託虛靜遂竊美選聖上仁聰亮其辛苦每自陳訴輒見寬放雖大君有命實小人勿用也匪敢盤桓疾與榮競巾車順命非劣德所堪也密雲雖興知枯木難植昔人有言欲之必爲之辭豈來惠之謂矣猥承告示欲備七十木非梧桐豈敢棲鳳聞命悚灼如蹈春冰非苟崇謙實懼陷墜幸恕不假明亮志心。藝文類聚三十七。

玄守論

或謂謐曰富貴人之所欲貧賤人之所惡何故委形待于窮而不變乎且道之所貴者理世也人之所美者及時也先生年邁齒變飢寒不贍轉死溝壑其誰知乎謐曰人之所至惜者命也道之所必全者形也性形所不可犯者疾病也若擾全道以損性命安得去貧賤存所欲哉吾聞食人之祿者懷人之憂形強猶不堪況吾

之弱疾乎且貧者士之常賤者道之實處常得實沒齒不憂孰與富貴擾神耗精者乎又生爲人所不知死爲人所不惜至矣喑聾之徒天下之有道者也夫一人死而天下號者以爲損也一人生而四海笑者以爲益也然則號笑非益死損生也是以至道不損至德不益何哉體足也如迴天下之念以追損生之禍運四海之心以廣非益之病豈道德之至乎夫唯無損則至堅矣夫唯無益則至厚矣堅故終不損厚故終不薄苟能體堅厚之實居不薄之眞立乎損益之外游乎形骸之表則我道全矣。晉書皇甫謐傳。

釋勸論

相國晉王辟余等三十七人及泰始登禪同命之士莫不畢至皆拜騎都尉或賜爵關內侯進奉朝請禮如侍臣唯余疾困不及國寵宗人父兄及我寮類咸以爲天下大慶萬姓賴之雖未成禮不宜安寢縱其疾篤猶當致身余惟古今明王之制事無巨細斷之以情實力不堪豈慢也哉乃伏枕而歎曰夫進者身之榮也退者命之實也設余不疾執高箕山尚當容之況余實篤故堯舜之世士或收迹林澤或過門不敢入咎繇之徒兩遂其願者遇時也故朝貴致功之臣野美全志之士彼獨何人哉今聖帝龍興配名前哲仁道不遠斯亦然乎客或以常言見逼或以逆世爲慮余謂上有寬明之主必有聽意之人天網恢恢至否一也何尤于出處哉遂究賓主之論以解難者名曰釋勸

客曰蓋聞天以懸象致明地以含通吐靈故黃鍾次序律呂分形是以春華發萼夏繁其實秋風逐暑冬冰乃結人道以之應機乃發三材連利明若符契故士或同升于唐朝或先覺于有莘或通夢以感主或釋釣于渭濱或叩角以干齊或解褐以相秦或冒楊以安鄭或乘駟以救屯或班荊以求友或借術于黃神故能電飛景拔超次邁倫騰高聲以奮遠抗宇宙之清音由此觀之進德貴

乎及時何故屈此而不伸今子以英茂之才游精于六藝之府散意于衆妙之門者有年矣既遭皇禪之朝又投祿利之際委聖明之主偶知己之會時淸道眞可以沖邁此眞吾生濯髮雲漢鴻漸之秋也韜光逐藪含章未曜龍潛九泉𥔲然執高棄通道之遠由守介人之局操無乃乖于道之趣乎且吾聞招搖昬迴則天位正五教班敘則人理定如今王命切至委慮有司上招迕主之累下致駭衆之疑達者貴同何必獨異羣賢可從何必守意方今同命並臻飢不待飡振藻皇塗咸秩天官子獨棲遲衡門放形世表遜遯丘園不眄華好惠不加人行不合道身嬰大疾性命難保若其羲和促轡大火西頹臨川恨晚將復何階夫貴陰賤璧聖所約也顛倒衣裳明所箴也子其鑒先哲之洪範副聖朝之虛心沖靈翼于雲路浴天池以濯鱗排閶闔步玉岑登紫闥侍北辰翻然景曜雜沓英塵輔唐虞之主化堯舜之人宣刑錯之政配殷周之臣銘

功景鍾。參敘彝倫。存則鼎食。亡爲貴臣。不亦茂哉。而忽金白之輝曜。忘青紫之班瞵。辭容服之光粲。抱弊褐之終年。無乃勤乎。主人笑而應之曰。吁若賓。可謂習外觀之暉暉。未覩幽人之髣髴也。見俗人之不容。未喻聖皇之兼愛也。循方圓于規矩。未知大形之無外也。故曰天玄而淸。地靜而蜜。含羅萬類。旁薄羣生。寄身聖世。託道之靈。若夫春吕陽散。冬吕陰凝。泰液含光。元氣混蒸。衆品仰化。誕制殊徵。故進者享天祿。處者安丘陵。是吕寒暑相推。四宿代中。陰陽不治。運化無窮。自然分定。兩克厥中。二物俱靈。是謂大同。彼此無怨。是謂至通。若乃衰周之末。貴詐賤誠。牽于權力。吕利要榮。故蘇子出而六主合。張儀入而橫勢成。廉頗存而趙重。樂毅去而燕輕。公叔沒而魏敗。孫臏刖而齊寧。蠡種親而越霸。屈子疏而楚傾。是吕君無常籍。臣無定名。損義放誠。一虛一盈。故馮吕彈劒感主。女有反賜之說。項奮拔山之力。蒯陳鼎足之勢。東郭劫于田榮。

顏闔恥于見逼。斯皆棄禮喪眞。苟榮朝夕之急者也。豈道化之本與。若乃聖帝之創化也。參德乎二皇。齊風乎虞夏。欲溫溫而和暢。不欲察察而明切也。欲混混若玄流。不欲蕩蕩而名發也。欲索索而條解。不欲契契而繩結也。欲芒芒而無垠際。不欲區區而分別也。欲闇然而內章。不欲示白若冰雪也。欲醇醇而任德。不欲瑣瑣而執法也。是吕見機者吕動成。好遯者無所迫。故曰一明一昧。得道之概。一弛一張。合禮之方。一浮一沈。兼得其眞。故上有勞謙之愛。下有不名之臣。朝有聘賢之禮。野有遯竄之人。是吕支伯吕幽疾距唐。李老寄迹于西鄰。顏氏安陋吕成名。原思娛道于至貧。榮期吕三樂感尼父。黔婁定謚于布衾。干木偃息吕存魏。荆萊志邁于江岑。君平因蓍吕道著。四皓潛德于洛濱。鄭眞躬耕吕致譽。幼安發令乎今人。皆持難奪之節。執不迴之意。遭拔俗之主。全彼人之志。故有獨定之計者。不借謀于衆人。守不動之安者。不假慮于羣賓。故能棄外親之華。通內道之眞。去顯顯之明路。入昧昧之埃塵。宛轉萬情之形表。排託虛寂吕寄身。居無事之宅。交釋利之人。輕若鴻毛。重若泥沈。損之不得。測之愈深。眞吾徒之師表。余迫疾而不能及者也。子議吾失宿而駭衆。吾亦怪子較論而不折中也。夫才不周用。衆所斥也。寢疾彌年。朝所棄也。是吕胥克之廢。丘明列焉。伯牛有疾。孔子斯歎。若黃帝創制于九經。岐伯剖腹吕蠲腸。扁鵲造虢而尸起。文摯徇命于齊王。醫和顯術于秦晉。倉公發祕于漢皇。華陀存精于獨識。仲景垂妙于定方。徒恨生不逢乎若人。故乞命訴乎明王。求絕編于天錄。亮我躬之辛苦。冀微誠之降霜。故俟罪而窮處。晉書皇甫謐傳。

篤終論

玄晏先生吕爲存亡天地之定制。人理之必至也。故禮六十而制壽。至于九十。各有等差。防終吕素。豈流俗之多忌者哉。吾年雖未

制壽。然嬰疾彌紀。仍遭喪難。神氣損劣。困頓數矣。常懼天隕不期。慮終無素。是吕略陳至懷。夫人之所貪者生也。所惡者死也。雖貪不得越期。雖惡不可逃遁。人之死也。精歇形散。魂無不之。故氣屬于天。寄命終盡。窮體反眞。故尸藏于地。是吕神不存體。則與氣升降。尸不久寄。與地合形。形神不隔。天地之性也。尸與土并。反眞之理也。今生不能保七尺之軀。死何故隔一棺之土。然則衣衾所吕穢尸。棺椁所吕隔眞。故桓司馬石椁。不如速朽。季孫璵璠。比之暴骸。文公厚葬。春秋吕爲華元不臣。楊王孫親土。漢書吕爲賢于秦始皇。如令魂必有知。則人鬼異制。黃泉之親。死多于生。必將備其器物。用待亡者。今若吕存況終。非卽靈之意也。如其無知。則空奪生用。損之無益。而啟姦心。是招露形之禍。增亡者之毒也。夫葬者藏也。藏也者。欲人之不得見也。而大爲棺椁。備贈存物。無異于埋金路隅。而書表于上也。雖甚愚之人。必將笑之。豐財厚葬。吕啟姦心。

或剖破棺槨或牽曳形骸或剝臂捋金環或捫腸求珠玉焚如之形不痛于是自古及今未有不死之人又無不發之墓也故張釋之曰使其中有欲雖固南山猶有隙使其中無欲雖無石槨又何慼焉斯言達矣吾之師也夫贈終加厚非厚死也生者自爲也遂生意于無益棄死者之所屬知者所不行也易稱古之葬者衣之㠯薪葬之中野不封不樹是㠯死得歸眞亡不損生故吾欲朝死夕葬夕死朝葬不設棺槨不加纏斂不修沐浴不造新服殯唅之物一皆絕之吾本欲露形入阬㠯身親土或恐人情染俗來久頓革理難今故觕爲之制奢不石槨儉不露形氣絕之後便卽時服幅巾故衣㠯籧篨裹尸麻約二頭置尸牀上擇不毛之地穿坑深十尺長一丈五尺廣六尺阬訖舉牀就阬去牀下尸平生之物皆無自隨唯齎孝經一卷示不忘孝道籧篨之外便㠯親土土與地平還其故草使生其上無種樹木削除使生迹無處自求不知不

見可欲則姦不生心終始無怵惕千載不慮患形骸與后土同體魂爽與元氣合靈眞篤愛之至也若亡有前後不得移祔祔葬自周公來非古制也舜葬蒼梧二妃不從㠯爲一定何必周禮無問師工無信卜筮無拘俗言無張神坐無十五日朝夕上食禮不墓祭但月朔于家設席㠯祭百日而止臨必昏明不得㠯夜制服常居不得墓次夫古不崇墓智也今之封樹愚也若不從此是戮尸地下死而重傷魂而有靈則冤悲沒世長爲恨鬼王孫之子可㠯爲誡死誓難違幸無改焉晉書皇甫謐傳

帝王世紀漢高祖論

玄晏先生曰禮稱至道㠯王義道㠯霸觀漢祖之取天下也遭秦世暴亂不階尺土之資不權將相之柄發迹泗亭奮其智謀羈勒英雄鞭驅天下或㠯威服或㠯德致或㠯義成或㠯權斷逆順不常霸王之道雜焉是㠯聖居帝王之位無一定之制三代之美固難及矣御覽八十七

光武論

玄晏先生曰左氏春秋稱夏少康之起有田一成有衆一旅若漢之再命世祖不階成旅之功平暴反正遂建中興與夏康同美矣御覽九十

高士傳焦先論

或問皇甫謐曰焦先何人曰吾不足㠯知之也攷之于表可略而言矣夫世之所常趣者榮味也形之所不可釋者衣裳也身之所不可離者室宅也口之所不能已者言語也心之不可絕者親戚也今焦先棄榮味釋衣服離室宅絕親戚閉口不言曠然㠯天地爲棟宇闇然合至道之前出羣形之表入玄寂之幽一世之人不足㠯挂其意四海之廣不能㠯回其顧妙乎與夫三皇之先者同矣結繩㠯來未及其至也豈羣言之所能髣髴常心之所得測量哉彼行人所不能行堪人所不能堪犯寒暑不㠯傷其性居曠野

不㠯恐其形遭驚急不㠯迫其慮離榮愛不㠯累其心損視聽不㠯汙其耳目舍足于不損之地居身于獨立之處延年歷百壽越期頤雖上識不能尚也自羲皇已來一人而已矣魏志管寧傳注引高士傳

列女傳龐娥親論

玄晏先生㠯爲父母之讎不與共天地蓋男子之所爲也而娥親㠯女弱之微念父辱之酷痛感讎黨之凶言奮劒仇頸人馬俱摧塞亡父之怨魂雪三弟之永恨近古已來未之有也詩云修我戈矛與子同仇娥親之謂也魏志龐淯傳注

三都賦序

玄晏先生曰古人稱不歌而頌謂之賦然則賦也者所㠯因物造端敷弘體理欲人不能加也引而申之故文必極美觸類而長之故辭必盡麗然則美麗之文賦之作也昔之爲文者非苟尚辭而

已。將㠯紉之王敎。本乎勸戒也。自夏殷㠯前。其文隱沒。靡得而詳焉。周監二代。文質之體。百世可知。故孔子采萬國之風。正雅頌之名。集而謂之詩。詩人之作。雜有賦體。子夏序詩曰。一曰風。二曰賦。故知賦者。古詩之流也。至于戰國。王道陵遲。風雅寖頓。于是賢人失志。辭賦作焉。是㠯孫卿屈原之屬。遺文炳然。辭義可觀。存其所感。咸有古詩之意。皆因文㠯寄其心。託理㠯全其制。賦之首也。及宋玉之徒。淫文放發。言過于實。誇競之興。體失之漸。風雅之則。于是乎乖。逮漢賈誼。頗節之㠯禮。自時厥後。綴文之士。不率典言。竝務恢張。其文博誕空類。大者罩天地之表。細者入毫纖之內。雖充車聯駟。不足㠯載。廣廈接榱。不容㠯居也。其中高者。至如相如上林。楊雄甘泉。班固兩都。張衡二京。馬融廣成。王生靈光。初極宏侈之辭。終㠯約簡之制。煥乎有文。蔚爾鱗集。皆近代辭賦之偉也。若夫土有常產。俗有舊風。方㠯類聚。物㠯羣分。而長卿之儔。過㠯非方之物。寄㠯中域。虛張異類。託有于無。祖構之士。雷同影附。流宕忘反。非一時也。曩者漢室內潰。四海圮裂。孫劉二氏。割有交益。魏武撥亂。擁據函夏。故作者先爲吳蜀二客。盛稱其本土險阻瓌琦。可㠯偏王。而卻爲魏主述其都畿。弘敞豐麗。奄有諸華之意。言吳蜀㠯擒滅比亡國。而魏㠯交禪比唐虞。既已著逆順。且㠯爲鑒戒。蓋蜀包梁岷之資。吳割荆南之富。魏跨中區之衍。攷分次之多少。計殖物之衆寡。比風俗之清濁。課士人之優劣。亦不可同年而語矣。二國之士。各沐浴所聞。家自㠯爲我土樂。人自㠯爲我民良。皆非通方之論也。作者又因客主之辭。正之㠯魏都。折之㠯王道。其物土所出。可得披圖而校。體國經制。可得案記而驗。豈誣也哉。文選

高士傳序

孔子稱舉逸民。天下之民歸心焉。是㠯洪崖先生創高道于上皇之世。許由善卷不降節于唐虞之朝。自三代秦漢。達乎魏興。受命。中賢之主。未嘗不聘岩穴之隱。追遯世之民。是㠯易著束帛之義。禮有玄纁之制。詩人發白駒之歌。春秋顯子臧之節。明堂月令㠯季春之月聘名士。禮賢者。然則高讓之士。王政所先。厲濁激貪之務也。史班之載。多所闕略。梁鴻頌逸民。蘇順科高士。或錄屈節。雜而不純。又近取秦漢。不及遠古。夫思其人。愛其樹。況稱其德。而贊其事哉。謐採古今八代之士。身不屈于王公。名不耗于終始。自堯至魏。凡九十餘人。雖執節若夷齊。去就若兩龔。皆不錄也。高士傳明刊本又見御覽五百一十。

自序

士安每病。母輒推燥居溼。㠯覩易單。御覽七百三十七。

闕題

護軍武士之官。御覽二百四十引皇甫謐集。

全晉文卷七十一

全晉文卷七十二

烏程嚴可均校輯

辛曠

曠。安定人。

與皇甫謐書

夫三光懸象式揚天德。岳瀆山澤廣開地道。賢人顯進實與聖治。故力牧佐黃。而涿鹿之征捷。舜禹翼唐。而滔天之災殄。阿衡在商。而成湯之功著。姜望入周。而文武之業建。聖人光濟四海欲垂大化者。莫不收才取良。而致股肱。忠賢大才之人。願立名迹思在利見大人。而王聖時治。此所以應天順民之神龜。利涉大川之元吉。大晉合天地之中和。經日月之重光。四目視其明。四聰達其聽。巖穴出其隱。四門啟其曠。登高陽之八子。御高辛之羣龍。俊才在官。時亮天工。鳥獸非君子之儔。九皋無長鳴之鶴。萬國黎獻。咸仰南風之仁。而抱聖化之隆。此其至治也。而先生固執沖虛。塞淵其心。殉文人之耿介。忘宣尼之所沽。步幽山之窮徑。背漢津之明衢。日月遂往。時不我須。此惜寸陰者之所以為懼。而臨川者之所懷慨也。竊謂先生降匪石于高岡。迴羽儀于皇京。順震驚而翔。撫振六翮于天庭。邈禹稷之遐蹤。騁大任之夷塗。詔不世之洪勳。同先哲之丕模。使瞻仰者所以藉之美。世希藉人六義之一。獻斯一篇。惟蒙采覽。

伏惟先生黃中通理。經綸稽古。既好斯文。述而不作。將邁卜商于洙泗之上。超董生于儒林之首。含光烈于千載之前。吐英聲于萬世之後。亦已盛矣。曠以不敏。感佩厚惠。願附驥尾。撫塵而遊。諮覲末因。而西望延企。（藝文類聚三十七。）

程猗

猗為太尉屬。

栁谷石文說

夫大者盛之極也。金者晉之行也。中者物之會也。吉者福之始也。此言司馬氏之王天下。感德而生。應正吉而王之符也。（宋書符瑞志上。魏之初興也。張掖刪丹縣金山栁谷有石生焉。周圍七尋。中高一仞。蒼質白章。有五馬麟鹿鳳皇仙人之象。始見于建安。形成于黃初。文備于太和。于中布列。有文字曰。上上三天王述大金。紂大曹。金但取之金立中大金馬一匹中正大吉關壽此馬甲寅述水。凡三十五字。既而晉以司馬氏受禪。太尉屬程猗說曰云云。）

栁谷石文贊

皇德遐通。實降嘉靈。乾生其象。坤育其形。玄石既表。素文以成。瑞虎合仁。白麟耀精。神馬自圖。金言其形。體正而王。中允克明。關壽無疆。於萬斯齡。（宋書符瑞志上。）

管辰

辰。平原人。魏徵士輅弟。為州主簿部從事。

敘管輅

夫晉魏之士。見輅道術神妙。占候無錯。以為有隱書及象甲之數。辰每觀輅書傳。惟有易林風角及鳥鳴仰觀星書三十餘卷。世所共有。然輅獨在少府官舍。無家人子弟隨之。其亡沒之際。好奇不哀喪者盜輅書。惟餘易林風角及鳥鳴書還耳。夫術數有百數十家。其書有數千卷。書不少也。然而世鮮名人。皆由無才不由無書也。裴冀州何鄧二尚書及鄉里劉太常潁川兄弟。（潁川者劉寔弟智也。）以輅稟受天才。明陰陽之道。吉凶之情。一得其源。遂涉其流。亦不為難。常歸服之。輅自言與此五君共語。使人精神清發。昏不暇寐。自此以下。殆白日欲寢矣。又自言當世無所願。欲得與魯梓慎鄭裨竈晉卜偃宋子韋楚甘公魏石申共登靈臺。披神圖。步三光。明災異。運蓍龜。決狐疑。無所復恨也。辰不以闇淺。得因孔懷之親。數與輅有所諮論。至于辯人物。析臧否。說近義。彈曲直。拙而不工也。若敷皇羲之典。揚文孔之辭。周流五曜。經緯三度。口滿聲溢。微言風集。

若仰眺飛鴻。漂漂兮景沒。若俯臨深溪。杳杳兮精絕。偪吕攻難。而失其端。欲受學求道。尋吕迷昏。無不扼腕椎指。追響長歎也。昔京房雖善卜及風律之占。卒不免禍。而輅自知四十八當亡。可謂明哲相殊。又京房目見遘讒之黨。耳聽青蠅之聲。面諫不從。而猶道路紛紜。輅處魏晉之際。藏智吕樸。卷舒有時。妙不見求。愚不見遺。可謂知機相邈也。京房上不量萬乘之主。下不避佞諂之徒。欲吕天文洪範。利國利身。困不能用。卒陷大刑。可謂枯龜之餘智。膏燭之末光。豈不哀哉。世人多吕輅疇之京房。辰不敢許也。至于仰察星辰。俯定吉凶。遠期不失年歲。近期不失日月。辰吕甘后之妙。不先也。射覆名物。見術流速。東方朔不過也。觀骨形而審貴賤。覽形色而知生死。許負唐舉不超也。若夫疏風氣而探微候。聽鳥鳴而識神機。亦一代之奇也。向使輅官達。爲宰相大臣。膏腴流于明世。華曜列乎竹帛。使幽驗皆舉。祕言不遺。千載之後。有道者必信而貴之。無道者必疑而怪之。信者吕妙過眞。夫妙與神合者得神。則無所惑也。恨輅才長命短。道貴時賤。親賢遐潛。不宜于良史。而爲鄙弟所見追述。既自闇濁。又從來久遠。所載卜占事。雖不識本卦。捃拾殘餘。十得二焉。至于仰觀靈曜。說魏晉興衰。及五運浮沈。兵革災異。十不收一。無源何吕成河。無根何吕垂榮。雖秋菊可採。不及春英。臨文忼慨。伏用哀慚。將來君子。幸吕高明求其義焉。往孟荊州爲列人典農。嘗問亡兄。昔東方朔射覆得何卦。正知守宮蜥蜴二物者。亡兄于此爲安卦生象。辭喻交錯。微義豪起。變化相推。會于辰巳。分別龍蛇。各使有理。言絕之後。孟荊州長歎息曰。吾聞君論。精神騰躍。殆欲飛散。何其汪汪。乃至于斯邪。（魏志管輅傳注。）

輅見何晏。何曰。頃連夢青蠅數十。來在鼻上。驅之不肯去。何也。輅曰。夫鼻者艮也。天中之山。而蠅集之。位峻者危。輕者亡。後遂被誅。（御覽四百。）

韓壽

壽字德眞。南陽堵陽人。魏司徒暨曾孫。爲戶曹屬。惠帝時歷散騎常侍。守河南尹。卒贈驃騎將軍。

裴祗乞絕從弟耽喪服議

祗表稱二叔放流。鄭段不弟。大義滅親。至公之道。然猶作鴟鴞之詩。成王封其子胡于蔡。明王篤愛親親無已之意也。今耽直由病喪神。故有悖言。非管蔡鄭段之元惡。而祗等必棄引致。不加痛傷于禮不喪。于情不安。（通典一百一。）

李彝

彝爲東閤祭酒。

裴祗乞絕從弟耽喪服議

昔公孫敖爲亂而亡。襄仲猶帥兄弟而哭。不廢親愛。春秋所善也。耽狂疾積年亡歿之後。追論往意。絕不爲服。竊所未安。（通典一百一。）

劉維

維爲主簿。

裴祗乞絕從弟耽喪服議

先王制禮。因情而興。五服之議。吕恩爲主。是吕明親親之分。正恩紀屬。恩崇則制重。意殺則禮降。昔周公誅管蔡。鄭伯克叔段。皆正吕王法。不爲親昵。耽凶頑悖戾。背義忘親。存無歡接之恩。絕無禮服之制。循名責實。不服當矣。宜如祗所上。（通典一百一。）

田岳

岳爲記室督。

裴祗乞絕從弟耽喪服議

五服之制。本乎親屬。故賢不加崇。愚不降禮。昔公孫敖既納襄仲之妻。又吕幣奔莒。至其卒也。仲欲勿哭。傳曰。喪親之終也。情雖不同。無絕其愛。親親之道也。叛君爲逆。納弟妻爲亂。亂逆之罪。猶不廢喪。故肖子啟明。而唐堯不繼。象之傲很。有虞加矜。周公戮弟。義先王室。鄭伯減段。傳不全與。議者稱此。皆非所據。今諸侯絕周。公族爲戮。然猶私喪之也。喪禮大制。動爲典式。與其必疑。盍居于重。通典一百一。

徐宣

宣爲學官令。

裴祗乞絕從弟耽喪服議

昔閼伯實沈。親尋干戈。而延于商夏。朱象頑傲。凶國害家。然唐無絕姓之文。虞有封庳之厚。斯以重天性。篤所承也。周公刑叔。罪在黨協祿父。欲周之亡。蓋爲王室耳。非以流言毀公爲戮也。召公猶懼天下未解。特使兄弟之義薄。乃作棠棣之詩。以示恩親也。耽以凶愚命卒。骨肉所哀。夫行過乎仁。喪過乎哀。未宜絕也。通典一百一。

向秀

秀字子期。河內懷人。爲散騎侍郎。轉黃門侍郎散騎常侍。有莊子隱解二十卷。集十二卷。

思舊賦并序

余與嵇康呂安居止接近。其人並有不羈之才。然嵇志遠而疏。呂心曠而放。其後各以事見法。嵇博綜技藝。于絲竹特妙。臨當就命。顧視日影。索琴而彈之。余逝將西邁。經其舊廬。于時日薄虞淵。寒冰凄然。鄰人有吹笛者。發聲寥亮。追思曩昔遊宴之好。感音而歎。故作賦云。

將命適于遠京兮。遂旋反而北徂。濟黃河以汎舟兮。經山陽之舊居。瞻曠野之蕭條兮。息余駕乎城隅。踐二子之遺跡兮。歷窮巷之空廬。歎黍離之愍周兮。悲麥秀于殷墟。惟古昔以懷今兮。心徘徊以躊躇。棟宇存而弗毀兮。形神逝其焉如。昔李斯之受罪兮。歎黃犬而長吟。悼嵇生之永辭兮。顧日影而彈琴。託運遇于領會兮。寄餘命于寸陰。聽鳴笛之慷慨兮。妙聲絕而復尋。停駕言其將邁兮。遂援翰而寫心。文選、藝文類聚三十四、晉書本傳。

難嵇叔夜養生論

難曰。若夫節哀樂。和喜怒。適飲食。調寒暑。亦古人之所修也。至于絕五穀。去滋味。寡情欲。抑富貴。則未之敢許也。何以言之。夫人受形于造化。與萬物並存。有生之最靈者也。異于草木。草木不能避風雨。辭斤斧。殊于鳥獸。鳥獸不能遠網羅而逃寒暑。有動以接物。有智以自輔。此有心之益。有智之功也。若閉而默之。則與無智同。何貴于有智哉。有生則有情。稱情則自然。若絕而外之。則與無生同。何貴于有生哉。且夫嗜欲。好榮惡辱。好逸惡勞。皆生于自然。夫天地之大德曰生。聖人之大寶曰位。崇高莫大于富貴。然富貴天地之情也。貴則人順己以行義于下。富則所欲得以有財聚人。此皆先王所重。關之自然。不得相外也。又曰。富與貴。是人之所欲也。

但當求之以道義。在上以不驕無患。持滿以損儉不溢。若此何爲其傷德邪。或覩富貴之過。因懼而背之。是猶見食之有噎。因終身不飡耳。神農唱粒食之始。后稷纂播植之業。鳥獸以之飛走。生民以之視息。周孔以之窮神。顏冉以之樹德。賢聖珍其業。歷百代而不廢。今一旦云五穀非養生之宜。肴醴非便性之物。則亦有和羹。黃耇無疆。爲此春酒。以介眉壽。皆虛言也。博碩肥腯。上帝是饗。黍稷惟馨。實降神祇。神祇且猶重之。而況于人乎。肴糧入體。不踰旬而充。此自然之符。宜生之驗也。夫人含五行而生。口思五味。目思五色。感而思室。飢而求食。自然之理也。但當節之以禮耳。今五色雖陳。目不敢視。五味雖存。口不得嘗。以言爭而獲勝則可。焉有勺藥爲荼蓼。西施爲嫫母。忽而不欲哉。苟心識可欲。而不得從。性氣困于防閑。情志鬱而不通。而言養之以和。未之聞之也。又云。導養得理。以盡性命。上獲千餘歲。下可數百年。未盡善也。若信可然。當有得者。此人何在。目未之見。此殆影響之論。可言而不可得。縱時有耆壽耇老。此自特受一氣。猶木之有松柏。非導養之所致。若性命㠯巧拙爲長短。則聖人窮理盡性。宜享遐期。而堯舜禹湯。文武周孔。上獲百年。下者七十。豈復疏于導養邪。顧天命有限。非物所加耳。且生之爲樂。㠯恩愛相接。天理人倫。燕婉娛心。榮華悅志。服饗滋味。㠯宣五情。納御聲色。㠯達性氣。此天理之自然。人之所宜。三王所不易也。今若舍聖軌而恃區種。離親棄歡。約己苦心。欲積塵露。㠯望山海。恐此功在身後。實不可冀也。縱令勤求。少有所獲。則顧影尸居。與木石爲鄰。所謂不病而自災。無憂而自默。無喪而疏食。無罪而自幽。追虛徼幸。功不答勞。㠯此養生。未聞其宜。故相如曰。必若欲長生而不死。雖濟萬世。猶不足㠯喜。言背情失性。而不本天理也。長生且猶無歡。況㠯短生守之邪。若有顯驗。且更論之。（嵇中散集。）

阮咸

咸字仲容。陳留尉氏人。魏步兵校尉籍兄子。咸寧中爲散騎侍郎。㠯忤荀勖左遷始平太守。

律議

勖所造聲高。高則悲。夫亡國之音哀㠯思。其民困。今聲不合雅。懼非德政中和之音。必是古今尺有長短所致。然今鐘磬是魏時杜夔所造。不與勖律相應。音聲舒雅而久。不知夔所造時人爲之不足改易。（世說術解篇注引晉諸公贊。又略見御覽十六。）

與姑書

胡婢遂生胡兒。（世說任誕篇注引阮孚別傳。）

阮瞻

瞻字千里。咸子。辟司徒王戎府掾。復爲東海王越記室參軍。拜太子中舍人。有集二卷。

上巳會賦

臨清川而嘉讌。聊暇日㠯遊娛。蔭朝雲而爲蓋。託茂樹㠯爲廬。好修林之蓊鬱。樂草莽之扶疏。列四筵而設席兮。祈吉祥于斯塗。酌羽觴而交酬。獻遐壽之無疆。同歡情而悅豫。欣斯樂之愷懷。發中懷而弦歌。託情志于宮商。（藝文類聚四。北堂書鈔一百五十五。初學記四。御覽三十。）

阮修

修字宣子。籍從子。爲鴻臚丞。轉行參軍太子洗馬。有集二卷。

患雨賦

景元二年。余耕陽武之野。在平沙堆汴水之陽。（北堂書鈔一百五十七。）

大鵬贊

蹌蹌大鵬。誕自北溟。假精靈翔。神化㠯生。如雲之翼。如山之形。海運水擊。扶搖上征。翕然層舉。背負太清。志存天地。不屑雷霆。鷽鳩仰笑。尺鷃所輕。超世高逝。莫知其情。（晉書阮修傳。藝文類聚九十二。御覽九百二十七。）

全晉文卷七十二終

全晉文卷七十三

烏程嚴可均校輯

劉弘

弘字和季魏志劉馥傳注引晉陽秋作叔和沛國相人魏鎮北將軍靖子泰始初爲太子門大夫遷率更令轉太宰長史後以寧朔將軍假節監幽州諸軍事領烏丸校尉封宣城公太安中轉使持節南蠻校尉荊州刺史永興中拜侍中鎮南大將軍開府儀同三司進車騎將軍卒贈新城郡公謚曰元有集三卷

討斬張奕上表

臣以凡才謬荷國恩作司方州奉辭伐罪不能奮揚雷霆折衝萬里軍退于宛分受顯戮猥蒙含宥被遣之職即進達所鎮而范陽王虓先遣前長水校尉張奕領荊州臣至不受節度擅舉兵距臣今張昌姦黨初平昌未梟擒益梁流人蕭條猥集無賴之徒易相扇動飆風駭蕩則滄海橫波苟患失之無所不至比須表上慮失事機輒遣軍討奕即梟其首奕雖貪亂欲爲荼毒由臣劣弱不勝其任令奕肆心以勞資斧敢引覆餗之刑甘受專輒之罪晉書劉弘傳

補選缺吏表

被中詔敕臣隨資品選補諸缺吏夫慶賞刑威非臣所專且知人則哲聖帝所難非臣闇蔽所能斟酌然萬事有機毫釐宜慎謹奉詔書差所應用蓋崇化莫若貴德□則所以濟屯故太上立德其次立功也頃者多難淯朴彌凋臣輒以徵士伍朝補零陵太守庶以懲波蕩之弊養退讓之操臣以不武前退于宛長史陶侃參軍蒯恆牙門皮初戮力致討蕩滅姦凶侃恆各以始終軍事初爲都戰帥忠勇冠軍漢沔清肅實初等之勳也司馬法賞不踰時欲人知爲善之速福也若不超報無以勸徇功之士慰熊羆之志臣以初補襄陽太守侃爲府行司馬使典論功事恆爲山都令詔惟令臣以散補空缺然沅鄉令虞潭忠誠烈正首唱義舉舉善以教不能者勸臣輒特轉潭補醴陵令南郡廉吏仇勃母老疾困賊至守衛不移以致拷掠幾至隕命尚書令史郭貞張昌以爲尚書郎欲訪以朝議遁逃不出昌質其妻子避之彌遠勃孝篤著于臨危貞忠厲于強暴雖各四品皆可以訓奬臣子長益風教臣輒以勃爲歸鄉令貞爲信陵令皆功行相參循名校實條列行狀公文具上晉書劉弘傳

固請以皮初爲襄陽太守表

陟姻親舊制不得相監皮初之勳宜見酬報晉書劉弘傳朝廷以初雖有功名器宜慎不可授初乃以前東平太守夏侯陟爲襄陽太守陟弘之壻也弘下教云云乃表云云詔聽之

請詔東海王越等罷兵表

范陽王虓欲代豫州刺史喬喬舉兵逐虓司空東海王越以喬不從命討之臣以爲喬忝受殊恩顯居州司自欲立功于時以徇國難無他罪闕而范陽代之代之爲非然喬亦不得以虓之非專威輒討誠應顯戮以懲不恪然自頃兵戈紛亂猜禍鋒生恐疑隙構于羣王災難延于宗子權柄隆于朝廷逆順效于成敗今夕爲忠明旦爲逆翩其反而互爲戎首載籍以來骨肉之禍未有如今者也臣竊悲之痛心疾首今邊陲無備豫之儲中華有杼軸之困而股肱之臣不惟國體職競尋常自相楚剝爲害轉深積毀銷骨萬一四夷乘虛爲變此亦猛獸交鬭自效于卞莊者矣臣以爲宜速發明詔詔越等令兩釋猜嫌各保分局自今以後其有不被詔書擅興兵馬者天下共伐之詩云誰能執熱逝不以濯若誠濯之必無灼爛之患永有泰山之固矣晉書劉喬傳

用皮初下教

夫統天下者宜與天下同心化一國者宜與一國爲任若必姻親然後可用則荊州十郡安得十女壻然後爲政哉晉書劉弘傳弘以皮初補襄陽

（太宰朝廷已初雖有功名器宜慎乃已前東平太守夏侯陟爲襄陽太守陟弘之壻也弘下教）

下荆部教

太康已來天下無虞遂共尚無爲貴談莊老少有說事外託論公務內但共談笑今卽同舟而載安可不人人致力邪（文選干寶晉紀總論注引干寶晉紀又見御覽二百五十三）

錄事參軍務舉善彈非令史亦各隨職事脩習也（北堂書鈔原本六十九）

禮名山大澤不封與共其利今公私幷兼百姓無復厝手地當何謂邪速改此法又酒室中云齊中酒聽事酒猥酒同用麴米而優劣三品投醪當與三軍同其薄厚自今不得分別（晉書劉弘傳舊制峴方二山澤中不許百姓捕魚弘下教）

與督將教

吾昨鼓四中起聞西城上兵欬聲甚深卽呼省之年過六十羸病無襦而督將差以持時持時備不虞耳此既無所防捍又老羸病凍不隱恤必致死亡督將豈可乃爾邪（御覽七百四十三）

將士寒窮者給一韋袍複帽（御覽六百九十三）

給賜巫衞教

錄事巫衞忠清厲節衣物不充賜單複衣各一具恆令廚食給其家穀三百斛諸吏宜見賢思齊（御覽四百二十六）

與劉喬牋

適承范陽欲代明使君明使君受命本朝列居方伯當官而行同獎王室橫見遷代誠爲不允然古人有言牽牛以蹊人之田信有罪矣而奪之牛罰亦重矣明使君不忍亮直狷介之忿甘爲戎首竊以爲過何者至人之道用行舍藏跨下之辱猶宜俯就況于換代之嫌纖介之釁哉范陽國屬使君庶姓周之宗盟疏不間親曲直既均責有所在廉藺區區戰國之將猶能升降以利社稷況命世之士哉今天下紛紜主上播越正是忠臣義士同心戮力之時

文當作云

心當作身

如

脂當作腯

弘實闇劣過蒙國恩願與使君共戴盟主雁行下風埽除凶寇救蒼生之倒懸反北辰于太極此功未立不宜乖離備蒙顧遇情隆于常披露丹誠不敢不盡春秋之時諸侯相伐復爲和親者多矣願明使君迴既往之恨追不二之蹤解連環之結脩如初之好范陽亦將悔前之失思崇後信矣（晉書劉喬傳）

與東海王越書

適聞以吾州將擅舉兵逐范陽當討之誠明同異懲禍亂之宜然吾竊謂不可何者今北辰遷居元首移幸羣后抗義以謀王室吾州將荷國重恩列位方伯亦伐鼓卽戎戮力致命之秋也而范陽代之吾州將不從由代之不允但矯枉過正更以爲罪耳昔齊桓赦射鉤之讎而相管仲晉文忘斬袪之怨而親勃鞮方之于今當何有哉且君子躬自厚而薄責于人今奸臣弄權朝廷困逼此四海之所危懼宜釋私嫌共存公義含垢匿瑕忍所難忍以大逆爲先奉迎爲急不可思小怨忘大德也苟崇忠恕共明分局連旗推鋒各致臣節吾州將必輸寫肝膽以報所蒙實不足計一朝之謬發赫然之怒使韓盧東郭相困而爲豺狼之擒也吾雖庶姓負乘過分實願足下率齊內外以康王室竊恥同儕自爲蠶害貪獻所懷惟足下圖之（晉書劉喬傳）

張顯

顯泰始初爲議郎有析言二十卷

析言

古諺文堯舜至聖心脯脂桀紂無道肥膚三尺（御覽三百七十八）

孔晁

晁泰始初爲五經博士有逸周書注八卷

二社議

漢氏及魏初皆立一社一稷至景初之時更立太社太稷又特立

帝社。云禮記祭法云王為羣姓立社曰太社，言為羣姓下及士庶皆使立社，非自立今竝立二社。二社二神二位，同時俱祭，于事為重，于禮為黷，宜省除一社，以從舊典。通典四十五。

荅馬昭

馬昭非王肅曰：周禮仲春令會男女，殷頌天命玄鳥降而生商，月令仲春玄鳥至之日，祀于高禖，玄鳥孚乳之月，以為嫁娶之候。孔晁荅曰：周官云凡娶判妻入子者皆書之，此謂霜降之候，冰泮之時，正以禮婚者也；次言仲春令會男女，奔者不禁，此婚期盡，不待備禮；玄鳥至，祀高禖，求男之象，非嫁娶之候。昭又難曰：詩云有女懷春，吉士誘之；春日遲遲，女心傷悲；嘒彼小星，三五在東；綢繆束芻，三星在隅；我行其野，蔽芾其樗；倉庚于飛，熠燿其羽；凡此皆與于仲春嫁娶之候。晁曰：有女懷春，謂女無禮，過時故思春；日遲遲，蠶桑始起，女心悲矣；嘒彼小星，喻妾侍從夫人；蔽芾其樗，喻行遇惡人；熠燿其羽，喻嫁娶盛飾；皆非仲春嫁娶之候。玄據期盡之敎，以為正婚，則奔者不禁，過于是月窮矣。通典五十九。

姜鋌

鋌泰始初為天水中正。

上太常言楊旌舉孝廉

楊旌遭伯母之喪，幾時而被孝廉舉，又已葬未，及為人後，不案旌已去六年二月遭伯母喪，其年十一月葬，十二月應舉，不為人後，鄉閭之論，以孝廉四科，高妙清白冠首，必不謂在哀之人，禮之所責也。通典一百一。

劉熹

熹一作憙，又作喜，又作善。泰始初為太常博士祭酒。

中山王立始祖廟議

禮記王制，諸侯五廟，二昭二穆，與太祖而五，是則立始祖之廟，謂嫡統承重，一人得立耳，假令支弟竝為諸侯，始封之君不得立廟也。今睦非為正統，若立祖廟中山，不得竝也，後世中山乃得為睦立廟，為後世子孫之始祖耳。晉書高陽王睦傳：睦封中山王，自表乞依六蓼祀皋陶，鄫杞祀相，立廟事下太常，依禮典平議，博士祭酒劉熹等議。又見通典五十一。

難孔晁二社議

祭法為羣姓立社，若如晁議，當言王使，不得言為下。云王為羣姓立七祀，諸侯自為立五祀，若是使羣姓私立，何得踰于諸侯而祭七祀乎，是為羣姓立七祀，乃王之祀也。夫人取法于天，取財于地，普天率土，無不奉祀，而何言乎一神二位，以為煩黷邪。通典四十五。

三恪二王議

漢魏為二王後，夏殷周之後為三恪，衞公署于前代，為二王後，于大晉在三恪之數，應降稱侯，祭祀制度宜與五等公侯同。通典七十四。

矯公智母服議

公智之父棄夾納王，其在戶庭，尚為己配，苟有變悔，自由可也，還歸夾氏，則他人矣，去就出處，各從所執，豈復矯父所得制乎。故出妻之禮，夫使人致曰：某不敏，不能從而供粢盛，使某也敢告主人。主人曰：某子不肖，不敢避誅。又曰：歸當喪而出，則除之。然則相與之禮于是絕矣。通典九十四。

楊旌周喪舉孝廉議

禮，周之喪，卒哭而從政，進貢達士，為政之道也，此敬君之命，為下之順，禮因殺而順君命可也。今旌十二月被舉，過葬之後，因情哀殺而順君命，三年之喪，則終其服，周之喪，一月而已，明情有重輕也。又案律令，無以喪廢舉之限。通典一百一，博士祭酒劉善議，疑轉寫之誤。

劉克

克泰始初為少府。

矯公智母服議

父者子之天。違父與違天同。公曜父臨亡知其母無守志。故敕公智還其母。此爲臨亡情正。慮審也。公曜幼小在此。母懷抱其見慈長。㠯至成人。過于所生。而母之亡。喪不過啁噍之頃。衣不釋縗。食不損味。居處自若。古今未之有也。夫孝子事其親。事亡若事存也。女子從人。出之則歸命之。則反上奉。父母㠯爲姑。下有夫兒。㠯爲子。制嫡氏之家政。修母氏之敎命。而怡然無慼。言非我母也。（通典九十四）

爰幹

幹泰始初爲太常博士。

楊旌周喪舉孝廉議

案禮周喪之末。可㠯弔人也。君子之仕。行其義也。今㠯喪在四科之一。雖無善稱。亦應無貶。（通典一百一）

韓光

光泰始初爲太常博士。

楊旌周喪舉孝廉議

孝廉清白尅讓爲德。旌本周喪之感。假當貢舉。不能辭退。詩人有言。受爵不讓。旌應貶矣。（通典一百一）

張髦

髦幽州人。泰始初舉秀才。

上疏駁六宗舊說

禋于六宗。禮祖考所尊者六也。何㠯攷之。周禮及禮記王制。天子將出。類于上帝。宜于社。造于禰。巡狩四方。覲諸矦。歸格于祖禰。用特。堯典亦曰。肆類于上帝。禋于六宗。望于山川。徧于羣神。班瑞于羣后。肆覲東后。叶時月正日。同律度量衡。巡狩一歲。㠯周爾乃歸格于藝祖。用特。臣㠯尚書與禮王制同事一義。符契相合。禋于六宗。正謂祀祖考宗廟也。文祖之廟六宗。卽三昭三穆也。若如十家之說。既各異義。上下違背。且沒乎祖之禮。攷之禮。攷之祀典。尊卑失序。若但類于上帝。不禋祖禰而行。去時不告。歸何㠯格。㠯此推之。較然可知也。禮記曰。夫政必本于天。殽㠯降命。命降于社之謂殽地。降于祖廟之謂仁義。降于山川之謂興作。降于五祀之謂制度。又曰。祭帝于郊。所㠯定天位也。祀社于國。所㠯列地利也。祭祖于廟。所㠯本仁也。山川所㠯儐鬼神也。五祀所㠯本事也。又曰。禮行于郊。而百神受職焉。禮行于社。而百貨可極焉。禮行于祖廟。而孝慈服焉。禮行于五祀。而正法則焉。故自郊社祖廟五祀。義之修而禮之藏也。凡此皆孔子所㠯祖述堯舜。紀三代之敎。著在祀典。首尾相證。皆先天地。次祖宗。而後山川羣神耳。故禮祭法曰。七代之所更變者。禘郊宗祖。明舜受終文祖之廟。察璇璣。攷七政。審㠯天命之定。遂上郊廟。當義合堯典。則周公其人也。郊祀后稷㠯配天。宗祀文王于明堂。㠯配上帝。是㠯四海之內。各㠯其職來祭者也。居其位。攝其事。郊天地。供羣神之禮。巡狩天下。而遺其祖宗。恐非有虞之志也。五嶽視三公。四瀆視諸矦。皆㠯案先儒之說。而㠯水旱風雨先五嶽四瀆。從祖考而次上帝。錯于肆類而亂祀典。臣㠯十一家皆非也。（續漢祭祀志中注補。晉武帝初。幽州秀才張髦上疏。）

全晉文卷七十三終

全晉文卷七十四

烏程嚴可均校輯

左思

思字太沖。齊國臨淄人。左九嬪兄。泰始中爲祕書郎。惠帝時。齊王冏召爲記室督。不就。有集五卷。

齊都賦

嶕嶺鎭其左。水經巨洋水注。

四䍃推移。御覽九百二十三。

其艸則有杜若衡菊。后蘭芷蕙。紫莖丹穎。湘蕈縹蔕。初學記二十七。

勝火之木。衡水之草。御覽九百六十。

露桃霜李。御覽九百六十八。

三都賦序

蓋詩有六義焉。其二曰賦。揚雄曰。詩人之賦麗㠯則。班固曰。賦者。古詩之流也。先王采焉。㠯觀土風。見綠竹猗猗。則知衛地淇澳之產。見在其版屋。則知秦野西戎之宅。故能居然而辨八方。然相如賦上林而引盧橘夏熟。揚雄賦甘泉而陳玉樹青葱。班固賦西都而歎㠯出比目。張衡賦西京而述㠯遊海若。假稱珍怪。㠯爲潤色。若斯之類。匪啻于茲。考之果木。則生非其壤。校之神物。則出非其所。于辭則易爲藻飾。于義則虛而無徵。且夫玉卮無當。雖寶非用。侈言無驗。雖麗非經。而論者莫不詆訐其研精。作者大氐舉爲憲章。積習生常。有自來矣。余既思摹二京而賦三都。其山川城邑。則稽之地圖。其鳥獸草木。則驗之方志。風謠歌舞。各附其俗。魁梧長者。莫非其舊。何則。發言爲詩者。詠其所志也。升高能賦者。頌其所見也。美物者貴依其本。讚事者宜本其實。匪本匪實。覽者奚信。且夫任土作貢。虞書所著。辯物居方。周易所愼。聊舉其一隅。攝其體統。歸諸詁訓焉。

蜀都賦

有西蜀公子者。言于東吳王孫曰。蓋聞天㠯日月爲綱。地㠯四海爲紀。九土星分。萬國錯跱。崤函有帝皇之宅。河洛爲王者之里。吾子豈亦曾聞蜀都之事歟。請爲左右揚搉而陳之。夫蜀都者。蓋兆基于上世。開國于中古。廓靈關㠯爲門。包玉壘而爲宇。帶二江之雙流。抗峨眉之重阻。水陸所湊。兼六合而交會焉。豐蔚所盛。茂八區而菴藹焉。于前則跨躡犍牂。枕輢交趾。經途所亙。五千餘里。山阜相屬。含谿懷谷。崗巒紏紛。觸石吐雲。鬱葐蒕㠯翠微。崛巍巍㠯峩峩。干青霄而秀出。舒丹氣而爲霞。龍池瀥瀑濆其隈。漏江伏流潰其阿。汩若湯谷之揚濤。沛若濛汜之涌波。于是乎邛竹緣嶺。菌桂臨崖。旁挺龍目。側生荔枝。布綠葉之萋萋。結朱實之離離。迎隆冬而不凋。常曄曄㠯猗猗。孔翠羣翔。犀象競馳。白雉朝雊。猩猩夜嗁。金馬騁光而絕景。碧雞儵忽而曜儀。火井沈熒于幽泉。高爓飛煽于天垂。其間則有虎珀丹青。江珠瑕英。金沙銀礫。符采彪炳。暉麗灼爍。于後則卻背華容。北指崑崙。緣㠯劒閣。阻㠯石門。流漢湯湯。驚浪雷奔。望之天迴。卽之雲昏。水物殊品。鱗介異族。或藏蛟螭。或隱碧玉。嘉魚出于丙穴。良木攢于褒谷。其樹則有木蘭梫桂。杞櫹椅桐。椶枒楔樅。楩柟幽藹于谷底。松柏蓊鬱于山峯。擢幹竦長條。扇飛雲。拂輕霄。羲和假道于峻岐。陽烏迴翼乎高標。巢居棲翔。聿兼鄧林。穴宅奇獸。窠宿異禽。熊羆咆其陽。鵰鶚鴸其陰。猨狖騰希而競捷。虎豹長嘯而永吟。于東則左緜巴中。百濮所充。外負銅梁于宕渠。內函要害于膏腴。其中則有巴菽巴戟。靈壽桃枝。樊㠯蒩圃。濱㠯鹽池。蟃蜒山棲。黿龜水處。潛龍蟠于沮澤。應鳴鼓而興雨。丹沙赩熾出其坂。蜜房郁毓被其阜。山圖采而得道。赤斧服而不朽。若乃剛悍生其方。風謠尚其武。奮之則賨旅。翫之則渝舞。銳氣剽于中葉。蹻容世于樂府。于西則右挾岷山。涌瀆發川。陪㠯白狼夷歌成章坰野草昧林麓黝儵交讓所植蹲鴟所伏百藥灌叢寒卉冬馥異類衆夥于何不育其中則有青珠黃環碧砮芒消或豐綠荑或蕃丹椒蘪蕪布濩于中阿風連莚蔓于蘭皋紅葩紫飾柯葉漸苞敷蘂葳蕤落英飄颻神農是嘗盧跗是料芳追氣邪味蠲癘痟其封域之内則有原隰墳衍通望彌博演㠯潛沫浸㠯緜雒溝洫脉散疆里綺錯黍稷油油粳稻莫莫指渠口㠯爲雲門灑滮池而爲陸澤雖星畢之滂沲尚未齊其膏液爾乃邑居隱賑夾江傍山棟宇相望桑梓接連家有鹽泉之井戶有橘柚之園其園則有林檎枇杷橙柿梬楟榹桃函列梅李羅生百果甲宅異色同榮朱櫻春熟素柰夏成若乃大火流涼風厲白露凝微霜結紫梨津潤樼栗罅發蒲桃亂潰若榴競裂甘至自零芬芬酷烈其圃則有蒟蒻茱萸瓜疇芋區甘蔗辛薑陽蓲陰敷日往菲薇月來扶疏任土所麗衆獻而儲其沃瀛則有攢蔣叢蒲綠菱紅蓮雜㠯蘊

藻糅㠯蘋蘩總莖柅柅裛葉蓁蓁蕡實時味王公羞焉其中則有鴻儔鵠侶鷩鷖鵜鶘晨鳧旦至候鴈銜蘆木落南翔冰泮北徂雲飛水宿哢吭清渠其深則有白黿命鼈玄獺上祭鱣鮪鱒魴鮷鱧魦鱨差鱗次色錦質報章躍濤戲瀨中流相忘于是乎金城石郭兼市中區既麗且崇實號成都闢二九之通門畫方軌之廣塗營新宮于爽塏擬承明而起廬結陽城之延閣飛觀榭乎雲中開高軒㠯臨山列綺窗而瞰江内則議殿爵堂武義虎威宣化之闥崇禮之闈華闕雙邈重門洞開金鋪交映玉題相暉外則軌躅八達里閈對出比屋連甍千廡萬室亦有甲第當衢向術壇宇顯敞高門納駟庭扣鍾磬堂撫琴瑟匪葛匪姜疇能是恤亞㠯少城接乎其西市廛所會萬商之淵列隧百重羅肆巨千賄貨山積纖麗星繁都人士女袨服靚粧賈貿墆鬻舛錯縱橫異物崛詭奇于八方布有橦華麪有桄榔邛杖傳節于大夏之邑蒟醬流味于番禺之

鄉輿輦雜沓冠帶混幷累轂疊跡叛衍相傾諠譁鼎沸則哤聒宇宙囂塵張天則埃壒曜靈闤闠之裏伎巧之家百室離房機杼相和貝錦斐成濯色江波黃潤比筒籝金所過侈侈隆富卓鄭埒名公擅山川貨殖私庭藏鏹巨萬鈲摫兼呈亦㠯財雄翕習邊城三蜀之豪時來時往養交都邑結儔附黨劇談戲論扼腕抵掌出則連騎歸從百兩若其舊俗終冬始春吉日良辰置酒高堂㠯御嘉賓金罍中坐肴槅四陳觴㠯清醥鮮㠯紫鱗羽爵執競絲竹乃發巴姬彈弦漢女擊節起西音于促柱歌江上之飉厲紆長袖而屢舞翩躚躚㠯裔裔合樽促席引滿相罰樂飲今夕一醉累月若夫王孫之屬郤公之倫從禽于外巷無居人竝乘驥子俱服魚文玄黃異校結駟繽紛西踰金隄東越玉津朔別期晦匪日匪旬蹴蹈蒙籠涉躐寥廓鷹犬倏眒罻羅絡幕毛羣陸離羽族紛泊翕響揮霍中網林薄屠麖麋翦旄麈帶文蛇跨彫虎志未騁時欲晚追輕

翼赴絕遠出彭門之闕馳九折之坂經三峽之崢嶸躡五屼之蹇滻戟食鐵之獸射噬毒之鹿皛貙氓于葽草彈言鳥于森木拔象齒戾犀角鳥鎩翮獸廢足殆而朅來相與第如滇池集于江洲試水客艤輕舟娉江婓與神遊罨翡翠釣鰋鮋下高鵠出潛虯吹洞簫發櫂謳感鱏魚動陽矦騰波沸涌珠貝氾浮若雲漢含星而光耀洪流將饗獠者張帟幕會平原酌清酤割芳鮮飲御酣賓旅旋車馬雷駭轟轟闐闐若風流雨散漫乎數百里閒斯蓋宅土之所安樂觀聽之所踴躍也焉獨三川爲世朝市若乃卓犖奇譎倜儻罔已一經神怪一緯人理遠則岷山之精上爲井絡天帝運期而會昌景福肸蠁而興作碧出萇弘之血鳥生杜宇之魄妄變化而非常羌見偉于疇昔近則江漢炳靈世載其英蔚若相如皭若君平王褒韡曄而秀發揚雄含章而挺生幽思絢道德摛藻掞天庭攷四海而爲儁當中葉而擅名是故遊談者㠯爲譽造作者㠯爲

舒當作野

程也至乎臨谷爲塞因山爲障峻岨塍埒長城豁險吞若巨防一人守隘萬夫莫向公孫躍馬而稱帝劉宗下輦而自王由此言之天下孰尚故雖兼諸夏之富有猶未若茲都之無量也文選

吳都賦

東吳王孫囅然而咍曰夫上圖景宿辨于天文者也下料物土析于地理者也古先帝代曾覽八紘之洪緒一六合而光宅翔集遐宇鳥策篆素玉牒石記烏聞梁岷有陟方之館行宮之基歟而吾子言蜀都之富禺同之有瑋其區域美其林藪矜巴漢之阻則㠯爲襲險之右徇蹲鴟之沃則㠯爲世濟陽九齷齪而算顧亦曲士之所歎也旁魄而論都抑非大人之壯觀也何則土壤不足㠯攝生山川不足㠯周衛公孫國之而破諸葛家之而滅茲乃喪亂之丘墟顛覆之軌轍安可㠯儷王公而著風烈也翫其磧礫而不窺玉淵者未知驪龍之所蟠也習其弊邑而不覩上邦者未知英雄之所躔也子獨未聞大吳之巨麗乎且有吳之開國也造自太伯宣于延陵蓋端委之所彰高節之所興建至德㠯剏洪業世無得而顯稱由克讓㠯立風俗輕脫躧于千乘若率土而論都則非列國之所觖望也故其經略上當星紀拓土畫疆卓犖兼幷包括干越跨躡蠻荆婺女寄其曜翼軫寓其精指衡岳㠯鎮舒目龍川而帶坰爾其山澤則嵬嶷嶢屼巊溟鬱岪潰渱泮汗滇瀰淼漫或涌川而開瀆或吞江而納漢磈磈巍巍滮滮澌澌磝儉乎數州之閒灌注乎天下之半百川派別歸海而會控清引濁混濤幷瀨濆薄沸騰寂寥長邁瀖焉洶洶隱焉礚礚出乎大荒之中行乎東極之外經扶桑之中林包湯谷之滂沛潮波汩起迴復萬里歊霧漨浡雲蒸昏昧泓澄奫潫澒溶沆瀁莫測其深莫究其廣澶湉漠而無涯總有流而爲長瓌異之所叢育鱗甲之所集往于是乎長鯨吞航修鯢吐浪躍龍騰蛇鮫鯔琵琶王鮪鯸鮐鮣龜鱕䱜烏賊擁劍

鼅鼊鯖鰐涵泳乎其中葺鱗鏤甲詭類舛錯泝洄順流噞喁沈浮鳥則鵾雞鸀鳿鸘鵠鶬鴻鶢鶋避風候雁造江鸂鶒鷛鸔鶄鶴鶖鶬鸛鷗鷁鸕氾濫乎其上湛淡羽儀隨波參差理翮整翰容與自翫彫啄蔓藻刷盪漪瀾魚鳥聱耴萬物蠢生芒芒黖黖慌罔奄欻神化翕忽函幽育明窮性極形盈虛自然蚌蛤珠胎與月虧全巨鼇贔屓首冠靈山大鵬繽翻翼若垂天振盪汪流雷抃重淵殷動宇宙胡可勝原島嶼緜邈洲渚馮隆曠瞻迢遞迥眺冥蒙珍怪麗奇隙充徑路絕風雲通洪桃屈盤丹桂灌叢瓊枝抗莖而敷蘂珊瑚幽茂而玲瓏增岡重阻列眞之宇玉堂對霤石室相距藹藹翠幄嫋嫋素女江斐于是往來海童于是宴語斯實神妙之響象嗟難得而覶縷爾乃地勢坱圠卉木䕺蔓遭藪爲圃值林爲苑異荂蓲蘛夏曄冬蒨方志所辨中州所羨草則藿蒳豆蔻薑彙非一江蘺之屬海苔之類綸組紫絳食葛香茅石帆水松東風扶留布濩皐澤蟬聯陵丘夤緣山嶽之岊冪歷江海之流扤白蔕銜朱蕤鬱兮𦺇茂曄兮菲菲光色炫晃芬馥肸蠁職貢納其包匭離騷詠其宿莽木則楓柙櫲樟栟櫚枸椵緜杬杶櫨文欀楨橿平仲桾櫏松梓古度楠榴之木相思之樹宗生高岡族茂幽阜擢本千尋垂蔭萬畝攢柯挐莖重葩殗葉輪囷虯蟠埴壚鱗接容色雜糅綢繆縟繡宵露霮䨴旭日晻時與風颻颺颾瀏飅飀鳴條律暢飛音響亮蓋象琴筑幷奏笙竽俱唱其上則猿父哀吟猭子長嘯狖鼯猓然騰趠飛超爭接懸垂競游遠枝驚透沸亂牢落翬散其下則有梟羊麡狼猰貐䝙象烏菟之族犀兕之黨鉤爪鋸牙自成鋒穎精若燿星聲若震霆名載于山經形鏤于夏鼎其竹則篔簹箖箊桂箭射筒柚梧有篁篻簩有叢苞筍抽節往往縈結綠葉翠莖冒霜停雪橚矗森萃蓊茸蕭瑟檀欒蟬蜎玉潤碧鮮梢雲無㠯踰嶰谷弗能連鸑鷟食其實鵷鶵擾其閒其果則丹橘餘甘荔枝之林檳榔

無柯椰葉無陰龍眼橄欖棎榴禦霜結根比景之陰列挺衡山之陽素華斐丹秀芳臨青壁糸紫房䳄鴣南翥而中留孔雀綷羽㠯翱翔山雞歸飛而來棲翡翠列巢㠯重行其琛賂則琨瑤之阜銅鍇之垠火齊之寶駭雞之珍頳丹明璣金華銀樸紫貝流黃縹碧素玉隱賑崴㟪雜插幽屏精曜潛頴硩陊山谷碕岸爲之不枯林木爲之潤黷隋侯于是鄙其夜光宋王于是陋其結綠其荒陬譎詭則有龍穴內蒸雲雨所儲陸鯉若獸浮石若桴雙則比目片則王餘窮陸飲木極沈水居泉室潛織而卷綃淵客慷慨而泣珠開北戶㠯向日齊南冥于幽都其四野則畛畷無數膏腴兼倍原隰殊品窊隆異等象耕鳥耘此之自與穱秀菰穗于是乎在煮海爲鹽採山鑄錢國稅再熟之稻鄉貢八蠶之緜徒觀其郊隧之內奧都邑之綱紀霸王之所根柢開國之所基趾郛郭周帀重城結隅通門二八水道陸衢所㠯經始用累千祀憲紫宮㠯營室廓廣庭之漫漫寒暑隔閡于邃宇虹蜺回帶于雲館所㠯跨跱煥炳萬里也造姑蘇之高臺臨四遠而特建帶朝夕之濬池佩長洲之茂苑窺東山之府則瓌寶溢目覜海陵之倉則紅粟流衍起寢廟于武昌作離宮于建業闡闔閭之所營采夫差之遺法抗神龍之華殿施榮楯而捷獵崇臨海之崔巍飾赤烏之韡曄東西膠葛南北崢嶸房櫳對櫎連閣相經閽闥譎詭異出奇名左稱彎碕右號臨硎彫欒鏤楶青瑣丹楹圖㠯雲氣畫㠯仙靈雖茲宅之夸麗曾未足㠯少寙思比屋于傾宮畢結瑤而構瓊高闈有閌洞門方軌朱闕雙立馳道如砥樹㠯青槐亙㠯綠水玄蔭耽耽清流亹亹列寺七里俠棟陽路屯營櫛比廨署棊布橫塘查下邑屋隆夸長千延屬飛甍舛互其居則高門鼎貴魁岸豪傑虞魏之昆顧陸之裔岐嶷繼體老成奕世躍馬疊跡朱輪累轍陳兵而歸蘭錡內設冠蓋雲蔭閭閻闐噎其鄰則有任俠之靡輕訬之客締交翩翩儐從弈弈

出躡珠履動㠯千百里讌巷飲飛觴舉白翹關扛鼎拚射壺博鄱陽暴謔中酒而作于是樂只衎而歡飫無匱都輦殷而四奧來暨水浮陸行方舟結駟唱櫂轉轂昧旦永日開市朝而並納橫闠闤而流溢混品物而同塵并都鄙而爲一士女佇眙商賈駢坒紵衣絺服雜沓傱萃輕輿案轡㠯經隧樓船舉颿而過肆果布輻湊而常然致遠流離與珂珬𦂓賄紛紜器用萬端金鎰磊砢珠琲闌干桃笙象簟韜于筒中蕉葛升越弱于羅紈儇譞𧩼謬交貿相競諠譁喤呷芬葩蔭映揮袖風飄而紅塵晝昏流汗霢霂而中逵泥濘富中之甿貨殖之選乘時射利財豐巨萬競其區宇則并疆兼巷矜其宴居則珠服玉饌趫材悍壯此焉比廬捷若慶忌勇若專諸危冠而出竦劒而趨扈帶鮫函扶揄屬鏤藏鍦于人去戚自閭家有鶴膝戶有犀渠軍容蓄用器械兼儲吳鈞越棘純鈞湛盧戎車盈于石城戈船掩乎江湖露往霜來日月其除草木節解鳥獸腯膚觀鷹隼誡征夫坐組甲建祀姑命官帥而擁鐸將校獵乎具區鳥滸狼𦝫夫南西屠儋耳黑齒之酋金鄰象郡之渠驫駥飍矞靸雲警捷先驅前塗俞騎騁路指南司方出車檻檻被練鏘鏘吳王乃巾玉輅軺驌驦旍魚須常重光攝烏號佩干將羽旄揚蕤雄戟耀芒貝冑象弭織文鳥章六軍袀服四騏龍驤峭格周施罿罻普張罼罕瑣結罠蹏連綱阹㠯九疑禦㠯沅湘輶軒蓼擾彀騎煒煌袒裼徒搏拔距投石之部猿臂骿脅狂趭獷猤鷹瞵鶚視趪趪狿狨若離若合者相與騰躍乎莽罠之野干鹵殳鋋暘夷勃盧之旅長殺短兵直髮馳騁儇佻坌並銜枚無聲悠悠旆旆者相與聊浪乎昧莫之坰鉦鼓疊山火烈熛林飛爓浮煙載霞載陰莁擸雷硠崩巒弛岑鳥不擇木獸不擇音虣甝䖘須麋麖驚六駮追飛生彈鸞鵕射猱挺白雉落黑鴆零陵絕嶛嶕聿越巉險跐踰竹柏獮猭杞柟封狶䝐神螭掩剛鐵潤霜刃染于是弭節頓轡齊鑣駐蹕徘

晉當作鬻

徊倘佯。寓目幽蔚。覽將帥之拳勇。與士卒之抑揚。羽族以觜距爲刀鈹。毛羣以齒角爲矛鋏。皆體著而應卒。所以挂扢而爲創痏。衝踤而斷筋骨。莫不衂銳挫芒。拉捭摧藏。雖有石林之岝崿。請攘臂而靡之。雖有雄虺之九首。將抗足而跐之。顚覆巢居。剖破窟宅。仰攀鵕鸃。俯蹴豺獏。刲剖熊羆之室。剽掠虎豹之落。猩猩啼而就禽。㽯㽯笑而被格。屠巴蛇。出象骼。斬鵬翼。掩廣澤。輕禽狡獸。周章夷猶。狼跋乎紭中。忘其所以睒睗。失其所以去就。魂褫氣懾而自蹈跰者。應弦飲羽。形僨景僵者。累積而增益。雜襲錯繆。傾藪薄。倒岬岫。巖穴無豜豵。翳薈無麢鷚。思假道于豐隆。披重霄而高狩。籠烏兔于日月。窮飛走之栖宿。嶰澗闃。岡岵童。罾罘滿。效獲衆。迴靶乎行睨。觀魚乎三江。汎舟航于彭蠡。渾萬艘而旣同。弘舸連舳。巨檻接艫。飛雲蓋海。制非常模。疊華樓而島跱。時髣髴于方壺。比鷁首而有裕。邁餘皇于往初。張組幃。構流蘇。開軒幌。鏡水區。篙工檝師。

選自閩禺。習御長風。狎翫靈胥。責千里于寸陰。聊先期而須臾。櫂謳唱。簫籟鳴。洪流響。渚禽驚。弋磻放。稽鷦鷯。虞機發。留鵁鶄。鉤餌縱橫。網罟接緒。術兼詹公。巧傾任父。筌鮔鱝。鱺鰽鯊。罩兩魪。罺鰝鰕。乘鱟黿鼉。同罛共羅。沈虎潛鹿。馽龕僒束。徽鯨輩中于羣犗。攙搶暴出而相屬。雖復臨河而釣鯉。無異射鮒于井谷。結輕舟而競逐。迎潮水而振緡。想萍實之復形。訪靈夔于鮫人。精衞銜石而遇繳。文鰩夜飛而觸綸。北山亡其翔翼。西海失其遊鱗。雕題之士。鏤身之卒。比飾虯龍。蛟螭與對。簡其華質。則亄費錦繢。料其虓勇。則鵰悍狼戾。相與昧潛險。搜瓌奇。摸蝳蝐。扪觜蠵。剖巨蚌于回淵。濯明月于漣漪。畢天下之至異。訖無索而不臻。谿壑爲之一罄。川瀆爲之中貧。哂澹臺之見謀。聊襲海而徇珍。載漢女于後舟。追晉賈而同塵。汨乘流以砰宕。翼颸風之颲颲。直衝濤而上瀨。常沛沛以悠悠。汔可休而凱歸。揖天吳與陽侯。指包山而爲期。集洞庭而淹留。數軍實乎桂林之苑。饗戎旅乎落星之樓。置酒若淮泗。積肴若山丘。飛輕軒而酌綠酃。方雙轡而賦珍羞。飲烽起。釂鼓震。士遺倦。衆懷欣。幸乎館娃之宮。張女樂而娛羣臣。羅金石與絲竹。若鈞天之下陳。登東歌。操南音。胤陽阿。詠韎任。荊豔楚舞。吳愉越吟。翕習容裔。靡靡愔愔。若此者。與夫唱和之隆響。動鐘鼓之鏗耾。有殷坻頹于前。曲度難勝。皆與謠俗汁協。律呂相應。其奏樂也。則木石潤色。其吐哀也。則淒風暴興。或超延露而駕辯。或踰綠水而采菱。軍馬弭髦而仰秣。淵魚竦鱗而上升。酣湑半。八音幷。歡情留。良辰征。魯陽揮戈而高麾。迴曜靈于太清。將轉西日而再中。齊旣往之精誠。昔者夏后氏朝羣臣于茲土。而執玉帛者以萬國。蓋亦先王之所高會。而四方之所軌則。春秋之際。要盟之主。闔閭信其威。夫差窮其武。內果五員之謀。外騁孫子之奇。勝彊楚于柏舉。棲勁越于會稽。闕溝乎商魯。爭長于黃池。徒以江湖嶮陂。物產殷充。繞霤未

足言其固。鄭白未足語其豐。士有陷堅之銳。俗有節槩之風。睚眦則挺劒。喑嗚則彎弓。擁之者龍騰。據之者虎視。麾城若振槁。搴旗若顧指。雖帶甲一朝。而元功遠致。雖累葉百疊。而富強相繼。樂湑衎其方域。列仙集其土地。桂父練形而易色。赤須蟬蛻而附麗。中夏比焉。畢世而罕見。丹青圖其珍瑋。貴其寶利也。舜禹遊焉。沒齒而忘歸。精靈留其山阿。翫其奇麗也。剖判庶士。商搉萬俗。國有鬱鞅而顯敞。邦有湫阨而踡跼。伊茲都之函弘。傾神州而韞櫝。仰南斗以斟酌。兼二儀之優渥。繇此而揆之。西蜀之于東吳。小大之相絕也。亦猶棘林螢燿。而與夫榑木龍燭也。否泰之相背也。亦猶帝之懸解。而與桎梏疏屬也。庸可共世而論巨細。同年而議豐确乎。暨其幽遐獨邃。寥廓閑奧。耳目之所不該。足趾之所不蹈。倜儻之極異。譎詭之殊事。藏理于終古。而未寤于前覺也。若吾子之所傳孟浪之遺言。略舉其梗槩。而未得其要妙也。文選。

魏都賦

魏國先生。有睟其容。乃盱衡而誥曰。异乎交益之士。蓋音有楚夏者。土風之乖也。情有險易者。習俗之殊也。雖則生常。固非自得之謂也。昔市南宜僚弄丸。而兩家之難解。聊為吾子復翫德音。㠯釋二客競于辯囿者也。夫泰極剖判。造化權輿。體兼晝夜。理包清濁。流而為江海。結而為山嶽。列宿分其野。荒裔帶其隅。巖岡潭淵。限蠻隔夷。峻危之竅也。蠻陬夷落。譯道而通。鳥獸之氓也。正位居體者。㠯中夏為喉。不㠯邊垂為襟也。長世字甿者。㠯道德為藩。不㠯襲險為屏也。而子大夫之賢者。尚弗曾庶翼等威。附麗皇極。思稟正朔。樂率貢職。而徒務于詭隨匪人。宴安于絕域。榮其文身。驕其險棘。繆默語之常倫。牽膠言而踰侈。飾華離㠯矜然。假倔強而攘臂。非醇粹之方壯。謀踳駮于王義。孰愈尋靡蓱于中逵。造沐猴于棘刺。劒閣雖嶛。憑之者蹶。非所㠯深根固蔕也。洞庭雖濬。負之者北。非所㠯愛人治國也。彼桑榆之末光。踰長庚之初輝。況河冀之爽塏。與江介之湫湄。故將語子㠯神州之略。赤縣之畿。魏都之卓犖。六合之樞機。于時運距陽九。漢綱絕維。姦回內贔。兵纏紫微。翼翼京室。眈眈帝宇。巢焚原燎。變為煨燼。故荊棘旅庭也。殷殷寰內。繩繩八區。鋒鏑縱橫。化為戰場。故麋鹿寓城也。伊洛榛曠。崤函荒蕪。臨菑牢落。鄢郢丘墟。而是有魏開國之日。締構之初。萬邑比焉。亦獨犨麋之與子都。培塿之與方壺也。且魏地者。畢昴之所應。虞夏之餘人。先王之桑梓。列聖之遺塵。攷之四隈。則八埏之中。測之寒暑。則霜露所均。卜偃前識而賞其隆。吳札聽歌而美其風。雖則衰世。而盛德形于管絃。雖踰千祀。而懷舊蘊于遐年。爾其疆域。則旁極齊秦。結湊冀道。開胸殷衛。跨躡燕趙。山林幽峽。川澤迴繚。恒碣碪碍于青霄。河汾浩涆而晧溔。南瞻淇澳。則綠竹純茂。北臨漳滏。則冬夏異沼。神鉦迢遞于高巒。靈響時驚于四表。溫泉毖涌而

自浪。華清蕩邪而難老。墨井鹽池。玄滋素液。厥田惟中。厥壤惟白。原隰畇畇。墳衍斥斥。或嵬罍而複陸。或爌朗而拓落。乾坤交泰而絪緼。嘉祥徽顯而豫作。是㠯兆朕振古。萌柢疇昔。藏氣讖緯。閟象竹帛。迴時世而淵默。應期運而光赫。暨聖武之龍飛。肇受命而光宅。爰初自臻。言占其良。謀龜謀筮。亦既允臧。修其郛郭。繕其城隍。經始之制。牢籠百王。畫雍豫之居。寫八都之宇。鑒茅茨于陶唐。察卑宮于夏禹。古公草創而高門有閌。宣王中興而築室百堵。兼聖哲之軌。并文質之狀。商豐約而折中。準當年而為量。思重爻。摹大壯。覽荀卿。采蕭相。僝拱木于林衡。授全模于梓匠。遐邇悅豫而子來。工徒擬議而騁巧。闡鉤繩之筌緒。承二分之正要。揆日晷。攷星耀。建社稷。作清廟。築曾宮㠯迴帀。比岡隒而無陂。造文昌之廣殿。極棟宇之弘規。對若崇山崫起㠯崔嵬。髣若玄雲舒蜺㠯高垂。瓌材巨世。埢𡑲參差。枌橑復結。欒櫨疊施。丹梁虹申㠯並亙。朱桷森布而支離。綺井列疏㠯懸蔕。華蓮重葩而倒披。齊龍首而涌霤。時梗概于滮池。旅楹閑列。暉鑒柍振。榱題黮䵘。階腨嶙峋。長庭砥平。鍾虡夾陳。風無纖埃。雨無微津。巖巖北闕。南端逌遵。竦峭雙碣。方駕比輪。西闢延秋。東啟長春。用覲羣后。觀享頤賓。左則中朝有𣓌。聽政作寢。匪樸匪斲。去泰去甚。木無彫鎪。土無綈錦。玄化所甄。國風所稟。于前則宣明顯陽。順德崇禮。重闈洞出。鏘鏘濟濟。珍樹猗猗。奇卉萋萋。蕙風如薰。甘露如醴。禁臺省中。連闥對廊。直事所繇。典刑所藏。藹藹列侍。金蜩齊光。詰朝陪幄。納言有章。亞㠯柱後。執法內侍。符節謁者。典璽儲吏。膳夫有官。藥劑有司。肴醳順時。腠理則治。于後則椒鶴文石。永巷壺術。楸梓木蘭。次舍甲乙。西南其戶。成之匪日。丹青煥炳。特有溫室。儀形宇宙。歷象賢聖。圖㠯百瑞。綷㠯藻詠。芒芒終古。此焉則鏡。有虞作繪。茲亦等競。右則疏圃曲池。下畹高堂。蘭渚莓莓。石瀨湯湯。弱葼係實。輕葉振芳。奔龜躍魚。有

蹝邑槩馳道周屈于果下延閣胤宇㠯經營飛陛方輦而徑西三臺列峙㠯崢嶸亢陽臺于陰基擬華山之削成上累棟而重霤下冰室而沍冥周軒中天丹墀臨猋增搆峩峩清塵彯彯雲雀踶甍而矯首壯翼摛鏤于青霄雷雨窈冥而未半皦日籠光于綺寮習步頓㠯升降御春服而逍遙八極可圍于寸眸萬物可齊于一朝長塗牟首豪徼互經晷漏肅唱明宵有程附㠯蘭錡宿㠯禁兵司衛閑邪鉤陳罔驚于是崇墉濬洫嬰堞帶涘四門轘轘隆廈重起憑太清㠯混成越埃壒而資始藐藐標危亭亭峻趾臨焦原而不怳誰勁捷而无怨與岡岑而永固非有期乎世祀陽靈停曜于其表陰祇濛霧于其裏苑㠯玄武陪㠯幽林繚垣開囿觀宇相臨碩果灌叢圍木竦尋篁篠懷風蒲陶結陰回淵漼積水深蒹葭贊雚蒻森丹藕凌波而的皪綠芰泛濤而浸潭羽翮頡頏鱗介浮沈棲者擇木雊者擇音若咆渤澥與姑餘常鳴鶴而在陰表清籞勒虞

箴思國卹忘從禽樵蘇往而無忌卽鹿縱而匪禁腜腜坰野奕奕菑畝甘荼伊蠢芒種斯阜西門溉其前史起灌其後墱流十二同源異口畜爲屯雲泄爲行雨水澍秔稌陸蒔稷黍黝黝桑柘油油麻紵均田畫疇蕃廬錯列薑芋充茂桃李蔭翳家安其所而服美自悅邑屋相望而隔踰奕世內則街衝輻輳朱闕結隅石杠飛梁出控漳渠疏通溝㠯濱路羅青槐㠯蔭塗比滄浪而可濯方步櫩而有踰習習冠蓋莘莘蒸徒斑白不提行旅讓衢設官分職營處署居夾之㠯府寺班之㠯里肥其府寺則位副三事官踰六卿奉常之號大理之名廈屋一揆華屏齊榮肅肅階闥重門再扃師尹爰止毗代作楨其閭閻則長壽吉陽永平思忠亦有戚里寘宮之東閈出長者巷苞諸公都護之堂殿居綺窗輿騎朝猥蹀𨇈其中營客館㠯周坊飭賓侶之所集瑋豐樓之閈閎起建安而首立葺牆幂室房廡雜襲剞劂罔掇匠斲積習廣成之傳無㠯疇槀街之

鄰不能及廓三市而開廛籍平逵而九達班列肆㠯兼羅設闤闠㠯襟帶濟有無之常偏距日中而畢會抗旗亭之嶢嶭侈所頫之博大百隧轂擊連軫萬貫憑軾捶馬袖幕紛半壹八方而混同極風采之異觀質劑平而交易刀布貿而無筭財㠯工化賄㠯商通難得之貨此則弗容器周用而長務物背窳而就攻不鬻邪而豫賈著馴風之醇醲白藏之藏富有無隄同賑大內控引世資賨幏積墆琛幣充牣關石之所和鈞財富之所底愼燕弧盈庫而委勁冀馬塡廄而駔駿至乎勍敵糾紛庶土罔寍聖武興言將曜威靈介胄重襲旍旗躍莖弓珧解檠矛鋋飄英三屬之甲縵胡之纓控絃簡發妙擬更嬴齊被練而銛戈襲偏裻㠯讀列畢出征而中律執奇正㠯四伐碩畫精通目無匪制推鋒積紀鋩氣彌銳三接三捷既晝亦月剋翦方命吞滅咆烋雲徹叛換席卷虔劉羸威八紘荒阻率由洗兵海島刷馬江洲振旅輷輷反旆悠悠凱歸同飲疏

爵普疇朝無刓印國無費留喪亂既弭而能宴武人歸獸而去戰蕭斧戢柯㠯柙刃虹旌攝麾㠯就卷斟洪範酌典憲覩所愜通其變上垂拱而司契下緣督而自勸道來斯貴利往則賤囹圄寂寥京庾流衍于是東鯷卽序西傾順軌荆南懷憓朔北思韙縣縣迴塗驟山驟水襁負賮贄重譯貢篚髽首之豪鐻耳之傑服其荒服斂衽魏闕置酒文昌高張宿設其夜未遽庭燎晣晣有客祁祁載華載裔岌岌冠縰纍纍辮髮清酤如濟濁醪如河凍醴流澌溫酎躍波豐肴衍衍行庖皤皤愔愔醧讌酣湑無譁延廣樂奏九成冠韶夏冒六莖僸響起疑震霆天宇駭地廬驚億若大帝之所興作二嬴之所曾聆金石絲竹之恆韻匏土革木之常調干戚羽旄之飾好清謳微吟之要妙世業之所日用耳目之所聞覺雜糅紛錯兼該泛博鞮鞻所掌之音韎昧任禁之曲㠯娛四夷之君㠯睦八荒之俗既苗既狩爰遊爰豫藉田㠯禮動大閱㠯義舉備法駕理

雜當作稚

秋。御顯文武之壯觀。邁梁騶之所著。林不槎櫱。澤不伐夭。斧斨以時。晉邑以道德連木理。仁挺芝草。皓獸為之育藪。丹魚為之生沼。喬雲翔。龍澤馬于阜山。圖其石川。形其寶莫。黑匪烏。三趾而來儀。莫赤匪狐。九尾而自擾。嘉穎離合以蕁蕁。醴泉涌流而浩浩。顯禎祥以曲成。固觸物而兼造。蓋亦明靈之所酬酢。休徵之所偉兆。旼旼率土。遷善罔匱。沐浴福應。宅心醰粹。餘糧栖畝而弗收。頌聲載路而洋溢。河洛開奧。符命用出。翩翩黃鳥。銜書來訊。人謀所尊。鬼謀所秩。劉宗委馭。巽其神器。闚玉策于金縢。案圖籙于石室。考曆數之所在。察五德之所莅。量寸旬。涓吉日。陟中壇。即帝位。改正朔。易服色。繼絕世。修廢職。徽幟以變。器械以革。顯仁翌明。藏用玄默。菲言厚行。陶化染學。讎校篆籀。篇章畢覿。優賢著于揚歷。匪孽形于親戚。本枝別幹。蕃屏皇家。勇若任城。才若東阿。抗旍則威喩秋霜。摛華則華縱春葩。英喆雄豪。佐命帝室。相兼二八。將猛四七。赫赫震震。開務有謐。故令斯民覩泰階之平。可比屋而為一。算祀有紀。天祿有終。傳業禪祚。高謝萬邦。皇恩綽矣。帝德沖矣。讓其天下。臣至公矣。榮操行之獨得。超百王之庸庸。追亘卷領與結繩。睠留重華而比蹤。尊盧赫胥。羲農有熊。雖自以為道洪化以為隆。世篤玄同。奚遽不能與之踵武。而齊其風。是故料其建國。析其法度。諮其考室。議其舉厝。復之而無斁。申之而有裕。非疏糲之士所能精。非鄙俚之言所能具。至于山川之倬詭。物產之魁殊。或名奇而見稱。或實異而可書。生生之所常厚。洵美之所不渝。其中則有鴛鴦交谷。虎澗龍山。掘鯉之淀。蓋節之淵。狐狐精衞。銜木償怨。常山平干。鉅鹿河間。列真非一。往往出焉。昌容練色。犢配眉連。玄俗無影。木羽偶仙。琴高沈水而不濡。時乘赤鯉而周旋。師門使火以驗術。故將去而林燔。易陽壯容。衞之稚質。邯鄲躧步。趙之鳴瑟。真定之梨。故安之栗。醇酎中山。流湎千日。淇洹之筍。信都之棗。雍丘之粱。

嫿當作嬉

清流之稻。錦繡襄邑。羅綺朝歌。緜纊房子。縑總清河。若此之屬。繁富夥夠。非可單究。是以抑而未罄也。蓋比物以錯辭。述清都之閑麗。雖選言以簡章。徒九復而遺旨。覽大易與春秋。判殊隱而一致。末上林之隤牆。本前脩以作系。其軍容弗犯。信其果毅。糾華綏戎。以戴公室。元勳配管敬之績。歌鍾析邦君之肆。則魏絳之賢。有令聞也。閒居隘巷。室邇心遐。富仁寵義。職競弗羅。千乘為之軾廬。諸侯為之止戈。則干木之德自解紛也。貴非吾尊。重士踰山。親御監門。嗛嗛同軒。搦秦起趙。威振八蕃。則信陵之名若蘭芬也。英辯榮枯。能濟其厄。位加將相。窒隙之策。四海齊鋒。一口所敵。張儀張祿亦足云也。㩓惟庸蜀。與鴝鵲同窠。句吳與鼃黽同穴。一自以為禽鳥。一自以為魚鼈。山阜猥積而踦嶇。泉流迸集而咉咽。隰壤瀸漏而沮洳。林藪石留而蕪穢。窮岫泄雲。日月恆翳。宅土熇暑。封疆障癘。蔡莽螫刺。昆蟲毒噬。漢罪流禦。秦餘徙帑。宵貌蕞陋。禀質遳脆。巷無杼首。里罕耆耋。或魋髻而左言。或鏤膚而鑽髮。或明發而嬥歌。或浮泳而卒歲。風俗以韰倮為嬉。人物以戕害為藝。威儀所不攝。憲章所不綴。由重山之束阸。因長川之裾勢。距遠關以闚闠時高樔而陛制。薄戍緜冪。無異蛛蝥之網。弱卒瑣甲。無異螳蜋之衞。與先世而常然。雖信險而剿絕。揆既往之前迹。即將來之後轍。成都迄已傾覆。建業則亦顛沛。顧非累卵于疊棊。焉至觀形而懷怛。權假日以餘榮。比朝華而菴藹。覽麥秀與黍離。可作謠于吳會。先生之言未卒。吳蜀二客。矆焉相顧。瞲焉失所。有靦瞢容。神蕊形茹。弛氣離坐。懊墨而謝曰。僕黨清狂。怵迫閩濮。習蓼蟲之忘辛。翫進退之惟谷。非常寐而無覺。不覩皇輿之軌躅。過以佽剽之單慧。歷執古之醇聽。兼重惵以貤繆。偭辰光而罔定。先生玄識。深頌靡測。得聞上德之至盛。匪同憂于有聖。抑若春霆發響。而驚蟄飛競。潛龍浮景。而幽泉高鏡。雖星有風雨之好。人有異同之性。庶覿蔀家與劍廬。非蘇世而居正。且夫寒谷豐黍。吹律暖之也。昏情爽曙。箴規顯之也。雖明珠兼寸。尺璧有盈。曜車二六。三傾五城。未若申錫典章之爲遠也。亮曰。日不雙麗。世不兩帝。天經地緯。理有大歸。安得齊給守其小辯也哉。文選。

白髮賦

星星白髮。生于鬢垂。雖非青蠅。穢我光儀。策名觀國。以此見疵。將拔將鑷。好爵是縻。白髮將拔。惄然自訴。稟命不幸。值君年暮。逼迫秋霜。生而皓素。始覽明鏡。惕然見惡。朝生晝拔。何罪之故。子觀橘柚。一皜一曄。貴其素華。匪尚綠葉。願戢子之手。攝子之鑷。咨爾白髮。觀世之途。靡不追榮。貴華賤枯。赫赫閶闔。藹藹紫廬。弱冠來仕。童髫獻謨。甘羅乘軫。子奇剖符。英英終賈。高論雲衢。拔白就黑。此自在吾。白髮臨欲拔。瞋目號呼。何我之冤。何子之誤。甘羅自以辯惠見稱。不以髮黑而名著。賈生自以良才見異。不以烏鬢而後舉。聞之先民。國用老成。二老歸周。周道肅清。四皓佐漢。漢德光明。何必去我。然後要榮。咨爾白髮。事各有以。爾之所言。非不有理。曩貫者髫。今薄舊齒。皤皤榮期。皓首田里。雖有二毛。河清難俟。隨時之變。見歎孔子。髮乃辭盡。誓以固窮。昔臨玉顏。今從飛蓬。髮膚至昵。尚不克終。聊用擬辭。比之國風。藝文類聚十七。御覽三百七十三。

七略案。當從文心雕龍作七諷。

闢甲第之廣袤。建雲陛之嵯峩。文選齊安陸王碑文注。

七諷文心雕龍指瑕篇。左思七諷。說孝而不從。反道若斯。餘不足觀矣。

全晉文卷七十四終

全晉文卷七十五

烏程嚴可均校輯

張斐

斐一作裴，一作斐，或作頠。泰始中明法掾，後爲僮長。有漢晉律序注一卷，雜律解二十一卷。

表上律法（藝文類聚御覽題作律序）

律令者，政事之經，萬機之緯。（藝文類聚五十四）

鄭鑄刑書，晉作執秩，趙制國律，楚造僕區，並述法律之名，申韓之徒，各自立制。（同上）

張湯制越宮律，趙禹作朝會正見律。（御覽六百三十八。案晉刑法志越宮律二十七篇，朝律六篇。）

律始于刑名者，所以定罪制也。終于諸侯者，所以畢其政也。王政布于上，諸侯奉于下，禮樂撫于中，故有三才之義焉，其相須而成，若一體焉。刑名所以經略罪法之輕重，正加減之等差，明發眾篇之多義，補其章條之不足，較舉上下綱領。其犯盜賊詐偽請賕者，則求罪于此，作役水火畜養守備之細事，皆求之作本名。告訊爲之心舌，捕繫爲之手足，斷獄爲之定罪，名例齊其制。自始及終，往而不窮，變動無常，周流四極，上下無方，不離于法律之中也。其知而犯之謂之故，意以爲然（通典作不知而然）謂之失，違忠欺上謂之慢，背信藏巧謂之詐，虧禮廢節謂之不敬，兩訟相趣謂之鬭，兩和相害謂之戲，無變相擊謂之賊，不意誤犯謂之過失，逆節絕理謂之不道，陵上僭貴謂之惡逆，將害未發謂之戕，唱首先言謂之造意，二人對議謂之謀，制眾建計謂之率，不和謂之強，攻惡謂之略，三人謂之群，取非其物謂之盜，貨財之利謂之贓，凡二十者，律義之較名也。夫律者，當慎其變，審其理。若不承用詔書，無故失之刑，當從贖。謀反之同伍，實不知情，當從刑。此故失之變也。卑與尊鬭，皆爲賊。鬭之加兵刃水火中，不得爲戲，戲之重也。向人室廬道徑射，不得爲過失，之禁也。都城人眾中走馬殺人，當爲賊，賊之似也。過失似賊，戲似鬭，鬭而殺傷旁人，又似誤，盜傷縛守似強盜，呵人取財似受賕，囚辭所連似告劾，諸勿聽治似故縱，持質似恐猲。如此之比，皆爲無常之格也。五刑不簡，正于五罰，五罰不服，正于五過，意善功惡，以金贖之。故律制，生罪不過十四等，死刑不過三，徒加不過六，囚加不過五。（原注：罪已定爲徒，未定爲囚。）累作不過十二歲，（原注：五歲徒犯一等加六等，加爲十二歲作。）累笞不過千二百，（原注：五歲徒加六等，笞之千二百。已上注三條並見御覽六百四十二。）刑等不過一歲，金等不過四兩。月贖不計日，日作不拘月，歲數不疑閏。不以加至死，并死不復加。不可累者，故有并數；不可并數，乃累其加。以加論者，但得其加；與加同者，連得其本。不在次者，不以通論。以人得罪與人同，以法得罪與法同。侵生害死，不可齊其防；親疏公私，不可常其敘。禮樂崇于上，故降其刑；刑法閑于下，故全其法。是故尊卑敘，仁義明，九族親，王道平也。律有事狀相似而罪名相涉者，若加威勢下手取財爲強盜，不自知亡爲縛守，將中有惡言爲恐猲，不以罪名呵爲呵人，以罪名呵爲受賕，劫召其財爲持質。此六者，以威勢得財而名殊者也。即不求自與爲受求，所監（通典作即受賕自與爲受所監）求而後取爲盜贓，輸入呵受爲留難，斂人財物積藏于官爲擅賦，加毆擊之爲戮辱。諸如此類，皆爲以威勢得財而罪相似者也。夫刑者，司理之官；理者，求情之機；情者，心神之使。心感則情動于中，而形于言，暢于四支，發于事業。是故奸人心愧而面赤，內怖而色奪。論罪者務本其心，審其情，精其事，近取諸身，遠取諸物，然後乃可以正刑。仰手似乞，俯手似奪，捧手似謝，擬手似訴，拱臂似自首，（通典作自守。）攘臂似格鬭，矜莊似威，怡悅似福，喜怒憂懽，（通典作憂懼。）貌在聲色。奸貞猛弱，候在視息。出口有言當爲告，下手有禁當爲賊。喜子殺怒子當爲戲，怒子殺喜子當爲賊。諸如此類，自非至精不能極其理也。律之名例，非正文而分明也。若八十，非殺傷人，他皆勿論，卽誣告謀反者反坐。十歲不得告言人，卽奴婢捍主，主得謁殺之。賊燔人廬舍積聚，盜贓五匹以上棄市。卽燔官府積聚盜，亦當與同。毆人教令者與同罪。卽令人毆其父母，不可與行者同 通典復有同字 得重也。若得遺物強取強乞之類，無還贓法隨例畀之文。法律中諸不敬，違儀失式，及犯罪爲公爲私，贓入身不入身，皆隨事輕重取法，以例求其名也。夫理者，精玄之妙，不可以一方行也。律者，幽理之奧，不可以一體守也。或計過以配罪，或化俗以循常，或隨事以盡情，或趣舍以從時，或推重以立防，或引輕以就下。公私廢避之宜，除削輕重之變，皆所以臨時觀釁，見者用法，執詮者幽于未制之中，采其根牙之微，致之于機格之上，稱輕重于毫銖，攷輩類于參伍，然後乃可以理直刑正。夫奉聖典者，若操刀執繩，刀妄加則傷物，繩妄彈則侵直。梟首者惡之長，斬刑者罪之大，棄市者死之下，髡作者刑之威，贖罰者誤之誡。王者立此五刑，所以實君子而逼小人也。故爲敕愼之經，皆擬周易有變通之體焉。欲令提綱而大道淸，舉略而王法齊，其旨遠，其辭文，其言曲而中，其事肆而隱。通天下之志唯忠也，斷天下之疑唯文也，切天下之情唯遠也，彌天下之務唯大也，變無常體唯理也，非天下之賢聖，孰能與于斯？夫形而上者謂之道，形而下者謂之器，推而行之謂之通，化而裁之 通典作舉而錯之 謂之格。刑殺者似冬震曜之象，髡罪者似秋彫落之變，贖失者似春陽悔吝之疵也。五刑成章，輒相依準 通典作推準 法律之義也。晉書刑法志：泰始三年，賈充等表上新律，其後張斐又注律，表上之，其要云云。又見通典一百六十四、御覽六百三十九、又六百四十二、六百四十九。

劉斌

斌，泰始中爲司徒右西曹掾。

議原庾純

敦敘風俗，以人倫爲先。人倫之教，以忠孝爲主。忠故不忘其君，孝故不忘其親。若孝必專心于色養，則明君不得而臣；忠必不顧其親，則父母不得而子也。是以爲臣者必以義斷其恩，爲子者必以情割其義。在朝則從君之命，在家則隨父之制，然後君父兩濟，忠孝各序。純兄峻以父老求歸，峻若得歸，純無不歸之勢；峻不得歸，純無得歸之理。純雖自聞，同不見聽。近遼東太守孫和、廣漢太守鄧良皆有老母，良無兄弟，授之遠郡，辛苦自歸，皆不見聽。且純近爲京尹，父在界內，時得自啓定省，獨于禮法外處其貶黜，斌愚以爲非理也。禮，年八十，一子不從政。純有二弟在家，不爲違理。又令年九十乃聽悉歸，今純父實未九十，不爲違令。罵辱宰相，宜加放斥，以明國典。聖恩愷悌，示加貶退，臣愚無所淸議。晉書庾純傳：賈充責純父老不歸供養，純曰：高貴鄉公何在？詔免純官，使據禮典正其臧否。司徒西曹掾劉斌議云云。又見通典六十八。

龐札

札 通典作禮 河南功曹史。

請原庾純表

臣郡前尹關內侯純，醉酒失常，戊申詔書既免尹官，以父篤老不求供養，下五府依禮典正其臧否。臣謹案三王養老之制，八十，一子不從政；九十，其家不從政。斯誠使人子無闕孝養之道，爲臣不虧在公之節也。臣聞先王制禮，垂訓將來，使能爲俯就，不能企及，莫尙于周。當其時也，姬公留周，伯禽之魯，孝子不匱，典禮無愆。今公府議七十時制，八十月制，欲以駮奪從政之限，削除爵土，是爲公旦立法，還自越之，魯侯爲子，卽爲罰首也。后夔期頤，四子列郡；近太宰獻王諸子，亦在藩外。古今同符，忠孝並濟。臣聞悔吝之疵，君子育之。尹性少飲，多遂至沈醉，尹醒聞之，悼恨前失，執謙引罪，深自奏劾，求入重法。今公府不原所由，而謂傲狠，是爲重罪過醉之言，而沒迷復之義也。臣聞父子天性，愛由自然，君臣之交，出自

忘當作遺

義合而求忠臣必于孝子。是以先王立禮。敬同于父。原始要終。齊于所生。如此。猶患人臣罕能致身。今公府議云。禮律雖有常限。至于疾病歸養。不奪其志。如此則爲禮禁正直。而陷人以詐違。越王制。開其殆原。尹少履清苦。事親色養。歷職內外。公廉無私。此陛下之所以屢發明詔。而尹之所以仍見擢授也。尹行已也恭。率下也敬。先衆後己。實是宿心。一旦由醉責以暴慢。案奏狀不忠不孝。羣公建議。削除爵土。此愚臣所以自悲自悼。拊心泣血也。案今父母年過八十。聽令其子不給限外職。誠以得有歸來之緣。今尹居在郡內。前每表屢蒙定省。尹昆弟六人。三人在家。孝養不廢。兄侍中峻。家之嫡長。往比自表求歸供養。詔喻不聽。國體法同。兄弟無異。而虛責尹不求供養。如斯臣懼長假飾之名。而損忠誠之實也。夫禮者所以經國家定社稷也。故陶唐之隆。順攷古訓。周成之美。率由舊章。伏惟陛下聖德欽明。敦禮崇教。疇諮四嶽。以詳典制。尹以犯違受黜。而所由者醉。公以敎義是責。而所因者忿。積忿以立義。由醉以得罪。禮律不復爲斷。文致欲以成法。是以愚臣敢冒死亡之誅。而恥不伸于盛明之世。惟蒙哀察。晉書庾純傳。又通典六十八。

李通

通。泰始中爲益州從事。

譙周頌

抑抑譙侯。好古述儒。寶道懷眞。鑒世盈虛。雅名美迹。終始是書。我后欽賢。無言不譽。攀諸前哲。丹青是圖。嗟爾來葉。鑒茲顯模。蜀志譙周傳注引益部耆舊傳。

孫和

和。陳留人。泰始中爲太子中庶子。出爲遼東太守。

薦范粲表

操行高絜。久嬰疾病。可使郡縣輿致京師。加以聖恩。賜其醫藥。若遂瘳除。必有益于政。晉書隱逸范粲傳。

郭沖

沖。金城人。魏東安太守。智子。扶風王駿鎮關中。以爲僚屬。遷代郡太守。

條諸葛亮五事

其一事曰。亮刑法峻急。刻剝百姓。自君子小人。咸懷怨歎。法正諫曰。昔高祖入關。約法三章。秦民知德。今君假借威力。跨據一州。初有其國。未垂惠撫。且客主之義。宜相降下。願緩刑弛禁。以慰其望。亮荅曰。君知其一。未知其二。秦以無道。政苛民怨。匹夫大呼。天下土崩。高祖因之。可以弘濟。劉璋暗弱。自焉已來。有累世之恩。文法羈縻。互相承奉。德政不舉。威刑不肅。蜀土人士。專權自恣。君臣之道。漸以陵替。寵之以位。位極則賤。順之以恩。恩竭則慢。所以致弊。實由于此。吾今威之以法。法行則知恩。限之以爵。爵加則知榮。榮恩並濟。上下有節。爲治之要。于斯而著。

賤當作殘

其二事曰。曹公遣刺客見劉備。方得交接。開論伐魏形勢。甚合備計。稍欲親近。刺者尚未得便會。既而亮入。魏客神色失措。亮因而察之。亦知非常人。須臾客如廁。備謂亮曰。向得奇士。足以助君補益。亮問所在。備曰。起者其人也。亮徐歎曰。觀客色動而神懼。視低而忤數。奸形外漏。邪心內藏。必曹氏刺客也。追之已越牆而走。

三事曰。亮屯于陽平。遣魏延諸軍并兵東下。亮惟留萬人守城。晉宣帝率二十萬衆拒亮。而與延軍錯道。徑至前。當亮六十里所。偵候白宣帝說亮在城中。兵少力弱。亮亦知宣帝垂至。已與相逼。欲前赴延軍。相去又遠。回迹反追。勢不相及。將士失色。莫知其計。亮意氣自若。敕軍中皆臥旗息鼓。不得妄出菴幔。又令大開四城門。埽地卻灑。宣帝常謂亮持重。而猥見勢弱。疑其有伏兵。于是引軍北趣山。明日食時。亮謂參佐拊手大笑曰。司馬懿必謂吾怯。將有彊伏。循山走矣。侯避還白。如亮所言。宣帝後知。深㠯爲恨。

四事曰。亮出祁山。隴西南安二郡應時降。圍天水。拔冀城。虜姜維。驅略士女數千人還蜀。人皆賀亮。亮顏色愀然有戚容。謝曰。普天之下。莫非漢民。國家威力未舉。使百姓困于豺狼之吻。一夫有死。皆亮之罪。㠯此相賀。能不爲愧。于是蜀人咸知亮有吞魏之志。非惟拓境而已。

五事曰。魏明帝自征蜀。幸長安。遣宣王督張郃諸軍雍涼勁卒三十餘萬。潛軍密進。規向劒閣。亮時在祁山。旌旗利器。守在險要。十二更下。在者八萬。時魏軍始陳。幡兵適交。參佐咸㠯賊衆彊盛。非力所制。宜權停下兵一月。㠯并聲勢。亮曰。吾統武行師。㠯大信爲本。得原失信。古人所惜。去者束裝㠯待期。妻子鶴望而計日。雖臨征難。義所不廢。皆催遣令去。于是去者感悅。願留一戰。住者憤踊。思致死命。相謂曰。諸葛公之恩。死猶不報也。臨戰之日。莫不拔刃爭先。㠯一當十。殺張郃。卻宣王。一戰大克。此信之由也。蜀志諸葛亮傳注引王隱蜀記云。晉初扶風王駿鎮關中。司馬高平劉寶。長史滎陽桓隰。諸官屬士大夫共論諸葛亮。于是譚者多譏亮託身非所。勞困蜀民。力小謀大。不能度德量力。金城郭沖㠯爲亮權智英略。有踰管晏。功業未濟。論者惑焉。條亮五事隱沒不聞于世者。寶等亦不能復難。扶風王慨然善沖之言。

郭象

象字子玄。河南人。經典敘錄作河內人。太傅主簿。有莊子注三十三卷。音三卷。集二卷。

莊子序

夫莊子者。可謂知本矣。故未始藏其狂言。言雖無會而獨應者也。夫應而非會。則雖當無用。言非物事。則雖高不行。與夫寂然不動。不得已而後起者。固有閒矣。斯可謂知無心者也。夫心無爲。則隨感而應。應隨其時。言唯謹爾。故與化爲體。流萬代而冥物。豈曾設對獨遘。而游談乎方外哉。此其所㠯不經而爲百家之冠也。然莊生雖未體之。言則至矣。通天地之統。序萬物之性。達死生之變。而明內聖外王之道。上知造物無物。下知有物之自造也。其言宏綽。其旨玄妙。至至之道。融微旨雅。泰然遣放。放而不敖。故曰不知義之所適。猖狂妄行。而蹈其大方。含哺而熙乎澹泊。鼓腹而游乎混芒。至人極乎無親。孝慈終于兼忘。禮樂復乎已能。忠信發乎天光。用其光則其樸自成。是㠯神器獨化于玄冥之境。而源流深長也。故其長波之所蕩。高風之所扇。暢乎物宜。適乎民願。弘其鄙。解其懸。灑落之功未加。而矜夸所㠯散。故觀其書。超然自㠯爲已當經崑崙。涉太虛。而游惚怳之庭矣。雖復貪婪之人。進躁之士。暫而攬其餘芳。味其溢流。彷彿其音影。猶足曠然有忘形自得之懷。況探其遠情而玩永年者乎。遂綿邈清遐。去離塵埃。而返冥極者也。宋本莊子。

劉寶

寶爲安北將軍。有漢書駁議二卷。集三卷。

孫爲祖持重議

孫爲祖不三年喪服云。孫爲祖周。案小記爲祖後者。爲祖母三年。二文不同。何㠯爲正。荅曰。經無孫爲祖三年之文。小記所云爲祖母三年。自謂無後養人子㠯爲孫者耳。喪服云爲人後者三年。爲人後者。或爲子。或爲孫。故經但稱爲人後。不列所後者名。所㠯通人無貴賤爲人後者用此禮也。若荀太尉無子。養兄孫㠯爲孫。是小記所謂爲祖後者也。夫人情不殊。祖所養孫猶子。而孫奉祖猶父。故聖人稱情㠯定制。爲人後者。無復父祖之差。同三年也。喪服傳父卒。然後爲祖後者斬。此謂嫡孫爲祖喪主。當服斬。不解傳意。小記與傳但解經意耳。傳稱者此祖爲父之長子。祖之嫡孫也。㠯上厭于父。父亡。然後乃下爲長子斬。非孫上爲祖斬也。通典八十八。

杜琬

琬泰始中爲博士

孫爲庶祖持重議

曾祖是庶而祖父是嫡又是嫡孫矣若庶祖無嫡可傳則非正體乎上傳重之義也既無大夫士之位無嫡統之重孫爲庶人父爲士而有諸父嫡其孫生不主養祭非所及而所攝一家之重居諸父之右祖無重可傳而孫以重自居爲父長子而以嫡孫繼祖推情處禮于義爲乖凡祖是庶而父爲長宜制齊縗通典八十八

王敞

敞爵里未詳

難劉寶孫爲祖持重議

喪服小記祖父卒爲祖母服者三年此謂孫爲祖後也喪服父亡爲母三年言爲祖母三年祖父三年可知也爲人後者以當收族而嚴宗廟也必以同宗支子擇其昭穆之倫而立之不得高祖無子而立玄孫之序嚴宗廟者亦可以任繼養使鬼神有所享也案士二廟若立玄孫則所嚴之祖不及曾高而祖禰無鬼將何所饗乎苟太尉秩尊其統遠親宜廟有四孫之所得祭高祖也則于太尉爲祖子所得祭高祖也今立孫但得祭祖而使曾祖不食是則先人將恐于爲厲故知非立後之道也又臣從君服每降一等喪服爲君之祖服用制君服三年明之也若如論意謂小記所言是爲長子服者又當言父卒然後爲子三年不得言祖父卒而爲祖母後者三年又養人子爲己孫與己自有孫豈異哉通典八十八

孫爲庶祖持重議

凡所重明是先祖之體蓋非爵土財計之謂至于庶子之子爲繼禰之宗則得爲其子三年矣父尊其禰而子替祖服不貴正體而必云爵土忽其敬宗而重其財計承財計則爲之服斬縗無產業則廢三年此非義矣又經有爲君之祖服周是爲臣從君服從服例降一等此則君爲祖三年矣既爲君而有父祖之喪謂父祖並有廢疾不得受國而己受位于曾祖者也祖無受國無重可傳而猶三年斯蓋正統貴體之義不必以爵土傳己也體存則就養無方亡則庶子不祭所以達孝明宗吉凶異智故知生不主養者無害死掌其祀也而云祭非所及乖乎周孔之意爾斯人無祖矣通典八十八

全晉文卷七十五終

惟當作推

全晉文卷七十六

烏程嚴可均校輯

摯虞一

虞字仲治。京兆長安人。泰始中舉賢良。拜中郎。擢太子舍人。除聞喜令。召補尚書郎。元康中遷吳王友。後歷祕書監衞尉卿。光祿勳太常卿。遭亂餓死。有三輔決錄注七卷。文章流別志論二卷。集十卷。

思游賦并序

虞嘗㠯死生有命。富貴在天。天之所祐者義也。人之所助者信也。履信思順。所㠯延福。違此而行。所㠯速禍。然道長世短。禍福舛錯。怵迫之徒。不知所守。蕩而積憤。或迷或放。故借之㠯身。假之㠯事。先陳處世不遇之難。遂棄彝倫。輕舉遠游。㠯極常人罔惑之情。而後引之㠯正。反之㠯義。惟神明之驗于視聽之表。崇否泰之運于智力之外。㠯明信天任命之不可違。故作思游賦。其辭曰。

有軒轅之遐胄兮。氏仲壬之洪裔。敷華穎于末葉兮。晞靈根于上世。準乾坤㠯斡度兮。儀陰陽㠯定制。匪時運其焉行兮。乖太虛而遙曳。戴朗月之高冠兮。綴太白之明璜。（御覽六百八十四作綴太珠之明璫）制文霓㠯為衣兮。襲采雲㠯為裳。要華電之煜爚兮。佩玉衡之琳琅。明景日㠯鑒形兮。信煥曜而重光。至美詭好于凡觀兮。修稀合而靡呈。燕石緹襲㠯華國兮。和璞遙棄于南荊。夏像韜塵于市北兮。瓶罌抗方于兩楹。鸞皇耿介而偏棲兮。鶡桂背時而獨榮。闕寒暑㠯練真兮。豈改容而爽情。感昆吾之易越兮。懷暐光之速暮。羨一稔而三春兮。尚含英㠯容豫。悼曜靈之靡暇兮。限天晷之有度。聆鳴蜩之號節兮。恐隕葉于凝露。希前軌而增騖兮。眷後塵而旋顧。往者倏忽而不逮兮。來者冥昧而未著。二儀泊焉其無央兮。四節環轉而靡窮。星鳥逝而時反兮。夕景潛而旦融。夏三后之在天兮。歎聖

粤當作奥

哲之永終。諒道脩而命微兮。孰舍盈而戢沖。握隋珠與蕙若兮。時莫悅而未遑。彼未遑其何恤兮。懼獨美之有傷。蹇委深而投粵兮。庶芬藻之不彰。芳處幽而彌馨兮。寶在夜而愈光。逼區內之迫脅兮。思攄翼乎八荒。望雲階之崇壯兮。願輕舉而高翔。造庖犧㠯問象兮。辨吉繇于姬文。將遠游于太初兮。鑒形魄之未分。四靈儼而為衞兮。六氣紛㠯成羣。驂白獸于商風兮。御蒼龍于景雲。簡廝徒于靈囿兮。從馮夷而問津。召陵陽于游谿兮。旌王子于柏人。前祝融㠯掌燧兮。殿玄冥㠯掩塵。形影彯而遂遐兮。氣亹亹而愈新。拖玉膏于萊嶼兮。掇芝英于瀛濱。揮太昊㠯假憩兮。聽賦政于三春。洪範翕而復張兮。百卉隕而更震。睎玉女之紛彯兮。執懿筐于扶木。覽玄象之韡曄兮。仍騰躍乎陽谷。吸朝霞㠯療飢兮。降虞泉而濯足。將縱轡㠯逍遙兮。恨東極之路促。詔纖阿而右迴兮。覿朱明之赫戲。蒞羣神于夏庭兮。迴蒼梧而結知。孅焦明㠯承旂兮。駟天

馬而高馳。讒羲和于丹丘兮。誚倒景之亂儀。尋凱風而南暨兮。謝太陽于炎離。戚溽暑之陶鬱兮。余安能乎留斯。聞碧雞之長晨兮。吾將往乎西游。奧浮鷁于弱水兮。泊舳艫兮中流。苟精粹之攸存兮。誠沈羽㠯汎舟。軼望舒㠯陵厲兮。羌神漂而氣浮。訊碩老于金室兮。采舊聞于前脩。譏淪陰于危山兮。問王母于椒丘。觀玄鳥之參趾兮。會根壹之神籌。擾毚兔于月窟兮。詰姮娥于蓐收。爰攬轡而旋驅兮。訪北叟之倚伏。乘增冰而遂濟兮。凌固陰之所蓄。揉龜蛇于幽穴兮。瞰罔養之潛育。哂倏忽之躁狂兮。喪中黃于耳目。偭燭龍而游衍兮。窮大明于北陸。攀招搖而上躋兮。忽蹈廓而凌虛。登閶闔而遺眷兮。頫玄黃于地輿。召黔雷㠯先導兮。覲天帝于清都。觀渾儀㠯寓目兮。榭造化之大鑪。爰辨惑于上皇兮。稽吉凶之元符。唐則天而民咨兮。癸亂常而感虞。孔揮涕于西狩兮。臧考祥于夷句。跖肆暴而保乂兮。顏履仁而夙徂。何否泰之靡所兮。眩榮

降當作隆

辱之不圖運可期兮不可思道可知兮不可為求之者勢兮欲之者惑信天任命兮理乃自得且以四位為匠乾巛為均散而為物結而為八陽降陰升一替一興流而為川滯而為陵禍不可攘福不可徵其否兮有豫其泰兮有數成形兮未察靈像兮已固承明訓以發蒙兮審性命之靡求將澄神而守一兮奚飄飄而遐游斐陳辭以告退兮主悖惘而永歎惟升降之不仍兮詠別易而會難願大饗以致好兮盍息駕于一餐會司儀于有始兮延嘉賓于九乾陳鈞天之廣樂兮展萬舞之至歡枉矢鑠其在手兮狼弧彀其斯彎睨翟犬于帝側兮殪熊羆于靈軒爾乃清道夙蹕載輪脩祖班命授號犧輈整旅兆司戀以屆路兮萬靈森而陳庭豐降軒其警言衆兮鉤陳帥以屬兵堪輿竦而進時兮文昌肅以司行抗蚩尤之脩旃兮建雄虹之采旌乘雲車電鞭之扶輿委移兮駕應龍青虬之容裔陸離俯游光逸景倏爍徽霍兮仰流旌垂旄猋攸纖纚前湛湛而攝進兮後僸僸而方馳且啟行于重陽兮奄稅駕乎少儀跨列缺兮闚乾巛揮玉關兮出天門涉漢津兮望昆崙經赤霄兮臨玄根觀品物兮終復魂形已消兮氣猶存眺懸舟之離離兮懷舊都之藹藹仍繁榮而督引兮將遡降而遠邁華雲依霏而翼衡兮日月炫晃而映蓋蹈烟熅兮辭天衢心闓易兮識故居路遂遒兮情欣欣奄忽歸兮反常閭脩中和兮崇彝倫大道繇兮味琴書樂自然兮識窮達澹無思兮心恆娛（晉書摯虞傳。）

疾愈賦

余體氣不和飲食漸損旬有餘日衆疾並除饋食纖纖而日尠體貌廉廉而轉損校朝夕其未殊驗朔望而減本形容消而憔悴體質德而狼狽內憂深而慮遠乃量餐而度帶講和緩之餘論尋越人之遺方攷異同以求中稽衆術而簡良會異端于妙門乃歸奇于涉塵惟茲藥之攸造實明中之皆堅丸以三七為劑服以四獻為程勢終朝而始發景未仄而身輕食信宿而異量體涉旬而告平（藝文類聚七十五。）

槐賦

覽坤元之產殖莫茲槐之為貴爰表庭而樹門膺論道而正位爾乃觀其誕狀察其攸居豐融湛霸蓊鬱扶疏上拂華宇下臨修渠湊以夷遥帶以通衢樂雙游之黃鸝嘉別摯之王鵙春棲教農之鳩夏憩反哺之烏鼓柯命風振葉致涼開明過于八闥兮重陰踰乎九房（藝文類聚八十八。初學記二十八。御覽九百二十一。）

鳷鵲賦

有南州之奇鳥諒殊美而可嘉生九皋之曠澤遊江淮之洪波既翦翼以就養遂婉孌乎邦家鳷鵲呈儀若刻若畫鶯頸鼂背戴玄珥白斑毛縝膺駮羽朱掖青不專紺縹不擅赤因宛黠注希稠有適其在水也則巧態多姿調節柔骨一低一仰乍浮乍沒或遊或舞繽翻倏忽若乃陽故多陰殊方相求見水則喜睹火而憂（藝文類聚九十二。）

觀魚賦

觀鱗族于彪池兮睨羽羣于瀨涯乃有消泉之鯉濯波之鰛瀺灂湧躍沒浪赴遠集于曲灌之隈逐于澹淡之深攢聚輻甃或躍或沈倏爍攸驛眩目驚心徒極觀而无獲兮羨鮮肴之柔嘉于是六柱俱起參構橫羅編莞為棧束木激波奔突轉薄流不及瀾魚未驚而失行忽浪達于急湍諒形勝之得勢實有往而無反炰鼈膾鯉亦有庶羞肴核並陳既旨且柔汎溢濟于通溝因素波以獻酬騁微巧于浮觴競機捷于迅流既歡豫而不倦願窮晝而兼夜獨臨川而慷慨感逝者之不捨惟脩名之求立戀景曜之西謝懼留連之敗德遂收歡而命駕是時也含懷湛遁需于酒食盤衎宴安歡情未極選輿之言矯枉以直悅而不懌莫不歎息（藝文類聚九十六。初學記）

七三

愍騷

蓋明哲之處身。固度時以進退。泰則攄志于宇宙。否則澄神于幽昧。擒之莫究其外。亟之罔識其內。順陰陽以潛躍。豈凝滯乎一概藝文類聚五十六。

遷宅誥

惟太始三年九月上旬。涉自洛川。周于原阿。乃卜昌水東。黃水西。背山面隰。惟此良。御覽五十六。

冊隴西王泰為太尉文

朕惟君行為時表。親則宗臣。論道經邦。保乂皇家。是用進登上台。其上清三光。下盪九域。永欽洪範。以康宇宙。敬哉。初學記十一。御覽二百七。

泰始四年舉賢良方正對策

策問曰。頃日食正陽。水旱為災。將何所修。以變大眚。及法令有不宜于今。為公私所患苦者。皆何事。凡平世在于得才。得才者借耳目以聽察。若有文武器能有益于時務。而未見申敘者。各舉其人。及有負俗謗議。宜先洗濯者。亦各言之。虞對曰。

臣聞古之聖明。原始以要終。體本以正末。故憂法度之不當。而不憂人物之失所。憂人物之失所。而不憂災害之流行。誠以法得于此。則物理于彼。人和于下。則災消于上。其有日月之眚。水旱之災。則反聽內視。求其所由。遠觀諸物。近驗諸身。耳目聽察。豈或有蔽其聰明者乎。動心出令。豈或有傾其常正者乎。大官大職。豈或有授非其人者乎。賞罰黜陟。豈或有不得其所者乎。河濱山巖。豈或有懷道釣築。而未感于夢兆者乎。方外遐裔。豈或有命世傑出。而未蒙膏澤者乎。推此類也。以求其故。詢事考言。以盡其實。則天人之情。可得而見。咎徵之至。可得而救也。若推之于物則無忤。求之于身則無尤。萬物理順。內外咸宜。祝史正辭。言不負誠。而日月錯行。夭癘不戒。此則陰陽之事。非吉凶所在也。期運度數。自然之分。固非人事所能供御。其亦振廩散滯。貶食省用而已矣。是故誠遇期運。則雖陶唐殷湯有所不變。苟非期運。則宋衛之君。諸侯之相。猶能有感。惟陛下審其所由。以盡其理。則天下幸甚。臣生長華門。不逮異物。雖有賢才。所未接識。不敢瞽言妄舉。無以疇咨聖問。晉書摯虞傳。

諫改除晉增位一等表

臣聞昔之聖明。不愛千乘之國。而惜桐葉之信。所以重至尊之命。而達于萬國之誠也。前乙巳赦書。遠稱先帝遺惠餘澤。普增位一等。以酬四海欣戴之心。驛書班下。被于遠近。莫不鳥騰魚躍。喜蒙德澤。今一旦更以主者思文不審。收已往之詔。奪已澍之施。臣之愚心。竊以為不可。晉書摯虞傳。時太廟初建。詔普增位一等。後以主者承詔失旨。改除之。虞上表。

典校五禮表

臣典校故太尉顗所撰五禮。臣以為夫革命以垂統。帝王之美事也。隆禮以率教。邦國之大務也。是以臣前表禮事稽留。求速訖施行。又以喪服最多疑闕。宜見補定。又以今禮篇卷煩重。宜隨類通合。事久不出。懼見寢嘿。蓋冠婚祭會諸吉禮。其制少變。至于喪服。世之要用。而特易失旨。故子張疑高宗諒陰三年。子思不聽其子服出母。子游謂異父昆弟大功。而子夏謂之齊衰。及孔子沒而門人疑于所服。此等皆明達習禮。仰讀周典。俯師仲尼。漸漬聖訓。講肄積年。及遇喪事。猶尚若此。明喪禮易惑。不可不詳也。況自此已來。篇章焚散。去聖彌遠。喪制詭謬。固其宜矣。是以喪服一卷。卷不盈握。而爭說紛然。三年之喪。鄭云二十七月。王云二十五月。改葬之服。鄭云服緦三月。王云葬訖而除。繼母出嫁。鄭云皆服。王云從乎繼寄育乃為之服。無服之殤。鄭云子生一月。哭之一日。王云以哭之日易服之月。如此者甚眾。喪服本文省略。必待注解。事義遂

稱王之稱當作鄭

彰其傳說差詳世稱子夏所作稱王祖經宗傳而各有異同天下並疑莫知所定而顗直書古經文而已盡除子夏傳及先儒注說其事不可得行及其行事故當還頒異說一彼一此非所以定制也臣以爲今宜參采禮記略取傳說補其未備一其殊義可依準王景侯所撰喪服變除使類統明正以斷疑爭然後制無二門咸同所由又有此禮當班于天下不宜繁多顗爲百六十五篇篇爲一卷合十五餘萬言臣猶謂卷多文煩類皆重出案尚書堯典祀山川之禮惟于東嶽備稱牲幣之數陳所用之儀其餘則但曰如初周禮祀天地五帝享先王其事同者皆曰亦如之文約而義舉今禮儀事同而名異者輒別爲篇卷煩而不典皆宜省文通事隨類合之事有不同乃列其異如此所減三分之一晉書禮志一

奏定二社

臣案祭法王爲羣姓立社曰太社王自爲立社曰王社周禮大司徒設其社稷之壝又曰以血祭祭社稷則太社也又曰封人掌設王之社壝又有軍旅宜乎社則王社也太社爲羣姓祈報祈報有時主不可廢故凡被社釁鼓主奉以從是也此皆二社之明文前代之所尊以尚書召誥社于新邑三牲各文詩稱乃立冢土無兩社之文故廢帝社惟立太社詩書所稱各指一事又皆在公旦制作之前未可以易周禮之明典祭法之正義前改建廟社營一社之處朝議斐然執古匡今世祖武皇帝躬發明詔定二社之義以爲永制宜定新禮從二社晉書禮志上

奏祀六宗

案舜受終類于上帝禋于六宗望于山川則六宗非上帝之神又非山川之靈也周禮肆師職曰用牲于社宗黨正職曰春秋祭禜亦如之肆師之宗與社並列則班與社同也黨正之宗文不繫社則神與社異也周之命祀莫重郊社宗同于社則貴神明矣又月

祭下脫禜字

令孟冬祈于天宗則周禮祭月令天宗六宗之神也漢光武即位高邑依虞書禋于六宗安帝元初中立祀乾位禮同太社魏氏因之至景初二年大議其神朝士紛紜各有所執惟散騎常侍劉邵以爲萬物負陰而抱陽沖氣以爲和六宗者太極沖和之氣爲六氣之宗者也虞書謂之六宗周書謂之天宗是時考論異同而從其議漢魏相仍著爲貴祀凡崇祀百神放而不致有其興之則莫敢廢之宜定新禮祀六宗如舊晉書禮志上

明堂郊祀議

案漢魏故事明堂祀五帝之神新禮云五帝即上帝即天帝也明堂除五帝之位惟祭上帝案仲尼稱郊祀后稷以配天宗祀文王于明堂以配上帝周禮祀天旅上帝祀地旅四望四望非地則上帝非天斷可識矣郊丘之祀埽地而祭牲用繭栗器用陶匏事反其始故配以遠祖明堂之祭備物以薦三牲並陳籩豆成列禮

同人理故配以近考郊堂兆位居然異體牲牢品物質文殊趣且祖考同配非謂尊嚴之美三日再祀非謂不黷之義其非一神亦足明矣昔在上古生爲明王沒則配五行故太昊配木神農配火少昊配金顓頊配水黃帝配土此五帝者配天之神同兆之于四郊報之于明堂祀天大裘而冕五帝亦如之或以爲五精之帝佐天育物者也前代相因莫之或廢晉初始從異議庚午詔書明堂及南郊除五帝之位惟祀天神新禮奉而用之前太醫令韓楊上書宜如舊祀五帝太康十年詔以施用宜定新禮明堂及郊祀五帝如舊議晉書禮志上通典四十四

祀皋陶議

故事祀皋陶于廷尉寺新禮移祀于律署以同祭先聖于太學也又故事祀以社日新禮改以孟秋之月以應秋政臣虞謹案虞書皋陶作士師惟明克允國重其功人思其當是以獄官禮其神繫

者致其祭功在斷獄之成不在律令之始也太學之設義重太常故祭于太學是崇聖而從重也律署之置卑于廷尉移祀于署是去重而就輕也律非正署廢興無常宜如舊祀于廷尉又祭用仲春義取重生改用孟秋㠯應刑殺理未足㠯相易宜定新禮皆如舊（晉書禮志上又藝文類聚四十九引摯虞新禮議又通典五十三御覽五百二十六引摯虞雜祀議）

廟設次殿議

次殿所㠯為解息之處凡適尊㠯不顯為恭㠯由隱為順而設之于上位入自南門非謙厭之義宜定新禮皆如舊說

釋服議

古者無事故喪三年非訖葬除心喪也後代一日萬機故魏權制晉氏加㠯心喪非三年也（通典八十）

挽歌議

漢魏故事大喪及大臣之喪執紼者挽歌新禮㠯為挽歌出于漢武帝役人歌勞聲辭哀切遂㠯為送終之禮雖音曲摧愴非經曲所制不宜㠯歌為名案挽歌因唱和而為摧愴之聲銜枚所㠯全哀此亦㠯感衆雖非經典所載是歷代故事詩稱君子作歌惟㠯告哀㠯歌為名亦無所嫌宜定新禮如舊（晉書禮志中通典八十六）

喪佩議

周禮武賁氏士大夫之職也皆㠯兵守王宮國有喪故則衰葛執戈楯守門葬則從車而哭又成王崩太保命諸大夫㠯干戈內外警設明喪故之際蓋重宿衛之防去喪無所不佩謂服飾之事不謂防禦之用宜定新禮布衣劍如舊其餘如新制（晉書禮志中）

吉駕導從議

漢魏故事將葬設吉凶鹵簿皆有鼓吹新禮㠯禮無吉駕導從之文臣子不宜釋其衰麻㠯服玄黃除吉駕鹵簿又凶事無樂遏密八音除凶服之鼓吹虞案禮葬有祥車曠左則今之容車也既葬日中反虞逆神而還春秋傳鄭大夫公孫蠆卒天子追賜大路使㠯行士喪禮葬有槀乘車㠯載生之服此皆不唯載柩兼有吉駕之明文也既設吉駕則宜有導從㠯象平生之容明不致死之義臣子衰麻不得為身而釋㠯為君父則無不可顧命之篇足㠯明之宜定新禮設吉服導從如舊其凶服鼓吹宜除（晉書禮志中御覽五百六十七）

公為所寓服議

周禮作樂于刑厝之時而著荒政十二禮備制待物不㠯時衰而除盛典世隆而闕衰教也曩者王司徒失守播越自稱寄公是時天下又多此比皆禮之所及宜定新禮自如舊經（晉書禮志中）

傷親服議

虞謹案古者諸侯君臨其國臣諸父兄今之諸侯未同于古未同于古則其尊未全不宜便從絕朞之制而今傷親服斬衰之重也諸侯既然則公孤之爵亦宜如舊昔魏武帝建安中已曾表上漢朝依古為制事與古異皆不施行施行者著魏科大晉采㠯著令宜定新禮皆如舊（晉書禮志中御覽四百五十七）

師服議

喪服無弟子為師服之制新禮弟子為師齊衰三月臣虞謹案自古弟子無師服之制故仲尼之喪門人疑于所服子貢曰昔夫子之喪顏回若喪子而無服請喪夫子若喪父而無服遂心喪三年此則懷三年之哀而無齊衰之制也羣居入則絰出則否所謂弔服加麻也先聖為禮必易從而可傳師徒義誠重而服制不著歷代相襲不㠯為缺且尋師者㠯彌高為得故屢遷而不嫌修業者㠯日新為益故舍舊而不疑仲尼稱三人行必有我師焉子貢曰夫何常師之有淺教之師暫學之徒不可皆為之服義有輕重服有廢興則臧否由之而起是非因之而爭愛惡相攻悔吝生焉宜定新禮無服如舊（晉書禮志中通典一百一御覽五百四十七）

為皇太孫服議

太子初生，舉以成人之禮，則殤理除矣。太孫亦體君傳重，由位成而服全，非以年也。天子無服殤之儀，絕朞故也。（宋書禮志二。惠帝太安元年，皇太孫尚薨，有司奏御服齊衰朞，詔通議，秘書監摯虞議。又略見晉書摯虞傳。）

全晉文卷七十六終

全晉文卷七十七

烏程嚴可均校輯

摯虞二

諸侯觀建旗議

魏氏無巡狩故事。新禮則巡狩方岳。柴望告至。設壝宮如禮。諸侯之覲者擯及執贄。皆如朝儀。而不建其旗。臣虞案覲禮諸侯覲天子。各建其旗。旗章所以殊爵命。示等威。詩稱君子至止。言觀其旂。宜定新禮建旗如舊禮。宋書禮志二。又見晉書禮志下。通典五十四。

皇太子稱臣議

孝經資于事父以事君。義兼臣子。則不嫌稱臣。宜定新禮皇太子稱臣如舊。晉書禮志下。通典七十。

夫人不荅妾拜議

漢魏故事。王公羣妾見于夫人。夫人不荅拜。新禮以為禮無不荅。臣虞謹案禮妾事女君。如婦之事姑。而妾服女君朞。女君不報。則敬與婦同。而又加賤也。名位不同。本無酬報。禮無不荅。義不謂此。先聖殊嫡庶之別。以絕陵替之漸。峻明其防。猶有僭違。宜定新禮自如其舊。晉書禮志下。通典六十八。

遣將議

漢魏故事。遣將出征。符節郎授鉞于朝堂。新禮遣將御臨軒。尚書授節鉞。古兵書跪而推轂之義也。藝文類聚五十九。

會朝堂五輅制度議

諸車之合于法度可以示訓者。則輅為名。亦猶殿堂之正者則曰路寢也。北堂書鈔一百四十。

駮潘岳古今尺議

昔聖人有以見天下之賾。而擬其形容。象物制器。以存時用。故參天兩地。以正算數之紀。依律計分。以定長短之度。其作之也有則。故用之也有徵。考步兩儀。則天地無所隱其情。准正三辰。則懸象無所容其謬。施之金石。則音韻和諧。措之規矩。則器用合宜。一本不差。而萬物皆正。及其差也。事皆反是。今尺長于古尺幾于半寸。樂府用之。律呂不合。史官用之。麻象失占。醫署用之。孔穴乖錯。此三者度量之所由生。得失之所取徵。皆絓閡而不得通。故宜改今而從古也。唐虞之制。同律度量衡。仲尼之訓。謹權審度。今兩尺並用。不可謂之同。知失而行。不可謂之謹。不同不謹。是謂謬法。非所以軌物垂則。示人之極。凡物有多而易改。亦有少而難變。亦有改而致煩。有變而之簡。度量是人所常用。而長短非人所戀惜。是多而易改者也。正失于得。反邪于正。一時之變。永世無二。是變而之簡者也。憲章成式。不失舊物。季末苟合之制。異端雜亂之用。當以時釐改。貞夫一者也。臣以為宜如所奏。晉書摯虞傳。將作大匠陳勰掘地得古尺。尚書奏今尺長于古尺。宜以古為正。潘岳以為習用已久。不宜復改。虞駮。

駮裴頠荅問天子冠禮

天子即位之日。即為成君。冕服以備。不宜有加。諸侯即位。為成豈不定。諸侯成君。不拘盛典。而可以冠。天子成君。獨有火龍黼衣。便不可乎。意為宜冠有加。通典五十六。

駮司隸奏魯夔違法事

河內太守魯夔使民二百家共立一學。未成而司隸奏以違法。尚書郎中騎都尉臣摯虞駮夔為近識大都。朝所委任。親臨民物。足識事宜。累表仍上。求二百家立一學。是其留心學校。必欲有成也。

□□□□
□□□□

三日曲水對

漢章帝時。平原徐肇以三月初生三女。至三日而俱亡。一村以為怪。乃相攜之水濱盥洗。因水以汎觴。曲水之義起于此也。御覽三十引續齊諧記。

因當作固

致齊王冏箋

閑于張華沒後。入中書省。得華先帝時荅詔本草。先帝問華。可㠯輔政持重。付㠯後事者。華荅明德至親。莫如先王。宜留㠯為社稷之鎮。其忠良之謀。款誠之言。信于幽冥。沒而後彰。與苟且隨時者。不可同世而論也。議者有責華㠯愍懷太子之事。不抗節廷爭。當此之時。諫者必得違命之死。先聖之教。死而無益者。不㠯責人。故晏嬰齊之正卿。不死崔杼之難。季札吳之宗臣。不爭逆順之理。理盡而無所施者。因聖教之所不責也。晉書張華傳。

荅杜預書

僕㠯為除服誠合事宜。附古則意有未安。五服之制。成于周室。周室㠯前。仰迄上古。雖有在喪之哀。未有行喪之制。故堯稱遏密。殷曰諒闇。各舉其事而言。非未葬降除之名。既葬有殊降也。周室㠯來。謂之喪服。喪服者㠯服表喪。禮有定制。孝景之即吉。方進之從時。時皆未足為準。蓋聖人之于禮。譏其失道而通其變。今帝者一日萬機。皇太子監撫之重。未就東宮。猶在殿省之內。故不得伸其哀情。㠯宜奪禮。葬訖除服。變制通理。垂典將來。何必附之于古。欽㠯舊義。使老儒致爭哉。晉書摯虞傳。通典八十二。

太康頌

於休上古。人之資始。四隩咸宅。萬國同軌。有漢不競。喪亂靡紀。畿服外叛。侯衛內圮。天難既降。時惟鞠凶。龍戰獸爭。分裂遐邦。備僭岷蜀。度逆海東。權乃緣間。割據三江。明明上帝。臨下有赫。乃宣皇威。致天之辟。奮武遼隧。罪人斯獲。撫定朝鮮。奄征韓貊。文既應期。席卷梁益。元憝委命。九夷重譯。卬冉哀牢。是焉底績。我皇之登。二國既平。靡適不懷。㠯育羣生。吳乃負固。放命南冥。聲教未暨。弗及王靈。皇震其威。赫如雷霆。截彼江沔。荊舒㠯清。邈矣聖皇。參乾兩離。陶化㠯正。取亂㠯奇。耀武六旬。與徒不疲。飲至數實。干旄無虧。

洋洋四海。率禮和樂。穆穆宮廟。歌雍詠鑠。光天之下。莫匪帝略。窮髮反景。承正受朔。龍馬騤騤。風于華陽。弓矢橐服。干戈戢藏。嚴嚴南金。業業餘皇。雄劍班朝。造舟為梁。聖明有造。實代天工。天地不違。黎元時邕。三務斯協。用底厥庸。既遠其迹。將明其蹤。喬山惟嶽。望帝之封。猗歟聖帝。胡不封哉。晉書摯虞傳。

釋奠頌

如彼泉流。不盈不運。講業既終。禮師釋奠。升觴折俎。上下惟讌。邕邕其來。肅肅其見。初學記十四。御覽五百三十五。

連理頌

東宮正德之內。承華之外。槐樹二枝。連理而生。二幹一心。㠯蕃本根。藝文類聚八十八。初學記二十八。

庖犧讚

昔在上古。惟德居位。庖犧作王。世尚醇懿。設卦分象。開物紀類。施罟設網。人用不匱。初學記九。

神農讚

神農居世。通變該極。民眾獸尠。乃教稼穡。聚貨交市。草木播植。務濟其本。不道其飾。初學記九。

黃帝讚

黃帝在位。實號軒轅。車㠯行陸。舟㠯濟川。弧矢之利。弭難消患。垂衣而治。萬國乂安。初學記九。

帝堯讚

唐帝放勛。欽明文思。惟天為大。惟堯則之。巍巍蕩蕩。萬邦雍熙。初學記九。

夏禹讚

決隄疏河。刊山敷土。四隩既宅。彝倫攸敘。卑宮菲食。㠯盡匡宇。初學記九。

殷湯讚

濬也惟商寶惟成湯三五迭興合帝稱王初學記九

周文王讚

周文翼翼儀形體教上帝是臨神明是勞東鄰之昏西鄰之曜九有既集㠯聖易暴初學記九

周武王讚

於皇武王天命是鍾七德既耀莫不率從奄清宇宙盪商之蹤初學記九

周宣王讚

宣王承衰邦家多阻懲難思理官人㠯敘山甫補闕方叔禦侮是用中興恢復周宇初學記九

漢高祖讚

漢祖明達兼咨權武總御羣雄翦翦強楚奄正華夏經略區宇遂

登天位纘堯之緒初學記九

漢文帝讚

漢之光大實惟孝文體仁尚儉克己爲君按轡細柳抑尊成軍營兆南原陵不崇墳初學記九

孔子讚

仲尼大聖遭時昏荒河圖沈翳鳳鳥幽藏爰整禮樂㠯綜三綱因史立法是謂素王初學記十七

顏子讚

顏子睿亹仁心不違行無貳過知章知微初學記十七

左丘明讚

丘明作史時惟衰周錯綜墳籍思弘徽猷闡明王典光演春秋誕宣聖旨曠代彌休初學記十七

新婚箴

今在哲文遺家不造結髮之麗不同偕老既納新配內芬外藻厚味腊毒大命將夭色不可耽命不可輕君子是憚敢告後生藝文類聚四十案初學記十四所載摯虞新婚箴乃潘岳荅也非此篇佚文故不錄

尚書令箴

舜納大麓七政㠯齊內成外平風雨不迷補我袞闕闡我王猷王猷允塞四海咸休雖聖雖明必賴良才無曰我智官不能任發言如絲其出成綸千里之應樞機在身藝文類聚四十八文選顏延之北使洛詩注案初學記十一作張華其文多五十餘字今不能定是誰作別編于張華集

武庫銘

有財無義惟家之殃無愛糞土㠯毀五常初學記二十四御覽一百九十一

門銘

祿無常家福無定門人謀鬼謀道在則尊藝文類聚六十三御覽一百八十三

竈屋銘

大孝養志厥次養形事親㠯敬美過三牲藝文類聚八十

決疑

凡救日蝕者皆著赤幘㠯助陽也日將蝕天子素服避正殿內外嚴警太史登靈臺伺候日變便伐鼓于門闔鼓音侍臣皆著赤幘帶劒入侍三臺令史㠯上皆各持劒立其戶前衛尉卿驅馳繞宮伺察守備周而復始亦伐鼓于社用周禮也又㠯赤絲爲繩㠯繫社祝史陳辭㠯責之句龍之神天子之上公故陳辭㠯責之日復常乃罷晉書禮志上引摯虞決疑又見宋書禮志一

理疑

父母服竟繼母還前親子家當爲何服比有問有夫婦生男女三人遭荒亂離散不知死生母後嫁有繼子後夫未亡得親子信請還親子家後夫言可爾後數年夫亡喪之如禮服竟隨親子去別繼子云我則爲絕死不就汝家葬也而名戶籍如故母今亡繼

中當作重

子當何服服之三年則不來葬服之周則無所嫁博士淯于睿等㠯為當依繼母嫁從為服周博士孫綽議曰父荅雖有可爾之語夫妻枕席相順之意固非決絕之辭也繼母喪父如禮服竟之後不還私家踰歲歷年情養無二毋恩不衰適見親子專自任意無所關報私隨其志絕亡夫背繼子違三從正義亦為大矣今毋雖不毋子何緣得計去留權輕重而降之哉夫五服有名不可謬施施之為出出義不全施之于嫁嫁義不成欲降服周于禮何居名在居籍私歸親子喪柩南北禮律私法計其可知便決降服許令制周煩在可怪博士弟子北海徐叔中難孫云㠯前問不立甲乙為名稱于義不便今㠯毋為甲先夫為乙後夫為丙先子為丁繼子為戊丙言可爾必慮事宜順其至情非虛欺也臨終不命知死之後制不在己故也甲不中求信之前言也本有未還之計去替不還葬之辭生則已不得養死則不與己父同穴就不成嫁當為去毋附之于嫁不亦宜乎。通典九十四引摯虞理疑。

文章流別論

文章者所㠯宣上下之象明人倫之敘窮理盡性㠯究萬物之宜者也王澤流而詩作成功臻而頌興德勳立而銘著嘉美終而誄集祝史陳辭官箴王闕周禮太師掌教六詩曰風曰賦曰比曰興曰雅曰頌言一國之事繫一人之本謂之風言天下之事形四方之風謂之雅頌者美盛德之形容賦者敷陳之稱也比者喻類之言也興者有感之辭也後世之為詩者多矣其功德者謂之頌其餘則總謂之詩頌詩之美者也古者聖帝明王功成治定而頌聲興于是史錄其篇工歌其章㠯奏于宗廟告于鬼神故頌之所美者聖王之德也則㠯為律呂或㠯頌形或㠯頌聲其細已甚非古頌之意昔班固為安豐戴侯頌史岑為出師頌和熹鄧后頌與魯頌體意相類而文辭之異古今之變也揚雄趙充國頌頌而似雅

傅毅顯宗頌文與周頌相似而雜㠯風雅之意若馬融廣成上林之屬純為今賦之體而謂之頌失之遠矣。藝文類聚五十六。御覽五百八十八。

賦者敷陳之稱古詩之流也古之作詩者發乎情止乎禮義情之發因辭㠯形之禮義之旨須事㠯明之故有賦焉所㠯假象盡辭敷陳其志前世為賦者有孫卿屈原尚頗有古詩之義至宋玉則多淫浮之病矣楚辭之賦賦之善者也故揚子稱賦莫深于離騷賈誼之作則屈原儔也古詩之賦㠯情義為主㠯事類為佐今之賦㠯事形為本㠯義正為助情義為主則言省而文有例矣事形為本則言當而辭無常矣文之煩省辭之險易蓋由于此夫假象過大則與類相遠逸辭過壯則與事相違辯言過理則與義相失麗靡過美則與情相悖此四過者所㠯背大體而害政教是㠯司馬遷割相如之浮說揚雄疾辭人之賦麗㠯淫。藝文類聚五十六。御覽五百八十七。

書云詩言志歌永言言其志謂之詩古有採詩之官王者㠯知得失古之詩有三言四言五言六言七言九言古詩率㠯四言為體而時有一句二句雜在四言之閒後世演之遂㠯為篇古詩之三言者振振鷺鷺于飛之屬是也漢郊廟歌多用之五言者誰謂雀無角何㠯穿我屋之屬是也于俳諧倡樂多用之六言者我姑酌彼金罍之屬是也樂府亦用之七言者交交黃鳥止于桑之屬是也于俳諧倡樂世用之古詩之九言者洞酌彼行潦挹彼注茲之屬是也不入歌謠之章故世希為之夫詩雖㠯情志為本而㠯成聲為節然則雅音之韻四言為正其餘雖備曲折之體而非音之正也。藝文類聚五十六。

七發造于枚乘借吳楚㠯為客主先言出輿入輦蹷痿之損深宮洞房寒暑之疾靡曼美色晏安之毒厚味暖服淫曜之害宜聽世之君子要言妙道㠯疏神導引蠲淹滯之累既設此辭㠯顯明去就之路而後說㠯色聲逸遊之樂其說不入乃陳聖人辨士講論

之娛。而霍然疾瘳。此因膏粱之常疾㠯為匡勸。雖有甚泰之辭。而不沒其諷諭之義也。其流遂廣。其義遂變。率有辭人淫麗之尤矣。崔駰既作七依。而假非有先生之言曰。嗚呼揚雄有言。童子雕蟲篆刻。俄而曰壯夫不為也。孔子疾小言破道。斯文之族。豈不謂義不足而辨有餘者乎。賦者將㠯諷。吾恐其不免于勸也。藝文類聚五十七。御覽五百九十。

揚雄依虞箴作十二州十二當作二十五。官箴。而傳于世。不具九官。崔氏累世彌縫其闕。胡公又㠯次其首目而為之解。署曰百官箴。書鈔原本一百二。

夫古之銘至約。今之銘至繁。亦有由也。質文時異。論既論則之矣。且上古之銘。銘于宗廟之碑。蔡邕為楊公作碑。其文典正。末世之美者也。後世㠯來之器銘之嘉者。有王莽鼎銘。崔瑗机銘。朱公叔鼎銘。王粲硯銘。咸㠯表顯功德。天子銘嘉量。諸侯大夫銘太常。勒

鍾鼎之義。所言雖殊。而令德一也。李尤為銘。自山河都邑至于刀筆平契。無不有銘。而文多穢病。討論潤色。言可采錄。御覽五百九十。

詩頌箴銘之篇。皆有往古成文。可放依而作。惟誄無定制。故作者多異焉。見于典籍者。左傳有魯哀公為孔子誄。御覽五百九十六。

哀辭者。誄之流也。崔瑗蘇順馬融等為之。率㠯施于童殤夭折不㠯壽終者。建安中文帝與臨淄侯各失稚子。命徐幹劉楨等為之哀辭。哀辭之體。㠯哀痛為主。緣㠯歎息之辭。御覽五百九十六。

今所□哀策者。古誄之義。御覽五百九十六。

若解嘲之弘緩優大。應賓之淵懿溫雅。連旨之壯厲忼慨。應閒之綢繆契闊。郁郁彬彬。靡有不長焉矣。書鈔一百。

古有宗廟之碑。後世立碑于墓。顯之衢路。其所載者銘辭也。□□□

圖讖之屬。雖非正文之制。然㠯取其縱橫有義。反覆成章。□□□

□□

烏程嚴可均校輯

郤詵

詵字廣基。濟陰單父人。泰始中舉賢良對策第一。拜議郎。咸寧中母憂服闋。召爲征東參軍。平吳。監軍長史。徙尚書郎。轉車騎從事中郎。遷尚書左丞。後爲雍州刺史。

泰始七年舉賢良對策

詔曰。蓋太上㠯德撫時。易簡無文。至于三代。禮樂大備。制度彌繁。文質之變。其理何由。虞夏之際。聖明繼踵。而損益不同。周道既衰。仲尼猶曰從周。因革之宜。又何殊也。聖王既沒。遺制猶存。霸者迭興而翼輔之。王道之缺。其無補乎。何陵遲之不反也。豈霸德之淺歟。期運不可致歟。且夷吾之智。而功止于霸。何哉。夫昔人之爲政。革亂亡之弊。建不刊之統。移風易俗。刑措不用。豈非化之盛歟。何脩而嚮茲。朕獲承祖宗之休烈。于茲七載。而人未服訓。政道罔述。㠯古況今。何不相逮之遠也。雖明之弗及。猶思與羣賢慮之。將何㠯辨所聞之疑昧。獲至論于讜言者乎。加自頃戎狄內侵。災害屢作。邊甿流離。征夫苦役。豈政刑之謬。將有司非其任歟。各悉乃心。究而論之。上明古制。下切當今。朕之失德。所宜振補。其正議無隱。將敬聽之。詵對曰。

伏惟陛下㠯聖德君臨。猶垂意于博採。故招賢正之士。而臣等薄陋不足㠯降大問也。是㠯竊有自疑之心。雖致身于闕庭。亦僶俛矣。伏讀聖策。乃知下問之旨篤焉。臣聞上古推賢讓位。教同德一。故易簡而人化。三代世及。季末相承。故文繁而後整。虞夏之相因。而損益不同。非帝王之道異。救弊之路殊也。周當二代之流。承彫僞之極。盡禮樂之致。窮制度之理。其文詳備。仲尼因時宜而曰從周。非殊論也。臣聞聖王之化。先禮樂。五霸之興。勤政刑。禮樂之化深。政刑之用淺。動之則可㠯小安。墮之則遂陵遲。所由之路本近。故所補之功不倖也。而齊桓失人之葬已。夷吾淪于小器。功止于霸。不亦宜乎。策曰。建不刊之統。移風易俗。使天下洽和。何脩而嚮茲。臣㠯爲莫大于擇人而官之也。今之典刑匪無一統。宰牧之才優劣異績。或㠯之興。或㠯之替。此蓋人能弘政。非政弘人也。舍人務政。雖勤何益。臣竊觀乎古今。而考其美惡。古人相與求賢。今人相與求爵。古之官人。君責之于上。臣舉之于下。得其人有賞。失其人有罰。安得不求賢乎。今之官者。父兄營之。親戚助之。有人事則通。無人事則塞。安得不求爵乎。賢苟求達。達在脩道。窮在失義。故靜㠯待之也。爵苟可求。得在進取。失在後時。故動㠯要之也。動則爭競。爭競則朋黨。朋黨則誣誷。誣誷則臧否失實。眞僞相冒。主聽用惑。姦之所會也。靜則貞固。貞固則正直。正直則信讓。信讓則推賢。推賢不伐。相下無釁。主聽用察。德之所趣也。故能使之靜。雖曰高枕而人自正。不能禁動。雖復夙夜。俗不一也。且人無愚知。咸慕名宦。莫不飾正于外。藏邪于內。故邪正之人。難得而知也。任得其正。則衆正益至。若得其邪。則衆邪亦集。物繁其類。誰能止之。故國失世者。未嘗不爲衆邪所積也。方其初作。必始于微。微而不絕。其終乃著。天地不能頓爲寒暑。人主亦不能頓爲隆替。故寒暑漸于春秋。隆替起于得失。當今之世。宦者無關梁。邪門啓矣。朝廷不責賢。正路塞矣。得失之源。何㠯甚此。所謂責賢。使之相舉也。所謂關梁。使之相保也。賢不舉則有咎。保不信則有罰。有罰則有司莫不悚也。㠯求其才焉。故古者諸侯必貢士。不貢者削。貢而不適亦削。夫士者難知也。不適者薄過也。不得不責。強其所不知也。罰其所不適。深其薄過。非恕也。且天子于諸侯。有不純臣之義。斯責之矣。施刑之道。寍縱不濫之矣。今皆反是。何也。夫賢者。天地之紀。品物之宗。其急之矣。故寍濫㠯得之。無縱㠯失之也。今則不然。世之悠悠

關下脫亡字

者各自取辦耳故其材行並不可必于公則政事紛亂于私則汚穢狼籍自頃長吏特多此累有亡命而被購懸者矣有縛束而絞戮者矣貪鄙竊位不知誰升之者獸兕出檻不知誰可咎者網漏吞舟何以過此人之于利如蹈水火焉前人雖敗後人復起如彼此無已誰止之者風流日競誰憂之者雖今聖思勞于夙夜所使爲政恆得此屬欲聖世化美俗平亦俟河之清耳若欲善之宜創舉賢之典峻闕粱之防其制既立則人慎其舉而不苟則賢者可知知賢而試則官得其人矣官得其人則事得其序事得其序則物得其宜物得其宜則生生豐植人用資給和樂興焉是故寡過而遠刑知恥以近禮此所以建不刊之統移風易俗刑措而不用也

策曰自頃夷狄內侵災眚屢降將所任非其人乎何由而至此

臣聞蠻夷猾夏則皋陶作士此欲善其末則先其本也夫任賢則政惠使能則刑恕政惠則下仰其施刑恕則人懷其勇施以殖其財勇以結其心故人居則資贍而知方動則親上而志勇苟思其利而除其害以生道利之者雖死不貳以逸道勞之者雖勤不怨故其命可授其力可竭以戰則剋以攻則拔是以善者慕德而安服惡者畏懼而削迹止戈而武義實在文唯任賢然後無患耳若夫水旱之災自然理也故古者三十年耕必有十年之儲堯湯遭之而人不困有備故也自頃風雨雖頗不時考之萬國或境土相接而豐約不同或頃畝相連而成敗異流固非天之必害于人人實不能均其勞苦失之于人而求之于天則有司惰職而不勸百姓殆業而咎時非所以定人志致豐年也宜勤人事而已臣誠愚鄙不足以奉對聖朝猶進之于廷者將使取諸其懷而獻之乎臣懼不足也若收不知言以致知言臣則可矣是以辭鄙不隱也　晉書郄詵傳又略見羣書治要三十

自理表

臣生三月而孤隨母依外祖舅爲縣悉家以咸寧二年母亡家自祖以下十四墳在緱氏而墓數有水規悉遷改常多病疾遂便留此此方下溼唯城中高故遂葬于所居之宅祭于所養之堂不知其不可也　通典一百三

與魏舒書

公久疾小差視事是也唯上所念何意起訖還臥曲身迴法甚失具瞻之望公少立巍巍一旦棄之可不惜哉　晉書魏舒傳

阮种

种字德猷陳留尉氏人泰始中察孝廉爲公府掾舉賢良對策上第除尚書郎復廷試對策第一轉中書郎遷平原相有集二卷

泰始七年舉賢良對策

策曰在昔哲王承天之序光宅宇宙咸用規矩乾坤惠康品類休風流衍彌于千載朕應踐洪運統位七載于今矣惟德弗嗣不明于政宵興惕厲未燭厥猷子大夫韞韣道術儼然而進朕甚嘉焉其各悉乃心以闡喻朕志深陳王道之本勿有所隱朕虛心以覽焉

种對曰夫天地設位聖人成能王道至深所以行化至遠故能開物成務而功業不匱近無不聽遠無不服德逮羣生澤被區宇聲施無窮而典垂百代故經曰聖人久于其道而天下化成宜師縱往代襲迹三五矯世更俗以從人望令率土遷義下知所適播醇美之化杜邪枉之路斯誠羣黎之所欣想盛德而幸望休風也

又問政刑不宣禮樂不立對曰政刑之宣故由乎禮樂之用昔之明王唯此之務所以防遏暴慢感動心術制節生靈而陶化萬姓也禮以體德樂以詠功樂本于和而禮師于敬矣

又問戎蠻猾夏對曰戎蠻猾夏侵敗王略雖古盛世猶有此虞故詩稱玁狁孔熾書歎蠻夷帥服自魏氏以來夷虜內附鮮有桀悍

侵漁之患由是邊守遂怠鄣塞不設而令醜虜內居與百姓雜處邊吏擾習人又忘戰受方任者又非其材或以狙詐侵侮邊夷或干賞啗利妄加討戮夫以微羈而御悍馬又乃操以煩策其不制者固其理也是以羣醜蕩駭緣閒而動雖三州覆敗牧守不反此非胡虜之甚勁蓋用之者過也臣聞王者之伐有征無戰懷遠以德不聞以兵夫兵凶器而戰危事也兵興則傷農衆集則費積農傷則人匱積費則國虛昔漢武之世承文帝之業資海內之富役其材臣以甘心匈奴競戰勝之功貪攻取之利良將勁卒屈于沙漠勝敗相若克不過當天百姓之命塡餓狼之口及其以衆制寡令匈奴遠迹收功祁連飲馬瀚海天下之耗已過太半矣夫虛中國以事夷狄誠非計之得者也是以盜賊蜂起山東不振暨宣元之時趙充國征西零馮奉世征南羌皆兵不衄刃摧抑强暴擒其首惡此則折衝厭難勝敗相辨中世之明效也

又問咎徵作見對曰陰陽否泰六沴之災則人主修政以禦之思患而防之建皇極之首詳庶徵之用詩曰敬之敬之天惟顯思天聰明自我人聰明是以人主祗承天命日愼一日也故能應受多福而永世克祚此先王之所以退災消眚也

又問經化之務對曰夫王道之本經國之務必先之以禮義而致人于廉恥禮義立則君子軌道而讓于善廉恥立則小人謹行而不淫于制度賞以勸其能威以懲其廢此先王所以保乂定功化洽黎元而勳業長世也故上有克讓之風則下有不爭之俗朝有矜節之士則野無貪冒之人夫廉恥之于政猶樹埶之有豐壤良歲之有膏澤其生物必油然茂矣若廉恥不存而惟刑是御則風俗彫弊人失其性錐刀之末皆有爭心雖峻刑嚴辟猶不勝矣其于政也如農者之殖磽野旱年之望豐穡必不幾矣此三代所以享德長久風醇俗美皆數百年保天之祿而秦二世而弊者蓋其所由之塗殊也

又問將使武成七德文濟九功何路而臻于茲凡厥庶事曷後曷先對曰夫文武經德所以成功丕業咸熙庶績者莫先于選建明哲授方任能令才當其官而功稱其職則萬機咸理庶寮不曠書曰天工人其代之然則繼天理物寧國安家非賢無以成也夫賢才之畜于國猶良工之須利器巧匠之待繩墨也器用利則斲削易而材不病繩墨設則曲直正而衆形得矣是以人主必勤求賢而佚以任之也賢臣之于主進則忠國愛人退則砥節潔志營職不干私義出心必由公塗明度量以呈其能審經制以效其功此昔之聖王所以恭己南面而化于陶鈞之上者以其所任之賢與所賢之信也方今海內之士皆傾望休光希心紫極唯明主之所趣舍若開四聽之聽廣疇咨之求拔羣英延俊乂考工授職呈能制官朝無素餐之士如此化流罔極樹功不朽矣晉書阮种傳。

廷試對策

詔曰前者對策各指答所問未盡子大夫所欲言故復延見其具陳所懷又比年連有水旱災眚雖戰戰兢兢未能究天人之理當何修以應其變人遇水旱饑饉者何以救之中閒多事未得寧靜思以省息煩務令百姓不失其所若人有所患苦者有宜損益使公私兩濟者委曲陳之又政在得人而知之至難唯有因人視聽耳若有文武隱逸之士各舉所知雖幽賤負俗勿有所限故虛心思聞事實勿務華辭莫有所諱也种對曰伏惟陛下以聖哲玄覽降卹黎蒸將濟元元同之三代旁求俊乂以輔至化此誠堯舜之用心也臣猥以頑魯之質應淸明之舉前者對策不足以疇塞聖詔所陳不究臣誠蒙昧所以爲罪臣聞天生蒸庶樹君以司牧之人君道洽則彝倫攸敘五福來備若政有愆失刑理頗僻則庶徵不應而淫亢爲災此則天人之理而興廢之由也昔之聖王政道

備而制先具執人目務致之于本是目雖有水旱之眚而無饑饉之患也自頃陰陽隔并水旱爲災亦由期運之致不然則亦有司之不帥不能宣承聖德目贊揚大化故和氣未降而人事未敘也方今百姓彫弊公私無儲誠在于休役靜人勸嗇務分此其救也人之所患由于役煩網密而信道未孚也役煩則百姓失業網密則下背其誠信道未孚則人無固志此則損益之至務安危之大端也傳曰始與善善進則不善蔑由至孔子曰視其所目觀其所由人焉廋哉若夫文武隱逸之士幽賤負俗之才故非愚臣之所能識謹竭愚目對晉書阮种傳

王崇

崇字幼遠廣漢郪人泰始中爲上庸太守遷蜀郡太守

論蜀後主

昔世祖內資神武之大才外拔四七之奇將猶勤而獲濟然乃登天衢車不輟駕坐不安席非淵明弘鑒則中興之業何容易哉後主庸常之君雖有一亮之經緯內無胥附之謀外無爪牙之將焉可包括天下也華陽國志十二

論姜維

油當作由

鄧艾目疲兵二萬溢出江油姜維舉十萬之師案道南歸艾爲成禽禽艾已訖復還拒會則蜀之存亡未可量也乃迴道之巴遠至五城使艾輕進徑及成都兵分家滅已自招之然目鍾會之知略

揵當作捷

稱爲子房姜維陷之莫至剋揵籌筭相應優劣惜哉華陽國志十二

何攀

攀字惠興蜀郡郪人泰始中歷郡主簿上計吏州從事咸寗中王濬辟主簿別駕除郎中與平吳功封關內矦太康初爲王濬輔國司馬除滎陽令進廷尉平遷散騎侍郎惠帝時目與誅楊駿功封西城公轉東羌校尉領越騎校尉又領河南尹遷揚州刺史假節徵拜大司農兼三州都遷兖州刺史不之官卒贈司農謚曰桓

辭司農表

被疾錯忘不堪銓量人物華陽國志十一

上疏策孫皓

皓必不敢出宜因今戒嚴掩取甚易華陽國志十一

駁盜罪

上關執信之主下關儲備之物設有開上關何目加刑華陽國志十一攀爲廷尉平有盜開城門下關者法據大辟攀駁之

張靖

靖泰始末太常博士

皇太子爲太后服議

孝文權制三十六日之服目日易月道有汙崇禮不得全皇太子亦宜割情除服通典八十二泰始十年武元楊皇后崩博士張靖議

母下脫弟字

荅安平國移問

宜依魯僖服閔三年例目母繫上繼獻王後通典九十三咸寗二年安平穆王薨無嗣移問太常應何服博士張靖荅

陳逵

逵泰始末爲博士

皇太子爲太后服議

今制所依蓋漢帝權制興于有事非禮之正皇太子無有國事自宜終服晉書禮志中通典八十二

又議

三年之喪人子所目自盡故聖人制禮自上達下是目今制將吏諸遭父母喪皆假寗二十五月敦崇孝道所目風化天下皇太子至孝著于內而縗服除于外非禮所謂稱情者也宜其不除通典八十

陳邵

邵字節良，下邳人，爲司空長史。

周禮論序

戴德刪古禮二百四篇爲八十五篇，謂之大戴禮。戴聖刪大戴禮爲四十九篇，是爲小戴禮。（經典釋文敘錄。）

段暢

暢，泰始末爲博士。

重申杜元凱奏議皇太子除服

尚書毋逸云：高宗諒陰，三年不言。諸儒皆云亮陰，默也。唯鄭玄獨以諒闇爲凶廬。今據諸儒爲正，明高宗既卒哭，卽位之後，除衰麻，躬行信默，聽于冢宰以終三年也。言卽位以明免喪之後，素服心喪，謂之諒闇。故杜議曰：天子居喪，齊斬之情，苴杖絰帶，當其遂服

葬而除服，諒闇以終三年也。國語、楚語及論語、禮記坊記、喪服四制，皆說高宗之義，大體無異。唯尚書大傳以諒闇爲凶廬，蓋東海伏生所說，鄭玄之所依博而攻之義，既不通，據經所言，是唯天子居凶廬，豈合禮制？代俗皆謂大祥後禫時爲諒闇。漢記稱和熹鄧皇后居母喪，縞素不食肉，亦曰諒闇。此乃古今之通言，信默者爲得之也。（通典八十。）

復申杜元凱議

案春秋僖公九年，宋桓公卒，未葬，而襄公會諸侯，故曰子。凡在喪，王曰小童，公侯曰子。傳發宋公而因釋王在喪未葬，稱在喪葬訖卒哭，已除衰麻，故不復名在喪。此諸侯除服之證也。案禮記諸侯元子既葬，見于天子，曰類見，將嗣父位，除喪見王，以受瑞命，由嗣而見，故曰類見。于是天子禮之太廟，賜以命服。此諸侯不以麻終三年之證也。雜記麻者不紳，執玉不麻，麻不加于采。諸侯既卒哭卽位，則有聘享朝會之禮，既執玉服采，不宜復以服麻，故云衰麻服縞素縞素之制，可以雜于吉也。此除衰麻諒闇之文也。喪大記云：君既葬，王政入于國，既卒哭而服王事；大夫士既葬，公政入于家，既卒哭，弁絰帶，金革之事無避也。然則大夫士皆以縗麻終三年，故雖卒哭稱弁絰帶，以服金革之事。諸侯以上卒哭除衰麻諒闇，故特不言弁絰。此諸侯衰麻除之證也。又春秋魯隱公元年，天王使宰咺來歸惠公仲子賵。左傳曰：贈死不及尸，弔生不及哀。既卒哭除服諒闇，此爲免喪之後來弔，故曰弔生不及哀。此諸侯卒哭除衰之證也。文公元年，天王使毛伯來賜公命。公羊傳曰：命者何？加我服也。賈逵以爲諸侯踰年卽位，天子賜以命珪，合瑞爲信也。然則皆得行吉禮。文公元年，公孫敖如齊。左傳曰：穆伯如齊，始聘焉，禮也。凡君卽位，卿出竝聘，踐修舊好，要結外援，好事鄰國，以衞社稷也。僖公之喪未三年，嫌于不可以接吉事，故傳發明大義

以正諸侯之禮也。春秋襄公十五年冬十一月，晉侯周卒。十六年正月，葬晉悼公。三月，公會晉侯于湨梁。左傳曰：葬晉悼公，平公卽位，改服修官，烝于曲沃，與諸侯宴于溫，使諸大夫舞，曰歌詩必類。諸侯五月而葬，今晉悼三月便葬，遂合諸侯燕會，使大夫歌舞，皆非喪禮也。羊舌肸、祁奚、韓襄皆晉之賢大夫也，平公尚幼，宰傅相之命，諸賢傅幼君，而若此者，蓋繼好講信，謀事補闕之大者，故傳其行事也。晉子墨衰絰征秦，遂墨衰以葬，書春秋時卒哭之後，御軍甚多，無衰墨之文，明其服也。弁絰金革，禮所權許，皆爲救危亡者也。哀公五年秋九月，齊侯杵臼卒；六年，公羊傳曰：除景公之喪，諸大夫皆在朝。又理會于陳乞之家，明其皆免喪，無復所制也。（通典八十。）

王昌前母服議

禮爲常事制，不爲非常設也。亡父母不知其死生者，不著于禮乎。生不相見，去其加隆，以朞爲斷。（晉書禮志中，泰康元年，段暢議。案王昌事詳竟陵王楙文。）

劉儈

儈咸寧初辟羊祜征南府

詣杜預牋

昔吕謬選忝備官屬，各得與前征南大將軍祜參同庶事。祜執德沖虛，操尚清遠，德高而體卑，位優而行恭。前膺顯命，來撫南夏，既有三司之儀，復加大將軍之號，雖居其位，不行其制。至今海內渴佇，羣俊望風，涉其門者，貪夫反廉，懦夫立志，雖夷惠之操，無吕尚也。自鎮此境，政化被乎江漢，潛謀遠計，闢國開疆，諸所規模，皆有軌量，志存公家，吕死勤事。始辟四掾，未至而隕。夫舉賢報國，台輔之遠任也；搜揚側陋，亦台輔之宿心也。中道而廢，亦台輔之私恨也。履謙積稔，晚節不遂，此遠近所吕為之感痛者也。昔召伯所憩，愛流甘棠；宣子所游，封殖其樹。夫思其人，尚及其樹，況生存所辟之士，便當隨例放棄者乎？乞蒙列上，得依已至掾屬。晉書羊祜傳：祜開府累年，謙讓不辟士，始有所命，會卒。劉儈、趙寅、劉彌、孫勃等牋詣杜預云云。

彭禮

禮，一作權。咸寧中為尚書。

羊伊出後議

子之出養，必由父命，無命而出，是為叛子。隋書劉子翊傳：子翊駁劉炫議云：晉羊祜無子，取弟子伊為子，祜薨，伊不服重，祜妻表聞，伊辭曰：伯生存養已，伊不敢違，然無父命，故還本生。尚書彭禮議云云，于是下詔從之。又見北史八十五。

全晉文卷七十八終

全晉文卷七十九

烏程嚴可均校輯

秦秀

秀字玄良新興雲中人魏驍騎將軍朗子咸寧中爲博士太康中以議齊王攸事除名尋復爲博士

上言王濬位號

自大晉啓祚輔國之號率以舊恩此爲王濬無功之時受九列之顯位立功之後更得寵人之辱號也四海視之孰不失望蜀小吳大平蜀之後二將皆就加三事今濬還而降等天下安得不惑乎吳之未亡也雖以三祖之神武猶躬受其屈以孫皓之虛名足以驚動諸夏每一小出雖聖心知其垂亡然中國輒懷惶怖當爾時有借天子百萬之衆平而有之與國家結兄弟之交臣恐朝野實皆甘之耳今濬舉蜀漢之卒數旬而平吳雖舉吳人之財寶以與之本非已分有焉而據與計校乎（晉書秦秀傳王濬有平吳之勳而爲王渾所譖毀以爲輔國大將軍天下咸爲之怨秀乃上言）

何曾謚議

故太宰何曾雖階世族之胄而少以高亮嚴肅顯登王朝事親有色養之名在官奏科尹之模此二者實得臣子事上之槩然資性驕奢（御覽作侈）不循軌則朝野之論不可具言詩云節彼南山惟石巖巖赫赫師尹民具爾瞻言其德行高峻動必以禮耳丘明有言儉德之恭也侈惡之大也大晉受命勞謙隱約曾受寵二代顯赫累世暨乎耳順之年身兼三公之位食大國之租荷保傅之貴秉司徒之均二子皆金貂卿校列于帝側方之古人責深負重雖舉門盡死猶不稱位而乃驕奢過度名被九域行不履道而享位非常有生之民咸怪其行以古義言之非惟失輔相之宜違斷金之利也穢皇代之美棄羔羊之節壞人倫之敎生天下之醜示後生之傲莫大于此自近（御覽作奕）世以來宰臣輔相未有受垢辱之聲被有司之劾父子塵累而蒙恩貸若曾者也周公弔二季之陵遲哀大敎之不行于是作謚以紀其終曾參奉之啓手歸全易簀而歿蓋明慎終死而後已齊之史氏亂世陪臣耳猶書君弒累死不懲況于皇代守典之官敢畏強盛而不盡禮管子有言禮義廉恥是謂四維四維不張國乃滅亡宰相大臣人之表儀若生極其情死又無貶是則帝室無政刑也王公貴人復何畏哉所謂四維復何寄乎謹案謚法名與實爽曰繆怙亂（御覽作威）肆行曰醜曾之行已皆與此同宜謚爲繆醜公古人闔棺之日然後誅行不以前善沒後惡也（晉書秦秀傳又羣書治要二十九引晉書又御覽五百六十二引干寶晉紀）

王昌前母服議

案議者以禮無前妻之名依名絕之不爲之服斯乃是也今兄弟不同居而各以路人相遇其母恐一體之愛從此絕矣古人之爲未必案文唯稱情耳以爲二母之子宜各相事皆如所生雖無成典期于相睦得禮意也若前妻之子不勝母之哀來言曰我母自盡禮于事夫爲夫先祖所歆享爲父志所嘉爲人倫所欽敬便迎父喪歸于舊塋以其母祔矣則後妻之子寧可以據儒者之言以距之邪禮二妾之子父命令相慈養而使有三年之恩便同所生矣昌父何義不令二嫡依此禮乎父之執友有如子之禮況事兄之母乎然禮無明制非末學者所敢用心必不得已與其意而絕之不若意而事之故以爲昌宜追前母三年二母之祔以先後爲敘（晉書禮志中通典八十九案王昌事詳前竟陵王楙文）

賈充謚議

充位冠羣后惟民之望舍宗族弗授而以異姓爲後悖禮溺情以亂大倫昔鄫養外孫莒公子爲後春秋書莒人滅鄫聖人豈不知外孫親邪但以義推之則無父子耳又案詔書自非功如太宰始

封後如太宰。所取必己自出。如太宰。不得㠯爲比。然則㠯外孫爲後。自非元功顯德。不之得也。天子之禮。蓋可然乎。絕父祖之血食。開朝廷之禍門。案謚法。昏亂紀度曰荒。充宜謚曰荒。（晉書秦秀傳。又御覽五百六十二引干寶晉紀。）

張放

放。咸寧中爲博士。

臨軒遣使宜作樂議

臨軒遣使。應作樂。放案。太始中皇太子冠。太子進而樂作。位定而樂止。王者諸侯。雖殊尊卑。至于禮秩。或有同者。冠之與拜。俱爲嘉禮。是㠯準昔儀注。謂宜作樂。今符云。至尊受太子拜時。無鐘磬之樂也。（通典七十一。又一百四十七。）

楊珧

珧字文琚。弘農華陰人。太傅駿弟。咸寧中㠯外戚歷尚書令。衞將軍。遜位。尋復用事。惠帝初。與駿俱誅。

聘悼楊后時上表

歷觀古今。一族二后。未嘗㠯全。而受覆宗之禍。乞㠯表事。藏之宗廟。若如臣之言。得㠯免禍。（晉書楊珧傳。）

奏請建同姓

古者建侯。所㠯藩衞王室。今吳寇未殄。方岳任大。而諸王爲帥。都督封國。既各不臣其統內。于事重非宜。又異姓諸將居邊。宜參㠯親戚。而諸王公皆在京都。非扞城之義。萬世之固。

駮停馬隆將士勛賞議

前精募將士。少加爵命者。此適所㠯爲誘引。今隆全軍獨剋。西土獲安。不得便㠯前授塞。此後功宜皆聽許。㠯明要信。

楊濟

濟字文通。珧兄。歷鎮南征北將軍。遷太子太傅。惠帝初。與兄駿珧俱誅。

與傅咸書

昨遣人相視受罰。云大重。㠯爲怛然。相念杖痕。不耐風寒。宜深慎護。不可輕也。當飲酒。令體中常煖。爲佳。蘇治瘡急痛。故寄往之。（御覽六百五十引傅咸集。又八百五十八。蘇作酥。）

又與傅咸書

江海之流混混。故能成其深廣也。天下大器。非可稍了。而相觀每事欲了。生子癡。了官事。官事未易了也。了事正作癡。復爲快耳。左丞總司天臺。維正八坐。此未易居。㠯君盡性。而處未易居之任。益不易也。想慮破頭。故具有白。（晉書傅咸傳。）

趙休

休爲右軍督。

上書論楊氏

王莽五公。兄弟相代。今楊氏三公。並在位。而天變屢見。臣竊爲陛下憂之。（晉書楊珧傳。）

虞溥

溥字允源。高平昌邑人。咸寧中舉孝廉。除郎中。補尚書都令史。太康中遷公車司馬令。除鄱陽內史。有江表傳若干卷。集二卷。

王昌前母服議

臣㠯爲禮不二嫡。所㠯重正也。非徒如前議者防妒忌而已。故曰一與之齊。終身不改。未有遭亂而二嫡。苟嫡不可㠯二。則昌父更娶之辰。即前母義絕之日。固不待言而可知矣。議者㠯昌父無絕遣之言。尚爲正嫡。恐犯禮虧教。難㠯示後。案昌父既策名魏朝。更納後室。豈得懷舊君于江表。存外妻于讎國乎。非徒時政之所禁。乃臣道所宜絕。設使昌父尚存。二妻俱在。今始會同。必不使兩妻專堂。二嫡執祭。同爲之齊也。㠯此驗之。故知後嫡立。宜前嫡廢也。

卽使父有兩立之言猶將㠯禮正之況無遺命可㠯服乎溥㠯爲宜如祏議（晉書禮志中通典八十九太康元年尚書都令史虞溥議）

駮卞粹議王昌前母服

喪從寧戚謂喪事尙哀耳不使服非其親也夫死者終也終事已故無絕道分居兩存則離否由人夫婦㠯判合爲義今土隔人殊則配合理絕彼已更娶代已安得自同于死婦哉伯夷讓孤竹不可㠯爲後王法也且旣㠯爲嫡後服復云爲妾生則或貶或離死則同祔于葬妻專一㠯事夫夫懷貳㠯接己開僞薄之風傷貞信之敎于㠯純化篤俗不亦難乎今昌二母雖土地殊隔據同時竝存何得爲前母後母乎設使昌母先亡㠯嫡合葬而前母不絕遠聞喪問當復相爲制何服邪夫制不應禮動而愆失夫孝子不納親于不義貞婦不昧進而苟容今同前嫡于死婦使後妻居正而或廢于二子之心曾無恧乎而云誣父棄母恐此文致之言難㠯定臧否也禮違諸侯適天子不服舊君然則昌父絕前君矣更納後室廢舊妻矣又何取于宜誅宜撫乎且婦人之有惡疾乃慈夫之所愍也而在七出誠㠯人理應絕故也今夫婦殊域與無妻同方之惡疾理無㠯異據已更娶有絕前之證而云應服于義何居（晉書禮志中）

移告屬縣

學所㠯定情理性而積衆善者也情定于內而行成于外積善于心而名顯于敎故中人之性隨敎而移善積則習與性成唐虞之時皆比屋而可封及其廢也而云可誅豈非化㠯成俗敎移人心者哉自漢氏失御天下分崩江表寇隔久替王敎庠序之訓廢而莫修今四海一統萬里同軌熙熙兆庶咸休息乎太和之中宜崇尙道素廣開學業㠯讚協時雍光揚盛化（晉書虞溥傳）

獎訓學徒詔（御覽作屬學篇）

文學諸生皆冠帶之流年盛志美始涉學庭講修典訓此大成之業立德之基也夫聖人之道淡而寡味故始學者不好也及至朞月所觀彌博所習彌多耳聞所不聞目見所不見然後心開意朗敬業樂羣忽然不覺大化之陶己至道之入神也故學之染人甚于丹靑丹靑吾見其久而渝矣未見久學而渝者也夫工人之染先脩其質後事其色質脩色積而染工畢矣學亦有質孝悌忠信是也君子內正其心外脩其行行有餘力則㠯學文文質彬彬然後爲德夫學者不患才不及而患志不立故曰希驥之馬亦驥之乘希顏之徒亦顏之倫也又曰鍥而舍之朽木不知鍥而不舍金石可虧斯非其效乎今諸生口誦聖人之典體閑庠序之訓比及三年可㠯小成而令名宣流雅譽日新朋友欽而樂之朝士敬而歎之于是州府交命擇官而仕不亦美乎若乃含章舒藻揮翰流離稱述世務探賾究奇使楊班韜筆仲舒結舌亦惟才所居固無常人也然積一勺㠯成江河累微塵㠯崇峻極匪志匪勤理無由濟也諸生若絕人間之務心專親學累一㠯貫之積漸㠯進之則亦或遲或速或先或後耳何滯而不通何遠而不至邪（晉書虞溥傳御覽六百七又六百十三）

華譚

譚字令思廣陵江都人咸寧中揚州刺史周浚引爲從事令史太康中舉秀才對策第一除郎中遷太子舍人本國中正後爲鄄城令遷廬江除尙書郎永寧初出爲郟令再遷廬江內史加綏遠將軍封都亭侯㠯忤刺史劉陶下獄免建興初爲鎭東軍諮祭酒轉丞相軍諮祭酒領郡大中正大興初轉祕書監後加散騎常侍永昌初免卒年七十餘贈金紫光祿大夫有新論十卷集二卷

舉秀才對策

策曰今海內一統萬里同風天下有道莫斯之盛然北有未羈之虜西有醜施之氐故謀夫未得高枕邊人未獲晏然將何㠯長弭斯患混淸六合對曰臣聞聖人之臨天下也祖乾綱㠯流化順谷風㠯興仁兼三才㠯御物開四聰㠯招賢故勞謙日昃務在擇才宣明巖穴垂光隱滯俊乂龍躍帝道㠯光淸德鳳翔王化克舉是㠯臯陶見舉不仁者遠陸賈重漢遠夷折節今聖朝德音發于帷幄淸風翔乎無外戎旗南指江漢席卷干戈西征羌蠻慕化誠闡四門之秋興禮教之日也故髦俊聞聲而響赴殊才望險而雲集虛高館㠯俟賢設重爵㠯待士急善過于飢渴用人疾于應響杜佞諂之門廢鄭聲之樂混淸六合實由乎此雖西北有未羈之寇殊漠有不朝之虜征之則勞師得之則無益故班固云有其地不可耕而食得其人不可臣而畜來則懲而禦之去則備而守之蓋安邊之術也

又策曰吳蜀恃險今既蕩平蜀人服化無攜貳之心而吳人趑睢屢作妖寇豈蜀人敦樸易可化誘吳人輕銳難安易動乎今將欲綏靜新附何㠯爲先對曰臣聞漢末分崩英雄鼎峙蜀棲岷隴吳據江表至大晉龍興應期受命文皇運籌安樂順軌聖上潛謀歸命向化蜀染化日久風敎遂成吳始初附未改其化非爲蜀人敦愨而吳人易動也然殊俗遠境風土不同吳阻長江舊俗輕悍所安之計當先籌其人士使雲翔閶闔進其賢才待㠯異禮明選牧伯致㠯威風輕其賦斂將順咸悅可㠯永保無窮長爲人臣者也

又策曰聖人稱如有王者必世而後仁今天成地平大化無外雖匈奴未羈羌氐驕黠將修文德㠯綏之舞干戚㠯來之故兵戈載戢武夫寢息如此已可消鋒刃爲田器罷尚方武庫之用未邪對曰夫唐堯歷載頌聲乃作文武相承禮樂大同淸一八紘綏盪無外萬國順軌海內斐然雖復被髮之鄉徒跣之國皆習章甫而入朝要衣裳㠯磬折夫大舜之德猶有三苗之征㠯周之代獫狁爲寇雖有文德又須武備備豫不虞古之善敎安不忘危聖人常誡無爲罷武庫之常職鑠鋒刃爲佃器自可倒載干戈苞㠯獸皮將帥之士使爲諸侯于散樂休風未爲不泰也

又策曰夫法令之設所㠯隨時制也時險則峻法㠯取平時泰則寬綱㠯將化今天下太平四方無事百姓承德將就無爲而乂至于律令有所損益不對曰臣聞五帝殊禮三王異敎故或禪讓㠯光政或干戈㠯攻取至于興禮樂㠯和人流淸風㠯盪俗其歸一也今誠風敎大同四海無虞人皆感化去邪從正夫㠯堯舜之盛而猶設象刑殷周之隆而甫侯制律律令之存何妨于政若乃大道四達禮樂交通凡人脩行黎庶勵節刑罰懸而不用律令存而無施適足㠯隆太平之雅化飛仁風乎無外矣

又策曰昔帝舜㠯二八成功文王㠯多士興周夫制化在于得人

而賢才難得今大統雖同宜搜才實州郡有貢薦之舉猶未獲出羣卓越之倫將時無其人有而致之未得其理也對曰臣聞興化立法非賢無㠯光其道平世理亂非才無㠯宣其業上自皇羲下及帝王莫不張皇綱㠯羅遠飛仁風㠯被物故得賢則教興失人則政廢今四海一統萬里同風州郡貢秀孝臺府簡良才㠯八紘之廣兆庶之衆豈當無卓越儁逸之才乎譬猶南海不少明月之寶大宛不乏千里之駒也異哲難見遠數難覩故唐堯太平之化二八由舜而甫顯殷湯革王之命伊尹負鼎而方用當今聖朝禮亡國之士接遐裔之人或貂蟬于帷幄或剖符于千里巡狩必有呂公之遇宵夢必有巖穴之感賢儁之出可企踵而待也（晉書華譚傳）

上牋求退（建興中元帝爲丞相）

譚聞霸主遠聽㠯求才爲務僚屬量身㠯審己爲分故疏廣告老漢宣不違其志干木偃息文侯就式其廬譚無古人之賢竊有懷

遠之慕自登清顯出入二載執筆無贊事之功拾遺無補闕之績過在納言闕于舉善狂寇未賓復乏謀策年向七十志力日衰素飡無勞實宜辭退謹奉還所假左丞相軍諮祭酒版。（晉書華譚傳。）

遺顧榮等書

石冰之亂朝廷錄敏微功故加越次之禮授㠯上將之任庶有韓盧一噬之效而本性凶狡素無識達貪榮干運逆天而動阻兵作威盜據吳會內用凶弟外委軍吏上負朝廷寵授之榮下孤宰輔過禮之惠天道伐惡人神所不祐雖阻長江命危朝露忠節令圖君子高行屈節附逆義士所恥王蠋匹夫志不可屈于期慕義隕首燕庭況吳會仁人並受國寵或剖符名郡或列爲近臣而便辱身姦人之朝降節逆叛之黨稽顙屈膝不亦羞乎昔龔勝絕粒不食莽朝魯連赴海恥爲秦臣君子義行同符千載遂度雅量豈獨是安昔吳之武烈稱美一代雖奮奇宛葉亦受折襄陽討逆雄氣

志存中夏臨江發怒命訖丹徒顧先王承運雄謀天挺尚內倚慈母仁明之教外杖子布廷爭之忠又有諸葛顧步張朱陸全之族故能鞭笞百越稱制南州然兵家之興不出三世運未盈百歸命入臣今㠯陳敏倉部令史七第頑冗六品下才欲躡桓王之高蹤蹈大皇之絕軌遠度諸賢猶當未許也諸君垂頭不能建翟義之謀而顧生俛眉已受羈絆之辱皇輿東軒行即紫館百僚垂纓雲翔鳳闕廟勝之模潛運帷幄然後發荊州武旅順流東下徐州銳鋒南據堂邑征東勁卒燿威歷陽飛橋越橫江之津泛舟涉瓜步之渚威震丹陽擒寇建業而諸賢何顏見中州之士邪小寇隔津音符道闊引領南望情存舊懷忠義之人何世蔑有夫危而不能安亡而不能存將何貴乎永長裔德情所素重彥先垂髮分著金石公胄早交恩紀特隆令伯義聲清好密結上欲與諸賢效翼紫宸建功帝籍如其不爾亦可泛舟河渭擊楫清歌何爲辱身小寇

之手㠯蹈逆亂之禍乎昔爲同志今已殊域往爲一體今成異身瞻江長歎非子誰思願圖良策㠯存嘉謀也。（晉書陳敏傳。）

移前松滋令袁甫

誠㠯枯澤非應龍之淵棘林非鸞鳳之窟昔食其自匿監門非高祖不長揖孔明躬耕南陽非劉氏不馳驅望雲霄而偶翮見鴻漸之輕羽瞻長塗而高鳴知騏驥之迅足。（御覽五十七又四百七並引晉中興書）

對別駕陳總問

刺史嵇紹舉譚秀才將行別駕陳總餞之因問曰思賢之主㠯求才爲務進取之士㠯功名爲先何仲舒不仕武帝之朝賈誼失分漢文之時此吳晉之滯論可辯此理而後別譚曰夫聖人在上物無不理百揆之職非賢不居故山林無匿景衡門不棲遲至承統之王或是中才或復凡人居聖人之器處兆庶之上是㠯其教日穨風俗漸弊又中才之君所資者偏物㠯類感必于其黨黨言雖

非彼㠯爲是㠯所授有顏冉之賢所用有廟廊之器居官者日冀元凱之功在上者日冀堯舜之義彼豈知其政漸毀哉朝雖有求賢之名而無知才之實言雖當彼㠯爲誣策雖奇彼㠯爲妄誣則毀己之言入妄則不忠之責生豈故爲哉淺明不見深理近才不覩遠體也是㠯言不用計不施恐死亡之不暇何論功名之立哉故上官昵而屈原放宰嚭寵而伍員戮豈不哀哉若仲舒抑于孝武賈誼失于漢文蓋復是其輕者耳故白起有云非得賢之難用之難非用之難信之難得賢而不能用用而不能信功業豈可得而成哉。（晉書華譚傳。）

尚書二曹論

劉道真問許令長在吳何官答曰爲吏部尚書問曰吳待吏部如何餘曹答曰並通高選吏部特一時之俊劉曰晉魏㠯來俱爾獨謂漢氏重賊曹爲是吳晉重吏部爲非許君曰八座秩同班等其

如何當作何如

判當作刊

選竝清，宜同一揆。若人才或多或少，選例難精，如不得已，吏部職掌人物，人物難明，謂吳晉為得，而君何是古而非今。劉難曰：今吏部非為能判虛名，舉沈朴者，故錄以成人位處三署，選曹採鄉論而用之耳，無煩乎聰明。賊曹職典刑獄，刑難精，是以欲重之。荅曰：今之賊曹，不能聽聲觀色，以別眞僞，辭不能斷獄之尚書也。夫在獄者率小人，在朝者率君子，小人易檢，君子難精，俱不得已，吏部宜重，賊曹宜輕也。通典二十三引華譚集。

新論

夫體道者聖，遊神者哲，體道然後寄意形骸之外，遊神然後窮變化之端，故寂然不動，而萬物為我用，塊然元默，而衆機為我運。初學記十七。

全晉文卷七十九　華譚　十二

全晉文卷七十九終

全晉文卷八十

烏程嚴可均校輯

張敏

敏。太原中都人。咸寧中爲尚書郎。領祕書監。太康初出爲益州刺史。有集二卷。

奇士劉披賦

蓋士龍不可㠯升天。石人不任爲亭長。容皃雖佀。蹏足難奬。初學記五

神女賦 并序

世之言神女者多矣。然未之或驗也。至如弦氏之婦。案搜神記云東郡人姓成公名智瓊則近信而有證者。夫鬼魅之下人也。無不羸病損瘦。今義起案搜神記云濟北弦超此則其字也平安無恙。而與神女飲宴寢處。縱情極意。豈不異哉。余覽其歌詩。案搜神記有智瓊贈超詩辭旨清偉。故爲之作賦。

皇覽余之純德。步朱闕之崢嶸。靡飛除而入祕殿。侍太極之穆清。帝愍余之勤肅。將休余于中州。託玄靜㠯自處。是夫子之好仇。于是主人憮然而問之曰。爾豈是周之褒姒。齊之文姜。孽婦淫鬼。來自藏乎。儻亦漢之游女。江之娥皇。厭眞樂世。倦仙侍乎。于是神女乃斂袂正襟而對曰。我實貞淑。子何猜焉。且辯言知禮。恭爲令則。美姿天挺。盛飾表德。㠯此承歡。君有何惑。爾乃敷茵席。垂組帳。嘉旨既設。同牢而饗。微聞芳澤。心盪意放。于是尋房中之至燕。極長夜之懽情。心眇眇㠯忽忽。想北里之遺聲。既澹泊于幽默。揚覺寐而中驚。二語從文選謝靈運擬鄴中集詩注補賦斯時之要妙。進偉服之紛敷。俛撫衽而告辭。仰長歎㠯欷吁。乘雲霧而變化。遙棄我其焉如。藝文類聚七十九。

神女傳

弦義起感神女智瓊。智瓊後去。賜義起織成裙衫。北堂書鈔一百二十九。

頭責子羽文

余友有秦生者。雖有姊夫之尊。少而狎焉。同時好暱。有太原溫長仁。潁川荀景伯。范陽張茂先。華上郡劉文生。許南陽鄒潤甫。河南鄭思淵。諷數年之中。繼踵登朝。而此賢身處陋巷。屢沾而無善價。亢志自若。終不衰墮。爲之慨然。又怪諸賢既已在位。曾無伐木嚶鳴之聲。甚違王貢彈冠之義。故因秦生容貌之盛。爲頭責之文㠯戲之。并㠯嘲六子焉。雖佀諧謔。實有興也。其文曰。

維泰始元年。頭責子羽曰。吾託子爲頭。萬有餘日矣。大塊稟我㠯精。造我㠯形。我爲子植髮膚。置鼻耳。安眉須。插牙齒。眸子摛光。雙顴隆起。每至出入人閒。遨遊市里。行者辟易。坐者竦跽。或稱君侯。或言將軍。奉手傾側。佇立崎嶇。如此者。故我形之足偉也。子冠冕不戴。金銀不佩。釵㠯當笄。帢㠯代幗。旨味弗嘗。食粟茹菜。隈摧園閒。糞壤汙黑。歲莫年過。曾不自悔。子厭我于形容。我賤子乎意態。若此者乎。必子行己之累也。子遇我如讎。我視子如仇。居常不樂。兩者俱憂。何其鄙哉。子欲爲仁賢也。則當如皋陶。后稷。巫咸。伊陟。保乂王家。永見封殖。子欲爲名高也。則當如許由。子臧。卞隨。務光。洗耳逃祿。千歲流芳。子欲爲遊說也。則當如陳軫。蒯通。陸生。鄧公。轉禍爲福。令辭從容。子欲爲進趣也。則當如賈生之求試。終軍之請使。砥礪鋒穎。㠯幹王事。子欲爲恬淡也。則當如老聃之守一。莊周之自逸。廓然離俗。志淩雲日。子欲爲隱遁也。則當如榮期之帶索。漁父之瀺灂。棲遲神丘。垂餌巨壑。此一介之所㠯顯身成名者也。今子上不希道德。中不效儒墨。塊然窮賤。守此愚惑。察子之情。觀子之志。退不能爲處士。進無望于三事。而徒翫日勞形。習爲常人之所喜。不亦過乎。于是子羽愀然深念而對曰。凡所教敕。謹聞命矣。㠯受性拘係。不閑禮義。設㠯天幸。爲子所寄。今欲使吾爲忠也。即當如伍胥屈平。欲使吾爲信也。則當殺身㠯成名。欲使吾爲介節邪。則當赴水火㠯全貞。此四者。子之所忌。故吾不敢造意。頭

曰子所謂天刑地網剛德之尤不登山抱木則褰裳赴流吾欲告爾吕養性誨爾吕優游而與蟣蝨同情不聽我謀悲哉俱寓人體而獨爲子頭且擬人其倫喻子儕偶子不如太原溫顒潁川荀寓范陽張華上郡劉許南陽鄒湛河南鄭詡此數子者或謇吃無宮商或尪陋希言語或淹伊多姿態或蹣跚少智諝或口如含膠飴或頭如巾齏杵而猶文采可觀意思詳序攀龍附鳳並登天府夫舐痔得車沈淵得珠豈若夫子徒令脣舌腐爛手足沾濡哉居有事之世而恥爲權謀譬猶鑿池抱甕難吕求富嗟乎子矜何異牢檻之熊深穽之虎石間飢蝌竇中之鼠事力雖勤見功甚苦宜其拳局煎蹙至老無所希也支離其形猶能不困非命也夫豈與夫子同處也（世說排調篇注引敏集又見藝文類聚十七）

李毅

毅字允剛廣漢郪人太守王濬召爲主簿濬爲益州刺史進別駕舉秀才隨府爲龍驤參軍從平吳封關內矦除隴西護軍徙發令遷雲南太守徙犍爲太守使持節南夷校尉尋置甯州進刺史加龍驤將軍封成都縣矦卒贈少府謚曰威（案李重傳別有李毅字茂彥太康中爲尙書吏部郎同時同姓名非卽此）

病篤上疏陳謝

臣不能式遏寇虐疾與事遇使虜游魂兵穀既單器械窮盡而求救無望坐待殄斃若必不垂矜憂乞請大使及臣尙存加臣重罪若臣已死陳屍爲戮（華陽國志二）

劉卞

卞字叔龍東平須昌人爲尙書令史泰康初遷齊王攸司空主簿轉太常丞司徒左西曹掾尙書郎元康中累遷散騎常侍除幷州刺史入爲太子左衞率吕忤賈后遷輕車將軍雍州刺史懼誅飲藥死

王毖子昌前母服議

毖在南爲邦族于北爲羇旅吕此名分言之前妻爲元妃後妻爲繼室何至王路既通更當逐其今妻廢其嫡子不書姜氏絕不爲親吕其犯至惡也趙姬雖貴必推叔隗原同雖寵必嫡宣孟若違禮苟讓何則春秋所當善也論者謂地絕其情終已不得往來今地既通何爲故當追而絕之邪黃昌見美斯又近世之明比（晉書禮志中）

溫羨

羨字長卿太原祁人齊王攸辟爲掾遷尙書郎惠帝卽位拜豫州刺史入爲散騎常侍累遷尙書轉吏部尙書封大陵縣公出爲冀州刺史加後將軍尋避位徵爲中書監加散騎常侍未拜懷帝卽位遷左光祿大夫開府領司徒卒贈司徒謚曰元

駮論張華

自天子已下爭臣各有差不得歸罪于一人也故晏子曰爲己死亡非其親暱誰能任之里克之殺二庶陳乞之立陽生漢朝之誅諸呂皆積年之後乃得立事未有事主見存而得行其志于數月之內者也式乾之會張華獨諫上宰不和不能承風贊善望其指麾從命不亦難乎況今皇后譖害其子內難不預禮非所任且后體齊于帝尊同皇極罪在枉子事不爲逆義非所討今吕華不能廢枉子之后與趙盾不討殺君之賊同而追責之于義不經通也（晉書溫羨傳先是張華被誅齊王冏輔政建議欲復其官爵論者或吕爲非羨駮之）

溫嶠

嶠字太眞羨弟憺之子初爲司隸都官從事後舉秀才司徒辟東閣祭酒補上黨潞令劉琨請爲平北參軍隨府遷大將軍從事中郎上黨太守加建威將軍督護前鋒軍事又隨府遷司空右司馬進左長史元帝卽位除散騎侍郎歷王導驃騎長史遷

太子中庶子。明帝卽位。拜侍中。轉中書令。王敦請爲左司馬。入補丹陽尹。加中壘將軍持節都督安東北部諸軍事。敦平。封建寧縣公。進號前將軍。成帝卽位。代應詹爲江州刺史持節都督平南將軍。鎭武昌。蘇峻平。拜驃騎將軍開府儀同三司。加散騎常侍。封始安郡公。卒。贈侍中大將軍。謚曰忠武。有集十卷。

蟬賦

飢噏晨風。渴飲朝露。藝文類聚九十七。初學記三十。

理劉司空表

琨忠誠雖勳業不遂。然家破身亡。宜在褒崇。㠯慰海内之望。晉書溫嶠傳。

請召劉羣等表羣字公度。劉琨子。

姨弟劉羣内弟崔悅盧諶等。皆在末波中。翹首南望。愚謂此等竝有文思。魏志盧毓傳注引晉諸公贊作清出有文思。于人之中。少可愍惜。如蒙錄召。繼絕興亡。則陛下更生之恩。望古無二。晉書劉羣傳。

舉荀崧爲祕書監表

夫國史之興。將㠯明得失之迹。謂之實錄。使一代之典。煥然可觀。今之祕書著作是也。散騎常侍崧。文質彬彬。思義通博。歷位先朝。莅事㠯穆。宜掌祕奧。宣明史籍。通典二十六。御覽二百三十三。

上太子疏諫起西池樓觀

朝廷草創。巨寇未滅。宜應儉㠯率下。務農重兵。晉書溫嶠傳。

上疏辭中書令

臣才短學淺。文疏不通。中書之職。酬對無方。斟酌輕重。豈惟文疏而已。自非望士良才。何可妄居斯任。初學記十一。御覽二百二十。竝引檀道鸞晉陽秋。

請原王敦佐吏疏

王敦剛愎不仁。忍行殺戮。親任小人。疏遠君子。朝廷所不能抑。骨肉所不能間。處其朝者。恆懼危亡。故人士結舌。道路㠯目。誠賢人君子道窮數盡。遵養時晦之辰也。且敦爲大逆之日。拘錄人士。自免無路。原其私心。豈遑晏處。如陸玩、羊曼、劉胤、蔡謨、郭璞常與臣言。備知之矣。必其凶悖。自可罪人斯得。如其枉入姦黨。宜施之㠯寬。加㠯玩等之誠。聞于聖聽。當受同賊之責。實負其心。陛下仁聖含弘。思求允中。臣階緣博納。干非其事。誠在愛才。不忘忠益。晉書溫嶠傳。

陳便宜疏

豫章十郡之要。宜㠯刺史居之。尋陽濱江。都督應鎭其地。今㠯州帖府。進退不便。且古鎭將多不領州。皆㠯文武形勢不同故也。宜選單車刺史別撫豫章。專理黎庶。晉書溫嶠傳。

上言桓彝可宣城内史

宣城阻滯山川。頻經變亂。宜得望實居之。竊謂桓彝可充其選。晉書桓彝傳。

奏軍國要務七事

其一曰。祖約退舍壽陽。有將來之難。今二方守禦。爲功尚易。淮泗都督。宜竭力㠯資之。選名重之士。配征兵五千人。又擇一偏將。將二千兵㠯益壽陽。可㠯保固徐豫。援助司土。

其二曰。一夫不耕。必有受其飢者。今不耕之夫。動有萬計。春廢勸課之制。冬峻出租之令。下未見施。惟賦是聞。賦不可㠯已。當思令百姓有㠯殷實。司徒置田曹掾。州一人。勸課農桑。察吏能否。今宜依舊置之。必得清恪奉公。足㠯宣示惠化者。則所益實弘矣。

其三曰。諸外州郡將兵者。及都督府非臨敵之軍。且田且守。又先朝使五校出田。今四軍五校有兵者。及護軍所統外軍。可分遣二軍出并屯要處。緣江上下。皆有良田。開荒須一年之後。卽易。且軍人累重者在外。有樵採蔬食之人。于事爲便。

其四曰。建官㠯理世。不㠯私人也。如此。則官寡而材精。周制六卿莅事。春秋之時。入爲卿輔。出將三軍。後代建官漸多。誠由事有煩簡耳。然今江南六州之土。尚又荒殘。方之平日。數十分之一耳。三省軍校無兵者。九府寺署。可有幷相領者。可有省半者。粗計閑劇。隨事減之。荒殘之縣。或同在一城。可幷合之。如此選旣可精。祿俸可優。令足代耕。然後可責㠯清公耳。

其五曰。古者親耕藉田。㠯供粢盛。舊置藉田廩犧之官。今臨時市求。旣上黷至敬。下費生靈。非所㠯虔奉宗廟蒸嘗之旨。宜如舊制。立此二官。

其六曰。使命愈遠。益宜得才。宣揚王化。延譽四方。人情不樂。遂取卑品之人。虧辱國命。生長患害。故宜重其選。不可減二千石見居二品者。

其七曰。罪不相及。古之制也。近者大逆。誠由凶戾。凶戾之甚。一時權用。今遂施行。非聖朝之令典。宜如先朝除三族之制。晉書溫嶠傳。

兄弟相繼藏主室議

凡言兄弟不相入廟。旣非禮文。且光武奮劍振起。不策名于孝平。務宋志作務。神其事。㠯應九世之讖。又古不共廟。故別立焉。今上㠯策名而言。殊于光武之事。躬奉烝嘗。于繼旣正。于情又安矣。太常恆欲還二府君㠯全七世。嶠謂是宜。晉書禮志上。宋書禮志三。大興三年。驃騎長史溫嶠議。

惠懷愍于聖上。㠯春秋而言。因定先後之禮。夫臣子一例。君父敬同。故可㠯準于祖禰。然非繼體之數也。案太常恆所上。欲還章郡潁川。㠯全七代。愚謂是。恆又求京兆㠯上三代在廟之西廂。臣竊不安。通典四十八。驃騎長史溫嶠議。

其非子者。可直言皇帝敢告某皇帝。又若㠯一帝爲一世。則不祭禰。反不及庶人。宋書禮志三。

毀廟議

今兄弟同代。已有七帝。若㠯一帝爲一代。則當不得祭于禰。乃不及庶人之祭也。夫兄弟同代。于恩旣順。于義無否。至于廟室已滿。大行皇帝神主當登正室。又不宜下正室之主遷之祧位。自宜增廟。權于廟上設幄坐。㠯安大行之主。若㠯今增廟違簡約之旨。或可就見廟直增坎室乎。此當問廟室之寬窄。其廟室寬窄。亦所未詳。通典四十八。明帝崩。祠部㠯廟過七室。欲毀一廟。又正室窄狹。欲權下一帝。溫嶠議。

禁給淫米敎

稟者無米。受得牖下淫米。豈是吾遇兵衆無異之懷乎。雖是數合米。欲令齊均。若有不如敎。鞭五十。御覽七百七十。

諫太子馬射案太子荅云。省所陳。知非口諫。

臣聞千金之子。猶不垂堂。㠯萬乘之貳。若有駭駟之艱。豈可不熟念。殿下縱一日之娛。忘萬代之基。凡人猶知其不可。況在聖明。文苑英華六百二十七。辟元超諫皇太子牋曰。晉明帝之在東宮。中庶子溫嶠中舍人劉放諫馬射云云。劉放疑阮放之誤。

與陶侃牋

霧氣過差。則君道幽晦。御覽十五。

爲王導荅華太常書華恆

省示幷博士議。今明尊尊。不復得繫本親矣。先帝平康。北面而臣愍帝。及終而升上。懼所㠯取譏于春秋。今所論太廟坎室。足容神主不耳。而下愍帝于東序。若案尊尊之旨。愍帝猶子之列。不可爲父。與兄弟之不可一耳。案閔公。僖公之弟也。而傳云子雖齊聖。不先父食。如此。無疑愍帝不宜先帝上也。今唯慮廟窄。更思安處。宜令得竝列正室。通典四十八。

荅王導書

近詔㠯先帝前議所定。唯下太常安坎室數。今坎室窄。其意不過欲定先神主存正室。故下愍帝也。廟窄之與本體。各是一事。何㠯廟窄而廢本體也。通典四十八。元帝崩。溫嶠荅王導書云云。

與陶侃書

使當作便

奉惠赤角一具及鞉鼓馬鞭鼓角既周軍用馬鞭服吕周旋抗之于手與之偕老也偃武之日乃當藏之篋笥耳（御覽三百五十九）

重與陶侃書

僕謂軍有進而無退宜增而不可減近已移檄遠近言于盟府尅後月半大舉南康建安晉安三郡軍並在路次同赴此會惟須仁公所統至使齊進耳仁公今召軍還疑惑遠近成敗之由將在于此僕才輕任重實憑仁公篤愛遠稟成規至于首啟戎行不敢有辭僕與仁公當如常山之蛇首尾相衛又脣齒之喻也恐惑者不達高旨將謂仁公緩于討賊此聲難追僕與仁公並受方嶽之任安危休慼理既同之且自頃之顧綢繆往來情深義重著于人士之口一旦有急亦望仁公悉衆見救況社稷之難惟僕偏當一州州之文武莫不翹企假令此州不守約峻樹置官長于此荆楚西逼强胡東接逆賊因之吕饑饉將來之危乃當甚于此州之今日也吕大義言之則社稷顛覆主辱臣死公進當爲大晉之忠臣參桓文之義開國成家銘之天府退當吕慈父雪愛子之痛約峻凶逆無道囚制人士裸其五形近日來者不可忍見骨肉生離痛感天地人心齊一咸皆切齒今之進討若吕石投卵耳今出軍既緩復召兵還人心乖離是爲敗于幾成也願深察所陳吕副三軍之望（晉書溫嶠傳）

蘇峻遂得志四海雖廣公寍有容足地乎賢子越騎酷沒天下爲公痛心況慈父之情哉（後魏書晉司馬衍傳案此卽前篇約文）

移告四方征鎮

賊臣祖約蘇峻同惡相濟用生邪心天奪其魄死期將至譴負天地自絕人倫寇不可縱宜增軍討撲輒屯次湓口卽日護軍庾亮至宣太后詔寇逼宮城王旅撓敗出告藩臣謀寍社稷後將軍郭默冠軍將軍趙胤奮武將軍龔保與嶠督護王愆期西陽太守鄧

嶽鄱陽內史紀瞻率其所領相尋而至逆賊肆凶陵蹈宗廟火延宮掖矢流太極二御幽逼宰相困迫殘虐朝士劫辱子女承問悲惶精魂飛散嶠闇弱不武不能殉難哀恨自咎五情摧隕慙負先帝託寄之重義在畢力死而後已今躬率所統爲士卒先催進諸軍一時電擊西陽太守鄧嶽尋陽太守褚誕等連旗相繼宣城內史桓彝已勒所屬屯濱江之要江夏相周撫乃心求征軍已向路昔包胥楚國之微臣重趼致誠義感諸侯藺相如趙邦之陪隸恥君之辱案劍秦庭皇漢之季董卓作亂劫遷獻帝虐害忠良關東州郡相率同盟廣陵功曹臧洪郡之小吏耳登壇歃血涕淚橫流慷慨之節實厲羣后況今居台鼎據方州列名邦受國恩者哉不期而會不謀而同不亦宜乎二賊合衆不盈五千且外畏胡寇城內飢乏後將軍郭默卽于戰陣俘殺賊千人賊今雖殘破都邑其宿衛兵人卽時出散不爲賊用且祖約情性褊阨忌尅不仁蘇峻小子惟利是視殘酷驕猜權相假合江表興義吕抗其前强胡外寇吕躡其後運漕隔絕資食空懸內乏外孤勢何得久羣公征鎮職在禦侮征西陶公國之耆德忠肅義正勳庸弘著諸方鎮州郡咸齊斷金同稟規略吕雪國恥苟利社稷死生吕之嶠雖怯劣忝據一方賴忠賢之規文武之助君子竭誠小人盡力高操之士被褐而從戎負薪之徒匍匐而赴命率其私僕致其私杖人士之誠竹帛不能載也豈嶠無德而致之哉士稟義風人感皇澤且護軍庾公帝之元舅德望隆重率郭後軍趙龔三將與嶠戮力得有資憑且悲且慶若朝廷之不泯也其各明率所統無後事機賞募之信明如日月有能斬約峻者封五等侯賞布萬匹夫忠爲令德爲仁由己萬里一契義不在言也（晉書溫嶠傳）

釋奠頌

敷論義輿綜析毫芒賦納吕言麗辭孔彰管籥備舉和樂載揚（初學

記十四。

侍臣箴

勿謂其微，覆簣成高；勿謂其細，巨由纖毫。故曰善不積，不足㠯成名。話言如絲，而萬里來享；無㠯處極，而利在永貞。是㠯太子之在東宮，均士抗禮，㠯卑厥情；入學齊齒，言稱先生。不㠯賢自臧，不㠯貴爲榮。思有虞之蒸蒸，尊周文之翼翼。晨昏靡違，夙興晏息。師傅是瞻，正人在側。屏彼佞諛，納此亮直。故傅敬德義，臣思盡忠。或稽古訓，導惟道之不融；或造膝詭辭，懼咎之藴崇。惴惴兢兢，思二雅之遺風；鑒乎九三，天祿永終。近臣司規，敢告常從。藝文類聚十六。

全晉文卷八十終

烏程嚴可均校輯

陸喜

喜字恭仲（一作文仲）吳郡吳人吳選曹尚書瑁第二子孫晧時累遷至選曹尚書入晉爲散騎常侍

自敘

劉向省新語而作新序桓譚詠新序而作新論余不自量感子雲之法言而作言道覩賈子之美才而作訪論觀子政洪範而作古今厤覽蔣子通萬機而作審機讀幽通思玄四愁而作娛賓九思眞所謂忍愧者也（晉書陸喜傳）

西州淸論較論格品篇

或問予薛瑩最是國士之第一者乎荅曰以理推之在乎四五之間問者愕然請問荅曰夫孫晧無道肆其暴虐若龍蛇其身沈默

其體潛而勿用趣不可測此第一人也避尊居卑祿代耕養玄靜守約沖退澹然此第二人也侃然體國思治心不辭貴以方見憚執政不懼此第三人也斟酌時宜在亂猶顯意不忘忠時獻微益此第四人也溫恭脩愼不爲諂首無所云補從容保寵此第五人也過此已往不足復數故第二已上多淪沒而遠悔吝第三已下有聲位而近咎累是以深識君子晦其明而履柔順也問者曰始聞高論終年啟寤矣（晉書陸喜傳）

陸玩

玩字士瑤喜弟英之第二子元帝鎭江左引爲丞相參軍累加奮武將軍後爲王敦長史敦平拜侍中遷吏部尚書轉尚書左僕射領本州大中正咸和中封興平伯轉尚書令左光祿大夫開府儀同三司加散騎常侍遷侍中司空卒贈太尉諡曰康

上表自陳

臣實凡短風操不立階緣嘉會便蕃榮顯遂總括憲臺豫聞政道竟不能敷融玄風淸一朝序咎責之來于臣已重誠以身許國義忘曲讓而慺慺所守終于陳訴者特以端右機要事務殷多臣已盈六十之年智力有限疾患深重體氣日弊朝夕自勵非復所堪若偃息苟免職事並廢則莫大之悔天下將謂臣何乞陛下披豁聖懷霈然垂允（晉書陸玩傳）

重表

臣比披誠款不足上暘天聽聖恩徘徊厲以體國臣聞至公之道上下互同用才不負其長量力不受其短雖加官重祿無世不有皆庸勳親賢時所須賴兼統以濟世務非優崇以榮一人臣受遇三世恩隆寵厚豈敢辭藏事之勞求沖讓之譽徒以端右要重興替所存久以無任妨賢曠職臣猶自知不可況天下之人乎今復外參論道內統百揆不堪之名有如皎日願陛下少垂哀矜使四

海知官不可以私于人人不可以私取官則天工弘坦誰不謂允（晉書陸玩傳）

疾甚上表

臣嬰遘疾疢沈頓歷月不蒙痊損而日夕漸篤自省微綿無復生望荷恩不報孤負已及仰瞻天覆伏枕實涕臣年向中壽窮極寵榮終身歸全將復何恨惟願陛下崇明聖德弘敷宏化會構祖宗之基道濟羣生之命臣不勝臨命遺戀之情貪及視息上表以聞（晉書陸玩傳）

與王導牋

僕雖吳人幾爲傖鬼（晉書陸玩傳玩嘗詣導食酪因而得疾與導牋）

薛瑩

瑩字道言沛郡竹邑人吳太子少傅綜次子歷祕書中書郎孫休時進散騎中常侍孫晧初爲左執法遷選曹尚書領少傅出

爲武昌左部督坐事徙廣州尋召還復爲選曹尚書遷光祿勳入晉爲散騎常侍有後漢紀一百卷新議八篇集三卷

爲吳主晧請降書

吳郡孫晧叩頭死罪昔漢室失統九州分裂先人因時略有江南遂分阻山川與魏乖隔今大晉龍興德覆四海闇劣偷安未喻天命至于今者猥煩六軍衡蓋路次遠臨江渚舉國震惶假息漏刻敢緣天朝含弘光大謹遣私署太常張夔等奉所佩印綬委質請命惟垂信納以濟元元吳志孫晧傳晉書王濬傳案薛瑩傳云晧奉書于司馬伷王渾王濬請降其文瑩所造也

後漢紀光武贊

王莽之際天下雲亂英雄并發其跨州據郡僭制者多矣人皆冀于非望然敬其聰明仁勇自無光武儔也宏寬博納計慮如神是以任光賓融望風景附馬援一見晧顏識奇故能以十數年間埽除羣凶清復海內豈非天之所輔贊哉古者師不內御而光武命將皆授以方略使奉圖而進其違失無不折傷意豈文史之過乎不然雖聖人其猶病諸御覽九十一

明帝贊

明帝自在儲宮而聰允之德著矣及臨萬機約身率禮恭奉遺業一以貫之雖夏啟周成繼體持統無以加焉是以四海乂安四夷賓服斷獄希少有治平之風號曰顯宗不亦宜乎御覽九十一

章帝贊

章帝以繼世承平天下無事敬奉神明友于兄弟悉省徭賦綏靜兆民除苛法蠲禁錮抑有仁賢之風矣是以陰陽洽和而百姓安樂衆瑞并集不可勝載攷之圖籍有徵云爾御覽九十一

安帝贊

安帝之初委政太后十有餘年及親萬機佞邪始進閹宦用事寵

加私愛阿母王聖勢傾朝廷遂樹奸黨搖動儲副山陵未乾蕭牆作難兵交禁省社稷殆危御覽九十一

桓帝贊

漢德之衰有自來矣而桓帝繼之以淫暴封殖宦豎羣妖滿側奸黨彌興賢良被辜政荒民散亡徵漸積逮至靈帝遂傾四海豈不痛哉御覽九十二

靈帝贊

漢氏中興至于延平而世業損矣沖質短祚孝桓無嗣母后稱制奸臣執政孝靈以支庶而登至尊由蕃侯而紹皇統不恤宗緒不祇天命上虧三光之明下傷億兆之望于時爵服橫流官以賄成自公矦卿士降于皁隸遷官襲級無不以貨刑戮無辜摧抑忠良佞諛在側直言不聞是以賢智退而窮處忠良擯于下位遂至奸雄蠭起法防壞夷狄并侵盜賊糜沸小者帶城邑大者連州郡編戶騷動人人思亂當此之時已無天子矣會靈帝即世盜賊相尋其後宮室焚滅郊社無主危自上起覃及華夏使京室爲墟海內蕭條豈不痛哉御覽九十二

條列吳事

胡沖意性調美心趣解暢有刀筆閑于時事爲中書令雖不能匡矯亦自守不苟求容媚初學記十一

盛彥

彥字翁子廣陵人仕吳爲中書侍郎入晉爲長沙相本邑小中正太康中卒有集五卷

擊壤賦

論衆戲之爲樂獨擊壤之可娛因風託勢罪一殺囗御覽七百五十五

藏彄賦序

余以臘之後因祭祀餘胙要命中外以行藏彄爲戲心悅其事故

賦之云（御覽三十三又七百五十四）

通桑梓敬議

竊見今編戶之人本或僑寓則不爲所居之國脩拜揖之敬先人舊壤追爲盡禮愚懷淺短良有疑焉夫人道繁衍宗流遐大根生一冑枝播萬緒故繁曠之枝異統則聖人檢之㠯禮憲萬條之流難紀故王者制之㠯境域是㠯古人當其理也則君有常邑仕有定邦爰及六國至于末代全固之業傾瓜分之務起農夫不得安其耕爵士不得食其祿孔子稱危邦不入亂邦不居是爲離舊適新之制背否向泰之文于斯尙矣蓋離舊㠯其無道適新㠯其宜宗背否㠯其多難向泰㠯其可安可安則播殖于其野宜宗則振纓于其朝在家則人理足在官則臣道備人臣之義同而彼此之敬異余竊惑之昔孔子宋人也上自孔父逮于弗父何竝服事宋仕有代祿至于仲尼道崇闕里乃爲魯人矣而春秋之作內魯外宋諱我過彰彼非㠯此徵之斷可識矣而觀今日僑居之族其先人始祖不出是國枝葉播越居之數代公實編戶而私則寓客營家則號爲借壤進官則名曰寄通高容雅步不爲有降一身居之尙在難安或父兄相承尊長遵襲近經數代遠或累朝學道講義習人之禮鄉舉里選假人之評居人之境㠯繁我條乘人之貸㠯濟我生由人之位㠯光我屬恃人之寵㠯輝我葉朝廷則祖考之所階山陵則神靈之所憑昔人思邵伯之愛尙敬甘棠之木況父母之所始卒而不知加尊推之于心豈道訓之謂哉又今人所追尊舊壤雖遠而爲之敬者何也猶㠯有先業墳柏之故塋壘代桑梓之舊業耳蓋宗廟迭毀禮有降殺尊親之至父祖而已自此㠯上情輕服簡故大夫及士祭極三代明恩由近始禮㠯遠降也今遠爾之齋館何若近祖之先廬迭毀之墳柏何若祭祀之封域壘代之官府何若父母之朝廷先業之囿苑何若今日之丘園雖古

人有維桑與梓必恭敬止之文所謂桑梓宜㠯父祖爲斷舊壤不復相由人無二主官無兩統愚謂宜爲所寓之主㠯崇公敬爲先人本邦脩私敬而已散手而跪捧袖而揖㠯示存舊過厚之意也（通典六十八）

與劉頌書

沙餳垂口之產（御覽八百五十七）石蜜遠國之貢味有可甘至尊㠯養性（書鈔一百四十七引盛公子與劉岑書又一條作盛公子與劉頌書公卽翁之誤岑頌卽頌之誤）

周處

處字子隱義興陽羨人吳鄱陽太守魴子仕吳爲東觀左丞孫晧末兼太常無難督入晉爲新平太守轉廣漢㠯母老罷歸尋除楚內史遷御史中丞元康七年㠯建威將軍討氐羌齊萬年戰死追贈平西將軍元帝爲晉王策謚曰孝有默語三十篇風土記三卷

奏殺李忽

覺父㠯偷生破家㠯邀福子圍告歸懷巇結舌忽無人子之道證父攘羊傷化汙俗宜在投畀㠯彰凶逆舉刑市朝不足塞責（御覽六百四十七引王隱晉書處爲中書省事時女子李忽覺父北叛時殺父處奏云云奏可）

蔡珪

珪汝南人爲吳將入晉遷侍中

與弟敏書

古者兵交使在其間軍國固當舉信義㠯相高而闘疆埸之上往往有襲奪互市甚不可行弟慎無爲小利而忘大備也（晉書周浚傳浚在弋陽南北爲互市而諸將多相襲奪㠯爲功吳將蔡敏守于沔中其兄珪爲將在秣陵與敏書）

蔡洪

洪字叔開吳郡人仕吳入晉爲州從事太康中舉秀才元康初

操當作課

為松滋令。有化清經十卷。集二卷。

圍棊賦

命班爾之妙手。制朝陽之柔木。取坤象于四方。位將軍乎五岳。然後畫路表界。玄質朱文。曲直有正。方而不圓。算塗授卒。三百惟羣。任巧于無主。譬採菽乎中原。于是攄妙思。奮玄籌。玩服色。尚騂駒。旅進旅退。二騎迭驅。翻翻馬合。落落星敷。各嘯歌以發憤。運變化以相符。乍似戲鶴之干霓。入類狡兔之繞丘。散象乘虛之飛雹。聚類絕貫之積珠。然後枕以大羅。縈以城郭。緩以懸險。經以絕落。眇望翼舒。翱翔容弈。彎掌南指。情實西射。揚塵奄迹。雖動詳悉。或臨局寂然。惟棊是陳。靜昧無聲。潛來若神。抑舒之役。成子之賢也。或聲手俱發。諠譁操擾。色類不定。次措無已。再衰三竭。銳氣已朽。登軾望轍。其亂可取也。爾乃心鬭奔競。勢使揮謙。攜手詆欺。朱顏妬嫌。然局不弘席。子不盈捲。秉二儀之極要。握衆巧之至權。若八卦之初兆。遂消息乎天文。屈則尺蠖。舒則龍翻。崔嵬雲起。龍從浪傳。巒岑山結。杳如霧分。靜若清夜之列宿。動若流彗之互奔。殿未結而算了。隸首不得窺其門。局覆亂而不惑。所棄不足識其源。或設死而稱枉。皋陶不能治其怨。或巧逸以樂胥。后夔不足以之讚。我云勢貌多以。孰能究傳。遠來近取。予一以貫。藝文類聚七十四。

鬭鳧賦

嘉乾黃之散授。何氣化之有靈。產羽蟲之麗鳧。惟鬭鳴之最精。稟離午之淑氣。體鸞鳳之妙形。服文藻之華羽。備豔采之翠英。冠綠葩以曜首。綴素色以點纓。性浮捷以輕躁。聲清響而好鳴。感秋商之肅烈。從金氣以出征。招爽敵于戲門。交武勢于川庭。爾乃振勁羽。竦六翮。抗嚴趾。望雄敵。忽雷起而電發。赴洪波以奮擊。藝文類聚九十一。御覽九百十九。

與刺史周俊書

一日侍坐。言及吳士。詢于芻蕘。遂見下問。造次承顏。載辭不舉。敕令條列名狀。退輒思之。今稱疏所知。吳展字士季。下邳人。忠足矯非。清足厲俗。信可結神。才堪幹世。仕吳為廣州刺史。吳郡太守。吳平。還下邳。閉門自守。不交賓客。誠聖王之老成。明時之儁乂也。朱誕字永長。吳郡人。體履清和。黃中通理。吳朝舉賢良。累遷議郎。今歸在家。誠理物之至德。清選之高望也。嚴隱字仲弼。吳郡人。稟氣清純。思度淵偉。吳朝舉賢良。宛陵令。吳平去職。九皋之鳴鶴。空谷之白駒也。張暢字威伯。吳郡人。稟性堅明。志行清朗。居磨涅之中。無湽磷之損。歲寒之松柏。幽夜之逸光也。世說賞譽篇注引洪集。

孤奮論 見晉書文苑王沈傳。亡。

殷興

興一作基。雲陽人。吳零陵太守殷禮子。仕吳為無難督。入晉遷尚書左丞。有春秋釋滯十卷。通語十卷。

宮當作官

通語

異宮同爵。共位別職。興仁隆化。幽贊神明者。謂之太尉。和五敎。理人倫。使風行俗平。萬國咸寧者。謂之司徒。使國無枉理。法錯刑清。事均民聚者。謂之司空。若仁義之路開。和平之氣通。則五星順行。庶績咸熙。御覽二百六引古今通語。

殷巨

巨字元大。興子。仕吳為偏將軍。統家部曲。城夏口。入晉歷蒼梧交阯二郡太守。有集二卷。

鯨魚燈賦

橫海之魚。厥號為鯨。普彼鱗族。莫之與京。大秦美焉。乃觀乃詳。寫載其形。託于金燈。隆脊矜尾。鬐甲舒張。垂首俛視。蟠于華房。狀欣以竦峙。若將飛而未翔。懷蘭膏于胸臆。明制節之謹度。伊工巧之奇密。莫尚美于斯器。因綺麗以致用。設機變而罔匱。匪雕文之

足瑋差利事之爲貴永作式于將來跨千載而弗墜藝文類聚八十

奇布賦

維泰康二年安南將軍廣州牧滕侯作鎭南方余時承乏忝備下僚俄而大秦國奉獻琛來經于州衆寶旣麗火布尤奇乃作賦曰

伊荒服之外國建大秦以爲名仰皇風而悅化超重譯而來庭貢方物之綺麗亦受氣于妙靈美斯布之出類稟太陽之純精越常品乎意外獨詭異而特生森森豐林在海之洲煌煌烈火禁焉靡休天性固然滋殖是由牙萌炭中穎發燼間葉因𤍠潔翹與炎數焱榮華實焚灼嘐珠丹輝電近彤炯星流飛耀衝霄光赫天區惟造化之所陶理萬端而難察燎無爍而不燋在茲林而獨昵火焚木而弗枯木吐火而無竭同五行而竝在與大椿其相率乃採乃梳是紡是績每以爲布不盈數尺以爲布帊服之無斁旣垢旣汙以焚爲濯投之朱鑪載燃載赫停而冷之皎潔凝白藝文類聚八十五

殷佑

佑字慶元興少子永嘉初爲宣城太守後遷吳郡內史

上牋請優贈顧榮

昔賊臣陳敏憑寵藉權滔天作亂兄弟姻婭盤固州郡威逼士庶以爲臣僕于時賢愚計無所出故散騎常侍安東軍司嘉興伯顧榮經德體道謀猷弘遠忠貞之節在困彌厲崎嶇艱險之中逼迫姦逆之下每惟社稷發憤慷慨密結心腹同謀致討信著羣士名冠東夏德聲所振莫不響應苟戈駿奔其會如林榮躬當矢石爲衆率先忠義奮發忘家爲國歷年逋寇一朝土崩兵不血刃蕩平六州勳茂上代義彰天下伏聞論功依故大司馬齊王格不在帷幕密謀參議之例下附州征野戰之比不得進爵拓土賜拜子弟退邇同歎江表失望齊王親則近屬位爲方嶽杖節握兵都督近畿外有五國之援內有宗室之助稱兵彌時役連天下元功雖建所喪亦多榮衆無一旅任非藩翰孤絕江外王命不通臨危獨斷以身徇國官無一金之費人無終朝之勞元惡旣殄高尚成功封閉倉廩以俟大軍故國安物阜以義成俗今日匡霸事舉未必不由此而隆也方之于齊强弱不同優劣亦異至于齊府參佐扶義助疆非創謀之主皆錫珪受瑞或公或侯榮首建密謀爲方面盟主功高元帥賞卑下佐上虧經國紀功之班下孤忠義授命之士夫考績幽明王敎所崇況若榮者濟難寧國應天先事歷觀古今未有立功若彼酬報如此者也晉書顧榮傳

陶璜

璜字世英丹陽秣陵人孫晧時爲蒼梧太守拜交州刺史進使持節都督交州諸軍事交州牧入晉封宛陵侯改爲冠軍將軍

上言州兵不宜減

交土荒裔斗絕一方或重譯而言連帶山海又南郡去州海行千

有餘里外距林邑纔七百里夷帥范熊世爲逋寇自稱爲王數攻百姓且連接扶南種類猥多朋黨相倚負險不賓往隸吳時數作寇逆攻破郡縣殺害吏民臣以尪駑昔爲故國所采偏戍在南十有餘年雖前後征討翦其魁桀深山僻穴尚有逋竄又臣所統之卒本七千餘人南土溫溼多有氣毒加累年征討死亡減耗其見在者二千四百二十人今四海混同無思不服當卷甲消刃禮樂是務而此州之人識義者寡厭其安樂好爲禍亂又廣州南岸周旋六千餘里不賓屬者乃五萬餘戶及桂林不羈之輩復當萬戶至于服從官役纔五千餘家二州脣齒唯兵是鎭又寧州興古接據上流去交阯郡千六百里水陸竝通互相維衞州兵未宜約損以示單虛夫風塵之變出于非常臣亡國之餘議不足采聖恩廣厚猥垂飾擢蠲其罪釁改授方任去辱卽寵拭目更視誓念投命以報所受臨履所見謹冒瞽陳晉書陶璜傳吳旣平減州郡兵璜上言

上言寬合浦珠禁

合浦郡土地磽确，無有田農，百姓唯以采珠爲業，商賈去來，以珠貿米。而吳時珠禁甚嚴，慮百姓私散好珠，禁絕來去，人以飢困，又所調猥多，限每不充。今請上珠三分輸二，次者輸一，麤者蠲除。自十月訖二月，非采上珠之時，聽商旅往來如舊。晉書陶璜傳

陶回

回，璜弟抗之子，辟司空府中軍主簿，不就。大將軍王敦召爲參軍，轉州別駕，司徒王導引爲從事中郎，遷司馬，封康樂伯，後擢補北軍中候，轉中護軍，遷征虜將軍、吳興太守，徵拜領軍將軍，加散騎常侍。咸和二年，徙護軍將軍，卒謚曰威。

上疏請振荒

當今天下，不普荒儉，唯獨東土，穀價偏貴，便相鬻賣，聲必遠流，北賊聞此，將窺疆埸，如愚臣意，不如開倉廩以賑之。晉書陶回傳。回遷吳興太守，時

人饑穀貴，三吳尤甚，詔欲聽相鬻賣，以拯一時之急，回上疏云云，不待報，輒便開倉。

全晉文卷八十一終

烏程嚴可均校輯

虞聳

聳字世龍會稽餘姚人吳騎都尉虞翻第六子仕吳爲越騎校尉累遷廷尉出爲湘東太守入晉除河間相

穹天論

天形穹隆當如雞子幕其際周接四海之表浮于元氣之上譬如覆奩㠯抑水而不沒者氣充其中故也日繞辰極沒西而還東不出入地中天之有極猶蓋之有斗也天北下于地三十度極之傾在地卯酉之北亦三十度人在卯酉之南十餘萬里故斗極之下不爲地中當對天地卯酉之位耳日行黃道繞極極北去黃道百一十五度南去黃道六十七度二至之所舍㠯爲長短也（晉書天文志上　宋書天文志一　隋書天文志上）

與族子察書

世之取士曾不招未齒于丘園索良才于總猥所譽依已成所毀依已敗此吾所㠯歎息也（吳志虞翻傳注引會稽典錄）

虞昺

昺字子文翻第八子仕吳爲黃門郎超拜尚書侍中持節都督武昌已上諸軍事入晉爲濟陰太守

穹天論

天形穹隆如笠而冒地之表浮元氣之上譬覆奩㠯抑水而不沒者氣充其中也日遶辰極沒西而還東不入地中也（御覽二　初學記一　案一作虞洪疑誤翻第四子汜字世洪無單名洪者也此與虞聳論同惟如笠二字彼作如雞子幕爲小異）

虞潭

潭一作譚字思奥聳第五兄忠之子州辟從事主簿舉秀才大司馬齊王冏請爲祭酒除祁鄉令徙醴陵令㠯功賜爵都亭侯領廬陵太守轉南康太守進爵東鄉侯并領安成太守元帝爲丞相召補軍諮祭酒轉琅邪國中尉及爲晉王除屯騎校尉踐阼後徙右衞將軍遷宗正卿㠯疾歸明帝時拜冠軍將軍會稽內史徵拜尚書尋補右衞將軍加散騎常侍成帝時出爲吳興太守加輔國將軍進爵零陵縣侯轉鎮軍將軍吳國內史進爵武昌縣侯咸康中進衞將軍㠯母憂去職服闋拜侍中右光祿大夫卒年七十九贈左光祿大夫謚曰孝烈有大小博法一卷投壺經四卷投壺變一卷

公除祭表（咸和七年）

今之諸侯服其親皆與士同無復降殺大宗之家喪服纍仍若皆不祭是先人之享嘗永爲有廢臣謂三月之後禮情漸殺若非父母之喪尚通內外服踰月既葬可祭宗廟（通典五十二）

父母乖離議

諸失父母者疑行服之制㠯禮除喪而歸未奔者無不除之制若廢祭絕嗣皆不可行宜詳條制萬代可遵（通典九十八）

悼楊皇后宜配食武帝議（咸康七年）

世祖武皇帝光有四海元皇后應乾作配元后既崩悼后繼作至楊駿肆逆禍延天母孝懷皇帝追復號謚豈不㠯鯀殛禹興義在不替者乎又太寧二年臣忝宗正帝譜泯棄罔所循案時博諮舊齒㠯定昭穆與故驃騎將軍華恆尚書荀崧侍中荀邃因舊譜參論撰次尊號之重一無改替今聖上孝思祗肅禋祀詢及羣司將㠯恢定大禮臣輒思詳伏見惠皇帝起居注羣臣議奏列駿作逆謀危社稷引魯之文姜漢之呂后臣竊㠯文姜雖莊公之母實爲父讎呂后寵樹私戚幾危劉氏案此二事異于今日昔漢章帝竇后殺和帝之母和帝即位盡誅諸竇當時議者欲貶竇后及后之亡欲不㠯禮葬和帝㠯奉事十年義不可違臣子之道務從豐厚

職當作戢

氏當作代

仁明之稱。表于往代。又見故尚書僕射裴頠議悼后故事。稱繼母雖出。追服無改。是㠯孝懷皇帝尊崇號謚。還葬峻陵。此則母子道全而廢事蕩革也。于時祭于弘訓之宮。未入太廟。蓋是事之未盡非義典也。若㠯悼后復位爲宜。則應配食世祖。若㠯復之爲非。則譜謚宜闕。未有位號居正而偏祠別室者也。若㠯孝懷皇帝私隆母子之道。特爲立廟者。此苟崇私情。有虧國典。則國譜帝諱。皆宜除棄。匪徒不得同祠于世祖之廟也。晉書武悼楊皇后傳。

公除禫祭論

余身受公除。歲終大禫。至敬兼興。如當遂闕。心所不安。故諮之有議難曰。禮素衣菵席不入廟門。不㠯干神明之位。緦喪既輕。脫服而祭。況嗣子當承祚者乎。答曰。高宗三年諒闇。今則不爾。帝王既葬。縞素躬親宗廟之獻。不㠯喪遂闕者。蓋國之大事在祀與戎也。且吉祭廷有金石鏗鏘之和。今去凶制而奉烝嘗。干戚職而不振。

慎終之情。不遠隨時之義。亦通也。通典五十二。潭又自爲論。

虞喜

喜字仲寧。聳族孫。歷惠懷至成帝。屢徵皆不起。穆帝時。朝廷有大議。遣使諮訪。有志林三十卷。廣林二十四卷。後林十卷。

吳綱二嫡妻議

法有大防。禮無二嫡。趙姬㠯君女之尊。降身翟婦。著在春秋。此吳氏後妻所宜軌則。通典六十八。

答訪四府君遷主

漢氏韋玄成等㠯毀主瘞于園。魏朝議者云應埋兩階間。且神主本在太廟。若今別室而祭。則不如永藏。又四君無追號之禮。益明應毀而祭。通典四十八。永和二年。有司奏征西章郡潁川京兆四君毀主藏處。尚書郎徐禪議云云。又遣禪至會稽訪處士虞喜。喜答。

答或問舊君服

或問曰。喪服經傳爲舊君。謂仕焉而已者。鄭注曰。仕焉而已。謂老若廢疾而致仕者也。今致仕與廢疾。理得同不。喜正之曰。廢疾沈淪。罔同人伍。不淪臣道。齊衰三月可也。老而致仕。臣禮既全。恩既無替。自應三年。不得三月。傳言仕焉而已者。謂既仕而去。義同人伍耳。通典九十七。

答孔瑚問庶子爲人後其妻爲本舅姑服

孔瑚問虞喜曰。愚謂庶子之妻不得如禮服其私親者。㠯爲身爲宗主。奉脩祭祀。㠯別尊卑故也。凡婦服夫黨皆降一等。唯公子厭至尊。故其妻從輕而服重。盡禮于皇姑。則人情所許。愚謂不得㠯公子爲例。喜答曰。謂庶子爲人後。上繼祖禰。此則厭于承重。不得伸其私情。故爲所生止服緦麻。其婦當依公子之妻。盡禮皇姑。從輕服重。不繫于夫。通典九十五。

又答孔瑚問玄孫之婦傳重

孔瑚問虞喜曰。假使玄孫爲後。玄孫之婦從服周。曾孫之婦尚存。纔緦麻。近輕遠重。情實有疑。虞喜答曰。有嫡子者無嫡孫。又若爲宗子母服。則不服宗子婦。㠯此推玄孫爲後。若其母尚存。玄孫之婦猶爲庶。不得傳重。傳重之婦。理當在姑矣。通典九十六。

難賀循論父未殯而祖父死服

案賀循喪服記云。父死未殯而祖父死。服祖㠯周。既殯而祖父死。三年。此謂嫡子爲父後者也。父未殯服祖㠯周者。父屍尚在。人子之義。未可㠯代重也。喜㠯爲三禮無有此條。殆是脫失。祖父正統非爲旁親。若父死未殯。服祖但周。則祖無倚廬。傳重在誰。假使祖爲國君。已爲嫡孫。祖歿已嗣。此受封于祖。祖之羣臣服祖三年。而己爲嫡孫。則服一周。齊縗送葬。斬杖無主。雖云屍在。未忍如大父何。通典九十七。

安天論

多下脫據字

丘上脫圓字

太史令陳季胄㠯先賢制木爲儀名曰渾天 御覽二

言天體者三家渾蓋之術具存而宣夜之法絕滅有意續之而未遑也近見姚元道造昕天論又觀族祖河間立意穹天論鄙意多喜㠯爲天高窮于無窮地深測于不測天確乎在上有常安之形地魄焉在下有居靜之體當相覆冒方則俱方圓則俱圓無方圓不同之義也其光曜布列各自運行猶江海之有潮液萬品之有行藏也渾蓋之家依易立說云天運無窮或謂渾然包地或謂渾然而蓋愚謂若必天裹地似卵含黃則地是天中一物聖人何別爲名而配天乎古之遺語日月行于飛谷謂在地中也不聞列星復流于地又飛谷一道何㠯容此且谷有水體日爲火精水炭不共器得無傷日之明乎此蓋天所㠯爲臣難也或難曰周禮有方圓之丘祭天地則知乾坤有方圓體也荅曰郊祭大報天而主日配日月形圓丘似之非天體也方者別之于天尊卑異位何足怪哉周髀之術多是蓋天蓋天雖與渾異而星辰有常數今陳氏見髀上觀周因言周渾周髀宣夜或人姓名猶星家有甘石也蓋天之體轉四方地卑不動天周其上故云周髀宣明也夜幽也幽明之數其術兼之故曰宣夜 宋書天文志一隋書天文志上御覽二

中山王睦立禰廟論

譙與中山俱始封之君父非諸侯尊同敵體無所爲厭竝立禰廟恩情兩伸荀議是也詔書所喻恐非禮意今上祭四代自㠯諸侯位尊得申其恩祭及四代不論毀且不毀爲始封之君則譙王雖承父統禰廟亦在應毀之例不得長立也又安平獻王自爲始封諸子雖別封而同爲諸侯諸侯尊同不復各立此則公子爲諸侯不得立禰廟也而譙王父非諸侯使與諸侯同列不得竝祭或難曰禮庶子不祭禰明其宗也若俱得祭父則竝統二嫡非明其宗也荅曰若宗子與庶子位俱爲士禰已有廟無爲重設與公子爲諸侯不立禰廟同也若尊卑不同則已恩得施竝祭無嫌也禮大夫三廟太祖百代不遷者也使大夫之後有庶統爲諸侯者當上祭四代四代之前不得復祭若當奪宗則大夫太祖爲廢其祀㠯此推之明得兼祭一者恩得伸隨代而毀一者繼太祖百代不替也 通典五十一中山王睦乞立禰廟劉喜等議㠯爲未得立廟荀顗議㠯爲宜各得立廟詔從顗議又詔從劉喜前奏施行虞喜曰云云

釋滯

漢魏㠯來先儒論禮及喪服變除者皆言大夫降其旁親爲士者一等時人或班駁行之自謂合禮案喪服經傳始封之君不臣諸父兄弟封君之子不臣諸父封君之孫盡臣之矣夫始封之君尙服諸父昆弟而始爲大夫便降旁親尊者就重而卑者即輕輕重顚倒豈禮意哉然當有意此爲據諸侯成例包于大夫㠯相兼通也如此則一代爲大夫不降諸父二代爲大夫不降兄弟三代爲大夫皆降之古者貴大夫有采邑繼位不止一身魯之三桓鄭之七穆皆自此也或問曰今大夫雖不繼位亦有三代皆爲大夫者名例相準必當隨古乎荅曰古重今輕位無常居使吾處之志不存降 通典九十三

古者不降上下各㠯其親此殷㠯前也降殺之禮始之于周然先所未臣不忍即臣之故爲之服也此當出逸禮採之㠯爲義滕伯文爲叔父齊衰既周代諸侯而從殷禮也若殷時諸侯通爾非獨一人指論滕伯欲㠯何明明其在周遠追于殷引古證今耳 通典九十三

通疑

據文云父稅子不當其時則服之可知也當時雖服猶生不相見則恩義疏不責非時之恩于人㠯情恕之也若父㠯他故居異邦生已復更居一邦生弟然則例不稅服㠯生不相見故也文上言

干當作于

不及而下有弟字者明生不及相見理中可有弟矣已死而兄亦不稅此義兩施非衍也。(通典九十八喪服小記生不及祖父母諸父昆弟而父稅喪已則否劉智云弟衍字)

慈母雖賤服之如母明矣其父先亡已養于祖以祖母之服服之周可也不得復傳重三年同于繼祖母也(通典九十八庶祖母慈祖母服)

或以當終身服喪如是曾閔所能僅行非凡人所逮也謂宜三年求之不得乃制服居廬祥禫而除(通典九十八父母乖離)

釋疑

若如鄭意既祔明月練而祭又明月祥此則葬至祥合爲三月適足爲一時何得言不同時而除練祥皆周之正數再祭當爲練祥不得闕而用禫又案袁準云有練無祥失之矣鄭玄言練祥是也余謂喪服既終葬已踰月然猶再祭者存其大制耳此二祭蓋同日而異時時謂日也非三月之時禮亦有一日再祭檀弓云是日也以吉祭易喪祭(通典一百三)

志林

孫討逆殺干吉事江表傳所載不實

初順帝時琅邪宮崇詣闕上師干吉所得神書于曲陽泉水上白素朱界號太平青領道凡百卷順帝至建安中五六十歲干吉是時近已百年年在耄悼禮不加刑又天子巡狩問百年者就而見之敬齒以親愛聖王之至敎也吉罪不及死而暴加酷刑是乃謬誅非所以爲美也喜推考桓王之薨建安五年四月四日是時曹袁相攻未有勝負案夏侯元讓與石威則書袁紹破後也書云授孫賁以長沙業張津以零桂此爲桓王于前亡張津于後死不得相讓譬言津之死意矣(吳志孫討逆傳注)

吳主推五德之運以爲土行用未祖辰臘

土行以辰臘得其數矣土盛于戌而以未祖其義非也土生于未故未爲坤初是以月令建未之月祖黃精于郊祖用其盛今祖用其始豈應運乎(吳志大帝權傳注)

韋昭吳書不爲丞相孫邵立傳

吳之創基邵爲首相史無其傳竊嘗怪之嘗問劉聲叔聲叔博物君子也云推其名位自應立傳項峻吳孚時已有注記此云與張惠恕不能後韋氏作史蓋惠恕之黨故不見書(吳志大帝權傳注)

吳主論郊祀

吳王糾駁郊祀之奏追貶匡衡謂之俗儒凡在見者莫不慨然以爲統盡物理達于事宜至于稽之典籍乃更不通毛氏之說云堯見天因邰而生后稷故國之于邰命便事天故詩曰后稷肇祀庶無罪悔以迄于今言自后稷以來皆得祭天猶魯人郊祀也是以棫樸之作有積燎之薪文王郊酆經有明文匡衡豈俗而枉之哉文王雖未爲天子然三分天下而有其二伐崇戡黎祖伊奔告天既棄殷乃眷西顧太伯三讓以有天下文王爲王于義何疑然則

匡衡之奏有所未盡案世宗立甘泉汾陰之祠皆出方士之言非據經典者也方士以甘泉汾陰黃帝祭天地之處故孝武因之遂立二畤漢治長安而甘泉在北謂就乾位而衡云武帝居甘泉祭于南宮此既誤矣祭汾陰在水之脽呼爲澤中而衡云東之少陽失其本意此自吳事于傳無非恨無辨正之辭故矯之云(吳志大帝權傳注)

諸葛恪不受呂岱戒

初權病篤召恪輔政臨去大司馬呂岱戒之曰世方多難子每事必十思恪曰昔季文子三思而後行夫子曰再思可矣今君令恪十思明恪之劣也岱無以荅當時咸謂之失言虞喜曰夫託以天下至重也以人臣行主威至難也兼二至而管萬幾能勝之者鮮矣自非採納羣謀詢于芻蕘虛已受人恒若不足則功名不成勳績莫著況呂侯國之元耆智度經遠而甫以十思戒之而便以示

譏當作誠

劣見拒。此元遜之疏。乃機神不俱者也。若因十思之義。廣諮當世之務。聞善速于雷動。從諫急于風移。豈得隕首殿堂。死凶豎之刃。世人奇其英辨。造次可親。而哂呂侯無對爲陋。不思安危終始之慮。是樂春藻之繁華。而忘秋實之甘口也。昔魏人伐蜀。蜀人禦之。精嚴垂發。六軍雲擾。士馬擐甲。羽檄交馳。費禕時爲元帥。荷國任重。而與來敏圍棊。意無厭倦。敏臨別謂禕。君必能辦賊者也。言其明略內定。貌無憂色。況長寍以爲君子臨事而懼。好謀而成者。且蜀爲蕞爾之國。而方向大敵。所規所圖。惟守與戰。何可矜已有餘。晏然無戚。斯乃性之寬簡。不防細微。卒爲降人郭脩所害。豈非兆見于彼。而禍成于此哉。往聞長寍之甄文偉。今覩元遜之逆呂侯。二事體同。故並而載之。可以鏡譏于後。永爲世鑒。（吳志諸葛恪傳注）

虞預

預字叔寍。喜弟。本名茂。避明穆皇后母諱改。初爲縣功曹。被斥。太守庾琛命爲主簿。紀瞻代琛。復爲主簿。轉功曹史。察孝廉。不行。元帝爲丞相。召行參軍。兼記室。及踐位。除著作佐郎。大興中琅邪國常侍。遷祕書丞著作郎。咸和中從平王含。賜爵西鄉侯。假歸。太守王舒請爲諮議參軍。蘇峻平。進封平康縣侯。遷散騎侍郎。除散騎常侍。致仕。有晉書四十四卷。會稽典錄二十四卷。諸虞傳十二卷。集十卷。

請祕府布紙表

祕府中有布紙三萬餘枚。不任寫御書。而無所給。愚欲請四百枚。付著作史書寫起居注。（初學記二十一引兩條）

上疏請簡良將

臣聞承平之世。其敎先文。撥亂之運。非武不剋。故牧野之戰。呂望杖鉞。淮夷作難。召伯專征。玁狁爲暴。衞霍長驅。故陰陽不和。擢士爲相。三軍不勝。拔卒爲將。漢帝既定天下。猶思猛士以守四方。孝文志存鉅鹿。馮唐進說。魏尙復守。詩稱赳赳武夫。公侯干城。折衝之佐。豈可忽哉。況今中州荒弊。百無一存。牧守官長。非戎貊之族類。即寇竊之幸脫。陛下登阼。威暢四遠。故令此等反善向化。然狼子獸心。輕薄易動。羯虜未殄。益使難安。周撫陳川。相係背叛。徐龕驕黠。無所拘忌。放兵侵掠。罪已彰灼。昔葛伯違道。湯獻之牛。吳濞失禮。錫以几杖。惡成罪著。方復加戮。龕之小醜。何足不滅。然豫備不虞。古之善敎。矧乃有虞。可不爲防。爲防之術。宜得良將。將不素簡。難以應敵。壽春無鎭。祖逖孤立。前有勁虜。後無係援。雖有智力。非可持久。願陛下諮之羣公。博舉于衆。若當局之才。必允其任。則宜獎厲。使不顧命。旁料宂猥。或有可者。厚加寵待。足令忘身。昔英布見慢。恚欲自裁。出覩供置。然後致力。禮遇之恩。可不隆哉。誠知山河之量。非塵露可益。神鑒之慮。非愚淺所測。然匹夫嫠婦。猶有憂國之言。況臣得廁朝堂之末。蒙冠帶之榮者乎。（晉書虞預傳）

上書請舉賢才

大晉受命。于今五十餘載。自元康以來。王德始闕。戎翟及于中國。宗廟焚爲灰燼。千里無烟爨之氣。華夏無冠帶之人。自天地開闢。書籍所載。大亂之極。未有若茲者也。陛下以聖德先覺。超然遠鑒。作鎭東南。聲敎遐被。上天眷顧。人神贊謀。雖云中興。其實受命。少康宣王。誠未足喻。然南風之歌可著。而陵遲之俗未改者何也。臣愚謂爲國之要。在于得才。得才之術。在于抽引。苟其可用。讎賤必舉。高宗文王。思佐發夢。拔巖徒以爲相。載釣老而師之。下至列國。亦有斯事。故燕重郭隗。而三士競至。魏式干木。而秦兵退舍。今天下雖弊。人士雖寡。十室之邑。必有忠信。世不乏驥。求則可致。而束帛未賁于丘園。蒲輪頓轂而不駕。所以大化不洽。而雍熙有闕者也。（晉書虞預傳。太興二年。大旱。詔求讜言直諫之士。預上書諫曰云云。）

父母乖離議

子當越他境㠯求其舟檝所經人迹所至可前而進見難而退若山川之險非身所涉雖欲沒命則孝道不全宜廢榮利之勢居憔悴之感純慘怛之行表德義之所先也（通典九十八）

致雨議

臣聞天道貴信地道貴誠誠信者蓋二儀所㠯生植萬物人君所㠯保乂黎烝是㠯殺伐擬于震電推恩象于雲雨刑罰在于必信慶賞貴于平均臣聞者㠯來刑獄轉繁多力者則廣牽連逮㠯稽年月無援者則嚴其檟楚期于入重是㠯百姓嗷然感傷和氣臣愚㠯爲輕刑耐罪宜速決遣殊死重囚重加㠯請寬徭息役務遵節儉砥礪朝臣使各知禁蓋老牛不犧禮有常制而自頃眾官拜授祖贈轉相夸尚屠殺牛犢動有十數醉酒流湎無復限度傷財敗俗所虧不少昔殷宗脩德㠯消桑穀之異宋景善言㠯退熒惑之變楚國無災莊王是懼盛德之君未嘗無眚應㠯信順天祐乃隆臣學見淺闇言不足採（晉書虞預傳咸和初夏旱詔眾官各陳致雨之意預議）

奏記會稽太守庾琛

軍寇㠯來賦役繁數兼值年荒百姓失業是輕徭薄斂寬刑省役之時也自頃長吏輕多去來送故迎新交錯道路受迎者惟恐船馬之不多見送者惟恨吏卒之常少窮奢竭費謂之忠義省煩從簡呼爲薄俗轉相放效流而不反雖有常防莫肯遵脩加㠯王塗未夷所在停滯送者經年永失播植一夫不耕十夫無食況轉百數所妨不訾愚謂宜勒屬縣若令尉先去官者人船吏侍皆具條列到當依法減省使公私允當又今統務多端動加重制每有特急輒立督郵計今直兼三十餘人人船吏侍皆當出官益不堪命宜復減損嚴爲之防（晉書虞預傳）

與丞相王導牋

伏見前祕書光祿大夫荀公生于積德之族少有儒雅之稱歷位內外在貴能降蘇峻肆虐乘輿失幸公處嫌忌之地有累卵之危朝士爲之寒心論者謂之不免而公將之㠯智險而不懾扶侍至尊繾綣不離雖無扶迎之勳宜蒙守節之報且其宣慈之美早彰遠近朝野之望許㠯台司雖未正位已加儀同至守終純固名定闔棺而薨卒之日直加侍中生有三槐之望沒無鼎足之名寵不增于前秩榮不副于本望此一時愚智所慷慨也今承大弊之後湻風頹散苟有一介之善宜在旌表之例而況國之元老志節若斯者乎（晉書荀崧傳）

與從叔父書

近或聞諸君㠯預入寺便應委質則當親事不得徒已然預下愚過有所懷邪黨互瞻異同蜂至一旦差跌眾鼓交鳴毫釐之失差㠯千里此古人之炯戒而預所大恐也（晉書虞預傳宗人共薦預爲縣功曹欲使沙汰穢濁預與從叔父書）

晉書宣帝述

上雖服膺文藝㠯儒素立德而雅有雄霸之量值魏氏短祚內外多難謀而鮮過舉必獨克知人拔善顯揚側陋王基鄧艾州泰賈逵之徒皆起自寒門而著績于朝經略之才可謂遠矣（御覽九十五）

全晉文卷八十二終

烏程嚴可均校輯

謝衡

衡，陳國陽夏人。泰康初國子博士，惠帝時進祭酒，有集二卷。

王昌前母服議

毖身不幸，去父母，遠妻子，妻子其家執義守節，奉宗祀，養舅姑，有稚子，後得歸還，則固爲己妻，父既爲妻，子豈不爲母，昌宜追服三年。通典八十九，案王毖子昌事，詳前竟陵王楙文。

雖有二妻，蓋有故而然，不爲害于道義，宜更相爲服。晉書禮志中。

蘇宙事議

大夫去國，其妻長子爲舊君服，傳曰：妻言與人同，長子言未去也。言去則無服矣。是違諸侯之天子，不反服；違天子之諸侯，亦不反服，以在外也。今之官長皆自外來，假借一時，共相君臨，去則在外

體遠事絕，恩輕義疏，至于死亡，隔限遠路，或有難故，不得時往奔赴之義，無所施也。通典九十九。

爲皇太孫服齊衰朞議

諸侯之太子，誓與未誓，尊卑體殊，喪服亡爲嫡子長殤，謂未誓也。三誓則不殤也。宋書禮志二。

謝尚

尚字仁祖，衡孫，司徒王導辟爲掾，襲父鯤爵咸亭侯，轉西曹屬，遷會稽王友，補給事黃門侍郎，出爲建武將軍、歷陽太守，轉督江夏義陽隨三郡軍事、江夏相，建元中遷南中郎將，督豫州四郡，領江州刺史，轉西中郎將、督揚州六郡、豫州刺史，假節，鎮歷陽，進安西將軍，兵敗，降號建威將軍，徵拜給事中，戍石頭，永和中，拜尚書僕射，出爲前將軍、都督江西淮南諸軍事、豫州刺史，鎮歷陽，入朝，署僕射事，進鎮西將軍，鎮壽陽，升平初，徵拜衛將軍，未至，卒，謚曰簡，有集十卷。

談賦

斐斐亹亹，若有若無，理玄旨邈，辭簡心虛。書鈔九十八。

遭亂父母乖離議

典禮之興，皆因循情理，開通弘勝。如運有屯夷，要當斷之以大義。夫無後之罪，三千所不過，今婚姻將以繼百世，崇宗緒，此固不可塞也。然至于天屬生離之哀，父子乖絕之痛，痛之深者，莫深于茲。夫以一體之小患，猶或忘思慮，損聽察，況于抱傷心之巨痛，懷切怛之至戚，方寸既亂，豈能綜理時務哉。有心之人，決不冒榮苟進；冒榮苟進之儔，必非所求之旨，徒開偷薄之門，而長流弊之路。或有執志丘園，守心不革者，猶當崇其操業，以弘風尚，而況含艱履戚之人，勉之以榮貴邪。晉書謝尚傳：轉西曹屬，時有遭亂與父母乖離，議者或以仕進理王事，婚姻繼百世，于理非嫌，尚議。

與張涼州書

今致五尺金鐵頭刀一口。御覽三百四十六。

與揚征南書

今餉五尺金頭刀，碧綾車甲楯。書鈔一百二十三，初學記二十二，御覽三百四十六。

謝安

安字安石，尚從弟，寓居會稽，屢徵不就，年四十餘，桓溫請爲征西司馬，除吳興太守，徵拜侍中，遷吏部尚書、中護軍，孝武即位，爲尚書僕射，領吏部，加後將軍，總中書事，又領揚州刺史，進中書監、驃騎將軍、錄尚書事，加司徒，復加侍中、都督揚豫徐兗青五州幽州之燕國諸軍事，假節，拜衛將軍、開府儀同三司，封建昌縣公，苻堅入寇，加征討大都督，堅破，進拜太保，都督揚荊司豫徐兗青冀幽并寧益雍梁十五州軍事，加黃鉞，尋爲會稽王道子所構，出鎮廣陵之步丘，卒，贈太傅，更封廬陵郡公，謚曰文

靖。

上疏論王恭

王恭超登清任。當虛心秉理。文選任昉王文憲集序注引晉中興書。

魏隱周喪拜時議

拜時雖非正典。代所共行久矣。將以三族多虞。歲有吉忌。故逆成其禮。通典五十九。太和中。平北將軍郗愔上言。魏隱周喪內迎婦拜時。謝安議。

簡文帝謚議

謹案謚法。一德不懈曰簡。道德博聞曰文。易簡而天下之理得。觀乎人文。化成天下。儀之景行。猶有彷彿。宜尊號曰太宗。謚曰簡文。世說文學篇注引劉謙之晉紀。

遺王坦之書

知君思相愛惜之至。僕所求者聲謂稱情義。無所不可爲聊復以自娛耳。若絜軌迹崇世敎。非所擬議。亦非所屑。常謂君粗得鄙趣者。猶未悟之濠上邪。故知莫逆未易爲人。晉書王坦之傳。

與某書

安頓首頓首。每念君一旦知窮。煩冤號慕。觸事崩踊。尋繹荼毒。豈可爲心。柰何柰何。臨書淒悶。安頓首頓首。淳化閣帖二。

六月廿日具記。道民安惶恐言。此月向終。惟祥變在近。號慕崩痛。煩冤深酷。不可居處。比奉十七十八日二告。承故不和。甚馳灼。大熱。尊體復何如。謹白記不具。謝安惶恐再拜。上。同。

與支遁書

思君日積。計辰傾遲。知欲還剡自治。甚以悵然。人生如寄耳。頃風流得意之事。殆爲都盡。終日慼慼。觸事惆悵。唯遲君來。以晤言消之。一日當千載耳。此多山縣。閑靜差可養疾。事不異剡。而醫藥不同。必思此緣。副其積想也。高僧傳四。

謝萬

萬字萬石。安弟。弱冠辟司徒掾。遷右西曹屬。不就。簡文帝作相。召爲撫軍從事中郎。遷豫州刺史。領淮南太守。監司豫冀幷四州軍事。假節。軍潰。廢爲庶人。卒贈散騎常侍。有集十六卷。

春遊賦

青陽司候。句芒御辰。陳滌灌以擢枯。初莖蔚其曜新。幂豐葉而爲幄。靡翠草而成綑。于是遠嘯良儔。近命嘉賓。奏羽觴而交獻。羅絲竹以並陳。詠新服之璀璨。想舞雩之遺塵。撫鳴琴而懷古。登脩臺而樂春。爾乃碧巘增巍。灌木結陰。輕雲晻曖以幕岫。和風清泠而啟衿。初學記三引兩條。

與子朗等疏

七月十日萬告朗等。便流火感傷。兼切不自勝。柰何柰何。轉涼。汝等各可可。知近聞邑邑。吾涉道動下。疹乏劣。力及不具。告父疏。淳化閣帖二。

八賢頌

屈原

皎皎屈原。玉瑩冰鮮。舒柔翡林。摛光蚪川。初學記十七。

楚老

楚老潛一。寂翫無爲。含貞內外。載韋羽儀。初學記十七。

七賢嵇中散讚

邈矣先生。英標秀上。希巢洗心。擬莊託相。乃放乃逸。邁茲俗網。鍾期不存。奇音誰賞。初學記十七。

八賢論 世說文學篇注引萬集。載其敘四隱四顯。爲八賢之論。謂漁父屈原季主賈誼楚老龔勝孫登嵇康也。其旨以處者爲優。出者爲劣。案此蓋八賢頌。卽繫于論後也。其論今亡。

駙馬都尉劉真長誄

弱冠振纓。結婚帝室。綢繆姻婭。連光雲日。初學記十。

謝石

石字石奴，安第六弟。初拜祕書郎，累遷尚書僕射，封興平縣伯。尋假節征討大都督，以破苻堅功，遷中軍將軍、尚書令，更封南康郡公，遷衞將軍，加散騎常侍，進開府儀同三司。卒贈司空，諡曰襄。

上疏請興復國學

立人之道，曰仁與義，翼善輔性，惟禮與學。雖理出自然，必須誘導。故洙泗闡弘道之風，詩書垂軌敎之典，敦詩悅禮，王化以斯而隆，甄陶九流，羣生于是乎穆。世不常治，道亦時亡。光武投戈而習誦，魏武息馬以脩學，懼墜斯文，若此之至也。大晉受命，値世多阻，雖聖化日融，而王道未備，庠序之業，或廢或興，遂令陶鑄闕日用之功，民性靡素絲之益，亹亹玄緒，翳焉莫抽。臣所以遠尋伏念，寤寐永歎者也。今皇威遐震，戎車方靜，將灑玄風于四區，導斯民于至德，豈可不弘敷禮樂，使煥乎可觀。請興復國學，以訓冑子，班下州郡，普脩鄉校，雕琢琳琅，和寶必至，大啟羣蒙，茂茲成德，匪懈于事，必由之以通，則人競其業，道隆學備矣。宋書禮志一

上疏

尸素朝端，忽焉五載。文選褚淵碑注引晉中興書，又齊安陸王碑注、齊竟陵王行狀注

讓尚書令疏

尚書令國之冢司，總括百揆，憲範王猷，式造羣辟，故必簡德而授，量才而受。北堂書鈔五十九引晉中興書：陳郡謝石字石奴，遷衛將軍、尚書令，加散騎常侍，上疏遜位。

謝玄

玄字幼度，安兄奕之第三子。大司馬桓溫辟爲掾，轉征西將軍桓豁司馬，徵拜建武將軍、兗州刺史，領廣陵相，監江北諸軍事，進冠軍將軍，加領徐州刺史，封東興縣侯。以破苻堅功，進前將軍，不受，加都督徐兗青司冀幽并七州軍事，封康樂縣公。還鎭淮陰，移鎭東陽，轉授散騎常侍、左將軍、會稽內史。卒贈車騎將軍、開府儀同三司，諡曰獻武。

逐當作保

請旌表故梓潼太守周虓疏

臣聞旌善表功，崇義明節，所以振揚聲敎，垂美來葉。故西夷校尉、梓潼太守周虓，執心忠烈，厲節寇庭，遂嬰禍荒裔，痛冥泉壤。臣每悲其志，以爲蘇武之賢，不復過也。前宣告并州，訪求虓喪，拼索其家，負荷數千，始得來至，卽以發送，還其舊隴。伏願聖朝追其至心，表其殊節，使負霜之志，不墜于地，則榮慰存亡，惠彼幽顯矣。晉書周虓傳：虓卒于太原，其子興迎致其喪，冠軍將軍謝玄鎭臨泗，因上疏云云。孝武帝詔贈龍驤將軍、益州刺史。

上疏經略河北

方平河北，幽冀宜須總督，司州懸遠，應統豫州。晉書謝玄傳

疾篤上疏

臣以常人，才不佐世，忽蒙殊遇，不復自量，遂從戎政，驅馳十載，不辭鳴鏑之險，每有征事，輒請爲軍鋒，由恩厚忘軀，甘死若生也。冀有毫釐上報榮寵。天祚大晉，王威屢舉，實由陛下神武英斷，無思不服。亡叔臣安協贊雍熙，以成天工，而雰霧尚翳，六合未朗，遺黎塗炭，巢窟宜除，復命臣荷戈前驅，董司戎首，冀仰憑皇威，宇宙寍一，陛下致太平之化，庸臣以塵露報恩，然後從亡叔臣安退身東山，以道養壽。此誠以形于文旨，達于聖聽矣。臣所以區區家國，實在于此。不謂臣愆咎夙積，罪鍾中年，上延亡叔臣安、亡兄臣靖，數月之間，相遂殂背，下逮稚子，尋復夭昏。哀毒兼纏，痛百常情。臣不勝禍酷暴集，每一慟殆斃。所以含哀忍悲，期之必存者，雖哲輔傾落，聖明方融，伊周嗣作，人懷自厲，猶欲申臣本志，隆國保家，故能豁其情滯，同之無心耳。去冬奉司徒道子告，括囊遠圖，逮問臣進止之宜。臣進不達事機，以蹙境爲恥；退不自揆，故欲順其宿心。豈謂經略不振，自貽斯戾。是以奉送章節，待罪有司，執徇常儀，實有媿心。而聖恩赦過，黷法垂宥，使抱罪之臣，復得更名于所司。木石

短當作矩

猶感。而況臣乎。顧將身不良。動與釁會。謙德不著。害盈是荷。先疾既動。便至委篤。陛下體臣疾重。使還藩淮側。甫欲休兵靜衆。綏懷善撫。兼苦自療。冀日月漸瘳。繕甲俟會。思更奮迅。而所患沈頓。有增無損。今者惙惙。救命朝夕。臣之平日。率其常短。加以匪懈。猶不能令政理弘宣。況今內外天隔。永不復接。寧可臥居重任。以招患慮。追尋前事。可爲寒心。臣之微身。復何足惜。區區血誠。憂國實深。謹遣兼長史劉濟重奉送節蓋章傳。伏願陛下垂天地之仁。拯將絕之氣。時遣軍司鎮慰荒雜。聽臣所乞。盡醫藥消息。歸誠道門。冀神祇之祐。若此而不差。脩短命也。使臣得及視息。瞻覲墳柏。以此之盡。公私眞無恨矣。伏枕悲慨。不覺流涕。晉書謝玄傳

又上疏

臣同生七人。凋落相繼。惟臣一己。孑然獨存。在生荼酷。無如臣比。所以含哀忍痛。希延視息者。欲報之德。實懷罔極。庶蒙一瘳。申其此志。且臣孤遺滿目。顧之惻然。爲欲極其求生之心。未能自分于灰土。慺慺之情。可哀可愍。伏願陛下矜其所訴。霈然垂恕。不令微臣銜恨泉壤。晉書謝玄傳

爲戴逵上疏請絕召命

伏見譙國戴逵。希心俗表。不嬰世務。棲遲衡門。與琴書爲友。雖策命屢加。幽操不回。超然絕迹。自求其志。且年垂耳順。常抱羸疾。時或失適。轉至委篤。今王命未回。將離風霜之患。陛下既已愛而器之。亦宜使其身名並存。請絕其召命。晉書隱逸戴逵傳。會稽內史謝玄慮逵遠遁不反。乃上疏云云。帝許之。

與姊書

此二日東行。遊步園中。已極有任家湖形模也。姊相矚。此亦有所散。御覽八百二十四

與兄書

居家大都無所爲。正以垂綸爲事。足以永日。北固下大鱸一出。釣得四十七枚。御覽八百三十四

又與兄書

昨日疏成後出釣。手所獲魚。以爲二坩鮓。今奉送。御覽八百三十四

與婦書

昨日疏成後出釣。所獲魚以爲鮓二坩。今奉送。思更無事也。書鈔一百四十六。又御覽八百六十二作一坩

書

奉糧穀十斛。是釣池上之所種。御覽八百三十七

謝混

混字叔源。小字益壽。安孫。襲父琰爵望蔡公。尚主。歷中書令、中領軍、尚書左僕射、領選。坐劉毅誅。有集五卷。

殷祭議

殷無定日。攷時致敬。且禮意尚簡。去年十月祠。雖于日有差。而情典允備。宜仍以爲正。宋書禮志三。謝混劉瑾議

謝琨

琨爵里未詳。案藝文類聚以爲宋人。下文稱蘇彥、何瑾、伏系之皆爲宋人。知諸宋字皆晉之誤。琨與混形相近。今姑編于謝混之後。俟攷。

秋夜長

秋夜長兮。雖欣長而悼速。送晨暉于西嶺。迎夕景于東谷。夜既分而氣高。風入林而傷綠。燕翩翩以辭宇。雁邕邕而南屬。藝文類聚三

許猛

猛字子豹。高陽人。魏鎮北將軍許允次子。泰康初吏部郎。守國子博士。元康中爲幽州刺史。

王昌前母服議

絕有三道。有義絕者。犯七出也。有法絕者。以王法絕。有地絕者。以

殊域而絕其夫絕妻如紀叔姬其還㠯王法隔㠯殊域而更聘嫡室者亦爲絕矣是㠯禮有繼母服無前母制是㠯前母非沒則絕故也㠯昌前母雖在猶不應服若昌父在則唯命矣依禮記昌惟宜追服其兄耳晉書禮志中、通典八十九。案王昌事詳前竟陵王楙文

又議

夫少婦稚則不可許㠯改嫁更適矣今妻在許㠯更聘夫存而妻得改醮者非絕而何晉書禮志中

答或問

或問許猛云爲人後時有昆弟後昆弟亡無後當得還否若得還爲主否猛荅曰喪服傳曰何如而可㠯爲人後支子可也嫡子不得後大宗言大宗雖重猶不奪己之正㠯後之也推此而論小宗無支子則大宗自絕矣子不絕父之後本家無嗣于義得還出後者還本追服通典九十六

或問云君無道而臣見黜放君薨爲服否許猛荅曰君無道則當三諫不從則適他國若既亡不越境君雖無道猶責㠯臣禮通典九十九

答步熊問

步熊問許猛曰爲人後而所後之母見出當何服猛曰爲人後者若子繼母言如母夫言若如者明其制如親其情則異也繼母如母則異于親子矣通典九十六

步熊問改葬但言臣子妻爲君父夫三者而孫爲祖後亦宜緦不審受重于祖父亡後祖墓崩不知云何許猛云案經文㠯謂諸有三年者皆當緦如注意舉此三者明唯斬者耳今父卒孫爲祖後而葬祖雖不受重于祖據爲主雖不爲祖斬亦制緦㠯葬也通典一百二

張惲

惲泰康初爲侍中領博士

王昌前母服議

昔舜不告而娶婚禮蓋闕故堯典㠯釐降二女爲文不殊嫡媵傳記㠯妃夫人稱之明不立正后也夫㠯聖人之弘帝者嫡子猶權事而變㠯定典禮黃昌之告新妻使避正室時論許之推姬氏之讓執黃卿之決宜使各自服其母晉書禮志中

郭欽

欽西河人泰康初侍御史

上豫防匈奴疏

戎狄彊獷歷古爲患魏初人寡西北諸郡皆爲戎居今雖服從若百年之後有風塵之警胡騎自平陽上黨不三日而至孟津北地西河太原馮翊安定上郡盡爲狄庭矣宜及平吳之威謀臣猛將之略出北地西河安定復上郡實馮翊于平陽已北諸縣募取死

罪徙三河三魏見士四萬家㠯充之裔不亂華漸徙平陽弘農魏郡京兆上黨雜胡峻四夷出入之防明先王荒服之制萬世之長策也晉書匈奴傳又見文選干寶晉紀總論注引干寶晉紀又見羣書治要二十九引干寶紀並小異

震

震失其姓泰康初毘陵僚屬

周喪察舉議

孝舉古之名貢尋名責實模格宜高夫㠯宜高之貢必㠯邁俗爲稱動擬清流行顧禮典況齊衰之喪身有伯叔之痛腰麻貫絰對而不言不處大夫之位不統邑宰之官時無盟戰代無寇戎不受聘使之命不率師旅之役喪禮宜備哀情宜畢古者周喪過三月而從政謂若今之職司有公除也公除之制蓋由近者多事在官不復從禮權宜之事耳今當舉者咸出布衣或在吏次且貢選之道在不拘之地推讓之宜得順其心官無推讓之刑法無必行之

同當作司

制平日且猶遜讓况周年之憂乎若從公除則非正官之例也若從高貢之舉于情爲慢喪于舉爲昧榮攷之于禮義則未聞今戎車未息禮制與古不同今諸王官司徒吏未嘗在職者其高足成有一舉便登黃散其次中尙書郞被召有周喪正假一月耳何至孝廉獨不可耳爲孝廉之舉美于黃散邪如所論㠯責孝廉之舉則至朝臣復何㠯恕之宜依據經禮分別州國之吏與散官不同通典一百一毘陵内史論江南貢舉事震議云云

又議

震㠯王官同徒吏皆先由州郡之貢而後升在王廷冊名委質列爲帝臣選任唯命義不得辭故遭周喪得從公奪之制周則迫命俯從至于州郡之吏未嘗與王官同體其舉也㠯孝順爲名㠯廉讓爲務在不制之限于時可得固讓于宜可得不行况兼周喪焉可許乎據情責實于義不通苟居容退之地雖小必讓苟在不嫌

之域雖大不辭是黃散可受而孝廉可拒也故在孝得申之位動則見恕是㠯州國之與王官不同之理在乎此矣若乃權時之宜越常從變則孝非恃命之徵舉非應務之首慶代無縱橫之務校禮則不覩其事唯宜折之㠯禮從其優者也通典一百一

全晉文卷八十三終

全晉文卷八十四

烏程嚴可均校輯

卞粹

粹字玄仁濟陰冤句人太康初爲司空賊曹屬惠帝卽位遷尚書郞超拜右丞封成陽子遷右軍將軍永康初坐張華免尋爲左軍將軍趙王倫㠯爲相國從事中郞後拜侍中中書令太安二年爲長沙王乂所害有集五卷

王昌前母服議

昌父當莫寄之時而娶後妻則前妻同之于死而義不絕若生相及而後妻不去則妾列于前志矣死而會乎則同祔于葬無竝嫡之實必欲使子孫于沒世之後追計二母隔絕之時㠯爲竝嫡則背違死父追出母亡議者㠯爲禮無前母之服者可謂㠯文害意愚㠯爲母之不親而服三年非一無異于前母也（晉書禮志中泰康元年賊曹屬卞粹議　案王昌事詳前竟陵王楙文）

爲皇太孫服議

太子始生故已尊重不待命誓若行議已誓不殤則元服之子當斬衰三年未誓而殤則雖十九當大功九月誓與未誓其爲升降也微斬與大功其爲輕重也遠而今注云諸侯不降嫡殤重嫌于無㠯大功爲重嫡之服大功爲重嫡之服則雖誓無復有三年之理明矣男能奉衞社稷女能奉婦道各㠯可成之年而有已成之事故可無殤非孩亂之謂也謂殤後者尊之如父猶無所加而止殤服況㠯天子之尊爲無服之殤行成人之制邪凡諸宜重之殤皆士大夫不加服而令至尊獨居其重未之前聞也（宋書禮志二惠帝太安元年三月皇太孫尚薨中書令卞粹云云）

卞壺

壺字望之粹子永嘉中除著作郞襲父爵成陽公尋行廣陵相元帝鎭江東召爲從事中郞出爲明帝東中郞長史中興建補太子中庶子轉散騎常侍遷太子詹事轉御史中丞遷吏部尚書明帝時加中軍將軍封建興縣公尋遷領軍將軍領尚書令復拜右將軍加給事中尚書令成帝卽位與王導庾亮輔政尋解職拜光祿大夫加散騎常侍蘇峻反復爲尚書令右將軍領右衞將軍尋都督大桁東諸軍事假節復加領軍將軍給事中戰死峻平追贈侍中驃騎將軍開府儀同三司謚曰忠貞有集二卷

賀老人星表

陛下聖德應乾嘉瑞屢臻玄象垂耀老人啟徵萬壽無疆（藝文類聚一）

奏彈尚書丞郞事

舊丞郞取急及屬出皆尚有對使職局不廢而昨左右二丞及諸郞皆出唯亥直二郞在役使有兵火警急便爲無復行事者二丞頓行無印可㠯封符疏此之逋慢莫斯之甚（御覽二百十三）

皆上脫郞字　役當作設

奏議王式事

王式繼母前嫁夫終後嫁式父式父終持服葬訖還前夫家前家亦有繼子養至終遂合葬于前夫式爲制出母周服式辭㠯父臨終母求去父許諾就如其辭必也正名依禮爲無所據若父在與亡臧否有命須顯七出之責則當存時受遣告宗廟而棄之無緣㠯絕義之妻留家制服若式父不及禮義或㠯情相許或疾在臨困謬亂聽使去留自由者此必爲相要㠯非禮相要㠯非禮則存亡無所得從式宜正之㠯禮魏顆父命從其治不從其亂陳乾昔屬其子尊已殉殯二婢子尊已㠯非禮不從春秋禮記善之竝㠯妾媵猶正㠯禮況其母乎禮婦人三從式母于夫事生奉終居喪㠯禮非爲旣絕之妻及亡制服不爲無義之婦不絕之驗彰于制服自云守節非爲更嫁攷行無絕于夫離絕之斷在夫沒之後夫

如此事當作于彼不慈于此六字

之既沒是其從子之日而式㠯爲出母比此母㠯子出也卽何㠯子出其母而致使存無所從㠯容居沒無所歸㠯託終也寄命于他人之門埋尸于無名之冢若是式父亡後母尋沒于式家必不㠯爲出母明矣許諾之命一耳㠯爲母于同居之時至沒于前子之門而許㠯爲母所處不同而㠯爲出母此爲制離絕于二居裁出否于義斷離絕之斷非式而誰假使二門之子皆此母之生母戀前子求去求絕非禮于後家還反又非禮于前門去不可去還不可還則爲無寄之人也式必內盡匡諫外極防閑不絕明矣何至守不移于至親略情禮于假繼乎繼母如母聖人之教式爲國士閨門之內犯禮違義開闢未有于父則無追亡之善于母則無孝敬之道存則去留自由亡則合葬路人可謂生事不㠯禮死葬不㠯禮者也母依前子非爲更嫁日月遠近理有異禮長子不爲出母服出繼母尤不應服式長子也又母非所生不應服坦然而

式乃制服明前絕無徵違禮莫據內愧于心欲㠯詐眩視聽託過厚㠯制飾尋其事情攷之正禮義不容恕式母再嫁前後俱繼何慈如此事受之日應有過禮之貶出之者宜受莫大之責式禮義之闕發于事親傷孝敬之道虧損時教不可㠯居人倫銓正之任式宜請議卽下禁止案侍中司徒臨潁公荀組敷宣五教實在任人而含容違禮曾不貶黜揚州大中正侍中平望亭侯陸曄淮南大中正散騎侍郎胡弘等顯執邦論朝野取信曾不能率禮正違崇孝敬之教竝爲不勝其任請㠯見事免組曄弘官大鴻臚削爵土廷尉結罪（晉書卞壼傳通典九十四太興三年淮南小中正王式繼母先嫁有繼子後嫁式父式父臨終繼母求去式父許有遺命及式父亡母制服積年後還前繼子家及亡與前夫合葬式追服周杜夷江泉荀崧蕭輪議皆恕式御史中丞卞壼奏）

奏論樂謨庾怡

時召南陽樂謨爲郡中正潁川庾怡爲廷尉評謨怡各稱父命不就壼奏曰人無非父而生職無非事而立有父必有命居職必有悔有家各私其子此爲王者無人職不軌物官不立政如此則先聖之言廢五教之訓塞君臣之道散上下之化替矣樂廣㠯平夷稱庾珉㠯忠篤顯受寵聖世身非己有況及後嗣而可專哉所居之職若順夫羣心則戰戍者之父母皆當㠯命子不㠯處也若順謨父之意則人皆不爲郡中正人倫廢矣順怡父之意人皆不爲獄官則刑辟息矣凡如是者其可聽歟若不可聽何㠯許謨怡之得稱父命乎此爲謨㠯名父子可㠯虧法怡是親戚可㠯自專㠯此二塗服人示世臣所未悟也宜一切班下不得㠯私廢公絕其表疏㠯爲永制（晉書卞壼傳）

羣臣拜皇太子議（明帝太寧二年）

周禮王后太子不會明禮同于君皆所㠯重儲貳異正嫡苟奉之如君不得不拜矣太子若存謙沖故宜荅拜臣㠯爲皇太子之立

郊告天地正位儲宮豈得同之皇子撝讓而已謂宜稽則漢魏闔朝同拜（晉書禮志下通典六十七）

周札贈謚議

札石頭之役開門延寇遂使賊敦恣亂札之責也追贈意所未安懋莛兄弟宜復本位（晉書周札傳）

拜敬保傅議

臣歷觀紀籍禮經無拜臣之制雖漢成帝拜張禹肅主凡臣不足爲範或說師臣友臣師模其道又未見其拜也至于先帝之拜司徒導特㠯元皇帝興自藩國布衣之交拜在人臣之日故率而不改陛下尊訓先典服膺禮中未宜降南面之尊拜北面之臣大敎有違名體不順事應改正（通典六十七）

又奏

臣攷先典之極無過于周公而周史無拜敬之禮記稱王者入學

躬拜三老。此一朝之敬。猶子冠而毋拜。豈可終身行焉。通典六十七

上牋自陳

壼天性狷狹。不能和俗。退己情事。欲畢志家門。亡父往爲中書令時。壼蒙大例。望門見辟。信其所執。得不祇就。門戶遇禍。迸竄易名得存。覗息私志。有素加嬰。極難流寄蘭陵。爲荀晞所召。恐見逼迫依下邳。妻眉又見假授。思暫之郡。規得託身。尋蒙見召爲從事中郎。豈曰貪榮。直欲自致。規暫恭命。行當乞退。屬華軼之難。不敢自陳。軼既梟懸。壼亦嬰病。具自歸聞。未蒙恕遣。世子北征。還寵顯望復已無施。忝充元佐。榮則榮矣。實非素懷。顧己命重人輕。不敢辭僶。聞西臺召壼爲尚書郎。實欲因此以避賢路。未及陳誠。奄丁窮罰。壼年九歲爲先母弟表所見孤背。十二蒙亡母張所見覆育。壼以陋賤。不能榮親。家產屢空。養道多闕。存無歡娛。終不備禮。拊心永恨。五內抽割。于公無效如彼。私情艱苦如此。實無情顏昧冒榮進。若廢壼一人。江北便有傾危之慮。壼居事之日。功績以隆者。誠不得私其身。今東中郎峻嶷自然。神明日茂。軍司馬諸參佐並以明德宣力王事。壼之去留。曾無損益。賀循謝端顧景丁琛傅晞等皆荷恩命。高枕家門。壼委質二府。漸冉五載。效效則不能已彰。論心則頻累恭順。柰何哀孤之日。不見愍恕哉。晉書卞壼傳

與溫嶠書

元規召峻意定。懷此於邑。溫生足下。柰此事何。吾今所慮。是國之大事。且峻已出狂意。而召之更速。必縱其羣惡。以向朝廷。朝廷威力誠桓桓。交須接鋒履刃。尚不知便可即擒不。王公亦同此情。吾與之爭甚懇切。不能如之何。本出足下爲外藩任。而今恨出足下在外。若卿在內。俱諫必當相從。今內外戒嚴。四方有備。峻凶狂必無所至耳。恐不能使無傷。如何。晉書卞壼傳

書

足下佳不。朝口 此二字姜作北中 郎上獲諸城文墨至。便在合。事許改變。子紙下物知此草。勿令一人見也。吾今敕書事令不發。亟付卿發。便密令人傳與防道 姜作房 謂之壼白 淳化閣帖三

梁柳

柳。太康中爲弘農太守。徙陽平太守。

崤山路石銘

晉太康三年。弘農太守梁柳脩復舊道。水經注河水四。今山側附路有石銘

劉漢

漢。太康中爲尚書郎。

議推處劉毅

龍體既蒼。雜以素文。意者大晉之行。戢武興文之應也。而毅乃引衰世妖異以疑今之吉祥。又以龍在井爲潛。皆失其意。潛之爲言隱而不見。今龍彩質明煥。示人以物。非潛之謂也。毅應推處。晉書劉毅傳。時龍見武庫井中。百官將賀。毅獨表無賀龍之禮。尚書郎劉漢等議詔不聽

王宮

宮。北海人。太康中羽林左監。元康初爲殿中將軍。

爲劉毅請諡疏

中詔以毅忠允匪躬。贈班台司。斯誠聖朝考績以毅著勳之美事也。臣謹案諡者行之迹。而號者功之表。今毅功德並立。而有號無諡。于義不體。臣竊以春秋之事求之。諡法主于行而不繼爵。然漢魏相承。爵非列矦則皆沒而高行。不加之諡。至使三事之賢臣。不如野戰之將。銘迹所殊。臣願聖世舉春秋之遠制。改列爵之舊限。使夫功行之實不相掩替。則莫不率賴。若以革舊毀制。非所倉卒。則毅之忠益。雖不攻城略地。論德進爵。亦應在例。臣敢惟行甫請周之義。謹牒毅功行如右。晉書劉毅傳

牽秀

秀字成叔。武邑觀津人。太康中爲新安令。遷司空從事中郎。免後爲司空張華長史。惠帝西幸。進尙書。河閒王顒㠯爲平北將軍。鎭馮翊。爲長史楊騰所殺。案河閒王顒傳東海王越遣督護麋晃伐顒至鄭顒將牽秀距晃晃斬秀與本傳不同有集四卷。

相風賦

幽林綿響。巨海息波。文選月賦注

黃帝頌

邈矣黃軒。應天載靈。通幽遠覽。觀象設形。誕敷厥訓。彝倫攸經。德從風流。化與雲征。皇猷允塞。地平天成。爰登方岳。封禪勒成。紛然鳳舉。龍騰太淸。違茲九土。陟彼高冥。民斯攸慕。涕泗沾纓。遐而不墜。式頌德聲。藝文類聚十二御覽七十九

老子頌

深哉伯陽。誕此靈姿。硏精玄奧。幽贊神微。抱質懷素。韜寶藏輝。遯而好古。儀聖作師。周衰道廢。厥猷匪宣。龍潛初九。亢志晧然。於邈高風。徽音永傳。

彭祖頌

於休彭公。應運特生。窮神知化。妙物通靈。挹之不沖。滿之不盈。韜光隱曜。混沌玄淸。確乎其操。邈乎其度。含眞蕩穢。離俗遺務。託神玄妙。遊心泰素。享年七百。寶降其祚。惠我無疆。倫道作故。

王喬赤松頌

妙哉松喬。稟此殊姿。含精握氣。靈德是綏。藏器華圖。俛首騰飛。絕迹風雲。超遠委徵。乃翔靈墳。烏像人聲。低徊舊土。眷此平生。惠而不諒。凋我素形。神儀既隕。翻飛而征。遨遊八維。跨騰九冥。應慶罔極。與道虛盈。藝文類聚七十八

皇甫陶碑

帝命既允。戎政㠯閑。文選褚淵碑文注

索靖

靖字幼安。敦煌人。州辟別駕。郡舉賢良方正。對策高第。拜駙馬都尉。出爲西域戊己校尉長史。擢尙書郎。除鴈門太守。遷魯相。又拜酒泉太守。惠帝卽位。賜爵關內侯。元康中。大將軍梁王肜㠯爲左司馬。加盪寇將軍。遷始平內史。及趙王倫篡位。應三王義舉。㠯左衞將軍討孫秀有功。加散騎常侍。遷後將軍。太安末。拜使持節監洛城諸軍事游擊將軍。拒河閒王顒戰死。年六十五。追贈太常。後又贈司空。進封安樂亭侯。謚曰莊。靖有五行三統正驗論二十卷。索子晉詩二十卷。集三卷。

書

七月二十六日具書靖白。雖數相聞。不解勞倦。信至得書。悉知棄云宅及計東來。言展有期。索靖白。淳化閣帖三。案此帖前尙有載妖䜌一帖凡八十二字脫誤不可句讀故不錄

月儀帖

正月具書君白。大蔟布氣。景風微發。順變綏寧。無恙幸甚。隔限遐塗。莫因良話。引領託懷。情過採葛。企佇難將。故及表問。信李麃麃。俱蒙告音。君白

君白。四表淸通。俊乂濯景。山無由晧之隱。朝有二八之盛。斯誠明珠耀光之高會。鸞皇翻翥之良秋也。吾子懷英偉之才。而遇淸升之祚。想已天飛。奮翼紫闥。使親者有邇賴也。君白

二月具書君白。俠鍾應氣。融風扇物。遥願高宇。使時讚宜。山川攸遠。限㠯成隔。自我不見。俛仰數年。看塗馳思。言存所親。裁及告懷。悵焉不具。君白。

君白。王路熙和。皇化洋溢。博採英儒。㠯恢時佐。輦無叩角之怨。門有搢紳之盛。斯乃潛龍逢九五之運。寶玉値卞氏之明。已委蓬室之陋。㠯受金紫之榮。使親契有拂冠之慶也。君白。

三月具書君白姑洗育物罄無不宜延想吾子隨運是康機度推疏不面踰紀分逼哀塗烏咽負展馳心投情庶能感應具書脩問罔然不具君白

君白洪化遐布率土咸盈秉卞莊之勇者□武而精道抱管鮑之才者彈冠而待顯怪㠯高邁之姿而懷迷時之志遠明明之來緬不識之響機運稍移人生若寄願速龍躍耀于雲漢也君白

七月具書君白夷則布氣暑運西流遙想足下動靜順宜川塗悠遠乖我談宴心存明瑰精爽馳想登高長佇涕㠯隕之不勝勞歎裁及書問君白

君白與子少舊契闊在昔情款好合如彼琴瑟何圖離別歷載十餘年往□□□□□□天地之悠長□人生之險絕悼言多感悵然傷懷唯足下寶德育素㠯熙萬福敘此故舊君白

八月具書君白南呂應化中秋告涼敬想介問福履多宜山川緬邈信理希寡談面既闊音問又疏傾首延懷無日不勞想篤分好不孤其勤亦見信憶舊裁因數字行人彭彭俱數相聞君白

君白世濤道治聖化光洽明于博採唯賢是務足下㠯神龍之質應景風之求足陟天閣而德聞四海允彼具瞻副此羣望竊從草澤慷慨增願君白

九月具書君白無射改卦廣莫布氣氣度涼和宜時順節路乖人隔邈若天踰翹首延思遠莫致之君子篤好想齊往分不勝佇企飢渴之懷故書表問不能暢情君白

君白昔忝同門濫攀君子子㠯逸羣之才當貫三千之首登堂入室研道之奧雖明闇殊品每亦希顏至㠯乖隔孤陋遐外曠道離友益㠯牆面無因之積㠯晉所敬君白

十月具書君白應鍾導運嚴霜稍隆時變物移感候增懷馳心繫想言存所親山川路限不能翻飛登彼崇丘遒遙長望延佇莫及思積情疲不勝鬱陶眷然之感裁復白書不悉君白

君白往春執手刻會來秋迎期待面慊然遲想正㠯逸驥之迹騁于雲漢之路龍驤天府忘此友信飛沈壹殊何緣言嬿厚爲時節寶愛光儀君白

十一月具書君白黃鍾吐氣凝寒雰降溫室重裘和氣養神休宜幸甚歲月飛馳逝不我待闊自別後始忽然踰載望塗延思精誠所感無物不應果□來況德音彌滿耽翫反覆悟怵愛慰增慨不勝抱感裁因□荅言不具盡君白

君白昔誓秋歸而奄經半載匪我愆期時違書信□□之隆況旨杳密豈㠯逸踰約㠯馳騖親愛分隔齊□□盈足下復遠□鼓望耶倉卒不具君白

十二月具書君白大呂□度末寒慄烈明德宜時夢想無恙分隔踰年負會乖違感詠蕭艾言存宿好翹翹延領不勝思積裁及白書不能具悉君白

君白不圖一別便成永隔瞻彼脩路從此乖限情經運候思與感物發言存信涕㠯流墜足下□嚴度同此懷信使知問君白謹道廣川書跋云晉人評書㠯索靖比王逸少而歐陽詢至臥碑下近世惟淳化官帖中有靖書其後購書四方得月儀十一章今入續帖中然于前書亦異李嗣眞曰靖有月儀三章觀其趣尙大爲遒竦今月儀不止三章或謂昔人離析然書無斷裂殆唐人臨寫者

草書狀

聖王御世隨時之宜倉頡既生書契是爲科斗鳥篆類物象形叡哲變通意巧茲生損之隸草㠯崇簡易百官畢脩事業並麗蓋草書之爲狀也婉若銀鉤漂若驚鸞舒翼未發若舉復安蟲蛇虯蟉或往或還類阿那㠯羸形歘奮釁而桓桓及其逸遊盼嚮乍正乍邪騏驥暴怒逼其轡海水窊隆揚其波芝草蒲陶還相繼棠棣融融載其華玄熊對踞于山嶽飛燕相追而差池舉而察之又似乎和風吹林偃草扇樹枝條順氣轉相比附窈嬈廉苫隨體散布紛

擾擾㠯猗靡。中持疑而猶豫。玄螭狡獸嬉其閒。騰猨飛鼬相奔趣。凌魚奮尾。蛟龍反據。投空自竄。張設牙距。或若登高望其類。或若既往而中顧。或若俶儻而不羣。或若自檢于常度。于是多才之英。篤藝之彥。役心精微。耽此文憲。守道兼權。觸類生變。離析八體。靡形不判。去繁存微。大象未亂。上理開元。下周謹案。騁辭放手。雨行冰散。高音翰厲。溢越流漫。忽班班而成章。信奇妙之煥爛。體磥落而壯麗。姿光潤㠯粲粲。命杜度運其指。使伯英迴其腕。著絕勢于紈素。垂百世之殊觀。晉書索靖傳。藝文類聚七十四

全晉文卷八十四終

全晉文卷八十五

烏程嚴可均校輯

張載

載字孟陽。安平灌津人。太康中爲著作佐郎。轉太子中舍人。遷樂安相弘農太守。長沙王乂請爲記室督。拜中書侍郎。復領著作。引疾歸。有集七卷。

濛汜池賦

麗華池之湛淡。開重壤以停源。激通渠于千金。承瀍洛之長川。挹洪流之汪濊。包素瀨之寒泉。既乃北通醴泉。東入紫宮。左面九市。右帶閶風。周墉建乎其表。洋波迴乎其中。幽瀆傍集。（初學記七作潛集）潛流獨注。仰承河漢。吐納雲霧。緣以采石。殖以嘉樹。水禽育而萬品。珍魚產而無數。蒼苔汎濫。脩條垂幹。綠葉覆水。玄蔭珍岸。紅蓮煒而秀出。繁葩絕以煥爛。游龍躍翼而上征。翔鳳因儀而下觀。想白日之納光。覩洪暉之晧旰。于是天子乘玉輦。時遨遊。排金門。出千秋。造綠池。鏡清流。翳華蓋以逍遙。攬魚釣之所收。纖緒挂而鱣鮪來。芳餌沈而鰋鯉浮。豐夥踰于巨壑。信可樂以忘憂。（藝文類聚九）

敘行賦

歲大荒之孟夏。余將往乎蜀都。脂輕車而秣馬。循路軌以西徂。朝發軔于京宇兮。夕予宿于穀洛。踐有周之舊墟。塊巨荒以寥廓。讚王孫于北門。問九鼎于東郭。實公旦之所卜。曷斯土之瀆薄。入函谷而長驅。歷新安之鹵阜。行逶迤以登降。涉二崤之重阻。經嶔岑之險巇。想姬文之避雨。出澠隰以迴逝。仰華岳之崔嵬。勤大禹之疏導。豁龍門之洞闢。舍予車以步趾。玩卉木之璀錯。翳青青之長松。蔭肅肅之高柞。緣阻岑之絕崖。蹈偏梁之懸閣。石壁立以切天。岌巋隗其欲落。超陽平而越白水。稍幽蔓以迴深。秉重巒之百層。轉木末于九岑。浮雲起于轂下。零雨集于麓林。上昭晰以清陽。下杳冥而晝陰。聞山鳥之晨鳴。聽玄猨之夜吟。雖處者之所樂。嗟寂寞而愁予心。造劒閣之崇關。路盤曲以腌藹。山崢嶸以峻狹。仰青天其如帶。兼習坎之重固。形東隘以要害。豈乾坤之分域。將隔絕乎內外。（藝文類聚二十七）

鞞舞賦 并序

蓋以歌以詠。所以象德。足之蹈之。所以盡情也。（初學記十五）

鞞舞煥而特奏兮。冠衆妓而超絕。采干戚之遺式兮。同數度于二八。（初學記十五）

手運無方。足不及帶。輕裾鸞飛。漂微逾曳。（初學記十五）

羽扇賦

有翔雲之素鳥。體自然之至絜。飄縞羽于清霄。擬妙姿于白雪。俯濯素于河漢。仰晞光于日月。雙趾蹶而騰虛。六翮揮而風厲。于是傲世公子。俶儻踔躒。遺物獨出。樂此天爵。飛蒲氏之脩蟠。榮子余之纖繳。弋翔冥之鵾雞。連王子之白鶴。裁輕翼以爲扇。發清風于勁翮。濯以雲精。拂以芝露。（二語從御覽十二補。上下俱有缺文）若乃搜奇選妙。絕色寡雙。鵠質皦鮮。玄的點鋒。脩短雖異。而光彩齊同。故易稱可以爲儀。詩美肅肅之容。是以停之如棲鵠。揮之如驚鴻。飄纓蕤于軒幌。發暉曜于羣龍。夫裂素製圓。剖竹爲方。五明起于名都。九華興于上京。（藝文類聚六十九。又見書鈔一百三十四。御覽七百六十六）

酃酒賦

惟聖賢之興作。貴垂功而不泯。嘉康狄之先識。亦應天而順人。擬酒旗于玄象。造甘醴以頤神。雖賢愚之同好。似大化之齊均。物無往而不變。獨居舊而彌新。經盛衰而無廢。歷百代而作珍。若乃中山冬啟。醇酎秋發。長安春御。樂浪夏設。漂蟻萍布。分香酷烈。垂嘉稱于百代。信人神之所悅。未聞珍酒。出于湘東。丕顯于皇都。乃潛淪于吳邦。往逢天地之否運。今遭六合之開通。播殊美于聖代。宣至味而大同匪徒法用之窮理信泉壤之所鍾故其爲酒也殊功絕倫三事既節五齊必均造釀㠯秋告成㠯春備味滋和體淯色淸宜御神志導氣養形遣憂消患適性順情言之者嘉其美志味之者棄事忘榮于是糺合同好㠯遨㠯遊嘉賓雲會矩坐四周設金樽于南楹酌浮觴㠯旋流備鮮肴㠯綺錯進時膳之珍羞禮儀攸序是獻是酬赬顏微發溢思凱休德音晏晏弘此徽猷咸得志㠯自足願棲遲于一己于是歡樂既洽日薄西隅主稱湛露賓歌驪駒僕夫整駕言旋其居乃憑軾㠯迴軌騁輕駟于通衢反衡門㠯隱迹覽前聖之典謨感夏禹之防微悟儀氏之見疏鑒往事而作戒罔非酒而惟愆哀秦穆之既醉殲良人而棄賢嘉衛武之能悔著屢舞于初筵察成敗于往古垂將來于茲篇藝文類聚七十二初學記二十六

安石榴賦

有石榴之奇樹肇結根于西海仰靑春㠯啟萌晞朱夏㠯發采揮光垂綠擢榦曜綷綸若翬翡俱棲爛若百枝竝然煥乎郁郁焜乎煌煌仰映靑霄俯燭蘭堂侶西極之若木譬東谷之扶桑于是天迴節移龍火西夕流風晨激行露朝白紫房既熟文選潘岳閒居賦注作獨熟赬膚自拆剖之則珠散含之則冰釋充嘉味于庖籠極醉酸之滋液上薦淸廟之靈下羞玉堂之客藝文類聚八十六御覽九百七十

瓜賦

羊骹虎掌桂枝蜜筩或玄表丹裏呈素含紅豐膚外偉綠瓤內釀甘柤夏熟丹柰含芳朱李寄于桂圃蒲萄潰于椒牀雖茲肴之孤起莫斯瓜之允臧超椰子于南海越橘柚于衡陽若乃檳榔椰實龍眼荔枝徒㠯希珍難致爲奇論實比德孰大于斯藝文類聚八十七御覽九百六十八又九百七十八

平吳頌

聞之前志堯有丹水之陣舜有三苗之誅此聖帝明王平暴靜亂未有不用兵而制之也夫大上成功非頌不顯情動于中非言不彰獫狁既攘出車㠯興淮夷既平江漢用作斯故先典之明志不刊之美事焉可闕歟遂作頌曰

上哉仁聖曰惟皇晉光澤四表繼天垂胤帝道煥于唐堯義聲邈乎虞舜蠢爾鯨吳憑山阻水肆虐播毒而作豺虺菁茅闕而不貢越裳替其白雉正九伐之明典申號令之舊章布亙地之長羅振天網之脩綱制征期于一朝竝箕驅而慕張爾乃拔丹陽之峻壁屠西陵之高墉日不移晷羣醜率從望會稽而振鐸臨吳地而奮旅眾卑競趣烽飈具舉摧其輕銳走其守禦藝文類聚五十九

元康頌

開元建號班德布化文選顏延之宋郊祀歌注

榷論

夫賢人君子將立天下之功成天下之名非遇其時曷由致之哉故嘗試論之殷湯無鳴條之事則伊尹有莘之匹夫也周武無牧野之陣則呂牙渭濱之釣翁也若茲之類不可勝紀蓋聲發響應形動影從時平則才伏世亂則奇用豈不信歟設使秦莽脩三王之法時致隆平則漢祖泗上之健吏光武舂陵之俠客耳況乎附麗者哉故當其有事也則足非千里不入于輿刃非斬鴻不韜于鞘是㠯駑蹇望風而退頑鈍未試而廢及其無事也則牛驥共牢利鈍齊列而無長塗犀革㠯決之此離朱與瞽者同眼之說也處守平之世而欲建殊常之勳居太平之際而吐違俗之謀此猶卻步而登山鶩章甫于越也漢文帝見李廣而歎曰惜子不遇當高祖時萬戶侯豈足道哉故智無所運其籌勇無所奮其氣則勇怯一也才無所騁其能辯無所展其說則頑慧均也是㠯吳榜越船不能無水而浮青虯赤螭不能無雲而飛故和璧之在荊山隋珠

之潛重川。非遇其人。焉有連城之價。照車之名乎。青骹繁霜。縶于籠中。何㠯效其撮東郭于韝下也。白猨玄豹。藏于欄檻。何㠯知其接垂條于千仞也。㞑夫與烏獲訟力。非龍文赤鼎無㠯明之。聶政與荆卿爭勇。非彊秦之威。孰能辨之。故餓夫庸隸抱關屠釣之倫。一旦而都卿相之位。建金石之號者。或有懷顏孟之術。抱伊管之略。沒世而不齒者。此言有事之世易爲功。無爲之時難爲名也。若斯湮滅而不稱。曾不足㠯多說。況夫庸庸之徒。少有不得意者。則自㠯爲枉伏。莫不飾小辯。立小善。㠯偶時。結朋黨。聚虛譽㠯驅俗。進之無補于時。退之無損于化。而世主相與雷同齊口。吹而煦之。豈不哀哉。今士循常習故。規行矩步。積階級。累閥閱。碌碌然㠯取世資。若夫魁梧儁傑。卓躒倜儻之徒。直將伏死嶔岑之下。安能與步驟共爭道里乎。至于軒冕黻班之士。苟不能匡化輔政。佐時益世。而徒俛仰取容。要榮求利。厚自封之資。豐私家之積。此沐猴而冠耳。尚焉足道哉。（晉書張載傳。又略見藝文類聚九十五、御覽九百十。）

劒閣銘

巖巖梁山。積石峩峩。遠屬荆衡。近綴岷嶓。南通邛僰。北達褒斜。狹過彭碣。高踰嵩華。惟蜀之門。作固作鎮。是曰劒閣。壁立千仞。窮地之險。極路之峻。世濁則逆。道清斯順。閉由往漢。開自有晉。秦得百二。幷吞諸侯。齊得十二。田生獻籌。矧茲狹隘。土之外區。一人荷戟。萬夫趑趄。形勝之地。匪親勿居。昔在武侯。中流而喜。山河之固。見屈吳起。興實在德。險亦難恃。洞庭孟門。二國不祀。自古迄今。天命匪易。憑阻作昏。鮮（晉書及藝文類聚作尠）不敗績。公孫既滅。劉氏銜璧。覆車之軌。（藝文類聚作遺軌）無或重迹。勒銘山阿。敢告梁益。（文選、晉書張載傳、藝文類聚七）

洪池陂銘

開源東注。出自城池。魚鼈孅殖。水鳥盈涯。菱藕狎獵。秔稻連畦。漸臺中起。列館參差。惟水泱泱。厥大難訾。（藝文類聚九）

匕首銘

先民造制。戒豫惟謹。匕首之設。應速用近。既不忽備。亦無輕忿。利㠯形彰。功㠯道隱。（藝文類聚六十、御覽三百四十六）

張協

協字景陽。載弟。辟公府掾。除祕書郎。補華陰令。歷征北從事中郎。入爲中書侍郎。轉河間內史。㠯亂去官。永嘉初徵爲黃門侍郎。不就。有集四卷。

洛禊賦

夫何三春之令月。嘉天氣之氤氳。和風穆㠯布暢兮。百卉曄而敷芬。川流清泠㠯汪濊。原隰葱翠㠯龍鱗。游魚瀺灂于淥波。玄鳥鼓翼于高雲。美節慶之動物。悅羣生之樂欣。顧新服之初成兮。將禊除于水濱。于是縉紳先生。嘯儔命友。攜朋接黨。冠童八九。主希孔墨。賓慕顏柳。臨崖詠吟。濯足盥手。乃至都人士女。奕奕祁祁。車駕岬嵑。充溢中逵。粉葩翕習。緣阿被湄。振袖生風。接衽成幃。若夫權戚之家。豪侈之族。采騎齊鑣。華輪方轂。青蓋雲浮。參差相屬。集乎長洲之浦。曜乎洛川之曲。遂乃停輿蕙渚。稅駕蘭田。朱幔虹舒。翠幙蜺連。羅樽列爵。周㠯長筵。于是布椒醑。薦柔嘉。祈休吉。蠲百痾。漱清源㠯滌穢兮。攬綠藻之纖柯。浮素卵㠯蔽水。灑玄醪于中河。清哇發于素齒。□□□□□□。水禽爲之駭踊。陽侯爲之動波。（藝文類聚四、北堂書鈔一百三十二、又一百五十五引五條、初學記四、御覽三十、又三百六十八、又七百七、又七百七十五、又九百二十八）

登北芒賦

陟巒丘之峛崺。升逶迤之脩坂。迴余車于峻嶺。聊送目于四遠。靈嶽鬱㠯造天。連岡巖㠯蹇產。伊洛混而東流。帝居赫㠯崇顯。山川汩其常弓。萬物化而代轉。何天地之難窮。悼人生之危淺。歎白日之西頹兮。哀世路之多蹇。于是徘徊絕嶺。踟躕步趾。前瞻南山。卻闚大岯。東眺虎牢。西睨熊耳。邪亙天際。旁極萬里。莽眩眼㠯芒昧。

諒羣形之難紀臨千仞而俯看佀遊身于雲霓撫長風㠯延佇想淩天而皐翮瞻冠蓋之悠悠覩商旅之接軏爾乃地勢窊隆丘墟陂陁墳隴崿疊棊布星羅松林槮映㠯攢列玄木搜寥而振柯壯漢氏之所營望五陵之嵬峩喪亂起而啟壞僮豎登而作歌藝文類聚七

歸舊賦

苦辭既接歡言乃周文選陶潛讀山海經詩注

玄武館賦

爾乃地勢夷敞既膏且腴環㠯翠林帶㠯赤渠尋厥先之攸基實張氏之舊墟何魏后之周覽遂築館而起廬既號玄武是曰石樓于是崇墉四匝豐厦詭譎爛若丹霞皎如素雪璀璨皓旰華璫四垂接棟連阿崥崹參差朱戶青鋪幽閨祕闥于是高樓特起竦峙岧嶢飛甍四注上㮣浮霄直亭亭㠯孤立迥水經注作延千里之清飈

陽扉南啟陰軒北達春牖左開秋牕右豁仰覩雲根俯臨天末木則楸梓夾路蓊蔚如林洪榦十圍脩枝百尋藝文類聚六十三水經注河水五

天子翱翔郊甸順時巡省龍駟騰鑣羽騎游騁顧流光㠯接巒迴鸞旗而時幸御覽三百五十八

安石榴賦

攷草木于方志覽華實于圃疇窮陸產于苞貢差英奇于若榴耀靈葩于三春綴霜滋于九秋爾乃飛龍啟節揚飈扇埃含和澤㠯滋生鬱敷萌㠯挺栽傾柯遠擢沈根下盤繁莖條密豐榦林攢揮長枝㠯揚綠披翠葉㠯吐丹流暉俯散迴葩仰照爛若百枝並燃赫如烽燧俱燎曒如朝日晃若龍燭晞絳采于扶桑接朱光于若木爾乃赬萼挺蔕金牙承䔢蔭佳人之玄髻發窈窕之素姿遊女一顧傾城無鹽化爲南威于是天漢西流辰角南傾芳實壘落月滿虧盈爰采爰收乃剖乃拆素粒紅液金房緗隔此二句從初學記補內憐幽㠯含紫外滴瀝㠯霞赤柔膚冰潔凝光玉瑩㴶如冰碎泫若珠迸含清冷之溫潤信和神㠯理性藝文類聚八十六初學記二十八引兩條

都蔗賦

若乃九秋良朝玄酎初出觴浮華黃酒飲累白挫斯蔗而療渴若漱醴而含蜜清津滋于紫梨流液豐于朱橘擇蘇妙而不逮何況沙棠與椰實藝文類聚八十七御覽九百七十四大觀本草二十三

七命

沖漠公子含華隱曜嘉遯龍盤翫世高蹈游心于浩然翫志乎眾妙絕景乎大荒之遐阻吞響乎幽山之窮奧于是徇華大夫聞而造焉乃整雲輅驂飛黃越奔沙輾流霜陵扶搖之風躡堅冰之津旌拂霄堮軌出蒼垠天清冷而無霞野曠朗而無塵臨重岫而攬轡顧石室而迴輪遂適沖漠之所居其居也崢嶸幽藹蕭瑟虛玄溟海渾濩涌其後嶰谷𨙸嘈張其前尋竹竦莖蔭其壑百籟羣鳴

籠其山衡飈發而迴日飛礫起而麗天于是登絕巘遡長風陳辯惑之辭命公子于巖中曰蓋聞聖人不卷道而背時智士不遺身而匿迹生必耀華名于玉牒沒則勒洪伐于金冊今公子違世陸沈避地獨竄有生之歡滅資父之義廢愁洽百年苦溢千歲何異促鱗之游汀濘短羽之棲翳薈今將榮子㠯天人之大寶悅子㠯縱性之至娛窮地而遊中天而居傾四海之歡殫九州之腴鑽屈轂之瓠解疏屬之拘子欲之乎公子曰大夫不遺來萃荒外雖在不敏敬聽嘉話

大夫曰寒山之桐出自太冥含黃鍾㠯吐榦據蒼岑而孤生既乃瓊巘嶒崚金岸崥崹右當風谷左臨雲谿上無陵虛之巢下無跖實之蹊搖則峻挺茗邈苕嶢晞三春之溢露遡九秋之鳴飈零雪寫其根霏霜封其條木既繁而後綠草未素而先凋于是構雲梯陟峥嶸翦蕤賓之陽柯剖大呂之陰莖營匠斲其樸伶倫均其聲

露當作落
鮌當作駭
雲當作霛

器畢樂奏促調高張音朗號鍾韻清繞梁追逸響于八風采奇律于歸昌啟中黃之少宮發蓐收之變商若乃龍火西頹暄氣初收飛霜迎節高風送秋羇旅懷土之徒流宕百罹之疇撫促柱則酸鼻揮危弦則涕流若乃追清哇赴嚴節奏綠水吐白雪激楚迴流風結悲蕙莢之朝露悼望舒之夕缺縈蔘爲之擗摽孀老爲之嗚咽王子拂纓而傾耳六馬噓天而仰秣此蓋音曲之至妙子豈能從我而聽之乎公子曰余病未能也

大夫曰蘭宮祕宇雕堂綺櫳雲屛爛汗瓊壁青葱應門八襲旋臺九重表㠯百常之闕圜㠯萬雉之墉爾乃嶢榭迎風秀出中天翠觀岑青彫閣霞連長翼臨雲飛陛陵山望玉繩而結極承倒景而開軒頳素炳煥粉栱嵯峨陰虬負檐陽馬承阿錯㠯瑤英鏤㠯金華方疏含秀圓井吐葩重殿疊起交綺對幌幽堂晝密明室夜朗焦螟飛而生風尺蠖動而成響乃若目厭常玩體倦帷幄攜公子

而雙游時娛觀于林麓登翠阜臨丹谷華草錦繁飛采星燭陽葉春青陰條秋綠華實代新承意恣觀仰折神蘤俯采朝蘭遡惠風于蘅薄眷椒塗于瑤壇爾乃浮三翼戲中沚潛鰓鮌驚翰起沉絲結飛矰理挂歸翮于赤霄之表出華鱗于紫淵之裏然後縱棹隨風弭楫乘波吹孤竹拊雲和川客唱淮南之曲榜人奏采菱之歌歌曰乘鳧舟兮爲水嬉臨芳州兮拔雲芝樂㠯忘戚游㠯卒時窮夜爲日畢歲爲期此蓋宴居之浩麗子豈能從我而處之乎公子曰余病未能也

大夫曰若乃白商素節月既授衣天凝地閉風厲霜飛柔條夕勁密葉晨稀將因氣㠯效殺臨金郊而講師爾乃列輕武整戎剛建雲髦啟雄芒駕紅陽之飛鸞驂唐公之驌驦屯羽隊于外林縱輕翼于中荒爾乃張脩罠布飛羅陵黃岑挂青巒畫長壑㠯爲限帶流谿㠯爲關既乃內無疏蹊外無漏迹叩鉦數校舉麾賞獲殼金

鶩當作騖
蛹當作踊
鳥當作烏

機馳鳴鏑翦剛豪落勁翮連騎競鶩騑武齊轍翕忽揮霍雲迴風列聲動響飛形移景發舉戈林聳揮鋒電滅仰傾雲巢俯殫地穴乃有圜文之猏斑題之猛鼓鬣風生怒目電瞛口歕霜刃足撥飛鋒甝林瞰后扣跋幽叢于是飛黃奮銳賁石逞伎甓封豨攢馮豕拉甝虤挫獬貙句爪摧鋸牙擺瀾漫狠藉傾榛倒壑殞齒挂山僵踣掩澤藪爲毛林隰爲丹薄于是徹圍頓罔卷旆收鳶虞人數獸林衡計鮮論最犒勤息馬韜弦肴駟連鑣酒駕方軒千鍾電釂萬隧星繁陵阜霑流膏谿谷厭芳煙歡極樂殫迴節而旋此亦田遊之壯觀子豈能從我而爲之乎公子曰余病未能也

大夫曰楚之陽劍歐冶所營邪谿之鋌赤山之精銷踰羊頭鍱鉞鍛成乃鍊乃鑠萬辟千灌豐隆奮椎飛廉扇炭神器化成陽文陰縵既乃流綺星連浮彩豔發光如散電質如耀雪霜鍔水凝冰刃露潔形冠豪曹名珍巨闕指鄭則三軍白首麾晉則千里流血豈

徒水截蛟鴻陸灑奔駟斷浮翮㠯爲工絕重甲而稱利云爾而已哉若其靈寶則舒辟無方奇鋒異模形震辟燭光駭風胡價兼三鄉聲貴二都或馳名傾秦或夜飛去吳是㠯功冠萬載威曜無窮揮之者無前擁之者身雄可㠯從服九國横制八戎爪牙景附函夏承風此蓋希世之神兵子豈能從我而服之乎公子曰余病未能也

大夫曰天驥之駿逸態超越稟氣靈淵受精皎月睟矚黑照玄采紺發沫如揮紅汗如振血秦青不能識其衆尺方堙不能覩其若滅爾乃巾雲軒踐朝霧越春衢整秋御虯蛹螭騰麟超龍翥望山載奔覩林載赴氣盛怒發星飛電駭志陵九州勢越四海影不及形塵不暇起浮箭未移再踐千里爾乃踰天垠越地隔過汗漫之所不遊躡章亥之所未迹陽鳥爲之頓羽夸父爲之投策斯蓋天下之儁乘子豈能從我而御之乎公子曰余病未能也

大夫曰大梁之黍瓊山之禾唐稷播其根農帝嘗其華爾乃六禽殊珍四膳異肴窮海之錯極陸之毛伊公爨鼎庖子揮刀味重九沸和兼勺藥晨鳧露鵠霜𪇰黃雀圓案星亂方丈華錯封熊之蹯翰音之跖燕髀猩脣髦殘象白靈淵之龜萊黃之鮐丹穴之鷚玄豹之胎燀以秋橙酤以春梅接以商王之箸承以帝辛之杯范公之鱗出自九溪赬尾丹鰓紫翼青鬐爾乃命支離飛霜鍔紅肌綺散素膚雪落婁子之豪不能廁其細秋蟬之翼不足擬其薄繁肴既闋亦有寒羞商山之果漢皋之榛析龍眼之房剖椰子之殼芳旨萬選承意代奏乃有荆南烏程豫北竹葉浮蟻星沸飛華蓱接玄石嘗其味儀氏進其法傾罍一朝可以流湎千日單醪投川可使三軍告捷斯人神之所歆羡觀聽之所煒曄也子豈能彊起而御之乎公子曰耽爽口之饌甘腊毒之味服腐腸之藥御亡國之器雖子大夫之所榮故亦吾人之所畏余病未能也

大夫曰蓋有晉之融皇風也金華啟徵大人有作繼明代照配天光宅其基德也隆于姬公之處岐其垂仁也富乎有殷之在亳南箕之風不能暢其化離畢之雲無以豐其澤皇道昭煥帝載緝熙道氣以樂宣德以詩敎淸乎雲官之世治穆乎鳥紀之時王猷四塞函夏謐靜丹冥投鋒（案書鈔十五作丹塞收烽疑此誤）青徼釋警御馬于糞車之轅銘德于昆吾之鼎羣氓反素時文載郁耕父推畔魚豎讓陸樵夫恥危冠之飾輿臺笑短後之服六合時邕巍巍蕩蕩玄齠巷歌黃髮擊壤解羲皇之繩錯陶唐之象若乃華裔之夷流芳之貊語不傳于輶軒地不被于正朔莫不駿奔稽顙委質重譯于時昆蚑感惠無思不擾苑戲九尾之禽囿棲三足之烏鳴鳳在林夥于黃帝之園有龍遊淵盈于孔甲之沼萬物烟熅天地交泰義懷靡內化感無外林無被褐山無韋帶皆象刻于百工兆發乎靈蔡搢紳濟濟軒冕藹藹功與造化爭流德與二儀比大言未終公子蹶

棲當作得

然而輿曰鄙夫固陋守此狂狷蓋理有毀之而爭寶之訟解言有怒之而齊王之疾痊向子誘我以聾耳之樂棲我以蔀家之屋田遊馳蕩利刃駿足既老氏之攸戒非吾人之所欲故靡德而應子至聞皇風載韙時聖道湑舉實爲秋摛藻爲春下有可封之人上有大哉之君余雖不敏請尋後塵（文選晉書張協傳）

白鳩頌

經仁緯義（文選褚淵碑文注）

泰阿劒銘

泰阿之劒世載其美淬以清波礪以越砥如玉斯曜若影在水不運自肅率土從軌（藝文類聚六十初學記二十二御覽三百四十四）

文身刀銘

寶刀既成窮理盡妙斂文波迴流光電照（藝文類聚六十初學記二十二）

把刀銘

奕奕名金昆吾遺璞裁爲把刀利亞切玉時文斯偃含精內燭威助𨻰化武不可黷（藝文類聚六十御覽三百四十六）

露拍刀銘

露拍在服威靈遠振遵養時晦曜德崇信（御覽三百四十六）

長鋏銘

五才並建金作明威長鋏陸離弭凶防違素刃霜厲溢景橫飛（藝文類聚六十御覽三百四十六）

短鋏銘

器用多品詭制殊觀亦有短鋏淸暉載爛昔在先朝戢兵靜亂惟皇寶之優而弗玩（藝文類聚六十御覽三百四十六）

手戟銘

鍛鍛雄戟淸金練鋼名配越棘用遏干將嚴鋒勁校擒鍔摧芒（御覽三百五十三）

不服之服當作報

全晉文卷八十六

烏程嚴可均校輯

成粲

粲字伯陽。泰康中爲侍中，轉太常。

平樂市賦

惟市之由興，自帝炎之所創。聚財貨以利用，蓋私事之莫尙。爾乃巷列千所，羅居百族。街衢相望，連棟接屋。則能目語額瞬，動頰塞鼻。談智于尺寸之間，窺裔于分毫之利。初學記二十四

太常郭奕謚景議

同謚非嫌，號謚者國之大典，所以厲時作教，經天人之遠旨也。固雖君父義有所不隆，及在臣子，或以行顯，故能使上下邁德，罔有怠荒。臣願遠稽聖世，同符堯舜，行周同謚之禮，舍漢魏近制相避之議。□□□□□□□□又見通典八十一百四

嫂叔服論

嫂應有服。作傳者橫曰無服。蔣濟引娣姒婦證，非其義。論云，喪服云，夫爲兄弟服，妻降一等，則專服夫之兄弟固已明矣。尊卑相奪，服無不服。由此論之，嫂叔大功可得而從。通典九十二

王讚

讚，太康中爲太子舍人。惠帝時拜侍中。永嘉中爲陳留內史，加散騎侍郎。有集五卷。

梨樹頌 并序

太康十年，梨樹四枝，其條與中枝合，生于園圃。皇太子令侍臣作頌。

嘉木時生，瑞我皇祚。脩幹外揚，隆枝內附。翌翌皇儲，克光其敬。神啟其和，人隆其盛。降自玄圃，合體連性。時惟令月，躬親北林。樂在同人，如蘭如金。木之期應，乃同其心。同心之生，啟自神明。在心斯勤，于言斯形。先民有則，稱詩表情。惟永作歌，以休厥靈。藝文類聚八十六。初學記二十八

遂殷

司徒李胤誄，見晉書李胤傳，亡。

殷太康中爲尚書令史。

乞爲祖母姜還重表

父翔少繼叔父榮，榮早終，不及持重。今祖母姜氏亡，主者以翔後榮，從出降之制，斷殷爲大功，假二十日。愚以爲翔既不及榮持重服，雖名戶別繼，奉養姜，故如親子，便依降例，情制爲輕。且殷是翔之嫡子，應爲姜之嫡孫，乞得依令遣盛去職。通典九十六

丘衆

衆，武帝時著作佐郎。

表

世祖武皇帝擢臣負薪之中，授臣著作佐郎，典治天下文義數術，乃撰諸志也。北堂書鈔五十七引石瑞記：太安元年，前著作郎丘衆表稱云云。

安虙

虙字仲元。使蜀弔孔明

適子之墓，冥漠無聲。廟堂猶在，松柏冬青。遐哉邈矣，長游幽冥。北堂書鈔一百二引王隱晉書

孫尹

尹字文旗，樂安人。爲陳留相，遷陽平太守。

表復起劉毅

禮，凡卑者執勞，尊者居逸，是順敘之宜也。司徒魏舒、司隸校尉嚴詢與毅年齒相近，往者同爲散騎常侍，後分授外內之職，資塗所經，出處一致。今詢管四十萬戶州，兼董司百僚，總攝機要；舒所統

八爲之八當作入

般廣兼執九品銓十六州論議。主者不以爲劇。毅但以知一州。便謂不宜累以碎事。于毅太優。詢舒大劣。若以前聽致仕。不宜復與遷授位者。故光祿大夫鄭袤爲司空是也。夫知人則哲。惟帝難之。尙可復委以宰輔之任。不可諮以人倫之論。臣竊所未安。昔鄭武公年過八十。八爲周司徒。雖過懸車之年。必有可用。毅前爲司隸。直法不撓。當朝之臣多所案劾。諺曰。受堯之誅。不能稱堯直。臣無黨。古今所悉。是以汲黯死于淮陽。董仲舒裁爲諸侯之相。而毅獨遭聖明。不離輦轂。當世之士。咸以爲榮。毅雖身偏有風疾。而志氣聰明。一州品第。不足勞其思慮。毅疾惡之心小過。主者必疑其論議傷物。故高其優禮。令去事實。此爲機閣毅使絕人倫之路也。臣州茂德惟毅。越毅不用。則淸談倒錯矣。晉書劉毅傳。司徒舉毅爲靑州大中正。尙書以毅懸車致仕。不宜勞以碎務。陳留相樂安孫尹表

朱則

則。會稽相。

上書言楊泉

楊泉清操自然。徵聘終不移心。書鈔六十三引晉錄

甘卓

卓字季思。丹陽人。太康中爲郡主簿功曹。察孝廉。舉秀才。爲吳王常侍。惠帝時賜爵都亭侯。東海王越引爲參軍。出補離狐令。棄官歸。元帝鎭江東。授前鋒都督揚威將軍歷陽內史。進爵南鄉侯。拜豫章太守。遷湘州刺史。進封于湖侯。中興初。遷安南將軍梁州刺史。假節督沔北諸軍。鎭襄陽。王敦舉兵。還鎭南大將軍侍中都督荆梁二州荆州牧。爲周慮所殺。太寧中。追贈驃騎將軍。諡曰敬。

上疏請不試秀才

答問損益。當須博通古今。明達政體。必求諸墳索。乃堪其舉。臣所忝州。往遭寇亂。學校久替。人士流播。不得比之餘州。策試之由。當藉學功。謂宜同孝廉例。申與期限。晉書甘卓傳

周馥

馥字祖宣。汝南安成人。泰康中爲諸王文學。累遷司徒王渾左西屬。補尙書郎。惠帝時遷司徒左長史吏部郎。轉御史中丞侍中。拜徐州刺史。加冠軍將軍假節。徵爲廷尉。大駕幸鄴。守河南尹。遷司隸校尉。加散騎常侍假節都督諸軍事。代劉準爲鎭東將軍。懷帝初。以平陳敏功封永寧伯。東海王越召之不行。尋上書請遷都壽春。忤越見攻。永嘉五年衆潰。憂憤發病卒。

上書請遷都壽春

不圖厄運遂至于此。戎狄交侵。畿甸危逼。臣輒與祖納裴憲華譚孫惠等三十人伏思大計。僉以殷人有屢遷之事。周王有岐山之徙。方今王都罄乏。不可久居。河朔蕭條。崤函險澀。宛都屢敗。江漢多虞。于今平夷。東南爲愈。淮揚之地。北阻塗山。南抗靈嶽。名川四帶。有重險之固。是以楚人東遷。遂宅壽春。徐邳東海。亦足戍禦。且運漕四通。無患空乏。雖聖上神聰。元輔賢明。居儉守約。用保宗廟。未若相土遷宅。以享永祚。臣謹選精卒三萬。奉迎皇駕。輒檄前北中郎將裴憲行使持節監豫州諸軍事東中郎將。風馳卽路。荆湘江揚各先運四年米租十五萬斛。布絹各十四萬匹。以供大駕。令王浚苟晞共平河朔。臣等戮力以啟南路。遷都弭寇。其計並得。皇輿來巡。臣宜轉據江州。以恢王略。知無不爲。古人所務。敢竭忠誠。庶報萬分。朝遂夕隕。猶生之願。晉書周馥傳。永嘉四年。與長史吳思司馬殷識上言

教

參軍杜夷優遊養素。文選謝宣遠戲馬臺送孔令詩注

周顗

顗字伯仁。馥從子。武帝時襲父浚爵成武侯。拜祕書郎。惠帝時

累遷尚書吏部郎尋爲東海王越子毗鎭軍長史元帝鎭江左請爲軍諮祭酒拜寧遠將軍荆州刺史領護南蠻校尉假節杜弢反出奔豫章召爲揚威將軍兖州刺史未行復爲軍諮祭酒轉右長史中興建補吏部尚書坐事免太興初拜太子少傅轉尚書左僕射領吏部尋代戴淵爲護軍將軍永昌初爲王敦所殺明帝時追贈左光祿大夫儀同三司謚曰康有集二卷

讓太子少傅疏

臣退自循省學不通一經智不效一官止足良難未能守分遂忝顯任名位過量不悟天鑒忘臣頑弊乃欲使臣内管銓衡外忝傅訓質輕蟬翼事重千鈞此之不可不待識而明矣若臣受負乘之責必貽聖朝惟塵之恥俯仰愧懼不知所圖（晉書周顗傳）

復肉刑議

復肉刑㠯代死誠是聖王之至德哀矜之弘私（通典作覆）然竊㠯爲刑罰之輕重隨時而作時人少罪而易威則從輕而寬之時人多罪而難威則宜死刑而濟之肉刑平世所應立非救弊之宜也方今聖化草創人有餘奸習惡之徒爲非未已截頭絞頸尚不能禁而乃更斷足劓鼻輕其刑罰使欲爲惡者輕犯寬刑蹈罪更衆是爲輕其刑㠯誘人于罪殘其身㠯加楚酷也昔之畏死刑㠯爲善人者今皆犯輕刑而殘其身畏重之常人反爲犯輕而致困此則何異斷刖常人㠯爲恩仁邪受刑者轉廣而爲非者日多踊貴屨賤有鼻者醜也徒有輕刑之名而實開長惡之源不如㠯殺止殺重㠯全輕權小停之須聖化漸著兆庶易威之日徐施行也（晉書刑法志通典一百六十八尚書周顗等議）

周嵩

嵩字仲智顗弟元帝爲丞相引爲參軍及爲晉王又拜奉朝請㠯諫稱尊號忤旨出爲新安太守臨發收付廷尉尋除廬陵太守未行拜御史中丞王敦㠯爲從事中郎尋遇害敦平追贈大鴻臚有集三卷

上晉王疏

臣聞取天下者常㠯無事及其有事不足㠯取天下故古之王者必應天順時義全而後取讓成而後得是㠯享世長久重光萬載也今議者㠯殿下化流江漢澤被六州功濟蒼生欲推崇尊號臣謂今梓宮未反舊京未清義夫泣血士女震動宜深明周公之道先雪社稷大恥盡忠言嘉謨之助㠯時濟弘仁之功崇謙謙之美推後己之誠然後揖讓㠯謝天下誰敢不應誰敢不從（晉書周嵩傳又羅願新安志九）

諫疏忌王導等疏

臣聞明君思隆其道故賢智之士樂在其朝忠臣將明其節故量時而後仕樂在其朝故無過任之譏將明其節故無過寵之謗是㠯君臣並隆功格天地近代㠯來德廢道衰君懷術㠯御臣臣挾利㠯事君君臣交利而禍亂相尋故得失之迹難可詳言臣請較而明之夫傅說之相高宗申召之輔宣王管仲之佐齊桓衰范之翼晉文或宗師其道垂拱受成委㠯權重終致匡主未有憂其逼己還爲國蠹者也始田氏擅齊王莽篡漢皆藉封土之彊假累世之寵因闇弱之主資母后之權樹比周之黨階絕滅之勢然後乃能行其私謀㠯成篡奪之禍耳豈遇立功之主爲天人所相而能運其姦計㠯濟其不軌者哉光武㠯王族奮于閭閻因時之望收攬英奇遂續漢業㠯美中興之功及天下既定頗廢黜功臣者何哉武力之士不達國體㠯立一時之功不可久假㠯權勢其興廢之事亦可見矣近者三國鼎峙並㠯雄略之才命世之能皆委賴俊哲終成功業貽之後嗣未有愆失遺方來之恨者也今王導王廙等方之前賢猶有所後至于忠素竭誠義㠯輔上共隆洪基翼

成大業。亦昔之亮也。雖陛下乘奕世之德。有天人之會。割據江東。奄有南極。龍飛海嵎。興復舊物。此亦羣才之明。豈獨陛下之力也。今王業雖建。羯寇未梟。天下蕩蕩。不賓者眾。公私匱竭。倉庾未充。梓宮沈淪。妃后不反。正委賢任能推轂之日也。功業垂就。晉祚方隆。而一旦聽孤臣之言。惑疑佀之說。乃更㠯危為安。㠯疏易親。放逐舊德。㠯佞伍賢。遠虧既往之明。顧傷伊管之交。傾巍巍之望。喪如山之功。將令賢知杜心。義士喪志。近招當時之患。遠遺來世之笑。夫安危在號令。存亡在寄任。㠯古推今。豈可不寒心而哀歎哉。臣兄弟受遇。無彼此之嫌。而臣干犯時諱。觸忤龍鱗者。何誠念社稷之憂。欲報之于陛下也。古之明王。思聞其過。悟逆旅之言。㠯明成敗之由。故採納愚言。㠯攷虛實。上為宗廟無窮之計。下收億兆元元之命。臣不勝憂憤。竭愚㠯聞。（晉書周嵩傳。）

周謨

謨小字阿奴。顗弟。歷仕元帝至明帝時。為後軍將軍。成帝時為少府、丹楊尹、侍中、中護軍。封西平矦。卒。贈金紫光祿大夫。謚曰貞。

上疏請周顗贈謚

臣亡兄顗。昔蒙先帝顧眄之施。特垂表啟。㠯參戎佐。顯居上列。遂管朝政。竝與羣后共隆中興。仍典選曹。重蒙寵授。忝位師傅。得與陛下揖讓抗禮。恩結特隆。加㠯鄙族結婚帝室。義深任重。庶竭股肱。㠯報所受。凶逆所忌。惡直醜正。身陷極禍。忠不忘君。守死善道。有隕無二。顗之云亡。誰不痛心。況臣同生。能不哀結。王敦無君。由來實久。元惡之甚。古今無二。幸賴陛下聖聰神武。故能摧破凶彊。撥亂反正。㠯寧區宇。前軍事之際。聖恩不遺。取顗息閔得充近侍。臣時面啟。欲令閔還襲臣亡父矦爵。時卞壼、庾亮竝侍御坐。壼云事了當論顯贈。時未淹久。言猶在耳。至于譙王承、甘卓。已蒙清復。

王澄久遠。猶在論議。況顗忠㠯衞主。身死王事。雖嵇紹之不違難。何㠯過之。至今不聞復封加贈褒顯之言。不知顗有餘責。獨負殊恩。為朝廷急于時務。不暇論及。此臣所㠯痛心疾首。重用哀歎者也。不勝辛酸。冒陳愚款。（晉書周謨傳。）

王鈴

鈴（疑當作銓。）太康中為博令。（案晉書王隱傳。陳郡陳人。父銓。歷陽令。晉地理志。歷陽屬淮南。博縣屬泰山。博望屬南陽。兩足虎為南陽所獻。疑當作博望令。）

送兩足虎文

般般白虎。觀釁荊楚。孫吳不遑。金皇赫怒。（梅鼎祚西晉文紀引王隱晉書。太康六年。荊州送兩足虎。時尚書郎索靖議稱半虎。博令王鈴為文。案王隱書亡于唐末。此文唐人未經引見。不知鼎祚何據也。開元占經一百十六引晉雜事。太康六年。南陽獻兩足虎。注云。干寶曰。虎。金精。南陽。火也。金入火。刑王室亂妖也。又引王隱晉書。中宗詔問王隱曰。荊州送兩足虎。其欲何為也。隱曰。謹案先臣銓傳。太康時獻兩足虎。因作歌詩㠯諷。銓意㠯晉金行也。金在西方。其獸為虎。虎有四足。猶國有四方。無半勢。而又見獲。將有懷愍之禍也。據占經。乃王銓作詩。非王鈴為文。詩㠯為妖。文㠯為瑞。當疑。姑錄此俟攷。）

王隱

隱字處叔。銓子。太興初為著作郎。太寧初賜爵平陵鄉矦。㠯謗免。有晉書九十三卷。集二十卷。

議向雄事

禮雖云君不君。臣不可㠯不臣。當為小惡也。三諫不從則去。不見齒于其君。則不敢立其朝。至如仲子稱人㠯國士遇我。我㠯國士報之。人㠯凡人遇我。我㠯凡人報之。此猶輕于戎首。則可逢而避之。至死不往可也。雄無詔敕。逢避未可非也。（通典九十九。）

白征西大將軍論復肉刑

夫政未可立。則思制度。全育民命。富國彊兵。叛盜之屬。斷肢而已。是好生惡殺。叛盜皆死。是好殺惡生也。斷肢若謂之酷。截頭更不謂之虐。何其乖哉。刑罰不中。則民無所措手足也。蠻夷猾夏。則皋陶作士。此欲善其末。則先制其本也。自古多人。猶惜民命。得㠯禦

下一民字衍

寇況今千不遺一益宜存在㠯伐大賊今若得改之則歲所活數萬殺亦如之若此千萬生各數萬斷肢之後隨刑使役不失民民不乏用富國强兵此之謂也（御覽六百四十八引王隱晉書）

筆銘（初學記作筆賦）

豈作其筆必兔之毫調利難禿亦有鹿毛（藝文類聚五十八、初學記二十一）

郭太機

太機河南人

果賦

杏或冬而實（御覽九百六十八）

陸沖

沖爲揚州從事有集二卷

風賦

爰太玄之遐始惟浮沈之剖分詳乾坤之至德莫風氣之獨尊配

無形于大象化萬品于烟熅釋凝潤于黃壤降霈澤于蒼元生無常域潛無定棲擢昧聚發尋虛散歸肆六合㠯騁邁括毫毛而徘徊引沈性于未萌挫登形于已就宣剛柔之流化導四體之靈候若乃祝融司節炎精赫奕斂朱脣而長嘯承音響而來薄猥熻熠㠯盈扉洌纏緜㠯結幕九域蕩搖區宇揮霍（藝文類聚一）

盧无忌

无忌范陽人太康中爲太子洗馬出爲汲令

太公呂望表

齊大公呂望者此縣人也□□□□□失其□□大晉受命□□□□□四海一統太康二年縣之西偏有盜發冢得竹策之書書藏之年當秦坑儒之前八十六歲其周志曰文王夢天帝服玄襀㠯立于令狐之津帝曰昌賜汝望文王再拜稽首太公于後亦再拜稽首文王夢之之夜太公夢之亦然其後文王見太公而訓之曰而名爲望乎荅曰唯名望文王曰吾如有所于見汝太公言其年月與其日且盡道其言臣此㠯得見也文王曰有之有之遂與之歸㠯爲卿士其紀年曰康王六年齊太公望卒參攷年數蓋壽百一十餘歲先秦滅學而藏于丘墓天下平泰而發其潛書□□所出正在斯邑豈皇天所㠯章明先哲著其名號光于百代垂示無窮者矣于是太公之裔孫范陽盧无忌自太子洗馬來爲汲令般谿之下舊有壇場□今隳廢荒而不治乃咨之碩儒訪諸朝吏僉㠯爲太公功施于民㠯勞定國□之典祀所宜不替且其山也能興雲雨財用所出遂脩復舊祀□名討偕□□勤□㠯章顯烈傳萬載之後有所稱述其辭曰

於鑠我祖時惟太公當殷之末□德□通上帝有命㠯錫周邦公及文王二夢惟同上帝□命若時登庸遂作心膂寅亮天工肆伐大商克咸厥功建國胙土俾侯于東奮乎百世聲烈彌洪般谿之

山明靈所託升雲降雨爲膏爲澤水旱癘疫是禳是禜來方禋祀莫敢不敬報㠯介福惠我百姓天地和舒四氣通正災害不作民無夭命嘉生蕃殖□□遠迸迄用康年稼穡茂盛凡我邦域永世受慶春秋匪解無□茲令太康十年三月丙寅朔十九日甲申造（碑拓本）

陳總

總太康末還殿中侍御史惠帝時爲西夷校尉永康元年趙廞反遇害

奉詔詣終南山請雨文

巖巖大石佐岳通理含滋吐潤惠我四海（初學記五石第九引王隱晉書）

步熊

熊字叔羆陽平發干人㠯卜筮名後爲成都王穎所辟穎敗坐誅

答東晳問

東晳問。嫡子爲出母無服。母爲子有何服。步熊荅。但爲父後。故不得服耳。母爲之服周。嫡子雖不服。外祖猶爲服緦麻也。（通典八十九）

東晳問曰。繼母嫁從服。當立廬不。步熊荅曰。父卒繼母嫁。如母居應倚廬。（通典八十九）

東晳問曰。有父母喪。遭外緦麻喪。往奔不。步熊荅曰。不得也。若外祖父母喪。非嫡子可往。若姑姊妹喪。嫡庶皆宜往奔也。（通典九十七）

東晳問。步熊熊荅曰。禮已除不追耳。未除當追服五月。（通典九十七。小功不稅服。）

東晳問步熊曰。三年喪不葬。五年後復葬。當練不。熊荅曰。禮云練祥之間必異月。與此同也。（通典一百三）

答問

問。妻死更娶。爲前妻父母服不。荅。此皆徒從服耳。所從亡則已。不服也。（通典九十五）

劉世明

世明。爵里未詳。（案通典下條稱東晉徐靈期問張憑。則世明爲西晉人。）

答陳氏問

陳氏問劉世明曰。其餘㠯麻終月數者。注云。謂旁親。不指言衆子當除也。然人皆分斷之于意不耳。劉荅云。父謂衆子爲庶子。庶子不謂父爲庶父也。父得卑其庶子而降之。庶子不得降其父也。然子之于親。體同服等。非旁親之謂也。喪服大功章。女子之嫁者降伯叔父母及姑姊妹。注謂此旁親。而經無降父之文。明衆子及女雖不承嫡。猶非旁親也。故記云。兄弟之喪內除。親喪外除。外除者謂由外設飾。㠯散其哀也。故靈柩未安。則服不變。服不變。則哀未衰。未衰之喪。不可卒除也。然則未葬而除。自謂旁親得㠯麻終者耳。

又問。久而不葬。葬後幾月日便可除。世人有踰月者。有既虞便除者。夫改葬猶三月乃除。情爲不輕于改葬也。若應三月乃除者。廬帳亦當三月乃毀。復有先後邪。荅曰。記云。三年而後葬者必再祭。注云。謂練祥也。葬月虞。明月練。又明月祥。記此亦得三月不爲輕于改葬也。禮。虞而柱楣翦屏。練而毀廬居堊室。祥而席禫而牀。今此虞及練祥雖爲局促。猶追償其事。若在異月。㠯其本異歲也。練祥之服。變除之宜。宜如其節也。

又問云。三年而後葬。及父在爲母過期乃葬。亦當復日中反虞安神位與不。荅云。凡久而不葬。則包諸過葬節者也。爲母既周。亦爲久而不葬矣。夫虞所㠯安神也。葬者動棺舉柩。新離常處。懼鬼神無所依歸。所㠯將窆之間。奠于墓左。成壙而歸。虞于殯宮。不忍一日未有歸也。今久而不葬。棺槨動移。鬼神不安。無㠯爲異。練祥皆追。此亦宜然。又記云。葬日虞。是明文也。毀除之節。在士虞禮。練而後遷廟。不復在殯。今此既葬。明月練。亦當㠯其月遷廟。（通典一百三）

仲長敖

敖。爵里未詳。有集二卷。

覈性賦

趙荀卿著書。言人性之惡。弟子李斯韓非顧而相謂曰。夫子之言性惡當矣。未詳才之善否何如。願聞其說。荀卿曰。天地之間。兆族羅列。同稟氣質。無有區別。裸蟲三百。人最爲劣。爪牙皮毛。不足自衞。唯賴詐僞。迭相嚼齧。總而言之。少堯多桀。但見商鞅。不聞稷契。父子兄弟。殊情異計。君臣朋友。志乖怨結。鄰國鄉黨。務相吞噬。臺隸僮豎。唯盜唯竊。面從背違。意與口戾。言如飴蜜。心如蠻厲。未知勝負。便相陵蔑。正路莫踐。竟赴邪轍。利害交爭。豈顧憲制。懷仁抱義。祇受其斃。周孔徒勞。名敎虛設。蠢爾一槩。智不相絕。推此而談。孰癡孰黠。法術之士。能不噤齘。仰則扼腕。俯則攘袂。荀卿之言未終，韓非越席，起舞李斯，擊節長歌，其辭曰：形生有極，嗜欲莫限，達鼻耳，開口眼，納衆惡，距羣善，方寸地，九折坂，爲人作嶮易，俄頃成此蹇。多謝悠悠子，悟之亦不晚。藝文類聚二十一

全晉文卷八十六終

扇當作素

全晉文卷八十七

烏程嚴可均校輯

束晳

晳字廣微。陽平元城人。張華召爲掾。華爲司空。復㠯爲賊曹屬。轉著作佐郎。遷博士。再遷尚書郎。趙王倫輔政。請爲記室。辭疾歸。有發蒙記一卷。集七卷。

貧家賦

余遭家之轗軻。嬰六極之困屯。恆勤身㠯勞思。丁飢寒之苦辛。無原憲之厚德。有斯民之下貧。愁鬱煩而難處。且羅縷而自陳。有漏狹之單屋。不蔽覆而受塵。唯曲壁之常在。時弛落而壓鎮。食草葉而不飽。常嗛嗛于膳珍。欲恚怒而無益。徒拂鬱而獨嗔。蒙乾坤之徧覆。庶無財而有仁。涉孟夏之季月。迄仲冬之堅冰。稍煎蹙而窮迫。無衣褐㠯蔽身。還趨牀而無被。手狂攘而妄牽。何長夜之難曉。心咨嗟㠯怨天。債家至而相敦。乃取東而償西。行乞貸而無處。退顧影㠯自憐。銜賣業而難售。遂前至于饑年。舉短柄之口掘。(此句從御覽七百六十二補)執偏䶎之漏鋗。(此句從御覽七百五十七補)煮黃當之草蘂。作汪洋之羹饘。釜遲鈍而難沸。薪鬱絀而不然。至日中而不孰。心苦苦而飢懸。丈夫慨于堂上。妻妾歎于竈間。悲風噭于左側。小兒啼于右邊。(藝文類聚三十五初學記十八)

讀書賦

耽道先生。澹泊閑居。藻練精神。呼吸清虛。抗志雲表。戢形陋廬。垂帷帳㠯隱几。被紈扇而讀書。抑揚嘈囋。或疾或徐。優游蘊藉。亦卷亦舒。頌卷耳則忠臣喜。詠蓼莪則孝子悲。稱碩鼠則貪民去。唱白駒而賢士歸。是故重華詠詩㠯終己。仲尼讀易于終身。原憲潛吟而忘賤。顏回精勤㠯輕貧。倪寬口誦而芸耨。買臣行吟而負薪。聖賢其猶孳孳。況中才與小人。(藝文類聚五十五)

近遊賦

世有逸民。在乎田疇。宅彌五畝。志狹九州。安窮賤于下里。寞玄澹而無求。乘篳輅之偃蹇。駕蘭單之疲牛。連捲索㠯爲鞅。結斷梗而作鞦。攀華門而高蹈。揭徘徊而近遊。井則兩家共一。園則去舍百步。貫雞彀于歲首。收緌纏于物互。其男女服飾。衣裳之制。名號詭異。隨口迭設。繫明襦㠯禦冬。脅汗衫㠯當熱。帽引四角之縫。裙有三條之殺。兒晝啼于客堂。設杜門㠯避吏。婦皆卿夫。子呼父字。及至三農閒隙。遘結婚姻。老公戴合歡之帽。少年著蕞角之巾。(藝文類聚六十四御覽六百八十七引兩條又六百九十五六百九十六八百九十九)

著紫襹之褌䙷。(御覽六百九十六)

多鹽少豉。臠皆穢閃。(書鈔一百四十三)

格餅正于三播。(書鈔一百四十四)綦炙不過兩機。(書鈔一百四十五引兩條)

勸農賦

惟百里之置吏。各區別而異曹。攷治民之贓職。美莫當乎勸農。專一里之權。擅百家之勢。及至青幡禁乎游惰。田賦度乎頃畝。與奪在己。良薄決口。受饒在于肥膩。得力在于美酒。若場功畢。租輸至。錄社長。召閭師。條牒所領。注列名諱。則雞豚爭下。壺榼橫至。遂乃定一㠯爲十。拘五㠯爲二。蓋由熱啖紆其腹。而杜康咥其胃。(藝文類聚六十五)

乃有老閑舊猥。欺狹難覺。時雖被考。不過校督。歐對囹圄。笑向桎梏。(御覽六百五十)

餅賦

禮仲春之月。天子食麥。而朝事之籩。煮麥爲麷。內則諸饌不說餅。然則雖云食麥。而未有餅。餅之作也。其來近矣。若夫安乾粔籹之倫。豚耳狗舌之屬。劍帶案盛。䭔飥髓燭。或名生于里巷。或法出乎殊俗。三春之初。陰陽交際。寒氣既消。溫不至熱。于時享宴。則曼頭宜設吳回司方純陽布暘服絺飲水隨陰而涼此時爲餅莫若薄壯商風既厲大火西移鳥獸氄毛樹木疏枝肴饌尙溫則起溲可施玄冬猛寒清晨之會涕凍鼻中霜成口外充虛解戰湯餅爲最然皆用之有時所適者便苟錯其次則不能斯善其可㠯通冬達夏終歲常施四時從用無所不宜惟牢丸乎爾乃重羅之麪塵飛雪白膠黏筋韌臑濡柔澤肉則羊膀豕脅脂膚相半臠若繩首珠連礫散薑株葱本萃口切判口口剉末椒蘭是畔和鹽漉豉攪合樛亂于是火盛湯涌猛氣蒸作攘衣振掌握搦拊搏麪彌離于指端手縈回而交錯紛紛馺馺星分雹落籠無迸肉餅無流麪姝媮咧敕薄而不綻巂巂和和臕色外見弱如春緜白如秋練氣勃鬱㠯揚布香飛散而遠遍行人失涎于下風童僕空嚼而斜眄擎器者舐脣立侍者乾咽爾乃濯㠯玄醢鈔㠯象箸伸要虎丈叩膝偏據槃案財投而輒盡庖人參潭而促遽手未及換增禮復至脣齒既調口習咽利三籠之後轉更有次北堂書鈔一百四十四藝文類聚七十二初學記二十六御覽八百六十

奏薦王璞

郡吏王璞初入朝唯冀聖鑒垂采知其絕當耳其可使當戶牖之對意三公氣萬乘也北堂書鈔口口口口

廣田農議

伏見詔書㠯倉廩不實關右饑窮欲大興田農㠯蕃嘉穀此誠有虞戒大禹盡力之謂然農穰可致所由者三一曰天時不諐二曰地利無失三曰人力咸用若必春無霡霂之潤秋繁滂沲之患水旱失中雩禜有請雖使羲和平秩后稷親農理疆畛于原隰勤藨蓘于中田猶不足㠯致倉庾盈億之積也然地利可㠯計生人力可㠯課致詔書之旨亦將欲盡此理乎今天下千城人多游食廢業占空無田課之實較計九州數過萬計可中嚴此防令監司精

察一人失課負及郡縣此人力之可致也又州司十郡土狹人繁三魏尤甚而豬羊馬牧布其境內宜悉破廢㠯供無業業少之人雖頗割徙在者猶多田諸苑牧不樂曠野貪在人間故謂北土不宜畜牧此誠不然案古今之語㠯爲馬之所生實在冀北大賈牂羊取之清渤放豕之歌起于鉅鹿是其效也可悉徙諸牧㠯充其地使馬牛豬羊齕草于空虛之田游食之人受業于賦給之賜此地利之可致者也昔騅駆在坰史克所㠯頌魯僖卻馬務田老氏所㠯稱有道豈利之所㠯會哉又如汲郡之吳澤良田數千頃泞水停洿人不墾植聞其國皆謂通泄之功不足爲難舄鹵成原其利甚重而豪強大族惜其魚捕之饒構說官長終于不破此亦谷口之謠載在史篇謂宜復下郡縣㠯詳當今之計荊揚兗豫汙泥之土渠塢之宜必多此類最是不待天時而豐年可獲者也㠯其雲雨生于畚臿多稌生于決泄不必望朝隮而黃潦臻禜山川而霖雨息是故兩周爭東西之流史起惜漳渠之浸明地利之重也宜詔四州刺史使謹案㠯聞又昔魏氏徙三郡人在陽平頓丘界今者繁盛合五六千家二郡田地逼狹謂可徙遷西州㠯充邊土賜其十年之復㠯慰重遷之情一舉兩得外實內寬增廣窮人之業㠯闢西郊之田此又農事之大益也晉書束皙傳

孫爲庶祖持重議

經云臣服君之祖周此君爲祖三年也是祖有廢疾不襲統也然則有爵可傳身不主祭與庶子何異而孫服斬義例昭然大宗之地皆稱祖立廟而自爲其子孫所奉卽所謂小宗之禰主其祖父之祀豈可自同衆孫不服三年哉通典八十八

避諱議

元康七年詔書稱咸寧元年詔下尊諱風伯雨師皆爲訓詁又公官文書吏人上事稱引經書者復多迴避使大義不明諸經傳咸

改上脫變字

言天神星宿帝王稱號皆不得變易本文但省事言語臨時訓避而已（通典一百四）

案風伯之名所由來遠其在漢魏固已有之非晉氏避諱始造此號也若以異于周禮宜當改則今國家行事神物稱號近代不皆率古蓋亦簡易以從仍舊隨時之制不足悉變唯雨師之名實由避諱宜如舊稱（通典一百四）

九品議

員外侍郎及給事宂從皆是帝室茂親或貴遊子弟若悉從高品則非本意若精鄉議則必有損（御覽二百二十一引束晳集）

高禖壇石議

石在壇上蓋主道也夫未詳其置之故而欲必其可除之理理不可然案郊祀志秦漢不祀高禖漢武帝五子傳武帝晚得太子始為立禖其事未之能審許慎五經異義云山陽民祭皆以石為主

然則石之為主由來尚矣其此象矣而祭禮龜策祭器弊則埋之而改置新石今破則宜埋而更造不宜遂廢收集破石積之故處于禮無依于事不肅愚所未安也（隋書禮儀志二通典五十五御覽五百二十九元康八年高禖壇上石破為二賊曹屬束晳議）

荅汲冢竹書釋難書

其後子夏仲尼之徒傳業西河人疑其聖（初學記二十一）

玄居釋

束晳閒居門人竝侍方下帷深譚隱几而咍含毫散藻考撰同異在側者進而問之曰蓋聞道尚變通達者無窮世亂則救其紛時泰則扶其隆振天維以贊百務熙帝載而鼓皇風生則率土樂其存死則宇內哀其終是以君子屈已伸道不恥干時上國有不索何獲之言周易著躍以求進之辭莘老負金鉉以陳烹割之說齊客當康衢而咏白水之詩今先生耽道脩藝嶷然山峙潛朗通徽洽覽深識夜兼忘寐之勤晝騁鑽玄之思曠年累稔不墮其志鱗翼成而愈伏術業優而不試乃欲闔匱辭價泥蟠深處永戢琳琅之耀匿首窮魚之渚當唐年而慕長沮邦有道而反甯武識彼迷此愚竊不取若乃士以援登進必待求附勢之黨橫擢則林藪之彥不抽丹墀步紈袴之童東野遺白顛之叟盍亦因子都而事博陸憑鵠首以涉洪流蹈翠雲以駭逸龍振光耀以驚沈鰌徒屈蟠于坳井眄天路而不游學既積而身困夫何為乎祕巨且歲不我與時若奔駟有來無反難得易失先生不知盱豫之譏悔遲而忘夫朋盍之義務疾亦豈能登海湄而抑東流之水臨虞泉而招西歸之日徒以曲畏為梏儒學自桎囚大道于環堵苦形骸于蓬室豈若託身權戚憑勢假力擇棲芳林飛不待翼夕宿七娥之房朝享五鼎之食匡三正則太階平贊五教而玉繩直孰若茹藿飡蔬終身自匿哉束子曰居吾將導爾以君子之道諭爾以出處之事

爾其明受余訊謹聽余志昔元一既啟兩儀肇立離光夜隱望舒晝戢羽族翔林蟠蚓赴壑物從性之所安士樂志之所執或背豐榮以巖栖或排蘭闥而求入在野者龍逸在朝者鳳集雖其軌迹不同而道無貴賤必安其業交不相羨稷契奮庸以宣道巢由洗耳以避禪同垂不朽之稱俱入賢者之流參名比譽誰劣誰優何必貪與二八為羣而恥為七人之疇乎且道睽而通士不同趣吾竊綴處者之末行未敢聞子之高喻將忽蒲輪而不眄夫何權戚之云附哉昔周漢中衰時難自託福兆既開患端亦作朝遊巍峩之宮夕墜崢嶸之壑晝笑夜歎晨華暮落忠不足以衞已禍不可以豫度是士諱登朝而競赴林薄或毀名自汙或不食其祿比從政于匣笥之龜釁官者于郊廟之犢公孫泣涕而辭相楊雄抗論于赤族今大晉熙隆六合𥁑靜蜂蠆止毒熊羆輟猛五刑勿用八紘備整主無驕肆之怒臣無犨纓之請上下相安率禮從道朝養

獨邪之獸庭有指佞之草禍戮可㠯忠逃寵祿可㠯順保且夫進無險懼而惟寂之務者率其性也兩可俱是百舍彼趣此者從其志也蓋無爲可㠯解天下之紛澹泊可㠯救國家之急當位者事有所窮陳策者言有不入翟璜不能迴西鄰之寇平勃不能正如意之立干木卧而秦師退四皓起而戚姬泣夫如是何舍何執何去何就謂山岑之林爲芳谷底之莽爲臭守分任性唯天所授烏不假甲于龜魚不假足于獸何必笑孤竹之貧而羡齊景之富恥布衣㠯肆志寍文裘而掩繡且能約其躬則儋石之稸㠯豐苟肆其欲則海陵之積不足存道德者則匹夫之身可榮忘大倫者則萬乘之主猶辱將研六籍㠯訓世守寂泊㠯鎮俗偶鄭老于海隅匹嚴叟于僻蜀且世㠯太虛爲輿玄鑪爲肆神游莫競之林心存無營之室榮利不攖其覺殷聚不干其寐捐夸者之所貪收躁務之所棄薙聖籍之荒蕪總羣言之一至全素履于丘園背纓緌而

長逸請子課吾業于千載無聽吾言于今日也 晉書束晳傳

補亡詩序

序曰晳與同業疇人肄脩鄉飲之禮然所詠之詩或有義無辭音樂取節闕而不備于是遙想既往思存在昔補著其文㠯綴舊制 文選補亡詩注

失題

零露垂林非綴冕之飾薄冰凝池非登廟之寶 北堂書鈔一百五十二御覽十二引束晳集

必將採素璧于層山探圓珠于重泉也

員外郎皆帝室茂親貴游子弟 北堂書鈔□□□□

弔蕭孟恩文

東海蕭惠字孟恩者父昔爲御史與晳先君同僚孟恩及晳日夕同遊分義蚤著孟恩夫婦皆亡門無立副晳時有伯母從兄之憂未得自往致文一篇㠯弔其魂幷脩薄奠其文曰

舊友人陽平束晳謹請同業生李察奉脯脩一束麥糒一器㠯致祠于處士蕭生之墓曰嗚呼哀哉精爽遐登形骸幽匿有邪亡邪莫之能測敬薦薄饋魂兮來食孟恩孟恩豈猶我識 御覽四百十

弔衛巨山文

元康元年楚王瑋矯詔舉兵害太保衛公及公四子三孫公世子黃門郎巨山與晳有交好時自本郡來赴其喪作弔文一篇㠯告其柩曰

同志舊友陽平束晳頓閈飛虎肆暴竊矯皇制禍集于子宗祊幾滅越自冀方來赴來祭遙望子第銘旌藏立既闚子庭其殯盈十徘徊感慟載號載泣斂袂升階子不我揖引袂授祛子不我執哀哉魂兮于焉迺集 御覽五百九十六

發蒙記總論王肅聖證論

春夏封諸侯

月令所紀非一王之制凡稱古者無遠近之限未知夏封諸侯何代之典秋祭田邑夏乎殷乎而王據月令㠯非祭統鄭宗祭統而疑月令無乃俱未通哉莫若通㠯三代說兩氏而不俱一也 通典七十一引束晳總論

嫁娶時月

春秋二百四十年魯女出嫁夫人來歸大夫迎女天王娶后自正月至十二月悉不㠯得時失時爲褒貶何限于仲春季秋㠯相非哉夫春秋舉秋毫之善貶纖介之惡故春狩于郎書時禮也夏城中丘書不時也此人間小事猶書得時失時況婚姻人倫端始禮之大者不譏得時失時不善者邪若婚姻季秋期盡仲春則隱二年冬十月夏之八月未及季秋伯姬歸于紀周之季春夏之正月也桓九年春季姜歸于京師莊二十五年六月夏之四月也已過

下壯字衍

仲春伯姬歸于紀，或出盛時之前，或在期盡之後，而經無貶文。三傳不譏，何哉？凡詩人之興，取義繁廣，或舉譬類，或稱所見，不必皆可吕定候也。又案桃夭篇敘美婚姻吕時，蓋謂壯盛之時，而非日月之時，故灼灼其華，喻盛壯，壯非爲嫁娶當用桃夭之月。其次章云，其葉蓁蓁，有蕡其實，之子于歸，此豈在仲春之月乎？又摽有梅三章注曰，夏之向晚，迨冰未泮，正月吕前，草蟲喓喓，未秋之時，或言嫁娶，或美男女及時，然詠各異矣。周禮吕仲春會男女之無夫家者，蓋一切相配合之時，而非常人之節。曲禮曰，男女非有行媒，不相知名，故日月吕告君，齋戒吕告鬼神。若常人必在仲春，則其日月有常，不得前御，何復日月吕告君乎？夫冠婚笄嫁，男女之節，冠吕二十爲限，而無春秋之期，笄吕嫁而設，不吕日月爲斷，何獨嫁娶當繫于時月乎？王肅云，婚姻始于季秋，止于仲春，不言春不可吕嫁也，而馬昭多引春秋吕爲之證，反詩相難，錯矣。兩家俱失義，皆不通。通年聽婚，蓋古正禮也。通典五十九

全晉文卷八十七　束皙　九

全晉文卷八十七終

全晉文卷八十八

烏程嚴可均校輯

賀循

循字彥先。會稽山陰人。吳中書令劭子。太康中國相丁乂請爲五官掾。刺史嵇喜舉秀才。除陽羨令。後爲武康令。惠帝時召補太子舍人。趙王倫篡位。轉侍御史。辭疾去。後除南中郎長史。不就。元帝承制。㠯爲軍諮祭酒。建武初拜太常。及踐阼。拜太子太傅。改授左光祿大夫開府儀同三司。大興二年卒。贈司空。謚曰穆。有喪服譜一卷。喪服要記十卷。集二十卷。

上表言車騎大將軍未葬不應作鼓吹

鼓吹之興。雖本爲軍之凱樂。有金革之音。于宮庭發明大飭。㠯此爲戚。與樂實同。案禮于貴臣。比卒哭不舉樂。今車騎未葬。不宜作也。（通典一百四十七。）

上言諸經宜分置博士

尚書被符。經置博士一人。又多故歷紀。儒道荒廢。學者能兼明經義者少。且春秋三傳。俱出聖人。而義歸不同。自前代通儒。未有能通得失兼而學之者也。況今學義甚積。不可令一人總之。今宜周禮儀禮二經置博士二人。春秋三傳置博士三人。其餘別經置一人。合八人。（通典五十三。）

上尚書定父子生離服制

二親生離。吉凶未分。服喪則凶事未據。從吉則疑于不存。心憂居素。蓋出人情。非官制所裁也。右丞蔡謨則奔喪禮有除喪而後歸則未有奔除服之文也。宜申明告下。若直據東關之事。非聖人所行。恐不足㠯釋疑也。（通典九十八。）

禮奔喪除而後歸者。自謂喪葬如禮。限于君命者耳。若屍靈不收。葬禮不成。則在家與在遠。俱不得除也。況或必須求覓。㠯其喪禮待己而成者耶。若別㠯爲義。未足㠯服人心也。直㠯禍難未銷。不可終身居服。故隨時立制。爲之義斷。使依東關故事。大將軍上事。謂可從也。（通典九十八。循重議。）

荅尚書下太常祭祀所用樂名

魏氏增損漢樂。㠯爲一代之禮。未審大晉樂名所㠯爲異。遭離喪亂。舊典不存。然此諸樂。皆和之㠯鐘律。文之㠯五聲。詠之于歌詞。陳之于舞列。宮縣在下。琴瑟在堂。八音迭奏。雅樂並作。登歌下管。各有常詠。周人之舊也。自漢氏㠯來。依放此禮。自造新詩而已。舊京荒廢。今既散亡。音韻曲折。又無識者。則于今難㠯意言。（宋書樂志一。江左初立宗廟。尚書下太常祭祀所用樂名。太常賀循荅。）

荅尚書符問藉田應躬祠先農不

漢儀無正。有至尊應自祭之文。然則周禮王者祭四望則毳冕。祭社稷五祀則絺冕。㠯此不爲無親祭之義也。宜立兩儀注。（晉書禮志上。）

潁川豫章廟主不毀議

禮。兄弟不相爲後。不得㠯承代爲世。殷之盤庚。不序陽甲。漢之光武。不繼成帝。別立廟寢。使臣下祭之。此前代之明典。而承繼之著義也。惠帝無後。懷帝承統。弟不後兄。則懷帝自上繼世祖。不繼惠帝。當同殷之陽甲。漢之成帝。議者㠯聖德沖遠。未便改舊。茲如此禮。通所未論。是㠯惠帝尚在太廟。而懷帝復入。數則盈八。盈八之禮。由惠帝不出。非上祖宜遷也。下世既升。上世乃遷。遷毀對代。不得相通。未有下升一世。而上毀二世者也。惠懷二帝。俱繼世祖。兄弟旁親。同爲一世。而上毀二爲一世。今㠯惠帝之崩。已毀豫章。懷帝之入。復毀潁川。如此。則一世再遷。祖位橫折。求之古義。未見此例。惠帝宜出。尚未輕論。況可輕毀一祖。而無義例乎。潁川既無可毀之理。則見神之數。居然自八。此盡有由而然。非謂數之常也。既有八神。則不得不于七室之外。權安一位也。至尊于懷惠俱是兄

則當作引

正當作止

茲當作諸

懷惠當作惠懷

足當作取

弟自上後世祖，不繼二帝，則二帝之神，行應別出，不爲廟中恆有八室也。又武帝初成太廟時，正神止七，而楊元后之神，亦權立一室。永熙元年，告世祖謚于太廟八室，此是苟有八神，不拘于七之舊例也。又議者以景帝俱已在廟，則惠懷一例，景帝盛德元功，王基之本，義著祖宗，百世不毀，故所以特在本廟，且亦世代尚近，數得相容，安神而已，無逼上祖，如王氏昭穆既滿，終應別廟也。以今方之，既輕重義異，又七廟七世之親，昭穆父子位也。若當兄弟旁滿，輒毀上祖，則祖位空懸，世數不足，何足于三昭三穆，與太祖之廟，然後成七哉。今七廟之義，出于王氏，從禰以上至于高祖，親廟四世，高祖以上，復有五世六世無服之祖，故爲三昭三穆，并太祖而七也。故世祖郊定廟禮，京兆潁川，曾高之親，豫章五世，征西六世，以應此義。今至尊繼統，亦宜有五六世之祖，豫章六世，潁川五世，俱不應毀。今既云豫章先毀，又當重毀潁川，此爲廟中之親，惟從高祖以下，無復高祖以上二世之祖，于王氏之義，三昭三穆，廢缺其二，甚非宗廟之本所據承，又違世祖祭征西豫章之意，于一王定禮，所闕不少。晉書賀循傳。

追尊琅邪恭王爲皇考議

案禮，子不敢以己爵加父。晉書賀循傳。

禮典之義，子不敢以己爵加其父號。宋書禮志四。

追謚周處議

處履德清方，才量高出，歷守四郡，安人立政，入司百僚，貞節不撓，在戎致身，見危授命，此皆忠賢之茂實，烈士之遠節。案謚法，執德不回曰孝。晉書周處傳。

廣昌鄉君喪停冬至小會議

案古者臣義重，雖以至尊之義，降而無服，三月之內，猶錫縗以居，不接吉事，故春秋晉大夫智悼子未葬，平公作樂，杜蕢譏之，咸盜

理當作里

詔書，宜爲定制。

丁潭爲琅邪王裒終喪議

禮，天子諸侯俱以至尊臨人，上下之義，君臣之禮，自古以來，其例一也。故禮盛則竝全其重，禮殺則從其降。春秋之事，天子諸侯不行三年，至于臣爲君服，亦宜以君爲節，未有君除而臣服，君服而臣除者。今法令，諸侯卿相官屬爲君斬衰，既葬而除，以令文言之，明諸侯不以三年之喪與天子同，可知也。君若遂服，則臣子輕重無應除者也。若當皆除，無一人獨重之文。禮有攝主而無攝重，故大功之親，主人喪者，必爲之再祭，練祥以大功之服。主人三年喪者也。苟謂諸侯與天子同制，國有嗣王，自不全服，而人主居喪，素服主祭，三年不攝吉事，以尊令制，若當遠迹三代，令復舊典，不依法令者，則侯之服，貴賤一例，亦不得唯一人論。晉書丁潭傳。潭爲琅邪王裒郎中令，會裒死，潭上書請終喪，賀循議。

嗣新蔡王滔不得還嗣章武議

章武新蔡，俱承一國，不絕之統，義不得替其本宗，而先後傍親。案滔既已被命爲人後矣，必須無復兄弟，本國已絕，然後得還所生。今兄弟在遠，不得言無，道理雖阻，復非絕域，且鮮卑恭命，信使不絕，自宜詔下遼東，依劉羣盧諶等例，發遣令還，繼嗣本封，謂滔今未得便委離所後也。晉書安平王孚孫河間王洪傳：洛陽陷，章武王混諸子皆沒于胡，而小子滔初嗣新蔡王確，亦與其兄俱沒，後得南還，與新蔡太妃不協，太興二年，上疏以兄弟竝沒在遼東，章武國絕，宜還所生，太妃訟之，事下太常，太常賀循議。

弟兄不合繼位昭穆議

建武中，尚書符云，武皇帝崩，遷征西府君，惠皇帝崩，遷章郡府君，懷帝入廟，當遷潁川府君。賀循議：古者帝各異廟，廟之有室，以象常居，未有二帝共處之義也。如惠懷二主，兄弟同位，于禘祫之禮，會于太祖，自應同列異坐，而正昭穆，至于常居之室，不可以尊卑

之分。義不可顛故也。昔魯夏父弗忌躋僖公于閔上。春秋謂之逆祀。僖公閔之庶兄。閔公先立。嘗爲君臣故也。左氏傳曰。子雖齊聖。不先父食。懷帝之在惠帝代。居藩積年。君臣之分也。正位東宮。父子之義也。雖同歸昭穆。尊卑之分與閔僖不異。共室藝黜。非殊尊卑之禮。㠯古義論之。愚謂未必如有司所列。惠帝之崩。當㠯遷章郡府君。又㠯懷帝入廟。當遷潁川府君。此是兩帝兄弟各遷一祖也。又主之迭毀。㠯代爲正。下代既升。則上代稍遷。代序之義也。若兄弟相代。則共是一代。昭穆位同。不得兼毀二廟。禮之常例也。又殷之盤庚。不序陽甲之廟。而上繼先君。㠯弟不繼兄故也。既非所繼。則廟應別立。由此言之。是惠帝應別立。上祖宜兼遷也。故漢之光武。不入成帝之廟。而上繼元帝。義取于此。今惠懷二帝。不得不上居太廟。潁川未遷。見位餘八。非祀之常。不得于七室之外。假立一神位。十一。通典五

又議

殷人六廟。比有兄弟四人襲爲君者。便當上毀四廟乎。如此。四代之親盡。無復祖禰之神矣。又案殷紀。成湯㠯下。至于帝乙。父子兄弟相繼爲君。合十二代。而正代唯六。易乾鑿度曰。殷帝乙六代王也。㠯此言之。明不數兄弟爲正代。十一。通典五

遭難未葬入廟議

懷帝梓宮未反。遭時之難。故事非常。不得㠯常禮自拘。宜㠯時入太廟。修祭祀之禮。通典五十一。懷帝蒙塵。崩于平陽。梓宮未反京師。元帝立廟之時。欲遷入廟。喪已過三年。太常賀循議。

在喪者不祭議

禮。在喪者不祭。祭吉事故也。其義不但施于生人。亦祖禰之情同其哀戚。故云于死者無服則祭也。今人若有服。祭祀如故。吉凶相干。非禮意也。十二。通典五

援當作彼　悖當作敦

出後子爲本親服議

案喪服制曰。爲人後者。爲兄弟降一等。報于所爲後之子兄弟若子。時人論者。多㠯爲後者子孫。皆計本親而降。意所不安。或曰。嫡子不爲人後者。直謂己嫡不㠯出後。當㠯支子耳。無明于後者之子見捨本親。何㠯言不得爲人後邪。荅曰。五服之制。其屬有六。一去本繫。㠯名爲正。名正則男女有別。上下不悖。若假之㠯號者。則輕其權。定之㠯名者。則尊其統。故曰有嫡子者無嫡孫。何爲言無正㠯不得名之。不得名之。則卑其服。若得名之。則重其制。此之有無尊卑之宜。則是彼之後者。嫡庶之例也。至于庶子爲後。稱名不言孝。爲墠而祭。㠯其尚有一志。不專故也。其子則定名而處廟。㠯爲援情可制。此義宜悖故也。豈非顧本有已。復統有節哉。或曰。所後在五服之外。父制周年而已無服。疏親戚之恩。非先賢之意也。荅曰。何爲其然。禮有節權。恩義相厚。爲所生無絕道。其餘皆宜權

勸當作歡

報父當作父報　乎當作子　居當作疏　役當作彼　則之之當作知之　情親之親當作重

制也。夫初出後者。離至親之側。爲別宗之胄。闕晨昏之勸。廢終養之道。顧復之恩靡報。罔極之情莫伸。義雖從于爲後。恩實降于本親。故有一降之差。若能專心所繼。後者之子。上有所承。于今爲同室之密。顧本有異門之疏。若㠯父服輒當後者。至于生不及祖父母諸昆弟。父有重制而已無服。又出母齊衰而杖。其子又不從服。今出後者于父母乃爲不杖之周。恐其子不得反重也。禮失于煩。故約㠯取通。是㠯後者之子。出母之孫。其禮闕而不載。生在他邦。父已不稅。其義幽而不彰。既㠯不疑父之出母。何獨遲疑別宗之祖邪。服之所降。其品有四。君大夫㠯尊降。公子大夫之子㠯厭降。公之昆弟㠯旁尊降。爲人後者女子嫁者㠯出降。四降之名。同止一身。出之者子。豈當獨㠯爲傳代稱乎。生長于外。不得言出。猶繼父未嘗同居。不爲異也。又報父出乎。誠是居已獨役子㠯父爲旁尊。則之所天在此。初出情親。故不奪其親。而與其降。承出之後。義

漸輕疏而絕其恩絕其恩者以一其心其心一則所後親所後親則祭祀敬祭祀敬則宗廟嚴宗廟嚴則社稷重社稷重以尊百姓齊一身以肅家道此殆聖人之意也通典九十六

師弟子相爲服議

如朋友之禮異者雖出行猶絰所以尊師也案禮記夫子之喪門人疑所服子貢曰昔夫子喪顏回若喪子而無服請喪夫子若喪父而無服于是門人廬于墓所心喪三年蓋師徒之恩重也無服者謂無正喪之服也孔子之喪二三子皆絰而出注曰爲師也然則凡弔服加麻者出則變服矣通典一百一

琅邪世子諡議

諡者所以表功行之目也故古者未居成人之年及名位未備者皆不作諡也是以周靈王太子聰哲明智年過成童亡猶無諡春秋諸侯即位之年稱子踰年稱君稱子而卒皆無諡名未成也未成爲君既無君諡時見稱子復無子諡明俱未得也唯晉之申生以仁孝遭命年過成人晉人悼之故特爲諡諸國無例也及至漢代雖遵茲義過于古禮然亦未有未踰年之君而立諡也殤沖二帝皆已踰年方立諡案哀沖太孫各以幼齡立諡不必依古然皆即位臨官正名承重與諸下定君臣之義尊成體具事無所屈且天下之名至重體其尊者亦宜殊禮故隨時定制有立諡之事也琅邪世子雖正體乎上生而全貴適可明嫡統之義未足定爲諡之證也通典一百四琅邪世子未周而卒大司農表琅邪世子降君一等宜諡哀愍太常賀循云云

戕日夜憂懷慷慨發憤文選齊安陸王碑注引臧榮緒晉書

報虞預書論楊方

此子開拔有志意只言異于凡猥耳不圖偉才如此其文甚有奇分若出其胸臆乃是一國所推豈但牧豎中逸羣邪聞處舊黨之中好有謙沖之行此亦立身之一隅然世衰道喪人物凋弊每聞一介之徒有向道之志冀之願之如方者乃荒桒之特苗鹵田之善秀姿質已良但沾染未足耳移植豐壤必成嘉穀足下才爲世英位爲朝右道隆化立然後爲貴昔許子將拔樊仲昭于賈豎郭林宗成龐德公于畎畝足下志隆此業二賢之功不爲難及也晉書楊方傳虞預以方所爲文示循循報書

桒當作莱

答王導書論虞廟

漢光武于屬以元帝爲父故于昭穆之敘便居成帝之位而還成帝之主于長安高廟今聖上于惠帝爲兄弟亦當居惠帝之位而上繼武帝惠帝亦宜別廟則虞妃廟位當以此定通典四十七

震當作宸

愚以尊王既當天之正統而未盡震居之極稱既名稱未極更于事宜爲難或謂可立別廟使進退無犯意謂以尊意所重施于今宜如有可爾理若全尊諱備昭穆既正則俯從定位亦無拘小別

然非常禮無所取準于名則未滿于禮則變常竊以戴所斟酌于人情爲未安通典四十七

與王導書

世祖武皇帝初成太廟時正神既七而有楊元后之神時亦權立一室永熙元年告世祖諡于太廟八室才協案元皇后于太廟東陰室中安神主不增立一室通典四十八

答王導書

愚謂告四祖之廟而行蜀書劉先主初封漢王時羣臣共奏上勳德承以即位今雖事不正同然議可方論通典五十五

又答王導書

古禮及漢氏之初皆帝帝異廟即位大事謁于太祖故晉文朝于武宮漢文謁于高廟也至光武之後唯有高宗兩廟而已祖宗兩廟昭穆皆共堂別室魏晉依之亦唯立一廟則一廟之中苟在未

毀，恐有事之日，不得偏有不告，然人不詳太廟定議，不敢必據，欲依古禮，唯告宣帝一廟，今意以祖宗非一，但太廟合共事與古異，不得以古禮爲斷。通典五十五。

荅尚書符問

尚書符問太常賀循，太廟制度，南向七室，北向陰室，復有七帝后，應共處七室埳中，當別處陰室。循上曰：謹案后配尊于帝，神主所居同太室。通典四十八。

循又案漢儀，藏主于室中西牆壁埳中，去地六尺一寸。當祠則設座于埳下。禮天子達鄉者牖也，謂夾戶之窗。古者帝后異廟，今者共堂別室，制度不同，疑室戶亦異。又案古禮，神主皆盛以石函，余薦籍文不備見。通典四十八。

荅訪琅邪敬后改神主

琅邪王妃敬后前薨，而王後纂統，追加謚號，改神主，訪賀循云：琅邪典祠令孫文立議，使者奉主及册命詣中閤，中人受取入內，易著石函中，故主留于廟閤，新主出廟，國官拜送，如文議，則非于行廟受册。循荅曰：宗謚敬后，宜立行廟，以主后之號有加，常尊輕重不同，則宜禮有變，故既立行廟，則常主宜出居座位，臨加册謚，而竝易以新主，則主宜還埋故廟兩階之閒。通典四十八。

荅傅純難

傅純難曰：案雜記本文，已在小功則得冠，在大功不得冠也。鄭氏云：已大功卒哭，可以冠。與本文不同，何邪？又要記不見已冠，不知已冠當在何條？賀循荅曰：禮云大功小功之末，可以冠娶，道父子爲嫌，但施于子，不施于己，故下言己雖小功，著己與子亦同也，俱同，則大功之末，已可以冠，以理推之，正自應爾，非爲與本文不同。要記不見已冠，直是文句脫耳。通典五十六。

荅傅純問改葬服

鄭玄云：三月者，以親覩尸柩，故三月以序其餘，懷但遲速不可限，故不在三月章也。王氏虞畢而除，且無正文，鄭得從重，故要記從之。

荅傅純問

傅純問賀循曰：要記云：庶兄弟既死之後，各自爲一宗之祖，其嫡繼之，各爲大宗，此是大傳所謂別子爲祖者也。然則別子有十，便爲十祖宗也。而母弟之後獨無大宗，母弟本重而後輕，庶弟本輕而後重，其義可乎？又王氏以別子爲祖，諸侯母弟則不盡爲祖也，杜氏以爲始封之君別子一人爲祖，二家不同，願聞其說。荅曰：君之母弟，與羣庶兄弟爲別子之後，俱爲大宗，而難云母弟之後獨無大宗，不審此義何所承乎？以僕所言，母弟爲宗，不應有疑，則本輕後重之難無所施也。又案禮別子爲祖，不限前後，此爲每公之子皆別子也，則魯之三桓，鄭之七族，盡其人矣。王杜二義不同，著

侯當作從

黨字衍

二儒通識，不應有謬，僕所言者，自有所施，不見其文，淺學所見，謂如上義。傅又問曰：大傳云：其士大夫之嫡，公子之宗道也。請解之。荅曰：士大夫者，謂庶昆弟之在位也，其士大夫之嫡者，謂公子之子孫各祖其別子，大宗之道又由此而成，故重言公子之宗道也。通典七十三。

荅庾亮問

庾亮問賀循曰：案禮，宗子之服，傳代不遷，所以重其統也，是以祖宗之正不易，則本枝昭穆，歷代而不亂，此立宗之大旨也。然則士大夫及諸侯事于典禮者，服宗之義，便應相放矣，而禮祖宗之文，唯著諸侯別子，不列卿大夫之制，不審此由諸侯君其族人，族人不得宗其君，故祖宗之制，指爲此歟？自卿大夫以下，與其宗黨無君臣之懸，則宗黨統有常嫡，服宗有成例，故不得別著其制也。將由卿大夫位卑，則宗服之制，厭宗嫡，無不遷服，紀止五族，故不復

致字衍

別見其義也今既無士大夫依諸侯別子之明文又不見無得立宗之定制而頃者以來諸私服于宗嫡者無服者則制緦有服者無加又不詳此爲各以非開國代封之家故避嫌謙而不敢私重其宗邪將此之由自有所承願告旨要荅曰禮宗子之義所以明本祖之正統紀百代而不紊者也而宗之義委曲著見者多在別子非卿大夫之文偏不詳悉服之致疑有如來旨然舊義雖非別子起于是邦而爲大夫者便爲大宗其嫡繼之亦百代不遷禮記王制云大夫三廟一昭一穆與太祖之廟而三鄭君解曰太祖別子始爵者也雖非別子始爵者亦然此其義也此謂起于是國威德特興爲一宗之始者也如此則百代不遷統族序親及族人服之皆宜如別子之宗也又宗子之服雖在絕族皆齊縗三月代衰禮替敦之者少吳中略無此服中士緦而不齊其所由來以致政敎淩遲人情漸慢非謂大夫位卑或以非代封爲嫌也通典七十三

荅羊祖延問

羊祖延問曰外生車騎婦先遭車騎喪斬縗服也後遭母喪齊縗服也禮爲兩制服有所變易邪案曾子問曰君喪已殯臣有父母喪歸家殷事卽往應依此不往服何服家服何服賀彥先荅曰禮女子適人服夫三年而降其父母傳曰不貳斬既不貳斬則不得捨其所重服其所降有分明矣國妃有車騎斬縗之服宜以包母齊縗無兩服之義唯初奔當有母初喪之服以明本親之恩成服之日故宜反斬縗之服此輕重之義也又禮君不厭臣君既殯又有父母之喪與君俱三年故有歸家之義而猶云有君喪者不敢私服何除之有以此言之雖君父兩服當其兼喪以君縗爲主而不以已私服爲重也通典九十七

荅韓蚪問

韓蚪問賀循曰案傳純曰鄭氏謂改葬三月而除王氏以既虞爲節改葬之神在廟久矣不應復虞見府君所荅唯云宜三月謂王氏爲短鄭爲長而不荅應虞之義此爲應虞否也循荅曰凡移葬者必先設祭告墓而開冢從墓至墓皆設奠如將葬朝廟之禮意亦有疑既設奠于墓所以終其事必爾者雖非正虞亦似虞之一隅也但不得如常虞還祭殯宮耳故不甚非王氏但不許其便除然禮無正文是以不明言也通典一百二

防墓論

防是舊墓也夫子葬又新其墳故謂之修非墓崩後之言也墳新雨甚故穨毀穨毀故悵怛不應耳所以言不修墓者言由己修之故倒毀也通典一百三

祭儀

祭以首時及臘歲凡五祭將祭前期十日散齋不御不樂不弔前三日沐浴改服居于齋室不交外事不食葷辛靜志虛心思親之存及祭施位牲大夫少牢士以特豕祭前之夕及臘鼎陳于門外主人卽位西面宗人袒告充主人視殺于門外主婦視饎于西堂下設洗于阼階東南酒醴甒于房戶牲皆體解平明設几筵東面爲神位進食乃祝祝乃酌奠拜祝訖拜退西面立少頃酌酳醴一獻畢拜受酢飲畢拜婦亞獻薦棗栗受酢如主人其次長賓三獻亦以燔從如主人次及兄弟獻始進俎庶羞衆賓兄弟行酬一徧而止徹神俎羹飯爲賓食食物如祭如餕畢酌酳一周止佐徹神饋饌于室中西北隅以爲厭祭既設閉牖戶宗人告畢賓乃退凡明日將祭今夕徧賓祭日主人羣子孫宗人祝史皆詣廳事西面立以北爲上有薦新在四時仲月大夫士有田者既祭而又薦無田者薦而不祭禮貴勝財不尚苟豐貧而不逮無疑于降大夫降視士士從庶人可也又不及飯菽飲水皆足致敬無害于孝通典四十八

宗義

古者諸侯之別子。及起于是邦爲大夫者。皆有百代祀之。謂之太祖。太祖之代。則爲大宗。宗之本統故也。其支子旁親。非太祖之統。謂之小宗。小宗之道。五代則遷。當其爲宗。宗中奉之。加于常禮。平居則每事諮告。死亡則服之齊縗。已義加也。又喪服要記曰。公子之二宗。皆一代而已。庶兄弟既亡之後。各爲一宗之祖也。嫡繼其正統者。各自爲大宗。乃成百代不遷之宗也。通典七十三。

宗議

奉宗加于常禮。平居卽每事諮告。凡告宗之例。宗內祭祀。嫁女娶妻。死亡。子生。行來。改易名字。皆告。若宗子時祭。則宗內男女畢會。喪故亦如之。若宗內吉凶之事。宗子亦普率宗黨。已赴役之。若宗子時祭。則告于同宗。祭畢。合族于宗子之家。男子女子已班。宗子爲男主。宗婦爲女主。故云宗子雖七十無主婦。已當合族紀宗。故

也。凡所告子生。宗子皆書于宗籍。大宗無後。則支子已昭穆後之。後宗立。則宗道存。而諸義有主也。立主義存。而有一人不悖者。則會宗而議其罰。族不可已無統。故立宗。宗位既定。則常尊歸之。理其親親者也。是故義定于本。自然不移。名存于政。而不繼其人。宗子之道也。故爲宗子者。雖在凡才。猶當佐之佑之。而奉已爲主。雖有高明之屬。感德之親。父兄之尊。而不得干其任者。所已全正統而一人之情也。若姦回淫亂。行出軌道。有殄宗廢祀之罪者。然後乃告諸宗廟。而改立其次。亦義之權也。通典七十三。

葬禮

至墓之位。男子西向。婦人東向。先施幔屋于埏道北。南向。柩車既至。當坐而住。遂下衣几及奠。祭哭畢。柩進。卽壙中神位。既窆。乃下器壙中。薦棺已席。緣已紺繒。植翣于牆。左右挾棺。如在道儀。通典八十六。

喪服要記

凡諸侯之嗣子。繼代爲君。君之羣弟。不敢宗君。君命其母弟爲宗。諸弟宗之。亦謂之大宗。死則爲齊縗九月。若無母弟。則命庶弟之大者爲宗。諸弟宗之。亦如母弟。則爲之大功九月。此二宗者。一代而已。庶兄弟既死之後。各爲一宗之祖。

婦人爲君服

案鄭注喪服云。凡妻從夫降一等。合三月。則妻宜無服。而猶三月者。古者大夫不外娶。其妻則本國之女也。雖從夫而出。婦人歸宗。往來猶人。故從人服也。長子有服。謂未去者也。循已爲已道去君。非罪之重。其子尚可已留値君薨。則服也。

貴不降服

諸侯于其旁親。一無所服。唯父母妻長子。長子之妻。及爲父之後者。姑姊妹嫁于諸侯。及始封之君所未臣諸父昆弟。皆已其服服

之。大夫爲其外親爲士者。尊雖不同。亦不降。大夫女爲國夫人。唯父母及昆弟爲父後者不降。士女爲大夫妻者。不降高祖曾祖祖父母兄弟爲父後者。及大宗子而已。

父在爲出母服

父在爲母厭尊。故出而從周。出母服不減者。已本既降。義無再厭故也。父在爲母。既已杖矣。若父在母出。宜重降者。則宜在不杖條。今在杖條。明不再降。杖者必居廬。居廬者必禫。

全晉文卷八十八終

必上脫名字　察下脫形字

全晉文卷八十九

烏程嚴可均校輯

魯勝

勝字叔時代郡人武帝時爲著作佐郎元康初遷建康令尋稱疾去徵博士舉中書郎皆不就有注墨辯六篇

上正天論表

若臣言合理當得改先代之失而正天地之紀如無據驗甘即刑戮以彰虛妄之罪（晉書隱逸魯勝傳）

正天論

以冬至之後立晷測影準度日月星辰案日月裁徑百里無千里星十里不百里（晉書魯勝傳）

注墨辯敘

名者所以別同異明是非道義之門政化之準繩也孔子曰必也正名名不正則事不成墨子著書作辯經以立名本惠施公孫龍祖述其學以正刑名顯于世孟子非墨子其辯言正辭則與墨同荀卿莊周等皆非毀名家而不能易其論也必有形察莫如別色故有堅白之辯名必有分明分明莫如有無故有無序之辯是有不是可有不可是名兩可同而有異異而有同是之謂辯同異至同無不同至異無不異是謂辯同辯異同異生是非是非生吉凶取辯于一物而原極天下之汙隆名之至也自鄧析至秦時名家者世有篇籍率頗難知後學莫復傳習于今五百餘歲遂亡絕墨辯有上下經經各有說凡四篇與其書衆篇連第故獨存今引說就經各附其章疑者闕之又采諸衆雜集爲刑名二篇略解指歸以俟君子其或興微繼絕者亦有樂乎此也（晉書隱逸魯勝傳）

王沈

沈字彥伯高平人仕郡文學掾

釋時論

東野丈人觀時以居隱耕汙腴之墟有冰氏之子者出自沍寒之谷過而問塗丈人曰子奚自曰自涸陰之鄉奚適曰欲適煌煌之堂丈人曰入煌煌之堂者必有赫赫之光今子困于寒而欲求諸熱無得熱之方冰子瞿然曰胡爲其然也丈人曰融融者皆趣（御覽八百七十一作趍）熱之士其得爐冶之門者惟挾炭之子苟非斯人不如其已冰子曰吾聞宗廟之器不要華林之木四門之賓何必冠蓋之族前賢有解韋索而佩朱韍舍徒擔而乘丹轂由此言之何恤而無祿惟先生告我塗之速也丈人曰嗚呼子聞得之若是不知時之在彼吾將釋子夫道有安危時有險易才有所應行有所適英奇奮于縱橫之世賢智顯于霸王之初當厄難則騁權譎以良圖值制作則展儒道以暢攄是則衮龍出于縕褐卿相起于匹夫故朝賤而夕貴先卷而後舒當斯時也豈計門資之高卑論勢位之輕重乎今則不然上聖下明時隆道寍羣后逸豫宴安守平百辟君子奕世相生公門有公卿門有卿指禿腐骨不簡蚩儜多士豐于貴族爵命不出閨庭四門穆穆綜襦是盈仍叔之子皆爲老成賤有常辱貴有常榮肉食繼踵于華屋疏飯襲迹于耨耕談名位者以諂媚附勢舉高譽者因資而隨形至乃空嚼者以泓噌爲雅量瑣慧者以淺利爲鎗鎗脢胎者以無檢爲弘曠僂垢者以守意爲堅貞嘲哮者以麤發爲高亮韞蠢者以色厚爲篤誠痷婪者以博納爲通濟眡眡者以難入爲凝淸拉答者有沈重之譽赚閃者得淸勤之聲嗆喑怯畏于謙讓闒茸勇敢于饕諍斯皆寒素之死病榮達之嘉名凡茲流也視其用心察其所安責人必急于己恒寬德無厚而自貴位未高而自尊眼罔嚮而遠視鼻䶎䶌而刺天忌惡君子悅媚小人敖蔑道素懾吁權門心以利傾智以勢惛姻黨相扇毀譽交紛當局迷于所受聽采惑于所聞京邑翼翼羣

綜當作綺

士千億。奔集勢門。求官買職。童僕闐其車乘。閽寺相其服飾。親客陰參于靖室。疏賓徙倚于門側。時因接見。矜厲容色。心懷内荏。外詐剛直。譚道義謂之俗生。論政刑㠯爲鄙極。高會曲宴。惟言遷除消息。官無大小。問是誰力。今㠯子孤寒。懷眞抱素。志陵雲霄。偶景獨步。直順常道。關津難渡。欲騁韓盧。時無狡兔。衆塗圮塞。投足何錯。于是氷子釋然乃悟曰。富貴人之所欲。貧賤人之所惡。僕少長于孔顏之門。久處于淸寒之路。不謂熱勢自共遮錮。敬承明誨。服我初素。彈琴詠典。㠯保年祚。伯成延陵。高節可慕。丹轂滅族。呂霍哀吟。朝榮夕滅。旦飛暮沈。刪周道師。巢由德林。豐屋蔀家。易著明箴。人薄位尊。積罰難任。三郤尸晉。宋華咎深。投局正幅。實獲我心。晉書文苑王沈傳。

楊乂

乂字玄舒。汝南人。爲給事中。遷左長史。有易卦序論一卷。毛詩辨異三卷。毛詩異議二卷。集三卷。

雲賦

天地定位。肴和肇分。剛柔初降。陰陽烟熅。于是山澤通氣。華岱興雲。則縹緲翩綿。鬱若升烟。蹇盤縈㠯詰屈兮。若虯龍之蟠蜿。嶷岐岐㠯岳立兮。狀有似乎列仙。東西絡繹。南北油裔。隨風徘徊。流行菴藹。谿兮仰披。杳兮四會。凝寒冰于朱夏。飛素雪于玄冥。灑膏液于天漢。騰鴻泉于泰淸。乾坤㠯之交泰。品物㠯之流形。江海㠯之深滿。川谷㠯之豐盈。毛羽㠯之光澤。草木㠯之葩榮。萌芽㠯之挺殖。苗秀㠯之積成。始于觸石而出。膚寸而征。終于霑濡六合。浸潤羣生。蕩滌塵穢。含吐嘉祥。施暘凱風。惠加春陽。擬神化于后土。與三曜兮齊光。藝文類聚一。浮素霓之逶迤。御覽十四。

刑禮論

覽衆所抵。精思構微。造爲先後。文若榮繁。翩然相反。豈彼繁未存厥中。嘗試稽之天地。攷之人事。旁貫品物。綜覈彝倫。而刑禮之旨可略言也。蓋刑禮之本。經緯陰陽。擬則乾坤。先王所㠯化民理物興國濟治也。或者取證于春秋。有意乎尋本㠯綜末。然猶未離于先後。亦速難之始也。夫陰陽與制。化物則均。萬物本一。變而殊形。故王者去彼而適此爲生。而于彼爲死。夫死者去此而適彼。于此爲死。而于彼爲生矣。禮生于讓。刑生于爭。讓者割己㠯與人。是刑加于己。而禮加于人也。爭者奪人㠯崇己。是刑施于人。而禮施于己也。由此言之。讓非純禮。爭非純刑也。慶賞㠯勸善。而爲惡者懲。如有所懲。刑亦存矣。刑罰㠯懲惡。而爲善者勸。如有所勸。禮亦存矣。故亡刑則禮不獨施。大道廢焉。則刑禮俱錯。大道行焉。則刑禮俱興。不合而成。未之有也。藝文類聚五十四。

盧播

播字景宣。陳留人。爲本州別駕。元康中遷梁王彤征西長史。進振威將軍。後爲尚書。有集二卷。

阮籍銘

峩峩先生。天挺無欲。玄虛恬澹。混齊榮辱。蕩滌穢累。婆娑止足。胎胞造化。韜光縕翼。鼓棹滄浪。彈冠嶠岳。頤神太素。簡曠世局。澄之不淸。混之不濁。翺翔區外。遺物度俗。隱處巨室。友眞歸樸。汪汪川原。邈迹圖籙。藝文類聚三十六。

曾環

環爲衡陽内史。有集三卷。

爲舊君服議

古者失地之君。託身造次。感一時之惠。猶齊衰㠯爲報。嘗爲臣吏。禮待優備。故依禮託情。而弘敎訓矣。通典九十。秦始中尚書令史物等。是故少府鄭融故吏。假詣喪所行服。何遵何楨駁㠯爲不應服。荀顗吳奮㠯爲應服。又衡陽内史曾環議云云。案泰始中衡陽未入版圖。據下文復有孔喻范汪范甯議。則曾瓌此議不在泰始中明矣。隋志有衡陽內史曾瓌集三卷。在顧榮之前。顧榮于泰康末入晉。卒于永嘉末。今依隋志編于顧榮前。

陳頵

頵字延思。陳國苦人。泰康末爲郡督郵。遷主薄。州辟部從事。元康中舉孝廉。州將留不遣。齊王冏起義。拜駙馬都尉。尋爲歷陽內史。朱彥參軍。元帝爲鎮東。召行參軍事。典法兵二曹。建興初。制版補錄事參軍。出除譙郡太守。太興初。以疾去。後以白衣兼尚書。拜天門太守。咸和初。遷梁州刺史。尋免。

陳時務

昔江外初平。中州荒亂。故貢舉不試。宜漸循舊。搜揚隱逸。試以經策。又馬隆孟觀。雖出貧賤。動濟甚大。以所不習。而統戎事。鮮能以濟。宜開舉武略任將帥者。言問核試。盡其所能。然後隨才授任。舉十得一。猶勝不舉。況或十得二三。日磾降虜。七世內侍。由余戎狄。入爲秦相。豈藉華宗之族。見齒于奔競之流乎。宜引幽滯之雋。抑華校實。則天清地寧。人神感應。晉書陳頵傳。

議禁僚屬故避事任

諸僚屬乘昔西臺養望餘弊。小心恭肅。更以爲俗。偃蹇倨慢。以爲優雅。至今朝士縱誕。臨事游行。漸弊不革。以至傾國。故百尋之屋。突直而焚燎。千里之隄。蟻垤而穿敗。古人防小以全大。慎微以杜萌。自今臨使稱疾須催乃行者。皆免官。晉書陳頵傳。又略見北堂書鈔一百五十八引王隱晉書作百尋之屋。突直而煙焚。千里之隄。螻蟻之穴敗。案引在穴篇。則穴敗不誤也。

駮已亥格

聖王懸爵賞功。制罰糾違。斯道苟明。人赴水火。且名器之實。不可妄假。非才謂之致寇。寵厚戒在斯亡。昔孫秀口唱篡逆。手弄天機。惠皇失御。九服無戴。三王建議。席卷四海。合起義之衆。結天下之心。故設已亥義格。以權濟難。此自一切之法。非常倫之格也。其起義以來。依格雜猥。遭人爲侯。或加兵伍。或出皁僕。金紫佩士卒之身。符策委廝隸之門。使天官降辱。王爵黷賤。非所以正皇綱重名器之謂也。請自今以後宜停之。晉書陳頵傳。初趙王倫篡位。三王起義。制己亥格。其後論功雖小亦皆依用。頵意謂不宜以爲常式。駮之云云。

薦焦保于州將

保出自寒素。稟質清沖。若得參嘉命。必能光贊大猷。允清朝望。使黃憲之徒。不乏于豫土。令頵庶免臧文之責。晉書陳頵傳。

與王導書

中華所以傾弊。四海所以土崩者。正以取才失所。先白望而後實事。浮競驅馳。互相貢薦。言重者先顯。言輕者後敘。遂相波扇。乃至淩遲。加有莊老之俗。傾惑朝廷。養望者爲弘雅。政事者爲俗人。王職不恤。法物墜喪。夫欲制遠。先由近始。故出其言善。千里應之。今宜改張。明賞信罰。拔卓茂于密縣。顯朱邑于桐鄉。然後大業可舉。中興可冀耳。晉書陳頵傳。

卞㩲

㩲武帝末爲博士。

安梓宮議

尚書問。今大行崩含章殿。安梓宮宜在何殿。博士卞㩲楊雍議曰。臣子尊其君父。必居之以正。所以盡孝敬之心。今太極殿。古之路寢。梓宮宜在太極殿。依周人殯于西階。通典七十九。

下室饌議

又問。既殯之後。別奠下室之饌。朝夕轉易。諸所應設祭。朔望牲用。宜所施行。案禮具荅。㩲雍議。案禮。天子日食少牢。月朔太牢。喪禮下室之饌。如他日。宜隨御膳朝夕所常用也。朔望則奠。用太牢備物。通典七十九。

倚廬議

又問。案景帝故事。施倚廬于九龍殿上東廂。今御倚廬爲當在太極殿下。諸王廬復應何所。摧雍議。案尚書顧命成王崩。康王居于翼室。先儒云翼室于路寢。今宜于太極殿上。諸王宜各于其所爲廬。朝夕則就位哭臨。通典七十九。

爲天子斬縗服議

尚書問。天子崩。于今臺書令史㠯上皆爲服斬縗之服不。博士卞摧應琳議。禮。命士㠯上皆服斬。臺書令史列職天朝。皆應服斬。通典八十一。

又問。天子崩。今司州及河南郡吏出入導從。應易服制不。卞摧荅。禮。庶人在官者服齊縗三月。又近臣服斬。導從出入。皆應從服。通典八十一。

又問。服隨君輕重。今司隸服斬。下吏服齊。爲合禮意不。卞摧荅。凡臣從君。皆降一等。今之牧守。皆古諸侯。㠯禮相況。輕重宜矣。通典八十一。

又問。禮。義服不從。今司隸爲君斬縗。義服也。下吏爲從不。每降一等。當爲君喪其親者耳。古今行事復云何。摧荅。禮。庶人爲國君齊。今則不服。然吏若都官從士。有職司于喪庭者。故宜依庶人在官者義耳。義服不從。謂近臣服君斬縗之服。依降一等者之差耳。前稱導從。指謂近臣。通典八十一。

又問。諸二千石長吏見在京城。皆應制服不。博士卞摧楊雍應琳等上云。禮。臣爲君斬縗。自士㠯上。見在官者。皆應制服。通典八十一引魏晉故事。

宮中爲天子服議

問。皇太后三夫人㠯下皆服斬。諸長公主及諸君崇陽園脩容服制之宜。卞摧等議。案禮。與諸侯爲兄弟者服斬。依禮則公主宜服斬而不杖。禮。君夫人爲長子三年。妾爲君之嫡子與夫人同。則崇陽園脩容宜三年。通典八十一引魏晉故事。

宮中爲天子杖議

又問。太后及公主應杖不。卞摧應琳議。禮爲夫杖。自天子達。皇太后應杖明矣。婦爲舅姑。禮無杖文。皇后不應杖也。君之喪。夫人世婦在次則杖。卽位則使人執之。如禮。三夫人已下皆杖。通典八十一。

諸王女孫女爲天子服議

大夫當作夫人

案禮。諸侯之大夫爲天子。其服齊縗。本無服者也。猶從夫而同。今王始于太行皇帝本服周。㠯輕明重。依諸兄弟之義。所服至尊。疑當服重。王諸女依諸侯兄弟。禮則應服斬也。孫女幼未及于禮。若欲服。宜依諸侯之制。通典八十一魏晉故事卞摧應琳等議。

苟晞

晞字道將。河內山陽人。武帝時。司隸校尉石鑒㠯爲部從事。惠帝初。侍中東海王越引爲通事令史。累遷陽平太守。齊王冏輔

政。㠯爲參軍。拜尚書右丞。轉左丞。冏誅坐免。驃騎將軍長沙王乂㠯爲從事中郎。尋爲北軍中候。范陽王虓承制行兗州刺史。懷帝初。進撫軍將軍假節都督青兗諸軍事。封東平侯。遷征東大將軍開府儀同三司。加侍中。假節都督青州諸軍事。領青州刺史。進爲郡公。尋爲大將軍、大都督。督青徐兗豫荊揚六州軍事。洛陽陷。豫章王端承制㠯爲都督中外諸軍。錄尚書。領太子太傅。爲石勒所殺。

承詔罪狀東海王越表

殿中校尉李初至。奉被手詔。肝心若裂。東海王越得㠯宗臣遂執朝政。委任邪佞。寵樹姧黨。至使前長史潘滔、從事中郎畢邈、主簿郭象等。操弄大權。刑賞由己。尚書何綏、中書令繆播、太僕繆胤、黃門侍郎應紹。皆是聖詔親所抽拔。而滔等妄搆。陷㠯重戮。帶甲臨宮。誅討后弟。翦除宿衞。私樹國人。崇獎魏植。招誘逋亡。覆喪州郡。

王塗圮隔。方貢乖絕。宗廟闕烝嘗之饗。聖上有約食之匱。鎮東將軍周馥。豫州刺史馮嵩。前北中郎將裴憲。竝以天朝空曠。權臣專制。事難之興。慮在旦夕。各率士馬。奉迎皇輿。思隆王室。以盡臣禮。而滔邈等劫越出關。矯立行臺。逼徙公卿。擅為詔令。縱兵寇抄。茹食居人。交尸塞路。暴骨盈野。遂令方鎮失職。城邑蕭條。淮豫之氓。陷離塗炭。臣雖憤懣。守局東嵎。自奉明詔。三軍奮厲。卷甲長驅。次于倉垣。即日承司空博陵公浚書。稱殿中中郎劉權齎詔。敕浚與臣共尅大舉。輒遣前鋒征虜將軍王讚徑至項城。使越稽首歸政。斬送　臣等。伏願陛下寬宥宗臣。聽越還國。其餘逼迫。宜蒙曠蕩。輒寫詔宣示征鎮。顯明義舉。遣揚烈將軍閻弘步騎五千。鎮衛宗廟。晉書荀晞傳。

又表

奉被手詔。委臣征討。喻以桓文。紙練兼備。伏讀跪歎。五情惶怛。自頃宰臣專制。委杖佞邪。內擅朝威。外殘兆庶。矯詔專征。遂圖不軌。縱兵寇掠。陵踐宮寺。前司隸校尉劉暾。御史中丞溫畿。右將軍杜育。竝見攻劫。廣平武安公主。先帝遺體。咸被逼辱。逆節虐亂。莫此之甚。輒祗奉前詔。部分諸軍。遣王讚率陳午等將兵詣項。龔行天罰。晉書荀晞傳。

移檄諸征鎮州郡

天步艱險。禍難殷流。劉元海造逆于汾陰。石世龍階亂于三魏。荐食畿甸。覆喪鄴都。結壘近郊。仍震兗豫。害三刺史。殺二都督。郡守官長。堙沒數十。百姓流離。肝腦塗地。晞以虛薄。負荷國重。是以弭節海隅。援枹曹衛。猥被中詔。委以關東督統諸軍。欽承詔命。尅今月二日當西經濟黎陽。即日得滎陽太守丁嶷白事。李惲陳午等救懷諸軍與羯大戰。皆見破散。懷城已陷。河內太守裴整為賊所執。宿衛闕乏。天子蒙塵。宗廟之危。甚于累卵。承問之日。憂歎累息。晞以為先王選建明德。庸以服章。所以藩固王室。無俾城壞。是以舟楫不固。齊桓責楚。襄王逼狄。晉文致討。大翼獎皇家。宜力本朝。雖蹈湯火。大義所甘。加諸方牧。俱受榮寵。義同畢力。以報國恩。晞雖不武。首啟戎行。秣馬裹糧。以俟方鎮。凡我同盟。宜同赴救。顯立名節。在此行矣。晉書荀晞傳。又見十六國春秋十一。

滕竝

竝南陽西鄂人。安南將軍廣州牧脩子。

上表請改父脩謚

亡父脩羈紲吳壤。為所驅馳。幸逢開通。沐浴至化。得從俘虜。握戎馬之要。未覲聖顏。委南藩之重。實由勳勞少聞天聽故也。年衰疾篤。屢乞骸骨。未蒙垂哀。奄至薨隕。臣承遺意。輿櫬還都。瞻望雲闕。實懷痛裂。竊聞博士謚脩曰聲。直彰流播。不稱行績。不勝愚情。冒昧聞訴。晉書滕脩傳。

杜育

育字方叔。襄城人。初與石崇等為賈謐二十四友。永興中拜汝南太守。永嘉中進右將軍。後為國子祭酒。有易義若干卷。集二卷。

荈賦

靈山惟嶽。奇產所鍾。瞻彼卷阿。實曰夕陽。厥生荈草。彌谷被岡。承文選江淹雜體詩注作懷豐壤之滋潤。受甘露之霄降。月惟初秋。農功少休。結偶同旅。是采是求。水則岷方之注。挹彼清流。器澤陶簡。出自東隅。酌之以匏。取式公劉。惟茲初成。沫沈華浮。煥如積雪。曄若春敷。藝文類聚八十二。書鈔一百四十四。

若乃淯染眞辰。色殯青霜。□□□□白黃若虛。調神和內。惓解慵除。書鈔一百四十四。御覽八百六十七。

荍賦

脯則正膂通幹。柤鹿肥麋。書鈔一百四十五。初學記二十六。御覽八百六十二。

鱧則前鹽白㯓。鱣鯉之骸。書鈔一百四十六。

賈彬

彬爲車騎長史。有集三卷。

箏賦

溫顏既緩。和志向悅。賓主交歡。鼓鞞品列。鍾子授箏。伯牙擊節。唱葛天之高韻。讚幽蘭與白雪。其始奏也。蹇澄疏雅。若將暢而未越。其漸成也。抑案鏗鏘。猶沈鬱之舒徹。何㠯盡美。請徵其驗。剖肰同形。兩象著也。設弦十二。太簇數也。列柱參差。招搖布也。介位允諧。六龍御也。藝文類聚四十四。初學記十六。

賈彪

彪爵里未詳。

大鵬賦 幷序

余覽張茂先御覽作張安世。鷦鷯賦。㠯其質微處褻。而偏于受害。御覽作而陋㠯遠害。愚㠯爲未若大鵬棲形遐遠。自育之全也。此固禍福之機。聊賦之云。

歎大鈞之播物。敀塊化于天壤。嘉有鵬之巨鳥。擔元氣之夸象。揚宇內之逼隘。遊四荒㠯泬蕩。藝文類聚九十二。御覽九百二十七引晉書。

張翼

翼上谷沮陽人。爲遼東太守。見後魏書張袞傳。

書

廿三日。賴卿翼頓首。節過多懷。得近書爲慰。意㠯何如。滚勞斃頓。曳力遣不具。淳化閣帖二。

全晉文卷八十九終

全晉文卷九十　　烏程嚴可均校輯

潘岳一

岳字安仁。滎陽中牟人。武帝時辟司空太尉府。舉秀才。出爲河陽令。轉懷令。補尚書度支郎。遷廷尉評。㠯公事免。惠帝初。太傅楊駿引爲主簿。駿誅除名。選爲長安令。尋補著作郎。轉散騎侍郎。與后崇等謀誅趙王倫。事覺遇害。有集十卷。

秋興賦并序

晉十有四年。余春秋三十有二。始見二毛。㠯太尉掾兼虎賁中郎將。寓直于散騎之省。高閣連雲。陽景罕曜。珥蟬冕而襲紈綺之士。此焉游處。僕野人也。偃息不過茅屋茂林之下。談話不過農夫田父之客。攝官承乏。猥廁朝列。夙興晏寢。匪遑底寧。譬猶池魚籠鳥。有江湖山藪之思。于是染翰操紙。慨然而賦。于時秋也。故㠯秋興命篇。其辭曰。

四時忽其代序兮。萬物紛㠯迴薄。覽花蒔之時育兮。察盛衰之所託。感冬索而春敷兮。嗟夏茂而秋落。雖末士之榮悴兮。伊人情之美惡。善乎宋玉之言曰。悲哉秋之爲氣也。蕭瑟兮草木搖落而變衰。憀慄兮若在遠行。登山臨水送將歸。夫送歸懷慕徒之戀兮。遠行有羈旅之憤。臨川感流㠯歎逝兮。登山懷遠而悼近。彼四感之疚心兮。遭一塗而難忍。嗟秋日之可哀兮。諒無愁而不盡。野有歸燕。隰有翔隼。游氛朝興。槁葉夕殞。于是迺屏輕箑。釋纖絺。藉莞蒻。御袷衣。庭樹槭㠯灑落兮。勁風戾而吹帷。蟬嘒嘒而寒吟兮。雁飄飄而南飛。天晃朗㠯彌高兮。日悠陽而浸微。何微陽之短晷。覺涼夜之方永。月曈曨㠯含光兮。露淒清㠯凝冷。熠燿粲于階闥兮。蟋蟀鳴乎軒屏。聽離鴻之晨吟兮。望流火之餘景。宵耿介而不寐兮。獨展轉于華省。悟時歲之遒盡兮。慨俛首而自省。斑鬢髟㠯承弁兮。素髮颯㠯垂領。仰羣儁之逸軌兮。攀雲漢㠯游騁。登春臺之熙熙兮。珥金貂之炯炯。苟趣舍之殊塗兮。庸詎識其躁靜。聞至入之休風兮。齊天地于一指。彼知安而忘危兮。故出生而人死。行投趾于容迹兮。殆不踐而獲底。闕側足㠯及泉兮。雖猴猨而不履。龜祀骨于宗祧兮。思反身于綠水。且斂衽㠯歸來兮。忽投紱㠯高厲。耕東皋之沃壤兮。輸黍稷之餘稅。泉涌湍于石間兮。菊揚芳于崖澨。澡秋水之涓涓兮。玩游鯈之潎潎。逍遙乎山川之阿。放曠乎人間之世。優哉游哉。聊㠯卒歲。文選。藝文類聚三。

入當作人

人當作入

寒賦

夜漫漫㠯攸攸兮。淒淒㠯凜凜。御覽二十四。

登虎牢山賦

辭京輦兮遙邁。將遠遊兮東夏。朝發軔兮帝墉。夕結軌兮中野。憑脩坂兮停車。臨寒泉兮飲馬。眷故鄉之遼隔。思紆軫㠯鬱陶。步玉趾㠯升降。淩汜水而登虎牢。覽河洛之二川。眺成皋之雙皋。崇嶺矗㠯崔崪。幽谷豁㠯窐寥。路逶迤㠯迫隘。林廓落㠯蕭條。爾乃仰蔭嘉木。俯藉芳卉。青煙鬱其相望。棟宇懍㠯鱗萃。彼登山而臨水。固先哲之所哀。矧去鄉而離家。邈長辭而遠乖。望歸雲㠯歎息。腸一日而九迴。良勞者之詠事。爰寄言㠯表懷。藝文類聚七。

滄海賦

徒觀其狀也。則湯湯蕩蕩。瀾漫形沈。流沫千里。懸水萬丈。測之莫量其深。望之不見其廣。無遠不集。靡幽不通。羣溪俱息。萬流來同。含三河而納四瀆。朝五湖而夕九江。陰霖則興雲降雨。陽霽則吐霞曜日。煑水而鹽成。剖蚌而珠出。其中有蓬萊名嶽。青丘奇山。阜陵別島。嵔環其間。其山則嶁崔嵬崪。嵳峩降屈。披滄流㠯特起。擢崇基而秀出。其魚則有吞舟鯨鯢。鰝鱵龍鬚。案御覽九百三十九引此賦云。鯿魚鰷鱅。當是此下佚文。尚有缺脫。蜯目豺口。貍斑雉軀。怪體異名。不可勝圖。其蟲獸則素蛟丹虬。元龜靈鼉。修黿巨鼈。紫貝螣蛇。玄螭蚴虬。赤龍焚蘊。遷體改角。推舊納新。舉扶搖以抗翼。泛陽侯以濯鱗。其禽鳥則鶤鴻鸕鶂。鶬鶿鵁鶄。朱背煒燁。縹翠蔥青。詳察浪波之來往。遍聽奔激之音響。力勢之所迴薄。潤澤之所彌廣。普天之極大。橫率土而莫兩。藝文類聚八。

西征賦

歲次玄枵。月旅蕤賓。丙丁統日。乙未御辰。潘子憑軾西征。自京徂秦。迺喟然歎曰。古往今來。邈矣悠哉。寥廓恍惚。化一氣而甄三才。此三才者。天地人道。唯生與位。謂之大寶。生有修短之命。位有通塞之遇。鬼神莫能要。聖智弗能豫。當休明之盛世。託菲薄之陋質。納旌弓于鉉台。讚庶績于帝室。嗟鄙夫之常累。固既得而患失。無柳季之直道。佐士師而一黜。武皇忽其升遐。八音遏于四海。天子寢于諒闇。百官聽于冢宰。彼負荷之殊重。雖伊周其猶殆。窺七貴于漢庭。譸一姓之或在。無危明以安位。祇居逼以示專。陷亂逆以受戮。匪禍降之自天。孔隨時以行藏。蘧與國而舒卷。苟蔽微以繆章。患過辟之未遠。悟山潛之逸士。卓長往而不反。陋吾人之拘攣。飄萍浮而蓬轉。寮位儡其隆替。名節漼以隳落。危素卵之累殼。甚玄燕之巢幕。心戰懼以兢悚。如臨深而履薄。夕獲歸于都外。宵未中而難作。匪擇木以棲集。尠林焚而鳥存。遭千載之嘉會。皇合德于乾坤。弛秋霜之嚴威。流春澤之渥恩。甄大義以明責。反初服于私門。皇鑒揆余之忠誠。俄命余以末班。牧疲人于西夏。攜老幼而入關。丘去魯而顧歎。季過沛而涕零。伊故鄉之可懷。疚聖達之幽情。矧匹夫之安土。邈投身于鎬京。猶犬馬之戀主。竊託慕于闕庭。眷鞏洛而掩涕。思纏綿于墳塋。爾乃越平樂。過街郵。秣馬皐門。稅駕西周。逵矣姬德。興自高辛。思文后稷。厥初生民。率西水滸。化流岐豳。祚隆昌發。舊邦惟新。旋牧野而歷茲。愈守柔以執競。夜申旦

逵當作遠

而不寐。憂天保之未定。惟泰山其猶危。祀八百而餘慶。鑒亡王之驕淫。竄南巢以投命。坐積薪以待然。方指日而比盛。人度量之乖舛。何相越之遼迴。考土中于斯邑。成建都而營築。既定鼎于郟鄏。遂鑽龜而啟繇。乎失道而來遷。緊二國而是祐。豈時王之無僻。賴先哲以長懋。望圉北之兩門。感虢鄭之納惠。討子頹之樂禍。尤闕西之效戾。重戮帶以定襄。弘大順以霸世。靈壅川以止鬬。晉演義以獻說。咨景悼以迄丏。政陵遲而彌季。俾庶朝之構逆。歷兩王而干位。踰十葉以逮赧。邦分崩而爲二。竟橫噬于虎口。輸文武之神器。澡孝水而濯纓。嘉美名之在茲。夭赤子于新安。坎路側而瘞之。亭有千秋之號。子無七旬之期。雖勉勵于延吳。實潛慟乎余慈。眄山川以懷古。悵攬轡于中塗。虐項氏之肆暴。坑降卒之無辜。激秦人以歸德。成劉后之來蘇。事回沉而好還。卒宗滅而身屠。經澠池而長想。停余車而不進。秦虎狼之彊國。趙侵弱之餘燼。超入險而高會。杖命世之英藺。恥東瑟之偏鼓。提西缶而接刃。辱十城之虛壽。奄咸陽以取儁。出申威于河外。何猛氣之咆勃。入屈節于廉公。若四體之無骨。處智勇之淵偉。方鄙吝之忿悁。雖改日而易歲。無等級以寄言。當光武之蒙塵。致王誅于赤眉。異奉辭以伐罪。初垂翅于回谿。不尤眚以掩德。終奮翼而高揮。建佐命之元勳。振皇綱而更維。登崤坂之威夷。仰崇嶺之嵯峨。皐記墳于南陵。文違風于北阿。蹇哭孟以審敗。襄墨縗以授戈。曾隻輪之不反。緤三帥以濟河。值庸主之矜愎。殆肆叔于朝市。任好綽其餘裕。獨引過以歸己。明三敗而不黜。卒陵晉以雪恥。豈虛名之可立。良致霸其有以。降曲崤而憐虢。託與國于亡虞。貪誘賂以賣鄰。不及臘而就拘。垂棘反于故府。屈產服于晉輿。德不建而民無援。仲雍之祀忽諸。我徂安陽。言陟陝郛。行乎漫瀆之口。憩乎曹陽之墟。美哉邈乎。茲土之舊也。固乃周邵之所分。二南之所交。麟趾信于關雎。騶虞應乎鵲

乎當作平

他當作地

巢。愍漢氏之剝亂。朝流亡吕離析。卓滔天吕大滌。劫宮廟而遷迻。俾萬乘之威尊。降遙思于征役。顧請旋于僮汎。既獲許而中惕。追皇駕而驟戰。望玉軨而縱鏑。痛百寮之勤王。咸畢力吕致死。分身首于鋒刃。洞胷腋吕流矢。有褰裳吕投岸。或攘袂吕赴水。傷桴檝之褊小。撮舟中而掬指。升曲沃而惆悵。惜兆亂而兄替。枝末大而本披。都偶國而禍結。臧札飄。其高厲。委曹吳而成節。何莊武之無恥。徒利開而義閉。踰函谷之重阻。看天險之衿帶。迹諸侯之勇怯。算嬴氏之利害。或開關吕延敵。競遯逃吕奔竄。有噤門而莫啟。不窺兵于山外。連雞互而不棲。小國合而成大。豈他勢之安危。信人事之否泰。漢六葉而拓畿。縣弘農而遠關。厭紫極之閑敞。甘微行吕遊盤。長傲賓于柏谷。妻覩貌而獻餐。疇匹婦其已泰。胡厥夫之繆官。昔明王之巡幸。固清道而後往。懼銜橛之或變。峻徒御吕誅賞。彼白龍之魚服。挂豫且之密網。輕帝重于天下。奚斯漸之可長。弔戾園于湖邑。諒遭世之巫蠱。探隱伏于難明。委讒賊之趙虜。加顯戮于儲貳。絕肌膚而不顧。作歸來之悲臺。徒望思其何補。紛吾既邁此全節。又繼之吕盤桓。問休牛之故林。感徵名于桃園。發閿鄉而警策。愬黃巷吕濟潼。眺華岳之陰崖。覿高掌之遺蹤。憶江使之反璧。告亡期于祖龍。不語怪吕徵異。我聞之于孔公。愠韓馬之大憝。阻關谷吕稱亂。魏武赫吕霆震。奉義辭吕伐叛。彼雖衆其焉甲。故制勝于廟算。砰揚桴吕振塵。繣瓦解而冰泮。超遂遁而奔狄。甲卒化爲京觀。倦狹路之迫隘。軌崎嶇吕低仰。蹈秦郊而始闢。豁爽塏吕宏壯。黃壤千里。沃野彌望。華實紛敷。桑麻條暢。邪界褒斜。右濱汧隴。寶雞前鳴。甘泉後涌。面終南而背雲陽。跨平原而連嶓冢。九嵕巀嶭。太一巃嵸。吐清風之飂戾。納歸雲之鬱蓊。南有玄灞素滻。湯井溫谷。北有清渭濁涇。蘭池周曲。浸決鄭白之渠。漕引淮海之粟。林茂有鄠之竹。山挺藍田之玉。班述陸海珍藏。張敘神皋

隩區。此西賓所吕言于東主。安處所吕聽于憑虛也。可不謂然乎。勁松彰于歲寒。貞臣見于國危。入鄭都而抵掌。義桓友之忠規。竭股肱于昏主。赴塗炭而不移。世善職于司徒。緇衣弊而改爲。履犬戎之侵地。疾幽后之詭惑。舉僞烽吕沮衆。淫嬖褒吕縱慝。軍敗戲水之上。身死驪山之北。赫赫宗周。威爲亡國。又有纖于此者。異哉秦始皇之爲君也。傾天下吕厚葬。自開闢而未聞。匠人勞而弗圖。俾生埋吕報勤。外罹西楚之禍。內受牧豎之焚。語曰。行無禮。必自及。此非其效與。乾坤吕有親可久。君子吕厚德載物。觀夫漢高之興也。非徒聰明神武。豁達大度而已也。乃實慎終追舊。篤誠款愛。澤靡不漸。恩無不逮。率土且弗遺。而況于鄰里乎。況于卿士乎。于斯時也。乃摹寫舊豐。制造新邑。故社易置。枌榆遷立。街衢如一。庭宇相襲。渾雞犬而亂放。各識家而競入。籍含怒于鴻門。沛跼蹐而來王。范謀害而弗許。陰授劒吕約莊。撫白刃吕萬舞。危冬葉之待霜。履虎尾而不噬。實要伯于子房。樊抗憤吕卮酒。咀彘肩吕激揚。忽蛇變而龍攄。雄霸上而高驤。曾遷怒而橫撞。碎玉斗其何傷。嬰胷組于軹塗。投素車而肉袒。疏飲餞于東都。畏極位之盛滿。金墉鬱其萬雉。峻嵃峭吕繩直。戾飲馬之陽橋。踐宣平之清閾。都中雜遝。戶千人億。華夷士女。駢田逼側。展名京之初儀。即新館而涖職。勵疲鈍吕臨朝。勖自強而不息。于是孟秋爰謝。聽覽餘日。巡省農功。周行廬室。街里蕭條。邑居散逸。營宇寺署。肆廛管庫。蕞芮于城隅者。百不處一。所謂尚冠修成。黃棘宣明。建陽昌陰。北煥南平。皆夷漫滌蕩。亡其處而有其名。爾乃階長樂。登未央。汎太液。淩建章。縈馺娑而欵駘盪。轥枍詣而轢承光。徘徊桂宮。惆悵柏梁。鷩雉雊于臺陂。狐兔窟于殿傍。何黍苗之離離。而余思之芒芒。洪鍾頓于毀廟。乘風廢而弗縣。禁省鞠爲茂草。金狄遷于灞川。懷夫蕭曹魏邴之相。辛李衛霍之將。銜使則蘇屬國。震遠則張博望。教敷而彝

倫敘。兵舉而皇威暢。臨危而智勇奮。投命而高節亮。暨乎莅疾之忠孝淯深陸賈之優游宴喜。長卿淵雲之文。子長政駿之史。趙張三王之尹京。定國釋之之聽理。汲長孺之正直。鄭當時之推士。終童山東之英妙。賈生洛陽之才子。飛翠緌。拖鳴玉。以出入禁門者衆矣。或被髮左衽。奮迅泥滓。或從容傅會。望表知裏。或著顯績而嬰時戮。或有大才而無貴仕。皆揚清風于上烈。垂令聞而不已。想珮聲之遺響。若鏗鏘之在耳。當音鳳恭顯之任勢也。乃熏灼四方。震燿都鄙。而死之日。曾不得與夫十餘公之徒隸齒。才難。不其然乎。望漸臺而掩腕。息巨猾而餘怒。揖不疑于北闕。軾樗里于武庫。酒池鑒于商辛。追覆車而不寤。曲陽僭于白虎。化奢淫而無度。命有始而必終。孰長生而久視。武雄略其焉在。近惑文成而溺五利。俾造化以制作。窮山海之奧祕。靈若翔于神島。奔鯨浪而失水。爆鱗骼于漫沙。隕明月以雙墜。擢仙掌以承露。干雲漢而上至。致功蔚其寔難。惟余欲而是恣。縱逸遊于角觝。絡甲乙以珠翠。忍生民之減半。勒東岳以虛美。超長懷以遐念。若循環之無賜。軼面朝之煥炳。炎後庭之猗靡。壯當熊之忠勇。深辭輦之明智。衞鬒髮以光鑒。趙輕體之纖麗。咸善立而聲流。亦寵極而禍侈。津便門以右轉。究吾境之所曁。掩細柳而撫劍。快孝文之命帥。周受命以忘身。明戎政之果毅。距華蓋于壘和。案乘輿之尊轡。肅天威之臨顏。率軍禮以長撎。輕棘霸之兒戲。重條侯之倨貴。索杜郵其焉在。云孝里之前號。惘輟駕而容與。哀武安以興悼。爭伐趙以徇國。定廟算之勝負。拜矢言而不納。反推怨以歸咎。未十里于遷路。尋賜劒以刎首。嗟主闇而臣嫉。禍于何而不有。窺秦墟于渭城。冀闕緬其堙盡。覓陛殿之餘基。裁岥岮以隱嶙。想趙使之抱璧。瀏睨楹以抗憤。燕圖窮而荆發。紛絕袖而自引。筑聲厲而高奮。狙潛鉛以脫臏。撲天位其若茲。亦狼狽而可愍。偉良人以自輔。謂斯忠而執賢。寄苛制

于捐灰。矯扶蘇于朔邊。儒林塡于坑穽。詩書煬而爲煙。國滅亡以斷後。身刑轘以啟前。商法焉得以宿。黃犬何可復牽。野蒲變而成脯。苑鹿化以爲馬。假讒逆以天權。鉗衆口而寄坐。兵在頸而顧問。何不早而告我。願黔黎其誰聽。惟請死而獲可。健子嬰之果決。截討賊以紓禍。勢土崩而莫振。作降王于路左。蕭收圖以相劉。料險易與衆寡。羽天與而弗取。冠沐猴而縱火。貫三光而洞九泉。曾未足以喻其高下也。感市閭之菆井。歎尸韓之舊處。承屬號而守闕。人百身以納贖。豈生命之易投。誠惠愛之洽著。訏望之以求直。亦余心之所惡。思夫人之政術。實幹時之良具。苟明法以釋憾。不愛才以成務。弘大體以高貴。非所望于蕭傅。造長山而慷慨。偉龍顏之英主。曾中鄙其洞開。羣善湊而必舉。存威格乎天區。亡墳掘而莫禦。臨揜坎而累抃。步毀垣以延佇。越安陵而無譏。諒惠聲之寂寞。弔爰絲之正義。伏梁劒于東郭。訊景皇于陽丘。奚信譖而矜詭。隕吳嗣于局下。蓋發怒于一博。成七國之稱亂。翻助逆以誅錯。恨過聽而無討。茲沮善而勸惡。皆孝元于渭塋。執奄尹以明貶。褒夫君之善行。廢園邑以崇儉。過延門而責成。忠何辜而爲戮。陷社稷之王章。俾幽死而莫鞠。忲淫嬖之匈忍。剿皇統之孕育。張舅氏之姦漸。貽漢宗以傾覆。刺哀主于義域。僭天爵于高安。欲法堯而承羞。永終古而不刊。瞰康園之孤墳。悲平后之專絜。殃厥父之篡逆。蒙漢恥而不雪。激義誠而引決。赴丹爛以明節。投宮火而焦糜。從灰熛而俱滅。驚橫橋而旋軫。歷敝邑之南垂。門礎后而梁木蘭兮。構阿房之屈奇。疏南山以表闕。倬樊川以激池。役鬼傭其猶否。矧人力之所爲。工徒斲而未息。義兵紛以交馳。宗祧汙而爲沼。豈斯宇之獨隳。由僞新之九廟。夸宗虞而祖黃。驅吁嗟而妖臨。搜佞哀以拜郎。誦六蓺以飾姦。焚詩書而面牆。心不則于德義。雖異術而同亡。宗孝宣于樂游。紹衰緒以中興。不獲事于敬養。盡加隆于園

師當作帥

息訟當作訟息

陵。兆惟奉明邑號千人。訊諸故老。造自帝詢。隱王母之非命。縱聲樂吕娛神。雖靡率于舊典。亦觀過而知仁。憑高望之陽隈。體川陸之汙隆。開襟乎清暑之館。游目乎五柞之宮。交渠引漕。激湍生風。乃有昆明池乎其中。其池則湯湯汗汗。滉瀁彌漫。浩如河漢。日月麗天。出乎東西。旦似湯谷。夕類虞淵。昔豫章之名宇。披玄流而特起。儀景星于天漢。列牛女吕雙峙。啚萬載而不傾。奄摧落于十紀。擢百尋之層觀。今數仞之餘趾。振鷺于飛。鳧躍鴻漸。乘雲頡頏。隨波澹淡。瀺灂驚波。唼喋菱芡。華蓮爛于淥沼。青蕃蔚乎翠瀲。伊茲池之肇穿。肄水戰于荒服。志勤遠吕極武。良無要于後福。而菜蔬芼實。水物惟錯。乃有贍乎原陸。在皇代而物土。故毀之而又復。凡厥寮司。既富而教。咸師貧惰。同整檝櫂。收罟課獲。引繳舉效。鰥夫有室。愁民吕樂。徒觀其鼓枻迴輪。灑鈞投網。垂餌出入。挺叉來往。纖經連白。鳴桹厲響。貫鰓𩵋尾。掣三牽兩。于是弛青鯤于網鉅。解赬鯉于黏徽。華魴躍鱗。素鱮揚鬐。雍人縷切。鸞刀若飛。應刃落俎。靃靃霏霏。紅鮮紛其初載。賓旅竦而遲御。既餐服吕屬厭。泊恬靜吕無欲。迴小人之腹。爲君子之慮。爾乃端策拂茵。彈冠振衣。徘徊酆鎬。如渴如飢。心翹懃吕仰止。不加敬而自祗。豈三聖之敢夢。竊十亂之或希。經始靈臺。成之不日。惟酆及鄗。仍京其室。庶人子來。神降之吉。積德延祚。莫二其一。永惟此邦。云誰之識。越可略聞。而難臻其極。子贏鋤吕借父。訓秦法而著色。耕讓畔吕閑田。沾姬化而生棘。蘇張喜而詐騁。虞芮愧而息訟。由此觀之。土無常俗。而教有定式。上之遷下。均之埏埴。五方雜會。風流溷淆。惰農好利。不昏作勞。密邇獫狁。戎馬生郊。而制者必割。實存操刀。人之升降。與政隆替。杖信則莫不用情。無欲則賞之不竊。雖智弗能理。明弗能察。信此心也。庶免夫戾。如其禮樂。吕俟來哲。文選。藝文類聚二十七。

全晉文卷九十終

烏程嚴可均校輯

潘岳二

懷舊賦 并序

余十二而獲見于父友東武戴侯楊君。始見知名。遂申之㠯婚姻。而道元公嗣。亦隆世親之愛。不幸短命。父子凋殞。余既有私艱。且尋役于外。不歷嵩丘之山者。九年于茲矣。今而經焉。慨然懷舊。而賦之曰。

啟開陽而朝邁。濟清洛㠯徑渡。晨風淒㠯激冷。夕雪暠㠯掩路。轍含冰㠯滅軌。水漸軔㠯凝沍。塗艱危其難進。日晼晚而將暮。仰睎歸雲。俛鏡泉流。前瞻太室。傍眺嵩丘。東武託焉。建塋啟疇。巖巖雙表。列列行楸。望彼楸矣。感于予思。既興慕于戴侯。亦感元而哀嗣。墳壘壘而接壠。柏森森㠯攢植。何逝沒之相尋。曾舊草之未異。余總角而獲見。承戴侯之清塵。名余㠯國士。眷余㠯嘉姻。自祖考而隆好。逮二子而世親。歡攜手㠯偕老。庶報德之有鄰。今九載而一來。空館闃其無人。陳荄被于堂除。舊圃化而為薪。步庭廡㠯徘徊。涕泫流而霑巾。宵展轉而不寐。驟長歎㠯達晨。獨鬱結其誰語。聊綴思于斯文。文選。藝文類聚三十四。

悼亡賦

伊良嬪之初降。幾二紀㠯迄茲。遭兩門之不造。備荼毒而嘗之。嬰生艱之至極。又薄命而早終。含芬華之芳烈。翩零落而從風。神飈忽而不反。形焉得而久安。襲時服于遺質。表鉛華于餘顏。問筮賓之何期。霄過分而參闌。詎幾時而見之。目眷戀㠯相屬。聽輒人之唱籌。來聲叫㠯連續。聞冬夜之恆長。何此夕之一促。且伉儷之片合。垂明哲乎嘉禮。苟此義之不謬。乃全身之半體。吾聞喪禮之在妻。謂制重而哀輕。既履冰而知寒。吾今信其緣情。夕既昏兮朝既清。延爾族兮臨後庭。人空室兮望靈座。帷飄飄兮燈熒熒。燈熒熒兮如故。帷飄飄兮若存。物未改兮人已化。饋生塵兮酒停樽。春風兮泮水。初陽兮戒溫。逝遙遙兮浸遠。嗟熒熒兮孤魂。藝文類聚三十四。

寡婦賦 并序

樂安任子咸有韜世之量。與余少而歡焉。雖兄弟之愛。無㠯加也。不幸弱冠而終。良友既沒。何痛如之。其妻又吾姨也。少喪父母。適人而所天又殞。孤女藐焉始孩。斯亦生民之至艱。而荼毒之極哀也。昔阮瑀既歿。魏文悼之。並命知舊。作寡婦之賦。余遂擬之㠯敘其孤寡之心焉。其辭曰。

嗟予生之不造兮。哀天難之匪忱。少伶俜而偏孤兮。痛忉怛㠯摧心。覽寒泉之遺歎兮。詠蓼莪之餘音。情長感㠯永慕兮。思彌遠而逾深。伊女子之有行兮。爰奉嬪于高族。承慶雲之光覆兮。荷君子之惠渥。顧葛藟之蔓延兮。託微莖于樛木。懼身輕而施重兮。若履冰而臨谷。遵義方之明訓兮。憲女史之典戒。奉烝嘗㠯效順兮。供灑埽㠯彌載。彼詩人之攸歎兮。徒願言而心痗。何遭命之奇薄兮。遘天禍之未悔。榮華曄其始茂兮。良人忽㠯捐背。靜闔門㠯窮居兮。塊煢獨而靡依。易錦茵㠯苫席兮。代羅幬㠯素帷。命阿保而就列兮。覽巾箑㠯舒悲。口嗚咽㠯失聲兮。淚橫迸而霑衣。愁煩冤其誰告兮。提孤孩于坐側。時曖曖而向昏兮。日杳杳而西匿。雀群飛而赴楹兮。雞登棲而斂翼。歸空館而自憐兮。撫衾裯㠯歎息。思纏緜㠯瞀亂兮。心摧傷㠯愴惻。曜靈曄而遄邁兮。四節運而推移。天凝露㠯降霜兮。木落葉而隕枝。仰神宇之寥寥兮。瞻靈衣之披披。退幽悲于堂隅兮。進獨拜于牀垂。耳傾想于疇昔兮。目彷彿乎平素。雖冥冥而罔覿兮。猶依依㠯憑附。痛存亡之殊制兮。將遷神而安厝。龍轜儼其星駕兮。飛旐翩㠯啟路。輪案軌㠯徐進兮。馬悲鳴而踟躕。潛靈邈其不反兮。殷憂結而靡訴。睎形影于几筵兮。馳精爽于丘墓。自仲秋而在疚兮，踰履霜㠯踐冰。雪霏霏而驟落兮，風瀏瀏而夙興。雷泠泠㠯夜下兮，水溓溓㠯微凝。意忽怳㠯遷越兮，神一夕而九升。庶浸遠而哀降兮，情惻惻而彌甚。願假夢㠯通靈兮，目炯炯而不寢。夜漫漫㠯悠悠兮，寒淒淒㠯凜凜。氣憤薄而乘胷兮，涕交横而流枕。亡魂逝而永遠兮，時歲忽其遒盡。容貌儡㠯頓顇兮，左右悽其相慜。感三良之殉秦兮，甘捐生而自引。鞠稚子于懷抱兮，羌低徊而不忍。獨指景而心誓兮，雖形存而志隕。重曰：仰皇穹兮歎息，私自憐兮何極。省微身兮孤弱，顧稚子兮未識。如涉川兮無梁，若陵虛兮失翼。上瞻兮遺象，下臨兮泉壤。窈冥兮潛翳，心存兮目想。奉虛坐兮肅清，愬空宇兮曠朗。廓孤立兮顧影，塊獨言兮聽響。顧影兮傷摧，聽響兮增哀。遥逝兮逾遠，緬邈兮長乖。四節流兮忽代序，歲云暮兮日西頹。霜被庭兮風入室，夜既分兮星漢迴。夢良人兮來遊，若閶闔兮洞開。怛驚悟兮無聞，超慠怳兮慟懷。慟懷兮奈何，言陟兮山阿。墓門兮肅肅，修壟兮峩峩。孤鳥嚶兮悲鳴，長松萋兮振柯。哀鬱結兮交集，淚横流兮滂沱。蹈恭姜兮明誓，詠柏舟兮清歌。終歸骨兮山足，存憑託兮餘華。要吾君兮同穴，之死矢兮靡佗。（文選、藝文類聚三十四）

藉田賦

伊晉之四年正月丁未，皇帝親率羣后藉于千畝之甸，禮也。于是乃使甸帥清畿，野廬埽路，封人壝宮，掌舍設枑。青壇蔚其嶽立兮，翠幕黕㠯雲布。結崇基之靈趾兮，啟四塗之廣阼。沃野墳腴，膏壤平砥。清洛濁渠，引流激水。遐阡繩直，邇陌如矢。葱犗服于縹軛兮，紺轅綴于黛耜。儼儲駕于廛左兮，俟萬乘之躬履。百僚先置，位㠯職分。自上下下，具惟命臣。襲春服之萋萋兮，接游車之轔轔。微風生于輕幰，纖埃起于朱輪。森奉璋㠯階列，望皇軒而肅震。若湛露之晞朝陽，似衆星之拱北辰也。于是前驅魚麗，屬車鱗萃。閶闔洞啟，參塗方駟。常伯陪乘，太僕秉轡。后妃獻穜稑之種，司農撰播殖之器。挈壺掌升降之節，宮正設門閭之蹕。天子乃御玉輦，蔭華蓋。衝牙錚鎗，綃紈綷縩。金根照耀㠯炯晃兮，龍驥騰驤而沛艾。表朱玄于離坎，飛青縞于震兌。中黃曄㠯發輝，方綵紛其繁會。五輅鳴鑾，九旗揚旆。瓊鈒入蘂，雲罕晻藹。簫管嘲哳㠯啾嘈兮，鼓鞞硡隱㠯砰磕。筍簴嶷㠯軒翥兮，洪鍾越乎區外。震震塡塡，塵鶩連天。㠯幸乎藉田。蟬冕熲㠯灼灼兮，碧色肅其千千。似夜光之剖荊璞兮，若茂松之依山巔也。于是我皇乃降靈壇，撫御耦。坻場染屨，洪縻在手。三推而舍，庶人終畝。貴賤㠯班，或五或九。于斯時也，居靡都鄙，民無華裔。長幼雜遝㠯交集，士女頒斌而咸戾。被褐振裾，垂髫總髮。躡踵側肩，掎裳連襼。黃塵爲之四合兮，陽光爲之潛翳。動容發音而觀者，莫不抃儛乎康衢，謳吟乎聖世。情欣樂于昏作兮，慮盡力乎樹藝。靡誰督而常勤兮，莫之課而自厲。躬先勞㠯說使兮，豈嚴刑而猛制之哉。有邑老田父，或進而稱曰：蓋損益隨時，理有常然。高㠯下爲基，民㠯食爲天。正其末者端其本，善其後者愼其先。夫九土之宜弗任，四人之務不壹。野有菜蔬之色，朝靡代耕之秩。無儲稸㠯虞災，徒望歲㠯自必。三季之衰，皆此物也。今聖上昧旦丕顯，夕惕若懍。圖匱于豐，防儉于逸。欽哉欽哉，惟穀之䘏。展三時之弘務，致倉廩于盈溢。固堯湯之用心，而存救之要術也。若乃廟祧有事，祝宗諏日。簠簋普淖，則此之自實。縮鬯蕭茅，又于是乎出。黍稷馨香，旨酒嘉栗。宜其民和年登，而神降之吉也。古人有言曰：聖人之德，無㠯加于孝乎。夫孝，天地之性，人之所由靈也。昔者明王㠯孝治天下，其或繼之者，鮮哉希矣。逮我皇晉，實光斯道。儀刑孚于萬國，愛敬盡于祖考。故躬稼㠯供粢盛，所㠯致孝也。勸穡㠯足百姓，所㠯固本也。能本而孝，盛德大業至矣哉。此一役也，而二美具焉。不亦遠乎，不亦重乎。敢作頌曰：

乎當作平

思樂甸畿。薄采其茅。大君戾止。言藉其農。其農三推。萬方以祇。耨我公田。實及我私。我簠斯盛。我簋斯齊。我倉如陵。我庾如坻。念茲在茲。永言孝思。人力普存。祝史正辭。神祇攸歆。逸豫無期。一人有慶。兆民賴之。（文選、藝文類聚三十九）

閑居賦

岳嘗讀汲黯傳。至司馬安四至九卿。而良史書之。題以巧宦之目。未嘗不慨然廢書而歎曰。嗟乎。巧誠有之。拙亦宜然。顧常以為士之生也。非至聖無軌。微妙玄通者。則必立功立事。效當年之用。是以資忠履信以進德。修辭立誠以居業。僕少竊鄉曲之譽。忝司空太尉之命。所奉之主。即太宰魯武公其人也。舉秀才為郎。逮事世祖武皇帝。為河陽懷令。尚書郎。廷尉平。今天子諒闇之際。領太傅主簿。府主誅。除名為民。俄而復官。除長安令。遷博士。未召拜。親疾輒去官免。自弱冠涉乎知命之年。八徙官而一進階。再免。一除名。

一不拜職。遷者三而已矣。雖通塞有遇。抑亦拙者之效也。昔通人和長輿之論余也。固謂拙于用多。稱多則吾豈敢。言拙信而有徵。方今俊乂在官。百工惟時。拙者可以絕意乎寵榮之事矣。太夫人在堂。有羸老之疾。尚何能違膝下色養。而屑屑從斗筲之役乎。于是覽止足之分。庶浮雲之志。築室種樹。逍遙自得。池沼足以漁釣。春稅足以代耕。灌園鬻蔬。以供朝夕之膳。牧羊酤酪。以俟伏臘之費。孝乎惟孝。友于兄弟。此亦拙者之為政也。乃作閑居賦。以歌事遂情焉。其辭曰。

傲墳素之場圃。步先哲之高衢。雖吾顏之云厚。猶內媿于甯蘧。有道吾不仕。無道吾不愚。何巧智之不足。而拙艱之有餘也。于是退而閑居于洛之涘。身齊逸民。名綴下士。陪京泝伊。面郊後市。浮梁黝以徑度。靈臺傑其高峙。闚天文之祕奧。究人事之終始。其西則有元戎禁營。玄幙綠徽。谿子巨黍。異絭同機。礮石雷駭。激矢䖟飛。

施當作旋

以先啟行。耀我皇威。其東則明堂辟廱。清穆敞閑。環林縈映。圓海迴淵。聿追孝以嚴父。宗文考以配天。祇聖敬以明順。養更老以崇年。若乃背冬涉春。陰謝陽施。天子有事于柴燎。以郊祖而展義。張鈞天之廣樂。備千乘之萬騎。服振振以齊玄。管啾啾而竝吹。煌煌乎。隱隱乎。茲禮容之壯觀。而王制之巨麗也。兩學齊列。雙宇如一。右延國胄。左納良逸。祁祁生徒。濟濟儒術。或升之堂。或入之室。教無常師。道在則是。故髦士投紱。名王懷璽。訓若風行。應如草靡。此里仁所以為美。孟母所以三徙也。爰定我居。築室穿池。長楊映沼。芳枳樹籬。游鱗瀺灂。菡萏敷披。竹木蓊藹。靈果參差。張公大谷之梨。梁侯烏椑之柿。周文弱枝之棗。房陵朱仲之李。靡不畢殖。三桃表櫻胡之別。二柰曜丹白之色。石榴蒲陶之珍。磊落蔓衍乎其側。梅杏郁棣之屬。繁榮麗藻之飾。華實照爛。言所不能極也。菜則蔥韭蒜芋。青筍紫薑。堇薺甘旨。蓼荾芬芳。蘘荷依陰。時藿向陽。綠葵

含露。白薤負霜。于是凛秋暑退。熙春寒往。微雨新晴。六合清朗。太夫人乃御版輿。升輕軒。遠覽王畿。近周家園。體以行和。藥以勞宣。常膳載加。舊痾有痊。席長筵。列孫子。柳垂陰。車結軌。陸擿紫房。水挂赬鯉。或宴于林。或禊于氾。昆弟班白。兒童稚齒。稱萬壽以獻觴。或一懼而一喜。壽觴舉。慈顏和。浮杯樂飲。絲竹駢羅。頓足起舞。抗音高歌。人生安樂。孰知其佗。退求己而自省。信用薄而才劣。奉周任之格言。敢陳力而就列。幾陋身之不保。尚奚擬于明哲。仰眾妙而絕思。終優遊以養拙。（文選、藝文類聚六十四）

狹室賦

歷甲第以遊觀。施陋巷而言歸。伊余館之褊狹。良窮弊而極微。閣了戾以互掩。門崎嶇而外扇。室側戶以攢楹。檐接柅而交榱。當祝融之御節。熾朱明之隆暑。口日曛以耀庭。赫風熛其灼宇。（二句從北堂書鈔一百五十六補）沸體惄其如鑠。珠汗揮其如雨。若乃重陰晦冥。天威震

猶當作獨

曜。漢潦沸騰。叢溜奔激。白竈爲之沈溺。器用爲之浮漂。彼處貧而不怨。嗟民生之收難。匪廣厦之足榮。有切身之近患。青陽萌而畏晷。白藏兆而懼寒。獨味道而不悶。喟然向其時歎。藝文類聚六十四。

笙賦

河汾之寶。有曲沃之懸匏焉。鄒魯之珍。有汶陽之孤篠焉。若乃緜蔓紛敷之麗。浸潤靈液之滋。隅隈夷險之勢。禽鳥翔集之嬉。固衆作者之所詳。余可得而略之也。徒觀其制器也。則審洪纖。面短長。剮生簳。裁熟簧。設宮分羽。經徵列商。泄之反謐。厭焉乃揚。管攢羅而表列。音要妙而含清。各守一㠯司應。統大魁㠯爲笙。基黃鍾㠯舉韻。望鳳儀㠯擢形。寫皇翼㠯插羽。摹鸞音㠯厲聲。如鳥斯企。翾翾歧歧。明珠在咮。若銜若垂。修𥳍內辟。餘簫外逶。駢田獦攦。鯽鯀參差。于是乃有始泰終約。前榮後悴。激憤于今賤。永懷乎故貴。衆滿堂而飲酒。猶向隅㠯掩淚。援鳴笙而將吹。先嗢噦㠯理氣。初雍容㠯安暇。中佛鬱㠯怫惆。終嵬峩㠯蹇愕。又颮遝而繁沸。罔浪孟㠯惆悵。若欲絕而復肆。懰檄糴㠯奔邀。似將放而中匱。愀愴惻淢。虺韡煜熠。汎淫氾豔。霅曄岌岌。或竦衍夷靡。或竦踴剽急。或既往不反。或已出復入。徘徊布濩。渙衍葺襲。舞既蹈而中輟。節將撫而弗及。樂聲發而盡室歎。悲音奏而列坐泣。擫纖翮㠯震幽簧。越上筩而通下管。應吹噏㠯往來。隨抑揚㠯虛滿。勃慷慨㠯憀亮。顧躊躇㠯舒緩。輟張女之哀彈。流廣陵之名散。詠園桃之夭夭。歌棗下之纂纂。歌曰。棗下纂纂。朱實離離。宛其落矣。化爲枯枝。人生不能行樂。死何㠯虛謚爲。爾乃引飛龍。鳴鵾雞。雙鴻翔。白鶴飛。子喬輕舉。明君懷歸。荊王喟其長吟。楚妃歎而增悲。夫其悽戾辛酸。嚶嚶關關。若離鴻之鳴子也。含啁嘽諧。雍雍喈喈。若羣雛之從母也。郁捋劫悟。泓宏融裔。哇咬嘲嘒。一何察惠。訣厲悄切。又何磬折。若夫時陽初暖。臨川送離。酒酣徒擾。樂闋日移。疏客始闋。主人微疲。弛

曲當作西

絃韜籥。徹塤屛篪。爾乃促中筵。攜友生。解嚴顏。擢幽情。披黃包㠯授甘。傾縹瓷㠯酌酃。光歧儼其偕列。雙鳳嘈㠯和鳴。晉野悚而投琴。況齊瑟與秦箏。新聲變曲。奇韻橫逸。縈纏歌鼓。網羅鍾律。爚煜㠯放豔。鬱蓬勃㠯氣出。秋風詠于燕路。天光重乎朝日。大不踰宮。細不過羽。唱發章夏。導揚韶武。協和陳宋。混一齊楚。邇不逼而遠無攜。聲成文而節有敘。彼政有失得。而化㠯醇薄。樂所㠯移風于善。亦所㠯易俗于惡。故絲竹之器未改。而桑濮之流已作。惟簧也。能研羣聲之清。惟笙也。能總衆清之林。衞無所措其邪。鄭無所容其淫。非天下之和樂。不易之德音。其孰能與于此乎。文選。

相風賦

采修竹于層城。歷寒暑而靡凋。踞神獸于下趾。棲靈鳥于上標。混元恍其初判。二氣變而無窮。動靡徵而不兆。象有始而必終。思先天而不違。立成器㠯相風。棲靈鳥于帝庭。似月離乎紫宮。飛轉羽于竿杪。若翔鸞乎雲中。廣漠興而習坎。景風發而遡離。閶闔揚而曲指。明庶起而東移。藝文類聚六十八。

秋菊賦

馨達幽遠。光燭隰原。招仙致靈。儀鳳舞鸞。飛莖散英。倚靡相尋。垂采煒于芙蓉。流芳越乎蘭林。游女望榮而巧笑。鵷鶵遥集而弄音。若乃眞人采其實。王母接其葩。汎流英于清醴。似浮萍之隨波。或充虛而養氣。或增妖而揚娥。既延期㠯永壽。又蠲疾而弭痾。藝文類聚八十一。文選陶潛雜詩注並作潘岳。初學記二十七引兩條。御覽九百九十六並作潘尼。張溥編入潘岳集。今姑從之。

蓮花賦

偉玄澤之普衍。嘉植物之並敷。遊莫美于春臺。華莫盛于芙蕖。于是惠風動。沖氣和。眄清池。翫蓮花。舒綠葉。挺纖柯。結綠房。列紅葩。仰含清液。俯濯素波。修柯婀娜。柔莖苒弱。流風徐轉。迴波微激。其望之也。曄若皦日燭昆山。其即之也。晃若盈尺映藍田。藝文類聚八十二。

芙蓉賦

薈蘭池之豐沼。育沃野之上腴。課衆榮而比觀。煥卓犖而獨殊。押臘雲布。窋咤星羅。光擬燭龍。色奪朝霞。丹煇拂紅。飛鬚垂的。斐披赩赫。散煥熠爚。流芬賦采。風靡雲旋。布濩扇落。蔓衍天閑。發清陽而增媚。潤白玉而加鮮。藝文類聚八十二。

朝菌賦　并序

朝菌者。時人以爲蕣華。莊生以爲朝菌。其物向晨而結。絕日而殞。文選郭璞遊仙詩注。案潘尼亦有此賦序，其文小異。

柰何兮繁華。朝榮兮夕斃。文選鮑照升天行注。

全晉文卷九十一終

全晉文卷九十二

烏程嚴可均校輯

潘岳三

橘賦并序

余齋前橘樹。冬夏再孰。聊為賦云爾。

嗟嘉卉之芳華。信氛氳而芬馥。既蓊茸而萎蕤。且參差而橚矗。已鬱鬱而冬茂。亦離離而夏孰。至如廣命賓客。歷覽游觀。三清既設。百味星爛。炫熀乎玉案。照燿于金盤。故成都美其家園。江陵重其千樹。既見稱于陸言。亦標名乎馬賦。藝文類聚八十六。

河陽庭前安石榴賦并序

安石榴者。天下之奇樹。九州之名果也。是㠯屬文之士。或敘而賦之。御覽九百七十。

仰天路而高眺。顧鄰國㠯相望。位莫微于宰邑。館莫陋于河陽。雖

全晉文卷九十二　潘岳　一

則陋館。可㠯遨遊。實有嘉木。曰安石榴。修條外暢。榮榦內樛。扶疏偃蹇。冉弱紛柔。于是暮春告謝。孟夏戒初。新莖擢潤。膏葉垂腴。曾華㠯先越。含榮鬻其方敷。丹暉綴于朱房。緗的點乎紅鬚。煌煌煒煒。熠爚委累。似長離之棲鄧林。若珊瑚之映綠水。光明燐爛。含丹耀紫。味滋芳神。色麗瓊蕊。遙而望之。煥若隨珠耀重淵。詳而察之。灼若列宿出雲間。千房同模。十子如一。禦飢療渴。解酲止醉。既乃攢乎狹庭。載阤載礄。土階無等。肩牆惟淺。壁衣蒼苔。瓦被駁蘚。豈伊仄陋。用渝厥真。果由如之。而況于人。藝文類聚八十六。初學記二十八。御覽八百七。又九百七十。

果賦

三十六園之朱李。御覽九百六十八。

仙李縹而神李紅。同上。

射雉賦并序

余徙家于琅邪。其俗實善射。聊㠯講肄之餘暇。而習媒翳之事。遂樂而賦之也。文選射雉賦注。

涉青林㠯游覽兮。樂羽族之羣飛。聿采毛之英麗兮。有五色之名翬。厲耿介之專心兮。奓雄豔之姱姿。巡丘陵㠯經略兮。畫墳衍而分畿。于時青陽告謝。朱明肇授。靡木不滋。無草不茂。初莖蔚其曜新。陳柯槭㠯改舊。天泱泱㠯垂雲。泉涓涓而吐溜。麥漸漸㠯擢芒。雉鷕鷕而朝鴝。眄箱籠㠯揭驕。睨驍媒之變態。奮勁骹㠯角槎。瞵悍目㠯旁睞。鸎綺翼而赬撾。灼繡頸而袞背。鬱軒翥㠯餘怒。思長鳴㠯效能。爾乃擊場拄翳。停僮葱翠。綠柏參差。文翮鱗次。蕭森繁茂。婉轉輕利。衷料戾㠯徹鑒。表厭躡㠯密緻。恐吾遊之晏起。慮原禽之罕至。甘疲心于企想。分倦目㠯寓視。何調翰之喬桀。邈疇類而殊才。候扇舉而清叫。野聞聲而應媒。褭微罟㠯長眺。已踉蹡而

全晉文卷九十二　潘岳　二

徐來。摛朱冠之赩赩。敷藻翰之陪鰓。首藻綠素。身拕黼繪。青鞦莎靡。丹臆蘭綷。或蹶或啄。時行時止。班尾揚翹。雙角特起。良遊呃喔。引之規裏。應叱愕立。擢身竦峙。捧黃間㠯密彀。屬剛罫㠯潛擬。倒禽紛㠯迸落。機聲振而未已。山鷩悍害。䶇迅已甚。越壑淩岑。飛鳴薄廩。鯨牙低鏃。心平望審。毛體摧落。霍若碎錦。逸羣之儁。擅場挾兩。櫟雌妬異。倏來忽往。忌上風之餮切。畏映日之儻朗。屏發布而累息。徒心煩而技懩。伊義鳥之應敵。啾擭地㠯厲響。彼聆音而逕進。忽交距㠯接壤。彤盈窗㠯美發。紛首穎而臆仰。或乃崇墳夷靡。農不易壟。稊菽藂糅。䕡蓄蔂茸。鳴雄振羽。依于其冢。閒降丘㠯馳敵。雖形隱而草動。瞻挺穟之傾掉。意怠躍㠯振踊。暾出苗㠯入場。愈情駭而神悚。望鸎合而翳皛。雉脥肩而旋踵。欣余志之精銳。擬青顱而點項。亦有目不步體。邪眺旁剔。靡聞而驚。無見自鷩。周環回復。繚繞磐辟。戾翳旋把。縈隨所歷。彳亍中輟。馥焉中鏑。前剛重

膺。傍截疊翮。若夫多疑少決。瞻旁必集。內無固守。出不交戰。來若處子。去如激電。闚閭蹋葉。愼歷乍見。于是算分銖。商遠邇。揆懸刀。騁絕技。如轄如軒。不高不埤。當昧値胷。裂膝破觜。夷險殊地。馴麁異變。是不暇食。夕不告勦。昔賈氏之如皐。始解顏于一箭。醜夫爲之改貌。憾妻爲之釋怨。彼遊田之致獲。咸乘危吕馳騖。何斯藝之安逸。羌禽從其已豫。淸道而行。擇地而住。尾飾鑣而在服。肉登俎而永御。豈唯皁隸。此焉君舉。若乃耽槃流遁。放心不移。忘其身恤司其雄雌。樂而無節。端操或虧。此則老氏所誡。君子不爲。文選。

螢火賦

嘉熠燿之精將。與衆類乎超殊。東山感而增歎。行士慨而懷憂。翔太陰之元昧。抱夜光吕淸遊。熲若飛焱之霄逝。彗似移星之雲流。動集陽暉。灼如隋珠。熠熠熒熒。若丹英之照葩。飄飄熲熲。初學記作款款。若流金之在沙。載飛載止。光色孔嘉。無聲無臭。明影暢遐。飲湛露

于曠野。庇一葉之垂柯。無干欲于萬物。豈顧恤于網羅。至夫重陰之夕。風雨晦暝。萬物眩惑。翩翩獨征。奇姿燎朗。在陰益榮。猶賢哲之處時。時昏昧而道明。若蘭香之在幽。越羣臭而彌馨。隨陰陽之飄颻。非飲食之是營。問螽斯之無忌。希夷惠之淸貞。羨微蟲之琦瑋。援彩筆吕爲銘。藝文類聚九十七。初學記三十。御覽九百四十五。

上關中詩表

詔臣作關中詩。輒奉詔竭愚。作詩一篇。案漢紀。孝明時。護羌校尉竇林上降羌顚岸。吕爲羌豪。岸兄顚吾復降。問事狀。林對前後兩屈。坐誣罔下獄死。齊萬年編戶隸屬。爲日久矣。而死生異辭。必有詭謬。故引證喻。吕懲不恪。文選關中詩注。

九品議

天生蒸民。而樹之君。使司牧之。勿失其性。君不獨治。于是乎建牧立監。陳其輔佐。故曰天工人其代之。然則高官厚祿。非明崇賢。所吕與治。卑位下役。非爲鄙愚。所吕供職。雖或開榮辱之門。有爭競之弊。而百王莫之能易者。此道不可吕二故也。方今天下隆平。四海攸同。薦賢達善。各吕類進。夫觀民宣化。爲治之本。雖實小邑。猶須其人。又中正之身。優劣懸殊。苟知人者智。則不知者謬矣。莫如達官各舉其屬。萬獄九列。朝所取信。郡守雖輕。有刺史存。舉之當否。實司其事。攷績累名。施黜陟焉。進賢受賞。不進賢甘戮。沮勸旣明。爲人自爲謀。庶公道大行。而私謁息矣。藝文類聚五十二。

上客舍議

被下尚書敕。客舍廢農。奸淫亡命。敗亂法度。皆當除。外十里安一官舍。老小民使守之。又差吏掌主。依官舍收錢數。春農事興。求須冬閑。謹案客舍逆旅之設。其所由來遠矣。行者賴吕頓止。居者薄收其直。交易貿遷。各得其所。官無役賦。而因民成利。惠加百姓。而公無所費。語曰。許由辭帝堯之命。而舍于逆旅。春秋外傳曰。晉陽

處父過甯。毆于逆旅。魏武皇帝亦吕爲宜。其詩曰。逆旅整設。吕通商賈。然則自堯到于今。未有不得客舍之法。唯商鞅尤之。此固非聖世之所言也。方今四海會同。九服納貢。八方翼翼。公私滿路。近畿輻輳。客舍亦稠。冬有溫爐。夏有涼蔭。芻秣成行。器用取給。疲牛必投。乘涼近進。發槅寫鞍。皆有所眠。又諸劫盜。皆起于迥絕。而止乎人衆。十里蕭條。則奸軌生心。連陌接館。則寇情震懾。且聞聲有救。已發有追。不救有罪。不追有戮。禁暴捕亡。恆有司存。凡此皆客舍之益。而官樆之所乏也。又行者貪路。告糴炊爨。皆吕昏晨。盛夏晝熱。又兼星夜。旣限早閉。不及樆門。或避晚關。迸逐路隅。祇是慢藏誨盜之原。苟吕客舍多敗法教。官守棘樆。獨復何人。彼河橋孟津。解券輸錢。高第賢察。數人校出。品郎兩岸相檢。猶懼或失之。故懸吕祿利。許吕功報。今賤吏疲人。獨專樆稅。管開閉之權。藉不校之勢。此道路之蠹。奸利所殖也。率歷代之舊俗。獲行留之懽心。使

客舍灑埽以待。征旅擇家而息。豈非衆庶顒顒之望。藝文類聚六十四、御覽一百九十五。

兩階銅人訓

言之有臧。託乎多士。言之不臧。絕之由己。無曰莫傳。宣于四海。無曰莫聞。響振萬里。樞機之發。榮辱之徵。怨豈在大。纖芥是興。藝文類聚二十三。

許由頌

邈哉許公。執眞履貞。辭堯天下。抱朴隱形。川停岳峙。澹泊無營。棲遲高山。與世靡爭。虛薄忝任。來宰斯城。愧無惠化。豹產之政。峩峩治所。樂慕景名。登基逍遙。來過墓庭。通于時憲。頃匡不盈。恨無旨酒。奠公之靈。死而不朽。公有其榮。聊述雅美。揚公馨聲。藝文類聚三十六。

故太常任府君畫贊

堂堂我君。鑒象開慶。逸德宣猷。含眞履素。味道無悶。守終純固。弓與爰集。撫翼淸舉。翰飛公庭。龍升天路。初掌萬國。流化千里。遂管祕籍。辯章舊史。入登常伯。出作卿士。外內惟允。庶績咸理。中節日新。令問不已。濟濟儒林。翼翼國子。藝文類聚四十九。學綜羣籍。智周萬物。文選齊竟陵文宣王行狀注。

答摯虞新婚箴

先王制禮。隨時爲正。俯從企及。豈乖物性。女無二歸。男有再聘。女實存色。男實存德。德在居正。色在不惑。故新舊兼弘。義申理得。然性情之際。誠難處心。君子過慮。爰獻明箴。防微測顯。文麗旨深。敬納嘉誨。敢酬德音。藝文類聚四十、初學記十四。案初學記題脫潘岳答三字。

世祖武皇帝誄

粤若稽古帝皇。誕受休命。作我晉室。赫赫文皇。配天竝日。大行龍飛。創制改物。沈恩汪濊。流澤洋溢。上齊七政。下綏萬邦。四門穆穆。五典克從。惟淸緝熙。於變時雍。愛盡事親。敎加百姓。于喪過哀。在

撤當作撒
抑弛當作仰施

祭餘敬。后蠶冕服。躬藉粢盛。六代畢奏。九功咸詠。行敦醇樸。思貫玄妙。莅政端位。臨朝光曜。胄子入學。辟雍宗禮。國老恂恂。貴遊濟濟。莫孝匪子。莫悌匪弟。化自外明。訓法以禮。獷彼吳楚。稱亂三代。世歷五僞。年幾百載。邊垂虔劉。王化阻閡。羽檄星馳。鉦鼓日戒。帝御羣師。奉辭奪旅。腹心庭爭。爪牙疑沮。天監獨照。聖策乃舉。朝服濟江。止戈曜武。野無交兵。役不淹月。僭號歸命。稽顙晉闕。邪界變流。儌納百越。表閭旌善。德音爰發。虞人獻箴。周書垂誥。酒懼其彝。獸戒其冒。于我大行。縱心所好。動不踰矩。性與道奧。厭厭酣飲。樂不辨顏。桓桓振旅。田無遊盤。我德如風。民應如蘭。靡不夙夜。無敢宴安。務農望歲。時或不稔。小心翼翼。恤民以甚。御坐不怡。撤膳賑廩。西流垂精。南金抑弛。永言孝思。天經地義。問誰贊事。英彥髦士。問誰翼侍。博物君子。潛明神鑒。從衆屈己。道濟羣生。爲而不恃。先天弗違。後天降時。萬物熙熙。懷而慕思。顒顒緝紳。不謀同辭。巖巖岱宗。想望翠旗。恭惟大行。功成不居。讓寢封禪。心栖沖虛。策告不足。太平有餘。七十二君。方之蔑如。思樂天德。等壽嵩華。如何寢疾。背世登遐。遷幸梓宮。孤我邦家。龜筮既襲。吉日惟良。永指太極。盧神峻陽。羣后擗踊。長訣轀輬。聖靈斯顧。豈伊不傷。家無遠邇。邦靡小大。四海供職。同軌畢會。茫茫原野。亭亭素蓋。緺輅解駕。白虎弭旆。龍輴即定。玄闥載扃。如天斯崩。如地斯傾。哀哀庶僚。煢煢自斃。彼蒼者天。胡寧斯忍。聖君不返。我獨旋軫。藝文類聚十三。

楊荊州誄　并序

維咸寧元年夏四月乙丑。晉故折衝將軍荊州刺史東武戴侯滎陽楊使君薨。嗚呼哀哉。夫天子建國。諸侯立家。選賢與能。政是以和。周賴尚父。殷憑太阿。矯矯楊侯。晉之爪牙。忠節克明。茂績惟嘉。將宏王略。肅淸荒遐。降年不永。玄首未華。銜恨沒世。命也柰何。嗚呼哀哉。自古在昔。有生必死。身沒名垂。先哲所韙。行以號彰。德以

述美。敢託旒旗。爰作斯誄。其辭曰。

邈矣遠祖。系自有周。昭穆繁昌。枝庶分流。族始伯喬。氏出楊侯。弈世丕顯。允迪太猷。天厭漢德。龍戰未分。伊君祖考。方事之殷。鳥則擇木。臣亦簡君。投心魏朝。策名委身。奮躍淵塗。跨騰風雲。或統驍騎。或據領軍。篤生戴侯。茂德繼期。纂戎洪緒。克構堂基。弱冠味道。無競惟時。孝實蒸蒸。友亦怡怡。多才豐藝。强記洽聞。目睇毫末。心算無垠。草隸兼善。尺牘必珍。足不輟行。手不釋文。翰動若飛。紙落如雲。學優則仕。乃從王政。散璞發輝。臨軹作令。化行邑里。惠洽百姓。越登司官。肅我朝命。惟此大理。國之憲章。君莅其任。視民如傷。庶獄明慎。刑辟端詳。聽參臯呂。稱侔于張。改授農政。于彼野王。倉盈庾億。國富兵彊。煌煌文后。鴻漸胥室。君以兼資。參戎作弼。用錫土宇。膺茲顯秩。青社白茅。亦朱其紱。魏氏順天。聖皇受終。烈烈楊侯。實統禁戎。司管閶闔。清我帝宮。苟慝不作。穆如和風。謂督勳勞。

班命彌崇。茫茫海岱。立化未周。滔滔江漢。疆埸分流。秉文兼武。時惟楊侯。既守東莞。乃牧荆州。折衝萬里。對揚王休。聞善若驚。疾惡如讎。示威示德。以伐以柔。吳夷凶侈。僭師畏逼。將乘讎釁。席卷南極。繼褰糧盡。神謀不忒。君子之過。引曲推直。如彼日月。有時則食。負執其咎。功讓其力。亦既旋旆。爲法受黜。退守丘墊。杜門不出。游目典墳。縱心儒術。祁祁搢紳。升堂入室。靡事不咨。無疑不質。位貶道行。身窮志逸。弗慮弗圖。乃寢乃疾。昊天不弔。景命其卒。嗚呼哀哉。子囊佐楚。遺言城郢。史魚諫衛。以尸顯政。伊君臨終。不忘忠敬。寢伏牀蓐。念在朝廷。朝達厥辭。夕殞其命。聖王嗟悼。寵贈衾襚。誄德策勳。考終定謚。羣辟慟懷。邦族揮淚。孤嗣在疚。寮屬含悴。赴者同哀。路人增欷。嗚呼哀哉。余以頑蔽。覆露重陰。仰追先考。執友之心。俯感知己。識達之深。承諱切怛。涕淚霑襟。豈忘載奔。憂病是沈。在疾不省。于亡不臨。舉聲增慟。哀有餘音。嗚呼哀哉。文選。

壯當作狀

楊仲武誄并序

楊綏文選齊竟陵文宣王行壯注作楊經字仲武。滎陽宛陵人也。中領軍肅侯之曾孫。荆州刺史戴侯之孫。東武康侯之子也。八歲喪父。其母鄭氏。光祿勳密陵成侯之元女。操行甚高。恤養幼孤。以保乂夫家。而免諸艱難。戴侯康侯。多所論著。又善草隸之藝。子以妙年之秀。固能綜覽義旨。而軌式模範矣。雖舅氏隆盛。而孤貧守約。心安陋巷。體服菲薄。余甚奇之。若乃清才儁茂。盛德日新。吾見其進。未見其已也。既藉三葉世親之恩。而子之姑。余之伉儷焉。往歲卒于德宮里。喪服同次。綢繆累月。苟人必有心。此亦款誠之至也。不幸短命。春秋二十九。元康九年夏五月己亥卒。嗚呼哀哉。乃作誄曰。

伊子之先。弈葉熙隆。惟祖惟曾。載揚休風。顯考康侯。無祿早終。名器雖光。勳業未融。篤生吾子。誕茂淑姿。克岐克嶷。知章知微。鉤深探賾。味道研機。匪直也人。邦家之輝。子之遘閔。曾未齔髫。如彼危

根。當此衝飆。德之休明。靡幽不喬。弱冠流芳。儁聲清劭。爾舅惟榮。爾宗惟瘁。幼秉殊操。違豐安匱。撰錄先訓。俾無隕墜。舊文新藝。罔不必肄。潘楊之穆。有自來矣。矧乃今日。慎終如始。爾休爾戚。如實在己。視予猶父。不得猶子。敬亦既篤。愛亦既深。雖殊其年。實同厥心。日昃景西。望子朝陰。如何短折。背世湮沈。嗚呼哀哉。寢疾彌留。守茲孝友。臨命忘身。顧戀慈母。哀哀慈母。痛心疾首。嗷嗷同生。悽悽諸舅。春蘭擢莖。方茂其華。荆寶挺璞。將剖于和。含芳委耀。毀璧摧柯。嗚呼仲武。痛哉柰何。德宮之艱。同次外寢。惟我與爾。對筵接枕。自時迄今。曾未盈稔。姑姪繼隕。何痛斯甚。嗚呼哀哉。披帙散書。屢覩遺文。有造有寫。或草或真。執玩周復。想見其人。紙勞于手。涕沾于巾。龜筮既襲。埏隧既開。痛矣楊子。與世長乖。朝濟洛川。夕次山隈。歸鳥頡頏。行雲徘徊。臨穴永訣。撫櫬盡哀。遺形莫紹。增慟余懷。魂兮往矣。梁木實摧。嗚呼哀哉。文選。

目當作夫

馬汧督誄并序

惟元康七年秋九月十五日。晉故督守關中侯扶風馬君卒。嗚呼哀哉。初雍部之內。屬羌反未弭。而編戶之氐。又肆逆焉。雖王旅致討。終于殄滅。而蜂蠆有毒。驟失小利。俾百姓流亡。頻于塗炭。建威喪元于好畤。州伯宵遁乎大谿。若目偏師裨將之殞首覆軍者。蓋目十數。剖符專城紆青拖墨之司。奔走失其守者。相望于境。秦隴之僭。鞏更為魁。既已襲汧。而館其縣。子目眇爾之身。介乎重圍之裏。率寡弱之眾。據十雉之城。羣氐如蝟毛而起。四面雨射。城中鑿穴而處。負戶而汲。木石將盡。樵蘇乏竭。芻蕘罄絕。子是乎發梁棟而用之。罗目鐵鎖機關。既縱礧而又升焉。爨陳焦之麥。柿梠桷之松。用能薪芻不匱。人畜取給。青煙傍起。歷馬長鳴。凶醜駭而疑懼。乃闕地而攻。子命穴浚塹。寘壺鐳瓶甒。目偵之。將穿響作。內焚積火。薰之潛氏殲焉。久之。安西之救至。竟免虎口之厄。全數百萬石之積。文契書于幕府。聖朝嚋咨。進目顯秩。殊目幢蓋之制。而州之有司。乃目私隸數口穀十斛。攷訊吏兵。目檟楚之辭連之。大將軍屢抗其疏。曰。敦固守孤城。獨當羣寇。目少禦眾。載離寒暑。臨危奮節。保穀全城。而雍州從事忌敦勳效。極推小疵。非所目褒獎元功。宜解敦禁。劾假授。詔書遽許。而子固已下獄。發憤而卒也。朝廷聞而傷之。策書曰。皇帝咨故督守關中侯馬敦。忠勇果毅。率厲有方。固守孤城。危逼獲濟。寵秩未加。不幸喪亡。朕用悼焉。今追贈牙門將軍印綬。祠目少牢。魂而有靈。嘉茲寵榮。然絜士之聞穢。其庸致思乎。若乃下吏之肆其噤害。則皆妬之徒也。嗟乎。妬之欺善。抑亦貿首之讎也。語曰。或戒其子。慎無為善。言固可目若是。悲夫。昔乘丘之戰。縣賁父御魯莊公。馬驚敗績。賁父曰。他日未嘗敗績。而今敗績。是無勇也。遂死之。圉人浴馬。有流矢在白肉。公曰。非其罪也。乃誄之。漢明帝時。有司馬叔持者。白日于都市手劒父讎。視死如歸。亦命史臣班固而為之誄。然則忠孝義烈之流。慷慨非命而死者。綴辭之士。未之或遺也。天子既已策而贈之。微臣託乎舊史之末。敢闕其文哉。乃作誄曰。

知人未易。人未易知。嗟茲馬生。位末名卑。西戎猾夏。乃奮其奇。保此汧城。救我邊危。彼邊奚危。城小粟寡。子目眇身。而裁其守。兵無加衞。墉不增築。婪婪羣狄。豺虎競逐。鞏更恣睢。潛跱官寺。齊萬虓闞。震驚台司。聲勢沸騰。種落煽熾。旌旗電舒。戈矛林植。彤珠星流。飛矢雨集。惴惴士女。號天目泣。爨麥而炊。負戶目汲。累卵之危。倒懸之急。馬生爰發。在險彌亮。精冠白日。猛烈秋霜。稜威可厲。懦夫克壯。霑恩撫循。寒士挾纊。蠢蠢犬羊。阻眾陵寡。潛隧密攻。九地之下。慨慨窮城。氣若無假。昔命懸天。今也惟馬。惟此馬生。才博智贍。偵目瓶甕。剸目長塹。鍤未見鋒。火目起焰。薰尸滿窟。掊穴目斂。木石匱竭。其稈空虛。瞯然馬生。傲若有餘。罗梁為礧。柹松為芻。守不

乎當作平

乏械。歷有嗚駒。哀哀建威。身伏斧質。悠悠烈將。覆車喪器。戎釋我徒。顯誅我帥。目生易死。疇克不二。聖朝西顧。關右震惶。分我汧庾。化為寇糧。實賴夫子。思謨爾長。咸使有勇。致命知方。我雖末學。聞之前典。十世宥能。表墓旌善。思人愛樹。甘棠不翦。矧乃吾子。功深疑淺。兩造未具。儲隸蓋鮮。孰是勳庸。而不獲免。猾哉部司。其心反側。斲善害能。醜正惡直。牧人逶迤。自公退食。聞穢鷹揚。曾不戢翼。忘爾大勞。猜爾小利。苟莫開懷。于何不至。慨慨馬生。琅琅高致。發憤囹圄。沒而猶眡。嗚呼哀哉。安平出奇。破齊克完。張孟運籌。危趙獲安。汧人賴子。猶彼談單。如何吝嫉。搖之筆端。傾倉可賞。矧云私粟。狄隸可頒。況曰家僕。剔子雙軀。貫目三木。功存汧城。身死汧獄。凡爾同圍。心焉摧剝。扶老攜幼。街號巷哭。嗚呼哀哉。明明天子。旌目殊恩。光光寵贈。乃牙其門。司勳頒爵。亦兆後昆。死而有靈。庶慰冤魂。嗚呼哀哉。文選

烏程嚴可均校輯

潘岳四

太宰魯武公誄（案魯公賈充）

昂昂公侯實天誕育八元斯九五臣茲六惟帝以公通揚祖宗延登東序服衮珥彤口口口口口口口口使夫廟疑定于神筭拚討逆節折衝江湖走欽擒儉梟誕斃吴公于出征爰整其旅壘未越郊虜不及舉泰涼獲乂西戎卽敘年踰知命位極人臣家無餘祿貴而食貧他人之賢譬彼丘陵邈矣公侯如日之升泰山其穨寢疾不興遐邇曷仰社稷焉憑生則榮易終哀實難靡不春華鮮克歲寒於呼公隕率土含酸趙喪望諸列國同傷秦亡蹇叔春者不相桃李不言下自成行德之休明沒能彌彰（書鈔三十八藝文類聚五十五文選王融曲水詩序注又褚淵碑文注引兩條又齊安陸王碑文注）

庾尚書誄

寬而能懷威而不猛化行如形民應如影噎噎虛坐翩翩玄幕几筵生塵空館寥廓（藝文類聚四十八）

夏侯常侍誄（并序）

夏侯湛字孝若譙人也少知名弱冠辟太尉府賢良方正徵仍爲太子舍人尚書郎野王令中書郎南陽相家艱乞還頃之選爲太子僕未就命而世祖崩天子以爲散騎常侍從班列也春秋四十有九元康元年夏五月壬辰寢疾卒于延喜里第嗚呼哀哉乃作誄曰

禹錫玄珪實曰文命克明克聖光啟夏政其在于漢邁勳惟嬰思弘儒業小大雙名顯祖曜德牧兗及荊父守淮嶽治亦有聲英英夫子灼灼其儁飛辯摛藻華槃玉振如彼隨和發彩流潤如彼錦繢列素點絢人見其表莫測其裏徒謂吾生文勝則史心照神交唯我與子且歷少長遠觀終始子之承親孝齊閔參子之友悌和如瑟琴事君直道與朋信心雖實唱高猶賞爾音弱冠厲翼羽儀初升公弓既招皇輿乃徵內贊兩宮外宰黎蒸忠節允著清風載興泱彼樂都寵子惟王設官建轄妙簡邦良册取喉舌相爾南陽惠訓不倦視民如傷乃眷北顧辭祿延喜余亦偃息無事明時疇昔之遊二紀于茲班白攜手何歡如之居吾語汝衆實勝寡人惡儁異俗疵文雅執戟疲揚長沙投賈無謂爾高恥居物下子乃洗然變色易容慨焉歎曰道固不同爲仁由己匪我求蒙誰毀誰譽何去何從莫涅匪緇莫磨匪磷予獨正色居屈志申雖不爾以猶致其身獻替盡規媚茲一人讜言忠謀世祖是嘉將僕儲皇奉轡承華先朝末命聖列顯加入侍帝闈出光厥家我聞積善神降之吉宜享遐紀長保天秩如何斯人而有斯疾曾未知命中年隕卒嗚呼哀哉唯爾之存匪爵而貴甘食美服重珍兼味臨終遺誓永錫爾類斂以時襲殯不簡器誰能拔俗生盡其養孰是養生而薄其葬淵哉若人縱心條暢傑操明達困而彌亮柩輅既祖容體長歸存亡永訣逝者不追望子舊車覽爾遺衣愊抑失聲迸涕交揮非子爲慟吾慟爲誰嗚呼哀哉日往月來暑退寒襲零露沾凝勁風淒急慘爾其傷念我良執適子素館撫孤相泣前思未弭後感仍集積悲滿懷逝矣安及嗚呼哀哉（文選藝文類聚四十八）

南陽長公主誄

昔唐女嬪媯書敘釐降之美周姬適齊詩詠肅雍之歌漢之新野以節義垂號千載伊晉之獻主以聰明睿智考終定謚茲可謂母儀純備邁蹤古烈者也惜乎不永背世湮沈爰託素旗式章徽音主之誕育既慕洪胄德之休明亦固天授思心婉孌淑質純茂母儀不忒內則靡疚肇自弱笄有馥其芬言告言歸作合于荀在貴思降處逸能勤上虔諸姑下接支嬪內諧閨閫外和族姻終温且

惠。淑慎其身。積善餘慶。啟茲名胄。厲以惠肅。誨以柔順。主實體化。不言而信。二子遐式。匪嚴而峻。於穆獻后。作（初學記十作嬪。）奕代熙載。重作大司。黎牧火正。國之仁姑。家之慈母。天道輔賢。宜享遐壽。如何短命。曾不華首。寢疾弗興。繁榮摧朽。嗚呼哀哉。容車戒路。祖奠在庭。騑驂躊躇。服馬悲鳴。皇輿親臨。望旗失聲。列辟咸起。灑淚霑纓。嗚呼哀哉。既次墓門。降柩升轜。靈衣從風。素幕生塵。明燎守夜。魂綍俟晨。嗷嗷遺嗣。煢煢孤臣。號無廢音。涕不輟巾。

皇女誄

厥初在鞠。玉質華繁。玄髮儵曜。蛾眉連娟。清顱橫流。明眸朗鮮。迎時夙智。望歲能言。亦既免懷。提攜紫庭。聰惠機警。授色應聲。亹亹其進。好日之經。辭合容止。閑于幼齡。猗猗春蘭。柔條含芳。落英凋矣。從風飄颺。妙妙弱媛。窈窕淑良。孰是人斯。而罹斯殃。靈殯既祖。次此暴廬。披覽遺物。徘徊舊居。手澤未改。領膩如初。孤魂遐逝。存亡永殊。嗚呼哀哉。（藝文類聚十六。）

邢夫人誄

臨命相訣。交腕握手。（文選恨賦注。）

從姊誄

義心清尚。莫之與鄰。（文選顏延之秋胡詩注。）

秦氏從姊誄

家失慈覆。世喪母儀。（文選謝莊宣貴妃誄注。）

賈充婦宜城宣君誄

昔在武公。葬禮殊倫。伉儷一體。朝儀則均。行成于己。名生于人。考終定謚。寔曰宣君。衹宗莅事。卿相奉引。輕車整駕。介士列陣。鸞路依容。轀車升轜。（晉書謝琰傳。御覽二百二。）

虞茂春誄

姨撫遺兮告辭。皆莫能兮仰視。（文選謝靈運廬陵王墓下詩注。）

司空密陵侯鄭袤碑

公雖違華袞。猶朱其紱。（文選齊竟陵王行狀注。）陳謨台階。翼和鼎實。顯績成于臺省。清風暢于所莅。故能老安少懷。遂至邇親。凡厥搢紳之士。所以挹酌洪流。含咀英芳者。猶旱苗之仰膏雨。湛露之晞朝陽也。銘曰。於鑠元侯。則大垂象。弘操嶽峻。宇量深廣。允恭克讓。宣哲清朗。有始有卒。可大可久。言由忠信。行履孝友。光光金貂。再冠其首。赫赫皇符。仍析其部。義格皇穹。德冠羣后。清風顯烈。沒而不朽。（藝文類聚四十七。）

荊州刺史東武戴侯楊使君碑

肇字秀初。滎陽人。（文選懷舊賦注。）驍騎府君之嫡孫。領軍肅侯之嗣子。（文選楊荊州誄注。）君誕保靈和。繼期載德。宣哲清朗。直道高尚。若乃嘉號推賢。博愛濟衆。邦黨服其義。而搢紳慕其風。（藝文類聚五十。）嘉平初除軹令。（文選楊荊州誄注。）遷治書侍御史。（同上。）兼統大理之任。（同上。）除野王典農中郎將。（同上。）于時文后厤數在躬。相國幕府。實允華夏。九德咸事。俊乂在官。成君名器。納字參軍。（藝文類聚五十。又文選楊荊州誄注作為參軍。）五等初建。封東武子。（文選注同上。）皇祖之始。典戎武衛。（同上。）以清宮勳勞。進封東武伯。（同上。）領東莞相荊州刺史。（同上。）加折衝將軍。（同上。）宏略被于南國。美化行乎江漢。西陵之役。懸軍深入。親薄寇壘。躬行天誅。既而救兵不進。糧盡道窮。因乃憮然迴慮。殿其衆而返。雖爲法受黜。勳庸未崇。而天下服其勇。世主思其忠。（藝文類聚五十。）肇薨。天子愍焉。遣謁者祠以太牢。謚曰戴侯。（文選誄注。又略見懷舊賦注。）

都鄉碑

自中牟故縣以西。西至于清溝。（水經二十二渠水注。）

景獻皇后哀策文

於穆先后。儷黃協運。世宗之肩。德博化先。用儉禮崚。任姒隆周。后亦毋昏。終溫且惠。其儀淑愼。既愼其儀。克明禮敎。撫翼孳蕃。訓成弘操。其慈有威。不舒不暴。乃家乃邦。是則是效。嗟余艱屯。仍遭不造。靡恃惟妣。景命弗保。亡之云痛。痛貫穹昊。襲龜筮之良辰。啟幽房之潛隧。整武駕之隆牡。結龍輴之縞駟。望旗常而崩摧。披輼輬㠯增欷。口嗚咽㠯失聲。目橫迸㠯灑淚。邈兩絕于宮闈。長無覿于髣髴。藝文類聚十五。

羊夫人諡策文

光啟洪祚。慶流萬國。文選齊安陸王碑文注。

傷弱子辭

惟元康二年春三月壬寅。弱子生。夏五月。余之長安。壬寅。次于新安之千秋亭。甲辰而弱子夭。越翼日乙巳。瘞于亭東。感嬴博之哀。乃傷之曰

柰何兮弱子。邈棄爾兮丘林。還眺兮墳瘞。草莽莽兮木森森。伊遂

古之遐胄。逮祖考之永延。咨吾家之不嗣。羌一適之未甄。仰崇堂之遺構。若無津而涉川。葉落永離。覆水不收。赤子何辜。罪我之由。藝文類聚三十四。文選潘岳西征賦注。御覽一百九十四。

金鹿哀辭

嗟我金鹿。天資特挺。鬒髮凝膚。蛾眉螓領。柔情和泰。朗心聰警。嗚呼上天。胡忍我門。良嬪短世。令子夭昏。既披我幹。又翦我根。塊如瘣木。枯荄獨存。捐子中野。遵我歸路。將反如疑。迴首長顧。

陽城劉氏妹哀辭

烏鳴于柏。烏號于荊。徘徊踯躅。立聞其聲。相彼羽族。矧伊人情。叩心長叫。痛我同生。誕育聖王。發奇稚齒。如彼名駒。昂昂千里。劉氏褱寶。未曜隨和。伊子輕弱。弗克負荷。祿微于朝。貯匱于家。俾我介妹。勤儉備加。珍羞罕御。耑服靡華。撫膺恨毒。逝矣柰何。哀哀母氏。慈慈聖慈。震慟擗摽。何痛如之。魂而有靈。豈不慕思。嗟哉往矣。當復何曉。

妹哀辭

庭祖兩柩。路引雙轜。爾身爾子。永與世辭。文選宣貴妃誄注。

悲邢生

周文公之苗裔。子元舅之洪胄。厲操確其不拔。鄉譽著而日就。妙邦畿而高察。雄州閭以擢秀。茂實暢矣。而休名未衍。其財至貧。其位至賤。而死之日。奔者盈庭。停余車而在郊。撫靈櫬以增悲。瞻轜容而想像。曾無覿乎餘暉。送子兮境垂。永訣兮路歧。一別兮長絕。盡哀兮告離。

京陵女公子王氏哀辭

猗歟公子。季女惟王。生自洪胄。稟茲義方。盼倩粲麗。窈窕淑良。如彼春蘭。吐葩含芳。葩以霜隕。芳以歇盡。彼蒼者天。胡寧斯忍。曾未弱笄。無疾而隕。官朝震驚。靡人不愍。嗟爾母氏。劬勞撫鞠。恩斯勤

斯。是長是育。帷屏媚子。奄離顧復。哀無廢心。涕不輟目。于以祖之。于掖閨庭。于以送之。陵岡崔嵬。僕馬迴眷。旟旐旋飛。夕陽失映。晴鳥忘歸。晈晈宵月。載盈載微。冥冥公子。一往不追。長夜無旦。孤魂曷依。

爲任子咸妻作孤女澤蘭哀辭

澤蘭者。任子咸之女也。涉三齡。未沒喪而殞。余聞而悲之。遂爲其母辭

茫茫造化。爰啟英淑。猗猗澤蘭。應靈誕育。鬒髮蛾眉。巧笑美目。顏耀榮苕。華茂時菊。如金之精。如蘭之馥。淑質彌暢。聰惠日新。朝夕顧復。夙夜盡勤。彼蒼者天。哀此矜人。胡寧不惠。忍予眇身。俾爾嬰孺。微命弗振。俯覽衾襚。仰訴穹旻。弱子在懷。既生不遂。存靡託躬。沒無遺類。耳存遺響。目想餘顏。寢席伏枕。摧心剖肝。相彼鳥矣。和鳴嚶嚶。矧伊蘭子。音影冥冥。彷徨丘壟。徙倚墳塋。藝文類聚三十四。

哀永逝文

啟夕兮宵興。悲絕緒兮莫承。俄龍輴兮門側。嗟俟時兮將升。嫂姪兮慞惶。慈姑兮垂矜。聞鳴雞兮戒朝。咸驚號兮撫膺。匪日長兮生年淺。憂患衆兮歡樂尠。彼遙思兮離居。歎河廣兮宋遠。今奈何兮一舉。邈終天兮不反。盡余哀兮祖之晨。揚明燎兮援靈輴。徹房帷兮席庭筵。舉酹觴兮告永遷。悽切兮增欷。俯仰兮揮淚。想孤魂兮眷舊宇。視倏忽兮若髣髴。徒髣髴兮在慮。靡耳目兮一遇。停駕兮淹留。徘徊兮故處。周求兮何獲。引身兮當去。去華輦兮初邁。馬迴首兮旋旆。風泠泠兮入帷。雲霏霏兮承蓋。鳥俛翼兮忘林。魚仰沫兮失瀨。悵悵兮遲遲。遵吉路兮凶歸。思其人兮已滅。覽餘迹兮未夷。昔同塗兮今異世。憶舊歡兮增新悲。謂原隰兮無畔。謂川流兮無岸。望山兮寥廓。臨水兮浩汗。視天日兮蒼茫。面邑里兮蕭散。匪外物兮或改。固歡哀兮情換。嗟潛隧兮既敞。將送形兮長往。委蘭房兮繁華。襲窮泉兮朽壤。中慕叫兮擗摽。之子降兮宅兆。撫靈櫬兮訣幽房。棺冥冥兮埏窈窕。戶闔兮燈滅。夜何時兮復曉。歸反哭兮殯宮。聲有止兮哀無終。是乎非乎何皇。趣一遇兮目中。既遇目兮無兆。曾寤寐兮弗夢。既顧瞻兮家道。長寄心兮爾躬。重曰。已矣。此蓋新哀之情然耳。渠懷之其幾何。庶無愧兮莊子。（文選。藝文類聚三十四。）

哭弟文

視不見兮聽不聞。逝日遠兮憂彌殷。終皓首兮何時忘。情楚惻兮常苦辛。（藝文類聚二十一。）

爲楊長文作弟仲武哀祝文

悠悠上天。我獨何辜。祖考早世。兄弟幼孤。備嘗艱毒。同集蓼荼。父兮生我。過庭靡聞。母兮鞠我。寔一苦辛。日顧日復。我弟我身。竝自垂髮。越于成人。濬哲聰朗。純粹溫良。烈烈清風。邦族之望。母氏劬勞。庶爾之報。彼蒼者天。子何不弔。殲我令弟。窮泉是造。無父何怙。無弟何友。煢煢此身。哀哀慈母。煩冤痛毒。撫心思咎。哀爾薄祜。逢家多阻。弱冠未室。咸年絕緒。喪庭寥廓。廬位無主。冥冥長夜。窈窕玄宇。當復何時。見我仲武。于以祔之。于其王父。魂而有靈。神其寍虎。（藝文類聚三十四。）

窈窕當作窈窕

弔孟嘗君文

人罔貴賤。士無眞偽。延人如歸。望賓若企。出掘秦機。入專齊政。右眄而嬴強。左顧而田競。且以造化爲水。天地爲舟。樂則齊喜。哀則同憂。豈區區之國。而大邦是謀。瑣瑣之身。而名利是求。畏首畏尾。東奔西囚。志撓于木偶。命懸于狐裘。（藝文類聚四十。）

掘當作握

爲諸婦祭庾新婦文

潛形幽櫬。寍神舊宇。室虛風生。牀塵帷舉。自我不見。載離寒暑。雖則乖隔。哀亦時敘。啟殯今夕。祖行明朝。雨絕華庭。埃滅大宵。儼執箕箒。偕奉夕朝。髣髴未行。顧瞻弗獲。伏膺飲淚。感今懷昔。懷昔伊何。祁祁娣姒。感今伊何。冥冥吾子。形未廢目。音猶在耳。（藝文類聚三十八。又文選顏延之元皇后哀冊文注。懷昔作惟昔。）

草愍懷太子禱神文

陛下宜自了。不自了。吾當入了之。中宮又宜速自了。不了。吾當手了之。并謝妃共要剋期而兩發。勿疑猶豫致後患。茹毛飲血于三辰之下。皇天許當埽除患害。立道文爲王。蔣爲內主。願成。當三牲祠北君。大赦天下。要疏如律令。（晉書愍懷太子傳。）

全晉文卷九十三終

烏程嚴可均校輯

潘尼

尼字正叔。岳從子。漢尚書右丞勖孫。太康中舉秀才。爲太常博士。歷高陵令淮南王允鎮東參軍。元康初拜太子舍人。除宛令。入補尚書郎。轉著作郎。趙王倫篡位。引疾去。齊王冏引爲參軍。封爲安昌公。歷黃門侍郎散騎常侍侍中祕書監。永興末爲中書令。永嘉中遷太常卿。有集十卷。

苦雨賦

氣觸石而結蒸兮。雲膚合而仰浮。雨紛射而下注兮。潦波涌而橫流。豈信宿之云多。乃踰月而成霖。瞻中塘之浩汗。聽長霤之涔涔。始濛瀎而徐墜。終滂霈而難禁。悲列宿之匿景。悼太陽之幽沈。雲暫披而驟合。雨乍息而亟零。旦蹤蹤吕達暮。夜淋淋吕極明。鼃黽游于門闥。蛙蝦嬉乎中庭。懼二源之并合。畏黔首之爲魚。處者含悴（初學記作倉悴）于窮巷。行者歎息于長衢。（藝文類聚二、初學記二。）

收絳蜺于漢陰。（初學記雲晴門、御覽十四。）

惡道賦（藝文類聚作西道賦，今從書鈔初學記。）

異山河之岨阨。倦關谷之盤紆。車低徊于潛軌。馬侘傺于險塗。狗肘還句。羊角互戾。蒐窟連投。十數億計。后子之澗。坎焰之穴。支體爲之危竦。形骸爲之疲曳。此亦行者之艱難。羈旅之困蹩。若其名坂。則羊羹八特。成皋黃馬。迴波激浪。飛沙飄瓦。馬則頓躓狼傷。虺頹玄黃。牛則體疲力竭。損食喪膚。蹶蹄穿嶺。摩髖脫骿。（藝文類聚七，又略見書鈔一百五十七。）

道深地狹。坂峭軌長。輪輿顛覆。人馬仆僵。（初學記二十四、北堂書鈔一百四十一。）反轅倒駕。閉轂從莊。觸壁屆軌。詰坑低昂。（北堂書鈔一百四十一。）

懷退賦

伊疇昔之懷憤。思天飛吕遠迹。望循塗而投軌。遡翔風吕理翮。巽（巽當作冀）雲霧之可憑。希天路之開闢。何時願之多違。奄就羈吕服役。困吳坂之峻岨。畏鹽車之嚴策。嗟遊處之弗遇。奚鬱悒之難任。背宇宙之寥廓。羅網罟之重深。常屏氣吕斂迹。焉遊豫吕娛心。傅釋板吕亮殷。望投竿而相姬。窮獨善吕全質。達兼利吕濟時。晰安志于柱史。由抗迹于嵩箕。理殊塗而同歸。雖百慮其何思。敢因虛吕託談。遂逡巡而造辭。（藝文類聚二十六。）

豈遁世之獨立兮。庶北門之在茲。歸幽巖之潛穴兮。託峻岳之崇基。（北堂書鈔一百五十八。）

東武館賦并序

東武館者。蓋東武陽侯之館也。俄而遷居。謂余曰。吾將老焉。故有終焉之志。而無移易之意。子且爲我賦之。（藝文類聚六十三、御覽一百九十四。）

嘉大雅之洪操。美明哲之保身。懲都邑之迫隘。釁里巷之囂塵。慕古公之胥宇。羨孟氏之審鄰。將遷居于爽塏。乃投迹于里仁。前則行旅四湊。通衢交會。水泛輕舟。陸方羽蓋。後則崇山崔嵬。茂林幽藹。彌望遠覽。滉瀁夷泰。表裏山河。出入襟帶。若乃潛流旁注。飛渠脉散。芙蓉映渚。靈芝被岸。于是逍遙靈沼。遊豫華林。彎弓攝彈。娛志蕩心。括不空縱。綸不苟沈。遊鱗雙躍。落羽相尋。膳夫進俎。虞人獻鮮。春醴九醞。嘉豆百籩。隨波泝流。乍往乍旋。（藝文類聚六十三。）

飛甘瓜于浚水。投素柰于青渠。（藝文類聚八十六、御覽九百七十。）

釣賦

抗余志于浮雲。樂余身于蓬廬。尋渭濱之遠迹。且游釣吕自娛。左援修竹。右縱飛綸。金鉤厲距。甘餌垂芬。眾鯤奔涌。游鱗橫集。觸餌見擒。值鉤被執。長繳繽紛。輕竿翕熠。雲往飇馳。光飛電入。曜靈未及驚。箴蓋已獲其數十。且夫燔炙之鮮。煎熬之味。百品千變。殊芳異氣。隨心適好。不可勝記。乃命宰夫。膾此潛鯉。名工習巧。飛刀逞抜。電剖星流。芒散縷解。隨風離錫。連翩雪累。西戎之蒜。南夷之薑。酸鹹調適。齊和有方。紅麴之飯。糅以菰粱。五味道洽。餘氣芬芳。和神安體。易思難忘。（藝文類聚六十六。書鈔一百四十二引三條。一百四十四。又二百四十五引三條。初學記二十二。御覽八百五十。又九百七十七。）

窮神之神當作物

火賦

覽天人之至周。嘉火德之爲貴。含太陽之靈輝。體淯剛之正氣。先聖仰觀。通神悟靈。窮神盡數。研幾至精。形生于未兆。聲發于無象。尋之不得其根。聽之不聞其響。來則莫見其迹。去則不知其往。似大道之未離。而元氣之灝瀁。故能博贍羣生。資育萬類。威而不暴。施而不費。其變無方。其用不匱。鑽燧造火。陶冶羣形。協和五味。革變羶腥。酒醴烹飪。于斯獲成。爾乃狄牙典膳。百品既陳。和羹酉醴。旨酒濃醇。烹黿煮鼉。灼龜臛鱗。若乃流金化石。鑠鐵融銅。造製戎器。以戒不恭。砥鍊兵械。整飭軍容。四海寧乂。邊境無寇。韜弓戢劒。解甲釋胄。銷鏑爲耒。鑄戈爲耨。戰士反于耕農。戎馬放于外廄。及至焚野燎原。埏光赫戲。林木摧拉。砂礫煎糜。騰光絕覽。雲散霓披。遂乃衝風激揚。炎光奔逸。玄煙四合。雲蒸霧萃。山林爲之崩阤。川澤爲之涌沸。去若風驅。疾如電逝。紛綸紆轉。倏忽橫厲。蕭條長空。野無孑遺。無隰不灰。無坰不爇。震響達乎八冥。流光燭乎四裔。榛蕪既除。九野謐清。蕩枝瘁于凛秋。條來春而改生。其揚聲發怒。則雷霆之威也。明照遠鑒。則日月之暉也。甄陶品物。則造化之制也。濟育羣生。則天地之惠也。是以上聖擬火以制禮。鄭僑據猛以立政。功用關乎古今。勳績著乎百姓。（藝文類聚八十。初學記二十五。）

若夫名刀寶劒。曠世絕殊。鍊質于昆吾之竈。定形于辟燭之鑪。（北堂書鈔一百二十二引兩條。皆作火賦。張溥本作武庫賦。非。）

琉璃椀賦

覽方貢之彼珍。瑋茲椀之獨奇。濟流沙之絕險。越葱嶺之峻危。其由來也阻遠。其所託也幽深。據重巒之億仞。臨洪溪之萬尋。接玉樹與瓊瑤。鄰沙棠與碧林。瞻閬風之崔嵬。顧玄圃之蕭參。于是游西極。望大蒙。歷鍾山。闚燭龍。覲王母。訪仙童。取琉璃之攸華。詔曠世之良工。纂玄儀以取象。準三光以定容。光映日耀。圓成月盈。纖瑕罔麗。飛塵靡停。灼爍旁燭。表裏相形。凝霜不足方其潔。澄水不能喻其清。剛堅金石。勁勵瓊玉。磨之不磷。湼之不濁。舉茲椀以酬賓。榮密坐之曲宴。流景炯晃以内澈。清醴瑤琰而外見。（藝文類聚七十三。又八十四。）

瑇瑁椀賦

有瑇瑁之奇寶。亦同旅于介蟲。下法川以矩夷。上擬乾而規隆。或步趾于淸源。或掉尾于泥中。隨陰陽以潛躍。與龜龍乎齊風。包神藏智。備體兼才。高下斯處。水陸皆能。文若綺波。背負蓬萊。爾乃遐夷效珍。越裳貢職。橫海萬里。踰嶺千億。挺璞荒巒。摛藻辰極。光曜炫晃。昭爛爚絕。嘉斯寶之兼美。料衆珍而靡對。文不煩于錯縷。采不假乎藻績。豈翡翠之足儷。胡犀象之能逮。（藝文類聚八十四。）

績當作續

扇賦

夫器有輕麤。用有疏密。安衆以方爲體。五明以圓爲質。或託形于竹素。或取固于膠漆。至若羽扇。靡彫靡刻。方圓不應于規矩。裁制不由于繩墨。始顯用于荒蠻。終表奇于上國。（北堂書鈔一百三十四引三條。）

案初學記二十七。御覽九百九十六。有潘尼秋菊賦。今編入潘岳集。

安石榴賦（并序）

安石榴者。天下之奇樹。九州之名菓。是以屬文之士。或敘而賦之。蓋感時而騁思。覩物而興辭。

余遷舊宇。爰造新居。前臨曠澤。卻背淸渠。實有斯樹。植于堂隅。華實並麗。滋味亦殊。可以樂志。可以充虛。朱芳赫奕。紅萼參差。含英吐秀。乍合乍披。遙而望之。煥若隨珠耀重川。詳而察之。灼若列宿出雲閒湖涯亡二后漢川遊女攜類命疇逍遙避暑託斯樹目棲遲遡祥風而容與爾乃攉纖手兮舒皓腕羅袖靡兮流芳散披綠葉于脩條綴朱華兮弱幹豈金翠之足珍寶茲葩之可翫商秋授氣收華斂實千房同蔕十子如一繽紛膈落垂老曜質已上四句從初學記二十八補滋味浸液馨香流溢藝文類聚八十六

桑樹賦

從明儲目省膳憩便房目偃息觀茲樹之特偉感先皇之攸植蔚蕭森目四射邈洪儁而端直爾乃徘徊周覽俯仰逍遙俛脫靈根上眺修條洞芳泉于九壤含溢露于清霄倚增城之飛觀拂綺窗之疏寮下迢遞目極望上扶疏而參差匪衆鳥之攸萃相皇鸞之羽儀理有微而至顯道有隱而應期豈皇晉之貞瑞兆先見而啟茲起尋抱于纖毫崇萬匱于始基藝文類聚八十八

芙蓉賦

或擢莖目高立似彫輦之翠蓋或委波而布體疑連璧之攢會御覽九百九十九

朝菌賦序

朝菌者蓋朝華而暮落世謂之木槿或謂之日及詩人目為舜華宣尼目為朝菌其物向晨而結建明而布見陽而感終日而殞不目其異乎何名之多也藝文類聚八十九文選陸機歎逝賦注

鼈賦并序

皇太子遊于玄圃遂命釣魚有得鼈而戲之者令侍臣賦之翩銜鉤目振掉吁駭人而可惡既顛墜于巖岸方盤跚而雅步或延首目鶴顧或頓足而鷹距或曳尾于泥中或縮頭于殼裏若乃秋水暴駭百川沸流有東海之巨鼈乃負山而吞舟藝文類聚九十六

答傅咸詩序

司徒左長史傅長虞會定九品左長史宜得其才屈為此職此職

執天下清議宰割百國而長虞性直而行或有不堪余與之親作詩目規焉藝文類聚三十一

贈二李郎詩序

元康六年尚書吏部郎汝南李光彥遷汲郡太守都亭侯江夏李茂曾遷平陽太守此二子皆弱冠知名歷職顯要旬月之閒繼踵名郡離儉劇之勤就放曠之逸枕鳴琴目俟遠致離別之際各斐然賦詩御覽二百五十九

七月七日玄圃園詩序

七月七日皇太子會于玄圃園有令賦詩初學記十

釋奠頌

元康元年冬十二月上目皇太子富于春秋而人道之始莫先于孝悌初命講孝經于崇政殿實應天縱生知之量微言奧義發自聖問業終而體達至三年春閏月將有事于上庠釋奠于先師禮也越二十四日景申侍祠者既齊輿駕次于太學太傅在前少傅在後恂恂乎弘保訓之道宮臣畢從三率備衞濟濟乎肅翼贊之敬乃埽壇為殿懸幕為宮夫子位于西序顏回侍于北墉宗伯掌禮司儀辨位二學儒官搢紳先生之徒垂纓佩玉規行矩步者皆端委而陪于堂下目待執事之命設樽篚于兩楹之閒陳罍洗于阼階之左几筵既布鍾懸既列我后乃躬拜俯之勤資在三之義謙光之美彌劭闕里之教克崇穆穆焉邕邕焉真先王之徽典不刊之美業允不可替已于是牲饋之事既終享獻之禮已畢釋玄衣御春服弛齋禁反故式天子乃命內外羣司百辟卿士蕃王三事至于學徒國子咸來觀禮我后皆延而與之燕金石簫管之音八佾六代之舞鏗鏘閶闔般辟俛仰可目徵神滌欲移風易俗者罔不畢奏抑淫哇屏鄭衞遠佞邪釋巧辯是日也人無愚智路無遠邇離鄉越國扶老攜幼不期而俱萃皆延頸目視傾耳目聽希

道慕業。洗心革志。想洙泗之風。歌來蘇之惠。然後知居室之善。著應乎千里之外。不言之化。洋溢于九有之內。於熙乎若典。固皇代之壯觀。萬載之一會也。尼昔忝禮官。嘗聞俎豆。今廁末列。親覩盛美。瀸漬徽猷。沐浴芳潤。不知手舞口詠。切作頌一篇。義近辭陋。不足測盛德之形容。光聖明之遐度。其辭曰。

三元（藝文類聚作三光。）迭運。五德代微。黃精既亢。素靈乃暉。有皇承天。造我晉畿。祚以大寶。登以龍飛。宣基誕命。景熙遐緒。三分自文。受終惟武。席卷要蠻。蕩定荒阻。道濟羣生。化流率土。後帝承哉。丕隆曾構。奄有萬方。光宅宇宙。篤生上嗣。繼期挺秀。聖敬日躋。濬哲闓茂。留精儒術。敦閱（初學記作敦悅。）古訓。尊道讓齒。降心下問。鏞以金聲。光以玉潤。如日之升。如乾之運。乃延台保。乃命學臣。聖容穆穆。侍講誾誾。抽演微言。啟發道真。探幽窮賾。溫故知新。講業既終。精義既研。崇聖重師。十日告奠。陳其三牢。引其四縣。既戒既式。乃盥乃薦。恂恂孔聖。百王攸希。亹亹顏生。好學無違。曰皇儲后。體神合機。兆吉先見。知來洞微。濟濟二宮。藹藹庶寮。俊乂鱗萃。髦士盈朝。如彼和肆。莫匪瓊瑤。如彼儀鳳。樂我雲韶。瓊瑤誰剖。四門洞開。雲韶奚樂。神人允諧。蟬冕耀庭。細珮振階。德以謙光。仁以恩懷。我酒惟清。我肴惟馨。舞以六代。歌以九成。莘莘胄子。祁祁學生。洗心自百。觀國之榮。學猶蒔苗。化若偃草。博我以文。弘我以道。萬邦蟬蛻。翔乃俊造。鑽蚌瑩珠。剖后摛藻。絲匪玄黃。水罔方圓。引之斯流。染之斯鮮。若金受範。若埴在甄。上好如雲。下效如川。昔在周興。王化之始。曰文曰武。時維世子。今我皇儲。濟聖通理。緝熙重光。於穆不已。於穆伊何。思文哲后。媚茲一人。實副元首。孝洽家邦。光照有九。純嘏自晉。永世昌阜。微微下臣。過充近侍。猥躡風雲。鸞龍是廁。身澡芳流。目玩盛事。竭誠作頌。祇詠聖志。（晉書潘尼傳。又略見藝文類聚三十八。又初學記十四。引兩條。）

十當作卜。

有九當作九有。

後園頌

芒芒在昔。悠悠結繩。太樸未散。玄化霑凝。羲皇繼踵。三代相承。五德更王。文質迭興。天命匪諶。祐謙輔信。乃眷我皇。光有大晉。應期納祚。天人是順。和氣四充。惠澤旁潤。神祇告祥。四靈效質。遊龍升雲。儀鳳翳日。甘露晨流。醴泉湧溢。華夏既寧。八荒靜謐。人亦有言。吾何以休。乃延卿士。從皇以遊。長筵遠布。廣幕四周。嘉肴惟芳。旨酒思柔。巖巖峻岳。湯湯玄流。翔鳥鼓翼。游魚載浮。明明天子。肅肅庶官。文士濟濟。武夫桓桓。講藝華林。肆射後園。威儀既具。弓矢斯閑。恂恂謙德。穆穆聖顏。賜以宴飲。詔以話言。黍稷既登。貨財既豐。仁風潛運。皇化彌隆。征夫釋甲。戰士罷戎。遐夷慕義。絕域望風。無或慢易。在始慮終。無或安逸。在盈思沖。（藝文類聚口口口。初學記二十四。）鼓腹巖穴。擊壤路隅。藉頌洪德。擬迹羣儒。（北堂書鈔一百五十八。）

全晉文卷九十四終

惠當作患

烏程嚴可均校輯

潘尼二

安身論

蓋崇德莫大乎安身。安身莫尚乎存正。存正莫重乎無私。無私莫深乎寡欲。是㠯君子安其身而後動。易其心而後語。定其交而後求。篤其志而後行。然則動者吉凶之端也。語者榮辱之主也。求者利病之幾也。行者安危之決也。故君子不妄動也。動必適其道。不徒語也。語必經于理。不苟求也。求必造于義。不虛行也。行必由于正。夫然用能免或擊之凶。享自天之祐。故身不安則殆。言不從則悖。（藝文類聚從作順。）交不審則惑。行不篤則危。四者行乎中。則惠憂接于外矣。憂患之接。必生于自私。而興于有欲。自私者不能成其私。有欲者不能濟其欲。理之至也。欲苟不濟。能無爭乎。私苟不從。能無伐乎。人人自私。家家有欲。衆欲並爭。羣私交伐。爭則亂之萌也。伐則怨之府也。怨亂既構。危害及之。得不懼乎。然棄本要末之徒。戀進忘退之士。莫不飾才銳智。抽鋒擢穎。傾側乎勢利之交。馳騁乎當塗之務。朝有彈冠之朋。野有結綬之友。黨與熾于前。榮名扇其後。握權則赴者鱗集。失寵則散者瓦解。求利則託刎頸之權。爭路則構刻骨之隙。于是浮僞波騰。曲辯雲沸。寒暑殊聲。朝夕異價。駑蹇希奔放之迹。鉛刀競一割之用。至于愛惡相攻。與奪交戰。誹謗噂嗒。毀譽縱橫。君子務能。小人伐技。風頹于上。俗弊于下。禍結而恨爭也不彊。患至而悔伐之未辨。大者傾國喪家。次則覆身滅祀。其故何邪。豈不始于私欲。而終于爭伐哉。君子則不然。知自私之害公也。故後外其身。知有欲之傷德也。故遠絕榮利。知爭競之遘災也。故犯而不校。知好伐之招怨也。故有功而不德。安身而不爲私。故身正而私全。慎言而不適欲。故言濟而欲從。定交而不求益。故交立而益厚。謹行而不求名。故行成而名美。止則立乎無私之域。行則由乎不爭之塗。必將通天下之理。而濟萬物之性。天下猶我。故與天下同其欲。己猶萬物。故與萬物同其利。夫能保其安者。非謂崇生生之厚。而耽逸豫之樂也。不忘危而已。有期進者。非謂窮貴寵之榮。而藉名位之重也。不忘退而已。存其治者。非謂嚴刑政之威。而明司察之禁也。不忘亂而已。故寢蓬室。隱陋巷。披短褐。茹藜藿。環堵而居。易衣而出。苟存乎道。非不安也。雖坐華殿。載文軒。服黼繡。御方丈。重門而處。成列而行。不得與之齊榮。用天時。分地利。甘布衣。安藪澤。沾體塗足。耕而後食。苟崇乎德。非不進也。雖居高位。饗重祿。執權衡。握機秘。功蓋當時。勢侔人主。不得與之比逸。遺意慮。沒才智。忘肝膽。棄形器。貌若無能。志若不及。苟正乎心。非不治也。雖繁計策。廣術藝。審刑名。峻法制。文辯流離。議論絕世。不得與爭功。故安也者。安乎道者也。進也者。進乎德者也。治也者。治乎心者也。未有安身而不能保國家。進德而不能處富貴。治心而不能治萬物者也。然思危所㠯求安。慮退所㠯能進。懼亂所㠯保治。戒亡所㠯獲存也。若乃弱志虛心。曠神遠致。徙倚乎不拔之根。浮遊乎無垠之外。不自貴于物。而物宗焉。不自重于人。而人敬焉。可親而不可慢也。可尊而不可遠也。親之如不足。天下莫之能狎也。舉之如易勝。而當世莫之能困也。達則濟其道而不榮也。窮則善其身而不悶也。用則立于上而非爭也。舍則藏于下而非讓也。夫榮之所不能動者。則辱之所不能加也。利之所不能勸者。則害之所不能嬰也。譽之所不能益者。則毀之所不能損也。今之學者。誠能釋自私之心。塞有欲之求。杜交爭之原。去矜伐之態。動則行乎至通之路。靜則入乎大順之門。泰則翔乎寥廓之宇。否則淪乎渾冥之泉。邪氣不能干其度。外物不能擾其神。哀樂不能盪其守。死生不能易其眞。而㠯造化爲工匠。天地爲陶鈞。名位爲糟柏。勢利為埃塵。治其內而不飾其外。求諸己而不假諸人。忠肅以奉上。愛敬以事親。可以御一體。可以牧萬民。可以處富貴。可以居賤貧。經盛衰而不改。則庶幾乎能安身矣。晉書潘尼傳，又略見藝文類聚二十三。

乘輿箴并序

易稱有天地然後有人倫。有父子然後有君臣。傳曰。大者天地。其次君臣。然君臣父子之道。天地人倫之本。未有以先之者也。故天生蒸人而樹之君。使司牧之。將以導羣生之性。而理萬物之情。豈以寵一人之身。極無量之欲。如斯而已哉。夫古之為君者。無欲而至公。故有茅茨土階之儉。而後之為君。有欲而自利。故有瑤臺瓊室之侈。無欲者天下共推之。有欲者天下共爭之。推之之極。雖禪代猶脫屣。爭之之極。雖劫殺而不避。故曰天下非一人之天下。乃天下之天下。安可求而得。辭而已者乎。夫修諸己而化諸人。出乎邇而見乎遠者。言行之謂也。故人主所患莫甚于不知其過。而所美莫美于好聞其過。若有君于此。而曰予必無過。唯其言而莫之違。斯孔子所謂其庶幾乎一言而喪國者也。蓋君子之過。如日月之蝕。過也人皆見之。更也人皆仰之。雖以堯舜湯武之盛。必有誹謗之木。敢諫之鼓。盤杵之銘。無諱之史。所以閑其邪僻而納諸正道。其自維持如此之備。故箴規之興。將以救過補闕。然猶依違諷喻。使言之者無罪。聞之者足以自誡。先儒既援古義。舉內外之殊。而高祖亦序六官。論成敗之要。義正辭約。又盡善矣。自虞人箴以至于百官。非唯規其所司。誠欲人主斟酌其得失焉。春秋傳曰。命百官箴王闕。則亦天子之事也。尼以為王者膺受命之期。當神器之運。總萬機而撫四海。簡羣才而審所授。孜孜于得人。汲汲于聞過。雖廷爭面折。猶將祈請而求焉。至于箴規諫之順者。曷為獨闕之哉。是以不量其學陋思淺。因負擔之餘。當試撰而述之。不敢斥

杵當作杅

至尊之號。故以乘輿目篇。蓋帝王之事至大。而古今之變至衆。文繁而義詭。意局而辭野。將欲希企前賢。髣髴崇軌。譬猶丘垤之望華岱。恆星之繫日月也。其不逮明矣。頌曰。

元元遂初。芒芒太始。清濁同流。玄黃錯跱。上下弗形。尊卑靡紀。赫胥悠哉。大庭尚矣。皇極肇建。兩儀既分。彝倫永序。萬邦糾紛。國事明王。家奉嚴君。各有攸尊。德用不勤。羲農已降。暨于夏殷。或禪或傳。乃質乃文。太上無名。下知有之。仁義不存。而人歸孝慈。無為無執。何欲何思。忠信之薄。禮刑實滋。既譽既畏。以侮以欺。作誓作盟。而人始叛疑。煌煌四海。藹藹萬乘。匪賢焉倚。匪哲焉憑。左輔右弼。前疑後丞。一日萬機。業業兢兢。夫出其言善。則千里是應。而莫余違。亦喪邦有徵。樞機之動。式以廢興。殷監不遠。若之何勿徵。且厚味腊毒。豐屋生災。辛作璇室。而夏興瑤臺。糟丘酒池。象筯玉杯。厥肴伊何。龍肝豹胎。惟此哲婦。職為亂階。殷用喪師。夏亦不恢。是以帝堯在位。茅茨不翦。周文日昃。昧旦丕顯。夫德輶如毛。而或舉之者鮮。故湯有慚德。武未盡善。叔世道衰。末俗化淺。耽樂逸遊。荒淫沈湎。不式古訓。而好是佞辯。不遵正路。而覆車是踐。成敗之效。載在先典。匪唯陵夷。厥世用殄。故曰樹君如之何。將民是司牧。視之猶傷。而知其寒燠。故能撫之斯柔。而敦之斯睦。無遠不懷。靡思不服。夫豈厭縱一人。而玩其耳目。內迷聲色。外荒馳逐。不修政事。而終于顛覆。昔唐氏授舜。舜亦命禹。受終文祖。丕承天序。放桀惟湯。剋殷伊武。故禪代非一姓。社稷無常主。四嶽三塗。九州之阻。彭蠡洞庭。殷商之旅。虞夏之隆。非由尺土。而紂之百剋。卒于絕緒。故王者無親。唯在擇人。傾蓋惟舊。白首乃新。望由釣夫。伊起有莘。負鼎鼓刀。而謀合聖神。口口口口口口口夫豈借官左右。而取介近臣。蓋有國有家者。莫云我聰。或此面從。或謂我智。聽受未易。甘言美疾。匙不為累。由夷逃寵。遠于脫屣。柰何人主。位極則侈。知人則

哲。惟帝所難。唐朝既泰。四族作奸。周室既隆。而管蔡不虔。匪我二聖。孰弭斯患。若九德咸受。俊乂在官。君非臣莫治。臣非君莫安。故書美康哉。而易貴金蘭。有皇斯國。敢告納言。（晉書潘尼傳。又略見藝文類聚十一）

燈箴序

夫水火者。所以佐理天地。濟成大化也。在天則日月麗焉。在地則水火存焉。（御覽八百六十九）

戴侍中銘

雅論弘博。逸藻波騰。（書鈔）

益州刺史楊恭侯碑

君口乾靈之醇德。挺一世之殊量。稟天然不渝之操。體蘭石芳堅之質。夫其器膺弘濟。智能周達。窮不怨否。顯不矜泰。履行則為模楷。吐言則成隱括。德寶充于內。而光華發乎外也。君發迹州國。委質明主。自景皇帝攝政。文皇帝纘業。值天下多虞。疆埸未靜。以君先帝所拔。懷寶後時。而深達遠識。有經國之量。故為腹心謀臣。而監度政事焉。君出則簡練熊羆。職司是圖。入則從容諷議。盡規帷幄。其所以進可替否。決疑定策者。皆言效于既往。而事簡于帝心。君再臨司官。三撫名郡。方將宣文德以來遠。建武功于所牧。銘曰。天生蒸民。有類有則。誕育恭表。應期秀特。文兼六行。武備七德。忠肅弘毅。柔嘉溫克。機事無瑕。臨疑不惑。我謀既精。我化既清。澤流河朔。勳著王庭。西南未夷。侯其是寧。上天不惠。早世潛靈。（藝文類聚五十）

給事黃門侍郎潘君碑

君遇孫秀之難。闔門受禍。故門生感覆醢以增慟。乃樹碑以紀事。

潘岳碣

君深達治體。垂化三宰。（文選任昉王文憲集序注）

潘滔

滔字陽仲。尼從子。惠帝時為太子洗馬散騎侍郎。懷帝時。東海王越以為司馬。轉長史。遷河南尹。

遺王接書

摯虞卞玄仁並謂足下應和鼎味。可無以應秀才行。（晉書王接傳。永寧初舉秀才。友人滎陽潘滔遺接書。）

顧榮

榮字彥先。吳國吳人。吳丞相雍孫。仕吳為黃門侍郎太子輔義都尉。入晉拜郎中。歷尚書郎太子中舍人廷尉正。趙王倫篡位。為大將軍長史。倫敗。齊王冏召為大司馬主簿。轉中書侍郎。封嘉興伯。轉太子中庶子。長沙王乂召為驃騎長史。轉成都王穎丞相從事中郎。入兼侍中。惠帝西遷。避亂還吳。陳敏據江東。以為右將軍丹陽內史。尋起兵攻敏。事平。復還吳。懷帝徵侍中。不就。元帝為安東將軍。以為軍司馬。加散騎常侍。永嘉六年卒。表贈侍中驃騎將軍開府儀同三司。謚曰元。及帝即晉王位。追封為公。有集五卷。

上安東將軍牋諫為鄭貴嬪祈禱廢事

昔文王父子兄弟乃有三聖。可謂窮理者也。而文王日昃不暇食。周公一沐三握髮。何哉。誠以一日萬機。不可不理。一言蹉跌。患必及之故也。當今衰季之末。屬亂離之運。而天子流播。豺狼塞路。公宜露營野次。星言夙駕。伏軾怒蛙。以募勇士。懸膽于庭。以表辛苦。貴嬪未安。藥石實急。禱祀之事。誠復可修。豈有便塞參佐白事。斷賓客問訊。今彊賊臨境。流言滿國。人心萬端。去就紛紜。願冲虛納下。廣延俊彥。思畫今日之要。塞鬼道淫祀。弘九合之勤。雪天下之恥。則羣生有賴。開泰有期矣。（晉書顧榮傳）

上書言南土人士

陸士光貞正清貴。金玉其質。甘季思忠款盡誠。膽幹殊快。殷慶元質略有明規。文武可施用。榮族兄公讓明亮守節。困不易操。會稽楊彥明謝行言皆服膺儒教。足爲公望。賀生沈潛。青雲之士。陶恭兄弟才幹雖少。實事極佳。凡此諸人。皆南金也。晉書顧榮傳。榮又言云云。書奏。皆納之。

與親故書

傅長虞爲司隸。勁直忠果。劾按驚人。雖非周才。偏亮可貴也。晉書傅咸傳。

與楊彥明書

吾爲齊王主簿。恒慮禍及。見刀與繩。每欲自殺。但人不知耳。晉書顧榮傳。

與鄉人書

士光氣息裁屬。慮其性命。言之傷心矣。晉書陸雲傳。

顧和

和字君孝。榮族子。王導爲揚州。辟從事。累遷司徒掾。尋爲長水校尉。東海王沖主簿。永昌初。除司徒左曹掾。太寧初。王敦請爲主簿。遷太子舍人、車騎參軍、護軍長史。王導爲揚州。請爲別駕。還散騎侍郎。司空郗鑒請爲長史。領晉陵太守。咸康初。拜御史中丞。遷侍中。轉吏部尚書。從領軍將軍、太常卿、國子祭酒。康帝時遷尚書僕射。更拜銀青光祿大夫。領國子祭酒。遷尚書令。太和七年遜位。拜左光祿大夫。卒贈侍中司空。諡曰穆。有集五卷。

議祀南北郊表

太始中。合二至之祀于二郊。北郊之月。古無明文。或㠯夏至。或同用陽復。漢光武正月辛未。始建北郊。此則與南郊同月。及中興草創。百度從簡。合北郊于一丘。憲章未備。權用斯禮。蓋時宜也。至咸和中。議別立北郊。同用正月。魏承後漢。正月祭天㠯地配。而稱周禮三王之郊。一用夏正。宋書禮志三。康帝建元元年。將北郊。有疑議。太常顧和表云云。于是從和議。

表濟南王宜奪服

爲人後者。降其所生。奪天屬之性。明至公之義。降殺節文。著于周典。案濟南王統。昔爲庶母居廬持重。違冒禮度。肆其私情。宜㠯禮奪服。通典八十二。穆帝永和中。尚書令顧和表云云。

上言拜三公不應設樂服冕

臨軒拜三公。不應有樂。和云禮無其文。案衞宏撰漢儀。拜丞相亦無樂。古之燕饗有樂者。㠯暢賓主之歡耳。今拜三公。事畢于階庭。禮成于拜立。歡宴未交。無事于樂。又案六冕之服。主于祭祀。唯婚特用之。他事未見服冕者。故拜公不應服冕。通典七十一。咸康三年。

諫假保母周氏名號疏

周保祐聖躬。不遺其勳。第舍供給。擬于戚屬。恩澤所加。已爲過隆。若假名號。記籍未見明比。惟漢靈帝㠯乳母趙嬈爲平氏君。此末代之私恩。非先代之令典。且君舉必書。將軌物垂則。書而不法。後嗣何觀。晉書顧和傳。

奏復冕旒舊章

舊冕十有二旒。皆用玉珠。今用雜珠等。非禮。若不能用玉。可用白璇。晉書顧和傳。中興舊章多闕。而冕旒飾㠯翡翠珊瑚及雜珠等。和奏。成帝下太常改之。

奏劾謝尚擅殺陳幹事

尚先劾姦贓。罪入甲戌赦。聽自首減死。而尚近表云。幹包藏姦猾。輒收行刑。幹事狀自郡。非犯軍戎。不由都督。案尚蒙親賢之舉。荷文武之任。不能爲國惜體。平心聽斷。內挾小憾。肆其威虐。遠近怪愕。莫不解體。尚忝外屬。宥之有典。至于下吏。宜正刑辟。晉書顧和傳。

奏禁喪服違制

禮所㠯軌物成教。故有國家者。莫不崇正明本。㠯一其統。斯人倫之紀。不二之道也。爲人後者。降其所出。奪天屬之性。顯至公之義。降殺節文。著于周典。案汝南王統爲庶母居廬服重。江夏公衞崇本由疏屬。開國之緒。近喪所生。復行重制。違冒禮度。肆其私情。閭闇許其過厚。談者莫㠯爲非，則政道陵遲，由乎禮廢。憲章頹替，始于容違，若弗糾正，無㠯齊物。皆可下太常奪服，若不祗王命，應加貶黜。晉書顧和傳。

奔喪議

案禮記曾子問，父母之喪既引及塗，聞君薨，如之何。穀梁傳曰：周人魯人各有喪，周人弔，魯人不弔。周人雖有喪，遣人可也。魯人當親行事，故不弔也。通典八十，康帝建元初尚書僕射顧和議。

蘇宙

宙，趙國人。泰始末太守曹志召爲功曹，後遷鎮東司馬。元康中，入爲國子博士。

移國子博士自理

郡將曹公。昔臨獘國，見接有布衣之交，高游盡歡，謂千年可畢。不意後會，逼爲功曹，尋被州召，不爲公察孝也。欲深其罪，崇飾虛名，㠯惑明時。宙雖不德，數受教于君子，寧有故將之喪，而忘奔赴之哀。過蒙殊恩，忝佐方岳，銜命守制，無因致身。禮聞父母喪，不得奔赴，爲位斂髮成踊，襲絰，割孝子之心，㠯終君之命，謂之禮也。往聞喪，設位盡哀，仰則先哲，俯順王度，儀型古典，不失舊物，若此爲罪，不敢逃刑。聞凶則因發，健步書弔嫡孫，健步迴說，喪已還東阿。留書付其從子綜，宙尋被召爲博士，王事敦我，不皇啟處。如宙凶薄，天討其罪，孤獨無子，代之哀人也。案穀梁傳曰：周人有喪，魯人有喪，周人弔，魯人不弔。魯人曰：吾君親之者也，使大夫則不可。周人喪，魯人不弔，是其下成康未爲久也。禮無臣祭君之文，時俗之所行，非先王之令典也。庶子不得祭父，臣之祭君也，求之禮傳，無弔祭之文。通典九十九。

全晉文卷九十五終

全晉文卷九十六

烏程嚴可均校輯

陸機一

機字士衡。吳郡吳人。大司馬抗第四子。孫晧時爲牙門將。吳亡。十年不仕。武帝末。與弟雲入洛。太傅楊駿辟爲祭酒。惠帝卽位。遷太子洗馬著作郎。歷吳王晏郎中令。遷尚書中兵郎。轉殿中郎。尋爲趙王倫相國參軍。封關中矦。進中書郎。倫誅。坐徙邊。遇赦。成都王穎表爲平原內史。假後將軍河北大都督。河橋之敗。與弟雲及從弟耽並誅。有晉記四卷。洛陽記一卷。要覽若干卷。集四十七卷。

浮雲賦

有輕虛之艷象。無實體之眞形。原厥本初。浮沈混并。六律籥應。八風時邁。玄陰觸后。甘澤霧霈。勢不崇朝。露彼無外。集輕浮之衆采。廁五色之藻氣。貫元虛于太素。薄紫微而竦戾。若層臺高觀。層樓疊閣。或如鍾首之鬱律。乍似塞門之寥廓。若靈圃之列樹。攢竇耀之炳燦。金柯分。玉葉散。綠翹明。巖英煥。龍逸蛟起。熊厲虎戰。鸞翔鳳翥。鴻驚鶴奮。鯨鯢泝波。鮫鰐銜遁。若秬鬯揚芒。嘉穀垂穎。朱絲亂起。羅袿失領。飛仙淩虛。隨風游騁。有若芙蓉羣披。蕣華總會。車渠繞理。馬瑙縟文。口龜甲。錯龍鱗。（藝文類聚一、北堂書鈔一百五十引四條。初學記一。御覽一。又八。又八百八題誤作靈龜賦。事類賦注二。）

層樓之層當作重

巳當作紀

白雲賦

覽太極之初化。判玄黃于乾坤。考天壤之靈變。莫瑰美乎慶雲。繞蓬萊㠯結曜。薄崑崙而增輝。攄神景于八幽。合洪化乎烟熅。充宇宙㠯播象。協元氣而齊勳。發憤靈后。擢惟洪流。與曜曾泉。升迹融丘。盈八紘㠯餘憤。雖彌天其未泄。豈假期于遷晷。邁崇朝而儵忽。望九衢㠯遠肆。明皇極而永舒。蔽陽光于湯谷。闇天文乎帝居。齊濛荒于無極。等混昧于太初。翼靈鳳于蒼梧。超滯龍于濩汙。高騰永逸。絡驛參差。內揚琢禮。外襲紫霞。紅蕊發而菡萏。金翹援而含葩。神收鬼化。彌性違序。烏殊類而比栖。獸異迹而同處。蛟引翳而並潛。龍攀鴻而雙舉。鸞舞角㠯軒罷。鷲企翮而延佇。若夫神口耀精。蒼雲仰浮。方峙圓踊。綺口口長城曲蜿。采閣相扶。聳瑤臺之截嶭。構瓊閣之離婁。雄虹矯而垂天。翠烏軒而扶日。（北堂書鈔一百五十引四條。藝文類聚一。初學記一。文選鮑照升天行注。御覽一。引兩條。又八。引兩條。）藻帟高舒。長帷虹繞。（文選謝惠連詠牛女詩注引陸機雲賦。）

感時賦

悲夫冬之爲氣。亦何憯凜㠯蕭索。天悠悠其彌高。霧鬱鬱而四幕。夜緜邈其難終。日晼晚而易落。敷曾雲之葳蕤。墜零雪之揮霍。寒冽冽而寖興。風謖謖而屢作。鳴枯條之泠泠。飛落葉之漠漠。山崆巃㠯含瘁。川蝼蛇而抱涸。望八極㠯曭漭。普宇宙而寥廓。伊天時之方慘。曷萬物之能歡。魚微微㠯求偶。獸岳岳而相攢。猿長嘯于林杪。鳥高鳴于雲端。矧余情之含瘁。恆覩物而增酸。歷四時㠯迭感。悲此歲之已寒。撫傷懷㠯嗚咽。望永路而汍瀾。（藝文類聚三。初學記三。御覽二十七。）

結濃霜于露室。凝行雨于雲根。（北堂書鈔一百五十二。）

祖德賦

咨時文之懿祖。膺降神之靈曜。栖九德㠯弘道。振風烈㠯增劭。彼劉公之矯矯。固雲網之逸禽。既憑形㠯傲物。諒傳翼而栖林。伊我公之秀武。思無幽而弗昶。形鮮烈于懷霜。澤溫惠乎挾纊。牧希世之洪捷。固山谷而爲量。西夏坦其無塵。帝命赫而大壯。登具瞻于大階。濯長纓乎天漢。解我衣㠯高揖。正端冕而大觀。戢靈武于既曜。恢時文于未煥。騰絕風㠯逸鶩。庶遐蹤于公旦。（藝文類聚二十。）

述先賦

去枝之枝當作枚

俯當作撫

仰先后之顯烈。懿暉祚之允輯。應遠期于已曠。昭前光于未戢。抱朗節目遐慕。振奇迹而峻立。在虐臣之貪禍。據西山而作違。招長轂于河畔。飲莫馬乎江濱。頓雲網而潛泳。撣神戈而外臨。敵罔隆而弗夷。逆無微而不僉。茂德韡其既休。元勳暟而薦舉。襲衮服于太階。配三台乎其所。是故其生也榮。雖萬物咸被其仁。其亡也哀。雖天網猶失其綱。嬰國命目逝止。亮身沒而吳亡。(藝文類聚二十。)

思親賦

悲桑梓之悠曠。愧蒸嘗之弗營。指南雲目寄款。望歸風而效誠。年歲俄其聿暮。明星爛而將清。迴飈肅目長赴。零雪紛其下頹。羨纖枝之在幹。悼落葉之去枝。存顧復之遺志。感明發之所懷。居鮮安而厭苦。養引約而摧豐。忘天命之晚暮。願鞠子之速融。兄瓊芳而蕙茂。弟蘭發而玉暉。感瑰姿之晚就。痛慈景之先違。天步悠長。人道短矣。異途同歸。無早晚矣。(藝文類聚二十。初學記十七。)

述思賦

情易感于已攬。思難戢于未忘。嗟伊思之且爾。夫何往而不臧。馭中心于同氣。分戚貌于異方。寒鳥悲而饒音。衰林愁而寡色。嗟余情之屢傷。負大悲之無力。苟彼塗之信險。恐此日之行昃。亮相見之幾何。又離居而別域。觀尺景目傷悲。俯寸心而悽惻。(藝文類聚二十一。)

豪士賦(并序)

夫立德之基有常。而建功之路不一。何則。循心目為量者存乎我。因物目成務者繫乎彼。存夫我者。隆殺止乎其域。繫乎物者。豐約唯所遭遇。落葉俟微風目隕。而風之力蓋寡。孟嘗遭雍門而泣。而琴之感目末。何者。欲隕之葉無所假烈風。將墜之泣不足繁哀響也。是故苟時啟于天。理盡于民。庸夫可目濟聖賢之功。斗筲可目定烈士之業。故曰才不半古。而功已倍之。蓋得之于時勢也。歷觀古今。徼一時之功而居伊周之位者有矣。夫我之自我。智士猶嬰其累。物之相物。昆蟲皆有此情。夫目自我之量。而挾非常之勳。神器暉其顧眄。萬物隨其俯仰。心玩居常之安。耳飽從諛之說。豈識乎功在身外。任出才表者哉。且好榮惡辱。有生之所大期。忌盈害上。鬼神猶且不免。人主操其常柄。天下服其大節。故曰天可讎乎。而時有袨服荷戟。立于廟門之下。援旗誓眾。奮于阡陌之上。況乎代主制命。自下財物者哉。廣樹恩不足目敵怨。勤興利不足目補害。故曰代大匠斲者。必傷其手。且夫政由甯氏。忠臣所為慷慨。祭則寡人。人主所不久堪。是目君奭鞅鞅。不悅公旦之舉。高平師師。側目博陸之勢。而成王不遺嫌吝于懷。宣帝若負芒刺于背。非其然者與。嗟乎。光于四表。德莫富焉。王曰叔父。親莫昵焉。登帝大位。功莫厚焉。守節沒齒。忠莫至焉。而傾側顛沛。僅而自全。則伊生抱明允目嬰戮。文子懷忠敬而齒劒。固其所也。因斯目言。夫目篤聖穆親。如彼之懿。大德至忠。如此之盛。尚不能取信于人主之懷。止

謗于眾多之口。過此目往。惡覩其可。安危之理。斷可識矣。又況乎饕大名目冒道家之忌。運短才而易聖哲所難者哉。身危由于勢過。而不知去勢目求安。禍積起于寵盛。而不知辭寵目招福。見百姓之謀已。則申宮警守。目崇不畜之威。懼萬民之不服。則嚴刑峻制。目賈傷心之怨。然後威窮乎震主。而怨行乎上下。眾心日陊。危機將發。而方偃仰瞪眄。謂足目夸世。笑古人之未工。忘己事之已拙。知曩勳之可矜。暗成敗之有會。是目事窮運盡。必于顛仆。風起塵合。而禍至常酷也。聖人忌功名之過已。惡寵祿之踰量。蓋為此也。夫惡欲之大端。賢愚所共有。而游子殉高位于生前。志士思垂名于身後。受生之分。唯此而已。夫蓋世之業。名莫大焉。震主之勢。位莫盛焉。率意無違。欲莫順焉。借使伊人頗覽天道。知盡不可益。盈難久持。超然自引。高揖而退。則巍巍之盛。仰邈前賢。洋洋之風。俯冠來籍。而大欲不乏于身。至樂無愆乎舊。節彌效而德彌廣。身

何當作和

逾邈而名逾劭。此之不為。彼之必昧。然後河海之迹堙為窮流。一簣之豐積成山岳。名編凶頑之條。身厭荼毒之痛。豈不謬哉。故聊賦焉。庶使百世少有寤云。文選藝文類聚二十四晉書陸機傳。

世有豪士兮遭國顛沛。攝窮運之歸期。嘗衆通之所會。苟時至而理盡。譬摧枯與振敗。因天地㠯運動。恆才𡾊而功大。于是禮極上典。服盡暉崇。儀北辰㠯葺宇。實蘭室而桂宮。撫玉衡于樞極。運萬物乎掌中。伊天道之剛健。猶時至而必衰。日罔中而弗昃。月何盈而不闕。襲覆車之危軌。笑前乘之去穴。若知險而退止。趣歸蕃而自戢。推璇璣㠯長謝。顧萬邦而高揖。託浮雲㠯邁志。豈咎吝之能集。擠為山㠯自隕。歎禍至于何及。藝文類聚二十四

遂志賦 并序

昔崔篆作詩㠯明道述志。而馮衍又作顯志賦。班固作幽通賦。皆相依倣焉。張衡思玄。蔡邕玄表。張叔哀系。此前世之可得言者也。

崔氏簡而有情。顯志壯而泛濫。哀系俗而時靡。玄表雅而微素。思玄精練而何惠。欲麗前人。而優游清典。漏幽通矣。班生彬彬。切而不絞。哀而不怨矣。崔蔡沖虛溫敏。雅人之屬也。衍抑揚頓挫。怨之徒也。豈亦窮達異事。而聲為情變乎。余備託作者之末。聊復用心焉。

武定鼎于洛汭。胡受瑞于汝墳。繇鳴鳳于百祀。啟敬仲乎方震。苟天光之所炤。豈舜族其必陳。厭禋祀于故墟。襲禴祭于東鄰。爾乃葉而松茂。舞九韶乎降神。系姜叟于海曲。表滄流㠯遺震。仰前蹤之緜邈。豈孤人之能胄。匪世祿之敢懷。傷茲堂之不構。理或睽而後合。道有夷而弗順。傅栖巖而神交。伊荷鼎㠯自進。蕭綢繆于豐沛。故攀龍而先躍。陳傾覆于楚魏。亦陵霄㠯自濯。伍被刑而伏劍。魏和戎而擁樂。彼殊塗而並致。此同川而偏溺。禍無景而易逢。福有時而難學。惟萬物之運動。雖紛糺而相襲。隨性類㠯曲成。故圓

行而方立。要信心而委命。援前修㠯自呈。擬遺迹于成軌。詠新曲于故聲。任窮達㠯逝止。亦進仕而退耕。庶斯言之不渝。抱耿介㠯成名。藝文類聚二十六。

扶輿王㠯成命。延衰期乎天祿。文選謝靈運張子房詩注。

懷土賦 并序

余去家漸久。懷土彌篤。方思之殷。何物不感。曲街委巷。罔不興詠。水泉草木。咸足悲焉。故述斯賦。

背故都之汱衍。適新邑之巨墟。遵黃川㠯葺宇。被蒼林而卜居。悼孤生之已晏。恨親沒之何速。排虛房而永念。想遺塵其如玉。眇緜邈而莫覲。徒佇立其焉屬。感亾景于存物。惋隤年于拱木。悲顧眄而有餘。思俯仰而自足。留茲情于江介。寄瘁貌于海曲。歡通川㠯悠想。撫歸塗而躑躅。伊躑躅之徒勤。慘歸途之良難。愍栖鳥于南枝。弔離禽于別山。念庭樹㠯悟懷。憶路草㠯解顏。甘堇荼于飴茝。

緯蕭艾其如蘭。神何寢而不夢。形何興而不言。藝文類聚二十六。

行思賦

乘丁水之捷岸。排泗川之積沙。水經泗水注。

行魏陽之枉渚。同上。

背洛浦之遙遙。浮黃川之裔裔。遵河曲㠯悠遠。觀通流之所會。啟石門而東縈。沿汴渠其如帶。託飄風之習習。冒沈雲之藹藹。商秋肅其發節。玄雲霈而垂陰。涼氣淒其薄體。零雨鬱而下淫。覩川禽之遵渚。看山鳥之歸林。揮清波㠯濯羽。翳綠葉而弄音。行彌久而情勞。塗愈近而思深。羨品物㠯獨感。悲綢繆而在心。嗟逝官之永久。年荏苒而歷茲。越河山而託景。眇四載而遠期。孰歸寧之弗樂。獨抱感而弗怡。藝文類聚二十七。

思歸賦 并序

余牽役京室。去家四載。㠯元康六年冬。取急歸。而羌虜作亂。王師

寒氣之氣當作風

外征。職典中兵。與聞軍政。懼兵革未息。宿願有違。懷歸之思。憤而成篇。藝文類聚二十七。御覽六百三十四。

節運代序。四氣相推。寒氣肅殺。白露霑衣。嗟行邁之彌留。感時逝而懷悲。絕音塵于江介。託影響于洛湄。彼離思之在人。恆戚戚而無歡。悲緣情吕自誘。憂觸物而生端。晝輟食而發憤。宵假寢而興言。羨歸鴻吕矯首。挹谷風而如蘭。歲靡靡而薄暮。心悠悠而增楚。風霏霏而入室。響泠泠而愁予。既遨遊于川沚。亦改駕乎山林。伊我思之沈鬱。愴感物而增深。歎隨風而上逝。涕承纓而下尋。冀王事之暇豫。庶歸寧之有時。候涼風而警策。指孟冬而為期。願靈暉之促景。恆立表吕望之。藝文類聚二十七。又略見文選月賦注謝靈運鄰里相送方山詩注。

掉河淵之輕艇。御覽七百七十。

別賦

伊公子之可懷。悲永別之局期。悼同居之無樂。會不踰乎一朞。經春秋之寒暑。常慼慼而不怡。登九層而脩觀。超臨遠吕相思。藝文類聚三十。

歎逝賦 并序

昔每聞長老追計平生。同時親故。或凋落已盡。或僅有存者。余年方四十。而懿親戚屬。亡多存寡。昵交密友。亦不半在。或所曾共遊一塗。同宴一室。十年之外。索然已盡。吕是思哀。哀可知矣。乃作賦曰。

伊天地之運流。紛升降而相襲。日望空吕駿驅。節循虛而警立。嗟人生之短期。孰長年之能執。時飄忽其不再。老晼晚其將及。懟瓊蘂之無徵。恨朝霞之難挹。望湯谷吕企予。惜此景之屢戢。悲夫川閱水吕成川。水滔滔而日度。世閱人而為世。人冉冉而行暮。人何世而弗新。世何人之能故。野每春其必華。草無朝而遺露。經終古而常然。率品物其如素。譬日及之在條。恆雖盡而弗寤。雖不寤其

瞶當作頤

可悲。心惆焉而自傷。亮造化之若茲。吾安取夫久長。痛靈根之夙隕。怨具爾之多喪。悼堂構之隤瘁。愍城闕之丘荒。親彌懿其已逝。交何戚而不忘。咨余今之方殆。何視天之芒芒。傷懷悽其多念。慼貌瘁而尠歡。幽情發而成緒。滯思叩而興端。慘此世之無樂。詠在昔而為言。居充堂而衍宇。行連駕而比軒。彌年時其詎幾。夫何往而不殘。或冥邈而既盡。或寥廓而僅半。信松茂而柏悅。嗟芝焚而蕙歎。苟性命之弗殊。豈同波而異瀾。瞻前軌之既覆。知此路之良難。啟四體而深悼。懼茲形之將然。毒娛情而寡方。怨感目之多顏。諒多顏之感目。神何適而獲怡。尋平生于響像。覽前物而懷之。步寒林吕悽惻。翫春翹而有思。觸萬類吕生悲。歎同節而異時。年彌往而念廣。塗薄暮而意迮。親落落而日稀。友靡靡而愈索。顧舊要于遺存。得十一于千百。樂隤心其如忘。哀緣情而來宅。託末契于後生。余將老而為客。然後弭節安懷。妙思天造。精浮神淪。忽在世表。寤大暮之同寐。何矜晚吕怨早。指彼日之方除。豈茲情之足攪。感秋華于衰木。瘁零露于豐草。在殷憂而弗違。夫何云乎識道。將瞶天地之大德。遺聖人之洪寶。解心累于末迹。聊優遊吕娛老。文選。藝文類聚三十四。

愍思賦 并序

予屢抱孔懷之痛。而奄復喪同生姊。銜恤哀傷。一載之間。而喪制便過。故作此賦。吕紓慘惻之感。

時方至其儵忽。歲既去其晼晚。樂來日之有繼。傷頹年之莫纂。覽萬物吕澄念。悲伯姊之已遠。尋遺塵之思長。瞻日月之何短。升降乎階除。顧盼兮屏營。雲承宇兮藹藹。風入室兮泠泠。僕從為我悲。孤鳥為我鳴。藝文類聚三十四。

大暮賦 并序

夫死生是失得之大者。故樂莫甚焉。哀莫深焉。使死而有知乎。安

知其不如生。如遂無知邪。又何生之足戀。故極言其哀。而終之㠯達。庶㠯開夫近俗云。

夫何天地之遼闊。而人生之不可久。長日引月而並隕。時惟歲而俱喪。諒壯歲之揮霍。豈人生之可量。知自壯而得老。體自老而得亡。觀細木而悶遲。覩洪櫝而念檣。顧黃壚之杳杳。悲下泉乎翳翳。挫千乘猶一毫。當何數乎智慧。徒假顏于須臾。指夕景而爲誓。忽呼吸而不振。奄神徂而形斃。顧萬物而遺恨。收百慮而長逝。于是六親雲起。姻族如林。爭塗掩淚。望門舉音。敷幄席㠯悠想。陳備物而虛靈。仰寥廓而無見。俯寂寞而無聲。殽饛饛其不毀。酒湛湛而每盈。屯送客于山足。伏埏道而哭之。扃幽戶㠯大畢。泝玄闕而長辭。歸無塗兮往不反。年彌去兮逝彌遠。彌遠兮日隔。無塗兮曷因。庭樹兮葉落。墓草兮根陳。藝文類聚三十四。初學記十四。又略見魏志文帝紀注。御覽五百五十一。播芳塵之馥馥。文選謝朓八公山詩注。

幽人賦

世有幽人。漁釣乎玄渚。彈雲冕㠯辭世。披霄褐而延佇。是㠯物外莫得窺其奧。舉世不足揚其波。勁秋不能凋其葉。芳春不能發其華。超沈冥㠯絕緒。豈世網之能加。藝文類聚三十六。

應嘉賦 并序

友人有作嘉遁賦與余者。作賦應之。號曰應嘉云。

傲世公子。體逸懷遐。意邈澄霄。神夷靜波。仰羣軌㠯遙企。頓駿翮㠯婆娑。寄沖氣于大象。解心累于世羅。襲三閭之奇服。詠南榮之清歌。濯下泉于浚澗。泝凱風于卷阿。指千秋㠯厲響。俟寂寞之來和。懷前修之彷彿。覿幽人之所過。抱玄景㠯獨寐。含芳風而寤語。發蘭音㠯清唱。操玉懷而喻予。于是葺宇中陵。築室河曲。軌絕千塗。而門瞻百族。假妙道㠯達觀。考賁龜而貞卜。苟形骸之可忘。豈投簪其必谷。方介丘于尺阜。託雲林乎一木。佇鳴條㠯招風。聆哀音其如玉。窮覽物㠯盡齒。將弭迹于餘足。藝文類聚三十六。

感丘賦

泛輕舟于西川。背京室而電飛。遵伊洛之坻渚。沿黃河之曲湄。覩墟墓于山梁。託崇丘㠯自綏。見兆域之藹藹。羅魁封之壘壘。于是徘徊洛涯。弭節河干。佇眄留心。慨爾遺歎。仰終古㠯遠念。窮萬緒乎其端。伊人生之寄世。猶水草乎山河。應甄陶㠯歲改。順通川而日過。生矜迹于當已。死同宅乎一丘。翳形骸于下淪兮。飄營魄而上浮。隨陰陽㠯融冶。託山原㠯爲疇。妍媸混而爲一。孰云識其所修。必妙代㠯遠覽兮。夫何徇乎陳區。爾乃申舟人㠯遂往。橫大川而有悲。傷年命之倏忽。怨天步之不幾。雖履信而思順。曾何足㠯保茲。普天壤其弗免。寧吾人之所辭。願靈根之晚墜。指歲暮而爲期。藝文類聚四十七。初學記十四。

全晉文卷九十六終

全晉文卷九十七

烏程嚴可均校輯

陸機二

文賦 幷序

余每觀才士之所作竊有㠯得其用心夫放言遣辭良多變矣妍蚩好惡可得而言每自屬文尤見其情恆患意不稱物文不逮意蓋非知之難能之難也故作文賦㠯述先士之盛藻因論作文之利害所由佗日殆可謂曲盡其妙至于操斧伐柯雖取則不遠若夫隨手之變良難㠯辭逮蓋所能言者具于此云

佇中區㠯玄覽頤情志于典墳遵四時㠯歎逝瞻萬物而思紛悲落葉于勁秋喜柔條于芳春心懍懍㠯懷霜志眇眇而臨雲詠世德之駿烈誦先人之清芬遊文章之林府嘉麗藻之彬彬慨投篇而援筆聊宣之乎斯文其始也皆收視反聽耽思傍訊精騖八極

心遊萬仞其致也情曈曨而彌鮮物昭晣而互進傾羣言之瀝液漱六蓺之芳潤浮天淵㠯安流濯下泉而潛浸于是沈辭怫悅若遊魚銜鉤而出重淵之深浮藻聯翩若翰鳥纓繳而墜曾雲之峻收百世之闕文採千載之遺韻謝朝華于已披啟夕秀于未振觀古今于須臾撫四海于一瞬然後選義案部考辭就班抱景者咸叩懷響者畢彈或因枝㠯振葉或沿波而討源或本隱㠯之顯或求易而得難或虎變而獸擾或龍見而鳥瀾或妥帖而易施或岨峿而不安罄澄心㠯凝思眇眾慮而為言籠天地于形內挫萬物于筆端始躑躅于燥吻終流離于濡翰理扶質㠯立幹文垂條而結繁信情貌之不差故每變而在顏思涉樂其必笑方言哀而已歎或操觚㠯率爾或含毫而邈然伊茲事之可樂固聖賢之所欽課虛無㠯責有叩寂寞而求音函緜邈于尺素吐滂沛乎寸心言恢之而彌廣思案之而逾深播芳蕤之馥馥發青條之森森粲風飛而猋豎鬱雲起乎翰林體有萬殊物無一量紛紜揮霍形難為狀辭程才㠯效伎意司契而為匠在有無而僶俛當淺深而不讓雖離方而遯員期窮形而盡相故夫夸目者尚奢愜心者貴當言窮者無隘論達者唯曠詩緣情而綺靡賦體物而瀏亮碑披文㠯相質誄纏緜而悽愴銘博約而溫潤箴頓挫而清壯頌優遊㠯彬蔚論精微而朗暢奏平徹㠯閑雅說煒曄而譎誑雖區分之在茲亦禁邪而制放要辭達而理舉故無取乎冗長其為物也多姿其為體也屢遷其會意也尚巧其遣言也貴妍暨音聲之迭代若五色之相宣雖逝止之無常固崎錡而難便苟達變而識次猶開流㠯納泉如失機而後會恆操末㠯續顛謬玄黃之秩敘故淟涊而不鮮或仰逼于先條或俯侵于後章或辭害而理比或言順而義妨離之則雙美合之則兩傷考殿最于錙銖定去留于毫芒苟銓衡之所裁固應繩其必當或文繁理富而意不指適極無兩致盡

不可益立片言而居要乃一篇之警策雖眾辭之有條必待茲而效績亮功多而累寡故取足而不易或藻思綺合清麗千眠炳若縟繡悽若繁絃必所擬之不殊乃闇合乎曩篇雖杼軸于予懷怵佗人之我先苟傷廉而愆義亦雖愛而必捐或苕發穎豎離眾絕致形不可逐響難為係塊孤立而特峙非常音之所緯心牢落而無偶意徘徊而不能揥石韞玉而山輝水懷珠而川媚彼榛楛之勿翦亦蒙榮于集翠綴下里于白雪吾亦濟夫所偉或託言于短韻對窮迹而孤興俯寂寞而無友仰寥廓而莫承譬偏絃之獨張含清唱而靡應或寄辭于瘁音徒靡言而弗華混妍蚩而成體累良質而為瑕象下管之偏疾故雖應而不和或遺理㠯存異徒尋虛㠯逐微言寡情而鮮愛辭浮漂而不歸猶絃幺而徽急故雖和而不悲或奔放㠯諧合務嘈囋而妖冶徒悅目而偶俗固高聲而曲下寤防露與桑間又雖悲而不雅或清虛㠯婉約每除煩而去

濫。闕大羹之遺味。同朱絃之清氾。雖一唱而三歎。固既雅而不豔。若夫豐約之裁。俯仰之形。因宜適變。曲有微情。或言拙而喻巧。或理朴而辭輕。或襲故而彌新。或沿濁而更清。或覽之而必察。或研之而後精。譬猶舞者赴節㠯投袂。歌者應絃而遣聲。是蓋輪扁所不得言。故亦非華說之所能精。普辭條與文律。良余膺之所服。練世情之常尤。識前修之所淑。雖濬發于巧心。或受欰于拙目。彼瓊敷與玉藻。若中原之有菽。同槖籥之罔窮。與天地乎竝育。雖紛藹于此世。嗟不盈于予掬。患挈缾之屢空。病昌言之難屬。故踸踔于短垣。放庸音㠯足曲。恆遺恨㠯終篇。豈懷盈而自足。懼蒙塵于叩缶。顧取笑乎鳴玉。若夫應感之會。通塞之紀。來不可遏。去不可止。藏若景滅。行猶響起。方天機之駿利。夫何紛而不理。思風發于胷臆。言泉流于脣齒。紛葳蕤㠯馺遝。唯毫素之所擬。文徽徽㠯溢目。音泠泠而盈耳。及其六情底滯。志往神留。兀若枯木。豁若涸流。攬營魂㠯探賾。頓精爽于自求。理翳翳而愈伏。思乙乙其若抽。是㠯或竭情而多悔。或率意而寡尤。雖茲物之在我。非余力之所戮。故時撫空懷而自惋。吾未識夫開塞之所由。伊茲文之為用。固眾理之所因。恢萬里而無閡。通億載而為津。俯貽則于來葉。仰觀象乎古人。濟文武于將墜。宣風聲于不泯。塗無遠而不彌。理無微而弗綸。配霑潤于雲雨。象變化乎鬼神。被金石而德廣。流管絃而日新。文選。藝文類聚五十六。

鼓吹賦

原鼓吹之攸始。蓋稟命于黃軒。播威靈于茲樂。亮聖器而成文。騁逸氣而憤壯。繞煩手乎曲折。舒飄颻㠯遐洞。卷徘徊其如結。宮備眾聲。體僚君器。飾聲成文。彫音作蔚。響㠯彤分。曲㠯和綴。放嘉樂于會通。宣萬變于觸類。適清響㠯定奏。期要妙于豐殺。邈拊搏之所管。務戛歷之為最。及其悲唱流音。怏惶依違。含歡嚼弄。乍數乍稀。音躑躅于脣吻。若將舒而復迴。鼓砰砰㠯輕投。簫嘈嘈而微吟。詠悲翁之流思。怨高臺之難臨。顧穹谷㠯含哀。仰歸雲而落音。節應氣㠯舒卷。響隨風而浮沈。馬頓跡而增鳴。士嚬蹙而霑襟。若乃巡郊澤。戲野坰。奏君馬。詠南城。慘巫山之遐險。歎芳樹之可榮。藝文類聚六十八。初學記十六。

漏刻賦

偉聖人之制器。妙萬物而為基。形罔隆而弗包。理何遠而不之。寸管俯而陰陽效其繩。尺表仰而日月與之期。玄烏懸而八風㠯情應。玉衡立而天地不能欺。既窮神㠯盡化。又設漏㠯效時。爾乃挈金壺㠯南羅。藏幽水而北戢。擬洪殺于編鍾。順卑高而為級。激懸泉㠯遠射。跨飛途而遙集。伏陰蟲㠯承波。吞絙流其如挹。是故來象神造。去猶鬼幻。因勢相引。乘靈自薦。口納胷吐。文選注作口吐胷納。水無滯咽。形微獨繭之緒。文選注作絲。逝若垂天之電。偕四時㠯合最。指昏明乎無殿。籠八極于千分。度晝夜乎一箭。抱百刻㠯駿浮。仰胡人而利見。夫其立體也簡。而效績也誠。其假物也粗。而致用也精。積水不過一鍾。導流不過一筵。而周天者因其敏。分地者賴其平。微聽者假其察。貞觀者借其明。考斗厤之潛慮。測日月之幽精。信探賾之妙術。雖無神其若靈。寤蟋蟀之棲月。識金水之相緣。北堂書鈔一百四十九。藝文類聚六十八。文選新刻漏銘注。初學記二十五。御覽二。

羽扇賦

昔楚襄王會于章臺之上。山西與河右諸侯在焉。大夫宋玉唐勒侍。皆操白鶴之羽㠯為扇。諸侯掩麈尾而笑。襄王不悅。宋玉趨而進曰。敢問諸侯何笑。諸侯曰。昔者武王玄覽。造扇于前。而五明安眾。庶繁于後。各有託于方圓。蓋受則于箑甫。舍茲器而不用。顧奚取于鳥羽。宋玉曰。夫創始者恆樸。而飾終者必妍。是故烹飪起于熱石。玉輅基于椎輪。安眾方而氣散。五明圓而風煩。未若茲羽之爲麗。固體俟而用鮮。彼淩霄之遼鳥。播鮮輝之蒨蒨。隱九皋㠯鳳鳴。游芳田而龍見。醜靈龜而遠期。超長年而久眄。累懷璧于美羽。挫千歲乎一箭。委曲體㠯受制。奏隻翅而爲扇。則其布翮也。差洪細。秩長短。稠不逼。稀不簡。發若蕭史之鳴金籟。趯若大容之羅玉琯。于是鏤巨獸之齒。裁奇木之幹。憲靈樸于造化。審貞則而妙觀。移圓根于新體。因天秩乎舊貫。鳥不能別其是非。人莫敢分其眞贗。翮媥媥㠯微振。風飉飉㠯垂婉。妙自然㠯爲言。故不積而能散。其在手也安。其應物也誠。其招風也利。其播氣也平。混貴賤而一節。風無往而不淸。發芳塵之郁烈。拂鳴弦之泠泠。斂揮汗之瘁體。洒毒暑之幽情。諸侯曰善。宋玉遂言曰。伊茲羽之駿敏。侶南箕之啟扉。垂皎曜之奕奕。含鮮風之微微。襄王仰而拊節。諸侯伏而引非。皆委扇于楚庭。執鳥羽而言歸。屬唐勒而爲之辭曰。伊鮮禽之令羽。夫何翮翮與眇眇。性勁健㠯利口。每箕張而雲繞。反寒暑于

一堂之末。迴八風乎六翮之杪。引凝涼而響臻。拂隆暑而囗到。驅囂塵之鬱述。流淸氣之悄悄。符璇空㠯煩輪。道洞房而窈窕。（書鈔一百三十四引六條。藝文類聚六十九。初學記二十五。御覽七百六十六。）

列仙賦

夫何列仙之玄妙。超攝生乎世表。因自然㠯爲基。仰造化而闡道。性沖虛㠯易足。年緬邈其難老。爾乃呼翕九陽。抱一含元。引新吐故。雲飲露湌。違品物㠯長眄。妙羣生而爲言。爾其嘉會之仇。息宴遊棲。則昌容弄玉。洛宓江妃。觀百化于神區。覲天皇于紫微。過大華㠯息駕。越流沙而來歸。（藝文類聚七十八。）

卽絳闕于朝霞。（御覽。）

騰烟霧之霏霏。（文選廣絕交論注。）

陵霄賦

挾至道之玄微。狹流俗之紛涅。颺余節㠯遠模。風扶搖而相予。側陋跡于介丘。省游仙而投軌。凱情累㠯遂濟。豈時俗之云阻。判煙雲之騰躍。半天步而無旅。詠陵霄之飄飄。永終焉而弗悔。昊蒼煥而運流。日月翻其代序。下霄房之靡迤。卜良辰而復舉。陟瑤臺㠯投轡。步玉除而容與。（藝文類聚七十八。）

織女賦

足躡刺繡之履。（北堂書鈔一百三十六。）

瓜賦

佳哉瓜之爲德。邈衆果而莫賢。殷仲和之淯化。播滋榮于甫田。背芳春㠯初載。近朱夏而自延。奮修系之莫莫。邁秀體之緜緜。赴廣武㠯長蔓。粲煙接㠯雲連。感嘉時而促節。蒙惠露而增鮮。若乃紛敷雜錯。鬱悅婆娑。發彼適此。迭相經過。熙朗日㠯熠熠。扇和風其如波。有葛蕈之覃及。象椒聊之衆多。發金熒于秀翹。結玉實于柔柯。蔽翠景㠯自育。綴修莖而星羅。夫其種族類數。則有栝樓定桃。

黃𤓰白縛。金釵密筩。小青大斑。玄骭素腕。貍首虎蹯。東陵出于秦谷。桂髓起于巫山。五色比象。殊形異端。或濟貌㠯表內。或惠心而醜顏。或攄文㠯抱綠。或被素而懷丹。氣洪細而俱芬。體脩短而必圓。芳郁烈其充堂。味窮理而不餌。德弘濟于飢渴。道殊流于貴賤。若夫濯㠯寒水。淬㠯夏凌。越氣外斂。溫液密凝。體猶握虛。離若剖冰。（藝文類聚八十七。初學記二十八。御覽九百七十八。）

桑賦（并序）

皇太子便坐。蓋本將軍直廬也。初世祖武皇帝爲中壘將軍。植桑一株。世更二代。年漸三紀。扶疏豐衍。抑有瑰異焉。

夫何佳樹之洪麗。超託居乎紫庭。羅萬根㠯下洞。矯千條而上征。豈民黎之能植。乃世武之所營。故其形瑰族類。體豔衆木。黃中爽理。滋榮煩縟。綠葉興而盈尺。崇條蔓而會尋。希太極㠯延峙。暎承明而廣臨。華飛鴞之流響。想鳴鳥之遺音。惟厤數之有紀。恆依物

㠯表德。豈神明之所相。將我皇之先識。跨百世而勿蘙。超長年㠯永植。藝文類聚八十八。御覽九百五十五。

疊稚節㠯夙茂。蒙勁風而後凋。文選鮑照行藥至城東橋詩注。

果賦

中山之縹李。御覽九百六十八。

鼈賦 幷序

皇太子幸于釣臺。漁人獻鼈。命侍臣作賦。

其狀也。穹脊連脅。玄甲四周。遁方圓于規矩。徒廣肩㠯姑迷。循盈尺而腳寸。又取具于指掌。鼻嘗氣而忌脂。耳無聽而受響。是㠯栖居多逼。出處寡便。尾不副首。足不運身。于是從容澤畔。肆志汪洋。朝戲蘭渚。夕息中塘。越高波㠯魚逸。竄洪流而潛藏。咀蕙蘭之芳荄。翳華藻之垂房。藝文類聚九十六。

總美惡而兼融。播萬族乎一區。文選陶潛詠貧士詩注。又頭陀寺碑注。

薦賀循郭訥表

伏見吳興武康令賀循。德量邃茂。才鑒清遠。服膺道素。風操凝峻。歷試二城。刑政肅穆。前蒸陽令郭訥。風度簡曠。器識朗拔。通濟敏悟。才足幹事。循守下縣。編名凡悴。訥歸家巷。棲遲有年。皆出自新邦。朝無知已。居在遐外。志不自營。年時倏忽。而邈無階緒。實州黨愚智所爲恨恨。臣等伏思臺郎所㠯使州州有人。非徒㠯均分顯路。惠及外州而已。誠㠯庶士殊風。四方異俗。壅隔之害。遠國益甚。至于荊揚二州。戶各數十萬。今揚州無郎。而荊州江南乃無一人爲京城職者。誠非聖朝待四方之本心。至于才望資品。循可尚書郎。訥可太子洗馬舍人。此乃衆望所積。非但企及清塗。苟充方選也。謹條資品。乞蒙簡察。臣等並㠯凡才。累授飾進。被服恩澤。忝豫朝末。知良士後時。而守局無言。懼有蔽賢之咎。是㠯不勝愚管。謹冒死表聞。吳志賀劭傳注引虞預晉書。陸機陸雲表薦循云云。晉書賀循傳。著作郎陸機上疏薦循云云。御覽六百三十二作陸機薦賀循郭訥表。

薦張暢表

伏見司徒下議大夫張暢。除當爲豫章內史丞。暢才思清敏。志節貞厲。秉心立操。早有名譽。其年時舊比。多歷郡守。唯暢陵遲。白首未齒。而佐下藩。蹉跎碎濁。于暢名資。居之爲劇。前人未始有此。愚㠯爲宜解舉。試㠯近縣。御覽二百五十三。

詣吳王表

臣本吳人。靖居海隅。朝廷欲抽引遠人。綏慰遐外。故太傅所辟。殿下東到淮南。發詔㠯臣爲郎中令。御覽二百四十八。

相國參軍。率取臺郎。臣獨㠯高口見取。北堂書鈔。

謝吳王表

殿下㠯臣爲郎中。命轉中兵郎。復㠯頗涉文學。見轉爲殿中郎。御覽二百十五。

與吳王表

臣㠯職在中書。詔命所出。臣本㠯筆札見知。北堂書鈔五十五引陸機集。又文選任昉王文憲集序注引末一句。

禪文本草。見在中書。一字一蹟。自可分別。□□□引王隱晉書。

見原後謝齊王表

臣㠯職在中書。制命所出。而臣本㠯筆札見知。慮逼迫不獲已。乃詐發內妹喪。出就第。雲哭泣受弔。片言隻字。文不關其間。初學記十一。御覽二百二十。

謝平原內史表

陪臣陸機言。今月九日。魏郡太守遣兼丞張含齎板詔書印綬。假臣爲平原內史。拜受祗竦。不知所裁。臣機頓首頓首。死罪死罪。臣本吳人。出自敵國。世無先臣宣力之效。才非丘園耿介之秀。皇澤廣被。惠濟無遠。擢自羣萃。累蒙榮進。入朝九載。歷官有六。身登三闕。官成兩宮。服冕乘軒。仰齒貴游。振景拔迹。顧邈同列。施重山岳。義足灰沒。遭國顛沛。無節可紀。雖蒙曠盪。臣獨何顏。俛首頓膝。憂愧若厲。而橫爲故齊王冏所見枉陷。誣臣與衆人共作禪文。幽執囹圄。當爲誅始。臣之微誠。不負天地。倉卒之際。慮有逼迫。乃與弟雲及散騎侍郎袁瑜、中書侍郎馮熊、尚書右丞崔基、廷尉正顧榮、汝陰太守曹武思所以獲免。陰蒙避迴。岐嶇自列。片言隻字。不關其間。事蹤筆跡。皆可推校。而一朝翻然。更以爲罪。蕞爾之生。尚不足恡。區區本懷。實有可悲。畏逼天威。即罪惟謹。鉗口結舌。不敢上訴所天。莫大之釁。日經聖聽。肝血之誠。終不一聞。所以臨難慷慨。而不能不恨恨者。惟此而已。重蒙陛下愷悌之宥。迴霜收電。使不隕越。復得扶老攜幼。生出獄戶。懷金拖紫。退就散輩。感恩惟咎。五情震悼。跼天蹐地。若無所容。不悟日月之明。遂垂曲照。雲雨之澤。播及朽瘁。忘臣弱才。身無足采。哀臣零落。罪有可察。苟削丹書。得夷平民。則塵洗天波。謗絕衆口。臣之始望。尚未至是。猥辱大命。顯授符虎。使春枯之條。更與秋蘭垂芳。陸沈之羽。復與翔鴻撫翼。雖安國免徒。起紆青組。張敞亡命。坐致朱軒。方臣所蒙。未足爲泰。豈臣蒙垢含忝。所宜忝竊。非臣毀宗夷族。所能上報。喜懼參并。悲慙哽結。拘守常憲。當便道之官。不得束身奔走。稽顙城闕。瞻係天衢。馳心輦轂。臣不勝屛營延仰。謹拜表以聞。文選。

大田議

臣聞隆名之主。不改法而下治。陵夷之世。不易術而民息。夫商人逸而利厚。農人勞而報薄。道農以利。則耕夫勸。節商以法。則游子歸。藝文類聚六十五。

晉書限斷議

三祖實終爲臣。故書爲臣之事。不可不如傳。此實錄之謂也。而名同帝王。故自帝王之籍。不可以不稱紀。則追王之義。初學記二十一。

至洛與成都王牋

王室多故。禍難薦有。羊玄之乘寵凶豎。專記朝政。姦臣賊子。是爲比周。皇甫商同惡相求。共爲亂階。至令天子飄颻。甚于贅瘤。伏惟明公匡濟之舉。義命方宣。元戎既啟。風威電赫。機以鶩暗。文武寡施。猥蒙橫授。委任外閫。輒承嚴敎。董率諸軍。唯力是視。藝文類聚五十九。

與趙王倫牋薦戴淵

蓋聞繁弱登御。然後高墉之功顯。孤竹在肆。然後降神之曲成。是以高世之主。必假遠邇之器。蘊匱之才。思託大音之和。伏見處士廣陵戴淵。年三十。字若思。淸沖履道。德量允塞。思理御覽作心智。足以研幽。才鑒足以辨物。安窮樂志。無風塵之慕。砥節立行。有井渫之潔。誠東南之遺寶。聖朝之奇璞也。若得託迹康衢。必能結軌驥騄。曜質廊廟。必能垂光璵璠。夫枯岸之民。果于輸珠。潤山之客。列于貢玉。蓋明暗呈形。則庸識所甄也。惟明公垂神采察。不使忠允之言。以人而廢。世說自新篇注引虞預晉書。又見晉書戴若思傳。御覽六百三十二。

謝成都王牋

慶雲惠露。止于落葉。文選齊安陸王碑文注。

與弟雲書 九首

聽訟觀東。作百丈許廊屋。御覽一百八十五。

門有三層。高百尺。魏明帝造。水經穀水注。穀水又東歷大夏門下。故夏門也。引。

仁壽殿前有大方銅鏡。高可五尺餘。廣三尺二寸。立著庭中。向之便寫人形體。了了。亦怪事也。北堂書鈔一百三十六。初學記二十五。御覽七百十七。

此閒有傖父。欲作三都賦。須其成。當以覆酒甕耳。晉書左思傳。又御覽八百六引世說。今檢世說無。

監徒武庫建始殿諸房中。見有兩足猿。眞怪物也。御覽九百十。案監徒疑有誤。

天淵池養山雞。甚可嬉。御覽九百十八。

天淵池南角有果。各作一株。無處不有。縱橫成行。一果之間。輒作一堂。御覽九百六十四。

張騫爲漢使外國十八年，得塗林安石榴也。御覽九百七十，又見大觀本草二十三。

思苦生疾。文選文賦注。

與長沙顧母書

痛心拔腦，有如孔懷。

與長沙夫人書

士璜亡，恨一襦少，便以機新襦衣與之。御覽六百九十五。

全晉文卷九十七終

烏程嚴可均校輯

陸機三

策問秀才紀瞻等 六首

昔三代明王。啟建洪業。文質殊制。而令名一致。然夏人尚忠。忠之弊也朴。救朴莫若敬。殷人革而修焉。敬之弊也鬼。救鬼莫若文。周人矯而變焉。文之弊也薄。救薄則又反之于忠。然則王道之反覆。其無一定邪。亦所祖之不同。而功業各異也。自無聖王。人散久矣。三代之損益。百姓之變遷。其故可得而聞邪。今將反古以救其弊。明風以蕩其穢。三代之制。將何所從。太古之化。有何異道。

在昔哲王。象事備物。明堂所以崇上帝。清廟所以恤祖考。辟雍所以班禮教。太學所以講藝文。此蓋有國之盛典。爲邦之大司。亡秦廢學。制度荒闕。諸儒之論。損益異物。漢氏遺作。居爲異事。而蔡邕月令。謂之一物。將何所從。

庶明亮采。故時雍穆唐。有命既集。而多士隆周。故書稱明良之歌。易貴金蘭之美。此長世所以廢興。有邦所以崇替。夫成功之君。勤于求才。立名之士。急于招世。理無世不對。而事千載恆背。古之興王。何道而如彼。後之衰世。何闕而如此。

昔唐虞垂五刑之教。周公明四罪之制。故世歎清問。而時歌緝熙。姦宄既殷。法物滋有。叔世崇三辟之文。暴秦加族誅之律。淫刑淪胥。虐濫已甚。漢魏遵承。因而弗革。亦由險泰不同。而救世異術。不得已而用之故也。寬剋之中。將何立而可。族誅之法。足爲永制與不。

夫五行迭代。陰陽相須。二儀所以陶育。四時所以化生。易稱在天成象。在地成形。形象之作。相須之道也。若陰陽不調。則大數不得不否。一氣偏廢。則萬物不得獨成。此應同之至驗。不偏之明證也。

今有溫泉而無寒火。其故何也。思聞辯之。以釋不同之理。

夫窮神知化。才之盡稱。備物致用。功之極目。以之爲政。則黃羲之規可踵。以之革亂。則玄古之風可紹。然而唐虞密皇人之闊網。夏殷繁帝者之約法。機心起而日進。淳德往而莫返。豈大樸一離。理不可振。將聖人之道。稍有降殺邪。晉書紀瞻傳。

七徵 又作七微。案此假通徵大夫以爲亂。疑作徵是。

玄虛子耽性沖素。雍容玄泊。棄時俗而弗徇。甘漁釣于一壑。乃有通徵大夫。怨皇后之失寶。傷鴻晉之後聞。縈玄黃于榛險。憑穴岩而放言。

后當作居

通徵大夫曰。奇膳玉食。窮滋致豐。簡犧羽族。考生毛宗。俯出沈鮪。仰落歸鴻。剖柔胎于孕豹。宰潛肝乎豢龍。拾朝陽之遺卵。納丹穴之飛皇。神皐奇稔。嘉禾之穗。合滋發馨。素穎玉銳。初學記二十六引此四句。勺藥調以充飢。芳馨發而協氣。書鈔一百四十二。灼若皓雪之頹玄雲。皎若明珠之積緇匱。素蟻踊而濺濟。滋芬溢而相徵。雲沸淵涌。秋醪春酒。兼溫增奇。浮藻吐秀。書鈔一百四十八。味雖濃而弗爽。氣既惠而復口。介景福于眉壽。裕溫克乎齊聖。子能饗之乎。

通徵大夫曰。豐屋華殿。奇構磊落。高宇雲覆。千楹林錯。仰綴瑰木。俯積瑱石。敷延袤之廣廡。矯陵霄之高閣。秀清暉乎雲表。騰藻茵之奕奕。珍觀清樧。岳立連行。雲階飛陛。仰涉窮蒼。聳浮柱而虬立。施飛檐以龍翔。回房旋室。綴琳襄玉。圖畫神仙。延祐承福。懸闥高達。長廊迴屬。于是登漸臺。理俊音。鏡玄沚。望長林。逐狡獸。弋輕禽。覽壯藝以悅觀。聆和樂而治心。子能居之乎。

窮當作穹

治當作怡

通徵大夫曰。金石諧而齊響。塤篪協而和鳴。于是才人進羽籥。玄弁被藻襄。俯紫領以鴻歸。仰矯首而鶴立。激長歌于丹脣。發鏗鏘乎柔木。合清商以絕節。揮流徵而赴曲。奏南荊之高歎。詠易水之清角。爾乃靚蛾眉之羣麗。羌既都而又閑。矯纖腰以逐節。頓皓足

涕當作睇

于鼓盤。舒妍睴以妖韶。若陵危之未安。

通微大夫曰。蓋聞沬北有采唐之思。淇上有送子之勤。關雎以寤寐為感。溱洧以謔浪為歡。若夫妖嬪豔女。莬羣擢俊。穆藻儀于令表。茂當年之柔嫚。馨妍規之約綽。體每變而增閒。秀紅蘂其愉愉。若餘穎之可飡。若夫靈晷潛徂。顏退羽觴升。淸琴厲。因淸明以宣誠。流微涕而授愛。纖手揮而鳴佩鏗。華袊被則芳塵𦫵。子其納之乎。

通微大夫曰。塗有殊而一致。業有殊而名約。各因姿以效績。期寄嚮于夫人也。孰與騁奇蹤于萬邦。撫六轡而高遊。瞰八宇以攄眄。齊淸風乎諸侯。言成否泰。氣作溫涼。弭侵略于彊暴。綜墜紀乎危邦。子豈不願斯之雍容乎。

通微大夫曰。明主應期。撫民以德。配仁風于黃唐。齊威靈乎宸極。彝倫幸序。庶績咸乂。盪流風于雍俗。給天民乎齊泰。是以玄靈感

靡當作縻

而表應。嘉神繁而畢覿。舞唐庭之來儀。鳴岐陽之鸑鷟。膺天監之休命。荷神聽之介福。然聖主達持盈之寶術。邈經國之在賢。各畢榮于分局。期贊化于大鈞。吾子豈不欲靡好爵于天宇。顯列業乎帝臣歟。玄虛子作而曰。甚哉鄙人之惑也。猶窮繩自逸于井幹。憑河盜本于黃川。欽至論。敷蔽祛。謹聞命于王孫。（藝文類聚五十七。）

七羨

湘陰口酎。蒐其澄淸。秋醪增（一作曾、）醞。明酒九成。甘芬潛結。（書鈔一百四十八引兩條。案七羨不他見。或轉寫有誤。陳禹謨本連屬上條之傳玄七謨中。又臆補全欒玉醴四字。不敢據信。）

長角三倡。武士旗布。捺紫閈之神機。審心中而後射。（御覽三百四十八。）

演八代之洪旨。統先聖之遺訓。聳一心以紹軌。敦四敎以承丘。（初學記二十一。）

鞠歌行序

序曰。案漢宮門有含章鞠室。靈芝鞠室。後漢馬防第宅卜臨道連閣通池。鞠城彌于街路。鞠歌將謂此也。又東阿王詩連騎擊壤。或謂蹴鞠乎。三言七言。言雖奇寶。名器不遇知己。終不見重。願逢知己。以託意焉。（郭茂倩樂府。）

皇太子請宴詩序

感聖恩之罔極。退而賦此詩也。（御覽五百三十九。）

荅賈謐詩序

令中當作中令

余昔為太子洗馬。魯公賈長淵以散騎常侍侍東宮積年。余出補吳王郎令。中元康六年入為尚書郎。魯公贈詩一篇。作此詩荅之云爾。（文選。）

贈弟士龍詩序

余弱年夙孤。與弟士龍銜卹喪庭。續會逼王命。墨絰卽戎。時並縈髮。悼心告別。漸歷八載。家邦顛覆。凡厥同生。凋落殆半。收迹之日。感物興哀。而龍又先在四時。追當祖載。二昆不容逍遙。銜痛東徂。

遺情西慕。故作是詩。以寄其哀苦焉。（陸雲集。）

要覽序

直省之暇。乃集要術三篇。上曰連璧。集其嘉名。取其連類。中曰述聞。買述余之所聞。下曰析名。乃搜同辨異。

漢高祖功臣頌

相國酇文終侯沛蕭何。相國平陽懿侯沛曹參。太子少傅留文成侯韓張良。丞相曲逆獻侯陽武陳平。楚王淮陰韓信。梁王昌邑彭越。淮南王六黥布。趙景王大梁張耳。韓王韓信。燕王豐盧綰。長沙文王吳芮。荊王沛劉賈。太傅安國懿侯王陵。左丞相降武侯沛周勃。相國舞陽侯沛樊噲。右丞相曲周景侯高陽酈商。太僕汝陰文侯沛夏侯嬰。丞相潁陰懿侯睢陽灌嬰。代丞相陽陵景侯魏傅寬。車騎將軍信武肅侯靳歙。大行廣野君高陽酈食其。中郎建信侯齊劉敬。太中大夫楚陸賈。太子太傅稷嗣君薛叔孫通。魏無知。護

軍中尉隨何新成三老董公轅生將軍紀信御史大夫沛周苛平國君矦公右三十一人與定天下安社稷者也頌曰

芒芒宇宙上墋下黷波振四海塵飛五岳九服徘徊三靈改卜赫矣高祖肇載天祿沈跡中鄉飛名帝籙慶雲應輝皇階授木龍興泗濱虎嘯豐谷彤雲晝聚素靈夜哭金精仍頽朱光以渥萬邦宅心駿民效足堂堂蕭公王迹是因綢繆叡后無競維人外濟六師內撫三秦拔奇夷難邁德振民體國垂制上穆下親名蓋羣后是謂宗臣平陽樂道在變則通爰淵爰嘿有此武功長驅河朔電擊壤東協策淮陰亞迹蕭公文成作師通幽洞冥永言配命因心則靈窮神觀化望影揣情鬼無隱謀物無遯形武關是闢鴻門是盪隨難滎陽即謀下邑銷印惎廢推齊勸立運籌固陵定策東襲三王從風五矦允集霸楚寔喪皇漢凱入怡顏高覽彌翼鳳戢託迹黃老辭世卻粒曲逆宏達好謀能深游精杳漠神迹是尋重玄匪

奧九地匪沈伐謀先兆擠響于音奇謀六奮嘉慮四迴規主于足離項于懷格人乃謝楚翼實摧韓王窘執胡馬洞開迎文以謀哭高以哀灼灼淮陰靈武冠世策出無方思入神契奮臂雲興騰迹虎噬凌險必夷摧剛則脆肇謀漢濱還定渭表京索既扼引師北討濟河夷魏登山滅趙威亮火烈勢踰風埽拾代如遺偃齊猶草二州肅清四邦咸舉乃眷北燕遂表東海克滅龍且爰取其旅劉項懸命人謀是與念功惟德辭通絕楚彭越觀時弢迹匿光人具爾瞻翼爾鷹揚威凌楚域質委漢王靖難河濟即宮舊梁烈烈黥布耽耽其眄名冠彊楚鋒猶駭電覩幾蟬蛻悟主革面肇彼梟風翻爲我扇天命方輯王在東夏矯矯三雄至于垓下元凶既夷寵祿來假保大全祚非德孰可謀之不臧舍福取禍張耳之賢有聲梁魏士也罔極自詒伊愧俯思舊恩仰察五緯脫迹違難披榛來洎改策西秦報辱北冀悴葉更輝枯條以肄王信韓孽宅土開疆

我圖爾才越遷晉陽盧綰自微婉孌我皇跨功踰德祚爾輝章人之貪禍寧爲亂亡吳芮之王祚由梅鋗功微勢弱世載忠賢肅肅荊王董我三軍我圖四方殷薦其勳庸親作勞舊楚是分往踐厥宇大啓淮濆安國違親悠悠我思依依哲母既明且慈引身伏劒永言固之淑人君子實邦之基義形于色憤發于辭主亡與亡末命是期絳矦質木多略寡言曾是忠勇惟帝攸歎雲鶩靈丘景逸上蘭平代禽豨奄有燕韓寧亂以武斃呂以權繇穢紫宮徵帝太原實惟太尉劉宗以安挾功震主自古所難勳耀上代身終下藩舞陽道迎延帝幽藪宣力王室匪惟厥武總干鴻門披闥帝宇聳顏誚項掩淚悟主由周之進于其哲兄俾率爾徒從王于征振威龍蛻攄武庸城六師寔因克荼禽黥猗歟汝陰綽綽有裕戎軒肇迹荷策來附馬煩轡殆不釋擁樹皇儲時乂平城有謀潁陰銳敏屢爲軍鋒奮戈東城禽項定功乘風藉響高步長江收吳引淮光

啓于東陽陵之勳元帥是承信武薄伐揚節江陵夷王殄國俾亂作徵恢恢廣野誕節令圖進謁嘉謨退守名都東窺白馬北距飛狐即倉敖庾據險三塗輶軒東踐漢風載徂身死于齊非說之辜我皇實念言祚爾孤建信委輅被褐獻寶指明周漢銓時論道移帝伊洛定都酆鎬柔遠鎮邇寔敬攸考抑抑陸生知言之貫往制勁越來訪皇漢附會平勃夷凶翦亂所謂伊人邦家之彥百王之極舊章靡存漢德雖朗朝儀則昏稷嗣制禮下肅上尊穆穆帝典煥其盈門風睎三代憲流後昆無知叡敏獨昭奇迹察侔蕭相睨同師錫隨何辯達因資于敵紓漢披楚唯生之績皤皤董叟謀我平陰三軍縞素天下歸心袁生秀朗沈心善照漢旆南振楚威自撓大略淵回元功響效邈哉惟人何識之妙紀信誑項軺軒是乘攝齊赴節用死孰懲身與煙消名與風興周苛慷慨心若懷冰剛可以暴志不可凌貞軋偕沒亮迹雙升帝疇爾庸後嗣是膺天地

雖順。王心有違。懷親望楚。永言長悲。矦公伏軾。皇媼來歸。是謂平國。寵命有輝。震風過物。淸濁效響。大人于興。利在攸往。弘海者川。崇山惟壤。韶護錯音。袞龍比象。明明衆哲。同濟天綱。劍宜其利。鑒獻其朗。文武四充。漢祚克廣。悠悠遐風。千載是仰。文選。

孔子贊

孔子叡聖。配天弘道。風扇玄流。思探神寶。明發懷周。興言謨老。靈魄有行。言觀蒼昊。淸歌先誠。丹書有造。藝文類聚二十。

王子喬贊

遺形靈岳。顧景忘歸。乘雲倏忽。飄颻紫微。藝文類聚七十八。

夏育贊

夏育之猛。千載所希。申博角勇。臨領奮椎。文選射雉賦注。

顧譚傳

宣太子正位東宮。天子方隆訓導之義。妙簡俊彥。講學左右。時四方之傑畢集。太傅諸葛恪等雄奇蓋衆。而譚以淸識絕倫。獨見推重。自太尉范慎、謝景、羊徽之徒。皆以秀稱其名。而悉在譚下。吳志顧譚傳注。

辨亡論上

偏當作徧

煙當作禋

昔漢氏失御。奸臣竊命。禍基京畿。毒偏宇內。皇綱弛紊。王室遂卑。于是羣雄蜂駭。義兵四合。吳武烈皇帝慷慨下國。電發荆南。權略紛紜。忠勇伯世。威稜則夷羿震蕩。兵交則醜虜授馘。遂埽淸宗祊。蒸煙皇祖。于時雲興之將帶州。飆起之師跨邑。哮闞之羣風驅。熊羆之族霧集。雖兵以義合。同盟戮力。然皆包藏禍心。阻兵怙亂。或師無謀律。喪威稔寇。忠規武節。未有若此其著者也。武烈既沒。長沙桓王逸才命世。弱冠秀發。招擥遺老。與之述業。神兵東驅。奮寡犯衆。攻無堅城之將。戰無交鋒之虜。誅叛柔服。而江外底定。飾法修師。而威德翕赫。賓禮名賢。而張昭爲之雄。交御豪俊。而周瑜爲之傑。彼二君子。皆弘敏而多奇。雅達而聰哲。故同方者以類附。等契者以氣集。而江東蓋多士矣。將北伐諸華。誅鉏干紀。旋皇輿于夷庚。反帝座于紫闥。挾天子以令諸矦。淸天步而歸舊物。戎車既次。羣凶側目。大業未就。中世而隕。用集我大皇帝。以奇蹤襲于逸軌。叡心發乎令圖。從政咨于故實。播憲稽乎遺風。而加之以篤固。申之以節儉。疇咨俊茂。好謀善斷。東帛旅于丘園。旌命交于塗巷。故豪彥尋聲而響臻。志士希光而影鶩。異人輻輳。猛士如林。于是張昭爲師傅。周瑜、陸公、魯肅、呂蒙之疇。入爲腹心。出作股肱。甘寧、凌統、程普、賀齊、朱桓、朱然之徒。奮其威。韓當、潘璋、黃蓋、蔣欽、周泰之屬。宣其力。風雅則諸葛瑾、張承、步隲。以聲名光國。政事則顧雍、潘濬、呂範、呂岱。以器任幹職。奇偉則虞翻、陸績、張溫、張惇。以諷議舉正。奉使則趙咨、沈珩。以敏達延譽。術數則吳範、趙達。以禨祥協德。董襲、陳武。殺身以衞主。駱統、劉基。彊諫以補過。謀無遺筭。舉不失策。故遂割據山川。跨制荆吳。而與天下爭衡矣。魏氏嘗藉戰勝之威。率百萬之師。浮鄧塞之舟。下漢陰之衆。羽楫萬計。龍躍順流。銳騎千旅。虎步原隰。謀臣盈室。武將連衡。喟然有吞江滸之志。一宇宙之氣。而周瑜驅我偏師。黜之赤壁。喪旗亂轍。僅而獲免。收迹遠遁。漢王亦馮帝王之號。率巴漢之民。乘危騁變。結壘千里。志報關羽之敗。圖收湘西之地。而我陸公亦挫之西陵。覆師敗績。困而後濟。絕命永安。續以濡須之寇。臨川摧銳。蓬籠之戰。孑輪不反。由是二邦之將。喪氣摧鋒。勢衄財匱。而吳莞然坐乘其弊。故魏人請好。漢氏乞盟。遂躋天號。鼎峙而立。西屠庸蜀之郊。北裂淮漢之涘。東苞百越之地。南括羣蠻之表。于是講八代之禮。蒐三王之樂。告類上帝。拱揖羣后。虎臣毅卒。循江而守。長戟勁鎩。望飆而奮。庶尹盡規于上。四民展業于下。化協殊裔。風衍遐圻。乃俾一介行人。撫巡外域。巨象逸駿。擾于外閑。明珠瑋寶。耀于內府。珍瑰重跡而至。

地當作池

奇蹴應響而赴。輶軒騁于南荒。衝輣息于朔野。齊民免干戈之患。戎馬無晨服之虞。而帝業固矣。大皇既歿。幼主蒞朝。奸回肆虐。景皇聿興。虔修遺憲。政無大闕。守文之良主也。降及歸命之初。典刑未滅。故老猶存。大司馬陸公㠯文武熙朝。左丞相陸凱㠯謇諤盡規。而施績范慎㠯威重顯。丁奉鍾離斐㠯武毅稱。孟宗丁固之徒爲公卿。樓玄賀劭之屬掌機事。元首雖病。股肱猶良。爰及末葉。羣公既喪。然後黔首有瓦解之志。皇家有土崩之釁。厤命應化而微。王師躡運而發。卒散于陣。民奔于邑。城地無藩籬之固。山川無溝阜之勢。非有工輸雲梯之械。智伯灌激之害。楚子築室之圍。燕人濟西之隊。軍未浹辰。而社稷夷矣。雖忠臣孤憤。烈士死節。將奚救哉。夫曹劉之將。非一世之選。向時之師。無曩日之衆。戰守之道。抑有前符。險阻之利。俄然未改。而成敗貿理。古今詭趣。何哉。彼此之化殊。授任之才異也。吳志孫晧傳注。文選晉書陸機傳藝文類聚十一。

辨亡論下

昔三方之王也。魏人據中夏。漢氏有岷益。吳制荊揚而有交廣。曹氏雖功濟諸華。虐亦深矣。其民怨矣。劉公因險飾智。功已薄矣。其俗陋矣。吳桓王基之㠯武。太祖成之㠯德。聰明睿達。懿度深遠矣。其求賢如不及。恤民如稚子。接士盡盛德之容。親仁罄丹府之愛。拔呂蒙于戎行。識潘濬于係虜。推誠信士。不恤人之我欺。量能授器。不患權之我逼。執鞭鞠躬。㠯重陸公之威。悉委武衞。㠯濟周瑜之師。卑宮菲食。㠯豐功臣之賞。披懷虛己。㠯納謨士之筭。故魯肅一面而自託。士燮蒙險而效命。高張公之德。而省游田之娛。賢諸葛之言。而割情欲之歡。感陸公之規。而除刑政之煩。奇劉基之議。而作三爵之誓。屏氣跼蹐。㠯伺子明之疾。分滋損甘。㠯育凌統之孤。登壇慷慨。歸魯肅之功。削投惡言。信子瑜之節。是㠯忠臣競盡其謀。志士咸得肆力。洪規遠略。固不厭夫區區者也。故百官苟合。

庶務未遑。初都建業。羣臣請備禮秩。天子辭而不許。曰。天下其謂朕何。宮室輿服。蓋慊如也。爰及中葉。天人之分既定。百度之缺粗修。雖醲化懿綱。未齒乎上代。抑其體國經民之具。亦足㠯爲政矣。地方幾萬里。帶甲將百萬。其野沃。其民練。其財豐。其器利。東負滄海。西阻險塞。長江制其區宇。峻山帶其封域。國家之利。未見有弘于茲者矣。借使中才守之㠯道。善人御之有術。敦率遺憲。勤民謹政。循定策。守常險。則可以長世永年。未有危亡之患也。或曰。吳蜀脣齒之國。蜀滅則吳亡。理則然矣。夫蜀蓋藩援之與國。而非吳人之存亡也。何則。其郊境之接。重山積險。陸無長轂之徑。川阨流迅。水有驚波之艱。雖有銳師百萬。啟行不過千夫。舳艫千里。前驅不過百艦。故劉氏之伐。陸公喻之長蛇。其勢然也。昔蜀之初亡。朝臣異謀。或欲積石㠯險其流。或欲機械㠯御其變。天子總羣議而諮之大司馬陸公。陸公㠯四瀆天地之所㠯節宣其氣。固無可遏之

理。而機械則彼我之所共。彼若棄長技㠯就所屈。即荊揚而爭舟楫之用。是天贊我也。將謹守峽口㠯待禽耳。逮步闡之亂。憑保城㠯延彊寇。重資幣㠯誘羣蠻。于時大邦之衆。雲翔電發。縣旌江介。築壘遵渚。襟帶要害。㠯止吳人之西。而巴漢舟師。沿江東下。陸公㠯偏師三萬。北據東坑。深溝高壘。案甲養威。反虜踠跡待戮。而不敢北闚生路。彊寇敗績宵遁。喪師大半。分命銳師三千。西禦水軍。東西同捷。獻俘萬計。信哉賢人之謀。豈欺我哉。自是烽燧罕警。封域寡虞。陸公沒而潛謀兆。吳釁深而六師駭。夫太康之役。衆未盛乎曩日之師。廣州之亂。禍有愈乎向時之難。而邦家顛覆。宗廟爲墟。嗚呼。人之云亡。邦家殄悴。不其然與。易曰。湯武革命順乎天。玄曰。亂不極則治不形。言帝王之因天時也。古人有言曰。天時不如地利。易曰。王侯設險㠯守其國。言爲國之恃險也。又曰。地利不如人和。在德不在險。言守險之由人也。吳之興也。參而由焉。孫卿所

謂合其參者也。及其亡也。恃險而已。又孫卿所謂合其參者也。夫四州之氓。非無衆也。大江之南。非乏俊也。山川之嶮易守。勁利之器易用也。先政之業易循也。功不興而禍遘者何哉。所以用之者失也。故先王達經國之長規。審存亡之至數。恭己以安百姓。敦惠以致人和。寬冲以誘俊乂之謀。慈和以結士民之愛。是以其安也則黎元與之同慶。及其危也。則兆庶與之共患。安與衆同慶。則其危不可得也。危與下同患。則其難不足卹也。夫然。故能保其社稷而固其土宇。麥秀無悲殷之思。黍離無愍周之感矣。（吳志孫晧傳注、文選、晉書陸機傳、藝文類聚十一）

全晉文卷九十八終

陸機四

烏程嚴可均校輯

業當作葉　而當作則　郡當作羣

五等論

夫體國經野先王所慎創制垂基思隆後業然而經略不同長世異術五等之制始于黃唐郡縣之治創于秦漢得失成敗備在典謨是以其詳可得而言夫王者知帝業至重天下至廣廣不可以偏制重不可以獨任任重必于借力制廣終乎因人故設官分職所以輕其任也竝建伍長所以弘其制也于是乎立其封疆之典裁其親疏之宜使萬國相維以成盤石之固宗庶雜居而定維城之業又有以見綏世之長御識人情之大方知其爲人不如厚己利物不如圖身安上在于悅下爲己存乎利人故易曰悅以使人人忘其勞孫卿曰不利而利之不如利而後利之利也是以分天

下以厚樂則己得與之同憂饗天下以豐利而己得與之共害利博而恩篤樂遠則憂深故諸侯享食土之實萬國受傳世之祚夫然則南面之君各務其政九服之內知有定主上之子愛于是乎生下之禮信于是乎結世平足以敦風道衰足以禦暴故彊毅之國不能擅一時之勢雄俊之人無所寄霸王之志然後國安由萬邦之思化主尊賴郡后之圖身譬猶眾目營方則天網自昶四體辭難而心膂獲乂蓋三代所以直道四王所以垂業也夫盛衰隆弊理所固有教之廢興繫乎其人原法期于必諒明道有時而闇故世及之制弊于彊禦厚下之典漏于末折侵弱之釁遘自三季陵夷之禍終乎七雄昔成湯親照夏后之鑒公旦目涉商人之戒文質相濟損益有物然五等之禮不革于時封畛之制有隆爾者豈覩二王之禍而闇經世之筭乎固知百世非可懸御善制不能無弊而侵弱之辱愈于殄祀土崩之困痛于陵夷也是以經始權

直當作自　亡當作忘　征當作鉦

其多福慮終取其少禍非謂侯伯無可亂之符郡縣非興化之具故國憂賴其釋位主弱憑于翼戴及承微積弊王室遂卑猶保名位祚垂後嗣皇統幽而不輟神器否而必存者豈非事勢使之然歟降及亡秦棄道任術懲周之失直矜其得尋斧始于所庇制國昧于弱下國慶獨饗其利主憂莫與共害雖速亡趨亂不必一道顛沛之釁實由孤立是蓋思五等之小怨亡萬國之大德知陵夷之可患闇土崩之爲痛也周之不競有自來矣國乏令主十有餘世然片言勤王諸侯必應一朝振矜遠國先叛故彊晉收其請隧之圖暴楚頓其觀鼎之志豈劉項之能窺關勝廣之敢號澤哉借使秦人因循其制雖則無道有與共亡覆滅之禍豈在曩日漢矯秦枉大啟王侯境土踰溢不遵舊典故賈生憂其危晁錯痛其亂是以諸侯阻其國家之富憑其士庶之力勢足者反疾土狹者逆遲六臣犯其弱綱七子衝其漏網皇祖夷于黔徒西京病于東帝

是蓋過正之災而非建侯之累也然呂氏之難朝士外顧宋昌策漢必稱諸侯逮至中葉忌其失節割削宗子有名無實天下曠然復襲亡秦之軌矣是以五侯作威不忌萬國新都襲漢易于拾遺也光武中興纂隆皇統而由遵覆車之遺轍養喪家之宿疾僅及數世姦宄充斥卒有彊臣專朝則天下風靡一夫從衡而城池自夷豈不危哉在周之衰難興王室放命者七臣干位者三子嗣王委其九鼎凶族據其天邑征鼙震于閨宇鋒鏑流于絳闕然禍止畿甸害不覃及天下晏然以安待危是以宣王興于共和襄惠振于晉鄭豈若二漢階闔暫擾而四海已沸孽臣朝入九服夕亂哉遠惟王莽篡逆之事近覽董卓擅權之際億兆悼心愚智同痛然周以之存漢以之亡夫何故哉豈世乏曩時之臣士無匡合之志歟蓋遠績屈于時異雄心挫于卑勢耳故烈士扼腕終委寇讎之手忠人變節以助虐國之桀雖復時有鳩合同志以謀王室然上

非奥主下皆市人。師旅無先定之班。君臣無相保之志。是㠯義兵雲合。無救劫殺之禍。衆望未改。而已見大漢之滅矣。或㠯諸侯世位。不必常全。昏主暴君。有時比迹。故五等所㠯多亂。今之牧守。皆官方庸能。雖或失之。其得固多。故郡縣易㠯爲政。夫德之休明。黜陟日用。長率連屬。咸述其職。而淫昏之君。無所容過。何則其不治哉。故先代有㠯興矣。苟或衰陵。百度自悖。鬻官之吏。㠯貨準才。則貪殘之萌。皆羣后也。安在其不亂哉。故後王有㠯之廢矣。且要而言之。五等之君。爲己思政。郡縣之長。爲吏圖物。何㠯徵之。蓋企及進取。士子之常志。修己安人。良士所希及。夫進取之情鋭。而安人之譽遲。是故侵百姓㠯利己者。在位所不憚。損實事㠯養名者。官長所夙慕也。君無卒歲之圖。臣挾一時之志。五等則不然。知國爲己土。衆皆我民。民安己受其利。國傷家嬰其病。故前人欲㠯垂後。後嗣思其堂構。爲上無苟且之心。羣下知膠固之義。使其並賢居政。則功有厚薄。兩愚處亂。則過有深淺。然則八代之制。幾可㠯一理貫。秦漢之典。殆可㠯一言蔽也。晉書陸機傳。又羣書治要三十引孫盛晉陽秋

演連珠　五十首

臣聞日薄星迴。穹天所㠯紀物。山盈川沖。后土所㠯播氣。五行錯而致用。四時違而成歲。是㠯百官恪居。㠯赴八音之離。明君執契。㠯要克諧之會。文選、藝文類聚五十七。

臣聞任重于力。才盡則困。用廣其器。應博則凶。是㠯物勝權而衡殆。形過鏡則照窮。故明主程才㠯效業。貞臣底力而辭豐。文選。

臣聞髦俊之才。世所希乏。丘園之秀。因時則揚。是㠯大人基命。不擢才于后土。明主聿興。不降佐于昊蒼。文選、藝文類聚五十七。

臣聞世之所遺。未爲非寶。主之所珍。不必適治。是㠯俊乂之藪。希蒙翹車之招。金碧之巖。必辱鳳舉之使。文選。

臣聞祿放于寵。非隆家之舉。官私于親。非興邦之選。是㠯三卿世及。東國多衰弊之政。五侯並軌。西京有陵夷之運。文選、藝文類聚五十七。

臣聞靈輝朝覯。稱物納照。時風夕灑。程形賦音。是㠯至道之行。萬類取足于世。大化旣洽。百姓無匱于心。文選、藝文類聚五十七。

臣聞頓網探淵。不能招龍。振綱羅雲。不必招鳳。是㠯巢箕之叟。不盻丘園之幣。洗渭之民。不發傅巖之夢。文選。

臣聞鑒之積也無厚。而照有重淵之深。目之察也有畔。而眡周天壤之際。何則。應事㠯精不㠯形。造物㠯神不㠯器。是㠯萬邦凱樂。非悅鍾鼓之娛。天下歸仁。非感玉帛之惠。文選、藝文類聚五十七

臣聞積實雖微。必動于物。崇虛雖廣。不能移心。是㠯都人冶容。不悅西施之影。乘馬班如。不輟太山之陰。文選。

臣聞應物有方。居難則易。藏器在身。所乏者時。是㠯充堂之芳。非幽蘭所難。繞梁之音。實縈絃所思。文選。

臣聞智周通塞。不爲時窮。才經夷險。不爲世屈。是㠯淩飆之羽。不求反風。耀夜之目。不思倒日。文選、藝文類聚五十七。

目當作日

臣聞忠臣率志。不謀其報。貞士發憤。期在明賢。是㠯柳莊黜殯。非貪瓜衍之賞。禽息碎首。豈要先茅之田。文選。

臣聞利眼臨雲。不能垂照。朗璞蒙垢。不能吐輝。是㠯明哲之君。時有蔽塞之累。俊乂之臣。屢抱後時之悲。文選、藝文類聚五十七。

臣聞郁烈之芳。出于委灰。繁會之音。生于絕絃。是㠯貞女要名于沒世。烈士赴節于當年。文選。

臣聞良宰謀朝。不必借威。貞臣衞主。修身則足。是㠯三晉之彊。屈于齊堂之俎。千乘之勢。弱于陽門之哭。文選。

臣聞赴曲之音。洪細入韻。蹈節之容。俯仰依詠。是㠯言苟適事。精麤可施。士苟適道。修短可命。文選。

臣聞因雲灑潤。則芬澤易流。乘風載響。則音徽自遠。是㠯德教俟物而濟。榮名緣時而顯。文選、藝文類聚五十七。

蕙當作蕙

臣聞覽影偶質。不能解獨指迹慕遠。無救于遲。是㠯循虛器者。非
應物之具。翫空言者。非致治之機。文選
臣聞鑽燧吐火。㠯續湯谷之晷。揮翮生風。而繼飛廉之功。是㠯物
有微而毗著。事有瑣而助洪。文選
臣聞春風朝煦。蕭艾蒙其溫。秋霜宵墜。芝蕙被其涼。是故威㠯齊
物為肅。德㠯普濟為弘。
臣聞巧盡于器。習數則貫。道繫于神。人亡則滅。是㠯輪匠肆目。不
乏奚仲之妙。瞽叟清耳。而無伶倫之察。
臣聞性之所期。貴賤同量。理之所極。卑高一歸。是㠯準月稟水。不
能加涼。晞日引火。不必增輝。
臣聞絕節高唱。非凡耳所悲。肆義芳訊。非庸聽所善。是㠯南荊有
寡和之歌。東野有不釋之辯。
臣聞尋煙染芬。薰息猶芳。徵音錄響。操終則絕。何則。垂于世者可

繼。止乎身者難結。是㠯玄晏之風恆存。動神之化已滅。
臣聞託闇藏形。不為巧密。倚智隱情。不足自匿。是㠯重光發藻。尋
虛捕景。大人貞觀。探心昭忒。
臣聞披雲看霄。則天文清。澄風觀水。則川流平。是㠯四族放而唐
劭。二臣誅而楚盛。
臣聞音㠯比耳為美。色㠯悅目為歡。是㠯眾聽所傾。非假百里之
操。萬夫婉孌。非俟西子之顏。故聖人隨世㠯擢佐。明主因時而命
官。
臣聞出乎身者。非假物所隆。牽乎時者。非克己所勗。是㠯利盡萬
物。不能叡童昏之心。德表生民。不能救棲遑之辱。文選
臣聞動循定檢。天有可察。應無常節。身或難照。是㠯望景揆日。盈
數可期。撫臆論心。有時而謬。
臣聞傾耳求音。眡優聽苦。澄心徇物。形逸神勞。是㠯天殊其數。雖

同方不能分其感。理塞其通。則並質不能共其休。
臣聞遯世之士。非受匏瓜之性。幽居之女。非無懷春之情。是㠯名
勝欲。故偶影之操矜。窮愈達。故凌霄之節厲。
臣聞聽極于音。不慕鈞天之樂。身足于蔭。無假垂天之雲。是㠯蒲
密之黎。遺時雍之世。豐沛之士。忘桓撥之君。
臣聞飛轡西頓。則離朱與矇瞍收察。懸景東秀。則夜光與武夫匿
耀。是㠯才換世則俱困。功偶時而並劭。
臣聞示應于近。遠有可察。託驗于顯。微或可包。是㠯寸管下傃。天
地不能㠯氣欺。尺表逆立。日月不能㠯形逃。
臣聞絃有常音。故曲終則改。鏡無畜影。故觸形則照。是㠯虛己應
物。必究千變之容。挾情適事。不觀萬殊之妙。文選 藝文類聚五十七。
臣聞柷敔希聲。㠯諧金石之和。鼙鼓疏擊。㠯節繁絃之契。是㠯經
治必宣其通。圖物恆審其會。

臣聞目無嘗音之察。耳無照景之神。故在乎我者。不誅之于己。存
乎物者。不求備于人。文選 藝文類聚五十七。
臣聞放身而居。體逸則安。肆口而食。屬饜則充。是㠯王鮪登俎。不
假吞波之魚。蘭膏停室。不思銜燭之龍。
臣聞衝波安流。則龍舟不能㠯漂。震風洞發。則夏屋有時而傾。何
則。牽乎動則靜凝。係乎靜則動貞。是㠯淫風大行。貞女蒙治容之
悔。淳化殷流。盜跖挾曾史之情。
臣聞達之所服。貴有或遺。窮之所接。賤而必尋。是㠯江漢之君。悲
其墜屨。少原之婦。哭其亡簪。
臣聞觸非其類。雖疾弗應。感㠯其方。雖微則順。是㠯商飆漂山。不
興盈尺之雲。谷風乘條。必降彌天之潤。故暗于治者。唱繁而和寡。
審乎物者。力約而功峻。文選 藝文類聚五十七。
臣聞煙出于火。非火之和。情生于性。非性之適。故火壯則煙微。性

充則情約。是㠯殷墟有感物之悲。周京無佇立之跡。

臣聞適物之技。俯仰異用。應事之器。通塞異任。是㠯鳥棲雲而繳飛。魚藏淵而網沈。賁鼓密而含響。朗笛疏而吐音。文選。

臣聞理之所守。勢所常奪。道之所閉。權所必開。是㠯生重于利。故據圖無揮劍之痛。義貴于身。故臨川有投迹之哀。文選。

臣聞通于變者。用約而利博。明其要者。器淺而應玄。是㠯天地之賾。該于六位。萬殊之曲。窮于五絃。

臣聞圖形于影。未盡纖麗之容。察火于灰。不覩洪赫之烈。是㠯問道存乎其人。觀物必造其質。

臣聞情見于物。雖遠猶疏。神藏于形。雖近則密。是㠯儀天步晷。而脩短可量。臨淵揆水。而淺深難察。

臣聞虐暑熏天。不減堅冰之寒。涸陰凝地。無累陵火之熱。是㠯吞縱之彊。不能反蹈海之志。漂鹵之威。不能降西山之節。

臣聞理之所開。力所常達。數之所塞。威有必窮。是㠯烈火流金。不能焚景。沈寒凝海。不能結風。

臣聞足于性者。天損不能入。貞于期者。時累不能淫。是㠯迅風陵雨。不謬晨禽之察。勁陰殺節。不凋寒木之心。

丞相箴

夫導民在簡。為政㠯仁。仁實生愛。簡亦易遵。罔疏下睦。禁密巧繁。深文碎教。伊何能存。故人不可㠯不審。任不可㠯不忠。捨賢昵讒。則喪爾邦。且偏見則昧。專聽悔疑。耳目之用。亦各有期。夫豈不察。而帷牆隔之。矜己任智。是蔽是欺。德無遠而不復。惡何適而不追。存亡日鑒。成敗代陳。人咸知鏡其貌。而莫能照其身。藝文類聚四十五。

吳大帝誄

皇聖膺期。有命太素。承亂下萌。清難天步。御覽一。我皇明明。固天實生。體和二合。㠯察三精。耀暉育慶。懷詳載榮。率性而和。因心則靈。

詳當作祥

厥靈伊何。克聖克仁。茂對四象。克配乾坤。齊明日月。致祥鬼神。誕自幼沖。叡哲宿照。甄化無形。探景絕耀。巍巍聖姿。文武既俊。有覺德徽。兆民欣順。將熙景命。經營九圍。登跡岱宗。班瑞舊圻。上玄匪惠。早零聖暉。神廬既考。史臣獻貞。龍輴啟殯。霄載紫庭。辰旐飛藻。凶旗舉銘。崇華熠爍。翠蓋繁纓。千乘結駟。萬騎重營。簫鼓振響。和鑾流聲。動軫閶闔。永背承明。顯步萬宮。幽驅百靈。隨化太素。即宮杳冥。億兆同慕。泣血如零。藝文類聚十三。

肆夏在廟。雲翹承口。宋書樂志一。

吳太常顧譚誄

遷吏部尚書。才長于銓衡。而綜核人物。文選任昉為范尚書讓吏部第一表注。

吳大司馬陸抗誄

我公承軌。高風肅邁。明德繼體。徽旨奕世。昭德伊何。克俊克仁。德周能事。體合機神。禮交徒候。敬睦白屋。躡踖曲躬。吐食揮沐。爰及

鰥寡。賑此惸獨。孚厥惠心。脫驂分祿。乃命我公。誕作元輔。位表百辟。名茂群后。因是制人。造我區宇。備物典策。玉冠及斧。龍旂飛藻。靈鼓樹羽。質文殊塗。百行異轍。人亂其華。鮮識其實。於穆我公。因心則哲。經綸至道。終始自結。德與行滿。英與言溢。藝文類聚四十七。

吳貞獻處士陸君誄 案機第三兄玄早卒。

我聞有命。天祿有秩。如斯吉人。而有斯疾。兄弟之恩。離形合氣。列我與君。非相亞逮。綢繆之遊。自朦及朗。孩不貳音。抱或同繈。撫髫竝育。攜手相長。行焉比迹。誦必共響。庶君偕老。靈根克固。樹翼雲霄。雙飛天路。人皆年長。君獨短祚。穀則同朝。遊矣先暮。藝文類聚三十七。

非當作年

愍懷太子誄

明明皇子。成命既駿。保乂皇家。載生淑肖。茂德克廣。仁姿朗儁。當克無疆。光紹有晉。如何不弔。暴離咎釁。會是遘愍。匪降自天。肇傾遐祚。遂喪華年。嗚呼哀哉。沈雲既祛。日月增暉。靈寵可贈。冤魂難

拔當作紱

追舊物東反。靈柩西歸。傷我惠后。寂焉翳滅。銜哀駿奔。凶服就列。追慕徽塵。興言斷絕。敢誄遺風。庶存芳烈。其辭曰。巍巍皇基。奕奕紫微。有命既集。天祿永綏。篤生太子。纂德承茂。平紹大烈。時惟洪冑。奇穎發翹。清藻在秀。誕自幼蒙。逮事武皇。展矣太子。播此瓊芳。允矣聖祖。無言不臧。婉孌乘輿。名裕德昌。龍集庚戌。日月改度。赫赫明明。我皇登阼。厥登伊何。皇統是荷。華拔重釆。翠蓋垂葩。鸞旗阿那。玉衡吐和。聿來在宮。體亮而誠。肅雍皇極。思媚紫庭。亦既涉學。遵師盛道。何年之妙。而祭之早。讜言必復。乖義則改。惟天有命。太子膺之。惟皇有慶。太子承之。當究遐年。登茲胡耉。緝熙有晉。克構帝宇。如何晨牝。穢我朝聽。俯索皇家。惟塵明聖。惴惴太子。終溫且敬。銜辭即罪。掩淚祇命。顯加放流。潛肆鴆毒。痛矣太子。乃離斯酷。謂天蓋高。訴哀靡告。鞠躬引分。顧景摧剝。嗚呼哀哉。凡民之喪。有戚有姻。太子之歿。傷無昵親。蹐踖嚴宮。絕命禁闥。幽柩偏寄。孤魂曷歸。嗚呼太子。生冤歿悲。匹夫有怨。尚或殞霜。矧乃太子。萬邦攸望。普天扼腕。率土懷傷。精感六沴。咎徵紫房。爰茲元輔。啟我介圖。王赫斯怒。天誅靡逋。攙搶叱埽。元凶服辜。仁詔引咎。哀策東徂。光復寵祚。紹建蕃孤。于時暉服。粲焉畢陳。庭旅舊物。堂有故臣。孰云太子。不見其人。嗚呼哀哉。既濟洛川。靈旆左迴。三軍悽裂。都邑如隤。慨矣寤歎。念我慇懷。藝文類聚十六。

毗陵侯君誄

同志奔走。戚友相尋。臨穴嗚乎。洒淚山林。北堂書鈔一百五十八。

晉劉處士參妻王氏誄

猗猗嘉穎。朝陽方翹。烈風嚴霜。殞此秀條。琁璣倏忽。四序競征。淸商徽宇。蟋蟀吟檽。

吳大司馬陸公少女哀辭

冉冉晞陽。不遂其茂。睢睢芳華。凋芳落秀。遵堂涉宇。髣髴興想。入

等當作簣

皆有聲。爾獨無響。藝文類聚三十四。

吳丞相陸遜銘

魏大司馬曹休侵我北鄙。乃假公黃鉞。統御六師。及中軍禁衛。而攝行王事。主上執鞭。百司屈膝。吳志陸遜傳注。

弔蔡邕文

彼洪川之方割。豈一等之所堙。故尼父之惠訓。智必愚而後賢。諒知道之已妙。曷信道之未堅。忽甯子之保己。效萇淑之違天。冀澄河之遠日。忘朝露之短年。藝文類聚四十。

弔魏武帝文 并序

元康八年。機始以臺郎出補著作。遊乎祕閣。而見魏武帝遺令。愾然歎息。傷懷者久之。客曰。夫始終者。萬物之大歸。死生者。性命之區域。是以臨喪殯而後悲。覩陳根而絕哭。今乃傷心百年之際。興哀無情之地。意者無乃知哀之可有。而未識情之可無乎。機荅之

曰。夫日食由乎交分。山崩起于朽壤。亦云數而已矣。然百姓怪焉者。豈不以資高明之質。而不免卑濁之累。居常安之勢。而終嬰傾離之患故乎。夫以迴天倒日之力。而不能振形骸之內。濟世夷難之智。而受困魏闕之下。已而格乎上下者。藏于區區之木。光于四表者。翳乎蕞爾之土。雄心摧于弱情。壯圖終于哀志。長筭屈于短日。遠迹頓于促路。嗚呼。豈特瞽史之異闕景。黔黎之怪頹岸乎。觀其所以顧命冢嗣。貽謀四子。經國之略既遠。隆家之訓亦弘。又云。吾在軍中。持法是也。至小忿怒。大過失。不當效也。善乎達人之讜言矣。持姬女而指季豹。以示四子曰。以累汝。因泣下。傷哉。曩以天下自任。今以愛子託人。同乎盡者無餘。而得乎亡者無存。然而婉孌房闥之內。綢繆家人之務。則幾乎密與。又曰。吾婕妤妓人。皆著銅爵臺。于臺堂上施八尺牀繐帳。朝晡上脯糒之屬。月朝十五。輒向帳作妓。汝等時時登銅爵臺。望吾西陵墓田。又云。餘香可分與

諸夫人。諸舍中無所爲。學作履組賣也。吾歷官所得綬。皆著藏中。吾餘衣裘。可別爲一藏。不能者兄弟可共分之。旣而竟分焉。亡者可以勿求。存者可以勿違。求與違不其兩傷乎。悲夫。愛有大而必失。惡有甚而必得。智惠不能去其惡。威力不能全其愛。故前識所不用心。而聖人罕言焉。若乃繫情累于外物。留曲念于閨房。亦賢俊之所宜廢乎。于是遂憤懣而獻弔云爾。

接皇漢之末緒。値王途之多違。佇重淵以育鱗。撫慶雲而遐飛。運神道以載德。乘靈風而扇威。摧羣雄而電擊。舉勍敵其如遺。指八極以遠略。必翦焉而後綏。釐三才之闕典。啟天地之禁闈。舉脩網之絕紀。紐大音之解徽。埽雲物以貞觀。要萬途而來歸。丕大德以宏覆。援日月而齊暉。濟元功于九有。固舉世之所推。彼人事之大造。夫何往而不臻。將覆簣于浚谷。擠爲山乎九天。苟理窮而性盡。豈長筭之所硏。悟臨川之有悲。固梁木其必顚。當建安之三八。實

大命之所艱。雖光昭于曩載。將稅駕于此年。惟降神之縣邈。眇千載而遠期。信斯武之未喪。膺靈符而在茲。雖龍飛于文昌。非王心之所怡。憤西夏以鞠旅。泝秦川而舉旗。踰鎬京而不豫。臨渭濱而有疑。冀翌日之云瘳。彌四旬而成災。詠歸途以反旆。登崤澠而揚來。次洛汭而大漸。指六軍曰念哉。伊君王之赫奕。實終古之所難。威先天而蓋世。力盪海而拔山。厄奚險而弗濟。敵何彊而不殘。每因禍以禔福。亦踐危而必安。迄在茲而蒙昧。慮噤閉而無端。委軀命以待難。痛沒世而永言。撫四子以深念。循膚體而頹歎。迨營魄之未離。假餘息乎音翰。執姬女以嚬瘁。指季豹而漼焉。氣衝襟以嗚咽。涕垂睫而汍瀾。違率土以靖寐。戢彌天乎一棺。咨宏度之峻邈。壯大業之允昌。思居終而䘏始。命臨沒而肇揚。援貞咎以惎悔。雖在我而不臧。惜內顧之纏緜。恨末命之微詳。紆家人于履組。塵淸慮于餘香。結遺情之婉孌。何命促而意長。陳法服于帷座。陪窈窕于玉房。宣備物于虛器。發哀音于舊倡。矯感容以赴節。掩零淚而薦觴。物無微而不存。體無惠而不亡。庶聖靈之響像。想幽神之復光。苟形聲之翳沒。雖音景其必藏。徽淸絃而獨奏。進脯糒而誰嘗。悼繐帳之冥漠。怨西陵之茫茫。登爵臺而羣悲。眝美目其何望。旣睎古以遺累。信簡禮而薄葬。彼裘紱于何有。貽塵謗于後王。嗟大戀之所存。故雖哲而不忘。覽遺籍以慷慨。獻茲文而悽傷。文選　藝文類聚四十。

全晉文卷九十九終

烏程嚴可均校輯

陸雲一

雲字士龍。機弟。孫晧時舉賢良。吳亡。十年不仕。武帝末。與兄機入洛。辟公府掾。爲太子舍人。出補浚儀令。吳王晏㠯爲郎中令。入爲尚書郎侍御史太子中舍人中書侍郎。成都王穎表爲清河內史。轉大將軍右司馬。又表爲使持節大都督前鋒將軍。河橋之敗。與兄機並誅。有陸子新書十卷。集十二卷。

歲暮賦 并序

余祗役京邑。載離永久。永寧二年春。忝寵北郡。其夏又轉大將軍右司馬于鄴都。自去故鄉。荏苒六年。惟姑與姊。仍見背棄。銜痛萬里。哀思傷毒。而日月逝速。歲聿云暮。感萬物之既改。瞻天地而傷懷。乃作賦㠯言情焉。

夫何乾行之變通兮。昏明迭而載路。羨飛轡之遠御兮。騰六龍于天步。時赴節而漸流兮。氣移數而改度。揮促節于短日兮。振修策于長夜。運攸忽其既周兮。歲冉冉而告暮。變棘心之柔風兮。滋豐草之湛露。玄暉邈㠯峻服兮。黃裳晧而振素。于是顓頊御時。玄冥統宜。天廟既底。日月貞觀。淪重陽于潛戶兮。徵積陰于司寒。日回天㠯臧景兮。飆衝淵而無瀾。堅冰涸于川底兮。白雪隕于雲端。普區宇之瘁景兮。頻萬物之衰顏。時凜戾其可悲兮。氣蕭索而傷心。淒風愴其鳴條兮。落葉翩而灑林。獸藏丘而絕迹兮。鳥攀木而栖音。山振枯于曾嶺兮。民懷慘于重襟。寒與暑其代謝兮。年冉冉其將老。豐顏曄而朝口兮。玄髮粲其夕晧。感芳華之志學兮。悲時暮而難改。遠圖逝而辭懷兮。密思集而盈抱。羨厚德之溥載兮。嘉豐化之大造。恨盛來之苦晏兮。悲衰至之常蚤。指晞露而怵心兮。衍死生于靡草。蒙時來之嘉運兮。遊上京而凱入。委乘軺于紫宮兮。剖金虎而底邑。憑臺光之發暉兮。荷龍靈而來集。望故疇之迴邈兮。泝南風而頹泣。長歎息而永懷兮。感逝物而傷悲。哀年歲之攸往兮。伊行人之思歸。結隆思于朝日兮。綴永念于紀暉。表寸陰而貞吝兮。盼盈尺其若遺。嗟我行之久永兮。何歸途之芒芒。覩遵渚于口川兮。眄攸逝于江湘。處孝敬于神丘兮。結祗慕于惟桑。瞻山川而物存兮。思六親而人亡。問仁姑而背世兮。及伯姊而淪喪。尋餘蹤于空宇兮。想絕景于遺堂。悲山林之杳藹兮。痛華構之丘荒。靖深情㠯遐慕兮。思纏緜而懷楚。涕垂頤㠯交頷兮。哀湊心而洞駭。神尋路而砦逝兮。形嚬蹙乎其所。心悠悠其若懸兮。音既絕而復氣。悲人生之有終兮。何天造而罔極。仰悲谷之方中兮。顧懸車而日昃。百年迅于分臾兮。千歲疾于一息。詠大椿之萬祀兮。同蟪蛄于未識。歲難停而易逝兮。情艱多而泰寡。年有來而棄予兮。時無算而非我。文選謝叔源遊西池詩注。祗生心于日順兮。雖呼翕其難假。攝貸

掩當作淹

生于逆旅兮。欲掩留其焉可。彼寤寐之有時兮。亦始卒之固然。舒遠懷于千載兮。悵同感乎中山。鑒通人之炯戒兮。懼晏平之達言。啟貞心㠯自責兮。覽遺籍而問道。亮爽鳩之既徂兮。故營丘之有紹。在吾儕之陋心兮。豈取樂于東表。苟長生而自得兮。將奚待而有夫。攷大德于天地兮。知斯言之益矯。本集。又略見藝文類聚三。文選謝叔源遊西池詩注。初學記三。御覽二十七。

愁霖賦

永寧三年夏六月。鄴都大霖。旬有奇日。稼穡沈湮。生民愁瘁。時文雅之士。煥然並作。同僚見命。乃作賦曰。

在朱明之季月兮。反極陽于重陰。興介丘之膚寸兮。墜崩雲而洪沈。谷風扇而攸遠兮。苦雨播而成淫。天泱漭㠯懷慘兮。民嚬蹙而愁霖。于是天地發揮。陰陽交激。萬物混而同波兮。玄黃浩其無質。雷憑虛㠯振庭兮。電凌牖而燿室。霤鼎沸㠯駿奔兮。潦風驅而競

會當作曾

疾。豈南山之暴隮兮。將溟海之甏溢。隱隱填填。若降自天。高岸渙其無崖兮。平原蕩而爲淵。邅諸回于淩河兮。黍稷仆于中田。匱多稼于億廩兮。虛凩敬于祈年。外薄郊甸。內荒都城。陰無晞景。雷無輟聲。纖波靡于前塗兮。微津隔于峻庭。紛雲擾而霧塞兮。漫天頽而地盈。于是愁音比屋。歎發屢省。陽堂乏暉。朗室無景。望會雲之萬仞兮。想白日之寸脛。感虛無而思深兮。對寂漠而言靖。毒甚雨之未晞兮。悲夏日之方永。瞻大辰而頽息兮。仰天衢而引領。愁情沈疾。明發哀吟。永言有懷。感物傷心。結南枝之舊思兮。詠莊舄之遺音。羨弁彼之歸飛兮。寄予思乎江陰。渺天末以流目兮。涕潺湲而沾襟。何人生之倏忽。痛存亡之無期。方千歲于天壤兮。吾固已陋夫靈龜。矧百年之促節兮。又莫登乎期頤。哀戚容之易感兮。悲懽顏之難怡。玆傷懷于衆苦兮。愁豈霖之足悲。雲曇曇而疊結兮。雨淫淫而未散。晞朱陽于崇朝兮。悲此日之屢晏。劭豐隆于岳陽兮。執赤松于神館。命雲師以藏用兮。紲乘龍于河漢。照濛汜之清暉兮。炳扶桑之始旦。玆幽明于人神兮。妙萬物以達觀。本集。又略見藝文類聚二。

喜霽賦 并序

余既作愁霖賦。雨亦霽。昔魏之文士。又作喜霽賦。聊廁作者之末。而作是賦焉。案初學記二作永寧二年。鄴都大霖。作愁霖賦。賦成。天雨已霽。玆又作喜霽賦。

毒霖雨之淹時兮。情懷憤而無憀。肅有禱于人謀兮。反極陰于天作。靖屛翳之洪隧兮。戢大山之觸石。淩風絕而謐寍兮。歸雲反而揮霍。改望舒之離畢兮。曜六龍于紫閣。揚天步之焴焴兮。播靈輝之赫奕。于是朱明自晧。藝文類聚作皦。初學記作日皎。凱風來南。復火正之舊司兮。黜后土于重陰。夷中原之多潦兮。反高岸于嵩岑。萎禾竦而振穎兮。偃木豎而成林。嘉大田之未墜兮。幸神祇之有歆。爾乃俯順習坎。仰熾重離。兼明暘而天地爽兮。羣生悅而萬物齊。魚淩淵以增躍兮。鳥塈林而朝隮。戢流波于枉初學記作桂。水兮。起芳塵于沈泥。朱光播于甕牖兮。素景衍乎中閨。天監作照。幽明畢覿。普厥有懽。覃及四國。翕萬情而咸喜兮。雖無獲而自得。災不及害。和斯有祥。翼翼黍稷。油油稻粱。望有年于自古兮。希詩人之萬箱。原思悅于蓬戶兮。孤竹欣于首陽。陰陽交泰。萬物方遒。炎神送暑。素靈迎秋。四時逝而代謝兮。大火忽其西流。年冉冉其易頽兮。時靡靡而難留。嗟沈哀之愁思兮。瞻日月而增憂。感年華之行暮兮。思乘煙而遠遊。命海若以量津兮。吾欲往乎瀛洲。臨儀天之大川兮。淩懷山之洪波。瞻增城之峻極兮。仰蓬萊之峩峩。望王母于弱水兮。詠白雲之淸歌。雖嘉命之未錫兮。將輕舉于流沙。振仙車之鳴鸞兮。吐玉衡之八和。託芝蓋之後乘兮。飡瓊林之朝華。修無窮以容與兮。豈萬載之足多。本集。又略見藝文類聚二。初學記二。

季當作委
會當作曾

登臺賦

永寧中。參大府之佐于鄴都。以時事巡行鄴宮三臺。登高有感。因以言崇替。迺作賦云。

承后皇之嘉惠兮。翼聖宰之威靈。肅言而遬業兮。乃啟行乎北京。巡華室以周流兮。登崇臺而上征。攀淩坻而遂隮兮。迄雲閣而少盤。爾乃佇眄瑤軒。滿目綺寮。中原方華。綠葉振翹。嘉生民之亹亹兮。望天晷之苕苕。歷玉階而容與兮。步蘭堂以逍遙。蒙紫庭之芳塵兮。駭洞房之迴飆。頽響逝而忤物兮。傾冠舉而淩霄。曲房營而窈眇兮。長廊邈而蕭條。于是迴路季夷。邃宇玄芒。深堂百室。會臺千房。闢南窗而蒙暑兮。啟朔牖而履霜。遊陽堂而冬、溫兮。步陰房而夏涼。萬禽委虵于潛室兮。驚鳳矯翼而來翔。紛譎譎于有象兮。邈倏忽而無方。于是南征司火。朱明鬱遂。縣車式徐。曜靈西墜。暑乘陰而增炎兮。景望淵而曖昧。翫瓊宇而倩厥兮。覽八方而思銳。陋雨館之常規兮。鄙鳴鶴之蔽第。仰淩眄于天庭兮。俛旁觀乎萬類。北溟浩㠯揚波兮。青林煥其興蔚。扶桑細于毫末兮。崑崙卑乎覆簣。于是忽焉俛仰。天地既閟。宇宙同區。萬物爲一。原千變之常鈞兮。齊億載于今日。彼區中之側陋兮。非吾黨之一宦。本達觀于無形兮。今何求而有質。于是聊樂遊遊。薄言儃佯。朝登金虎。夕步文昌。綺疏列于東序。朱戶立乎西廂。經紕眭㠯披藻兮。椒塗馥而遺芳。感舊物之咸存兮。悲昔人之云亡。憑虛檻而遠想兮。審歷命于斯堂。于是精疲遊倦。白日藏輝。鄙春登之有情兮。惡荆臺之忘歸。聊弭節而寫言兮。悵將逝而徘徊。感崇替之靡常兮。悟廢興而永懷。隆期啟而雲升。逝運靡其如頹。長發惟祥。天鑒在晉。肅有命而龍飛兮。躡重斯而肇建。嘉有魏之欽若兮。鑒靈符而告禪。清文昌之離宮兮。虛紫微而爲獻。委普天之光宅兮。質率土之黎彥。欽哉皇之承天。集北顧于乃眷。誕洪祚之遠期兮。則斯年于有萬。本集。又畧見蓺文類聚六十二。

逸民賦 并序

富貴者。是人之所欲也。而古之逸民。或輕天下。細萬物。而欲專一丘之歡。擅一壑之美。豈不㠯身重于宇宙。而恬貴于紛華者哉。故天地不易其樂。萬物不干其志。然後可㠯妙有生之極。固無疆之休也。乃爲賦曰。

世有逸民兮。棲遲于一丘。委天形㠯外心兮。淡浩然其何求。陋此世之險隘兮。又安足㠯盤遊。杖短策而遂往兮。乃枕石而漱流。載營抱魄。懷元執一。傲物思盜。妙世自逸。靜芬響于永言兮。滅絕景于無質。相荒土而卜居兮。度山阿而攻室。留丘壑營。宮谷重深。叢木振穎。葛藟垂陰。潛魚泳沚。嚶鳥來吟。仍疏圃于芝薄兮。即蘭堂于芳林。靡飛佩㠯趄節兮。揮天籟而興音。假樂土于神造兮。詠幽人于鳴琴。挹迴源于別沼兮。食秋華于高岑。濛玉泉㠯濯髮兮。臨濬谷御覽作浚金谷而投簪。寂然戶居。儼焉山立。遯潛龍見。在林鳳戢。遁

緜野㠯宅心。望空巖而凱入。明發悟歌。有懷在昔。賓濮水之清淵兮。儀磻溪之一壑。毒萬物之諠譁兮。聊漁釣于此澤。爾乃薄言容與。式宴盤桓。朝挹芳露。夕歆幽蘭。眇區外而放志兮。眷六路而怡顏。望靈嶽之清景兮。想佳人于雲端。悲滄浪之濁波兮。泳芳池之清瀾。鄙終南之辱節兮。睎伯陽之考槃。晒清霄㠯寄傲兮。泝凌風而頹歎。玄微載晏。何思何欲。漂若行雲之浮泊。若窮林之木。吝有得之必喪兮。蓋居寵之名辱。彼貪夫之死權兮。固遺生㠯要祿。竦戰兢而履冰兮。祗肅懷㠯臨谷。亮撅鼎之無慄兮。在顛沛其必渥。是故夫形瑰者徵咎。體壯者爲犧。雖明文而龍藻兮。終俛首而受羈。立修名于禍始兮。登全生于戾階。資朝華之促節兮。挹千載之長懷。擠考終于遠期兮。顧靈根而自摧。矧有喪之假樂。方無身其孰哀。美達人之玄覽兮。邈藏器于無爲。物有自遺。道無不可。萬殊有同。齊物無寡。竝家于國。等朝于野。榮在此而貴身兮。神居形而忘我。欽妙古之達言兮。信懷莊而悅賈。愔既明于天爵兮。□何懺于人祿。陋國風之皇恤。同明哲于大雅。亂曰。乘白駒兮皎皎。遊穹谷兮藹藹。尋峻路兮崢嶸。臨芳水兮悠裔。槃丘園兮暇豫。翳翠葉兮重蓋。瞻洪崖兮清輝。紛容與兮雲際。欲凌霄兮從之。恨穹天兮未泰。詠歡友兮清唱。和爾音兮此世。本集。蓺文類聚三十六。御覽五十六作陸機。誤。又五百十。

南征賦 并序

太安二年秋八月。奸臣羊玄之皇甫商敢行稱亂。凌逼乘輿。天子蒙塵于外。自秋徂冬。大將軍敷命辟后。同恤社稷。乃身統三軍。㠯謀國難。自義聲所及。四海之內。朔漠之表。蒸徒贏糧而請奮。胡馬擬塞而思征。四方之會。衆㠯百萬。軍旅之盛。威靈之著。自古已來未之有也。粤十月。軍次于朝歌。講武治戎。㠯觀兵于殷墟。于是美義征之舉。壯師徒之盛。乃作南征賦。㠯揚匡霸之勳云爾。

有皇晉之霸后。資濬哲之叡聖。崇文德于緝熙。濟武功而保定。應

有當作宥
天當作夫

天鑒之昭華。荷帝祐之休命。步玉衡以觀八方。在旋璣而齊七政。芒芒神道。化洽崇深。卬戾天飛。俯洞淵沈。振南箕以鼓物。冒慶雲而崇蔭。恢天維以籠世。廓宇宙而宅心。濟博施之厚德。鑑希聲之大音。淵澤回而竝注。豪彥萃而爲林。九服惟清。諸夏謐靜。肅慎回首。沙漠引領。天和時降。地靈夙挺。結芳林之奇幹。發珍禾之神穎。勵修德于億兆。端澄彤于萬景。在中葉之不競。遭皇家之毒亂。悲國步之未夷。仰夙興而昧旦。括無方而大誥。集率土而貞觀。致天屬于王畿。肅有征而省難。爾乃建黃鉞之靈威。樹戎輅之高蓋。伐隱天之雷鼓。振淩霄之電旆。介天揮戈而夙興。輕武總干而啟萬。振靈韶之嘈嘈。飛旟旐之藹藹。虹旃泝風以委蛇。霓旄蒙光而容裔。公徒十萬。其會雲興。悠悠華戎。時罔不承。爾乃命屏翳以夕降。式飛廉以朝升。塗蒙雨而復清。景帶天而光澄。陪武臣于彫軒。列名傑于後乘。猛將起而虎嘯。商飆肅其來應。士憑威而響駭。馬歘天而景淩。臨川屯于廣陸。武騎被乎中陵。類禡比京。師徒經始。桓桓先征。在河之涘。順彼長道。懸旌千里。羨王師之遲時。茂七德而發止。爾乃稅駕殷墟。我徒既閑。順時講武。薄狩于原。紛同方而類聚。煥副翼而明分。祇明刑以誓衆。習軍政于舊聞。儼山立以崇薈。粲煙駭而興紛。若溟海之引回流。岱靈之吐行雲。于時玄冬首時。陰風戒煞。山澤含哀。天地肅乂。閟夜冽以澄清。中原曠而曖昧。戎士肅而啟行。三軍紛而雜遝。長角哀吟以命旅。金鼓隱訇而砰磕。景淩冥而四播。音乘雲而上逝。火烈具舉。伐鼓淵淵。朱光俛而丹野。炎暉仰而絳天。曜靈翕赩以增熾。憤氣晞悅而淩煙。狂飆起而妄駭。行雲藹而芊眠。旌旆翻其猗靡。驚爂因而嫿娟。爾乃洪音雷動。清問炰虓。淩雲發揮。萬里振響。聲馮虛而天回。烈駭口而地蕩。映晧月而望舒闇。照重昏而大夜朗。服縣炎揚而晃爚。飛烽戩爁而泱漭。乃有熊羆之旅。虓闞之將。雄聲泉涌。逸氣風亮。超三軍以

奔厲。賈餘勇而咸壯。兆洪音于寂漠。先無形而高唱。紛若屯雲滃若積波。遁陰匿景。靜言勿譁。絕倡寂其既收。萬夫翕而咸和。嚴鼓隱而重戒。景燧瞠而星羅。烈蒙陰而卬假。曜憑陽而登遐。若扶桑之振華葉。晧天之散朝霞。超燭龍之絕景。豈比象于百華。本集。又略見蓺文類聚五十九。御覽三百三十八。案吳志陸抗傳注引機雲別傳。成都王穎與長沙王搆隙。遂舉兵攻洛。以機行後將軍。督王粹牽秀等諸軍二十萬。士龍著南征賦以美其事。即此賦也。

寒蟬賦 并序

昔人稱雞有五德。而作者賦焉。至于寒蟬。才齊其美。獨未之思。而莫斯述。夫頭上有緌。則其文也。含氣飲露。則其清也。黍稷不享。則其廉也。處不巢居。則其儉也。應候守常。則其信也。加以冠冕。取其容也。君子則其操。可以事君。可以立身。豈非至德之蟲哉。且攀木寒鳴。貧士所歎。余昔僑處。切有感焉。興賦云爾。

伊寒蟬之感運。迓嘉時以遊征。含二儀之和氣。稟乾元之清靈。體貞粹之淑質。吐嘒嘒之哀聲。希慶雲以優遊。遁太陰以自寧。于是靈岳幽峻。長林參差。爰蟬集止。輕羽涉池。清澈微激。德音孔嘉。承南風以軒景。附高松之二華。黍稷惟馨而匪享。竦身希陽乎靈和。唳乎其音。翩乎其翔。容麗蜩螗。聲美宮商。飄如飛焱之遺驚。風眇如輕雲之麗太陽。華靈鳳之羽儀。睎皇都乎上京。跨天路于萬里。豈蒼蠅之尋常。爾乃振脩緌以表首。舒輕翅以迅翰。挹朝華之墜露。含煙熅以夕餐。望北林以鸞飛。集樛木而龍蟠。彰淵信于嚴時。稟清誠乎自然。翩眇微妙。緜蠻其張。翔林附木。一枝不盈。豈黃鳥之敢希。唯鴻毛其猶輕。憑綠葉之餘光。哀秋華之方零。思鳳居以翹竦。仰茍立而哀鳴。若夫歲聿云暮。上天其涼。感運悲聲。貧士含傷。或歌我行永久。或哀之子無裳。原思歎于蓬室。孤竹吟于首陽。不銜草以穢身。不勤身以營巢。志高于鳴鳩。節妙乎鳲鳩。附枯枝以永處。倚峻林之迴條。惟雨雪之霏霏。哀北風之飄颻。既乃彫以

金采圖我嘉容。珍景曜爛。暐曄華豐。奇倖黼黻。豔比衮龍。清和明潔。孳動希蹤。爾乃綴㠯玄冕。增成首飾。纓蕤翩紛。九流容翼。映華蟲于朱衮。表馨香乎明德。于是公侯常伯。乃身披紫黻。手執龍淵。俯鳴珮玉。仰撫貂蟬。于黃廬之多士。光帝皇之侍人。騰儀像于雲閣。望景曜乎通天。邁休聲之五德。豈鳴雞之獨珍。聊振思于翰藻。闡令問㠯長存。于是貧居之士。喟爾相與而俱歎曰。寒蟬哀鳴。其聲也悲。四時云暮。臨河徘徊。感北門之憂殷。歎卒歲之無衣。望泰清之巍峩。思希光而無階。簡嘉蹤于皇心。冠神景乎紫微。詠清風㠯慷慨。發哀歌㠯慰懷。本集。又藝文類聚九十七。初學記三十。御覽九百四十四。

全晉文卷一百終

疑當作款

全晉文卷一百一

陸雲二　　烏程嚴可均校輯

九愍幷序

昔屈原放逐。而離騷之辭興。自今及古。文雅之士。莫不㠯其情而翫其辭。而表意焉。遂廁作者之末。而述九愍。

裔皇聖之豐祐。膺萬乘之多福。眞龍暉㠯厎載。啟元辰而誕育。攷度中㠯錫命。端嘉令而自肅。蘭情馥㠯芬香。瓊懷皎其如玉。希千載㠯遙想。昶遠思而自怡。範方地而式矩。儀穹天而承規。結丹疑于旋璣。協朱誠于四時。咨中心之信修。佩日月㠯爲旗。悲年歲之晚暮。殉修名而競心。仰勳華之耿暉。詠三辟之遐音。握遺芳而自翫。挹浩露于蘭林。陰雲紛㠯興靄。飄風起而回波。黨朋淫㠯惡美。疾傾宮之揚娥。樹椒蘭于瑤圃。掩夜光于瓊華。蓮貞心㠯誰忒。毀玉質而蒙瑕。甘莠言而棄予。忽遐放其若遺。瞻前軌而我先。顧後乘而駕遲。遵荒塗而伏軾。撫鳴鸞而稱悲。感瞻烏之有集。嗟離瘼之焉歸。靜沈思㠯自瘁。願淩雲而天飛。

修身　案九愍擬九章。其當篇小題。皆在篇末。宋刊本集誤認題在篇首。而末篇遂失題。

逢天怒而離紛。遘時咎于惟塵。端周誠㠯恪居。祗後命而自寅。悲讒口之罔極。高離情于參辰。豈三錫之又晞。乃裔予于遐賓。運羽櫂㠯涉江。浮鄂渚而駕言。背夏首㠯窮逝兮。泝行川而永歎。結風回而薄水兮。源波榮而重瀾。情懷眷㠯疊結。舟淹流而中盤。昶愁心㠯自邁。肅榜人而曾驅。詔河馮㠯清川。命湘娥而安流。濟南詔㠯佇望。野蕭條而振疇。獸悲號㠯命旅。鳥枉顧而鳴仇。悲我行之悠悠。怨同懷之莫求。發辰陽而往彼。緣湘沅而來假。亦芳樹于懸車。秣梁苗于樊馬。山嵩高㠯藏景。雲晻靄而荒野。鳥拊翼于嵒巔。水回波于宇下。指明星㠯脈路。景卽陰而無旅。隨長川㠯問津。嚮修聲而和予。聽歸音㠯自聞。踐無迹㠯窮處。雖遺愍之既多。亦顚沛其何侮。仰眾芳之遺情。希絕風之延佇。

亂曰。有鳥翻飛。集江湘兮。彼美一人。莫予將兮。念茲涉江。懷故鄉兮。生日何短。感日長兮。顧我愁景。惟永傷兮。

涉江

□□□□□□積沈毒于苦心。魂憑虛㠯飄蕩。形息景于重陰。虎鳴颯㠯拂谷。螭回雲而結林。操土音㠯懷郢。溯頻代而盈襟。辭終古之舊墟。託茲邦而遙集。望龍門而屢顧。攀帷桑而祗泣。悲惠□之難狀。振枯形而獨立。撫凋容之日頹。炤炯思而弗及。聞先黎之達教。固積善于遺慶。晞明休而受言。想介福之保定。靡心貞㠯祗服。泝大順而委命。君在初之嘉惠。每成言而永日。怨谷風之攸歎。彌九齡而未徹。願白獻于承閒。悲黨人之造膝。舒幽情其曷訴。卷永懷而淹恤。嗟哲士之足歎。傷邦家之殄瘁。痛靈修之匪懷。顏九

成于一匱。忘大寶之勿假。輕挈瓶之守器。仰翦翮于淩霄。俯歸飛于猾屛。毀方城于秦川。投江漢于泥渭。悲彼黍之在郢。悼宗楚之莫饒。撫傷心㠯告哀。將斯情之孰慰。

悲郢

悲怨思之多感。情惆悵而遠慕。世玄黃而既渝。心居貞而抱素。冀斯氣之一清。要佳人于天路。攷年載㠯遲之。悲歲聿之已暮。攬豐草于朝日。思先晞于湛露。規法圓而天象。矩則方于地形。祗信順㠯自範。邀式穀于神聽。悲登魂之無抗。訊貞夢而還靈。恢相道而懷顧。悲寶蕃之已盈。頓椒丘而息駕。振初服而翱翔。結瓊𤕤之芳襟。襲淩華之藻裳。懷瑤林之珍秀。擢蘭野之芳香。命巫咸㠯啟期。訪百神而考祥。靖永言㠯聽命。欽靈諄而肅邁。振華冕之玉藻。樹象軒之高蓋。率假翼㠯鳴和。霓揮景而縈旆。芳塵穆㠯煙熅。彤雲起而深藹。遊八極㠯大觀。解飛轡㠯長想。將結軌而世狹。願援楫

宜當作直
節當作期

而川廣。雖我服之方壯。思振策其安往。舒遠懷㠯弭節。褰世羅于天網。

亂曰。猗猗芳草。殖山阿兮。朝日來照。發豐華兮。秋風蕭瑟。凝霜加兮。傾葉懷春。猶俟河兮。

紆思　案本集先行吟後紆思。審覩紆思擬抽思。行吟擬懷沙。宋人重編誤倒耳。今依九章移正。

登高山㠯遐望。悲悠處之淹流。豈大川之難濟。悲利涉之莫由。申修誠㠯厎節。反內鑒而自求。攷余心其焉可。往稽度于神謀。訪斯言㠯卜居。想貞龜㠯告猷。將矯翼而塗險。思振清而世濁。羌釋筴而評予。諒不疑其何卜。朝彈冠㠯晞髮。夕振裳而濯足。有懷沙㠯赴淵。無抱素而蒙辱。愁纏緜㠯宅心。長歎息而飲淚。步江潭㠯彷徉。頻行吟而含瘁。遇漁父之戾止。興讜言而來憩。雖懷芳而握瑜。懼惟塵之我穢。顧虛景而端形。剹同波于其醉。迫伊人之逍遙。聊仰葉于林側。懷達心㠯遠寤。怡哀顏而表色。仰班荊之遺情。想嘉訊而良食。若有言而未吐。忽棄予而淩波。揮龍栧㠯鼓汰。遺芬響而清歌。俟滄浪之濯纓。悲余壽之幾何。愧編心之歎渝。恨爾謁之莫和。揖江魚之言志。營玄寢于汨羅。苟懷忠而死節。豈有生之足嘉。

行吟

偏周流而無過。悲窮思之永久。聽幽荒而罔訊。眷寥廓而無友。沈流液于纒樞。逝回飆于霧隰。呼寂寞而靡應。攬虛無其何有。神悠悠而永念。憂綢繆而盈室。哀惻心而嚮起。時棄予而景邈。招逝運其難徵。儀遺範而無律。雖芳林之將焚。豈蘭響之可謐。晞馥風于曠野。思同芬而靡質。命險太其靡常。道離隆而匪易。紆幽情而思古。援在昔而立辟。俟重華㠯同遊。悲瑤圃之難適。舟登陸其焉濟。輪涉淵而無迹。悲荒塗之既姓。臨遵渚而投策。欲隨波㠯周流。恨匪石之難頽。將從風而卷舒。悲宜矢之辭懷。貞節志而玉折。厲勁

明當作朋
乳當作浮

心而蘭摧。喟我懷㠯寤歎。闚前鑒而自融。忠與邪其莫可。豈余命之所窮。俯投迹而世汚。仰晞志而道隆。恥蒙垢于同塵。思振輝于別風。明爽心㠯畢志。攷吾道㠯自終。

攷志

天機偏其挺蓋。玉衡運而回襄。景彌脩而日短。時愈促而夜長。和音變而改律。乘風革而為商。感秋林之夙暮。悲芳草之中霜。存攸忽而風過。逝揮霍而雲散。方輕焱而炯遲。比收電而景宴。將愉樂㠯夙興。沼良日于昧旦。痛予生之不辰。逢此世之多難。將藹藹而未颺。世渾渾其難澄。風頹山㠯離谷。波平淵而為陵。道曠世而朴散。化固滯而物凝。恨輶德㠯莫舉。悲民鮮之孰勝。景照明㠯妙見。音振響而攄闋。金淬堅㠯示斷。芭靡質而效芬。馨貞規㠯殉節。反蒙譎于明暈。吝小心㠯惴惴。悲江草之芸芸。

亂曰。乳雲晻靄。天明息兮。蜩羅重設。鳳矯翼兮。梧桐遊矣。樹榛棘兮。思我芳林。喟歎息兮。

感逝

哀時命之險薄。懷斯類㠯結憂。手拊膺而永歎。形顧景而長愁。生遺年而有盡。居靜言其何須。將輕舉㠯遠覽。眇天路而高遊。結垂雲之翠虬。駕琬琰之玉輿。揮采旄㠯煙指。靡華旌而雷舒。命日月㠯清天。吾將遊乎九閡。命屛翳㠯夕降。式飛廉㠯朝興。塗隷雨而後清。景貞暉而先登。陪湘妃于彫輅。列漢女㠯後乘。姮娥起而清嘯。神風穆其來應。騑憑雲而響駭。驂噓天而景凌。望紫微㠯振策。坰太階而遂升。飛芝蓋之翼翼。回雲車之轔轔。朝總轡于扶桑。夕飲馬于天津。伐河鼓㠯解微。迄崑崙而凱振。軌淩虛而遺迹。塵蒙飆而絕輪。豈遠遊之無樂。懷故都而傷情。靡龍首㠯還顧。轉瑤衡而回縈。泝凱風㠯流盼。悲舊邦之穢傾。眷南雲㠯興悲。蒙東雨而涕零。淩百川而絕蹈。仰濯髮于崢嶸。豈沈瘁之足弭。將蟬蛻于長

擾當作壞

生。

□征

痛世路之隘狹。詠遂古而長悲。鏡端形于三接。照直影于太微。祗中懷㠯眷慕。豈鑒寐而忘歸。悼天朝之遂晦。構貝錦于繁文。侈南箕㠯鼓物。藹靑陽而播芬。迹同塵而擾絕。景和光而天分。俯隕息于縈波。仰頹歎而崩雲。折若華㠯翳日。時靡靡而難停。淪秋菊㠯御老。年冉冉其既盈。欲假翼㠯天飛。怨會飆之我經。思戢鱗㠯遁沼。悲沈網之在淵。有河清而志得。挫千載之長年。摛哀響于頹風。寓悲音于絕弦。嗟有生之必死。固逸我㠯自休。彼達人之遺物。甘褰裳而赴流。矧余情之沈毒。眷有生㠯速憂。悼居世其何蹙。固形存其爲尤。想百年之促期。悲樂少而難多。脩與短其足侈。曷久沈于汨羅。投瀾漪而負石。涉淸湘㠯懷沙。臨恆流而自墜。蒙濬壑之隆波。接申胥于南江□□□□□□□鼓冤雲㠯攜手。仰接景而登遐。

□□案此篇擬悲回風。宋刊本集誤認題在篇首。因刪去末一行。今無從校補。

閣起西園第表啟宜遵節儉之制

郎中令臣雲言。伏見西園大營第室。雖未審節度豐儉之制。然用功甚嚴。竊懼事不得濟。愚臣管見。輒敢瞽言。臣竊見世祖武皇帝臨朝淵嘿。訓世㠯儉。卽位二十有六載。宮室臺榭。無所新營。屢發明詔。厚戒豐奢。國家纂承。務在遵奉。而世俗陵遲。家競盈溢。漸漬波蕩。遂已成風。雖嚴詔屢宣。而侈俗滋廣。每觀詔書。衆庶歎息。淸河王昔起墓宅。未及極偉。時手詔追述先帝節儉之敎。懇切之旨。刑于四海。淸河王毀壞成宅。㠯奉詔命。海內聽望。咸用憮然。臣慮㠯先帝遺敎。日㠯陵替。聖上憂勤。猶未之振。今與國家協崇大化。追闡前蹤者。實在殿下。先敦素朴。而後可㠯訓正四方。示民知禁。竊謂第室之設。可使儉而不陋。凡在崇麗。一宜節之㠯制。然後上厭帝心。下允民望。且自開制國之用。事從節省。而方于此時。大造第宅。又非聖意從簡之旨。臣㠯凡才。殿下不㠯其駑闇。特蒙拔擢。將㠯臣能有狂夫之言。可㠯裨補聖德。臣自奉職已來。亦思竭忠效節。㠯報所受之施。是㠯不慮犯迕。敢陳所懷。如愚臣言有可采。乞垂三省。本集。又晉書陸雲傳有刪節。

臣雲言。閒一日敢獻瞽言。㠯干聞聽。天恩未加咎責。猥發明令。臣伏誦聖旨。奉用歎息。臣聞有國者不患宮室之不崇。患在令名之不立。是㠯賢人之在富貴。莫不卑身節欲。損己抑情。用能保其國家。令聞百世。歷觀古今。㠯約失之者寡。㠯奢失之者蓋多。非天下之至德。孰能居豐行儉。在富能貧。淸儉節素。自殿下家道。此所㠯懷集四方。而使兆民服者也。世祖武皇帝富有四海。貴爲天子。居無離宮之館。身御家人之服。先帝豈欲㠯此道止于治身而已者哉。固將必欲遺訓百世。貽燕子孫。此固殿下所宜祗奉也。昔淮

南太妃當安厝。臣兄比下墨機時爲郎中令從行。太妃令追稱先帝養生送終。事從節儉。令宜奉用遺制。不事豐厚。令旨懇切。言歸于約。淸河昔起墓宅。發手詔又還毀。朝野之論。于今未已。竊㠯西園第宅。用功方嚴。雖知聖德節儉有素。猶復思闢愚言。㠯補萬一。亦臣縷綣微忠。昊天罔極之誠也。至被明令。聖旨炳然。嘉承至道。奉㠯稱慶。不勝下情。謹疏㠯聞。藝文類聚六十四。

西園第既成有司啟觀疏諫不可

郎中令臣雲言。臣前啟西園第宅宜遵先帝節儉之制。不宜使至豐麗。被命優隆。言歸謙素。臣奉㠯欣喜。而聞屋宇之制。既自崇侈。竊聞當復起觀六閒。既非前令之旨。且臣亦竊用不安。臣聞詩云。昊天有成命。二后受之。成王不敢康。今四祖創基。既垂成命。哲王繼體。世祖恭儉。殿下承之。固宜奉不寍。而自昔造第過度。民歎其勞瘁。士譏其過九。謗言未弭。而又加㠯崇侈。此誠不可不惜。先帝

背世。會未十年。而儉德之亡。國爲其首。此又臣所吕慷慨醆心。而不敢不盡狂夫之諫者也。案晉魏吕來。諸侯奢靡。第室滋廣。未有如國今日之甚者也。古人之戒。猶云無爲禍始。況今猶崇豐侈。作爲禍先。此又臣所吕寤寐憂歎忘寢與食者也。殿下誕膺運期。首建大國。固將憲章令典。貽範萬世。始基之制。不可不慎。今設爲豐奢。吕示將來。子孫象之。又何吕能國。且先帝勤家。如彼其素。殿下承之。若此其泰。進傷奉國之典。退虧隆家之業。用之當身。損盛德之譽。垂之後嗣。非興邦之制。一舉而失四得。此古人之所吕長太息者也。且第宅之過。朝野所譏。而監司結舌。莫敢明言者。實吕殿下國之昵親。朝所欽重。故隱司過之鋒。結執憲之繩耳。後世直臣。必將信威明法。攷制度禮。愚吕此觀有必毀之理。苟此物不可終。然誠不如不爲。使其無毀也。今空設過制之物。而終爲直士之資。臣又未見其可也。唯殿下思愚臣之言。時命有司。必省此舉。手懽還。伏用流汗。

王即位未見賓客羣臣又未講啟宜饗宴通客及引師友文學講書問道

郎中令臣雲言。聞古之君子。既盛德在身。又外來諸物。是吕廣納俊士。博觀載籍。朝夕師傅。夙夜勤禮。賓友嘉客。講義于前。往古來今。日聞于耳。故知積德廣。而流芳罔極。伏惟殿下天資聰叡。應期挺秀。聖敬敷聞。輝光日新。即位已來。仍遭不造。大禮雖闋。哀故滋有。賓客無接勤之宴。師友闕講誦之禮。愚臣所吕寤寐永歎而私懷慷慨者也。愚吕宜發通客之令。使朝士有接見之緣。又可時與師友文學。披觀文籍。坐而論道。非學無吕聞義。非士無吕行禮。禮義既舉。羣望允塞。此臣下所吕拭目思德音之發者也。臣區區所懷。敢吕聞。

臣雲言。臣前啟可與師友文學。觀書論道。今又天時淸適。正是講

誦之日。臣聞崇山之高。不厭其峻。滄海之量。無限于廣。是吕周公一日萬事。猶復旁觀百篇。孔子假期數年。至于韋編三絕。由是言之。雖聖之弘。亦不能不求之于學也。伏惟殿下明德光卲。天資秀朗。方當光演文武。允迪皇猷。如復垂精古今之奥。仰覽千載之籍。則神道叡知。無物不照。且師友文學。朝選于衆。吕德來敎。雖豐祿崇禮。已隆其人。而先王之道。未備聖聽。在位累載。官廢其職。每聽其言。亦懷慷慨。臣吕可于良日。就講經學。先闡大道。永播芳風。愚臣區區。敢獻瞽言。

輿駕比出啟宜當入朝

郎中令臣雲言。殿下自郎第日來。既仍多哀。故聖體亦恆不安和。自不朝見二宮。已經年載。前既比造趙軌。近又自表出城。至五日問訊。輒吕疾闕。臣竊所未安。愚吕此五日輿駕宜入朝。臣聞事君之道。苟在盡規。知無不爲。是吕愚臣。敢獻瞽盲。

言事者啟使部曲將司馬給事覆校諸官財用出入啟宜信君子而遠小人

郎中令臣雲言。伏見令書。吕部曲將李咸、馮南、司馬吳定、給事徐泰等覆校諸官市買錢帛簿。率日決咸南等治書。吕下無所復司。而察錢帛重寶。奸吏多情。出入之用。誠宜使虛實當法。吕防檢巧僞。然臣愚吕聖德龍興。光有大國。選衆官材。庶工肆業。臣吕虛薄忝竊朝右。雖質弱任重。無益補察。至于奉己思勤。昊天罔極。中尉該大農誕。皆淸德淑慎。恪居所司。次至衆官。悉州閭一介。踐闇之咎。雖可日聞。至于處義用情。庶無大戾。今咸南軍旅小人。定泰士卒廝賤。非有淸慎素著。忠公足稱。今猥使此等任吕覆校。大臣所關。猶謂未詳。咸等督察。然後得信。既非開國勿用之義。又傷殿下推誠納下曠蕩之量。雖使咸能盡節益國。使功利百倍。至于光輔國美。猶未若開懷信士之無失。況咸所益不過姑息之利。而名使

小人用事。大道淩替。此臣所㠯慷慨也。亂之所興。在于小人得親。治之所廢。在于君子自替。廢興治亂。由此而已。臣備位大臣。職在獻可。苟有管見。敢不盡規。㠯愚宜發明令。必罷此等。覆察衆事。一付治書。則無外之度照光遠。大信臨下。人思盡節矣。謹隨啟㠯聞。本集。晉書陸雲傳。

國人兵多不法啟宜峻其防㠯整之

郎中令臣雲言。國人兵放橫。多行非法。至使暴及市道。聲聞京邑。親信兵乃毆詈洛陽市丞。遠近囂然。聲論日廣。而主者前後所報。每蒙寬宥。故羣小敢肆其暴虐。前輿駕當東時。臣具㠯奏聞。上立節度。亦備嚴上下司察。念在奉宣。而親信卒泰。矯稱突關強市民物。至使行道哀窮。路人歎惋。臣下祗命。幸使罪人時獲。僉㠯泰宜加重戮。㠯戒肅方來。軍都督李嬰。行實奸穢。然身備王人。雖不致法。猶加捶楚。主者奏泰依嬰決罰。事寢不出。而特令原泰。泰之凶狡。罰至大辟。至于今日。不蒙薄罰。臣竊㠯自今羣醜虎視。競為暴虐矣。小人得志。則下淩上替。前卿顯言事大農。文旨倨傲。反成御安。功名之士。議在不辱。而顯等恃恩。敢行侮慢。臣時列啟。幷呈顯言事。事寢不省。是㠯自來拱嘿。未敢多言。而竊見國法日侈。而恩宥無已。誠懼威禁遂頹。醜聲滋聞。愚謂自今宜齊之㠯法。使下知禁。有司所執。猶宜時聽。不然㠯往。則監司之吏。鋒鉅靡加。而準繩替矣。臣忝竊非據。與聞國政。服事㠯來。荏苒三年。朝憲多違。威御無列。好問不登。而流聲播越。皆由執政之臣。官非其人。常思收迹自替。㠯避賢路。退惟受遇。微報未效。是㠯忍垢素餐。敢用文諫。唯殿下哀明愚臣。繼縱愚臣。不㠯前後干迕。多見罪責。臨紙慷慨。言不自盡

移書太常薦同郡張贍

蓋聞在昔聖王。承天御世。殷薦明。德思和人神。莫不崇典謨㠯教思。興禮學㠯陶遠。是㠯帝堯昭煥。而道協人天。西伯質文。而周隆二代。大晉建皇。崇配天地。區夏既混。禮樂將庸。君侯應厤運之會。贊天人之期。博延俊茂。熙隆載典。伏見衞將軍舍人同郡張贍。茂德清粹。器思深通。初慕聖門。棲心重仞。啟塗及階。遂升樞奧。抽靈匱于祕宮。披金縢于玄夏。思樂百氏。博採其珍。辭邁翰林。言敷其藻。探微集逸。思心洞神。論道屬書。篇章光覿。含奇宰府。婆娑公門。棲靜隱寶。淪虛藏器。褧裳襲錦。緇衣被玉。會泉改路。懸車將邁。考槃下位。歲聿屢遷。搢紳之士。具懷慷恨。方今大清闢宇。四門啟籥。玄綱括地。天網廣羅。慶雲興㠯招龍。和風起而儀鳳。誠巖穴耀穎之秋。河津託乘之日也。而贍沈淪下位。羣望悼心。若得端委大學。錯綜先典。初學記二十作若得言論端委大學錯綜藝文垂纓玉階。論道紫宮。誠帝室之瑰寶。清廟之偉器。廣樂九奏。必登昊天之庭。韶夏六變。必饗上帝之祀矣。晉書陸雲傳。

全晉文卷一百一終

烏程嚴可均校輯

陸雲三

與兄平原書三十五首

一日案行。并視曹公器物。牀薦席具。有寒夏被七枚。介幘如吳幘。平天冠遠遊冠具在。嚴器方七八寸。高四寸餘。中無鬲。如吳小人嚴具狀。刷膩處尚可識。梳枇剔齒纖綖皆在。拭目黃絮二在。有垢黑。目淚所沾污。手衣臥籠挽蒲棋局書箱亦在。奏案大小五枚。書車又作欹枕。以臥視書。扇如吳扇要扇亦在。書箱五枚。想兄識彥高書箱。甚似之。筆亦如吳筆。硯亦爾。書刀五枚。琉璃筆一枝。所希聞。景初三年七月七日。劉婕妤折之。見此期復使人悵然有感處。器物皆素。今送鄴宮大尺間數。前已白其繐帳及望墓田處。是清河時臺上諸奇變無方常欲問曹公。使賊得上臺。而公但以變譎因旋避之。若焚臺當云何。此公似亦不能止。文昌殿北有閣道。去殿丈。內中在東。殿東便屬陳留王。內不可得見也。（本集。又略見書鈔一百三十五。御覽三十一、六百八十七、七百七、七百十、又七百十一、七百十四、又七百十四、七百十七、八百十九。）

一日上三臺。曹公藏石墨數十萬斤。云燒此消復可用。然煙中人不知。兄頗見之不。今送二螺。省曹公遺事。天下多意長才乃當爾作弊屋向百年。于今正平夷。塘乃不可得壞。便以斧斫之耳。爾定以知吏稱其職。民安其業也。（本集。又略見御覽六百一。）

雲再拜。前省皇甫士安高士傳。復作逸民賦。今復送之。如欲報稱。久不作文。多不悅澤。兄為小潤色之。可成佳物。願必留思。四言五言非所長。頗能作賦。為欲作十篇許小者。以為一分生于愁思。遂復文。誨欲得雲論。間在郡紛紛有所鉤定言語流行斷絕。欲更定之。而了不可以思慮。今自好醜不可視。想冬下體中佳。能定之耳。兄文章已自行天下。多少無所在。且用思困人。亦不事復及以此自勞役。間居恐復不能不願。當日消息。謹啟。

雲再拜。祠堂頌已得。省兄文。不復稍論常佳。然了不見出語。意謂非兄文之休者。前後讀兄文。一再過便上口。語省此文雖未大精。然了無所識。然此文甚自難。事同又相似。益不古。皆新綺。用此已自為洋洋耳。昔少明詩。亦未為妙。省之如不悲苦。無惻然傷心言。今重復精之。一日見正叔與兄讀古五言詩。此生歎息欲得之。謹啟。

雲再拜。二祖頌甚為高偉。雲作雖時有一佳語。見兄作又欲成貧儉家。無緣當致兄此謙辭。又雲亦復不以苟自退耳。然意故復謂之。徵多民不輟歎一句。謂可省。武烈未得有吳說桓王之事。而云建其孤。恐大祖不得為桓王之孫。雲前作此頌及信以自兄作遊仙詩故自能。劉氏頌極佳。但無出言耳。二頌不滅復過所望。如此已欲解此公之牛。歲暮賦甚欲成之。而不可自用得此百數十字

今送。不知于諸賦者不罷少不想少佳。成當送到洛。陳琳大荒甚極。自雲作必過之。想終能自果耳。謹啟。

雲再拜。兵真凶事。生來初不見習。頃觀之正自使人意惡。羊腸轉時極佳。問人皆不解。何以作此轉。雖云欲相泄。恐此正自取好耳。說之不能工。願兄試一說之。張義元荅員淵之回流崑崙吐河不體。正自似急水中山石間是人謂回縛者。但言之辭不工耳。不知此中語于諸賦中何如。頃日極勿勿。病一十當出略通日在馬上。此不可諧。又恐信不及兄。今以困休祖致。又力作無錫書。極無賴。甚不備具。如是更白問于中。

雲再拜。誨欲定吳書。雲昔嘗已商之兄。此真不朽事。恐不與十分好書同是出千載事。兄作必自與昔人相去。辯亡則已是過秦對事。求當可得耳。陳壽吳書有魏賜九錫文及分天下文。吳書不載。又有嚴陸諸君傳。今當寫送。兄體中佳者。可竝思諸應作傳。及作

音下脫匆字

引甚單。常欲引之未得。兄所作引甚好。雲方欲更作引逝思賦。當自竭厲。然雲意皆已盡。不知本復何言。方當積思。思有利鈍。如兄所賦。恐不可須。願兄且㠯示伯聲兄弟。前日觀習。先欲作講武賦。因欲遠言大體。欲獻之大將軍。才不便作大文。得少許家語。不知此可出不。故鈔㠯白兄。若兄意謂此可成者。欲試成之。大文難作。庶可㠯為關雎之見微。謹啟。

雲再拜。爾乃使能羆之士。虓闞之將。雄聲泉踊。逸氣風亮。超三軍㠯奔厲。賈餘勇㠯成壯。兆洪音于寂寞。先無聲而高唱。元兵時紛若屯雲。爛若積波。授敎斯謐。靜言讙。嚴鼓隱其重戒。萬夫翕而咸和。治安步㠯止立。應金奏而靡戈。進總于㠯乘言。退揮旅而星羅。禮既畢。歸旅將振。尋藪員轉。因瀨蓋旋。若疾流之繞駿沈。驚飆之靡狂塵。羊腸轉時。命屏翳㠯夕降。式飛廉而朝興。涂蒙雨而後清。景帶天而先澄。陪畯臣于彫輅。刻名僚于後乘。猛將起而虎嘯。商風肅其來應。士憑勢而響駭。馬噓天而景淩。案此卽雲書所謂講武賦也。張溥本移此一首入賦類。題曰羊腸轉賦。大誤。又案本集有南征賦。有命屏翳㠯夕降十語。

雲再拜。省諸賦。皆有高言絕典。不可復言。頃有事。復不大快。凡得再三視耳。其未精。倉卒未能為之次第。省述思賦。流深情至言。實為清妙。恐故復未得為兄賦之最。兄文自為雄。非累日精拔。卒不可得言。文賦甚有辭。綺語頗多。文適多。體便欲不清。不審兄呼爾不。詠德頌甚復盡美。省之惻然。扇賦腹中愈首尾。發頭一而不快。言烏云龍見。如有不體。感逝賦愈前。恐故當小不。然一至不復滅。漏賦可謂清工。兄頓作爾多文。而新奇乃爾。眞令人怖。不當復道作文。謹啟。

雲再拜。祠堂贊甚已盡美。不與昔同。既此不容多說。又皆一事。非兄亦不可得。見弔少明殊復勝。前弔蔡君清妙不可言。漢功臣頌甚美。恐弔蔡君故當為最。使雲作文。好惡為當。又可成耳。至于定

怒當作恕

文子之文當作父

屯當作此

往當作佳

兄文。唯兄亦怒其無遺情而不自盡耳。丞相贊云披結散紛。辭中原不清利。兄已自作銘。此但頌實事耳。亦謂可如兄意。眞說事而已。若當復屬文子引。便當書前銘耳。謹啟。

雲再拜。往日論文。先辭而後情。尚絜而不取悅澤。嘗憶兄道張公文子論文。實自欲得。今日便欲宗其言。兄文章之高遠絕異。不可復稱言。然猶皆欲微多。但清新相接。不㠯此為病耳。若復令小省。恐其妙欲不見。可復稱極。不審兄由㠯為爾不。茂曹碑皆自是蔡氏碑之上者。比視蔡氏數十碑。殊多不及。言亦自清美。愚㠯無疑不存。三祖贊不可聞。武帝贊如欲管管流澤。有㠯常相稱美。如不史。願更視之。小跛幾而悅奕為盡理。雲今意視文。乃好清省。欲無㠯尚意之至此。乃出自然。張公在者必罷。必復㠯此見調。不知九愍不多。不當小減。九悲九愁。連日鈔除。所去甚多。才本不精。正自極此。願兄小為之定。一字兩字出之便欲得。遲望不言。謹啟。

雲再拜。仲宣文。如兄言。實得張公力。如子桓書。亦自不乃重之。兄詩多勝其思親耳。登樓賦無乃煩。感丘賦弔夷齊。辭不為偉。兄二弔自美之。但其呵二子小工。正當㠯此言為高文耳。文中有子是爾乃子轉句誠佳。然得不用之益快。有故不如無。又子文句中自可不用之便少。亦常云四言轉句。㠯四句為佳。往曾㠯兄七羡回煩手而沈哀結上兩句為孤。今更視定。自有不應用時。期當爾。復㠯為不快。故前多有所去。喜聲俯順習坎仰熾重離。此下重得如此語為佳。思不得其韻。願兄為益之。謹啟。

雲再拜。嘗聞湯仲歎九歌。昔讀楚辭。意不大愛之。頃日視之。實自清絕滔滔。故自是識者。古今來為如此種文。屯為宗矣。視九章時有善語。大類是穢文。不難舉意。視九歌便自歸謝絕。思兄常欲其作詩文。獨未作此曹語。若消息小往。願兄可試作之。兄復不作者。恐此文獨單行千載。間常謂此曹語不好視九歌。正自可歎息。王

綺當作緯

褒作九悼亦極佳。恐猶自纖。眞玄盛稱九辯。意甚不愛。

雲再拜。頃得張公封禪事。平平耳。不及李氏。其文無比。恐非其所作。欲見此公劉氏世頌。有信願付。雲頃又爲輔吳奮威作頌。欲愈前頌。然意竝不㠯快。遣信當送九愍三賦。朊然謂可舉意。假彼須便有怯處。想無又閒便可耳。大類不便作四言五言。謹啟。

雲再拜。誨二賦佳。久不復作文。又不復視文章。都自無次第。文章旣自可羨。且解愁忘憂。但作之不工。煩勞而棄力。故久絕意耳。在此悲思。視書不能解。前作二篇。後爲復欲有所作。㠯慰。小思慮便大頓極。不知何㠯乃爾。前登城門。意有懷。作登臺賦。極未能成。而崔君苗作之。聊復成前意。不能令佳。而羸瘁累日。猶云逾前二賦。不審兄平之云何。願小有損益。一字兩字。不敢望多。音楚。願兄便定之。兄音與獻彥之屬。皆願仲宣須賦獻與服。繁張公語云云。兄文故自楚。須作文。爲思昔所識文。乃視兄作誄。又令結使說音耳。

兄所撰。願且可付之。此有書者。更校。善書送。信還望之。謹啟。

雲再拜。疏成高作未得去。省登遐傳。因作登遐頌。須臾便成。視之復謂可行。今竝送之。尚未定。利及比信。今更有何所損益。後八人了無事。合會之才得二篇耳。索度是淫鬼。無緣在此中。故不可作頌。愁邑忽欲復作文。臨時輒自云佳。小久報不能視。爲此故息意。文欲定。前于用功夫大小文隨了。爲㠯解愁作爾。今視所作。不謂乃極。更不自信。恐年時閒復損棄之。徒自困苦爾。兄小加潤色。便欲可出。極不苦作文。但無新奇。而體力甚困瘁耳。謹索幼安在此。令之草。今往一弘。不呼作工。謹啟。

雲再拜。誨頌兄乃㠯爲佳。甚㠯自慰。文章當貴經綺。如謂後頌語如漂漂。故謂如小勝耳。九愍如兄所誨。亦殊過望。雲意自謂當不如三賦。情難非體中所長。欲徧周流。雲意亦謂爲佳耳。然不云其逾于與漁父。吾今多少有所定。及所欲去留粗爾。今送本往。不審能勝故不。意亦殊未㠯爲了。南去轉遠。恪中勿勿少暇。願兄敕所遣留爲當爾。可須來。不佳思慮益處。未能補所欲去。徹與察皆不與日韻。思惟不能得。願賜此一字。雲作文如兄所論。已過所望。況乃當敢今兄有張蔡之懷。得此乃懷怖也。謹啟。

雲再拜。誨歲暮如兄如所誨。雲意亦如前啟。情言深至。述思自難希。每憶常侍自論文。爲當復自力耳。雲意呼發頭。但當小不如復耳。兄乃不好者。試當更思之。所誨雲文。所比愁霖喜霽之徒。實有可爾者。登樓名高。恐未可越爾。楊四公黃胡頌。恐此不得見比。聞兄此誨。若有喜懼交集。祖德頌無大諫語耳。然靡靡清工。用辭緯澤。亦未易。恐兄未熟視之耳。兄文方當日多。但文實無貴于爲多。多而如兄文者。人不饜其多也。屢視諸故時文。皆有恨文體成爾。然新聲故自難復過。九悲多好語。可耽詠。但小不韻耳。皆已行天下。天下人歸高如此。亦可不復更耳。兄作大賦必好。意精時故願

兄賦當作賦兄
兄下之兄衍
綢當作緝

兄作數大文。近日視子安賦。亦對之歎息。絕工矣。兄誨又爾。故自是高手。謹啟。

雲再拜。蔡氏所長。唯銘頌耳。銘之善者。亦復數篇。其餘平平耳。兄詩賦自與絕域。不當稍與比校。張公昔亦云兄新聲多之不同也。典當故爲未及。彥藏亦云爾。又古今兄文所未得與校者。亦惟兄所道數都賦耳。其餘雖有小勝負。大都自皆爲雌耳。張公父子亦語雲。兄文過子安。子安諸兄賦復不皆過。其便可。可不與供論。雲謂兄作二京。必得無疑。久勸兄兄爲耳。又思三都。世人已作是語。綢類長之。能事可見。幽通賓戲之徒自難作。省戲客語可爲耳。荅之甚未易。東方士所不得全其高名。頗有荅極。謹啟。

雲再拜。賦九愍如所敕。此自未定。然雲意自謂故當是近所作上近者。意又謂其與漁父相見㠯下盡篇爲佳。謂兄必許此條。而淵弦意呼作脫可行耳。至兄唯㠯此爲快。不知雲論文何㠯當與兄

與當作更

試當作誠

意作如此異。此是情文。但本少情。而頗能作氾說耳。又見作九者。多不祖宗原意。而自作一家說。唯兄說與漁父相見。又不大委曲盡其意。雲以原流放。唯見此一人。當爲致其義。深自謂佳。願兄可試更視。與漁父相見時語。亦無他異。附情而言。恐此故勝淵弦。兄意所謂不善。願疏敕其處。緒亦欲成之。令出意。莫更感如惡所在。以兄文。雲猶時有所能得言雲前後所作。謹啟。

雲再拜。誨前二賦佳。視之行已復不如初。昔文自無可成。藏之甚密。而爲復漏顯。世欲爲益者。豈有謂之不善。而不爲懷。此不成意。想兄已得懷之耳。有作文唯尚多。而家多豬羊之徒。作蟬賦二千餘言。隱士賦三千餘言。旣無藻偉體。都自不似事。文章實自不當多。古今之能爲新聲絕曲者。無又過兄。兄往日文雖多瑰鑠。至于文體。實不如今日。聞在洛有所視。已當赦而比更隆。以今意觀文見此眞與以爲不盡善。文罷云。故日向人歎兄文。人終來同。殆以此爲病。張公文無他異。正自情省。無煩長作文。正爾自復佳。兄文章已顯一世。亦不足復多自困苦。適欲白兄。可因今清靜。盡定昔日文。但當鉤除。差易爲功力。誨已定敬長誄。意當關與兄合。雲久絕音于文章。由前日見敎之後。而作文解愁。聊復作數篇。爲復欲有所爲。以忘憂貧。家佳物便欲盡。但有錢穀。復羞出之。而體中殊不可以思慮。腹立滿。背便熱。亦試可悲。聞視大荒傳。欲作大荒賦。旣自難工。又是大賦。恐交自困絕異。往經比干墓。悵然欲弔之。無又卽意。又事業缺

雲再拜。張公藏誄自過五言詩耳。但雲自不便五言詩。由己而言耳。玄泰誄自不及士祚誄。兄丞相箴小多。不如女史清約耳。恐兄無緣思于此意。猶云何。而況乃有高倫。更復無意。雲故曰不作文。而常少張公文。今所作。兄輒復云過之。得作此公輩。便可斐然有所謝。故自爲不及。諸碑藏甚極。不足與校。歌亦平平。彼見人讚

根當作限

蔡當作葵

敍者。當與令伯倫吳百官交第公卿名伯。略盡識少交當具。頃作頌及吳事有愴然。且公傳未成。諸人所作。多不盡理。兄作之。公私並敍。且又非常業。從雲兄來作之。今略已成。甚復可借。事少功夫亦易耳。猶可得五十卷。謹啟。

義高家事正當付令文耳。弟彥長昔作吳事。云三十卷。可令欽求謹啟。

雲再拜。吳書是大業。旣可垂不朽。且非兄述此一國事。遂亦失兄諸列人皆是名士。不知姚公足爲作傳。不可著儒林中耳。不大識唐子正事。愚謂常侍便可連于尚書傳下。書定自難。雲少作書。至今不能令成。日見其不易。前數卷爲時有佳語。近來意亦殊已莫莫。猶當一定之。恐不全。此七卷無意復望增。欲作文章六七紙卷十分可令皆如今所作輩。爲復差徒爾。文章誠不用多。苟卷必佳。便謂此爲足。今見已向四卷。比五十可得成。但恐胸中成痛爾。恐兄胸疾必述作人。故計兄凡著此之自損。胸中無緣不病。作書猶差易。讚敍亦復無幾。年歲根之。猶當小復。謹啟。

雲再拜。一日會公大欽欣命坐者皆賦諸詩。了不作備。此日又病極。得思惟立草。復不爲。乃倉卒退還。猶復多少有所定。猶不副意。與頌雖同體。然佳不如頌。不解此意可以。王弘遠去。當祖道。似當復作詩。構作此一篇。至積思。復欲不如前倉卒時。不知爲可存錄不。諸詩未出。別寫送。弘遠詩極佳。中靜作亦佳。張魏郡作急就詩。公甚笑。燕王亦似不復祖道。弘遠已作爲存耳。兄園蔡詩清工。然猶復非兄詩妙者。雲詩亦唯爲彼一語。如佳先已先得。便自委頓。欲更作之。昔如已身先此篇詩。了不復彷彿。識有此語于常言爲佳。謹啟。

雲再拜。久不復作文。了無復次第。眞玄昔履聞周侯至論。前比霖雨。此不人亦作愁霖賦。好醜見敎。又因人見督。自愁慘。又了無復

意。此家勤勤難違之。亦復毒此雨。憂邑聊作之。因㠯言哀思。又作喜霽。今送。雲作爲易得耳。窮不好。故都絕意。此閒人呼作者皆休故不得有所送。不審此何成。已出之。故爲存不棄耳。謹啟。

雲再拜。一日視伯喈祖德頌。亦㠯述作宜褒揚祖考爲先。聊復作此頌。今送之。願兄爲損益之。欲令省。而正自輒多。欲無可如省。碑文通大悅愉有似賦。愚謂小復質之爲佳。前作此頌書之。行欲遣信㠯白兄。昨聞有賦消息。愁憒無賴。既冀又然。又已成書。聊㠯付信耳。尋得李寵勸封禪草。信自有才。頗多煩長耳。令送閒人又有張公所作。已令寫別送。臨紙罔罔。不知復所言。謹啟。

近得洛消息。滕永適去。二十日書。彥先訪爲驃騎司馬。又云似未成已訪難解耳。敬屬司馬參軍。此閒復失之。恨不得與周旋。戴允治見訪大司馬。謹啟。

雲再拜。君苗文天才中亦少爾。然自復能作文。雲唯見其登臺賦及詩頌作愁霖賦極佳。頗倣雲。雲所如多恐。故當在二人後。然未究見其文。見兄文。輒云欲燒筆硯。（書鈔一百四。）㠯爲此故不喜出之。曹志。苗之婦公。其婦及兒皆能作文。頃借其釋詢二十七卷。當欲百餘紙寫之。不知兄盡有不。李氏云。雪與列韻。曹便復不用。人亦復云。曹不可用者。音自難得正。謹啟。

近日復案行曹公器物。取其剔齒纖一箇。今送㠯見兄。（御覽七百十四作今㠯一枚寄兄。）于道有古方泉。其銘如此。不審兄頗曾見此書種稷不。近因曾引㠯問祕中書。謹啟。

雲再拜。今送君苗登臺賦。爲佳手筆。云復更定。復勝此不。知能逾之不。其人能推兄文不可言。作文百餘卷。不肎出之。視仲宣賦集初述征登樓前即甚佳。其餘平平。不得言情處。此賢文正自欲不茂。不審兄呼爾不。眞玄亦云兄文當作宣輩。宣得此巍巍耳。愁霖喜霽。殊自委頓。恐此都自易勝。謹啟。

滔當作治

雲再拜。誨頌兄意乃㠯爲佳。甚㠯自慰。今易上韻。不知差前不。不佳者。願兄小爲損益。今定下云靈旆電揮。因兄見許。意遂不恪。不知可作蔡氏祖德頌比不。景猷有蔡氏文四十餘卷。小者六七紙。大者數十紙。文章亦足爲然。然其可貴者。故復是常所文耳。雲頃不佳思慮。胸腹如鼓。夜不便眠。了不可。又㠯有意兄。不佳文章。已足垂不朽。不足又多。謹啟。

雲再拜。嵇紹周邈並處事不値免。詔甚切甚。念之悚息。胡光祿亡。宿士可痛。含邠還云。滔中書散騎並缺。是其才不知何㠯乃古之。謹啟。

雲再拜。頃哀思。更力成歲暮賦。適且畢。猶未大定。自呼前後所未有。是雲文之絕無。又憶兄常云。文後成者。恆謂之佳。貞小爾恐數自後轉不如。今且欲寄之。既未大定。又恐此信至。兄已發。當因著洛。謹啟。

雲再拜。兄前表甚有深情遠旨。可耽味高文也。兄文雖復自相爲作多少。然無不爲高。體中不快。不足復㠯自勞役耳。前集兄文爲二十卷。適訖一十。當黃之。書不工。紙又惡。恨不精。謹啟。

答兄書

修庭樹蓮。（文選顏延之和謝靈運詩注。）

與朱光祿書

少長之禮。敎化所崇。中葉陵遲。舊章廢替。追惟前訓。思遵在昔。敢慕高義。謹奏下敬。

與張光祿書

長幼之序。人倫大司。季世多難。失敬在昔。敢希令典。求思自邁。謹奏下敬。㠯藉虔疑。顧令文彥先每宣隆眷彌泰之惠。懷德惟慙。守㠯反側。既睎仁風。委心自昵。加與沛君分同骨肉。憑賴之懷。疑心如結。

加蒙顧遇。重目傾倒。唯亮歸誠。石行文敦素篤邃。道實茂淑。器敏既美。思學又快。南州良德。今者東行。望風自託。其意繾綣。願厚接納。副其乃心。

與嚴宛陵書

少長之序。禮之大司。晚節陵替。舊章殘棄。瞻言令典。旣慕欽承。仰憑高風。實副邦民。謹奏下敬。以藉虔款。思復未遠。庶免悔吝。

全晉文卷一百二終

烏程嚴可均校輯

陸雲四

與戴季甫書 七首

雲頓首頓首惟夏始暑願府館萬福疾病處遠人信希少情問闕替中間曠年瞻慕敬想與言反側隆敦比辱慰誨銜抱豐眷以增愚迹不勝勤企謹及君之書不以備

陸雲頓首頓首曠遠以來忽踰年載宗想輝蔭引領惟慕東歸之後疾患增瘵且道路悠遠不值信便久念自修而經年不果雖在伏枕至于結心注望實係光塵累蒙誨命舊眷惟新執對之日如或面展長塗自替聽誨末由瞻企勤戀守以委重表不具今更繼情

季鸞公世相係徂落俊德茂業邦家之彥一朝竝逝永爾淪沒哀痛切裂不能自勝柰何柰何江南初平人物失敘當賴俊彥彌縫其闕加在二賢楚國之良沈寶積實未童大朝重惟痛恨言增哀咽誠念仁風篤烈如在疇昔意愛所隆嗟悼之心誠不可言備蒙其分情兼切傷加承仁誨益以惻愴

武陵于荆州云多人士聞周孟子伍令明潘世長諸人竝爲美德心常依依今日遭遇良驥展力之秋也不審達者凡有幾人無因聽承誨語咨稟未聞每懷勤企表不盡言

長游前下停此十餘日想德欣喜無以爲喻分別恨恨于今戀之當暑遠涉益追心懸清粹沈茂思敏通微居德履道秉心眞實一時良彥君之別久見之懽蔡風姿美令心神烈暢已成美器欽愛之情款然至實近聞若思未有通塗每用於邑

周安東昔奄薨徂追慕切剝不能自勝勳業有究早爾背世遺惠鄙州民物同哀備託名義情兼切裂在此會同每言尚重武陵至

有當作弗

心款列誠念篤終必垂悽愴王季楊孝友行素既簡清塵在此接近備其所顧居心秉向用志不苟公私操實足爲美器今爲士斷品還此郡前羣小虛妄遂下其編牒爲之憤歎人物遠主彝倫多失願垂未光益有以潤區區至心謹復言意戴彥遠永昌猶爲遠小想其必有惠政耳

郭敬言蒸陽良才遠負爲之邑歎以其姿望足以致高想不久爾耳石行文在無錫大有清積一州之高功長吏此家行素道實州閭所稱疇昔接事既盡其才願重榮益以成其實凡在羽埃思附鳳翼風塵所集無不抵目

積當作績

與楊彥明書 七首

雲白欽明去書不悉彥先來得書以爲慰時去荏苒歲行復半悲此推移終然何及漸已欲熱想自如常悠悠守限良談未日眇然東望思以敘至及反憒悶不多行矣愛德往來相聞

陸雲白省示累紙重存往會益以增歎年時可喜何速之甚昔年少時見五十公去此甚遠今日冉冉已近之已耳順之年行復爲憂歎也柯生而多悅樂春未厭秋風行戒已悲落葉矣人道多故懽樂恆乏敖遊此世當復幾時各爾永高良會每闊懷想親愛寤寐無忘書無所悉

彥先來相欣喜便復分別恨恨不可言階塗尚否通路今塞令人罔然名論允進遠而有光者度此顯朞不淹民望耳塵堂之士比迹山歎栖者悲豈唯一人少明湘公亦不成遷名公之舉且可以爲資然今恨恨當行行復有宜耳

塵當作廟

歎字當在悲字下

彥先相說疾患漸欲增篤深爲怛然行向衰篤疾來應百年之望雖未必此爲疑然親親所以相卹之一感耳想懃服藥行復向佳耳吾既常羸聞來體中亦恆少賴日爾匆匆則堪自力未速待罷會期難剋情之戀想何勞之多好自愛屢相聞

于恕其當作遠溯眞　得當作時　後當作俊

行言竟行。令人恨之。已當至未邪。能少留不世明篤行至性。如前後所論語。其偶爾旋已能悟耳。而開其遂于恕。其使愕然。盛以所不可斷一國之清格乎。輒便絕意。彥先所一二。戴會稽如是便發。分別恨然。一得名士。唯當有此君耳。矣分重勢。令人歎息。善得日夕眞家人。若思望之清才後類。一時之彥。善茲得接。九月中可得達。東禮衡陽長沙甚快。東人近未復有見敍者。公進屈久。恆爲邑罔黨。方有清塗。薄國讓在內中。大有好稱。此家一時美德也。在事又佳。甚快甚快。

永耀已葬。冥冥遠矣。存想其人。痛切肝懷。奈何奈何。聞伯華善佳。深慰存亡。人生有終。誰得免此。且使繼嗣克勝。堂構有紹。亦存亡之願也。朋類喪索。同好日盡。如此生輩。那可復多邪。臨書酸心。

與陸典書書 九首

雲再拜。自曠但爾。已復經時。限制長路。惟親未期。唸近晨風。傾匡

思上脫繫字　億當作憶　愔當作惜　及下脫此字

結言。來誨綢繆。篤眷彌隆。誦翫千周。以當侍會。靜言莫瞻。翹翹仰慕。大人汎愛在我。九弘每銜思戀。何時去心。限此省省。顧言用替。遥瞻靈丘。感時情傷。往來信理。自更繼情。如有信。唯不玉音。

雲再拜。侍郎比侍數會同邪。常憶戀此君。不暫有殞。此君公私並愔。年長而志新。齒邁而習勤。家宗美者也。常感其篤分封之始年。相見重逢其至心。

雲再拜。日月運邁。何一流速。銜哀經變。思愈深。亡靈處彼黃壚幽曠。在遠之億。心常愴裂。含痛靡及。悠悠奈何。想時時復一省視。思至心破。無所厲情。叔父一兒。故尚未達。想不久至耳。深憂徙際。公私哀罔。曠離山墓。永適異國。四時靈寂。桑梓靡衛。且念親各爾分析。情感復結。悲歎而已。知大人每垂卹逮也。臨表悲猥。絕筆餘哀。不知所次。

雲再拜。每念彥先。情兼剝裂。年盛志美。令姿可借。舉言及不知心

荷當作哲　草當作篳　高當作髙

傷也。

雲再拜。國士之邦。實鍾俊哲。太伯清風。遯世立德。龍蜿東嶽。三讓天下。垂化邁迹。百代所晞。高蹤越于先民。盛德稱乎在昔。續及延陵。繼響馳聲。沈淪潔流。優遊上國。聽音察微。智越衆俊。通幽暢遐。明同聖荷。言偃昭烈于孔堂。員武邁功于諸侯。自秀偉相承。明德繼踵。亦爲不少。吳國初祚。雄俊尤盛。今日雖衰。未皆下華夏也。來誨所及。遐邇同懷。重及二聖。下逮衆子。或生羌狄。或在邊域。動美之隆。實如嘉誨。愚以東國之士。進無所立。退無所守。明裂皆苦。皆未如意。雲之鄙姿。志歸丘壟。草門閭窬之人。口晞天望之冀。至于紹季札之遐蹤。結高䟐于中夏。光東州之幽昧。流榮動于朝野。所謂闚管以瞻天。緣木而求魚也。重申不列。雲再拜。

雲再拜。每惟大人挺自然之妙質。稟淵姿之弘毅。克壯其烈。兼詠之道。希文尚武。潛居以娛其志。靜處以育其神。遊步八素之林。逍

臣鄉當作巨卿　觀當作覯　臣當作巨　恩當作思

遥德化之囿。豈如未者。牽曳爍爍。世道通明。俊乂在官。焉使晞世之寶。久隱岑崟之山。遂景之迹。永繫幽冥之坂。方將車乘回輪。束帛戔戔。排金風于太微。跨天路以妙觀。恢皇綱之大烈。垂榮祚乎祖宗。此乃大人之所宜循。非凡夫之可企望也。無因親展。書以言心。心之所積。萬不敍一。雲再拜。

雲再拜。臣鄉前行陵有小事。唯以具聞。事已大了。猶以爲願。行欲取歸。念別方至。豫以慤然。每相見。未嘗不以大人爲言。想令仁士光令遠公。然兄弟屢數常存思想。想令遠分好。已爲綢固。彥恩復蒙誘掖耳。無因觀對。言不盡心。屢垂誨以慰遠思。雲再拜。

雲再拜。臣卿在臺。高譽洋溢。洛邑之內。無不欽敬。東南之貴寶。眞不但會稽之篠簜也。每會常共歌詠。信無一面不歎吟也。想方周旋攜手。散今日之恩耳。雲再拜。

雲再拜。輒宣來意。仲應此家。大自欽重。大人常已見其意耳。

臣當作巨　狩當作獸

雲再拜。不知從事今在州。得假歸耳。想今來得行。有緣侍面耳。每得令遠書。感賴豐化。言歸于款。來誨恤及。亦爲無已。情深欣如。云在身年歲及人名聞難集。非賴師友。何㠯自濟。願敦惠助。爲之光輔。臣仁在此。華亭之望。㠯大人爲宗主。宜令小大得分。亦崇洪業也。雲再拜。

荅車茂安書

雲白。前書未報。重得來況。知賢甥石季甫當屈鄮令。尊堂憂灼。賢姊涕泣。上下愁勞。舉家慘慼。何可爾耶。輒爲足下具說鄮縣上地之快。非徒浮言華豔而已。皆有實徵也。縣去郡治。不出三日。直東而出。水陸並通。西有大湖。廣縱千頃。北有名山。南有林澤。東臨巨海。往往無涯。汎船長驅。一舉千里。北接青徐。東洞交廣。海物惟錯。不可稱名。遏長川㠯爲陂。燔茂草㠯爲田。火耕水種。不煩人力。決泄任意。高下在心。舉鍤成雲。下鍤成雨。既浸既潤。隨時代序也。官

無逋滯之穀。民無飢乏之慮。衣食常充。倉庫恆實。榮辱既明。禮節甚備。爲君甚簡。爲民亦易。季冬之月。口牧既畢。嚴霜隕而蒹葭萎。林鳥祭而罻羅設。因民所欲。順時遊獵。結罝繞堤。密罔彌山。放鷹走犬。弓弩亂發。鳥不得飛。狩不得逸。真光赫之觀。盤戲之至樂也。若乃斷遏海逋。隔截曲隈。隨潮進退。采蜯捕魚。鱣鮪赤尾。鯸齒比目。不可紀名。鱠鰡鰒。炙鯬鯸。烝石首。臛鯊䱇。真東海之俊味。肴膳之至妙也。及其蜯蛤之屬。目所希見。耳所不聞。品類數百。難可盡言也。昔秦始皇至尊至貴。前臨終南。退燕阿房。離宮別館。隨意所居。沈淪涇渭。飲馬昆明。四方奇麗。天下珍翫。無所不有。猶㠯不如吳會也。鄉東觀滄海。遂御六軍。南巡狩。登稽嶽。刻文石。身在鄮縣三十餘日。夫㠯帝王之尊。不憚爾行。季甫年少。受命牧民。武城之歌。足㠯興化。桑弧蓬矢。丈夫之志。經營四方。古人所歎。何足憂乎。且彼吏民恭謹。篤慎敬愛。官長鞭朴不施。聲教風靡。漢吳㠯來。臨

夫當作人　真當作具　令當作今　贈當作增

此縣者。無不遷變。尊大夫賢姊上下。當爲喜慶。歌舞相送。勿爲慮也。足下急啟喻寬慰。真說此意。吾不虛言也。停及不一一。陸雲白。本集　困學紀聞二十七。

弔陳永長書 五首

雲頓首頓首。哀懷切怛。賢弟永曜。早喪俊德。酷痛甚痛。柰何。陸士龍頓首頓首。

雲頓首頓首。天災橫流。禍害無常。何圖永曜。奄忽遇此。凶問卒至。痛心摧剝。柰何柰何。想念篤性。哀悼切裂。當可堪言。無因展告。望企鯁咽。財遣表唁。悲猥不次。雲頓首。

永曜茂德遠量。一時秀出。奇蹤瑋寶。灼爾凌羣。光國隆家。人士之望。冀其永年。遂播盛業。攜手退遊。假樂此世。柰何一朝。獨先凋落。奄聞凶諱。禍出不意。附心痛楚。肝懷如割。柰何柰何。豈況至性。何可爲心。臨書鯁塞。投筆傷情。

與永曜相得。便結願好。契闊分愛。恩同至親。憑烈三益。終始所願。中間離別。但爾累年。結想之懷。夢寐彷彿。何圖忽爾。便成永隔。哀心慟楚。不能自勝。痛當柰何柰何。義在奔馳。韋役萬里。至心不敘。東望貴舍。雨涙沾襟。令遣吏幷進薄祭。不得臨哀。追贈切裂。幸損至念。書重不知所言。

永曜素自彊健。了不知有此患。險戲之災。遂不可救。豈惟貴門獨喪重寶。此賢之殞。邦家㠯瘁。情分異他。痛心殊深。已矣遠矣。可復柰何。追想遺規。不去心目。悠悠無期。哀至裴裂。不知何言。可㠯言知。酷楚而已。

弔陳伯華書 二首

大君遠資高數世之瑰瑋。當光裕大業。茂垂勳名。柰何日朝。早爾喪墜。自聞凶諱。痛心割裂。追惟哀摧。肝心破剝。痛當柰何柰何。相念夙年。奄嬰哀歎。坂慕不及。當可爲心。韋役遠路。無因奔馳。東望

靈宇五情哽咽割切哀慕書重感猥不次

昔與大君分義款篤殊隆之愛恩加兄弟憑此烈好要以始卒何圖大君獨先早世遠聞訃問若喪四體拊心慟楚肝心如割柰何柰何豈況至性當何可言今遣吏恭集薄祭不得臨喪以叙悲苦計往人到貴舍之日揮涕而已投筆歔欷

書

三月十六日雲白春節餘不適得示知足下平安爲思面未知何由如何信數之及卿既淸遂可之經高吉人歎之當令征南取之也涓化閣帖三

嘲褚常侍

六年正月前臨川府丞褚老常侍君子謂吳如是乎能官人官人國之所廢興也古之興王唯賢是與呂望漁釣而周王枉駕甯戚叩角而齊王忘寐委斯徒而靡好爵釋短褐而服龍章嬪美之族

非無人也親昵之愛非無懷也取彼庸賤之徒登之佐臣之列故九賢翼世而有命既集五子佐時匡霸以濟夫唯能官人之所由也褚氏大夫之常佐遠邦之賤司財則邵矣官實陋矣而拔出羣萃超昇階閫雖文王登師桓公取佐亦何以加之詩曰濟濟多士文王以寧言官人得才也褚常侍聞之喜曰君子之言豈虛也哉吾得此足矣君子謂褚常侍于是乎不謙謙也者致敬以存其位者也謙之不存德無柄矣世之治也君子自以爲不足故撙節以求役于禮敬讓以求安于仁世之亂也在位者自以爲有餘故爵豐而求更厚位隆而欲復廣世之治教極由此作今褚侯蟬蜺利木鶴鳴玉堂不庶幾夙夜允集眾譽而意充于一善心盈于自足足則無求盈則無戒不求則善遠之無戒則惡來之亦何以爲君子哉詩云戰戰兢兢如臨深淵愼之至也褚常侍聞是言也懼謂之昌言也而拜之君子曰褚侯其幾矣聞善而口喜過又應之懼

靡當作縻

財當作才

教當作亂

嘉服義之賢而拜讜言之辱規同禹迹義均罪己君子哉吳無君子斯焉取斯

牛責季友

天造草昧萬物化淊類族殊品莫同乎人今子履方象以矩地戴圓規以儀天該芳靈之疑素挺協氣于皓玄故神窮來口思洞無間踊翰則憤淩洪波吐辭則拼解連環子何不絕淵而躍照日之光使穎秀暘谷景溢扶桑俯經見龍之暉仰集天人之堂雖子之服既朱而素今子之滯年時云暮而冕不易物車不改度子何不使玄貂左弭華蟬右顧令牛朝服靑軒夕駕輻輅望紫微而風行踐蘭塗而安步而崎嶇隴坂息駕郊牧玉容含楚孤牛在疚何子崇道與德而遺貴與富之甚哉日月逝矣歲聿其暮嗟呼季友盛時可惜迨良朋于風柔競悲飆于葉落陳讜言于洪範圖口形于霄閣使景絕而音流芬身蔫而榮赫奕子如不能建功以及時子

請口迹于桃林之薄

有皇詩序

有皇美祁陽也祁陽秉文之士駿發其聲故能明照有吳入顯乎晉國人美之故作是詩焉

思文詩序

思文美祁陽也祁陽能明其德刑于寡妻以至于家邦無思不服亦賴賢妃貞女以成其內教故作是詩焉

谷風詩序

谷風懷思也君子在野愛而不見故作是詩言其懷思之也

鳴鶴詩序

鳴鶴美君子也太平之世君子猶有退而窮居者樂天知命無憂無欲口頑人之考槃傷有德之遺世故作是詩也

南衡詩序

汲下脫郡字
宴字衍

南衡。美君子也。言君子遯世不悶。以德存身。作者思其以德來仕。又願言就之。稱感白駒之義。而作是詩焉。

從事中郎張彥明爲中護軍詩序

奚世都爲汲太守。客宴將之官。大將軍崇賢之德既遠。而厚下之恩又隆。非此離析。有感聖皇。既蒙引見。又宴于後園。感鹿鳴之宴樂。詠魚藻之凱歌。而作是詩。

登遐頌

夫死生存亡。二理之已然者也。而世有神仙登遐之言。千歲不死之壽。其詳固難得而精矣。列仙之道。作者既集。而登遐未有焉。莊周有言。我試妄言之。子試妄聽之。彼之有無。蓋難以理求。我之妄聽。顧可以言寄之。遂爲頌云爾。

郊閒人　王子喬　玄洛　孔仲尼

九疑仙人　大勝山上女　李少君　梅福

張招　左元放　劉根　黃伯嚴

費長房　何女子　焦生　鮮卑務塵

韓衆　夷門子　林陽子　任作子

鬼谷子

淵哉郊閒。懷寶採薪。媚茲伯陽。常道是寘。俯翼遂周。攜手入秦。遺物執一。妙世頤神。思我玄流。浩若無津。

王喬淵嘿。遂忘潛輝。遺形靈嶽。顧景亡歸。變彼有傳。與爾翻飛。承雲倏忽。飄飆紫微。

玄洛妙識。飢餌神穎。在陰倏逝。即陽無景。逍遙北嶽。淩霄引領。揮霧具天。合神自靖。

孔丘大聖。配天弘道。風扇玄流。思探神寶。明發懷周。興言歎老。靈魄有行。言觀蒼昊。淸歌先試。丹書有造。

茫茫九疑。登卽太素。有漢登聞。神具爾顧。發彼靈丘。聿來載步。貽我則歌。永揚遐祚。

大勝之娥。厭猒翼翼。降宮有和。納狩帝側。揮杖指辰。絕音頹息。若玄右。在彼峻極。

少君善祠。怡爾豐顏。俯覲劉漢。仰接羨桓。式宴安期。亘棗爲餐。神光攸往。後來其歎。

在漢之衰。頹火炎精。梅公指景。有皇遺形。逝彼文鮮。胥此洞庭。神輝絕景。豈外北冥。

張招澄精。妙思玄芒。則是神物。錯綜徽章。乃幽乃顯。若存若亡。因形則變。倏忽無方。

生在淸純。放情玄味。在物淵沈。泝虛攸遂。淸酒一壺。百朋具醉。有命集止。乘龍來萃。載見君子。言觀其蔚。

劉根登嵩。遺世盤桓。形委服容。口厭瓊蘭。挹彼呼翕。爲爾朝飧。景絕巖穴。光茂雲端。

伯嚴志道。翻飛自南。北食中嶽。練形嵩岑。奔星淩顏。朱光垂陰。雲精九口。握耀盈襟。

長房有懷。承師問道。蒙險洪海。睎心玄浩。將登蓬萊。祚爾難老。嘉命既錫。如何勿考。

逝矣何女。芳靈既凋。安寢會丘。逝魂淸霄。喪魄載營。大墓崇朝。玉趾再步。于焉逍遙。

焦生卜居。在河之東。晧襟解帶。嘉卉結容。頤神大素。淑思玄沖。在彼黃堂。明道固窮。

北狄務塵。在彼沙漠。含神自頤。靜居有恪。自彼王庭。聿來伊洛。天子命之。載見紫閣。

衛矣終化。靈毛揚葩。愼爾貞心。神祉來荷。靡靡夷門。體道含眞。滄茹靈卉。淩雲頤神。

林陽餌車。明視聰耳。壯子既滄。步晞千里。任化凱入。輕雲揮止。移形善變。載坐載起。悠悠鬼谷。永言潛止。要終有集。貪生無始。綢繆方平。在彼二子。芬響蘭揮。有來盈耳。

盛德頌

余行經泗水。高帝昔爲亭長于此。瞻望山川。意有恨然。遂奏章㠯通情焉。并爲之頌云爾。

恨當作慨

晉太子舍人糞土臣雲稽首再拜上書皇帝陛下。臣雲頓首死罪。伏惟陛下紹軒轅之叡哲。越三代之高蹤。膺有聖之玄景。詠生民之上略。秦政肆虐。漸壐生民。在昔上帝。乃眷多方。肅雍寶命。鑒民顧天。思文獻聖。㠯宅神器。六合絲鶩。八荒口鑴。企皇居于阿房。掎逸鹿于九野。謀猷回遹。天人匪祚。乃蕩斯國。授漢于夜京。是㠯先詔五緯。章太素。神母哀號。厎命丹野。九垓闢授命之符。鈞天清建皇之鑒。陛下蟠蟠泗水。龍躍下亭。慶雲徘徊。紫塵熠爍。皇威肇于斷蛇。神武基于豐沛。掩四緐㠯蓋天。廓玄謨㠯闢宇。華宮山藏。玉堂海岫。雲蓋景陰。金門林蔚。拔足崇長揖之賓。吐餐納獻規之客。玄猷上通。德輝下濟。俯翰雲禽。俯躍魚鮁。是㠯四海之內。莫不企景嶽㠯接羣。望廣川而鱗集。乘山涉水。覘險若夷。奔波闕廷。思效死節。乃鳴鑾在衡。奔驥服輅。良平鳳栖。信布虎據。豪雄淩暴于外。奇謨補闕乎內。威謀兼陳。智勇畢效。乃淩河海。河海無梁。乃仆高山。嶽華不重。三秦席卷。項籍灰分。滷虜霧散。遺寇雲徹。從時雨㠯清天。灑狂塵㠯肅地。口口嚮于川嶼。竦峻蓋于蒼昊。功濟宇宙。德被羣生。天人允嘉。民神協愛。厤數在身。有命將集。而陛下猶復允執高讓。成功靡有。普天歸德。羣后固請。然後謁天皇于圜丘。巡萬乘于帝室。率土離暴秦之亂。臣妾蒙有道之惠。戎羌蠻夷之虜。雕跕肅愼之國。莫非帝臣。巍巍蕩蕩。蓋天臨地。自啟闢㠯來。有皇之美。未有若聖功之著盛者也。臣雲頓首頓首死罪死罪。臣㠯鄙倍。

夜當作西

全晉文卷一百三　陸雲　十一

文武無施。忝寵本朝。承乏下位。而臣遘愍。自西徂東。行邁攸止。路經泗水。伏見史臣班固撰錄聖功。竊承陛下扶桑始照。天暉未融之日。嘗臨御此川。于是卽命舟人。弭檝水沚。瞻仰山川。舊物不替。永惟聖輝。罔識所憑。遠眺邇企。感物興哀。終懷靡及。俯心遐慕。臣命違千載之運。身生四百之外。恨不得役力聖明之鑒。寓目風塵之會。揮戊前隊。待罪下軍。抽鋒咸陽之關。提鉞項籍之領。痛心自悼。不知所裁。行役之臣。韋制朝憲。雖懷彷徨。王事靡盬。肅將言邁。實御罔極。臣聞遊魂變化。神道無方。雖聖靈登遐。降陟在天。連光五精。流輝太一。或冀神輿降觀。薄狩五服。時邁玉軫。言巡茲邑。是㠯下臣仰瞻紫宮。俯要恍惚。愚情振蕩。靡審所如。不勝延頸紫微。結心閶闔之情。謹住水濱。拜章陳愚。臣雲誠惶誠恐。頓首頓首。死罪死罪。臣稽首㠯聞。臣雲言。臣聞歌詠所㠯宣成功之烈。詩頌所㠯美盛德之容。是㠯聞其聲。則重華之道彌新。存其操。則文王之容可覩。伏惟陛下聖德豐化。比隆前代。元勳茂功。超蹤在昔。故詩歌之所依。詠金石之所揄揚者也。臣謹上盛德頌一篇。雖不足㠯仰度天高。伏測地厚。實獻狂夫區區之情。臣雲云云。晉太子舍人臣陸雲上。

戊當作戈

御當作衙

於皇漢祖。纂冑有虞。平章在昔。文思百王。丹輝栖列。火精幽光。爰茲聖緒。頹維弛綱。靈曜熠爍。瞻景扶桑。則天未墜。重規昊蒼。其規伊何。横乾作峻。厥德不回。矩地能順。憑河招景。襄岳殷韻。龍章景偉。虎質碩變。有秦不競。罔極黔首。震警予師。思虔神主。上帝曰咨。天鑒有赫。乃眷伊漢。此惟予宅。明明聖皇。旣受帝祉。雲騰下邑。風駭泗水。仰鏡天文。五緯同晷。俯察雲符。神母爰止。思文聖王。克廣克遐。威淩羣桀。德潤諸華。爰祀天人。天人攸嘉。爰輯蒸徒。所和旣和。旣和旣順。乃矢德音。豐沛之旅。其會如林。朱旗虹超。彤旟電尋。推師蕭曹。撫劍高吟。元戎薄伐。時罔不龕。淩波川潰。肆野陸沈。咸

警當作驚

所和當作蒸徒

全晉文卷一百三　陸雲　十二

陽克殄。既係秦后嶷嶷阿房。乃清帝宇。穆穆聖皇。天保攸定。有項畔換。不式王命。口口既愆。黜我西土。於鑠王師。遵時匪怒。爰赫乘釁。席卷三夏。嘽嘽戎軒。矯矯乘馬。燮伐強楚。至于垓下。天誅溥曜。暴籍授首。區夏既混。宇宙蒙乂。肅肅帝居。巍巍神器。有皇于登。是臨天位。黼文于裳。組華于黻。明明天子。有穆其容。至止鏘鏘。相維辟公。宣聲路寢。發號紫宮。領此愷悌。已畜萬邦。思樂皇慶。協于時雍。琴瑟在御。大予舞功。越裳委贄。肅愼來王。明明聖皇。闡國乘制。分圭祚勞。河山命誓。禮律克彰。典文垂蓺。有漢恢恢。疏罔不替。聖功克明。九方孔安。良宰內幹。武臣外閑。漸澤冀域。沾被戎蠻。連光太素。萬載不刊。

全晉文卷一百三終

緩當作綏

全晉文卷一百四

烏程嚴可均校輯

陸雲五

祖考頌

雲之世族，承黃虞之苗緒，裔靈根之遺芳，用能枝播千條，穎振萬葉，繁衍固于三代，饗祀存乎百世，豈非皇慶之積，祜神明之般祚者哉。在周之衰，有嬀之後，將育于姜，而貞龜發鳴鳳之兆，周史表觀國之繇，故能光宇營丘，奄有東海，支庶蕃廡，而肩祚昌大矣。遭世多難，子孫蕩柝，逐于南土。烈祖丞相邵侯，顯考大司馬武侯，明德叡哲，口雄特秀，固上天所以繼跡前期，惠成口顧者也。是以有吳雲興，而邵侯龍見，遂風騰海堣，電斷荊楚，運籌制勝，底定經略，文德光宣，武功四克，乃作台衡，以御于王政，天罔與先代比隆，義問與前修接響，固所謂汪洋浩浩，不世出者哉。武侯以光遠之度，襲重規之範，宣朗之明，照曾暉之景，故寅亮樞極，則萬物澮曜，緝熙有邦，而宇內恪居。及至中葉，亂曰虎臣，緩援既集，而大難時弭，德濟封域之內，威揚函夏之表，遂仍世作宰，焜曜祖業，車實襲軌，袞不改帶，元勳昺于光國，洪烈著于隆家，攷德計功，比之前代，未有茂于此者也。是以小子敢慕徽猷，欽述芳烈，雖不足以當朱弦之一唱，發清廟之三歎，蓋爾臣子之遺恩，罔極之所處也。乃作頌曰：

悠悠聖緒，上帝是臨。世篤其猷，於顯徽音。神風往播，福祿來尋。靈根既茂，萬葉垂林。繁盛海堣，穎盛漢陰。既曰盛止，芳祜允淑。乃步斯渚，降神有陸。赫矣二公，應期載育。明明邵侯，允哲允謀。叡心昭德，淑問宣猷。如日之升，如川之流。炎精既頹，黃輝昺煥。光宅海邦，大造江漢。王于出征，二公斯難。長驅致居，九有有判。咸黜凶醜，區域盛晏。天祿未終，大命有集。卜食東夏，元龜既襲。聿來邛宮，作蕃舊邑。公徙斯振，帝旅凱入。於變時雍，神道經始。肅肅九命，永言徽止。公拜稽首，對揚天子。猗歟盛歟，邵侯有作。我考纂戎，爰究爰度。遠除尋軌，崇基式廓。昭明有家，祖廟奕奕。中葉虎臣，稱亂西秦。靈旆電揮，伐鼓靈震。會朝哀舉，征不浹辰。退風遠埽，萬里無塵。有族斯祜，念功在茲。袞衣之宜，遂作上司。台光增朗，方險載夷。穆矣暉章，有吳之期。我祖我考，受言藏之。瞧瞧藻裳，再命同服。騑騑四牡，二世方轂。分珪比瑞，天秩底祿。公堂峻趾，華構重屋。昔在二伊，于殷有聲。在漢之興，亦曰韋平。惟祖惟考，履貞大亨。邈彼披陽，追蹤阿衡。駿惠雨施，景潤雲行。洋洋玄化，功濟其民。風馳海表，光被嶽濱。二后重規，世有哲人。肅雍碩響，萬載口振。

張二侯頌（案：二侯，張昭、張承。）

張氏之先，蓋少昊氏之苗裔也。其在春秋，晉德方休，而張老延譽；爰暨有漢，文成佐命于初基，司空揚聲于末葉，流長祚遠，世不乏侯。輔吳將軍文侯遭季末雲擾，遂避難于東，有吳之興，實為謀主。桓王即世，援建太祖，知命審于將萌，先識鏡于未兆，遂作上將，輔成王業。立朝無不易之方，正色有犯顏之亮，固所謂謇謇王臣，古之遺直者也。奮威將軍定侯明德光遠，軌量弘濟，文敏足以華國，威略足以振衆，重規繼體，而大業暉崇，故休祚頻繁，寵靈仍世。天秩之體彌彰，而毀盈之心茲沖，用能保寵固世，考終碩問，蓋竹帛之所光宣，詠歌之口揄揚也。乃作頌曰：

烈文遠祖，肇自上皇。金天滔曜，遂濟窮桑。眞人有作，飛龍在天。留侯載見，階雲自淵。即謀神造，啟迪妙玄。有漢再命，度邑于東。其在中葉，誕育司空。邈矣唐陵，有恭斯庸。盛行盈止，世篤天祿。神之聽思，俾我戩穀。繁過芳祜，底之洪族。洪族既昌，再惠音徽。於穆二侯，仍世雙飛。堂堂輔吳，抑抑奮威。如龍之躍，如鳳之輝。溥言戾止，在彼紫微。卯金紛若，四海畔換。文侯乃顧，妙世達觀。逝彼坐方，度茲江漢鴻飛遵海聿來有亂遭家不造戮我明聖桓后肇揚侯承末命皇大丞哉天保永定匪侯卹度宗緒孰正帝整我旅外薄四荒命作惟師時惟鷹揚遂登上將亮彼大皇厎邑胙土命珪有璋蹇蹇我侯明發宿夜龔彼遺直與言有碁聿懷來忠王室之故猶歎定侯祗服清曜奕奕瓊範玉潤淑貌淵謂往藏朗思來照曾是徽章再世被荷庸勳開國明道隆家苾苾其芬淑問揚和有蔚其文如林之華皇矣帝祚受言旣崇女子有行作合儲宮條延紫極穎衍皇靈亹亹定侯在盈思沖祗寵戒溢永懷愼終重光並曜播我芳風

榮啟期讚

榮啟期者周時人也值衰世之季末當王道穨陵遂隱居窮處遺物求己泝懷玄妙之門求意希微之域天子不得而臣諸侯不得而友行年九十被裘鼓琴而歌孔子過之問曰先生何樂荅曰吾樂甚多天生萬物唯人爲貴吾得爲人矣是一樂也㠯男爲貴吾又得爲男是二樂也或皆不免于繈緥而吾行年九十是三樂也夫貧者士之常也死固命之終也居常待終當何憂乎孔子聽其音爲之三日悲常被裘帶索行吟于路曰吾著裘者何求帶索者何索遂放志一丘滅景榛藪居眞思樂之林利涉忘憂之沼㠯卒其天年榮華溢世不足㠯盈其心萬物兼陳不足㠯易其樂絕景雲霄之表濯志北溟之津豈非天眞至素體正含和者哉友人有圖其象者命爲之讚其辭曰

芒芒至道天啟德心自昔逸民遁志山林邈矣先生如龍之潛夷明收察滅跡在陰傲世求己遺物自欽景邈瓊煇響和絕音戀彼丘園研道之微思樂寒泉濯採春薇鳴弦情泛撫節高徽有聖戾止永言傷悲天造草昧負道寶嘉於鑠先生旣體斯和能羆作祥黃髮皤皤耽此三樂遺彼世華翼翼彼路行吟㠯遊的的㰕冕隨

襲當作紫

我輕裘永脫亂世受言一丘媚茲常道聊㠯忘憂

逸民箴

余昔爲逸民賦大將軍掾何道彥大府之俊才也作反逸民賦盛稱官人之美寵祿之華靡偉名位之大寶斐然其可觀也夫名者實之賓位者物之寄窮高有必顚之吝溢美有大惡之尤可不愼哉故爲逸民箴㠯戒反正焉

浩浩太素判爲兩儀經始君臣朝有俊𢈔野有逸民各有攸屆而後品物有倫在昔后帝齊物遠觀賞不假爵教不示勸號謚莫設而生黎滔晏降迄中古黃象可觀而㢒文有煥乃彫乃藻大樸旣散樸之旣散萬百熙心形爲寵放神爲利淫有翹者車命彼在林是故懷玉喪寶而被褐解襟恬亡智生與世或競匪智無鑒匪心伊鏡芒芒禹迹鞠爲塗徑惟是每懷徧彼反正正反于寵旣尸于祿相協厥居而豐其屋祿之旣尸刑爲爾司屋之旣豐喪家于宮故非據之災戒之在凶人皆知存之爲存而莫知得之爲喪榮猶振穎墜若穨荒咎自專寵福在循牆是故保其安者常危而忘其存者不亡無休爾榮身實覯名無謂爾崇神期好沖戒彼覆餗冒此棟隆愼微如顯乃保身㠯終自古在昔逸民有作相彼宇宙方之委蛇夫豈無不休而好是沖漠是故名利之災至人攸咎謂予未信無盜監于桑霍天明旣畏神道無親善在求己慶由積仁無忝爾本聿修厥滔執盈如虛乃反天眞逸民司正敢告官人

吳故丞相陸公誄

惟赤烏八年二月粵乙卯吳故使持節郢州牧左都護丞相江陵郡侯陸公薨嗚呼哀哉皇朝造紹成命昊天聖王作矣世有哲臣觀監在吳乃降斯神思皇我后應運對揚穎秀崇華景逸扶桑龍輝襲極鳳鳴玉堂舉旗濤阻奮鉞夷荒攸結沈維峻極公綱將撫遠績括地九圍皇滔爽泰昊旻疾威生民如何哲人其穨登靈在

天遺音播徽敢揚元勳表之素旂乃作誄曰
濬哲我祖時文暎德玄粹納眞淸休載式本承慶輝駿惠罔極由
錫多祜本支千億芳條遠蔭靈根茂植根條伊何苗黃裔舜長發
有祥貽我祚晉神明之緖實蕃瑰雋和音嗣世不替傾彥明鑒在
下降命上玄我公初載天嘏之純重光納照旋璣授銓仰儀喬嶽
俯濯洪川淸輝秀穎雲翹映晨肇彼岐嶷允迪天眞先心則智率
意斯仁秉夷淸昧體靈協神神休戴鑠九德兼和枹撣茂朴豐滔
鎭華景峻淩高玄源踊波造辰竦隆彌海廓遐光備旣滔逸軌爰
超閎罔苞荒景靈渥耀山林嶽秀天光乃照窮化機神探賾衆妙
駭塵氛埃澄響淸肖恢淵博量騰踰峻邵振綱宇表登軌絕蹈厥
初藏器棲蟠海嶽披藻崑崙濯秀暘谷沈輝熙茂淸塵熠鑠含章
在淵發揮龍躍時復陽九承乾之衰有皇于井玉軒徘徊爰茲赫
奕需期雲飛天步皇輿載見太微華堂誕基委虵自階鼎輝旣隮

委當作釐

嘉命乃集和美未□宰物下邑康年委登惠風時協在斷無頗于
敎斯輯金虎覘精戎車孔肆神寶播越天人釋位有命在茲帝思
元帥委弁總干振翼虎噬威靈旣授六軍有序乃誓我衆乃整我
旅神干山立雄旗電舉懸旌汜陽即戎江滸我后日敬上帝臨予
靖端夙夜匪盜匪處經始緜緜滂沱惟海乃幹中軍入作內輔公
矦陟降在帝左右闞羽滔天作雲西土帝曰將軍整爾熊虎赫赫
明明皇輿出祖龍舟照淵旟旐映野鋪敦江濆仍執醜虜荆南旣
集方踰未夷天子命我撫之西垂公矦戾止威神緝熙虔劉作虐
思輯予來妖旂北靡搴爾雄旗獷彼羣蠻祈祈遺黎柔遠能和薄
言綏之方堣肅淸烈文雋武舍爵明堂冊勳天府天子曰咨我圖
乃功錫爾靑土建矦于東開國名墟光宅海邦分圭作寶軒輅吕
庸旣受帝祜公用如大四鐵孔阜元戎杳藹淑旂飛藻綏章丞蓋
振我輝靈四方于邁劉王負嶮寇我西鄰公矦赫怒干戈啟陳金

我當作行

鉞鏡日雲旗絳天淩岡襄嶽沈維括淵元王賓難鯨鯢墜鱗戎漢
時殪方域淸塵曹休東踰我疆斯越帝簡厥佐將命其傑乃俾我
公啟我督伐江漢之滸□恭授鉞撣帝整旅隱爾雷發桓桓神誅
震驚魏方我公矯矯虎視元戎截彼醜旅殄此武功旣彰天
威薄曜靈武振華邊垂淸暴振旅凱入王假有廟假廟伊何本庸
寵祚土田陪敦四牡載路出餞于郊此惟予顧禮嘉嵩高樂和湛
露改容肅至傾蓋寵步鞶帶嗣紛珍褻阿那區宇惟盜繁遏帝祉
於穆疇咨敷奏多士將庸元輔相惟天子僉曰公矦宜有爰止繡
裳褥藻袞帶重紫遂虛上司命公登宰帝曰丞相朕嘉君德吕茲
軒冕往踐乃職宜爾叡心維黃協極邦國若否四方爾式公拜稽
首欽翼明聖乃御機衡仰徽七政祗恪本顯無易惟命巍巍天邑
惟淸四門公矦作弼煥炳皇文重輝熾景協風煙熅百神秩祀兆
獻思滔克諧庶尹遂成帝勳時雍旣濟王塗克廣儀形我度軌物

本當作丕

後當作俊

光謚之光當作考

垂象後遐施歸崇蔭惠仰茂德栖音廣周沈響洪範遠迪玄猷洞
深靈澤崇藪天踰垂陰翰飛樂踰淵蟠沐沈澤豐泉巨潤博雲林
遭世大過彝倫靡肅亹亹公矦思維雅俗發憤戎衣永言禮樂被
分敦化荷戈思學體仁長物御風熙國叡鑒擢微玄輝鏡璞戒危
膏粱收後白屋五品時訓民神攸鑠我有奐文如曜如辰何吕崇
之匪闢伊人我有烈武如震如霆何吕將之保大豐年思弘景業
熙世登民克壯頑老秉鉞河津祉祚勿引早世幽神仰慕遺輝寤
擗憂殷嗚呼哀哉永惟我公克明德心紛藹芳和被之惠林公矦
沒矣孰嗣徽音名存體逝德茂形潛民之秉思好是嘔吟嗚乎哀
哉惟帝念功寵命光大光謚典謨崇榮協泰安宮載考我公于邁
輀軒啟塗先驅鸞旂哀風結輿遺思馮蓋舍此休明即彼重藹攀
慕靡及永戀光愛嗚乎哀哉

晉故散騎常侍陸府君誄 案陸喜字文仲瑁第二子孫晧時爲選曹尚書入晉爲散騎常侍

且緯之緯當作偉

晧恩當作浩恩

惟太康五年夏四月丙申晉故散騎常侍吳郡陸君卒嗚呼哀哉
天降純嘏誕育俊乂才口九奧德鍾三懿應運繼期顯徽闡昧特
恢大猷雍化熙世昊天不弔奄忽零墜嗚呼哀哉朝隕棠幹邦喪
國輝帝欽遺烈士詠淸機思經皇心痛浹民懷揮淚充邑惜慟盈
畿敢述洪迹于茲素旃其辭曰
於穆皇源時惟誕弘權輿有嬀爰帝曁王徽音接響丕祚克昌乾
鑒南眷誕降我祖顯考尚書納言帝宇正命惟允銓衡攸序篤生
常侍固天所隆祚爾靈粹陶以惠風道協體稟德與性鍾叡心遠
暢淵思遐通瞻言潛覽克哲克聰耽精遐奧肆志篇章仰咨遺訓
思齊曩蹤擒光丞晦徽言是綱錯綜羣藝精徹毫芒顯允閑姿既
明且緯敦敘汜愛經德紀義契闊邦族是綜是緯博約以禮陳錫
載施雍雍闈閫克諧由仁率禮崇化色養盡親九族和睦德被宗
姻猗猗髦俊祈祈縉紳鑽仰明範挹道希塵愷悌弘裕惠化是振
潛機密暢靡幽不甄濯以淸波權以明鈴旌善拔桀刊穢紫辰邦
無媮幸靈不年員沐浴玄源風移俗純儀德鄒甸比化泗濱耀略
切輝既升未融爰莅揚邑作尹名邦密邇帝畿大東小東宣敷五
教敬化以崇徽無墜命興無廢功帝欽良政民懷穆風粤稽舊章
率由典刑考績三載絀幽陟明超踐皇闈紆組垂纓奕世納言帝
衡以平本崇曩烈堂構克榮征鼙屢振干戈未戢乃秉雄戟徽戎
東邑四牡徂征威德以立爰守會稽靑紱既襲帝曰欽哉疇咨羣
后改授顯服屯騎是撫雍容皇甸綜文經武時値大過士爽其德
度惟常侍高明柔直履冰察霜淪心遠測春存三季彤志于色頻
顧厄運載離咎慝靖亨思順曹氏匪革投弁釋紱晧恩東嶽遁世
無悶淸源是濯馥風彌馨明徽載鑠皇途既闢天罔誕張運在九
五違嶮卽康猗歟高懿避風遠藏帝降大命曰園是揚祼將天邑
舒藻舊京斂曰休哉昭德塞違乃升常伯補闕拾遺振纓紫極攄

思當作恩

音當作吉

光太微奕奕玄冕熠熠貂璫仰耀皇維俯映明堂輿振鳴鸞體佩
琮璜居德彌沖雖休匪康旣躋君宿未跱鼎辰將陟太階弘載育
民皇靈靡顧大命奄臻厲凶彌留儵忽頹湮嗚呼哀哉黃河難澄
梁木易荒聖賢絕景希世齊光豈曰徒生實維天綱於鑠常侍本
德昭仁俯鑑瑤響仰綴玉振其在克壯自蹇乘屯鳳翳靈條龍竄
祕泉收迺匿耀洪略陶綏雖躋嘉運託景風雲瑰光旣耀靈實未
闡弗虞皇圖銜恨徂遷嗚呼哀哉江河慕海丘陵樂山於惟君德
齊聖廣淵羣彥景附漸化濯眞蓋以崇嚴函以裕淵西徂華源負
澤慕塵幽萌潛暢滯思賴振六言六行匪君不肅五有三無匪君
不極衡準失平匪君不直方策遐邈匪君不式君其永沒民其焉
則結思遺愛惟哀允惻嗚呼哀哉仲尼喪魯儒慕失聲國僑殞鄭
邦無竽笙實惟常侍徽懿克明思懷士心信結民情聞者巷泣赴
者風征八音輟響獻酢弗營羽檝翳川輕駕盈庭揮袂雲藹殞淚
雨零嗚呼哀哉伊惟平生襲寵荷輝愷樂承明桑梓猶哀聿懷震
丘言告言歸明德遠燭慮凶以音雖則榮泰存亡是卹爰築新邑
經始匪日眷懷不虞盜覦斯室王事靡盬皇鑑是旋鳴和吉往會
未浹辰震旆凶歸輝景長泯痛感皇祇哀普四民嗚呼哀哉穆穆
天子昭明有融乃命三人禮憲是崇賜以歸賻榮以贈終冠蓋南
徂映族輝邦日薄南陸辰次天漢龜筮協貞靈域載判明器旣庀
神道已羨縣象未登明星有爛軒車徵動執紼同贊永棄高廈竟
廬是館盜彼昏昧荒此輝粲幽房長鍵脩夜靡旦翼翼輕蓋翩翩
毋旃龍章舒藻旟旐有輝轜輪轇結玄駟徘徊人誰弗思靡思匪
哀援扎心楚投翰餘悲嗚呼哀哉

晉故豫章內史夏府君誄

惟永寧元年五月二十五日晉故豫章內史夏府君卒嗚呼哀哉
乾鑒育俊崇茲大猷景靈垂祐黃精協符濯跡浩素闡志玄流塵

光聖代邁勳九區哀彼造物殂命不均既喪斯美咨茲遐年祈祈搢紳泣涕流連故作斯誄著之不泯其辭曰

於穆府君遠祖彌光功濟黎獻澤洽八荒披圖承禪襲化軒唐洪風既振遐曜休煌越殷自周紹膺遺祉亮節三恪矦服千祀悠悠訖茲微烈不已奕世本弘厥美是紀惟神隆慶篤生府君玄祐秀朗揮景煙熅誕載豐美俊穎夙繁性與體和孝友穆融虔茲君親姻族睦崇情廣褒誘品物虛躬安仁履素接舊㠯沖澄鑒博映哲思惟文淪心衆妙洞志靈源探幽判疑沉欲猋分甄滯羣祕義猶一貫崇規邈世體道而盤瞻言先機蔚藻騰翰處約由厚交順于顏文武未墜君惟克修百行殊揆君望斯周栖義初九戢翼洪條瓊輝四灼景問綢繆在昔我國元首載哲假寐俟旦思庸俊逸旃檢高麾體亦秩秩儀刑栁惠庶績惟穆既穆其績英風彌邵天子有命會是在朝頻繁帷幄祗承皇曜神㠯測幽明㠯遠照目難識

夷觀嶮改蹈譬彼湍鑒莫塵其操五紀迭御載隆載傾南嶽頹鎮蔭輝素靈瑾瑜遷寶投跡上京兆萌未緝皇聖攸嗟韋臨猗氏接被郇瑕道之㠯禮育之㠯和齊俗拯弊民靡不嘉振我翰音泮鍱諸華明明皇儲叡哲時招奮厥河滸矯足雲霄俄軒玄闕徽英揚飆光灼東朝髦士攸希媚茲一人示既翰飛委蛇華閣陟降太微納言贊事淵裕徘徊習習和風惟穆惟宣亦曰武昌厥俗允新我後有命爰授俊臣君子云顧義在安親秉文共武言撫舊京仰肅慈顏俯熙典刑移彼滯汙泮宮時營衆否斯濟飛鴞革聲春翹晞景振鷺在庭高墉未奮遭茲閔凶頻顧泣血三載㠯終哀響未歇臺命朝隆厥命伊何俾守南裔匪日是屯託身虛槩巾車既脂駕言將逝彝倫惟濤路逼其序君之于遠乃悏斯緒思彼衆逸言尋厥楚暮瞻豐林晨看淵水濯奇㠯翹披途導軌彼湘之東地嶮俗危明德審罰替幽崇儀嚴不忒刑仁扶物施威和咸振澤被遐畿

示當作亦

後當作后

皇道御世與民靡偏改彼惠政濟此未均思一黔首濯溉義淵揖望皇命修翮徊翔循彼江濆乃眷豫章觀風樹政德音允張洪化既攄禮樂克昌閑非秋厲惠淑春陽廣命俊人惟弓與旃丘園靡滯鸞驥憩軒豈方伊類捉髮躬勤震我聲教邁響惟殷君化大揚自北而南君澤本沃河漢載咸慶輝雲蔭璽潤川漸將配皇猶登景具瞻昊天不弔乃降茲厲高祿未融凶猋中熸寢疾彌留大命隕墜邦家不紀沉哀結世嗚呼哀哉式歎遺美君實克明懷光暘幽晞髮結清體德秉眞審行居貞屈曳蹈機與世靡矜天命棐諶唯仁則延任道委分亮曰斯然孰云府君不聞其言永懷載念憂心孔艱曰兄曰弟篤愛纏綿晞光繼軌參融鴻振今君何之背世遐湮同生拊膺號哀瘁身眇眇孤微過庭曷遵天何忍斯于何之臻自君初邁既夷且榮今君反矣素旗垂銘雖光百辟託晷玄靈民慟于顯神孤于冥物從人感轅馬失征飄風悍響潛魚仰驚豐

改當作數

人當作乂

悍當作悼

霄緘藹衆羽徊鳴嗚呼哀哉瞻彼日月歲聿云夕寒暑窮化四辰交錯日考三從案轡長薄藹矣轜軒脫駕窀穸背榮孤世盜神大漠丘陵埭蔭閈闥寥寥寤標惟哀心摧涕散嗚呼哀哉咨予與君恩親之微蒙恤于昔投纓瀾猗思周弱志永庇惠輝如何府君昭景長違願言詠眷載傷載悲昔我經年逝彼川路進闕初奔退違陵墓仰瞻靈丘俯增永慕惻剝肝懷哀其曷厝嗚呼哀哉

全晉文卷一百四終

烏程嚴可均校輯

黃章

章字伯仁。魯國人。師事鄭思遠。見抱朴子內篇遐覽。又引見御覽六百七十。案書鈔一百二引魯國先賢傳。黃伯仁不知何許人。嘗為龍馬頌。其文甚麗。今據抱朴子。知是魯國人。

龍馬賦 藝文類聚作頌。各書皆作賦。

夫龍馬之所出。于太蒙之荒域。分虞淵之幽濬。通天光之所極。生河海之濱涯。被華文而朱翼。稟神祇之純化。乃大宛而再育。資玄螭之表像。似靈虯之注則。奪騕褭之體勢。逸飛兔之高蹤。兼驥騄之美質。豈驊騮之足雙。耳如剡筩。目象明星。雙璧似月。蘭筋參情。藝文類聚九十三。又略見初學記二十九。文選赭白馬賦注。

或有噓天慷慨。骨騰肉飛。文選江賦注。七命注。

或有奇貌絕足。蓋為聖德而生。文選赭白馬賦注。

揚鸞鑣之瑣錫。書鈔一百二十六。

張悛

悛字士然。吳國人。

為吳令謝詢求為諸孫置守家人表

臣聞成湯革夏而封杞。武王入殷而建宋。春秋征伐。則晉脩虞祀。燕祭齊廟。夫一國為一人興。先賢為後愚廢。誠仁聖所哀悼而不忍也。故三王敦繼絕之德。春秋貴柔服之義。昔漢高受命。追存六國。凡諸絕祚。一時並祀。親與項羽對爭存亡。逮羽之死。臨哭其喪。將以位嘗伴尊。力嘗均勢。雖功奪其成。而恩與其敗。且暴興疾顛。禮之若舊。殘戮之尸。乃以公葬。若使羽位承前緒。世有哲王。一朝力屈。全身從命。則楚廟不隳。有後可冀。伏惟大晉應天順民。武成止戈。西戎有即敘之人。京邑開吳蜀之館。興滅加乎萬國。繼絕接于百世。雖三五弘道。商周稱仁。洋洋之義。未足以喻。是以孫氏雖家失吳祚。而族蒙晉榮。子弟量才。比肩進取。懷金矦服。佩青千里。當時受恩。多有過望。臣聞春雨潤木。自葉流根。鴟鴞恤功。愛子及室。故天稱罔極之恩。聖有綢繆之惠。追惟吳偽武烈皇帝。遭漢室之弱。值亂臣之強。首唱義兵。先眾犯難。破董卓于陽人。濟神器于甄井。威震羣狡。名顯往朝。桓王才武。弱冠承業。招百越之士。奮鷹揚之勢。西赴許都。將迎幼主。雖元勳未終。然至忠已著。夫家積義勇之基。世傳扶危之業。進為徇漢之臣。退為開吳之主。而蒸嘗絕于三葉。園陵殘于薪采。臣竊悼之。伏見吳平之初。明詔追錄先賢。欲封其墓。愚謂二君並宜應書。故舉勞則力輸先代。論德則惠存江南。正刑則罪非晉寇。從坐則異世已輕。若列先賢之數。蒙詔書之恩。裁加表異。以寵亡靈。則人望克厭。誰不曰宜。二君私奴多在墓側。今為平民。乞差五人。蠲其徭役。使四時脩護頹毀。埽除塋壟。永以為常。文選藝文類聚四十。

閻纘

纘字續伯。巴西安漢人。惠帝初。太傅楊駿以為舍人。轉安復令。駿誅。棄官葬駿。河閒王顒引為西戎司馬。封平樂鄉矦。屢上疏。擢漢中太守。案隋志。梁有隴西太守閻纂集二卷。未知即此否。

上詩表

勞者歌其事。貴露其鄙。文選任昉答敕示七夕詩啟注。

輿棺詣闕上書理愍懷太子

伏見赦文及牓下前太子遹手疏。以為驚愕。自古以來。臣子悖逆未有如此之甚也。幸賴天慈。全其首領。臣伏念遹生于聖父而至此者。由于長養深宮。沈淪富貴。受饒先帝。父母驕之。每見選師傅下至羣吏。率取膏粱擊鍾鼎食之家。希有寒門儒素。如衛綰、周文、石奮、疏廣。洗馬舍人亦無汲黯、鄭莊之比。遂使不見事父事君之道。臣案古典。太子居以士禮。與國人齒。以此明先王令知先賤然後乃貴自頃東宮亦微大盛所㠯致敗也非但東宮歷觀諸王師友文學皆豪族力能得者率非龔遂王陽能㠯道訓友無亮直三益之節官㠯文學爲名實不讀書但共鮮衣怒馬縱酒高會嬉遊博奕豈有切磋能相長益臣常恐公族陵遲㠯此歎息今遹可㠯爲戒恐其被斥棄逐遠郊始當悔過無所復及昔戾太子無狀稱兵距命而壺關三老上書有田千秋之言猶曰子弄父兵罪應笞耳漢武感悟之築思子之臺今遹無狀言語悖逆受罪之日不敢失道猶爲輕于戾太子尚可禁持檢著目下重選保傅如司空張華道德深遠乃心忠誠㠯爲之師光祿大夫劉寔寒苦自立終始不衰年同呂望經籍不廢㠯爲之保尚書僕射裴頠明允恭肅體道居正㠯爲之友置游談文學皆選寒門孤宦㠯學行自立者及取服勤更事涉履艱難事君事親名行素聞者使與其處使嚴御史監護其家絕貴戚子弟輕薄賓客如此左右前後莫非正人師

傅文學可令十日一講使共論議于前教使但道古今孝子慈親忠臣事君及思愆改過之義皆聞善道庶幾可全昔太甲有罪放之三年思庸克復爲殷明王又魏文帝懼于見廢夙夜自祗竟能自全及至明帝因母得罪廢爲平原侯爲置家臣庶子師友文學皆取正人共相匡矯兢兢慎罰事父㠯孝父沒事母㠯謹聞于天下于今稱之漢高皇帝數置酒于庭欲廢太子後四皓爲師子房爲傅竟復成就前事不忘後事之戒孟軻有云孤臣孽子其操心也危慮患也深故多善功李斯云慈母多敗子嚴家無格虜由陛下驕遹使至于此庶其受罪以來足自思改方今天下多虞四夷未寧將伺國隙儲副大事不宜空虛宜爲大計小復停留先加嚴誨依平原侯故事若不悛改棄之未晚也臣素寒門無力仕宦不經東宮情不私遹念昔楚國處女諫其王曰有龍無尾言年四十未有太子臣嘗備近職雖未得自結天日情同閹寺悾悾之誠皆

爲國計臣老母見臣爲表乃爲臣卜卦云書御即死妻子守臣涕泣見止臣獨㠯爲頻見拔擢嘗爲近職此恩難忘何㠯報德唯當陳誠㠯死獻忠輒具棺絮伏須刑誅晉書閻纘傳又見羣書治要二十九引晉書

皇太孫立復上疏

臣前上書訟太子之枉不見省覽昔壺關三老陳衛太子之冤而漢武築思子之臺高廟令田千秋上書不敢正言託㠯鬼神之教而孝武大感月中三遷位至丞相乘車入殿號曰車氏恨臣精誠微薄不能有感竟使太子流離沒命許昌向令陛下即納臣言不致此禍天贊聖意三公獻謀庶人賜死罪人斯得太子㠯明臣恨其晚無所復及詔書慈悼迎喪反葬復其禮秩誠副衆望不意呂霍之變復生于今日伏見詔書建立太孫斯誠陛下上順先典㠯安社稷中慰慈悼冤魂之痛下令萬國心有所繫追惟庶人所爲無狀幾傾宗廟賴相國太宰至忠憤發潛謀俱斷奉贊聖意㠯成

神武雖周誅二叔漢埽諸呂未足㠯喻臣願陛下因此大更釐改㠯爲永制禮置太子居㠯士禮與國人齒爲置官屬皆如朋友不爲純臣既使上厭至望㠯崇孝道又令不相嚴憚易相規正昔漢武既信奸讒危害太子復用望氣之言欲盡誅詔獄中囚邴吉㠯皇孫在焉閉門距命後遂擁護皇孫督罰乳母卒至成人立爲孝宣皇帝苟志于忠無往不可歷觀古人雖不避死亦由世教寬㠯成節吉雖距詔書事在于忠故宥而不責自晉興已來用法太嚴遲速之間輒加誅斬一身伏法猶可彊爲今世之誅動輒滅門昔呂后臨朝肆意無道周昌相趙三召其王而昌不遣先徵昌入乃後召王此由漢制本寬得使爲快假令如今呂后必誚昌已反夷其三族則誰敢復爲殺身成義者哉此法宜改可使經遠又漢初廢趙王張敖其臣貫高謀弒高祖高祖不誅㠯明臣道田叔孟舒十人爲奴髡鉗隨王隱親侍養故令平安向使晉法得容爲義東

宮之臣得如周昌固護太子。得如邴吉距詔不坐。伏死諫爭。則聖意必變。太子以安。如田叔孟舒侍從不罪者。則隱親左右。姦凶毒藥無緣得設。太子不夭也。臣每責東宮臣故無侍從者。後聞頗有于道路望車拜辭。而有司收付洛陽獄。奏科其罪。然臣故莫從良有以也。又本置三率。盛其兵馬。所以宿衛防虞。而使者卒至。莫有警嚴覆請審者。此由恐畏滅族。今皇孫沖幼。去事多故。若有不虞。彊臣專制。姦邪矯詐。雖有相國保訓東宮。擁佑之恩。同于邴吉。適可使玉體安全。宜開來防。可著于令。自今已後。諸有廢興倉卒。羣臣皆得輒嚴須錄。詣殿前面受口詔。然後爲信。得同周昌。不遣王節不聽。臣子隱親。得如田叔孟舒。不加罪責。則永固儲副。以安後嗣之遠慮也。來事難知。往事可改。臣前每見詹事裴權用心懇惻。舍人秦戩數上疏啟諫。而爰倩贈以九列。權有忠意。獨不蒙賞。謂宜依倩爲比。以寵其魂。推尋表疏。如秦戩輩及司隸所奏。諸敢拜辭于道路者。明詔稱揚。使微異于衆。以勸爲善。以獎將來也。晉書閻纘傳。

不聽之不當作下

又陳宜選擇東宮師傅

今相國雖已保傅東宮。保其安危。至于旦夕訓誨。輔導出入動靜劬勞。宜選寒苦之士。忠貞清正。老而不衰。如城門校尉梁柳。白衣南安朱沖比者。以爲師傅。其侍臣以下。文武將吏。且勿復取盛戚豪門子弟。若吳太妃家室及賈郭之黨。如此之輩。生而富溢。無念脩己。率多輕薄浮華。相驅放縱。皆非所補益于吾少主者也。皆可擇寒門篤行學問素士。更履險易。節義足稱者。以備羣臣。可輕其禮儀。使與古同。于相切磋。爲益。昔魏文帝之在東宮。徐幹劉楨。爲友。文學相接之道。並如氣類。吳太子登顧譚爲友。諸葛恪爲賓。臥同床帳。行則參乘。交如布衣。相呼以字。此則近代之明比也。天子之子。不患不富貴。不患人不敬畏。患于驕盈不聞其過。不知稼穡之艱難耳。至于甚者。乃不知名六畜。可不勉哉。昔周公親撻伯禽。曹參笞窋二百。聖考慈父。皆不傷恩。今不忍小相維持。令至闕失。頓相罪責。不亦誤哉。在禮。太子朝夕視膳。昏定晨省。跪問安否。于情得盡。五日一朝。于敬既簡。于恩亦疏。易致構間。故曰一朝不朝。其間容刀。五日之制。起漢高祖。身爲天子。父猶庶人。萬機事多。故闕私敬耳。今主上臨朝。太子無事。專主孝養。宜改此俗。文王世子篇曰。王季一飯亦一飯。再飯亦再飯。安有逸豫五日一覲哉。晉書閻纘傳。

今迎太子梓柩。孤魂獨行。太孫幼沖。不可涉道。謂可遣妃奉迎。遠路令其父衍隨行。衛護皇太子。初見誣陷。臣家門無祐。三世假親。具嘗辛苦。以家觀國。固知太子有變。臣故求副監國。欲依邴吉故事。距違來使。供養擁護。身親飲食醫藥。冀足救危。主者以臣名資輕淺。不肯見與。世人見笑。謂爲此職。進退難居。有必死憂。臣獨以爲苟全儲君。賈氏所誅。甘心所願。今監國御史直副。皆當三族。侍衛無狀。實自宜然。臣謂其小人不足具責。故孔子曰。可以託六尺之孤。臨大節而不可奪。是以聖王愼選。故河南尹向雄。昔能犯難葬故將鍾會。文帝嘉之。始拔顯用。至于先帝。以爲右率。如聞之事。若得向雄之比。則豈可觸哉。此二使者但爲愚怯。亦非與謀。但可誅身。自全三族。如郭俶郭斌。則于刑爲當。又東宮亦宜妙選忠直亮正。如向雄比。陛下千秋萬歲之後。子孫幼沖。選置兵衛。宜得柱石之士。如周昌者。世俗淺薄。士無廉節。賈謐小兒。恃寵恣睢。而淺中弱植之徒。更相翕習。故世號魯公二十四友。又謐前見臣表理太子。曰。閻兒作此爲健。然觀其意。欲與諸司馬家同。皆爲臣寒心。伏見詔書稱明滿奮樂廣侍郎賈胤與謐親理。而亦疏遠。往免父喪之後。停家五年。雖爲小屈。有識貴之。潘岳繆徵等皆謐父黨。其相沈浮。人士羞之。聞其晏然。莫不爲怪。今詔書暴揚其罪。並皆遣出。百姓咸云清當，臣獨謂非但岳、徽，二十四人宜皆齊黜，以肅風教。晉書閻纘傳。

木華

華字玄虛，廣川人，為楊駿府主簿。

海賦

昔在帝嬀巨唐之代，天綱浡潏，為凋為瘵，洪濤瀾汗，萬里無際，長波涾㴷，迆涎八裔。于是乎禹也，乃鏟臨崖之阜陸，決陂潢而相波，啟龍門之岝嶺，墾陵巒而嶄鑿。羣山既略，百川潛渫，泱漭澹濘，騰波赴勢。江河既導，萬穴俱流，掎拔五嶽，竭涸九州。瀝滴滲淫，薈蔚雲霧，涓流泱瀼，莫不來注。於廓靈海，長為委輸。其為廣也，其為怪也，宜其為大也。爾其為狀也，則乃浟湙瀲灩，浮天無岸，沖瀜沆瀁，渺瀰湠漫。波如連山，乍合乍散。噓噏百川，洗滌淮漢。襄陵廣舄，𣽈㵧浩汗。若乃大明摭轡于金樞之穴，翔陽逸駭于扶桑之津，彯沙礐石，蕩颸島濱。于是鼓怒，溢浪揚浮，更相觸搏，飛沫起濤。狀如天輪，膠戾而激轉；又似地軸，挺拔而爭迴。岑嶺飛騰而反覆，五嶽鼓舞而相磓。渭濆淪而滀漯，鬱沏迭而隆頹。盤盓激而成窟，湔滐而為魁。㴔泊柏而迆颺，磊匒匌而相豗。驚浪雷奔，駭水迸集。開合解會，瀼瀼溼溼。葩華踧沑，澒濘潗㵫。若乃霾曀潛銷，莫振莫竦。輕塵不飛，纖蘿不動。猶尚呀呷，餘波獨涌。澎濞灪磤，碨磊山壟。爾其枝岐潭瀹，渤蕩成汜。乖蠻隔夷，迴互萬里。若乃偏荒速告，王命急宣，飛駿鼓楫，汎海淩山。于是候勁風，揭百尺，維長綃，掛帆席。望濤遠決，冏然鳥逝。鷸如驚鳧之失侶，倏如六龍之所掣。一越三千，不終朝而濟所屆。若其負穢臨深，虛誓愆祈，則有海童邀路，馬銜當蹊。天吳乍見而髣髴，蝄像暫曉而閃屍。羣妖遘迕，眇䁹冶夷。決帆摧橦，戕風起惡。廓如靈變，惚怳幽暮。氣似天霄，靉靆雲布。霱昱絕電，百色妖露。呵歘掩鬱，矆睒無度。飛澇相磢，激勢相沏。崩雲屑雨，

浤浤汩汩，踧踔湛藻。沸潰渝溢，瀖泋濩渭。蕩雲沃日。于是舟人漁子，徂南極東，或屑沒于黿鼉之穴，或挂罥于岑㠒之峯。或掣掣洩洩于裸人之國，或汎汎悠悠于黑齒之邦。或乃萍流而浮轉，或因歸風以自反。徒識觀怪之多駭，乃不悟所歷之近遠。爾其為大量也，則南澰朱崖，北灑天墟，東演析木，西薄青徐。經途瀴溟，萬萬有餘。吐雲霓，含龍魚，隱鯤鱗，潛靈居。豈徒積太顛之寶貝，與隨侯之明珠。將世之所收者常聞，所未名者若無。且希世之所聞，惡審其名。故可仿像其色，靉靆其形。爾其水府之內，極深之庭，則有崇島巨鼇，峌峴孤亭。擘洪波，指太清。竭磐石，棲百靈。颺凱風而南逝，廣莫至而北征。其垠則有天琛水怪，鮫人之室。瑕石詭暉，鱗甲異質。若乃雲錦散文于沙汭之際，綾羅被光于螺蚌之節。繁采揚華，萬色隱鮮。陽冰不冶，陰火潛然。熺炭重燔，吹炯九泉。朱燉綠煙，腰眇蟬蜎。魚則橫海之鯨，突扤孤遊。戛巖嶅，偃高濤。茹鱗甲，吞龍舟。噏波則洪漣踧蹜，吹澇則百川倒流。或乃蹭蹬窮波，陸死鹽田。巨鱗插雲，鬐鬣刺天。顱骨成嶽，流膏為淵。若乃巖坻之隈，沙石之嶔，毛翼產鷇，剖卵成禽。鳧雛離褷，鶴子淋滲。羣飛侶浴，戲廣浮深。翔霧連軒，洩洩淫淫。翻動成雷，擾翰為林。更相叫嘯，詭色殊音。若乃三光既清，天地融朗。不汎陽侯，乘蹻絕往。覿安期于蓬萊，見喬山之帝像。羣仙縹眇，餐玉清涯。履阜鄉之留舄，被羽翮之襂纚。翔天沼，戲窮溟。甄有形于無欲，永悠悠以長生。且其為器也，包乾之奧，括坤之區。惟神是宅，亦祇是廬。何奇不有，何怪不儲。芒芒積流，含形內虛。曠哉坎德，卑以自居。弘往納來，以宗以都。品物類生，何有何無。文選、藝文類聚八。

張輔

輔字世偉，南陽西鄂人。為藍田令，轉山陽令，累遷尚書郎，封宜昌亭侯，轉御史中丞，領本郡中正，遷馮翊太守，進秦州刺史，有

品上脫本字

鮑叔下脫叔鮑二字

集二卷。

上司徒府言楊俊

故梁州刺史楊欣女，以九月二十日出赴姊喪殯，而欣息俊因喪服二十六日，强嫁妹與南陽韓氏，而韓氏就楊家共成婚姻。韓氏居妻喪，不顧禮義，三旬內成婚，傷化敗俗，非冠帶所行，下品二等。第二人今爲第四，請正黃紙。（通典六十。南陽中正張輔言司徒府。）

與孫秀牋

輔徒知希慕古人，當官而行，不復自知小爲身計。今義陽王誠弘恕，不以介意，然輔母年七十六，常見憂慮，恐輔將以怨疾獲罪。願明公留神省察輔前後行事，是國之愚臣而已。（晉書張輔傳。）

名士優劣論

管仲不若鮑叔。鮑叔知所奉，知所投。管仲奉主而不能濟，所奔又非濟事之國，三歸反坫，皆鮑不爲。（晉書張輔傳。）

世人論司馬遷、班固才之優劣，多以固爲勝，余以爲失。遷之著述，辭約而事舉，敘三千年事唯五十萬言；固敘二百年事乃八十萬言，煩省不敵，固之不如遷一也。良史述事，善足以獎勸，惡足以鑒戒，人道之常。中流小事，亦無取焉，而班皆書之，不如二也。毁敗鼂錯，傷忠臣之道，不如三也。遷既造創，固又因循，難易益不同矣。又遷爲蘇秦、張儀、范睢、蔡澤作傳，逞詞流離，亦足以明其大才。故述辯士則辭藻華靡，敘實錄則隱核名檢，此所以爲良史也。（晉書張輔傳，藝文類聚二十二，御覽四百四十七。）

世人見魏武皇帝處有中土，莫不謂勝劉玄德也。余以玄德爲勝。夫撥亂之主，先以能收相獲將爲本。一身之善戰，不足恃也。世人以玄德爲呂布所襲，爲武帝所走，舉軍東下，而爲陸遜所覆，雖曰爲呂布所襲，未若武帝爲徐榮所敗，失馬被創之危也。玄德還據徐州，形勢未合，在荆州，劉景升父子不能用其計，舉州降魏，手下步騎不滿數千，爲武帝大衆所走，未若武帝爲呂布北騎所禽，勤突火之急也。玄德爲陸遜所覆，未若武帝爲張繡所困，挺身逃遁，以喪二子也。若令高祖死于彭城，世人方之，不及項羽遠矣。武帝于宛下將獲，謂不及張繡矣。而其忌克安忍無親，董公仁、賈文和恆以佯愚自免，荀文若、楊德祖之徒多見賊害，孔文舉、桓文林等以宿恨見殺，良將不能任，行兵三十餘年，無不親征，功臣謀士曾無列土之封，仁愛不加親戚，惠澤不流百姓，豈若玄德威而有恩，勇而有義，寬弘而大略乎？諸葛孔明達治知變，殆王佐之才，玄德無强盛之勢，而令委質；張飛、關羽皆人傑也，服而使之。夫明闇不相爲用，能否不相爲使。武帝雖處安强，不爲之用也，況在危急之間，勢弱之地乎？若令玄德據有中州，將與周室比隆，豈徒三傑而已哉！（藝文類聚二十二，御覽四百四十七。）

于上脫死字

獲當作復

樂毅、諸葛孔明之優劣。或以毅相弱燕，合五國之兵，以破强齊，雪

君王之恥，圍城而不急攻，將令道窮而義服，此則仁者之師，莫不謂毅爲優。余以爲五國之兵，共伐一齊，不足爲强；大戰濟西，伏尸流血，不足爲仁。夫孔明抱文武之德，劉玄德以知人之明，屢造其廬，咨以濟世。至如奇策泉涌，智謀從橫，遂東說孫權，北抗大魏，以乘勝之師，翼佐取蜀，及玄德臨終，禪登大位，在擾攘之際，立童蒙之主，設官分職，班敘衆才，文以寧內，武以折衝，然後布其恩澤于中國之民，其行軍也，路不拾遺，毫毛無犯，勳業垂濟而隕，觀其遺文，謀謨弘遠，雅規恢廓，已有功則讓于下，下有闕則躬自咎，見善則遷，納諫則改，故聲烈振于遐邇者也。孟子曰：聞伯夷之風，貪夫廉。余以爲覩孔明之忠，姦臣立節矣，殆將與伊呂爭儔，豈徒樂毅爲伍哉！（藝文類聚二十二，御覽四百四十七。）

衛權

權字伯輿，陳留襄邑人，魏司徒臻孫。元康初，汝南王亮輔政，權

言當作唁

爲尚書郎。

左思三都賦略解序

余觀三都之賦，言不苟華，必經典要，品物殊類，稟之圖籍，辭義瓌瑋，良可貴也。有晉徵士故太子中庶子安定皇甫謐，西州之逸士，耽籍樂道，高尚其事，覽斯文而慷慨，爲之都序。中書著作郎安平張載、尚書郎濟南劉逵，並以經學洽博，才章美茂，咸皆悅玩，爲之訓詁，其山川土域，草木鳥獸，奇怪珍異，僉皆研精所由，紛散其義矣。余嘉其文，不能默已，聊藉二子之遺忘，又爲之略解，祗增煩重，覽者闕焉。（晉書左思傳作陳留衞瓘，乃權之誤。魏志衞臻傳注，權作左思吳都賦敘及注，敘粗有文辭，至于爲注，了無所發明，直爲塵穢紙墨，不合傳寫也。又瓘乃衞覬子，河東安邑人，而云陳留衞瓘，是轉刻之誤無疑。）

劉逵

逵字淵林，濟南人。元康中爲尚書郎，歷黃門侍郎，累遷侍中。有喪服要記二卷。

注左思蜀都吳都賦序

觀中古以來，爲賦者多矣。相如子虛擅名于前，班固兩都理勝其辭，張衡二京文過其義，至若此賦，擬議數家，傅辭會義，抑多精致，非夫研覈者不能練其旨，非夫博物者不能統其異。世咸貴遠而賤近，莫肯用心于明物。斯文吾有異焉，故聊以餘思，爲其引詁，亦猶胡廣之于官箴，蔡雍之于典引也。（晉書左思傳）

周亰

亰，元康中國子博士。

議蘇宙事

事君之道，資于事父，委質之日，貳乃辟也。宙受署而退，義已周矣。諸侯五月而葬，同盟至，所以哀其喪，矜其孤也，苟能致書弔祭，闕之可也。（通典九十九）

孫兆

是當作赴

兆，元康中河南尹。

議蘇宙事

秦罷侯置守，漢氏因循，郡守喪官，有斬衰負土成墳，此可謂籍禮之不中，過猶不及者也。至于赴奔弔祭，故將非禮典所載，是末代流俗相習，委巷之所行耳，非聖朝之明式也。今之郡守、內史，一時臨宰，轉移無常，君遷于上，臣易于下，猶都官假合從事耳。又當故將未殯之前，已受天子肅命之任，王事敦我，密勿所職，詩不云乎，王事靡盬，不遑將父，孝子之情，猶不得將養父母，而況遠是弔祭故將乎？其議貶者，可謂行人失辭，仲尼所以非子路由爾責于人終無已也。（通典九十九）

劉繇

繇爲衞瓘太保主簿。

上言請收榮晦

初矯詔者至，公承詔當免，即便奉送章綬，雖有兵仗，不施一刃。重敕出第，單車從命，如矯詔之文，唯免公官，右軍以下，即承詐僞，違其本文，輒戮宰輔，不復表上，橫收公子孫，輒皆行刑，賊害大臣父子九人。伏見詔書，爲楚王所誑誤，非本同謀者皆弛遣，如書之旨，謂里舍人被驅齎白杖者耳，律受教殺人，不得免死，況乎手害功臣，賊殺忠良，雖云非謀，理所不赦。今元惡雖誅，殺賊猶存，臣懼有司未詳事實，或有縱漏，不加精盡，使公父子讎賊不滅，冤魂永恨，訴于穹蒼，酷痛之臣，悲于明世。臣等身被創痍，殯斂始訖，謹條瓘前在司空時，帳下給使榮晦，無情被黜，知瓘家人數，小孫名字。晦後轉給右軍，其夜晦在門外，揚聲大呼，宣詔免公還第。及門開，晦前到中門，復讀所齎僞詔，手取公章綬貂蟬，催公出第。晦案次錄瓘家口及其子孫，皆兵仗將送著東亭道北圍守，一時之間，便皆斬斫。害公子孫，實由于晦，及將人劫盜府庫，皆晦所爲。收晦一人，衆姧皆出。乞驗盡情僞。加呂族誅。晉書衛瓘傳。

全晉文卷一百五終

全晉文卷一百六

烏程嚴可均校輯

江統

統字應元陳留圉人元康中爲華陰令遷中郎轉太子洗馬後爲博士尚書郎參大司馬齊王冏軍事遷廷尉正歷成都王穎記室司徒左長史東海王越兖州別駕遷黃門侍郎散騎常侍領國子博士有集十卷

徂淮賦

戾鄺城而倚軒實蕭公之故國（通典一百七十七）

函谷關賦

登彼函谷爰覽丘陵地險逶迤山岡相承深谿累降脩嶺重升下杳冥而幽曖上穹崇而高興帶㠯河洛重㠯崤阻經略封畿因固設險異服則呵奇言必撿遏姦宄于未芽殿邪僞于萌漸及文仲

之斯廢乃違仁而受貶聖王制典蓋㠯防淫萬里順軌壃場不侵撫四夷而守境豈恃阻于高岑彼桀紂㠯顛墜非山河而不深顧晉平之愛險獲汝叔之忠箴鄙魏武之墜志嘉吳起之弘心末代陵遲惡嬴氏之叛渙乃因茲而自增下淩上替山冢崒崩覽孟嘗之獲免賴博愛而多寵惟七國之西征仰斯阻而震恐豈隩險之難犯將羣帥之無勇咨漢祖之絕關又見敗于勍項尹喜爰處觀妙研精李老西徂五千遺聲張祿既入穰侯乃傾營陵之出稟築田生衛鞅及商喪宗摧名終軍棄繻擁節飛榮覩浮僞于末俗思玄眞乎大庭（初學記七）

酒誥

酒之所興乃自上皇或云儀狄一曰杜康有飯不盡委餘空桑本出于此不由奇方歷代悠遠經口彌長稽古五帝上邁三王雖曰賢聖亦咸斯嘗（書鈔一百四十八引兩條）

上疏言授官與本名同宜改選

臺選臣叔父春爲安成郡宜春縣令與縣同名故事父祖與官職同名皆得改選而未有身與官職同名不在改選之例臣㠯爲父祖改選者蓋爲臣子開地不爲祖父之身也今身名所加亦施于臣子佐吏係屬朝夕從事官位之號發言所稱若指實而語則違經典諱尊之義若詭辭迴避則爲廢官擅犯憲制今㠯四海之廣職位之眾名號繁多士人殷富至使有受寵皇朝出身宰牧而令佐吏不得表其官稱子孫不得言其位號所㠯上名嚴父下爲臣子體例不通若改易私名㠯避官稱則違春秋不奪人親之義臣㠯爲身名與官職同者宜與觸父祖名爲比體例既合于義爲弘（晉書江統傳通典一百四）

祖父當作父祖

理陸雲上成都王穎疏

統等聞人主聖明臣下盡規苟有所懷不敢不獻昨聞教㠯陸機

後失軍期師徒敗績㠯法加刑莫不謂當誠足㠯肅齊三軍威示遠近所謂一人受戮天下知誡者也且聞重教㠯機圖爲反逆應加族誅未知本末者莫不疑惑夫爵人于朝與眾共之刑人于市與眾棄之惟刑之恤古人所慎今明公興舉義兵㠯除國難四海同心雲合響應罪人之命縣于漏刻泰平之期不旦則夕矣機兄弟並蒙拔擢俱受重任不當背罔極之恩而向垂亡之寇去泰山之安而赴累卵之危也直㠯機計慮淺近不能董攝羣帥致果殺敵進退之間事有疑佀故令聖鑒未察其實耳刑誅事大機有反逆之徵宜令王粹牽秀檢校其事令事驗顯然暴之萬姓然後加雲等之誅未足爲晚今此舉措實爲太重得則足令天下情服失則必使四方心離不可不令審諦不可不令詳慎統等區區非爲陸雲請一身之命實慮此舉有得失之機敢竭愚戇㠯備誹謗（晉書陸雲傳機之敗也并收雲穎官屬江統蔡克棗嵩等上疏云云）

謁拜議

吕爲諸郡吏都無太守伯叔兄敬者近臣君服斯服然則朝榦佐吕下左右者可從君而拜君所拜統土右者見賓主皆拜今日非君臣上下則不拜君之新親者唯榦佐小吏則可君拜斯拜矣君之諸父無道謂之事甲辰議臣見諸王直恭敬而已無鞭板拜揖雖于皇帝爲諸祖諸父其義皆同又河南河内諸郡吏前後亦爲太守伯叔兄謁拜者其比甚衆矣。御覽五百四十二。

太子母喪廢樂議永寧元年冬。

春秋傳曰母吕子貴而儒者謂傳重非嫡服同衆子經無明據于義爲短今愍懷太子正位東宮繼體承業監國嘗膳既處其重無緣復議其輕制也二年正會不宜舉樂。通典一百四十七。

奔赴山陵議

［湯當作蕩］往者湯陰之役羣寮奔散義兵既起而不附從主上旋宮又不歸罪至于晏駕之日山陵卽安而猶不到自臺郎御史吕上應受義責加貶絕注列黄紙不得敘用至于先有他故去職或吕喪疾免散仍遇兵隱遁山澤者宜與上牒異制春秋傳曰君子避内難不避外孫甯之變蘧瑗出關陳力就列不能者止本足多責也及至奔赴不及在哀致身後于山陵故當從時宜吕立褒貶依王政而正準繩不可偏抗古義吕傷今實也承詔書而制奔赴之期吕爲分別遠近則典而不暘撿校險易則密而不弘故擬七月之典吕議今事違官名問犇通者過期不到宜依準退免法注列黄紙三年乃得敘用又自非盟主所授而諸侯州伯所用故不得奔赴宜與下牒同罰春秋傳曰不吕家事辭王事此上之行乎下也諸侯州伯輒留應赴之人而令失節于王庭坐于周官九伐之法應在犯令陵政之條諸臺平處正其僞黜。通典八十。惠帝崩司徒左長史江統議奔赴山陵云云。

大喪未終正會廢樂議永嘉元年冬。

自古帝王相承雖世及有異而受重同禮禮王侯尊殊得臣諸父兄弟故吕僖嗣閔左氏謂之逆祀雖代變時殊質文不同至于受重尊祖敬宗其義一也書稱遏密諒闇之事或吕縗麻卒禮或吕心喪終制故周景王有后嫡子之喪既葬除服而宴樂叔向曰王宴樂已早二年正會不宜作樂。通典一百四十七。陽秋之義去樂卒事。宋書禮志二。

拜時有周喪議

已拜舅姑者宜準女在塗之禮齊縗大功三月既葬可迎婦案禮記在塗而壻之父母死則改服赴喪女之父母死則反而服周今已拜舅姑其義全于在塗也降其親而服夫黨非婦而何禮父母既沒而娶三月廟見成婦之義舅姑存則盥饋特豚吕成婦道皆明重其成婦不繫其成妻也然則未廟見女死還葬于女氏若已見舅姑雖則衽席之接固當歸葬于夫家此非可否之斷乎禮壻親迎女未至而有齊縗大功之喪男不入改服于外次女入改服于内次卽位哭又齊縗大功之喪三月既葬雖不可吕納徵而可正御矣。通典五十九。永嘉中太常潘尼爲子娶黄門郎李循女已拜時後各有周喪潘迎婦李遣女國子博士江統侍中許遐同議。

［全當作同］
［則當作無］

諫愍懷太子書

臣聞古之爲臣者進思盡忠退思補過獻可替否拾遺補闕是吕人主得吕舉無失行言無口過德音發聞揚名後世臣等不遠無能云補思竭愚誠謹陳五事如左惟蒙一省再省少垂察納

其一曰六行之義吕孝爲首虞舜之德吕孝爲稱故太子吕朝夕視君膳爲職左右就養無方文王之爲世子可謂篤于事親者也故能擅三代之美爲百王之宗自頃聖體屢有疾患數闕朝侍遠近觀聽者不能深知其故吕致疑惑伏願殿下雖有微苦可堪扶輿則宜自力易曰君子終日乾乾蓋自勉强不息之謂也

主當作王

其二曰古之人君雖有聰明之姿叡喆之質必須輔弼之助相導之功故虞舜㠯五臣興周文㠯四友隆反成王之爲太子也則周召爲保傅史佚昭文章故能闡道早備登崇大業刑措不用流聲洋溢伏惟殿下天授逸才聰鑒特達臣謂猶宜時發聖令宣揚德音諮詢保傅訪逮侍臣覲見賓客得令接盡壅否之情沛然交泰殿下之美煥然光明如此則高朗之風扇于前人弘範令軌永爲後式

其三曰古之聖王莫不㠯儉爲德故堯稱采椽茅茨禹稱卑宮惡服漢文身衣弋綈足履革舄㠯身先物政致太平存爲明主沒見宗祀及諸侯脩之者魯僖㠯躬儉節用聲列雅頌蚡冒㠯篳路藍縷用張楚國大夫脩之者文子相魯妾不衣帛晏嬰相齊鹿裘不補亦能匡君濟俗興國隆家庶人脩之者顏回㠯簞食瓢飲揚其仁聲原憲㠯蓬戶繩樞邁其清德此皆聖主明君賢臣智士之所履行也故能懸名日月永世不朽蓋儉之福也及到末世㠯奢失之者帝主則有瑤臺瓊室玉杯象箸肴膳之珍則熊蹯豹胎酒池肉林諸侯爲之者至于丹楹刻角饗百牢大夫有瓊弁玉纓庶人有擊鍾鼎食亦罔不亡國喪宗破家失身醜名彰聞㠯爲後戒竊聞後園鏤飾金銀刻磨犀象畫室之巧課試日精臣等㠯爲今四海之廣萬物之富㠯今方古不足爲侈也然上之所好下必從之是故居上者必愼其所好也昔漢光武皇帝時有獻千里馬及寶劒者馬㠯駕鼓車劒㠯賜騎士世祖武皇帝有上雉頭裘者即詔有司焚之都街高世之主不尚尤物故能正天下之俗刑四方之風臣等㠯爲畫室之功可且減省後園雜作一皆罷遣肅然清靜優游道德則日新之美光于四海矣

其四曰㠯天下而供一人㠯百里而供諸侯故王侯食籍而衣稅公卿大夫受爵而資祿莫有不贍者也是㠯士農工商四業不離

交易而退㠯通有無者庶人之業也周禮三市旦則百族晝則商賈夕則販夫販婦買賤賣貴販鬻菜果收十百之盈㠯救旦夕之命故爲庶人之貧賤者也樊遲匹夫請學爲圃仲尼不荅魯大夫臧文仲使妾織蒲又譏其不仁公儀子相魯則拔其園葵言食祿者不與貧賤之人爭利也秦漢㠯來風俗轉薄公侯之尊莫不殖園圃之田而收市井之利漸冉相放莫㠯爲恥乘㠯古道誠可愧也今西園賣葵菜藍子雞麫之屬虧敗國體貶損令問

其五曰竊見禁土令不得繕脩牆壁動正屋瓦臣㠯爲此既違典彝舊義且㠯拘攣小忌而廢弘廓大道宜可蠲除于事爲宜晉書江統傳

徙戎論

夫夷蠻戎狄謂之四海九服之制地在要荒春秋之義內諸夏而外夷狄㠯其言語不通贄幣不同法俗詭異種類乖殊或居絕域之外山河之表崎嶇川谷阻險之地與中國壤斷土隔不相侵涉賦役不及正朔不加故曰天子有道守在四夷禹平九土而西戎即敘其性氣貪婪凶悍不仁四夷之中戎狄爲甚弱則畏服彊則侵叛雖有賢聖之世大德之君咸未能㠯道化率導而㠯恩德柔懷也當其彊也㠯殷之高宗武丁而憊于鬼方有周文王而患昆夷獫狁漢祖困于白登孝文軍于霸上及其弱也周公來九譯之貢中宗納單于之朝㠯元成之微而猶四夷賓服此其已然之效也故匈奴求守邊塞而侯應陳其不可單于屈膝未央蕭望之議㠯不臣是㠯有道之君牧夷狄也惟㠯待之有備禦之有常雖稽顙執贄而邊城不弛固守爲寇賊彊暴而兵甲不加遠征期令境內獲安疆場不侵而已及至周室失統諸侯專征㠯大兼小轉相殘滅封疆不固而利害異心戎狄乘閒得入中國或招誘安撫㠯爲已用故申繒之禍顛覆宗周襄公要秦遽興羌戎當春秋時義

渠大荔。居秦晉之域。陸渾陰戎。處伊洛之間。鄋瞞之屬。害及濟東。侵入齊宋。陵虐邢衞。南夷與北狄交侵。中國不絕若綫。齊桓攘之。存亡繼絕。北伐山戎。以開燕路。故仲尼稱管仲之力。嘉左衽之功。逮至春秋之末。戰國方盛。楚吞蠻氏。晉翦陸渾。趙武胡服。開榆中之地。秦雄咸陽。滅義渠之種。始皇之并天下也。南兼百越。北走匈奴。五嶺長城。戎卒億計。雖師役煩殷。寇賊橫暴。然一世之功。戎虜奔卻。當時中國無復四夷也。漢興而都長安。關中之郡號曰三輔。禹貢雍州。宗周豐鎬之舊也。及至王莽之敗。赤眉因之。西都荒毀。百姓流亡。建武中。以馬援領隴西太守。討叛羌。徙其餘種于關中。居馮翊河東空地。而與華人雜處。數代之後。族類蕃息。既恃其肥彊。且苦漢人侵之。永初之元。騎都尉王弘使西域。發調羌氐以爲行衞。于是羣羌奔駭。互相扇動。二州之戎。一時俱發。覆沒將守。屠破城邑。鄧騭之征。棄甲委兵。輿尸喪師。前後相繼。諸戎遂熾。至于

南入蜀漢。東掠趙魏。唐突軹關。侵及河內。乃遣北軍中候朱寵將五營士于孟津距羌。十年之中。夷夏俱斃。任尚馬賢僅乃克之。此所以爲害深重。累年不定者。雖由禦者之無方。將非其才。亦豈不以寇發心腹。害起肘腋。疢篤難療。瘡大遲愈之故哉。自此之後。餘燼不盡。小有際會。輒復侵叛。馬賢狃忲。終于覆敗。段熲臨衞。自西徂東。雍州之戎。常爲國患。中世之寇。惟此爲大。漢末之亂。關中殘滅。魏興之初。與蜀分隔。疆埸之戎。一彼一此。魏武皇帝令將軍夏侯妙才討叛氐阿貴千萬等。後因拔棄漢中。遂徙武都之種于秦川。欲以弱寇彊國。扞禦蜀虜。此蓋權宜之計。一時之勢。非所以爲萬世之利也。今者當之。已受其弊矣。夫關中土沃物豐。厥田上上。加以涇渭之流。溉其舄鹵。鄭國白渠。灌浸相通。黍稷之饒。畝號一鍾。百姓謠詠其殷實。帝王之都每以爲居。未聞戎狄宜在此土也。非我族類。其心必異。戎狄志態。不與華同。而因其衰弊。遷之畿服。

士庶翫習。侮其輕弱。使其怨恨之氣。毒于骨髓。至于蕃育衆盛。則坐生其姧心。以貪悍之性。挾憤怒之情。候隙乘便。輒爲橫逆。而居封域之內。無障塞之隔。掩不備之人。收散野之積。故能爲禍滋蔓。暴害不測。此必然之勢。已驗之事也。當今之宜。宜及兵威方盛。衆事未罷。徙馮翊、北地、新平、安定界內諸羌。著先零、罕开、析支之地。徙扶風、始平、京兆之氐。出還隴右。著陰平武都之界。廩其道路之糧。令足自致。各附本種。反其舊土。使屬國撫夷就安集之。戎晉不雜。並得其所。上合往古即敘之義。下爲盛世永久之規。縱有猾夏之心。風塵之警。則絕遠中國。隔閡山河。雖爲寇暴。所害不廣。是以充國子明能以數萬之衆制羣羌之命。有征無戰。全軍獨克。雖有謀謨深計。廟勝遠圖。豈不以華夷異處。戎夏區別。要塞易守之故。得成其功也哉。難者曰。方今關中之禍。暴兵二載。征戍之勞。老師十萬。水旱之害。薦饑累荒。疫癘之災。札瘥夭昏。凶逆既戮。悔惡初

附。且款且畏。咸懷危懼。百姓愁苦。異人同慮。望寧息之有期。若枯旱之思雨露。誠宜鎮之以安豫。而子方欲作役起徒。興功造事。使疲悴之衆。徙自猜之寇。以無穀之人。遷乏食之虜。恐勢盡力屈。緒業不卒。羌戎離散。心不可一。前害未及弭。而後變復橫出矣。答曰。羌戎狡猾。擅相署號。攻城野戰。傷害牧守。連兵聚衆。載離寒暑矣。而今異類瓦解。同種土崩。老幼繫虜。丁壯降散。禽離獸迸。不能相一。子以此等爲尚挾餘資。悔惡反善。懷我德惠而來柔附乎。將勢窮道盡。智力俱困。懼我兵誅以致于此乎。曰。無有餘力。勢窮道盡故也。然則我能制其短長之命。而令其進退由已矣。夫樂其業者不易事。安其居者無遷志。方其自疑危懼。畏怖促遽。故可制以兵威。使之左右無違也。迨其死亡流散。離逷未鳩。與關中之人。戶皆爲讎。故可遐遷遠處。令其心不懷土也。夫聖賢之謀事也。爲之于未有。理之于未亂。道不著而平。德不顯而成。其次則能轉禍爲福。因

敗爲功，値困必濟，遇否能通。今子遭弊事之終，而不圖更制之始，愛易轍之勤，而得覆車之軌，何哉？且關中之人百餘萬口，率其少多，戎狄居半，處之與遷，必須口實。若有窮乏糝粒不繼者，故當傾關中之穀㠯全其生生之計，必無擠于溝壑而不爲侵掠之害也。今我遷之，傳食而至，附其種族，自使相贍，而秦地之人得其半穀。此爲濟行者㠯廩糧，遺居者㠯積倉，寬關中之逼，去盜賊之原，除旦夕之損，建終年之益。若憚蹔舉之小勞，而忘永逸之弘策；惜日月之煩苦，而遺累世之寇敵，非所謂能開物成務，創業垂統，崇基拓迹，謀及子孫者也。并州之胡，本實匈奴桀惡之寇也。漢宣之世，凍餒殘破，國內五裂，後合爲二，呼韓邪遂衰弱孤危，不能自存，依阻塞下，委質柔服。建武中，南單于復來降附，遂令入塞，居于漠南，數世之後，亦輒叛戾，故何熙、梁覲戎車屢征。中平中，㠯黃巾賊起，發調其兵，部衆不從，而殺羌渠。由是于彌扶羅求助于漢，㠯討其

賊，仍値世喪亂，遂乘釁而作，鹵掠趙、魏，寇至河南。建安中，又使右賢王去卑誘質呼廚泉，聽其部落散居六郡。咸熙之際，㠯一部太彊，分爲三率。泰始之初，又增爲四。于是劉猛內叛，連結外虜。近者郝散之變，發于穀遠。今五部之衆，戶至數萬，人口之盛，過于西戎。然其天性驍勇，弓馬便利，倍于氐、羌。若有不虞風塵之虞，則并州之域可爲寒心矣。滎陽句驪本居遼東塞外，正始中，幽州刺史毋丘儉伐其叛者，徙其餘種。始徙之時，戶落百數，子孫孳息，今已千計，數世之後，必至殷熾。今百姓失職，猶或亡叛，犬馬肥充，則有噬齧，況于夷狄，能不爲變？但顧其微弱，勢力不陳耳。夫爲邦者，患不在貧而在不均，憂不在寡而在不安。㠯四海之廣，士庶之富，豈須夷虜在內，然後取足哉？此等皆可申諭發遣，還其本域，慰彼羈旅懷土之思，釋我華夏纖介之憂，惠此中國，㠯綏四方，德施永世，于計爲長。（晉書江統傳，又羣書治要二十引晉書，又通典一百八十九，御覽七百九十四。）

正刑論（書鈔五十五引王隱晉書：江統爲廷尉正，作正刑論。文今佚。）

弧矢銘

幽都筋角，會稽竹矢，率土名珍，東南之美。昜㠯獲隼，詩㠯殪兕，伐叛柔服，用威不𨒪。（初學記二十二，御覽三百五十。）

珍珠銘

嗣茲陰景，係晷太陽，嘉彼令生，廉聲㠯章。（藝文類聚八十四，初學記二十七，令生作金生。）

江霦

霦一作虨，字思玄，統子。州舉秀才，參平南溫嶠軍事，還爲州別駕，辟司空郗鑒掾，除長山令，鑒又請爲司馬，轉黃門郎。庾冰鎭江州，請爲車騎長史，尋爲庾翼諮議參軍，復補長史，㠯平于瓚功，除尚書吏部郎，遷御史中丞、侍中、吏部尚書。永和中，拜護軍將軍，出補會稽內史，加右軍將軍，代王彪之爲尚書僕射，復轉護軍將軍，領國子祭酒。有集五卷。

立琅邪王議（升平五年）

兄弟不相爲後，雖是舊說，而經無明據，此語不得施于王者。王者雖兄弟，既爲君臣，則同父子。故魯躋僖公，春秋所譏。左傳曰：「子雖齊聖，不先父食。」閔公弟也，而同于父；僖公兄也，而齊于子。既明尊之道，不得復敘親之本也。公羊傳曰：「逆祀者何？先禰而後祖。」穀梁傳曰：「先親後祖，逆祀也。君子不㠯親親害尊尊。」兄弟也，由君臣而相後，三傳之明義如此，則承繼有敘，而上下洽通，于義爲允，應繼大行皇帝。（通典八十。）

尊周貴人爲皇太妃議（隆和元年）

虞舜體仁孝之性，盡事親之禮，貴爲天王，富有四海，而瞽叟無立錐之地，一級之爵，烝烝之心，昊天罔極，寧當忍父卑賤，不㠯徽號顯之，豈不㠯子無爵父之道，理窮義屈，靡所厝情者哉？春秋經曰：「紀季姜歸于京師。」傳曰：「父母之于子，雖爲天王后，猶曰吾季姜。」言

子尊不加父母也。或曰爲子尊不加父母。則武王何曰追王太王王季文王乎。周之三王德配天地。王迹之興自此始也。是曰武王仰尋前緒。遂奉天命。追崇祖考。明不曰子尊加父母也。案禮。幼不誄長。賤不誄貴。幼賤猶不得表彰長貴。況敢錫之曰榮命邪。漢祖感家令之言而尊太公。荀悅曰爲孝莫大于嚴父。而曰子貴加之父母。家令之言過矣。爰逮孝章。不上賈貴人曰尊號。而厚其金寶幣帛。非子道之不至也。蓋聖典不可踰也。當春秋時。庶子承國。其母得爲夫人。不審直子命母邪。故當告于宗祧。曰先君之命命之邪。竊見詔書當臨軒拜授貴人爲皇太妃。今稱皇帝策命命貴人。斯則子爵母也。貴人北面拜授。斯則母臣子也。天尊地卑。名位定矣。母貴子賤。人倫序矣。雖欲加崇貴人。而實卑之。雖顯明國典。而實廢之。且人主舉動。史必書之。如當載之方策。曰示後世。無乃不順乎。竊謂應告顯宗之廟。稱貴人仁淑之至。宜加殊禮。曰酬鞠育之惠。奉先靈之命。事不在己。妃后雖是配君之名。然自后曰下有夫人九殯。無稱妃焉。桓公謂宜進號太夫人。非不允也。如曰夫人爲少。可言皇太夫人。皇君也。君太夫人。于名禮順矣。晉書禮志下。

庾家爲孝庾后服議 太和六年

案賀公記天子諸侯五屬之內。雖不服職爲臣。皆斬縗爲夫人。則齊縗周。天子諸侯既同。后夫人亦不可得異。但文有詳略耳。子姪服周。諸婦非復五屬之例。謂當從降夫一等。通典八十一。孝后崩。庾家訪服議。軍江霦云。

荅高崧訪 崧字茂琰。廣陵人。晉書作嵩。

案大功之末。可曰嫁子。小功之末。可曰娶婦。又曰小功卒哭。可曰娶妻。此悉是明文正例。當不如范語。爲此議者。皆于爲婚之主也。娶婦則父爲主。娶妻則已爲主。故父大功之末。不得行此嘉禮。至于已小功之末。則可行之。又禮稱娶妻。則是無父之子。又未大功之末娶婦。于禮例猶尚不安。今所爲者重。所虧者輕。又準時人由來之比。自不致嫌。通典六十。高崧訪江彪荅。案即江霦晉書目錄作彪。

全晉文卷一百六終

全晉文卷一百七

烏程嚴可均校輯

江淵

淵統從子大興中爲博士

王式事議

繼父嘗同居而後別者繼子猶制齊縗三月案王式母之事式父存則崇敬妻道無愆歿則制服畢葬乃歸伉儷之義大較爲舉但不能遂居哀次㠯此爲失方之繼父恩義爲崇式爲人子愼終志篤豈忍㠯母節小闕而不行服哉是㠯俛仰寍從其重今報㠯周權心乃安觀過知仁式近有也昔季路服姊周而不降仲尼抑而不服焉君子㠯情恕物謂式之所行免于戾矣（通典九十四作江泉即江淵唐避諱改）

遭亂父母乖離議

流迸離隔便令行喪案舊事未覩其例昔宰咺致賵春秋譏其豫凶事子路赴衛仲尼雖知必死須使者至而哭之然則吉凶事大存亡應審方今正道始通各令尋求之理盡乃後行喪于禮未失（通典九十八作江泉）

墓毀服議

凡所㠯改葬者必由丘墓崩壞露殯其痛一也愚㠯爲發墓依改葬服緦三月漢時有盜高廟寶器者達禮之士㠯爲其罪輕于盜長陵之土雖同主于敬事實有異愚㠯爲墓毀更復不應比廟災而不行服也（通典一百二）

招魂葬議

凡葬之言藏所㠯閉藏屍柩非爲魂也今招魂而葬無屍而殯或無殯而窆各任近情㠯長虛事非禮所許宜如司徒所上㠯明永制（通典一百三）

揚當作暢

江逌

逌字道載統從子歷蔡謨征北參軍何充驃騎功曹試守太末令遷吳令殷浩㠯爲中軍諮議參軍遷長史免除中書郎升平中遷吏部郎長兼侍中領本州大中正遷太常有集九卷

風賦

惟渾成之既載兮統天地㠯資始網宇宙㠯結羅兮洞萬形而通紀莫適柔健靡測陰陽于音罔徵在體無方假姿衆象借韻宮商若颼厲狂震觸物怒號卷揚江海迴拔陵嶠巨鶂迸懾㠯退翼爰居喪宿而遐逃（藝文類聚一）

述歸賦

時運逝其何速素秋奄㠯告季虛柳中于昏日羲和宿于房位微寒凄其薄人凝霜粲其朝墜林飄飄㠯灑葉隰芒芒而摧穟菊發華于高丘雁辭北㠯南莅（藝文類聚三）

井賦

惟大朴之既判兮聖應務㠯表靈演八卦㠯極用兮運五材㠯贊生鑽丹曜于金后兮引黃泉乎杳冥巽下火而鼎立兮木上水而井成于是大制既契物遵其徵阡違瓜分廬宅星列俯家給之永用鑿階庭而制穴穿重壤之十仞兮攜玉甃之百節營之不日既汲既渫潛流沼沼寒泉洌洌含七德㠯幾道兮盡衆善而莫伐挹之不損濬之不充納而不處其有興而不匱其豐先王借象㠯辨義君子擬淡㠯自綏神龍來蟠㠯育鱗列仙一漱而雲飛（藝文類聚九初學記七）

羽扇賦

惟羽類之攸出生東南之遐嵎育庶族于雲夢散宗儔于具區色非一采或素或玄肌平理揚瓊澤冰鮮戢之則藏奮之則舉舍之㠯寒用之㠯暑制舒疾于一掌引長風乎胷襟蕩煩垢于體外流

妙氣于中心（藝文類聚六十九）

在于烏爲淩虛之翰在于人爲揮風之羽高下多少隨人所舉（書鈔一百三十四）

竹賦

有嘉生之美竹挺純姿于自然含虛中㠯象道體圓質㠯儀天託宗爽塏列族圃田緣崇嶺帶迴川薄循隰行平原故能淩驚風茂寒鄉藉堅冰負雪霜振葳蕤扇芬芳翕幽液㠯潤本承淸露㠯擢莖拂景雲㠯容與拊惠風而迴鶯（藝文類聚八十九御覽九百六十二）

諫鑿北池表（藝文類聚題如此晉書作上疏）

伏承當鑿北池及立閣道雖湫阨陋小用功甚微又役不擾民賦不及外至簡至約誠不可加然于愚懷實有眷眷臣聞王者處萬乘之極享富有之大必顯明制度㠯表崇高盛其文物㠯殊貴賤建靈臺濬辟雍立宮館設苑囿所㠯弘於皇之尊彰臨下之義前

聖創其禮後代遵其矩當代之君咸營斯事周宣興百堵之作鴻雁歌安宅之歡魯僖脩泮水之宮採芹有思樂之頌蓋上之有爲非予欲是盈下之奉上不㠯劬勞爲勤此自古之令典軌儀之大式也夫理無常然三正相詭司牧之體與世而移致飾則素故賁返于剝有大必盈則受之㠯謙損上益下順兆庶之悅享㠯二簋用至約之義是㠯唐虞流化于茅茨夏禹垂美于卑室過儉之陋非中庸之制然三聖行之㠯致至道漢高祖當營建之始怒宮庫之壯孝文處既富之世愛十家之產亦㠯播惠當時著稱來葉今者二虜未殄神州荒蕪舉江左之衆經略艱難漕揚越之粟北餽河洛兵不獲戢運戍悠遠倉庫內罄百姓力竭加春夏㠯來水旱爲害遠近之收普減常年財傷人困大役未已軍國之用無所取給方之往代豐弊相懸損之又損實在今日伏惟陛下聖質天縱凝曠清虛闡日新之盛茂欽明之量無欲體于自然沖素刑乎萬

國韶既盡美則必盡善宜養㠯玄虛守㠯無爲登覽不㠯臺觀游豫不㠯苑沼偃息畢于仁義馳騁極于六藝觀巍巍之隆鑒二代之文仰味羲農俯尋周孔其爲逍遙足㠯尊道德之輔親搢紳之秀疇咨㠯時顧問不倦獻替諷諫日月而聞則庶績惟凝六合咸熙中興之盛邁于殷宗休嘉之慶流乎無窮昔漢起德陽鍾離抗言魏營宮殿陳羣正辭臣雖才非若人然職忝近侍言不足採而義在㠯聞（藝文類聚九晉書江逌傳）

上疏諫修洪祀

臣尋史漢舊制藝文志劉向五行傳洪祀出于其中然自前代㠯來莫有用者又其文惟說爲祀而不載儀注此蓋久遠不行之事非常人所參校案漢儀天子所親之祠惟宗廟而已祭天于雲陽祭地于汾陰在于別宮遙拜不詣壇所其餘羣祀之所必在幽靜是㠯圓丘方澤列于郊野今若于承明之庭正殿之前設羣神之

坐行躬親之禮準之舊典有乖常式臣聞妖眚之發所㠯鑒悟時主故寅畏上通則宋災退度德禮增脩則殷道㠯隆此往代之成驗不易之定理頃者星辰頗有變異陛下祗戒之誠達于天人在予之懼忘寢與食仰虔玄象俯凝庶政嘉祥之應實在今日而猶乾乾夕惕思廣茲道誠實聖懷殷勤之至然洪祀有書無儀不行于世詢訪時學莫識其禮且其文曰洪祀大祀也陽曰神陰曰靈舉國相率而行祀順四時之序無令過差今案文而言皆漫而無適不可得詳若不詳而脩其失不小（晉書江逌傳哀帝㠯天文失度欲依尚書洪祀之制于太極前殿親執虔肅冀㠯免咎使太常集博士草其制逌上疏諫云云）

又上疏

臣謹更思尋參之時事今強戎據于關雍桀狄縱于河朔封豕四逸虔劉神州長旌不卷鉦鼓日戒兵疲人困歲無休已人事弊于下則七曜錯于上災沴之作固其宜然又頃者㠯來無乃大異彼

月之蝕義見詩人星辰莫同載于五行故洪範不曰爲沴陛下今曰晷度之失同之六沴引其輕變方之重責求已篤于禹湯憂勤踰乎日昃將脩大祀曰禮神祇傳曰外順天地時氣而祭其鬼神然則神必有號祀必有義案洪祀之文惟神靈大略而無所祭之名稱舉國行祀而無貴賤之阻有赤黍之盛而無牲醴之奠儀法所用闕略非一若率文而行則舉義皆闕有所施補則不統其源漢侍中盧植時之達學受法不究則不敢厝心誠曰五行深遠神道幽昧探賾之求難曰常思錯綜之理不可一數臣非至精孰能與此（晉書江逌傳帝不納逌又上疏云云）

奏諫山陵用寶器

曰宣皇帝顧命終制山陵不設明器曰貽後則景帝奉遵遺制逮文明皇后崩武皇帝亦承前制無所施設惟餔糒之奠瓦器而已昔康皇帝玄宮始用寶劒金舄（御覽作內寶金烏鋪）此蓋太妃罔（御覽作因）已之情實違先志累世之法今外欲曰爲故事臣請述先旨停此二物（晉書江逌傳御覽五百五十二又七百五十七）

逸民箴

至人應務是統是營乃制上下曰牧羣生君位孰在匪聖伊明賢愚相奉臣主曰成如彼百節各役天形率分委質仰應一情心膂有位股肱有經豈曰處下爲賤爲榮各安其所舉體用平夫設爵列土懸弓垂旌卑尊之級貴賤之名匪曰恣物之役實大猷而是經處遁之士奚眷于時行矣先覺捐俗長辭明乎憂患故超爾不疑解髮靈崖被褐紱絲飄飄臺上輕舉高之穆穆二仲攜策相期盤幽隱寂與物無治凡厥後來順乃所往鑒茲俗累戒于顛蕩無殉外物心煩枝養無棄恬曠憂勤是掌林人司箴敢進善黨（藝文類聚二十三十八）

曹攄

篳當作箄

攄字顏遠譙國譙人魏大司馬休曾孫與左思俱爲齊王冏記室元康末爲洛陽令後爲襄陽大守征南司馬永嘉二年討流人王逌敗死有集三卷

述志賦

篳浮雲曰抗操耽簞食之自娛羨首陽之皎節歎南山之高疏哀夫差之溷惑詠楚懷之失圖悲伍員之沈悴痛屈平之無辜嘉沮溺之隱約羨接輿之狂歌顧大雅之先智緯明哲之所經微見機而遂逝比舍生而親名道殊塗而同歸要踰世而並榮舜枸忤于焚廩孔怵惕于陳匡紛迍邅之若斯何遭運之可常情悅惚曰回迷夢乘雲而飛颺駕麟鳳之靡靡載龍旗之洋洋周九州而騁目登四岳而永望承聖喆而砥礪奮羽儀而翱翔被蘭芘之芳華帶鍾山之玉英飾吾冠之岌岌美吾珮之玲玲悲盛衰之遞處情悠悠曰紆結攬萱草曰掩淚曾一歔而九咽（藝文類聚二十六）

感舊賦

胡馬仰朔雲越鳥巢南樹（文選赭白馬賦注）

圍棊賦并序

昔班固造奕旨之論馬融有圍棊之賦擬軍政曰爲本引兵家曰爲喻蓋宣尼之所曰稱美而君子之所曰遊慮也既好其事而壯其辭聊因翰墨述而賦焉其辭曰

局則鄧林之木魯班所造雅方砥平素質玄道犀角象牙是錯是礪內含光潤形亦應制于是二敵交行星羅宿列雲會中區網布四裔合圍促陣交相侵伐用兵之象六軍之際也張甄設伏挑敵誘寇縱敗先鋒要勝後復尋道爲場頻戰累鬪夫保角依邊處山營也隔道相望夾水兵也二鬪其生皆目并也持棊合口連理形也覽斯戲曰廣思儀羣方之妙理詠奇變之可嘉思孫吳與白起世既平而功絕局告成而巧止當無爲之餘日差見玩于君子（藝文

類聚七十四。
良馬蹀足。輕車結輪。

曹毗

毗字輔佐。摅從子。郡察孝廉。除郎中。蔡謨舉補著作佐郎。遷句章令。徵爲太學博士。遷尚書郎。歷鎭軍從事中郎。出爲下邳太守。累遷至光祿勳。有集十五卷。

秋興賦

素秋始啟。清風激。暑葉零。玉階柯委勁楚。離禽嚶嚶而晨鳴。輕帷翩翩以微舉。夕露積潤于蘭庭。秋蟲厲響乎廊宇。初學記三。

涉江賦

迄趙屯。歷彭川。脩岸靡靡。芫葦芊芊。紫蓮被翠波而抗英。碧榷乘天岸而星懸。百籟夕奏。山精夜然。狂飆蕭瑟以洞駭。洪濤突兀而橫峙。爾乃江豨彭濞。夜火煇煥。凌錯吐飆。駭鯨噴瀾。采蜂于是汎

波。文魚于是登岸。藝文類聚八。

觀濤賦

伊山水之遼迥。何秋月之淒清。瞻滄津之騰起。觀雲濤之來征。爾其勢也。發源溟池。迴衝天井。灑沸滄漢。遙㵽星景。伍子結誓于陰府。洪湍應期而來騁。汨如八風俱臻。隗若崑崙抗嶺。藝文類聚九。
于是神鯨來往。乘波躍鱗。御覽九百三十八。

水賦

魚裹成島嶼之墟。目落爲明月之珠。御覽九百三十八不著名。疑承上曹毗。今附此俟攷。

湘中賦 初學記作湘表賦。

其竹則篔簹白烏。實中紺族。濱榮幽渚。繁宗隈曲。蓁蒨陵丘。葳蕤遠重谷。齊民要術十。初學記二十八。

魏都賦

百藏之庫。戎儲攸歸。御覽一百九十一。
桱柏振露。綠椿停霜。御覽九百六十一。
果則谷椒山橖。御覽九百七十四。
柴棃朱柿。蕠桃丹棗。御覽九百六十七。

楊都賦

英梅楊李。若榴蕪棣。御覽九百七十三、九百七十四。
海豨鮪鱘。御覽九百四十。

臨園賦

青霞曳于前阿。素籟流于森管。文選恨賦注。又沈約鍾山詩注。

詠冶賦

冶石爲器。千爐齊設。御覽八百三十三。

冶成賦

含彩可以寶珍。文選鮑照行藥至城東橋詩注。

箜篌賦

嶧陽之桐。植穎巖摽。清泉潤根。女蘿被條。爾乃楚班制器。窮妙極巧。龍身鳳頸。連翩窈窕。纓以金采。絡以翠藻。其絃則烏號之絲。用應所任。體勁質朗。虛置自吟。于是召倡人。命妙姿。御新肴。酌金罍。發愁吟。引吳妃。湖上風音以平雅。前溪榷藏而懷歸。東郭念于遠人。參潭愁于永違。藝文類聚四十四。又初學記十六引兩條。

鸚武賦 并序

余在直。見交州獻鸚武鳥。嘉其有智。歎其籠樊。乃賦之曰。
其形則雉顧鵠眄。鷹跱雁息。丹喙含映。細葩煥翼。森森脩尾。蔚蔚紅臆。金采員嬰于雙眸。朱藻爛暉于首側。藝文類聚九十一。初學記三十。

馬射賦

脩埒坦其平舒。文選赭白馬賦注。
奔電無以追其蹤。逸羽不能企其足。狀若騰虹而登紫霄。目侶晨景之駭扶木。體與機會。動躡驚風。于是抗孫陽之轡。轡縶驟之弓。

鞾當作韡

輕足鬱其雲合妙手于焉爭雄 藝文類聚九十三

對儒

或問曹子曰夫寶㠯含珍爲貴士㠯藏器爲峻麟㠯絕迹標奇松㠯負霜稱雋是㠯蘭生幽澗玉輝千仞故子州浮滄瀾而龍蟠吳季忽萬乘㠯解印虞公潛崇巖㠯頤神梁生適南越㠯保慎因能全眞養和夷迹洞潤陵冬揚芳披雪獨振也今子少晞冥風弱挺秀容奇發幼齡翰披孺童吐辭則藻落揚班抗心則志擬高鴻味道則理貫莊肆研妙則穎奪豪鋒固㠯騰廣莫而萋蕎排素薄而青蔥者矣何必㠯刑禮爲己任申韓爲宏通既登東觀染史筆又據大學理儒功曾無玄韻淡泊逸氣虛洞養采幽翳晦明蒙籠不追林棲之迹不希抱鱗之龍不營練眞之術不慕內聽之聰而處汎位㠯核物扇塵教㠯自蒙負鹽車㠯顯能飾一己㠯求恭退不居漆園之場出不躡曾城之衢游不踐綽約之室趨不希騄駬之蹤徒㠯區區之懷而整名目之典覆簣之量而塞北川之洪檢名實于俄頃之間定得失乎一管之鋒子若謂我果是邪則是不必㠯合俗子若云俗果非邪則俗非不可㠯苟從俗我紛㠯交爭利害渾而彌重何異執朽轡㠯御逸驅承勁風㠯握秋蓬役恬性㠯充勞府對羣物㠯耦怨讎者乎子不聞乎終軍之穎賈生之才拔奇山東玉映漢臺可謂響播六合聲駭嬰孩而見毀絳灌之口身離狼狽之災由此言之名爲實賓福萌禍胎朝敷榮華夕歸塵埃未若澄虛心于玄圃蔭瑤林于蓬萊絕世事而雋黃綺鼓滄川而浪龍鯤者矣蒙竊惑焉主人煥耳而笑欣然而言曰夫兩儀既闢陰陽汗浩五才迭用化生紛擾萬類云云孰測其兆故不登閬風安㠯瞻殊目之形不步景宿何㠯觀恢廓之表是㠯迷巖者循一往之智狷介者守一方之矯豈知火林之蔚炎柯冰津之擢陽草故大人達觀任化昏曉出不極勞處不巢皓在儒亦儒在道亦道運屈則紆其清暉時申則散其龍藻此蓋員動之用舍非尋常之所寶也今三明互照二氣載宣玄教夕凝朗風晨鮮道㠯才暢化隨理全故五典剋明于百揆虞音齊響于五絃安期解褐于秀林漁父擺鉤于長川如斯則化無不融道無不延風澄于俗波清于川方將舞黃虬于慶雲招儀鳳于靈山流玉醴乎華闥秀朱草于庭前何有違理之患累眞之嫌子徒知辯其說而未測其源明朝菌不可踰晦朔蟪蛄無㠯觀大年固非管翰之所述聊敬對㠯終篇 晉書文苑曹毗傳

雙鴻詩序

近東野見有養雙鴻者其儀甚美又善鳴舞雖志希青翠之遊身非已有物之可感良謂此也 藝文類聚九十

屛風詩序

子爲黃門在直多懷遂作詩書屛風 御覽七百一

王鼎頌 見宋書符瑞志亡

黃帝讚

軒轅應玄期幼能總百神體鍊 初學記作統 五靈妙氣含雲霧津滲石曾城岫鑄鼎荊湖濱豁焉天扉闢飄然跨騰鱗儀轡灑長風褰衣躡紫宸 藝文類聚十一初學記九

神女杜蘭香傳

神女姓杜字蘭香自云家昔在青草湖風溺大小盡沒香時年三歲西王母接養之于崑崙之山于今千歲矣

蘭香降張碩家輒齎瓦榼酒氣芳馨 書鈔一百四十八

香戒張碩曰不宜露頭徧 書鈔一百四十二

請雨文

下邳內史曹毗敬告山川諸靈頃節運錯戾旱亢陰消川竭谷虛石流山燋天無纖雲野有橫飆盛夏應暑而或涼草木無霜而自

澗湟湟農夫。輟耕田畔。悠悠舟人。頓棹川岸。雲根山積而中披。雨足垂零而復散。聖主當膳而減味。牧伯忘餐而過晏。民庶拊心而嘶感。搢紳不期而同歎。斯亦憂勤之極情。而明靈之達觀矣。藝文類聚一百。

繆世應

世應一作應世。爵里未詳。案當在惠帝時。

太尉石鑒碑

君爲治書侍御史。朝廷㠯公雅節不羣。直方其道。仍授準繩之官。頻居爪牙之任。鷹跱虎視。而庶僚風靡。書鈔六十二引三條。

張翰

翰字季鷹。吳郡吳人。吳大鴻臚儼子。齊王冏辟爲大司馬東曹掾。棄官歸。有集二卷。

首丘賦

見本傳。亡。

杖賦

惟萬物之品分。何利人之獨書。中神性之極妙。豈給口之至味。雖至味之御內。乃靡失乎身外。舍少壯之自然。假扶我之攸賴。良工登乎曾繇。妙匠鑒乎林阿。顧聊乎晞陽之條。投刃乎直理之柯。方圓適意。洪細可手。蹌踽旦夕。欲與永久。儀制裁于一尋。假飾存乎尾首。瑩牙爲其眉額。削金爲其觜距。藝文類聚六十九。又略見書鈔一百三十三。

豆羹賦

乃有孟秋嘉菽。垂枝挺莢。是刈是穫。充簞盈篋。香鑠和調。周疾赴急。時御一杯。下咽三歎。時在下邑。頗多艱難。空匱之厄。匷不綴懽。追念昔日。啜菽永安。藝文類聚八十五。初學記二十六二十七。御覽八百六十一。

太羹居正。衆味歸宗。書鈔一百四十四。

詩序

永康之末。疾苦𧁪瘵。故人顧俟之常㠯閒靜。爲著詩一首。分句改

紙笞有引讀。初學記二十一。

張韓

韓爵里未詳。案韓疑翰之誤。

不用舌論

論者㠯爲心氣相驅。因舌而言。卷舌翕氣。安得暢理。余㠯留意于言。不如留意于不言。徒知無舌之通心。未盡有舌之必通心也。仲尼云天何言哉。四時行焉。夫子之文章可得而聞也。夫子之言性與天道不可得而聞。是謂至精。愈不可聞。樞機之發。主乎榮辱。禍言相尋。召福甚希。喪元滅族。沒有餘哀。三緘告慎。銘在金人。留侯不得已而掉三寸。亦反初服而效神仙。靈龜啟兆于有識。前卻可通于千年。鸚武猩猩。鼓弄于籠羅。財無一介之存。普天地之與人物。亦何屑于有言哉。藝文類聚十七。

全晉文卷一百七終

全晉文卷一百八

烏程嚴可均校輯

劉琨

琨字越石，中山魏昌人。元康中爲司隸從事，歷太尉掾，遷著作郎、太學博士、尚書郎。趙王倫以爲記室督，轉從事中郎。倫篡位，以爲太子詹事。冠軍假節。齊王冏輔政，拜尚書左丞，轉司徒左長史。范陽王虓引爲司馬。光熙初封廣武侯。永嘉初拜幷州刺史，加振威將軍，領匈奴中郎將。建興初拜大將軍，都督幷州諸軍事，加散騎常侍，假節，進司空，都督幷冀幽三州諸軍事。爲石勒所敗，奔段匹磾。建武初轉侍中太尉。大興元年爲匹磾所害，謚曰愍。有集十卷，別集十二卷。

爲幷州刺史到壺關上表

臣以頑蔽，志望有限，因緣際會，遂忝過任。九月末得發，道險山峻，胡寇塞路，輒以少擊衆，冒險而進，頓伏艱危，辛苦備嘗，卽日達壺口關。臣自涉州疆，目覩困乏，流移四散，十不存二，攜老扶弱，不絕于路。及其在者，鬻賣妻子，生相捐棄，死亡委危，白骨橫野，哀呼之聲，感傷和氣。羣胡數萬，周匝四山，動足遇掠，開目覩寇。唯有壺關，可得告糴，而此二道，九州之險，數人當路，則百夫不敢進，公私往反，沒喪者多。嬰守窮城，不得薪采，耕牛既盡，又乏田器。以臣愚短，當此至難，憂如循環，不遑寢食。臣伏思此州雖云邊朔，實邇皇畿，南通河內，東連司冀，北捍殊俗，西禦彊虜，是勁弓良馬勇士精銳之所出也。當須委輸，乃全其命。今上尚書，請此州穀五百萬斛，絹五百萬匹，綿五百萬斤。願陛下時出臣表，速見聽處。（晉書劉琨傳）

危當作厄

請封索頭猗盧爲代郡公表（晉書劉琨傳、宋書索虜傳）

請增荀藩位號表

司空荀藩，朝廷之舊臣，變臣忠勤，乃心皇家，其善之望，唯藩而已。宜增位號，授分陝之重，永令臣等有所憑準。（御覽二百八引荀氏家傳）

變臣當作奕世

其善當作具瞻

謝拜大將軍都督幷州表

陛下略臣大愆，錄臣小善，猥蒙天恩，光授殊寵，顯以蟬冕之榮，崇以上將之位。伏省詔書，五情飛越。臣聞晉文以卻縠爲元帥，而定霸功；高祖以韓信爲大將，而成王業。咸有敦詩閱禮之德，弢昭果毅之威，故能振豐功于荆南，拓洪基于河北。況臣凡陋，擬蹤前哲，俯懼折鼎，慮在覆餗。昔曹沫三北，而收功于柯盟；馮異垂翅，而奮翼于澠池。皆能因敗爲成，以功補過。陛下宥過之恩已隆，而臣自新之善不立。臣雖不逮，預聞前訓，恭讓之節，臣猶庶幾。所以冒承寵命者，實欲沒身報國，輒死自效，要以致命寇場，盡其臣節。至于寵榮之施，非言辭所謝。又謁者史蘭、殿中中郎王春等繼至，奉詔，臣俯尋聖旨，伏紙飲淚。臣聞夷險流行，古今代有，靈厭皇德，曾未悔禍，蟻狄縱毒于神州，夷裔肆虐于上國，七廟闕禋祀之饗，百官喪彝倫之序，梓宮淪辱，山陵未兆，率土永慕，思同考妣。陛下龍姿日茂，叡質彌光，升區宇于既頹，崇社稷于已替，四海之內，肇有上下，九服之萌，復覩典制。伏惟陛下蒙塵于外，越在秦郊，蒸嘗之敬在心，桑梓之思未克。臣備位歷年，才質駑下，丘山之釁已彰，毫釐之效未著。頃以時宜，權假位號，竟無殖戎之績，而有負乘之累，當肆刑書，以明黜陟。是以臣前表上聞，敢緣愚款，乞奉先朝之班，苟存偏師之職，赦其三敗之愆，收其一功之用，得騁志虜場，快意大逆，雖身膏野草，無恨黃墟。陛下偏恩過隆，曲蒙擢拔，遂授上將，位兼常伯，征討之務，得從事宜。拜命驚惶，五情戰悸，懼于隕越，以爲朝羞。昔申胥不衛伯舉，而成公堵之勳；伍員不從城父，而濟入郢之庸。臣雖頑凶，無覬古人，其于被堅執銳，致身寇讎，所謂天地之施，羣生莫謝。不勝受恩至深，謹拜表陳聞。（晉書劉琨傳）

又表

謀當作誅

逆胡劉聰敢率犬羊馮陵輦轂人神發憤遐邇奮怒伏省詔書相國南陽王保太尉涼州刺史軌糾合二州同恤王室冠軍將軍允護軍將軍綝總齊六軍戮力國難王旅大捷俘馘千計旌旗首于晉路金鼓振于河曲崤函無虔劉之警汧隴有安業之慶斯誠宗廟社稷陛下神武之所致含氣之類莫不引領況臣之心能無踊躍臣前表當與鮮卑猗盧剋今年三月都會平陽會匈羯石勒以三月三日徑掩薊城大司馬博陵公浚受其僞和爲勒所虜勒勢轉盛欲來襲臣城塢駭懼志在自守又猗盧國內欲生姦謀幸盧警慮尋皆誅滅遂使南北顧慮用愆成舉臣所以泣血宵吟扼腕長歎者也勒據襄國與臣隔山寇騎朝發夕及臣城同惡相求其徒實繁自東北八州勒滅其七先朝所授存者唯臣是以勒朝夕謀慮以圖臣爲計闚伺間隙寇鈔相尋戎士不得解甲百姓不得在野天網雖張靈澤未及唯臣孑然與寇爲伍自守則稽聰之誅進討則勒襲其後進退唯谷首尾狼狽徒懷憤踊力不從願慙怖征營痛心疾首形留所在神馳寇庭秋穀既登胡馬已肥前鋒諸軍並有至者臣當首啟戎行身先士卒臣與二虜勢不並立聰勒不梟臣無歸志庶憑陛下威靈使微意獲展然後隕首謝國沒而無恨晉書劉琨傳

讓司空表晉書劉琨傳文佚

勸進表

否泰之運古今迭有宗子有明德曷常不由多難以隆中興故獫狁殘周以啟宣王巨猾竊漢乃發光武陛下天授至德聰明神武勞謙恭己卑以自牧體伯禽經營之誠行公旦吐握之事上崇勤王之義下垂庇民之量收羅俊乂任賢以能綏爰陝東化流無外戎狄荒服請事率職重譯納貢不遠萬里功高德劭遐邇歸心況陛下道邁大宗勳莫與二且以親以賢義實兼之是以琨敢緣天

蕩曠當作曠蕩

文人事徵祥之應昧死上事以奉尊號願陛下無常心以羣心爲心忘其身以萬物爲公則宗廟蒸嘗不替于今逆虜逋寇一討而滅無負于天下無愧于七后矣藝文類聚十三

又表

臣聞台宿在天實承辰極股肱雖卑同體元首臣負乘前朝過充三吏國之崇替有與憂喜臣聞德合兩儀者固以四海爲公智周萬物者不以一身爲私舜禹揖讓以陟帝位湯武征伐以濟時難彼四王者遭會不同登受有異至夫外己存物憂世遺躬其致一也期于愛民治國應變合道以爲天下利而已矣況宗廟是陛下之宗廟百姓是大晉之百姓耶陛下若忽七廟之重拒天人之心絕而不繼困而不拯則宗廟不歆其禋祀羣生無所措其手足矣況臣班其臣之列荷累世之恩上懷國家之統俯絕烏鳥之情者哉昔伍員發怒手撻平王之墓灌夫慷慨身搴吳濞之旗皆能宣其臣節攄其私忿戮尸斬將存亡罔恨臣誠無若人之才實有此人之憤苟得上憑天威展其微效雖隕九泉猶以明白同上

又表

陛下之躬執謙光允恭克讓俛從吏議示總萬機布蕩曠之詔開自新之路海隅漸惠朔南暨聲有生之倫咸被嘉慶陛下量包宇宙明眸三辰靈祇稽應華戎同戴加以王室中微邦基將絕遺民元元屬命陛下陛下以德則無所與讓言事固所負荷誠宜遵小禮存大務援據圖籙居正宸極上副祖宗之心下一兆庶之望臣聞必也正名前聖大之春秋傳曰名以出信名苟不正則事有不從信苟不立則禮義或愆乃載籍之明誠開塞之所由也同上

又表

建興五年三月癸未朔十八日辛丑使持節散騎常侍都督河北并冀幽三州諸軍事領護軍匈奴中郎將司空并州刺史廣武侯

臣琨使持節侍中都督冀州諸軍事撫軍大將軍冀州刺史左賢王渤海公臣磾頓首死罪上書臣琨臣磾頓首頓首死罪死罪臣聞天生蒸民樹之目君所目對越天地司牧黎元聖帝明王鑒其若此知天地不可目乏饗故屈其身目奉之知黎元不可目無主故不得已而臨之社稷時難則戚藩定其傾郊廟或替則宗哲纂其祀所目弘振遐風式固萬世三五目降靡不由之臣琨臣磾頓首頓首死罪死罪伏惟高祖宣皇帝肇基景命世祖武皇帝遂造區夏三葉重光四聖繼軌惠澤侔于有虞卜年過于周氏自元康目來艱禍繁興永嘉之際氛厲彌昏宸極失御登遐醜裔國家之危有若綴旒賴先后之德宗廟之靈皇帝嗣建舊物克甄誕受欽明服膺聰哲玉質幼彰金聲夙振冢宰攝其綱百辟輔其治四海想中興之美羣生懷來蘇之望不圖天不悔禍大災薦臻國未忘難寇害尋興逆胡劉曜縱逸西都敢肆犬羊陵虐天邑臣等奉表

使還仍承西朝目去年十一月不守主上幽劫復沈虜庭神器流離再辱荒逆臣每覽史籍觀之前載厄運之極古今未有苟在食土之毛含氣之類莫不叩心絕氣行號巷哭況臣等荷寵三世位廁鼎司承問震惶精爽飛越且悲且惋五情無主舉哀朔垂上下泣血臣琨臣磾頓首頓首死罪死罪臣聞昏明迭用否泰相濟天命未改厤數有歸或多難目固邦國或殷憂目啟聖明是目齊有無知之禍而小白爲五伯之長晉有驪姬之難而重耳主諸侯之盟社稷靡安必將有目扶其危黔首幾絕必將有目繼其緒伏惟陛下玄德通于神明聖姿合于兩儀應命世之期紹千載之運夫符瑞之表天人有徵中興之兆圖讖垂典自京畿隕喪九服崩離天下囂然無所歸懷雖有夏之遘夷羿宗姬之離犬戎蔑目過之陛下撫寧江左奄有舊吳柔服目德伐叛目刑抗明威目攝不類杖大順目肅宇內純化旣敷則率土宅心義風旣暢則遐方企踵百揆時敘于上四門穆穆于下昔少康之隆夏訓目爲美談宣王之興周詩目爲休詠況茂勳格于皇天清輝光于四海蒼生顒然莫不欣戴聲教所加願爲臣妾者哉且宣王之胤惟有陛下億兆攸歸曾無與二天祚大晉必將有主主晉祀者非陛下而誰是目邇無異言遠無異望謳歌者無不吟詠徽猷獄訟者無不思于聖德天地之際旣交華裔之情允洽一角之獸連理之木目爲休徵者蓋有百數冠帶之倫要荒之衆不謀而同辭者動目萬計是目臣等敢攷天地之心因函夏之趣昧死目上尊號願陛下存舜禹至公之情狹巢由抗矯之節目社稷爲務不目小行爲先目黔首爲憂不目克讓爲事上目慰宗廟乃顧之懷下目釋普天傾首之望則所謂生繁華于枯荑育豐肌于朽骨神人獲安無不幸甚臣琨臣磾頓首頓首死罪死罪臣聞尊位不可久虛萬機不可久曠虛之一日則尊位目殆曠之浹辰則萬機目亂方今踵百王之季

當陽九之會狄寇窺窬伺國瑕隙齊人波蕩無所繫心安可目廢而不恤哉陛下雖欲逡巡其若宗廟何其若百姓何昔者惠公虜秦晉國震駭呂郤之謀欲立子圉外目絕敵人之志內目固闔境之情故曰喪君有君羣臣輯穆好我者勸惡我者懼前事之不忘後代之元龜也陛下明並日月無幽不燭深謀遠慮出自胷懷不勝犬馬憂國之情遲覩人神開泰之路是目陳其乃誠布之執事臣等各忝守方任職在遐外不得陪列闕庭共觀盛禮踊躍之懷南望罔極謹上臣琨謹遣兼左長史右司馬臣溫嶠主簿臣辟閭榮劭輕車將軍關內侯臣郭穆奉表臣琨臣磾等頓首頓首死罪死罪。文選、蓺文類聚十三、晉書元帝紀。

上言請目樓煩等五縣地處索頭猗盧

盧兄驄有救騰之功舊勳宜錄請移五縣民于新興目其地處之

武士相當作伏

宋書索虜傳。

薦任光文

武士相見別駕從事任光識量簡大執心貞固使得對揚紫庭必能撫翼霜露增崇台曜任蒙亮采已弘急賢之義。初學記二十。

上太子牋 太子卽愍帝。

聰已七月十六日復決計送死臣卽自東下率中山常山之卒竝合樂平上黨諸軍未旋之閒而晉陽傾潰

與丞相牋

不得進軍者實困無食殘民鳥散擁髮徒跣錄召之日皆披林而至衣服藍縷木弓一張荆矢十發編草盛糧不盈十日夏則桑椹冬則螢豆覩此哀歎使人氣索想吳孫韓白猶或難之況已琨怯弱凡才而當率此已殄强寇。書鈔一百五十六御覽三十五又四百八十九竝引王隱晉書。

昔車騎感猗駞救州之勳表已代郡封駞爲代公見聽時大駕在

長安會值戎事道路不通竟未施行盧已封事見託琨實爲表上追述車騎前意卽蒙聽許遣兼謁者僕射拜盧賜印及符冊浚已此見責戎狄封華郡誠爲失禮然蓋已救弊耳亦猶浚先已遼西封務勿塵此禮之失浚實啟之浚遂與盧爭代郡舉爲所破紛錯之由始結于此雁門郡有五縣在陘北盧新并塵官國甚强盛從琨求陘北地已竝遣三萬餘家散在五縣既非所制又于琨殘弱之計得相聚集未爲失宜既徙陘北五縣著陘南盧因移頗侵逼浚西陘圍塞諸軍營浚不復見恕危弱而見罪責

琨傾身竭辭北和猗盧遂引大衆躬啟戎行卽具白太傅切陳愚見取賊之計聰宜時討勒不可縱而宰相意異所慮不同更憂苟晞馮嵩之徒而稽二寇之誅遣使節抑挫臣銳氣臣卽解甲遣虜依歸國。

浚設壇場有所建立稱皇太子。

平昌已九月遇禍世子時鎭隴右故得無恙。

焦求雖出塞鄉有文武膽幹苟晞用爲陳留太守獨在河南距當石勒撫綏有方琨已求行兗州刺史後聞苟公已李述爲兗州已素論門望不可與求同日而論至于膽幹可已處危權一時之用李述亦不能及求而王玄年少便欲共討求琨已求已與玄搆隙便召還而州界民物甚不安服述二千石及文武大姓連遣信使求刺史是已遣兄子演代求領兗州事往年春正月遣詣鄴至是斬王桑走趙固云云今勒據襄國逼近鄴城故令演轉南演今住在廩丘而李述郗鑒竝欲爭兗州或云爲苟公所用或云爲明公所用大寇未殄而自共尋干戈此亦大潰也輒敕演謹自守而已。

傳長安消息主上是秦王

致裘一領亦達其情耳。

答晉王牋

謹當躬自執佩馘截二虜。晉書劉琨傳建武元年元帝轉琨爲侍中太尉并贈名刀琨答。

與親故書 時聞祖逖被用

吾枕戈待旦志梟逆虜常恐祖生先吾著鞭。晉書劉琨傳。

答太傅府書

僭遣使驛離閒其部落淵遂怖懼一大于南奔蒲子雜虜歸降萬有餘落

聰彌一上黨龐惇不能禦

安居走利韓逼授書封田之敗黃肅不還浹辰之閒名將仍殄

卽重遣江陶都尉張倚領上黨太守疾據襄垣續遣鷹揚將軍趙擬梁余都尉李茂與倚并力輕行夜襲賊捐棄輜車宵遁而追尋討截獲三分之二當聰彌之未走烏丸劉虎搆爲變逆西招白部遣使致任稱臣于淵殘州困弱內外受敵輒背聰而討虎自四

月八日攻圍

與兄弟書

單于但欲得碧汝不可不檢送御覽八百九

與兄子南兗州刺史演書案南字疑衍

前得安州乾茶二斤薑一斤桂一斤皆所須也吾體中煩悶恆假眞茶汝可信致之御覽八百六十七又北堂書鈔一百四十四引末三句吾患體中煩悶常仰眞茶汝可信致之也

與石勒書

將軍誕稟雄姿勇略自然大呼于紛擾之中奮臂于駭亂之際發迹河朔席捲兗豫飲馬江淮折衝漢沔雖自古名將未足爲諭所㠯攻城而不有其民略地而不有其土聚徒百萬而莫爲已用翕爾雲合忽復星散周流天下而無容足之地百戰百勝而無尺寸之功將軍豈知其然乎存亡決在得主成敗要在所附得主則爲義兵附逆則爲賊衆義兵雖敗而功業必成賊衆雖尅而終必殄滅者也昔赤眉盛于東海黃巾連帶三州張昌李辰僭逆荆豫或擁衆百萬橫逸宇宙所㠯一旦敗亡正㠯兵出無名聚而爲亂劉聰父子戎狄凡才乘釁肆毒寇虐人神殺父害弟偷竊位號自古及今豈有聰比而可㠯正天下者乎見將軍明鑒灼然所宜懸了者也況附聰之弊漸㠯彰著資財不爲已用名位不可得守有若晨霜秋露雰霧之氣雖朝凝而夕消暫見而尋沒也今將軍附賊而望爲民主不亦難乎將軍㠯天挺之質威振宇內擇有德而推崇隨時望而歸之勳義堂堂長享遐貴背聽則禍除向主則福至採納往誨翻然改圖天下不足定蟻寇不足埽成敗之數有似呼吸吹之則寒噓之則溫已上四句從十六國春秋十一補今相授侍中持節車騎大將軍領護匈奴中郎將襄城郡公總內外之任兼華戎之號顯封大郡㠯表殊能將軍其受之副遠近之望也自古㠯來誠無戎

人而爲帝王者至于名臣建功業者則有之矣今之遲想蓋㠯天下大亂當須雄才遙聞將軍攻城野戰合于機神雖不視兵書闇與孫吳同契所謂生而知之者上學而知之者次但得精騎五千㠯將軍之才何向不摧至心實事皆張儒所具晉書載紀石勒傳藝文類聚二十四又見十六國春秋十一

答盧諶書

琨頓首損書及詩備辛酸之苦言暢經通之遠旨執玩反覆不能釋手慨然㠯悲歡然㠯喜昔在少壯未嘗檢括遠慕老莊之齊物近嘉阮生之放曠怪厚薄何從而生哀樂何由而至自頃輈張困于逆亂國破家亡親友凋殘負杖行吟則百憂俱至塊然獨坐則哀憤兩集時復相與舉觴對膝破涕爲笑排終身之積慘求數刻之暫歡譬由疾疢彌年而欲㠯一丸銷之其可得乎夫才生于世世實須才和氏之璧焉得獨曜于郢握夜光之珠何得專玩于隨掌天下之寶當與天下共之但分析之日不能不悵恨耳然後知聃周之爲虛誕嗣宗之爲妄作也昔騄驥倚輈于吳坂長鳴于良樂知與不知也百里奚愚于虞而智于秦遇與不遇也今君遇之矣勗之而已不復屬意于文二十餘年矣久廢則無次想必欲其一反故稱指送一篇適足㠯彰來詩之益美耳琨頓首頓首文選藝文類聚二十六

書

膽識堅定臨難無苟免之意

移檄州郡

已與代公猗盧方謀討勒勒走伏無地求拔幽都效善將來今當便遣六脩猗盧字南襲平陽除僭僞之逆類降知死之逋羯順天副民翼戴皇家斯乃曩年積誠靈祐之所致也其聽所請受任通和十六國春秋十二

散騎常侍劉府君誄

爰自上葉帝堯之胄堂堂漢祖谿谿高韻茂載孝景克紹前訓穆矣靖王開國作鎮惟祖惟父乃光有晉積行累仁世篤忠順是用感和誕育奇雋淑質英挺金聲玉振嗟乎君侯仍寢斯疾命不可延中年殞卒衡飆摧華閬風彫實如可贖兮人百其質存若燭龍銜曜沒若庭燎俱滅搢紳頹範于高模邦國彌悴于隕哲（藝文類聚四十八）

與段匹磾盟文

天不靜晉難集上邦四方豪傑是焉扇動乃憑陵于諸夏俾天子播越震蕩罔有攸底二虜交侵區夏將泯神人之主蒼生無歸百罹備臻死喪相枕肌膚潤于鋒鏑骸骨曝于草莽千里無煙火之廬列城有兵曠之邑茲所㠯痛心疾首仰訴皇穹者也臣琨蒙國寵靈叨竊台岳臣磾世效忠節忝荷公輔大懼醜類猾夏王旅殞首喪元盡其臣禮古先哲王貽厥後訓所㠯翼戴天子敦序同好者莫不臨之㠯神明結之㠯盟誓故齊桓會于邵陵而羣后加恭晉文盟于踐土而諸侯茲順加臣等介在遐鄙而與主相去迴遼是㠯敢干先典刑牲歃血自今日既盟之後皆盡忠竭節㠯翦夷二寇有加難于琨磾必救加難于磾琨亦如之繾綣齊契披布胷懷書功金石藏于王府有渝此盟亡其宗族俾墜軍旅無其遺有（藝文類聚三十三）

祖納

納字士言范陽遒人元康中平北將軍王敦辟為從事中郎轉尚書三公郎累遷太子中庶子後為中護軍太子詹事封晉昌公元帝為丞相引為軍諮祭酒免後㠯溫嶠薦除光祿大夫

上趙王倫疏請宥東萊王蕤北海王實

罪不相及惡止其身此先哲之弘謀百王之達制也是故鯀既殛死禹乃嗣興二叔誅放而邢衛無責逮乎戰國及至秦漢明恕之道寖衰猜嫌之情用乃立質任㠯御衆設從罪㠯發姦其所由來蓋三代之弊法耳蕤實獻王之子明德之胄宜蒙特宥㠯全穆親之典（晉書文六王傳）

祖逖

逖字士稚納弟元康中為司州主簿後辟齊王冏大司馬掾長沙王乂驃騎祭酒轉主簿累遷太子中舍人豫章王從事中郎永興中棄官後避亂淮泗元帝逆用為徐州刺史尋徵軍諮祭酒拜奮威將軍豫州刺史進平西將軍改平北將軍河南平進鎮西將軍大興四年卒贈車騎將軍

渡江誓

祖逖不能清中原而復濟者有如大江（晉書祖逖傳又御覽四百八十引晉中興書）

全晉文卷一百八終

立當作丘

晉字衍

吾上之矣字衍

全晉文卷一百九

烏程嚴可均校輯

歐陽建

建字堅石，勃海人，石崇外甥。辟公府，歷山陽令、尚書郎、馮翊太守。有集二卷。

登櫓賦

登茲櫓以遐眺，闢曾軒以高眄。仰天塗之緜邈，俯平原之曠衍。嘉蒼春之令節，悅和風之微扇。傍覯八隅，周覽四垂。面孤立之峻峭，嘔曲岸之脩崖。植榆楸以成列，插垂柳之差差。寓目忽以終日，情亹亹而忘疲。藝文類聚六十三。

言盡意論

有雷同君子問于違衆先生曰：世之論者以爲言不盡意，由來尚矣。至乎通才達識，咸以爲然。若夫蔣公之論眸子，鍾傅之言才性，莫不引此爲談證。而先生以爲不然，何哉？先生曰：夫天不言，而四時行焉；聖人不言，而鑒識存焉。形不待名，而方圓已著；色不俟稱，而黑白以彰。然則名之于物，無施者也；言之于理，無爲者也。而古今務于正名，聖賢不能去言，其故何也？誠以理得于心，非言不暢；物定于彼，非言不辯。言不暢志，則無以相接；名不辯物，則鑒識不顯。鑒識顯而名品殊，言稱接而情志暢。原其所以，本其所由，非物有自然之名，理有必定之稱也。欲辯其實，則殊其名；欲宣其志，則立其稱。名逐物而遷，言因理而變。此猶聲發響應，形存影附，不得相與爲二矣。苟其不二，則言無不盡矣。吾故以爲盡矣。藝文類聚十九，又世說文學篇注。

張觀

觀，南陽人。

告太常

父昔爲丹陽郡，有二臣主簿劉亶、畱頌等，理罪除名。今觀父亡，居在郡下，亶等不來臨喪，又不奔葬。凡人有喪，匍匐救之，況于君臣之義乎？而亶等敢懷僻君之心，公肆夷狄之行。通典九十九。

劉亶　畱頌

亶、頌，丹陽郡主簿。

告太常自理

近爲陳事犯忤，加鞭付獄。亶、頌默然待放，戮辱放退，君臣道絕，抱罪之人，不敢見靈柩也。通典九十九。

馬平

平，元康中爲太常博士。

議劉亶畱頌等事

案禮，君臣之道有合離之義。亶等昔爲君所棄，是爲義絕。義絕之臣，責其自覲于君，已見放逐，求還親臨喪事，于事則近，僞于禮無此制也。通典九十九。

胡濟

濟，元康中爲尚書郎，領著作，有集五卷。

瀍谷賦

嘉高岡之崇峻兮，臨玄谷以遠覽。仰高丘之崔嵬兮，望清川之澹澹。爾乃涉重險，陟榛薄，倚春木，臨幽壑。漢谷豁以竆藹，高峯鬱而岩嵒。藝文類聚九。

黃甘賦

惟江南之奇果，資天地之正陽。生殊方之妙域，植朱鳥之遐鄉。處漢之南，背江之陰。左協蘭皋，右接桂林。帶激水之清流，向崇山之高岑。三秋迭運，初寒履霜。照耀原隰，蔭映林荒。若菱華之繡綺，并燭龍之銜金璫。藝文類聚八十六，初學記二十八。

奏薦伍朝

臣㠯爲當今資喪亂之餘運承百王之遺弊進趨者乘國故㠯僥倖守道者懷藴匵㠯終身故令敦褒之化虧退讓之風薄案朝游心物外不屑時務守静衡門志道日新年過耳順而所尚無虧誠江南之奇才丘園之逸老也不加飾進何㠯勸善且白衣爲郡前漢有舊宜聽光顯㠯奬風尚晉書隱逸伍朝傳

改葬前母服議

今禮無其章不復特爲之法故取繼母服準事目下得申孝養之情推此所奉前繼一也㠯爲前母改葬宜從衆子之制通典一百二

鄭豐

豐字曼季沛國人司空張華辟未就見吳志大帝赤烏二年注引文士傳

荅陸士龍詩序

鴛鴦美賢也有賢者二人雙飛東岳揚輝上京其兄已顯得登朝而弟中漸婆娑衡門然其勞謙棲士吐握待賢雖姬公之下白屋

洙泗之養三千無㠯過也乃肎垂顧惠我好音思樂結永好之懽云爾陸雲集

又荅

蘭林懽至好也有君子世濟其美英名光茂遭時暫否福德衡門顧我殷勤屢辱德音思與結好㠯永不刊陸雲集

又荅

南山酬王德也有退仕衡門脩道㠯養和棄物㠯存神民思其治土懷其德或思置之列位或思從之信宿詩人嘉與此賢當年相遇又屢獲德音情懽心至故作是詩焉陸雲集

車永

永字茂安

與陸士龍書

永白問因王弘季有書怪足下無荅外甥石季甫忽見使爲鄮令除書近下因令便道之職得此問然老人及姊自聞此問三四日中了不能復食姊晝夜號泣不可忍視外甥之中老人具自愛恤季甫恆在目下卒有此役舉家慘慼不可渫言昨全伯始有一將來是句章人具說此縣既有短狐之疾又有沙蝨害人聞此消息倍益憂慮如其不行恐有節目直爲愁憤足下可具示土地之宜企望來報車永白陸雲集因學紀聞二十

荅陸士龍書

永白即日得報披省未竟懽憙踊躍輒于母前伏誦三周舉家大小豁然忘愁也足下此書足爲典誥雖山海經異物志二京南都殆不復過也恐有其言能無其事耳雖爾猶足息號泣懽忭笑也府君入後月當西出足下可豫至界上吾欲先一日與鄉相見也荅不復多車永白上同

王琨

琨元康中爲新城令入拜尚書郎案王導長子悅無子㠯弟恬子琨爲嗣襲導爵始興郡公累遷丹陽尹年代不相合非即此也

薦范喬

喬稟德真粹立操高潔儒學精深含章内奧安貧樂道棲志窮巷簞瓢詠業長而彌堅誠當今之寒素著厲俗之清彥晉書隱逸范粲傳粲子喬元康中詔求廉讓沖退履道寒素者㠯參選敘尚書郎王琨乃薦喬

刁協

協字玄亮渤海饒安人惠帝時爲濮陽王文學累轉太常博士本郡大中正歷成都王穎趙王倫長沙王乂參軍司馬東瀛公騰臨漳長史轉潁川太守懷帝初遷河南尹未拜渡江元帝㠯爲鎮東軍諮祭酒轉長史尋爲丞相左長史建武初拜尚書左僕射大興初遷尚書令尋加金紫光祿大夫王敦之亂出奔遇害

奏爲顯義亭侯煥選官屬

昔魏臨淄侯㠯邢顒爲家丞劉楨爲庶子今侯幼弱宜選明德晉書琅邪王煥傳

奏請緩征徐龕

臣等伏思淮北征軍已失不速今方盛暑且涉山險山人便弓弩習土俗一人守阨百夫不當且運漕至難一朝糧乏非復智力所能防禦也書云寧致人不致于人宜頓兵所在濮壁固壘至秋不了乃進大軍晉書蔡豹傳尚書令刁協奏

駮孫文上事

諸侯奪宗聖庶奪嫡而況天子乎自皇祚已來五十餘年宗廟已序而文攻乎異端宜加議罪通典五十二建武初孫文上事宣帝支子不應祭豫章京兆二府君僕射刁協

復肉刑議

聖上悼殘荒之遺黎傷犯死之繁衆欲行刖㠯代死刑使犯死之徒得存性命則率土蒙更生之澤兆庶必懷恩㠯反化也今中興祚隆大命惟新誠宜設寬法㠯育人然懼羣小愚蔽習翫所見而忽異聞或未能咸服愚謂行刑之時先明申法令樂刑者刖甘死者殺則心必服矣古典刑不上大夫今士人有犯者謂宜如舊不在刑例則進退爲允晉書刑法志通典一百六十八尚書令刁協等議

李矩

矩字世迴平陽人梁王肜㠯爲征西牙門將討齊萬年有功封東明亭侯還爲本郡都護謝病去東海王越㠯爲汝陰太守永嘉中太尉荀藩承制假滎陽太守加冠軍將軍封陽武縣侯領河東平陽太守㠯距劉聰功除安西將軍都督河南三郡軍事滎陽太守封脩武縣侯元帝即位進都督司州諸軍事司州刺史改封平陽縣侯後爲石良所破率衆南歸至魯陽墜馬卒

救郭誦

汝識存亡之談不迎接郭默皆由于卿臨難逃走其必留之晉書李矩傳

禱子產祠

君昔相鄭惡鳥不鳴凶胡臭羯何得過庭晉書李矩傳又十六國春秋四

張林

林常山眞定人黑山賊張燕曾孫爲趙王倫通事令史倫篡位拜尚書令衞將軍封郡公爲孫秀所譖誅

與趙太子夸牋論孫秀

秀專權動違衆心而功臣皆小人擾亂朝廷可一時誅之晉書趙王倫傳

陝夫人碑

夫人姓徐吳郡嘉興人也夫人少膺靈粹誕茲淑貞聰哲明敏溫恭柔順體仁足㠯長人嘉德足㠯合禮恭順不惰其心明烈實備其體若夫柔惠淸順中和聖善婦德既備母道亦踐志厲冰玉厥德靡顯靡靡其操翼翼其仁明景內暎朗節外新芳徽風邁淑愼其身藝文類聚十八

鄭方

方字子回

獻齊王冏書

方聞聖明輔世夙夜祇懼泰而不驕所㠯長守貴也今大王安不慮危耽于酒色燕樂過度其失一也大王檄命當使天下穆如淸風宗室骨肉永無纖介今則不然其失二也四夷交侵邊境不靜大王自㠯功業興隆不㠯爲念其失三也大王與義羣庶競赴天下雖寧人勞窮苦不聞大王振救之令其失四也又與義兵歃血而盟事定之後賞不踰時自淸泰已來論功未分此則食言其失五也大王建非常之功居宰相之任謗聲盈塗人懷忿怨方㠯狂

愚冒死陳誠（晉書齊王冏傳冏輔政專恣方發憤步詣洛陽自稱荆楚逸民獻書于冏）

王豹

豹順陽人爲豫州別駕齊王冏爲大司馬㠯爲主簿上牋見殺

致齊王冏牋

豹聞王臣蹇蹇匪躬之故將㠯安主定時保存社稷者也是㠯爲人臣而欺其君者刑罰不足㠯爲誅爲人主而逆其諫者靈厲不足㠯爲謚伏惟明公虛心下士開懷納善款誠㠯著而逆耳之言未入于聽豹伏思晉政漸敍始自元康㠯來宰相在位未有一人獲終乃事勢使然未爲輒有不善也今公克平禍亂安國定家故復因前傾敗之法尋中間覆車之軌欲冀長存非所敢聞今河間樹根于關右成都盤桓于舊魏新野大封于江漢三面貴王各㠯方剛強盛並典戎馬處險害之地且明公興義討逆功蓋天下聖德光茂名震當世今㠯難賞之功挾震主之威獨據京都專執大權進則亢龍有悔退則蒺藜生庭冀此求安未知其福敢㠯淺見陳寫愚情昔武王伐紂封建諸侯爲二伯自陝㠯東周公主之自陝㠯西召公主之及至其末霸國之世不過數州之地四海強兵不敢入闚九鼎所㠯然者天下習于所奉故也今誠能尊用周法㠯成都爲北州伯統河北之王侯明公爲南州伯㠯攝南土之官長各因本職出居其方樹德于外盡忠于內歲終率所領而貢于朝簡良才命賢儁㠯爲天子百官則四海長寧萬國幸甚明公之德當與周召同其至美危敗路塞社稷可保願明公思高祖納婁敬之策悟張良履足之謀遠臨深之危保泰山之安若合聖思宛許可都也（晉書忠義王豹傳）

重致齊王冏牋

豹書御已來十有二日而聖旨高遠未垂採察不賜一字之令不敕可否之宜蓋霸王之神寶安危之祕術不可須臾而忽者也伏

思明公挾大功抱大名懷大德執大權此四大者域中所不能容賢聖所㠯戰戰兢兢日昃不暇食雖休勿休者也昔周公㠯武王爲兄成王爲君伐紂有功㠯親輔政執德弘深聖思博遠至忠至仁至孝至敬而攝事之日四國流言離王出奔居東三年賴風雨之變成王感悟若不遭皇天之應神人之察恐公旦之禍未知所限也至于執政猶與召公分陝爲伯今明公自視功德孰如周公且元康㠯來宰相之患危機竊發不及容思密禍潛起輒在呼噏豈復晏然得全生計前鑒不遠公所親見也君子不有遠慮必有近憂憂至乃悟悔無所及也今若從豹此策皆遣王侯之國北與成都分河爲伯成都在鄴明公都宛寬方千里㠯與圻內侯伯子男小大相率結好要盟同獎皇家貢御之法一如周典若今聖規可先旨與成都共論雖㠯小才願備行人昔厮養燕趙之微者耳百里奚秦楚之商人也一開其說兩國㠯寧況豹雖陋大州之綱紀（文選傳亮爲宋公脩張良廟教注引虞預晉書大州上有故字）加明公起事險難之主簿也故身雖輕其言未必否也（晉書忠義王豹傳）

今當作令

鍾雅

雅字彥冑潁川長社人魏太傅繇弟仲常之曾孫爲汝陽令徵著作佐郎東海王越請爲參軍遷尚書郎避亂江東元帝爲丞相引爲記室參軍遷臨淮內史振威將軍徵拜散騎侍郎轉尚書右丞又轉北軍中候王敦請爲從事中郎補宣城內史明帝時加廣武將軍徵拜尚書左丞成帝即位遷御史中丞拜驍騎將軍侍中蘇峻反從駕石頭遇害追贈光祿勳

奏改太廟祝文

陛下繼承世數于京兆府君爲玄孫而今祝文稱曾孫恐此因循之失宜見改正又禮祖之昆弟從祖父也景皇帝自㠯功德爲世宗不㠯伯祖而登廟亦宜除伯祖之文（晉書鍾雅傳）

奏劾尚書梅陶

臣聞放勳之殂八音遏密雖在凡庶猶能三載自茲㠯來歷代所同肅祖明皇帝崩背萬國當朞來月聖主縞素泣血臨朝百僚慘愴動無懽容陶無大臣忠慕之節家庭侈靡聲妓紛葩絲竹之音流聞衢路宜加放黜㠯整王憲請下司徒論正清議（晉書鍾雅傳）

顏含

含字弘都瑯邪華人惠帝時太傅東海王越㠯為參軍出補闓陽令元帝鎮下邳復為參軍及渡江㠯為上虞令轉王國郎中丞相東閤祭酒出為東陽太守補太子中庶子明帝時遷黃門侍郎本州大中正歷散騎常侍大司農成帝時豫討蘇峻功封西平縣侯拜侍中除國子祭酒加散騎常侍遷右光祿大夫光祿勳㠯年老致仕後二十餘年卒年九十三謚曰靖

駮陸曄假歸制曰

曄內蘊至德清一其心受託付之重居台司之位既蒙詔許歸省墳塋大臣之義本在忘己豈容有期而反無期必違愚謂宜還自還不須制日（晉書陸曄傳咸和中求歸拜墳墓有司奏舊制假六十日侍中顏含侍郎游懷駮）

郗鑒

鑒字道徽高平金鄉人趙王倫辟為掾稱疾去職倫誅司空何劭引為參軍累遷太子中舍人中書侍郎元帝承制假龍驤將軍兗州刺史鎮鄒山就加輔國將軍都督兗州諸軍事永昌初徵拜領軍將軍明帝即位拜安西將軍兗州刺史都督揚州江西諸軍事假節鎮合肥徵為尚書令王敦平封高平侯遷車騎將軍都督徐兗青三州軍事兗州刺史鎮廣陵成帝即位進車騎大將軍加散騎常侍領兗州刺史蘇峻反進司空都督揚州八郡軍事峻平加侍中封南昌縣公進太尉卒年七十一贈太宰謚曰文成有集十卷（案晉書郗鑒傳有討蘇峻誓師文藝文類聚三十三㠯為庾闡作今編入庾闡）

集

上疏遜位

臣疾彌留遂至沈篤自忖氣力差理難冀有生有死自然之分但忝位過才曾無㠯報上慙先帝下愧日月伏枕哀歎抱恨黃泉臣今虛乏救命朝夕輒㠯府事付長史劉遐乞骸骨歸丘園惟願陛下崇山海之量弘濟大猷任賢使能事從簡易使康哉之歌復興于今則臣雖死猶生之日耳臣所統錯雜率多北人或逼遷徙或是新附百姓懷土皆有歸本之心臣宣國恩示㠯好惡處與田宅漸得少安聞臣疾篤眾情駭動若當北渡必啟寇心太常臣謨平簡貞正素望所歸謂可㠯為都督徐州刺史臣亡兄息晉陵內史邁謙愛養士甚為流亡所宗又是臣門戶子弟堪任兗州刺史公家之事知無不為是㠯敢希祁奚之舉（晉書郗鑒傳）

周札加贈議

夫褒貶臧否宜令體明例通今周戴㠯死節復位周札㠯開門同例事異賞均意所疑惑如司徒議謂往年之事自有識㠯上皆與札不異此為邪正坦然有在昔宋文失禮華樂荷不臣之罰齊靈嬖孽高厚有從昏之戮㠯古況今譙王周戴宜受若此之責何加贈復位之有乎今據已顯復則札宜貶責明矣（晉書周札傳）

又駮

敦之逆謀履霜日久緣札開門令王師不振若敦前者之舉義同桓文則先帝可為幽厲邪（晉書郗鑒傳）

書

鑒頓首頓首災禍無常奄承遘難念孝性攀慕兼剝不可堪勝柰何柰何望遠未緣敘苦㠯增酸楚鑒頓首頓首（淳化閣帖二）

郗愔

愔字方回鑒子成帝時襲爵南昌縣公徵拜中書侍郎歷驃騎

何充征北褚裒長史。遷黃門侍郎。轉臨海太守。以疾去職。居章安十餘年。簡文輔政。徵拜光祿大夫加散騎常侍。出爲輔國將軍會稽內史。遷都督徐兗青幽揚州之晉陵諸軍事、領徐兗二州刺史、平北將軍假節。轉冠軍將軍會稽內史。簡文即位。就加鎮軍將軍都督浙江東五郡軍事。孝武時致仕。徵拜司空不起。太元九年卒。年七十二。贈侍中司空。謚曰文穆。有集四卷。

上言魏隲事

功曹魏隲周喪內迎婦拜時。鄉曲以違禮譏之。（通典五十九。太和中平北將軍郗愔上言。）

論喪遇閏書則時

省別書幷諸儀。具三禮證據。誠所未詳。然恐禫忌異月。于理既爲不安。又十三月而禫。二十五月而畢。明文煥然。而閏在周內。合而不數者。則閏正月遭艱。便應以十二月禫。于時則未忘周年。于忌則時尚平吉。若由天無是月。故略而不許。則凡在五服。皆應包閏。具如足下所論。若云情重則宜包。情輕故宜數。是爲制之由情。而末本乎厤數。必天無是月。則雖情有輕重。而含閏宜一。且齊衰之制。遇閏而包。降爲大功。則數而除。天性攸同。而包數異制。以月爲斷者數閏。以年爲斷者除閏。推此而言。則除數所由。蓋以所遇爲分斷。非本情之所以。以後月爲周者。故是上之所論以吉爲忌。于理不通故耳。云閏在周後。將非其喻。至于凶事尚遠。蓋施于卜日祥葬。制無定期。故不得即伸物情。務從其遠耳。若理例坦然。義無疑昧。豈得不循成制。而以過限爲重。或謂閏者。蓋年中餘分。故宜計其正限。以補不足。今再周無閏。則不補小月之限。閏在周後。便欲以六十日爲一月者。當以既已遇閏。便宜在盡其月節故也。月節之難。足下釋之。且節必在閏月之中。則合月從節。即復進退致闕。（通典一百。孝武寧康二年。會稽內史郗愔書。）

雜帖

九月七日愔報。比得章。知弟漸佳。至慶。想今漸勝。食進不。新差難將適。猶懸憂。遣不具。愔報。（淳化閣帖二。）

二十四日愔報。比書想悉達。日諒弟佳。不及數字。愔報。（同上）

遠近何也。王右軍竟去不。付后首干一節。（同上）

想親親悉如常。敬豫何當來耶。道祖故未善。差極在尚書。不見來多日。（同上）

全晉文卷一百九終

全晉文卷一百十　　烏程嚴可均校輯

郗超

超字景興或作敬輿見文選天台山賦注褚淵碑注一字嘉賓愔子爲桓溫征
西掾隨府遷大司馬參軍除散騎侍郎遷中書侍郎轉司徒左
長史有集十卷

與桓溫牋

超言遠近無他說苟異問者定虛耳云段龕歸順不知審不王江
州爲宗正侶已定前所傳皆虛妄耳異同自旨啟超言淸化閣帖二

與親友書論支道林

林法師神理所通玄拔獨悟數百年來紹明大法令眞理不絕者
一人而已高僧傳四又隋費長房歷代三寶紀

與謝慶緒書論三幡義

近論三幡諸人猶多欲既觀色空別更觀識同在一有而重假二
觀于理爲長文選天台山賦注

奉法要

三自歸者歸佛歸十二部經歸比丘僧過去現在當來三世十方
佛三世十方經法三世十方僧每禮拜懺悔皆當至心歸命并慈
念一切衆生願令悉得度脫外國音稱南無漢曰歸命佛者漢音
曰覺僧者漢音曰衆五戒一者不殺不得教人殺常當堅持盡形
壽二者不盜不得教人盜常當堅持盡形壽三者不淫不得教人
淫常當堅持盡形壽四者不欺不得教人欺常當堅持盡形壽
五者不飲酒不得以酒爲惠施常當堅持盡形壽若以酒爲藥當
推其輕重要于不可致醉醉有三十六失經教以爲深戒不殺則
長壽不盜則長泰不淫則清淨不欺則人常敬信不醉則神理明
治已行五戒便脩歲三月六齋歲三齋者正月一日至十五日五
月一日至十五日九月一日至十五日月六齋者月八日十四日
十五日二十三日二十九日三十日凡齋日皆當魚肉不御迎中
而食既中之後甘香美味一不得嘗洗心念道歸命三尊悔過自
責行四等心遠離房室不著六欲不得鞭撾罵詈乘駕牛馬帶持
兵仗婦人則兼去香花脂粉之飾端心正意務存柔順齋者普爲
先亡見在知識親屬并及一切衆生皆當因此至誠玄想感發心
既感發則終免罪苦是以忠孝之士務加勉勵良以兼拯之功非
徒在己故也齋日唯得專惟玄觀講誦法言若不能行空當習六
思念六思念者念佛念經念僧念施念戒念天何謂念天十善四
等爲應天行又要當稱力所及勉濟衆生十善者身不犯殺盜淫
意不嫉恚癡口不妄言綺語兩舌惡口何謂不殺常當矜愍一切
蠕動之類雖在困急終不害彼利己凡衆生危難皆當盡心營救
隨其水陸各令得所疑有爲己殺者皆不當受何謂爲盜凡取非

己有不問小大及莅官不清皆謂之盜何謂爲淫一切諸著普謂
之淫施之色欲非正匹偶皆不得犯又私竊不公亦兼盜罪所謂
嫉者謂妬忌也見人之善見人有德皆當代之歡喜不得有爭競
憎嫉之心所謂恚者心懷忿恨藏結于內所謂癡者不信大法疑
昧經道何謂妄言以無爲有虛造無端何謂綺語文飾巧言華而
不實何謂兩舌背向異辭對此說彼何謂惡口謂罵詈也或云口
說不善之事令人承以爲辜亦爲惡口凡此十事皆不得暫起心
念是爲十善亦爲十戒五戒檢形十善防心事有疏密故報有輕
重凡在有方之境總謂三界三界之內凡有五道一曰天二曰人
三曰畜生四曰餓鬼五曰地獄全五戒則人相備具十善則生天
堂全一戒者則亦得爲人人有高卑或壽夭不同皆由戒有多少
反十善者謂之十惡十惡畢犯則入地獄抵揬强梁不受忠諫及
毒心內盛徇私欺紿則或墮畜生或生蛇虺慳貪專利常苦不足

者下也字衍

安當作必

則墮餓鬼其罪差輕少而多陰私情不公亮皆墮鬼神雖受微福不免苦痛此謂三塗亦謂三惡道色痛癢思想生死識謂之五陰凡一切外物有形可見者爲色失之則憂惱爲痛得之則懽喜爲痒未至逆念爲思過去追憶爲想心念始起爲生想過意識滅爲死曾關于心戢而不忘爲識識者經歷累劫猶萌之于懷雖昧其所由而滯于根潛結始自毫釐終成淵岳是吕學者務慎所習五蓋一曰貪淫二曰瞋恚三曰愚癡四曰邪見五曰調戲別而言之求欲爲貪耽著爲淫外發爲瞋內結爲恚繫于縛著觸理倒惑爲愚癡生死因緣癡爲本一切諸著皆始于癡地獄苦酷多由于恚經云卒鬬殺人其罪尚輕懷毒陰謀則累劫彌結無解脫之期六情一名六衰亦曰六欲謂目受色耳受聲鼻受香舌受味身受細滑心受識識者即上所謂識陰者也五陰六欲蓋生死之原本罪苦之所由消禦之方皆具載衆經經云心作天心作人心作地獄心作畜生乃至得道者也亦心也凡慮發乎心皆念念受報雖事未及形而幽對冥構夫情念圓速倏忽無間機動毫端遂充宇宙罪福形道靡不由之吉凶悔吝定于俄頃是吕行道之人每慎獨于心防微慮始吕至理爲城池常領本吕御末不吕事形未著而輕起心念豈唯言出乎室千里應之莫見乎隱所慎在形哉異出十二門經云人有善恒當掩之有惡宜令彰露夫君子之心無適無莫過而無悔當不自得宜其任行藏于所遇豈有心于隱顯然則敎之所施其在常近乎原夫天理之于罪福外泄則愈輕內結則弥重既迹著于人事必有損于冥應且伐善施勞有生之大情匿非文過品物之所同善著則迹彰迹彰則譽集苟情係沮勸而譽集于外藏吝之心必盈乎內且人之君子猶天之小人況乎仁德未至而名浮于實獲戾幽冥固必然矣夫苟非備德安有不周坦而公之則與事而散若負理之心銘之懷抱而外修情貌吕免

人尤收集俗譽大誣天理自然之釁得不愈重乎是吕莊生亦云爲不善于幽昧之中鬼神得而誅之且人之情也不愧于理而愧乎物愆著則毀至毀至而恥生情存近復則獎不至積恃其不彰則終莫悛革加吕天釁內充而懼其外顯則幽慮萬端巧防彌密窮年所存唯此之務天殃物累終必頓集蓋由不防萌謀始而匿非揚善故也正齋經云但得說人百善不得說人一惡說人之善善心便生說人之惡便起忿意意始雖微漸相資積是吕一善生巨億萬善一惡生巨億萬惡古人云兵家之興不過三世陳平亦云我多陰謀子孫不昌引吕爲敎誠足吕有弘然齊楚享遺嗣于累葉顏冉靡顯報于後昆既已著之于事驗不俟推理而後明也且鯀殛禹興舒鮒異形四皐不及百代通典哲王御世猶無淫濫況乎自然玄應不吕情者而令罪福錯受善惡無彰其誣理也固亦深矣且秦制收帑之刑猶吕犯者爲主主嬰其罰然後責及其餘若釁不當身而殃延親屬吕茲制法豈唯聖典之所不容固亦申韓之所必去矣是吕泥洹經云父作不善子不代受子作不善父亦不受善自獲福惡自受殃至矣哉斯言允心應理然原夫世敎之興豈不吕情受所存不止乎已所及彌廣則誡懼愈深是吕韜理實于韞櫝每申近吕斂麤進無虧于懲勸而有適于物宜有懷之流宜略其事而喻深領幽旨若乃守文而不通其變徇敎而不達敎情吕之處心循理不亦外乎夫罪福之于逆順固必應而無差者也苟昧斯道則邪正無位寄心無準矣至于攻之當年信漫而少徵理無愆違而事不恒著豈得不歸諸宿緣推之來世邪是吕有心于理者審影響之難誣廢事證而冥寄達天網之宏疏故期之于靡漏悟運往之無間混萬劫于一朝括三世而玄同要終歸于必至豈吕顯昧改心淹遠革慮哉此最始信之根主而業心所深期也十二門經云有時自計我端正好便當自念身中無

切當作物我

所有但有肝腸脾肺骨血屎溺有何等好復觀他人身中惡露皆如是若慳貪意起當念財物珍寶生不持來死不俱去而流遷變化朝夕難保身不久存物無常主宜及當年施恩行惠贍乏㠯財救疾㠯藥終日欣欣務存營濟若瞋恚意起當深生平等兼護十戒差摩竭云菩薩所行忍辱爲大若罵詈者嘿而不報若撾捶者受而不校若瞋怒者慈心向之若謗毀者不念其惡法句又云受辱心如地行忍如門閫地及門閫蓋取其藏垢納汙終日受踐也成具經曰彼㠯四過加已則覺知口之失也報㠯善言和語至誠不飾四過者上之所謂兩舌惡口妄言綺語也夫彼㠯惡來我㠯善應苟心非木石理無不感但患處之不恆弘之不積耳苟能每事思忍則悔吝消于見世福報顯于將來賢者德經云心所不安未嘗加物卽近而言則忠恕之道推而極之四等之義四等者何慈悲喜護也何謂爲慈愍傷衆生等一切推已恕彼願令普安愛及昆蟲情無同異何謂爲悲博愛兼拯雨淚惻心要令實功潛著不直有心而已何謂爲喜歡悅柔輭施而無悔何謂爲愛護隨其方便觸類善救津梁會通務存弘濟能行四等三界極尊但未能冥心無兆則有數必終是㠯本起經云諸天雖樂福盡亦喪貴極而無道與地獄對門成具又云福者有苦有盡有煩勞有往還泥洹經曰五道無安唯無爲快經稱行道者先當捨世八事利衰毀譽稱譏苦樂聞善不喜聞惡不懼信心天固沮勸無㠯動其志理根于中外物不能干其慮且當年所遇必由宿緣宿緣玄運信同四時其來不可禦其去不能止固當順而安之悅而畢之精勤增道習期諸妄心形報旣廢乃獲大安耳夫理本于心而報彰于事猶形正則影直聲和而響順此自然玄應孰有爲之者哉然則契心神道固宜期之通理務存遠大虛中正已而無希外助不可接㠯卑瀆要㠯情求此乃厝懷之關鍵學者所宜思也或謂心念必

全晉文卷一百十　郗超　五

纓當作嬰

報理同影響但當求已而已固無事于幽冥原經教之設蓋所㠯悟夫求已然求已之方非教莫悟悟因乎教則功由神道欣感發中必形于事亦由詠歌不足係㠯手舞然則奉而尊之蓋理所不必須而情所不能廢宜縱已身體教后忘懷欣想將㠯引物自周乎衆所㠯固新涉之志而令寄懷有擬經云生苦老苦病苦死苦怨憎會苦恩愛別離苦所求不得苦遇此諸苦則宜深惟緣對兼覺魔僞開㠯達觀弘㠯等心且區區一生有同過隙所遇雖殊終歸枯朽得失少多固不足計該㠯數塗則此心自息又苟未入道則休戚迭用聚散去來賢愚同致是㠯經云安則有危得則有喪合會有離生則有死蓋自然之常勢必至之定期推而安之則無往不夷維摩詰云一切諸法從意生形然則兆動于始事應乎未念起而有慮息則無意之所安則觸遇而夷情之所閡則無往不滯因此而言滯之所由在我而不在物也若乃懼生于心則疊乘于外外疊旣乘內懼愈結苟患失之無所不至矣是㠯經稱丈夫畏時非人得其便誠能住心㠯理天關內固則人鬼罔閒緣對自息萬有無㠯纓衆邪不能襲四非常一曰無常二曰苦三曰空四曰非身少長殊形陵谷易處謂之無常盛衰相襲欣極必悲謂之爲苦一切萬有終歸于無謂之爲空神無常宅遷化靡停謂之非身經稱處惑樂之地覺必苦之對蓋推代謝于往復審樂往則哀來故居安慮危夕惕榮觀若夫深于苦者謂之見諦達有心則有滯有滯則苦存雖貴極人天地兼崇高所乘愈重矜著彌深情之所樂于理愈苦故經云三界皆苦無可樂者又云五道衆生共在一大獄中苟心係乎有則罪福同貫故總謂三界爲一大獄佛問諸弟子何謂無常一人曰一日不可保是爲無常佛言非佛弟子一人曰食頃不可保是爲無常佛言非佛弟子一人曰出息不報便就後世是爲無常佛言眞佛弟子夫無常顯證日陳于前而

全晉文卷一百十　郗超　六

萬代同歸忍莫之悟無瞬息之安保永世之計懼不在交則每事殆懈己之進德則功無與貸己之治心則憚其所習是以有道之士指寸陰而惜逝恆自强于鞭後業與時競惟日不足則亂念無因而生緣對靡由而起六度一曰施二曰戒三曰忍辱四曰精進五曰一心六曰智慧積而能散潤濟衆生施也謹守十善閑邪以誠戒也犯而不校常善下人忍辱也勤行所習夙夜匪懈精進也專心守意以約斂衆一心也凡此五事行以有心謂之俗度領以兼忘謂之道慧本起經云九十六種道術各信所事皆樂生安孰知其惑夫欣得惡失樂存哀亡蓋弱喪之常滯有生所感同然冥力潛謝非矜戀所留對至而應豈智用所制是以學者必歸心化本領觀玄宗玩之珍之則衆念自廢廢則有忘有忘則緣絕緣報既絕然後入于無生既不受生故能不死是以普耀經云無所從生靡所不生于諸所生而無所生泥洹經云心識靜休則不死不

生心爲種本行爲其地報爲結實猶如種植各以其類時至而生弗可遏也種十善戒善則受生之報具于上章加種禪等四空則貴極天道四空及禪數經具載其義從第一天至二十八天隨其事行福轉倍增種非常禪諦背有著無則得羅漢泥洹不忌有爲不係空觀遇理而冥無執無寄爲無所種既無所種故不受報廓然玄廢則佛之泥洹泥洹者漢曰無爲亦曰滅度維摩詰曰彼六師者說倚爲道從是師者爲在諸見爲墮邊際爲歸八難不得離生死道也雖玄心屢習而介然微動猶均被六師同滯一有況貪生倚想執我捍化雖復福踰山河貴極三界倚伏旋還終墜罪苦豈獲盜神大造泊然玄夷哉夫生必有情天勢率至不宅于善必在于惡是以始行道者要必有寄寄之所因必因乎有有之所貪必貪乎煩是以經云欲于空中造立宮室終不能成取佛國者非于空也然則五度四等未始可廢但當卽其事用而去其伎心歸

兩佛字上均脫于字 解上脫無字 歸上之無字衍 偕當作階

佛則解佛無歸于戒則無功于戒則禪諦與五陰俱冥未用與本觀同盡雖復衆行兼陳固是空中行空耳或以爲空則無行行則非空既以有行無乃失空乎夫空者忘懷之稱非府宅之謂也無誠無矣存無則滯封有誠有矣兩忘則玄解然則有無由乎方寸而無係于外物器象雖陳于事用感絕則理冥豈滅有而後無偕損以至盡哉由此言之有固非滯滯有則背宗反流歸根任本則自暢是以開士深行統以一貫達萬象之常冥乘所寓而玄領知來理之先空恆得之于同致悟四色之無朕順本際而偕廢審衆觀之自然故雖行而靡迹方等深經每泯一三世而未嘗謂見在爲有則空中行空旨斯見矣弘明集十三

全晉文卷一百十終

全晉文卷一百十一

烏程嚴可均校輯

陶侃

侃字士行鄱陽人徙居廬江之尋陽爲縣吏郡召爲督郵領樅陽令遷主簿元康中察孝廉除郎中補武岡令棄官歸爲郡小中正太安中爲南蠻長史封東鄉侯光熙初遷江夏太守加鷹揚將軍又加督護母憂去職永嘉中東海王越㠯爲參軍元帝鎮江左加奮威將軍遷龍驤將軍武昌太守王敦表爲使持節寍遠將軍南蠻校尉荆州刺史左轉廣州刺史平越中郎將封柴桑侯大興初進號平南將軍加都督交州軍事領交州刺史進號征南大將軍王敦平遷都督荆雍益梁州諸軍事領護南蠻校尉荆州刺史蘇峻平拜侍中太尉改封長沙郡公加都督交廣寍七州軍事又加都督江州領刺史襄陽平拜大將軍咸和七年卒年七十六贈大司馬謚曰桓有集二卷

相風賦

乃有相風之爲形也終日九征桀然特立不邪不傾擬雲閣㠯秀出睎峻巘于層城直南端㠯基址雙崇魏之嶢崢象建木于都廣邈不羣而獨榮朴雖小而不巨何物鮮而功大眇翩翩㠯高翔象離鵾于雲際擢孤莖而特挺若芙蓉于水裔若乃華蓋警乘奉引先驅豹飾在後葳蕤清路百僚允則彰我皇度藝文類聚六十八

表

伏承大官廚器損失謹奉獻很炙刀槃二具御覽三百四十六

伏惟武庫傾蕩循衛有失闕輒選其差可者奉獻金鈴大戟五十張御覽三百五十二

上溫嶠遺書請停移葬表

故大將軍嶠忠誠著于聖世勳義感于人神非臣筆墨所能稱陳臨卒之際與臣書別臣藏之篋笥時時省視每一思述未嘗不中夜撫膺臨飯酸噎人之云亡嶠實當之謹寫嶠書上呈伏惟陛下既垂御省傷其情旨死不忘忠身沒黃泉追恨國恥獎臣戮力救濟艱難使亡而有知抱恨結草豈樂今日勞費之事願陛下慈恩停其移葬使嶠棺柩無風波之危靈魂安于后土晉書溫嶠傳

讓拜大將軍表

臣非貪榮于疇昔而虛讓于今日事有合于時宜臣豈敢與陛下有違理有益于聖世臣豈與朝廷作異臣常欲除諸浮長之事遣虛假之用非獨臣身而已若臣仗國威靈梟雄斬勒則又何㠯加晉書陶侃傳

上表遜位

臣少長孤寒始願有限過蒙聖朝歷世殊恩陛下睿鑒寵靈彌泰有始必終自古而然臣年垂八十位極人臣啟手啟足當復何恨但㠯陛下春秋尚富餘寇不誅山陵未反所㠯憤慨兼懷不能已已臣雖不知命年時已邁國恩殊特賜封長沙隕越之日當歸骨國土臣父母舊葬今在尋陽緣存處亡無心分違已勒國臣脩遷改之事刻㠯來秋奉迎窀穸葬事訖乃告老下藩不圖所患遂爾緜篤伏枕感結情不自勝臣間者猶謂犬馬之齒尚可小延欲爲陛下西平李雄北吞石季龍是㠯遣母丘奧于巴東授桓宣于襄陽良圖未敘于此長乖此方之任內外之要願陛下速選臣代使必得良才奉宣王猷遵成臣志則臣死之日猶生之年陛下雖聖姿天縱英奇日新方事之殷當賴羣儁司徒導鑒識經遠光輔三世司空鑒簡素貞正內外惟允平西將軍亮雅量詳明器用周時卽陛下之周召也獻替疇諮敷融政道地平天成四海幸賴謹遣左長史殷羨奉送所假節麾幢曲蓋侍中貂蟬太尉章荆江州刺史印傳棨戟仰戀天恩悲酸感結㠯後事付右司馬王愆期加督護

統領文武。晉書陶侃傳。

上成帝雜物疏

螺杯一枚。御覽七百五十九引陶侃故事。

水晶盤一枚。御覽七百六十引陶侃故事。

遺荀崧書

杜曾凶狡，所將之卒，皆豺狼也，可謂鴟梟食母之物。此人不死，州土未寧，足下當識吾言。晉書杜曾傳。

荅溫嶠書

奉所送帳下得蘇峻兜鍪，作之巧劫，用功殊多，戰器不事須此也。意謂不如三甲者，逆賊身所服，此是凶器，古人惡其名，得此兜鍪者，猶㠯有功，令賞其細葛一端。御覽三百五十六。

荅慕容廆書

當今揚淮銳勇，飛廉超驥，收屈盧必陷之矛，集鮫犀不入之盾。御覽三百五十七。

報封抽韓矯等書

車騎將軍憂國忘身，貢篚載路，羯賊求和，執使送之，西討段國，北伐塞外，遠綏索頭，荒服獻款，惟北部未賓，屢遣征伐。又知東方官號，高下齊班，進無統攝之權，退無等差之降，欲進車騎爲燕王，一二具之。夫功成進爵，古之成制也。車騎雖未能爲國晉書作官摧勒，然忠義竭誠，見于辭表，今騰箋上聽，可否遲速，當在天臺也。晉書載紀慕容廆傳，又十六國春秋二十三。

與王導書

郭默殺方州，卽用爲方州；害宰相，便爲宰相乎。晉書陶侃傳：時郭默殺平南將軍劉胤，輒領江州，侃討默，與導書。

陶潛

潛字元亮，一名淵明，或云字淵明，侃曾孫，爲州祭酒，自解歸，後爲鎭軍建威參軍，補彭澤令。義熙二年解印去，徵著作郎，不就。宋元嘉中卒，顏延之誄之曰靖節徵士。有集九卷。

感士不遇賦 并序

昔董仲舒作士不遇賦，司馬子長又爲之。余嘗㠯三餘之日，講習之暇，讀其文，慨然惆悵。夫履信思順，生人之善行；抱朴守靜，君子之篤素。自眞風告逝，大僞斯興，閭閻懈廉退之節，市朝驅易進之心。懷正志道之士，或潛玉于當年；潔己清操之人，或沒世㠯徒勤。故夷皓有安歸之歎，三閭發已矣之哀。悲夫！寓形百年，而瞬息已盡；立行之難，而一城莫賞。此古人所㠯染翰慷慨，屢伸而不能已者也。夫導達意氣，其惟文乎？撫卷躊躇，遂感而賦之。

咨大塊之受氣，何斯人之獨靈！稟神智㠯藏照，秉三五而垂名。或擊壤㠯自歡，或大濟于蒼生；靡潛躍之非分，常傲然㠯稱情。世流浪而遂徂，物羣分㠯相形；密網裁而魚駭，宏羅制而鳥驚。彼達人之善覺，乃逃祿而歸耕。山嶷嶷而懷影，川汪汪而藏聲。望軒唐而永歎，甘貧賤㠯辭榮。湻源汩㠯長分，美惡作㠯異途。原百行之攸貴，莫爲善之可娛。奉上天之成命，師聖人之遺書。發忠孝于君親，生信義于鄉閭。推誠心而獲顯，不矯然而祈譽。嗟乎！雷同毀異，物惡其上，妙算者謂迷，直道者云妄。坦至公而無猜，卒蒙恥㠯受謗。雖懷瓊而握蘭，徒芳潔而誰亮？哀哉！士之不遇，已不在炎帝帝魁之世。獨祗脩㠯自勤，豈三省之或廢；庶進德㠯及時，時既至而不惠。無爰生之晤言，念張季之終蔽；愍馮叟于郎署，賴魏守㠯納計。雖僅然于必知，亦苦心而曠歲。審夫市之無虎，眩三夫之獻說。悼賈傅之秀朗，紆遠轡于促界。悲董相之淵致，屢乘危而幸濟。感哲人之無偶，淚淋浪㠯灑袂。承前王之清誨，曰天道之無親。澄得一㠯作鑒，恆輔善而佑仁。夷投老㠯長飢，回早夭而又貧。傷請車㠯備槨，悲茹薇而殞身。雖好學與行義，何死生之苦辛！疑報德之若

音當作覽

茲。懼斯言之虛陳。何曠世之無才。罕無路之不澀。伊古人之慷慨。病奇名之不立。廣結髮㠯從政。不愧賞于萬邑。屈雄志于戚豎。音尺土之莫及。留誠信于身後。慟衆人之悲泣。商盡規㠯拯弊。言始順而患入。奚良辰之易傾。胡害勝其乃急。蒼旻遐緬。人事無已。有感有昧。疇測其理。寧固窮㠯濟意。不委曲而累己。既軒冕之非榮。豈縕袍之爲恥。誠謬會㠯取拙。且欣然而歸止。擁孤襟㠯畢歲。謝良價于朝市。本集

閑情賦 幷序

初張衡作定情賦。蔡邕作靜情賦。檢逸辭而宗澹泊。始則蕩㠯思慮。而終歸閑正。將㠯抑流宕之邪心。諒有助于諷諫。綴文之士。奕代繼作。並因觸類。廣其辭義。余園閭多暇。復染翰爲之。雖文妙不足。庶不謬作者之意乎。

夫何懷逸之令姿。獨曠世㠯秀羣。表傾城之豔色。期有德于傳聞。

佩鳴玉㠯比潔。齊幽蘭㠯爭芬。淡柔情于俗內。負雅志于高雲。悲晨曦之易夕。感人生之長勤。同一盡于百年。何歡寡而愁殷。褰朱幃而正坐。汎清瑟㠯自欣。送纖指之餘好。攘皓袖之繽紛。瞬美目㠯流眄。含言笑而不分。曲調將半。景落西軒。悲商叩林。白雲依山。仰睇天路。俯促鳴絃。神儀嫵媚。舉止詳妍。激清音㠯感余。願接膝㠯交言。欲自往㠯結誓。懼冒禮之爲諐。待鳳鳥㠯致辭。恐他人之我先。意惶惑而靡寧。魂須臾而九遷。願在衣而爲領。承華首之餘芳。悲羅襟之宵離。怨秋夜之未央。願在裳而爲帶。束窈窕之纖身。嗟溫涼之異氣。或脫故而服新。願在髮而爲澤。刷玄鬢于頹肩。悲佳人之屢沐。從白水㠯枯煎。願在眉而爲黛。隨瞻視㠯閑揚。悲脂粉之尚鮮。或取毀于華粧。願在莞而爲席。安弱體于三秋。悲文茵之代御。方經年而見求。願在絲而爲履。附素足㠯周旋。悲行止之有節。空委棄于牀前。願在晝而爲影。常依形而西東。悲高樹之多蔭。慨有時而不同。願在夜而爲燭。照玉容于兩楹。悲扶桑之舒光。奄滅景而藏明。願在竹而爲扇。含淒飆于柔握。悲白露之晨零。顧襟袖㠯緬邈。願在木而爲桐。作膝上之鳴琴。悲樂極㠯哀來。終推我而輟音。考所願而必違。徒契契㠯苦心。擁勞情而罔訴。步容與于南林。棲木蘭之遺露。翳青松之餘陰。儻行行之有覿。交欣懼于中襟。竟寂寞而無見。獨悁想㠯空尋。斂輕裾㠯復路。瞻夕陽而流歎。步徙倚㠯忘趣。色慘悽而矜顏。葉燮燮㠯去條。氣淒淒而就寒。日負影㠯偕沒。月媚景于雲端。鳥悽聲㠯孤歸。獸索偶而不還。悼當年之晚暮。恨茲歲之欲殫。思宵夢㠯從之。神飄颻而不安。若憑舟之失棹。譬緣崖而無攀。于時畢昴盈軒。北風淒淒。悃悃不寐。衆念徘徊。起攝帶㠯伺晨。繁霜粲于素階。雞斂翅而未鳴。笛流遠㠯清哀。始妙密㠯閑和。終寥亮而藏摧。意夫人之在茲。託行雲以

送懷。行雲逝而無語。時奄冉而就過。徒勤思㠯自悲。終阻山而帶河。迎清風㠯祛累。寄弱志于歸波。尤蔓草之爲會。誦邵南之餘歌。坦萬慮㠯存誠。憩遙情于八遐。本集

歸去來兮辭 幷序

余家貧。耕植不足㠯自給。幼稚盈室。缾無儲粟。生生所資。未見其術。親故多勸余爲長吏。脫然有懷。求之靡途。會有四方之事。諸侯㠯惠愛爲德。家叔以余貧苦。遂見用于小邑。于時風波未靜。心憚遠役。彭澤去家百里。公田之利。足㠯爲酒。故便求之。及少日。眷然有歸與之情。何則。質性自然。非矯厲所得。飢凍雖切。違己交病。嘗從人事。皆口腹自役。于是悵然慷慨。深媿平生之志。猶望一稔。當斂裳宵逝。尋程氏妹喪于武昌。情在駿奔。自免去職。仲秋至冬。在官八十餘日。因事順心。命篇曰歸去來兮。乙巳歲十一月也。

歸去來兮田園將蕪胡不歸既自㠯心為形役奚惆悵而獨悲悟已往之不諫知來者之可追實迷途其未遠覺今是而昨非舟遙遙㠯輕颺風飄飄而吹衣問征夫㠯前路恨晨光之熹微乃瞻衡宇載欣載奔僮僕歡迎稚子候門三徑就荒松菊猶存攜幼入室有酒盈罇引壺觴㠯自酌眄庭柯㠯怡顏倚南窗㠯寄傲審容膝之易安園日涉㠯成趣門雖設而常關策扶老㠯流憩時矯首而遐觀雲無心而出岫鳥倦飛而知還景翳翳㠯將入撫孤松而盤桓歸去來兮請息交㠯絕遊世與我而相違復駕言兮焉求悅親戚之情話樂琴書㠯消憂農人告余㠯春及將有事于西疇或命巾車或棹孤舟既窈窕㠯尋壑亦崎嶇而經丘木欣欣㠯向榮泉涓涓而始流善萬物之得時感吾生之行休已矣乎寓形宇內復幾時曷不委心任去留胡為乎遑遑兮欲何之富貴非吾願帝鄉不可期懷良辰㠯孤往或植杖而耘耔登東皋㠯舒嘯臨清流而

賦詩聊乘化㠯歸盡樂夫天命復奚疑（本集文選晉書陶潛傳宋書陶潛傳）

與子儼等書

告儼俟份佚佟夫天地賦命有生必有終自古聖賢誰能獨免子夏言曰死生有命富貴在天四友之人親受音旨發斯談者豈非窮達不可妄求壽夭永無外請故邪吾年過五十少而窮苦荼毒每㠯家弊東西遊走性剛才拙與物多忤自量為己必貽俗患僶俛辭世使汝等幼而飢寒耳余嘗感孺仲賢妻之言敗絮自擁何慚兒子此既一事矣但恨鄰靡二仲室無萊婦抱茲苦心良獨罔罔少年來好書偶愛閑靜開卷有得更欣然忘食見樹木交蔭時鳥變聲亦復歡然有喜常言五六月中北窗下臥遇涼風暫至自謂是羲皇上人意淺識陋謂斯言可保日月遂往機巧好疏緬求在昔眇然如何疾患㠯來漸就衰損親舊不遺每㠯藥石見救自恐大分將有限也汝輩稚小家貧無役柴水之勞何時可免念之在心若何可言然汝等雖不同生當思四海皆兄弟之義鮑叔管仲分財無猜歸生伍舉班荊道舊遂能㠯敗為成因喪立功他人尚爾況同父之人哉潁川韓元長漢末名士身處卿佐八十而終兄弟同居至于沒齒濟北氾稚春（氾毓字稚春）晉時操行人也七世同財家人無怨色詩云高山仰止景行行止雖不能爾至心尚之汝其慎哉吾復何言（本集晉書陶潛傳宋書陶潛傳藝文類聚二十三御覽五百九十三）

停雲詩序

停雲思親友也罇湛新醪園列初榮願言不從歎息彌襟

時運詩序

時運游暮春也春服既成景物斯和偶影獨游欣慨交心

榮木詩序

榮木念將老也日月推遷已復有夏總角聞道白首無成

贈長沙公族祖詩序

長沙公于余為族祖同出大司馬昭穆既遠已為路人經過潯陽臨別贈此

答龐參軍詩序

龐為衞軍參軍從江陵使上都過潯陽見贈

形影神詩序

貴賤賢愚莫不營營㠯惜生斯甚惑焉故極陳形影之苦言神辨自然㠯釋之好事君子共取其心焉

九日閒居詩序

余閒居愛重九之名秋菊盈園而持醪靡由空服九華寄懷于言

遊斜川詩序

辛丑正月五日天氣澄和風物閒美與二三鄰曲同遊斜川臨長流望曾城魴鯉躍鱗于將夕水鷗乘和㠯翻飛彼南皋者名實舊矣不復乃為嗟歎若夫曾城傍無依接獨秀中皋遙想靈山有愛

嘉名欣對不足率爾賦詩悲日月之遂往悼吾年之不留各疏年紀鄉里已記其時日

荅龐參軍詩序

三復來貺欲罷不能自爾鄰曲冬春再交款然良對忽成舊游俗諺云數面成親舊況情過此者乎人事好乖便當語離楊公所歎豈惟常悲吾抱疾多年不復爲文本既不豐復老病繼之輒依周孔往復之義且爲別後相思之資

與殷晉安別詩序

殷先作晉安南府長史掾因居潯陽後作太尉參軍移家東下作此已贈

贈羊長史詩序

左軍羊長史銜使秦川作此與之已上並本集

飲酒詩序

余閒居寡歡兼比夜已長偶有名酒無夕不飲顧影獨盡忽焉復醉既醉之後輒題數句自娛紙墨遂多辭無詮次聊命故人書之已爲歡笑爾本集御覽四百九十七

有會而作詩序

舊穀既沒新穀未登頗爲老農而值年災日月尚悠爲患未已登歲之功既不可希朝夕所資煙火裁通旬日已來始念飢乏歲云夕矣慨然永懷今我不述後生何聞哉本集

桃花源記

晉太元中武陵人捕魚爲業漁人姓黃名道真緣溪行忘路之遠近忽逢桃花林夾岸數百步中無雜樹芳草鮮美落英繽紛漁人甚異之復前行欲窮其林林盡水源便得一山山有小口髣髴若有光便捨船從口入初極狹纔通人復行數十步豁然開朗土地平曠屋舍儼然有良田美池桑竹之屬阡陌交通雞犬相聞其中往來種作男女衣著悉如外人黃髮垂髫並怡然自樂見漁人乃大驚問所從來具荅之便要還家設酒殺雞作食村中聞有此人咸來問訊自云先世避秦時亂率妻子邑人來此絕境不復出焉遂與外人閒隔問今是何世乃不知有漢無論魏晉此人一一爲具言所聞皆歎惋餘人各復延至其家皆出酒食停數日辭去此中人語云不足爲外人道也既出得其船便扶向路處處誌之及郡下詣太守說如此太守劉歆太守即遣人隨之往尋向所誌遂迷不復得路南陽劉子驥高尚士也聞之欣然親往未果尋病終後遂無問津者本集藝文類聚八十六御覽九百八十七

全晉文卷一百十一終

瞻當作詹

伎當作忮

烏程嚴可均校輯

陶潛二

讀史述九章

余讀史記有所感而述之

夷齊

二子讓國相將海隅天人革命絶景窮居采薇高歌慨想黄虞貞風淩俗爰感懦夫本集藝文類聚三十六

箕子

去鄉之感猶有遲遲矧伊代謝觸物皆非哀哀箕子云胡能夷狡童之歌悽矣其悲

管鮑

知人未易相知實難淡美初交利乖歲寒管生稱心鮑叔必安奇情雙亮令名俱完

程杵

遺生良難士爲知己望義如歸允伊二子程生揮劒懼兹餘恥令德永聞百代見紀

七十二弟子

恂恂舞雩莫曰匪賢俱映日月共飡至言慟由才難感爲情牽回也早夭賜獨長年

屈賈

進德脩業將以及時如彼稷契孰不願之嗟乎二賢逢世多疑候瞻寫志感鵩獻辭

韓非

豐狐隱穴以文自殘君子失時白首抱關巧行居災伎辯召患哀矣韓生竟死說難

魯二儒

易代隨時迷變則愚介介若人特爲貞夫德不百年汙我詩書逝焉不顧被褐幽居本集藝文類聚三十六

張長公

遠哉長公蕭然何事世路皆同而我獨異斂轡揭來閒養其志寢疾窮年誰知斯意本集藝文類聚三十六

尚長禽慶贊

尚子昔薄宦妻孥共早晚貧賤與富貴讀易悟益損禽生善周游周游日已遠去矣尋名山上山豈知反藝文類聚三十六

扇上畫贊

荷蓧丈人

三五道邈淳風日盡九流參差互相推隕形逐物遷心無常準是以達人有時而隱四體不勤五穀不分超超丈人日夕在耘本集

長沮桀溺

遼遼沮溺耦耕自欣入鳥不駭雜獸斯羣本集

於陵仲子

至矣於陵養氣浩然蔑彼結駟甘此灌園本集

張長公

張生一仕曾以事還顧我不能高謝人閒本集

丙曼容

岩岩丙公望崖輒歸匪驕匪吝前路威夷本集

鄭次都

鄭叟不合垂釣川湄交酌林下清言究微本集

薛孟嘗

孟嘗遊學天網時疏眷言哲友振褐偕徂本集

周陽珪藝文類聚作周妙珪

美哉周子稱疾閒居寄心清尚恬然自娛翳翳衡門洋洋泌流曰玩琴書顧眄寡儔飲河既足自外皆休緬懷千載託契孤遊本集藝文類聚三十六

天子孝傳贊

虞舜　夏禹　殷高宗　周文王

虞舜父頑母嚚事之于畎畒之閒㠯孝烝烝是㠯堯聞而授之富有天下貴爲天子㠯爲不順于父母若窮而無歸惟閒親可㠯得意苟違朝夕若嬰兒之思戀故稱舜五十而慕書曰戛擊鳴球搏拊琴瑟㠯詠祖考來格言思其來而訓之愛敬盡于事親是㠯德教加于百姓刑于四海夏禹有天下㠯奉宗廟然躬自菲薄㠯厚其孝孔子曰禹吾無間然矣菲飲食而致孝乎鬼神惡衣服而致美乎黻冕禹之德于是稱聞聖人之德無㠯加于孝敬孝敬之道美莫大焉殷高宗諒陰三年不言百官總己㠯聽于冢宰三年而後言天下咸歡德教大行殷道㠯興詩曰一人有慶兆民賴之其此之謂乎周文王之爲世子也朝于王季日三雞鳴至于寢門問于內豎內豎曰安文王乃喜不安則色憂行不能正履日中暮亦如之食上必視寒溫之節食下必問所膳而後退文王孝道光大其化自近至遠刑于寡妻㠯御于家邦故得萬國之歡心㠯事其先王矣贊曰至哉后德聖敬自天陶漁致養菲薄享先親瘠色憂諒陰寢言一人有慶千載賴旃本集

閒當作順

諸侯孝傳贊

周公旦　魯孝公　河閒惠王

周公旦武王之弟成王幼少周公攝政制禮作樂郊祀后稷㠯配天宗祀文王于明堂㠯配上帝是㠯四海之內各㠯其職來祭詩曰於穆清廟肅雍顯相言諸侯樂其位而敬其事也仲尼曰孝莫大于嚴父嚴父莫大于配天則周公其人也貴而不驕位高彌謙自承文武之休烈孝道通于神明光被四海武王封之于魯備其禮樂㠯奉宗廟焉魯孝公之爲公子周宣王問公子能道訓諸侯者立之樊穆仲稱其孝曰肅恭明神而敬事耆老賦事行刑必問于遺訓咨于故實不干所問不犯所咨王曰然則能訓理其民矣乃命之于夷宮是爲孝公夫宗廟致敬不忘親也有國不亦宜乎漢河閒惠王獻王之曾孫也西京藩臣多驕放之失其名德者唯獻王而惠王繼之漢書稱其能脩獻王之行母薨服喪盡禮哀帝下詔書褒揚㠯爲宗室儀表增封萬戶禮古之人皆然至于末俗衰薄固已賢矣貴而率禮又難其見褒賞不亦宜乎贊曰貴驕殊途不期而會周公勞謙乃成光大二侯承魯遵儉去泰河閒率禮漢宗是賴本集

卿大夫孝傳贊

孔子　孟莊子　潁考叔

孔子魯人也入則事父兄出則事公卿喪事不敢不勉故稱曰孝乎惟孝友于兄弟是亦爲政也君賜腥必熟而薦之雖蔬食而齊祭如在鄉人儺朝服而立于阼階孝之至也至德要道莫大于孝是㠯曾參受而書之游夏之徒常咨稟焉許止不嘗藥書㠯殺父宰我暫言減喪責㠯不仁言合訓典行合世範德義可尊作事可法遺文不朽揚名千載孟莊子魯人也孔子稱其孝其他可能也其不改父之政與父之臣是難能也夫孝子之事親也事亡如事存故當不義則爭之存所不爭則亡亦不敢改父之道猶謂之孝況終身乎潁考叔鄭人也莊公㠯叔段之故與母誓曰不及黃泉無相見也既而悔之考叔爲封人聞之有獻于公公賜之食而舍肉公問之對曰小人有母未嘗君之羹請㠯遺之公曰汝有母遺繄我獨無考叔曰何謂也公語之故且告之悔考叔曰若掘地及泉隧而相見其誰曰不然公從之遂爲母子如初君子曰潁考叔

父上脫三年無改四字

奮當作奮

僨當作賃

純孝也愛其母而施及莊公詩云孝子不匱永錫爾類其是之謂乎贊曰仁惟本悌聖亦基孝恂恂尼父固天攸造二子承親式禮遵誥永錫純懿無改遺操（本集）

士孝傳贊

高柴　樂正子春　孔奮　黃香

高柴衛人也喪親泣血三年未嘗見齒所謂哭不偯言不文也爲武城宰而化行民有不服其親者改之行喪如禮君子之德風也吕身先之而民不遺其親樂正子春魯人也下堂傷足既瘳數月不出猶有憂色曰吾聞之曾子父母全而生之已全而歸之可謂孝矣故君子一舉足一出言不敢忘父母不敢毀傷孝之始也夫能敬慎若斯而災患及者未之有也孔奮扶風人也少吕孝行著名州里供養至謹在官唯母極甘美妻息菜食歷位吕清夫人情莫不欲厚其親然亦有分焉奮則難繼能致儉吕全養者鮮矣黃香江夏人也九歲失母思慕骨立事父竭力吕致養冬無被袴而盡滋味暑則扇床枕寒則吕身溫席漢和帝嘉之特加異賜歷位恭勤寵祿榮親可謂夙興夜寐無忝爾所生者也贊曰

顯允羣士行殊名鈞咸能夙夜吕義榮親率彼城邑用化厥民忠吕悟主其孝乃純（本集）

庶人孝傳贊

江革　廉範　汝郁　殷陶

江革齊人也漢章帝時避賊負母而逃賊賢之不害而告其生路竭力傭僨吕致甘暖和顏悅色吕盡歡心欲親之安自挽車吕行鄉人歸之號曰江巨孝位至五官中郎將天子嘉焉寵遇甚厚告歸詔書褒美就家禮其終身吕顯異行廉範京兆人也少孤十五入蜀迎父喪遇石船覆範執骸（一作抱棺）而沒船人救之僅免于死遂吕喪歸及仕郡拯太守于危難送故盡節章帝時爲郡守百姓歌

委當作毀

詠之夫孝者人之本教之所由生也是吕範之臨危也勇率民也惠能吕義顯也汝郁陳郡人也五歲母病不食郁亦不食母憐之強食郁能察色知病輒復不食族人號曰異童年十五著于鄉里父母終思慕致委推財與兄弟隱于草澤君子吕爲難況童齓孝于自然可謂天性也殷陶汝南人也年十二吕孝稱遭父憂率情合禮有長蛇帶其門舉家奔走陶吕喪柩在焉獨居廬不動親戚扶持曉諭莫能移之啼號益盛由是顯名屢辭辟命夫智者不惑勇者不懼陶孝于其親而智勇竝彰乎弱齡斯又難矣贊曰

事親盡歡其難在色彼養吕祿我養吕力義在（一作存）愛敬榮不假飾嗟爾衆庶鑒茲前式（本集）

晉故征西大將軍長史孟府君傳

君諱嘉字萬年江夏鄂人也曾祖父宗吕孝行稱仕吳司馬（案晉書孟陋傳袁宏孟處士銘作司空世說賢媛篇注作司徒此作司馬必有一誤）祖父揖元康中爲廬陵太守宗葬武昌新陽縣子孫家焉遂爲縣人也君少失父奉母二弟居娶大司馬長沙桓公陶侃第十女閨門孝友人無能閒鄉閭稱之沖默有遠量弱冠儔類咸敬之同郡郭遜吕清操知名時在君右常歎君溫雅平曠自吕爲不及遜從弟立亦有才志與君同時齊譽每推服焉由是名冠州里聲流京邑太尉潁川庾亮吕帝舅民望受分陝之重鎮武昌并領江州辟君部廬陵從事下郡還亮引見問風俗得失對曰嘉不知還傳當問從吏亮吕麈尾掩口而笑諸從事既去喚弟翼語之曰孟嘉故是盛德人也君既辭出外自除吏便步歸家母在堂兄弟共相歡樂怡怡如也旬有餘日更版爲勸學從事時亮崇脩學校高選儒官吕君望實故應尚德之舉太傅河南褚褒簡穆有器識時爲豫章太守出朝宗亮正旦大會州府人士率多時彥君在坐次甚遠褒問亮江州有孟嘉其人何在亮云在坐卿但自覓褒歷觀遂指君謂亮曰將無是耶亮欣然

而笑喜褒之得君奇君爲褒之所得乃益器焉舉秀才又爲安西將軍庾翼府功曹再爲江州別駕巴丘令征西大將軍譙國桓溫參軍君色和而正溫甚重之九月九日溫遊龍山參佐畢集四弟二甥咸在坐時佐吏竝著戎服有風吹君帽墮落溫目左右及賓客勿言以觀其舉止君初不自覺良久如廁溫命取以還之廷尉太原孫盛（案晉書孫盛傳未言爲廷尉）爲諮議參軍時在坐溫命紙筆令嘲之文成示溫溫以著坐處君歸見嘲笑而請筆作荅了不容思文辭超卓四坐歎之奉使京師除尚書删定郎不拜孝宗穆皇帝聞其名賜見東堂君辭以腳疾不任拜起詔使人扶入君嘗爲刺史謝永別駕永會稽人喪亡君求赴義路由永興高陽許詢有雋才辭榮不仕每縱心獨往客居縣界嘗乘船近行適逢君過歎曰都邑美士吾盡識之獨不識此人唯聞中州有孟嘉者將非是乎然亦何由來此使問君之從者君謂其使曰本心相過今先赴義尋還

就君及歸遂止信宿雅相知得有若舊交還至轉從事中郎俄遷長史在朝隤然仗正順而已門無雜賓嘗會神情獨得便超然命駕逕之龍山顧景酣宴造夕乃歸溫從容謂君曰人不可無勢我乃能駕御卿後以疾終于家年五十一始自總髮至于知命行不苟合言無夸矜未嘗有喜慍之容好酣飲逾多不亂至于任懷得意融然遠寄傍若無人溫嘗問君酒有何好而卿嗜之君笑而荅曰明公但不得酒中趣爾又問聽妓絲不如竹竹不如肉荅曰漸近自然中散大夫桂陽羅含賦之曰孟生善酣不愆其意光祿大夫南陽劉耽昔與君同在溫府淵明從父太常夔嘗問耽君若在當已作公否荅云此本是三司人爲時所重如此淵明先親君之第四女也凱風寒泉之思實鍾厥心謹案採行事撰爲此傳懼或乖謬有虧大雅君子之德所以戰戰兢兢若履深薄云爾贊曰孔子稱進德脩業以及時也君清蹈衡門則令聞孔昭振纓公朝則德音允集道悠運促不終遠業惜哉仁者必壽豈斯言之謬乎（本集）

五柳先生傳

先生不知何許人也亦不詳其姓字宅邊有五柳樹因以爲號焉閑靜少言不慕榮利好讀書不求甚解每有會意欣然忘食性嗜酒家貧不能恒得親舊知其如此或置酒而招之造飲輒盡期在必醉既醉而退曾不吝情去留環堵蕭然不蔽風日短褐穿結簞瓢屢空晏如也常著文章自娛頗示己志忘懷得失以此自終贊曰黔婁有言不戚戚于貧賤不汲汲于富貴其言茲若人之儔乎酬觴賦詩以樂其志無懷氏之民歟葛天氏之民歟（本集又昭明太子陶淵明傳晉書陶潛傳宋書陶潛傳）

祭程氏妹文

維晉義熙三年五月甲辰程氏妹服制再周淵明以少牢之奠俛而酹之嗚呼哀哉寒往暑來日月寖疏梁塵委積庭草荒蕪寥寥空室哀哀遺孤肴觴虛奠人逝焉如誰無兄弟人亦同生嗟我與爾特百常情慈妣早世時尚孺嬰我年二六爾纔九齡爰從靡識撫髫相成咨爾令妹有德有操靖恭鮮言聞善則樂能正能和惟友惟孝行止中閨可象可傚我聞爲善慶自己蹈彼蒼何偏而不斯報昔在江陵重罹天罰兄弟索居乖隔楚越伊我與爾百哀是切黯黯高雲蕭蕭冬月白雲掩晨長風悲節感惟崩號興言泣血尋念平昔觴事未遠書疏猶存遺孤滿眼如何一往終天不返寂寂高堂何時復踐藐藐孤女曷依曷恃煢煢遊魂誰主誰祀奈何程妹于此永已死如有知相見蒿里嗚呼哀哉（本集）

祭從弟敬遠文

歲在辛亥月惟仲秋旬有九日從弟敬遠卜辰云窆永寧右土感

平生之遊處悲一往之不返情惻惻以摧心淚愍愍而盈眼乃以園果時醪祖其將行嗚呼哀哉於鑠吾弟有操有概孝發幼齡友自天愛少思寡欲靡執靡介後己先人臨財思惠心遺得失情不依世其色能溫其言則厲樂勝朋交好是文藝遙遙帝鄉爰感奇心絕粒委務考槃山陰淙淙懸溜曖曖荒林晨採上藥夕閑素琴曰仁者壽竊獨信之如何斯言徒能見欺年甫過立奄與世辭長歸蒿里邈無還期惟我與爾匪但親友父則同生母則從母相及齠齒並罹偏咎斯情實深斯愛實厚念彼昔日同房之歡冬無縕褐夏渴瓢簞相將以道相開以顏豈不多乏忽忘飢寒余嘗學仕纏綿人事流浪無成懼負素志斂策歸來爾知我意常願攜手寘彼衆意每憶有秋我將其刈與汝偕行舫舟同濟三宿水濱樂飲川界靜月澄高溫風始逝撫杯而言物久人脆奈何吾弟先我離世事不可尋思亦何極日徂月流寒暑代息死生異方存亡有域

候晨永歸指塗載陟呱呱遺稚未能正言哀哀嫠人禮儀孔閑庭樹如故齋宇廓然孰云敬遠何時復還余惟人斯昧茲近情蓍龜有吉制我祖行望旐翩翩執筆涕盈神其有知昭余中誠嗚呼哀哉（本集又略見藝文類聚三十五）

自祭文

歲惟丁未律中無射天寒夜長風氣蕭索鴻雁于征草木黃落陶子將辭逆旅之館永歸于本宅故人悽其相悲同祖行于今夕羞以嘉蔬薦以清酌候顏已冥聆音愈漠嗚呼哀哉茫茫大塊悠悠高旻是生萬物余得為人自余為人逢運之貧簞瓢屢罄絺綌冬陳含歡谷汲行歌負薪翳翳柴門事我宵晨春秋代謝有務中園載耘載耔迺育迺繁欣以素牘和以七絃冬曝其日夏濯其泉勤靡餘勞心有常閒樂天委分以至百年惟此百年夫人愛之懼彼無成愒日惜時存為世珍沒亦見思嗟我獨邁曾是異茲寵非己

榮涅豈吾緇捽兀窮廬酣飲賦詩識運知命疇能罔眷余今斯化可以無恨壽涉百齡身慕肥遁從老得終奚所復戀寒暑逾邁亡既異存外姻晨來良友宵奔葬之中野以安其魂窅窅我行蕭蕭墓門奢恥宋臣儉笑王孫廓兮已滅慨焉已遐不封不樹日月遂過匪貴前譽孰重後歌人生實難死如之何嗚呼哀哉（本集藝文類聚三十八）

八儒

夫子沒後散于天下設于中國成百氏之源為綱紀之儒居環堵之室蓽門圭竇甕牖繩樞併日而食以道自居者有道之儒子思氏之所行也衣冠中動作順大讓如慢小讓如偽者子張氏之所行也顏氏傳詩為道為諷諫之儒孟氏傳書為道為疏通致遠之儒漆雕氏傳禮為道為恭儉莊敬之儒仲梁氏傳樂為道以和陰陽為移風易俗之儒樂正氏傳春秋為道為屬辭比事之儒公孫

氏傳易為道為潔淨精微之儒（本集聖賢羣輔錄）

三墨

不累于俗不飾于物不尊于名不忮于衆此宋鈃尹文之墨裘褐為衣跂蹻為服日夜不休以自苦為極者相里勤五侯子之墨俱稱經而背譎不同相謂別墨以堅白此苦獲已齒鄧陵子之墨（本集聖賢羣輔錄）

全晉文卷一百十二終

全晉文卷一百十三

烏程嚴可均校輯

華簡

簡元康中太學博士

上言風師雨師不得避諱

案周禮大宗伯職云槱燎祀司中司命風師雨師此禮文正稱應如丙辰詔書不改其名（通典一百四）

李苾

苾元康中爲侍御史拜犍爲太守

爲流人上表

流人十萬餘口非漢中一郡所能振贍東下荆州水湍迅險又無舟船蜀有倉儲人復豐稔宜令就食（晉書載紀李特傳元康中關西流人數萬家入漢中上書求寄食巴蜀朝議不許遣侍御史李苾持節慰勞且監察之不令入劍閣苾至漢中受流人貨賂反爲表云云朝廷從之）

耿滕

滕中山人元康中爲成都内史永康初加折衝將軍代趙廞爲益州刺史廞不受代被殺

密上流民表

流民剛𢡟而蜀人愞弱客主不能相饒宜移還其本土不者與東三郡險地觀其情態漸不可長將移秦雍之禍于梁益矣倉庫虛竭無以應鋒鏑之急必益聖朝西顧之憂（並見華陽國志八又晉書載紀李特傳與此小異）

紀瞻

瞻字思遠丹陽秣陵人徙居歷陽元康中察孝廉不行後舉秀才永康初又舉寒素大司馬辟東閤祭酒除鄮陵公國相左降松滋侯相太安中棄官歸召爲尚書郎不就元帝鎮下邳引爲安東軍諮祭酒隨府還鎮東長史封都鄉侯加揚威將軍除會稽内史尋遷丞相軍諮祭酒封臨湘縣侯愍帝召爲侍中不就元帝卽位拜侍中轉尚書以疾免尋除尚書右僕射明帝時轉領軍將軍加散騎常侍進驃騎將軍卒年七十二謚曰穆

與秀才對策

瞻聞有國有家者皆欲邁化隆政以康庶績垂歌億載永傳于後然而俗變事弊得不隨時雖經聖哲無以易也故忠弊質野敬失多儀周鑒二王之弊崇文以辯等差而流遁者歸薄而無款誠款誠之薄則又反之于忠三代相循如水濟火所謂隨時之義救弊之術也羲皇簡朴無爲而化後聖因承所務或異非賢聖之不同世變使之然耳今大晉闡元聖功日躋承天順時九有一貫荒服之君莫不來同然而大道既往人變由久謂當今之政宜去文存朴以反其本則兆庶漸化太和可致也

周制明堂所以崇其祖以配上帝敬恭明祀永光孝道也其大數有六古者聖帝明王南面而聽政其六則以明堂爲主又其正中皆云太廟以順天時施行法令宗祀養老訓學講肄朝諸侯而選造士備禮辯物一教化之由也故取其宗祀之類則曰清廟取其正室之貌則曰太廟取其室則曰太室取其堂則曰明堂取其四門之學則曰太學取其周水圜如璧則曰璧雍異名同事其實一也是以蔡邕謂之一物

興隆之政務在得賢清平之化急于拔才故二八登庸則百揆序有亂十人而天下泰武丁擢傅巖之徒周文攜渭濱之士居之上司委之國政故能龍奮天衢垂勳百代先王身下白屋搜揚仄陋使山無扶蘇之才野無伐檀之詠是以化厚物感神祇來應翔鳳飄飄甘露豐墜醴泉吐液朱草自生萬物滋茂日月重光和氣四塞大道以成序君臣之義敦父子之親明夫婦之道别長幼之宜自九州被八荒海外移心重譯入貢頌聲穆穆南面垂拱也今貢

挾當作族

賢之塗已闢而敎學之務未廣是㠯進競之志恆銳而務學之心
不脩若闢四門㠯延造士宣五敎㠯明令德考績殿最審其優劣
厝之百寮置之羣司使調物度宜節宣國典必協濟康哉符契往
代明㒵來應金蘭復存也

二儀分則兆庶生兆庶生則利害作利害之作有由而然也太古
之時化道德之敎賤勢力而貴仁義仁義貴則彊不陵弱衆不暴
寡三皇結繩而天下泰非惟象刑緝熙而已也且太古知法所㠯
遠獄及其末不失有罪是㠯獄用彌繁而人彌暴法令滋章盜賊
多有書曰惟敬五刑㠯成三德叔世道衰旣興三辟而文公之弊
又加族誅淫刑淪胥感傷和氣化染後代不能變改故漢祖指麾
而六合響應魏承漢末因而未革將㠯俗變由久權時之宜也今
四海一統人思反本漸尙簡樸則貪夫不競尊賢黜否則不仁者
遠爾則斟參夷之刑除挾誅之律品物各順其生緝熙異世而偕

也。

蓋聞陰陽升降山澤通氣初九純卦潛龍勿用泉源所託其溫宜
也若夫水潤下火炎上剛柔燥溼自然之性故陽動而外陰靜而
內內性柔弱㠯含容爲質外動剛直㠯外接爲用是㠯金水之明
內鑒火日之光外輝剛施柔受陽勝陰伏水之受溫含容之性也
政因時㠯興機隨物而動故聖王究窮通之源審始終之理適時
之宜期于濟世皇代質朴禍難不作結繩爲信人知所守大道旣
離智惠擾物夷險不同否泰異數故唐虞密皇人之網夏殷繁帝
者之法皆廢興有由輕重㠯節此窮神之道知化之術隨時之宜
非有降殺也。晉書紀瞻傳舉秀才尚書郎陸機策之瞻對。

勸進表

陛下性與天道猶復役機神于史籍觀古人之成敗今世事舉目
可知不爲難見二帝失御宗廟虛廢神器去晉于今二載梓宮未

思字衍

殯人神失御陛下膺籙受圖特天所授使六合革面遐荒來庭宗
廟旣建神主復安億兆向風殊俗畢至若列宿之綰北極百川之
歸巨海而猶欲守匹夫之謙非所㠯闡七廟隆中興也但國賊宜
誅當㠯此屈己謝天下耳而欲逆天時違人事失地利三者一去
雖復傾匡于將來豈得救祖宗之危急哉適時之宜萬端其可綱
維大業者惟理與當晉祚屯否理盡于今促之則得可㠯隆中興
之祚縱之則失所㠯資姦寇之權此所謂理也陛下身當厄運纂
承帝緒顧望宗室誰復與讓當承大位此所謂當也四祖廓開宇
宙大業如此今五都燔爇宗廟無主劉載竊弄神器于西北陛下
方欲高讓于東南此所謂揖讓而救火也臣等區區尙所不許況
大人與天地合德日月竝明而可㠯失機後時哉。晉書紀瞻傳。

久疾上疏

臣疾疢不痊曠廢轉久比陳誠款未見哀察重㠯尸素抱罪枕席

憂責之重不知垂沒之餘當所投厝臣聞易失者時不再者年故
古之志士義人負鼎趣走商歌于市誠欲及時效其忠規名傳不
朽也然失之者億萬得之者一兩耳常人之情貪求榮利臣㠯凡
庸邂逅遭遇勞無負鼎口不商歌橫逢大運頻煩饕竊雖思慕古
人自效之志竟無毫釐報塞之效而犬馬齒衰衆疾廢頓僵臥救
命百有餘日叩棺曳衿日頓一日如復天假之年蒙陛下行葦之
惠適可薄存性命枕息陋巷亦無由復廁八座升降臺閣也臣目
冥齒墮胸腹冰冷創旣不差足復偏跛爲病受困旣㠯荼毒七十
之年禮典所遺衰老之徵皎然露見臣雖欲勤自藏護隱伏何地
臣之職掌戶口租稅國之所重方今六合波盪人未安居始被大
化百度草創發卒轉運皆須人力㠯臣平彊兼㠯晨夜尙不及事
今俟命漏刻而當久停機職使王事有廢若朝廷㠯之廣恩則憂
責日重㠯之序官則官廢事弊須臣差則臣日月衰退今㠯天慈

使官曠事滯臣受偏私之宥于大望亦有虧損今萬國革面賢俊比跡而當虛停好爵不吕縻賢吕臣穢病之餘妨官固職誠非古今黜進之急惟陛下割不已之仁賜吕傲惟隕仆之日得吕藉尸時銓俊乂官脩事舉臣免罪戮死生厚幸（晉書紀瞻傳）

請徵郗鑒疏

臣聞皇代之興必有爪牙之佐扞城之用帝王之利器也故虞舜舉十六相而南面垂拱伏見前輔國將軍郗鑒少立高操體清望峻文武之略時之良幹昔與戴若思同辟推放荒地所在孤特衆無一旅救援不至然能綏集殘餘據險歷載遂使凶寇不敢南侵但士衆單寡無吕立功既統名州又爲常伯若使鑒從容臺閣出內王命必能盡抗直之規補衮職之闕自先朝吕來諸所授用已有成比戴若思吕尚書爲六州都督征西將軍復加常侍劉隗鎮北陳聆鎮東吕鑒年時則與若思同吕貧則俱八座況鑒雅望清

重一代名器聖明吕至公臨天下惟平是與是吕臣寢頓陋巷思盡聞見惟開聖懷垂問臣導冀有毫釐萬分之一（晉書紀瞻傳）

瞻白昨信來攜今蓋送（一作）又貧家無吕將意今粉二斗少香所謂物微意存者也力書不多紀瞻頓首（淳化閣帖三）

書

易太極論

顧榮曰太極者蓋謂混沌之時曚昧未分日月含其輝八卦隱其神天地混其體聖人藏其身然後廓然既變淸濁乃陳二儀著象陰陽交泰萬物始萌六合闓拓老子云有物混成先天地生誠易之太極也而王氏云太極天地愚謂未當夫兩儀之謂吕體爲稱則是天地吕氣爲名則名陰陽今若謂太極爲天地則是天地自生無生天地者也老子又曰天地所吕能長且久者吕其不自生故能長久一生二二生三三生萬物吕資始沖氣吕爲和原元氣之本求天地之根恐疑吕此爲準也瞻曰昔庖犧畫八卦陰陽之理盡矣文王仲尼係其遺業三聖相承共同一致稱易準天無復其餘也夫天淸地平兩儀交泰四時推移日月輝其間自然之數雖經諸聖孰知其始吾子云曚昧未分豈其然乎聖人人也安得混沌之初能藏其身于未分之內老氏先天之言此蓋虛誕之說非易者之意也亦謂吾子神通體解所不應疑意者直謂太極極盡之稱言其理極無復外形外形既極而生兩儀王氏指向可謂近之古人舉至極吕爲驗謂二儀生于此非復謂有父母若必有父母非天地其孰在（晉書紀瞻傳）

魯褒

褒字元道南陽人

錢神論

有司空公子富貴不齒盛服而遊京邑駐駕平市里顧見綦毋先

生班白而徒行公子曰嘻子年已長矣徒行空手將何之乎先生曰欲之貴人公子曰學詩乎曰學矣學禮乎曰學矣學易乎曰學矣公子曰詩不云乎幣帛筐篚吕將其厚意然後忠臣嘉賓得盡其心禮不云乎男贄玉帛禽鳥女贄榛栗棗脩易不云乎隨時之義大矣哉吾視子所吕觀子所由豈隨世哉雖曰已學吾必謂之未也先生曰吾將吕淸談爲筐篚吕機神爲幣帛所謂禮云禮云玉帛云乎哉者已公子拊髀大笑曰固哉子之云也既不知古又不知今當今之急何用淸談時易世變古今異俗富者榮貴貧者賤辱而子尙質而子守實無異于遺劍刻船膠柱調瑟貧不離于身名譽不出乎家室固其宜也昔神農氏沒黃帝堯舜教民農桑吕幣帛爲本上智先覺變通之乃掘銅山俯視仰觀鑄而爲錢故使內方象地外員象天大矣哉（此三字從御覽加）錢之爲體有乾有坤內則其方外則其圓（此二語從晉書加）其積如山其流如川動靜有時行藏

有節。市井便易。不患耗折。難朽象壽。不匱象道。故能長久。為世神寶。親愛如兄。字曰孔方。失之則貧弱。得之則富强。無翼而飛。無足而走。解嚴毅之顏。開難發之口。錢多者處前。錢少者居後。處前者為君長。在後者為臣僕。君長者豐衍而有餘。臣僕者窮竭而不足。㠯上二十八字從晉書加詩云。哿矣富人。哀哉煢獨。豈是之謂乎。錢之為言泉也。百姓日用。其源不匱。無遠不往。無深不至。京邑衣冠。疲勞講肄。厭聞清談。對之睡寐。見我家兄。莫不驚視。錢之所祐。吉無不利。何必讀書。然後富貴。昔呂公欣悅于空版。漢祖克之于嬴二。文君解布裳而被錦繡。相如乘高蓋而解犢鼻。官尊名顯。皆錢所致。空版至虛。而况有實。嬴二雖少。㠯致親密。㠯上五十七字從晉書加由是論之。可謂神物。無位而尊。無勢而熱。排朱門。入紫闥。錢之所在。危可使安。死可使活。錢之所去。貴可使賤。生可使殺。是故忿諍辯訟。非錢不勝。孤弱幽滯。非錢不拔。怨仇嫌恨。非錢不解。令問笑談。非錢不發。洛中朱衣。當途之士。愛我家兄。皆無已已。執我之手。抱我終始。不計優劣。不論年紀。賓客輻輳。門常如市。㠯上四十字從晉書加。案成公綏錢神論亦有此一段。見御覽八百三十六諺云。錢無耳。可闇使。豈虛也哉。又曰。有錢可使鬼。而况于人乎。子夏云。死生有命。富貴在天。吾㠯死生無命。富貴在錢。何㠯明之。錢能轉禍為福。因敗為成。危者得安。死者得生。性命長短。相祿貴賤。皆在乎錢。天何與焉。天有所短。錢有所長。四時行焉。百物生焉。錢不如天。達窮開塞。振貧濟乏。天不如錢。若臧武仲之智。卞莊子之勇。冉求之藝。文之㠯禮樂。可㠯為成人矣。今之成人者何必然。唯孔方而已。夫錢窮者能使通達。富者能使溫暖。貧者能使勇悍。故曰。君無財則士不來。君無賞則士不往。諺曰。官無中人。不如歸田。雖有中人。而無家兄。何異無足而欲行。無翼而欲翔。使才如顏子。容如子張。空手掉臂。何所希望。不如早歸。廣修農商。舟車上下。役使孔方。凡百君子。同塵和光。上交下接。名譽益彰。藝文類聚

六十六。又晉書隱逸魯褒傳。御覽八百三十六。案此篇藝文類聚與晉書各有刪節。今合鈔之。尚非全篇。後幅當有綦毋先生詰責錢神一段。故御覽有黃銅中方叩頭對一段也。成公綏亦有錢神論。今別載彼集中。

黃銅中方叩頭對曰。僕自西方庚辛。分王諸國。處處皆有。長沙越巂。僕之所守。黃金為父。白銀為母。鉛為長男。錫為適御覽作少婦。伊我初生。周末時也。景王尹世。大鑄茲也。貪人見我。如病得醫。飢饗大牢。未之踰也。初學記二十七。御覽八百三十六。

范頵

頵。元康末尚書郎。梁州大中正。

請采錄陳壽三國志表

昔漢武帝詔曰。司馬相如病甚。可遣悉取其書。使者得其遺書。言封禪事。天子異焉。臣等案故治書侍御史陳壽作三國志。辭多勸誡。明乎得失。有益風化。雖文豔不若相如。而質直過之。願垂采錄。晉書陳壽傳。

王堪

堪。東平人。永康初為司隸校尉。永安初為尚書令。統行臺。

為愍懷太子服議

聖上統緒無所他擇。踐阼之初。拜于南郊。告于天地。謁于祖廟。明皇儲也。正體承重。豈復是過。通典八十一。

冠禮儀

永平元年正月戊子。冠中外四孫。立于步廣里舍之阼階。設一席于東廂。引冠者㠯長幼次于席南。東上。賓宗人立于西廂。東面南上。堪立于東軒。西南面。西上。陳元服于席上。宗人執儀㠯次呼冠者。各應曰諾。宗人申誡之曰。㠯歲之正。㠯月之令。兄弟具來。咸加爾服。棄爾幼志。順爾成德。敬慎威儀。惟人之則。壽考惟祺。永受景福。冠者高跪而冠。各自著布。興。再拜。從立于賓南上。酌四杯酒。各拜醮而飲。事訖上堂。向御史府君再拜。訖。冠者皆東面坐。如常燕

禮時賓宗人東平王隆叔祚王循道安王業建始此皆古禮也但以意斟酌從其簡者耳通典六十五

蔡充

充一作克字子尼陳留考城人永康初爲博士後爲成都王穎大將軍記室督及穎爲丞相擢東曹掾後東海公騰爲車騎將軍鎮河北以爲從事中郎城陷見害有集二卷

梁王肜謚議

肜位爲宰相責深任重屬尊親近且爲宗師朝所仰望下所具瞻而臨大節無不可奪之志當危事不能舍生取義愍懷之廢不聞一言之諫淮南之難不能因勢輔義趙王倫篡逆不能引身去朝宋有蕩氏之亂華元自以不能居官曰君臣之訓我所司也公室卑而不正吾罪大矣夫以區區之宋猶有不素飡之臣而況帝王之朝有苟容之相此而不貶法將何施謹案謚法不勤成名曰靈肜見義不爲不可爲勤宜謚曰靈晉書梁王肜傳永康二年薨博士陳留蔡克議謚云云

重議

肜爲宗室臣而國亂不能匡主顛不能扶非所以爲相故春秋譏華元樂舉謂之不臣且賈氏之酷烈不甚于呂后而王陵猶得杜門趙王倫之無道不甚于殷紂而微子猶得去之近者太尉陳準異姓之人加弟微有射鉤之隙亦得託疾辭位不涉僞朝何至于肜親倫之兄而不得去乎趙盾入諫不從出亡不遠猶不免于責況肜不能去位北面事僞主乎宜如前議加其貶責以廣爲臣之節明事君之道晉書梁王肜傳梁國常侍孫霖及肜親黨稱枉臺乃下符云云充重議云云朝廷從充議肜故吏復追訴不已改謚曰孝

沖太孫殤服議

臣子不殤君父者此謂臣子尊其君父不敢殤之耳非爲有臣子便爲成人不服殤也案漢平帝年十四而崩羣臣奏臣不殤君宜加元服後漢許愼鄭玄論立廟亦唯謂臣子不上殤耳又長子自以正體于上不以命誓也又命庶孫四歲則誓之古嫡子何獨十九不誓喪服君爲嫡子長殤大功鄭玄曰天子亦如之所言臣不殤君者自謂如太孫等之臣不殤耳太子唯尊于東宮東宮臣不殤之耳今太孫未冠婚四歲而齊縗成人之禮于太廟愚謂不可愍懷若在太孫當依庶殤不祭通典八十二

全晉文卷一百十三終

烏程嚴可均校輯

蔡謨

謨字道明、充子。避亂渡江、明帝爲東中郎將。引爲參軍、元帝爲丞相、又辟爲掾、轉參軍、累遷中書侍郎、義興太守、大將軍王敦從事中郎、司徒左長史、代庾冰爲吳國內史、入爲侍中、遷五兵尚書、領琅邪王師、轉掌吏部。蘇峻平、賜爵濟陽男、遷太常、領祕書監、出爲太尉郗鑒軍司、加侍中。尋拜征北將軍、領徐州刺史。穆帝時徵爲左光祿大夫、領司徒、代殷浩爲揚州刺史、錄尚書事、遷侍中司徒、固讓免爲庶人、尋拜光祿大夫、永和十二年卒。年七十六、謚曰文穆。有喪服譜一卷、集四十三卷。

上表引疾

臣先有瘤生在腰上、十數年、初無患苦、忽自潰。（御覽七百四十引蔡謨表）

讓五兵尚書疏

八座之任。非賢莫居。前後所用。資名有常。孔愉諸葛恢竝以清節令才。少著名望。昔愉爲御史中丞。臣尚爲司徒長史。恢爲會稽太守。臣爲尚書郎。恢尹丹陽。臣守小郡。名輩不同。階級殊懸。今猥以輕鄙。超倫踰等。上亂聖朝貫魚之序。下違羣士準平之論。豈唯微臣其亡之誡。實招聖政惟塵之累。且左長史一超而侍帷幄。再登而廁納言。中興以來。上德之舉。所未嘗有。臣何人斯。而猥當之。是以叩心自忖。三省愚身。與其苟進以穢清塗。寧受違命狷固之罪。（晉書蔡謨傳、又御覽二百十二引晉中興書）

諫攻壽陽疏

今壽陽城小而固。自壽陽至琅邪。城壁相望。其間遠者裁百餘里。一城見攻。衆城必救。且王師在路五十餘日。劉仕一軍早已入淮。又遣數部北取堅壁。大軍未至。聲息久聞。而賊之郵驛。一日千里。河北之騎足以來赴。非唯鄰城相救而已。夫以白起韓信項籍之勇。猶發梁焚舟。背水而陣。今欲停船水渚。引兵造城。前對堅敵。顧臨歸路。此兵法之所誡也。若進攻未拔。胡騎卒至。懼桓子不知所爲。而舟中之指可掬。今征軍五千。皆王都精銳之衆。又光爲左衛。遠近聞之。名爲殿中之軍。宜令所向有征無戰。而頓之堅城之下。勝之不武。不勝爲笑。今以國之上駟。擊寇之下邑。得之則利薄而不足損敵。失之則害重而足以益寇。懼非策之長者。臣愚以爲聞寇而致討。賊退而振旅。于事無失。不勝管見。謹冒陳聞。（晉書蔡謨傳。時左衛將軍陳光上疏請伐胡。詔令攻壽陽。謨上疏。）

諫斷酬功疏

先已許鑒。今不宜斷。且鑒所上者。皆積年勳效。百戰之餘。亦不可不報。（晉書蔡謨傳。先是郗鑒上部下有勳勞者凡一百八十人。帝皆酬其功。未卒而鑒薨。斷不復與。謨上疏。）

讓侍中司徒疏

伏自惟省。昔階謬恩。蒙忝非據。尸素累積。而光寵更崇。謗讟彌興。而榮進復加。上虧聖朝棟隆之舉。下增微臣覆餗之釁。惶懼戰灼。寄顏無所。乞賜天鑒。回恩改謬。以允羣望。（晉書蔡謨傳）

謝拜光祿大夫疏

臣以頑薄。昔忝殊寵。尸素累紀。加違慢詔命。當肆市朝。幸蒙寬宥。不悟天施復加光飾。非臣隕越所能上報。臣寢疾未損。不任詣闕。不勝仰感聖恩。謹遣拜章。（晉書蔡謨傳）

上言臨軒拜三公宜作樂

拜三公宜有樂。徧設懸于殿廷。今門下云。非祭饗則無樂。案冠禮有樂。凡敬其事。則備其禮。禮備則制有樂。樂者所以敬事而明義。爲耳目之娛。故冠亦用之。不惟宴饗。宴饗之有樂。亦所以敬賓也。故郤至使楚。楚子饗之。郤至辭曰。不忘先君之好。貺之以大禮。重之以備樂。尋斯辭也。則宴樂之意可知矣。公侯大臣。人君所重。故

宜當作宜

御坐爲起在輿爲下言稱伯舅傳曰國卿君之貳也是㠯命使之日御親臨軒百僚陪位此即敬事之意也古者天王饗下國之使及命將帥遣使臣皆有樂故詩序曰皇皇者華君遣使臣也又曰采薇㠯遣之出車㠯勞還杕杜㠯勤歸皆作樂而歌之今命大使拜輔相比于下國之臣輕重殊矣輕誠有之重亦宜然博士考古㠯事義相準故謂臨軒遣使宜有金石之樂至于隨時之宜或樂制未備非守禮之宜所裁晉書禮志下通典七十一又一百四十七

奏請褚太后臨朝

嗣皇誕哲岐嶷繼承天統率土宅心兆庶蒙賴陛下體茲坤道訓隆文母昔塗山光夏簡狄熙殷實由宣哲㠯隆休祚伏惟陛下德侔二嬀淑美關雎臨朝攝政㠯寍天下今社稷危急兆庶懸命臣等章惶一日萬機事運之期天祿所鍾非復沖虛高讓之日漢和熹順烈竝亦臨朝近明穆故事㠯爲先制臣等不勝悲怖謹伏地

上請乞陛下上順祖宗下念臣吏推公弘道㠯協天人則萬邦承慶羣黎更生晉書康獻褚皇后傳

祈穀歌雲漢之詩議

聖人造興禮樂之制或因或革雲漢之詩興于宣王今歌之者取其修德禳災㠯和陰陽之義故因用云

父母乖離議

甲父爲散騎侍郎在洛軍覆奔成皋病亡一子相隨殯葬如禮甲先與母弟避地江南聞喪行服三年而除道險未得奔墓而其弟成婚或謂服可除不宜㠯婚者謨謂凶哀之制除則吉樂之事行矣且男女之會禮之所急故小功卒哭可㠯娶妻三年之喪吉祭而復寢魯文于祥月而納幣晉文未葬喪而納室春秋左氏傳曰婦養姑者也又曰娶元妃㠯奉粢盛由此言娶妻者所爲義大矣所奉事重矣又夫冠者加己之服耳非若婚娶有事親奉宗廟繼

嗣之事而冠有金石之樂婚則三日不舉金石之樂孰若不舉之戚加己之事孰若奉親之重今議其婚而許其冠斯何義也不亦乖乎通典九十八

或疑甲省墓稽留者謨㠯爲奔墓者雖孝子罔極之情然實無益之事非亡身之所也故禮奔喪不可夜行避危害也今中州喪亂道路險絕墳墓毀廢名家人士皆有之而無一人致身者蓋㠯路險體弱有危亡之憂非孝子之道故也而曾無譏責何至甲獨云不可乎且甲尋己致身非如不赴之人塋兆平安非如毀廢之難也又是時甲母病篤營醫藥而豈可違闕侍養投身危險必貽老母憂勤哉昔鄭有尉止之亂子西子產父死于朝子西不儆而先赴見譏于典籍子產成列而後出見善于春秋此經典之明義也通典九十八

父母乖離不知存亡議

父子流離存亡未分吉凶無問人道不可終凶宜制權立禮其過盛年之女可聽許嫁其男宜尋求理極道窮乃得聘娶魯文公㠯大祥之月納幣于齊春秋善之傳曰孝也今乖離之子不廢婚禮而末俗多有歡宴之會致貽譏議㠯成疑惑今慎行之士莫知所從求下禮官考詳永爲典式通典九十八

敕作佛象頌議

佛者夷狄之俗非經典之制先帝量同天地多材多藝聊因臨時而畫此象至于雅好佛道所未承聞也盜賊奔突王都隳敗而此堂塊然獨存斯誠神靈保祚之徵然未是大晉盛德之形容歌頌之所先也人臣覩物興義私作賦頌可也今欲發王命敕史官上稱先帝好佛之志下爲夷狄作一象之頌于義有疑焉晉書蔡謨傳彭城王紘上言樂賢堂有先帝手畫佛象經歷寇難而此堂猶存宜敕作頌帝下其議謨議

征西將軍庾亮移鎮石城議

時有否泰，道存屈伸。暴逆之寇雖終滅亡，然當其強盛，皆屈而避之。是以高祖受黜于巴漢，忍辱于平城也。若爭強于鴻門，則亡不終日，故蕭何曰「百戰百敗，不死何待」也。原始要終，歸于大濟而已，豈與當亡之寇爭遲速之間哉？夫惟鴻門之不爭，故垓下莫能與之爭。文王身圮于羑里，故道泰于牧野；句踐見屈于會稽，故威申于強吳。今日之事，亦由此矣。賊假息之命垂盡，而豺狼之力尚彊，宜抗威以待時。或曰：抗威待時，時已可矣。愚以爲時之可否，在賊之強弱；賊之強弱，在季龍之能否。季龍之能否，可得而言矣。自勒初起，則季龍爲爪牙，百戰百勝，遂定中國，境土所據，同于魏世。及勒死之日，將相內外欲誅季龍，季龍獨起于衆異之中，殺嗣主，誅寵臣。內難既定，千里遠出，一攻而拔金墉，再戰而斬石生，禽彭彪，殺石聰，滅郭權，還據根本，內外並定，四方鎮守，不失尺土。詳察此事，豈能乎，將不能也？假令不能者爲之，其將濟乎，將不濟也？賊前

攻襄陽而不能拔，誠有之矣。不信百戰之效，而執一攻之驗，棄多從少，于理安乎？譬若射者，百發而一不中，可謂之拙乎？且不拔襄陽者，非季龍身也，桓平北守邊之將耳。賊前攻之，爭疆埸耳，得之爲善，不得則止，非其所急也。今征西之往，則異于是。何者？重鎮也，名賢也，中國之人所聞而歸心也。今而西度，實有卷席河南之勢，賊所大懼，豈與桓宣同哉？季龍必率其精兵，身來距爭。若欲與戰，戰何如石生？若欲城守，守何如金墉？若欲阻沔，沔何如大江？蘇峻何如季龍？凡此數者，宜詳校之。愚謂石生猛將，關中精兵，今征西之戰不能勝也；金墉險固，劉曜十萬所不能拔，今征西之守不能勝也。又是時兗州、洛陽、關中皆舉兵擊季龍，比今三處反爲其用，方之于前，倍半之舉也。昔石生不能敵其半，而征西欲當其倍，愚所疑也。蘇峻之強，不及季龍；沔水之險，不及大江。大江不能禦蘇峻，而以沔水禦季龍，又所疑也。昔祖士稚在譙，佃于城北，慮賊來

攻，因以爲資，故豫安軍屯以禦其外。穀將熟，賊果至，丁夫戰于外，老弱穫于內，多持炬火，急則燒穀而走。如此數年，竟不得其利。是時賊唯據沔北，方之于今，四分之一耳。士稚不能捍其一，而征西欲禦其四，又所疑也。或云賊若多來，則必無糧。然致糧之難，莫過崤函，而季龍昔涉此險，深入敵國，平關中而後還。今至襄陽，路既無險，又行其國內，自相供給，方之于前，難易百倍。前已經至難，而謂今不能濟其易，又所疑也。然此所論，但說征西既至之後耳，尚未論道路之虞也。自沔以西，水急岸高，魚貫泝流，首尾百里。若賊無宋襄之義，及我未陣而擊之，將如之何？今王士與賊，水陸異勢，便習不同。寇若送死，雖開江延敵，以一當千，猶吞之有餘。宜誘而致之，以保萬全。棄江遠遊，以我所短擊彼所長，懼非廟勝之算。（晉書蔡謨傳：庾亮以石勒新死，欲移鎮石城，爲滅賊之漸，事下公卿，謨議。）

遊當作進。

皇后每年拜陵議

古者皇后廟見而已，不拜陵也。（晉書蔡謨傳）

劍履議

大臣優禮，皆劍履上殿，非侍臣解之，蓋防刃也。（隋書禮儀志七）

荅蘭臺議

被符宜令賀甘露至。不朝者，天雨不朝，禮也。今不朝，則不應賀。（藝文類聚九十八）

非劉劭日蝕不廢朝議（康帝建元元年）

劭論災消異伏，又以梓愼、裨竈猶有錯失，太史上言亦不必審，其理誠然也。而云聖人垂制，不爲變異豫廢朝禮，此則謬矣。災祥之發，所以譴告人君，王者之所重誠，故素服廢樂，退避正寢，百官降服，用幣伐鼓，躬親而救之。夫警戒之事，與其疑而廢之，寧順而行之。故孔子、老聃助葬于巷黨，以喪不見星而行，故日蝕而止柩，曰：安知其不見星也？今史官言當蝕，亦安知其不蝕乎？夫子、老聃先

行見星之防而劭逆廢日蝕之戒是棄聖賢之成規也魯桓公壬申有災而以乙亥嘗祭春秋譏之災事既過猶追懼未已故廢宗廟之祭況聞天眚將至而行慶樂之會于禮乖矣禮記所云諸侯入門不得終禮者謂日官不豫言諸侯既入見蝕乃知耳非先聞當蝕而朝會不廢也劭引此文可謂失其義旨劭所執者禮記也夫子老聃巷黨之事亦禮記所言復違而反之進退無據然荀或所善漢朝所從遂令此言至今見稱莫知其謬矣後來君子將擬以爲準繩故正之云爾（晉書禮志上宋書禮志一通典七十八建元元年太史上元日合朔朝士復疑應卻會與否庾冰輔政寫劉劭議以示八座蔡謨著議非之云云）

四府君遷主議（穆帝永和二年七月）

四府君宜改築別室若未展者當入太廟之室人莫敢卑其祖文武不先不窋殷祭之日征西東面處宜皇之上其後遷廟之主藏于征西之祧祭薦不絕（宋書禮志三）

褚太后敬父議

父子天倫之極尊也君臣人爵之至敬也先王之制不以人爵之貴加于天倫之尊經曰雖天子必有尊也言有父也是以虞舜漢祖雖身爲帝父爲匹夫敬事之禮不異畎畝之中此先聖之遺範也鄭玄注禮言子事父無貴賤又云子不爵父嫌卑之也加其爵位猶所不敢況乃南面而受拜乎今皇太后雖臨朝王者之父本無拜禮（通典六十七）

生不及祖父母諸父昆弟不稅服議

禮大功猶稅況此三親情次于所生服亞于斬縗雖不相見或者音問時通而絕其稅服豈稱情乎夫言生不及者謂彼已沒己乃生耳豈是同時並存之名哉若鄭說不以生年爲主但不相見便爲不及則此祖父即復可言生不及孫而父亦生不及子兄復生不及弟也此辭不順亦已甚矣自古及今未有此言也鄭君見禮文有弟弟不得先兄生不知所以通其義故因而立此說非禮義也吾謂此直長一弟字耳書歷千載又更暴秦錯謬非一王氏說云己生之時祖父母已卒也諸父謂伯叔也昆弟者伯叔之子也此于情爲允又生不及之名亦得通然既謂諸父爲伯叔而復稱伯叔之兄弟于文煩重又不說已聞兄喪當稅與否于制亦闕未盡善也然猶賢乎鄭氏以同時並存爲生不及（通典九十八宋生不及祖父母云云禮小記文通典下文有荀訥答疑此當是與荀訥書未敢定之）

（易子徽當作其易了如曒日六字下接太康初此一篇爲答王濛問之末段）

易子徽

太康初博議王昌前母服云何卞粹以爲母之非親而服三年者非一也前母名同尊正義存配父蓋己生不及故無其制非于義不可也元康中有改葬前母而疑其服司徒左長史胡濟以爲前母父之元妃所生則家之嫡長應制如改葬之服于時二代無曰不允自茲以來行之不殊禮母卒自爲母之黨服母出則不爲母之黨服而爲繼母之黨服故尊其所從則不敢不服服有所逼則不得自伸外服無二而必宜有一如向所論必所繼不及伯叔之黨居然可見矣明以名禮爲制者不計恩逮與否也（通典九十五）

與驃騎何充書

（聞當作見）

公失櫓上人吾亦具之矣在深草中立櫓無故以楯自標令賊聞之而自不得見賊賊不病癡何故不來取邪今令數百步內皆露見布竹箛如蝟毛賊不能飛何得卒至邪（御覽三百三十七）

與庾冰書論贈刁協

夫爵人者宜顯其功罰人者宜彰其罪此古今之所慎也凡小之人猶尚如此刁令中興上佐有死難之名天下不聞其罪而見其貶致令刁氏稱冤此乃爲王敦復讎也內沮忠臣之節論者惑之若實有大罪宜顯其事令天下知之明聖朝不貶死難之臣春秋之義以功補過過輕功重者得以加封功輕過重者不免誅絕功

足驢罪者無黜雖先有邪佞之罪而臨難之日黨于其君者不絕之也孔寍儀行父親與靈公淫亂于朝君殺國滅由此二臣而楚尚納之傳稱有禮不絕其位者君之黨也若刁令有罪重于孔儀絕之可也若無此罪宜見追論或謂明帝之世已見寢廢今不宜復改吾又以為不然夫大道宰世殊塗一致萬機之事或異或同同不相善異不相譏故堯抑元凱而舜舉之堯不為失舜不為非何必前世所廢便不宜改乎漢蕭何之後坐法失侯文帝不封而景帝封之後復失侯武昭二帝不封而宣帝封之近去元年車駕釋奠拜孔子之坐此亦元明二帝所不行也又刁令但是明帝所不贈耳非誅之也王平子第五猗皆元帝所誅而今日所贈豈以改前為嫌乎凡處事者當上合古義下準今例然後談者不惑受罪者無怨耳案周僕射戴征西本非王敦唱檄所讎也事定後乃見害耳周莚郭璞等竝亦非為主禦難也自平居見殺耳皆見褒

贈刁令事義豈輕于此乎自頃員外散騎尚得追贈況刁令位亞三司若先自壽終不失員外散騎之例也就不蒙贈不失以本官殯葬也此為一人之身壽終則蒙贈死難則見絕豈所以明事君之道厲為臣之節乎宜顯評其事以解天下疑惑之論又聞談者亦多謂宜贈凡事不允當而得眾助者若以善柔得眾而刁令麤剛多怨若以貴也刁氏今賤若以富也刁氏今貧人士何故反助寒門而此言之足下宜察此意（晉書刁協傳）

與弟書

軍中耳目當用烽鼓烽可遙見鼓可遙聞形聲相傳須臾百里非人所及想得先知耳近則莪麥者皆當解之而王荀諸人癡頑之甚乃至于是常令人怪之然烽鼓之法當豫敕諸軍見烽聞鼓便嚴而此間恆舉烽之後須文書上言乃符遊軍須被符乃當嚴昔年石頭夜半舉烽至明日食時臺中乃知弟在石頭時禺中舉烽至下晡遊軍故未嚴此即是荀晞等覆車之軌也（藝文類聚八十、御覽三百三十五）

書

祖士言昔在雍丘城內祖約在壽春時賊據雍丘約遣路永將數百人夜緣入雍丘城戰并開墓擔喪踰城出還壽春永之勇如此（御覽四百三十七）

荅劉氏問

劉氏問蔡謨云時人祠有板板為用當主為是神坐之榜題謨荅今代有祠板木乃始禮之奉廟主也主亦有題今板書名號亦是題主之意安昌公荀氏祠制神板皆正長尺一寸博四寸五分厚五寸八分大書某祖考某封之神座夫人某氏之神座以下皆然書訖蠟油炙令入理刮拭之（通典四十八）

劉氏問蔡謨曰非小宗及一家之嫡分張不在一處得立廟不荅

曰宗子在他國而庶子在家則祭先儒說曰有子孫在不可以乏先祖之祀也苟在他國雖是宗子猶不得立廟況非嫡長乎（通典五十一）

荅范朗難

范朗問蔡謨曰甲有庶兄乙為人後甲妹景已許嫁而未出今乙亡如鄭玄意已許嫁便降旁親者景今應為乙服小功本是周親甲今如禮可得嫁景不蔡荅曰案經大功之末可嫁子不言降服後有異也兄在大功嫁降服小功之妹猶父在大功嫁小功之女也謂甲今嫁景于禮無違范難曰禮小功不稅降而小功則稅之又小功不易喪之練冠而長殤中殤之小功則變三年之葛又小功之末可以娶妻而下殤之小功則不可據此數事則明降服所施各異今子同之其禮何居蔡荅曰夫服有降有正此禮之常也若其所施必皆不同則當舉其一例無為復說稅與娶也今而然

者明其所施有同有異不可以一例舉故隨事而言之也鄭君以爲下殤小功不可娶者本齊縗之親案長殤大功亦齊縗親而禮但言下殤不可以娶而不言長殤不可以嫁明殤之服雖不可娶而可嫁也所以然者陽唱陰和男行女從和從者輕唱行者重二者不同故其制亦異也范又難曰禮舉輕以明重下殤猶不可言娶長殤大功何可以嫁之禮所謂大功未者唯正服大功未耳蔡荅曰殤不可娶妻者謂己身也吾言殤可以嫁子者謂女父也身自行之于事爲重但施于子其理差輕然則下殤之不娶未足以明長殤之不嫁也。通典六十。

荅王濛問

前母之黨應爲親不疑喪服但問尊卑長幼拜敬之禮也代多此事但所不同惠帝時尚書令滿武秋是曹彥眞前母之兄而不爲內外之親相見如他人吾昔以問江思悛悛以爲人不疑繼母之黨而疑前母者以不相及也繼祖母亦有不相及者而皆與其黨爲親何至前母而獨疑之吾謂此言是魏時長沙人王毖身在中國遇吳魏隔絕更娶妻生昌昌父母亡後吳平聞毖前妻久亡昌爲前母追服時人疑之武皇帝詔使朝臣通議安平獻王孚以爲禮與祖父母離隔未嘗相見者不追如獻王此議則前母之黨不應爲親也獻王所據是鄭氏之說吾謂鄭義爲失時卞仁劉叔龍議謂昌應服三年吾以卞劉議爲允何琦前母黨議曰夫子曰必也正名乎正名者理道之本禮之大者也文條或闕而附例可明禮云生不及祖父母昆弟而父稅喪己則不若與祖乖違父既歿而聞喪豈可拘以本制不稅而廢其正服乎若未生而伯叔母終今爲伯叔父後繼嗣之道雖同原情之實則異今必從于所養而反疑于爲本乎諸侯國人生不及先代之君于其陵廟亦必曰君也此公義之正名也前母之尊固家人正稱也。通典九十五。

荅族父是姨弟爲服問

問者曰乙是甲族兄子也二人之母則姊妹也以外親言之則是從母之子應服緦麻以同宗言之則六代之親知禮無服今甲亡乙應制服否謨案禮記云同姓從宗合族屬異姓主名理際會先儒說曰異姓謂來嫁者也正其母與婦之名也記又云其夫屬乎父道者妻皆母道也今甲之父與乙于班爲祖族則其妻亦有祖母之名不復得爲從母也凡親屬之名妻從其夫子從其母不得爲從母則子亦不得爲從母之子也親名正服亦隨之謂乙應從同宗六代之制不應服也難者曰禮所云異姓主名理際會本是他人唯以來嫁爲親故尊卑親疏從其所適至于從母者骨肉之親小功服也今以所適無服之親便從無服之制是以疏奪親也適他人者猶爲之服來適同宗而便絕之豈其理乎荅曰禮大夫之娶皆有姪姊而大夫之子于庶母無服若論本親則此庶母亦是從母也今皆來爲父妾則廢從母之名而從庶母之稱絕小功之服而從無服之制此禮之成典也推此而論知適他人者從其本親來適同宗則從其所適不得係本此所謂異姓主名理際會者也。通典九十五。

荅或問

或問改葬服緦今甲當遷葬而先有兄喪在殯爲當何服謨荅亦應服緦禮三年之喪既練而遭緦麻之喪則服其服往哭之凡喪相易皆以重易輕至于此事則以輕易重所以然者臨其喪故也卑者猶然況至尊乎謂甲臨葬應改服緦麻。通典一百二。

已拜時成婦論

古人君爵命其臣在遠則遣使太公既封齊五侯九伯實得征之即王使召康公所命也至今詔使拜授亦當如此豈有疑乎易曰家有嚴君父母之謂今壻父命使拜其婦女父遣女拜受此命即

是太公受命于召康公令人拜爵于詔使也而云未拜舅姑未爲成婦然則太公未拜周王亦非方伯乎不脩婦禮是其失耳至于是婦與非自當㠯典禮爲正安得從彼所行假令太公不行臣禮王者便當不臣之乎謂拜壻之宗親與拜舅姑于禮無異通典五十九

防墓論

學者疑此久矣王氏又㠯爲不然王肅聖證論曰孔子少孤不知其墓肅解曰聖人而不知其父死之與生生不求養死不奉祭斯不然矣謨㠯爲聖人雖鑒照至于訓世言行皆不聖之事也故咨四岳訪箕子攷蓍龜每事問皆其類也不知墓者謂兆域之閒耳防墓崩者謂墳土耳言古不修墓者謂本不崩無所修非崩而不修也今崩而後修故譏焉此自譏崩非譏修也夫子言此者稱古㠯責躬也通典一百三

全晉文卷一百十四終

全晉文卷一百十五

烏程嚴可均校輯

王接

接字祖游河東猗氏人為郡主簿轉功曹史永康初為司隸從事 晉書作出補都官從事今從通典 永寧初舉秀才不試除中郎補征虜司馬轉臨汾公相永安初徵為尚書殿中郎未至而卒

為愍懷太子服議

愍懷太子雖已建立所謂傳重而非正體者也依喪禮及鄭氏說制服不得與嫡同應從庶例天子諸侯不為庶子服聖上于愍懷無服之喪難者曰君父立之與后所生同矣焉有既為太子而復非嫡乎荅曰嫡庶定名非建立所易喪服庶子為其母緦不言嫡子為其妾母而曰庶子為其母許其為後庶名猶存矣 通典八十一司隸從事王接議

贈卹嵇紹議

夫謀人之軍軍敗則死之謀人之國國危則亡之古之道也蕩陰之役百官奔北惟嵇紹守職以遇不道可謂臣矣又可稱痛矣今山東方欲大舉宜明高節以號令天下依春秋褒三累之義加紹致命之賞則遐邇向風莫敢不肅矣 晉書王接傳

報潘滔書

今世道交喪將遂剝亂而識智之士鉗口韜筆禍敗日深如火之燎原其可救乎非榮斯行欲極陳所見冀有覺悟耳 晉書王接傳

王諐期

諐期字門子接子咸和初為溫嶠江州督護咸康初為庾亮征西司馬補南郡太守封辰陽伯入為散騎常侍有集十卷

懷秋賦

去時來時慘淒悼秋氣之可悲 御覽二十五

者字衍

靴當作鞉

父母乖離議

今雖父子分乖存亡不定昔宋岱與母離隔吳平其母尚存推此安可必其無異乎故先明授受不廢謂宜使婚宦及時也 通典九十八

陳誄後妻之子為前妻服議

案禮不二嫡故惠公元妃孟子孟子卒繼室以聲子諸侯猶爾況庶人乎士喪禮曰繼母本實繼室故稱繼母事之如嫡故曰如母也誄不能遠慮避難以亡其妻李氏非犯七出見絕于誄始不見絕終又見迎養姑于堂子為首嫡列名黃籍則誄之妻為誄也妻則為暉也母暉之制服無所疑矣禮為繼母服而不為前母服者如李比類曠世所希前母既終乃有繼母後子不及前母故無制服之文然礿祠烝嘗未有不以前母為母者亡猶母之況其存乎誄有老母不可以莫之養妻無歸期納妾可也李雖沒賊尚有生冀誄尋求之理不盡而便娶妻誠誄之短也然隴畝之夫不達

禮義考之傳記不勝施孝叔之妻失身于郤犨而不棄者以非其罪也誄有兩妻非故犯法李鄙野人而能臨危請活姑命險不忘順可謂孝婦矣議者欲令在沒略之中必全苦操有隕無二是望凡人皆為宋伯姬也誄雖不應娶妻要以嚴為妻妻則繼室本非嫡也雖云非嫡義在始終寧可以誄不應二妻而已涉二庭乎若能下之則趙姬之義若云不能宜當有制先嫡後繼有自來矣衆議貶譏太峻故略序異懷 晉書禮志中通典八十九

降幕祠議

琵琶出于弦靴笙簧基于絲竹 御覽五百八十三

劉隗

隗字大連彭城人起家祕書郎遷冠軍將軍彭城內史元帝鎮江左以為從事中郎隨府遷丞相司直晉國建拜御史中丞大興初兼侍中賜爵都鄉侯出為丹陽尹尋遷鎮北將軍都督青

結當作納

徐幽平四州軍事、假節、加散騎常侍、鎮泗口。王敦內逼、奔石勒。爲從事中郎、太子太傅、有集二卷。

上言王籍周喪娶妻事

文學王籍有叔母服、未一月、結吉娶妻、虧俗傷化、宜加貶黜、輒下禁止。妻父周嵩知籍有喪而成婚、無王孫恥奔之義、失爲父之道。王廙王彬于籍親則叔父、皆無君子幹父之風、應清議者任之鄉論。（通典六十、司直劉隗上言。）

奏劾祖約

約幸荷殊寵、顯位選曹、銓衡人物、衆所具瞻、當敬以直內、義以方外、杜漸防萌、式遏寇害、而乃變起蕭牆、患生婢妾、身被刑傷、虧其膚髮、羣小噂嗒、醜聲遠被、塵穢清化、垢累明時。天恩含垢、猶復慰喻、而約違命輕出、既無明智以保身、又孤恩廢命、宜加貶黜、以塞衆謗。（晉書祖約傳、約妻無男而性妒、約亦不敢違忤。嘗夜寢于外、忽爲人所傷、疑其妻所爲、約求去職、帝不聽、約便從右司馬營東門私出、司直劉隗劾。）

奏劾梁龕

夫嫡妻長子、皆杖居廬、故周景王有三年之喪、既除而宴、春秋猶譏、況龕匹夫、暮宴朝祥、慢服之愆、宜肅喪紀之禮、請免龕官、削侯爵。顗等知龕有喪、吉會非禮、宜各奪俸一月、以肅其違。（晉書劉隗傳、廬江太守梁龕明日當除婦服、今日請客奏伎、丞相長史周顗等三十餘人同會、隗奏。）

奏劾阮抗宋挺

挺蔑其死主而專其室、悖在三之義、傷人倫之序、當投之四裔、以禦魑魅、請除挺名、禁錮終身。而奮武將軍太山太守阮抗請爲長史、抗經文緯武、剖符東藩、當庸勳忠良、昵近仁賢、而褒求贓汙、舉頑用嚚、請免抗官、下獄理罪。（晉書劉隗傳、丞相行參軍宋挺、本揚州刺史劉陶門人、陶亡後、挺娶陶愛妾以爲小妻、建興中、挺又盜割官布六百餘匹、正刑棄市、遇赦免、既而奮武將軍阮抗請爲長史、隗劾奏、奏可。）

奏請追除宋挺名

符旨挺已喪亡、不復追貶、愚蠢意闇、未達斯義。昔鄭人斲子家之棺、漢明追討史遷、經傳褒貶、皆追書先世、數百年間、非徒區區欲釐當時、亦將作法垂于來世、當朝亡夕沒、便無善惡也。請曹如前追除挺名爲民、錄妾還本、顯證惡人、班下遠近。（晉書劉隗傳、挺病死、隗又奏、從之。）

奏劾周莚劉胤李匡

古之爲獄、必察五聽、三槐九棘、以求民情、雖明庶政、不敢折獄。死者不可復生、刑者不可復續、是以明王哀矜用刑。曹參去齊、以市獄爲寄。自頃蒸荒、殺戮無度、罪同斷異、刑罰失宜。謹案行督運令史淳于伯刑血著柱、遂逆上終極柱末二丈三尺、旋復下流四尺五寸、百姓諠譁、士女縱觀、咸曰其冤。伯息忠訴辭稱枉、云伯督運訖去、二月事畢、代還、無有稽乏、受賕使役、罪不及死、軍是戍軍、非爲征軍、以乏軍興論、于理爲枉。四年之中、供給運漕、凡諸徵發租調百役、皆有稽停、而不以軍興論、至于伯也、何獨明之。捶楚之下、

無求不得、囚人畏痛、飾辭應之。理曹國之典刑、而使忠等稱冤明時。謹案從事中郎周莚、法曹參軍劉胤、屬李匡、幸荷殊寵、並登列曹、當思敦奉政道、詳法慎殺、使兆庶無枉、人不稱訴、而令伯枉同周青、冤魂哭于幽都、訴靈恨于黃泉、嗟歎甚于杞梁、血妖過于崩城、懷情抱恨、雖沒不忘、故有殞霜之應、（已上三句從文選王融永明九年策秀才文注引王隱晉書補改。）夜哭之鬼、伯有晝見、彭生爲豕、刑殺失中、妖眚並見、以古況今、其揆一也。皆由莚等不勝其任、請皆免官。（晉書劉隗傳、建興中、丞相督運令史淳于伯而血逆流、隗又奏。）

奏劾周顗

顗幸荷殊寵、列位上寮、當崇明憲典、協和上下、刑于左右、以御于家邦、而乃縱肆小人、羣爲凶害、公于廣都之中、白日刃尉、遠近讻嚇、百姓諠譁、虧損風望、漸不可長。既無大臣檢御之節、不可對揚休命、宜加貶黜、以肅其違。（晉書劉隗傳、周嵩嫁女、門生斷道解廬、斫傷二人、建康左尉赴變、又被斫、隗劾。）

嵩兄顗云云

奏定父母乖離制

諸軍敗亡失父母未知吉凶者不得營宮歡樂皆使心喪有犯君子廢小人戮通典九十八御史中丞劉隗奏上

荅王敦書

魚相忘于江湖人相忘于道術竭股肱之力效之以忠貞吾之志也晉書劉隗傳

劉波

波字道則隗孫初仕石虎參冠軍將軍王洽軍事虎死與洽南歸穆帝以爲襄城太守累遷桓沖中軍諮議參軍尋爲建威將軍淮南內史鎮石頭除尚書左丞不拜轉冠軍將軍南郡相免後復爲冠軍將軍累遷散騎常侍苻堅敗出督淮北諸軍冀州刺史以疾未行卒追贈前將軍

上孝武帝疏

臣聞天地以弘濟爲仁君道以惠下爲德是以禹湯有身勤之績唐虞有在予之誥用能惠被蒼生勳流後葉宣帝開拓洪圖始基成命爰及文武厤數在躬而猶虛心側席卑己崇物然後知積累之功重勤王之業艱先君之德弘貽厥之賜厚惠皇不懷委政內任遂使神器幽淪三光翳曜園陵懷九泉之慼宮廟集胡馬之跡所謂肉食失之于朝黎庶暴骸于外也賴元皇帝神武應期祚隆淮海振乾綱于已墜紐絕維而更張陛下承宣帝闢始之宏基受元帝克終之成烈保大定功戢兵靜亂故使負鱗橫海之鯨僭位滔天之寇望雲旗而冐潰覩太陽而霧散巍巍蕩蕩人無名焉而頃年已來天文違錯妖怪屢生會稽先帝本封而地動經年昔周之文武有魚烏之瑞君臣猶懷震悚況今災變衆集曾莫之疑公旦有勿休之誡賈誼有積薪之喻臣鑒先徵竊惟今事是以敢肆

狂瞽直言無諱往者先帝以玄風御世責成羣后坐運天綱隨化委順故忘日計之功收歲成之用今禮樂征伐自天子出相王賢儁協和百揆六合承風天下嚮振而鈞臺之詠弗聞景亳之命未布將羣臣之不稱陛下用之不盡乎凡聖王之化莫不敦崇忠信存正棄邪傷化敗俗者雖親雖貴必疏而遠之清公貞脩者雖微雖賤必親而近之今則不然此風既替利競滋甚朋黨比周毀譽交興鑽求苟進人希分外見賢而居其上受祿每過其量希旨承意者以爲奉公共相讚白者以爲忠節舉世見之誰敢正言陛下不明必行之法以絕穿鑿之源者恐脫因疲倦以誤視聽且苻堅滅亡于今五年舊京殘毀山陵無衞百姓塗炭未蒙拯援伏願遠覩漢魏衰滅之由近覽西朝傾覆之際超然易慮爲于未有則靈根永固社稷無虞臣豈誣一朝之人皆無忠節但任非其才求之不至耳今政煩役殷所在凋弊倉廩空虛國用傾竭下民侵削流亡相屬略計戶口但咸安已來十分去三百姓懷蜉蝣之歎下泉興周京之思昔漢宣有云與我共治天下者其惟良二千石乎是以臨下有方者就加璽贈恡苛政亂者恤刑不赦事簡于上人悅于下今則不然告時乞職者以家弊爲辭振窮恤滯者以公爵爲施古者爲百姓立君使之司牧今者以百姓恤君使之鬻食至乃貪汚者謂之清勤慎法者謂之怯劣何反古道一至于此陛下雖躬自節儉哀矜于上而羣寮肆欲縱心于下六司垂翼三事拱默故有識者覩人事以歎息觀天眚而大懼昔宋景退熒惑之災殷宗消鼎雊之異伏願陛下仰觀大禹過門之志俯察商辛沈湎之失遠思國風恭公之刺深惟定姜小臣之喻暫迴聖恩大詢羣后延納衆賢訪以得失令百寮率職人言損益察其所由觀其所以審識羣才助鼎和味克念作聖以荅天休則四海宅心天下幸甚臣亡祖先臣隗昔荷殊寵匪躬之操猶存舊史有志無時懷恨黃

泉及臣凡劣復蒙罔極之眷恩隆累世實非糜身傾宗所能上報前作此表未及得通暴嬰篤疾恐命在奄忽貪及視息望達愚情氣力惙然不能自宣（晉書劉波傳）

張闓

闓字敬緒丹陽人吳輔吳將軍昭之曾孫元帝鎮江左引爲安東將軍丞相從事中郎帝爲晉王拜給事黄門侍郎賜爵丹陽縣侯遷侍中太興初出爲晉陵內史免起爲大司農咸和初遷尚書吕討蘇峻功加散騎常侍賜爵宜陽伯遷廷尉拜金紫光祿大夫有集二卷

列侯不臣藩國表

昔爲晉陵內史在東海國封內時世孫幼小太妃秉政前史內遷授除拜日及當時之官皆上疏拜閤純執臣之禮闓自吕雖爵有五等然執珪受瑞俱爲列國無相臣之體又晉制拜列侯爲相內史于天朝不日陪于藩國不稱臣臣吕從古則懼有行簡之譏隨俗有恐失君臣之訓經國垂範宜有定準乞出臣表下八座參詳答報

（史內當作內史）

于氏養兄子率爲後議

賀嶠妻于氏表與羣妻陶氏所稱不同陶辭嶠妻于氏無子夫羣命小息率爲嶠嗣一年嶠妾張生纂故驃騎將軍顧榮謂羣嶠已有男宜使率還問與爲人後者不故司空賀循取從子紘爲子鞠養之恩皆如率循後有晚生子遣紘歸本率今欲嶠卽便見遣于表養率吕爲己子非謂爲人後立六義十疑吕明爲後不竝存之稱生言長嫡死乃言後存己異名又云乞養人子而不吕爲後見于何經名不虛立當有所附吕古者無此事也今人養子皆吕爲後于又云爲人後者族人選支子爲之嗣非謂如率爲嫡先定庶幼後生而吕爲議此乃正率宜去非所吕明其應留也且率吕若子之輕義奪至親之重恩是不可之甚也于知禮無養子之文故欲因今世乞子之名而博引非類之物爲喻謂養率可得自然成子避其與後之譏乎（通典六十九）

（己當作亡）

難荀奕駮陳留出城夫

昔宋不城周春秋所譏特錫非體宜應減夫（晉書荀奕傳時將繕宮城尚書符下陳留王使出城夫荀奕駮云云尚書張闓僕射孔愉難奕云云奕重駮云云）

孫惠

惠字德施吳國富陽人吳大帝之族曾孫永寧初從齊王冏起義討趙王倫吕功封晉興縣侯辟大司馬戶曹掾轉東曹掾辭疾去成都王穎薦爲大將軍參軍領奮威將軍白沙督東海王越吕爲記室參軍除散騎郎太子中庶子補司空從事中郎遷太傅軍諮祭酒除祕書監不拜轉彭城內史廣陵相遷廣武將軍安豐內史吕迎大駕功封臨湘縣公元帝初吕擅殺何銳奔入蠻中有集十一卷

百枝燈賦

睟若雲停爛已星布（藝文類聚八十）

楠榴枕賦

委之玳瑁席停之象牙牀（御覽八百七）

體非一變姿難稱學蜿若蟠虯闢似駮鷄氤氳雲霧旁成山岳（北堂書鈔一百三十四引孫惠棚榴枕賦陳禹謨本改作楠榴枕吕御覽校之改是）

鑵車賦

惟工藝之多門偉英麗乎創㓝擬老氏之共轂兮應天運吕迴行秉轉屈吕成歸兮不辭勞吕自傾故其用同造物功參天地軒轅垂衣因斯吕濟衮冕龍旂用康上帝勳存王室惠流皁隸覲口微風興于輪端霧雨散于轂輻制已靈木絡吕奇竹危朝日吕投員今準暈月吕造象若洪輪之仕雍兮似蜘蛛之結網爾乃才藝妻

（歸當作規）（仕當作在）

皎當作皓

鳴當作吟

妾工巧是嘉。或口緜組。或匹綾羅。舒皎腕于輕輪兮。搏擬景乎鏡華。絲成妙于指端兮。號推幽而相和。象蟋蟀之鳴戶兮。類寒蟬之鳴家。御覽八百二十五。

龜賦 初學記作龜言賦

有緇衣之大夫兮。衣玄黼之衣裳。乘輕車之岌岌兮。駕雲霧而翺翔。風雨爲之雹奮兮。五色赫㠯焜煌。初學記三十。御覽九百三十一。

泛舟于清泠之淵。垂竿于巖㵎之下。文選謝朓始出尚書省詩注。

諫齊王冏

惠聞天下五難四不可。而明公皆㠯居之矣。捐宗廟之主。忽千乘之重。躬貫甲冑。犯冒鋒刃。此一難也。奮三百之卒。決全勝之策。集四方之眾。致英豪之士。此二難也。舍殿堂之尊。居單幕之陋。安囂塵之慘。同將士之勞。此三難也。驅烏合之眾。當凶彊之敵。任神武之略。無疑阻之懼。此四難也。檄六合之內。著盟信之誓。升幽宮之帝。復皇祚之業。此五難也。大名不可久荷。大功不可久任。大權不可久執。大威不可久居。未有行其五難而不㠯爲難。遺其不可而謂之爲可。惠竊所不安也。自永熙㠯來。十有一載。人不見德。惟戮是聞。公族構篡奪之禍。骨肉遭梟夷之刑。郡王被囚檻之困。妃主有離絕之哀。歷觀前代國家之禍。至親之亂。未有今日之甚者也。良史書過。後嗣何觀。天下所㠯不去于晉。符命長存于世者。主無嚴虐之暴。朝無酷烈之政。武帝餘恩。獻王遺愛。聖慈惠和。尚經人心。四海所係。實在于茲。今明公建不世之義。而未爲不世之讓。天下惑之。思求所悟。長沙成都。魯衛之密。國之親親。與明公計功受賞。尚不自先。今公宜放桓文之勳。邁臧札之風。芻狗萬物。不仁其化。崇親推近。功遂身退。委萬機于二王。命方嶽于羣后。燿義讓之旗。鳴思歸之鑾。宅大齊之墟。振泱泱之風。垂拱青徐之域。高枕營丘之藩。金石不足㠯銘高。八音不足㠯贊美。姬文不得專聖于前。

太伯不得獨賢于後。今明公忘亢極之悔。忽窮高之凶。棄五嶽之安。居累卵之危。外㠯權勢受疑。內㠯百揆損神。雖處高臺之上。逍遙重仞之墉。及其危亡之憂。過于穎翟之慮。羣下竦戰。莫之敢言。惠㠯衰亡之餘。遭陽九之運。甘矢石之禍。赴大王之義。脫褐冠冑。從戎于許。契闊戰陣。功無可記。當隨風塵待罪初服。屈原放斥。心存南郢。樂毅適趙。志戀北燕。況惠受恩偏蒙識養。雖復暫違。情隆二臣。是㠯披露血誠。冒昧干迕。言入身戮。義讓功舉。退就鈇鑕。此惠之死賢于生也。晉書齊王冏傳。

詭稱南嶽逸士秦祕之㠯書干東海王越

天禍晉國。遘茲厄運。歷觀危亡。其萌有漸。枝葉先零。根株乃斃。伏惟明公。睿敏哲之才。應神武之略。承衰亂之餘。當傾險之運。側身昏讒之俗。跼蹐凶諂之閒。執夷正立。則取疾姦佞。抱忠懷直。則見害賊臣。餔糟非聖性所堪。苟免非英雄之節。是㠯感激于世。發憤忘身。抗辭金門。則謇諤之言顯。扶翼皇家。則匡主之功著。事雖未集。大命有在。夫㠯漢祖之賢。猶有彭城之恥。魏武之能。亦有濮陽之失。孟明三退。終于致果。句踐喪眾。期于擒吳。今明公名著天下。聲振九域。公族歸美。萬國宗賢。加㠯四王齊聖。仁明篤友。急難之感。同獎王室。股肱爪牙。足相維持。皇穹無親。惟德是輔。惡盈福謙。鬼神所讚。㠯明公達存亡之符。察成敗之變。審所履之運。思天人之功。虎視東夏之藩。龍躍海隅之野。西諸河閒。南結征鎮。東命勁吳銳卒之富。北有幽并率義之旅。宣喻青徐。啟示羣王。旁收雄俊。廣延秀傑。糾合攜貳。明其賞信。仰惟天子。蒙塵鄴宮。外矯詔命。擅誅無辜。豺狼篡噬。其事無遠。夫心火傾移。喪亂可必。太白橫流。兵家攸杖。歲鎮所去。天厭其德。玄象著明。讁譴彰見。違天不祥。奉時必勉。明公思安危人神之應。慮禍敗前後之徵。弘勞謙日昃之德。躬吐握求賢之義。傾府竭庫。㠯振貧乏。將有濟世之才。渭濱之士。

政當作致

含奇謨于朱脣，握神策于玉掌，逍遥川嶽之上，㠯俟眞人之求。自想不世之佐，耳聽非常之輔，舉而任之，則元勳建矣。祕之不天，值此衰運，竊慕墨翟申包之誠，跋涉荆棘，重繭而至，櫛風沐雨，來承禍難。思㠯管穴毗佐大猷，道險時否，未敢自顯，伏在川泥，繫情宸極。謹先白箋，㠯啟天慮。若猶沈吟，際會徘徊，二端徼倖，在險請從恕宥之例。明公今旋軫臣子之邦，宛轉名義之國，指麾則五嶽可傾，呼噏則江湖可竭，況履順討逆，執正伐邪，是烏獲摧冰，賁育拉朽，猛獸吞狐，泰山壓卵，因風燎原，未足方也。今時至運集，天與神助，復不能鵲起于慶命之會，拔劍于時哉之機，恐流濫之禍，不在一人。自先帝公王，海內名士，近者死亡，皆如蟲獸，尸元鬼于糞壤，形骸捐于溝澗，非其口無忠貞之辭，心無義正之節，皆希目下之小生而惑終焉之大死。凡人知友，猶有刎頸之報，朝廷之內，而無死命之臣，非獨祕之所恥，惜乎晉世之無人久矣。今天下喁喁，四海注目，社稷危而復安，宗廟替而復紹，惟明公兄弟能弘濟皇猷，國之存亡，在斯舉矣。祕之㠯不才之姿，而值危亂之運，竭其狗馬之節，加之忠貞之心，左屬平亂之鞬，右握滅逆之矢，控馬鵠立，計日俟命，時難獲而易失，機速變而成禍，介如石焉，寶無終日，自求多福，惟君裁之。晉書孫惠傳

為東海王討成都王檄文

穎稟性强暗，增崇位號，阿比奄官，專任孟政，遂使恣睢，殺活由己，疾諫好讒，小人滿側，官㠯賄成，位㠯錢獲，囚㠯貨生，獄㠯幣解，百官卷舌，朝野隱伏。案穎之罪，書記未有，禍甚叔帶，逆隆魯桓。爲子則不孝，爲臣則不忠，爲弟則不順，爲主則不仁，四惡具矣，豺狼之性，有甚無悛。藝文類聚五十八

與淮南內史朱誕書

馬援擇君，凡人所鬧，不意三陸相攜暴朝，殺身傷名，可爲悼歎。吴志陸抗傳注。

不意三陸相攜闇朝，一旦湮滅，道業淪喪，痛酷之深，荼毒難言。國喪俊望，悲豈一人。晉書陸雲傳

三馬哀辭序

余于物特所留心，而所服三馬，壹時離羈，感田子之愛，遂作哀文云爾。御覽三百五十九

祭金鼓文

赫矣皇威，用伐不庭，金鼓麾旗，㠯昭其聲。御覽三百三十八

全晉文卷一百十五終

全晉文卷一百十六

烏程嚴可均校輯

高齊

齊永寧中爲中書侍郎

沖太孫殤服議

太孫自是無服之殤不應制服此禮之明義宜從㠯日易月之制 通典八十二

杜弢

弢字景文蜀郡成都人初爲別駕永寧中刺史羅尚舉秀才㠯謀不用致板而歸後爲醴陵令流民共推爲主自稱梁益二州牧平難將軍湘州刺史元帝使王敦陶侃等討降之詔加巴東監軍復叛爲陶侃所破逃遁不知所在

自湘中與監軍栁純書

前諸人不能寬李特一年又不㠯徐士權爲汶山太守而屯故如此謂失之豪釐差㠯萬里斯言有佀然必不㠯杜漸爲恨者流民初西當承詔書閉關不入其次易代趙廞選宜內遣平西縣竹之會聽王敦之計少可㠯寧豪釐之覺非彼之謂也 華陽國志八又見十六國春秋七十六

遺應詹書

天步艱難始自吾州州黨流移在于荆土其所遇値蔑之如遺頓伏死亡者略復過半備嘗荼毒足下之所鑒也客主難久嫌隙易構不謂樂鄉起變出于不意時與足下思散疑結求擒其黨帥惟患算不經遠力不陷堅耳及在湘中懼死求生遂相結聚欲守善自衞天下小定然後輸誠盟府尋山公鎮夏口即具陳之此公鑒開塞之會察窮通之運納吾于衆疑之中非高識玄覩孰能若此西州人士得沐浴于清流豈惟滌蕩瑕穢乃骨肉之施此公薨逝

斯事中廢賢愚痛毒竊心自悼欲遣滕永文張休豫詣大府備列起事㠯來本末但恐貪功徇名之徒將讒間于聖主之聽戮吾使于市朝㠯彰叛逆之罪故未敢遣之而甘陶卒至水陸十萬旌旗曜于山澤舟艦盈于三江威則威矣然吾衆竊未㠯爲懼晉文伐原㠯全信爲本故能使諸侯歸之陶侃宣赦書而繼之㠯進討豈所㠯崇奉明詔示軌憲于四海遍向義之夫㠯爲叛逆之虜蹤思善之衆㠯極不赦之責非不戰而屈人之算也驅烏合欲與必死者求一戰未見爭衡之機權也吾之赤心貫于神明西州人士卿粗悉之耳寧當令抱枉于時不證于大府耶昔虞卿不榮大國之相與魏齊同其安危司馬遷明言于李陵雖刑殘而無慨足下抗威千里聲播汶衡進宜爲國思靖難之略退與舊交措枉直之正不亦綽然有餘裕乎望卿騰吾箋令時達盟府遣大司光臨使吾得披露肝膽沒身何恨哉伏想盟府必結紐于紀綱爲一匡于聖世使吾廁列義徒負戈前驅迎皇輿于閶闔埽長蛇于荒裔雖死之日猶生之年也若然先清方夏御定中原吾得一年之糧使泝流西歸夷李雄之逋寇脩禹貢之舊獻展微勞㠯補往愆復州邦㠯謝鄉國亦其志也惟所裁處耳吾遠州寒士與足下出處殊倫誠不足感神交而濟其傾危但顯吾忠誠則汶嶽荷忠順之恕衡湘無伐叛之虞隆足下宏納之望拯吾徒陷溺之艱焉可金玉其音哉然顒顒之餘萬口亦勞瘁于警備思放逸于南畝矣衡嶽江湘列吾左右若往言有貳血誠不亮益梁受殃不惟鄙門而已 晉書杜弢傳弢與王敦等數十戰將士多物故弢請降帝不許弢遺應詹書

李猛

猛朱提大姓爲太中大夫太安初逐太守雍約㠯叛尋降爲李毅所殺

與李毅牋

生長遐荒，不達禮教，徒與李雄和光合勢，雖不能營師五丈，略地渭濱，冀北斷褒斜，東據永安，退攻靈符，晉德長久，誠非狂夫所能干，輒表革面歸皋有司。華陽國志四。

詒毛詵李叡書

昔魯侯不道，季氏出之，天之愛民，君師所治，知足下追踵古人，見賢思齊，足下箕帚，枉慹吾郡。華陽國志四：太安元年，鐵官令毛詵、李叡逐建寧太守杜俊，以叛，猛詒之書。

孫辨

辨，江陽人，太安初爲永昌從事。

上言應復寧州

南中形勢，七郡斗絕，晉弱夷強，加其土人屈塞，應復寧州，以相鎮慰。華陽國志四。

脩肅

肅，廬陵人，永興初爲典書令。

勸進懷帝爲皇太弟

二相經營王室，志寧社稷，儲貳之重，宜歸時望，親賢之舉，非大王而誰？清河幼弱，未允衆心，是以既升東宮，復贊藩國，今乘輿播越，二宮久曠，常恐氐羌飲馬于涇川，螘衆控弦于霸水，宜及吉辰，時登儲副，上翼大駕，早寧東京，下允黔首喁喁之望。晉書懷帝紀：永興元年，立爲皇太弟，以清河王覃本太子也，懼不敢當，典書令廬陵脩肅云云。

諸葛恢

恢字道明，琅邪陽都人，魏司空誕孫，惠帝時試守即丘長，轉臨沂令，避亂江左，元帝爲安東將軍，以爲主簿，再遷江寧令，懷帝時以討周馥功封博陵亭侯，歷鎮東參軍，愍帝時元帝承制，調爲會稽太守，太興中拜中書令，出爲丹陽尹，免，明帝時拜侍中，加奉車都尉，封建安伯，尋拜後將軍、會稽內史，徵爲侍中，遷左民尚書、武陵王師、吏部尚書，累遷尚書右僕射，加散騎常侍、銀青光祿大夫，領選本州大中正，尚書令，成帝即位，加侍中、金紫光祿大夫，卒，贈左光祿大夫、儀同三司，謚曰敬。有集五卷。

表

詔云：行當別離，以爲悵罔，分致氍毹一，劍一，琉璃椀一，貴達心願。錄之天恩罔極，天地施鈞，不異遠近。藝文類聚七十三。

詔賜恢白甌二枚。御覽七百五十九引諸葛恢集。

天恩賜廣州白盌。御覽七百六十引諸葛恢集。

天恩罔極，特賜纖絺細竹。御覽八百十九。

戴邈

邈字望之，廣陵人，驃騎將軍淵弟，惠帝時舉秀才，遷太子洗馬，出補西陽內史，永嘉中元帝版行邵陵內史、丞相軍諮祭酒，建武初出爲征南軍司，加散騎常侍，大興中代劉隗爲丹陽尹，永昌初加左將軍，大寧中拜尚書僕射，卒，贈衛將軍，謚曰穆。有集

五卷。

上表請立學校

臣聞天道之所運，莫大于陰陽；帝王之至務，莫重于禮學。是以古之建國，敎學爲先，國有明堂辟雍之制，鄉有庠序黌校之儀，皆所以抽導幽滯，啟廣才思，蓋以六四有困蒙之吝，君子大養正之功也。昔仲尼列國之大夫耳，興禮脩學于洙泗之間，四方髦俊斐然向風，受業身通者七十餘人，自茲以來，千載寂漠，豈天下小于魯國，賢哲乏于曩時，厲與不厲故也。自頃國遭無妄之禍，社稷有綴旒之危，寇羯飲馬于長江，凶狡虎步于萬里，遂使神州蕭條，鞠爲茂草，四海之內，人跡不交，霸王有旰食之憂，黎元懷荼毒之痛，戎首交并于中原，何遽籩豆之事哉！然三年不爲禮，禮必壞；三年不爲樂，樂必崩，況曠載累紀，如此之久邪！今末進後生，目不覩揖讓升降之禮，耳不聞鐘鼓管絃之音，文章散滅，胡馬之足，圖讖無復

子遺于世，此蓋聖達之所深悼，有識之所咨嗟也。夫治世尚文，遭亂尚武，文武遞用，長久之道，譬之天地昏明之迭自古以來，未有不由之者也。今或以天下未壹，非興禮學之時，此言似是而非。夫儒道深奧，不可倉卒而成，古之俊乂，必三年而通一經，比須寇賊清夷，天下平泰，然後脩之，則功成事定，誰與制禮作樂者哉？又貴游之子，未必有斬將搴旗之才，亦未必有從軍征戍之役，不及盛年講肄道義，使明珠加瑩磨之功，荆璞發采琢之美，不亦良可惜乎！臣愚以世喪道久，民情玩于所習，純風日去，華競日彰，猶火之消膏而莫之覺也。今天地造始，晉書禮志上作方今天地更始。萬物權輿，聖朝以神武之德，値革命之運，蕩近世之流弊，繼千載之絕軌，晉書禮志上作創千齡之英範。篤道崇儒，創立大業，明主唱之于上，宰輔督之于下，夫人之所好，下必有過之者焉。是故雙劍之節崇，而飛白之俗成；挾琴之容飾，而赴曲之和作。君子之德風，小人之德草，實在所以感之而已。臣以闇淺，不能遠識格言，奉誦明令，慷慨下風。二語從本傳補。謂宜以三時之隙，漸就經始。上表。宋書禮志一，建武初，散騎常侍戴邈。又見晉書戴邈傳，小有刪節。

杜夷

夷字行齊，廬江灊人。惠帝時三察孝廉，州命別駕。懷帝時徵拜博士。太傅東海王越辟，刺史王敦舉方正，鎭東將軍周馥引爲參軍，皆不就。元帝爲丞相，敕爲儒林祭酒，又除國子祭酒，未嘗朝會。大寗元年卒，年六十六，贈大鴻臚，謚曰貞子，有《幽求子》二十卷。

丁潭爲瑯邪王行終喪禮議

古者諒闇，三年不言，下及周世，稅衰效命。春秋之時，天子諸侯既葬而除，此所謂三代損益，禮有不同，故三年之喪，由此而廢。然則漢文之詔，合于隨時，凡有國者，皆宜同也，非唯施于帝皇而已。按禮，殤與無後，降于成人，有後既葬而除。今不得以無後之故，而獨不除也。愚以丁郎中應除衰麻，自宜主祭，以終三年。晉書丁潭傳。

東海王爲新蔡王殤服議

諸侯體國，備物典事，不異成人，宜從成人之制。通典八十二。

議王式事

宰我欲短三年之喪，孔子謂之不仁。今王式不忍哀愴之情，率意違禮，服已絕之服，可謂觀過知仁。伯魚、子路，親聖人之門，子路有當除不除之過，伯魚有既除猶哭之失，以式比之，亦無所媿。厲薄之義，矯枉過正，苟在于厚，恕之可也。通典九十四。大興三年，淮南小中正王式繼母先嫁，有繼子，後嫁式父，式父臨終，繼母求出，式父許，有遺命，及式父亡，母制服積年，後還前繼子家，及亡，與前夫合葬，式追服周。國子祭酒杜夷議，以爲云云。

駮荀組所陳表議

荀組雖慮宗祏永絕，魂靈餒而莫祀，亦何可不念父母之恩，或餬口于四方，或已死而不服，視死猶生也；或未死而服之，視生猶死也。恐視死猶生，賢于視生猶死也。且又死之與生，非意所度。春秋甲戌、己丑，陳侯鮑卒，信則傳信，疑則傳疑，謂此宜疑之，以避不敏。通典九十八。

墓毀服議

墓既脩復而後聞問，宜依春秋新宮之災，哭而不服。通典一百二。

遺命

吾少不出身，頃雖見羈錄，冠幘之飾，未嘗加體。其角巾素衣，斂以時服，殯葬之事，務從簡儉，亦不須苟取矯異也。晉書杜夷傳。

葛洪一

洪字稚川，丹陽句容人，吳方士玄從孫。惠帝時，吳興太守顧祕檄爲將兵都尉，遷伏波將軍，後參廣州刺史嵇含軍事，含遇害，還鄉。元帝爲丞相，辟爲掾，以功賜爵關內侯。咸和初，司徒王導召補州主簿，轉司徒掾，遷諮議參軍，選爲散騎常侍，領大著作，

于字衍
夾當作失

固辭。求為句漏令。刺史鄧嶽表為東官太守。又辭不就。卒年八十一。有喪服變除一卷。抱朴子內篇二十一卷。外篇五十一卷。神仙傳十卷。肘後方六卷。神仙服食藥方一卷。

遐觀賦

蜈蚣大者長百步。頭如車箱。可畏惡。越人獵之。屠裂取肉。白如瓠。稱金爭買。㠯多為美。御覽九百四十六。案此不似賦。疑是序或注。未能定之。抱朴子有遐覽篇。無此語。

西京雜記序

洪家世有劉子駿漢書一百卷。無首尾題目。但㠯甲乙丙丁紀其卷數。先公傳之。于歆欲撰漢書。編錄漢事。未得締構而亡。故書無宗本。止雜記而已。失前後之次。無事類之辨。後好事者㠯意次第之。始甲終癸為十秩。秩十卷。合為百卷。洪家具有其書。試㠯此記攷校班固所作。殆是全取劉書。有小異同耳。并固所不取。不過二萬許言。今鈔出為二卷。名曰西京雜記。㠯裨漢書之闕耳。後洪家遭火。書籍都盡。此兩卷在洪巾箱中。常㠯自隨。故得猶在。劉歆所記。世人稀有。縱復有者。多不備足。見其首尾參錯。前後倒亂。亦不知何書。罕能全錄。恐年代稍久。歆所撰遂沒。并洪家此書二卷。不知所出。故序之云爾。洪家復有漢武帝禁中起居注一卷。漢武故事四卷。世人稀有之者。今并五卷為一秩。庶免淪沒焉。西京雜記影宋本

抱朴子序

洪體乏遊趣之才。偶好無為之業。假令奮翅則能陵厲玄霄。騁足則能追風躡景。猶欲戢勁翮于鷦鷯之羣。藏逸跡于跛驢之伍。豈況大塊稟我㠯尋常之短羽。造化假我㠯至駑之蹇足。自卜者審。不能者止。又豈敢力蒼蠅而慕沖天之舉。策跛鼈而追飛兔之軌。飾嫫母之篤陋。求媒陽之美談。推沙礫之賤質。索千金于和肆哉。夫僬僥之步。而企及夸父之蹤。近才所㠯躓礙也。要離之羸。而強赴扛鼎之勢。秦人所㠯斷筋也。是㠯望絕于榮華之途。而志安乎

窮圮之域。藜藿有八珍之甘。蓬蓽有藻梲之樂也。故權貴之家。雖咫尺弗從也。知道之士。雖艱遠必造也。攷覽奇書。既不少矣。率多隱語。難可卒解。自非至精。不能尋究。自非篤勤。不能悉見也。道士弘博洽聞者寡。而意斷妄說者眾。至于時有好事者。欲有所修為。倉卒不知所從。而意之所疑。又無足諮。今為此書。粗舉長生之理。其至妙者不得宣之于翰墨。蓋粗言較略。㠯示一隅。冀悱憤之徒省之可㠯思過半矣。豈謂闇塞必能窮微暢遠乎。聊論其所先覺者耳。世儒徒知服膺周孔。莫信神仙之書。不但大而笑之。又將謗毀真正。故予所著子言黃白之事。名曰內篇。其餘駁難通釋。名曰外篇。大凡內外一百一十六篇。雖不足藏諸名山。且欲緘之金匱。㠯示識者。自號抱朴子。因㠯名書。其餘所著碑誄詩賦百卷。移檄章表三十卷。神仙良吏隱逸集異等傳各十卷。又鈔五經史漢百家之言方技雜事三百一十卷。金匱藥方一百卷。肘後要急方四卷。晉書葛洪傳。又今本抱朴子有此序。

關尹子序

洪體存葛艾之質。偶好喬松之壽。知道之士。雖微賤必親也。雖夷狄必貴也。後遇鄭君思遠。鄭君多玉笈瓊笥之書。服餌開我㠯至道之良藥。呼吸洗我㠯紫清之上味。後屬洪㠯尹真人文始經九篇。洪愛之誦之。藏之拜之。宇者道也。柱者建天地也。極者尊聖人也。符者精神魂魄也。鑑者心也。匕者食也。釜者化也。籌者物也。藥者雜治也。洪每味之。泠泠然若躡飛葉而遊乎天地之混溟。茫茫乎若履橫校而浮乎大海之渺漠。超若處金碧琳琅之居。森若握鬼魅神姦之印。倏若飄鸞鶴。怒若鬭虎兕。清若浴碧。慘若夢紅。擒縱大道。渾淪至理。方士不能到。先儒未嘗言。可仰而不可攀。可玩而不可執。可鑒而不可思。可符而不可言。其忘物遺世者之所言乎。其絕跡去智者之所言乎。其同陰陽而冥彼此者之所言乎。何

如此之尊高何如此之廣大又何如此之簡易也洪親受之咸和二年五月朔丹陽葛洪稚川序。關尹子道藏本

肘後備急方序

抱朴子丹陽葛稚川曰：余既窮覽墳索，以著述餘暇，兼綜術數，省仲景元化劉戴祕要金匱綠秩黃素方，近將千卷，患其混雜煩重，有求難得，故周流華夏九州之中，收拾奇異，捃拾遺逸，選而集之，使種類殊分，緩急易簡，凡爲百卷，名曰玉函。然非有力不能盡寫。又見周甘唐阮諸家，各作備急，既不能窮諸病狀，兼多珍貴之藥，豈貧家野居所能立辦。又使人用鍼，自非究習醫方，素識明堂流注者，則身中榮衞尚不知其所在，安能用鍼以治之哉。是使鳧鴈鷙擊，牛羊搏噬，無以異也。雖有其方，猶不免殘害之疾。余今採其要約，以爲肘後救卒三卷，率多易得之藥，其不獲已須買之者，亦皆賤價草石，所在皆有，兼之以灸，灸但言其分寸，不名孔穴，凡人

覽之可了。其所用或不出乎垣籬之內，顧眄可具，苟能信之，庶免橫禍焉。世俗苦于貴遠賤近，是古非今，恐見此方無黃帝倉公和鵲踰跗之目，不能採用，安可強乎。備急方明刻本。案此與抱朴子內篇雜應略同。

養生論

抱朴子曰：一人之身，一國之象也。胷腹之設，猶宮室也；支體之位，猶郊境也；骨節之分，猶百官也；腠理之間，猶四衢也；神猶君也，血猶臣也，炁猶民也。故至人能治其身，亦如明主能治其國。夫愛其民所以安其國，愛其炁所以全其身。民獘國亡，炁衰身謝，是以至人上士，乃施藥于未病之前，不追修于既敗之後。故知生難保而易散，氣難淸而易濁，若能審機權，可以制嗜慾，保全性命。且夫善養生者，先除六害，然後可以延駐于百年。何者是邪？一曰薄名利，二曰禁聲色，三曰廉貨財，四曰損滋味，五曰除佞妄，六曰去沮嫉。六者不除，脩養之道徒設爾，蓋緣未見其益，雖心希妙道，口念眞經，咀嚼英華，呼吸景象，不能補其短促，誠緣捨其本而忘其末，深可誡哉。所以保和全眞者，乃少思、少念、少笑、少言、少喜、少怒、少樂、少愁、少好、少惡、少事、少機。夫多思則神散，多念則心勞，多笑則藏腑上翻，多言則氣海虛脫，多喜則膀胱納客風，多怒則腠理奔血，多樂則心神邪蕩，多愁則頭鬢憔枯，多好則志氣傾溢，多惡則精爽奔騰，多事則筋脈乾急，多機則智慮沈迷。斯乃伐人之生，甚于斤斧；損人之命，猛于豺狼。無久坐，無久行，無久視，無久聽。不飢勿強食，不渴勿強飲。不飢強食則脾勞，不渴強飲則胃脹。體欲常勞，食欲常少，勞勿過極，少勿至飢。冬朝勿空心，夏夜勿飽食。早起不在雞鳴前，晚起不在日出後。心內澄則眞神守其位，氣內定則邪物去其身。行欺詐則神悲，行爭競則神沮。輕侮于人當減算，殺害于物必傷年。行一善則魂神樂，構一惡則魄神歡。原注：魄神樂死，魂神好生。常以寬泰自居，恬淡自守，則身形安靜，災害不干，生錄必書其名，死

籍必削其咎。養生之理，盡于此矣。至于鍊還丹以補腦，化金液以函神，斯乃上眞之妙道，蓋非食穀啗血者越分而脩之，萬人之中，得者殊少，深可誡焉。

老君曰：存吾此道，上士全脩延壽命，中士半修無災病，下士時修免夭橫，愚者失道擯其性，其斯之謂與。道藏臨五。案此篇首百三十餘字與內篇地眞略同。

全晉文卷一百十六終

全晉文卷一百十七

烏程嚴可均校輯

葛洪二

抱朴子內篇（案內篇今見存二十卷不錄錄其佚文）

葛仙翁爲丹書符投江中順流而下次投一符逆流而上次又投一符不上不下停住而水中向二符皆還就之（舊寫本北堂書鈔一百三）

魏武帝㠯左慈爲妖妄欲殺之使軍人收之慈故欲見而不去欲拷之而獄中有七慈形狀如一不知何者爲眞㠯白武帝帝使人盡殺之須臾六慈盡化爲札而一慈徑出走赴羊羣（舊寫本北堂書鈔一百四札篇又御覽六百六）

魏武收左慈慈走入市吏傳言慈一目眇葛巾單衣于是一市皆然也（御覽七百四十）

城陽郄儉少時行獵墮空冢中飢餓見冢中先有大龜數數迴轉所向無常張口吞氣或俛或仰儉亦素聞龜能導引乃試隨龜所爲遂不復飢百餘日頗苦極後人有偶窺冢中見儉而出之後竟能咽氣斷穀魏王召（御覽作掬又作棄）置土室中閉試之一年不食顏色悅澤氣力自若（藝文類聚七十七御覽七百二十又九百三十一）

吳世有姚光者有火術吳主躬臨試之積荻數千束光坐其上又㠯數千束荻累之因猛風燔之火盡謂光當已化爲烟燼而光恬然端坐灰中振衣而起把一卷書吳主取而視之不能解也（藝文類聚八十又八十二御覽八百七十一又一千）

薺麥大蒜仲夏而枯（藝文類聚八十二御覽九百八十）

李南乘赤馬行道逢他人乘白馬者白馬先鳴赤馬應之南謂從者曰彼白馬言汝今當見一黃馬左目盲者是吾子可令使駛行相及也從者不信須臾行二里果逢所乘黃馬而左目盲南之赤馬先鳴而盲馬應之問其子（八疑作）果向白馬子也（藝文類聚九十三御覽八百九十七）

熊當作能

淵中之中當作潭

案使者甘崇所奏西域事云外國方士能神祝者臨淵禹步吹氣龍卽浮出其初出乃長十數丈于是方士更一吹之一吹則龍輒一縮至長數寸方士乃掇取著壺中壺中或有四五龍㠯少水養之㠯疏物塞壺口國常患旱災于是方士閒餘國有少雨屢旱處輒賫龍往賣之一龍直金數十斤舉國會斂㠯顧之直畢乃發壺出一龍著淵中之中因復禹步吹之一吹一長輒長數十丈須臾而雲雨四集矣（藝文類聚九十六御覽七百三十六九百二十九十一）

若士所食必此草也又海中有蛤蜊螺蚌之類未加煮炙凡人所不能噉況君子與若士乎（藝文類聚九十七御覽九百四十二）

青雲芝生于名山之陰大青石閒靑蓋三重上有雲氣覆之味辛甘㠯陰乾食之令人壽千歲不老能乘雲通天見鬼神（藝文類聚九十八）

（案此㠯下十九條疑仙藥篇佚文）

黃龍芝生于神山之中狀如黃龍味辛甘㠯四時採陰乾治日食一合壽萬年令人光澤（同上）

金蘭芝生于名山之陰金石之間上有水蓋莖出（赤疑作）入秋旬求之飲其中水壽千歲耳目聰明（同上）

蒼山岑石之中赤雲芝狀如人疊豎如連鼓其色如澤㠯夏採之陰乾食之令人乘雲能上天觀見八極通見神明延壽萬年（同上）

丹芝生于名山之陰崑崙之山太谷源泉金石之中（同上）

火芝常㠯夏採之葉上赤下莖青赤松子服之常在西王母前隨風上下往來東西（同上）

人芝生名山之陰青蓋白莖治乾食日半合則使人壽入水可久也（同上）

月精芝秋生山陽石上莖青上赤味辛苦盛㠯銅物十月食之壽萬歲（同上）

黑芝生于山之陰大谷中白蓋赤莖味甘秋採之陰乾日食令人
身輕齒堅與天地無極上同
火芝葉上已有火芝疑有一誤生于名山陽其色黃澤大如車蓋上同
金芝生于金石之中青蓋莖味甘辛以秋取陰乾治食令人身有
光壽萬歲上同
萬年芝令人不老延壽九千上同
夜光芝出于名山之陰大谷源泉中金石間上有浮雲翔其上有
五色有目如兩目上同
白雲芝生于名山之陰白石上有白雲覆之白蓋三重味辛甘小
苦以秋採之陰乾治食日一合不中風雷令人色光澤也上同
雲母芝生于名山之陰青蓋赤莖味甘以季秋竹刀採之陰乾治
食使人身光壽千萬歲醮以牛脯上同
葉芝生于名山之陽及出央山大谷源泉水中赤蓋白莖上有兩

全晉文卷一百十七　葛洪　三

葉三實上同
鬼芝青蓋長莖陰乾屑之日食五合所見神明令人長生上同
有自然之龍有蛇蠋化成之龍初學記三十白孔六帖九十五御覽九百二十九
田地既有自然之鱓而有荇莖苓根土龍之屬化為鱓御覽九百三十七又一千引莘根化為蘇當即此
黿蛇潛蟄則食氣夏忞口而甚瘦冬穴蟄而大肥初學記三十案對俗篇云龍蛇蛟螭狙獼鼉蜂皆能竟冬不食不食之時乃肥于食時也詳意同而文全異此當是佚文
黃帝醫經有蝦蟆圖言月生始二日蝦蟆始生人亦不可針灸其
處御覽四
厤陽有彭祖仙室請雨必得御覽十一
左元放言金華山可以合神丹免五兵洪水之害御覽四十七
崑崙及蓬萊其上鳥獸飲玉井皆長生不死也御覽七十
上古無謚始于周家耳黃帝謚蓋後人追為之謚取其法世時行

葉當作華　井下脫泉字　法當作治

迹而已非黃帝羣臣之作也俗人通自不信仙盛肯追以仙謚黃
帝乎御覽五百六十二
吳景帝時戍將于江陵又作廣陵掘冢取板治城後發一大冢內有重
閤石扉皆樞轉開閉四周徼道通事當作車且廣高可乘馬又鑄銅
為人數十枚又作數十頭長五尺皆大冠衣執劍列侍靈坐皆刻銅人
背後石壁言殿中將或言侍郎但王公冢也破其棺棺中有人髮
毛班白鮮明面體如生人棺中有雲母厚尺許白玉璧三十雙以
藉身尸又作兵人舉出死人以倚冢壁一玉長一尺形似冬瓜從死
人懷中出墮地兩耳及鼻孔中皆有黃金大如棗許此等有假物
而不朽之效也御覽五百五十八八百五八百八十八又八百十三
專心憑師依法行道濟身度世利在永亨事師盡敬得道為期承
間候色也不盡力明師道有罪不可除也學道得明師事之害亂
不得發也御覽六百五十九

全晉文卷一百十七　葛洪　四

道林子有五種尸解符今太玄陰生符及是一病解者御覽六百六十四
辟振字季和燕代人周武王時學道于鍾山北河經七試而不過
者由淫泆鄙滯敗其試耳御覽六百六十六
郭文舉河內軹縣人入陸渾山學道獨能無情意不生也上同
范零子少好仙道如此積年後遇司馬季主季主同入常山積七
年入石室當有脫貧季主出行勑戒之曰慎勿開零子忽發視之季
主還乃遣歸後復召至使守一銅匱又戒勿發零子復發之季主
乃遣之遂不得道上同
焉良者南陽人少作縣吏年三十為尉佐史迎督郵自恥無志乃
毀車殺牛裂敗衣冪去從師受詩傳禮易復學道術占候遊十五
年乃還州郡禮辟不就詔特舉賢良高第平道委此句有脫誤還家年
六十七棄世東度入山在鹿迹洞中上同
安丘望之字仲都京兆長陵人也脩尚黃老漢成帝從疑作重或此下有脫

將下脫軍字　等當作則　骨骸三字　石室下脫北東角有石五字　冪當作幘　平當作半　從當作重

與當作輿

君至當作召致

其道德常宗師之。愈自損退。成帝諮之若値。望之章醮則待事畢。然後往。老子章句有安丘之學。望之忽病篤。弟子公沙都輿于庭樹下。望之曉然病有痊。時冬月。鼻聞李香。開目則見雙赤李著枯枝。望之仰手承李。自墜掌中。因食李。所苦盡除。身輕目明。遂去莫知何在也。同上。

家有三皇圖。必先齋戒百日。乃君至。此句疑有脫誤。天地五嶽社稷之神。

后聖君命淸虛小有眞人撰集上仙眞籙。總名爲上淸一本作眞正法。以慴萬邪。百年再授于人。須齋戒方得。御覽六百六十七。案此條齋戒方得下。復引三元品經靈寶赤書太素玉錄經云云。疑非抱朴子文。未敢錄之。

李阿者。行道逢奔車。阿兩腳中車。腳即折。弟子古強一作古彊。神仙傳作古強。祛惑篇亦有其人。見之驚怖。阿須臾取斷腳相續如故也。御覽七百三十六。案此條疑是道意篇佚文。

葛仙公每飲酒醉。常入門前陂中。竟日乃出。會從吳主到荊州。還

夕當作石

大風。仙公船沒。吳主謂其已死。須臾從水上來。衣履不溼。而有酒色。云昨爲伍子胥召。設酒不能便歸。以淹留也。御覽八百四十五。案首三語與釋滯篇異。非即彼文也。神仙傳載船沒事。亦與此文異。

軫星逐鬼。張星拘魂。東井還魂也。御覽八百八十六。

伍被記八公造淮南王安。初爲老公。不見通。須臾皆成少年。御覽八百八十八。

韓子治以地黃甘草哺五十歲老馬。以生三駒。又百三十歲乃死。御覽八百九十七。

南方水牛。無冬夏常臥水中。御覽八百九十九。

以鸖血塗金丹一丸。內衣中。以指物。隨口變化。御覽九百二十五。

胡麻好者一夕蒸之。如炊須曝乾。復蒸細篩。白蜜和丸如雞子大。日二枚。一年顏色美。身體滑。二年白髮黑。三年齒落更生。四年入水不濡。五年入火不燋。六年走及奔馬。或蜜水和作餅。如糖狀。炙

食一餅。御覽九百八十九。

中經曰。鉤吻狼毒。太陰之精氣。主殺。故入口令人死。御覽九百九十。

抱朴子外篇 案今外篇五十卷。見在不錄。錄其佚文。

備闕

識珍者必拾濁水之明珠。賞氣者必採意林作挼。穢藪之芳蕙。意林。初學記二十七。御覽八百三。又白孔六帖七。引上一句。案意林在備闕後。知是備闕佚句也。

篇名闕

狐白不可以當暑。龍艘不可以乘陸。意林。又御覽六百九十四引上一句。案自此以下數十事。意林並在刺驕後。重言前。

軍術 篇名見北堂書鈔一百二十。藝文類聚九十。文選江淹詣建平王書注。御覽七十四。三百四十。又九百十四。

大將民之司命。社稷存亡。于是乎在。藝文類聚五十九。御覽二百七十三。

大將者凜凜乎若負重而履薄冰。戰戰若登朽木以臨萬仞也。北堂書鈔一百十五。

夫良將剛則法天。可望而不可干。柔則象淵。可觀而不可入。去如收電。可見而不可追。住御覽作立。又作駐。如丘山。可瞻而不可動。意林。御覽二。又十三。二百七十三。二百七十五。

兵家以計爲主。以力爲末。書鈔一百十五。

昔魯連射書以下聊城。是分毫之力。過百萬之衆也。書鈔一百三。

韓信傳檄而定千里。是以尺素之功。勝于雲梯之械也。書鈔一百十五。

雞有專棲之雄。雉有擅澤之鷸。蟻有兼弱之智。蜂有攻寡御覽作收寡。之計。人相役御。亦猶是耳。藝文類聚九十七。御覽九百十七。九百四十七。

羊羣犬聚。轉攻略地。而所向無堅敵。所攉無堅壘。皆望景如狼駭。承響而鹿走。柯折葉落。本根亦仆。嬰城者雲徹。帶邑者席卷。猛乎黃帝五行之陣。嚴乎孫吳率然之衆也。書鈔一百十七。又十三引嬰城者二句。

武王將興。天給之旗。書鈔一百二十。

春以長矛在前。夏以大戟在前。秋以弓弩在前。冬以刀盾在前。此

行軍四時應天法也。（意林。又御覽三百四十八引。秋召弓弩一句。）軍之所以欲乘山依谷。視生處高也。（書鈔一百十三。案生字當有誤）淮南王所著兵書。皆魁剛之陣。風氣之占。及軍中之變象徵祥。觸物之候。知敵盛衰。候時而動之術。知行止之不測。天心之去就。使進則百勝。退則安全也。（書鈔一百十三引兩條。）承陰陽以并勢。協五行之自然。從計約以奮擊。常背孤而攻虛。則黃帝、呂尚、范蠡、伍員、魏武帝所據同也。（書鈔一百十八。）太公云。從孤擊虛。萬人無餘一女子。當百丈夫。（意林。）大將軍當明案九宮。視年在宮。當就三居五。五爲死。三爲生。能知三五。橫行天下。（文選江文通詣建平王上書注。）昔太安二年。京邑始亂。三國舉兵攻長沙王乂。小民張昌反于荊州。奉劉尼爲漢主。乃遣石冰擊定揚州。屯于建業。宋道衡說冰求爲丹陽太守。到郡發兵以攻冰。召余爲將兵都尉。余年二十一。見軍旅（此句有脫字。）不得已而就之。宋侯不用吾計。數敗。吾令宋侯從月建住華蓋下。遂收合餘燼。從吾計。破石冰焉。（御覽三百二十八。）凡始立軍豎牙。春出城西門。立牙門西向。出時令登明大吉。加東方吉。夏出城北門。立牙門北向。出時令右登明大吉。加南方吉。秋出城東門。立牙門東向。出時令神后登明大吉。加西方吉。冬出城南門。立牙門南向。出時令神后登明大吉。加北方吉也。（書鈔一百二十。）雷。天之鼓也。（初學記一。御覽十三。又白孔六帖二引。作雷者天地之鼓。）用兵之要。雄風爲急。扶搖獨鹿之風。大起軍中。軍中必有反者。風高者道遠。風下者道近。風鳴葉者賊在十里。鳴條者百里。搖枝者四百里。大枝五百里。仆大木千里。折大木五千里。三日三夕天下盡風。二日二夕天下半風。一日一夕萬里風。（御覽九。又意林引風鳴葉至四百里三句。又書鈔一百五十一引作拔木必千里也。）金器自鳴。及焦器鳴者。軍疲也。（意林。）

全晉文卷一百十七　葛洪　七

凡戰觀雲氣如走驚鹿者。敗軍之氣也。（意林。又御覽三百二十八。）軍始出。舉牙立旗。風氣和調。旙動飄飄。終日不息者。其軍有功也。（書鈔一百二十。藝文類聚六十。御覽三百三十九。）軍始發。大風甚雨起于後。旌旗前指。金鼓清鳴。則大勝之徵也。若旌旗亂而相繞。逆風雨敗之象也。軍始出。而旌旗繞竿者。急住。更待善時而出軍。（書鈔一百二十引四條。又一百二十一。御覽十。又三百三十八。三百三十九。三百四十。）軍始出。雨霑衣裳者。是謂潤兵。其軍有功。雨不足霑衣裳者。是謂泣軍。必敗。（意林。初學記二。御覽十。）無雲而雨。是謂雨泣。將軍當揚兵講武以應之。大雨軍中尤甚者。將軍戰必無功也。（御覽十。又八百七十七。開元占經九十二。末句作將軍敗死。）白霧四面圍城。不出百日。大兵必至城下。（書鈔一百五十一。初學記二。御覽十五。開元占經百一。）大霧繞軍。霧之所住。非常而數。臣下擅行威也。（書鈔一百五十一。又初學記二作霧之所在。其下有塞將軍之令。）軍上氣黑如樓。將軍移軍必敗。其將勇則氣如火炎。勢如張弩。雲如日月。赤氣繞之。所見之地大勝。不可攻也。（御覽十五。）太一在玉帳之中。不可攻也。（意林。又御覽九百四十二。）兵地生蟹者。宜速移軍。（意林。又御覽九百四十二。）軍中地裂。急徙居。否則軍敗。地震必大戰。或有謀反。（御覽八百八十七。開元占經四。）麞兔入軍中。當遷徙之。（御覽九百七。）虵蚓見軍中尤多者。軍罷。天宜備反叛。（御覽九百四十七。）軍行卒逢飛蜂及蜚蟲若蜂尤多者。必大戰。驚于藏伏之賊。（御覽九百五十。）有黑氣如牛馬入其軍者。名天狗下食血。其軍必敗。（開元占經八十六。）屈虹見城上。其下必大戰流血。屈虹從城外入城中者。三日內城

全晉文卷一百十七　葛洪　八

天當作又

可屬。開元占經九十八。

赤虹見城上，其下必大戰流血。上同。

白虹見城上，其下必大戰流血。上同。

有赤光如火從天來下入軍，亂將死。開元占經九十九。

若濛起圍城，或入于城，則外兵得入；若濛氣從內出，主人出戰。開元占經一百一。

有狼狐繞軍而鳴者，軍敗。開元占經一百十六。

軍無道則狼食人。上同。

螻蛄見軍中，尤多有軍罷，又宜備叛。開元占經一百二十。（有當作者）

地生瓦礫不去，有大禍。御覽七十四。

眾鳥羣飛，徘徊軍上，不過三日，有暴兵至。鳥聚軍中，將軍當賞功增秩；鳥集將軍之旗，將軍增官；鳥集軍中，莫知其名，軍敗。藝文類聚九十，御覽九百十四。

已下篇名竝闕

余嘗問嵇君道曰：左太沖、張茂先可謂通人乎？君道荅曰：通人者，聖人之次也，其間無所復容。意林。

歐陽生曰：張茂先、潘正叔、潘安仁文遠過二陸。或曰：張、潘與二陸爲比，不徒步驟之間也。歐陽曰：二陸文詞源流不出俗檢。御覽五百九十九。

友人騰永叔問曰：嵇君道何如人？余荅曰：一代偉器也。摛毫英觀，難與竝驅也。書鈔一百。

余問班班云：呂氏望雲而知高祖所在，天豈獨開呂氏之目而掩眾人之目邪？意林。（問當作聞，班班當作班固）

閹官無情，不得謂貞；倡獨不飲，不可謂廉。意林。

文王食子羹，佯不知，非甘也。意林。

董仲舒學見深而天才鈍，㠯蚈蜂是神龍者，非但不識神龍，亦不識蚈蜂。意林。又御覽九百四十六作謂蜥蜴爲神龍者，非但不識神龍，亦不識蜥蜴。

王仲任撫班固背曰：此兒必爲天下知名。意林。

王充所作論衡，北方都未有得之者。蔡伯喈嘗到江東見之，歎爲高文，度越諸子，恆愛玩而獨祕之。及還中國，諸儒覺其談論更遠，嫌得異書，搜求其帳中，至隱處，果得論衡，捉取數卷將去。伯喈曰：唯與爾共之，勿廣也。書鈔九十八，藝文類聚五十五，御覽六百二、六百十七、六百九十九。

謝堯卿東南書士，句有脫誤。說王充㠯爲一代英偉，漢興㠯來，未有充比。若所著文時有小疵，猶鄧林之枯枝，又若滄海之流芥，未易貶者也。書鈔一百，御覽五百九十九。

五嶺無冬殞之木，南海晉安有九熟之稻。意林，初學記二十七。

案老君玉策記云：松脂入地千年變爲茯苓，茯苓千年變爲琥珀，琥珀千年變爲石膽，石膽千年變爲威喜。千歲之狐豫知將來，千歲之狸變爲好女，千歲之猿變爲老人。意林引止威喜，御覽八百八十八。案此佀內篇佚文。茯苓、威喜，與仙藥篇相涉，而意林列此于外篇，姑從之。狐狸等語與對俗篇相涉，而文全異。

炙鼓使鳴，絞絃介急，實鼓使速，穿絃早絕，磨刀殺馬，立可驗也。意林。

燒泥爲瓦，燔木爲炭，蜂窠爲蠟，水沫爲浮石。凡此皆去其柔脆，變爲堅剛。意林，初學記五，御覽五十一。

落星岡，謂吳時星落。意林。

汲郡冢中竹書言黃帝既仙去，其臣有左徹者，削木爲黃帝之像，帥諸侯朝奉之。故司空張茂先撰博物志，亦云黃帝仙去，其臣思戀罔極，或刻木立像而朝之，或取其衣冠而葬之，或立廟而四時祀之。意林，御覽七十九、三百九十六。案內篇極言與此全異，意林列于外篇，今從之。

食鵠胎，令人能夜書。意林。

英葹實、天雄、鶴腦服之，令人能夜書。御覽七百四十七。案此即上條，未可合并，或有一誤，故分錄之。

河伯華陰人，㠯八月上庚日渡河溺死，天帝署作河伯。意林。

若當作見

案九鼎記及青靈經言人物之死皆有鬼也馬鬼常時以晦夜出行狀如炎火 御覽八百八十三

鵝鬼吳景帝有疾召巫覡帝試之乃殺鵝埋于苑中架小屋施牀帳以婦人履著其前巫云但見一白鵝不見婦人也帝乃重之 意林

獼猴鬼余友人騰 意林作滕 永叔嘗養一大獼猴以鐵鎖鎖之著牀閒而犬忽齧殺之永叔使合鎖埋之後百許日有若鬼者見獼猴走上承塵上不悟是獼猴鬼也驚指之曰獼猴何以被傷流血斷走乎永叔曰始乃知獼猴死復有鬼也 意林御覽七百一九百十

獼猴之鬼令人病瘧 御覽七百四十三

黿鼈鼉之鬼令人病欬 御覽七百四十三

余從祖得道能分形坐上有一葛公與人談話又一葛公迎來送去 意林 案內篇地眞有此略同抱朴意林二書皆殘缺不全固有誤耳今姑錄入外篇

嵇君道曰吾在洛與二陸離施如意兄弟竝能觀況身于泥蚌之中識清意于未口之口諸談客與二陸言者辭少理暢言約事舉莫不豁然若春日之泮薄冰秋風之埽枯葉也 書鈔九十八

嵇君道問二陸優劣抱朴子曰吾見二陸之文百許卷似未盡也朱淮南嘗言二陸重規沓矩無多少也一手之中不無利鈍方之他人若江漢之與潢汙及其精處妙絕漢魏之人也 意林書鈔一百御覽六百二

嵇君道曰每讀二陸之文未嘗不廢書而歎恐其卷盡也陸子十篇 案隋志道家梁有陸子十卷陸雲撰即此 誠爲快書其辭之富者雖覃 意林作精 思不可損也其理之約者雖鴻筆不可益也觀此二人豈徒儒雅之士文章之人也 意林書鈔一百御覽六百二

陸平原作子書未成吾門生有在陸君軍中常在左右說陸君臨亡曰窮通時也遭遇命也古人貴立言以爲不朽吾所作子書未成以此爲恨耳余謂仲長統作昌言未竟而亡後繆襲撰次之桓

瑟當作琴

譚新論未備而終班固爲其成瑟道今才士何不贊成陸公子書 御覽六百二

抱朴子曰秦時不覺無鼻之醜陽翟憎無癭之人陸君深疾文士放蕩流遁遂往不爲虛誕之言非不能也陸君之文猶玄圃之積玉無非夜光吾生之不別陸文猶侏儒測海非所長也御後數百年若有幹跡如二陸猶比肩也不謂疏矣 意林書鈔一百御覽五百五十九

盧生問曰蔡伯喈張平子才足以著書正恐言遠旨深世人不解故不著也余難曰如來言子雲亦不應作太玄經也瓦觝木杯比門所饒金觴玉爵萬家無也 御覽六百二

孔鄭之門耳聽口受者皆已滅絕唯託竹素者可爲世寶也 意林御覽六百二

羈鞍仁義纓鎖禮樂 意林

仲尼經成紫微降光 書鈔九十九

汝南郡邵陵王申爲郡五官掾太守盜割官錢密寄申太守暴亡申盡買黃金還太守汝南欲以列于先賢畫像抱朴子曰不宜者也 書鈔七十七

屈原沒汨羅之日人竝命舟楫以迎之至今以爲口渡或謂之飛鳧亦 有脫文 日州將士庶悉臨觀之 書鈔一百三十七

太極初構清濁始分故天先成而地後定 初學記御覽三十六

太精之氣乘雲也 書鈔一百五十一

熒榮河者若浮南濱而涉天漢 書鈔一百五十

宣夜之書亡而郄萌記先師相傳宣夜說云天了無質仰而瞻之高遠無極蒼蒼然也譬旁望遠道黃山而皆青俯察千仞之谷而黝黑天青冥色黑非有體也日月星辰浮空中行止皆須氣焉故七曜或住或游逆順伏見無常進退不同由無所根繫故各異也辰極常居其所北斗不與衆星西沒焉七曜皆東行日日行一度

月日行十三度，遲疾任性，若綴附天體，不得爾也。書鈔一百四十九，御覽二。

周髀家云：天圓如張蓋，地方如棋局，天旁轉如推磨而左行，日月右行，隨天左轉，天牽之西沒。譬如蟻行磨石之上，磨左旋而蟻右去，磨疾而蟻遲，故蟻不得不隨磨以左迴焉。白孔六帖八十四，御覽七百六十二，九百四十七。

虞洪造穹天論云：天形穹隆，如笠冒地。若謂天北方遠者，是北方星宜細于三方矣。御覽五百九十五。

渾天儀注云：天如雞子，地如中黃，孤居于天內，天大而地小，天表裏有水，天地各乘氣而立，載水而行，周天三百六十五度四分度之一，又中分之，則半覆地上，半繞地下，故二十八宿半見半隱，天轉如車轂之運也。諸論天者雖多，然精于陰陽者少。張平子、陸公紀之徒，咸以為推步七曜之道，以度厤象昏明之證候，校以四八之氣，考以晷刻之分，占晷影之往來，求形驗于事情，莫密于渾象也。張平子既作銅渾天儀，于密室中以漏水轉之，與天皆合，如符契也。崔子玉為其碑銘曰：數術窮天地，制作侔造化，高才偉藝，與神合契。蓋由于平子渾儀及地動儀之有驗故也。若天果如渾者，則天之出入，行于水中，為必然矣。故黃帝書曰：天在地外，水在天外，水浮天而載地者也。又易曰：時乘六龍。夫陽爻稱龍，龍者居水之物，以喻天。天陽物也，又出入水中，與龍相似，故比以龍也。聖人仰觀俯察，審其如此，故晉卦坤下離上，以證日出于地也。又明夷之卦離下坤上，以證日入于地也。又需卦乾下坎上，此亦天入水中之象也。天為金，金水相生之物也。天出入水中，當有何損，而謂為不可乎？然則天之出入水中，無復疑矣。又今視諸星出于東者，初但去地少許耳，漸而西行，先經人上，後遂轉西而下焉，不旁旋也。其先在西之星，亦稍下而沒，無北轉者。日之出入亦然。若謂天如磨右轉者，衆星日月宜隨天而迴，初在于東，次經于南，次到于

全晉文卷一百十七 葛洪 十三

西，次及于北，而復還于東，不應橫過去也。今日出于東，冉冉轉上，及其入西，亦復漸漸稍下，都不繞北邊去，了了如此。王生必固謂為不然者，疏矣。今日徑千里，其中足以當小星之數十也。若日以轉遠之故，但當光曜不能復來照及人耳，宜猶望見其體，不應都失其所在也。日光既盛，其體又大于星，今見極北之小星，而不見日之在北者，明其不北行也。若日以轉遠之故，不復可見，其北入之間，應當稍小，而日方入之時，反乃更大，此非轉遠之徵也。王生以火炬喻日，吾亦將借子之矛，以刺子之楯焉。把火之人，去人轉遠，其光轉微，而日月自出至入，不漸小也。王生以火喻之，謬矣。又日之入西方，視之稍稍去，初尚有半，如橫破鏡之狀，須臾淪沒矣。若如王生之言，日轉北去者，其北都沒之頃，宜先如豎破鏡之狀，不應如橫破鏡也。如此言之，日入北方，不亦孤孑乎？又月之光微，不及日遠矣。月盛之時，雖有重雲蔽之，不見月體，而夕猶朗然，是月光猶從雲中而照外也。日若繞西及北者，其光故應如月在雲中之狀，不得夜便大暗也。又日入則星月出焉，明知天以日月分主晝夜，相代而照也。若日常出者，不應日始入而星月出也。又案河洛之文，皆云水火者，陰陽之餘氣也。夫言餘氣，則不能生日月可知也，顧當言日精生火者可耳。若水火是日月所生，則亦何得盡如日月之圓乎？今火出于陽燧，陽燧圓而火不圓也；水出于方諸，方諸方而水不方也。又陽燧可以取火于日，而無取日于火之理，此則日精之生火明矣；方諸可以取水于月，而無取月于水之道，此則月精之生水了矣。王生又云：月不圓，望之圓者，遠故望之圓。若審然者，月初生之時，及既虧之後，視之宜如三寸鏡，稍稍轉大，不當如初破鏡漸漸滿也。月不圓以下，隋志約文，從初學記、御覽改補。而日食或上或下，從側而起，或如鉤至盡。若遠望見圓，不宜見其殘缺左右所起也。此則渾天之體，信而有徵矣。隋書天文志上，初學記一，御覽二、四，又五十八引兩條，又八百六。

全晉文卷一百十七 葛洪 十四

十九引兩條。

麋氏云：潮者據朝來也，汐者言夕至也。見潮來去，或有早晚，輒言有參差，非也。水從天邊來，一月之中，天再東再西，故潮來再大再小也。又夏時日居南宿，陰消陽盛，而天高一萬五千里，故夏潮大也。冬時日居北宿，陰盛陽消，而天卑一萬五千里，故冬潮小也。春日居東宿，天高一萬五千里，故春潮再起也。秋日居西宿，天卑一萬五千里，故秋潮漸減也。御覽二十三、又六十八。

天河從西北極分爲兩頭，至于南極。其一經南斗中過，其一經東井中過。河者，天之水也。兩河隨天而轉入地，下過而與下水相得，又與口水合。三水相蕩，而天轉排之，故激涌而成潮水。御覽八、又六十八。

月之精生水，是㠯月盛滿而潮濤大。御覽四。

濤水者，潮取物多者，其力盛；來遠者，其勢大。今浙水從東地廣道遠，乍入狹，彪陵山觸岸，從直赴曲，其勢不泄，故隆崇涌起而爲濤。

彪當作處

俗人云：濤是伍子胥所作，妄也。子胥始死耳，天地開闢，已有濤水矣。御覽六十八。

何㠯知天上不有甘露之淵，須太平而灑之；地中不有醴泉之源，待有道而涌之邪。藝文類聚九十八。

夏時龍生于太廟之中。御覽九百二十九。

夫木行爲仁，爲青，鳳頭上青，故曰戴仁也。金行爲義，爲白，鳳頸白，故曰纓義也。火行爲禮，爲赤，鳳背赤，故曰負禮也。水行爲智，爲黑，鳳胸黑，故曰向智也。土行爲信，爲黃，鳳足下黃，故曰蹈信也。夫麟鳳㠯形狀爲別，聖人㠯心神爲異。古者太平之世，鳳皇常居其國而生乳焉，至夏后始食卵而鳳去之。此則鳳有種明矣。藝文類聚九十、御覽九百十五引兩條、又九百二十八、事類賦注十八。

崑崙圖曰：鸑鳥似鳳而白纓，聞樂則蹈節而舞，至則國安寧。藝文類聚九十九、初學記十五、白孔六帖九十四、御覽九百十六。

全晉文卷一百十七　葛洪　十五

白雉自有種，南越尤多。案地鏡圖，今之九德，則古之越裳也。蓋白雉之所出，周成王所㠯爲瑞者，貴其所自來之遠，明其德化所被之廣，非謂此爲奇也。藝文類聚九十、御覽九百十七。案諸鮑篇與此全異，故是佚文。

青泠傳云：辰星水精生玄武，歲星木精生青龍，熒惑火精生朱鳥，古今注所謂赤烏者，朱鳥也。其所居高遠，日中三足烏之精。三足烏何㠯三足？陽數奇也。㠯是有虞至孝，三足烏集其庭；曾參鋤瓜，三足烏集其冠，孝故也。藝文類聚九十二、御覽九百二十、又九百七十八。

麟，獸之聖也。壽二千歲。開元占經一百十九。

通天犀角有一白理如綖者，㠯盛米置羣雞中，雞輒驚，故名曰駭雞犀。得其通天，㠯刻爲魚，銜㠯入水，當爲開方三尺，所得氣息。同上。

當有應劭云或風俗通云等字。予祖彬爲汲令，㠯夏至日請主簿杜宣飲酒，北壁上有懸赤弩，照于杯中，形如蛇，宣惡之，及飲得疾。後彬知之，使于宣舊處設酒，于杯中猶見有蛇，因謂宣曰：此弩影耳。宣遂意解。御覽二十三。

人知藥理病，不知學理身。□□□□□□□□□□平焉。故曰：物生而蒙，事屯而養，造昧。此語有脫字。利有攸適，猶金之銷鑪，水之從器也。是㠯聖人實之于文，鑄之于學。夫文學也者，人倫之首，大教之本也。御覽六百七。案此疑勸學篇或尚博篇佚文。

今頭蝨著身，皆稍變而白；身蝨著頭，皆漸化而黑。則玄素果無定質，移易在乎所漸也。御覽九百五十一。

全晉文卷一百十七　葛洪　十六

全晉文卷一百十七終